Klaus Harpprecht

THOMAS MANN

Eine Biographie

Rowohlt

1. Auflage April 1995
Copyright © 1995 by Klaus Harpprecht
Alle Rechte vorbehalten
Umschlag- und Einbandgestaltung
Wolfgang Kenkel
(Foto: Archiv für Kunst und Geschichte, Berlin)
Gesetzt aus der Garamond (Linotronic 500)
Gesamtherstellung Clausen & Bosse, Leck
Printed in Germany
ISBN 3 498 02873 1

«Wer die dreißiger und vierziger Jahre als
Deutscher durchlebt hat, der kann seiner
Nation nie mehr völlig trauen... Der wird,
wie sehr er sich auch Mühe geben mag und soll,
in tiefer Seele traurig bleiben, bis er stirbt.»

Golo Mann

Inhalt

Der Bürger
und die tote Katze

STATT EINES VORWORTS

Wohl leuchtete sein Name in Gesprächen auf. Der Bruder unserer
Klavierlehrerin, der mehrere Jahre im Pariser Exil gelebt hatte,
kehrte mitten im Kriege unversehens aus seinem Versteck in unsere
kleine Stadt zurück: er war es, der als erster zu mir mit glänzenden
Augen von den Leseseligkeiten sprach, die ihm die Bücher des
Schriftstellers bereitet hatten. Ein Freund deutete an, in der Bibliothek seines Vaters fände sich dieser und jener Band, den er mir zu
gegebener Zeit leihen könnte, wenn ich heilige Schwüre leistete, ihn
nicht zu verraten. Das war rasch versprochen, doch das Interesse
richtete sich – wie für jenes Alter üblich – zunächst auf ganz anderes: Casanovas Memoiren, Boccaccio, Balzacs «Tolldreiste Geschichten», Wedekinds beunruhigende Dramen, Bindings verblasene Edelerotik, Kriegs- und Revolutionsromane des finsteren
Edwin Erich Dwinger, in denen sich Nationalismus und Obszönität ungut verbanden, einen schwülen Inzestroman von Frank
Thieß, weiß der Teufel was noch. Nicht auf Thomas Mann. Wir
waren dreizehn und vierzehn. Zur Erhebung der Seele lasen wir
Gedichte – Gryphius, Goethe, Mörike, Hölderlin, Heine, Rilke –,
und wir schrieben unsere eigenen. Im väterlichen Pfarrhaus fand
sich keines der Bücher von Thomas Mann, obschon der Vater von
den «Buddenbrooks» mit Achtung, vom «Tod in Venedig» mit
scharfer Ablehnung gesprochen hatte.

Den großen Familienroman hielt ich zum erstenmal hinter amerikanischem Stacheldraht in der Hand, nach zweijährigem Dienst als
Flakhelfer und schmächtiger Artillerist, bei den Rückzugskämpfen

leicht verwundet, unterdessen achtzehn geworden, ein nahezu erwachsener Mensch (wie ich dachte). Eine Handvoll Bücher war in unserem Revier mit seinen hundert Erdlöchern und Zelten im Umlauf: eine lateinische Grammatik, die Bibel, eine Lyrik-Anthologie und – die «Buddenbrooks». Interessierte trugen sich in eine Liste ein, die der Besitzer des Bandes – Schulmeister von Beruf – in seinem alten Notizbuch angelegt hatte. Deutsche Ordnung. Die Lesezeit wurde so sorgsam und so gerecht vergeben wie die karge Tagesration an Brot und wäßriger Suppe. Zwanzig Minuten pro Buch und Tag.

Es war die Einkehr in eine andere Welt, vor der alles versank: die ziellose Unruhe der Kameraden, die durch die lehmigen Straßen des Lagers hasteten, nirgendwohin, die Hungerlethargie der anderen, die erschöpft auf den feuchten Decken lagen, die plötzliche Reizbarkeit, die nebenan aufbrach, die Sehnsuchtsgespräche, das Heimweh, die Trauer um die gefallenen Brüder, das Entsetzen über die Verbrechen, von denen uns spärliche Nachrichten zukamen (obwohl ich vieles seit langem wußte), der Trotz der Unbelehrbaren, die weinerlich-arrogante Motzerei einer kleinen Horde von Wienern, die sich als Sieger aufzuführen versuchten (ohne von den Amerikanern beachtet zu werden), die Spekulationen über eine rasche Entlassung oder den Abtransport in französische Bergwerke, die Angst vor einer Auslieferung an die Russen.

In den kostbaren Minuten der Lektüre versank die bedrückende Präsenz von mehr als zehntausend zerlumpten und ausgemergelten Männern, die im Geviert des einstigen Exerzierplatzes zusammengepfercht waren. Das Lateinbuch war, sagte ich mir, Gymnastik für den Kopf, unsympathisch, aber notwendig. Später die «Andacht». Mit den biblischen Geschichten kam die Stimme des Vaters nahe, und die Briefe der Apostel konnten hernach, beim peripatetischen Gespräch mit einem jungen Theologen, ohne großen Eifer erörtert werden. Gegen Abend die Lyrik. Aber zuvor die «Buddenbrooks». Zwanzig Minuten verzauberter Teilnahme. Lachen, ein paar Tränen, Bewunderung, überwältigte Bewunderung – eine merkwürdige Stärkung der Seele durch die schiere Lust an der Sprache. Dieses Buch war die Gegenwelt, von der wir wußten, daß sie so nicht wieder erstehen würde.

Deutschland, dachte ich, ist zerbrochen; es wird sich für Jahrzehnte im Elend krümmen, dem Willen der Sieger hilflos unterworfen. Wer Glück hat, dachte ich, wird von den Amerikanern, den Briten, den Franzosen kolonisiert, nicht von den Russen. Um die Nation grämte ich mich nicht. Sie hatte sich selbst zugrunde gerichtet. Aber dies, dachte ich, bleibt: die Sprache der «Buddenbrooks», deren Autor, wie ein Gerücht besagte, in Kalifornien lebte. Das, und natürlich die Verse von Gryphius, Goethe, Mörike. Die Sprache Martin Luthers. Damit lohnte es sich zu leben, trotz allem.

Als ich zwei Monate später die Freiheit gewann, war ich sicher, daß die «Buddenbrooks» das schönste deutsche Erzählwerk dieses Jahrhunderts sind. Nicht lange danach las ich den «Zauberberg», den «Tod in Venedig», diesen und jenen der Essays, auch die «Betrachtungen eines Unpolitischen», auf die ich in der Bibliothek eines benachbarten Landschlößchens stieß. Ich studierte den Band, immer den Bleistift parat, in langen Nächten, voller Staunen und voller Widerspruch, manchmal von der Brillanz des Stiles gelähmt. Dies, dachte ich, sei ein glänzender und unergründlicher Spiegel der konservativ-apolitischen Bürgerwelt, die 1933 untergegangen war: Romantik, Poesie, Innerlichkeit, Gemüt – und Musik, immer wieder und vor allem Musik. Bei uns zu Haus hatte Richard Wagner keinen Anhang gefunden; der Vater parodierte das rauschende Pathos des Meisters an seinem Klavier voller Hohn, wenn auch mit einer Prise Respekt vor der Virtuosität des Magiers, den er für eine Art von genialem Gaukler hielt. Von seinen Dramen sagte er, sie seien ein grandioser Budenzauber. «Hitlers Musik», fügte er voller Verachtung hinzu.

Die «Betrachtungen» gab ich übrigens den Besitzern des Buches niemals zurück. (Es wurde nicht vermißt.) Hernach glaubte ich zu beobachten, daß Thomas Mann die genialische Verirrung dieses monströsen Protestes gegen den Westen, die Aufklärung, die Demokratie entschlossen zu korrigieren versuchte. Tat er es wirklich? Meine Zweifel regten sich später.

In jenen ersten Nachkriegsjahren wünschten wir uns einen Dichter, einen Schriftsteller, einen Philosophen, der mit solchem Enthusiasmus für die zweite, die bundesdeutsche Republik in die Arena getreten wäre, wie Thomas Mann sich von 1921 an für den Staat von

Weimar ins Zeug gelegt hatte. Jaspers machte einen Anfang. Doch es gingen annähernd zwei Jahrzehnte ins Land, bis sich Günter Grass nach Thomas Manns Beispiel des amerikanischen Poeten Walt Whitman entsann und das Preislied der Demokratie zu singen begann.

Auf dem Dachboden des Evangelisch-Theologischen Seminars in Blaubeuren, in dem ich – zum Studium noch nicht zugelassen – 1946 ein ordentliches Reifezeugnis (statt der Kriegsbescheinigung) zu erwerben versuchte, war ich auf sämtliche Jahrgänge von S. Fischers «Neuer Rundschau» gestoßen; nichts fehlte, keine Ausgabe, von der ersten Nummer an. Ich las die Hefte wie ein junger Zeitgenosse, las – naiv und hungrig, ungebildet, womöglich unverbildet, vor allem aber dankbar –, als sei dies alles neu, las, als seien all jene Essays und Erzählungen, die Gedichte, die Rezensionen just in dieser Stunde geschrieben worden. Ich las, wie vielleicht ein junger Mensch um die Jahrhundertwende gelesen hat, dem sich die moderne Literatur Deutschlands und Europas langsam öffnete, Tür um Tür und Zimmer für Zimmer. Unschuldig, empfindsam und kritisch warf ich mich in ein Abenteuer, das alle intellektuellen Sensationen und literarischen Wunder späterer Jahre überglänzt.

Ich gewann, was der Nazismus ein für allemal zerstört zu haben schien: das Bewußtsein einer deutschen Kontinuität. Die Lektüre der Emigrationsbücher Thomas Manns schloß sich aufs natürlichste an. Die funkelnde Wortartistik der «Lotte in Weimar», in der die Rede kein Ende nahm: sie entzückte mich wie alle Welt. Die monumentale und doch so menschliche Architektur der Joseph-Tetralogie festigte, trotz der ausschweifenden Dekoration, meine Ehrfurcht. Ich studierte den «Doktor Faustus» mit zerfurchter Stirn – nein, nicht bereit, die Komposition des Buches in kabbalistischer Mühsal mit der Zwölftonmusik zu vergleichen (so weit ging ich nicht) wie manche meiner bemühten Altersgenossen, doch im Grunde meiner Seele verstört und ergriffen von der Gleichnishaftigkeit jener Chronik. Ein deutsches Schicksalsbuch, sagte ich mir.

Es gab für mich keinen Zweifel, daß Thomas Mann der deutsche Schriftsteller des Jahrhunderts sei. Wo er sich befinde, sei die deutsche Kultur, hatte er im amerikanischen Exil dekretiert. Ich gab ihm recht. Seine brüske Auflehnung gegen den psychologischen Terror des McCarthyismus bestätigte die Konsequenz seiner Haltung. An der verwirrenden Milde, mit der er den Kommunismus in Schutz nahm, hielt ich mich nicht auf; sie schien das wohltätige Korrektiv eines Kommunisten-Hasses zu sein, der bei manchen fanatisierten Zeitgenossen in die schiere Hysterie umzuschlagen drohte.

Der deutsche Schriftsteller des Jahrhunderts ist er geblieben, nicht nur für mich. Eine Umfrage des demoskopischen Instituts Allensbach ergab, daß Ende der achtziger Jahre Thomas Mann für achtundzwanzig Prozent unserer Landsleute der wichtigste Autor deutscher Zunge in diesem Jahrhundert war – vor Bertolt Brecht mit dreiundzwanzig Prozent, vor Rainer Maria Rilke, vor Robert Musil, vor Gottfried Benn – auch vor Kafka, von dem ich vermutet hatte, er übe auf die junge Generation den bedeutendsten Einfluß aus, nicht anders als auf die amerikanischen, die englischen, die französischen oder italienischen Altersgenossen.

Als mir in der Mitte der sechziger Jahre die Leitung des Verlagshauses S. Fischer angetragen wurde, ließ ich mich auf die seltsame und ein wenig einschüchternde Aufgabe ein, wenn auch nicht ohne Zögern, die Bücher Franz Kafkas, Hugo von Hofmannsthals, Franz Werfels, Stefan Zweigs zu verlegen – vor allem aber das Werk Thomas Manns. Damals regte sich der Wunsch, zu gegebener Zeit eine zweite Annäherung an den Autor und sein Werk zu versuchen: an den Menschen zuerst und zuletzt; denn gelehrte Abhandlungen über seine Bücher wurden mehr als genug geschrieben. Joachim Kaiser schätzte im Jahre 1987 die Zahl der Arbeiten allein über den «Doktor Faustus» auf mehr als eintausend, die zusammen etwa siebzigtausend Seiten füllen mögen. Für das gesamte Œuvre müßten diese Zahlen wenigstens mit zehn, eher mit zwanzig, dreißig oder vierzig multipliziert werden. Eine Lawine von Worten, die jeden gewissenhaften Germanisten unter sich zu begraben droht.

Eine merkwürdige Scheu aber verwehrte unseren kritischen Autoren allzu lange Jahre den Zugang zu der leibhaft-irdischen Existenz Thomas Manns. Allein Peter de Mendelssohn hatte sich unerschrocken ans Werk gemacht und zu Anfang der siebziger Jahre den ersten Band einer Biographie vorgelegt: eintausendeinhundertfünfundachtzig Seiten okkupierten allein die Jahre von 1875 bis 1918. Der Biograph hatte damit gerade die Mitte des Mannschen Lebens durchschritten. Die Notizen aus dem Nachlaß beweisen, daß sein Unternehmen ins Gigantische zu entwachsen drohte. Die dringliche Aufgabe der Tagebuch-Edition, die dem verdienstvollen Interpreten im Jahre 1974 – mit der Freigabe der Journale – übertragen wurde, stellte sich der Fortsetzung seiner Biographie in den Weg. Er bemerkte wohl als erster, daß ohne die Kenntnis der privaten Aufzeichnungen Thomas Manns eine Beschreibung seiner Vita nicht mehr möglich ist. Mendelssohn starb unter der übergroßen Last, die er sich aufgeladen hatte. Inge Jens führt das große Werk der Tagebuch-Edition mit gesteigerter Pünktlichkeit, voller Treue, zugleich mit wohltuender Unbefangenheit und ohne Furcht vor Tabus zu Ende.

Wer über Thomas Mann schreibt, steht in ihrer, steht in Peter de Mendelssohns Schuld. Die Diskretion des Älteren, der mit der Familie eng befreundet war, ließ ihn allerdings manche elementare Prägung der Persönlichkeit, die durch die Publikation der Tagebücher vor aller Welt offenbar wurde, nur allzu takt- und verehrungsvoll andeuten. Mendelssohn war der letzte, der eine «naive Biographie» schreiben konnte (wenn diese Formel erlaubt ist). Ihm selbst fiel es mit der Publikation der Journale zu, die Voraussetzung für dieses Liebeswerk zu zerstören: tragisch-ironische Übertölpelung durch die List der Dinge. Thomas Mann hätte sie – vielleicht – mit geschmeicheltem Interesse und belustigter Bosheit zur Kenntnis genommen.

Als er sein Tagebuch aus den Jahren 1918 bis 1921 und danach von 1933 bis zum Tod vor der Vernichtung bewahrte, ging Thomas Mann ein unabschätzbares Risiko ein, vielleicht das kühnste seines langen und schwierigen Lebens. Er mußte wissen, daß nach der Aufschnürung der Pakete nicht nur seine Existenz mit einem härteren, klareren Blick betrachtet, sondern auch sein Werk mit anderen Augen gelesen wird. Es ist undenkbar, daß er sich darüber keine Rechenschaft gab, obschon von solcher Konsequenz in den Aufzeichnungen selbst nur am Rande die Rede ist, erst recht nicht in Briefen und wohl auch nur beiläufig in seinen Gesprächen mit der Tochter Erika, der Vertrauten in der Neige seiner Tage.

Mit der Publikation der Tagebücher begann in der Tat der Prozeß der «Entmythologisierung der Person», von dem Werner Fuld in der «Frankfurter Allgemeinen Zeitung» sprach. Es war an der Zeit. «Während man aus Kafka ein Mysterium gemacht hat», stellte Marcel Reich-Ranicki fest, «wurde aus Thomas Mann ein Monument.» Während das Verständnis des einen durch Dunkelheit gefährdet worden sei, fuhr der Kritiker fort, sei das des anderen durch das Museale bedroht gewesen – er wisse nicht, was von beidem das Schlimmere sei. Die Tochter Erika fragte noch 1968 in ihrem Vorwort zu der Sammlung autobiographischer Schriften mit durchschaubarer Treuherzigkeit, ob die «braven Schulhefte», in denen Thomas Mann täglich Buch über sein Dasein führte, am Ende «kompromittant» seien. Gleichmütig antwortete sie, das möge wohl so sein: «Kein Lebensbau ohne ‹Blaubartzimmer›.» Neben den Zeugnissen einer unendlichen Besorgtheit um sich selbst stieß man in den Heften auf Bekenntnisse einer (fast immer unterdrückten) Leidenschaft, von der kein genauer Leser seiner Bücher überrascht sein durfte. Nur, die Heerschar der verehrenden Interpreten hatte es lange Jahrzehnte niemals gewagt, die außerbürgerlichen Neigungen des Bürger-Genies beim Namen zu nennen.

Unterdessen ist es üblich geworden, in Thomas Manns Homosexualität den Grundschlüssel seines Wesens und seiner Arbeit zu erkennen. Aber war sie denn zuvor ein so strikt gehütetes Geheimnis? Hatte niemanden eine Ahnung berührt? Hatte der «Tod in Venedig» auch nur den Hauch eines Zweifels an des Erzählers Passion für schöne Geschöpfe des eigenen Geschlechts zugelassen? Konnten Beobachter, die mit einem halbwegs klaren Blick für die Beschaffenheit der menschlichen Psyche begabt waren, die so strikt bürgerliche Ordnung seines Daseins mit einer Frau und sechs Kindern als ein permanentes Dementi akzeptieren?

So war es nicht. Die Bücher durften niemanden täuschen, gleichviel ob sie es wollten und sollten (oder auch nicht – beides traf zu). Manchem gelehrten Kenner war es genug, mit verlegenem Räuspern von des Meisters bisexuellen Möglichkeiten zu reden, wie sie uns allen eigen seien, dem einen weniger, dem anderen mehr. Andere schwärmten von einer androgynen und ganzheitlichen Utopie des Menschen, die sich uns durch so viele Geschöpfe seiner Bücher offenbare. Dieser und jener flüsterte Verschämtes von der Homoerotik des großen Mannes, wie Karl Werner Böhm in seiner Doktorarbeit rügte («Zwischen Selbstzucht und Verlangen»), deren Publikation so viel Furore gemacht hat.

Muß Thomas Manns Lebensthema der Verbindung und Verstrickung von Genialität und Krankheit aus den Erfahrungen interpretiert werden, die er selbst als erotisches Außenseitertum verstand? War die Spannung von «Kunst und Leben», von der er so unermüdlich sprach, nur der Reflex seines Kampfes gegen eine verbotene Lust? Und «die abweisende Frostigkeit», die den Autor – laut Hellmuth Karasek – «stets wie eine metallene Aura umgab», bloß die Tarnung seiner «Triebunterdrückung»? Weist die pedantische Egomanie, die beinahe jede Zeile der Tagebücher dokumentiert, vor allem auf eine «Gefühlsverkapselung» hin, die das leidige Produkt des Verzichts auf Leben und Erfüllung sein mußte? Erklärt sich die Kühle, mit der er so oft seinen Kindern, die Distanz, mit der er den Kollegen und Freunden begegnet ist, als eine Art Rache des Einsamen an den anderen, denen sich die Wärme des Lebens mitteilte? Wollte und konnte er nicht verzeihen, daß sich ihnen das «dumme Glück» irdischen Behagens freundlicher zuzuneigen schien, als er es sich selbst erlaubte? Geht die Rechnung dieses reichen und komplizierten Lebens so einfach auf? Muß man nicht, mehr noch als wir es gewohnt waren, seine Existenz inmitten dieser schwierigen Familie ins Auge fassen: an der Seite Heinrichs, des Lebensschattens, Katias, der Kinder? Sagte nicht Klaus in *seinem* Tagebuch ganz zu Recht, man werde später Bücher «über UNS – nicht nur über einzelne von uns – schreiben»? Das hieß: nicht nur über den geliebten, den gefürchteten Vater, der so oft das chinesische Sprichwort zitierte, ein großer Mann sei ein öffentliches Unglück, doch in Wirklichkeit wohl eher meinte, er sei vor allem ein privates Unheil. Es war Bruder Heinrich, der von Thomas' «wüthender Leidenschaft für das eigene Ich» sprach.

Thomas Mann hätte sich, dessen darf man sicher sein, gegen die Vereinfachung verwahrt, die in seiner Homosexualität (und ihrer Verdrängung) den einzigen Schlüssel zum Werk sehen will. Sie war ihm nicht nur eine lebenslängliche Folter, unter der er sich krümmte – das war sie auch, ganz gewiß, und in seinen jüngeren Jahren haßte er sie, haßte er die Sexualität überhaupt, die heterosexuelle noch leidenschaftlicher als die mann-männliche, haßte vor allem die

Frauen. Die Liebe zum eigenen Geschlecht war aber auch eine der Gaben, die er für die schwierigste, die ehrgeizigste und lustvollste Mission seines Daseins planvoll zu nutzen versuchte: die Genialisierung seiner Persönlichkeit, von der er sich die eigentliche Erfüllung des Daseins versprach.

Auch darin war er ganz der Sohn der Romantik und des neunzehnten Jahrhunderts: ein konsequenter Schüler Friedrich Nietzsches, mit dem er manche profunde und furchterregende Erfahrung teilen mochte. Die Steigerung des Ichs bis an die Grenze des Menschenmöglichen – sie war die unentwegte Forderung an sich selbst, der er sich mit bedeutungsvoller Miene, leidend und zugleich mit seufzender Freude unterwarf. Er nahm sich wichtig. Die Spiegelung dieses Ichs in seiner Alltäglichkeit, auch in seiner banalsten Regung, war ihm – die Tagebücher beweisen es – im Gang der Jahre eine obsessive Gewohnheit geworden. Drängte ihn die disziplinierte Ordnung des Daseins, die er mit seinem Anspruch auf die künstlerisch-geniale Verneinung des «Lebens» der Glücklichen verwob, in solche egozentrische Pedanterie?

Natürlich scheute er – wie nicht? – das letzte Opfer, das die Genialität verlangt, den schrecklichen Preis der Krankheit und des Todes. Aber er umkreiste, verängstigt und kokett in einem, vielleicht von einschlägigen Erinnerungen gepeinigt, sein Leben lang ihre Lockung und die Verführung, die ihn mit ihrer blassen Schönheit berührte. Nietzsche, Dostojewski, Platen, Novalis: angebliche Kronzeugen der Lebensgefährdung und schließlichen Lebensentsagung, die der Dienst an Geist und Kunst verlange, der Botschaft von der genialisierenden Krankheit, die auch seine Botschaft an die Welt war. Und dennoch entzog er sich, wenigstens in seinen erwachsenen Jahren, der Gefahr mit planender Umsicht, sich hinter den Gesetzen seines großbürgerlich geregelten Alltags vermauernd: Askese als Daseinsprinzip. Darin war er von Kind auf geübt. Mit seinem patrizisch-hanseatischen Lebensstil schuf er sich einen nahezu undurchdringlichen Schutzwall, der durch das Erbe der jungen Frau aus dem reichen Hause Pringsheim auf willkommene Weise befestigt wurde. Hinter der prächtigen Fassade ließen sich Kunst und «Lebensbürgerlichkeit» am Ende dann doch miteinander vereinen, und dahinter ließ sich furchtloser von der schwelgerischen und verschwenderischen Lust an Schmerz und Vergehen, Entsagung und Abschied träumen, die ihn aus dem «Tristan» anwehte: Richard Wagner, der lebenslängliche Konkurrent Goethes, nach dessen Bild er das eigene zu formen versuchte. Keine unproblematische Symbiose. Er mochte sie für sich selbst als geglückt empfunden haben.

Die elegante Brücke, die er über den unüberbrückbaren Abgrund zwischen «Kunst und Leben» schlug, war seine universelle Ironie, die er als eine «erotische», eine «humanistische», eine «schöpferische» und keinesfalls lebensfeindlich-zynische verstanden wissen wollte. Eine in Wahrheit unverbindliche Formel, in der sich jeder Widerspruch auflöste. Die graziöse und lächelnde Ausrede, die niemals welk zu werden schien.

Genialität und patrizisch-aristokratische Ordnung: dies war der Goethesche Existenz-Entwurf des späten Erben, der sich im Fortgang seines Lebens mehr und mehr als der legitime Nachfahr, ja womöglich als eine gewandelte Reinkarnation des «Dichterfürsten» empfand (und es der Welt nicht verbarg). Er selbst nahm nicht ungern die Formel von der «imitatio Goethe's» auf. Die entschlossene Selbststilisierung, die Hans Mayer mit kritisch-bewunderndem Blick an ihm beobachtete, war ein zentrales Element seines Daseins.

Die Lebensregungen des strebsamen Jüngers waren von Kind an darauf gerichtet, ein «Großer» zu werden. Seine Gleichgültigkeit in der Schule, die miserablen Zeugnisse, die Indolenz gegenüber den praktischen Dingen des Lebens durften niemanden täuschen. Am liebsten träumte er als Kind den «Prinzen-Traum», der ihm immer wieder das Wohlgefühl eines überstrahlten Lebens verschaffte: Er träumte ihn über die melancholische Feier des «Verfallsprinzen» Hanno Buddenbrook hinaus, träumte ihn mit bemerkenswerter Lebenstüchtigkeit weiter, als er, die Ehe mit der reichen und schönen Erbin Katia Pringsheim feiernd, die «Königliche Hoheit» schrieb, und er träumte ihn noch einmal, mit fast kindlich-seniler Ungehemmtheit, in der Neige seiner Tage. Die Sucht nach dem Außerordentlichen war von Beginn an tief in die junge Seele eingepflanzt. Darin war er ganz der Sohn des Jahrhunderts, das vom Kult der «großen Männer» auf fragwürdige Weise überglänzt war. Das fort-

schrittliche Frankreich feierte Napoleon. Die Deutschen, ob konservativ oder liberal, ja selbst die biederen Sozialdemokraten schauten mit anbetenden Blicken zum Alten Fritz auf, in dem sie
die Verklärung ihrer Geschichte zu erkennen glaubten, angefeuert
vom jungen Kaiser Wilhelm, der es liebte, sich im Licht des hehren
Vorgängers zu spiegeln, und von einer wahren Gier nach Größe
getrieben war. Friedrich der Zweite schien alles in sich zusammenzufassen, was seinen späten Landsleuten bewunderungswürdig
war: kühner Lenker der Schlachten, Philosoph, Dichter (wenngleich in fremder Sprache), Musikus, der ein paar heitere Rokoko-
Kompositionen hinterließ und Bach das Thema des «Musikalischen
Opfers» eingegeben hatte. Thomas Mann wandte sich seiner Gestalt zu gegebener Stunde zu.

Das Wort vom «Dichterfürsten» war früh in Friedrichs Jahrhundert in Umlauf geraten. Doch nun erst, im Glanz des Zweiten Reiches, durfte das Bürgervolk die «Olympier» auf ihren tausend Sok-
keln andachtsvoll und so recht von Herzen verehren: Schiller und
Goethe, das deutsche Doppelgestirn, die zu «Nationaldichtern» ernannt waren. Neben ihnen der «Göttersohn» Mozart, der «pro-
metheische» Beethoven – und Wagner, Wagner, Wagner, der angeblich alles in sich zusammenzufassen vermochte: die Musik und die
Dichtung, den germanischen Mythos, die Religion der Erlösung
durch Liebe und Kunst, das schöne Gewölk von einem fernen, ade-
lig-abstrakten Schimmer des Christentums überglänzt. Ein Rebell,
ein Abenteurer, ein Dichter in Ton und Wort, ein Religionsstifter,
ein Renaissancefürst in seinem Bayreuther Reich – ein Genie.

Wenn die zögernden Schritte, mit denen der junge Thomas Mann
ins Leben trat, auf das Außerordentliche, aufs Geniale und Große
gerichtet waren: wie könnten sie sich anders erfüllen als im Künstlertum, nach dem er sich sehnte, von den Schülertagen im Lübecker
Katharineum an? Er fühlte sich, kaum des Lesens und Schreibens
kundig, zum Dichter berufen – und er nannte sich später, dem
deutschen Brauch folgend, zeit seiner Tage lieber «Dichter» als
«Schriftsteller», nicht nur gegen die alberne deutsche Gewohnheit
protestierend, die durch die beiden Formeln eine absurde Wertung
zu manifestieren versucht (und der Verfasser gesteht, daß er das
Wort vom Dichter gelegentlich mit einem kleinen Seufzen über-

nahm, den Krampf des Anspruchs beklagend, der sich darin ausdrückt: Gefangener einer Gesellschaft und ihrer Sprache, die das
schlichte Wort «Schreiber» − anders als die Angelsachsen und die
Franzosen − nur dem Amtsschreiber und dem niedersten der Militärbürokraten zubilligen will).

Der kleine Thomas revoltierte, anders als Bruder Heinrich, niemals offen gegen die patrizisch-kaufmännische Tradition der Familie, doch als sich sein Vater zum Sterben legte, hatte der Senator
längst jede Hoffnung verabschiedet, daß sein zweiter Sohn die Geschäfte des Hauses einst in die Hand nehmen würde. Ihn führte die
höfliche Anpassung des jungen Menschen − er zählte kaum fünfzehn Jahre − am Ende nicht in die Irre. Ein gutes Jahrzehnt danach
schrieb Thomas, es geschähe nicht selten, «daß ein Geschlecht mit
praktischen, bürgerlichen und trockenen Traditionen sich gegen
das Ende seiner Tage noch einmal durch die Kunst verklärt». Er
schrieb es nicht nur einmal, sondern in hundert Varianten.

Nein, kein Zweifel: so sah er sich selbst und seine Mission, das
Geschöpf einer Zeit, in der das «Geniewesen» mit geradezu rausch-
hafter Üppigkeit blühte und wucherte, das echte und das falsche,
Talmi-Talente neben originellen Begabungen, Kraftprotzerei neben
verwehender Dekadenz, verantwortungslose Boheme neben einer
intellektuellen Elite, die − siehe Max Weber − ihre Macht zu erproben begann, schillernde Revolutionäre neben skeptischen Konservativen. Spätromantik, zweites Barock, Wilhelminismus in all
seiner Pracht und seiner erstaunlichen Leichtfertigkeit, ja einem
beinahe unfaßbaren Mangel an Seriosität. Der Schatten Bismarcks
lag noch über der Zeit: kein allzu solides Erbe, entgegen dem
Mythos, dem sich die Deutschen so willig unterwarfen, denn dieser
Erzkanzler, der überlebensgroß auf tausend Monumenten ragte,
war in Wirklichkeit ein Bündel von nervösen Sensibilitäten, von
jähen Launen, Ängsten, Tränen und hysterischen Erschütterungen
gewesen, jenseits der ruhig-vernünftigen Maske. Kein Architekt,
der für die Ewigkeit baute, obschon das Reich, das er schuf, nach
den Behauptungen einer großmäuligen Propaganda in Erz gegossen
zu sein schien. Ein Genie, trotz allem. Selbst seine Feinde erkannten
es an.

Die Politik unterwarf sich − im Gefolge des Geistes und der

Kunst – allzu gern und allzu heftig der Erwartung des «Außerordentlichen». Romantische Impulse verbanden sich – bei den Nachbarn im Westen, aber auch in manchen Winkeln der deutschen Gesellschaft – mit den Hoffnungen, die von der Französischen Revolution in die Seele der Menschheit gepflanzt worden waren. Doch nach dem ersten Napoleon kam der dritte, ein begabter Hasardeur, nach Bismarck Kaiser Wilhelm der Zweite, ein talentierter Tor. Die Anfälligkeit für das «Geniale» breitete sich aus wie eine epidemische Krankheit. Die Zeit fordere «große Männer», man sagte es wieder und wieder. Sie hungerte nach Erlösern. In der Dämmerung der Wiener und der Münchner Boheme, die in Wahrheit muffig und kleinbürgerlich war, voll abgestandener Spießergesinnung, gedieh eine jener erlösungsgierigen und erlösungsmächtigen Seelen, von einem wilden Verlangen nach «Größe» getrieben, das sich schließlich erfüllte.

Unser Jahrhundert schleppte den Geist des neunzehnten Jahrhunderts noch lange mit sich, selbst über seine Mitte hinaus, die noch nicht ganz erreicht war, als der Genius des Bösen im Bunker unter der Reichskanzlei die eigene Götterdämmerung inszenierte. Wenige Jahre später warf den anderen Millionen-Mörder im Kreml ein tödlicher Schlaganfall nieder. Franklin D. Roosevelt, dieser hochgestimmte und ein wenig leichtfertige Wohltäter der Menschheit, war schon vor dem Sieg über den Erzfeind gestorben. Winston Churchill, das Genie des Widerstandes, wurde von seinen nüchternen Landsleuten im Augenblick des Triumphes in Pension geschickt. Charles de Gaulle bewies nach der Heimkehr die Kraft, Frankreichs Geschick für die Frist einer Generation vorauszuprägen, wenngleich das Volk in seiner undankbaren Vernunft ihn nicht lange an der Macht litt. Von Konrad Adenauer, dem deutschen Partner, wurde nicht zu Unrecht gesagt, in seiner Person sei dem lieben Gott die Genialisierung des Mediokren geglückt. Er war – eben darum – ein deutscher Glücksfall.

Könnte es sein, daß die Epoche der alles überragenden Außenseiter, der leidenden und triumphierenden Genies zu Ende gekommen ist? Daß der Kult der «großen Männer» mit dem gemeinsamen Abgang des neunzehnten und des zwanzigsten Jahrhunderts endlich gebrochen ist, wenigstens fürs erste? Nicht nur in der Politik, sondern auch in der Kunst, in der Literatur? Thomas Mann und Franz

Kafka, Marcel Proust, James Joyce, William Faulkner oder Vladimir Nabokov – fanden sie Nachfolger, die ihnen das Wasser reichen könnten? Und Strawinsky? Schostakowitsch? Picasso? Albert Einstein?

Hohe und schöpferische politische Leistung, eine Literatur von verführender Qualität oder mitreißenden Geistes, schöne Bilder, Kunst- und Bauwerke von überwältigender Kraft, intellektuelle Abenteuer von äußerster Kühnheit, wissenschaftliche Durchbrüche in unbekannte Bereiche – sie gibt es auch jetzt, und sie wird es künftig geben, sofern sich unsere Gesellschaft nicht selbst in die Luft sprengt.

Aber die Anbetung des Genies ist uns vergangen. Oder? Wäre es ein Unglück? Haben wir nicht erfahren, daß die Genialisierung des Bösen ein zu hoher Preis ist? Wissen wir nicht, daß die zerstörenden Energien der «Größe», der vermeintlichen und der echten, kaum geringer sind als ihre schöpferischen? Wahrhaftig, die «Großen» werfen schreckliche Schatten. Sympathisch und liebenswürdig sind sie selten, können es wohl auch nicht sein. Sie brauchen das bißchen Liebe, mit dem sie der Schöpfer versah, in der Regel ganz für sich selbst. Nein, der liebe Gott hat das Genie und die Liebe nicht zusammengedacht.

Wenn aber unter das Zeitalter der spätromantischen Vergötzung des Genialen ein Strich gezogen wird, dann fordert wohl auch das Leben Thomas Manns die Prüfung durch einen veränderten Blick. Dann verlangen auch seine Werke eine Durchsicht unter anderen Kriterien, die für unsere Zeit die angemesseneren sein mögen. Gerecht sind sie wohl kaum. Wie sollten sie es sein? Ein Urteil *sub specie aeternitatis* ist uns nicht gegeben. Es könnte auch wenig anderes als Langeweile verbreiten.

Freilich, da lauert an der Ecke der alte Streit: Soll der Held einer Lebensbeschreibung (der ein fragwürdiger ist, wie jeder) aus den Bedingungen seiner Zeit betrachtet werden – oder unter dem Gesetz des Wandels, das stets eine Umwertung nahezu aller Werte besorgt, mit langsamer Sachtheit oder mit radikaler Härte? Wie könnten wir sterblichen und wandelbaren Wesen in Wahrheit anders denken als nach den Erfahrungen, die uns in unserer Frist der Geschichte zuteil wurden? Dem Verfasser dieses Buches blieb die Er-

fahrung nicht erspart, daß sich sein Blick im Fortgang der Niederschrift gewandelt hat: am Ende sah und las er manches anders als am
Anfang.

Der zeitgenössische Nachvollzug des Anbruchs der Moderne,
den der junge Mensch 1946 auf dem Dachboden des Evangelisch-
Theologischen Seminars im Kloster Blaubeuren erlebte, erwies sich
am Ende als eine liebenswürdige Illusion. Die Lektüre löschte nicht
aus, daß auch er unter den Befehlen des «abgewiesenen Viertelskünstlers», den Thomas Mann als «Bruder Hitler» angeredet hatte,
in den Krieg geraten war. Die Dämonisierung des deutschen Geschicks im «Doktor Faustus» hatte ihn, kraft ihrer mythischen
Energien, bei der ersten Lektüre über die Frage hinweggehoben, ob
die These vom Teufelspakt denn auch wahr sei; ob sie der Realität
seiner hilflosen Konfrontation mit dem totalitären Regime entspreche (er war fast noch ein Kind in jenen Jahren und doch kein Kind);
ob sie – das vor allem – der Wirklichkeit der Vernichtungsmaschine
von Auschwitz gewachsen sei.

Ein aufmerksamer Student fragte ihn bei einem Seminargespräch
über «Thomas Mann und die Deutschen» im Frühjahr 1990, ob die
Untertanen des Dritten Reiches denn schuldig genannt werden
könnten, wenn sie damals vom Teufel besessen gewesen seien. (Der
Schriftsteller Leonhard Frank hatte, sensibel genug, Thomas Mann
schon im gemeinsamen kalifornischen Exil nach der Lektüre des
Manuskripts auf die Gefährlichkeit dieses naheliegenden Argu-
ments hingewiesen – der Autor horchte auf, doch er sah sich zu
keiner entscheidenden Korrektur veranlaßt.) Fiel mit diesem Einwand nicht die moralische, die intellektuelle, damit auch die literarische Konstruktion des Buches in sich zusammen? Hielt der Mythos
stand, in dem Thomas Mann die Faust-Legende, die mittelalterlich-
altlutherisch-lübeckische Gotik mit ihrem Satansgerassel, Nietzsche, seine Syphilis, die Sündhaftigkeit des Geschlechts, Beethoven,
Wagner und den Nazismus auf eine fast tolle Weise vermengt hatte?
Wirkte nicht auch die altertümelnd-barocke Sprache plötzlich wie
kunstgewerblicher Krampf? Mußte das monströse Unternehmen
am Ende nicht eine künstlerische Katastrophe genannt werden –
dieses grandiose Alterswerk, in dem der Meister seinen «Parsifal»
erkennen wollte?

Keine gemütlichen Einsichten. Aber dies wäre ohnehin nicht das rechte Wort, mit dem man es wagen könnte, sich Thomas Mann zu nähern. Hinter der Fassade großbürgerlicher Ordnung, auf die er auch in der Emigration nicht verzichten wollte, wohnte selten der Geist der Behaglichkeit. Auch die domestizierte Genialität, die er erstrebte, konnte kein freundliches Hauswesen sein. Olympische Harmonie – falls es sie gibt – herrschte selten. Die Götter sind ich- und streitsüchtig. Erhabene Ausgeglichenheit regierte auch in Weimar nicht immer über den Alltag. Thomas Mann versank die Arbeit an der geplanten Größe – wie sollte es anders sein? – oft in tiefen Zweifeln, manchmal in Verzweiflung und Ohnmacht. Sie verzehrte sich in Ressentiments. Sie erstarrte in Kälte, von der die Frau, die Kinder, die Freunde Bitteres sagten und Schlimmeres hätten sagen können, wenn ihnen Furcht und Ehrfurcht nicht ein tapferes Schweigen auferlegt haben würden.

Thomas Mann, der letzte «Großschriftsteller» – Robert Musil hatte auch ihn, nicht nur Walther Rathenau, den schriftstellernden Industrie-Organisator und Politiker, bei der Niederschrift vom «Mann ohne Eigenschaften» im Auge. Thomas Mann repräsentierte nach eigenem Anspruch die deutsche Literatur, wo immer er sich befand, den deutschen Geist, die deutsche Kultur. Wenn einer ein Recht hatte, dies von sich selbst zu sagen, dann war er es. Der deutsche Geist, die deutsche Kultur befanden sich während der mörderischen Herrschaft der Nationalsozialisten im Exil, im äußeren, im inneren.

Thomas Mann war eine Institution, war es in geduldiger, hartnäckiger und herrischer Arbeit an seiner Würde geworden: sein eigenes Lebenswerk, auch darin Goethes bestrebter Erbe, freilich ohne die sichere «Natur» des Vorbilds. Staatsmänner sprachen zu ihm – fast – wie Gleiche zu einem Gleichen. Die Schergen, die über die dunkle Heimat herrschten, haßten ihn, als verfüge er über reale Macht. Auch seine Feinde zweifelten auf ihre Weise nicht an der Institution Thomas Mann, von Millionen anerkannt und verehrt, die womöglich niemals eines seiner Bücher in der Hand gehalten oder gar gelesen hatten. Er war, er ist der einzige deutsche Schriftsteller unseres Jahrhunderts, dem dieser Rang zufiel, ist es in seiner Meisterschaft, in seinem Versagen, in seinem hohen Anspruch, sei-

ner Arroganz, seiner Schwäche, seiner Distanz, auch in seiner mitunter fatalen Nähe zum Ungeist der Epoche.

Er selbst sagte von sich, «zu verehren» sei ihm ein lebenslanges
Bedürfnis gewesen. Ein sympathisches Wort, dem sich der Verfasser dieser Zeilen zu verschreiben trachtete. Es steht der Kritik nicht
im Wege. Skeptischer Respekt: es gibt ihn. Der Autor versuchte,
ihm treu zu bleiben: auch dann, wenn Züge der Persönlichkeit und
Augenblicke in der Biographie eher die Skepsis als den Respekt her-
ausforderten.

Erika Mann zitierte in ihrem Vorwort zu den autobiographischen
Schriften des Vaters jene Beobachtung, die Hugo von Hofmannsthal nach einem Besuch in der Wohnung des jungen Autors geäußert hatte. «Der ganze Mensch mache einen ungemein gepflegten,
großbürgerlich-soliden, diskret-eleganten Eindruck», habe der
aufmerksame Kollege aus Wien mit einer Prise aristokratischen
Hochmuts bemerkt. «Auch sein Haus stelle man sich so vor: sehr
fein und reichhaltig, mit kostbaren Tapisserien, dunkelnden Ölge-
mälden, Clubsesseln, hellen Schlafräumen etc. pp. ‹Nur›», habe
Hofmannsthal hinzugefügt, «indem er auf seine Nägel blickte, – ‹in
irgend so einem Nebenzimmer› liegt dann plötzlich eine tote
Katze...›»

I. KAPITEL

Puppenspiele

Seine Mutter sei «weiblich begabt» gewesen, schrieb Thomas Mann in seinen amerikanischen Tagen an Agnes Meyer, die eine hochherzige, reiche und von einem unermüdlichen Verehrungswillen erfüllte Dame war, mit dem Verleger der «Washington Post» verheiratet und selbst eine Journalistin von bedeutendem Talent. «Ihre fünf Geburten», fuhr er fort, «waren alle leicht und glücklich, sozusagen talentvoll», und ihre Mutterliebe sei stark gewesen, «wenn auch abgestuft». «Am fernsten», bekannte er der einflußreichen Gönnerin, «standen ihr wohl der älteste Sohn und die ältere Tochter. Ich glaube, daß ich, der Zweite, ihrem Herzen am nächsten war.»

Woher wußte er das? Konnte er dieser Privilegierung so sicher sein? Hatte sich ihm die Mama auf diskrete Weise anvertraut? Die Lebensspuren, die Julia Mann (geborene da Silva-Bruhns) hinterließ, deuten eine solche Bevorzugung nicht an, im Gegenteil: Sie war zeit ihrer Tage bemüht, allen ihren Kindern ein gleiches Maß ihrer Zuneigung zukommen zu lassen. Hielt sie sich nicht lange Wochen an Heinrichs Seite auf, als der Älteste nach einem Blutsturz 1892 – er war einundzwanzig Jahre alt – in Wiesbaden darniederlag und hernach im Schwarzwald Erholung suchen mußte?

Liebe kennt keine absolute Gerechtigkeit, das ist wahr. Die ältere Tochter, die wie sie selbst den Namen Julia trug, mochte der Mutter durch den allzu honorig-bürgerlichen Ehrgeiz, mit dem sie die Gesellschaft Münchens zu beeindrucken versuchte, ein wenig fremder geworden sein. Doch sie beobachtete auch die ambitiöse Heirat des Sohnes Thomas und seine Etablierung in den Rängen der Grande Bourgeoisie zunächst voller Angst und Mißtrauen. Im harten Konflikt der Brüder während des Ersten Weltkrieges beklagte sie die starre Kälte des Jüngeren. Heinrich, der Älteste, war damals – wie ihre Briefe bezeugen – der schlichten Wärme ihres Gemütes und der liberalen Toleranz ihrer Gesinnung näher. Ihr Freiheitsgefühl fand eher bei Heinrich als bei dem jüngeren Bruder eine Entsprechung. Carla, die zweite Tochter – sechs Jahre jünger als Thomas –, spiegelte in vielen Zügen ihre eigenen Gefährdungen und Talente: in ihren künstlerischen Impulsen, die keiner zwingenden Begabung entsprachen, in der erotischen Unruhe, die auszuleben sie beide wohl nicht mutig genug waren, in ihrem Willen zur Unabhängigkeit, der dem Verlangen nach Schutz und Geborgenheit auf tragische Weise widersprach. Carla war nicht stark genug für die Freiheit, die sie gewählt hatte. Keines ihrer Kinder aber hat die Mutter leidenschaftlicher und inniger geliebt als diese Tochter, die einen so elenden Tod erlitt: Carla nahm sich im Jahre 1910, den Verstrickungen ihrer Existenz nicht länger gewachsen, das Leben.

Und wurde nicht Viktor, der spätgeborene Sohn – er war im April 1890, fünfzehn Jahre nach Thomas, ein Jahr vor dem Tod des Vaters in Lübeck zur Welt gekommen –, in den letzten Jahrzehnten ihres Daseins der engste Partner der Mutter? Sie umhegte und umsorgte ihn mit dem besonderen Eifer, der so oft den Jüngsten zuteil wird. Vielleicht wandte sie ihm die zärtlichste Sympathie zu, weil er nicht mit den glänzenden Gaben versehen war, mit denen die beiden älteren Brüder vor die Welt traten. Wurde der Kleine in ihrem unsteten Wechsel von Wohnung zu Wohnung und von Ort zu Ort nicht ihr eigentlicher Halt? Zog sie ihm nicht nach Augsburg nach – das damals wohl vor allem ein ungelüftetes Provinznest war –, als sich dort eine Anstalt des faulen Schülers erbarmte, der in München so schmählich gescheitert war (wie die Brüder in Lübeck auch)?

In seinen Erinnerungen, einem sympathischen und mit schöner Unmittelbarkeit erzählten Buch, das er dem Andenken der Mutter gewidmet hat, zeichnete Viktor ein differenzierteres Bild der alternden Frau, als es die hochliterarischen Brüder in ihren Briefen und Erinnerungen zuwege brachten. Er brauchte sie, anders als Heinrich und Thomas, nicht als Vorlage für diese und jene Novellen-

oder Romanfigur. Er rückte sie nicht auf dem Papier von sich fern. Sie geriet ihm nicht zum Typus. Er nahm ihre Persönlichkeit ohne künstlerischen Vorbehalt wahr – und ihrerseits mag sie gespürt haben, daß der Jüngste sie nicht mit dem beobachtenden Blick des Porträtisten maß. Die Liebe zwischen den beiden war ohne Krampf.

Warum aber bestand Thomas Mann noch im Alter darauf, daß er ihrem Herzen näher gewesen sei als die anderen? Naive Eitelkeit allein diktierte ihm die Behauptung gewiß nicht. Oder? Gehorchte er – nur halb bewußt – der Vermutung, daß sich die Homoerotik der Söhne oft aus einer engen Mutterbindung zu ergeben scheint (eine These, die er später in seinem Tagebuch höhnisch zurückwies)? So kühl ihm manche Bilder der unruhigen Frau in seinen Erzählungen gerieten – er wurde zum anderen nicht müde, Szenen einer rührenden Vertrautheit wieder und wieder zu schildern: die Stunden vor dem Einschlafen, wenn sie Bilder von ihrer fernen brasilianischen Kindheit in leuchtenden Farben beschrieb, die Palmen und Orchideen, den wuchernden Dschungel, die Riesenschlange im Garten, die Papageien, die Affen, die athletischen Sklaven, die braune Amme und ihre herzliche Wärme – Beschwörung einer Welt, die wohl eher der Phantasie als der realen Erinnerung dieser empfindsamen Frau entsprach, denn sie zählte kaum fünf Jahre, als sie der Vater nach dem Tod seiner Frau zusammen mit der älteren Schwester und zwei Brüdern nach Lübeck brachte, damit ihr eine deutsche Erziehung zuteil werde.

In ihren Witwenjahren beschrieb sie mit naiver Lust am Wort und einer sichtbaren Freude am Fabulieren die Geschichte ihrer brasilianischen Kindheit und ihrer deutschen Jugend im Pensionat des buckligen Fräuleins Therese Bousset. Die Mutter verfaßte auch, nicht ohne Geschick, einige Geschichten, die voll von melodramatischer Tragik waren, mit denen sie, halb ernsthaft, halb scherzend, den beiden großen Söhnen ein wenig Konkurrenz zu machen schien – vielleicht nur, um sich selbst zu beweisen, daß die Talente der beiden nicht von ungefähr kamen. Die Erzählungen gelangten erst lange nach ihrem Tod ans Licht.

Thomas stellte sich einer Veröffentlichung der autobiographischen Skizze in den Weg. (Dafür übernahm Heinrich die Aufzeichnungen – teilweise Wort für Wort – in die ersten Kapitel seines pathetisch-verkitschten Romans «Zwischen den Rassen» aus dem Jahre 1907.) Was mögen die Bedenken des Jüngeren gewesen sein? Fürchtete Thomas, die Mutter würde im Kreis der hochnäsigen Kollegenschaft ein wenig belächelt? Sorgte er sich, die kleine Peinlichkeit (wenn es denn eine gewesen wäre) könne sein Ansehen beschädigen? Schämte er sich, da er nun selbst, spätestens durch seine Ehe, wieder in großbürgerliche Verhältnisse einkehrte, jener exzentrischen Person, deren er sich sonst gern rühmte, zumal im Schutz der Romane und Novellen, die ihm erlaubten, alles zu sagen und dennoch alles zu verbergen?

Der Blick zurück nach Lübeck streifte die Fragwürdigkeiten ihres Wesens nur flüchtig. Immer wieder beschwor Thomas ein biedermeierliches Idyll: die Mutter an seinem Bett, eine Gutenachtgeschichte erzählend, eines der Märchen von Andersen, der Brüder Grimm oder auch der weniger glatt gebügelten von Perrault, die von Gustave Doré illustriert waren. Später las sie mit ihrer melodischen Stimme Geschichten von Arnim und Brentano, von E. T. A. Hoffmann und Fouqué – Stücke von jener romantischen Phantastik, die sie besonders anzuziehen schien. Am liebsten aber las sie aus Fritz Reuters «Stromtid», stolz darauf, daß ihr das Platt so mühelos von der Zunge ging. Als sie in Deutschland angelangt war, ein kaum fünfjähriges Kind, plapperte sie nur portugiesisch und verstand keine Silbe des einheimischen Dialektes. Ohne zu große Mühe eignete sie sich neben dem Lübecker Patois und dem Hochdeutschen ein passables Englisch und ein geläufiges Französisch an.

Das imitatorische und parodistische Element, mit dem Thomas Mann seine Kinder – und seine Leser – so oft ergötzte: er dankte es wohl der Mutter. Das Sprachtalent der Mama war ihrer Musikalität aufs engste verwandt. Auch dies ein Bild, das der Sohn unermüdlich aus den Erfahrungen der Kindheit herbeizitierte und seinem Publikum in weiß der Himmel wie vielen Variationen präsentierte, in Novellen, in Romanen, in Essays und in Briefen: die Mutter im großen Salon am Flügel, Chopin spielend, immer wieder die Nocturnes, oder mit ihrer «kleinen, aber überaus angenehmen und lieblichen Stimme» Lieder von Mozart und Beethoven, von Schubert, von Schumann, von Robert Franz, Brahms und Liszt singend.

Er nannte die Lieder zu Recht das «vielleicht herrlichste Gebiet deutscher Kunstpflege, eine Kultur für sich, in der Tat, in der ein Meister dem anderen den goldenen Ball zuwirft». Doch von all diesen Kostbarkeiten hinterließ Schuberts depressiver und selbstmörderischer Gesang vom «Brunnen vor dem Tore» die bedeutendste Spur im Werk. Alle Musik geriet hernach in Richard Wagners Schatten. Der klassische und romantische Reichtum, der sich vor dem sächsischen Magier auftürmte – für Thomas Mann war er zuletzt nur Vorbereitung und Präludium, der vor dem gewaltigen Zauber des Meisters versank, wie in der Erzählung «Tristan» Chopins Melodien vor dem «Sehnsuchtsmotiv» mit seinem «weißen Schleier» und erst recht vor dem «Todesmotiv» jenes Musikdramas vergehen mußten.

Auf das hübsche Bild des Knaben aber, der verträumt und entzückt zu Füßen der Mutter dem Wohlklang einer früheren, unschuldigeren Romantik lauscht, wollte er nicht verzichten. Es gehörte zum «Lebensbesitz». Harmonisch fügte es sich in die Vorstellung, die er von seinem Weg durch die Zeiten entwarf.

Ein Kind zwischen Wachen und Träumen: es konnte nicht anders beginnen. Mitglieder der Familie und Freunde des Hauses, die damals einen Blick auf ihn warfen, schildern ihn als ein eher ruhiges, gefaßtes und nüchternes Bübchen, das nicht von den Gefährdungen heimgesucht zu sein schien, von denen sich Bruder Heinrich, Thomas um vier Jahre voraus, so leicht überwältigen ließ. Der Vater traute dem Kleineren zunächst wohl sogar zu, daß er eines Tages sein Comptoir und das schwierige Geschäft des Getreidehandels übernehmen könnte. Er schickte ihn ins Realgymnasium des Katharineums, nicht in die humanistische Abteilung wie den Bruder Heinrich (der freilich in der «gebildeteren» Branche, in der er neben Latein auch Griechisch lernen sollte, keineswegs reüssierte). Wer weiß, vielleicht würde der stille Knabe, den alle Welt «Tommy» nannte, auf norddeutsch-englische Manier, sogar ein würdiger Erbe der politischen Ämter des Senators, der als Präses der Steuer-, der Handels-, der Schiffahrts- und Bau-Kommission eine Art Finanz- und Wirtschaftsminister der Miniatur-Republik Lübeck war – ein mächtiger Mann.

Kein einfaches Gemüt, dieser Kaufmann. Ein stattlicher Herr, der auf den ausdrucksvollen Photographien jener Tage klaren Auges

und klaren Gesichtes in die Kamera schaute, das Haar glatt gescheitelt, den dichten Schnauzbart links und rechts zu beträchtlicher
Länge gezwirbelt. Ein Mensch, dem seine Wirkung nicht gleichgültig war. Kein dickhäutiger Bourgeois, «nicht robust, sondern nervös und leidensfähig», wie der Sohn in seiner Lübecker Rede des
Jahres 1926 berichtete, ein Mann der «Selbstbeherrschung und des
Erfolges», geprägt von Würde und Gescheitheit, Ehrgeiz und Fleiß,
«persönlicher und geistiger Eleganz». Auf den Vater war er stolz.
Die Geschichte seiner Familie indes schien ihn nur am Rande zu
interessieren. Sie waren allesamt Handwerker oder Händler, bis
zum Aufstieg des Großvaters im Kern eher dem Kleinbürgertum als
den großen Sippen der Hansestadt zugehörig. Unter ihnen übrigens
keine Männer «geistiger» Berufe: keine Akademiker, keine Pfarrer
und Richter, keine Wissenschaftler, keine Künstler.

Heinrich, dem die Nachfolge nach bürgerlicher Gewohnheit
hätte zufallen müssen, erzählte später, wie gern er als kleiner Junge
den Vater auf seinen Fahrten hinaus zu den ländlichen Kunden, auf
den Gängen durch die Stadt und zu den Schiffen im Hafen begleitet,
wie stolz er den Respekt genossen habe, der dem Senator von allen
Bürgern, ob arm, ob reich, ob sozialdemokratisch oder bismar-
ckisch gesinnt, entgegengebracht wurde. Der Vater ließ ihn sogar
ein Schiff taufen. Diese freundliche Einübung in ein Dasein ordentlichen Handels und Wandels aber «schlief ein», als er «zuviel las
und die Häuser der Straße nicht hersagen konnte». In Wahrheit tat
der Älteste, wie man sagt, «nicht gut». Er trieb sich, von der Pubertät an, in dunklen Gassen und schlechter Gesellschaft herum.

Thomas wurde das pädagogische Vergnügen solcher Ausflüge an
der Seite des Vaters nicht mehr zuteil. War der Senator, kein Mann
von robuster Gesundheit, schon zu müde, als der Bub vernünftig
und verständig genug für die lehrreichen Exkursionen gewesen
wäre? Oder wollte er das Kind nicht aus seiner Traumverlorenheit
in die Wirklichkeit zwingen, noch nicht? Resignierte er vor einem
(scheinbaren) Phlegma, das in seinen bürgerlich rechtschaffenen
Augen nichts anderes als Faulheit sein konnte?

In der Schule zeigte der Knabe nicht den geringsten Eifer. An
seiner Intelligenz zweifelte keiner der Lehrer im Progymnasium des
Dr. Bussenius. Der Wissensstoff, den sie ausbreiteten, ob langweilig

oder mit einigem Geschick, schien das Kind nur am Rande zu interessieren. Die üblichen Tricks und Mogeleien, das Vorsagen und Abschreiben lernte er hingegen schnell, besonders beeindruckt von dem Rabbinersöhnchen Carlebach, seinem Banknachbarn, den er (in einer unveröffentlichten Skizze) als «quick, wenn auch eben sehr reinlich nicht» geschildert hat. Er freute sich an den «großen, klugen, schwarzen Augen» des Jungen, dem er den Namen Ephraim gab, obwohl er – wie Peter de Mendelssohn nachwies – in Wirklichkeit Simeon hieß. «Was ich», schrieb er hernach in jener Aufzeichnung, «namentlich nicht vergesse, war die unglaubliche Geschicklichkeit, mit der er mir beim ‹Verhör›», wie man die Abfragerei in Lübeck nannte, «einzublasen verstand, seinerseits aus dem Buche lesend, das er hinter dem Rücken seines Vordermannes aufgeschlagen hielt.»

In jenen Anmerkungen «Zur jüdischen Frage» aus dem Jahre 1921 (für den «Neuen Merkur» von Efraim Frisch), die er – sich dem Drängen seiner Frau beugend – vor dem Druck wieder zurückzog, betonte er fast allzu entschieden, daß die Mitschüler mosaischen Glaubens eine besondere Anziehungskraft auf ihn ausgeübt hätten. Es mochte so sein oder auch nicht. Auf eine gewisse Distanz hat der Knabe kaum verzichtet. Dem Hause Mann war der «domestizierte» Antisemitismus nicht fremd, der sich damals in nahezu jeder gehobenen Bürgerfamilie antreffen ließ. Nein, es war gewiß nicht der rabiate Rassismus, der bei den «Altdeutschen» üblich war, sondern eine hochmütige und naserümpfende Abwehr, manchmal religiös begründet, manchmal sozial, meist freilich simpel gegen das Andere und Fremde gerichtet. Man behauptete später, jener «bürgerliche Antisemitismus» sei vergleichsweise «harmlos» und «gutmütig» gewesen – als gäbe es ein «gemütliches Ressentiment». Thomas Mann mühte sich hernach im Gang seines Lebens, das lauernde Mißtrauen gegen eben die Fremden und Anderen, das früh in seine Seele gesenkt worden war, zurückzudrängen und zu zähmen. Mit der Wurzel riß er es nicht aus. In Augenblicken der Krise und der Kränkung regte es sich unversehens wieder.

In Wahrheit hegte Tommy wohl von Kind auf eine gewisse Scheu, sich mit Schulkameraden aus niederen und mittleren Ständen oder mit den Gassenjungen auf nähere, gar auf intime Weise einzulassen. Die Verliebtheit in den blond-blauäugigen Armin Martens und seine gönnerhafte Vertrautheit mit dem Buchhändlerssohn Otto Grautoff waren dem Alltag enthoben. Das Kinderfräulein der Mannschen Sippe – Urbild der unsterblichen Ida Jungmann in den «Buddenbrooks» –, das die Sprößlinge der Senatorenfamilie mit dem geschärften Hochmut der gehobenen Domestiken von den Rotznasen aus der Gosse fernhielt – mit Tommy hatte es wohl nicht allzuviel Mühe.

Der Knabe war sich früh der Besonderheit seines Wesens bewußt. Er imponierte den Schulkameraden durch seine Herkunft, seine Faulheit, die annoncierte, daß er den ordinären Schulfleiß letzten Endes «nicht nötig» habe. Natürlich litt er an der vernunftlosen Paukerei, der starren Ordnung, der stumpfen Strenge des wilhelminischen Schulbetriebes, an dem Hanno Buddenbrook sein zartes Knabengemüt aufrieb. Indes, Thomas lernte, seine verletzliche Seele abzuhärten – wenigstens das. Er war sich, kein Zweifel, für die Schule auch ein wenig zu gut. Den Lehrern und Kameraden entging der leise Hochmut nicht, der sich hinter der leidenden Reserviertheit verbarg.

In seinem «Lebensabriß», den er aus Anlaß des Nobelpreises im Jahre 1930 schrieb, stellte er mit knapper Härte fest: «Ich verabscheute die Schule und tat ihren Anforderungen bis ans Ende nicht Genüge. Ich verachtete sie als Milieu, kritisierte die Manieren ihrer Machthaber und befand mich früh in einer Art literarischer Opposition gegen ihren Geist, ihre Disziplin, ihre Abrichtungsmethoden. Meine Indolenz, notwendig vielleicht für mein besonderes Wachstum; mein Bedürfnis nach viel freier Zeit für Müßiggang und stille Lektüre; eine wirkliche Trägheit meines Geistes, unter der ich noch heute zu leiden habe, machten mir den Lernzwang verhaßt und bewirkten, daß ich mich trotzig über ihn hinwegsetzte.»

Zuvor hatte er mit einer Prise von Selbstironie bemerkt, sein Kinderwunsch sei es gewesen, Konditor oder Trambahnschaffner zu werden – was völlig den Üblichkeiten entsprach –, aber «als ich sah, daß daraus nichts wurde, verzichtete ich überhaupt». Die Resignation hatte Folgen: Er blieb schon in der Anstalt des Dr. Bussenius sitzen. Er selbst wies nirgendwo darauf hin, daß er sein Versagen als Niederlage oder gar als Schande empfunden habe. Auch die Eltern

müssen das Verdikt des Lehrerkollegiums halbwegs gefaßt entgegengenommen haben. Kein wilder Vaterzorn, keine mütterliche
Verzweiflung, keine Familienhysterie. Das Geschick der Kinder
hing nicht von einem guten, von einem schlechten Zeugnis ab. Fatalistisch akzeptierte die Familie, daß Thomas auch im Realgymnasium des Katharineums zweimal eine Klasse zu wiederholen hatte.
Als ihm endlich das Zeugnis des «Einjährigen» ausgehändigt wurde
– auf das Abitur hatte er, wie der Bruder Heinrich, mit dem Einverständnis der Eltern verzichtet –, zählte er neunzehn Jahre. Andere
erreichten jenes Ziel mit sechzehn.

Als sich die Gymnasialjahre zum Ende neigten, ließ er sich auf
einen engeren Umgang mit vier Kameraden adliger Herkunft ein:
den «kleinen Grafen», von denen einer – Eberhard Schwerin – der
Sohn eines Sonderlings, bettelarm und (laut Peter de Mendelssohn)
ein wenig abgerissen war. Zwei andere – Hans-Kaspar von Rantzau
und Detlef Reventlow – sah man im Hause der Eltern lieber; sie
halfen Tommy bei den Hausaufgaben und lasen mit ihm schöne
Bücher. Mit Hermann Vitzthum von Eckstädt aber, einem sensibleren Jüngling, ergab sich eine Art literarischer Partnerschaft, die sich
erst in den Münchner Tagen verlor. Zu dem fast immer gehorsamen
Otto Grautoff, in dem er früh seinen kleinen Eckermann zu erkennen schien, bemerkte Thomas später mit nicht ganz verläßlicher
Reue, er habe ihn in den Lübecker Tagen leider zugunsten der «sehr
fashionablen und teilweise sogar begabten Grafen» links liegengelassen, obwohl sie beide doch «wirklich intim» gewesen wären und
sich «bis in alle Finessen» verstanden hätten. Es war, sagte er, «auch
Wahlverwandtschaft im Spiele».

In Wahrheit schätzte er Grautoff, ein eher unansehnliches
Bürschchen: Sohn eines Buchhändlers, der Bankrott gemacht hatte
und folglich «vernichtet» sei, wie ihm der Vater sagte. Der treu ergebene Vasall hatte den lyrischen Versuchen Tommys fast immer
Beifall gespendet – anders als Bruder Heinrich, der in seinen Briefen
an den Schulfreund Ludwig Ewers rüde bemerkte, er sei über die
«Gefühlsprodukte einer halbwüchsigen liebenden Seele», mit denen ihn der Dichter verfolgt habe, «immer stillschweigend oder laut
lachend zur Tagesordnung» übergegangen. Er amüsierte sich grob
über die freundschaftsseligen Töne der Verse, die ihm ein «pein-

liches Gefühl» verursachten – wie die Gedichte Platens, dieses «Ritters vom heiligen Arsch». Thomas hat ihm den Spott niemals verziehen, obschon er sich später selbst gestand – wenngleich unwillig –, daß er zum Lyriker nicht berufen sei.

Grautoff aber hat niemals aufbegehrt, wenn ihm der überlegene Partner mit mildem Snobismus, manchmal auch mit rüder Arroganz und belehrender Besserwisserei begegnete. Er schien nichts übelzunehmen. Marcel Reich-Ranicki bezeichnete ihn, mit einem Gran Übertreibung, als ein «subalternes Faktotum» – immerhin erwies sich der Freund später als ein guter Übersetzer und ein begabter Vermittler zwischen den Kulturen Frankreichs und Deutschlands. Der freundliche Kamerad trug das Seine dazu bei, Thomas die Pflichtjahre im Katharineum erträglich zu machen.

Tommy aber legte geradezu Wert darauf, ein miserabler Schüler zu sein, ja er gefiel sich als «verkommener Gymnasiast». War das Versagen in der Schule nicht die Voraussetzung, ein bedeutendes Leben zu führen? Wußte nicht jeder Pennäler, daß Bismarcks Aufführung in der Schule eine glatte Katastrophe gewesen war? Gab es nicht neben dem Kanzler Beispiele genug, die demonstrierten, daß Schulgescheitheit mit höherem Wissen nicht das geringste zu schaffen hat? War ein Mensch mit makellosen Zeugnissen überhaupt dazu fähig, etwas «Großes» zu werden? Schlossen sich musische Talente und mathematisch-naturwissenschaftliche Talente nach humanistischem Vorurteil nicht geradezu aus?

Als Kind hatte Tommy, wie es sich gehört, voller Eifer in einem schönen alten Kaufmannsladen hantiert, oft zusammen mit Bruder Heinrich, mit dem er das Spielzeug teilte. Auch ganze Schwadronen und Regimenter von Zinnsoldaten hatte er mit der angebrachten Begeisterung jener militärseligen Zeit in seinem Kinderzimmer aufmarschieren lassen, wobei nur die Höcker zwischen den Beinen der Reitersleute, mit denen sie Halt im Sattel fanden, seine ästhetischen, vielleicht auch seine kindlich-moralischen Empfindsamkeiten störten. Dies deutet allerdings darauf hin, daß die Mutter, vielleicht auch der Vater, doch am ehesten wohl eines der Kinderfräulein den Knirps gelehrt hatte, ungut, schmutzig, womöglich böse und völlig zu meiden sei, was die Natur in jenem unteren Bezirk des menschlichen Leibes angebracht hat.

Wichtiger: vom Bruder Heinrich hatte er eines Tages das Puppentheater geerbt. Allemal ging ihm der wahre Weihnachtshimmel auf, wenn neue Figuren für seine Truppe und neue Kulissen für die geplanten Stücke auf dem Gabentisch lagen. Diese Christfeste! Sie brachten die Erfüllung aller irdischen Seligkeiten, obwohl die Eltern der religiösen Unterweisung ihrer Kinder keine allzu strenge Aufmerksamkeit gewidmet zu haben scheinen. Natürlich nahmen die Jungen und Mädchen, wie es die Ordnung verlangte, an frommen Unterweisungen lutherischer Konfession in der Schule teil (es gab in Lübeck auch, neben der katholischen Minderheit, eine calvinistisch-reformierte Gemeinde). Sie absolvierten den Konfirmandenunterricht und feierten, als es an der Zeit war, das Fest der offiziellen Aufnahme in die Kirche des Herrn.

Nirgendwo ist verzeichnet, daß sie zum regelmäßigen Besuch des Gottesdienstes angehalten wurden. «Glaube? Unglaube? Ich weiß kaum, was das eine ist und was das andere», schrieb Thomas viele Jahrzehnte später in einem «Fragment über das Religiöse». «Ich wüßte tatsächlich nicht zu sagen, ob ich mich für einen gläubigen Menschen halte oder für einen ungläubigen. Tiefste Skepsis in bezug auf beides, auf sogenannten Glauben und sogenannten Unglauben, ist all mein Ausweis, wenn man mich katechisiert.» Den herben Adel der Lübecker Gotik, durch prangende Orgeln, Kanzeln und Grabornamente auf barocke Weise gelockert, lernten die Geschwister dennoch schätzen.

Am Weihnachtsabend aber durfte eine naiv-sentimentale Frömmigkeit, sonst eher als lästige Gewohnheit betrachtet, eine strahlende Stunde lang ungetrübt triumphieren. Die Familie versammelte sich im Haus der Großmutter in der Mengstraße, eher ein kleines Palais – die einzige Behausung der Sippe, die den Bombenkrieg überstand und nun, als «Buddenbrookhaus», den Ruhm auf sich sammelt, den Thomas Mann der Stadt hinterließ. (Die Wohnung in der Breiten Straße, die Vater Heinrich und Mutter Julia nach ihrer Heirat bezogen, das aufwendige Haus in der Beckergrube, das der Senator hernach hatte bauen lassen – nichts ist geblieben.)

Weihnacht: In festlicher Kleidung waren sie alle versammelt, Eltern, Kinder, das zahlreiche Gesinde. Die Lichter wurden angesteckt. Andachtsvolle Stille, hinter der sich die flackernde Erwartung der Kleinen verbarg. Die Großmutter las den Bericht des Evangelisten Lukas von der Geburt des Herrn. Es wurde gesungen. Dann endlich war der Weg zu den Geschenktischen frei, auf denen sich der ganze Reichtum des Lebens auszubreiten schien. Noch vor der Mahlzeit gab es draußen in der Halle die Bescherung der Armen, wie sie von der patrizischen Tradition gefordert wurde. Das Essen am Heiligen Abend war schlicht, um die Dienstboten zu entlasten. Auch das entsprach der Überlieferung.

Für Thomas war das Puppentheater das wichtigste Element der festlichen Tage. Nur die Bücher konnten gleiche Beseligung schenken. Die Hauptkulissen und die meisten der Figuren hatten schon dem Bruder Heinrich gedient, und viele der Dekorationen waren vom Bruder mit Hingebung und einigem Talent selbst gefertigt; er gefiel sich, bis in die Pubertät, in dem Wunsch, Maler zu werden, und er zeichnete viel, mit deutlicher Neigung zur Karikatur. Obwohl sich Heinrich in seinen erwachsenen Jahren intensiver mit dem Theater einließ, entschlossen, sich auch als Bühnenautor einen Namen zu machen, wurde die spielerische Vorübung in seinem Puppentheater dem Jüngeren zur höchsten Leidenschaft der Kindertage. Tommy erfand Räuberdramen, bürgerliche Tragödien und schließlich ganze Opern. Er sprach und sang, seine imitatorischen Gaben steigernd, jede Rolle, summte auch das Orchester mit, das er gleichzeitig dirigierte, machte die Honneurs, rezitierte Prologe und sorgte für Applaus.

Seine Eltern hatten ihn gelegentlich ins «Tivoli» mitgenommen, ein vorstädtisches Sommertheater, in dem Vaudeville- und Boulevardstücke gegeben wurden, auch Operetten und Singspiele. Klingelzeichen, Herzklopfen. Intrigen. Verwirrungen der Seele. Heitere Katastrophen. Komik. Klamauk. Später dann im städtischen Theater die ersten Opernerlebnisse. Die Erregung, wenn aus dem Orchestergraben das süße Chaos der sich einstimmenden Instrumente hörbar wurde. Stille. Es dirigierte für gewöhnlich Herr von Fielitz, ein junger Kapellmeister, der manchmal mit der Mutter musizierte, vielleicht in einem allzu innigen Einverständnis, Tommys Gemüt durch kleine Wellen der Eifersucht verstörend, und der auf der Violine und im Flirt gleichermaßen geübt zu sein schien. Schon vorher hatte er ihr Getändel mit einem schmucken Leutnant der preußischen Garnison voller Unruhe beobachtet.

Der Knabe selbst lernte unter Anleitung des braven Konzertmeisters Winkelmann die Geige spielen, nicht ohne Geschick und Passion, obwohl sich kammermusikalische Partner in den Münchner Tagen beklagten, er habe «mit Takt und Rhythmus etwas auf Kriegsfuß» gestanden. Von der Mutter angeregt, brachte er sich einige Anschläge auf dem Klavier bei: genug, um ein wenig zu phantasieren und hernach immer wieder, bis zuletzt, die «Tristan»-Motive zu zelebrieren.

«Lohengrin» war wohl die erste Oper. Dann «Tannhäuser». Das romantische Repertoire. Für einen Augenblick streifte ihn der Wunsch, Dirigent zu werden, doch er schien rasch zu begreifen, daß dies nicht der Weg war, den sein Talent ihm wies. Den ersten Brief aus seiner Feder, der auf die Nachwelt kam – er war an Frieda Hartenstein gerichtet, die vielleicht eine Zeitlang im Hause Mann gearbeitet hatte –, unterschrieb der Vierzehnjährige mit pubertärer Forschheit: «Th. Mann. Lyrisch-dramatischer Dichter».

Der Scherz tarnte einen ruhigen Ernst, der stark genug war, die Eltern vor allzu strengen Korrekturen der verträumten Indolenz des jungen Menschen abzuhalten. Als seine Theaterproduktion in den Puppenkulissen mit dem Stimmbruch zu Ende kam, schrieb er längst Gedichte. Nichts Ungewöhnliches für jenes Alter und jene Zeit. Jeder Gymnasiast und jedes junge Mädchen «aus gutem Hause» besaß ein Poesiealbum, in dem eigene und fremde Herzensergießungen gesammelt wurden: gehobene Dienstmädchen-Lyrik, Liebesklagen und Romanzen im Stile Heines oder, was näher lag, Emanuel Geibels, des Lübecker Stadtpoeten, dessen Ruhm über ganz Deutschland glänzte. Thomas Mann hat als Knabe den Alten noch gesehen – wie er den «Mitbürgern» beim siebenhundertjährigen Jubiläum seiner Stadt leutselig erzählte –, den Poeten «mit seinem weißen Knebelbart»; er sei «von ihm um meiner Eltern willen sogar freundlich angeredet worden». Dann die Anekdote, die wohl zum Urgut der Heimatkunde gehörte: Als Geibel schließlich starb, habe eine alte Frau auf der Straße gefragt: «Wer kriegt nu de Stell? Wer ward nu Dichter?» Der Redner meinte, «de Stell» sei «mit ihrem Inhaber und seiner alabasternen Form dahingegangen»; eine

Nachfolge habe «die fortschreitende, sich wandelnde Zeit» nicht erlaubt.

Er täuschte sich nicht völlig. Doch ein kritischer Zuhörer hätte ihn fragen können, ob die veränderte Epoche nicht einer veränderten literarischen Repräsentation bedurfte, die sich womöglich in ihm erfüllte. Hätte er widersprochen? Das «klassisch-romantische ‹Saitenspiel›» Emanuel Geibels hatte er vielleicht schon als Pennäler überlegen belächelt. Nur wenige seiner eigenen Verse sind erhalten. Man darf vermuten, daß Schiller in ihnen einen Nachhall, daß August von Platen, daß vielleicht auch Heinrich Heine ein Echo fand. Später waren hinter dem Überschwang auch Klänge von welker, trauriger Schönheit vernehmbar, wie sie ein ferner Partner in Wien, von dem er nichts wissen konnte, unter dem Namen Loris in so vollendeter Form in die Welt schickte: der siebzehnjährige Hugo von Hofmannsthal – «frühgereift und zart und traurig». Thomas hätte sich damals wohl am ehesten in den Strophen von Felix Dörmann wiedererkannt: «Ich liebe, was niemand erlesen, / was keinem zu lieben gelang; / mein eigenes urinnerstes Wesen / und alles, was seltsam und krank.»

Der blutjunge Hofmannsthal war der geborene Poet. Thomas Mann war es nicht. Dennoch hielt seine poetische Produktion bis in die Münchner Jahre an, wenngleich nur mit halbem Ernst betrieben, da er fürs Versemachen ja «keinen Fleiß und keine Ausdauer» brauchte. Nein, die Lyrik war nicht sein Weg, dichterische Glorie zu gewinnen, von der er früh zu träumen anfing. Aber ehe sich das Jahrhundert neigte – er war immerhin vierundzwanzig –, wagte er noch einmal einige Verse in ironischem Freimut, die zugleich ein fast unschuldiges und schutzloses Geständnis waren: «Ich bin ein kindischer und schwacher Fant, / Und irrend schweift mein Geist in alle Runde, / Und schwankend fass' ich jede starke Hand. – Und dennoch regt die Hoffnung sich im Grunde, / Daß etwas, was ich dachte und empfand, / Mit Ruhm einst gehen wird von Mund zu Munde.»

2. KAPITEL

Der kleine Prinz

Thomas Manns Terzinen aus dem Jahre 1899, in der Zeitschrift «Gesellschaft» abgedruckt, spiegelten Träume, die weit in die Kindheit, bis in die Jahre der Puppenspiele zurückleuchten. Der Knabe, seiner theatralischen Passion hingegeben, könnte sie sich sehnsuchtsvoll aufgesagt haben: «Schon klingt mein Name leise in das Land, / Schon nennt ihn mancher in des Beifalls Tone: / Und Leute sind's von Urteil und Verstand. – Ein Traum von einer schmalen Lorbeerkrone / Scheucht oft den Schlaf mir unruhvoll zur Nacht, / Die meine Stirn einst zieren wird zum Lohne / Für dies und jenes, was ich hübsch gemacht.»

Zum Poeten war er nicht geschaffen, wohl aber, das ahnte er früh, für den Ruhm. Seine Pubertätsverse – sie sind allesamt verloren – waren immerhin begabt genug, die Aufmerksamkeit der sensibleren Freunde zu finden, vielleicht auch der einen oder anderen jungen Dame, der er bei der Tanzstunde oder in den Häusern der Kameraden begegnet sein mag.

In den frühen Erzählungen zeichnete er – sofern er nicht umschwärmte Freunde in Mädchenkleider steckte, was fast die Regel war – ihre Porträts in sachter Verfremdung nach. Nichts deutet auf eine Leidenschaft hin, die den jungen Menschen beben ließ, wenn er eine der Kaufmannstöchter zur Polonaise führte – oder er zitterte nur, wie er es ohne Schonung beschrieb, vor dem eigenen Ungeschick. Kein Brief, keine Notiz, keine Anekdote zeigt an, daß es ihn durch die nächtlichen Straßen trieb, weil er mit den Sternen, den Steinen, den Bäumen zu reden hatte – gewiß nicht um eines Mäd-

chens willen. Keine bedrohlichen Abenteuer auf den Spuren des
«brennenden Geheimnisses», von dem Stefan Zweig später schrieb.
Keine tapsenden Ausflüge auf Zehenspitzen zu den Kammern des
Personals. Auch keine ängstliche Belauerung der Mutter. Oder
doch? Wagte er es nur nicht, die tieferen Geheimnisse der Kindheit
den Tagebüchern der späteren Jahre anzuvertrauen?

Gewiß schlich er nicht wie der Bruder Heinrich in die Pension
Knoop hinter der Ägidienkirche, ein Bordell, das man nur heimlich
betrat. Seiner erbarmte sich kein Dienstmädchen und keine Cousine
Alice, die ihre sehnsuchtsvolle Langeweile mit dem Bruder Heinrich vertrieb. Vielleicht wies er, ohne es zu wollen oder auch nur zu
begreifen, alle möglichen Annäherungen durch seine Scheu zurück.
Ein furchtsamer Instinkt schien Tommy in der Tat von allen Lok-
kungen der «niederen Minne» fernzuhalten.

Dennoch überwältigten ihn Leidenschaften, die er vor niemandem verbarg. Immer wieder, bis ins Alter, schrieb und redete er von
diesen Passionen, die seine Seele tief berührten. Tommy verliebte
sich als Jugendlicher in einen hübschen Schulgenossen, der sich
über seine Verse nicht mokierte, jedenfalls nicht vor seinen Ohren.
Empfindsame Gespräche auf langen Wegen über den Wall, die in
«Tonio Kröger» ihren leuchtenden Spiegel fanden, Enthusiasmus,
Ängste und Traurigkeiten. Armin Martens, schrieb er noch in
einem der letzten Briefe, dieser Name verdiene «eine rote Unterstreichung»: «Denn *den* habe ich geliebt». Der blonde Sohn eines
Mühlenbesitzers sei tatsächlich seine «erste Liebe» gewesen – «eine
zartere, selig-schmerzlichere, war mir nie mehr beschieden», rief
er hernach mit wehmütiger Gebärde. «So etwas vergißt sich nicht,
und gingen 70 inhaltsvolle Jahre darüber hin. Mag es lächerlich klingen, aber ich bewahre das Gedenken an diese Passion der Unschuld
wie einen Schatz.» An seine Passion, wohl nicht so sehr an den
jungen Menschen. Der alte Mann fügte hinzu, es sei nur zu begreiflich, daß jener blondhaarig-blauäugige Junge «mit meiner Schwärmerei, die ich ihm einmal an einem ‹großen› Tage gestand, nichts
anzufangen wußte. Das lag an mir und an ihm. Sie starb denn auch
so dahin».

Armin Martens hatte sich freilich über die Wallung der Gefühle,
die ihm fremd waren, hinter dem Rücken des Freundes taktlos ge-

nug amüsiert. Sein Charme, erinnerte sich Thomas Mann mit einem Anflug von Bitterkeit, habe schon in der Pubertät «erheblichen Schaden gelitten». Mit anderen Worten: Armin lief, wie seine Schwester Ilse in ihren alten Tagen Peter de Mendelssohn hinterbrachte, lieber den Mädchen nach. In seinem «Lebensabriß» wußte Thomas Mann zu berichten – mit einer gewissen Befriedigung, wie der Leser zu ahnen meint –, Martens habe sich später «dem Trunke» ergeben und «in Afrika ein trauriges Ende» genommen.

Der Sturm der Gefühle trieb, es ist merkwürdig, Tommy nicht hinaus in den stärkenden und tröstenden Schoß der Natur. Er warf sich nicht weinend ins Moos. Er umarmte nicht jubelnd den nächstbesten Baum. Er blickte nicht auf zum Himmel, um eine Botschaft an den Geliebten ins Firmament zu schreiben. In Wahrheit schien ihn die Natur vom zartesten Alter an zu langweilen. Er machte sich wenig aus ihrem Zauber. So deutsch er sich fühlte, vor allem als junger Mensch: sein Gemüt brauchte den Wald nicht. Nicht die Heide. Nicht die verwilderten Gärten. Nicht die Berge, die ihm den Anlaß gaben, die Urnatur und ihre «gigantischen Mächte» das «übergewaltig Dumme» zu nennen.

Er räumte später ohne Umstand ein, daß Landschaftsschilderungen nicht «seine starke Seite» seien. Meer und Hochgebirge, sagte er, seien nicht ländlich: «sie sind elementar im Sinne letzter und wüster, außermenschlicher Großartigkeit, und es sieht fast aus, als ob der zivile, der städtische, der urbane, der bürgerliche Künstler, wenn es Natur gilt, geneigt wäre, das Ländlich-Landschaftliche zu überspringen». Mit dem Meer aber war er seit den Sommern der Kindheit vertraut (sofern das Elementare Vertrauen erlaubt). Die großen Ferien hießen für ihn allemal Ostsee und Travemünde. Das «Meer, sein Rhythmus, seine musikalische Transzendenz» seien «auf irgendeine Weise überall» in seinen Büchern gegenwärtig, rief er den Bürgern von Lübeck zu.

Das mag wohl sein, aber mehr als das Rauschen der Brandung und tiefer als der Schlag der Wellen faszinierte den Knaben das sommerlich-heitere Treiben in Travemünde «mit dem biedermeierlichen alten Kurhaus, den Schweizerhäusern und dem Musiktempel, in dem der langhaarig-zigeunerhafte Kapellmeister Heß mit seiner Mannschaft konzertierte». In Travemünde, dem «Ferienparadies», habe er die «unzweifelhaft glücklichsten Tage» seines Lebens verbracht, «Tage und Wochen, deren tiefe Befriedigung und Wunschlosigkeit» durch nichts Späteres in seinem Leben zu übertreffen gewesen seien. Er suchte, auch in der hellsten Erregung der Pubertät, die Menschen, nicht die Natur.

Thomas Mann gelangte, ehe er neunzehn wurde, kaum weiter als nach Travemünde. Er kannte weder Hamburg noch Berlin. Das Fernweh zog ihn offensichtlich nicht fort – anders als den Bruder Heinrich, der im zarten Alter von dreizehn Jahren die Verwandtschaft in St. Petersburg besucht hatte und, da er in der Schule allzu aufsässig war, das Katharineum schon in der Unterprima quittierte, um in Dresden eine Buchhändlerlehre zu absolvieren (ohne rechten Erfolg). Danach fand er – mit erstaunlichem Glück – eine Volontärsstelle bei dem jungen und aufstrebenden Verlag Samuel Fischers in Berlin.

Tommys verträumten Augen aber schien keine Regung im Umkreis der «sieben Türme» seiner Stadt zu entgehen. Die Hingabe an lyrische Wehmut und die philosophischen Grübeleien, denen er sich gegen Ende der Schulzeit als Essayist der Primanerzeitschrift «Der Frühlingssturm» überließ, verstellten dem jungen Menschen niemals den nüchtern-prüfenden Blick für die kleine Welt der Lübecker Innenstadt (die Arbeitervorstädte mit ihren schlichten Unterkünften berührte sein Blick nur selten und ohne rechtes Interesse): die alten Kaufmannsgassen samt dem Hafen waren der einzige Lebensbezirk, in dem er sich auskannte, in der ihm kein Kamin, kein Pflasterstein, keine Regung und keine Konstellation der Gesellschaft fremd waren, die er in der Breite und der Tiefe ihrer physischen und ihrer psychischen Beschaffenheit geprüft und ausgemessen hat. Lübeck: sein Universum, das er später als ein Venedig des Nordens schilderte. Er wollte sogar eine merkwürdige Verwandtschaft zwischen dem Lübecker Rathaus und dem Dogenpalast erkennen. (Außerdem heiße das Lübecker Marzipan eigentlich «panis Marci» und stamme aus Venedig.)

Er kannte in der Tat jedes der Originale, hinter denen die Kinder johlend und feixend einherliefen: den Einbeintänzer, mit dem er später Tony Buddenbrook ihren grausamen Spott treiben ließ, die «Schirmmadame» oder die «Puppenliese», die armen Mütterchen

mit ihren Buckeln und triefenden langen Nasen, die so grausam als
Hexen verspottet wurden, die Marktweiber, wohl auch manche der
Werftarbeiter, die am frühen Morgen ein Gläschen Schnaps nicht
verweigerten, die schmucken Leutnants, die im Ballsaal des Hauses
Mann gute Figur zu machen versuchten und sich gelegentlich auch
bei der Mutter mit einem artigen Sträußchen einfanden, die höheren
Töchter, die Matronen, die Kaufleute, die in der Regel zu diskret
waren, sich wie die Kollegen in der Hansestadt Hamburg mit dem
Adverb «königlich» zu plustern.

Jeder Winkel der noch immer gotisch geprägten Altstadt war ihm
vertraut, jede Gasse und jeder Hof. Eine enge, oft dunkle Welt,
zumal in den langen Wintern des Nordens, zugleich eine Welt voller
Würde und voll putziger Geschichten. Sie vermittelte ein Behagen,
auf das nicht immer Verlaß war. Sie hatte ihren hintersinnigen Humor. Stieg ihm damals schon der Schwefelgeruch jener Dämonie in
die Nase, die ihm bei der Niederschrift des «Doktor Faustus», ein
halbes Jahrhundert später, zu einem Synonym altdeutscher Spitz-
giebeligkeit wurde? Die makabren Bilder des Lübecker «Toten-
tanzes» scheinen keine zu tiefen Spuren in seiner jungen Seele hinterlassen zu haben.

Oder doch? Thomas Mann bemerkte 1931 in seiner Ansprache
zum sechzigsten Geburtstag Heinrichs, durch die «gotischen Winkel» und die «Giebelgassen» Lübecks schleiche «etwas Spukhaftes,
allzu Altes, Erblasthaftes – hysterisches Mittelalter, verjährte
Nervenexzentrizität, etwas wie religiöse Seelenkrankheit», und es
würde ihn nicht wundern, wenn dort noch «heutigen Tages plötzlich der Sankt Veitstanz oder ein Kinderkreuzzug ausbräche»: das
waren nun wirklich die Schauerbilder des «Doktor Faustus», dem
Buch gut eineinhalb Jahrzehnte vorausgezeichnet. Übrigens
brachte er sein Künstlertum – und das Heinrichs – in einen «kausalen Zusammenhang» mit diesem «nicht ganz geheuren Stadtspuk».
Von einem «wunderlichen und unheimlichen Gemeinwesen dort
oben an der Trave» hatte er schon 1906 in einem Brief an die – sehr
viel ältere – Schriftstellerin und Journalistin Ida Boy-Ed gesprochen, das er freilich drei Jahre danach – mit dem Blick auf die
«Buddenbrooks» – zärtlicher und anspruchsvoller sein «Faubourg
St. Germain» nannte.

Der Knabe verschloß seine Ohren nicht vor den tausend Gerüchten, die Wunderliches über die «Verhältnisse» hinter den starken Mauern, vom Reichtum der Stadt in vorpreußischen, vornapoleonischen Zeiten, auch vom Gründergeist des zweiten Barock und seinen raschen Gewinnen anzeigten. Ihm blieb nicht verborgen – der Vater mag darüber gesprochen haben –, daß die hansische Tradition des intensiven Handels mit Skandinavien, Rußland, England unter dem preußischen Zepter zunehmend verkümmert war.

Politik beurteilten die Bürger der Stadt – mit ihren dreißigtausend Seelen eine Gemeinde mittlerer Größe – vor allem nach den Kriterien der wirtschaftlichen Lage, obschon auch sie sich, seit den Jubeltagen von Sedan, dem nationalen Rausch nicht entzogen. Der Wilhelminismus machte vor den Toren Lübecks nicht halt. Thomas Mann, tief eingesponnen in seine Träume von Kunst und Musik und Liebe, war tiefer von jenem schillernden Zeitgeist geprägt, als es ihm später lieb sein mochte. Vermutlich empfand er das merkwürdige Rendezvous der forschen Modernität, in der sich der Kaiser gefiel, mit dem Geist einer alten und nicht immer geheuren Geschichte als lästig-liebenswürdige Normalität.

Von der Problematik der Zeitgeschichte erreichte ihn nur eine ferne Ahnung. Die Sozialisten-Gesetze, mit denen die politische Organisation der Arbeiterschaft geknebelt wurde – erlassen, als er noch ein Kind war –, scheinen sein Bewußtsein kaum berührt zu haben, sowenig wie der «Kulturkampf», mit dem der Reichsgründer die politischen Energien des deutschen Katholizismus zu brechen versuchte. Nahm er den Rücktritt Bismarcks im März 1890, der seine Lehrer gewiß tief erregte, mehr als nur beiläufig zur Kenntnis? In dem späten Aufsatz «Meine Zeit» berichtete Thomas Mann, daß er den «schon halb mythisch gewordenen Heldengreis» Wilhelm I. einmal gesehen habe, als sein Extrazug Lübeck passierte: «Die zugelassene Menge schrie Hurra. Honoratioren begrüßten das Haupt des Reiches, und wir Kinder durften mit unserem ‹Fräulein› andächtig nahebei stehen. Er war schon furchtbar alt, wie er da im Rahmen der Waggontür erschien, die Militärmütze sank ihm über den Kopf, sein Backenbart war eisgrau, die Fingerenden seiner Handschuhe hingen lose über seine Finger hinaus, wenn er die Hand zitternd zum Mützenschirm erhob». Er sah als Kind auch den

Feldmarschall Graf Moltke, den Organisator und Strategen der Bismarckschen Einheitskriege: ein «in all seinen Runzeln feingeschnittener Kopf, unmilitärisch eigentlich, wirklich mehr der eines gelehrten Denkers als eines Soldaten und Haudegens». Er sah den jungen Wilhelm, diesen «von Orden und Brillanten funkelnden Erben des Kaiserthrons». Der Knabe muß ein scharfer Beobachter gewesen sein, trotz aller lyrischen Verschwärmtheit (obschon sich bei der Niederschrift des Aufsatzes die Einsichten späterer Lektüre gewiß mit den frühen Eindrücken vermengten).

Der Vater scheint sich kaum bemüht zu haben, den Blick der Söhne für die politischen und wirtschaftlichen Realitäten zu schärfen, die ihn bedrückten. Nach der Gründung des Bismarck-Reiches war Lübeck mehr und mehr in den Schatten von Hamburg und Bremerhaven geraten. Noch immer gelangte manches Faß reifen Bordeaux über Lübeck an die deutschen Connaisseurs, denn man sagte, die schweren Rotweine Frankreichs gewännen erst durch die Lagerung im feuchten Klima der norddeutschen Hafenstädte ihre volle und feine Reife. Alles in allem aber hatte der Binnenhandel – zumal mit agrarischen Gütern – den klassischen Außenhandel zu ersetzen. Nicht jede der alten Firmen hatte diese Wende ohne Schaden überstanden. Manch honoriger Bürger, der die Zeichen der Zeit nicht verstand, sah sich plötzlich vor dem Nichts. Er sah, wie es in den «Buddenbrooks» heißt, «die Firma sinken». Er fallierte. Er war, wie man sagte, «vernichtet». Angesehene Unternehmen waren gezwungen, Bankrott anzumelden. Die Ordnungswelt der Patrizier schien nicht länger unantastbar, die Solidität, für die jeder der alten Steine sprach, nicht unerschütterlich zu sein. Aufstieg und Untergang wohnten nahe beieinander. Von strotzendem Reichtum zu plötzlicher Armut war der Weg nicht weit. Zuverlässiges Kalkül und windige Spekulationen gediehen oft unter einem Dach. Bürgerliche Verläßlichkeit und aufgelegte Betrügereien hausten – Ellbogen an Ellbogen – dann und wann in ein und derselben Familie.

Knisterte es nicht auch im Gebälk des Hauses Mann? War Tante Elisabeth, die liebenswürdig-lebhafte Schwester des Vaters, die wir als Tony Buddenbrook kennen, nicht mit beklagenswerter Blindheit in die Arme eines Herrn Elfeld alias Grünlich geraten, der ihre ansehnliche Mitgift binnen kürzester Zeit verschwendet hatte? Ko-

stete ihre zweite Ehe mit einem fragwürdigen Herrn Gustav Haag
aus Esslingen nicht wiederum ein Vermögen? Geriet – aber das war
ein wenig später – ihr hübsches Töchterchen Alice nicht an einen
Versicherungsschwindler, Guido Biermann hieß er, der schließlich
ins Gefängnis gesteckt wurde? Ihre Männer hätten sie, sagte Elisabeth, insgesamt vierhunderttausend Mark gekostet: nach heutigem
Geld ein Vermögen von vielen Millionen. Mußte nicht zuvor schon
mit höchster Mühe der Zusammenbruch des Onkels Heinrich
Marty abgewendet werden?

Als Senator Heinrich Mann am 25. Mai 1890 das hundertjährige
Jubiläum seiner Firma feiern durfte, empfand der junge Thomas –
ein sensibler Seismograph, obschon sein Gemüt ganz der Kunst
zugewandt war –, daß den Vater heimliche Sorgen bedrückten.
Ganz Lübeck feierte mit dem geschätzten Haus: «Ich sah den Reigen der Gratulanten, der Deputationen», schrieb er hernach, «sah
Stadt und Hafen in Flaggen, sah den bewunderten, mit furchtsamer Zärtlichkeit geliebten Mann des Tages, meinen Vater, welt-
gewandt ein Jahrhundert bürgerlicher Tüchtigkeit repräsentieren,
und mein Herz war beklommen. Denn mit vierzehn, fünfzehn Jahren ist man fertiger und schicksalsbewußter, als die Erwachsenen
annehmen».

Ein gutes Jahr später mußte sich der Vater einem schweren chirurgischen Eingriff unterziehen, der in seinem eigenen Hause vorgenommen wurde, da es in Lübeck keine moderne Klinik gab. Die
Ärzte verwandelten den großen Ballsaal in einen Operationsraum.
Rasch stellten sie, als sie den Senator aufschnitten, unheilbaren Bla-
senkrebs fest. Es blieb ihnen nichts anderes, als den Leib unverrich-
teter Dinge wieder zu vernähen. Dann und wann stand der Kranke
noch auf, wandelte durch Haus und Garten, doch er wurde schwächer und schwächer. Am 4. Oktober 1891 rief die Mutter den Bruder Heinrich in einer dringenden Botschaft nach Lübeck: er möge
unverzüglich bei Samuel Fischer, dem Verleger und Lehrherrn, um
«Erlaubnis» einkommen, telegraphierte sie ihm, der Vater sei sehr
krank.

Auf seinem Sterbebett schien sich der Senator mit dem Ältesten,
dessen rebellischer Geist ihn so oft tief gekränkt hatte, endlich zu
versöhnen. «Ich will dir helfen», sagte er nach Heinrichs später

Erinnerung, deren Zuverlässigkeit vielleicht nicht über alle Zweifel erhaben ist. Meinte er den Versuch des jungen Menschen, aus der Literatur einen Beruf zu machen? Heinrich wollte es so gedeutet wissen. Er küßte dem Vater die Hand – und der Vater ihm. Thomas aber beobachtete am Sterbelager, der Senator habe die langen Gebete des Hauptpastors von St. Marien nach «einigem unruhigen Kopfwenden» schließlich durch ein energisches «Amen» beenden wollen – vergebens.

Das düstere Zeremoniell des Sterbens und das schwarze Gepränge der Beerdigung beeindruckten den fünfzehnjährigen Thomas tiefer als der Fortgang des Vaters selber. Er war, schrieb er später, «ein leichtsinniger Junge», als er den Vater verlor, «wohl impressionabel, aber eigentlich noch unfähig, den Tod geistig zu erleben». Wohl sagte Thomas den Lübecker Mitbürgern, mit einer Prise Sentimentalität, das Bild des Vaters habe immer im Hintergrund all seines Tuns gestanden, «und immer hab ich's bedauert, daß ich ihm zu seinen Lebzeiten so wenig Hoffnung machen konnte, es möchte aus mir in der Welt noch irgend etwas Ansehnliches werden...» War es so? Er berief sich, wenn er von seiner «Lebensbürgerlichkeit» sprach, gern auf den Senator, von dem ihm der Sinn für Ordnung, Disziplin, Tüchtigkeit und Verantwortung überkommen sein mag. Aber gab sich hinter dem Respekt jemals eine innigere Verehrung zu erkennen? Die Sehnsucht nach der Person des Vaters, die Geborgenheit und Güte versprach? Das Heimweh nach dem Mann und Menschen, das manche Söhne und Töchter ihr Leben lang wie ein guter Schatten begleitet?

Die Eröffnung des Testaments, das der Vater vor der Operation aufgesetzt hatte, war nicht geeignet, die Trauer der Söhne und Töchter durch den schönen Schauer der Dankbarkeit zu lindern. Den Vormündern trug der Senator auf, den Neigungen des ältesten Sohnes zu einer sogenannten «literarischen Thätigkeit entgegenzutreten», denn dazu fehlten ihm die «Vorbedingnisse», nämlich «genügendes Studium und umfassende Kenntnisse». Der Hintergrund seines Wesens sei «träumerisches Sichgehenlassen und Rücksichtslosigkeit gegen andere, vielleicht aus Mangel an Nachdenken».

Über Thomas äußerte er sich milder: «Mein zweiter Sohn ist ruhigen Vorstellungen zugänglich», schrieb er, «er hat ein gutes Gemüth und wird sich in einen praktischen Beruf hineinfinden. Von ihm darf ich erwarten, daß er seiner Mutter eine Stütze sein wird.» Danach einige knappe Sätze für die Mädchen: «Julia, meine älteste Tochter, wird strenge zu beobachten sein. Ihr lebhaftes Naturell ist unter Druck zu halten.» Carla sei «weniger schwierig zu nehmen» und werde «neben Thomas ein ruhiges Element bilden». Schließlich Viktor, der Nachzügler, zur Zeit der Niederschrift erst ein Jahr und drei Monate auf der Welt: «Gott nehme ihn in Schutz. Oft gedeihen Kinder späterer Geburt geistig besonders gut – das Kind hat so gute Augen».

Seiner Frau gab er eine bittere Warnung auf den Weg, sie möge sich allen Kindern gegenüber «fest zeigen und alle immer in Abhängigkeit halten». Wenn je sie wankend würde, so lese sie König Lear... In einem Nachtrag vom folgenden Tag bat er seinen Bruder, «Einfluß» auf Heinrich auszuüben, «damit er nicht auf einen falschen zu seinem Unglück führenden Weg gerate». Wiederum eine liebenswürdigere Anmerkung über den Zweiten: «Tommi wird um mich weinen. Gebet, Ehrfurcht für seine Mutter und fleißige Arbeit soll er nie vernachlässigen.» Schließlich noch einmal eine dringende Mahnung an die Adresse der Frau: sie möge nicht schwach werden.

Keine allzu erhebende Hinterlassenschaft. Seine Hoffnung, Thomas könne geeignet sein, eines Tages sein Erbe in Haus und Geschäft anzutreten, hatte der Senator offensichtlich nach der Operation korrigiert. Eine Begründung gab er nicht. Genauere Beobachtung, vielleicht auch eine Aussprache mit seiner Frau könnten die Vermutung bestätigt haben, auch der zweite Sohn sei für den kaufmännischen Beruf zu verträumt und womöglich zu faul. In einer weiteren Verfügung ordnete der Vater die Liquidation der Firma, ja auch den Verkauf des stolzen Hauses in der Beckergrube an, das er erst ein Jahrzehnt zuvor gebaut hatte. Er mag gefürchtet haben, es werde für die vaterlose Familie zu groß und zu teuer sein, obwohl die Finanzlage seiner Unternehmen stabil und sein Vermögen beträchtlich war. Es wurde auf insgesamt vierhunderttausend Goldmark geschätzt – nach heutiger Rechnung das Zehn-, wenn nicht das Zwanzigfache jener Summe.

Die Mutter prägte damals den hübschen Satz, der zum geflügel-

ten Wort in der Familie wurde: «Wir sind nicht reich, aber wohl-
habend». Der Frau und den Kindern standen allerdings nur die Zinsen vom Kapital zur Verfügung, die von dem Vermögensverwalter,
dem säuerlichen Herrn Krafft Tesdorpf, auszuzahlen waren. Zweiter Vormund sollte der Konsul Hermann Wilhelm Fehling sein. Die
beiden wiederum waren dem Amtsrichter August Leverkühn, dem
Vorsitzenden des Vormundschaftsgerichtes, Rechenschaft schuldig, dem die Mutter – laut Peter de Mendelssohn – im Abstand von
drei Monaten einen Bericht «über die Führung der Kinder» zu liefern hatte (was sie des öfteren versäumte).

Thomas scheint den letzten Willen des Vaters ohne Erschütterung zur Kenntnis genommen zu haben. Vermutlich war er nur
dankbar, daß ihm die nüchterne Vorsicht des Senators eine schwierige Verantwortung ersparte, die er eines Tages wohl ohnedies abgeschüttelt hätte. Heinrich ließ sich in seiner Lust an der Freiheit
ohnedies nicht beirren. Julia, die ältere der beiden Schwestern, irrte
lange nicht von den Wegen bürgerlich-rechtschaffener Normalität
ab. Ein Problem sollte die kleine Carla werden, die sich – vom Bruder Heinrich ermutigt – ihren künstlerisch-aufsässigen Impulsen
überließ und eine Schauspielerin zweiten Ranges wurde, weder für
die Bühne noch für das Leben begabt und kraftvoll genug. Sie nahm
in der Tat ein tragisches Ende. Julia erlitt, vom Rauschgift, unerfüll-
ten Liebesaffären und klimakterischen Ängsten zermürbt, ein ähnliches Geschick.

Doch vollzog sich damit ein «Fluch», wie Marianne Krüll in ihrer
Deutung des Geschicks der Familie Mann unterstellt hat? Des Vaters Hinweis auf Shakespeares unglücklichen König Lear schien
Thomas, den Sensibelsten unter den Geschwistern, nicht einen Augenblick lang zu verstören. Sein Gemüt war auf eine seltsame Weise
unangreifbar, trotz aller Launen, aller Traurigkeiten, aller Seligkeiten und Wirren der Pubertät.

In der Skizze «Kinderspiele», die Thomas Mann im Jahre 1904
geschrieben hat, erwähnte er beiläufig, daß er zu Hause in Lübeck
eines Morgens mit dem Entschluß erwacht sei, «heute ein achtzehn-
jähriger Prinz namens Karl zu sein. Ich kleidete mich», fuhr er fort,
«in eine gewisse liebenswürdige Hoheit und ging umher, stolz und
glücklich mit dem Geheimnis meiner Würde. Man konnte Unter-

richt haben, spazieren geführt werden oder sich Märchen vorlesen lassen, ohne daß dieses Spiel einen Augenblick unterbrochen zu werden brauchte; und das war das Praktische daran.» Er übte sich, ohne es zu wissen, auf eine der großen Rollen seines Lebens ein.

Als er sich, Jahrzehnte später, wieder dieser Phantasie entsann, war er im Begriff, um seine «Prinzessin», die schöne und reiche Katia Pringsheim, zu werben. Auch erste, undeutliche Pläne zu einem märchenhaft unterhaltenden Roman, der später den Titel «Königliche Hoheit» tragen sollte, begannen damals seine Gedanken zu streifen. Die Erinnerung an die kindliche Berufung zum Prinzen gelangte zu jenem Zeitpunkt nicht von ungefähr in sein Bewußtsein. Er fügte ihr den Hinweis an, seine Rollen hätten häufig gewechselt. Nein, er mußte nicht immer ein Prinz sein. Manchmal war er ein Zauberer. Oft ein Künstler. Vielleicht auch ein «Wunderkind». Unter diesem Titel hatte er im Jahr zuvor eine kleine Erzählung publiziert, die auch als ein Wunschbild des Autors von sich selbst zu lesen ist.

Später entwarf er im «Krull» noch einmal das Bild eines Wunderkindes: «Ich darf sagen, daß mein Erfolg vollkommen war. (...) Meine Hingebung, die Blässe meiner arbeitenden Miene, eine Welle Haares, die mir über das eine Auge fiel, meine kindlichen Hände, deren Gelenke von den blauen, an den Oberarmen bauschigen und nach unten eng zulaufenden Ärmeln kleidsam umspannt waren – kurz, meine ganze rührende und wunderbare Erscheinung entzückte die Herzen. Als ich mit einem vollen und energischen Bogenstrich über alle Saiten geendigt hatte, erfüllte das Geprassel des Beifalls, untermischt mit hohen und tiefen Bravorufen, die Kuranlagen.»

Mit solchem Enthusiasmus hatte er, noch ein winziges Bürschchen, nach eigener Erzählung manches Mal davon geträumt, auf seiner kleinen Fiedel im Kurorchester mitspielen zu dürfen, von Applaus überschüttet.

Poet – Wunderkind – Prinz Karl: kein Verlangen in der Seele des Knaben und des Jünglings war wohl mächtiger als der Wunsch, der erste vor allen anderen, der Besondere, der Berufene, der Erwählte zu sein – vielleicht nicht einmal das Verlangen, geliebt zu werden, oder der Wunsch zu lieben. Das Genie in der Verpuppung des nichtsnutzig faulen Schülers, dessen höheres Dasein vor allen anderen verborgen blieb: eines Tages würde der Knabe die Tarnung abstreifen und sich aus dem Gefängnis der mediokren Alltäglichkeit befreien.

Der Tod des Vaters mag für den Fünfzehnjährigen tatsächlich kein Anlaß zu tieferer Trauer gewesen sein. Vielleicht empfand er ihn eher als eine Befreiung.

3. KAPITEL

Eine beunruhigende Mutter oder:
Der Reiz der Exotik

Im Entree der Mannschen Residenz in der Beckergrube stand – origineller Blickfang und ein unerschöpfliches Thema der Unterhaltung – ein ausgestopfter Braunbär russischer Herkunft, aufrecht, den glasigen Blick auf den Eintretenden gerichtet, in seinen Tatzen eine silberne Schale, in die wohlerzogene Besucher ihre Visitenkarten legten. So stand das mächtige Tier denn auch, hochdekorativ, im Haus der Buddenbrooks, ein etwas seltsames Taufgeschenk, das der Pastor Tiburtius aus Riga und seine strenge Frau Klara dem kleinen Hanno darboten.

Der Bär, der – laut Viktor Mann – von Zeit zu Zeit «entmottet, geflickt und geleimt» werden mußte, begleitete in seinem realen Dasein die Familie nach dem Tod des Vaters zunächst in ihre neue Behausung in der Roeckstraße, eine freundliche Vorstadtvilla, bescheidener als die herrschaftlichen Häuser in der Mengstraße und in der Beckergrube, dafür ein wenig behaglicher und immer noch vornehm genug. Hernach zog das russische Vieh mit der Mutter und dreien ihrer Kinder nach München. Es folgte seiner Herrin treulich von Wohnung zu Wohnung, fand nach Viktors Heirat Unterkunft in dessen Behausung, bis es schließlich – zum Entzücken der Kinder – in Thomas Manns Residenz am Herzogpark Aufnahme fand. Im Dritten Reich, als das Eigentum des Schriftstellers der Beschlagnahme durch die herrschenden Barbaren anheimfiel, verloren sich die Spuren des stummen Familiengenossen.

Julia Mann, die Mutter, beim Tod des Senators vierzig Jahre alt, scheint sich ohne tiefen Schmerz von der Beckergrube verabschiedet zu haben. Den Umzug brachte sie ohne Umstand hinter sich. Keiner der Söhne berichtete von einer Krise. Heinrich hielt sich ohnedies in Berlin auf, noch immer Volontär beim Fischer Verlag, ganz seinen intellektuellen und deftig-erotischen Abenteuern hingegeben. Thomas, ruhig beobachtend, wie es seiner Natur entsprach, war in jenen Tagen von der Empfindung erfüllt, die der kluge Bruder Viktor – damals noch ein Winzling in der Wiege – später auf die prägnante Formel brachte, daß mit dem Fortgang des Vaters die «hochbürgerliche Periode der Familie» ein Ende gefunden habe.

Schon ein Jahr später entschloß sich Julia Mann, nach München zu übersiedeln. Heinrich half beim Umzug. Thomas blieb zurück. Er sollte das Realgymnasium des Katharineums wenigstens bis zur Zäsur des «Einjährigen» absolvieren, wie es in jener Epoche auch für die Söhne «aus besserem Hause» nicht unüblich war, wenn sie keine Neigung zeigten (oder keine Aussicht hatten), das Abitur zu bestehen. Der Abgang nach der Untersekunda sicherte ihnen das Privileg, die Militärdienstzeit von zwei Jahren auf eines zu reduzieren, und er gab ihnen überdies das Recht, sich um die Ausbildung zum Reserveoffizier zu bewerben – in der militärseligen Gesellschaft des wilhelminischen Reiches geradezu die Voraussetzung der Anerkennung als Bürger und Mensch.

Tommy nahm auch diese dramatische Veränderung – wie zuvor den Tod des Vaters – ohne erkennbare Erschütterung hin. Er wurde zu dem Pädagogen Dr. Hupe in Pension gegeben, der freilich schon ein halbes Jahr später starb. Im Haus des Oberlehrers Timpe fand er eine neue Unterkunft, in der er sich nicht zu unwohl fühlte. Ein Sohn des Pensionsvaters Timpe, Willri hieß der Junge, wurde nach Armin Martens der zweite Partner einer pubertären Passion. Der sechzigjährige Schriftsteller notierte am 15. Juli 1935 in seinem Tagebuch: «Durch K.'s Mutter erfuhr ich den Tod O. Grautoffs, meines Schulvertrauten, und des Vertrauten meiner Passion für W. T., den zum Pribislav Hippe Erhöhten.» Thomas Mann hatte ihm als einem Kameraden Hans Castorps Einlaß ins vierte Kapitel des «Zauberbergs» gewährt. Dort schilderte er ihn als «Sohn eines Historikers und Gymnasialprofessors, (…) offenbar das Produkt einer alten Rassenmischung, einer Versetzung germanischen Blutes mit wendisch-slavischem – oder auch umgekehrt». Blond sei er gewesen, seine Augen «blaugrau» oder «graublau», von «schmalem und genau genommen sogar etwas schiefem Schnitt», die Backenknochen «vortretend und stark ausgeprägt», eine Gesichtsbildung, die ihm den Spitznamen «der Kirgise» eingetragen habe.

Allzu tiefe Spuren scheint der Jüngling in seiner Seele nicht hinterlassen zu haben. Nichts deutet darauf hin, daß er – wie der brave Grautoff oder Hermann Vitzthum, der intellektuell beweglichste unter den kleinen Grafen – an den literarischen Unternehmen seines Verehrers teilgenommen hätte. Willri zählte wohl nicht zu den Mitarbeitern des «Frühlingssturms», eines Blattes, das den anspruchsvollen Untertitel «Monatszeitschrift für Kunst, Literatur und Philosophie» führte – herausgegeben von «Paul Thomas» (alias Thomas Mann) und Otto Grautoff.

Im hochgemuten Leitartikel des ersten Heftes bemerkte der Hauptautor mit gedämpftem Spott: «Unser würdiges Lübeck ist eine gute Stadt. Oh, eine ganz vorzügliche Stadt. Doch will es mich oftmals bedünken, (...) sie (...) bedürfe des Frühlingssturms, der kraftvoll das Leben herauswühlt aus der erstickenden Hülle.»

Der angemessene Ton, kein Zweifel, für einen siebzehnjährigen Dichter, der auf das literarische Getöse in Berlin und Wien, auch in Paris hinüberzulauschen gelernt hatte, gewiß auch dank der Vermittlung des Bruders Heinrich. Die naturalistischen Rebellen – Gerhart Hauptmann, Arno Holz, Max Halbe oder Frank Wedekind – waren die Helden der heraufziehenden neuen Epoche. Durchdringende, manchmal nur schrille Schreie und alles umfassende Menschheits-Gebärden kündigten wenig später die Revolution des Expressionismus an. Lieber noch horchten die dichtenden Knaben in der verwinkelten Stadt an der Ostsee auf die melancholisch-todessüchtigen Gesänge der Neuromantiker, die aus Wien zu ihnen drangen: die Verse des genialen Loris, der in seiner bürgerlichen Existenz als Hugo von Hofmannsthal noch mit der Vorbereitung seiner Matura beschäftigt war, oder die eleganten Dialoge des «Anatol», die der junge Arzt Arthur Schnitzler auf die Bühne gezaubert hatte.

Das Lübecker Echo konnte kein allzu brausendes sein. Doch es war sensibel genug, und es demonstrierte eine gewisse Vitalität.

«Das Leben ist da!» rief Thomas, mit einer Frische, die seinen Jahren anstand. Den Lübecker Schul- und Stadtgenossen, die einen Blick auf das Heft warfen, verkündete er lauthals und mit dem gebotenen Selbstbewußtsein: «Ja, wie der Frühlingssturm in die verstaubte Natur, so wollen wir hineinfahren mit Worten und Gedanken in die Fülle von Gehirnverstaubtheit und Ignoranz und bornierten, aufgeblasenen Philistertums, die sich uns entgegenstellt. Das will unser Blatt, das will ‹Der Frühlingssturm›!»

Thomas schrieb für die Zeitschrift einige Essays, die so altklug waren, wie es einem talentierten Gymnasiasten anstand. Er ließ auch einige seiner Gedichte drucken, von denen eines – was für ein Erfolg für den blutjungen Poeten! – im Oktober 1893 den Weg in die Zeitschrift «Gesellschaft» von Michael Georg Conrad fand, in der schon eine Erzählung des Bruders Heinrich publiziert worden war. Die Lübecker Schriftstellerin Ida Boy-Ed, die sich nach einer gescheiterten Ehe mit journalistischen und belletristischen Arbeiten von eindrucksvollem Niveau durchs Leben schlug, beobachtete die schriftstellerischen und poetischen Versuche des Senatorensohnes mit ermutigender Freundlichkeit. Sie blieb ihm ihr Leben lang – sie war fast so alt wie seine Mutter – eine treue Freundin und Korrespondentin.

Zu den Mitarbeitern des «Frühlingssturms», von dem nicht mehr als drei Ausgaben erschienen, zählte ein lang aufgeschossener Primaner, drei Jahre älter als Thomas: Korfiz Holm, der aus Riga stammte und nicht lange zuvor nach Lübeck geraten war. Er tat sich als Vorturner der Klasse hervor; die Leibesübungen wurden in Hose und Hemd samt steifem Kragen exerziert, wie Thomas amüsiert im Rückblick auf seine Zeit erzählte. Er begegnete Holm wenige Jahre danach in München wieder. Der kluge und weltkundige Gefährte hatte sich unterdessen als Autor einen respektierten Namen gemacht, und wichtiger noch: er war Redakteur des «Simplicissimus» und ein enger Partner Albert Langens geworden, der couragiert und großzügig einen der vitalsten Verlage für die Literatur der Moderne gegründet hatte.

Endlich, im März 1894, konnte Thomas der Schule adieu sagen. Unverzüglich eilte er der Mutter und den Geschwistern nach, die sich zwei Jahre zuvor in der bayerischen Hauptstadt komfortabel

eingerichtet hatten: in einer Achtzimmerwohnung, die Raum genug für vielerlei Geselligkeit bot. Julia Mann, noch immer eine angeregte und anregende Frau, zog Musiker und Maler, Universitäts-
lehrer, auch einige junge Offiziere und Geschäftsleute von Bildung
und Geist in ihre Nähe. Das Haus in der Rambergstraße, die zu
einem bürgerlichen Viertel am Rand von Schwabing gehörte, nur
einen Sprung weit vom Siegestor, das den preußisch-deutschen
Triumph im Krieg von 1870/71 zu feiern hatte, war nicht zu teuer
und dennoch eine halbwegs gute Adresse. Im «Faustus» hat Thomas
jene Unterkunft als die Residenz der Senatorin Rodde mit zärtlich-
spöttischer Genauigkeit beschrieben: samt Bechsteinflügel im Salon,
«mit gesteppten Fauteuils, bronzierten Kandelabern, vergoldeten
Gitterstühlchen, einem Sofa-Tisch mit Brokatdecke und einem reich
gerahmten, stark nachgedunkelten Ölgemälde von 1850, welches das
Goldene Horn mit dem Blick auf Galata darstellte».

Die Familie fühlte sich wohl in der Münchner Welt, über der
noch ein Hauch von Ländlichkeit lag. Aber warum hatte sich Julia
Mann so rasch nach dem Tode ihres Mannes entschlossen, Lübeck
ein für allemal den Rücken zu kehren? Nichts deutet darauf hin, daß
die Leidenschaft der Trauer um den toten Senator die Entfernung
von den Stätten ihres gemeinsamen Lebens gefordert hätte. Sie war
kaum das, was man untröstlich nennt. Und warum kehrte sie niemals wieder in die Stadt ihrer Jugend und ihrer Ehe zurück? Die
Äußerungen der Söhne über die Mutter, die dokumentarischen und
die fiktiven, geben keinen klaren Aufschluß über ihre Motive. Hat
sie in der Tat nur das lebhaft-heitere und liberale Element süddeut-
scher Wesensart nach München gelockt, wie Thomas meinte, das sie
ein Jahrzehnt zuvor während einer Reise mit dem Senator kennen-
und schätzengelernt hatte? Haben sie die kulturellen Vorzüge der
bayerischen Residenz angezogen, von denen sie damals begeistert
und fasziniert war: die Oper, die Theater, die Museen, vor allem die
Pinakothek? War es die Mischung von urbaner und bäuerlicher
Mentalität, die der Stadt ihren besonderen Reiz gab, der grob-
gemütliche Dialekt, den sie – eine sprachbegabte Frau – rasch zu
meistern lernte?

Oder hatte man sie in Lübeck «die plötzliche Kälte, die Zurückhaltung, das Mißtrauen auskosten» lassen, zu der die Gesellschaft

des hanseatischen Nordens nach Thomas' Beschreibung in den
«Buddenbrooks» sehr wohl fähig war, wenn eine prominente Familie über Nacht ihren Einfluß, ihre Macht, ihre Reputation oder –
Gott behüte – ihr Geld verlor? Arm waren die Manns gewiß nicht
geworden, doch nach der Liquidation der väterlichen Firmen
mußte mit ihnen nicht länger gerechnet werden (wie man so zutreffend sagt). Ließ man die Frau Senator – wie sie wohl immer noch
genannt wurde – mit sachter Häme für ihre kleinen Flirts mit den
musikalischen Leutnants und enthusiastischen Kapellmeistern wie
dem Herrn von Fielitz büßen?

Suchte sie am Ende einfach ihre Freiheit? Wollte sie, eine vierzig-
jährige Witwe und nicht nur nach dem Zeugnis der Söhne noch
immer eine schöne, eine reizvolle Frau, das Leben genießen, ohne
den strengen Blicken der Matronen Lübecks, den sorgenvollen
Mienen der Vormünder ihrer Kinder, dem Neid der Verwandtschaft ausgesetzt zu sein? Oder war die Übersiedlung nach München schon von jener Unruhe bestimmt, die Viktor mit einem genauen Wort als ihr «fliehendes Lebensgefühl» bezeichnet hat? Ihre
Unstetheit nahm im Gang der Jahre zu. Sie wechselte von Wohnung
zu Wohnung, eine Behausung bescheidener als die andere, schließlich von Pension zu Pension. Draußen in dem Weiler Polling bei
Weilheim, nicht weit vom Starnberger See, fand sie auf einem Hof-
gut bei freundlichen Menschen eine Zuflucht – zunächst für die
Sommerfrische, dann fürs ganze Jahr –, die für den Jüngsten eine
Art Heimat wurde. Auch dort hielt es sie freilich nicht für immer.

In Viktors Memoiren findet sich kein Hinweis, daß sich die Mutter noch einmal auf eine ernstere Bindung eingelassen oder sich gar
mit dem Gedanken an eine zweite Ehe getragen hätte. Der Bankier
Löhr, der ihr Schwiegersohn wurde, scheint nach einer spöttischen
Bemerkung des Jüngsten zunächst geschwankt zu haben, ob er sein
Herz der attraktiven Mama oder der ältesten Tochter Julia – von
allen «Lula» genannt – im Schmelz ihrer achtzehn Jahre zuwenden sollte. Die erotische Präsenz der Mutter lockte Künstler genug
herbei, Maler, Musiker, Schriftsteller, und mancher von ihnen
wurde ein guter Freund. Nirgendwo ein Hinweis, daß sie mit einem
der Herren, die durchaus begehrenswert waren, jemals geschlafen
hätte.

Wie aber geriet Thomas bei der Niederschrift des «Tonio Kröger» auf die anrüchige Formulierung, der Vater sei «ein nordisches
Temperament» gewesen, «betrachtsam, gründlich, korrekt aus Puritanismus und zur Wehmut geneigt», die Mutter aber «von unbestimmt exotischem Blut, schön, sinnlich, naiv, zugleich fahrlässig
und leidenschaftlich und von einer impulsiven Liederlichkeit»?
Halb amüsiert, halb indigniert berichtete er im März 1896, nicht
lange nach seiner Ankunft in München, dem Freund und Vasallen
Grautoff, die Mutter habe «vom Fasching (...) in den höheren Regionen etwas mitgemacht, – was man in Lübeck gewiß mit Grausen
vernehmen würde, denn ist sie nicht vor 4½ Jahren Wittwe geworden?»

Mehr als vier Jahrzehnte später sprach er in einem Brief an die
amerikanische Gönnerin Agnes Meyer mit nuancierter Herablassung von «ihrer sinnlich-präartistischen Natur», die sich in ihrer
«Musikalität», ihrem «geschmackvollen, bürgerlich ausgebildeten
Klavierspiel und einer feinen Gesangskunst» geäußert habe. «Un-
terströmungen» einer Neigung zum «‹Süden›, zur Kunst, ja zur Boheme» seien offenbar immer vorhanden gewesen.

«In ihrer Jugend», schrieb er in jenem Brief, sei «sie sehr schön, in
spanischem Stil» gewesen, und das Altern habe «ihr sichtlich große
Leiden» bereitet, woran «die Figur der Großherzogin in ‹Königliche Hoheit› eine Erinnerung» sei. «Das Altern und Welken trug
bei zu ihrem wachsenden Bedürfnis nach Zurückgezogenheit und
Vereinfachung ihres Lebens, nach Einsamkeit; aber auch eine
eigentümliche *Kälte* ihres Charakters war da im Spiel, etwa ein Verhältnis zu zärtlichen Freundinnen – und wohl zu den Menschen
überhaupt, soweit nicht Sinnlichkeit mitsprach.» Einige Jahrzehnte
zuvor hatte er (gegenüber Heinrich) von der «armen, thörichten
Mama» und ihrem «hahnebüchenen» Benehmen gesprochen.

Verbirgt sich in dieser kritischen Auskunft ein diskreter Hinweis
auf lesbische Neigungen der Mutter? Oder erinnerte sich der Vier-
undsechzigjährige nur des Austauschs von Zeichen der Zuneigung,
der unter den Mädchen und Frauen jener Epoche ganz selbstverständlich war? An die kühl-distanzierten Sätze, die dennoch eine
ärgerliche Verwirrung annoncierten, fügte sich fast unvermittelt
jene Vermutung, er, der zweite Sohn, sei ihrem Herzen am nächsten

gewesen. Übrigens glich er in den äußeren Zügen und in seinem Wesen mehr dem Vater, während Heinrich in der Prägung seines Gesichtes eher der Mutter nachschlug: die Nase, der Schnitt der Augen, die Formung des Mundes kamen von ihr.

Das eine machte der Brief deutlich genug: ihre Sensualität provozierte auch jetzt noch, im Alter, seinen Protest. Mit der Fleischlichkeit der Mama schien er in der Tat niemals ganz ins reine zu kommen. Den Stereotypen seiner Zeit gehorchend, machte er die südlich-lateinische Herkunft für die Sinnlichkeit ihres Wesens verantwortlich. Thomas und Heinrich, alle beide, versäumten in ihren frühen Werken, in den Erzählungen und Romanen, den Reden und Briefen in der Tat keine Gelegenheit, das exotische, portugiesisch-brasilianische Element ihrer Abstammung zu betonen. Sie schmückten sich damit wie mit einem Orden, Heinrich vor allem, der sich ihrer «kreolischen» Besonderheit stets mit enthusiastischer Zustimmung bemächtigte. Thomas zwar bediente sich oft eines abwehrenden und ein wenig abwertenden Tones, wenn er von ihrem südlichen Erbe sprach, und das Wörtchen «liederlich» ging ihm seltsam rasch aus der Feder. Aber es war auch für ihn Quell einer halb verstohlenen Genugtuung. Stolz auf die Ungewöhnlichkeit der Mutter und leise Verachtung blieben miteinander vermengt.

Der «Süden» wurde für Heinrich zum Lebensideal – und er schien kaum wahrzunehmen, wie deutsch er gerade darin war. In Italien, dann in Frankreich fand er seine geistige und politische Heimat. Thomas aber wandte sich, nach einem frühen Flirt mit der Latinität, entschieden dem «Norden», seiner Schwere, seinen Dunkelheiten, seinen Melancholien zu. Beide überhöhten geistreich und manchmal mit kindischem Eifer die Klischees von Nord und Süd, von Ost und West, die damals (und lange noch danach) die deutschen Köpfe verklebten.

Thomas fühlte sich, wohl schon als Kind, durch die «Exotik» der schönen und eigenwilligen Mama aus der Schar der Schulgenossen und vor der kleinen Gesellschaft Lübecks herausgehoben, wenngleich er sich mit diesem fragwürdigen Privileg nicht ganz so geckenhaft lärmend schmückte, wie es dem Älteren oft geschah. Nicht anders als Heinrich machte er die Fremdheit der mütterlichen Herkunft zu einem Instrument, das seine Besonderheit und Bedeutung zu steigern vermochte, zunächst auf kindliche Weise, hernach den genaueren Kalkulationen seines künstlerischen und gesellschaftlichen Instinktes gehorchend. Latinität und Liederlichkeit wurden auch für ihn zu einem Element der Selbststilisierung – was der alternden Dame nicht völlig entging. Sie diente dem Ruhm der Söhne willig, und ihr Ich-Gefühl nährte sich, trotz aller Konflikte, mehr und mehr aus der Autorität, die vor allem Thomas in der Literatur und schließlich in der Gesellschaft zuwuchs.

Der schillernde Adel der mütterlichen «Exotik» fügte sich für den Knaben und Jüngling in den Lübecker Tagen aufs reizvollste zum Reichtum und zum Ansehen des patrizischen Vaters. Aus beidem nährte sich das Selbstgefühl des «kleinen Prinzen». Verweise auf die Mutter konnten aufs bequemste jede vermeintliche und jede wahre Versuchung durch künstlerische Lotterhaftigkeit, verantwortungslose Sinnlichkeit und die Neigung zur Boheme erklären. Für Thomas waren das – anders als für Heinrich – keine Lockungen von unwiderstehlichem Zauber, das gewiß nicht! Der Ältere zwar führte sich auf, als sei er für ein prangendes Artistenleben samt Nachtschwärmereien, Leichtsinn, Laster und Morgenschlaf geschaffen (was nur bedingt zutraf). Thomas aber hielt die Anfechtungen – wenn es denn welche waren – sein Leben lang fest genug im Zaum. Auch er überließ sich gern dem wehmütigen Spiel mit den fremden Reizen – aber es war ein Spiel, nicht viel mehr. Er flirtete mit der Verführung, kokettierte mit seiner angeblichen Schwäche, dem Sog von Dekadenz und Verfall. Er legte auf seine Anfälligkeiten, die angeblichen, den größten Wert, da er in ihnen einen Grundquell seines Talentes zu erkennen meinte. Zugleich übte er sich demonstrativ genug im Verzicht.

Talent, das begriff er früh, war nicht genug. Entschlossen bemächtigte er sich des bürgerlichen Vermächtnisses, das ihm der Vater hinterlassen hatte: Ordnung, Regelmäßigkeit, Disziplin. Alles zusammen ließ sich ohne zu große Mühe – mit einer gehörigen Portion Egoismus, keinem geringen Schuß Eitelkeit und einem Gran Ironie – zu einem patrizisch-aristokratischen Lebensgefühl vereinen.

Die Prägung seiner Persönlichkeit drückte er früh (und danach immer wieder) mit Goethes Epigramm aus, das in jener bürgerlichen Epoche eines der meistzitierten Verschen in bürgerlichen Häusern war: «Vom Vater hab' ich die Statur, / Des Lebens ernstes Führen, / Von Mütterchen die Frohnatur / Und Lust zu fabulieren.» Damit hatte er zugleich den großen Richtpunkt der eigenen Existenz gesetzt, dem er sich beharrlich anzunähern versuchte: Leben und Werk des Mannes, den man mit größerem Recht als jeden anderen Deutschen den «Dichterfürsten» genannt hat.

Die Fortsetzung jener Strophen aus den «Zahmen Xenien» zitierte er allerdings nicht, wenigstens nicht vor dem Publikum: «Sind nun die Elemente nicht / Aus dem Komplex zu trennen, / Was ist dann an dem ganzen Wicht / Original zu nennen?» Ganz von selbst, als ein Geschenk der Natur und des elterlichen Erbes, schien ihm – darin unterschied er sich von dem fernen Meister – die Originalität nicht zugefallen zu sein. Er mußte sich nach ihr strekken, ein Leben lang, vielleicht mehr noch als der Bruder Heinrich. Ein strapaziöses und in gewisser Hinsicht paradoxes Unternehmen. Das Experiment gelang, freilich nicht ohne Anstrengung.

4. KAPITEL

Verrat, keine Liebe

Thomas Mann unternahm, als er in München angelangt war – nicht ganz neunzehn Jahre alt und entschlossen, eines Tages «Dichter» zu werden –, den zaghaften Versuch, sich in einem «ordentlichen Beruf» zu etablieren, vermutlich dem ausdrücklichen Wunsch seiner Vormünder, vielleicht auch dem Zureden der Mutter gehorchend. Nicht ganz unwillig, auch nicht begeistert trat er als Volontär in das Kontor einer Feuerversicherung ein. An seinem Schrägpult kopierte er Listen und Akten, wie es einem Lehrling zukam. Da es in dem Büro gemütlich zuging, fand er die Muße, nebenbei eine Erzählung zu schreiben, der er den kurzen und pathetischen Titel «Gefallen» gab. Das Wort bezeichnete in jenen Friedensjahren vor 1914, wie jeder zeitgenössische Leser sofort begriff, nicht das Schicksal des Soldaten, der sein Leben fürs Vaterland gab, sondern eher bürgerlich-banal die verlorene Mädchentugend.

In dieser Novelle erzählt der junge Dr. Selten einem Kreis junger Freunde die herzbewegende Geschichte seiner Liebe zu einer kleinen Schauspielerin, die, anders als so viele ihrer Kolleginnen, nicht den Ruf der Leichtfertigkeit auf sich gezogen hatte, sondern als liebenswürdig, aber auch als völlig unnahbar galt. Nur aus diskreter Entfernung wagte er die junge Frau zu verehren. Ein zynischer Kollege aber setzte ihm zu, sein Glück energischer zu versuchen – und siehe: Schritt für Schritt gelang es dem Verliebten, dem reizenden Kind näherzurücken. Es kam, wie es kommen mußte: Die beiden versanken in höchsten Seligkeiten.

Eines Morgens aber, als der Verehrer unangemeldet im Boudoir der Schönen erschien, fand er bei ihr einen betagten Herrn, dem die Unterlippe «ganz schlaff und blöde» aus dem Gesicht hing. Der Alte nannte die Kleine «Mausi», und er schalt den Knaben, der ihm die Tür weisen wollte, einen «dummen Jungen», dem in der Tat erst das böse Licht der Wahrheit aufging, als er auf dem Nachttisch «ein paar blaue Zettel» entdeckte: Banknoten. Auf dem traurigen Heimweg quoll ihm «der süße Liebesatem des Flieders» entgegen, «so zärtlich, so rein und lieblich». Mit einer «jähen Bewegung aus Jammer und Wut» griff er «grausam in den lügnerischen Duft hinein, mitten hinein, daß das Gesträuch knickte und brach und die zarten Blüten zerstoben. – Dann saß er daheim an seinem Tisch still und schwach. (...) Und er starrte auf ihr Bild, wie sie noch immer dastand, wie früher, so süß und rein... Über ihm unter rollenden Klavierpassagen klagte ein Cello so seltsam». Er weinte.

Die melodramatische Handlung der Novelle entsprach dem Geschmack der Zeit, die nach Rührung lechzte, und ihr poetisch-melancholischer Stil stimmte mit dem Ton der sentimentalen Neuromantik vollkommen überein. Überdies hatte der Stoff den Vorzug, ein wenig anrüchig zu sein. Die «Gesellschaft», das Magazin von Michael Georg Conrad, im dem er zuvor schon ein Gedicht untergebracht hatte, druckte die Geschichte im Spätjahr 1894: das Debüt des Schriftstellers Thomas Mann. Der Autor bewahrte dem Redakteur, der 1927 starb, ein dankbares Gedächtnis. In seinem Nachruf rühmte er Conrads besonderes Wesen: «bäuerlich volkhaft und weltoffen, und europäisch zugleich». Er habe – vor allem durch sein Engagement für das Werk Émile Zolas – «Türen und Fenster nach dem Auslande» aufgerissen – gleichsam das «Ideal einer Stadt», nämlich Münchens, verkörpernd, ehe es sich «provinziell verstockte».

Conrad, ein erfahrener Beobachter der literarischen Landschaft, hatte klar erkannt, daß der junge Verfasser jener Novelle über ein ungewöhnliches und schon nahezu virtuos entwickeltes Talent im Umgang mit den Worten verfügte. Ließ sich nicht hinter manchen der üppigen Sätze ein parodistischer Ton erkennen? Waren Ironie und Ernst, Gefühlsüberschwang und Spott von Beginn an ineinander vermengt? Oder will uns das aus dem Abstand rund eines Jahrhunderts nur so scheinen? Richard Dehmel, in jenen Jahren einer der prominentesten Wortführer der Moderne, schrieb dem jungen Kollegen einen herzlichen und ermutigenden Brief, den Thomas Mann – völlig zu Recht – als eine Art Ritterschlag empfunden hat.

Wußte der Dichter im fernen Berlin – «dort pulst im Dunst der Weltstadt zitternd Herz!» –, daß der junge Mensch im Dienst einer Feuerversicherungs-Gesellschaft stand, wie er selbst, nur ein halbes Jahrzehnt zuvor? Die merkwürdige Koinzidenz hätte seine Sympathie womöglich vertieft. Thomas Mann verabschiedete sich allerdings ziemlich genau zum Zeitpunkt seiner literarischen Premiere aus dem Münchner Büro, nach nur fünf Monaten nicht zu strapaziösen Dienstes; ein Rechtsanwalt hatte ihm gegen alle Bedenken des Vormunds die Freiheit erkämpft. Er beschloß, sich durch ein freies Studium auf die professionelle Schriftstellerei vorzubereiten, die – wie er einsichtig feststellte – denn doch ein breiteres und profunderes Wissen voraussetzte. Einige Monate später faßte er, der Mutter zuliebe, den Journalismus ins Auge, da sie einen «festen, arbeitsamen Beruf» für ihn wünsche, wie er an den gutmütigen Grautoff schrieb, den er übrigens nicht lange zuvor mit starken Worten vor dieser Profession gewarnt hatte. Zu ihr, belehrte er den Gefährten, gehörten «Geschmeidigkeit, pracktische Umsichtigkeit, Geriebenheit, gewandte Unverschämtheit» – «lauter gemeine Eigenschaften, die die Juden bekanntlich so tauglich für die Presse machen, und die Du nicht besitzt».

Als er jenen Brief (im April 1895) aufsetzte, hatte Bruder Heinrich gerade die Redaktion der Zeitschrift «Das Zwanzigste Jahrhundert» übernommen, die sich im Untertitel «Blätter für deutsche Art und Wohlfahrt» nannte, ursprünglich herausgegeben von dem Elsässer Friedrich Lienhard, der sich vom Poeten der neuen «Sturm-und-Drang»-Generation zum Künder kraftvollen Deutschtums und nordischer Herrlichkeit gewandelt hatte. Wie Heinrich an die völkisch-antisemitischen Hefte geraten war, blieb ein Rätsel, das er selbst niemals aufklärte: Später hat er jene Episode konsequent verschwiegen. Die Verirrung widersprach übrigens keineswegs seiner leidenschaftlichen Liebe zu Heinrich Heine, der sein Abgott war, fast von Kindheit an. (Aber das galt für viele seiner Zeitgenossen, die ihren «bürgerlichen Antisemitismus» ohne eine Regung schlechten Gewissens durchs Leben schleppten, stets bereit, in gefühlvollen Stunden aus dem «Buch der Lieder» zu zitieren.)

Thomas lieferte einige Artikel für die seltsame Publikation (auch er sprach davon später kaum ein Sterbenswörtchen), unter anderem einen Essay über «Kritik und Schaffen», in dem er sich polemisch mit Alfred Kerr einzulassen versuchte, der eine so herrische Autorität über das moderne Theater Berlins gewonnen hatte. Er sprach ihm, wie dem Stand der Kritiker insgesamt, den Rang des Künstlertums ab. Kerr sah sich vermutlich nicht gern als den «vollendeten Typus des ‹Dilettanten›» geschildert, und es freute ihn gewiß nicht, in jenem kleinen Aufsatz in solch zweifelhafter Beleuchtung neben dem dänischen Literaturhistoriker Georg Brandes zu erscheinen, von dem der jugendliche Autor sagte, er sei, «als private Persönlichkeit betrachtet, (...) ein ganz uninteressanter freisinniger Jude».

Dies in einem «antisemitischen Hetzblatt», wie Peter de Mendelssohn bemerkte, der auch darauf hinwies, daß sich Thomas bei dieser Gelegenheit einen «ersten wirklichen und unversöhnlichen Feind» gemacht habe: den gefürchteten Alfred Kerr eben, den Künder Gerhart Hauptmanns und seines naturalistischen Dramas, der sich mit solcher Brillanz bewiesen hatte, daß die Kritik selbst ein Kunstwerk sein könne, Meister eines pointierten und «überimpressionistischen Stils» (wie Albert Soergel sagte). Kerr, der für Hauptmanns Durchbruch gesorgt und wenig später Hermann Sudermann, den «neuen Kotzebue», und seine erfolgreichen Kolportagen erbarmungslos zu Fall gebracht hatte, war ohne Zweifel eine der wichtigsten Federn in Samuel Fischers Zeitschrift «Freie Bühne», die fünf Jahre nach ihrer Gründung den Titel «Neue Deutsche Rundschau» übernahm: das glänzende Tor, durch das die moderne Literatur in Deutschland Einzug hielt.

Eine eher ordinäre Ironie fügte es später, daß Adolf Bartels, ein anderer Heimatdichter und vor allem ein fanatischer Nationalist, Heinrich und Thomas Mann mit dem Verdacht verfolgte, sie seien Juden. Indes, judenfeindliche Aperçus scheuten beide, Thomas und Heinrich, in jenen Jahren keineswegs – sowenig wie die Mutter, die ihre Ressentiments niemals ganz zu bezähmen vermochte, nicht einmal nach der Heirat ihres zweiten Sohnes mit einer Frau aus einem jüdischen Elternhaus. Auch das war hanseatisches Patriziererbe. In München, bayerische Liberalität hin oder her, brauchte ein Judenhasser vom Schlage Ludwig Thomas seine dumpfen Gefühle nicht zu verbergen. In den Biergärten und Cafés wurde manches Gebräu der teutonischen Seele geduldet. Man schlug und vertrug sich. Niemand schien – fürs erste – die Vorurteile und Antipathien allzu wichtig zu nehmen.

In dem Blättchen des Bruders äußerte sich der junge Thomas Mann auch zum «Fall Panizza», des einstigen Mediziners, der für sein Stück «Das Liebeskonzil» von einem Münchner Schwurgericht wegen Gotteslästerung und Verächtlichmachung der katholischen Kirche zu einem Jahr Gefängnis verurteilt worden war. Theodor Fontane, kein revolutionärer Geist, hat es nach der Feststellung von Jürgen Kolbe ein «ganz bedeutendes Buch» genannt und Maximilian Harden dringend die Lektüre empfohlen. Thomas Mann aber hielt es für angemessen, den forschen und scharfen Staatsanwalt, über den «die voll und ganz Modernen des Landes wieder einmal nicht genug des Hohns wußten», mit hüstelnder Umständlichkeit zu verteidigen. Er wandte sich in seiner Polemik auch, ein wenig von oben herab, gegen seinen Förderer Michael Georg Conrad, der den – begabten und wirren – Oskar Panizza mit einem Gutachten in Schutz genommen hatte. Er fragte, ob man denn «nicht auch vom künstlerischen Standpunkt aus mit der Verurteilung einverstanden sein» könne. In einem Brief an Grautoff sprach Thomas mit einem Gran Selbstironie und zugleich mit der eitlen Arroganz, die junge Kritiker rasch anzufliegen pflegt, von einer «unsäglich überlegenen Notiz».

Thomas Mann, noch keine zwanzig Jahre alt, durfte dank der Aufmerksamkeit des Redakteurs Michael Georg Conrad als «gedruckter Autor» firmieren. Das konnten nicht alle die Jung- und Altgenies von sich sagen, die am späten Vormittag, gegen Abend, bis weit in die Nacht, nein, eigentlich zu jeder Stunde, von den Mahlzeiten und der Schlafenszeit abgesehen, in den Cafés von München zusammenhockten, im «Luitpold» vor allem oder im «Odeon», den süddeutschen Konkurrenzen und Dependancen des Romanischen Cafés in Berlin, in dem einige Jahre später die heraufkommende Generation der Expressionisten dem gaffenden Publikum eine tägliche Demonstration ihrer Talente und ihrer unerschöpflichen Lust an der Düpierung braver Bürger gaben: Else Lasker-Schüler und ihr zweiter Mann Herwarth Walden, der Herausgeber des «Sturms», der junge Arzt Gottfried Benn, Kurt Pinthus, Theodor Däubler, Paul Zech – Zeugen des großen Aufbruchs, der überall und nirgendwo hinführen konnte.

Die Brüder und Schwestern in der bayerischen Metropole gebärdeten sich nicht ganz so wild. Thomas Mann, der sich immerhin einen kleinen Namen gemacht hatte, nahmen sie mit einer gewissen Achtung auf, ohne zu heftigen Spott über seine dandyhaften Allüren. Den Großbürger verleugnete er nicht. Ein ansehnlicher junger Mensch, ganz gut gewachsen, ein Meter und fünfundsiebzig messend, für damalige Zeiten nahezu groß. Immer war er adrett und eher teuer gekleidet. Seine Manieren galten als reserviert. Dennoch, er fühlte sich wohl in der «Bierfestung», die sein Gönner Conrad in einem seiner Feuilletons mit kräftigen Tönen gefeiert hatte, zumal das königliche Hofbräuhaus, das er als «die klassische Gambrinus-Zitadelle» rühmte.

Man mag sich Thomas Mann, diesen distinguierten jungen Herrn, nicht heiser brüllend und heftig gestikulierend am Künstlerstammtisch denken, auch nicht im Eifer der Diskussion, nicht saufend, nicht hurend, nicht bramarbasierend. Wohl schrieb er an Grautoff, den treuen, er habe eine geraume Zeit «faul und bummelig, in Gesellschaft beim Wein im Café Luitpold» gesessen, «morgens zu Bett und mittags wieder auf», habe außer ein paar Gedichten so gut wie nichts geschrieben – aber nun fange er wieder zu leben an. Zu tief in den «Schwabinger Ursumpf», von dem der Bruder Viktor sprach, tauchte Thomas nicht ein.

Wohl beteiligte er sich mit einiger Lust am Fasching, voller Vergnügen an der Maskierung, wie Viktor in seinen Memoiren notierte. Man sah ihn «in einem vorbildlichen Frack mit geknöpften Lackstiefeln (die man damals trug), weißen Glacés und Chapeau claque. Der Abendanzug kleidete seine schlanke Figur ausgezeichnet. Über korrekter Schleife und hohem Kragen aber saß der schauerlich lächelnde Kopf eines jungen Vollidioten mit Schielaugen, aufgestülpter Nase, übermäßig blöde geöffneten Wulstlippen, Pferdezähnen und einer affenartig niederen Stirn unter wirrem Haar.»

Der Jüngste der Mann-Familie war ein genauer Beobachter seiner

Geschwister. Dem fünfzehn Jahre älteren Bruder – er nannte ihn lange Zeit «Onkel Ommo» – war er in Bewunderung ergeben. Wie bestaunte er in den Faschingstagen «das Monstrum an Komik», das den bürgerlichen Habitus niemals ablegte und zugleich aufs absurdeste widerlegte: «Wenn er in der gesammelten Haltung eines Salonlöwen wortlos auf dem Seidensofa saß, dabei mit schiefem Kopf das Schauerlächeln einer Dame zuwandte, selbstvergessen langsam einen Glacéfinger hob, um sich am Nasenloch zu kratzen, und plötzlich mit glucksendem Kichern den Klapphut herausknallen ließ, lallten die Leute nur noch» (vor Lachen).

Die Freude an der Verkleidung entsprach dem spielerischen Temperament der Mutter, die sich freilich den Lockungen des Faschings langsam entzog, wie es der Fortgang der Jahre von ihr verlangte. Thomas trat, ganz Sohn der Mutter, dem «Akademisch-Dramatischen Verein» bei, einer anspruchsvollen Laiengruppe, die von dem «Überbrettl»-Kabarettisten Ernst von Wolzogen geleitet wurde. In einer Aufführung von Ibsens «Wildente» übernahm er die Rolle des Großhändlers Werle, eines fragwürdigen Herrn, der in seiner kleinen norwegischen Stadt über den «Lebenslügen» der Gesellschaft thront. Der begabte Dilettant füllte die großväterliche Maske mit Erfolg aus. Der Protest des konservativen Publikums, auf den er später verwies, hielt sich in Grenzen. Nach Jahrzehnten noch sprach er voller Bewunderung von der «Seelenkenntnis, dem hohen geistigen Willen und dem edlen Mitleid» des Stückes: ein Triumph des psychologisch fundierten «Realismus», der von Theodor Fontane so enthusiastisch begrüßt wurde.

Vorlesungen an der Universität und an der Technischen Hochschule, die er als Gasthörer belegte, saß er pflichtgemäß ab, interessiert, gelegentlich stimuliert, selten von intellektueller Erregung bewegt. Er hörte Kollegs zur Nationalökonomie und Geschichte, zur Ästhetik, zur deutschen Mythologie, zu Shakespeares Tragödien. Die Lektüre in seiner Kammer war ihm wichtiger. Er hatte Nietzsche entdeckt – ein halbes Jahrzehnt nach Heinrich, der schon in seinen Dresdner Buchhändlertagen die Freunde mit dithyrambischen Hymnen über die «Genealogie der Moral», «Jenseits von Gut und Böse», den «Zarathustra» heimgesucht hatte, ein besessener Schreiber, gleichviel ob er Poesie oder Prosa, Briefe oder Romane aufs Papier fetzte: anders als der langsame Bruder, dem keine Zeile leicht von der Hand ging.

Ein Schriftsteller, schrieb Thomas Mann einige Jahre später in einem Anflug von Selbstironie, sei ein Mann, dem das Schreiben schwerer fällt als anderen Leuten. So verhielt es sich in der Tat. Er ging seiner «Arbeit», falls (nach seiner ironischen Einsicht) dieses Wort der «zweifelhaften Tätigkeit» des Literaten angemessen war, bedächtig und zögernd nach. Wichtiger als die eigene Produktion war in jener Spanne seines Daseins die Bereitschaft, fremden Stimmen der Dichtung seiner Zeit mit kritischer Empfindsamkeit nachzuhorchen. Er öffnete sich einer Vielfalt von Einflüssen, ohne sich zu tief verwirren zu lassen.

Niemals legte er sich passioniert für eine «Richtung» ins Zeug wie Bruder Heinrich, der mit einer Flut von Worten seinen Lübekker Freund Ludwig Ewers für das Evangelium des «Realismus» zu gewinnen suchte. Heinrich wurde danach zum predigenden Nietzscheaner und schließlich, eine nächste Etappe, zum Jünger der «Psychologen», vor allem der französischen und belgischen «Décadents» wie Paul Bourget und Maurice Maeterlinck, auch der österreichischen, unter ihnen Hermann Bahr, dessen melancholischer Wortmusik nun auch Thomas voller Hingebung lauschte – teure russische oder ägyptische Zigaretten rauchend, selbst darin dem Vorbild des Bruders folgend.

Manchmal saß er, wie er Grautoff schrieb, an heiteren Sommertagen im Münchner Hofgarten: «Vor mir eine Schale Eis, hinten rauscht leise der Springbrunnen, es ist still, und der diensthabende Kellner wundert sich, daß ich einen 6 Bogen langen Brief lese, mit Buchstaben, die aussehen, als wären sie von einem neugeborenen Kinde geschrieben, und dabei die erwachsensten Dinge erzählen...»

Er erwartete Richard Dehmels Besuch. Der große Mann hatte ihn wissen lassen, daß er gern ein Stück seiner Prosa in der Zeitschrift «Pan» drucken würde. Nach der Erzählung «Gefallen» hatte Thomas, mit einem beträchtlichen Aufwand an Sentimentalität, die herzbewegende Geschichte von Paolo Hoffmann geschrieben («Der Wille zum Glück»), dem blassen und passionierten Sohn eines Herrn, der «sein Geld als Plantagenbesitzer in Südamerika verdient», dort «eine Eingeborene aus gutem Hause geheiratet» hatte und «bald darauf mit ihr nach Norddeutschland, seiner Heimat, gezogen» war: kein unbekanntes Milieu.

Der kränkliche junge Mensch, der über zeichnerisches Talent verfügte, verliebte sich in die Tochter eines neuadeligen Herrn, der «seiner Erhebung zum Freiherrn einst ein paar Silben seines Namens zum Opfer» gebracht hatte; seine Gattin dagegen war «eine häßliche kleine Jüdin in einem geschmacklosen grauen Kleid. An ihren Ohren funkelten große Brillanten.» Der Baron wies Paolo nicht ohne Güte zurück, als er um die Hand der Tochter anhielt, die freilich nicht bereit war, sich an einen anderen Mann zu binden.

Paolo verschwand. Er wanderte durch die Welt, ohne Adresse. Schließlich war er in Rom anzutreffen. Als den Baron die Nachricht erreichte, daß der Künstler noch lebe, war er es, der ihn nun dringend einlud, zu seiner Tochter zurückzukehren. Paolo gehorchte, längst ein todkranker Mann. Er starb «am Morgen nach der Hochzeitsnacht, – beinahe in der Hochzeitsnacht. Es mußte so sein.» Die Frucht der Liebe hieß Tod.

Thomas Mann fügte der Geschichte, die an die Tränenseligkeit der Leserschaft rührte, den Monolog «Enttäuschung» hinzu, der ein überlanges Bekenntnis jugendlichen Ekels angesichts eines Daseins war, in dem die Liebe keinen Platz hatte. Danach die Erzählung, die den schlichten Titel «Der Tod» trägt: knappe Aufzeichnungen eines gräflichen Herrn, dem der Arzt nur noch eine kurze Lebensfrist zugebilligt hatte. Der empfindsame und stolze Schreiber wollte an seinem Ende ein «niedriges Schicksal» nicht dulden. Er ängstigte sich, «daß der Tod etwas Bürgerliches und Gewöhnliches an sich haben könnte». «Es soll», schrieb er, «um mich her fremdartig und seltsam sein an jenem großen, ernsten, rätselhaften Tage».

Seine kleine Tochter Asuncion, die er aufs innigste liebte, fragte der Graf, als sie traulich auf seinen Knien saß: «‹Wie, wenn ich bald von dir ginge, auf irgendeine Weise? Würdest du sehr traurig sein?› Da schmiegte sie ihr Köpfchen an meine Brust und weinte bitterlich.» Zwei Tage später starb das Kind. Er hatte – weiß Gott ohne Absicht – den Tod auf das schwebende Leben des Mädchens herabgezogen. Nun blieb ihm nichts mehr, als auf das eigene Ende zu warten. Wiederum brachte die Liebe den Tod.

Die knappe Novelle gelangte in ihren besten Passagen zu einer anekdotischen Verdichtung, die klar genug bewies, daß hier eine bemerkenswerte Begabung sich regte. Zugleich bezeugte die Handlung das allzu starke Verlangen nach Rührseligkeit, das in jener Epoche so üppig gedieh – die gemütvolle Begleitstimmung der wilhelminischen Reserveoffiziers-Gesellschaft und ihres männlich-martialischen Stils. Zwar überließen die Herren die öffentliche Darbietung der Sentiments gern den Frauen und zumal den Dienstmädchen, anders als im achtzehnten Jahrhundert, in dem nicht nur die Jünglinge, sondern auch erwachsene Männer gern «ihre Tränen mischten». In der Verborgenheit der Studierstuben aber ward manches Auge naß.

Die Novelle «Der Tod» entsprach exakt der Grundbedingung eines Preisausschreibens, das sich die Redaktion des «Simplicissimus» ausgedacht hatte. Dreihundert Mark bot sie für die beste Geschichte, «in der die ‹sexuelle Liebe› keine Rolle spielte». Jakob Wassermann, zwei Jahre älter als Thomas, gewann den Wettbewerb. Sein thematischer Ansatz scheint von dem des jüngeren Kollegen nicht allzu weit entfernt gewesen zu sein. Plagiatsgerüchte gingen um, für die sich Thomas entschuldigen zu müssen glaubte. Indes, niemand schien sie allzu ernst zu nehmen. Der «Simplicissimus» druckte schließlich auch seine Erzählung.

Im Sommer 1895 hatte Thomas für den Mentor Richard Dehmel drei neue Stücke zur Hand, vielleicht eher Skizzen, die – er wußte es wohl selbst – noch sorgsamer Arbeit bedurften. Eines nannte er «Der Herr Professor». Dehmel schickte ihm die Erzählung mit freundlich-ermutigenden Worten zurück. Es war eine erste Fassung der Novelle, die später den Titel «Der kleine Herr Friedemann» bekam: die traurige Geschichte eines verwachsenen Herrn, der durch die Ankunft der strahlenden Frau von Rinnlingen in seiner Stadt aus der ruhigen Resignation seines Daseins aufgeschreckt wurde. Leidenschaftliche Liebe zur Musik fügte die Geschicke der beiden zusammen: der jungen Frau, hinter deren distanzierter Schönheit eine sensible Seele wohnte, und des klugen Zwerges, der zum erstenmal in seinem bescheidenen Leben mit furcht- und lustvollem Entsetzen die Gewalt der Liebe erfuhr. Als er in der Neige eines Festes draußen im sommerlichen Garten, am Ende aller Kraft, der Dame seine verzweifelte Passion offenbarte, entriß sie «mit einem Ruck, mit einem kurzen, stolzen, verächtlichen Lachen (...) ihre Hände seinen heißen Fingern», packte ihn am Arm, schleuderte ihn «seitwärts vollends zu Boden», sprang auf und verschwand in der Allee.

«Er lag am Wasser. – Was ging eigentlich in ihm vor, bei dem, was nun geschah? Vielleicht war es dieser wollüstige Haß, den er empfunden hatte, wenn sie ihn mit ihrem Blicke demütigte, der jetzt, wo er, behandelt von ihr wie ein Hund, am Boden lag, in eine irrsinnige Wut ausartete, die er betätigen mußte, sei es auch gegen sich selbst... ein Ekel vielleicht vor sich selbst, der ihn mit einem Durst erfüllte, sich zu vernichten, sich in Stücke zu zerreißen, sich auszulöschen... Auf dem Bauche schob er sich noch weiter vorwärts, erhob den Oberkörper und ließ ihn ins Wasser fallen. Er hob den Kopf nicht wieder; nicht einmal die Beine, die am Ufer lagen, bewegte er mehr.»

In Frau von Rinnlingen, dieser musikalisch empfindsamen und so herrischen Dame, glaubte dieser und jener Kenner ein fernes Abbild der Mutter des Autors zu erkennen, wie auch in Gerda Arnoldsen, der hochmusikalischen Frau Thomas Buddenbrooks in ihrer kühlen Schönheit, der Mutter des zarten Hanno. Die Zeitgenossen des Autors ging solch geheime Verwandtschaft nichts an. Sie ahnten die Beziehung von Liebe und Tod, die Tristan-Melodie, die zum Leitmotiv des Schreibers, ja zu einer literarisch-erotischen Obsession werden sollte. Hinter der Melodramatik der Ereignisse, in der sich – wie in der Erzählung «Gefallen» – ein pubertierender Zeitgeist so naiv zu erkennen gab, witterten sie nicht ganz zu Unrecht den «Dämon Weib», in dem ein origineller Kopf wie Klaus Theweleit fast ein Jahrhundert später die Grundfurcht der militarisierten Gesellschaft erkennen sollte.

Wichtiger: wache Kritiker und Lektoren nahmen wahr, daß hier ein junger Mensch von ungewöhnlichen Gaben am Werk war, sensibel, genau in der Beobachtung, genau im Umgang mit dem Wort. Kein genialischer Stürmer und Dränger, sondern ein Talent, das sich auf der verläßlichen Basis handwerklicher Meisterschaft zu entfalten suchte. Der Verleger Samuel Fischer in Berlin, Gründervater der literarischen Moderne in Deutschland, akzeptierte – dem Vorschlag seines Lektors folgend – die revidierte Fassung des «Kleinen Herrn Friedemann» ein gutes Jahr später, im Herbst 1896, für die «Neue Deutsche Rundschau». Er schrieb dem Verfasser, daß er einen Novellenband aus seiner Feder zu drucken gedenke. Das Tor zum Erfolg begann sich zu öffnen.

Es ist wahr, die frühen Erzählungen Thomas Manns zeichneten kein schmeichelhaftes Bild der Frauen, die hier wie dort ein Gefäß des Verrats und des Unheils waren. Der verzagte Ich-Erzähler einer anderen Geschichte, die der Autor zunächst «Walter Weiler» überschrieb, wagte es nur zögernd, sich einer jungen Frau von sprühendem Charme zu nähern, in der er sein Geschick zu erkennen glaubte – er, der melancholische Erbe eines kleinen Vermögens, der sich nach langen Wanderungen durch die Welt in einer mittleren deutschen Stadt niedergelassen hatte, ohne Beruf und ohne Pflichten, unabhängig und vollkommen frei, seinen beschaulichen Neigungen nachzugehen.

An einem Puppentheater – ganz wie der Autor in seiner Kindheit – hatte er einst auf unschuldig-begeisterte Weise theatralisch-musikalische Talente erprobt, die freilich zu keiner produktiven Nutzung zu drängen schienen. Er spielte Klavier. Er las. In der Schule taugte er nichts. Sein Vater sprach ihm mit leiser Verachtung eine Art «Bajazzo-Begabung» zu (ein Stichwort, von dem die Novelle ihren endgültigen Titel bezog). In der Tiefe seines Gemüts ein Künstler, freilich von keinen schöpferischen Energien beflügelt. Allerdings auch kein Weltmensch. Keines der «Lieblingskinder Gottes, (...) deren Glück das Genie und deren Genie das Glück ist». Taugenichts als Sproß des verwöhnten Großbürgertums.

Dieser untätige Mensch schien auf eine resignierte Weise zufrieden zu sein. Er war auch einsam – bis er sie sah, in einem offenen Wagen an ihm vorübergleitend: «ein Paar schmaler und langgeschnittener Augen, deren kaum zur Hälfte sichtbare Iris blitzend schwarz war und über denen sich außerordentlich gleichmäßige und wie mit der Feder gezeichnete Brauen wölbten. Die Nase war vielleicht ein wenig lang, und der Mund, dessen Lippenlinien jedenfalls klar und fein waren, hätte schmaler sein dürfen» – wiederum ein stilisiertes Porträt der Mutter. Die ängstliche Seele des betrübten Herrn aber ließ es nicht zu, daß er sich der Angebeteten zu erkennen gegeben hätte. Im Journal las er die Annonce ihrer Verlobung. Verzweiflung focht ihn an: «Ich höre auf zu schreiben, ich werfe die Feder fort, – voll Ekel, voll Ekel! – Ein Ende machen: aber wäre das nicht beinahe zu heldenhaft für einen ‹Bajazzo›? Es wird sich ergeben, fürchte ich, daß ich weiterleben, weiteressen, schlafen und mich ein wenig beschäftigen werde».

Die Schuld, wenn davon die Rede sein konnte, traf nicht die törichte junge Frau; der traurige Erbe trug sie selbst – ein Opfer des unlösbaren Konflikts zwischen «Kunst und Leben», unfähig, das eigene Geschick gestaltend in die Hand zu nehmen, zur Impotenz in jeder Hinsicht verurteilt (obwohl das Wort niemals fällt). Das hübsche und vitale Geschöpf, auf das er die Augen flehend gerichtet hatte, hätte ihn retten können, vielleicht. Die junge Dame aber bemerkte ihn nicht. Auch das war eine Art von Verrat.

5. KAPITEL

Die Hunde an der Kette

Im Sommer 1895 schrieb Thomas Mann einen Brief an Grautoff, den unverdrossenen Kameraden, in dem er die Andeutung wagte, daß es «hier in München irgendwo ein Mädchen» gebe, «das noch immer nicht genug Rosen von mir bekommen hat, und bei der ich entarteter Schwächling den Brackenburg» – eine Anspielung auf den unglücklichen und lächerlichen Werber in Goethes «Egmont» – «noch immer nicht genug gespielt habe». Wer die junge Dame gewesen sein mag, weiß man nicht. Doch im Rückblick auf jene Tage notierte Thomas ein plötzliches und rebellisches Erwachen seiner «Geschlechtlichkeit».

Wie? Wann? Wodurch provoziert? Was hatte das Mädchen damit zu tun – wenn denn irgend etwas? War er endlich mit einer Frau ins Bett gelangt? Mit einem der Musen-Mädchen, mit denen sich in den Künstler-Cafés ohne zu große Schwierigkeit anbändeln ließ? Oder am Ende doch mit einer Gehilfin im Haus der Mama, was nicht weiter erstaunlich gewesen wäre, da dem weiblichen Personal in jener Epoche oft die sexuelle Erziehung der Sprößlinge bürgerlicher Familien zufiel? War er, dem Beispiel des Bruders Heinrich folgend, in ein Bordell geraten? Hatte er sich mit einem jungen Mann eingelassen?

Wir wissen von alledem nichts. Vielleicht vertraute Thomas Mann genauere Hinweise den Tagebüchern an, die er vernichtet hat. Die Notizen aus den dreißiger und vierziger Jahren lassen keine Rückschlüsse auf frühe Erfahrungen physischer Liebe zu. Indes, es wäre erstaunlich, wenn die Schwärmereien des Schülers für den

blonden Armin Martens oder – eher noch – den Lehrerssohn Willri
Timpe in Lübeck völlig keusch geblieben wären. Homoerotische
Berührungen während der Pubertätsjahre, auch noch danach, waren durchaus üblich, zumal in Pensionen, damals wie heute. Väter
und Lehrer belegten sie mit strikten Verboten. Die Warnungen waren düster und eindringlich, doch meist wurde die gemeinsame
Masturbation der Knaben, wenn sie denn erwischt wurden, trotz
aller Beschwörungen und allen Gebrülls nicht zu ernst genommen.
Man war davon überzeugt, daß sich diese «lasterhaften Verirrungen» auswachsen würden. Sie wurden als ein «Ersatz» für weibliche
Partner betrachtet: freilich als ein fragwürdiger, da sich alle Welt
von unaufgeklärten Medizinern hatte einreden lassen, die Onanie
sei aufs höchste schädlich, zehre das Rückenmark aus, führe zur
Schwindsucht und unweigerlich auch zur Impotenz, da der Samen-
vorrat des Mannes nicht unerschöpflich sei.

Junge Mädchen «aus gutem Hause» waren für gewöhnlich unerreichbar, da sie die Unschuld, die sogenannte, für die Hochzeitsnacht zu bewahren hatten. Verheiratete Frauen, das heißersehnte
Ziel aller Jünglingswünsche, blieben meist ein fernes Objekt der
Begierde. Der Umgang mit kleinen Huren und der Besuch von Bor-
dellen galt, nicht zu Unrecht, als gefährlich: nach der Entwicklung
der Antibiotika hat die Gesellschaft schnell vergessen, daß die Go-
norrhöe und die Syphilis jahrhundertelang wahre Volksseuchen
waren, gegen die es keinen zuverlässigen Schutz und für die es keine
sicheren Heilmittel gab. Zumal die Lues brachte oft ein schreckliches Ende: einen faulenden Körper und einen zerrütteten Geist –
böse «Früchte der Sünde».

Spuren jener Geißel verfolgten die Phantasie Thomas Manns bis
zu ihrer mythologischen Erhöhung im «Doktor Faustus». Die Gesellschaft der Jahrhundertwende, die von solch dröhnender Vitalität
erfüllt zu sein schien – Gründerzeit, zweites Barock, eine prun-
kende Renaissance –, duckte sich in Wahrheit täglich unter der Peit-
sche der Angst, von der uns erst durch Aids, die tödliche Epidemie
der Immunschwäche, wieder eine Ahnung zugekommen ist. Die
uneitel-kargen Journale Arthur Schnitzlers und die Jugenderinnerungen dieses großen Autors vermitteln einen Begriff von der Realität der Furcht, mit der die Kinder jener Epoche zu leben hatten.

Nein, für Thomas Mann schienen die Niederungen der Sexualität keine Lockung zu sein. Herablassend wie so oft belehrte er Grautoff: «Du bist ja wohl erst achtzehn Jahre alt» (er selbst war keine zwanzig). «Wenn Du etwas älter sein wirst, so wirst Du z. B. eine Hure, die sich Einer von der Straße aufliest, nicht mehr so rührend naiv als holdes Mägdlein schildern, das in Liebe süß errötet!... Mich wenigstens vermöchte das bischen Unterleib nicht über die Misere des Lebens zu trösten!»

Sechs Wochen später: «Freilich, zu den Dienstmädchen und Dirnen sage ich Dir aus vollem Herzen ‹Pfui Teufel!› (...) Ich sage, Du *brauchst* den Unterleib nicht zu verachten. Du *darfst* es aber gern; ich thu's nämlich auch. Ich habe mich in letzter Zeit nahezu zum Asketen entwickelt. Ich schwärme, in meinen schönen Stunden, für reine ästhetische Sinnlichkeit, für die Sinnlichkeit des Geistes, für den Geist, die Seele, das Gemüt überhaupt. Ich sage, trennen wir den Unterleib von der Liebe!» Er hätte auch schreiben können, er erledige sein erotisches Verlangen durch die «befreiende Wirkung» von Wagners Musik, die ihm mehr und mehr zum Religions- und zum Liebesersatz wurde.

Im Sommer 1895 wollte er Grautoff, der sich als Buchhandelslehrling nach Brandenburg verdingt hatte, bei einer Reise nach Berlin wiedersehen. Das Datum der Abreise legte er für Anfang August fest. Plötzlich änderte er seinen Entschluß: Heinrich schlug ihm vor, sich mit ihm in Italien zu treffen.

Der Süden war für den Bruder nach langer Wanderung zur zweiten Heimat geworden. Sein Volontariat im jungen S. Fischer Verlag hatte er – der Vater lag kaum vier Monate unter der Erde – nach einem Blutsturz im Januar 1892 abbrechen müssen. Er wurde zunächst in ein Berliner Sanatorium eingewiesen. Danach versuchte er sich in Wiesbaden auszukurieren. Der Abschied von Berlin wurde Heinrich schwer: von den tausend Anregungen, die er durch die Lektoren und Redakteure im Hause Fischer, die jungen Literaten in den Cafés, durch die Theater, die Schauspieler, die Oper, die Konzerte empfangen hatte. Auch bedeutete der Weggang den Verzicht auf sein bewegtes Nachtleben, auf den Umgang mit seinen sogenannten Mätressen, die meist Flittchen oder Huren waren, je «verworfener», um so besser.

Deutschland, schrieb Thomas Mann an Grautoff mit einem Unterton des Triumphes, werde ihn «fürs erste nicht mehr sehen», doch er fügte hinzu, der Abschied von München werde ihm «aus einigen Gründen» schwer, aber «sie» wolle ihm schreiben – wer immer «sie» sein mochte (einen Namen nannte er nicht). Am 12.Juli 1895 brach er auf. Heinrich erwartete ihn in Rom. Ohne langen Aufenthalt fuhren die beiden weiter in das Städtchen Palestrina, den Heimatort des großen Komponisten, der in ferner Nachbarschaft mit seinem deutschen Zeitgenossen Heinrich Schütz der Kunst barocker Polyphonie die Tür geöffnet hatte.

Heinrich Mann hatte das hochgelegene Nest vierzig Kilometer östlich von Rom ein paar Jahre zuvor als eine kühle und ruhige sommerliche Zuflucht entdeckt. Die beiden stiegen in der «Casa Bernardini» der Witwe Pastina ab (die im «Doktor Faustus» wiederzufinden ist). Thomas trug sich in die Gästeliste hochgemut, vielleicht auch mit einem kleinen selbstironischen Lächeln als «Dichter aus München» ein: «Poeta di Monaco». Die Brüder blieben nur wenige Wochen. Sie sahen Salerno, wohl auch Pompeji, streiften Neapel. Dann Rom, wo Heinrich eine feste Unterkunft hatte: eine Pension in der Via Torre Argentina Nummer 34.

Auf der Piazza Colonna lauschte Thomas einem Freilichtkonzert: «Lohengrin»-Vorspiel, dann die Totenklage für Siegfried aus dem «Ring»... Richard Wagner auch in der Ewigen Stadt: diese kleine Sensation schien ihn tiefer zu beeindrucken als alle grandiosen Zeugnisse der Antike und der Renaissance, die er wachtrunken wahrnahm. Die Musik des nordischen Meisters, den Römern grundfremd, wurde von einem Teil des Publikums ausgepfiffen, von einer Mehrheit stürmisch bejubelt. Seine Notizen über das Ereignis kramte Thomas zwei Jahrzehnte danach wieder hervor, als er die «Betrachtungen eines Unpolitischen» schrieb und es für angebracht hielt, das «inständige Erlebnis dieser Kunst» als eine «Quelle patriotischer Gefühle» heraufzubeschwören – «ein überdeutsches Geisteserlebnis».

Rückkehr nach München Ende Oktober. Zusammenarbeit mit Heinrich bei jenem Blättchen, das den Titel des heraufkommenden Jahrhunderts trug, angelehnt an ein englisches Beispiel («The Nineteenth Century and After»). Thomas schrieb freilich nicht mehr als sechs Rezensionen und zwei Kommentare für die peinliche Publikation, deren Titel im Dritten Reich von Giselher Wirsing, einem der intelligentesten Propandisten des Naziregimes, wiederaufgenommen wurde. An dem antisemitischen Jargon, dessen sich Heinrich geläufig bediente, schien Thomas keinen Anstoß zu nehmen; er war ihm selbst nicht völlig fremd, wie seine Notizbücher aus jener Zeit beweisen, in denen er sich über jüdische Phantasienamen von der Qualität eines «Commerzienrates Moritz Ausspuckeles» lustig machte. Ob ihm die Karikaturen nur «Kunstfiguren» waren, wie Peter de Mendelssohn begütigend meinte, die mit dem wirklichen Leben nichts zu tun hatten – daran mag man zweifeln. Klischees des «bürgerlichen» Antisemitismus, die ihm in seiner Jugend zugekommen waren, schleppte er sein Leben lang mit sich fort: nicht allzu tief in seiner Seele vergraben. Wann immer er durch jüdische Zeitgenossen gereizt war, brachen sie – trotz seines Widerwillens gegen die Nazis – immer wieder durch, und er zögerte auch nicht, selbst nicht angesichts der Vernichtungsmaschine des Dritten Reiches, die Karikaturen in seinen Werken nachzuzeichnen.

Empörung über die völkisch-konservativen Ideale war es wohl kaum, die das Vergnügen an der Zeitschrift des Bruders rasch welken ließ: eher darf man annehmen, daß er die gerümpften Nasen mancher Kollegen bemerkt hatte und um seinen jungen, ganz und gar ungefestigten Ruf zu bangen begann. Nicht lange danach zog er vor, die Zeitschrift als «ziemlich einfältig» zu bezeichnen, und er versicherte, Heinrich habe sie mit «einigem Widerwillen dirigiert» – um Geld zu verdienen. In einem der Briefe an Grautoff spottete er gelinde über den allzu heftigen Patriotismus à la Schleiermacher und Fichte, der eine Art Nationalreligion des wilhelminischen Deutschlands war. Auch die «frisch-fromm-fröhliche Turner-Attitüde» der Zeitschrift «Die Jugend», die damals auf den Plan trat, fand sein Gefallen nicht. München schien ihn zu langweilen.

In der Neige des Jahres 1895 füllte er einen Fragebogen aus, der eine entfernte Ähnlichkeit mit dem berühmten *questionnaire* aufwies, mit dem Marcel Proust sein analytisches Spiel trieb. Seine Antworten fügen sich zu einem aufschlußreichen, wenngleich sanft idealisierten und, alles in allem, eher konventionellen Selbstporträt des Zwanzigjährigen, dem übrigens die klare, eher schwunglose und ein wenig verkrampft-pünktliche Handschrift jener Jahre exakt entsprach. Als «Lieblingseigenschaft am Manne» nannte er «Geist» und «*Geistigkeit*», als «Lieblingseigenschaft am Weibe» «Schönheit *und* Tugend». «Deine Lieblingsbeschäftigung?» – «Zu dichten *ohne* zu schreiben.» «Deine Idee vom Glück?» – «*Unabhängig* und mit mir selbst im Einverständnis zu leben.» «Welcher Beruf scheint Dir der beste?» – «Der Künstlerische.» «Wer möchtest Du wohl sein, wenn nicht Du?» – «Thörichte Frage!» «Wo möchtest Du leben?» – «Zu Rom.» «Wann möchtest Du gelebt haben?» – «Vielleicht zu Anfang dieses Jahrhunderts.» «Deine Idee vom Unglück?» – «Mittellos und daher *abhängig* zu sein.» «Dein Hauptcharakterzug?» – «Höflichkeit, auch gegen mich selbst.» «Deine Lieblingsschriftsteller?» – «Heine, Goethe, Bourget, Nietzsche, Renan…» In der Tat übte in jenen Tagen der französische Schriftsteller Paul Bourget wohl den bedeutendsten Einfluß auf ihn aus: ein romantisch-konservativer Geist (der sich später dem Katholizismus zuwandte), Gegner Émile Zolas und seines sozial engagierten Naturalismus, in seinen ästhetisch-prangenden Schilderungen der Gesellschaft so etwas wie der literarische Makart Frankreichs.

Als «Lieblingsmaler und -bildhauer» nannte Thomas Mann: «Polyklet, Guido Reni, Lenbach…» Als die Lieblingskomponisten: «Wagner, Richard Strauß, Grieg, Lassen, Fielitz» – allesamt Zeitgenossen, deren Musik ganz à la mode war, den inzwischen völlig vergessenen Dänen Eduard Lassen, der als Hofkapellmeister in Weimar amtierte und populäre Lieder schrieb, und eben jenen Alexander Fielitz nicht ausgenommen, den der Knabe Thomas am Pult des Lübecker Theaterorchesters bewundert und bei den Muséancen mit der Mutter heimlich beneidet hatte. Es berührt merkwürdig, daß er die Favoriten der Epoche allen Meistern der Musikgeschichte vorzuziehen schien: ob Mozart oder Beethoven, Schubert oder Schumann, von Bach und Händel nicht zu reden.

Bei der Frage nach seinem «Lieblingshelden in der Geschichte» deutete er auf Christus – vielleicht bestimmt durch die Lektüre der historisch-kritischen Untersuchung über «Das Leben Jesu» von Ernest Renan, den er unter seinen bevorzugten Schriftstellern erwähnt hatte. «Lieblingsheldinnen in der Geschichte» habe er

nicht, sagte er lapidar. Als seine «Lieblingscharaktere in der Poesie» zählte er «Hamlet, Tristan, Faust und Mephisto, Parsifal» auf:
allesamt Gestalten, die ihn getreulich durch sein Dasein begleiten
sollten. Seine «Lieblingsnamen» wiederum erlauben wenig Aufschlüsse: Angelo, Victor (wohl ein Gruß an den kleinen Bruder),
Ada und Elsa (aus dem «Lohengrin»). Die Frage nach den «geschichtlichen Charakteren», die er «nicht leiden» könne, tat er mit
einer allgemein-vagen Antwort ab: «Die ich nicht verstehe.»
Ebenso nichtssagend seine Auskunft über die Fehler, die er «am
ersten entschuldigen» würde: «Die positiven!» Kant und den kategorischen Imperativ führte er, schon mutiger, als Gegenstand
seiner «unüberwindlichen Abneigung» an, und er fügte die
«Staatsbeamtenphilosophie» hinzu. Auf die Frage, wovor er sich
fürchte, antwortete er ehrlich genug: «Vor meinen Schwächen.»
Als «Lieblingsspeise und -trank» rühmte er den Kaffee. Schließlich beschrieb er sein Temperament mit anspruchsvoller Aufrichtigkeit: «Kontemplativ, hamletisch, von des Gedankens Blässe angekränkelt.»

Die Unruhe, die ihn in jener Epoche umtrieb, zeigte sich in dem
«Fragebogen» nur undeutlich an. In den Briefen an Grautoff gab sie
sich – kaum getarnt – durch schulmeisterliche Mahnungen, die in
Wahrheit angstvoll an die eigene Adresse gerichtet waren, kleinmü-
tig und ein wenig spießig zu erkennen: Er riet dem Freund, regelmäßig eine bestimmte Anzahl von Stunden zu schlafen und jeden
Morgen den ganzen Körper kalt zu waschen – «letzteres thut mir
sehr gut». Außerdem möge er den Zigarettenkonsum einschränken,
sein Geld für reichliche und kräftige Nahrung verwenden. Er hoffe,
daß Grautoff mit sich selbst «im Einverständnis» lebe. «Das Aus-
rotten eines schlechten Triebes geschieht allerdings nicht plötzlich
mit einem moralischen Aufraffen; das bedeutet garnichts, und man
ist bei einem unvermeidlichen Rückfall nur desto verzweifelter. Es
ist ein langsames, behutsames Schwächen und Abdorrenlassen des
Triebes nötig, wobei alle möglichen intellectuellen Kunstgriffe mit-
helfen, die einem der Selbsterhaltungsinstinkt suggeriert. Schließlich ist man viel zu sehr homme de lettres und Psycholog, als daß
man nicht nebenbei seine überlegene Freude an solcher Selbstbe-
handlung haben sollte. Irgendwelches Verzweifeln wäre in Deinem

Alter unsinnig. Du hast Zeit, und der Trieb zur Ruhe und Selbstzu-
friedenheit wird die Hunde im Souterrain schon an die Kette bringen.»

Solche Formeln puritanischer Selbstdisziplinierung nahmen sich
für einen Intellektuellen von einundzwanzig Jahren merkwürdig
aus. Eher hätte man sie einem Heimvater des «Vereins christlicher
junger Männer» oder einem Schüler des Turnvaters Jahn zugetraut,
der entschlossen war, seinen Leib für den Dienst am Vaterland zu
stählen. Der Lübecker Patriziersohn aber war kein frommer Jüngling und kein Künder teutonischer Tugend. Das christliche Sünden-
bewußtsein verachtete er, wie es Pflicht jedes Jüngers von Friedrich
Nietzsche war. Er habe wenig Sinn für Moral, versicherte er dem
Freunde Grautoff, und er sagte es anderen auch. Er wurde nicht
müde, sich den musikalisch-sinnlichen Schwelgereien Richard
Wagners hinzugeben. Die melancholisch-sensuellen Verse der *décadents*, dessen darf man gewiß sein, las er ohne jeden Anflug sittlicher Entrüstung. In der Kunst durfte Freiheit herrschen. In seinem
Dasein nicht.

Was also ließ ihn die «Hunde im Souterrain» so sehr fürchten?
Wenige Wochen vor der Niederschrift jenes Briefes hatte er seine
ersten Tagebücher verbrannt. «Aber wo sollte ich sie auf die Dauer
lassen», fragte er Grautoff, «z. B. wenn ich für lange Zeit verreise?
Oder wenn ich plötzlich sanft hinüberschlummerte? Es wurde mir
peinlich und unbequem, eine solche Masse von geheimen – *sehr* geheimen – Schriften liegen zu haben.» Welche Geständnisse mochten
sie enthalten? Welche Namen – außer denen von Armin Martens
und Willri Timpe, die er später immer wieder nannte? Wir werden
es niemals erfahren.

Korfiz Holm, der Schulfreund aus Lübeck, wies Thomas im
Frühjahr 1896 den Weg zum «Simplicissimus», dem satirischen
Blatt, das ein brillanter und zugleich so entlarvender Spiegel der
Epoche wurde. Der junge Verleger Albert Langen hatte die Zeitschrift mit Courage und Elan lanciert. Die Mischung von zeitkriti-
scher Schärfe und klassischem Feuilleton, mitreißender Eleganz
in den Graphiken, bitterbösen Karikaturen, die Begegnung von
schmissigem Antimilitarismus, allgemeiner Aufsässigkeit, liebenswürdigem Spott über Aristokratie und Gründerzeit-Gesellschaft,

Antiklerikalismus und einem liberal gelockerten Nationalismus – das waren Formeln, die den Erfolg garantierten. Proteste aus dem wilhelminischen Berlin, Beschlagnahmungen durch eifrige Staatsanwälte und die relative Milde der bayerischen Gerichte trugen das Ihre dazu bei, die Popularität der Zeitschrift zu mehren.

Eine Oase demokratischer Besinnung war das Blättchen kaum. Den Schriftsteller Ludwig Thoma, der später im «Miesbacher Anzeiger» antisemitische Glossen im schlimmsten Jargon des «Stürmers» schrieb, flog der Haß auf die Juden kaum über Nacht an. Thomas Mann war er ein freundlicher Kollege, der bei den Redaktionskonferenzen, nach dem Zeugnis des jungen Autors, «meistens schlief, die erkaltete Pfeife im Mund».

Der «Simplicissimus» war für den jungen Schriftsteller, dem die völkisch-sektiererische Enge des «Zwanzigsten Jahrhunderts» lästig sein mußte, ein angemessenes Feld. Korfiz Holms Angebot regelmäßiger Mitarbeit – gegen ein Monatssalär von einhundert Mark – verhieß einen bedeutenden Schritt nach vorn. Er begegnete anderen jungen Leuten von Talent, unter anderem Jakob Wassermann, der dem Blatt als Redakteur diente: der Kollege zahlte ihm, wie sich Thomas Mann in seiner Tischrede zu Wassermanns fünfzigstem Geburtstag erinnerte, das Honorar für eine Erzählung aus: «klingende Münze» – Goldstücke, wie sie damals in Umlauf waren. Er rühmte ihn, gut drei Jahrzehnte später, als einen «großen Erzähler», doch er versäumte nicht, mit einem Gran Selbstironie und einer kräftigeren Portion Bosheit, «das Komödiantentum, das Äffische, die Blague, die Gaukelei» – einer Bemerkung Nietzsches folgend – als den Grundantrieb des Schauspielertums, ja des Künstlertums und das «Aufschneiderische» als «Wurzelinstinkt» der Erzählergabe zu nennen. Wassermann, der mit einem empfindsamen und selbstquälerischen Gemüt geschlagen war, mag mit halbsaurer Miene gelauscht haben.

Am 6. Juni 1896 feierte Thomas den einundzwanzigsten Geburtstag. Er war nun volljährig und konnte – den Widerstand der Lübecker Vormünder mühsam aus dem Weg räumend – über eine monatliche Rente von dreihundertzwanzig Goldmark frei verfügen: eine schöne Summe für einen jungen Menschen jener Tage.

Sie erlaubte es Thomas und Heinrich (der über ein eigenes Einkommen verfügte), ausgedehnte Reisen zu planen. In Genua wollten sie das Schiff nach Korsika nehmen; von dort wollten sie weiter nach Sizilien, vielleicht sogar nach Afrika, schließlich über Neapel und Rom in die französische Schweiz. «Das mit Recht so überaus hoch geschätzte Vaterland», schrieb er an Grautoff, «werde ich wahrscheinlich vorm Jahre 98 nicht wiedersehen: Dann freilich harrt meiner, wenn nicht der Stabsarzt ein menschlich Rühren empfindet, der gräßliche Moloch ‹Militarismus›.» Von Korsika, Sizilien und Afrika ließen die beiden bald wieder ab. Sie faßten nun die Riviera ins Auge. Was immer ihr Ziel war: Italien hatte den Vorzug, billiger als Deutschland zu sein. Mit dem Geld, über das sie verfügten, konnten sie nach ihrer Rechnung im Süden nahezu üppig leben.

Aufbruch im Oktober 1896. Thomas reiste nach Venedig, das er noch nicht kannte, Heinrich nach Rom. Drei Wochen später nahm der Jüngere ein Schiff nach Ancona, hielt sich für zwei Tage bei dem Bruder in der Hauptstadt auf, fuhr weiter nach Neapel. Unruhe trieb ihn voran. Grautoff deutete er an, daß er sich mit einer «bedauerlichen Energie» auf «ermüdende und strapaziöse Erlebnisse» eingelassen habe, wie er sie seiner «Jugend zugutehalten» müsse. Hinter den verschämten Umschreibungen dürfen ohne zu große Verwegenheit erotische Abenteuer vermutet werden.

Von Neapel, berichtete er dem Freund, habe er sich «eine ausgesuchte Mischsensation aus Rom und Orient» versprochen, und er sei nicht enttäuscht worden. Die «orientalische Note» klinge hier vernehmlich mit, was «die stolze Vornehmheit» Roms beinahe ausschließe: «Neapel ist pöbelhafter, – aber von einer naiven, lieben graziösen und ergötzlichen Pöbelhaftigkeit. Es hat nicht das kühne und hoheitsvolle Cäsarenprofil Roms, es hat eine Physiognomie mit etwas aufgestülpter Nase und etwas aufgeworfenen Lippen, aber sehr schönen, dunklen Augen... Ich betrachte sie seit vier Tagen aufmerksam, diese Physiognomie; ihre sinnliche, süße, südliche Schönheit ergreift mich mehr und mehr.»

«Ich sehe allem zu», schrieb er (scheinbar) gelassen weiter, «still, nachdenklich und ein wenig müde vor Einsamkeit. Meine Gedanken gleiten hin und wieder, gleich jenem Licht auf dem Wasser, das auf der dunklen Fläche etwas zu suchen scheint.» Dann plötzlich der Ausbruch: «Ich denke an mein Leiden, an das Problem meines Leidens. Woran leide ich? An der Wissenschaft… wird sie mich denn zu Grunde richten? Woran leide ich? An der Geschlechtlichkeit… wird sie mich denn zu Grunde richten? – Wie ich sie hasse, diese Wissenschaft, die selbst die Kunst noch zwingt, sich ihr anzuschließen! Wie ich sie hasse, diese Geschlechtlichkeit, die alles Schöne als ihre Folge und Wirkung für sich in Anspruch nimmt! Ach, sie ist das *Gift*, das in aller Schönheit lauert!… Wie komme ich von der Wissenschaft los? Durch die Religion? Wie komme ich von der Geschlechtlichkeit los? Durch Reisessen?»

Am Abend setzte Thomas den Brief fort, nachdem er diniert und in der Galeria Umberto Kaffee getrunken hatte: «Was für ein Leben! Musik, Gedränge, Geschrei: Cerini! Giornali! Ein paar zerlumpte Jungen versammeln sich um meinen Tisch und flehen beinahe fußfällig um meinen Zucker. Und als sie ihn bekommen, welch ein Glück! Grazie tanto, tanto, signore! Sie beißen und schlucken mit Wollust.» Er wurde deutlicher: «Und draußen auf dem ‹Toledo›! Wagen und Menschen, Wagen und Menschen. Hier und da, unter tausend anderen Verkäufern, schlau zischelnde Händler, die einen auffordern, sie zu angeblich ‹sehr schönen› Mädchen zu begleiten, und nicht nur zu Mädchen… Sie lassen nicht ab, sie gehen mit und preisen ihre Waare an, bis man grob wird. Sie wissen nicht, daß man beinahe entschlossen ist, nichts mehr als Reis zu essen, nur um von der Geschlechtlichkeit loszukommen!»

Hatte er sich trotz all seiner hochmütig-strengen Vorsätze – in Venedig, vielleicht auch in Neapel – das eine oder andere hübsche Knäblein verkaufen lassen? So mag es gewesen sein. Aber warum das Entsetzen? Päderastische Neigungen waren, das trifft wohl zu, in jener Epoche streng verpönt. Homosexualität stand unter Strafe. Der Prozeß gegen Oscar Wilde, der die literarische Welt so tief schockiert hatte, lag erst ein Jahr zurück, und vielleicht liefen damals schon Gerüchte über die skandalösen Spiele Friedrich Alfred Krupps mit den Fischerjungen von Capri um. Aber noch war Thomas keine Berühmtheit. Unter den Reisenden aus dem Norden war es nicht unüblich, im angeblich heiteren, freien, sinnlichen Süden von «verbotenen Früchten zu naschen», wie man gern sagte: Neapel war das Bangkok, Venedig das Manila jener Tage.

Erklärte sich die panische Furcht des jungen Menschen vor der eigenen «Geschlechtlichkeit» nur aus den Gesetzen der Gesellschaft und ihren moralischen Regeln, die er so tief zu verachten vorgab? Eher rieb er sich wohl an der selbstgewählten Tabuisierung seiner homoerotischen Lust, ja der gesamten Sexualität auf. Überdies schien ihn das Entsetzen vor der Krankheit umzutreiben, gleichviel ob sie einer realen Erfahrung oder einer Grundfurcht entsprach. Sie wuchs sich zu einem Trauma aus, das er zeit seiner Tage nicht mehr abschüttelte. Schon vier Jahre später faßte er, den Blick auf Nietzsche gerichtet, ein entscheidendes Motiv für den geplanten Roman mit dem Titel «Maja», vielleicht auch eine Novelle ins Auge, für die er den Titel «Die Geliebten» notierte: «Der syphilitische Künstler nähert sich (...) einem reinen, süßen jungen Mädchen, betreibt die Verlobung mit der Ahnungslosen und erschießt sich dicht vor der Hochzeit». Und später: «Figur des syphilitischen Künstlers: als Dr. Faust und dem Teufel Verschriebener. Das Gift wirkt als Rausch, Stimulans, Inspiration; er darf in entzückter Begeisterung geniale, wunderbare Werke schaffen, der Teufel führt ihm die Hand. Schließlich aber *holt ihn der Teufel*: Paralyse.» Der Stoff des «Doktor Faustus» lag seitdem parat.

Die Grundfurcht steigerte seine angstvolle, von einer kargen Natur bestimmte Weigerung, jene Stürme der Jugend ungeschützt zu ertragen, die er später ein wenig gönnerhaft die «absolute Boheme» nannte. Nicht völlig glaubwürdig behauptete er schließlich, er habe sie mit seinem Bruder geteilt. Italien, das ist gewiß, wurde ihm nicht zum Erlebnis einer erotischen und sexuellen Befreiung, wie sie der große André Gide, sechs Jahre älter als der Lübecker Patriziersohn, nicht lange zuvor in Nordafrika, übrigens auch in Rom erfahren hatte. Thomas Manns Neigung zu attraktiven Jünglingen stand, das mag ihn vor allem beunruhigt haben, der bürgerlich-rechtschaffenen Karriere im Wege, die der junge Mensch, zugleich von seinem Künstlertum leidenschaftlich besessen, in jenen frühen Tagen durchaus ins Auge gefaßt hatte. Rückblickend bemerkte er: «Meine Lebensstimmung setzte sich aus Indolenz, schlechtem bürgerlichen Gewissen und dem sicheren Gefühl latenter Fähigkeiten zusammen.»

Aus Rom erkundigte er sich voller Sorge bei Grautoff, ob die

Ärzte in Berlin endlich die – von dem Freund verfaßten – Manuskripte zurückgegeben hätten, die sie studieren wollten, um sich ein Bild des jungen Mannes zu verschaffen, der sich einer hypnotischen Behandlung zur Heilung eines «nervösen Leidens» zu unterziehen gedachte, welcher Art es auch immer gewesen sein mag: «Haben diese betriebsamen Herren in Berlin vielleicht die Absicht, sie als Dokumente für ein neues psychiatrisches Werk zu benutzen? An Deiner Stelle würde ich mit aller Schroffheit auf die Rückgabe meines Eigentums dringen. Die Sache ist mir umso unheimlicher, als der Verdacht nahe liegt, daß Du auch *mich* in den Schriften gelegentlich kompromittiert, meinen Namen, Äußerungen von mir erwähnt hast etc. etc. Ich bitte Dich dringend, mir in Deinem nächsten Brief über diesen Punkt volle Aufklärung zu geben.»

Die Gefahr, die er zu wittern glaubte, alarmierte ihn so heftig, daß er zwei Wochen später den armen Grautoff zornig anfuhr: «Ich habe mich schon wiederholt darüber geärgert, daß Du in Deinen Briefen gewisse Anfragen meinerseits einfach übergehst und mit Schweigen beantwortest, Gott weiß, ob aus Bequemlichkeit, Tücke oder Fahrlässigkeit. Du wirst Dich erinnern, daß ich in meinem letzten Briefe sehr eindringlich die Frage an Dich richtete: Ist in den bewußten Manuskripten mein Name enthalten? Wird in ihnen meine Person in irgend einer Weise kompromittiert, oder auch nur genannt? Wie ich beinahe erwartet hatte, unterschlägst Du die Frage einfach und hast nicht den Takt, zu empfinden, daß mich Dein Schweigen nur noch mehr beunruhigen muß.»

Seine Angst war unbegründet. Doch als sich Grautoff in einem beschämten Brief in devoten Entschuldigungen wand, rief ihm der strenge Freund mit höhnischem Ärger zu: «Dieses scheußliche Gewinsel von ‹Elender›, ‹Erbärmlicher›, ‹Abscheu›, ‹Ekel› und Ärgerem fiel mir auf die Nerven». Der Lübecker Gefährte war in der Tat ein großer Dulder. Manchmal begehrte er schüchtern auf, um sich rasch dem herrischen Willen des Überlegenen mit geradezu hündischer Ergebenheit zu beugen.

Es läßt sich nicht leugnen, daß Thomas diesen Jünger von Zeit zu Zeit mit bösem Vergnügen gequält hat. Und als ihm 1935 irrtümlich der Tod Grautoffs gemeldet wurde (in Wirklichkeit war dessen älterer Bruder gestorben), fertigte er den Freund in einer Tagebuchnotiz mit einigen kühlen Sätzen ab: «Ich habe mich um den öde gewordenen Wichtigtuer lange nicht mehr gekümmert, nun berührt mich der Tod des Genossen leid- und gelächtervoller Knabenjahre doch kalt und traurig. Dabei kann ich es nicht anders empfinden, als daß er nur zu meinem Leben gehörte und dann selbst etwas sein wollte, tölpelhaft.» Mit anderen Worten: der getreue Klein-Eckermann der Knabenjahre hatte bloß als ein Schatten des Autors ein Existenzrecht.

Oder? Zu Anfang des Jahres 1950 berichtete ihm Willy Sternfeld, daß in London etwa einhundert Briefe aufgetaucht seien, die er in frühen Jahren an den Gefährten gerichtet hatte. Der Verleger und Literaturagent Kurt L. Maschler hatte sie 1937, nicht lange nach dem Tod Otto Grautoffs, der Witwe abgekauft. Er nahm das Paket mit nach Wien, als er 1937 aus Deutschland emigrierte, und er mußte sie 1938, als er nach London floh, in Österreich zurücklassen. Peter de Mendelssohn berichtete in dem Vorwort, das er der Korrespondenz auf den Weg gab (sie erschien 1975 zusammen mit den Briefen an Ida Boy-Ed), Maschler habe hernach die Sammlung, die von der Gestapo beschlagnahmt war, in der Österreichischen Nationalbibliothek wiedergefunden, sorgfältig registriert. Freilich fehlen die Briefe Grautoffs, die Thomas Mann vernichtet haben dürfte – zum Teil vielleicht in jenem ersten Autodafé, dem er im Februar 1896 seine frühen Tagebücher opferte. Sternfeld, dem er völlig zu vertrauen schien, bat er ein halbes Jahrhundert später, er möge doch einen prüfenden Einblick in die Briefe nehmen: «Ich bin etwas beunruhigt wegen dieser Äußerungen, die ich mir jugendlich und für allgemeine Kenntnisnahme wenig geeignet vorstelle.» Sie gelangten denn auch erst zwanzig Jahre nach seinem Tod an die Öffentlichkeit.

In Rom zog er nicht in Heinrichs Pension in der Torre Argentina. Er hielt es für besser, in der Via del Pantheon, vom Bruder nur einen Sprung weit entfernt, eine eigene Behausung zu nehmen. Wollte er, wie es Peter de Mendelssohn nahelegte, eine «eigene Sphäre» behaupten, in der er sich abzuschirmen vermochte? Oder diktierte ihm die Plage mit der «Geschlechtlichkeit» den Abstand von Heinrich, der in seinen Anschauungen und in seiner Lebensführung den Prinzipien und Neigungen des Jüngeren so radikal widersprach?

Heinrich war über die homoerotischen Schwärmereien, die Thomas in den Lübecker Tagen heimgesucht hatten, genau genug informiert. Im November 1890 hatte er mit der naiven Arroganz seiner neunzehn Jahre dem Freund Ludwig Ewers aus Berlin geschrieben: «Mein armer Bruder Tomy.» (Er schrieb den Kosenamen des Kleinen beharrlich nur mit einem «m».) «Laß ihn nur erst in das Alter kommen, wo er unbewacht und – bemittelt genug ist, seine Pubertät zum Ausdruck zu bringen. 'ne tüchtige Schlafkur mit einem leidenschaftlichen, noch nicht allzu angefressenen Mädel – das wird ihn kurieren. Sage ihm das aber nicht. Ironisiere die Geschichte; das hilft. Nur nichts tragisch-ernst nehmen! Er will ‹meine Ansicht› durch Dich wissen. Sage ihm also das inhaltsschwere Wort ‹Blödsinn›. Ich denke, das genügt.»

Zwischen den Brüdern herrschte in den Jahren der Kindheit und Schulzeit keineswegs immer die innigste Freundschaft. Ein ganzes Jahr hätten sie, obwohl sie im gleichen Zimmer schliefen, kein Wort miteinander geredet, berichtet Thomas später mit etwas zu betonter Beiläufigkeit. Er bemerkte nichts über den Anlaß des hartnäckigen Schweigens. War es nur Heinrichs schnödes Urteil über seine lyrischen Versuche? Könnten es zudringliche Grobheiten oder Vulgaritäten sexueller Natur gewesen sein, die den Jüngeren verletzt hatten?

Heinrich rühmte sich, kaum der Pubertät entkommen, der handfesten Unterweisung in Sachen Liebe, die ihm in den einschlägigen Pensionen Lübecks zuteil wurde. Hat er damals den empfindsamen Bruder mit seiner Maulhurerei verstört? Seine Briefe an Ewers liefern Beweise genug, daß er den Mund nur allzugern voll nahm, was seine Beziehung zu den «Weibern» anging. Wie prahlte er über seinen Besuch in einem Dresdner «Vergnügungsinstitut», in dem ein Damen-Trompeter-Orchester Straußsche Walzer spielte, «fesch, flott, fidel und falsch» – «die armen verlebten und doch meist hübschen Gesichter belustigten und dauerten mich». Wenig später belehrte er den Freund so altklug, wie es einem eitlen Jüngling von neunzehn Jahren anstand: «Du hältst die meisten ‹jungen Mädchen› für unbefleckt. Oh ja, gegen unziemliche Annäherungen von seiten junger Männer bilden die wachsamen Mütter und Tanten einen bewährten und bewehrten Schutz. Das hindert aber doch nicht, daß die jungen ‹Mädchen› in ihrer keuschen, unbeachteten Häuslichkeit von segensreichen Erfindungen, wie – Gummischwänzen (sic!), *zu deren Anfertigung es eigene Fabriken gibt*, ausgiebigen Gebrauch machen. Ich las in einem von einem bewährten Arzte geschriebenen Buche darüber jüngst einige wahrhaft erschreckende Ausführungen. Aber – Gott sei Dank – es gibt noch unverletzte Jungfernhäute...»

Mit welch naßforscher Munterkeit pries sich Heinrich in seiner Korrespondenz als «Genußmensch» an: «Die Theater, Konzerte, Cafés, Puffs – das Leben ist doch zu amüsant», rief der Buchhandelslehrling seinem Freund in Lübeck zu, und er berichtete atemlos an einem Sonntagmorgen zwischen acht und neun Uhr: «eben kehre ich aus den (notabene, verbrenne dies Blatt!) – also aus den Armen der sogenannten Liebe heim. Schöne Liebe, das! Mühsam gepumpte 10 Mark für eine Nacht resp. zwei Pollutionen.» Ein gutes Jahr danach aus Berlin: «Die Hamburger Blondine, von der ich Dir neulich berichtete, hat mich in den letzten Wochen zweimal zu Exzessen veranlaßt. Als ich sie vorgestern, in meinem dunkeln Drange, wieder aufsuchte, fand ich sie weder auf dem Strich noch im Café und entschädigte mich mit einer wilden schwarzen Berlinerin: pikant und gemein. Selbst im Bett immer die Zigarette im Munde, und zwischen den einzelnen Akten immer neue psychopathisch-sexuelle Fälle eigener Erfahrung erzählt. Nach einer Stunde etwa (wenn eine Frau mich amüsiert, geht mein eigner Wille fast völlig in die Brüche) fiel ihr ein, wir müßten uns wieder anziehen, sie wolle noch in ein paar Cafés.»

Er bat Ewers, diesen Brief nicht als eine «Herren-Anekdote» zu betrachten – er habe nur «psychologisch das zu geben versucht», was zur Zeit in ihm «am intensivsten» lebe. Für ähnliche Offenheiten würde er aus «literarischen Gründen» dankbar sein. Im nächsten Brief ermunterte er den Freund, sich von seiner Furcht, er könne ein «Urning» sein («Woher kommt das alberne Wort, das Krafft-Ebing nicht erklärt?»), durch einen Besuch in der Pension Knoop zu kurieren, in der er sich einst seine «ersten normalen sinnlichen Seligkeiten» verschafft habe. Es verhalte sich wohl so, daß «die eng anliegend bekleideten Extremitäten von Jungs» der «Reizungsbedürftigkeit à tout prix» mehr böten «als modern weitangezogene Frauenleiber». Vermutlich erinnerte er sich bei der Niederschrift homoerotischer Erfahrungen in seinen Pubertätsjahren.

Wenn sich dieser notorische Puffgänger dem kleineren Bruder mit ähnlich flotten Ratschlägen genähert, wenn er ihn mit den gleichen deftigen Vulgaritäten heimgesucht, mit womöglich noch kräftigeren Aufgeblasenheiten sexueller Art genervt haben sollte: dann mag es ihm in der Tat gelungen sein, die Saat eines tiefen Unbehagens und einer nahezu unkorrigierbaren Irritation in die Seele des Jüngeren zu senken. Die separate Wohnung in Rom war vermutlich ein schützender Hort, den Thomas in jener Zeit der Anfechtungen nicht entbehren wollte. Die gemeinsamen Mahlzeiten in einer kleinen Osteria, die Plauderstunden in den Cafés am Corso, die Spazierwege, die Ausflüge in die Campagna beschwerten ihn nicht, im Gegenteil. In seinem «Lebensabriß», den er vor der Verleihung des Nobelpreises im Jahre 1929 aufsetzte, schrieb er: «Wir verkehrten mit keinem Menschen. Hörten wir Deutsch sprechen, so flohen wir. Wir betrachteten Rom als Herberge unserer Unregelmäßigkeit, und wenigstens ich lebte dort nicht um des Südens willen, den ich im Grunde nicht liebte, sondern einfach, weil zu Hause noch kein Platz für mich war.»

So genau wußte er im Jahre 1896 freilich noch nicht, daß der «Süden» ihm fremd war. Doch es darf vermutet werden, daß er in jenen Monaten zu einigen Aufschlüssen über sich selbst gelangte. Vermutlich begriff er, daß er sich nach blonden, blauäugigen Jünglingen sehnte, nicht nach dunkelhaarigen, olivhäutigen Knaben. Die lärmende «Genußfreude», die ihm der Bruder vorlebte, stieß ihn ab: die prangende Fülle der Renaissance und des Barock, ob angemaßt, ob kopiert oder echt, an der sich Heinrich nicht satt sehen und nicht satt leben konnte. Ihn zog die strengere Kunst der antiken Plastik im Museum des Vatikans an. Aber auch das «Jüngste Gericht» Michelangelos in der Sixtina erschütterte ihn als «Apotheose» seiner «durchaus pessimistisch-moralistischen und antihedonistischen Stimmung».

Ohne des kleinen Widerspruches gewahr zu werden, fügte er im

«Lebensabriß» dieser Erinnerung die Sätze hinzu: «Mit Vorliebe besuchte ich San Pietro, wenn der Kardinal-Staatssekretär Rampolla in pompöser Demut die Messe las. Er war eine außerordentlich dekorative Persönlichkeit, und aus Schönheitsgründen bedauerte ich es, daß seine Erhebung zum Papst diplomatisch verhindert wurde.»

6. KAPITEL

Furcht vor den Frauen,
Trauer ums Ich

Noch redete sich Thomas Mann ein, die Freundlichkeit des römischen Frühlings genießend, das Leben sei unter dem tiefblauen Himmel des Südens «eine grundhübsche Sache» – und zehn Minuten lang glaubte er es auch, wie er mit etwas zu aufgesetzter Ironie an Grautoff schrieb. Seine Briefe aus den italienischen Refugien wurden allerdings seltener und kürzer (wenn er nicht gerade seinen hochmütigen Ärger herausgefordert sah): «Ich verfalle immer mehr darauf», meldete er, «meinen Schreibetrieb dazu zu verwenden, berühmt zu werden und Geld zu verdienen.»

Den Erfolg des «Kleinen Herrn Friedemann» empfand er – mit gutem Grund – als eine Emanzipation seines Talentes: «Seit einiger Zeit ist es mir», teilte er mit, «als hätte ich die Ellenbogen frei bekommen, als hätte ich Mittel und Wege gefunden, mich auszusprechen, auszudrücken, mich künstlerisch auszuleben, und während ich früher eines Tagebuchs bedurfte, um, nur fürs Kämmerlein, mich zu erleichtern, finde ich jetzt *novellistische*, öffentlichkeitsfähige Formen und Masken, um meine Liebe, meinen Haß, mein Mitleid, meine Verachtung, meinen Stolz, meinen Hohn und meine Anklagen – von mir zu geben». Mit dem gesteigerten Selbstgefühl, das ihn in jenen römischen Wochen durchs Leben trug, fügte er hinzu: «und ich *habe* etwas zu sagen!»

Ein ermutigender Brief von Oskar Bie, dem Redakteur der «Neuen Rundschau» Samuel Fischers, hatte sein schwankendes Selbstbewußtsein über Nacht gekräftigt. Die Talentprobe des «Kleinen Herrn Friedemann» war für diesen erfahrenen Kritiker und Lektor Anlaß genug, den Autor zu bitten, er möge ihm alles schicken, was er bisher zustande gebracht habe. Das war im Dezember 1896. Fünf Monate später schrieb ihm der Verleger selbst, seine «Sachen» hätten ihm gut gefallen und er wolle sie mit einem illustrierten Umschlag in seiner «Collection Fischer» drucken. Er bot hundertfünfzig Mark und behielt sich dafür das Recht vor, auch die Erzählung «Der Bajazzo» in der «Rundschau» zu publizieren.

Das war ein dürftiger Vorschlag. Doch Fischer sagte offen genug, die «Collection», die er billig vertreibe, werfe kein gutes Honorar ab; er würde sich aber freuen, «wenn Sie mir Gelegenheit geben würden, ein größeres Prosawerk von Ihnen zu veröffentlichen, vielleicht einen Roman, wenn er auch nicht so lang ist. Für Publikationen dieser Art kann ich ungleich bessere Honorare bezahlen». Dann meldete er den Wunsch an, daß ihm Thomas all seine «Produkte» «zum Verlag übergebe». Der englische Literaturhistoriker Nigel Hamilton bemerkte mit trockenem Witz, kein anderer Brief in der Geschichte des deutschen Buchhandels habe sich so glänzend ausgezahlt wie dieses Schreiben, das sich eher durch kaufmännische Nüchternheit als durch literarische Eleganz auszeichnete.

In seinem «Lebensabriß» notierte Thomas, auf jene Epoche seiner literarischen Befreiung zurückschauend, ein Redakteur der «Gesellschaft» habe seinen Dank für eine eingesandte Novelle mit dem Ausruf begonnen: «Was sind Sie für ein begabter Mensch!» Die Reaktion des jungen Schriftstellers: «Ich lachte über sein Erstaunen, das ich sonderbarerweise als naiv empfand.»

Die Erzählung, die mit einem solch heftigen Kompliment begrüßt wurde, trug den Titel «Luischen»: eine bittere und böse Geschichte voller Verachtung und voller Haß. Von Liebe und Mitleid war in ihr nicht viel die Rede, eher von sadistischer Herrschsucht und masochistischer Devotion. Die Geschichte handelte von dem unglückseligen Rechtsanwalt Jacoby, einem beleibten Herrn von vierzig Jahren – «ein wahrer Koloß von einem Manne», ja ein Monster, der einen «kleinen Kopf mit schmalen wässerigen Äuglein» auf dem halslosen Rumpf trug, obendrein durch «eine kurze, gedrungene Nase und vor Überfülle herabhängende Wangen» verunstaltet war, handelte von der reizvollen Gattin des Herrn, die «Amra» genannt wurde, «ein Name, der mit seinem exotischen Klange zu ihrer

Persönlichkeit paßte wie kein anderer», handelte, am Rande, von dem Liebhaber der Dame. Ihr «starkes, weiches Haar», schwärmte der Autor, sei von der «Bräune des Kastanienkernes» gewesen, und ihre Haut habe «ein vollkommen südliches mattes und dunkles Gelb» gezeigt – und überdies Formen umspannt, die «von einer südlichen Sonne gereift erschienen und mit ihrer vegetativen und indolenten Üppigkeit an diejenigen einer Sultanin gemahnten».

Zu Recht fragte der Autor, warum diese schöne Frau – die wiederum ein fernes Abbild der Mutter war – den grotesken Advokaten geheiratet habe. Eine Antwort gab er nicht. Um so drastischer machte er deutlich, daß Amra den überfetten Gatten kraft ihrer «sinnlichen Bosheit» zu hündischer Ergebenheit erniedrigt hatte. Sie betrog ihn mit einem jungen Musiker, der Walzer und Mazurken schrieb. Der Anwalt schien ihr nie auf die Schliche zu kommen. Sie «war zu dumm», sagte der Autor sarkastisch, «um an bösem Gewissen leiden und sich ihm dadurch verraten zu können» – eine Beobachtung, die mit der Qualität ihrer Verworfenheit nicht völlig übereinstimmte. Verriet dieser kleine psychologische Bruch, daß sich hier ein verletztes Gemüt einen Kindheitsschmerz von der Seele zu schreiben versuchte? Spukte etwa Herr von Fielitz, der Lübecker Kapellmeister, der gelegentlich und womöglich allzu innig mit der Mutter musiziert hatte, geisterhaft durch die Geschichte?

Wie immer sich das verhalten mochte: gehorsam beugte sich der versklavte Gemahl dem Wunsch der Gattin, ein rauschendes Fest zu geben. Sie forderte von dem Armen kalten Sinnes, daß er «zum Schlusse als Chanteuse mit einem rotseidenen Babykleide» auftrete und der Gesellschaft etwas vortanze. Selbst den Musikus ließ die Ruchlosigkeit des Vorschlags erbleichen.

Der Anwalt sträubte sich. Vergebens. Man sah ihn zum Finale der Unterhaltung in der vorgeschriebenen lächerlichen Verkleidung auf der Bühne, ein Couplet krächzend: «Ich bin Luischen aus dem Volke, / Die manches Männerherz gerührt…» Die Melodie, berichtete der Autor mit einer Ausführlichkeit, die geeignet sein sollte, den Leser mit einer tiefsinnig-überflüssigen Musikexpertise ein bißchen länger zu quälen, habe sich von Cis-Dur über Fis-Dur zu einem simplen F-Dur entwickelt. Bei jenem letzten Akkord aber sei Luischen erstarrt: «…eine Erkenntnis schien plötzlich über sein

Gesicht zu gehen, ein Blutstrom ergoß sich in dieses Gesicht, um es rot wie das Seidenkleid aufquellen zu machen und es gleich darauf wachsgelb zurückzulassen, – und der dicke Mann brach zusammen, daß die Bretter krachten.» Der Vorhang fiel. «Amra Jacoby und Alfred Läutner saßen, voneinander abgewandt, noch immer am Klavier. Er, gesenkten Hauptes, schien noch seinem Übergang nach F-Dur nachzuhorchen; sie, unfähig, mit ihrem Spatzenhirn so rasch zu begreifen, was vor sich ging, blickte mit vollkommen leerem Gesichte um sich her...» Ein junger Arzt, von dem der Autor die Leserschaft wissen ließ, er sei «ein kleiner jüdischer Herr mit ernstem Gesicht und schwarzem Spitzbart» gewesen, konstatierte trocken das «Aus».

Nein, keine Liebe und kein Mitleid. Der Verfasser selbst nannte die Geschichte «sonderbar und häßlich», doch er bemerkte ausdrücklich, daß sie seiner «jetzigen Welt- und Menschenanschauung» entspreche. Der mögliche Einwand, die Satire sei zu grell und zu grausam geraten, wurde nicht lange danach von der Wirklichkeit widerlegt: Bei einem Kasinofest erlitt ein verdienter General, der im Balletttröckchen in Anwesenheit Seiner Kaiserlichen Majestät Wilhelm II. die alten Beine zum Cancan schmiß, auf offener Bühne einen tödlichen Schlaganfall. Empfindsame Kritiker betrachteten jenes skandalöse Unglück als ein Menetekel für das Zweite Reich und seine Gesellschaft. Ulrich Weinzierl meinte – der Wirklichkeit näher –, das Stück habe «in erheblichem Maße mit Männerängsten und nicht zuletzt mit den Ängsten Thomas Manns vor *der* Frau und *dem* Sexuellen zu tun.» Der gedemütigte Mann werde «gleich zweifach (...) symbolisch kastriert, das hält besser, indem er in aller Öffentlichkeit die Transvestitenrolle einer zwielichtigen Frauensperson anzunehmen hat und – als Draufgabe – auch noch zum Säugling infantilisiert wird». Es steht dahin, ob diese Phantasie-Übungen eine abgedrängte Bestrafungslust des Autors signalisierten: immerhin gestand sich Thomas Mann mehr als drei Jahrzehnte später – bei der Arbeit am «Joseph» – in einer Tagebuchnotiz, er habe eine «sinnliche Erschütterung durch die Ausmalung der ‹Strafen›» erfahren. Man könnte soweit gehen, die frühen Erzählungen insgesamt als eine Art erotischer Autobiographie oder doch eine große erotische Konfession des Autors zu bezeichnen.

Auch «Luischen» war durchaus ein Ausweis hoher Begabung. Die Lektüre der brillanten und oft so abgefeimten Geschichten des Franzosen Barbey d'Aurevilly, der die Novellen-Sammlung «Die Teuflischen» schrieb, hatte bei ihm womöglich tiefere Spuren hinterlassen als die graziöseren Erzählungen Guy de Maupassants, den Thomas in jenen Jahren bewundern lernte. Allerdings, jener melancholisch-leichtmütige Freund Flauberts, der in seiner Prosa nichts als die bescheidene Wahrheit präsentieren wollte, liebte die Frauen, die Aristokratinnen und die kleinen *grisettes* von Paris, die «Allerweltsmädchen» aus den *maisons d'amour* und die bürgerlichen Matronen auf Abwegen.

Thomas Manns «Luischen» aber war in der Tat die eindrucksvolle Demonstration seines furchtsamen Widerwillens gegen die Frauen – als Wesen, als Geschlecht, «als Rasse». Die Erzählung spiegelte damit das angstvolle Mißtrauen der Männerwelt jener Epoche gegen die urgefährliche Macht des «Weibes».

Die pessimistische Bösartigkeit, mit der Thomas Mann, dieser junge Autor, noch immer erst ein Herr von knapp zweiundzwanzig Jahren, so gern kokettierte, schien eine überdeutliche Bestätigung des Selbstüberdrusses zu sein, von dem die zweite Erzählung aus jenen Tagen angeblich ganz geprägt war: «Tobias Mindernickel», die Geschichte eines einsiedlerischen Sonderlings, wohl einem Vorbild aus Lübecker Kindertagen nachgeschrieben, dem die Gassenjungen höhnisch johlend nachfeixten, wenn er sich auf die Straße wagte. Um die Öde seines Daseins zu durchbrechen, kaufte Mindernickel ein Hündchen, das er aufs liebevollste fütterte und pflegte. Nur wenn es nicht gehorsam sein wollte, schlug er es in rasender Wut. Danach streichelte er ihm mitleidig den Rücken, «indem er sagte: ‹Siehst du mich schmerzlich an, mein armer Freund? Ja, ja, die Welt ist traurig, das erfährst auch du, so jung du bist...›»

Eines Tages aber, von einem irrsinnigen Zorn überkommen, schnitt Tobias Mindernickel dem Hündchen die Kehle durch. Bevor das Wesen starb, drückte ihm der Mensch ein Tuch auf die Wunde und stammelte: «Mein armes Tier! Mein armes Tier! Wie traurig alles ist! Wie traurig wir beide sind! Leidest du? Ja, ja, ich weiß, du leidest». Als es zu Ende war, legte er sein Gesicht auf den Körper des Hündchens «und weinte bitterlich».

Der Ton des Mitgefühls in dieser würgenden Erzählung war, deutlich genug, die schiere Persiflage. Könnte es sein, daß der Autor es für nötig hielt, sich hinter der allzu brüsken und offensichtlichen Ironie zu verbergen, um ein überquellendes Mitleid mit der armen Kreatur – und am Ende mit sich selbst zu zähmen? Es ließe sich auch von einer Flucht in die Grausamkeit reden. Von einer fahlen Kälte, die vom Stil der kleinen Novelle ausgeht, einem Text, der auf den heutigen Leser gespenstischer als auf die Zeitgenossen wirkt, da Thomas Manns jüngster Sohn Michael nahezu vier Jahrzehnte später seinen kleinen Hund nach einer durchzechten Neujahrsnacht auf ähnliche Weise aus diesem Dasein beförderte. Überdies wohnt der Erzählung ein misanthropischer Zug inne, eine kaum getarnte Prise Schadenfreude – eine Gemütsregung, der man im Werk Thomas Manns nicht selten begegnet.

Das Phänomen, das jene Vokabel umschreibt, ist universell und allzu menschlich. Das Wort aber ist deutsch. Es ist unübersetzbar und findet sich in unmittelbarer Spiegelung in keiner anderen Sprache wieder. Nicht grundlos wurde gesagt, solch Vergnügen am Ungemach und Unglück anderer Leute kennzeichne vor allem den Witz des populärsten Künstlers jener Zeit: Wilhelm Busch. Die Brüder Mann waren mit den Bildgeschichten des niedersächsischen Meisters, die in den «Fliegenden Blättern» und den «Münchner Bilderbogen» erschienen, gewiß völlig vertraut, obwohl sein Name in Thomas' Werken und in seinen Briefen nur einmal (mit einem Zitat) erwähnt ist – aber das besagt nicht viel. Ernst Bertram, der Literaturgelehrte aus dem Umfeld Stefan Georges, deutete in einem Vortrag vor der literarhistorischen Gesellschaft in Bonn mit bewundernder Höflichkeit darauf hin, Thomas Manns Ironie habe «etwas von der Verhaltenheit Wilhelm Buschs, wenn man diesen außergewöhnlichen grüblerischen Künstler recht würdigen» wolle. Freilich: Buschs Witz, ob grüblerisch oder nicht, nährt sich zum guten Teil aus dem Appell an die Schadenfreude. Golo, der zweite Sohn Thomas Manns, interpretierte in einem schönen Vortrag zum hundertfünfzigsten Geburtstag Wilhelm Buschs die Schadenfreude mit klarer Einsicht als eine der beiden Quellen des Humors (die andere, im Sinne Schopenhauers: der Humorist sei ein «pervertierter Tragiker»). Hinter diese These mag man ein Fragezeichen setzen, da der wahre Humor vielleicht erst dort beginnt, wo der Mensch nicht nur über andere, sondern auch über sich selbst lacht. Das allerdings ist Thomas Mann nicht häufig gelungen.

In Rom noch hatten Thomas und Heinrich, einer übermütigen Laune folgend, mit Zeichnung und Niederschrift eines «Bilderbuchs für artige Kinder» angefangen, das Carla, der hübschen jüngsten Schwester – die Heinrich besonders nahe war –, zur Konfirmation geschenkt werden sollte: Verse von lustiger Bosheit, mit Illustrationen von übermütiger und ein wenig grausamer Komik versehen. Die Brüder, Heinrich wie Thomas, verfügten über bemerkenswerte illustrative Fertigkeiten: begabte Dilettanten alle beide. Der Ältere hatte, man weiß es, in früheren Tagen erwogen, Maler zu werden, bis ihn die Lust an der Literatur von jenem Knabentraum entfernte. Thomas besaß eine karikierende Gabe.

Das Unikat, sorgsam in Leinen gebunden, das sie der Schwester zum christlichen Fest übergaben, ging nach Carlas Tod in den Besitz des Bruders Viktor über, der in seinen Erinnerungen erzählte, Thomas Manns Kinder hätten an der Komik der Verse und Bilder, wann immer sie bei ihm zu Besuch waren, solch unerschöpfliches Vergnügen gefunden, daß er das kostbare Buch der Familie im Herzogpark übergeben habe. Es blieb, als Thomas Mann 1933 das Exil wählte, beim Hausrat in München und ist seitdem verschollen.

Einige der Poeme und manche Reproduktionen der Zeichnungen blieben dank einer Liebhaberarbeit zum fünfzigsten Geburtstag des Meisters erhalten. Viktor zitierte in seinen Memoiren voller Entzücken die Moritat vom «Raubmörder Bittenfeld», der von der Schönheit eines Sonnenuntergangs überwältigt wurde: «Schorke! Kam auch dir die Stunde jetzt, / da dein Blick sich am Erhabnen letzt, / eine Träne deine harte Wange netzt / und das gramzerfressene Gerippe ätzt. / Jene Träne, die aus Eden stammt, / Schorke, so bist du doch nicht ganz verdammt?»

Thomas und Heinrich hatten bei der Fertigung des Bandes in vergnügter Albernheit mit der Ritter- und Gespensterromantik gespielt, die damals nicht nur als Jugendlektüre noch immer höchst populär war. Sie persiflierten Kinderlieder («Es ging über eine grüne Au' / ein kleiner Mann, der war ganz grau») und ahmten volkstümliche Balladen nach. Sie machten sich über grotesk-dämonische Musiker und ein wenig über sich selbst lustig: «Kind, wenn dich die Kunst begeistert, / strebe diesem Onkel nach. / Wenn er durch die Saiten meistert, / klingen Mendelssohn und Bach. / Er ist mild und gütig immer, / reich und hochgeehrt. / Stets ist sein Gesicht vom Schimmer / des Genies verklärt.»

Eine Zeichnung aus Thomas' Feder verwies auf das «Luischen», den überfetten Rechtsanwalt Jacoby und die verworfene Gattin. Eine andere Karikatur zeigte einen, wie sich Viktor erinnerte, angeblich «wörtlich übersetzten» Text aus einem französischen Roman an, in dem sich eine zarte Dame zu dem drastischen Ausruf hinreißen ließ: «Gehen Sie sich fort, schmutziges Tier» – eine Variante des «Luischens»: die zart-prüde Jungfrau, die sich so oft zu ihrer Schwester, dem «Dämon Weib», gesellt, «zerbrechlich, doch nicht zu zerbrechen», wie Erich Kästner jenen Typus einige Jahrzehnte später charakterisiert hat. Thomas zeichnete ins Buch der kleinen Carla denn auch eine alptraumhafte Karikatur der Urfrau. «Mutter Natur» nannte er sie: ein von Fleisch und Fett quellendes Ungeheuer, schwarz korsettiert, zwischen den nackten Schultern ein Schweinsgesicht mit lüstern-hechelnder Zunge. Ein Weib zum Fürchten.

Mit dem «Bilderbuch für artige Kinder» ging kaum ein Jahrhundertwerk deutschen Humors verloren. Der Band war ein Familienspaß, mehr nicht, der freilich einige Aufschlüsse über die beiden Autoren erlaubte. Überdies war es das einzige Gemeinschaftswerk von Heinrich und Thomas Mann.

Im Juli 1897 nahmen die beiden, von der Schwere des römischen Sommers bedrängt, von neuem Quartier droben in Palestrina, das leichtere, kühlere Bergluft und Ruhe für eine konzentrierte Arbeit versprach. Thomas hatte schon in Rom begonnen, der Anregung des Verlegers Fischer folgend, Materialien für eine längere Erzählung zusammenzutragen. Ohne zu großen Umstand wurde er gewahr, daß die Geschichte seiner Familie der rechte Stoff für ihn sei. Ausgang und Ziel seiner Überlegungen: das rasch verwehte Leben des zarten Hanno, der nicht mehr zu robusten Geschäften und zur nüchternen Verwaltung des Erbes taugte, sondern nur noch zur passionierten Ergebung (im strengen Sinn des Wortes) an die Kunst.

Das Grund- und Generalthema des jungen Autors, das im «Kleinen Herrn Friedemann» und im «Bajazzo» sichtbar geworden war, sollte in Hannos Figur – diesem schmerzlich gezeichneten Bild, das der Verfasser von sich selbst entwarf – seinen klarsten Ausdruck gewinnen: Begabung – Krankheit – Verfall. Überhöhend sprach der Autor hernach von Nietzsches «Verfallspsychologie», die ihn so leidenschaftlich aufgerührt, und von Schopenhauers «musikalischem Pessimismus», der ihn nach der Lektüre des Essays über die «Welt als Wille und Vorstellung» in der Tiefe seiner Seele bewegt habe. Ohne zu große Skrupel vermengte er die Botschaft Schopenhauers mit der «Sendung» Richard Wagners: eine Übereinstimmung, die dem Lebens- und Weltgefühl des Tondichters entsprach, nicht unbedingt den Einsichten des Denkers.

Thomas hatte die Schopenhauer-Ausgabe von Brockhaus, die so lange unaufgeschnitten auf seinem Bücherbrett wartete, noch in der Münchner Zeit in Tagen und Nächten gelesen, «wie man wohl nur einmal liest». In der «machtvollen sittlich-geistigen Verneinung und Verurteilung der Welt und des Lebens» fand er sich ganz bestätigt, zumal sich das Gedankensystem des eigensinnigen und großen Mannes in einer «symphonischen Musikalität» mitzuteilen schien. Er berichtete im «Lebensabriß» von einem «metaphysischen Rausch», der «eher leidenschaftlich-mystischer als eigentlich philosophischer Art war», und er sprach in diesem Zusammenhang auch von seiner «spät und heftig durchbrechenden Sexualität». Nicht um «Weisheit», nicht um die Heilslehre der Willensumkehr sei es ihm zu tun gewesen, sondern um das «erotisch-einheitsmystische Element dieser Philosophie, das ja auch die nicht im geringsten asketische Tristanmusik bestimmt hatte».

Diese Erinnerung brachte er drei Jahrzehnte nach der überwältigenden Lektüre zu Papier, und noch immer türmte er – der ursprünglichen Erschütterung nachhorchend – eine einschüchternde Masse von gewaltig-formlosen Begriffen zu wahren Wolkengebirgen auf. Es ist wahr, die Lust am Untergang und das Schwelgen im Verfall vermochten auch seine Prosa von Zeit zu Zeit zu vernebeln. Die Stimmung der süßen und schmerzvollen Vergeblichkeit begann den Geist jener Zeit zu durchdringen. Dann brachen die krassen Visionen der Expressionisten, in denen sich Angst und Verlangen in ekstatischen Kopulationen verbanden, über Deutschland und Europa herein.

Thomas war das chaotische Lebens- und Todesgefühl der aufgeregten Brüder und Schwestern nicht völlig fern. Doch anders als die
Dichter der schrillen Klage und die Maler mit den brennenden und
schreienden Farben entließ er seine schmerzliche Botschaft niemals
aus der Zucht der Form. Seine pessimistische *décadence* blieb der
Aufsicht der Bürgerlichkeit unterworfen, die er in jenen italienischen Tagen von neuem in sich zu entdecken begann. Er war ihr
niemals völlig entkommen.

7. KAPITEL

Triumph der klugen Unschuld

Thomas Mann machte sich ans Werk, den ersten Roman zu entwerfen. Er hatte zunächst nur eine Erzählung über den kleinen Hanno Buddenbrook im Kopf, den er in Wagners Musik, Schopenhauers geistreicher Resignation und Nietzsches rebellischer *décadence* untergehen zu lassen gedachte. Kein dickes Buch. Ein paar hundert Seiten, mehr nicht. Aber rasch wurde ihm deutlich, daß der Abschied des zarten Geschöpfes aus diesem irdisch banalen Dasein, um realistisch und glaubwürdig zu sein, eine Vorgeschichte verlangte: Wirklichkeiten, die Wirklichkeiten zur Welt brächten, voller Leben, voller Gestalten, voller Bewegung. Gestalt um Gestalt, Ereignis um Ereignis wuchs – zu seinem und zu unserem Glück – der immer mächtigere Stoff dem Autor im wörtlichsten Sinn über den Kopf. Der werdende Roman ließ sich von den philosophischen Ambitionen des Verfassers gottlob kaum unterjochen.

Seine Geschöpfe gerieten ihm nicht zu «Ideenträgern». Sie waren Menschen aus Fleisch und Blut. Das Vergnügen an der Schilderung trug ihn fort, von Figur zu Figur, von Generation zu Generation. Der liebe Gott wohnte, wie es immer ist, im Detail (der Teufel freilich auch) – und es war der Genius des jungen Autors, der kaum die Grenze zur Volljährigkeit, der sogenannten, durchschritten hatte, ihn dort zu entdecken, Satz für Satz und Seite für Seite.

Was für ein Stoff! Thomas war klug genug, seinem erfinderischen Talent nicht allzusehr zu vertrauen. Mit beharrlichem Fleiß sammelte er vielmehr jede bemerkenswerte Nachricht, jede Anekdote, jedes amüsante Aperçu aus der Geschichte seiner Sippe. Ein kluger

Onkel in Lübeck beantwortete mit Sorgfalt den langen Fragebogen, mit dem sich Thomas nach den wirtschaftlichen und politischen Verhältnissen des Lübecker Bürgertums im Fortgang des Jahrhunderts erkundigt hatte. Er wünschte exakte Auskunft über Währungen und Preise, über den Modus der Bürgerschafts- und Senatswahlen, die Eisenbahn, die Straßenbeleuchtung, die Tracht der Dienstmädchen, die Schulen. Er machte pedantische Rechnungen über die Vermögenslage auf. (Im Buch allerdings stemmte er die Auskünfte über den Wert der Immobilien und die Einkommen der Sippschaft beträchtlich nach oben – so nahmen sie sich, es war Gründerzeit, ohne Zweifel besser aus.) Er notierte – für den Tod des kleinen Hanno – Stichworte über Symptome und Krankheitsverlauf des Typhus. Mutter Julia lieferte Rezepte (und vermutlich einige Geschichten dazu). Der Bruder Viktor, von Thomas und den anderen Vicco genannt, gestand in seinem Erinnerungsbuch voller Stolz, daß er, längst ein gelernter Münchner, die bajuwarischen Urlaute beisteuern durfte, die Alois Permaneder, Tony Buddenbrooks zweiter Mann, der erstarrten hochbürgerlichen und norddeutschen Gattin am Ende eines Ehestreits an den Kopf warf: «Geh zum Deifi, Sauluada, dreckats!» Laut Notizbuch verschwieg ihm Vicco auch die Fortsetzung jener graziösen Ansprache nicht: «Glei hau i dir a frozen ‹nei›.»

Die älteste Schwester Lula, inzwischen eine erwachsene junge Dame, schrieb einen Bericht von achtundzwanzig Seiten über den Lebensgang der Tante Elisabeth – nun eine Frau Anfang der Sechzig – und ihrer Tochter Alice, denen wir im Roman als Tony Buddenbrook und Erika Weinschenk geborene Grünlich wiederbegegnen. In einem begleitenden Brief mahnte sie ihn, er möge mit Alicens Geschichte «schonend» umgehen: «Ich hätte Dir vielleicht einiges mehr über sie schreiben können», gestand sie, «aber ich fühle, daß jedes Wort eine Indiskretion ist». Besorgt setzte sie hinzu: «Bitte, nimm mir diese Ermahnung nicht übel, – ich darf ja eigentlich voraussetzen, daß Du alles taktvoll behandeln wirst.»

Die wohlmeinende Schwester predigte tauben Ohren. Thomas bemächtigte sich aller Elemente ihrer Chronik, die ihm für das Buch nützlich zu sein schienen. Das Gewissen des Künstlers entschied, im Fall des Zweifels, rücksichtsloser als das des Bürgers. Ein knap-

pes Jahrzehnt später verteidigte sich der Autor – in der Polemik
«Bilse und ich» – mit gereizter Vehemenz gegen den Vorwurf der
Indiskretion. Er zitierte Turgenjew, der in seinem Nachwort zu
«Väter und Söhne» erklärt hatte: «Da mir eine bedeutende Erfindungsgabe nicht zuteil geworden, bedurfte ich stets eines bestimmten Bodens, auf dem ich mich frei und sicher bewegen konnte...»

Mit klirrendem Hochmut fügte Thomas Mann hinzu, die Wirklichkeit überschätze den Grad, in welchem sie für den Dichter, der
sie sich aneigne, überhaupt noch Wirklichkeit bleibe. «Als ich die
‹Buddenbrooks› zu schreiben begann» – Via Torre Argentina trentaquattro, drei Stiegen hoch – hatte «meine Vaterstadt (...) nicht viel
Realität für mich, man kann es mir glauben, ich war von ihrer Existenz nicht sehr überzeugt. Sie war mir, mit ihren Insassen, nicht
wesentlich mehr als ein Traum, skurril und ehrwürdig, geträumt
vorzeiten, geträumt von mir und in der eigentümlichsten Weise
mein eigen.»

Freilich muß angemerkt werden, daß er über die faktischen Elemente dieses Traumes mit pedantischer Genauigkeit Buch geführt
hat. Die Verletzung einiger familiärer und vaterstädtischer Tabus
mag ihm dabei nicht völlig gleichgültig gewesen sein. Vermutlich
übten sie einen gewissen Reiz aus – nur an das Porträt des Pastors
Ranke zu denken, der die Familie Mann «verrottet» genannt hatte.
Der Onkel Friedrich Mann, in der Sippe «Friedl» genannt, erregte
sich noch ein gutes Jahrzehnt später so sehr über die Kennzeichnung, die ihm als der liebenswürdig-trottelhafte «Onkel Christian»
widerfahren war, daß er sich durch eine Zuschrift an die «Lübeckischen Anzeigen» lauthals über die «karikierende Weise» beschwerte, mit der der Neffe «seine allernächsten Verwandten in den
Schmutz» gezogen und «deren Lebensschicksale eklatant» preisgegeben habe. Der alte Herr schloß mit dem deutschen Kernwort:
«Ein trauriger Vogel, der sein eignes Nest beschmutzt».

Der Neffe nahm die Beschwerde des wunderlichen alten Mannes
nicht gerade souverän auf. In einem Brief an seine Lübecker Mentorin Ida Boy-Ed äußerte er die Vermutung, der «alte Sünder» habe
sich mit der «dämlichen Annonce» wohl «in Erinnerung bringen»
wollen, und in einem zweiten Schreiben sprach er vom «trottelhaften Benehmen» des Onkels, das «doch mehr Staub aufgewirbelt»

habe, «als man hätte denken sollen». Was ihn besonders ärgere, sei die «wiedergeweckte Vorstellung», er stünde «mit der Vaterstadt auf dem schlechtesten Fuße». Die eher rührende Komik des Einspruchs nahm er nicht wahr.

Nein, Diskretion und Takt schienen nicht zu den erblichen Tugenden der Sippe Mann zu zählen. Lula, die als Frau eines Bankiers zur Münchner Honoratiorenschaft zählen sollte, fand wenige Jahre später Gelegenheit, sich bitter über Heinrich zu beschweren, der in seinem – aus künstlerischen wie privaten Gründen – eher peinlichen Roman «Jagd nach Liebe» Mitglieder der Gesellschaft allzu erkennbar konterfeit und karikiert hatte.

Lübecks bessere Kreise schäumten nach dem Erscheinen der «Buddenbrooks» zunächst vor Empörung, und es vergingen nahezu zwei Jahrzehnte, ehe sie sich halbwegs gefaßt hatten. Inzwischen – das zwanzigste Jahrhundert neigt sich seinem Ende zu – nährt sich, wie es halt geht, vom Ruhm des Buches und seines Autors längst eine touristische Industrie, die von keinem der Stadtväter verachtet wird. Auch die Träger des Namens, der dem Buch den Titel gab, vor allem ein adlig-preußischer Zweig (der sich ein wenig anders buchstabierte), beruhigten sich nach einem liebenswürdigen Brief des Autors, der nun als ein kostbares Dokument stolz und ehrfurchtsvoll gehütet wird. Übrigens wußte der Autor keine sichere Auskunft, woher und wie ihm der Name einst zugeflogen war. Es ist zu vermuten, daß er ihn zuerst bei einer Seitenfigur in Theodor Fontanes «Effi Briest» bemerkte – dem großen Roman, den er nicht zu lange vor dem Beginn der Niederschrift seines Werkes mit Bewunderung gelesen hatte.

Der alte Meister in Berlin schaute ihm bei der Arbeit in Palestrina, in Rom und hernach in München immer wieder über die Schulter, ob Thomas Mann es wahrnahm oder nicht, womöglich präsenter als die so oft beschworenen Vorbilder Tolstoi und Turgenjew, Hamsun und Flaubert oder die beiden Norweger Kielland und Jonas Lie, deren Familienromane sich unterdessen in der Literaturgeschichte verloren haben. Bei den plattdeutschen Einlagen stand Fritz Reuter Pate. Der Charme des Buches erklärt sich zu einem nicht ganz geringen Teil aus dem Lokalkolorit der Sprache, wie es überhaupt seine Stärke aus der Überschaubarkeit eines umgrenzten Lebenskreises bezieht, in dem sich die ganze Welt offenbart: das Geheimnis so vieler großer Erzählungen, ob William Faulkners Yoknapatawpha County, James Joyces Dublin, Marcel Prousts aristokratische Quartiere in Paris und Umgebung oder Günter Grassens Danzig.

Die «Buddenbrooks» waren nach keinem Muster, nach keiner Vision und keinem Konzept geformt, wie Thomas Mann betonte: «Bücher haben ihren eigenen Willen, der mit den Absichten ihres Autors oft keineswegs zusammenfällt». Dieses sei ihm unter den Händen gewachsen, sagte er in einem schönen Bild.

Aus jener Absichtslosigkeit aber, die sich hernach nie mehr ergab, stammen die ungebrochene Kraft und der unverwelkte Glanz des Werkes, das nach einem Jahrhundert und zwei der schrecklichsten Katastrophen der Menschheit, in denen auch das alte Lübeck versank, noch immer so lebendig und gegenwärtig ist wie am Tag seines Erscheinens. Er selbst wußte es wohl – und er sagte es immer wieder –, daß die «Buddenbrooks» unter allen seinen Büchern am ehesten die Chance haben würden, in der Nachwelt zu bestehen.

Der unverdrossene Zulauf der Leser beeindruckt um so mehr, da dem Roman nicht nachgesagt werden kann, er sei auf jeder Seite von jener Grundsympathie des Autors zu seinen Geschöpfen getränkt, die den Zauber so vieler unvergänglicher Erzählungen ausmacht. Nur Hanno, der Jüngste, dem der Verfasser seine Selbstliebe zuwenden konnte, und der Vater des letzten der Sippe, dem er den eigenen Vornamen gab, zogen die ungeteilte Zuneigung des Autors auf sich. Dem Senator schrieb Thomas die schmerzliche Faszination auf den Leib, die «sinkende Energien» auf ihn ausübten: Ihn schmückt der zarte Adel des Untergangs.

Den weiblichen Gestalten wandte sich die spröde Liebe des jungen Schriftstellers eher zögernd zu. Von Gerda, Thomas Buddenbrooks schöner Frau, die ihre passionierte Musikalität so merkwürdig mit einer «nervösen Kälte» verband, entwarf er kein Bild inniger Liebe. Nur in seltenen Augenblicken wurde Tony, des Patriziers unglücklicher Schwester, ein freundlich-spöttisches Lächeln zuteil, dieser plustrigen Dame, die alles in allem schließlich doch eine gutartig-dumme Gans war, trotz der hoheitsvollen und tapferen Haltung, mit der sie der Verkettung von Katastrophen zu trotzen suchte: Sie konnte sie vor ihrer unfreiwilligen Komik nicht retten. Kein Übermaß an Mitgefühl für die frömmelnde alte Konsulin, deren qualvolles Ende bis zum letzten Flattern der Hände und letzten Röcheln der wassergefüllten Lungen der Autor mit unerbittlichem Realismus beschrieben hat. Der Akt des Sterbens wurde in solch beklemmender Leibhaftigkeit zuvor vielleicht niemals geschildert, wenigstens in keinem belletristischen Buch. Die Szene wirkt noch immer, als hätte sich es der Autor verboten, die schreckliche Objektivität des Ereignisses durch ein Aufflackern eigenen Mitgefühls zu stören. Er selbst sprach, in einem Brief an Paul Ehrenberg, von den «naturalistischen Kunstprinzipien», denen er in jener Szene gefolgt sei.

Allerdings erinnert die Darstellung der schrecklichen Mühsal, mit der sich die alte Frau aus dem Leben quälte, auch an die Aufmerksamkeit eines Insektensammlers, der mit ruhigem Interesse beobachtet, wie ein seltener Käfer an seiner Nadel zappelnd eingeht. Wohl merkte der Chronist an, mit unverkennbarer Kritik, daß die Ärzte der alten Frau, trotz ihres Flehens, jede schmerzstillende Pille und jede Spritze starrsinnig verweigerten, da es – nach hippokratischer und christlicher Pflicht – ihre Sache nur sein dürfe, Leben zu schützen und zu verlängern. Das blieb die einzig erkennbare Regung des Mitgefühls, die er sich erlaubte. Karl Muth sprach später in der Zeitschrift «Hochland» – in einer, alles in allem, positiven Rezension – wohl als erster vom «kalten Künstler», den Schiller-Freund Körner über Goethe zitierend: ein Wort, das Thomas Mann zeit seiner Tage verfolgen sollte.

Den Tod des kleinen Hanno aber hat Thomas Mann, mit erkennbarer Umsicht und künstlerischer Klugheit, der unmittelbaren Erzählung entrückt. Gerda, die den Mann und den Sohn verlor, verstand es, ihren Schmerz in marmorhafter Unnahbarkeit zu verbergen, und sie ging, so rasch es die Umstände erlaubten, zurück in ihre holländische Heimat. Nur Tony in ihrer törichten Warmherzigkeit erlaubte Thomas Mann einen Ausbruch des Schmerzes. Es ist, als hätte diese beschränkte Person doch mehr als ein Hauch von Sympathie gestreift: sie, die vom Schicksal so grausam und ungerecht geprüfte Frau. Eine deutlichere Zuneigung des Autors aber galt dem Senator, der sich am Erbe und am Leben aufrieb – und seine Liebe

gehörte Hanno, der ganz dem Generationsbild entsprach, das Hugo
von Hofmannsthal in seinem Prolog zu Arthur Schnitzlers «Anatol» gezeichnet hat, dem unermüdlich zitierten «Frühgereift und
zart und traurig». Thomas Mann war mit dem Vers gewiß vertraut.
In einer späteren Interpretation – dem Essay «Bilse und ich» –
sprach er von der Identifikation, die jeder «echte Dichter (...) bis zu
einem gewissen Grade mit seinen Geschöpfen» empfinde. Im Ernst
traf dies vor allem für Hanno zu – auch für Thomas Buddenbrook,
den Vater, dem er die eigene Überwältigung durch die rauschhafte
Schopenhauer-Lektüre zuschrieb. Als sich das Leben des Senators
zum Ende neigte, regte sich in ihm so etwas wie eine ergriffene
Liebe (ja, er ließ Tränen der Erschütterung fließen): Liebe vor allem
zum eigenen Ich, die sich als Selbsthaß tarnte. «Habe ich je das Leben gehaßt», ließ er den Senator sich selbst fragen, «dies reine, grausame und starke Leben? Torheit und Mißverständnis! Nur mich
habe ich gehaßt, dafür, daß ich es nicht ertragen konnte. Aber ich
liebe euch... ich liebe euch alle, ihr Glücklichen». Ihr Ungebrochenen, hätte er sagen können, ihr Gesunden, ihr Schönen, ihr beneidenswert Dummen!
     Doch hätte der junge Autor von Tony Buddenbrook-Grünlich-
Permaneder wie der große Kollege Gustave Flaubert von Emma
Bovary sagen können: das bin ich? Vielleicht. Eher nicht. Mit großer Geste fegte er – wiederum in «Bilse und ich» – die Frage vom
Tisch, wer was denn sein könne (obschon er die Linie zwischen
Vorlage und Bildnis in den Notizen der Entstehungstage exakt genug ausgezogen hatte). Mit schnaubender Arroganz fuhr er in jener
Polemik die Leser an: «Nicht von euch ist die Rede, gar niemals,
seid des nun getröstet, sondern von mir, von mir...»
     Es war eine andere Art von Identifikation, die er für sich in An-
spruch nahm – nicht die Flauberts, der leidend in die Seele der
Madame Bovary kroch. Tommy Mann und Tony Buddenbrook:
die törichte Tante war kein Spiegel einer Möglichkeit seines Wesens. Er schuf ihre Seele nicht nach dem Bilde der seinen. Thomas
Mann unterwarf sich sein Personal wie später sein Publikum, und er
entließ es niemals aus seiner strengen Kontrolle. Dies verstand er
wohl als das «innere Einswerden» mit seinen Geschöpfen. Die
«Usurpation» vollzog sich in den «Buddenbrooks» mit einer ge-

wissen Unschuld, die dem Buch seinen unzerstörbaren Zauber schenkte.

In dem heftigen Aufsatz «Bilse und ich» sprach er von dem «Anschein einer *Feindseligkeit* des Dichters gegenüber der Wirklichkeit, ein Anschein, der durch die Rücksichtslosigkeit der beobachtenden Erkenntnis und die kritische Prägnanz des Ausdrucks bewirkt» werde. Ja, er gefiel sich in der Formulierung, die «unerbittliche Genauigkeit der Bezeichnung» sei eine «sublime *Rache* des Künstlers an seinem Erlebnis». Nichts sei «mißverständiger, als von der kritischen Prägnanz des Ausdrucks auf eine Bosheit und Feindseligkeit in menschlichem Sinne zu schließen!»

Das mag so sein oder auch nicht: der Abstand von seinen Geschöpfen, den der Autor sich auferlegte, erlaubte ihm eine souveräne Exaktheit der Beobachtung, die von naiven und von gelehrten Lesern noch immer mit großen Augen bestaunt wird. Sie gewährte ihm eine Meisterung des Stoffes, für die es in der erzählenden Literatur deutscher Sprache nicht viele Beispiele gibt. In der magischen Herrschaft über Figuren und Begebenheiten wuchs der Autor der «Buddenbrooks» auch über Fontane hinaus, dem womöglich die schiere Menschlichkeit solch artistische Steigerung nicht erlaubte.

Der Distanziertheit gegenüber dem Schmerz und dem Elend seiner Personen entspricht die oft so groteske Komik der Situation, die den Leser bis heute belustigt, erheitert und lauthals auflachen läßt – obschon das Lachen oft keines ist, das man in einer liebenswürdigen deutschen Wendung ein «herzliches» nennt: Bei der Darstellung von Christian Buddenbrooks eingebildetem Leiden zum Beispiel, als der schwächliche Bruder des Prinzipals plötzlich glaubt, er könne nicht mehr schlucken: «Der Bissen sitzt schon ganz hinten, aber dies hier, der Hals, die Muskeln... es versagt ganz einfach...» Und als er hernach am kleinen Harmonium den Klaviervirtuosen mimt, wie er beginnt, «emsig vornübergebeugt, den Baß zu bearbeiten», «wahnsinnige Passagen» vollführt, sich zurückwirft, entzückt nach oben blickt und «mit beiden Händen machtvoll und sieghaft in die Tasten» greift.

Eine Szene von Wilhelm Busch. Nicht die einzige. Der zeichnende, dichtende Einsiedler, der in jenen Jahren malend und spottend in seinem niedersächsischen Dörfchen hockte, schien nicht nur, wie erwähnt, im «Bilderbuch für artige Kinder», sondern auch in den «Buddenbrooks» als Pate des Witzes gegenwärtig zu sein. Der Roman, bemerkte Thomas hernach, listig untertreibend, sollte etwas zum Lachen sein, mehr nicht. Auf Wilhelm Busch weist das Spiel mit den Namen, in das Thomas Mann zeitlebens vernarrt war, obgleich es im wirklichen Leben und unter sensiblen Leuten von guter Erziehung immer als ein wenig anstößig galt. Als Kunstgriff war es effektvoll – bis es im «Doktor Faustus» überhand nahm.

In den «Buddenbrooks» blieb die karikierende Wirkung der Namen auf anmutige Weise gezähmt: Sesemi Weichbrodt, Alois Permaneder, Oberlehrer Mantelsack, Fiken Dahlbeck, Sigismund Gosch, Bendix Grünlich, Aline Puvogel und Sievert Tiburtius – die Züge dieser Gestalten prägten sich durch die Komik ihrer Benennung in unmittelbarer Schärfe aus. Die Wiederholung heiter beschreibender Formulierungen garantierte, wie jeder Kabarettist und Schauspieler weiß, ohne weiteren Aufwand eine komische Wirkung.

Das schon Bekannte hat es stets leichter, belustigte Zustimmung zu provozieren – wie etwa die Gefräßigkeit der dürren, blassen, schweigsamen und immer hungrigen Klothilde, die bei den «Buddenbrooks» zu Tische saß. Die Arme war nichts als ein kleines Seitenmotiv, das der Autor unermüdlich zitierte, ein dankbares Objekt billiger Späße, wie der Senator Thomas Buddenbrook – den Verfasser gewissermaßen am Ohr ziehend – mit gedämpftem Widerwillen bemerkte: Schadenfreude. Den lutherischen Pastor Ranke, der im zweiten Teil des Romans die Toten zur letzten Ruhe geleitete, nannte er Pringsheim: Die jüdische Familie gleichen Namens, die in München in solch fürstlicher Pracht residierte, scheint damals schon ins Blickfeld des Autors geraten zu sein, denn nichts unterlief Thomas als schierer Zufall, nicht das geringste, ganz gewiß keine Benennung einer Person. Sollte die Großbürgersippe auf dem Umweg über den geistlichen Herrn an ihre noch nicht zu alte Bekehrung zum protestantischen Glauben erinnert werden? Oder sollte der jüdische Name den Theologen ärgern? Immerhin eine seltsame Camouflage für den Pfarrherrn, auf den man im Kreise der Manns nicht gut zu sprechen war.

Golo Mann, ein respektvoll-kritischer Interpret seines Vaters, zog in seiner Studie über Wilhelm Busch nirgendwo eine direkte Verbindungslinie vom einen zum anderen. Im letzten Satz seiner Würdigung bemerkte er freilich, beide hätten es – in Thomas Manns eigenen Worten – als ihre eigentliche Aufgabe betrachtet, «etwas höhere Heiterkeit» in die Welt zu bringen. Das gelang ihnen, mit triumphalem Erfolg.

Die «Buddenbrooks» – ein grunddeutsches Buch: auch in der Fragwürdigkeit der Schadenfreude und des mitleidlosen Sammlerblicks. Deutsch ist es vor allem im Lob der Bürgerlichkeit, des spitzgiebeligen Behagens und der biedermeierlichen Rechtschaffenheit, der Bildung, der Musik. Thomas Mann wurde sein Leben lang nicht müde, selbst in den Augenblicken der schmerzlichsten Entfremdung von der Heimat, die «Deutschheit» des Romans zu betonen, der in so vieler Hinsicht eine Steigerung des Glücksfalls Fontane war. Die gescheite Lieblosigkeit mancher Passagen, die sich nicht leugnen läßt, und der Mangel an Mitleid sind kaum fontanisch zu nennen, wohl aber ist es die Lust am Erzählen, durch die Thomas Mann in diesem ersten Wurf mehr als die literarische Ebenbürtigkeit mit dem alten Herrn in Berlin erreichte – dank der genialen Unschuld, die es im Leben eines Schriftstellers vielleicht nur dies erste und eine Mal gibt.

Fontanisch auch die scheuen Ansätze zur Zeit- und Gesellschaftskritik, die sich in der unübertrefflich humoristisch geschilderten Revolution von 1848 und, mit der Bitterkeit des Leidgeprüften, härter in der Beschreibung von Hannos elenden Schultagen äußerte. Thomas Manns Kritik aber blieb – anders als beim Bruder Heinrich, dem sie oft davonlief – immer dem kontrollierenden Kunstwillen unterworfen. Stets waren die Energien der Erzählung, auch dies fontanisch, stärker als jede literarische oder philosophische Absicht, die der Autor ins Auge gefaßt haben mochte. Niemals und nirgendwo setzte die erstaunliche Sicherheit im Handwerk die Lust an der Fabel und an ihren Figuren außer Kraft – den klugen Kunstverstand (oder war es Intuition?), der Thomas Mann zum Beispiel gebot, den gewaltigen Stoff in vielen kurzen Kapiteln darzubieten, die den Leser nicht allzusehr ermüden würden. Kalkül und Naivität gingen in diesem Buch des blutjungen Schriftstellers eine glanzvolle Allianz ein.

8. KAPITEL

Die Geduldsprobe

Die Arbeit am Roman war noch lange nicht zu Ende gebracht, doch sie ging ihm rasch von der Hand. Im Dezember 1897 wußte er Grautoff zu berichten, er schreibe schon am fünfzehnten Kapitel: dem letzten des dritten Teils, in dem sich der junge Thomas Buddenbrook von seiner kleinen Freundin, dem Blumenmädchen Anna, auf jungherrenhaft-forsche Weise verabschiedet, um nach Amsterdam zu reisen, wo er Gerda findet, die schöne, kühle, musikalische Frau mit der Mitgift von dreihunderttausend Mark.

Ende Oktober jenes Jahres waren die Brüder nach Rom zurückgekehrt. Thomas hatte für den zweiten römischen Winter keine eigene Wohnung bezogen. Er mietete sich in Heinrichs Pension in der Via Torre Argentina ein. Vermutlich ertrug er jetzt die Nähe des Älteren leichter, da seine ganze Aufmerksamkeit auf das Buch gerichtet war.

Das südliche Exil, das die Brüder gewählt hatten, behinderte den nordischen Erzählstoff nicht im geringsten. Im Gegenteil, die hanseatische Saga schien unter dem römischen Dach aufs üppigste zu gedeihen. Der Kontrast war fruchtbar. Auf jene Tage zurückschauend, malte Thomas später die Fremdheit der italienischen Welt womöglich krasser und greller aus, als er sie damals empfand. In «Tonio Kröger» schrieb er: «Gott, gehen Sie mir doch mit Italien!... Italien ist mir bis zur Verachtung gleichgültig! Das ist lange her, daß ich mir einbildete, dorthin zu gehören. Kunst, nicht wahr? Sammetblauer Himmel, heißer Wein und süße Sinnlichkeit... Kurzum, ich mag das nicht. Ich verzichte. Die ganze bellezza macht mich nervös.

Ich mag auch alle diese fürchterlich lebhaften Menschen dort unten mit dem schwarzen Tierblick nicht leiden. Diese Romanen haben kein Gewissen in den Augen...»

In den «Betrachtungen eines Unpolitischen», in denen ihn sein antifranzösisches, antirömisches, antiwestliches Ressentiment zu manch monströsen Behauptungen trieb, gab er vor, nie sei es ihm um «Schönheit» zu tun gewesen: «‹Schönheit›», rief er, «war mir immer etwas für Italiener und Katzelmacher des Geistes, nichts Deutsches im Grunde und namentlich nicht Sache und Geschmack einer künstlerischen Deutsch-Bürgerlichkeit.» Von den «Buddenbrooks» sagte er in jenem gigantischen Pamphlet, der Roman sei deutsch auch in einem «formalen Sinn»: «geworden, nicht gemacht, gewachsen, nicht geformt und eben dadurch unübersetzbar deutsch». Er sei, «um die freilich sehr anspruchsvolle kunst- und kulturgeschichtliche Formel anzuwenden, *Gotik*, nicht Renaissance...»

Das Wort von den «Katzelmachern» mag ihm in späteren Jahren peinlich gewesen sein, da anzunehmen ist, daß er den Hintersinn der Beschimpfung kannte: *cazzo* heißt, wie man wohl weiß, der Schwanz, und «Cazzo machen» war alles, was man den lotterhaften Südländern zutraute, die nach nordisch-neidischen Begriffen nichts anderes im Sinn hatten, als blonde Mädchen zu verführen. Er konnte, er wollte damals den Süden nicht mehr ertragen, weil es die geistig-politische Heimat des Bruders war.

Knapp zwei Jahrzehnte früher aber schrieb er dem geduldigen Grautoff aus Palestrina, «das eigentliche Europa» beginne «erst bei den romanischen Ländern»: «Frankreich, Italien, Spanien – das ist Europa. Deutschland – von Rußland zu schweigen! – ich kann mir nicht helfen: diese vage Tiefe... das Unsalonmäßige, Ungehobelte, Stumme, Ernste und Einsame der dortigen Kulturart – ist das nicht überhaupt mehr Asien?!» Er fügte freilich hinzu: «Ich liebe es beinahe dafür...» Diesem Süden verdankte er immerhin die Nähe zu dem «edlen und klugen August von Platen», der die homosexuelle Bestimmung seiner Liebe, als er sie endlich verstanden hatte, mit solch unvergleichlicher Tapferkeit auf sich nahm, sich selbst in die schützende Fremdheit der lateinischen Welt verbannend.

Wenn nicht alles trügt, lebten die Brüder Mann im römischen

Winter 1897/98 recht einträchtig nebeneinander. Auch Heinrich, vom Ehrgeiz und vom Fleiß des Jüngeren angestachelt, saß über ein Manuskript gebeugt: ein satirisches Porträt der Berliner Gründer-zeit-Gesellschaft, dem er den Titel «Im Schlaraffenland – Ein Roman unter feinen Leuten» gab.

Ohne Zweifel besaß Heinrich Mann eine scharfe Witterung für den «Zeitgeist» – und sei es dank der eigenen sensiblen Schwäche, die ihn für die Moden der Epoche anfällig machte. In seinen besten Büchern war er, anders als der Bruder, den die Politik im Grunde seiner Seele langweilte, damals wie später, ein aufmerksamer und unbarmherziger Kritiker der Gesellschaft. Dieses Talent war von Beginn an sichtbar. Ein eigentlich politisches war es nicht. Sein Blick war der des ästhetischen Moralisten – vielleicht auch des moralisierenden Ästheten.

Während jener römischen Wintertage schrieben Heinrich und Thomas Zimmer an Zimmer, und sie waren dennoch Welten voneinander entfernt. Der Jüngere konnte ein dickes Paket beschriebenen Papiers in den Koffer legen, als er Ende April 1898 den Zug nach Norden nahm. Ein kurzer Aufenthalt in Florenz, bei dem er nach der Auskunft seines Notizbuches einige Gedanken über Savonarola, den fanatischen Mönch, zusammentrug: die zentrale Figur seines einzigen Schauspiels, das er einige Jahre später vollendet und sogar zur Aufführung gebracht hat.

Im Mai jenes Jahres gelangte endlich, nach langer Verschiebung, sein kleiner Novellenband auf den Markt. Thomas war beim Erscheinen des ersten Buches – das wichtigste und seligste Ereignis in jedem Schriftstellerleben – in München präsent. Trotz der Gelassenheit, die er an den Tag zu legen versuchte, bangte er heimlich, wie sein Werk wohl aufgenommen würde. Dem Freund Korfiz Holm schickte er am 1. Mai ein kleines Briefchen, in dem er vorschlug, er möge ihn «eines schönen Nachmittags, so um 4 Uhr herum» besuchen. «Ich würde dann Gelegenheit nehmen, Ihnen heimlich ein Exemplar meines Novellenbandes in die Tasche zu schieben, damit doch *ein Mensch* ihn liest.» Die Kritiken waren gut. Sie erstaunten ihn nicht. Überraschend waren für ihn stets nur Rezensionen, die mit Lob und Ehre geizten.

Der schleppende Verkauf des Bändchens schien ihn nicht zu verstören. Auch der Verleger zeigte sich nicht alarmiert, als er feststellte, daß in sieben Monaten von den zweitausend Exemplaren der Auflage nur ein knappes Viertel verkauft worden war. Das war bei Anfängern leider so üblich. Wichtiger: der Autor ließ sich nicht davon abhalten, mit stetigem, manchmal auch mit verzweifeltem Fleiß Blatt für Blatt auf den Papierberg zu legen, der zu Hause auf dem Schreibtisch stetig anwuchs. Auch die Redaktionspflichten beim «Simplicissimus», die er im Herbst 1898 aufnahm, lenkten ihn, trotz einiger Klagen über die Last der Arbeit, nicht zu sehr von seinem Hauptwerk ab: den «Buddenbrooks». Dann und wann wandte er sich einem kleineren Erzählstoff zu, als müsse er Atem holen. Er schrieb zwei oder drei Geschichten. Danach kehrte er unbeirrt wieder zu seinem Roman zurück. Er lebte zurückgezogener als in früheren Münchner Tagen, doch gewiß nicht abgeschlossen von der Welt. Dann und wann ging er ins Theater. Er musizierte im Kreis neuer Freunde. Gelegentlich las er ihnen oder der Familie ein Kapitel aus dem Buch vor, um die Wirkung der Erzählung zu erproben.

Am 18. Juli des Jahres 1900 schrieb er die letzte Zeile des Buches. Zwei Wochen später, am Abend des 3. August, präsentierte er Grautoff, der Mutter und den Geschwistern das Finale. Es wurde mit der angemessenen Bewegung und mit Beifall aufgenommen. Ein Stein war vom Herzen. Zugleich empfand Thomas Mann – das Schicksal des Autors, der endlich sein Werk zur Welt gebracht hat – die traurige Leere, die kaum einem Schreiber erspart bleibt. Einem Freund klagte er bald danach, seine Melancholie kaschierend, er langweile sich. Am Abend saß er, sooft es anging, in der Oper, hörte jede Wagner-Vorstellung, hörte immer wieder den «Tristan», von dem er keine Aufführung ausließ: die Besessenheit eines Lebens.

Ohne Zögern machte er sich an die Überarbeitung. Nach Mendelssohns Feststellung war sie in vier Wochen erledigt: «Es galt lediglich», schrieb dieser genaue Chronist, «ein wenig zu säubern und zu putzen, Entbehrliches herauszukürzen, Vergessenes oder Übersehenes noch einzufügen». Insgesamt tauschte Thomas Mann nur sechsundvierzig Seiten aus. Am 13. August verpackte er das Konvolut von mehr als tausend Blättern, doppelseitig beschrieben. Grautoff berichtete er, beim Versiegeln seines Romans habe er sich «gräßlich mit dem Lack verbrannt».

Im «Lebensabriß» für das Stockholmer Komitee, das ihm – mit einer Verspätung von nahezu drei Jahrzehnten – den Nobelpreis vor allem für die «Buddenbrooks» zuerkannte, berichtete er, daß er sich zu einer Postversicherung entschlossen habe, weil es die «erste und einzige Niederschrift» war, die er nach Berlin auf den Weg brachte. (So hielt er es künftig mit jedem Buch, einer Art von leichtsinnigem Aberglauben gehorchend.) Als Wertsumme gab er eintausend Mark an. Der Schalterbeamte, schrieb er, habe gelächelt. Wie sollte er wissen, daß ihm die Arbeit von drei langen Jahren anvertraut wurde?

Noch einmal Monate des Wartens, die Thomas Manns Geduld hart erprobten. Ende August ein Abendessen mit Samuel Fischer, der auf der Rückreise von der Sommerfrische in München Station machte und den fünfundzwanzigjährigen Autor kennenzulernen wünschte. Das Manuskript hatte er noch nicht gelesen. Thomas Mann war schüchtern. Er glaubte, wie er Grautoff mitteilte, daß er gut daran tun würde, dem Verleger einen Brief zu schreiben, «um meine literarische Persönlichkeit in seiner Phantasie wieder hervortreten zu lassen und die körperlich-gesellschaftliche (...) ein wenig vergessen zu machen». Was aus seinem Roman werde, setzte er hinzu, sei ein finsteres Problem. Vermutlich sprachen die beiden vom Umfang des Manuskriptes, der in der Tat geeignet war, jeden Verleger in tiefste Schrecken zu stürzen.

Am 1. Oktober meldete sich Thomas Mann in der Kaserne des Leib-Infanterieregimentes, dessen Soldaten landauf, landab «Leiber» genannt wurden. Er sollte endlich der einjährigen Militärpflicht genügen. Mit einem Anflug von Übermut und einer kleinen Leidenslust hatte er Monate vorher an den Freund Paul Ehrenberg geschrieben, er als «hochmüthiger décadent» stelle es sich «äußerst erfrischend vor, einmal ein Jahr lang rücksichtslos und kräftig ausgeschimpft zu werden», doch er fügte hinzu: «Möglich ist ja freilich, daß ich es doch nicht aushalte, und daß man mich nach ein paar Wochen wieder laufen lassen muß». Der Freiwillige ließ sich eine schmucke Uniform mit «rotem Kragen, silbernen Gardelitzen, blanken Knöpfen und schwarzem Glanzkoppel» anpassen, wie Viktor in seinen Erinnerungen erzählte, in der er sich selbst und vor allem dem kleinen Bruder nicht schlecht gefiel.

In der Extramontur, ein wenig stolz auf des «Königs Rock», nahm er an der aufwendigen Hochzeit der ältesten Schwester Julia-Lula teil, die am 9. Oktober 1900 dem Bankdirektor Dr. Josef Löhr die Hand reichte, einem freundlichen, gebildeten und, nach der Schilderung der Geschwister, auch heiteren Herrn. Er war kein Spießer, dieser achtunddreißigjährige Junggeselle, dem nachgesagt wurde (man erinnert sich), er habe sein Auge auch auf die Mama geworfen, die ihm nur um elf Jahre voraus, danach erst auf Lula, die fünfzehn Jahre jünger war: kein ungewöhnlicher Altersabstand in jener Epoche, in der bürgerliche Kandidaten für den Ehestand zu warten hatten, bis sie über ein angemessenes Einkommen verfügten. Paul Ehrenberg, der musikalische Malerfreund Thomas Manns, schien Lula mit einem gewissen Interesse beobachtet zu haben, nicht zum Entzücken des Bruders. Die Schwester habe ihm berichtet, schrieb er an Paul, daß er sie «beinah kniefällig beschworen» hätte, Löhrs Werbung mit einem Nein zu begegnen. Thomas fragte: «War das eigentlich sehr vernünftig von Dir?» Er fuhr fort, allzu lebensklug, wohl auch ein wenig eifersüchtig: «Man muß in diesen Dingen nicht zu viel Idealismus entwickeln. Jederlei Respect vor der ‹Liebe›, aber weiter kommt man ohne ihr.» Dann fügte er, sich ins Wort fallend, eilig hinzu: «Eine Weisheit übrigens, die mirselbst ziemlich widerlich ist. Aber was soll man machen auf diesem minderwertigen Planeten! – Und Löhr ist ja auch wirklich ein guter, netter, gebildeter Mensch. Ich kann mir schon gar keinen Anderen mehr für Lula denken». Der kraß-banale Realismus, den er im Schnodderton der Berliner Vorstadt zitierte, entsprach freilich bis zu einem gewissen Grade seinen wahren Ansichten.

Es ließ sich voraussehen: Thomas Mann war für den Kasernenhof nicht geboren. Der Dienst in der «Zwingburg» erwies sich als mühselig, stumpfsinnig und strapaziös. Vor allem der Parademarsch war dem Schriftsteller nicht bekömmlich. Kein Wunder, denn es handelte sich um eine höchst unnatürliche Art der Fortbewegung, die nur in einer militaristisch abgerichteten Gesellschaft als normal, ja als mannhaft und heldisch empfunden werden konnte, gleichviel ob im wilhelminischen Deutschland, im Dritten Reich Adolf Hitlers oder im roten Imperium Stalins.

Der junge Schriftsteller, zwar ein eifriger Radfahrer, doch alles in allem nicht sportgestählt, litt nach einigen Exerzierstunden an entzündeten Sehnen, die ihn zivilistisch hinken ließen. Er wurde ins Revier eingewiesen. Nach einiger Besserung befahl ihn ein forscher Stabsarzt, der kein Einsehen hatte, zurück auf den Kasernenhof. Der Rekrut war angehalten, sein Leiden mit feuchten Umschlägen zu behandeln. Es bedurfte einer vermittelnden Intervention des Hofrates May, eines Vertrauten der Mutter, um den militärischen Kollegen zur Räson zu bringen. Mitte Dezember wurde der Leibinfanterist Thomas Mann nach zweieinhalb Monaten mäßiger Fron vom Ehrendienst für König, Kaiser und Vaterland auf unbestimmte Zeit beurlaubt. Von seinen Kasernenhof-Erfahrungen wußte er den Freunden und der Familie mit jener parodistischen Komik zu berichten, mit der er zu brillieren gelernt hatte. Bruder Heinrich übernahm hernach einige der Szenen fast im Wortlaut der Schilderung in seinen «Untertan».

Der Kasernenhof war ausgestanden. Doch Thomas quälte die Ungewißheit über das Schicksal seines Buches. Am 26. Oktober – der junge Autor lag noch im Revier seiner Kaserne – hatte ihm Fischer (der erst einen Teil des Manuskriptes kannte) nahegelegt, den Roman um die Hälfte zu kürzen, denn er glaube nicht, daß sich «viele Menschen finden», die «Zeit und Concentrationslust haben, um ein Romanwerk von diesem Umfang in sich aufzunehmen». Er wisse wohl, daß dies eine «ungeheuerliche Zumutung» sei und vielleicht bedeute, «das Buch ganz neu zu schreiben», aber als Verleger könne er sich «zu dieser Frage nicht anders stellen». Vielleicht sei der Stoff in seiner «epischen Breite etwas zu groß und umfangreich», und vielleicht würde der Autor feststellen, daß sich eine «Concentration zum Vorteil des Werkes machen» lasse. Dem vorsichtigen Bescheid lag wohl das – sehr viel reserviertere – Gutachten zugrunde, das Moritz Heimann, der Hauptlektor, unter dem gleichen Datum aufgesetzt hatte: laut Peter de Mendelssohns Geschichte des S. Fischer Verlages «eine kaum verhüllte Ablehnung». Samuel Fischer schien eher bereit zu sein, dem Buch eine Chance zu geben. Er bot dem jungen Autor – eine versöhnliche und ermutigende Geste – in einem handschriftlichen Zusatz an, ihm einige Bücher ins Lazarett zu schicken, doch überlasse er ihm die Wahl, da er nicht wisse, ob Thomas Mann «dort nicht etwa durch die Literatur» seines Verlages «compromittiert» werden könne.

Mehr als ein Vierteljahrhundert später, in seinem Vortrag «Lübeck als geistige Lebensform», erzählte der Autor: «Nun, der melancholische Soldat, der da auf dem Rücken lag, hatte weder ein äußeres noch ein inneres Recht, beleidigt zu sein; er war wenig geneigt, viel Wesens von seinem Werk zu machen. Aber seine sachliche Überzeugung verbot ihm, auf diesen Vorschlag einzugehen, und hätte es ihm verboten, auch wenn er nicht sein bescheidenes Auskommen gehabt und auf den Absatz des unpraktischen Manuskriptes wirtschaftlich hätte brennen müssen. Er schrieb dem Verlage mit Bleistift einen langen Brief, worin er ihm auseinandersetzte, daß der große Umfang eine wesentliche Eigenschaft des Buches sei und daß man es verpfusche, wenn man damit nach seinem Willen umgehe.»

In einem Brief an Heinrich nannte Thomas den Wunsch Samuel Fischers ein «Bubenstück», über das der Verleger wohl selbst erschrocken sei. Freilich gestand er dem Bruder auch, daß seine Einwände gegen die materiellen Bedingungen des Vertrages als taktische Gefechte zu verstehen seien: «Ich bin, wie die Dinge liegen, bereit, jeden Contract zu unterschreiben, der auch nur den Anschein wahrt, als ob ich die Arbeit dreier Jahre nicht einfach verschenke.» (Auch ihn, den souveränen Stilisten, ließ in Augenblicken der Erregung gelegentlich die deutsche Grammatik im Stich.) Er habe Fischer gesagt, berichtete er Heinrich weiter, daß der Roman keineswegs das letzte Buch sei, das er ihm geben werde. Alles komme schließlich darauf an, ob Fischer – «auch als Kaufmann» – ein bißchen an sein Talent glaube.

Noch einmal lange Wochen des Wartens. Die Gereiztheit des Autors bekam der arme Grautoff zu spüren, der ihm mit Klagen über seine Hungerleiderei und mit unterwürfigen Pumpversuchen auf die Nerven ging. Er solle endlich aufhören, raunzte ihn Thomas schriftlich an, ihm «die Rolle des leichtfertigen und unwissenden Glückskindes aufzudrängen». Als ihm der Arme danach mit einem «letzten Brief» die Freundschaft aufkündigen wollte, nahm er zunächst mit schnaubender Arroganz das klägliche Deutsch des Schreibers auseinander, nannte seinen Brief einen «Barbarismus und zuletzt eine Beleidigung des Empfängers, besonders, wenn dieser Empfänger ein so zärtlicher Philolog ist wie ich». Er herrschte ihn an: «Du empfandest diesen Ton als einen Versuch, Dich die ‹Macht› meiner ‹geistigen Überlegenheit› fühlen zu lassen – aber kann ich dafür, wenn meine Erwiderungen besser sind, als Deine Angriffe?» Dann schlug er ihm vor, «daß wir noch eine Flasche Champagner auf unsere hingetretene Freundschaft mit einander leeren oder irgend einen anderen Schlußakt veranstalten, würdig und formvoll, wie die Sache es erheischt».

Natürlich kroch Grautoff zu Kreuze, wie fast immer. Doch einmal in seinem Brief hatte Thomas die hochmütige Maske gelüftet, damit das Gesicht des leidenden Künstlers sichtbar werde. Auf die große Arbeit weisend, die er hinter sich gebracht hatte, sprach er von seinen «gekränktesten, scheuesten, einsamsten» Jahren. «Als Künstler war ich nicht unthätig in ihnen; persönlich konnte ich nichts thun, als möglichst allen Demüthigungen aus dem Wege zu gehen, mich möglichst eingezogen und unauffällig verhalten und *abwarten.*»

Zwei Tage nach seiner Entlassung aus der Kaserne seufzte er, wiederum in einem Brief an Grautoff: «Schließlich die alte Klage: Eine gute Nachricht von Fischer würde mich so herrlich fördern!» Am 8. Januar 1901 an den Bruder Heinrich: «Fischer schweigt (...), und wenn ich mahne, bekomme ich wahrscheinlich den Wechselbalg sofort wieder ins Haus. Wenn nun Niemand das Buch haben will? Ich glaube, ich würde Bankbeamter.» Das Warten war um so bitterer, da sich Albert Langen ohne langen Umstand bereit gefunden hatte, Heinrichs Roman «Im Schlaraffenland» zu drucken.

Am 22. Februar 1901 endlich ein Zwischenbescheid von Fischer: er werde «in allernächster Zeit» Näheres von sich hören lassen. Der Verleger hatte inzwischen das Manuskript ganz gelesen, und sein Berater Moritz Heimann – vielleicht der bedeutendste Lektor in der Geschichte des deutschen Verlagswesens – hatte sich das Werk ein weiteres Mal vorgenommen und war in einem zweiten Gutachten zu einem positiveren Urteil gelangt.

Am 23. März schickte Fischer einen Vertragsentwurf für die Publikation des ungekürzten Romans in zwei Bänden. Das Honorar sollte zwanzig Prozent vom Ladenpreis betragen. Fischer wünschte freilich eine sechsjährige Option für alle Werke. Thomas zögerte, sich darauf einzulassen. Außerdem erkundigte er sich, was der Preis des Buches wohl sein werde. Am 1. April antwortete der Verleger, der Ladenpreis werde voraussichtlich zwölf Mark betragen. Wenn der Autor meine, mit der langfristigen Option vergebe er sich die Möglichkeit, später bessere Honorarbedingungen zu erhalten, dann irre er sich: eine Tantieme von zwanzig Prozent sei der höchste Satz – auch die erfolgreichsten Autoren bekämen keinen besseren. In Wirklichkeit entsprach der Anteil den üblichen Bedingungen (doch Bruder Heinrich, der für sein «Schlaraffenland» nur fünfzehn Prozent erlangte, war schlechter dran). Thomas unterschrieb den Vertrag, und er machte damit sein Glück. Der Verleger machte es auch.

9. KAPITEL

Chronische Pubertät

Thomas Mann hatte sich, nach der Rückkehr aus Rom, nur wenige Tage bei der Familie aufgehalten und dann die ersten eigenen Zimmer in der Theresienstraße gemietet, eine «theure Bourgeois- und Banquierwohnung», wie er sagte; er war wenig später in die Barerstraße umgesiedelt, und er hatte schließlich – aus Gründen der Sparsamkeit und Bequemlichkeit – in Schwabing zwei billigere Zimmer bezogen. Sie besaßen den Vorzug, nur einen Sprung weit von der Wohnung der Mutter entfernt zu sein, die sich unterdessen in einem etwas bescheideneren Etablissement in der Herzogstraße niedergelassen hatte: der Anfang ihrer Wanderschaft durch die Stadt und Umgebung – wie sich denn sagen läßt, daß die ausschwärmenden Mitglieder der Familie Mann im Fortgang der Jahre viele Teile der Stadt kennenlernten. Thomas nahm für gewöhnlich das Mittagessen mit der Mutter und den Geschwistern ein. Abends begnügte er sich nach deutscher Sitte mit kalten Schnittchen, oder er aß draußen in einem bescheidenen Restaurant. Auf sein Geld wußte er wohl zu achten.

Von dem Etablissement in der Schwabinger Marktstraße berichtete Viktor Mann in seinen Erinnerungen, der Bruder habe einige Stühle, die von der Mama stammten, erdbeerrot angestrichen und die weißen Wände mit grünem Rupfen bespannt, was einen hübschen Kontrast ergab. Auf dem «primitiven Arbeitstisch» sei ihm das «mit Blumen oder kleinen Zweigen» geschmückte Bild des russischen Dichters Tolstoi aufgefallen. Das habe ihm freilich weniger Eindruck gemacht «als ein Stapel eng beschriebener Papierbogen,

der sich neben einem schweren Leuchter türmte». Das würden die
«Buddenbrooks», habe die Mama leise gesagt, und er, damals noch
ein Junge von nicht einmal zehn Jahren, sei mit diesem Begriff vertraut genug gewesen, um dabei «eine gewisse Ehrfurcht zu empfinden».

Auf dem Klavier, das «Onkel Ommo» gemietet hatte, stand sein
Geigenkasten, und im Schlafzimmer bemerkte Vicco «einen ziemlich ordinären Schrank», der Thomas' Wirtin gehörte. Die fehlende
Rückwand habe er wiederum durch Rupfen ersetzt. Aus der Beschaffenheit dieses Möbels sei bald danach die gespenstische Novelle «Der Kleiderschrank» entstanden: die Erzählung über die
Traumbilder eines kränkelnden Herrn, vom Autor ein wenig zu
sinnig-symbolisch «Albrecht van der Qualen» genannt, der seine
Reise von Berlin nach Florenz in einer gesichtslosen Stadt unterbrach, ohne Geschäft und Ziel, nicht einmal mit einem Stock versehen, auf den er sich stützen konnte, «haltloser, freier, unbeteiligter»
denn irgend jemand auf dieser Welt. Ein kränkelnder Mann um die
Dreißig, mit «glühend schwarzen» und «tief umschatteten» Augen,
die «nichts Gutes» verhießen. Die Ärzte gaben Herrn van der Qualen nur noch wenige Monate.

In der Bahnhofshalle hatte er eine dicke Dame beobachtet, die
«mit unendlich besorgtem Gesicht eine zentnerschwere Reisetasche
(…) mit einem Knie ruckweise vor sich herstieß»: «stumm, gehetzt
und mit angstvollen Augen. Besonders ihre Oberlippe, die sich weit
hervorschob und auf der ganz kleine Schweißtropfen standen, hatte
etwas namenlos Rührendes… Du Liebe, Arme! dachte van der
Qualen. Wenn ich dir helfen könnte, dich unterbringen, dich beruhigen, nur deiner Oberlippe zu Gefallen! Aber jeder für sich, so ist's
eingerichtet, und ich, der ich in diesem Augenblicke ganz ohne
Angst bin, stehe hier und sehe dir zu, wie einem Käfer, der auf den
Rücken gefallen ist…» «Niemand verdankt mir etwas», sagte er
später zu sich selbst, «und ich verdanke niemandem etwas. Gott hat
seine Hand niemals über mir gehalten, er kennt mich gar nicht. (…)
Ich bin Gott nichts schuldig…»

In einer gesichtslosen Straße nahm er zwei bescheidene Zimmer
in einem nichtssagenden Haus. Kahle weiße Wände. Rotlackierte
Stühle, ein großes Bett und ein Kleiderschrank, dessen Tür weit

offenstand. Am Abend, ehe er sich zur Ruhe legte, sah er, daß der Schrank nicht leer war: «Jemand stand darin, eine Gestalt, ein Wesen, so hold, daß Albrecht van der Qualens Herz einen Augenblick stillstand und dann mit vollen, langsamen, sanften Schlägen zu arbeiten fortfuhr... Sie war ganz nackt und hielt einen ihrer schmalen zarten Arme empor (...). Wellen ihres langen, braunen Haares ruhten auf ihren Kinderschultern, von welchen ein Liebreiz ausging, auf den man nur mit Schluchzen antworten» konnte.

Ja, da war auch das Bett, ein «außerordentlich mächtiges Mahagonimöbel», das frei in der Mitte des Raumes stand. Das Mädchen blieb im Schrank, traurige Geschichten erzählend, hold und unberührbar, und Herr van der Qualen blieb allein in seinem mächtigen Bett, harrte darin aus, bis er zu unbestimmter Zeit wieder den Schnellzug von Berlin nach Rom bestieg (oder auch nicht).

Nicht nur für die Stühle und den Schrank gab es Vorbilder. Auch das Bett war der Wirklichkeit entliehen. Das Original befand sich in Thomas Manns Schlafzimmer. Einst hatten seine Eltern darin geschlafen. In jenem Bett war er gezeugt und geboren worden. Was mag die Mutter gedacht haben, als sie ihm das Mahagoni-Möbel – immerhin die Heimstatt ihres ehelichen Lebens – vermachte? Was Thomas, als er sich darin niederlegte? Warum schrieb er es prompt dem Herrn van der Qualen zu, der sich willig darein ergab, den traurigen Geschichten des holden Mädchens mit den Kinderschultern zu lauschen, einem Geschöpf, das nackt war, aber auch keusch?

Fleißige Psychoanalytiker können aus der Novelle, die voll von quellendem Kitsch ist – ein Produkt minderen Jugendstils –, Anregungen in Fülle schöpfen. In dem Feuilleton «Süßer Schlaf», das Thomas Mann im Frühjahr 1909 für die «Neue Freie Presse» in Wien schrieb, sprach er ein weiteres Mal von der «gewichtigen Mahagoni-Lagerstatt», in der er zur Welt gekommen war. Sie sei, sagte er, «durch eine Reihe von Jahren» in seinen «Junggesellenquartieren» aufgeschlagen gewesen. Sonst keine Hinweise. Nur die allgemeine Sentenz, das Bett sei ein «metaphysisches Möbelstück, in dem die Mysterien der Geburt und des Todes sich vollziehen». Dann redete er in romantischen Wendungen von dem «duftigen Linnengehäuse, worin wir, unbewußt und mit emporgezogenen Knien wie einst im Dunkel des Mutterleibes, wieder angeschlossen gleichsam an den Nabelstrang der Natur, Nahrung und Erneuerung an uns ziehen auf geheimnisvollen Wegen... Ist es nicht wie ein Zaubernachen», fragte er, «der über Tag verdeckt und unscheinbar seinen Winkel einnimmt und in dem wir jeden Abend hinausschaukeln auf das Meer des Unbewußtseins und der Unendlichkeit?»

Die Arbeit, die in der Studierstube wartete, forderte ihn Morgen für Morgen aus jener nächtlichen «Unendlichkeit» zurück. Disziplin stand gegen schwebende Träume und die «Tristan»-Verlorenheit, stand auch gegen den Schopenhauer-Rausch, gleichviel ob er von Verständnis oder Mißverständnis gezeugt war. Das «Indertum», das er in sich wähnte, das «schwere und träge Verlangen nach jener Form oder Unform des Vollkommenen, welche ‹Nirwana› oder das Nichts benannt ist», konnte ihn dem Gebot der Zucht nicht entziehen. Obwohl er ein Künstler sei, also der Form verpflichtet, hege er eine «sehr unkünstlerische Neigung zum Ewigen», klagte er, die sich in einer «Abneigung gegen Gliederung und Maß» äußere. Darin täuschte er sich – und täuschte sich nicht. Er wollte Formlosigkeit nicht dulden, nicht im Werk und weniger noch im Leben. Aber es machte ihm in der Tat zeitlebens Mühe, die überquellenden Stoffe, die ihm zu entwachsen drohten, in halbwegs überschaubaren Maßen zu bändigen.

Der Manuskriptberg, den der kleine Vicco so respektvoll betrachtet hatte, forderte dann und wann einen Aufenthalt, ehe ihn der Autor weiter wachsen lassen konnte. Thomas Mann brauchte Pausen, um Atem zu holen, Ablenkung, um sich zu erholen. Bedrängungen privater Natur, die sich in einem Brief an Grautoff durch ein langes Platen-Zitat andeuteten – «Abgründe liegen im Gemüthe, / Die tiefer, als die Hölle sind» –, ließen sich in kleinen Erzählungen rascher von der Seele schreiben. Die Stücke hatten überdies den Vorteil, dem Autor das eine oder andere Honorar einzutragen.

Für den «Simplicissimus», dessen Leitung im Jahre 1901 Ludwig Thoma übernommen hatte, schrieb er eine «Novellistische Studie», der er den Titel «Gerächt» gab: nicht viel mehr als eine Skizze, aber gerade in ihrer halbfertigen und fast rohen Form gab sie unmittelbaren Aufschluß über die Beziehung – eher: die Nichtbeziehung – des Autors zu einem Menschen des anderen Geschlechts. Gespräche in einer Pension zwischen einem jungen Schriftsteller – «zwanzig Jahre alt und von extremer Gimpelhaftigkeit», damit beschäftigt, sich «die Hörner abzulaufen» – und seiner Tischnachbarin Dunja Stegemann, einem «intelligenten und freien Frauenzimmer», das für eine Zeitung «zweiten oder dritten Ranges» Literatur- und Musikberichte schrieb, dreißig Jahre alt, groß «mit flacher Brust, flachen Hüften, hellgrünlichen Augen (...), einer übermäßig aufgeworfenen Nase und einer kunstlosen Frisur von indifferentem Blond». Der Ich-Erzähler bemerkte von ihr, er habe noch nie bei einer Frau «eine so unzweideutige und resolute Häßlichkeit» gesehen.

Die beiden sprachen über Wagner und den «Tristan» – worüber auch sonst? Den jungen Mann erschütterte die «objektive Gelassenheit», mit der die Freundin im Laufe der Unterhaltungen Ausdrücke wie «entfleischte Brunst» gebrauchte. Ein «Weib mit vollkommen männlich gebildetem Hirn», stellte er fest. Mit anderen Worten: eine emanzipierte Frau. Sie gab dem Autor Anlaß, sich den Seufzer von der Seele zu schreiben: «Hier war mein Verlangen erfüllt: ein weiblicher Kamerad gefunden, dessen sublime Unbefangenheit nichts Beunruhigendes aufkommen ließ (...), denn die körperlichen Reize dieser Intellektuellen waren die eines Besens.»

Er wies auf die «erhabene Kälte» des «eigenartigen Verhältnisses», doch auch auf einen «üblen Reiz», der in der Luft gelegen habe, wenn in ihren Unterhaltungen das unverbindliche «Sie» einem «makellosen ‹Du›» gewichen sei. Ein «übler Reiz», der die Luft «verunreinigte» und «die Atmung behinderte», habe ihn dazu gezwungen, «mit einem geraden und brutalen Worte, das unberechtigt Beunruhigende für jetzt und immer ins Reich der Nichtigkeit» zu verbannen: «‹Hören Sie›, sagte ich, indem ich die Knie emporzog und ein Bein über das andere legte, ‹was ich noch immer festzustellen vergaß. Weißt du, was für mich unserem Verhältnis den originellsten und feinsten Charme gibt? Es ist die intime Vertrautheit unserer Geister, die mir unentbehrlich geworden ist, im Gegensatz zu der prononcierten Abneigung, die ich körperlich dir gegenüber empfinde.›»

Die Frau nahm die Rüpelei schweigend hin. «‹Ja, ja›, sagte sie dann, ‹das ist amüsant.› Und damit war dieser Einwurf abgetan, und unser Gespräch über die Liebe ward wieder aufgenommen.» Doch «plötzlich» offenbarte sie ihm, daß sie einmal ein «Liebesverhältnis gehabt habe». Ein platonisches? Nein, es sei «ein ernstes» gewesen, mit einem «noch jungen, sehr schönen Manne».

Ob sie nun in seiner Achtung gesunken sei, wollte sie wissen. «‹Wahrscheinlich!› sagte ich mit großartiger Ironie. Ich blickte sie nicht mehr an, sondern hielt das Gesicht nach der Wand gedreht und sah meinen trommelnden Fingern zu. (...) Dieses Weib hatte sich lieben lassen. Ihr Körper war von einem Manne umfangen worden. Ohne mein Gesicht von der Wand zu wenden, ließ ich meine Phantasie diesen Körper entkleiden und fand einen abstoßenden Reiz an ihm.»

Dann fragte er, längst betrunken, ob sie dergleichen noch einmal erleben möchte. Sie hätte nichts dagegen, sagte sie. «Brüsk, mit einem Ruck, warf ich mich herum, stützte die Hand auf das Polster und fragte mit der Frechheit der übermäßigen Gier: ‹Wie wäre es mit uns?› Sie wandte mir langsam das Gesicht zu und sah mich mit freundlichem Erstaunen an. ‹Oh, mein Lieber, wie verfallen Sie darauf? – Nein, unser Verhältnis ist denn doch zu rein geistiger Natur...›»

Mit der «Wut des Wüstlings, der nicht gewohnt ist, sich der schmutzigsten Grille zu entschlagen», rief er: «‹Warum nicht? Warum nicht? Was zierst du dich denn?!› Und ich machte Miene, zu Tätlichkeiten überzugehen. – Dunja Stegemann stand auf. ‹Nehmen Sie sich doch zusammen›, sagte sie.» Er akzeptierte den Korb. Sie verabschiedete sich. Er ging schlafen.

Peter de Mendelssohn berichtete, dem Autor sei es bei diesem Stück Prosa «nicht recht wohl» gewesen. Dafür gab es gute Gründe. Doch ohne Zweifel war es im «Simplicissimus» wirkungsvoll plaziert. Es wurde dort gern gelesen. Trotz der knirschenden Selbstkritik des Erzählers brachte die Skizze das lauernde Mißtrauen der Zeitgenossen gegen die «Emanzipierten» deutlich genug zutage. Natürlich mußte eine Frau von dieser Beschaffenheit abstoßend sein. Natürlich empfanden es die bürgerlichen Männer als Schmach, daß ein Wesen von solch beleidigender Reizlosigkeit auch noch liebte, nicht nur «platonisch», sondern mit allen Sinnen. Natürlich weckte diese Herausforderung Vergewaltigungsinstinkte. Thomas

Mann schilderte die entwürdigende Aggressivität des Erzählers ohne Beschönigung. Auf das zustimmende Nicken der männlichen Leserschaft durfte er sich dennoch verlassen.

Die Journale aus jenen Jahren hat er vernichtet. Seine Notizbücher, die nicht nur Stichworte zu seinen Arbeiten, sondern auch manche privaten Hinweise enthalten, geben keine Auskunft, ob diese Skizze eine eigene Erfahrung oder das Erlebnis eines Freundes nacherzählte. Das eine wie das andere ist möglich. Da er so gut wie nichts «erfand» und sich fast niemals ganz seiner Phantasie überließ, darf man annehmen, daß sich die Szene fast genauso zugetragen hat, wie er sie schilderte. Es ist in der Tat nahezu gleichgültig, welche Frau das Opfer der doppelten Schmähung gewesen sein mag.

Wer es auch immer war: die kleine Geschichte offenbarte mit bedrückender Klarheit, daß der Autor nicht geneigt war, einer Frau das Recht auf erotische Freiheit, die Verfügung über ihren Körper und ihre Liebe zuzugestehen. Er schien nur ihre Unberührtheit dulden zu können, gleichviel ob es die eines jungen Mädchens oder einer alten Jungfer war – anders drohte sie zum «Dämon Weib» zu werden, dessen Lust bestraft werden mußte.

Die Literatur der Epoche war von Zeugnissen sexueller Beunruhigungen dieser und jener Art dicht besetzt. Arthur Schnitzlers «Liebelei» hatte die Bühnen Wiens und der großen Häuser Deutschlands erobert. (Der «Reigen», den er bald danach schrieb, konnte freilich nur im Privatdruck erscheinen.) In Stockholm schockierte Strindberg das lutherisch-puritanische und stockbürgerliche Publikum mit seinen Alpträumen, durch Dramen und Bücher, die nicht lange danach seine deutsche Gemeinde aufrührten. In Amerika machte Theodore Dreisers Hurenroman «Schwester Carrie» Skandal. In München verstörte Frank Wedekind das Bürgertum mit seinen Stükken, von denen sich sagen ließ, daß sie eine Genialisierung aller Sehnsüchte und Ängste der Pennäler-Erotik waren. Melancholische Leidenschaften durchdrangen Hofmannsthals musikalische Verse und Rilkes «Weise von Liebe und Tod» des Cornets mit einer subtileren, zarteren Sensualität. Ein Wetterleuchten der Männerliebe schimmerte kunstvoll veredelt in Stefan Georges Gedichtzyklen auf. Oscar Wilde schrieb seine «Ballade vom Zuchthause zu Reading».

Nahm Thomas Mann die Konfession des fernen Gefährten von

den Britischen Inseln, der schließlich in Paris Zuflucht gesucht hatte, in jenen Jahren zur Kenntnis? In seinen Briefen findet sich kein Zeugnis. Noch wagte er es nicht, seine eigenen homoerotischen Neigungen literarisch sichtbar zu machen. Bis zum «Tonio Kröger» war noch ein kleines Stück Weg.

Für den September des Jahres 1899 hatte er sich mit dem älteren Kollegen Kurt Martens für einen Urlaub in Gmund verabredet, aber er änderte seine Pläne. Ihn zog es plötzlich nach Norden, an die See, nach Dänemark, nach Lübeck, zu der Welt der «Buddenbrooks». Vermutlich brauchte er eine visuelle Bestätigung seiner Erinnerungen, um dem Roman neue Impulse zu geben. Niemand erkannte ihn, als er in seiner Heimatstadt ankam, auch nicht der Besitzer des Hotels, dessen Sohn sein Schulkamerad gewesen war. Er aber erkannte jede Mauer, jeden Pflasterstein und viele Gesichter wieder. Jeder Winkel, jedes Fenster war ihm vertraut.

Das Haus der Großeltern in der Mengstraße – das «Buddenbrookhaus» – fand er merkwürdig verändert. Die freundlich gegliederte Fassade mit dem barocken Schwung des Giebels, das stille Grau des Verputzes, die Halle mit den Steinfliesen, der Treppenaufgang: das alles war wie früher. Doch am Eingang des Zwischengeschosses las er ein Schild, das ihn irritierte: «Volksbibliothek» sagte die Aufschrift. Er dachte, ohne ersichtliches Vergnügen an der ironischen Situation, «daß hier weder das Volk noch die Literatur etwas zu suchen hatten». Nein, es amüsierte ihn nur mäßig, daß die Literatur seinem Buch gewissermaßen vorausgeeilt war.

Hernach erwartete den Sohn der Stadt in seinem Hotel eine noch groteskere Überraschung (ganz wie er es später in der Novelle «Tonio Kröger» erzählte): Ein Polizist forderte ihn auf, seine Papiere vorzulegen. Thomas führte keinen Ausweis mit sich – das brauchte es damals in Europa nicht –, und er hatte Mühe, den schlichten Vertreter der Ordnung von seiner Identität und seiner bürgerlichen Harmlosigkeit zu überzeugen. Die Korrekturfahnen einer Erzählung, an denen er in seinem Urlaub zu arbeiten gedachte, wurden schließlich als glaubwürdiges Zeugnis seiner Existenz akzeptiert.

Die Behörden suchten, wie sich ergab, einen Betrüger, der sich nach ihrer Vermutung der Fahndung durch die Flucht nach Dänemark zu entziehen gedachte. «Der Gedanke», bemerkte Peter de

Mendelssohn, ganz im Sinne des Meisters, «daß ein Künstler und ein Hochstapler einiges gemeinsam hatten, daß sie miteinander verwandt, wenn nicht gar, auf verschiedener Ebene, eines und dasselbe seien – er war so entlegen nicht.» Das mag die Stunde gewesen sein, in der «Felix Krull» – als ein ferner Schatten – ins Leben trat. Während der dänischen Tage aber trug Thomas Mann erste Stichworte für die Erzählung «Tonio Kröger» in sein Notizbuch ein.

Auch in dieser Novelle sollte es weibliche Geschöpfe geben: Ingeborg Holm zum Beispiel, das Mädchen mit dem «dicken, blonden Zopf, den länglich geschnittenen, lachenden, blauen Augen und dem zart angedeuteten Sattel von Sommersprossen über der Nase», die Tonio Kröger «liebte, als er sechzehn Jahre alt war». Sie war freilich nichts anderes als die weibliche Variante des Freundes Hans Hansen, mit dem «Schopfe bastblonden Haares», der so «außerordentlich hübsch und wohlgestaltet» war, «breit in den Schultern und schmal in den Hüften, mit freiliegenden und scharfblickenden stahlblauen Augen». Den Knaben Hans Hansen hatte Tonio zuvor mit der schwärmerischen Inbrunst des Vierzehnjährigen geliebt. In den beiden, Hans und Inge, lassen sich ohne Schwierigkeiten die Lübecker Jugendgefährten Armin Martens und Willri Timpe erkennen. Martens ließ sich übrigens – eine merkwürdige und ironische Pointe – in eine Liebschaft mit Thomas Manns Schwester Lula ein; angeblich unterhielt er zugleich eine Affäre mit einer Revuetänzerin, was als Abgrund aller Verdorbenheit galt. Karl Werner Böhm nimmt an, daß der Arme darum in die Kolonie Deutsch-Südwestafrika abgeschoben worden ist, wo er im Jahre 1906 starb.

Es gab dann freilich in der Geschichte noch ein anderes Mädchen: Magdalena Vermehren, «Rechtsanwalt Vermehrens Tochter, mit dem sanften Mund und den großen, dunklen, blanken Augen voll Ernst und Schwärmerei», die in der Tanzstunde so oft und ungeschickt hinfiel. Doch «sie kam zu ihm bei der Damenwahl», da «sie wußte, daß er Verse dichtete».

Wichtiger aber: auch für Tonio Kröger rief der Dichter eine künstlerisch-intellektuelle Gefährtin auf den Plan, die Malerin Lisaweta Iwanowna, in der die unglückselige Dunja Stegemann aus der Skizze «Gerächt» in einer schöneren Form auferstehen durfte – die erste sympathische Frauengestalt, die dem Autor glückte. Freilich läßt sich nicht verbergen, daß diese liebenswürdige Erscheinung Tonio Kröger nur einige Stichworte für seine Monologe liefern durfte. Der Autor nahm sie als Persönlichkeit kaum wahr, und er deutet nur vage an, daß auch sie ein Schicksal hatte. Von ihrer Kunst vermittelte er kaum eine flüchtige Ahnung. Vor allem: Lisaweta blieb auf merkwürdige Weise geschlechtslos.

Wenn die Mädchen, die Frauen seiner Geschichten begehrenswert sein durften, gerieten sie dem Autor unweigerlich zu femininen Tarnungen seiner blonden und blauäugigen Jünglinge: Geschöpfe von strahlender Gesundheit, heroisch-heitere Kinder der Welt, die er bewunderte. Junge Frauen, die eine vorsichtige Sympathie auf sich ziehen durften, wollte er nur als Gefäße der Reinheit dulden, befangen, gefangen im Zauber verletzlicher Zartheit, jeder Sexualität enthoben. Oder sie wurden ihm unter der Hand zu Karikaturen, blaß und unansehnlich, dem Unglück verpflichtet, bemitleidenswert wie Magdalena Vermehren, das Mädchen, «das immer hinfällt». Schlimmer: waren sie unverkennbar femininen Geschlechts, offenbarte «das Weib» seine wahre, seine schreckliche Natur als ein dämonisches, männerverschlingendes Ungeheuer.

Die Fragwürdigkeit seiner Gefühle blieb Thomas Mann nicht verborgen. In einem Augenblick der Verzweiflung rief er dem Bruder Heinrich zu: «Ich komme nie aus der Pubertät heraus.» Wenn ihn die Traurigkeiten überkamen, flüchtete er immer wieder zu Platen: «Dem frohen Tage folgt ein trüber, / Und Alles hebt zuletzt sich auf». Das, schrieb er, sei «ein durchdringend melancholischer, aber auch radikal tröstlicher Gedanke. Die Welt ist gleich Null – – –»

So das Ende eines Geburtstagsbriefes, der mit rücksichtsloser Unschuld deutlich machte, daß sich sein Autor nicht lange mit dem Adressaten aufzuhalten gedachte, da er ganz mit sich selbst und den eigenen Problemen beschäftigt war. Grautoff, der an allen Stimmungen teilnehmen durfte – oft nur als Opfer brüsker Launen –, hatte Thomas einige Zeit zuvor schon das Platen-Gedicht aufgeschrieben, aus dem das schmerzliche Zitat für Heinrich stammte. Es endete mit dem mutvolleren Anruf: «Erlitten hat das bange Herz / Begier und Furcht und Graun, / Erlitten hat es seinen

Theil von Schmerz, / Und in das Leben setzt es kein Vertraun; /
Ihm werde die gewaltige Natur / Zum Mittel nur, / Aus eigner
Kraft sich eine Welt zu baun.»

Er war, jenseits aller Zweifel, ganz entschlossen, ebendies zu tun,
unbeirrt von aller ichergebenen Trauer, die ihm immer wieder die
beiden Zeilen aus dem schönsten, dem berühmtesten aller Platen-
Gedichte naherückte, das – eine seltsame Fügung – den Titel «Tristan» trägt: «Wer die Schönheit angeschaut mit Augen, / Ist dem
Tode schon anheimgegeben». Tristan, Tristan, immer wieder Tristan.

10. KAPITEL

Tristan, Tristan, Tristan

Das kleine Redaktionsamt beim «Simplicissimus» hatte Thomas Mann ein wenig von sich selbst abgelenkt. Vermutlich war ihm die Arbeit, bei der er von der eigenen Person und seinem «Hauptgeschäft» gelegentlich absehen konnte, eher hilfreich: eine psychologische Entlastung, die es brauchte, wenn er des Riesenwerks der «Buddenbrooks», das er in Italien so weit vorangebracht hatte, ohne dramatische Krisen Herr werden wollte. Dennoch hatte er sich nach gut einem Jahr entschieden, den Kollegen in der Schackstraße adieu zu sagen, um sich wieder ganz auf seine schriftstellerische Arbeit zu konzentrieren.

Die Stürme, die das Blatt zu bestehen hatte, amüsierten ihn, und sie appellierten zugleich an seine Verantwortung: zum Beispiel als ein Beitrag Frank Wedekinds der Zensur Anlaß gab, wegen Majestätsbeleidigung einzuschreiten. Der Verleger Langen zog es vor, im sicheren Paris zu verharren. Wedekind folgte ihm ins Exil, freilich erst, nachdem die Münchner Premiere des «Erdgeists» gefeiert war, was eine gewisse Gutmütigkeit der Polizei voraussetzte, der das Theaterereignis und die Anwesenheit des Autors kaum verborgen bleiben konnten. Die «liberalitas bavariae», von der in München gern die Rede war, ergab sich zu einem guten Teil aus einer gewissen Indolenz und der Neigung zu brummig-gutartiger Schlamperei.

Die redaktionellen Aufgaben hatten den Vorteil, die selbstgewählte Einsamkeit des jungen Autors zu durchbrechen. Zögernd und vorsichtig ließ er sich auf diese und jene Freundschaft ein.

Arthur Holitscher, der aus einer jüdischen Familie in Budapest stammte, freilich ganz in deutscher Kultur zu Hause, suchte engen Anschluß an den jungen Autor. Thomas Mann hielt ihn auf Distanz, was ihn nicht daran hinderte, den nervösen Literaten mit dem Fernglas zu beobachten, wenn er sich nach ihren langen Schwatzereien endlich auf den Heimweg machte. Er schätzte die pianistischen Fertigkeiten des Kollegen. Die beiden musizierten von Zeit zu Zeit in der neuen Behausung in der Feilitzschstraße 5, die Thomas im Juni 1899 gemietet hatte. Einige Züge Holitschers übertrug er auf den windig-pathetischen Herrn Spinell in der «Tristan»-Novelle. In der Erzählung freilich enthob er den jammerwürdigen Enthusiasten der Ausübung seiner Musik und seiner Schriftstellerei: Er durfte der Kunst in abstrakter Schwärmerei dienen, unproduktiv, doch eben dadurch in einer gewissen Vollkommenheit.

Kurt Martens, sein Kollege beim «Simplicissimus», war – anders als Holitscher – ein etablierter Schriftsteller, fünf Jahre älter als Thomas Mann, bürgerlicher Herkunft, gebildet, empfindsam. Durch Martens' Vermittlung wurde er Mitglied der «Literarischen Gesellschaft», die der Baron von Wolzogen, Chef des «Überbrettl»-Kabaretts, und Ludwig Ganghofer, der Volksschriftsteller – ein Mann von liberaler Gesinnung –, gegründet hatten.

Thomas Mann erwähnte hernach in seinem «Lebensabriß», Martens habe zu den wenigen gehört, mit denen er im Lauf seines Daseins «auf den Duzfuß» gekommen sei. In der Tat gab er das schützende «Sie» nur selten und ungern preis. Der Gefährte gewann sein Wohlwollen durch den naiven Elan der Bewunderung, die er dem Jüngeren nicht verbarg. Zwei Jahrzehnte später schrieb Martens: «Sein kluges, besinnliches, in sanfte Schwermut getauchtes Gespräch bezauberte mich, wie niemals eines Mannes Worte je zuvor.»

Die Lektüre des ersten «Buddenbrooks»-Kapitels ließ ihn, wie er berichtete, vor Respekt nahezu erstarren, aber er wagte es nicht – aus pädagogischen Gründen, wohl ein wenig zu scheu –, dem Autor seine Überwältigung zu gestehen. Sich zur Nüchternheit zwingend, nannte er die Arbeit solide und tüchtig. Immerhin sagte er dem Verfasser, er selbst würde «ein Monumentalwerk solcher Art niemals zustande bringen». Auf die junge Freundschaft zurückschauend, notierte er: «Thomas Mann aber gehörte mir auch als Mensch. Den hatte ich als großes Los gewonnen und besaß ihn eine Zeitlang für mich allein. Das Gefühl der Freundschaft für ihn wurde mir zu einem stillen, zarten Glück, das standgehalten hat. Vom ersten Wort an liebte ich ihn, ordnete mich dem Jüngeren, weil er der Größere und dabei allzu bescheiden war, aus freien Stücken unter.»

Diesem enthusiastischen Bekenntnis folgte eine merkwürdige Konfession: «Mich lenkte das Leben ab», schrieb Martens, «lähmte und zersplitterte mir die konzentrierte Anspannung der produktiven Kräfte. Und immer wieder befleckt das Leben auch die sittliche Persönlichkeit.» Thomas Mann aber, fügte er hinzu, «hat sie sich in seltener Reinheit bewahrt.»

Auch mit ihm mag der empfindsame junge Kollege davon gesprochen haben, wie «die Hunde im Souterrain an die Kette zu bringen» seien. Vermutlich hielt er damit zugleich die Schwärmerei des Freundes in Schach, den Katia Mann hernach als eine blasse und eher gesichtslose Erscheinung geschildert hat. Thomas aber war nicht nur der überlegene Kopf und nicht nur ein Schriftsteller anderen Ranges: er machte auch als Mann die bessere Figur. Stets war er adrett gekleidet. Sein Schnauzbart entsprach dem maskulinen Ideal der Zeit. Der Mittelscheitel im wellig-braunen Haar verlieh ihm eine gewisse Eleganz. Ein stattlicher junger Herr.

Freilich, man kann ihn sich kaum in allzu lockerer Freizeitkleidung denken, kaum ohne Kragen und Krawatte, schon gar nicht in der Badehose – oder? Vielleicht droben in den Kindheitsjahren an der Ostsee, doch in einer der Münchner Badeanstalten, die sich damals großer Beliebtheit zu erfreuen begannen? Indes, Viktor Mann bezeugte, seine Brüder hätten sich dann und wann im Ungerer-Bad eingefunden, wo er seine Schwimmkünste übte. Dort war Vicco an einen jungen Mann geraten, der in seinen Augen schön war «wie der blonde Held Siegfried», braun gebrannt und gestählt. Er trug, wie sich Viktor später mit eindrucksvoller Genauigkeit erinnerte, eine «schneeweiße dreieckige Badehose», damals das progressivste Kleidungsstück, das dem wilhelminischen Publikum vorgeführt werden konnte. Es zeugte für Naturverbundenheit und wies seinen Träger als einen couragierten Anhänger der Ideale des befreiten Eros und bejahten Körpers aus. Es erstaunte niemanden, daß Menschen solcher Gesinnung sozialdemokratisch wählten.

Der Blonde brachte Vicco den Kopfsprung bei. Als der Knabe ihm seinen Namen sagte, wollte er wissen, ob er Verwandte habe, die Heinrich und Thomas hießen. Der Siegfried war Friedrich Huch, ein begabter Schriftsteller aus patrizisch-norddeutscher Familie, ein Vetter Ricarda Huchs, die mit dem Triestiner Zahnarzt Ermanno Ceconi verheiratet war – hernach Leibdentist der gesamten Sippe Mann, vor allem aber mit Thomas' brüchigem Zahnwerk beschäftigt, der zeitlebens viel Ungemach durch faulende Wurzeln zu leiden hatte.

Friedrich Huch hatte sich vor allem durch den Pubertäts-Roman «Peter Michel» einen Namen gemacht. Sein Interesse für Kinder war ausgeprägt und sensibel. Bruder Thomas entging dies nicht. In einem Brief bekannte Huch ohne Umstand, daß er in Vicco verliebt sei – «um das dumme Wort zu gebrauchen», wie er entschuldigend und ein wenig verlegen hinzufügte: «Dieses Kind bedeutet für mich so viel, wie ich es selbst nicht ahnte…» Huchs pädagogischer Eros mag sich auch aus einer diskret pädophilen Neigung genährt haben.

Er starb jung, kaum vierzig Jahre alt. In einem Nachruf wies Thomas Mann darauf hin, Huch habe eine «neue und heute fast idealgemäß wirkende Mischung aus feinster Intellektualität und prachtvoller Körperlichkeit» vorgelebt. «Jünglingshaft» sei seine Lebenshaltung gewesen, und er habe an ihm «die betonte Verehrung des Leibes» bei «geistiger Verfeinerung und Körperfreude» bewundert.

Dann und wann hatte er sich Huch und seinen Freunden bei ihren Ausflügen mit dem Fahrrad in die Münchner Umgebung angeschlossen. Er durfte sich einer mäßigen Sportlichkeit rühmen. Gelegentlich streifte er auch allein mit seinem Veloziped durch die Stadt. Sein Fahrzeug schleppte er am Ende der Ausflüge stets sorgsam in den dritten Stock, um es vor Dieben zu sichern.

Das Vehikel erwies sich – wie alle Objekte, wie alle Menschen, wie alle Situationen, die dem Schriftsteller bemerkenswert waren – als literarisch verwertbar. In der Erzählung «Der Weg zum Friedhof», zuerst im «Simplicissimus» publiziert, übernahm das Fahrrad eine provokatorische Aufgabe: kein Luxusgerät, sondern «eine Maschine von mittlerer Qualität, gleichviel aus welcher Fabrik, ein Rad im Preise von zweihundert Mark». Dennoch ein teures Stück, da bedacht werden muß, daß Thomas Manns Monatsgehalt bei der Zeitschrift nur einhundert Mark betrug.

Dem jungen Mann, der das Zweirad lenkte, lieh der Autor seine Lust, dann und wann über Land zu kutschieren, «frisch aus der Stadt hinaus, mit blitzenden Pedalen in Gottes freie Natur hinein, hurra!» Er lieh ihm wohl auch seine Sportmontur, die Gamaschen und «das keckste Mützchen der Welt, – ein Witz von einem Mützchen, bräunlich kariert, mit einem Knopf auf der Höhe». In dem zünftigen Aufzug steckte freilich nicht der Autor selbst. Unter der Mütze kam vielmehr «ein Wust, ein dicker Schopf von blondem Haar hervor», das einem hübschen jungen Mann «über die Stirne emporstand. Seine Augen waren blitzblau. Er kam daher wie das Leben».

So wurde er fortan genannt, der Blondschopf: das Leben. Einen anderen Namen gab ihm der Autor nicht. Der junge Mensch glich, es überrascht nicht, Armin Martens, dem Lübecker Schulschwarm, der Thomas so oft und so schnöde die kalte Schulter gezeigt hatte. Die Erinnerung an jenen Jüngling war ihm durch Armins Schwester Ilse wieder nahegerückt. Sie hielt sich seit geraumer Zeit in München auf und war eine enge Freundin der eigenen Schwester Lula.

Es existierte wohl noch eine andere, nähere, innigere Ähnlichkeit, die den jungen Mann auf dem Stahlroß (wie man damals gern sagte) so bemerkenswert machte. Der junge Maler Paul Ehrenberg schien dem Radfahrer aufs Haar zu gleichen: auch dieser Freund war, es versteht sich, blauäugig und blond.

Ein heiterer Tag. Mit listigem Vergnügen beschrieb der Erzähler ein traulich-bajuwarisches Idyll: «Die Welt lächelte. Gottes blauer Himmel war mit lauter kleinen, runden, kompakten Wolkenstückchen besetzt, betupft mit lauter schneeweißen Klümpchen von humoristischem Ausdruck.» Als der junge Mann, «das Leben» genannt, mit seinem Veloziped von der Chaussee abbog und den Weg zum Friedhof einschlug, wurde er von einem einsamen Menschen aufgehalten: Lobgott Piepsam, einer grotesken Erscheinung mit seiner «Faschingsnase», den «kleinen Auswüchsen» im Gesicht und dem breiten Mund von der Häßlichkeit eines Clowns, doch keineswegs lustig, vielmehr ein armer Teufel, der Frau und Kinder und schließlich, da er ein Säufer war, auch seine Stelle verloren hatte.

Piepsam befand sich auf dem Weg zu den Gräbern der Seinen. Den Radfahrer aber, der ihm begegnete, wollte er auf dem Weg zum Friedhof nicht dulden. Er hielt ihn auf, und als der junge Mensch sich einfach in den Sattel schwang, des unnützen Disputs müde, hängte er sich mit seinem ganzen Gewicht an das Gefährt und brachte es samt seinem Fahrer zu Fall. «Das Leben», in seinem Zorn, stieß ihn zurück und sagte «mit bedrohlich anschwellender Stimme: ‹Sie sind wohl besoffen, Kerl!›» Und fuhr davon.

Piepsam war betrunken. «Er stand da, keuchte und starrte dem Leben nach…» Er begann zu schreien, zu brüllen, zu toben. Er führte sich auf wie ein Wahnsinniger. Kinder und erwachsene Leute liefen herzu, Arbeiter von einer Baustelle. Am Ende stürzte er «in sich selbst zusammen. Er lag da, jäh verstummt, als ein schwarzer Haufen inmitten der Neugierigen.» Der Sanitätswagen kam. Eine Art Bett wurde herausgezogen. Zwei Männer in «kleidsamer Uniform kletterten vom Bocke herab», und man schleppte «mit Hilfe eines Mannes aus dem Volke» Herrn Piepsam zum Wagen. «Er wurde auf das Bett gestreckt und hineingeschoben wie ein Brot in den Backofen». «Das Leben» aber war, wie man annehmen darf, schon lange weit über Land.

Piepsams abstoßende Gestalt könnte, wie sein widerwärtiger Vetter Tobias Mindernickel, aus dem Reservoir der Lübecker Originale stammen. Vielleicht hatte ihn der Autor auch in einer der Gassen von München angetroffen. Gescheite und gütige Deuter des Werkes sagten von dem einen wie dem anderen dieser unglückseligen Menschen – den Winken des Autors gehorchend –, sie seien von Thomas Mann in die Welt gesetzt worden, um die Einsamkeit, die traurige Entfernung von der Gesellschaft, die depressive Verlorenheit des Künstlers darzustellen: Zerrspiegel seines betrübten Ichs, während «das Leben» hochgemut durch Gottes schöne und weite Auen streifen dürfe.

Eine legitime Interpretation. Indessen, sie kann die Kälte der

Darstellung nicht aufheben: die Härte der Karikatur und die düstere Komik der Situation, in der sich – auch hier – der mitleidlose
Witz Wilhelm Buschs und seiner Schadenfreude verbirgt. Ein toter
Mensch, der in den Rettungswagen wie ein Brot in den Backofen
geschoben wird – das war in der Tat ein Bild, das vom Vater der
bösen Buben «Max und Moritz» hätte entworfen sein können. Die
mögliche Identifikation des Schriftstellers mit den Elendsgestalten
jener Novellen – an der Zweifel erlaubt sind – kann den kritischen
Leser nicht völlig mit der Erhöhung seiner Lichtfiguren ins Allge-
mein-Abstrakte versöhnen. «Das Leben», hoch auf dem Stahlroß:
Verklärungen ins Symbolische zeigen fast immer eine erzählerische
Schwäche an. Dennoch, der Stil jenes Stückchens, das Ludwig
Thoma kräftig lobte, war entspannter, gelassener, ironischer als die
Sprache der vorausgehenden Geschichten und Skizzen.

Die depressive Grundstimmung, von der Frühsommer-Idylle
nur einen Augenblick lang verdrängt, annoncierte eine erste Krise in
Thomas Manns Umgang mit dem neuen Freund Paul Ehrenberg,
den er in der Neige des Jahres 1899 kennengelernt hatte: ein
hübscher und heiterer junger Mann, ein Maler von Talent, der
wenig später ein Porträt des Autors fertigte, überdies ein begabter
Geiger. Sein um zwei Jahre älterer Bruder Carl hatte sich ganz
für die Musik entschieden. Er komponierte, er dirigierte, er spielte
Klavier.

Die Musik vor allem war es, die jene drei aufs engste miteinander
verband. Oft fanden sie sich bei Thomas oder in der Wohnung der
Brüder zusammen, manchmal auch am Flügel der Mutter Mann,
um gemeinsam zu musizieren. Thomas schien auf seiner Geige geübt genug, um vor den beiden bestehen zu können, auch wenn sie
auf diskrete Weise darauf hinwiesen, daß er nicht immer ganz sicher
im Takt gewesen sei und sich mit einiger Schwierigkeit in die wechselnden Rhythmen gefunden habe. Man glaubt es wohl, daß in seinem Spiel mitunter der Mut zur Spontaneität vermißt werden
konnte.

Die gemeinsamen Abende hätten meist mit der Lektüre von Tolstoi, Hamsun oder einem von Thomas Manns Werken begonnen,
berichtete Carl Ehrenberg. Dann Musik, so lange es die «Langmut
der übrigen Hausbewohner» ertrug. Thomas deutete in seinen Brie-

fen voller Glück die musikalischen Seligkeiten an, die ihm durch die beiden Ehrenbergs zuteil wurden. Doch er verschwieg, an welchen Meistern und an welchen Werken sie sich miteinander versuchten. Beschränkten sie sich auf Duette, dann stand ihnen die gesamte Sonatenliteratur von Bach bis Brahms zur Verfügung. Für zwei Violinen und Klavier war die Wahl begrenzter. Vielleicht wechselte einer der Brüder, Carl oder Paul, von der Geige zur Bratsche oder gar zum Cello – dann öffneten sich ihnen die Wunder der Werke, von denen Carl Ehrenberg in einer erinnernden Aufzeichnung sprach: Trios von Haydn, Beethoven, von Schubert, Grieg und Brahms, auch Kammermusik von Richard Strauss. Dazu erprobten sie manche seiner eigenen Kompositionen; sie spielten Carls Improvisationen, sein Klaviertrio und die Intermezzi für zwei Violinen und Violoncello, die er geschrieben hatte, «damit wir auch ohne Klavier etwas zu spielen hätten».

Thomas Mann, der im Kreis dieser Freunde mit «Tommy», dem Namen seiner Kindheit, angeredet wurde, berichtete im «Lebensabriß», Carl habe «in seiner bewundernswert gebundenen und wohllautenden Art ‹Tristan›» gespielt, während Paul sein Porträt malte. Doch, er entsann sich: sie musizierten auch Carls eigene Trio-Kompositionen. Die klassischen Meister aber, die dem Zauberer von Bayreuth vorausgingen, schien er zu verdrängen. «Tristan», immer wieder «Tristan».

Bach, Händel, Haydn, Mozart, Chopin, auch Brahms und Verdi – sie «gehörten nicht zu Thomas Manns oft beschworenem ‹Fixsternhimmel›», schrieb Hanjo Kesting in seinem Essay «Wagner und kein Ende». Wohl aber habe Tschaikowsky mit seiner «sensuellen Schwermut und Melancholie» in ihm seinen Platz gefunden, auch César Franck, von dem Thomas Mann hernach in einem Brief an den Dirigenten Bruno Walter bekannte, wäre er selbst zum Musiker geboren worden, hätte er komponiert «ungefähr» wie dieser.

Er entfernte sich in der Tat nicht allzuweit vom Geschmack der Zeit. Eine gewisse Anfälligkeit für den noblen Kitsch, gleichviel ob er sich elegant oder wild gebärdete, spiegelte sich durchaus in seiner Lust an den Sentimentalitäten und am dröhnenden Pathos der symphonischen Werke Tschaikowskys und Francks. Und durfte Wagner davon völlig freigesprochen werden?

In den «Buddenbrooks» hatte er von Johann Sebastian Bach gesprochen, den Edmund Pfühl, der Organist von Sankt Marien, als den Genius pries, «durch den das Harmonische über das Kontrapunktische den Sieg davongetragen hat». Er habe die moderne Harmonik erzeugt, durfte der gelehrte Orgelspieler sagen. «Aber wodurch? (...) Durch die vorwärtsschreitende Entwicklung des kontrapunktischen Stiles».

Herr Pfühl mit den meist halb gesenkten Lidern, dem «weichen, innig verschlossenen, stupiden und hingebenden Ausdruck» des Künstlermundes, nahm nach solcher Konversation mit Frau Gerda Buddenbrook das g-Moll-Konzert von Bach durch, danach vergnügten sich die beiden an einem Satz von Haydn, einigen Seiten Mozart, an einer Sonate von Beethoven. Plötzlich aber hub unter Herrn Pfühls, des Organisten, Fingern «ein Schwellen und Blühen, ein Weben und Singen an, aus welchem sich, leise zuerst und wieder verwehend, dann immer klarer und markiger, in kunstvoller Kontrapunktik ein altväterisch grandioses, wunderlich pomphaftes Marschmotiv hervorhob. (...) Das Meistersinger-Vorspiel zog vorüber.»

So weit, so gut. Aber als Gerda dem Orgelmeister Klavierauszüge aus «Tristan und Isolde» auf das Pult legte, protestierte er «mit allen Anzeichen des äußersten Ekels»: «‹Ich spiele dies nicht, gnädige Frau, ich bin ja Ihr ergebenster Diener, aber ich spiele dies nicht! Das ist keine Musik (...). Dies ist das Chaos! Dies ist Demagogie, Blasphemie und Wahnwitz! Dies ist ein parfümierter Qualm, in dem es blitzt! Dies ist das Ende aller Moral in der Kunst!›»

«Tristan», wieder und wieder «Tristan», in den «Buddenbrooks», davor und danach. Ein Zustand chronischer Trance. Thomas und die Ehrenbergs hockten, wenn es anging, in jeder Wagner-Aufführung. Sie sahen «Tristan», «Parsifal», die «Götterdämmerung». Einmal ließ sich Thomas überreden, Gounods «Margarethe» zu hören, die ihn gründlich langweilte. Oft aßen die Freunde nach der Oper und nach dem Theater miteinander, in ihren Wohnungen, manchmal auch bei Thomas' Mutter. Sie unternahmen Ausflüge mit dem Fahrrad. Sie amüsierten sich im Karneval. Den Brüdern Ehrenberg, schrieb er später, habe er «das Erlebnis der

Freundschaft zu danken», das ihm sonst kaum zuteil geworden wäre: «Mit gebildeter Harmlosigkeit überwanden sie meine Melancholie, Scheu und Reizbarkeit (...). Es war eine gute Zeit.» Auch mit den Brüdern ließ er sich auf das «Du» ein, das er sonst so angstvoll gemieden hat. Eine Epoche der Geselligkeit, wie er sie hernach kaum mehr gewährte – auch wenn er es strikt vermied, damals wie später, in den «Schwabinger Ursumpf» einzutauchen.

II. KAPITEL

Glück und Schmerz
der Freundschaft

Die Silvesternacht des Jahres 1899, als sich die Welt des Westens vom neunzehnten Jahrhundert mit Strömen von Punsch und Champagner und einem überschäumenden Optimismus verabschiedete, feierte Thomas Mann – nach der Erinnerung des Bruders Viktor – «bei Bekannten oder mit ein paar Freunden in seiner Wohnung an der Marktstraße».

Sahen die Vertrauten in jener Nacht den Anbruch der «herrlichen Zeiten», denen die Deutschen entgegenzuführen der junge Kaiser mit seinem raschen und taktlosen Mundwerk lauthals versprochen hatte? Prüften sie die Fortschritte, die mit einer mächtig aufstrebenden Industrie, einer prosperierenden Wirtschaft, einer produktiven Wissenschaft heraufziehen sollten? Sprachen sie, wenigstens in ein paar Nebensätzen, von der Befreiung des Proletariats, die vom kraftvollen und lärmenden Anhang der Sozialisten propagiert wurde? Von der Emanzipation der Frauen, die im Begriff waren, in die Arbeitswelt vorzudringen? Von der «Lebensreform», mit der junge Menschen die erstarrte Gesellschaft aufsprengen wollten, damit «frische Luft», «freiere Sitten», Natur und Natürlichkeit auch in die Häuser der Bürger mit ihren steifen Kragen und dunklen Gehröcken einziehen würden? Amüsierten sie sich über die Weigerung der Mädchen, sich noch länger in die Korsetts zwängen zu lassen, die ihre Mütter parat hielten?

Bangten sie um den gefährdeten Frieden? Sprachen sie von den Weltmacht-Illusionen des jungen Reiches, das längst nicht so solide in sich gefestigt war, wie seine großmäuligen Wortführer vorgaben?

Schwärmten sie wie so viele von einer triumphalen Herrschaft der universellen Vernunft, die nun anbrechen müsse, um die Völker in einer Epoche stetig gemehrten Wohlstands und eines ewigen Friedens miteinander zu versöhnen? Oder wurden Thomas und die Freunde in jener Nacht von den düsteren Visionen heimgesucht, den Gesichten von Katastrophen, Krieg und Untergang, die in den grellen Versen und in der unruhigen Prosa der Expressionisten wenig später aufzuflackern begannen?

Vielleicht redeten sie von alldem kein Wort, sondern hingen ihren schwermütigen Träumen von Kunst und Leben, von Freundschaft und Liebe und vom schmerzlichen Glück der Entsagung nach, die Züge manchmal in gelöster Heiterkeit öffnend, wenn auf dem Klavier ein glänzendes Dur aufblitzte. Thomas Mann hinterließ über jene Nacht, in der ein neues Jahrhundert heraufzog, in keinem seiner Briefe auch nur den geringsten Hinweis. Nichts.

Gesellte er sich später noch zur Mutter und den Geschwistern, allein, vielleicht mit den Freunden? Vicco deutete davon nichts an. München, schrieb der Jüngste in seinen Memoiren, habe in jener Silvesternacht wirklich geleuchtet (wie es in des Bruders Novelle «Gladius Dei» hieß): «Es strahlte über jubelnde zehnjährige Buben, von denen schon aus dem ersten Krieg nur jeder zweite oder dritte heimkehren würde. Über satten Rentnern, denen die Armut, und über Arbeitern, denen die Verkrüppelung drohte. Eine festliche Nacht spannte sich über frohen Eltern und glücklichen jungen Frauen, auf die bitterstes Leid wartete, und über soliden Kaufleuten, die Bankrotteure oder Wucherer und Schieber werden sollten. In den Wiegen schliefen künftige Verlorene der Todeslager und Gauleiter, Opfer und Henker. Ein gutes, fleißiges und gesundes Volk feierte den Anbruch einer Zeit der Kriege, des Bösen, der wilden und blutigen Verzweiflung und des Unterganges. Und über den Palästen, Kirchen, Kunsttempeln und festlichen Wohnungen der liebenswerten Stadt stand – noch unsichtbar hinter dem Freudengeleucht – das Schwert, das niederfahren und feurig vernichten sollte ‹cito et velociter›. Aber niemand wußte und keiner sah.»

Gab sich Thomas Mann, in sich selbst verloren, in jener großen Nacht nur dem ersten Rausch der Freundschaft hin? So mag es gewesen sein. Das erste Glück währte nicht lange. Paul Ehrenberg reiste Anfang März aus München davon. Thomas gab ihm ein Porträtphoto auf den Weg. «Zur freundlichen Erinnerung bis auf Wiedersehen!» schrieb er als Widmung. Er fügte ein Eichendorff-Zitat hinzu: «Wo zwei sich treulich nehmen und ergänzen, / Wächst unvermerkt das freud'ge Werk der Musen». Ende Juni 1900 berichtete er dem Freund, daß er dem «Simplicissimus» den Rücken kehren wolle, mit den «Buddenbrooks» bald fertig werde, die «Götterdämmerung» und natürlich den «Tristan» gesehen und in der Ausstellung der Münchner Secession einen kritischen Blick auf die Bilder Max Klingers, Franz von Stucks, Fritz von Uhdes, Arnold Böcklins, auch Max Liebermanns geworfen habe. Zum Jahresende kehrte der Freund endlich wieder zurück. Thomas war unterdessen der Kaserne entkommen und verfügte über seine Zeit.

Ihm wurde nun, so schrieb er Heinrich im Februar 1901, ein «unbeschreibliches, reines und unverhofftes Herzensglück» zuteil – «mit Erlebnissen die sich nicht erzählen lassen, und deren Andeutung natürlich wie Renommage wirkt. Sie haben mir aber Eines bewiesen, diese sehr unlitterarischen, sehr schlichten und lebendigen Erlebnisse: nämlich, daß es in mir doch noch etwas Ehrliches, Warmes und Gutes giebt und nicht bloß ‹Ironie›, daß in mir doch noch nicht Alles von der verfluchten Litteratur verödet, verkünstelt und zerfressen ist.»

Peter de Mendelssohn, der jede Lebensregung, jedes Detail der biographischen Entwicklung und jede Nuance der Transponierung in die Literatur aufspürte und verzeichnet hat, bemerkte nach der Lektüre von Thomas Manns Briefen an Paul Ehrenberg, es sei nicht zu verwundern, daß «in dieser hochgespannten Freundschaftsbindung (...) eine latente homoerotische Strähne vermutet» worden sei. Mit besorgter Unschuld fügte er hinzu: «Welcher Nachfahr vermöchte so tief und untrüglich in dieses Jünglingsherz zu blicken, daß er mit voller Gewißheit versichern könnte: Nichts davon!»

Brauchte es wirklich die Bestätigung durch die späteren Tagebücher, um den Charakter der Gefühle Thomas Manns für den Freund zu erkennen? Er zählte immerhin nahezu sechsundzwanzig Jahre: kein Jüngling mehr, sondern ein junger Mann, der in fast allen Bezirken des Daseins ein erwachsenes Leben führte. In der Liebe aber schien ihm die erwachsene Existenz versagt zu bleiben.

Er wußte es. Wenige Wochen später rief er dem Bruder mit dem Blick auf Hanno Buddenbrook die berühmt gewordene Formel zu: «Das Ganze ist Metaphysik, Musik und Pubertätserotik».

Grautoff, auf dessen Verschwiegenheit er sich verlassen konnte, beichtete er am 22. Februar 1901, daß ihn die fixe Idee umtreibe, Paul Ehrenberg ein Buch zu widmen: «Es ist der selbstverlorene Wunsch, etwas zu thun, etwas zu opfern, ihm irgend etwas darzubringen (…). Vielleicht auch ein wenig der Wunsch, ihn meine Macht sehen zu lassen, ihn ein wenig zu beschämen, indem ich seinen Namen ‹prangen lasse›… Es ist verrückt und lächerlich! Ich schreibe schon nur noch ‹er› und ‹ihn› und ‹sein›, und es fehlt bloß noch, daß ich es groß schreibe und golden einrahme, so ist die Aera ‹Timpe› in Glanz und Gloria wieder heraufgezogen.» Dann fiel er sich, erschrocken, selbst ins Wort: nur ihm, Grautoff, gegenüber gestalteten sich ihm «die Dinge in diesem tertianerhaften Styl»: «Im Grunde verhalten sie sich doch bei Weitem weniger knabenhaft, bei Weitem schlichter und männlicher, und nur die verfluchte Nervenschwäche bringt immer wieder das Leidende und Sehnsüchtige hinein.»

Das Glück mit Paul Ehrenberg wechselte, es konnte nicht anders sein, mit nervösen Krisen. Der Maler verband sich mit ihm in der hochgestimmten Feier der Freundschaft, den Erhebungen des Herzens durch die Musik und die Literatur, vielleicht auch den Anblick harmonischer Landschaften und dramatischer Wolkenbilder. Er nahm gewiß den «Eros» ihrer Beziehung war. Der sexuellen Passion des Gefährten wußte er sich wohl zu entziehen – wenn sie ihm denn völlig deutlich geworden sein sollte.

Thomas Mann war scheu. Er hütete sich, falls die Zeichen nicht trügen, vor jeder taktlosen Annäherung an den Freund. Vermutlich keine zu lange Umarmung, kein Kuß, keine Berührung. Die beiden diskutierten – wie Thomas und Grautoff – gelegentlich die Probleme der Geschlechtlichkeit. Im siebenten Notizbuch findet sich der Vermerk, sie hätten sich über die «prekäre Lage» unterhalten, in die man gerate, wenn man «Weiber» nicht möge, «sondern höchstens Frauen und ein appetitliches Verhältnis zu theuer» sei. Die «Weiber», das waren ohne Zweifel die Huren, von denen sie sich – anders als Bruder Heinrich – mit gebotenen Skrupeln fernhielten. Indes, es war kein Zufall, der Thomas Mann die Wortwahl «höchstens Frauen» diktierte. Er fuhr fort, ihnen beiden sei «von ärztlicher Seite» geraten worden, «eine Liaison mit einer verheirateten Frau einzugehen».

Dieser Hinweis der «lebensklugen Mediziner» entsprach dem bürgerlichen Zynismus, der in gehobenen Kreisen üblich war. Die «verheiratete Frau» beherrschte mit ihrer frivolen oder auch seelenvollen Treulosigkeit die Novellen Maupassants, die Thomas Mann mit so aufmerksamer Bewunderung las, auch die Geschichten des Wiener Kollegen Arthur Schnitzler, denen er in jener Zeit begegnet sein mag, obwohl erst im Jahr 1904 ein Zeichen des Erkennens vermerkt ist: durch seinen Dankesbrief für das Bändchen mit dem Schauspiel «Der einsame Weg», das ihm Schnitzler geschickt hatte.

Maupassant und Schnitzler: sie liebten die Frauen, auch wenn sie voller Bitterkeit, gelegentlich voll melancholischer Ironie von ihren Verführungen und ihren Verführbarkeiten, von ihren echten Tränen und ihren falschen Schwüren sprachen. Maupassant, der die Gesellschaft von Paris und der französischen Provinz mit seiner genialen erotischen Witterung durchwanderte, war von Thomas Manns Lebenskreis weit entfernt. Über Schnitzler äußerte er sich im Fortgang der Jahre, selbst in seinen Glückwünschen, eher mit distanziertem Respekt, in dem sich neben der Bewunderung für die Lebens- und Wirklichkeitsnähe des Kollegen zugleich auch immer ein Gran hochmütig getarnter Eifersucht auszudrücken schien. Der große Wiener Dramatiker, der die Gesellschaft mit solch sicherer psychologischer und sozialer Einsicht ins Auge faßte, Meister auch der lebensvoll-sensiblen Novelle, in der das unverwechselbar Individuelle niemals dem Typus geopfert wurde: er mag in der Tat das Objekt heimlichen Neides gewesen sein, denn Schnitzler brachte es zuwege, bei der Formung seiner Gestalten und Stoffe von sich selbst abzusehen. Überdies schrieb er eine so viel entspanntere Prosa, kunstvoll und dennoch niemals von einer unkontrollierten Wortseligkeit überwältigt. Der reifere Kollege, Thomas Mann um dreizehn Jahre voraus, wurde von dem Jüngeren, es gibt kaum einen Zweifel, als Konkurrent empfunden, trotz der reservierten Bescheidung, die es dem österreichischen Nachbarn verwehrte, sich um die Pose des «Dichters» und «Großschriftstellers» zu bemühen.

Thomas Mann fügte seiner Notiz über den ärztlichen Ratschlag die merkwürdige Überlegung hinzu, daß er Ehrenberg sagen wolle, ihrer beider Freundschaft sei «auch vom Standpunkt des Nervenarztes aus etwas Glücklicheres», denn sie habe «als Quietiv, als Reinigungs- und Erlösungsmittel von der Geschlechtlichkeit» auf ihn gewirkt.

Sexualität schien für ihn – anders als für Maupassant, für Schnitzler, für Frank Wedekind, für Bruder Heinrich – noch immer das Urböse, das Urfeindliche zu sein, das im Zaum gehalten werden mußte. Nach wie vor setzte er sich unter Zwang, den «Unterleib von der Liebe» zu trennen, wie er es sich schon sechs Jahre zuvor so streng geboten hatte. Weil sein Verlangen die bürgerlichen Normen durchbrechen wollte, unterwarf er sich der verkrampften Anstrengung, das Geschlecht selbst zu tabuisieren, und er bediente sich dabei, ohne es recht zu wissen, unbeirrt des absurden Jargons der Unterdrückung, der bei christlichen Turnlehrern üblich war.

Der Zähmung des sündigen Triebes entsprach die leidende Idealisierung der Gefühle. In jenen Tagen trug er sich mit den Plänen für eine Novelle, der er den Titel «Die Geliebten» geben wollte. Ins Notizbuch schrieb er: «Sich nach Liebe bis zum Sterben zu sehnen und dennoch Jeden zu verachten, der einen liebt. Das Glück ist *nicht*: geliebt zu werden, das ist eine mit Ekel gemischte Genugthuung für die Eitelkeit. Das Glück ist: zu lieben und kleine Annäherungen an den geliebten Gegenstand zu erhaschen...» Dies aber hieß: Liebe war für ihn nur als eine narzißtische Projektion der eigenen Empfindungen denkbar, die sich ihm eher im Leiden, kaum in der Freude oder im unverstellten Genuß mitzuteilen vermochten. Die Gefühle der edlen Marter übertrug er, es versteht sich, in den Skizzen für die Erzählung auf eine Frau, die er Adelaide nannte. Schließlich verwarf er den Stoff.

Die Empfindung des noblen Leidens bestimmte seine Beziehung zu Ehrenberg, dem er in einem späteren Brief mit wehem Pennälerherzen zurief: «So überlegt und absichtsvoll Dein Schweigen und Fernbleiben auch sein mag, es ist *nicht* wohlgetan, und Du begiebst Dich dadurch des Rechtes, mir, was Empfindlichkeit betrifft, irgend etwas vorzuwerfen oder abzugewöhnen.» Pikiert fuhr er fort: «Du wolltest mir die Photographie bringen, auf die Du, wie Du

Dich neulich sehr vorsichtig ausdrücktest, noch Deinen ‹Namen› schreiben wolltest. Warum bringst Du sie nicht? Weil ich am Montag nicht enthusiastisch genug danach verlangt habe? Wenn ich einen Abend einen etwas nachlässigen Eindruck auf Dich mache, einen Abend nicht Elastizität genug besitze, Dir zu zeigen, daß Du mir werth und wichtig bist, – sollte das wirklich Grund genug für Dich sein, mich während einer ganzen Woche (Deiner letzten Münchener Woche!) geflissentlich zu meiden?» Er schloß beleidigt und ein wenig kokett: «Ich kann Sonntag nicht mit Dir und den Anderen zusammensein, wenn Du Dich nicht zu rechter Zeit ein bißchen schämst und zusiehst, daß wir uns vorher noch einmal unter vier Augen sprechen.»

Liebesschmerzen hin oder her: Die Erzählung «Tristan» mußte zu Ende geführt werden, diese melodramatische Feier der Kunst, der zuliebe Frau Klöterjahn, an der Luftröhre leidend, ihr Leben verhauchen muß, von Herrn Spinell mit seinen «rehbraunen, blanken Augen» in musikalische Verzückungen getrieben, der ihre zarten Energien nicht gewachsen sind. Übrigens trug jener Herr Spinell – von dem der Autor zynisch sagen ließ, er sähe aus wie ein «verwester Säugling» – ganz unverkennbar jüdische Züge.

Es überrascht nicht, daß auch auf die Damen, die neben der armen Frau Klöterjahn auftreten, kein allzu günstiges Licht fällt: nicht auf das Fräulein von Osterloh mit den abstehenden Ohren, das dem Hauswesen im Sanatorium mit Emsigkeit vorsteht, erst recht nicht auf die Pastorin Höhlenrauch, «die neunzehn Kinder zur Welt gebracht hatte und keines Gedankens mehr fähig war». Ursprünglich hatte der Autor die Absicht, wie er Bruder Heinrich mitteilte, die kaum überschäumend heitere und nicht durchweg komische Erzählung vom musikalischen Ende der Frau Klöterjahn eine «Burleske» zu nennen. Doch die Pastorin Höhlenrauch mit ihren neunzehn Kindern genügte kaum dem Verlangen nach lockeren Scherzen, die für eine Komödie am Ende nicht ganz entbehrlich sind.

Und Herr Detlef Spinell, der seine künstlerische und maskuline Impotenz in der Anbetung der Musik und Frau Klöterjahns vergessen machen durfte – war er dank der Absurdität seiner Erscheinung geeignet, das Publikum zum Lachen zu reizen? War seine subtile Komik nicht eher deprimierend?

Der Verfasser hatte gewiß die Absicht, das edle Sterben an der Kunst – und damit sich selbst – mit den Mitteln der Persiflage aus der tragischen Schwere zu lösen. Aber bei der Niederschrift seiner Geschichte scheint ihm das Lachen auf den Lippen gefroren zu sein. Ein weiteres Mal wurde er das Opfer der fixen Idee vom ewigen, unüberbrückbaren Gegensatz zwischen Kunst und Leben, die sein Denken nun schon seit Jahren mit einer fast wahnhaften Hartnäkkigkeit beherrschte.

Oskar Bie, der Redakteur von Samuel Fischers «Neuer Deutscher Rundschau», lehnte, mit einem genauen Blick für die Schwächen des Stücks, den Druck der Erzählung ab. Der Autor schickte sie an die «Insel», eine schöne Zeitschrift, die seit 1899 im Verlag Anton Kippenbergs erschien, herausgegeben von Otto Julius Bierbaum, Alfred Walter Heymel und Rudolf Alexander Schröder. Auch dort blieb die Arbeit liegen. Der Autor zog sie schließlich zurück.

Thomas Mann verkroch sich, trotz seiner unermüdlich wiederholten Behauptung, «Kunst und Leben» schlössen einander aus, nicht in eine klaustrophobisch beengte Welt wie Franz Kafka, der Nachbar in Prag, nur acht Jahre jünger als der Hanseat, welcher in der Münchner Boheme seine Bürgerlichkeit so zuchtvoll zu bewahren verstand. Der Hauch des Unermeßlichen, der Thomas Mann Tag für Tag aus «Tristan» entgegenwehte, schien ihn freilich vor einer gewissen Atemnot nicht zu bewahren.

Im unvollkommenen Glück seiner Liebe zu dem malenden, musizierenden Jüngling Paul Ehrenberg fürchtete er, wie er Bruder Heinrich gestand, stets schon die Tage voraus, in denen er wieder mit der Arbeit des Schreibens allein und eingeschlossen sein werde. «Die Litteratur ist der Tod!» rief er, mit einem Pathos, das nicht völlig glaubwürdig sein mochte. Doch es war ihm, als Voraussetzung der Grundspannung, die er für sein Dasein konstruiert hatte, für lange Zeit unentbehrlich: hier das blonde und dumme, das köstliche Leben, dort die Literatur, die Kunst, der Geist, das Genie – und die «Ironie» als rettender Ausgleich, die ihn von der tödlichen Absolutheit des einen wie des anderen Anspruchs befreite. Er ängstigte sich, nicht ohne Hellsicht, «daß die egoistische Verödung und Verkünstelung (...) rasche Fortschritte machen» werde, wenn er sich wieder an den Schreibtisch setze. Ja, er ging so weit, in jenem Brief an den Bruder zu klagen, er werde niemals begreifen, wie man von der Literatur beherrscht sein könne, «*ohne* sie bitterlich zu hassen!» Das letzte und Beste, was sie zu lehren vermöge, sei dies: den Tod als eine Möglichkeit aufzufassen, um «zu ihrem Gegentheil, zum *Leben* zu gelangen».

Ein mystischer Trost. Kunst als Weg der Erlösung, wie es Wagner mit so mächtigem Raunen gelehrt hatte. Die neue Religion – die Religion des Genialen, dem durch den schwächenden Zauber der Décadence, der Krankheit, des Verfalls die unmittelbare Teilnahme am Leben in seiner blonden und blauäugigen Natur versagt wird.

Indes wurde er nicht nur durch die genialisierende Zucht der Entsagung zurück in den Dienst an der Kunst getrieben, sondern auch durch die nüchterne Überlegung, daß der Verleger Samuel Fischer zum nächsten Frühjahr einen zweiten Novellenband plante, für den er den «Tristan» und eine sechste Erzählung brauchte, die er überdeutlich und lapidar «Litteratur» nennen wollte.

Die Arbeit ging ihm nicht rasch von der Hand, obwohl er sich kaum Nachlässigkeiten erlaubte. Die disziplinierte Regelmäßigkeit der kommenden Jahre begann ihre Herrschaft. Anders als die Brüder und Schwestern der Münchner Boheme zwang er sich in der Regel früh aus den Federn, obwohl er gern schlief, und nach einem kargen Frühstück setzte er sich gehorsam an seinen Schreibtisch. Nietzsches Maxime, daß eine Seite pro Tag geschrieben werden müsse, war ihm vertraut. Manchmal gelangen ihm nur ein paar Zeilen, und manchmal begnügte er sich mit einigen Korrekturen. Auch später – die Tagebücher bezeugen es – wurde ihm oft jeder Satz zur Mühsal. Die beamtenhafte Regelmäßigkeit schützte ihn nicht vor den täglichen Anfechtungen, den Hemmungen, Krämpfen, dem kleinen und großen Versagen, den langen Krisen, an denen er oft fast verzagte.

Nach dem Abschluß der «Buddenbrooks» lenkte ihn ein bewußterer Kunstwille als zuvor, der ihm das Handwerk nicht leichter machte, im Gegenteil. Die Kritiker brauchten es nicht zu sagen: Er wußte selbst genau genug, daß sein nächstes Buch der entscheidende Test sein werde, mit dem sich erweisen müsse, ob der Roman nur der eine große, unwiederholbare Glücksfall gewesen sei, das

Geschenk der Götter, das dem begabten Jüngling in den Schoß gefallen war, der geniale «Wurf», der nur aus dem Stand der Unschuld gelingen konnte – oder der Anfang eines langen Weges. In Wirklichkeit waren die «Buddenbrooks» das zweite Buch, mit dem sich das Schicksal des Schriftstellers zu entscheiden pflegt. Aber der Novellenband, der ihm vorausging, schien für die kritische Öffentlichkeit nicht ganz zu zählen, trotz des Bravourstücks vom «Kleinen Herrn Friedemann». Ein Auftakt. Die Gesellenarbeit.

Den Erscheinungstermin für eine neue Novellen-Sammlung, den Samuel Fischer auf das Frühjahr 1902 festgelegt hatte, würde er kaum einhalten können. Die Passion für Paul Ehrenberg kostete Energien. Dem Bruder konnte er im April des Jahres 1901 melden, daß sein «Bedürfnis nach Enthusiasmus, Hingebung, Vertrauen, Händedruck, Treue, das so lange bis zur Auszehrung und Verkümmerung hat fasten müssen», nach der Rückkehr des Freundes wieder schwelgen durfte.

12. KAPITEL

«Tonio Kröger»
oder: Die Religion der Kunst

Der Dramenstoff, mit dem Thomas Mann sich trug, verlangte genauere Studien. Außerdem war ihm danach zumute, München für eine Weile den Rücken zu kehren. So hatte er sich für das Frühjahr 1901 mit Bruder Heinrich in Florenz verabredet. Die beiden wohnten, nicht allzu bescheiden, in einer Pension in der Via Cavour. Der Jüngere suchte – wie schon einmal zwei Jahre zuvor – in der schönen Stadt nach Lebens- und Wirkungsspuren des Fra Savonarola, des asketischen Mönches, der die dekadente Gesellschaft des reichen, mächtigen, kunstsinnigen und lasterhaften Florenz zu Reue und Buße bekehren wollte. Er besichtigte die Klöster, sah die Bilder des Fra Angelico, merkte sich Bücher über die Mediceer, über Michelangelo, Botticelli, nahm sich die Lektüre des Boccaccio vor... Allzu gründlich betrieb er die Recherchen nicht. In ihrer Unterkunft trafen die Brüder zwei junge Engländerinnen an, Miss Edith und Miss Mary, die beide hübsch und nicht ohne Geist waren.

Begann Thomas Mann auf die sogenannte Stimme der Vernunft zu hören, die ihm sagte, es sei an der Zeit, sich aus der Passion für Paul Ehrenberg zu lösen? Niemals hatte er, auch nicht in den heftigsten Stürmen seiner Leidenschaft, die Vorzüge einer «bürgerlichen Existenz» aus dem Auge verloren. Er dachte über eine Heirat nach, vermutlich nicht erst in den florentinischen Tagen. Der Charme von Miss Mary, die in vertrauterem Umgang Molly genannt wurde, machte es ihm nicht schwer, sich ein wenig zu verlieben – oder sich wenigstens einzureden, ihm sei so zumute. In seinem «Lebensabriß» notierte er, daß die junge und blonde Dame seine Zuneigung erwidert und sich folglich «ein zärtliches Verhältnis» entwickelt habe, von dessen «ehelicher Befestigung» zwischen ihnen die Rede gewesen sei.

Smith war der schlichte Familienname der Britin, mit der er sich, dank seines Schul-Englisch, halbwegs geläufig zu unterhalten vermochte. (Heinrich, der nur französisch und italienisch sprach, schien nicht gesonnen, sich mit Miss Edith einzulassen; er reiste bald nach Neapel weiter.) Miss Smith sprach wohl auch ein wenig deutsch. Thomas Mann ließ ihr sein erstes Novellenbändchen schicken. Doch von einer Bindung sah er, nach einiger Überlegung, ohne allzu schmerzliches Entsagen ab: «es möchte zu früh sein», notierte er im «Lebensabriß», auch hielten ihn Bedenken zurück, «die die fremde Nationalität des Mädchens betrafen». Er glaubte, daß die «kleine Britin» ähnlich empfand – «jedenfalls löste die Beziehung sich in nichts auf». Vielleicht war die Verständigung von Beginn an nicht zu innig. Dem Bruder berichtete er nach Neapel, er sei Miss Mary wohl «zu melancholisch. She is so very clever, und ich bin so dumm, immer die zu lieben, die clever sind».

Dennoch setzte er auch Paul Ehrenberg von seiner Verliebtheit ins Bild, die am Ende denn doch keine war. Der anfangs «sorglose Flirt», schrieb er ihm, habe später «einen ganz merkwürdig seriösen Charakter» angenommen – «und zwar (o Staunen!) beiderseits. Der Abschied war beinahe bühnenfähig, – obgleich es eigentlich gemein ist, in diesem Tone davon zu sprechen; aber ich spekuliere auf deine eingeborene Herzenskälte.» Er konnte, so schien es, der Versuchung nicht widerstehen, den keusch und vergeblich begehrten Freund ein wenig eifersüchtig zu machen. Mit der Koketterie, die zu den leichten Waffen der Liebe gehört, gleichviel welchen Geschlechts, fügte er hinzu: es könne sein, daß in dieser Sache das letzte Wort noch nicht gesprochen sei. Dann, aufgelegt munter und bajuwarisch: «Aber wenn du den Mund nicht hältst, Du Lackl, Du sechseckter, so dinge ich Meuchelmörder.»

Das letzte Wort war natürlich gesprochen, und Miss Marys Spur verlor sich. Die Figur des strengen Savonarola, die ihn nach Florenz geführt hatte, transponierte Thomas Mann zunächst ins Münchner Milieu. Mit karikierender Schärfe beschrieb er in einer knappen Erzählung den eifernden Sektierer Hieronymus, der ganz die Züge des Fanatikers trägt, wie ihn Fra Angelico einst gemalt hatte.

Die ersten Worte der Novelle gewannen unterdessen eine lokale Art von Unsterblichkeit: «München leuchtete» – der kleine Satz, der wie das Licht eines Scheinwerfers die Szenerie der bayerischen Metropole mit ihren «festlichen Plätzen und weißen Säulentempeln, den antikisierenden Monumenten und Barockkirchen» aufgleißen ließ, wurde zu einem verklärenden Motto der Stadt, dessen sich die Tourismusindustrie und mit ihr die Politiker, die Thomas Manns Werke nicht auf dem Nachttisch parat halten, mit Geschick zu bedienen wissen.

Der geniale und heitere Auftakt, der in der Tat – wie Peter de Mendelssohn sagte – zum Bezauberndsten zählt, das Thomas Mann geschrieben hat, widersprach in merkwürdiger Diskrepanz der eher düster-grotesken Handlung des Stückes: die Ausstellung eines gewagten Marienbildes im Schaufenster einer Buchhandlung – die Züge der Maria waren dem dämonisch-lasziven Porträt einer «Sünderin» des Münchner Malerfürsten Hans Stuck nachgeformt – beschwor den Zorn des Gottesmannes Hieronymus herauf, der unverzüglich und mit donnernder Predigt vom Besitzer jenes gebildeten Etablissements seine Entfernung verlangte. Herr Blüthenzweig (alias Littauer), ein erkennbar jüdischer Bürger, von dem der Autor bemerkte, seine Nase sei «ein wenig platt auf der Oberlippe» gelegen, «so daß er beständig in einem leicht fauchenden Geräusch in seinen Schnurrbart schnüffelte», manchmal habe er sich dabei dem Käufer «in gebückter Haltung» genähert, «als beröche er ihn» – jener Herr Blüthenzweig gab freilich dem drohenden Verlangen des aufgebrachten Menschen nicht nach. Er lauschte zunächst höflich, dann indigniert, da er den Auftritt des merkwürdigen Vogels als unliebsame Störung seiner Geschäfte betrachtete, die ihm vor allem am Herzen lagen.

«Verbrennen Sie alles, was Ihr Laden birgt, Herr Blüthenzweig», rief der Prediger, «denn es ist ein Unrat in Gottes Augen! Verbrennen, verbrennen, verbrennen Sie es! (...) Die Ernte ist reif für den Schnitter... Die Frechheit dieser Zeit durchbricht alle Dämme... Ich aber sage Ihnen...» Da endlich ließ Herr Blüthenzweig den unliebsamen Gast durch Herrn Krauthuber, seinen Ladenknecht, ge-

waltsam entfernen. «‹Gladius Dei super terram…›, flüsterten»
Hieronymus' «dicke Lippen, und in seinem Kapuzenmantel sich
höher emporrichtend, mit einem versteckten und krampfigen
Schütteln seiner hinabhängenden Faust, murmelte er bebend: ‹Cito
et velociter!›»

Kann es angehen, daß jener eifernde Sektierer in seinem Sermon
gegen die Kunst der «prunkenden Farben» und der «gleißenden
Oberfläche» mit des «Dichters eigener, aufrichtiger Stimme von
seinem allerpersönlichsten Konflikt» sprach, wie Mendelssohn annahm – nämlich vom Widerstreit zwischen einer lotterhaften Ästhetik, die als «gewissenloser Trug» das «Leben im Fleische» bekräftigt,
und der höheren und «heiligen Kunst», dem «göttlichen Feuer, das
an die Welt gelegt wurde, damit sie aufflamme und zergehe (…) in
erlösendem Mitleid»? Wenn es sich so verhielt, dann gelang dem
Autor die Tarnung in der Karikatur allzu perfekt.

Im späten Herbst 1901 las er die Novelle «Gladius Dei» auf Einladung des Akademisch-Dramatischen Vereins im überfüllten Saal
eines Restaurants. Er erntete den jubelnden Beifall des Publikums.
Doch Hanns von Gumppenberg, der für die «Münchner Neuesten
Nachrichten» eine Rezension schrieb, meinte in seinem Bericht
schlecht gelaunt, Thomas Mann habe das Lokalmilieu mit «unverhältnismäßig wichtig thuender Breite» geschildert, «ohne ihm neue
Seiten abgewinnen zu können». Das war ein ungerechter Hieb.
Gumppenberg nannte überdies den Humor des Stückes «oft recht
gezwungen», und er warf dem Verfasser vor, er gefalle sich «in einer
Wiederholung steckbriefartiger Personalcharakteristiken, die mehr
ermüdend als erheiternd wirkt».

Täuschte er sich damit völlig? Verbrauchte sich der Trick einer
leitmotivischen Wiederholung hübscher Beschreibungen, in die
sich der Autor verliebt hatte, nicht zu rasch? Wollte man «den kleinen Mädchen mit den Haarbandeaus, den zu großen Füßen und den
unbedenklichen Sitten» zwei- oder dreimal in einer kleinen Erzählung begegnen? Oder dem jungen Buchhändler «mit dem Aspekt
von Schlechtbezahltheit und Pflanzenkost» öfter als im köstlichen
Unikat?

Technik des Boulevardtheaters, mit Erfolg in die Prosa übertragen: Warum nicht? Sie konnte freilich leicht ins Billige geraten. Das

sah der erfahrene Gumppenberg mit der gebotenen Schärfe. Thomas Mann las an jenem Abend auch das Schul-Kapitel aus den «Buddenbrooks», und der Kritiker war versiert genug, mit genauem Blick zu erkennen, daß er hier mit einem Stück Prosa von ganz anderer Qualität konfrontiert war.

Seine Rezension verstimmte den Autor tief. Kein Schriftsteller, kaum einer, ist geneigt, kritische Äußerungen zu seinem Werk gelassen hinzunehmen, und ein deutscher Dichter, der auf diesen Titel Wert legt, ist es erst recht nicht. Thomas Mann allerdings, von Beginn an durch hohes Lob verwöhnt, legte eine Verletzlichkeit an den Tag, die zuweilen ans Krankhafte grenzte. Natürlich entsprach sie der gesteigerten Sensibilität des großen Künstlers. Indes begann sie sich nicht lange nach dem Abschluß der «Buddenbrooks» mit einem hoheitlichen Anspruch zu verbinden, der den Künstler und Bürger in die Sphären der Unangreifbarkeit zu entrücken schien. Er schien früh schon mit der Arbeit an seinem eigenen Monument anzufangen.

Die Empfindlichkeit schlug ihm wie so vielen armen Erdenkindern auf den Magen. Jede Erregung, die er durchlitt, beunruhigte die Eingeweide. Er hielt strenge Diät und vermerkte im Notizbuch sorgsam die Speisen, die er meiden sollte, und andere, die ihm bekamen. Um sich gründlicher auszukurieren, hatte er sich im Juli 1901 zur Kur nach Mitterbad bei Meran begeben. Die kleine Anstalt in einem idyllischen Bergwinkel Südtirols leitete während der Sommermonate Dr. von Hartungen, der auch dem Sanatorium Villa Cristofero in Riva am Gardasee vorstand. Dort war Bruder Heinrich, seit einem Blutsturz in Berlin von nicht zu robuster Gesundheit, ein fast permanenter Gast.

Anhaltende Besserung scheint Thomas Mann in Mitterbad nicht gefunden zu haben. Ende November 1901 – inzwischen waren die «Buddenbrooks» erschienen – fand er sich in Riva ein, wo er sich unter der Aufsicht des Dr. von Hartungen einem strengen Programm unterwarf. Nach der Rückkehr im Dezember bezog er eine elegante kleine Wohnung in der Ungererstraße, nicht weit von Schwabing. Noch immer ging die Arbeit an den Novellen nur stokkend voran. «Ich druckse und torturire mich auf manchmal kaum erträgliche Weise mit Zweifeln, Zögern, Ungenügsamkeit und der

Hypersensibilität meines künstlerischen Gewissens», schrieb er einige Monate später an Ehrenberg, und er fuhr mit ungewöhnlicher Aufrichtigkeit fort: «Es ist wohl selten, daß soviel nagender Ehrgeiz mit soviel nervöser Trägheit, soviel Leidenschaft (etwas anderes als ‹Leidenschaftlichkeit›!) mit soviel Schwerfälligkeit tragisch zusammentrifft. Dabei habe ich Eile, Eile, Eile!» Er ließ sich durch die Oper, durchs Theater, durch Konzerte, vor allem durch die Aufnahme der «Buddenbrooks» beim Publikum und bei der Kritik, die er – wie sollte es anders sein? – mit ängstlicher Spannung beobachtete, immer aufs neue ablenken. Das Theater, das er nun mit geschärftem Blick ein zweites Mal zu entdecken begann, hatte eine unerschöpfliche Fülle von Anregungen zu bieten.

Dem jungen Autor, der in halber Heimlichkeit davon träumte, eines Tages auch die Bühne zu erobern, gelang es fürs erste nur, den Geschichten eine kleine Studie anzufügen, die er «Die Hungernden» überschrieb: die Schilderung eines festlichen Abends in der Oper. Detlef, der empfindsame Literat, den man als des Autors Alter ego betrachten darf, sog «den warmen und erregenden Dunst (…) von Blumen und Wein, von Speisen, Staub, Puder, Parfüm und festlich erhitzten Körpern» ein, lauschte dem «chromatischen Ringen der Tristanmusik», hing der «leidenden Einheitssehnsucht», der «erstickenden Wehmut des Einsamen» nach. Ein weiteres Mal die Grundakkorde, die Hauptmelodien des Autors. Lilli aber, das Ziel von Detlefs innigster Sehnsucht, «den blonden Kopf ein wenig schief geneigt», ließ sich auf ein heiteres Gespräch mit einem anderen Mann ein. Verlangende und entsagende Blicke hinüber zu den «Blauäugigen, die ihr den Geist nicht nötig habt!»

Paul Ehrenberg verstand die nicht allzu diskrete Anspielung ganz gewiß: Er war, wie dieser und jener Zeitgenosse bezeugte, stets zu einem kleinen Flirt aufgelegt – und er heiratete schließlich eine Malerin, die den ungewöhnlichen Namen Lilly Teufel trug. Thomas mag ihm und seinen Damen bei den Faschingsfesten oft mit jenen traurig begehrenden und zugleich entsagenden Blicken nachgeschaut haben: den «Gesunden», die lachen und tanzen durften. Detlef seufzte: «Ach, einmal, nur eine Nacht wie diese, kein Künstler sein, sondern ein Mensch! Einmal dem Fluche entfliehen, der da unverbrüchlich lautete: Du darfst nicht sein, du sollst schauen; du darfst nicht leben, du sollst schaffen; du darfst nicht lieben, du sollst wissen! Einmal in treuherzigem und schlichtem Gefühle leben, lieben und loben! (...) Einmal euch in entzückten Zügen schlürfen – ihr Wonnen der Gewöhnlichkeit!»

«Wonnen der Gewöhnlichkeit»: am Ende der Klage eine schöne Formulierung, die zum geflügelten Wort wurde. (Die Leser sollten ihm bald von neuem begegnen.) Detlef aber verließ das Fest, wissend, daß «sie keineswegs kommen werde, die kleine tanzende, plaudernde Lilli». Als er im Begriff war, eine Kutsche zu nehmen, und sich eine Zigarette anzündete, sah er im Licht des Flämmchens «ein verwildertes, ausgehöhltes, rotbärtiges Antlitz». Vor ihm stand ein Mann, «die Fäuste in den tiefsitzenden Taschen seiner Hose vergraben, den Kragen seiner zerlumpten Jacke emporgeklappt (...). Sein Blick glitt über Detlefs ganze Gestalt, über seinen Pelzmantel, auf dem das Opernglas hing, hinab bis auf seine Lackschuhe (...); ein einziges Mal stieß der Mensch kurz und verächtlich die Luft durch die Nase aus... und dann schauerte sein Körper im Frost zusammen».

Fast wäre Detlef auf ihn zugetreten, um zu sagen, daß hier ein Irrtum vorliege: «Dieser Darbende und Ausgeschlossene hatte ihn mit Gier und Bitterkeit betrachtet, mit der gewaltsamen Verachtung, welche Neid und Sehnsucht ist! Hatte er sich nicht ein wenig zur Schau gestellt, dieser Hungernde? Hatte aus seinem Frösteln, seiner gramvollen und hämischen Grimasse nicht der Wunsch gesprochen, Eindruck zu machen, ihm, dem kecken Glücklichen, einen Augenblick des Schattens, des betroffenen Nachdenkens, des Mitleidens zu bereiten? Du irrst, Freund, du verfehltest die Wirkung; dein Jammerbild ist mir keine schreckende und beschämende Mahnung aus einer fremden, furchtbaren Welt. *Wir sind ja Brüder!*»

Er zögerte nicht, der feinnervige und verzagende Künstler, seine Leiden in der Not des darbenden Mannes dort draußen in der Kälte der Nacht gespiegelt zu sehen: «Nichts ist mir fremd von allem Jammer, der dich beseelt, und du dachtest mich zu beschämen! Was ist Geist? Spielender Haß! Was ist Kunst? Bildende Sehnsucht! Daheim sind wir beide im Lande der Betrogenen, der Hungernden, Anklagenden und Verneinenden, und auch die verräterischen Stunden voll Selbstverachtung sind uns gemeinsam, die wir uns in schmählicher Liebe an das Leben, das törichte Glück verlieren. Aber du erkanntest mich nicht.»

Carl Ehrenberg, der Musiker-Bruder des geliebten Paul, begegnete diesem fragwürdigen Stückchen ohne Verständnis, wie Thomas Mann aufmerksam genug notierte. Der Freund war zu diskret, auf die borniere Taktlosigkeit hinzuweisen, die Thomas Mann unterlaufen war, als er den Seelenschmerz eines Künstlers, der im Luxus des Selbstmitleids badet, der Not eines hungernden Menschen gleichzusetzen wagte. Das Stück zeigte die Gesellschafts- und Politikferne des Autors – Gerhart Hauptmann hatte seine «Weber» exakt zehn Jahre zuvor auf die Bühne gebracht! – in einer fast erschreckenden Weise an. Knapp zwei Jahre zuvor hatte er, ehrlich genug, an den notleidenden Gefährten Grautoff geschrieben: «Mein Respect vor dem Hunger ist groß, und er wäre noch größer, wenn es nicht Dinge gäbe, die mit einem Beefsteak *nicht* zu kuriren sind.» Die Skizze, die ein edel-sentimentaler Schmarren genannt werden muß, war nicht einem fünfzehnjährigen Gymnasiasten in die Feder geraten, dem man die ästhetisch-schmerzliche Verachtung der Wirklichkeit nachsehen mochte, sondern einem Mann, der siebenundzwanzig Jahre zählte, unglücklich verliebt war, das gewiß, doch zwei Bücher geschrieben hatte, eines der beiden ein großer Roman, der auf die ersten Erfolge in der literarischen Welt pochen konnte, über eine bescheidene Rente aus ererbtem Kapital verfügte und ein Auge auf die bürgerliche Befestigung seiner Existenz zu werfen begann. Später bemerkte er selbst, der Schluß der Skizze grenze ans Triviale, doch ganz wollte er den blamablen Text nicht verwerfen. Er hielt es nicht für möglich, daß er ein Stück Prosa geschrieben hatte, das wenig mehr als jammerwürdig und peinlich war.

Drohte die «menschliche Verödung», vor der er sich fürchtete, auch in sein Werk vorzudringen? Die Unversöhnlichkeit des Widerspruchs zwischen Kunst und Leben, die angebliche, schien sich in der Tat jeder Regung seiner Seele zu bemächtigen. In «Tonio Kröger», der im Gang des Jahres 1902 mühevoll und sehr langsam Form und Leben gewann, wurde der sentimentale Konflikt auf höherer Ebene ausgetragen – später sollte man der Erzählung klassischen Rang zuerkennen. Die «Begabung für Stil, Form und Ausdruck», ließ Thomas Mann seinen Doppelgänger in der Novelle sagen, setze ein «kühles und wählerisches Verhältnis zum Menschlichen» voraus, ja «eine gewisse menschliche Verarmung und Verödung» – fast wörtlich aus dem Brief zitierend, den er im Februar 1901 an den Bruder Heinrich geschrieben hatte.

Der erste Teil der Erzählung schlug noch einmal die Grundakkorde der «Buddenbrooks» an. Ein weiteres Mal die «dunkle und feurige Mutter, die so wunderbar den Flügel und die Mandoline spielte», ihre «heitere Gleichgültigkeit», die der Erzähler «ein wenig liederlich» fand. Die blonden Pubertätslieben. Schließlich die Wiederbegegnung des gereiften Schriftstellers mit Hans Hansen und Inge Holm in dem kleinen dänischen Seebad: eine neue und schmerzlichere Offenbarung der Unüberbrückbarkeit des Abgrunds zwischen Kunst und Leben. Schließlich der große Monolog, an die Malerin Lisaweta Iwanowna adressiert, der in seiner Redseligkeit fast die Form der Novelle sprengte: Tonio Krögers Ausbruch, daß «Gefühl, das warme, herzliche Gefühl (…) immer banal und unbrauchbar» sei – nur «die Gereiztheiten und kalten Ekstasen unseres verdorbenen, unseres artistischen Nervensystems» verdienten es, «künstlerisch» genannt zu werden. Die Klage über den «ganzen kranken Adel der Literatur», die müde mache, «sterbensmüde». Das Leiden am Geschick des Künstlers, der dazu verurteilt sei, «das Menschliche darzustellen, ohne am Menschlichen teilzuhaben…»

Tonio Kröger fragte, mit fast bestürzender Offenheit auf ein tieferes und existentielles Problem weisend – das Problem des Autors, kein Zweifel –, ob «der Künstler überhaupt ein Mann» sei, und er fuhr fort, die lauschende Malerin für einen Augenblick vergessend: «Man frage ‹das Weib› danach! Mir scheint, wir Künstler teilen alle ein wenig das Schicksal jener präparierten päpstlichen Sänger… Wir singen ganz rührend schön. Jedoch –»

Lisaweta, die taktvolle Statistin, rief den weinerlichen Kastraten zur Ordnung. Sie konfrontierte ihn wenig danach mit einer zuverlässigeren Auskunft über sein Wesen: wie er da sitze, sei er «ganz einfach ein Bürger». Theodor Lessing, ein begabter und übererregbarer junger Literat, Thomas Mann nicht freundlich zugetan,

sprach hernach mit bösem Spott von einem «feinen, blassen Bürgerprinzchen», das er beim Münchner Fasching einsam «auf einer
vergoldeten Stuck-Empore unter einem Lorbeerkübel» sitzend angetroffen habe: «Ueberall caballero de triste figura. Nur zum Träumen und Dichten gut, wie Hamlet. (…) So eine stille, späte Gold-
schnittseele, nicht vom Weibe geboren; wohl von der lieben Mama
bei Wertheim in der ‹Abteilung für feine kunstgewerbliche Raritä-
ten› billig und mit Geschmack alt-eingekauft.»

Er war ein Bürger: in seinem «Anzug von ruhigem Grau und
reserviertem Schnitt» wie der arrivierte Tonio, freilich etwas weniger in der Liebe zum Leben, zu der sich sein Held so heftig bekannte, schon eher in der «verstohlenen und zehrenden Sehnsucht
(…) nach den Wonnen der Gewöhnlichkeit», mit denen die Leser
hier ein Wiedersehen feiern durften, in der (sehr fernen und gezü-
gelten) «Bürgerliebe zum Menschlichen, Lebendigen und Gewöhnlichen», von der Tonio in einem abschließenden Brief an Lisaweta
sprach, noch einmal den «puritanischen und wehmütigen» Vater
und die Mutter von «unbestimmt exotischem Blut» beschwörend,
«schön, sinnlich, naiv, zugleich fahrlässig und leidenschaftlich und
von einer impulsiven Liederlichkeit».

Er nannte sich in der Tat einen «Bürger, der sich in die Kunst
verirrt» hat, einen «Bohemien mit Heimweh nach der guten Kinderstube», einen «Künstler mit schlechtem Gewissen». Sein «bürgerliches Gewissen» sei es, das ihn «in allem Künstlertum, aller
Außerordentlichkeit und allem Genie etwas tief Zweideutiges, tief
Anrüchiges, tief Zweifelhaftes erblicken» lasse und ihn «mit dieser
verliebten Schwäche für das Simple, Treuherzige und Angenehm-
Normale, das Ungeniale und Anständige» erfülle.

«Ich stehe zwischen zwei Welten», beschwerte er sich, «bin in
keiner daheim und habe es infolgedessen ein wenig schwer. Ihr
Künstler nennt mich einen Bürger, und die Bürger sind versucht,
mich zu verhaften…» Aber warum nur? Wegen des Frevels der
Kunst gegen die Moral? Der Autor durfte es nicht über die Lippen
bringen und wollte doch auf die Andeutung nicht verzichten, daß
seine «tiefste und verstohlenste Liebe», die den «Blonden und Blauäugigen, den hellen Lebendigen, den Glücklichen, Liebenswürdigen und Gewöhnlichen» gehörte, in Wahrheit keine «Bürgerliebe»,

sondern von der bürgerlichen Gesellschaft und vom Strafgesetzbuch verpönt war. Nein, das konnte er nicht schreiben. «Schelten Sie diese Liebe nicht, Lisaweta», rief er, «sie ist gut und fruchtbar. Sehnsucht ist darin und schwermütiger Neid und ein klein wenig Verachtung und eine ganze keusche Seligkeit». Die Malerin kam nicht mehr zu Wort. Warum hätte sie Tonio Kröger widersprechen sollen? Vielleicht hätte sie ihn diskret darauf aufmerksam machen können, daß seine «Verachtung» für die Gewöhnlichen am Ende doch wohl keine ganz kleine war und die Seligkeit, die er erträumte, nicht unbedingt keusch.

Marcel Reich-Ranicki sagte, vermutlich zu Recht, dieses Frühwerk Thomas Manns «habe mehr als *eine* literarische Generation geprägt». Es ist wahr, seit neun Jahrzehnten haben sich unübersehbare Scharen poetisierender Pennäler an dieser «lyrischen Novelle» in Verzückung gelesen. Mancher demütige Jüngling, der heimlich Gedichte schrieb, erkannte sich in Tonio Krögers Hingebung an den eigenen Schmerz. Mancher schaute mit tränenverschleiertem Blick, ganz edler Verzicht, auf seinen Hans Hansen und seine Inge Holm. Mancher sah das eigene Verlangen gern in der tragischen Spannung von «Leben und Kunst» verklärt.

Nordische Namen wie «Hans Hansen» und «Inge Holm» waren freilich schon wenige Jahrzehnte später den Trivialromanen und Groschenheftchen vorbehalten, die an jedem Kiosk für fünfzig Pfennig erstanden werden konnten. Dafür kommt dem Autor keine Verantwortung zu. Oder doch – wenigstens eine Spur? Annoncierte sich mit den Namen nicht damals schon eine gewisse Nähe zum Kitsch? Dann und wann schien Thomas Mann auch in dieser Novelle über die hauchfeine Grenze zu gleiten.

In den «Betrachtungen eines Unpolitischen» stellte er fest, es sei kein Wunder gewesen, daß die Jugend «den ‹Tonio Kröger› als ihr gemäß» den zwei dicken Bänden der «Buddenbrooks» vorgezogen habe. (Allein zu Lebzeiten Thomas Manns wurden weit über einhunderttausend Exemplare der Einzelausgabe verkauft.) Er stimmte den jungen Leuten lebhaft zu. Im Jahre 1917 – in der Epoche der «Betrachtungen» – gestand er einem Korrespondenten, eigentlich habe er nur *eine* Novelle geschrieben, nämlich viermal dieselbe auf verschiedenen Lebensstufen: «Der kleine Herr Friedemann», «Der Bajazzo», «Tonio Kröger» und «Der Tod in Venedig». Von ihnen werde ihm, «was noch kommen mag», «Tonio Kröger» immer die liebste sein.

Die Mischung dieser Novelle «aus Intellektualismus und Stimmung, aus Nietzsche und Storm», von der Thomas Mann selbst sprach, verfügt über einen Zauber, der nie völlig erlosch. Er flackert auch jetzt, fast ein Jahrhundert nach der Entstehung, noch immer auf, wenngleich seltener und schwächer. Die Peinlichkeit des Selbstmitleids, das ohne Zweifel pubertär und in begrenztem Maße poetisch ist, läßt sich durch die blasser gewordene Magie nicht völlig aufheben, und sie behauptet sich kaum gegen den Einwand, daß es nach den Katastrophen dieses Jahrhunderts nur noch weltentrückten und ein wenig hochmütigen Geistern gelingen mag, an den erlösenden Auftrag der Poesie, der Literatur, der Musik oder der Malerei zu glauben. Es erwies sich auf schreckliche Weise, daß die Kunst nicht zur Religion taugt. Sie kann helfen, trösten, erleuchten, vielleicht auch befreien: erlösen kann sie nicht.

Thomas Mann nannte das kleine Werk schließlich, den Blick wie so oft nach Weimar gerichtet, seinen «Werther». Goethes Jugendwerk aber verlor in den zwei Jahrhunderten seit seiner Niederschrift nichts von seiner dramatischen Unmittelbarkeit. Der Widerspruch von unbemessener Liebe und bürgerlicher Ordnung, von Leidenschaft und moralischem Gesetz wurde von der Geschichte nicht in die Luxusabteilung gehobener Lebensführung verwiesen. Die Trauer des Dichters und seines tragischen Helden über die Nußbäume in des Pfarrers Garten, die von frevelnder Hand gefällt wurden, mag junge Menschen unserer Epoche eher berühren als Tonio Krögers schmerzlich-neidvoller Blick auf Inge Holm und Hans Hansen.

Zugleich aber kündigte sich in Thomas Manns Novelle an, daß ihr Autor ein vorausschauendes Auge auf seine solide Etablierung als der große Bürger in der schwankenden Welt der Kunst zu werfen anfing. «Man ist als Künstler innerlich immer Abenteurer genug», ließ er Tonio Kröger sagen: «Äußerlich soll man sich gut anziehen, zum Teufel, und sich benehmen wie ein anständiger Mensch...»

13. KAPITEL

Zur Größe entschlossen

Der Ruhm kam nicht über Nacht. Thomas Mann sah ihm voller Spannung entgegen. Er hatte ihn leidenschaftlich genug herbeigesehnt, Tag und Nacht, doch er war nicht zu jeder Stunde sicher, daß er sich einstellen würde. Als er schließlich an die Tür klopfte, war er nicht überrascht. Am 27. März 1901 hatte er dem Bruder voller Genugtuung vom Votum des Fischer-Lektors Moritz Heimann über die «Buddenbrooks» berichtet. Er unterstrich die Formulierung: «Ich bewundere es, daß der Zug zum Satirischen und Grottesken *die große epische Form nicht nur nicht stört, sondern sogar unterstützt.*» Er fügte hinzu: «Also Größe (...)! Auf Größe war nämlich während der Arbeit fortwährend mein heimlicher und schmerzlicher Ehrgeiz gerichtet.»

Heinrich und die Freunde kannten ihn gut genug, um hinter der Tarnung des weltverlorenen Melancholikers und müden Spätbürgers, der seine edle Kraftlosigkeit mit dandyhaftem Charme spazieren trug, den eisernen Willen und die rastlose Strebsamkeit des jungen Mannes wahrzunehmen. Manchmal lüftete er unversehens die Maske. Grautoff durfte gelegentlich Zeuge der radikalsten Wahrhaftigkeit gegen sich selbst sein: bei ihm, der am Ende stets kuschte, mußte Thomas Mann nicht fürchten, durch seine Offenheit kompromittiert zu werden. Am 6. November 1901 rief er ihm zu: «Bisweilen kehrt sich mir vor Ehrgeiz der Magen um.»

Das schroffe Bekenntnis war durch eine Prise Selbstironie ein wenig entschärft. Dennoch entsprach es dem Zustand seines Gemüts. Er wies in jenem Brief darauf hin, daß sich der Roman nach Auskunft eines Buchhändlers gut verkaufe – trotz des stolzen Preises von zwölf Mark für das zweibändige Werk (nach heutigem Geldwert wäre das Zehn-, wenn nicht Zwanzigfache dieser Summe zu rechnen), der einen Massenansturm des Publikums verbot. Thomas Mann untersagte es sich voll Mißtrauen, an einen Triumph auf dem Markt zu hoffen. An den Berliner Journalisten Paul Raché schrieb er geradezu beschwörend: «Daß ‹Buddenbrooks›, auch in der Hand eines noch geschickteren Verlegers, als S. Fischer, je einen Massenerfolg in der Art von Frenssens bewunderungswürdigem ‹Jörn Uhl› haben könnten, glauben wohl auch Sie nicht. Ein Buch, das schon den Untertitel ‹Verfall einer Familie› trägt und, mit einer Art spaßiger Hoffnungslosigkeit als Grundstimmung, das Problem der Décadence behandelt, kann von den ‹weitesten Kreisen› nicht goûtirt – um nicht zu sagen: nicht verstanden werden.» Der Hinweis auf den populären Roman des norddeutschen Pastors Gustav Frenssen zeigte allerdings an, daß er die Maßstäbe sehr hoch gesetzt hatte. In Wahrheit konnten Autor und Verleger fast vom Tag des Erscheinens an gewiß sein, daß die Auflage ihre Kunden finden würde. Rezensionen stellten sich zunächst nur spärlich ein, doch sie waren ausnahmslos positiv.

In seinem Brief an Grautoff zitierte Thomas Mann die hilfreiche Notiz in den «Münchner Neuesten Nachrichten»: «T. M., der bekannte Mitarbeiter des Simplicissimus, veröffentlichte soeben bei S. Fischer in Berlin einen großen zweibändigen Roman etc. Das Buch wird ‹ein Roman im großen Stile, ein echtes deutsches Dichtwerk› genannt.» Er setzte hinzu: «Das ist beinahe Alles, was ich hören will... Überhaupt: der Ruhm scheint sich mir nicht völlig versagen zu wollen, *obgleich* ich ihn begehre.» Er wies darauf hin, daß Otto Julius Bierbaum, der Kritiker und Essayist – Mitbegründer des «Pan» und der «Insel», vor allem aber Autor des Kabaretts «Überbrettl» –, im «Literarischen Echo» von ihm gesprochen habe. «Und Kurt Martens arbeitet schon an seinem Aufsatz über mich für das selbe Blatt. Excelsior!»

Der junge Autor überließ die Reaktion der sogenannten Öffentlichkeit nicht dem Zufall. Die Kritik wurde sorgsam orchestriert. Freunde, die über eine Feder verfügten, wurden auf nicht zu diskrete Weise ermuntert, sie für ihn und sein Buch zu nutzen. Da

Martens einen Aufsatz über ihn geschrieben hatte und ihm «in allen Stücken dienend» entgegenkam, wurde Grautoff am 26. November 1901 aus dem Sanatorium «Villa Cristoforo» in Riva am Gardasee damit beauftragt, nun wiederum Martens' Buch «Die Vollendung» in den «Münchner Neuesten Nachrichten» zu besprechen: «Bitte, laß keinen Anderen (...) darüber schreiben», forderte Thomas Mann. Das sei seine erste Gelegenheit, sich «ein wenig zu revanchieren». Grautoff möge die Sache in die Hand nehmen und das Buch «aufs Beste» empfehlen, «noch vor Weihnachten».

Danach erhielt der ergebene Gefährte «ein paar Winke», die *Buddenbrooks* betreffend». Grautoff hatte zugesagt, den Roman in den «Münchner Neuesten Nachrichten» und in der Hamburger Zeitschrift «Der Lotse» anzuzeigen. Thomas wies ihn an, wie er seine Aufgabe zu erledigen habe. Der Autor empfahl, er möge den «*deutschen* Charakter» des Buches betonen. «Als zwei echt deutsche Ingredienzen», die wenigstens im zweiten Band (der wohl überhaupt der bedeutendere sei) stark hervorträten, «nenne *Musik* und *Philosophie*.» Seine «*Meister*» aber, «wenn schon von solchen die Rede sein müsse», habe der Verfasser freilich nicht in Deutschland gefunden. Er möge für «gewisse Partien» Dickens, für andere die «großen Russen» nennen. «Tadle ein wenig (wenn es Dir recht ist) die Hoffnungslosigkeit und Melancholie des Ausganges. Eine gewisse *nihilistische* Neigung sei bei dem Verf. manchmal zu spüren. Aber das Positive und Starke an ihm sei sein *Humor*.»

Nein, Thomas Mann überließ nichts der Willkür des Kritikers. Er mahnte ihn, den äußeren Umfang des Werkes als «etwas nicht ganz Bedeutungsloses» zu interpretieren. In der Zeit des (kabarettistischen) «Überbrettls» und der «Fünf Secunden-Lyrik» sei es «wenigstens ein Zeichen ungewöhnlicher künstlerischer Energie, ein solches Werk zu concipiren und zu Ende zu führen. Es sei dem Verf. gelungen, den *epischen* Ton vortrefflich festzuhalten.» Dann gab er das Stichwort «*Leitmotiv*»: «Das *Wagnerische* in der Wirkung dieser wörtlichen Rückbeziehung über weite Strecken hin, im Wechsel der Generationen. Die Verbindung eines stark dramatischen Elementes mit dem epischen.» Schließlich der Zuruf: «Damit genug! Mach Deine Sache recht gut und verschiebe sie nicht zu lange.»

Otto Grautoff war gehorsam. In der Weihnachtsausgabe des Blattes stand eine Rezension, die sich fast Wort für Wort an die Vorschrift des Autors hielt. Demütig nahm er auch die soufflierten Einwände des Verfassers auf: «Der sehr breit angelegte Roman», schrieb er, «ist reich an mannigfaltigen und prächtigen Detailschilderungen, die zuweilen allerdings etwas barock wirken und den Fluß der Erzählung beeinträchtigen. Eine gewisse nihilistische Neigung tritt an einigen Stellen des Romans merkbar hervor; dem gegenüber als positiver und starker Werth steht ein ausgezeichneter und sehr origineller Humor, der sich sowohl in der Charakterzeichnung wie in der Milieuschilderung offenbart.» Der Brave vergaß Dickens nicht. Er nannte Tolstoi, Dostojewski und Turgenjew, doch «im Großen und Ganzen» sei «der Stil von stark persönlicher Färbung, vollendeter Reife und vornehmem, harmonischem Glanz. Durch das ganze Werk geht ein echt deutscher Zug; der Gegenstand der Darstellung, sowie die Auffassung des Dichters und die Art, wie er die einzelnen Gestalten zu einander in Beziehung setzt, ist einem deutschen Empfinden entwachsen. Es ist zu wünschen, daß der Roman die weiteste Verbreitung findet.»

Grautoff hatte, Thomas Mann mußte es wohl zugeben, seine Sache so gut wie nur möglich gemacht: das Diktat des Autors stand nahezu Wort für Wort in der führenden Zeitung der Hauptstadt Bayerns. Schriftsteller und Verleger haben, man weiß es, stets versucht, die Kritik zu manipulieren. Dies aber war ein starkes Stück – in Wahrheit nicht einmal übertroffen von jenen Fällen, in denen die Autoren es vorzogen, ihre Werke selbst zu besprechen, ob nun in ernster oder humoristischer Absicht. Nichts anderes war hier geschehen. Nur hatte sich Thomas Mann des Pseudonyms «Otto Grautoff» bedient.

Die publizierte Korrespondenz mit dem Getreuen fand mit dieser Episode ihr Ende. In Wahrheit tauschten sie noch dann und wann einen Brief. Das Notizbuch verzeichnete später nur den Entwurf einer Mitteilung aus dem Jahre 1903 (als Thomas um Katia Pringsheim warb), die wohl niemals abgesandt wurde. Die beiden hatten noch eine Zeitlang Umgang miteinander; ja, Grautoff wurde – der einzige, dem diese Ehre widerfuhr – an die Hochzeitstafel geladen. Doch das Interesse Thomas Manns an dem Partner seiner jungen Jahre wurde blasser.

Grautoff ging seinen bescheideneren Weg. Im Jahre 1908 veröffentlichte er einen Band über Lübeck, den er Julia Löhr, der Schwester des Freundes, gewidmet hat. Schließlich ließ er sich in Paris nieder, übersetzte wichtige Bücher des Gastlandes, unter anderem Romain Rollands großen Musiker-Roman «Jean-Christophe», der eine Brücke zwischen Frankreich und Deutschland zu schlagen versuchte, schrieb über französische Maler und Bildhauer des achtzehnten und neunzehnten Jahrhunderts und gründete – konsequent der Versöhnung der beiden Völker dienend – nach dem Ersten Weltkrieg die Deutsch-französische Gesellschaft in Berlin. Am 27. April 1937 starb er, einundsechzig Jahre alt, in der französischen Hauptstadt. Sein Tod wurde von Thomas Mann, wie wir erfuhren, nur mit einigen eher nüchtern-abschätzigen Worten im Tagebuch bedacht. Seine schöne und kapriziöse Tochter Christiane, mit Ernst Toller verheiratet, lebte später in Amerika. Mit dem großen Freund ihres Vaters scheint sie keine Verbindung gehabt zu haben. Seinen Kindern Klaus und Erika ist sie allerdings begegnet.

Grautoff hatte, dies muß ihm bescheinigt werden, nach dem Erscheinen der «Buddenbrooks» seine Gehilfenpflicht wacker erfüllt. Auch Martens, der ergebene Kollege, hatte nicht versagt. Thomas Mann rief ihm am 19. Dezember 1901 aus der Villa Cristoforo zu: «Ihr Aufsatz hat mir eine große Freude gemacht, mehr noch, er hat mich bewegt. Das ist ein bißchen mehr als literarische Camaraderie...» Dann berichtete er, er habe Martens' Roman «Die Vollendung» in einem Brief an Samuel Fischer gegen eine unfreundliche Kritik in der «Neuen Rundschau» in Schutz genommen. Vor allem wies er den Vergleich mit Gabriele d'Annunzio, diesem pathetischaufgeregten Condottiere der neuen italienischen Poesie, energisch zurück. Er gebrauchte Formulierungen, die sich später in einem Aufsatz wiederfanden, den Bruder Heinrich nicht mit Vergnügen lesen konnte, da ihm gelegentlich vorgeworfen wurde, er habe sich d'Annunzios exaltierte und steile Gesten angeeignet. Thomas sprach von dem «aufgeblasenen kleinen Menschen mit der ‹tragischen Seele›». In jenem Brief gestand er allerdings auch, daß er eine begonnene Kritik von Martens' Roman wieder zerrissen habe. Dieser Hinweis war der Auftakt zu einer vorsichtig-diplomatischen Distanzierung. Er versicherte dem Freund, daß er mit seinem Buch «aufs innigste sympathisire – wobei daran zu erinnern ist, daß ‹Sympathie› ‹zusammen leiden› bedeutet. Unsere Masken, Symbole, Kunstformen sind verschieden; auch unsere Ausdrucks- und Wirkungsmittel sind es. Aber in unseren Problemen, inneren Conflicten, Absichten, Schmerzen, Sehnsüchten sind wir – ich glaube, nicht zu irren – so grundverwandt, wie nicht leicht zwei Künstler es sein können…»

Das hieß in Wahrheit, daß er Martens' Roman als ein gutgemeintes, doch künstlerisch mißglücktes Unternehmen betrachtete, zu dem er sich öffentlich nicht äußern wollte: das durfte Grautoff besorgen. Der Betroffene nahm die Einwände demütig hin. Ein wenig später machte sich ein neuer Bundesgenosse bemerkbar: Richard Schaukal, der Lyriker und Essayist aus Brünn im südlichen Mähren, der die romantisch-ritterliche Gebärde liebte, ein Silberschmied empfindsamer Verse, mit denen er in die Nähe des jungen Hofmannsthal zu gelangen versuchte. (Im letzten Jahr des Bestehens des Habsburger Reiches wurde er – eine gerechte Geste des Schicksals – von Kaiser Karl mit dem persönlichen Adel ausgezeichnet.) Der Dichter, der sich Heinrich und Thomas Mann mit großer Ergebenheit näherte, zögerte freilich auch niemals, die beiden auf seine eigenen Werke aufmerksam zu machen. Den Büchern legte er gern sein photographisches Porträt bei. Thomas nannte ihn einen «kuriosen Kauz». Er wies Heinrich darauf hin, daß Schaukal ihm näher sein müsse (da er sich auf d'Annunzio berief). Er selbst sei ein schlechter Leser von Versen, «und mein Tolstojismus läßt mich beinahe schon Reim und Rhythmus als ruchlos empfinden».

In der «Wiener Abendpost» aber rühmte Schaukal die «Buddenbrooks» als den «großen Roman, den wir bisher immer bei den Nachbarn mit jenem selbstlosen Eifer, der uns Deutsche als die gebildetste, aber unselbständigste Nation zeigt, bewundern.» Der Kollege holte mit kräftigem Schwung aus: «Was ist das Wunderbare an diesem unbewegten, mit fester Chronistenhand Zeile um Zeile sorgfältig aufgebauten Buche? Warum erleben wir an der eigenen Seele alle diese so gleichgültigen Geschehnisse, diese Tagtäglichkeiten eines weltabgeschiedenen Bürgerhauses, warum ist es uns, wenn wir den Band dann vor uns hinlegen, weh und wund ums Herz? Ist es die unerhörte Meisterschaft der Darstellung, diese kalte, ruhige

Macht der Erzählung? Ist es der helläugige, sonore Dichter, in dessen Schatten diese Menschen wurden und verdarben? Rühren wir nicht an dieses zarteste Geheimnis. Es ist das Märchen der Schöpfung.»

Später schrieb Schaukal in der «Rheinisch-Westfälischen Zeitung» eine Betrachtung über Thomas Mann, die er – mit einem wohl eher naiven als bösartigen Mangel an Takt – dazu nutzte, Heinrich Manns problematische Roman-Trilogie «Die Göttinnen» mit einigen deftigen Hieben zu traktieren. Dem jüngeren Bruder war die Gegenüberstellung (in dieser Weise und zu diesem Zeitpunkt) nicht angenehm.

Als Schaukal dann 1906 ihn und sein Schauspiel «Fiorenza» im «Berliner Tageblatt» mit kritischen Anmerkungen bedachte, war Thomas Mann tief verärgert. Der Kollege nannte das Werk «dünn, arm, leblos, eben ‹literarisch›», hieß es «redselig», bescheinigte ihm «frostige Kälte», und er sprach – das schmerzte besonders – von der «Manier d'Annunzios», kurzum: «ein lebensunfähiges Kind». Das alles traf zu. Eben darum saß die Kritik wie ein böser Stachel in Thomas Manns Seele.

In der Orchestrierung des literarischen Applauses war Heinrich Mann dem reservierten und vermeintlich so schüchternen jüngeren Bruder für gewöhnlich weit unterlegen. Er gab sich gern als der sichere Weltmann, und er trat in seinen Büchern für gewöhnlich mit Manieren von prangendem Selbstbewußtsein vor sein Publikum. Doch in Wirklichkeit war er timide, gehemmt, verspannt und verkrampft.

Heinrich wurde in den Anfängen von den Kritikern längst nicht so üppig verwöhnt wie Thomas, der sich stets heftig dagegen zur Wehr setzte, als ein «Glückskind» betrachtet zu werden, da dieser Verdacht seine Leistung, seine Qualen, das asketische Pathos und die Melancholien zu beeinträchtigen schien. Dennoch, es ist nicht zu leugnen: er hatte mit den «Buddenbrooks» – jenseits aller organisatorischen Umsicht – ungewöhnliches Glück. Es war verdient. Rainer Maria Rilke, der weit droben im Norden in der Künstlerkolonie Worpswede lebte und sich noch René nannte, schrieb im «Bremer Tageblatt» über den Autor der «Buddenbrooks», man werde sich diesen Namen unbedingt notieren müssen. Der Lyriker

erkannte genauer als andere den großen Atem des Epikers, der das
Geschick der Generationen nachzuerzählen hatte, um schließlich
vor den Spiegel des eigenen Ichs zu treten. Er sah auch, daß die «Art
des Vortrags (…) selbst das Grausame und Bange mit einer gewissen
Notwendigkeit und Gesetzmäßigkeit erfüllt». Am Ende rühmte er
– dies ist das schönste Wort, das Thomas Mann zuteil wurde –, daß
dies «ein Buch ganz ohne Überhebung des Schriftstellers» sei. Es ist
wahr: in keinem anderen seiner Werke – den Joseph-Roman nicht
ausgenommen – ordnete sich Thomas Mann jemals wieder seinem
Stoff und seinen Gestalten mit gleich kluger Bescheidung unter.
Rilke nannte dies einen «Akt der Ehrfurcht vor dem Leben, welches
gut und gerecht ist, indem es geschieht».

Diese Besprechung bewahrte Thomas sorgsam auf. Aber es ist
fraglich, ob ihm in den Monaten des ersten Triumphes nach dem
Erscheinen des Buches deutlich war, daß sich ihm hier ein ebenbürtiger Geist mit ruhigem Verständnis entgegengeneigt hatte. Der
Name des Dichters war ihm, ehe er die Besprechung sah, vermutlich
fremd gewesen.

Der Satz aber, der seine sehnlichste Hoffnung erfüllte, stand am
13. September 1902 in der Abendausgabe des «Berliner Tageblatts»:
Der Kritiker rühmte das «feine und nervöse Auge, das jede kleinste
Chiffre dieses wunderlichen Lebens zu deuten weiß». Er lobte die
«starke Besonnenheit der Darstellung», und er nahm den Autor
gegen die Mahnung in Schutz, er hätte gut daran getan, «straffer zu
komponieren – als ob es nicht eine bewunderungswürdige Kompo-
sitionskunst wäre, einen so gewaltigen Zeitraum in zwei Bänden
organisch einzufangen». Von den Dialogpartien sagte er, sie zielten
mit «unheimlicher Schlagkraft in das innerste Herz», und er stellte
fest, «daß das Talent des Verfassers durch die Masse» des Stoffes
nicht «erdrückt worden» sei. Dann, in der Summe, bezeugte er dem
Roman: «Er wird wachsen mit der Zeit und noch von vielen Generationen gelesen werden: eines jener Kunstwerke, die wirklich über
den Tag und das Zeitalter erhaben sind, die nicht im Sturm mit sich
fortreißen, aber mit sanfter Überredung allmälig und unwiderstehl-
lich überwältigen.»

Mehr konnte ein Autor von einer Rezension nicht erhoffen. «Er
wird wachsen...» – Thomas sagte sich diese drei hellsichtigen

Worte unermüdlich und dankbar vor. Der Kritiker Samuel Lublinski, der sie mit einem so wachen Instinkt zu Papier gebracht
hatte, war ein seltsamer Zeitgenosse: nur sieben Jahre älter als Thomas Mann, im ostpreußischen Johannisburg zur Welt gekommen,
geistreich, kränkelnd, dank seiner großen Essays (in vier Bänden)
über «Literatur und Gesellschaft im neunzehnten Jahrhundert» in
einem kleinen Kreis von Kennern respektiert. Sein Ehrgeiz drängte
ihn freilich über die Analyse hinaus. Er verfaßte, darin ein Kind
seiner Zeit, «heroische Tragödien»: Hannibal, Peter der Große von
Rußland, Friedrich II. von Hohenstaufen, die Nibelungen waren
seine Helden. In der Thematik wurde wohl da und dort die Assimi-
lationsbereitschaft der deutsch gesinnten Seele dieses jüdischen Intellektuellen sichtbar. Sein guter Wille bescherte ihm wenige Jahre
später bösen Verdruß – und mit ihm Thomas Mann, der sich für
Samuel Lublinski in eine ärgerliche und niveaulose Fehde mit dem
Publizisten Theodor Lessing einließ.

Lublinskis Kritik war im September 1902 erschienen. Im November 1902 wies eine kurze Notiz des Journalisten Paul Raché im
«Hamburger Fremdenblatt» darauf hin, daß die Aufteilung des Romans in zwei Bände dem großen Publikum den Zugang zum Werk
verwehre. Zu jenem Zeitpunkt scheint Samuel Fischer – nachdem
sich die Konkurrenz gerührt hatte – längst entschlossen gewesen zu
sein, bei der fälligen Neuauflage den Roman in *einem* dicken Band
auf den Markt zu schicken. So geschah es: elfhundert Seiten auf
Dünndruckpapier, handlich gebunden, ein freundlicher Umschlag
– das alles zu dem erträglichen Preis von fünf Mark als Broschur,
sechs Mark in Leinen. Der verlegerische Mut des Unternehmens
fand rasche Belohnung. Peter de Mendelssohn (der auch eine umfangreiche Geschichte des S. Fischer Verlages geschrieben hat) fand
in den Archiven die Auskunft, daß von den «Buddenbrooks» drei
Jahre später nahezu vierzigtausend Exemplare verkauft worden waren; 1911 waren es sechzigtausend; 1918 einhunderttausend.

In seinem Lebensabriß schrieb Thomas Mann, noch immer von
dem frühen Triumph berührt: «Es war der Ruhm. Ich wurde in
einen Erfolgstrubel gerissen, wie ich ihn später noch zweimal (…),
an meinem fünfzigsten Geburtstag und jetzt bei Verleihung des Nobelpreises, jedesmal mit gemischten Gefühlen, voller Skepsis und

Dankbarkeit, erlebt habe. Meine Post schwoll an, Geld strömte herzu, mein Bild lief durch die illustrierten Blätter, hundert Federn versuchten sich an dem Erzeugnis meiner scheuen Einsamkeit, die Welt umarmte mich unter Lobeserhebungen und Glückwünschen...»

Die Skepsis nahm zunächst nicht überhand. Der Autor zählte noch keine dreißig Jahre: kein Jüngling mehr, doch noch immer – auch für das Lebensgefühl jener Epoche – ein junger Mann. Seine Lesungen vor dem Publikum literarischer Gesellschaften fanden die herzlichste Zustimmung. Allemal bereitete er sich für die Auftritte sorgsam vor. Das mimische und parodistische Talent, das er von der Mutter geerbt hatte, bewährte sich. Seine Technik der originellen, scharfen, oft überscharfen und ins Komische gesteigerten Charakterisierungen kam der Pointenlust des Publikums entgegen. Stets machte die Wiederholung Effekt. Die Sentimentalitäten wiederum wurden durch die bürgerlich korrekte Erscheinung des Herrn auf dem Podium und einen Rest von hanseatischer Spröde in seiner Diktion auf angenehme Weise gedämpft.

Im Februar 1903 las er – mit großem Erfolg – zum erstenmal in Berlin: zunächst in der Lessing-Gesellschaft den «Weg zum Friedhof», dann beim Verein der Berliner Presse den «Tonio Kröger», der eben in der «Neuen Rundschau» abgedruckt war – gegen das exzeptionell hohe Honorar von vierhundert Mark, aus dem Thomas Mann kein Geheimnis machte. Er wurde von Salon zu Salon gereicht («Hier geht's hoch her, bin auch dabei!» rief er den Brüdern Ehrenberg zu, «Wallensteins Lager» zitierend). Die zusätzlichen Einnahmen stärkten sein Selbstbewußtsein. Er wußte, auch darin hanseatisch genug, seinen Wert in Mark und Pfennig zu schätzen. Mendelssohn schrieb ihm für jene Zeit ein monatliches Einkommen von zwölf- bis fünfzehnhundert Goldmark zu, was der Kaufkraft von zehn- bis fünfzehntausend Mark in unseren Tagen entspricht. Dem sorgsamen Chronisten verdanken wir auch die Auskunft, daß Thomas im Segen des Wohlstands nicht gezögert hat, dem Bruder Heinrich und manchen Freunden mit kleineren oder größeren Summen unter die Arme zu greifen. Allerdings ließ er, Lübecks gehorsamer Sohn, genaue Quittungen für die geliehene Hilfe ausfertigen.

Die Zeitungen und Zeitschriften rissen sich um seine Mitarbeit.
Walter Opitz, einem jungen Bewunderer, schrieb er im Dezember
1903 nach Paris: «Nun sitzt man nicht mehr einsam, frei und ver-
pflichtungslos in seinem Kämmerlein und dichtet so l'art pour l'art
vor sich hin. Nun fühlt man sich im Lichtbereich eines ungeheuren
Scheinwerfers, in ganzer Figur sichtbar der Öffentlichkeit, mit Verantwortung belastet für die Verwendung der Gaben, die man unklug genug war der Mitwelt zu verrathen, und die Neue Freie Presse
telegraphirt nach einer Novelle, einer Novelle aus meiner geschätzten Feder für ihre geschätzte Weihnachtsnummer, – im Ernst, das
thut sie, und nach dem zweiten Telegramm habe ich ihr denn auch
irgend einen Wischer für die nächsten Tage zugesagt, während ich
doch gerade mit einer Studie für das erste Heft der ‹Neuen Rundschau› fertig bin, dem ‹Tag› ein Feuilleton bauen soll, einen Berg
wichtiger Bücher lesen möchte und vor allem an meinen Florentiner
Dialogen weiter schreiben müßte…»

Der Adressat dieses nicht überbescheidenen Berichtes, auch er
Verfasser von Dramen und Essays, hatte in München Anschluß an
den Kreis von Thomas Mann, Kurt Martens und der beiden Ehrenbergs gesucht. Nach seiner Abreise beschwerte sich Opitz freilich
über die Kühle Thomas Manns, der nur vier Jahre älter war als er
selbst. Er wurde herrisch zurechtgewiesen: «Sie beklagen, daß Sie
zu mir ‹in kein näheres Verhältnis gekommen› seien; aber gesetzt,
daß es hier etwas zu klagen gäbe, – sollte Ihre Klage nicht so etwas
wie Undank bedeuten? Näher, als jemand, der, wie Sie, ein Leser
des ‹Tonio Kröger› ist, kann mir niemand kommen, und wenn Sie
mich persönlich verschlossen fanden, so mag es daran liegen, daß
man den Geschmack an persönlicher Mittheilsamkeit verliert, wenn
man gewohnt ist, sich symbolisch, das heißt: in Kunstwerken zu
äußern.»

Der Autor dieser selbstgewissen Zeilen ließ keinen Zweifel zu,
daß ihn Berufung und Pflicht des Künstlertums über die lockenden,
bequemen, menschlich-allzumenschlichen Niederungen des «Lebens» hinauswiesen. Der Ruhm der «Buddenbrooks» schien Thomas in Höhen emporzutragen, auf denen ein kühles Lüftchen
wehte. Indes, er fühlte sich dort oben ganz wohl. Von einer Entrük-
kung in den Olymp – den er nicht aus dem Auge verlor – konnte

noch keine Rede sein. Seine Ironie, die er unablässig beschwor, riet ihm davon ab, sich fürs erste allzuweit emporzuschwingen. Zunächst schien er entschlossen, sich auf halbem Weg ein festes Haus zu bauen, in dem er sich vor den Verführungen des allzu wärmenden, allzu billigen Glücks verschanzen konnte: eine Unterkunft, der Würde des Künstler-Aristokraten angemessen, der zugleich darauf bestand, ein Bürger zu sein. «Man führt», beschied er Walter Opitz, «ein symbolisches, ein repräsentatives Dasein, ähnlich einem Fürsten, – und, sehen Sie! in diesem Pathos liegt der Keim zu einer ganz wunderlichen Sache, die ich einmal zu schreiben gedenke, einer Fürsten-Novelle, einem Gegenstück zu ‹Tonio Kröger›, das den Titel führen soll: ‹Königliche Hoheit›…»

Er fügte – wohl doch schon ein wenig von oben herab – die spöttische Bemerkung hinzu: «Ist dies nicht eine Konfidenz? Ist dies nicht Mittheilsamkeit?! Nun, also schämen Sie sich (…)!» Nicht lange zuvor hatte er ins Notizbuch geschrieben: «‹Königliche Hoheit› / Blick auf die Nachwelt, Geschichte, ganz wie beim Künstler und im Gegensatz zum amer. Geldmann, dem die Nachwelt ‹keine Kränze flicht›.»

Künstlerische Hoheit, bürgerliche Hoheit, Königliche Hoheit… In jener Notiz und dem Brief an Opitz, im Dezember 1903 geschrieben, nannte Thomas zum erstenmal den Titel des Werkes, das die Leser sechs Jahre später erreichen sollte: nicht als eine Novelle, wie zuerst geplant, sondern als ein ausgewachsener Roman, mit dessen Niederschrift er 1906 begann. Zugleich gingen ihm flüchtige Überlegungen – gewissermaßen als Kontrastprogramm – zu den fragwürdigen, ironischen und in der Tat ein wenig liederlichen Bezügen zwischen Künstlertum und Hochstapelei durch den Kopf: der erste Schatten des «Felix Krull». In jenen Tagen phantasierte er auch – darauf wurde hingewiesen – über den syphilitischen Künstler, der sich «von Sehnsucht getrieben einem reinen, süßen jungen Mädchen» nähert, die Verlobung mit der Ahnungslosen betreibt und sich dicht vor der Hochzeit erschießt: die erste Vorahnung des Faustus-Nietzsche-Romans.

So waren die Grundideen seines Werkes in der Mehrzahl präsent, ehe er das dreißigste Lebensjahr erreichte, und er hielt an ihnen mit einer bemerkenswerten Zähigkeit fest. Früh zeigte sich eine eindrucksvolle Kontinuität an. Das hieß zum anderen, daß Thomas Mann von keiner Fülle der Einfälle überwältigt wurde. Wie der Zauberer Richard Wagner, dessen Schatten ihn stets begleitete, verwaltete er seine Themen mit beharrlicher Sorgsamkeit. Im militarisierten Angeberjargon unserer Tage ließe sich sagen, daß die «Strategien» der Arbeit und des Lebens geduldig und weitgreifend geplant waren. Spontaneität hatte nur ein geringes Recht in diesem Dasein. Jähe Gefühlsregungen wurden, wenn es denn irgend anging, auch in den persönlichsten Bereichen einer strikten Kontrolle unterworfen. Von einem «Lebensplan» aber oder von einer «geplanten Existenz» darf nur mit Vorsicht geredet werden.

Dennoch: der junge Mann dachte weit voraus. Er setzte Richtpunkte, denen er zustrebte, ohne allzuoft vom Wege zu irren. Im Fortgang der Jahre blickte er immer von neuem und immer öfter zu dem würdevollen Kollegen im alten Weimar hinüber, von dem man gesagt hatte, daß nicht nur sein dichterisches Schaffen, sondern mehr noch sein Leben das eigentliche Kunstwerk gewesen sei. Das und nichts anderes hatte er im Auge, als er sagte, ein Dichter sei der, «dessen Leben symbolisch ist».

14. KAPITEL

Der Dichter, der Prinz

Es ließ sich nicht leugnen: Thomas Mann hielt die Mitwelt, die meisten seiner Freunde, auch die Familie, in der Regel auf Distanz. Zugleich aber ärgerte, ja peinigte es ihn bis aufs Blut, wenn ihm «Kälte», «Gleichgültigkeit» oder auch nur das «Phlegma» des passions- und parteilosen Beobachters nachgesagt wurden. Hätte er geahnt, daß der (zitierte) Begriff des «kalten Künstlers» in einem Brief Christian Gottfried Körners an den Freund Schiller mit dem Blick auf Goethe geprägt worden war: er wäre eher geneigt gewesen, seinen Protest zu zügeln. In seinem Innersten wußte er genau genug, daß seine «Buddenbrooks» ohne den Verzicht auf herzliche Nähe und liebevolle Zuneigung zu seinem Personal niemals die triumphierende Exaktheit der Charakterisierung und – in Entwicklung und Struktur der Erzählung – kaum ihr schwebendes Gleichgewicht hätten gewinnen können. Nestwarme Menschenfreundlichkeit hätten es dem Buch nicht erlaubt, jenes Meisterwerk zu werden, das sich den Lesern durch ein seltenes Bündnis von Kunstverstand und Unschuld darbot.

Der Stachel des Vorwurfs saß so tief in seiner Seele, daß er drei Jahre später einen Prozeß in Lübeck, in dem sein Buch nur am Rande zur Debatte stand, als willkommenen Anlaß betrachtete, gegen die «bösen, häßlichen, garstigen Kritiker» auszuholen, über die er sich in einem Brief an Opitz – und nicht nur dort – voller Hohn und zugleich voller Ernst beschwert hatte. In der Heimatstadt hatte sich der Schriftsteller Johannes Dose gegen die Anklage zu verantworten, er habe in seinem Roman «Der Muttersohn» einen Herrn aus jener Region, der überdies ein Cousin des Verfassers war, erkennbar als einen Alkoholiker geschildert. Der Beschuldigte stellte den Antrag, neben dem Kollegen Edward Stielgebauer, von dem der Nachwelt nichts Nennenswertes überliefert ist, und dem populären Romancier Gustav Frenssen, im Hauptberuf Pastor, auch Thomas Mann als Zeugen zu laden.

Dazu kam es nicht. Dose wurde freigesprochen. In einem Artikel zu dem Verfahren, den er für den «Lübecker Generalanzeiger» schrieb, stellte Thomas fest, wenn er wegen Beleidigung verklagt worden wäre, hätte er sich selbst gesagt: «‹Die bürgerlichen Gesetze sind offenbar andere als die, welche ich in mir trage, aber ich genieße, wie jedermann, ihren Schutz, sie gelten auch mir, und wenn ich in meinem künstlerischen Tun mit ihnen in Konflikt gerate, so ist das ein Unglück, das wohl leider nicht abzuwenden war und dessen Folgen ich auf mich nehmen muß.› So hätte ich bei mir gesprochen und hätte mich einem verurteilenden Spruch ohne Maulen und Murren unterworfen.»

Schmerzhafter nagte in ihm der öffentliche Hinweis, er habe einen Roman nach Art des Leutnants Fritz Oswald Bilse geschrieben, der in einem kleinen Buch die fragwürdigen moralischen Verhältnisse in der lothringischen Garnisonsstadt Forbach durchsichtig genug geschildert hatte und darum vor ein Kriegsgericht geschleppt worden war. Der Autor der «Buddenbrooks» sah seine Würde durch den tölpelhaften Vergleich mit jener Erzählung, in der sich Reportage und Kolportage vereinten, aufs empfindlichste verletzt. Mit der Beschwerde über seine Indiskretionen aber verband sich immer wieder der Hinweis auf seine indifferente «Kälte».

So setzte er in einem polemischen Essay für die «Münchner Neuesten Nachrichten» ein zweites Mal an, energischer und gründlicher: «Bilse und ich» überschrieb er den Aufsatz. Mit herrischer Autorität lenkte er die Aufmerksamkeit auf den «Zwiespalt zwischen Künstler- und Menschentum, der zu den heftigsten äußeren und inneren Konflikten führen» könne. «Der Blick, den man als Künstler auf die äußeren und inneren Dinge richtet, ist anders als der, womit man sie als Mensch betrachtet: er ist zugleich kälter und leidenschaftlicher. Du magst als Mensch gut, duldsam, liebevoll, positiv sein, magst eine ganz und gar unkritische Neigung haben,

alle Erscheinungen gut zu heißen, – als Künstler zwingt dich der
Dämon, zu ‹beobachten›, blitzschnell und mit einer schmerzlichen
Bosheit jede Einzelheit zu perzipieren, die im literarischen Sinne
charakteristisch ist».

Er fuhr fort: «Gesetzt nun wieder, daß es sich mit diesem Werk
um ein Porträt, um die künstlerische Verwertung einer nahen Wirklichkeit handelt, so ertönt der Klageruf: ‹So also sah er uns? So kalt,
so spöttisch-feindselig, mit Augen, so liebeleer?› Ich bitte euch,
schweigt! Und versucht, in eurem Innern ein wenig Achtung zu
finden für etwas von strengerer, zuchtvollerer, tieferer Art als das,
was euer Weichmut ‹die Liebe› nennt!»

Er führte Selbstverständliches ins Feld: der treffende Ausdruck
wirke immer gehässig, und das gute Wort verletze. So ist es wohl,
und so verhielt es sich damals. Unter Journalisten war es längst üblich, über formulierungssüchtige Kollegen zu spotten, daß sie lieber
ihre Großmutter in den Wurstkessel gestürzt oder ein Kleinkind
geschlachtet hätten, als auf eine Pointe zu verzichten. Thomas aber
sagte schneidend, «der wahre Liebhaber des Wortes» werde «sich
eher eine Welt verfeinden, als eine Nuance opfern».

Er legte sich mächtig ins Zeug: «Nichts ungeheuchelter, nichts
tieferen Ursprungs als die enthusiastische Empörung, in der er sich
aufrichtet, wenn eine Wirklichkeit in plumper Eigenliebe die Hand
auf das Werk seiner Einsamkeit zu legen wagt. Wie? Das Leiden
sollte umsonst gewesen sein? Es sollte der Kunst verloren gehen? So
vieles geht ja verloren! So viel wird erlebt und erlitten, was niemals
gestaltet wird! Aber was davon Form und eigenes Leben gewann,
das Werk, das ein Künstler in Schmerzen tat, – er sollte es nicht
offenbar machen, es sollte ihm keinen Ruhm bringen dürfen? So
spricht der Ehrgeiz. So *rechtfertigt* sich aller Ehrgeiz...» Wenn er
von Freiheit rede, so meine er «jene innere Unabhängigkeit, Ungebundenheit und Einsamkeit, welche die Vorbedingung jeder neuen
und ursprünglichen Leistung» sei. Sie schließe «eine herzliche
menschliche Gebundenheit keineswegs aus; aber des Künstlers
Würde und Hoheit beruht in ihr, und Forderungen von Rücksicht
und Bürgertakt vermögen nichts über sie».

Würde und Hoheit des Künstlers: sie wurden in jenen Jahren die
schimmernde Wehr, mit der er sich die Welt und die Menschheit

vom Halse zu halten versuchte. In seinem Reiche regierte nichts als der Wille des schöpferischen Ichs, das sich in seinem Werk offenbaren sollte. Nichts zählte als «*meine* Vorstellung, *mein* Erlebnis, *mein* Traum, *mein* Schmerz». Dann das zitierte Machtwort: «Nicht von euch ist die Rede, gar niemals, seid des nun getröstet, sondern von mir, von mir…»

Dennoch wollte er sich «herzlich» und «menschlich» gebunden wissen – und er hatte, als er jene Polemik zum Druck gab, gute Gründe dafür. Er bestand darauf, auch er, als ein Liebender erkannt zu werden. In einem Aufsatz über die Schriftstellerin Gabriele Reuter, der er in Berlin begegnet war, hatte er schon zwei Jahre zuvor vom Künstler mit fast flehentlich werbenden Worten gesagt: «Er kann lieben – haltet ihn nicht für gänzlich in Bildnerkälte erstarrt!» Wenige Monate später, im August 1904, schrieb er Ida Boy-Ed, seiner Gönnerin in Lübeck, mit bitterer Heftigkeit: «Ich bin ein ‹kalter Künstler›, es steht in mehr als einer Zeitschrift. Ich habe durch eine übertriebene Anbetung der Kunst jedes Verhältnis zum Gefühl und zum lebendigen Leben verloren… Wahrhaftig, ich wünsche zuweilen, es wäre so, ich würde dann ein besserer Arbeiter sein und mich nicht jeden Augenblick durch das ‹Leben› und Gott weiß welche Abenteuer des Gefühls vom Pfade des Schaffens ablokken lassen! Dummheit!» Er fuhr mit einer Wendung fort, die sozusagen klassischen Rang gewonnen hat: «Was Ironie ist, und daß sie nicht nothwendig aus einer vereisten Psyche hervorzugehen braucht, das wissen in Deutschland fünf, sechs Leute, mehr nicht.» Darin täuschte er sich nicht völlig, obwohl sein Begriff der Ironie kaum mit jenem der Franzosen übereinstimmte, die eine schwebende und relativierende Distanz nicht nur zu aller Autorität gesucht und gefunden hatten, sondern auch zu sich selbst. Wie menschlich dadurch ihr Lächeln geworden ist…

War das Thomas Manns Ironie? Bezeichnete das Kennwort, mit dem er gern alle Thesen und Antithesen, alle Gegensätze und Entsprechungen, alles «Leben» und alles «Künstlertum» überwölbte, nicht auch den Rückzug in die ängstlich kühle Unverbindlichkeit, zu der er so oft auf dem Sprung war, wenn es ihm in der Nähe eines Menschen oder eines Problems unbehaglich wurde? Er klagte der älteren Freundin Ida Boy-Ed: «Und wenn Einer zu pointiren und mit seinen Mitteln zu wirtschaften versteht, so stimmen alle guten Leute und schlechten Musikanten das Gewinsel vom herzlosen Charlatan an. Ich habe mich immer gewundert, daß man Richard Wagner nicht längst für einen innerlich verödeten Faiseur erklärt hat, weil er den Liebestod an den Aktschluß setzt...»

In späteren Jahrzehnten sträubte er sich nicht mehr mit solch verzweifelter Entschlossenheit gegen die Einsicht, daß Richard Wagner, der Großkünstler, in manchen Zügen seines Wesens und seines Werkes auch ein «Faiseur» war, ja daß romantisches und modernes Künstlertum ohne jenen fragwürdigen Zug kaum denkbar ist, sein eigenes eingeschlossen. Die heimliche Verwandtschaft des Künstlers mit dem gerissenen «Macher», dem höheren Schwindler samt seinen Tricks, dem Spieler, dem Hochstapler hatte er selbst von Zeit zu Zeit bedacht, schon damals.

Der Ärger über den Vorwurf der «Kälte» fraß sich tief in sein Herz. Knapp drei Jahre später brach der Zorn erneut hervor, in einem Brief an Kurt Martens, der ihn durch einige Formulierungen in einem Doppelporträt von Heinrich und Thomas verletzt hatte. Zunächst sprach er von «kleinen Verzerrungen, Übertreibungen, Mißverständnissen, verfrühten Feststellungen», aber dann fertigte er den Freund mit scharfen Hieben ab. Es gehe nicht an, schrieb er, ihm «eisige Menschenfeindschaft» und «Lieblosigkeit gegen alles Fleisch und Blut» nachzusagen, die durch «Kunstfanatismus» ersetzt würden. «Tonio Kröger» wie die «Fiorenza» seien «voll von Ironie gegen das Künstlerische, und in den ‹Tonio Kröger› ist das Geständnis einer Liebe zum Leben hineingeschrieben, die in ihrer Deutlichkeit und Direktheit bis zum Unkünstlerischen geht. Ist dies Geständnis unglaubwürdig? Ist es nur Rhetorik??» Die beiden Fragezeichen verrieten, was sie zu bestreiten versuchten: «Tonio Kröger», mehr noch das mißglückte Drama «Fiorenza» erstarrten in manchen Passagen in bloßer Rhetorik.

Thomas Mann nahm beides für sich in Anspruch: die «Kälte» und die «dumme Menschenwärme», das «Künstlertum» und das «Leben». Er wollte respektiert, er wollte verehrt, wollte gerühmt – und er wollte geliebt werden, das vor allem. In seinem kleinen Essay über die fünfundvierzigjährige Gabriele Reuter, die wichtige Bücher zur «Frauenbewegung» geschrieben hatte, sprach er – trotz

aller liebenswürdig rühmenden Worte für die Kollegin – in Wahrheit vor allem über sich selbst, wie es so oft geschah, wenn er sich
über andere Schriftsteller und ihre Bücher zu äußern versuchte. Die
besten Vorsätze, sich auf Person und Werk der anderen zu konzentrieren, die schönsten Anläufe halfen wenig: er ließ sich von sich
selbst nur ungern und selten ablenken. Er schien es kaum wahrzunehmen, daß er unentwegt von den eigenen Fragen, den eigenen
Zweifeln, den eigenen Träumen redete. Das Diktat des Ego war
übermächtig.

In jener Betrachtung beharrte er störrisch darauf, daß der Künstler keinem anderen als seinem eigenen Gesetz unterworfen sei. So
gebot es der grundromantische Kult des Geniewesens, dem er sich
noch immer – trotz bürgerlicher und prinzlicher Hoheit – ganz unterwarf, wenn die Umstände oder seine Laune es wollten: «Wir
Poeten und Artisten», schrieb er, «sind bei Tage besehen eine ziemlich zweifelhafte Sippe. Wir würden uns schon mit fünfzehn Jahren
auch auf der reformiertesten Schule schlecht benehmen, wir würden
auch in einer bis zum Ideal verbesserten Welt immer voll Opposition, Protest, Ironie stecken, immer fremd, anders, ‹besser›, bürgerlich untauglich sein und uns im Kampf mit dem Segenvoll-Beste-
henden befinden. Diejenigen von uns, welche die menschliche
Gesellschaft nicht durch die Ergötzlichkeit ihres Talentes für ihre
totale Unbrauchbarkeit zu entschädigen vermögen, täten gut, möglichst rasch zugrunde zu gehen, anstatt durch allerlei ausschwei-
fende Forderungen den Bürger in verständnisloses Staunen zu versetzen!» Auch werde der «kontemplativ-künstlerische Mensch»,
dem Thomas Mann diese Worte in den Mund legte, «obendrein eine
Schwäche für sein Gegenteil haben, eine kleine perverse Liebhabe-
rei für die Gemeinheit und das Leben, die ihn zum ernsthaften
Weltverbesserer vollends untauglich macht».

Nein, von weltanschaulichen, sozialen oder politischen Pro-
grammen hielt er nichts. Zum Ideologen taugte er nicht. Dies verbot
ihm sein Künstlertum, das eine absolute Freiheit verlangte (wenigstens im Kopf). Auch der kontrastierende Wille, ein Bürger zu sein,
versagte sich damals allem ideologischen Eifer: ein, wie er Gabriele
Reuter mit einem Gran Selbstironie zugestanden hatte, «ausgemachter Bourgeois», ein unpolitisch-konservativer, den jedes Re-

volutionsgeschrei und alles reformistische Pathos im Grund seiner
Seele langweilte. Die geistigen Strömungen der Zeit nahm er aufmerksam und sensibel wahr – soweit sie sich in der Literatur und in
der Musik zu äußern vermochten (für die bildende Kunst hatte er
keinen Blick).

In seiner Korrespondenz und in seinen Notizen aber findet sich
selten ein Hinweis, daß er dann und wann ein Auge auf die politischen Seiten der Zeitungen geworfen hätte: daß ihn zum Beispiel
die Reichstagswahlen des Jahres 1903 beeindruckten, bei denen das
katholische Zentrum einhundert Sitze und die Sozialdemokraten
einundachtzig eroberten. Jene beiden Parteien, die Bismarck mit
seinen Sozialistengesetzen und mit dem «Kulturkampf» zu brechen
versucht hatte, verfehlten zusammen nur knapp die Mehrheit im
Parlament des wilhelminischen Reiches. Friedrich Naumann, der
mit so klugem Augenmaß für eine Veränderung der Gesellschaft
warb, hatte seinen «Nationalsozialen Verein» gegründet. Die russischen Sozialisten hatten sich in die Flügel der «Bolschewiki» und
«Menschewiki» gespalten. Im Süden Rußlands und in der Ukraine
hatten sich Horden antisemitischer Kleinbauern und Kosaken in
wilden Pogromen auf die Juden gestürzt. Die Zionisten hatten die
Gründung von Siedlungen in Palästina beschlossen. 1904 schlugen
deutsche Kolonialtruppen einen Aufstand der Hereros in Südwest-
afrika nieder. Großbritannien, durch die Hochrüstung der deutschen Flotte unter dem Befehl des doppelbärtigen Admirals und
Staatssekretärs von Tirpitz alarmiert, schloß mit Frankreich die
«Entente cordiale», die Deutschlands wirre Weltmachtträume beenden und das Verhältnis der großen Nationen untereinander im
Gleichgewicht halten sollte. In Wahrheit war spätestens damit Bismarcks überkomplizierte Konstruktion von Allianzen, Rückversi-
cherungen, Verflechtungen und Abschreckungen – dieser permanente Jongleurakt mit weiß der Himmel wie vielen Bällen – auf
elende Weise gescheitert.

Scharfsinnige Beobachter der Entwicklungen, aber auch ahnungsvolle Seelen im aufgeregten Volk der expressionistischen
Dichter und Künstler spürten, daß Europa dem Abgrund zuzutrei-
ben begann. Der machtvolle kleine Kontinent, der in einem wirtschaftlichen Aufschwung ohnegleichen Güter in nie gekannter

Fülle, prallen Reichtum für seine Bürger und ein barock prangendes
Lebensgefühl produzierte, schien einer Katastrophe entgegenzu-
taumeln.

Nichts davon nahm Thomas Mann zur Kenntnis. Der Bourgeois
in seiner Seele, von dem er selbst spöttisch sprach, lehnte sich gegen
jede Veränderung auf, und der Künstler fühlte sich der Banalität
aller politischen und sozialen Wirklichkeit enthoben. Zugleich erlaubte ihm die Hoheit des Artisten, sich seinem Publikum – auch
seinen Freunden und womöglich der Familie – mit einer jähen Wendung zu entziehen, wann immer ihm danach zumute war.

Sein Weg wies nach oben. Die stetig wachsenden Auflagen seines
großen Romans machten es leichter, dem Olymp entgegenzuklet-
tern. Schon bei der Niederschrift des «Tonio Kröger» hatte er sich
aus ziemlicher Höhe über die Leser geneigt, in einer Mischung von
Güte, Verachtung und sanftem Spott (der ihn von fern auch selbst
betraf): «Sehen Sie, zuweilen erhalte ich Briefe von fremder Hand,
Lob- und Dankschreiben aus meinem Publikum, bewunderungsvolle Zuschriften ergriffener Leute. Ich lese diese Zuschriften, und
Rührung beschleicht mich angesichts des warmen und unbeholfe-
nen menschlichen Gefühls, das meine Kunst hier bewirkt hat, eine
Art von Mitleid faßt mich an gegenüber der begeisterten Naivität,
die aus den Zeilen spricht, und ich erröte bei dem Gedanken, wie
sehr dieser redliche Mensch ernüchtert sein müßte, wenn er je einen
Blick hinter die Kulissen täte, wenn seine Unschuld je begriffe, daß
ein rechtschaffener, gesunder und anständiger Mensch überhaupt
nicht schreibt, mimt, komponiert…»

«Denn das gesunde und starke Gefühl», schrieb er in der Novelle, «hat keinen Geschmack. Es ist aus mit dem Künstler, sobald
er Mensch wird und zu empfinden beginnt.» Später verwehrte er
sich die Niederschrift solcher Torheiten, die er einst mit tiefstem
Ernst zu Papier gebracht hatte, von ironischen Bedenken nur flüchtig gestreift. Es ist wahr, Generationen kunstgläubiger Jünglinge
berauschten sich an dem majestätischen Anspruch solch kindischen
Dünkels. Die Religion der Kunst schien in der Tat jede pathetische
Aufgeblasenheit zu rechtfertigen.

Hernach freilich wollte er in jenen Passagen eine Kritik am
Künstler zum Ausdruck gebracht wissen. Sie waren in Wirklich-

keit eine süchtige Feier des Künstlertums. Vielleicht sollte man den Selbstinterpretationen späterer Jahre nicht zuviel Gewicht beimessen. Sie wandelten sich – wie sich die Lebensverhältnisse, die Gesinnungen, die Gedanken Thomas Manns veränderten. Nicht alle Widersprüche lösten sich auf. Jürgen Kolbe bemerkte, der «Literat als vollkommener Mensch, als Heiliger» sei Thomas Mann seit «Tonio Kröger» ein «vertrautes, freilich auch ein verdächtiges Thema» gewesen. Zum Beleg zitierte er aus den Skizzen zu dem Essay «Geist und Kunst» (von 1909 und 1910), der nie eine druckreife Form gewann: «Der Heilige. Bewußtheit, höchste psychologische und sittliche Reizbarkeit, Reinheit, Güte, Humanität, was bei politischer Teilnahme zu einem fast trivialen, fast kindlichen Radikalismus und Demokratismus führen kann.»

Thomas Mann hatte dabei den Bruder Heinrich im Auge. Doch einige Jahrzehnte später beugte er sich selbst der so simplen und so beunruhigenden Logik, für die er in jenen frühen Jahren – noch immer den Blick auf den «Tonio-Kröger»-Künstler gerichtet – die umständlichen und dennoch so hellsichtigen Formeln von der «bewußten Naivisierung», vom «willentlich Unbewußten», von der «künstlichen Dummheit» fand.

Wahrhaftig, der junge Autor hatte sich in seiner Novelle weit vorgewagt. Er parodierte sich nicht etwa selbst, als er Tonio Kröger zu Lisaweta sagen ließ, natürlich benütze er die Bewunderung des unschuldigen Lesers für sein «Genie», um sich «zu steigern und zu stimulieren». Immerhin fügt Tonio Kröger hinzu, als sei er selbst ein wenig erschrocken, er mache dazu ein Gesicht «wie ein Affe, der den großen Mann spielt...»

Mit dem Erfolg der «Buddenbrooks» entdeckte er, daß er in der Tat ein «großer Mann» war. Er brauchte ihn nicht mehr zu spielen und auch kein Gesicht «wie ein Affe» zu machen. Eine freundliche Realität holte die halb seriöse, halb ironische Pose ein. Die Kindheits- und Pubertätsträume des «Prinzen Karl» fingen an, sich zu erfüllen. Noch immer war Richard Wagner sein Gott, der kein anderes Gesetz kannte als das seines Genies – und der andere Friedrich Nietzsche, von dem Garry Wills, ein amerikanischer Literat unserer Tage, bemerkt hat, er sei ein Genie gewesen, das sich selbst als Genie begriff (was man auch von Napoleon hätte sagen können).

Es war die Zeit der Heldenverehrung und des Kultes der großen Männer, dem auch Thomas Mann diente, wenngleich nicht mit so bedenkenloser Heftigkeit wie Heinrich, dem er hernach – wie im «Lebensabriß» nachzulesen – «Renaissancismus», «Übermenschenkult», «Cesare Borgia-Ästhetizismus», «Blut- und Schönheitsgroßmäuligkeit» im Stile d'Annunzios vorwarf. Hans Wysling, im Umgang mit den Brüdern völlig souverän, bemerkte über sie (in seinem Nachwort zu Heinrich Manns Novelle «Schauspielerin»), sie seien «Wilhelministen» gewesen, der eine wie der andere, auch wenn sie sich hoch über ihre Gegenwart erhoben hätten.

Schopenhauers pessimistisch relativierender Einfluß war nicht genug, Thomas Mann von der Anbetung des Genialen zu befreien, in der er sich heimlich verzehrte. Was die eigene Person anging, gebot ihm die Klugheit, sich meist mit vieldeutigen Annäherungen an den Begriff zu begnügen. Die Familie durfte ihn später den «Zauberer» nennen. Er selbst attestierte sich mit unbeirrbarer Enschlossenheit, daß er nicht so sehr ein Schriftsteller, sondern ein «Dichter» sei. Damit kam er dem Verehrungswillen des deutschen Publikums willig entgegen.

Im Gang des neunzehnten Jahrhunderts war es üblich geworden, auch die Verfasser literarischer Prosa «Dichter» zu nennen, sofern ihre Bücher von eigener Erfindung zeugten – anders als in den lateinischen oder angelsächsischen Ländern, in denen dieser Titel nur an die Autoren poetischer Werke im strengen Sinn des Wortes vergeben wurde (wie es heute noch üblich ist). Vielleicht drückte sich in der deutschen Besonderheit auch ein unbewußter Widerwille gegen das unbeholfene Kunstwort «Schriftsteller» aus, gegen das sich jede musische Feder sträuben sollte: ein Produkt der verstelzten Bildungswelt und ihrer verbalen Verkrampftheit, die sich – anders als die Angelsachsen, die Franzosen, die Italiener, die Spanier – der schlichten und bescheiden-realistischen Bezeichnung «Schreiber» verweigerte. *Writer* zeigt bis heute in Großbritannien, in Amerika, in Australien einen honorigen Beruf an. *Écrivain* war und ist ein Titel, mit dem man in Frankreich Ehre einlegt – wie in Italien mit dem *Scrittore*. «Schreiber» aber war in Deutschland der Kanzleigehilfe, der Stadtchronist im hintersten Winkel der Rathäuser, der Stabsgefreite in den Kasernen – ein Literat ganz gewiß nicht.

Die Erhöhung des Schreibers zum «Dichter» erfüllte das Verlangen nach Weihe und Würde, nach Magie und Mysterium, das in der Tiefe vieler deutscher Seelen raunte. Dem Schriftsteller blieb der dunkle Glanz solchen Ruhmes versagt. Thomas Mann litt überdies in einem Winkel seines Herzens zeitlebens daran, daß er zum reinen Poeten nicht taugte. Er verfügte über genügend Urteilskraft, seine eigenen frühen Verse als medioker zu betrachten. Dennoch fand er sich mit dieser Einsicht nur ungern ab. In einer langen Aufzeichnung über eine quälend kritische Phase in der Freundschaft zu Paul Ehrenberg stellte er mit herrischer Entschiedenheit fest, er sei «kein Schriftsteller, sondern ein Dichter, der auch an seinem Leben dichtet». Er fuhr fort: indem er von seiner «Künstlereinsamkeit» aus «schöne Brücken» zu der Welt des Gefährten schlage, «dichte» er «an seinem Leben» – und dieses Leben, kein Zweifel, sollte einst in seiner Gesamtheit als Kunstwerk betrachtet werden, wie in Weimar zu lernen war.

In einem seiner Briefe an Heinrich Mann bestand er darauf, daß er ein «Lyriker» sei. Seine Kunst der Beschreibung, ihre Zartheit, der blühende Reichtum ihrer Farben, die Fülle der Aromen, die Musik der Worte – sie waren ohne eine poetische Gabe von hohem Glanz nicht denkbar. Thomas Mann wußte es gut genug. Doch der nagende und manchmal brennende Ehrgeiz zwangen ihn wenigstens zweimal, sich an der «gebundenen Sprache» zu versuchen. In der «Fiorenza» gerieten ihm die Monologe immer wieder zu Versen nach Schillers Manier (freilich zog er es vor, sie als solche nicht kenntlich zu machen).

Seinen «Gesang vom Kindchen», den er nicht lange nach der Geburt seiner Tochter Elisabeth nach dem Ende des Ersten Weltkrieges aufsetzte, sich nach klassischer Art an Hexametern versuchend, begann er mit der Frage: «Bin ich ein Dichter?» Der Zweifel, der sich mit dieser ersten Zeile jenes seltsamen Werkchens anzumelden schien, war eher kokett. «Bin ich ein Dichter? War ich's zuweilen? Ich weiß nicht. In Frankreich / Hieße Poet ich nicht.»

Der Autor schwang sich auf Stelzen, die das Versmaß nicht vorschrieb: «Mein Teil nun war immer die Prosa, schon seit dem Knaben / Erste Liebesschmerzen verblüht und frühe der Jüngling / Sich zum Werke nüchtern bereitet. Ein edles Gewaffen / Schuf der Ver-

letzliche sich in ihr, die Welt zu bestehen, / Und er trug es mit Anmut: Gesteh' ich's manch schönes Gelingen / Krönte mein Mühen
um deutsches Wort, und ebengeboren / Dünkt' ich mich manchem
Sänger an Künstlerwürde und -wissen. / Denn *Gewissen* schien immer mir Sinn und Sache der Prosa.»

Einige Zeilen danach mahnte er sich freilich zum Gedenken «verjährter Beschämung, / Heimlicher Niederlage, nie eingestandnen
Versagens». Sein Scheitern als Lyriker kränkte ihn tiefer, als er es
jemals hatte offenbar werden lassen: die poetischen Niederlagen der
Jünglingsjahre des «höheren Rausches», als sich die Seele «hymnisch erhob» und es den «ringenden Geist zum Gesange unter Tränen» drängte: «Bitterkeit blieb auf der Zunge.» Er fragte noch einmal: «war es nicht so? Und sollt' es dabei sein Bewenden / Immer
behalten? Schriftsteller bliebst du und Prosaerzähler? / Dürftest nie
als Poet dich fühlen, wie er im Buch steht? / So wär's vom Schicksal
verbrieft und besiegelt? – Laßt mich doch sehen!»

Dichter? Er hatte die Antwort gegeben, lange bevor er sich entschloß, den «Silbenfall» zu versuchen, den die «Griechen und
Deutschen» gleichermaßen geliebt haben. «Dichter? Ich war es!
Denn wo sich ursprünglich die Liebe zur Sprache / Jeder Liebe
gesellt und allem Erleben sich mischet, / Da sei von Dichtertum
kühnlich die Rede, – das Wort ist am Platze.»

Dichter – und nicht etwa ein Literat. Das war der entscheidende
Maßstab. Kein Dichtertum, wie es Stefan George mit den großen
Gebärden des «geistigen Führers» zelebrierte, das nicht. In späteren
Jahren hätte sich Thomas Mann, milder und zugleich majestätisch
geworden, eher die freundliche Deutung jenes Berufes zu eigen gemacht, die Goethe im «Wilhelm Meister» vorgezeichnet hat: Lehrer und Wahrsager, «Freund der Götter» wie der Menschen. So
weit war er noch nicht. Mit Nietzsche suchte der Dichter und Prinz
noch lange die Verklärung des Ichs im Strahlenkranz des Genialen.
Ließ er je davon ab?

15. KAPITEL

Der erste Bruderkrieg

Dichter! Keinesfalls Literat! Mit anderen Worten: Thomas Mann
suchte – trotz der vielen Gemeinsamkeiten, zu denen der Nietz-
sche-Kult gehörte – die scharfe Abgrenzung gegen den Bruder. Mit
den wachsenden Auflagen der «Buddenbrooks» schien in ihm nicht
nur ein gesteigerter Respekt für die eigene Person, sondern auch
eine seltsame Gereiztheit überhand zu nehmen. Paul Ehrenberg,
der blonde Malerfreund, stürzte seine Seele noch immer in Aufruhr: Das mag eine der Ursachen gewesen sein. Zum anderen
bangte er, ob sich der große Erfolg wiederholen lasse. Es galt, die
Konjunktur zu nutzen. So brachte er, vom Interesse der Zeitungen
und Zeitschriften, vor allem aber von den hohen Honoraren gelockt, einige kleine Geschichten zu Papier. In der Skizze «Das
Wunderkind» spiegelten sich frühe Träume, obwohl sie von realen
Begebenheiten in einem Münchner Konzertsaal diktiert war. Kurt
Martens gestand er mit einer Spur von Koketterie, er habe den «unglaublichen Schmarrn in 1½ Tagen zusammengeschmiert», und er
betrachte sich darum «fortan nicht mehr als litterarisch unbescholten». Danach die Studie «Ein Glück»: eine Garnisonsgeschichte,
durch eine Anekdote aus den Militärjahren von Kurt Martens angeregt. Ein Stück von melancholischer Anmut, das nach Wien hin-
überdeutet, zu Arthur Schnitzler, dessen Novellen ihm im Jahre
1904 gewiß da und dort begegnet waren. Vor allem aber quälte er
sich mit dem Savonarola-Stück «Fiorenza», von dem er wohl
spürte, daß es kaum ein bühnenfähiges Drama sein würde: Monologe in einer hohen, feierlichen, nicht immer poetischen, oft nur

verkrampften Sprache, die sich über zehn Minuten oder eine Viertelstunde hinschleppen mochten, wenn sie im Theater zum Vortrag
kämen. Er mühte sich von Zeile zu Zeile voran. Ein Ende war nicht
abzusehen.

Nur der Vormittag gehörte der dichterischen Arbeit, während er
am Nachmittag an «das eigentliche, repräsentirende, symbolisirende
‹Werk› fast niemals Hand zu legen» wagte, wie er in einer Aufzeichnung über einige leidvolle Tage schmollenden Werbens um Paul
Ehrenberg bemerkte. Die Qual dieser Freundschaft mag sich hernach – die Zusammenhänge waren ihm kaum bewußt – auf den Konflikt mit dem Bruder übertragen haben. Die tieferen Wurzeln des
lauernden Streits waren jenseits der Literatur in Grundschichten der
beiden Menschen eingegraben: in Kindheit und Pubertät.

Während er in den Morgenstunden mit peinvoller Mühe Wort um
Wort zum «Werk» aneinanderfügte, schleuderte Heinrich Mann
Opus um Opus aufs Papier – mit leichter Hand, wie es schien: dem
«Schlaraffenland»-Roman waren Erzählungen gefolgt, danach die
Trilogie der «Göttinnen», die den Leser mit einem opernhaften
Rausch von Bildern und rhetorischem Pathos zu überwältigen
suchte. Heftige Szenen jagten einander. Manchmal Augenblicke
idyllisch-romantischen Verhaltens. Hochgreifende Perioden, fast
übergangslos mit Passagen im nachlässigen Jargon des Alltags wechselnd. Rezitative und Arien. Paraden eines dressierten Kunstwillens
– und daneben eine forcierte Art von Modernität. Pralles Leben,
bunte Abenteuer, gesteigerte Sinnlichkeit: und dennoch machte sich
im Hintergrund jener drei Romane der «Herzogin von Assy» Langeweile breit, nicht nur für Leser in der Neige des Jahrhunderts, wohl
auch für die Zeitgenossen des Autors.

Der Verkauf seiner Bücher blieb dürftig, trotz der erotischen Sensationen, mit denen der Autor vor allem den letzten der Bände mit
dem Titel «Venus» aufzuputzen bemüht war. Es war nicht Prüderie,
die die Kundschaft zurückschrecken ließ, sondern der fade Geruch
von Papier, der stärker war als die Parfums, die Heinrich Mann in den
Boudoirs der Schönen so üppig verströmen ließ. Kritiker, die sich
dem Fortschritt verschrieben hatten, nahmen diese Grundschwäche
der Bücher nicht wahr. Sie bestaunten die *italienità* des Stiles – und
just sie war es, die dem Bruder gegen den Strich ging.

Lange danach, in seiner Rede zum sechzigsten Geburtstag des Bruders am 27. März 1931, rief Thomas Mann mit Emphase, das «wirkliche brüderliche Gegenstück zu den ‹Buddenbrooks›» sei «die kunstglühende, gestaltenschäumende, rausch- und farbenvolle, zugleich barocke und strenge Romantrilogie der ‹Herzogin von Assy›» gewesen – «diese Talentexplosion, die manchem jungen Menschen von damals ein neues, aufwühlendes Erlebnis der Prosa vermittelte». Glaubte er sich selbst? Vielleicht war der späte Enthusiasmus durch den republikanischen Frieden zwischen den Brüdern und durch eine gefestigte Liebe gerechtfertigt. Der gute Wille forderte manche Heuchelei. Indes, der Bombast der Formulierungen zeigte an, daß Thomas Mann der eigenen Begeisterung nicht völlig über den Weg traute. Er wußte wohl, daß sein strengeres Urteil in früheren Jahren der Wahrheit näher war.

Heinrichs Produktivität ärgerte ihn mehr als der unsichere Geschmack, der die Lektüre mancher Seiten zur Peinlichkeit werden ließ. Er rieb sich auch – wie so viele mit ihm und nach ihm – an der verstörenden Mischung von hohem Talent und undifferenzierter Verkitschtheit, vitaler Lust an der Farbe und allzu steilem Pathos, intellektueller Schärfe und naiver Kritiklosigkeit.

Eifersucht und Bewunderung, Verachtung und Liebe lagen unentwegt und unauflöslich miteinander im Streit. Im Frühjahr 1903 besprach er für die Zeitschrift «Die Freistatt», die der wunderliche Baron Alexander von Bernus herausgab, einen Roman der Schriftstellerin Toni Schwabe – ein heute längst vergessenes Buch, das er mit ernster Eindringlichkeit lobte. Wichtiger war ihm die anklagende Feststellung, was es nicht sei: kein Kind der «Blasebalg-Poesie, die uns seit einigen Jahren aus dem schönen Land Italien eingeführt wird». Seine plötzliche Huldigung an das «Ewig-Weibliche» (so der Titel der Rezension), das er generös mit der Hoffnung feierte, man dürfe «von der Frau als Künstlerin das Merkwürdigste und Interessanteste», ja «irgendwann einmal» so etwas wie «Führer- und Meisterschaft» erwarten: dieses rührende Preislied, das kaum wörtlich zu verstehen war, richtete sich in Wahrheit gegen den Kult latinisch-heroischer Maskulinität und seine «schöne Oberflächlichkeit». Also: gegen den Bruder, der in einer Selbstcharakteristik für das Wiener Blatt «Die Zeit» von der «Herzogin

von Assy» gesagt hatte, er wünsche, daß «dieses Buch (...) als ein
Werk der neuen Renaissance» gelte.

Heinrich Mann hatte nicht lange zuvor seine eher selbstkritische
Erzählung «Pippo Spano» auf den Markt geworfen, in der freilich
auch die heroisch klirrenden Sätze standen: «Er ist ein stählerner
Daseinskämpfer, das ist auch die Seele seiner Kunst. Die Größe und
die Kraft der Rasse ist auferstanden in einem Dichter. Man sieht,
auch in einer schmalen Brust können sie sich erheben. Die Renaissance ist, zum Angriff bereit, zurückgekehrt...» In einem der Briefe
an Heinrich rühmte Thomas Mann das kleine Werk, das sich durch
eine federnde Straffheit der Sprache auszeichnete und nicht zu Unrecht als Heinrichs Meisternovelle aus jener Epoche gilt.

Es ist zu vermuten, daß ihm Thomas' kritischer Aufsatz in der
«Freistatt» nicht verborgen blieb, doch er schien es vorzuziehen,
darüber zu schweigen. Vermutlich redeten die beiden kaum über
den heimlichen Zwist, als sie im Sommer jenes Jahres einige Tage
oder Wochen bei der Mutter auf dem Schweighardtschen Hof in
dem oberbayerischen Dörfchen Polling zusammen verbrachten.
Dorthin hatte sich Julia Mann nach einem unsteten Wechsel von
Wohnung zu Wohnung in München mit Viktor zurückgezogen,
der unterdessen dreizehn Jahre zählte, in der Schule so miserabel
wie die bewunderten älteren Brüder, doch anders als sie, die Söhne
einer urbanen Kultur, mit einer robusten Passion für das Landleben
und die bäuerliche Wirtschaft begabt.

Im Idyll der voralpinen Natur mit ihren Wiesen und Seen, den
Wäldern und sanften Hügeln kam der schwelende Konflikt nicht
zum Ausbruch. Doch Thomas Mann schrieb in sein Notizbuch:
«Ich *leide* unter dem Gefühl des Hasses wie unter keinem anderen.
Ich bin im Vergleich mit H., dem Vornehmen, Kalten, ein weich-
müthiger Plebejer, *aber* mit sehr viel mehr Herrschsucht ausgestattet. Nicht umsonst ist Savonarola mein Held. Man haßt, wo das zur
Macht gelangt, was man verachtet.» Dann wechselte er, von unter-
drücktem Zorn überwältigt, zur direkten Anrede: «Ich dürfte dich
nicht hassen, weil mein Theil die Liebe ist? Nun, desto heißer haß'
ich dich, weil du mehr Haß erweckst, denn am meisten hasse ich die,
welche durch die Gefühle, die sie mir erwecken, mich auf die
Schwächen meines Charakters aufmerksam machen.»

In der Neige des Jahres aber, am 5. Dezember 1903, brach ihm der Zorn offen aus der Seele. In einem langen Brief an den Bruder – der erst spät gefunden wurde und darum in Hans Wyslings Ausgabe der Korrespondenz aus dem Jahre 1968 noch keine Aufnahme fand – erzählte der Jüngere zunächst verhalten und ein wenig taktlos von seinen Erfolgen: den so freundlich aufgenommenen Lesungen in Ostpreußen, der Begegnung mit Gerhart Hauptmann im Hause seines Verlegers Samuel Fischer, der munter steigenden Auflage der «Buddenbrooks» (deren Erfolg er mit tückischem Edelmut als ein «Mißverständnis» zu deuten versuchte). Dann kam er zur Sache. Heinrich hatte nach der Trilogie im Herbst einen neuen Roman unter dem Titel «Die Jagd nach Liebe» auf den Markt geworfen. Seine Heldin war eine junge Schauspielerin von besessenem Ehrgeiz und mäßiger Begabung, in der sich leicht die Schwester Carla erkennen ließ, Heinrichs Favoritin, zehn Jahre jünger als er. Man sagte ihm nach, er habe an der jungen Frau – sie zählte damals zweiundzwanzig Jahre – mit einer geradezu inzestuösen und damit um so verletzlicheren Liebe gehangen. Doch das Porträt der aufstrebenden Aktrice, vor dem Hintergrund rasch wechselnder Szenen mit nervöser Hast entworfen, konnte kaum ein schmeichelhaftes genannt werden: Sie trat als ein fahles, frigid-egozentrisches Wesen vor die Leser, fanatische Dienerin einer Kunst, für die sie in Wahrheit nur ein dürftiges Talent besaß. Thomas hatte die Schwester Anfang Oktober 1903 in Düsseldorf aufgesucht, vermutlich nicht nur, um sie auf der Bühne zu bewundern, denn Carla schien es für eine Pflicht des künstlerischen Wesens zu halten, sich auch im Alltag exzentrisch zu gerieren. Flüchtige Flirts und wirre Passionen machten die Mutter, machten auch Thomas besorgt. Vermutlich unternahm er die Reise, um der Schwester ins Gewissen zu reden. Hatten sie Gelegenheit, über Heinrichs Buch zu sprechen?

Carla Mann schien dem Älteren, der ein so fragwürdiges Bild von ihr gezeichnet hatte, keineswegs zu grollen. Sie schrieb ihm: «Die Ute» – der Name ihrer Doppelgängerin im Roman – «hat mich außerordentlich interessiert, besonders da ich künstlerisch mehr Ähnlichkeit mit ihr habe, als Du glaubst. (...) Der Ute scheint auch alles Kranke zu liegen. Ich bin auch eigentlich nicht temperamentlos, aber mein Temperament scheint anormal zu sein.»

Sie fügte hinzu (ein Spiegel ihrer Konversationen mit Thomas?): «Nur die, die einfach zusammenbrechen, geistig oder körperlich, kann ich spielen. Dann natürlich alle, die von vornherein hysterisch oder sonstwie krankhaft veranlagt sind.» Die Verblasenheiten, der Kitsch, die exzentrischen Bilder, das stilistische Malheur des Buches störten sie nicht. Sie stieß sich nicht an grotesken Sätzen wie diesen: «Seine Stirn erhob sich schmal und entblößt, der schwarze Schnurrbart zottelte stürmisch über seinen blassen jähzornigen Lippen.» – «Ihr Kornblond war noch reifer, noch voller von Verstecken der Liebe». – «Aber woher strömte der märchenhafte Frühling, in den gebadet nun Claude umherging? Aus einer, nur aus der einen.» – «Nie würde die eine ganze Leidenschaft aus seinem Herzen schlagen dürfen, heiß, hoch aufwogend, rot wie Utes Haar!» – «Aus ihrem Munde kamen die Worte der Leidenschaft wie der heiße Duft aus dem besonnten Fleisch einer Rose.»

Das vertraute Verhältnis der beiden blieb ungebrochen. Thomas Mann aber mußte die entgleiste Sprache des Buches kränken. Die wenig schmeichelhafte Charakterisierung der Schwester ertrug er. Doch in der Revue der Karikaturen, die Heinrich Mann an den Lesern vorbeitorkeln ließ, erkannte er – wie alle Welt – dieses und jenes prominente Mitglied der Münchner Gesellschaft: auch den Bankier Josef Löhr, den wenig geliebten Mann der zweiten Schwester Lula, die sich über den Roman bitter empörte. Der Lärm war beträchtlich. Es ist nicht einmal sicher, daß Franziska von Reventlow – die lebenshungrige und so gutartige Boheme-Gräfin, deren Talent ihren Träumen nicht völlig entsprach – ihre Spiegelung in jenem Buch mit Humor zur Kenntnis nahm. (Sie mag Heinrich Mann in ihrer Lübecker Jugend flüchtig begegnet sein, vielleicht auch das eine oder andere Mal in München. Dem Bruder Thomas kaum. In ihren Briefen vermerkte sie lediglich den Alptraum, er habe ihr ein Manuskript mit einem langen – und vermutlich belehrenden – Brief zurückgereicht.)

Selbst Mutter Julia, die sich über die Werke der Söhne nur generös und tolerant zu äußern pflegte, hielt sich daran auf, daß Heinrich in seinen Roman «Münchener bekannte Persönlichkeiten» in «zu gewagter Weise» hineinbezogen habe. Löhr, schrieb sie, sei das «in seiner Stellung etwas unangenehm», und Otto Julius Bierbaum sei «wütend» gewesen. Dann setzte sie beschwichtigend hinzu: «aber was wird nicht alles geschrieben, u. wie wird nicht auch mit der *Feder* herausgefordert u. Krieg gespielt, da stehst Du nicht vereinzelt da.»

Thomas Mann hatte kaum ein Recht, an den Indiskretionen Anstoß zu nehmen. Er tat es dennoch, denn der kleine Skandal stand seinem geplanten Eintritt in die höheren Ränge des Bürgertums im Wege, zu dem ihm der Triumph der «Buddenbrooks» den Weg gebahnt hatte. Das sagte er natürlich nicht. Seine geharnischte Kritik tarnte sich hinter künstlerisch-moralistischen Argumenten.

Er wagte sich nur zögernd vor. «Meine Eindrücke?» schrieb er. «Sie sind nicht grade sehr angenehm, – was Eindrücke ja aber auch durchaus nicht zu sein brauchen. (...) Ich habe mich mit dem Buche herumgezaust, es fortgeworfen und wieder aufgenommen, geächzt, geschimpft und dann auch wieder Thränen in den Augen gehabt... Tage lang bin ich, bei dem tiefsten Barometerstand seit hundert Jahren (laut Erklärung der meteorologischen Warte), mit der Pein umhergegangen, die es mir erweckt hat. Nun weiß ich ungefähr, was ich Dir zu sagen habe.»

Dann faßte er Mut: «Daß ich mit Deiner litterarischen Entwicklung nicht einverstanden bin, – muß einmal ausgesprochen werden; am besten jetzt, wo Du, soviel ich weiß, nichts Eigenes vorhast, – und auch sonst könnte es Dich wohl kaum beirren. Das Vortreffliche in diesem neuen Roman entgeht mir gewiß nicht. Die Schilderung von Nymphenburg, die Automobilfahrt, (...) das sind Dinge, die Dir in Deutschland niemand, ganz einfach überhaupt niemand nachmacht. Ich stelle dies voran, dick unterstrichen. Und doch: Solche Bücher, wie ‹Die Jagd nach Liebe›, liegen meiner Überzeugung nach (die vielleicht nur mein Wunsch ist) nicht allein außerhalb der deutschen Entwicklung – das wäre kein Einwand – sondern auch außerhalb Deiner eigenen.»

Er entwarf, um sein Ressentiment wenigstens in den Schein der Gerechtigkeit zu hüllen, ein idealisiertes Bild des Bruders, von dem er wohl wußte, daß es mit der Wirklichkeit kaum übereinstimmte: «Wenn ich zehn, acht, fünf Jahre zurückdenke! Wie erschienst Du mir? Wie warst Du? Eine vornehme Liebhabernatur, neben der ich mir mein Lebtag plebejisch, barbarisch und spaßmacherhaft vorgekommen bin, voller Discretion und Cultur, voller Reserve der ‹Modernität› gegenüber und in voller Linie historisch begabt, ledig jedes Applausbedürfnisses, eine delicate und hochmüthige Persönlichkeit, für deren litterarische Äußerungen jetzt in Deutschland sehr wohl ein empfängliches erlesenes Publicum vorhanden wäre... Und nun, statt dessen? Statt dessen nun diese verrenkten Scherze, diese wüsten, grellen, hektischen, krampfigen Lästerungen der Wahrheit und Menschlichkeit, diese unwürdigen Grimassen und Purzelbäume, diese verzweifelten Attacken auf des Lesers Interesse!»

Er rügte, nicht zu Unrecht, die Unfähigkeit Heinrichs, in jenem Buch «dem Leben nahe zu kommen»: nämlich durch die Genauigkeit der Beobachtung, der geduldigen Beschreibung von Individualität, der Liebe zum Detail, die er in seinen eigenen Werken, zumal in den «Buddenbrooks», so glänzend demonstriert hatte. «Alles ist verzerrt», schrieb er, «schreiend, übertrieben, ‹Blasebalg›, ‹buffo›, romantisch also im üblen Sinne».

Dann kam er zum Kern: «Lieber Heinrich, ich rede aufrichtig und sage Dinge, die ich längst auf dem Herzen habe. Es ist, meiner Einsicht nach, die Begierde nach Wirkung, die Dich corrumpirt, wenn anders nach diesem Buche wirklich von Verderbnis gesprochen werden muß. Du hast mir zuviel von Wirkung und Erfolg geredet in letzter Zeit. (...) Du hast den Unterschied zwischen uns beiden dahin formulirt, daß ich dem deutschen Volksempfinden näher stände, Du dagegen ‹es mit der Sensation machen müßtest›. (...) Auch weiß ich wohl: nicht der Erfolg von ‹Buddenbrooks› hat es Dir angethan – es wäre dumm und lächerlich, das anzunehmen –, sondern, früher schon, das Buch als Leistung, als Quantität. (...) Mit einer hygienischen Disciplin, von der ich niemals recht wußte, ob ich sie bewundern oder verachten sollte, hast Du Dich weit über mich hinaus zur Arbeitsfähigkeit trainirt (...); Du hast Dich so gesund gemacht, daß Du sechs Stunden am Tage arbeiten kannst, aber was Du machst, ist krank, nicht weil es ‹krankhaft› wäre, sondern weil es das Resultat einer schiefen und unnatürlichen Entwicklung ist und einer Wirkungssucht, die Dir unaussprechlich schlecht zu Gesichte steht.»

Peter de Mendelssohn kannte jenen Brief noch nicht, als er seine

Materialien über Leben und Werk Thomas Manns zusammentrug. Doch mit exakter Witterung bemerkte er: Heinrich habe in der «Jagd nach Liebe» eine Thematik an sich gerissen, die Thomas als sein Thema und sein eigenes «schöpferisches Leitmotiv» empfand: die Unvereinbarkeit von «Kunst» und «Leben», «Kunst und Liebe», «Kunst und Bürgerlichkeit» – sein Sujet, «das Heinrich, wie ihm scheinen mußte, in diesem Buch aufs widerwärtigste plakatierte, theatralisierte, verflachte, vergröberte, mit greller, krasser, metaphernüberladener, hochgeputschter Bellezza-Firlefanz-Sprache seiner heilig-schmerzlichen Nüchternheit beraubt und, indem er es betrunken machte, entmoralisierte – denn darauf lief es hinaus».

In jenem Brief vom 5. Dezember 1903 konfrontierte Thomas Mann den Bruder in der Tat mit dem Vorwurf des Plagiats: «In Riva, im Ruderboot, haben wir schon einmal einen Anlauf zu einer Auseinandersetzung über diesen unangenehmen Gegenstand genommen». Dort habe er ihm von seinem Plan erzählt, «einen Roman ‹Die Geliebten› zu schreiben. In den ‹Göttinnen› fand ich den psychologischen Inhalt dieser Gespräche in oberflächlicher und grotesker Weise verwerthet (…). In ‹Tonio Kröger› sind als Gegensatz des Künstlers, wie ich ihn verstehe, ‹die Gewöhnlichen› genannt. (…) Und in der ‹Jagd nach Liebe› finde ich den Ausdruck ‹die Gewöhnlichen› als Bezeichnung für das Gegentheil des Künstlers wiederholt benützt. Kleinlicher Geiz, nicht mehr, der vor seinen kümmerlichen Schätzen eifersüchtig Wache hält. Sehr gut! Aber dann könntest Du an die Geschichte von dem reichen Manne denken, der dem Armen sein einziges Schaf wegnahm».

Die Trilogie wies – im Vergleich zur Münchner Kolportage – ganz gewiß bemerkenswerte Qualitäten auf: «Die ‹Göttinnen›, die neben gellenden Geschmacklosigkeiten ganz wundervolle Schönheiten enthielten, habe ich nicht nur gegen Schaukal vertheidigt. Ich habe auf den großartigen äußeren Reichthum und die sinnliche Schönheit dieses Werks, vor Allem aber auf seine historische Tiefe hingewiesen, die wie ein kunstvoller Gobelin den grotesken Ereignissen als Folie dient. Da aber in der ‹Jagd nach Liebe› von der Schönheit nicht viel, vom Historischen garnichts übrig ist, – was bleibt?»

Thomas Mann grub noch ein wenig tiefer – in der Seele des Bruders und vor allem in der eigenen. Die aufgedonnerte Sexualität in Heinrichs Romanen verstörte den jungen Bürger mit dem prinz lichen und dichterischen Anspruch auf eine unberührbare Hoheit. Sie provozierte Wünsche an das Leben, die er mit solch verbissener Energie verdrängt hatte. Sie beleidigte seine selbstgewählte Askese. Sie war seinem Willen zu gesellschaftlicher Honorigkeit im Wege. «Was bleibt?» hatte er gefragt. «Es bleibt die Erotik, will sagen: das Sexuelle. Denn Sexualismus ist nicht Erotik. Erotik ist Poesie, ist das, was aus der Tiefe redet, ist das Ungenannte, was Allem seinen Schauer, seinen süßen Reiz und sein Geheimnis gibt. Sexualismus ist das Nackte, das Unvergeistigte, das einfach bei Namen Genannte. Es wird ein wenig oft bei Namen genannt in der ‹Jagd nach Liebe›. Wedekind, wohl der frechste Sexualist der modernen deutschen Litteratur, wirkt sympathisch im Vergleich mit diesem Buch. Warum? Weil er dämonischer ist. Man spürt das Unheimliche, das Tiefe, das ewig Zweifelhafte des Geschlechtlichen, man spürt ein Leiden am Geschlechtlichen, mit einem Worte, man spürt Leidenschaft. Aber die vollständige sittliche Nonchalance, mit der Deine Leute, haben sich nur ihre Hände berührt, mit einander umfallen und l'amore machen, kann keinen besseren Menschen ansprechen. Diese schlaffe Brunst in Permanenz, dieser fortwährende Fleischgeruch ermüden, widern an. Es ist zu viel, zu viel ‹Schenkel›, ‹Brüste›, ‹Lende›, ‹Wade›, ‹Fleisch›, und man begreift nicht, wie Du jeden Vormittag wieder davon anfangen mochtest, nachdem doch gestern bereits ein normaler, ein tribadischer und ein Päderasten-Aktus stattgefunden hatte. Selbst in der rührenden Scene zwischen Ute und Claude an des Letzteren Sterbebett, dieser Scene, bei der ich weich wurde, bei der ich gern vergessen hätte, – selbst da muß unvermeidlich Ute's ‹Schenkel› in Action treten, und ein Schluß war nicht möglich, ohne daß Ute nackt in der Stube umherging!»

Das Finale, obwohl er ihm den Anstrich von Versöhnlichkeit gab, machte nichts wieder gut: «Ich bin zu Ende. Manches ist härter herausgekommen, als es beabsichtigt war, und ich würde den Brief wohl mildernd copieren, wenn mich nicht fortwährend eine Art Schreibkrampf belästigte.» Ein letzter Anlauf: «Vielleicht, wenn

Du diesen Brief aufbewahrst und er kommt dereinst ans Tageslicht, vielleicht werden sich spätere Leute einmal über den Löffel von einem jüngeren Bruder amüsiren, der Deine Größe so garnicht zu schätzen wußte – vielleicht. Ich habe mir unterdessen nach meinen geringen Kräften eine historische Parallele zurechtgemacht, mit deren Hülfe ich der ‹Jagd nach Liebe› einen gewissen Rang zuweisen kann.» Die Epiker des Quattro- und Cinquecento, so Thomas Mann, «waren keine Dichter, keine Seher und Verkünder. Sie waren Künstler, und was sie schrieben, war eine künstlerische Unterhaltungslektüre, eine tolle und bunte Flucht abenteuerlicher, unmöglicher und obscöner Diversionen. Sie will ich nennen, wenn ich Dein Werk vertheidige gegen Leute, die kommen und glauben werden, es einfach geringschätzen zu dürfen. Ein angenehmes Weihnachtsfest und ein fruchtbares neues Jahr! Dein T.»

Der Verweis auf das «bloße Künstlertum» Heinrichs war in Wirklichkeit die schlimmste Schmähung, die er dem Bruder zufügen konnte: Heinrich der Artist – Thomas der Dichter. An dieser Unterscheidung hielt er fest, auch als der erste Bruch zwischen den beiden halbwegs verheilt zu sein schien. An Ida Boy-Ed in Lübeck schrieb er acht Monate später: «Eine Verwandtschaft, eine gewisse natürliche Familienähnlichkeit besteht trotz aller tiefen Gegensätze zwischen meinem Bruder und mir, übersehen Sie das nicht. Der dualistische Bruch zwischen Kunst und Leben ist bei mir so gut vorhanden, wie bei ihm, – nur daß es bei mir noch Problem und Leidenschaft und bei ihm dies eben nicht mehr ist. Er hat sich entschieden; und zwar für die Kunst. Und man darf nicht zweifeln, daß er als Künstler außerordentlich stark empfindet. Ich habe es aus seinem eigenen Munde, daß er an gewissen Stellen der ‹Herzogin von Assy› *Thränen* vergossen hat – ich glaube ihm das unbedingt. Er *ist* ein Künstler, in seinem Sinne, das ist gewiß. Ich glaube Sie thäten unrecht, seine Entwicklung nicht weiter zu verfolgen.»

Die Schriftstellerin und Journalistin hatte wohl die Anmerkung über Heinrich durch eine kritische Bemerkung über seine letzten Bücher herausgelockt. Dennoch wagte sich Thomas Mann in jenem Brief an die Freundin erstaunlich weit vor: «Haben Sie geglaubt, daß ich ein Verhältnis zu seinen Sachen habe? Wegen seines letzten Buches haben wir uns beinahe überworfen. Dennoch ist die Empfindung, die seine künstlerische Persönlichkeit mir erweckt, von Geringschätzung am weitesten entfernt. Sie ist eher Haß. Seine Bücher sind schlecht, aber sie sind es in so außerordentlicher Weise, daß sie zu leidenschaftlichem Widerstande herausfordern. Ich rede nicht von der *langweiligen* Schamlosigkeit seiner Erotik, von der geistlosen und unseelischen Betastungssucht seiner Sinnlichkeit. Was mich empört, ist die aesthetisirende Grabeskälte, die mir aus seinen Büchern entgegenweht, und die mir in der selben Weise widersteht, wie die Atmosphäre in Hofmannsthals ‹Elektra›. Die Kunst dieser Leute ist agaçant ohne intensiv zu sein, sie geht einem fürchterlich auf die Knochen, ohne einem seelisch das Allergeringste zu hinterlassen...»

Der Zorn saß tief, wahrhaftig. Diese bösen Zeilen drängten sich ihm fast ein Dreivierteljahr nach seinem großen Streitbrief in die Feder. Heinrich Manns Antwort ist verschollen. Sie kann nicht zu schroff gewesen sein – wohl eher perplex und erschrocken. Die Verbindung brach nicht ab. Einen Tag vor dem Heiligabend des Jahres 1903 dankte er Heinrich: «Es ließe sich wiederum eine Menge darauf erwidern», rief er, «aber hol' es der Teufel! Uns beiden ist am wohlsten, wenn wir Freunde sind, – mir gewiß. Es sind meine übelsten Stunden, wenn ich Dir feindlich gesinnt bin.»

Seitdem wahrten die beiden den äußeren Schein des Friedens. Thomas Mann ahnte wohl, daß sie einander näher waren, als es ihnen lieb sein konnte: «Wilhelministen» alle beide, nach Hans Wyslings schon zitierter kluger Anmerkung. Das aufgedonnerte Pathos in Thomas' «Fiorenza» schepperte nicht weniger als Heinrichs Renaissance-Gepränge. Heinrich freilich hatte sich dem Geist und den Moden der Zeit gefügiger überlassen. Olaf Gulbransson, der geniale norwegische Zeichner, porträtierte ihn mit wilhelminisch hochgezwirbeltem Schnurrbart. Auf den Photographien der Zeit glich er eher dem bocksbärtigen dritten Napoleon, diesem kaiserlichen Hasardeur, den er keineswegs schätzte. In seinem übernächsten Brief am 27. Februar 1904 beglückwünschte Thomas den Älteren zu der Novelle «Fulvia», die er «fest, edel, meisterhaft und von jener romanischen Gedrungenheit des Styls» nannte, «die so ganz Dein eigen ist. Ich habe mir wieder gedacht, daß Du heute eigentlich der Einzige bist, der noch Geschichten, Abenteuer, rich-

tige ‹Novellen› erzählen kann». Das war nicht nur fromme Schmeichelei, die sich durch ihren noblen Zweck gerechtfertigt hätte. Die
kleine Geschichte aus dem Risorgimento zeichnete sich in der Tat
durch eine Prägnanz aus, die Stendhals Ideal der Erzählung entsprach. Heinrich Mann gelang in seinen besten Augenblicken eine
klassizistische Einfachheit, die der expressiven und grellbunten
Metaphernlust in den vorausgegangenen Romanen widersprach.
Freilich konnte er sich der deklamatorischen Geste niemals völlig
enthalten. Bekenntnisse rauschten auch hier in großem Faltenwurf
einher. Das Freiheits-Pathos hallte wie Donner übers Gebirge und
verlor sich irgendwo in der Leere. Dort setzte die Kritik des jüngeren Bruders an: «für mich immer noch ein bischen unwahrscheinlich ist die Entwicklung Deiner Weltanschauung zum Liberalismus
hin, die sich auch in dieser Arbeit ausspricht. Seltsam, wie gesagt,
und interessant! Du mußt Dich wohl ganz ungeahnt jung und stark
damit fühlen?»

Er versuchte, in seltsamer Widersprüchlichkeit, Heinrichs Liberalismus «als eine Art bewußt eroberte Jugendlichkeit» oder «ganz
einfach» als «Reife des Mannes» zu erklären. Was galt? Dies stand
dahin. Doch Thomas rief: «Reife des Mannes! Ob ich's auch soweit
bringen werde? Fürs Erste verstehe ich wenig von ‹Freiheit›. Sie ist
für mich ein rein moralisch-geistiger Begriff, gleichbedeutend mit
‹Ehrlichkeit›. (Einige Kritiker nennen es bei mir ‹Herzenskälte›.)»

Schließlich der Satz: «Aber für politische Freiheit habe ich gar
kein Interesse.» Das war die Signalflagge künftiger Konflikte.

16. KAPITEL

Empfang im Schloß

War es so? Brachte Thomas Mann für die «politische Freiheit» keinen Funken Interesse auf, wie er dem Bruder geschrieben hatte? War das Arbeitsjahr in der Redaktion des aufsässigen «Simplicissimus» völlig vergessen? Der Kampf des frechen Blattes mit den Staatsanwälten hatte ihn eher amüsiert. Ideologische Bekenntnisse und politische Deklarationen waren nicht seine Sache. Nach den patriotisch staatsfrommen Turnübungen und den mild rassistischen Ausfällen im «Zwanzigsten Jahrhundert», dem Blättchen des Bruders, hütete er sich, ganz von seinem Künstlertum ergriffen, vor jeder neuen Verirrung ins Gestrüpp des Politisch-Profanen.

Dennoch, der heftige Satz schien vor allem von der Lockung diktiert, Heinrich Mann herauszufordern. Er konnte nicht anders, obwohl er jenem Brief vom Februar des Jahres 1904 eine versöhnliche Grundstimmung zu geben bemüht war. Dennoch zog er die Trennungslinie aus, er konnte nicht anders, und er zog sie so scharf wie möglich.

Heinrich Mann hatte die völkisch-altdeutsch-antisemitische Versündigung bei jenem Winkelblättchen, das er immerhin eineinhalb Jahre lang redigierte, gründlich abgeschüttelt: so radikal, daß er sich hernach an das «Zwanzigste Jahrhundert» und seine peinlichen Pamphlete nicht mehr zu erinnern schien – ein exemplarischer Fall der Verdrängung. In den ersten Jahren des Jahrhunderts hatte er sich zur Republik und zur Demokratie bekehrt.

Wie? Wodurch? War die Wandlung ein Produkt langsamer Entwicklung? Hatte er ein Damaskus erlebt? Es darf angenommen

werden, daß die Lektüre der Romane und Essays französischer
Autoren seine politischen und sozialen Einsichten korrigierte, der
Werke Émile Zolas und Anatol Frances vor allem, deren literarische
und moralische Energien den Einfluß des konservativen Pessimisten Paul Bourget beiseite drängten. Aufmerksame Kritiker hatten
schon den ersten Roman «Im Schlaraffenland» in die Nähe der französischen Realisten gerückt. Der Name Zola fiel. War Heinrich von
der Dramatik der Dreyfus-Affäre berührt? Stand er, wie jeder Franzose und jeder Freund des Landes, im Bann der großen Polemik?
Die Memoiren, die er ein halbes Jahrhundert später in Kalifornien
schrieb, sagen darüber nichts.

Im Oktober 1904 schickte er einen Brief an Maximilian Harden
nach Berlin, der als seine erste republikanische Konfession betrachtet werden darf. Er gab sich als Bewunderer Frankreichs, seines «intransigenten Sinnes für Menschenrecht, seiner kritisch-literarischen
Geistesverfassung, seines intellektuellen Sauberkeitstriebs» zu erkennen, ja er warf der deutschen Sozialdemokratie August Bebels
vor, bei ihr sei «von Gleichheit so bedauerlich wenig die Rede wie
von Freiheit»: Konsequenz der deutschen «Kasernenzucht». Überdies sei sie «hypnotisirt von der Geldfrage», während der «Lebens-
grund» der «französischen Arbeiterdemokratie» «Idee und Ehrgefühl» seien.

Fragwürdige Thesen, eher wirklichkeitsfremd und obendrein ein
wenig hochmütig: der literarische Sozialismus eines Großbürgers,
der vermutlich nie eine Fabrik oder eine Mietskaserne von innen
gesehen hatte – sowenig wie Bruder Thomas, der aus seiner Entfernung vom «Volk» allerdings keinen Hehl machte.

Die beiden mieden die offene politische Diskussion, doch der
Jüngere witterte die Veränderung genau genug. Heinrichs neue Radikalität kränkte seine Idee des Künstlertums, und sie widersprach
dem Konzept, das er für sein Dasein entworfen hatte: als Dichter,
dem Volk und seinem Alltag durch ein aristokratisches Lebensgefühl enthoben, zugleich als Bürger, der sich vor allen Gefährdungen, auch den persönlichsten (denen vor allem), und vor aller Unbill
der Welt zu schützen gedachte. Er konnte keine Störung seiner
Pläne dulden.

Er hatte Heinrich durch seine höhnische Absage an die «politische Freiheit» den ersten Stachel ins Fleisch gesenkt. Nun machte er ihn – im Ton des Triumphes – zum Zeugen seiner hochfliegendsten und innigsten Träume. «Es ist eine neue und erregte Zeit für mich», schrieb er in jenem Brief vom Februar 1904: «Buddenbrooks haben das 18te Tausend, und auch die Novellen stehen nun vor dem 3ten. Ich muß mich erst in die neue Rolle als berühmter Mann einleben; es erhitzt doch sehr.»

Er wußte wohl, daß Heinrich mit seinen Erfolgen nicht Schritt halten konnte. Doch er vermochte sich nicht zügeln: «Die Zeitungen beunruhigen mich mit ihrer Gier nach Beiträgen», prahlte er. «An einem Tage habe ich neulich nach Amsterdam, Malaga und New York geschrieben. Kürzlich eröffnete ich den ‹Neuen Verein› mit einer Vorlesung (...) und wurde sehr gefeiert.» Stachel um Stachel: «Einladungen nach Breslau und Lübeck habe ich vorläufig abgelehnt.»

Die letzte Bemerkung freilich entsprach nicht völlig der Wahrheit. Er hatte die Aufforderung, in der Heimatstadt zu lesen, im Grundsatz sehr wohl akzeptiert – die Briefe an Ida Boy-Ed belegen es. «Einmal», schrieb er, «mußte dergleichen kommen, und ich hatte schon hie und da mit dem Gedanken gespielt.» Allerdings war ihm wichtig, daß die Anregung nicht von ihm ausgehe. Organisatorische Umständlichkeiten verzögerten den Auftritt um ein Jahr. Als es soweit war, teilte er der Freundin mit, daß er «in diesem besonderen Falle von jeder Honorarforderung Abstand genommen» habe – was er «für einen besonders raffinirten Schachzug» halte. Der Auftritt war ein Erfolg. Ein Kranz wurde ihm überreicht. Die Zeitungen reagierten freundlich. Nur der «Generalanzeiger» ärgerte ihn mit einer Anmerkung zu dem «überlegenen Benehmen», das ihm seine «Berühmtheit» verliehen habe. «Was so einem armen Wurm von Reporter», sagte er, «schon als überlegenes Benehmen erscheint!»

Und der Bruder, der kein armer Wurm von Reporter war, sondern der umworbene und gehaßte Erzkonkurrent, der Urfreund und Hauptfeind? Nachdem ihn Thomas mit kleinen und grausamen Stichen lang genug gepeinigt hatte, zog er ihn – noch immer bramarbasierend – in jenem langen Februar-Brief plötzlich ins tiefste Vertrauen: «Ich bin gesellschaftlich eingeführt», rief er, «bei Bernsteins, bei Pringsheims.» Der Salon der Bernsteins war eine bedeutende Attraktion in der Münchner Gesellschaft jener Tage. Frau Bernstein wollte dem jungen Autor wohl. Doch Pringsheim – das war der entscheidende Name. «Pringsheims sind ein Erlebnis, das mich ausfüllt. Tiergarten mit echter Kultur.»

Heinrich begriff wahrscheinlich den Hinweis auf das reiche Berliner Luxusquartier der Gründerjahre sofort. «Der Vater Universitätsprofessor mit goldener Cigarettendose, die Mutter eine Lenbach-Schönheit, der jüngste Sohn Musiker, seine Zwillingsschwester Katja (sie heißt Katja) ein Wunder, etwas unbeschreiblich Seltenes und Kostbares, ein Geschöpf, das durch sein bloßes Dasein die kulturelle Thätigkeit von 15 Schriftstellern oder 30 Malern aufwiegt…»

Sie hieß nicht Katja, sondern Katia – mit vollem Taufnamen Katharina. Eine französische Gouvernante, die lange in Rußland gelebt hatte, führte die slawische Koseform im Haus des Professors Pringsheim ein. Sie selbst schrieb sich beharrlich mit dem «i»; Thomas hielt unbeirrt, vermutlich in den Hauch von Exotik vernarrt, an dem «j» fest.

Gleichviel, das war der Name, den Heinrich erfahren mußte. Für einen Augenblick warf Thomas die Maske des Überlegenen ab. Er bekannte: «Dies spricht der Rausch; aber es ist diesmal einer, der, wenn ich in ihm handle, unermeßliche Folgen der verschiedensten Art haben kann.»

War er verliebt? Vielleicht. Er *wollte* verliebt sein. Sein passioniertes Entzücken nährte sich nicht nur aus dieser Quelle. Er berichtete: «Eines Tages fand ich mich in dem italienischen Renaissance-Salon mit den Gobelins, den Lenbachs, der Thürumrahmung aus giallo antico und nahm eine Einladung zum großen Hausball entgegen. Er war am nächsten Abend. 150 Leute, Litteratur und Kunst. Im Tanzsaal ein unsäglich schöner Fries von Hans Thoma. Ich hatte Frau Justizrath Bernstein (…) zu Tisch. Zum ersten Mal seit den 18 Auflagen war ich in großer Gesellschaft und hatte in der anstrengendsten Weise zu repräsentieren. Leute gingen um mich herum, beguckten mich, ließen sich mir vorstellen, horchten auf das, was ich sagte. Ich glaube, ich habe mich nicht übel gehalten.»

Dann der Satz, der ein Grundelement seines Wesens und eines

der entscheidenden Lebensmotive sichtbar machte, naiv und auf eine fast gewalttätige Weise offen: «Ich habe im Grunde ein gewisses fürstliches Talent zum Repräsentiren, wenn ich einigermaßen frisch bin...»

Der Knabentraum vom «Prinzen Karl» war wach geworden, und er schickte sich an, die Wirklichkeit zu bezwingen. Er fuhr fort: «An diesem Abend lernte ich die Tochter des Hauses kennen, nachdem ich sie früher nur gesehen, oft, lange und unersättlich gesehen und sie nur einmal bei der Antrittsvisite flüchtig begrüßt hatte. Nach acht Tagen war ich wieder dort, zum Thee, um der Mutter ein Buch wieder zu bringen, das sie mir geliehen. Ich traf sie allein. Sie ... sie rief Katja herunter, und wir plauderten zu dritt eine Stunde. Ich durfte noch einmal in Ruhe den Thoma'schen Fries betrachten. Eine Einladung zum Mittagessen wurde mir in Aussicht gestellt.»

Er vermutete, fast vom ersten Augenblick an, er habe in der Mama eine Alliierte gewonnen: «Hatte ich mich getäuscht, wenn ich ein Entgegenkommen gespürt hatte? Nein! Zwei Tage darauf saß der jüngste Sohn bei mir, Klaus, der Musiker, in Erwiderung meines Besuches. Er überbrachte mir eine Karte seines Vaters, der leider zu beschäftigt sei, um mich selbst aufzusuchen. Ich hatte ihn schon auf dem Balle flüchtig kennen gelernt: ein höchst erfreulicher junger Mensch, soignirt, unterrichtet, liebenswürdig, mit norddeutschen Formen.»

Er fügte hinzu: «Kein Gedanke an Judenthum kommt auf, diesen Leuten gegenüber; man spürt nichts als Kultur.» Er wurde, was dies angeht, noch ein wenig genauer: «Ich fürchte mich nicht vor dem Reichthum. Ich habe niemals aus Hunger gearbeitet, habe mir schon in den letzten Jahren nichts abgehen lassen und habe schon jetzt mehr Geld, als ich im Augenblick zu verwenden weiß. Auch ist alles Vergängliche mir nur ein Gleichnis. Ob ich meine Füße des Abends an einem Petroleumofen oder an einem Marmor-Kamin wärme, kommt für den Grad meines Behagens nicht in Betracht... Aber das Alles greift viel zu weit vor. Es gilt, die Ereignisse abzuwarten».

Seine Gedanken freilich kannten keinen Aufenthalt: «Was wird geschehen? Ganz praktisch gedacht, habe ich, wie gesagt, den Eindruck, daß ich der Familie willkommen wäre. Ich bin Christ, aus guter Familie, habe Verdienste, die gerade diese Leute zu würdigen wissen...» Er schien allzusehr davon überzeugt zu sein, daß er – auch dank seiner christlichen Herkunft – das gesellschaftliche Renommee der reichen Pringsheims fördern würde.

Die Konstellation war günstig: die neunzehnjährige Katia war eines der reizvollsten Geschöpfe der Residenzstadt, Tochter einer sehr reichen Familie. Der Vater des Professors Pringsheim hatte mit oberschlesischen Kohlengruben, einem kleinen Eisenbahnnetz und klugen Investitionen ein immenses Vermögen erworben. Er besaß eine fürstliche Villa im Berliner Tiergartenviertel. Sein Sohn, der sich als Mathematiker einen Namen gemacht hatte, verfügte nach dem Tod des Gründervaters im Jahre 1913 über ein Vermögen von dreizehn Millionen und ein jährliches Einkommen von achthunderttausend Goldmark (nach heutigem Geldwert eine Summe von etwa sechs Millionen). Der Professor war eine fast zwergenhafte Erscheinung. Seine Frau nannte ihn gelegentlich den «furchtbar süßen kleinen Mann» – liebevoll und ein wenig verächtlich, wie gescheite Frauen gern von den Partnern reden, die sie zugleich ein wenig zu fürchten scheinen.

Katia durfte als eine glänzende Partie gelten, obwohl sie das Erbe mit dem Zwilling Klaus und drei älteren Brüdern zu teilen hatte.

Indes, auch Thomas Mann hatte beträchtliche Vorzüge aufzuweisen, die er sich selbst, dem Bruder und vermutlich manch anderen nicht verschwieg. Katias schöner Mutter, als einstige Schauspielerin der Literatur verbunden, behagte der Glanz des Dichters, in dem er zu wandeln begann. Mit dem Vater teilte er die Leidenschaft für Musik, und sie übertrafen einander in der Anbetung Richard Wagners. Der Professor, lange Zeit Vorsitzender des Wagner-Vereins, hatte die Bühnenwerke des Meisters für zwei Klaviere bearbeitet. In «Haus Wahnfried» war er (wie jeder begüterte Bewunderer) willkommen geheißen worden. Eines Tages freilich wollte und konnte er den Antisemitismus des Magiers nicht länger ertragen. Was der Anlaß zu solcher Wandlung war, blieb umstritten. Wichtiger: Alfred Pringsheim hatte nicht alle Sensibilitäten seiner Herkunft verdrängt, obschon in seiner Residenz nach Thomas Manns bereits zitierter Beobachtung «kein Gedanke an Judenthum» mehr aufkam. Die Liebe zu Wagners Musik blieb dennoch ungebrochen.

Der junge Schriftsteller, der sich, vom gütigen Blick der Mutter ermutigt, in den erlesenen Kreis der Gäste des Hauses mischen durfte, war stets adrett gekleidet – «Und wie, wenn nur der Schnitt meines Gehrockes das hohe Interesse auf sich gezogen hätte?» fragte er mit einer Andeutung von Selbstironie –; er war auch nicht häßlich wie manch anderer Poet, sondern mit regelmäßigen Zügen begabt. Die Nase ragte in jenen jungen Jahren noch nicht ganz so steil wie hernach aus dem feingegliederten und ein wenig engen Gesicht. Er war schlank und nicht zu schmächtig. (Die Brüder Katias gaben ihm freilich mit dem Blick auf seine eher zarte Erscheinung und die bleichen Züge den Spottnamen des «leberkranken Rittmeisters».)

Kurzum: er hatte Grund, sich für einen attraktiven Partner der kleinen Prinzessin zu halten. Alles war sorgsam bedacht. Die Verhältnisse hätten sich, nach seiner Einsicht, nicht günstiger fügen können. Bruder Heinrich, durch die Lektüre französischer Gesellschaftsromane in solchen Erwägungen erfahren – obschon er selbst über keine vergleichbare weltliche Klugheit gebot –, wußte die kühle Kalkulation, die sich in Thomas' Geständnissen offenbarte, gewiß zu schätzen. Doch die Nachrichten des Jüngeren wären ihm willkommener gewesen, hätte Thomas seinen Brief nicht mit einer gigantischen Taktlosigkeit geschlossen.

Auf dem Ball bei den Pringsheims habe er Albert Langen, Heinrichs Verleger, kennengelernt, erzählte er allzu gönnerhaft: «Er ließ sich mir vorstellen, der ich früher in seinem Bureau gearbeitet habe, und benahm sich fast unterwürfig. Wir sprachen von Dir. ‹Wenn ich mir› sagte ich ‹erlauben darf, Ihnen einen Rath zu geben, so ist es der: Halten Sie fest an meinem Bruder und lassen Sie ihn niemals fallen! *Ein*mal *hat* er einen großen Erfolg.› – ‹Ich denke nicht daran!› sagte er. ‹Ich weiß, warum Sie das sagen. Ich habe in dieser Hinsicht große Fehler begangen, ich weiß es. Ich denke nicht daran, Ihren Bruder fallen zu lassen!› Es klang sehr eifrig und überzeugend, und ich berichte es Dir, weil Du einmal Befürchtungen äußertest. Du kannst ganz ruhig sein. Herzlichen Gruß!»

Nein, Diskretion zählte nicht zu den Tugenden der Familie Mann, und ihr Zartgefühl fand eher in der Literatur, seltener im Leben seinen Ausdruck. Die Familie Pringsheim durfte damit ihre eigenen Erfahrungen machen. Zunächst nahmen der Professor und seine Frau offensichtlich mit gutem Humor zur Kenntnis, daß der widerwärtige Pastor in den «Buddenbrooks» mit ihrem Namen versehen war. Fragten sie, wie Thomas auf ihren Namen verfallen war? Wohl gab es auch Pringsheims in Lübeck, mit denen die Sippe des Senators Mann nichts weiter zu schaffen hatte. Indes, die Münchner Existenz der Familie ließ sich nicht übersehen: Es ist anzunehmen, daß Thomas Mann nicht lange nach seiner Ankunft auf sie hingewiesen wurde. Das illustre Palais, das sich Alfred Pringsheim in der Arcisstraße nicht weit vom Botanischen Garten hatte bauen lassen, machte genug von sich reden. Der kunstsinnige Professor und seine Frau bemühten sich, bei ihren Diners und bei ihren Bällen Geist und bürgerliches Ansehen, Kunst und Adel zu vereinen. Das große Haus muß in der Tat früh ins Blickfeld des jungen Schriftstellers geraten sein.

Vielleicht war die Mutter Katias ein wenig stolz, daß der Name ihrer Familie in einem so glänzenden und so erfolgreichen Buch einen Platz gefunden hatte? Durch ihre Herkunft aus der Berliner Familie Dohm und durch ihre Bühnenerfahrung – sie kam aus der klassischen Schule des Meininger Hoftheaters – mag ihr eine Art literarischer Verführbarkeit zuteil geworden sein. Ihr Vater, gelernter lutherischer Theologe (trotz der jüdischen Herkunft), für eine knappe Frist im Pfarrdienst, war ein bedeutender Journalist, von 1849 bis zu seinem Tod Redakteur des satirischen Blattes «Kladderadatsch» in Berlin, in jungen Jahren liberal, Gesprächspartner Varnhagen von Enses, dieses großen Chronisten des neunzehnten Jahrhunderts, des greisen Wilhelm von Humboldt, des federndintelligenten Sozialdemokraten Lassalle, der großen Liberalen Ludwig Bamberger und Eduard Lasker, dieser entschiedenen Widersacher des Erzkanzlers, auch der Frauenrechtlerin Lily Braun. Er hat Bismarck, der ihm – nach Auskunft Golo Manns – stets mit höflicher Fairneß begegnete, zuerst bekämpft, dann bewundert. Er wurde vor allem ein leidenschaftlicher Wagnerianer, der Jahr um Jahr nach Bayreuth pilgerte.

Die Mutter Hedwig, Katias Großmutter, schrieb, nachdem sie ihre Kinder großgezogen hatte, mit Talent und Temperament flammende Pamphlete für die Gleichberechtigung der Frauen, schrieb auch historische Studien, Theaterstücke und Romane, von denen

einer – dank seiner allzu durchschaubaren Porträtierung der
Münchner Gesellschaft – in der Familie und unter den Freunden
ihres Schwiegersohnes Alfred Furore machte, sozusagen in Konkurrenz mit Heinrich Manns «Jagd nach Liebe»: «Sibilla Dalmar»
hieß das Buch, in dem sie sich der Anekdoten, des Klatsches und der
Milieuschilderungen in den Briefen ihrer Tochter allzu unbefangen
bedient hatte. Aus ihrer Feder stammte der Satz, der auf die schöne
britische Revolutionärin Mary Wollstonecraft zurückweist: «Die
Menschenrechte haben kein Geschlecht!» Golo Mann schrieb in
seinen Erinnerungen von der «erstaunlichen Feinheit und Schönheit», die auch noch die Greisin, von Lenbach gemalt, ausgezeichnet habe, besonders dank ihrer «schönen, großen, ich bin versucht
zu sagen, wahren Augen (…). Es ist, was man ein vergeistigtes Gesicht nennt, zugleich zart, gescheit, edel und voller Energie. Sie war
wirklich eine bedeutende Frau; klein von Gestalt übrigens».

Wann hatte der junge Kollege Thomas Mann zum erstenmal
einen genaueren Blick auf die prominente Familie Pringsheim geworfen? Wann hatte er die junge Dame des Hauses betrachtet – in
der Oper, im Theater, bei einer Ausfahrt? Sie war von Künstlern,
Wissenschaftlern, Mitgliedern des hohen Adels umschwärmt: «eine
verführerische Mischung aus *venezianischer Schönheit* à la Tizian
und problematischer *grande dame* à la Henrik Ibsen», wie der Enkel Klaus Mann in seinem Lebensbericht «Der Wendepunkt»
schrieb. Wann hatte sich bei Thomas Mann zuerst der Wunsch geregt, einen genauen und ausdauernden Blick auf die Pracht des Hauses in der Arcisstraße zu werfen, das mit seinen Erkern und Türmchen, mit dem «gediegenen Renaissance-Prunk», von dem Peter de
Mendelssohn berichtete, mit den «gewaltigen vergoldeten, kassettierten Decken», den Bogendurchgängen und Flügeltüren, den Sei-
dentapeten, Brokatbehängen und Gobelins ganz dem aufwendigen
Geschmack der «Gründerjahre» entsprach? Ganz München
rühmte die Lenbach- und Kaulbach-Gemälde, die das Haus
schmückten, und alle Welt sprach von dem Fries des biederen und
dennoch so berühmten Hans Thoma, von der Majolika-Sammlung
des Vaters, die Experten aus aller Herren Länder anlockte, von der
technischen Ausstattung mit den modernsten Geräten bis zur eigenen Lichtmaschine, Telefon, später natürlich auch Automobilen –

von all diesen Wundern redete und ratschte die gesamte Stadt, die trotz ihrer dreihundertfünfzigtausend Seelen nach der Beobachtung von Katia Pringsheims Zwillingsbruder Klaus damals noch immer eine Kleinstadt war. Das überladene Interieur machte – nach den überlieferten Photographien zu schließen – der Epoche des närrisch-romantischen Märchenkönigs Ludwig II. alle Ehre, und die stolze Renaissance-Fassade, die in Wahrheit eher vorbarocken Formen entsprach, annoncierte zugleich das Lebensgefühl sicherer Großbürgerlichkeit.

Eines der Kaulbach-Bilder kannte Thomas Mann aus seinen Jünglingsjahren. Der Meister, so erzählte man, hatte die fünf Kinder des Professors und seiner schönen Frau bei einem Faschingsball beobachtet. In ihren Pierrot-Kostümen sahen sie allerliebst aus, und prompt bat er die Eltern, sie miteinander porträtieren zu dürfen. Reproduktionen des heiter-herzigen Werkes wurden von allen illustrierten Magazinen gedruckt. Es ist in jenen Jahren, wie Thomas Mann später bemerkte, «zur öffentlichen Herzenssache» geworden. Selbst auf Papierservietten, berichtete er, war Kaulbachs «Kinderkarneval» zu bestaunen. Er hatte – so die freundliche Legende, die er bis ins hohe Alter (zuletzt bei Katias siebzigstem Geburtstag) immer wieder gern erzählte – das Bild aus einem der Hefte geschnitten und «mit Reißnägeln über seinem Schüler-Schreibtisch» befestigt: so hatte er die künftige Frau als «ein großäugiges, süßes Mädchen» samt ihrem Zwilling, einem «beinahe ebenso hübschen, spitzbübisch melancholisch blickenden kleinen Burschen», schon ins Auge gefaßt, ehe er der Pubertät recht entronnen war.

Längst wußte er, wer sie war, als er sie zehn Jahre später in einem Münchner Konzerthaus mit genaueren Blicken bestaunte – wie er ihr später in einem seiner werbenden Briefe gestand: «Merkwürdigerweise ist es fast immer der Kaimsaal, wo ich Sie sehe, – was daher kommt, daß ich Sie früher oft durchs Opernglas beobachtete, bevor wir uns kannten. Ich sehe Sie links vorne hereinkommen, mit Ihrer Mutter und Ihren Brüdern, sehe, wie Sie zu Ihrem Platze in einer der vorderen Stuhlreihen gehen, sehe den Silbershawl um Ihre Schultern, Ihr schwarzes Haar, die Perlenblässe Ihres Gesichtes darunter, Ihre Miene, mit der Sie verbergen wollen, daß Sie die Blicke der Leute auf sich fühlen – es ist nicht zu sagen, wie vollkommen und wunderbar im Einzelnen ich Sie sehe!» Hatte Katia den jungen Mann mit dem Glas bemerkt? Oder spiegelten sich in ihrer späteren Erinnerung Thomas' Briefe und Erzählungen? Sie berichtete in ihren Memoiren eher nüchternen Tones von den Konzerten, bei denen er die Familie von oben beobachtet habe, «vor allem aber das Mädchen» (das damals die «Buddenbrooks» bereits gelesen hatte). Sie betonte das «von oben» und wies darauf hin, daß die fünf Pringsheim-Kinder, «die ständig zusammen auftraten», in München «ziemlich bekannt» gewesen seien. Selbst der bayerische Prinz Luitpold habe sie angesprochen und gefragt: «Ja, sind Sie nicht Fräulein Pringsheim? und so. Er war sehr huldvoll und ich sehr verlegen, und dann sagte ich: Jetzt fängt's ja wohl wieder an», das Konzert, «und zog mich zurück. Da rief man mir nach: Ja, wo bleibt denn der Hofknicks? Aber ich hatte keine Ahnung, wie man einen Hofknicks macht.» Sie wisse nicht, heißt es weiter, ob Thomas auch dieses «prinzliche Rencontre» beobachtet habe, «da er das Mädchen doch ständig mit den Augen verfolgte». Dem «Prinzen Karl» entging die hoheitliche Szene gewiß nicht. Wenn er sie nicht gesehen hatte, wurde ihm ohne Zweifel ein Bericht hinterbracht.

Das Opernglas, das er so gern zur Hand nahm, um sich besondere Physiognomien, Gesten, Gänge einzuprägen… wann mag er das optische Gerät – diskret oder auch nicht – zum erstenmal auf die junge Dame gerichtet haben? Wann immer: er hatte, als er des Erfolgs der «Buddenbrooks» halbwegs gewiß sein konnte, eine Heirat ins Auge gefaßt. Nach einem Aufenthalt im Ferienhaus seines Freundes Kurt Martens schrieb er am 12. Juli 1902, für die «friedlichen Sommertage» dankend: «Sie haben es sehr gut, mein Lieber, seien Sie niemals undankbar! Ob auch wohl mir Fliegendem Holländer einmal eine ‹Erlösung› gleich der Ihren zuteil werden wird?» Dann zitierte er, sogar mit Noten, das Motiv aus Wagners Oper: «Fänd er ein Weib…»

17. KAPITEL

Eine bürgerliche Entscheidung

Der werbende Dichter war in jenen Tagen seiner Beunruhigung durch die Freundschaft mit Paul Ehrenberg noch keineswegs entkommen. Im Juni 1903 hatte er ihm humorig-ironische Verse geschickt, ganz in Wilhelm-Busch-Manier geschrieben, die seine Verwirrung halb ernst, halb scherzend anzeigten: «Hier ist ein Mensch, höchst mangelhaft: / Voll großer und kleiner Leidenschaft, / Ehrgeizig, eitel, liebegierig, / Verletzlich, eifersüchtig, schwierig, / Unfriedsam, maßlos, ohne Halt, / Bald überstolz und elend bald, / Naiv und fünfmal durchgesiebt, / Weltflüchtig und doch weltverliebt, / Sehnsüchtig, schwach, ein Rohr im Wind, / Halb seherisch, halb blöd und blind, / Ein Kind, ein Narr, ein Dichter schier, / Schmerzlich verstrickt in Will' und Wahn, / Doch mit dem Vorzug, daß er *Dir* / Von ganzem Herzen zugethan!»

Der halbherzige Spott über sich selbst machte die Verse nicht eleganter. Die schwebende Unentschiedenheit der Beziehung zu Paul – seine empfindsame Passion, die schmollenden Rückzüge, die koketten Flirts, die Kameraderie – quälte seine Seele schon lange. Er versuchte immer wieder, der Folter zu entkommen (die er zugleich genoß), indem er den Freund peinigenden Prüfungen unterwarf, seiner intellektuellen und psychologischen Überlegenheit sicher. Er verargte dem Maler die Flirts, die gelegentlichen Zotereien, seine ästhetischen Verirrungen. In Wirklichkeit mißbilligte er vor allem seine Unabhängigkeit. So spielte er, um sich als der Stärkere zu beweisen – vielleicht auch, um sich ein wenig zu rächen –, von Zeit zu Zeit «Katz und Maus» mit dem jungen Maler, wie Peter de Mendelssohn sagte, und er bediente sich dabei gern jener nervösen Koketterie, die im raschen Wechsel von Kränkungen und Gekränktsein so viele Verliebtheiten beunruhigt – nicht nur die homoerotischen, aber sie wohl in besonderem Maße. «Du wolltest mir die Photographie bringen», schrieb er in einem Brief, «auf die Du, wie Du Dich neulich sehr vorsichtig ausdrücktest, noch Deinen ‹Namen› schreiben wolltest. Warum bringst Du sie nicht? Weil ich am Montag nicht enthusiastisch genug danach verlangt habe?»

In seinem Notizbuch vermerkte er, Pauls Erfolg bei Frauen beruhe zum großen Teil darauf, «daß man sich seiner unbesieglichen Naivetät gegenüber nicht *compromittiren* kann. Die schwersten Entgleisungen und Durchgängereien des Gefühls schaden ihm gegenüber nicht. Sie machen einen vor ihm *nicht* lächerlich. Und das gehört zu seinen unschätzbaren Vorzügen!»

So erklärte sich die Unbefangenheit, mit der ihm Thomas seine mediokren Verse anvertraut hatte. Zum anderen zögerte er nicht, die Harmlosigkeit des Freundes auszubeuten: «Er fand mich abends im Salon allein am Klavier, als er kam, und begrüßte mich mit einer Bewegung und einem Lächeln, die mich rührte und erwärmte. Nein, es ist wahr! *So* begrüßt er niemanden als mich, weder Weiber noch Cumpane. Er *ist* mein Freund. Nochmals, ich sollte dankbarer sein! Dennoch blieb ich fremd und merklich zurückweisend im Gespräch. Schließlich sagte er: ‹Entweder bist du hungrig oder verstimmt; eins von Beiden...› ‹Hungrig nun einmal nicht.› – ‹Also verstimmt. Schon wieder verstimmt!› – Ich that ein paar laute Griffe. ‹Ach, nein, nein, es ist nichts!› sagte ich, und dann: ‹Du kannst nichts dafür; sei ruhig.›»

Er sah sich selbst genau auf die Finger: «Ich habe ihn gequält im Laufe des Abends (und warum sollte er nicht ein wenig mit mir leiden?) Ich fragte gesprächsweise, warum man nicht mit einem Menschen, den man für unbedeutend hielte, gemüthlich verkehren könne, was ihn sehr stutzig machte, weigerte mich, vorzulesen, verbeugte mich gegen ihn wie für ein leeres Compliment, als er wiederholt darum bat».

Das Spiel trieb er weiter: «Einmal war ich daran, Frieden zu machen. Er klagte beim Musiziren über ein leichtes Unwohlsein, Schwindel (...). Die Bischen Krankheit brachte ihn mir nah, gewann ihn mir, rührte mich. Ich dachte daran, diese Pointe zu *leben*, die Spannung durch sie aufgehoben werden zu lassen und beschäftigte mich ein wenig herzlicher mit ihm. Aber schließlich (...) siegte doch das Bedürfnis, es über meine jetzige Stimmung gegen ihn zu keiner Aussprache kommen zu lassen, und es blieb beim Alten. Beim Abschied auf der Straße löste ich meine Hand sehr rasch aus der seinen.»

Anderntags: «Heute morgen empfand ich: Sollte er heute kommen und fragen? Jetzt empfinde ich: Er muß kommen und wird kommen. *Denken* kann ich das nicht, denn es ist sehr wohl möglich, daß er weder Zeit hat noch die Sache ernst genug nimmt. Desto schlimmer für uns beide.» Am Abend: «Und als ich nachmittags ein wenig geschlafen hatte, war ich so gesunder Laune, daß ich beschloß, ihn nach dem Abendbrodt aufzusuchen und Frieden zu machen. Ich fand ihn allein, übend. (...) Er brachte das Gespräch auf meine Verstimmung in den letzten Tagen (...). Erklärungen. Beteuerungen, daß ich ein ganz verrückter, mißtrauischer Kerl sei. Heiterkeit. Ich begleitete ihn (...). Wir schüttelten uns lange die Hand, unter Worten scherzender Versöhnung. Er war sehr lieb und nett; er hat mich gern. Aber ich bin nicht genug allein mit ihm.»

Schließlich: «Ich hätte Lust, ihn um Entschuldigung zu bitten für all die Scenen, mit denen ich einen so Vielbeschäftigten geplagt habe. Dennoch glaube ich, daß vorübergehend auch ihn unser Verhältnis ausschließlich u. am tiefsten beschäftigt hat. Ich bin schließlich ‹bedeutender› als all seine Frauen.»

Diese Aufzeichnungen, in engster Nachbarschaft mit ausführlichen Skizzen zu dem geplanten Roman «Die Geliebten» notiert, datieren vermutlich aus den Frühlings- oder Sommertagen des Jahres 1903, in denen Thomas Mann den Blick schon auf die schmale, ein wenig knabenhafte Erscheinung der neunzehnjährigen Katia gerichtet hatte.

Nein, die Passion für den jungen Maler war in jenen Tagen noch längst nicht gebannt. Nie wichen die Verse ganz aus seinem Gemüt, die er im siebten Notizbuch verzeichnet (und später immer wieder zitiert) hat, freilich auch niemals die leidende und so selbstsüchtige Frage am Schluß: «Erstarrung, Öde, Eis. Und Geist! Und

Kunst! / Hier ist mein Herz, und hier ist meine Hand / Ich liebe Dich! Mein Gott... Ich liebe Dich! / Ist es so schön, so süß, so hold, ein Mensch zu sein?»

Die Leidenschaft lebte – wenngleich meist verborgen – bis ans Ende seiner Tage fort. Am 6. Mai 1934 kramte er in den alten Notizbüchern, und er stieß auf die langen Passagen, in denen er das Spannungsgeflecht seiner Beziehung zu Paul Ehrenberg mit solcher Exaktheit zu schildern versucht hatte. Er schrieb: «Die Leidenschaft und das melancholisch psychologisierende Gefühl jener verklungenen Zeit sprach mich vertraut und lebenstraurig an. Dreißig Jahre und mehr sind darüber vergangen. Nun ja, ich habe gelebt und geliebt, ich habe auf meine Art ‹das Menschliche ausgebadet›. Ich bin, auch damals schon, aber 20 Jahre später in höherem Maße, sogar glücklich gewesen und durfte wirklich in die Arme schließen, was ich ersehnte.»

Unterdessen war er dem blutjungen Kurt Heuser begegnet. Er nannte dieses Erlebnis «reifer, überlegener, glücklicher». Sich runenhafter Kürzel für Paul Ehrenberg, Armin Martens, Willri Timpe und Kurt Heuser bedienend, fuhr er fort: «Aber ein Überwältigtsein wie es aus bestimmten Lauten der Aufzeichnungen aus der P.E.-Zeit spricht, dieses ‹Ich liebe dich – mein Gott, – ich liebe dich!›, – einen Rausch wie er angedeutet ist in dem Gedicht-Fragment: ‹O horch, Musik! An meinem Ohr weht wonnevoll ein Schauer hin von Klang –› hat es doch nur einmal – wie es sich wohl gehört – in meinem Leben gegeben. Die frühen A.M.- und W.T.-Erlebnisse treten weit dagegen ins Kindliche zurück, und das mit K.H. war ein spätes Glück mit dem Charakter lebensgütiger Erfüllung, aber doch schon ohne die jugendliche Intensität des Gefühls, das Himmelhochjauchzende und tief Erschütterte jener zentralen Herzenserfahrung meiner 25 Jahre. So ist es wohl menschlich regelrecht, und kraft dieser Normalität kann ich mein Leben stärker ins Kanonische eingeordnet empfinden, als durch Ehe und Kinder.»

War es so? Hatte er wirklich in die Arme geschlossen, was er ersehnte? Paul Ehrenberg? Oder hatte er – Angst vor sich selbst, vor der Reaktion des Freundes, vor der Welt – von der physischen Erfüllung seiner Sehnsucht nur geträumt? Hatte Katia ihm den eigentlichen Anlaß geboten, sich von dem Maler zurückzuziehen? In der Tat vermerkte Thomas im September 1903 «Wirren und wilde Zerwürfnisse». Dann war es ein Jahr lang still zwischen den beiden. –

In jenen Monaten aber, in denen Thomas Mann mit entschlossener Leidenschaft um die «Prinzessin» Katia Pringsheim zu werben begann, hielt sich ein anderer Schriftsteller – von dem er nichts wußte und noch keine Zeile gelesen hatte – in Rom auf, Studien nachgehend, die sich später in dem Roman «Die Verliese des Vatikans» wiedererkennen ließen. André Gide nutzte jede freie Minute, um durchs Quartier an der Spanischen Treppe zu streifen, wo sich die jungen Maler-Modelle aufhielten. Dann und wann zog er mit einem hübschen Knaben in ein verschwiegenes Appartement, das er gemietet hatte. Seine Frau Madeleine wartete unterdessen im Hotel.

Ahnte sie seine Heimlichkeiten? War es denkbar, daß sie in ihrer frommen Unschuld von jenem Leben der Liebe nichts wußte? Er gab sich nicht allzu sorgsame Mühe, seine Neigung zu verbergen. Aber sie sprach davon kein Wort. Madeleine war belesen, intelligent, sensibel. Sie mag sich blind gestellt haben, in Rom, auch in Nordafrika, wo sie mit ihm die Orte aufgesucht hatte, an denen er zum erstenmal von seiner Lust an schönen Jünglingen überwältigt wurde. Hernach beschrieb er die Augenblicke der Leidenschaft in seiner Autobiographie «Si le grain ne meurt», noch immer von der Gewalt der Erfahrung tief beeindruckt.

Bei einer zweiten Reise nach Algerien war er Oscar Wilde und dessen jungem Freund Lord Douglas begegnet. Er hatte über die beiden ausführlich und lebhaft an die Mutter und auch an die Cousine Madeleine geschrieben, die schließlich seine Frau wurde. Verschwieg er ihnen Wildes hellsichtige Bemerkung, die ein vergiftetes Kompliment an den Geist des Calvinismus war: «Je n'aime pas vos levres; elles sont droites comme celles de quelqu'un *qui n'a jamais menti*»? Als der Dichter in London vor Gericht stand, rief Madeleine dem Vetter zu: «Hast Du das Urteil über die beiden englischen Angeklagten gelesen? (…) Wenn diese Einzelheiten stimmen, wäre die Strafe des ‹hard labour› ein Seitenstück zu den finsteren Strafen des *Totenhauses* – (…). Es ist furchtbar, nicht wahr?»

Nein, sie kann nicht völlig naiv gewesen sein. Dennoch heirateten

sie 1895, kurz nach dem Tod von Andrés geliebter und gefürchteter
Mutter. Die beiden lebten in der Ehe wie Bruder und Schwester: in
zärtlicher Liebe und innigstem geistigem Austausch vereint, voller
Respekt füreinander und nach dem Zeugnis der Freunde keineswegs unglücklich – bis im Jahre 1918 Andrés Leidenschaft für den
jungen Marc Allégret in den umfriedeten Bereich einzubrechen
drohte. Erst dann brach für einen Augenblick ein brennender
Schmerz in Madeleine auf (die nun dreiundfünfzig Jahre alt war).
Sie vernichtete – zum fassungslosen Entsetzen des Mannes – sämtliche Briefe, die sie je von ihm erhalten hatte. (Auch Thomas Mann
kamen die Briefe abhanden, die er an Katia geschrieben hatte – sie
blieben 1933 in München und verschwanden in einem Nazi-Ar-
chiv.) Die Liebe zwischen André und Madeleine erlosch auch dann
nicht, obwohl sie von Zeit zu Zeit in Gides Schuldgefühlen zu versinken drohte. Sie behauptete sich unter Schmerzen, als er mit einer
jungen Freundin eine Tochter zeugte.

Seine Homosexualität indes verbarg Gide nicht länger. Doch bis
ans Ende seiner Tage unterschied er zwischen «Agape» und
«Eros», «Amor» und «Caritas», zwischen der «geistigen Liebe»
und der «sensuellen Passion»: ein getreuer Sohn des Calvinismus.
In beidem aber lebte er eine innere Freiheit, die Thomas Mann in
seiner Rezension der Autobiographie (im Jahre 1929) mit zögernder
Bewunderung anzudeuten wagte. Der Rezensent zog sich allerdings am Ende der Besprechung auf die Feststellung zurück: «Diese
Memoiren hier lassen deutlich genug erkennen, daß das Weibliche –
quand-même – nie aufgehört hat, eine gewisse Rolle in dem Leben
des Verfassers zu spielen.» Er fragte schließlich, ob eine dramatische
Begegnung des Knaben André mit einer schönen jungen Verwandten dafür verantwortlich gewesen sei, daß er «die Illusion der Lust
später bei braunen Knaben» gesucht und gefunden habe, doch
«dem Weiblichen nur das Zarteste, Unsinnlichste seiner Empfindung» vorbehielt. Sprach er von Gide, wie er gern von sich selbst
gesprochen hätte?

Die frappierende Ähnlichkeit der Lebenswege wollte er öffentlich nicht zur Kenntnis nehmen. Oder war sie ihm nicht ins Bewußtsein gedrungen? Hatte ihn die radikale Absage an alle Sexualität in dem frühen Werk «Cahiers d'André Walter» – falls er das

Werk kannte – nicht an die eigene puritanische Angst vor aller «Geschlechtlichkeit» erinnert? «Zudem begehre ich dich nicht. Dein Körper stört mich, und der fleischliche Besitz erschreckt mich», schrieb Gide. Dachte Thomas Mann nicht an die eigenen «Hunde im Souterrain», die er angekettet wissen wollte, als er bei Gide die Formel vom «Esprit souterrain» fand? Ging ihm, wenn er von Madeleine las, nicht Klaus Heinrich aus der «Königlichen Hoheit» durch den Kopf, der Imma Spoelmann mehr als einmal «kleine Schwester» genannt hatte, zuerst im Gespräch mit sich selbst? Zuckte er nicht vor dem Wort «Lebenslüge» zusammen, das mit dem Blick auf André Gides Ehe gefallen war, obwohl es nicht der Realität entsprach? Jean Schlumberger hat von Madeleine vermutlich zu Recht gesagt, sie sei keineswegs eines der «großen Opfer verratener Liebe».

Die radikale Wahrhaftigkeit und die Freiheit André Gides waren ihm fremd. Ihm wäre niemals das fragwürdige Bekenntnis André Gides in die Feder geraten, schön sei die Lust ohne Liebe, edel dagegen die Liebe ohne Lust – ein beängstigendes Bekenntnis, das der puritanisch-calvinistischen Separation der reinen Seele von sündiger Fleischlichkeit völlig entsprach. Thomas Mann brachte den Mut zum Verlangen, zur Begierde, zur Lust selten auf. Den Mut zur Liebe wünschte er sehnlich herbei.

Die blonden und blauäugigen Jünglinge lockten ihn immer wieder mit betörender Macht, aber in jenen frühen Münchner Tagen vergaß er wohl kaum einen Augenblick, daß die Liebe zum eigenen Geschlecht – obwohl es sie tausendfach gab, auch im biederen München, und nicht nur als fernen Zauber – von Gefahren umstellt war: Gefahren für die eigene Seele, seine bürgerliche Reputation, ja für die Sicherheit und Freiheit seiner Existenz, denn es stand im Belieben der Staatsanwälte und Polizeibüttel, das Leben jedes «Andersartigen» und «Abartigen» unter Berufung auf den ominösen Paragraphen 175 des Strafgesetzbuches zu ruinieren.

Fast ein Vierteljahrhundert später ließ er sich darauf ein, für eine Anthologie des Grafen Hermann Keyserling einen Brief «Über die Ehe» zu schreiben, wohl wissend, daß er sich nach seinen eigenen Worten auf «glättestes Glatteis» begab. Er rechtfertigte sich damit, daß er nicht sagen könne, die «hinlänglich problematische Sache» schere ihn den Teufel: «Hic rhodos, hic salta.» Er sprach zunächst von den Erschütterungen, denen die «bürgerlichen, sozialen Grundlagen» durch den Wandel der Zeiten ausgesetzt seien – wie übrigens auch das «Dienstbotenwesen». Der Vergleich war ihm in die Feder geraten, ohne daß ihn ein diskretes Alarmsignal vor der leisen Peinlichkeit gewarnt hatte. Er ließ seiner Feder den Lauf und schrieb Seite für Seite über die Homoerotik, die er «‹freie› Liebe im Sinn der Unfruchtbarkeit, Aussichtslosigkeit, Konsequenz- und Verantwortungslosigkeit» nannte. Ihr «inneres Wesen» sei «Libertinage, Zigeunertum, Flatterhaftigkeit». Ihr fehle die Treue: «Es gibt tatsächlich keine untreuere, sich weniger gebunden fühlende, so sehr nach allen Seiten schweifende Liebe», wenn er recht sehe.

Er sah halbwegs recht, wenn auch nicht ganz, entschlossen gegen die Anfechtungen schreibend, die ihn umstellten. Er wiederholte, verschärfend, die Homoerotik sei «als sterile Libertinage (...) das Gegenteil der Treue», der Schönheit und dem Tod enger verbunden als die sittlich begründete und gesetzlich sanktionierte Bindung von Mann und Frau, für die er die Begriffe «Lebensgutwilligkeit», «Lebensfreundlichkeit» und «Lebensbürgerlichkeit» aufbot: Wortgebilde, die wie prächtig aufgeblasene Ballons majestätisch einhersegelten.

Nach dieser langen und nicht zufälligen Abschweifung wandte er sich von Thomas Buddenbrook und Gustav von Aschenbach, den «Flüchtlingen der Lebenszucht» und «Dionysiern des Todes», zögernd ab. Er rief sich zur Sache und zitierte Hegel, der gesagt hat, «der sittlichste Weg zur Ehe sei der, bei dem zuerst der Entschluß zur Verehelichung stehe und dieser dann schließlich die Neigung zur Folge habe, so daß bei der Verheiratung beides vereinigt sei». Er setzte hinzu: «Ich habe das mit Vergnügen gelesen, denn es war mein Fall».

Eine klare Auskunft. Katia mag sie mit Interesse zur Kenntnis genommen haben. Einige Jahre zuvor hatte er, ein wenig altklug, an Paul Ehrenberg geschrieben, man dürfte im Hinblick auf die Ehe nicht zu viel Idealismus hegen, und im Notizbuch hielt er mit einer gewissen Befriedigung fest, die florentinische Elite in der

Epoche der Renaissance im Auge: «Die *Ehe* hauptsächlich vom prosaischen und Nützlichkeits-Standpunkte angesehen.»

Er war wohl lange schon entschlossen, noch ehe der suchende Blick die Tochter des Hauses Pringsheim traf, sich aus den Wirrnissen, die sein Herz bedrohten, und vor den Versuchungen der verbotenen Liebe in die Ehe zu retten. Er war es erst recht, als er mit den steigenden Auflagen seines großen Romans das Piedestal des Dichters zu erklettern begann, der Neigung zu «fürstlicher Repräsentation» gehorchend. Er brauchte eine Frau, eine Familie, um seiner dichterisch und prinzlich überhöhten Existenz das Fundament einer bürgerlichen Ordnung zu geben. Er sei «innerlich auf Freiersfüßen gegangen», berichtete er später im «Lebensabriß»: «ich strebte wohl zur Ehe. Die Umstände lagen günstig».

Gegen eine materielle Sicherung, die sich ergeben könnte, hatte der Bürger-Künstler keine Bedenken. Die Vorarbeiten zu den «Buddenbrooks» lieferten den eindrucksvollen Beweis, daß ihn die ökonomisch-bourgeoisen Grundlagen der Ehe nicht gleichgültig ließen: die Mitgift der jungen Damen, die zur Heirat ausersehen waren, wurde in den Notizbüchern exakt kalkuliert. Seine Hoffnungen trogen nicht. Überdies hatte er selbst mit seinem Roman – obwohl er den «Verfall einer Familie» beschrieb – seine bürgerliche Leistungsfähigkeit auf eindrucksvolle Weise bewiesen. «Es war», wie Mendelssohn in seiner Chronik des S. Fischer Verlages höflich bemerkte, «nur gehörig, daß das Glücksbuch eine Glücksehe sondergleichen stiftete.»

18. KAPITEL

Knabe, Kind, Prinzessin

Die neunzehnjährige Katia, von Thomas Mann so lange und so intensiv aus der Ferne betrachtet, verfügte über einen erotischen Zauber, der ihm nicht völlig fremd war. Sie gehörte zwar nicht zu den Blonden und Blauäugigen, die ihn beharrlich beunruhigten, aber sie strahlte einen knabenhaften Charme aus, der ihn nicht gleichgültig ließ. In ihren «ungeschriebenen Memoiren», die von Elisabeth Plessen und ihrem jüngsten Sohn Michael aus Fernsehgesprächen zusammengestellt wurden, sagte sie nicht lange vor ihrem Tod, sie sei in ihrer Jugend wohl «recht hübsch» gewesen. «Das Traurige ist», fügte sie hinzu, «daß ich es gar nicht wußte. Es hat eigentlich nie jemand in meiner Familie die Freundlichkeit gehabt, es mir zu sagen.»

Kein Wunder: sie wuchs unter vier Brüdern auf, oft an den wilden Spielen der kleinen Burschen beteiligt, obwohl sie von ihrem Vater verzärtelt, vergöttert, zur kleinen Prinzessin erhoben wurde. Ihre mädchenhafte, fast noch kindliche Erscheinung machte es dem fernen Bewunderer leichter, einem vorsichtig-scheuen erotischen Interesse nachzugeben. Thomas durfte sie gleichsam als ein vorgeschlechtliches Wesen betrachten. Kurz zuvor hatte sie – eine der ersten jungen Damen Bayerns, wenn nicht die erste, die in die Sphären der höheren akademischen Bildung vordringen durfte – zusammen mit dem Zwillingsbruder Klaus ein glänzendes Abitur bestanden: das Stadtgespräch der Münchner.

Ein pagenhaftes und noch immer ein wenig elfisches Geschöpf, mit androgynem Charme begabt. Einige Jahre später, als er «Königliche Hoheit» schrieb, hat Thomas Mann in der zierlichen Gestalt der deutsch-amerikanischen Milliardärstochter Imma Spoelmann ein exaktes Porträt Katias entworfen. «Eigentlich war sie nicht so klein, wie es scheinen mochte, fand Klaus Heinrich, als sie (…) aufstand. Nein, es lag an dem kindlichen Gepräge ihres Köpfchens und der Schmalheit ihrer bräunlichen Schultern, daß sie so wie ein kleines Mädchen erschien. Ihre Arme waren wohl ausgebildet, und man konnte sehen, daß sie Sport trieb und Pferde zügelte. Aber vorm Handgelenk wurde auch der Arm wie der eines Kindes.»

Klaus Heinrich beobachtete die junge Dame «von oben» und durchs Opernglas, wie der Autor die Tochter Pringsheim durchs Fernrohr gemustert hatte. «Die Zauberflöte» wurde gegeben. Bei der Dialogstelle «Er ist ein Prinz. Er ist mehr als das» horchte der Prinz aus naheliegenden Gründen auf. Thomas Mann hatte Mozarts freimaurerische Oper 1903 gesehen und hernach in sein Notizbuch geschrieben: «‹Königliche Hoheit› / Ununterbrochenes Beobachtetsein, ununterbrochene Repräsentation. Gesellschaftliche Nähe der Kunstgestalten (…). Humanismus der ‹Zauberflöte›: ‹Er ist ein Prinz› – ‹Er ist mehr als das, er ist ein Mensch!› – Falsch! Umgekehrt ist es nicht nur wahrer, sondern nach aller ‹Aufklärung› auch paradoxer! Fürst und Geldmann (amer. Millionär). Der Fürst weniger und mehr. Gegensatz von materieller Macht (Reichtum) und Macht über die Seelen, Herzen. Vornehmheit. Ideelle Herrschaft.» Der Erzieher Dr. Überbein kam, man weiß es, im Roman auf die Szene aus Mozarts Freimaurer-Oper zurück.

Prinz Klaus Heinrich hatte Imma «manches Mal im Theater, auf der Straße, im Stadtpark *erblickt*». Dann aber kam der Augenblick, in dem er sie zum erstenmal «sah». Er hielt sich bei der Palastwache auf. Draußen waren die Soldaten zur Ablösung angetreten und versperrten den Platz, den Imma Spoelmann zu überqueren hatte, um zur Universität zu gelangen, wo sie mathematische Kollegs hörte – ganz wie ihr Vorbild Katia (die dem Beruf des Vaters ihre Reverenz erweisen wollte). Das energische Fräulein dachte nicht daran, einen Umweg zu nehmen, sondern bahnte sich, trotz des Einspruchs eines Unteroffiziers, zornig ihren Weg durch die Reihen der Grenadiere: «‹Was fällt Ihnen ein!› rief sie. ‹Ich habe Eile!!› Aber diese Worte besagten wenig im Vergleich mit dem Nachdruck aufrichtigster, leidenschaftlichster, unwiderstehlichster Entrüstung, mit dem sie hervorgestoßen wurden. Wie klein und seltsam sie war! Die blonden Soldaten, unter denen sie stand, überragten sie wohl um doppelte Haupteslänge. Ihr Gesichtchen war so bleich wie Wachs in dieser Minute, ihre schwarzen Brauen bildeten über der Nasenwurzel eine schwere und ausdrucksvolle Zornesfalte, die Löcher ihres unbestimmt gebildeten Näschens waren kreisrund geöffnet, und ihre Augen, tiefschwarz vor Erregung und übergroß, führten eine dermaßen eindringliche, hinreißend fließende Sprache, daß keine Einrede möglich schien. ‹Was fällt Ihnen ein!› rief sie. ‹Ich habe Eile!› Und dabei schob sie mit der Linken den Kolben mitsamt dem verdutzten Unteroffizier beiseite und ging mitten zwischen den Gliedern hindurch, – ging geradeaus ihres Weges, bog linker Hand in die Universitätsstraße und entschwand den Blicken.»

Die Szene entsprach dem Augenblick, in dem Thomas Mann die Millionärstochter Katia nicht nur «erblickte», sondern zum erstenmal «sah». Sie erzählte in ihren späten Erinnerungen, der junge Autor sei oft – ob es der Zufall so ergab oder sorgsame Planung – mit der Trambahn gefahren, die sie benutzte, um in ihr mathematisches Kolleg zu gelangen: «An einer bestimmten Stelle, Ecke Schelling-/ Türkenstraße, mußte ich aussteigen und ging dann zu Fuß, mit der Mappe unterm Arm. Als ich aussteigen wollte, kam der Kontrolleur und sagte: Ihr Billet! Ich sag: Ich steig hier grad aus. Ihr Billet muß i ham! Ich sag: Ich sag Ihnen doch, daß ich aussteige. Ich hab's eben weggeworfen, weil ich hier aussteige. Ich muß das Billet –. Ihr Billet, hab ich gesagt! Jetzt lassen Sie mich schon in Ruh! sagte ich und sprang wütend hinunter. Da rief er mir nach: Mach daß d' weiterkimmst, du Furie!» Der energische Auftritt, meinte sie, habe Thomas so entzückt, daß er sich gesagt habe: «Diese oder keine.»

Das mag so gewesen sein oder nicht. Sie habe seine entschiedene Werbung zunächst nicht ernst genommen, bemerkte sie in ihren Erinnerungen. Dem berühmten jungen Herrn aber war sie so ernst wie nur denkbar – war es lange vor dem Abenteuer in der Trambahn. Ihn faszinierte die ungestüme Energie des Geschöpfes, die sich später in ihrem gemeinsamen Dasein tausendfach bewähren sollte, und ihn amüsierte die Zornmütigkeit, die Katia von ihrem Vater überkommen war. Zugleich rührte und reizte ihn die spröde Jungmädchenhaftigkeit, das Unausgereifte und Unentwickelte ihres Wesens, wie er es in «Königliche Hoheit» wieder und wieder beschrieb: «Er sah sie in dem roten Phantasiegewande, das, aus einem Stück gearbeitet, ihre wohlausgebildete und dennoch kindliche Gestalt umschloß (...). Er sah (...) ihre übergroßen und schwarzen, glänzend fragenden Augen in dem perlblassen Gesichtchen, ihren vollen und weichen Mund, den sie mit verwöhnter Geringschätzung vorschob, wenn sie sprach».

Katia zog nicht nur neugierige oder schmachtend verehrende Blicke auf sich. Die Tochter Pringsheim war – wie Imma Spoelmann – eine der «großen Partien», die ehrgeizige junge Herren in ihren begehrlichen Phantasien erwogen. Sie selbst zeigte fürs erste nicht das geringste Interesse an einer Heirat. Sie wollte das Leben einer umschwärmten «Prinzessin», die zugleich die Freiheit der Emanzipation zu kosten begann, lieber noch lange und unbeschwerte Jahre genießen: «Ich war zwanzig», erzählte sie hernach, «und fühlte mich sehr wohl und lustig in meiner Haut, auch mit dem Studium, mit den Brüdern, dem Tennisklub (...) und wußte eigentlich gar nicht, warum ich nun so schnell weg sollte.»

Thomas Mann hielt in seinem Notizbuch am Abend des 29. August 1903 den Entwurf eines Briefes an Otto Grautoff fest, den er wohl niemals abgeschickt hat. Er schrieb in dunkler Andeutung: «Lieber: Ich möchte dich nur ersuchen, doch ja nichts von der Beobachtung, die ich dir gestern abend mittheilte, gegen K..r verlauten zu lassen, auch nicht in der unverfänglichsten Weise. Ich würde ungern vor ihm auch nur halb so lächerlich dastehen wie vor mir selbst. Wenn du wüßtest, was für Wunder und wilde Mären ich mir in diesen Tagen – und Nächten – habe träumen lassen... Ich Narr! Ich Geck! der besser thäte, sich auf die Hosen zu setzen und etwas Gutes zu arbeiten, anstatt solchen Zaubermärchen nachzuhangen. Gleichviel! Man muß schon irgend etwas sein, um es auch nur zu solchen Träumen zu bringen».

Erika Mann, die Herausgeberin der Briefe, strich das geheimnisvolle Kürzel «K..r» und vermerkte, der Name «K.» sei nicht zu ermitteln. Ihre Mutter Katia gab in ihren Erinnerungen präzisere Auskunft. Sie berichtete, der gefeierte Berliner Theaterkritiker Alfred Kerr habe sie heiraten wollen, aber «diese Absicht bestand bei mir nie». Thomas Mann habe Kerr «zeit seines Lebens furchtbar übel genommen», daß sie dessen Frau geworden sei.

Die Verstimmung zwischen den beiden – man weiß es – war älter, und sie saß tiefer: seinen Hochmut gegenüber dem Stand der Kritiker, denen er den Rang des Künstlertums nicht zubilligen wollte, verzieh ihm der Konkurrent sowenig wie den Korb, den ihm Katia gegeben hatte. Als die «Fiorenza», deren Text ihm Thomas Mann mit einem fast unterwürfigen Brief zugeschickt hatte, endlich auf der Bühne erschien, spottete er über das «feine, etwas dünne Seelchen, dessen Wurzel ihre stille Wohnung im Sitzfleisch» habe. Hernach nahm er in eine Sammlung seiner ironischen Verse ein Spottgedicht unter dem Titel «Thomas Bodenbruch» auf, das – wie es seiner Manier entsprach – nach römischen Ziffern geordnet war. Unter Nummer III höhnte er: «Voll hemmender Bedenklichkeit / Und zaudernder Entfaltung, / Staffier' ich meine Kränklichkeit / Als ‹Haltung›.»

Das war nicht fern von der Wahrheit. Nur bewies Thomas Mann, als es um Katia ging, eine verbissene Entschlossenheit, die keine Bedenken, kein Zaudern und kaum eine Hemmung zuließ. Er wagte sich aus seinem Beobachtungsstand hervor und trat nach vorn – vielleicht ein wenig bescheidener, als er es im «Lebensabriß» angedeutet hat: «Ich war nicht mehr der völlig im Dunkel lebende junge Mensch von einst. Das, was ich in meinen italienischen und Schwabinger Verstecken ‹abzuwarten› gehabt hatte, war nun – ich will nicht sagen: erreicht, aber eingetreten. Es bedeutete nicht länger Verlegenheit, über meine Existenz Auskunft geben zu müssen, es erübrigte sich, eine zu geben, sie stand im Buch: Ein Münchener Fremdenführer und Nachschlagewerk vom Typus ‹Who is who?› verzeichnete meine Adresse als diejenige des Verfassers von ‹Buddenbrooks›. Ich war bewiesen, meine dumpfe Widersetzlichkeit gegen alle regulären Ansprüche der Welt war gerechtfertigt, die Gesellschaft nahm mich auf – soweit ich mich aufnehmen ließ; die Gesellschaft ist in diesen Bestrebungen nie sehr erfolgreich gewesen. Immerhin begann ich in ein paar Münchener Salons von literarisch-künstlerischer Atmosphäre zu verkehren, vor allem in dem der Dichterin Ernst Rosmer, der Gattin des berühmten Verteidigers Max Bernstein.»

In Wirklichkeit ging er mit höchster Zielbewußtheit ans Werk. Katia attestierte ihm später, er habe sich «geradezu draufgängerisch» gezeigt. Thomas sagte von sich selbst (in einem Brief an Heinrich), während er «sonst von einer wahrhaft indischen Passivität» sei, habe er nun «eine unglaubliche Initiative an den Tag gelegt». Er bat Frau Bernstein, ein Abendessen zu arrangieren, zu dem auch Katia geladen war. Später äußerte sie den Verdacht, daß jene Dame – die unter ihrem Pseudonym Ernst Rosmer nicht nur Romane, sondern (alles fügte sich so sinnreich wie möglich) auch das Libretto zu Engelbert Humperdincks Oper «Die Königskinder» geschrieben hatte – ein gewisses Vergnügen daran gefunden habe, sie und den jungen Kollegen zusammenzuführen. Nicht lange danach wurde Thomas, wie er es dem Bruder angekündigt hatte, zum Tee, dann zum Ball, schließlich zu einem Diner im Hause Pringsheim geladen.

Die Mutter Hedwig schien seine stille, doch hartnäckige Werbung um die Gunst der Tochter in der Tat mit lächelndem Wohlwollen zu ermutigen. Der Professor freilich gab nicht zu erkennen, daß ihm der ruhige junge Mann als Schwiegersohn willkommen sein könnte. Der Ruhm des Autors der «Buddenbrooks» beeindruckte ihn wenig. Die Literatur war kein Feld seines unmittelbaren Interesses, das der Wissenschaft, der Musik und der bildenden Kunst galt. Vielleicht war seine Distanz auch von väterlicher Eifersucht bestimmt. Es wäre nicht völlig undenkbar, daß er Thomas nicht über den Weg traute. Lange schien er einen gewissen soupçon nicht abschütteln zu können. Unter Katias Brüdern erwies sich der Zwilling Klaus als ein entschiedener Helfer, immer willig, Boten- und Liebesdienste zu leisten.

Und Katia selbst? Sie sträubte sich gegen eine Entscheidung. Geplauder am Teetisch und im Garten. Leichte und lockende Gespräche bei den zeremoniellen Essen, eine Radtour, bei der sie dem «Rittmeister» mit Elan davonfuhr – eine Szene, die sich in «Königliche Hoheit» zwischen Klaus Heinrich und Imma zu Pferde wiederholt –, ernste Erörterungen auf gemeinsamen Spazierwegen, von Klaus Pringsheim diskret begleitet. Sie empfing seine Aufmerksamkeit gern, war wohl auch ein wenig geschmeichelt. Der Autor gewann ihr Interesse, nicht ihr Herz. Nicht so rasch.

Im Frühjahr 1904 begann er, sie mit Briefen zu bestürmen. Bruder Heinrich hatte er Ende März geschrieben, seine «große Lebensangelegenheit» könne sich jeden Tag entscheiden. Wenn nicht, müsse er in München bleiben, um sie «weiter zu betreiben»; habe sie sich entschieden, so werde er sich «wohl erst recht nicht trennen können» – kurz, aus dem Plan, sich zwei Wochen mit dem Bruder im Sanatorium des Dr. von Hartungen in Riva am Gardasee zu erholen, werde wohl nichts.

Nichts überließ Thomas Mann dem Zufall oder einer Laune des Schicksals. Jeder mögliche Schritt war genau bedacht. In guten Stunden, schrieb er, sei er voller Zuversicht. Dann sank sein Optimismus wieder in sich zusammen: manchmal fürchte er, daß seine «Phantasie der Wirklichkeit weit voraus» sei. «Natürlich bin ich vollkommen dérangirt, und zur Arbeit fehlt jede Ruhe und jene egoistische Eingezogenheit, die dazu nöthig ist.» Dann der Seufzer: «Ach, das Leben! das Leben!»

Mit einiger Überraschung schien er festzustellen, daß sich die Erscheinungen des ungebärdigen «Lebens» nicht so gehorsam lenken ließen wie die Geschöpfe, die Ereignisse der Novellen und seines Romans. Es war an der Zeit, daß er sein überzeugendstes Instrument ins Feld führte: seine Feder. So schrieb er eine kleine Geschichte – eher ein Feuilleton – über eine Séance bei Ludwig Derleth, den er den «Propheten Daniel» nannte: ein Prediger und Missionar, der Buddha, Alexander den Großen, Napoleon und Jesus als Vorläufer betrachtete, eine schöne Schwester seine eindrucksvollste Zeugin, Randfigur des Kreises um Stefan George, von dem Thomas Mann für gewöhnlich Abstand hielt (wie umgekehrt der strenge Meister mit dem Verfasser der «Buddenbrooks» nicht viel zu schaffen haben wollte). Derleth konnte zu den erhabenen Spinnern gezählt werden, die sich mit einigem Erfolg genialisch aufzuführen verstanden. An Sonderlingen dieser Sorte war in München kein Mangel, und sie übten auf Thomas eine gewisse Anziehungskraft aus; doch er hütete sich, sie zu nahe kommen zu lassen. Er wußte gut genug, daß den Mitgliedern des «inneren Zirkels» um Stefan George, den dichtenden Priester mit dem steilen Gesicht, ein hoher geistiger Rang nicht abzusprechen war: Ludwig Klages, der die Einheit von Leib und Seele lehrte und schließlich das fatale Buch

«Der Geist als Widersacher der Seele» schreiben sollte, Psychologe und Graphologe, zu mystischem Blubbern geneigt, antisemitisch und nationalistisch; oder der Lyriker und Dramatiker Karl Wolfskehl, in dessen Schwabinger Haus sich – nach der Schilderung Jürgen Kolbes – «bei einfachster Teebewirtung (...): Universitätsdozenten, beginnende Malerinnen, Propheten neukatholischer und heidnischer Gesinnung, Jugend und Alter, Dürftigkeit und gesättigtes Bürgertum» trafen. Wolfskehl gehörte, nach dem modischen Begriff jener merkwürdigen Elite, zu den «Enormen», die den Titel verdienten – wie Friedrich Gundolf, der große Germanist, der das idealisierte Goethe-Bild einer Generation geprägt hat.

In das Dachverlies des «Propheten Daniel», der sich bei der beschriebenen Séance durch einen Jünger vertreten ließ, war Thomas Mann dank der Neugier von Hedwig Pringsheim geraten. Er zeichnete von Katias Mutter in seiner kleinen Novelle denn auch ein artiges Porträt: «Sie war in ihrem seidenen Coupé aus der Stadt, aus ihrem prachtvollen Hause mit den Gobelins und den Türumrahmungen aus Giallo antico hierhergekommen, war alle Treppen heraufgestiegen und kam zur Tür herein, schön, duftend, luxuriös, in einem blauen Tuchkleid mit gelber Stickerei, den Pariser Hut auf dem rotbraunen Haar, und lächelte mit ihren Tizian-Augen. Sie kam aus Neugier, aus Langeweile, aus Lust an Gegensätzen, aus gutem Willen zu allem, was ein bißchen außerordentlich war, aus liebenswürdiger Extravaganz, begrüßte Daniels Schwester und den Novellisten, der in ihrem Hause verkehrte, und setzte sich auf die Bank vor der Fensternische».

Nach dieser mehr als artigen Verbeugung vor der Frau Mama hielt der «Novellist» nach der Tochter Ausschau. Indes, die Mama war allein: «Wie schön sie ist! dachte er. Sie ist wert, die Mutter dieser Tochter zu sein... ‹Und Fräulein Sonja?› fragte er über ihre Schulter hinweg. ‹Sie haben Fräulein Sonja nicht mitgebracht?› Sonja war die Tochter der reichen Dame und in des Novellisten Augen ein unglaubhafter Glücksfall von einem Geschöpf, ein Wunder an allseitiger Ausbildung, ein erreichtes Kulturideal. Er sagte ihren Namen zweimal, weil es ihm einen unbeschreiblichen Genuß bereitete, ihn auszusprechen. ‹Sonja ist leidend›, sagte die reiche Dame. ‹Ja, denken Sie, sie hat einen schlimmen Fuß. Oh, nichts,

eine Geschwulst, etwas wie eine kleine Entzündung oder Verfül-
lung. Es ist geschnitten worden. Vielleicht wäre es nicht nötig gewesen, aber sie wollte es selbst.› ‹Sie wollte es selbst!› wiederholte der
Novellist mit begeisterter Flüsterstimme. ‹Daran erkenn’ ich sie!
Aber wie in aller Welt kann man ihr seine Teilnahme kundgeben?›
‹Nun, ich werde sie grüßen›, sagte die reiche Dame. Und da er
schwieg: ‹Genügt Ihnen das nicht?› ‹Nein, es genügt mir nicht›,
sagte er ganz leise, und da sie seine Bücher schätzte, erwiderte sie
lächelnd: ‹So schicken Sie ihr ein Blümchen.› ‹Danke!› sagte er.
‹Danke! Das will ich!› Und innerlich dachte er: ‹Ein Blümchen?
Ein Bukett! Einen ganzen Strauß! Ungefrühstückt fahre ich morgen in einer Droschke zum Blumenhändler – !› – Und er fühlte, daß
er ein gewisses Verhältnis zum Leben habe.»

Diese literarisch aufgeputzte Liebeserklärung an die Pringsheimschen Damen wurde der Mama brav zur Prüfung vorgelegt. Sie
fand, was nicht weiter erstaunt, ihre freundliche Zustimmung. In
einem Brief an Bruder Heinrich schilderte Thomas die Lage mit
weniger Umstand: «Augenblicklich ist Katja krank in der Chirurgischen Klinik, wohin ich ihr heute Morgen ein paar schöne Blumen
geschickt habe, mit Erlaubnis der schönen Lenbach-Mama, die immer ermuthigend lächelt, wenn ich ihr gegenüber bereits einfach
von ‹Katja› rede.» Wenige Tage später schrieb er an die junge Dame
selbst – sie lag vermutlich noch immer im Hospital –, ihr Vater habe
sich mit liebenswürdiger Besorgnis um seine Halsentzündung gekümmert und nicht die Mühe gescheut, für ihn «sein letztes und
einziges Stück Guttapercha» zu holen – ein dem Kautschuk verwandtes Heilmittel, das damals geschätzt wurde. (Auch diese Szene
fand sich hernach in «Königliche Hoheit» wieder.) «Was sagen Sie
dazu? Was folgt daraus? Daraus folgt *mindestens*, daß er meinen
Tod nicht will. Aber es folgt *mehr* daraus. Sie werden wieder sagen,
daß Ihr Vater es versteht, sich zu beherrschen. Aber dies ist mehr,
denn Selbstbeherrschung – sagen Sie, was Sie wollen. Sie wenden
auch immer nur den Tigersinn Ihres Vaters vor, weil Sie mich nicht
leiden können…» Mit anderen Worten: er versuchte die «Prinzessin» davon zu überzeugen, daß sich der Vater nicht um jeden Preis
gegen eine Verbindung seiner Tochter mit dem Dichter sträuben
werde.

19. KAPITEL

Am Ziel

Warten ist gräßlich», schrieb Thomas Mann Ende April 1904, als ihn Katia mit einer Antwort zu lange hatte warten lassen: «Man darf das Schicksal nicht in seiner üblen Gewohnheit bestärken, alles Gute erst dann ankommen zu lassen, wenn man vor lauter Warten schon ganz apathisch ist und sich kaum noch freuen kann – – –». Dann gestand er, daß er ein wenig eifersüchtig auf ihre Wissenschaft, die Mathematik, sei – eine Wendung, die er später in «Königliche Hoheit» wörtlich wiederverwendete.

Erika Mann konnte in ihrer Ausgabe der Briefe des Vaters nur Auszüge aus den Botschaften vorlegen, die er der umworbenen Katia Pringsheim in den Frühjahrs- und Sommermonaten des Jahres 1904 geschickt hat: Exzerpte, die der Autor anfertigte, als er «Königliche Hoheit» schrieb. Die Originale waren 1933 im Münchner Haus geblieben, und sie konnten – anders als die Tagebücher – später nicht in die Schweiz gerettet werden.

Ende Mai fand der Werbende einen Ton der Innigkeit, der sonst nicht zum Merkmal seiner schriftlichen Äußerungen gehörte, nicht der privaten, nicht der öffentlichen: «Zuweilen, es muß ganz still und ganz dunkel dazu sein, sehe ich Sie, Katja, wirklich in einer Klarheit und visionär-detaillirten Lebendigkeit vor mir, wie kein noch so vortreffliches Bild sie haben könnte: ganz erschrocken bin ich vor Freude. Merkwürdiger Weise ist es fast immer der Kaimsaal, wo ich Sie sehe». Er dachte an die Konzerte, in denen er sie mit dem Opernglas betrachtet hatte.

Der Frühling, in dem sich – nach seiner Ankündigung gegenüber

Heinrich – die «große Lebensangelegenheit» hatte entscheiden sollen, war lange vorüber. Thomas hielt sich einige Wochen in Riva beim Bruder auf. Danach mietete er eine neue Wohnung in der Ainmillerstraße, die komfortabler war als die Zimmer in der Konradstraße, in denen er zuletzt gehaust hatte (er wechselte die Unterkunft oft). Anfang Juni wurden seine Worte unruhiger und drängender. Er beklagte die koketten, unverbindlichen Streitgespräche, die er mit Katia führte, nannte sie «Zeitvergeudung, eine beinahe ruchlose Zeitvergeudung», «kleine Amüsements, die den Abend füllen, während wir – Sie und ich – so viel Wichtigeres mit einander zu reden hätten (…)! Wären wir mehr allein! Oder wüßte ich die kurzen Minuten, die mir zuweilen geschenkt sind, besser zu nutzen! Ich sagte Ihnen schon, mit welchem Entzücken ich das gelesen habe, was Sie von ‹Näher kommen› schrieben – und wie schmerzlich es mich zu gleicher Zeit berührt hat.»

Hatte sie «Tonio Kröger» nicht gelesen? Er hielt es für angebracht, sich ihr als ein Märtyrer der Kunst zu offenbaren: «Ich weiß ja, weiß es so schrecklich gut, wie sehr *ich* schuld bin an der ‹Art von Unbeholfenheit oder so etwas› (dieses rührende ‹oder so etwas›!), die Sie mir gegenüber so leicht empfinden, wie sehr ich durch meinen ‹Mangel an Harmlosigkeit›, an Unbefangenheit, an Unbewußtheit, durch die ganze Nervosität, Künstlichkeit und Schwierigkeit meines Wesens es jedermann, auch dem Wohlmeinendsten, erschwere, mir näher zu kommen».

Dann steigerte er sich zu wagnerischen Tönen: «Sie sind ja klug, sind einsichtig aus Güte – und aus ein wenig Neigung. Sie wissen, daß ich mich, persönlich, menschlich, nicht gleich anderen jungen Leuten habe entwickeln können, daß ein ‹Talent› als Vampyr: blutsaugend, absorbirend wirken kann; Sie wissen, welch kaltes, verarmtes, rein darstellerisches, rein repräsentatives Dasein ich Jahre lang geführt habe; wissen, daß ich mich Jahre, *wichtige* Jahre lang als Menschen für nichts geachtet und nur als Künstler habe in Betracht kommen wollen… Sie begreifen auch, daß dies kein leichtes, kein lustiges Leben sein und selbst bei starker Antheilnahme der Außenwelt kein gelassenes und keckes Selbstvertrauen zeitigen kann. Eine Heilung von dem Repräsentativ-Künstlichen, das mir anhaftet, von dem Mangel an harmlosem Vertrauen in mein

persönlich-menschliches Theil ist mir durch Eines möglich: durch
das Glück; durch *Sie* meine kluge, süße, gütige, geliebte kleine Königin!... Was ich von Ihnen erbitte, erhoffe, ersehne, ist Vertrauen,
ist das zweifellose Zumirhalten selbst einer Welt, *selbst mirselbst*
gegenüber, ist etwas wie Glaube, kurz – ist *Liebe*... Diese Bitte und
Sehnsucht ... Seien Sie meine Bejahung, meine Rechtfertigung,
meine Vollendung, meine Erlöserin, meine – Frau! Und lassen Sie
sich niemals von jener ‹Unbeholfenheit oder so etwas› verwirren!
Lachen Sie mich aus und sichselbst, wenn ich Ihnen ein solches Gefühl erwecke und halten Sie zu mir!»

Am Abend des 6. Juni, seines neunundzwanzigsten Geburtstags,
war Katia zwar zu einer kleinen Liebkosung bereit – sie hatte für
einen Augenblick ihr «süßes, süßes Köpfchen» an seine Wange ge-
lehnt –, aber seinen Heiratsantrag akzeptierte sie noch immer nicht.
Sie sagte wohl auch kein kategorisches Nein. Dennoch ging er in
«Todestraurigkeit» davon, wie er hernach schrieb: «Vielleicht ist es
Schwäche, aber ich habe keine Vorwürfe für Sie. Nur Liebe! Nur
Liebe!»

Drei Tage später sagte er einen verabredeten Ausflug mit Kurt
Martens zum Brenner ab: «Du weißt, wie stark die Ketten sind, die
mich hier fesseln, und wie sie bei jeder Fluchtbewegung ins Fleisch
schneiden.» Er zitierte «Lohengrin»: «Ich kann nicht fort, hieher
bin ich gebannt...» Dennoch, er wollte «wenigstens ein paar Tage
eine andere Luft athmen (...) als das leise, bethörende Parfum, das
von ihren Briefen und ihren Händen ausgeht. (...) Ich habe viel zu
leiden, genieße aber auch Viertelstunden eines unerhörten Glückes;
und als ausgemacht ich mir ausgemacht K.P. zu Lieb und Ehe aus-
suchte, konnte ich nicht erwarten, daß Alles so glatt und nett verlaufen werde wie zwischen Assessor Müller und Käthchen Schulze.»

Martens nannte ihn in seiner Antwort einen Schwächling, und er
mahnte, der schwierigen jungen Dame ein Ultimatum zu stellen.
Thomas wies den Rat scharf zurück: den «gekränkten Herrn zu
spielen» scheine ihm der «Gipfel der Abgeschmacktheit». Doch er
zögerte auch nicht, den unklugen Hinweis des Freundes unverzüglich Katia selbst zu hinterbringen, seinen Protest – fast – wörtlich
zitierend und ein wenig verschärfend: «– Was heißt Geduld! Ich
liebe Sie! Ein Freund schrieb mir: ‹Was für ein Schwächling bist Du

eigentlich? Alle wissen, daß Du um sie wirbst, alle sprechen davon. Und sie stellt Dir fortdauernd Geduldsfristen, hält Dich hin, spielt mit Dir. Ist das eine Rolle für Dich? Zeige ihr den Mann! Ein Ultimatum! Du mußt ihr ja immer weniger begehrenswerth erscheinen, je länger die Sache sich hinzieht…› Diese letzte Redensart ärgerte mich, und darum antwortete ich deutlich: ‹Du solltest Deine Nase nicht in Dinge stecken, die Du nicht verstehst. Sie jetzt vor die Entscheidung stellen, hieße, ihr, uns beiden zum Leid, ein Nein abquälen, da sie sich ihrem ganzen Wesen nach, das Ja doch noch nicht abgewinnen kann. (…)›»

In ihrer Verwirrung hatte sie ihm gesagt, sie sei seiner nicht wert, und sie wisse nicht, was er sich «aus ihr mache». Sie wollte Zeit gewinnen. Er rief: «Dumme kleine Katja, die noch immer von ‹überschätzen› fabelt und noch immer behauptet, daß sie mir das nicht ‹sein› können wird, was ich von ihr ‹erwarte›! Aber ich liebe Sie ja, Herrgott noch mal, verstehen Sie denn nicht, was das heißt? Was ist denn da noch weiter zu erwarten und zu sein? Meine Frau sollen Sie ‹sein› und mich unsinnig stolz und glücklich dadurch machen!… Was ich mir ‹aus Ihnen mache›, die Bedeutung, die ich Ihnen gebe, die Sie für mein Leben haben und haben werden, ist doch meine Sache, und Ihnen erwächst doch keine Mühe und Verpflichtung daraus! Dumme kleine Katja! Ganz ernsthaft daherzureden, als sei sie – nein wirklich! – meiner nicht werth, – meiner, der sich nach jedem Zusammensein bänglich fragt: Reiche ich denn auch? Kann sie mich auch wollen? Bin ich ihr nicht zu täppisch, zu unweltlich, zu sehr ‹Dichter›?»

Sie gab dennoch nicht nach, noch nicht, obwohl er sie nun an jedem zweiten Tag sehen konnte. Im Juli 1904 reiste sie zu ihrem Vater nach Bad Kissingen, wo sich der Professor einer dringenden Kur unterzog. Danach plante sie einen Aufenthalt mit der Mutter in der Schweiz. Thomas Mann suchte vor dem schwierigen Abschied einen Nervenarzt und Psychologen auf, der – wie ganz München – seine Bemühungen um die Pringsheim-Tochter sehr wohl bemerkt hatte. «Bemerkt?» hieß es hernach in «Königliche Hoheit»: «Nein, erspäht, eräugt und gierig aufgegriffen! Besprochen? Vielmehr mit Sturzbächen von Gerede überschüttet! Dieser Verkehr bildete den Gesprächsgegenstand der Hofgesellschaft, der Salons, der Wohn-

und Schlafzimmer, der Barbierstuben, Wirtshäuser, Handwerkstätten und Gesindekammern, der Droschkenkutscher an den Haltestellen und der Mägde unter den Haustoren». Ganz so aufgeregt ging es in München nicht zu, doch die Dinge verhielten sich, wie der weltkluge Herr von Knobelsdorff im Roman feststellen durfte: «Aufsehen war keineswegs unerwünscht, Aufsehen war nützlich, war notwendig...»

Der Dichter hatte sich in der Tat nicht die geringste Mühe gegeben, seine Werbung vor der öffentlichen Neugier zu verbergen. Das Gerede, er wußte es wohl, könnte eine gewisse Pression sein, die den Vater – vielleicht, vielleicht – veranlassen würde, die bürgerlichen Skrupel zu respektieren und der Verbindung seinen Segen zu geben.

Der Nervenarzt, den Thomas Mann konsultierte, riet zur Zurückhaltung. Katias «Entschließungsangst» sei «etwas notorisch Krankhaftes», sagte er: «Wenn ich nicht viel diplomatischer und zurückhaltender zu Werke ginge, würde seinen Erfahrungen nach nichts aus der Verlobung werden», schrieb Thomas hernach an Martens. – Sprach er mit dem Arzt noch über anderes? Es hätte nahegelegen. Auch André Gide hatte vor seiner Heirat einen Mediziner aufgesucht, um mit ihm über seine homosexuellen Neigungen zu reden.

Am 24. Juli las Thomas Mann in Göttingen bei der «Literarischen Gesellschaft» – mit schönem Erfolg. Dann reiste er zu seiner Mutter nach Uttingen am Starnberger See. In seinen Briefen an Katia zügelte er den Ton: «Das ist die Liebe. Man glaubt, nur das Gefühl reden lassen zu dürfen, damit alles sich zum Glücke ordne. Aber das ist nicht das Richtige, zwischen *uns* sicher nicht, das erkenne ich jetzt ganz deutlich. Zwischen uns muß die Vernunft zu Worte kommen: Zu *Worte*. Wir müssen mit einander reden, ausführlich und rückhaltlos, ruhig, umsichtig und verständig...»

In seiner nächsten Botschaft versuchte er, den Vorwurf der «Herzenskälte», der ihm wieder in der Kritik (und womöglich auch bei Katia) begegnet war, in geschliffener Formulierung zu entkräften, sich der Sätze bedienend, die sich auch in einem Brief aus jenen Tagen an Ida Boy-Ed finden – bis zu dem Aperçu, es fehle nur, daß man auch Wagner einen «eiskalten Faiseur» nenne. «Aber ich möchte alle diese Dummköpfe zu Ihnen schicken, Katja, damit Sie ihnen sagen, ob ich ‹kalt› bin oder nicht. Was würden Sie antworten? – ... Sie wissen, daß ich Sie unbeschreiblich gern habe und daß ich an unsere Vereinigung glaube, wie man an sichselbst und die Zukunft glaubt: ohne diesen Glauben könnte man sich begraben lassen.»

Er versuchte ihr deutlich zu machen, daß er den «Tonio Kröger» hinter sich gelassen habe: «Wo ich liebte, hatte ich bislang immer zugleich verachtet. Die Mischung aus Sehnsucht und Verachtung, die ironische Liebe war mein eigentlichstes Gefühlsgebiet gewesen. T. K. hatte das ‹Leben› geliebt, die blauäugige Gewöhnlichkeit, wehmüthig, spöttisch und hoffnungslos. Und nun? Ein Wesen, süß wie die Welt – *und* gut, *und* ungemein, *und* fähig (wenn auch vielleicht nicht willens), mir mit Geist und Güte entgegenzukommen: etwas absolut und unglaublich Neues! Diese Liebe, überhaupt die stärkste, ist in diesem Betracht, *was da kommen möge*, meine erste und einzige *glückliche* Liebe...»

Ende August: «Dumm? Meinetwegen. Sie sind ein so unsäglich bezauberndes Geschöpf, meine Katja, daß Sie in der That meinethalben ‹ein bischen dumm› sein könnten. Daß Sie es nicht sind, wissen Sie selbst am besten.» Im nächsten Brief nannte er ihren «kleinen, ein wenig kindlich bekritzelten Bogen», der ihn erreicht hatte, ein «Gralswunder und Zeichen des Heils».

Nun war er «ganz Mann» – der Mann von Welt, der junge Herr, der sich im Leben umgesehen hatte: überlegen und gütig. Er lobte das «neugierig Klein-Mädchenhafte, das Gaminartige, das neben so vielem Anderen in Ihnen steckt». Zugleich gestand er, daß er «im Verkehr mit Menschen» fast nie das Gefühl seines Wertes «bei der Hand» habe. Dann reckte er sich und fuhr fort: «Aber wenn ich dieses Gefühl nicht habe, so habe ich dafür das gute Vertrauen, *daß die Anderen es für mich haben.*» Schließlich der erstaunliche Satz: «Und ich betrachte es, so anmaßend das klingen mag, als ein Criterium der seelischen Bildung eines Menschen, wie er sich zu mir verhält...»

Katia mag diese Konfession mit gehobenen Brauen gelesen haben. Sie signalisierte eine zentrale Schwäche in der Persönlichkeit des Mannes, den sie durchs Leben begleiten sollte – eine Schwäche, die er im Glücksfall in produktive Kraft zu verwandeln vermochte; manchmal aber nährte sich aus ihr nur die blanke Aggression oder eine nahezu infantile Eitelkeit. Immerhin war der Schreiber kein Jüngling von achtzehn Jahren, sondern ein ausgewachsener Mann an der Schwelle der Dreißig.

Anfang September: «Ich habe mit Ihrem Brief in der Hand geweint wie ein Kind... bei einem gewöhnlichen jungen Mädchen würde ich mir ohne Zweifel mit dieser Offenheit schaden; aber Sie sind nicht gewöhnlich». Ein paar Tage später: «ich fühle mich jung und empfindungsstark wie noch niemals in meinem Leben. Ich kann nicht anders denken, als daß Alles noch gut und glücklich ausgehen muß; denn ich liebe Sie ja, Katja, ich habe Sie über alle Wesen und Werte lieb!»

Mitte September schwang er sich von neuem behend auf das Piedestal des Dichter-Prinzen: «Wissen Sie, warum wir so gut zu einander passen? Weil Sie weder zum Bürger- noch zum Junkerthum gehören; weil Sie, auf Ihre Art, etwas Außerordentliches, – weil Sie, wie ich das Wort verstehe, eine *Prinzessin* sind. Und ich, der ich immer – jetzt dürfen Sie lachen, aber Sie müssen mich verstehen! – der ich immer eine Art Prinz in mir gesehen habe, ich habe, ganz gewiß, in Ihnen meine vorbestimmte Braut und Gefährtin gefunden...»

Die Erlösung schien näher zu rücken. Ende September wagte er ein rauschendes Crescendo: «Ach, Du erstaunliches, quälend süßes, quälend herbes Geschöpf! – – Sehnen – Sehnsucht! Du weißt nicht, wie ich das Wort liebe! Es ist mein Lieblingswort, mein heiliges Wort, meine Zauberformel, mein Schlüssel zum Geheimnis der Welt...»

Dreizehn Briefe seit Mitte August. Dann war Katia endlich bereit. Der Vater gab nach. Thomas Mann gelangte an das Ziel, das er so beharrlich angestrebt hatte. Am 4. Oktober 1904 teilte er Kurt Martens mit, daß er sich am Vortag verlobt habe. Zugleich schrieb er Carl Ehrenberg, daß er bei der Hochzeit seine Komposition «Königssohns Brautfahrt» spielen lassen werde. Die Mitteilung war auch für Paul bestimmt.

Der Bräutigam meldete die Verlobung ringsum mit dem Hochgefühl des Eroberers, der feststellen durfte, daß seine strategischen

Kalkulationen nach langen Monaten der Ungewißheit so glänzend
bestätigt wurden. Einer der brillantesten Belagerungsoperationen,
die in der Gesellschaftsgeschichte verzeichnet werden könnten,
wurde endlich der so heiß ersehnte und so exakt berechnete Erfolg
zuteil.

An Gabriele Reuter in Berlin schickte er die frohe Botschaft:
«Katja hat, nachdem wir ein Vierteljahr getrennt waren, nun ja gesagt.» An Hilde Distel, die Sängerin in Dresden, eine Halbschwester der beiden Ehrenbergs: es sei «abscheulich» von ihm, daß er es
«der Fama» anheimgegeben habe, ihr «Kunde von dem Neuen und
fast noch Unglaublichen» zuzutragen, das in sein «wunderliches
Leben gekommen». «Der Künstler, der obendrein auch noch mit
dem ‹Leben› eine Liebschaft hat, ist der angestrengteste Mann der
Welt!» Dann berichtete er, wer «sie» sei: «ein wundervolles Geschöpf. Die Sache spielt nicht seit gestern (…), und sie ist nun zu
einem Abschluß gelangt, der meines Lebens Krone ist».

Einen Tag später verkündete er, ein wenig ausführlicher, Ida
Boy-Ed die «frohe Märe». «Was sagen Sie? Haben Sie von der Familie gehört?» Die gesellschaftliche Prominenz der Pringsheims
schien ihm außerordentlich wichtig zu sein. Von ihr sprach er zuerst. Dann erst von seinem «Zustand, der aus Verstörtheit, Seligkeit
und Erschöpfung unerhört gemischt» sei. Schließlich (er korrespondierte mit einer Kollegin): «Verstehen Sie auch die Gewis-
sensskrupel, mit denen ich zu kämpfen habe, – das moralistisch-
asketische Mißtrauen des Künstlers gegen das ‹Glück›? Gott sei mit
uns Allen!» Dann fügte er mit seltsamer Verspätung hinzu: «Ganz
schlecht kann es nicht ausgehen. Ich habe das Mädchen, ein ganz
außerordentliches Geschöpf, zu lieb dazu!» Mehr ließ er die Freundin in Lübeck über die Verlobte nicht wissen. Ohne weiteren Übergang sprach er von der Notwendigkeit, den Vortragstermin in Lübeck vorerst abzusagen.

20. KAPITEL

Kein reines Vergnügen

Und Bruder Heinrich? Und die Mutter? Sie hielt sich in Augsburg auf, wo sie eine bescheidene Wohnung gemietet hatte, um Viktor nahe zu sein, der in der schwäbischen Provinzstadt, die längst nicht mehr im Glanz der Fugger lebte, von einer nicht allzu anspruchsvollen Schule akzeptiert worden war. Sie mahnte, noch ohne Ahnung von der «großen Lebensangelegenheit» des zweiten Sohnes, den älteren Bruder in einem herzlichen Brief, sich von den Geschwistern nicht länger abzuwenden: «Halte Dich zu ihnen, mein lieber Heinrich», rief sie ihm zu: «schicke ihnen ab und zu einige freundliche Zeilen und Kritiken, u. zeige ihnen nicht, daß Du Dich von der literarischen Welt nicht so anerkannt fühlst, als es T. momentan ist». Besorgt schrieb sie von ihrer Hoffnung, daß seine nächste Arbeit «weniger starke Unsittlichkeiten» aufdecke (als «Die Jagd nach Liebe» und «Die Göttinnen»). Sie wünsche ihm «so von ganzer Seele», daß auch ihm «die äußerliche Anerkennung zuteil würde», und sie setzte, durch Erfahrung klug geworden, eilig hinzu, leider könne «der Schriftsteller nicht ohne sie fertig werden». Dann mit dem Blick hinüber zu Thomas, die schwelende Eifersucht der Brüder im Auge: «Ihr seid *beide* gottbegnadete Menschen, lieber Heinrich».

Der Älteste, der sich damals in Florenz aufhielt, scheint sich zuvor in einem Brief lebhaft über seine Verstimmung geäußert zu haben. In einer autobiographischen Skizze aus jener Zeit betonte er voller Schärfe die andere Prägung seines Naturells: «Man geht grelle Wege, legt das Viehische neben das Verträumte, Enthusiasmus neben Satiren, koppelt Zärtlichkeit an Menschenfeindschaft. Nicht der Kitzel der anderen ist das Ziel: wo wären denn andere? Sondern man schafft Sensationen für einen einzigen. Man ist darauf aus, das eigene Erleben reicher zu fühlen, die eigene Einsamkeit gewürzter zu schmecken.» Das war kein Bekenntnis eines Mannes, der geneigt war, von sich selbst abzusehen: wenigstens darin waren sich die Brüder ähnlich. Das expressiv-nasale Stakkato freilich, das sich im Stil Heinrichs anzudeuten begann, war Thomas zutiefst fremd.

Die Mutter zögerte, zwischen ihren Kindern zu vermitteln. Sie halte es für besser – so ihr Ratschlag –, wenn Heinrich sich zur Offenheit entschlösse und Thomas unmittelbar (oder über sie) zu erklären versuche, warum er den ganzen Winter ferngeblieben sei und sich Tommy entfremdet fühle. Dann regte sie besorgt an – sie kannte wohl Heinrichs Neigung zum Handfest-Vulgären –, er möge sich um einen «recht feinen *weiblichen* Verkehr» bemühen. Vermutlich wollte sie auch ihn gern in fester und ordentlicher Bindung sehen. Von Thomas' Verlobung war in ihrem Brief nicht die Rede.

Einen Tag vor dem Weihnachtsfest des Jahres 1904 wandte sich Thomas selber wieder dem Bruder zu: er bedürfe seiner Nachsicht und Einsicht, sagte er. Heinrich werde begreifen, daß die «Zeitläufte» dem Briefschreiben zu ungünstig seien: «sie führen für mich so viel Erregung und Verwirrung und Anspannung und Abspannung mit sich, daß ich Dich nicht hindern konnte, in der Ferne den Eindruck zu gewinnen, als hätte ich es überhaupt aufgegeben, mich um das nicht ganz simple Problem unseres Verhältnisses noch weiter zu grämen und als lebte ich skrupellos meinem ‹Glücke› …»

Er hatte in Berlin (und schließlich auch in Lübeck) gelesen. Hedwig Pringsheim und ihre Tochter nutzten die Gelegenheit, den Bräutigam bei ihrer Familie und der ihres Mannes in der Reichshauptstadt «einzuführen». Thomas Mann lernte den prangenden Reichtum kennen, der durch das Stichwort «Tiergarten» präzis genug signalisiert wurde. In ihren «ungeschriebenen Memoiren» erzählte Katia, daß ihr Onkel Hermann Rosenberg in seinem «sehr schönen Haus» ein Abendessen zu Ehren des Brautpaares gegeben habe, zu dem auch Maximilian Harden – wohl der prominenteste

Journalist jener Tage – geladen war. Am Tage danach habe er zu ihrer Mutter gesagt, es sei eine Freude gewesen, die «beiden hübschen jungen Leute» zu sehen. Das habe Thomas ein wenig «froissiert»: Zu den «hübschen jungen Leuten» wollte er nicht gezählt werden. Der reiche Großvater Pringsheim habe ihm eine prachtvolle «Glashütter Golduhr» geschenkt. Gegenüber der Großmutter Hedwig Dohm freilich habe sich der Bräutigam eine grobe Taktlosigkeit zuschulden kommen lassen. Als ihn die passionierte Feministin fragte, ob er sich als erstes Kind einen Jungen oder ein Mädchen wünsche, habe er gesagt: «Natürlich einen Jungen. Ein Mädchen ist doch nichts Ernsthaftes.»

Nach Thomas Manns Erinnerung fiel das beanstandete Wort erst später, als das erste Baby schon unterwegs war. Seine «schreiend unreife Äußerung» sei Hedwig Dohm hinterbracht worden, sagte er, und bei der nächsten Zusammenkunft sei in ihrem Blick «etwas Drohendes» gewesen, das nicht mehr «ins Gütig-Scherzhafte» habe interpretiert werden können: so erzählte er knapp vier Jahrzehnte später in einer Studie unter dem Titel «Little Grandma», die er einer Zeitschrift in Princeton zur Publikation gab. Die streitbare kleine Dame habe es nicht gern gesehen, daß Ehe und Mutterschaft der Universitätslaufbahn ihrer Enkelin Katia ein Ende setzen sollten. Er habe es damals wohl zu spüren bekommen, daß sie ihn «als einen Räuber an dem freien und ebenbürtigen geistigen Streben des Weibes betrachtete». In jener Skizze bemerkte er freilich auch, die alte Dame sei «eine der denkwürdigsten Bekanntschaften» seines Lebens gewesen, «vielleicht die denkwürdigste»: «Äußerst zierlich von Gestalt und gekleidet in ein schlicht fließendes, von aller Mode ‹emanzipiertes› graues Gewand, besaß sie den malerischsten, mildbedeutendsten Kopf, den ich je gesehen, ein wahres Sibyllenhaupt, das Haupt einer gütigen alten Fee.» Später gelangte er mit Hedwig Dohm, sozusagen von Kollege zu Kollegin, zu einer liebenswürdigen, wenn auch nicht spannungslosen Verständigung.

Alles in allem bewahrte er gegenüber jener Welt jüdischen Bürgertums in der Reichshauptstadt eine höfliche Distanz: «Es gilt andauernd, sich menschlich stramm zu halten», gestand er Heinrich, «und oft genug läuft das ganze ‹Glück› auf ein Zähne zusammenbeißen hinaus. Die letzte Hälfte der Werbezeit – nichts als eine große seelische Strapaze. Die Verlobung – auch kein Spaß, Du wirst das glauben. Die absorbirenden Bemühungen, mich in die neue Familie einzuleben, einzupassen (soweit es geht). Gesellschaftliche Verpflichtungen, hundert neue Menschen, sich zeigen, sich benehmen.»

«Die Verlobung – auch kein Spaß…» Er sagte es gewiß nicht nur, um den Bruder zu trösten. Seit dem großen Tag waren kaum zehn Wochen ins Land gegangen. Das «Glück» setzte er prononciert in Anführungszeichen, wie zuvor schon in seinem Brief an Ida Boy-Ed, sich wieder auf sein «Künstlertum» berufend. Nun seufzte er, es sei «schlechterdings nicht geeignet, Ruhe und Behagen und Skrupellosigkeit ins Leben zu bringen», und er bestreite ausdrücklich, «daß es zur Erleichterung und Erheiterung beizutragen» vermöge. Er schrieb: «Ich habe das gewußt. Nie habe ich das Glück für etwas Leichtes und Heiteres gehalten, sondern stets für etwas so Ernstes, Schweres und Strenges wie das Leben selbst – und vielleicht *meine* ich das Leben selbst. Ich habe es mir nicht ‹gewonnen›, es ist mir nicht ‹zugefallen›, – ich habe mich ihm *unterzogen*: aus einer Art Pflichtgefühl, einer Art von Moral, einem mir eingeborenen Imperativ, den ich, da er ein Zug vom Schreibtische *weg* ist, lange als eine Form von Liederlichkeit fürchtete, den ich aber mit der Zeit doch als etwas Sittliches anzuerkennen gelernt habe. Das ‹Glück› ist ein Dienst».

Nein, er begann die Partnerschaft mit der so planvoll begehrten jungen Frau nicht in überschwenglicher Seligkeit. Er sei so «kaput», stöhnte er, daß er «ernstlich mit dem Gedanken umgehe, nach Neujahr noch auf 8 bis 10 Tage zu verschwinden», sich «nach Polling» – auf den Schweighardtschen Hof – «zurückzuziehen» und «nichts zu thun, als arbeiten und erotinfreie (?) Winterluft athmen».

«Erotinfrei»? Das merkwürdige Wort, schwer zu entziffern und von ihm selbst mit einem Fragezeichen versehen, war wohl seine Erfindung. Sein ängstlich-puritanisches Asketentum meldete einen ersten Protest an. Vermutlich fühlte er sich von zuviel Weiblichkeit eingekreist. Aber vorher komme Weihnachten, das so ganz anders «und amüsant» sein werde. Am zweiten Feiertage seien die Mutter, die Schwester Lula und ihr Mann Josef Löhr, der kleine Vicco und Grautoff bei den Pringsheims eingeladen – «eine wunderliche Constellation». Dann lud er Heinrich zur Hochzeit. «Es soll garnicht strapaziös werden. Nicht einmal kirchliche Trauung (Katja mag nicht) und das Diner im allerengsten Familienkreise...»

Die erste Vereinigung der beiden Familien vollzog sich nicht in schwelgender Fröhlichkeit. Mutter Julia klagte in einem Brief an ihren Ältesten (vom 4. Januar 1905): «Ach, Heinrich, ich war ja *nie* mit dieser Wahl einverstanden; wenn auch Katia in meiner Anwesenheit sehr lieb mit mir ist». Sie war verstimmt, weil die Braut es versäumt hatte, ihr einen Neujahrsgruß zu schicken, weil ihre Glückwünsche und ihr Brief nicht beantwortet wurden, weil – dies beschwerte ihre Seele mehr als alles andere – keine kirchliche Trauung stattfinden solle. So bestimme es die Braut, im Einverständnis mit ihrem religionslosen Vater. Die Mutter Pringsheim habe sie bei jenem Weihnachtsessen nach Tisch in ihr «fürstliches Boudoir» gezogen und sie gefragt, ob sie darauf bestehe, daß auch eine kirchliche Feier stattfinde: «ihr Mann würde dazu *nicht* erscheinen. Ich meinte, der Vater *müsse* dabeisein, aber ich überließ den Ausschlag in erster Linie dem Brautpaare. Dann fing sie an, sich über T.s *Rücksichtslosigkeit* zu beklagen (...); die *innere* Rücksichtnahme fehle ihm».

Sie finde, «wenn Pr.s Protestanten sind, sollten sie bei solchem Wendepunkt in Katias Leben es auch beweisen». Ihr wäre am liebsten, «wenn T. *aufträte* und sagte: ‹Nein, so lieb, wie ich Katia habe, der Tradition und dem Sinne meiner Eltern und Voreltern will ich treu bleiben u. verlange eine kirchliche Trauung!›» Sie fügte die undurchsichtige Bemerkung an: «Es ist ja *vielleicht* nur symbolistisch zu nehmen die kirchliche Feier». Man verlange von T. «allzuviel Rücksichten» und verhalte sich ihm gegenüber «allzu *gnädig*». Wenn Tommy wieder frei wäre («auch sein Herz!»), wäre ihr «ein Stein von der Seele».

Sie wußte wohl, daß dies ein vergeblicher Wunsch war. Dann bat sie Heinrich um Verschwiegenheit, auch gegenüber Carla, über ihre «Schwarzseherei»: «fällt alles dennoch zu Th. Glück aus, wohl uns allen, andernfalls bin *ich* gefaßt und nicht überrascht. Das viele Geld macht doch kalt u. anspruchsvoll, macht harte Köpfe und verlangt Rücksichten von andern, wo sie ihm selber mangelt. Ich denke so oft jetzt, wie Papa sich verhalten haben würde.» Die Schwester Lula sei etwas erregt gewesen, als sie ihr ihre Zweifel dargelegt habe, Lula glaube an Katias Liebe für Thomas: «ach Gott, wolle es doch so! Wie viele andere, liebe und weniger verwöhnte Mädchen hätten ihn wahr und treu geliebt u. für ihn gesorgt! –»

In ihrem Brief regte sich ganz gewiß eine Portion mütterlicher Eifersucht. Der patrizischen Dame, die in einem so seltsamen Zwiespalt mit ihren zigeunerhaft-unruhigen Neigungen lebte, war der strotzend-neureiche Luxus im Hause Pringsheim fremd, ja zuwider. Da sie selbst sich verarmt fühlte, empfand sie die Millionen, über die der Professor und seine Frau verfügten, als eine Kränkung. Die Frage der kirchlichen Trauung aber war für sie auch ein Anlaß, kaum getarnte Vorbehalte gegen die jüdische Herkunft der Familie ihrer künftigen Schwiegertochter anzumelden.

Und Katia? Ihre «ungeschriebenen Memoiren» sagen nichts über die Gefühle, die sie während der Brautzeit bewegt haben. Die Vorbereitungen für die Hochzeit mögen sie in Atem gehalten haben, obwohl nur ein Essen im engeren Kreis der Familie und der Freunde geplant war.

Thomas Mann aber versuchte tapfer, seine problematische «Fiorenza» vor dem großen Tag zu Ende zu bringen. Diszipliniert zwang er sich Tag für Tag an den Schreibtisch. Unterdessen richtete Professor Pringsheim den beiden die erste Wohnung in der Schwabinger Franz-Joseph-Straße ein. Der energische Schwiegervater scheint sich dabei nicht lange nach Thomas' Wünschen erkundigt zu haben. Das Antiquitätenhaus Bernheimer, das für den guten (oder fragwürdigen) Stil ganzer Generationen von reichen Münchner Bürgern gesorgt hatte, lieferte einige prächtige Stücke – im Stil der italienischen Renaissance – für die sieben Räume der Wohnung, auch für das Arbeitszimmer des Dichters, dem ein neuer Schreibtisch präsentiert wurde. Aus seiner Junggesellen-Behausung durfte Thomas drei Empire-Sessel mitbringen, die Gnade vor den Augen des kunstsinnigen Professors gefunden hatten. (Sie entsprachen den drei Fauteuils in «Königliche Hoheit», die Prinz Klaus Heinrich zu retten vermochte, als der Milliardär Spoelmann die Möblierung seiner «Eremitage» übernahm.) Der Bräutigam notierte mit einigem Ärger in seinem Merkheft: «Ich spreche von ‹Anordnungen›, die *mein Schwiegervater* in meinem Zimmer getroffen. Er antwortet: ‹Ich bin viel zu zartfühlend, um etc.› – Wie zartfühlend!» Er vermerkte nicht, daß zwischen dem Professor und ihm die Zahlung eines monatlichen Zuschusses für den jungen Haushalt verabredet wurde. Kein Wort über die Mitgift.

Mutter Julia schrieb an Heinrich, sie könnte sich mit der Einrichtung der jungen Leute «ganz gut vertragen», doch es wäre ihr schrecklich, wenn man es Thomas schwermachen würde, sich als «Herr» in seiner eigenen Wohnung zu fühlen. Der Vater habe auch schon ein Telefon installieren lassen: «Ich denke mir, daß er jeden Morgen nach d. Befinden seiner Tochter fragen wird.» (Von der Franz-Joseph-Straße zur Arcisstraße waren es ohnedies nur einige Schritte.) Außerdem gebe es zwei Wasserklosetts – «ist das nicht ideal?»

Sie gestand, es sei ihr ein trauriger Gedanke, daß sie Thomas nun zum letztenmal als *«ledigen* Sohn» sehe, später gehöre er «zu ⅔ anderen». Im übrigen lobte sie, daß Katias bildhübscher Zwillingsbruder Klaus, der komponiere, ihr seine Lieder geschickt habe. Er werde einen großen Weg machen. Die Mutter sei schön, der Vater sehr zierlich und «rasch mit Sarkasmen bei der Hand».

Professor Pringsheim verbarg noch immer nicht, daß er seine Tochter ungern einem jungen Mann überließ, der von Mathematik nicht das geringste verstand und von bildender Kunst nicht viel, dafür aber Schopenhauer vergötterte, den er verachtete. Seine einzige Tochter, die um seinetwillen Mathematik studierte! Julia erzählte Heinrich, Katias Vater habe während der letzten Tage immer geweint, und auch der Mutter würde es schwer, ihre einzige Tochter und Freundin fortzugeben. Auch ihr sei «beständig traurig zumute», aber sie wolle sich darüber schriftlich nicht äußern.

Am 11. Februar 1905 war die zivile Trauung im Rathaus. Immerhin hatte sich Vater Pringsheim bereit gefunden, zusammen mit dem Schwager Josef Löhr das Amt des Zeugen zu übernehmen. Nur die beiden Familien waren zum Hochzeitsmahl in der Arcisstraße geladen – Heinrich war nicht gekommen, auch Carla fehlte –, dazu Katias Patin, die eine enge Freundin des Hauses war, und der unentwegte Grautoff, dem immerhin diese Ehre zuteil wurde. Zu einer Rede konnte sich der Bräutigam nicht entschließen. Nach Viktors Erinnerung begnügte er sich damit, die Pringsheims bei ihren häuslichen Kosenamen zu nennen: «Mimchen, Muhne, Puhne, Fink und Fei – hoch!» (Die Berliner Großeltern wurden von den Kindern Mimchen und Muhne, Vater und Mutter Pringsheim Fink und Fei genannt.) Dieser humoristische Hinweis signalisierte, daß er bereit war, sich in die Sippe einzufinden. Die Kürze der Äußerung fand großen Applaus. Vater Pringsheim sagte der Mutter seines Schwiegersohnes, die neben ihm saß, er könne nicht reden, aber sie «möge doch seine aufrichtige Gesinnung auch so anerkennen u. mit ihm privat» auf ihr Wohl trinken.

Das Ziel der Hochzeitsreise war Zürich. Thomas und Katia stiegen im Grand Hotel «Baur au Lac» ab, wo sie – wie er Heinrich schrieb – «auf größtem Fuße» lebten, «mit ‹Lunch› und ‹Diner› und abends Smoking und Livree-Kellnern, die vor einem her laufen und die Thüren oeffnen…»

Er fügte gedämpften Tones hinzu: «Übrigens keine Glücksrenommistereien! Ich habe (…) nicht immer einen guten Magen und darum auch nicht immer ein gutes Gewissen bei diesem Schlaraffenleben und sehne mich nicht selten nach ein bischen mehr Klosterfrieden und… Geistigkeit.»

Der Brief war eine Woche nach der Hochzeit geschrieben. Es war vorauszusehen, daß den beiden die Gewöhnung ans Zusammenleben nicht leicht würde. Katia war ohne jede sexuelle Erfahrung, und es steht dahin, ob ihr die Mutter Hedwig eine gründliche Unterweisung über die sogenannten *facts of life* hatte zukommen lassen. Es ist nicht undenkbar, daß dieses heikle Thema im Hause Pringsheim lieber gemieden wurde. Der Vater führte seit langem eine Art Nebenehe mit der kroatischen Wagner-Sängerin Milka Ternina, die niemand verborgen blieb, nicht der Frau und nicht den Kindern. Katia hatte als achtjähriges Kind am Teetisch altklug geplappert, wie Mendelssohn erzählte, der «Fey» mache Milka den Hof, er werde sie wohl heiraten, und sie werde «übers Jahr ein Kind haben» – er sei «wie ein Witwer, der eine andere will…»

Die Mutter mag damals nicht allzu erheitert zugehört haben. Vermutlich gab sie der jungen und spröden Katia keine allzu rosige Illusionen über die Ehe mit auf den Weg, trotz ihrer romantischen Sympathien für den sensiblen Dichter, in dem sie eine verwandte Seele zu erkennen glaubte. Katia aber schien eher dem Vater nachzuschlagen, der ein Mann herben und heftigen Temperamentes war. Ihr Sohn Golo bemerkte in seinem Erinnerungsbuch, die Mutter habe wenige Wochen vor ihrem Tod einer Besucherin gesagt: «Geheiratet habe ich nur, weil ich Kinder wollte.»

Hatte Thomas Mann vor jener Lebensstation Zürich jemals mit einer Frau geschlafen? In seinem Notizbuch fanden sich die Adressen von drei Zürcher Ärzten: der eine, Dr. med. Ringier – im Zeltweg Nummer 26 –, zeichnete sich als Hypnotiseur aus, der zweite, Professor Constantin von Monakow – in der Dufourstraße hinter der Oper –, war ein international anerkannter Spezialist für Nervenleiden, und der dritte, Dr. med. Alfred Ulrich – in der Bahnhofstraße –, firmierte als Psychiater.

Mit vorsätzlicher Unschuld nahm Mendelssohn an, Thomas habe sich die Namen und Adressen (samt Sprechzeiten) aufgeschrieben, weil er sich seit langem mit einem nervösen Magen und nun auch mit einer «schrecklichen Constipation» quälte. Doch hätte man wirklich einen Psychiater, einen Hypnotiseur oder einen Neurologen aufgesucht, um sich von dieser Beschwernis heilen zu lassen? Lag es nicht näher, bei Experten dieser Art Rat und Hilfe für zartere und verschwiegenere Probleme zu suchen? Bemühte er sich bei den Ärzten nicht eher um Auskunft über die Ursache sexueller Schwierigkeiten? Oder sprach er mit den Medizinern über frühere Erkrankungen?

Katia wiederum begab sich in die Behandlung einer Zürcher Ärztin, die ihr riet, mit Kindern drei oder vier Jahre zu warten, bis sie zu einer kräftigeren Konstitution gelangt sei. Die Warnung richtete nichts aus – und bei Thomas scheint die Therapie (wenn er denn einen der Ärzte tatsächlich konsultiert hat) rasch angeschlagen zu haben: Pünktlich nach neun Monaten kam eine Tochter zur Welt.

21. KAPITEL

Die Verfassung und der Skandal

Er bedauerte es gewiß nicht, daß sich die Hochzeitsreise nicht allzu lange hinzog: von Zürich aus noch ein Ausflug nach Luzern, um dann unverzüglich nach München zurückzueilen und sich an den neuen Schreibtisch zu setzen. Überdies deutete ein Brief an Heinrich an, daß Thomas die fortgesetzte Intimität nicht allzu heiter ertrug. In der Franz-Joseph-Straße waren, wohl von Beginn an, zwei Schlafzimmer eingerichtet. Katia drängte es heim. Sie wollte die Nähe des Elternhauses nicht länger entbehren. Ende Februar waren die beiden wieder in der Residenzstadt.

Noch vor der Hochzeit hatte Thomas Mann das Manuskript der «Fiorenza» an den Fischer Verlag geschickt. Obwohl er am Gelingen seines dramatischen Unternehmens noch immer zweifelte (und das zu Recht) – das Stück bleibe «ein Zwitter», klagte er Heinrich –, empfand er es als eine schöne Tröstung, daß Oskar Bie, der Redakteur der «Neuen Rundschau», das Werk als «etwas ganz Erlesenes» lobte. «Das hat mich kindisch froh gemacht», rief er. Mit einem Anflug von Selbstkritik, doch auch nicht uneitel, fügte er hinzu: «Aber gleichviel, ich will mich diesmal tapfer gegen die oeffentliche Meinung stemmen und nicht aufhören, die Arbeit als künstlerisch durchaus verfehlt zu betrachten».

Mit dem Blick auf das Drama und sein «Fiasko» bemerkte er in dem eher melancholischen und nachdenklichen Zürcher Brief an Heinrich, schon seit dem «Tonio Kröger» seien ihm die Begriffe «Geist» und «Kunst» zu sehr «ineinandergelaufen. Ich hatte sie verwechselt und sie, in diesem Stück, doch feindlich gegen einander gestellt.» Seinen Irrweg erkennend, mahnte er sich scharf: «Umkehr! Zurück zur Buddenbrook-Naivetät!»

So einfach konnte sich das kaum ergeben. Doch für einen Augenblick schien er das Geheimnis schöpferischen Zaubers zu ahnen: die wiederholbare Unschuld, diese intimste Gnade, die dem großen Talent von Werk zu Werk immer aufs neue zuteil wird.

Als verarge er sich das Geständnis seiner Verirrung, wandte er sich danach mit einer schroffen Bewegung dem Bruder zu: «Und Du selbst?» erkundigte er sich, nicht ganz so teilnahmsvoll, wie es die beiden Worte andeuten könnten. Er fuhr fort: «Es scheint zu strömen bei Dir. Du scheinst Dich ganz gefunden zu haben und solche Irrungen und inneren Niederlagen überhaupt nicht zu kennen...»

Welch ein Irrtum, in dem sich ein Hauch des Neides regte. Wohl «strömte» es bei dem Bruder. Doch ihm war noch immer der große Erfolg versagt. Vielleicht begehrte ihn Heinrich ein wenig zu hastig. Es traf zu: er schrieb und schrieb. Er hatte seine Novellen-Sammlung «Flöten und Dolche» publiziert, ein Roman war fertig, und er arbeitete an der Übersetzung von Laclos' «Gefährlichen Liebschaften», diesem Meisterwerk der kühl kalkulierenden Psychologie, die es erlaubte, von einer Mechanik der Verführung zu reden.

«Du weißt», stellte Thomas mit Schärfe fest, «ich glaube, daß Du Dich ins andere Extrem verloren hast, indem Du nachgerade nichts weiter mehr, als nur Künstler bist, – während ein Dichter, Gott helfe mir, *mehr* zu sein hat, als bloß ein Künstler.» Eine eher grobe Zurechtweisung: da stand er wieder, hoch auf dem Piedestal, und er zögerte nicht, dem Älteren herrisch zu demonstrieren, daß es zwischen ihnen einen Unterschied gebe, keinen geringen.

Dichter. Zu Hause beugte sich Thomas Mann nun über die Werke und Korrespondenzen Friedrich Schillers, umständlich und langwierig wie fast immer mit den Vorarbeiten beschäftigt, bis er sein Thema in der eigenen Mühsal gefunden hatte: das Zögern und Stocken, die Hemmung, der Aufenthalt im schöpferischen Prozeß, die quälende Pause – all seine Torturen schrieb er dem großen Kollegen zu, der bei der Niederschrift des «Wallenstein» lange über eine düstere Kluft nicht hinweggefunden hatte.

Thomas Mann brachte eine knappe Studie von der Krise einer

Nacht im Leben des Dichters zu Papier, nur wenige Druckseiten lang, konzentrierter im Stil, auch exakter als die vorausgegangenen Arbeiten, die Üppigkeit der Worte dieses Mal halbwegs gebändigt, die Sprache immer noch reich und poetisch genug, manchmal vielleicht allzu blumig, mit Gefühlsgirlanden behängt, voller Pathos und voller Sentiment – das Stück hätte vom jungen Friedrich Sieburg geschrieben sein können: ein klassisches Feuilleton. Er nannte es «Schwere Stunde».

Durch Schiller durfte Thomas Mann von sich selbst reden. Er tat es gern. Zugleich dachte er sich mit sensibler Einfühlung hinüber in die «unsinnlich-enthaltsame Dürftigkeit» des Zimmers in Jena, das mit der luxuriösen Bürgerlichkeit seines Etablissements in der Münchner Franz-Joseph-Straße nicht die geringste Ähnlichkeit hatte. Aber die «Krämpfe in Brust und Unterleib» – sie waren die seinen. Und sein waren die Zweifel am Werk, die seit dem Elend mit der «Fiorenza» (sie wurde an manchen Stellen wörtlich zitiert) an seiner Seele fraßen: «Eine Niederlage. Ein verfehltes Unternehmen. Bankerott. (...) Der Glaube lebte nicht mehr, der an die Zukunft, der im Elend sein Stern gewesen. Und so war es, dies war die verzweifelte Wahrheit: Die Jahre der Not und der Nichtigkeit, die er für Leidens- und Prüfungsjahre gehalten, sie eigentlich waren reiche und fruchtbare Jahre gewesen; und nun, da ein wenig Glück sich herniedergelassen, da er aus dem Freibeutertum des Geistes in einige Rechtlichkeit und bürgerliche Verbindung eingetreten war, Amt und Ehren trug, Weib und Kinder besaß, nun war er erschöpft und fertig. Versagen und verzagen – das war's, was übrigblieb.» Was für ein Spiegel seines Zustandes – nach wenigen Wochen der Ehe.

Schiller wurde im Fortgang der Erzählung zum willkommenen Anlaß, das Selbstgespräch des «Tonio Kröger» fortzusetzen. «Das Talent selbst – war es nicht Schmerz?» Von neuem setzte er die Markierungen, an denen sich der Blick aufrichten sollte: «Der Wille zum Schweren», «Zucht», «Selbstüberwindung». Nichts sollte ihm zu leicht werden. «Nur bei Stümpern und Dilettanten sprudelte es, bei den Schnellzufriedenen und Unwissenden, die nicht unter dem Druck und der Zucht des Talentes lebten.» Er sagte «sprudeln», nicht «strömen» wie in dem Zürcher Brief an Bruder Heinrich, der bei der Lektüre dennoch begreifen mußte, von wem hier die Rede war.

Das exemplarische Leiden des Dichters hier – und dort das «Leben», das «Glück», diese zarte Anfechtung: «Er stand am Bette, beugte sich über das süße Haupt auf dem Kissen... Eine schwarze Locke ringelte sich über die Wange, die von der Blässe der Perlen schien, und die kindlichen Lippen waren im Schlummer geöffnet... Mein Weib! Geliebte! Folgtest du meiner Sehnsucht und tratest du zu mir, mein Glück zu sein? Du bist es, sei still! Und schlafe! Schlag jetzt nicht diese süßen, langschattenden Wimpern auf, um mich anzuschauen, so groß und dunkel, wie manchmal, als fragtest und suchtest du mich! Bei Gott, bei Gott, ich liebe dich sehr! Ich kann mein Gefühl nur zuweilen nicht finden, weil ich oft sehr müde vom Leiden bin und vom Ringen mit jener Aufgabe, welche mein Selbst mir stellt. Und ich darf nicht allzusehr dein, nie ganz in dir glücklich sein, um dessentwillen, was meine Sendung ist...»

So hatte er, den Arm brüderlich um Schillers eingefallene Schulter legend, ein Stück der inneren Biographie weitergeschrieben. Nicht so sehr vom strengen Geist aus Schwaben war die Rede, um «Bilse und ich» zu paraphrasieren, sondern von ihm, von ihm – dem Dichter, den die Häuslichkeit und das «Glück» zu binden begannen, nicht jederzeit zu seinem Behagen. Während der Arbeit an der kleinen Studie schrieb er ins Notizbuch: *«Völlig* darf ich mich ihr ja doch nicht mittheilen. Meinem Gram, meinen Qualen ist sie nicht gewachsen. Aber ohne diese Kluft würde ich sie wohl weniger lieben. Ich liebe nicht, was gleich mir ist oder was mich auch nur versteht.»

Der Dichter durfte auf den Hauch von Fremdheit nicht verzichten, wenn er sich unter Menschen begab – oder wenn er sich gar mit *einem* Menschenkind einließ. Er brauchte die Abgrenzung. Sie durfte nicht durchbrochen werden. Das «herausgehobene Leben» duldete nur den einen. Auf dem Piedestal gab es keine Partnerschaft. «Wer ist ein Dichter?» hatte er gefragt und lapidar geantwortet: «der, dessen Leben symbolisch ist».

Aus dem symbolisch erhöhten Dasein ergab sich die Pflicht zur Repräsentation. Er kam ihr nicht ungern nach, wie man von ihm selbst oft genug erfuhr. Öffentliche Auftritte wurden ihm selten zur

Qual. «Das Repräsentiren macht mir Spaß», schrieb er dem Freund Martens. Er empfand es als einen schönen Dienst, der dem Dichter wie dem Fürsten auferlegt war. Der großbürgerlich-aristokratische Lebensstil, dem er sich nun anbequemen durfte, kam dieser Art von Pflichtbewußtsein freundlich entgegen.

Gemeinsamer Urlaub mit Katia im Seebad Zoppot bei Danzig – ein Aufenthalt, der in jenen Tagen mondänen Ansprüchen nicht widersprach. Auf der Rückreise Station in Berlin, wo die beiden bei Katias Tante Else, der Frau des Bankiers, in der «Villa Rosenberg» am Wannsee Quartier nahmen. Thomas Mann schrieb von diesem Aufenthalt an Ida Boy-Ed nach Lübeck: «Ach, Reichtum ist doch eine gute Sache, man sage, was man wolle. Ich bin Künstler genug, corruptibel genug, um mich davon bezaubern zu lassen. Und übrigens muß die widersprechende Neigung zur Askese einerseits, und zur Üppigkeit andererseits wohl der modernen Seele überhaupt zugehörig sein: Man sehe sie in großem Style bei Richard Wagner.»

Dann meldete er der Freundin: «Eine größere Novelle, eine Prinzengeschichte ist begonnen.» In den vorausgegangenen Monaten hatte er in der Tat geduldig Beobachtungen, Stichworte, Ideen für die «Königliche Hoheit» zusammengetragen. Ein überraschender Hinweis folgte: «Eine kleine, sehr unabhängige Novelle, die in Berlin W spielt, habe ich in diesen Ostseewochen geschrieben.» Mit jenem kleinen Satz deutete er auf eine Erzählung, die den Titel «Wälsungenblut» trug. Keine Fortsetzung der «inneren Biographie», dieses eine Mal nicht – oder doch nur auf eine entlegene und verquere Weise. Er übersetzte die Wahrnehmungen eines fremden Milieus, mit dem er sich seit seiner Werbung um Katia Pringsheim konfrontiert sah, in eine Novelle, die nicht von der unverbindlichuniversellen Ironie mancher seiner früheren Geschichten bestimmt war. Das neue Stück war Satire: kühle und ungetarnte Satire voll ungemütlicher Komik und klirrender Schärfe, genau und grausam, decouvrierend, höhnisch, verletzend.

Thomas Mann hatte sich nicht nur im Haus der Schwiegereltern, sondern vor allem in den Berliner Palästen und Villen der Pringsheimschen Verwandtschaft mit bewundernd-amüsierten Blicken umgesehen. Mit erbarmungsloser Exaktheit beschrieb er das Interieur einer der Tiergarten-Residenzen, und er zeichnete ihre Men-

schen mit gnadenloser Präzision: den übertriebenen Reichtum des
Mobiliars und der Dekorationen, die Kunstschätze, die Bibliotheken, die livrierte und stumm ergebene Dienerschaft. Über alldem
herrschend die Familie Aarenhold, von deren Oberhaupt mitgeteilt
wurde, es sei «im Osten an entlegener Stätte geboren», habe «eines
begüterten Händlers Tochter geehelicht und vermittelst einer
kühnen und klugen Unternehmung, großartiger Machenschaften,
welche ein Bergwerk, den Aufschluß eines Kohlenlagers zum Gegenstand gehabt hatten, einen gewaltigen und unversieglichen
Goldstrom in seine Kasse gelenkt...»

Kein Zweifel, ein neureicher Großbürger jüdischer Herkunft,
dessen Lebensumstände nicht nur von fern her denen des Großvaters Pringsheim entsprachen. Von Frau Aarenhold durfte der Leser erfahren, sie sei «unmöglich»: «klein, häßlich, früh gealtert und
wie unter einer fremden, heißeren Sonne verdorrt. Eine Kette von
Brillanten lag auf ihrer eingefallenen Brust. Sie trug ihr graues Haar
in vielen Schnörkeln und Ausladungen zu einer umständlichen und
hochgebauten Coiffure angeordnet, in welcher, irgendwo seitwärts,
eine große, farbig funkelnde und ihrerseits mit einem weißen Feder-
büschel gezierte Brillant-Agraffe befestigt war.»

Vier Kinder, die allesamt mit germanischen Namen versehen
waren: Kunz, der in der betreßten Uniform seines Husaren-Regi-
ments auftrat, die aschblonde Märit in «miederlosem Gewande»,
«ein strenges Mädchen von achtundzwanzig mit Hakennase,
grauen Raubvogelaugen und einem bittern Munde. Sie studierte die
Rechte und ging mit einem Ausdruck von Verachtung durchaus
ihre eigenen Wege.» Dann die Zwillinge, die – wie anders? – Siegmund und Sieglind hießen, neunzehn Jahre alt, «grazil wie Gerten
und kindlich von Wuchs (...). Sie hatten dieselbe ein wenig nieder-
gedrückte Nase, dieselben voll und weich aufeinander ruhenden
Lippen, hervortretenden Wangenknochen, schwarzen und blanken
Augen.»

Die beiden waren kein Spiegelbild der Pringsheim-Zwillinge. Sie
waren ihnen freilich – über die Altersangabe, den Teint, die
«schwarzen und blanken Augen», die prononcierten Backenknochen und des Knaben starke Brauen hinaus – auch nicht ganz unähnlich. Ihnen entsprach, wenigstens von weit her, der Stil der Un-

terhaltung der beiden Tiergarten-Kinder, die «mundfertig» und mit «scharfer Zunge» begabt waren, oft nur «scheinbar im Angriff und doch vielleicht nur aus eingeborener Abwehr» agierend, «verletzend und wahrscheinlich doch nur aus Freude am guten Wort».

Golo Mann sagte hernach von Klaus, dem Zwilling der Mutter, er sei unter den Brüdern Pringsheim «entschieden der hellste» gewesen, «anregend, humoristisch, subversiv und sehr streitsüchtig». So und nicht anders stellte er sich nicht lange vor seinem Tod in seinem «Nachtrag zu ‹Wälsungenblut›», der im Dezember 1961 in der «Neuen Zürcher Zeitung» erschien, der Nachwelt noch einmal vor.

In der Erzählung gesellt sich zur Aarenhold-Sippe der Herr von Beckerath, Sieglinds Verlobter, Ministerialbeamter und aus guter Familie, gutartig und ein wenig langsam. Er hielt nicht immer Schritt, wenn die Geschwister ein Thema mit ihrem Scharfsinn «zersetzten» und einander mit einer «stählernen und abstrakten Dialektik» befehdeten.

Der Herr von Beckerath wies, von seiner Harmlosigkeit abgesehen, keine erkennbaren Vorzüge auf als den klangvollen Adelsnamen, den er mit dem der Familie Aarenhold zu verbinden bereit war. Darum war er als Heiratskandidat in Betracht gezogen worden, und darum hatte ihn Sieglind – «nachdem sie ihm oft genug gesagt, daß sie ihn nicht liebe» – schließlich als künftigen Gatten akzeptiert. Noch eine Woche bis zur Hochzeit. Von Schwester Märit bemerkte der Novellist, sie sei «voll schweigenden Widerstandes gegen die kirchliche Trauung» gewesen, der auch Herr Aarenhold kühl gegenüberstand, da er fand, eine protestantische Trauung sei – anders als die katholische – «ohne Schönheitswert».

Von Siegmund galten die Kennworte «nervös und anmaßend», und von ihm ließ sich behaupten, er marschiere «an der Spitze des Geschmacks». Nur traf vielleicht das Verb «marschieren» nicht völlig zu. Er wandelte vielmehr vor der Zeit einher, Hand in Hand mit Sieglind, dem Spiegelgeschöpf, dem er in innigster Zärtlichkeit verbunden war, von Kind auf niemals einem anderen Freund oder einer Freundin zugewandt. Der Schwester erging es nicht anders: «Mit einer süßen Sinnlichkeit liebte jedes das andere um seiner verwöhnten und köstlichen Gepflegtheit und seines guten Duftes willen.»

Siegmund war der perfekte Snob. Viele Stunden des Tages widmete er seiner äußeren Erscheinung, und er verachtete «die blonden Bürger des Landes», die «unbekümmert in Zugstiefeletten und Klappkrägen» einhergingen. Er las, er hörte Musik, er malte ein bißchen, ruhte viel, unfähig, sich aus der schönen Lethargie eines Lebens zu erheben, das sich aus «Weichheit und Witz, aus Verwöhnung und Verneinung, Luxus und Widerspruch, Üppigkeit und Verstandeshelle, reicher Sicherheit und tändelndem Haß zusammensetzte, dies Leben, in dem es kein Erlebnis, nur logisches Spiel, keine Empfindung, nur tötendes Bezeichnen gab». Er war, mit anderen Worten, der unproduktiv-sterile Erbe, den die Zeitgenossen als eine stereotype Erscheinung betrachteten. Der jüdische Prinz. Neben ihm die jüdische Prinzessin.

Die beiden, Siegmund und Sieglind, erbaten spöttisch Beckeraths Erlaubnis, miteinander vor der Hochzeit noch einmal eine Aufführung von Richard Wagners «Walküre» sehen und hören zu dürfen. Von den stummen Bediensteten im Wagen bis zum Portal der Oper gebracht, schritten sie durch «graue, frierende Leute» und ihre «forschenden und gehässigen Blicke hindurch». Dann gaben sie sich in ihrer Loge, dann und wann eine Kognak-Kirsche naschend, dem «singenden, sagenden, kündenden Fluß der Musik» hin, «die zu Füßen der Ereignisse ihre Flut dahinwälzte...»

Das mystisch-menschliche, allzu menschliche Drama zog an ihnen vorbei, vom Erzähler mit drastischer Komik geschildert – der Text voll humoristischer Anmerkungen, in denen sich die Erfahrung von weiß der Himmel wie vielen Besuchen der Oper niederschlug, das Erhabene mit dem Lächerlichen vereinend: in einem Werk des heilig-unheiligen Wagner, der – eine kleine Überraschung – dem Spott des Autors nicht länger entzogen zu sein schien.

Zu Hause, nach ein paar Gläsern Wein und einem Löffelchen Kaviar, noch im Rausch der Musik, voller Überdruß und voller Melancholie fanden Siegmund und Sieglind auf dem Eisbärenfell seines Zimmers in gewohnter Zärtlichkeit zueinander. Doch dieses eine Mal lebten und liebten sie nach, was ihnen die germanischen Mythen-Geschwister droben auf der Bühne vorgesungen hatten. Sie atmeten ihren Duft tiefer ein als jemals zuvor, «mit einer wollüstigen und fahrlässigen Hingabe, pflegten sich damit wie egoistische Kranke, berauschten sich wie Hoffnungslose, verloren sich in Liebkosungen, die übergriffen und ein hastiges Getümmel wurden und zuletzt nur ein Schluchzen waren – –»

«‹Aber Beckerath›», fragte Sieglind schließlich, «‹was ist nun mit ihm?...› ‹Nun›, sagte er, und einen Augenblick traten die Merkzeichen seiner Art sehr scharf aus seinem Gesicht hervor, ‹was wird mit ihm sein? Beganeft haben wir ihn, – den Goy!›»

Die beiden jüdischen Worte hatte der Autor beiläufig von seinem Schwiegervater Pringsheim erfragt, ohne lange zu erläutern, wofür er sie brauchen könnte. Sie stießen indes bei Oskar Bie, dem Redakteur der «Neuen Rundschau», auf Bedenken. Er bat Thomas Mann, eine Änderung zu erwägen, doch gab er das Stück, das im Januar-Heft des Jahres 1906 erscheinen sollte, einstweilen in Satz. Thomas wandte sich an den Bruder, der trotz aller Konflikte der Grundvertraute geblieben war. Heinrich riet von einer Korrektur ab. Er sagte, das Charakteristische der Wohlanständigkeit zu opfern sei Kitsch. Thomas argumentierte in einem zweiten Brief mit einer Umkehrung: «Die Kunst ist gerade, äußerst charakteristisch zu sein, ohne irgend eine stilistische Empfindlichkeit zu verletzen.» Vorher sei all dergleichen vermieden, umschrieben, verhüllt. Das Wort «Jude, jüdisch» komme nicht vor. Der jüdische Tonfall sei nur «ganz discret» angedeutet. Bie habe recht, schrieb er, die jüdischen Ausdrücke fielen ein bißchen aus dem Stil. Siegmund könnte sagen: «‹Und Beckerath?› – ‹Nun, dankbar soll er uns sein. Er wird ein minder triviales Dasein führen, von nun an.›» Er fügte hinzu: «Das wäre die ‹Königliche Hoheit›.» Oskar Bie akzeptierte die Änderung. Dennoch: das Stück erschien nicht.

Samuel Fischer, der Verleger, scheint sich zu der Erzählung nicht geäußert zu haben, wenigstens nicht öffentlich hörbar, obwohl sie ihn nicht gleichgültig lassen konnte. Auch wenn seine Villa im Grunewald und nicht im Tiergarten stand: zum jüdischen Großbürgertum Berlins zählte die Familie Fischer gewiß, wie die Rathenaus und die Cassirers, die ihren Reichtum – anders als die Sippe der Aarenholds – mit Kultur und diszipliniertem Geschmack zu verwalten wußten.

Trotzdem: ein schwieriges Feld. Der Autor hielt es denn auch für geraten, die Novelle der Schwiegermutter vorzulesen. Auch Klaus hörte zu. Nach seinem Zeugnis beglückwünschte Frau Pringsheim den Verfasser: sie habe «sein Werk ‹ganz ausgezeichnet›» gefunden, und das «heikle Thema» sei «künstlerisch auf so hohem Niveau, dabei so behutsam und dezent behandelt, daß gegen seine Veröffentlichung nun wirklich kein Bedenken bestünde». Katias Bruder fügte hinzu: «Ich fühlte mich wohl ein wenig geschmeichelt, als ich in einzelnen Zügen und Redewendungen des jungen Helden der Erzählung mich wiedererkannte – eher geschmeichelt gewiß als peinlich berührt –, und schloß mich dem mütterlichen Urteil ohne Vorbehalt an.»

Ein brillantes Stück Prosa, darin täuschte sich Klaus Pringsheim, der bedeutende Musikwissenschaftler, keineswegs, als er – unterdessen ein achtundsiebzigjähriger Herr – sein Nachwort zu der Novelle drucken ließ. Thomas Mann selbst sprach später eher geringschätzig von seiner Erzählung. Formal war sie vielleicht die beste unter den Novellen, die er bisher geschrieben hatte. Die Tücken des Sujets scheint er nicht wahrgenommen zu haben. Er war blind – wie Bruder Heinrich, wie der kluge Oskar Bie, wie Klaus Pringsheim, wie seine Mutter.

Sahen sie allesamt nicht, daß ringsum in Europa und wahrhaftig auch im kaiserlichen Deutschland das antisemitische Ressentiment die Seelen zu zerfressen begann – nein, nicht länger nur der «bürgerliche Antisemitismus», der angeblich domestizierte, mit dem der Autor aufgewachsen war, nicht nur die religiöse Diffamierung, die der Geschichte der Christenheit wie ein böser Schatten folgte, sondern ein Haß ganz anderer Qualität: der völkisch-gewalttätige Rassismus? Vernichtungsgelüste hatten sich auch zuvor geregt (und sie waren oft genug ausgebrochen). Richard Wagner, der Magier und Abgott, hatte zu Cosima nach dem Brand des Wiener Hoftheaters bemerkt, so sollten alle Juden in einer Aufführung des «Nathan» verbrennen. Der Meister hatte sich freilich gehütet, die wüstesten seiner Mordgedanken laut zu äußern. Solche Rücksicht nahm man in den völkischen Haß- und Hetzblättern nicht länger.

Das jüdische Großbürgertum wollte davon nichts hören, nichts sehen, nichts wissen. Es fühlte so deutsch wie jeder Ministerialrat von Beckerath und jeder Hauptmann von Donnerkiel, gern bereit, sich dabei selbst zu belächeln. Die ironische Formel vom «Wotan Cohn» enstammte jüdischem, gewiß nicht teutonischem Witz.

Hedwig Pringsheim und Sohn Klaus hatten sich, dank des Talents zur Selbstironie, an dem satirischen Stück amüsiert. Doch von Behutsamkeit und Dezenz, wie sie meinten, konnte nicht ernstlich die Rede sein, auch nicht von der Diskretion, die Thomas für sich in Anspruch nahm. Der Aufsatz «Bilse und ich», verfaßt um die Jahreswende 1905/1906, war eher eine heimliche Verteidigungsrede für «Wälsungenblut», das im Herbst 1905 geschrieben wurde, als eine Rechtfertigung für die «Buddenbrooks». In jener Polemik bestand er darauf, daß der Dichter alles zur Sprache zu bringen habe, was immer der «Bürgertakt» dagegen einwende. In dem zu seinen Lebzeiten ungedruckten Aufsatz «Zur jüdischen Frage» aus dem Jahre 1921 bemerkte er im Zusammenhang mit der Novelle, die er nun seine «Judengeschichte» nannte: «Am wenigsten angenehm waren mir immer jene Dissimulanten und Verdrängungskünstler unter den Juden, die bereits in der Tatsache, daß jemand ein so markantes Phänomen wie das jüdische nicht geradezu übersieht und aus der Welt leugnet, Antisemitismus erblicken.» Er nannte damit ein ernstes Problem beim Namen – nur war es nicht das von «Wälsungenblut».

Und Katia? Sie war schwanger, als er jene Erzählung schrieb. In ihrer erwartungsvollen Angst vor der ersten Geburt mag sie das Gespräch des Mannes mit ihrer Mutter und dem Zwillingsbruder – bei dem sie wohl nicht anwesend war – nur beiläufig zur Kenntnis genommen haben.

Am 9. November des Jahres 1905 kam sie nieder, zu Hause, nicht in einem Hospital. Thomas Mann meldete den Freunden die glückliche Ankunft eines «wohl gebildeten kleinen Mädchens», das – nach Katias ältestem Bruder und den beiden Großmüttern – auf die Namen Erika Julia Hedwig getauft wurde. Der Vater berichtete Freunden von den «Foltergräueln der Geburt», und er fuhr mit Worten fort, die eine fundamentale Ergriffenheit anzeigten: «Ein Mysterium! Eine große Sache! Ich hatte einen Begriff vom Leben und einen vom Tode; aber was das ist, die Geburt, das wußte ich noch nicht. Die Anschauung davon hat mich gewaltig durchrüttelt.»

Den Bruder Heinrich allerdings ließ er ein paar Tage später wissen: «Es ist also ein Mädchen: eine Enttäuschung für mich, wie ich unter uns zugeben will, denn ich hatte mir sehr einen Sohn gewünscht und höre nicht auf, es zu thun.» Dann fügte er, nicht nebenbei, den aufschlußreichen Satz hinzu: «vielleicht bringt mich die Tochter innerlich in ein näheres Verhältnis zum ‹anderen› Geschlecht, von dem ich eigentlich, obgleich nun Ehemann, noch immer nichts weiß.» Die Kleine verspreche sehr hübsch zu werden: «Momentweise glaube ich, ein klein bißchen Judenthum durchblikken zu sehen, was mich jedes Mal sehr heiter stimmt.» Dann sprach er von «Wälsungenblut».

Katia war in der Tat mit Wichtigerem beschäftigt. Sie erholte sich von der schweren Niederkunft nur langsam. Ihre Energien und ihr Interesse konzentrierten sich in den späten Herbstwochen des Jahres 1905 zuerst und zuletzt auf die kleine Tochter. Es ist nicht einmal ausgemacht, ob sie die Novelle damals gelesen hat. Thomas vermerkte keine Reaktion. Die Aufregungen aber, die über ihre Familie hereinbrechen sollten, konnten ihr nicht entgehen.

Die Münchner Buchhandlung Jaffe, die sich durch ihren Namen – auch dies ein ironischer Akzent – als jüdisches Unternehmen auswies, erreichte in jenen Herbsttagen ein Bücherpaket aus dem S. Fischer Verlag, in dem der aufmerksame Gehilfe Rudolf Bretschneider einige Makulaturbogen der «Neuen Rundschau» entdeckte, die als Packpapier Verwendung gefunden hatten. Der junge Mensch hatte wohl nichts Besseres zu tun: Er las sich fest, und er war literaturkundig genug, um rasch zu der Vermutung zu gelangen, daß ihm ein kleines Werk Thomas Manns in die Hände geraten war, das er nicht kannte. Er sammelte die Bogen und fand sich schließlich im Besitz des vollständigen Textes einer unveröffentlichten Novelle.

Klaus Pringsheim nannte den aufmerksamen Volontär mit einem seltsamen Grimm, der ein halbes Jahrhundert lang anhielt, einen «Wiener Literaturjüngling», und er beklagte seine «Schwatzhaftigkeit», für die er sich später entschuldigt habe. Dafür lag kein Anlaß vor, denn es war nur natürlich, daß der junge Mensch seinen Freunden von der sensationellen Entdeckung erzählte: die Brisanz des Textes erkannte er wohl. Freilich ist nicht geklärt, wann genau ihm jener Fund geglückt war. Zu einem Zeitpunkt, an dem der Verlag noch plante, das Werk zu drucken? War Klaus Pringsheim recht beraten, als er den Volontär für die Gerüchte verantwortlich machte, die in den Münchner Cafés von Tisch zu Tisch und in Häusern der gebildeten Stände von Salon zu Salon gereicht wurden? Hatte der Autor selbst nicht freimütig genug von der Novelle gesprochen? Hatte er über Form und Inhalt nicht ausführlich mit dem Bruder Heinrich korrespondiert, der nicht immer schweigsam war?

Natürlich übertrieb die Fama – wie immer. Man raunte sich in München zu, Thomas Mann habe sich mit seiner Erzählung vom «Sündenfall eines jüdischen Zwillingspaares» für die «Erniedrigung» zu rächen versucht, die ihm in der Zeit seiner Verlobung im Elternhaus Katias zugefügt worden sei. Das Gerede fand durch eine Freundin zu Hedwig Pringsheim zurück. Die Dame – vermutlich eine Patin der Tochter – riet dringend, den Schwiegersohn zu bitten, den Druck des fatalen Stückes zu verhindern.

Jetzt erst zeigte sich Katias Mutter alarmiert. Der Vater wußte von nichts. Die Literatur war nicht sein Feld. «Nichts in der Welt» hätte «ihn weniger interessieren» können, schrieb der Sohn Klaus. Doch gegen Skandale war er allergisch. Seine eigene Schwiegermutter hatte die Familie – man erinnert sich – mit ihrem Roman «Sibilla Dalmar» ins Gerede gebracht, und Katias Schwager Heinrich hatte in seiner «Jagd nach Liebe» die Gesellschaft der Hauptstadt mit seinen kaum verschlüsselten Karikaturen einiger Honoratioren erregt und verärgert. Überdies stand eine neue Novelle aus seiner Feder vor der Auslieferung durch den ortsansässigen Langen Verlag, von der alle Welt zu wissen glaubte, daß sie ein zweites, kaum getarntes Porträt der Schwester Carla sei und mit peinlicher Exaktheit von ihrer unglücklichen Liebe zu dem melancholischen Sohn eines jüdischen Hauses berichte, der sie – unschlüssig und impotent – am Ende sitzenlasse. Auch munkelte man von einem Inzest-Motiv, das die Geschichte enthalte. (Heinrich Mann selbst hatte in seinem Brief über «Wälsungenblut» eine gewisse Verwandtschaft der Stoffe vorsichtig angedeutet.)

Professor Pringsheim würde, es war nicht zu vermeiden, dem bösen Gerede begegnen. Also mußte er unverzüglich ins Bild gesetzt werden. Klaus sah eine Katastrophe heraufziehen, für die er freilich nicht Thomas Mann, sondern die «krähwinkelige Entrüstung» des Münchner Spießertums verantwortlich machte. Sein narzißtisches Selbstgefühl, vielleicht auch ein allzu generöser Enthusiasmus für das Talent des Schwagers verwehrten ihm die Einsicht, daß er die eigenen Züge keiner allzu liebenswürdigen Erscheinung geliehen hatte: vielmehr schien es ihn zu beseligen, daß ihm Einlaß in das Werk eines gefeierten Dichters und in die Literatur gewährt wurde.

Dem jungen Buchhändler Bretschneider hielt er, nach fast einem Menschenalter, noch immer die vermeintliche Indiskretion vor. Doch er fand es zum anderen nicht ungewöhnlich, daß der Schriftsteller – seine Ehe war noch nicht einmal ein Jahr alt – sich ohne Bedenken der Figuren und des Geschicks der angeheirateten Familie bediente, die eigene Frau nicht ausgeschlossen, um sie, nur sorglos camoufliert, den Blicken einer klatsch- und skandalsüchtigen Öffentlichkeit auszusetzen. Dem Dichter hätte, damals schon, der witzig formulierte Vorwurf begegnen können, mit dem sich eine Nachbarin und Freundin bei der amerikanischen Schriftstellerin Mary McCarthy nach der Lektüre eines Romans beschwerte, in der sie selbst und die Menschen ihres neuenglischen Lebenskreises allzu deutlich erkennbar waren: «Why», fragte sie die Autorin, «don't you write fiction the next time?» Thomas Mann hätte mit D. H. Lawrence hochgemut antworten können: «Never trust the artist. Trust the tale.»

Thomas Mann zeigte in Wahrheit die Ähnlichkeiten der Geschöpfe in seiner Novelle mit den Figuren seiner angeheirateten Verwandtschaft auf dem Präsentierteller vor, und er lieferte den Dechiffrierschlüssel gleich mit – auch Bruder Heinrich verfuhr in seinen Büchern nicht anders. Von beiden ließ sich sagen, daß sie wahre Athleten der Taktlosigkeit waren. Thomas Mann begriff nichts von den Beschwerden, die ihn erreichten. Er wollte nichts begreifen. Er konnte es nicht. Die Abwesenheit jeglicher Diskretion empfand er niemals als menschlichen Mangel oder gar als einen Charakterdefekt. Empfindsame Rücksicht auf andere Menschen, auch die nächsten, schien in seinem Wesen nicht vorgesehen zu sein. Stets redete er sich auf die Pflicht des Dichters heraus, vermutlich guten Gewissens.

Seine Beziehung zum Schwiegervater war ohnedies nicht herzlich zu nennen. So konnte – wie Klaus Pringsheim fürchtete – eine Familienkrise sich rasch zur Katastrophe auswachsen. Es galt in der Tat, das Schlimmste zu verhindern. Also machte sich Katias Bruder am Morgen des 15. Dezember auf den Weg zum Bahnhof, um Thomas Mann abzuholen, der mit dem Schlafwagen von einer Lesung in Breslau zurückkehrte. Klaus überfiel den Schwager nicht mit aufgeregten Nachrichten und der Ankündigung drohenden Unheils, sondern sagte wohlerzogen seinen Besuch am späten Vormittag an.

In der Unterredung der beiden ließ sich der Dichter rasch davon überzeugen, daß es angebracht sei, den Druck seines Werkes in der «Neuen Rundschau» zu verhindern. Er schickte, wie er später dem Bruder erzählte, «ein paar herrische Telegramme» nach Berlin. Die Bestätigung traf am Nachmittag ein. Samuel Fischer trage, berichtete er Heinrich, «die Kosten des Neudrucks» der Zeitschrift, «die garnicht bitter gewesen sein mögen». «Aus Furcht vor Langen», fügte er kühl in Klammern hinzu – auf den Münchner Verlag verweisend, der ihn nur zu gern unter Vertrag genommen hätte.

Beim Mittagessen im Hause Pringsheim herrschte an jenem Tage «Gewitterstimmung», denn unterdessen war der Professor unterrichtet worden. Nach der Schilderung des Sohnes Klaus konzentrierte sich das Gespräch zunächst auf die Frage, was geschehen würde, wenn Tommy, der eigenwillige Schwiegersohn, sich weigerte, den Druck des fragwürdigen Stückes zu untersagen. Klaus konnte melden, daß dies nicht geschehen werde. Der Vater nahm es freilich nicht gnädig auf, daß der Jüngste seiner Intervention zuvorgekommen war. Jedenfalls dürfte die Aussprache Alfred Pringsheims mit dem Schwiegersohn kaum eine entspannte Unterhaltung gewesen sein. Klaus schrieb: «Die Szene (…) spielte sich ohne Zeugen, sozusagen unter vier Ohren, ab. Thomas Mann antwortete mit einem Brief, der nicht berechnet war, eine Versöhnung anzubahnen. Es dauerte lang und bedurfte viel weiblicher Klugheit auf beiden Seiten, bis der sinnlose Zwischenfall liquidiert werden konnte.» Sinnlos?

Klaus Pringsheim fügte den Satz an: «Mit ‹Wälsungenblut› hat das nichts mehr zu tun.» Die Verstimmung war tief. Sie nährte sich aus Kränkungen und Abneigungen, die lange gewachsen waren, ehe von der fatalen Novelle die Rede war. Darum ließen sie sich auch nicht völlig vertreiben. Golo Mann sagte in seinen Erinnerungen in schmucklosen Worten, sein Vater sei ungern in die Arcisstraße gegangen, «weil er Schwiegermutter und Schwäger nur wenig leiden konnte», den Geheimrat Pringsheim aber «gar nicht».

In seinem Brief vom 17. Januar 1906 berichtete Thomas Mann dem Bruder, die Leute seien dank seines Rückzugs um ihren Skandal gebracht – «und ich, der ich anfangs einigermaßen ins Gebiß geschäumt hatte, bin nun ziemlich gleichmüthig». So gut sei die Sache ja nicht gewesen (womit er sich täuschte). Was an ihr neu sei, nämlich die Milieuschilderung, lasse sich «wohl einmal anderweitig verwerthen». Dann gab er seinem Ärger Raum: «Ein Gefühl von Unfreiheit, das in hypochondrischen Stunden sehr drückend wird, werde ich freilich seither nicht los, und du nennst mich gewiß einen feigen Bürger. Aber Du hast leicht reden. Du bist absolut. Ich dagegen habe geruht, mir eine Verfassung zu geben.»

22. KAPITEL

Sündenwege

Die Ehe – eine «Verfassung»: Thomas Mann sagte damit in hoheitlich-ironischer Umkleidung, daß er Heinrich sein Junggesellentum auch ein wenig neide. In seinem Brief vom 17. Januar 1906 muckte er gegen das Regime auf, dem er sich unterworfen hatte: schlimm sei vor allem, schrieb er, daß er, der «ohnehin so wenig fertig bringe, auch noch die skrupulöse Arbeit langer Wochen aus Rücksichten unterdrücken» müsse. Die Rede war von «Wälsungenblut». Er fügte einsichtig hinzu, er habe seine Novelle «im Geiste» noch einmal angesehen und dabei festgestellt, daß sie «in ihrer Unschuld und Unabhängigkeit nicht gerade geeignet sei, das Gerücht niederzuschlagen», ihm sei ein «heftig ‹antisemitisches›» Werk in die Feder geraten, in der er die Familie seiner Frau «fürchterlich compromittirte»: «Und ich muß anerkennen», seufzte er, «daß ich menschlich-gesellschaftlich nicht mehr frei bin.» Allerdings, wenn «Wälsungenblut» «antisemitisch» sei, dann sei «Fiorenza» «anticlerikal».

Den Unterschied zwischen einem bedrückend gegenwartsnahen und einem historisch entrückten Stoff nahm er offensichtlich nicht wahr. Heinrichs Novelle «Schauspielerin» – dieses intime Porträt der Schwester Carla –, die ihm der Bruder zu Weihnachten geschickt hatte, nannte er – natürlich mit durchschaubarer Schmeichelei – ein «hinreißend unterhaltendes Buch», «virtuos im Tempo» und «bei den schwierigen, psychologisch entscheidenden Stellen doch auch sorgsam verweilend».

Wer mit den Nuancen seiner Sprache halbwegs vertraut war – wie

Bruder Heinrich –, durfte in diesen Formulierungen kein uneinge-
schränktes Lob erkennen. Die üblichen Stilblüten, an denen auch in
dieser Erzählung kein Mangel herrschte, hatte Thomas kaum übersehen. Er hob vermutlich die Brauen, wenn er die Defloration der
angehenden Künstlerin als das «göttliche Geschäft des Aufblühenmachens» beschrieben sah, wenn er vom «demütigen Kitzel» las
oder bei der Lektüre auf das «Untergehen in einer Frau von großartiger, die Grenzen des Menschlichen streifender Sinnlichkeit» stieß
(im Liebesvollzug, wie der Leser annehmen durfte).

An der stereotypen Kennzeichnung eines jüdischen Schauspielers, von dem gesagt wird, «er mauschelt mit den Händen», nahm
er, soweit erkennbar, keinen Anstoß, auch nicht an der welken
Schwäche eines zögernden Verehrers der Schauspielerin, auch er
Jude, der sie «mit der Trauer seines müden Blutes auf der gefalteten
Stirn lange bewegungslos» ansah. Es störte ihn nicht, daß sich Heinrich seinen Stoff aus einer bedrückenden Erfahrung der Schwester
geholt hatte, die überdies nicht abgeschlossen war (und an der sie
wenige Jahre später zugrunde ging). Auch von Carla kein Einwand.
Sie schien geschmeichelt zu sein. Nur Mutter Julia ließ ihn wissen,
daß die Lektüre für sie «manchmal quälend» sei, weil ihr der Sohn
im Sommer einmal anvertraut habe – «wovon ich niemandem etwas
verriet –, daß C. sich für einen Juden in Düsseldorf interessiere, nur
seine Eltern zu orthodox seien. So denke ich beim Lesen unwillkürlich an C., und seufze alle Augenblicke, im Gedanken, daß sie dennoch in ähnlicher Weise gelitten habe. Ein schöner Stab und Trost
bildet dann für mich der Kapellmeister, NB. wenn es nicht Ehrenberg ist! Denn der Aff hat ja seinerzeit eigentlich Carla mit Annäherungen verfolgt u. sie Unannehmlichkeiten in Polling ausgesetzt; er
hält sich doch jetzt nicht in C.s Nähe auf?»

Julia Mann machte keinen Hehl daraus, daß ihr Verwandtschaft
und zu enge Nachbarschaft des Jüdischen wenig behaglich seien.
Heinrich wiederum sah sich durch seine Bekehrung zum demokratischen Radikalismus nach dem Vorbild Émile Zolas, Anatole
Frances oder Georges Clemenceaus – des Politikers und Arztes, der
ein Liebhaber der Literatur und selbst Verfasser von Romanen war
– unterdessen über den bürgerlich banalen Antisemitismus seiner
Jugend erhaben, obwohl auch er die anerzogenen Klischees so rasch

nicht los wurde. Thomas aber nahm für sich das Recht der völligen Voraussetzungslosigkeit des Künstlerischen in Anspruch, das keine Rücksicht kannte: nicht auf die Familie, nicht auf die Freunde, nicht auf Urteile und Vorurteile, nicht auf Verletzlichkeiten, nicht auf Gefährdungen. Das galt für Verwandtschaft und Bekanntschaft, ja für Frau und Kind; das galt auch für die jüdische Minorität. Peter de Mendelssohn wies darauf hin, daß keiner der «Dichter-Zeitgenossen» auf solch kompromißloser Absolutheit bestanden habe – nicht Arthur Schnitzler, nicht Hermann Hesse, nicht Gerhart Hauptmann oder Jakob Wassermann, auch nicht Heinrich Mann (was bezweifelt werden darf). Der gutwillige Biograph gestand, daß es uns Heutigen schwerfalle, «diese Haltung nachzuvollziehen», und er sagte mit schöner Klarheit: «Der Künstler als ein soziales, als ein von der Gesellschaft bedingtes, der Gesellschaft verantwortliches Wesen ist uns eine Selbstverständlichkeit; davon wollte Thomas Mann bis weit über seine Lebensmitte hinaus nichts und darüber hinaus auch niemals alles wissen oder für sich gelten lassen.»

Aber seine Heirat mit einem «Judenmädchen»? Bewies sie nicht den «Philosemitismus», den er sich nicht lange danach öffentlich zuschrieb? Mendelssohn sagte, nun wieder beschwichtigend, sein Verhältnis zur «Judenfrage» sei ein «kompliziertes und gebrochenes», sein «Verständnis des Jüdischen ein spielerisches, gar verspieltes» gewesen, dem eine gewisse Unschuld und Weltfremdheit zuzubilligen sei.

So harmlos sah es in der Seele des Dichters nicht aus. Die amerikanische Germanistin Ruth Klüger wies in ihrer Studie über «Thomas Manns jüdische Gestalten» darauf hin, daß die Tabuverletzung in «Wälsungenblut» «in einer langen Tradition angstbesetzter christlicher Phantasien über die Juden» steht – die jüdische Frau des Autors ändere daran nichts. Hier könnte angemerkt werden, daß sich der Inzest der jüdischen Geschwister nach dem teutonischen Vorbild in Wagners Musikdrama vollzog. Dennoch ist es wahr, was die Kritikerin anzeigte: Der Betrug an Beckerath entsprach ganz der üblichen Vermutung, das Trachten der Juden sei stets darauf gerichtet, ahnungslos-naive *goyim* zu hintergehen.

Seine jüdische Frau konnte, nach Thomas Manns Einsicht, von solchem Ressentiment nicht betroffen sein: Sie zählte zu einer assimilierten Elite, und er mochte überdies insgeheim davon überzeugt sein, sie und ihre Familie seien durch die Heirat mit ihm über die protestantische Taufe hinaus «christianisiert», «eingedeutscht» oder «arisiert» worden (wie man einige Jahrzehnte später gesagt hat): so hatte es sein Brief an Heinrich in den ersten Wochen der Werbung angedeutet. Er unterschied – wie die Mitglieder der jüdischen Elite selbst – zwischen den «deutschen Juden» und den «Ost-Juden» (was ihn nicht davon abhielt, mit ausgestrecktem Zeigefinger auf die östliche Herkunft der Aarenholds zu deuten).

Im September 1907 antwortete Thomas Mann auf eine Umfrage der «Münchner Neuesten Nachrichten» unter dem (aus späterer Sicht) gespenstischen Stichwort «Lösung der Judenfrage». Der Exodus der Juden nach den Plänen der Zionisten, sagte er zunächst, würde Europa eines unentbehrlichen Kultur-Stimulus berauben, den vor allem Deutschland bitter nötig habe. Dann sprach er von einem psychologischen Problem «höchsten Reizes», vom «Pathos der Ausnahme», von «außerordentlichen Daseinsformen», die «der Jude» darstelle und die «aller human-demokratischen Nivellierung» widerstünden: «Alle Kontraste und Kompliziertheiten seines Wesens, Freigeisterei und revolutionäre Neigungen einerseits und perverser Snobismus andererseits, Sehnsucht, sich den Regelrechten zu ‹assimilieren› und Stolz des Vereinzelten, zähes Zusammengehörigkeitsgefühl und abtrünniger Individualismus, Frechheit und Unsicherheit, Zynismus und Sentimentalität, Schärfe und Schwermut und was noch alles – sind Ergebnisse seiner Außerordentlichkeit, nicht zuletzt seine ärgerlich häufige Überlegenheit im Wettstreit innerhalb der Berufe, die ihm zugänglich sind.» In diesen Ausnahmemenschen jenseits der «Normalität» erkannte er die Geschwister des Künstlers, der sich den allgemeinen humanen Ausgleich von Konflikten und Distanzen nicht sehr aufrichtig wünschen könne. Mit etwas zu durchsichtiger Ironie setzte er hinzu, daß er geneigt sei, in all denen seine Brüder zu sehen, «von welchen das Volk betonen zu müssen glaubt, daß es ‹schließlich – auch› Menschen sind». Die Judenfrage, argumentierte er, könne nicht durch irgendein «Zauberwort» à la Zionismus gelöst werden, sondern sie werde «sich selber lösen». Seine Schlüsselworte: *«Europäisierung* des Judentums», die er als eine «Nobilisierung der zweifellos entarteten und im Getto verelendeten Rasse» verstand. Die Chance der «Europäisierung» existiere aber erst seit einem knappen Jahrhundert – eine kurze Zeit, in der man vielleicht ein Reichsdeutscher, aber kein Europäer werden könne. Weiter: «Es besteht schlechterdings keine Notwendigkeit, daß der Jude immer einen Fettbuckel, krumme Beine und rote, mauschelnde Hände behalte, ein leidvoll-unverschämtes Wesen zur Schau trage und im ganzen einen fremdartig schmierigen Aspekt gewähre.» Thomas Mann scheint mit dem einschlägigen antisemitischen «Schrifttum» ganz vertraut gewesen zu sein.

«Unter dem wirtschaftlich bevorzugten Judentum», fuhr er fort, «gibt es schon heute junge Leute, die bei englischem Sport und unter aller Gunst der Bedingungen erwachsen, ohne ihre Art zu verleugnen, doch einen Grad von Wohlgeratenheit, Eleganz und Appetitlichkeit und Körperkultur darstellen, der jedem germanischen Mägdlein oder Jüngling den Gedanken einer ‹Mischehe› recht leidlich erscheinen lassen muß. In der Tat wird die Mehrung der Mischehe von der Hebung und Europäisierung des jüdischen Typus abhängig sein; und was die Taufe betrifft, so ist ihre praktische Wichtigkeit offenbar nicht zu unterschätzen.»

Hier sprach die Erfahrung. Peter de Mendelssohn fragte, eher traurig als zornig: «Was, im persönlichsten Sinne, sollte es heißen? Wohl dies: die Familie Pringsheim hat es richtig gemacht, ich selber habe es richtig gemacht». Eckhard Heftrich brachte die Einsicht auf eine präzise Formel: «Stets wird so das Persönliche für repräsentativ erklärt.»

Katia durfte sich, falls die ironische Formel am Platze ist, bei der Lektüre des Textes samt Eltern und Geschwistern gleichsam geadelt fühlen. Der Schwiegervater – der ein stolzer Mann war – wird jenen Text in der führenden Münchner Zeitung dennoch kaum mit überschwenglichem Entzücken zur Kenntnis genommen haben. Tröstete es ihn, daß Thomas Mann dem «edlen Juden» unterdessen in der liebenswürdig-sympathischen Gestalt des Kinderarztes Dr. Sammet (in der «Königlichen Hoheit») seine Reverenz erwiesen hatte? Eine freundliche Figur, ohne Zweifel, die im Gang kritischer

Überlegungen als tröstendes Gegenbild immer wieder gern zitiert wird. Auch für sie gab es ein Muster: Thomas Manns tüchtigen Hausarzt Dr. Loeb. Doch die Vermutung ist nicht völlig entlegen, daß Sammets versöhnende Erscheinung ihre Existenz der Notwendigkeit eines Ausgleichs und Friedens mit dem Schwiegervater verdanken könnte: eine Art Wiedergutmachung. Dafür entsprach seine nächste jüdische Figur wieder ganz dem Klischee aus der billigsten Kiste des Antisemitismus: die Gattin eines Bankiers in den «Bekenntnissen des Hochstaplers Felix Krull», «die auf eindrucksvolle Weise überall aus ihrem mit Jett übersäten Kleide quoll».

Die Fragwürdigkeit der Äußerungen des Autors zum jüdischen Problem bestätigt sich durch die Feststellung, daß auch jene Antwort auf die Umfrage des Münchner Blattes zu seinen Lebzeiten in keiner Sammlung seiner Texte mehr erscheinen durfte. Bei der Beurteilung des fatalen Stückes sollte man freilich, wie Eckhard Heftrich mahnte, die «historische Perspektive» nicht aus dem Auge verlieren. Natürlich dachte Thomas Mann wie ein Sohn seiner Zeit. Doch auch damals galt die Bändigung antisemitischer Ressentiments unter aufgeklärten Geistern als ein Ausweis moralischer Kultur. Der Lübecker Patriziersohn gab sich in späteren Jahrzehnten – seine nationalistisch-konservativen Widersacher ließen ihm kaum eine Wahl – die eindrucksvollste Mühe, dieser Maxime gerecht zu werden. In Augenblicken tiefer Verärgerung freilich fiel er immer wieder haltlos in sein Mißtrauen gegen den, wie er meinte, unkorrigierbaren Cliquengeist der jüdischen Literaten und Kritiker und seine feindselige Furcht vor der angeblich so bedrohlich-uneuropäischen Welt des «Ost-Judentums» zurück.

In der Tat verlor er die Contenance, als er sich 1910 auf eine Polemik des brillanten (und überdrehten) Philosophen und Mathematikers Theodor Lessing gegen Samuel Lublinski einließ, den gescheiten Essayisten, dem Thomas Mann nie vergessen hatte, daß er den «Buddenbrooks» in einem «links-liberalen Blatt prompt die Verheißung gab», sein Buch werde «wachsen mit der Zeit und noch von Generationen gelesen werden». Lessing, ein intellektueller Abenteurer, der Medizin studiert, sein Brot als Hauslehrer verdient, sich der «Freien Schulgemeinde» attachiert, Gedichte, Dramen, Essays, Kritiken geschrieben, überdies einen «Anti-Lärm-

Vereins» gegründet hatte und schließlich als Privatdozent in Hannover unterrichtete – dieser begabte, zänkische, nirgendwo ganz erfolgreiche und nirgendwo völlig erfolglose Hansdampf in allen Gassen ereiferte sich in der Wochenzeitung «Die Schaubühne» gegen Lublinskis literarhistorische Einsichten und mehr noch gegen seine hochgestimmten historischen Dramen. In Wirklichkeit hielt er sich an der womöglich allzu ergebenen, allzu kritiklosen Identifikation Lublinskis mit der Grundstimmung des deutschen Bildungsbürgertums in jener Epoche auf. Gestikulierend, strampelnd und mit widerwärtigem Hohn wies er auf des Kollegen und Konkurrenten jüdische Herkunft. Er sprach von einem «Talmudgebürtchen mit hypertrophisch entarteten Schreib- und Redezentren», das Lublinskis «liebes Väterchen an einem schönen Schabbes aus Versehen statt eines rabbinischen Traktätchens erzeugt» habe, und er schoß ganze Salven von Beleidigungen ab, in denen die Vokabel «mauscheln» triumphierte.

Kein angenehmer Bürger. Peter de Mendelssohn zählte ihn nicht zu Unrecht zu den «jüdischen Antisemiten». Lessings Buch «Der jüdische Selbsthaß», das er 1930 schrieb, war freilich das Selbstzeugnis eines komplexen Charakters: blitzgescheit, gebildet, ein wenig wirr, immer wieder vom Ressentiment des Verkannten überwältigt, wie vor allem sein Porträt Maximilian Hardens bewies, in dem es hieß: «So ein Allmächtiger, Arrivierter hatte nie ein Wort der Ermutigung, der Würdigung. Er kannte mich, kannte meine Leistung, hätte mit ein paar Zeilen oft helfen und aufklären können. Ich erfuhr durch vierzig Jahre, wenn ich überhaupt je eine Wirkung erfuhr, Schmähungen und Beleidigungen, wie sie keinem Manne meines Ranges schlimmer zuteil wurden. Harden schwieg dazu.»

Sein Pamphlet gegen Lublinski war abstoßend, in der Tat, und es weckte nicht nur den Zorn Thomas Manns. Nach den Feststellungen Mendelssohns wandten sich dreiunddreißig deutsche Schriftsteller und Publizisten gegen die Polemik und erklärten ihr Bedauern, daß es kein «Ehrengericht für Journalisten» gebe. Zu den Unterzeichnern zählten liberale Geister wie Stefan Zweig, Ernst Lissauer, Salomon Friedlaender und Theodor Heuss, aber auch nationalkonservative Schriftsteller wie Ferdinand Avenarius, Walter Bloem, Wilhelm von Scholz und Will Vesper.

Thomas Mann hatte es abgelehnt, jenes Papier zu unterschreiben, weil es zu wenig von dem sagte, «was gesagt werden muß». Er führte in der Zeitschrift «Literarisches Echo» eine Gegenattacke, bei der es nicht zimperlich zuging. Lublinski nehme er nicht in Schutz, weil er ihn mit Maßen gelobt habe: «Nein, nicht so. Nicht weil er mich gelobt hat, sondern weil er mich *gescheit* gelobt hat, trete ich für ihn ein, und weil ich, durch gescheites Lob so wenig wie durch gescheiten Tadel verwöhnt, also aus unmittelbarer Erfahrung weiß, daß er die idiotische Charge nicht ist, die ein niedriges Ressentiment aus ihm machen möchte.»

Dann machte er sich daran, das Stierchen bei den Hörnern zu nehmen: «Herr Lublinski ist kein schöner Mann», schrieb er, «und er ist Jude. Aber ich kenne auch Herrn Lessing (wer kann für seine Bekanntschaften!), und ich sage nur soviel, daß, wer einen Lichtalben oder das Urbild arischer Männlichkeit in ihm zu sehen angäbe, der Schwärmerei geziehen werden müßte.» In diesem gehobenen Ton fuhr er fort: Es sei nicht zu sagen, «wo überall Herrn Lessings Wiege gestanden haben könnte, gesetzt, daß er eine gehabt hat. Demütigende Lebenserfahrungen, deren man sich selbst ihm gegenüber nicht als Waffe bedienen mag, sollten ihn, was Mangel an körperlichem Liebreiz betrifft, altruistisch gestimmt haben».

Nach einer Reminiszenz Münchner Klatsches holte Thomas Mann noch einmal aus: «Wer im Glashause sitzt, lehrt das Sprichwort, sollte nicht mit Steinen werfen; und wer sich als Schreckbeispiel schlechter jüdischer Rasse durchs Leben duckt, verrät mehr als Unweisheit, verrät schmutzige Selbstverachtung». «Woher», fragte er, «nimmt dieser benachteiligte Zwerg, der froh sein sollte, daß auch ihn die Sonne bescheint, die Lust, das innere Recht zur Aggressivität und zur lyrischen Unverschämtheit?» Thomas Mann nannte ihn einen «ewig namenlosen Schlucker» und sagte am Ende: «Ich oder ein anderer: Irgendwer mußte den Schächer strafen. Kein ehrenvolles Geschäft; aber vornehmes Übersehen ist nicht immer am Platz und macht den Lumpen das Handwerk zu leicht.»

Nichts ist verächtlicher, könnte man in Abwandlung eines geflügelten Wortes sagen, als wenn ein Jude einen Juden einen Juden nennt. Das traf für Theodor Lessing zu. Daß Thomas Mann kein Jude war, machte nichts besser. Der Abstand, auf den er Wert legte, entschuldigte keine der Invektiven gegen den Außenseiter, dessen schäumender Haß – das war nicht zu schwer zu durchschauen – eine seelische Störung annoncierte. Zwei Jahre später wandte sich der Dichter scharf gegen die Behauptung des völkischen Professors Adolf Bartels, er sei durch seine jüdische Versippung gleichsam zum Juden geworden: «Wenn ich dem hie und da auftauchenden Irrtum von meiner jüdischen Abstammung ruhig und bestimmt widerspreche», schrieb er an die «Staatsbürger-Zeitung» in Berlin, «so geschieht es, weil ich eine wirkliche Fälschung meines Wesens darin erblicke und weil, wenn ich als Jude gälte, meine ganze Produktion ein anderes, falsches Gesicht bekommen würde. Was wäre das Buch, das meinen Namen bekannt gemacht hat, was wäre der Roman ‹Buddenbrooks›, wenn er von einem Juden herrührte? Ein Snob-Buch.»

Vielleicht, vielleicht auch nicht. Die Polemik schleppte sich fort. Lessing hatte Thomas Mann ein Telegramm geschickt, das eine verschleierte Forderung zum Duell enthielt. Der Adressat ließ sich darauf aus guten Gründen nicht ein. Dann publizierte Lessing eine Entgegnung, indem er sich auf einen «außerordentlich artigen Brief» Thomas Manns aus dem Jahr 1906 berief: in jenen Zeilen hatte Thomas ein Buch des Gegners gelobt, das «Schopenhauer und Nietzsche paraphrasiert». In seiner Replik wollte Thomas Mann davon wenig mehr wissen: ihn träfe nur der Vorwurf, daß er mit einer «nun einmal gebräuchlichen Zuvorkommenheit» und aus einer «Schwäche», die er «nicht beschönigen» wolle, damals zu weit gegangen sei. Lessing berief sich auch auf seinen Umgang mit Professor Pringsheim, der ihn in der Tat ans Polytechnikum in Hannover empfohlen hatte. Er brachte schließlich die Schwester Carla ins Spiel, mit der ihn nicht zum Entzücken eine Freundschaft verband, als sie am Göttinger Theater engagiert war. Lessing beschrieb sie als «eine junge Schauspielerin, die ihre resignierte Chaiselongueexistenz mit heroischer Sehnsucht nach einem Millionär, mit der Politur ihrer sehr schönen Hände und vieler Romanlektüre ausfüllte». Es mögen in dem liebenswürdigen Universitätsstädtchen da und dort ein wenig wirre Verhältnisse geherrscht haben, denn zugleich pfiffen alle Spatzen von den spitzen Dächern, daß Lessings schöne Frau innigen und nicht nur pädagogischen Um-

gang mit dem hübschen und begabten Bruno Frank unterhielt, dem
angehenden Schriftsteller, damals ein Knabe von sechzehn Jahren.
Thomas Mann beendete seine Antwort auf Lessings Angriff mit
der Feststellung, daß ihn die «Atemnähe dieses Menschen» ekle,
daß er mit ihm nichts zu schaffen haben wolle, mit anderen Worten:
nun sei Schluß. Er wolle «den Zwerg» nicht länger «auf dem Rükken tragen», der «den Handel ausnutzen, sich an mich hängen, mich
stören, seinen Namen neben den meinen stellen» möchte: «Aber
ich schüttle ihn ab, ich kenne ihn nicht. (...) Möge er sich spreizen,
Kußhände werfen und um sich schlagen, bis man ihn einsteckt. In
mir hat er keinen Gegner.»
Polemik entsprach Thomas Manns Talenten wenig, weder damals noch später – trotz der großartigen und würdevollen Botschaften, die er, als es an der Zeit war, ans nazistische Deutschland adressierte. Er verkrampfte sich so oft in Ärger und Eifer und war allzu
geneigt, Gemeinheit mit Gemeinheit heimzuzahlen, verlor manchmal den Boden unter den Füßen und argumentierte gelegentlich auf
dem Niveau eines Vorstadt-Cafés. Hernach bereute er es, daß er
sich auf einen «erbärmlichen Tropf» vom Schlage Lessings überhaupt eingelassen habe, wie er an Heinrich schrieb. Dennoch, der
Stachel saß tief, und er trug sich lange mit dem Gedanken, ein Porträt des Widersachers mit dem seines anderen Feindes Alfred Kerr –
auch er ein Mann jüdischer Herkunft – zu einer Novelle unter dem
Titel «Ein Elender» zu vereinen. (Im «Tod in Venedig» sollte davon
die Rede sein.) Er habe sich, sagte er dem Bruder, «letzten Grundes» aus einem «ratlosen Thätigkeitsdrang» auf die Händel eingelassen. Aus «gequälter Unthätigkeit schlug ich los, dessen bin ich
mir innerlich wohl bewußt».
Für Theodor Lessing war er in der Tat ein willkommener Gegner.
Der Ruhm Thomas Manns brachte ihn ins Gespräch. Es war vorauszusehen, daß er sich mit den Maulschellen, die ihm der Dichter
am Ende seiner «Berichtigungen» verpaßt hatte, nicht abfinden
würde. So publizierte er im Herbst 1910 ein «Dichter-Psycholo-
gem» unter dem Titel «Tomi melkt die Moralkuh», das alle Unarten
eines überanstrengten Witzes demonstrierte und ganz gewiß
«overwritten» war, wie die Engländer sagen: dennoch ein Stück
voller Komik und manch scharfsichtiger Beobachtung. Er nannte

Thomas Mann den «mächtigsten Zuckerkönig deutscher Leih-
bibliotheken», was nicht gerecht war, und sprach im Rückblick auf
die frühen Münchner Tage – davon war die Rede – von einem «feinen Herrlein», das inmitten des Faschingstrubels «einsam dasaß,
auf einer vergoldeten Stuck-Empore unter einem Lorbeerkübel…
‹Ein angehender junger Dichter›», wie ihm ein Freund gesagt habe,
ein «feines, blasses Bürgerprinzchen!»

Die krasse Karikatur, obschon böse übertreibend, war nicht völlig entlegen. Entfernte sich Lessing zu weit von der Wahrheit, als er
Thomas Mann einen «guterzogenen Dandy» und «Künstler-Dich-
ter» nannte, vom Ehrgeiz beseelt, die «beste deutsche Prosa» zu
schreiben und «an einer Buchseite» zu feilen «wie an schön ge-
machtem Spangengeschmeid ein Goldschmied»? Es traf gewiß zu,
daß dieser «etwas feminine, dekadente Patriziersohn» Lessings
«Haß auf Bürgerallure» als geschmacklos empfinden mußte, wie er
selbst sagte. Der Pamphletist ging auch nicht völlig fehl, wenn er
hinter dem «heimlichen Moralisten» Thomas Mann eine noch
heimlichere Neigung zu egozentrischer Sentimentalität wahrzunehmen glaubte (was freilich auf fast jeden Schriftsteller zutrifft, ihn
selbst nicht ausgenommen).

Die bösartige Charakterisierung wurde, das versteht sich, der
literarischen Leistung Thomas Manns nicht im geringsten gerecht.
Dennoch wischte der Dichter den Angriff nicht beiseite. Er hat Lessing den Spott niemals verziehen. In einer Tagebucheintragung vom
5. November 1918 nannte er «die Juden Kerr und Lessing» seine
«geborenen Feinde» und «Verächtlich-macher» seiner Existenz. Es
stimmte ihn nicht milder, daß Lessing in den zwanziger Jahren mit
beträchtlichem Mut gegen Hindenburg, den Feldmarschall auf dem
Präsidentensessel, und gegen die geheime Aufrüstung der Reichswehr vom Leder zog. Seine Unerschrockenheit kostete den Polemiker schließlich das Leben. Er wurde nach seiner Flucht im Sommer
1933 in Marienbad von nazistischen Häschern ermordet. Thomas
Mann schrieb in sein Tagebuch: «Die beabsichtigte erschreckende
Wirkung wird nicht ausbleiben. Prag, Paris, Amsterdam mögen
sicherer sein als Marienbad oder Basel, aber Schwarzschild» – der
Herausgeber der Zeitschrift «Das Tage-Buch» – «und die Leute der
‹Weltbühne› werden sich kaum ihres Lebens sicher fühlen.» Und

dann, in unfaßlicher, erbarmungsloser Eitelkeit: «Mir graust vor einem solchen Ende, nicht weil es das Ende, sondern weil es so elend ist und einem Lessing anstehen mag, aber nicht mir.»

Ein knappes Jahr später, am 15. Juli 1934, notierte er: «Dachte an den Widersinn, daß ja die Juden, die man in Deutschland entrechtet und austreibt, an den geistigen Dingen, die sich in dem politischen System gewissermaßen, sehr fratzenhaft natürlich, ausdrücken, starken Anteil haben und zum guten Teil als Wegbereiter der antiliberalen Wendung zu betrachten: nicht nur Angehörige des Georgekreises wie Wolfskehl, der, wenn man ihn ließe, sich sehr wohl in das heutige Deutschland einfügen könnte.» Einige Zeilen danach setzte er noch schärfer an: «Überhaupt glaube ich, daß viele Juden mit ihrer neuen Rolle als geduldete Gäste, die an nichts teilhaben, bis auf die Steuern freilich, in tiefster Seele einverstanden sind. – Der – übrigens recht widerwärtige Lessing, der stumpfsinniger Weise ermordet wurde, hatte ein Buch gegen den Geist geschrieben – warum mußte man den ermorden. Er hatte zwar allerlei weichliche und pseudo-lyrische Taktlosigkeiten begangen und nannte sich einen Sozialisten. In der Hauptsache aber war er einer Gesinnung mit seinen Mördern.» Das entsprach nicht der Wahrheit. Thomas Mann konnte nicht verzeihen. Sein Haß verwehrte ihm das Mitleid, und er blendete wie so oft seinen Blick für die schwierige Realität.

Seine Haltung zum Judentum war komplex, auch damals. In dem Essay «Zur jüdischen Frage» schrieb er im Jahre 1921: «Es ist im Laufe der Jahre zwischen meiner Natur und der jüdischen zu schlimmen Konflikten gekommen und mußte wohl dazu kommen. Wir haben einander böses Blut gemacht.» Dachte er an den Schwiegervater? Oder nur an die Feinde Lessing und Kerr? Hatte seine Frau vor dem Druck interveniert, um neue Peinlichkeiten in der Familie zu verhindern?

Er überließ sich in jenem Aufsatz einer fragwürdigen Argumentation: «Die Juden haben, wie Goethe sagt, als Volk ‹nie viel getaugt›, was schon die liebe Not beweist, die ihre Propheten beständig mit ihnen hatten.» (Goethes Wort galt freilich den Deutschen.) «Ihr typischer Charakter hat seine Unannehmlichkeiten, er hat sogar seine Gefährlichkeit, – welcher Volkscharakter wiese übrigens nicht dergleichen auf? Jedes einzelne der europäischen Völker ist auf seine besondere Art dem Erdteil zum Verhängnis geworden.» Er fuhr, um Gerechtigkeit bemüht, in seinen fragwürdigen Überlegungen fort: «Die Juden aber zeichnet eines aus, was sie, man muß es sagen, unter Deutschen ‹artfremder› erscheinen läßt als ihre Nase: Es ist ihre eingeborene Liebe zum Geist, – diese Liebe, die sie gewiß nicht selten zu Führern auf dem Sündenwege der Menschheit gemacht hat, die ihnen aber die nicht Gang-und-Gäben, die Leidend-Hochbedürftigen, die Künstler, die Dichter und Schriftsteller, immer zu Schuldnern und Freunden machen wird.» Die verrutschte Sprache dieser Sätze zeigte an, daß er sich bei seiner Argumentation nicht allzu wohl fühlte.

«Führern auf dem Sündenwege der Menschheit», trotz der «Liebe zum Geist», ja um ihretwillen... Diese schillernden Formeln bezeichnen Distanz und Nähe, Anziehung und Abstoßung. Sie signalisieren aus dem Hintergrund freilich auch unvermindertes Ressentiment. So war es 1910. So 1921, nach der ersten Katastrophe, als er jene Passagen schrieb. So am Beginn des Exils. So wohl bis ans Ende seiner Tage.

23. KAPITEL

Größe und «strenges Glück»

In der Neige des Jahres 1905, nur wenige Wochen nach der Geburt der ersten Tochter, fiel in einem der Briefe Thomas Manns an Bruder Heinrich ein überraschendes Stichwort: «Zuweilen hege ich ehrgeizige Pläne», schrieb er. «Was sagst Du z. B. zu diesem: einen historischen Roman namens ‹*Friedrich*› zu schreiben? Seit ich zweimal in Potsdam und Sanssouci war, ist die Gestalt mir aufregend nahegekommen. Und mein letztes litterarisches Erlebnis ist Carlyle's ‹Friedrich der Große›, der kürzlich in einer ausgezeichneten deutschen Ausgabe erschienen ist.»

Thomas ließ sich in dem Brief auf keinen Versuch ein, die historisch-politische Dimension des Königs auszudeuten, der in jenen Jahrzehnten zum Überhelden der Deutschen geworden war: die strahlende Mitte des preußischen Mythos, dessen das angeblich so schimmernde Reich in seiner tiefen Unsicherheit, dessen vor allem der unstete Kaiser in seiner Orientierungslosigkeit dringend bedurfte. Den Autor reizte vielmehr die Beschreibung der schwierigen Seele des Königs: «Einen Helden menschlich-*allzu*menschlich darstellen, mit Skepsis, mit *Gehässigkeit*, mit psychologischem Radicalismus und dennoch positiv, lyrisch, aus eigenem Erleben: mir scheint, das ist überhaupt noch nicht geschehen... Die Gegenfigur würde sein Bruder *(das Bruderproblem reizt mich immer)* der Prinz von Preußen, der die Voss liebte, ein Träumer, der am ‹Gefühl› zu Grunde ging...»

Die homoerotischen Neigungen, die Friedrich (übrigens auch dem Prinzen Heinrich) nachgesagt wurden, erwähnte er zunächst nicht; nicht seine feindselige Ablehnung der Ehe; nicht seine Zurückweisung der Frauen, von der geliebten Schwester Wilhelmine abgesehen, nicht die «Asexualität», von der manche kritischen Analytiker sprachen, die ihm keine Homosexualität nachsagen wollten. In dem zunächst Verschwiegenen aber mochte sich die eigentliche Faszination des Stoffes verbergen. Später schrieb Thomas in ein Notizheft, das er für das Projekt angelegt hatte: «Friedrichs spätere *gleichgeschlechtliche Neigungen*. Es ist sehr ruhig zu zeigen, wie aus dem Alter und aus ungeheurer *Überlegenheit* ein erotisches Verhältnis zu schönen und unbedeutenden jungen Männern, ein Verhältnis wie des Mannes zum Weibe hervorgeht.»

Mit nur flüchtig getarnter Unbescheidenheit fragte er Heinrich: «Ob ich zu dieser Aufgabe berufen bin? Ich bin nun dreißig. Es ist Zeit auf ein Meisterstück zu sinnen.» Zuerst freilich mußte er die Arbeit an der «Königlichen Hoheit» hinter sich bringen, von der noch nicht gewiß war, ob sie eine Erzählung oder ein kleiner Roman sein würde – «ein Kinderspiel» im Vergleich zu dem neuen Plan. Was er «in historischer Hinsicht» vermöge, sagte er dem Bruder, sei vor allem, wie er in «Fiorenza» gezeigt hätte, der «Ton», der «fast schon der Geist», jedenfalls die «Atmosphäre» sei. Dann nannte er den Begriff, auf den es ihm ankam: die «Größe». «Das eigentlich Anmaßende meines Unterfangens scheint mir denn auch weniger darin zu liegen, daß ich, der unhistorisch Subjektive, einen historischen Roman schreiben will, als vielmehr darin, daß ich, der Lyriker, die *Größe* darzustellen unternehme.»

Holte er für einen Augenblick Atem? Er fuhr fort: «dazu gehört Wissen um die Größe, Erfahrung, Erlebnis in der Größe…» Er fragte, eher rhetorisch: «Habe ich sie?» Seine Schiller-Novelle und «Fiorenza» nannte er Studien auf dem «Gebiete des Heldenthums», die wohl im kleinen zeigten, was ihm gelingen könne: «Größe fühlbar zu machen, intim und lebendig darzustellen». Dann fiel er sich abschwächend ins Wort: «Verzeih dies Gerede! Ich bin dieser Tage in einer fieberhaften Stimmung und Exaltation.»

Die Erregung veranlaßte ihn, mit einigen Sätzen das höchste Ziel seines Ehrgeizes und den entscheidenden Antrieb seines Ich-Gefühls offenbar werden zu lassen: der Dichter, der Bürger, der Prinz, der Repräsentant sah seine Berufung in der «Größe» – und er gedachte sie durch ihre Beschreibung zu erlangen. In der «Königlichen Hoheit» setzte er noch ein wenig bescheidener an. «Heutzutage», ließ er den gescheiten Dr. Überbein sagen, «muß das Verehrungsbedürfnis des Geistes sich bescheiden. Wo ist Größe? Ja Prosit!»

Später verteidigte er in einem großartigen Brief Theodor Fontane gegen eine Kritik Maximilian Hardens, der den Verfasser der «Effi Briest» – «noch immer der beste deutsche Roman seit den ‹Wahlverwandtschaften›» – für sein «falsches und lügnerisches» Verhältnis zu Bismarck gerügt hatte. Thomas antwortete, Fontane habe in seinen öffentlichen Hymnen wahr gesprochen, wenn er den Kanzler zu den vier oder fünf «allergrößten Männern» zählte, «die die Erde getragen» habe. Seine Briefe dagegen seien der «Ausdruck einer skeptischen und medisanten Keckheit gegenüber der Größe, einer Keckheit, die in Deutschland, wo eine Art Sklavendemut vor dem Genie landesüblich ist, befremden muß. Die Haupttriebfeder dabei ist der Hang zum Pikanten.»

Er fuhr fort, als habe ihm Heinrich für einen Augenblick die Feder geführt: «Zugegeben, daß das nicht sehr deutsch ist. Aber ist es wirklich ein Alles niederschlagender Einwand, wenn man von Jemandem sagt, er sei kein rechter und ganzer Deutscher gewesen? Fontanes nur auf den ersten Blick zweideutiges Verhältnis zu Bismarck ist mir – seien Sie nicht böse, sympathisch; denn ich finde, daß die Größe nicht nur verehrungswürdig, sondern vor allem auch *interessant* ist, und ich finde, daß man lieben, verehren und dabei *zweifeln* kann, ja, daß diese Art Liebe und Verehrung die tiefste ist. Aus guten Pamphleten lernt man, meine ich, mehr über einen Geist, als aus Hymnen.» (Er schrieb, eine Folge dieses Briefes, für Hardens Zeitschrift «Die Zukunft» den schönen Essay «Der alte Fontane».)

Noch freilich hielt sich Thomas Mann nicht im Bannkreis des Alten Fritz oder Bismarcks und bei ihrer einschüchternden «Größe» auf. Noch verweilte er im unpolitischen Märchenreich des Prinzen Klaus Heinrich, dem der Pädagoge Dr. Überbein ins Gesicht schnarren durfte, es gebe (wenigstens) immer noch das, was er Hoheit nenne, «erlesene und schwermütig isolierte Lebensformen, denen man sich gefälligst mit der zartesten Teilnahme zu nahen hat». Später trat, an die Stelle des Königs von Preußen, der Weimarer Fürst deutscher Dichtung, deutscher Literatur. Thomas Mann eignete sich den Anspruch, der sich in dieser Annäherung ausdrückte, mit einer seltsam naiven und zugleich bezwingenden Selbstverständlichkeit an, dem sich fast alle Zeitgenossen und Zeugen mit erstaunlicher Willigkeit beugten – in gewisser Hinsicht auch seine Feinde.

Er las, um sich auf die gewaltige Aufgabe vorzubereiten, die zweibändige «Deutsche Geschichte vom westfälischen Frieden bis zu Friedrich dem Großen» von Erdmannsdörffer und «Das Zeitalter Friedrichs des Großen» von Wilhelm Oncken. Vortragsreisen, die ihn durch das «Terrain des siebenjährigen Krieges» führten, machte er nicht im Schlafwagen, sondern bei Tage, damit er Eindrücke von der Landschaft in sich aufnehmen konnte. Der Stoff hatte «Würde», das war ihm wichtig. Er vermittelte ihm, sagte er, «Stolz im Tragen» und versprach den sogenannten inneren «Halt».

Der Blick in die Historie aber schien ihm nicht nahezulegen, die politischen und sozialen Probleme seiner eigenen Zeit und Umwelt schärfer ins Auge zu fassen. Die Korrespondenz sagt nirgendwo, daß er vom Russisch-Japanischen Krieg im Fernen Osten, der das Ende der europäischen, ja der «weißen» Vorherrschaft in der Welt ankündigte, mehr als nur flüchtig Kenntnis genommen hätte. Doch Ostasien hatte durch den Boxeraufstand in China, des Kaisers schwadronierende Warnung vor der «gelben Gefahr», auch durch die kleine deutsche Kolonie in Tsingtau, die eine Beleidigung des «Reichs der Mitte» und eine unnötige Herausforderung Großbritanniens war, die Phantasie der Deutschen zu beschäftigen begonnen. Wilhelms Verteidigungsabkommen mit Zar Nikolaus II., von dem sich Rußland unter dem Druck der Engländer und Franzosen wieder zurückzog, die erste Marokko-Krise, die Europa in einen Krieg zu stürzen drohte, die Flottenrüstung, die in London als eine permanente Provokation empfunden wurde – all diese Signale einer heraufziehenden Katastrophe, die sich überdies immer greller, immer verzweifelter in den apokalyptischen Visionen der Expressionisten ankündigte: Thomas Mann schien nichts davon zu bemerken, nichts bemerken zu wollen.

Kein Aperçu zu dem famosen Streich des Schuhmachers Wilhelm

Voigt, der auf der Bühne, im Film und in der Geschichte als
«Hauptmann von Köpenick» durch die Beschlagnahme der Stadt-
kasse jenes Berliner Vorortes unauslöschlichen Ruhm erlangt hat.
Kein Wort über die konservativ-liberale Koalition des Fürsten Bülow, eines Mannes von schillerndem Wesen, der die Sozialdemokratie und das katholische Zentrum in den Winkel einer ewigen Opposition zu verbannen suchte.

Dem Wirbel freilich, den das Interview Wilhelms mit dem «Daily
Telegraph» in aller Welt verursachte, konnte auch er sich nicht völlig entziehen. Der Kaiser hatte, taktlos wie so oft, dem Korrespondenten des Blattes gesagt, er sei ein Freund Englands, aber er werde
in dieser Haltung nur von einer Minderheit der Deutschen bestärkt.
In einem Brief an Heinrich erwähnte Thomas die Interpellation im
Reichstag: Reichskanzler von Bülow, der dem Monarchen das Versprechen abgenötigt hatte, er werde sich künftig strikt an die Verantwortlichkeit der Verfassung halten, habe bei seiner Rede «ernst
aber frisch» ausgesehen.

Der Skandal um den Fürsten Eulenburg allerdings, der eine angebliche homosexuelle Verschwörung am Hofe des Kaisers zutage
brachte – so Maximilian Hardens unbarmherzige Anklage –, war
dazu angetan, sein intensives Interesse zu wecken: der Diplomat
und Politiker dilettierte immerhin auch als Künstler, Dichter, Komponist, Autor und Sänger der «Rosen-Lieder», die völlig dem
schwelgend-sentimentalen Geschmack der Epoche entsprachen.
Ein beiläufiger Hinweis Thomas Manns auf Hardens Artikel im
Juni 1907 zeigte an, daß er der Affäre mit Spannung folgte. Zu Beginn des Jahres 1908 erwähnte er (in einem Brief an Heinrich) den
berühmten Advokaten Max Bernstein, in dessen Haus er Katia genauer kennengelernt hatte: der Anwalt habe ihm viel von jenem
Prozeß erzählt. Das Bildungsniveau soll unglaublich gewesen sein,
berichtete er. In seinem nächsten Schreiben deutete er an, daß die
Staatsanwaltschaft dem Sexualwissenschaftler Magnus Hirschfeld
(«der selbst homosexuell ist») mit «sehr unangenehmen» Fragen
gedroht habe.

Das immerhin war ein Zeitereignis, das ihn aufhorchen ließ. Seine
Sympathien schienen eher Harden als dem geschmähten Fürsten zu
gehören, und man könnte in diesem Zusammenhang von einem per-

fekten Mechanismus der Verdrängung sprechen. Er störte ihn nicht,
daß Harden in jenen Jahren ein harter Nationalist war, doch geheuer war er ihm auch nicht. «Mein Interesse für den Publizisten
Harden sieht der Bewunderung zum Verwechseln ähnlich», bemerkte er voller List. Den Fortgang der Affäre kommentierte er
nicht. Da Fürst Eulenburg – wie vorherzusehen – schwer erkrankte,
kam das Verfahren niemals zu einem Ende.

Von den sozialen Spannungen, die hinter der gleißenden Fassade
des Kaiserreiches, hinter dem machtvollen Bündnis von agra-
rischem Adel und industriellem Großbürgertum, dem Reserveoffi-
zier-Patriotismus und Professoren-Idealismus herrschten: von der
Welt im Schatten nahm Thomas Mann noch immer nichts wahr –
oder nur die düstere Erscheinung der «Hungernden», die nachts die
Tore der Opernhäuser belagerten, um nach den glänzenden Feiern
der Reichen ihren Bettelpfennig zu erhaschen. Die technischen
Neuerungen der Epoche schien er mit völliger Selbstverständlichkeit zu akzeptieren. In der «Königlichen Hoheit» und anderswo erwähnte er das Luxusautomobil samt seinem amerikanischen Fahrer. Indes, vom revolutionären Effekt der Neuerung
ahnte er nichts. Das Haus seines Schwiegervaters war mit einem
Telefon versehen, nicht lange danach seine Wohnung auch: er
nutzte das Instrument, das ihm nicht sympathisch war, doch es war
ihm kaum gegenwärtig, in welchem Maße es die Realität des Alltags
verändern sollte. Er selbst hat wohl niemals die Taste einer Schreibmaschine gedrückt – das überließ er Gehilfinnen und Gehilfen außer Haus, den Kindern, auch der Frau. Die ersten Flugmaschinen
beeindruckten ihn nicht genug, um in der Korrespondenz erwähnt
zu werden – doch: der Zeppelin brachte es zu vier Zeilen in einem
Brief vom 1. April 1909 an Bruder Heinrich. Als er am Morgen in
sein Zimmer getreten sei, habe das Luftschiff gerade vor den Fenstern manövriert: «Die Dächer schwarz von Menschen, die ganze
Stadt auf den Beinen, große Begeisterung. Immerhin imposant.»

Er hielt die Welt auf Distanz. Im sechsten Notizbuch findet sich
die Eintragung: «Ich weiß nicht viel vom Elend des Lebens (Hunger, Krieg, Syphilis, Krankenhaus-Graus etc). Ich habe nichts davon gesehen, ausgenommen den Tod. Und doch kenne ich des Lebens ganze Schwere.–»

Kannte er sie? Daran sind Zweifel erlaubt – an seiner Ferne vom
«Elend» nicht. Später charakterisierte er den Roman «Königliche
Hoheit» gern als «die Aussöhnung des aristokratisch-melancho-
lischen Bewußtseins mit *neuen* Forderungen, die man schon damals
auf die Formel der ‹Demokratie› hätte bringen können». So schrieb
er im Jahre 1930. Die Zeiten hatten sich gewandelt – und er sich mit
ihnen.

In der «Königlichen Hoheit» durfte sich der famose Pädagoge
Dr. Überbein – der zitierten Notiz des Autors gehorchend – noch
über den Prosa-Dialog in der «Zauberflöte» lustig machen: «‹Er ist
ein Prinz!› sagte er salbungsvoll und entgegnete sich selbst in einem
ziehenden und singenden Pastorenton: ‹Er ist mehr als das; er ist
ein Mensch!›» «Es gibt Paradoxe», rief er dann, die man «auf die
Füße stellen» müsse: «Er ist ein Mensch... Er ist mehr als das, – das
ist nachgerade kühner, es ist schöner, es ist sogar wahrer... Das
Umgekehrte ist bloße Humanität».

So traf denn eher die andere Argumentation zu: der Bürger-
Dichter begab sich in den Rang des Fürsten, und er gehorchte dem
Gebot der Vernunft – zum Glück war es auch eines der Liebe –, das
ihm nahelegte, ein Dollar-Prinzeßchen zu sich heraufzuheben, das
doch eigentlich ein Kind aus dem Volke war, überdies eine «Mischung der Rassen», nämlich zu einem Achtel oder Sechzehntel in-
dianischer Herkunft – die übliche Anspielung auf das exotische
Erbe der Mama und zugleich auf den jüdischen Ursprung der jungen Frau des Verfassers. (Übrigens täuschte sich Thomas Mann, als
er Imma Spoelmann sagen ließ, indianisches Blut bedeute drüben in
Amerika «einen schweren Makel»: viele Bürger der Vereinigten
Staaten waren, im Gegenteil, auf eine – nicht zu starke – indianische
Versippung immer ein wenig stolz, während sie jeden Tropfen afrikanischen Blutes als eine Schande empfanden.)

Der Autor selbst sprach von einem «stark autobiographisch gefärbten» Experiment. In der Tat schrieb er mit diesem Märchen von
dem hübschen und (beinahe) treuherzigen Kronprinzen des ungenannten deutschen Kleinstaates und von seiner Verbindung mit der
graziösen und eigensinnigen Tochter des Milliardärs Spoelmann ein
Stück seiner eigenen Geschichte fort, der inneren und der äußeren.
Vorbilder für den Duodezstaat könnten die Großherzogtümer Ba-

den oder Sachsen-Weimar gewesen sein. Vieles jedoch deutet darauf
hin, daß er sich eher an der Repräsentationswelt der bayerischen
Wittelsbacher orientierte. Ob da oder dort: die höfische Atmosphäre
behagte ihm. Später, im Jahre 1917, als er den Besuch des Herzogs
Adolf Friedrich von Mecklenburg-Schwerin und der Herzogin –
einer Bewunderin seines Werkes – erwartete, schrieb er dem Freund
Bertram: «‹Hoheit› sagen und mich verneigen thu ich für mein Leben
gern. Die triumphierende Demokratie möge es mir verzeihn.»

In der innigen Verbindung des jungen Prinzen Klaus Heinrich zur
Schwester Ditlind spiegelte sich Thomas' Neigung zu Lula, die ihm
näher als die jüngere Carla war, die Schauspielerin, mit der Heinrich
eine so innige Beziehung verband. In der schönen und am Ende
geistig verdunkelten Großherzogin-Mutter wurden Züge von Julia
sichtbar, der Mama, die sich unterdessen ganz aufs Land zurückgezogen hatte. In der Gräfin Löwenjoul, die «sich gehen ließ» und sich
des öfteren in wirren Reden verlor, porträtierte Thomas die wunderliche Baronin Perfall, die auf dem Schweighardtschen Hof in Polling
in engster Nachbarschaft mit Julia lebte. Der verrückte Hund
«Percy» (recte Perceval) aus der Rasse der Collies gehörte unter dem
Namen «Motz» dem eigenen Haushalt an.

Für den strengen Lehrer und Berater Dr. Raoul Überbein stand
offensichtlich keine Figur aus dem Leben Pate, sondern ein literarisches Vorbild: das Notizbuch jener Tage vermerkte den Roman
«Die Krone» des dänischen Schriftstellers Laurids Bruun, von dem
die Herausgeber bemerkten, er habe «viel Atmosphärisches und
viele Einzelzüge zur ‹Königlichen Hoheit› beigesteuert», vor allem
aber die Person des Hauslehrers Dr. phil. J. A. Müller, der «arm, von
dunkler Herkunft» war und «durch seine Einsichten in die königliche Existenz, ihre Einsamkeit, ihr Märtyrertum» überraschte – ganz
wie Dr. Überbein, der sich ein «Malheur von Geburt» nannte, aus
geringen Verhältnissen kam, sich «den Wind hatte um die Nase wehen lassen» und so manche «Einblicke» getan hatte, an denen der
Prinz teilhaben durfte. Zu Klaus Heinrich sagte der Erzieher: «Ich
liebe die mit der Würde der Ausnahme im Herzen», und er bemerkte
mahnend, daß er in des Prinzen Daseinsform «die sichtbarste, aus-
drücklichste, bestgehütete Form des Außerordentlichen auf Erden
sehe». Nichts da mit «Menschlichkeit und Gemütlichkeit»!

Thomas Mann selbst war in beiden der jungen Fürsten gegenwärtig: in der Gestalt des kränklich-traurigen Großherzogs Albrecht, der eher ein Porträt des Bruders sein sollte, *und* in Klaus Heinrich, dessen erster Name als Huldigung an den Schwager Klaus Pringsheim gelten durfte. Das Volk liebte des Jüngeren bedachtsame Freundlichkeit, die gutartige Bescheidung und seine unbeirrbare Harmlosigkeit, die sich leicht als ein gewisses Maß an Begriffsstutzigkeit und unschuldig-romantischer Torheit verstehen ließ. Es entging den Leuten auch nicht, daß seinem Wesen ein befremdender und lähmender Mangel an Teilnahme eigen war. Selbst Imma beschwerte sich über die «Kälte» des Prinzen (und zeigte damit den alten leidigen Vorwurf an, den sich offensichtlich auch die junge Katia gegenüber dem Autor zu eigen gemacht hatte), und Agnes Meyer, die amerikanische Protektorin Thomas Manns, sprach später von einer «Liebesgeschichte ohne Liebe». Das zu kurze und schwache Ärmchen, das der Prinz stets halb im Rücken hielt, lieh sich der Autor – ohne ein Übermaß an Rücksicht und Takt, aber auch ohne erkennbar kritische Absicht – von Kaiser Wilhelm II., dessen Existenz durch jenen kleinen Geburtsmakel beschwert war.

Die Aufgabe des «Repräsentierens» verband den Dichter, wir wissen es, mit dem Prinzen. «Der Künstler ist in sofern den Fürsten verwandt», schrieb er an Paul und Carl Ehrenbergs Halbschwester Hilde Distel, «als er, gleich diesen, ein *repräsentatives* Dasein führt. Was für den Fürsten die Etikette ist, das ist für den Künstler die hohe Verpflichtung zur Form.»

Thomas Mann übersetzte das Private ein weiteres Mal mit erstaunlicher Unbefangenheit ins Allgemeine. Mit dem Roman wurde seine Werbung um die schöne Erbin Katia ohne Aufenthalt «allegorisch». Zwar litt der Haushalt des erfolgreichen Autors, anders als Wirtschaft und Budget im kleinen Reich des Prinzen Klaus Heinrich, keine wirkliche Not, und er bedurfte keiner Sanierung. Zum anderen (darauf wurde hingewiesen) hielten es die Schwiegerväter hier wie dort für angebracht, das junge Paar mit einer standesgemäßen Unterkunft zu versehen. Herr Spoelmann demonstrierte, kein Zweifel, einige Züge des Professors Pringsheim; zugleich war seine Erscheinung der Biographie des amerikanischen Eisenbahnkönigs Harriman nachgebildet.

Das Stichwort «allegorisch» nahm Thomas von Hugo von Hofmannsthal, der den Roman stückweise in der «Neuen Rundschau» gelesen hatte, dankbar entgegen. Dem Wiener Kollegen war der Grundklang der Erzählung nicht unvertraut: die Begegnung der alten und ein wenig ermatteten Aristokratie mit der Vitalität des aufstrebenden Bürgertums. Er wäre freilich nicht auf den Einfall geraten, die Geschichte ein «Lustspiel in Romanform» zu nennen, wie es der Autor tat, sich einer Formel bedienend, die einem Gespräch zwischen Kurt Martens und dem Dramatiker Frank Wedekind entstammte. Für eine Komödie mangelte der Handlung die irritierende Komplikation, das Spiel der Verwechslungen und Verwicklungen, der geschürzte Knoten der Mißverständnisse und Verfehlungen, die das Tragische streifen. Es fehlte, alles in allem, das Grundelement des Dramatischen, das ein Lustspiel nicht entbehren darf. Der Fortgang der Ereignisse im Roman war vielmehr auf eine schlichte Weise geradlinig.

Der Reiz des Buches ergab sich aus der nuancierten und farbigen Beschreibung von Personen und Situationen: heiter, anmutig, parodistisch, von der hohen dichterischen Berufung des Autors nur selten beschwert – ein Unterhaltungsroman im schönsten Sinn des Wortes. Eine behutsam-spröde Liebesgeschichte, obwohl sich auch von Klaus Heinrich und Imma Spoelmann sagen ließ, was Robert Musil später mit einem Gran Bosheit von den Figuren Thomas Manns bemerkte: daß ihnen – wie manchen Gipsstatuen – die Geschlechtsteile vorenthalten seien. Dem leitmotivischen Spiel mit knappen Charakterisierungen und den Wiederholungseffekten gab sich der Autor bis an die Grenze der Übertreibung hin, doch die schwebende Grazie des Buches wurde durch die Verliebtheit in solche Art «Wirkung» kaum gefährdet. Die Qual der Niederschrift war dem heiteren kleinen Werk nicht anzumerken.

Das Leichte wurde Thomas Mann, wie es immer ist, besonders schwer. Er mühte sich Satz für Satz und manchmal Wort für Wort voran. Aufführungen der «Fiorenza», die denn doch den Weg in manche prominenten Theater fand, lenkten ihn ab. Das Stück gelangte in Frankfurt, mit mäßigem Erfolg auch in München, schließlich in Max Reinhardts Deutschem Theater in Berlin auf die Bühne (in einer, wie er meinte, «grundfalschen» Aufführung, der freilich das Publikum mit dem Kaisersohn «Prinz August Wilhelm an der Spitze» freundlich applaudierte). Die Aufnahme durch die Zuschauer war nicht enthusiastisch, aber auch nicht feindselig, das kritische Echo gemischt. Alfred Kerr, der nach der Zusendung des Textes beharrlich geschwiegen hatte, konnte sich einen eisigen Verriß nicht versagen. Thomas Mann sprach in einem Brief an Julius Bab, den anderen großen Kritiker der Epoche, von Kerrs «Niederträchtigkeiten», und dem blutjungen Hans von Hülsen, den er damals unter seine Fittiche nahm, rief er zu, Kerr stehe jenseits von anständig und unanständig. Eines Tages werde er seine und Kerrs Geschichte «in behaglicher Ausführlichkeit» darstellen. Doch Freundschaft hin und Feindschaft her: die bemühtesten Inszenierungen und die begabtesten Schauspieler konnten die Geburtsfehler des Stückes nicht auslöschen. Es war kein Drama, und weite Passagen verwelkten in der Stickluft weihevoller Langeweile.

Den Dichter peinigten in jenen Jahren immer wieder nervöse Magen- und Darmkrämpfe, für die er sich alle möglichen Kuren verordnen ließ, auch elektrische Massagen, die eine gewisse Linderung brachten, vor allem, wenn das Gerät tief genug in den Darm eingeführt wurde. Er klagte über Nächte, die er «vollständig schlaflos verbringe», «vor Darm-Nervenschmerzen» ächzend, in denen er würge, sich erbreche, «ganz grausam leide». Sein beträchtlicher Konsum an ägyptischen Zigaretten (wie sie schon im Hause seines Vaters geraucht wurden) und an leichten Zigarren der Marke «Maria Mancini» (von der Bremer Firma Hagedorn und Söhne) förderte sein Befinden gewiß nicht.

Die Spasmen und Schmerzanfälle waren vermutlich psychosomatisch bedingt. Sie signalisierten innere Anspannung, seelische Verkrampfungen, Ängste, Enttäuschungen, Ärger. Er litt in der Tat oft arge Qualen. Allerdings neigte er auch zu Hypochondrien, wie die Tagebücher der späteren Jahre mit peinlicher Genauigkeit beweisen. Immer wieder zog er sich in Sanatorien zurück. Die «liebe Seele» sei «matt bis auf den Tod», seufzte er gern. Er hatte Heinrich, von tiefen Zweifeln heimgesucht, schon im Sommer 1906 geschrieben: «Mir geht es miserabel. (...) Ich sage es niemandem von meiner Umgebung, wie schlecht und erschöpft und abgenutzt und tot und fertig ich mich fühle. Ohne Frau und Kind und Anhang wäre mir wohler und wurstiger. Mich quält der Gedanke, daß ich mich nicht hätte menschlich attachiren und binden dürfen.»

Am 18. November 1906, fast genau aufs Jahr nach der Tochter Erika, kam der erste Sohn zur Welt, der die Namen Klaus Heinrich Thomas empfing: ein «wohlgebildetes Knäblein», wie der Vater den Freunden meldete. Hedwig Pringsheim, die Schwiegermutter, schrieb nicht lange danach an eine Freundin, Katia lebe «ziemlich still, da ihr Mann ein rechter Pimperling ist, der nicht viel verträgt». Doch sie sei «in ihren beiden Kindern absolut glücklich». Das Mütterliche sei «überhaupt ihr recht eigentliches Gebiet».

Was blieb ihr auch anderes? Im Sommer 1907 stellte Thomas fest, daß es ihr «ein bischen an geistiger Beschäftigung» fehle, «woran sie doch von früher her gewöhnt» sei. Er sagte dem Bruder: «Im Winter muß man sie anhalten, wieder Collegien zu hören.» Er war auf die Mathematik nicht länger eifersüchtig. «Für jetzt bin ich auf folgenden Einfall gekommen. Du giebst doch den deutschen Flaubert bei Müller heraus. Ist die Übersetzung aller Bände schon vergeben? Würdest Du vielleicht einen der von Dir übernommenen an Katja abtreten? Sie hat Lust und würde es aller Voraussicht nach so gut, ja besser machen, als der Durchschnitt.»

Daraus wurde nichts, aus welchen Gründen auch immer. Katia schien es bestimmt, sich mit der Mutterschaft und der Verantwortung für ein wachsendes Hauswesen samt Kinderfräulein und Gesinde zu bescheiden. Im Fortgang der Jahre wuchs ihr auch die Zuständigkeit für die Organisation des Alltags ihres Mannes, für die Verwaltung seiner Geschäfte und schließlich für die Beschirmung seines Ruhmes zu. Nach der ersten Niederkunft Katias brachte es Thomas dann und wann noch zuwege, sich einem idyllischen Behagen hinzugeben. «Zuweilen», schrieb er an Heinrich, «wenn ich morgens mit weich massirtem Leib und leidlich kräftigem Magen erwache, das Kind schreien höre und Arbeitslust spüre, habe ich ein durchdringendes Gefühl von Glück, wie ich es seit zwanzig Jahren nicht mehr kannte.» Aber es war, wie Klaus Heinrich im letzten Satz von «Königliche Hoheit» sagte, «ein strenges Glück», das ihnen der Dichter als moralischen «Dienst» zugewiesen hatte. Im Roman wie im Leben blieb es einer genaueren Beschreibung entzogen.

Ein halbes Jahrzehnt danach bestätigte Thomas Mann das Mißtrauen, auf das die spröde Majestät jener Formel bei manchen Kritikern des Romans gestoßen war. Er gestand dem Bruder, wer schon
vor der «Königlichen Hoheit» ein Buch über Friedrich den Großen
plante, habe «wohl nie so ganz innerlich an ein ‹strenges Eheglück›
geglaubt». Nicht völlig überzeugend fügte er hinzu: «Was nicht
hindert, daß man praktisch daran glauben kann.» Der Leser der
«Königlichen Hoheit» erfuhr lediglich, daß sich in dem Prinzen
«Hoheit und Liebe» mischen sollten. Im Roman wie im Leben aber
herrschte in Wahrheit die Hoheit. Auf einer Photographie aus dem
Jahre 1906 bot sich Thomas Mann dem Betrachter in einer dichterischen und zugleich prinzlichen Pose dar, die Jürgen Kolbe mit angemessener Ironie beschrieb: «Gerade die Haltung – en face, in verkrampfter Lässigkeit aufgestützt, das Buch wie gerade gelesen in der
Hand – bringt das Bedürfnis zum Ausdruck, nicht aus dem Rahmen
der Wohlanständigkeit zu fallen. Im physiognomischen Habitus ist
alles darauf angelegt, Charakteristisches – zumal die bedeutende
Nase – zu neutralisieren: sorgfältige Scheitelung, sorgfältige Stut-
zung des Allerweltsschnurrbarts, magnesiumblitzstarrer Blick –
von uns aus gesehen: das Bild eines hübschen Großvaters in jedem
beliebigen alten Familienalbum. Und erst die Kleidung! Der Vater-
mörder über dem hoch- und zugeknöpften Zweireiher, die finger-
breiten Manschetten provozieren den Eindruck des perfekt Beam-
tenhaften, dem allerdings die leicht kokette, gelinde übertriebene
Hochgeknöpftheit der Oberbekleidung eine Spur von gezügeltem,
domestiziertem Dandytum beimischt. Die Maskerade des Genies
ist perfekt. Oder, wie Heinrich Mann es im Blick auf seinen Bruder
unnachahmlich formulierte, ‹es gibt kein Genie außerhalb der Ge-
schäftsstunden›.»
  In der Neige des Jahres 1907 schrieb Thomas für das «Literarische Echo» in Berlin eine autobiographische Skizze, die hinter aller
(fast übermütigen) Ironie einen nahezu kindhaften Stolz auf seinen
Lebenserfolg zu erkennen gab. Es traf zu, und er konnte darauf
pochen, daß er sich nicht der liederlichen Existenz des bohemisie-
renden Künstlers überlassen hatte: «Ich hocke verglasten Blicks
und einen wollenen Schal um den Hals mit anderen verlorenen Gesellen in einer Anarchistenkneipe? Ich liege in der Gosse, wie sich's

gebührte?» Hochgemut rief er: «Nein. Glanz umgibt mich.
Nichts gleicht meinem Glücke. Ich bin vermählt, ich habe eine
außerordentlich schöne junge Frau – eine Prinzessin von einer
Frau, wenn man mir glauben will, deren Vater königlicher Universitätsprofessor ist und die ihrerseits das Abiturientenexamen gemacht hat, ohne deshalb auf mich herabzusehen, sowie zwei blühende, zu den höchsten Hoffnungen berechtigende Kinder. Ich
bin Herr einer großen Wohnung in feinster Lage mit elektrischem
Licht und allem Komfort der Neuzeit, – ausgestattet mit den herrlichsten Möbeln, Teppichen und Kunstgemälden. Mein Hausstand
ist reich bestellt, ich befehle drei stattlichen Dienstmädchen und
einem schottischen Schäferhund, ich speise schon zum Morgentee
Zuckerbrötchen und trage fast ausschließlich Lackstiefel. Was
noch? Ich mache Triumphreisen. Ich besuche die Städte, eingeladen von schöngeistigen Gesellschaften, ich erscheine im Frack,
und die Leute klatschen in die Hände, wenn ich nur auftrete. Ich
war auch in meiner Vaterstadt. Der große Kasino-Saal war ausverkauft, man überreichte mir einen Lorbeerkranz, und meine Mitbürger applaudierten. Überall nennt man meinen Namen nur mit
hochgezogenen Brauen, Leutnants und junge Damen bitten mich
in den ehrerbietigsten Worten um mein Autogramm, und wenn
ich morgen einen Orden bekomme, so werde ich keine Miene verziehen.»
Die gut aufgelegte Geckenhaftigkeit des Tons war nicht nur
blanke Ironie. Sie entsprach durchaus seinem Selbstgefühl: er war
wahrhaftig auch ein Geschöpf des Wilhelminismus. Doch die «Es-
ist-erreicht»-Gestikulation mag zugleich eine skeptische Trauer
verborgen haben. In jener Selbstdarstellung versuchte er freilich,
alle Spuren seiner Depressionen fortzuwischen. Kecken Tones, auf
die Belustigung seiner Leser bedacht, fuhr er fort: «Ich weiß, was
ein Dichter ist, denn bestätigtermaßen bin ich selber einer. Ein
Dichter ist, kurz gesagt, ein auf allen Gebieten ernsthafter Tätigkeit unbedingt unbrauchbarer, einzig auf Allotria bedachter, dem
Staate nicht nur nicht nützlicher, sondern sogar aufsässig gesinnter
Kumpan, der nicht einmal sonderliche Verstandesgaben zu besitzen braucht, sondern so langsamen und unscharfen Geistes sein
mag, wie ich es immer gewesen bin». Danach fiel das Stichwort

vom «anrüchigen Scharlatan», der von der Gesellschaft nichts als «stille Verachtung» erwarten sollte. «Tatsache aber ist, daß die Gesellschaft diesem Menschenschlage die Möglichkeit gewährt, es in ihrer Mitte zu Ansehn und höchstem Wohlleben zu bringen.» Der kleine Text geriet ihm in die Nähe des «Felix Krull». Das Sujet der Hochstapelei begann, sich in seinem Kopf und in seinen Aufzeichnungen festzusetzen.

Der Hinweis auf seinen Wohlstand war nicht nur eine Verbeugung in Richtung Arcisstraße zum Palais der Schwiegereltern, sondern deutete auch sein Vergnügen über den Respekt des Verlegers Samuel Fischer an, der den abgelaufenen Generalvertrag mit noch generöseren Bedingungen erneuert hatte. Er sah eine Tantieme von fünfundzwanzig Prozent des Ladenpreises für broschierte Ausgaben vor. Für den Vorabdruck der «Königlichen Hoheit» bot er sechstausend Mark, und er sagte ferner die sofortige Honorierung der ersten Buchauflage in Höhe von zehntausend Exemplaren zu.

Dem Bruder Heinrich hatte Thomas auch diesen Triumph nicht verschwiegen. Sein verletzliches Ich forderte tägliche Ermutigung und Bestätigung. Das «prinzliche Empfinden», das er sich selbst so gern zuschrieb, schützte ihn nicht vor einem tiefen, ja panischen Entsetzen über jedes kritische Wort, das zu ihm drang. Als «Königliche Hoheit» im Frühjahr des Jahres 1909 endlich den Markt erreichte, fand das Buch zwar entzückte Leser und, alles in allem, wohlwollende Rezensenten, doch begegnete er auch da und dort kritischen Stimmen, auf die der Autor mit höchster Gereiztheit reagierte. Samuel Fischer meldete er sein Vergnügen über den Erfolg beim Publikum, doch dann setzte er hinzu: «Ich bin entsetzt über das Niveau der literarischen Tageskritik. Sie versagt über diesem Buch vollkommen». Er fand den Ton der Besprechungen in der Wiener «Neuen Freien Presse» und in der «Frankfurter Zeitung» unangemessen. «So spricht man nicht von mir», schrieb er empört: «Mit einem solchen Mangel an Ranggefühl und Instinkt scheidet man aus aus der Reihe der ernstzunehmenden Kritiker.» Ein boshaftes Sätzchen, das Alfred Kerr in einen Aufsatz über George Bernard Shaw (in der «Neuen Rundschau» ausgerechnet) eingeschmuggelt hatte, kränkte ihn tief, obwohl nicht einmal sein Name genannt war. «Ich muß gestehen», schrieb er an den Bruder, «daß mir tagelang sehr übel davon war. Ich kann Feinde und nun gar eine so ekelhafte Art Feindschaft innerlich nicht brauchen».

Er rechtete mit Hofmannsthal, auch mit Hermann Hesse, der sich mit «feinen mißtrauischen Bemerkungen» über Gelingen und Mißlingen einzelner Szenen auf ein süß-saures Urteil zurückgezogen hatte. Dem Freund Kurt Martens aber fuhr er scharf in die Parade. Er nahm ihm übel, daß er – in einem Essay-Band – die unglückselige Novelle «Wälsungenblut» erwähnt, aber schlimmer, daß er Imma Spoelmann ein «freches, unfreiwillig komisches Persönchen minderer Rasse» genannt hatte: «das ist schade, denn ich konnte meiner Frau Dein Buch nicht vorenthalten, und – wir hätten so nett mit einander verkehren können. Aber Du wußtest wohl, was Du thatest.»

24. KAPITEL

Ouvertüren

Der Prinz Klaus Heinrich hatte gelernt, durch das herbe Realitätsbewußtsein der Milliardärstochter Imma angestachelt, die Probleme des irdischen Daseins zu studieren. Mag sein, daß auch Katia Mann ihren Ehegatten dazu überreden konnte, dann und wann die Fragen banaler Alltäglichkeit ins Auge zu fassen. Aber es existiert kein Hinweis, daß diese kluge und gebildete junge Frau in den frühen Jahren der Ehe Partnerin eines intellektuellen Austauschs war, mit der er seine Ideen prüfte, die tägliche Arbeit besprach, und an der er – wie es später Brauch der Familie wurde – durch die rituelle Vorlesung des Geschriebenen die mögliche Wirkung auf die Kritik und aufs Publikum erproben konnte. Womöglich war sie damals noch zu intensiv mit den ersten beiden Kindern beschäftigt.

Die entscheidenden Gespräche führte Thomas Mann, noch immer, mit dem Bruder Heinrich, ob schriftlich oder mündlich. An ihm nahm er Maß. Er war die positive, die negative Richtfigur, um seinen Beifall warb er wie um den keines anderen Menschen. Heinrichs Ablehnung kränkte ihn tiefer als die jedes Freundes und Feindes. Sie sahen einander selten, denn Heinrich Mann lebte meist im Süden, zog noch immer unstet von Ort zu Ort, hielt sich in Rom, in Florenz, in Livorno, in bayerischen Dörfern auf, oft in einfachen Gasthäusern hausend, und er verbrachte lange Wochen in Sanatorien, denn auch der Zustand *seiner* Nerven und *seines* Körpers war, darauf legte er Wert, labil und stets gefährdet.

Seine Produktivität verstörte den Jüngeren immer aufs neue, zumal in den Jahren der Werbung um Katia, der Verlobung, der frü-

hen Ehe. Thomas Mann registrierte das Erscheinen eines neuen
Werkes manchmal mit einem Schrei des Entsetzens: «Großer Gott,
Du hast wieder etwas fertig» – und er vermerkte wieder mit bitterem Ressentiment, daß es bei dem Bruder «ströme»: das Verb war
ein böses Verdikt.

Natürlich zögerte er nicht, aus der Not seiner Langsamkeit eine
Tugend zu machen. Er bestand darauf, daß die Quantität der Bücher des anderen auf Kosten der Qualität gehe. Er täuschte sich
damit für gewöhnlich nicht. Doch in seinen Briefen kommentierte
er Heinrichs Bemühungen fast immer höflich und manchmal mit
einer Überschwenglichkeit, die er sich selbst nicht jederzeit glaubte.
Er sparte keinen Superlativ, wenn ihm daran lag, den Älteren von
der Freundlichkeit seiner Gesinnung zu überzeugen. Den Roman
«Zwischen den Rassen» nannte er in einem Atemzug «das gerechte-
ste, erfahrenste, mildeste, *freieste*» unter des Bruders Werken,
sprach ihm «Allseitigkeit, Erkenntnis und Kunst» zu, holte noch
einmal aus und pries ihn als sein «menschlichstes, weichstes» Buch,
zugleich das «souveränste und künstlerischste», das ihm die Ursache «großer Ergriffenheit» geworden sei.

Diese Elogen prasselten auf ein Epos, das man getrost als eine der
schwächsten Arbeiten des Bruders bezeichnen kann. Ob Heinrich
den schönen Schwindel durchschaute? Er war ein Mann von hohen
Gaben, zu denen freilich psychologischer Scharfsinn nicht zählte.
Überdies lassen sich, man weiß es wohl, die wachsten, die hellhörigsten, die mißtrauischsten Köpfe unter den Schreibern nur zu gern
durch billige Schmeicheleien verführen. Heinrich unterschied sich
darin von Thomas nicht. Vermutlich nahm er Nuancen des Lobes
dennoch wahr. Es entging ihm nicht, daß Thomas die ihm gewid-
mete Novelle «Die Abdankung» in der Sammlung «Stürmischer
Morgen» mit einem Enthusiasmus rühmte, der keinesfalls nur ge-
heuchelt war: die Geschichte eines Schuljungen, der dank seiner
physischen und intellektuellen Talente zum Tyrannen der Kameraden wird, zumal des dicken Butt, den er zu lustvollen Erniedrigungen zwingt – bis er aus seinem Schlaf mit «Tränen bitterer Begierde»
erwachte und sich «schambestürzt» erinnerte, daß «er im Traum
Butts Körper betastet habe»; von nun an war er es, der sich vor dem
entsetzten Haufen der anderen der Unterjochung, der Schikanie-

rung, der Schmähung durch den einstigen Knecht aussetzte – bis er schließlich in den Tod ging.

Ein Sujet, das Thomas nicht gleichgültig ließ. Er habe, schrieb er an Heinrich, den Vorabdruck im «Simplicissimus» unverzüglich und begierig gelesen, und er wolle ihm gleich seinen Eindruck mitteilen: «Dies seltsame, tiefe Ding, das in höchster Abgeschlossenheit und Concentration, in raschen, starken, bedeutenden Pointen die perverse Tragödie des Genies als Schulknabengeschichte giebt, ist in meinen Augen das Innigste und Außerordentlichste, was Du geschrieben hast.» So weit ging er nicht oft. Erinnerungen trugen ihn weit in die Lübecker Knabenzeit und zu den ersten Aventuren mit Armin Martens oder Willri Timpe zurück: «Die Arbeit steht mir so nahe, daß ich sie fast als von mir empfinde... Mit einem Worte: ich nehme nicht Theil, ich *habe* Theil daran, und wo man Theil hat, da hat man wohl eigentlich kein Urtheil. Dennoch glaube ich meiner Sache sicher zu sein.»

Trotz alledem schleppte er ein wachsendes Unbehagen an Stil, Form und Geist der Bücher Heinrichs durch die Jahre. Manchmal hatte er dem Unmut Raum gegeben und in Anklagen von schneidender Schärfe nicht nur das Schaffen, sondern die ganze Existenz des Älteren in Frage gestellt, die der seinen auf eine so bedrohliche Weise zu widersprechen schien. Er rechnete mit ihm, man erinnert sich, nach der Trilogie über die «Herzogin von Assy» und der «Jagd nach Liebe», unbarmherzig ab. Den nächsten Roman, der den Titel «Professor Unrat» trug, erwähnte er nicht mit Namen. Aber die Satire stachelte seinen Zorn heftiger auf als jedes andere Buch, das Heinrich geschrieben hatte.

Der kleine Roman von dem grotesken Pauker Professor Raat, den alle Welt hinter seinem Rücken als «Unrat» verhöhnte, hatte ihn nach Lübeck zurückgeführt, in die düsteren Klassenzimmer des Katharineums, die Jahre der stumpfsinnigen Versklavung in jener Lernkaserne, die Fron des Hasses gegen die kleinen Tyrannen und ihren ungelüfteten Geist. Das Buch schleppte ihn aber auch in Quartiere der alten Stadt, die er ängstlich gemieden hatte: die dunklen Gäßchen am Hafen, die verräucherten Kneipen, die Tingeltangel-Lokale, in denen sich die Matrosen und Arbeiter amüsierten, von denen eines der «Blaue Engel» hieß, wo die Künstlerin Fröhlich

Abend für Abend ihre frechen Lieder sang, von drei Gymnasiasten umschwärmt, die Professor Unrat gern bis zum Ende ihrer Tage ins «Kabuff» gesperrt hätte.

Mit gequältem Protest in seiner Seele las Bruder Thomas, auf welch elende und sittenlose Weise Heinrichs Unheld, der schnaubende Pädagoge, jener Künstlerin Fröhlich, der Liebe und dem Leben verfiel, nachdem er einmal vom rechten Weg gekommen, wie er darüber sein Amt, sein Vermögen, seine Ehre, seine Freiheit verlor. Es war, Gott behüte, in dem Roman sogar von der Sozialdemokratie die Rede, von der behauptet wurde, daß sie nicht nur den Arbeitern, sondern auch der Lehrerschaft dienlich sein wolle.

Ein grotesk karikierendes Stück, dessen Handlung jeder Wirklichkeit und Wahrscheinlichkeit mit unbekümmerten Sprüngen entlief. Ganz gewiß kein hübscher Spiegel, den der Autor den höheren Zucht- und Lehranstalten, dem vaterstädtischen Muff, der bürgerlichen Gesellschaft, ihrer verlogenen Ordnung, ihren heimlichen und verschwiemelten Begierden vorhielt. Das kleine Werk zeichnete sich nicht durch einen glänzenden Stil aus. Seine Sprache war – zum Vorteil der Erzählung – eher alltäglich und nachlässig. Sie bediente sich bedenkenlos knapper Typisierungen und – nach Thomas' Vorbild – leitmotivischer Wiederholungen, scheute auch erfrischende Konzessionen an den plattdeutschen Dialekt und den nordischen Vorstadtjargon nicht.

Das Buch besaß in der Tat den «berühmten ‹Schmiß›», den der Bruder den Produkten Heinrichs halb bewundernd, halb verachtend nachgesagt hatte. In sein Notizbuch aber trug Thomas nach der Lektüre des «Professor Unrat» unter dem Stichwort «Anti-Heinrich» das böse Verdikt ein: «Ich halte es für unmoralisch, aus Furcht vor den Leiden des Müßigganges ein schlechtes Buch nach dem anderen zu schreiben.» Er notierte: «‹Künstlerische Unterhaltungslektüre› – (…). Wenn es nur zuletzt nicht doch eine contradictio in adjecto wäre!»

Darin dachte er – wie in so vielem – grunddeutsch. Die Franzosen, die Engländer, die Amerikaner wären niemals auf die absurde Idee verfallen, «Unterhaltung» und «Kunst» müßten ein Widerspruch sein. Thomas selbst wurde der Verbindung des Unterhaltenden mit künstlerischer Qualität nicht lange danach mit der «König-

lichen Hoheit» auf glückliche Weise gerecht. Doch damals bemerkte er voller Ingrimm: «Das Alles ist das amüsanteste und
leichtfertigste Zeug, das seit Langem in Deutschland geschrieben
wurde.»

Eben diese Eigenart, die Thomas Mann entsetzt konstatierte, ver-
half dem Buch ein Vierteljahrhundert später im Gefolge des Films
«Der blaue Engel» mit Marlene Dietrich zu einem Welterfolg.
Keine Seele nahm Anstoß an den vermeintlichen Schwächen, die
Thomas in seiner Notiz gerügt hatte. Niemand kümmerte sich um
den Verdacht, der in seinem Munde eine Beleidigung war: daß jene
Erzählung ein Zeugnis des «Belletristenthums» sein könnte – was
immer das heißen sollte: die Vokabel roch nach Süden und nach
Verderbtheit. Am Ende seiner zornigen Aufzeichnung gelangte
Thomas zu einem Urteil, von dem sich sagen läßt, es sei von der
Kulturgeschichte mit blanker Ironie widerlegt worden: «Das Buch
scheint nicht auf Dauer berechnet», schrieb er mit schnaubender
Empörung.

Heinrich Mann hatte – zu seinem und unserem Glück – bei der
Niederschrift in der Tat fast vergessen, daß auch er sich berufen
fühlte, Literatur und Dichtung zu schaffen. Von seinem Stoff überwältigt, kehrte er in seiner Schulgeschichte aller Prätention, allem
geschwollenen Pathos, aller deklamatorischen Redseligkeit, all seinem steifen Kunstwillen einfach den Rücken – vermutlich ohne jeden Vorsatz. Das Sujet wollte es so. Er durchleuchtete die Wirklichkeit des bürgerlich-spießbürgerlichen Vaterlandes um 1900, ließ
seinen Geschöpfen ihren Lauf, ließ da und dort auch seine Phantasie
ins Kraut schießen, ließ groteske Einfälle durch Lübecks Gassen
purzeln, ließ alle ängstliche Rücksicht aufs Wahrscheinliche hin-
tenan, scheute keine Übertreibung – und trieb es dennoch nicht zu
weit. Der Verzicht auf die «Literatur» bescherte ihm genau das: ein
Stück Literatur. Ein kritisch-mitreißendes, ein ehrliches Buch, der
Zeit verhaftet, dennoch (oder darum) die Zeit überdauernd.

Verleger, Kritik und Leserschaft erkannten leider nicht, was für
ein Glücksfall ihnen in die Hände geraten war: die Auflage von
zweitausend Stück wurde nur langsam und mühsam verkauft. Der
zögernde Absatz seiner Werke war eine der Erklärungen für Heinrich Manns erstaunliche Produktivität. Er brauchte Geld. Mit den

Zinsen des väterlichen Vermögens, die ihm nicht mehr als dreihundert Mark im Monat einbrachten, konnte er sein bescheidenes und doch elegant stilisiertes Dasein nicht bestreiten. Er hatte keinen Erfolg à la «Buddenbrooks» aufzuweisen. Er hatte auch keine reiche Frau.

Im Jahre 1905 trug er sich freilich mit Heiratsplänen. In Italien war ihm eine junge Dame deutsch-argentinischer Herkunft begegnet, Ines Schmied hieß sie, die sich in Europa aufhielt, von Mutter und Bruder begleitet, um sich als Sängerin ausbilden zu lassen. Später änderte sie die Direktion ihres Ehrgeizes und wollte Schauspielerin werden. Dann setzte sie sich die Schriftstellerei zum Ziel. Sie wird als eine zierliche Person beschrieben, intelligent, empfindsam, oft von einer nervösen Unruhe getrieben, launenhaft, mit einer gewissen Neigung zur Hysterie, und sie galt als hübsch.

Lange hielt er die Bindung vor der Mutter und den Geschwistern geheim. Ines wiederum scheute sich vor einer offiziellen Verlobung – sie wollte vor einer Ehe ihre künstlerischen Ambitionen erfüllt sehen. Die Anwesenheit ihrer Mutter und ihres Bruders zwang die beiden zu zermürbenden Versteckspielen. Der Vater, Besitzer bedeutender Latifundien in Argentinien, begünstigte später zwar die geplante Heirat, doch er wollte nicht dulden – der strengen Etikette Lateinamerikas gehorchend –, daß die beiden vor der Ehe in der gleichen Stadt lebten, weil der tägliche Umgang der Reputation der Tochter hätte schaden können. Ines selbst schien von nervöser Spröde zu sein, doch als den beiden endlich ein heimlicher Urlaub von einigen Tagen in Livorno gelang, wand sich am Ende Heinrich in merkwürdiger Verkrampfung. Die beiden hatten kein Glück miteinander.

Im Frühsommer des Jahres 1906 endlich die offizielle Verlobung. Thomas nahm die Nachricht mit betontem Wohlwollen auf. Er äußerte die Hoffnung, daß der Bruder und seine künftige Frau wenigstens einen Teil des Jahres in München zubringen würden: «das könnte dann ein schönes und behaglich anregendes Zusammenleben ergeben». Er forschte nach den genaueren Verhältnissen: «Aber Deine Verlobte ist Sängerin? Oeffentlich? Wird es ein Wanderleben werden? Ich weiß nicht, ob ich Dir das wünschen soll? (…) ich glaube doch von früher her zu wissen, daß auch Du eine ganze Portion Seßhaftigkeit und Bedürfnis nach bürgerlichem Behagen in Dir hast.»

Im Mai 1908 gemeinsame Ferientage in Venedig. Thomas Mann und Katia wohnten im «Grand Hotel des Bains» am Lido, das eine der wichtigen Adressen seines Lebens werden sollte. Auch die Schwester Carla fand sich ein. Indes, die Familienexkursion konnte kein glückliches Unternehmen genannt werden. Heinrich und Katia kamen alles in allem freundlich und friedlich miteinander aus, trotz der steifen Reserviertheit des Schwagers, der mit ihr übrigens zeit seines Lebens beim «Sie» blieb. Ines aber erwies sich als schwierig. Sie fühlte sich rasch zurückgesetzt, war leicht gekränkt, schmollte, stritt oft mit Heinrich in latinischer Lautstärke, was Thomas peinlich berührte. Sie begegnete dem jüngeren und so berühmten Bruder ihres Verlobten von Beginn an mit einer Abneigung, die sie kaum zu verbergen vermochte. Heinrich, der über seinem Knebelbart à la Louis Bonaparte eher melancholisch in die Welt blickte, war nicht souverän genug, zwischen den beiden vermitteln zu können. Auch Carla, der sich die Bühnenerfolge versagten und die in ihren privaten Affären vom Unglück verfolgt war, befand sich nicht in strahlender Laune. Verstimmt strebten die Geschwister, Schwäger und Brautleute nach einigen Tagen auseinander.

Wenige Wochen später las Thomas den jüngsten Roman des Bruders, den er – auf Versöhnung bedacht – mit überschwenglichen Worten rühmte: «Zwischen den Rassen.» In diesem Buch spiegelte sich erneut ein Stück Familiengeschichte und Autobiographie. Heinrich hatte sich für das Buch, darauf wurde hingewiesen, die Kindheitsgeschichte der Mutter angeeignet. Er bediente sich auch einiger Linien im Geschick seiner deutsch-argentinischen Braut. Er zeichnete sich selbst als einen Mann, der zwischen den Gesellschaften des Nordens und Südens steht, in beiden zu Hause und dennoch keiner von beiden ganz zugehörig. Zugleich war der Roman ein plakatives Zeugnis der radikalen Liberalität seines Autors, ja er bereitete die demokratische Konfession des nächsten Buches vor, das «Die kleine Stadt» heißen würde.

Die große Formel der kommenden Jahre kündigte sich an: die «ungeheure Güte der Demokratie». Ein schönes und verführerisches Wort, voller Menschlichkeit und voller Wärme, nur leider so ungenau und pathetisch verblasen wie viele der politischen Begriffe Heinrich Manns. Er war ein Romantiker, trotz seines Dienstes an der Aufklärung und seines verehrenden Respekts für die französischen Realisten, sentimental, weltfremd, in seinem Denken nicht allzu genau. Doch er hätte wissen können, daß eine Organisationsform der Gesellschaft und eine staatliche Ordnung im besten Fall vernünftig und gerecht, doch gewiß nicht «gütig» sein können – diese Tugend müssen sie denn doch ihren Bürgern überlassen.

Er bestand in jenem Buch – anders als in der Erzählung vom «Professor Unrat» – wieder auf Kunst und Bekenntnis. Er wollte Literatur. Der gehobene und expressive Stil des Romans entlief ihm, vom hohen Anspruch vorangetrieben, in die unfreiwillige Komik der mißglückten Bilder: «Die Orgel schnob und grollte. Plötzlich ward sie von Stille geschlagen; – und das Meer ihres Tobens hinterließ nichts als das Rinnsel eines Kindersingens. Wie alles, was diese Luft bespülte, rein, wie die Menschen makellos waren! Diese glockentonsatte Luft, worin Seelen badeten, hatte Lola – schrecklich fiel es ihr aufs Herz – einst mit frechen Liebesschreien zerrissen! (…) Dann klappte das Tor; und wie Lola den Kopf hob, bannte sie die dunkle, fensterlose Mauer des Klosters. Kühl war sie und starr; vor unergründlicher, starrer Kühle wachte sie. (…) Einst hatte Lola mit Haß zu ihr hinaufgeschmachtet; hätte sie stürmen wollen; hätte aus ihrem schamlosen Blut jenen eingeschlossenen Frauen solche Dinge ins Ohr sagen wollen, daß sie für den Rest ihrer Tage ihren kläglichen Frieden verlieren sollten.» Kopflos schien der Autor in alle Unarten der frühen Romane zurückzufallen: verrutschte Metaphern, zu laute Bilder, Charaktere und Szenen zu unscharf gesehen, mit zuviel Pluster präsentiert.

Gewiß, der Geschmack der Zeit neigte zum Schwulst. Der Aufwand an Sentiment, der in manchen Erzählungen der «Gartenlaube» getrieben wurde, schwappte oft genug in die Literatur höheren Anspruchs hinüber. Auch Thomas Mann konnte und wollte sich und seine Werke den Strömen dieser späten Empfindsamkeit nicht völlig entziehen. Dennoch sollte sein schwärmerischer Preisgesang für die überanstrengte Prosa Heinrichs in jenem Roman, die immer wieder den Bezirk des Lächerlichen streifte, nicht wörtlich verstanden werden. Ihm lag am Herzen, den Frieden zu wahren – solange er den Respekt vor seiner Person, sein konservatives Lebensgefühl und den hohen Anspruch seines Werkes nicht von unziemlicher Kritik oder radikaler Gesinnung bedroht sah.

Nach der Krise ihrer Beziehung, für die sein Ärger über «Die Jagd nach Liebe» nur ein Signal war, hatte er Heinrich geschrieben: «Ich bin durchdrungen von der Nothwendigkeit, daß wir zusammenhalten.» Wenige Monate später meldete er dem Bruder, um ihn über den Mangel an Anerkennung und Absatz hinwegzutrösten, er habe, laut Lublinski, «in Berlin unter der ‹heraufkommenden Generation› eine fanatische Gemeinde». Natürlich, auf kleine Sticheleien und die Demonstration seiner Triumphe konnte er niemals verzichten. Er nannte, wenn sich die Gelegenheit anbot, Gabriele d'Annunzio, den Heinrich verehrte, einen «schlechten kleinen Wagner-Imitator». Vermutlich verschwieg ihm Heinrich wiederum nicht, was er einigen Figuren seiner Bücher, der Korrespondenz mit Freunden, seinen persönlichen Aufzeichnungen gern anvertraute: daß er die italienische Musik und den Elan ihrer Melodik, ja die Banalität, die ihr manchmal eigen ist, den «Offenbarungen» der deutschen vorzog, in der «so viel Gedanke, so viel Außerordentlichkeit» stecke, daß sie «die Menschheit im ganzen» nicht angehe. Die Musik der Italiener pfeife «jeder Gipsfigurenjunge», und er fragte nicht grundlos, wer wohl Wagner und Beethoven auswendig kenne. Thomas mußten solche Äußerungen, wenn sie ihm zu Gesicht oder zu Ohren kamen, in tiefster Seele kränken – mehr noch als Heinrichs demokratisches Pathos, das er bis zu einem gewissen Grade verstand.

In Wahrheit beneidete er den Bruder um das Talent zur «Theatralik», das sich in seiner Prosa regte, lange bevor er den Weg zur Bühne gefunden hatte. Um so bitterer mußte ihn die Niederlage seiner «Fiorenza» schmerzen. Sie peinigte ihn so anhaltend und so tief, daß er der Versuchung nachgab, sich an einer Umfrage der Zeitschrift «Nord und Süd» über die «Kulturellen Werte des Theaters» zu beteiligen: Anlaß für den ersten Essay, der den Namen verdiente – das Produkt wochenlanger Mühe.

Man kann nicht sagen, daß dieser Versuch den Lesern bedeutende Aufschlüsse über das Wesen jener Institution geboten hätte, daß er darum Pflichtlektüre der Regisseure, Intendanten und Schauspieler hätte werden müssen. Der Autor stocherte ein wenig in der Theatergeschichte und in persönlichen Erinnerungen, träumte sich für einen Augenblick ins Lübecker Varieté zurück, das den Namen «Tivoli» trug. «Welcher Rausch! Welche Entgleistheit der Seele!» rief er und fragte besorgt: «War sie ästhetischen Wesens? Ein erstes Schönheitserlebnis?» Er wisse es nicht, sagte er und überließ sich ohne Aufenthalt den frühen Erlebnissen der Oper und der Musik Richard Wagners.

Sich zur Gegenwart wendend, bemerkte er voller Spott, das moderne Bühnenstück dürfe «ja nicht eigentlich bühnenfähig sein»; eine «sublime Untauglichkeit» müsse es als «Dichterwerk» kennzeichnen: «Nichts steht mehr in Mißkredit, nichts kompromittiert heute mehr als die Fähigkeit, ein tüchtiges Theaterstück zu schreiben, und ich glaube, daß es Schriftsteller gibt, die diese Fähigkeit sorgfältig verhehlen. Wir haben das literarische Theater, wir haben ein literarisches Publikum, – das Premierenpublikum unserer Großstädte, welches dem Rest der Theaterbesucher das Urteil diktiert... Armes Zeitalter! Jede Unbefangenheit, jeder Wille zum Glück, jeder gute Mut, sich gefallen zu lassen, was einem wirklich gefällt, ist abhanden gekommen.»

Es ist nicht sicher, ob diese Kritik in der Epoche George Bernard Shaws und Gerhart Hauptmanns berechtigt war. Dafür traf sie einige Jahrzehnte später ganz gewiß zu. In Wahrheit aber lag ihm vor allem am Herzen, Friedrich Theodor Vischers Behauptung zu widerlegen, im Theater erfülle sich alle Phantasie der gebildeten Menschheit, da es sämtliche Künste in sich zusammenfasse: eine allzu deutsche These nach seiner Einsicht. Den Landsleuten, sagte er, sei «eine Ehrfurcht vor dem Theater eingeboren, wie keine andere Nation» sie kenne. «Was dem übrigen Europa eine gesellige Zerstreuung ist, ist uns zum mindesten ein Bildungsfaktor.» Er dachte an die «Commedia dell'arte» und an Shakespeares Komödiantentum, aber es schien ihm entgangen zu sein, mit welch feierlichem Ernst Frankreich die großen Bühnendichtungen von Corneille und Racine zelebrierte, fast bis auf unsere Tage. Er wußte nicht viel von dieser Welt. Außerdem war ihm entfallen, daß er nach der Lektüre des «Professor Unrat» geschnaubt hatte, Literatur und Unterhaltung vertrügen sich nicht.

Künftiger Zwist mit Heinrich kündigte sich an: Dem Theater, behauptete er, hafte «etwas Glücklich-Anachronistisches» an; der «repräsentative» Ausdruck der modernen, der «demokratisch-unvolkstümlichen Zivilisation» sei weit eher der psychologische Roman. Thomas Mann versuchte, eine «Rang-Skala des Romans» zu entwerfen: «Er ist entweder vom demokratisch-mondänen Typ, sozialkritisch-psychologisch, international, Produkt eines europäischen Künstlertums, Instrument der Zivilisation, Angelegenheit einer abendländisch nivellierten Öffentlichkeit – und hat in dieser bourgeoisen Gestalt mit ‹Volk›, mit dem Volke, von dem Hebbel, der Theatraliker, sprach, überhaupt nichts zu tun. Er ist zweitens in einem höheren, man kann sagen: deutscheren Fall, persönliches Ethos, Bekenntnis, Gewissen, Protestantismus, Autobiographie, individualistische Moral-Problematik, Erziehung, Entwicklung, Bildung... Auf dieser Stufe, der deutsch-bürgerlichen, ist er seelisch volksnäher, ohne daß man das Volk sein Publikum nennen könnte.» Er nannte als dritten Typus die «ganz seltenen und wunderbaren Fälle», in denen der Roman «zum Mythos und zur Volksbibel» werde, wie «Don Quijote» und «Krieg und Frieden».

Thomas Mann sagte sich von der Ästhetik los, «die dem dramatischen Kunstgeist vor dem epischen den Vorrang zu sichern noch immer sich versteift». Die kunstvoll verstellte Syntax entsprach dem verkrampften Vorsatz, sich für die Kritik an der «Fiorenza» durch eine auftrumpfende Widerlegung des Tübinger Ästhetik-Professors Vischer zu rächen. Zum erstenmal konfrontierte er seine Leser mit jenem störrischen Verlangen, recht zu behalten, das ihm später den Sechshundert-Seiten-Essay der «Betrachtungen eines Unpolitischen» diktierte.

Heinrich dürfte die Passagen über den Roman des «demokratisch-mondänen Typs» mit gemischten Gefühlen zur Kenntnis genommen haben, als die Zeitschrift die Theaterpolemik im Januarheft 1908 endlich druckte – neben des Bruders Aufsatz über «Flaubert und die Kritik». Die Nebeneinanderstellung empfand Thomas als taktlos, was er Heinrich nicht verschwieg. Es war ihm nicht behaglich, wenn er dem Publikum in zu enger Nachbarschaft mit dem Bruder präsentiert wurde, doch zum anderen bestand er immer wieder darauf, daß sie auch im Urteil der Öffentlichkeit – und der Geschichte! – zueinander gehörten, wie er zwei Jahre später an seinen jungen Bewunderer Hans von Hülsen schrieb: Er müsse, sagte er, «von einem höheren Standpunkt aus» immer mit seinem Bruder zusammen betrachtet werden. «Wenigstens denke ich manchmal, daß wir in der Zukunft immer eine litterarische Einheit bilden werden.»

Am 6. Februar 1908 dankte er Heinrich für seinen erzählenden Brief aus Rom, der den Wunsch anzeigte, die Brüder sollten sich dort wieder treffen, wo sie nebeneinander ihren Weg in die Literatur begonnen hatten. Er antwortete: «Ich träume oft davon, einmal mit Katja nach Rom zu fahren. Ich glaube doch, daß ich den Wandel der Zeiten mit Genugthuung empfinden würde. Man hat es schließlich ‹zu was gebracht›.»

Sollten Thomas Mann und seine Frau in Rom nicht nur Heinrich, sondern auch Ines Schmied, der Verlobten des Bruders, begegnen? Das konnte sie nach den venezianischen Erfahrungen nicht locken. Dennoch begegneten sie der Braut, die sich von Zeit zu Zeit in München aufhielt, mit höflicher Nachsicht, ja sie luden die kapriziöse Dame zu sich nach Hause ein. Der Umgang machte niemanden fröhlich. Einige Zeit nach einem Besuch bei Thomas und Katia schrieb Heinrichs Verlobte, sie habe alles «schrecklich melancholisch» gefunden und sehe noch immer des Bruders Gesicht, wie er «so kalt und gleichmütig und doch mit einer Art Unbehagen in die Luft» gucke. Sie fügte hinzu, es sei kein Wunder, daß seine Verwandten sie nicht leiden könnten – ihr gehe es nicht anders.

Einige Monate später wurde die Verlobung gelöst. Doch Ines' Beziehung zu Heinrich schleppte sich fort, Unfrieden in der Familie Mann stiftend. Lula, die ältere der beiden Schwestern, und die Argentinierin waren einander nicht grün. Ein langer Brief, mit dem Thomas am 1. April des Jahres 1909 eine pikierte Äußerung Heinrichs beantwortete, weist mit anklagendem Zeigefinger auf Einladungen, die abgelehnt, Besuche, die nicht erwidert wurden, Weinkrämpfe und wirre Episteln der Mama: ein Dokument bürgerlich verkrampfter Ehrpusseligkeit, von der nicht nur die unglückliche Bankiersgattin Lula beherrscht wurde – auch Thomas und Heinrich waren von ihr nicht frei. Thomas drückte die Sorge, der Ältere könne die spielerische Schilderung des brüderlichen Verhältnisses in der «Königlichen Hoheit» ungut aufnehmen. Er raffte sich auf. In einem Ton der Unmittelbarkeit, der ihm selten zu Gebote stand, mahnte er Heinrich: «Etwas weniger Fremdheit und Steifheit! Etwas mehr Derbheit und Geschwisterlichkeit! Ich finde immer, Geschwister sollten sich garnicht überwerfen können. Sie lachen sich aus oder schreien sich an, aber sie nehmen nicht schaudernd von einander Abschied! Denke doch an die Beckergrube No. 52!» (das Haus der Eltern in Lübeck).

Im Herbst des Jahres 1909 fanden die Brüder für einige Tage in Nizza zusammen: damals noch eine zeitentrückt-mediterrane Kleinstadt, die Heinrich besonders ans Herz gewachsen war, zugleich winterliche Zuflucht der «großen Welt», vor allem des englischen und des russischen Adels – die schöne Schwelle zwischen den Kulturen Italiens und Frankreichs. (Nizza wurde später Heinrichs Aufenthalt für viele Jahre des Exils.)

Der Austausch der beiden Brüder war harmonisch. Vermutlich berichtete Heinrich mit einem Hauch von Neid und Resignation, der Roman «Zwischen den Rassen» – vom dem immerhin viertausend Stück verkauft wurden – habe ihm nur dreitausend Mark gebracht. Nach der Heimkehr schrieb Thomas, wenn er sich langweile, ihm das Klima nicht bekomme und nur Geldmangel ihn hindere, nach Palermo oder Afrika «unter angemessenen Umständen» weiterzureisen, kurz, wenn ihm ein paar tausend Mark fehlten, so könne er «dem nicht gut zusehen», ohne ihn zu bitten, an den wirtschaftlichen Früchten von «Königliche Hoheit» unbedenklich «ein bischen teilzunehmen». (Drei Jahre später bat Thomas, mit hohen Kosten für den Bau seines Hauses belastet, um die Rückzahlung des Darlehens, die in Raten erfolgte. Den Rest rief er, schroffen Tones, in den ersten Wochen des Krieges von 1914 ab – als Heinrich just vor der Heirat stand.)

Der Ältere arbeitete unterdessen längst am nächsten Roman, der den Titel «Die kleine Stadt» tragen und ein «hohes Lied der Demokratie» singen sollte. Jene Erzählung vom Aufruhr in Volk und Gesellschaft eines italienischen Provinznestes, das eine Theatertruppe beherbergt, hat als eines der eindrucksvollen Werke des Bruders Bestand: disziplinierter als die meisten der voraufgegangenen und der folgenden Bücher, gezügelter in seinem Pathos, trotz der «Güte der Demokratie», die Sentiments schärfer bewachend. Thomas merkte an, man gewinne durch dieses Buch den Eindruck, «daß eigentlich nur in einer Demokratie große Männer möglich» seien: «Das ist nicht wahr, aber unter dem Eindruck Deiner Dichtung glaubt man es. Auch an die ‹Gerechtigkeit des Volkes› ist man unter diesem Eindruck zu glauben geneigt, obgleich sie wohl noch weniger wahr ist, – es sei denn, daß man für ‹Volk› ‹Zeit› oder ‹Geschichte› setzt.» Er hätte auch darauf hinweisen können, daß sich das «Volk» im Roman eher wie der Opernchor eines Provinztheaters aufführt: eine Versammlung heftig gestikulierender Bürger, die sich ein Vergnügen daraus machen, am Feierabend auf der Städtischen Bühne nach Kräften zu chargieren.

Thomas Mann hatte, noch ehe das Werk zu Ende geschrieben war, den Roman an die «Neue Rundschau» zu vermitteln versucht. Oskar Bie, der Redakteur, fand an der Arbeit nur mäßiges Vergnügen und war zu einem Vorabdruck nicht bereit, doch Samuel Fischer bot Heinrich Mann die Übernahme aller Verlagsrechte an. Daraus wurde nichts. Peter de Mendelssohn meinte, der Autor habe eine Übereinkunft durch zu schwierige Forderungen verhindert: er «glaubte sich allerorten übervorteilt und schlecht behandelt, verhandelte hinter dem Rücken des einen Verlegers mit dem anderen, versuchte, den einen gegen den anderen auszuspielen, um bessere Bedingungen, höhere Honorare, mehr bares Geld zu bekommen.» Vermutlich verlangte er von Fischer ähnlich luxuriöse Bedingungen, wie sie für Thomas galten.

In Heinrichs Verlagsgeschäfte mischte sich der Bruder hernach nicht mehr ein. Die Verletzlichkeit ihrer Beziehung ertrug ohnedies kaum den Hauch einer Belastung. Nur drei Monate später wurde Thomas zugetragen, Ines' Bruder habe ihm durch Klaus Pringsheim bestellen lassen, daß er «Königliche Hoheit» für einen «außerordentlich hohlen und schlechten Roman» halte. Thomas bemerkte eisig: «Wenn der junge Schmied betrunken war, so entschuldigt das die Aeußerung, aber nicht die Meinung, – die also wohl auch die Deiner Verlobten und überhaupt derer um Dich ist. Unsere Freunde waren nie das Beste an uns.»

Der junge Schmied hatte sich wie ein taktloser Tölpel aufgeführt. Es lohnte kaum, sich auch nur eine Minute lang bei seiner Rüpelei aufzuhalten. Doch Thomas Mann empfand jede Kritik an seinen Büchern als eine Art Majestätsbeleidigung, und sie war ihm ganz und gar unerträglich, wenn sie aus der Nähe des geliebten und zugleich so gehaßten Bruders kam. Ohnedies war er gereizt. Er suchte, mit sich selbst unzufrieden, noch immer nach dem Ansatz für einen neuen Roman, schleppte das Projekt der «Geliebten» (das mehr mit Paul Ehrenberg – nun mit einer Malerin verheiratet – als mit Katia zu schaffen hatte) noch eine Weile vor sich her; er legte Skizzen für eine Novelle unter dem Stichwort «Maja» an, trug weiter Notizen für den «Friedrich»-Stoff zusammen.

Über den Preußenkönig schrieb er in eines der Hefte: «Sein Glaube an das solide, seriöse und tüchtige Deutschthum. Die Franzosen mit ihrer Literatur, die ihn amüsirt, verachtet er im Grunde.» Ein seltsames Urteil, das der historischen Prüfung kaum standhält. Frankreichs Literatur hat Friedrich gewiß nicht nur erheitert – doch er lebte mit ihr; von der deutschen wußte und kannte er wenig. Das politische Deutschland bedeutete ihm nicht viel. Sein Staat hieß Preußen, und das «Heilige Römische Reich Deutscher Nation» war für ihn kaum mehr als ein juristisches Phänomen. Später notierte Thomas: «*Der Geist ist bürgerlich.* Voltaire verlangt von Friedrich, daß er die Kriege einstelle. Der Geist will Friede und äußere Ordnung haben, um gemächlich ‹befreien›, d. h. auflösen und zerstören zu können. (…) Der Krieger u. Vornehme verachtet sie einigermaßen. Der Bürger als Nihilist. Gesittung als nihilistisch. Der Krieg, die That ist positiv.»

Hier wurden zum erstenmal in aller Schärfe die Denk- und Urteilslinien sichtbar, die im schroffsten Gegensatz zum liberalen Welt- und Menschenbild des Bruders Heinrich standen. Die kommende Auseinandersetzung war vorgezeichnet. Jene erstaunlichen Zeilen zeigten an, daß Thomas Mann gegen den Geist der Epoche nicht immun war. Auch er scheint, in einem Winkel seiner Seele, den Krieg herbeigesehnt zu haben.

25. KAPITEL

Pater familias

Die freundliche Zustimmung, die der «Königlichen Hoheit» durch das Publikum zuteil wurde, bestätigte Thomas Mann, daß er als literarische Institution etabliert war. Die Verkaufsmeldungen, die der Verleger Samuel Fischer vorlegen konnte, lieferten den eindrucksvollsten Beweis: die berüchtigte Barriere des zweiten Romans war mit Bravour genommen. Zwar verstörte es den Verfasser, daß dieser und jener Kritiker die heitere Unverbindlichkeit des Romans gerügt hatte, den «Abstieg ins Flachland des Optimismus», wie einer der Rezensenten bemerkte, durch den Mangel an Tiefe und schwerem Ernst verstimmt, der nach dem Urteil so vieler grunddeutscher Köpfe (schon damals) eine unverzeihliche Versündigung gegen den Geist zu sein schien. Der Autor beklagte sich in einem Brief an Ernst Bertram, der in einem Vortrag – vor der literarhistorischen Gesellschaft in Bonn – «Königliche Hoheit» gründlich und sensibel analysiert hatte, über die «Fülle von Dummheit und falschem Scharfsinn», die ihm begegnet seien.

Dieser junge Germanist fing an, sich als eine wahrhaft brüderliche Seele zu offenbaren: ein vielseitig gebildeter, sensitiver Mensch, der dem verehrten Meister mit nie versagender Geduld und Aufmerksamkeit zu Diensten war. Zwischen den beiden wuchs, wie sich nach allen Krisen am Ende ihrer Tage bestätigen sollte, so etwas wie eine Liebe, obschon Bertram den ästhetischen Idealen Thomas Manns kaum gerecht wurde. Zeitgenossen berichten, sein Gesicht sei von einer fast rührenden Häßlichkeit gewesen, mit wulstigen Lippen, einem zurückgesetzten, faltigen Kinn, flie-

hender Stirn und großen Ohren. Bertram fand eine schöne und
wahrhaftige Formel für Thomas Manns Ironie. Er nannte sie den
«vollkommensten Ersatz für Leidenschaft» und den «eigentlich-
sten Machtgenuß der Ohnmacht».

Die «Macht des Ohnmächtigen» konnte sich der Welt in kühler
und sicherer Hoheit präsentieren, mit jener des Prinzen Klaus
Heinrich vergleichbar. Die Verbindung mit der Bürger-Prinzessin
Katia bot der Existenz des Dichter-Prinzen ein solides Fundament. Ein angemessener Rahmen war dank der Fürsorge des
Schwiegervaters garantiert (und dennoch wich eine «prinzliche»
Lebensängstlichkeit niemals ganz von ihm). Freilich, die prächtige
und weiträumige Wohnung in der Franz-Joseph-Straße erwies sich
nun, da das «strenge Glück» von einer Tochter und einem Sohn
gesegnet worden war, als ein wenig beengt.

In den Sommermonaten zog es den Dichter und seine Frau hinaus in die herbe und harmonische Schönheit der voralpinen Landschaft um München. Im Juni 1908 hatten sie ein Häuschen in Bad
Tölz gemietet. Der Ort behagte den beiden. Sie beschlossen, sich
dort draußen anzusiedeln. Sie kauften ein weitläufiges Grundstück
über dem Dorf und bauten ihr erstes Haus, das pünktlich zur
nächsten Saison bezogen werden konnte: kein veredeltes Bauern-
gehöft, wie es später für das intellektuelle Stadtvolk zur modischen
Pflicht wurde, sondern eine freundlich-behäbige Villa, deren Architektur sich ohne zu großen Aufwand an Phantasie an den Mansart-Stil einer graziöseren Epoche lehnte. Der ausladende Erker,
der einen Balkon trug, war zweifellos eine Konzession an den
Wohnstil der Gründerjahre. Alles in allem durfte die Anlage keinem zu strengen ästhetischen Urteil unterworfen werden, doch als
«repräsentativ» konnte sie sehr wohl gelten: Thomas Mann hatte
ein Recht, von seinem «Herrensitzchen» zu sprechen. Es hielt, sofern von einem gesellschaftlichen Anspruch die Rede sein sollte,
nahezu den Vergleich mit Hugo von Hofmannsthals Schlößchen
Rodaun aus, dessen Anmut ihn bezaubert hatte, als er Anfang Dezember 1908 einen Nachmittag lang dort draußen vor den Toren
Wiens zu Gast war.

Er schien eine verwandte Seele zu entdecken (obschon er einst
an der «Elektra» Anstoß genommen hatte). «Ein Prinz!» schrieb

er seinem Verehrer Lublinski: «Ein rührend angespannt und hoch
lebender kleiner Mensch. Ich habe eine Schwäche für solche Existenzen.» Auch Bruder Heinrich schrieb er von seinem Entzücken
und Ludwig Ewers, dem Jugendgefährten der Brüder, von einer
«bestrickenden Persönlichkeit, deren Schwächen entwaffnen, weil
sie allzu treuherzig zu Tage treten. Das Milieu, ein altes Barock-
Schlößchen mit der zugehörigen Einrichtung, die weiche, ge-
schmeidige Wiener Liebenswürdigkeit des jungen Hausherrn, das
Bewußtsein, daß man den Dichter des Tempel-Traums im ersten
Akt von ‹Oedipus› vor sich hat – das hat zusammen etwas Bezauberndes. Hofmannsthal ist der zweite Dichter, der persönlichen
Eindruck auf mich gemacht hat. Der erste war Hauptmann. Dieser
hat etwas vom Priester, von hoher protestantischer Geistlichkeit;
aber Hofmannsthal ist ein Prinz. Und der Prinzentypus ist es ja, der
mich augenblicklich besonders interessiert.»

Der Kollege mit den geschliffenen Manieren (und dem diskreten
Takt) vermittelte Thomas Mann – das zählte mehr als alles andere –
das Gefühl der Gleichrangigkeit. Wie gern gab er der Verführung
durch die Wiener Höflichkeit nach, mit der ihm auch Arthur
Schnitzler begegnete, den er in jenen Wiener Tagen zusammen mit
Jakob Wassermann, dem jüngeren Konkurrenten, das eine und andere Mal sah. Schnitzler, der bewunderte Dramatiker und Novellist, fühlte sich Heinrich Mann näher, doch mit seiner klugen, skeptischen Aufmerksamkeit hatte er auch das hohe Talent des jüngeren
Bruders von Beginn an erkannt. Ein knappes Jahr später notierte er
nach einem Gespräch mit Wassermann, daß «Professor Unrat» und
die «Königliche Hoheit» Meisterwerke seien, alle beide – das eine
«von real-humoristischer», das andere von «grotesk humoristischer Weltbetrachtung» geprägt. Thomas entging dennoch nicht,
daß «alle Wiener» – wie er an Kurt Martens schrieb – seinem Bruder
«bei Weitem den Vorzug» gaben, Hugo von Hofmannsthal ausgenommen, diesen verspäteten Sohn des achtzehnten Jahrhunderts.
Hofmannsthals Schlößchen, voll historischer Grazie und ein wenig
ungemütlich, entbehrte jeden modernen Komforts: es gab weder
ein Badezimmer noch fließend heißes Wasser, worüber sich niemand beklagte, nicht die Frau, auch keines der Kinder. Vermutlich
erklärte der Hausherr mit seinem eleganten Charme, daß solche

kleinen Unvollkommenheiten in Gottes Namen in Kauf genommen werden müßten.

Das «Landhaus Thomas Mann», wie hernach auf den Briefbögen des Autors stand, vertrat das gewandelte Lebensgefühl des wilhelminischen «Bürger-Prinzen». Es wies alle modernen Errungenschaften auf, die im Palais der Schwiegereltern schon lange installiert waren. Der Vater Pringsheim gab, wie Katia betonte, zum Bau der Villa keinen Zuschuß. Die Finanzierung bereitete dennoch keine Probleme. Es mußte nicht gespart werden. Die Arbeitsruhe des Dichters war gesichert. Für die Kinder, für das Personal – zu dem auch eine Gouvernante gehörte – war genügend Platz. Auch Gästen stand ein bequemes Zimmer zur Verfügung.

Einige Monate vor dem Einzug in Tölz war ein zweiter Sohn zur Welt gekommen, übrigens an Bruder Heinrichs Geburtstag, der nach dem Willen der dreieinhalbjährigen Erika, die sich in den Namen verliebt hatte, «Angelus» heißen mußte: ein ländlich katholischer Name, der sich im bayerischen Milieu ganz natürlich, in der protestantisch-jüdischen Sippe der Manns und der Pringsheims ein wenig seltsam ausnahm. Angelus Gottfried Thomas legte sich selbst, als er mit einiger Mühe sprechen lernte, den Namen Golo zu, der leichter über die Zunge ging: so lernte ihn die Welt kennen und schätzen.

Auch er hatte seiner Mutter eine schwere Geburt bereitet. Drei Niederkünfte in der knappen Frist von dreieinhalb Jahren zehrten an der zarten Konstitution der jungen Frau. Überdies war, nur drei Monate vor der Ankunft des Jüngsten, ihr Bruder Erik auf mysteriöse Weise ums Leben gekommen – für Katia eine quälende Prüfung. Professor Pringsheim hatte den ältesten Sohn, der die Familie durch hohe Spielschulden und einen unberechenbaren Charakter oft beunruhigte, nach den Gewohnheiten der Zeit zur Auswanderung gezwungen. Den Mann-Kindern sagten die Eltern, Erik sei auf seiner argentinischen Hazienda vom Pferd gestürzt: in ihrer lebhaften Phantasie ein romantisch-heroisches Ende. Indessen deutete manches darauf hin, daß Katias Bruder vom Geliebten seiner jungen englischen Frau ermordet worden war. Die Witwe eskortierte den Sarg nach Deutschland, vielleicht in der Hoffnung auf eine größere Erbschaft. Die Familie Pringsheim wies ihr die Tür, ja sie verbot der

Frau, wie Peter de Mendelssohn ermittelte, die Teilnahme an der
Beerdigung.

Katia schnitt der schreckliche Tod des Bruders tief ins Gemüt.
Die Nachricht, die sie kurz vor der Entbindung erreichte, war ein
harter Schock. Dennoch, sie nahm die Pflichten des Alltags rasch
wieder auf. Ihre Pflicht war es, vom Hausherrn und Dichter jede
Störung fernzuhalten. Wenn die Kinder Zuspruch oder Zärtlichkeit
suchten, kamen sie, wie es nur natürlich ist, zur Mutter. Sie hätten es
kaum gewagt, ohne besondere Erlaubnis in das Reich des Vaters
einzudringen. Am Vormittag, wenn er schrieb, war absolute Ruhe
geboten. Er begegnete den Kleinen, die er für gewöhnlich zu den
Mahlzeiten sah, mit freundlichem Gleichmaß. Wenn er nicht nervös
und irritiert war, belustigte er sie durch Schnurren, die er – zum
eigenen Ergötzen – mit seinem ausgeprägten mimischen und imitatorischen Talent aufs komischste darzubieten vermochte.

«Vater», schrieb Klaus Mann knapp vier Jahrzehnte später im
amerikanischen Exil: «das ist die kitzelnde Berührung eines
Schnurrbartes; der Duft von Zigarren, Eau de Cologne und frischer
Wäsche; ein sinnendes, zerstreutes Lächeln, ein trockenes Räuspern, ein zugleich abwesender und durchdringender Blick. ‹Vater›
bedeutet eine freundliche, sonore Stimme, die langen Bücherreihen
im Arbeitszimmer – feierliches Tableau voll geheimnisvoller Lok-
kung! –; der wohlgeordnete Schreibtisch mit dem stattlichen Tintenfaß, dem leichten Korkfederhalter, der ägyptischen Statuette,
dem Miniaturporträt Savonarolas auf dem dunklen Grund; gedämpfte Klaviermusik, die aus dem halbdunklen Wohnzimmer
kommt.»

Das Temperament der Mutter, von den Kindern «Mielein» genannt, war spontan und von unmittelbarer Herzlichkeit bestimmt.
Sie neigte zum anderen zu jähem Zorn, den sie von Professor
Pringsheim geerbt haben mochte. Der Vater, erzählte Klaus, habe
«eher langsam, mit einer gleichmäßigen und sonoren Stimme» gesprochen. Die «Redeweise der Mutter», fuhr der Sohn fort, sei
«geschwind» gewesen, und ihre Stimme sei «vom tiefsten Baß zu
überraschenden Höhen» gesprungen. Sie habe gern die «bitterste
Schokolade» gegessen, den Tee ohne Milch und Zucker getrunken;
er hingegen hatte «ein Faible für süße Suppen, Reisbrei und Hafer-

grütze, lauter Dinge, die sie perhorresziert. Mielein ist praktisch, aber unordentlich; der Zauberer ist weltfremd und verträumt, aber ordentlich bis zur Pedanterie. Der Mutter macht es nichts aus, wenn man sie um drei Uhr morgens stört, aber sie ärgert sich, wenn man die neuen Handschuhe verliert oder zu spät zum Zahnarzt kommt; der Vater weiß nicht einmal, daß man Handschuhe besitzt und daß unsere Zähne ärztliche Behandlung nötig haben, aber er mißbilligt es, wenn wir beim Essen schmatzen oder den schönen neuen Treppenläufer mit schmutzigen Schuhen betreten.»

Für Thomas Mann war das Amt des Hausherrn und pater familias nicht ohne Reiz. Es bedeutete «Repräsentation» der liebenswürdigsten Art. Der Titel des «Zauberers» fiel dem Vater erst sehr viel später zu, als die beiden Ältesten nahezu erwachsen waren. Überdies nicht dank der magischen Kräfte, mit denen der Dichter Welten zu erschaffen vermag, sondern aus banalerem Anlaß: Er wurde überredet, sich für ein Kostümfest den Talar anzulegen, der ihm mit einem Ehrendoktorat geschenkt worden war, sich einen Fes auf das Haupt zu stülpen und in solcher Verkleidung als «Zauberer» unter das feiernde Volk zu begeben. Von daher blieb ihm der Name, den er sich völlig zu eigen machte. Selbst die Briefe an seine Kinder zeichnete er als «Zauberer» oder mit dem Kürzel «Z.». Dieser mächtige und geheimnisvolle Beruf fügte sich ganz natürlich zu dem des Prinzen und dem des Dichters.

Golo berichtete später, als Kind habe er nicht gewußt, warum der Vater «oft so sehr abgespannt und müde und manchmal wie fremd war, wenn er aus seinem Arbeitszimmer trat. Kam er mit seiner Arbeit nicht weiter, so teilte sich seine tiefe Verstimmtheit allen mit, die um ihn waren.»

In dem Erinnerungsbuch «Kind dieser Zeit», das Klaus im Alter von sechsundzwanzig Jahren vorlegte – einfacher, eindringlicher, poetischer und wahrhaftiger als die ambitiöse Autobiographie, die dem Bändchen zwölf Jahre später folgte –, beschrieb er die Innigkeit seiner Beziehung zu Katia: «Manchmal, abends, beim Gutenachtsagen, erwacht eine echte, wilde und süße Zärtlichkeit für die Mutter». Sich selbst sah Klaus Mann beim Blick in die Vergangenheit als ein Kind mit goldblonden und schulterlangen Locken. Erika war dem Vater näher. Sie konnte, nach Auskunft des Bruders, «wie zwei

Buben turnen und raufen, und sah aus wie ein magerer, dunkel hübscher Zigeunerjunge, dessen braune Stirn sich manchmal trotzig verfinstert». Sie meisterte, als einzige der Kinder, das bayerische Idiom mit perfekter Natürlichkeit.

Klaus war mit hübschen und weichen Zügen begabt, in mancher Hinsicht mädchenhafter als die Schwester, empfindsam und voll üppiger Phantasie. Erika und er hätten, wie Klaus selbst sagte, «grausamste Herrrschaft» über die jüngeren Geschwister ausgeübt. Den kleinen Golo und hernach die Schwester Monika, die im Juni 1910 geboren wurde, schüchterten sie gern mit bedrohlichen Schauergeschichten ein. Vom kleinen Bruder sagte er, er habe die Qualen «aus zerknirschter Überzeugtheit und masochistischem Hang zur Demütigung» hingenommen. Golo repräsentierte – nach Klaus' Auskunft – unter den Geschwistern das «groteske Element»: «Von skurriler Ernsthaftigkeit, konnte er sowohl tückisch als unterwürfig sein. Er war diensteifrig und heimlich agressiv; dabei würdevoll wie ein Gnomenkönig.»

Eine kleine Lust an der Erniedrigung des Nachgeborenen scheint Klaus durch die Jahrzehnte begleitet zu haben: wie anders erklärt sich, daß er seine wenig schmeichelhaften Beobachtungen ohne inneren Aufenthalt niederschrieb, obwohl die Beziehung der Brüder keineswegs feindselig war? Vermutlich führte ihm die eingeborene Taktlosigkeit der Familie Mann die Feder – wie so oft. Er erzählte, Golo habe seinen Geschichten halb «aus dämonischer Servilität», halb aus «Neugierde und Ehrfurcht» gelauscht. Der Ältere wollte, mit der üblichen Niedertracht der Kinder, dem Kleinen Angst einjagen, und er ließ nicht nach, bis Golo greinend um Verschonung bat. Die Mutter wiederum berichtete, Golo sei als Knirps oft mit verzerrtem Gesicht und krampfhaft zusammengebissenen Zähnen durch die Zimmer gerast. Der zweite Sohn bekam, nach eigenem Zeugnis, öfters zu hören, daß er «häßlich sei»: vielleicht vom Vater, vielleicht auch von der Mutter, ganz gewiß von den Geschwistern, unter denen die infantile Grausamkeit womöglich noch schärfer ausgeprägt war, als es ohnedies üblich ist.

Die Zurücksetzung und die Ängste, die ihn peinigten, mögen Golos junge Seele für die konservative Neigung zu guter Ordnung vorbestimmt haben, die später sein historisches und politisches Urteil prägte, auch für den Respekt, den er strenger Autorität gern entgegenbrachte, sofern sie sich in den Schranken des Rechts hielt. Beide, Klaus wie Golo, waren von Angstträumen heimgesucht, die durch die Güte der Mutter nicht immer verscheucht werden konnten. Gegen die hartnäckigsten Heimsuchungen mußte die Autorität des Vaters aufgeboten werden. In Tölz, berichtete Klaus, habe er regelmäßig von einem Mann geträumt, der mit dem Kopf unterm Arm auf ihn zugekommen sei. Sein Vater gab ihm schließlich den Rat, dem Gespenst zu sagen: «Mach sofort, daß du wegkommst. Mein Papa hat ausdrücklich verboten, daß du mich besuchst!» Prompt sei der Spuk verschwunden. Was für eine Bestätigung väterlicher Autorität, die ans Wunderbare und Majestätische grenzte!

Tölz bot den Kindern ein Paradies. Der große Garten mit den alten Bäumen, den Beeten und Büschen ging in eine Tannenschonung über, in der sie mit der Mutter Waldbeeren und Pilze suchten. Nicht weit davon ein mooriger Teich, in dem sie auf den Armen der Mama zu schwimmen lernten. Auf allen Wegen waren sie von «Motz» begleitet, dem aufgeregten Collie, der so wild und zweifellos auch ein wenig verrückt auf den Wegen der «Königlichen Hoheit» einhertobte.

In seinen Memoiren sah der Sohn die Mutter vor allem in leichten Sommerkleidern: bestickten Gewändern aus Leinen, von denen eines, wie er sich erinnerte, aus Bulgarien stammte. Die jungen Frauen jener Jahre, zumal in den künstlerischen und intellektuellen Kreisen der Gesellschaft, waren im Begriff, sich von den Rüschen und Polstern, den Korsetts und ausladenden Blumenhüten des viktorianischen Barocks zu befreien. Sie hüllten sich gern in folkloristische Trachten, in Bayern und Österreich des öfteren auch in nobilisierte Dirndl. Die Neigung zu solch betonter Schlichtheit, die teuer sein mochte, behauptete sich unter den Gattinnen von Schriftstellern, Professoren und Pastoren bis weit in die dreißiger Jahre, ja oft über den Zweiten Weltkrieg hinweg.

Pater familias: Thomas Mann hieß die solide Festigung seines bürgerlichen Daseins aus tiefster Überzeugung gut. Dennoch war sie nicht das reine Behagen. Bruder Heinrich gestand er seufzend, er werde in «hypochondrischen Stunden» ein Gefühl von «Unfreiheit» nicht los. Skizzen, die er unter dem Stichwort «Maja» für einen Roman zusammentrug, bereiteten keinen Preisgesang auf die Ehe vor. Im Gang des Jahres 1908 schrieb er – in der Nachbarschaft dieser Überlegungen – ein kurzes Stück, dem er unter dem Eindruck der Lektüre Heinrich von Kleists den Titel «Anekdote» gab. Die Präzision der Sprache des neurotisch-genialen Preußen glückte ihm nicht. Das Sujet des kleinen Stücks eignete sich dazu auch nur wenig. Der Erzähler rühmte mit poetischem Elan die bemerkenswerten Vorzüge der Frau des Direktors Becker, der «himmlischen kleinen Angela»: «ihre blauen, lächelnden Augen, ihren süßen Mund, das köstliche Grübchen in ihrer Wange, das blonde Gelock an ihren Schläfen» und vor allem die «hinreißende Lieblichkeit ihres Wesens». Jünglinge und Greise schwärmten für das holde Geschöpf. Die ganze Stadt lag der Dame zu Füßen. Bei einer der schönen Gastlichkeiten im Haus ihres Mannes, der einer Hypothekenbank vorstand (wie Schwager Joseph Löhr), wurde ein weiteres Mal ihr Lied in einem enthusiastischen Trinkspruch gesungen.

Doch plötzlich erhob sich ihr Mann und entwarf in «furchtbarem Ausbruch das Bild seiner Ehe, – seiner *Hölle* von einer Ehe...» Er beschrieb keine verzaubernde Prinzessin, sondern ein Ungeheuer: «falsch, verlogen und tierisch grausam», «liebeleer und widrig verödet», «den ganzen Tag in verkommener und liederlicher Schlaffheit» verliegend, «um erst abends, bei künstlichem Licht, zu einem gleisnerischen Leben zu erwachen». Tagsüber sei ihre einzige Tätigkeit, die «Katze auf greulich erfinderische Art zu martern», und ihn selbst quäle sie «bis aufs Blut» durch ihre «boshaften Launen», betrüge ihn schamlos «mit Dienern, mit Handwerksgehilfen, mit Bettlern».

Ton und Stil waren, kein Zweifel, parodistisch überzogen. Der Autor hatte sich einen seiner grausamen Späße einfallen lassen. Angela, dieses widerwärtige Engelsgeschöpf, war eine Schwester Amras, der monströsen Gattin des Rechtsanwalts Jacoby in der Novelle «Luischen», die der Autor ein Jahrzehnt zuvor in Rom zu Papier gebracht hatte.

Freilich, die virtuosen Spielchen, die der Autor mit dem Entsetzen trieb, waren niemals nur Kinder einer übermütigen Laune. Sie drückten immer auch einen tieferen Unmut aus, Ärger und Furcht.

«Luischen» war ein Dokument der Angst vor dem «entfesselten Weib», dem Alptraum der Männerwelt in jener Epoche. Sie schien, nachdem das schillernde Idyll der «Königlichen Hoheit» verabschiedet war, die Seele des Dichter-Prinzen erneut zu bedrängen. Aus dem Tagebuch späterer Jahre läßt sich schließen, daß ihn sein sexuelles Ungenügen oft bedrückte. Zum Kinderzeugen reichten die biologischen Energien allemal, aber Lust war wohl selten im Spiel. Es handelte sich um die Pflicht – «strenges Glück», in der Tat. Der lauernde Haß auf das «Weib» darf als ein Signal seiner Angst vor der Impotenz verstanden werden: dem Versagen im Schlafzimmer der Frau und – schlimmer – dem Versagen am Schreibtisch vor den weißen, unbeschriebenen Bögen.

Thomas Mann hatte keinen Grund, dem forschenden Blick des Professors Pringsheim in der Arcisstraße, der seine Tochter nicht aus den Augen ließ, der Neugier der Kollegen, der Klatschsucht der Münchner Gesellschaft auszuweichen. Der Großbürger und Ehemann war durch Katias häufige Schwangerschaften und die Existenz seiner Kinder in seiner Maskulinität geradezu glanzvoll bestätigt. Dennoch quälten ihn die alten Unleidlichkeiten der Magen- und Darmfunktion, Symptome psychischen Ungemachs, mehr denn je. Im Mai 1909, zwei Monate nach der Ankunft des zweiten Sohnes, zog er sich ins Zürcher Sanatorium des Arztes Bircher-Benner zurück, das man als die Geburtsstätte des universal geschätzten «Müslis» betrachten darf. Zu Anfang wollte ihm die Kur in der kargen Atmosphäre des Hauses wenig behagen. Doch nach einigen Tagen beugte er sich dem Regime. Diät und Behandlung schlugen an. Für die Arbeit gerüstet, kehrte er Anfang Juni heim. Er fühlte sich den Unruhen des Einzugs ins Tölzer Landhaus gewachsen.

Sein Verleger hatte ihn im Frühjahr 1909 zu einer gemeinsamen Autofahrt nach Frankreich eingeladen. Der Autor schwankte lange, dann sagte er ab. Er fühle sich «Paris mit seiner Turbulenz und seiner weichen Luft» nicht gewachsen, schrieb er Samuel Fischer. Dazu müsse man gesünder sein. Was er brauche, sei «Ruhe, stilles Leben und starke Luft». Die denke er in Livorno am Meer zu finden, wo er einige Wochen mit seinem Bruder zubringen wolle.

In diesem Brief und an manch anderer Stelle sprach er von Paris, als sei er mit der Stadt halbwegs vertraut. Peter de Mendelssohn

forschte mit großer Mühe nach einem Ausflug an die Seine, von dem
er glaubte, er müsse stattgefunden haben, obwohl er auf keine zuverlässige Spur und keinen schriftlichen Beleg stieß. Vielleicht war
es dem Dichter peinlich, daß er bis zur Mitte des Lebens, ja darüber
hinaus niemals einen Fuß ins große und leuchtende Zentrum der
europäischen Zivilisation gesetzt hatte? Doch Flunkereien fügten
sich nicht zum ernsten Bild Thomas Manns, so verzeihlich sie wären. Als er während des Ersten Weltkriegs die Einreise ins besetzte
Brüssel beantragte, vermerkte er auf dem Fragebogen in der Tat eine
frühere Reise nach Paris. Es war nicht seine Art, die Behörden hinters Licht zu führen. Bis zu einem gewissen Grade aber durfte der
Dichter-Prinz mit dem Element des Unzuverlässigen spielen, das
seiner Ansicht nach zum Wesen des Künstlertums gehörte. Es galt
allerdings sorgsam darauf zu achten, daß das Publikum den Respekt
niemals verlor. Niemals!

Den Plan einer Hochstapler-Novelle jonglierte er lange vor sich
her. Die Lektüre der Memoiren des Edelbetrügers Georges Manolescu, die ihm damals in die Hände gerieten, mag unmittelbare Anregung geboten haben. Die zweibändige deutsche Ausgabe trug die
beziehungsreichen Titel «Ein Fürst der Diebe» und «Gescheitert».
Ein Schelmenroman, das entsprach immerhin einem traditionellen
Muster – durch die hintersinnige Beziehung zwischen Künstlertum
und Hochstapelei ins Symbolische gesteigert. Thomas Mann aber
hatte Mühe mit dem Stoff, der sich als vertrackt und sperrig erwies.

Zu Beginn des Jahres 1910 begann er endlich mit der Niederschrift der Erzählung, durch Nebenarbeiten, Lesereisen, die seinem
Ego wohltaten, freilich auch durch tiefe Zäsuren im Dasein immer
von neuem aufgehalten. Er tat sich mit dem Sujet, das die Leser
gleichsam auf rosa gefärbten Wolken ins Unseriös-Heitere davon-
tragen sollte, auf peinigende Weise schwer. Scherz, Satire, Ironie
und tiefere Bedeutung verlangen mehr nüchternen Kunstverstand
als jedes majestätisch wogende Schicksalsdrama. Anders als bei der
«Königlichen Hoheit» schien es dem Autor dieses Mal nicht immer
zu glücken, seine bittere Mühe bei der Arbeit vergessen zu machen.
Die rokokohaft blühende Üppigkeit seiner Sätze, ihre altfränkische
Verschmitztheit, die eher alabasterne Schönheit so vieler Wendungen: sie waren nicht nur eine festliche Revue der parodistischen Ta-

lente Thomas Manns, sondern auch ein allzu schelmisch verborgener Hinweis, daß Virtuosentum kein leichter Beruf sei, die tägliche Brillanz eine harte Pflicht und jedes Kunststück das Resultat umständlicher Übungen.

Später fragte ihn Katia, wie ihm die Kenntnis des rheinischen Milieus zugekommen sei, dem Felix Krull entstammte. Er hatte eine frappierend schlichte Erklärung zur Hand: einmal habe er bei einer Dampferfahrt auf dem Rhein eine Familie von solcher Beschaffenheit für eine halbe Stunde beobachtet. Das sei ihm genug gewesen. Thomas Mann verfügte in der Tat über ein photographisch funktionierendes Gedächtnis. Doch der Weg von der Blitzlichtaufnahme bis zur Übersetzung ins Kunstwerk war weit. Er führte ihn – so war es fast immer – ein Stück in die Autobiographie zurück. In ironischer Spiegelung beschwor er den Kindheitstraum vom «Prinzen Karl», der sich in seinem Leben und seinem Werk so glänzend erfüllt hatte. Der geliebte Musikpavillon von Travemünde durfte noch einmal beschworen werden. Das «Wunderkind» trat auf. Erste Erlebnisse im Theater, dieser «Kirche des Vergnügens», wurden von Lübeck nach Wiesbaden oder Mainz transferiert. Die Ökonomie, mit der Thomas Mann seine Einfälle und Motive verwaltete, war unvergleichlich. Es konnte von genialem Sparsinn die Rede sein.

Von den Frauengestalten in jenen frühen Kapiteln ließ sich nicht sagen, daß sie mit Charme gesegnet waren: Nicht Olympia, die Schwester des talentiert-verträumten Felix, ein «dickes und außerordentlich fleischlich gesinntes Geschöpf, das später nicht ohne Beifall die Operettenbühne beschritt»; nicht die Mutter, eine «unscheinbare Frau von wenig hervorragenden Geistesgaben»; auch nicht das Zimmermädchen Genovefa, das den Sohn des Hauses – nach dem bürgerlichen Brauch jener Tage – die Liebe lehrte, eine Betätigung, von der er vermutete, daß sie bei ihm «die doppelte Schärfe und Süßigkeit» im Vergleich zu anderen Amateuren besessen habe und auf die er sich gerade darum nicht so oft einlassen konnte. Sie forderte, ließ er Felix sagen, von ihm «ungeheure Opfer», und er stand hernach allemal «völlig ausgeleert, ja vorderhand jedes Antriebes zum Lebensdienste beraubt» wieder auf. Er fragte, ob «denn nicht auch der tierische Liebesvollzug nur die roheste Art und Weise» sei, «dessen zu genießen», was er «einst ahnungsvoll ‹Die große

Freude›» genannt habe? «Er entnervt uns», bekannte Krull, «indem er uns allzu gründlich befriedigt, und er macht uns zu schlechten Liebhabern der Welt». Führte hier Erfahrung die Feder?

Felix durfte sich – einen anderen «göttergleich gewachsenen Knaben» vorausahnend – als «schlank, weich und doch kräftig von Gliedern, goldig von Haut und fast ohne Tadel in Hinsicht auf schönes Ebenmaß» dem Leser vorstellen. Um so erschrockener der Blick auf den Schauspieler Müller-Rose, den er nach seinem siegreichen Bühnenauftritt als Herzensbrecher in der Garderobe antraf, halb abgeschminkt, «Brust, Schultern, Rücken und Oberarme (…) mit Pickeln besät». Es waren «abscheuliche Pickel, rot umrändert, mit Eiterköpfen versehen, auch blutend zum Teil, und noch heute kann ich mich bei dem Gedanken eines Schauders nicht erwehren.» Der Erzähler fügte den dunklen Satz hinzu: «Unsere Fähigkeit zum Ekel ist (…) desto größer, je lebhafter unsere Begierde ist». So redet einer, der «Einblicke getan» hat, freilich andere als der Pädagoge Überbein aus der «Königlichen Hoheit». So schreibt zum anderen auch einer, der sich gern den Weg dahin und dorthin mit beinahe allen Mitteln verlegen möchte.

Im Juni des Jahres 1910 wurde der Autor zum vierten Mal Vater. Katia, noch nicht einmal siebenundzwanzig Jahre alt, konnte ihre Pflicht zur Mutterschaft mit der Geburt des Töchterchens Monika fürs erste als erfüllt betrachten. Eine Pause tat not. Wenige Wochen später brach der Tod ins Leben der Familie ein.

Der Schwester Carla Mann war in ihrer Theaterkarriere und auf ihren privaten Wegen kein Glück beschert. Sie wanderte von einer Provinzbühne zur nächsten. Der Hoffnung auf den großen Durchbruch hatte sie mit schmerzlichem Zögern entsagt, ohne sich selbst die Niederlage einzugestehen. Sie verlangte nach Geborgenheit, unterdessen nahezu dreißig geworden, nach den Begriffen der Zeit ein altes Mädchen. Vermutlich hatte sie Schulden. Ihre Verlobung mit dem Sohn eines reichen elsässischen Unternehmers schien ihr Schutz und Versorgung zu bieten. Indes, die Mutter des bläßlichen und schwachen jungen Mannes widersetzte sich der Bindung. Der Bräutigam wurde überdies durch anonyme Briefe darauf hingewiesen, daß ihn Carla betrüge.

Sie zog sich zur Mutter auf den Schweighardtschen Hof in Polling zurück, um Ruhe zu finden. Der Verlobte reiste ihr nach. Am 30. Juli 1910, nach einer Aussprache, ging sie lächelnd in ihr Zimmer. Dort stand der Totenkopf, den sie seit ihren Jungmädchenjahren bewahrte, mit dem Namen «Nathanael» versehen: eine schwärmerisch-infantile Reverenz an Shakespeares «Hamlet». In dem Schädel bewahrte sie Gift. Sie hatte daraus kein großes Geheimnis gemacht. Bruder Heinrich wußte davon. Offensichtlich unternahm er nichts, ihr den tödlichen Unfug auszureden. Die Allüre fügte sich zu gut ins Bild, das er im Roman «Jagd nach Liebe» und in der Novelle «Schauspielerin» von der Schwester samt ihrem Totenschädel entworfen hatte. Thomas Mann sprach in seinem «Lebensabriß» von einem «makabren Ästhetizismus», der ihrem «stolzen und spöttischen Charakter, entbürgerlicht, aber vornehm», und dem Zug ins «unselig Bohemehafte» nicht widersprach.

Carla Mann nahm nach der Begegnung mit dem Verlobten eine Dosis Zyankali, die nach Auskunft der Zeugen genügt hätte, ein ganzes Regiment zu vergiften. Sie versuchte noch, die Verbrennung durch das ätzende Gift mit Wasser zu kühlen. Dann legte sie sich auf die Chaiselongue und starb einen elenden Tod.

«Gibt es einen Gott», stöhnte die Mutter, «dann ist er ein harter und grausamer – ebensowohl gegen mein armes Kind als gegen mich.» Später schrieb sie an ihren ältesten Sohn: «Ich weine viel, mein Heinrich, wenn ich alleine bin: ich beklage ja nicht das, daß Carla es *mir angetan*, sondern daß *sie* so, ohne zu sprechen, alles Schwere *allein* getragen hat u. so, ohne *gehalten* zu werden, einen solchen Tod wählte, in dem *Wahn*, daß ihr Leben ganz *wertlos* geworden! –» Thomas, der eine Minute mit der Toten allein war, ehe der Sarg geschlossen wurde, küßte sie auf die Stirn. Auf den Grabstein wollte die Mutter Verse von Mörike setzen, die sie in einem der Hefte Carlas gefunden hatte: «Im ew'gen Lichte löst sich jeder Schmerz, / Und all die schwülen Leidenschaften fließen / Wie ros'ge Wolken, träumend uns zu Füßen.»

Thomas äußerte sich zum Wunsch der Mutter nicht. An seinen älteren Bruder aber hatte er einige Tage nach der Katastrophe geschrieben: «Wir sind Alle übel daran. Es ist das Bitterste, was mir geschehen konnte. Mein geschwisterliches Solidaritätsgefühl läßt es mir so erscheinen, daß durch Carla's That unsere Existenz mit in

Frage gestellt, unsere Verankerung gelockert ist. Anfangs sagte ich
immer vor mich hin: ‹Einer von uns!› Was ich damit meinte, verstehe ich erst jetzt. Carla hat an niemanden gedacht, und Du sagst:
‹Das fehlte auch noch!› Und doch kann ich nicht anders, als es so
empfinden, daß sie sich nicht hätte von uns trennen dürfen. Sie hatte
bei ihrer That kein Solidaritätsgefühl, nicht das Gefühl unseres gemeinsamen Schicksals. Sie handelte sozusagen *gegen eine stillschweigende Abrede*.»

In aller Trauer verbirgt sich stets ein Element der Egozentrik. Für
Thomas Mann aber wich die Tragödie der Schwester weit hinter die
Drohung zurück, die ihr gewaltsamer, ihr zuchtloser und undiszi-
plinierter, ihr unsolidarischer Tod für seine Ordnung heraufzube-
schwören schien. Ihr gewaltsames Ende gefährdete seine bürger-
prinzliche Welt. Paul Ehrenberg schrieb er einige Wochen später:
«Hätte Carla sich vorzustellen vermocht, was sie uns allen mit ihrer
That anthat, ich glaube, sie hätte sie nicht begangen.» Nahezu zwei
Jahrzehnte danach sprach er im «Lebensabriß» noch immer von
einem «Verrat an unserer geschwisterlichen Gemeinschaft (...),
einer Schicksalsgemeinschaft, die ich – es ist schwer zu sagen – den
Wirklichkeiten des Lebens im letzten als ironisch übergeordnet
empfand».

Was sollte hier der Begriff «Ironie»? War er etwas anderes als eine
Verlegenheitsformel, die Thomas Mann mit inflationistischer Be-
denkenlosigkeit prompt bemühte, wenn Widersprüche, Unge-
reimtheiten, Zweifel an sich selbst, vor allem aber die Distanz zum
Leben anderer Menschenkinder zu überdecken waren? Er fügte damals hinzu, er habe sich in Wahrheit nicht beklagen dürfen, denn
auch er sei «ja schon weitgehend ‹wirklich› geworden, durch Werk
und Würde, Haus, Ehe und Kind, oder wie die Dinge des Lebens,
die strengen und menschlich gemütlichen nun hießen». Ein wenig
rätselhaft fuhr er fort: «Wenn die Verwirklichung in meinem Falle
nach Segen und Heiterkeit aussah, so bestand sie doch aus demselben Stoff wie die Tat meiner Schwester und schloß dieselbe Untreue
ein.» «Wirklichkeitsrein» – was für ein Wort und wie deutsch! – sei
nur die Jugend, der die Treue zu halten uns das Leben verwehre.

Katia mag jenes Geständnis eines verspäteten Jünglings mit gemischten Gefühlen gelesen haben. Heinrich aber schrieb in seinen

Aufzeichnungen über die Schwester nicht unzutreffend von einer
«tödlichen Komödie». Nicht lange danach transponierte er seine
Novelle «Schauspielerin» in ein Bühnenstück, das mit einigem
Erfolg in Berlin und manchen Provinztheatern gegeben wurde.
Hauptdarstellerin war Tilla Durieux, eine Frau von intelligentem
Charme, mit seinem neuen Verleger Paul Cassirer verheiratet, der
ihm nun großzügig ein festes Monatseinkommen zuwies, von dem
die Tantiemen aus seiner wachsenden Produktion für das Theater
nicht abgezogen wurden.

Thomas nahm das Stück über die Schwester freundlich auf. Er
schrieb dem Bruder: «Ich glaube, daß die Ruhende es schön finden
und gut heißen würde.»

Fünf Wochen nach Carlas Tod wurde in Tölz der sechzigste Geburtstag des Schwiegervaters Pringsheim «sehr nett» gefeiert, mit
Kurkapelle, Chor der Schulkinder, Fackelzug und Reden. «Ja»,
schrieb Thomas, «das Leben geht weiter, und so lange man nicht
auch in solcher viereckigen, schwarzen, von Baumwurzeln durch-
wachsenen Erdgrube liegt, muß man ein bischen mitthun.»

In München wurde, zum Oktober 1910, endlich eine neue Wohnung gemietet, die Platz für die vier Kinder, ihr «Fräulein» und das
Gesinde bot: in der Mauerkircherstraße Nummer 13, am Herzog-
park, nur einen Sprung weit vom Bauplatz des künftigen Hauses in
der Poschingerstraße. Erika und Klaus empfingen unterdessen die
Anfänge der Bildung in der Privatschule des gütig-strikten Fräulein
Ebermayer, deren Institut eine ganze Rotte von Buben und Mädchen aus der Nachbarschaft aufsuchte: Gretel, das Töchterchen des
Dirigenten Bruno Walter, Ricki Hallgarten, später einer der engsten
Freunde von Klaus, die «hübschen Söhne und das schnippische
Töchterlein des Generals Krafft von Dellmensingen – und andere
mehr», wie sich Klaus erinnerte. Die engere Verbindung zu Bruno
Walter, dem Chef der Münchner Oper, ergab sich – wie Katia erzählte – über seine Beschwerde, daß Klaus die Gretel («ein besonders reizvolles Kind») auf dem Schulweg an den Haaren zu ziehen
pflegte. Zu den Akademiekonzerten des Hoftheaters wurde der Dirigent nach altem Zeremoniell von einer zweispännigen Hof-Equi-
page mit blaulivriertem Kutscher und Diener abgeholt. Katia und
Thomas Mann durften an dieser Ehrung des öfteren teilnehmen.

Der Musiker blieb bis zu seinem Tod ein Vertrauter. Die Freunde des Vaters wurden in der Regel auch Freunde der Kinder, Ernst Bertram ausgenommen, den schüchternen Germanisten und Privatgelehrten, den Peter de Mendelssohn als einen «zarten, weichen und schwachen Menschen» beschrieb, homosexuell, aufs engste mit dem George-Jünger Ernst Glöckner verbunden, von dem der getreue Chronist sagte, er sei ein «weicher, auf hypersensibel stilisierter Ästhet mit einem überspannten Reinheits-Ideal» gewesen. Von Zeit zu Zeit fand sich Bertram als Essensgast in der Mauerkircherstraße ein. Der Hausherr nahm an seinen langwierigen Vorarbeiten für eine große Nietzsche-Studie passionierten Anteil. Erika und Klaus blieb der blasse Büchermensch fremd.

Der jugendlich straffe Friedrich Huch aber, der durch die Vermittlung Viktor Manns ins Haus gekommen war, gewann rasch ihre Sympathie. Er übte auf alle Kinder einen fast unwiderstehlichen Zauber aus. Sie waren über seinen frühen Tod so traurig wie der Vater, der ihm einen bewegenden Nachruf schrieb. Bruno Frank, der junge Schriftsteller aus Stuttgart, gewann ihre Herzen fast im Sturm. Der Vater hatte ihn kennengelernt, als er – zusammen mit Ludwig Thoma und Hans von Gumppenberg – Preise für die besten Novellen unter den Stichworten «Licht und Schatten» zu vergeben hatte, nach einer Ausschreibung im «Simplicissimus». Sieger in dem Wettbewerb für die geforderte «heitere Erzählung» war die blutjunge Vicki Baum, die später mit ihren eleganten Unterhaltungsromanen Weltruhm gewann. Im ernsten Fach fiel die Wahl auf eine Geschichte Bruno Franks, der – dreiundzwanzig Jahre alt – schon zwei Gedichtbände und einen Roman publiziert hatte: ein Mensch von strahlendem Charme, weltläufig und heiter, reich und dennoch zu konzentrierter Arbeit fähig, mit einer erotischen Ausstrahlung begabt, die von seinen frühen Jahren an durch die Zuneigung attraktiver und schöner Damen belohnt wurde – trotzdem nicht unerträglich eitel. Den Kindern las er, nach dem Zeugnis Erikas, Gedichte und am liebsten Schillers Balladen mit höchster Dramatik vor. Erika setzte ihm ein schönes Denkmal: «Er war gut», schrieb sie, «kannte nicht den Neid, dafür die Bewunderung, die Liebe, die Freundschaft, die Treue…»

Dem Vater blieb der Zauber des jungen Kollegen nicht verborgen. Bruno Frank – neben Klaus Pringsheim der erste Freund jüdischer Herkunft – wurde ihm ein lebenslanger Gefährte, der die literarische und menschliche Autorität des Älteren niemals in Frage stellte.

Zum Kreis der jungen Freunde gesellte sich bald danach der Schriftsteller Hans Reisiger, drei Jahre älter als Frank; auch er ein strahlender junger Mann, auch er – in des Meisters Worten – «immer von bewundernder Weiblichkeit umgeben», kein Angeber, sondern ein genauer Arbeiter, zumal als Übersetzer, der über eine reiche Sprache verfügte. Seine Erzählung «Santa Catarina di Siena», ein Stück Prosa von hoher Passion, war von jener südlichen Mischung sensueller und spiritueller Sensibilitäten bestimmt, die Thomas Mann nicht immer zurückwies (obwohl er sich mit ihr nicht behaglich fühlte).

Der Umgang mit dem entspannten und zugleich so anmutigen jungen Weggenossen berührte ihn freundlich. Er zitierte gern Erikas Beobachtung, die festgestellt hatte, «mit Herrn Reisiger» sei «der Papa immer so heiter». Die Tochter rühmte, daß er den Kindern «mit absoluter Natürlichkeit», ohne jede «onkelhafte Herablassung» begegnet sei. Sie nahmen «Reisi» als Kameraden an. Klaus berichtete in seinen Kindheitserinnerungen, daß Reisiger in Bad Tölz «immer mit weißen Tennishosen und einem ganz braun gebrannten Gesicht erschienen» sei. «Da wir wußten, daß er so gut Ski fuhr, fanden wir es über die Maßen ehrenvoll, mit einem richtigen Sportsmann um die Wette zu laufen und schwimmen zu gehen.» Man konnte mit ihm vor allem albern sein. Golo sprach von seiner «Feengabe der Freundschaft», und er nannte ihn Thomas Manns «treuen Freund, Begleiter, Tröster und Hofnarr», dem hernach übrigens im Personal des «Doktor Faustus» eine Rolle mit dem allzu sinnfälligen Namen «Schildknapp» zugewiesen wurde.

Der jüngere Hans von Hülsen, gerade neunzehn Jahre alt, als er sich 1909 bei Thomas Mann einfand, hinterließ bei den Mann-Kindern keinen bleibenden Eindruck, und er gehört gewiß nicht in den Rang Hans Reisigers und Bruno Franks. Dennoch war des Vaters Umgang mit dem Jüngling von Zeit zu Zeit lebhaft, ja intensiv. In seinen Briefen gab Thomas ein erstaunliches Vertrauen zu erkennen, auch wenn er den geschäftigen und stets schmeichelnden jungen Herrn, der einen Roman über Platen schrieb, gelegentlich bei den Ohren nahm, um ihn den Ernst des Handwerks zu lehren.

Die Atmosphäre des Hauses war von der Vitalität, vom Lachen und von der Verehrungsbereitschaft dieser jungen Männer geprägt. Auch die Brüder Ehrenberg fanden sich gelegentlich wieder ein. Der «Zauberer» gründete keine Gemeinde hingebungsvoller Jünger wie Stefan George, der Künder und Seher aus Bingen im Rheingau. Doch hält man vergebens Ausschau nach Frauen, denen solches Interesse, solch stete Freundlichkeit, solch fordernde und ermutigende Freundschaft zuteil geworden wäre. Es ist nicht zu vermuten, daß ein eifersüchtiges Mißtrauen Katias jungen Damen von Talent den Zutritt zu Haus und Tisch verwehrt hätte. Die Gesellschaft insgesamt war in jener Epoche zweifellos «maskuliner» bestimmt als in der Neige dieses Jahrhunderts, jene des kaiserlichen Deutschland in besonderem Maße, das sich einem wahren Männlichkeitskult hingab – und Thomas Mann war dabei. Als ihm Jakob Wassermann seinen Roman «Der Mann von vierzig Jahren» schickte, bedankte er sich mit der Bemerkung, es sei sehr bezeichnend, daß das Gegenstück zur «Femme de trente ans» von einem Deutschen komme: «Wir interessieren uns alle im Grunde mehr für die Seele des Mannes als für die der Frau.» Für ihn traf das gewiß zu. Für «alle» nicht. In den Jahren, die dem Ersten Weltkrieg vorausgingen, war die Anwesenheit brillanter Frauen in den Feldern der Literatur und der Kunst auch in Deutschland nicht mehr ungewöhnlich. Ricarda Huch zum Beispiel wohnte in München; ihr italienischer Ehegatte, der Zahnarzt, war für die medizinische Versorgung der Familie Mann verantwortlich (und riskierte dabei mehr als einmal, von den ungebärdigen Sprößlingen in den Finger gebissen zu werden): man sah einander von Zeit zu Zeit, doch nahe kam man sich nicht.

Katia selbst hatte rasch gelernt, ihre Neigungen und Gefühle, ihre Interessen, die Regeln und Gewohnheiten des Alltags mit völliger Selbstverständlichkeit den Ansprüchen des Hausherrn unterzuordnen. Überdies wurde sie durch vier kleine Kinder in Atem gehalten, die freilich, wenn es die gesellschaftlichen Pflichten verlangten, dem «Fräulein» oder den Dienstmädchen überlassen wurden. Die Kleinen forderten, sooft es anging, ihr Recht auf Wärme und Zuwen-

dung ein. Monika erzählte, sie habe abends möglichst lange im
Schoß der Mutter gesessen und sie «mit schalkhafter Zärtlichkeit
terrorisiert», um den Augenblick des Abschieds zu verzögern: «so
daß der Papa, der damals einen großen Schnurrbart trug, kraft eines
energischen Wortes die Trennung (...) bewerkstelligen» mußte. In
ihren knappen Erinnerungen – die sie im Todesjahr des Vaters
schrieb, noch immer eine junge Frau von fünfundvierzig Jahren –,
beschwor sie mit liebevoller Intensität die Bilder der Kindheit: Der
«Papa», schrieb sie, habe «den Schnurrbart eigentlich immer kurz-
geschoren» getragen, und «jegliche Abweichung» habe «Verrat»
bedeutet, denn «ein sanft-fanatischer Sinn für Gleichmaß und ein
Sichgleichbleiben kennzeichnete von jeher das väterliche Wesen. So
mochte auch mein kindlicher oder elfischer Überschwang ihn etwas
verdrossen haben.»

Monika war, nach dem Zeugnis der Brüder und der Freunde, ein
vom Vater wenig geliebtes Kind. Das kleine Mädchen mag es gespürt haben. Um so enger die Anlehnung an die Mutter: «Sonntag
früh empfing die Mama. Nämlich meine Schwester und ich durften
zu ihr ins Bett hineinschlüpfen. Dies war breit und aus elfenbeinfarbenem, mit Schnitzwerk versehenem Holze. Die Mama hatte ein
überfußlanges Hemd an, am Hals und an den Handgelenken mit
Volants, das, obgleich es aus feinstem Linnen war, an das Hemd der
Großmutter in Rotkäppchen erinnerte. Zwei schwarze Zöpfe – die
sie tags um den Kopf gewunden trug – lagen auf den großen Kissen,
die gleichfalls aus feinstem Linnen mit Locharbeit waren, und mit
tiefer, rauher, liebkosender Stimme wünschte sie uns guten Morgen.»

Das Schlafzimmer Katias war in gewisser Weise Mittelpunkt des
Lebens der Familie – freilich nicht für Thomas, der sein eigenes
Reich bewohnte und die Grenzen nur selten überschritt. Monika
war eine genaue Zeugin: «Im friedlichen Dämmer lag das Zimmer
meiner Mutter, das für mich stets mit liebenswürdig chaotischer
Fülle und Lebensmitte verbunden war. Auf dem Toilettentisch mit
dem dreiteiligen Spiegel flatterten zwischen den geschliffenen Fla-
kons und Kristall- und Silberdosen die womöglich schon bezahlten
Kohlen- und Milchrechnungen, auf der grüngraugerippten Samt-
chaiselongue lag ein Haufen roter Häkelwolle, ein Band Maupas-

sant, Zola und Josef Ponten, die Kommode nickte unter der bunten
Last von Briefen, Manuskripten, einem riesigen Nähbeutel aus lila
Wildleder, unzähligen Familienphotographien, Schlüsseln, einem
großen atlasbezogenen Nadelkissen, in dem hübsche alte Broschen
steckten, einer Vase mit Rosen, Telephonlisten und Speisezetteln,
Weihnachtsgaben, von Kinderhand gefertigt; der graziöse Schreibtisch bog sich unter zwei Schreibmaschinen, Lateinbüchern meiner
Brüder, russischen Lexikons und Schachteln von Extrabitter Kat-
zenzungen. Übertrieb ich, da ich von liebenswürdig chaotischer
Fülle und Lebensmitte sprach, wenn ich noch dazu bedenke, daß
das Schlafzimmer meiner Mutter von früh bis spät in freundlich
aufgerührter Bewegung war? Eine magnetische Anziehungskraft
schien es zum Herzen des Hauses zu machen.»

Wohnung und hernach das Haus am Herzogpark waren in weibliche und männliche Sphären gesondert. Den Gästen blieben Berührung und Entfernung der beiden Welten verborgen. Der Eindruck
großbürgerlich-herrschaftlicher Solidität herrschte vor, durch
schwere Möbel und schwere Teppiche bestätigt. Der Geschmack
des vergangenen Jahrhunderts regierte. Vielleicht konnte der weißen Schleiflackgarnitur in Thomas' Schlafgemach – wie man sie eher
in den Zimmern höherer Töchter fand – eine gewisse Modernität
nachgesagt werden.

26. KAPITEL

Klassische Schatten

Im Juli 1909 reiste Thomas Mann nach Bayreuth, um den «Parsifal» zu hören – zögernd, plötzlich voller Widerstand, kritisch. Schon zwei Jahre zuvor hatte er – in einem Brief an Paul Ehrenberg – mit einem Gran Ironie von den «Schauern» der «Bayreuthischen Stimmungsmache» gesprochen, wo der «ungewohnte Zuschauerraum, das unsichtbare Orchester, die Dunkelheit, die Fanfaren, die außerordentliche Anfangszeit (4 Uhr), der durchdringend feierliche Charakter des Ganzen nicht nur den Zuschauern, sondern auch den Mitwirkenden Herzklopfen» machten. Nun gestand er Ludwig Ewers, der eher Heinrichs Freund war, seine «Passion für Wagner» habe bedeutend nachgelassen: «Aber obgleich ich recht skeptisch hinging», schrieb er dem Journalisten, «und das Gefühl hatte, nach Lourdes oder zu einer Wahrsagerin oder an sonst einen Ort suggestiven Schwindels zu pilgern, war ich schließlich doch tief erschüttert.» Dem Karfreitags-Zauber widerstand er nicht. Diese Musik, sagte er in dem Brief, sei für ihn nach wie vor «der Gipfel der Modernität und von niemandem irgendwie überboten». Richard Straussens «Fortschritt» sei «Gefasel».

Dem jungen Meister, der fast sein Münchner Nachbar war, begegnete er mit gereizten Vorbehalten (wie Hans Rudolf Vaget in einem Aufsatz gezeigt hat), trotz seiner Erwähnung als einer der Lieblingskomponisten im Fragebogen aus dem Jahre 1895. In den Notizen von 1909 drückte er sein Erstaunen darüber aus, daß «Strauss König werden konnte». Zwei Jahre später gratulierte er Hugo von Hofmannsthal – «mit dem aufrichtigsten Entzücken

über so viel Anmut und Leichtigkeit» – zum Libretto des «Rosenka-
valiers». Zugleich aber beklagte er sich aufs heftigste über den Kom-
ponisten, der das «leichte Gebilde» über Gebühr belastet und in «die
Länge gezogen» habe: «Vier Stunden Getöse um einen reizenden
Scherz!» Er fragte entrüstet und zugleich mit einer kaum faßbaren
Naivität: «Wo ist Wien, wo ist achtzehntes Jahrhundert in dieser
Musik? Doch nicht in den Walzern? Sie sind anachronistisch und
stempeln also das Ganze zur Operette. Wäre es nur eine. Aber es ist
Musikdrama anspruchsvollsten Kalibers.» Dann klagte er, daß
Strauss von «Wagners Kunst, die Deklamation mit dem Riesenor-
chester *nicht* zuzudecken, garnichts» verstehe. Die «tausend sprachlichen Delikatessen und Kuriositäten des Buches» würden «erdrückt
und verschlungen». Sie stünden «in schreiendem stilistischen Widerspruch zu dem raffinierten Lärm, in dem sie untergehen».

Hofmannsthal mag diese taktlose Kritik an seinem Partner Strauss
mit einem Anflug von Ärger zur Kenntnis genommen haben. Vielleicht sagte er sich seufzend, daß dem Kunstverstand Thomas Manns
Grenzen gesetzt seien, auch in der Musik.

Aber woher rührte Thomas Manns wachsende Distanz gegenüber
dem Bayreuther Magier, dem er – keine Aufführung des «Tristan»
jemals versäumend – fast bedingungslos verfallen gewesen war? Ihn
reizte, die Notizen beweisen es, noch immer die «literarische Behandlung» der Musik, obschon Wagner, wie er bemerkte, die eigentliche Literatur eher verachtet habe. War das der Schlüssel? In seinen
Aufzeichnungen für den Essay «Geist und Kunst», der nie vollendet
wurde, hielt er fest: «Wagner ist niemals fein, aber immer sinnig.»
Dann ließ er das Stichwort «Aufdringlichkeit» folgen.

Näherte er sich – dem doch selbst der Takt nicht gerade angeboren
war – endlich der Einsicht, die Friedrich Nietzsche in so geistreichen
Paraphrasen präsentiert hatte: daß es in Wagner – nicht nur in seinen
Texten, nicht nur im Charakter des Mannes – ein Element fataler
Taktlosigkeit gab? Auch seine Musik konnte man taktlos nennen.
Thomas Mann hätte es nicht zu tief verstören dürfen – und es währte
lange genug, bis ihn eine Ahnung von jener bedrückenden Eigenschaft überkam. Doch nun schrieb er von Wagners «Hang zum
hinreißend Trivialen», von seiner «trüben und mangelhaften Geistigkeit» – nein, man könne Wagner nicht verehren.

In einem Brief an Ernst Bertram argumentierte er schärfer. Er hatte die «Götterdämmerung» gehört: «Mein innerer Widerstand gegen diese wüste Schau-Spielerei mit menschlicher Leidenschaft und menschlicher Tragik ging bis zur halblauten Empörung. Dieser Produktion Tempel bauen, dachte ich in meiner Bitterkeit, kann nur eine barbarische und geistig halbblinde Nation.»

In einer gedruckten Wagner-Betrachtung warb er 1911, eine kleine Sensation für die Kenner seines Denkens, für ein «Meisterwerk des zwanzigsten Jahrhunderts», das «sich von dem Wagner'schen sehr wesentlich» unterscheide: für etwas «ausnehmend Logisches, Formvolles und Klares, etwas zugleich Strenges und Heiteres (...), etwas, das seine Größe nicht im Großbarock-Kolossalischen und seine Schönheit nicht im Rausche sucht». Dann fiel das überraschende Wort: «eine neue Klassizität» müsse kommen.

Als Thomas Mann diese Formel in die Feder geriet, zeichnete sich in ersten Umrissen eine große Erzählung ab: «Der Tod in Venedig». Ihr galt die Beschwörung des klassischen Erbes. Zuvor hatte er – während einer Lesereise – Weimar aufgesucht, die Weihestätte der Nation. Er sah sich im Städtchen und im Umkreis der großherzoglichen Residenz mit Aufmerksamkeit um. Die «Eindrücke von kleinhöfischem Wesen», bemerkte er befriedigt, hätten seine «Intuitionen» in der «Königlichen Hoheit» bestätigt. «Übrigens war ich doch auch historisch tief impressioniert», berichtete er dem Bruder: «was einen da auf Schritt und Tritt – und besonders in den rührenden Stübchen, die das Allerheiligste bilden, – anweht, ist etwas so viel Verwandteres, als die dämliche Münchener Maler-Tradition.»

Goethe kam näher. Wagner rückte ferner. Übrigens lockte ihn eine Darstellung von «Goethe's letzter Liebe». Zu seines und Goethes Glück verwarf er – ohne zu große Trauer – den seltsamen Plan, die Neigung des greisen Dichters zu der neunzehnjährigen Ulrike von Levetzow in eine Novelle zu fassen. Er hatte einen Fall von «unerlaubter» Liebe im Auge, was jene späte Schwärmerei gewiß nicht war: das Fräulein war zwar ein halbes Jahrhundert jünger als der leidenschaftliche Werber, doch ein Kind – wie Thomas annahm – war sie nicht, als der alte Mann um sie warb.

Julius Bab, dieser bedeutende Kritiker, bemerkte in einem Brief vom November 1911, Goethe hätte Wagner vermutlich als eine grundwiderwärtige Erscheinung empfinden müssen. In seiner Antwort gab Thomas Mann zu bedenken, ob der Nachbar in Weimar – «großen Thatsachen und Wirkungen gegenüber moralisch sehr tolerant – (...) nicht geantwortet hätte: ‹Der Mann ist euch zu groß›». Doch dann brachte er die Spannung auf eine radikale Formel, die er später lieber zurückgenommen hätte: «Die Deutschen», forderte er, «sollte man vor die Entscheidung stellen: Goethe oder Wagner. Beides zusammen geht nicht. Aber ich fürchte, sie würden ‹Wagner› sagen. Oder doch vielleicht nicht? Sollte nicht doch vielleicht jeder Deutsche im Grunde seines Herzens *wissen*, daß Goethe ein unvergleichlich verehrungs- und vertrauenswürdigerer Führer und Nationalheld ist, als dieser schnupfende Gnom aus Sachsen mit dem Bombentalent und dem schäbigen Charakter? Quaeritur.»

Die radikale Prägnanz seiner Frage nahm eine endgültige Antwort auch für ihn nicht voraus. Gab er sie je? Wurde er – allen moralischen und ästhetischen Bedenken zum Trotz – der Musik des Zauberers auch nur für einen Tag müde? Nahm jemals ein anderer Komponist den Rang Richard Wagners ein? Wohl erwog er, konventionell genug, in späteren Jahren eine Novelle, die sich auf die Legenden um Mozarts «Requiem» gründen sollte, doch er schien den Plan nicht ernsthaft zu verfolgen. Von einer Erschütterung durch das Werk, das er im Kriege hörte, notiert er nichts. Auch plante er am Ende seines Lebens einen Mozart-Essay, doch es entsprach wohl der Wahrhaftigkeit seiner Existenz, daß er über die vorbereitende Lektüre nicht hinausgelangen durfte. In Wirklichkeit versuchte er zeit seines Daseins, beides zu vereinen: Die «imitatio Goethe» und den elektrisierenden Rausch, den ihm die Droge Wagner stets verschaffte, trotz allem. Die «Klassizität» ließ sich – wie es schien – nur auf schwierigen Umwegen erreichen.

München und sein Umland waren in jenen Jahren der Lebenskreis einer deutschen, ja europäischen Avantgarde geworden, von vibrierender Vitalität und einem revolutionären Kunstwillen erfüllt. Nichts davon schien dem Bürger und Dichter-Prinzen Thomas Mann gegenwärtig zu sein. Er sah nichts von Kandinskys Bildern, in denen sich die Farben und Formen zu brechen begannen, nichts von der ruhigen Expressivität in den Landschaften Gabriele

Münters, damals die Lebensgefährtin des genialen Russen, nichts von der sensuellen Passion in den Porträts Alexej Jawlenskys, nichts von der generösen Graphik, die Franz Marcs abstrahierende Darstellungen von Tieren und Landschaften durchdrang, nichts von den Proklamationen der Künstler des «Blauen Reiters». Immerhin, zu Alfred Kubin, dessen dämonisierte Romantik ihm nicht fremd war, ergab sich später eine Beziehung. Thomas Mann hatte wohl kaum die Ausstellung der Werke Claude Monets besucht, die schon 1903 in der bayerischen Metropole gezeigt wurde. Die französischen Impressionisten bedeuteten ihm nichts.

Alles in allem blieb ihm das «andere München», das in Jürgen Kolbes Thomas-Mann-Buch «Heller Zauber» auf wenigen Seiten so eindrucksvoll vorgestellt wird, eine fremde, eine unbekannte, nie betretene Welt.

Natürlich bemerkte er auch nichts von der Radikalisierung der politischen Zirkel am linken Rand der Sozialdemokratie. Der Münchner Aufenthalt des jungen Revolutionärs Wladimir Iljitsch Uljanow, der sich Lenin nannte, blieb ihm verborgen (wie den meisten Zeitgenossen, auch den hellhörigsten unter den Journalisten). Sein Blick wanderte auch selten nach rechts hinüber, in die Randbezirke des Bürgertums oder zur reputierlichen Gesellschaft des «Flottenvereins» (unter der Direktion des Admirals Tirpitz), wo die «Alldeutschen» und «Pangermanisten» – von der Obrigkeit geduldet, ja oft ermutigt – ihren antisemitischen Ressentiments nachhingen und wirre Pläne von einer deutschen Weltherrschaft ausbrüteten. Dann und wann brach ein Interesse auf: so in seinen sympathisierenden Anmerkungen zu den späten Briefen Fontanes (in einem Aufsatz aus dem Jahre 1910). Er zitierte voller Vergnügen die drastischen Meinungen des wachen alten Herrn, der die soziale Landschaft seiner Epoche mit kritischen Blicken durchdrang, seinen Spott über Orden und Titel (die Thomas Mann nicht mit gleicher Konsequenz verachtete), sein Mißtrauen gegen die forsche Leutnantsmentalität, seine Distanz zum Bourgeois, den er «furchtbar» nannte, zu Adel und Klerus, die er als «altbacken» bezeichnete, sein Lob des «vierten Standes» (der Arbeiterschaft), bei dem die «neue, bessere Welt» anfange, seine Liebe zu den Juden (wenigstens den reichen und gebildeten), sein Hohn für die «Kolonialisierungspolitik», die er für eine Art Hochstapelei hielt: Thomas Mann führte die so erfrischenden Zeugnisse der Unabhängigkeit des großen Kollegen in heiterer Bewunderung vor, aber dies hieß noch lange nicht, daß er sie sich entschlossen angeeignet hätte. In Wahrheit hielt er Politik in der Regel nach wie vor von sich fern, wie es der Gewohnheit seines Künstler- und Gesellschaftsbegriffes entsprach. Wie oft schielte er – nicht einmal allzu heimlich – nach den Titeln und Ehrungen, die Aschenbach zuteil wurden. Aber das hielt ihn nicht davon ab, in dem schönen Fontane-Aufsatz amüsiert zu erwähnen, kürzlich sei in München ein Hochstapler verhaftet worden, der sich ins Fremdenbuch eines noblen Hotels als Schriftsteller habe eintragen lassen: «Wir können nicht mehr verlangen...»

In der Literatur ahnte er immerhin die Ankunft einer neuen Generation, der er sich nicht völlig verschließen wollte. Manchmal hielt er nach Brücken Ausschau. In einem Brief an Walter Opitz fiel die überraschende Bemerkung, auf die jungen Leute habe Walt Whitman wohl mehr Einfluß als Richard Wagner.

Das war ein Irrtum. Doch woher holte er den Namen des kauzigen amerikanischen Poeten, der in den reimlosen Versen seiner «Grashalme» die große Hymne der Demokratie, des Fortschritts, der Zivilisation, aber auch der Erde und der Menschen in der Neuen Welt gesungen hatte? Erste Übersetzungen des Werkes dieses enthusiastischen Sonderlings, dessen Homosexualität in Amerika kein Geheimnis war, hatten Ferdinand Freiligrath und der naturalistische Dramatiker Johannes Schlaf besorgt. Der demokratische Sänger sollte für Thomas Mann ein gutes Jahrzehnt später eine zentrale Bedeutung gewinnen.

Aber wie kam der Name ihm damals zu? Durch Hans Reisiger, der später eine neue Übertragung der rauschenden Dithyramben des Amerikaners fertigte? Die knappe Erwähnung zeigte keine tiefere Ehrfurcht an. Doch Thomas Mann scheint bei Whitman ein Signal der Zukunft erkannt zu haben. Allerdings konnte es auch geschehen, daß ihn unversehens eine eifersüchtig-ärgerliche Abneigung gegen die Jungen überkam. Albert Ehrenstein, dem Expressionisten, nur elf Jahre jünger als er selbst, nach seinem Urteil ein ungezähmtes Talent, schrieb er in einem Augenblick der Verdrossenheit (in der sich vielleicht auch eine Spur von Eifersucht verbarg): «Ich bekenne Ihnen eine lebhafte Antipathie gegen junge Leute. Immer wenn ich mit Studenten zusammen bin, rücke ich auf meinem Stuhl hin und her. Sie sprudeln immer mit ihren sympathischen jungen Stimmen so peinliche Dinge hervor. Man erinnert sich und windet sich. Finden Sie, daß es herrlich ist jung zu sein?» «Sprudeln»: dies war ein Kennwort äußerster Verachtung, das allzu offensichtlich zu einer psychologischen Entschlüsselung einlud.

Thomas Manns unanfechtbare Reputation als bürgerlich etablierter Schriftsteller hatte ihm 1908 die Aufforderung beschert, Mitglied des «Zensur-Beirats» bei der Polizeidirektion in München zu werden. Das war ein Auftrag, den er nicht nur als eine (zweifelhafte) Auszeichnung, sondern vor allem als eine Chance betrachtete, die Werke der Kollegen vor dem Zugriff der Polizei zu bewahren. Dennoch ergaben sich Konflikte. Frank Wedekind beschwerte sich bitter, daß er sein Bühnen-«Mysterium», dem er den Namen «Franziska» gab, nicht vor dem Zugriff der Behörden hatte schützen können. Der Dramatiker rächte sich – nicht nur an Thomas Mann – mit den Spott-Versen: «Die Zensur wählt einen Beirat, / Und der Beirat rät genau, / Wie in einer Musterheirat / Die normale Ehefrau. / Dreimal ‹Ja› auf alle Fragen, / Wie der Zensor sie bespricht. / ‹Nein› darf nur der Zensor sagen, / Für den Beirat gibt's das nicht. / Sollte je ein Rat sich lohnen, / Weil ihr Leid die Menschheit klagt, / Dann, um sein Gehirn zu schonen, / Wird der Beirat nicht gefragt.»

Als auch Wedekinds «Lulu» von einem Aufführungsverbot bedroht war, legte sich Thomas Mann mit einem Gutachten für den Kollegen ins Zeug, in dem er freilich auch auf die «problematische Menschlichkeit» des Dramatikers hinwies. War das nötig? Immerhin plädierte er dafür, daß man seinem «Märtyrerwahn» nicht «durch eine neue ‹Unterdrückung› Nahrung geben sollte». Mit seinem Votum blieb er in der Minderheit. Der zornige Kollege forderte dennoch von den Mitgliedern des Zensur-Beirats, die – wie Thomas Mann – zugleich dem «Schutzverband deutscher Schriftsteller» angehörten, sie sollten sich von dem einen oder dem anderen Gremium trennen. Thomas Mann, tief verärgert, trat aus beiden Organisationen aus. Er schrieb Wedekind einen milden Brief, in dem er seinen Versuch der Vermittlung zwischen «Genie und Ordnung» zu erklären bemüht war. Der schwierige Zeitgenosse ließ sich versöhnen. In einem kleinen Artikel zu Wedekinds fünfzigstem Geburtstag rühmte Thomas Mann denn auch das «tief deutsche, tief fragwürdige, von grenzenlos verschlagenem Geiste schillernde Werk» des Dramatikers.

Der Adressat dieser listigen Hymne ahnte wohl kaum, daß Thomas Mann seine Gründe hatte, ein gutes Einvernehmen mit der öffentlichen Ordnung und der Polizei, die sich nicht in jeder Lebenslage als «Freund und Helfer» beweisen konnte, vor aller Welt sichtbar zu demonstrieren. Der Dichter-Prinz wohnte, von den Seinen verehrend umringt, im schützenden Haus bürgerlicher Rechtschaffenheit. Aber die Gefahr war niemals fern – die innere, die äußere, die so rasch zu einer existentiellen werden und sein geordnetes Dasein ruinieren konnte, samt Wohlstand und Ruhm. Wie oft hing ein Skandal in der Luft: Eulenburg, Krupp…

Der gefeierte Autor hatte keine Affären zu verbergen, aber er begab sich mit einem neuen Werk in die nächste Nachbarschaft der Bedrohung. Im Frühling 1911 hatte er erwogen, noch einmal die «Naturheilanstalt» des Doktors Bircher-Benner aufzusuchen. Doch dann entschloß er sich lieber, mit Katia und Heinrich in den Süden zu reisen. Mitte Mai traf die kleine Gesellschaft auf der Insel Brioni ein, die zum habsburgischen Dalmatien gehörte. Indes, die Unterkunft behagte ihm nicht, und die Steilküste mit ihren dramatischen Schönheiten war nicht seine Sache. Er verlangte nach einem flachen und sanften Strand, wie er ihn aus Kindheitstagen von der Ostsee gewohnt war. Also Venedig, in dem er, wie er später sagte, «die Vaterstadt, maurisch verzaubert», wiederzuerkennen glaubte. Ein weiteres Mal das «Grand Hotel des Bains» am Lido.

Die Ereignisse und Abenteuer der venezianischen Tage beschrieb er, nach eigenem Zeugnis, in der Novelle, die ihn fortan beschäftigte, getreulich so, wie sie sich zugetragen hatten. Nichts sei erfunden, bekannte er im «Lebensabriß»: nicht der «Wanderer am Münchener Nordfriedhof», nicht seine Begegnung mit dem rothaarigen Landfahrer und seinem herausfordernden Blick, nicht «das düstere Polesaner Schiff», nicht «der greise Geck», der hochgeschminkte, diese Karikatur eines alten Päderasten, nicht «der verdächtige Gondolier», nicht «Tadzio und die Seinen», nicht «die durch Gepäckverwechslung mißglückte Abreise», die freilich nicht ihm, sondern Bruder Heinrich zugestoßen war, nicht «die Cholera», nicht «der ehrliche Clerc im Reisebureau», nicht «der bösartige Bänkelsänger» – auch er ein rothaariger Bursche, wie der Wanderer am Friedhof in München, alle beide durch ihre weißhäutig-rötliche Beschaffenheit für die ungemütliche Nähe eines dämonischen und hexenhaften Elementes sorgend.

Erfunden war nichts, fast nichts an dem Porträt, das der Autor in der Gestalt des Schriftstellers Gustav von Aschenbach von sich selbst und seiner Stellung in der geistigen und sozialen Welt entwarf: nicht der Hinweis auf die «Merkmale fremder Rasse» durch das «raschere, sinnlichere Blut» der Mutter; nicht die Feststellung seiner «Meisterschaft», deren er sich «in Gelassenheit sicher fühlte» und deren er dennoch nicht froh wurde, «während die Nation sie ehrte»; nicht der ironisch-betuliche Vermerk der Pflicht, «von seinem Schreibtische aus zu repräsentieren» und «seinen Ruhm zu verwalten», oder die Betonung der Besonderheit seines Talentes, von dem er sagte, es sei dazu geschaffen, «den Glauben des breiten Publikums und die bewundernde, fordernde Teilnahme der Wählerischen zugleich zu gewinnnen»; nicht die Akzentuierung des «Tapfer-Sittlichen» in seinem Künstlertum, nicht der «Heroismus der Schwäche», der moralische Zwang zum «Durchhalten»: Charakterzüge, die allesamt Friedrich den Großen als wesensverwandtes Sujet empfahlen, das Aschenbach Gelegenheit gab, ein Werk «in kleinen Tagewerken aus aberhundert Einzelinspirationen zur Größe» emporzuschichten. Der Verfasser stellte des imaginären Kollegen Licht nicht unter den Scheffel. Aber auch «Verstöße gegen Takt und Besonnenheit», in jungen Jahren begangen, ja ein «öffentliches Straucheln» wurden erwähnt (rumorte im Hintergrund die Erinnerung an «Wälsungenblut»?). Aschenbachs Ehe «mit einem Mädchen aus gelehrter Familie» konnte in wenigen Zeilen abgetan werden, da sie «nach kurzer Glücksfrist durch den Tod getrennt» worden war; nur eine Tochter blieb aus der Verbindung.

Das freilich war eine wesentliche Verfremdung. Katia schien an der raschen Beseitigung von Aschenbachs Gefährtin, die sich dem Autor aus psychologischen und künstlerischen Gründen empfahl, keinen Anstoß zu nehmen. Sie stieß sich auch nicht am «persönlichen Adel», den der Autor – ein diskreter Wink Richtung Residenz? – dem Schriftsteller verliehen hatte. Gutmütig bestätigte sie in ihren Erinnerungen, wie sehr der «sehr reizende, bildhübsche, etwa dreizehnjährige Knabe» Tadzio mit seinem «Matrosenanzug, einem offenen Kragen und einer netten Masche» ihrem Mann «sehr in die Augen gestochen» habe: «er gefiel ihm über die Maßen, und er hat ihn auch immer am Strand mit seinen Kameraden beobachtet.» Freilich sei Thomas dem schönen Jungen nicht «durch ganz Venedig nachgestiegen», anders als Aschenbach, der das Objekt seiner Begierde durch alle Gassen der Stadt bis in die Kirchen verfolgte. Das Ziel der Passion aber, der kleine Baron Wladyslaw Moes, wie er mit wirklichem Namen hieß – kein Graf, wie er sich in Katias Gedächtnis darstellte –, gab sich ein halbes Jahrhundert später, im Jahre 1964, dem polnischen Übersetzer der Werke Thomas Manns zu erkennen, durch den er einige Familienphotos aus jenen Tagen an Erika schicken ließ. Leider versäumte der alte Herr zu erzählen – er war damals siebenundsechzig –, wie er sich durch die grausamen Jahre der deutschen Okkupation seines Vaterlandes und die ersten Jahrzehnte der kommunistischen Diktatur geschlagen hatte. «Er wird wahrscheinlich nicht alt werden», hatte der Autor von dem «zarten Gott» mit der vormännlichen, herben Schönheit mehr als einmal seufzend bemerkt. Triumph des Lebens über die Kunst: er wurde es dennoch, unter denkbar widrigen Umständen.

Für Aschenbach bemächtigte sich der Autor der Züge Gustav Mahlers, dem er im September 1910 begegnet war, als der Komponist seine achte Symphonie in München dirigierte. Er hatte ihm, von dem Werk tief beeindruckt, ein paar Tage später geschrieben, er verkörpere den «ernstesten und heiligsten künstlerischen Willen» der Zeit. Das war mehr als eine der üblichen Elogen, die ihm leicht von den Lippen und aus der Feder gingen. Katia sagte er, er habe bei jenem Gespräch – wohl zum erstenmal in seinem Leben – das Gefühl gehabt, «mit einem wirklich großen Mann zusammen zu kommen». Die Nachricht von Mahlers Tod hatte ihn in Brioni erreicht; sein Schatten begleitete ihn auf allen venezianischen Wegen, und die Trauer verwob sich mit der Furcht vor der Cholera, die heimlich in allen Winkeln hockte.

Liebe und Tod: der Grundklang der Erzählung war gegeben. In

ihm verbarg sich der dunkle Zauber, den das kleine Werk, vom Augenblick seiner Publikation an, für alle Welt auszustrahlen begann. Liebe und Tod. Das gefährliche, herzzerreißende Spiel mit der verbotenen Lust, die zugleich durch die Beschwörung sokratischer Heimsuchungen in Sphären der unangreifbaren «Vergeistigung» entrückt war, in denen sich auch der wüste Traum von «Unzucht und Raserei des Unterganges» aufhob: von ihm ging, kein Zweifel, der lockende Reiz der Novelle aus. Kaum von der Autobiographie, die der Autor in Maske und Gewand Gustav von Aschenbachs auch in dieser Erzählung aufs selbstverständlichste weiterschrieb.

Man mag auch daran zweifeln, daß die Künstlernovelle noch immer als der höchste Ausdruck des Lebensgefühls der Epoche galt, wie es «Tonio Kröger» zu annoncieren schien, die frühe Erzählung, deren Grundklänge «Tod in Venedig» in gewisser Weise wieder aufnahm. Die Gestalt des Künstlers – war sie die Erscheinung, in der sich die Zeit noch immer in wahrhaft «repräsentativer» Überhöhung und Steigerung erkannte? Auch Aschenbach durfte seufzen, nicht ohne den gewohnten Hauch des Selbstmitleides: «Wer enträtselt Wesen und Gepräge des Künstlertums!» Nein, der Blick in den Spiegel bemerkte die Verzauberung nicht. Übrigens rückte Thomas Mann später von jedem Bezug auf sich selbst ab: wenn er vom «Meister» oder vom «Künstler» handelte, habe er nicht sich gemeint, sondern nur, daß er vom Künstler und Meister einiges wisse. So war das Bilse-Manifest aus dem Jahr 1906 endlich aufgehoben? «Nicht von euch ist die Rede», sondern «von mir, von mir», hatte es damals geheißen.

Natürlich galt dies unvermindert fort, galt bis zum Ende seiner Tage. In einer autobiographischen Skizze für das amerikanische Publikum («On Myself») sprach er, mit zweifelhaften Superlativen, von der «moralisch und formal zugespitztesten und gesammeltsten Gestaltung des Décadence- und Künstlerproblems», in dessen Zeichen seine Produktion seit den «Buddenbrooks» gestanden habe und das mit dem «Tod in Venedig» tatsächlich ausgeformt gewesen sei – in «voller Entsprechung zu der Ausgeformtheit und Abgeschlossenheit der individualistischen Gesamt-Problematik des in die Katastrophe mündenden bürgerlichen Zeitalters», wie er nicht überbescheiden hinzufügte.

Nein, Gustav von Aschenbach – vielmehr der Dichter – entging seiner Selbstbesessenheit nicht, die sich nur nuancierter, ironischer, skeptischer darbot als in den voraufgegangenen Konfessionen. Die Anfälligkeit für weihevolle Banalitäten wurde auch dieses Mal nicht immer unterdrückt: der entsagungsvoll aristokratische Anspruch, den «Tonio Kröger» leidend bekannte, war in dieser Novelle sozusagen in fürstlicher Höhe gesichert. Der Dichter sah sich – in der fatalen Konfrontation mit der Lust, der Liebe, dem Leben – zum Martyrium bestimmt.

Man darf ohne Übertreibung von einer tief romantischen Grundstimmung der Erzählung reden. Die Klassizität diente dem tödlichen Spiel mit der verbotenen Lust lediglich als schützender Mantel. Überdies sorgte sie für den Faltenwurf eines hohen Pathos, und sie befriedigte das Recht der Elite auf eine Lektüre, an der sich – zumal in Deutschland – die wohlerworbene humanistische Bildung beweisen konnte. Keiner, der auf sich hielt, mußte zum Lexikon greifen, um sich darüber zu informieren, was unter dem «bleichen und lieblichen Psychagog» zu verstehen sei, der dem sterbenden Aschenbach auf der achtletzten Zeile der Novelle zu lächeln und zu winken begann: der hübsche Diener des Hades, des Todesgottes, in dessen Gestalt sich der kleine Tadzio endlich verklärte. Nur dieser Rest von lastend akademischer Schwere deutete an, daß sich der Verfasser bei der Arbeit an seinem kleinen Werk tief über die griechischen Mythen und den Platon gebeugt hatte.

Nein, all diese Vorzüge können die magische Wirkung der Erzählung auf zehntausend, auf hunderttausend und schließlich Millionen von Lesern – weit über den europäisch-atlantischen Kulturkreis hinaus – nicht erklären. Auch nicht die fast vollkommene Sicherheit der Form, die so oft und mit so leuchtenden Augen beschrieben wurde. Peter de Mendelssohn sprach hymnisch von der «Architektur (…) eines antiken Tempels mit fünf Säulen» und im gleichen Atemzug von einer «Symphonie in fünf Sätzen».

Die vollendete Gestaltung enträtselte den Enthusiasmus des Publikums nicht, das sich um die formalen Schwächen des «Tonio Kröger» sowenig kümmerte wie um die Perfektion der neuen Novelle. Eher war es die Sprache, deren Zauber sich kein sensibler Leser zu entziehen vermochte, ihre Musikalität, die ganz dem Be-

kenntnis entsprach, das Thomas Mann dem Freund Bruno Walter
zu seinem siebzigsten Geburtstag darbrachte: Er sei überzeugt,
sagte er, «daß die geheimste und stärkste Anziehungskraft einer
Prosa in ihrem Rhythmus» liege. Wie oft steigerte sich der Text
seiner Erzählung zum heimlichen Gedicht: «Standbild und Spiegel!
Seine Augen umfaßten die edle Gestalt dort am Rande des Blauen,
und in aufschwärmendem Entzücken glaubte er mit diesem Blick
das Schöne selbst zu begreifen».

Poesie, verbotene Lust, die «kranke Liebe» und ihre Vermählung
mit dem Tod: sie machen das Geheimnis dieser Novelle und ihre bis
heute unverwelkte Magie aus. Thomas Mann wußte es. In seinen
Briefen sprach er von einer «gewagten», auch von einer «sonderbaren Sache», die er aus Venedig mitgebracht habe, «einen Fall von
Knabenliebe bei einem alternden Künstler behandelnd», doch «ernst
und rein im Ton» und durchaus «anständig». Seiner Freundin Ida
Boy-Ed in Lübeck, die ihre Bedenken angemeldet hatte, antwortete
er ärgerlich: «Eine Nation, in der eine solche Novelle nicht nur
geschrieben, sondern gewissermaßen akklamiert werden kann, hat
vielleicht einen Krieg nötig.» (Dies immerhin im Frühjahr 1913.)
Doch dann richtete er sich auf, steil und streng: das Werk sei «vom
ersten bis zum letzten Wort stramm moralisch», ja er zitierte einen
Kritiker, der boshaft von einer «puritanisch-neuprotestantischen
Tendenz» gesprochen hatte. Georg Lukács, der kommunistische
Analytiker des «bürgerlichen Realismus», bemerkte später allerdings, in der Novelle werde dem «preußischen Ethos» ein «Untergang von ironischer Tragik» bereitet. Doch es ließe sich auch umgekehrt argumentieren, daß der preußische Geist im Untergang Gustav
von Aschenbachs noch einmal auf tragische Weise triumphierte.

Thomas Mann wußte wohl, daß er auf einem schmalen Grat wandelte. Mit der üblichen Umsicht mobilisierte er die verläßlichen
Freunde, um einiger Rezensionen sicher zu sein, die kein Mißverständnis zuließen. Er hatte Glück: niemand außer dem Altfeind Alfred Kerr und dem unglückseligen Theodor Lessing, die unverfroren auf die femininen Züge des Autors wiesen, wagte den Verdacht
zu äußern, Thomas Mann habe im «Tod in Venedig» sein privates-
tes Problem sichtbar gemacht – und es zugleich, wie Karl Werner
Böhm feststellte, «mit der Wahrheit verhüllt».

Die Öffentlichkeit ließ sich überlisten. Der Knabe Tadzio wurde mit gutgläubiger Ergebenheit als Symbol des Schönen betrachtet, gleichsam geschlechtslos, und der arme Aschenbach starb an der abstrakten Wahrheit des Platen-Verses: «Wer die Schönheit angeschaut mit Augen…»

Und Katia? Ein ganzes Jahr – vom Juni 1911 bis zum Sommer 1912 – schrieb Thomas Mann an der Erzählung, die ihm nicht zum Roman entwuchs wie so viele seiner Werke: achtzig Druckseiten waren es schließlich, nicht mehr. Während der Arbeit, im September 1911, erwähnte er in einem Brief, daß der Gesundheitszustand seiner Frau «sehr zu wünschen übrig» lasse. Er sprach von «Temperatur-Unregelmäßigkeiten» und von der Notwendigkeit eines Aufenthaltes im Hochgebirge. Ferien in Sils-Maria (im oberen Engadin) mit den Eltern Pringsheim brachten keine Besserung. Die offizielle Diagnose, die von einem «Lungenspitzenkatarrh» sprach, schien eine beginnende Tuberkulose zu tarnen. Eine Kur im Sanatorium Ebenhausen bei München im Januar 1912 schlug nicht an. Im März des Jahres fand sich Katia im Waldsanatorium von Davos ein. Sie blieb ein halbes Jahr. Ihr Befinden veränderte sich nur langsam.

27. KAPITEL

Von Konfessionen, Krankheiten und Krisen

Katia Mann erwähnte, zumal im Alter, ihre Krankheit nur mit ironischer Beiläufigkeit. «Eine kleine Lungenaffektion», sagte sie, «eine verschleppte, geschlossene Tuberkulose (...). Aber ich war nicht schwer krank. Es bestand keine Lebensgefahr, und möglicherweise wäre die Geschichte (...) von selbst wieder gutgeworden, was weiß man. Es war Sitte, wenn man die Mittel dazu hatte, wurde man nach Davos oder Arosa geschickt.»

Es ist wahr, die Ärzte hoben in jenen Tagen rasch die Brauen, wenn eine chronische Reizung der Atemwege, ein trockener Husten oder – um Gottes willen – eine rötliche Verfärbung des Sputums den Verdacht nahelegten, der Patient trüge die Keime einer Tbc in seiner Lunge. Katias Fall schien freilich nicht harmlos zu sein, sonst hätte Professor Dr. Friedrich Jessen, der Chefarzt des «Waldsanatoriums» in Davos, nicht dringend zu einem Aufenthalt von sechs Monaten geraten. Thomas Manns Briefe zeigten eine tiefe Beunruhigung an. Katias Eltern waren alarmiert. Die Mutter begleitete sie auf der Reise ins Berner Oberland, um ihr den Einstand ein wenig leichter zu machen. Sie wollte die Ergebnisse der Untersuchungen an Ort und Stelle erfahren.

Achtzig Jahre später bietet sich ein radikal anderes Bild. Professor Christian Virchow in Davos, der die alte Katia Mann untersuchte, stellte an Hand eines Vergleichs von Röntgenaufnahmen aus den Jahren 1912 und 1967 fest, daß Katia niemals an einer Tuberkulose gelitten hat. Der Arzt schrieb lapidar: «Der ‹Zauberberg› ist das Resultat einer übervorsorglichen, einer Verdachts-, einer Fehldiagnose.» So erweist sich im Rückblick der «Zauberberg», in den Thomas Mann die Davoser Erfahrungen seiner Frau aufnahm, als eine doppelte Fiktion – die Ironie der Geschichte erlebt wieder einmal einen zarten Triumph. Um so mehr drängt sich der Eindruck auf, daß Katia unbewußt die Chance der Krankheit zu einer Flucht aus der Familie nutzte: ein zeitweiliger Rückzug auch aus der Ehe, die vor allem eine Interessengemeinschaft zur Förderung von Person und Werk ihres Mannes und zur Aufzucht von Kindern war. Die Ironie erfuhr noch eine Steigerung, als nach dem Tode Thomas Manns vermutet wurde, daß er es gewesen sei, bei dem zu einem früheren Zeitpunkt eine tuberkulöse Erkrankung bestanden habe.

Der leichte, scherzende Ton, der damals unter den Patienten des Sanatoriums üblich war, scheint Katia überrascht zu haben. Doch sie begriff schnell genug, daß sich hinter der aufgesetzten Heiterkeit eine Abwehr der lauernden Furcht verbarg. Es wird ihr kaum entgangen sein, daß die Nähe des Todes einen gesteigerten Lebenshunger und oft genug eine erotische Begehrlichkeit weckte, die man aus guten Gründen «hektisch» nannte. Die leicht fiebernde Lustigkeit amüsierte die schöne und junge Frau. Peter de Mendelssohn deutete zartsinnig an, ein junger Marineoffizier habe, nach dem Versuch eines raschen Flirts, eine «verehrungsvolle Beziehung» zu ihr gewonnen: ein Kurschatten, mehr nicht. Sie selbst betonte in ihren alten Tagen, das «lockere Treiben» habe «eine gefestigte junge Ehefrau mit vier Kindern» nicht verstören können.

So war es wohl. Nirgendwo der geringste Hinweis, daß Katia Mann jemals vom Weg der Tugend und Treue gewichen sei. Nicht in Davos, nicht in Südtirol ein Jahr darauf, als ihr die Ärzte dringend empfahlen, dem klammen Münchner Spätherbst den Rücken zu kehren und Erholung im milden Klima des südlichen Abhangs der Alpen zu suchen, auch nicht bei der zweiten Winterkur im Schweizer Hochgebirge von Anfang Januar bis Mitte Mai 1914. Von Thomas kein Signal der Besorgnis. Er scheint seiner Frau völlig sicher gewesen zu sein.

Der Glanz seines Ruhms fiel auch auf Katia. Sie mag dankbar gewesen sein, daß der Respekt, der ihr entgegengebracht wurde, nicht länger nur dem Reichtum ihrer prominenten Familie oder ihrer Schönheit galt, sondern der Dichter-Glorie ihres Mannes, der fast schon zum wandelnden Mythos geworden war. Ein Hauch des spirituellen Zaubers, der seinem Beruf zukam, begleitete auch sie. Es wäre erstaunlich gewesen, hätte sie der Funke des Erkennens in den Augen der Fremden, die ihr vorgestellt wurden, nicht freundlich berührt.

In Davos betrachtete sie sich, von der ersten Stunde an, als seine Kundschafterin. Sie war neugierig. Sie sammelte Gesichter, Gesten, Schicksale, Anekdoten. Katia Mann besaß, wenn nicht vieles trügt, eine Beobachtungsgabe, die jener ihres Mannes durchaus gewachsen war, und sie verfügte über einen ausgeprägten Sinn für Komik, der dem ihres Partners nicht nachstand. Sie zeigte Thomas, als er am 15. Mai 1912, gut zwei Monate nach ihrer Ankunft, zu einem Besuch nach Davos heraufkam, den «guten» und den «schlechten Russentisch», führte ihm die Frau Oberin mit dem Gerstenkorn vor, «den Herrenreiter» mit dem gräßlichen Husten, «die düstere Spanierin» mit dem pfeifenden Pneumothorax, das Vorbild der «Hermine Kleefeld», und die anderen Mitglieder des «Vereins halbe Lunge», natürlich auch das Vorbild der Madame Chauchat, «die immer die Türen schmiß». Sie wies auf die Urbilder von Frau Stöhr mit den Hasenzähnen und von Frau Salomon aus Amsterdam mit dem Dekolleté, das Hofrat Behrens so gern ins Auge faßte, und sie machte ihn mit dem Vertreter des medizinischen Leiters bekannt, der im Roman als Dr. Krokowski auftrat, mit einem besonders herzhaften Lächeln ausgezeichnet. Vielleicht sah sie als erste die Chance, der venezianischen Novelle von Liebe und Tod eine komödiantische Variante nachzuschicken?

Nahezu drei Jahrzehnte später machte Thomas Mann die Studenten der Universität Princeton mit der Entstehungsgeschichte des «Zauberbergs» vertraut, das er in einer Vorlesungsreihe über Meisterwerke der Weltliteratur vorstellen durfte. Das «Ankunft»-Kapitel des Buches, erzählte er, «wo der Gast Hans Castorp mit seinem kranken Vetter Ziemßen im Restaurant des Sanatoriums zu Abend speist und nicht nur die ersten Kostproben der vorzüglichen Berghof-Küche, sondern auch von der Atmosphäre des Ortes und dem Leben ‹bei uns hier oben› empfängt» – diese Einführung, sagte er, sei eine «ziemlich genaue Beschreibung» des Wiedersehens mit seiner Frau in jener Sphäre und seiner «eigenen wunderlichen Eindrücke von damals».

«Ich befand mich etwa zehn Tage dort oben», berichtete er dem akademischen Jung-Volk, «als ich mir bei feuchtem und kaltem Wetter auf dem Balkon einen lästigen Katarrh der oberen Luftwege zuzog. Da zwei Spezialisten im Hause waren, der Chef und sein Assistent, lag nichts näher, als der Ordnung und Sicherheit halber meine Bronchien untersuchen zu lassen, und so schloß ich mich denn meiner Frau an, die gerade zur Untersuchung befohlen worden war. Der Chef, der, wie Sie sich denken können, meinem Hofrat Behrens in Äußerlichkeiten ein wenig ähnlich sah, beklopfte mich und stellte mit größter Schnelligkeit eine sogenannte Dämpfung, einen kranken Punkt an meiner Lunge fest, die, wenn ich Hans Castorp gewesen wäre, vielleicht meinem ganzen Leben eine andere Wendung gegeben hätte. Der Arzt versicherte mir, ich würde sehr klug handeln, mich für ein halbes Jahr hier oben in die Kur zu begeben, und wenn ich seinem Rat gefolgt wäre, wer weiß, vielleicht läge ich noch immer dort oben.» Er zog es vor, telefonisch seinen Hausarzt in München zu konsultieren, der ihm den vernünftigen Rat gab, getrost ins Flachland zurückzukehren: fast jeder Erdenbürger, sagte er ihm, sei im Lauf seines Lebens einer tuberkulösen Infektion ausgesetzt, und er wäre der erste, bei dem sich nicht «irgendeine Stelle» fände. Doch in Davos habe «er gar nichts zu suchen».

Nach seiner Rückkehr zu den Kindern in Bad Tölz unterrichtete ihn Katia durch lange Briefe – die leider nicht erhalten sind – vom Fortgang der Begebenheiten auf der kühlen Höhe ihrer Heilanstalt: vom Geschick der Patienten, von Klatsch, von den Krisen, den Aventuren, den Tragödien, die sich hinter den gepolsterten Türen vollzogen. Den Patienten blieb nichts verborgen. Sie bestand darauf, daß Professor Jessen alias Hofrat Behrens die kleine Hujus, die nicht sterben wollte, mit seinem scharfen norddeutschen Akzent zur Ordnung gerufen habe: «S-tellen Sie sich nicht so an!» Die Arme sei, laut Katia, denn «auch sehr ans-tändig ges-torben». (Thomas Mann stritt hernach, in einem 1925 gedruckten Brief an den Herausgeber der «Deutschen Medizinischen Wochenschrift», mit der üblichen Entrüstung ab, daß der «Hofrat Behrens» mit der

Person eines «‹weit über Davos bekannten› Lungenspezialisten» identisch sei. Er rief, mit keinem geringen Aufwand an Heuchelei: «Über meine Art der Menschenbeobachtung und -ausschlachtung sind so viele verleumderische Märchen, so viele Operngucker- und Belauerungsphantasien im Umlauf, daß mir die Einbürgerung weiterer solcher Legenden äußerst unwillkommen wäre.»)

Ihr chronistischer Auftrag mag es Katia leichter gemacht haben, die Angst und die Langeweile des Sanatoriumaufenthaltes niederzukämpfen. Niemals davor und niemals danach nahm sie an der Entstehung eines Buches so entscheidenden Anteil wie an den Vorarbeiten für den «Zauberberg», der freilich wieder nur eine kleine humoristische Erzählung werden sollte. Das Faktisch-Anekdotische, das Biographische und Physiognomisch-Typische trug sie mit Eifer zusammen, auch später in Arosa. Hans Wyslings kluge Formel, daß Thomas Mann von Anfang an das Finden dem Erfinden vorgezogen habe, darf hier als eine Reverenz an Katia verstanden werden.

Der Titel, in dem sich die Hexen des Harzer Brockens mit den Göttern des Olymps begegneten, war rasch bei der Hand. Die Tannhäuser-Sage lebte, vom Kindheiterlebnis der Oper an, in der Seele des Autors. Er mag dem Mythos auch bei Eichendorff und Nietzsche begegnet sein. Die magische Verwandlung jeder Daseinsregung in der kalten und dünnen Gebirgsluft hatte er selbst in den drei Wochen seines Aufenthaltes erfahren. Später, in der Princeton-Vorlesung, bediente er sich – durch die mythische Weihe entzückt – mit Vergnügen der Auslegung eines jungen Literaturhistorikers der Universität von Havard, der die Spuren des Romans zurückverfolgte zu anderen Quellen, deren Helden auf der Suche sind «nach dem ‹Gral›, will sagen nach dem Höchsten, nach Wissen, Erkenntnis, Einweihung, nach dem Stein der Weisen».

Als er nach Tölz und München zurückgekehrt sei, so fuhr der Autor in seinem Bericht für die amerikanischen Studenten fort, habe er mit der Niederschrift des ersten Kapitels begonnen. Hans Wysling korrigierte das Gedächtnis des Autors mit sanftem Respekt: Nach seiner Kenntnis wandte sich Thomas Mann zunächst wieder dem «Felix Krull» und seinen Studien zu dem so schwierigen, unauslotbaren Problem «Geist und Kunst» zu, die er lange hatte liegenlassen, an dem gewaltigen Stoff verzagend. (Ein Brief des Autors an Ludwig Ewers vom 29. Januar 1913 bestätigt diese Chronologie.) Der Zürcher Gelehrte nimmt an, daß Thomas Mann dem Anfang seines Schelmenromans noch das Gespräch seines talentierten Taugenichts mit dem geistlichen Rat Chateau, die Beerdigung des selbstmörderischen Papas, den Umzug nach Frankfurt und die Etablierung der Mutter als Dirigentin einer kleinen Pension und eines Mittagstisches für bescheidene Kostgänger hinzugefügt habe, wohl auch die große Szene vor dem Hotel «Frankfurter Hof», als der junge Mensch, der sich gern in den feineren Quartieren der reichen Stadt aufhielt, ein junges Paar auf den Balkon treten sah, das er mit sehnsüchtigen und liebevollen Augen anstarrte: «Geschwister offenbar, möglicherweise ein Zwillingspaar – sie sahen einander sehr ähnlich – Herrlein und Fräulein, traten miteinander ins winterliche Wetter hinaus. Sie taten es ohne Kopfbedeckung, ohne Schutz, aus purem Übermut. Leicht überseeischen Ansehens, dunkelhäuptig, mochten sie spanisch-portugiesische Südamerikaner, Argentinier, Brasilianer – ich rate nur – sein; vielleicht aber auch Juden, – ich möchte mich nicht verbürgen und ließe mich dadurch in meiner Schwärmerei nicht beirren, denn luxuriös erzogene Kinder dieses Stammes können höchst anziehend sein. Beide waren sie bildhübsch, – nicht zu sagen, wie hübsch, der Jüngling um nichts weniger als das Mädchen.»

Siegmund und Sieglind aus «Wälsungenblut» – er konnte es nicht lassen – durften in der Szene flüchtige Auferstehung feiern, und offener, als er es in der satirischen Novelle gewagt hatte, annoncierte der Autor seine Faszination durch den androgynen Eros des jungen Paares: «Liebesträume, Träume des Entzückens und des Vereinigungsstrebens – ich kann sie nicht anders nennen, obgleich sie keiner Einzelgestalt, sondern einem Doppelwesen galten, einem flüchtig-innig erblickten Geschwisterpaar ungleichen Geschlechtes – meines eigenen und des anderen, also des schönen. Aber die Schönheit lag hier im Doppelten, in der lieblichen Zweiheit, und wenn es mir mehr als zweifelhaft ist, daß das Erscheinen des Jünglings allein auf dem Balkon mich, abgesehen vielleicht von den Perlen im Vorhemd, im geringsten entzündet hätte, so habe ich fast ebenso guten Grund, zu bezweifeln, daß das Bild des Mädchens allein, ohne ihr brüderliches Gegenstück, vermögend gewesen wäre, meinen Geist in so süße Träume zu wiegen.»

Klaus Pringsheim, der Bruder Katias, winkte ein halbes Jahrhundert später in seinem Zürcher Aufsatz den Frankfurter Zwillingen in innigstem Einverständnis zu, noch immer von den Sympathiebeweisen des Schwagers geschmeichelt. Thomas Mann aber ließ den kleinen Felix, der auch sein Ich war – in einem verschönenden und zugleich unseriös verzerrenden Spiegel –, in seinem bewegten Geständnis fortfahren: «Liebesträume, Träume, die ich liebte, eben weil sie von – ich möchte sagen – ursprünglicher Ungetrenntheit und Unbestimmtheit, doppelten und das heißt doch erst: ganzen Sinnes waren, das berückend Menschliche in beiderlei Geschlechtsgestalt selig umfaßten.»

Er trieb das Spiel des Aufenthalts zwischen den Geschlechtern in altfränkisch verschämter Umständlichkeit noch ein wenig weiter. Krull wurde den Annäherungen «gewisser abseits wandelnder Herren» ausgesetzt, «Schwärmern, welche nicht die Frau suchen, aber auch nicht den Mann, sondern etwas Wunderbares dazwischen. Und das Wunderbare war ich. Darum hatte ich so viel ausweichende Höflichkeit nötig, um andringende Begeisterung dieser Art zu dämpfen, ja zuweilen lag es mir ob, flehender Untröstlichkeit verständig-begütigend zuzureden.» Thomas Mann ließ den Erzähler fortfahren: «Ich verschmähe es, die Moral gegen ein Verlangen ins Feld zu führen, das mir in meinem Fall nicht unverständlich erschien. Vielmehr darf ich mit jenem Lateiner sagen, daß ich nichts Menschliches mir fremd erachte.» Der Autor zog es freilich vor, Felix zunächst in die «schlimme Liebesschule» einer ungarischen Halbwelt-Dame namens Rozsa zu schicken, die er eine «wilde Blüte des Ostens» und zugleich eine «strenge Geliebte und Meisterin» nannte, durch die diskrete Wahl der Adjektive andeutend, was bei jener Erzieherin mit den «schiefen, schimmernden Augen» und dem «gleitenden Spiel ihrer Unterlippe» zu lernen sein mochte.

In seinem «Lebensabriß» bekannte Thomas Mann hernach, was ihn an dem Krull-Experiment «stilistisch bezauberte», sei die «noch nie geübte autobiographische Direktheit» gewesen. Von der parodistischen Idee, «das Goethisch-Selbstbildnerisch-Autobiographische, Aristokratisch-Bekennerische, ins Kriminelle zu übertragen», sei ein «phantastischer geistiger Reiz» ausgegangen. Er berief sich auf die Memoirenliteratur des achtzehnten Jahrhunderts, auf die Lebensbeichte des Hochstaplers Manolescu, die im Jahre 1906 erschienen war, aber auch auf Goethes «Dichtung und Wahrheit». Später fügte er Grimmelshausens «Simplicius Simplicissimus» dieser bemerkenswerten Ahnenreihe hinzu.

Der eine oder andere Blick in Goethes Erzählung aus seinem Leben drängt freilich die Frage auf, wie die Beziehung zwischen der Parodie und dem bedeutendsten der Vorbilder in Wahrheit beschaffen sei. Die bemühte Annexion dieser und jener Eigenart der Syntax und einiger Stilmanieren genügt wohl kaum, eine Verwandtschaft anzuzeigen. War es wirklich die Sprache des sechzigjährigen Goethe, die in den ironischen Konfessionen des eleganten und zugleich merkwürdig pedantischen Liederjans aus dem Rheinland in ironischer Übertreibung sichtbar wurde? Und war es sein Geist? Daran sind Zweifel erlaubt. Die vergleichende Lektüre brächte nicht nur die Distanz zwischen dem alternden Dichter in Weimar und seinem späten Bewunderer in München zutage, sondern womöglich eine merkwürdige Fremdheit. Mit welch ruhiger, eindringlicher Unmittelbarkeit beschrieb Goethe zum Beispiel die Besuche des kleinen Wolfgang im französischen Theater, das in Frankfurt während der Besatzungszeit im Siebenjährigen Krieg gastierte – ein Sujet, das dem Hochstapler und seinem Erfinder nicht fern war! Keine rokokohaften Schnörkel, vor allem kein Hauch von Betulichkeit. In Jung Wolfgangs Freund, den er einen «allerliebsten kleinen Aufschneider» nannte, mag man sogar einen Vetter des Felix Krull erkennen: er «schwatzte charmant und unaufhörlich, und wußte so viel von seinen Abenteuern, Händeln und andern Sonderbarkeiten zu erzählen, daß er mich außerordentlich unterhielt, und ich von ihm, was Sprache und Mittheilung durch dieselbe betrifft, in vier Wochen mehr lernte, als man sich hätte vorstellen können».

Mit dem Freund gelangte er hinter die Kulissen – wie Felix, sein moderner Cousin –, wo «die Schauspieler und Schauspielerinnen in der Zwischenzeit sich aufhielten und sich an- und auskleideten. (...) In einem ziemlich großen Nebenzimmer, daß ehedem zu Spielpartien gedient hatte, waren nun beide Geschlechter meist beisammen und schienen sich so wenig unter einander selbst als vor uns Kindern zu scheuen, wenn es bei'm Anlegen oder Verändern der Kleidungsstücke nicht immer zum anständigsten herging. Mir zwar dergleichen niemals vorgekommen, und doch fand ich es bald durch Gewohnheit, bei wiederholtem Besuch, ganz natürlich.»

Ein anderes Geschöpf aus der Sippe der Krulls sah Wolfgang auf der Bühne: «ein hübscher Knabe, ungefähr von unserm Alter, der Sohn eines durchreisenden französischen Tanzmeisters (...). Nach Art der Tänzer war er mit einem knappen Wämschen von rother Seide bekleidet, welches, in einen kurzen Reifrock ausgehend, gleich den Lauferschürzen, bis über die Knie schwebte. Wir hatten diesem angehenden Künstler mit dem ganzen Publicum unsern Beifall gezollt, als mir ich weiß nicht wie einfiel, eine moralische Reflexion zu machen. Ich sagte zu meinem Begleiter: Wie schön war dieser Knabe geputzt und wie gut nahm er sich aus; wer weiß in was für einem zerrissenen Jäckchen er heute Nacht schlafen mag! –»

Die Mutter des jungen Künstlers, die genug Deutsch verstand, fühlte sich durch die laut geäußerte Reflexion des kleinen Wolfgang beleidigt. Sie kanzelte ihn auf der Stelle mitten im Publikum ab: Die Talente ihres Sohnes, rief sie, könnten ihm «wohl ein Glück bereiten», wovon er sich «nicht würde träumen lassen». Wolfgang sagte in seiner Verlegenheit, ohne etwas dabei zu denken: «Nun, wozu der Lärm? heute roth morgen todt! – Auf diese Worte schien die Frau zu verstummen. Sie sah mich an und entfernte sich von mir, sobald es nur einigermaßen möglich war. Ich dachte nicht weiter an meine Worte. Nur einige Zeit hernach fielen sie mir auf, als der Knabe, anstatt sich nochmals sehen zu lassen, krank ward und zwar sehr gefährlich. Ob er gestorben ist, weiß ich nicht zu sagen.»

War das der Stil, den die «Bekenntnisse» parodierten? Welche Memoiren des achtzehnten Jahrhunderts hatte Thomas Mann sonst im Auge? Jene Casanovas? Sie sind dem Krull kaum näher. Es verhielt sich wohl so, wie Hans Wysling feststellte: daß «stilistische Äquilibristik, parodistische Künstlichkeit, Mangel an Würde» die Gründe waren, die es dem Autor dreimal nahelegten – 1911 und noch einmal 1913 und ein letztes Mal 1954, sich von den «Bekenntnissen» abzuwenden. Er schien bei der angestrengten Seiltänzerei – die sich überdies nicht oben in der Zirkuskuppel, sondern eher in

Bodennähe vollzog – immer wieder, trotz seiner virtuosen Artistik, über die eigenen Beine zu stolpern. Seine sonst oft so sichere Intuition sagte ihm nicht, daß Parodien eher für kurze Stücke, kaum für ganze Romane taugen: auch nicht die Selbstparodie, an der er sich in Wirklichkeit so verbissen versuchte, ohne es recht zu merken. Nicht Goethe, sondern Thomas Mann war der Dichter, dem Thomas Mann in karikierender Übertreibung nachschrieb. Ernst Lissauer, ein kluger Kritiker, wies nach dem Erscheinen des Roman-Fragmentes auf die «behagliche Koketterie und Selbstgefälligkeit des Stils» hin. Er glaubte, von der Fortführung des Werkes abraten zu müssen: vergebens. Thomas Mann war kaum je bereit, sich von einer Zeile loszusagen, die er geschrieben hatte. Niemals hätte er sich überwunden, einem Projekt, das so weit gediehen war, ganz und gar den Rücken zu kehren.

Seine sprachliche Jonglierkunst demonstrierte er virtuos bis zum Überschlag in einem gefeierten Stückchen, das bei allen Vorlesungen prasselnden Beifall fand: Krulls Erzählung von seiner Musterung, bei der er aufs wirkungsvollste einen epileptischen Anfall mimte, der ihn von der Militärpflicht befreite. Im Bild des Oberstabsarztes zeichnete der Autor übrigens einen der uniformierten Mediziner nach, mit denen er einst in der Zwingburg der Münchner Leibregiments-Kaserne konfrontiert war. Ehe er Felix jener Prüfung aussetzte, hatte er die einschlägige eigene Erfahrung dem ungedienten Bruder Heinrich zur Verfügung gestellt, der die geschilderte Szene nahezu wörtlich für seinen Roman «Der Untertan» übernahm. Er hatte sich auch Thomas' ermunternden Hinweis zunutze gemacht, daß der Verdacht der Homosexualität für die Musterungsärzte Anlaß genug gewesen sei, einem jungen Bürger den Dienst in der Armee des Kaisers zu verwehren.

Diederich Heßling, des Bruders erzwilhelminischer Unhold, teilte überdies mit dem kleinen Krull eine gewisse Neigung zu serviler Anpassung. Damit freilich waren die Ähnlichkeiten erschöpft: Felix verbarg hinter seinem weltläufigen Opportunismus eine heimliche Neigung zur zarten Rebellion – Diederich Heßling aber, der «Untertan», war der Opportunist schlechthin. Das Sujet von Heinrichs Satire mußte dem Jüngeren tief verdächtig sein. Der Bruder entwarf das Porträt einer korrupten Gesellschaft, das dem deutschen Selbstverständnis von bürgerlicher Honorigkeit, sittlicher Zuverlässigkeit und idealistischer Hingebung an die sogenannten höheren Werte mit scharfem Witz widersprach. «Wir sind ernst, treu und wahr!» ließ Heinrich Mann den Diederich Heßling im Zenit seiner Karriere rufen: «Das strahlende Bild echt deutschen Wesens aber erhebt sich auf dem Boden des Christentums (...); und die Seele deutschen Wesens ist die Verehrung der Macht, der überlieferten und von Gott geweihten Macht, gegen die man nichts machen kann. Darum sollen wir nach wie vor die höchste Pflicht in der Verteidigung des Vaterlandes sehen, die höchste Ehre im Rock des Königs und die höchste Arbeit im Waffenhandwerk!»

Die heilige Ordnung des Reiches erwies sich unter dem sezierenden Blick Heinrich Manns als eine barbarische Maschine von Befehl und Gehorsam, durch den wolkigen Tüll der sogenannten deutschen Gemütswerte nur dürftig getarnt. Der Bruder, der kein analytischer Kopf war, doch mit einem sensuellen Gespür für den Zustand der Gesellschaft begabt, legte in diesem Buch einige Grundzüge des Teutonismus bloß, der die Wilhelminische Ära überdauerte, im Dritten Reich seine schrecklichste Realität offenbarte, in der kommunistischen Republik eine Renaissance erfuhr und auch im anderen, konservativ-liberalen Deutschland nicht völlig gezähmt ist. Dank dieser düsteren Wahrheit gewann die Erzählung ihre eigene Art von bitterer Zeitlosigkeit, und es hat wenig zu sagen, daß sich die artistischen Schwächen des Romans dem späten Leser recht unverhüllt offenbaren: Diederich Heßling, dieser Gehorsamsathlet und Gesinnungsschinder, bietet sich dem Betrachter von der Mutterwiege an als ein widerwärtiges Mitglied der menschlichen Rasse dar, ohne Nuancierung und ohne jede Spur der Liebenswürdigkeit, die ihm einen Hauch von Sympathie gewinnen könnte – ein Radfahrer, schon als Bübchen, nach oben duckend, nach unten tretend, in Wahrheit bar jeder Dämonie.

Thomas Mann aber mußte die große Satire als eine Verhöhnung seines Einverständnisses mit der wilhelminischen Gesellschaft begreifen, in der er sich so behaglich eingerichtet hatte. Womöglich verletzte ihn tiefer als alles andere, daß Heinrich Mann seinen Aufsteiger Heßling eine Aufführung des «Lohengrin» als Höhenflug der «kunstbanausischen Untertanenmentalität» erfahren läßt (um mit

Hanjo Kesting zu reden): neben dem «Tristan» Bruder Thomas'
liebstes Wagner-Werk, das ihn bis ins Alter zu verzaubern vermochte. Dennoch begleitete er die Entstehung des Buches mit freundlich-
interessierten Kommentaren. Er selbst bezeichnete sich damals
noch immer als einen «unpolitischen Menschen», obwohl er die
Veränderungen der inneren und der äußeren Machtverhältnisse mit
Vorsicht ins Auge zu fassen begann. Vermutlich las er die «Münchner Neuesten Nachrichten» regelmäßig und mit einiger Aufmerksamkeit: ein konservatives Blatt mit einem Kulturteil von gutem
Niveau, das seine Leser durch eine ausführliche und oft amüsante
Lokalberichterstattung an sich band. Er schätzte die «Frankfurter
Zeitung»: um ihrer Liberalität willen – und trotz ihrer Liberalität.
Eine Zeitlang bezog er aus der Reichshauptstadt den nationali-
stisch-reaktionären «Tag», und gelegentlich warf er einen Blick in
Theodor Wolffs oppositionelles «Berliner Tageblatt».

Doch über die Einsichten, die er aus der Lektüre gewann, verlor er
in seinen Briefen selten ein Wort. Beiläufig mokierte er sich über die
literarische Bruderschaft, die sich für die Aufhebung des preußischen
Dreiklassenwahlrechts ins Zeug legte. Schwerlich konnte es ihm entgangen sein, daß die Sozialdemokraten im Jahre 1912 zur stärksten
Fraktion im Reichstag aufgerückt waren und die Zentrumspartei ihre
Stellung erheblich gestärkt hatte. Die Opposition gewann Schritt um
Schritt an Boden, während sich die außenpolitischen Konstellatio-
nen des Kaiserreiches dramatisch zu verfinstern schienen. Die Verhandlungen mit Großbritannien über eine Begrenzung der Flottenrüstung waren gescheitert. Der französische Ministerpräsident
Raymond Poincaré, der aus Lothringen stammte, schloß mit dem
Zarenreich ein Abkommen, das den Ausbau der russischen Seestreit-
kräfte in der Ostsee begünstigte. Frankreich erhöhte die Dienst-
pflicht auf drei Jahre, was einer schweigenden Teilmobilmachung
gleichkam. Vor allem aber bestätigte der Balkan seinen Ruf, das «Pul-
verfaß» Europas zu sein. Im Jahre 1912 führten Bulgarien, Serbien
und Griechenland Krieg gegen das zerfallende Osmanische Reich.
Im Jahr darauf schlugen die Völker jener Region im Kampf um das
türkische Erbe mit nationalistischem Furor aufeinander ein. Keine
Autorität schien sie zähmen zu können – oder es auch nur ernstlich

zu wollen: nicht die britisch-französische «Entente cordiale», auch nicht der Dreibund Deutschlands, Österreich-Ungarns und Italiens, den die Regierungen just erneuert hatten. Keine der inneren, der äußeren Spannungen, keine der Wirren, der Kriegsdrohungen, der revolutionären Unruhen – im zaristischen Rußland wurde der Ministerpräsident Stolypin von Anarchisten ermordet – hinterließ eine sichtbare Spur in der Korrespondenz und in den Notizen des Dichters. Dann und wann freilich gab er der Vermutung Raum, daß die innere Erschütterung der Ordnung zum Kriege drängen könnte. Er sagte es ohne Jubel, wohl auch ohne Angst – eher beiläufig und nahezu gleichgültig, als gingen ihn die Händel dieser Welt so gut wie nichts an.

Aus den Gebirgen und Geröllhalden seiner Notizen über «Geist und Kunst» löste er schließlich – für die Münchner Zeitschrift «März» – zwei kleine Fragmente. Dem einen gab er den Titel «Der Künstler und der Literat». Das Stück war nichts anderes als eine kritische Charakterisierung des Bruders am Beispiel Voltaires, mit dem er sich bei seinen Studien über Friedrich den Großen herumgeschlagen hatte. Mit kaum camoufliertem Spott sagte er dem «Literaten» nach, er sei «anständig bis zur Absurdität, er ist ehrenhaft bis zur Heiligkeit, ja, als Wissender und Richtender den Propheten des Alten Bundes verwandt». Sein «Schönheitssinn, seine Sensibilität gegen das Gemeine, Lächerliche und Unfragwürdige» führe «zur Vernichtung aller niederen Leidenschaften, der Bosheit, des Neides, der Herrschsucht, der Rachgier, der Eifersucht». Seine «Kunst zu zergliedern und zu bezeichnen» aber befördere den Literaten am Ende «zur Auflösung und Beilegung der Leidenschaft überhaupt, zur Sanftmut, zur Stille».

Dies war, von einem seltsamen Zwang zur Selbstrechtfertigung diktiert, nicht viel mehr als prätentiöses Geschwätz: intellektuell nicht weniger dürftig und platt als Heinrich Manns Aufsätze «Voltaire – Goethe» oder «Geist und Tat» mit ihren plakativen Thesen, auf die Thomas Mann eine Antwort zu geben versuchte.

Der Ältere besaß den Vorteil entschlossener Gesinnung. Er konnte, ohne sich selbst ins Wort zu fallen, Balzac als «Dichter der kämpfenden Demokratie» feiern. Er konnte auch Flaubert «mit seinem Ideal einer Regierung der Wissenschaft, des Geistes selbst» zum Ahnherrn seines radikalen Republikanertums ernennen. Er durfte guten Gewissens, wenn auch ein wenig bombastisch, von Émile Zola sagen, daß er die «Kanonen der Gewalt (...) vor der Wahrheit» zum Schweigen gebracht habe. Dem Intellektuellen aber, der sich an die «Herrenkaste» heranmache, warf er «Verrat am Geist» vor. Mit seinem unaufhaltsamen Elan durfte Heinrich Mann der Gleichheit sagen, daß sie in Wirklichkeit Freiheit sei; sein feuriger Glaube hob alle Probleme auf. Mit einem ähnlichen Aufwand an Pathos hätten sich die umgekehrten Formeln deklamieren lassen: Sie wären nicht weniger richtig und unwichtig, nicht gerechter oder ungerechter gewesen.

Thomas Mann, von unzuverlässiger Milde erfüllt, enthielt sich zunächst einer unmittelbaren Äußerung zu derlei politischen Proklamationen. Seine späte Erwiderung zeugte eher von einer anhaltenden Verwirrung. Deutete sie auf eine Krise des Schaffens hin? Die Arbeit am «Zauberberg», mit der er ernstlich anfing, nachdem die Erzählung der «Bekenntnisse des Felix Krull» bis zu Rozsas Liebesschule gediehen war, ließ sich nach den ersten Skizzen zäh und langsam an. Was als eine kleine Einlage geplant war – eine humoristische Novelle, nicht viel mehr –, wuchs sich schon in den ersten Anläufen aus: ein großer Stoff wurde sichtbar, der den Autor – wie üblich – zu überwältigen drohte. Er begann sich vor dem Werk, auf das er sich eingelassen hatte, ein wenig zu fürchten. Die Sprache wollte er leicht und natürlich halten: er dachte, wie er im «Lebensabriß» notierte, an eine «englische Bequemlichkeit des Tons», von der er freilich – mit der angelsächsischen Romanliteratur nur flüchtig vertraut – nicht allzuviel wußte. Doch Stil und Handlung flossen nicht in einem steten und selbstverständlichen Strom voran. Der Autor mußte um jede Zeile kämpfen. Diese Mühe kannte er. Doch aus der Erfahrung kam kein Trost. Auch nicht aus den Erfolgen, auf die er zu pochen vermochte.

Der «Tod in Venedig» war, nach den «Buddenbrooks», der zweite große Triumph seiner literarischen Karriere geworden, beim Publikum wie bei der Kritik. Die Erstausgabe in einem kostbaren Privatdruck (beim Hyperion-Verlag in München) erwies sich als ein glänzendes Instrument der Werbung: die Glücklichen, die in den Besitz der edlen Edition gelangt waren, hatten die breitere Öffentlichkeit darauf vorbereitet, daß sie ein Juwel zu erwarten habe. Samuel Fischer verkaufte die erste reguläre Auflage von achttausend Exemplaren in wenigen Monaten. Zwei Jahre später betrug der Absatz zwanzigtausend, in jener Epoche eine eindrucksvolle Zahl.

So konnte der Autor auf dem Weg zur großbürgerlichen Etablierung getrost weiter voranschreiten. Ende Februar 1913 wurde das Grundstück Poschingerstraße 1 am Herzogpark erworben und bald danach mit dem Bau begonnen. Als Besitzerin zeichnete Katia: ein Hinweis, daß sich die Schwiegereltern an dem aufwendigen Unternehmen beteiligten. Die Architektur der Residenz lehnte sich wiederum an den Mansart-Stil an, klarer in der Gliederung als das Tölzer Landhaus, noch ein wenig herrschaftlicher, großliniger – vor allem dank eines halbrunden Vorbaus mit hohen französischen Fenstern, die zur Terrasse über den Garten führten; darüber ein ausladender Balkon. Das sogenannte Rondell gehörte zum Arbeitszimmer des Hausherrn, für das er nicht lange nach dem Einzug ein Bild erwarb, von dem kaum behauptet werden durfte, daß es ein bedeutendes Kunstwerk war: Ludwig von Hoffmanns Gemälde «Die Quelle». Es zeigte in gefällig vorimpressionistischer Manier drei schöne Jünglinge, um ein kleines Gewässer, das dem Felsen entsprang, harmonisch gruppiert. Thomas Mann hatte sich «bis über beide Ohren» in das Bild verliebt, als er es bei einer Ausstellung sah. Dem Maler, der übrigens Gerhart Hauptmann auf seiner Griechenland-Reise begleitet hatte, schrieb Thomas Mann im Frühjahr 1914, er sei im Begriff gewesen, das Bild sofort zu kaufen, «aber ich durfte nicht. Meine Verhältnisse sind augenblicklich zu ungeordnet, – wie ein rechter Neu-Deutscher lebe ich *über* meine Verhältnisse, der Bau einer Villa hat mich ausgepowert». Er bat um ein Vorkaufsrecht: den Preis kenne er, und er werde das Geld wohl aufbringen können, ehe ein anderer Liebhaber zugreife. Der geschmeichelte Maler gab sich mit einer bescheideneren Summe zufrieden.

Katia Mann hatte der Aufenthalt in Davos keine anhaltende Besserung gebracht. Thomas Manns Produktivität stockte. Im November 1913 wandte er sich in einem Brief aus Bad Tölz in einem Augenblick tiefer Depression an den Bruder, den er zu Beginn jenes

Jahres in seinem Aufsatz «Der Künstler und der Literat» auf so kränkende Weise herausgefordert hatte. Mit beiläufiger Höflichkeit fragte er zunächst nach dem «Untertan», aber dann brach die Verzweiflung mit einer seltenen Unmittelbarkeit aus seiner Seele, jede Disziplin und alle Vorsicht über den Haufen rennend: «Ich bin oft recht gemütskrank und zerquält. Der Sorgen sind zu viele: die bürgerlich-menschlichen und die geistigen, um mich und meine Arbeit. Katja hustet und müßte eigentlich schon wieder fort. Eißi scheint die Disposition von ihr geerbt zu haben, neigt bedenklich zu Bronchialkatarrhen und sieht schlecht aus. Überschuldet bin ich auch: 10000 M Vorschuß, 70000 M Hypothekenschulden und dann noch welche fürs Grundstück.»

Die materiellen Probleme sollten ihn nicht zu tief bedrückt haben. Er wußte sehr wohl, daß die Schwiegereltern Katia niemals im Stich lassen würden. Auch seine eigenen finanziellen Verhältnisse gaben zu keinen Klagen Anlaß, trotz der Belastung durch den ersten Hausbau in Tölz. Tiefer bekümmerte ihn Katias Gesundheit. Doch er sorgte sich vor allem um die eigene Seele: «Wenn nur die Arbeitskraft und -Lust entsprechend wäre. Aber das Innere: die immer drohende Erschöpfung, Skrupel, Müdigkeit, Zweifel, eine Wundheit und Schwäche, daß mich jeder Angriff bis auf den Grund erschüttert». Überraschend fügte er hinzu, daß er, der entschlossen Unpolitische, an seiner Unfähigkeit leide, sich «geistig und politisch eigentlich zu orientieren, wie Du es gekonnt hast; eine wachsende Sympathie mit dem Tode, mir tief eingeboren: mein ganzes Interesse galt immer dem Verfall, und das ist es wohl eigentlich, was mich hindert, mich für Fortschritt zu interessieren». Sympathie mit dem Tode – zum erstenmal nannte er die Worte, die einige Jahre später zu einer Obsession werden sollten.

Er versuchte, die Schatten zu verscheuchen: «Aber was ist das für ein Geschwätz.» Einen Augenblick später holte ihn, als sei sein Gemüt von einer Vorahnung überlagert, die Angst vor der Erschütterung seiner Welt wieder ein. Hatte er nicht willentlich und fast kompromißlos allen politischen und öffentlichen Dingen den Rükken gekehrt? Nun schienen sie ihn zu bedrängen: «Es ist schlimm, wenn die ganze Misere der Zeit und des Vaterlandes auf einem liegt, ohne daß man die Kräfte hat, sie zu gestalten. Aber das gehört wohl eben zur Misere der Zeit und des Vaterlandes.» Er fragte überraschend, ob die Misere wohl vom Bruder im «Untertan» gestaltet sein werde. «Ich freue mich mehr auf Deine Werke, als auf meine. Du bist seelisch besser dran, und das ist eben doch das Entscheidende. Ich bin ausgedient, glaube ich, und hätte wahrscheinlich nie Schriftsteller werden dürfen.»

In der Bitterkeit dieser Stunde machte er eine vernichtende Bilanz auf: «‹Buddenbrooks› waren ein Bürgerbuch und sind nichts mehr fürs 20. Jahrhundert. ‹Tonio Kröger› war bloß larmoyant, ‹Königliche Hoheit› eitel, der ‹Tod in Venedig› halb gebildet und falsch.» Für einen Augenblick faßte er die Schwächen der Bücher genauer ins Auge, als es ein Kritiker jemals gewagt hatte.

Er wußte freilich, als er die traurige Summe zog, daß dies nicht alles war: in Wirklichkeit verließ ihn das Vertrauen kaum eine Stunde, daß die «Buddenbrooks» «wachsen und wachsen» würden, und er behielt genau genug im Kopf, daß der «Tod in Venedig» ein großer Wurf sei, daß auch «Tonio Kröger» als eine Markierung der deutschen Seelengeschichte Bestand haben, daß die «Königliche Hoheit» noch lange ihre Leser und Liebhaber finden würde. Doch eine Stunde, vielleicht auch einen Tag lang ließ er sich von schonungsloser Selbstkritik überwältigen. Es ist nicht sicher, ob er sich später noch einmal mit solch radikaler Entschiedenheit zu prüfen vermochte.

Den Brief an den Bruder schloß er mit einer fast verlegenen Andeutung der «Taktlosigkeit», die er mit diesem Geständnis begangen habe: «was sollst Du antworten?» fragte er ihn zu Recht, und er fügte eine Entschuldigung an. Die Entgegnung Heinrichs ist nicht erhalten, doch man darf gewiß sein, daß er Thomas zu trösten versuchte. Schon zwei Tage später dankte er dem Älteren, der sich in München aufhielt, für einen «klugen, zarten Brief». Er sprach von seinen «wenig achtbaren Lamentationen»; der Bruder aber habe «gute, hochsinnige Arbeit gethan, wie immer». Dennoch ist nicht ausgemacht, ob er Heinrich jemals die nackte, schutzlose Offenheit verziehen hat, in der er sich preisgegeben hatte. Das Gefühl der Beschämung mag einen tiefen Stachel in seiner Seele hinterlassen haben. Doch seinem Dank für des Bruders Trost fügte er das liebenswürdige Geständnis an, in seinen besten Stunden träume er davon, «noch einmal ein großes und getreues Lebensbuch zu schreiben, eine Fortsetzung von Buddenbrooks, die Geschichte von uns fünf Geschwistern. Wir sind es wert. Alle.» Mit anderen Worten: er sehnte sich in den Stand der literarischen Unschuld zurück, in dem er den ersten großen Roman geschaffen hatte.

Eine Woche später reiste Katia mit ihren Eltern zur Kur nach Meran. Kurz vor Weihnachten kam sie zurück, doch schon am 4. Januar 1914 brach sie ein weiteres Mal auf, um ihre erneut angegriffene Lunge in der Höhenluft von Arosa zu kräftigen. Einen Tag nach ihrer Abreise bezog Thomas mit Kindern und Personal das Haus am Herzogpark.

Um die neue Residenz zu feiern, gab Thomas Mann am 18. Februar ein «Herren-Essen», an dem die Freunde Ernst Bertram und Bruno Frank, Kurt Martens und Wilhelm Herzog – der eher Heinrich Mann nahestand –, der Bühnenbildner Emil Preetorius, der Schwiegervater Pringsheim und seine Söhne, vielleicht auch der ältere Bruder teilnahmen. Die Schwiegermutter äußerte sich verstimmt. Sie meinte, nicht völlig zu Unrecht, mit der Einweihung hätte sich Thomas bis zur Rückkehr der Hausfrau Zeit lassen können.

28. KAPITEL

Der Absturz

Kein Menetekel schreckte den Autor auf, der sich Morgen für Morgen über das Manuskript der Erzählung vom «Zauberberg» beugte und die Handlung um eine Seite, manchmal nur eine halbe, oft genug nur um ein paar Zeilen vorantrieb. Kein Zeichen der Unruhe. Kein Signal der Angst. Kein alarmierter Blick nach draußen, der eine Antwort auf die bange Frage gesucht hätte, ob Krieg sein werde. Die Sorge galt dem Werk, und sie galt der Familie. Die Welt schien weit entrückt.

Während Katia, dem dringenden Rat der Ärzte gehorchend, die ersten Monate des Jahres 1914 in Arosa verbrachte, behielt Thomas Mann die Kinder so aufmerksam im Auge, wie es die Arbeit zuließ. Sie entbehrten die Mutter, und sie rebellierten immer aufs neue gegen die Autorität der «Fräulein», die einander in rascher Folge ablösten. Die Nerven der Damen rieben sich an den schwierigen Temperamenten der beiden Mädchen und der beiden Jungen rasch auf. Die Säule des Haushalts in der Poschingerstraße und draußen im Landhaus war «Affa» (mit vollem Namen Josepha Kleinshüble), die in der Hierarchie des Gesindes als Zimmermädchen nur einen bescheidenen Rang besetzte, doch ihr gehörte das Vertrauen der Kinder. Klaus beschrieb sie drei Jahrzehnte später – den Tonfall des verwöhnten Großbürgersöhnchens noch immer nicht verleugnend – als «die Perle, das Faktotum, das muntere Zimmermädchen mit dem roten, lachenden Gesicht, dem stolzen Busen und den flinken Fingern», die sich mit einem «steifen Häubchen» schmückte, wenn Gäste angesagt waren.

Den Vater erreichten die Geräusche der Zeit nur von fern. Am
Morgen das Manuskript. Dann der Spaziergang mit «Motz», dem
närrischen Collie, in den Isar-Auen. Mittagessen. Siesta. Korrespondenz, Notizen, Lektüre. Am Abend wurden die schweren grünen Portieren des Arbeitszimmers geschlossen. Alle Unruhe blieb
vor der Tür. Kein Wort über die «Zabern-Affäre» in der Neige des
Jahres 1913: Ein Offizier der kaiserlichen Armee hatte die Bürger
des elsässischen Städtchens als «Wackes» beschimpft, dem alten
Schmähwort, das die teutonische Verachtung des «welschen Charakters» der Menschen im westlichen «Reichsland» zu erkennen
gab. Es war danach zu Zusammenrottungen und zornigen Unruhen
gekommen, die von den Militärs brutal unterdrückt wurden.
Reichskanzler Bethmann Hollweg hatte die törichte Reaktion der
Kommandeure verteidigt, und er war im Reichstag nach stürmischer Sitzung auf Antrag der Sozialdemokraten mit überraschender
Mehrheit gerüffelt worden. Die Wogen gingen noch lange hoch.

Der Skandal bestätigte Bruder Heinrichs Bild von der preußisch-
deutschen Gesellschaft mit einer geradezu donnernden Pointe. Der
Münchner «Simplicissimus» hatte unterdessen einige Stücke aus
dem «Untertan» gebracht. Vom Beginn des Jahres 1914 an druckte
das Blatt «Zeit im Bild» den Roman in Fortsetzungen (ehe er noch
völlig zu Ende geschrieben war). Man darf gewiß sein, daß Thomas
Mann die Lektüre nicht versäumte. Dennoch gab er kein Zeichen
des Unmuts. Vielleicht wollte er Heinrich schonen, da dieser nun
ein anderes Mal seiner Existenz eine bürgerliche Ordnung zu geben
gedachte. Während der Proben für sein Bühnenstück «Die große
Liebe» – in der Hauptrolle Tilla Durieux – hatte ihm die Prager
Schauspielerin Maria Kanová ein kleines Kärtchen geschrieben und
um eine Rolle gebeten. Er hatte die junge Frau, sie war siebenundzwanzig Jahre alt, in ihrem Hotel aufgesucht: eine dunkle Schönheit südlicher Prägung. Die tschechisch-jüdische Herkunft berührte Heinrichs Verlangen nach einem Hauch von Exotik. Vor der
Familie hielt er den Charakter der Bindung zunächst halb verborgen. Thomas schrieb ihm im Januar 1914, er werde oft gefragt, ob
der Bruder nun eigentlich verheiratet sei; er antworte stets: «Ich
glaube nicht, denn wenn er es wäre, so wüßte ich es doch wohl.»

Das war nicht so sicher. Indes, Heinrich Mann schien sich mit der

Entscheidung Zeit zu lassen: ein Junggeselle von dreiundvierzig Jahren, den man nach altmodischer Manier einen «Hagestolz» genannt hätte. In Wirklichkeit sehnte er sich nach einem festen Halt. Doch die Heirat stieß auf Schwierigkeiten. Die österreichischen Gesetze, denen Mimi Kanová unterworfen war, erlaubten keine Eheschließung zwischen Christen und Nichtchristen. Heinrich sah sich gezwungen, aus der evangelischen Kirche auszutreten, um heiraten zu können – in jener Epoche keine einfache Prozedur.

Der Sommer 1914 begann in strahlender Herrlichkeit. Thomas und Katia Mann, Kinder und Gesinde zogen Anfang Juli, wie es üblich war, in ihr ländliches Paradies, das «den bittersüßen Duft von Tannen, Himbeeren und Kräutern» hatte, wie Klaus Mann sich erinnerte, «vermischt mit dem charakteristischen Aroma des Mooses, das von der Sonne durchwärmt» war, «der großen, mächtigen Sonne eines Sommertages in Tölz».

Die Nachricht von der Ermordung des österreichischen Thronfolgers Erzherzog Franz Ferdinand und seiner Frau durch serbische Nationalisten am 28. Juni 1914 schreckte Europa auf: gewiß auch das Ehepaar Mann. Den Kindern teilte sich der Schock von Sarajewo nicht mit. Der Vater scheint das Attentat nicht als die düstere Ouvertüre einer größeren Tragödie begriffen zu haben. Er überließ sich der Hoffnung, die Krise werde – wie zuvor so viele dramatische Gefährdungen des Friedens – durch die Vernunft der Verantwortlichen in letzter Minute gezähmt. Er fuhr zu einem Vortrag nach Freiburg im Breisgau, eingeladen von Professor Philipp Witkop, mit dem er schon lange eine intensive Korrespondenz unterhielt. Einige Monate später schrieb er dem Germanisten: «Tja, wer hätte das gedacht, daß mit meiner Vorlesung in Freiburg die Friedensepoche Europa's in einer letzten Verklärung sich endigen sollte! Im Ernst, muß man sich nicht schämen, so garnichts geahnt und gemerkt zu haben? Selbst nach dem Fall des Erzherzogs hatte ich noch keinen Schimmer, und als der Kriegszustand verhängt war, schwor ich immer noch, daß es zu nichts Ernsthaftem kommen werde. Es ist doch lächerlich, daß man einfach an den Krieg nicht mehr glaubte – nur weil man 4 Jahre nach dem letzten Friedensschluß geboren war.» In einem Brief an Ernst Bertram, den er am 17. Februar 1915 schrieb, stellten sich ihm seine Empfindungen im Rückblick ein we-

nig anders dar: er sei, sagte er, «auf die Ereignisse innerlich vorbereitet» gewesen – «ohne politisch auch nur eine Ahnung» zu haben.

In keinem der Briefe aus den Tagen vor der Katastrophe findet
sich ein Signal der Spannung oder der Furcht. Am 23.Juli stellte
Österreich-Ungarn dem Königreich Serbien ein Ultimatum, das
verlangte, binnen achtundvierzig Stunden müßten «alle gegen die
Donau-Monarchie gerichteten Aktionen» unterbunden werden.
Die nervösen Verhandlungen der Großmächte richteten nichts
mehr aus. Am 28.Juli erklärte Österreich-Ungarn Serbien den
Krieg. Das Zarenreich hatte keinen Zweifel daran gelassen, daß es
den kleinen slawischen Bruderstaat auf dem Balkan seinem Schicksal nicht überlassen würde. Der unselige Mechanismus der Bündnisse ließ keine Umkehr mehr zu. Das Verhängnis nahm seinen
Lauf. Später bemerkte der britische Außenminister Sir Edward
Gray, die Nationen und ihre Regierungen seien in den Krieg «hineingeschlittert». Er sagte auch: «In Europa gingen die Lichter aus.»

Heinrich Mann hielt sich in Nizza auf, das binnen weniger Tage
feindliches Ausland zu werden drohte. Von dort wohl schickte er
dem Bruder die Nachricht, daß er nun doch zu heiraten gedenke
(am 12. August); er bitte ihn, das Amt des Trauzeugen zu übernehmen. Unter dem Datum des 30.Juli antwortete Thomas – noch immer nach Nizza, oder war Heinrich unterdessen nach München zurückgelangt? –, daß er für den erbetenen brüderlichen Dienst zur
Verfügung stünde. Am Nachmittag, berichtete er, sei die Mobilma-
chung befohlen und wieder dementiert worden, und er höre, daß
die telefonische und telegraphische Verbindung mit München unterbrochen werde, um sie für das Militär freizuhalten.

Seine Hoffnung, daß der Frieden erhalten bleibe, war gering geworden: «So weit ist es noch nicht gekommen, so lange wir leben»,
schrieb er. «Ich muß sagen, daß ich mich erschüttert und beschämt
fühle durch den furchtbaren Druck der Realität. Ich war bis heute
optimistisch und ungläubig – man ist zu civilen Gemütes um das
Ungeheuerliche für möglich zu halten.»

Am 1. August die Kriegserklärung an Rußland. Generelle Mobil-
machung in Deutschland und Frankreich. Hernach meinte er in
einem Brief an Paul Amann, mit dem er vom Jahr 1915 an eine intensive Korrespondenz führte, er habe nicht zu denen gehört, die der

Kriegsausbruch «umzuwerfen» brauchte: «Im Gegenteil, ich war gut vorbereitet, war sofort im Bilde, und es war nur alles aktuell, brennend, Sinn der Stunde geworden, was längst von mir gefühlt, gedacht und wenigstens mündlich auch ausgesprochen worden war.» Verhielt es sich so? Ein Widerspruch zu seinen früheren Äußerungen läßt sich nicht leugnen.

Die Kinder, ganz ihrem Theaterspiel hingegeben, wurden an jenem 1. August vom «Fräulein» brüsk unterbrochen. Es sei Krieg, sagte sie. Klaus – er war damals siebeneinhalb – glaubte sich dreißig Jahre danach an die bedeutungsvolle Mitteilung der Gouvernante zu erinnern, daß der Kaiser «persönlich das Oberkommando von Armee und Flotte» übernommen habe; «ihr seid ja noch viel zu jung, um die Größe solcher historischen Begebenheiten zu begreifen», habe die Dame hinzugefügt.

Wie immer das gewesen sein mag, die Kinder eilten zu den Eltern, fanden sie – so Klaus im «Wendepunkt» – auf der Terrasse vor dem Teetisch (der nicht gedeckt war), die Mutter «etwas in sich zusammengesunken», den Vater «feierlich vertieft in den Anblick von Bergen und Himmel. Es war ein Sonnenuntergang von ungewöhnlicher Pracht, beinah beängstigend großartig, der flammende Horizont verschwenderisch in purpurne, bläuliche und silberne Töne getaucht.»

Die Größe der Stunde mag Klaus bei der Niederschrift der Autobiographie ein wenig verspätet, doch mit poetischer Vehemenz heimgesucht haben. Der Vater, schrieb er, habe den Kopf zur Mutter gewandt, ohne die Gegenwart der Kinder zu bemerken, und mit «gesenkter, ernster Stimme» gesagt: «Nun wird auch bald ein blutiges Schwert am Himmel erscheinen.» In dem Bändchen «Kind dieser Zeit», das er gut ein Jahrzehnt früher geschrieben hatte, bemerkte Klaus eher nüchternen Tones: «Mir sind diese Tage nicht begeistert in Erinnerung, sondern wie von einem stumpfen Sturm bewegt, mit einem niedrig hängenden, finsteren Himmel.»

Viktor, der jüngste Bruder des Vaters, inzwischen vierundzwanzig Jahre alt, bestand in jenen Tagen vor einem milden Professorengremium ein Staatsexamen, das ihn als Landwirt diplomierte. Es gab keinen Zweifel, daß er – gedienter Artillerist – mit der ersten Welle ins Feld ziehen müsse. Mit seiner jungen Braut Nelly ließ er sich, wie so viele Paare in jenen Tagen, ohne lange Vorbereitung trauen. Thomas, berichtete er später, sei aus Bad Tölz gerade noch rechtzeitig zum «improvisierten Hochzeitsmahl» eingetroffen. In Wirklichkeit stand der Bruder als Trauzeuge an seiner Seite. Heinrich Mann kam anderntags ins Hotel, in dem Viktor und seine Frau für die Hochzeitsnacht Wohnung genommen hatten. «Ich ging auf ihn zu», erzählte Viktor, «als ich schon dicht bei ihm war, hatte er Mama und meine Frau erblickt, mich aber noch nicht bemerkt. ‹Mein Gott, wie jung sie ist!› hörte ich ihn halblaut sagen, und schmerzliches Mitleid war in seinem Gesicht. Das gleiche Gefühl klang dann aus seinem Glückwunsch.»

Er fügte hinzu: «Heinrich war in diesem seit Tagen um mich wirbelnden Sturm an Begeisterung, Zorn, Hingabe und Opfermut der erste, an dem ich nichts als Trauer spürte. Thomas war sehr ernst, aber von der Haltung des Volkes stark beeindruckt gewesen. Vom ältesten Bruder aber fühlte ich deutlich nur tiefen, ja verzweifelten Kummer ausgehen und schlimmste Ahnung für uns alle, wenn er sich jetzt auch bemühte, dem Hochzeitspaar ein Lächeln zu zeigen.»

Noch am Mobilmachungstag hatte der Redakteur von «Zeit im Bild» Heinrich Mann mit höflichen Worten zu einer Unterredung in den Verlag gebeten. Dort ließ er den Autor wissen, daß der Krieg und der patriotische Aufbruch eine Fortsetzung des Abdrucks seines «Untertans» nicht länger erlaubten. Bei den geringsten politischen Anspielungen, zumal auf die Person des Kaisers, drohten die größten Schwierigkeiten mit der Zensur. Ein bitterer Schlag für Heinrich. Es blieb ihm nichts anderes, als sein Verständnis zu erklären.

Thomas aber konnte und wollte dem «Gebrodel einer aufgewühlten, in Angst und Begeisterung gerissenen Menschheit», von dem er im «Lebensabriß» sprach, in jenen ersten Kriegstagen nicht widerstehen, auch wenn ihm der Auftrieb physisch nicht angenehm war. «Ich teilte die Schicksalsergriffenheit eines geistigen Deutschtums», schrieb er, «dessen Glaube so viel Wahrheit und Irrtum, Recht und Unrecht umfaßte». In der Tat, er tauchte tief ein in die Woge des Enthusiasmus, die so oft ins Hysterische entlief, nicht nur in Deutschland. Er schwenkte keine Fahnen. Er schmückte keine

Gewehrläufe mit Blumen. Er verfaßte keine patriotischen Verse. Er stürmte auch nicht zur Musterungskommission, um sich freiwillig zum Dienst an der Waffe zu melden, vielmehr war er erleichtert, als ihn hernach ein von der Literatur und der Prominenz des Autors überwältigter Stabsarzt kurzerhand untauglich schrieb, «damit ich meine Ruh' hätte». Doch er verwehrte sich dem Sog des schrecklichen kriegs- und todestrunkenen Geistes jener Tage nicht.

Am 7. August schickte er dem Bruder einen Brief, der mit einer frostigen Absage begann: wenn Heinrich daran festhalte, schrieb er, sich am 12. August in München trauen zu lassen, so müsse er ihn dabei entschuldigen. Katia und er seien, nachdem er «dem guten Vicco als Trauzeuge gedient und von ihm Abschied genommen (auch Katja's Bruder haben wir in den Krieg entlassen)», nach Tölz zurückgekehrt. Dort wollten sie den Lauf der Dinge abwarten. Die Verbindung mit München sei äußerst schlecht: man fahre fast vier Stunden. Es könne ihn «jeder beliebige Freund oder Bekannte» ersetzen, «auch Klaus Pringsheim stände Dir gewiß mit Vergnügen zur Verfügung». Die Weigerung war höflich. Heinrich Mann mußte sie dennoch als einen Affront empfinden.

Indes, Thomas fuhr fort, seine Verwirrung nicht verbergend: «Ich bin noch immer wie im Traum, – und doch muß man sich jetzt wohl schämen, es nicht für möglich gehalten und nicht gesehen zu haben, daß die Katastrophe kommen mußte. Welche Heimsuchung! Wie wird Europa aussehen, innerlich und aeußerlich, wenn sie vorüber ist?» Er offenbarte, ohne subtilen Übergang, die privateren Ursachen seiner Beunruhigung: «Ich persönlich habe mich auf eine vollständige Veränderung der materiellen Grundlagen meines Lebens vorzubereiten. Ich werde, wenn der Krieg lange dauert, mit ziemlicher Bestimmtheit das sein, was man ‹ruiniert› nennt.»

War dies nicht der Augenblick des patriotischen Opfers? Thomas fiel sich sofort in die Zügel: «In Gottes Namen!» rief er: «Was will das besagen gegen die Umwälzungen, namentlich die seelischen, die solche Ereignisse im Großen zur Folge haben müssen! Muß man nicht dankbar sein für das vollkommen Unerwartete, so große Dinge erleben zu dürfen?»

«Große Dinge» – er fügte sich in die Sprache der Stunde. «Mein Hauptgefühl ist eine ungeheure Neugier – und, ich gestehe es, die tiefste Sympathie für dieses verhaßte, schicksals- und rätselvolle Deutschland». Er fügte hinzu, wenngleich dieses Deutschland die «Civilisation» bisher «nicht unbedingt für das höchste Gut» gehalten habe, schicke es sich doch an, den «verworfensten Polizeistaat der Welt zu zerschlagen»: das zaristische Rußland. Die Zivilisation hatte er in Anführung gesetzt – eine kleine Herausforderung, die den Bruder ärgern mußte, das war ihm wohl bewußt, für den dieser Begriff das Zentrum seines Bekenntnisses zu westlicher Lebensform war.

Einen guten Monat später rechnete Thomas dem Älteren vor, daß er sich durch den Bau zweier Häuser vor dem Ausbruch des Krieges wirtschaftlich über seine Kräfte engagiert habe: «Ohne den Krieg wäre alles ganz gut gegangen, aber nun steht es schief.» Er verdiene nichts, der Zuschuß seines Schwiegervaters sei auf die Hälfte gekürzt worden, sein Verleger könne den versprochenen Vorschuß nur in Raten zahlen, das Tölzer Landhaus sei vorderhand unverkäuflich, er habe bis zum Oktober erhebliche Zahlungen zu leisten: «Ich muß (…) genau rechnen und an mich ziehen, was ich irgend haben kann.» Mit anderen Worten: Er forderte das Geld zurück, das er Heinrich geliehen hatte, darauf bauend, daß eine kleine Erbschaft, die beiden in Lübeck zugefallen war, dem Bruder helfen würde, seine Mittel zu strecken.

Heinrich antwortete dem Jüngeren, den er noch immer «Tommy» nannte, er habe mit keinen Zuschüssen zu rechnen, die gekürzt werden könnten, sein Verleger Cassirer zahle seit dem Ausbruch des Krieges nur mehr eine Kleinigkeit – «solange er wenigstens diese zahlt, leben wir davon und von Mamas Quartalsgeld». Wenige tausend Mark auf der Bank seien der einzige Rückhalt. Er beglich dennoch die Hälfte seiner Schuld von zweitausend Mark. Schließlich ein düsterer Ausblick: «Meine Produktion wird nach dem Kriege so unverwendbar sein wie jetzt.» Thomas wies seinen Pessimismus zurück. Er glaube, daß Heinrich «der deutschen Bildung Unrecht» zufüge: «Dein Ruhm war in steilem Aufstieg während der letzten 10 Jahre. Kannst Du wirklich glauben, daß durch diesen großen, grundanständigen, ja feierlichen Volkskrieg Deutschland in seiner Kultur oder Gesittung so sollte zurückgeworfen werden, daß es Deine Gaben dauernd abweisen könnte?»

Hier deutete sich die Sprache seines Aufsatzes «Gedanken im Kriege» an, den er am 22. August begonnen, gleichsam vom Elan der deutschen Armeen vorangetragen, und am 12. September beendet hatte, dem Tag der Schlacht an der Marne, die den Vormarsch auf Paris zu einem jähen Halt brachte. Er hielt sich – wie anders? – zunächst mit der Unterscheidung zwischen «Kultur und Zivilisation» auf, stellte fest, daß die Kultur «offenbar nicht das Gegenteil von Barbarei» sei, sondern «oft genug nur eine stilvolle Wildheit», ja daß sie «Orakel, Magie, Päderastie, Vitzliputzli, Menschenopfer, orgiastische Kultformen, Inquisition, Autodafés, Veitstanz, Hexenprozesse, Blüte des Giftmordes und die buntesten Greuel» umfasse. Zivilisation aber sei «Vernunft, Aufklärung, Sänftigung, Sittigung, Skeptisierung, Auflösung – Geist». Das «Genie» ordnete er, es versteht sich, der Kultur zu. Damit waren die Linien zum Bruder klar genug ausgezogen. Dann wurde Goethe kurzerhand zum «dämonischen Deutschen» und zugleich zum «kultiviertesten Sohn der Natur» ernannt. Thomas Mann sagte ihm nach, daß er sich gegen die Französische Revolution nicht nur aus «Ordnungssinn kalt verhalten» habe, «sondern namentlich, weil sie so ganz ein Werk des zivilisierenden Geistes» gewesen sei.

Eine kühne These, die mit der Wirklichkeit nicht allzuviel zu schaffen hatte, denn was die Deutschen der Revolutionsepoche – Goethe wie Schiller, Herder wie Wieland – zurückstieß, war die Barbarei des Terrors, den man nach Thomas Manns Kriegsgedanken eher der «Kultur» zuweisen durfte. Er übersah zum anderen, daß Goethe in Napoleon, diesem gewaltigen und entsetzlichen Vollstrecker der Revolution, nicht nur den «Dämon» sah, sondern vor allem den Wegbereiter einer zivilisatorischen Idee.

Natürlich erkannte Thomas Mann die Kunst, den Inbegriff seiner «Kultur», als engste Verwandte der «Religion und der Geschlechtsliebe», doch er fuhr fort: «Man darf sie noch einer anderen Elementar- und Grundmacht des Lebens an die Seite stellen, die eben wieder unseren Erdteil und unser aller Herzen erschüttert: ich meine den Krieg.» Kultur, Kunst und Krieg: das war seine Trinität des Jahres 1914.

Es sei nicht der «schlechteste Künstler», fuhr er mit fataler Logik fort, «der sich im Bilde des Soldaten wiedererkenne. Jenes siegende kriegerische Prinzip von heute: Organisation – es ist ja das erste Prinzip, das Wesen der Kunst.» Er nannte, um die Verwandtschaft sichtbar werden zu lassen, Gemeinsamkeiten: die «Verachtung dessen, was im bürgerlichen Leben ‹Sicherheit› heißt», die «Schonungslosigkeit gegen sich selbst, moralischer Radikalismus, Hingebung bis aufs Äußerste, Blutzeugenschaft, voller Einsatz aller Grundkraft des Leibes und der Seele». Mit «großem Recht» habe man die «Kunst einen Krieg genannt»: «Schöner noch steht ihr das deutsche Wort, das Wort ‹Dienst› zu Gesicht.»

Mit tiefer Zustimmung rief er: «Wie die Herzen der Dichter sogleich in Flammen standen, als jetzt Krieg wurde! Und sie hatten den Frieden zu lieben geglaubt, sie hatten ihn wirklich geliebt, ein jeder nach seiner Menschlichkeit, der eine auf Bauernart, der andere aus Sanftmut und deutscher Bildung. Nun sangen sie wie im Wettstreit den Krieg, frohlockend, mit tief aufquellendem Jauchzen – als hätte ihnen und dem Volke, dessen Stimme sie sind, in aller Welt nichts Besseres, Schöneres, Glücklicheres widerfahren können, als daß eine verzweifelte Übermacht von Feindschaft sich endlich gegen dies Volk erhob».

Thomas Mann trieb es nicht so weit wie sein großer Kollege Gerhart Hauptmann, der in jenen Tagen ein «Reiterlied» in dreizehn Strophen sang, in dem sich die Verse fanden: «Und es ist ein Gras, das vom Blute träuft! / Kein Erbarmen kann dir sein erlaubt. / Zitternd sinkt vom Halme Haupt um Haupt, / Und zu Leichenbergen wird's gehäuft.»

Richard Dehmel, Thomas Manns früherer Protektor, der unverzüglich an die Front geeilt war, obwohl er die Fünfzig überschritten hatte, schrieb unsägliche Zeilen wie: «– Und ob jeder Schritt über Fleischfetzen steigt, / Kartätschen und Stacheldraht: / Die befohlene Linie wird erreicht –» / oder: «Der Kaiser, der die Flotte schuf, / Der steht mit Gott im Bunde –»

Richard Schaukal, der Freund und Gegner, schrieb neunzig «eherne Sonette» und zwei Hefte mit Kriegsliedern, in denen er das Gericht Gottes über Großbritannien herabbeschwor: «Engeland, neidisches Engeland, / furchtbar soll deine Schmach und Schand / rings widerhallen am Weltenrand.»

Der Erzfeind Alfred Kerr wandte sich gegen die Russen: «Hunde dringen in das Haus – / Peitscht sie raus! / Rächet Insterburg, Gumbinnen / Und vertobackt sie vonhinnen... / Dürfen uns nicht unterkriegen – / Peitscht sie, daß die Lappen fliegen, Zarendreck, / Barbarendreck, / Peitscht sie weg!» Der junge Expressionist Paul Zech, ein Schützling Stefan Zweigs, schwadronierte daher: «Tausendfache Übermacht? / Nein! Mein Brustberg bricht Vulkane, / Jedes Mähnenhaar ist Fahne, / Der Galopp schon halbe Schlacht!»

Auch der Lyriker und Novellist Rudolf G. Binding sang, was nicht weiter überrascht, das Lied des Kavalleristen: «Ich bin ein heiliger Reiter, / Weiß nicht mehr, was mich vorwärts treibt, / Der Beste ist, der Sieger bleibt. / Und ich begehr' nichts weiter.» Rudolf Alexander Schröder rief am 1. August 1914 den «deutschen Kriegern» zu: «Gottlob, es ist erschollen, / Das Wort, darauf wir bang geharrt, / Nun in Gewittergrollen / Sich Gott den Völkern offenbart.» Rainer Maria Rilke geriet in jenen erhabenen Hölderlin-Ton, der hernach so viele Gesten der Devotion gegenüber den «Führern» des Jahrhunderts, den rechten und linken, veredeln mußte: «Heil mir, daß ich Ergriffene sehe.» Er sprach «vom hohen / Heldengebirg, das nächstens im Neuschnee / eures freudigen Ruhms reiner, näher erglänzt».

Christian Graf von Krockow berichtete in seinem Buch über «Die Deutschen in ihrem Jahrhundert», daß in jenem August 1914 anderthalb Millionen Kriegsgedichte aus den Federn geflossen seien. Nur wenige unter den Poeten und Schriftstellern, den Professoren, den Pastoren vermochten sich der Hysterie, die alle Barrieren des Geschmacks und der hergebrachten Begriffe von Anstand und Takt über den Haufen rannte, mit Mut und Nüchternheit zu entziehen. Die moralische Resistenz der Eliten in Frankreich und in Großbritannien zeigte sich nicht zuverlässiger. Auch sie überließen sich in einem Taumel von Begeisterung und Angst dem reißenden Strom des Nationalismus. Der Sommer 1914 war in der Tat nicht nur eine eklatante Niederlage des Internationalismus der sozialdemokratischen und sozialistischen Parteien. Er war vor allem auch das Fiasko der europäischen Intellektuellen.

Arthur Schnitzler kehrte den «Marodeuren des Patriotismus» in einem Brief an Stefan Zweig angewidert den Rücken: einer «vom Übermaß des Hasses und vom Wahnsinn der Lüge verwirrten

Welt». Er sprach bitter von «Verhetzungsversuchen», die «weit
hinter den Fronten der ehrlich kämpfenden Armeen im wohlge-
deckten Gelände unverantwortlicher Publizistik» gefahrlos unternommen würden. Hermann Hesse, der in der Schweiz lebte, hielt
sich abseits. Auch Stefan Zweig ließ sich nicht in den Strom des
Irrsinns reißen. Sein Namensvetter Arnold Zweig widerstand –
ebenso Heinrich Mann, der sich fürs erste in einen stummen Protest
zurückzog.

Der Bruder Thomas aber gestand in seinen «Gedanken im
Kriege», die im November-Heft der «Neuen Rundschau» erschienen: «Wir hatten an den Krieg nicht geglaubt, unsere politische Einsicht hatte nicht ausgereicht, die Notwendigkeit der europäischen
Katastrophe zu erkennen. Als sittliche Wesen aber – ja, als solche
hatten wir die Heimsuchung kommen sehen, mehr noch: auf
irgendeine Weise ersehnt; hatten im tiefsten Herzen gefühlt, daß es
so mit der Welt, mit unserer Welt nicht mehr weitergehe. Wir kannten sie ja, diese Welt des Friedens und der cancanierenden Gesittung».

Es kam noch schlimmer. Er suchte – wie es üblich ist, wenn sich
die Schreiber und Redner dem Ressentiment überlassen – seine Metaphern im Reich der Insekten: «Wimmelte sie nicht», die Friedenswelt, «von dem Ungeziefer des Geistes wie von Maden? Gor und
stank sie nicht von den Zersetzungsstoffen der Zivilisation?» Und
noch einmal: «Wie hätte der Künstler, der Soldat im Künstler nicht
Gott loben sollen für den Zusammenbruch einer Friedenswelt, die
er so satt, so überaus satt hatte! Krieg! Es war Reinigung, Befreiung,
was wir empfanden und eine ungeheure Hoffnung.» Deutschlands
«ganze Tugend und Schönheit – wir sahen es jetzt – entfaltet sich
erst im Kriege. Der Friede steht ihm nicht immer gut zu Gesicht».
Dann die üblichen Anklagen gegen Frankreich, die in die absurde
Frage mündeten, ob ein «Volk, dessen Antlitz der Krieg von heute
auf morgen dermaßen ins Abstoßende verzerrt», noch «ein Recht
auf den Krieg» habe. Er sprach auch davon, was aufhorchen läßt,
daß jene Nation «Damenrechte» in Anspruch nehme. Noch lange
Jahre danach warf er ihr mit tiefer Verachtung die «Weiblichkeit»
ihres Charakters vor. Er sprach, wie alle anderen, von «Albions»
Heuchelei und von «englischer Humanitätsgleisnerei», die sich mit

«französischer Damennaivität» vereinigt habe. Er rügte die «*uner-laubte* Unwissenheit über Deutschland», die er in «jedem Worte der Bergson, Maeterlinck, Rolland etc.» zu erkennen glaubte.

In der Tat hatte auch der Philosoph Henri Bergson dem chauvinistischen Furor seine Stimme geliehen. Und der belgische Dichter Maurice Maeterlinck, durch den Einfall der deutschen Armeen in seine Heimat bitter verletzt, war mit wilden Anklagen vor die Welt getreten, die seinen Freund und Förderer Stefan Zweig tief verstörten. Thomas Mann aber kannte Romain Rolland als einen Mittler zwischen Frankreich und Deutschland. Otto Grautoff hatte den Musikerroman «Jean Christophe» übersetzt, man erinnert sich, und den ersten Band an den Freund in München geschickt. Der Jugendfreund hatte auch eine kleine Broschüre über den Meister publiziert, die Thomas Mann kaum entgangen sein konnte.

In Wahrheit trat Rolland dem Nationalismus Frankreichs mit beispielhaftem Mut entgegen. Doch er verbarg auch nicht, daß ihn die brutale Mißachtung der belgischen Neutralität durch die Deutschen entsetzte. In seinen Appellen war nicht jede ungerechte Beschuldigung unterdrückt. Er hatte Gerhart Hauptmann auf die Nachricht, deutsche Soldaten hätten ein Werk von Rubens in Brand gesteckt, den unglückseligen Satz zugeworfen: «Seid Ihr die Enkel Goethes oder Attilas? Tötet die Menschen, aber achtet die Kunstwerke!» Doch Rolland sagte auch, in einer Antwort an Hauptmann: «Ich betrachte den Krieg nicht wie Sie als ein Fatum. Das Fatum ist die Ausrede der Willenlosen.»

Thomas Mann machte sich fürs erste keine Mühe, Rollands Argumente und seine Haltung mit der gebotenen Gewissenhaftigkeit zu prüfen. Er glaubte auch in diesem konsequenten Pazifisten – der sich ins Schweizer Exil zurückziehen mußte – einen Feind zu erkennen. Er erlag – der verkrampfte und verspannte, der eifernde, hadernde und hechelnde Ton des Pamphletes zeigt es an – der Massenseuche des Nationalismus, von der nahezu jede Seele heimgesucht war. Der Schriftsteller ließ sich – nicht zum letztenmal in seinem Dasein – vom Propagandisten überwältigen. Später verbannte er die Schrift aus seinen Gesammelten Werken. Er brachte es nicht zuwege, sich zu dieser Versündigung gegen die intellektuelle Redlichkeit zu bekennen – und sich damit glaubwürdig von ihr loszusagen.

Arthur Schnitzler schrieb, nicht lange nach der Publikation der «Gedanken im Kriege», an eine Freundin, er wende sich nicht ab und er puppe sich nicht ein, er stehe vielmehr mit «beiden Beinen in unsrer Zeit», wenn er auch «nicht eben leitartikel- oder feuilletongerechte Gedanken über Vaterland, Heldentum und Politik» habe: «Das Kriegsgeschrei müssen wir uns gefallen lassen – das Kriegs*geschwätz* soll der Teufel holen.» Wilhelm Herzog, der Freund und intellektuelle Gefährte Heinrich Manns, rügte in seiner Zeitschrift «Das Forum» (die ein Jahr später verboten wurde), der «Dichter Thomas Mann» spreche «wie ein Leitartikler, der alles weiß und dem keine noch so allgemeine Behauptung fragwürdig dünkt». Er warf ihm vor, daß er von Dingen rede, von denen er nicht genug wisse. «Müssen Dichter», fragte er, «die sich plötzlich zu Politikern berufen fühlen, Dokumente eingesehen haben? Müßte Thomas Mann (…) alle Gelbbücher, Orangebücher, Blaubücher, Weißbücher gelesen haben? Nein. Aber er konnte entweder schweigen, oder jedenfalls vor apodiktischen Urteilen zurückschrecken.» Mit dem Blick auf Thomas Manns drastische Anklagen gegen Frankreich und England schrieb Herzog weiter: «Uns aber schaudert vor einer solchen Argumentierungsart, die mit beabsichtigter oder unbeabsichtigter Verkennung der Gegner Selbstgerechtigkeit und Selbstanbetung verbindet.» «Wir brauchen jetzt keine wohlstilisierten ‹Gedanken im Kriege›», sagte er schließlich mit überraschender Milde. «Wir wollen aus der ungeheueren Verwirrung, in die die Menschheit gefallen ist, heraus. Daß unsere Dichter und Künstler als Führer versagten, mußten wir schmerzlich erleben.»

Selbst Richard Dehmel meldete Bedenken gegen die Unterscheidung zwischen «Kultur» und «Zivilisation» an. René Schickele, der elsässische Schriftsteller (der in der Schweiz Zuflucht gesucht hatte), nahm sich – wie Peter de Mendelssohn feststellte – in einer Glosse den Satz vor: «Und wir grüßen sie», die Not, «denn sie ist es, die uns so hoch erhebt.» Er fragte höhnisch: «Wie hoch? Gerade so hoch, daß der Ritter Thomas Mann, im Damensattel reitend zwischen Tod und Teufel, seine unsäglich kokette Gebärde hinüberwerfen konnte wie einen Handschuh in die dampfenden Reihen der Soldaten.» Schickele – er erwies sich später in den schwierigen Anfängen der Emigration als ein selbstloser Helfer – gab «Die weißen Blätter» heraus, in denen, nach Thomas Manns eigenem Zeugnis, zum erstenmal die Werke von Leonhard Frank und Franz Kafka, von Kasimir Edschmid, von Franz Werfel und Carl Sternheim «einem größeren Publikum präsentiert» wurden. In keinem von ihnen hätte Thomas Mann in jenen Tagen einen Weggefährten erkannt.

Er setzte unverzüglich die Feder zu seiner Studie «Friedrich und die große Koalition» an, die er im Untertitel einen «Abriß für den Tag und die Stunde» nannte. Sie verleugnete er später nicht. Allerdings kennzeichnete er sie in der autobiographischen Aufzeichnung von 1930 verlegen und bombastisch zugleich als eine «recht naturalistische Zeichnung des Königs», die damit «in aller Hingenommenheit das Wachgebliebensein» seines «kritischen Prosaistentums» bekundet habe. Es ist wohl wahr, daß er kein Bild Friedrichs entwarf, das der üblichen heroischen Verklärung entsprach, wenigstens nicht auf den ersten Blick. Das trug ihm einigen Ärger bei den dümmlichsten der preußischteutonischen Erzpatrioten ein. Die helleren Köpfe begriffen wohl, daß Thomas Mann mit literarischer List zu Werk gegangen war, um den großen König zum Symbol für die «deutsche Sache» werden zu lassen. Er hütete sich, auf die fundamentalen Unterschiede zwischen dem friderizianischen Preußen und seiner wilhelminischen Karikatur hinzuweisen, die der Junker Reck-Malleczewen ein Vierteljahrhundert später in seinem Tagebuch die «Parvenü-Firma» nannte: das hätte nur Heinrich Mann zuwege gebracht.

Das Material über Friedrich II., das er so geduldig zusammengetragen hatte – vor allem aus Thomas Carlyles vielbändiger Biographie –, lag lange schon auf Abruf bereit. Womit sollte er anfangen, fragte er vor der Fülle des Stoffes. Mit genauem Instinkt wählte er die Überraschung, die der junge König durch seine radikale Verwandlung nach dem Tod des Vaters der Welt präsentierte, als sich der «schlappe und ziemlich wollüstige junge Philosoph (...) zur allgemeinen Verblüffung als passionierter Soldat» entpuppte. Ohne jede Beschönigung, freilich auch ohne Kritik, eher bewundernd, schilderte er Friedrichs Talent zur Verstellung, mit dem der König ganz Europa düpiert habe. Er leugnete seinen Despotismus nicht, der ans «Mesquine» und zugleich ans «Grandiose» grenze. Er berichtete auch, nicht ohne einen lustvollen Unterton, von den barbarischen Anweisungen an die Offiziere und an die Soldaten, dem Feind mit «den Bajonetts in die Rippen» zu gehen. Er prüfte die Fragwürdigkeit des Titels «Der alte Fritz». Es sei «wirklich im höchsten Grade schauerlich, wenn der Dämon populär wird und einen gemütlichen Namen erhält».

In einem Brief an seinen Lektor Moritz Heimann sagte er später, er erkenne die Popularität des Königs an, doch er beurteile den Menschen anders. Man brauche nur an die Episode zu denken, als der Kabinettsrat Stellter vor dem königlichen Schreibtisch, vom Schlag getroffen, tot zu Boden fiel, der König aber ungerührt einen anderen Sekretär herbeirufen ließ und weiterarbeitete. Er fragte höhnisch: «Ist das so recht anheimelnd für den Menschensinn?» Immerhin versuchte er, den Kult der großen Männer, der das Zeitalter beherrschte, auf ein anderes Niveau zu heben. Er machte die Brechungen der Persönlichkeit sichtbar.

Ungeschminkt schilderte er die abstoßenden Züge der Erscheinung, die im Laufe der Jahre zunahmen: «ein Mönch im blauen Soldatenrock, die gelbe Weste immer mit Schnupftabak besudelt». Er nannte ihn einen «zynischen Junggesellen», ja er konstatierte, daß «ein beträchtlicher Teil seiner Bösartigkeit und Unheimlichkeit (…) sicher mit seinem Verhältnis zu den Frauen zu tun» habe, das «eigentlich ein Unverhältnis» gewesen sei, selbst in den Zeiten, in denen er sich als «ziemlich ausschweifender Jüngling» aufgeführt habe. Er deutete ein Malheur an, das dem Kronprinzen bei einer Operation zugefügt worden sei. Das verlangte ein wenig Courage, in der Tat, denn die Impotenz des Königs und die Erörterung seiner homoerotischen Neigungen rührten an ein preußisch-deutsches Tabu.

Thomas Mann indes zeigte nicht ohne Befriedigung an, daß Friedrich in einer ausschließlichen Männerwelt gelebt habe. «Es ist denkbar», schrieb er, «daß sein langes Kriegertum dazu beitrug, seine Instinkte dem anderen Geschlecht zu entfremden.» Seine durch nichts geminderte Maskulinität aber sei der schärfste Kontrast zur Atmosphäre des achtzehnten, des «französischen Jahrhunderts», das ein «rechtes Weibsjahrhundert» gewesen sei, «von dem

‹Parfum des Ewig-Weiblichen› ganz erfüllt und durchtränkt». Sein «Begriff von Soldatentum», sagte Thomas Mann, sei «antifeminin in dem Grade» gewesen, «daß es die Weichheit von Liebe und Ehe ausschloß. Er wollte nicht, daß seine Offiziere heirateten; sie sollten Kriegsmönche sein wie ihr König.» Die Motivierung präsentierte er als Witz (der kein guter war): «Die Herren, sagte er, sollten ihr Glück durch den Säbel machen und nicht durch die –.»

Der Geschmack der Zeit duldete nicht, daß ein Schriftsteller vom Rang Thomas Manns das Wort «Scheide» zu Papier brachte. Das war nicht die einzige Auslassung, die sich der Autor mit der üblichen Prüderie jener Tage – sie war auch die seine – auferlegt hat: «Man darf nicht vergessen», fuhr er fort, «daß die mächtigsten Länder Europas damals von Frauen regiert wurden: von der Zarin Elisabeth, der Kaiserin-Königin und der Pompadour. Friedrich verachtete und brüskierte sie alle drei bis zur vollkommenen politischen Unklugheit. Laut, bei Tische, in Gegenwart der Lakaien, nannte er sie ‹die drei ersten H… Europas›».

Von Maria Theresia sagte er, daß sie «diesen Friedrich mit ganzer Weibeskraft» gehaßt habe, doch er bezeichnete sie auch als eine «prächtige, naive, hochherzige Frau», die gewiß «die Sympathie und das Mitleid Europas so sehr verdiente». Die russische Elisabeth indes schmähte er unermüdlich für ihre «Neigung zum Branntwein und zu muskulösen Soldaten», und mit unverkennbarem Abscheu berichtete er von der «Königskebse» Pompadour, von der er bemerkte, man habe ihr «von dem Schmutz, aus dem sie kam und der ihr Element blieb», beinahe nichts angemerkt: «eines Fleischers Tochter, Poisson mit Namen, Frau eines Zöllners und Kupplers und selber Kupplerin obendrein». Der Autor nannte sie fortan kaum mehr mit dem Namen, den ihr der König von Frankreich und schließlich die Geschichte zuerkannt hat, sondern hieß sie die «geborene Poisson». Er schleppte damit – nicht ohne Berechnung – die Assoziation des Fischgeruchs leitmotivisch durch die Seiten.

Man kann nicht behaupten, daß Thomas Mann Friedrichs Frauenfeindlichkeit mit Schärfe verdammt habe. Sie fand auch nicht seine laute Zustimmung. Doch es läßt sich kaum leugnen, daß er sie mit einem Unterton des Gefallens präsentierte.

Wichtig war ihm die Gestalt des einsamen Mannes, gegen den

sich ganz Europa – das Europa der Frauen – verschworen hatte. Friedrichs Einsamkeit, die Preußens Stellung in der Welt repräsentierte, habe ihm – so der Apologet – den Angriff diktiert, der von Beginn an Verteidigung gewesen sei. Denn «die junge, die aufsteigende Macht», sagte Thomas Mann, «ist psychologisch genommen immer im Angriff, und die anderen, die bestehenden Mächte sind es, die sich gegen sie zu verteidigen haben.» Der Autor hielt damit nicht ein: Preußen sei «eingekreist» gewesen, sagte er, sich der damals üblichen Vokabel bedienend, und es sollte, so habe es die Konspiration seiner Feinde geplant, vernichtet werden, sobald sich die Gelegenheit biete. Daraus folgte: Friedrichs Kriege seien in einem tieferen oder höheren Sinne nichts anderes als Selbstschutz und Notwehr gewesen – wie der Krieg des Deutschen Reiches im Jahre 1914. Darauf kam es dem Autor an. Das und nichts anderes sollte sein feuilletonistischer Exkurs in die Geschichte beweisen.

Er schrieb, den Blick ebensosehr auf die Gegenwart wie auf die Konstellation des Jahres 1756 geheftet: «Ein schlimmes, bitteres und mephistophelisches Gelächter muß in ihm» – dem Großen Friedrich – «gewesen sein über die Beflissenheit, mit welcher der Klüngel drüben sich unschuldig zu halten, defensiv zu tun und ihm das Odium des Angreifers zuzuschieben trachtete, – ihm, der erhaben war über die Heuchelei oder Einfalt einer Psychologie, welche zwischen ‹Offensive› und ‹Defensive› säuberlich unterscheidet, und der Schuld und Odium gar nicht fürchtete.»

Er wurde noch deutlicher. Friedrich, sagte er, habe, als er in Sachsen einfiel, «dem Buchstaben nach unrecht» getan, habe eine Neutralität gebrochen, «die auf dem Papiere stand», doch er habe «in bitterster Notwehr» gehandelt: «Er mußte Schuld auf sich laden, um die Schuld seiner Gegner an den Tag bringen zu können.» Das war die historisierende Rechtfertigung für den Einmarsch der kaiserlichen Armee ins neutrale Belgien. Die höhere Moral war damals mit dem König, den Thomas Mann den «Beauftragten des Schicksals» nannte: er mußte nicht hinzufügen, daß sie nun mit dem Kaiser sei. Er fuhr fort, daß Friedrich von einem «im Grunde nihilistischen Fanatismus der Leistung» und einer ebenso «bösartigen» wie «melancholischen Souveränität» gelenkt worden sei, dem «geheimen Instinkt», von dem er selbst gesprochen habe. Es sei «durchaus eine deutsche Denkbarkeit», fügte er hinzu, «daß dieser geheime Instinkt, dies Element des Dämonischen in ihm überpersönlicher Art war: der Drang des Schicksals, der Geist der Geschichte. (...) Er mußte unrecht tun und ein Leben gegen den Gedanken führen, er durfte nicht Philosoph, sondern mußte König sein, damit eines großen Volkes Erdensendung sich erfülle.»

In diesen Sätzen brauste nicht nur der «Choral von Leuthen» auf, lange bevor der deutschnationale Konzernchef Hugenberg die Ufa gegründet hatte und Otto Gebühr als ein wiedererstandener Friedrich über die deutsche Leinwand galoppieren durfte, sondern auch der Vorbote eines anderen «Schicksalsbeauftragten», dessen Züge sich hinter Thomas Manns Porträt des Alten Fritz dem späten Leser mit bedrückender Deutlichkeit zu erkennen geben.

«Friedrich und die große Koalition» war in Wirklichkeit keine historische Studie, sondern ein feuilletonistisch aufgeputztes Stück Propaganda. Es war zugleich eine Vision. Als sie sich erfüllte, war freilich von der stets beschworenen «Ironie», die der Autor dem preußischen König als Überhöhung seines gespaltenen Wesens zuschrieb, nicht länger die Rede.

Unterdessen fügte der Fischer Verlag, damit der Dichter präsent bleibe, die kleineren Erzählungen der vergangenen Jahre unter dem Titel «Das Wunderkind» zu einem Bändchen zusammen, darunter auch das Boxer- und Ringer-Feuilleton «Wie Jappe und Do Escobar sich prügelten», das 1911 in den «Süddeutschen Monatsheften» erschienen war: keine Meisternovelle, wahrhaftig nicht, sondern eine realistisch-humorige kleine Erzählung, in der Thomas Manns Handschrift kaum sichtbar war. Nun schrieb er ihr plötzlich «rassenpsychologische Pointen» zu, weil die Kämpfer unterschiedlichen Nationalitäten zugehörten. Er beeilte sich auch, eine Umfrage der Stockholmer Zeitung «Svenska Dagbladet» über die Siegesaussichten Deutschlands zu beantworten. In seinem Artikel sprach er, wie so oft, vom Dualismus von «Geist und Macht», dessen Überwindung er sich vom Krieg erhoffte. Deutschland «hätte ihn nie gewollt», diesen Krieg, schrieb er – ein Grundargument seines Friedrich-Pamphlets wiederholend –, wenn man es nicht genötigt hätte, ihn zu wollen. Warum aber, fragte er, habe Deutschland den Krieg begrüßt, als er hereinbrach? Seine Antwort fiel seltsam genug aus: der Krieg bringe das «Dritte Reich», in dem er die «Synthese von Macht und Geist» erkennen wollte: «sie ist sein Traum und Verlangen, sein höchstes Kriegsziel.» Die deutschen Reaktionäre, sagte er, seien die Getreuen des ersten Reiches, das er als ein «geistiges» begriff. Die Konservativen wies er dem zweiten Reich zu, das er als das «Machtreich» bezeichnete. Die «Gläubigen der Zukunft» aber «meinen das dritte...»

Der ominöse Begriff war nicht seine Prägung. Er trieb sein mystisch-mythisches Wesen in allen möglichen Zirkeln und Sekten. Seine Wurzeln reichten in die Utopien des frühen Mittelalters zurück: zu den christlichen Gesichten der Endzeit und Joachim von Fiores Visionen. Er geisterte durch die Geschichtsphilosophie Hegels und Schellings. Seit dem Beginn des Jahrhunderts lag er sozusagen in der Luft. Johannes Schlaf, der zu den Vorläufern des Expressionismus zählt, hatte einen Roman in die Welt geschickt, der den Titel «Das dritte Reich» trug. Sein Held, Dr. Emanuel Liesegang, gab sich ganz dem «unausrottbaren Trieb zur Mystik» hin – ein Grübler und Seher, der eine Gestaltung des Lebens jenseits von Sozialismus und Materialismus suchte. Es ist denkbar, daß Thomas Mann dem Werk des Kollegen begegnet war, der in seiner Epoche einigen Ruhm genoß. Ein knappes Jahrzehnt danach bemächtigte sich der nationalistisch verschwärmte Schriftsteller Moeller van den Bruck der Formel für sein folgenreiches Buch, in dem er die Erstehung des Dritten Reiches beschwor als «Anbruch eines deutschen Zeitalters», in dem das «deutsche Volk erst seine Bestimmung auf der Erde erfüllen werde».

Die «Gedanken im Kriege», der Friedrich-Essay und der «Schwedenbrief», die nach den Worten des Autors ein «ganz nettes Ganzes» ergaben, wurden zu einem kleinen Bändchen zusammengefügt, obwohl der Verleger Samuel Fischer zunächst ein wenig gezögert hatte, denn er fürchtete, die Heftigkeit der Argumente Thomas Manns könnte von der deutschfeindlichen Kritik im Ausland mißbraucht werden. Bei einer Neuauflage im Jahre 1918 blieb nur der Aufsatz über Friedrich den Großen übrig. Die beiden anderen Stücke wurden, wie man so sagt, ein Opfer der veränderten Verhältnisse.

Die drei Aufsätze waren ein genauer Spiegel des Geistes und Un-

geistes der Epoche. Die Mischung aus Verschmocktheit, Sentimentalität und Dämonie, die sich in den Kellergelassen der nationalen
Seele vollzog, schien dem Dichter nicht fremd zu sein. Witkop, dem
Freiburger Professor, schrieb er, er sei auf die «Kriegsbriefe gefalle-
ner Studenten», die der Freund herausgeben wollte, gespannt, und
er finde die «allgemeine Emsigkeit und Gründlichkeit der geistigen
Verarbeitung der Ereignisse in Deutschland rührend schön». Der
Krieg, schrieb er, sei doch so recht «unser Krieg», denn «wie er
auch ausgehen mag, so werden wir am meisten davon profitiert haben und zur Epoche für unsere Bildung machen». Als ihn Ende
September 1914 die Anzeige des Todes von Ida Boy-Eds Sohn Walter erreichte, der in Frankreich gefallen war, sprach er in einem kurzen Beileidswort von «Mutterschmerz und Mutterstolz». Nur
einen Tag später schrieb er an Kurt Martens, der in einem Gedicht
gebeten hatte, das Leben höher zu achten als den Tod: «Wie ich nun
einmal bin, werde ich der Mahnung, für das Leben gegen den Tod
als Künstler Partei zu nehmen nie folgen können. Ich kann überhaupt nirgends Partei nehmen – ich würde es als einen Raub an
meiner Freiheit empfinden.»

Er hatte freilich Partei genommen, nur schien er es nicht immer
zu wissen. «Was ist *vornehmer*», fragte er in seinem Brief an Martens, «das Leben oder der Tod?» Er wisse es nicht. «Was ist *ekelhaf-
ter*», fragte er weiter, «der Tod oder das Leben?» «Auch das scheint
mir (...) noch die Frage.» Dann stellte er fest: «Schließlich sind Tod
und Leben nur ästhetisch ein Gegensatz. Religiös sind sie Eins –
dasselbe Mysterium.» Er hatte vom Krieg nichts verstanden. Es ist
zu fürchten, daß ihn das elende Leiden und der Tod von Millionen
Menschen in Wahrheit nicht interessierten.

29. KAPITEL

Alltag im Kriege

Ihm war nicht wohl in seiner Haut. Mit den «Gedanken im Kriege» und dem Friedrich-Essay hatte Thomas Mann seine Feder resolut in den Dienst des Kampfes gestellt, wie es ihm der blinde Glaube an die Gerechtigkeit der «deutschen Sache» befahl. Aber dann und wann regten sich verstörende Zweifel in seiner Seele, die ihn zwangen, jede Kritik von außen um so grimmiger zurückzuweisen. In seinem Hause herrschte der patriotische Geist, den das Volk von seinen «geistigen Repräsentanten» zu erwarten schien. Die Kinder beteten am Abend, ehe sie einschliefen, unter Anleitung der Mama brav für den Onkel Vicco Mann und den Onkel Heinz Pringsheim, die im Felde standen (der eine als Vizewachtmeister, der andere als Rittmeister). Sie beteten auch für den Onkel Peter Pringsheim, den die Ereignisse im fernen Australien überrascht hatten, wo er unverzüglich interniert worden war. Sie beteten, nach der Auskunft von Klaus, für die ganze Armee und für den Sieg der deutschen Waffen.

Indes, die ersten Triumphe waren bald verrauscht. Die Fronten im Westen und im Osten froren ein. Ein rasches Ende war nicht zu erwarten. Die leisen Zweifel pochten heftiger. Der Hausherr fand nicht zu den großen Projekten des Friedens zurück, wie er sich es nach getaner vaterländischer Schreibpflicht vorgenommen hatte. Tastende Versuche scheiterten. Gestalten und Handlung des «Zauberbergs» wollten sich der Feder nicht fügen. Erst recht entzog sich nun «Felix Krull» der Phantasie des Autors.

Der Krieg ließ ihn nicht aus seinem Bann. Von Bruder Heinrich hörte er nichts. Es ist nicht sicher, ob sich die beiden nach dem August 1914 noch einmal begegnet waren: gewiß nicht bei Heinrichs Hochzeit, der Thomas seine Teilnahme versagt hatte, auch nicht bei Schwager Löhr, von dem sich Heinrich seit vielen Jahren fernhielt. Vage Hinweise der Mutter deuten eine heftige Konfrontation an. Wann und wo? Man weiß es nicht.

Freilich durfte Thomas sicher sein, daß Heinrich sein erstes Kriegspamphlet gelesen, und vermutlich wurde ihm hinterbracht, daß er es im Kreis seiner Freunde drastisch kommentiert hatte. Heinrich Manns scharfe Ablehnung, die ihn nicht einen Augenblick überraschte, saß dennoch wie ein Stachel in seinem Herzen. Sie gab ihm Anlaß genug, in der Stille seines Arbeitszimmers und in schlaflosen Stunden das imaginäre Gespräch mit dem Bruder und ewigen Freund-Feind unablässig weiterzuführen: mit bitterem Hader, eifernd, manchmal verzweifelt. Er hätte oft wie Bismarck sagen können: «Ich habe die ganze Nacht gehaßt.» Zwei Jahre später, als Heinrich die Geburt einer Tochter anzeigte, überließ Thomas den Glückwunsch seiner Frau, die ein eher kühles Briefchen aufgesetzt haben mag, das der Bruder als arrogant empfand – erst recht Mimi, die Mutter des Kindes, eine erregbare Dame, die sich dann und wann in kleinen Vulgaritäten verlor.

Der Alltag im Haus am Herzogpark wurde einem Regime strenger Genügsamkeit unterworfen, obschon sich die finanzielle Katastrophe, die Thomas im August 1914 hereinbrechen sah, als ein fernes Gespenst erwiesen hatte. Trotz der gekürzten Zuwendungen aus dem Hause Pringsheim und der zunächst stockenden Zahlungen des Verlegers konnte der Autor den Pflichten, die seit dem Bau der beiden Häuser auf ihm lasteten, ohne zu große Einschränkungen genügen. Die Auflagen der alten Bücher wuchsen stetig: im Krieg wurde viel gelesen. Sie wären noch höher geklettert, wären die Zuteilungen von Papier nicht knapper und knapper geworden. Immerhin erreichten die «Buddenbrooks» noch vor dem Ende des Kaiserreiches das hundertste Tausend. Dennoch, es wurde gespart und das «Fräulein» entlassen. Erika und Klaus waren darüber entzückt. Auch eines der beiden Hausmädchen mußte gehen.

Die Mahlzeiten wurden karger. Doch von Entbehrungen war zunächst keine Rede. Katia hatte einige Vorräte angelegt, vor allem

Reserven für die rituelle Teestunde am Nachmittag, die niemals gefährdet war. Auch gelang es immer wieder – manchmal mit Hilfe des Verlegers –, den Hausherrn mit Zigaretten und den kleinen Zigarren zu versorgen, die er bei der Arbeit nicht entbehren konnte. Er war ein mäßiger, doch nach eigener Auskunft leidenschaftlicher Raucher. Kleider waren knapp. Dieses und jenes Stück mußte umgeschneidert werden. Es fehlte vor allem das Schuhwerk. Die Kinder gewöhnten sich an, in den milden Jahreszeiten barfuß in die Schule zu laufen. Sie wurden für den Beweis ihrer Abhärtung im Zeichen patriotischer Zucht von den Lehrern gerühmt. Sie durften – auch dies eine Geste der Solidarität – der Privatschule des Fräulein Ebermayer adieu sagen. In der Volksschule fühlten sie sich, wie Klaus bezeugte, sehr viel wohler. Erika trat 1915 in eine höhere Mädchenschule, Klaus ein Jahr danach in ein Gymnasium ein, wie es der Regel entsprach.

Zuvor war die Familie von einer Krise heimgesucht worden, die den Ärzten Rätsel aufgab. Im Mai 1915 klagten Golo und die kleinere Schwester Monika – sie waren sechs und fünf Jahre alt – über böse Leibschmerzen: Blinddarmentzündung, Operation. Wenige Tage später folgte Erika ins Krankenhaus, und am 24. Mai war Klaus an der Reihe, mit dem man zu lange gezögert hatte: die Vereiterung war durchgebrochen. Infektion des Bauchfells, Abszesse. Innerhalb von zwei Wochen hatte der Junge drei Operationen zu bestehen. Zwei Kanülen ragten aus seinem schmächtigen Körper. «Eine Nacht», schrieb der Vater an den Verleger Fischer, «hing sein Leben an einem Fädchen, und noch immer besteht ernste Gefahr. Sie können sich denken, wie es meiner armen Frau zusetzt. Sie baut auf das Zureden der Ärzte, die der Zuversicht Ausdruck geben, den Kleinen durchzubringen. Ich, solange ich ihn sehen durfte, (z. Z. darf ich es nicht), hatte Eindrücke, die mich an einen guten Ausgang kaum glauben ließen. Hoffen wir, daß ich mich irrte.»

Eine vierte Operation war notwendig, um einen Darmverschluß zu beheben: die ganze Bauchhöhle wurde geöffnet, wie der Vater Hedwig Fischer berichtete, «das Gedärm herausgenommen, auf einen gewärmten Tisch gelegt, durchsucht, geöffnet und wieder eingenäht (…): eine Sache von 1¼ Stunden. Das Herz hielt aus, auch nachher. Aber dann kam Darmlähmung – ein absolutes Versagen des Apparates, das drei Tage lang anhielt (...). Gestern hielten wir das Kind für verloren.»

Plötzlich war der Tod eine unmittelbare und schreckliche Realität. Er klopfte ans eigene Haus. Thomas Mann beugte sich der Furcht wie jeder andere Vater. Nichts von der rauschhaften und romantischen Todesliebe, die der Dichter in der Musik gesucht, die er seinen Geschöpfen und sich selbst immer aufs neue zugeschrieben hatte. Als es um den Sohn ging, verstand er – wenigstens für den Augenblick –, daß der Tod der Feind war, der besiegt werden mußte. Es galt, ein Leben zu gewinnen.

Die Ärzte der Privatklinik des Hofrats Krecke versuchten ein neues Präparat, das mit einiger Verzögerung zu wirken begann. Überdies war, wie Klaus selbst erzählte, die Mutter in einem Augenblick der Gefahr auf den Einfall geraten, den ganzen Körper des Knaben von Kopf bis Fuß mit Eau de Cologne einzureiben. «Die Ärzte schüttelten den Kopf, aber da nichts mehr zu verlieren schien, verboten sie nichts. Der Körper empfing die Erfrischung. In der Nacht trat eine Krise zur Besserung ein.»

Inmitten dieser Heimsuchung der vierzigste Geburtstag des Autors. Das Ereignis wurde, unter dem Gebot der Verhältnisse, nur gedämpft gefeiert. Als der Sohn über den Berg war, versagten die Kräfte der Mutter. Sie brach zusammen – und dann legte sie sich, die letzte in der merkwürdigen Serie, auf den Operationstisch, um den Blinddarm entfernen zu lassen. Danach erholte sich die Familie draußen in Bad Tölz von den Anfechtungen, für die es keine Erklärung der Wissenschaft gab. Katia Mann, eine andere Seltsamkeit, wurde trotz der physischen Herausforderungen, die ihre Energien verzehrten, die Schwäche der Lunge und die Anfälligkeit für gefährliche Erkältungen der Atemwege fürs erste los.

Der Alltag der Haufrau war hart geworden. Ihr fiel es zu, Lebensmittel ins Haus zu schaffen, als die Rationen im Fortgang des Krieges knapper wurden. Mit dem Fahrrad fuhr sie, von Tölz oder vom Herzogpark, zu den benachbarten Bauernhöfen, um ein wenig Speck, ein Pfund Butter, einige Eier einzuhandeln, oft mit geringem Erfolg. Die Schwiegermama draußen auf dem Schweighardtschen Hof in Polling verfügte – man kannte sie in den Dörfern lange genug – über die besseren «Beziehungen». Sie schickte manches Paket –

auch an Heinrich, auch an die Löhrs, in ihrer Sorge und in ihrer Liebe zu den Kindern unparteiisch und auf Ausgleich bedacht, obwohl sie mit dem Ältesten zu Beginn des Krieges bitter gerechtet hatte: «Ich lasse nicht gelten», hatte sie ihm zugerufen, «daß Du Deutschland die Schuld am Kriege gibst». Er möge bedenken, daß auch die ganze Sozialdemokratie mitgehe: «Mein lieber guter Heinrich, sprich nicht so gegen Dein Vaterland», hatte sie gemahnt, darin mit Thomas ganz einig. Gleichviel, sie zögerte nicht, dem einen oder anderen «ein Gockerl» zu schicken, wenn es ihr gelang, einem Bauern eines seiner Hühnchen abzuschwatzen.

Klaus Mann meinte sich zu erinnern, der patriotische Geist des Hauses habe jegliches «Hamstern» verboten. In Wahrheit hielt Katia – zum Glück ihrer Familie – nicht allzu strikt auf die Respektierung nationaler Tugend. Monika rühmte die Mama in ihren Erinnerungen für das Geschick im «Umgang mit finster-frechen Schleichhändlern». Wenn die Mama nicht bereit gewesen wäre, bei Wind und Wetter «Überlandpartien» zu unternehmen, um einige Eier oder einen Liter Milch zu ergattern, «so wären wir Kinder wegen Unterernährung einfach nicht herangediehen». «Wie die Möwen» hätten sie sich um ein Stück Brot gestritten.

Die Mutter habe ihre Sache vortrefflich gemacht, erinnerte sich auch der Sohn ein Vierteljahrhundert später, als ein neuer Krieg die Welt überzog. Ihre Leistung, sagte er, sei um so bewunderungswürdiger, wenn man ihre Herkunft bedenke: «Die Märchenprinzessin (…) mußte nun mit sehr harten und prosaischen Problemen fertig werden.» Er schrieb: «Es wäre eine Übertreibung zu behaupten, daß wir wirklich darbten; aber die schlichte Wahrheit ist, daß wir immer hungrig waren. (…) Essen, Kleider, Schuhe, Kohle, Seife, Schreibpapier, alles, was wir berührten, rochen, oder schluckten, war Ersatz, erbärmliches, schundiges Zeug.» Auch Golo sah hernach in der Mutter «eine Art von Heldin», der zwei schwierige Aufgaben gestellt waren: «den nervösen, hart arbeitenden Gatten zu beschützen, ihn zu ernähren, so gut es eben ging, und doch auch die Übrigen, die vier Kinder und die drei Mädchen», nämlich «Köchin, Zimmermädchen, Hausmädchen, nicht ganz zu kurz kommen zu lassen».

Die Kinder nahmen, wie Golo erzählte, das Frühstück und

Abendessen auf der oberen Diele ein, «letzteres am Samstagabend in Schlafröcken, weil ihm das wöchentliche Abendbad vorausging», wie es in bürgerlichen Familien noch lange Jahrzehnte üblich war. «Mittags aßen wir mit den Eltern, T. M. an der Spitze der Tafel, Kriegsbier aus einem großen, silbernen Henkelbecher trinkend, was er vor dem Krieg nicht getan hatte...» Katia selbst schien oft auf die nahrhaften Brocken zu verzichten, die sie lieber dem Mann oder den Kindern zuschob. Manchmal bemerkte wohl der Vater, daß sie zu kurz kam, und er bat die Kinder – selbst ein gutes Beispiel gebend –, der Mutter ein Stück Brot und ein Stück Ersatzwurst von ihrer Ration auf den Teller zu legen. Doch in der Regel akzeptierte er, ohne es recht zu bemerken, das Privileg, mit den besten Happen gefüttert zu werden.

Am Sonntag gab es, wie es die Tradition gebot, noch immer das gemeinsame Essen im Palais Pringsheim. «Aber das festliche Menu», erzählte Klaus, «bestand nun meist aus einem ausgemergelten Vogel – eine Art Reiher von penetrant tranigem Geschmack – und einem scheußlichen rosa Ersatzpudding. Es war nur die gediegene Pracht des Speisesaals und Offis» – der Großmutter – «unverwüstliche Würde, welche diese Zusammenkünfte vor dem Abgleiten in völlige Armseligkeit bewahrten.»

Katia Mann verstand es auch, Kohlen aus dunklen Quellen heranzuschaffen, die des Nachts – damit die Nachbarn nichts merkten – in den Keller geschleppt werden mußten. Die Zentralheizung war stillgelegt. Nur in jedem zweiten Zimmer wurde ein kleiner Metallofen installiert. Im Zimmer des Vaters war es warm. Seine Arbeit durfte keine Not leiden. Indes, den Kindern teilte sich mit, daß er nicht «eine seiner schönen Geschichten» schrieb, wenn er am Morgen die schweren Türen zu seinem Zimmer hinter sich schloß, wie Klaus berichtete, sondern etwas «Abstraktes, Schwieriges, Geheimnisvolles». Kein Roman, sagte er eher mürrisch – das Buch habe mit dem Krieg zu tun. Den österreichischen Oberleutnant Paul Amann, der ihm im Januar 1915 aus einem Wiener Lazarett einen Brief des ernsten Widerspruchs zu den «Gedanken im Kriege» geschickt hatte, ließ er im späten Herbst jenes Jahres wissen, er habe sich in eine «kritische – essayistische – Arbeit gestürzt, eine Art Aufsatz, nein, es sind fast privat gehaltene Aufzeichnungen, die aktuelle Dinge mit einer Revision meiner persönlichen Grundlagen auf wunderliche und gewagte Weise vereinigen und mich seelisch sehr hernehmen».

Er bezeugte jenem Fremden, der über eine intime Kenntnis der französischen Literatur verfügte, ein seltsames Zutrauen, obschon er auf kritische Einwände sonst eher gereizt und schroff reagierte. Amann scheint seine Argumente zur Verteidigung Romain Rollands gegen Thomas Manns undifferenzierten Angriff in den «Gedanken im Kriege» voller Respekt und sensibel dargelegt zu haben (die Briefe des Österreichers sind nicht erhalten). In seiner Antwort nahm der Dichter die Goethe-Maxime für sich in Anspruch, daß nur der Betrachtende ein Gewissen habe, der Handelnde aber immer gewissenlos sei. Das treffe auch für den Künstler zu, dem die «Betrachtung leicht zur Aktion» werde. Eine eher dürftige Ausflucht. Immerhin räumte er ein, sein erstes Kriegspamphlet habe etwas «von dieser Gewissenlosigkeit» enthalten. Es sei von dem heftigen Bedürfnis diktiert gewesen, «meiner beschimpften Nation geistig zu Hülfe zu kommen»: «Denn mein Herz ist deutsch, aber ein stärkerer Spritzer lateinamerikanischen Blutes bewirkt, daß ich das, was die Pariser Rhetoren und Advokaten können, *auch noch kann*.» Auch ihm sagte er, sei «die deutsch-französische Verständigung, das deutsch-französische *Bündnis* als die Rettung Europa's, das Ziel aller Politik, das Ziel auch dieses Krieges» erschienen. «Aber du großer Gott», rief er, «wie hat Frankreich sich aufgeführt! ‹Raison› hindert es nicht, sich zu benehmen wie ein böses Kind, das nach Schlägen schreit. Es wird ihm schlecht gehen müssen, viel schlechter als heute, damit es *Vernunft* annehme.»

Die Heftigkeit der Entgegnung hielt Amann nicht von einer freundlichen und besonnenen Antwort ab. Thomas Manns Briefe, die ihn im Hospital oder an der Front erreichten, waren für den jungen Offizier ein Element der Anregung, ja der Ermutigung. Er nahm es auch hin, daß ihm der Dichter – übrigens nicht lange nach der schweren Operation des Sohnes Klaus – ins Feld schrieb, er habe noch vor dem Kriege «eine größere Erzählung begonnen, die im Hochgebirge, in einem Lungensanatorium spielt». Der Geist des Ganzen, sagte er, sei «humoristisch-nihilistisch, und eher schwankt die Tendenz nach der Seite der Sympathie mit dem Tode».

Erneut die Formel, die in den kommenden Jahren immer wiederkehren wird, das große Leitmotiv, das niemals am Sterben der Massen ringsum geprüft wurde: die «Sympathie mit dem Tode». Seinen
Korrespondenten, der kaum von einer schweren Verwundung genesen war, ließ er wissen, für den Schluß des «Zauberbergs» sehe er
«keine andere Möglichkeit, als den Kriegsausbruch». Keine Regung
von Takt mahnte ihn, daß man einen Menschen, der dem Tod mit
knapper Not entronnen war und – im Begriff, wieder an die Front
zu eilen – sich dem Tod ein weiteres Mal aussetzen würde, vielleicht
nicht mit einer literarisch-romantischen Konzeption des Letzten
heimsuchen sollte. Nichts davon. Vielmehr stellte er fest, das
«Merkwürdige» sei, «daß wir alle im Grunde an den Krieg glauben,
ihn als Gottesgericht betrachten und seinen Spruch als inappellabel
hinzunehmen bereit sind».

Amann scheint in seinem nächsten Schreiben dies und jenes zu-
rechtgerückt zu haben. Thomas Mann bemerkte: «Der Faszination
des Krieges, der viele unterliegen, scheinen Sie nicht sonderlich zugänglich zu sein. Aber am Ende sind Sie überhaupt schon wieder im
Felde». Weiter hielt er sich mit dem Geschick des Briefpartners
nicht auf. Er sprach noch einmal vom «Tod in Venedig», sprach
vom Prinzenspiel seiner Knabenjahre, vom Künstler, von der fürstlichen Existenz, die ihn die eigene «erraten» lasse. Er nahm «Fortschritt, Revolution, Modernität, Jugend, Neuheit» für Deutschland
in Anspruch (wie es andere nach ihm taten). Die Französische Revolution wolle er nicht herabsetzen, aber auch aus seinem Herzen
keine Mördergrube machen: «Ich teile nicht Ihre Liebe zur Revolution. Ich sehe darin so viel Operngeste, unmenschliche Sentimentalität, Mangel an anständigem Zweifel, an Wahrheitsliebe und also an
Freiheit, daß sich mein Innerstes empört.» Er habe sich «in diesem
Kriege, der ja überhaupt die Geister scheidet, geschieden und wohl
auf immer geschieden von jenen Ententefreunden im Inneren
Deutschlands: unserem radikalen Literatentum, den ‹Intellektuellen› par excellence, die den ‹Geist› in Pacht zu haben meinen».

Das galt Heinrich Mann, der unterdessen bei den «Forum»-Ver-
anstaltungen seines Freundes Wilhelm Herzog einen Vortrag über
Zola gehalten hatte. Gegen Ende des Jahres erschien der Essay über
den großen französischen Realisten in den «Weißen Blättern», die

René Schickele in Zürich herausgab. Thomas Mann scheint sich auf
eine Kampfansage des Bruders eingerichtet zu haben. Indessen war
er selbst längst im Begriff, die eigene Attacke vorzubereiten.

Amann schickte ihm einige seiner Arbeiten, darunter eine französisch geschriebene, an deren Qualität Thomas Mann keinen Zweifel
erlaubte: «Ohne die Sprache zu beherrschen, verstehe ich mich auf
sie, habe von ihrem Geiste in mir (…), und der Rhythmus Ihrer
Sätze scheint mir durchaus echt. (…) Mir ist oft, als könnte man
über Literatur eigentlich nur auf Französisch sprechen, und beim
Lesen Ihres Artikels bestätigt sich mir dies Gefühl aufs neue.» Eher
prätentiöses Gerede, da man sich über Literatur auch auf finnisch
und selbst auf deutsch unterhalten konnte.

Der Stil seiner Briefe an Amann unterschied sich von der Korrespondenz mit Ernst Bertram durch eine fast versöhnliche Subtilität.
In dem langen Oktoberbrief des Jahres 1915 hatte er Anlaß, den
Ton zu dämpfen: «Denn unmöglich kann ich ohne Beschämung
lesen, daß Sie sich zum dritten Mal an die Front werfen wollen, Sie,
der sich zu diesem Kriege offenbar weniger positiv verhält, als ich,
der ich noch immer zu Hause bin und mutmaßlich zu Hause bleiben
werde.» Danach berichtete er – die Beschämung nahm nicht überhand – über seine rasche Ausmusterung, die er ohne Beschönigung
als «Korruption» bezeichnete, doch er fügte hinzu, jener Stabsarzt,
der beim Hören seines Namens «in ein erfreutes Dienern» geraten
sei, stelle sich ihm als ein «ganz undeutscher Fall von Verderbnis
durch die Literatur» dar. «Aber schließlich hatte der Mann recht. Es
hätte nicht viel Sinn, wenn ich physisch mitmachte. Meine Nerven
sind schlecht, ich ‹halte› mich eigentlich immer gerade nur, mein
Verdauungsapparat, mein Kopf, mein Herz würden rasch versagen,
und es wird mir aus psychischen Gründen lieber sein, wenn mir die
Blamage vor der Wirklichkeit erspart bleibt.» Sein patriotisches
Pflichtbewußtsein hielt ihn übrigens auch nicht davon ab, einem
unentbehrlichen Freund wie Ernst Bertram zu raten, sich durch
heftiges «Markieren» vom Joch des uniformierten Daseins zu befreien.

Von der Wirklichkeit des Krieges hatte er noch immer nichts begriffen. Er bemerkte: «Auf jeden Fall ist es ein schwerer, schwerer
Kampf – und das ist gut für Deutschland, viel besser, als ein rascher,

triumphaler Sieg gewesen wäre». Dann fragte er, ob ein «deutscher
Sieg, der auf den anderen allzu schwer lastet, auch nur wünschenswert» sei. «Ich für meine Person würde wenig Gefallen daran haben, einer Nation anzugehören, die den Fuß auf dem Nacken Europa's hat. Das kann nicht angenehm sein, und ich glaube, daß es der
deutschen Seele im Ganzen nicht zuträglich wäre.» Darin täuschte
er sich nicht. Amann mag ihm für das Zugeständnis dankbar gewesen sein.

Er schickte mit einem der nächsten Briefe eine gründliche Arbeit
über Romain Rolland, die um Verständnis für die Haltung des großen französischen Autors zwischen den Fronten warb. Thomas
Mann war beeindruckt. Er habe vor dem Krieg, schrieb er, «kein
deutliches Bild von Rollands Persönlichkeit» besessen, danach sei
er ihm «denn allzu geistlich, allzu bethulich-humanitär» erschienen, «ohne tieferen Sinn für das Schicksalsmäßige und Notwendige
einer Heimsuchung und Umwälzung, die letzten Grundes einem
europäischen Gesamtwillen entsprechen muß, und die ‹ein Verbrechen an der Menschheit› zu nennen, (...) eine recht seichte Abferti-
gung ist». Vielleicht empfand er, daß es an der Zeit sei, Rolland und
der kriegsfeindlichen Partei unter den Intellektuellen Europas eine
gewisse Bereitschaft zur Versöhnung anzuzeigen. «Ich bin des Hasses, der Beschuldigungen, des leidenschaftlichen Selbstgefühls, bin
des ‹Krieges› überaus müde, bin tief zur Weichheit, zum Frieden,
selbst zur Reue geneigt. Der Gedanke hat am frühesten ausgestrit-
ten...» Diese milde Stimmung hielt jedoch nicht an.

Dem Rolland-Essay hätte er gern zum Druck verholfen. Aber
wo? Die «Süddeutschen Monatshefte» seien «zu zornig deutsch».
Die «Weißen Blätter» würden die Arbeit «ohne Zweifel mit Vergnügen bringen». Aber die Sache sei die, daß er «es ihnen nicht
gönne», denn dort, «wo schon der berühmte Zola-Artikel meines
Bruders Heinrich gestanden hat, (...) würde Ihr Aufsatz nicht mehr
recht wirken und schmecken; man hat dort einen verbrannten Gaumen». Also plädierte er für die «Neue Rundschau». Daraus wurde
nichts. Freilich ließ Thomas Mann die Studie Amanns nicht ungenutzt. Es ergab sich ein bitteres Nachspiel.

30. KAPITEL

Auf dem deutschen Sonderweg

Aman, der ferne Partner, hatte sich aufmerksam nach der «Abhandlung» erkundigt, die Thomas Mann seit dem Herbst 1915 okkupierte: «Es steht schlimm!» antwortete der Autor: «Ich habe alles gesagt, an 200 Quartseiten hingesudelt – und weiß ich nicht, was ich damit anfangen soll, denn oeffentlich ist das alles so nicht möglich». Er fügte ein wenig rätselhaft hinzu: «objektiv schon, aber subjektiv, für mich, nicht mehr möglich».

Dann entnahm er dem Manuskript Paul Amanns ein schönes Wort Romain Rollands aus dem Roman «Jean Christophe», das freilich nicht in der deutschen Ausgabe stand: «Jeder unserer Gedanken ist nur ein Augenblick unseres Lebens. Wozu nützte uns das Leben, wenn nicht, um unsere Irrtümer zu berichtigen, unsere Vorurteile zu besiegen und täglich Herz und Gedanken weiter zu machen?» Das sei es, was er den «Rechthabern» vorhalte: «Wer die Wahrheit zu besitzen glaubt, der kann kein Wahrheitsliebender sein.» Er bestand darauf, daß er «im Grunde so wenig ein Intellektueller im Rolland'schen Sinne» sei «wie Rolland selbst». «Die schriftstellerische Erledigung» seiner Gedanken sei «das einzige und sichere Mittel (...), sie loszuwerden, über sie hinaus zu anderen, neuen, besseren und womöglich ganz gegenteiligen zu gelangen – sans remords!» So öde ihn nun die «ganze Gedankenbeichte» entsetzlich an, und «nur aus Ordnungssinn und bürgerlicher Abneigung, ‹etwas umkommen zu lassen›», werde er aus dem Geschriebenen «etwas Brauchbares» zu machen versuchen.

Solch sanften Erwägungen überließ er sich nicht lange. Vielleicht beugte er sich noch einmal intensiv über Heinrichs Zola-Essay, den er als eine nur flüchtig getarnte Generaloffensive gegen sich selbst empfand. Einer der ersten Sätze des Aufsatzes hatte ihn schmerzhaft getroffen: «Sache derer, die früh vertrocknen sollen, ist es, schon zu Anfang ihrer zwanzig Jahre bewußt und weltgerecht hinzutreten. Ein Schöpfer wird spät Mann.»

Ein seltsames Verdikt – das übrigens keine Seele, außer Thomas selbst, auf den Autor der «Buddenbrooks» zu beziehen schien. Es hätte vielen gelten können, sogar Mozart oder Goethe … Ganz gewiß war es keine schlimmere Schmähung als die Zurechtweisungen, die Thomas dem Älteren im Gang der Jahre hatte zuteil werden lassen, wenn er das d'Annunzio-Pathos, die steile Renaissance-Gestik, die radikale Rhetorik, den opernhaften Ästhetizismus Heinrichs denunzierte.

Am 15. Januar 1916 aber schrieb Thomas Mann an Ernst Bertram: «Ich habe gelesen u. bin selbst dadurch kaum überrascht, daß es ja fast noch mehr gegen mich, als gegen Deutschland geht.» Beides traf im unmittelbaren Sinne des Wortes nicht zu. Thomas indes schien nicht fähig, bei der Lektüre des Zola-Essays von sich selbst abzusehen. Er bezog, nicht zu Unrecht, die Formel von den «Tiefschwätzern» auf sich, denen Heinrich vorwarf, sie hätten die «gedanklichen Stützen (…) für den Ungeist» geliefert. Er hatte auch Anlaß zusammenzuzucken, als er auf den Rüffel stieß: «Der ganze nationalistische Katechismus, angefüllt mit Irrsinn und Verbrechen, – und der ihn predigt, ist euer eigener Ehrgeiz, dürftiger noch, eure Eitelkeit.» Er fuhr nicht grundlos zusammen, als er las: «Durch Streberei Nationaldichter werden für ein halbes Menschenalter, wenn der Atem so lange aushält; unbedingt aber mitrennen, immer anfeuernd, vor Hochgefühl von Sinnen, verantwortungslos für die heranwachsende Katastrophe, und übrigens unwissend über sie wie der Letzte!» In der Tat war auch er gemeint, als Heinrich seinen Helden Zola sagen ließ, man habe gewählt «zwischen dem Augenblick und der Geschichte» und habe «eingestanden, daß man mit allen Gaben doch nur ein unterhaltsamer Schmarotzer war». Es war bitter für ihn, sich mit dem bösen Wort konfrontiert zu sehen, daß «die gehaltensten Dichter unvermittelt den windigsten Journalismus treiben».

Er war gemeint. Doch nicht nur er. Er bemerkte nicht, daß ihn Heinrich über weite Passagen aus dem Auge verlor. Die Botschaft des großen Essays – vielleicht die bedeutendste Arbeit, die Heinrich Mann jemals gelang – galt nicht dem Bruder, sondern Deutschland, das im Begriff war, Europa und sich selbst in den Abgrund zu stürzen. Doch Thomas war besessen von dem Gedanken, nur von ihm sei die Rede, von ihm, von ihm…

Wohl durchschaute er, was leicht genug war, daß Heinrichs Bild von Staat und Gesellschaft Napoleons des Dritten eine kaum getarnte Anklage gegen das Reich Wilhelms des Zweiten war. Doch deutschfeindlich? Er betrachtete sich selbst durchaus als einen Anwalt seiner Nation, und er ließ Émile Zola mit rollendem Pathos rufen: «Ich, ein Abtrünniger? Ob ich das Vaterland liebe oder nicht: ich bin es selbst.» Ein stolzes, in der vermeintlichen Demut womöglich auch ein hochmütiges Wort: ganz gewiß das Signal eines leidenden Patriotismus, den die Brüder am Ende teilten, jeder von der Überzeugung durchdrungen, daß er es sei, der sich das Geschick der Deutschen aufgebürdet habe. Gegen Ende des Jahres 1916 schrieb Thomas Mann an Bertram: «Es ist nicht Größenwahn, sondern nur Bedürfnis und Gewohnheit intimer Anschauung, wenn ich dies Verhängnis längst in meinem Bruder und mir symbolisiert und personifiziert sehe.»

Er vergrub sich tief in seinen Grimm. Katia Mann meinte, in der Neige ihres Lebens, ohne Heinrichs Zola-Essay hätte Thomas die «Betrachtungen eines Unpolitischen», die er seit dem Herbst 1915 unter der Feder hatte, niemals geschrieben. So war es freilich nicht: er saß an dem polemischen Werk, ehe er den Zola-Essay kannte. Im Dezember 1915 bat er Ernst Bertram ins Haus, um ihm das bisher Geschriebene vorzulesen, «damit wir es gemeinsam kritisieren und durchsprechen», wohl zusammen mit Maximilian Brantl und Bruno Frank, der aus dem Militärdienst entlassen war. Die Sitzung ergab, daß die Arbeit in der Tat einer Verbesserung, Mäßigung, Ordnung bedurfte: der Brief an Amann bestätigte es.

Dann sorgte der Zola-Schock für neuen Auftrieb. Thomas Mann war die Galle ins Blut gefahren. Nach den ersten zwei Kapiteln setzte er von neuem an – und brauchte schließlich mehr als sechshundert Druckseiten, bis sich der Haß halbwegs erschöpft hatte.

Gedrückte Stimmung herrschte im Haus des Schriftstellers. Klaus Mann erzählte im «Wendepunkt», der Vater habe oft müde ausgesehen, wenn er aus dem Arbeitszimmer zurückgekehrt sei: «Sehr aufrecht in einer straffen uniformierten Jacke aus grauem Stoff», einer Litewka aus weichem Stoff, ulanenhaft geschnitten, wie sie damals von Herren besseren Standes gern getragen wurde, die «Lippen (...) gleichsam versiegelt über einem düsteren Geheimnis». Der «Kriegsvater», von dem Klaus berichtete, erschien den Kindern «seltsam fremd und entfernt», so «verschieden von dem vertrauten Zauberer der Friedensjahre. Das väterliche Antlitz (...) hat weder die Güte noch die Ironie, die beide so essentiell zu seinem Charakter gehören. Die Miene (...) ist gespannt und streng. Eine empfindliche, nervöse Stirn mit zarten Schläfen, ein verhangener Blick, die Nase sehr stark und gerade hervortretend zwischen eingefallenen Wangen.»

Manchmal ließ sich der Vater in jenen Tagen einen Bart stehen – was sich nicht so recht zu der Erscheinung des Dichter-Bürgers fügen wollte, der lieber korrekt, glattrasiert und streng gescheitelt vor die Welt trat, Hals und Nacken von einem hohen und steifen weißen Kragen gestärkt, dessen Ecken ordnungsgemäß nach außen gebügelt waren.

Golo Mann berichtete in seinen Erinnerungen, es habe in jenen Jahren «Ausbrüche väterlichen Jähzorns» und manch «haderndes Gespräch zwischen den Eltern» gegeben. Er meinte, Thomas Mann sei «der immer präsenten, der logisch-juristischen Intelligenz der Mutter nicht gewachsen» gewesen. Das traf wohl auch für die Gespräche über das Buch zu, in das sich der Vater mit solch schmerzlich verbissenem Eifer verbohrte. Katia Mann, in liberalem Geist erzogen, begegnete dem offiziellen Optimismus der Propagandisten des Reiches und der verspannten Entschiedenheit, mit der ihr Mann den Fortgang des Krieges kommentierte, mit wachsender Skepsis. Überdies kannte sie die Not des Alltags – er nicht. Die Schwiegermutter Hedwig Pringsheim verbarg nicht, daß ihr Herz für die Friedenspartei schlug. Sie fand es angebracht, ihrem Enkel Klaus Mann zum Weihnachtsfest 1917 Bertha von Suttners Roman «Die Waffen nieder!» zu schenken, der in Wahrheit ein pazifistisches Manifest war – gewiß keine selbstverständliche Lektüre für einen elfjährigen Knaben, so frühreif er immer sein mochte. Thomas sah ihren Besuchen verdrossen entgegen – und sie kam oft. Das innige Einverständnis, das die große und schöne Dame in der Arcisstraße einst – hinter dem Rücken des Professors und über den Kopf Katias hinweg – mit dem melancholisch-passionierten Werber um die Hand der Tochter verbunden hatte, war lange schon vergangen.

Wohl schrieb Thomas Mann im November 1915 an den Kollegen Max Krell, der dem Expressionismus zuneigte, er hasse den «verdammten, gehätschelten ‹Optimismus› seit dem ersten Tag», und er sehe darin den Ursprung aller Kriegsmüdigkeit. «Pessimismus, bitterster, tragischster Pessimismus wäre am Platz, und daß man ihn verbietet und verhindert, ist das Verkehrteste, was man thun kann.» Doch er warb keineswegs für eine realistische Einsicht in die wahren Machtverhältnisse, damit sich das Reich und seine Führung für den Frieden vorbereiteten: vielmehr schien ihm geboten, den Geist des Widerstandes durch psychologische Abhärtung gegen alle Anfechtungen der «Kriegsmüdigkeit» zu immunisieren.

Auch Golo Mann sagte von jenen Tagen, sie hätten den Vater verändert: «Wohl konnte er noch Güte ausstrahlen, überwiegend aber Schweigen, Strenge, Nervosität oder Zorn. Nur zu genau erinnere ich mich an Szenen bei Tisch, Ausbrüche von Jähzorn und Brutalität, die sich gegen meinen Bruder Klaus richteten, mir selber aber Tränen entlockten.» Der jüngere Sohn verstand später die Bedrücktheit des Vaters wohl: Man könne «nicht immer *sehr* nett zu seiner Umgebung sein, wenn man sich ausschließlich der eigenen schöpferischen Arbeit widmet, um wie viel weniger, wenn man Tag für Tag sitzt an den ‹Betrachtungen eines Unpolitischen›, in denen, um nur ein Beispiel für die dunkelsten Akzente des Buches zu nennen, die Versenkung des englischen Schiffes Lusitania, mit zwölfhundert Zivilisten an Bord, ausdrücklich gebilligt wird?» Nein, es kann dem Vater nicht leicht geworden sein, die Versenkung des Passagierdampfers, der wohl auch eine Ladung Munition an Bord hatte, mit erhobener Stimme zu rühmen. Oder? Dachte er so schneidend und unbarmherzig, wie er schrieb? Der Sohn fuhr fort: «Diese ‹Gewissensprüfung›, eine Kriegspflicht, wie er es verstand, war dem Autor selber zur schweren Last, nicht zur Freude geschrieben».

Weiß Gott nicht zur Freude. Er schrieb langsam, unter Qualen, die alles übertrafen, was er bisher bei seinen Büchern erlitten hatte, schrieb dennoch wie ein Besessener, der von seiner Mission und vom Feind nicht lassen konnte. Er trug Argument um Argument zusammen und nutzte jedes als ein Geschoß, das den Gegner zermalmen sollte: Die Artillerie seiner Sprache, um eine Formel Thomas Jeffersons zu gebrauchen, hieb unerbittlich in die feindlichen Linien.

Er mobilisierte jeden Gedanken, der ihn streifte, für seine, für die «deutsche Sache», jedes Buch, das er las, selbst die Musik, die er hörte. Alles zwang er ins Joch seines Willens zur moralischen Selbstbehauptung gegen die «Welt von Feinden», von der auch er sich «eingekreist» sah. Jede Gestalt der Geistesgeschichte, die ihm lieb und teuer war, rekrutierte er für seinen gewaltigen Streitwagen, auf dem er einherfuhr: Luther und Friedrich, Goethe und Kleist, Wagner und Nietzsche, am Ende selbst Eichendorff und dessen unschuldigen «Taugenichts». Nichts war ihm zu kostbar. Nichts zu verletzlich. Nichts zu entlegen. Er scheute vor nichts zurück.

Warum? Wofür? Um was zu beweisen? Wollte er der Welt demonstrieren, daß das höhere Recht – was immer das sein mochte – auf der Seite der Deutschen sei? War er sich dessen so sicher? Nicht immer. Wollte er der Menschheit zeigen, daß die Zukunft nicht «der rhetorischen Demokratie», sondern dem melancholisch-musikalisch-dämonischen Konservativismus der Deutschen gehörte? Aber auch davon war er nicht völlig überzeugt. Was also? Daß die «Kultur» mit ihren Depressionen und ihren schöpferischen Barbareien edler sei als die taghelle Vernunft der «Zivilisation», das maskuline neunzehnte Jahrhundert kreativer als die «feminine» Epoche der Aufklärung und der Revolution, die ihr vorausging? Kurz: daß vor Gott, wenn es ihn denn gibt, der «Dichter» das letzte Wort hat und nicht der «Zivilisationsliterat»? Er und nicht der Bruder? Sprach er auch nur auf einer Seite des Werkes von etwas anderem als von ihm und von sich?

Die ersten beiden Kapitel, die er vor der Publikation des Zola-Essays geschrieben und schließlich mit Bertrams Hilfe in eine leidliche Ordnung gebracht hatte, hielt er halbwegs knapp und straff. «Der Protest» hieß das erste, in dem er sich an das Bild hielt, das

Dostojewski – in «seiner krankhaft leichten, unheimlich genialen Art, die immer ein wenig an das verkommene Schwatzen gewisser religiöser Personnagen in seinen Romanen erinnert» – sich von Deutschland und den Deutschen gemacht hatte: seinem «*ewigen* Protestantentum», seinem «*ewigen* Protest». Der große Russe sehe freilich nur, sagte er, das eine «deutsche Ereignis»: «Luther in Rom», nicht das andere, das manchem noch teurer und wichtiger sei, das Ereignis: «Goethe in Rom». Dennoch sei aller deutscher Patriotismus in jenem Krieg «seinem Wesen nach instinktive, eingeborene, oft erst nachträglich reflektierte Parteinahme für eben jenes Protestantentum». Er fügte hinzu, das «deutsche Antlitz» bleibe «in diesem Kriege nach Westen gerichtet» – «trotz der großen physischen Gefahr, die von Osten drohte und zu drohen nicht aufgehört hat».

Hier wurde in der Tat eine Art Leitmotiv sichtbar, das sich für ihn am Ende dieses Buches nicht erschöpft hatte: Deutschlands innere Nähe zum großen, «ungefügen Russland» und seine tiefere Fremdheit gegenüber dem «Westen» samt seiner Vernunft und seiner «Zivilisation». Im zweiten Kapitel, dem er den Titel «Das unliterarische Land» gab, sprach er von der «deutschen Einsamkeit zwischen Ost und West», der «Weltanstößigkeit Deutschlands», sprach vom «Haß einer Welt, den es nicht begreift», sprach in einem Augenblick großartiger Hellsicht vom «römischen Westen, der heute fast überall ist, im Osten, im Süden, sogar im Norden und jenseits des Ozeans, wo das neue Kapitol steht». Jenen «römischen Westen» nannte er «literarisch»: das trenne ihn von der germanischen oder, genauer, von der deutschen Welt, die, was immer sie sei, «unbedingt nicht literarisch ist».

Die Unterscheidung von «Kultur» und «Zivilisation» war nichts als verkrampfter Unsinn, und ein gefährlicher dazu, der sich in den Traktätchen alldeutscher Sekten und manchen Propagandaschriften des militanten Nationalismus ungut genug angekündigt hatte. Die Zuweisung der «Literatur» an den «Westen» (mit anderen Worten: an Frankreich) ließ sich in Wahrheit nur mit einem Namen begründen: Heinrich Mann. Er durfte kein Dichter und kein Deutscher und kein Repräsentant der Kultur sein – also war seine Welt die des Literatentums, Frankreichs, der Demokratie und der Zivilisation.

Ihr galt der Kampf: von der Hermannschlacht in den schwarzen Wäldern des Teutoburger Waldes über den Streit der mittelalterlichen Kaiser mit den römischen Päpsten, über Wittenberg, den Befreiungskrieg von 1813 bis zum deutschen Einigungskrieg von 1870 – Vorspiele, ja Kinderspiele «im Vergleich mit dem fürchterlichen, halsbrecherischen und im großartigsten Sinne unvernünftigen Kampf gegen die Welt-Entente der Zivilisation, den Deutschland mit einem wahrhaft germanischen Gehorsam gegen sein Schicksal (...), seine ewige und eingeborene Sendung auf sich genommen hat».

Vielleicht hatte ihm Bertram, vielleicht auch ein Brief des fernen Paul Amann zu bedenken gegeben, daß die Realität sich nicht ganz so einfach ordne. Im dritten Kapitel, «Der Zivilisationsliterat», konzedierte der Autor, daß die «inneren geistigen Gegensätze Deutschlands (...) kaum nationale» seien, sondern fast «rein europäische». «In Deutschlands Seele» würden «die geistigen Gegensätze *Europas* ausgetragen» – ja «geistig ist Deutschland immer noch das Schlachtfeld Europas». Er mahnte sich selbst zur Vorsicht: «Der Begriff ‹deutsch›», schrieb er, sei «ein Abgrund, bodenlos, und mit seiner Negation, der Entscheidung ‹undeutsch›», müsse man äußerst vorsichtig umgehen, «um nicht zu Fall und Schaden dabei zu kommen». Das hielt ihn nicht davon ab, einige Sätze später den «Zivilisationsliteraten» der feindlichen Seite zuzuweisen: «Man ist nicht Literat, ohne von Instinkt die ‹Besonderheit› Deutschlands zu verabscheuen und sich dem Zivilisationsimperium verbunden zu fühlen; genauer: man ist beinahe schon Franzose, indem man Literat ist, und zwar klassischer Franzose, Revolutionsfranzose».

Er nahm die Vokabel nicht in den Mund, aber in Wahrheit warf er Heinrich geistigen Landesverrat vor – nicht nur einmal. Etwa hundertfünfzig Seiten später wiederholte er: «Der Zivilisationsliterat ist Franzose (...). Nichts kann französischer sein als das Durcheinander von zischender Medisance und schönrednerischem Hochsinn, das seinen Stil ausmacht». Im vorletzten Kapitel schließlich zitierte er, Schaum vor dem Mund, den Bruder wörtlich – ohne seinen Namen zu nennen, der in den sechshundert Seiten der Streitschrift nicht einmal fallen durfte: «Was», fragte er, «lebt unser belles-lettres-Aktivist uns eigentlich vor? Glaubt er im Ernst, das fuchtelnde Revolutionsliteratentum (...) werde irgendwann einmal deutsch heißen?» «‹Ich − ein Abtrünniger? Ob ich das Vaterland liebe oder nicht: ich bin es selbst!›» Thomas fegte das stolze Wort beiseite: «Aber das ist die offenbare, spiegelfechterische und gedrehte Unwahrheit. Er ist nicht das Vaterland; ist es nicht nur nicht, sondern hat es mit seinem geistespolitischen Kultus des Fremden dahin gebracht, daß er keinen Gedanken, keinen Begriff, kein Gefühl mehr mit dem eigenen Volkstum gemeinsam hat.»

Der Krieg, sagte er, stelle sich dem «Zivilisationsliteraten» als eine «Wiederholung der Dreyfus-Affäre in kolossalisch vergrößertem Maßstabe» dar. Nein, Thomas Mann stand nicht auf der Seite Zolas und des jüdischen Hauptmanns. Er bescheinigte dem Bruder, daß er «mit seines Herzens ganzer Inbrunst die deutsche Niederlage» wünsche. Und so beschrieb er ein Europa, das der Welt beschert worden wäre, hätte die Entente (und mit ihr der Zivilisationsliterat) «rasch und glänzend gesiegt»: «ein wenig drollig, ein wenig platt-human, trivial-verderbt, feminin-elegant, ein Europa, schon etwas allzu ‹menschlich›, etwas preßbanditenhaft und großmäulig-demokratisch, ein Europa der Tango- und Two-Step-Gesittung, ein Geschäfts- und Lusteuropa à la Edward the Seventh, ein Monte-Carlo-Europa, literarisch wie eine Pariser Kokotte». Die Feminisierung des Abendlandes war ihm womöglich widerwärtiger als die Bekehrung zur Demokratie.

Er wollte an dem «Unfug» der «Politisierung, Literarisierung, Intellektualisierung, Radikalisierung Deutschlands», an seiner «‹Vermenschlichung› im lateinisch-politischen Sinne» nicht teilhaben. Niemand, auch nicht der ergebene Bertram, der oft hilfreich, klärend und mäßigend intervenieren durfte, konnte Thomas Mann davon abhalten, auf die Stammtischtiraden zu verzichten, die sich seiner Brust entrangen. Es war Stammtisch gehobener Art, das verstand sich, eher «Loreley extra cuvée» als Münchner Hofbräu, dem Feuilleton der «Münchner Neuesten Nachrichten» näher als dem «Miesbacher Anzeiger», in dem der Kollege Thoma zu Wort kam − dennoch eine schockierende Offenbarung.

Trotz des furiosen Engagements: die Arbeit schleppte sich mühsam voran. Zunächst hatte er das Frühjahr 1916 als Termin für den

Schlußpunkt ins Auge gefaßt, dann den Herbst jenen Jahres. Indes, er schrieb weiter und weiter, und er fand nicht die Kraft, endlich anzuhalten. Er konnte es nicht gut sein lassen. Sich selbst, die Familie, die Freunde vertröstete er auf den Frühling 1917, dann auf den Herbst. Doch noch immer schrieb er fort und fort. Jedes neue Kapitel las er, wenn es denn anging, Bertram vor, der nicht müde wurde, aus dem unermeßlichen Schatz seiner Bildung immer neue Anregungen und Zitate zu liefern, zumal aus den Schriften Nietzsches, über den er – in schüchterner Konkurrenz mit dem Meister – eine große Monographie schrieb, aus der sich Thomas Mann dann und wann ein Stück anhörte: mit ungeheucheltem Interesse, denn es gab kaum einen wichtigeren Zeugen für das Plädoyer, das er unter der Feder hatte, als den Dichter-Philosophen, der an der Leidenschaft seines Denkens verbrannt war. Hernach suchte Bertram die Furcht heim, er habe Thomas Mann manche Passagen vermittelt, die er für das eigene Werk brauchte. Am Ende, klagte er schüchtern, könne er in einen Plagiatsverdacht geraten. Vermutlich strich er die Verdoppelungen lieber in seinem eigenen Buch, doch manches wohl auch in den «Betrachtungen».

Die Vorlesestunden waren ein Ritual, und sie dienten nicht nur der Kritik und der Korrektur, sondern auch der gegenseitigen Ermutigung durch unermüdliche Lobrede und Schmeichelei. Für Thomas Mann wurden sie unentbehrlich. Alle seine Manuskripte waren von Hand geschrieben; also brauchte es den Vortrag, um ein erstes Echo zu finden. Erst in den Jahren des Krieges gewöhnte er sich an, das Geschriebene in ein Münchner Büro zu tragen, in dem kundige Damen die Übertragung auf die Schreibmaschine vornahmen und die nötigen Kopien fertigten. Diese revolutionäre Erfindung, die für seine Arbeitstechnik nicht unwichtig war, würdigte er in keinem seiner Briefe durch ein kommentierendes Wort – wie er überhaupt jede technische Neuerung mit völliger Selbstverständlichkeit hinzunehmen schien, als könne sie die Sphäre des Geistes niemals berühren.

31. KAPITEL

Kreuz, Tod und Gruft

Im Frühjahr 1916 legte sich Thomas Mann mit einer Grippe nieder. Danach quälte ihn eine Gesichtsrose. An Bertram schrieb er: «Nie bin ich sonst wirklich krank und auf einmal scheine ich völlig verseucht.» Es währte lange, bis er sich ganz erholte. Er war bedrückt.

Um die deutsche Sache stand es nicht gut. Im Februar 1916 hatten die deutschen Armeen versucht, in einer Generaloffensive bei Verdun den Durchbruch zu erzwingen. Bis zum Juli des Jahres warf Generalstabschef von Falkenhayn Division um Division in die Schlacht. Doch es gelang nicht, mehr als ein paar Quadratkilometer verwüsteten Bodens und einige Forts zu erobern. Die Kräfte des Feindes sollten in einer «Materialschlacht» ohne Beispiel «abgenutzt» werden. Das war die wirkliche Absicht des mörderischen Unternehmens. Die Strategie der «Ausblutung» forderte von beiden Seiten horrende Opfer an «Menschenmaterial» (die böse Formel stammt wohl aus jenen Tagen). Die Franzosen verloren an die dreihunderttausend Soldaten, die Deutschen nahezu ebensoviel. Ihre Verluste hielten die Alliierten nicht davon ab, im Juni 1916 mit mehr als hundert Divisionen die Schlacht an der Somme im Norden Frankreichs zu eröffnen, die nach ihrer Planung die Entscheidung im Krieg erzwingen sollte. Auch sie gewannen – trotz permanenten Trommelfeuers – nicht mehr als zwölf Kilometer Terrain. Die Verlustziffern: zweihunderttausend Franzosen, vierhunderttausend Briten, vierhunderttausend Deutsche.

Der Kaiser und sein Volk setzten nun alle Hoffnung auf den Generalfeldmarschall von Hindenburg, der Ende August zum neuen Generalstabschef ernannt wurde, ihm zur Seite als Generalquartiermeister Erich Ludendorff, der eigentliche Kopf der Operationen. Seit der Schlacht von Tannenberg, mit der sie Ende August 1914 die Russen aus Ostpreußen hinauszutreiben vermochten, bildeten sie ein zum Mythos verklärtes Paar, das alle Heldenschwärmerei der Epoche noch einmal auf sich zog. Indes, ein Ende des Grauens war nicht abzusehen. Die britische Blockade begann zu wirken. Versorgungsgüter wurden knapp, die Rationen für die Truppe und vor allem die Zivilbevölkerung von Monat zu Monat dürftiger. Kartoffeln und Brot gewannen den Rang von Delikatessen. Die Steckrübe wurde zum Volksnahrungsmittel der Deutschen.

Thomas Mann wurde im August 1916 von einer «Nervenkrise» heimgesucht, vielleicht eine Konsequenz der Unterdrückung seiner Zweifel am Sieg, an der Vernunft, der Gerechtigkeit der «deutschen Sache», damit aber auch an der seinen, Zweifel vor allem an dem fatalen Buch, auf das er sich eingelassen hatte. Später im Jahr lenkte ihn eine Reise nach Berlin ein wenig ab. Er verhandelte mit seinem Verleger über den Vorabdruck einiger Stücke aus dem monströsen Essay, der noch längst nicht abgeschlossen war. Es ist anzunehmen, daß Samuel Fischer, dieser kluge und bedachtsame Geist, seinem Autor zur Mäßigung riet – gewiß auch Hedwig Fischer, die Thomas Mann mit tiefer Verehrung begegnete (eine Empfindung, die er nicht immer zu erwidern vermochte). Sie hatte unterdessen ihr erstes Kind zur Welt gebracht: die Tochter Brigitte, die sich dem Dichter ein Leben lang aufs engste verbunden fühlen sollte.

Der Titel des Buches stand nun fest: «Betrachtungen eines Unpolitischen». Die Formel umschrieb exakt, was er zu sagen versuchte: Daß die Deutschen kraft ihrer Seelengeschichte notwendig unpolitisch, ja antipolitisch seien – sein «Nein» zu einer «Entwicklung, von der er weiß, daß es sie nicht aufhalten kann», wie Susanne Koch bemerkt hat. Im vierten Kapitel, das er «Einkehr» nannte, beschwor er über vierzig Seiten noch einmal das Dreigestirn, das seine «geistig-künstlerische Bildung» geprägt hatte: Schopenhauer, Nietzsche und Wagner, von denen er zu Recht sagte, sie seien «nicht intim deutsche, sondern europäische Ereignisse» gewesen.

Schopenhauer: das war der Geist, der über dem Ende der «Buddenbrooks» schwebte – «kein Revolutionär, kein Busen-Rhetor und Menschheitsschmeichler, sondern Metaphysiker, Moralist und politisch, gelinde gesagt, indifferent». Von dem Bayreuther Magier sagte er, er sei «als geistige Erscheinung so gewaltig deutsch» gewesen, «daß mir immer schien, man müsse unbedingt sein Werk mit Leidenschaft erlebt haben, um von der tiefen Herrlichkeit sowohl wie von der quälenden Problematik deutschen Wesens irgend etwas – wenn nicht zu verstehen, so doch zu ahnen». Nietzsche glaubte er – zu Recht und zu Unrecht – vor dem Vorwurf der «Deutschfeindlichkeit» in Schutz nehmen zu müssen: «Die ungeheuere Männlichkeit seiner Seele, sein Antifeminismus, Antidemokratismus, – was wäre deutscher?»

Im Kapitel «Bürgerlichkeit», dem fünften, führte er das Gespräch mit sich selber weiter. Wiederum ließ er Wagner auftreten, der ihm ein Schlüsselwort lieferte: «Der Deutsche ist konservativ», hatte der Zauberer gerufen. Er kam ihm überdies mit dem «nicht anfechtbaren», dem «unsterblichen und erlösenden Satz» zu Hilfe: «Die Demokratie ist in Deutschland ein durchaus übersetztes Wesen. *Sie existiert nur in der Presse.*» Schließlich: *«Ein politischer Mann ist widerlich.»*

Schopenhauer wurde mit der großen Anekdote aus dem Revolutionsjahr 1848 zitiert, die berichtet, der mürrische Philosoph habe einem österreichischen Offizier, der von einem Nachbarhause aus «das Pack hinter der Barrikade» beobachtete, seinen «großen doppelten Opernkucker» hinübergeschickt, damit er die Truppe dazu anhalten konnte, auf die «souveräne Kanaille», nämlich das rebellierende Volk, treffsicher genug zu schießen. Er fand bei dem Frankfurter Pessimisten, der selbst, in der Tiefe seines Gemütes, ein Rebell war, freilich auch den taghellen Satz: «Jede Nation spottet über die andre, *und alle haben recht.*» Thomas Mann verlor das weise Wort zuweilen aus dem Gedächtnis.

Noch einmal Nietzsche, der im Oktober 1868 an seinen Freund Rohde geschrieben hatte: «Mir behagt an Wagner, was mir an Schopenhauer behagt: die ethische Luft, der faustische Duft, Kreuz, Tod und Gruft.» Das war es, was Thomas Mann vor allem hören wollte: die Verklärung des Todes, der er sich einst so süchtig hingegeben hatte, als er seine Seele Tag für Tag am «Liebestod» im «Tristan» vergehen ließ. Die Phase der kritischen Abkehr von Wagner war verdrängt. Er konnte ihn nun keinesfalls als den Künder einer Todesseligkeit entbehren, mit dessen machtvoller Hilfe das große Sterben im Kriege in die Sphären musikalisch-paradiesischer Weihen befördert werden durfte, in denen es niemand mehr schmerzte: es war ins Abstrakte entrückt. Thomas Mann meisterte diese deutsche Verdrängungstechnik, die in pathetischer Überhöhung so viel Elend in die Welt brachte, in wahrhaft virtuoser Manier.

«Kreuz, Tod und Gruft». Im März 1917 schrieb Thomas Mann einen Kondolenzbrief an Lilli Diekmann geborene Distel, eine Halbschwester der beiden Ehrenbergs: «Der Tod und die geistliche Stimmung, die er erzeugt, war mir von jeher auf besondere Art anziehend und vertraut, meine Bücher handeln eigentlich nur von ihm, und wenn ich nicht Schriftsteller geworden wäre, so hätte ich, glaube ich, ganz gut Geistlicher werden können. Dazu ist nicht so sehr irgendwelche Gläubigkeit notwendig, sondern nur, oder doch hauptsächlich, eine bestimmte Grundstimmung, ein Sich daheim fühlen in der ethischen Atmosphäre von ‹Kreuz, Tod und Gruft›.»

Nicht einen Augenblick kam ihm der Verdacht, dieser Zuspruch könnte am Ende ein wenig taktlos sein. Von der schrecklichen Realität des Todes wollte er nichts wissen – und das Wesen der Religiosität, von der er so erstaunlich naiv daherredete, war ihm in Wirklichkeit völlig fremd. Man darf die Behauptung wagen, das Christentum und sein Glaube seien diesem Sohn des norddeutschen Protestantismus so nahe und so fern gewesen wie das Judentum oder die Lehre Buddhas, auf die er sich – einer Mode jener Jahre verpflichtet – gelegentlich berief, wenn ihm eine passive Stimmung eingab, von seinem «Indertum» zu reden.

Im sechsten Kapitel – «Gegen Recht und Wahrheit» – beschrieb er sich selbst als einen «Chronisten und Erläuterer der Décadence, Liebhaber des Pathologischen und des Todes, ein Ästhet mit der Tendenz zum Abgrund», und er fragte, wie er dazu käme, sich «mit Deutschland zu identifizieren». Um diese eher unpatriotischen Neigungen einzudeutschen, berief er sich nun «auf einen Großen, der tiefkrank war von Anbeginn, grund-pathologisch in jeder Stoffwahl, hysterisch, extrem, romantisch, ‹hypochondrisch›, Goethen

ein Ärgernis»: Heinrich von Kleist, den er aus guten Gründen einen
«hysterischen Junker», einen «Propagandisten, Drauf- und Durch-
gänger des Ungeistes» nannte, den Kleist des Franzosen-Hasses,
von dem er freilich keinen Zweifel ließ, daß er ihn allen «Zivilisationsliteraten» vorzog. Er verstrickte sich in eine langwierige Polemik gegen Romain Rolland, dem er in direkter Anrede zurief, die
«Antithese von Kultur und Zivilisation» sei keine «Improvisation
ad hoc» gewesen, keine «Ausgeburt also der Kriegspsychose», sondern lange vor dem Krieg «für den Hausgebrauch (...) zurechtgelegt». Ihm sei, sagte er, «als reihe die Tat des bismärckischen
Deutschland von 1914, sein Einschreiten gegen die völlige Liberali-
sierung, Zivilisierung, Literarisierung der Welt, dieses Einschreiten
aus erhaltendem, aufhaltendem, sozialem Instinkt, aus Willen zur
Bindung, zum Kultus und zur Kultur, – als reihe dieser Krieg sich
den früheren deutschen Taten folgerecht und charakteristisch
an...»

Das «Gerassel der ‹Alldeutschen›» aber sei ihm «ein Unfug und
ein Gelächter» gewesen. Er habe «verstimmt die Achseln gerückt,
wenn Herr Harden» – in seiner Zeitschrift «Die Zukunft» – «den
Präventivkrieg predigte... Da kam der Krieg. Kein politischer
Krieg (...). Nicht jener Präventivkrieg, zu dem Deutschland eine
günstige Gelegenheit nach der anderen verpaßt hatte. Sondern der
Krieg im letzten und äußersten Augenblick, ein moralischer Krieg».

Er verbiß sich in die These, Deutschland sei keine Nation und
könne es nicht sein, weil «Demokratie und Nationalismus (...)
eines Ursprungs» seien. Dies traf historisch zu. Aber die Nation
kann durchaus auch gegen die Demokratie existieren, und es gibt
sehr wohl einen Nationalismus, der mit keinem Tropfen demokratischen Öls gesalbt ist: zum Beispiel der Thomas Manns in der Epoche des Ersten Weltkriegs.

Im siebenten Kapitel, das die knappe Überschrift «Politik» trug,
verrannte er sich, vom Zola-Essay des Bruders bis aufs Blut gereizt,
immer tiefer in die Polemik gegen «die radikale Republik, die Ad-
vokaten- und Literatenrepublik mit Philanthropie und Schreibkunst...» Er spitzte zu: «Aber sagen wir es richtiger: Philanthropie
und Schreibkunst, das *ist* die Republik». Ihr setzte er das «gute und
biedere Wort ‹Volksstaat›» entgegen, das «sich nach Klang und

Sinn von dem Worte ‹Demokratie› mit seinen humbughaften Nebengeräuschen unterscheidet».

Er berief sich auf die «Innerlichkeit», die machtgeschützte – jene Formel fand sich erst später ein –, und er bestand darauf: «Ich will nicht Politik. Ich will Sachlichkeit, Ordnung und Anstand. Wenn das philisterhaft ist, so will ich ein Philister sein. Wenn es deutsch ist, so will ich denn in Gottes Namen ein Deutscher heißen, obgleich das in Deutschland nicht Ehre bringt.» Nichts, nahezu nichts ließ er aus, was sich hernach im Katalog der «Volksgemeinschaft» wiederfand.

Noch wollte, noch konnte er nicht absehen, daß sein unpolitisches «Deutschtum» und sein «antipolitischer» Aufruhr gegen den Westen in Wirklichkeit eminent politisch waren: vor allem in ihrer Wirkung. Manchmal schien ihm davon eine Ahnung zuzufliegen, doch er schüttelte sie rasch wieder ab. Er war nicht blind, doch es kam ihm zupaß, sich blind zu stellen. Er verstand, in seinen Haß verkrampft, was er verstehen wollte, nicht mehr, nicht weniger.

Die Niederschrift des Kapitels «Politik», das sich über nahezu einhundertsiebzig Seiten hinzog, mag aufreibend gewesen sein. Hätte er ein wenig Abstand gesucht, hätte er sich von kritischeren Freunden als dem ergebenen Bertram beraten lassen, hätte er womöglich auf Katia gehört, dann wäre ihm deutlich geworden, daß es von Wiederholungen und unnötigen Varianten der immer gleichen Grundakkorde verstellt war.

Gescheite Einsichten wechselten mit barem Unsinn. Es war geschwätzig und monoman. Sein sonst so unerbittlich kritischer Sprachverstand, sein Qualitätsgefühl, seine Vernunft, seine moralische Sensibilität hätten ihm schreckliche Sätze wie diese verbieten müssen: «Das deutsche Volk, *als* Volk durchaus heroisch gestimmt, bereit, Schuld auf sich zu nehmen und ungeneigt zu moralischer Duckmäuserei, hat nicht geflennt über das, was die ihrerseits radikal erbarmungslosen Feinde seines Lebens ihm antaten».

Er merkte nichts. Kein Aufenthalt. Er ging, die Tonlage verschärfend, weiter: «Aber es hat auch an seinem Notrecht auf revolutionäre Mittel nicht gezweifelt, hat die Verwendung solcher Mittel gebilligt und mehr als gebilligt. Gebilligt hat es den Einmarsch in Belgien und nichts daran auszusetzen gehabt, als das Wort des Kanzlers vom Unrecht, das man begehe.» Er wurde noch härter: «Gebilligt hat es die Vernichtung jenes frechen Symbols der englischen Seeherrschaft und einer immer noch komfortablen Zivilisation, des Riesenlustschiffes ‹Lusitania›, und dem welterfüllenden Zetermordio humanitärer Hypokrisie die Stirn geboten. Den uneingeschränkten Unterseebootskrieg aber hat es nicht nur gebilligt, es hat danach geschrieen und bis zur Auflehnung mit den Führern gehadert, die zögerten, ihn walten zu lassen.»

Man müsse seine Worte essen, sagen die Engländer, wenn uns das Geschick mit den törichten Bemerkungen konfrontiert, die wir einst in die Welt setzten. Thomas Mann aber brachte in späteren Jahren niemals zuwege, den Verstiegenheiten, Fahrlässigkeiten und Versündigungen der «Betrachtungen» offen und nüchternen Sinnes gegenüberzutreten. Er hatte stets laue Entschuldigungen parat, die auch Sätze wie diese zu decken hatten: «Und wie der Krieg nun ausgehen möge», rief er damals mit arroganter Vermessenheit: «den deutschen Anteil der ‹Schuld› daran wollen wir auf uns nehmen, jeder einzelne, eine Handvoll Pazifisten und Literaturheilige etwa ausgenommen, – und nicht irgendwelche Zufallsfunktionäre zu Sündenböcken machen.»

Einige Seiten später lieferte er jener Verschwörung der Verlogenheit, die nach 1918 mit verstocktem Fanatismus leugnete, daß Deutschland besiegt worden sei, die borniert Formel voraus, der Sieg des Reiches könne «zur Niederlage in irgendeinem höheren Sinn nicht mehr werden». Das hieß, in der Sprache der Nachkriegsepoche: «Im Felde unbesiegt.» Zur «Dolchstoßlegende» war es von dort nur noch ein Schritt.

Die Absurditäten hatten sich damit nicht erschöpft. Der Graphiker und Bühnenbildner Emil Preetorius, der für eine bibliophile Ausgabe von Eichendorffs Novelle «Aus dem Leben eines Taugenichts» liebenswürdige Illustrationen geschaffen hatte, bot Thomas Mann im Herbst 1916 den Anlaß, eine kleine Studie über den leichtfüßigen Helden der deutschen Romantik zu schreiben. Der Autor transplantierte den Aufsatz hurtig ins achte Kapitel der «Betrachtungen», dem er den schlichten Titel «Von der Tugend» gab. Eichendorffs Geschöpf, von dem er selbst in schönen Worten sagte, es sei «nichts als Traum, Musik, Gehenlassen, ziehender Posthornklang, Fernweh, Heimweh, Leuchtkugelfall auf nächtlichen Park» und «törichte Seligkeit», mußte auf Befehl des Autors den feldgrauen Rock anlegen, gleichviel, ob er zum Felddienst taugte oder nicht.

Zwar spielte der Müllerssohn die Geige, er war «ein Künstler und ein Genie», überdies kein welsches Kind der Boheme, kurz – wie Peter de Mendelssohn mit sanfter Ironie bemerkte – «alles andere als ein ‹Zivilisationsliterat›». «Sein Romantizismus», schrieb Thomas Mann, sei «weder hysterisch, noch phthisisch» (auf deutsch: nicht schwindsüchtig), «noch wollüstig, noch katholisch, noch phantastisch, noch intellektuell». Er sei vielmehr ganz «unentartet und unentgleist», er sei «human» und «sein Grundton (...) melancholisch-humoristisch». Er bescheinigte ihm überdies: «Der Taugenichts ist in geschlechtlichen Dingen unschuldig bis zur Tölpelhaftigkeit und geht aus recht heiklen Lebenslagen, in die er dank der Intrige gerät, unberührt und ahnungslos hervor.» Er wolle Mensch sein, sonst nichts. Sein «Menschentum» sei «wenig differenziert», es habe «etwas Abstraktes», sei «bestimmt eigentlich nur im nationalen Sinne, – dies allerdings sehr stark». Dennoch, der Autor zögerte nicht, ihn für den Kriegsdienst zu rekrutieren: des «Taugenichts» Menschentum, sagte er, sei «überzeugend und exemplarisch deutsch, und obgleich sein Format so bescheiden ist, möchte man ausrufen: wahrhaftig, der deutsche Mensch!»

Die patriotische Mobilisierung dieser Luftgestalt, die zu den anmutigsten Wesen der deutschen Literatur gehört, war ohne Zweifel eine der besonders deprimierenden Entgleisungen des militarisierten Geistes. Keiner der Freunde – nicht Bertram, nicht der Redakteur Oskar Bie, nicht der Verleger Samuel Fischer –, keiner schien willens oder fähig zu sein, dem Autor diese Verirrung auszureden. (Übrigens bewies Bertram, wie ein Brief Thomas Manns an Ernst Glöckner, den Lebensgefährten des Freundes, zeigt, nur eine geringe Neigung, sich in dieser späten Phase des Krieges noch für das Vaterland zu opfern. Thomas Mann bemühte sich, wohl mit Erfolg, ihn durch «eine energische Aktion oder eine kleine Intrige» aus dem Militärdienst zu befreien.)

Und Katia Mann? Nahm sie die Versündigung wortlos hin? Thomas Mann wollte von «gutem Geschmack» nichts wissen, nicht in diesem Buch – «Bürgertakt» zählte, wie man sich aus der Bilse-Polemik erinnert, ohnehin nicht: er hätte wohl jeden Einwand beiseite gewischt. Die «Tugend», mit der sein keuscher «Tauge-nichts» nichts zu schaffen hatte, war revolutionär und jakobinisch, demokratisch und literarisch. Thomas Mann aber hielt es mit Hans Pfitzner, dem spätromantischen Komponisten, dessen «Palestrina» am 12. Juni 1917 von Bruno Walter aus der Taufe gehoben wurde: diesem zänkischen Herrn, der weder revolutionär noch demokra-tisch war, im Umgang nicht angenehm, doch unpolitisch und grundnational – er war es, der das Wort von der «Sympathie mit dem Tode» geprägt hatte. Seite um Seite feierte Thomas Mann seine Oper, um schließlich zu fragen, ob «Pfitzners Nationalismus» nicht auch «Sympathie mit dem Tode» sei.

Durch die Vermittlung Bertrams war Thomas Mann Adalbert Stifter begegnet. Auch er wurde unverzüglich in den Dienst der deutschen Sache gestellt. In den Briefen des Österreichers fand er den Hinweis auf ein Sendungsbewußtsein, dessen er sich unverzüg-lich bemächtigte: «Meine Bücher», hatte der Porträtist des trügeri-schen Idylls geschrieben, «sind nicht Dichtungen allein, sondern als sittliche Offenbarungen, als mit strengem Ernste bewahrte mensch-liche Würde haben sie einen Wert, der länger bleiben wird, als der poetische.» In den «Betrachtungen» aber kam es Thomas Mann darauf an, daß der frühe Romantiker aller Politik den Rücken ge-kehrt hatte. Stifters Freundlichkeit und sein Zutrauen unterschied er von der westlich-humanitären Geste. Er haderte mit der Mensch-lichkeit der Demokraten, und er brachte es schließlich zuwege, von der «exzentrischen Humanität des Krieges» zu reden.

Einige Sätze lang – nur dieses eine Mal – versuchte er, sich in das Grauen der Schlächtereien an den Fronten zu denken: «Wenn ich im Felde wäre, wenn ich die Greuel der Verwüstung mit meinen Augen sähe, sehen müßte das irrsinnige Zerreißen der Menschen-körper, hören die gewürgten Stimmen der Milchbärte, die die Er-laubnis erbettelten, Freiwillige zu werden, und im Trommelfeuer, kindlich versagend, ‹Mutter! Mutter!› schreien, – glaubt man, ich bliebe hart, bliebe ‹patriotisch›, bliebe ‹stimmungsvoll› und wäre der Roheit fähig, ‹meinem Blatt› einen journalistisch-brauchbaren Bericht zu liefern?»

«Und doch», fragte er, «wenn der Krieg als Wirklichkeit unmittelbar auf meine Nerven wirkte, – würde ich gegen die Zerrüttung, die grenzenloses Erbarmen und eigene Todesangst meinem Herzen zufügen würden, nicht ein wenig mißtrauisch bleiben? Würde ich mich nicht erinnern, daß die zehntausendfache Multiplizierung des Todes eine Illusion ist, daß der Tod die individuellen Grenzen in Wirklichkeit nicht verläßt, daß der Einzelne immer nur seinen Tod stirbt, nicht auch den der anderen? Der Tod wird nicht schrecklicher dadurch», fuhr er fort, «daß er sich für unsere Augen verzehntausendfacht. ‹Menschlichkeit› hindert nicht, daß wir alle zum bitteren Tode verurteilt sind; und es gibt Bett-Tode, so gräßlich wie nur irgendein Feldtod.»

Ernst Jünger, der wußte, wovon die Rede war, da er den Krieg am eigenen Leibe erfahren hatte, wären kaum kältere Worte in die Feder geraten. Thomas Mann, man beobachtet es mit Schaudern, zeigte «Haltung». Natürlich traf es in gewisser Hinsicht zu, daß jeder nur den eigenen Tod starb. Aber war dies die ganze Wahrheit? Starben nicht die Herzen der Frauen, der Mütter, der Väter oft genug mit? Und mußte nicht das Sterben in der tausendfachen Multiplikation die sogenannte Qualität des Todes, die immer, fast immer eine schreckliche bleibt, auf erniedrigende Weise verändern? Wem wollte noch, in jenen Jahren der Massenschlächtereien, Rilkes schöne Bitte «O Herr, gieb jedem seinen eignen Tod» ohne Verzagen über die Lippen kommen?

Thomas Mann aber wagte die Sätze zu schreiben: «Auch ist jedes Herz nur eines begrenzten Maßes von Schrecken fähig, – worüber hinaus anderes beginnt: Stumpfheit, Ekstase, oder noch etwas anderes, der Einbildungskraft des Unerfahrenen nicht Zugängliches, nämlich *Freiheit*, eine religiöse Freiheit und Heiterkeit, eine Gelöstheit vom Leben, ein Jenseits von Furcht und Hoffnung, das unzweifelhaft das Gegenteil seelischer Erniedrigung, das die Überwindung des Todes selbst bedeutet.» Voller Pathos fuhr er fort: «Ich öffne wieder den Brief eines jungen Reserve-Leutnants von der flandrischen Front, eines Studenten sonst und Poeten, und lese nach, was mich bei erster Einsicht so sehr erschütterte. ‹Angesichts dieser unermeßlichen Übermacht des Todes›, schreibt er, ‹bei diesem vollkommenen Hilflossein im Trommelfeuer tage- und nächtelang, meist bei Regen, in offenen Trichtern, in der grauenhaften Öde, dem Höllenlärm der Abwehrzone, wird der Einzelne leicht fröhlich, *nicht* verzagt; so ganz frei aller Sorgen ist man, so los von der Erde, hoffnungslos, doch unbeschwert!»

Das Zitat widerlegte kaum die Vermutung, daß er nicht in der Lage zu sein schien, sich die Unermeßlichkeit des Leidens zu vergegenwärtigen – im Gegenteil. Thomas Mann konnte es damals nicht ahnen, doch uns ist der Zusammenhang auf bittere Weise deutlich: Die tausendfache Vertilgung von Menschenleben in den sogenannten Materialschlachten des Ersten Weltkrieges, ob durch konventionelle Granaten oder durch Giftgas, die Technisierung des Todes schuf die psychologische Voraussetzung für die maschinelle Vernichtung von Millionen Menschenleben, die zweieinhalb Jahrzehnte später im Dritten Reich ermordet wurden.

Damals vollzog sich die Versachlichung und Verdinglichung des Todes, die jede Schwelle menschlicher Hemmung beseitigt hat: in jener Abstraktion, von der Thomas Manns «Betrachtungen» geprägt waren. Die Generation, die den industrialisierten Mord von Auschwitz und Treblinka erfand, hatte in den Schützengräben und vor den Leichenbergen gelernt, wie «wenig ein Menschenleben wert» ist, um eine Redensart jener Epoche zu gebrauchen (die uns erhalten blieb), und wie willenlos sich «Menschen verheizen» ließen, um ein anderes Wort der Zeit zu zitieren, das eine so entsetzliche Realität gewann. Der Gefreite Hitler lernte – wie Tausende seiner Kameraden – beim Anblick der zerrissenen, gedunsenen Leiber der Gefallenen, wie rasch jede Menschenwürde und alles Erbarmen zum Teufel gingen – und wie einfach sie zum Teufel geschickt werden konnten.

Nein, Thomas Mann konnte nicht wissen, daß Auschwitz auch eine Konsequenz von Verdun werden sollte, und nichts deutet an, daß er sich darüber später Rechenschaft gab. Er sprach hohen Tones von der «tragischen Würde» Verstümmelter, die schweigend an ihm vorübermarschierten, und er berichtete mit sentimentaler Genugtuung von dem Blinden, der «keine Lust» habe, «wieder sehend zu werden», da die Dunkelheit den Nerven wohltue, wie der Arme sagte, der sich – was blieb ihm anderes? – in sein Schicksal gefunden hatte. «Er habe an Seelenfrieden gewonnen, an Harmonie», berichtete er dem aufatmenden Dichter. «Alle Leute seien gut, freundlich zu ihm (...) und sein Verhältnis zu Welt und Menschen sei herzlicher, sympathischer und glücklicher geworden.» Der geliehene Heroismus verband sich, so geht es immer, mit klebrigem Kitsch.

Sein Plädoyer gegen die «westliche Humanität» hatte Thomas Mann in der Tat dem Leben und Sterben der Menschen entrückt. Er scheute sich nicht, die moralische Qualität der großen Schlächterei durch die «dankbar gehobene Stimmung» eines jungen Offiziers zu begründen, dem der Krieg «die Bekanntschaft mit der Schönen Literatur» vermittelt hatte. Der Dichter hatte sich dem Aufruf Hermann Hesses nicht verweigert, die deutschen Kriegsgefangenen im fremden Land durch Bücherspenden zu trösten. Allerdings hatte er es vorgezogen, den Verleger Samuel Fischer um den Versand einiger Exemplare seiner eigenen Werke zu bitten, statt eine Summe Geldes zu überweisen; so durfte er wenigstens sicher sein, daß den Männern hinter Stacheldraht gute Bücher zukommen würden. Der Krieg half der Literatur, die nun plötzlich Literatur genannt werden durfte: Was für ein Trost!

Zur Rechtfertigung der «großen Zeit» führte er überdies Goethe ins Feld, der über die Schlachten von Leipzig und Waterloo gesagt hatte, sie ragten so gewaltig hervor, «daß jene von Marathon und ähnliche andere nachgerade verdunkelt werden». Goethe indessen wußte, wovon er sprach. Er hatte, immerhin dreiundvierzig Jahre alt, auf Wunsch seines Herzogs am Feldzug des Jahres 1792 gegen die französischen Revolutionsheere teilgenommen, und er hatte das Elend der Verwundeten, der Kranken, der Sterbenden mit eigenen Augen gesehen. Er war später zum Zeugen der Belagerung von Mainz geworden. Dort fiel das seltsame Wort, das Thomas Mann gegen den «Zivilisationsliteraten» aufbot: daß er lieber eine Ungerechtigkeit als eine Unordnung dulden wolle. Der großherzogliche Minister hatte jenen Satz notiert, nachdem es ihm geglückt war, einen deutschen Jakobiner vor der Lynchjustiz der rachsüchtigen Bürger zu retten.

Thomas Mann aber schrieb mit einschüchternder Konsequenz: «Es ist nur eine Oberflächenwahrheit, wenn man erklärt, daß die Völker ‹in Frieden hätten leben wollen› und daß sie wie Lämmer zur Schlachtbank geführt worden seien. Im mythischen Sinne möge man von ‹Schuld› sprechen, die tiefere Wahrheit ist, daß Alle den Krieg gewollt und nach ihm verlangt haben, es ohne ihn nicht mehr aushielten. Sonst wäre er nicht gekommen. Und würde es die Menschheit nicht eher ehren als schänden, wenn sie es im bürgerlichen Sicherheits- und Regenschirmstaat auf die Dauer nicht aushielte? Alles in allem ist der Mensch offenbar *nicht* der edle Fadian und Literaturheilige, als welchen der Zivilisationsliterat ihn entweder jetzt schon sieht oder den er doch baldmöglichst aus ihm machen möchte.»

Zurückschauend wagte er die Frage: «Sah denn die Welt schöner aus vor dem Kriege? War etwa diese Friedenswelt, deren Zusammenbruch wir nicht ohne Andacht erlebten, menschlicher, milder, gütiger, liebevoller als die von heute?» Er rang sich schließlich zu einem versöhnlichen Schluß des monströsen Kapitels durch: es sei erlaubt, «von einem begütigten und versöhnten Europa zu träumen», und er fügte einen Satz hinzu, der eine bescheiden-eitle Geste und vor allem banal war: «Besser, als durch dieses Buch, wird mein Wesen sich bewähren können, wenn die Völker hinter gefriedeten Grenzen in Würden und Ehren beieinander wohnen und ihre feinsten Güter tauschen: der schöne Engländer, der polierte Franzose, der menschliche Russe und der wissende Deutsche.»

Danach noch drei kürzere Kapitel. «Vom Glauben» handelte das zehnte, das den Krieg als Fortsetzung des europäischen Religionskrieges zu erklären versuchte, der den Kontinent seit der Reformation nicht zur Ruhe kommen ließ: Wittenberg gegen Rom. Katholizismus und Aufklärung in einer Front. Jesuiten und Freimaurer (auch die Juden schauten gelegentlich um die Ecke): der Propagandist Thomas Mann unterwarf sich einem schlichten Weltbild, das sich hinter einem Schleier von prangenden Worten verbarg. Der religiöse Mensch, sagte er, sei im Innersten seines Wesens unpolitisch: siehe Martin Luther – von dem er damals eine eiserne Büste in seinem Arbeitszimmer aufstellte – und Fjodor Dostojewski, der fromme Kronzeuge aus dem Osten.

Im neunten Kapitel – «Einiges über Menschlichkeit» – hatte sich der kluge Satz gefunden, es sei «eine tragische Merkwürdigkeit, daß jedes der großen europäischen Völker auf seine Art ein *Verhängnis* für Gesamt-Europa» bilde – «Deutschland nicht weniger als andere». Lange hielt sich Thomas Mann mit dieser Einsicht nicht auf. Vielmehr wandte er sich mit Emphase nach Osten, wie so oft und wie noch lange, und er fragte, ob der Russe nicht «der menschlichste Mensch», seine Literatur «nicht die menschlichste von allen» sei – «heilig vor Menschlichkeit». Rußland, behauptete er, sei «in tiefster Seele immer demokratisch» gewesen – was immer er nun unter Demokratie verstand –, «ja christlich-kommunistisch, das heißt brüderlich gesonnen».

In der Tat träumten manche deutsche Geister in jener Epoche von der Geschwisterlichkeit der «russischen Seele», wie sie sich durch Dostojewski und Tolstoi, durch Tschechow und Turgenjew, vor allem aber durch Rainer Maria Rilkes «Stunden-Buch» zu offenbaren schien: eine unpolitische Liebe, die politische Folgen hatte. Philipp Witkop, dem Professor in Freiburg, rief Thomas Mann Ende 1917 zu: «Wie ich das Russische liebe! Wie mich sein Gegensatz zum Franzosentum und seine Verachtung desselben erheitert, der man in der russischen Literatur auf Schritt und Tritt begegnet! Wieviel näher sind einander russische und deutsche Menschlichkeit! Seit Jahren ist mein Herzenswunsch: Verständigung und Bündnis mit Rußland.»

Die russische Revolution und die Abdankung des Zaren Nikolaus im März 1917 kommentierte er in diesem Brief nicht, doch man darf annehmen, daß er dem alten Regime nicht nachgetrauert hat. Die Ankunft Lenins in St. Petersburg, der mit Hilfe des deutschen Geheimdienstes in seine Heimat zurückgelangte, schien er nur am Rande zur Kenntnis zu nehmen. Einen Monat nachdem Thomas Mann sein Plädoyer für ein deutsch-russisches Bündnis an Witkop geschickt hatte, eroberten die Bolschewiki die Macht.

Glich die radikale Veränderung der Lage im Osten nicht jenem Wunder, das einst Friedrich den Großen aus der düstersten Bedrängnis des Siebenjährigen Krieges gerettet hatte? Konnten nun nicht alle militärischen Kräfte nach Westen, in den Hauptkampf gegen Frankreich geworfen werden? Der Westen war für Thomas Mann der Feind, nicht der Osten, den er als brüderlichen Nachbarn betrachtete. Die Bestätigung der Zusammengehörigkeit von Deutschen und Russen blieb in den kommenden Jahren sein sehnlichster Wunsch an die Politik, Kommunismus hin oder her. Sie blieb in gewisser Hinsicht ein Lebensthema. Es berührte ihn nicht unsympathisch, daß Freund Bertram den «Amerikanismus» – diese verachtungswürdigste Repräsentation des «Westens» – als «Idol eines weltverwüstenden Fortschritts» durch ein «kluges, in jedem Sinn gewissenloses Ingenieursgeschlecht» beschrieben hat. Das Russentum Dostojewskis aber war von tiefem Mißtrauen gegen jeden Fortschritt erfüllt. Es war konservativ, also «antipolitisch»: denn «an die Politik» glaubt «nur der Fortschrittler». Darüber hätte ihm Bismarck eine andere Auskunft erteilt.

Unter der Rubrik «Ästhetizistische Politik» nahm er die Polemik gegen den Bruder – der auf seine Weise ein Verehrer Bismarcks war – noch einmal auf, und er entdeckte einen neuen Zeugen für seine Sache: Houston Stewart Chamberlain, der – mit Richard Wagners Tochter Eva verheiratet – seiner deutschen Gemeinde eine Kulturphilosophie präsentiert hatte, die dank ihrer völkisch-rassistischen Botschaft hernach zu einer Fibel der Nationalsozialisten wurde. Von ihr sagte später der Historiker Ernst Nolte, er sei der erste gewesen, der eine bis ins einzelne gehende Deutung der Geschichte auf der Basis der Rassenlehre unternommen habe. Daran nahm Thomas Mann keinen Anstoß. Noch nicht.

Im letzten und zwölften Kapitel, «Ironie und Radikalismus», verschärfte er den Ton ein weiteres Mal. Vom «Künstler-Aktivisten» entwarf er ein böses Bild: «Den Hals in Pelz geschmiegt, steht man, umstarrt von den Linsen der Kinematographen, und singt vom ‹Geist›. In seiner Person wenigstens verwirklicht man die Demokratie, indem man mit der Tugend Geschäfte macht, – Minister zu erschießen oder auch nur Streikreden zu halten, überläßt man minder erlesenem Menschengut, Leuten, die nichts zu verlieren haben, armen, tatenlosen Fanatikern, verzweifelten Judenjungen.»

Den Intellektuellen von solch zweifelhafter Beschaffenheit – «den politisierten Ästheten, den poetischen Volksverführer, Volksschänder, den Wollüstling des rhetorischen Enthusiasmus, den belles-lettres-Politiker, den Katzelmacher des Geistes, den miles gloriosus demokratischer ‹Menschlichkeit›» – ihn trennte ein Abgrund vom «Dichter», in dem Thomas Mann den «leidenden

Führer» der Menschheit erkannte, der Politik durch Melancholie und Ironie enthoben, notwendig konservativ, mit zwei Worten: von ihm selbst.

Aber was war sein Konservativismus? Thomas Manns Antwort, der hernach die Weihe einer klassischen Formel zuteil wurde: «erotische Ironie des Geistes». Ein verführendes Wort, vieldeutig funkelnd, ganz und gar literarisch. Doch was sich hinter der brillanten Fassade verbergen mochte, blieb dunkel. Verfügt der Eros über Ironie? Ist der Ironie ein Element des Erotischen eigen? Weist der Eros die Ironie in Wahrheit nicht ab? Und was könnte an der Vermählung der beiden – wenn sie gelänge – «konservativ» sein? Erlag der Autor nicht der Suggestion einer Formulierungskunst, die sich um den Realitätsgehalt der Begriffe den Teufel scherte?

Der Philosoph Alfred Baeumler, der später – zu Recht und doch, wie Hermann Kurzke darlegte, auch nicht völlig zu Recht – als der «Prototyp des intellektuellen Faschisten» attackiert wurde, interpretierte das Wort (in seinem «Brief an Thomas Mann» aus dem Jahre 1920) mit angestrengten Aufschwüngen als den tapferen Versuch, die unversöhnlichen Elemente «Geist» und «Leben» zu lieben, alle beide, trotz ihres «Gegensatzverhältnisses». In dieser *ironischen* Liebe drücke sich «mutige Resignation» aus, die «Kraft zum Ertragen der ‹ewigen Spannung ohne Lösung›». Ironie sei mithin der «Trost des Unglücklich-Liebenden». So mag es sein. Über das konservative Element der Ironie sagte diese Perlenschnur schöner Formeln nicht allzu viel aus. Den nicht weniger irisierenden Begriff der «konservativen Revolution» gebrauchte Thomas Mann erst ein Jahr später, in seinem Essay über eine Anthologie russischer Erzählungen – sechs Jahre vor Hugo von Hofmannsthals Rede «Das Schrifttum als geistiger Raum der Nation» (doch die Formel dürfte älter sein, wie Armin Mohler in seiner Studie zu jenem Phänomen bemerkte). Thomas Mann fühlte sich damals in der schillernden Welt der Rechten, die man hernach «vorfaschistisch» nannte, ganz zu Haus: in dem verführerischen Halbdunkel, den Irrationalismen, der Mystifizierung der Geschichte. Aus jenen Tagen stammt wohl auch ein undatierter Brief an Arthur Moeller van den Bruck, der 1923 sein Buch mit dem so unheilvoll prophetischen Titel «Das dritte Reich» publizierte: «Die politische und kulturelle

Haltung Ihres Kreises», schrieb ihm Thomas Mann, «schmeichelt unmittelbar meine geistigen Nerven, und damit auch wirklich meine physischen; was geistige Sympathie ist, ich erfahre es immer bei der Berührung mit Ihrer Welt.»

Am 10. Dezember 1917 schloß Thomas Mann die Arbeit an den «Betrachtungen» ab. Er nutzte die Pause für eine lang geplante Lesereise, zu der er Anfang Januar aufbrach. Straßburg war die erste Station. Von dort weiter nach Essen. In Brüssel sollte er vor den Herren der deutschen Militärregierung aus seinen Werken lesen. Indessen, der miserable Zustand des Eisenbahnwesens ließ ihn erst mit peinlicher Verspätung in die belgische Hauptstadt gelangen. Saladin Schmitt, der Direktor des Deutschen Theaters in Brüssel – vordem und hernach das «Théatre Royal du Parc» –, trug für ihn die Novelle «Das Wunderkind» vor. Dann wurde der dritte Akt der «Fiorenza» gegeben, den der Dichter, noch immer in Reisekleidung, voller Dankbarkeit miterlebte. Er wurde von den Militärs aufs liebenswürdigste gefeiert. Weiter nach Hamburg und Rostock, wo er Gast des Herzogs von Mecklenburg-Schwerin war, der ihn mit seiner Frau – alle beide enthusiastische Leser seiner Bücher – ein halbes Jahr zuvor auf seiner Hochzeitsreise in Bad Tölz besucht hatte. Der Herzog vermittelte eine Lesung in Lübeck, deren finanzieller Ertrag den Kriegsverwundeten zugute kommen sollte. Von der Heimatstadt nach Berlin. Gespräche mit seinem Verleger. Rückreise im Schlafwagen nach München.

Noch immer war das Vorwort zu schreiben: eine Art musikalisches Vorspiel, wie er selbst sagte, das alle wichtigen Motive des Bandes vorausklingen lassen sollte. In Wirklichkeit hielt es der Autor für angebracht, die Arbeit der vergangenen drei Jahre durch die Ouvertüre in Frage zu stellen, hohes Pathos mit einer bewundernswerten Durchtriebenheit verbindend. Man könne von «Variationen über ein Thema» sprechen, sagte er, «wenn dieses Thema nur eben präzisere Gestalt gewonnen hätte». Von einem Buch aber könne nicht die Rede sein: «Dies Suchen, Ringen und Tasten nach dem Wesen, den Ursachen einer Pein (…) – es ergab natürlich kein Buch.» Nein, auch kein Kunstwerk, auch kein Künstlerwerk, obwohl es «einem in seinen Grundfesten erschütterten, in seiner Lebenswürde gefährdeten (…) Künstlertum» entstamme. Die «Dar-

stellung eines innerpersönlichen Zwiespaltes und Widerstreites»
mache «dies Buch, welches kein Buch und kein Kunstwerk ist, beinahe zu etwas anderem: beinahe zu einer Dichtung».

Ein hehres Wort. Es erlaubte alles, und es rechtfertigte alles. Es
korrespondierte aufs schönste mit dem, was er seinen «geistigen
Schwerpunkt» nannte, der jenseits der Jahrhundertwende liege:
«Romantik, Nationalismus, Bürgerlichkeit, Musik, Pessimismus,
Humor». Es hielt ihn aber auch nicht davon ab, durch einen versöhnlichen Brief des Bruders nicht beschwichtigt, sondern in
seinem Ressentiment eher angestachelt, noch einmal gegen den «tätigen Geist» der «aufklärerischen Weltbefreiung, Weltbesserung,
Weltbeglückung» loszufetzen – den «politischen Geist», der «wi-
derdeutsch als Geist» sei, also auch «mit logischer Notwendigkeit
deutschfeindlich als Politik».

Er konnte sich, dank Bertram, auf eine Bemerkung Nietzsches
berufen, der unter dem Stichwort «Meistersinger» notiert hatte:
«Gegensatz zur Zivilisation, das Deutsche gegen das Französische.
Im blendenden Blitzschein genialischer Kritik», rief er, «steht hier
auf eine Sekunde der Gegensatz, um den dieses ganze Buch sich
müht». Dann schrieb er: «Die Geschichtsforschung wird lehren,
welche Rolle das internationale Illuminatentum, die Freimaurer-
Weltloge, unter Ausschluß der ahnungslosen Deutschen natürlich,
bei der geistigen Vorbereitung und wirklichen Entfesselung des
Weltkrieges, des Krieges der ‹Zivilisation› *gegen Deutschland*, gespielt hat. Was mich betrifft», fügte er hinzu, «so hatte ich, bevor
irgendwelches Material vorlag, meine genauen und unumstößlichen
Überzeugungen in dieser Hinsicht.» Die Freimaurer also. Die Jesuiten nannte er nicht. Die Juden waren auf stille Weise präsent. Er
warnte, daß «bei einem Zusammenschluß der nationalen Demokratien zu einer europäischen, einer Weltdemokratie von deutschem
Wesen nichts übrigbleiben würde». Deutschland «habe Feinde in
seinen eigenen Mauern», sagte er, das heiße: «Verbündete und Förderer der Weltdemokratie.»

Doch dann schlug er eine überraschende Volte: «Sollte ich das im
Engeren wiederholen», fragte er, «und sollte ich Elemente, die dem
‹Fortschritt› Deutschlands Vorschub leisten, in meinem eigenen
konservativen Inneren hegen?» Könnte es sein, fragte er weiter, daß

«auch mein Wirken durchaus nicht genau meinem Denken und Meinen entspricht, und daß ich selbst mit einem Teil meines Wesens den Fortschritt Deutschlands zu dem, was in diesen Blättern (...) ‹Demokratie› genannt wird (...), zu fördern bestimmt war und bin?»

Als er diese Sätze im Frühjahr 1918 zu Papier brachte, bereitete sich die letzte große Offensive der Deutschen an der Westfront vor, die nach gut zwei Wochen unter schrecklichen Verlusten zusammenbrach. Im Januar 1918 hatte der amerikanische Präsident Woodrow Wilson die vierzehn Punkte seines Friedensplanes vorgelegt, die von Deutschland die Preisgabe des Elsaß und Lothringens verlangte. Im Reich hatte ihm ein Aufschrei der Entrüstung geantwortet. Freilich, die aufmerksamen Leser der Zeitungen wußten gut genug, daß nicht mehr zu viele Monate vergehen würden, bis die Massenheere der Vereinigten Staaten in Frankreich an Land gingen. Trotz der Entlastung durch den Zusammenbruch des Zarenreiches: Das Ende ließ sich absehen.

Thomas Mann richtete sich darauf ein, daß die «Betrachtungen» vom Fortgang der Geschichte nur zu bald auf grandiose Weise widerlegt sein würden. Er baute vor. Der Hinweis, daß sein monströses Buch gegen alle Absicht «objektiv» der Demokratie dienen könnte – später hätte man von einem dialektischen Überschlag gesprochen –, durfte als eine erste höfliche Reverenz an die Sieger verstanden werden.

Mit einem Seufzer bezeichnete er das Werk als einen «mehr als zweijährigen Gedankendienst mit der Waffe», von dem er «nicht gerade im besten Wohlsein» an den «verwaisten Werktisch» zurückkehre. Mit dem ihm eigenen Mangel an Takt nannte er sich einen «Kriegsbeschädigten»: ein Wort, das jedes Mitglied der Heere von Arm- und Beinamputierten, der Blinden und der Giftgasopfer als Verhöhnung empfinden mußte.

Geschmeidig genug nahm er den unvermeidlichen «Zwischenruf» auf, der ihm vorhalten würde: «Himmel, wie er sich wichtig nimmt!» Er bemerkte, ohne einen Hauch von Ironie und Selbstironie: «Ich habe dem nichts entgegenzustellen als die Tatsache, daß ich, ohne mich wichtig zu nehmen, nie gelebt habe noch leben könnte». Alles, was er je geleistet und gewirkt habe, jede Zeile und

Wendung seines bisherigen Lebenswerkes sei ausschließlich darauf zurückzuführen, daß er sich wichtig genommen habe.

Gutartige Interpreten meinten später, der Autor habe sich hier und anderswo ein «Augenzwinkern» erlaubt. Nichts davon. Die «Betrachtungen eines Unpolitischen» waren, von der ersten bis zur letzten Zeile, ein Dokument bitteren und bösen Ernstes, das Produkt einer intellektuellen und moralischen Verkrampfung, die den Autor mitunter an den Rand des geistigen Infarkts gebracht hat. Sie waren und sind das Weiß- oder Schwarzbuch der Ressentiments, die die Seele so vieler Deutschen zerfraßen. Für Thomas Mann mochten sie ein Abschluß sein, obwohl es lang genug währte, bis er sich völlig von den Bildern des Hasses und der Feindschaft löste. Sie waren zugleich das Bekenntnisbuch des konservativen Protestes, der die Seele des deutsch-nationalen Bürgertums noch lange besetzte – und mit ihm die seine. Ihr innerstes Wesen war, trotz so vieler brillant formulierter Passagen, die Ankündigung des Aufstands der Irrationalität, der Deutschland und mit ihm Europa in den Abgrund reißen sollte.

In seinem «Lebensabriß» aber schrieb der Autor von einem «mühsamen Gewissenswerk». Dennoch war er, als er die letzte Zeile geschrieben hatte, keineswegs sicher, ob es nützlich und notwendig sei, mit dem «Bekenntnis- und Kampfbuch» in letzter Stunde vor die Öffentlichkeit zu treten. Die Zweifel quälten ihn Tag und Nacht. Überdies verschleppte sich die Herstellung des Bandes durch den Sommer 1918. Im Hause Fischer war man über das anfechtbare Werk keineswegs allzu glücklich. Vor allem Moritz Heimann dürfte bei manchen Passagen die Brauen gehoben haben, wozu ihn Thomas Mann immer wieder herauszufordern schien (wie seine kritischen Äußerungen über den Fontane-Essay andeuten, den er «flach, halbgebildet und unwahr» nannte – unwahr in seiner «Allüre der Autorität»; es seien, fügte er hinzu, «nur Zufälle, die uns davor bewahren, auch von Mann, nein von Pfitzner, ein Büchlein über das Judentum in der Literatur zu erhalten»). Der Verlag hatte übrigens die Papierration, die den «Betrachtungen» zugedacht war, für eine Neuauflage der «Buddenbrooks» verbraucht. Thomas Mann mußte seine Verbindung zu hohen Ministerialbeamten nutzen, um sich ein zusätzliches Kontingent zuweisen zu lassen.

In den letzten Septembertagen 1918 träumte er – laut Tagebuch –, er sei «in bester Freundschaft mit Heinrich zusammen», und er lasse ihn «aus Gutmütigkeit eine ganze Anzahl Kuchen, kleine à la crême und zwei Bäcker-Tortenstücke, allein aufessen», indem er auf seinen Anteil verzichtete: «Gefühl der Ratlosigkeit, wie sich denn diese Freundschaft mit dem Erscheinen der Betrachtungen vertrage.» Einen Tag vorher hatten Hindenburg und Ludendorff ein sofortiges Waffenstillstandsangebot gefordert. In Berlin wurde, wie Thomas Mann einen Tag später voller Spott notierte, mit «Sr. Exzellenz dem Genossen Ebert» verhandelt: «übrigens einem ehrenwerten Mann», fügte er hinzu, die Redewendung aus Shakespeares «Julius Cäsar» im Kopf.

Am 3. Oktober wurde Prinz Max von Baden zum Reichskanzler ernannt. Thomas Mann schrieb einen Tag danach: «Die Selbstaufgabe, Reue, Bußfertigkeit ist grenzenlos. Man gibt dem Feinde recht, gesteht, daß man es nötig hatte, von ihm gebessert zu werden und erklärt sich, aus Angst, für gebessert.» Er hielt unter demselben Datum fest: «Morgens auf dem Frühstückstisch ein Brief mit Heinrichs Handschrift, dessen Anblick mir gefährlich auf die Nerven fiel». Es handelte sich freilich nur um ein Schriftstück, das die Familienfinanzen betraf.

Einen Tag später: «Die Katastrophe und Weltniederlage (...) ist da. Es ist auch die meine.» Am 6. Oktober: «Seltsame Nacht. Schlief sehr schwer ein, trotz Bad und Baldrian, nicht vor 2 Uhr, und wachte vor 5 Uhr auf, ohne den Schlaf wiederzufinden. Da ich K. hörte, ging ich zu ihr hinüber und blieb etwa 1 ½ Stunden bei ihr, in Gesprächen über die Lage und insbesondere über das Schicksal der ‹Betrachtungen›, über das ich mir viele und neue, zur Aktivität geneigte Gedanken machte, die mitzuteilen mir wohltat. Derjenige, das Buch zu unterdrücken u. posthum zu machen, gewann an Anziehung und Verwirklichungsmöglichkeit. (...) Ein Telegramm an Fischer zum Zweck der vorläufigen Inhibierung des Erscheinens wurde beschlossen.»

Am Morgen setzte er den Wortlaut des Kabels auf und schrieb einen Eilbrief an den Verleger. Unterdessen telefonierte er mit Kurt Martens, der für die «Münchner Neuesten Nachrichten» einen Artikel über die «Betrachtungen» in der Feder hatte: der Freund

lehnte den Gedanken an eine Unterdrückung des Buches «fast entrüstet» ab und sprach von einem «literarischen Verlust». Das Buch
sei «historisch bei seinem Erscheinen», aber es werde «auch historisch bleiben». «Nun, der Eilbrief ist fort», schrieb Thomas Mann.

Am 7. Oktober traf Fischers telegraphische Antwort ein: Die
«Betrachtungen» seien ausgeliefert. Thomas Mann fügte hinzu: «In
Gottes Namen!» In eines der Freiexemplare, die ihn am letzten
Oktobertag erreichten, schrieb er diese Widmung für Katia: «Wir
haben es zusammen getragen, liebes Herz, und wer weiß, wer
schwerer daran zu tragen hatte, denn zuletzt hat der immerhin Thä-
tige es leichter, als der nur Duldende. Auch trug ich es nur aus Not
und Trotz, Du aber trugst es aus Liebe. Schmeichler sagen Dir
wohl, es sei nichts Geringes und Leichtes, meine Gefährtin zu sein.
Aber mich schmerzt das Gewissen dabei, und ich weiß wohl, daß
dieser Schmerz nur durch immerwährende Dankbarkeit zu beruhigen ist.»

Die sorgsame Wahl der Worte deutete diskret die herben Konflikte an, von denen die Ehe während der Niederschrift des Buches
überschattet war. Er vermerkte in seinem Tagebuch: «Wir weinten
beide.»

32. KAPITEL

Verfehlte Versöhnung

Heinrich und Thomas Mann hatten einander während des Krieges nur zweimal aus der Ferne gesehen. Sie nahmen einander bei einer Lesung des Wiener Essayisten und Satirikers Karl Kraus wahr, der seinen Zeitgenossen mit so unerbittlicher Strenge die Leviten las – der aufgereckte Zeigefinger seiner Epoche. Sie grüßten einander nicht. Sie sprachen nicht miteinander. Sie begegneten sich ein zweites Mal bei dem Begräbnis Frank Wedekinds, der am 9. März 1918 nach einer Operation gestorben war, kaum vierundfünfzig Jahre alt. Heinrich hielt ihm die Totenrede. Thomas war mit dem Taxi zum Friedhof geeilt. Er ließ, zum Verdruß seiner Frau, den Wagen warten. Als der Bruder sprach, entfernte er sich und fuhr davon.

Das Aufsehen scheute er nicht. Es sollte bemerkt werden, daß er zu keiner Versöhnung bereit war. Voll Bitterkeit registrierte er, daß der Fortgang des Krieges Heinrichs Kritik an der moralischen Verrottung der wilhelminischen Gesellschaft Tag für Tag zu bestätigen schien. Der Bruder, er wußte es wohl, befand sich auf der «Höhe der Zeit». Heinrich Manns Schauspiel «Madame Legros» – ein Drama aus den frühen Tagen der Revolution – hatte zu Anfang des Jahres 1917 in den Münchner Kammerspielen eine triumphale Premiere erlebt, und es ging danach über viele Bühnen des Reiches. Es wurde auch in Lübeck mit schönem Erfolg gegeben. In einem Brief an Witkop sprach Thomas Mann von einer «Apotheose des französischen Revolutionsidealismus», und er nannte das Stück «durchaus anti-deutsch».

Ihm war gewiß hinterbracht worden, daß der Bruder in Kurt

Wolff einen neuen Verleger gefunden hatte, der – von seinem Lektor Georg Heinrich Meyer klug beraten – ohne Zögern sechs Romane Heinrich Manns in hoher Auflage druckte. Den Büchern wurde nun ein glänzender Erfolg zuteil. Insgesamt brachte Wolff fast eine Dreiviertelmillion Exemplare unter die Leute. Heinrich Mann bemerkte, wie Frank Wedekind habe er fünfzehn Jahre gebraucht, um populär zu werden.

Unterdessen hatte er einen neuen Roman gefertigt – «Die Armen» –, in dem er sich aus der Höhe seiner bürgerlichen Liberalität dem Geschick des Proletariats entgegenzuneigen versuchte. Vergebliche Mühe. Das Niveau der Sprache und der Komposition sank weit unter das des «Untertans» zurück. Arthur Schnitzler, ein aufrichtiger Freund, bemerkte in Tagebuchnotizen vom August 1917 sein Mißbehagen. Das Buch sei «künstlerisch durchaus mißlungen» und «seelisch deseliquibriert», sagte er. «Auch hier stellenweise das Genie unverkennbar; doch ist er von Tendenz wie benebelt und der Affe seiner eigenen Affen.» Peter de Mendelssohn bemerkte mit untypischem Sarkasmus, das Beste an dem Buch sei die Umschlagzeichnung der großen Käthe Kollwitz gewesen. Den «Untertan» aber hielt Wolff, dieser leidenschaftliche Vermittler der Literatur des Aufbruchs, fürs erste zurück, weil er keinen Konflikt mit der Zensur riskieren wollte. Doch wenige Tage nach dem Waffenstillstand brachte er den Roman auf den Markt. Binnen einiger Wochen wurden einhunderttausend Exemplare verkauft. In seinem Tagebuch notierte Thomas Mann, der Absatz sei «reißend». Doch er attestierte dem Roman auch, er sei «platt» geschrieben. Zum erstenmal war Heinrich Mann aller materiellen Sorgen enthoben. Überdies schien er dem jüngeren Bruder den Rang in der Gunst des Publikums abgelaufen zu haben.

Ein Jahr zuvor, im Dezember 1917, waren sie beide neben einigen anderen Schriftstellern und Wissenschaftlern von der Redaktion des «Berliner Tageblatts» gebeten worden, ihre Gedanken über die «Möglichkeiten eines künftigen Weltfriedens» aufzuzeichnen. Heinrich Mann plädierte in bewegten Worten für die Demokratie, die nun heranwachse, für den «Menschenglauben», an dem es so häufig gefehlt habe, für das Leben, gegen die Zerstörung. Sein Bruder, dessen Aufsatz gesondert zwei Tage später erschien (weil er wie üblich zu lang war), setzte ein Fragezeichen hinter den Weltfrieden. Seine Argumente entnahm er im wesentlichen dem Arsenal der «Betrachtungen». Doch in einer Passage schien er sich unmittelbar an Heinrich zu wenden, sich auf ein Wort aus dem Johannes-Evangelium berufend, das sagt: «so jemand spricht: ich liebe Gott und hasset seinen Bruder, der ist ein Lügner.»

Dies war für den Älteren das Signal, die Hand zur Versöhnung auszustrecken. In einem Brief, von dem nur ein Entwurf erhalten ist, verwies er zunächst auf Thomas' Angriffe seit den Tagen der «Freistatt» (im Jahre 1903), die er immer «ohne große Mühe verwunden» und «nicht vergolten» habe: «In meinem, ‹Zola› betitelten Protest war es, daß ich gegen die auftrat, die sich, so mußte ich es ansehen, vordrängten, um zu schaden. Nicht gegen Dich nur, gegen eine Legion. Anstatt der Legion sind es heute nur noch einige Verzweifelte; Du selbst schreibst wehmütig; – u. Dein letztes Argument wäre nur der Vorwurf des Bruderhasses? Ich kann Dir betheuern, wenn nicht beweisen, daß er mich nicht trifft. Nie aus solchem Gefühl habe ich gehandelt – u. habe ihm grade entgegengehandelt, als ich Annäherung suchte sogar in der Zeit, als es hoffnungslos schien.» Er fügte hinzu: «Unsere Mittheilung von der Geburt unseres Kindes wurde nicht gut aufgenommen. Vielleicht finden meine heutigen Erklärungen ein besseres Gehör. Das wäre möglich, wenn Deine neueste Klage gegen mich von Schmerz diktirt ist. Dann mögest Du erfahren, daß Du meiner nicht als eines Feindes zu denken brauchst.»

Thomas wies den Bruder in seiner Antwort vom 3. Januar 1918 schroff zurück. Der gereizte Ton seiner Abwehr, der in manchen Sätzen von einer wahren Hysterie diktiert zu sein schien, bewies vor allem, wie tief er unter der Entfremdung und seiner eigenen Erstarrung litt. Er pochte darauf, daß er zwei der Bücher Heinrichs noch immer als «Meisterwerke» preise. Doch dann: «Das brüderliche Welterlebnis färbt Alles persönlich. Aber Dinge, wie Du sie in Deinem Zola-Essay Deinen Nerven gestattet und den meinen zugemutet hast, – nein, dergleichen habe ich mir niemals gestattet und nie einer Seele zugemutet. Daß Du nach den wahrhaft französischen Bösartigkeiten, Verleumdungen, Ehrabschneidereien dieses glanzvollen Machwerks, dessen zweiter Satz bereits ein unmenschlicher

Exzeß war, glaubtest, ‹Annäherung suchen› zu können, obgleich es ‹hoffnungslos schien›, beweist die ganze Leichtlebigkeit Eines, der ‹sein Herz ins Weite erhob›. Übrigens hat damals meine Frau der Deinen zart, menschlich, ausführlich geschrieben und bekam Frechheiten zur Antwort.»

Er verwies auf die «Betrachtungen»: «Was hinter mir liegt, war eine Galeeren-Arbeit; immerhin danke ich ihr das Bewußtsein, daß ich Deiner zelotischen Suada heute weniger hülflos gegenüber stünde, als zu der Zeit, da Du mich bis aufs Blut damit peinigen konntest. Mögest Du und mögen die Deinen mich einen Schmarotzer nennen. Die Wahrheit, *meine* Wahrheit ist, daß ich keiner bin.» Er schloß voller Pathos: «Laß die Tragödie unserer Brüderlichkeit sich vollenden. Schmerz? Es geht. Man wird hart und stumpf. Seit Carla sich tötete und Du fürs Leben mit Lula brachst, ist Trennung für alle Zeitlichkeit ja nichts Neues mehr in unserer Gemeinschaft. Ich habe dies Leben nicht gemacht. Ich verabscheue es. Man muß zu Ende leben so gut es geht. Lebe wohl.»

Die Mutter scheint die Briefe der Brüder gelesen zu haben. Zu Heinrich sagte sie resigniert: «Nun glaube ich auch nicht mehr, daß *mein* Tod Euch alle wieder vereinigen wird, da es Carlas Tod nicht einmal vermochte; nun mußt Du so wie ich uns mit dem Gedanken abfinden, daß das, was nun noch von Deiner Seite geschah, das letzte, deutlich *Gutes* Wollende, war. Aber es war *gut*, daß Du es tatest!» Sie bat den Ältesten, er möge trotzdem gegenüber allen Unberufenen, «die nur Sensation aus dem Zwist zweier großer Brüder machen», auf jede Kritik an Thomas verzichten. Thomas' Härte enttäuschte sie. Dennoch war sie nicht bereit, die Hoffnung aufzugeben, «daß man beiderseits gemachte Fehler gutmachen könnte, wenn man wollte».

Man rätselte lange, warum sich der Jüngere dem Werben Heinrichs so uneinsichtig verschloß. Hätte er sich auf eine Versöhnung eingelassen, argumentierten die Apologeten, wäre es ihm kaum mehr möglich gewesen, die «Betrachtungen» drucken zu lassen. Den Verzicht auf die Frucht der qualvollen Arbeit dreier Jahre – nein, den habe er sich nicht zumuten können. So mag es gewesen sein. Indes, es war wohl nicht nur der (halb bewußte) Wunsch, das Werk zu schützen, der sein Gemüt verkrampfte. Das Ressentiment

hatte sich zu tief in seine Seele eingefressen. Es löste sich nur langsam – und vielleicht niemals ganz.

Heinrich aber setzte eine Antwort an den Jüngeren auf, die er
nicht zur Post gab. Es darf das bewegendste Dokument genannt
werden, das er der Welt hinterließ: «Lieber Tommy, vor solcher
Verbitterung müsste ich verstummen und die ‹Trennung für alle
Zeitlichkeit› so hinnehmen wie sie geboten wird. Aber ich will
nichts versäumen. Ich will Dir nach Kräften helfen, die Dinge später, wenn alles vorbei ist, gerechter zu sehen. Auf einen Brief, der
nicht Zartsinn oder ähnliches, sondern allein Überhebung verrieth,
musste ich meiner Frau die entsprechende Antwort diktiren. Aber
ich trenne mich niemals vorsätzlich u. für immer. Ich lasse es darauf
ankommen, ob auch der andere Theil einst das Seine thut, dass man
sich wiederfindet. So ist die Art meiner zelotischen Leichtlebigkeit.
Nicht Auseinandersetzungen wollte ich, nicht einmal auf 4 Briefsei-
ten, – u. mit tiefem Bedauern erfahre ich, dass eine einzige, von mir
gehörte Meinungsäusserung Dich genöthigt hat, 2 Jahre lang Deine
Antwort auszuarbeiten. Ich denke Dein Buch, sollte nicht die
Rücksicht auf meinen Ruf mich anders bestimmen, ungelesen zu
lassen – nicht aus Missachtung, sondern weil ich eine polemische
Verbindung mit Dir weniger wünsche als die andere, natürliche. Du
hast, nach allem was ich sehe, Deine Bedeutung in meinem Leben
unterschätzt, was das natürliche Gefühl betrifft, und überschätzt
hinsichtlich der geistigen Beeinflussung. Die letztere, negativ von
Gestalt, ist einseitig von Dir erlitten worden, Du musst diese Wahrheit schon hinnehmen, es ist keine blosse Schmähung, wie alle die
mehr pathetischen als ethischen Wendungen Deines Briefes. Was
mich betrifft, ich empfinde mich als durchaus selbständige Erscheinung, u. mein Welterlebnis ist kein brüderliches, sondern eben das
meine. (…) Selbstgerechtigkeit? O nein – sondern weit eher das Gemeinschaftsgefühl mit denen, die auch, gleich mir, es wissen, wie
viel wir alle, die Kunst und Geistesart unserer Generation, es ver-
schuldet haben, dass die Katastrophe kommen konnte. Selbstprüfung, Kampf erleben noch einige neben Dir, wenn schon bescheidener (…). Dein eigenes Ethos, wer sagt Dir, dass ich es verkannt
hätte? Ich habe immer um es gewusst, habe es geachtet als subjektives Erlebniss u. Dich, stand es im Kunstwerk gestaltet, nicht lange

behelligt mit meinem Verdacht gegen seinen Werth für die Menschen. Vermesse aber auch ich mich eines sittl. Willens, wie erscheint er Dir? Unter dem Bild eines komödiantischen Prahlhansen u. glänzenden Machers. Du Armer! Die Unfähigkeit, ein fremdes Leben ernst zu nehmen, bringt schliesslich Ungeheuerlichkeiten hervor, – u. so findest Du, mein Brief, der eine Geberde der einfachen Freundlichkeit war, athme Triumph! Triumph worüber? Dass alles gut für mich ‹steht u. liegt›, nämlich die Welt in Trümmern u. 10 Millionen Leichen unter der Erde. Das ist doch mal eine Rechtfertigung! Das verspricht doch Genugthuungen dem Ideologen! Aber ich bin nicht der Mann, Elend u. Tod der Völker auf die Liebhabereien meines Geistes zuzuschneiden, ich nicht. Ich glaube nicht, dass der Sieg irgend einer Sache noch der Rede werth ist, wo wir Menschen untergehen. Alles, was nach dem Letzten, Furchtbarsten, das noch bevorsteht, an besserer Menschlichkeit kann errungen werden, wird bitter u. traurig schmecken. (…) Jetzt sterben sie weiter; – Du aber, der den Krieg gebilligt hat, ihn noch immer billigt und meine Haltung (…) der vollständigen Abscheulichkeit zeiht, wirst, will Gott es, noch einmal 40 Jahre Zeit haben, Dich zu prüfen, wenn nicht zu ‹behaupten›. Die Stunde kommt, ich will es hoffen, in der Du Menschen erblickst, nicht Schatten, u. dann auch mich. H.»

Man hat dieses Dokument, ganz zu Recht, einen der großen Briefe der deutschen Literatur genannt. Dennoch war Heinrich Mann klug beraten, ihn nicht abzuschicken. Sein Instinkt mag ihm gesagt haben, daß ihm Thomas diesen Beweis seiner Souveränität niemals hätte verzeihen können, bis an sein Lebensende nicht. Überdies bewies der Ältere mit seinem Verzicht auf die Lektüre der «Betrachtungen» – wenn er seinem Vorsatz treu blieb – mehr Weisheit, als sie ihm sonst gegeben war, wenn er auch gegenüber Freunden mit seiner Kritik nicht hinter dem Berg hielt. Er enthielt sich jedes schriftlichen Kommentars zu dem monströsen Werk.

Thomas Mann aber begann – das Vorwort des Buches gab einen ersten Hinweis –, seine Haltung Schritt um Schritt zu korrigieren: nicht nur gegenüber Heinrich, sondern – eines wirkte ins andere – gegenüber der Entwicklung der Dinge, die ihn auf so rüde Weise ins Abseits zu verbannen schien. Sein Standpunkt, notierte er im Tagebuch, sei nicht «der heroische». Ida Boy-Ed schrieb er, nachdem er ihre Kritik an den «Betrachtungen» gelesen hatte, er möchte jeden, «der diesem Buch die Ehre öffentlicher Besprechung erweist», im voraus bitten, den Konflikt mit dem Bruder, «der zweifellos seinen geistigen Kern bildet, so schonend-überpersönlich wie möglich zu behandeln». Er räumte ein, wenn der Name Heinrichs zusammen mit Wörtern wie «Deutschfeindlichkeit» und «Arbeit gegen unsere Widerstandskraft» genannt würde, so sehe «die Sache plötzlich garnicht mehr nach Geist, sondern in erschreckender Weise nach politischer Denunziation aus» – er «zucke zusammen», und «das Blut» steige ihm «ins Gesicht». Die alte Lübecker Freundin machte ihn darauf aufmerksam, daß er sich all dies früher hätte überlegen können. Er antwortete ihr postwendend, sie habe «in hohem Grade» recht, wenn sie ihn eines «Selbstwiderspruchs» beschuldige. Doch er setzte unverzüglich hinzu, das Buch finde im Publikum mehr Anklang, als er sich je hätte träumen lassen. Dann signalisierte er die Rückkehr ins Reich des Privaten: «Ich habe es aufgegeben, mir von der verehrlichen Weltgeschichte schlaflose Nächte bereiten zu lassen, wie ich es eine Zeit lang zu meiner größten Schädigung that.»

Thomas Mann erreichten in der Tat viele Zeichen der Sympathie deutscher Bürger, die in jenen Tagen des Zusammenbruchs, den er den größten der Weltgeschichte nannte, sein Protestbuch als eine Seelenstärkung empfanden: also war – für den Augenblick – seine Furcht widerlegt, er könne ins Abseits geraten. Später wurde er wohl kaum aller Stimmen des Zuspruchs froh, die ihn erreichten, doch zunächst fühlte er sich noch einmal ganz der Welt des konservativen Trotzes und der Verachtung demokratischer Liberalität zugehörig. Der amerikanische Historiker Fritz Stern, ein intimer Kenner der deutschen Geistesgeschichte des neunzehnten und zwanzigsten Jahrhunderts, registrierte aufmerksam den Einfluß, den die Schriften des völkischen Mythologen Paul de Lagarde auf Thomas Mann genommen hatten, und er wies – aus guten Gründen – den Autor der «Betrachtungen» in die Nachbarschaft von Arthur Moeller van den Bruck, dem Künder des «Dritten Reiches», und Julius Langbehn, dem Verfassser des romantisch-nationalistischen Traktates «Rembrandt als Erzieher».

Thomas Mann selbst schlug Oswald Spenglers «Untergang des

Abendlandes», dessen erster Band im letzten Kriegsjahr erschienen war, dem Oberbürgermeister von Weimar und der Jury des Nietzsche-Preises – auch er gehörte dem Kollegium an – mit Emphase zur Auszeichnung vor: «ein Buch voller Schicksalsliebe und Tapferkeit der Erkenntnis», schrieb er, «worin man die großen Gesichtspunkte findet, die man heute gerade als deutscher Mensch braucht». Er meldete den Wunsch an, dieses Werk demonstrativ als einziges zu ehren. Wenn das nicht angehe, schlage er diese Rangordnung vor: erstens Oswald Spengler, zweitens Friedrich Gundolf (für seine Goethe-Biographie), drittens Hans Vaihinger (für seine «Philosophie des Als-ob») und schließlich den Grafen Eduard von Keyserling, dem er wenige Wochen später den Nachruf zu schreiben hatte.

Er habe, sagte er, Spengler fast so gierig wie einst Schopenhauer gelesen. Von einer Doppelgängerscheu gegenüber dem Künder des «Untergangs», wie er sie hernach empfunden haben mag, konnte in jenen Tagen noch keine Rede sein. Als er die eigene Haltung radikal zu revidieren begann, berührte ihn die heimliche Verwandtschaft eher peinlich. Vielleicht fiel sein zweites Urteil besonders hart aus, weil er zur Kenntnis nehmen mußte, daß sich Spengler für ihn nur am Rande interessierte und seinen Büchern ohne Sympathie begegnete. In der Tat hatte der Kulturphilosoph Freunden gegenüber schon vor dem Krieg über Thomas Manns Manierismus gespottet, ja er sagte, seine «ganze Sentimentalität» sei «deshalb so verlogen, weil ihre Wurzel noch in der romantischen Belletristik» stecke. «Er erzählt scheinbar moderne Stoffe, aber mit einem ganz veralteten Gehalt (Biedermeierempfindsamkeit oder Heine ins Großstädtisch-Homosexuelle projiziert).»

Der Wiener Journalist, Kunsthistoriker und Schauspieler Egon Friedell sah sich durch die «Betrachtungen» an Langbehns Schrift vom «Rembrandt-Deutschen» erinnert. Er sprach in seiner – alles in allem wohlwollenden – Rezension von «einer Art psychologischer Selbstvivisektion», und er unterschied das Buch generös von dem «plattfüßig-undifferenzierten und selbstsüchtig-rechthaberischen Hurrapatriotismus, der sich alldeutsch nennt». Vielmehr nannte er es doppeldeutig, das «Manifest eines stockreaktionären Geistes oder – eines Fortschrittlers von übermorgen». Er sprach, was die Brüder anging, von «einer Atmosphäre feindlicher Verwandtschaft und *intimsten Mißverständnisses*». Friedell schloß seine Kritik mit den Worten: «Wir aber, die beglückten Zuschauer dieses pittoresken und exzitierenden Seelenschauspiels, freuen uns von Herzen, daß Deutschland zwei solche Kerle besitzt.»

Kurt Hiller, ein anarchischer und unabhängiger Kopf, hatte schon nach dem Vorabdruck des Taugenichts-Kapitels in der «Neuen Rundschau» den Aufsatz mit übertreibender Ironie als ein «Pogrom gegen den Geist» bezeichnet. Später nannte er die «Betrachtungen» einen «widerwärtigen Schmöker». Er rügte die «präzeptorale Arroganz», mit der sich ein «philosophisch durchaus unfundierter Antihumanismus» vortrage.

Die bitterste Abrechnung aber nahm Paul Amann in den «Münchner Blättern für Gedichte und Grafik» vor – der österreichische Brieffreund, den Thomas Mann mit so viel schmeichelndem Vertrauen umworben hatte. Er wies mit dem Finger auf den «unbewußten Drang» des Autors, in seinem Vorwort möglichen Angriffen vorzubauen, und er fragte geradewegs, warum er «diese angesäuerten, halbgegohrenen, ätzend schädlichen Weisheitssätze» nicht zurückgehalten habe. Vor allem empörte er sich gegen den Hochmut, mit dem Thomas Mann die Warnungen der Freunde beiseite gefegt habe, «Coriolanverse von ungewaschenen Gesichtern und ungeputzten Zähnen» zitierend, und er stellte schroff fest: «Mir schien immer der Takt der beste Wert der guten Kinderstube.»

Dann kam er zu seiner Sache: Zeile für Zeile und Seite für Seite demonstrierte er, daß sich Thomas Mann rücksichtslos und schnöde seiner Studie über Romain Rolland bedient habe, ohne die Zitate und die Herkunft seines Wissens kenntlich zu machen, ja er warf dem Autor die Entstellung einer entscheidenden Äußerung Rollands vor: Was der Verfasser des «Jean Christophe» als «Stimme des Volkes» kenntlich gemacht habe, sei von Thomas Mann als die Meinung des Schriftstellers serviert worden – ein Vergehen, das «man in der Sprache Rollands zierlich als chantage» beschreibe. Das Schlimmste aber: er sagte, man sei Heinrich Mann Genugtuung schuldig, denn er habe recht behalten. Wenn man Thomas Mann zum Äußersten treibe, sage er am Ende: «Es wäre für Deutschland besser gewesen, nach meinem Kopfe zu sterben, als nach jenes Kopfe zu leben!» Heinrich aber habe sich nach dem römischen Wort «um das Vaterland wohl verdient gemacht», «jedenfalls mehr als der Bruder».

Mit dieser Kritik riß die Verbindung der beiden bis zum Jahr 1936 ab. Im Zürcher Exil erreichte Thomas ein versöhnlicher Brief des Österreichers, den er mit hoheitlicher Milde beantwortete. Damals zog er es vor, auf eine öffentliche Antwort an Amanns Adresse zu verzichten. In seinem Tagebuch schrieb er von «Bestürzung, Verwirrung, Empörung» nach der Lektüre. Er rief sich selbst ins Gedächtnis, daß er Amanns Essay bei der «Neuen Rundschau» unterzubringen versucht hatte: «Welch ein widerwärtiges Gethu mit dem Lämmlein des Armen, mit der ‹Fälschung› und ‹Plünderung›. Der gebildete Korrespondent entpuppt sich als ein schäbiger, trüber, gedrückter und giftiger Kerl mit der Allüre der ‹Traurigkeit›.» Doch er fügte hinzu, es sei nicht zu leugnen, daß er einer «sorglosen Inkorrektheit wirklich schuldig» geworden sei, da er nicht gefragt habe, ob er die Briefstelle übernehmen dürfe. Später vermerkte er dankbar, der junge Expressionist Hanns Johst, der hernach zu den Nazis entlief, habe «herzlich gegen die Aufnahme des Amann'schen Artikels» in die «Münchner Blätter» protestiert. Er wollte nicht begreifen, daß ihm nicht nur eine kleine Nachlässigkeit unterlaufen war – und er konnte es wohl auch nicht. Er hatte sich der ihm nützlichen Elemente in der Schrift und in den Briefen Paul Amanns mit der gleichen Selbstverständlichkeit bemächtigt, mit der er sich die Gesichter, die Lebensverhältnisse, die Erfahrungen seiner Familie, seiner Freunde, seiner Feinde und der Statisten seines Daseins anzueignen gewohnt war.

Ernst Bertram bewies in jenen schwierigen Jahren seine ergebene Zuverlässigkeit. Thomas Mann hatte ihm die Bitte seines Verlegers Samuel Fischer weitergereicht, eine «Selbstanzeige» für die «Betrachtungen» zu schreiben – «einen besseren Waschzettel», wie er sagte. Freilich wollte er damit keinesfalls die Möglichkeit «verpfuscht» sehen, daß Bertram eine Rezension für die «Frankfurter Zeitung» verfasse. Der Freund entzog sich der Aufgabe nicht und erledigte sie zur Zufriedenheit des Autors, der sich durch die Gleichzeitigkeit des Erscheinens von Bertrams «Nietzsche» und seines Kampfbuches gestärkt fühlte. Zu zweit, sagte er, sei man

«tapferer» und verfüge über die «dickeren Nerven». Bertrams Buch
gelangte ein wenig früher als das seine auf den Markt. Thomas
Mann, der viele Passagen kannte, las es mit großer Aufmerksamkeit
und aufrichtigem Beifall. Den Gedanken aber, daß er die Arbeit des
Freundes rezensieren könnte, rückte er behutsam, ein wenig betulich, doch unmißverständlich beiseite: «Um Ihnen würdig von dem
Buche zu sprechen», schrieb er im September 1918, «dazu müßte
ich diese Zeilen zu einem ganzen Versuch ausbauen, – und Sie kennen die ökonomischen Bedingungen meiner Existenz. Aber – und
dies Wort soll wie ein Blick und ein Händedruck sein – nichtwahr,
mich an diesem Buch zu ‹versuchen›, dessen bedarf es am Ende
nicht! Wie nahe es mir ist; wie mein ganzes Wesen beständig darin
mitschwingt; wie geschwisterlich es, in seiner Besonnenheit, Bildung, historisierenden Würde, seiner Unantastbarkeit, Unbe-
schimpfbarkeit, neben meinem unbesonnenen, ungebildeten, wirren und kompromittierenden Künstlerbuche steht: Sie wissen es so
gut, wie ich, und niemand wird es wohl je so gut, wie wir beide,
wissen.»

Es tat ihm wohl, daß Bertram nicht gezögert hatte, ihn respektvoll zu zitieren: «Die Stelle dieses in so hoher Sphäre sich abspielen-
den Buches, an der wirklich mein Name aufklingt und da steht, ist
mir jedesmal wieder, wenn ich dort anlange, und schon von Weitem, ein Schrecken. Lesen Sie das Personenverzeichnis herunter
oder auch nur das unter dem Buchstaben M, und gestehen Sie, daß
mir, um ein Lieblingswort des Textes zu brauchen, ‹hybride› Anwandlungen kommen könnten. Und doch, es durfte und mußte
wohl sein, ich war wohl hier wirklich einmal hoffähig (...): beinahe
gleichgültig, wo Sie mich nannten (...) – gedacht haben Sie meiner,
an vielen Orten, auch wo Sie meiner nicht geradezu ‹gedachten› –,
ich bin dessen sicher. Nehmen Sie es nicht für Eitelkeit, daß ich das
ausspreche!» Gern bescheinigte er sich den Einfluß, den er auf Bertrams Buch genommen hatte: «Es ist wahr, ich bilde mir etwas darauf ein, daß Sie Ihr Buch so nicht hätten schreiben können, daß es
diese seelische Intimität wahrscheinlich nicht gewonnen hätte,
wenn Sie den großen Gegenstand nicht, gewissermaßen, in gewissem Umfange, im Kleinen noch einmal erlebt hätten.» Doch es seien
«tiefere Empfindungen als Eitelkeit und Genugthuung» gewesen,

die ihn beim Lesen bewegten: es war «die ernsteste Rührung und Dankbarkeit». Er fuhr tremolierend fort: «Verzeihen Sie, daß ich es immer wieder zu dem meinen, den ‹Betrachtungen›, in Beziehung und in Verbindung damit bringe: ich empfinde es nicht nur als seine Ergänzung, sondern geradezu als seine Erlösung, – wie denn auch umgekehrt die Wahrheit Ihrer Legende durch meine stammelnden Konfessionen gewissermaßen beglaubigt werden mag.»

Die Universität Bonn akzeptierte Bertrams «Nietzsche» als Habilitationsschrift. Das verlangte seinen Abschied von München. Thomas Mann sah ihn nicht gern davonziehen. Er hatte sich an Bertrams stets hilfreiche Gegenwart gewöhnt, auch wenn er ihn niemals als einen Partner gleichen Ranges zu akzeptieren vermochte. Für ihn hatte er gelegentlich sogar die alte Geige aus ihrem Kasten geholt; gemeinsam versuchten sie sich an der einen oder anderen Beethoven-Sonate.

In seinem nächsten Brief an Bertram sprach er von einem starken «Choc», der ihn ereilt habe, als er «schwarz auf weiß las, daß am 30. September 1918 das deutsche Reich von der monarchischen zur parlamentarisch-demokratischen Verfassung übergegangen» sei. Er setzte bitter hinzu: «Hübsch ist es doch, was man alles erlebt!»

An einem der Tage nach dem Zusammenbruch sah er Heinrich Mann «spazierend (...) durch die Silberpappel-Allee» an seinem Hause vorübergehen, und er glaubte zu erkennen, daß er «voller Genugtuung vor sich hin lächelte. Er hatte ‹gesiegt›.» Die Szene, die ihn bis in den Grund seines Wesens verstörte, hat sich so tief in sein Gedächtnis geprägt, daß er sie mehr als drei Jahrzehnte später und mehr als zwei Jahre nach Heinrichs Tod in seinem Tagebuch noch einmal mit ungeminderter Bitterkeit heraufbeschwor.

33. KAPITEL

Flucht ins Idyll

Die Zeit des Krieges und der Revolution war nicht von früh bis spät von fieberhafter Unruhe durchhastet oder von Wirren, Sensation und Chaos erschüttert – sie hatte sich ihre eigene, graue Normalität geschaffen. Selten setzten die Ereignisse den Alltag des Schriftstellers völlig außer Kraft. Kaum je entließ er sich länger als einen Tag aus der Disziplin der Arbeit, die er – es gelang nicht immer – einer so sorgsamen und oft pedantischen Ordnung zu unterwerfen suchte.

In den täglichen Notizen des Tagebuches, für die ihm nichts zu klein und nichts zu groß war, setzte er das Privateste gegen den Fortgang der Geschichte, der er mit unvermindertem Ressentiment begegnete: «Ich wünsche im Grunde meiner Seele den Deutschen die ungeheure Lehre einer eklatanten Demaskierung der Tugend-Demokratie.» Seine innere Verwirrung entsprach der äußeren: die überkommene Ordnung – davor konnte er die Augen nicht länger verschließen – war im Begriff, aus den Fugen zu gehen. Er schrieb, auf den Verfall der deutschen Kriegsmaschine weisend, der «Triumph der Tugend» sei vollkommen. Es hänge nun von der «Weisheit eines Quäkers» ab – er meinte den amerikanischen Präsidenten Wilson, der zur presbyterianischen Kirche gehörte –, ob Deutschland einen Frieden bekomme, «der ihm *nicht* unsterbliche Empörung gegen den Weltlauf ins Blut impft». Er setzte hinzu: «Im Interesse des deutschen Geistes und des Wachbleibens seines Gegensatzes zur demokratischen Civilisation wäre dies beinahe zu wünschen.»

In den letzten Stunden des Krieges freilich wandte sich seine Aufmerksamkeit nur für zerstreute Augenblicke dem Werk zu. Am Nachmittag des 7. November 1918 notierte er, auf der Münchner Theresienwiese sei große Volksversammlung gewesen: «Keine Zeitung darum, keine Post. Alle Läden geschlossen. Ein Massenumzug hat stattgefunden. Rote Fahnen (...). Rufe: ‹Nieder mit der Dynastie!› ‹Republik!›.» Er bemerkte: «Albernes Pack.»

Anderntags proklamierte der Schriftsteller und Journalist Kurt Eisner – spöttisch ernannte ihn Thomas Mann zum «Kollegen» – die «demokratische und soziale Republik Bayern». Gerüchte liefen um, die «souveränen Massen» könnten den Herzogpark stürmen. Katia Mann legte Vorräte an. Bruder Vicco meldete sich telefonisch aus Landsberg; er berichtete, die reguläre Truppe versehe brav ihren Dienst. Abdankung des Kaisers. Am 9. November schrieb Thomas Mann, es lasse «alles sich sehr ordentlich an». Die Verlautbarungen der Regierung predigten «nichts als Ruhe und Ordnung». Die deutsche Revolution sei «eben die deutsche, wenn auch Revolution».

Dennoch, davon wird die Rede sein, kränkte ihn die radikale Veränderung der Verhältnisse in tiefster Seele. Und trotzdem hatte das Leben seinen Gang zu gehen. Am 9. November wurde Erikas Geburtstag gefeiert, der des Sohnes Klaus (der am 18. November zur Welt gekommen war) der Einfachheit halber gleich mit. Am Nachmittag hielt der Hausherr Bettruhe wie so oft. Einen Tag später beugte er sich schon wieder über die Korrekturen einer Erzählung.

Nein, er ließ es nicht zu, daß das Außerordentliche der Epoche unbeschränkte Gewalt über die Gewohnheiten des Schriftstellers und die der Familie gewinne, auch jetzt nicht, in den Stunden des revolutionären Aufbruchs. Wie seit den ersten Kriegstagen üblich, verbreiteten die Redaktionen der Zeitungen eilige Nachrichten durch Anschläge in allen Teilen der Stadt oder durch Extrablätter, die rasch auf den Markt geworfen wurden. Oft durfte der kleine Golo, kaum konnte er lesen, auf der Straße auskundschaften, ob es Neuigkeiten gebe. Mitglieder der Elite, die über ein Telefon verfügten, setzten einander von den Entwicklungen ins Bild. Freilich waren nur die Nachbarn durch direkte Wahl zu erreichen. Jedes Gespräch über größere Distanzen – auch in der Stadt – bedurfte der

Vermittlung durch das «Fräulein vom Amt», das in Augenblicken der Krise oft nicht zu erreichen war.

Die Kinder nahmen kaum mehr wahr, daß sie in einer ungewöhnlichen Epoche aufwuchsen. Im Krieg war der Schulbetrieb weitergeführt worden wie eh und je: nur waren die Lehrer älter, da die jüngeren draußen in den Schützengräben lagen, und manchmal sprang eine Dame ein. Es gab keine Schuhe? Also klapperten die Buben und Mädchen auf Holzsandalen einher, oder sie liefen barfuß. Sie waren hungrig? Es gab immerhin Brot, wenn auch in dünnen Scheiben zugeteilt, Kartoffeln, Rübengemüse, Ersatzmarmelade − und manchmal, dank des Organisationstalentes der Mama oder der Fürsorge der Großmütter, Butter und Speck, Honig und Wurst und andere Köstlichkeiten. Klaus ließ einmal sechs Eier, die er nach langem Anstehen in einem entlegenen Lädchen erstanden hatte, aus seiner Mütze rollen. Das allerdings war eine Tragödie, die ihn bittere Tränen kostete. Im übrigen spielten sie ihre Spiele, die zum Phantastischen neigten. Klaus und Erika erfanden einen ganzen Mythenkreis um den «Herrn Steinrück» und den «Herrn Löbenzahn», deren Abenteuer sie fort und fort spannen. Zu ihrer Personnage gehörte auch «Herr Fritz Bremer», wie Klaus in seinem Bericht «Kind dieser Zeit» erzählte: «ein beliebter Münchener Schriftsteller», der ein «reicher kleiner Herr mit Froschaugen» war, «immer Zylinder trug, (…) gut aß und immer mit einem Delikateßladen in Verbindung stand». Von seinen kindlichen Romanen sagte Klaus, in ihnen sei viel von Geld und wenig von Liebe die Rede gewesen.

In solchen Phantasien spiegelten sich vermutlich manche Gespräche der Eltern. Die Furcht des Vaters, daß der Krieg seine Finanzen ruinieren werde, hatte sich nicht bestätigt. Die Menschen schienen lesehungriger denn je zu sein. Die Auflagen seiner Bücher wuchsen fort und fort, wenngleich sie keinen solch stürmischen Aufschwung wie die Verkaufsziffern von Heinrichs Werken erlebten. Für die «Betrachtungen» wies ihm der Verlag eine erste Zahlung von siebzehntausendfünfhundert Mark an. Ende 1918 errechnete Katia, die das Budget verwaltete, daß Thomas Mann über neunzigtausend Mark verdient habe.

Dennoch hatte sich Thomas Mann in den Kopf gesetzt, daß er

sich von dem Landhaus in Bad Tölz trennen müsse. Ob er das Geld nun brauchte oder nicht: die Villa war für die wachsende Familie zu klein geworden. Es wurde nicht leicht, einen Interessenten zu finden, der den geforderten Preis zu zahlen bereit war. Erst im Juli 1917 konnte Thomas an Bertram melden, daß er das Haus «sehr angemessen» verkauft habe: an Dr. Willy Wiegand, den Leiter eines bibliophilen Verlages, der fünfundsechzigtausend Mark bezahlte – nicht die erhofften achtzigtausend, doch immerhin mehr als die ursprünglich angebotenen fünfundfünfzigtausend. Es steht dahin, ob darin die Hypothek enthalten war, die noch auf dem Anwesen lag. Auch ist nicht sicher, ob die Schulden für das Münchner Haus in der Poschingerstraße schon völlig getilgt waren.

Für den Erlös der Transaktion in Tölz hatte der patriotische Dichter, so berichtete Mendelssohn, unverzüglich Kriegsanleihen gezeichnet. Hohe Verzinsung hin oder her: das war in jenem Stadium ein ungewöhnlicher Entschluß, der sich mit Katia Manns Skepsis kaum vertrug, erst recht nicht mit den Einsichten der Schwiegereltern, die – dies darf vorausgesetzt werden – das finanzielle Geschick der Familie aufmerksam im Auge behielten. Sie mochten ahnen, daß Kriegsanleihen keine allzu sichere Anlage waren. Thomas Mann, so wurde gesagt, habe von jenem Geld keinen Pfennig wiedergesehen. Doch immerhin verfügte er im Februar 1919 über dreißigtausend Mark, die vor einer befürchteten Enteignung «verschwinden» sollten. Er wollte dafür ein französisches Marmorrelief und einen «Kleinen Niederländer» vom Anfang des sechzehnten Jahrhunderts erwerben. Kunstwerke galten als eine wertbeständige Investition.

Den Kindern fiel der Abschied vom Tölzer Paradies schwer, doch Thomas und Katia schienen sich ohne zu große Trauer von ihrem ersten «Herrensitzchen» zu trennen. Für den Sommer 1918 mieteten sie ein stattliches Anwesen am Tegernsee: das «Defreggerhaus», dem Sohn des österreichischen Historien- und Landschaftsmalers gehörend, der, weit über achtzig, in München lebte. Ein einsames Gehöft, das zum Dörfchen Abwinkl zählte. Die nächstgelegene Bahnstation erreichte man mit dem Boot. Thomas Mann war es recht: er hatte sich lange schon nach einem Sommer am Wasser gesehnt. Erika und Klaus, Golo und Monika waren selig: sie schwammen, sie ruderten, sie fischten, die kargen Mahlzeiten durch kleine «Rotaugen» verbessernd. Außerdem sammelten sie Schnekken, von denen nicht nur die Franzosen wußten, daß sie eßbar seien. Es gab nun fünf Kinder. Acht Jahre nach der Geburt Monikas war Katia Mann noch einmal schwanger geworden: keine allzu heitere Überraschung. Sie fügte sich dem Geschick, zumal ihr Mann die Ankunft einer dritten Tochter – sie kam am 24. April 1918 zur Welt – mit einem besonderen, fast erregten Entzücken begrüßt hatte: «ein sensitives kleines Wesen, aber reizend, wenn ich urteilen darf», schrieb er Ida Boy-Ed aus Abwinkl. Er setzte hinzu: «Ich habe für keins der früheren Kinder so empfunden, wie für dieses. Das geht Hand in Hand mit zunehmender Freude an der Natur.» Er fragte: «Wird man allgemein gemütvoller mit den Jahren? Oder ist es die Härte der Zeit, die mich stimmt, zur *Liebe* disponiert?»

Die Geburt des Töchterchens Elisabeth könnte man in der Tat mit einem Gran Ironie als die Krönung eines Kontrastprogrammes bezeichnen, das Thomas Mann dem Krieg und seinem Kriegsbuch entgegensetzte. Dort draußen im Haus am See legte er letzte Hand an Fahnen und Umbruch der «Betrachtungen», aus deren Bannkreis er sich nun langsam und widerstrebend löste. Doch lange zuvor schon hatte er sich auf ein kleines Projekt eingelassen, das mit besserem Recht ein «unpolitisches» genannt werden durfte. Für eine bibliophile Ausgabe gedachte er, seine Erfahrungen mit dem Hunde Bauschan aufzuzeichnen – der Name stammte aus Fritz Reuters «Stromtid» und war vermutlich eine plattdeutsch-zutrauliche Verballhornung von Bastian –, der ein Jahr zuvor die Nachfolge des verrückten Collie Motz angetreten hatte. Das Vorbild des «Percy» aus der «Königlichen Hoheit» war, damit es Erlösung von einer unheilbaren Krankheit finde, von einem Büchsenmacher erschossen worden.

Die Hinwendung zu einem treuen und ergebenen Tier bot Thomas Mann in jener Zeit des bitteren Grimms einen gewissen Trost. Auch lag es nahe, sich vor dem gesellschaftlichen Chaos, das jeden Tag hereinbrechen konnte, in die Betrachtung der Natur zurückzuziehen. Emil Preetorius, der zeichnende Freund, sollte die Illustrationen für eine Luxusausgabe fertigen, deren Erlös der Unterstützung notleidender Schriftsteller zugedacht war. Erst danach, so war es mit Samuel Fischer vereinbart, würde die Erzählung in den Buchhandlungen aufgelegt.

Mit Vergnügen ließ sich der Autor auf die Schilderung der Landschaft ein, die seinem Werk bisher fast völlig fremd geblieben war. In jenen Tagen las er oft in den Erzählungen Adalbert Stifters, auf dessen Werk ihn Bertram hingewiesen hatte, den großen Atem des melancholischen Österreichers in der Beschreibung seiner heimatlichen Täler, der Berge, der Wälder, der wechselnden Stimmungen über den Wiesen, der dramatischen Gewitter bewundernd. Mit Eifer studierte er – von einem naturwissenschaftlich gebildeten Nachbarn unterstützt – Namen und Eigenheiten von Fauna und Flora in seinen Isarauen, die er bei den täglichen Spazierwegen in der Mittagsstunde (vor dem späten Essen) gründlich erforscht hatte. Jeder Streifgang an Bauschans Seite, ob in der Wirklichkeit oder auf dem Papier, bot ihm Gelegenheit, dem verachtungswürdigen Zusammenbruch, der sich draußen ankündigte, und den Exzessen der drohenden Anarchie für ein paar Stunden den Rücken zu kehren.

Nicht ganz. Manchmal brach die Unordnung der Gesellschaft auf wilde Weise ins Leben seiner Familie ein. Eines Abends, die Kinder warteten samt Onkel Klaus Pringsheim auf das Essen, fiel draußen in der Allee vor dem Haus ein Schuß. Affa, das langgediente Zimmer- und Serviermädchen, stürzte kreischend in den Garten. Der Vater, der nach der Post gesehen hatte, kam zurück ins Haus: «man kann wohl sagen», erzählte Klaus, «daß er leicht taumelte und daß seine Miene fahl war». Er berichtete konsterniert, draußen habe sich «ein Kerl erschossen». Man schaffte den Unglücklichen herein, bettete ihn auf den Diwan im Arbeitszimmer: ein Mann Mitte Dreißig mit einer Soldatenmütze und hohen Militärstiefeln. Offensichtlich war er nur leicht verletzt. Er erholte sich rasch, als ihm ein Cognac eingeflößt wurde. Wenig später holte ihn ein Sanitätsauto ab. Den Kindern schwindelte man weiß der Himmel welche Geschichte vor, um ihre Phantasie nicht allzusehr zu erhitzen. In Wirklichkeit hatte ein verschmähter Liebhaber der Köchin seinen Protest gegen ihre Verlobung mit einem anderen Galan auf düsterpathetische Weise anzumelden versucht.

Wenig später stürzte eine Säule zuverlässiger Ordnung im Haushalt des Dichters ein, ja für die Kinder brach geradezu eine Welt zusammen: Affa, recte Josepha Kleinshüble, beinahe ein Jahrzehnt lang die niemals wankende Stütze des Alltags, schied in schmetterndem Zorn von der Familie. Dies war für Erika und Klaus, für Golo und Monika ein brutalerer Eingriff in ihr junges Dasein, als es die gewaltsame Veränderung der Machtverhältnisse im Reich sein konnte, die sich durch die johlenden Soldaten annoncierte, wenn sie unter ihren roten Fahnen auf Lastwagen durch die biedere Stadt München ratterten.

Die Köchin und andere dienstbare Geister hatten die «Herrschaft» lange schon vor Affa gewarnt. Sie stehle, flüsterten sie, sie stehle wie ein Rabe, stehle alles, was nicht niet- und nagelfest sei. Die Eltern wollten auf das böse Gerede nicht hören. Sie ließen nichts auf die «Perle» kommen, die ihre Dienstbarkeit so tüchtig erwiesen hatte. Schließlich gaben sie dem Drängen nach und durchsuchten Affas Zimmer im Souterrain der Villa. Der Hausherr und seine Frau fanden ein ganzes Warenlager, wie der Sohn Klaus in seinen Erinnerungen berichtete: «Regenschirm und Seife, die guten Handschuhe, die Manschettenknöpfe, ach, und was sonst noch alles! Gummischuhe und Salatschüsseln, Spitzentücher und Cervelatwürste, Puppen und Aschenbecher, Juwelen und alte Fetzen: Nichts war Affas rasender Raffsucht zu gering oder zu kostbar gewesen.» Bei jedem Stück behauptete das unfromme Geschöpf, es sei ihr geschenkt worden oder eh und je ihr Eigentum gewesen, ja sie erhob im Kampf um ihr angebliches Hab und Gut – so erzählte Klaus mit höchstem Elan – «die Hand gegen den Vater», der geistesgegenwärtig zur Seite sprang, so daß nur seine Schulter getroffen wurde. Laut Familien-Fama soll er gerufen haben, gewiß mit hanseatischer Akzentuierung: «Da hört sich aber wirklich alles auf!» Klaus schrieb: «Affa hatte sich am Herrn des Hauses vergriffen! Es war das Äußerste, die Katastrophe. Es war die Revolution...»

Im Haus einer Verwandten fand sich noch mehr Diebesgut. Ohne Zweifel war Affa nicht nur dem Drang der kargen Zeiten erlegen, Nützliches für Tage einer noch schlimmeren Not in ihren Verstecken zu horten. Sie war eine Kleptomanin. Affa wußte, daß die Schlüssel zu den Vorratskammern im Wäscheschrank versteckt waren, dessen Schlüssel wiederum Katia in der Regel bei sich trug.

Als sie ihn eines Tages verlor, war die Familie ohne Tee, Zucker und
Butter, bis der Klempner zu Hilfe kam. Vielleicht wurde die unselige Veranlagung der rotwangigen und hochbusigen Person nicht
nur durch die Neigung zum Alkohol verstärkt, sondern auch durch
die schwierige Mischung von Vertraulichkeit und herrschaftlicher
Herablassung im Umgang mit der «Perle» ermutigt. Die Dienstboten im Hause Mann kündigten oft und rasch, manchmal sogar
alle auf einmal. Im Tagebuch sprach der Hausherr von seinem «Ekel
und Haß» auf das «nichtswürdige Gesindel».

Der Prozeß gegen die Ungetreue fand, so wollte es der Wandel
der Zeiten, mit großer Verspätung statt. Die Gerichte waren in jenen Jahren eher den Dienstboten als ihren Herrschaften zugeneigt.
Thomas und Katia Mann wurden überdies von all ihren Zeugen im
Stich gelassen. Vielleicht billigten die Richter Affa auch mildernde
Umstände zu. Zur großen Befriedigung der Zuschauer wurde sie
freigesprochen. Später, bei einer Begegnung in der Straßenbahn,
spuckte sie vor Katia Mann kräftig aus, von keinem der Fahrgäste
gerügt.

Bauschan, der Hühnerhund von nicht ganz einwandfreier Rasse,
machte sich solch schnöden Verrats niemals schuldig. Er entwischte
gelegentlich auf einer seiner vergeblichen Jagden, wenn er hinter
einem Hasen herhetzte, doch nie für zu lange. Die Beschreibung der
Abenteuer dieses Geschöpfes bereitete seinem Herrn das innigste
Behagen. Was als kleine Fingerübung gedacht war, wuchs ihm unter
der Hand zu einer Erzählung von nahezu einhundert Druckseiten
aus. Der Autor ließ sich vom ruhigen Fluß der eigenen Sprache, die
so wohltuend von den aufgeregten Provokationen der «Betrachtungen» entfernt war, weiter und weiter tragen: bildstark und präzise,
meist frei von prätentiöser Umständlichkeit, oft poetisch und humorvoll. «Die großen Worte», schrieb er, «abgenutzt wie sie sind,
eignen sich gar nicht sehr, das Außerordentliche auszudrücken;
vielmehr geschieht dies am besten, indem man die kleinen in die
Höhe treibt und auf den Gipfel ihrer Bedeutung bringt.»

Dichter und Herr gingen so weit, in Bauschans Zügen dann und
wann ein Lachen, die menschlichste aller Regungen, zu entdecken:
«Ja, auch Bauschan muß lachen, und das ist für mich, der ebenfalls
lacht, der wunderlichste und rührendste Anblick von der Welt.»

Thomas Mann tat die treue Ergebenheit des Tieres wohl. Er rühmte die «Knechtsfreundschaft» für den Herrn, das «Haus- und Familienoberhaupt», den «Schützer des Herdes», den «Gebieter», in der Bauschan seine «Lebenswürde» fand, immer mit «mannentreuen Augen» nach Befehlen fragend. Nicht oft war der Herr gezwungen, die «Karbatsche vom Nagel» zu holen, wenn Bauschan den Gehorsam verweigerte. Thomas Mann war kein strikter Erzieher und kein konsequenter Dresseur. Ohne großes Bedauern fand er sich damit ab, daß Bauschan – da er die Notwendigkeit nicht begriff – sich beharrlich weigerte, über den Stock des Herrn zu springen, da doch links und rechts freie Bahn war.

Vielmehr gönnte ihm sein Meister manche Freiheit, zumal wenn Bauschan das Jagdfieber überkam. Beute machte das Tier so gut wie nie, denn die Hasen, die Bauschan verfolgte, schlugen plötzlich Haken, was nicht in seinem Vermögen stand. Einmal freilich trieb er einen verängstigten Hoppler geradewegs auf seinen Herrn zu, der voller Überraschung konstatierte, daß ihm der verzweifelte Mümmelmann in seiner Panik auf den Schoß hüpfte.

Ja, sie erlebten allerlei miteinander, das angetan war, den Dichter inmitten des Tumultes der Epoche durch den rohen Humor des Lebens zu stärken. In seiner Erzählung trieb der Verfasser die Verliebtheit ins Detail vielleicht ein wenig zu weit. Doch die Leser, denen er sich auf so ungewohnte Weise mitteilte, schienen die Längen nicht zu stören, im Gegenteil – was dem Autor ablenkendes Vergnügen war, wurde ihnen in den Depressionen des Zusammenbruchs ein herzlicher Trost. Ohnedies konnte ein Dichter, der auf fast treuherzige Weise von seinem Hunderl zu erzählen wußte, in München, in Bayern, in Deutschland so gut wie nichts falsch machen. Der Vorabdruck der Erzählung in den «Münchner Neuesten Nachrichten» war denn auch ein schöner Erfolg. An anerkennenden Zuschriften fehlte es nicht. Eine Dame und Hundebesitzerin schickte Thomas Mann voller Dankbarkeit Blumen ins Haus. Am 15. Oktober 1918, drei Wochen vor der Kapitulation des Reiches, schloß er die Arbeit ab. Bauschan, der Held der Erzählung, lebte mit seinem literarischen Ruhm nur noch ein gutes Jahr. Am 20. Januar 1920 teilte Thomas Mann dem Freund Bertram Bauschans Tod mit. Er wolle nicht, schrieb er – trauernd und ironisch zugleich –, daß der Freund die Nachricht aus der Presse erfahre, und er zitierte die Grabschrift, die Verse aus einem Sonett August von Platens paraphrasierte: «Zwar hat auch ihm das Glück sich hold erwiesen, denn schöner stirbt ein Solcher, den im Leben ein unvergänglicher Gesang gepriesen.»

In sein Tagebuch, das vom 11. September 1918 an vorliegt, hatte der Autor sorgfältig eingetragen, daß er Bauschan in der Stadt ein graviertes Halsband bestellt und schließlich nach mehrfach vergeblicher Vorsprache abgeholt und mit sechs Mark beglichen habe. Er vermerkte auch, daß er dem Leutnant Herzfeld, der am Krückstock ging – er war, zusammen mit Bertram, als Pate für die Tochter Elisabeth vorgesehen –, den Handkoffer bis zur Trambahn Nummer neun getragen habe. Alles wurde in den Heften festgehalten, was dem Dichter im Gang des Tages begegnet war: Großes und Kleines, Alltägliches und Historisches, Kurioses und Langweiliges. Nichts war ihm zu belanglos oder zu banal. Sein Instinkt schien ihm zu sagen, daß es für den Bedeutenden nichts Unbedeutendes gebe. Alles war einer Erwähnung wert. Mit jeder Eintragung trat er gewissermaßen für einen Augenblick vor den Spiegel, um von sich selbst Notiz zu nehmen.

Am liebsten sah er sich in jenen wirren Tagen mit dem Töchterchen auf dem Arm, die leise tickende Uhr an die kleine Ohrmuschel haltend. Er wurde nicht müde, Elisabeth, die er beharrlich das «Kindchen» nannte, mit einer aufwendigen Zärtlichkeit zu verwöhnen, die er keinem der Geschwister jemals hatte zukommen lassen: «Das schwankende Köpfchen, das ich so gern, in seiner Wärme an meine Schläfe und Wange sich anlehnen lasse. Trug es heute im Eßzimmer umher und zeigte ihm Gegenstände.» Er fügte mit dem Blick auf die Älteste hinzu, Erikas Beruf scheine «Häuslichkeit und Haustochterwesen» zu sein. Darin täuschte sich der Vater gründlich – wie so oft, wenn er über Charakter und Psyche seiner Kinder sprach. Wohlwollend setzte er die Notizen über Erika fort: «Buk uns heute Eierkuchen zum Abendessen. Sympathisch in ihrer Wirtschaftsschürze und oft von aparter Schönheit. Die Mutter neckt sie insgeheim mit der jüngst zum ersten Mal eingetretenen Unpäßlichkeit.»

Die Kinder gaben, gottlob, ihre Persönlichkeit der Autorität des

Vaters und dem oft zornigen Willen der Mutter nicht völlig preis. Sie forderten den ehernen Sinn für Ordnung, der das Hauswesen regierte, manchmal übermütig oder aufsässig heraus. Unbeeindruckt vom Einsturz des Staates führten sie ihre wilden Spiele weiter, wie es nicht anders sein sollte, und sie erprobten, zur Exzentrik geneigt, ihre Talente, die in jenen Jahren anfingen, sich auf die Bühne zu richten. Mit begabten Jungen und Mädchen der Nachbarschaft gründeten sie – in halbem Ernst und halbem Jux – den «Laienbund deutscher Mimiker». Auf der Diele des Hauses führten sie vor der versammelten Verwandtschaft Theodor Körners Stück «Die Gouvernante» auf: mit großem Erfolg.

An einem Herbstabend, als Thomas spät nach Hause kam, bemerkte er «durch die verschlossene Glasthür der Kinderwohnung Licht, und da ich Katja ohnehin wecken mußte, denn sie hatte mich ausgesperrt, so wurde nachgeforscht. Es zeigte sich, daß Eissi» – dies der Kindername des Sohnes Klaus – «bei beleuchtetem Zimmer und phantastisch entblößt in seinem Bette lag. Er wußte auf Fragen keine Antwort zu geben. Pubertätsspiele oder Neigung zu schlafwandlerischen Handlungen, die wir schon in Tegernsee wahrnahmen? Vielleicht beides in einem.» In klaren Worten: Thomas Mann hatte seinen Sohn bei Masturbationsspielen ertappt. Seine Reaktion war hilflos und zornig wie die jedes bürgerlichen deutschen Familienvaters jener Tage, der die rechten Traktätchen aus dem Geist mannhaft christlicher Sittlichkeit und des Turnvaters Jahn gelesen hatte. Freilich schrieb er mit gereiztem Selbstmitleid: «Jemand wie ich ‹sollte› selbstverständlich keine Kinder in die Welt setzen. Aber dies Sollte verdient seine Anführungsstriche.» In dunkler Rede fuhr er fort: «Was lebt, will nicht nur sich selbst, weil es lebt, sondern *hat* sich selbst gewollt, *denn* es lebt.»

Die Erschütterung über das Gesehene hielt ihn nicht davon ab, wenige Zeilen später mit merkwürdiger Naivität zu notieren, daß er im Park junge Soldaten, wahre Milchbärte, beim Exerzieren beobachtet habe: «Reizvoll ist die Bewegung des ‹Gewehr ab›, mit dem *zarten* Niedersetzen der Kolben auf den Boden, als dritter Griff.» Nicht lange danach nahm er im «Münchner Herrenclub» – einer bürgerlichen Vereinigung von Intellektuellen, Rechtsanwälten, Ärzten und Künstlern, in dem er gelegentlich auch Rainer Maria

Rilke und Rudolf Kassner antraf – einen «eleganten jungen Mann mit anmutig-thörichtem Knabengesicht» wahr: «blond, feiner deutscher Typus, eher zart (...), dessen Anblick mir ohne Frage einen Eindruck gemacht hat, von der Art, wie ich ihn seit langem nicht festzustellen hatte. War er Gast im Klub oder werde ich ihm wieder begegnen? Ich gestehe mir bereitwillig, daß ein Erlebnis draus werden könnte.» Einen Tag später: «Ich möchte, abenteurerhafter Weise, den jungen Menschen von gestern wieder treffen.» Anderntags: «Nervös geschlafen infolge erotischer Vorstellungen abends. (...) Auf einem Madonnen-Bilde von Ghirlandajo entzückte mich ein überaus anmutiger junger Heiliger.»

In jenen Tagen regte sich der Verdacht, Katia könne ein anderes Mal «guter Hoffnung» sein – eine Redewendung, die sie gewiß als völlig unpassend empfinden mußte. Sie hegte nicht die geringste Neigung, ein sechstes Kind zur Welt zu bringen. Thomas Mann meinte, zwischen fünfen und sechsen sei kein großer Unterschied, «und auf wirtschaftliche Ausrüstung werden Kinder nach dem Kriege überhaupt kaum noch zu rechnen haben». Seine Frau indessen fand sich so rasch nicht damit ab, daß sie ein weiteres Mal die Schmerzen einer Geburt auf sich nehmen sollte. Lange Beratungen. Der Gynäkologe beschied Thomas Mann, «Katja's entschiedenem Wunsch, wenn er bestehe, brauche und wolle er kein entschiedenes Verbot entgegensetzen». Thomas fuhr fort: «Die Verantwortung, die er nicht ganz von sich abwälzen will, fällt uns zu, immerhin; letzten Endes mir, der ich es allerdings in der Hand hätte, die Sache zu inhibieren. Heimgekehrt, Unterredung mit K.» Der Arzt, der den Eingriff vornehmen sollte, deutete an, daß er nicht handeln könne und wolle, wenn Katia ein «physisches-moralisches Widerstreben» zeige. Er riet, «der Sache ihren Lauf zu lassen». Thomas schrieb: «Ich bins zufrieden, freue mich auf das neue Leben und glaube, daß man so das für K. bessere Teil erwählt.»

So war Katia schon wieder schwanger, als es am 22. Oktober endlich gelang, das «Kindchen» zu taufen: auf den Namen Elisabeth Veronika. Die Zeremonie fand nicht in der Kirche statt, vielmehr hatte man im Haus am Herzogpark eine Art Altar im Zimmer der Mutter installiert. Das Zeremoniell wurde von dem jungen Pastor Dr. Kuno Fiedler vorgenommen, einem Bewunderer Thomas

Manns, der sich am Vorabend des Festes im Frack zum Tee eingefunden hatte – mit dieser Geste der Unordnung der Verhältnisse trotzend. Als Paten hatte der Vater Ernst Bertram ausgewählt, der seine stattlichen Geschenke diskret vorausschickte («eine alte Silberschale und die Evangelien in moderner Lederband-Ausgabe»), und neben ihm den Leutnant Günther Herzfeld-Wüsthoff, dessen Briefe aus dem Feldlazarett in den «Betrachtungen» so ausführlich und sentimental-bewundernd zitiert worden waren. Ferner fanden sich die Schwiegermutter Hedwig Pringsheim, die Schwester Lula, der Dirigent Bruno Walter und seine Frau, auch Kommerzienrat Matterstock, ein Bankdirektor aus der Löhrschen Verwandtschaft, zu dem kleinen Fest am Herzogpark ein.

Mittelpunkt der feierlichen Handlung war – nebst dem Kindchen, das in ein traditionelles Taufgewand aus steifen Spitzen gehüllt war – das alte Taufbecken der Familie Mann. Die angemessene Rührung, vor allem des Vaters, hielt freilich nicht zu lange an, da beim Tee im Eßzimmer «Kriegsgespräche» geführt wurden, wobei Bruno Walter sich «laut und überreizt», die Schwester Lula «hysterisch» gerierten. Lula eilte denn auch, laut Tagebuch, «in einfältiger Empörung» davon: ein rechtes Familienfest, zu dem eine kleine Krise gehörte.

Hernach begann Thomas Mann mit ernster Hingabe die Arbeit an seinem «Gesang vom Kindchen», an der er sich zuvor schon tastend versucht hatte. Nach «Herr und Hund» war dieses Werk ein weiteres Idyll, in das er sich zurückzog, um wenigstens für einige Stunden Schutz vor den drängenden Angriffen des «Zeitgeistes» zu finden, von dem er sich – halben Herzens – immer aufs neue zu entfernen versuchte, seit er die «Betrachtungen» der Öffentlichkeit überantwortet hatte: eine «idyllisch-menschliche Reaktion auf die Zeit, ein Ausdruck einer durch Leiden und Erschütterungen erzeugten weichen Stimmung, des Bedürfnisses nach Liebe, Zärtlichkeit, Güte, auch nach Ruhe und Sinnigkeit».

Ganz löste er sich nicht. Die Verhältnisse erlaubten keine völlige Isolation. Die Boten des Umbruchs sollten in den kommenden Monaten hart genug an die Tür und ans Fenster klopfen. Indes, die Konzentration auf den privatesten Bereich seines Daseins zeigte an, daß er sich von den Stürmen, die draußen tobten, nicht überwälti-

gen lassen wollte. Seine Distanz demonstrierte er durch die Kunst-
form, an der er sich zum erstenmal versuchte. Er wollte sich endlich
auch als Dichter im strengeren Sinn des Begriffes zu erkennen geben. Dafür wählte er eine denkbar altmodische Möglichkeit der
poetischen Mitteilung. Mit fast rührender Geduld übte er sich im
klassischen Hexameter, während zur gleichen Stunde Expressionisten und Dadaisten mit dröhnender Entschlossenheit bemüht waren, jede überkommene Form der Sprache zu zertrümmern. Thomas Mann aber las «Hermann und Dorothea». Er ergötzte sich an
«Reineke Fuchs». Er kramte Heinrich Vossens Übertragung des
«Homer» aus dem Regal, stöberte dessen Pfarrhausidyll «Luise»
auf, nahm sich auch Mörikes «Idyll vom Bodensee» vor, und er
studierte, die handwerkliche Meisterschaft bestaunend, das «Märchen vom sichern Mann».

Katia Mann beobachtete das Unternehmen mit einem persönlichen Interesse, das sich aus dem Stoff ergab, gelegentlich auch mit
einem Gran Skepsis. Dazu war Anlaß. Mit dem Versepos führte
Thomas Mann seine Autobiographie auf einem listigen Umweg
fort. Als er ihr das bisher Gefertigte vorlas, war sie – laut Tagebuch –
«sehr gerührt»; sie zeigte nur Widerstreben gegen die Darstellung
des «Intimsten». Ihre Vorbehalte waren nicht unverständlich. Sie
mochte die Stirne kraus ziehen, wenn sie den Anruf an das «Kindchen» hörte: «du erst, mein Liebling / Warest Frucht der männlichen Liebe», oder wenn ihm der Vater zuflüsterte: «Töchterchen,
sieh, so war ich im Herzen gestimmt und bereitet, / Dich zu empfangen aus dem Schoß des organischen Dunkels, / Das dich treulich
gehegt und genauestens fertig bildet / Nach den Gesetzen der
Art.» Sie mochte auch besorgt an die anderen Kinder denken, wenn
er hymnisch sang: «Letztgeborenes du und Erstgeborenes dennoch / Mir erst in Wahrheit!» Er nannte die Älteren «kluge, gutartige Kinder» und Klaus einen «schönen, besonderen Knaben».
Aber mußte diese die geradezu närrische Hingabe des Vaters an das
Schwesterchen nicht auch kränken?

Um Fragen des Taktes kümmerte er sich wie üblich nicht. Er
bemerkte trocken, das «Intimste» sei «jedoch zugleich das Allgemeinste und Menschlichste», und er setzte hinzu, er kenne «solche
Bedenken garnicht». So war es in der Tat. Die Bedeutung des

Versuchs sei «biographisch», sagte er selbst im Tagebuch, und er bescheinigte sich, es gehöre «großes Selbstbewußtsein, eine unerschütterliche Würde dazu, es heraus zu geben». Er wollte das Idyll mit «Herr und Hund» in einem Band vereinen. Dazu fiel ihm Wunderliches und Erschreckendes ein: das «gemeinsame Motiv» der beiden Erzählungen, sagte er, sei das «*Mischlings*-Thema». Dies hieß in klaren Worten, daß er nicht anstand, eine Parallele zwischen Bauschans fragwürdigem Stammbaum und des «Kindchens» halbjüdischer Herkunft zu sehen: «Als ich im goldenen Saal des Mädchenbildes gewahr ward, / Ihrer, die nun dein Mütterchen, schlicht vertraut durch die Zeit mir / Längst, doch damals Prinzessin des Ostens. Es fiel ihr das schwarze / Golden gekränzte Haar auf die elfenbeinernen Schultern, / Welche kindlich gebildet und anders als die unsrer Frauen, / Schultern von Flötenspielerinnen, Schultern des Niltals, / Und auf das rote Gewand.»

Das Werk ging dem Dichter wie üblich nicht rasch von der Hand: manchmal gelangen ihm nur ein paar Zeilen am Tag; manchmal erreichte er auch das Pensum von zwanzig Versen, das er sich vorgenommen hatte, doch er blieb weit entfernt von den fünfzig, die Goethe – das große Vorbild auch hier – nach eigenem Zeugnis zustande brachte. Thomas Mann, der sich dieses eine Mal so gern als ein wahrer Poet beweisen wollte, kämpfte nicht nur mit den Tücken der Metrik. Er schlug sich auch nahezu täglich mit dem Problem herum, ob und wieweit es erlaubt sei, moderne Begriffe in die alte Versform zu integrieren. Damit hatte er nicht immer Glück. Hernach las er Verse wie diese selbst mit einigem Unbehagen: «Dürftig nährte der Deutsche sich, da feindliche Kriegsmacht / Ihm die Zufuhr sperrte; es fehlte an Fett und Eiweiß.»

34. KAPITEL

Unordnung

Natürlich ließ sich die Gegenwart von den Gefilden der allzu sanften, allzu süßen Träume, denen sich Thomas Mann bei der Niederschrift des «Gesangs vom Kindchen» hingab, nicht einen Tag lang fernhalten. Er konnte den Wirrnissen und Verwirrungen nicht entgehen, das Tagebuch beweist es. Seine Seele schwankte zwischen Ressentiment und Hoffnung, Widerstand und schüchternem Willen zur Anpassung, rüdem Zynismus und selbstquälerischem Leiden, Angst und Resignation, Verzweiflung und einem angestrengt überhöhten Selbstgefühl.

Wenige Tage nachdem das «Kindchen» aus der Taufe gehoben wurde, hatte die Flotte gemeutert: der Anfang vom Ende. Am Morgen jenes Tages schrieb er, als er die Post sah, die ihm freundlichen Beifall für die «Betrachtungen» ins Haus getragen hatte: «Zum Frühstück Verehrung und Dankbarkeit genug». Sein gekränktes Selbstbewußtsein bedurfte dringend der täglichen Aufrichtung, für die er selbst zu sorgen wußte, wenn sich niemand anderes dazu bereit fand. Als er die Büste sah, die der Bildhauer Hans Schwegerle von ihm gefertigt hatte – von ihm stammte auch der eiserne Luther-Kopf –, war er «doch sehr ergriffen». Eine «Menge Leiden liegt in dem Gesicht», schrieb er, «das so außer mir zu sehen, mich erschüttert».

Die «Republik» war ausgerufen. Voll Mißvergnügen notierte Thomas Mann, daß Bruder Heinrichs Freund Wilhelm Herzog, aber auch sein Freund Bruno Frank dem neugegründeten «Politischen Rat geistiger Arbeiter» angehörten. Letzteren hörte er (wie er später sagte) «auf sybaritische und grübchenhafte Weise über das Thema ‹Revolution und Menschenliebe›» sprechen: Thomas Mann nahm an jener Versammlung im «Bayerischen Hof» übrigens zusammen mit seiner Schwiegermutter teil. Im Tagebuch wurde der Freund zum «kleinen Hochstapler mit den Grübchen in der Wange» degradiert. Thomas Manns Ressentiment revoltierte: «München, wie Bayern, regiert von jüdischen Literaten. Wie lange wird es sich das gefallen lassen?» Herzog, schrieb er im Tagebuch, sei «ultra-bolschiwistisch». Er nannte ihn – sein Angriff gegen die «Gedanken im Kriege» war unvergessen – einen «schmierigen Literatur-Schieber», der sich «durch Jahre von einer Kino-Diva aushalten ließ, ein Geldmacher und Geschäftsmann im Geist, von der großstädtischen Scheißeleganz des Judenbengels, der nur in der Odeonbar zu Mittag aß, aber Ceconi's», des Zahnarztes, «Rechnungen für die teilweise Ausbesserung seines Kloakengebisses nicht bezahlte. Das ist die Revolution! Es handelt sich so gut wie ausschließlich um Juden.»

Mehr als ein Vierteljahrhundert später rief er sich, bei der Niederschrift des «Doktor Faustus» – das Tagebuch jener Epoche zur Hand –, die Szenen der Ratsversammlung wieder ins Gedächtnis: jene «freie, allzu freie, diffuse und konfuse, von den ausgefallensten, nur bei solchen Gelegenheiten einen Augenblick ans Licht tretenden Typen, Hanswürsten, Maniaks, Gespenstern, boshaften Quertreibern und Winkelphilosophen getragene Diskussion». «Da gab es Reden für und gegen die Menschenliebe, für und gegen die Offiziere, für und gegen das Volk. Ein kleines Mädchen sagte ein Gedicht, ein Feldgrauer wurde mühsam daran gehindert, mit der Verlesung eines Manuskriptes fortzufahren, das (...) zweifellos die ganze Nacht in Anspruch genommen haben würde; ein böser Kandidat ging mit sämtlichen Vorrednern in ein unerbittliches Gericht (...) und so fort. Das Benehmen der in plumpen Zwischenrufen sich gefallenden Zuhörerschaft war turbulent, kindisch und verroht, die Leitung unfähig, die Luft fürchterlich und das Ergebnis weniger als Null.» Damals nahm er sich vor: «Ich muß unbedingt die Leidenschaft der Zeit benutzen und öfter Versammlungen besuchen.» Den Vorsatz vergaß er bald.

Bruno Frank war für geraume Zeit – nein, nicht aus dem Kreis der

Freunde verstoßen, das erlaubte die gebotene Klugheit denn doch nicht, aber fürs erste der Zuneigung und des Respektes nicht mehr teilhaftig, die ihm Thomas Mann früher in so reichem Maße zugewandt hatte.

Am 10. November, als die «rote Fahne auf dem Berliner Schloß» wehte, hatte er mit gebotener Sachlichkeit notiert, daß der «Mangel an Widerstand» die «Legitimität und Natürlichkeit» der Revolution erweise. Auch befriedigte ihn die «relative Ruhe u. Ordnung»: «Keine französische Wildheit, keine russisch-kommunistische Trunkenheit.» Er attestierte sich auch, ein erster Schritt zur Anpassung, sein «kosmopolitisches Wohlwollen»: «Ich heiße die ‹neue Welt› willkommen», schrieb er mit einem Anflug von Hoffnung, der ihm nicht treu blieb: «Sie wird mir nicht feindlich sein und ich nicht ihr.» Schon am Vorabend der Taufe hatte er mit bürgerlicher Entschiedenheit festgestellt: «Der Humbug ist so stark, daß ich mich weigere, mich seelisch und geistig länger zu engagieren. Ich wünsche, nicht zu verarmen, das ist der Wunsch, den ich anmelde.»

Am 12. November – unterdessen war der Waffenstillstand im Wäldchen von Compiègne unterzeichnet – schrieb er, neuen Mut schöpfend: «Durch die Sicherstellung der Ernährung wird voraussichtlich der bolschiwistische Terror abgewandt». Seine Sorge richtete sich «gegen die Aufrichtung einer proletarischen Klassendiktatur in Deutschland, die im höchsten Grade undeutsch und kulturfeindlich wäre». In der Tat lehnte er den Kommunismus mit Leidenschaft ab, aber immer wieder sah er drüben, in den russischen Weiten, die lockende Alternative. Er konstatierte – mit Befriedigung –, daß «Deutschland, wie immer, aufs Sonderbarste zwischen Osten und Westen» stehe: «Russland bietet ihm ein moralisches Bündnis, das nicht immer moralisch bleiben dürfte, gegen den rohtriumphierenden Westen an.» Noch einmal: «Ich entsetze mich vor der Anarchie, der Pöbelherrschaft, der Proletarierdiktatur nebst allen ihren Begleit- und Folgeerscheinungen à la russe. Aber mein Haß auf den triumphierenden Rhetor-Bourgeois muß mich eigentlich die Bolschewisierung Deutschlands und seinen Anschluß an Rußland wünschen lassen.» Im «Faustus» ließ er später den Chronisten Zeitblom sagen: «Die russische Revolution erschütterte mich, und die historische Überlegenheit ihrer Prinzipien über diejenigen der Mächte, die uns den Fuß auf den Nacken setzten, litt in meinen Augen keinen Zweifel.»

Mißtrauen und Feindseligkeit gegen den Westen und eine nicht immer heimliche Neigung zu Rußland und zum Osten – sie wurden ein Grundmotiv, das sein Denken besetzte. Manchmal schien er fast bereit, auch die Bolschewisierung Deutschlands in Kauf zu nehmen, wenn es sich damit dem Zugriff des verhaßten Frankreich entziehen könnte. Außenpolitisch hätte er nichts gegen den Anschluß an Rußland, bemerkte er am 4. April 1919: «Aber die Proletarierkultur!» Einen Tag später: «So weit er Entente-feindlich ist, liebe ich den Kommunismus beinahe.» Ja, er trug im März 1919 in sein Tagebuch ein: «Meine Teilnahme wächst für das, was am Spartacismus, Kommunismus, Bolschewismus gesund, menschlich, national, anti-ententistisch, *anti-politisch* ist.» Er fügte hinzu, daß (in Berlin) Gerüchte über seinen «Anschluß an die U.S.P.», die Unabhängigen Sozialisten, umliefen, die «nicht sinnlos» seien. Das Ressentiment trieb ihn noch weiter. Er rief (im Selbstgespräch des Tagebuches): «Ablehnung des Friedens durch Deutschland! Aufstand gegen den Rhetor-Bourgeois! Nationale Erhebung, nachdem man sich von den Schwindel-Phrasen dieses Gelichters das Mark hat zermürben lassen, in Form des Kommunismus denn meinetwegen, ein neuer 1. August 1914! Ich bin imstande, auf die Straße zu laufen und zu schreien ‹Nieder mit der westlichen Lügendemokratie! Hoch Deutschland und Rußland! Hoch der Kommunismus!›»

Doch er fürchtete zugleich, wie es nur menschlich ist, daß die Unruhen auch in das wohlhabend-friedliche Quartier um den Herzogpark herüberbranden könnten: «Ich nahm mir für solchen Fall vor, zu sagen: ‹Hört, ich bin weder ein Jude, noch ein Kriegsgewinner, noch sonst etwas Schlechtes, ich bin ein Schriftsteller, der sich dies Haus von dem Gelde gebaut hat, das er mit seiner geistigen Arbeit verdient. In meiner Schublade habe ich 200 Mark, ich schenke sie euch, teilt sie und macht mir dafür meine Sachen und Bücher nicht entzwei.›»

Das Haus in der Poschingerstraße blieb verschont, auch hernach in den Wochen der Münchner Räterepublik, doch es war – nach den Feststellungen Peter de Mendelssohns – eine Legende, daß der expressionistische Dichter und Dramatiker Ernst Toller, damals

«Vorsitzender des provisorischen Zentralrats», für den Schutz der
Villa Thomas Manns gesorgt habe. Die Vermutung lag nahe, denn
der Student Toller hatte 1917 im Hause Thomas Manns Einlaß gefunden; er hatte dem gefeierten Meister aus seinen Gedichten vorlesen dürfen, hatte geduldiges Interesse gefunden und schließlich
einen langen Brief mit sorgsam-kritischen Anmerkungen empfangen – und er hatte sich geschworen, ihm «diese schöne Haltung»
nie zu vergessen. (Thomas Mann verwandte sich für den jungen
Revolutionär durch ein freundliches Gutachten, als Toller im Juli
1919 wegen Hochverrats vor Gericht stand).

Dank der Tüchtigkeit Katia Manns und der Aufmerksamkeit vieler Freunde überstand die Familie alle Fährnisse der Zeit ohne
Schaden. Es wurde Weihnachten gefeiert mit Truthahn, Mehl-
speise, Mosel- und Süßwein. Die Kinder sangen «im Salon Weihnachtslieder zu Erikas Klavierbegleitung». Katia schenkte ihrem
Mann Photographien von allen vieren, «worunter die Eissi's in
schwarzem Sammtanzug mit weißem Fallkragen besonders anmutig. Freue mich, einen so schönen Knaben zum Sohn zu haben.»
Beim traditionellen Festmahl in der Arcisstraße servierte wieder
Wolf, der Diener: «Vorteil der männlichen Bedienung vor der
weiblichen auffallend.» Am zweiten Feiertag Familienessen in der
Poschingerstraße: «War nervös und gequält. Das Nichtchen stüm-
perte Beethoven vor, und Vikko machte am Flügel Casino-Späße,
die mich enervierten. War froh, als die Verwandten aus dem Haus
waren, unbeschadet meines guten Herzens.» Er spendete zweihundert Mark für die heimkehrenden Krieger und trug sein Scherflein
für die Verpflegung von zehn Soldaten bei, die den Herzogpark
bewachen sollten. Überdies unterstützte er mit dreihundert Mark
einen gedienten Soldaten und seine Familie, der sich hilfesuchend an
ihn gewandt hatte.

Im Januar 1919, wenige Tage nach den ersten Wahlen zur Nationalversammlung, wandte sich die Presseabteilung des Berliner
«Reichsamtes für wirtschaftliche Demobilisation» mit der telegraphischen Bitte an den berühmten Schriftsteller, er möge einen
«Aufklärungs-Artikel zur Verhütung wirtschaftlichen Nieder-
bruchs» verfassen. Unverzüglich machte sich der Autor, durch den
Antrag von hoher Stelle wohl auch ein wenig geschmeichelt, an die

Arbeit, um einen langen, allzu langen Appell an die Vernunft seiner Landsleute aufzusetzen, dessen Gesamttext erst kürzlich von aufmerksamen Forschern in einer Beilage der Berliner Studentenzeitung gefunden wurde. Bedachtsam versuchte er, den Umbruch, an dem nichts zu ändern war, positiver zu interpretieren, als es seiner Gemütsverfassung entsprach. Er wollte die «Deutsche Revolution» (die er groß schrieb), nicht länger als «Zusammenbruch und Zersetzung» sehen. Die Niederlage leugnete er nicht, doch er sagte von ihr, sie sei «recht besonderer Art»: «Ich hatte den Eindruck, daß die Nation nicht nur nicht gebrochen sei, sondern sich auch heute noch, wie 1914, von den Kräften der Zukunft getragen fühle.» Mit diesen umsichtigen Formulierungen konnten sich auch seine konservativen Bewunderer zufriedengeben. Den liberalen und sozialistischen Mitbürgern aber versicherte er, wenngleich in vorsichtiger Umschreibung, das deutsche Volk könne durch die Niederlage auf «ein ganz neues Geleise gesetzt und physisch genötigt» sein, «für sein Teil das Leben völlig von vorn und völlig anders wieder anzufangen». Natürlich verzichtete er nicht darauf, den «hartgesottenen zielbewußten Tugendbolden» auf die Finger zu klopfen, zu deren Gaudium die Leute sich an die Brust schlügen und in «zügellosen Selbstbeschuldigungen» ergingen. Doch er streifte schließlich die Argumente, die in Berlin von ihm erwartet wurden, und mahnte zu «*Gesetztheit, Rechtlichkeit* und *Würde*», die nun am allernötigsten wären: «um nämlich die Triumphatoren bei Vernunft und Besinnung zu erhalten». Deutschland sei «schlecht» gewesen, «aber die anderen waren nicht besser; höchstens daß sie jenen allgemeinen Zustand ästhetisch besser ertrugen»: die Deutschnationalen hörten es gern. Noch ein zweites Mal holte er gegen den Bruder und seine Bundesgenossen aus (ohne ihn zu nennen, versteht sich), den «Tugenddünkel» und «Moralhumbug» ganz im Stil der «Betrachtungen» schmähend. Dann fuhr er dunkel fort: «Daß Deutschland Schuld trifft, leugnet niemand. Es ist schuldig vielleicht noch in einem anderen Sinne, als unsere Berserker der Niederlage meinen. Indem Deutschland sich diese Niederlage (...) bereitete, hat es in der Tat eine schwere Verantwortung auf sich geladen; denn in diesem Maße hätte es die Feinde nicht siegen lassen dürfen, wenn es ihm nicht nur um das eigene Heil, sondern um das der Welt zu tun war. Ein solcher Sieg, das wußte Deutschland, trägt in sich die Gefahr der Verdummung und Verrohung, und es heißt vielleicht sehr egoistisch, sehr uneuropäisch, sehr ‹national› handeln, Revolution zu machen und seine Seele zu retten, auf diese Weise aber die anderen in die geistigen und moralischen Fährnisse eines Triumphes zu stoßen, wie er uns *nie gedroht hat.*» Was immer das heißen mochte – im nächsten Absatz entschloß er sich endlich, die Mitbürger vor dem zu warnen, was er als «Lustbarkeiten des Chaos» empfand, und ihnen die Ideale von «*Vernunft, Würde* und *Arbeit*» vor Augen zu halten. Sozialismus, von dem nun viel die Rede sei, interpretierte er – nicht zu Unrecht – als «Verantwortlichkeit und Gesamthaftung». Er predigte scharf gegen die gefährliche Haltung, die Freiheit als «Verwahrlosung» und Sozialismus als «müßiggängerische Gleichgültigkeit gegen den Staat und die Not des Landes» verstehe, wandte sich gegen «wilde Streiks», «Arbeitsflucht» und «zügellose Lohnforderungen», rief die Zeitgenossen zur Ordnung, die «denken, die neue Zeit und die Freiheit beständen darin, daß man die Mütze in den Nacken schiebt und auf das Ganze pfeift.» Es sei begreiflich, sagte er zum Schluß, «daß, wer vormittags die Bastille gestürmt hat, nachmittags nichts Rechtes mehr anfangen mag». Dann rief er: «Genug aber jetzt der Flitterwochen! (…) Keine neuen Streiks, die Keimträger für neue öffentliche Unruhen sind! Es ist Zeit, zu zeigen, daß das deutsche Volk mit der Arbeit wieder eine ehrbare Ehe zu führen weiß.»

Es bestand kaum eine Gefahr, daß Arbeiter, an die der «Zuspruch» adressiert sein sollte, dem krausen Text begegneten, der das wirre Zeugnis eines Intellektuellen aus der Wirrnis der Zeit war. Die Revolution blieb von ihm so weit entfernt wie das Volk. Nein, die Anarchie brach nicht plündernd und sengend und brandschatzend in seine so wohl behütete Welt ein. Hinter all seinen schlechtgelaunten Erwägungen, ob es nicht angebracht sei, den Lockungen des Ostens nachzugeben, hinter der Resignation und der Bereitschaft, sich zu arrangieren, verbarg sich – der Aufruf bewies es – noch immer und für lange ein ungebändigter Nationalismus und oft ein verzehrender Haß gegen den Westen. Ins Tagebuch schrieb er, Deutschland sei «der eigentliche Sieger» des Weltkrieges. Er behielt die fatale Behauptung gewiß nicht für sich. Ungerührt verzeichnete er den viehischen Mord an den beiden kommunistischen Führern durch die nationalistische Soldateska. Karl Liebknecht – der Chef der «Unabhängigen Sozialdemokraten» und leidenschaftliche Gegner des Krieges – sei «bei einem Fluchtversuch nach seiner Gefangennahme erschossen worden». «Die Luxemburg», fügte er hinzu, «soll vom Volke erschlagen sein.» Er fuhr fort: «Zu Fuß nach Hause. Dort hatte ich das Kindchen längere Zeit in meinem Zimmer.»

Er besuchte einen Vortrag Hans Blühers, der unter dem Titel «Deutsches Reich, Judentum und Sozialismus» auftrat, und er freute sich «der Ehren», mit denen er aufgenommen wurde: «Durfte separat ablegen, mein Platz war 1. Reihe Mitte, genau vor dem Podium.» Dem Verfasser der berühmten Studie über die «Deutsche Wandervogel-Bewegung als erotisches Phänomen» bestätigte er gern, daß sein Vortrag «ausgezeichnet» gewesen sei, ihm «fast Wort für Wort aus der Seele geredet. Freute mich aufrichtig, dem jungen deutschen Volkslehrer (...) nachher danken zu können.» Befriedigt stellte er fest, Blüher habe das Wort «Civilisationsliterat» «bereits als feststehend» gebraucht.

Am 21. Februar 1919 notierte er die Ermordung des bayerischen Ministerpräsidenten Kurt Eisner durch den Grafen Arco, einen jungen Nationalisten: «Erschütterung, Entsetzen und Widerwillen gegen das Ganze.» Er hatte den Chef der Revolutionsregierung «unangenehm» genannt, doch nun rügte er, vernünftig genug, die «Hirnlosigkeit der That», obwohl er hinzufügte: «in diesem Augenblick». Überrascht war er nicht. Er hatte schon Ende November 1918 beobachtet, daß «die bürgerliche Presse» «mit systematischem Eifer an Eisners Abschaffung» arbeite. Er wisse nicht, ob sie «intelligent» handle, «aber im Grunde kommt wohl volkstümlicher Widerwille gegen das Judenregiment darin zum Ausdruck». Nun konstatierte er: «Die Schulkameraden unserer Jungen haben bei der Nachricht applaudiert u. getanzt.»

«Nach dem Abendessen große Unruhe im Herzogpark. Fahren vieler Automobile, Schüsse. Mehrfache Anrufe der Frau Walter, natürlich. Die Soldaten, die offenbar an eine Verschwörung glauben, sind auf der Suche nach Waffen. Sie waren bei Marcks und Baron Rummel, der sie mit Wein bewirtet habe. Etwa 10¼ Uhr kolossales

Gekrach von Handgranaten in nächster Nähe. Vermutlich Spren-
gung eines Hausthors, das nicht gutwillig geöffnet worden. Danach
wildes Geschrei. K. und ich auf dem Balcon im Dunkeln. Es trat
Ruhe ein. Erregung. Ich glaube nicht, daß man zu uns kommt. Man
scheint es auf Offiziere abgesehen zu haben.»

Er vermerkte fünf Tage darauf, am Grabe Eisners habe auch Bruder Heinrich gesprochen. Später korrigierte er spöttisch: Heinrich
sei «aus Zeitmangel nicht mehr zu Worte gekommen», was er tadeln müsse, «denn die Literatur hätte bei dieser Gelegenheit nicht
zu weit hinten aufs Programm gesetzt werden dürfen». Der Bruder
hielt seine Rede dann bei der offiziellen Trauerfeier. Der ermordete
Regierungschef, rief der Ältere voller Bedacht, habe den «Ehrennamen eines Civilisationsliteraten» verdient. «*Nicht* übel», setzte
Thomas hinzu.

Das Regime verhärtete sich. Die Bürger in den Villen am Herzogpark fürchteten ein weiteres Mal, von Marodeuren und Terroristen
heimgesucht zu werden. Es kam nicht so weit. Thomas aber notierte
höhnisch, was ihm Bertram hinterbracht hatte (der «Simplicissimus» glossierte das Gerücht hernach in einer kleinen Satire): daß
Bruder Heinrich mit einem geliehenen Auto samt Frau und Kind
aus München geflohen sei. Freilich erwog auch er – wie er die
Freundin Boy-Ed im Mai 1919 wissen ließ – den «Wegzug» nach
Lübeck, obschon die Heimkehr erst für seinen «Lebensabend» vorgesehen sei. Er fragte: «Aber ist denn nicht Abend?» Von München
habe er genug: die «Mischung von bürgerlichem Stumpfsinn, alias
Gemütlichkeit (…) und Schwabinger Literatur-Radikalismus» sei
«ekelhaft» und «imstande, die blutigsten Absurditäten zu zeitigen».

Anfang März entspannte sich die politische Lage. Die radikalen
Kräfte der Räterepublik schienen für den Augenblick gebändigt zu
sein. Er vermerkte befriedigt, gegen «das verabscheuungswürdige
Bündnis des radikalen Literatentums mit dem Gesindel» stehe «das
Gros des Militärs». Er täuschte sich, denn es gingen noch einige
angstvolle Wochen ins Land, ehe die Geister der Unruhe gebändigt
waren. Er fügte am 13. April hinzu: «Ich hätte nichts dagegen,
wenn man sie als Schädlinge erschösse, was man aber zu thun sich
hüten wird.» Auch darin täuschte er sich.

Mitten in all diesen Tumulten, die aus dem «Grand Guignol» zu stammen schienen und dennoch blutige Realität waren, am 25. März 1919 kam er mit dem «Gesang vom Kindchen» zu Ende. Er zählte neunhundertsiebenundsiebzig Verse, von denen er vermutete, daß die Hälfte «horribel» sei. Die Hexameter waren in der Tat kein glückliches Medium seiner Intentionen. Zu oft geriet ihm die Sprache in altfränkische Betulichkeit: wenn er von Müttern und «Muhmen» sang oder die Taufpredigt des jungen Pastors Fiedler zu schildern versuchte: «Fließend redete der verordnete Jüngling, es ging ihm / Eben vom kindlichen Mund der evangelische Wortstrom». Die Sentimentalität, der er allzu leicht in seinen Versen nachgegeben hatte, kontrastierte seltsam mit den Elementen der Aktualität, die er in die störrische Metrik zwängte, wenn er zum Schluß die «Vespermahlzeit» auf «festlichen Tischen», «Klug bestellt von der sorgenden Wirtin zur Ehre des Hauses», beschwor, «Wie die Blockade es zuließ der kalt gebietenden Angeln». Der Nachwelt sollte in klassischer Manier mitgeteilt werden, daß das schnöde Albion noch immer keine Einfuhr von Lebensmitteln ins hungernde Deutschland zuließ.

Am Palmsonntag, inmitten der anarchischen Wirren, wurde im Odeon Johann Sebastian Bachs «Matthäuspassion» aufgeführt. Klaus sang im Knabenchor. Der Vater «saß ganz vorn auf eingeschobenem Stuhl». Nichts über die Musik. Aber am Ende des Tages notierte er, daß es kein Schade wäre, wenn die Revolutionäre exekutiert würden. Lob für den «braven Noske», den sozialdemokratischen Reichswehrminister. Bemerkungen über das «bolschewistische Asiatenwesen». Dann: «Mein Verhalten zu den Dingen sehr unsicher, doch gehen meine Privatwünsche auf den Einzug der ‹Weißen›» – der Gegenrevolutionäre – und die «Herstellung der bürgerl. Ordnung». Frau Pringsheim, hielt er fest, habe «für wenigstens 300000 Mark Juwelen auf der Bank, die sie wahrscheinlich verloren zu geben hat».

Am Ostersonntag trug er ein: «*Ich begann nach 4jähriger Unterbrechung wieder am ‹Zauberberg› zu schreiben.*» Am Ostermontag kam, nach heftigen Wehen, der Sohn Michael Thomas zur Welt. Zehn Tage später schrieb Thomas Mann ins Tagebuch: «Die Münchener kommunistische Episode ist vorüber; es wird wenig Lust vorhanden sein, sie zu erneuern. Eines Gefühls der Befreiung und Erheiterung entschlage auch ich mich nicht. Der Druck war abscheulich. Hoffentlich wird man der gewissenlosen ‹Massen›-Helden, die auch die verbrecherische Rammeldummheit des Geiselmordes auf dem Gewissen haben, habhaft» – zehn Bürger waren noch einen Tag zuvor im Luitpold-Gymnasium erschossen worden – «und hält exemplarisches Gericht.» So geschah es. Das «Gericht» geriet freilich zur barbarischen Schlächterei. Der Sieg der Gegenrevolution «in Gestalt der vereinigten Regierungstruppen und der Freikorpsverbände» sei «mit blutigen Ausschreitungen, Massakern und erschreckender Brutalität» über die Bühne gegangen, merkte Jürgen Kolbe dazu an. «Eine gnadenlose Jagd auf alle Spartakismus-Verdächtigen wurde unternommen; viele Unbeteiligte fielen dem ‹weißen› Terror zum Opfer. Gustav Landauer wurde von den Weiß-Gardisten auf bestialische Weise ermordet. Eugen Leviné zum Tode verurteilt und hingerichtet, Mühsam zu fünfzehn, Ernst Toller zu fünf Jahren Festungshaft verurteilt. (...) Dies alles wird zum Zeitpunkt des Sturzes der Räte-Republik in der Poschingerstraße mit Genugtuung registriert.»

Thomas Mann zog mit Katia Bilanz. Deutschland sei die «eigentümliche Rolle» zugewiesen, «dem Entente-Kapitalismus Landsknechtsdienste» zu leisten, indem es sich dem Bolschewismus entgegenwerfe, dieser «entsetzlichsten Kulturkatastrophe» – nun doch! –, die der Welt je gedroht habe. Die beiden sprachen von der «Völkerwanderung von unten», vom «Untergang des Abendlandes», von der «Kirgisen-Idee des Rasierens und Vernichtens». «Wir sprachen auch von dem Typus des russischen Juden, des Führers der Weltbewegung, dieser sprengstoffhaften Mischung aus jüdischem Intellektual-Radikalismus und slawischer Christus-Schwärmerei. Eine Welt, die noch Selbsterhaltungsinstinkt besitzt, muß mit aller aufbietbaren Energie und standrechtlichen Kürze gegen diesen Menschenschlag vorgehen.» Thomas Mann setzte hinzu, im Blick schon das nächste Werk: «Dachte an die Möglichkeit, die russisch-chiliastisch-kommunistischen Dinge auch in den Zbg. einzubeziehen.» Die Züge Naphtas begannen sichtbar zu werden.

35. KAPITEL

Erlkönig

Der Friede kehrte nur zögernd in Deutschland ein, unter immer neuen Aufenthalten und gegen hundert Widerstände. Manch einer sprach, mit dem Blick auf die alliierte Blockade und die harschen Bedingungen des Vertrages von Versailles, voller Bitterkeit von einer Fortsetzung des Krieges mit anderen Mitteln. Aufstände der Spartakisten und Rebellionen der landsknechtshaften Freikorps ließen das Land nicht zur Ruhe kommen. Der sozialdemokratische Reichswehrminister Gustav Noske hatte in Berlin die kommunistische Revolte mit harter Hand niederschlagen lassen. Auch in München war seit den ersten Maitagen des Jahres 1919 «die Ordnung wiederhergestellt». In Wirklichkeit hatten Reichswehrverbände, Freikorps und Polizei fürs erste nur eine gelähmte Ruhe erzwungen.

Den Bürgern saß der Schock des Geiselmordes noch lange in der Seele. Sie hießen, kein Zweifel, das harte Regiment der Militärs in der Mehrheit gut, und sie applaudierten der Willkür, mit der die Soldateska «durchgriff». In den Wohnbezirken der Arbeiter duckte man sich unter dem «weißen Terror» der nationalistischen Landsknechte, die Hunderte von Revolutionären, vermeintliche und wirkliche – niemand kennt die genaue Zahl –, in einer Kampagne der «Säuberung» und der Rache erschlagen hatten. Thomas Mann notierte, der Schwager Löhr habe ihm versichert, es werde «standrechtlich nicht übel ‹aufgeräumt›», was «gewiß nicht zu beklagen» sei. Ihm schien entgangen zu sein, daß ein eher friedfertig-ängstlicher Ästhet wie der gefeierte Poet Rainer Maria Rilke, nach dem

Bild der Legende stets in die Briefe und die Rosen seiner Verehrerinnen versunken, in jenem bösen Frühling Hausdurchsuchungen um fünf Uhr in der Frühe ausgesetzt war und durch die schwarzweißroten Schergen zu Verhören verschleppt wurde, weil man ihn, nach dem Zeugnis Alfred Wolfensteins, beschuldigte, er habe «mit einem Maschinengewehr auf die einrückenden Regierungstruppen geschossen». Eine absurde Behauptung, die sich lediglich auf die Beobachtung stützte, daß er sich in seiner Wohnung gelegentlich mit den intellektuellen Protagonisten der Revolution, mit Ernst Toller, Alfred Kurella und Erich Mühsam zu unverbindlichen Gesprächen getroffen hatte. Frank Schirrmacher machte in einem eindrucksvollen Essay darauf aufmerksam, daß der Ex-Gefreite und politisierende Bohemien Adolf Hitler vor dem Sturz der Räteregierung nur knapp der Verhaftung entgangen war. Er sagte zu Recht, daß sich damals «auf geradezu abgründige Weise die Schicksale kreuzen».

Thomas Mann notierte unter dem Datum des 1. Mai: «Geschlechtliche Nacht. Aber Ruhe darf man quand même nicht wünschen. – National und ‹Welt›-Feiertag. (...) Die Münchener kommunistische Episode ist vorüber; es wird wenig Lust vorhanden sein, sie zu erneuern. Eines Gefühls der Befreiung und Erheiterung entschlage auch ich mich nicht. Der Druck war abscheulich.»

Später: «In der Stadt sind zu meiner Genugthuung die roten Fahnen verschwunden, von der Residenz, dem Kriegsministerium etc. Militärmusik hat am Siegesthor ‹Deutschland, Deutschland über alles› gespielt. Das Epp'sche Corps ist unter großem Jubel in bester Haltung eingezogen. K.'s Mutter geht es schon wieder zu ‹militaristisch› zu, aber ich bin voller Einverständnis und finde, daß es sich unter der Militärdiktatur bedeutend freier atmet, als unter der Herrschaft der Crapule.» Er vermerkte freilich auch, ohne zu tiefe Bewegung, er habe in der Zeitung «die böse Nachricht von der Tötung einer Versammlung harmloser ‹katholischer Gesellen› durch bayrische Soldaten» gefunden. Sie hatten die Kolping-Brüder für «Spartacisten» gehalten.

Nein, die Politik ließ den «Unpolitischen», der sich mit ihr so leidenschaftlich eingelassen hatte, nicht mehr los, trotz des versuchten Rückzugs ins Idyll der Bauschan-Erzählung und der poetischen Feier des «Kindchens». Er sollte ihr in Wahrheit nie wieder entkommen; sie hielt ihn bis ans Ende seiner Tage fest.

Mit zäher Geduld nahm er sich Tag für Tag, wenn keine äußeren Umstände im Wege waren, nun wieder die alten Kapitel des «Zauberbergs» vor, korrigierte, ergänzte, schrieb neu, manchmal verdrossen, des öfteren unverdrossen und mit einiger Freude am wachsenden Werk: immer voller Treue zum Handwerk, genau bis zur Pedanterie. Er erlaubte sich keine der Schludereien, denen Bruder Heinrich immer wieder nachgab. Man könnte sagen, daß ihm literarische Nachlässigkeit konstitutionell versagt war.

Aus dem Tagebuch konnte sich die Politik nun manchmal für einige Wochen zurückziehen. Ganz verschwand sie nicht, vor allem, wenn er draußen in Feldafing überm Starnberger See im Häuschen des Freundes Georg Martin Richter Zuflucht suchte, eines Kunstsammlers und Kleinverlegers, der ein Hansdampf in allen Gassen und dennoch ein guter Weggenosse war. Mit zehntausend Mark hatte sich der Autor am Kauf des kleinen Anwesens beteiligt. Richter gab ihm hernach das Geld, als die Inflationsziffern in die Millionen stiegen, mit einer ironischen Geste zurück, die Thomas mit einem kleinen Erstaunen quittierte. Vielleicht bedachte er, daß er seinen Anteil abgewohnt habe. Überdies hatte ihm Richter die gleiche Summe in gutem Geld für einen Luxusdruck der Novelle «Wälsungenblut» geboten, von Thomas Theodor Heine, dem Mitarbeiter des «Simplicissimus», mit Illustrationen versehen – eine Kostbarkeit, an der den Verfasser nur ärgerte, daß sie ohne die jiddelnden Sätze des originalen Schlusses gedruckt wurde. (Man fügte sie, auf sein Drängen, einer separaten Zeichnung Heines an.) Die Schwiegermutter Pringsheim hatte ihr Einverständnis ohne Zögern gegeben; auch der Geheimrat in der Arcisstraße erhob keine Einwände mehr. So war es diesem fatalen Meisterstück endlich erlaubt, aus den Privatarchiven ans halbe Licht zu treten.

Bei den Wahlen für die Nationalversammlung am 19. Januar 1919 hatte sich Thomas Mann geweigert, seine Stimme abzugeben – anders als Katia, die ihrer bürgerlichen Pflicht genügte, vermutlich mit einer gewissen Genugtuung; denn zum erstenmal verfügten auch die Frauen über das Stimmrecht. Das Gemüt ihres Mannes war zerrissen. Er brachte es so rasch nicht zuwege, sich aus den Krämpfen des Protestes und des Hasses zu lösen. Zum anderen sagte ihm seine Vernunft, daß die Republik nicht mehr aus der Welt zu reden war. Also würde er gut beraten sein, sich in den ungeliebten Realitäten einzurichten.

Er fand sich bereit, einen Versöhnungsappell von Münchner Intellektuellen, Künstlern und Wissenschaftlern zu unterzeichnen, der das Bürgertum mahnte, «seiner Schicksalsgemeinschaft mit dem arbeitenden Volke inne zu werden». Der «Aufruf gegen den Übermut» forderte eine «grundlegende Umwandlung der Gesellschaftsordnung» und eine Zusammenfassung der Kräfte im «Dienst dieses Neuaufbaus». Es sei nun müßig zu fragen, «wer als erster Blut und Schrecknis in diesen Kampf getragen hat: wichtig ist einzig, wer aus ihm heraus den Weg in eine für das ganze Volk fruchtbare Zukunft findet». Das Dokument trug die Unterschriften des großen Nationalökonomen Lujo Brentano, der Schriftstellerin Ricarda Huch, des Kulturphilosophen Rudolf Kassner, des Historikers Erich von Kahler, des Schauspielers Erwin Kalzer, des Bühnenbildners Emil Preetorius, des Dichters Rainer Maria Rilke, des Dirigenten Bruno Walter. Neben ihnen zeichneten Heinrich und Thomas Mann. Die beiden hatten kein Wort und keine Zeile über die Erklärung gewechselt. Immerhin fand sich auch keiner der beiden veranlaßt, seine Signatur zu verweigern, weil auch der Namenszug des anderen auf dem Papier stand. Ein erstes Zeichen der Annäherung? Vielleicht hätte Heinrich dieser Deutung nicht widersprochen. Thomas wäre kaum bereit gewesen, sie zu akzeptieren.

Er wütete – in Gesprächen, im Tagebuch, in Briefen – gegen das harte Diktat von Versailles, gegen den amerikanischen Präsidenten, den er mit Rudolf Pannwitz das «alte Waschweib des Ozeans» nannte, gegen die «asiatische Gefahr, das drohende Chaos, die Verblendung der Entente, den schauderhaften Greis Clemenceau (der übrigens Schlitzaugen hat und möglicherweise ein Blutsrecht darauf hat, dem Untergang der abendländischen Kultur Vorschub zu leisten)»: so bei einer kleinen Gesellschaft, an der auch Ricarda Huch teilnahm. Dort fand er zum erstenmal Gelegenheit zu einem intensiven Gespräch mit Erich von Kahler, dem Historiker und Philosophen aus dem Kreis Stefan Georges, damals sechsunddreißig Jahre alt, der ein enger Freund der Emigrationsjahre werden sollte:

vielleicht der bedeutendste unter den Partnern, die ihn durch die kommenden Jahrzehnte begleiteten. «Er könnte ein neuer Bertram werden», notierte Thomas, «wenn er auch wohl nicht dessen kindliche Anhänglichkeit besitzt».

Das böse Wort über Clemenceau, den man in Frankreich den «Tiger» nannte, wiederholte er mehr als einmal. Er wußte nichts, so gut wie nichts, von der Persönlichkeit des einstigen Arztes, Journalisten und Schriftstellers. Er ahnte nicht, daß Clemenceau über die Deutschen, die er nicht so sehr haßte als fürchtete, auf sehr französische Weise nachgedacht hatte. Die Stichworte wären geeignet gewesen, Thomas Mann aufhorchen zu lassen: «Es entspricht dem Wesen des Menschen, das Leben zu lieben», hatte Clemenceau dem Arzt und Bühnenschriftsteller Victorien Sardou zugerufen: «Der Deutsche» aber «kennt diesen Kult nicht. Es gibt in der deutschen Seele, in der Kunst, in der Gedankenwelt und Literatur dieser Leute eine Art Unverständnis für alles, was das Leben wirklich ist, für das, was seinen Reiz und seine Größe ausmacht, und an dessen Stelle eine krankhafte und satanische Liebe zum Tod.» Dann folgte der schreckliche Satz: «Diese Leute lieben den Tod. Diese Leute haben eine Gottheit, die sie zitternd, aber doch mit einem Lächeln der Ekstase betrachten, als wären sie von einem Schwindel erfaßt, und diese Gottheit ist der Tod.» Zögernd, als graute ihn vor den eigenen Einsichten, fügte Clemenceau die Frage hinzu: «Woher haben sie das? Ich weiß darauf keine Antwort. Der Deutsche liebt den Krieg als Selbstliebe und (...) begegnet ihm, wie wenn er seine liebste Freundin wäre.»

Mancher dieser Sätze, obwohl Jahrzehnte früher geschrieben, hätte in einer Kritik der «Betrachtungen» seinen Platz finden können, und er wäre eines Zitats würdig gewesen, wann immer Thomas Mann der Mystik von «Kreuz, Tod und Gruft» und der «Sympathie mit dem Tode» von neuem verfiel. Sein Zorn gegen die Sieger konzentrierte sich mehr und mehr zum Haß gegen Frankreich, das ihm fremd blieb, trotz der Bewunderung für seine Schriftsteller. Selbst bei der Lektüre der «Comédie humaine» Balzacs, von der er sich in jenen Jahren manche Bände vornahm – als Beispiel für die große epische Form, die er mit dem «Zauberberg» zu meistern versuchte –, brauchte es einige Anläufe, bis er seine Widerstände gegen das «Gesellschaftliche» überwand (für das er selbst in den «Buddenbrooks» ein so sensibles Gespür gezeigt hatte). Er billigte Balzac zu, daß er unterhaltend sei, und nannte ihn eine von den «epischen Naturkräften»: «Ein Gestaltenschleuderer», aber «als Künstler wie als Geist unverantwortlich und wohl gar unbeträchtlich.»

An Ernst Bertram, nun «ordentlicher Professor» in Bonn, schrieb er in jenen Tagen: «Mit dem englischen Wesen läßt sich leben; mit dem französischen niemals – man wäre denn ein Civilisationsliterat.» Gegenüber den Angelsachsen schien er versöhnlicher gestimmt, seit er erfahren hatte, daß 1916 – mitten im Krieg! – in London eine Übersetzung der «Königlichen Hoheit» erschienen war. Zwar hatte er einst, nach einer positiven Reaktion aus Paris, mit heiterer Unbefangenheit behauptet, nur die Franzosen verstünden jene Art von Roman zu schätzen, doch nun fand er, das englische «Sprachkleid» sitze dem Buch «wie angegossen». Er zitierte: «Then Doctor Ueberbein said: ‹No, look here, Klaus Heinrich, that won't do. You are stared at, and little Imma is stared at, and that's enough. If you add to it by staring at little Imma, that's too much. You must see that, surely?›» «Wie lustig und natürlich!» rief er entzückt, und er fügte hinzu: «Nein, so recht ‹national› bin ich doch wohl eigentlich nicht.»

Immer wieder gespenstert durch seine Notizen, seine Briefe, seine Aufsätze der verführerische Traum von einem Bündnis mit Rußland, das er als ein «natürliches» empfand: in der Gleichgestimmtheit der «Seele» und im Widerstand gegen den westlichen «Geist» begründet. Seine Erfahrung des Ostens beschränkte sich völlig auf die Lektüre – und es war vor allem Tolstoi, der ihn in jenen Jahren immer wieder in seinen Bann zog. Er sei, sagte er, «neben Goethe (…) derjenige, dessen Lebensform mich am meisten anzieht, und dessen Lebensgefühl (…) das meine am unmittelbarsten belebt. Sein Künstlertum eine großartige und organische Verbindung von Sinnlichkeit und Moralismus.»

Mit souveräner Willkür stellte er die beiden nebeneinander, das Vergleichbare – von dem es nicht zuviel gab – und das Unvergleichbare ineinander verschränkend. Die «heilige russische Literatur», von der er bald danach sprach, die Formel unermüdlich wiederholend, übersetzte sich ihm in eine politische Phantasmagorie, der er ungehemmter nachgelaufen wäre, hätten sich die Moskowiter nicht auf ihr ordinäres und gefährliches bolschewistisches Abenteuer eingelassen, von dem er sich bedroht fühlte. Doch er lauschte mit höchster Aufmerksamkeit, als der konservative Freiherr von Gleichen-Rußwurm, der später den Herren-Club in Berlin gründete, Lenin voller Bewunderung den «einzigen Mann auf der Welt» nannte, einen «Dschingis Khan», so «unvergleichlich gewaltiger» als der arme Wilson in Washington.

In Wirklichkeit war Thomas Mann unablässig hin und her gerissen. Einige Monate zuvor hatte er geschrieben, «ein gewisser − ich möchte sagen humanistischer Widerwille gegen das mongolenhaft-kulturrasierende, antihistorische, antieuropäische und krank-ekstatische (‹expressionistische›) Wesen des Bolschewismus» gewinne bei ihm «wieder die Oberhand». Er fühle sich als «Westeuropäer» und rechne es den «Entente-Machthabern als verbrecherische Verblendung an, daß sie Deutschland bei seinem landsknechthaften Kampf gegen dies Wesen so schlecht unterstützten». Und doch: «sofern der Bolschewismus antidemokratisch (…) ist oder sein kann, bejahe ich ihn, − freilich ohne, in praxi, die ‹Diktatur der Bazi› (…) zu bejahen (…)» Wenige Jahre später bemerkte übrigens Bruder Heinrich über den Gründer der Sowjetunion: «Seine Größe ward mir (…) immer begreiflicher, wenn ich dagegen sah, was aus Deutschland wurde. Hier war nur blinder Haß gegen Idee und Werk, gegen Idee als erneuerndes Prinzip und gegen eine menschliche Gemeinschaft als Werk bildender Vernunft.»

Walther Rathenau, der Außenminister der Republik, schloß mit der Sowjetunion den Vertrag von Rapallo: eine begrenzte Allianz zweier besiegter Nationen, die beide aus der «Familie der Völker» verbannt waren und sich gegenseitig ein wenig Atemraum und Bewegungsfreiheit zu verschaffen gedachten. Der grundgebildete Junggeselle aus dem Berliner Westend − während des Krieges Groß-organisator der deutschen Wirtschaft − sah in dem diplomatischen Coup, auf den er sich nur widerstrebend eingelassen hatte, vor allem einen Hebel, mit dem er − nach einem Wort von Joseph Rovan − die Unterstützung der «britischen Banker-Vernunft» gegen die «Notarsmentalität der Franzosen» zu gewinnen trachtete.

Dem geistreichen Ökonomen und Politiker Rathenau waren die

Verführungen der Literatur nicht fremd. Er gab ihnen von Zeit zu Zeit nach, und es hatte seine guten Gründe, daß er eines der Vorbilder für Robert Musils «Großschriftsteller» im «Mann ohne Eigenschaften» wurde. Ein Mann seiner Erfahrung war klug genug, sich vor der einseitigen Bindung nach Osten zu hüten. Er träumte nicht, wie so viele seiner nationalistischen Zeitgenossen, von Tauroggen und den Befreiungskriegen. Rußland war für ihn nicht der Schlüssel für die Selbstbehauptung der Deutschen. Die Chefs der Reichswehr, die sich für die «heilige russische Literatur» nicht im geringsten interessierten, zögerten allerdings nicht, ihren heimlichen Pakt mit den Sowjets zu nutzen, um die militärische Renaissance des Reiches vorzubereiten.

Thomas Mann war gegen die chronischen Versuchungen der russisch-deutschen Gemütsgemeinschaft nicht gefeit. Immer wieder drängten ihn «Haß und Ekel» in die Nähe des großen, unheimlichen Nachbarn, der überdies den Vorzug hatte, sich mit den Polen herumzuschlagen, Frankreichs Hauptverbündeten im Osten. Selbst der Bolschewismus schreckte ihn nicht immer ab: «Wie ist es möglich», schrieb er, «nicht mit Sack und Pack zum Kommunismus überzugehen, da er den ungeheuren Vorzug der Entente-Feindlichkeit besitzt? Er hat den Charakter des Unfugs und des kulturellen Hottentottentums, würde ihn aber in Deutschland kaum auf die Dauer haben.» Er selbst sprach von der «Zwiespältigkeit» seines Verhaltens gegenüber dem Kommunismus. Noch immer äußerte er sich mit schierer Bewunderung über Spenglers geschichtsphilosophisches Riesenfresko vom «Untergang des Abendlandes», las auch mit hingebungsvoller Zustimmung die Abhandlung «Preußentum und Sozialismus», die den Irrlichtereien einer antimarxistischen, deutsch geprägten Sozialstaatlichkeit, die in vielen Köpfen spukten, die intellektuelle Legitimation verschaffte: für Thomas Mann eine «männliche, großartig-skeptische, Herz und Geist stärkende Schrift».

Soweit er Radikalismus, Sozialismus, Kommunismus als Kinder der Französischen Revolution betrachtete, ordnete er sie freilich Bruder Heinrich zu, den er noch immer nicht ohne seelische Spasmen beim Namen zu nennen vermochte. Die positive Kritik eines neuen Schauspiels aus der Feder des Bruders schmähte er unverzüglich als «bedientenhaft», und den großen Empfang nach der Premiere nannte er mit kindischem Trotz «entsetzlich». Bei einem Vortrag im «Schutzverband Deutscher Schriftsteller» geschah schließlich das Unvermeidliche: er stieß auf den Bruder, «den man taktvoller Weise vor mich gesetzt. Zog mich weiter nach hinten zurück».

Anderntags: «die Begegnung mit H. hatte mir zugesetzt; ich war erregt und sprach in der Pause laut.» Noch einmal einen Tag später erreichte ihn die Mitteilung seiner Schwester Lula, Heinrichs Frau sei in Prag so ernst erkrankt, «daß er nachts dorthin abgereist» sei: «Hoffe auf ihre Wehleidigkeit und ihre Neigung, ihn zu ängstigen. Schweres Dilemma, wenn sie stürbe. Große Bevorzugung durch das Unglück für ihn.» Zwei Wochen später: «Heinrichs Stellung, so glänzend sie im Augenblick scheint, ist im Grunde schon durch die Ereignisse und Erlebnisse unterminiert. Seine westliche Orientierung, seine Franzosenanbetung, sein Wilsonismus etc. sind veraltet und welk. Wahrhaftig, es lohnt nicht, sich durch Eifersuchtsgram die Verdauung stören zu lassen.»

Seine Witterung täuschte ihn nicht. Die große Konjunktur des Bruders war fürs erste vorüber. Der Umsatz des «Untertans» ging nach dem ersten stürmischen Aufschwung rasch zurück. Kurt Wolff, der Verleger, schien das Interesse an seinem Autor zu verlieren, aus welchen Gründen auch immer. Für seine neuen Bücher und die Gesammelten Werke fand Heinrich nun bei Zsolnay Unterkunft. Thomas aber verdiente im Jahre 1919, in dem er nur die beiden Idyllen als neue Arbeiten vorzuweisen hatte, nach eigener Berechnung mehr als einhunderttausend Mark. Der Verkauf der «Betrachtungen» war nach wie vor eindrucksvoll, und stetig wuchsen die Auflagen der Romane und der Erzählungen.

Samuel Fischer bot seinem wichtigsten Autor eine gute Heimat. Er vermittelte ihm, das zählte neben den Verkaufsziffern nicht wenig, Verständnis, Wärme, Bewunderung, Freundschaft. Im Sommer 1919 lud er Thomas Mann zum Urlaub in Glücksburg an der Flensburger Förde ein. Nach den Jahren der Kargheit bot das Hotel in dem freundlichen Städtchen alle irdischen Wonnen, an die er sich aus den Jahren der Kindheit erinnerte. Der Tochter Erika meldete er: «Wäret ihr doch alle hier, ihr würdet tanzen und jubilieren von

wegen des vielen, vielen guten Essens! Gestern Abend gab es wieder
so herrliches festes norddeutsches Rührei und Bratkartoffeln, die
von Butter glänzten. Nachher noch kalten Aufschnitt von der besten Sorte! Es ist als wie im himmlischen Paradiese.» Fischer, berichtete er Bertram, bessere die «ohnedies geradezu *naive* Verpflegung noch durch Erdbeeren in Milch und Rum-Grog auf. Ich höre
die Leute reden, bade in der See, und tausend Knabengefühle bestürmen mich.» Im Tagebuch schwärmte er: «Es kommt die Luft
hinzu, die Gerüche, die Farben, die Sprache, der Menschentyp. Tonio Kröger, Tonio Kröger. Es ist jedesmal dasselbe und die Bewegung tief. Die Rhederfamilie Kirsten aus Hamburg, mit den beiden
weit behosten Söhnen, von denen der Eine einen Armin Martens-
Schädel hat.»

Erinnerung an die erste Liebe. Solche Beseligung wog die kleinen
Belästigungen völlig auf. Otto Flake, der andere Gast – einer der
produktivsten jungen Autoren seines Verlegers –, interessierte ihn
für einen Augenblick, dann fand er ihn fremd: einen «Lackel mit
dem Gedankenbestande der literarischen Gegenwart», wie er ungnädig notierte. Er versuchte auch, Hedwig Fischers «schlimm verstockte Dummheit» zu ertragen, und stöhnte nicht allzu lange über
das peinliche Ungemach, das er dem kleinen Töchterchen zugefügt
hatte, als er es zu heftig an seinen Ärmchen schwang. Der älteren
Schwester Tutti, fast gleichen Alters wie Erika (und nach seiner
Beobachtung genauso «genußsüchtig»), schrieb er einige gefühl-
voll-elegante und ein wenig kitschige Sätze in ihr Mädchenalbum, in
denen von «farbig-feucht verschleierten» Landschaftsbildern
«nordisch-heimatlicher Küsten» und vom «Wasser nordisch-heimatlicher Fluten», das «salzig» und «nach Thränen» schmeckt, die
Rede war: «Ja, der Süden ist hart, aber die nordische Heimat ist
weich. Hart ist die Kunst, aber unser Herz – nicht wahr, liebe Tutti?
– ist weich. Das ist eine alte Melodie, die mir im Ohr liegt, seit ich
hier bin, die Melodie des alten Liedes und Stückes vom Tonio Kröger, und schade nur, daß es schon geschrieben ist, denn sonst
schriebe ich's heute.»

Sein Blick richtete sich auf Oswald Kirsten, in dem Armin Martens, Hans Hansen samt Inge, womöglich auch Willri Timpe wieder
erstanden. Droben am Strand der Ostsee wiederholten sich die Sze-

nen vom Lido. «Langweile mich. Die Kirstens, die hier große Besitzungen haben, beobachte ich fortdauernd mit Neigung. Sah heute die jungen Leute in ihrem Park Ball spielen.» Danach eine der wenigen Auslassungen im Tagebuch, von denen der Herausgeber sagte, sie seien aus «allerprivatesten Rücksichten» vorgenommen worden.

So hübsch und graziös wie Tadzio war der junge Nordländer freilich nicht: «Seine Beine sind etwas krumm, die Figur, obwohl schlank, neigt zur Vierschrötigkeit, der Gang zum schiffermäßig Wiegenden. Die blauen Augen liegen tief und nahe beieinander, die Nase ist aufgeworfen, ohne eigentlich Stumpfnase zu sein, der Teint etwas unrein. Haarfarbe und Kopfform sind wie bei A. M., auch der Körperbau erinnert an ihn. Diese Erinnerung ergreift mich. Jugendstimmung und Jugendschmerz.» Er bemerkte an dem jungen Menschen, der mit «ziemlich tiefer Stimme» und «stark Hamburgisch» sprach, eine «Neigung zur Absonderung und zum stillen Sitzen». Er fügte hinzu: «Er hat mich, auch beim Passieren, noch niemals angesehen. Wie mir scheint, vermeidet er es aus Diskretion.»

Die Begegnung war folgenlos – wie, wenn nicht vieles täuscht, fast jede seiner flüchtigen Verliebtheiten auf Distanz. Nach der Rückkehr vermerkte er: «K. beigewohnt (leichtsinnig, hoffentlich straflos).» Anderntags, am Abend eines schönen Sommertages schrieb er: «Es müßte in Glücksburg nun hübsch sein. Und an Oswald Kirsten denkst Du garnicht mehr (...)?»

In den folgenden Tagen peinigte ihn die Furcht, Katia könne ein weiteres Mal schwanger sein: ein siebtes Kind wäre in den unruhigen und harten Zeiten nicht willkommen gewesen, wahrhaftig nicht. «K. sehr müde und angegriffen. Besorgnis.» Er suchte den Gynäkologen Amann auf, der ihm seine «museumsartige Wohnung» zeigte, die, «von alten Holzplastiken erfüllt, durch zwei Häuser geht». Der Arzt verschrieb ein Vorbeugungsmittel und konnte nur zum «getrosten Abwarten» raten. Die Gefahr ging vorüber.

Katia schien seine sporadischen Zärtlichkeiten mit tapferer Ergebenheit hinzunehmen. Vermutlich kannte sie längst die Direktion der wahren Neigungen ihres Partners. Und er selbst? Er verkrampfte sich nicht mehr permanent in das bürgerlich-puritanische Vorurteil, das ihm vorschrieb, das Verlangen nach dem eigenen Geschlecht als eine sündhafte Anfechtung zu betrachten, die er in der Liebe zu seiner Frau überwinden könne.

Zum anderen gelangte er in manchen Augenblicken zu Einsichten, deren Klarheit ihn selbst erschrecken mochte. Unter dem Eindruck der Lektüre von Hans Blühers Schlüsselwerk über «Die Rolle der Erotik in der männlichen Gesellschaft» schrieb er auf: «Es unterliegt für mich selbst keinem Zweifel, daß ‹auch› die ‹Betrachtungen› ein Ausdruck meiner sexuellen Invertiertheit sind.»

So verhielt es sich. Die Verklärung des deutschen Nationalismus und des Krieges war auch eine Feier der «Männlichkeit», die dem Maskulinitätskult des Zeitalters entsprach – und allzuoft wurde Frankreich samt seiner Aufklärung, seiner Revolution, seiner Demokratie und seiner Literatur als feminin, kokett, ja damenhaft karikiert. Den Widerwillen, den er so oft gegenüber Frauen empfand, verbarg er im Tagebuch nicht. «Penetranter Weibsgeruch», schrieb er mehr als einmal. Er konnte Frauen im wörtlichen und genauen Sinn der Redensart «nicht riechen». Doch er vermerkte auch, das Streicheln von Katias Brüsten habe ihn sinnlich erregt. «Rencontre mit K.», notierte er einmal, und dann heißt es, wiederum nach einer Auslassung des Herausgebers: «Bin mir über meine diesbezügliche Verfassung nicht recht klar. Von eigentlicher Impotenz wird kaum die Rede sein können, sondern mehr von der gewohnten Verwirrung und Unzuverlässigkeit meines ‹Geschlechtslebens›. Zweifellos ist reizbare Schwäche infolge von Wünschen vorhanden, die nach der anderen Seite gehen. Wie wäre es, falls ein Junge ‹vorläge›? Es wäre jedenfalls unvernünftig, wenn ich mich durch einen Mißerfolg, dessen Gründe mir nicht neu sind, deprimieren ließe. Leichtsinn, Laune, Gleichgültigkeit, Selbstbewußtsein sind schon deshalb das richtige Verhalten, weil sie das beste ‹Heilmittel› sind.»

Elf Tage später, nach einer Zufallsbegegnung: «Kurze Unterhaltung, mit dem sympathischen jungen Mann in weißen Hosen, der in der III. Klasse neben mir saß. Freude hierüber. Es scheint, ich bin mit dem Weiblichen endgültig fertig? Begrüßte alle nach der Droschkenfahrt, für die ich 20 M zahlte. Eissi lag mit nacktem braunen Oberkörper lesend im Bett, was mich verwirrte.»

Klaus war nun nahezu vierzehn Jahre, ein sensibler Knabe, intelligent und voller Phantasie. Längst war dem Jungen das Schreiben zur Gewohnheit geworden. Er entwarf Romane und Dramen, schrieb Geschichten, führte ein Tagebuch, das er achtlos in seinem Zimmer liegenließ. Die Mutter fand es und las voller Bestürzung, daß der Sohn – wie es seinen Jahren angemessen war – gegen die Eltern heimlich rebellierte. Der Vater schrieb: «Ohne gerade eigentlich Schlechtigkeit zu offenbaren, zeugt es von so ungesunder Kälte, Undankbarkeit, Lieblosigkeit, Verlogenheit, abgesehen von den literarisch-radikalistischen Flegeleien und Albernheiten, daß das arme Mutterherzchen tief enttäuscht und verwundet war. K. weinte über den Jungen, wie sie es vor Jahren that, als er sterben sollte. Beruhigungs- und Tröstungsversuche, bewegten Herzens. Den tobenden Vater werde ich nie spielen. Der Junge kann nichts für seine Natur, die ein Produkt ist. Auch glaube ich kaum, daß ihm jeder Fond fehlt. Sehr vieles ist geschmacklose Allüre ohne Zweifel.» Die Krise löste sich durch eine Aussprache zwischen Mutter und Sohn. Der Vater war klug genug, den Sohn nicht merken zu lassen, daß er von der Auseinandersetzung wußte.

Sein Umgang mit den Kindern – und vor allem mit Klaus – war nicht immer von weisem Gleichmaß bestimmt. Wie sollte es? Die empfindsame Reizbarkeit, zu der er sich durch die Schwierigkeiten mit der eigenen Seele und die Fron im Dienst der Kreativität verurteilt sah, teilte sich der gesamten Familie täglich mit. Überdies gelang es ihm kaum, die Privilegierung der beiden Ältesten und des Kindchens Elisabeth vor den anderen zu verbergen. Michael, der noch in der Wiege lag, begegnete er fast von der Stunde der Geburt an mit einem Widerwillen, den er niemals völlig bezähmte. Monika, damals zehn Jahre alt, interessierte ihn wenig. Seine Anmerkungen über Golo waren niemals freundlich. Er nannte den Elf-, den Zwölfjährigen, darin ganz oberlehrerhaft und puritanisch, eine «mehr und mehr problematische Natur, verlogen, unreinlich und hysterisch». Dem scheuen und mißtrauischen Jungen mag die herbe Meinung des Vaters nicht entgangen sein. Zugleich bestätigte sich Thomas Mann mit leichter Hand, er habe «Gefallen an Erika und Klaus». Die knabenhafte Tochter fand mit ihm am ehesten eine entspannte Beziehung. Er notierte entzückt: «Verliebt in Erika, die mich offenbar liebt und sich meiner Zärtlichkeit freut.» Die Persönlichkeit der Tochter nahm an der Zuneigung des Vaters gewiß keinen Schaden. Sie wurde, wenn es mit den schlichteren Normen der Psychologie seine Richtigkeit hat, durch seine Hinwendung in ihrem Selbstbewußtsein eher gekräftigt.

Einen knappen Monat danach schrieb er auf: «Verliebt in Klaus dieser Tage. Ansätze zu einer Vater-und-Sohn-Novelle.» Zwei Wochen später: «Entzücken an Eissi, der im Bade erschreckend hübsch. Finde es sehr natürlich, daß ich mich in meinen Sohn verliebe.» Und nur zwei Tage danach: «Las gestern Abend eine weltschmerzlich zerrissene Novelle Eissi's und kritisierte sie an seinem Bett unter Zärtlichkeiten, über die er sich, glaube ich, freut.»

Es ist freilich nicht sicher, daß der Sohn seine liebevolle Annäherung mit natürlichem Behagen hinnahm. Wurde dem frühreifen Jungen bewußt, daß sich in dem gewaltigen Herrscher, der über Haus, Familie und dem Reich der Dichtung thronte, immer wieder der Wunsch regte, Vater und Erlkönig zugleich zu sein?

Im Oktober notierte er bei der Heimkehr Katias von einem Ferienaufenthalt in Oberstdorf, der ihren angegriffenen Bronchien wohlgetan hatte: «K. sehr glücklich. Abend-Imbiß mit Champagner. Erzählungen u. spätes Schlafengehen. Ich hörte Lärm im Zimmer der Jungen und überraschte Eissi völlig nackt vor Golo's Bett Unsinn machend. Starker Eindruck von seinem vormännlichen, glänzenden Körper, Erschütterung. –»

An dieser Stelle vermerkte der Herausgeber erneut eine Kürzung, die er der Rücksicht auf das «Allerprivateste» schuldig zu sein glaubte. Indessen bedarf es keiner allzu blühenden Imagination, die Auslassung mit Inhalt zu füllen. Wenige Zeilen später heißt es dann: «Dankbarkeit gegen K., weil es sie in ihrer Liebe nicht im Geringsten beirrt oder verstimmt, wenn sie mir schließlich keine Lust einflößt und wenn das Liegen bei ihr mich nicht in den Stand setzt, ihr Lust, d.h. die letzte Geschlechtslust zu bereiten. Die Ruhe, Liebe und Gleichgültigkeit, mit der sie das aufnimmt, ist bewunderungswürdig, und so brauche auch ich mich nicht davon erschüttern zu lassen.» Ein halbes Jahr später: «Umarmung mit K. Meine Dankbarkeit für die Güte in ihrem Verhalten zu meiner sexuellen Problematik ist tief und warm.»

Thomas Mann kostete es keine Überwindung, dem Tagebuch das Intimste anzuvertrauen. Mit der zuverlässigen Akribie, mit der er

die Gestalten seiner Romane und Erzählungen zeichnete, ver-
merkte er seine privaten und seine öffentlichen Erfahrungen. Die
Pünktlichkeit, das Interesse für jedes Detail, die unerschöpfliche
Faszination durch jede Regung des eigenen Daseins rückt seine
Aufzeichnungen in die Nähe der großen Journale von James Bos-
well oder Sir Samuel Pepys. Freilich nur in die Nähe. Es bleibt ein
Unterschied: mehr noch als die beiden Engländer beschäftigte sich
Thomas Mann fast ausschließlich mit sich selbst. Selten wandte sich
seine Aufmerksamkeit – aus Lust an der Beobachtung, Lust am
Neuen, am Fremden, am bunten und vielgestaltigen «Leben» –
Menschen und Ereignissen zu, zu denen sich kein unmittelbarer
Bezug ergab. Wohl meldete er gelegentlich Zweifel am Gelingen des
Werkes, Zweifel an seiner Kraft, an der geduldigen Disziplin, an
seiner Umsicht in der Ordnung der täglichen Dinge an. Zur Selbst-
kritik aber sah er sich so gut wie niemals veranlaßt.

Sosehr er die Differenzierungen und Brechungen im Charakter
der «Verfallsgeschöpfe» seiner Novellen und Romane liebte – er
selbst bewies in seinem Tagebuch eine erstaunliche Robustheit, an
der alle tiefergehenden Fragen, die sich auf die eigene Person bezogen, abzuprallen schienen. Verletzlich glaubte er seine Gesundheit,
empfindlich waren der Magen, der Darm, das physische Wohlbefinden, verstimmbar war die Seele, die jede Störung der Harmonie
und jeden unguten Reiz registrierte, verwundbar die äußere Haut
des Selbstgefühls, in der die Nerven wohnen, die auf jede Kritik und
jedes Zeichen der Respektlosigkeit mit böser Heftigkeit reagierten.
Der Kern der Person aber schien sich bei jedem Signal eines Angriffs
fest zu verschließen. Doch wie rasch sich zum anderen sein oft so
verspanntes Gemüt im freundlichen Strom der Anerkennung, des
guten Zuspruchs, des Lobs, des Ruhmes zu öffnen vermochte!

Alles in allem aber verschwendete sich sein sensibles und doch so
robustes Ich nicht in Mitgefühl und Liebe. Ein vorwitziger Kopf
fragte mit dem Blick auf den prinzlich-patrizischen Künstler, ob
Dichter am Ende auch Menschen seien.

36. KAPITEL

Exkurse

Als der Krieg sein bitteres Ende gefunden hatte, fürchtete Thomas Mann, daß er, vom sogenannten Strom der Zeit zu weit entfernt, von Vereinsamung und Verarmung bedroht sei. Seine Angst war – wie meist – übertrieben. Wohl behauptete er später, er habe «zwischen allen Stühlen» gesessen, doch dies traf in Wahrheit nicht zu. Die Mehrheit der Deutschen stimmte auch damals eher mit ihm als mit Bruder Heinrich überein – zumal die gebildeten Bürger, die sein Publikum waren.

In den heiteren Ferientagen des Sommers 1919 in Glücksburg hatte er eine glänzende Bestätigung seiner Position erfahren: ein Telegramm – für das er drei Mark entrichten mußte, wie er sorgsam notierte – informierte den Dichter, daß ihm zum hundertjährigen Jubiläum der Universität Bonn die Würde eines Ehrendoktors der Philosophischen Fakultät verliehen worden sei. Der getreue Bertram hatte segenreich gewirkt. In der diskreten Werbung für den Freund wurde er enthusiastisch von seinem Kollegen Berthold Litzmann unterstützt, seit langem ein Verehrer Thomas Manns und seines Werkes. Der Autor teilte dem Gastgeber Samuel Fischer die Ehrung unverzüglich mit: «Vergnüglichkeit und Titulierung.» Als er bei der Rückreise in Berlin Station machte, schrieb er sich im Hotel ohne Zögern mit dem Doktortitel ein. Zu Hause angekommen, ließ er neue Visitenkarten drucken. Auch auf dem Briefpapier stand nicht lange danach der Doktor, übrigens ohne «h. c.».

Der fast kindliche Eifer, mit dem er sich der akademischen Auszeichnung bemächtigte, deutete an, daß er sich den Verzicht auf das

Abitur und ein «ordentliches Studium», das der bürgerlichen Gesellschaft des Wilhelminischen Reiches fast so wichtig war wie der
Leutnant der Reserve, in einem Winkel seiner Seele nicht völlig verziehen hatte, trotz des literarischen Ruhmes. Er notierte nach der
Lektüre eines Essays des englischen Historikers und Politikers
Thomas Macaulay, daß ihm die «gelehrte Würde seines Schriftstellertums» unbedingt imponiere. Er fügte hinzu: «Ich gehöre zu den
wenigen Deutschen, die zuweilen so zu schreiben verstehen.» Das
traf zu – und auch nicht. Anders als der Brite, der seine Gelehrsamkeit mit eleganter Beiläufigkeit präsentierte, gab er gern der Versuchung nach, seine Aufsätze mit einer gewaltigen Bildungspracht zu
beladen.

Die Urkunde der Bonner Doktorwürde pries Thomas Mann als
einen «Dichter von großen Gaben, der in strenger Selbstzucht und
beseelt von einem starken Verantwortungsgefühl aus innerstem Erleben das Bild unserer Zeit für Mit- und Nachwelt zum Kunstwerk
gestaltet» habe. Das Dokument nannte mit Emphase die «Buddenbrooks». Allerdings wies Paul Egon Hübinger in seiner Studie über
Thomas Manns wechselhafte Beziehungen zur Universität Bonn
nach, daß nicht nur der Autor des großen Romans, sondern mehr
noch der Verfasser der «Betrachtungen» mit der akademischen
Würde der Hochschule bedacht wurde – doch es schien sich, mit
dem Blick auf die britische Besatzung und die gefährliche Nachbarschaft der Franzosen, damals nicht zu empfehlen, das Werk beim
Namen zu nennen. Die Bonner Universität aber, daran konnte kein
Zweifel herrschen, war ein Hort des nationalistischen Trotzes.
Hübinger beschrieb den Germanisten Litzmann, der die Verleihung des Ehrendoktors an Thomas Mann so heftig betrieb, als einen
«enthusiastischen Bismarck- und Treitschke-Verehrer», ursprünglich nationalliberal, danach ein Anhänger der «nationalistisch-an-
nexionistischen Deutschen Vaterlandspartei». Später zog sich der
Eiferer – inzwischen war er im Münchner Herzogpark ein Nachbar
Thomas Manns geworden – mit Rücksicht auf seine jüdische Frau
aus den schwarzweißroten Zirkeln zurück, die von ihrem bornierten Antisemitismus nicht lassen wollten.

Der Dichter wußte sehr wohl, daß er in Wahrheit auch für sein
Kriegsbuch, das Kurt Hiller noch eineinhalb Jahrzehnte später als

«edelnationalistisch» charakterisierte, auf den akademischen Schild
gehoben wurde. Doch in seinem behutsam formulierten Dank an
den Dekan der Philosophischen Fakultät zeigte er sich auf diskreten
Abstand von der teutonischen Kameraderie bedacht, deren patriotische Kämpfer ihn zu den ihren zählten. In Wirklichkeit hatte
er begonnen, sich vorsichtig von seinem militanten Bekenntnis zu
entfernen.

Die demokratische Gesellschaft meinte es nicht schlecht mit ihm.
Er spürte es. So korrigierte er mit sachten Retuschen die heftigen
Meinungen, für die er sich gestern noch so zornig und entschlossen
ins Zeug gelegt hatte. An den Publizisten Joseph Chapiro – einen
begabten Intellektuellen ukrainisch-jüdischer Herkunft, der viele
Sprachen beherrschte und über nützliche Beziehungen nach Frankreich verfügte – schrieb er im September 1920, er sei, wie Richard
Dehmel auch, im Jahre 1914 «nicht kriegsbegeistert (...), sondern
schicksalsbegeistert» gewesen. Das gelte auch für die ganze Nation.
Auf Drängen Samuel Fischers fand er sich nach einigem Umstand
auch bereit, die «Betrachtungen» für eine neue Auflage im Rahmen
einer geplanten Gesamtausgabe seiner Werke zu kürzen. Die
schlimmsten Passagen wurden in den Orkus befördert.

Dennoch konnte und sollte von einer dramatischen Wandlung
nicht die Rede sein. Das Menschliche verwirkliche sich nur im Nationalen, schrieb er dem nüchtern-gerechten Essayisten Julius Bab,
der sein Werk mit sensiblem Wohlwollen begleitete. Bei einer Sitzung der Nietzsche-Gesellschaft im Oktober 1920 plädierte er für
die «Einigung Europa's» – «durch das Deutschtum». Er bezeichnete, gewiß zur Überraschung seiner Zuhörer, den «Cosmopolitis-
mus als Geist, Wesen, Sendung der deutschen Nationalität».

Es lockte ihn, dieser Idee mit einer Zeitschrift zu dienen. Hugo
von Hofmannsthal trug sich damals mit dem Plan einer Publikation,
für die er den symbolisch blassen Titel «Figura» erdacht hatte. Er
lud den Kollegen in München herzlich ein, das Amt eines Mitherausgebers zu übernehmen. Auch Jakob Wassermann, Ricarda Huch
und Hermann Graf Keyserling sollten dem Unternehmen ihre
Köpfe und ihre Federn verpflichten. Nur wenig später gab es in
München Pläne für ein Projekt, das den Namen «Odeon» tragen
sollte – vermutlich stammte der Einfall aus jenem Schwabinger

Café –, zu dem wiederum er Hugo von Hofmannsthals Mitarbeit erbat. Die Redaktion sollten Johannes von Günther und Alexander Eliasberg übernehmen, die sich beide durch die Vermittlung russischer Literatur einen Namen gemacht hatten. Man strebte auch die Mitwirkung von Rudolf Kassner, Franz Werfel, von Rudolf Pannwitz an, wollte Keyserling gewinnen und Ricarda Huch (die sich dem Unternehmen jedoch spröde entzog). Thomas Mann trug auch Josef Ponten – dem fast gleichaltrigen Autor des «Babylonischen Turms», den er in jenen Jahren bewunderte – Mitsprache und Mitverantwortung an. Es sollten skandinavische, französische, britische Autoren eingeladen werden, in dem Blatt zu schreiben. Aus den Projekten wurde nichts, nichts aus dem einen, nichts aus dem anderen.

Es stärkte seine Seele, daß man sich so lebhaft um ihn bemühte. An der Idee eines deutsch geprägten Kosmopolitismus – die ein bescheiden freundliches Licht über einige Passagen in der sonst so düsteren Welt der «Betrachtungen» geworfen hatte – fand er wachsenden Gefallen. Aber entsprach ihr eine deutsche Wirklichkeit? Jakob Wassermann, dessen Werk er stets mit kritischem Respekt kommentiert hatte, schrieb in einer autobiographischen Skizze unter dem Titel «Mein Weg als Deutscher und Jude» hellsichtig genug, daß den deutschen Bürgern jüdischer Herkunft die wirkliche Assimilierung und Integration verwehrt sei. Thomas Mann wollte dieses realistische Urteil nicht dulden. In einem ausführlichen Brief, der nur fragmentarisch erhalten ist, wies er die Klagen zurück. «Deutschland zumal», sagte er, «kosmopolitisch wie es ist, alles aufnehmend, alles zu verarbeiten bestrebt, ein Volkstum, in dem Nordheidentum und Südsehnsucht sich ewig streiten, westliche Bürgerlichkeit und östliche Mystik sich vermischen, – sollte es ein Boden sein, worin das Pflänzchen Antisemitismus je tief Wurzeln fassen könnte?» Auch Bruno Frank warnte ihn vor dem grassierenden Antisemitismus. Thomas Mann aber sah die Gefahr nicht, weil er sie nicht sehen wollte.

Es scheint ihm niemals bewußt geworden zu sein, mit welcher Selbstverständlichkeit er stets das Judentum unangenehmer Zeitgenossen betonte, wie bei seinen Notizen von der Reise nach Berlin im Juli 1919: «Während der ersten Hälfte des Tages war ich mit einem jüdischen Ehepaar allein, dessen weibliche Hälfte wohl das Abscheulichste an ‹Weib› darstellte, was mir erdenklich, fett und kurzbeinig zum Erbrechen, krummnasig mit bleichem, sinnlichmelancholischem Gesicht, penetrant parfümiert. Ihr chinesisches Hündchen haarte stark. Sie war jedoch, wie der Gatte, ein Berliner Geschäftsmann offenbar, recht umgänglich, erwies sich als sehr international: Ungarin, die in Rußland, Frankreich und sonstwo gelebt hat. Konversierte wiederholt mit ihnen.» Übrigens vergaß er nicht, mit Befriedigung zu vermerken, daß er sich mit einem Billett zweiter Klasse in die erste gesetzt hatte, «um gegebenen Falles nachzuzahlen, was sich aber dann umgehen ließ».

Er hat wohl nur zögernd begriffen, warum Katia mit seltener Entschlossenheit gegen die Publikation seines Aufsatzes «Zur jüdischen Frage» im «Neuen Merkur» Einspruch erhob. Die Taktlosigkeiten in seiner Arbeit bemerkte er, wie üblich, nicht, und er beugte sich nur zögernd der Einsicht, daß jener Versuch durch seine allzu generellen Charakterisierungen des Jüdischen in fragwürdige Zonen geraten war. Dem Herausgeber Efraim Frisch schrieb er schließlich, das Stück sei «einerseits leichtfertig und andererseits von jenem autobiographischen Radikalismus», der manchmal seine Stärke sei, doch in so einem Aufsatz Anstoß erregen könnte.

Sein Nationalgefühl, so «kosmopolitisch» er es nun begründet sehen wollte, blieb reizbar. Er beklagte zu Recht, daß die Alliierten und zumal die Franzosen der jungen Republik eine Politik der Versöhnung schwermachten, doch immer wieder drängte sich ein allzu persönlich gefärbter Ärger in die politischen Erwägungen. Vor allem Kritik aus französischen Federn schien ihm unerträglich zu sein. Mit Romain Rolland hatte er sich keineswegs ausgesöhnt. Die Studie Stefan Zweigs über den Autor des «Jean Christophe» nahm er mit der bösen Formel zur Kenntnis: «Diese geistliche, bleiche, humanitäre Natur hört nicht auf, mir fade zu erscheinen.» Das hätte er auch von Zweig sagen können, der ein konsequenter Pazifist war. Doch er zog es vor, eine höfliche Beziehung zu dem Kollegen zu unterhalten, und so schickte er ihm unaufgefordert das Manuskript seines Feuilletons «Die Hungernden» ins Haus, damit er es seiner Autographensammlung einverleibe.

Voller Bitterkeit registrierte er, daß in der Pariser Zeitung «Le

Temps», die als ein Blatt der Regierung galt, ein Artikel von Pierre Mille unter dem Titel «Un romancier allemand contre la démocratie» erschienen war, der seine Einsichten vermutlich nicht aus unmittelbarer Kenntnis der «Betrachtungen», sondern aus einem Essay in der «Revue de Genève» bezog. Der Verfasser kreidete Thomas Mann (mit gutem Recht) die Glorifizierung des Krieges an, und er warf ihm vor, daß er kein Europäer, sondern «nur Deutscher» sei (was in solch kategorischer Formulierung nicht zutraf). Unverzüglich wurde Joseph Chapiro auf den Plan gerufen, um dem welschen Gegner eine Abfuhr zukommen zu lassen. Indes, Thomas Mann bot dem möglichen Gehilfen keine allzu überzeugenden Argumente an. Der Militarismus der «Betrachtungen» sei, sagte er, mehr «ein seelisches Symbol», dessen «Lebenshaltung mir beinahe mit Moral und Sittlichkeit gleichbedeutend» sei – was immer das heißen mochte. Er fuhr fort: in der Realität sei der Militarismus wieder an seinen Ausgangspunkt zurückgekehrt, in sein eigentliches Heimatland, nämlich nach Frankreich. Nur wenige Wochen später, im Juli 1921, rief er dem Kritiker Friedrich Michael zu, die Franzosen hätten es scharf auf ihn abgesehen, was ihn freilich nicht wundere: «Ich liebe diese Rasse nicht, sie ist töricht und gefährlich.» Man müsse den Mut zu «einer Antipathie haben und nicht aller Welt gefallen wollen».

Durch einen Aufsatz, den André Gide für seine große Zeitschrift «Nouvelle Revue Française» schrieb – dieser Wiege der modernen französischen Literatur –, wurde Thomas Mann auf die ungemütliche Lage des fernen Weggenossen zwischen den inneren Fronten der radikalen Pazifisten um Henri Barbusse und der Nationalisten vom Schlage eines Maurice Barrès hingewiesen. Auf die Äußerung Gides und einen Aufsatz von Ernst Robert Curtius über «Deutschfranzösische Kulturprobleme» deutend – dem Romanisten verdankte er seine Kenntnis der französischen Debatte –, rief er voller Enthusiasmus, daß hier «*meine* Sache agiert wird». Er nutzte das Gespräch über die Grenzen, um sich gegen Pierre Mille und dessen Polemik in den «Temps» zu rechtfertigen. In einem Aufsatz, den er unter dem Titel «Das Problem der deutsch-französischen Beziehungen» im Herbst 1922 publizierte, erklärte Thomas Mann, die Position André Gides sei auch die seine. Ihm habe die einsame

Stimme gehört, die «mutterseelenallein, in scheinbar unehrenhafter
Vereinzelung, Protest, protestantischen Protest» gegen die «Inter-
nationalisierung des Verstandes» erhoben habe, «die nein sagte zu
einer europäischen Verständigung, welche nur um den Preis des
Opfers aller Tiefen und Höhen der Seele zu erkaufen» sei. Sie sei
darum als die «hündische Stimme» eines «Völkischen» geschmäht
worden. Freilich setzte er sich in jenem Essay vor allem mit den
Mißverständnissen auseinander, denen er durch «Herrn Peter
Mille» auf ungute Weise ausgesetzt worden sei. Er zögerte nicht,
André Gides Zustimmung zu den Gedanken von Ernst Robert
Curtius für sich selbst in Anspruch zu nehmen.

Als er sich schließlich den allgemeineren Fragen widmete, glaubte
er feststellen zu können, die jungen Deutschen haßten Frankreich
nicht. Er sagte, es sei «ihnen gleichgültig, – und das ist weit ernster».
Frankreich sei nun «im Besitz der militärischen Hegemonie Europas», und vielleicht werde es ihm gelingen, diese Hegemonie zu
befestigen, «denn die Geschichte der deutschen ‹Macht› ist zu
Ende, – sagen wir gottlob! – es war eine qualvolle Geschichte». Mit
Schärfe rügte er die Kriegsmittel der Entente, vor allem die «Hun-
gerblockade und die demokratische Tugend-Propaganda». Untersuchungen in den Schulen hätten ergeben, daß «neunzig Prozent
der Kinder ein verkrümmtes Rückgrat infolge von Unterernährung» hätten.

Dann wandte er sich den großen geistigen und literarischen Linien zu, die den Konflikt «überhöhten», wie man damals gern sagte.
Er nannte Goethe, Nietzsche, nannte Tolstoi und die «Auflehnung
seines Russentums gegen die humanistische Zivilisation». Er holte
noch einmal die Grundmuster der «Betrachtungen» aus dem Sack,
was ihn nicht hinderte, sich aus «tiefster Überzeugung der glücklichen Übereinkunft der Herren Curtius und Gide» anzuschließen.
Kurz: er gab in jenem kuriosen Stück, das er für den «Neuen Merkur» schrieb, keine der alten Positionen preis, und er näherte sich
dennoch den neuen Wirklichkeiten ein gutes Stück an.

Der Spagat machte ihm einige Mühe. Der eifernde Ton mancher
Sätze signalisierte, daß ihm nicht wohl war in der Haut. Nicht lange
danach las er André Gides «Prétextes», zu denen er den Autor fast
überschwenglich beglückwünschte. Das Beste über Richard Wag-

ner, sagte er ihm, sei von Franzosen geschrieben worden, und auch
die Nietzsche-Kritik sei anscheinend in Paris zu Hause. Er wies ihn
auf den eigenen kleinen Essay hin. Auch bei Curtius fragte er nach,
was er von seiner Fortsetzung des Dialogs mit Gide halte. (Über
eine Antwort ist nichts verzeichnet.)

Natürlich sehnte er sich danach, in Frankreich Anerkennung zu
finden. Könnte es sein, daß ihm – unter anderem – dieser verborgene Wunsch die französischen Gespräche diktiert hat, die Hans
Castorp mit der kapriziösen Russin Clawdia Chauchat im «Zauberberg» zu führen hatte? Das liebenswürdige Kunstmittel, mit dem
sich der Autor auf eine nicht geringe Schwierigkeit einließ, diente
keiner zwingenden Notwendigkeit: Madame Chauchat war des
Deutschen mächtig, von dem sie der Autor gelegentlich auch Gebrauch machen ließ. Herr Settembrini verzichtete auf das angebo-
rene Italienisch, und andere, denen der Schnabel englisch gewachsen war, enthielten sich des angestammten Idioms. Mit der Korrektur der französischen Dialoge wurde zunächst der weltläufige
Bruno Frank beauftragt, der wieder in den Bezirk des Wohlwollens
zurückgekehrt war. Danach zog Thomas Mann den Journalisten
Joseph Chapiro ins Vertrauen, dem er präzise Fragen nach der Korrektheit französischer Ausdrücke vorlegte. Lenkte ihn bei dem Exkurs in eine fremde Sprache die Einsicht, daß es gut wäre, dem
grunddeutschen Roman «Buddenbrooks» ein gleichsam internatio-
nalisiertes Buch folgen zu lassen? Das Kalkül war richtig: der «Zauberberg» trug den Autor auf die Höhen der Weltgeltung.

Doch soweit war es noch nicht, noch lange nicht. Die steigenden
Kosten der Lebenshaltung zwangen Thomas Mann zu langen Lese-
und Vortragsreisen. Im Dezember 1919 unternahm er einen eher
beschwerlichen Ausflug nach Wien, wo ein enthusiastischer Regisseur die «Fiorenza» mit einem gemischten Ensemble des Burg- und
des Volkstheaters in Szene setzte. Er war Gast Arthur Schnitzlers,
der so stolz und bescheiden von sich sagte, er sei kein Schriftsteller,
sondern ein Herr, der schreibe. Gespräche mit Hofmannsthal. Er
lernte Richard Beer-Hofmann kennen, den gescheiten und melancholischen Autor von «Jaákobs Traum». Eine kurze Begegnung mit
Robert Musil, der Thomas Mann den Plan für eine Zeitschrift vortrug, hinterließ ihm keinen tieferen Eindruck. Im Hotel «Imperial»

vermißte er freilich die Verwöhnung, die in Wien üblich war: «Morgens sehr verstimmt. Bedienung funktionierte nicht, fühlte mich vernachläßigt und schlecht aufgehoben.»

Der gefeierte Dichter verlangte für seine Auftritte hohe Honorare – und erhielt sie. Im Herbst 1920 eine dreiwöchige Vortragsreise durchs besetzte Rheinland. Im Januar und Februar 1921 Lesungen in Winthertur, Zürich, Aarau, Solothurn, Bern, St. Gallen, Luzern und Davos. Dort droben, am Schauplatz seines Romans, schrieb er an Bertram: «Sie können sich denken, daß ich ganz Auge bin.» Im Tagebuch notierte er: «Traumhaft (...) der Aufenthalt in der lange vergeistigten Wirklichkeit.» Er nahm an einem «Bankett der Eissportler» teil, spazierte allein durch den Schnee, unternahm eine Schlittenfahrt, schaute einem Kinderfest auf der Eisbahn zu, stieg im kalten Föhn bis zu zweitausend Meter auf: «Schwärze des blauen Himmels auf der Westseite. Beim Abstieg heftig hingefallen». Für die Fortarbeit am «Zauberberg» trug er die köstlichsten Impressionen nach Hause.

Er trat, man kann es ihm nicht verdenken, besonders gern in der Schweiz auf. Die fremde Währung half ihm, der Inflation halbwegs Herr zu werden. Sein Haushalt war teuer. Im Jahr 1920 verschlang er nach Katia Manns Berechnung mehr als neunzigtausend Mark. 1921 verdiente der Autor an die dreihunderttausend Mark – und es war kaum genug.

In der zweiten Hälfte des Februars 1921 Lesungen in Mitteldeutschland und in Berlin, wo er im Werner-Siemens-Gymnasium das «Thermometer-Kapitel» aus dem «Zauberberg» präsentierte: «Ovationen fast frenetischer u. erschütternder Art. Gedränge, Autographen, Zudrang von Verehrung.» Im August Ferien mit Katia und Bertram am Timmendorfer Strand. Es gab dort einen «wundervoll gewachsenen jugendlichen Athleten aus Hamburg, Knabe-Jüngling, herrlicher, begeisternder Anblick, besonders, wenn er lief. Ihn nicht mehr sehen zu sollen, erschwerte die Abreise.» Trotzdem nach Sylt zu Katias Cousinen. Danach sieben Tage in Lübeck. Vortrag im Johanneum: «Ehrenvoll der Verlauf wie überhaupt der ganze Aufenthalt. Die Büste im Hause Behn» – es war die seine. «Die Nolde-Ausstellung in der Katharinenkirche. Der Totentanz in St. Aegidien. Besuche bei den Verwandten. Festtheater. Diners u.

Soupers.» Kein Zweifel, er war als «Sohn der Stadt» in höchsten Ehren angenommen, wenn auch nicht ein für allemal. Die Stadt Lübeck, die sich mit dem Roman seiner Familie viel rascher versöhnt hatte, als es die Legende wahrhaben will – trotz des greinenden und etwas verrückten Onkel Friedl, der sich mitten im Krieg noch einmal öffentlich beschwert hatte –, nahm das großelterliche «Buddenbrookhaus» in öffentlichen Besitz und beschloß, in seinen Räumen eine Buchhandlung einzurichten, die den Namen des Buches tragen sollte. Der Autor, es versteht sich, war zur Einweihung geladen.

Im Herbst wiederum ein Vortrag in der Schweiz. Die öffentlichen Auftritte, zumal im Ausland, die Huldigungen der Gastgeber, die ihm jeden Wunsch von den Augen ablasen, das Interesse der Zeitungen, der Jubel der Zuhörer: er sog die Zustimmung gierig ein. Welcher Dichter jener Tage konnte von sich sagen, daß sich ein Publikum von tausend, ja manchmal zweitausend Menschen mit geduldiger Aufmerksamkeit zu seinen Füßen versammelte? Kein anderer Autor deutscher Zunge, es sei denn Gerhart Hauptmann, wurde mit gleichen Ehren überhäuft.

Fast überall fand er die Anerkennung, die er freilich – noch immer der Bürger-Prinz – von der Umwelt mit einer oft naiven Selbstverständlichkeit erwartete. Als er mit Katia und Erika die Münchner Oper aufsuchte, um den «Lohengrin» zu hören, schickte er dem Kammersänger Wolf seine Karte in die Garderobe, «damit er sich Mühe gäbe». Der Dichter-Fürst durfte die Gebote seines Willens deutlich machen – und die Welt war in der Regel gehorsam.

Nein, er war nicht vereinsamt und nicht verarmt, obwohl auch ihn die finanzielle Krise der Nachkriegsjahre zwang, sich nach der Decke zu strecken. Der Schwiegervater Pringsheim büßte einen Teil seines Vermögens ein; folglich muß vermutet werden, daß die Zuschüsse für Katia und ihre Familie nicht mehr so reichlich flossen wie vor dem Krieg. Doch wichtiger: Thomas Mann war nicht ausgestoßen. Er saß nicht zwischen den Stühlen. Er wanderte nicht versprengt und halb geächtet zwischen den Fronten einher. Längst war er wieder Favorit der Gesellschaft – wenn er es denn jemals nicht gewesen sein sollte –, von den konservativen Mitbürgern verehrt, von den offiziellen Repräsentanten des Staates umschmeichelt, von der Linken trotz kritischer Vorbehalte nicht ohne Sympathie

beobachtet. Nur einige extremistische Narren am Rand der rechten
Gruppierungen bekundeten laut und gestikulierend, daß ihm nicht
über den Weg zu trauen sei. Der rassistische Professor Bartels ließ
nicht davon ab, den Wesenskern Thomas Manns für «jüdisch» zu
halten, und der nationalistische Dichter und Winkeljournalist Dietrich Eckart, ein Freund des jungen österreichischen Agitators Adolf
Hitler, sagte den «Betrachtungen» nach, sie seien nichts als ein raffi-
niertes Manöver des jüdischen Verlegers «Saly Fischer», der «unter
dem Deckmantel echt deutscher Sinnesart dem jüdischen oder wenigstens jüdisch gerichteten Verfasser» das Vertrauen verschaffen
sollte, das der «rassisch (...) suspekte Autor» brauche, um der
«Talmikultur der Französlinge» Geltung zu verschaffen und damit
«unsere eigene Kultur zu entwurzeln» (nachzulesen in der Studie
von Paul Egon Hübinger).

Für das Vortragsprogramm des Jahres 1921 hatte sich Thomas
Mann ein forderndes Sujet auferlegt. Er unterzog Goethe und Tolstoi einer vergleichenden Studie. Er tat es nicht ohne Bedenken, da
er sich nur zu genau an Nietzsches Vorwurf einer «besonderen
Taktlosigkeit» der Deutschen «im Gebrauche des Wortes ‹und›»
erinnerte: der stereotypen Zwangsläufigkeit, mit der zum Beispiel
Goethe und Schiller stets miteinander verkoppelt wurden. Er
fragte, nicht grundlos, ob Goethe und Tolstoi «nicht eine im
höchsten Grade wilde, willkürliche und ungebührliche Kopulation» sei.

Wild war sie nicht, ungebührlich wohl auch nicht, willkürlich
ganz gewiß. Der erzählerische Hinweis auf den Mittelschullehrer
Stötzer in Weimar, der allen beiden – Goethe und Tolstoi – begegnet war, ergab eine unterhaltsame Ouvertüre des Stückes, doch für
eine Rechtfertigung der Verbindung reichte sie nicht aus. Es gab
wohl auch keine – außer dem Verlangen des Autors, das leidenschaftliche Interesse, das er den beiden zuwandte, in einem Stück
Prosa aufs engste miteinander zu verknüpfen. In Wirklichkeit existierte keine tragfähige Brücke zwischen Tolstois radikalem Protest
gegen den Westen, den Thomas Mann als «urrussisch-zivilisations-
feindlich, kurz: bärenmäßig» bezeichnete, und Goethes grund-
westlichem Wesen, das ihn den jungen deutschen Nationalismus
verachten ließ.

Der Aufsatz war in der Tat ein seltsames Unternehmen: voll geistreicher Assoziationen, ein Zeugnis immenser Belesenheit, in schöner Freiheit ein Geflecht von Linien entwerfend, in dem sich Zusammenhängendes und Fremdes ineinander verschlangen, wie es die Laune des Autors gebot; weitschweifig, wortreich, großzügig und zugleich in fixe Ideen verrannt; kein Zeugnis intellektueller Disziplin, doch der erste Ansatz zur großen Essayistik, die später die zweite, gleichberechtigte Säule des Werkes werden sollte.

Den Essay betrachtete Thomas Mann, wie er zu einem anderen Zeitpunkt sagte, als «kritische Überwachung» seines Lebens, und er wollte von der Unterscheidung zwischen Dichter und Schriftsteller nichts mehr wissen, die ihm einst – auch mit dem Blick auf Heinrich – so wichtig gewesen war. Damals hätte ihn Schillers Bemerkung, der Romanschreiber sei ein «Stiefbruder des Dichters», noch bitter gekränkt. Darüber war er hinweg. Im «Lebensabriß» schrieb er, daß er «die unter uns Deutschen so gern gehandhabte Unterscheidung» aus dem Grunde nicht liebe, «weil ja die Grenze zwischen beidem (…) durchaus fließend ist». Er verteidigte seine revidierte Einsicht, zumal in seiner Auseinandersetzung mit Josef Ponten, voller Witz und mit Schärfe – ohne sich für seine frühere Dichter-Pathetik lachend oder wenigstens lächelnd auf die Finger zu klopfen. Seinen Briefwechsel mit dem eifer- und eigensüchtigen Partner stellten die Herausgeber zu Recht unter den Titel «Dichter oder Schriftsteller?» Hernach fragte Thomas Mann mit dem Blick auf Lessing – der den Titel des Dichters für sich nicht in Anspruch nahm – mit schöner Ironie: «Muß man denn durchaus ein Dichter sein, wenn man ein Lessing ist?», und er fügte hinzu, es sei «lächerlich, wenn sich einer auf der Berufskarte Dichter» nenne.

In dem großen Essay über «Goethe und Tolstoi» erging er sich auf manchen Umwegen – anregenden, liebenswürdigen und manchmal auch nur marottenhaft-langweiligen –, bis er am Ende der langen Abhandlung zu den politischen Schlüssen gelangte, denen sein Publikum entgegenlechzte. Der Stachel des Journalisten Pierre Mille von «Le Temps» saß ihm noch immer in der Seele. Also mußte er von ihm reden. In einer späteren Version des Aufsatzes nahm er sich Raymond Poincaré vor, Präsident des Ministerrates, von dem er sagte, daß er neben «dem Haß auf den ‹Kommunismus› noch einen anderen, ebenso elementaren Haß, der aber im Grund derselbe ist, in seinem Busen» hege: «den Haß auf Deutschland, das ist auf die Barbarei. Er ist es, der am liebsten am Rhein den limes romanus der Gesittung errichten und Deutschland, sofern es sich nicht der lateinischen Zivilisationsidee unterwerfen will und kann, in die skythische Wildnis zurückwerfen möchte.»

Poincarés starre und borniert Haltung gegenüber den Deutschen war ein Verhängnis – nicht nur für Deutschland, sondern am Ende auch für Frankreich. Dennoch durfte an der Weisheit von Thomas Manns Urteil gezweifelt werden, auch damals. Vier Jahre später, als er eine zweite und erweiterte Fassung der Studie publizierte, sah er den Augenblick gekommen, sich scharf gegen die äußerste Rechte in Deutschland zu wenden. Er schrieb: «Wir brauchen hier über den deutschen Faschismus, seine Entstehung, die vollkommene Erklärlichkeit seiner Entstehung nicht viel Worte zu machen. Es genügt die Feststellung, daß er eine ethnische Religion ist, der nicht nur das internationale Judentum, sondern ausdrücklich auch das Christentum, als menschheitliche Macht, zuwider ist und deren Priester zum Humanismus unserer klassischen Literatur sich nicht freundlicher verhalten; er ist völkisches Heidentum, Wotanskult, – feindlich ausgedrückt (und wir wollen uns feindlich ausdrücken) romantische Barbarei.» Dem «Kommunistenfresser» Poincaré – der in der Tat in vieler Hinsicht sein Erzrepublikanertum mit einem harten Antiradikalismus vereinte – arbeite solch wilder Protest nur in die Hände: «Heute in Deutschland Heidentum zu prästieren, Sonnwendfeiern und Odinsgottesdienste zu begehen, sich als völkischer Barbar aufzuführen, das heißt jene französischen Patrioten der Zivilisation vollkommen ins Recht setzen». Dies sei für Deutschland nicht der Augenblick, «sich antihumanistisch zu gebärden» und «Tolstois pädagogischen Bolschewismus zum Vorbild zu nehmen», im Gegenteil, dies sei der Augenblick, «unsere großen humanen Überlieferungen mit Macht zu betonen und feierlich zu pflegen – um ihrer selbst willen nicht nur, sondern auch, um so die Ansprüche der ‹lateinischen Zivilisation›» – die er nun in Anführung setzt – «recht sichtlich ins Unrecht zu setzen».

Diese Passagen waren in der ersten Fassung des Vortrags, den er Anfang September 1921 in der Aula des Lübecker Johanneums präsentiert hatte, noch nicht enthalten: sie gerieten erst in die zweite Version des Essays im Jahre 1925. Der Begriff «Faschismus» scheint ihm, wenn die Tagebücher und Briefe eine zuverlässige Auskunft geben, vier Jahre zuvor noch fremd gewesen zu sein. Dennoch verbarg sich in der Studie von Beginn an ein Aufruf zu neuer politischer Nachdenklichkeit. Das Publikum in seiner Heimatstadt nahm ihn gutwillig auf. Auch bei der Wiederholung im Berliner Beethovensaal und Ende Oktober 1921 in den Münchner «Vier Jahreszeiten» lauschte ihm «die Menge in tiefster Aufmerksamkeit».

37. KAPITEL

Die Wende

In den späten Januartagen des Jahres 1922 ergab sich für Thomas Mann eine tiefe Zäsur, ja man darf sagen, daß seine Existenz eine dramatische Wendung nahm. Die Mutter, die wieder draußen in Polling lebte, hatte Thomas davon unterrichtet, daß Bruder Heinrich, aufs schwerste erkrankt, in einer Klinik darniederliege: «Grippe, Blinddarm- und Bauchfellentzündung, Operation bei Bronchial-Katarrh, der Lungen-Komplikation befürchten ließ. Auch vom Herzen her drohten Gefahren, und drei, vier Tage lang war die Lage sehr ernst», berichtete Thomas dem Freund Bertram. Er habe «in höherem Sinn» nur den einen Bruder; der andere – Viktor, den er zeit seines Lebens unterschätzte – sei «ein guter Bursch, mit dem keine Feindschaft möglich wäre».

Katia Mann eilte zu Heinrichs Frau, um ihr Mut zu machen. Thomas Mann fuhr fort: «Man meldete ihm meine Teilnahme, meine täglichen Erkundigungen und berichtete mir von der Freude, die er darüber gezeigt habe. Diese Freude soll auf ihren Gipfel gekommen sein, als ich ihm, sobald dergleichen ihm nicht mehr schaden konnte, einen Blumengruß und einige Zeilen sandte».

Er schrieb an den Bruder: «Es waren schwere Tage, die hinter uns liegen, aber nun sind wir über den Berg und werden besser gehen, – zusammen, wenn Dir's ums Herz ist, wie mir.» Mutter Julia fand nach Heinrichs Rückkehr von seinem Krankenlager bewegte Worte: «Ich verlasse gehobensten Herzens diese Stadt, in der sich so Großes, Wunderschönes zutrug; Gott hat gelenkt». Vor ihrer Abreise aber gab es, nach dem Zeugnis Viccos, eine «Art von offizieller Feier» bei Heinrichs Heimkehr aus der Klinik: «Schwägerin Mimi hatte die drei Brüder noch nie zusammen gesehen», schrieb der Jüngste. «Jetzt lud sie Thomas und mich zu einem Tee. Niemand sonst durfte erscheinen. Und ich saß nach langen schlimmen Jahren zum erstenmal wieder zwischen Heini und Ommo. Es war eine frohe Stunde.» Die Mutter aber sagte zu Viktor: «‹Du bist aus dem Krieg errettet worden, und die beiden haben sich wiedergefunden! Das ist – – –› ‹Das ist der Friede, Mama›, sagte ich fröhlich, ‹c'est la paix!›»

Indes war die Zeit für die Versöhnung lange schon gereift: Thomas Manns Annäherung an die Republik hatte den Weg geöffnet. Die Krankheit verstand er als ein Signal des Schicksals, dem er sich ohne Widerstand beugte. Allerdings sah er keinen Anlaß, die alten Positionen radikal zu revidieren, noch nicht. An Bertram: «Freudig bewegt, ja abenteuerlich erschüttert, wie ich bin, mache ich mir doch keine Illusionen über die Zartheit und Schwierigkeit des neu belebten Verhältnisses. Ein modus vivendi menschlich-anständiger Art wird alles sein, worauf es hinauslaufen kann. Eigentliche Freundschaft ist kaum denkbar. Die Denkmale unseres Zwistes bestehen fort, – übrigens versichert man mir, daß er die ‹Betrachtungen› niemals gelesen hat. Das ist gut – und auch wieder nicht; denn von dem, was ich durchgemacht, weiß er also nichts.»

Den Trotz, die Besorgnis um sich selbst, die heftige Sympathie mit den eigenen Leiden schüttelte er nicht ab: «Das Herz will sich mir umkehren, wenn ich höre, daß er nach dem Lesen einiger Sätze im ‹Berliner Tageblatt›, in denen ich von Solchen sprach, die Gottesliebe verkünden und ihren Bruder hassen, sich hingesetzt und geweint habe. Aber mir ließ der Jahre lange Kampf um *Gut und Blut*, den ich bei physischer Unterernährung zu führen hatte, zu Thränen keine Zeit. Davon, und wie die Zeit mich zum Manne schmiedete, wie ich dabei wuchs und auch anderen zum Helfer und Führer wurde, – von alldem weiß er nichts. Vielleicht wird ers irgendwie fühlen, wenn wir wieder zusammen kommen.»

Vorsichtig stellte er fest: «Vielleicht kann von einer gewissen Entwicklung zu einander hin doch die Rede sein». Der Gedanke, der ihn nun beherrsche, sei der einer «neuen, persönlichen Erfüllung des Humanitätsgedankens», die er allerdings noch immer in einem – eigensinnig artifiziellen – Gegensatz zur «humanitären Welt Rousseaus» sehen wollte. Er kündigte an, daß er bei der «Goethe-Woche» Ende Februar im Frankfurter Opernhaus darüber sprechen werde: «Der Reichspräsident hat seine Teilnahme zugesagt.» Die Republik und Thomas Mann – sie begannen einander anzunehmen.

Durch den Freund Hans Reisiger war er den demokratischen Rhapsodien Walt Whitmans ein zweites Mal auf intensive Weise begegnet. In einem offenen Brief, den die «Frankfurter Zeitung» im April 1922 druckte, pries er die neue Übertragung durch den Freund. «Uns Deutschen», rief er emphatisch, «die wir alt und unreif sind zugleich», könne «die Berührung mit dieser zukunftsmächtigen Humanität zum Segen gereichen (...). Für mich persönlich, der ich innerlich um die Idee der *Humanität* seit Jahr und Tag mit der mir eigenen Langsamkeit bemüht bin (...) – für mich ist dies Werk ein wahres Gottesgeschenk, denn ich sehe wohl, daß, was Whitman ‹Demokratie› nennt, nichts anderes ist, als was wir, altmodischer, ‹Humanität› nennen». Mit Goethe allein werde es «denn doch nicht getan sein», sondern ein «Schuß Whitman» gehöre dazu, «um das Gefühl der neuen Humanität zu gewinnen».

Es versteht sich, daß er unverzüglich Gemeinsamkeiten zwischen dem Weimarer Minister und dem amerikanischen Journalisten wahrnahm: das «Sinnliche», die «Sympathie mit dem Organischen». Mehr als eine Spur dieses Hochgefühls floß in seine Frankfurter Ansprache über «Bekenntnis und Erziehung» ein. Reichspräsident Friedrich Ebert lauschte respektvoll. Später traf Thomas Mann mit dem demokratischen Staatsoberhaupt in einem Frankfurter Club zusammen. Über die Begegnung berichtete er in den hinterlassenen Briefen nichts. Die Tagebücher vom Jahresbeginn 1922 bis zum März 1933, dem Beginn der Emigration, in denen er das Ereignis vermutlich gründlich genug beschrieben hatte, verbrannte er, wie man weiß, im Garten seines kalifornischen Hauses. Doch in der späteren Rede «Von deutscher Republik» deutete er seine Eindrücke an: «Ein grundangenehmer Mann, bescheiden-würdig, nicht ohne Schalkheit, gelassen und menschlich fest. In seinem schwarzen Röcklein sah ich ihn ein paarmal, das begabte und unwahrscheinlich hoch verschlagene Glückskind, ein Bürger unter

Bürgern, bei Festlichkeiten ruhig-freundlich sein hohes Amt dar-stellen». Er fügte hinzu, daß er auch dem «verwichenen Groß-herrn», dem Kaiser Wilhelm, «einem dekorativen Talent ohne Zweifel», das eine oder andere Mal habe zusehen können. So sei ihm die Einsicht zugekommen, daß «Demokratie etwas Deutscheres sein kann als imperiale Gala-Oper». Die Wende war vollzogen.

Die Anwesenheit des Präsidenten bei einem Auftritt des Dichters tat das Ihre, Thomas Mann auf die Seite der Republik zu ziehen. Ein Lübecker Landsmann, der Politikwissenschaftler Arnold Brecht – damals Ministerialdirektor im Reichsministerium des Innern –, hat später dem Bonner Professor Hübinger versichert, daß er Ende 1921 und Anfang 1922 mit seinem Chef, dem Minister Dr. Köster, mit dem Kulturhistoriker Edwin Redslob, der den Titel «Reichs-Kunstwart» führte, und mit Dr. Hans Simons (oder war es Walter Simons, der spätere Präsident des Reichsgerichtshofes?) mehrfach erörtert habe, «ob es nicht möglich sei, Thomas Mann zu einem öffentlichen Bekenntnis für die Republik zu gewinnen». Sie be-schlossen, «den Versuch zu machen». Vielleicht habe er mit ihm auf der Nordischen Woche in Lübeck im September 1921 schon dar-über gesprochen, berichtete Brecht, wahrscheinlich aber sei es der Minister selbst gewesen, der «direkt oder indirekt mit Mann den Faden angeknüpft» und damit die «von uns gewünschte Kundge-bung» bewirkt habe. Brecht, der nach Franz von Papens Staats-streich gegen die sozialdemokratische Regierung Preußens im Jahre 1932 Klage gegen den Reichskanzler führte – später war er Profes-sor an der New School in New York –, dieser tapfere Mann zog in seinen Erinnerungen bescheiden die Bilanz: «Wir haben nicht Mann zu einer Sinnesänderung veranlaßt, sondern, wie ich über-zeugt bin, nur eine offene Tür eingestoßen.»

Doch der Anlauf war wohl länger und schwieriger, als es dem Mittler im Gedächtnis blieb. Thomas Mann hatte noch wenige Wo-chen zuvor einem Briefpartner geschrieben, die «nationale Staats-idee» und der «demokratische Nationalismus» seien schuld am Kriege und an «Europas ganzer Misère». Es sei ein Verhängnis, daß dem westlichen Liberalismus in dem Augenblick, als seine «histori-sche Hinfälligkeit» offenbar werden sollte, durch den Krieg der «so verhängnisvolle wie unnatürliche Triumph» bereitet worden sei.

Seinem Schwager Klaus Pringsheim, der auf ein Bekenntnis zum Deutschland von Weimar drängte, gestand der Umworbene: «Um mich zu dem Vortrag zu bewegen, müßten schon noch starke Beschwörungen von Berlin erfolgen.» Knapp drei Wochen später meldete er sich ein weiteres Mal bei Katias Zwillingsbruder: er bekomme nun seinen Willen. Thomas Mann berichtete, er habe mit der Direktion des Beethovensaales in Berlin abgeschlossen, und er werde seine Sache «lutherisch durchfechten».

Vielleicht war es der Schock der Ermordung des Reichsaußenministers Rathenau am 24. Juni jenes Jahres, der ihn drängte, seine Haltung zum Staat von Weimar öffentlich zu klären. «Welche Finsternis in den Köpfen dieser Barbaren!» schrieb er ausgerechnet Ernst Bertram: «Oder dieser idealistisch Verirrten.» Nachgerade, fügte er hinzu, bekomme er «Einsicht in die Gefahren der Geschichte, die durch falsche Analogieen die Einzigartigkeit der Situation verdunkelt und eine gewisse Jugend zum Wahnsinn verführt».

Im Sommer 1922 hatte Thomas Mann sein Bekenntnis zur Republik formuliert. Eine erste Fassung des Textes erprobte er in Zürich. Den äußeren Anlaß für den großen, den eigentlichen Auftritt in Berlin gab eine Festversammlung zum sechzigsten Geburtstag Gerhart Hauptmanns. Am 6. Oktober las er das Werk dem Bruder Heinrich, dem Freund Kurt Martens (von den «Münchner Neuesten Nachrichten»), dem Bühnenbildner und Illustrator Emil Preetorius und Björn Björnson (dem Sohn des norwegischen Dichters) im Haus an der Poschingerstraße vor. Sieben Tage später trat er vor ein hochgespanntes Publikum im Berliner Beethovensaal: Honoratioren sonder Zahl unter den Zuhörern, aber auch viele Studenten, von denen der Dichter vermutete, sie würden seine Worte mit aufsässigem Unmut begleiten. Zunächst rief er dem Jubilar ins Gedächtnis, daß er in Frankfurt seinem Vortrag in der Oper zugehört habe – «ein Höhepunkt meines Schriftstellerlebens»: «Rechts vorn (...) saßen Sie, Gerhart Hauptmann, und linkerseits der Vater Ebert.»

Vier Jahre zuvor war der Präsident noch im Tagebuch voller Ironie als «Seine Exzellenz» und «ehrenwerter Mann» tituliert worden – nun also war er «Vater Ebert»: eine biedermeierliche und ein wenig anbiedernde Wendung, denn der Präsident zählte nur vier Jahre mehr als der Dichter, der sich so beflissen um ein volkstümliches

Wort bemühte. Es geriet ihm allzu betulich – wie auch das Wort
vom «Volkskönig», mit dem er Hauptmann bedachte (dem er kurz
zuvor noch, bei der Lektüre des «Ketzers von Soana» einen erstaunlichen «Grad von Ungeistigkeit» attestiert hatte): nun rief er
ihn zum «König der Republik» aus. Den Widerspruch der Formel
löste er mit Hilfe eines «Royalisten besonderer Art» auf, des Dichters Novalis, der die Begriffe Königtum und Republik auf eigentümliche Weise ineinander verschränkte.

An die Adresse Hauptmanns gerichtet, stellte der Autor fest, das
«unmittelbare Ansehen des Schriftstellers» steige «im republikanischen Staat, seine unmittelbare Verantwortlichkeit gleichermaßen».
Er sprach auch von sich und meinte nicht nur den großen Dramatiker, als er auf den Krieg zurücksah: «Er prahlte nicht mit Philanthropie. Er benahm sich nicht literatenhaft, ging nicht nach Zürich,
um von dort aus sein Land und Volk pazifistisch zu begeifern. Mit
Herz und Mund stand er zu Deutschland».

Danach verlor er den Kollegen, den es zu feiern galt, rasch aus den
Augen. Sich selbst nicht ganz. Er berief sich von neuem auf Novalis,
in dem «Nationalismus und Universalismus» so «glücklich beieinander wohnten», und er riskierte das fragwürdige Wort: «Krieg ist
Romantik», wenngleich «heute spottschlechte Romantik» und
«ekelhaft verhunzte Poesie». Vermutlich hatte er dabei eher den
Sturm von Langemarck als die Schlächtereien von Verdun im Auge.
Er fügte mit größerem Recht hinzu: «Krieg ist Lüge», und er
warnte davor, daß «sentimentaler Obskurantismus sich zum Terror» organisiere. Er sagte es «offen heraus», daß er es nun als seine
Aufgabe betrachte, die jungen Leute «für die Republik zu gewinnen
und für das, was Demokratie genannt wird und was ich Humanität
nenne, aus Abneigung gegen die humbughaften Nebengeräusche,
die jenem anderen Worte anhaften».

Noch immer «Humbug». Nein, ganz fegte er die «Betrachtungen» nicht vom Tisch. Doch er rief: «Die Republik... wie gefällt
euch das Wort in meinem Munde? Übel, – bestimmten Geräuschen
nach zu urteilen, die man leider als Scharren zu deuten genötigt ist.»
War der Hinweis auf den Protest improvisiert? Wurde er für die
gedruckte Fassung nachgetragen? Die Kritiker, die an dem Ereignis
teilnahmen, gaben keine zuverlässige Auskunft.

Wieder Novalis: «Republik ist das Fluidum deferens der Jugend. Wo junge Leute sind, da ist Republik.» Nun aber begreife sich die Jugend, warf er ein, als «hitzige Parteigängerin der Vergangenheit». Dagegen setzte er seine neue Konfession. Die Republik, sagte er, sei in Wahrheit in den Schützengräben des Krieges gegründet worden: «Ihr wart die Republik, und wenn sie heute in Schande liegt (...), so wäre es Feigheit, sie im Stiche zu lassen». «Die Republik – als ob das nicht immer noch Deutschland wäre! Die Demokratie – als ob das nicht heimlichere Heimat sein könnte als irgendein strahlendes, rasselndes, fuchtelndes Empire!» Er forderte, in die Sprache der «Betrachtungen» zurückfallend: «Erwehrt euch der Kopfscheu! Es ist in aller Welt kein Grund, die Republik als eine Angelegenheit scharfer Judenjungen zu empfinden. Überlaßt sie ihnen nicht! Nehmt ihnen, wie die beliebte politische Redensart lautet, ‹den Wind aus den Segeln› – den republikanischen Wind!»

Die «scharfen Judenjungen» mußten noch ein zweites Mal herhalten. Es ist nicht sicher, daß Thomas Mann damit die Zustimmung der jungen nationalistischen Zuhörerschaft herbeizureden vermochte. Mit Heftigkeit, pathetisch und ironisch zugleich, war er bemüht, die Kritik an seinem plötzlichen Wandel aufzufangen. Er warf sich weit nach vorn: «Ja, wenn nicht die Gegenwart hochgestellter Personen eure Lebhaftigkeit einschränkte, würdet ihr mir zurufen: ‹Wie? Und dein Buch? Deine antipolitisch-antidemokratischen Betrachtungen von Anno achtzehn?! Renegat und Überläufer! Der du dir selber aufs Maul schlägst, Umfallsüchtiger, steige ab vom Podium und wage nicht, gewinnende Kraft in Anspruch zu nehmen für das Wort des charakterlosesten Selbstverleugners!›»

Die barocke Umständlichkeit dieser Selbstanklage war kaum geeignet, die aufsässigen Geister zu zähmen, auch wenn sie sich nun still zu verhielten schienen. «Liebe Freunde», fuhr er fort, «ich bleibe noch. Ich habe noch einiges mitzuteilen, was mir gut und wichtig scheint; und den Verrat, den Umfall angehend, so überlegt das, es hat so ganz damit nicht seine Richtigkeit. Ich widerrufe nichts. Ich nehme nichts Wesentliches zurück. Ich gab meine Wahrheit und gebe sie heute. (...) Ich werde euch (...) antworten, daß ich in der Tat ein Konservativer bin, daß meine natürliche Aufgabe in dieser Welt allerdings nicht revolutionärer, sondern erhaltender Art ist». Danach führte er seine Zuhörer in die Welt des Novalis und seiner halbdunklen Mystik zurück – übrigens angeregt durch die Lektüre von Georges Brandes' Buch über die Romantik –, in der sich schwindsüchtige Sensualität, inbrünstige Frömmigkeit und das Entzücken an abstrakten Denkfiguren auf so merkwürdige Weise berühren. In schroffem Wechsel konfrontierte er sie mit dem «hymnischen Amerikanertum» Walt Whitmans, und er zitierte den «Donnerer von Manhattan»: «Für dich dies von mir, o Demokratie, / dir zu dienen, ma femme, / Für dich, für dich schmettre ich diese Lieder.»

In der Tat war es staunens-, wohl auch bewundernswert, mit welch souveräner und womöglich naiver Selbstverständlichkeit er jene fernen Geister auf den Plan rief und sie zueinanderzwang, um vor den jungen Deutschen für die Republik zu werben. Gestern waren sie ihm selbst noch kaum vertraut – nun rief er sie als Kronzeugen herbei. Warum nicht? Sollte er nicht zeigen, was er – ein Mann, der die Mitte des Lebens durchschritten hatte – Neues zu lernen vermochte: über die Romantik, über Amerika, über die Demokratie?

Aber taugten sie für die Zeugenschaft? Führte ein Weg von Novalis und seinem großen Essay «Die Christenheit oder Europa» zur deutschen Republik des Jahres 1922? Ergab sich eine vertrauenswürdige Beziehung zwischen der konservativen Utopie einer wiedervereinten universalen Gemeinschaft des Glaubens zur Demokratie, die nun endlich in Deutschland gewagt werden sollte? Konnte Friedrich von Hardenberg erklären, warum sich Thomas Mann so störrisch geweigert hatte, jenen Begriff – den er immer noch als seine «Humanität» umschrieb – anders als voller Verachtung in den Mund zu nehmen? Half er das Rätsel zu lösen, warum sich das deutsche Bürgertum so hartnäckig gegen den Geist des Westens verstockte? Was bewies die Nachtseite des Dichters, seine «Abendmahl-Erotik», die «reizbare Lüsternheit des Phthisikers», des Schwindsüchtigen also, was bewiesen die «Hymnen an die Nacht», was bewies die «Sympathie mit dem Tode», diese «wundersam schillernde» Formel der Romantik, von der Thomas Mann nicht lassen konnte, was die Frage nach «Gesundheit» und «Krankheit», was Walt Whitmans «Knabenverehrung» – was sagte dies alles für oder gegen die junge und so bitter kämpfende Republik der Deutschen aus?

Ach ja, es gab zarte Linien, wie es sie fast immer gibt, da das Reich des Geistes von Bezügen lebt und zuletzt nahezu alles mit allem verbunden ist – zwingend war die Kopulation indes nicht. Thomas Mann präsentierte Passagen voller Hellsicht. Er fragte, ob «der Krieg mit seinen Erlebnissen von Bluts- und Todeskameradschaft, der harten und ausschließlichen Männlichkeit seiner Lebensform und Atmosphäre das Reich» des mann-männlichen Eros nicht «mächtig verstärkt habe». Er wies darauf hin, daß solche männerbündische Gesinnung «nationalistisch und kriegerisch» sei, und er deutete an, «daß ein erotisch-politisches Pathos nach dem Muster gewisser antiker Freund-Liebschaften einzelnen terroristischen Akten» jener Tage zugrunde gelegen habe. Von den Geheimnissen jener Welt hatte er eine ferne Ahnung.

Immerhin hatte er – zu sich selbst – von den «Betrachtungen» gesagt, daß sie ein Produkt seiner «sexuellen Invertiertheit» seien. Die Mörder Walther Rathenaus und Matthias Erzbergers, den er selbst zwei Jahre zuvor als «fidelen Schieberkönig» und eine «echte Blüte der Republik» geschmäht hatte – die nationalistischen Totschläger der beiden großen Märtyrer der Demokratie, sie hörten seine Botschaft kaum. Sie drang gewiß nicht bis zu den Kohorten Ernst Röhms vor, des Reichswehrhauptmanns, dessen Homosexualität sich so schlecht mit seinem von Schmissen zerfetzten Bullengesicht zusammenzureimen schien: ein Landsknechtsführer, der eine teutonische Version des Spartanertums propagierte; er war es, der später die Schutztruppe für den österreichischen Agitator Adolf Hitler organisierte.

Die Ahnungsvollen vernahmen die subtile Warnung wohl. Sie verstanden auch die Beschwörung der Todesmystik des Novalis als eine leise Mahnung, die an die eigene Adresse gerichtet war: die späten Künder der Romantik drängte es noch immer ins Nächtige. Trotz der Massenschlächtereien im Kriege schien die Verführung zum Tode nach wie vor viele junge deutsche Seelen in ihren Bann zu ziehen.

Dennoch ist die Frage erlaubt, ob nicht eine konsternierende Zeitverlorenheit, ja eine seiner grandiosen Taktlosigkeiten am Werk

war, als Thomas Mann der Generation von Verdun mit einem solch
verklärten Bild des Todes gegenübertrat. Er irrte nicht weit von sich
selbst fort, auch jetzt nicht. Die Germanistin Käte Hamburger
schrieb 1932 in ihrer Studie über «Thomas Mann und die Romantik», die Todesmystik des Novalis sei «‹Magie› und Musik, Liebe
und Weisheit, der Inbegriff der Welt des Gemütes, (...) Poesie».
Der Tod mache das gemeine Leben poetisch, hatte Novalis gesagt.
Thomas Mann bestätigte diese beunruhigende Einsicht. Lange zuvor schon hatte er sich des Wortes von Schopenhauer bemächtigt,
daß «ohne den Tod auf Erden schwerlich philosophiert werden
würde», was vermutlich zutrifft, und er hatte es ausgeweitet, als er
rief: «Es würde schwerlich gedichtet werden auf Erden ohne den
Tod.» Vermutlich hatte er auch damit recht.

Aber Käte Hamburger verwies auch auf die «auflösende, formzerstörende, entobjektivierende Kraft» des Todes und der Todes-
poetik. Sie machte darauf aufmerksam, daß Novalis – und mit ihm
Thomas Mann – das «Flüssig-Fließende, kurz die ‹Unform›» zu
Symbolen des «Lebenssinnes» werden ließ. Der Tod, zitierte der
republikanische Redner den nächtigen Künder, sei «Desoxydation», auf die der «Trieb unserer Elemente» gehe. Das Leben aber
«erzwungene Oxydation»: ein dunkles Dichterwort, das frösteln
läßt. «Tief biologisch-moralisch» nannte es Thomas Mann.

Oxydation – Desoxydation: deutete sich darin nicht an, daß alles
Leben aus dem Chaos, aus dem Ungeformten, dem Liquiden, aus
dem Wasser stammt und dorthin zurückdrängt? Signalisierte diese
Formel nicht auch ein Verlangen, die Barriere zwischen dem Tod
und dem Leben beiseite zu räumen? Lauerte hier nicht die Versuchung, die Schranke zwischen lebendiger Ordnung und anarchischer Sterbenswelt mit magischen Künsten hinwegzuzaubern oder,
noch einfacher, sie mit roher Gewalt niederzureißen? Wurden diese
Grenzen nicht zuerst auf den Schlachtfeldern des Ersten Weltkrieges, hernach in den Folterkammern, in den Vernichtungslagern des
Dritten Reiches, auf den Versuchsstationen der Verbrecher-Ärzte
ohne weitere Skrupel aufgehoben? Ist es erlaubt, die Linie so weit
auszuziehen?

Die Studenten im Auditorium der Hauptmann-Feier mochten
ihre Mühe haben, Thomas Mann auf seinen hohen Wegen zu folgen.

Sie begriffen, daß ihnen nicht behagte, was der Redner mitzuteilen bemüht war. Konnten sie sicher sein, was er ihnen mitzuteilen versuchte, wenn er den nächtigen Zauber des Novalis beschwor? Der Dichter war, vielleicht über sich selbst erschrocken, am Ende eilig bemüht, sich aus den makaber-heiteren Zusammenhängen zu lösen: «Das Interesse für Tod und Krankheit, für das Pathologische, den Verfall», sagte er beruhigend, sei «nur eine Art von Ausdruck für das Interesse am Leben, am Menschen, wie die humanistische Fakultät der Medizin beweist; wer sich für das Organische, das Leben, interessiert, der interessiert sich namentlich für den Tod».

War das den jungen Zuhörern, die den Schlachtfeldern entkommen waren, Trost genug? Das ist nicht ausgemacht. Womöglich hatten sie von dem Redner des Gerhart-Hauptmann-Festes erwartet, daß er Licht in ihre dumpfen Seelen bringe und die Grenzen zwischen Tod und Leben, die für sie so böse verwischt waren, mit entschlossener Klarheit wieder auszöge. Vielleicht war für den einen oder den anderen die Todessehnsucht eine Versuchung, und manch einer mochte seit dem großen Sterben von Depressionen und Ängsten belagert sein. Waren sie nicht zugleich von einem tiefen Lebenshunger getrieben? Das Lebensgefühl aber, das ihnen der redende Dichter vermittelte, war eher ein Todesgefühl.

Daran änderte die jähe Wendung nicht viel, mit der er zum Schluß kam: «Keine Metamorphose des Geistes», sagte er, sei «uns besser vertraut als die, an deren Anfang die Sympathie mit dem Tode, an deren Ende der Entschluß zum Lebensdienste steht.» Noch einmal richtete er sich auf: ein Künder der Humanität «zwischen Mystik und Ethik», «Innerlichkeit und Staatlichkeit», zwischen «todverbundener Verneinung» des «Bürgerlichen» und «Vernunftphilisterei». Dort sah er die «deutsche Mitte», das «Schön-Menschliche, wovon unsere Besten träumten. Und wir huldigen ihrer positiven Rechtsform», sagte er mit gehobener Stimme, «als deren Sinn und Ziel wir die Einheit des politischen und des nationalen Lebens begriffen haben, indem wir unsere noch ungelenken Zungen zu dem Rufe schmeidigen: ‹Es lebe die Republik!›»

Sprangen die Zuhörer von ihren Stühlen, um in den Hochruf auf den neuen Staat einzustimmen? Davon ist nichts berichtet. Auch nicht von einer lebhaften Kundgebung des Mißfallens. Dennoch, in

seiner autobiographischen Skizze aus dem Jahre 1929 zählte Thomas Mann diese Rede zu den «gehobenen Augenblicken» seines
Lebens – einer jener Momente, die ihm den Anlaß gaben, den Essay
«als kritische Überwachung» seines Daseins zu bezeichnen.

In der Berliner Zeitung «Der Tag» schrieb Friedrich Hussong
zwei Tage nach dem Ereignis, der Vortrag, den Thomas Mann vom
Bürstenabzug der Druckfassung gelesen habe, habe sich auf «Zwischenäußerungen eines vorgestellten Publikums» bezogen, von denen «beim wirklich anwesenden Publikum gar nicht die Rede» gewesen sei: «‹Ich höre Scharren.› Wo doch keine Katze scharrt. ‹Es
wird Stille im Saal (...).› Wo doch gar nichts im Saal sich änderte.»
Seit den «Betrachtungen», schrieb der Kritiker, sei zu spüren gewesen, daß sich Thomas Mann «nicht ganz glücklich» gefühlt habe,
«sozusagen in einer schiefen Lage». Nun habe der «weltbürgerliche
Saulus» von einst, der ein «nationaler Paulus» geworden sei, wieder
den Namen «Saulus» angenommen – nein: «Nicht ganz so; aber
doch in dieser Richtung. Es soll keine Lieblosigkeit, keine Verächtlichmachung in dieser Formulierung sein. Sie soll den Kurs nur
deutlich weisen.»

Dennoch fragte der Kritiker, zu welcher Demokratie Thomas
Mann, der «Geistesmusiker», denn so dringlich zu überreden versucht habe: «Zur Demokratie des hierarchischen Royalisten Novalis, zur Demokratie des mystischen Demokraten Walt Whitman?
Aber was haben die mit der Demokratie von Berlin-W zu tun?» Der
konservative Reporter bemerkte sarkastisch: «Dieser neue Demokrat und Republikaner, der die Republik durch Romantik uns verführerisch machen will, der uns die Demokratie der blauen Blumen
finden lassen will, hat natürlich trotz der Regierungsschwalbenschwänze im Parkett den Kuckuck was zu schaffen (...) mit der
Demokratie von 1922.»

In einer Erklärung, die Thomas Mann der gedruckten Fassung
voranstellte, wehrte er sich noch einmal gegen den Vorwurf der
«Überläuferei», des «Umfalls» und des «Bruches» mit «seiner geistig-politischen Vergangenheit». Der «republikanische Zuspruch»,
behauptete er, setze «die Linie der ‹Betrachtungen› genau und ohne
Bruch ins Heutige fort», «seine Gesinnung» sei «unverwechselt,
unverleugnet die jenes Buches: diejenige deutscher Menschlich

keit». Dafür habe er sich als Reaktionär schelten lassen, nun wolle er
es überleben, daß man ihn als «Jakobiner» verrufe. Er attestierte
sich eine «zweimalige Oppositionsstellung», die «zum mindesten
auf einige Unabhängigkeit seines Gewissens» schließen lasse. Sie
sollte ihn «gegen den Vorwurf schützen», er «hänge das Mäntel-
chen behend nach dem Winde».

Dennoch muß der Hinweis erlaubt sein, daß er damals und nun
aufs neue eher mit den regierenden Mächten als mit der Opposition
übereinstimmte. Dafür gab es respektable Gründe. Doch Thomas
Mann wurde sich selbst kaum gerecht, wenn er in jener Vorrede
kurzerhand feststellte: «Ich habe vielleicht meine Gedanken geändert, – nicht meinen Sinn.» Gedanken, fügte er hinzu, seien «immer nur Mittel zum Zweck». Das war kein Argument, das respekt-
volles Schweigen erzwingen konnte. Ein Räuspern mußte erlaubt
sein, wenn auch kein ungehöriges Scharren.

38. KAPITEL

Zwischen den Zeiten

Nach der republikanischen Rede war Thomas Mann, wie er Bruder Heinrich schrieb, von Politik «umschäumt». Selbst jenseits der deutschen Grenzen entkam er den leidenschaftlichen Diskussionen niemals ganz, obwohl er dem Publikum in der Schweiz, in Österreich, in Ungarn, in der Tschechoslowakei und in Holland mit Bedacht Texte von strikt literarischem oder persönlichem Interesse vortrug: Kapitel aus dem «Krull» oder aus dem Manuskript des «Zauberbergs», das noch lange nicht abgeschlossen war, einen Bericht über die okkultistischen Séancen im Hause des Münchner Parapsychologen Albert von Schrenk-Notzing, dessen Experimente ihn aufs merkwürdigste berührten, auch Passagen aus dem Essay über Goethe und Tolstoi.

Gewiß wurde Thomas Mann als ein Repräsentant der Deutschen gefeiert. Nicht anders empfand er den eigenen Auftrag. Doch er verlor dabei nicht aus dem Auge, daß die Auftritte im Ausland Devisen einzubringen hatten, die er dringend brauchte, um der rasenden Inflation Herr zu werden, die sein Geld über Nacht aufzufressen drohte. Mit dem größten Vergnügen akzeptierte er das Angebot der amerikanischen Zeitschrift «The Dial», von Zeit zu Zeit über deutsche Themen zu schreiben: gegen gute Dollar, die es ihm erlaubten, den teuren Haushalt mit seinen sechs Kindern und dem oft schwierigen Personal zu finanzieren. Samuel Fischer, der Verleger, war gezwungen, vorübergehend den Honorarsatz von fünfundzwanzig Prozent zu senken, weil die Schere von Produktionskosten und Erlös keine vernünftige Kalkulation mehr erlaubte. Der Autor

hatte sich – was blieb ihm anderes? – diesem Wunsch eher un-
wirsch gebeugt. Um so mehr war er auf die Honorare angewiesen,
die er mit den Lesungen, den Vorträgen, den journalistischen Arbeiten verdiente. Er nutzte einen Aufenthalt in Arosa, um ein
Konto bei der «Rhätischen Bank» zu eröffnen.

Der Sohn Klaus erinnerte sich später, es sei «immer ein bißchen
wie Weihnachten» gewesen, «wenn die hübschen Schecks aus
New York eintrafen». Die Mutter habe unverzüglich ihr Fahrrad
aus dem Keller geholt und sei im Eiltempo zur «kleinen Bank des
Herrn Feuchtwanger» geradelt – die einem Vetter des Schriftstellers Lion Feuchtwanger gehörte –, um einen Berg deutscher Infla-
tionsmark einzutauschen, mit dem sich Küche und Keller für
einige Tage füllen ließen.

Sechs Kinder haben einen gesegneten Appetit, aber es war gewiß
nicht der Hunger, der Klaus und Erika dazu antrieb, in den
Münchner Läden – am liebsten in den teuersten Feinkostgeschäf-
ten – mit spitzen Fingern abzuräumen, was sich abräumen ließ. Sie
brachten es, nach dem Zeugnis des Sohnes, in der Kunst des La-
dendiebstahls zu höchster Virtuosität. Wenn die Eltern verreist
waren, gaben sie Gastmähler, bei denen sie ausschließlich ihr Beu-
tegut auftischten: Würstchen, Käse, Schinken, Marzipan, Pralinés,
Sherry. Sie wollten vor allem ihrem heimlichen Freund Bert impo-
nieren, einem jungen Schauspieler vom Staatstheater – Albert Fischl
hieß er mit ganzem Namen –, an den sich Klaus mit schmachten-
der Bewunderung gehängt hatte. Mit ihm zogen sie – kaum der
Pubertät entwachsen – durch die Münchner Nachtlokale, schauten
Filme an, die vor dem Urteil der Eltern kaum Bestand hatten,
tauschten Bücher, die sich durch den Reiz des Verworfenen auszeichneten. Der Beifall des Freundes Bert und die aufgeregte Zustimmung der Töchter des Dirigenten Bruno Walter belohnten jedes Abenteuer.

Ringsum schien die überkommene Ordnung zu zerfallen. Erika
und Klaus waren Zeugen des Bürgerkrieges in Münchens Straßen
geworden. Im Schulhof des Gymnasiums, in dem Klaus – oft mit
der Miene leidenden Hochmuts – die Lektionen der Pauker entgegennahm, hatten die Revolutionäre zehn Geiseln erschossen.
Die moralischen Werte, die im Haus des Vaters eine so unver-

brüchliche Achtung genossen, von den Verführungen der Literatur nicht einen Augenblick lang gefährdet, schienen in der Gesellschaft der Nachkriegsjahre allesamt außer Kraft gesetzt. Halbseide bestimmte die Mode. Halbwelt gab den Ton an. Das Spekulanten- und Schiebertum beherrschte in den großen Städten die Szene. Man gab sich lasterhaft, auch wenn man eher den bürgerlich-spießigen Bereichen des Lebens angehörte. Die Mann-Kinder setzten, als das Inflationsfieber absurde Höhen erreichte, mit ihren Freunden eine Revue in Szene, von W. E. Süskind geschrieben – nach dem Zweiten Weltkrieg einer der leitenden Redakteure der «Süddeutschen Zeitung» –, in der sich die Akteure so verrucht wie möglich aufzuführen versuchten. Sie sangen, wie Klaus in seinem ersten Erinnerungsbuch «Kind dieser Zeit» erzählte, in triumphierendem Chorus: «Pervers ist nett, mein Sohn, / Pervers macht fett, mein Sohn, / Pervers ist besser noch als Ku-ki-rol. / Pervers verdaut sich leicht, / Pervers ist unerreicht –». In der Talmigesellschaft jener Epoche – die man in Amerika «the roaring twenties» nannte – galt die «Sünde» nicht länger als sündhaft. Autorität wurde fortgelacht. Der Flirt mit dem Laster und mit der Revolution schüttelte in München freilich einen Anstrich provinzieller Bemühtheit nicht ab.

Die Welle des politischen Radikalismus hatte auch Klaus für einige Augenblicke erreicht. Nach dem Zusammenbruch der Räterepublik aber schmolz sein politisches Interesse rasch wieder dahin: «Ich las fast keine Zeitung mehr oder beschränkte mich doch auf das Feuilleton.» Er war, wie er sagte, stolz auf seine «Distanziertheit» und seine «aristokratische Skepsis»: «Dem Edeljüngling, der alles zu wissen, alles zu durchschauen glaubte, war eher danach zumut, sich naserümpfend in die Einsamkeit zurückzuziehen», zumal er München bald als die «dümmste, langweiligste und provinziellste Stadt der Welt» betrachtete – wahrscheinlich, weil es die einzige war, die er kannte, wie er realistisch genug hinzufügte.

Der Ruhm des Vaters, der grenzenlos zu sein schien, übte einen unwiderstehlichen Sog aus: das Leben schien Klaus den Auftrag zu stellen, es dem Herrn des Hauses und dem Dichter gleichzutun. Er schrieb mit jünglinghafter und ein wenig fahriger Hast Dramen, Erzählungen, kleine Romane, Kritiken, auch Gedichte. Er notierte, kaum vierzehn Jahre alt, eines Abends: «Und wieder wird es Nacht.

Wie öde... Ich muß, muß, *muß* berühmt werden...» Er fragte sich: «Was ist Genie? Bin ich ein Genie? Warum nicht? Wo ist Gott?» Keine ungewöhnlichen Seufzer für einen Knaben von Talent. Doch das Stürmen und Drängen nahm sich im Bannkreis des «Zauberers» anders aus als in einem bürgerlichen Haushalt. Die Macht des Vaters wurde Klaus zur Erfahrung eigener Ohnmacht. Das war wohl der Stachel, der ihn dazu antrieb, in überschatteten Zonen, die dem Blick der Eltern entrückt waren, eine Bestätigung seines verletzlichen Ichs zu suchen, Erika, die verläßliche Kameradin, stets an der Seite. Sie hatte es leichter: das Wohlgefallen des Vaters wandte sich ihr ohne Umstand zu, und die Lust am Theater, die sie in den Aufführungen ihres «Laienbundes deutscher Mimiker» erlebte, schien ihr früh den Weg zu ihrer Bestimmung zu weisen.

Die beiden waren unklug genug, das «Kinderfräulein» der kleinen Geschwister über ihre Raubzüge und nächtlichen Herumtreibereien ins Vertrauen zu ziehen. Natürlich hielt es die Gouvernante für ihre Pflicht, die Eltern der beiden ins Bild zu setzen. Sie schienen, wie Klaus berichtete, nicht allzu überrascht. Der Himmel stürzte nicht ein. Sie versuchten, in Salem, der Eliteschule des Prinzen Max von Baden und des großen Lehrers Kurt Hahn, einen Gewahrsam für Klaus zu finden. Der Pädagoge schaute sich den Jungen aufmerksam an. Dann sagte er ab. Vermutlich fürchtete er, der gefährdete Knabe werde zu viele seiner Kameraden in den Sog seiner Unruhe ziehen. Er hatte damit vielleicht nicht völlig unrecht.

Klaus und Erika wurden schließlich in ein Landerziehungsheim geschickt: die Bergschule Hochwaldhausen in der Rhön, die zu den «freien Schulgemeinden» gehörte, in denen mit den Prinzipien und Praktiken eines liberalen Pädagogentums experimentiert wurde, manchmal vielleicht ein wenig zu munter – Heimstätten der Jugendbewegung, deren Geist mehr als eine Generation der Deutschen geprägt hat, auf gute und auf fragwürdige Weise, in engster Berührung von Rebellion und Reform, das eine aus dem anderen nährend. Erika und Klaus behagte das Klima der Bergschule. Indes, der Leiter, «ein weicher, empfindsamer Mann ohne Dynamik», war der anarchischen Aufsässigkeit der älteren Zöglinge nicht gewachsen. «Wir unterminierten seine Autorität», berichtete Klaus, und «zerstörten ihm seine Schule.» Die Anstalt wurde geschlossen.

Thomas Mann und seine Frau nahmen die beiden mit einem Seufzen, in dem sich Sorge und Freude mischten, wieder im Haus am Herzogpark auf. Erika war willig, sich in München auf ihr Abitur vorzubereiten. Klaus zog es zur Überraschung der Eltern vor, sich in der «Odenwaldschule» dem gefeierten Pädagogen Paul Geheeb anzuvertrauen, der ein sanftes Regiment führte, das dennoch, kraft seiner starken Persönlichkeit, nur selten angefochten wurde. Das Gesicht des Lehrers über «dem weißen, wehenden Bart», schrieb Klaus, sei «kurz, fahl und von einer seltsam blinden Eindringlichkeit» gewesen. «Sein stapfender, gleichsam tappender Gang» habe «unheimlich zu seiner stoßweis behinderten, suchenden Art der Rede» gepaßt, und seine Augen schienen «mehr für den Blick in die Dunkelheit als fürs Licht gemacht.» Den Dichtersohn beeindruckte die «geheimnisvolle Würde seines erfahrenen und milden Hauptes».

Geheeb ließ den musischen Talenten seiner Schützlinge freien Lauf. Er respektierte das Verlangen des jungen Klaus nach Einsamkeit, und er dispensierte ihn von vielen Unterrichtsstunden. Der Jüngling las und las: «gierig, enthusiastisch, unersättlich. Indessen war es doch nicht mehr ein wahlloses Verschlingen von Massen gedruckter Worte wie in den früheren Jahren meiner Lesewut. (…) Ich fand meine Meister, meine Götter; ich entdeckte meinen Olymp.» Klaus konnte seinen Träumen nachhängen. In einem Brief an die Schwester Erika zitierte er aus der Novelle «Die Jungen» eines «gewissen Knaak», die er in Wahrheit selbst geschrieben hatte, die enthusiastisch-verblasenen Sätze, die seinem Alter und der Zeit völlig angemessen waren: «*Einmal* kommt es über uns, das Große.» Die Erzählung stand später neben der Titelgeschichte «Vor dem Leben» in einem kleinen Band, mit dem Klaus auf seine Talente aufmerksam machte: ein reizvolles Dokument dieser späten Phase der «Jugendbewegung». «Schön ist es ja wohl», ließ der Autor einen der Knaben «an der Schwelle des Lebens» sanft-ironisch und ein wenig altklug sagen, «wenn man's weiß, welche Rolle man spielt in der Geschichte der Welt – wenn man's gefühlt hat, zutiefst begriffen, daß man gestellt ist an die Wende der Zeit».

Golo, der mittlere der Söhne, ordnete sich den Forderungen des Münchner Alltags leiser und leichter unter als die Älteren, vom Vater seltener wahrgenommen, der ihm, wenn er ihn nicht übersah, mit einer gewissen Geringschätzung zu begegnen schien. Im Rückblick stellte er bitter fest: «Was hatten wir doch für eine miserable Kindheit». Er war dem Vater ferner als Klaus – wenn auch nicht so fern wie Michael, der Jüngste, den Thomas Mann den «Beißer» nannte. Michael schrieb später in einer Erinnerungsskizze, er sei nur «Zaungast» gewesen, wenn der Vater der Schwester Elisabeth, dem «Kindchen», Märchen von Andersen und Hauff vorgelesen habe.

Golo erfüllte im Wilhelmsgymnasium, in dem die Lehrer noch allesamt «im Frack gingen», sein Pensum ohne Schwierigkeiten, auch er ein leidenschaftlicher Leser, vor allem historischer Romane, historischer Texte überhaupt, und mit besonderer Hingabe von Schillers «Geschichte des Dreißigjährigen Krieges» – diesem großen Stück deutscher Prosa, von dem gesagt werden kann, daß es ihn für sein Leben geprägt hat.

Im Schatten der Älteren und von der Gunst des Vaters niemals verwöhnt (wie die kleine Elisabeth), gewann Golo Mann für die Schwachen und Zurückgesetzten einen aufmerksameren Blick, als es im Hause üblich war. Im Herbst 1922, berichtete er, habe die Großmutter Mann ein paar Monate bei der Familie gewohnt, «und zwar neben mir im zweiten Stock, im Zimmer meines Bruders, der sich damals in der Odenwaldschule aufhielt». «Doch gar zu gescheit» sei die «Frau Senator» nicht gewesen, «keine Intellektuelle». Die Atmosphäre des Hauses habe sie befremdet; nun sei sie alt geworden, erzählte der Enkel, und am Altern gescheitert. Die Inflation habe ihr Vermögen zerstört, doch sie habe es nicht begreifen können, daß ihr Geld nichts mehr wert war: «Die Krankheit, von der sie sich bei uns erholen sollte, war im Grunde ein Schwächezustand, verursacht durch Hunger und Kälte.» Sie habe Wert darauf gelegt, «für ihre Mahlzeiten zu bezahlen» – war das die Regel? –, aber sie habe die vermeintliche Schuld mit Scheinen beglichen, über die sich die Mutter und Erika lustig machten: «Die Großmutter tat mir leid», schrieb Golo. «Da sie das geistige Niveau des Hauses nicht hatte, so war sie meinem immerhin näher; dessen Dasein schwierig zu werden begann, da ich mit dreizehn Jahren kein Kind mehr war, etwas anders zu Benennendes aber auch nicht. Ich unterhielt mich gern mit ihr und ihrer Pflegerin.» Golo fand, man sei «gegen die alte Frau (...) nicht so nett gewesen», wie sie es verdient gehabt hätte.

Julia Mann zog sich noch einmal aufs Land zurück, in einen Gasthof in dem Dörfchen Weßling. «Dort besuchten wir sie im Winter einmal, die Mutter, Monika und ich», sagte Golo Mann in seinen Erinnerungen. «Erfahrenere Augen als die meinen hätten sehen müssen, daß sie schwächer und schwächer wurde.» Der Arzt sprach von einer Lungenentzündung und einem nicht allzu widerstandsfähigen Herzen. Der Zustand sei ernst. Die Söhne schickten unverzüglich eine Pflegerin an ihr Krankenlager. «Es kam der Tag», schrieb Golo, «an dem in der Früh aus Weßling telefoniert wurde, die Frau Senator werde die Nacht kaum überleben.» Doch den Söhnen, so erinnerte sich Viktor, wurde empfohlen, nicht alle miteinander zu kommen: «Die Kranke könne darüber erschrecken oder sich doch zu sehr erregen».

Zuerst fuhr Vicco, der Jüngste, nach Weßling. Thomas, Heinrich, Mimi und Viktors Frau sollten mit dem nächsten Zug nachkommen. Sie langten aber, laut Golo, mit Heinrichs Wagen an. Thomas Mann, der draußen in Feldafing am «Zauberberg» gearbeitet hatte, schien nach dem Bericht seines Sohnes durch die Nachricht von der schweren Erkrankung der Mutter zunächst «tief verstimmt» – vermutlich «weil er seine friedlich schöpferische Arbeit so plötzlich unterbrechen mußte». Katia und Lula, die ältere der beiden Töchter, waren krank: eine gefährliche Form der Grippe grassierte.

«Mama lag hochgebettet», erzählte Viktor, «und lächelte mich aus verfallenem Gesicht froh an. ‹Na, alter Peter, da bist du ja›, sagte sie langsam und mit ganz veränderter Stimme.» Sie nannte jeden ihrer Söhne und wohl auch jeden der Enkel seit jeher «alter Peter». Es machte sie glücklich, daß sie die Versöhnung von Heinrich und Thomas noch hatte erleben können. Damit schien das Ziel ihrer Tage erreicht. Die letzte Versammlung der Kinder arrangierte die Frau Senator, wenn Viktors Schilderung zutrifft, als «Teebesuch», der es ihr und den Kindern erlaubte, die Form zu wahren. Sie ließ Gebäck reichen. Die «unstete Flucht der letzten Jahre», schrieb Viktor, «das unnötig und peinigend Entwurzelte war dahin. Das häßliche Zimmer wurde zu Mamas Salon in Lübeck oder München. Die liebenswerte Würde und Sicherheit, all das Noble, das jeder-

mann immer an Mama bewundert hatte, war wieder da. Wir saßen
bei ihr zum Tee: ihre berühmt gewordenen Söhne und ihr Benjamin, der es immerhin auch ‹so gemütlich› hatte.»

Nicht lange danach sagte die alte Dame sehr langsam, sie wolle ein
bißchen schlafen, «‹aber bleibt noch drüben bei eueren Frauen, ich
werde euch wieder rufen lassen›. Ihre Augen waren halb geschlossen, aber sie lächelte. (...) Wir schritten stumm und langsam zu den
Frauen, die uns fragend ansahen. Thomas erzählte leise.» Wenig
später kam die Schwester und sagte: «‹Die Frau Senator ist soeben
ganz sanft entschlafen.› Wir standen am Lager», fuhr Viktor fort.
«Die Schwester hatte die Tote ordentlich gebettet. Mamas Züge waren entspannt, aber noch sehr wie im Leben. Es war noch Seele in
ihnen, und fast schien die Mutter noch immer zu lächeln. ‹Wie liebenswürdig ihr Gesicht ist›, sagte Thomas neben mir, und dann
sprangen ihm die Tränen aus den Augen.»

Die Mutter wurde auf dem Münchner Waldfriedhof neben ihrer
Tochter Carla beerdigt. Thomas Mann hatte alles arrangiert, wie er
es, nach Viccos Zeugnis, auch für die Schwester Carla getan hatte.
Am Grab schien sein Auge trocken zu bleiben. Golo Mann sagte in
seinem Erinnerungsbuch: «Nie sah ich meinen Vater weinen; die
Mutter ein einziges Mal». Doch der Vater schrieb an Bertram von
«einer Menge brutaler und trübseliger Pflichten und Geschäfte»:
«Ich glaube nicht, daß ich in meinem Leben schon einmal so traurig
gewesen bin.»

Katia Mann war in jenen Jahren, nach der Auskunft ihres Mannes, oft tief erschöpft. Pflichtbewußt hatte sie gelernt, die Schreibmaschine zu bedienen; sie hatte sich auch die Kunst der Stenogra-
phie angeeignet. So stand sie nicht nur einem schwierigen Haushalt
vor, sondern versah auch die Aufgaben einer Sekretärin des Großschriftstellers. Ihre Gefährdung durch die alte Krankheit schien
nicht völlig gebannt – und auch nicht eine leise, chronische Furcht,
die sie mit solch hartem Willen verdrängte. Nein, die Heimsuchung
war nicht so harmlos, wie sie später behauptete. Manchmal streiften
sie Todesgedanken, wie Thomas Mann in seinem Tagebuch vermerkte. Nicht nur scherzend sagte sie ihm eines Abends, ohne der
Komik des Widerspruchs ganz gewahr zu werden: «Du mußt reich
wieder-heiraten, dann haben *wir* noch mehr Kopeken.» Ende 1922

hatte er festgestellt, sie hätte längst «auf einige Wochen in ein Gebirgssanatorium gehört, aber immer neue Komplikationen im Hausstand» hätten der so dringend notwendigen Erholung im Wege gestanden. Erst fünfzehn Monate später fand sie die Zeit, in Clavadel bei Davos Erholung zu suchen. Sie hielt sich dort sechs Wochen auf. Danach blieb sie von der alten Anfechtung verschont.

Golo war unterdessen nach Salem gezogen. Auf den Geist der Kameradschaft, die Prinzipien der Aufrichtigkeit, Hilfsbereitschaft und des Pflichtbewußtseins, von denen das Schülerheim Kurt Hahns regiert wurde, war er durch seinen Dienst bei den Münchner Pfadfindern wohl vorbereitet. Klaus aber hatte nach einer Krise in der Odenwaldschule, die sich aus einer dramatischen Hinwendung zu seinem Mitschüler Uto ergab, eine Weile bei dem anthroposophischen Schriftsteller Alexander von Bernus, im idyllischen Stift Neuburg bei Heidelberg, eine freundliche Unterkunft gefunden. Dann kehrte er in die Poschingerstraße zurück.

Zuvor freilich hatte er – noch von der Odenwaldschule aus – mit Erika einen heimlichen Ausflug nach Berlin unternommen, während die Eltern Tochter und Sohn auf tugendsamer Wanderung durch den Thüringer Wald wähnten. Die Weltstadt überwältigte die beiden: «wir kamen das erstemal in ein richtiges Kabarett (mir scheint, daß es sogar der ‹Blaue Vogel› war) und in ein Lokal, wo Jünglinge miteinander tanzen. Daß es so was gab, fanden wir toll; und nun gar das fette alte Ungeheuer, das in Damenkleidern drollige Strophen zum Vortrag brachte. Sündiger und widerlicher konnte nichts mehr sein».

Danach schauten sich Schwester und Bruder mit ihren Berliner Freunden noch ein wenig in Weimar und Jena um, damit sie vor den Fragen des Vaters bestehen konnten. Klaus notierte, die beiden «klassischen Städte» hätten ihm keinen Eindruck gemacht; nur das kleine Sterbezimmer Goethes habe ihn zu rühren vermocht. Seine oft so übermütige Exzentrik, für sein Alter nicht ungewöhnlich, schlug rasch in tiefe Depressionen um: er begann, mit dem Gedanken des Selbstmords zu spielen – eine Obsession, die ihn zeitlebens verfolgte, bis er sich im Alter von zweiundvierzig Jahren dem Zwang schließlich ergab. «Aufhören wollen», schrieb er mit dem Blick auf das Jahr 1923, «während doch eigentlich alles gerade am besten und am erregendsten ist: absurdeste und schönste Begierde des Siebzehnjährigen.»

Durch Privatstunden sollte nun auch er aufs Abitur gedrillt werden. Doch eines Tages legte er sich ins Bett und schrieb seinem Vater, der «zwei Stockwerke» unter ihm «in seinem Arbeitszimmer saß», er «könne den Unterricht nicht mehr aushalten», er «wolle *sofort* Tänzer werden», und das in Berlin. Thomas Mann zog es vor, daß sich der Sohn auf sein schriftstellerisches Talent konzentriere, obschon er die literarischen Unternehmungen des jungen Menschen mit Gefühlen zu beobachten schien, in denen sich Stolz und Unbehagen mit einem halben Lächeln mischten. Klaus war, kein Zweifel, mit hohen Talenten begabt. Anders als dem Vater ging ihm alles leicht von der Hand, was immer er versuchte: expressive Lyrik oder kabarettistische Lieder, Erzählungen, Dramen, Kritiken.

Seine Arbeiten fanden in den Redaktionen Gefallen. Die «Weltbühne» akzeptierte einige seiner Aufsätze, ohne die Herkunft des Verfassers zu kennen. Dank seiner Gaben, doch gewiß auch dank seines Namens und der exzellenten Verbindungen, über die der Onkel Klaus Pringsheim verfügte, wurde er, noch keine achtzehn Jahre alt, zum zweiten Theaterkritiker des «12 Uhr Blatts» in Berlin bestellt. Erika, die so hartnäckig zur Bühne strebte, fand zur gleichen Zeit ihr erstes Engagement in der Hauptstadt.

Im Juli 1924 meldeten die Zeitungen, Klaus habe sich mit Pamela Wedekind verlobt, der Tochter des großen Dramatikers, die das schauspielerische und kabarettistische Erbe, das ihr überkommen war, entschlossen und mit Bravour zu nutzen wußte. Im Kreis der Freunde (zu dem übrigens auch der damals neunzehnjährige Peter de Mendelssohn gehörte) sei sie die «geschlossenste und klarste Persönlichkeit» gewesen, schrieb Klaus im Rückblick auf jene Jahre. Er konstatierte freilich auch, sie habe zu den Charakteren gehört, die *«von Natur unnatürlich»* seien: «Die leidenschaftliche Gebärde und die Leidenschaft» ließen sich «bei ihnen nicht unterscheiden». Die «Tochter des Komödianten-Dichters» sei «durchaus Komödiantin» gewesen, die sich «in ihrer hochstilisierten, theatralischen Art» gefallen habe – «und manchmal übertrieb sie wohl, halb bewußt, den eigenen Stil bis zum Lächerlichen». Dies alles hätte Klaus auch von sich selbst sagen können. Pamela aber verfügte zudem

über eine eigentümliche Kraft. Sie sei starker Gefühle fähig gewesen, schrieb Klaus, und sie habe in der Freundschaft eine «exzessive
Hingabe und Leidenschaft» bewiesen. Vermutlich war sie ihm, obwohl gleichaltrig, in ihren Lebensenergien überlegen.

Der Vater, durch die Meldung im Urlaub an der Ostsee aufge-
scheucht, nannte die Verlobung spöttisch und begütigend eine
«Kinderei». Das war sie – und sie war es nicht. Natürlich konnte
Klaus, nach den Gesetzen jener Zeit noch mehr als drei Jahre von
der «Volljährigkeit» entfernt, an eine permanente Bindung kaum
denken. Doch auch Thomas Mann mußte deutlich sein, daß der
junge Mensch, der sich wie sein Vater zwischen den Geschlechtern
aufhielt – mehr dem eigenen als dem anderen zugeneigt –, vor allem
einen Menschen suchte, an den er sich klammern konnte. Er
brauchte, neben der Schwester, die ihm bis zum Ende die treueste
und zuverlässigste Partnerin blieb, eine Persönlichkeit, die stärker
war als er selbst.

Der Vater war von seinem ältesten Sohn zu weit entfernt, um ihm
helfen zu können – und er war ihm zugleich zu nah. Klaus – nach
einem nicht allzu geschmackvollen Aperçu des jungen Dramatikers
und Lyrikers Carl Zuckmayer die Frucht einer Begegnung Thomas
Manns mit Rainer Maria Rilke im Englischen Garten – wußte mit
allen expressionistischen und absurden Experimenten jener Jahre
zu spielen, doch zugleich schien er fast zwanghaft den machtvollen
Geistern zu folgen, die das Denken seines Vaters geprägt hatten:
Nietzsche allen anderen voran. Die Gemeinsamkeit verschärfte die
Gegensätze und hob sie wieder auf. Der «Vater-Sohn-Konflikt»,
schrieb Klaus Mann in «Kind dieser Zeit», sei allerdings kaum ein
Jahr lang in seinem Leben aktuell gewesen. Er empfinde ihn nun als
das «überflüssigste und uninteressanteste aller Probleme», denn
jede «Gegensätzlichkeit, jeder Konflikt» laufe jetzt «quer durch die
Generationen hindurch, nicht zwischen den Generationen». Längst
sei «der Vater nicht mehr der Starre, Konservative», längst sei der
Sohn nicht mehr ein «Revolutionär» – eher habe sich das Verhältnis
umgekehrt.

Natürlich traf dies so nicht zu; der alte Konflikt schwelte fort.
Aber Klaus zeigte damit an, daß Thomas Mann seit der Stunde seiner republikanischen Konfession im Oktober 1922 ein gutes Stück

Wegs zur Demokratie, ja schließlich zu einem sehr persönlichen (und literarisch-unverbindlichen) «Sozialismus» vorangeschritten sei. Thomas Mann wollte eine Brücke zwischen den Lagern bauen, wollte dem Neuen das Wort reden, ohne das Alte preiszugeben, wollte das Bürgertum mit dem Staat, der ein Produkt der halbherzigen Revolution war, im Zeichen der Humanität versöhnen. Kein leichtes Unternehmen. Selbst so eng vertraute Gefährten wie Ida Boy-Ed, die betagte Freundin in Lübeck, sprachen von «Abfall, Selbstverrat, Charakterbruch, Verleugnung eigener Thaten». Er sagte der alten Dame streng, er verleugne gar nichts. Er habe sich «im Namen deutscher Humanität» der Revolution entgegengeworfen, nun werfe er sich «aus demselben Triebe der reaktionären Welle entgegen, die, wie damals, nach den Napoleonischen Kriegen, über Europa hingeht». Und er gab zu bedenken, «die großen Meister Deutschlands, Goethe und Nietzsche», hätten es verstanden, «anti-liberal zu sein, ohne irgendeinem Obskurantismus das geringste Zugeständnis zu machen». Fester denn je hielt er den Blick auf Weimar und seinen großen Bürger gerichtet. Den historischen Vergleich mit der Lage von 1813 ließ er nicht mehr aus den Augen. Der Geheimrat war, in den «Betrachtungen» hatte Thomas Mann oft genug darauf hingewiesen, kein Freund der Französischen Revolution – aber Goethe hatte auch dem deutschen Nationalismus, der vor allem ein Gegennationalismus war, kühl und skeptisch den Rücken gekehrt. Er war eher konservativ. Doch war er «anti-liberal»? Taugten die Begriffe? Hielten die Vergleiche einer genaueren Prüfung stand?

Dennoch wiederholte er das Argument vier Monate später in einem Brief nach Paris an den Germanisten Félix Bertaux, der den «Tod in Venedig» zu übersetzen gedachte: Eine «gewisse anti-liberale Tendenz» der «Betrachtungen» erkläre sich aus seinem «Verhältnis zu Goethe und Nietzsche», in denen er seine höchsten Meister erblicke – «wenn es nicht unverschämt» sei, «sich zum Schüler solcher Wesen zu ernennen».

Die Vokabel «Schüler» war er dem Fremden schuldig. So einfach ließ es sich freilich nicht an, den großen Beispielen nachzuleben. Das nationalistische Ressentiment war zu tief in seiner Seele verwurzelt, und es fand sich durch die Borniertheit der Siegermächte immer wieder bestätigt. Im Januar 1923 besetzten französische Truppen das Ruhrgebiet, um die Erfüllung der deutschen Reparationspflichten zu erzwingen. Die Reichsregierung proklamierte den «passiven Widerstand». Truppen Frankreichs versuchten, die Streiks der Arbeiterschaft mit Gewalt zu brechen. Die Produktions- und Kaufkraftverluste aber schwächten vor allem die Deutschen. Um seinen Verpflichtungen zu genügen, war der Staat gezwungen, sich immer rücksichtsloser der Notenpresse zu bedienen. Die Inflation steigerte sich ins Groteske, und mit ihr verfielen die Vermögenswerte. Vor allem der Mittelstand verarmte fast über Nacht. Die Gesellschaft wurde durch die rasende Geldentwertung – die ein Trauma der Deutschen blieb – tiefer erschüttert als durch die revolutionären Veränderungen von 1918. Die Energien des deutschen Radikalismus luden sich in erschreckendem Maße auf.

Thomas Mann, von Bertram – er war inzwischen Professor in Köln geworden – mit Dokumenten über die Ausschreitungen der französischen Besatzung versehen, rief voller Empörung: «Haben diese Thoren es sich in den Kopf gesetzt, jedem das Konzept zu verderben, der versucht, in Deutschland zum Guten zu reden? Es ist, alsob man Deutschland draußen garnicht als eine Republik wie eine andere, sondern als herrenloses Land betrachtete, als einen national gefühllosen Rumpf, mit dem man machen kann, was man will. Das beweist das wütende Erstaunen über den Widerstand, den man findet, und der in loyalerer Sphäre doch vielleicht zum erstenmal wieder eine Regung von Respekt erzeugt.»

Im April 1923 folgte er mit Katia einer Einladung nach Spanien. Die tiefsten Eindrücke gewann er in Kastilien: «in der Granit- und Steineichen-Ebene», die sich von Madrid bis zum Escorial und zur Sierra de Guadarrama erstreckt. Philipp II. und seinem harten Geist erwies er seine Reverenz. Rückkehr mit einem Schiff der Hapag – «unter Ehrenbezeigungen übrigens, die mich immer wieder völlig überraschen und erstaunen», wie er Bertram berichtete, «meine Frau aber nicht». Der Landweg über Frankreich verbot sich. Ach, «die Herren Franzosen»: «Ein gräßliches Volk, gräßlich, gräßlich. Ich sage nichts weiter. Aber alle überpersönliche, mythische Antipathie, deren ich fähig bin, ein wirklich schüttelnder Abscheu, gilt der Mischung infamer, ohne Zweifel sexuell betonten Grausamkeit und humanitär-sentimentalen Phrasenschmisses, den sie Europa vor Augen führen.» Das war nicht der letzte Rückfall in die von Haß und Bitterkeit durchsetzte Gefühlswelt der «Betrachtungen». Hätte sich nicht zugleich durch Félix Bertaux und André Gide französisches Interesse an seinem Werk und an seiner Person zu erkennen gegeben, wäre es ihm wohl noch schwerer geworden, sich aus der Verstrickung in den Nationalismus zu lösen, der vor allem gegen den Nachbarn im Westen gerichtet war.

Die Ermutigung republikanischer und demokratischer Geister innerhalb und außerhalb Deutschlands half ihm voran. Die konservativen Verbündeten von gestern aber schienen nicht bereit zu sein, ihm die angebliche Treulosigkeit zu verzeihen. Sie waren an keinem Brückenschlag interessiert, und sie zeigten keinen Hauch guten Willens, Frieden mit der Republik zu machen. Nach der republikanischen Rede ließen sie Thomas Mann keine Wahl mehr. Er gehörte nicht mehr vorbehaltlos zu den ihren – also zählte er zu den anderen. Der junge expressionistische Dramatiker Hanns Johst, den Thomas Mann mit liebenswürdiger Aufmerksamkeit gefördert hatte, schleuderte ihm die pathetisch verblasene Anklage entgegen: «Sie haben Ihr Deutschtum an die Zeit verraten, an den Kompromiß, an die politische Praxis. Das aber dünkt mich eines Dichters weheste Absage an seinen ewigen Beruf.» (Der patriotische Zorn hielt freilich den späteren Präsidenten der nationalsozialistischen «Reichsschrifttumskammer» nicht davon ab, sich unter die Gäste bei der Münchner Feier von Thomas Manns fünfzigstem Geburtstag im Jahre 1925 zu mengen.)

Endlich schienen sich Thomas Mann auch die Augen für die Bedrohung der Gesellschaft durch den Antisemitismus zu öffnen, der anfing, die schrecklichsten Wucherungen zu treiben. Ein Redakteur der «Blätter für Deutschtum und Judentum» hatte ihm Artur Dinters Haß-Pamphlet «Die Sünde wider das Blut» geschickt. In seiner Antwort bestätigte er, das Werk sei wegen der Mischung aus Halbwahrheiten und hetzerischer Fälschung eine geistige Gefahr. Die schärfsten Formen der Abwehr, mit denen die Verbreitung des Buches verhindert werden könnten, seien berechtigt.

Bei einer Rede zum Gedächtnis Walther Rathenaus, die er vor der

«Arbeitsgemeinschaft republikanischer Studenten» in München hielt, stellte er fest, sich selbst schroff korrigierend: der «deutsche Bürger und Mensch» habe «das politische Element niemals in seinen Bildungsbegriff aufgenommen», ja er habe die «Forderung des Übergangs von der Innerlichkeit zum Objektiven, zur Politik, zu dem, was die Völker Europas ‹die Freiheit› nennen, als eine Aufforderung zur Verfälschung des eigenen Wesens» und geradezu als «entnationalisierend» empfunden. In dieser Ansprache wies er auch auf den «Urtyp des deutschen Bildungs- und Entwicklungsromanes» hin, auf Goethes «Wilhelm Meister», den er als eine «wunderbare Vorwegnahme deutschen Fortschreitens von der Innerlichkeit zum Objektiven, zum Politischen, zum Republikanertum» pries.

Seine virtuose Kunst, die Großen für das Argument der Stunde in Anspruch zu nehmen, hatte er auf flexible Weise zu steigern vermocht. Die republikanischen Studenten hörten freilich genauer zu, als er den Franzosen vorwarf, was sie im Ruhrgebiet mit ihren Soldaten trieben, sei geeignet, «jeden Zynismus und politischen Pessimismus, jede Philosophie der Brutalität in Deutschland zu kräftigen». Darin täuschte er sich nicht. Er sprach, wiederum auf die Epoche nach den Napoleonischen Kriegen verweisend, von einer «Stimmung der Rückschlägigkeit und der *depressiven Antihumanität*», der er auch den Bolschewismus zurechnete, der – wie immer man sonst über ihn denke – «nicht Demokratie, nicht Freiheit und Menschlichkeit», sondern «Diktatur und Terror» sei. Zu Goethe und Nietzsche gesellte sich nun der Hölderlin des «Hyperion» und des «Empedokles»: «Was sie sahen und sangen», rief er hochherzig, «war das Dritte Reich einer religiösen Humanität.» Zu dieser Idee müsse Europa sich durchringen – «wenn es nicht sterben will».

Die neue Haltung, die er sich auferlegte, bestimmte ihn auch zu einer radikal neuen Wertung Oswald Spenglers, den er eben noch mit Worten des höchsten Respektes für die Verleihung des Nietzsche-Preises empfohlen hatte. Nun nannte er den Studienrat mit dem Cäsaren-Schädel, der die Welt- und Kulturgeschichte mit solch autoritärem Anspruch zu schultern versuchte, Nietzsches «klugen Affen». Für die «Allgemeine Zeitung» in München setzte er eine Kritik des «Untergangs» auf, in der er das Gefühl des Umbruchs und Aufbruchs, das die Gesellschaft durchdrang, mit großen Linien aufs eindrucksvollste umriß: «Wir sind ein aufgewühltes Volk», sagte er; die Katastrophen, die über Deutschland hinweggegangen seien, der Krieg, der Umsturz des Staatssystems, wirtschaftliche und soziale Umschichtungen radikalster Art – sie hätten «den nationalen Geist in einen Zustand der Anstrengung versetzt», wie er ihn lange nicht gekannt habe. Alles sei in Fluß gekommen. Die Naturwissenschaften stünden in den «Anfängen eines Neuen, dessen revolutionäre Phantastik» es dem Forscher schwermache, «kaltes Blut zu bewahren». Die Künste lägen «in voller Krise». Die «Probleme fließen ineinander». Man könne sie «nicht gesondert halten». Ein Politiker könne nicht mehr existieren, «ohne von geistigen Dingen etwas zu wissen». Man könne auch nicht länger als «reiner Künstler» leben, «indem man sich um soziale Gewissenssorgen» den Teufel schere. Diese Lage, fuhr er fort, habe einen Buchtypus gezeigt, den er «den intellektualen Roman» nannte: das «Reisetagebuch eines Philosophen» von Graf Keyserling, Ernst Bertrams Nietzsche-Buch, den «Goethe» von Friedrich Gundolf. (Die «Betrachtungen» erwähnte er nicht.) Zu dieser Kategorie zähle auch Spenglers «Untergang», dessen Wirkung die «Welle von historischem Pessimismus» zu Hilfe gekommen sei, die, nach einem Wort Benedetto Croces, über Deutschland hinweggehe.

Dann zeigte Thomas Mann den dicken Knüppel: er sprach von «Zukunftsfeindlichkeit», die sich in «wissenschaftliche Unerbittlichkeit» vermumme, von «oberlehrerhafter Sympathielosigkeit», von «hyänenhaftem Prophetentum». Er verwarf, ganz zu Recht, Spenglers Theorie von der «radikalen Fremdheit (...) zwischen den Kulturen» und rügte ihn für seinen «bleiernen Geschichtsmaterialismus», mit dem verglichen der «eines Marx nur idealistische Himmelsbläue» sei. Doch er kreidete ihm auch an, daß er, obwohl im Grund seiner Seele konservativ, nicht die «Kultur» bejahe, sondern es nach wie vor mit der «Zivilisation» halte. Auf diese Marotte, die Thomas Manns Denken länger als ein Jahrzehnt bestimmte, wollte er noch immer nicht verzichten. Er brauchte sie für den Roman, der langsam, langsam seinem Ende entgegenwuchs.

39. KAPITEL

Der Zauberberg

Durch Lesungen und den Vorabdruck einzelner Kapitel war der Appetit der Öffentlichkeit gereizt. Indes, angedeutete Termine verstrichen, einer um den anderen. Spätestens Ende 1923 hatte er den Schluß zu finden gehofft. Von der Erwartung Samuel Fischers gedrängt, ließ er sich darauf ein, daß die fertigen Teile des Manuskriptes – schon längst ein gewaltiger Berg – gesetzt und gedruckt wurden. Dennoch zeigte er keine besondere Eile. Er nahm sich die Zeit, die er brauchte. Wohl stöhnte er – wie immer – unter der Langwierigkeit des Unternehmens: dieses Mal, schrieb er, würde er ans Ende des Romanes nicht das übliche «Ende», sondern «finis» setzen, um das getane Werk mit lateinisch-klassischer Würde zu verabschieden. Niemals zu bescheiden in seinen Vergleichen, zugleich mit einem Gran Ironie gestand er den Freunden, daß in jenen Tagen Heinrich Heines Formel aus «Der Dichter Firdusi» sein «Lieblingszitat» gewesen sei: «Seines Liedes Riesenteppich – (...) / Als vollendet war das Lied, / Überschickte seinem Gönner / Der Poet das Manuskript, / Zweimalhunderttausend Verse.» Dies und das Goethe-Wort: «Daß du nicht enden kannst, das macht dich groß.»

Die Wirren der Zeit stellten ihm Hindernisse genug entgegen. Die Notwendigkeit, sich Nebeneinnahmen zu verschaffen – die in Wahrheit zum Hauptverdienst wurden –, hielt ihn immer aufs neue auf. Der Dienst an der Republik, der ihm so unversehens zugewachsen war, forderte seine Aufmerksamkeit. Er selbst zwang sich durch Irritationen und Verstimmungen, durch wirkliche und eingebildete

Leiden kürzere und längere Pausen auf, vermutlich einer Ökonomie der Kräfte gehorchend, der er sich selbst nicht bewußt war. Das Tagebuch jener Jahre vermerkt – wie die späteren Bände – mit akribischer Sorgfalt die geringste Krise und jedes Wehwehchen: er war der Hypochonder par excellence. Kein Anflug von Heiserkeit, kein Jucken des Blinddarms, kein Sodbrennen, keine lästige Konstipation blieb unvermerkt. Verdauungsvorgänge übten eine unerschöpfliche Faszination aus. Das Essen war dem Dichter wichtig, nicht nur in den Jahren des Hungers. Oft notierte er exakt, was er zu sich genommen hatte, in der Regel gut bei Appetit. Wenn er im Restaurant aß, versäumte er selten, auch den Preis der Mahlzeit festzuhalten. Das Geld sprang ihm nicht aus den Händen.

Gleichzeitig konstatierte er voller Zufriedenheit, daß ihm der Arzt einen «famosen Körper» attestiert habe, in besserer Verfassung, als es in seinem Alter üblich sei. Er sah darum nicht ein, warum er Gymnastik oder Sport treiben sollte, von den langen täglichen Spazierwegen abgesehen, auf denen ihn nach Bauschans elendem Tod im Veterinärspital der Schäferhund «Lux» begleitete, der seinen Vorgänger nicht zu ersetzen vermochte. Sein Herr beschrieb das Tier als folgsam und intelligent, doch nicht als allzu sympathisch. Die beiden gewöhnten sich aneinander.

Kein Zweifel: Thomas Mann verfügte – ungeachtet der Hypochondrie – über eine eher robuste Gesundheit. Dennoch schrieb er von seinem Befinden mit chronischer Regelmäßigkeit: «angegriffen». Unablässig beschäftigte er sich mit dem Zustand des eigenen Gemüts und der eigenen Physis. Er schien weder bereit noch fähig, auch nur eine Stunde lang von sich selbst und seinen Problemen abzusehen. Jede der kleinen Anfälligkeiten rechtfertigte neues Zögern, und sie gaben ihm das Recht, nur tastend voranzuschreiben, selten von der Freude an der Erzählung, vom Vergnügen am Geschick seiner Figuren, von der schieren Lust am Wort überwältigt – obwohl sich diese Empfindungen den Lesern hernach aufs schönste mitteilten: Überlistung des schöpferischen Leidens.

In der Tat glückte ihm eine fast englische Entspanntheit des Tons. Freilich nur fast: obwohl lockerer als vordem, blieb der Stil in den Hauptpassagen des «Zauberbergs» grunddeutsch, oft auf einschüchternde Weise gelehrt, vom hohen Vergnügen an der Unterweisung getragen, die er dem Herrn Settembrini zuschrieb, zu Wolkenschiebereien und intellektuellen Turnierspielen geneigt, trotz der Behaglichkeit der Erzählweise, der echten und der falschen, die den Leser in vielen Kapiteln so freundlich-plauderhaft an die Hand nahm. Thomas Mann sorgte allerdings dafür, daß es ihm nicht allzu gemütlich wurde. Er verlor den pädagogischen Auftrag, den er sich gestellt hatte, nicht aus dem Auge. Seine geistigen Energien schöpfte er aus unermüdlicher Lektüre.

Thomas Mann bewältigte in der Tat – übrigens zeit seines Lebens – ein staunenswertes Lesepensum, auf Ablenkung und Konzentration, auf Zerstreuung und Anregung in gleicher Weise bedacht. Er las Altes und Neues, Deutsches und Fremdes, Romane, Gedichte, Geschichten, Essays, er las sogar – wenngleich kaum so gründlich, wie er in seinen Antwortbriefen vorgab – die Manuskripte, die ihm von poetisch bewegten Jünglingen zugeschickt wurden. Und immer wieder die Begegnung mit den großen Epikern, den Russen, vor allem Tolstoi und Dostojewski, Balzac, auch Flaubert: das Beispiel der Großen vermittelte ihm den Elan für die eigene Arbeit. Es bot ihm zugleich die Maßstäbe des Handwerks, an denen er seine Werke maß.

Doch wie vieles nahm er darüber hinaus und nebenbei in sich auf! Während er am «Zauberberg» schrieb, verzeichnete er in der Spanne weniger Monate die Lektüre von Tschechow und Puschkin, von Gogol und Turgenjew, von Storm und Jean Paul, von Hamsun und Gerhart Hauptmann, von H. G. Wells und Gilbert Keith Chesterton, von Franz Werfel und Josef Ponten, von Keyserling und Pannwitz, ja er stolperte über die merkwürdigen Erzählungen eines jungen Schriftstellers aus Prag, die ihn freilich nicht allzu tief berührten: der Autor war Franz Kafka.

Manche Lektüre mündete unmittelbar ins Werk, in die Vorträge und Essays, gelangte auf Umwegen auch in den Roman. Nicht nur Bücher fanden Einlaß in die Erzählung, sondern vor allem auch die Musik, die er hörte – nun oft durch das neueste Wunder der Technik vermittelt, das er im Feldafinger Häuschen des Freundes Richter kennengelernt hatte: das Grammophon, das alsbald auch in der eigenen Residenz und wenig später im viertletzten Abschnitt des «Zauberbergs» unter dem Titel «Fülle des Wohllauts» seinen Platz fand – eine Formel, die der Autor – nach den Feststellungen Eckhard Heftrichs in seiner Studie «Zauberberg-Musik» – August von Platen verdankt. So gelangte Hans Castorp zu Schuberts schwermütigem Lied vom «Brunnen vor dem Tore», das man als seinen Schwanengesang erkennen darf. Selbst die okkultistischen und parapsychologischen Experimente des Barons Schrenck-Notzing, die er in einem großen Feuilleton beschrieben hatte, wurden droben in der verwunschenen Welt der Kranken unter der Anleitung des undurchschaubaren Doktor Krokowski mit seinem schwarzen Gewand und seinem irreführenden Kernlächeln zelebriert.

Die politische und ideologische Debatte, die er unter der Herausforderung des Krieges, der Revolution und des sozialen Umbruchs auf so hadernde Weise mit sich selbst, dem fernen Bruder Heinrich und aller Welt geführt hatte, hinterließ in dem Roman ihre Spuren, obwohl er früh schon – in einem Brief an Paul Amann vom März 1917 – die «Betrachtungen» mit dem Argument zu rechtfertigen suchte, er würde den Essay «nur deshalb schreiben», weil der Roman sonst «infolge des Krieges (…) intellektuell unerträglich überlastet worden wäre».

Er hatte sich die konservativ-nationalistische Konfession in der Tat von der Seele schreiben müssen, ehe er den Atemraum zu gewinnen vermochte, ohne den der Roman nicht gelingen konnte. Die schwebende Erzählung wäre unter der Last der politischen Leidenschaft, die Thomas Mann damals umtrieb, rettungslos zerschellt. Die «sehr ernsten Scherze» des Buches, von denen er mit Goethe sprach, hätten das Ressentiment, das sein Gemüt so bitter getränkt hatte, keinesfalls ertragen. Ohnedies wirkte der «geistige Dienst an der Waffe» – auch zweiundzwanzig Jahre später in Princeton wollte er von dieser peinlichen Formulierung noch immer nicht lassen – da und dort noch bei der Niederschrift des Romanes nach.

Der Streit der Geister, der um die Seele Hans Castorps ausgetragen wird, dieses «schlichten», doch zugleich «verschmitzten Helden», war in den wesentlichen Zügen schon vor dem Kriege vorgezeichnet, wie der Autor 1917 an Amann schrieb: ein Kampf zwischen dem «lateinisch-rednerischen Anwalt von ‹Arbeit und Fortschritt›» und einem «verzweifelt-geistreichen Reaktionär», ausgetragen in der luxuriösen Isolierung der Krankenstation dort droben in der dünnen Luft der Alpen, in der eine «untugendhafte Sympathie mit dem Tode» den jungen Menschen festhielt. Mit anderen Worten: es galt, schon damals, den Konflikt mit Bruder Heinrich auf höchster Ebene auszufechten.

Die liebenswürdig groteske Figur des Dr. Settembrini, dieses strengen und zugleich so graziösen Advokaten der Demokratie und der Zivilisation, war von Beginn an deutlich umrissen. Aber die Besetzung des Widerparts, dem eine Rolle gleichen Ranges zufallen mußte, schien Thomas Mann in immer neue Schwierigkeiten zu stürzen. Er konnte, das erlaubte der Wandel der Dinge nach dem Zusammenbruch des Kaiserreiches und der Etablierung der Republik nicht länger, keinesfalls ein Doppelgänger des Autors der «Betrachtungen» sein. Aber wer durfte und wer sollte an die Stelle dieser komplexen Erscheinung treten, die von den Ereignissen so gründlich widerlegt worden war?

Eine Zeitlang erwog er, die Tagebücher deuten es an, einen protestantischen Pastor auf den Plan zu rufen: Bunge sollte er heißen. Sonst war über ihn nichts zu erfahren. Kein reizloser Einfall. Ein lutherisch-bürgerlicher Theologe, konservativ, monarchistisch, national, vielleicht ein nach rechts tendierender Zögling der dialektischen Schule Hegels, des schwäbischen Preußen, in Augenblicken der Krise und der Erschütterungen vom Flügelschlag der Philosophie des Pfarrersohnes Nietzsche gestreift – eine Gestalt von dieser Beschaffenheit hätte die Leser mit klaren Bezügen auf die deutsche Realität verwiesen. Keine ganz müßige Spekulation. Aber die Verwurzelung von Settembrinis Gegenfigur in der Wirklichkeit Deutschlands hätte kaum den luftigen Flug der Dialoge ins unverbindlich Abstrakte erlaubt. Oder? Die philosophisch-politische Artistik, die Hans Castorps unermüdlich schwatzende Belehrer vorführten, hatte für den Autor und die Leser den Vorzug, daß sie ernst genommen werden konnte – oder auch nicht. Man durfte sich von den rhetorischen Passionen mitreißen lassen – oder man ließ sie amüsiert an sich vorbeirauschen. Es stand jedermann frei, an den Verwirrungen des Spiels der großen Worte teilzunehmen wie der geduldig-beharrliche Castorp oder sich einer Erheiterung hohen Anspruchs anheimzugeben, da die brüderlich-feindlichen Partner auch im Augenblick der äußersten Leidenschaft einer nur flüchtig getarnten Komik nicht entgingen. Selbst das tragische Ende des Gegenspielers nach seinem bizarren Zweikampf mit Settembrini konnte einer heimlichen Belustigung dienen.

Auch darin blieb der Roman der ursprünglichen Bestimmung eines «Satyrspiels» getreu, nicht nur in den Lockungen der moribunden Schönheit von Clawdia Chauchat, denen Hans Castorp im melancholischen Überschwang der «Walpurgisnacht» das eine Mal erliegen durfte. Wie lange hatte sich der Autor besonnen, ob er den «guten Jungen» den Verführungen der rothaarigen Schönheit vom «guten Russentisch», die Hofrat Behrens das «Kätzchen» nannte, überantworten oder ob er seine Keuschheit bewahren sollte! Er zog Katia zu Rate. Schließlich gab er ihn der kranken Venus anheim – das eine Mal. Wie sollte er anders? Allzu gebannt hatte Hans Castorp am Abend der Verführung auf ihre weißen Arme gestarrt, die nackt waren «bis zu den Schultern hinauf». Settembrini hatte warnend auf die russische Dame gewiesen, und er hatte mit Entsetzen und Weh behauptet, sie sei «Lilith»: nach talmudischer Überlieferung und jüdischem Volksglauben Adams erste Frau, der Inbegriff weiblicher Dämonie.

Den Weg zur Sünde aber umschrieb der Autor umständlich und voller Scheu durch eine Konversation in französischer Sprache, von der wir wissen, wie schwer sie ihm in die Feder kam. Hans Castorp eignete sich die verbale Camouflage, für die es keine vernünftige Begründung gab, in der Berauschtheit des karnevalistischen Treibens dort droben im Sanatorium an, das nicht nur in jenen ausgelassenen Stunden ein alpines Venedig war. «Parler français», stammelte er, «c'est parler sans parler, en quelque manière, – sans responsabilité, ou comme nous parlons en rêve.»

Ein Hauch teutonischen Hochmuts klang in jener Phrase schon an, die an Voltaires Bemerkung erinnert, wenn der Deutsche graziös sein wolle, springe er aus dem Fenster. Zugleich war die fremde Sprache wohl auch ein Ausdruck der Prüderie, die Thomas Mann sich mit besonderer Sorgfalt auferlegt haben mag, wenn es denn zutraf, was Hans Wysling vermutete: daß Mme. Chauchat nicht nur die Züge Willri Timpes, sondern auch jene Katias trug. Auf französisch brachte es Thomas Mann zuwege, von der Liebe im Fleisch zu reden: «le corps, lui aussi, et l'amour du corps, sont une affaire indécente et fâcheuse...», ließ er Hans Castorp rufen. Dann durfte er vor der erstaunten und amüsierten Dame, die es mit der Freiheit hielt, von den «mamelons fleurissants» schwärmen, vom «nombril au milieu dans la mollesse du ventre», vom «sexe obscur entre les cuisses». Doch er rühmte mit gleichem Enthusiasmus die chemischen Geheimnisse dieser Fleischlichkeit, wie er es in der medizinischen Schule des Sanatoriums brav gelernt hatte. Das «Innenporträt» der rätselhaften Fremden, die beim Betreten des Speisesaals so rücksichtslos die Tür ins Schloß warf, mit anderen Worten: ihr Röntgenbild bescherte dem Armen wahre Ekstasen, und er vertraute ihr das seine an.

Thomas Mann hatte also seinen schlichten und zugleich liebenswürdig verschlagenen Hanseaten kurzerhand der Jüngerschaft des Novalis zugeordnet, des tuberkulösen Romantikers, der alles Leben dem Gesetz von Oxydation und Desoxydation unterstellte: dem dunklen Alchimisten der «Hymnen an die Nacht», dem Totenbett und Liebeslager eines waren. Hans Castorp erfuhr die Liebe als «Eindeutigkeit in der Zweideutigkeit», da sie nach des Autors schlauem Befinden «nicht unkörperlich (...) in der äußersten Frömmigkeit und nicht unfromm in der äußersten Fleischlichkeit» sein kann. «Sympathie mit dem Organischen», aber auch dies: das «rührend wollüstige Umfangen des zur Verwesung Bestimmten». Todgestimmter Eros, zugleich «Charitas» – selbst in der wütendsten Leidenschaft. Man darf hier wohl von «schwankenden Sinnen» reden.

In Clawdia Chauchats asiatischen Zügen hatte Hans Castorp träumend das Gesicht seines Schulfreundes Pribislav Hippe wiedererkannt, den man den «Kirgisen» nannte – ein Abbild Willri Timpes, des Lübecker Mitschülers, der Thomas die ersten sexuellen Erfahrungen vermittelt haben mag. Castorps Liebe zu Clawdia, schrieb Hans Wysling, schwebe «eigenartig zwischen Knaben- und Frauenliebe»: im Grunde sei sie homophil. Er sagte auch, daß sich in ihr die Abkehr des Autors von der versuchten Liebe zu einer, zu seiner Frau und die Rückkehr zur Homosexualität spiegle. Vielleicht ist es so. Am Ende aber läßt Hans Castorp – und mit ihm der

Autor – die Russin ohne weiteren Aufruhr seines Gemütes dahin-
ziehen: Sie schien ihn nicht länger zu interessieren.

Das «Tarnungsverfahren», bemerkte Wysling mit einem schönen
Wortspiel, durfte «autobiographische Erlebnisse verdeckend ent-
hüllen». Aber nicht nur: Madame Chauchat blieb dennoch Lilith,
das Urweib, von dem alle Sünde in die Welt ging. In ihrem schönen
und siechen Leib waren Eros und Thanatos, die Liebe und der Tod,
auf lustvolle und lasterhafte Weise miteinander vermählt. Rothaarig
war sie obendrein, wie so viele Todesboten bei Thomas Mann, der
die ordinären Symbole des Volksglaubens nicht zu fürchten schien.
Übrigens nannte er, mitten im Prozeß der Entstehung, den «Zauberberg» das «sinnlichste» seiner Bücher. Die Sensualität wies er
der Frau zu, an der alles Leben zuletzt verdirbt und verrottet, wie
Settembrini, der Künder humanitärer Tugend, düster annoncierte.
Zugleich beförderte er die Lust in die neutralisierende Zone der
fremden Sprache. Sie geriet dem Autor, soweit er sie denn zuließ,
eher dürftig. Hans Castorp durfte sich von Clawdia Chauchat einen
Bleistift leihen, wie er es einst schon bei Pribislav Hippe getan hatte.
«N'oubliez pas de me rendre mon crayon», ließ der Autor die russische Dame sagen. Ein eher dürftiges Symbol.

In gewisser Hinsicht war Clawdia in der Tat die Gegnerin des
demokratischen Rhetors Settembrini. In der Mitte des Buches aber
trat sie fürs erste ab – und der Autor war lange nicht sicher, ob er
sie eines Tages wiederkehren lassen sollte oder nicht. Die Aufgabe
des intellektuellen Gegenübers, nach dem die pädagogische Absicht
des Buches verlangte, konnte ihr nicht zufallen: nach einer
Frauenfigur solchen Talentes sucht man im Werk Thomas Manns
vergebens.

Am 2. Juni 1922 meldete er dem Freund Bertram, daß die Rolle
des Gegenspielers nun endlich vergeben sei: «Leo Naphta, ein halbjüdischer Jesuitenzögling mit krassen Anschauungen, ist aufgetaucht und liegt beständig mit Herrn Settembrini in scharfen Dis-
puten, die eines Tages zum pädagogischen Duell führen werden.»
(Übrigens existierte für Settembrini – Zufall oder nicht – ein fernes
Vorbild gleichen Namens: Lodovico S., der im Jahre 1881 in Neapel
zwei Bände unter dem Titel «Ricordanze della mia vita» publiziert
hatte, die 1892 auch auf deutsch erschienen. Kannte Thomas Mann

das Werk? Darauf deutet nichts hin. Der italienische Philosoph, Historiker und Staatsmann Benedetto Croce schickte ihm 1931 die Bände als eine kleine Aufmerksamkeit.)

Thomas Mann verlieh dem Hausgenossen und Todfeind des aufgeklärten Italieners die äußeren Züge des ungarischen Philosophen, Literaturkritikers und Revolutionärs Georg Lukács, dem er im Januar jenes Jahres in Budapest begegnet war. Er wies Naptha darum im Haus eines Schneiders mit dem naheliegenden Namen Lukacek seine bescheidene Unterkunft zu. Mit Schriften aus der vorkommunistischen Jugend des Literaturwissenschaftlers hatte er sich vor dem Kriege bei seinen Studien für «Tod in Venedig» vertraut gemacht, und er hatte – nach Lukács' Flucht aus Budapest im Jahre 1919 – seine Unterschrift für einen Aufruf gegeben, der für den einstigen Vizeminister der Räteregierung Bela Khuns das Asylrecht in Österreich erwirken sollte. (Einige Jahre später bemühte er sich, den Bewunderer vor der Ausweisung aus Wien zu bewahren.)

Naptha trat zunächst fast geräuschlos unter dem Titel «Noch jemand» in die Handlung: «Ein kleiner, magerer Mann, rasiert und von so scharfer, man möchte sagen: ätzender Häßlichkeit», daß sich Hans Castorp und sein Vetter Ziemßen «geradezu wunderten». «Alles war scharf an ihm: die gebogene Nase, die sein Gesicht beherrschte, der schmal zusammengenommene Mund, die dickgeschliffenen Gläser der im übrigen leichtgebauten Brille, die er vor seinen hellgrauen Augen trug, und selbst das Schweigen, das er bewahrte und dem zu entnehmen war, daß seine Rede scharf und folgerecht sein werde.»

Es würde schwerfallen, Georg Lukács in dieser Beschreibung nicht wiederzuerkennen, trotz der Bedenken Hans Mayers, der personelle Entschlüsselungen gern als Banalitäten beiseite wischte, den Weisungen von «Bilse und ich» gehorchend, die Thomas Mann selbst oft rücksichtslos widerlegt hat. Thomas Mann wies dem unglücklichen Naphta zugleich manche Stimmungen und manche Argumente aus der Welt der «Betrachtungen» zu. Doch er rückte zum anderen die Figur weit von sich fort: mit einem Jesuiten halbjüdischer Herkunft, der seiner Utopie vom Gottesstaat nachläuft, auf seine Art Kommunist, mit einer Figur von dieser Beschaffenheit hatte er nicht allzuviel gemein.

Es ist wohl wahr, er kokettierte mit einer Neigung zum «Osten», die sich aus der Liebe zur «heiligen russischen Literatur» und aus dem Ressentiment gegen die Demokratie, gegen Frankreich, den «Westen» nährte. Mit Interesse und nicht ohne Sympathie beobachtete er damals die deutschen Apostel der «konservativen Revolution», von denen hernach mit gutem Grund gesagt werden konnte, daß sie das Ihre getan hatten, dem Nationalsozialismus den Weg zu bahnen. Indessen, sie blieben marginale Erscheinungen. Als der «Führer» und sein Clan die Macht eroberten, wurde ihr Traum vom «Dritten Reich» – Thomas Mann gab die Formel lange nicht auf – mit brutalen Schlägen beiseite gefegt. Sie wurden Opfer der eigenen Schwärmereien, betrogene Betrüger der edleren Art – wie ihre linken Vettern und Widersacher vom Schlage des brillanten Georg Lukács, dem das Kunststück gelang, das Bürgertum, dem er entstammte, aus der kritischen Distanz des Marxisten zu betrachten, ohne sich aus ihm zu entfernen – bis auch er in die mörderische Falle des Stalinismus geriet: ein Verräter seiner Genossen und seiner selbst.

In der Figur des Naphta faßte Thomas Mann, merkwürdig genug, drei der ordinären Klischees zusammen, von denen die Gemütswelt der konservativen Spießer verstellt war: Jude – Jesuit – Kommunist. (Den Part des Freimaurers schrieb er, aus guten Gründen, dem Demokraten und Aufklärer Settembrini zu.) Hans Mayer bemerkte von Naphta, er sei «Romantiker»: auch er ein todessüchtiger Jünger des Novalis, in der Schattenwelt von «Kreuz, Tod und Gruft» zu Haus, auch er ein Alchimist der Verwesung, die der «letzten Wandlung und Läuterung» vorausgeht. Wie Madame Chauchat war er ein Bote des «Ostens und der Krankheit».

Eine geistige Wirklichkeit, der in jener Epoche des Nachkriegs ein bestimmender Einfluß zugeschrieben werden konnte, vertrat diese Kunstfigur freilich kaum – sowenig wie Ludovico Settembrini, dessen «mediterran-klassisch-humanistische» Geistesform ganz dem neunzehnten Jahrhundert zugehörte. Thomas Mann täuschte sich nicht, als er den «Zauberberg» einen «historischen Roman» nannte. Das war, ohne Zweifel, ein Teil des Reizes, den er auf sein Publikum ausübte. Die Leser durften sich bei der Lektüre der garstigen Zeit, die sie umgab, enthoben fühlen.

Der Roman hatte mit den drängenden Problemen der Gegenwart wenig zu schaffen. Die Kranken dort droben vertraten keine «Gesellschaft» – nein, auch nicht die des Bürgertums, die angeblich zu Tod und Verwesung verurteilt war. Hans Mayer vermutete mit seiner marxistisch eingefärbten Gutartigkeit, Thomas Mann habe im Bild der Erkrankung «bezeichnender Weise die arbeitenden Menschen und die armen Leute» ausgespart. Die Erklärung dafür war einfach genug: er kannte sie nicht, und sie kümmerten ihn den Teufel.

Er selbst sagte vom «Zauberberg», der Roman sei eine Weiterführung der «Buddenbrooks»; Mayer fügte bedachtsam hinzu: «im Licht neuer gesellschaftlicher Erfahrungen». Aber welcher? Der Dichter hatte keine gemacht. Er schrieb von den Menschen eines Lebenskreises, den er kannte. Für andere Welten interessierte er sich nicht im geringsten, in Wahrheit nicht einmal für die «Gesellschaft» im strengen Sinne. Er blieb ganz dem Reiz des Individuellen verhaftet. In seinem offenen Brief an den Herausgeber der «Deutschen Medizinischen Wochenschrift» (vom Juli 1925) sagte er klar genug, daß «die eigentlichen Motive» seines «Schriftstellertums (…) recht sündig-individualistisch» seien. Das «Sozialkritische» gehöre durchaus nicht zu seinen «Passionen», und das «Zuwenig an gesellschaftlichem Pathos» sei denn auch «von seiten einer sozial und selbst sozialistisch gerichteten Kritik (Julius Bab) mit schwerem Bedauern» gerügt worden. «Einige Kritik des vorkriegerischen Kapitalismus läuft mit unter», schrieb er allerdings wenige Jahre später an Bab. Doch er setzte hinzu: «Das Zolaeske ist schwach in mir, und daß ich auf den 8 Stunden-Tag hätte kommen müssen, mutet mich fast wie eine Parodie des sozialen Gesichtspunktes an.» Das überließ er nach wie vor Bruder Heinrich. Mit dem Blick auf den «Zauberberg» stellte er fest, das «Sinngeflecht von Leben und Tod, die Musik» sei ihm «viel, viel wichtiger» gewesen.

Aber das Leben, wo war es? Settembrini spielte sich als sein Künder auf. Doch auch in seiner Brust war die Krankheit am zersetzenden Werk. Das Leben fand sich in seinen eifernden und zerfenden Dialogen mit dem scharf argumentierenden Naphta, diesem todessüchtigen Phantasten, nicht ein. Als «homo ex machina» trat schließlich Mynheer Pieter Peeperkorn auf den Plan, der eines Abends im Haus «Berghof» eintraf, Madame Chauchat an seiner Seite, die ihm in einem spanischen Badeort zugelaufen war: ein «eigentümlicher, persönlich gewichtiger, wenn auch undeutlicher Mann», der in seiner Rede die angefangenen Sätze, manchmal nur eine Reihe von dunklen Worten, in der Luft enden – nein, nicht enden, sondern verwehen und vergehen ließ. Er sprach so: «Gut, mein Junge. Gut, Kamerad. Unzulänglichkeit – gut. Gut und schaudervoll. Gewissenlos – sehr gut. Gaben – nicht gut. Anforderungen! Heilige, weibliche Anforderungen des Lebens an Ehre und Manneskraft –»

Eine mächtige, eine überwältigende Erscheinung, dieser steinreiche Herr, der sich gern mit einem Schnaps oder auch zweien labte, lieber noch mit vielen Flaschen Rotwein und manchem Glas des besten Champagners: «groß, breit und hochgestirnt, weiß umlodert das mächtige Haupt» – ein «königlicher Mann» mit «weh zerrissenem Mund». Aufmerksame Zeitgenossen erkannten in dem holländischen Riesen, der oft schon beim Frühstück einer kräftigen Labung bedurfte, unschwer die Züge Gerhart Hauptmanns, mit dem Thomas Mann im Herbst 1923, während eines Urlaubs in der schönen Stadt Bozen, einige Tage zugebracht hatte.

Er hatte lange nach einer Figur gesucht, die Hans Castorp (und ihn selbst) aus der am Ende sterilen Umklammerung durch Settembrini und Naphta befreien könnte. Nach manch durchzechter Nacht mit dem schlesischen Dichter – Gerhart Hauptmann trank gewaltig, Thomas Mann nippte eher am Glase – überkam ihn nach eigenem Bekenntnis die Eingebung: «Das ist er!» Er brauchte diese Vitalität, die mit der zitternden Hand am Glase ihren Verfall zu erkennen gab. Er studierte den großen Kollegen, den er bewunderte, mit höchster Aufmerksamkeit. In seiner Schilderung mischten sich Spott, eine nicht ganz zuverlässige Sympathie und ungeheuchelte Verehrung, wenngleich Settembrini sagte, Peeperkorn sei doch nur ein «dummer alter Mann». Castorp (und Thomas Mann) ließen die abschätzige Bemerkung nicht gelten. Peeperkorn schien voll dionysischer Lebenskraft. Vertrat er nicht in seiner «stolzen Trunkenheit» das «Leben» selbst, dem sich das «Sorgenkind» Castorp dann schließlich zuwandte, der «Sympathie mit dem

Tode» den Rücken kehrend? Durfte er sich in Peeperkorns Gefolge nicht endlich entschieden auf die Seite des Lebens schlagen? Erfüllte sich durch seine Figur nicht die Maxime, die Hans Castorp am Ende seines Schnee-Traumes zukam? «Der Mensch soll um der Güte und Liebe willen dem Tode keine Herrschaft einräumen über seine Gedanken», heißt es dort.

Thomas Mann versuchte, seinen Castorp, den «philosophischen Taugenichts» (von dem er Peeperkorn mit dem Blick auf Eichendorff reden ließ), und damit sich selbst im Roman und noch lange danach der Hinwendung zum «Leben» durch immer neue Wortkompositionen zu verpflichten, die wie stolze Fregatten einhersegelten: das «Lebensja», die «Lebensfreundschaft», die «Lebensfreundlichkeit», die «Lebensandacht», der «Lebensdienst» und was noch immer. Es waren Überredungen zu einer «lebensgesegneten» Existenz, die der «Todesfaszination» und «Todesfruchtbarkeit» entgegenwirken sollten. Er bediente sich der deutschen Eigenund Unart, Begriffe in einer Vokabel aneinanderzubinden, ohne die geringste Hemmung, um Klarheit wenig besorgt.

Aber auch der Lebensfürst Peeperkorn mit seinem Ur-Durst und seiner, wie es schien, unerschöpflichen Vitalität befand sich im Niedergang. Auch er barg Todesverlangen in seinem Herzen, und er schaffte sich zuletzt mit einer Dosis Gift aus der Welt, die seinem gewohnten Übermaß entsprach. Auch Naphta legte Hand an sich selbst. Auch Settembrini welkte dahin, von der Auszehrung zerfressen. Vetter Ziemßen starb lange zuvor, nach einem gescheiterten Ausflug ins Flachland, einen soldatisch tapferen Tod, auch er ein Opfer der düsteren Alchimie, die Castorps Tränen zum «alkalischsalzigen Drüsenprodukt» werden ließen, mit «etwas Muzin und Eiweiß darin».

Und der schlichte Junge? Der Zauberer, der die Geschicke in seinem Hörselberg so listig zu lenken verstand, schickte ihn zuletzt in die große Schlacht, die drunten im Flachland tobte. Man darf annehmen, daß sie Hans Castorp verschlang, der einen Augenblick vor einer Wegkreuzung stand: Ost oder West? Von einem Sieg des Lebens konnte in dieser Lage wohl keine Rede mehr sein. Der Tod, in den der gutartige kleine Held – nach einem Brief des Autors an Josef Ponten – «sinnlich und geistig verliebt» war, behielt am Ende die Oberhand. Aber es war der Tod des vergangenen Jahrhunderts und seiner Kunst, Freund Hein, der sanfte Schnitter, der Tod in der Musik Richard Wagners und des depressiven Schubert-Liedes, der Liebestod, der Erlöser, der romantische Tod, der eine Illusion von gefährlicher Schönheit war. Ein Tod, dem die Realität entzogen war, zur Abstraktion verklärt. Ein verlogener Tod.

In dem Brief an Josef Ponten sprach Thomas Mann freilich auch von seinem Versuch, «den Tod zur komischen Figur zu machen». Mit dieser Formel wurde der Autor dem eigenen Werk, das er so ungemütlich interpretierte, gewiß nicht gerecht. Die Komik war eher begrenzt, und das Lachen der Leser an den Sterbelagern, die der Hofrat Behrens mit nordischer Disziplin überwachte, gedieh wohl nicht ganz so üppig, wie es der Autor sich einzureden versuchte. Es traf allerdings zu, daß der Tod im «Zauberberg» den biblischen Stachel verloren hatte, trotz der düsteren Phantastereien des Professors Naphta. Man könnte eher feststellen, daß Castorp am Ende das Kind war, das in den Brunnen gefallen ist – den Brunnen ohne Wiederkehr, den Brunnen vor dem Tore aus dem Lied vom Lindenbaum, mit dem das Grundmotiv einer schwelgerischen Depression aufklingt.

Den Krieg, in den er sein «Hans Meisterchen» schickte, nannte Thomas Mann denn auch ein «Weltfest des Todes». Nun ja, könnte man sagen, sich einer Formel des Autors bedienend. Von der Realität des großen Mordens und vom Entsetzen, vom brüllenden Schmerz, mit dem Millionen und Abermillionen krepierten, hatte er nichts verstanden, wollte er nichts verstehen. Die Leser kreideten es ihm nicht an, im Gegenteil. Sie waren ihm dankbar, daß er sie so leicht, so geistreich und humoristisch von jeder Verbindlichkeit zu verschonen wußte. Die grandiose Taktlosigkeit des kriegerischen Endes im Flachland kränkte sie nicht.

Übrigens nahm auch das Urbild des Mynheer Peeperkorn an der Schilderung seiner Gelage und seines Abgangs nur einen Augenblick lang Anstoß. Ein gemeinsamer Urlaub auf der Ostseeinsel Hiddensee im Juli 1923 hatte Thomas Mann ein weiteres Mal erlaubt, sich in die Persönlichkeit Hauptmanns zu versenken. Tochter Erika, die zur Familie geeilt war, berichtete Pamela Wedekind: «In der Nacht war das *komischste* Fest gewesen, das ich in meinem langen, langen Leben mitmachte; – bei Hauptmanns. Erst waren viele Wandervögel zum Dichter gepilgert, hatten gesungen und gesprungen und er hatte dümmlich geredet (...). Aber dann ging man in die werte Privatwohnung und dort gab es so toll und voll Bowle, daß alle aber auch alle (mit Ausnahme des Zauberers, versteht sich) recht sehr betrunken waren.» «All die Würdenträger», spottete Erika, «und so heiter! Unausdenkbar! Ich fuhr Hauptmann durchs schön weiße Häärle und er küßte mich (...). So weit wars gekommen!» Sie sagte, er habe «etwas so uneitel Melancholisches», sie möge ihn «schon sehr gern». Seine Frau aber sei ein «Rindvieh und eine *Person*». Sie pudere sich schlecht und sei überaus unliebenswürdig.

Thomas Mann gab sich zunächst der merkwürdigen Hoffnung hin, dem Dichter werde verborgen bleiben, daß er für die Figur des Peeperkorn Pate gestanden hatte. Er war entschlossen, jede tiefere Verwandtschaft kurzerhand zu bestreiten. Dem Schriftsteller Herbert Eulenberg, der den Fall an die große Glocke hängen wollte, schrieb er beschwörend, er müsse sich mit Entrüstung gegen die Beschuldigung wehren, er habe Hauptmann in der Figur des Holländers porträtiert: «Das ist nicht wahr! Aber gewiß will ich, indem ich es für unwahr erkläre, der Wahrheit die Ehre geben. Ich stand zu der Zeit, als die Figur aktuell wurde, in Bozen (...) unter dem Eindruck der mächtigen und rührenden Persönlichkeit des Dichters. Dies Erlebnis hat in einzelnen äußerlichen Zügen auf die Gestaltung Peeperkorns eingewirkt. Ich kann und will es nicht leugnen.»

Glaubte er sich selbst, daß es sich nur um «einzelne äußerliche Züge» handelte? Das alte Mißverständnis von «Bilse und ich», die alte Empörung, die alte Zurückweisung des Gedankens an «Verrat, boshafte Belauerung, pietätlose Ausbeutung»! Er wollte und konnte nicht akzeptieren, daß Indiskretion zu Indiskretion führt und Mangel an Takt zu Taktlosigkeiten herausfordert.

Immerhin hatte er schon am 12. November 1924 Oskar Loerke, nun Cheflektor seines Verlegers Samuel Fischer, mit einiger Ängstlichkeit darauf hingewiesen, er denke daran, im Berliner Beethovensaal das «bewährte Peeperkorn-Gelage zu produzieren». Er habe jene Episode in der Galerie Caspari «vor einem intelligenten

Publikum» gelesen, und nachher habe ihm ein befreundeter Maler
«nach einigem lächelnden Zögern» gestanden, daß er «angesichts
Mynheer Peeperkorns ein paarmal an – Hauptmann» habe denken
müssen. «Meine Reaktion war Lachen, Stutzen, Nachdenken und
Besorgnis. Sagen Sie mir aufrichtig: Besteht Gefahr, daß noch andere auf diesen waghalsigen Gedanken kommen können?» «Sie
kennen Hauptmann», fuhr er fort. «Warnen Sie mich? (...) halten
Sie für möglich, daß die Berliner Freunde des Dichters auf den
Gedanken kommen könnten, mit Peeperkorn sei Hauptmann ‹gemeint›? Und daß es also Aergernis geben könnte? Ich bitte Sie dringend, meine Frage mit *äußerster Diskretion* zu behandeln! Der Gedanke darf kein Leben bekommen, und wenn er welches hat, so
muß man ihn ersticken, ermorden, mit allen Mitteln auf der Welt
leugnen.»

Hauptmann war zu jenem Zeitpunkt mit der Lektüre des Romans beschäftigt, wie er Samuel Fischer, dem gemeinsamen Verleger, am 26. November 1924 schrieb. Noch ahnte er nichts. Vielmehr
feierte er das Werk mit generösem Enthusiasmus: «Der Roman ist
ein Wurf und Werk. Ich bin überzeugt, dass, wenn er sich fortsetzt
wie bisher und an epischer Ruhe, Haltung und innerem Reichtum
nichts verliert, er unter die wenigen Meisterwerke seiner Gattung
zu rechnen ist. Einmal der Geburtsstunde eines solchen Werkes bei-
wohnen zu können, ist für mich kein geringes Ereignis.»

Thomas Mann bestand die Vorlesung in Berlin ohne Krise. Doch
am ersten Tag des neuen Jahres schrieb ihm Samuel Fischer, er habe
eine Karte von Herbert Eulenberg erhalten – die er seinem Brief
beilegte –, aus der hervorgehe, daß Hauptmann «nun doch wohl
sehr verstimmt» sei. Der kluge Verleger fragte: «Was ist da zu tun?
Nun da ich den Zauberberg zu Ende gelesen habe, bedaure ich erst
recht, dass mich Loerke auf Peeperkorn nicht aufmerksam gemacht
hat. Ich hätte jedenfalls versucht, Sie davon zu überzeugen, dass die
angebahnte Freundschaft, die mehr als eine private Beziehung zwischen zwei repräsentativen deutschen Dichtern hätte werden können, in Gefahr steht.» Er seufzte: «Vielleicht sehe ich jetzt zu
schwarz.» Er habe an Hauptmann geschrieben und versucht, die
Wogen zu glätten.

Hatte Eulenberg gepetzt? Oder ein anderer? Hatte Hauptmann,

in der Lektüre des «Zauberbergs» weiter vorgedrungen, die Ähnlichkeiten selbst wahrgenommen? In dem Entwurf eines Briefes an Samuel Fischer vom 4. Januar 1925 schrieb er: «Die Sache Thomas Mann steht menschlich schlimm (eines der vielen Eigenschaftswörter, die dafür zur Verfügung stehen heisst ‹Erbärmlichkeit›) – Damit wollen wir diese Acten schliessen. –» Wenig später, vielleicht noch am gleichen Tag erreichte ihn ein Brief Fischers. Im Konzept einer Antwort stellte er bitter fest: «Thomas Mann hat mir ‹recht und echt› niemals etwas bedeutet: er konnte mir nichts sagen, obgleich ich wünschte, er möchte mir etwas sagen können: Kurz, Thomas Mann hat mich nie interessiert. (...) Jeder Arbeitsmann, jeder Mensch, jede Hysterikerin interessiert mich, aber nicht ein solcher Bettler, der um seinen Brei zu würzen, schwarze Schlachterei treibt. (...) Ich hasse das Papier: ich liebe es! Den Papiernen Menschen hasse ich.»

Die Bilder waren dem alten Dichter in der Erregung etwas durcheinandergeraten. Was immer in dem Brief stand, den er dann wirklich zur Post gab – er ist nicht erhalten. Samuel Fischer, in seiner beispielhaften Diskretion, hütete sich gewiß, Thomas Mann den Grimm Gerhart Hauptmanns ungeschminkt mitzuteilen. Den «Papiernen Menschen» hätte der Autor des «Zauberbergs» nicht ertragen, ohne den älteren Kollegen von Stund an mit seinem Haß zu verfolgen. Ohnedies geriet er in Panik, wie so oft, wenn er sich ertappt fühlte. Eulenberg rief er am 5. Januar – es war längst zu spät – in hoher Erregung zu, unter den fünfzigtausend Menschen, die den Roman wohl gelesen hätten, seien höchstens zwei Dutzend in der Lage, sich an Hauptmann erinnert zu fühlen: «Die anderen sind so ahnungslos, wie es in der Ordnung ist. Und Sie wollen sie aufklären? Ich bitte Sie herzlich und dringend, von Ihrem Vorhaben abzustehen!» Der Kollege schien sich zu fügen.

Mitte Februar schloß Thomas Mann einen kleinen Brief an Hedwig Fischer mit der kleinlauten Bemerkung: «Überbringen Sie G. H.» (der sich in Rapallo aufhielt) «Grüße ehrerbietiger Freundschaft von Einem Ungenannten.» Im Fortgang der nächsten Wochen aber gelangte er zu der Einsicht, daß es wohl das beste sei, wenn er dem Kollegen ein Geständnis vorlegte: «Lieber, großer, verehrter Gerhart Hauptmann», redete er ihn am 11. April 1925 feierlich und demütig an: «lassen Sie mich Ihnen endlich schreiben! Ich habe längst gewünscht, es zu tun, habe es aber nicht gewagt. Ich habe ja ein schlechtes Gewissen, weiß, daß ich gesündigt habe. Ich sage ‹gesündigt›, weil das Wort eine doppelte Dynamik hat: es ist stark und schwer, wie es sich gebührt, und doch auch wieder, in gewissem Gebrauchsfall, ein halb gutmütiges, vertrauliches und versuchsweise humoristisches Wort, das freilich für eigentlich niederträchtige Taten nicht gelten dürfte. Ich darf sagen: ich habe gesündigt, wie Kinder sündigen.»

Mischte sich in die Devotion eine Prise Ironie? Wenn Thomas Mann bei dieser Stilübung der parodistische Teufel ritt, dann trug er in der Tat dick auf: «Ich habe mich an Ihnen versündigt. Ich war in Not, wurde in Versuchung geführt und gab ihr nach. Die Not war künstlerisch: Ich trachtete nach einer Figur, die notwendig und kompositionell längst vorgesehen war, die ich aber nicht sah, nicht hörte, nicht besaß. Unruhig, besorgt und ratlos auf der Suche kam ich nach Bozen – und dort, beim Weine, bot sich mir an, unwissentlich, was ich, menschlich-persönlich gesehen, nie und nimmer hätte annehmen dürfen, das ich aber, in einem Zustande herabgesetzter menschlicher Zurechnungsfähigkeit, annahm, annehmen zu dürfen glaubte».

Und noch einmal: «Ich tat Unrecht, aber ich hatte recht. Ich sage nicht, daß der Erfolg die Mittel heiligt. Aber waren diese Mittel, war der *Geist*, in dem ich mich jener menschlichen Äußerlichkeiten bediente, infam, boshaft, lieblos, ehrfurchtslos? Lieber, verehrter Gerhart Hauptmann, das war er nicht!» Er erinnerte den älteren Kollegen daran, daß er ihn den «König des Volkes» genannt hatte. «Und auch Ihre strengere Gattin möge daran erinnert sein – schon wage ich es, Sie zu bitten, bei ihr ein gutes Wort für mich einzulegen: so sehr glaube ich bereits an Ihre eigene Verzeihung.» Er bat, wenn der Augenblick gekommen sei, ihm die Hand nicht zu versagen, «die ich Ihnen im Geiste mit all der wahren Empfindung zu drücken wage, die niemals, zu keiner Stunde des Lebens und der Arbeit, in Ihrer Gesellschaft oder fern von Ihnen, aufgehört hat für Sie in mir lebendig zu sein!»

Der gutartige Hauptmann verzieh ihm – er sagte es wenigstens. Und es verzieh ihm die Witwe Margarete Hauptmann, der er nach dem Krieg in Österreich und danach bei der Gedenkfeier in Frankfurt wieder begegnete. Thomas Mann nahm den Tod des großen Gefährten zum Anlaß einer Skizze (in dem Essay «Die Entstehung des Doktor Faustus»), die nicht den geringsten Zweifel an der innigsten Verwandtschaft zwischen Peeperkorn und Hauptmann ließ. Er sprach, wenngleich in «Liebe und Ehrfurcht» gehüllt, von dem «Attrappenhaften» seiner Erscheinung, dem «bedeutsam Nichtigen», er sagte, seine Persönlichkeit (die er in Anführung setzte), habe «in ihrer geistigen Gebundenheit etwas von steckengebliebener, nicht recht fertig gewordener und ausartikulierter, maskenhafter Größe» gehabt. Thomas Mann erinnerte sich, daß der gefeierte Kollege, nachdem er selbst ein Stück aus seinem «Eulenspiegel»-Epos gelesen hatte, dringend eine Probe aus dem «Zauberberg» zu hören wünschte. Die Abwehr des Jüngeren wollte er nicht dulden: «Es dauerte eine Weile, bis er hervorbrachte, was in ihm arbeitete. Voran gingen pantomimischer Widerspruch, Gesten, bannende Winke zur Aufmerksamkeit. Dann kam es: ‹Lieber Freund... Nicht so... Sie haben unrecht... *In unseres Vaters Hause sind viele Wohnungen!*» Thomas Mann fügte hinzu: «Das war so gut, als Wort so gefunden und empfunden, so groß gedacht und wohl angebracht, daß es mich in tiefster Seele rührte.»

Er leugnete, im Rückblick, nicht «das Gran Ironie», das seiner Bewunderung beigemischt war; er nannte ihn mit sichtbarem Behagen den «germanischen Liebling der jüdischen Kritik» und sprach noch immer, in die Formulierung verliebt, von dem «Symbol majestätischer Unzulänglichkeit» – was immerhin besser sein mochte als eine Verkörperung unzulänglicher Majestät, die ihm selbst mit einigem Recht nachgesagt werden konnte. Er bekannte nun auch offen seine Dankbarkeit: daß ihm schließlich der Nobelpreis zufiel, sei «nicht zuletzt und vielleicht vor allem sein Werk» gewesen.

Vermutlich war Hauptmann nicht ins Bewußtsein gedrungen, daß Thomas Mann im «Zauberberg» auch seine Stilisierung nach Goethes Zügen karikiert hatte, die der schlesische Dichter so unverkennbar pflegte, nicht nur in der äußeren Erscheinung. In der geistigen Nachfolge und im Anspruch auf die Erbschaft waren sie Konkurrenten. Freilich kam Hauptmann zugute, daß er dem Vorbild durch die Statur, die Neigung zum Champagner und zum Wein, die

Sensualität, das große Auge, womöglich auch durch eine «große Natur» im Irdisch-Äußeren etwas näher war als Thomas Mann, dessen Gesicht im Fortgang der Jahre enger zu werden schien, das Auge härter, die Nase steiler, vielleicht auch spitzer.

Den «Zauberberg» betrachtete er, wie er an Félix Bertaux schrieb, als eine «Art von Modernisierung des Bildungs- und Erziehungs-Romanes», freilich auch als eine Art Parodie auf die Gattung. Gelegentlich sprach er von seiner «Wilhelm Meisteriade», bisweilen auch von seinem «Wilhelm Meisterchen». Das war der «Zauberberg» nicht. Hans Wysling bemerkte streng, für den «Bildungsroman» fehlten der Geschichte «schon die äußeren Grundmerkmale»: der Held sei keine Persönlichkeit, und er verhalte sich nur «passiv-reflektiv»; er habe kein Ziel, er werde auch nie erwachsen. «Der Roman bleibt», stellte der Zürcher Literaturhistoriker fest, «trotz der retrospektiven Umdeutungen eine Verfallsgeschichte», mit anderen Worten: die Geschichte der Auflösung einer Persönlichkeit.

Dennoch ein Meisterwerk, das dritte, das Thomas Mann geglückt war, ehe er das fünfzigste Lebensjahr erreichte. Ein Meisterstück trotz der so offensichtlichen Schwächen jener Passagen, in denen sich Verwirrung und gedankliche Überanstrengung mischten, trotz der – nicht nur parodistischen – Schwätzereien Settembrinis und Naphtas, die er selbst so nannte, trotz der Längen, die nicht nur die «himmlischen» waren, wie man sie der Musik Franz Schuberts nachsagt, trotz der ideologischen Phantastereien, trotz der Verfehlung einer zwingenden inneren Aktualität – vielleicht zum guten Teil eben darum. Das Werk lebt fort und fort aus dem Zauber der Erzählung, der Lust am Detail, dem Spiel der Bezüge, der unbesiegbaren Geduld des Erzählers. Es lebt aus dem großen Atem, mit dem Thomas Mann die sieben Jahre droben auf dem Berge durchmaß. Es lebt von der Virtuosität, mit der es der Autor zuwege brachte, einen intellektuellen Roman ins Humoristische zu heben.

Er bot den Lesern keine tröstende, aber eine erheiternde Lektüre – trotz aller Todesnähe –, deren sie in jener bedrückten Zeit dringend bedurften. Selbst der Krieg war nur noch ein ferner Schatten, dem man ohne Trauer und ohne Schmerz begegnen durfte. Die

Konflikte der Geister, die Liebe, die Krankheit, der Tod teilten sich mit, ohne Betroffenheit und Erschütterung zu verlangen.

Das Publikum dankte es dem Dichter. Der Absatz des dicken und teuren Buches übertraf alle Erwartungen. Die Verkaufszahlen erlaubten es dem Autor, einer Freundin am Heiligen Abend des Jahres 1924 zu melden: «Denken Sie, wir bauen eine Garage und kriegen ein Auto! Ich werde es nicht glauben, wenn ich drinsitze. Ein so schlichter Mann!» Bruder Heinrich hatte schon eines.

40. KAPITEL

Mit Fünfzig

Bei der Lektüre einer Goethe-Biographie stellte Thomas Mann zu seinem Vergnügen fest – Golo erzählte es in der kleinen Schrift «Erinnerungen an meinen Vater» –, daß der große Kollege in seinem fünfzigsten Lebensjahr die erste Equipage angeschafft hatte. «Mit Fünfzig!» schrieb er in das Buch. Der Sohn sagte hernach, die Koinzidenz habe dem Vater «tiefen Spaß» gemacht.

Dank der Einkünfte aus dem «Zauberberg» hatte sich Thomas Mann zum Kauf seines ersten Autos entschließen können: ein schmuckes Fiat-Kabriolett, das sechs Personen Platz bot – in jenen Jahren ein Luxus, den im verarmten und gebeutelten Deutschland wohl nur einige zehntausend Menschen genossen. Wer einen Wagen besaß, brauchte in der Regel einen Chauffeur. Im Haus an der Poschingerstraße zählte ein junger Mensch, Ludwig hieß er, zur Schar der Bediensteten, der bei Tisch zu servieren, Botendienste zu verrichten, wohl auch im Haus und im Garten Hand anzulegen hatte. Thomas Mann nannte ihn nicht ohne Sympathie einen «Windbeutel», und in der kleinen Novelle «Unordnung und frühes Leid» gewährte er ihm unter dem Namen «Xaver» einige liebenswürdige Auftritte. Der gelehrige Bursche mit den dicken Lippen schien anstellig genug, auch die Aufgaben eines Fahrers zu übernehmen. Voll kindlichen Vergnügens an der neuen Errungenschaft schrieb der Besitzer des Gefährts seinem Freund Bertram: «Und so werde ich denn fortan 33pferdig in die Stadt fahren, nach allen Seiten leutselig grüßend. Kommen Sie nur bald, um sich an den Weg zu stellen und Vivat rufend Ihren Hut, Ihren Stock und selbst Ihre

Brille in die Luft zu werfen, als Pate Schimmelpreester. Aber besser, wir machen einmal einen hübschen Ausflug alle zusammen.»

Indes, Ludwig war der neuen Pflicht am Ende doch nicht gewachsen. Wenige Monate später wurde ein neuer Chauffeur engagiert, «Joseph ist er genannt, und lädt dazu ein, ihn Seppl zu nennen», schrieb Thomas Mann der Tochter Erika: «Entfernt ist er vom Ludwig-Typ, wenn auch krummbeinig und langhalsig. Macht aber einen ganz gewitzten und strammen Eindruck, ist Schlosser und Elektriker und scheint brav zu fahren.» Ausflüge in die Umgebung und Ferienreisen wurden von nun an mit dem vornehm schwarzlackierten Gefährt unternommen. Ein Photo zeigt Thomas und Katia Mann auf den Rücksitzen des Kabrioletts, in Staubmantel und Lederkappe gehüllt, wie es der modischen Regel entsprach.

Die Porträts jener Tage demonstrieren freilich eine gewisse Verhärtung der Züge: die Augen unter den schwarzen Brauen schauen prüfender in die Welt, die Haare scheinen straffer gebürstet, der Schnurrbart ist strenger gestutzt, die Nase mündet mit zwei steilen Falten in die hohe und ein wenig zerfurchte Stirn. Wüßte der Betrachter nicht, auf wen sein Auge fällt, läge der Gedanke an einen Minister, einen Vertreter der Großindustrie oder des Bankwesens, vielleicht auch einen General in Zivil durchaus nahe: ein soignierter Herr, dem die Macht nicht völlig fremd ist. Vor allem einer, der seiner Erfolge sicher zu sein schien. Er hätte nicht ungern zur Kenntnis genommen, was die Schwiegermutter in jenen Tagen einer Freundin gestand, mit sanftem Spott übertreibend: daß der Reichtum von den Pringsheims zu den Manns hinübergewandert sei.

Thomas Mann konnte an der Schwelle der Fünfzig von sich sagen, daß er so gut wie alles erreicht habe, was für einen Menschen in seinem unzuverlässig-artistischen Gewerbe erreichbar war, sogar dies: Daß er von der Mitwelt für gewöhnlich nicht nur als Schriftsteller, sondern als Dichter gefeiert wurde – ein Ruhm, der ihm wichtig war, obwohl er die Unterscheidung nicht länger anerkennen wollte, an die sich brütende Zweifler wie Josef Ponten und flackernde Nationalisten wie Hanns Johst mit solch zorniger Entschlossenheit klammerten. Niemand wagte es, ihn einer «Schule», einer «Richtung» oder auch nur einer literarischen «Strömung» zuzuweisen. Die Berührung mit der Neuromantik, die sich in den ersten Novellen erkennen ließ, lag weit zurück. Er konnte nicht länger für den Realismus in Anspruch genommen werden, wie es nach den «Buddenbrooks» da und dort geschehen war. Mit dem Expressionismus hatte er nichts zu schaffen. In seinem Werk hallte die Luft nirgendwo «wie Geschrei», und keinem Bürger flog «vom spitzen Kopf der Hut». «Dada» war für ihn eine fremde Welt. Die «Neue Sachlichkeit» ging ihn nichts an. Er hatte mit dem «Tod in Venedig» seine eigene Klassik begründet.

Niemand bestritt im Ernst, daß er neben Gerhart Hauptmann und Hugo von Hofmansthal der bedeutendste unter den lebenden Autoren deutscher Sprache sei. Beiden begegnete er mit Achtung und – fast – ohne Neid, dem Dramatiker mit dem hohen Goethe-Haupt freilich ein wenig gelassener als dem österreichischen Aristokraten, trotz der vorübergehenden Spannung in ihrer Beziehung, die durch Mynheer Peeperkorn in die Welt getreten war. Thomas Mann betrachtete Hauptmann, wie er später bezeugte, mit einer Art Rührung als poetischen Serenissimus: gutartig, würdig, ein wenig vertrottelt und wohl auch vom lieben Gott mit keiner allzu großen Portion von welthafter Intelligenz versehen. Bertram hatte er mit dem Blick auf Hauptmann geschrieben, er nehme seine Stellung «als etwas Gegebenes, absolut genommen höchst Erfreuliches», und er «spüre, wenigstens oeffentlich, keinerlei Neigung, sie zu kritisieren. Das sei anderer Sache. Es soll nicht aussehen, alsob...»

Außerdem hatte er längst auf alle Ambitionen im Feld der Dramatik verzichtet. Im Bereich des Epischen konnte ihm Hauptmann, dessen war er gewiß, niemals ins Gehege kommen. Er hatte zwei Romane und zwei Novellen geschrieben, die schon in den Augen der Zeitgenossen zur Substanz der Weltliteratur des zwanzigsten Jahrhunderts gehörten. «Der Zauberberg» erreichte schon wenige Wochen nach dem Erscheinen das dreißigste Tausend. Samuel Fischer bereitete für das Jahr 1926 eine Volksausgabe der «Buddenbrooks» vor, mit der die Zahl der verkauften Exemplare von einhundertfünfundsechzigtausend bis ins sechshundertste Tausend gesteigert wurde. Der hohe intellektuelle Anspruch seiner Prosa schien der Popularität des Autors nicht im Wege zu stehen; das war, für sich genommen, ein kleines Wunder. Man kannte seine Stimme aus dem Radio, das in jenen Jahren im Begriff war, einen Platz in den Häusern der wohlhabenden und progressiven Bürger zu gewinnen. Der Film hatte sich, mit zweifelhaftem Erfolg – aber so blieb es immer – der «Buddenbrooks» bemächtigt. Die Erscheinung des Dichters war den Zuschauern aus der Wochenschau vertraut. Die Beliebtheit, die er genoß, trieb mitunter groteske Blüten: zum Beispiel bewarb sich eine Zigarrenfirma darum, eine ihrer Marken unter seinem Namen vertreiben zu dürfen. (Daraus wurde nicht viel.)

Für die Gesamtausgabe seiner Werke in zehn Bänden redigierte Thomas Mann zu Anfang des Jahres 1925 eine Sammlung seiner Reden und Essays, die im Jahr seines fünfzigsten Geburtstags unter dem Titel «Bemühungen» erscheinen sollte. Mit ihr prägte sich den Zeitgenossen – nach den «Betrachtungen» – ein weiteres Mal ein, daß er einer der geistigen Führer der Deutschen sei. Mit politischen Urteilen und Mahnungen hielt er nicht länger hinter dem Berg. Seine Meinungen spitzten sich zu. In die neue Fassung des Aufsatzes über «Goethe und Tolstoi» fügte er eine merkwürdige Passage über «unseren Sozialismus» ein, den deutschen also, von dem er nun sagte, sein geistiges Leben habe «sich allzulange in einem inferioren Wirtschaftsmaterialismus erschöpft»; er brauche den Anschluß an «jenes höhere Deutschtum, das immer ‹das Land der Griechen mit der Seele› gesucht» habe. Heute sei der Sozialismus «in politischer Hinsicht unsere eigentliche nationale Partei», doch er werde «seiner nationalen Aufgabe nicht wahrhaft gewachsen sein, bevor nicht, um das Ding auf die Spitze zu stellen, Karl Marx den Friedrich Hölderlin gelesen hat, eine Begegnung, die übrigens im Begriffe scheint, sich zu vollziehen.» Eine wunderliche Bemerkung. Von Marx hatte er vielleicht das «Kommunistische Manifest», vielleicht die «Deutsche Ideologie», vielleicht den «Achtzehnten Brumaire» gelesen – gewiß nicht das «Kapital». Das seltsame Wort machte später Schule. Die Berührung der totalitären Ideologien, der braunen wie der roten, mit dem Pathos Hölderlins produzierte eine Poesie von alabasternem Adel – siehe den Nazibarden Gerhard Schumann oder den sozialistischen Künder Stephan Hermlin.

Thomas Mann begegnete der Demokratie noch immer mit einer gewissen Skepsis, doch er beteiligte sich an dem großen Gespräch, mit dem sie unter den Deutschen heimisch zu werden versuchte. Nach Friedrich Eberts plötzlichem Tod – er war im Alter von vier- undfünfzig Jahren gestorben, durch Angriffe auf seine Ehre zer- mürbt – hatte er nicht gezögert, vor der Wahl des Reichsmarschalls von Hindenburg zum neuen Staatsoberhaupt zu warnen. In einem Brief an die «Neue Freie Presse» in Wien nannte er den Sieger von Tannenberg einen «Recken der Vorzeit». Gegenüber dem Thea- terkritiker Julius Bab charakterisierte er – auf den «Zauberberg» verweisend – die Kandidatur des alten Soldaten als «Lindenbaum», und er sprach von einer «schändlichen Ausbeutung der romanti- schen Triebe des deutschen Volkes».

Er kannte sie gut genug von sich selbst, diese «romantischen Triebe»: eben darum hatte er zu hoffen gewagt, die einstigen Weg- genossen aus dem deutsch-nationalen Lager würden ihm bei seiner Annäherung an die Republik schließlich folgen. Sie verschlossen sich seiner Kritik. Dennoch, so rasch waren die Repräsentanten des Bürgertums liberaler und moderat konservativer Prägung nicht be- reit, trotz schmerzlicher Vorbehalte, auf ihn zu verzichten. Er wurde mit ehrenvollen Einladungen zu Vorträgen und Lesungen überhäuft. Die Leitung der «Stinnes-Linien», die zu dem großen Kohle- und Stahlkonzern an der Ruhr gehörten, hatte ihn fürs Frühjahr 1925 mit ausgesuchter Höflichkeit gebeten, an der Kreuz- fahrt eines ihrer Schiffe durchs Mittelmeer teilzunehmen und ge- legentlich ein Wort über seine Eindrücke zu schreiben.

In Venedig, das ihm ein halb gerührtes, halb enttäuschtes Wieder- sehen bescherte, schiffte er sich am 23. März 1925 ein. In seinem Bericht für die «Vossische Zeitung», in dem er sich um einen leich- ten, ja geradezu flott-journalistischen Ton bemühte, erzählte er auf- geräumt von dem heiteren Alltag der einhundertsechzig Passagiere: «Sie leben sehr gut, bedient von einem Heer weißer Jacken; die Verpflegung ist üppig, nicht ohne Förmlichkeit wird sie genossen, man kleidet sich gesellschaftlich zum Sieben-Uhr-Diner, Musik spielt, zuweilen ist Tanz auf fahnengeschmücktem, mit Talkum be- streutem Deck... Ich will das alles nicht ausmalen, es könnte als soziale Provokation wirken, als beifällige Schilderung einer Orgie des nachkriegerischen Kapitalismus mit Neureichen in den strah- lenden Luxuskabinen. Es ist dergleichen. Es hat was davon.» Er fügte hinzu, daß er kein Luxusappartement bewohne und es dennoch zufrieden sei: «Man hat mir eine ehrenhafte Offizierskabine auf dem Bootsdeck angewiesen, die früher der Arzt innehatte, ein gedrängt praktisch eingerichtetes kleines Gelaß mit einem Tisch zum Schreiben und vielen geräumigen Schubladen unter dem Bett und in der Kommode. Ich habe es gut, aber nicht zu gut, so ist es in Ordnung. Mein Liegestuhl zum Lesen steht vor der Tür.»

Das Schiff legte in Cattaro und Port Said an. Der berühmte Autor setzte sich – mit Maßen – für einige Stunden der Fülle des berstenden und so unordentlich brodelnden afrikanisch-orientalischen Lebens von Kairo aus, ohne (wie André Gide) in den Sog der levantinischen Erotik zu geraten. Im Gegenteil: die bettelnden Männer und Jungen, die ihn umschwärmten, hieß er ein «Gelichter, gegen das die Soldojäger Süditaliens der reine britische Hochadel sind». Man «bedient sich», schrieb er, «tatsächlich gegen sie des Fliegenwedels, den man sich gegen die wirklichen Fliegen sofort nach der Landung kaufen muß; aber sie sind schlimmer als die wirklichen.» Trotzdem könne man sich «nicht ernstlich gegen sie erbittern»: «Sie sind pittoresk und fidel. Auch hübsch sind sie oft, auf afrikanische Art. Sie haben Zähne, wie ich sie nie im Leben gesehen.»

Ein deutscher Bürger auf Reisen. Wichtiger war der Ausflug nach Luxor und Karnak, den er im Schlafwagen unternahm: «Ich bin im Staube zwischen diesen Lotos- und Papyrussäulen, diesen Pylonen gewandelt, deren Flächen so zauberdicht mit Bild und ewiger Inschrift gefüllt sind. Ich bin auch mit den andern in die schwülen Grabzimmerfluchten der Söhne der Sonne in den Bergen am Rande der Libyschen Wüste hinabgestiegen, obgleich mir nicht wohl dabei war.» Das «Gefühl beschämender Indiskretion» verließ ihn bei keinem Schritt: und doch hatte er, wie er Bertram zwei Monate zuvor geschrieben hatte, die Einladung zu der Reise angenommen, um «einen Blick auf die Wüste, die Pyramiden, die Sphinx» zu werfen, «denn das kann bestimmten, wenn auch noch etwas schattenhaften Plänen, die ich im Geheimen hege, nützlich sein». Mit anderen Worten: er stellte erste Feldstudien für den Joseph-Roman an, der ihm seit geraumer Zeit durch den Kopf ging – neben anderen historischen Stoffen, die mit Martin Luther und dem Humanisten Erasmus zu schaffen hatten.

Er besichtigte Konstantinopel, durch ein Empfangskomitee der Hafenbehörde geehrt. Er bestaunte Athen und «fuhr in einem Buick-Wagen die Akropolis hinan». Auf dem Weg nach Messina schrieb er die versprochene Skizze. In Neapel stieg er aus. Er hatte genug.

Überdies wartete in München unaufschiebbare Arbeit: Er hatte der «Neuen Rundschau» für die festliche Ausgabe, die seinem fünfzigsten Geburtstag gewidmet sein sollte, eine neue Erzählung versprochen. Den Stoff holte er sich, nicht zum erstenmal, aus seinem engsten Lebenskreis: der Familie. Das lebhafte und zugleich präzise kleine Stück überschrieb er «Unordnung und frühes Leid». Es sollte ihn auf schöne und auch auf beschwerende Weise eine Weile begleiten: seinem Publikum Anlaß zu herzlichem Jubel, unter den Seinen ein Element der Verstörung, die er freilich fürs erste nicht zur Kenntnis nehmen mußte, denn nun war alles auf Feier und Harmonie gestimmt – selbst dort, wo kein unmittelbarer Zusammenhang mit dem großen Tag bestand, für den an so vielen Schreibtischen, in so vielen Redaktionen und Lektoraten, in ungezählten Buchhandlungen, ja in manchen Theatern Vorbereitungen getroffen wurden.

Ein gedrängtes Programm ließ ihn kaum zu Atem kommen. Gerhart Hauptmann hatte zur Eröffnung des «Deutschen Museums» in München, ein wahres Wunderland des technischen Zeitalters, einen «Festaktus» geschrieben. Bei der Generalprobe ergab sich die Gelegenheit zu demonstrativer Versöhnung: «Wir haben uns viel die Hände gedrückt», berichtete Thomas Mann der Tochter Erika, «und alles ist wieder in der Reihe. Er ist ein so gutes Format, ich liebe ihn sehr. Und das Festspiel ist auch so eine zu Herzen gehende Quasselei.» Wenige Tage später Aufbruch zur «Internationalen Kulturwoche in Florenz», wo er noch einmal aus «Goethe und Tolstoi» las, freilich kaum die neu eingefügten Passagen, in denen er sich auch mit heftiger Entschiedenheit über die deutsche Version des Faschismus äußerte. Der deutsche Botschafter erwies ihm jede nur mögliche Ehre. Indes ging ihm der Gräzist Ulrich von Wilamowitz-Moellendorff, der andere prominente Gast aus der Weimarer Republik, eher gegen den Strich. Thomas Mann nutzte die Gelegenheit für eine Woche Erholung in Venedig und am Lido.

Danach Wien, wo er sich als neues Mitglied des PEN-Clubs vorstellen konnte. Bei einer Tischrede warf er einen vergleichenden Blick hinüber nach München: «einer in ihrer Art herrlichsten Stadt, wie ich sofort hinzufüge, ausgestattet mit tausend natürlichen Verdiensten, bäuerlich-volkstümlichen Gepräges, höchst liebenswert». Wien wirke dagegen «außerordentlich mondän», man bewege sich «unter Menschen von amüsanter Rassenmischung»: «man sieht Frauen, wie man sie in München nicht sieht; eine charakteristisch prickelnde Sphäre, teils westeuropäischer als die des Reiches, teils auch schon ein wenig orientalisch beeinflußt». München, meinte er in einem verwegenen Satz, den er wenig später nicht mehr gewagt hätte: München sei eine «kerngesunde Stadt», es habe eine «alte Sinnenkultur» – «seine geistige» allerdings sei «weniger entwikkelt». Die Wiener Kultur sei «älter und mürber», sagte er, sie habe «eine kleine Neigung zur Hinfälligkeit, zur Krankheit», sie wisse vom Tode, von dem die «Lebensfreundlichkeit Münchens» nichts wisse. Das anonyme Dichterwort, das den Tod «einen Meister aus Wien» nannte, kannte er nicht, und er ahnte nichts, noch nichts von der Paraphrase, zu der ein gelernter Wiener und Wahlmünchner eineinhalb Jahrzehnte später, als ein neuer Krieg die Welt überzog, den Anlaß geben würde: der Tod sollte – Paul Celan sagte es in seiner «Todesfuge» – ein «Meister aus Deutschland» werden. Thomas Mann hatte nicht Adolf Hitler und die Todeswut seiner Reden im Auge (obschon ihm der aufgeregte Agitator seit dem Bürgerbräu-Putsch von 1923 ein Begriff war), sondern – es versteht sich – den sanften Tod im «Zauberberg».

Er hielt es, nachdem er die Mitte seines Daseins durchschritten hatte, eher mit der «Lebensfreundlichkeit», dem «Lebensdienst», der «Lebensbürgerlichkeit», von denen er nun unablässig sprach. Von der alten Todesbesessenheit, die immer eine eher abstrakte war, hielt er ein wenig Abstand.

Der festlichen Versammlung, die ihn am 6. Juli 1925 zu seinem fünfzigsten Geburtstag im alten Rathaussaal von München feierte, rief der Dichter zu: «Wenn ich einen Wunsch für den Nachruhm meines Werkes habe, so ist es der, man möge davon sagen, *daß es lebensfreundlich ist, obwohl es vom Tode weiß*.» Er setzte hinzu, seine Wiener Kritik an München in sachter Umschreibung wieder-

holend, ohne den Namen der Stadt zu nennen (was der freundliche
Anlaß verbot), es gebe zweierlei «Lebensfreundlichkeit»: eine, die
vom Tod nichts wisse, die «recht einfältig und robust» sei, und eine
andere, die von ihm wisse. Nur die letztere, so meinte er, habe «vollen geistigen Wert. Sie ist die Lebensfreundlichkeit der Künstler,
Dichter und Schriftsteller».

Vielleicht war dieses kritische Aperçu seine sublime Rache für die
gespreizte und pedantische Langeweile des Festredners Geheimrat
Muncker, der unzart genug war, Thomas Mann in einem Atem mit
Ricarda Huch und, noch bedenklicher, dem populären Dramatiker
Max Halbe zu nennen. Überdies stand der Professor nicht an, auf
die «rhythmisch nicht eben sicheren Hexameter» im «Gesang vom
Kindchen» zu verweisen, obschon er zugleich treuherzig versicherte, der Dichter komme «gerade in diesen ganz persönlichen
Bekenntnissen (...) unserm Herzen näher als in irgend einem Werk
sonst». «Mögen in unserem schönen München», rief Muncker,
«das ihn gerade durch die lebendige alte deutsche Mischung von
Kunst und Bürgerlichkeit anzog, (...) neue Werke ihm noch oft
fröhlich gelingen!»

Gut gemeint, wenigstens das. Auch der erste Bürgermeister
Scharnagl glaubte Thomas Mann als «geistigen Grundpfeiler einer
soliden bürgerlichen Gesellschaftskultur» ehren zu dürfen. Der Jubilar hätte das Niveau der Veranstaltung in der Tat als bedrückend
empfinden müssen, wenn nicht Karl Vossler, der Romanist, einen
parodistisch-brillanten Auftritt in der Maske des Ludovico Settembrini aus dem «Zauberberg» geboten hätte.

Dann der bewegende Augenblick, den Kurt Martens, der alte
Freund, in einem Bericht für die «Neue Badische Landeszeitung»
enthusiastisch beschrieb: «Die Sensation des Abends (...) und sein
unbestrittener Höhepunkt trat ein, als der Festredner Geheimrat
Litzmann, vormals Literaturhistoriker der Universität Bonn, im
Schimmer seiner noch immer nicht verblichenen kaiserlichen Or-
den sich erhob und Gehör erbat für – *Heinrich Mann*. Jeder der
Gäste kannte den politischen Gegensatz der beiden Brüder (...).
Die Fehde war seit Jahr und Tag beigelegt, doch die Erregung zit-
terte noch nach, in den beiden Dichtern selbst wie in ihren erklärten
Anhängern. Nun steht also Heinrich Mann, seines Bruders respek-

tabelster Rivale auch auf dem Gebiete des Romans, an der Ehrentafel nur wenige Plätze von ihm entfernt und spricht mit kühler, klarer Stimme Worte eines Glückwunsches, dessen erlösende Wärme sich wie aus der Tiefe eines verschütteten Schachtes langsam ins Freie ringt. Er erinnert an ihre Kindheit, an die Geburtstage, die sie damals im Elternhause und dann niemals wieder gemeinsam feierten – bis auf diesen Tag, wo er bereit sei, am Ruhme des Bruders sich zu freuen. Thomas stürzt auf ihn zu und schließt ihn in seine Arme. Wenn ehedem gekrönte Häupter sich so, von jubelndem Beifall umtost, umarmten und küßten, wurde man den Eindruck von schalem Theater nie recht los. Aus der spröden Gefühlswelt und Lebensform dieser beiden Lübecker Senatoren-Söhne, Souveränen der deutschen, *unserer* deutschen Kultur, brach das Bewußtsein der Zusammengehörigkeit ohne eine Spur von Pathos oder Selbstgefälligkeit, mit unmittelbarer Gewalt, erschütternd hervor.» «Stramm nationale Herren schwenkten», so erzählte Kurt Martens, «vielmehr schoben pazifistische Damen im Tanz. Alle Klassen- und Rassenunterschiede waren, für etliche Stunden wenigstens, verwischt.» Thomas Mann selbst stellte in seinem Dankwort fest, ein wenig mokant und zugleich gerührt: «Ich sehe mich um, ich sehe, daß ich Freunde habe, eine Menge Freunde, mehr, als ich mir je träumen ließ».

Er genoß den Ruhm, kein Zweifel, der so hell über ihm aufstrahlte, und er rückte ihn zugleich – nicht allzu energisch – von sich fort. «Der Ruhm zu Lebzeiten», sagte er, «ist eine fragwürdige Sache; man tut gut, sich nicht davon blenden, sich kaum davon erregen zu lassen. Wenn man sieht, was aus hellem Ruhm mitunter binnen fünfzig, binnen zwanzig Jahren wird, so mag einem wohl bangen. Niemand von uns weiß, wie, in welchem Rang er vor der Nachwelt stehen, vor der Zeit bestehen wird.» Zuvor hatte er, mit nicht ganz zuverlässiger Bescheidung, von seinem «fragmentarischen, unzulänglichen, schlackenvollen Werk» gesprochen. Doch im nächsten Satz war er – des unfreiwilligen Dementis kaum bewußt – gehorsam dem Wink zum Höheren gefolgt: «Goethe hat einmal gesagt, daß er die Größe mühsam habe lernen müssen. So habe ich, wiederum in meinem Stande, mühsam den Glauben lernen müssen, daß ich den Menschen und gar den Nationen etwas sein könne. Ich habe ihn sehr spät erlernt.»

War je ein deutscher Dichter vor ihm und neben ihm mit Ehren und Lobreden in gleicher Fülle überhäuft worden? Vielleicht Gerhart Hauptmann. Wer sonst? Nicht einmal der Fürst des deutschen Wortes in Weimar. Rudolf G. Binding, der mit seinen heroischsentimentalen Novellen, die oft in einer Woge von Kitsch einherwallten, das Gemüt von Millionen zu erweichen verstand, rief dem strengen Kollegen zu: «Dir, Thomas Mann, auf der Höhe des Lebens und des Ruhmes zugleich, unerreichbar schon für ein lebendes Geschlecht dem du, ein Überlegener, enteiltest (...). Walter und Wahrer wardst du, eingesetzt durch dich selbst und ewig verantwortlich, eines gewaltigen andern herrlichen Zauberbergs, eines Schatzbergs im unbegrenzten Reich deutscher Sprache, darinnen die Sonne nicht untergeht. Und dich verehrend erheben wir unsere Blicke.»

Jakob Wassermann, der Thomas Manns Willen zur «Repräsentation» nicht aus dem Auge verloren hatte, wagte einen Vergleich, der dem Kollegen wohlgetan haben mag: Auftreten und öffentlicher Einfluß eines «großen Schriftstellers» beruhten, sagte er, «auf denselben Gesetzen und den durch die tatsächlichen Verhältnisse gegebenen Notwendigkeiten wie die eines Staatsmannes oder Feldherrn». Stefan Zweig schrieb, dieser besondere Tag «im deutschen Kalender» zeige «für eine knappe Stunde die Geistigen in einer Art Gemeinschaft mit der ganzen deutschen Nation». Walter von Molo, Autor patriotisch gestimmter Biographien (der gut zwei Jahrzehnte später den Emigranten zur Heimkehr mahnen sollte), deklamierte: «Wer schüfe verantwortungsvoll und ehrte nicht gern den großen Steller unserer Schrift?»

In der Tat mangelte es nicht an Zuspruch aus den Gefilden, in denen man sich lieber auf das «deutsche Schrifttum» als auf die Literatur berief. Wilhelm von Scholz, in der deutschen Mystik zu Haus, merkte an, Thomas Mann sei «frei von jedem Verdacht (...), seinen Erfolg und Einfluß durch Sichfügen gegenüber dem Publikumsgeschmack» errungen zu haben. Wilhelm Schäfer, der es mit dem Volkstümlichen hielt, zählte Thomas Mann zu den Helfern der Menschheit, die den «lächelnden Spott durch eine lächelnde Heiterkeit» heilen.

Robert Musil schrieb ihm die «Liebe einer Nation» zu, und er fragte: «Darf ich die Kraft Ihres Werkes eine Gewissenskraft nennen?» Ernst Weiss, der 1940 in Paris Selbstmord beging, um sich dem Zugriff der Gestapo zu entziehen: «Es ist etwas zauberhaft Männliches um ihn.» Hans Franck, der über Johann Sebastian Bach und Ernst Barlach, Kleist und den Sohn Napoleons schrieb, hieß ihn, ohne eine Spur von Ironie, einen «Alles-Könner». Alfred Wolfenstein, der aus dem Expressionismus kam, betonte die «breite in ihm herrschende Spannung von der Musik bis zur Politik». Frank Thieß, der mit dem Roman einer Geschwisterliebe «Die Verdammten» ein großes Publikum gefunden hatte, widmete ihm begeistert-fragwürdige Verse: «In eines Säkulums Gedränge, / wo jede Zucht verbannt, verbrannt, / hast du mit überlegner Strenge / dich zum Gesetz der Form bekannt.»

Die aufmerksamste Huldigung aber, die sich sogar einen kritischen Unterton leisten konnte, brachte ihm Arthur Schnitzler im «Berliner Tageblatt» dar. Er sagte mit dem Blick auf den «Zauberberg»: «Dem Humoristen – und nur ihm unter allen Schriftstellern – ist Weitschweifigkeit erlaubt; ja, sie ist unter Umständen ein Kunstmittel mehr, dessen er nicht entraten darf und kann.» Seine Begründung: «Behagen» sei «die eigentliche Grundbedingung des Humors (...). Und der Begriff des Behagens verträgt sich nicht mit Beschränkungen irgendwelcher Art. In gewissem Sinne kann der Humorist niemals ein Ende machen; – kaum einen Anfang. Nur technische Notwendigkeiten nötigen ihn dazu.» Der Dramatiker hatte das Wesen des Epischen genauer verstanden als jeder der Kollegen und Konkurrenten des Romanciers Thomas Mann. Er sagte, dem Humor, diesem «göttlichen Kind», sei nichts verwehrt; auch nicht, «mit dem Schmerz, dem Elend, dem Tod zu spielen». Er bemerkte allerdings zugleich, Humor sei «immer dämonischer Natur». Seine Lobrede war aufrichtig. Zu jener Zeit schrieb Schnitzler seinem Sohn Heinrich, Thomas Mann sei der «einzige lebende ‹Humorist›». Die anderen, die man manchmal so nenne, seien «Witzbolde, Groteskisten, Ironiker», und er lobte die «göttliche» Länge des «Zauberbergs», wohl das Wort Robert Schumanns im Ohr, der nach seiner Entdeckung der C-Dur-Symphonie Franz Schuberts (so steht es im Kommentar des Briefbandes) von der «himmlischen Länge» sprach – «wie ein dicker Roman in vier Bänden etwa von

Jean Paul, der auch niemals endigen kann». Schnitzler bemerkte freilich auch vom «Zauberberg», er sei «schon heute classisch», und das sei etwas zu früh.

Der sensibel-skeptische Wiener Gefährte hätte das Fragment des «Felix Krull», aus dem der Autor anderntags bei einer Matinee im Residenztheater vorlas, kaum mit ähnlichen Huldigungen bedacht. Bei jener festlichen Veranstaltung spielte zunächst, wie es sich gehörte, ein Kammerensemble ein Stück von Mozart. Danach sang ein Chor von Mädchen, und die Maiden tanzten einen sanften Reigen. Dem Jubilar wurde ein Lorbeerkranz in die Hand gedrückt – nein, nicht aufs Haupt, das wäre ihm zu weit gegangen: dieses klassische Ritual hatte er schon einige Jahre zuvor den hübschen schwedischen Studentinnen verwehrt, die ihn in einer lauen Heidelberger Sommernacht voller Innigkeit feierten.

Kaum eine Geburtstagsgabe mag ihn tiefer berührt haben als die Porträtbüste, die der Bildhauer Schwegerle von der kleinen Elisabeth, dem «Kindchen», gefertigt hatte – ganz gewiß nicht das goldene Zigarettenetui, mit dem sich sein Verleger «redlich ins Zeug gelegt» hatte, wie er Bertram wissen ließ. Die jüngste seiner Töchter, ihm von der Stunde ihrer Geburt an das liebste unter den Kindern, war die unschuldig-traurig-drollige Heldin der Erzählung «Unordnung und frühes Leid», in der ein eifersüchtiger Vater die Geschichte der ersten schmerzlichen Verliebtheit des fünfjährigen Mädchens Lorchen anmutig beschrieb. Die Ironie, zu der er sich oft mit seltsam verkrampftem Ernst bekannt hatte, schien sich in diesem liebenswürdig entspannten Stück, das er in knapp zwei Wochen zu Papier gebracht hatte, schwereloser als früher ins Selbstironische zu wenden. Der Geschichtsprofessor Dr. Cornelius, in dessen Gestalt er vor die Leser trat, hatte gelernt, sich selbst in maßvoll-kritischer Manier auf die Finger zu schauen. Es sei sein «erhaltender Instinkt», sein «Sinn für das ‹Ewige›» gewesen, ließ er ihn sagen, «der sich vor den Frechheiten der Zeit in die Liebe zu diesem Töchterchen gerettet» habe: «Denn Vaterliebe und ein Kindchen an der Mutterbrust, das ist zeitlos und ewig und darum sehr heilig und schön.» Dennoch bescheinigte sich der Historiker, daß diese Liebe «ihrem Ursprunge nach etwas Tendenziöses» habe: «es ist Feindseligkeit darin, Opposition gegen die geschehende Geschichte zugunsten der geschehenen, das heißt des Todes. Ja, sonderbar genug, aber wahr, gewissermaßen wahr. Seine Inbrunst für dies süße Stückchen Leben und Nachwuchs hat etwas mit dem Tode zu tun, sie hält zu ihm, gegen das Leben, und das ist in gewissem Sinne nicht ganz schön und gut».

Er konnte es nicht ganz lassen, noch immer nicht. Keine «Lebensfreundlichkeit» vermochte ihn davon abzuhalten, auf umständliche und fast heimliche Weise, wenigstens für einen Augenblick, die Partei des Todes zu ergreifen, auch das reizende Kind nicht, trotz aller öffentlichen Beschwörungen. So würde es bis zum Ende bleiben. Die Schmerzlichkeit, in der sich das kleine Lorchen nach seinem seligen und verzückten Tanz mit Max Hergesell, dem aufgeräumten Elegant, allein im Bettchen wiederfindet, mag der erste Einbruch tieferer Trauer in seinem Leben gewesen sein, obwohl der Erzähler bemerkte, daß sein Schmerz wie sein Glück noch «ohne Verstand» sei.

Eine schwebende Erzählung. Indes, kein reines Idyll: vielmehr entwarf der Vater ein Familienporträt, dessen genaue Schärfe nicht jedem der Kinder zum Behagen gereichen konnte. In dem kleinen «Beißer» mußte sich Michael, der Jüngste, wiedererkennen: «gehegt und geboren in wüsten, verstörten Zeiten, hat er ein recht labiles und reizbares Nervensystem mitbekommen, leidet schwer unter den Mißhelligkeiten des Lebens, neigt zu Jähzorn und Wutgetrampel, zu verzweifelten und erbitterten Tränenergüssen über jede Kleinigkeit und ist schon darum der besondere Pflegling der Mutter. Er hat kastanienbraune Kugelaugen, die leicht etwas schielen, weshalb er wohl bald eine korrigierende Brille wird tragen müssen, ein langes Näschen und einen kleinen Mund.»

Golo war in dem Gruppenbild, das der Vater entwarf, zu seinem Vorteil ausgespart: er hatte in Salem, wie man weiß, gute Unterkunft gefunden. Dort hatte sich Monika zu ihm gesellt, die in ihrem poetischen Lebensbericht auf etwas dunkle Weise andeutete, daß sie in der «Höheren Töchterschule» nicht reüssiert habe: sie sei «aufsässig und faul» gewesen. «Außer Französisch, Deutsch, Turnen und Singen interessierte mich überhaupt nichts»; sie habe «geschwänzt» und mit dem Geschichtslehrer «die Grenze des Statthaften» überschritten, «nachdem er uns weit genug ins Unstatthafte

gelockt hatte» (was immer das besagen mochte). Sie schien in der
Schule des Dr. Hahn, in der sich «aristokratische, proletarische, jüdische, womöglich uneheliche Kinder» zu einer «freien, gleichsam
kosmopolitischen kleinen Welt» zusammenfanden, alles in allem
glücklich zu sein. Auch sie fehlte in der Novelle.

Auf Erika, die als Ingrid auftreten durfte, ruhte der Blick des Vaters mit Wohlgefallen: er nannte sie ein «sehr reizvolles Mädchen»
und bestätigte ihr ein «angenehmes Lächeln», eine «ebenfalls wohltuende Stimme und ein ausgesprochenes und sehr amüsantes paro-
distisches Talent», das zum Theater drängte. Klaus aber, mit dem
Namen seines Inflationsfreundes Bert versehen, fand sich «wie im
Leben» geschildert: «blond und siebzehnjährig», dazu entschlossen, «die Schule um keinen Preis zu beenden, sondern sich so bald
wie möglich ins Leben zu werfen (...) und entweder Tänzer oder
Kabarett-Rezitator oder aber Kellner» zu werden, «dies letztere
unbedingt ‹in Kairo›». Der Erzähler vermerkte auch, Bert habe sich
stark unter den Einfluß Herzls, eines jungen Schauspielers, begeben, er schwärze sich «den Rand der unteren Augenlider, worüber
es zu einigen schweren, aber fruchtlosen Szenen mit dem Vater»
gekommen sei.

Ein genaues Porträt in der Tat, doch nicht zu höhnisch, nicht zu
verletzend. Oder? Als sich das Fest der Kinder und damit die Geschichte zum Ende neigte, ließ der Autor den Dr. Cornelius, «nach
Art aller Väter, die Gaben und Werte» eines «fremden jungen Menschen sofort mit denen seines eigenen Sohnes» vergleichen. Der
Professor empfand dabei «Unruhe, Neid und Beschämung». «Mein
armer Bert», hieß Thomas Mann ihn seufzen, «der nichts weiß und
nichts kann und nur daran denkt, den Hanswursten zu spielen, obgleich er gewiß nicht einmal dazu Talent hat!» Er gestand ihm zu,
daß «möglicherweise ein Dichter in ihm steckt oder so etwas, und
daß seine tänzerischen Kellnerpläne bloß knabenhaftes und zeitver-
störtes Irrlichtelieren sind. Aber sein neidvoller Vaterpessimismus
ist stärker.»

Der wirkliche Vater trug dieses meisterhafte Stück in den kommenden Monaten und Jahren in den großen Städten des Landes zum
Entzücken seines Publikums wieder und wieder vor. Klaus aber
fragte seinen Freund Erich Ebermayer: «Kanntest Du die Ge-

schichte eigentlich schon? *Mich* kann es nicht gerade erfreuen, daß er sie allerorts vorliest.» Es ist nicht sicher, ob er den Vater jemals mit dem Vorwurf der Indiskretion konfrontierte. Thomas Mann hätte den Sohn womöglich mit herbem Spott darüber belehrt, daß er gut beraten wäre, wenn er vor der eigenen Tür kehrte. Zu Anfang des Jahres 1925 war, von einem mutigen Verleger in Hamburg gedruckt, Klaus' erster Erzählband unter dem schönen Titel «Vor dem Leben» erschienen. Darin fand sich eine Skizze, «Der Alte» überschrieben, in der sich Paul Geheeb, der Leiter der Odenwaldschule, zu seinem bitteren Entsetzen wiedererkannte. Kein unfreundliches Porträt, das der Pädagoge wohl ohne Kummer ertragen hätte, wäre jener «Alte» von dem blutjungen Autor nicht mit fragwürdigen Eigenschaften bedacht worden, die er als eine «große, gemeine Verleumdung» seiner Person empfand. Verstört und zornig schrieb der Pädagoge an Thomas Mann, er werde künftig sein Haus meiden, weil er auf keinen Fall jemals wieder mit Klaus zusammentreffen möchte.

Der Vater antwortete ein wenig betreten, Klaus habe «eben nur geglaubt, starke Eindrücke der Wirklichkeit mit Erfundenem dichterisch vermischen zu dürfen, ohne sich über die menschlichen Gefahren solchen Tuns klar zu sein». Lachte er ein wenig, als er diesen Satz zu Papier brachte? Durchschaute er die ironische Heuchelei, die dem Verfasser von «Bilse und ich» in die Feder geriet? Erinnerte er sich, wie oft er in gleicher Lage ertappt worden war? Dachte er daran, daß er nur wenige Tage vor der Niederschrift des Briefes an Geheeb die Erzählung «Unordnung und frühes Leid» abgeschlossen hatte? Warum fügte er hinzu, «die menschliche Wirkung» von Klaus' Skizze sei um so schlimmer, da er sich «spezifisch moderner Kunstmittel» zu bedienen versucht habe, «deren eigentümliche Bizarrerie und Kälte der Sache für Sie etwas besonders Abstoßendes geben mußten»?

Das war keine gelinde Kritik. Sie wurde auch nicht durch den Hinweis aufgehoben, Geheeb möge die «Artisten-Naivität» des Sohnes aus der Tatsache ersehen, daß er ihm «das Buch mit frommer Miene übersandt und womöglich noch auf Lob gerechnet» habe. Klaus selbst wandte sich gut zehn Tage danach an den Erzieher, den er wie alle Welt als «Paulus» anredete: «Wenn Sie mir meine ehrliche Verehrung für Sie je geglaubt haben, werden Sie mir glauben, wie *sehr* dieser Abschied, dieses Abreißen mich kränkt.» Schließlich verwies er darauf, daß auch in seinem Drama «Anja und Esther» die «geheimnisvoll-spukhafte Figur jenes ‹Alten›» vorkommen werde, «freilich *noch* mehr ins Märchenhafte, Groteske, Unsachliche transponiert. Dieses Stück wird im Herbst in Berlin uraufgeführt.» Den gleichen Brief hätte der Vater in jungen Jahren schreiben können – nein, so jung nicht: Klaus zählte noch keine neunzehn Jahre, als er den ersten Novellenband vorlegte und die Aufführung seines ersten Dramas ankündigen durfte.

Stolz und beunruhigt fragte Thomas Mann den Freund Bertram: «Wie finden Sie es, daß man sein Stück» – er sprach von Klaus Manns Erstling «Anja und Esther» – «für Berlin angenommen hat, und daß er selbst eine Rolle drin spielen soll? Ich verstumme.» In seinem nächsten Bericht nannte er das kleine Drama «gebrechlich und korrupt»: es handle von «gefallenen Kindern» und spiele in einem «sonderbar tänzerischen Hospiz für solche». Er fügte die rhetorische Frage an: «Soll, kann ich es verbieten? Das wäre ein Unsinn in der neuen Welt, die freilich selbst Unsinn ist, aber das spricht nicht für mich. Sehen wir zu mit den besten Wünschen, aber aus der Ferne. Denn in die Première bringen mich keine zehn Pferde.»

Die Uraufführung des morbiden Märchenspiels – das ein kritisch gestimmter Zeitgenosse mit den Trivialromanen der Marlitt verglich, nur ins Homosexuelle transponiert – fand nicht in Berlin, sondern in Hamburg statt: gespielt von Klaus Mann und seiner Verlobten Pamela Wedekind, von der Schwester Erika und dem genial begabten Gustaf Gründgens, mit dem sich die Schwester ein Jahr später verband. Er war, wie Klaus im «Wendepunkt» erzählte, der Star der Hamburger Kammerspiele: «Er glitzerte und sprühte vor Talent, der charmante, einfallsreiche, hinreißende, gefallsüchtige Gustaf! Ganz Hamburg stand unter seinem Zauber. Welche Verwandlungsfähigkeit! Welche Virtuosität der Dialogführung, der Mimik, der Gebärde!» Gustaf, schrieb er, war «brillant, witzig, blasiert, mondän (...) war düster und dämonisch, Gustaf war müde und dekadent (...); er war alles und nichts. Er war der Komödiant *par excellence.*» Es war seine Idee, «Anja und Esther» mit Klaus,

Erika und Pamela in den Titelrollen zu besetzen. Prompt hatte er dem Verfasser ein «stürmisches Telegramm» mit seinen Vorschlägen geschickt. Natürlich hatte Klaus keinen Augenblick gezögert, sich auf das Abenteuer einzulassen.

Die Kritiken waren gedämpft bis vernichtend. Nahezu unisono warfen sie dem jungen Autor seine «Dekadenz» vor. Später stellte Klaus fest, daß Carl Sternheim, dessen Satiren damals die deutschen Bühnen beherrschten, «Anja und Esther» gelesen hatte. Er schrieb an Erika: «Es erschütterte mich ein wenig, aus diesem krankhaft schimpfsüchtigen Munde extremes Lob zu hören. Er wußte es nur mit dem ‹Wozzek› und ‹Frühlings Erwachen› zu vergleichen, stellte es gewissermaßen über beide». Der gefeierte Kollege – der übrigens hernach Pamela Wedekind heiratete – schien es für richtig zu halten, dem Sohn Thomas Manns eine ordentliche Portion Honig ums Maul zu schmieren.

Kritik hin oder her: das Stück machte Sensation. Die vier Akteure zogen miteinander über Land, von Erfolg zu Erfolg. In jenen Jahren begann Klaus – dem Jünglingsalter kaum entwachsen – seine unablässige Wanderung durch die Städte und Regionen Europas. Er meldete sich aus Paris und aus Nizza, aus Prag, aus Zürich, aus St. Moritz, kehrte nach Berlin zurück, erholte sich gelegentlich bei den Eltern in München: ein Getriebener. «Unterwegs bin ich sowieso dauernd», schrieb er an Stefan Zweig, «in München jetzt nur ganz zufällig.» Im «Wendepunkt» warf er einen skeptischen Blick zurück: «Meine Unrast – oder meine Angst vor Wiederholung, Monotonie und Überdruß – ließ mich niemals an einem Ort, bei einem Freundeskreis, einer Beschäftigung verweilen. Es trieb mich fort. Immer trieb es mich zum Aufbruch, zum neuen Abenteuer. Ich gefährdete (oder rettete) menschliche Beziehungen, riskierte berufliche Chancen, unterbrach Studien und Amüsements – nur aus dem nervös-irrationalen Bedürfnis nach Wechsel und Bewegung.»

Es ist erstaunlich, daß er – fast permanent unterwegs – dennoch immer wieder zu halbwegs konzentrierter Arbeit fähig war. Die Spuren der Hast, die sich nicht übersehen ließen, hielt man seinem Alter zugute: niemand erwartete von einem Achtzehn-, einem Neunzehn-, einem Zwanzigjährigen eine disziplinierte Sprache, und niemand verlangte von seinen Erzählungen und Aufsätzen eine ausgewogene Komposition. Klaus war es noch lange Jahre erlaubt, als ein Talent zu gelten, das viel verspreche. Seine Erfolge, die ihm rasch zuteil wurden – womöglich zu rasch –, fielen ihm nicht in den Schoß, weil er das Söhnchen eines großen Vaters war: nicht nur; gewiß nicht in erster Linie. Es ist wohl wahr: sein Name sorgte für Aufsehen. Sein Charme und seine exzentrische Aufführung, die so schroff mit dem konservativen Stil des Vaters kontrastierten, verschafften ihm eine werbende Publizität, die ihm Tür und Tor zu öffnen vermochte.

Ein Jahr nach dem Theaterabenteuer demonstrierte er dem Vater, daß er literarisch nicht völlig wehrlos sei: der Erzählung «Unordnung und frühes Leid» setzte er seine «Kindernovelle» entgegen, die im Jahre 1926 publiziert wurde. In ihr trat der Herr des Hauses nur noch als Totenmaske in Erscheinung: in Gips wachte sie über dem breiten Mahagonibett der jungen Witwe. Klaus Mann schrieb sie Frank Wedekind, dem Vater seiner Verlobten Pamela, zu, doch dank der großen Nase, dem «unerbittlich verkniffenen Mund» und der «strengen, träumenden Stirn» war unverkennbar, wen er im Auge hatte. Er beschrieb den verblichenen Gatten der schönen Christiane als einen bedeutenden Philosophen, der dem Priesterstand entsagt hatte, zunächst noch in der christlichen Mystik verwurzelt, schließlich zum Gottesleugner und Nihilisten gewandelt. Der Kirche hatte er den Rücken gekehrt, als ihm Christiane begegnete, die ihm – von vier Kindern umringt – in Gebet und ruhiger Versenkung nachtrauerte, bis sie durch den jungen Till in ihrer Einsamkeit aufgestört wurde.

Klaus Mann selbst trat in der kapriziösen Gestalt des Till in die idyllische Szenerie, in der sich das Landhaus in Bad Tölz, der Garten, das Städtchen erkennen ließen. Er verlieh dieser Figur zugleich Züge des französischen Dichters René Crevel, der nach dem Freund Uto aus der Odenwaldschule wohl seine zweite große Liebe war. Auch dem Sohn Heiner, der so gern «summend und murmelnd irgendwo in der Sonne» saß, «versonnen und froh», gab der Autor manche Züge von sich selbst. Erika durfte der Leser in dem «tüchtigen und brauchbaren» Mädchen Renate begegnen: «Um ihr finsteres Knabengesicht hing verwildert das dunkle Haar, sie sah wie ein entschlossener, strenger Betteljunge aus». Golo wurde als Fridolin konterfeit: «von den Kindern der einzige, der nicht eigentlich schön war. Sein Gesicht war gnomenhaft, von seidig glattem Haar eine kleine und verzerrte Miene witzig umrahmt, mit hohem Brustkorb und zu breitem Mund». Immerhin billigte ihm der Autor zu, er sei als «Persönlichkeit Heiner gewiß ebenbürtig, wenngleich ihm dienend ergeben». Golo hätte sich über den Bruder mit gleichem Recht beklagen dürfen wie Klaus über den Vater: diskret gingen die Mitglieder der Familie nicht miteinander um, wahrhaftig nicht.

Die Kinder fanden in Till einen genialen Spielkameraden. Dennoch meinte der Titel nicht nur sie: die Erzählung gehörte nicht ihnen, obschon sie mehr als kleine Komparsen waren, sondern vor allem Till und der Witwe Christiane, die – aus ihrer trauernden Dämmerung erwacht – den jungen Mann für eine Nacht in ihr Bett holte. Sie empfing ein Kind, das den Namen der Geschichte auf ein wenig pathetische Weise bestätigen durfte. Till aber entzog sich jeder Bindung durch seinen raschen Abschied.

Nahm der Vater zur Kenntnis, daß ihn der Sohn Klaus in der kleinen Erzählung kurzerhand ins Jenseits befördert hatte? Im «Wendepunkt» schilderte der Sohn einen der vielen Abschiede vom Hause der Eltern in sentimentaler Verklärung: «Ich sehe mich die steinernen Stufen vom Eingang unseres Hauses herunterkommen und den Garten durchqueren, während Hans, der Chauffeur, mich draußen in der Föhringer Allee beim offenen Wagen erwartet. Es ist eine meiner vielen Abreisen, ich weiß nicht, wohin ich fahre. Ich fahre irgendwohin, ich trage meinen Handkoffer, ein paar Bücher, den Regenmantel.» In diesem Augenblick sei der Vater ans Fenster getreten: «Wie deutlich ich das Bild vor Augen habe! Der Vater dort oben, im Rahmen des offenen Fensters... Und nun winkt er mir zu, mit einem müden und ernsten Lächeln. ‹Viel Glück, mein Sohn!› sagte der Vater, mit halb scherzender Feierlichkeit. ‹Und komm heim, wenn du elend bist!›»

War es so? Vielleicht, vielleicht auch nicht. Scherzend schrieb ihm der Vater am Weihnachtsfest 1925 in sein Exemplar des «Zauberbergs»: «Dem geschätzten Kollegen – sein hoffnungsvoller Vater.» Klaus behielt das Bonmot nicht für sich. Die Anekdote gelangte, wie sollte es anders sein, auch in die Zeitungen, nicht zum Vergnügen Thomas Manns. Zu Anfang des Jahres hatte er in einem

Brief an Bertram bemerkt, der Sprößling sei «so nahe zum Stamme gefallen (...), wie es heutzutage möglich ist, denn das ist im Ganzen ein wildes Geschlecht, nicht heilig ist ihm, was anderen hehr, unsereins versteht da wenig und verzichtet in dieser Einsicht klüglich auf Versuche, das Ding auf Autorität zu stellen, sondern sieht bescheiden und mit den besten Wünschen zu, wie es laufen will und kann».

Der Ton toleranter Resignation verbarg die beunruhigende Einsicht, daß der Sohn sich auf das Abenteuer des Lebens einließ, das sich der Vater zeit seiner Tage angstvoll und streng versagte. Klaus versteckte seine Homosexualität nicht. Er schrieb: das war fragwürdig genug. Er nahm dennoch am Leben teil: das war schlimmer. Er lebte gefährlich, doch er lebte: eine Herausforderung, die sich von Zeit zu Zeit ins Unerträgliche auswuchs.

In jenem Jahr 1925 brachte Thomas Mann seinen Aufsatz «Über die Ehe» zu Papier, den Graf Keyserling für eine Anthologie bestellt hatte. Der Tochter Erika sagte der Vater mit scherzender Beiläufigkeit, er habe die Arbeit «auf ganz anständige Art» hinter sich gebracht: «Es ist ein ziemlich umfangreiches Dokument geworden, hochmoralisch, und enthält auch eine prinzipielle Auseinandersetzung mit der Homoerotik, ei, ei.» Der Mutter habe der Versuch gut gefallen. Katia konnte in dem Aufsatz nachlesen, daß ihr Mann – davon war die Rede – seinen Entschluß zur Ehe lange schon gefaßt hatte, bevor er sie mit Liebesschwüren bestürmte. Doch zum anderen pries er die Institution der Ehe, die den Charakter des «menschlich Ewigen» besitze. Die Homosexualität nannte er, auch dies wurde schon erwähnt, eine «sterile Libertinage»: dem Sohn und sich selbst ins Stammbuch geschrieben.

41. KAPITEL

Unruhige Übergänge

Am 10. Februar 1926, zwei Wochen nach seiner Rückkehr von einer großen Reise nach Paris, legte sich Thomas Mann mit einer Grippe zu Bett. «Niedrige Übertemperaturen», notierte er sorgsam, «langwierige Affektionen der Luftwege (...), nicht schwer genug, um den Geschmack an der Zigarette ohne Rest zu verderben.» Er las eine Erzählung von Adalbert Stifter, die ihm Freund Bertram geschickt hatte, und Flauberts «Salammbò». Vor allem schrieb er mit einigem Behagen einen ausführlichen Bericht über die Paris-Reise: «Kritzele (...) an der zum Pulte schräg gestellten Platte des über das Bett zu schiebenden Spezialtisches», wie er den Lesern erzählte, «an dem ich auch meine Mahlzeiten nehme und der mir als Sinnbild einer Konzentration erscheint, die nur das Krankenzimmer gewährt.» Katia Mann in ihrem Zimmer fand ihre Lage nicht ganz so gemütlich: ihre Erkältung verschlimmerte sich zu einer veritablen Lungenentzündung, von der sie sich nur langsam erholte: «Das Fieber will nicht weichen», schrieb Thomas Mann vierzehn Tage später an Hugo von Hofmannsthal, «der rechte Lungenlappen ist affiziert und die Sache wird langwierig sein. Es bedrückt mich sehr.» Er fürchtete, zu Recht, einen Rückfall in den gefährlichen Zustand, der Katia einst nach Davos verbannt und ihm den «Zauberberg» eingegeben hatte. Das ganze Jahr war von dieser Sorge überschattet. Im Mai wurde ein langer Aufenthalt in den noch immer tief verschneiten Bergen notwendig, samt obligater Liegekur auf dem kalten Balkon: nein, nicht in Davos – die Rückkehr dorthin verbot sich aus naheliegenden Gründen –, sondern in Arosa.

Dennoch ließ sich der Autor bei der Niederschrift seiner «Pariser Rechenschaft» die gute Laune nicht verderben. Er lud den Leser zum Rückblick auf eine Reise ein, die er mit tiefer Genugtuung als einen Erfolg und als eine Bestätigung seines unablässig wachsenden Ansehens in der Welt betrachten durfte – auch in der Hauptstadt des einstigen Erb- und Erzfeindes. Im Anlauf nach Paris hatte er vier Lesungen hinter sich gebracht, eine davon in Köln. Wie üblich war er Gast im Hause Ernst Bertrams gewesen, der mit seiner Mutter draußen in dem gediegenen Vorort Marienburg wohnte.

Der Professor blickte mit Skepsis auf das Pariser Unternehmen, dem Thomas Mann mit so hoher Erwartung entgegensah. In der Seele des sensiblen Gelehrten hatte sich die Haltung nationalen Trotzes verhärtet. Seine Ressentiments nährten sich täglich aus der fortdauernden Besetzung von Teilen des Rheinlandes durch die Truppen des Nachbarn: zweifellos eine unnötige Demütigung des Besiegten, politisch fruchtlos, ja destruktiv, zudem eine unproduktive Belastung der Wirtschaft. Aber sie war kein entscheidendes Hindernis für den Willen zu einem vernünftigen Ausgleich der beiden Mächte links und rechts des Rheines, eher eine Herausforderung, die Barrieren beiseite zu räumen. Davon wollte Bertram nichts hören, obschon er seinen Widerstand vor dem Gast taktvoll zu verbergen suchte.

In Mainz traf Thomas mit Katia zusammen, die von München nachgereist war. Die beiden bewunderten die «eleganteste französische Renaissance», die sie in der «roten Sandsteinarchitektur des früheren kurfürstlichen Schlosses» zu erkennen glaubten, und sie bemerkten befriedigt, daß die «Okkupationstruppen» soeben die Stadthalle «geräumt und dem Volke von Mainz zur Belustigung wieder übergeben» hatten: statt der Trikolore «war die rot-gelbe Karnevalsflagge gehißt». Abreise mit dem Schlafwagen, von dessen Schaffnern der Autor bemerkte, sie seien «merkwürdige Leute, heimatlos undefinierbare und mehrsprachige Grenz- und Mischtypen zumeist; (...) von einer gewissen niedrigen Mondänität». Er hätte hinzufügen können, daß sie in jenen Jahren ein hübsches Zugeld durch Schmuggeleien zu verdienen pflegten und überdies verdächtigt wurden, sie stünden allesamt im Sold der Geheimdienste – meist nicht nur desjenigen ihres eigenen Landes.

Ankunft am Gare de l'Est in Paris am 20. Januar morgens um sechs Uhr. Befriedigt notierte der Autor, daß die Pariser Taxis, dank der starken Rentenmark, so gut wie nichts kosteten und er nur einmal übers Ohr gehauen worden sei. Das Hotel «Palais d'Orsay», von der Botschaft gebucht, war von jener Pracht, die für den Autor einen Hauch bombastischer Kleinbürgerlichkeit zu besitzen schien. Dafür mangelte es an einigen praktischen Bequemlichkeiten. Nach dem Frühstück Begrüßung durch einen Botschaftsrat, von dem Thomas Mann in seinem Bericht mit leicht überhöhtem Wohlwollen bemerkte, er sei «kein germanischer Recke, sondern ein zierlicher Herr von höflich gescheitem Wesen, das für seine Laufbahn die besten Hoffnungen erweckte». Danach der erste Spaziergang: «Da war sie denn also nach fünfzehn Jahren wieder einmal, die milde, halbdurchsonnte, silbrig neblige Pariser Luft» – ein diskreter Hinweis auf die mysteriöse Pariser Reise im Jahre 1911, für die es keinen Beleg gibt, zugleich die Andeutung, in der Beiläufigkeit des «wieder einmal» halb verborgen und dennoch unübersehbar, daß der weltläufige Dichter die «Luft» der Hauptstadt Frankreichs wohl des öfteren genossen habe.

Wie gern ergab er sich in den folgenden Tagen den Reizen und Vorzügen, denen der Tourist gehobenen Anspruchs an der Seine zu begegnen hoffte, damals wie heute: den Wonnen des französischen Alltags, die dem Reisenden – drei Jahre vor dem Erscheinen von Friedrich Sieburgs großem Essay – die Frage nahelegten, ob es mit der Redensart «Leben wie Gott in Frankreich» nicht doch seine Richtigkeit habe. Mit welcher Lust trank er den «charaktervollen und halbsüßen Graves Supérieur», der zu allen Meeresfrüchten zu passen schien, wie entzückt lauschte er den eleganten Causerien, die er, von etymologischem Scharfsinn gelenkt, mit dem deutschen Wort «kosen» in Zusammenhang brachte, mit welch angemessenem Eifer stöberte er an den Ständen der Bouquinistes, wie gehorsam registrierte er, daß es «eben doch etwas anderes mit dem Schriftstellertum in Frankreich» sei als bei uns – «weit mehr etwas gesellschaftlich Vertrautes und Anerkanntes, eine Laufbahn viel eher, die sogar weit führen kann in Staat und Sozietät, – während es bei uns reine Dämonie ist, außerstaatlich und außergesellschaftlich von Grund aus». Wie enthusiasmiert – und pflichtschuldig zugleich

– vermerkte er die ausführlichen Tafeleien, die niemals zu beschwerender Völlerei degenerierten, wie neugierig beobachtete er den «Jagdgrund der Prostitution», und namentlich der «männlich-homosexuellen» in den Revieren um die Place de la Concorde, «die an Umfang der von Berlin wohl nachgerade gleichkommt».

Kein Zweifel, der Autor ließ sich gern ein wenig treiben bei der Niederschrift seines Berichtes, der von der «Neuen Rundschau» in drei Fortsetzungen publiziert wurde (in der Sammlung der «Autobiographischen Schriften» macht er nahezu einhundert Seiten aus). Es war ihm gottlob entgangen, daß ihn eine offizielle Publikation des «Institut de France» noch 1924 einen «gefährlichen Pan-Germanisten» genannt hatte. Er nahm kaum einen Schatten wahr. Er schrieb und schrieb. Er kam vom Hölzchen aufs Stöckchen und vom Hundertsten ins Tausendste, wie es ihm so oft widerfuhr. «Wes das Herz voll ist», pflegte er sich allemal zu entschuldigen, seiner Schwäche bewußt, die er in Wahrheit eher als eine Stärke empfand. Das war sie manchmal in der Tat, doch nicht immer.

Er konnte dem Leser nicht vorenthalten, daß er in den neun Pariser Tagen Gott und der Welt begegnete: Diplomaten und Dichtern, Ministern und Professoren, Aristokraten und vereinsamten russischen Emigranten, die in schäbigen Buden hausten. Offizieller Anlaß der Unternehmung war ein Vortrag in den Räumen der amerikanischen Carnegie-Stiftung für den internationalen Frieden, von dem zu seinem Bedauern eine breitere Öffentlichkeit und auch ein Teil des Korps der Journalisten ausgeschlossen waren, weil es einige Tage zuvor, ausgerechnet bei einer Veranstaltung mit dem Kritiker Alfred Kerr, zu Störungen gekommen war, die nichts mit dem Redner und nicht viel mit Deutschland zu schaffen hatten. Doch den Verantwortlichen schien Vorsicht geboten. Ihre Furcht erwies sich als übertrieben, und es kostete einige Mühe, die verärgerte Presse zu beschwichtigen, deren Vertreter vor verschlossenen Türen standen.

Durch das Ungeschick der Organisatoren wurde Thomas Manns Werbung für das gewandelte Deutschland um einen Teil ihrer Wirkung gebracht. In seiner Rede verschwieg er die Unterschiede nicht, die nach seiner Einsicht zwischen «dem deutschen geschichtsphilosophischen Denken und dem westeuropäisch-amerikanischen» bestanden. Er sprach auch von der «Neigung zu den Mächten des Unbewußten und des vorkosmisch-lebensträchtigen Dunkels», die man den Deutschen nachsage, von der «Tendenz zum Abgrunde, zur Unform und zum Chaos», die die Deutschen (wie seinen Hans Castorp) «zu rechten Sorgenkindern des Lebens» mache. Er zeigte Verständnis für die «Weltantipathie», die der Verbindung von wilhelminischem «Romantismus» und «derbster Imperialwirtschaftlichkeit» begegnete; sie habe bewirkt, daß man sich Deutschland «unter dem Bilde eines reichlich brutalen Generaldirektors habe vorstellen müssen, der sich von einem elektrischen Grammophon Schuberts Lindenbaumlied vorspielen ließe». Den Beifall, der sich bei diesem Aperçu regen wollte, wehrte er ab. Die Franzosen beglückwünschte er zu der «wachsenden psychologischen Vorsicht», mit der sie die Frage der Kriegsschuld – die damals alle Gemüter links und rechts des Rheines tief bewegte – zu betrachten begannen. Thomas Mann versicherte ihnen, daß «in Deutschland jeden Tag die Idee der Demokratie an Boden gewönne». In seinem Essay «Pariser Rechenschaft» stellte er später fest: «Ich sprach für Deutschland. Was ein Teil unserer Presse in fetten Lettern von skandalösen Kniebeugen zu berichten gewußt hat, die ich vor den Franzosen vollführt hätte, ist – Entstellung.»

So war es. Seine Kritiker von der Rechten scherten sich den Teufel um die Würde, mit der Thomas Mann die deutsche Sache vertrat, gewiß mit Elementen geistreicher Selbstkritik, doch auch den Gastgebern gegenüber in den gebotenen Grenzen des Taktes kritisch. Die nationalistische Meute in München, Berlin und anderswo aber wollte nichts von Würde, nichts von Verständigung und Versöhnung wissen. Sie wollte Unfrieden, nicht Frieden. Sie haßte die Hoffnung, der Thomas Mann das Wort redete: die Ahnung, daß «die Welt ein anderes Gesicht erhalten würde», wenn das «tiefnachbarliche Verhältnis der beiden durch Haß verbundenen Völker sein Vorzeichen änderte». Den Kollegen vom französischen PEN-Club rief er zu: «Meine Partner haben Französisch gesprochen, und ich habe Deutsch gesprochen, und wir haben einander ausgezeichnet verstanden. Lassen wir das symbolisch sein! Fassen wir es auf als Symbol für das Europa, auf das wir hoffen und an das wir glauben! Es wird weder ein französisches Europa sein noch ein deutsches.

Wir werden Französisch sprechen, und wir werden Deutsch sprechen, und wir werden einander dennoch gut verstehen!»

Ein schöner Wunsch, tragisch verfrüht, der auf so furchtbare Weise zurückgewiesen wurde. Zwei Jahrzehnte später, als die alte Welt in Schutt und Asche lag, nahm Thomas Mann das Wort vom «Europäischen Deutschland» wieder auf. Der Bote des schwierigen und geheimnisvollen Deutschland schien nichts als gutem Willen zu begegnen, nicht nur als Vertreter seines Volkes, sondern auch in eigner Sache: die Leiter des Verlagshauses Kra begannen mit ihm über eine Gesamtausgabe seiner Werke zu verhandeln – eine Ehre, die einem Schriftsteller fremder Zunge zu Lebzeiten nur selten widerfährt. (Die Wirklichkeit indes war nicht ganz so liebenswürdig: ein gutes Jahr später weigerte sich der Verlag, die «Buddenbrooks» wegen ihres starken Umfanges zu drucken. Er wollte sich zunächst mit der «Königlichen Hoheit» begnügen, aber auch dieses Buch wurde von Kürzungen bedroht. Überdies fand der Autor immer neuen Anlaß, sich über die Qualität der französischen Übersetzungen zu beschweren.)

Alles in allem wurde er mit Freundlichkeit, Aufmerksamkeit und Bekundungen des guten Willens geradezu überschüttet – und er zögerte nicht, seinen Lesern die Fülle der Auszeichnungen mit etwas geplusterter Umständlichkeit, gelegentlich auch in sacht selbstironischer Drapierung zu präsentieren. Eine Konfrontation mit dem lauernden Mißtrauen der Franzosen, das längst nicht erloschen war, fand nicht statt: nicht in seinen Gesprächen mit den Ministern, die ihm auf den Gesellschaften des Botschafters oder der literarischen Freunde die Ehre gaben: Daladier, ein knappes Jahrzehnt später, in den düsteren Tagen des nazistischen Triumphes von München, Chef der Regierung; Berthelot, der Staatssekretär des Äußeren; der Kriegsminister Painlevé, ein liberaler Mann. Keine Spur der Feindschaft bei den französischen Kollegen, ob François Mauriac, ob Jules Romains, oder bei all den anderen, deren Namen die Literaturgeschichte nicht verwahrt.

Thomas Mann nahm jedes Wort der Versöhnung um so bereitwilliger auf, da es in der Regel mit den anmutigsten Komplimenten für sein Werk und seine Person, oft auch mit Demonstrationen einer gründlichen Kenntnis seiner Bücher verknüpft war. Alfred

Fabre-Luce, später ein enger Freund Friedrich Sieburgs, Charles du
Bos, Benjamin Cremieux und vor allem der große Germanist Félix
Bertaux, ein Mann von «heiterer Häßlichkeit»: sie alle überhäuften
ihn mit Komplimenten, die der Autor seinen Lesern nicht vorenthalten wollte.

Die schönste der schmeichelnden Auszeichnungen bot ihm Bertaux dar: er «erzählt aufs freundlichste von einem Besuch bei mir zu
Hause, in München. Er spricht von dem alten Hause in Lübeck, wo
nun die Buchhandlung ist. Er tut, halt, halt, einen Sprung und
kommt auf ein weiteres Haus, in Frankfurt, am Hirschgraben. Halt,
zügelloser Causeur! Aber da ich seiner Behendigkeit nicht gebieten
kann, versinke ich, während er seine Assoziationen weiterspinnt, in
eigene Frankfurter Träume, Erinnerungen an das Haus, an die Stimmung seiner Räume und Treppen, die kindheitlich-märchenhafte
Vertrautheit seiner Atmosphäre, die Erschütterung durch soziales
Wiedererkennen, die ich, ohne meinen Empfindungen Halt zu gebieten, erprobte, als auch ich mich eines Tages dort umsah... Vertrautheit, Liebe, Verwandtschaft? Haben nicht Menschenkinder
Götter und Halbgötter ihre Verwandten und Ahnen geheißen? Hat
nicht Stifter gesagt, er sei kein Goethe, aber er sei einer von seiner
Verwandtschaft? Bin ich noch gegen Stifter ein Nichts, oder bin ich
so viel gegen ihn, daß auch ich in vertieften Stunden Familiensinn
pflegen darf? Ist dies nicht eine vertiefte, eine erhöhte Stunde, hier,
mitten in der Hauptstadt des ‹Erbfeindes›, angesichts eines fremd-
ländischen Publikums, zwischen Männern, welche, in ihrer Sprache, dieser französischen Sprache, deren analytische Tradition und
Kultur unter den europäischen Sprachen ohne Beispiel ist, im Geiste der Freundschaft meine Existenz erörtern?» Identifikation mit
Goethe: weiter konnte man den schmeichelnden Respekt nicht treiben.

Die Gastgeber wollten in ihrer unübertrefflichen Höflichkeit
selbst den «Betrachtungen» eine höhere Wahrheit zugestehen, in
der sich der unglückselige Gegensatz von «Kultur» und «Zivilisation» aufzuheben schien. In Thomas Manns Begriff von der «Kultur», bemerkte ein Gelehrter von jugendlicher Unbefangenheit,
dürften die Franzosen in Wirklichkeit auch ihre «Zivilisation» erkennen. Mit dem Blick auf den Krieg stellte jener liebenswürdige

Lobrednerfest: «Wir haben das Unglück gehabt, unser Gewissen erforschen zu müssen in einem Augenblick, wo Geschichte mit den Kräften der Zerstörung gemacht wurde. Die Mißverständnisse entstehen aus dem Geiste der Verneinung.» Mit diesen Ausführungen, rief Thomas Mann entzückt bei der Niederschrift seines Berichtes, habe der junge Mensch seine «kritischen Sporen» verdient, die «Sporen der Moralisten». Er selbst versicherte im Gespräch mit Fabre-Luce und Maurice Boucher voller Eifer, die «Considérations d'un non-politique» seien «durchaus nicht bös gemeint» gewesen, und in Klammern notierte er die Reaktion seiner Gastgeber: «Heiterkeit, ‹Ah, non évidemment!›»

Dann holte er von neuem zu einer der Rechtfertigungen des unglückseligen Buches aus, die ein stereotypes Element seines Daseins werden sollten: «Sein Antrieb», sagte er von dem Werk, «war tatsächlich nicht politischer, sondern rein geistiger Art; es war der Protest gegen die moralische Weltvereinfachung durch die demokratische Tugendpropaganda.» Die Franzosen, glaubte er zu beobachten, «zeigten unbedingtes Verständnis. Die Folge sei», habe der (konservative) Fabre-Luce erwidert, «daß das Buch sich hauptsächlich gegen den Geist der französischen Linken, den bürgerlichen Radikalismus, den Geist der Revolution richte, und dies sei eben die Schwierigkeit, daß in der Tat gerade die bürgerliche Linke seines Landes (...) dem ideellen Deutschtum am feindlichsten gegenüberstehe». «Glänzend bemerkt», fügte Thomas Mann hinzu. Vielleicht beobachtete er eineinhalb Jahrzehnte später, daß sein Gesprächspartner, der *collaboration* peinlich nahe, den Deutschen auch in den Jahren des Vichy-Regimes mit großherzigem Verständnis gegenübertrat.

Deutschland war in jenen Pariser Tagen auf vielfache Weise stets gegenwärtig. Was immer Thomas Mann von dem fremden Leben der Stadt wahrnahm: nahezu alles sah er in Bezügen zum Vaterland, das er dort draußen repräsentierte. Er hatte das Recht, sich als einen Vorboten des Friedens zwischen den Völkern zu betrachten, der einsam und voller Courage die Frontlinien passierte. Die offizielle Politik jener Tage folgte den Gesprächen der Intellektuellen nur zögernd. Noch war die Besetzung des Rheinlands nicht aufgehoben, noch war die Pression der Reparationspolitik unerbittlich, und noch verzögerte Frankreich den Eintritt der Republik von Weimar in den Völkerbund. (Erst im Herbst 1926 durften die Deutschen in Genf Einzug halten und einen der permanenten Sitze im Rat, dem Führungsgremium der Institution, für sich in Anspruch nehmen.)

Es war kein Zufall, daß sich Verbindungen zu russischen Emigranten ergaben. Fremde fühlen sich auf fremdem Boden immer zueinander hingezogen: die Allianz der Außenseiter, das Bündnis derer, die am Ende doch nicht dazugehören. Thomas Mann sprach mit Iwan Bunin, er aß bei Salomon Reinach in Boulogne-sur-Seine zu Abend, dem Religionshistoriker und Polyhistor, er sah den Nietzsche-Kenner Leo Schestow, und er traf in letzter Stunde, vor der Rückreise mit dem Orientexpreß, den Kulturhistoriker Dimitri Sergejewitsch Mereschkowski, den er seit langem bewunderte. Der alte Herr sagte ihm, er sei nicht glücklich in Paris, er lebe in einer Wüste, und er beklagte die «Teilnahmslosigkeit der französischen literarischen Welt», die er – ganz gegen Thomas Manns Erfahrung – als nationalistisch empfand. In der Tat hätte man den Deutschen auf die paradoxe Eigentümlichkeit der intellektuellen Elite Frankreichs hinweisen können, die wohl geneigt ist, berühmten Besuchern von draußen mit höflichster Aufmerksamkeit gegenüberzutreten, und dennoch – ganz auf sich selbst bezogen – in geschlossenen Zirkeln lebt, die sich den Fremden so rasch nicht öffnen.

Zuvor hatte Thomas Mann den Dichter Iwan Schmeljow in seiner dürftigen Behausung aufgesucht, der ihm Erschütterndes vom millionenfachen Sterben im bolschewistischen Rußland berichtete, Opfer des «Dünkels der Abstraktion», wie er das Grauen in einer genauen Wendung umschrieb. Er notierte für die deutschen Leser, was er in Schmeljows Bericht «Die Sonne der Toten» gelesen hatte: «Ich denke immer: wieviel Material! Und welch Beitrag zur Geschichte... des Sozialismus! Seltsame Sache: Die Theoretiker, die Wortdrechsler haben nicht ein Nägelchen zum Bau des Lebens beigetragen, nicht ein Tränchen haben sie der Menschheit getrocknet, wenn sie auch auf ihren Lippen stets die Arbeit am menschlichen Glücke führen... aber welch blutbefleckte Sekte!»

Die entsetzte Schilderung des sowjetischen Terrors genügte nicht, die konservativen Kritiker der Versöhnungsreise in Deutschland milde zu stimmen. Auch Bertram konnte seine Kritik an der «apostolischen Sendung» des Freundes nicht völlig verbergen. Der scheue Gelehrte, der sich so lange mit der Rolle eines ergebenen Dieners begnügt hatte, fing in jenen Tagen an, seine borniert-nationalistischen Überzeugungen mit ruhiger Hartnäckigkeit zu behaupten. Er billigte zwar den Eintritt des Russen Schestow in den Vorstand der Nietzsche-Gesellschaft, aber er verweigerte sich der Wahl eines Franzosen. Thomas Mann hatte seinen neuen Freund Charles du Bos vorgeschlagen, der «ein Freund und Kenner des deutschen Geistes, im besonderen ein leidenschaftlicher Verehrer Nietzsches» war. Mit Bedacht fügte er hinzu, daß sein Kandidat natürlich auch Bertrams Werk über Nietzsche besitze. Doch der Professor war störrisch. Er schrieb an seinen Gefährten Glöckner: «Wir haben ja früher, leider, schon Gide aufgefordert, der uns den verdienten Korb gab. Nun meine ich, muß es genug sein: solange die Franzos., auch jetzt noch, nach Locarno, die deutschen Gelehrten bis 1932 zu Kongressen nicht zulassen, die Verbote deutscher Literatur im besetzten Gebiet dauern... usw., ist es nicht nötig, Franzosen in eine solche Gesellschaft aufzunehmen. (...) Es versteht sich ja, daß eine N.Gesellsch. nicht uneuropäischen Geistes sein soll, aber man ist nicht Europäer, indem man bloß würdelos ist... Ich *kann* meine Zustimmung nicht geben.»

Thomas Mann seufzte (in einem Brief an Witkop), der «professorale Chauvinismus» habe bei Bertram überhandgenommen, aber sonst hätten sie sich «ganz vortrefflich» unterhalten. Er hielt an der Freundschaft fest. Der Gelehrte blieb ihm ein unersetzlicher Gehilfe, noch immer willig, seine Projekte geduldig zu prüfen, an jedem Detail interessiert, stets zu kleinen und großen Anregungen bereit, zuverlässiger Lieferant akademischer Materialien, die dem Meister bei der Vorbereitung seiner Arbeiten dienten, unermüdlich aus dem Born seines Zitatenschatzes schöpfend. In der Wahl seiner Geschenke zur Weihnacht und zu den Geburtstagen war Bertram von niemandem zu übertreffen. Er wußte, daß sich Thomas Mann der biblischen Josephslegende zugewandt hatte: lange Zeit eher ein schwebender Traum, der nur zögernd festere Umrisse und deutliche Linien gewann. Jugenderinnerungen an ägyptische Mythen mischten sich mit Eindrücken seiner Reise an den Nil; dazu fügten sich Bilder des Münchner Malers Ebers, eines Jugendfreundes von

Katia, der die Geschichte Josephs in einer graphischen Serie erzählt und für die Mappe einen Aufsatz des Dichters erbeten hatte. Vielleicht erinnerte er sich auch, daß Richard Strauss im Jahre 1914 eine «Josephslegende» als Ballettpantomime komponiert hatte, nach einem Text von Hugo von Hofmannsthal und Harry Graf Keßler. Thomas Mann las, wieder und wieder, den Text in der alten Familienbibel, und in Goethes «Dichtung und Wahrheit» stieß er auf die Bemerkung: «Höchst anmutig ist diese natürliche Erzählung, nur erscheint sie zu kurz, und man fühlt sich berufen, sie ins einzelne auszumalen.»

Das war gleichsam ein Gebot von höchster Autorität. Er trug zusammen, was Buchhandlungen und Bibliotheken über die Geschichte und Vorgeschichte der Welt des Vorderen Orients zu bieten hatten, häufte mit dem Eifer eines Doktoranden lexikalische Kenntnisse und höheres Wissen auf, erörterte den Stoff in fachmännischem Gespräch, wo immer er eines einschlägig Gebildeten habhaft zu werden vermochte, auch in den Pariser Tagen, in denen er vor einem althistorisch und orientalistisch bewanderten Freund des Germanisten Bertaux mit seinem Wissen prunken durfte. «Wer weiß, daß die neue Residenz des Echnaton, südlich von Kairo, eigentlich Chuit-Aton oder auch Achet-Aton geheißen hat? Fast niemand, ich fast allein. Es liegt nichts daran, aber ich bin eitel darauf wie ein Geck. Weiß der ungelehrte Durchschnitt auch nur, was der fast zum Eigennamen gewordene Königstitel ‹Pharao› bedeutet? Er bedeutet Per'o, großes Haus, ist eine Bezeichnung für die Majestät, wie etwa ‹Die hohe Pforte› für die türkische Regierung. Wie hieß der biblische Potiphar ‹in Wirklichkeit›? Peteprê, oder doch ganz ähnlich, das ist: Der dem Rê Geweihte. Aber wie hieß *seine Frau*, die um ein Haar – die jüdischen Sagen versichern, daß es wirklich um ein Haar geschehen wäre und eigentlich nur durch ein Wunder verhindert worden ist – den Joseph verführt hätte? Niemand weiß es. Es ist nirgends zu lesen. Man nennt sie manchmal humoristisch ‹Frau Potiphar›, und manche sind dermaßen dumm, zu glauben, sie selbst habe Potiphar geheißen. Hieß sie möglicherweise Mut-em-enet, mit ‹schönem Namen› Eni? Das Herz möchte einem stocken, wenn man es erwägt.»

Zum Christfest des Jahres 1925 hatte Bertram den beiden jüng-

sten Kindern ein drolliges Buch über die Arche Noah geschickt –
eine Anspielung auf einen Artikel Thomas Manns in der «Frankfurter Zeitung», in dem er sich mit humoristischem Schrecken über die
steigende Bücherflut geäußert hatte, das Erste Buch Moses zitierend: «Da brachen auf alle Brunnen der Tiefe und taten sich auf die
Fenster des Himmels, und kam ein Regen auf Erden vierzig Tage
und vierzig Nächte.» Damit hatte er die entscheidenden Worte genannt, mit denen das neue Werk beginnen sollte. Bertram verehrte
dem Freund eine Anthologie von Gebeten (welcher Band es gewesen sein mag, weiß man nicht), und Thomas Mann bestätigte die
Sorgsamkeit seiner Wahl: «Sie müssen bedenken, daß es ein rechtes
Wagnis für mich ist, mich auf die Welt des Religiösen einzulassen,
die ich eigentlich u. persönlich nur in Form der schlichtesten Verehrung des Unerforschlichen kenne, die aber zweifellos den einzigen
Zugang bildet, der sich uns zu der Mondschein-Welt des alten
Orients aufthun *kann*, – dieser Menschen-Frühwelt, die mich jetzt
so sonderbar anzieht.»

Zur nächsten Weihnacht legte Bertram eine Genealogie der Sagen
auf den Gabentisch, die ihre Nützlichkeit sofort bewies: «Sie bestätigt mir wieder, daß Joseph eine typhonische Tamuz-Osiris-Ado-
nis-Dionysos-Form ist, was aber nicht zu beweisen braucht, daß er
nicht wirklich gelebt hat. Auch in Jesu Leben hat man nachträglich
das ganze vorhandene religiöse Kulturgut hineingetragen, und auch
sein Leben scheint nur ein Sonnenmythus. Ich tue wohl recht, den
Joseph zu einer Art von mythischem Hochstapler zu machen». Er
fuhr fort: «Was mich anzieht und was ich ausdrücken möchte, ist
das Gegenwärtig werden der Überlieferung als zeitloses Mysterium, das Sich selbst als Mythus erleben. Das muß aber auf leichte,
humoristisch-intellektuelle Art gemacht werden; auf Pathos und
religiöse Inbrunst lasse ich mich nicht ein.» Mit fast unschuldiger
Beiläufigkeit – ohne Zögern und ohne einen Augenblick des Er-
schreckens – erwähnte er ein Grundmotiv seiner Existenz, dessen
Anspruch sich durch die ironische Gebrochenheit nicht minderte:
«das Sich selbst als Mythus erleben» – in seiner Sicht wohl die
höchste Rangstufe, die dem Dichter beschieden ist.

Noch dachte er – wie so oft, wenn er zu einem neuen Werk ansetzte – nur an eine Novelle: das «Flügelstück eines historischen

Triptychons», dessen andere Bilder König Philipp II. von Spanien und das spannungsvolle Verhältnis zwischen dem Reformator Luther und dem Aufklärer Erasmus darstellen sollten. Doch langsam gewann der Stoff das, was der Autor dessen Selbständigkeitsansprüche nannte. Die «epische Pedanterie» und der «Fanatismus des ‹ab ovo›» zwangen ihn, sich in die Vor- und Vätergeschichte zu vertiefen. Die Zeit des Suchens und Tastens war längst nicht abgeschlossen, und nur zu gern überließ er sich den Ablenkungen und der Unruhe, die von außen in seine Welt drangen – aber so ging es in jener Phase des produktiven Prozesses fast immer zu.

Den verschneiten Frühjahrsaufenthalt in Arosa nutzte er, um seine Rede zur Siebenhundertjahrfeier Lübecks zu schreiben: das Bekenntnis des Bürgers zur heimatlichen Stadt, in der sein Werk so tief verwurzelt war, zugleich eine Art «geistiger Biographie» – und zugleich die Demonstration eines Lebensgefühls, das er mit einer schönen Formel als «die Sensibilität des *Nordens*» umschrieb. Ein Aufruf schließlich zur «Lebensbürgerlichkeit», die ihm zum Schlüsselwort jener Jahre wurde: ein ungenauer, doch ohne Zweifel herz- und geisterhebender Begriff, den er dem «bloß Ästhetischen», der «Schönheits- und Genußseligkeit», dem «Nihilismus» und der «Todesvagabondage» seines spätromantischen Jugendwerkes entgegenstellte.

Er nutzte, voller pädagogischem Eifer, die Chance, auch die Landsleute droben an der Ostsee mit seinen Pariser Erfahrungen bekannt zu machen. Die Weltlage, rief er ihnen zu, fordere gebieterisch eine «neue Solidarität der Völker Europas», die ohnedies nur «Abwandlungen und Spielarten einer höheren seelischen Einheit» darstellten. Deutschland bringe in Europa und ins Geflecht der Weltbeziehungen die «Idee der *Mitte*» ein, die «*die* deutsche Idee» schlechthin sei: «Ja, wer Deutschtum sagt, der sagt Mitte; wer aber Mitte sagt, der sagt Bürgerlichkeit».

Das Verdikt, mit der Bürgerlichkeit sei es zu Ende, nahm er so einfach nicht hin. Wohl sei die Weltrevolution eine Tatsache: «Sie leugnen, hieße das Leben und die Entwicklung leugnen; sich konservativ gegen sie zu verstocken, hieße sich selber ausschließen vom Leben und der Entwicklung.» Die Lebensform der Bürgerlichkeit aber sei zu eng «mit der Idee der Menschlichkeit, der Humanität und aller menschlichen Bildung selbst» verbunden, «um in irgendeiner Menschenwelt je fremd und entbehrlich sein zu können». Hier sei eine «irreführende Überbetonung von Wirtschaftlich-Klassenmäßigem» im Spiel, eine «Verwechslung bourgeoiser Klassenmitte mit deutsch-bürgerlicher Geistes- und Weltmitte». Er rede von einer «geistigen Lebensform». Das bedeute, «daß wir, indem wir ‹Bürgerlichkeit› sagen, nichts Klasseninteressenmäßiges, nichts ‹Antisozialistisches› etwa im Sinne haben». Er fuhr fort: «Hier werden die Deutschen nicht eingeteilt in Bürger und Sozialisten. Hier heißt Deutschtum selbst Bürgerlichkeit, Bürgerlichkeit größten Stils, Weltbürgerlichkeit, Weltmitte, Weltgewissen, Weltbesonnenheit», welche die «Idee des Menschen und seiner Bildung nach rechts und links gegen alle Extremismen kritisch behauptet. Der Deutsche, zwischen die Extreme der Welt gestellt, kann selber kein Extremist sein».

Die hohen Begriffe, die der Dichter wie eine Folge mächtiger Akkorde vor dem Lübecker Publikum einherrauschen ließ, halfen den Zuhörern, deren Seelen konservativ beschwert sein mochten, über die freundlich-unverbindlichen Reverenzen vor dem Sozialismus hinwegzuhören. Als er den Honoratioren der Stadt und ihrem Anhang – das sogenannte Volk war wohl eher spärlich vertreten – seine Konfession am 6. Juni 1926 im Stadttheater präsentierte, wurde er, fern aller nordischen Kühle, herzlich und stürmisch gefeiert. Die Lübecker, ob Patrizier oder sozialdemokratische Stadträte, waren längst bereit, ihn als den bedeutendsten Sohn ihrer Stadt zu betrachten. Mit völlig überflüssiger Sorge hatte er sich bei der alten Freundin Ida Boy-Ed (die ihn wieder beherbergte) danach erkundigt, wo die Billetts und Einladungen zu den Veranstaltungen blieben: zur «Gedenkfeier», zu den «Meistersingern», den Konzerten, den Essen im Ratskeller – er war überall willkommen. Man ehrte ihn, wo er ging und stand. Sogar seine «Fiorenza», dieses Unglückskind, durfte eine Auferstehung erleben. Die Stadtregierung verlieh ihm den Professorentitel, der sich prächtig zum Doktor h. c. fügte, wenn er auch bei anderer Gelegenheit «das solemne Mißverständnis, den Schwindel des Ruhms, die Seichtheit derer, die ihn uns bereiten», betont hatte. Die Hanseaten zahlten ihm, nach gehöriger Mahnung, sogar das versprochene Honorar von eintausend Mark aus.

In Hamburg drängten sich gar eintausendsechshundert Menschen, um ihn zu hören. In den Tagen an der Elbe sah er die Tochter Erika, vielleicht auch Gustaf Gründgens, den Freund der beiden Ältesten, der bei den Hamburger Kammerspielen als Schauspieler und Regisseur brillierte. Erika hatte sich unterdessen mit dem genial begabten Akteur verlobt – eine kleine Sensation für die aufgeregt schwirrende Welt des Theaters, des Kabaretts, der mondänen Großstadtjugend und der elitären Boheme: nein, nicht zum höheren Jux oder in verwegener Sektlaune, sondern in ernster Absicht. Im Juli sollte die Hochzeit sein.

Klaus, der zwischen Hamburg, Berlin und Paris – wo sich sein geliebter Freund, der Dichter und Bürgerschreck René Crevel, in der Regel aufhielt – rastlos hin und her eilte, schrieb unverzüglich an Pamela Wedekind, die noch immer seine Braut war: «Die Nachricht von Eris Verlobung hat mich sehr erschüttert, wenngleich ich vorbereitet war und ja auch nicht weiß, wieweit sie stichhaltig ist. Ich war stets sehr dafür. Ich möchte gerne, daß wir jetzt im Frühsommer auch heiraten. Ich halte den Zeitpunkt jetzt für gekommen. Schreibe mir bitte nach Paris, ob Du auch willst. Ein wenig davon abgekommen war ich, als Du mich in Wien so haßtest. Das muß möglichst selten vorkommen, zu viel werden wir ja auch gar nicht miteinander sein. Aber am Ende gehören wir doch zusammen.»

Die junge Schauspielerin war, trotz aller Exzentrizität, denn doch zu lebensklug, um sich an den Neunzehnjährigen zu binden, der unterdessen einen neuen Bühnenauftritt für sich, die Schwester, für Pamela und für Gründgens vorbereitete (dessen Vornamen er beharrlich auf französische Weise Gustave schrieb): die «Revue zu Vieren», die später in Leipzig Premiere hatte, und, nach dem Zeugnis des Verfassers, in Berlin ausgepfiffen, in München beschimpft, in Hamburg beklatscht wurde.

Im «Wendepunkt» schrieb er, unterdessen nachdenklich geworden, knapp zwei Jahrzehnte später: «Der flitterhafte Glanz, der meinen Start umgab, ist nur zu verstehen – und nur zu verzeihen –, wenn man sich dazu den soliden Hintergrund des väterlichen Ruhmes denkt. Es war in seinem Schatten, daß ich meine Laufbahn begann, und so zappelte ich mich wohl etwas ab und benahm mich ein wenig auffällig, um nicht völlig übersehen zu werden. Die Folge davon war, daß man nur zu sehr Notiz von mir nahm. Meist mit boshafter Absicht. Irritiert durch ständige Schmeicheleien und Sticheleien benahm ich mich, ‹grad zum Trotz›, genauso indiskret und kapriziös, wie es offenbar von mir erwartet wurde.» Er fügte hinzu, damals habe er sich wenig darum gekümmert, daß seine «unbedenkliche Exzentrizität allerlei Peinlichkeiten auch für den berühmten Vater» mit sich gebracht hätte. Er berichtete von einer Karikatur Thomas Theodor Heines im «Simplicissimus», die Thomas und Klaus im Gespräch zeigte: «Man sagt, Papa, daß geniale Väter keine genialen Söhne haben. Also bist Du kein Genie.» Er zitierte auch Bertolt Brecht, der eine Glosse im Berliner «Tage-Buch» mit dem Satz begann: «Die ganze Welt kennt Klaus Mann, den Sohn von Thomas Mann. Wer ist übrigens Thomas Mann?» Dem «Zauberer», bemerkte Klaus im Rückblick, mögen die Extravaganzen zuweilen «mehr auf die Nerven gegangen sein, als er zeigen oder als ich bemerken wollte».

Er war weltkundig genug, das enge Beziehungsgeflecht der Welt des Vaters für sich zu nutzen. An Rainer Maria Rilke, an Hugo von Hofmannsthal, an Stefan Zweig schrieb er, wann immer es sich empfahl, die artigsten Briefchen, überschüttete sie mit angenehmen Bemerkungen über ihr Werk, das er eben erst wieder in seiner Gesamtheit gelesen oder wiedergelesen habe («wie genußreich, schön und anregend»), um dann bescheiden seine Kindernovelle oder – bei Stefan Zweig – die Bitte um ein Vorwort zu einer Anthologie moderner Lyrik vorzulegen. Hofmannsthal war liebenswürdig genug, einen Theaterabend von Klaus und Erika in Wien aufzusuchen. Danach berichtete er dem Vater, daß «diese dichtenden und theaterspielenden Kinder etwas rührendes» an sich hätten: «ja bekannt und verwandt rührte einen das alles an», sagte er, sich der Tage des jungen Loris erinnernd, «und der Lebensmoment, da man selbst als Angst verkleideten Mut und als Mut verkleidete Angst in jene frühesten halb theatralischen Gedichte gepreßt hatte, war nahe, war wieder da».

Die Technik gegenseitiger Wohltätigkeit – für den sogenannten Literaturbetrieb unentbehrlich – hatte Klaus im väterlichen Hause gelernt. Thomas Mann beobachtete ihn, oft nur aus den Augenwinkeln, mit einer Mischung von Stolz, Sorge, gelegentlich auch mit

einem Anflug von Neid auf seine Jugend und den rücksichtslosen
Genuß seiner Freiheit. Seine Seele entging der sorgsam verdeckten
Eifersucht nicht (der er sich überdies kaum bewußt war). Doch der
eigene Ruhm, der wuchs und wuchs, stimmte ihn in der Regel großmütig. Vor allem die glanzvolle Besiegelung seiner Versöhnung mit
Lübeck hatte ihn tief berührt. Dann und wann sprach er davon –
zum Beispiel gegenüber dem holsteinischen Heimatdichter Hans
Friedrich Blunck, dessen Talent er schätzte –, daß er nun doch daran
denke, sich auf die älteren Tage wieder in der Heimat niederzulassen.

Erikas Hochzeit mit Gründgens wurde Mitte Juli gefeiert: kein
orgiastisches Fest der Boheme, eher die gutgelaunte Selbstdarstellung einer künstlerisch ambitionierten *jeunesse dorée*, die bürgerliches Gepränge nicht scheute. Thomas Mann sah seine patriar-
chalische Würde bei dem Fest nicht angetastet. In einem Brief an
Bertram bemerkte er voller Wohlwollen, daß der Schwiegersohn
nun «Oberregisseur» bei den Hamburger Kammerspielen sei, mit
anderen Worten: ein Mann mit einem ordentlichen Beruf, und er
schrieb Félix Bertaux, der «junge Gatte» sei «ein sympathischer
Mensch und sehr begabt».

Klaus Mann entwarf zehn Jahre später in seinem «Mephisto» ein
ganz anderes Bild von Gründgens. Natürlich wehrte er sich gegen
den Vorwurf, sein Buch sei ein «Schlüsselroman». «Wann hätte ein
Schriftsteller, der solchen Namen irgend verdient, etwas hervorgebracht, was er mit dieser nicht gerade ehrenvollen Bezeichnung belegt sehen möchte?» fragte er – allzu rhetorisch – im Juni 1936 in
einem Telegramm an die Redaktion des «Pariser Tageblatts». Er
fügte hinzu: «Ich bin genötigt, feierlich zu erklären: Mir lag *nicht*
daran, die Geschichte eines bestimmten Menschen zu erzählen (…).
Mir lag daran: einen *Typus* darzustellen». Dennoch gibt es keinen
Zweifel, daß sein Porträt des Schauspielers Höfgen die Züge des
einstigen Freundes und Schwagers Gründgens trägt. Er gab sich
nicht zuviel Mühe, die Ähnlichkeiten zu tarnen. Selbst den Hochzeitstag datierte er in dem Roman auf «Mitte Juli». Diskretion war,
man weiß es, keine herausragende Tugend seiner Familie. Sein Porträt des einstigen Partners, der sich mit dem Dritten Reich zu arrangieren wußte, war – verständlich genug – von bitterer Enttäuschung

geprägt. Ob seine Schilderung der frühen Ereignisse den Realitäten entsprach – man mag daran zweifeln. Gründgens selbst scheint zeitlebens eine Äußerung verweigert zu haben. Gerecht oder nicht: Klaus Mann unterstellte dem Gefährten, der ihm in mancher Hinsicht näher war als der Schwester, er habe auf der Heirat mit Erika bestanden, weil diese Ehe seiner Eitelkeit und seinem Ehrgeiz auf allzu offensichtliche Weise diente – ein lohnendes Ziel für den Karrieristen, der eine beengt-kleinbürgerliche Herkunft zu verdrängen hatte. «Geheimrat Bruckner» nannte Klaus den Schwiegervater Höfgens, den er in seinem Buch als berühmten Historiker auftreten ließ: Thomas Mann gewissermaßen als Gustav von Aschenbach aus dem «Tod in Venedig» verkleidet. Jener Gelehrte, heißt es im «Mephisto», «war ein großer Mann, auch nicht arm; die Verbindung mit seiner Tochter würde Vorteile bringen, neben allem Glück».

Aus Friedrichshafen am Bodensee, dem merkwürdigen Ziel der Hochzeitsreise, berichtete Erika der Freundin Pamela Wedekind, der Beinahe-Schwägerin, es sei schon «ein großer Schreck» gewesen, als sie der Standesbeamte angeherrscht habe: «Jetzt unterschreiben Sie, Frau Gründgens!» – «Aber dann gings ja alles ganz gut. In Feldafing aß sichs zu Mittag und das Abendfest war sogar recht lieb. Eine fein-rührende Rede hielt der Zauberer – (sprach sogar von Deinem Astralleibe, den er neben Kläuschen sitzen sähe!), Kläuschen Pringsheim flirtete mit Gustaf».

Auch Klaus nannte die Hochzeitsansprache des Vaters «rührend». «Schön und wohlgeglückt» sei das Ereignis gewesen, schrieb er der Verlobten Pamela: «Gustave war lieb und fand Beifall.» Eri habe beim Abendessen wie eine «wunderschöne Iphigenie» ausgesehen, «mit strengem Kranze und verdunkeltem Blick». Von Bruder Golo meinte er freundlich spottend, er habe in seinem neuen Anzuge an einen «bedeutenden Proletarierführer» erinnert. Erika wiederum an Pamela: «Und jetzt sind wir einfach im Kurgartenhotel, wo groß und klein uns frivol behandeln muß, da niemand und der Klügste nicht, den Ehestand uns glauben *kann*. Aber daß wir (Du und ich!) in der Kurliste des vorigen Monats stehen – ich als Schauspielerin und Du als Herr Wedekind aus München, ist mir lieb. – Meine Pamela, *bitte, bitte* komm bald. So schrecklich gern möchte ich es, weil ich Dich eben doch über die Maßen liebe.» Der

Ehemann eilte schließlich nach Hamburg zurück. Erika übernahm ein Engagement an den Kammerspielen in München.

Thomas Mann trug noch immer Materialien für den «Joseph» zusammen. Noch fand er nicht den Mut zum Anfang. Bis zum Aufbruch in die Sommerferien nach Forte dei Marmi blieb nicht viel Zeit. Er schrieb ein Vorwort zu Joseph Conrads Roman «Der Geheimagent», das ihm unterderhand zu einer Konfrontation mit den Missionaren der Utopien und den Exekutoren der Weltrevolution wurde, die der große polnisch-englische Autor in seinem Buch mit solch grimmiger Eindringlichkeit denunziert hatte: mit ihren ruchlosen Träumen zum einen, deren Welt «wie ein ungeheueres sauberes Spital» aussähe, mit «Schreckensmann und Sprengstoffprofessor» zum anderen, deren Welt einem «Schlachthaus» gleiche, in dem «die ‹Schwachen› der restlosen Vernichtung zugeführt» würden. Nein, er hielt Joseph Conrad nicht für so groß wie Dostojewski, bei weitem nicht. Aber der Roman zog ihn tief in seinen Bann. Mit Emphase machte er sich die Überzeugung des Kollegen zu eigen, daß die Terroristen «nicht um ein Haar besser» seien «als die Macht, die gegen sie aufgeboten wird. ‹Gleich und gleich. Der Terrorist und der Polizeimann kommen aus dem gleichen Ei. Revolution und Gesetz – Gegenzüge im gleichen Spiel.›» Zustimmend zitierte er den Satz, der auch mehr als ein halbes Jahrhundert danach seine unvergilbte Wahrheit behauptet: «Ihr Revolutionäre seid die Sklaven der Gesellschaft, die sich vor Euch fürchtet...» Thomas Mann stellte fest, zu Conrad würden vor allem jene finden, «die im Gegensatz zu dem begeisterten Glauben einer großen Mehrzahl der Meinung sind, daß die Rolle der Freiheitsidee in Europa noch nicht ausgespielt ist».

Eine bessere Werbung für den neu entdeckten Autor konnte sich der Verlag Samuel Fischers wahrhaftig nicht wünschen. In den Wochen am Meer entstand ein zweiter Essay: über Frans Masereels «Stundenbuch». Bald nach der Heimkehr neuer Aufbruch zu der lange geplanten Autoreise nach Lausanne, wo Monika, die Zweitjüngste, eine pianistische Ausbildung erfahren sollte. Bertram, schon lange eingeladen, nahm an dem Ausflug teil. Die Harmonie zwischen Thomas, Katia und ihm schien durch nichts getrübt. Auf dem Rückweg Station bei Golo, der sich in Salem auf das Abitur

vorbereitete. Ein unruhiges Jahr: Mitte Oktober Hamburg und
Berlin. Thomas las – seine Premiere in dem neuen und machtvollen
Medium Radio – in der «Berliner Funkstunde» den Aufsatz über
Joseph Conrad, und Tochter Erika trug, so hatte er sich es ausbe-
dungen, Stücke aus dem «Zauberberg» vor.

Am 27. Oktober 1926 versammelte sich am Pariser Platz in Berlin
das Gremium der «Urwähler» für die «Sektion Dichtkunst» der
Preußischen Akademie der Künste. Die geplante Gründung hatte
Thomas Mann lange und lebhaft beschäftigt. Der Gedanke an die
Notwendigkeit einer Institution solchen Ranges war ihm niemals
mehr ganz fern gerückt, seit er im Jahre 1916 einen Aufruf zur Etablierung einer institutionellen Repräsentation deutscher Kunst und
deutschen Geistes mit unterzeichnet hatte. Der preußische Kultusminister Carl Heinrich Becker, ein glänzender Orientalist, hatte in
den vorbereitenden Ausschuß neben Thomas Mann den Dramatiker und Erzähler Ludwig Fulda berufen, einen Kollegen von hohem
Ansehen (im Jahre 1939 nahm er sich, er war Jude, das Leben), den
konservativen Schlesier Hermann Stehr, einen in jenen Tagen geschätzten Autor von heimat- und glaubensträchtigen Romanen
guten Niveaus, die ihn freilich in die Nähe des «Blut-und-Boden-
Schrifttums» geraten ließen, schließlich Arno Holz, den Erzgardi-
sten des deutschen Naturalismus, einen streitbaren Poeten, der sich
im Gang der Jahre mehr Feinde als Freunde machte, zumal durch
seine Kandidatur für den Nobelpreis, die er für den Geschmack der
Kollegen allzu heftig betrieb.

Holz gab den Anlaß – Inge Jens schildert es in ihrer informativen
Studie über die Geschichte der Akademie –, daß Gerhart Hauptmann dem Gründungskomitee der Akademie fernblieb. Auch die
Zuwahl neuer Mitglieder erwies sich als schwierig. Stefan George
entzog sich, anderes war nicht zu erwarten gewesen, dem Unternehmen mit hoheitlicher Abwehr.

Bruder Heinrich verweigerte sich nicht. Er wurde 1931 zum Prä-
sidenten der Sektion gewählt. Bei jener ersten Sitzung wurden sechs
Mitglieder berufen, die in Berlin wohnten, unter ihnen Oskar
Loerke, der Lyriker, als Cheflektor des S. Fischer Verlages Moritz
Heimanns ebenbürtiger Nachfolger, der Dramatiker Georg Kaiser,
Hermann Sudermann, noch immer einer der populärsten Bühnen-

autoren der Epoche (der sich dann allerdings beleidigt fernhielt), Bernhard Kellermann und Walter von Molo. Dazu (unter anderen) die «auswärtigen Mitglieder» Ricarda Huch und Erwin Guido Kolbenheyer, der deutschtümelnde Romancier, der bald darauf bestand, man möge nur solche Persönlichkeiten neu aufnehmen, deren Wesen «deutsches Wesen rein zum Ausdruck bringe», neben ihm Josef Ponten, dieser schwierige Freund (der sich im Gang der Jahre als eine wahre Heimsuchung erwies), und Wilhelm Schäfer, René Schickele, der Gegner aus Kriegszeiten, und Arthur Schnitzler, Wilhelm von Scholz und Emil Strauß. Dazu kamen später Franz Werfel und Jakob Wassermann.

Rainer Maria Rilke ließ sich nicht gewinnnen, damals schon ein todkranker Mann, der sich vor der Welt in seinen Turm von Valmont zurückgezogen hatte (er starb im Dezember 1926). Aber auch Hugo von Hofmannsthal konnte nicht überredet werden, so eindringlich Thomas Mann um seine Zustimmung warb, der dem Wiener Kollegen schließlich bedeutete, es sei «dem alten Gerhart Hauptmann, der sich nicht entschließen konnte, mit seinem alten Feinde Holz in ein und derselben Körperschaft zu sitzen, nach seiner Absage sehr unangenehm, daß die reaktionäre, dem heutigen Staat grundsätzlich aufsässig gesinnte Presse diese Absage politisch ausbeutete und sich wie an jedem Mißgeschick dieses Staates daran ergötzte». Er fuhr fort, auch sein – Hugo von Hofmannsthals – ablehnendes Verhalten würde «als eine Demonstration gegen den neuen Staat in Deutschland» ausgenutzt werden. Dieses Argument habe schließlich bei Ricarda Huch durchgeschlagen, die freilich später bemerkte, man habe sie so gequält, daß sie wohl oder übel zusagen mußte. Hermann Hesse sagte ab. Otto Flake war vergrämt, als er seinen Namen auf der ersten Liste nicht finden konnte. In seinen Memoiren «Es wird Abend» berichtete er, daß er Thomas Mann geschrieben habe: «Jetzt hätte ich in der Wahl eine Ehre sehen können, später würde ich es nicht mehr tun und bäte, in Zukunft von mir abzusehen. Mann schrieb höflich wie immer zurück: ich hätte gewisse Gegner (...). Später erfuhr ich, daß mein Hauptwidersacher Wilhelm Schäfer war.» Ein kleines Signal, das Thomas Mann darauf hinwies, was er ohnedies ahnen mochte: daß Eitelkeiten und Intrigen den Akademiegedanken jederzeit zu überwuchern drohten.

Loerke, der ein skeptisch-boshafter Beobachter war, notierte aus den ersten Sitzungen: «Als die Herrschaften sich selbst überlassen waren, wurde es unangenehm. (…) Schäfer, immer zu hysterischen Wutausbrüchen neigend, brüllend, schwarzer Alberich. Das tückische aufgeblasene Nichts Kolbenheyer…» Die Fraktion der Nationalisten versuchte von Beginn an, den Ton zu bestimmen. Thomas Mann, der beträchtliche diplomatische Fähigkeiten bewies, wiegelte in der Regel ab.

Am 18. November 1926 fand schließlich die offizielle Gründung der Sektion in einer feierlichen Sitzung der Akademie statt, der Max Liebermann, der Maler, präsidierte. Thomas Mann zitierte ihn in seiner Ansprache mit dem unsterblichen Wort, daß jeder Künstler seine eigene Akademie sei. Er verwies auf das gesellschaftliche Element, das der Literatur in Frankreich zukomme: in Deutschland sei sie «reine Dämonie», in einer «absolut ungesellschaftlichen Sphäre» angesiedelt, eifersüchtig die «Bedenken der Freiheit, Bedenken der Einsamkeit, Bedenken der *Reinheit*» bewachend. Es gelte aber zu entdecken, daß die «Einsamkeit und Beziehungslosigkeit» des Dichters eine «*romantische* Täuschung» sei: «Kunst- und Geisteswerke» würden «nicht nur sozial *genossen*, sondern auch schon sozial *empfangen*». Er fügte hinzu, der deutsche Dichter entdecke nun seine «Sozialität». Das sei eine Überraschung. Sie entspreche nach seiner Einsicht der gewandelten Stellung des Schriftstellers, die «innerhalb der Nation eine sichtbarere, einflußreichere» geworden sei: «eine Tatsache, die nur durch die wirtschaftlich beklagenswerte Lage eines Großteils des deutschen Schriftstellertums heute noch beschattet und unkenntlich» gemacht werde.

Die Beobachtung solcher Veränderung erwies sich freilich auch als freundliche Illusion. Thomas Mann stieß auf leidenschaftlichen Widerstand, als er später anregte, den grunddeutschen Titel der Sektion, die als jene der «Dichtkunst» firmierte, welthafter in die «Sektion für Literatur» umzubenennen, damit Raum für die Essayisten, die Biographen, die Kritiker geschaffen werde. Den schärfsten Einwänden begegnete er bei Josef Ponten, der sich mit entnervender Beharrlichkeit aufs engste an ihn zu schließen versuchte. Pontens Lesungen im Kreis der Freunde, die sich gelegentlich über einen ganzen Tag hinschleppten, entzog Thomas Mann sich lieber, seit der Dichter, von der heftigen Empfindsamkeit seines Werkes und den tragischen Geschicken seiner Geschöpfe zu tief berührt, bei der Lektüre immer wieder von Weinkrämpfen geschüttelt worden war, was ihm – in einem Brief des Vaters an Erika Mann – die ärgerlich-spöttische Charakterisierung «der heulende Ponten» eintrug. Es half wenig, daß ihm Thomas Mann – etwas zu schulmeisterlich – die Leviten über die «Holprigkeiten und prosaischen Härten» in einer Verserzählung las, die eigenen Versündigungen beim «Gesang vom Kindchen» allzu harmlos interpretierend: als habe ihm damals tatsächlich nur eine «halb scherzhafte Andeutung des Hexameters» am Herzen gelegen, zufrieden, wenn «hie und da ein wirklicher Vers sich ergab, während das Übrige eigentlich Prosa blieb». Der Kollege Ponten, der sich – Thomas Mann vermutete es nicht zu Unrecht – mehr und mehr als einen verkannten Konkurrenten betrachtete, war ihm nicht gleichgültig, obschon er nachgerade zur Nervensäge zu werden drohte: genauso verletzlich, wie Thomas Mann selbst es war, stets um Aufmerksamkeit bettelnd, rasch beleidigt, rasch auch wieder versöhnt. Seine Eifersucht schüttelte er niemals ab.

Mit einer Art verbissener Treue hielt Thomas Mann dennoch an ihm fest. Im Gang eines Jahrzehnts schrieb er ihm immerhin 67 Briefe, und gewiß war die Zahl der Nachrichten, die ihm Ponten zukommen ließ, nicht geringer: bis hin zu den «offenen Briefen» von quälender Ausführlichkeit, in denen er das grunddeutsche Gespräch zwischen «Natur und Kunst», «Geist und Gefühl», «Dichtung und Literatur» mit verbohrtem Eifer zu führen bemüht war.

Es hatte seine Logik, daß Ponten 1933 in Deutschland ausharrte und ohne große Behelligung weiterschrieb, obschon man ihm kaum nachsagen konnte, daß er dem Dritten Reich seine Seele verkauft habe. Immerhin ließ er sich dazu herbei, Adolf Hitler mit Martin Luther zu vergleichen, was ebenso dumm wie geschmacklos war. Im Jahre 1947 zog Thomas Mann eine harte Bilanz. Ponten, schrieb er, «das war kein Freund, sondern ein ehrgeizig und fixiert sich zutuender Kollege, der sich und mich mit einem ungesunden Vergleichszwang quälte». Der Publikation ihres Briefwechsels stellte er sich nicht in den Weg, doch er fand, daß die

Korrespondenz unbedeutend und von allzu momentaner Gültigkeit gewesen sei.

Im Jahre 1926 sah er in ihm eher noch den Partner, vielleicht auch den Mitstreiter, den er nicht verloren geben wollte, ganz gewiß keinen Vorbeter der dumpfen Radikalität, die Münchens Seele zu belagern begann. Thomas Mann fühlte sich in der Wahlheimat nicht mehr allzu wohl. In einer kulturpolitischen Kundgebung der Demokratischen Partei, die er selbst angeregt hatte, trat er – neben Bruder Heinrich und einigen schreibenden oder malenden Mitstreitern – entschlossen nach vorn, um das «Kulturzentrum München» zu verteidigen, das nicht in den Zustand einer «patriotischen Provinzstadt» zurückfallen sollte, «mit sehr vielen Kriegervereinsumzügen und Fahnennagelungen und hie und da einem Dolchstoßprozeß, aber ohne jede Bedeutung für das Leben, die Zeit und die Zukunft, für den deutschen Geist und für die weite Welt dort draußen». Der *«praeceptor urbis»* (Jürgen Kolbe) mahnte, das Joch abzuschütteln, «das auf der Stadt liegt, das sie niederhält, herunterbringt, ihren Namen, diesen einst guten, gastlichen, freien und frohen Namen, geschädigt hat bei Deutschen und Fremden». Er klagte über den «antisemitischen Nationalismus und Gott weiß welche finsteren Torheiten», die Münchens «gesundes und heiteres Blut vergiftet» haben: «Wir mußten es erleben, daß München in Deutschland und darüber hinaus als Hort der Reaktion, als Sitz aller Verstocktheit und Widerspenstigkeit gegen den Willen der Zeit verschrien war, mußten hören, daß man es eine dumme, die eigentlich dumme Stadt nannte.»

Das war starker Tobak. Die Münchner hörten es gewiß nicht gern. Es geschah ihnen nicht oft, daß ihnen ihr Gemütswort «Mir san gsund!» mit solch herber Kritik um die Ohren gefetzt, daß ihnen gesagt wurde, ihre Stadt sei «aggressiv, feindselig, unwirtlich» geworden: «Und was das bedeuten würde, wenn München in den dauernden Ruf der *Unwirtlichkeit* geriete, das geht nun schon nicht mehr uns Künstler und Schriftsteller, das geht seine Hoteliers, Bauunternehmer, Geschäftsleute an. Dann ist es *aus* mit München, nicht nur im höheren, sondern im allerrealsten Sinn. Dann wird es nicht nur kein modernes Theater mehr haben, und kein Maler, der es zu etwas bringen will, wird hier mehr leben können, sondern es wird der Fremdenindustrie an den Kragen gehen». Nein, er nahm kein Blatt vor den Mund, er sagte den Münchner Bürgern, diesen sprichwörtlichen Gemütsmenschen, ins Gesicht, das Gemüt könne, «wenn es nicht von einem guten Verstande kontrolliert wird, zu einer großen Gefahr, einer Weltgefahr» werden. Auch der Mord an Walther Rathenau sei eine «Tat des Gemütes» gewesen: «nur war sie hirnverbrannt. Und wenn eines Tages Europa sich selber umgebracht haben wird, so wird auch das ein Selbstmord aus tiefstem Gemüte gewesen sein.»

Ein prophetisches und ein kämpferisches Wort. Die Münchner Presse, die sich getroffen fühlte, nahm – laut Jürgen Kolbe – von der Veranstaltung keine Kenntnis: um so größer das Aufsehen in den großen Blättern von Berlin und Frankfurt. Für Thomas Mann aber, der nicht leichten Herzens aus der Reserve trat, mochte es einen Augenblick der Befreiung signalisieren. Die Kundgebung fand am 30. November 1926 statt. Wenig später berichtete er der Tochter Erika: «Ich bin recht froh, daß ich wieder schreibe. Man fühlt sich eigentlich doch nur und weiß nur etwas von sich, wenn man etwas macht. Die Zwischenzeiten sind greulich.» Er hatte den ersten Satz des Joseph-Romans gewagt: «Tief ist der Brunnen der Vergangenheit.» Ein genialer Anfang.

42. KAPITEL

Biblische Lustbarkeiten –
deutsche Leiden

Mit Franz Schuberts wehmütigem Lied vom Brunnen war Hans Castorp einst aus der Welt gegangen – am Brunnen finden wir Joseph wieder, den «hübschen und schönen» Knaben, halb nackt, die Ärmel seines Hemdes aus grobem Leinen um die Hüften geschlungen, «das Gesicht emporgewandt, zum Monde, der es voll beschien»: ein kleiner Narziß in biblischer Landschaft, unter einem «ästhetischen Gesichtswinkel» betrachtet, «tatsächlich dermaßen hübsch und schön (...), daß er auf den ersten Blick mehrmals halb und halb für einen Gott gehalten wurde», freilich von keiner vollkommenen Schönheit, darum zur Eitelkeit geneigt, denn nach der Einsicht des Erzählers macht sich die Schönheit «ein Gewissen aus dem, was ihr zum durch sie selbst gegebenen Ideale fehlt».

Die künftigen Leser des Romanes durften den Jüngling freilich nicht auf den ersten Blick am nächtlichen Brunnen antreffen, der ein Quell des Lebens, aber auch das dunkle Tor zur Vergangenheit war. So rasch gewährte Thomas Mann den Zugang nicht zum Bild des «Jünglingswesens aus reinem Licht, geschaffen vor Weltbeginn als Urbild und Inbegriff der Menschheit»: ein edel schimmerndes Ideal, zu dem sich der Autor, wie er es nun fast schon gewohnt war, mit tarnender Wahrhaftigkeit bekannte. Der kleine Joseph entsprach dem idealen Bild nicht ganz, man wird es sehen, aber noch war von ihm nicht eigentlich die Rede. Der Brunnen diente vielmehr zur Einkehr in die Vergangenheit der unergründlichen Menschengeschichte, die ihre «ganze Tiefe» zu erweisen hatte, «die keine zu messende Tiefe ist, – eine Bodenlosigkeit vielmehr», in der

sich Höhe und Tiefe, Licht und Finsternis aufheben: Eingang zur
Unterwelt und, natürlich, auch zum Paradies.

Im «Segen des sterbenden Jakob über Joseph» hatte der Autor
des Buches den «Punkt» gefunden, «bei dessen Berührung einem
(...) das Herz aufgeht» – aufgehen muß, damit «man sich zu einem
Werk entschließe»: «Von dem Allmächtigen bist Du gesegnet *mit
Segen oben vom Himmel herab, mit Segen von der Tiefe, die unten
liegt.*» Der Himmel und die Tiefe, zu denen der Weg durch den
Brunnen führte.

«Höllenfahrt» überschrieb Thomas Mann die merkwürdige
Ouvertüre des neuen Werkes, die er nach goetheschem und wag-
nerschem Beispiel ein «Vorspiel» nannte. Das war es in mancher
Hinsicht. Auch in einem ganz wörtlichen Sinne, denn der Verfasser
spielte – nicht ohne Behagen – mit seinem Stoff, ehe er sich anschickte, mit dem Erzählen Ernst zu machen, spielte auch mit dem
Leser wie die Katze mit der Maus, mit dessen Neugier und dessen
Geduld, spielte mit dem Staunen der Experten, denen er mit ironischem Stolz vorführen durfte, welche Fülle von Kenntnissen er, der
Amateur, sich in den Jahren der Vorbereitung anzueignen verstanden hatte. Die Gründlichkeit der Durchdringung biblischer, orien-
talistischer, ur- und frühgeschichtlicher Gelehrtheit, die er zu
demonstrieren vermochte, scheint so recht erst in unseren Tagen
entdeckt zu werden. Alfred Grimm legte – in einem Band von annähernd fünfhundert Seiten – unter dem Titel «Joseph und Echnaton: Thomas Mann und Ägypten» eine Untersuchung vor, die
Albert von Schirnding Anlaß zu der Bemerkung gab, daß der Autor
die «späte Prüfung in Orientalistik summa cum laude» bestehe. Die
Handbibliothek, deren sich der Dichter bediente, läßt sich im Thomas-Mann-Archiv zu Zürich besichtigen. Eckhard Heftrich widmete ihr ein eigenes Studium, und man ist gut beraten, sich seiner
Führung anzuvertrauen, wenn man sich nicht in den Labyrinthen
verlieren möchte, wie es dem vorwärts drängenden Leser in den
ersten Kapiteln des großen Buches leicht geschehen kann.

Labyrinthisch in der Tat die Wege und Pfade des «Vorspiels»:
tausend Namen und Begriffe aus vor- und urgeschichtlicher Zeit,
deren Fremdheit nur den orthodox Frommen, ob jüdisch, ob protestantisch, nicht überwältigt, der von Kindheit auf in der Bibel zu

Hause ist und die erhabenen Aufzählungen im Ersten Buch Mose im Schlafe hersagen kann. Sie orgeln wie Urgeräusche einher, dem Gedächtnis und auch der Artikulation bald wieder entzogen. Zum Spiel gehörte die Parodie des biblischen Tones. Vielleicht die Verschlungenheit mancher Sätze, die nicht vor der vierzigsten Zeile ihr Ende finden, die ausschweifenden Exkursionen ins Essayistische, bei denen die Poesie weit zurück blieb, auch die fast schülerhafte Darlegung faszinierender Einsichten in die «Zuchtgeschichte etwa des Rindes», der wir entnehmen, daß jene Tiere nachweislich schon in der «Gesittungsepoche der Steinwerkzeuge» nach menschlicher Planung gepaart und entwickelt wurden. Dazu gehörte die Kreuzfahrt zwischen Märchen und historisch faßbarer Wirklichkeit, die Auflösung des Mythos in der Psychologie, die das Gesamtwerk bestimmte, und – umgekehrt – die Verflechtung der Individualitäten mit dem mythischen Kollektiv, die Erinnerung an die leitmotivische Leier vergangener Tage vom Geist als «Vernichter und Totengräber der Welt». Schließlich die überraschende Konfession, Sterben heiße «die Zeit verlieren und aus ihr fahren», heiße «dafür Ewigkeit gewinnen und Allgegenwart, also erst recht das Leben».

Der gutartige Leser mag sich fragen, ob dieser quasi theologische Sprung ins ewige Leben nur eine letzte heuchlerisch-geistreiche Wendung der Ironie war – oder die Öffnung des Labyrinthes, das eine merkwürdige Sogwirkung besaß, gelegentliche Anfechtungen durch Langeweile und Überdruß nicht ausgenommen.

Diese Ouvertüre konnte sich nur einer leisten, das war offensichtlich, der sich seiner Mittel, seiner Meisterschaft und seines Erfolges völlig sicher war: einer, der alles kann und darum alles darf, den biblischen Orgelton, mythische Erhabenheit, langatmigen Umstand, Pedanterie, Betulichkeit, Virtuosität und das schiere Allotria, kleine Peinlichkeiten nicht ausgenommen wie die jiddelnden Redensarten («Gott soll schützen»), die er nicht unterdrücken konnte, vielleicht auch nicht wollte.

Nach diesem grandiosen und grotesken Auftakt, der mehr als ein halbes hundert Seiten besetzte, redete sich Thomas Mann nicht länger ein, der «Joseph» würde nur die Novelle, die er ins Auge gefaßt hatte. Er war auf die (zuvor zitierte) Passage in Goethes «Dichtung und Wahrheit» gestoßen, die besagte, daß die anmutige Erzählung von Josephs Geschick in der Bibel zu kurz geraten sei. Das Aperçu hatte ihn angeregt, das Buch der Bücher aus dem Regal zu holen und die Geschichte aus dem Ersten Buch Mose in Martin Luthers Worten nachzulesen. Eckhard Heftrich freilich bemerkte zu Recht, Thomas Mann habe es versäumt, auf den anderen Schlüsselsatz Goethes zu verweisen, der mit dem Blick auf seine Bearbeitung des Stoffes in jungen Jahren gesagt hat: «Nun suchte ich die Charaktere zu sondern und auszumalen, und durch Einschaltung von Inzidenzien und Episoden die alte einfache Geschichte zu einem neuen und selbständigen Werke zu machen.»

Nicht anders verfuhr der Nachfolger, als er sich endlich dem Erzählen überließ und von der Menschheitsgeschichte auf den «Joseph» kam. Mit langen Aufenthalten. Ende Juli 1927 ließ er wissen, daß er den ersten Abschnitt des «Joseph» «fertig gemacht» habe. Man kann nur vermuten, wie weit jener «erste Abschnitt» reichte: wohl über das «Vorspiel» hinaus zu den «Geschichten Jaakobs», in deren «erstem Hauptstück» der hübsche und schöne Joseph vom Vater «an der Tiefe» angetroffen wird, nämlich am Rande des Brunnens, nach seiner Andacht unterm Mondlicht in einem Zustand unheimlicher Entrücktheit, die seine Stimme zu einem «keuchenden Flüstern» entstellte: «die Hände zitterten, an den Oberarmen trat der Spannmuskel strangartig hervor, und im Nu hatte das Schwarze seiner Augen sich weggedreht – das leere Weiß schimmerte unheimlich im einfallenden Mondlicht.»

Die «Unordnung im Betragen des Jungen» durfte der Leser ohne Skrupel als einen Anfall von Epilepsie deuten: jener Krankheit, die bei den Alten im Geruch des Heiligen, ja des Göttlichen stand, der Krankheit Dostojewskis und so manches Überbegabten, bei dem uns nicht ganz geheuer ist. Genie und Krankheit: niemals entließ sich Thomas Mann aus der Kontinuität der Hauptlinien, die Leben und Werk durchzogen. Im hübschen und schönen Joseph spiegelt sich denn auch eine andere Figur, die Thomas Manns Leser gut genug kannten: der biblische «Gimpel» und «Angeber», der jener Bezeichnung in doppelter Weise entsprach, nämlich als Aufschneider und Petzer, der dem Vater Jaakob gern die Versündigungen der Brüder anzeigte, zugleich das Blaue vom Himmel herab phantasierte, von Kind auf zu schmeichelnder Rede begabt, liebediene-

risch und eigenwillig, voller Charme und dennoch luderhaft –
Joseph ist, kein Zweifel, einer vom Schlage des Felix Krull: ein
«Krull redivivus», wie Hans Wysling in seiner Studie «Archivari-
sches Gewühle» bemerkte, die obendrein nachwies, daß Krull in
der späten Fortführung die Züge eines «Joseph redivivus» annehmen sollte. Thomas Mann selbst sprach schon vor dem Beginn der
Niederschrift in einem Brief an Erika von Joseph als «einer Art von
mythischem Hochstapler».

Die Datierung des Fortgangs der Arbeit böte manchen Aufschluß
über die Verflechtung von Leben und Werk, wäre man ihrer nur
sicher. In der Gestalt des Joseph sammelte sich, soviel ist gewiß, die
Erinnerung an einige der Knaben und jungen Männer, deren Anmut
das Herz und die Sinne Thomas Manns im Gang der Jahrzehnte
berührt hatten. Später floß die Überwältigung durch eine neue Verliebtheit in das Bild des «göttlichen Schelmen», dem der Autor
einen solch unwiderstehlichen Zauber zuerkannte: im Sommer-
urlaub des Jahres 1927, für den er ein Haus in Kampen auf Sylt
gemietet hatte, begegnete Thomas Mann der Familie des Kunsthi-
storikers Werner Heuser, der hernach Direktor der Düsseldorfer
Kunstakademie wurde. Den siebzehnjährigen Sohn Klaus Heuser
nannte er im Tagebuch des Jahres 1933 seine «nach menschlichem
Ermessen (...) letzte Leidenschaft», nannte sie auch die «glücklichste». Fünf Monate später notierte er nach der Lektüre seiner Aufzeichnungen aus dem Jahre 1927/28: «Ich war tief aufgewühlt, gerührt und ergriffen von dem Rückblick auf dieses Erlebnis, das mir
heute einer anderen, stärkeren Lebensepoche anzugehören scheint,
und das ich mit Stolz und Dankbarkeit bewahre, weil es die unver-
hoffte Erfüllung einer Lebenssehnsucht war, das ‹Glück›, wie es im
Buche des Menschen, wenn auch nicht der Gewöhnlichkeit, steht,
und weil die Erinnerung daran bedeutet: ‹Auch ich›.»

Die tiefe und zugleich so selige Beunruhigung durch die Passion
des zweiundfünfzigjährigen Schriftstellers für den Knaben, der
mehr als ein Lebensdrittel jünger war als er, bestimmte wohl die
Rastlosigkeit, die in jener Epoche seines Daseins zu beobachten ist.
Doch wenn Thomas Mann die große und lange Szene am Brunnen
in der ersten Hälfte des Jahres 1927 niedergeschrieben hatte, ehe er
Klaus Heuser wahrnahm, dann müßte man fragen, ob er an den

anderen Klaus gedacht haben mag, als er die Gestalt des hübschen und schönen Joseph nachzeichnete: den eigenen Sohn, der sich dann und wann wie ein recht ungöttlicher kleiner Krull aufzuführen schien. Den erotischen Charme des Sprößlings hatte er, dessen mag man sich entsinnen, einige Jahre früher wahrgenommen. Das Bild des Hochbegabten und Gefährdeten, das er entwarf, legte in der Tat die Überlegung nahe, ob er sich nicht gedrängt fühlte, vielleicht ohne es recht zu wissen, in den alten Mythen auch der Spur der Liebe und des Hasses zwischen Vater und Sohn nachzugehen. Nicht lange zuvor hatte er begonnen, in den Werken von Sigmund Freud zu lesen, die ihn mit der exemplarischen Tragödie des Ödipus konfrontierten. In den «Geschichten Jaakobs» warf er gelegentlich einen Blick hinüber auf den Olymp, zum Göttervater Zeus, der den Kronos «entmannt und gestürzt» hatte. Nicht immer sei es der Sohn, schrieb er, der den Vater schlachte, «sondern jeden Augenblick» könne «die Rolle des Opfers auch dem Sohn zufallen (...), welcher dann umgekehrt durch den Vater geschlachtet wird». Der Ur-Abraham habe das wohl gewußt, als er seinen Sohn Isaak zum Opferstein schleppte. Dunkle Spekulationen, die man nach der Andeutung sich selbst überlassen darf.

Das Bild der physischen Erscheinung des «Joseph», glaubte sich wiederum die Tochter Monika zu erinnern, habe der Vater von einem ihrer Schulkameraden im Internat Schloß Salem geliehen, einem «schönen Vierzehnjährigen spanischen Geblüts». Doch hernach habe er, bei der Arbeit an dem Roman, am Strand von Nidden «gern einen sonnenbraunen Jüngling von schönem Wuchs» beobachtet, «der sich da von früh bis spät im Laufen und Springen übte, im Speer- und Diskuswurf, er ging mit hohem Kreuz auf den Händen, schlug das Rad wie ein Pfau, und es war eine Freude, seinen geschickten Körper zu sehen». «Körperfreude» habe der Papa den jungen Mann getauft, der öfter in die Sandburg der Manns gekommen sei, mit «dunkelroter Trainingshose und Baskenmütze, nackten Oberkörpers», um mit den Kindern Ball zu spielen. Monika setzte dann freilich hinzu, den Jüngling namens «Körperfreude» habe man sich später gut «in Schaftstiefeln und Uniform und» – ach! – «eine Stachelpeitsche im Gürtel» vorstellen können, «mit der er gelegentlich ein paar Juden dressierte, auf den Händen zu gehen».

Eine eindrucksvolle Assoziation, gegen die sich nur einwenden läßt, daß der Nazismus nicht immer exakt dem Bild entsprach, das man sich in den Studios von Hollywood von ihm machte: die Realität war anders und schlimmer.

Welche Geschöpfe aus Fleisch und Blut es immer gewesen sein mochten, die der Phantasie des Autors bei der Niederschrift des «Joseph» Modell standen: neben diesen und jenen Internatseleven und Strandknaben waren wohl auch Klaus, der Sohn, und Klaus Heuser, der Begehrte, gegenwärtig, zumal in den Anfängen. «Des Gefühlsmenschen weiche Unbeherrschtheit,» schrieb Thomas Mann vom biblischen Jüngling, «war das Erbe, das Joseph vom Vater überkommen hatte.» Er fügte die erstaunliche Feststellung hinzu, aus der Handlung für einen Augenblick zurücktretend, als wolle er Maß an der Wirklichkeit nehmen: «Wir werden von dem Unvermögen, seine Erfülltheit zu bezähmen, dem Mangel an Takt, der ihm so äußerst gefährlich wurde, noch zu berichten haben.»

Einer der engsten Gefährten des Sohnes sagte in der Erinnerung an die frühen Jahre: «Es bleibt immer nur das Wort: Verzauberung. Dem Zauber seines Wesens erlag jeder, der ihn nicht haßte. Nur dies Beides gab es: Verzaubert-Sein oder Bekämpfen.» Der Vater ertrug die charmanten und die weniger liebenswerten Kapriolen Klausens in der Regel mit heiterer Gelassenheit – wenigstens nach außen. Er intervenierte mit einem ernsten Brief bei Ferdinand Bruckner, als ihm zugetragen wurde, der Autor plane, in seiner «Revue» mit dem Titel «Krankheit der Jugend» Klaus Mann mit vollem Namen als Figur auftreten und eine lächerliche und vielleicht widerwärtige Rolle spielen zu lassen. Der Text des Dramas widerlegte das Gerücht. Handlung und Personen hatten mit den Mann-Kindern nicht viel gemein: nur eine der Figuren erinnerte von fern her an Klaus. Das Personal des genialisch hingefetzten Stückes entsprach allerdings dem mondän-morbiden Milieu der Nachkriegsjahre, in dem sich Klaus und Erika aufgehalten hatten.

Bei der Premiere im Berliner Renaissance-Theater machte das Drama durch die Radikalität der Typisierung Furore. Der zynisch-pubertäre Satz «Alle Menschen sollten sich mit siebzehn erschießen» wurde ein Schlüsselwort der Epoche. Die Sensation steigerte sich, da der Verfasser sich beharrlich weigerte, sein Pseudonym zu

lüften. Später ergab sich, daß der vermeintliche Literatur-Agent
Theodor Tagger mit dem Autor identisch war: er zog es vor, sich
verborgen zu halten, weil er einem Heer von Gläubigern zu entkommen versuchte. Übrigens hatte der S. Fischer Verlag die Rechte
an seinen Dramen erworben. Thomas Mann hat den virtuosen Erstling vermutlich in einer späteren Aufführung bestaunt, in der Erika
eine Rolle übernahm. Es berührte ihn wohl vertraut, daß der Verfasser Novalis mit dem erstaunlichen und beunruhigenden Wort
zitierte: «Nichts unterscheidet so sehr den Menschen von der
Natur, als daß er darauf verfallen ist, Schmerz und Krankheit zu
lieben.»

Katia war ohne Zweifel von tieferen Sorgen um den Sohn heimgesucht. Beide, Mutter wie Vater, dürften mit einiger Erleichterung
zur Kenntnis genommen haben, daß Klaus seine Verlobte Pamela
Wedekind vor dem einundzwanzigsten Geburtstag ohne ihre Einwilligung nicht heiraten konnte. Er hätte sich, um die Barriere des
Gesetzes zu umgehen, vorzeitig mündig sprechen lassen müssen:
ein kompliziertes Verfahren, zu dem ihn ein Vormundschaftsrich-
ter, den er um Auskunft bat, nicht ermutigte – vielmehr schnauzte
er ihn an, er möge gefälligst die Hände aus den Hosentaschen nehmen. Einige Monate später erwies sich das etwas absurde Projekt
ohnedies als hinfällig, denn die Braut hatte sich unterdessen entschlossen, lieber mit dem Dramatiker Carl Sternheim vor den Standesbeamten zu treten, der ihr um ein Lebensalter voraus, reich und,
wie man sagte, syphilitisch war. (Ein Jahr später wurde Sternheim
für geraume Zeit in eine psychiatrische Klinik eingewiesen.) Der
Verzicht auf die Theaterehe wurde Klaus, obschon ihn die Zurücksetzung zunächst bitter verstörte, am Ende nicht zu schwer.

Der Jüngling, mit solch reichen Talenten versehen, konnte nur
selten der Versuchung widerstehen, sich in Szene zu setzen. Nicht
lange nach ihrer ersten Begegnung hatte er Erich Ebermayer geschrieben: «Ich bin in einer Situation, die gewagt ist, und ich erfahre
viel Übelwollen und Gehässigkeit. Ich freue mich über jedes Verständnis, schon über jede Nichtvoreingenommenheit.» Es ist wahr,
daß er schnöden Vorurteilen begegnete, doch er tat auch das Seine,
sie auf sich zu lenken. Von der Neigung zum Selbstmitleid war er
nicht frei: «Ich habe es so *satt*», schrieb er in jenen Tagen, «angepö-

belt zu werden. Ich kenne das Phänomen der *Gehässigkeit* nun schon lange und zu genau».

Kurz danach entschloß er sich Hals über Kopf, mit Schwester Erika, deren Cocktailehe mit Gustaf Gründgens ihrem Ende zueilte, in die Vereinigten Staaten zu reisen. Die Großmutter Hedwig Pringsheim hatte die Verbindung des Theatermannes mit der begabten Enkelin belustigt eine «so komische moderne Ehe» genannt, bei der sich «schon gradezu der heilige Geist bemühen müßte, um mir Urgroßmutterfreuden zu verschaffen». Sie sagte von Klaus und seiner Schwester ein wenig schnippisch, die beiden seien «ja sehr berühmt, und das Klappern, das zum Handwerk gehört, verstehen sie auch». Die alte Dame fügte hinzu: «Aber sie sind reizend.»

War es Erika, die plötzlich hinaus in die Welt strebte? Im «Wendepunkt» notierte Klaus ein Gespräch mit der Schwester: «‹Ich weiß nicht, was mit mir los ist›», habe sie bei einem Aufenthalt auf dem Lande geklagt: «‹Alles geht nach Wunsch, aber ich habe keinen Spaß daran.› Es gab ein Schweigen, ehe sie hinzufügte: ‹Der Starnberger See ist hübsch, kann so bleiben. Aber ich will nicht bleiben. München ist hübsch, und es spielt sich nett an den Kammerspielen. Aber ich wär lieber anderswo. Zehntausend Meilen weg von hier…› ‹Gar keine schlechte Idee›, sagte ich. ‹Es gibt genug Dinge, vor denen man davonlaufen möchte.›» Erika bemerkte später, sie habe «das Verschiedenste» getrieben: Theater gespielt, Autorennen gefahren, Kabaretts gegründet, geheiratet, herumgereist – nichts schien ihre Unruhe jemals ganz stillen zu können.

Das Signal zum Aufbruch gab die eher beiläufige Frage eines amerikanischen Verlegers an Klaus, ob er nicht geneigt sei, für einige Vorträge herüberzukommen. Nun telegraphierte er auf der Stelle eine jubilierende Zustimmung. Die reservierte Antwort, die ihm riet, das Unternehmen aufs nächste Jahr zu vertagen, unterschlug er den Freunden und der Familie. Erich Ebermayer, ein gelernter Jurist, der sich durch talentierte Erzählungen, dramatische Versuche und einige Drehbücher einen Namen gemacht hatte, wurde angehalten, aus des Vaters «Königlicher Hoheit» in Windeseile ein Filmskript zu fertigen: «Wir wollen die Metro-Goldwyn-Mayer dafür interessieren und selber mitspielen, wenn dies zu machen. Die Rechte vom Herrn Zauberer und von Sami Fischer kriegen wir selbstverständlich.» Der Freund möge die Figur des Amerikaners Spoelmann «schmeichelhaft» ausarbeiten, für Erika die Rolle der Schwester Ditlinde vorsehen, für «mich, K. M., eine reizvolle Episoden-Partie» mit «viel Großaufnahmen, wenig Bewegung». Der Freund hatte sich schon zuvor an dem Roman versucht und Vater Thomas im April 1927 ein Exposé vorgelegt, von dem der Dichter nachsichtig bemerkte, es lasse die filmischen Möglichkeiten erkennen, doch er habe Bedenken, ob nicht das Beste vom Buch verlorengehe.

Das Geld für eine Schiffspassage zweiter Klasse kratzten die Geschwister zusammen. Unterwegs fiel ihnen ein, daß sie als Zwillinge auftreten könnten – The Mann twins –, um die Lust der amerikanischen Presse an sentimentalen Sensationen zu reizen. Der Trick verfehlte seine Wirkung nicht. Dennoch schien aus der Tournee, der Oscar Wildes Amerika-Reise als Vorbild gedient haben mag, fürs erste nicht viel zu werden: Klaus Mann sprach in Wahrheit kaum Englisch, und mit den Sprachkenntnissen der Schwester stand es nicht viel besser. Dennoch fanden sie rasch den Zugang zur Boheme von New York, sammelten Eindrücke über Land und Leute, die Klaus in lebhafte kleine Reportagen umsetzte, machten Schulden, fanden mit einem bemerkenswerten Reichtum an Tricks im letzten Augenblick immer eine gütige Seele, die sie aus ihrem Hotel auslöste, reisten nach Hollywood, wo sie – ein rechtes «Dichterkinder-Treffen» – auf Raimund von Hofmannsthal und Bubi Beer-Hofmann aus Wien stießen und im Haus des großen Schauspielers Emil Jannings Silvester feierten. Die «Königliche Hoheit» brachten sie nicht an den Mann. Sie hasteten nach New York zurück. Am Ende durften sie doch mit einigen Vortrags- und Leseabenden über das junge Deutschland und seine Literatur auftreten (unter anderem in Harvard und in Princeton). Schließlich konnten sie sich dank der generösen Honorare über Honolulu nach Japan einschiffen (das Taxi zum Hafen bezahlten sie nicht). Im Reich des Tenno bestaunten sie das Kabuki-Theater und die anderen Üblichkeiten. Mit den letzten Dollars buchten sie ihre Passage auf der Transsibirischen Eisenbahn, auf der sie freilich Hungers gestorben wären, hätte es eine freundliche Laune des Schicksals nicht gefügt, daß in einem der Nebenabteile Bernhard Kellermann reise, der gefeierte Verfasser des Romans «Der Tunnel», eines Hauptbestsellers jener Tage, der sich eine Ehre daraus machte, für die Kinder seines distinguierten Kollegen Thomas Mann aufzukommen.

Den beiden war bei all dem Lärm, den sie veranstaltet hatten, und den kessen Kapriolen, mit denen sie die Aufmerksamkeit auf sich zogen, nicht immer ganz behaglich zumute: Erika bewies es mit einem besorgt entrüsteten Brief an den Vater, in dem sie zu Anfang des Jahres 1928 fragte, ob es denn wahr sei, daß er sich durch das Verhalten der beiden in Amerika blamiert gefühlt habe. Thomas Mann dementierte das Gerücht mit würdiger Entschiedenheit. – Nach einem Dreivierteljahr langten die beiden wieder zu Hause an. Bald schon berichteten sie von ihren Abenteuern in einem putzmunteren Reisebericht, dem sie den Titel «Rundherum» gaben: kein Buch origineller Einsichten, doch voll witziger und manchmal auch scharfsinniger Beobachtungen, von den gängigen Klischees, die von der Presse jener Tage herumgereicht wurden, meist nicht weit entfernt, nicht in Amerika, schon gar nicht in Japan, nicht in Moskau, in dem sie von der bösen Not, die im Sowjetreich herrschte, nichts wahrzunehmen schienen – sowenig wie sie in den Vereinigten Staaten den drohenden Abgrund hinter der schäumenden Konjunktur ahnten. Der Blick hinter die Kulissen der Zeit war ihre Sache nicht.

Der Erfolg des Buches akzentuierte ein weiteres Mal den notorischen Charakter ihrer Existenz. Klaus zitierte zustimmend das Bonmot Kurt Tucholskys: «Es spielt sich *alles* unter zweihundert Menschen ab.» Der brillante Kollege zeigte sich für die kleine Schmeichelei nicht erkenntlich. Unter dem Namen Kaspar Hauser – einem seiner vier Pseudonyme – schrieb dieser sonst so sensible Autor eine Glosse, die geschmacklos und von grobkörnigem Witz war: «Wie wir hören, hat sich Benvenuto Hauptmann mit Klaus Mann verlobt. Die Hochzeit wird, wie üblich, auf Hiddensee stattfinden. (…) Erika Mann ist in Berlin zu ihrer Heirat, Scheidung, Wiederverheiratung und Beerdigung eingetroffen. Die junge Künstlerin wird in dem interessanten Experiment des Herrn Hilpert den Falstaff spielen. (…) Benvenuto Hauptmann hat sich von Klaus Mann wieder scheiden lassen, weil ihm die normalen Neigungen seiner Frau Braut vor der Heirat nicht bekannt gewesen sind. (…) Klaus Mann hat sich bei Verabfassung seiner hundertsten Reklamenotiz den rechten Arm verstaucht und ist daher für die nächsten Wochen am Reden verhindert.»

In der Existenz des Vaters schienen unterdessen die Forderungen der «Frau Welt», wie er sich neckisch ausdrückte, überhandzunehmen. Das «Repräsentative» wurde ihm zum zweiten Beruf – und manchmal fast zum ersten. Man mag es erstaunlich nennen, daß er es dennoch zuwege brachte, mit dem «Hauptgeschäft», nämlich der Niederschrift des Romans, in einiger Stetigkeit voranzuschreiten. Im März 1927 reiste er mit einer kleinen Delegation zum PEN-Club in Warschau. Es schien ihm bewußt zu sein, daß die Beziehung zum nächsten Nachbarn im Osten besondere Aufmerksamkeit verlangte, zumal er in jenen Jahren das kommunistische Experiment in der Sowjetunion, das Stalin nach Lenins Tod unerbittlich vorantrieb, mit kritischer Distanz betrachtete. Er war denn auch geneigt, das autoritäre Regime des Marschalls Piłsudski, der im Vorjahr die Macht durch einen Staatsstreich an sich gebracht hatte, mit reservierter Milde zu beurteilen. «Unsere Mitte grenzt an den Osten sowie an den Westen», bemerkte er bei seiner Ansprache im PEN-Club, «unsere Seelenlage hat teil an beiden Sphären, und unsere Freiheit ist Vorbehalt gegen extreme und militante Alternativen». Die «Idee des Ausgleichs und der Vereinigung» hindere die Deutschen, sagte er, im «historischen Widerstreit» zwischen dem Osten und Westen «voreilig und einseitig Partei zu ergreifen». Er überdeckte die Spannungen, denen er selbst zeitlebens nicht entkam, durch den Hinweis auf ein «geistiges Europäertum», für das er seinen zwanzigjährigen Sohn und dessen französischen Freund als Beispiel nannte. Er rief: «Das wäre in meinen Jugendtagen schwer denkbar gewesen. Es ist ein Zeichen der Zeit, – und sind bei solchen Zeichen noch europäische Kriege möglich?» Die Verweigerung des Krieges sei «keine Utopie, sondern eine praktisch-reale Tatsache heutiger Machtverhältnisse».

Thomas Mann und seine Zuhörer wurden, man weiß es, eines Schlechteren belehrt. Das Konzept einer gesamteuropäischen Föderation nahm der Autor ernst, so tief sein Denken im Nationalen verankert war (und in gewisser Hinsicht auch blieb): ein halbes Jahr zuvor war er dem «Komitee der Paneuropäischen Union» unter der Präsidentschaft des ungarisch-österreichisch-japanischen

Grafen Coudenhove-Kalergi beigetreten, ja er hatte die Würde eines Ehrenvorsitzenden der Münchner Sektion übernommen.

Nach der Rückkehr aus Polen schrieb er für die «Frankfurter Zeitung» einen kleinen Artikel, in dem er zum erstenmal das Werk Franz Kafkas erwähnte, zu dem ihn Max Brod, der unermüdliche Freund und Künder des Prager Autors, gelenkt hatte: «grundeigentümliche Gebilde von sublimer Einfalt», schrieb er, «die kleinen Geschichten sowohl wie auch die weitläufigen Phantasien ‹Der Prozeß› und ‹Das Schloß› und ‹Amerika›, beängstigend, traumkomisch und krankhaft, die sonderbar eindringlichste Unterhaltung, die man sich denken kann.» Nicht lange danach erwähnte er die Bemerkung Hermann Hesses, der Kafka einen «heimlichen König deutscher Prosa» genannt hatte. Brod dankte er ausdrücklich für die Mittlerdienste, und er versäumte nicht, auf die bedeutenden geschichtlichen Romane («Tycho Brahes Weg zu Gott» und «Rëubeni») des Interpreten hinzuweisen, der seine bewunderungswürdige Sorge um den Ruhm Franz Kafkas stets mit einer nicht allzu schüchternen Werbung für das eigene Werk zu verknüpfen verstand. (Ein Vorwort für den «Tycho Brahe» zu schreiben lehnte Thomas Mann höflich ab.) Indessen können die respektvollen und sensiblen Formulierungen, die er für den Prager Magier der Ängste fand, nicht darüber hinwegtäuschen, daß ihm eine originäre Beziehung zu Kafka verwehrt war. Das tief Unbehagliche und in innerster Seele Verzweifelte konnte er nicht lieben, trotz des Humors, der aus dem Absurden wuchs. Es blieb bei der fernen Bewunderung.

Sechs Wochen nachdem er aus Warschau zurückgekehrt war, brach er zu einer Lesereise ins Rheinland auf. Ein Besuch in Essen gab ihm Gelegenheit, die Arbeitersiedlung der Krupp-Werke zu besichtigen, die man einst die «Waffenschmiede des Reiches» genannt hatte (und die es wenige Jahre danach von neuem sein würde). Es geschah nicht oft, daß es Thomas Mann auf sich nahm, der «sozialen Frage» unmittelbar zu begegnen. Ihm wäre nicht im Traum eingefallen, die Mietskasernen in den Berliner Quartieren von Moabit oder des Wedding aufzusuchen, um einen Eindruck von den Existenzbedingungen des sogenannten Proletariats zu gewinnen, wie es von Bruder Heinrich berichtet wurde, der freilich noch lieber des

Abends in den Berliner Kabaretts hockte und niemals an den kessen
Darbietungen der leichter geschürzten Muse ermüdete, sosehr das
Champagner-Milieu der gravitätisch-althanseatischen Prägung seiner Persönlichkeit zu widersprechen schien. Seine Ehe mit der Prager Schauspielerin Mimi war in eine Krise geraten. 1928 verließ er
München und ließ sich in der Reichshauptstadt nieder. Die Nächte
gehörten nun der bewunderten Chansonnière Trude Hesterberg,
deren deftig-frecher Witz, mit berlinerischer Sentimentalität gemischt, ihn immer aufs neue erfrischte. Ihr schrieb er eine Art Sing-
spiel mit dem Titel «Bibi» auf den Leib, das Friedrich Hollaender in
Musik setzte: nach dem Zeugnis des Neffen Golo ein eklatanter
Mißerfolg. Der junge Historiker, der nach einigen Semestern in
Heidelberg nun in Berlin studierte, beobachtete den Onkel mit
respektvoller Aufmerksamkeit, doch auch mit einem Hauch von
Ironie. Er stellte fest, daß er unter Literaten als «politisches Orakel»
galt, «was er nicht war» oder doch nur einmal gewesen sei: im Jahre
1914.

Heinrich lernte in jenen Jahren Nelly Kroeger aus Lübeck kennen, die zweite Partnerin seines Lebens, die in mancher Hinsicht an
die Künstlerin Fröhlich aus dem «Professor Unrat» erinnerte. Im
Jahre 1930 wurde dieser Roman unter dem Titel «Der blaue Engel»
nach einem Drehbuch des begabten jungen Dramatikers Carl Zuckmayer und des einst expressionistisch gestimmten Lyrikers Karl
Vollmoeller verfilmt: nicht mit Trude Hesterberg, die Heinrich
Mann in der weiblichen Hauptrolle sehen wollte, sondern mit der
unbekannten Schauspielerin Marlene Dietrich, in der Joseph von
Sternberg die ideale Verkörperung der Dame Fröhlich erkannt hatte
– für spätere Generationen das strahlende und ein wenig verworfene
Symbol der «goldenen zwanziger Jahre», die in Wirklichkeit so golden nicht waren. Marlene Dietrich hat Heinrich Mann niemals verziehen, daß er ihr mit einer offensichtlichen Abneigung begegnete.

Bruder Thomas hielt von dem Film nicht das geringste. Wohl sei
er ein Sensationserfolg geworden und habe den Roman populari-
siert, sagte er in einem Gespräch mit dem Vertreter der «Wiener
Freien Presse», doch er fügte hinzu, man hätte dann «gleich Plakate
kleben können: Lest Professor Unrat!... Für den Dichter wäre der
Effekt der gleiche gewesen.» Diese Art der «Vertonfilmung» sei

nichts als eine Banalisierung. Sie habe aus dem «starken und eigenartigen Buch (...) irgendeine belanglose Sexualtragödie gemacht». Von Marlene kein Wort.

Heinrich Manns Engagement für die soziale Demokratie verlieh dem Schriftsteller eine moralische Autorität, der die literarische Qualität der Bücher aus jenen Jahren nicht immer entsprach. Thomas Manns politisches Bekenntnis, das er ein Jahr später in dem Essay «Kultur und Sozialismus» (für die «Preußischen Jahrbücher») mit kämpferischem Elan zu beschreiben versuchte, war zunächst eher abstrakt und überhöht, auch darin in gewisser Hinsicht beispielhaft für das deutsche Bürgertum, das er kraft seiner eigenen Konversion zur Versöhnung mit der Republik zu überreden versuchte: Zeugnis für seine Absage an das «romantisch-todverbundene Wesen», das in ihm selbst wohnte, zugleich eine etwas schroffe Hinwendung zu einem «jüdischen Gesellschaftstheoretiker», nämlich Karl Marx, der «von deutscher Kulturfrömmigkeit immer als landfremd und volkswidrig, als Teufelei pur sang empfunden und verflucht worden» ist. Hier polemisierte Thomas Mann, wie so oft, mit sich selbst. Doch er täuschte sich nicht, wenn er feststellte, daß die «gesellschaftliche Klassenidee», die ihre «rein ökonomische Herkunft nie verleugnete, (...) dennoch weit freundlichere Beziehungen zum Geist unterhält als die bürgerlich volksromantische Gegenseite».

So verhielt es sich im Staat von Weimar, der sich in den Jahren 1927 und 1928 – dank der Zeichen außenpolitischer Entspannung und eines unbestreitbaren Aufschwungs der Wirtschaft – nach und nach zu festigen schien. In Wahrheit verschärfte sich – der Welt halb verborgen – der deutsch-nationale Widerstand gegen das «System», und die Kohorten des nationalsozialistischen Agitators Adolf Hitler begannen, neuen Zulauf zu gewinnen. Thomas Mann, immer wieder rüde daran erinnert, daß er in den Zirkeln der Rechten als Überläufer und Verräter betrachtet wurde, stellte mit überraschender Entschiedenheit fest: «Und die Politisierung der Volksidee, die Hinüberleitung des Gemeinschaftsbegriffes ins Gesellschaftlich-Sozialistische würde die wirkliche, innere und geistige ‹Demokratisierung› Deutschlands bedeuten.» Zum anderen pochte er auf den Abstand zum politischen Radikalismus: «die Hingabe an die kom-

munistische Heilslehre» interpretierte er realistisch als «einen
Glauben (...) an die Erlösungsfähigkeit des Menschen durch sich
selbst», der «nur im Zustande fanatischer Selbstbetäubung festzuhalten» sei. Schließlich holte er das Aperçu aus dem Sack, mit dem
er sein Publikum zuvor schon düpiert hatte: «Was not täte», schrieb
er, «was endgültig deutsch sein könnte, wäre ein Bund und Pakt der
konservativen Kulturidee mit dem revolutionären Gesellschaftsge-
danken, zwischen Griechenland und Moskau, um es pointiert zu
sagen». Er fügte noch einmal die Formulierung hinzu, in die er sich
offensichtlich verliebt hatte: «Gut werde es erst stehen um
Deutschland (...), wenn Karl Marx den Friedrich Hölderlin gelesen
haben werde – eine Begegnung, die übrigens im Begriffe sei, sich zu
vollziehen.» Dieser Einfall, dem man den Rang eines gebildeten Ka-
lauers zuweisen könnte, wurde durch die Wiederholung nicht besser. Er signalisierte lediglich jene erhabene Verblasenheit, die
durchaus zum Erbe des bürgerlich-romantischen Kulturbewußt-
seins gehörte, dem Thomas Mann zugleich so heftig die Leviten las.
Immerhin setzte er hinzu, eine «einseitige Kenntnisnahme» zwischen dem Propheten aus Trier und dem Tübinger Visionär müsse
unfruchtbar bleiben.

Ernst Bertram, der einstige Paladin, folgte Thomas Mann auf den
Wegen zu seinem «Kultursozialismus» ganz gewiß nicht. Die früher so innige Verständigung der beiden hatte damals – Inge Jens
wies in ihrem Nachwort zur Korrespondenz darauf hin – einen ersten Bruch erlitten, da sich der Literaturhistoriker nicht entschließen wollte, dem «Ruf» an die Münchner Universität zu folgen, der
«zu einem Teil sicherlich den freundschaftlichen Bemühungen
Thomas Manns zu danken gewesen ist». Die Kölner ließen ihren
Professor, den gleichzeitig ein Angebot nach Berlin zu locken versuchte, so leicht nicht ziehen. Sie boten ihm beträchtliche Vergün-
stigungen.

Dennoch, der Dichter und der Professor hielten an der schütter
gewordenen Freundschaft fest. Bertram fand sich im Sommer 1927
ergeben wie immer – eher anhänglich als treu – zum Ferienaufenthalt der Familie Mann in Kampen ein, der kleinen Elisabeth, inzwischen neun Jahre alt, ein aufmerksamer Pate, der das Kind zu Weihnachten und an den Geburtstagen mit klug gewählten Geschenken

verwöhnte. Die politischen Gespräche Thomas Manns mit Bertram indes waren spärlich geworden. Beide wollten die einst so enge Verbindung durch die Offenbarung ihrer unterschiedlichen Meinungen über den Gang der deutschen Dinge nicht gefährden. Thomas Mann war – trotz seines prononcierten Engagements für die Republik und seiner wachsenden Sympathie für den demokratischen Sozialismus – noch immer behutsam und höflich darauf bedacht, sich nicht zu weit von den Kreisen der konservativen Geister zu entfernen, die lieber von «Schrifttum» als von «Literatur» sprachen.

Konservativ gestimmte «Lebensbürgerlichkeit» und progressive Freiheitlichkeit durften einander, nach seiner Einsicht, nicht ausschließen. Überdies wußte er, daß die Majorität seines Publikums in grundbürgerlichen Gesinnungen verharrte. Zeitgenossen, die ihm nicht wohlgesinnt waren, suchten ihn immer wieder mit dem Verdacht heim, er wandle im Zwielicht zwischen den Fronten. Die radikalen Linken waren geneigt, seine sozialistischen Bekenntnisse zu belächeln. Die Rechten verziehen ihm nicht, daß er sich von den «Betrachtungen» gelöst hatte. Nicht losgesagt, das nicht. Dazu schien er um keinen Preis bereit zu sein. Das Wort vom Irrtum kam ihm nicht über die Lippen. Niemals gestand er, daß er unrecht gehabt haben könnte – er dachte es kaum je. So war es am Ende nicht nur Ranküne der Gegner, daß er dazu verurteilt war, das unglückselige Kriegsbuch wie einen Schatten hinter sich her zu schleppen.

Kritischen Lesern blieb nicht verborgen, daß er einige der peinlichsten Passagen in der großen Polemik für die Ausgaben von 1922 und 1927 gestrichen hatte: insgesamt achtunddreißig Seiten. Nein, es hatte das Buch nicht nur, wie er zunächst behauptete, «um einige schwer haltbare Seiten erleichtert». Die Einschnitte gingen an die Substanz. Am Anfang seines Aufsatzes über «Kultur und Sozialismus» setzte er sich vehement gegen den Vorwurf zur Wehr, er habe sein Buch gefälscht und in ein «demokratisches Traktat» zu verwandeln versucht. Doch völlig entlegen war der Verdacht nicht, daß er immer neue Anläufe nehme, die Intentionen des Werkes post festum umzulenken. Seine eher törichte Ausrede: mit den Kürzungen habe er den gigantischen Essay davor bewahrt, sich in zwei Bände zu teilen. Von seiner Auseinandersetzung mit der «demokratisch-deutschfeindlichen Tugendpropaganda» wollte er nichts zurücknehmen. Aber dann nannte er die «Betrachtungen» ein weiteres Mal «eine Dichtung», die in ihrer «Melancholie» mehr tauge als die «väterliche Ermunterung zur Republik», mit der er «ein paar Jahre danach eine störrige Jugend überrascht» habe. Er sprach von einem «Riesenreskript der Schmerzen», von einem «Rückzugsgefecht großen Stils – das letzte und späteste einer deutsch-romantischen Bürgerlichkeit –, geliefert im vollen Bewußtsein seiner Aussichtslosigkeit und also nicht ohne Edelmut; geliefert sogar mit Einsicht in die seelische Ungesundheit und Untugend aller Sympathie mit dem Todgeweihten, aber freilich auch mit ästhetisch allzu ästhetischer Geringschätzung von Gesundheit und Tugend, welche eben gerade als der Inbegriff dessen empfunden und verhöhnt wurden, wovor man sich kämpfend zurückzog: der Politik, der Demokratie…» Er fügte hinzu, der «Geist sollte geistig genug sein, zuzugeben, daß es völlig gleichgültig ist, in welchem Vorzeichen, dem positiven oder dem negativen, eine Erkenntnis steht, falls sie Erkenntnis, falls sie wahr ist».

Glaubte er das selbst? Sagte ihm niemand, auch nicht die mitunter so kritische Katia, daß dieses Gemenge von pathetischem Starrsinn, windiger Rabulistik und beleidigter Wehleidigkeit die Gegner nur reizte? Auch Arthur Hübscher polemisierte hernach in den «Süddeutschen Monatsheften» gegen die Kürzung der «Betrachtungen». Der junge Mensch argumentierte nicht ohne Geschick: *«Nicht die Aenderung der Ansichten steht in Frage»*, schrieb er. Es sei in der politischen Arena nur allzu üblich geworden, dem Gegner vorzuwerfen, daß er heute anders rede als vor zehn oder fünfzehn Jahren. Doch er fuhr fort: *«Schlimm aber ist es, seine Meinung zu wandeln* und dennoch im Gefühl einer inneren Unsauberkeit diese Wandlung schweigend und schamhaft zu *verhüllen.»* Kein Zusatz in der Neuausgabe spreche von einer Überarbeitung. Kein Hinweis kläre «in konzilianten Worten» darüber auf, es habe gegolten, «den bleibenden Kern aus Vergänglichem und Zeitbedingtem zu lösen, und sei es auch nur im Sinne jenes Eingeständnisses, das die ‹Pariser Rechenschaft› festgehalten hat: ‹Glauben Sie mir, dies Buch war durchaus nicht bös gemeint.›»

Der Hieb saß. Immerhin räumte Thomas Mann zwei Jahre später in einem Brief zur Bundesfeier des sozialdemokratischen «Reichsbanners Schwarz-Rot-Gold» endlich ein, daß er nicht alt genug sei, um bei den Meinungen jenes Buches zu bleiben. Doch schon wenige Monate später bekannte er einem anonymen Korrespondenten, er sei geneigt, seinen problematischen Kriegsaufsatz über «Friedrich und die große Koalition» für das Beste zu halten, was ihm auf essayistischem Gebiet gelungen sei.

Arthur Hübscher aber forderte von Thomas Mann in einem Brief, er möge das erlösende Wort sprechen, das seine Zugehörigkeit zur «Vaterlandspartei» erkennen lasse. In seiner Antwort an den jungen Philosophen (der sich später ganz auf das Werk Schopenhauers konzentrierte) versuchte Thomas Mann seine Weigerung zu erklären. Wie so oft in Zuständen der Gereiztheit (und vor allem, wenn sein Gewissen bedrängt war) gerieten ihm zornig übertreibende Formulierungen in die Feder, die nicht zu den Beispielen unsterblicher Polemik zählen: dazu quoll in Augenblicken des Zorns und des Hasses zuviel Schaum auf. Zur Münchner Presse unterhielt er ohnedies ein notorisch schlechtes Verhältnis. Er hätte sie am liebsten – wie er dem Buchhändler Ernst Heimeran schrieb – von all seinen öffentlichen Veranstaltungen ausgeschlossen, da er sich durch ihre kritische und oft gehässige Aufmerksamkeit gedemütigt fühlte. In seiner Wut hatte er den unverzeihlichen Fehler begangen, dem Romanisten Karl Voßler, dem Kunsthistoriker Wilhelm Pinter und dem Literaturprofessor Fritz Strich vorzuschlagen, sie sollten gemeinsam mit Bruder Heinrich und Bruno Frank bei Paul Reusch intervenieren, dem Chef der Gutehoffnungshütte (des Haniel-Konzerns), der nun die Interessen der rheinischen Großindustrie im Verwaltungsrat der «Münchner Neuesten Nachrichten» vertrat, um eine liberalere, dem Ruf Münchens weniger schädliche Haltung des Blattes zu erwirken. In einem Schreiben an den Journalisten Robert Held ging er weiter und forderte einen Boykott des Blattes durch Mitarbeiter und Leser. Vermutlich blieben diese Torheiten der Redaktion nicht verborgen. Nichts ist, das weiß man, geeigneter, die Rachsucht der Journalisten zu provozieren, als der Versuch, bei den Verlegern zu petzen und über die Eigentümer Druck auszuüben.

Um die Wogen zu glätten, forderte ihn der Chefredakteur der «Süddeutschen Hefte», die im Haus der «Nachrichten» erschienen, zur Mitarbeit an seinem Blatt auf: Paul Nikolaus Cossmann, ursprünglich durchaus ein Bewunderer Thomas Manns, ein passionierter Propagandist des Werkes von Hans Pfitzner, Freund des Freundes Bruno Walter, zum Katholizismus konvertiert, ein leidenschaftlicher deutscher Nationalist jüdischer Herkunft, der seine Gegner durch sensationell inszenierte Prozesse zu zermürben verstand. Er hatte ohne Skrupel die Propagandaphrase von der «Kriegsschuldlüge» in die Welt gesetzt, wie aus einem Aufsatz von Helmuth Pigge zu lernen ist, und er hatte das Seine getan, den Mythos vom «Dolchstoß» unter das Volk zu bringen. Hermann Sinsheimer, der Kritiker, Regisseur und Freund Heinrich Manns, nannte Cossmann einen «Überpatrioten, Eroberungspolitiker, Weltreichschwärmer», einen «Gralswächter des Deutschtums», und er sagte von ihm, er habe nie wieder «einen Mann kennengelernt, der so glühend für eine so schlechte Sache eingetreten» sei «und sich sinnlos geopfert» habe. (Es half ihm nichts: im April 1933 wurde er zum erstenmal verhaftet und 1942 ins Konzentrationslager Theresienstadt deportiert, wo sein Leben ein schäbig-tragisches Ende fand.) Thomas Mann lehnte die Einladung, sich in Cossmanns Zeitschrift noch einmal über die «Betrachtungen» zu äußern, höflich ab: er habe dem Buch schon drei Lebensjahre geopfert und arbeite an einem mythologischen Roman; aber bei günstigerer Gelegenheit wolle er den Vorschlag bedenken. Berliner Zeitungen berichteten über die Absage: Anlaß zu neuem Ärger.

Hübscher und Cossmann zahlten es ihm auf böse Weise heim: sie stopften die Artikel der «Süddeutschen Monatshefte» und ihre Korrespondenz mit Thomas Mann in eine Broschüre, die sie drukken ließen, ohne den Dichter um Erlaubnis zu fragen: ein übler Trick. Seinen Hauptbrief an Arthur Hübscher hatte er an dem Tage geschrieben, an dem das Volk von München die Piloten Köhl und von Hünefeld – mit dem Iren Fitzmaurice –, die den Atlantik zum erstenmal von Ost nach West überflogen hatten, mit überbordender Begeisterung feierte: eine bewundernswerte Leistung, ohne Zweifel, die zu Recht neben Charles Lindberghs Pioniertat mit seiner kleinen Maschine «Spirit of Saint Louis» genannt wurde. Thomas Mann aber sprach – so war es nun nachzulesen – von dem «nationalistischen Kopfstand», den «unsere gute, aber mißleitete Stadt zu Ehren der beiden Flieger-Tröpfe» vollführte. In einem offenen Brief an Stefan Grossmann, den Redakteur der Zeitschrift «Das Tage-Buch», beteuerte er wenig später, daß seine «saloppe und ärgerliche Äußerung» natürlich nicht gegen «die tapferen Luftschiffer» gerichtet gewesen sei, deren Leistung ihm durchaus eine «gesunde Achtung» einflöße. Sie sei einem «flüchtigen Unwillen über die modisch maßlose und kulturwidrige Überwertung sportlicher Rekorde und ihre nationalistische Ausbeutung» entsprungen. Die Rechtfertigung richtete nichts mehr aus. Das Scheltwort von den «Flieger-Tröpfen», das seine eigene Komik hat, trug man Thomas Mann noch Jahrzehnte später nach.

Die bessere Antwort an seine Kritiker lieferte er im Januar 1929 bei der Festsitzung der Berliner Akademie zum zweihundertsten Geburtstag von Gotthold Ephraim Lessing. Mit Genugtuung durfte er sagen, Lessing habe den Patriotismus «eine heroische Schwachheit» genannt und «erklärt, daß das Lob eines eifrigen Patrioten das letzte sei, nach dem er geizen würde, des Patrioten nämlich, der ihn vergessen lehre, daß er ein Weltbürger sein solle». Thomas Mann verschwieg den «Polemiker in ihm» nicht. Was für eine schöne Herausforderung, gegen die deutsche Verklärung des Dichterbildes mit Leidenschaft und Ironie Front zu machen: «Reizbarkeit gegen die Zeit, die Welt, das Schlechte, Dumme, Niederträchtige und Geistwidrige in ihr und die Äußerung solcher Reizbarkeit als polemischer Angriff, das degradiert, das entehrt den Dichter. Er begibt sich ‹auf den Markt›, er verstrickt sich leider in ‹Händel›. Welt und Wirklichkeit wissen sich offenbar so gemein, daß sie denjenigen zu verachten genötigt sind, der sich mit ihnen gemein macht. Ein Dichter, wie er sein soll, das ist nach ihrer Meinung ein Wesen, das nichts sieht, nichts merkt, von nichts etwas ahnt».

Natürlich sprach er von sich selbst. Auch in jener Passage, in der er Lessing mit dem bescheiden stolzen Wort zitierte, daß er kein Dichter sei, aber etwas, «was dem Genie sehr nahe komme»: «‹Ich fühle die lebendige Quelle nicht in mir, die durch eigene Kraft sich emporarbeitet, durch eigene Kraft in so reichen, so frischen, so reinen Strahlen aufschießt: ich muß alles durch Druckwerk und Röhren aus mir herauspressen.›» Wie oft hatte er selbst den schöpferischen Prozeß als das Werk eines artesischen Brunnens betrachtet.

Doch dankbar konnte er fortfahren: «Goethe hat in Lessings Wahrheitsbekenntnis über sich selbst niemals eingestimmt. Er habe sich, sagte er, zwar den Titel eines Genies verbeten, aber seine dauernden Wirkungen zeugten gegen ihn. Goethe hält es bei der Bestimmung des Genialen vor allem mit der Dauer.»

Was für eine schöne Gelegenheit, von der Bühne unbestrittener Klassik zu den Fragen der Zeit, über den Streit der Geister und zugleich über sich selbst sprechen zu können. So wünschte er sich die Akademie der Dichter, die so vielen Umstand machte und ihm soviel tägliche Mühsal auflud.

43. KAPITEL

Akademische und andere Wirren

Thomas Mann betrieb seine Mitarbeit an den Geschäften der Berliner Akademie mit einer Ernsthaftigkeit und einem Eifer, die mancher seiner Bewunderer und mancher seiner Kritiker dem Dichter, der die Weltgeschäfte aus solch kühler Distanz zu verfolgen schien, kaum zugetraut hatte. Er legte sich, wie Bruder Heinrich und die Mehrheit seiner Kollegen, gegen das «Schmutz- und Schund-Gesetz» ins Zeug, das nicht nur die Pornographie, die sogenannte, aus den Regalen der Buchhändler und den Zeitungskiosken zu verbannen suchte, sondern jeden gewagten Text und alle erotische Kunst, die über die Grenze des Konventionellen vordrangen, mit polizeilicher Unterdrückung bedrohte: ein erster Schritt zur Zensur. Heinrich sagte in einem Memorandum in schöner Klarheit, «daß die Republik in der Urteilskraft jedes Bürgers wurzelt». Gewissenhaft warb Thomas bei seinen Kollegen für Schriftsteller, die in Not geraten waren (davon gab es viele). Freilich war der Hilfsfonds der Akademie lächerlich gering: 1927 standen nicht mehr als dreitausend, später immerhin dreizehntausend Mark zur Verfügung. Aufreibend vor allem der Kampf um die «Satzung» jener Institution, der zu einem Krieg der Nerven wurde. Die «Sektion für Dichtkunst» unterstand – als eine Abteilung der Preußischen Akademie für die Künste – der Aufsicht durch das Ministerium des mächtigen Reichslandes. Stimmberechtigt waren, nach penibler Auslegung der Vorschriften, nur die in Preußen ansässigen Mitglieder des Gremiums. Beharrlich drängten die «Auswärtigen» auf ihre Gleichberechtigung – unter ihnen Thomas Mann selbst, der sich darin mit seinen konservativen Kollegen Wilhelm Schäfer und Josef Ponten völlig einig war.

Indes, schon der zornige Arno Holz hatte bei der Gründungsversammlung das Unternehmen mit peinlichem Lärm als eine Gefahr für den «nationalen Traum von einer deutschen Reichsakademie» denunziert, wie Inge Jens in ihrer Studie über die Geschichte der Sektion berichtete. Sie wies auch darauf hin, daß die erste Auswahl der Mitglieder überaus einseitig war: es fehlten Bertolt Brecht und Johannes R. Becher, aber auch Gottfried Benn. Erwin Guido Kolbenheyer, der mystisch-mythisch raunende Roman-Dichter volksdeutscher Prägung, warnte vor der Aufnahme der Kollegen Leonhard Frank, Alfred Mombert, Theodor Däubler und Alfred Döblin (die allesamt jüdischer Herkunft waren). Er verlangte, daß man das Auge doch eher auf Persönlichkeiten richten möge, «deren Kunst nicht die in internationalem Ansehen stehenden Merkmale enthalte, dafür aber deutsches Wesen rein zum Ausdruck bringe»: ein kaum getarntes antisemitisches Votum.

Thomas Mann mühte sich lange um erträgliche Kompromisse. Die Denk- und Gefühlswelt der konservativen Poeten war ihm nicht völlig fremd, und er achtete geduldig darauf, daß sie ihm nicht allzu fern rückte. Überdies gab sich die linke Avantgarde zunächst nicht die geringste Mühe, die Sympathien des schreibenden Patriziers auf sich zu ziehen. Brecht, dessen «Dreigroschenoper» vom Bürgertum so enthusiastisch gefeiert wurde wie einst der «Figaro» des Beaumarchais von der Pariser Aristokratie, sprach von dem «Stehkragen» nur voller Verachtung. Johannes R. Becher, der kommunistische Expressionist, dem Thomas Mann durch ein Memorandum für das Reichsgericht zu helfen versuchte, äußerte sich verbindlicher. Kurt Tucholsky mokierte sich über den «gestelzten Stil», den er nicht für «Form» halten wollte: er sei, sagte er, «das erschwitzte Produkt tiefster Sterilität – nichts rauscht, nichts quillt –, einer nagt am Federhalter und tanzt auf einem nicht sehr hoch gespannten Seil».

Thomas Manns Bekenntnisse zum Sozialismus konnten keinen von ihnen beeindrucken, auch Tucholsky nicht. Das Engagement des Bürgers für die Republik ließ sie kalt. Sie allesamt waren der Meinung, auch Tucholsky, der von den Kommunisten Abstand hielt, daß der «bourgeoise Staat» zum Untergang verurteilt sei. Darin stimmten sie – ohne sich darum zu kümmern – mit der radikalen Rechten überein, die sie sonst entschlossen bekämpften (und von der sie gleichermaßen unversöhnlich gehaßt wurden).

Als die Mitglieder der Akademie gebeten wurden, Bücher vorzuschlagen, die für die Bibliotheken der Gymnasien und anderer «höherer Lehranstalten» zu empfehlen seien, nannte Thomas Mann jeweils zwei Bände von Jakob Wassermann, Hermann Hesse und Ricarda Huch – allesamt weiß Gott keine «Linken» –, doch daneben auch «Freund Hein» von Emil Strauß, den Roman «Der Meister» von Josef Ponten und eine Anekdotensammlung von Wilhelm Scholz. Von einer Münchner Buchhandlung nach den zehn bedeutendsten Büchern der zwanziger Jahre befragt, führte er, trotz allem, Spenglers «Untergang des Abendlandes» an – und mit ihm das Nietzsche-Buch von Ludwig Klages, natürlich auch das von Ernst Bertram, danach Friedrich Gundolfs «Shakespeare», den «Steppenwolf» von Hermann Hesse, den «Fall Maurizius» von Jakob Wassermann, Max Schelers «Umsturz der Werte», Max Webers «Gesammelte Aufsätze zur Religionssoziologie» (die er für den «Joseph» studiert hatte), Eugen Dacqués Untersuchung über «Urwelt, Sage, Menschheit» – und, die neue große Entdeckung, Sigmund Freuds «Gesammelte Werke».

Am Ende halfen die schmeichelnden Gesten, die flexiblen Argumente und die demonstrativen Bezeugungen seiner Gutwilligkeit nicht viel: hinter dem Streit um die «Satzung» der Berliner Akademie brachen die ideologischen Konflikte auf. Schäfer, Emil Strauß und Kolbenheyer zogen eine scharfe Grenzlinie zwischen den Schriftstellern der «Großstadt» (die sie in Wahrheit als «Asphalt-Literaten» betrachteten) und den Dichtern der «Landschaft», die nach Josef Pontens Worten einen «Akkord (...) in den Seelen von Leser und Hörer zum Klingen bringen» möchten. Die Lösung der «Sektion» aus der preußischen Obhut verstanden die konservativen Geister als eine Abkehr vom «roten Preußen»: eine Deutsche Akademie sollte nach Kolbenheyers Einsicht in der «Volksverantwortlichkeit» stehen (was immer das bedeuten mochte). Wilhelm Schäfer führte überdies den Begriff «gesamtdeutsch» in die Debatte ein. Der alte Konflikt zwischen «Dichtung und Literatur» wurde in der chronischen Auseinandersetzung um die Benennung der Institution ein weiteres Mal virulent. Vergebens rief der nüchterne Arthur Schnitzler den Zunftgenossen in einem Memorandum zu, der Name «Dichter-Akademie» komme ihm lächerlich vor, denn das «eigentlich Dichterische in einem Kunstwerk» lasse sich «weder erlernen noch mit Bestimmtheit nachweisen». Außerdem sei «der Platz des Dichters, dessen ‹Auge in holdem Wahnsinn rollt›, nicht in Akademien (...), wenn auch zufällig einer hineingeraten» möge. Hermann Hesse sah sich durch Kolbenheyers Vorstoß für eine Umbenennung veranlaßt, seinen Austritt anzukündigen.

Dann nahm die Entwicklung eine überraschende Wende. Der Rheinländer Wilhelm Schäfer, der seinen Weg als naturalistischer Dramatiker begonnen hatte, entwarf im Kreis seiner Freunde mit einiger Heimlichkeit neue Statuten, die er der Generalversammlung im Oktober 1930 sozusagen per Handstreich präsentierte. Thomas Mann konnte bei der Versammlung nicht anwesend sein; er erfuhr, als es zu spät war, daß Schäfers Entwurf einstimmig akzeptiert worden war. Der Initiator der kleinen Palastrevolution war freilich unvorsichtig genug, in einem Brief die «Inaktivität» mancher Mitglieder, die er nicht beim Namen nannte, zu «rüffeln» und sie zu «verwarnen» (wie Thomas Mann sagte). Hermann Hesse zog sich nun endgültig zurück. Er ließ sich auch von Thomas Mann nicht umstimmen. Sein Brief an den fernen Partner geriet ihm zu einer harten Formulierung seines Grundmißtrauens gegen die Republik: «Die paar guten Geister der ‹Revolution›, welche keine war», schrieb er, «sind totgeschlagen, unter Billigung von 99 Prozent des Volkes.» Er finde sich «von der Mentalität, welche Deutschland beherrscht, genauso weit entfernt wie in den Jahren 1914–1918». Seitdem sei er «um viele Meilen nach links getrieben worden». Er vermöge auch keine einzige deutsche Zeitung mehr zu lesen.

Nun forderte eine Gruppe von Mitgliedern – unter ihnen Alfred Döblin und Walter von Molo –, daß die Geschäftsordnung Schäfers zurückgezogen werde. Auch Thomas Mann drängte auf eine Revision, von der niemand behaupten konnte, daß sie den Regeln der Demokratie exakt entsprochen hätte. Er sprach (in einem Brief an Oskar Loerke, den Lyriker und Hauptlektor des S. Fischer Verlages) von Schäfers «unerträglich schulmeisterhaftem Ton», von seiner «Plumpheit und Arroganz». Wie stehe er jetzt, fragte er, vor Gerhart Hauptmann da, den er noch immer zu gewinnen suche. Er könne im Innersten seines Herzens nicht wünschen, daß die «akut gewordene Krise vertuscht und verkleistert werde». Das «bittere Ende» könne «der Anfang des Besseren» sein. Scharf wandte er sich gegen Kolbenheyer und sein «verdächtiges Geschwätz von Volk und Volksverpflichtung». «Ich habe mich nie dem Volk verantwortlich gefühlt», schrieb er mit betonter Härte, «sondern mir selbst und der europäischen Bildung», und er fuhr fort: «Um ganz offen zu sein, ich wollte, man ließe es auf ein (...) Auseinanderfallen ankommen und ließe die Krise sich vollenden.» Das «Auffliegen der Sektion für Dichtkunst» könne «das vielleicht einzige Mittel sein, die Akademie in neuer und bis zum Effekt der Arbeitsfähigkeit einheitlicher Gestalt wieder erstehen zu lassen». Nicht lange danach beschwerte er sich, ganz zu Recht, die Akademie habe nicht einmal einen Protest gegen das Verbot des Remarque-Filmes «Im Westen nichts Neues» zustande gebracht.

Unterdessen nutzte Kolbenheyer eine Formfrage, um im Januar 1931 seinen Austritt aus der Sektion zu erklären. Emil Strauß und Wilhelm Schäfer schlossen sich ihm an. In einer Krisensitzung Ende Januar 1931 – Thomas Mann konnte auch dieses Mal nicht teilnehmen – plädierte Alfred Döblin für eine radikale und republikanische Revision der Akademiearbeit: «Den Katzen müssen Schellen umgehängt werden», verlangte er – «nach Nietzsche: zu neuen Dingen muß Musik gemacht werden». Durch Akklamation und einstimmig wurde Heinrich Mann zum neuen Vorsitzenden der Sektion gewählt, Ricarda Huch zu seiner Stellvertreterin. Mit anderen Worten: die republikanische Akademie ließ sich endlich durch Republikaner repräsentieren.

Zweifellos betrachtete auch Bruder Thomas sein Engagement für die Institutionen des Geistes, so lästig die Querelen waren, als eine hohe Pflicht. Es bot ihm zugleich, so ist es wohl immer, eine Bestätigung seines Selbstgefühls. Er nahm die Ämter ernst, die ihm im Gang der Jahrzehnte zugewachsen waren, aber er bezahlte dafür mit einer Fülle von Ärger, den er oft mit erstaunlichem Gleichmut ertrug. Welche Mißverständnisse, Eifersüchteleien, Kleinkrämereien im Vorstand der Nietzsche-Gesellschaft! Er nahm es hin, daß

die Kandidatur seiner französischen Freunde an Bertrams bornier-
tem Widerstand gescheitert war. Chronische Spannungen in der
Leitung des Vereins versuchte er geduldig auszugleichen, zumal im
Jahre 1928, als sich die Pressionen der Schwester Elisabeth Förster-
Nietzsche, die er mit kaum angemessener Nachsicht das «alte
Lama» nannte, in unziemlicher Weise mehrten.

Neid auf den Erfolgreichen, von dem die Künstler, auch die
Schriftsteller, sowenig frei waren wie Gevatter Schuster oder die
Vorstandsmitglieder der Deutschen Bank, sorgte immer wieder für
widerwärtiges und vor allem zeitraubendes Ungemach. Von einer
großen Summe gelockt, von der sich die Kollegen etwas übertriebene Vorstellungen machten, hatte sich Thomas Mann zu Anfang
des Jahres 1927 bereit erklärt, neben dem Deutschamerikaner Hermann George Scheffauer die Mitherausgabe der Reihe «Romane der
Welt» im Knaur-Verlag zu übernehmen, der in jenen Jahren von
Adalbert Droemer geleitet wurde. In seinem Vorwort, das dem ersten Band beigegeben wurde – der Erzählung «Bildnis einer Rothaarigen» von Hugh Walpole –, beschwor er das Publikum (und
vor allem seine Kollegen): «Rümpfen wir nicht esoterisch die Nase!
Flüchten wir nicht auf ein Elfenbeintürmchen» vor dem «pöbelhaft
jugendlichen Andrang» aus der «Welt abenteuerlicher Modernität», die den Deutschen in jener Reihe vorgestellt werden sollte. Mit
anderen Worten: er wagte es, für die Unterhaltungsliteratur besseren Anspruchs zu werben. Das kam im Reich deutscher Geistigkeit
nahezu einer Blasphemie gleich. Völlig zu Recht machte er darauf
aufmerksam, daß die «große Erzählung nicht nur wiederholt, sondern geradezu fast immer die Neigung gezeigt» habe, «ins wild Unterhaltende, ins Kolportagehafte, ja ungescheut ins Sentimentale
und Aufregende zu steigen». Er wies auf Dickens, auf Balzac, auch
auf Dostojewski. «Die Kunst der Erzählung ist die Kunst, zum Zu-
hören zu zwingen – weiter nichts»: so sprach der Lese-Künstler par
excellence, sprach wohl auch der Autor des Joseph-Romans, der –
noch ganz im essayistisch-mythischen Gestrüpp des Anfangs verfangen – sich selbst dazu überreden wollte, endlich mit der eigentlichen Erzählung zu beginnen. Die deutsche Wendung zur Prosa
und zu «kritischer Psychologie» nannte er einen Prozeß der «‹Europäisierung› Deutschlands». Er hatte recht: die Öffnung für den

Gesellschaftsroman, auch den exotisch drapierten Abenteuerroman bedeutete eine Annäherung an den Geist des Westens. Das galt erst recht für den psychologischen Roman. So stellte er sich seine Leserschaft vor: «Ein derzeit armes, ein derzeit eingeengtes und auf sich selbst zurückgeworfenes Volk und ein von Natur grenzenloses und weltliebendes Volk: Da gab es gestaute Wünsche zu befreien, Sehnsucht zu befriedigen, die Sehnsucht nach Welt und Weite, nach Entrückung aus der Alltäglichkeit, aus *sich selbst*».

Ein wenig unheimlich war es ihm schon, daß nun Woche für Woche ein neuer Band auf den Markt geworfen werden sollte. Er rechtfertigte sich in ausführlichen Briefen an konservative Weggenossen wie Rudolf G. Binding, den populären Autor gefühlvoll edler Erzählungen wie der «Keuschheitslegende» und der «Moselfahrt aus Liebeskummer», oder an Wilhelm von Scholz, damals noch Präsident der Dichterakademie: die beiden hatten es – wie so viele – für angemessen gehalten, die Ehre des deutschen Schrifttums gegen den allzu ungestümen Einbruch von zuviel «Welt» und vermeintlicher Halbwelt zu verteidigen. Gereizt schrieb Thomas Mann dem Kollegen Binding, der mit dem Adel seiner Gesinnung allzuoft in die Nähe süßsaurer Sentimentalitäten geriet: «Allgemein muß ich sagen, daß die Sorge um meine Würde, die sich bei dieser Gelegenheit bemerkbar macht (Ihr Brief ist nicht der einzige, wenn auch der wärmste und eindringlichste dieser Art) mich einigermaßen überrascht. Wenn ich beschimpft werde, wenn Kerr meine Arbeit bespuckt, Harden mich als einen mittleren Unterhaltungsschriftsteller hinstellt, und ein Literat Mynona den ‹Zauberberg› für eine kitschige Spekulation erklärt, so rührt sich keine Wimper, keine Hand, keine Seele. Wenn aber der Verdacht auch nur möglich, obgleich in keiner Weise als berechtigt erwiesen ist, ich könnte meiner Würde als deutscher Dichter durch irgendwelche lässige Toleranz in künstlerischen Dingen etwas vergeben, so kümmert sich plötzlich ganz Deutschland um meine Würde».

Thomas Mann hatte gegen die ursprünglichen Intentionen des Mitherausgebers und des Verlegers darauf bestanden, daß deutsche Schriftsteller in die Reihe aufgenommen werden müßten. Allerdings fand sich in der ersten Liste noch kein einheimischer Name. Das genügte, die Herausgeber heftigsten Vorwürfen auszusetzen.

In der Zeitschrift «Das Tage-Buch» warf er sich für das Unternehmen ins Zeug: er sei, betonte er, «kein Anhänger kultureller Schutzzollpolitik», doch zugleich pochte er darauf, daß «auch deutschen Talenten auf dem Gebiet einer entwickelten Unterhaltungskunst» eine Chance gegeben werden müsse, obwohl das nicht leicht sei, denn «in Deutschland gedeiht das Hohe und dann viel Gemeines. Das brauchbar Mittlere ist in ‹Europa› viel mehr zu Hause.» Als deutsche Beispiele nannte er Walter Mehring und Lion Feuchtwanger, auch Norbert Jacques und andere, die unterdessen vergessen wurden, nannte auch den holsteinischen Kollegen Hans Friedrich Blunck, zu dem er eine freundliche Beziehung unterhielt: er hatte sich in dessen Hamburger Haus mit den hanseatischen Mitgliedern des PEN-Clubs zu einer Teestunde getroffen. Blunck, der sich als Dichter fühlte, war tief gekränkt, als er sich in die Kategorie der Unterhaltungsliteratur verwiesen sah. Mit einiger Mühe konnte ihn Thomas Mann beschwichtigen – und zu Bluncks Ehre darf gesagt werden, daß er sich später in seinem Amt als Präsident der nazistischen «Reichsschrifttumskammer» hartnäckig dagegen wehrte, Thomas Manns Namen aus der Liste der Zugehörigen streichen zu lassen.

Nach einem Jahr zog sich Thomas Mann aus dem Unternehmen des Knaur-Verlages zurück, nicht nur unter dem Eindruck der unvermindert heftigen Kritik, sondern auch, weil bei dem hohen «Produktionstempo eine wirkliche Kontrolle dessen, was der Verlag mit seinen Lektoren und Übersetzern veranstaltete, besonders von München aus, nicht möglich war».

Die Geschäftigkeit des Alltags in jenen Jahren, die nicht immer eine unfreiwillige war, widersprach der angeblichen Beschaulichkeit einer literarischen Existenz. Im Herbst des Jahres 1927 unternahm der Autor zwei Lesereisen. Wiederum führte ihn der Weg ins Rheinland, wo er sich mit dem Vater Heuser verabredet hatte: wohl vor allem, um den Sohn Klaus Heuser zu sehen, den er zu sich nach München einlud. Wurde ihm dort die Erfüllung zuteil, von der er hernach träumte? Man mag daran zweifeln. Klaus Heusers Schwester schilderte, mehr als ein halbes Jahrhundert später – in einem Gespräch mit Karl Werner Böhm –, den Jüngling voller Entzücken: die Schönheit seiner «schwarzen Samtaugen, die Stirn hoch, das schmale Kindergesicht rührend unschuldig». Sie erinnerte sich an die freundschaftlichen Unterhaltungen der beiden Familien droben auf Sylt, obschon sie damals erst zwölf Jahre zählte, die Abende beim Licht der Lampions im Garten, das Maskuline in der Erscheinung Katias: Sie und Thomas, jeder auf seine Art dominierend, ergänzten sich offensichtlich sehr. Sie schienen aufeinander eingespielt. Wie ein Bühnenstück. Das funktionierte. Sie registrierte seine «Korrektheit» und «Ordentlichkeit» – eine «unantastbare Persönlichkeit»: «Ich hätte (...) den Mann nie angesprochen! Dabei war er eigentlich, mit uns jungen Leuten, furchtbar lieb und nett. Aber doch immer in einer anderen Welt. Sehr zurückhaltend, (...) sehr distanziert und unnahbar.» Doch sie beharrte darauf: Thomas Mann habe den schönen Bruder «platonisch angeschwärmt» – aber es sei nichts gewesen, es könne nichts gewesen sein, sie weigerte sich, «das» zu denken: der große Autor sei ein «älterer, faltiger Mann» gewesen. «Er war alt. Er bewegte sich alt.» Nein, nichts: auch nicht in München. Was immer in den Tagebüchern stehe – nichts als Wunschdenken. Und der siebenundsiebzigjährige Klaus Heuser bestätigte es, als er Karl Werner Böhm in Frankfurt am Flughafen eine Begegnung gewährte. Nichts auf Sylt. Nichts in München. Einmal hätten sie zusammen in der Staatsoper den «Lohengrin» gehört. Einmal habe ihm Thomas Mann aus einer Arbeit vorgelesen, die er gerade schrieb. Doch «das Literarische» habe ihn nicht sehr interessiert: «Vom ‹Dichterfürst› (...) hatte ich damals nicht das geringste Bewußtsein. Ich hatte auch nichts von ihm gelesen. Später dann das eine oder andere». Sie hätten einander niemals geduzt. Und die Umarmung beim Abschied, der Kuß? Thomas Mann nahm, in den Worten Karl Werner Böhms, «die harmlose Geste für mehr, als sie in Wahrheit» war. Die Zeilen des Dankes, die er ihm nach der Rückkehr geschickt habe, seien durch den Vater veranlaßt worden (da es sich so gehörte).

Trotz der Unruhe, die Thomas Manns Gemüt widerfuhr, trotz des geträumten Glücks, trotz der vielfältigen Ablenkungen: am 8. November konnte er den ersten Abschnitt des «Joseph»-Romans im Auditorium Maximum der Münchner Universität vorstellen (und kurz danach wurde die «Höllenfahrt» in Fischers «Neuer Rundschau» abgedruckt). Im Januar 1928 las er aus dem «Joseph»

auch in einer Veranstaltung der Akademie in Berlin, die er sich – wie
ein Brief an Wilhelm von Scholz bezeugt – so feierlich wie möglich
gewünscht hatte. Die Veranstaltungen der Institution müßten ein
festlicheres Gepräge tragen, forderte er: es gehe nicht an, «daß die
Leute sogar im Straßenanzug kommen; Gesellschaftsanzug muß
auf der Einladung vorgeschrieben sein». Nobel müsse es zugehen,
samt Buffet und Erfrischungen.

Zunächst hatte er die Absicht, den Auftritt mit der Kollegin Ina
Seidel zu teilen, die durch einen begabten Roman über Georg Forster, den Weltreisenden und Revolutionär, auch durch schöne Gedichte von spätromantischer Melodik auf sich aufmerksam gemacht
hatte. Damals befand sie sich mitten in der Arbeit an ihrem Roman
«Das Wunschkind», in dem sie ein weiteres Mal die Epoche der
Revolution und der deutschen Freiheitskriege zu durchdringen versuchte. Am Ende zog es Thomas Mann denn doch vor, den Abend
ganz für sich zu reservieren.

Im Fortgang des Jahres 1928 trat er – als «wandernder Rhapsode», wie er selbst sagte – auf insgesamt fünf Tourneen vor sein
Publikum: immer bestrebt, die Wirkung des Werkes, das er unter
der Feder hatte, vor Fremden und Freunden zu erproben. Außerdem schrieb er, wie fast immer, kleine und große Aufsätze. Die
wichtigste dieser Arbeiten: der Essay über Heinrich von Kleists
«Amphitryon», den er zum hundertfünfzigsten Geburtstag des
schwierigen Dichters verfaßte – eine Liebeserklärung, die er vor der
Jubiläumsaufführung im Münchner Residenztheater vortrug. Den
Zuhörern und sich selbst redete er ein, er werde von dem Stück
sprechen, «als sei es neu, als kennte ich es allein und als sei noch nie
darüber gesprochen worden», er werde sich überdies «hüten, zu
lesen, was andere darüber geschrieben haben, oder mir zuzugeben,
daß ich es möglicherweise gelesen habe». Doch eine Minute später
verwies er auf Plautus und Molière, und er verbarg nur flüchtig, daß
er sich mit einem geradezu amourösen Eifer in den Stoff der Komödie eingeübt hatte, mit ausführlichen Seitenblicken auf Goethe, an
dem er – es fiel ihm nicht leicht – zu mißbilligen hatte, daß er sich
den jungen Kleist, diesen beunruhigenden Geist aus Preußen, so
schroff vom Leibe und von der Seele hielt. Die unglückselige «Hermannsschlacht» hätte die kühle Distanzierung verständlich ge-

macht (aber davon redete Thomas Mann nicht) – das melancholische Lustspiel «Amphitryon» mit seinen bodenlosen Intrigen göttlicher und allzu menschlicher Art ganz gewiß nicht.

Trotz des gemessenen Tempos, trotz der ruhig-strengen Methodik seiner Arbeit: was für eine Produktivität, oft genug einem gereizten Mißmut und einer zehrenden Verzagtheit abgerungen! Welch zähe Energie bewies dieser zart-hypochondrische Mann, der längst die Mitte des Lebens durchschritten hatte. Trieb ihn die verborgene Unruhe an, die sein Herz mit einer Passion heimsuchte, die er für seine letzte hielt: die Zuneigung für den blutjungen Klaus Heuser? Es mag auch sein, daß er aus der Erschütterung über eine neue Katastrophe in der engsten Familie in die Arbeit floh: am 10. Mai 1927 erreichte ihn die Nachricht vom Tod der Schwester Julia Löhr. Sie hatte sich in ihrer Wohnung erhängt.

Lula, wie sie seit den Kindertagen genannt wurde, war ihm lang schon entfremdet. Der gesetzte Bruder hatte, es war anders nicht denkbar, ihre Abhängigkeit vom Morphium und ihre mit geringem Geschick getarnten Neigungen für «gutaussehende Herren des gehobenen Mittelstandes» (nach Klaus Manns Erinnerungen) tief mißbilligt. Julia war nach dem frühen Tod ihres Mannes im Jahre 1922, so berichtete der jüngste Bruder Viktor, «nicht in wirkliche Armut» geraten, «aber in die seelische Not des Abstieges» aus der großbürgerlichen Sphäre, die ihrer Herkunft und ihrem Wesen entsprach. «Niemand achtete sie geringer ob ihrer bescheideneren Position», schrieb Viktor, «nur sie selbst sah sich deklassiert, wurde scheu und in bedrückender Weise unecht.» Von sich selbst hatte sie mit melancholischer Koketterie gesagt: «Ich weiß, ich bin Rokoko.» Monika Mann, ihr Patenkind, entwarf in ihrem Erinnerungsbuch ein poetisch überhöhtes Bild von der Tante, das Lulas Blick auf sich selbst bestätigte: «Der große Blumenhut auf der aschblonden Turmfrisur – das durchsichtige, müd-gezierte Antlitz mit dem blauen schleierigen Blick, der hohen, milden Stirn, der etwas großen, leicht höckrigen Nase, dem kleinen Mund, aus dem ein abgründig-zärtliches Lachen perlte, wobei Rosenröte das Alabastergesicht übergoß – die hilflosen Hände... diese altjüngferliche und auch wieder feenhafte, eitle und verwehte und vor allem vertraute Gestalt.»

Golo, damals Student in Heidelberg – der aufmerksamste Beobachter in seiner Familie –, kannte wohl als einziger den Anlaß ihres Selbstmords: die Fünfzigjährige hatte sich von ihrem damaligen Freund hintergangen gefühlt. Unter der Herabsetzung litt sie womöglich mehr als unter dem Entzug der Liebe. Monikas Hinweis auf eine gewisse Altjüngferlichkeit könnte diese Vermutung akzentuieren. Golo wies in seinen Memoiren auf das Bild, das der Vater später von Goethes Schwester Cornelia entworfen hatte: das «weibliche Neben-Ich» des Dichters, das, tief an den Bruder gebunden, an «Gattenekel» gelitten habe wie Julia auch. Wer den Hofrat Löhr gekannt habe, bemerkte Golo, habe dies wohl begreifen können: «Ihre Neigung zum Morphium, so gestand sie ihrem Bruder, kam von daher; was der Bankier nur zu oft von ihr wollte, konnte sie ohne das erlösende Gift nicht prästieren.» Verdeutlichend betonte Golo den «schauerlichen Kontrast», der «zwischen ihrem superbourgeoisen öffentlichen und ihrem heimlichen Dasein» gelegen habe.

Übrigens stellte sich, nach Golos Feststellung, auch der «treulose Liebhaber» zur Beerdigung ein, zu der, nach seiner Erinnerung, «ungebeten» ein Pfarrer erschien, unter dem «leisen Gemurmel» der «intimeren Trauergäste, die nicht sehr pfarrerfreundlich gesinnt waren». Er habe die Kinder der «Frau Hofrat» getauft, sagte der geistliche Herr, sein Erscheinen rechtfertigend, der im übrigen «seine Sache herzlich und taktvoll» zu machen verstand. Dem Vater Thomas habe er, zu dessen Erleichterung, die vorbereitete Ansprache erspart, die Golo in einer merkwürdigen Wendung ein «Gedicht» nannte. Monika wiederum glaubte sich zu erinnern, daß «die Rede des Pfarrers weit über die Zeit gedauert» und den Vater «um seine geplante Ansprache» gebracht habe. Danach habe er die Abschiedsworte noch mit sich herumgetragen «wie eine schale Last. Aber vielleicht war es gut so.» Beim Mittagstisch nach der Beerdigung sei der Vater blaß gewesen, fuhr Monika in ihrer Erzählung fort, doch er habe versucht, sich ganz «gewöhnlich» zu geben: «Er wollte uns schonen. Und er schien bei uns Schutz zu suchen. Er war erregt, er litt.»

Thomas Mann selbst äußerte sich über den Tod der Schwester nur lakonisch. Ida Boy-Eds Beileidsbezeugung quittierte er mit einem knappen Satz. Im «Lebensabriß» kein Wort. Es ist nicht undenkbar, daß er, in solchen Augenblicken von der einstigen Todesverliebtheit um Welten entfernt, auch den Selbstmord Lulas wie den der jüngeren Carla als einen «Verrat an unserer geschwisterlichen Gemeinschaft» betrachtete: eine Ungehörigkeit, nicht nur im bürgerlichen Sinn des Wortes. Später bemerkte er (in seinem Theodor-Storm-Essay), das Grauen beschwichtigend: «die Wirklichkeit des Todes tritt am Ende wohl einen wie den andern an, das dumpfe wie das zeitweise hochverwirklichte Ich; Grauen und Ängste gehen vorüber, und schließlich heißt es meistens in friedlicher Zweideutigkeit und Halbverblendung: ‹Nun will ich schlafen›.» Also noch immer: Freund Hein, Verklärung des Schrecklichen, neunzehntes Jahrhundert. Er konnte, er wollte der schrecklichen Realität des Letzten nicht ins Auge sehen.

Ein Jahr später starb – in ihrem geliebten Travemünde, sechsundsiebzig Jahre alt – die Gönnerin und Freundin Ida Boy-Ed, die ihm und seinem Werk von Beginn an eine liebevoll-kritische Begleiterin war. Er hatte bei den Aufenthalten in Lübeck gern ihre unaufwendige Gastlichkeit in Anspruch genommen. Der Austausch zwischen den beiden war, nach ihren Vorbehalten gegen den «Zauberberg», ein wenig dürftig geworden.

44. KAPITEL

Sichtbarer Segen – verborgene Gefahren

Thomas Mann strömten die Erfolge zu, es ließ sich nicht leugnen. Der bürgerliche Wohlstand, dem er seit dem Tod des Vaters und der Konfrontation mit den Lebensängsten der Mutter so hartnäckig entgegengestrebt hatte, wuchs und blühte. Wie der biblische Erzvater Jakob, dessen irdischen Wandel er in seinem neuen Werk ehrfürchtig und zugleich voller Spott beschrieb, schien auch er den sichtbaren Segen des Herrn durchs Leben zu tragen. Er war reich geworden, man durfte es sagen, ohne sich einer Übertreibung schuldig zu machen: schon lange nicht mehr von den Zuwendungen der Schwiegereltern Pringsheim abhängig, die sich niemals ganz von ihren Kriegs- und Inflationsverlusten erholt hatten (obwohl sie nach hergebrachten Begriffen noch immer steinreich waren). Die Einnahmen schienen von allen Seiten herbeizufließen. So legte im späten Sommer 1929 der einfallsreiche Verleger Adalbert Droemer, Geschäftsführer des Hauses Knaur in Leipzig, dem Dichter ein Angebot auf den Tisch, das ihm für einen Augenblick den Atem stokken ließ: für eine wohlfeile Ausgabe der «Buddenbrooks», die in der Auflage von einer Million zu einem Preis von zwei Mark fünfundachtzig unters Volk gebracht werden sollten, bot er ihm einhunderttausend Reichsmark auf die Hand.

Das war eine Chance, der er nicht widerstehen konnte und wollte – nicht nur eine materielle. Der Antrag bestätigte eine Popularität, wie sie noch keinem Werk der Literatur zu Lebzeiten des Autors zuteil geworden war. Der schöne Handel setzte freilich voraus, daß Samuel Fischer die Rechte freigab. So reiste der Autor im September

1929 nach Berlin, um die Zustimmung seines Verlegers einzuholen. Samuel Fischer sagte nein, trotz allen guten, schmeichlerischen und schließlich drängenden Zuredens. Mit jeder Faser seines Wesens sträubte sich der alte Herr, der einst mit solcher Entschlossenheit der Moderne den Weg in die Buchhandlungen und zum Publikum geebnet hatte, gegen einen Massenvertrieb, den er als Vorstufe zur Verramschung empfand. Sein Instinkt trog nicht völlig. Die billigen Ausgaben zu Warenhauspreisen – und später die Taschenbücher – garantierten zwar hohe Auflagen und eine weite Verbreitung, doch sie höhlten zugleich die Rechte der Autoren aus. Nur Werke von besonderem Rang, die eine Art Mythos waren, konnten sich in traditionell gebundener Form noch behaupten, nachdem eine verbilligte Ausgabe auf den Markt gelangt war.

Samuel Fischer blieb starr. Thomas Mann zog grollend davon. Sofort nach der Rückkunft schrieb er einen langen Brief an den Verleger, in dem er die ganze Artillerie seiner Argumente auffahren ließ. Was Droemer wolle, stellte er fest, sei «etwas Einmaliges, Neues und unter dem sozialen Gesichtspunkt Grosses»: das Buch «eines Lebenden (…) in einer Reihe mit klassischen Werken der Weltliteratur (…) unter die breiten Massen» zu werfen. Das sei einem deutschen Autor noch nicht geschehen. Außerdem werde Fischer materiell völlig sichergestellt. Im Herbst könne ein neuer Essayband bei ihm erscheinen, dann die Erzählung «Mario und der Zauberer», schließlich der «Joseph». In leicht pikiertem Ton erinnerte er daran, daß nicht nur Samuel Fischer Anlaß habe, von Opfern zu sprechen – auch er bringe wohl Opfer, wenn er der «dreissigjährigen Verbundenheit entgegen höchst verlockenden Angeboten die Treue wahre». Immerhin, er ließ Raum für einen Kompromiß und sprach zum Schluß, halb versöhnlich, von den eigenen inneren Kämpfen und seiner Neigung, «alles beim Alten und Gewohnten zu lassen».

Vielleicht wäre der Bruch unausweichlich geworden, hätte nicht Gottfried Bermann Fischer, Samuels Schwiegersohn, zunächst in aller Heimlichkeit, dann im offenen Gespräch, eine Lösung vorbereitet. Das war seine Stunde – die Stunde des Erben. Brigitte Fischers Mann war gelernter Chirurg, Sohn eines Arztes aus Oberschlesien; ein großgewachsener Mann mit offenen und klaren Zügen, schwergebaut und – auf den ersten Blick – von etwas bärenhafter Gutartigkeit. Man sah ihm an, daß er zu handwerklicher Sorgsamkeit begabt war, und es ist zu vermuten, daß er es in dem Beruf seiner Wahl zu hohem Ansehen gebracht hätte. Samuel Fischer hatte die Werbung des Arztes um die eigenwillige Tochter Brigitte, von aller Welt Tutti gerufen, nicht allzu gern gesehen. Er wünschte sich einen Schwiegersohn, der den Verlag weiterführen würde. Fast brüsk hatte er Gottfried Bermann vor eine herbe Entscheidung gestellt: seine Einwilligung zur Hochzeit werde er nur geben, sagte er mit harter Klarheit, wenn Gottfried bereit sei, der Medizin adieu zu sagen. Bermann hatte schließlich eingewilligt. Mit ruhiger Umsicht eignete er sich die Regeln des fremden Gewerbes an. Neben der Liebe zur Musik, die ihn mit Tutti zusammengeführt hatte, gedieh eine respektvolle Liebe zur Literatur. Die Autoren lernten seine freundliche Aufmerksamkeit und seine zuverlässigen Dienste schätzen, auch Thomas Mann, obwohl er den Nachfolger Samuel Fischers oft genug spüren ließ, daß er ihn als einen Fremdling in der Welt der Bücher betrachtete, und manchmal mit schneidendem Hochmut behandelte. Die Beziehung der beiden blieb darum im Fortgang der Jahre nicht ohne Schatten.

Gottfried Bermann hatte rasch verstanden, daß sich der Fischer Verlag niemals von Thomas Mann entfernen könne: dem erfolgreichsten, dem prominentesten und, noch wichtiger, dem geistig prägenden Autor des Hauses. Er zog einige Berliner Buchhändler zu Rate. Dann legte er dem Schwiegervater seine Kalkulationen vor. Der alte Samuel beugte sich seufzend und unterbreitete dem Dichter ein Angebot, das jenes von Adalbert Droemer um fünfundzwanzigtausend Mark übertraf. Von der Gewalt der Zahlen selbst beeindruckt, redete er in seinem Brief den Autor nicht wie gewohnt mit «Lieber Herr Mann» an – er schrieb kontorhaft steif und ehrfürchtig «Sehr geehrter Herr Professor». Droemer mußte sich fürs erste geschlagen geben (doch er klopfte rasch wieder an die Tür).

Die Ankündigung einer «Buddenbrooks»-Ausgabe für den Preis von zwei Mark fünfundachtzig war in der Tat eine Sensation. Die Postboten schleppten lawinenhaft wachsende Bestellungen ins Haus, und der Verlag sah sich gezwungen, sämtliche Druckereien im Reich zu engagieren, die für das Unternehmen verfügbar waren.

Die Matern wurden – auch das eine Premiere – mit Flugzeugen an die Herstellungsorte transportiert. Es gelang, in knapp zwei Monaten nahezu eine dreiviertel Million Exemplare an die Buchhandlungen zu liefern. Gottfried Bermann Fischer hatte seine Meisterprüfung bestanden.

Über das Haus Mann ging ein wahrer Goldregen nieder. Noch vor dem Geschenk des Nobelpreises durfte sich der Dichter sagen, daß er mit seiner angeblich brotlosen Kunst in den Geschäften der Welt womöglich besser bestand als die hanseatischen Großkaufleute und Pfeffersäcke im heimatlichen Lübeck. Der Lebensplan, den er so beharrlich verfolgt hatte, schien völlig geglückt. Wohl registrierte er sensibel die Krisen der Zeit, und er sah die Brandung des Chaos, von dem seine Bürgerwelt bedroht war. Die eigene Sicherheit aber zog er im Glanz seiner Triumphe kaum in Zweifel. In seinen Briefen kein Zeichen, daß er das amerikanische Alarmsignal, den «Schwarzen Freitag» vom 29. Oktober 1929, wahrgenommen hat.

Drei Wochen vor dem Zusammenbruch der Börse hatte man Außenminister Gustav Stresemann zu Grabe getragen: diesen großen Anwalt der Vernunft, der nach dem Tod Friedrich Eberts die bedeutendste Gestalt der ersten deutschen Republik geworden war. Ein grundnationaler Mann, der in den Jahren des Ersten Weltkriegs – wie so viele – der Krankheit des Nationalismus und der alldeutschen Weltmacht-Vision verfallen war. Um so eindrucksvoller, daß er den Weg der Verständigung vor allem mit Frankreich gesucht hatte. Zwar regte sich bei den Historikern späterer Generationen der Verdacht, seine Kompromisse, sein Wille zum Ausgleich, ja sein Europäertum hätten den heimlichen Ehrgeiz getarnt, den Deutschen mit Geduld und Vorsicht wieder die Rolle der dominierenden Macht des Kontinentes zu sichern. Gerecht war der Vorwurf kaum. Am Ende zählte, daß Stresemann seine Landsleute zu der Einsicht zu erziehen versuchte, nur das Mögliche zu wollen, und daß er ihnen deutlich zu machen bemüht war, sie brauchten den Frieden so notwendig wie das tägliche Brot, nein: daß der Friede nichts anderes als das tägliche Brot sei. Stresemann hatte der jungen Republik im Wechsel der Regierungen und im Dschungel des wuchernden Parteiwesens eine gewisse Kontinuität gesichert. Für die Staatsmänner in Paris und in London war er der verläßliche Deutsche schlechthin geworden: der Mann, auf den man bauen konnte. Er hatte das Glück, in Aristide Briand einen Partner zu gewinnen, der mit gleicher Beharrlichkeit und humaner Einsicht für die Versöhnung mit dem Nachbarn jenseits des Rheines warb.

Stresemann und Briand hatten den Friedensnobelpreis empfangen. Clemenceau, der «Tiger», war tot, der den Deutschen nachgesagt hatte, sie liebten das Leben nicht – ein Aperçu, von dem Friedrich Sieburg, auf Novalis verweisend, in jenen Jahren bemerkte, es rühre «an den Kern unseres Wesens». Raymond Poincaré, der integrale Nationalist aus dem lothringischen Bar-le-Duc, war vom Amt des Ministerpräsidenten zurückgetreten. Auch Frankreich schien, angstvoll tastend, den Weg zum Ausgleich zu finden. Im Jahre 1930 zog es seine Besatzungstruppen aus dem Rheinland zurück. Im Mai 1930 legte Briand sein Konzept für das «System eines europäischen Staatenbundes» vor. Großbritannien signalisierte sein Desinteresse – wie eine Generation später, als seine Bindungsängste das erste Konzept einer europäischen Verteidigungsgemeinschaft scheitern ließen.

Überdies lag auf dem Sieg der Vernunft, der nun sichtbar zu werden begann, ein Schatten, der sich nicht mehr verscheuchen ließ. Die Republik von Weimar, durch die Reparationszahlungen bis an die Grenze der Leistungs- und Lebensfähigkeit belastet, hielt den Stürmen der Krise, die von Amerika über den Atlantik drangen, nicht lange stand. Die Banken kämpften um ihr Überleben. Die Kredite verteuerten sich. Die Investitionen gingen zurück. Die Produktion sank. Die Preise und die Löhne verfielen. Die Arbeitslosigkeit stieg. Die Koalitionsregierung des letzten sozialdemokratischen Kanzlers Hermann Müller zerbrach im März 1930 an einem Konflikt mit der eigenen Partei, dessen Anlaß das Opfer nicht lohnte. Ihm folgte der Zentrumspolitiker Heinrich Brüning, den man als einen Deutschnationalen katholischer Konfession bezeichnen durfte: er verordnete den Deutschen ein Programm des «Gesundhungerns», das die welken Energien der Wirtschaft völlig zu lähmen drohte. Der Reichsbankpräsident Hjalmar Schacht, dem der Ruhm für die Organisation der Währungsreform im Jahre 1923 zukam, trat zurück, um sich für die Stunde vorzubereiten, in der er als Retter aus der Not auf den Plan treten konnte.

Unter dem Druck des wachsenden Elends schwoll die Radikalisierung an. Bei den Reichstagswahlen im September 1930 steigerten die Nationalsozialisten, zuvor als eine barbarische Sekte aus dem deutschen Hinterwald verachtet, die Zahl ihrer Mandate plötzlich von zwölf auf einhundertsieben. Der Schock stärkte die Abwehrbereitschaft der Demokraten kaum. Noch immer betrachteten es die Kommunisten, von den Vollzugsbeamten des Stalinismus im Kreml gelenkt, als ihre strategische Aufgabe, den bürgerlich-kapitalistischen Staat zusammen mit ihren nationalsozialistischen Todfeinden revolutionsreif zu prügeln. Die Reichswehr, durch den Vertrag von Versailles auf einen Personalbestand von einhunderttausend Soldaten limitiert, ohne Luftwaffe und schwere Waffen, deren Besitz dem Reich verboten war, rüstete im verborgenen auf. Dank einer geheimen Allianz mit der Roten Armee konnte sie ihre Geräte in den russischen und sibirischen Weiten erproben. Auf entlegenen Übungsplätzen und Flugfeldern wurden Panzerfahrer und Piloten ausgebildet.

Am Ende des Jahres war die Zahl der Arbeitslosen in Deutschland auf nahezu viereinhalb Millionen gestiegen. Auch die Gegner der Nationalsozialisten begannen, interessierte Blicke auf das faschistische Italien zu werfen: Benito Mussolini, lange als ein Operetten-Diktator belächelt, schien dank der Zucht seines Ordnungsstaates fähig, die bittersten Anfechtungen abzuwehren. Thomas Mann bemerkte in einem Interview, er möge Mussolini nicht, aber er sei doch «ein Halbgott gegen Herrn Hitler»: der Duce wisse, anders als der Führer der Nationalsozialisten, «wenigstens etwas von der Welt». Übrigens bemerkte er in jenem Gespräch mit einem Vertreter der «Berliner Montagspost» im Oktober 1930, die Nationalsozialisten seien als Partei «ein Spuk, der bald vergehen» werde. Er deutete an – was er nicht immer wahrhaben wollte –, daß seine neue Novelle «Mario und der Zauberer» in gewisser Hinsicht ein Spiegel des faschistischen Italien sei.

Im Sommer des Jahres 1929 hatte ihn eine Einladung ostpreußischer Bewunderer zu einem Urlaub nach Rauschen im Samland gelockt. Die Freiheit des Meeres und die unbemessene Weite des Landes berührten ihn, vom ersten Augenblick an, mit einem unwiderstehlichen Zauber. Fast überstürzt entschloß er sich damals, ein

Stück Grund und Boden in Nidden zu pachten, einem weltfernen Dorf im Memelland, um dort ein Haus zu bauen. Er hatte sich gescheut, den Berg von Büchern und Notizen mitzuschleppen, den er für die Arbeit am «Joseph» brauchte. Dennoch wollte er nicht untätig sein. Es gab für ihn keine faulen Ferien: er schrieb immer. So kramte er seine Erinnerungen an einen wenig geglückten Urlaub in Forte dei Marmi aus dem Gedächtnis.

Fast beiläufig setzte er an. Ein Ferienbericht, nicht allzu gut gelaunt, in dem der Autor anekdotisch übertreibend, mit einer Prise Selbstironie, einer guten Portion Humor und dennoch voll nachtragendem Ärger von den Mißgeschicken erzählte, die ihm und seiner Familie in der «Sommerfrische» (wie man damals gern sagte) am Tyrrhenischen Meer widerfuhren: die Erzählung war, kein Zweifel, ein fast getreuer Spiegel der kleinen Abenteuer, die ihm und den Seinen begegnet sind. Der Augusthimmel war drückend und schwül gewesen. Die Kinder litten noch an den Nachklängen eines Keuchhustens. Ihr heiseres Gebell jagte einer zur Hysterie neigenden Fürstin im benachbarten Appartement des Hotels die Furcht ein, ihre verhätschelte Brut könnte sich anstecken. Also sah sich die Leitung des Hauses veranlaßt, den nordischen Gästen Zimmer in der Dépendance zuzuweisen – wie sich die Manns denn überhaupt als Gäste zweiter Klasse behandelt fühlten, da der Kurort im August von einem italienischen Publikum, das nicht das edelste zu sein schien, völlig beherrscht wurde. Der Erzähler sprach von der «Mediokrität», die ihn umringte, ja von «bürgerlichem Kroppzeug».

Protest, scharfe Wortwechsel, aufgebrachte Gefühle. Thomas Mann fühlte sich, auch im gefaßten Rückblick, zu dem Geständnis veranlaßt, daß er «schwer über solche Zusammenstöße mit dem landläufig Menschlichen, dem naiven Mißbrauch der Macht, der Ungerechtigkeit, der kriecherischen Korruption hinwegkomme». Umzug in eine Pension. Ein keifender Knabe, dem durch die Fremden ein kleines Leid widerfahren war. Parteinahme des Publikums, das sich veranlaßt sah, «vor dem Fremden Ernst und Haltung, wach aufgerichtete Ehrliebe» zur Schau zu stellen – «wieso? Man verstand bald, daß Politisches umging, die Idee der Nation im Spiele war. Tatsächlich wimmelte es am Strande von patriotischen Kindern».

Zu allem Unglück lief, der Aufsicht für einen Augenblick ent-
kommend, das achtjährige Töchterchen der Nordländer splitternackt zum Wasser, um sein Badekleid zu waschen: eine «Welle von
Hohn, Anstoß, Widerspruch» brach über die Deutschen herein.
Der Stolz des neuen Italien schien herausgefordert. Die Polizei eilte
herbei und verlangte ein Sühnegeld von fünfzig Lire. Dennoch
konnte sich die Familie nicht zur Abreise entschließen. Die Kinder
hatten ihren Spaß, trotz allem. Ihnen zuliebe wurde beschlossen, die
Vorstellung eines Zauberers am späten Abend zu besuchen: des
verkrüppelten Signore Cipolla, dessen Gang durch «eine Art Hüft-
und Gesäßbuckel» grotesk entstellt war. Indes zwang der Alte, der
eine scharfe Autorität an den Tag legte, die Zuschauer bald genug
durch telepathische Erstaunlichkeiten in seinen Bann, auch den
Autor, von dem die Kenner seines Werkes wohl wußten, daß er für
die Reize des Okkulten nicht unempfänglich war.

Kunstvoll steigerte der Hypnotiseur Mittel und Wirkung seiner
Auftritte – und mit ihm der Erzähler die Faszination seines Berichtes: die «Demonstration der Willensentziehung und -aufnötigung»
wurde schwieriger und härter, die Reitpeitsche sauste öfter durch
die Luft, der Zauberer stieß den Rauch seiner Zigarette heftiger
durch die Nase und kippte den stärkenden Cognac schneller in den
dürren Hals. Ein junger Mann, der sich ihm widersetzte, verfiel
«wie vom Blitz getroffen (...), Hände an der Hosennaht, in einen
Zustand von militärischem Somnambulismus». Für den aufmerksamen Leser gab es kaum einen Zweifel, daß hinter dem Tyrannen
Cipolla, dem sich das Volk mit solch herrischem Zynismus unterwarf, alle abstoßenden Züge des Führerstaates sichtbar wurden,
und Thomas Mann notierte hernach mit einigem Grund, es sei wohl
nicht ratsam, daß er sich im Imperium des Duce blicken lasse.

Die Spannung im Saal aber steigerte sich, als der Zauberer den
Fischerknaben Mario, einen Freund der Kinder, unter seinen Willen zu zwingen begann: einen «schlichten Burschen», untersetzt,
«mit kurzgeschorenem Haar, niedriger Stirn und zu schweren Lidern über den Augen», auch «dicken Lippen, zwischen denen beim
Sprechen die feuchten Zähne sichtbar wurden». Von jenen «Wulstlippen» sagte der Autor, sie hätten «zusammen mit der Verhülltheit
der Augen seiner Physiognomie eine primitive Schwermut» verlie-

hen, «die gerade der Grund gewesen war, weshalb wir von jeher
etwas übriggehabt hatten für Mario»: einen jener Strandknaben
und Kellner – es gab viele –, die der Autor aus naher oder ferner
Position mit begehrender Neugier zu beobachten pflegte. Der widerwärtige Cipolla zwang den gutmütigen Burschen, seine Liebe zu
einem Mädchen zu gestehen, ja er verlangte, daß ihn der Arme in
seiner Trance statt der angebeteten Silvestra auf die Wange küßte,
«nahe dem Mund». Nicht lange «nach der traurigen und skurrilen
Vereinigung von Mario's Lippen mit dem abscheulichen Fleisch»
des Zauberers erwachte der Bursche. Von der Bühne zurücktretend, zog er einen kleinen Revolver aus der Tasche und schoß den
Unhold über den Haufen. Die verwirrten Kinder, die nicht recht
verstanden, was passiert war, fragten: «War das auch das Ende?» –
«‹Ja, das war das Ende›, bestätigten wir ihnen. Ein Ende mit Schrekken, ein höchst fatales Ende. Und ein befreiendes Ende dennoch, –
ich konnte und kann nicht umhin, es so zu empfinden!»
    Der Schlußakkord war nicht so jäh hingeschmettert wie das
«Aus!» in der frühen Geschichte vom «Luischen», mit der die neue
Novelle in mancher Hinsicht verwandt war: freilich sicherer und
gelöster, ja humaner erzählt. Ein kleines Meisterwerk, das nichts
von seiner Qualität eingebüßt hätte, wenn der Knalleffekt am Ende
fehlte. Die rächende Kugel war eine Eingebung, die der Autor der
Tochter Erika verdankte. In Wirklichkeit sei Mario, berichtete
Thomas Mann später, nach dem Kuß «in komischer Beschämung»
fortgelaufen, und «am nächsten Tage, als er uns wieder den Thee
servierte», habe er «höchst vergnügt und voll sachlicher Anerkennung» von dem Magier gesprochen. Der Autor fügte hinzu: «Es
ging eben im Leben weniger leidenschaftlich zu, als nachher bei
mir.»
    Er schien sich nicht zu fragen, ob die böse Bedrohung, die in der
Erzählung rumort, nicht subtiler, wahrhaftiger und eindrucksvoller
sichtbar geworden wäre, hätte er sich entschlossen, der Realität treu
zu bleiben. Vielleicht brauchte er das überdramatische und fast
opernhafte Finale, um die Handlung von sich fern zu rücken, die er
– schon durch den Titel – mit einer Prise von ironischer Verwegenheit in seine Nähe befördert hatte: der «Zauberer» war immerhin sein Familientitel. Überdies konnte das Element der Ho-

moerotik in der Beziehung zwischen dem Magier und seinem entwürdigten Opfer von aufmerksamen Lesern kaum übersehen werden. Den heimlich-unheimlichen Zusammenhängen zwischen dem Führerkult und der latenten Homosexualität der männlichen und militarisierten Massengesellschaft war Thomas Mann wohl als erster auf die Spur gekommen: in der italienischen Erzählung lagen sie klar zutage.

Brachte es die Diktatur – zunächst in Italien, dann anderswo auch – nicht täglich zuwege, daß die Unterworfenen nach einem Augenblick der Beschämung in ihren Alltag und an die Arbeit zurückkehrten, voller Respekt vor der Macht der Schinder, denen sie ihre Selbstachtung geopfert hatten? Thomas Mann wies deutlich genug darauf hin. Nach dem Erscheinen der Novelle beharrte er freilich darauf, daß man das Politische nicht über Gebühr bewerten dürfe – es berühre nur einen Nebenaspekt der Handlung. Zwei Jahrzehnte später stellte er jedoch fest: «Der europäische Faschismus war damals im Heraufziehen, seine Atmosphäre lernte ich bei dem Besuch in Italien, der die Erzählung zeitigte, kennen, und die Tendenz der Novelle gegen menschliche Entwürdigung und Willenszwang ist denn auch in der vorhitlerischen, nationalistisch-faschistischen Sphäre Deutschlands klar genug empfunden worden, so daß in diesen Kreisen die Erzählung heftig abgelehnt wurde.» Er sagte auch, er habe damals, als er die Erzählung schrieb, nicht geglaubt, daß Cipolla in Deutschland möglich sei, doch er fügte hinzu: «Im Grunde war die Novelle wohl eine erste Kampfhandlung gegen das, was damals schon die europäische Gesamtatmosphäre erfüllte».

Hans Mayer deutete in diesem Zusammenhang zu Recht auf die Rede über die «Stellung Freuds in der modernen Geistesgeschichte» hin, mit der Thomas Mann im Mai 1929 vor dem «Club demokratischer Studenten» im Auditorium maximum der Münchner Universität auftrat. Der Dichter sprach darin von dem «niederschlagenden Schauspiel», daß «junge Körper greisenhafte Ideen tragen, sie in keckem Geschwindschritt, Jugendlieder auf den Lippen, den Arm zum römischen Gruß erhoben, dahertragen und den schönen Schwung ihrer Seele daran verschwenden». Er fuhr in der Rede fort: «Es muß die Verwirrung steigern, wenn Jugend dem Alten und vor Alter Bösen ihre biologische Liebenswürdigkeit leiht.»

(Allerdings meinte Mayer auch, in fast rührender Treue zur linken «Linie», den «schwierigsten Stand» habe der Magier mit dem Volk gehabt, den «Fischern, Knechten und Dienern der Badegäste, die den Hintergrund des Saales erfüllen». Dafür bot die Erzählung selbst wenig Beweise. Cipolla holte sich seine Opfer bei den sogenannten einfachen Leuten mit gleichem Erfolg wie beim gehobenen Publikum bürgerlichen Zuschnitts.)

«La Giovinezza» hieß, bezeichnend genug, die Hymne der Faschisten, und einige Jahre später unterwarf sich auch Deutschland einem barbarischen Kult der Jugend. Freilich muß festgestellt werden, daß Thomas Mann an der Wirklichkeit vorbeigedacht hat, als er die primitive Ideologie des Nationalismus und Rassismus «greisenhaft» nannte. Sie war auf eine ordinäre Weise jung – und sie ist es leider geblieben.

In seiner Ansprache über Sigmund Freud nutzte er die Chance, seine Auseinandersetzung mit der Schattenseite der deutschen Romantik öffentlich fortzusetzen: ihrer Lockung mit dem «großen Zurück ins Nächtige, Heilig-Ursprüngliche, Lebensträchtig-Vorbewußte, in den mythisch-historisch-romantischen Mutterschoß». Das alte Selbstgespräch, in dem er die Welt beschwor, die einst auch auf ihn einen so «unwiderstehlichen Zauber» ausgeübt hatte – die «fromme Nachtschwärmerei (...) von Erde, Volk, Natur, Vergangenheit und Tod», die Welt, in der die «Sympathie mit dem Tode» zu Hause ist, das Reich der «vorolympischen Ur- und Erdreligiosität».

Sigmund Freud selbst, dessen Schriften Thomas Mann wohl erst zwei Jahre früher begegnet war, sah sich in der Freud-Rede eher an den Rand des Interesses gedrängt. Thomas Mann richtete – der biblische Stoff des «Joseph» legte es nahe – den Blick vor allem auf die Vorstöße des Forschers ins Reich der Mythen, das auch jenes der menschlichen Seele ist. Hier fand er die urgeschichtlichen Welten wieder, die er im ausladenden Vorspiel seines Romans durchschritt. (Dabei verlor er keineswegs die «Archetypen» Carl Gustav Jungs aus dem Auge, des einstigen Kronprinzen der Psychoanalyse, der sich auf so schmerzlich-dramatische Weise von seinem Meister getrennt hatte.)

Vor den Münchner Studenten ordnete er die Einsichten des Wiener Gelehrten der großen historischen Reformationsbewegung zu, die mit Martin Luther ihren problematischen deutschen Höhepunkt gefunden hatte. Er sagte auch, zu Recht, «Freud, als Tiefenforscher und Psychologe des Triebes», füge sich «durchaus in die Reihe der Schriftsteller des neunzehnten und zwanzigsten Jahrhunderts», die «entgegen dem Rationalismus, Intellektualismus, Klassizismus, mit einem Worte: dem Geistglauben des achtzehnten und etwa auch noch des neunzehnten Jahrhunderts, die Nachtseite der Natur und der Seele als das eigentlich Lebenbestimmende und Lebenschaffende betonen». Nur daß sich Sigmund Freud nicht ins Lager der Geistfeindlichkeit drängen ließ, sondern Aufklärung und Romantik miteinander versöhnte. Thomas Mann bemerkte auch, Freud habe zu jenem Zeitpunkt das Werk Nietzsches – trotz der unbewußten Herkunft – nicht gekannt, was Sigmund Freud in seinem Dankesbrief mit behutsamen Takt halbwegs dementierte: «Von Nietzsche nichts wissen», schrieb der Gelehrte, «war natürlich unmöglich; ich vermied es wenigstens, ihn zu studieren.» Die kühne Formel Thomas Manns, seine Libido-Lehre sei «der Mystik entkleidete, Naturwissenschaft gewordene Romantik», nahm der Gelehrte kommentarlos hin. Doch er dankte dem Autor, daß er ihn «so entschieden gegen den Vorwurf eines reaktionären Mystizismus» verteidigt habe. Mit der Höflichkeit, die ihm eigen war, versicherte ihm der alte Herr – er zählte dreiundsiebzig Jahre –, er sei einer seiner frühesten Leser gewesen: «Ich habe immer Dichter bewundert und beneidet, besonders wenn sie wie das Ideal meiner Jugend, Lessing, ihre Kunst dem Denken unterwarfen und sie in dessen Dienst stellten.» Das war ein hohes Kompliment. Er bekannte, mit beinahe rührender Bescheidung, in den langen Jahren seiner Vereinsamung habe er nicht voraussehen können, «daß der anerkannte Wortführer des besten Teils des deutschen Volkes einmal eine so freundliche Würdigung» seiner «Arbeit in die Öffentlichkeit schicken würde». Zum Schluß kündigte er ihm seine Schrift über «Das Unbehagen in der Kultur» an, in der dieser große Deuter des Menschenwesens, ein konservativer Revolutionär im wahren Sinn des Wortes, auf den Grund der Erschütterungen des Jahrhunderts sah.

Kam es Thomas Mann jemals in den Sinn, sich selbst einer Ana-

lyse zu unterziehen? Wohl kaum. In dem knappen Briefwechsel mit
Sigmund Freud war davon nirgendwo die Rede, wohl auch nicht bei
den beiden Begegnungen in Wien. In der Korrespondenz mit Karl
Kerényi deutet nichts an, daß er das Verlangen empfand, in jene
seelischen Bereiche vorzudringen, in denen sich seine Persönlichkeit formte. Vermutlich fürchtete er, wie so viele Künstler, die
Quellen könnten versiegen, wenn das Taglicht des Bewußten auf sie
falle, und seine Produktivität müsse verdorren, wenn die Grund-
erfahrungen und die traumatischen Konflikte sichtbar würden, aus
denen sie sich nährten. Er beobachtete sich selbst in jeder Lebensregung, auch der kleinsten und banalsten, mit unerschöpflicher Aufmerksamkeit – die späteren Tagebücher beweisen es bis zum Überdruß –, doch zum anderen vermied er es, sich allzu genau auf die
Finger zu schauen. Er wollte alles von sich wissen, und er zeigte
dennoch nur eine geringe Neigung, sich selbst zu kennen.

Nur wenige Monate nach der Studie über Freud schrieb er seine
große Rezension des Bekenntnisbuches von André Gide «Si le grain
ne meurt». Sie war für ihn mehr als eine Huldigung an die Adresse
des großen französischen Kollegen, der seine Werke mit geduldig-
höflichem Interesse und oft mit freundlicher Zustimmung las – der
Aufsatz war zugleich ein Spiel zwischen Nähe und Ferne, Zugehörigkeit und Distanz, Wahrhaftigkeit und Verschleierung. Wie hätte
Thomas Mann nicht an die eigenen neapolitanischen, römischen
oder venezianischen Anfechtungen denken sollen, wenn er die erste
algerische Reise André Gides – die dem französischen Gefährten die
Entdeckung seiner Sexualität bescherte – mit Goethes italienischer
Reise verglich? Immerhin schrieb er im Jahr 1930 für eine Zeitschrift, die den Fragen der Homosexualität gewidmet war, einen
kleinen Text, in dem er die Tilgung des Paragraphen 175 aus dem
Strafgesetzbuch verlangte. Wenig später notierte Klaus Mann in seinem Tagebuch, nach der Lektüre von Gides «Corydon»: «Wie mir
scheint etwas willkürliche Annahme, daß Homosexualität *nicht*
erblich sei, weil der Akt der Fortpflanzung notwendig heterosexuell.» Es ist deutlich genug, warum den Sohn diese Frage bewegte.

Eineinhalb Jahre nach dem Erscheinen der Besprechung des Buches von André Gide lernte er den Autor endlich kennen. Der Verlag Fayard lud ihn ein, die französische Ausgabe des «Zauberbergs»

in Paris aus der Taufe zu heben. Vor einem illustren Publikum las er einige Kapitel aus dem großen Goethe-Essay, die Félix Bertaux, der Germanist, sorgsam übersetzt hatte. Wenige Tage später trug er am Germanistischen Seminar der Sorbonne seine Arbeit über Sigmund Freud vor. Draußen in Sèvres, im Haus von Bertaux, begegnete er endlich dem großen Kollegen Gide, der in seinem «Journal» berichtete, es habe bei jenem Essen die herzlichste Atmosphäre geherrscht. Thomas Mann und vor allem seine Frau, notierte er, sprächen perfekt Französisch (was höchstens für Katia zutraf), doch er fügte hinzu, wenn sie sich auf deutsch geäußert hätten, sei ihre Aussprache so deutlich gewesen, daß ihm nicht ein Wort entgangen sei.

Auch Jean Schlumberger nahm an der kleinen Gesellschaft teil – Gides Freund und Gefährte aus den Gründungstagen der «Nouvelle Revue Française» im Hause Gallimard: ein Schriftsteller von hoher intellektueller Kultur, dem Elsaß entstammend, Sohn einer großbürgerlichen Sippe, die bis auf den heutigen Tag zur protestantischen Elite des Landes zählt. Aus Schlumbergers Briefen läßt sich schließen, daß er das Deutsche fast mit der gleichen Sensibilität beherrschte wie das Französische. Thomas Mann bewunderte sein «reines Deutsch»: er müsse ihm, schrieb er, «nun eigentlich in klassischem Französisch» antworten, «aber, hélas, ich muß es mir versagen». Schlumbergers liebenswürdige Äußerung über die «Buddenbrooks», die nun endlich auch auf französisch erscheinen sollten, tat ihm wohl, denn unterdessen hatte ein geriebener Verleger die unglückselige Erzählung «Wälsungenblut» in Paris auf den Markt geworfen, unter dem Titel «Sang reservé» – und wie es nicht anders sein konnte, hatte das Stück ein wenig Skandal gemacht. In einer Winkelzeitschrift präsentierte der Schriftsteller Jacques Lobstein, von dem keine nähere Nachricht auf die Nachwelt überkam, eine Kritik voller Klatsch, der Thomas Mann schließlich mit einer verärgert-kalten Antwort an den Redakteur der «Nouvelles Littéraires», Maurice Martin du Gard (den Bruder des Romanciers) entgegentrat. Tiefer verstörte ihn, daß die ersten Reaktionen auf den «Montagne magique» nicht allzu günstig waren. Die Besprechung in «Notre Temps» habe von «großer Stumpfheit» gezeugt, schrieb er an Schlumberger: «Ich war außerordentlich gespannt auf das Echo, das dieser Roman in Frankreich finden würde, und fühlte mich enttäuscht». Zum Glück folgten rasch einige positive Rezensionen, zumal von Edmond Jaloux, die seine Erwartungen «bestätigt und übertroffen» haben. Damit war alles wieder gut. Die unmittelbare Verbindung zu André Gide, die nun endlich geknüpft war, zählte ohnedies mehr. Mit gleicher Befriedigung notierte Thomas Mann seine Gespräche mit Paul Valéry, der mit ihm dem «Comité Permanent des Lettres et des Arts» in Genf zugehörte, das im Juli 1931 in einem Saal des Völkerbund-Palastes tagte: eine glänzende Versammlung, zu der sich auch Béla Bartók, der ungarische Komponist, Karel Čapek, der tschechische Schriftsteller, und Salvador de Madariaga, der spanische Literat und Kulturphilosoph, eingefunden hatten.

André Gide kam im Frühjahr 1932 zu den Goethe-Feiern nach Frankfurt herüber. Gemeinsam sahen sich die Autoren die deutsche Uraufführung von Gides dramatischem Versuch über «Ödipus» in Darmstadt an. Hernach hielt sich der Kollege, der zeitlebens von den Wundern und Wirren der deutschen Kultur fasziniert war, einige Tage in München auf, wo er sich eine Vorlesung aus dem «Joseph» in der Universität anhörte. Erlaubte ihm seine Kenntnis des Deutschen tatsächlich, der nicht allzu schlichten Sprache des neuen Werkes zu folgen? Thomas Mann bemerkte zu Schlumberger, Gide habe ihm «erstaunlich schlagende Dinge» über den biblischen Roman gesagt, die ihm «ein Beweis seiner Intuition» gewesen seien. Im «Journal» schrieb Gide voller Enthusiasmus, ihm scheine, daß Thomas Mann niemals Besseres geschrieben habe. Nach der Lektüre des dritten Bandes fiel sein Urteil allerdings kritischer aus: bei der Lektüre, sagte er, habe er einen «ennui grandissant» empfunden. Er rügte an dem «prunkenden Roman» die «wagnerianische Ästhetik», die ihm der Kunst entgegengesetzt zu sein scheine. Noch härter: er sprach von einer «indigestion germanique».

Eine gewisse Distanz, die der Natur des einen wie des anderen entsprach, bestimmte das Verhältnis der beiden, trotz des intensiven Interesses, das niemals nur höflich war. Der französische Protestant, der sein Leben und sein Werk einer so radikalen Wahrhaftigkeit unterstellte, mag sich gelegentlich auf stille Weise über die grandiose und so patrizisch korrekte Daseinsfassade seines deutschen Kollegen mokiert haben. Den Konfessionen des Franzosen

aber begegnete der Deutsche immer wieder mit dem gewohnten
Spiel zwischen Bekenntnis und Heuchelei: Gratwanderung über
einem nicht allzu tiefen, nicht allzu schwindelnden Abgrund, die er
allemal antrat, wenn er sich öffentlich über den erotischen Antrieb
seines Lebens und Schaffens äußerte.

Das Abenteuer wiederholte sich, als er im Herbst 1930 endlich
dem Drängen seines Freundes Hans von Hülsen nachgab und sich
bereit fand, in Ansbach, der Heimatstadt des Dichters, einen Vortrag über August von Platen zu halten, den er, mit tiefem Recht,
einen «Ritter von der tragischen Gestalt» nannte – ein Schicksal
zwischen Tristan und Don Quijote. Er wies seine Art von Liebe
dem Tod zu, wie er es gewohnt war. Das Stichwort von der «tödlichen Libertinage seines Eros», das er in dem Essay über die Ehe
mit dem Blick auf die Knabenliebe gebraucht hatte, kehrte wieder.
Platens Verhältnis zum Ruhm, «der ihm am Herzen lag wie nichts
anderes und auf den er im voraus unaufhörlich pochte», beschrieb
er als eine «leidenschaftlich-hochverspielte Donquijoterie». Weder
hier noch dort wurde erkennbar, daß der Autor bei der Niederschrift wenigstens einen Seitenblick auf sich selbst geworfen hatte.
Er sagte: das Schöne, das der Dichter anbete und «unbedingt anzubeten allen Grund» habe, sei «das Antinützliche und damit auch das
Antimoralische», denn das Sittliche sei nichts als das «Lebensnütz-
liche». Die «Poetenunmoralität», mit der er gespielt habe, sei in
Wirklichkeit «radikale Antimoralität, ein tiefes Bündnis mit dem
Schönen – selbst gegen das Interesse der Natur».

Thomas Mann schien hier, ein wenig pompös, das Nachwort zu
einem Konflikt zu sprechen, der ihn – im sechsundfünfzigsten Jahr
seines Lebens – nur noch am Rande interessierte, wenigstens für den
Augenblick. Platen: das war der Widerschein der eigenen Jugend,
Tonio Kröger, die Erinnerung an gefahrvolle Wanderungen durch
eine Welt, von der er sich in Wahrheit angstvoll entfernt hielt. Er
zog sich schließlich auf Goethe zurück und zitierte aus der «Harz-
reise»: «Ach, wer heilet die Schmerzen des, dem Balsam zu Gift
ward? Der sich Menschenhaß aus der Fülle der Liebe trank? Erst
verachtet, nun ein Verächter, zehrt er heimlich auf seinen eignen
Wert in ung'nügender Selbstsucht.»

45. KAPITEL

Der Nobelpreis

Den beiden Jüngsten der Dichterfamilie war es selten erlaubt, das Arbeitszimmer des Vaters zu betreten, das so viele Geheimnisse zu bergen schien: das Allerheiligste des Hauses, an dem man am besten auf Zehenspitzen vorbeischlich. «Medi», die elfjährige Elisabeth, von Geburt an des Vaters Liebling, und «Bibi», ihr zehnjähriger Bruder Michael, der weniger geschätzte «Beißer», hatten nicht oft Gelegenheit, die schönen und seltsamen Gegenstände auf dem Schreibtisch, die Bilder an den Wänden, zumal die schlanken Knaben am Brunnen, die vielen Bücher und Papiere zu bestaunen. Am Nachmittag des 12. November 1929 aber wurden sie von der Mutter mit einigen herzlich ermutigenden Worten an die Tür geschickt, aus dem stets der Geruch feiner Zigaretten oder leichter Zigarren drang. Sie überreichten dem Vater ein Telegramm: das Kabel brachte die Nachricht, daß ihm der Nobelpreis für Literatur zugesprochen worden sei.

Zum erstenmal seit siebzehn Jahren wurde einem Deutschen die Ehrung zuteil, die als die höchste der literarischen Welt betrachtet wird. Gerhart Hauptmann war der letzte, der sie erhalten hatte, zwei Jahre vor dem großen Krieg. Vor ihm hatte Paul von Heyse die Auszeichnung empfangen, der repräsentative Schriftsteller der Wilhelminischen Epoche, heute halb vergessen; vor Heyse waren es der neoidealistische Philosoph Rudolph Eucken und vor allem der große Historiker Theodor Mommsen, ein Schriftsteller hohen Ranges.

Später sprach Thomas Mann gern von dem «dramatischen Lebens-Knalleffekt, der da von Norden her» in das Gleichmaß seines Alltags «hineinschmetterte». In dem «Lebensabriß», den er wenige Monate später für die Schwedische Akademie niederzuschreiben hatte, nannte er die Auszeichnung immerhin «sensationell», doch zugleich stellte er in kühlen Worten fest, sie habe, soviel er wisse, «schon mehr als einmal dicht» über ihm «geschwebt» und ihn «nicht unvorbereitet» getroffen. Er fügte hinzu: «Sie lag wohl auf meinem Wege – ich sage es ohne Überheblichkeit, aus gelassener, wenn auch nicht uninteressierter Einsicht in den Charakter meines Schicksals, meiner ‹Rolle› auf Erden, zu der nun einmal der zweideutige Glanz des Erfolges gehört und die ich durchaus menschlich betrachte, ohne viel geistiges Aufheben davon zu machen.» Er fuhr fort: «Im Sinn einer solchen nachdenklich hinnehmenden Gelassenheit habe ich den geräuschvollen Zwischenfall, bei dem mir soviel Festlich-Freundliches geschah, als lebenszugehörig anerkannt und ihn in möglichst guter Haltung bestanden – auch innerlich, was das Schwierigere ist.»

Es ist nicht vermessen, in diesen Anmerkungen eine Spur hoheitlicher Kritik an der Stockholmer Institution wahrzunehmen, auch einen Hauch von Hochmut, freilich durch die zitierte «Haltung» gezähmt. «Mit einiger Einbildungskraft und einiger Nachgiebigkeit», schrieb er gemessen weiter, «könnte man wohl süße Erschütterungen aus dem Abenteuer ziehen, sich feierlich und vor aller Welt in den Kreis der Unsterblichen aufgenommen zu sehen». Er verwies auf Theodor Mommsen, Anatole France, Knut Hamsun und Gerhart Hauptmann. Doch er setzte hinzu, die «träumerische Exaltation» werde durch den Gedanken an jene gedämpft, die den Preis nicht bekommen hätten. Mit leiser Indignation merkte er an, es sei übrigens klar, daß er «die Ehrung in erster Linie nordischer Sympathie für den Lübecker Familienroman» seiner Jugend verdanke.

Dieser diskrete Rüffel galt dem schwedischen Kritiker und Literaturwissenschaftler Fredrik Böök, der über die entscheidende Stimme in dem Stockholmer Gremium verfügte, der «kingmaker», wie er ihn später nannte. Thomas Mann war nicht entgangen, daß der Professor den «Zauberberg» wenig schätzte, seine Rezensionen (für das «Svenska Dagbladet») hatten es deutlich genug erkennen lassen. Er sah sich veranlaßt, sein zweites Hauptwerk gegen die Vorbehalte zu verteidigen, jenes Buch sei zu «eindeutig und ausschließlich deutsch» (was gewiß nicht zutraf). Böök bestätigte in seiner Akademierede seine Präferenz für die «Buddenbrooks». Mit ihnen, sagte er, sei «Deutschland sein erster und immer noch unübertroffener realistischer Roman im großen Stil» geschenkt worden, und mit den «Buddenbrooks» habe sich Thomas Mann «einen Platz neben Dickens und Thackeray, Balzac und Flaubert, Gogol und Tolstoi» verdient.

Die Wege des Professors und des Dichters hatten sich schon früher berührt, nicht immer auf glückliche Weise, dann und wann in Situationen von unfreiwilliger Komik. Böök war ein konservativer Geist. Im großen Krieg hatte er sich, wie so viele seiner schwedischen Landsleute, moralisch auf die Seite des Kaiserreiches geschlagen. Von ihm war Thomas Mann im Jahre 1915 dazu eingeladen worden, die geistige Lage der Deutschen in einem Brief an seine Zeitung darzustellen: ganz im Sinn der «Betrachtungen», die Professor Böök bei ihrem Erscheinen mit Sympathie begrüßte – anders als die Werke Bruder Heinrichs, die der streitbare Nordländer mit heftigen Worten schmähte. Den «Untertan» nannte er – wie George C. Schoolfield in einem Aufsatz über Böök zu berichten wußte – eine «Sumpfblüte» der deutschen Katastrophe, und von dem Verfasser des Buches sagte er, sein literarischer Ruhm sei «aus den Ruinen des deutschen Staates gekrochen wie Maden aus der Leiche eines gefallenen Kriegers»: ein verwegenes und nicht allzu geschmackvolles Bild. Arthur Schnitzlers «Reigen» charakterisierte er, was nicht weiter erstaunt, als ein «kleines Stück privater Schweinerei». Es fügt sich ins Bild, daß Fredrik Böök im Jahre 1934 Zeuge der Bücherverbrennung in Berlin werden sollte. Er scheint bei jenem «weihevollen Autodafé», von dem er den Lesern seines Blattes berichtete, mit einiger Genugtuung wahrgenommen zu haben, daß Heinrich Manns Werke «den Flammen übergeben» wurden (wie man pathetisch erklärte); mit größerer Befriedigung durfte er konstatieren, daß Thomas Manns Büchern jenes Geschick – das in Wahrheit eine Auszeichnung war – erspart blieb.

Waren Thomas die deftigen Äußerungen über den Bruder entgangen? Über Bööks Schlüsselposition im Stockholmer Wahlgremium wußte er ohne Zweifel Bescheid: Hans von Hülsen, der seit vielen Jahren zu den Freunden des Hauses zählte, wenn auch nicht zu den engsten, mochte ihm im Gang der Jahre dieses und jenes Licht über die Hintergründe der Stockholmer Nobel-Diplomatie aufgesteckt haben. Der Bewunderer – der Gerhart Hauptmann näher stand – verdiente sein Brot als deutscher Korrespondent von «Dagens Nyheter» – ein Amt, das ihm manchen Einblick in die Stockholmer Verhältnisse gewährte.

Bei einer seiner Reisen durch Deutschland hatte Professor Böök versucht – es war in den Faschingstagen des Jahres 1922 –, Thomas Mann seine Aufwartung zu machen. Der Autor der «Buddenbrooks» war freilich im Begriff, zur Goethe-Woche nach Frankfurt zu eilen (wo er den Reichspräsidenten Ebert treffen sollte). So entschuldigte er sich mit einer Postkarte, ließ er später wissen, die er dem Professor ins Hotel «Bayerischer Hof» schickte. Er kehre erst am 3. oder 4. März zurück, schrieb er; wenn Herr Böök dann noch in München sei, wäre er für eine telefonische Verständigung dankbar.

War es so? Hernach ging das Gerücht um, er habe sich der Annäherung des Professors, der ihn während eines Spazierganges vor seinem Hause anzusprechen versuchte, mit beleidigender Schroffheit entzogen. Thomas Mann selbst schilderte die eher komödiantische Szene in einem Brief vom 21. Dezember 1929 mit nur halb belustigter Umständlichkeit: «Zu Hause dann hörte ich», schrieb er nun, der früheren Erklärung widersprechend, «ein Professor aus Schweden habe nach mir gefragt und sei bedeutet worden, er könne mich vor dem Hause treffen. Da keine Karte mit Adresse vorlag, hatte ich nicht die Möglichkeit, ihm zu schreiben, mich zu entschuldigen und den vollkommen unpersönlichen Charakter meiner Ablehnung hervorzuheben. Wenn aber in der Folge davon die Rede war, ich könnte einmal den Nobelpreis bekommen, sagte ich wohl gelegentlich im Scherz, ich hätte es mit den schwedischen Professoren verdorben, und der Betreffende sei wohl gar Fredrik Böök in eigner Person gewesen.» Er selbst habe die Anekdote in Umlauf gebracht, fügte er hinzu, bis sie schließlich von einem «schwatzhaften Mitarbeiter der Vossischen Zeitung» zum besten gegeben worden sei: der Sünder war sein alter Freund Kurt Martens.

Hans von Hülsen kannte Böök gut genug: in einer Aufzeichnung, die George Schoolfield vorlag, vermerkte er, Thomas Mann sei der Meinung gewesen, bei jenem Unbekannten habe es sich in Wahrheit nicht um den Professor gehandelt. Böök selbst schwieg, was gut genug zu verstehen ist. Immerhin hatte ihn Thomas Mann schon 1926 bei der Siebenhundertjahrfeier Lübecks durch Hülsens Vermittlung um Nachsicht gebeten: er sei, ließ er ihm scherzend bestellen, schließlich «selbst ein vergeßlicher Professor». Nicht ganz aus heiterem Himmel gratulierte ihm Thomas Mann im August 1929 mit einer Karte aus Nidden zu einem «so glänzenden wie ergreifenden Aufsatz», der ein Porträt des Grafen Brockdorf-Rantzau entwarf, des deutschen Diplomaten, der den Vertrag von Versailles zum Anlaß seines Rücktritts vom Amt des Außenministers genommen und dann die Annäherung der deutschen Republik an die Sowjetunion entscheidend gefördert hatte. Der Glückwunsch traf den Empfänger vermutlich nicht lange vor dem Beginn der entscheidenden Beratungen über die Wahl des Preisträgers jenes Jahres an. Wichtiger: Gerhart Hauptmann führte in jenen Tagen ein langes Telefongespräch mit Böök – wie er Thomas Mann bei seinem gratulierenden Anruf wissen ließ. Es mag in der Tat die «entscheidende Unterredung» gewesen sein, wie der Geehrte hernach schrieb. Hauptmann, dem er noch immer mit gepeinigtem Gewissen begegnete, sagte er überschwenglich, «die Auszeichnung» solle ihm «desto lieber sein, je mehr» er «sie ihm zu verdanken hätte…»

Dennoch, eine Überraschung war das «Stockholmer Vorkommnis» nicht, in keiner Hinsicht. Im Oktober 1927 hatte Thomas Mann an Klaus und Erika nach New York geschrieben, das Gerücht von der Verleihung des Nobelpreises halte sich «mit auffallender Hartnäckigkeit». Die Ehrung fiel in jenem Jahr allerdings dem französischen Philosophen Henri Bergson zu. Dem Freund Philipp Witkop klagte er Ende 1927, die Münchner Universität werde sich kaum den Bemühungen der Freiburger Hochschule anschließen, die seine Kandidatur in Stockholm betrieb. Der derzeitige Rektor sei «ein nationalistischer Nationalökonom und vollständiger Banause». Schlecht gelaunt fügte er hinzu, die Sache gehe ihn nichts an. Außerdem habe der Preis seinen triumphalen Glanz verloren, seit die «gute Novellen-Tante» Grazia Deledda – eine italienische Schriftstellerin, an die sich heute (trotz Neuauflage) kaum noch jemand erinnert – im Vorjahr mit der Auszeichnung bedacht worden sei. Immerhin war die Verleihung des Preises an George Bernard Shaw im Jahre 1925 vorausgegangen.

Er sei als Kandidat allmählich ziemlich «abgenutzt», seufzte der Dichter. Den Schuldigen in Stockholm glaubte er klar genug ausgemacht zu haben: Böök nannte er in dem Brief an Witkop einen «einflußreichen literaturkritischen Gegner». Er selbst würde es «menschlich» begrüßen – nicht literarisch, wie aus der Wortwahl geschlossen werden darf –, wenn Ricarda Huch den Preis erhielte, «denn sie lebt in Dürftigkeit und ist schließlich eine bedeutende Frau». Allerdings sei ihre «europäische Stellung» nicht die, die sie zum Empfang der Auszeichnung qualifiziere. In späteren Jahren empfahl er, nicht erfolglos, Iwan Bunin, danach mit ernsterer Überzeugung den Kollegen Hermann Hesse, dessen materielle Verhältnisse beengter waren als die seinen.

Den Namen Hugo von Hofmannsthal hatte er, seltsam genug, niemals in die Debatte geworfen, der – mit Gerhart Hauptmann, Arthur Schnitzler, Rainer Maria Rilke, Stefan George und ihm selbst – ganz gewiß zu den bedeutenden Repräsentanten der Literatur deutscher Sprache zählte. Und warum hatte er – Böök hin oder her – Schnitzler nicht genannt? Oder Rilke?

Die Verbindung zwischen Hofmannsthal und Thomas Mann war respektvoll, interessiert, höflich, doch niemals von unverstellter Herzlichkeit. Die zögernde Skepsis des einen wie des anderen schloß eine Freundschaft aus. Zweifellos horchte Thomas Mann voller Erschrecken auf, als ihn im Juli 1929 die Nachricht erreichte, Franz von Hofmannsthal, der älteste Sohn des Dichters, habe sich während eines Gewitters mit einem Schuß in die Schläfe das Leben genommen. Merkwürdige und bedrückende Koinzidenz: ein Jahr zuvor war Arthur Schnitzler durch das Ende seiner einzigen Tochter, die im Alter von neunzehn Jahren in Venedig den Tod gesucht hatte, in namenloses Leid gestürzt worden. Wie sollte Thomas Mann bei jenen düsteren Meldungen aus Wien nicht – wenigstens für einen Augenblick – an das eigene Kind gedacht haben: an Klaus, den schon in jenen Jahren dann und wann eine todessüchtige Trauer streifte? Wie sollte er, wann immer von Selbstmord die Rede war, nicht das Geschick seiner Schwestern vor Augen haben?

Dann die neue Todesbotschaft aus Wien: Hugo von Hofmannsthal war wenige Stunden vor dem Begräbnis des Sohnes einem Schlaganfall erlegen. Thomas Mann – im Begriff, nach Heidelberg aufzubrechen, um die einführende Rede zu einem Theaterfest zu halten – schrieb voller Hast an Gertie von Hofmannsthal, die Frau des Dichters: «Zweiundzwanzig Jahre seit meinem ersten Besuch bei Ihnen in Rodaun. Zweiundzwanzig Jahre einer instinktmäßig immer, durch Briefe und Einander Aufsuchen, unterhaltenen Beziehung, die ich nicht Freundschaft zu nennen wage, die ich aber nun, da sie sich ins Ewige löst, als Brüderlichkeit begreife.» Er entschuldigte sich, in der Wahl der Worte nicht allzu sorgsam: man erwarte ihn übermorgen «zur Eröffnung eines künstlerischen Festes» in Heidelberg, «auf das nun dieser tiefe, tiefe Schatten» falle. «Ich will davon sprechen, wie ich kann.» Dann der verwirrte und verwirrende Zusatz: «Dort ist ja auch Ihre Tochter»: Christiane von Hofmannsthal, die mit dem Orientalisten Zimmer verheiratet war. «Ob wir sie sehen werden?» fragte er merkwürdig unbedacht.

In der Neige des Jahres aber schob er in einem Brief an Willy Haas, den quirlig-intelligenten Chefredakteur der «Literarischen Welt», unversehens den Vorhang beiseite. Zwar betonte er, erst durch den Tod Hofmannsthals, der ihm einen «ganz unerwarteten Schock und Schmerz zugefügt» habe, sei ihm deutlich geworden, wie nahe er ihm gestanden habe. Seine Gestalt wachse ständig in der Verewigung und Verklärung. Sie genieße «im Grunde mehr liebendes Ansehen (...) als Rilkes übertrieben beweihräuchertes Bild». Doch dann gab er die chronische Kränkung zu erkennen, die er durch die Jahrzehnte mit sich getragen hatte: er gestehe, schrieb er, daß er diesem schwierigen Menschen immer mit schonendster Ehrerbietung begegnet sei – «den leichten österreichischen Snobismus» hinnehmend, der «ihm anhaftete, sympathisierend mit einem Konservatismus, der freilich dem Mißbrauch ausgesetzt war». Nahezu zwei Jahrzehnte später sagte er dem amerikanischen Literaturwissenschaftler Karl Viëtor, er habe Hofmannsthal nach dem Erscheinen seiner Rede «Das Schrifttum als geistiger Raum der Nation» davor gewarnt, daß er mit jenem Essay – in dem die fragwürdige

Formel von der «konservativen Revolution» präsentiert wurde – in einem gewissen Umfang zur nationalistischen Gefahr beitrage. Hofmannsthal sei mit Unbehagen über die Sache hinweggegangen – vielleicht (aber dies bedachte Thomas Mann nicht) weil er sich davor scheute, an die «Betrachtungen» zu erinnern, von denen ein kürzerer Weg zu den intellektuellen Wirrnissen im Vorfeld des Nazismus führte.

Die Reizbarkeit wirkte lange nach. War ihm einst zugetragen worden, daß sich Hofmannsthal gelegentlich über den Bildungsprunk des Kollegen mokiert hatte – wenn auch kaum in jener Kraßheit, die der literarische Klatsch kolportierte? Immerhin trat nun, nach dem Tod des aristokratischen Dichters, zutage, was ohne einen zu großen Aufwand an Scharfsinn vermutet werden durfte: daß Thomas Mann die melancholisch-hochmütige Anmut des Wiener Kollegen niemals ohne ein Gefühl der Zurücksetzung und des heimlichen Neides zu betrachten vermochte.

Auch im Jahre 1928 hatte er vergeblich auf eine Nachricht aus Stockholm gewartet. Die Wahl der Schweden war auf Sigrid Undset gefallen, die große Erzählerin aus dem norwegischen Nachbarland: fast eine der Ihren. Im Jahre 1929 mußte, das ließ sich beinahe ausrechnen, endlich ein Deutscher an der Reihe sein. Arno Holz – der schwierige Künder des Naturalismus, der die Berliner Akademie durch sein lärmendes Wesen beunruhigt hatte – machte ohne Scheu darauf aufmerksam, daß er sich als Anwärter auf die Auszeichnung betrachte. Thomas Mann beobachtete es mit Unbehagen. In einem Brief vom 15. Oktober 1929 fragte er Gerhart Hauptmann, der als Träger des Preises ein Vorschlagsrecht besaß, was er «zu der weit verbreiteten Nachricht» sage, «daß dank der Propaganda einer Oberlehrer-Clique (…) Arno Holz den Nobelpreis erhalten soll». Er würde «eine solche Preiskrönung absurd und skandalös finden», und er sei «überzeugt, daß ganz Europa sich in voller Verständnislosigkeit an den Kopf greifen würde». Wieder verwies er auf Ricarda Huch, obschon er sich denken mochte, daß sich die Wahlmänner in Stockholm kaum bereit finden würden, Sigrid Undset eine weitere Frau folgen zu lassen.

Wenige Tage später dankte er Hans von Hülsen für einen Artikel in «Dagens Nyheter», in dem der Freund von seiner Kandidatur gesprochen hatte. In diesem Brief bezeichnete Thomas Mann die Bewerbung von Arno Holz, den er freilich nicht beim Namen nannte, unverblümt als «Narretei». Seine Wahl, sagte er, wäre ein Affront gegen einen früheren deutschen Preisträger – nämlich Gerhart Hauptmann, der mit Holz schon lange bitter verfeindet (und mit Hülsen befreundet) war. Überdies gebe es drei oder vier Kandidaten, «deren Wahl die Welt verstehen würde». Nicht lange danach konnte er einer Mitteilung an Hauptmann die knappe Bemerkung anfügen, die Frage der Verleihung des Nobelpreises an Arno Holz habe sich durch den Tod erledigt: der Dichter war, vierundsechzig Jahre alt, am 26. Oktober 1929 gestorben.

Indes, am 13. November, einen Tag nachdem ihn – endlich! – das Telegramm aus Stockholm erreicht hatte, bemerkte Thomas Mann in einem Gespräch mit dem Korrespondenten der «Vossischen Zeitung», ein «Schatten der Melancholie» falle auf das Ereignis, und er fragte: «Hatte nicht gerade Arno Holz ein Recht auf die Auszeichnung? Sein Tod berührte mich doppelt schmerzlich in diesem Zusammenhang.» Am 21. Dezember notierte René Kraus, ein wortseliger Mitarbeiter der Zeitung «Hamburger Anzeiger», Thomas Mann habe das Bedürfnis gezeigt, «sich im Gespräch dafür zu rechtfertigen, daß die Wahl der Preisrichter gerade auf ihn fiel. Schmerzlich, beinahe andachtsvoll klingt es: so spricht er den Namen Arno Holz aus, dem er selbst den Nobelpreis gewünscht und, wäre es nach ihm gegangen, zuerkannt hätte.» De mortuis nil nisi bene. Auf deutsch: ein toter Holz war ein guter Holz. Hymnisch brachte René Kraus sein Feuilleton im «Hamburger Anzeiger» zu Ende: «Thomas Mann, der weltgewandte, der Repräsentative», sei in Wahrheit scheu. «Vom eigenen Wirken und von eigenen Werken spricht er nicht ohne Befangenheit.»

Der Woge herzlicher Begeisterung, die ihn nach der Stockholmer Ehrung einhertrug, konnte und wollte er sich freilich nicht entziehen. Aufmerksam nahm er jedes einzelne der Glückwunschtelegramme zur Kenntnis, die offiziellen und die privaten, jeden der gratulierenden Briefe, die jubelnden oder wenigstens respektvollen Artikel in der Presse, der deutschen und der ausländischen: die «Donnergewalt der Ehrung», von der er später in Stockholm sprach, von der er sich dennoch nicht überwältigen ließ. «Die Journalisten stürmten unser Haus», berichtete Klaus im «Wendepunkt», die Mutter «stöhnte, weil so viele Leute kamen und das Telephon nicht einen Augenblick Ruhe gab». Der Schutzverband der Schriftsteller feierte ihn mit einer Veranstaltung, bei der er aus der neuen Novelle las, die er im Sommer geschrieben hatte: «Mario und der Zauberer». Im Rotary-Club würdigte Emil Preetorius, der Bühnenbildner, das Mitglied Thomas Mann, den seine Weltberühmtheit nicht davon abhielt, der unerbittlichen Präsenzpflicht bei den wöchentlichen Sitzungen mit bürgerlicher Pünktlichkeit zu genügen.

Danach empfand er denn doch das Bedürfnis, sich für einige Tage aus dem «immerwährenden Festtrubel» mit seinem «bezaubernden Drüber und Drunter» in eine kleine Pension in Oberammergau zurückzuziehen. Hans Reisiger, unermüdlich in seiner Freundschaft, leistete ihm Gesellschaft. Halbwegs zu Atem gekommen, begann er kurz danach eine lang geplante Vortragstournee ins Rheinland, die zu einer Triumphreise wurde, zumal sein Auftritt an der Universität von Bonn, wo der «jugendliche Zudrang (...) den Fußboden des alten Saales» – des Auditorium maximum – «auf eine bedenkliche Belastungsprobe stellte».

Zu Hause traf Katia unterdessen die Vorbereitungen für Stockholm. Natürlich stellte sie fest, daß sie nichts zum Anziehen hatte. Für das festliche Bankett ließ sie sich, so Klaus, ein Abendkleid «mit großem Dekolleté» fertigen, «wie es früher beim Kaiser vorgeschrieben war». Am 6. Dezember Aufbruch. Am 7. Station in Berlin. Vormittags ein Gespräch mit den Korrespondenten der Weltpresse, nachmittags ein Empfang der Internationalen Studentenvereinigung, bei dem der Autor – sinnig genug – das Schulkapitel aus dem «Felix Krull» las, in der Einleitung humorig erwähnend, was durch die Fügung der Geschicke aus unordentlichen Schülern im Leben zu werden vermöge. Am Abend, von der Berliner Sektion des «Schutzverbandes» veranstaltet, eine Lesung aus der neuen Novelle, eingeführt durch Arnold Zweig, den Verfasser des «Sergeanten Grischa», der mit diesem Meisterwerk in die vordere Linie der deutschen Literatur getreten war. Schließlich ein Essen mit Bruder Heinrich im Restaurant.

Am 9. Dezember Ankunft in der schwedischen Hauptstadt. Gegen Abend ein Empfang beim deutschen Gesandten, danach eine Lesung bei der Deutsch-Schwedischen Vereinigung: einige Stücke aus den «Buddenbrooks» und aus dem «Joseph»-Roman; nein, nichts aus dem «Zauberberg» – Professor Böök verdiente taktvolle Schonung. Am Nachmittag des 10. Dezember der große Festakt: die Damen in Abendrobe, die Herren im Frack. Mit Behagen erinnerte sich Thomas Mann, daß erst nach dem Einzug des Publikums und des Hofstaates «mit dem König an der Spitze» die Preisträger von Mitgliedern der Akademie in den Saal geleitet wurden: «Es ist dies wohl der einzige Fall von höfischem Zeremoniell», erzählte er, «da ein König programmgemäß zu warten hat.» «Kleinigkeiten?» fragte er ein wenig kokett: «Mag sein – aber bezwingend sind sie als Huldigung eines Landes und einer Dynastie vor dem Geist.» Katia freilich monierte in ihren Erinnerungen, daß die Preisträger, mit Namen aufgerufen, vor den Thronsessel König Gustavs V. zu treten hatten, der sich danach erhob, um ihnen ihre Urkunde auszuhändigen – nur dem Herzog von Broglie, dem französischen Physiker, sei er einige Schritte entgegengekommen – Aristokraten unter sich. «Das», murrte Katia noch im hohen Alter, «fand ich falsch.» Vermutlich schrieb es das Protokoll so vor.

In seiner kleinen Ansprache bei der Preisverleihung erklärte sich Thomas Mann mit angestrengt-humorvoller Bescheidung zum «geborenen Nichtredner», wie es die Schriftsteller überhaupt seien – und er erst recht in den «turbulenten Umständen, herrlich verwirrenden und umstürzend lebensfestlichen Umständen», in die er durch die Herren von der Akademie versetzt worden sei. (Die «Lebens»-Kompositionen nahmen in jenen Jahren in seinen schriftlichen, seinen mündlichen Äußerungen wahrhaftig kein Ende.) Er präsentierte Goethe, wie auch anders, um sein ironisches Understatement zu akzentuieren: «Nur die Lumpe sind bescheiden», rief er, doch er fügte eilig hinzu, Bescheidenheit habe auch etwas mit Intelligenz zu tun, und der «müßte ein rechter Dummkopf sein, der sich aus Ehrungen, wie der mir zugefallenen, eine Quelle des Eigendünkels und der Aufgeblasenheit machen wollte». Er fuhr fort: «Ich tue wohl daran, den Weltpreis, der mehr oder weniger zufällig auf meinen Namen lautet, meinem Lande und Volke zu Füßen zu legen», diesem Land und Volk, dem er sich «nur fester noch» verbunden fühle «als zur Zeit seiner klirrendsten Machtentfaltung». Ernst wies er auf die «sensitive Empfänglichkeit dieses verwundeten und vielfach unverstandenen Volkes für solche Zeichen der Weltsympathie», wies auf die «Bedingungen der Not, der Aufgewühltheit und des Leidens, eines fast östlichen, fast russischen Leidenswirrsals, in welchem der deutsche Geist das westliche, das europäische Prinzip gewahrt hat, die *Ehre der Form*». Er ging so weit, Sankt Sebastian auf den Plan zu rufen, seinen «Lieblingsheiligen»: jenen «Jüngling am Pfahl, den Schwerter und Pfeile von allen Seiten durchdringen, und der in Qualen lächelt. Anmut in der Qual.» Das Heldentum des geschundenen Jünglings nahm er «für den deutschen Geist, die deutsche Kunst in Anspruch»: Er sei versucht «zu vermuten», legte er dem Publikum nahe, «daß die der literarischen Leistung Deutschlands zugefallene Weltehrung diesem sublimen Heldentum» gelte. «Deutschland hat durch seine Dichtung Anmut bewiesen in der Qual. Es hat die Ehre gewahrt: politisch, indem es nicht in Schmerzensanarchie zerfiel (…) und geistig, indem es das östliche Prinzip des Leidens zu einen vermochte mit dem westlichen Prinzip der Form».

Mancher der Zuhörer mag ein wenig beunruhigt aufgeblickt haben: der heilige Sebastian, dessen gefolterte Leiblichkeit so viele große Maler eher zu sublimer Erotik als zu heroisch-frommer Erhebung überredet hat, durfte gewissermaßen als der Hausheilige der Homosexuellen gelten. War Thomas Mann die undeutliche Konfession vorsätzlich in die Feder gekommen? War sie ihm unfreiwillig widerfahren? Berührte sie nicht, auf das literarische Deutschland übertragen, die Zone des Kitsches? Machte sich der Autor nicht zugleich eines heimlichen Rückfalls in die Denk- und Bilderwelt der «Betrachtungen» schuldig, in denen er schon einmal Deutschland als dem Schmerzensmanne der Völker gehuldigt hatte? Jenem gefährlich-verlogenen Mythos, in dem sich das Ressentiment der angeblich Ewig-zu-kurz-Gekommenen und wahrhaft Geschundenen mit der «stolzen Trauer» der heldischen Opfergänger und einer gehörigen Portion Selbstmitleid vermengte?

Thomas Mann scheint niemals der Verdacht angefochten zu haben, daß er mit der Stockholmer Rede, merkwürdig genug, unter sein Niveau geraten war. Patriotische Sentimentalität machte ihn –

es geschah trotz aller Ernüchterung immer wieder – für den falschen Nationalton taub. Am Ende des «Lebensabrisses» rühmte er Schweden als das «deutschfreundlichste Ausland», wie ihn seine Tischrede beim großen Bankett habe «recht gewahr» werden lassen: «Der bewegten Sympathie, mit der jedes Wort aufgenommen wurde, das ich darin meinem schicksalreichen Lande und Volke widmete, kann ich mich nur mit Rührung erinnern.»

Langsam, schrieb er in der autobiographischen Skizze, habe sich nach seiner Heimkehr der «Wogenhochgang» zu legen begonnen. Er bemerkte weiter: «Das Entnervende ist, daß man, höchst öffentlich in den Besitz einer Geldsumme geraten, wie mancher Industrielle sie ohne Aufsehen alljährlich beiseite bringt, sich plötzlich dem ganzen Elend der Welt Aug in Auge gegenübergestellt findet, welches, von der Ziffer aufgestachelt, in unzähligen Formen und Abwandlungen das Gewissen des glücklichen Gewinners bestürmt.» Das Preisgeld betrug etwa zweihunderttausend Reichsmark – nach heutiger Rechnung gewiß weit mehr als eine Million. Bruder Heinrich sagte in einer Rundfunkansprache ohne erkennbaren Neid, dies sei in den meisten Ländern Europas «ein mittleres Vermögen. Einen ohnedies erfolgreichen Schriftsteller versetzt es unter die Reichen.» «So soll es auch sein», fügte er hinzu. Das Problem beschäftigte ihn offensichtlich in nicht geringem Maße. Er fuhr fort: «Die Literatur bleibt, wie je, eine Macht; und da die Macht sich allgemein faßlich in Geld ausdrückt, so fällt ihr Geld zu.» Die Ohnmacht der Literatur, übrigens auch die Ohnmacht des Geldes sollten rasch genug erkennbar werden. Aber das sah er nicht voraus.

Auch Else Lasker-Schüler, die Dichterin hochherzig ekstatisch-exotischer Gesänge, schickte Thomas Mann einen Bittbrief ins Haus: nicht für sich, sondern für einen alten Sänger und für eine Freundin, die ihren Mann im Krieg verlor. Sie selbst, sagte sie, teile ihre Honorare und Radiogelder, aber sie müsse «auch etwas leben». «Ich bin überzeugt», schrieb sie, «Sie dachten daran manchem Menschen Freude zu machen, zu helfen in dieser Zeit der Tänze und Nöthe und dem Lärm und Lachen, aber es lächelt niemand mehr und nirgends. Ich geh bald in die Welt allein.» Lächelte der Empfänger? Im «Lebensabriß» fuhr der Geehrte fort: «Der Akzent der

Forderung, der Ausdruck, mit dem eine tausendköpfige Notdurft die Hände nach dem beschrienen Gelde reckt, hat etwas Bedrohliches und Gehässig-Dämonisches, das nicht zu beschreiben ist, und man sieht sich vor die Wahl gestellt, entweder den ‹vom Mammon Verhärteten› oder den Schwachkopf zu spielen, der eine zu anderen Zwecken bestimmte Summe ins Hoffnungslose verzettelt.»

Der Anprall der Bedürftigkeit, aber auch des Neides, dem er sich ausgesetzt sah, verstörte ihn tief. Unter der Hand hat er wohl manchen Freunden und manchen Notleidenden geholfen. Überdies löste er die beträchtlichen Schulden von Klaus und Erika ab – einschließlich der Kredite, die Bruder und Schwester auf ihrer flotten Weltreise zusammengeschnorrt hatten. Klaus schrieb über die gute Tat: «Wir hatten zwar nichts davon, aber es erhöhte doch unsere Stimmung.» Katia glaubte sich später zu erinnern, daß Thomas Mann die gesamte Nobel-Summe nach Deutschland transferiert habe, trotz des eindringlichen Rates von Freunden, er möge wenigstens einen Teil des Geldes im Ausland lassen. Aus dem Tagebuch des Jahres 1933 ergibt sich, daß er die Hälfte der Summe auf einem Konto draußen gutschreiben ließ, vermutlich in der Schweiz. Immerhin konnte er das freundlich-modeste Holzhaus, das er sich in Nidden an der Kurischen Nehrung gebaut hatte, ohne Umstand finanzieren. Nach dem Zeugnis des Sohnes Klaus war der «einzige Luxus», den der plötzlich fast reiche Vater sich gönnte, «ein schönes Grammophon mit reichassortierter Plattensammlung, zwei starke Automobile (ein offener Buick und eine Horch-Limousine) und ein Landhaus von sehr bescheidenem Format». Der «relative Wohlstand» habe den Vater kaum beeindruckt. «Sein natürlicher Sinn für Maß und Diskretion sowie auch sein empfindlicher Magen hinderten ihn daran, sich (...) geselligen Exzessen hinzugeben; Champagner-Gelage, üppige Gastereien kamen bei uns nicht in Frage.»

In Wahrheit war der Dichter reich. Seine Schwiegermutter, die vor dem Ersten Weltkrieg in üppigen Verhältnissen lebte, hatte schon einige Jahre früher bemerkt, Thomas und Katia seien die bei weitem «Pekuniärsten» der ganzen Familie.

46. KAPITEL

Sturmzeichen

Das chronische Wunder dieses Lebens, das nicht geringer wurde, da es sich fast Tag für Tag wiederholte: Thomas Mann ließ sich niemals durch die inneren und äußeren Beunruhigungen, durch Erfolge und Mißerfolge, durch Anflüge von Hochgefühl, ja nicht einmal durch Depressionen lange von der Pflicht an seinem Werk ablenken. Für Augenblicke gab er den Irritationen, dem Ärger, den Ängsten nach. Er ließ sich auch immer wieder von der chronischen Neigung zum Selbstmitleid verführen. Er haderte mit den Widersachern zu heftig, die seiner Person, seiner Leistung, seiner Würde, seinem Rang den gebotenen Respekt zu verweigern schienen. An manchem Morgen hätte er, wenn er zum Frühstück unter die Seinen trat, wie der alte Bismarck von sich sagen können: «Ich habe die ganze Nacht gehaßt.»

Trotz alledem: er führte die Arbeit am «Joseph», die er – wie Goethe den «Faust» – sein «Hauptgeschäft» nannte, mit einer bestaunenswerten Kontinuität weiter: seiner Sache im Grunde der Seele völlig sicher, unverdrossen, ja unbekümmert und manchmal geradezu heiter. Der Riesenteppich breitete sich weiter und weiter aus. Ihm war ein anderes Bild lieber: beharrlich nannte er das Werk, das sich ins Uferlose zu dehnen schien, «une mer à boire» – er war in die Phrase geradezu verliebt, und er sollte sie von nun an immer aufs neue gebrauchen. Gegenüber dem französischen Kritiker Charles du Bos bemerkte er von dem «biblischen Roman», daß er, «wieder einmal, kein Roman sein wird, sondern eine Art von intellektualisiertem Epos», das mehr mit «humoristischer Theologie» als mit

Politik zu tun habe. Er sprach auch von seinen «mythischen Allotria»: ein scharfsichtiges Wort, denn es deutet mit schöner Exaktheit den seltsam schwerfüßigen Unernst an, mit dem der Autor die Massen des Stoffes vor sich herschob, oft voller Umstand, zugleich aber auch mit der Grazie, mit der das Geschick manchem Riesen gnädig über die gewaltige Fülle seiner Erscheinung hinweghilft. Die Erzählung festigte sich, löste sich auch wieder auf, verlor sich, fand – ehe es zu spät war – zu neuer Konzentration. Nie zuvor, auch nicht beim «Zauberberg», der kein Muster disziplinierter Enthaltsamkeit war, hatte sich Thomas Mann so widerstandslos dem Stoff selber überlassen, der sich in einer Art von träger Majestät seinen Weg bahnte, auf weiten Strecken in einem breit sich fortwälzenden Diskurs halb gelehrten, halb spielerischen Charakters, dann im rascheren Fluß der Handlung, wenn der Autor es endlich seinen erzählerischen Energien erlaubte, das Regiment über das Buch zu übernehmen.

Dennoch, ehe er mit dem ersten Band ganz zu Ende gekommen war, spürte er – wie er selbst sagte – die Notwendigkeit, die Wirklichkeitstreue seiner Schilderungen in der Begegnung mit Land und Leuten zu prüfen. Bei der Beschreibung des Fremden hielt er sich in der Regel – wie so oft – an sorgsam ausgewählte Photographien, die ihm die Mauern von Bethel, den Brunnen von Kana oder die kleinen Brüste eines Beduinenmädchens (nach einem Gemälde von Hans Schöllhorn) täglich vor Augen führten. Doch nun brauchte es die unmittelbare Anschauung, um das lesend gewonnene Wissen in poetisches Leben zu übersetzen.

Die zweite Orientreise wurde in sorgsamer Beratung mit Professor Wilhelm Spiegelberg vorbereitet. Der Münchner Ägyptologe, der sich schon oft als hilfreich erwiesen hatte, entschloß sich sogar, Katia und Thomas Mann nach Kairo zu begleiten. Mitte Februar 1930 brachen die drei von Genua aus zu der «Kontrollreise» auf. Die Überfahrt nach Alexandria war stürmisch, doch der Dichter erwies sich als halbwegs seefest. Freilich machte er anschließend auf dem kleinen Nildampfer die Erfahrung, daß auch eine Flußfahrt bewegt und beschwerlich sein kann.

Zunächst folgte er dankbar Spiegelbergs Führung durch die Museen der ägyptischen Metropole, auch zu den Sehenswürdigkeiten

und Ausgrabungsstellen im Umkreis Kairos. Danach reiste er mit
Katia auf dem leidlich bequemen Schiff «Heluan» bis nach Nubien,
beide wohl gerüstet, wie eine Aufnahme aus jenen Tagen demonstriert: mit Tropenhelm, Staubmantel, leichten Kostümen, leichten
Schuhen, alles in tadellosem Weiß. Thomas Mann hatte es nicht versäumt, eine Krawatte umzubinden, und auch Katia trug einen sorgsam gebundenen Schlips. Unterwegs las er den Essay «Spiel mit dem
Unbewußten» von David Herbert Lawrence – ein Buch, das er alles
in allem «amüsant, zivil und ganz legitim» fand: der «kecke Konservativismus» des Verfassers bleibe immer liebenswürdig, sagte er,
solange er die Grenze zum «Fascistischen» (wie Thomas Mann stets
schrieb) nicht überschreite.

Natürlich versäumte er nicht, von Zeit zu Zeit den Blick zu he-
ben, um dem Leben des Stromes zu folgen, «der bräunlich in seinem
Bette ging und nur noch hie und da in verlorenen Tümpeln auf den
Fluren stand, die zu grünen begannen, so weit beiderseits zwischen
Wüste und Wüste das Fruchtland reichte»: so stand es hernach im
Kapitel «Stromfahrt». Das Vergnügen an den Besichtigungen
wurde freilich rasch durch die schwere Dysenterie beeinträchtigt,
von der Katia niedergeworfen wurde. Sie mußte sich nach der
Rückkehr in die Pflege eines Krankenhauses in Kairo begeben.
Thomas reiste allein nach Jerusalem weiter, wo er einen Vortrag zu
halten hatte. Katia kam einige Tage später nach. Im Heiligen Land
wurde auch der Dichter von dem Übel heimgesucht. Er meldete
dem Geheimrat Spiegelberg, daß die Darminfektion ihm heftig und
bedrohlich zugesetzt habe, obschon Katia später meinte, er sei von
der orientalischen Plage nicht allzu hart gestraft worden. Sie selbst
erlitt einen Rückfall; so lagen die beiden Seite an Seite im deutschen
Diakonissenhospital von Jerusalem, in einem «kläglichen Zustande», wie Thomas an Bertram schrieb.

Trotz aller Mißhelligkeiten: er nahm tausend Eindrücke auf, die
ihren Weg in sein Buch fanden, wie Alfred Grimm in seiner gründlichen Studie über «Thomas Mann und Ägypten» nachwies. In Jerusalem ergab sich eine erste Berührung mit jüdischem Leben in der
Heimat des Gottesvolkes. Der späte Chronist der biblischen Welt
durfte dem Hebräischen als einer lebendigen Sprache dieser Zeit
begegnen. Den Zionismus, der unter den Juden Europas nach und

nach an Boden gewann, zumal unter den Jüngeren, beobachtete er mit einiger Sympathie, doch er übersah nicht, daß auch die Araber Palästina als ihre Heimat betrachteten. Er stellte sich gegen die Konflikte nicht blind, die sich aus dem Dilemma ergeben mußten.

Zu Hause setzte er die Arbeit ohne langen Aufenthalt fort. Die zunehmende Verdüsterung der deutschen Verhältnisse, der Verfall der Wirtschaft in der weltweiten Krise, die sichtbare Verarmung der Arbeiterschaft und – in wachsendem Maße – auch des Mittelstandes, die Brutalisierung der Politik, die täglichen Straßenschlachten zwischen braunen und roten Kohorten: die bösen Zeichen einer heraufkommenden Katastrophe alarmierten ihn, doch sie hielten ihn nicht davon ab, sich dem grandiosen Spiel hinzugeben, auf das er sich eingelassen hatte. Der «Joseph» war das Gegenprogramm, das er den heraufziehenden Dunkelheiten entgegensetzte. Die «mythischen Allotria» übersetzten sich in die parodistische Virtuosität seiner Sprache, in der sich klassizistisches Bildungsdeutsch mühelos mit Wendungen aus dem Alltagsjargon jener Jahre, biblische Bildkraft mit wissenschaftlicher Umständlichkeit, hohes Pathos mit nachlässiger, manchmal allzu geschwätziger Entspanntheit verbanden – oft in ein und demselben Satz. Er trieb die Späße ziemlich weit. Er zögerte nicht, seine langen, üppig wuchernden Perioden mit einer knappen Formel aus dem Alten Testament in Luthers Deutsch oder einem Ausruf in jiddisch verdrehter Grammatik abzuschließen. Kein Reiz, dem er nicht nachgab. So brachte er es Tag für Tag zuwege, die bedrückende Gegenwart auf Distanz zu halten, um Jaakob auf seinen Wanderungen durch ein langes Leben, das am Ende mehr als hundert Jahre zählte, mit spöttisch-respektvoller Freundlichkeit zu folgen.

Den ersten Band des «Joseph» schloß er vermutlich im Sommer 1930 ab, vielleicht früher, vielleicht auch später. Eine exakte Datierung ist, wie Albert von Schirnding in seinem Nachwort zu einer neuen Ausgabe zeigte, nicht mehr möglich. Der Autor selbst glaubte sich in Amerika zu erinnern, daß er schon vor der ägyptischen Reise einige Kapitel des zweiten Bandes aufgesetzt habe. Er mochte sich täuschen. Die Tagebücher aus jenen Jahren, die eine genaue Auskunft geboten hätten, waren verbrannt.

Das Haus in Nidden inmitten der stillen Wälder – nur eine Viertelstunde vom Strand entfernt – war für die Arbeit ein wahrer Segen. Ein englischer Journalist schrieb von einer «pittoresken, strohbedeckten Villa aus hellem Holz mit hellblauen Fensterläden», und ein französischer Kollege, der Thomas Mann dort besuchte, erzählte mit poetischer Eindringlichkeit von den «Birken mit ihren weißen Stämmen und ihren dürren, den niedrigen Himmel verzweifelt anflehenden Armen». Er berichtete seinen Lesern, ihn habe der «angstvolle Taumel der weiten russischen Steppen» erfaßt. Katia Mann habe ihm anvertraut, daß ihr Mann eines Tages seinen «Spaziergang abbrechen und nach Hause eilen» mußte, da er «die Beklommenheit dieser riesigen Weite, dieser von keinem Vogelschrei unterbrochenen Stille» nicht länger ertragen konnte. Doch solche Anfechtungen schienen die Konzentration aufs Werk kaum zu beeinträchtigen. In jenem langen und guten Sommer trieb Thomas Mann die Niederschrift des «Joseph» weit voran, trotz der Unterbrechung durch die Feiern zum achtzigsten Geburtstag des Schwiegervaters Alfred Pringsheim, der von seiner Munterkeit nichts eingebüßt hatte.

Die Reichstagswahl im September 1930, in der die Nationalsozialisten, partiell auch die Kommunisten gewaltige Stimmengewinne erzielt hatten, schien ihn fürs erste nicht sehr zu beunruhigen. An Ida Herz, die Nürnberger Buchhändlerin – ein altes Mädchen, das getreulich jedes Zeugnis seines Lebens sammelte (und das sich später im «Doktor Faustus» porträtiert fand) –, schrieb er mit etwas angestrengtem Optimismus: «Zuletzt darf man auf den gesunden Sinn des deutschen Volkes hoffen, und der sogenannte National-Sozialismus ist in meinen Augen ein Koloß auf tönernen Füßen». Bertram aber notierte nach seinem Besuch am 1. Oktober 1930, man habe bei Thomas Mann «gewaltig» über Hitler getobt. Wenige Tage zuvor hatte der Dichter, einer Einladung des Reichsaußenministers Curtius folgend, seinen Gesprächspartnern in den Rängen des «Völkerbundes» versichert, man könne (so berichtete er Bertram) «ganz beruhigt sein, es werde sich in der Außenpolitik Deutschlands *nichts* ändern».

In Wirklichkeit fand er, daß es hoch an der Zeit sei, vor den dramatischen Entwicklungen zu warnen. Im Berliner Beethovensaal trug er am 17. Oktober seinen «Appell an die Vernunft» vor, der in den Sammlungen seiner Reden mit dem klassischen Titel «Deutsche Ansprache» verzeichnet ist: der schwierigste öffentliche Auftritt, den er zu bestehen hatte. Unter das sozialdemokratisch und republikanisch geprägte Publikum – dabei «viel geistige Elite», wie der sozialdemokratische «Vorwärts» berichtete – hatte sich «ein Dutzend Hakenkreuzler» gemischt, angeführt von dem Schriftsteller Arnolt Bronnen, der es vorzog, sein Gesicht hinter einer Sonnenbrille zu tarnen: vordem ein Autor des S. Fischer Verlags und ein Freund Bertolt Brechts, hernach weit nach rechts gerückt und aufs engste mit Joseph Goebbels, dem Reichspropagandaminister und Gauleiter von Berlin, verbündet. (Er fand schließlich wieder zu den Kommunisten zurück und beendete seine Tage, das Gnadenbrot Ulbrichts essend, in der Deutschen Demokratischen Republik.)

Der expressionistische Pathetiker von einst, stets zum Klamauk aufgelegt, war im März 1930 von Thomas Mann wegen eines denunziatorischen Angriffs auf einen hohem Justizbeamten scharf zurechtgewiesen worden. Er hatte Bronnen talentlos und «menschenfeindlich» genannt und sich danach zu dem bösen Wort hinreißen lassen: «So frech und mißtrauisch ist das Tier.» Nun wollte sich der Kollege rächen. Brüllend störte er den Vortrag, der nach dem Zeugnis Peter de Mendelssohns lang, zu lang war, auch gedanklich und sprachlich zu anspruchsvoll, ohne Zweifel in manchen Passagen über die Köpfe hinweggesprochen. Dennoch drangen die braunen Rabauken, die über den Saal verteilt waren, mit ihrem Geschrei nicht durch. Ihre Angriffe scheiterten immer wieder an einer Mauer des Beifalls.

Thomas Mann begegnete dem Tumult mit bemerkenswert guten Nerven. Er ließ sich auch nicht beirren, als ihm Hedwig Fischer, die Frau des Verlegers, mit besorgter Aufregung signalisierte, er möge sich kürzer fassen. Allerdings verließ er den Saal sofort nach dem Ende der Rede, von seinem Freund Bruno Walter, dem Dirigenten, aus dem Künstlerzimmer über die ihm wohlbekannten Verbindungswege in die benachbarte Philharmonie geleitet. Walters Wagen wartete in einem Hof und brachte den Dichter in Sicherheit.

Er greife nicht nach der Rolle des «praeceptor patriae», hatte Thomas Mann dem unruhigen Publikum zugerufen, und er wolle nicht «den neuen Fichte spielen». Er sei in die Reichshauptstadt gereist, um in der Singakademie etwas aus seinem neuen Roman zum besten zu geben, doch er frage sich, ob es «auch nur anständig und irgendwie vertretbar sei, unter den heutigen Umständen nach Berlin zu kommen, um ein Romankapitel vorzulesen und, etwas Lob und Kritik in der Tasche, (...) wieder nach Hause zu fahren». Es gebe Stunden, «wo der Künstler von innen her nicht weiter kann, weil (...) krisenhafte Bedrängnis der Allgemeinheit auch ihn auf eine Weise erschüttert, daß die spielend leidenschaftliche Vertiefung ins Ewig-Menschliche, die man Kunst nennt, (...) zur seelischen Unmöglichkeit» werde. So sei es vor sechzehn Jahren gewesen, «als der Krieg ausbrach», vor zwölf, «als Deutschland nach verbrecherischem Dauermißbrauch aller seiner Kräfte zusammenbrach», so sei es heute wieder.

Er sprach von dem Grauen, das mit dem «Winter der Arbeitslosigkeit, der Aussperrung, des Hungers und des Unterganges» heraufzukommen drohe, von einem «zerrissenen und zerspaltenen Volk, dem der Haß, das kranke Erzeugnis der Not, jede Unbefangenheit des Blickes» raube, sprach vom «Sturmzeichen» der Wahlen am 14. September, von der «Ungerechtigkeit» des Versailler Friedens, von der deutschen Waffenlosigkeit, von den Reparationen, von der Frage der Minderheiten, von den deutschen Zweifeln am demokratischen Parlamentarismus. Dennoch: «Der Nationalsozialismus», rief er, hätte als «Massen-Gefühls-Überzeugung nicht die Macht und den Umfang» gewinnen können, die er in den Reichstagswahlen demonstrierte, wenn ihm nicht die «Empfindung einer Zeitwende» vorangegangen wäre: die Ankündigung des Endes der bürgerlichen Epoche und der Abkehr vom Vernunftglauben, die Hinwendung zu einer neuen «Naturreligiosität», die aus der «heilig gebärerischen Unterwelt» des «Mütterlich-Chthonischen» stamme.

Es steht dahin, ob ihm viele seiner Zuhörer zu folgen vermochten. Sie verstanden ihn wohl genauer, wenn er mit dem Finger auf eine gewisse «Germanisten-Romantik» und «Nordgläubigkeit aus akademisch-professoraler Sphäre» zeigte, auch wenn sie – anders als der Redner – keinen Ernst Bertram und keinen Alfred Baeumler vor Augen hatten. Sie jubelten, als er die «Bewegung» des Nationalsozialismus eine «Riesenwelle exzentrischer Barbarei und primitivmassendemokratischer Jahrmarktsroheit» nannte oder die «Politik im Groteskstil mit Heilsarmee-Allüren» anprangerte: «Massenkrampf, Budengeläut, Halleluja und derwischmäßiges Wiederholen monotoner Schlagworte, bis alles Schaum vor dem Munde hat». Auch das war nicht ganz der Ton, der eine politische Versammlung elektrisiert, aber drastisch und deftig genug, das Publikum aufhorchen zu lassen.

«Fanatismus wird Heilsprinzip», sagte der Dichter, «Begeisterung epileptische Ekstase», Politik «zum Massenopiat des Dritten Reiches oder einer proletarischen Eschatologie, und die Vernunft verhüllt ihr Antlitz.» Er fragte, ob dies deutsch sei. Er fragte weiter, ob «das Wunschbild einer primitiven, blutreinen, herzens- und verstandesschlichten, hackenzusammenschlagenden, blauäugig gehorsamen und strammen Biederkeit, diese vollkommene nationale Simplizität (...) in einem alten, reifen, vielerfahrenen und hochbedürftigen Kulturvolk» wie dem deutschen zu verwirklichen sei. Den Bürger schrecke das Wort marxistisch. Er pochte darauf, daß es «keinen schärferen und tieferen politisch-parteimäßigen Gegensatz» gebe «als den zwischen der deutschen Sozialdemokratie und dem orthodoxen Marxismus moskowitisch-kommunistischer Prägung».

Doch er richtete auch ein kritisches Wort an die sozialistischen Führer, die glaubten, an den «Errungenschaften der Revolution» festhalten zu müssen. Insgesamt aber nahm er die Sozialdemokratie vor dem Vorwurf des «Parteiegoismus» in Schutz. Voller Leidenschaft rühmte er vor allem Gustav Stresemanns Politik des Ausgleichs, mit der er, nach den Worten des englischen Botschafters D'Abernon, «Deutschland unendlich viel stärker und Europa verhältnismäßig viel friedlicher» gemacht habe. «Die beste, die wirklichste Sicherheit Frankreichs», sagte er mit dem Blick auf die «unweisen Friedensbedingungen», sei «die seelische Gesundheit des deutschen Volkes.» Der «politische Platz des deutschen Bürgertums», stellte er schließlich fest, sei «heute an der Seite der Sozialdemokratie».

Ein mutiges Wort, das ein starkes Echo fand. Thomas Mann war mit einer Entschiedenheit nach vorn getreten, für die es in der Tradition deutscher «Geistigkeit» kaum ein Beispiel gab.

Er selbst klammerte sich, wie er wenige Tage später in einem In-

terview mit der Berliner «Montagspost» betonte, noch immer an
die Überzeugung, «daß im deutschen Volk viel zu viel Vernunft
vorhanden» sei, «als daß für längere Zeit (...) eine politische Anarchie von entscheidendem Ausmaß eintreten könnte». Er überschätzte die Bereitschaft der Demokraten, sich im Angesicht der
heraufziehenden Gefahr aus den ideologischen und parteipoliti-
schen Verkrampfungen zu lösen. So meldete sich nach einem ersten
enthusiastischen Bericht über seine Rede im «Vorwärts» ein Funktionär zu Wort, der unter dem Titel «Sozialdemokratie und Bürgertum» die Reinheit des marxistischen Glaubens vor dem Dichter in
Schutz nahm. Es gehe noch immer, dozierte der anonyme Verfasser
mit sprödem Starrsinn, um die «Vorbereitung und Freilegung eines
neuen Menschentums», anders «hätten wir kein Recht, uns Sozialisten zu nennen, die die Welt verändern wollen, sondern wir wären
bürgerliche Liberale, deren Ende wir erst soeben konstatiert haben».

Nein, das Warnsignal des ersten großen Triumphes der Nazisten
und ihres österreichischen Vortrommlers wurde nicht von allen
verstanden. Nicht nur die erstarrten Ideologen der rechtgläubigen
Linken und die kommunistischen Agitatoren in ihrem verbissenen
Kampf gegen die «Sozialfaschisten», nicht nur das patriotische
Bürgertum unter der schwarzweißroten Flagge der Deutsch-
Nationalen stellten sich blind. Auch in den europäischen Hauptstädten schienen die Verantwortlichen nicht begreifen zu wollen,
daß die schwache deutsche Republik jede nur denkbare Hilfe
brauchte, um dem Ansturm des neuen Barbarentums widerstehen
zu können. Der Plan einer deutsch-österreichischen Zollunion, den
die Regierung des national-katholischen Kanzlers Brüning im März
1931 präsentierte, um endlich einen sichtbaren Erfolg vorweisen zu
können, zeigte wahrhaftig keine außenpolitische Sensibilität. Aber
auch Frankreichs harsche Reaktion, das ohne Zögern mit wirtschaftlichen Sanktionen drohte, zeugte von einer angstvoll-bornier-
ten Verstocktheit. Dennoch brachte es Brüning zuwege, daß im Juli
1930 das Rheinland vorzeitig von der Besatzung geräumt wurde.

Mit dem Blick auf die geistigen Führungsschichten der Deutschen schrieb Thomas Mann in seinem Aufsatz «Die Wiedergeburt
der Anständigkeit» (der im März 1931 erschien), es sei für ihn nicht

zweifelhaft, «daß wir (...) stündlich bereit sind, wieder in Krieg zu fallen: und zwar in einen (...), den keine Tragik mehr entschuldigen und verschönen würde, sondern der nichts wäre als wissentliche Lasterhaftigkeit und der Zynismus des Untergangs». Für einen Augenblick schien er alle zagend-hoffnungsvollen Illusionen beiseite zu schieben. Er richtete den kritischen Blick auf die Kreise, die sich um die magische Formel von der «konservativen Revolution» sammelten: jene talentierten Rechts-Intellektuellen, die über ihre Zeitschriften in die Redaktionen der großen Zeitungen, in die Universitäten und damit tief ins Geflecht der kulturellen Elite wirkten. Die «konservative Revolution» wurde zum Kennwort eines militarisierten Nationalismus, der sich zugleich der «sozialen Frage» zu bemächtigen suchte. Mit anderen Worten: er war das Zeugnis einer Haltung, die man mit einer Prise Spott edelnazistisch nennen mochte.

Thomas Mann hatte bei seiner Polemik die Zeitschrift «Widerstand» Ernst Jüngers, seines Bruders Friedrich Georg Jünger und des «Nationalbolschewisten» Ernst Niekisch im Auge, vor allem aber die «Tat», die Hans Zehrer redigierte, ein Publizist von reichen und schillernden Gaben – flankiert von dem Wirtschaftskritiker Ferdinand Fried, dem brillanten Journalisten Giselher Wirsing, den sein radikaler Nationalismus hernach zu einem der Hauptpublizisten des Dritten Reiches und in die Reihen der SS beförderte, und schließlich dem gebildet-sensiblen Ernst Wilhelm Eschmann, der sich später vor der Realität des Nazismus (wie Hans Zehrer übrigens auch) in eine Art innerer Emigration zurückzog. Diese Köpfe verstanden sich nicht als Künder des Volkstribunen aus Braunau, doch ganz gewiß waren auch sie Feinde der Demokratie. Sie forderten den autoritären Staat, der sich auf Elemente einer ständischen Ordnung gründen sollte: die organisierte Arbeiterschaft, die Unternehmer, die Beamtenschaft und vor allem die Reichswehr. Auch sie träumten von einer Synthese, in der sich Nationalismus und Sozialismus verschmelzen könnten, freilich nicht nach dem groben Rezept der Nazis. Gottfried Bermann Fischer faßte die Gefahr, die von diesen schillernden Geistern ausging, womöglich schärfer ins Auge als sein großer Autor. Er unternahm immerhin den Versuch, die «Neue Rundschau» als eine Art Kampfzeitschrift gegen die wabernde und raunende Betriebsamkeit der intellektuellen Rechten zu mobilisieren.

Ohne Zweifel bahnten die Protagonisten des «Tat»-Kreises, ohne es recht zu wollen, dem «unheimlichen Prozeß der Rebarbarisierung» den Weg. Thomas Mann nannte ihre «*nationale* Revolution» einen «niederträchtigen Fälschertrick», dem er «einige Verführungskraft» zubilligte. Er verwies auf die «Modekrankheit der Vergötterung des Irrationalen», der jene Intellektuellen verfallen seien, und zu Recht pochte er darauf, daß sie an dem «*Triumph der Ungeistigkeit* in den politischen Massenbewegungen» mit die Schuld trügen. Er wies auf die kosmologische Mystik von Ludwig Klages (und damit mittelbar, ohne sie beim Namen zu nennen, auch auf Stefan George und seine Jünger). Er machte sich über den «angejahrten Wandervogeltyp» lustig, «mit Brille und bloßen Knien, der von ‹schicksalsmäßiger, blut- und geistbestimmter Gemeinschaftshaltung› literarisch plappert und von ‹Urerlebnissen› redet wie gedruckt». «Ich hasse», schrieb er, «die aristokratischen Quertreiber, die Pest des konservativen Literatentums, dessen halb sympathisierende Apathie der schimpflichsten Reaktion freie Bahn schafft», und er fügte hinzu: «Was diese Leute von Tod, Vornehmheit, Überlieferung wissen, weiß ich auch; nur daß ich, wenn ich mein Wort zur Politik spreche, es vorziehe, dem Leben und der Zukunft zugunsten zu reden».

Vielleicht geriet ihm der Hohn so ätzend, weil ihm jene unwirtliche Welt der militanten deutschen Romantik nicht fremd war. Sie war es weiß Gott nicht, obschon er sich stets von den wabernden Weltanschauungen der abseitigen rechten Sekten ferngehalten hatte. Doch immer wieder holten ihn die «Betrachtungen» ein. (Der «Völkische Beobachter», das Hauptblatt der Nazis, tischte im Januar 1932 eine Anthologie der gestrichenen Passagen aus dem riesenhaften Essay auf.) Joseph Goebbels, der Propagandachef der Nazis, gab sich lange der Hoffnung hin, es werde am Ende doch gelingen, den Autor jenes Bekenntnisbuches für die «nationale Erneuerung» zu gewinnen, und er vermerkte 1930 in seinem Tagebuch, daß ihn die Lektüre der «Buddenbrooks» von neuem überwältigt habe.

Thomas Mann sah sich ein weiteres Mal mit der «dummen Frage» seiner einstigen Anhänger auf der Rechten konfrontiert, ob er denn schon zu sehr «dem westlichen ‹Geiste› verfallen» sei, «daß für ihn der Unterschied von Zivilisation und Kultur nicht» mehr existiere. Er wischte, mit guten Gründen, «diesen nachgerade auf den Hund gekommenen, ins nationalistische Feuilleton heruntergekommenen Gegensatz» voller Verachtung beiseite. Er fand es angebracht, ihm ein anderes Begriffspaar entgegenzustellen, das «viel mehr Wirklichkeit» besitze als der Gegensatz von «Geist und Leben»: «Es gibt», sagte er, «den Sozialismus, und es gibt den Nationalismus.» Diesen Gegensatz zum «Nationalsozialismus» zu «vermanschen», lehnte er als «politische Bauernfängerei» ab. Dem «einseitigen Kult des Dynamisch-Biologischen» stellte er den «Natur-Adel» Goethes gegenüber, in dem ihm das Deutsche sicherer verankert zu sein schien, obschon er hinzufügte, daß dieses deutsche Volk «nie von Literaten regiert» sein wollte. (Aber welches andere, hätte man ihn fragen können. Entgegen allen beharrlichen Vorurteilen auch das französische nicht, nicht das italienische, schon gar nicht das britische, auch nicht das amerikanische.) Er rief auf zu einer «Wiedergeburt der Idee» und zu einer «Besinnung auf das Menschanständige». «Die junge Republik», schrieb er, «war nicht darum schwach, weil sie das Geschöpf einer ‹abgestorbenen Ideologie› war, sondern weil sie selbst vor der totgesagten und verhöhnten Idee allzu mattherzig versagte.»

Keiner warnte mit solcher Eindringlichkeit vor den Kündern des Dritten Reiches. Es ist allerdings auch unverkennbar, daß ein Element des Selbsthaders die Stimme des Dichters schriller werden ließ, als es sich für eine Wirkung ruhiger Glaubwürdigkeit empfahl. Seine Entscheidung für die Demokratie war klar, doch ihre passionierte Heftigkeit überdeckte autoritäre Strukturen, die seine Gefühlswelt von Kind auf geprägt hatten. Konsequent kehrte er der «liberalen Bürgerlichkeit», die seine eigentliche Heimat hätte sein müssen, allzu brüsk den Rücken: darin denn doch ein Geschöpf jener Zeit.

So mochte sich die verkrampfte Verengung seines politischen und gesellschaftlichen Weltbildes auf die Alternative «Nationalismus» oder «Sozialismus» erklären. Was es mit dem ersten Begriff auf sich hatte, verstand er genau genug. Was er über den zweiten zu sagen hatte, ließ nicht nur gelernte Marxisten ein wenig ratlos. Vielleicht hätte er sich später, weiser geworden, der ironischen Einsicht Willy Brandts gebeugt, die sich in der Feststellung äußerte, er würde ja auch ganz gern Sozialist sein, wenn er nur wüßte, was das ist.

Thomas Manns «Bekenntnis zum Sozialismus» war wohl auch, obwohl er dies nirgendwo ausdrücklich sagte, eine Reverenz vor dem Bruder Heinrich, der in der großen Krise des Weltkrieges und der Revolution auf solch exemplarische Weise recht behalten hatte: gegen ihn, den Jüngeren, der seine geistig-politische Niederlage dem Älteren gegenüber niemals vergaß. Es ist nicht sicher, ob sich Heinrich Mann jemals als Sozialist bezeichnet hat. Er war es gewiß nicht im marxistischen Verstand des Begriffes – eher ein «Radikalsozialist» nach französischem Vorbild, das heißt aber: kein Sozialist, auch nicht allzu radikal, vielmehr ein liberaler Demokrat, der sich links von der Mitte aufhielt. Vielleicht hätte er den Titel eines «Kultursozialisten» nach Art des späteren Präsidenten François Mitterrand für sich akzeptiert, doch auch diese Formel weist nur in schöner Allgemeinheit auf die Bindung an die Ideale der Menschenrechte, der Freiheit, Gleichheit und Brüderlichkeit, vielleicht auch auf eine prinzipielle Parteinahme für die «gerechte Sache des Volkes», was immer sie sei. Am sechzigsten Geburtstag Heinrichs – bei der Festsitzung in der Akademie der Künste sprachen der Kultusminister Adolf Grimme, der Maler-Präsident Max Liebermann, der Gefährte Lion Feuchtwanger, aber auch der junge Bewunderer Gottfried Benn – erinnerte Bruder Thomas daran, daß nun auch «dies alte Lübeck (…), in dem wir kleine Jungen waren», einen sozialdemokratischen Bürgermeister und eine kommunistische Fraktion im Bürgerschaftsparlament aufwies: «tolle Zustände, wenn man sie mit den Augen unserer Väter ansieht, aber durchaus normal».

Einige Sätze später aber spukte unversehens ein Gedanke durch die Rede, der den Autor fortan bis zum «Doktor Faustus» und darüber hinaus nicht mehr verlassen sollte: wenn er sich diese Herkunft ansehe, sagte er – «und aus einem gewissen aristokratischen Interesse habe ich sie mir oft angesehen» –, so scheine es ihm «um ihre bürgerliche Gesundheit eigentümlich suspekt zu stehen, nicht ganz geheuer, nicht ganz uninteressant». Er beschwor in starken

Worten den gotischen Spuk, das «hysterische Mittelalter», die «religiöse Seelenkrankheit», die Stimmung der Kinderkreuzzüge – jenes dämonisierte Deutschland, das die Fratze des Teufels trug. Er glaubte gewahr zu werden, daß jene deutsche Gotik in dem Reformator Martin Luther und durch ihn überlebt hatte, um im Protestantismus ihr Wesen und Unwesen zu treiben. Das war eine gewaltsame Vereinfachung. Er glaubte feststellen zu können – ganz täuschte er sich darin nicht –, daß sich das protestantische Deutschland der «völkischen Anti-Humanität» von Hitlers Kohorten «widerstandslos» beugte, während das «Katholikentum, kraft seiner religiös universalistischen Überlieferungen, seiner seelischen Beziehungen zum Klassisch-Mittelmeerischen», gegen «das Elend solcher Entchristlichung» eher gefeit zu sein schien: so schrieb er nun in einer revidierten Fassung des Essays «Goethe und Tolstoi», die Anfang 1932 publiziert wurde.

Woher aber plötzlich die Verdunkelung des Bildes seiner Heimatstadt, die ihm zum Symbol der deutschen Teufeleien zu werden begann? In seiner Rede zur Siebenhundertjahrfeier Lübecks 1926 hatten sich seine düsteren Beschwörungen mit keinem Wort angekündigt. Seine «Erinnerungen ans Lübecker Stadttheater», im Jahrbuch jenes Hauses 1930 erschienen, waren zwei Seiten gutgelaunte Anekdoten, in denen er die «schöne, denkwürdige Stunde» rühmte, als er selbst auf der Bühne stand. Überdies hatte er versprochen, daß er wiederkommen werde zum vierhundertjährigen Jubiläum des Katharineums. Im März 1931 die Rede auf den Bruder, im September des gleichen Jahres die «Ansprache an die Jugend» in seiner Heimatstadt. Hatten ihn die Lübecker Wahlergebnisse verstört (aber noch behaupteten die Sozialdemokraten eine Mehrheit)? Hatten ihn böse Zuschriften aufgestört? In den gotischen Winkeln schien sich noch einmal Böses zusammenzubrauen. Er kam beim offiziellen Festakt zum Schuljubiläum mit seiner Ansprache spät an die Reihe. Arnold Brecht, sein illustrer Schulgenosse, bemerkte in seinen Erinnerungen, Thomas Manns Rede sei für die ermüdete Zuhörerschaft zu lang gewesen. Das war sie wohl. Doch Brecht entging nicht, daß die eigentliche Ursache der Unruhe Thomas Manns «politische Ermahnungen» waren. Die jungen Leute – und die Mehrzahl der Honoratioren – hörten es nicht gern, daß sie der

Dichter streng vor dem sektiererischen Ungeist der Nazis und ihrer Verbündeten warnte (ohne eine Partei beim Namen zu nennen). Er wünsche sich, rief er, daß sich «die höhere Jugend unserer Mittel- und Hochschulen (...) einige aristokratische Skepsis gegen diese Welt des frenetischen Unernstes und der traurigen Narretei» bewahre. Er legte sich, wie man es von ihm nun gewohnt war, für seinen Begriff des Sozialismus ins Zeug, und er geißelte den «modischen Hohn auf die Freiheit» als «Massenunfug». Vom «Strammstehen und Zu-Befehl-Stehen unter begeistertem Verzicht auf eignes Denken» hätten die Deutschen genug gehabt.

Die Lübecker begannen, wie so viele ihrer Landsleute, auf diesem Ohr schlecht zu hören. Es besserte die Laune des illustren Gastes nicht, daß für ihn und den Demokraten Arnold Brecht beim Festmahl auf der Ehrentribüne keine Plätze mehr frei waren: sie mußten an einer Tafel unterhalb des Podiums speisen. War dies die Antwort auf die Lübecker Visionen in der Rede auf Heinrich, die schon im Vormonat in der «Neuen Rundschau» nachgelesen werden konnte? Herabsetzungen − dieses Mal im wörtlichen Sinn − verzieh der große Sohn der Stadt so rasch nicht.

Die Wahlerfolge der Nazis in den protestantischen Regionen Deutschlands schienen seine düstere Diagnose zu bestätigen − aber sie war dennoch zu kurz gedacht. Damals betonte Thomas, er habe es sich nicht träumen lassen, daß er «in der katholischen Kirche das letzte Bollwerk deutscher Freiheit und Bildung» sehen würde. Einige Jahre später lehrten ihn die bayerischen Verhältnisse etwas anderes − und nichts Gutes. Hinrich Siefken bemerkte in seiner Studie über Thomas Mann und seine «Spiegelungen Goethes», es habe bei der Niederschrift jener Zeilen weder die «Bekennende Kirche» der deutschen Protestanten noch das Reichskonkordat Hitlers mit dem Vatikan vom 20. Juli 1933 gegeben.

Mit dem Blick auf Lübeck aber hatte Thomas in seiner Geburtstagsadresse an Heinrich gesagt, er habe «nie umhingekonnt», ihrer beider Künstlertum mit dem «nicht ganz geheuren Stadtspuk in kausalen Zusammenhang zu bringen −, nicht nur mit ihm: es ist da noch die romanische Blutmischung». Er hatte das alte biographische Grundmotiv wiederaufgenommen: «Lübecker Gotik und ein Schuß Latinität − es wäre ja ein Irrtum, wollte man bei jedem von uns nur das eine oder andere finden: das Altdeutsche bei mir, weil ich ‹Buddenbrooks› schrieb, das Romanische bei dir, weil du die ‹Herzogin›, die ‹Kleine Stadt› und so manche italienische Novelle geschrieben hast.» Geist- und beziehungsreich ließ er sein Weberschiffchen zwischen den Polen der deutschen Bildungsgeschichte hin- und hersausen, um mit Nietzsche, wie sollte es anders sein, zur «Europäisierung und Psychologisierung der deutschen Prosa» zu gelangen, zur Aufhebung des «alten Gegensatzes von Norden und Süden, von Romantisch und Klassisch». Der «sehnsüchtige Hang zum Mittelmeer, seiner Sonne, seiner Form, hat die deutsche Klassik geschaffen; Nietzsche's neuklassische Synthese heißt: der gute Europäer». In diesem Begriff durften sie sich beide wiederfinden.

In Wirklichkeit war ihm die Radikalität des Bruders noch immer suspekt. In einer Rezension von Heinrichs Roman «Die große Sache», die er für die «Literarische Welt» geschrieben hatte, sagte er mit genauem Kalkül, im Vergleich mit Heinrichs neuem Werk wirke selbst Alfred Döblin «gutmütig», und wies voller Unbehagen darauf hin, jenes Buch sei «in einem Grade reizgeladen und reizüberladen, daß die Lust, die» es «bereitet, jeden Augenblick im Begriffe ist, zur Pein zu werden; seine Lektüre tut weh – desto schlimmer also, daß es eine hinreißende Lektüre ist». Er sprach auch von einem Tempo, das «erbarmungslos» sei, von «edler Schmissigkeit», einer «Mischung aus Saloppheit und Glanz, Tages-Argot und intellektueller Hochspannung», «letzter Skurrilität und hochparodistischem Ulk»: Formeln, in denen sich ein Widerwille mitteilt, der allzu hastig ins Seidenpapier der Schmeicheleien gehüllt ist. Der feierliche Anruf der «Geistesgüte» konnte vielleicht den Bruder, kaum die Leser täuschen. Erst recht nicht der letzte Satz: «das alles ist streng, noch im Jux und noch in der Güte, streng und schmerzhaft, einsam in seiner Gesellschaftlichkeit, wissend und ahnungslos, faszinierend und schwer erträglich, rührend und beleidigend wie was? Wie das Genie.»

In seiner Rezension hatte Thomas nur den alten Vorbehalt variiert: daß Heinrich mit seinem expressiven Stakkato, in dem so oft ein Kasinoton mitscheppert, allzu dick auftrage, sich zu drastischer Farben bediene, zu skrupellos in der Wahl seiner literarischen Mittel, mit einem Wort: künstlerisch gewissenlos sei. Zugleich mag er ihm die Nähe zu einer jüngeren Garde deutscher Literatur ein wenig geneidet haben. Er selber fand den Zugang zu der nachrückenden Generation nur in Ausnahmen: so, als er im April 1931 Carl Zuckmayers «deutsches Märchen» «Der Hauptmann von Köpenick» gesehen hatte und dem Autor in einem spontanen Glückwunschbrief sagte, dies sei «seit Gogols ‹Revisor› die beste Komödie der Weltliteratur». Umgekehrt blieb auch er vielen der Jungen fremd und fern.

Gottfried Benn aber rief dem Bruder Heinrich zu, er sei «der Meister, der uns alle schuf». Zwei Jahre später hätte der große Lyriker, der den Geist der «Moderne» in seinen Versen klarer und konzentrierter präsentierte als jeder andere, diese pathetische Proklamation gern zurückgenommen: beim Ausbruch des Dritten Reiches, das Heinrich Mann Ende 1931 heraufkommen sah, als er von dem «Reich der falschen Deutschen und falschen Sozialisten» sprach, «das gewiß unter Blutvergießen errichtet» werde – aber das sei «noch nichts gegen das Blut, das fließen wird bei seinem Sturz». Thomas fragte in jenen Tagen (in einem Brief), woher das Dritte Reich die Persönlichkeiten nehmen wolle, «die sich als Spitzenpersönlichkeiten der Nation auszeichneten». Sie würden alle außer Landes sein: der erste Hinweis, daß er mit Katia und den älteren Kindern, vielleicht auch einigen vertrauten Freunden von Zeit zu Zeit Emigrationsideen erwog, wie Klaus im Tagebuch jener Jahre notierte. Aber in einer merkwürdigen Verkennung der Lage sagte Thomas Mann damals, das Reich der Nationalsozialisten werde sich «mit jüdischen Renegaten und Mimikry-Virtuosen» begnügen müssen. Dann noch einmal, mit dem Blick auf sich selbst: er wurzle in der bürgerlichen Kultur und sei viel eher zum Repräsentanten der Überlieferung als zum Revolutionär geschaffen. Aber sein Lebensinstinkt lasse ihn heute Sozialist sein. – Nein, ein Revolutionär war er nicht, auch kein Sozialist.

Bruder Heinrich, der zusammen mit Alfred Döblin die Auswahl für ein republikanisches Lesebuch zum Gebrauch in den Schulen getroffen hatte, war keinesfalls bereit, den Ansturm des Unheils resigniert zu erwarten. Der kämpferische Demokrat rief zur Verteidigung der Geistesfreiheit (oder dem, «was von ihr noch übrig ist»)

auf. Er forderte: «Um sie zu verteidigen, muß angegriffen werden.»
Thomas und Heinrich bestanden darauf, daß sich die Akademie gegen den «Bildungs-Antisemitismus» wende, dem Paul Fechter in
seiner Literaturgeschichte das Wort redete.

War es nicht für all das zu spät? Hatte die Linke nicht längst ihre
Stunde versäumt, als sich im Dezember 1931 Sozialdemokratie, Gewerkschaften, Arbeitersportverbände und das «Reichsbanner
Schwarz-Rot-Gold» zur «Eisernen Front» zusammenschlossen –
ohne die Kommunisten, die sich der Demokratie noch immer verweigerten! –, um der «Habsburger Front» entgegenzutreten, dem
Bündnis der Hitlerpartei mit den Deutschnationalen des Pressezaren Hugenberg und dem «Stahlhelm», in dem sich die nationalistischen Frontkämpfer sammelten. Die Reichsregierung verordnete in jenen Wochen generelle Lohn- und Gehaltskürzungen im
öffentlichen Dienst. In der Industrie sanken die Einkommen. Mit
dem schwindenden Konsum nahm die Produktivität konsequent
weiter ab. Am Ende des Jahres 1931 wurden nahezu 5,7 Millionen
Arbeitslose gezählt.

Als Thomas Mann im Januar 1932 die letzte Quartalsabrechnung
seines Verlages prüfte, schreckte er auf: «Es weht mir der schauerliche Hauch des Nichts entgegen», rief er dem alten Fischer zu.
Zum erstenmal waren seine Einnahmen beträchtlich zurückgegangen. Die Krise begann auch seinen Lebensbereich zu berühren. Er
verlangte unverzüglich, daß die Kündigung eines Lizenzvertrages
mit der Deutschen Buch-Gemeinschaft über die «Königliche Hoheit» zurückgenommen werde, und forderte den Abschluß eines
Vertrages mit jenem Unternehmen über eine «Zauberberg»-Aus-
gabe. Fischers Einwände wischte er ärgerlich beiseite.

Aus St. Moritz, wo er sich für den üblich gewordenen Winterurlaub aufhielt, äußerte er sich einen Monat später mit schneidender
Schärfe: es widerspreche seinem wirtschaftlichen Gefühl, «auf Kosten der Zukunft zu leben», und es widerstrebe ihm ebenso, seine
Reserven, das Ergebnis seiner «ganzen Lebensarbeit, in diesem un-
günstigen Augenblick zu realisieren», denn das heiße, die Papiere
angesichts der Entwertung zu verschleudern. Er hielt dem Verleger
vor, ihm sei «vor fünfviertel Jahren von Drömer für das Goethejahr
ein Angebot gemacht» worden, «dessen Annahme mich für diese

kritische Zeit jeder Sorge enthoben hätte». Durch Fischers «Dazwischentreten» habe sich die Sache «zerschlagen».

Ließ ihn sein Gedächtnis im Stich, oder wollte er sich nicht erinnern? Er selbst war zunächst – «halb spielerisch» – auf die Idee geraten, daß es recht reizvoll wäre, zur hundertsten Wiederkehr von Goethes Todestag im Jahre 1932 ein populäres Buch biographischer Art vorzulegen. Er hatte den Einfall mit Samuel Fischer und dem Schwiegersohn Gottfried Bermann Fischer in einem Gespräch auf den Wannseeterrassen diskutiert. Die beiden waren von dem «Gedanken höchst eingenommen», und sie redeten dem Autor, wie er später schriftlich bezeugte, angeregt zu, Ernst damit zu machen. Indes, Thomas Mann war sich in die Zügel gefallen: der Fortgang seiner Arbeit am «Joseph», wandte er ein, werde durch das Goethe-Buch für ein gutes Jahr aufgehalten. Dennoch gehöre «die Idee und der Wunsch, einmal ausführlicher über Goethe zu schreiben», durchaus in sein «inneres Programm».

Nicht lange danach trat wieder Adalbert Droemer auf den Plan, der Geschäftsführer des Knaur-Verlages, der sich von neuem als ein Unternehmer von wachem Instinkt erwies: wie einst, als er eine Volksausgabe der «Buddenbrooks» auf den Markt werfen wollte, bot er dem Autor für ein populäres Buch über Goethe ein «im Voraus zu empfangendes Hoch-Honorar» (von vermutlich einhunderttausend Mark): das war ein Antrag, der nicht ohne gründliche Prüfung von der Hand zu weisen war. Ende 1930 hatte Thomas Mann immerhin den Freund Bertram um Rat gefragt. Der Gedanke, schrieb er damals mit einigem Umstand, ein für sein «Leben bedeutendes und verantwortungsvolles Werk auf Bestellung» zu schreiben, sei ihm zuweilen unheimlich: «Ich habe es nie getan, meine Bücher entstanden frei, aus Not und Spaß, und der Erfolg war ein unerwartet-behaglich Hinzukommendes.» Auf der anderen Seite sei der Goethe-Plan nichts «Fremdes und Unzukömmliches». Er verstehe sich auf Goethe am Ende so gut wie oder besser als Emil Ludwig, der Verfasser populärer, dank ihrer Vulgärpsychologie stets erfolgreicher Biographien, zu denen auch ein dreibändiges Werk über Goethe gehörte. Ob er sich der «Konjunkturjägerei» schuldig mache, wollte er von dem Professor wissen. «Ich hätte, kann sein, ohne das Jahr 32 in meinem Leben kein Goethe-*Buch*, keine Biographie geschrieben. Wenn mich dies Jahr nun bestimmte, es zu tun, fänden Sie es unkünstlerisch? Wäre der Augenblick (…) nicht vielleicht gut und richtig gewählt, dem deutschen Volk wieder einmal dies Bild aufzurichten?»

Wieder nannte er den «Joseph», von dem er sich ungern trennen würde, aber man sage ihm, mit dem habe es keine Eile. «Was meinen nun Sie? Meinen Sie vor allen Dingen, daß ich *kann*, was man mir da zumutet, daß ich der Aufgabe gewachsen bin? Geht sie nicht als *historische* Aufgabe über meine Kräfte und Möglichkeiten?» Mit nicht ganz ernster Bescheidung fügte er hinzu, er werde seine «ganze Naivität aufbieten müssen, um es nicht mit der Angst zu bekommen». Da ihm die «Bildungsvoraussetzungen für ein solches Werk in argem Grade» fehlten, werde ihm nichts übrigbleiben, als «aus *Erfahrung* zu reden», kurz, eine Art «mythische Identifikations-Hochstapelei» zu versuchen.

Er hatte Samuel Fischer prompt von dem Angebot Droemers berichtet. Ob der Verlag bereit sei, fragte er, auf das Angebot einzutreten, obschon er «ein gewisses menschliches Moment», das für Droemer spreche, «auch nicht ganz unterdrücken» wolle: dem Konkurrenten in Leipzig sei die Volksausgabe der «Buddenbrooks» zuerst eingefallen, und ihm gebühre eine «Kompensation». Fischer erklärte sich, es war nicht anders zu erwarten, mit allen Forderungen einverstanden, die dem Angebot Droemers entsprachen. Thomas Mann schickte seufzend eine Absage nach Leipzig. Der Chef des Hauses Knaur kündigte ihm prompt an, er werde sich nun eben leider nach einem anderen Autor umschauen müssen. Schließlich teilte Thomas Mann seinem Verleger mit – verärgert und wohl zugleich auch erleichtert –, Droemers Entscheidung bedeute, daß «zwei als populär gedachte Goethebücher neben einander auf den Markt kommen und beide das Rennen gewinnen müssen»: Grund genug, das Projekt zu verwerfen. Er schrieb: «Es liegt tatsächlich so, dass ich das Buch für Drömer wohl hätte machen können, dass ich es aber für Sie, wenn neben mir für Drömer ein anderes geschrieben wird, nicht machen kann.»

Dies hieß mit anderen Worten: auf eine Konkurrenzsituation wollte er sich, verständlich genug, nicht einlassen. Vermutlich war ihm auch die Vorstellung zuwider, eine Produktion unter solch ungewohntem Zeitdruck auf sich zu nehmen, und er sah wohl ein, daß sich eine Biographie nicht aus dem Ärmel schütteln lasse. Sie hätte eine andere Art der schriftstellerischen Disziplin verlangt, als er sie im Dienst der Romane gewohnt war. So einigte er sich mit Samuel Fischer und Gottfried Bermann, die Vorträge und Essays, die er zur hundertsten Wiederkehr von Goethes Tod ohnedies zu schreiben hatte, mit seinen früheren Arbeiten über Goethe in einem Band zu sammeln, dessen Verkaufserfolg nicht viel geringer sein werde als der einer Biographie.

Nun plötzlich schien ihm, als er mit dem Schwund seiner Honorare konfrontiert war, die eigene Entscheidung nicht länger gegenwärtig zu sein. Er präsentierte Samuel Fischer eine kaum verhüllte Drohung: «Sie haben die Macht, meine Wünsche und die dafür sprechenden Argumente in den Wind zu schlagen, und Sie machen Gebrauch von dieser Macht, dem muß ich mich fügen, so lange ich mich eben fügen muß. Ich bin froh, daß diese beschwerliche Beschränkung in der Verwertung meiner Produktion nicht ewig dauern wird, und dass ich mir für meine künftigen Bücher das Recht der Lizenzverleihung nach fünfjähriger Auswertung durch den Verlag vorbehalten habe.»

Gekränkt wies er darauf hin, daß der Verlag Gerhart Hauptmann für seinen «Eulenspiegel» hunderttausend Mark auf den Tisch gelegt habe, die erst in Jahrzehnten wieder eingebracht werden könnten: «Ich glaube nicht, daß Hauptmann deswegen das Gefühl hat, bei Ihnen hoch in der Kreide zu stehen. Er hat sich sein Werk einfach bezahlen lassen, und Sie haben in seinem Fall nicht gemurrt. Sie werden mir erwidern, daß Hauptmann in einem außerordentlichen Verhältnis zu Ihrem Hause steht. Aber darf ich nicht nachgerade beanspruchen, in einem ähnlichen Verhältnis zu ihm zu stehen? Der Verlag S. Fischer hat von mir ein paar Werke in Händen, den ‹Tonio Kröger›, ‹Buddenbrooks›, den ‹Tod in Venedig› und auch den ‹Zauberberg›, die bleiben werden und die für das Ansehen des Verlages etwas bedeuten werden, noch wenn wir beide längst nicht mehr am Leben sind. Wenn Sie Hauptmann keinen ‹Zinsverlust› vorgehalten haben, so, meine ich, hätten Sie ihn mir auch nicht vorhalten sollen.» Er schloß mit den kühlen Sätzen: «Unsere Zusammenarbeit war harmonisch bisher, und ich kann die üble Zeit nicht genug anklagen, dass sie imstande war, wenigstens vorübergehend etwas daran zu ändern. Sie müssen handeln, wie Sie es für richtig halten, und ich muß sehen, wie ich durchkomme.»

Samuel Fischer war es kaum verborgen geblieben, daß sein bedeutendster Autor vergebens versucht hatte, ihm zu seinem siebzigsten Geburtstag den Ehrendoktor einer deutschen Universität zu verschaffen. Aus Thomas Manns kleiner Glückwunschadresse hatte er erfahren, gewiß zu seiner Freude, daß er wie Jaakob, der Vater des Joseph, ein «Gesegneter des Herrn» sei – ein Phänomen, das eine «dichterisch-menschliche Anziehung» auf ihn ausübe. Der Dichter hatte auch auf die «Zartheit und Verletzbarkeit» seines Menschentums verwiesen, und er hatte bekannt, daß «sich die Anhänglichkeit an den Mann» fest in ihm verwurzelt habe: «ja ich kann und will von Glück sagen, daß ich einem Verleger verbunden bin, den ich wahrhaft achte und dem ich wahrhaft vertraue.»

Nun mußte der alte Fischer schmerzhaft lernen, daß er – im Augenblick der Krise – nicht der Freund, kaum der gleichwertige Partner, sondern eher der kaufmännische Handlungsgehilfe Thomas Manns war. Umgehend schickte er eine Depesche, die besagte: «Ich hoffe alles bestens ordnen zu können.» Wenige Tage später fügte er brieflich hinzu: «Das ist geschehen, wenn auch unter Schwierigkeiten.» Den Vorwurf, der Goethe-Plan sei an ihm gescheitert, wies er würdig und wahrheitsgemäß zurück.

47. KAPITEL

Rettung durch Goethe?

In den letzten Wochen des Jahres 1931 informierte Thomas Mann Freund Bertram, daß er sich – wie es fast Jahr für Jahr geschah – mit einem «infektiösen Katarrh» samt «obligater Magen- und Darmaffektion» zu Bett gelegt habe. Die Krankheit trieb ihn tiefer in die Verdüsterungen, die ihn ohnedies quälten. Er klagte – Bertram mag es mit Befriedigung zur Kenntnis genommen haben – über die Verhärtung der französischen Politik unter dem Ministerpräsidenten Pierre Laval, der neun Jahre später, nach der Niederlage Frankreichs unter dem Ansturm der deutschen Armeen, die Kooperation mit Hitler als das Fundament seiner Politik begreifen sollte. In seinem nachweihnachtlichen Brief fragte der Dichter angstvoll: «Aber was steht uns bevor? Was wird über Deutschland in mehreren blutigen Wellen hingehen und über uns alle?» Er ließ einen kleinen Seitenhieb folgen, wohl wissend, daß der Professor die «nationale Bewegung» mit eher freundlichen Augen betrachtete: «Glauben Sie mir, die Tage Ihrer ‹Universitäten› sind auch gezählt, und am Ende ist's nicht schade drum. Am Ende ist es um das Ganze nicht mehr schade, aber was werden wir auszustehen haben!»

Vielleicht gab das Goethe-Jahr, das nun anbrach, den Deutschen eine letzte Chance der Besinnung auf ihre humanen Traditionen? So wollte Thomas Mann seine öffentlichen Äußerungen über das innig verehrte Vorbild, den Meister der Meister, verstanden wissen. Es schien zu diesem Zeitpunkt nicht ausgeschlossen zu sein, dem Fortgang des Verhängnisses Einhalt zu bieten. Am 13. März 1932 wurden bei der Wahl des Reichspräsidenten 18,7 Millionen Stimmen

für den greisen Generalfeldmarschall von Hindenburg registriert –
Adolf Hitler, dem «böhmischen Gefreiten» (dem erst kurz zuvor
mit seiner Ernennung zum Regierungsrat in Braunschweig die
deutsche Staatsbürgerschaft zuerkannt worden war), fielen 11,3
Millionen der Stimmen zu, dem Kommunistenchef Ernst Thälmann
fünf Millionen. Allerdings vermochte der Führer der Nationalsozialisten vier Wochen später bei der Stichwahl seine Stimmenzahl
noch einmal um gut zwei Millionen zu steigern, doch der vierundachtzigjährige Marschall blieb ihm um sechs Millionen voraus. Zugleich entschloß sich die Regierung, die paramilitärischen Organisationen der Nazis zu verbieten.

Auch Thomas Mann hatte, seufzend, für die Wahl des alten Soldaten geworben: der preußische Junker war, reaktionäre Verkalkung hin oder her, das kleinere Übel. In den stürmischen Wochen
der Wahlkämpfe reiste der Dichter, nach einer Urlaubswoche in St.
Moritz, mit Goethe durch die Schweiz, dann nach Prag und Wien.
Am 18. März, fünf Tage nach dem ersten Wahlgang, trat er ans Pult
der Preußischen Akademie der Künste, um über «Goethe als Repräsentant des bürgerlichen Zeitalters» zu sprechen. Wenige Tage
später hielt er den Gedächtnis-Vortrag in Weimar: «Goethes Laufbahn als Schriftsteller» – ein Ereignis, dem er mit Ironie und Bangen
entgegensah, durch die konfuse Organisation verärgert. Überdies
verstimmte ihn, daß bei der Vorbereitung der festlichen Sitzungen
nicht die geringste Rücksicht auf seine Akademie genommen worden war: die Herren der Veranstaltung führten sich auf, als gebe es
die Berliner Institution nicht. Thomas Mann erwartete, eine «erlauchte Versammlung» vorzufinden; zugleich fürchtete er einige
Unruhe: «Hoffentlich verprügeln uns die Chaotiker nicht», schrieb
er an Professor Witkop in Freiburg. Der Zulauf, den die Nazis vor
allem in Thüringen gefunden hatten, ließ ihn Schlimmes ahnen.

Hernach erboste ihn vor allem, daß der erzkonservative Erwin
Guido Kolbenheyer und Walter von Molo, Autor von brav-patriotischen Lebensromanen, dem Programm einen «stark politischen
Einschlag» gaben: Kolbenheyer vor allem, der über «Goethe als
Weltbürger» sprechen wollte, doch in Wirklichkeit (nach Thomas
Manns Zeugnis) eher «gegen Goethe's Weltbürgertum» sprach.
Der sudetendeutsche Dichter brachte es immerhin zuwege, die

«Iphigenie» als ein «durch und durch völkisches Stück» zu kenn-
zeichnen. Die Kollegen von der Rechten wurden mit der Goethe-
Medaille ausgezeichnet – wie Thomas Mann übrigens auch. Dem
Akademiesekretär Oskar Loerke schrieb er, hätte er gewußt, wer
die Auszeichnung bekommen sollte, hätte er «dankend abgelehnt».
Hatte er von der geplanten Ehrung nichts in der Zeitung gelesen?

Den beiden Essays, die er in wechselnder Folge bei den vielen
Festlichkeiten des Jahres 1932 vortrug, war eine kleine Studie vorausgegangen, die er als Vorwort für eine Anthologie von Goethe-
Aufsätzen für die Germanistikstudenten Japans geschrieben hatte:
eine Etüde, die ihm die Arbeit an den Hauptstücken leichter
machte. Der Aufsatz, der unter dem sachlichen und zugleich seltsam aufwendigen Titel «An die japanische Jugend» gedruckt
wurde, scheint eine freundliche Aufnahme gefunden zu haben, obschon seine Ouvertüre nicht unproblematisch war. Mit hübschem
Finderglück war Thomas Mann in den «Gesprächen mit Eckermann» auf die Notiz vom 31. Januar 1827 gestoßen, in der Goethe
von der Lektüre eines chinesischen Romanes berichtete. Sein Eindruck, habe der alte Geheimrat gesagt, sei «weniger fremdartig»
gewesen, «als man glauben sollte»: «Die Menschen dächten, handelten und empfänden fast ebenso wie wir Europäer, und sehr bald
fühle man sich als ihresgleichen, nur das bei ihnen alles klarer, rein-
licher und sittlicher zugehe als bei uns.» «Ich sehe immer mehr»,
habe Goethe hinzugefügt, «daß die Poesie ein Gemeingut der
Menschheit ist.»

Schön und überaus passend, zumal sich damit höchst folgerichtig
der große Goethe-Begriff der «Weltliteratur» verknüpfen ließ.
Oder? Wenige Monate zuvor hatte die kaiserlich japanische Armee
die Mandschurei besetzt. Das Reich des Tenno befand sich im
Kriegszustand mit China. Hatte Thomas Mann, für den Europa
zweifellos das Zentrum aller Dinge war, den Lärm des Krieges nicht
gehört? Oder dachte er: Fernost ist Fernost, Japan oder China – der
Unterschied fällt nicht weiter ins Gewicht? Arglos schrieb er auch
die Bemerkung auf, daß ein Volk wie das japanische «durch sein
Talent fürs Technisch-Organisatorische gleichsam den Statthalter
Europas im Fernen Osten» darstelle. Seine Leser auf den fernen
Inseln lächelten über die unschuldige Taktlosigkeit vermutlich hin-

weg. Sie waren wohl zu diszipliniert, den großen deutschen Autor, von dem manche Werke auch in japanischer Übersetzung erschienen waren – zum Beispiel «Tonio Kröger», die frühen Novellen und im Goethe-Jahr schließlich die «Buddenbrooks» –, darauf hinzuweisen, daß er ihnen den Zugang zu seinem Meister nicht allzu leicht gemacht hat.

Er setzte in der kleinen Abhandlung einige Kennerschaft mit merkwürdiger Selbstverständlichkeit voraus – nicht nur von Goethes Schaffen, sondern auch von den entrückteren Zügen der deutschen Geistesgeschichte. Mancher Doktorand dürfte sich schweren Herzens und mit schwerer Stirn über die Sätze gebeugt haben, die Goethes Absage an die Französische Revolution beschrieben. In den berühmten Versen der «Zahmen Xenien» hatte er sie mit der Reformation verglichen: «Franztum drängt in diesen verworrenen Tagen, / wie einstmals / Luthertum es getan, ruhige Bildung zurück.» «Das Distichon», erläuterte Thomas Mann, «zeigt klar und deutlich, wie er sich, im sechzehnten statt im achtzehnten Jahrhundert geboren, gegen die germanische Revolution, die die Geschichte unter dem Namen der Reformation kennt, gehalten haben würde: Im Namen des Hochbegriffs der ‹Bildung›, welcher die Formel für das wunderbare Naturprodukt und Kunstwerk seiner Persönlichkeit war, wäre er für Rom und gegen die Reformation gewesen – oder hätte doch eine so zweideutige und unzuverlässige Stellung eingenommen wie jener Humanist Erasmus, von dem Luther sagte, daß die Ruhe ihm teurer sei als das Kreuz. ‹Das Kreuz›, das war ein paar Jahrhunderte später die Revolution; und ‹ruhige Bildung› war Goethen teuer.»

Die gelehrten Kenner der deutschen Historie aber, an denen in Japan kein Mangel war, mögen diese fragwürdige Spekulation ein wenig verwirrt zur Kenntnis genommen haben. Und was fing der Übersetzer mit dem Begriff «Lebenskindlichkeit» an? Im Zeichen des Goethe-Jahres mehrte sich die ohnedies fast unendliche Kette der «Lebens»-Verbindungen noch einmal beträchtlich, auch mit Goethes eigener Hilfe, der im Epilog zu Schillers «Glocke» vom «Lebenswürd'gen» gesprochen hatte. Die eigentümliche Wortbildung sei, sagte Thomas Mann in dem großen Essay «Goethe als Repräsentant des bürgerlichen Zeitalters», «erfüllt von einem trotzigen Lebenspositivismus, von einer überpessimistischen Lebensbejahung, die in meinen Augen eine höchste und allgemeinste Form der Bürgerlichkeit ausmacht: *Lebensbürgerlichkeit*, das ist das breitbeinige Fußen im Leben, der Lebensaristokratismus des von der Natur Bevorteilten und Bevorzugten, der, dem Brutalen nicht ganz fern, geringschätzig auf ‹sehnsuchtsvolle Hungerleider nach dem Unerreichlichen› blickt.»

Streifte, als er diese Sätze niederschrieb, auch die Erinnerung an die frühe Erzählung «Die Hungernden» seinen Sinn? Wie anders? In den Goethe-Aufsätzen entwarf er, ohne es ganz zu wissen, ein grandioses Selbstporträt. Immer wieder brachte er das Element der «mythischen Identifikations-Hochstapelei» ins Spiel, von der er Bertram geschrieben hatte, willentlich und vorsätzlich, manchmal sozusagen auch hinter dem eigenem Rücken. Kein Zweifel, aus dieser besonderen Nähe gewann die Arbeit ihre schöne, aber auch gefährliche Intimität. Hinrich Siefken bemerkte in seiner Studie über Thomas Mann und Goethe mit verhaltenem Spott, der Verfasser der «Buddenbrooks» und des «Zauberbergs» sei hier ja keineswegs (nur) der «mythische Nachfolger, der sich in Goethe wiederfindet»: vielmehr handle es sich «auch um eine Stilisierung Goethes auf den Vorläufer Thomas Manns». Er setzte hinzu, solch eine «mann-krullsche Hochstapelei» sei «ein prekäres, ironisches und doch ernstes Spiel mit Goethe».

Thomas Mann ließ keinen Zweifel, daß er sich als Goethes eigentlichen Erben betrachtete (auch wenn Gerhart Hauptmann das mächtigere, das prächtigere Haupt vorweisen konnte, das sich mit Hilfe eines versierten Friseurs ohne Schwierigkeiten nach dem Vorbild des Dichter-Fürsten stilisieren ließ). Er berief sich, mit größerem Recht als jeder andere, auf die geistige, die emotionale, die gesellschaftliche Legitimität, die sich ihm mitgeteilt hatte – so stand es schon in dem Essay «Pariser Rechenschaft» –, als er «vor Jahren zum erstenmal durch Goethe's Elternhaus am Hirschgraben zu Frankfurt ging». Die Treppen und Zimmer seien ihm, sagte er in der Hauptrede, «nach Stil, Stimmung, Atmosphäre urbekannt» gewesen: «Es war die ‹Herkunft›, wie sie im Buche, im Buch meines Lebens steht, und zugleich der Anfang des Ungeheueren. Ich war ‹zu Hause› und dennoch ein scheuer und später Gast in der Ursprungssphäre des Genius. Heimat und Größe berührten sich. Das Patrizisch-Bürgerliche (...) als Wiege des Heros; das Würdig-Wohlanständige (...): ich sah es an, ich atmete es ein, und der Widerstreit von Vertrautheit und Ehrfurcht in meiner Brust löste sich in das Gefühl, worin Demut und Selbstbejahung eines sind: in lächelnde Liebe.» Von Goethe könne er nicht anders sprechen «als mit Liebe, das heißt: aus einer Intimität, deren Anstößigkeit durch den lebendigsten Sinn fürs Inkommensurable gemildert wird». Von seinen «Gipfeln zu künden», sagte er mit einem Gran mildhochmütiger Ironie, überlasse er «bescheidentlich historisch-kommentatorischen Geistern und Bildungsnaturen, die sich dem Höchsten rein erkenntnismäßig gewachsen fühlen». Er fügte hinzu: «Nur aus der eignen Substanz und dem eignen Sein, aus einer gewissen familiären Erfahrung (...) weiß meinesgleichen von Goethe zu reden – und warum ein Wiedererkennen, ein Recht auf Zutraulichkeit verleugnen, das weit ins Überpersönliche, ins Nationale reicht!»

Die Kennworte, mit denen sich die Verwandtschaft anzeigte, paradierten in stolzer Gelassenheit einher. Zum einen «im Physischen immer viel Zartes, Irritables, zu Krise und Krankheit Geneigtes, im Psychischen viel den Durchschnitt Befremdendes, unheimlich Berührendes, dem Psychopathischen Nahes». Dazu die «zarte Organisation», von der Goethe selbst sprach, aus der sich später – in Thomas Manns Worten – die «spezifische Reizbarkeit und Vereinsamungsneigung» ergeben haben mag. Zum anderen das «Repräsentative», das «Würdig-Bürgerliche als Heimat des Allmenschlichen, Weltgröße als Kind der Bürgerlichkeit», die auch den Alltag des Großen bestimmte: die «Sorgfalt der Kleidung», der «Sinn für das Elegante», die «von seinen Freunden bezeugte Nettigkeit und Reinlichkeit». Thomas Mann wies, gewiß mit Genugtuung, auf Goethes Tüchtigkeit im täglichen Leben: als «Geschäftsmann und Wirtschaftshaupt seines Hauses» sei er «wachsam, mißtrauisch und zäh» gewesen. Er habe es nicht «für Raub an seinem Dichtertum» gehalten, «auf seinen Vorteil bedacht zu sein und aus seinen Werken das Möglichste herauszuschlagen».

Der Nachfahr zitierte gern den Zeitgenossen, der von Goethe sagte, er habe sich «keineswegs durch exzentrisches Wesen» ausgezeichnet, «das sich bei Männern von Genius so häufig findet». Sein Wesen sei «höflich und einfach» gewesen. Thomas Mann bescheinigte ihm in der Studie für die japanische Jugend – gewiß mit einem spöttischen Seitenblick auf Stefan George –, es habe ihm «jede Spur des Priesterlichen, Feierlichen und Gespreizten, aller sakrale Anspruch» gefehlt – eine Beobachtung, der er selbst in dem zweiten Vortrag jenes Jahres über «Goethe's Laufbahn als Schriftsteller» auf nuancierte Weise widersprach: «Priesterliche Züge» stellte er dort fest, «finden sich bei ihm, die das menschliche Amt ihm aufgeprägt und die oft in Widerstreit stehen mögen zu jener Libertinage, die der Sinnlichkeit zugehört».

Immer wieder lud er, liebevoll, spöttisch und eitel, zu kleinen Erkennungsspielen ein: er sprach von dem «Zug bürgerlicher Ordnungsliebe», der im Alter zu «ausgesprochener Pedanterie» ausartete, von der Abneigung, «aus dem Stegreif» und «obenhin» zu handeln, der «Bedächtigkeit und Langsamkeit», der «ruhigen Ausdauer».

Freilich scheute er sich, einen Blick auf Goethes Gefährtin Christiane zu werfen, dieses Geschöpf von heiterer Sinnlichkeit und gescheiter Schlichtheit, das den Dichter mit unbeirrbarer Herzlichkeit geliebt hat, dem hochmütigen Urteil der Weimarer Gesellschaft trotzend, dem sich Thomas Mann in einer späteren Äußerung ohne Vorbehalt anschloß. In seiner «Phantasie über Goethe» aus dem Jahr 1948 sprach er von dem «kleinen Blumenmädchen, sehr hübsch und gründlich ungebildet» – was beides nicht zutraf –, «un bel pezzo di carne». Er nannte die Liebe des Dichters zu der jungen Frau «ein Verhältnis von herausfordernder Libertinage».

In Wahrheit eignete sich Christiane nicht im geringsten zur Dämonisierung der Sinnlichkeit, die Thomas Mann bis ans Ende seiner Tage betrieb. Das dauerhafte Vergnügen, das Goethe an dieser Frau empfand, widersprach auch der Beobachtung des «Mißmuts» und der «stockenden Unfreude», die ihn heimgesucht habe, «sobald die Unschuld der Jugendzeit vorüber» war, der «eigentümlichen Kälte, Bosheit, Medisance», die ihn bestimmten, sich die Welt dann und wann vom Leibe zu halten. Nichts davon galt in der Gemeinschaft mit jener einfachen Frau, die Goethe nicht nur im Bett, sondern im gesamten Reich der Täglichkeit eine unvergleichliche Partnerin

war, deren Liebe er mit Liebe erwiderte und für deren Wärme er mit
Wärme dankte.

Jene Bindung widerlegte außerdem die chronische Klage über
Goethes Kälte, in die Thomas Mann, aus leicht ersichtlichen Gründen, gern einstimmte, um sie zugleich zu entschuldigen. In ihr hob
sich auch der viel beschworene «Egoismus» auf: «der Vorwurf,
dem sich auszusetzen eine Natur wie Goethe immer Gefahr lief und
von dem er nur zu gut wußte, daß er immer wieder gegen ihn erhoben wurde». Nein, hier war nicht nur von Goethe die Rede. Das
Bild, das Thomas Mann mit den Strahlen seines Projektors an die
Wand zeichnete, trug eine spitze Nase und hatte kleine dunkle
Augen, die eng unter einer strengen Stirn standen.

Es ist wohl wahr: der geistige Ahnherr und der Nachfahr teilten den «Zug von Sorglichkeit» und der «Vorsorge». In die Bürgerlichkeit fügten sich «der Zeitkultus, die Zeitheiligung, Zeitöko-
nomie (...), die jede Minute ausschöpft», damit auch der Fleiß,
der «Zug von Nüchternheit und Vernünftigkeit», der «hohen
Schwarmgeistern und Seraphikern der Poesie» wie Novalis ein Ärgernis war, die «ökonomische Natur», an der sich die frühen Romantiker aufhielten: das Wesen des *praktischen* Dichters», von
dem Novalis, einst Thomas Manns nachtkranker Halbgott, so vorwurfsvoll gesprochen hatte. Goethe, räumte er ein, habe auf die Kritik von Friedrich Schlegel und von Novalis mit Verletzlichkeit reagiert. Thomas Mann verwies mit lächelndem Einverständnis auf
Goethes Urteil über den Literaturbetrieb: «Das ganze Schriftstel-
ler- und Rezensentenwesen ist doch immer nur dem fabelhaften
Geisterstreite gleich, wo die gebeinlosen Heroen sich zur Lust in
der Mitte voneinander hauen und alle, sogleich wieder hergestellt,
sich mit Vater Odin wieder zu Tische setzen.»

Er erinnerte an das schöne Wort des Urfreundes Merck, der früh
zu der Einsicht gelangt war, Goethes «unablenkbare Richtung» sei
es, «dem Wirklichen eine poetische Gestalt zu geben». Auch darin
durfte sich der entschlossene Erbe bestätigt sehen. Goethes
«Grauen vor der Revolution» zeugte ihm für die Grundverwandt-
schaft: er interpretierte es – wieder ganz im Sinne der «Betrachtungen» – als ein «Grauen vor der Politisierung, das heißt der Demokratisierung Europas». Er nannte es an anderer Stelle das Grund-

Protestantische in Goethe, von dem er sagte, er sei ein Bruder Luthers und des Erasmus zugleich gewesen. Friedrich Schiller zum anderen: das war «die abstrakte, politisch-humanitäre Leidenschaft» – «im Gegensatz zu dem sinnlichen Realismus individueller Sympathie», den Goethe repräsentierte, damit dem deutschen Bürgertum seinen «antipolitischen Charakter» aufprägend.

Siebzehn Jahre später, als er in Oxford über «Goethe und die Demokratie» sprach, setzte er die Akzente anders. Nun bezeichnete er Goethes «Lebensverbundenheit» entschlossen als «demokratisch im Gegensatz zum poetischen Aristokratismus des Todes», obschon er auch nicht verbarg, daß man den «Begriff des Demokratischen sehr weit fassen» mußte, «um Goethe darin einzubeziehen». So 1949. Im Jahre 1932 versuchte er, auch den kämpferisch-leidenden Patrioten der Epoche des Ersten Weltkrieges in Goethes verklärendes Licht zu rücken: «Der Haß, den er zu tragen hatte (...) hing zusammen mit Goethe's eigensinnig und kalt ablehnender Haltung gegen die beiden Haupttendenzen des Jahrhunderts, die nationale und die demokratische», auch mit seinem «Egoismus», seinem «Mangel an Volksgefühl». Er fragte: «Wird aber nicht Goethe's Auffassung der Deutschen als eines unpolitischen, dem rein Menschlichen zugewandten Volkes, von allen empfangend und alle lehrend, eines Übervolkes und Weltvolkes, allezeit, auch in Zeiten mächtiger und gewaltsamer Überkompensationen und nationaler Selbstkorrekturen, ihre tiefe Berechtigung behalten?» Wollte er so für die «Betrachtungen», von denen er offensichtlich nicht lassen konnte (auch wenn keiner der Gegner auf sie pochte), den späteren Segen von Weimar einholen?

In Wirklichkeit war Goethes Haltung zur Französischen Revolution differenzierter, als sie sich Thomas Mann dargestellt hat, und es gab sehr wohl – jenseits des Streits der Parteien – eine politische Dimension seines Daseins, die nicht eindeutig konservativ genannt werden kann. Sie äußerte sich eher im praktischen Handeln als in der Lust an der Debatte, und sie war von einer Welthaftigkeit, die man in Deutschland nicht allzu oft antraf. Thomas Mann selbst nannte die Stichworte: die öffentlichen Arbeiten, über die er als Minister Aufsicht führte, sein Engagement für die Jenaer Universität, seinen Enthusiasmus für die Projekte des Panama- und des

Suezkanals, der Verbindung von Donau und Rhein – Unternehmen, die von jenem «technisch-rationalen Utopismus» zeugten, in dem «das Bürgerliche in Weltgemeinschaftlichkeit» übergeht. Es vertrug sich ohne Schwierigkeit mit der Grundvernunft, mit der Goethe den Problemen seiner Zeit begegnete, ohne ideologischen Krampf.

Natürlich wies Thomas Mann, so gebot es die Klugheit, mehr als einmal darauf hin, daß sich aus den Äußerungen Goethes so gut wie alles beweisen lasse. Es war nicht sein Ziel, Widersprüche aufzulösen, die er in sich selbst wahrnahm. Er konnte nicht darauf verzichten, sich in Goethes spannungsvoller Vereinigung des «Deutschen» mit dem «Mediterran-Klassischen» zu spiegeln: seine eigene, so oft beschworene Herkunft aus der Mischung nordischer und latinischer Elemente – prägte sie nicht auch ihn mit den Kontrasten des «Volkhaften» und des «Europäischen», des «Geniehaften» und des «Vernunftvollen», des «Geheimnisses» und der «Klarheit», des «Tiefenlautes» und des «geschliffenen Wortes», der «Lyrik» und des «Psychologentums»? «Er ist der Größte», rief er, sich für einen Augenblick aus allzu vertrauter Nachbarlichkeit befreiend, «weil er Dämonie und Urbanität auf das Glückhafteste, auf eine vielleicht sonst nie gesehene Weise in sich vereinigt, und es ist ebendiese Synthese von Dämonie und Urbanität, die ihn zum Liebling der Menschheit gemacht hat.»

Seine «imitatorische Jüngerschaft» – eine Formulierung aus dem Jahre 1949 – diktierte ihm freilich auch den Satz, in dem sich die eigenen Heimsuchungen sammelten: «Daß er trotz allen Anfeindungen, denen er ausgesetzt blieb und von deren Schnödigkeit man sich heute schwer eine Vorstellung macht, zur ganzen Nation redete, ein Nationalschriftsteller war, dies bildete in späteren Jahren natürlich die Grundlage seines Selbstbewußtseins, eines Selbstbewußtseins, das keiner Menschenseele natürlich ist, sondern in das sich ein Dichter, wie in ein Schicksal, mit der Zeit zu finden hat.» Er fügte – ohne von sich selbst in entschiedener Weise abzusehen – das Bekenntnis des siebzigjährigen Goethe hinzu, daß er «die Größe mit Mühe habe erlernen müssen». Im zweiten Aufsatz sprach er, melancholischer und härter, von jener «Größe, die die Erde ebensosehr bedrückt, wie sie sie beglückt», auch wenn Goethe sie in der «mildesten, friedlichsten Gestalt» verkörpert habe, die sie annehmen könne: «in der des großen Dichters».

Der pädagogische Elan beider Reden ergab sich aus der «gewaltigen Gabe der Bewunderung», die er durch Goethe auch sich selbst zuschreiben konnte. Sie erlaubte es ihm, auf das herbste Wort der Kritik zu pochen, das Goethe jemals dem Sentiment der Romantik, ihrem Tiefenschwindel und damit einer besonderen Anfälligkeit der deutschen Seele entgegengesetzt hatte, als er sagte, «man müßte den Deutschen verbieten, in dreißig Jahren das Wort Gemüt auszusprechen».

Manch einer, der mit Andachtsmiene unter den Zuhörern saß, ahnte wohl, daß er hier mit einer Kampfansage konfrontiert war, die sich auf die höchste Autorität deutscher Tradition berief. In der zweiten Rede – flüchtiger komponiert und darum «nicht so gut» (wie er Bertram gestand), durch Versatzstücke aus der ersten nicht immer organisch gestreckt – gewann seine Warnung nicht jene Intensität, die sich aus der Intimität und Geschlossenheit der Rede über den Bürger Goethe ergab. Er hatte es sich beim zweiten Anlauf – was nur zu verständlich ist – ein wenig leichter gemacht. In der Ouvertüre präsentierte er die allzu gemüthafte Legende, der sterbende Goethe habe, der Sprache nicht mehr mächtig, mit der Hand Zeichen in die Luft gemalt: «er schrieb wirklich, zeilenweise untereinander, und sein Arm ging nieder, gewiß nicht nur, weil oben kein Platz mehr für diese Geisterschrift gewesen wäre, sondern aus Schwäche. Er lag auf dem Deckbett schließlich, und dort schrieb er weiter.»

Die feierliche Anekdote war tausendmal erzählt worden, nicht ganz so oft wie die andere vom angeblich letzten Wort, das «Mehr Licht!» verlangte, doch oft genug. In der schönen Rührung schien niemand bedenken zu wollen, daß Goethe in den Jahrzehnten vor dem Tod des Schreibens fast ganz entwöhnt war, da er sich in der Regel nur noch diktierend äußerte. Auch schien der Redner, vorgeblich so todeskundig und einst so todessüchtig, niemals wahrgenommen zu haben, daß zwanghaft-tastende und fahrig-malende Bewegungen der Hände Kennzeichen des Sterbens sind.

48. KAPITEL

Kinder der Zeit

Tochter Erika war beauftragt worden, die beiden Essays des Goethe-Jahres für den öffentlichen Vortrag zu kürzen. Zum erstenmal übte sie das Amt aus, das später die große Aufgabe ihres Daseins wurde: die erste und wichtigste Redakteurin des Vaters zu sein. Sie begann in jener Zeit, sich von den flirrenden Erregungen und den kleinen, manchmal allzu üppigen Sensationen zu lösen, die so lange ihr – und des Bruders – Dasein beherrscht hatten. Ihre Persönlichkeit formte sich klarer und härter aus. Ein Anlaß der Veränderung mag ein bitteres Ereignis gewesen sein: der Selbstmord des Freundes Ricki Hallgarten. Ihr und dem Bruder trat der Tod plötzlich mit einer bedrohlichen Unmittelbarkeit nahe. Beide waren mit dem vielseitig begabten und unruhigen jungen Menschen, Sohn einer Nachbarsfamilie aus dem Herzogpark, seit den Tagen der Kindheit aufs engste verbunden gewesen. Er hatte zuletzt Erikas Kinderbuch «Stoffel fliegt übers Meer» in einem Stil von heiterer Naivität illustriert, der keine Spur seines chaotischen Charakters anzeigte. Ohne erkennbare Zeichen einer akuten Depression plante er mit den beiden eine Reise nach Persien. Dann nahm er sich – einen Tag vor dem Aufbruch – in Utting am Ammersee das Leben.

Die Reise in den Vorderen Orient wurde gestrichen. Erika und Klaus, beide in einem Zustand des Schocks, aus dem sie sich lange nicht lösten, zogen es vor, mit einigen Freunden nach Venedig zu reisen. Der Vater schickte ihnen einen langen Brief in jene «zweideutige» Stadt (so der Soziologe Georg Simmel), die auf ihn durch ihre «schwebende Beziehungsmelancholie» noch immer eine tiefe

Anziehung ausübte. Er sprach, auf den Tod des Freundes deutend, von Rickis «großer Ungezogenheit»: ein Verdikt, das er unweigerlich über Menschen fällte, die freiwillig aus dem Leben gingen, ob die eigenen Schwestern oder die Gefährten der Kinder. Hallgartens chronisches Spiel mit der Lockung des Sterbens – «Todespuschel» nannte Thomas Mann die Versuchung – schien ihm nicht entgangen zu sein. Streifte ihn gelegentlich der Gedanke, daß Klaus mit der gleichen Gefährdung lebte? In seinem Erinnerungsbuch bemerkte der Sohn: «Ricki, der von sich selber sagte, daß er nicht nur ‹bisexuell›, sondern ‹hysterisch-panerotisch› sei», habe vom Selbstmord manchmal «wie von einer etwas anrüchigen Lustbarkeit» gesprochen, «die er sich irgendwann einmal doch wohl gönnen werde». Der Tod als letzte Droge.

War die schulmeisterhafte Bemerkung des Vaters ein Appell an die Disziplin des Sohnes? Erika widersprach ihm in ihrer Antwort aus Venedig mit behutsamer Entschiedenheit. Sie warf sich vor, bei Ricki habe ihr «Scharfblick» für einen Augenblick versagt, und ihre Kraft, die sie nur selten «voll zur Verfügung stellen» möge, habe einfach nicht hingereicht – «und das ist traurig». Klaus stellte im «Wendepunkt» fest: «Ich habe mehr Freunde durch Selbstmord verloren (womit hier auch die indirekten Formen der Selbstzerstörung gemeint sein mögen) als durch Krankheit, Verbrechen oder Unglücksfälle. In meinem engsten Kreise kam es mehrere Male zu Selbstmord-Epidemien.» Vielleicht wollten sie allesamt vom Dasein zu viel? Vielleicht lebten sie, einer wie der andere, über das Maß ihrer Energien und Talente, ob sie schrieben, malten, musizierten, sich amüsierten oder liebten?

Klaus Mann warf Buch um Buch, Drama um Drama auf den Markt: er war fleißig, daran konnte niemand zweifeln, doch fast immer arbeitete er in einem Zustand nervöser Unruhe, die ihn von Ort zu Ort trieb. Seine Briefe und Tagebuchaufzeichnungen waren in stetem Wechsel aus München und Berlin, immer wieder aus Paris, von der Côte d'Azur, aus Italien datiert. Die Wanderschaft kostete Geld, für das seine eigenen Einkünfte niemals ausreichten. Er schrieb 1929 einen «Alexander»-Roman, gab 1931 gesammelte Aufsätze heraus, schrieb mit Erika – für die Serie «Was nicht im Baedeker steht» – ein kleines Buch über die «Riviera», dem man

nicht viel mehr als Belanglosigkeit nachsagen kann. Er verfaßte sein
erstes Erinnerungsbuch «Kind unserer Zeit», und nach dem Skandal, den seine deutsche Bühnen-Adaption von Jean Cocteaus Roman «Les enfants terribles» bewirkt hatte, das Drama «Athen»
(über Alkibiades und Sokrates), das er für sein bestes hielt. An die
Freundin Eva Herrmann in New York schrieb er aus dem Hotel
«Jacob» in Paris, in dem er fast immer abstieg, er werde ein Stück
unter einem Pseudonym herausbringen – «und meinen Namen
werdet ihr nie erfahren». Zur Aufführung ist das Werk niemals gelangt.

Der Versuch, sich dem chronischen Lärm um seine Person, zugleich aber der Last und der Vorteile seines Namens zu entziehen,
schien nicht zu glücken. Zu Erich Ebermayer bemerkte er im frühen
Sommer 1932, es sei eine «reine Frage der Nervenstärke – dem wi-
derlichen Ansturm der Gehässigkeiten standzuhalten», und er fügte
hinzu: «Es ist sehr anstrengend, so viel gehaßt zu werden – auch
wenn man die äußeren Gründe dafür kennt.» Golo Mann sagte in
seinen «Erinnerungen an meinen Bruder Klaus» gerecht und nicht
lieblos, Klaus habe einen «herzbelustigenden Humor» besessen,
«aber wenig Ironie, mithin auch wenig Neigung zur Selbstkritik. Er
beobachtete Welt und Menschen schärfer als sich selber (...). So
entging ihm ein Widerspruch in seinem Verhältnis zum Vater: daß
er sich in seinem Schatten fühlte und darunter litt; daß er aber
gleichzeitig von dem stärkeren Licht so viel auf sich lenkte, wie er
haben konnte; Geld, Hilfe jeder Art und die Vorzüge, die dem Namen nun einmal inhärierten (...) Sein frühes Début und die Sensation, die es hervorrief, war zu einem Teil seinem Talent, zu einem
anderen aber offenbar dem Namen zu danken.»

In gewisser Weise war der Vater seinen beiden Ältesten in jenen
Jahren nähergekommen: seine Neigung zu Klaus Heuser – der sich
mehr zu seinem Namensvetter und zu Erika als zu Thomas hingezogen fühlte – hatte er vor ihnen nicht verborgen. Erika schwärmte
er von einem Kinderbild des kleinen Düsseldorfers vor, das er ihr
vorführen wollte. Dem Sohn Klaus gegenüber blieb er befangen.
Photographien des Sohnes aus jenen Tagen zeigen ein sensibles,
frühreifes und dennoch merkwürdig unfertiges Gesicht: allzu
selbstbewußt in jenem Sinn, in dem die Engländer den Begriff ver-

stehen. Wer sich fortgesetzt an die Rampe und in die Aufmerksamkeit der Öffentlichkeit drängt, kann nicht nur Beifall erwarten. Der
rasche Applaus und die rasche Verdammnis gehören zum Wesen
des Starkults, an dem Klaus Mann mit gieriger Berauschtheit teilnahm. Der Neid tat das Seine. Überdies mengte sich in die Kritik
der politische Haß: Klaus – und mehr noch die klügere Schwester
Erika – gaben sich radikal, und sie waren auf eine undeutliche Weise
«links».

Der Aufmarsch der nationalistischen und nazistischen Kohorten
scheuchte diese noch immer blutjungen Menschen aus ihrer politischen Interesselosigkeit auf – zu spät, wie Klaus im «Wendepunkt»
bekannte. Auch er sei einst ins «Irrationale» verliebt gewesen, gestand er in dem Erinnerungsbuch, doch die «aggressiv brutalen Manifestationen» und die «zerstörerische Massenhysterie» der Nazis
stießen ihn ab. Den Anführer der Nationalsozialisten hatte er lange
genug unterschätzt: Adolf Hitler, sagte er sich ein ums andere Mal,
werde nicht siegen... Später meinte er, seine vielen Reisen hätten
ihn womöglich von den deutschen Dingen entfernt: vielleicht sei es
ihm durch den «völligen Mangel an Kontakt mit der Nazi-Mentali-
tät» schwer geworden, «eben diese Mentalität wirkungsvoll zu bekämpfen». Er fügte dieser nicht ganz zuverlässigen Einsicht eine
hellsichtige Beobachtung an: «Unser Haß», schrieb Klaus Mann,
«wird wohl nur dort aktiv und militant, wo wir eine gewisse Affini-
tät zum Gegner spüren. Man bekämpft nicht (...), was man durchaus verachtet.» Sieben Jahre später schrieb der Vater im «Neuen
Tage-Buch» den erschreckenden und erschütternden Aufsatz, dem
er den Titel «Bruder Hitler» gab.

Die Schwester Erika war, trotz des aufgesetzt albernen und infan-
tilen Tones in so vielen ihrer Briefe, der nüchternere Geist. Die
Publizität ihrer Verbindung mit Gustaf Gründgens, die hekti-
schen Reisen und sportiven Aventuren wie ihre Teilnahme an
einem Zehntausend-Kilometer-Rennen des Automobilclubs von
Deutschland (das sie als Siegerin bestand): all diese werbesüchtigen
Unternehmen hatten sie nicht davon abgehalten, beharrlich an ihrer
Karriere als Schauspielerin weiterzuarbeiten. Bei den Münchner
Festspielen von 1930 und 1931 war sie mit Albert Bassermann,
einem der großen Akteure der Epoche, in Schillers «Don Carlos»

aufgetreten. Sie spielte Schnitzler und Strindberg, sie übernahm –
zur Komik begabt – ohne Zögern auch Rollen in Routinekomödien
wie dem unverwüstlichen «Raub der Sabinerinnen». Aus Venedig
hatte sie dem Vater geschrieben, daß sie den «Oberon» und die
«Thekla» aus dem «Wallenstein» probiere, doch die Regisseure und
Intendanten wagten es immer seltener, ihr lohnende Aufgaben auf
der Bühne zuzuweisen: ihr Auftreten, fürchteten sie, werde unweigerlich den Protest der nationalistischen Rabauken provozieren. So
versuchte sie, sich auf den Film zu konzentrieren. Sie wirkte am
Drehbuch des Internatsdramas «Mädchen in Uniform» mit, in dem
Dorothea Wieck Weltruhm erlangte. Auch Erika übernahm einen
kleinen Part, der ihrem schönen Gesicht, das sich in jenen Jahren
jünglingshaft zu verfestigen schien, auf natürliche Weise anstand.

Im Januar 1932 trat sie auf einer Münchner Versammlung der
«Internationalen Frauenliga für Frieden und Freiheit» auf, von der
Nazipresse als «plattfüßige Friedenshyäne», vom «Völkischen Beobachter» mit einem Anflug von vulgärem Witz als «blasierter Lebejüngling» geschmäht. Fortan war sie das erklärte Ziel der rüde-
sten Angriffe von rechts, denen sie mit erstaunlichem Gleichmut
begegnete. Ein vertraglich verabredeter Auftritt bei den Weißen-
burger Festspielen wurde nach der Ankündigung gewaltsamer Störungen durch die Nazis abgesagt. Erika entschloß sich, mit dem
politischen Engagement Ernst zu machen. Mit Bruder Klaus und
der Schauspielerin Therese Giehse, die durch ihre Verbindung mit
Bert Brecht ersten Ruhm gewonnen hatte, bereitete sie die Gründung eines Kabaretts vor: ein tapferer Versuch, der Vernunft auf die
Beine zu helfen.

Deutschland und die Deutschen schienen im Fortgang des Jahres
1932 aller Berechenbarkeit zu entgleiten. Die Zahl der Arbeitslosen
hatte die schreckliche Grenze von sechs Millionen überschritten.
Die Schraube des Produktionsverfalls und des Einkommens-
schwundes drehte sich weiter und weiter nach unten. Schon im
April, wenige Wochen nach der Wahl des Reichspräsidenten, hatte
die NSDAP bei den Landtagswahlen wieder beträchtliche Stimmengewinne erzielt – auch in Preußen, wo sich die sozialdemokratische Regierung des Ministerpräsidenten Otto Braun nicht länger
auf eine Mehrheit stützen konnte. Reichskanzler Brüning rief im

Mai den Deutschen zu, sie seien «hundert Meter vor dem Ziel». Aber noch nicht zwanzig Tage später wurde er zum Rücktritt gezwungen, Opfer einer schäbigen Intrige, in der General Schleicher, *éminence grise* der Reichswehr, die ostelbischen Großagrarier und Oskar von Hindenburg, der – von der Verfassung nicht vorgesehene – Sohn des Reichspräsidenten, auf fatale Weise zusammenspielten.

Zwei Wochen nach Brünings Abgang wurde in Lausanne die Konferenz über das Reparationsproblem unter dem Vorsitz des britischen Ministerpräsidenten eröffnet. Die beteiligten Staaten stellten fest, daß die Deutschen mehr als dreiundfünfzig Milliarden Goldmark aufgebracht hatten, und sie beschlossen, es bei einer Abschlußzahlung von drei Milliarden zu belassen. Die Republik von Weimar war damit von der drückenden Last befreit, unter der sie zu ersticken drohte. Doch es war zu spät für die Rettung der Demokratie. Der katholische Junker Franz von Papen hatte, von Schleicher vorgeschoben, unterdessen die Kanzlerschaft übernommen. Das Verbot der nazistischen Sturmabteilungen wurde widerrufen. Am 20. Juli 1932 jagte Papen, den man den «Herrenreiter» nannte, die sozialdemokratische Regierung von Preußen aus dem Amt. Elf Tage später Reichstagswahlen: die Nazis eroberten an die achtunddreißig Prozent der Stimmen. Hermann Göring fiel die Präsidentschaft des Reichstages zu. Hitler indes lehnte die Vizekanzlerschaft, die ihm Hindenburg antrug, kaltschnäuzig ab.

Schon am 12. September mußte der Reichstag ein weiteres Mal aufgelöst werden. Die Neuwahlen kosteten die Hitlerpartei sechs Prozent der Stimmen und vierunddreißig Mandate. Sie war überdies durch den Bruch mit ihrem sozialistischen Flügel unter Gregor Strasser geschwächt. General von Schleicher, der im Dezember selbst das Kanzleramt übernahm, versuchte seine Autorität auf eine Koalition der Reichswehr mit den Gewerkschaften und eine Verständigung mit den nationalsozialistischen Dissidenten Strassers zu gründen. Auch dieses Experiment kam zu spät. Der Streik der Berliner Verkehrsbetriebe, bei dem die Nazis Seite an Seite mit den Kommunisten marschierten, hatte den Zerfall der Mitte dramatisch genug demonstriert. Die Mächte der Zerstörung triumphierten. Hitler wartete ab, ungeduldig, nervös, am Rande der Resignation, dennoch im Innersten merkwürdig sicher, daß ihm die Macht in den Schoß fallen würde.

Im August jenes Jahres, während er im Idyll von Nidden den dritten Band des «Joseph» zu skizzieren begann, hatte Thomas Mann in einem Aufsatz für das «Berliner Tageblatt» mit harter Entschiedenheit die barbarischen Ausschreitungen der Nazi-Kohorten verurteilt. Er fragte, ob ihre «blutigen Schandtaten (...) den Bewunderern der seelenvollen ‹Bewegung›, die sich Nationalsozialismus nennt, sogar den Pastoren, Professoren, Studienräten und Literaten, die ihr schwatzend nachlaufen, endlich die Augen öffnen über die wahre Natur dieser Volkskrankheit, dieses Mischmasches aus Hysterie und vermuffter Romantik, dessen Megaphon-Deutschtum die Karikatur und Verpöbelung alles Deutschen ist». Er hatte den Artikel abschwächen müssen, ehe er erscheinen konnte – sonst wäre das Blatt verboten worden, ließ er einen Briefpartner wissen. Dennoch bekam er einen «Hauch des Hasses» zu spüren: ein empörter Leser schickte ihm – samt Schmähbrief – ein verkohltes Exemplar der «Buddenbrooks» ins Haus. Der Berliner «Angriff», ein Revolverblatt (im wahren Sinn des Wortes), das der Gauleiter Joseph Goebbels herausgab, verstieg sich zu der Forderung, Thomas Mann sollte es verboten werden, sich deutscher Schriftsteller zu nennen. Jene Attacke zitierend, hielt es der Dichter für angebracht, den Reichspropagandaleiter als Herrn «Goebbeles» vorzuführen, mit anderen Worten: ihm eine jüdische Herkunft anzuhängen, wie es auch mit Robert Ley (alias «Levy»), dem Führer der «Reichsarbeitsfront», ja mit Hitler selbst geschah, dem man einen jüdischen Vater nachsagte.

In der Sozialdemokratie sah Thomas Mann, daran ließ er keinen Zweifel, die entscheidende, die letzte politische Potenz, die vielleicht in der Lage sein würde, die Republik zu retten. Er erklärte sich zu einem Experiment bereit, von dem er sich in jüngeren Tagen nicht hätte träumen lassen: er nahm die Einladung an, vor einem sozialistischen Arbeiterpublikum zu sprechen – in Wien.

Es ist nicht sicher, ob ihm die Zuhörer stets zu folgen vermochten: doch sie fühlten sich durch seine Anwesenheit geehrt, und sie lauschten mit einer Aufmerksamkeit, die niemals nachließ. Als er das Stichwort «Vaterland» nannte, traf er auch bei dem österreichischen Publikum einen Nerv: es sei «wahrhaftig eine große Sache», rief er, auch der sozialistische Arbeiter wisse das – so gut wie der Schriftsteller oder Künstler. Seine Arbeit, sagte er, sei in den Überlieferungen deutscher Kultur gegründet. Das «nationale Gepräge gerade bedeutender Kunstwerke» sei «niemals durch fremde Einflüsse (...) zu verwischen». Doch zugleich mache sie erst eine «übernationale Gültigkeit» tauglich, «in die Welt hinauszugehen». Er stellte zum anderen fest: die Nation sei «gar kein Urphänomen im Sinne der Natur-Romantik, keine anfängliche Lebenstatsache, sondern das sehr späte Ergebnis einer Vereinigung und Zusammenfassung, vor welcher Stamm und Landschaft (...) in ebenso eigensinniger und mißtrauischer Absonderung gelebt haben, wie heute die Nationen es tun». Er wies auf den Mißbrauch, der «mit dem Wort national getrieben wird, diesem Trumpf- und Schreckwort, von dem für die deutsche Republik soviel Einschüchterung ausgegangen ist».

Mit einiger Mühe fand er einen halbwegs optimistischen Ausklang, ihm selbst nicht völlig glaubwürdig: die «Ideen der sozialen Republik» seien «für den Augenblick in Deutschland zurückgedrängt», die politische Linke sei ausgeschaltet, man habe sich mit der Tatsache abzufinden, daß die «gemäßigte Rechte geschichtlich berufen» sei, «den Augenblick zu meistern». Aufgabe der «zurückgedrängten Linken» könne es jetzt nur sein, dafür zu sorgen, «daß die errungenen Grundrechte des Volkes nicht angetastet werden». Er fügte hinzu: das «Rasen der nationalen Leidenschaften in den europäischen Ländern» sei «nichts weiter als ein spätes und letztes Aufflackern eines schon niedergebrannten Feuers».

Er ahnte nicht, daß aus dem «sterbenden Wiederaufflammen» ein Weltbrand werden könne: noch nicht. Ende November 1932 bemerkte er, man müsse sich die «Welle erbärmlicher Reaktion über den Kopf gehen lassen». Der «deutsche Freiheitssinn» werde sich als «härter und zählebiger» erweisen, als es die «dumm-übermütigen Sieger der Stunde» vermuteten. Durch die Erfahrung in Wien ermutigt – «Mir war es eine Freude, diesen schlichten Seelen (...) zu zeigen, daß sie nicht verlassen sind», schrieb er an Reisiger –, sagte er dem einstigen preußischen Kultusminister Adolf Grimme für den 15. Januar 1933 einen Vortrag beim «Sozialistischen Kulturbund» von Berlin zu. Der Termin mußte einer Grippe wegen, die freilich eine Ausrede war, abgesagt werden (er schlug Bruder Heinrich als Ersatzmann vor). Das vorbereitete Bekenntnis zum Sozialismus, von dem an anderer Stelle die Rede war, erschien Anfang Februar in den «Sozialistischen Blättern», die danach nicht mehr lange gedruckt werden konnten.

Am Jahresende nutzte er die übliche Umfrage über die wichtigsten Bücher, um mit schöner Entschiedenheit für ein einziges Werk zu werben: Robert Musils großes Romanfragment «Der Mann ohne Eigenschaften». Der Verlag, schrieb er, erkläre sich außerstande, die Fortführung des Buches zu finanzieren, «wenn nicht ein größerer ‹Erfolg› sich einstelle», das Unternehmen sei gefährdet, «der Dichter von Entmutigung bedroht». «Das ist traurig, beängstigend und beschämend. Man muß die Öffentlichkeit aufrufen und sie ermahnen, daß sie sich nicht durch Teilnahmslosigkeit schuldig mache an der Verkümmerung einer kühnen Idee», deren «einschneidende Bedeutung für die Entwicklung, Erhöhung, Vergeistigung des deutschen Romans schon außer Zweifel steht».

Er fragte, ob der ausbleibende Erfolg durch das Gerücht zu erklären sei, daß man es beim «Mann ohne Eigenschaften» mit keinem «ordentlichen Roman» zu tun habe, «wie man's gewohnt sei, mit einer rechten Intrige und fortlaufender Handlung». Er fragte weiter, ob man denn «ordentliche» Romane «überhaupt noch lesen» könne. Nein, antwortete er, man könne es nicht. «Dies funkelnde Buch, das zwischen Essay und epischem Lustspiel sich in gewagter und reizender Schwebe hält, ist gottlob kein Roman mehr – ist es darum nicht mehr, weil, wie Goethe sagt, ‹alles Vollkommene in seiner Art über seine Art hinausgehen und etwas anderes Unvergleichbares werden muß›.» Er rief: «Lest es! Es ist wunderbar witzig. (...) Seid nicht träge und furchtsam! Lest diesen großen Roman! Laßt euch erhellen, erheitern, befreien von seinem keuschen Witz, seiner bildnerischen Geistigkeit und euch über das ordinäre Mystagogengeschwätz, über die Schwaden verdorbener Literatur, die Deutschland verpesten, hinaus ins Reine tragen!» Eine schönere Werbung konnten sich Robert Ritter von Musil, der Autor, und sein Verleger nicht wünschen. Ernst Rowohlt teilte ihm freilich mit, daß der Aufruf (der im «Tage-Buch» erschien) keine sehr ausgiebige

Wirkung gehabt habe. So beantragte Thomas Mann beim Sekretär der Akademie, den Autor mit einer Summe zwischen fünfhundert und tausend Mark zu unterstützen. Der höhere Betrag wurde genehmigt.

Was Thomas Mann über das Schweben «zwischen Essay und epischem Lustspiel» bemerkte, galt freilich auch für den «Zauberberg», und es galt für den «Joseph», von dem er – es grenzte ans Wunderbare – im frühen Sommer den zweiten Band abgeschlossen hatte. Samuel Fischer und sein Schwiegersohn drängten ihn, die «Geschichten Jaakobs» und den «Jungen Joseph» unverzüglich auf den Markt zu werfen. Das wollte der Autor auf keinen Fall. Er beharrte darauf, das ganze, geschlossene Werk vorzulegen. Doch die Fortsetzung wollte ihm in den bösen Stürmen jener Monate nicht von der Hand gehen. Wenige Tage vor dem Weihnachtsfest 1932 klagte er René Schickele, dem elsässischen Dichter, zu dem er eine freundliche Verbindung gewonnen hatte, es gehe ihm nicht gut: «Mein Roman ist offenbar zu schwer für mich. Ich habe sehenden Auges schon soviel daran verdorben, daß mir graust. Dabei loben die Leute die veröffentlichten Rosinen. Das ergibt ein lächerlich schlechtes Gewissen.» Unterdessen hatte er mit der Niederschrift seines Vortrags über Richard Wagner begonnen, dessen Todestag sich am 13. Februar 1933 zum fünfzigsten Mal jährte.

49. KAPITEL

Richard Wagners Schatten

Nein, die Gesellschaft war nicht bereit, sich den Geboten der Vernunft und der Moral, die auf den Höhen des Geistes verkündet wurden, gehorsam zu beugen: wer das erwartet hatte, verkannte die Wirklichkeit. Über solche Macht gebot die Literatur nicht. Die Besinnung auf Goethe, den deutschen Weltbürger, hatte dem Verfall der Ordnung nicht Einhalt geboten. Die Mahnungen waren verhallt. Die Botschaft der Humanität, die aus Weimar kam, schien nur eine Minderheit zu berühren. Das Spießertum feierte den «Nationaldichter», wie es seit der Epoche wilhelminischer Großtümelei der Gewohnheit einer protzenden Art von Patriotismus entsprach. Die sechs Millionen Arbeitslosen und ihre Familien hatten ohnedies andere Sorgen.

Kaum einer ahnte, daß es das letzte Jahr der Republik sein sollte, das von den Goethe-Feiern überglänzt wurde. Die Feuilletonredakteure, die Kulturbeamten, die Akademien und die Professoren bereiteten sich, die Hymnen auf den Genius von Weimar waren noch nicht verhallt, auf das Wagner-Jahr 1933 vor. Streifte diesen und jenen hellsichtigen Geist die Vermutung, daß das Wagner-Fest eine angemessene Ouvertüre für die Herrschaft des seltsamen Mannes sein könnte, der den Zauberer von Bayreuth auf seine Weise mit solch besessener Leidenschaft verehrte: den Volkstribun aus Braunau am Inn, der sich als Politiker und Künstler verstand?

Auch Thomas Mann war zu tief in die Auseinandersetzung mit dem Magier verstrickt, um das heraufziehende Debakel klar genug ins Auge zu fassen. Die Dramatik der Nachrichten aus Berlin schien die Konzentration der Arbeit an der «heikel-reizvollen Aufgabe» der großen Rede zum fünfzigsten Todestags Wagners nur dann und wann zu beeinträchtigen. In der Neige des Jahres hatte er an Hermann Hesse geschrieben, er glaube, der «Gipfel des Wahnsinns» sei überschritten; «wenn wir alt werden», fügte er hinzu, «können wir noch ganz heitere Tage sehen». Doch er ließ den Freund wissen, daß er das verkohlte Exemplar der «Buddenbrooks», das ihm samt einem anonymen Haßbrief zugeschickt worden sei – «weil ich etwas gegen Hitler gesagt hatte» –, gut aufbewahren wolle, damit es «einmal von dem Geisteszustand des deutschen Volkes im Jahre 1932» zeuge. Nach einer Reise, fuhr er fort, die ihn nach Amsterdam und Paris führen werde, würde er sich mit dem Gefährten gern wieder für einen gemeinsamen Aufenthalt in St. Moritz verabreden, wie es nun fast schon Gewohnheit geworden war. Hermann Hesse schien andere Pläne zu haben. Er fragte, ob ein Besuch in München möglich sei. Thomas Mann: «Bis 20. Januar sind wir wohl sicher hier, hoffentlich können Sie und Ihre liebe Frau vorher kommen. Sonst wären wir erst gegen den März hin wieder zur Stelle. Es wäre reizend, wenn wir hier einen Abend am Kaminfeuer mit einander haben könnten.»

Am Abend des 1. Januar 1933 eröffnete Erika Mann in der Münchner «Bonbonnière» ihr Kabarett, für das der Vater – so die Familienlegende – beim Abendessen den passenden Namen gefunden hatte, als er sich anschickte, die Suppe oder den Salat zu würzen: «Die Pfeffermühle». Das Lokal, in der unmittelbaren Nachbarschaft des Hofbräuhauses gelegen, hatte eine denkwürdige Geschichte: Frank Wedekind war mit seinen «Scharfrichtern» auf der kleinen Bühne aufgetreten, nach ihm Rudolf Nelson und Friedrich Hollaender, die Meister der sogenannten «Kleinkunst» jener Tage, auch die Stummfilmstars Asta Nielsen und Pola Negri. Nach Auskunft von Helga Kaiser-Hayne hatten Heinrich Mann, Leopold Schwarzschild und Walter Mehring im Jahre 1923 eine Revue unter dem Titel «Bis hierher und nicht weiter» in jenem Lokal inszeniert.

Erika, ein Bündel von Energie, hatte es in der knappen Frist von zweieinhalb Monaten vermocht, ein brillantes Ensemble zu gewinnen. Wichtigste Partnerin: die große Schauspielerin Therese Giehse, Favoritin des Münchner Publikums, die dank ihrer breiten

Natur und ihres explosiven Temperaments als urbajuwarisch galt (obschon sie Jüdin war), angeblich auch von Adolf Hitler bewundert. Die Musik besorgte Magnus Henning, der von Berlins «Kabarett der Komiker» kam. Dazu die hübsche junge Schauspielerin Sybille Schloß, Erikas und Klausens alter Freund Albert Fischel, Peter Eysoldt, die Tänzer Claire Eckstein und Edwin Denby. Erika hatte die Mehrzahl der Texte geschrieben. Sie zeigten an, daß ihr die ironisch-sentimentale Melancholie Erich Kästners näher war als der härtere, aggressivere, abgründigere Witz Kurt Tucholskys. Niemand konnte dem Programm vorwerfen, daß es die Würde der Republik durch eine allzu harte Kritik der herrschenden Zustände gefährde oder die starken Männer der «Bewegung» von rechts mit der Geißel allzu radikalen Spottes herausfordere. «Was willst Du? Butter?! Freche Bohne! / Die Butter macht Dich faul und fett! / Weit wichtiger ist die Kanone / Und die Granate überm Bett.»

Ärger, als es diese Strophe aus dem Chanson «Hofsänger» annoncierte, trieb es die «Pfeffermühle» selten. Erika zog es vor, die Komplizenschaft der Zuschauer durch freche und manchmal elegante Anspielungen zu gewinnen. Auch Bruder Klaus, der ein Chanson beitrug, legte sich Zurückhaltung auf. In seinem Tagebuch notierte er über die Premiere, die im Smoking gefeiert wurde: «Grosse Stimmung, grosses Publikum». Natürlich hatte sich nahezu die gesamte Familie und ein guter Teil der Freunde des Hauses Mann eingefunden. (Die Anwesenheit des Vaters wurde allerdings nicht verzeichnet.) Lebhafter Beifall. Jubel vor allem für Therese Giehse, die auch die Regie übernommen hatte. Man durfte von einem Erfolg sprechen. Wilhelm Hausenstein, zweieinhalb Jahrzehnte später der erste Botschafter der Bundesrepublik Deutschland in Paris, schrieb in den «Münchner Neuesten Nachrichten», das neue Kabarett sei «gewissermaßen mit der besten Münchner Literatur verwandt», denn es habe «den hübschen Namen von keinem Geringeren als Thomas Mann bekommen», und es sei «eine Tochter des Dichters, die dem Kabarett die besondere, feine Haltung» gebe: «Man hat die Dinge eines Kabaretts wohl selten so charmant ansagen hören», schrieb der Rezensent des Blattes, das der Familie sonst nicht so freundlich begegnete, «mit so viel Distinktion, mit so viel Anmut und so überzeugend damenhaftem

Stil.» Erika war klug genug, in diesem Lob die Mahnung zu erkennen, künftig mit heftigerer Entschiedenheit aus der Reserve zu treten. Der «Völkische Beobachter» urteilte, was keinen überraschte,
weniger gnädig, obwohl er keinen Verriß riskierte, sondern Therese
Giehse und wenigstens eine der Nummern – den «Arbeitersong» –
ausdrücklich lobte.

Vom Applaus ermutigt, bereiteten Erika und ihre Freunde das
zweite Programm vor, für das der blutjunge Wolfgang Koeppen ein
Couplet über die Psychoanalyse unter dem Titel «Träumerei» beitrug: Verse, denen man nicht nachsagen konnte, sie seien allzu gewagt gewesen; sie lassen auch nicht vermuten, daß an dem aufstrebenden Schriftsteller ein begnadeter Kabarettist verlorengegangen
sei. In einem Sketch über «Lilian Nackedei», das Ufa-Starlet auf dem
Weg nach Hollywood, durfte ein Kanarienvögelchen namens Adolf
zwitschern, und in dem Song «Der Koch» wurde ein «Irish Stew auf
Führerart» serviert. Klaus Mann verfaßte eine Conférence für den
Sketch «Die Vertreter», in der – mit angebrachter Behutsamkeit und
einer kleinen Portion List – die drohende Unterdrückung der Meinungsfreiheit angedeutet wurde. Als er das Stückchen zu Papier
brachte, konnte er nicht wissen, daß die Premiere des Programms am
zweiten Tag des «Dritten Reiches» stattfinden würde.

Die erwachsenen Mitglieder der Familie Mann hatten wohl zur
Kenntnis genommen, daß der Führer der Nationalsozialisten in den
frühen Januartagen im Haus des Kölner Bankiers von Schröder mit
dem Exkanzler von Papen zusammengetroffen war: ein Signal für die
Bereitschaft der konservativen Kreise, sich mit dem österreichischen
Trommler zu arrangieren. Vielleicht verstanden sie auch, daß General von Schleichers eitle Hoffnung, dem braunen Vormarsch Einhalt
zu gebieten, schon nach wenigen Wochen gescheitert war. Gregor
Strasser, der nationalsozialistische Dissident, mit dem sich der Mann
der Reichswehr zu verbünden hoffte, verfügte weder über den Willen noch über den Anhang, die es gebraucht hätte, um die «Bewegung» Hitlers zu spalten. Auch die Gewerkschaften versagten sich
dem politischen Militär, dem sie nicht über den Weg trauten. Überdies war die Reichswehr niemals bereit, sich den Wünschen des greisen Generalfeldmarschalls im Präsidentenamt entgegenzustellen:
Hindenburg aber lehnte es ab, sich auf eine befristete Diktatur

Schleichers einzulassen, um dem «böhmischen Gefreiten» den Weg zu verlegen. Der alte Herr, nicht zu jeder Stunde ganz im Besitz seiner geistigen Kräfte, gab schließlich den Einflüsterungen seines Hofstaates nach: man müsse versuchen, redeten ihm die Vertrauten zu, Adolf Hitler unter der Last der Verantwortung zu zähmen. Bald nach der Machtergreifung ging der Scherz um, der Greis habe beim Vorbeimarsch der SA von einem seiner Adjutanten Auskunft gefordert, wo denn plötzlich die vielen russischen Kriegsgefangenen herkämen – als schlüge er noch immer die Schlacht von Tannenberg, durch die er über Nacht zum deutschen Helden geworden war (obschon der wahre Ruhm eher seinem Stabschef Ludendorff zukam).

Seine Berater aus dem Kreis der ostelbischen Junker redeten ihm ein, Hitler, der wilde Mann, und seine Gefolgschaft würden sich – mit den Schwierigkeiten der Lage konfrontiert und durch die Umarmung konservativer Koalitionspartner gezügelt – rasch genug den Gesetzen der Vernunft unterwerfen. Am 28. Januar 1933 trat Schleicher – es blieb ihm nichts anderes übrig – vom Amt des Reichskanzlers zurück. Zwei Tage später wurde Adolf Hitler zu seinem Nachfolger berufen. Ihm trat Franz von Papen als Vizekanzler zur Seite. Die Nationalsozialisten begnügten sich, in erstaunlicher Bescheidung, fürs erste mit zwei Ministerämtern: Wilhelm Frick übernahm das Ressort für Innere Fragen, und Hermann Göring trat in die Regierung ein, zunächst ohne Geschäftsbereich. Allerdings riß der einstige Fliegeroffizier unverzüglich auch das preußische Innenministerium an sich: damit verfügten die Nationalsozialisten über die Polizeigewalt des dominierenden Staates der Republik – den Schlüssel zur Macht.

Erlebte Thomas Mann den Aufmarsch der SA am Abend des 30. Januar 1933 am Radio? Am 1. Februar sprach er in einem Brief an einige junge Leser von der «Verhunzung des Irrationalen», die zum Himmel stinke, und er warnte ihre Generation davor, in Fakkelzügen mitzulaufen und zu «glauben». Ein «Führer» sage ihnen, vom Balkon herab, der Tag der Machtergreifung sei nur mit den ersten Augusttagen von 1914 zu vergleichen, und er merke nicht einmal, was er ihnen damit sage. Man müsse inständig hoffen, daß dies alles nicht zu einer Katastrophe führe.

In die Äußerungen jener Tage mischte sich ein resignativer Ton.

Einem Korrespondenten teilte er mit, daß er mit seinen bald sechzig
Jahren «nicht gleichzeitig einen zerrüttenden politischen Kampf
führen und den Aufgaben gerecht werden» könne, die er für seine
eigentlichen halte. Doch er fügte hinzu, der Augenblick «mag kommen, wo gar nichts anderes übrig bleibt als alles hinzuwerfen und
sich auf die Barrikaden zu stellen». Vorläufig bitte man noch, daß
der Kelch vorübergehen möge. Samuel Fischer riet er, lieber im Süden Urlaub zu machen, «denn Berlin ist zur Zeit gewiß nichts für
Sie». Er selber habe sich auf den Rat seines Arztes doch für eine
Erholung im Hochgebirge entschlossen. Nach Abschluß der Wag-
ner-Reise wolle er mit Katia auf etwa drei Wochen nach Arosa gehen.

Klaus, der für das zweite «Pfeffermühlen»-Programm aus Berlin
herbeigeeilt war, hatte am 31. Januar notiert, der Vater sei «betreffs
Hitler» ruhiger als angenommen: «mehr nervös wegen Wagner-
Abschriften». Wiederum scheint der Vater bei der Premiere nicht
dabeigewesen zu sein, für die Klaus lapidar einen «grossen Erfolg»
verzeichnet. Die Mutter, die Großmutter, Bruno Frank und der
Freund W. E. Süskind saßen mit einem großen Kreis von Kollegen
und Gefährten an den Prominententischen der «Bonbonnière», die
sich als zu klein und beengt erwies. Hernach zogen die jungen Leute
allesamt auf den Ball der Kammerspiele. In München wurde Fasching gefeiert, als sei nichts geschehen – vielmehr: als sei doch
etwas geschehen. Man tanzte – mit einigem Schauder und nicht geringem Genuß – ein weiteres Mal auf dem Vulkan. Aber tanzte man
seit dem Jahr 1914 denn jemals irgendwo anders? Später, als die
Eltern auf Reisen waren, wurde auch im Hause Mann getanzt:
Erika, Klaus und ihre Freunde feierten in aufwendiger Dekoration
den «Pfeffermühlen»-Ball. Der Bruder sprach in seinen Erinnerungen von der «verzweifelten Lustigkeit», mit der sie sich abzulenken
versuchten: «Wir tanzten im Regina-Palast-Hotel, während in der
Hauptstadt das Reichstagsgebäude in Flammen stand. Wir tanzten
im Hotel Vier Jahreszeiten, während die Brandstifter Unschuldige
des Verbrechens bezichtigten, das sie begangen hatten. Das war am
28. Februar – Faschingsdienstag –, und tags darauf war Aschermitt-
woch. Als der Anarchist Erich Mühsam, der Pazifist Carl von Ossietzky und der Kommunist Ernst Thälmann von der Gestapo ver-

haftet wurden, kehrte man in München Luftschlangen und Konfetti von den Straßen. Man war verkatert. Der Fasching war vorüber.» Erika erzählte, die Vorstellungen der «Pfeffermühle» seien Abend für Abend überfüllt gewesen. Das Kabarett habe sich einer «erstaunlichen Popularität» erfreut, so Klaus. Wand an Wand mit der «Bonbonnière», im Hofbräuhaus, hielt der neue Reichskanzler Adolf Hitler seine Antrittsrede vor den alten Münchner Parteigenossen. Reichsinnenminister Frick wurde von seiner Neugier, die keine harmlose war, in die «Pfeffermühle» herübergelockt, und er schien sich mit einigem Eifer Notizen zu machen. Klaus notierte in jenen Tagen: «Die politische Hochspannung. Es geht nicht gut, es geht nicht gut, es geht *keines*falls gut.» Er meinte Deutschland – nicht das Kabarett. Zunächst deutete nichts darauf hin, daß die Truppe von einem Verbot bedroht sein könnte. Erika schloß einen Vertrag mit dem Inhaber eines geräumigeren Lokals mit dem schönen Namen «Serenissimus», in dem am 1. April – nach einer Pause von vier Wochen – das dritte Programm vorgestellt werden sollte.

Zwei Tage nach der Februar-Premiere zogen sich Katia und Thomas Mann für einige Tage nach Garmisch-Partenkirchen zurück. Sie wollten in der frischen Schneeluft ein wenig Atem schöpfen, ehe die Strapazen der Wagner-Tourneen begannen. Überdies schien es den beiden gut, ein wenig Abstand von München und von den Tumulten der Politik zu gewinnen.

Am 10. Februar 1933 schrieb Klaus in sein Tagebuch: «*Wagner*-Vortrag. Besonders schön, vielschichtig: persönlich gewendet. Einige grosse stilistische Höhepunkte (…). Immer genau *das* gesagt, was beabsichtigt war (sehr selten). – Nicht sehr voll, aber gutes Publikum. – Nachher Jahreszeiten-Bar». Ein Jahr früher, dies darf vermutet werden, hätte die Ankündigung eines Vortrags von Thomas Mann über Richard Wagner genügt, das Auditorium maximum der Universität bis zum letzten Platz zu füllen. Die Lage hatte sich verändert. Manche Bürger zogen es vor, dem Auftritt des Dichters fernzubleiben, der mit solch grimmiger Eindringlichkeit vor dem Regime gewarnt hatte, das nun herrschte. Die Berichte in den Zeitungen ließen keine Feindseligkeit erkennen. Im Gegenteil, auch die «Münchner Neuesten Nachrichten» wagten es nicht, Zweifel an der geistigen Höhe des Vortrages anzumelden.

Zwei Monate später schrieb Klaus nach der Lektüre des Essays in sein Journal: «das Thema der ‹Verführung› für Zauberer so charakteristisch – im Gegensatz zu mir. Verführungsmotiv: Romantik – Musik – Wagner – Venedig – Tod – ‹Sympathie mit dem Abgrund› – Päderastie. Verdrängung der Päderastie als Ursache dieses Motivs (Überwindung der ‹Verführung› bei Nietzsche; siehe Wagner.) – Bei mir anders. Primärer Einfluss Wedekind – George – Begriff der ‹Sünde› – unerlebt. Ursache: ausgelebt. Päderastie. Rausch (sogar Todesrausch) immer als Steigerung des Lebens, dankbar akzeptiert; nie als ‹Verführung›. Noch im Fall der Drogen so, die höchstens physisch für mich gefährlich, nicht psychisch. Grundsätzlich nichts abgelehnt. Todesverbundenheit: Teil des Lebensgefühls. Auch Wagner wäre also ungefährlich – : wenn er überhaupt Verführungstiefe für mich hätte, was er nicht hat.»

Mit diesen Stichworten rückte Klaus Mann – auf eine fast heroische Weise wahrhaftig, auch vor sich selbst – die Nachtseite der Existenz seines Vaters (samt der eigenen) in das grelle Licht des Bewußtseins. Mit genauem Instinkt hatte er den Gefühlsgrund berührt, in dem sich Thomas Mann seit den Tagen der Pubertät mit Wagners Welt immer aufs neue vereint hatte. Die Kennworte kehrten in des Vaters Vortrag wieder. Späte Romantik, dem Zauber des Fin de siècle benachbart, der schwelgerisch, süß und ein wenig angefault war – niemals hat sie Thomas Mann aufmerksamer beschrieben als in diesem Essay: «Die Nacht ist Heimat und Reich aller Romantik, ihre Entdeckung, immer hat sie sie als die Wahrheit ausgespielt gegen das eitle Wähnen des Tages, – das Reich der Sensibilität gegen die Vernunft. Ich vergesse nicht, welchen Eindruck es mir machte, als ich zuerst Linderhof, das Schloß Ludwigs, des kranken und schönheitssüchtigen Königs, besuchte und in den Größenverhältnissen der Innenräume ebendiese Präponderanz der Nacht ausgedrückt fand. Die Wohn- und Tagesräume des in wundervoller Bergeinsamkeit gelegenen Lustschlößchens sind klein und vergleichsweise unscheinbar, bloße Kabinette. Nur *einen* Saal von verhältnismäßig ungeheueren Maßen gibt es darin, in Gold und Seide und weitläufig schwerer Pracht: das Schlafzimmer mit seinem Prunkbett unterm Baldachin und flankiert von goldenen Kandelabern, – der eigentliche Festsaal des Königshauses, der Nacht geweiht.»

Es ist kaum möglich, sich der Versuchung zu entziehen, einen raschen Blick auf den anderen Nachtmenschen zu werfen, der im Fortgang der Jahre das Taglicht mehr und mehr scheute: jenen hysterisch erregbaren Bewunderer Richard Wagners, der keine Aufführung des «Ringes» versäumte. Thomas Mann war sich der peinlichen Nachbarschaft Hitlers wohl bewußt.

Der Blick zurück in die nächtlich-mystischen Sensationen war in dieser neuen Annäherung an Wagner nur die lockende Ouvertüre. Er beschrieb das Werk Wagners als eine der «*epischen* Lasten» – «Riesenlasten», sagte er –, die im neunzehnten Jahrhundert geschultert wurden, setzte es in Beziehung zu Balzac und Tolstoi, ja er schlug eine Brücke von Émile Zolas realistischem Fresko der «Rougon-Macquart» zum «Ring des Nibelungen»: ein Hinweis, dem die Bühnenregisseure nach dem Zweiten Weltkrieg oft getreulich folgten, wenn sie die wirr-wüsten Dramen der germanischen Götter und Sippen in bürgerliche Tragödien des neunzehnten oder gar des zwanzigsten Jahrhunderts übersetzten. Thomas Mann war vorsichtig genug, solche Bezüge nicht durch eine Überfülle von Zitaten aus den Texten Wagners zu belegen.

Mit den Dichtungen des Meisters ging er überhaupt sparsam um: vielleicht, weil auch er sich – aller Liebe zum Trotz – des Eindrucks nicht immer erwehren konnte, daß sie allzuoft an der Grenze des lächerlichen Bombastes, der scheppernden Lautmalerei und unfreiwilligen Komik angesiedelt waren. Immerhin wagte er das Wort, daß Wagner «ohne Musik kein Dichter» sei. Für seine Bühnentexte traf auf peinliche Weise zu, was er der Musik so ehrfurchtsvoll-kritisch bescheinigte: den «monumentalisierten und ins Geniehafte getriebenen Dilettantismus». Die Texte Wagners haben mit der Prosa der großen Epiker des neunzehnten Jahrhunderts in der Tat so gut wie nichts zu schaffen. Dennoch, auch sie handelten – weit ins Mythisch-Mystische entrückt – von den Wanderungen des Ichs durch die Gesellschaft. Thomas Mann versuchte, die Sonden der modernen Psychologie an die Geschöpfe Richard Wagners zu legen. Er rückte – wohl als erster – ins Bewußtsein, daß mancher «ahnungsvolle und aus dem Unterbewußten heraufschimmernde Komplex (...) den Psychologen Wagner in merkwürdigster, intuitiver Übereinstimmung zeigt mit einem anderen typischen Sohn des neunzehnten Jahrhunderts, mit Sigmund Freud, dem Psychoanalytiker».

Das war die zentrale und erstaunliche Botschaft dieses neuen Versuchs über Wagner, der neben Nietzsche und Schopenhauer der Haupt-Gott seiner jungen Jahre war. Man mag die Berührung, die Thomas Mann mit der Lehre Sigmund Freuds erfahren hatte, eine flüchtige nennen: immerhin intensiv genug, Wagner und die romantische «Nachtseite» der eigenen Existenz aus kritischer Distanz zu betrachten. Bei der Niederschrift des Essays schien der Wille zum Abstand in produktiver Spannung mit einer Ergriffenheit zu kämpfen, der er sich niemals zu entziehen vermochte, wenn er sich dem Erlebnis des Wagnerschen Werkes aussetzte. Aus dem Konflikt formte sich auch dieser Aufsatz zu einem überhöhten Selbstporträt: dem zweiten jener Jahre, in dem wir ihn klarer erkennen als in dem allzu ehrgeizigen Versuch, Goethe als den klassischen Spiegel seiner selbst, ja als seinen Ahnherrn und eine Art Vorläufer zu beschreiben. Die Verwandtschaft mit dem Bayreuther war, wenn dieser Komparativ erlaubt ist, natürlicher, die Identifikation weniger verkrampft und aufgesetzt.

Übrigens zog er in dem Wagner-Essay keines der «Lebens-Worte» aus dem Fächer, die ihm in der Annäherung an Goethe in solch unerschöpflicher Vielfalt zur Verfügung standen. Die Tonlage war eine grundlegend andere. Das «pessimistisch Schwere» und «langsam Sehnsüchtige», das er Wagner zuschrieb, traf auch für ihn zu. Beiden war der «Werkplan» gemeinsam, der die gesamte Spanne der Existenz umfaßte und, alles in allem, getreulich erfüllt wurde. Die «Schöpfungslast» lag hier wie da auf eher zarten Schultern. Wagner klagte, wie er selbst, immer aufs neue über die angegriffenen Nerven. Der eine wie der andere schichtete das «gigantische Lebenswerk» in meist «kleinen Tagwerken» auf, oft nur zu zwei Stunden konzentrierter Arbeit fähig. Beide hatten, nicht zu Unrecht, den Vorwurf zu ertragen, sie folgten den Geboten eines monumentalen Egoismus. Was Wagner von seinem Arbeitszimmer schrieb, hätte der Autor von dem seinen sagen können, ohne ein Jota zu verändern: daß es mit «Pedanterie und eleganter Behaglichkeit» hergerichtet sei. Die «pedantische Ordnung und auch die bürgerliche Eleganz der Umgebung», fuhr er fort, stimmten «zu dem

Einschlage von Überlegtheit und klugem Kunstfleiß», den «die Dämonie seiner Produktion» brauchte und der ihr «bürgerliches Teil»
ausmachte. Er wies auf Wagners beharrliche Neigung zur Selbst-
interpretation hin, die für ihn – ohne daß es ihm recht bewußt
wurde – eine lebenslange Obsession war.

Was er von Wagners Verhältnis zu Deutschland und den Deutschen anmerkte, galt gleichermaßen für ihn: «Dies Deutschtum (...),
so wahr und mächtig es sei, ist modern gebrochen und zersetzt,
dekorativ, analytisch, intellektuell, und seine Faszinationskraft,
seine eingeborene Fähigkeit zu kosmopolitischer, zu planetarischer
Wirkung kommt daher. Wagners Kunst ist die sensationellste
Selbstdarstellung und Selbstkritik deutschen Wesens, die sich erdenken läßt, sie ist danach angetan, selbst einem Esel von Ausländer
das Deutschtum interessant zu machen, und die leidenschaftliche
Beschäftigung mit ihr ist immer zugleich eine leidenschaftliche
Beschäftigung mit diesem Deutschtum selbst, das sie kritisch-deko-
rativ verherrlicht. Darin beruht ihr Nationalismus, aber dieser
Nationalismus ist in einem Maße mit europäischer Artistik durchtränkt, das ihn zu irgendwelcher Simplifizierung, auf deutsch: Ver-
simpelung, im tiefsten untauglich macht.»

Den letzten Satz hörten die Damen und Herren im Auditorium,
die sich zum neuen Kanzler des Reiches hingezogen fühlten, gewiß
nicht, ohne die Brauen zu heben. Auch nicht den Satz, der Wagner
bescheinigte, er sei «den Weg des deutschen Bürgertums gegangen:
von der Revolution zur Enttäuschung, zum Pessimismus und einer
resignierten, machtgeschützten Innerlichkeit». Hier fiel dieses berühmte Wort, das später Thomas Manns populärste Formulierung
wurde – eine geniale Charakterisierung der gepanzerten «deutschen
Seele», die mit dem kleindeutsch-großpreußischen Reich Bismarcks auf den Plan getreten war. Man könnte allerdings hinzufügen, daß diese furchterregende Besonderheit im Wilhelminismus
rasch zur «machtgeschützten Äußerlichkeit» verkam.

Auf andere Assoziationen, die in jenen Tagen vielleicht als eine
Provokation empfunden worden wären, hatte Thomas Mann verzichtet, und er fügte sie auch der erweiterten Fassung des Essays
nicht hinzu, die er später in Deutschland und Frankreich zum
Druck gab: von Richard Wagners musikalischer Herkunft war

nicht die Rede; also auch nicht von der Prägung, die er durch das
Werk Felix Mendelssohns und vor allem durch die große Oper Giacomo Meyerbeers erfahren hatte. Der degoutante Antisemitismus,
den sich der Meister später aneignete, wurde nicht erwähnt.

Dennoch blieben, wie sich mit einiger Verzögerung erwies, Steine
des Anstoßes genug. Erst die gedruckte Fassung, die im April-Heft
der «Neuen Rundschau» erschien, gab den Gralshütern des nationalistischen Wagner-Kultes Anlaß, einen Protest gegen die «Herabsetzung unseres großen deutschen Meisters» zu formulieren, der am
16. April in den «Münchner Neuesten Nachrichten» erschien. Als
Verfasser darf der Dirigent gelten, dessen deutschtümelnder Name
der Welt des Doktor Faustus entliehen zu sein scheint: Hans Knappertsbusch, ein passionierter Parteigänger Hans Pfitzners, der Thomas Mann seine Entfernung vom Komponisten des «Palestrina»
nicht verzieh und ihn überdies wohl auch dafür verantwortlich
machte – Hans Rudolf Vaget wies in seiner Studie «Präludium in
München» darauf hin –, daß Bruno Walter, des Dichters Nachbar
und Freund, im begehrten Amt des Generalmusikdirektors der
Bayerischen Staatsoper die Münchner Wagner-Tradition verwalten
durfte: ausgerechnet dieser Musiker jüdischer Herkunft. Thomas
Mann waren Knappertsbuschs Ressentiments gewiß nicht verborgen geblieben. Dennoch ließ er im Frühjahr 1932 Photos des Dirigenten für seine jüngeren Kinder signieren – die übrigens auch einen
Taktstock des berühmten Mannes besaßen, der ihm bei einer allzu
lebhaften Geste während einer «Siegfried»-Aufführung aus der
Hand gesaust und ins Publikum gesegelt war: genau zwischen Michael und Elisabeth war der Stab gelandet, wie der Vater amüsiert
berichtete.

Knappertsbusch, nicht Pfitzner (darin sind sich die Forscher
einig), lancierte im Frühjahr 1933 die infame Kampagne gegen Thomas Mann, der in seiner Rede – das war der zentrale Vorwurf –
angeblich Richard Wagner durch seinen «ästhetisierenden Snobismus» beleidigt hatte. Der aufgebrachte Dirigent entsetzte sich vor
allem über die Bezüge zur Psychoanalyse und den Hinweis auf den
«monumentalisierten Dilettantismus» des Meisters – eine Formel,
die sich seinem Fassungsvermögen zu entziehen schien.

Die meisten der Unterzeichner des Einspruchs – allen voraus

Max Amann, der Verleger von Hitlers «Mein Kampf» und des «Völkischen Beobachters», dazu Professoren der Universität und Münchner Honoratioren – gab die Geschichte dem Vergessen anheim. Es sagt genug über die Stimmung der Zeit, daß sich dem Protest Hans Knappertsbuschs schließlich die gesamten Ensembles der Bühnen und Orchester Münchens anschlossen. Am Ende zählten vor allem drei Namen, die unter dem Protest standen: Olaf Gulbransson, der geniale Zeichner, Thomas Mann seit den frühen Tagen des «Simplicissimus» herzlich verbunden, vor allem mit Katia aufs engste befreundet, die in diesem norwegischen Riesen mit seinen bärenhaften Manieren einen zuverlässigen Kameraden zu erkennen meinte; Hans Pfitzner, der ein weiteres Mal den Blick zu den «Betrachtungen» zurücklenkte, in denen seine Musik so enthusiastisch gefeiert wurde; und Richard Strauss, den Hans Rudolf Vaget mit einer listigen Formel «den Zivilisationsmusiker» nannte, um den Kontrast zu Pfitzner so scharf wie möglich zu akzentuieren.

Auch Vaget vermochte es nicht, das Rätsel zu klären, warum der geniale Strauss seinen Namen unter das Dokument gesetzt hatte, das Thomas Mann hernach als «hundsföttisch» und als eine «lebensgefährliche Denunziation» beklagte. In seinem Essay über die Beziehung des Dichters zum Komponisten verwies Vaget auf die Kühle, die das Verhältnis der beiden von jeher bestimmt hatte. Strauss vermutete, ganz zu Recht, daß Thomas Mann niemals einen unmittelbaren Zugang zu seiner Musik gefunden hatte – wie sein groteskes erstes Urteil über den «Rosenkavalier» in einem Brief an Hofmannsthal gezeigt hatte. War es das? Oder schierer Opportunismus? Schlampige Nachgiebigkeit gegenüber der eifernden Überredung, mit der Siegmund von Hausegger, Leiter der «Akademie für Tonkunst», seine Zustimmung zu gewinnen suchte? Zornig notierte Thomas Mann später, daß Strauss nur allzu bereitwillig ein Konzert für Bruno Walter dirigiert habe, der in Deutschland nicht mehr willkommen war, daß er ein anderes Mal für Toscanini eingesprungen sei, der im «Dritten Reich» nicht auftreten wollte, daß er schließlich am 15. November 1933, in Gegenwart des «Führers», das Amt des Präsidenten der «Reichsmusikkammer» übernahm. Strauss lud sich diese Bürde gewiß nicht nur auf, um einer zweifelhaften Ehre teilhaftig zu werden, sondern auch, um bedrängten

Kollegen zu helfen: «um Gutes zu tun und größeres Unglück zu verhüten», wie er Stefan Zweig nach London schrieb. Dieser Brief wurde von der Gestapo abgefangen und, so Hans Rudolf Vaget, Hitler persönlich vorgelegt, der entschied, Strauss müsse sein Amt unverzüglich «aus Gesundheitsgründen» niederlegen. So geschah es. Der Mann mit dem «sonntagskindlichen Gemüt», das ihm wohlwollend nachgesagt wurde, war den erbärmlichen Intrigen der nazistischen Herrschaft nicht gewachsen. Er war naiv. Er war von opportunistischen Anfälligkeiten nicht frei. Doch seine Unschuld und sein Talent zur Anpassung hatten Grenzen.

Am Tag nach der Münchner Premiere seiner Rede war Thomas Mann mit Katia nach Amsterdam aufgebrochen. Eine Reise ohne Wiederkehr. Aber das schien keiner der beiden zu ahnen.

Am 13. Februar wiederholte der Dichter den Vortrag im Conzertgebouw, lebhaft gefeiert, und am 14. Februar in Brüssel, dort zum erstenmal auf französisch, einer Übersetzung des Germanisten Félix Bertaux folgend. Es ist anzunehmen, daß er in jener Fassung den Hinweisen auf Baudelaire und seine verzückte Verehrung für Wagners Musik besonderen Raum gab. Der Poet der «Fleurs du Mal» hatte vom Vorspiel des «Lohengrin» geschrieben, es habe ihn in eine «Ekstase aus Wonne und Erkenntnis» versetzt, er hatte – zutreffend genug – von «Räuschen des Opiums» gesprochen, von der «außerordentlichen Lust, die in den hohen Orten kreist». Thomas Mann verschwieg freilich nicht, daß Baudelaire nach eigenem Geständnis nicht musikalisch war, und er ließ immerhin den Schluß zu, daß der Bayreuther auch jenen Menschenwesen, denen der liebe Gott die natürliche Gabe der Musikalität verweigert hat, eine rauschhafte Annäherung an sein Werk gewährte – was sich von anderen Komponisten kaum behaupten ließ. Die Rede – in Paris zweimal vorgetragen – fand bei den Franzosen eine enthusiastische Zustimmung.

Auf den Triumph aber fielen die deutschen Schatten. Der Reichstag war unmittelbar nach dem Machtantritt der Nationalsozialisten aufgelöst worden. Die Sturmtruppen Adolf Hitlers machten sich an die Arbeit, Deutschland wie ein erobertes Territorium zu unterwerfen. In Preußen wurden die SA und die SS in den Rang einer «Hilfspolizei» befördert. Ihren Mitgliedern stand es frei, von der Schußwaffe Gebrauch zu machen. Die Vertreter der Linksparteien und ihr Anhang, zumal die Kommunisten, waren vogelfrei. Bruder Heinrich aber hatte, konsequent in seiner Haltung, zusammen mit Käthe Kollwitz einen Aufruf des «Internationalen Sozialistischen Kampfbundes» unterzeichnet, der an allen Litfaßsäulen Berlins angeschlagen war. Der «dringende Appell» verlangte, daß SPD und KPD der faschistischen Diktatur nun endlich in einer gemeinsamen Front entgegentreten sollten: für die Nazis ein Signal, vom preußischen Kultusminister den Ausschluß Heinrich Manns aus der Akademie zu fordern. Reichskommissar Rust, dem die Leitung des preußischen Kultusministeriums zugefallen war, verlangte vom Präsidenten der Akademie, dem Komponisten Max von Schillings, kategorisch, Heinrich Mann und Käthe Kollwitz unverzüglich aus der Institution zu entfernen, andernfalls werde die Akademie aufgelöst. Schillings – seit dem Oktober 1932 als Nachfolger Max Liebermanns im Amt – hatte für den Abend des 15. Februar eine außerordentliche Sitzung des Plenums einberufen, auf der er den Austritt von Käthe Kollwitz bekanntgeben konnte, die angeblich das «Unrichtige ihres Verhaltens» eingesehen habe. Es bleibe der «Fall Heinrich Mann»: er müsse ausscheiden, rief Schillings, oder er werde selbst sein Amt niederlegen. In der Diskussion wurde darauf aufmerksam gemacht, wie Inge Jens in ihrer Studie über das Geschick der Akademie berichtete, daß niemand daran gedacht hatte, die Hauptperson der Verhandlung, den Präsidenten der sogenannten Sektion für Dichtkunst, vom Termin der Sitzung zu benachrichtigen. Heinrich Mann wurde herbeigeholt. In einer privaten Unterredung, an der auch der Akademiesekretär Oskar Loerke teilnahm, konfrontierte Schillings den Schriftsteller mit der Alternative, die sich ihm stellte. Hernach gab er dem Plenum bekannt, Heinrich Mann habe auf seine Mitgliedschaft verzichtet und überdies anerkannt, der Präsident habe nicht anders handeln können, «da er an das Wohl und Bestehen des Ganzen denken müsse».

Alfred Döblin protestierte, und er bestand darauf, daß man Heinrich Mann Gelegenheit geben müsse, der Versammlung seine Meinung vorzutragen. Ihm schloß sich der Berliner Stadtbaurat Martin Wagner an, der betonte, Käthe Kollwitz und Heinrich Mann hätten mit der Unterzeichnung des Aufrufs nur von ihrem Recht auf freie Meinungsäußerung Gebrauch gemacht, das durch die Verfassung garantiert sei. Er verlangte, darüber abzustimmen, ob das Vorgehen Schillings' ein «Verstoß gegen das Taktgefühl» sei. Gottfried Benn intervenierte. Nach langer Debatte einigte sich die Sektion für Dichtkunst, dem Drängen Alfred Döblins nachgebend, auf die Erklärung, daß sie den Rücktritt ihres Vorsitzenden bedauere.

Fünf Tage später eine interne Sitzung der Sektion, bei der Gottfried Benn dem Kollegen Alfred Döblin die Frage stellte, ob er es für richtig halte, daß Heinrich Mann «zur Bekämpfung der Barbarei» des Ministers Rust und seiner Partei aufrufe: als Inhaber eines Amtes, das ihn zur Beratung jenes Ministers verpflichte – und für das er eine jährliche Aufwandsentschädigung erhalte. Mit der Erwähnung jener (bescheidenen) Honorierung begab sich der Lyriker ohne Zweifel unter das Niveau, das er sich zeitlebens nicht ohne Hochmut zuschrieb. Der Absturz in diese Peinlichkeit war die Konsequenz seiner plötzlichen Überwältigung durch die «nationale Renaissance», die niemand vorausgesehen hatte – auch er selbst nicht. Als fühle er sich bei einer Entgleisung ertappt, machte er die Versammlung darauf aufmerksam, daß er oft «seine große Verehrung für den Künstler Heinrich Mann öffentlich bekundet habe». Dafür werde er von links und rechts attackiert. Indessen, Heinrich Mann habe den Angriff gegen die legale und verfassungsmäßig gebildete Regierung eröffnet.

Rudolf G. Binding bemühte sich um einen Kompromiß, den Benn zurückwies, der noch einmal darauf bestand, daß die Haltung Heinrich Manns den Bestand der Akademie gefährde. Einige der Mitglieder erwogen ihren demonstrativen Rücktritt, doch fast alle winkten nach einiger Überlegung ab: so Walter von Molo, so Wilhelm von Scholz, auch Ina Seidel, die feststellte, daß eine «solche Kundgebung (...) zwar der beruflichen Kollegialität und Solidarität entsprechen» würde, doch es gehe «um den Bestand eines überpersönlichen Gebildes» – die Mitglieder der Akademie müßten sich einer «überzeitlichen Gemeinschaft» verpflichtet fühlen. Dennoch betonte sie, es läge ihr fern, Kritik an dem Vorgehen der von ihr «hochverehrten und hochgeschätzten Kollegen Käthe Kollwitz und Heinrich Mann» zu üben. Aber keine Partei könne den Anspruch erheben, zur Wahrung der Kulturgüter des Volkes besonders berufen zu sein. Josef Ponten wiederum gab zu verstehen, daß

«freiwillige weitere Austritte von Persönlichkeiten, welche die
Lage von heute belasten, der Akademie Schwierigkeiten und Gefahren ersparen» würden: vermutlich ein Wink an die Adresse
Thomas Manns, von dem sich der zänkische Kollege Schritt für
Schritt entfernt hatte. Ricarda Huch erklärte tapfer: «Ich finde,
man hätte es darauf ankommen lassen müssen, ob der Kultusminister wirklich den Mut hatte, unsere Abteilung aufzulösen.» Sie behielt sich ihre Entscheidung vor, bis sie über genauere Informationen verfüge.

Heinrich Mann wurde von mancher Seite die dringende Warnung zugeflüstert, vor der Rache der Nazis auf der Hut zu sein.
Bei einer Zusammenkunft sozialistischer, kommunistischer und
linksliberaler Schriftsteller, die sich in der Wohnung des Romanciers Bernard von Brentano trafen, forderte Bertolt Brecht – so erzählte Hermann Kesten – die Bestellung einer «Leibwache» für die
bedrohten Schriftsteller: ein Vorschlag, der kaum für ein realistisches Urteil über die gegebene Lage zeugte. Bei einer glänzenden
Abendgesellschaft, deren festliches Bild den dramatischen Veränderungen auf merkwürdige Weise widersprach, begegnete Heinrich Mann dem französischen Botschafter André François-Poncet
– diesem gebildeten Grandseigneur, in jeder Nuance des Deutschen kundig und mit der Literatur seines Gastlandes völlig vertraut –, der ihm mit gespielter Beiläufigkeit sagte: «Wenn Sie über
den Pariser Platz kommen, mein Haus steht Ihnen offen.» Nur
das. Heinrich Mann verstand den Hinweis. Am Abend des 21. Februar 1933 bestieg er die Tram, die ihn zum Bahnhof bringen
sollte, mit «nichts als einem Regenschirm». Die Koffer lagen
schon im Gepäcknetz, wie er in seinem Rückblick berichtete: «So
sieht, will es scheinen, der Rubikon aus. Hinter dem verhängnisvollen Fluß, den ich wähle, liegt das Exil. (…) Übrigens hatte ich
mehr Glück als Verstand. Andere sind steckengeblieben, ausgesuchte Qualen waren ihnen vorbehalten. Mir auch, wenn man
mich gehabt hätte. (…) Da sie mich nicht fanden, verkündeten sie
mit Lautsprechern, daß sie mich hätten. So und ähnlich haben sie
auch sonst auf Enttäuschungen reagiert. (…) Zu der Stunde, als
ihre Apparate brüllten, war ich in Straßburg.» Mimi, seiner ge-
schiedenen Frau, gelang es immerhin, seine Manuskripte, seine

Briefe, seine Bücher mit Hilfe der tschechoslowakischen Regierung aus Heinrichs Münchner Wohnung zu retten und nach Prag zu schaffen, wo sie mit der Tochter Leonie lebte.

Am 22. Februar langte er in der französischen Hauptstadt an. Er konnte Bruder Thomas, der von den Vertretern der Deutschen Botschaft noch keineswegs gemieden wurde, von den dramatischen Ereignissen der vergangenen Woche berichten. Die Brüder kamen überein, daß Thomas seinen Rücktritt aus der Akademie zunächst nicht anbieten würde. Diese Institution, die der Republik einen literarischen Rang zu geben versucht hatte, sollte den neuen Herrschern nicht völlig widerstandslos ausgeliefert werden. Freilich war es eher beunruhigend, daß Adolf Grimme, der einstige Kultusminister Preußens, Thomas Manns Namen noch einmal wie eine Standarte der Demokratie von Weimar aufzupflanzen versucht hatte: bei einer Kundgebung des sozialdemokratischen «Kultur-Bundes» wollte er das «Bekenntnis zum Sozialismus» vorlesen, das Thomas Mann für diese lange geplante Veranstaltung geschrieben hatte, doch die Veranstaltung wurde von einem Kommissar des Polizeipräsidiums unterbrochen. Unverzüglich eilte Grimme – wie Harry Graf Keßler in seinen Tagebüchern festhielt – zu einem Kongreß, der unter der schönen Parole «Das Freie Wort» zur gleichen Zeit in der Kroll-Oper stattfand. Er meldete sich unverzüglich, um Thomas Manns Botschaft vor diesem Gremium zu verlesen, die – wie Graf Keßler schrieb – «mit starkem Gefühl für die deutsche Republik eintrat». In Thomas Manns Appell sei ihr freilich der Vorwurf nicht erspart geblieben, daß sie «durch ihre Gutmütigkeit» das Ihre getan habe, den «jetzigen Zustand» herbeizuführen: «Dieser Passus wurde von der Versammlung am stärksten beklatscht.»

Für Thomas Mann galt es abzuwarten, wie sich die Dinge in München entwickeln würden. Bayern, sagte er sich, war nicht Preußen. Er hoffte – und war damit nicht allein –, daß die Nazis einen Kompromiß mit der katholischen Mehrheit des süddeutschen Landes suchen würden. Man sprach sogar von einer Wiederkehr der Monarchie. Gerüchte gingen um, die besagten, daß sich der Kronprinz bereithalte. Erika schrieb nach dem «Pfeffermühlen»-Ball im Haus am Herzogpark, sie und ihre Freunde hätten erwartet, «schon am nächsten Morgen als Untertanen von Knecht Rupprecht zu erwachen» (dem Thronprätendenten der Wittelsbacher), «und wirklich sieht es immer noch verdammt danach aus». Klaus indessen, der sich vorübergehend in München aufhielt, erwog bei einem Abendessen im «Schwarzwälder», welche Chancen die Emigration böte. Er war, der Vater wußte es, ein Wanderleben gewohnt und in vielen Städten zu Hause. Auch Heinrich Mann – Europäer so gut wie Deutscher, in seinem Herzen stets ein halber Franzose – würde sich in das fremde Dasein ohne zu große Reibungen und Verluste einpassen können. Aber Thomas?

Am 26. Februar reisten Thomas und Katia Mann von Paris nach Arosa weiter, dankbar für die Atempause in einem vertrauten Winkel der Welt. In dem Bergidyll wollten sie zusehen, was mit Deutschland und in Deutschland geschehen würde. Der Gedanke an das Exil drängte sich in jedes Gespräch, immer aufs neue beiseite gewischt. Noch Monate später schrieb Thomas Mann (an Albert Einstein), der Bruch mit seinem Lande passe nicht recht zu seiner Natur, die «mehr durch goethisch-repräsentative Überlieferungselemente bestimmt ist, als daß sie sich (...) zum Märtyrertum geschaffen fühlte». Die Präsenz Goethes aber, so dringend beschworen, schien in diesem Jahr 1933 vor dem Schatten seines anderen Abgotts zurückzuweichen, des unsteten Flüchtlings, der lange aus seinem Vaterland verbannt war: Richard Wagner holte ihn ein.

50. KAPITEL

Draußen

Am 15. März 1933, noch immer droben in Arosa, begann Thomas Mann ein neues Heft seines Tagebuches. Im ersten Vermerk hielt er fest, daß er wegen der «Streichung (...) einer censurwidrigen Phrase im Wagner-Essay über den Nationalismus» eilig einige Zeilen an Peter Suhrkamp geschrieben habe (der seit einem halben Jahr der leitende Redakteur der «Neuen Rundschau» war). Hatte er die Kürzung selbst vorgeschlagen? War sie ihm nahegelegt worden? Darüber gibt die Eintragung keine Auskunft. Er schrieb: «Wozu in diesem Augenblick diese Tiere reizen?»

Dann sprach er zu sich selbst «von dem krankhaften Grauen», das ihn seit zehn Tagen «bei überreizten und ermüdeten Nerven» beherrsche. Es sei «eine Art von angsthaft gesteigerter Wehmut», die ihm «in gelinderem Grade von vielen Abschiedserlebnissen her» vertraut sei: «Der Charakter dieser Erregung, die neulich nachts, als ich zu K. meine Zuflucht nahm, zu einer heftigen Krisis führte, beweist, daß es sich dabei um Schmerzen der Trennung von einem altgewohnten Zustand handelt, um die Erkenntnis, daß eine Lebensepoche abgeschlossen ist, und daß es gilt, mein Dasein auf eine neue Basis zu stellen: eine Notwendigkeit, die ich, entgegen der Versteiftheit meiner 58 Jahre, geistig gut heiße und bejahe.»

Die Notiz zeigt, gerade durch die tapfere Wendung des letzten Satzes, die Erschütterung an, die Thomas Mann in jenen Wochen durchlitt. Tag um Tag horchte er angstvoll auf die Nachrichten aus Deutschland, las zagend die Berichte der Schweizer Korrespondenten und die Meldungen der deutschen Zeitungen, die noch nicht alle

Wahrheit in der Lüge der offiziellen Propaganda ertränkten. Joseph
Goebbels, der Gauleiter von Berlin, hatte erst am 13. März sein Mi-
nisteramt erlangt. Am 27. Februar war der Reichstag in Flammen
aufgegangen – angeblich ein Anschlag der Kommunisten. Einen
Tag später wurden mit der «Verordnung zum Schutz von Volk und
Staat» entscheidende Grundrechte außer Kraft gesetzt, Gegner des
neuen Regimes mit brutaler Willkür in die sogenannte «Schutzhaft»
genommen und in die rasch errichteten ersten Konzentrationslager
eingeliefert. Am 5. März die Wahl des neuen Reichstags: die letzte
halbwegs freie Abstimmung der Deutschen. Die NSDAP hatte mit
einem Propagandaaufwand ohne Beispiel, die Widerspenstigen mit
dem Terror des braunen Mobs bedrohend, vierundvierzig Prozent
der Mandate erobert. Zusammen mit den Deutschnationalen gebot
sie über eine absolute Mehrheit. Die Regierungen der Länder wurden gleichgeschaltet. Alle Hoffnungen auf den katholischen Widerstand und auf eine Renaissance der Monarchie in Bayern fielen in
sich zusammen.

Auch Erika und Klaus, die für ein paar Tage von München nach
Arosa heraufgekommen waren, hatten dieser Illusion merkwürdig
lange vertraut. Dennoch, Thomas Mann und Katia waren keineswegs sicher, daß ihnen die Rückkehr in die Heimat verwehrt bleiben würde, trotz der «Münchener Narreteien und Atrozitäten»,
der «Verhaftungen, Mißhandlungen», die Erika meldete, trotz der
Mahnungen vieler Freunde, daß jetzt «keines der exponierten Familienglieder» zurückkehren möge.

Klaus und Erika waren trotzdem noch einmal nach Deutschland
gereist. Am 13. März, nach einem Aufenthalt von wenigen Tagen,
sagte Erika der heimatlichen Stadt adieu, wie Klaus Mann in seinem
Tagebuch notierte. Der Bruder brach vierundzwanzig Stunden später nach Paris auf. In der Wartezeit hatte er mit Hans, dem Chauffeur, den alten Cognac des Vaters getrunken. Die Haltung des «großen, starken Burschen», schrieb er später im «Wendepunkt», sei
freilich «sonderbar verändert» gewesen. Er habe «blaß und verstört» ausgesehen, habe mit «ganz auffallend zittriger Hand» den
Wagenschlag des Buick geöffnet, habe ihm und Erika zugeraunt, sie
sollten vorsichtig sein. Beide, die Schwester und der Bruder, hätten
sich in ihren Zimmern vor möglichen Häschern versteckt gehalten.

Doch sie meldeten – Klaus berichtete auch das – ein Ferngespräch in die Schweiz an, um die Eltern vor einer Rückkehr zu warnen, zuerst in vorsichtigen Andeutungen, schließlich, da Katia und Thomas keinen Hinweis zu begreifen schienen, in unmißverständlich klaren Worten. Die Kinder rechneten, realistisch genug, mit Lauschern in der Leitung. Aber warum versteckten sie sich, wenn sie zugleich ihre Anwesenheit im Haus telefonisch bei der Polizei annoncierten? Wie immer es sich damit verhielt: Erika packte das Manuskript des dritten «Joseph»-Bandes ein, dazu einige Bücher der Handbibliothek, damit sich der Vater wieder seiner Arbeit zuwenden konnte.

In den Gesprächen droben in Arosa wurden in täglichem Widerstreit die Argumente für und gegen die Heimkehr, für und gegen das Bleiben erwogen, und sie hielten sich lang in der Schwebe. Es wurde geprüft, ob Katia zunächst allein zurückkehren sollte, um – wenn es nicht anders gehe – die Auflösung des Haushalts vorzubereiten, doch einen Tag später schrieb Thomas auf: «Obgleich ich leidlich geschlafen, waren heute vom Erwachen an meine Nerven in schlechtem, beängstigtem Zustande. Die Trennung von den Meinen flößt mir Furcht ein, obgleich ich mich dessen schäme. Verzweiflung an meiner Lebensfähigkeit nach der Zerstörung der ohnedies knappen Angepaßtheitssituation. Nervöse Krisis im Gespräch mit K., die zu einer gewissen Beruhigung führte. Beschluß, uns vorläufig nicht zu trennen, sondern morgen zusammen nach Lenzerheide zu fahren und K.'s Reise nach M. zu verschieben, zumal auch ihre Sicherheit dort nicht unbedingt gewährleistet wäre.»

Der Dichter dachte in einem Brief, den er am 7. März 1933 an Karl Loewenstein schrieb, sorgend und wägend darüber nach, ob München noch als Lebens- und Arbeitsbasis in Frage komme. Er befinde sich rein zufällig im Ausland, doch es scheine ihm jetzt vernünftiger zu sein, wenn er mit seiner nicht allzu robusten Widerstandskraft nicht an Rückkehr denke: «Was ein längeres, vielleicht lebenslängliches Exil für mich, den Siebenundfünfzigjährigen (…) bedeuten würde, brauche ich Ihnen nicht auszuführen (…). Auch scheue ich den Vorwurf, mein Land in einer Schicksalsstunde im Stich gelassen zu haben.» Er bat Loewenstein schließlich, ihm aufrichtig zu sagen, wie er sich die Entwicklung der Dinge in Bayern vorstelle und ob er ihn ermutigen könne, «in etwa 8 Tagen» in sein Haus zurückzukeh-

ren, um dort seine «persönlichen Arbeiten» (fern der Politik) fortzuführen. Einige Tage später korrigierte er sich: an eine Heimkehr sei
nun doch nicht zu denken. Auch seine Frau dürfe nicht nach München zurück, «denn wir hören, daß man Ehefrauen die Pässe zu
nehmen liebt, um die Gatten zur Rückkehr zu zwingen». Er ahnte
nicht, daß Reinhard Heydrich, des SS-Chefs Himmler mächtiger
Gehilfe, von einem Haftbefehl gegen Thomas Mann redete.

Nein, die Vorsicht war nicht übertrieben, wie sich hernach aus
dem Studium der Akten des «Reichsstatthalters» in Bayern und der
politischen Polizei ergab. Der Gedanke an eine Emigration war weder Katia noch Thomas Mann völlig fremd. Er hatte beide, doch vor
allem die beiden ältesten Kinder, lange schon beschäftigt, ehe Hitler
die Tür zur Macht im Reich geöffnet wurde. Im November 1931
notierte Klaus in seinem Tagebuch, der «Zauberer» sei «mittags arg
grämlich» gewesen, «wegen allgemeiner Lage» und der Möglichkeit
des «Wegziehen-Müssens». Gut drei Wochen später berichtete der
Sohn von einem Essen mit dem geschätzten Kollegen und Nachbarn
Alfred Neumann, mit dem der Vater die Frage erörterte, ob man
wohl aus Deutschland fortmüsse, wenn der Führer der Nationalsozialisten zum Reichspräsidenten gewählt würde. Im März 1932, unmittelbar vor der Wiederwahl Hindenburgs, beriet Klaus mit seiner
Mutter, was geschehe, «wenn morgen Hitler mit Majorität durchkommt. Wird man weg müssen?» Und noch einmal am 25. April
1932, nach dem Triumph der Nazis bei den Landtagswahlen in Preußen, Bayern und Württemberg: *«Recht ernsthaft über die Notwendigkeit des Emigrierens. Erschreckender Sieg der Narretei.»* Auch
Viktor, der jüngste Bruder, glaubte sich zu erinnern, er habe in einem
«langen Brief», den er Thomas im Jahr vor der «Machtergreifung»
von einer Dienstreise schrieb, den Vorschlag gemacht, «die Emigration in die Schweiz vorzubereiten»: die Familie möge ihn, den ge-
lernten Landwirt, «in guter Lage – etwa im Simmental», am Rand der
Berner Alpen, einen Bauernhof kaufen lassen, der «allen im Notfall
Heim und Nahrung geben würde». Tommy habe sich später bei
einem Gespräch vor dem Kamin «einigermaßen beeindruckt» gezeigt. Der Plan sei am Widerspruch Katias gescheitert, die «trotzig-
tapfer das schon nahe Bevorstehende nicht wahrhaben» wollte.
Heinrich aber habe seine Vorkehrungen «für den äußersten Fall»

getroffen. Viktor deutete damit an, daß der Älteste einen Teil seines Geldes rechtzeitig nach draußen geschafft hatte; vielleicht sprach er auch von der Rettung der Bibliothek durch Mimi, die erste Frau.

Thomas Mann aber scheinen die Ereignisse überrannt zu haben, als die Chefs der braunen Kohorten am 30. Januar 1933 das Kommando in Deutschland an sich rissen. Die Beratungen vergangener Tage boten keinen Halt. Nichts, fast nichts schien für den Ernstfall vorbereitet zu sein. Oder doch? Einige Sicherheitsmaßnahmen, die Katia für den Augenblick der Not getroffen haben mochte, und auch die Reserven auf Schweizer Banken konnten Thomas Mann nicht trösten, der in einem Zustand der halben Lähmung von seinem helvetischen Berg auf das Treiben im Reich herabstarrte. Er schrieb an Ida Herz, wie sehr er unter der Ungewißheit seiner Lage leide: «Ich bin halb krank, kann nicht recht essen und nicht recht schlafen, und der Gedanke eines vollständigen Umsturzes meiner Existenz, die Vorstellung ins Exil gehen zu müssen, (...) hält mich in ununterbrochener Erregung und Erschütterung.»

Fürs erste hatte er sich entschlossen, «alle Amtlichkeiten und Repräsentativitäten» von seinem Leben «abzustreifen», um «fortan in voller Sammlung» mit sich «selbst zu leben». Zunächst wollte er aus dem Vorstand der Ortsgruppe München des «Schutzverbandes Deutscher Schriftsteller» zurücktreten. Von der Akademie gedachte er sich nicht zu trennen, noch nicht. Ihre literarischen Mitglieder, sofern sie noch in Deutschland waren, hatten schließlich eine Erklärung publiziert, die von Rudolf G. Binding aufgesetzt worden war, in der die «Abteilung für Dichtung» immerhin ihrem Bedauern über «den Austritt des großen Künstlers Heinrich Mann aus ihren Reihen» Ausdruck gab und ihm für seine Arbeit als Vorsitzender dankte. Die Mehrheit hatte zwar keinen Protest riskiert, aber sie wagte wenigstens eine öffentliche Mahnung an die eigene Adresse: «Die Abteilung ist entschlossen», sagte Bindings Text, «auch in erregter Zeit sich keinen Schritt von ihrer Pflicht abdrängen zu lassen, die Freiheit des künstlerischen Schaffens zu schützen. Sie sieht sich zu dieser Erklärung genötigt, da sie sich klar bewußt ist, daß der Reichtum der deutschen Kunst zu allen Zeiten aus der Mannigfaltigkeit der Weltanschauung erwachsen ist.»

Durch die wütende Reaktion der nazistischen Presse beunruhigt, hatte Gottfried Benn auf der nächsten Sitzung am 13. März die Billigung einer Umfrage verlangt, die von allen Mitgliedern der Sektion beantwortet werden müsse. Der Wortlaut: «Sind Sie bereit, unter Anerkennung der veränderten geschichtlichen Lage weiter Ihre Person der Preußischen Akademie der Künste zur Verfügung zu stellen? Eine Bejahung dieser Frage schließt die öffentliche politische Betätigung gegen die Regierung aus und verpflichtet Sie zu einer loyalen Mitarbeit an den satzungsgemäß der Akademie zufallenden nationalen kulturellen Aufgaben im Sinne der veränderten geschichtlichen Lage.»

Die unerschrockene Ricarda Huch schrieb wenige Tage später an den Präsidenten Max von Schillings, sie bestreite seine Kompetenz, ihr «eine Frage von so unübersehbaren Konsequenzen vorzulegen und lehne infolgedessen ab, sie zu beantworten». In einem zweiten Brief schloß sie jedes Mißverständnis aus: «Aus ihrem Schreiben vom 22. März schließe ich, daß Sie meine Ablehnung, die mir vorgelegte Frage zu unterzeichnen, so aufzufassen gedenken, als hätte ich sie mit Ja beantwortet; dies Ja kann ich aber um so weniger aussprechen, als ich verschiedene der inzwischen von der neuen Regierung vorgenommenen Handlungen auf das schärfste mißbillige. Sie zweifeln nicht, davon überzeugt mich Ihr Brief, daß ich an dem nationalen Aufschwung von Herzen teilnehme; aber auf das Recht der freien Meinungsäußerung will ich nicht verzichten, und das täte ich durch eine Erklärung wie die ist, die zu unterzeichnen ich aufgefordert wurde. Ich nehme an, daß ich durch diese Feststellung automatisch aus der Akademie ausgeschieden bin.»

Auch Alfons Paquet, Lyriker, Dramatiker und Autor von Reiseberichten, lehnte eine Antwort ab. Alfred Döblin, der sich in Zürich aufhielt, ließ den Präsidenten wissen, daß er zwar die geforderte «Loyalitätserklärung» bejahe (da er kein Politiker sei), doch er sehe ein, daß er als ein «Mann jüdischer Abstammung unter den heutigen Verhältnissen eine zu schwere Belastung für die Akademie wäre». Er setzte hinzu: «Ich stelle daher meinen Sitz in der Akademie zur Verfügung – eine Sache, die mir außerordentlich schwer wird». Der allzu vornehme Stil seines Rückzugs wurde kaum gewürdigt. Franz Werfel wiederum unterschrieb, in einem Augenblick der Schwäche, die Treueverpflichtung – es half ihm nichts.

Ricarda Huch stellte in einem letzten Brief an die Akademie mutig fest: «Es ist wahr, daß ich mit Herrn Heinrich Mann nicht übereinstimmte, mit Herrn Dr. Döblin tat ich es nicht immer, aber doch in manchen Dingen. Jedenfalls möchte ich wünschen, daß alle nichtjüdischen Deutschen (...) so offen, ehrlich und anständig wären, wie ich ihn immer gefunden habe. Meiner Ansicht nach konnte er angesichts der Judenhetze nicht anders handeln als er getan hat.» Sie sagte auch: «Daß ein Deutscher deutsch empfindet, möchte ich fast für selbstverständlich halten; aber was deutsch ist, und wie Deutschtum sich betätigen soll, darüber gibt es verschiedene Meinungen. Was die jetzige Regierung als nationale Gesinnung vorschreibt ist nicht mein Deutschtum. Die Zentralisierung, den Zwang, die brutalen Methoden, die Diffamierung Andersdenkender, das prahlerische Selbstlob halte ich für undeutsch und unheilvoll.»

Thomas Mann setzte sein Schreiben an den Akademie-Präsidenten am 17. März auf. Auch er lehnte es ab, den «Revers (...) in der gewünschten Form» zu beantworten: «Ich habe nicht im Geringsten die Absicht», schrieb er, «gegen die Regierung zu wirken und der deutschen Kultur glaube ich immer gedient zu haben, werde auch in Zukunft versuchen es zu tun.» Dann wiederholte er eine Formel, die jede Herausforderung der neuen Macht behutsam vermied: «Es ist aber mein Entschluß, von meinem Leben alles Amtliche abzustreifen, das sich im Laufe der Jahre daran gehängt hat, und fortan in vollkommener Zurückgezogenheit meinen persönlichen Aufgaben zu leben. Darum bitte ich Sie, sehr verehrter Herr Präsident, von meinem Austritt aus der Sektion für Dichtung der Preußischen Akademie der Künste Kenntnis zu nehmen.»

Im Gang der folgenden Wochen ergab sich, daß neben Thomas Mann, Alfred Döblin, Ricarda Huch und Alfons Paquet auch Ludwig Fulda, Jakob Wassermann, Franz Werfel, der Lyriker Alfred Mombert, der Romancier und Essayist Rudolf Pannwitz (sie allesamt waren jüdischer Herkunft) und mit ihnen der fränkische Sozialist Leonhard Frank, Autor des Romans «Die Räuberbande», der expressionistische Dramatiker Georg Kaiser, der Elsässer Romancier René Schickele und der militante Pazifist Fritz von Unruh aus der Akademie freiwillig ausgeschieden waren oder durch einen Beschluß der neuen Herren ausgeschlossen wurden.

Nach den Neuwahlen, die Rudolf G. Binding gefordert hatte –
den kommissarischen Vorsitz führte Gottfried Benn –, ergab sich,
wie es nicht anders denkbar war, eine völkisch-konservative Mehrheit in der «Sektion für Dichtkunst», in die nun auch die nazistischen Agitatoren Hanns Johst und Will Vesper einzogen. Ernst
Jünger lehnte eine Berufung mit dem schnarrenden Hinweis auf den
«soldatischen Charakter» seines Werkes ab. Er versäumte dabei
nicht die Anmerkung, daß er durch eine Haussuchung verärgert sei.
Hans Carossa, der Arzt und Dichter, erfuhr seine Berufung aus der
Zeitung. Entsetzt schrieb er an den Münchner Anwalt Maximilian
Brantl, der auch mit Thomas Mann befreundet war: «Ich weiß
nicht, was ich tun soll. Bei der Gewalttätigkeit und pathologischen
Verfassung der gegenwärtigen Machthaber würde ein schriftlicher
Protest kaum zur Kenntnis genommen werden (...). Man muß sich
immer wieder vor Augen halten, daß alles Recht im alten Sinn
aufgehört hat.» Dennoch rang er sich dazu durch, dem neuen preußischen Kultusminister Rust einen ablehnenden Bescheid zu schik-
ken. Thomas Mann, der den Verfasser des «Rumänischen Tage-
buchs» aufrichtig schätzte – «glücklich über die Reinheit und
Schönheit des Werks» –, teilte er mit, daß er sich nicht habe entschließen können, die Berufung anzunehmen: «Sie werden es als
selbstverständlich empfinden.» Dann wünschte er dem Kollegen in
der Schweiz «Mut, Geduld und gute Gesundheit».

Auch droben in Lenzerheide, in dem hübschen, aber kleinen
Häuschen einer Freundin, kam Thomas Mann nicht zur Ruhe. Er
rieb sich an den Beschwernissen der ungewohnten Umgebung auf:
«Erkältungsgefahr, namentlich morgens, bei kaltem Badezimmer,
wenig Wasser u. kalter Treppe», schrieb er auf. Um Schlaf zu finden, brauchte er starke Mittel: Phanodorm oder Adaline, manchmal beides zusammen. Ihn bedrückte vor allem, daß sein deutscher
Paß abzulaufen drohte. Das Problem der Verlängerung des Papiers
hielt ihn während der kommenden Wochen und Monate unablässig
in Atem. Mit bitterer Sorge dachte er an das Haus, die Möbel, die
Papiere, das Geld, die Aktien, die er in München zurückgelassen
hatte. Elisabeth, die jüngste Tochter – inzwischen fünfzehn Jahre
alt –, sollte ihrer Schule nicht länger fernbleiben. Sie hatte den Aufenthalt der Eltern in Arosa genutzt, um Skiferien zu machen. Die El-

tern ließen sie schweren Herzens ziehen. Am Abend des 19. März meldete sie telefonisch, sie sei von Lehrern und Mitschülerinnen aufs herzlichste aufgenommen worden: «Im Haus kein Zwischenfall, keine Nachfrage.» Golo, von seiner Mutter aus Göttingen nach München beordert, traf anderntags in der Poschingerstraße ein. Die Residenz, noch immer von stattlichem Personal bewohnt, konnte nicht länger ohne Aufsicht bleiben: zwei Stubenmädchen, eine Köchin, der Chauffeur namens Hans, die nach Auskunft Golos «im Keller etwas eng zusammen wohnen» mußten, dazu Marie Kurz, das «Fräulein» der beiden Jüngsten, die nur selten zu Hause waren, denn Michael, «Bibi» genannt, hielt sich im Landerziehungsheim Neubeuern auf, und Elisabeth, «Medi» gerufen, hockte tagsüber meist auf der Schulbank ihres Mädchengymnasiums.

Golo fügte sich dem Wunsch der Eltern mit der natürlichen Hilfsbereitschaft und sachlichen Einsicht, die ihn auszeichneten. Er hatte im Jahr zuvor bei Karl Jaspers, seinem verehrten und schwierigen Lehrer, in Heidelberg promoviert, freilich mit keiner allzu glanzvollen Note. Mit dem kleinen Zweitaktauto, das ihm die Eltern zum Doktortitel geschenkt hatten, war er nach Hamburg gefahren, um sich aufs Staatsexamen vorzubereiten, einem Versprechen getreu, das er Jaspers gegeben hatte, der befand, er sei für den Beruf des Lehrers bestimmt. Der Wunsch des Mentors entsprach Golos eigenem Verlangen, seiner Existenz ein zuverlässigeres Fundament zu schaffen, als es Klaus, der brillant begabte und unstete Bruder, besaß. Der Jüngere schien einem Kontrastprogramm nachzuleben, das ihn gründlich von der luxuriösen Existenz der beiden älteren Geschwister unterschied, die in jenen Hotels zu Hause waren, in denen – wie Golo schrieb – «der Boy mit großem Regenschirm zum Auto gesprungen kommt, um einen zum Eingang zu geleiten».

Auch den Eltern begegnete er, trotz seiner treuen Liebe, mit aufmerksamer und mitunter kritischer Distanz. Anders als für Erika und Klaus war der Vater für ihn nicht der «Zauberer». In seinen Aufzeichnungen hieß er kurz und schroff «der Alte». Er sah keine Veranlassung, seine Kindheit zu verklären. Im Rückblick sagte er ohne Wehleidigkeit und ohne Beschönigung, sie sei unglücklich gewesen. Ihm war der Reichtum der Familie nicht selbstverständlich.

«Es werden Reisen gemacht», schrieb er in den Memoiren, «es wird gut gegessen und getrunken, und zwei große Wagen stehen in der Garage, ein offener amerikanischer, eine deutsche Limousine. Es ist diese, den Leuten nicht verborgen bleibende Lebenshaltung – waren sie im Theater, so erscheint am Ende der Chauffeur mit den Pelzen im Foyer –, die sie bei ihren, an Zahl beständig wachsenden politischen Feinden noch verhaßter macht; einem Industriellen nimmt man seine stattliche Existenz nicht übel, wohl aber einem Schriftsteller, zumal einem, der nun als links gilt.»

Im späten Herbst 1932 war Golo von Hamburg in die kleine Universitätsstadt Göttingen gezogen, um Freunden näher zu sein. Er hatte die «Machtergreifung» beobachtet, illusionslos, doch ohne Panik, um die sozialdemokratischen Gefährten der Studienjahre bangend, hatte ein – allerdings harmloses – Verhör durch einen Kriminalbeamten in seiner Wohnung bestanden. Er hatte Hitlers Stimme gelauscht, die er nicht «bellend» nennen wollte, weil er dies als eine «Beleidigung der Hunde» betrachtete: das «gutturale Sprechen» des Führers war für ihn «etwas durchaus Fremdes, Undeutsches». «Aber», fügte er hinzu, «ein echter Österreicher war er auch nicht. Er war aus Niemandsland.» Kai Köster, Golos engster Weggenosse in jenen Tagen, war bereit, mit ihm nach München zu reisen, damit er im großen Haus der Eltern nicht so einsam sein würde.

Viktor, der bieder-fröhliche Onkel, den sie allesamt für ein wenig unbedarft hielten, scheint in jenen Tagen kein angenehmer Partner gewesen zu sein. Er überzog, wie Golo es in seinen Erinnerungen andeutete, die Mitglieder der demokratischen Regierungen, die aus ihren Ämtern gejagt worden waren, mit ungutem Spott. Im übrigen machte er in der Bayerischen Handelsbank, in der er sein Brot verdiente, rasch Karriere. Er stieg zum Direktor auf «und vertauschte seine bescheidene Wohnung in München-Ost mit einer ungleich eleganteren in Schwabing; ein Aufstieg, welchen er dem Auszug seiner jüdischen Kollegen verdankte», wie Golo trocken vermerkte.

Viktor stellten sich die Ereignisse anders dar. Ein Herzleiden, das eine Erbschaft des Krieges war, habe ihn zu Beginn des Jahres 1933 für drei Monate arbeitsunfähig gemacht, doch es sei ihm möglich gewesen, auch aus der irrealen Welt der Klinik – ein «‹Zauberberg› en miniature» – telefonische Verbindung mit Thomas und Katia zu halten, die «vollkommene Ruhe» bewahrt hätten. Hernach wollte er dem Bruder geschrieben haben, er und Heinrich sollten bei ihrem Kampf auf seine Sicherheit keine Rücksicht nehmen. Um einen wahrhaftigen Ton bemüht, setzte er hinzu: «Das klingt sehr tapfer. Aber wenn ich damals gewußt hätte, was ein Konzentrationslager (...) war, wäre nicht nur die heroische Fanfare unterblieben, sondern ich hätte wahrscheinlich doch noch versucht, alles daheim aufzugeben und zu fliehen.» Immerhin bestritt er nicht, daß er am 1. Mai 1933 und auch danach, «so oft es von der ‹Arbeitsfront› befohlen» wurde, «mitmarschiert» sei: «Manchmal sogar in hohen Stiefeln, wie viele, die trotzdem weiterleben wollten.» Obwohl er ins Ausland reisen durfte, habe die Gestapo jede Verabredung mit Thomas verhindert. Zum anderen unternahm sie einen halbherzigen Versuch, den großen und berühmten Bruder durch seine Vermittlung zur Rückkehr ins Reich zu überreden. Andere Heimsuchungen blieben Viktor erspart.

Golo scheint an dem Onkel, der damals noch keine dreiundvierzig Jahre alt war, keine Stütze gefunden zu haben. Die Großeltern Pringsheim saßen, einsam geworden, in ihrem Palast an der Arcisstraße. Sie weigerten sich, den Ernst der Lage zu begreifen, zumal der greise Professor, der nicht daran dachte, sich von seinen Kunstschätzen zu trennen und außer Landes zu gehen. Golo schrieb in sein Journal: «Die armen Pringsheims. Dem Alten schielt der Tod aus den Augen; kein schöner. ‹Daß man das noch erleben muß!› murmelt er.» In seinem Erinnerungsbuch fuhr er fort: «Die Großmutter, eine alte Verehrerin Napoleons – im Haus gab es ein Napoleon-Zimmer, mit Bildern und Büchern ganz dem Kaiser gewidmet –, konnte sich einer zarten Bewunderung Hitlers nicht erwehren, worüber es zwischen den Greisen zu häufigen Streitereien kam.»

Nein, von den «Urgreisen», wie Klaus und Erika die Großeltern in ihrer Pubertätssprache beharrlich nannten, war kaum eine praktische Hilfe zu erwarten. Viele der engsten Freunde hatten Deutschland den Rücken gekehrt. Bei den Telefonaten mit den Eltern war Vorsicht geboten. Mit anderen Worten: der junge Mann war mit dem täglichen Ärger eines herrenlosen Hauswesens mit fünf Angestellten allein. Nur auf Marie Kurz, das Kinderfräulein, schien Verlaß. Doch es ging nicht an, dem Personal zu kündigen: damit hätte Thomas Mann zu erkennen gegeben, daß er an eine Rückkehr nicht denke. Der Vater aber war nicht bereit, die Heimat so rasch preiszugeben, noch nicht. Aus München wurde ihm der Gedanke zugetragen, mit dem er – laut Tagebuch – schon selbst gespielt hatte: «nämlich eines Tages an den bayr. Reichskommissar einen ernsten, meine Verbundenheit mit Deutschland ausdrückenden Brief zu richten u. um Garantieen für meine Sicherheit vor Chikanen zu ersuchen».

Immerhin begann er, freilich nur korrigierend und kürzend, wieder am «Joseph» zu arbeiten. Die Verlängerung des Passes verzögerte sich. Er fragte angstvoll: «Das läßt Böses vermuten. Was könnte die Verweigerung bezwecken? In welche Lage gedenken die Machthaber mich zu versetzen, indem sie mich ohne deutschen Ausweis lassen? Soll ich zur Expatriierung gezwungen werden, und will man dann mein Haus und Vermögen beschlagnahmen?» Bei einem Abendspaziergang beschloß er mit Katia, Lenzerheide schon am nächsten Tag zu verlassen und nach Montagnola zu reisen, um Hermann Hesse nahe zu sein, dem Freund, dem er in dieser Lage am ehesten vertraute. Das Hotel in dem Tessiner Bergnest, in dem der Dichter aus Schwaben seit Jahrzehnten zu Hause war, erwies sich freilich als kümmerlich. Um so mehr genoß er den Abend in Hesses «schönem, elegantem Haus», das dem Kollegen, wie er sorgsam vermerkte, von dem Zürcher Industriellen Hans Bodmer geschenkt worden sei (in Wirklichkeit hatte es der Mäzen, einem Wunsch des Autors gehorchend, seinem Schützling auf Lebenszeit zur Verfügung gestellt).

Alle Gespräche und alle Gedanken kreisten, es konnte nicht anders sein, um die deutschen Ereignisse. Am 21. März war unter Glockengeläut und Orgelgebraus der «Tag von Potsdam» gefeiert worden. Der Führer der «braunen Jakobiner» (wie die Konservativen sagten), die nach den Wahlen ihr Schreckensregiment zu verschärfen schienen, erwies dem alten Generalfeldmarschall und dem Geist von Preußen seine ehrfürchtige Reverenz. Von der Garnisonkirche schallte die Melodie des alten Preußenliedes «Üb immer Treu und Redlichkeit». Ergriffen wischten sich die Bürger ihre patriotischen Tränen aus den Augen, und die Massen jubelten. «Man glaubt wieder ein großes Volk zu sein», schrieb Thomas Mann in sein Tagebuch. «Der Krieg, die Niederlage sind nicht gewesen». Am 23. März stimmte der Reichstag (in dem die Kommunisten fehlten) dem «Ermächtigungsgesetz» zu, mit dem sich das Parlament selbst entmachtete. Nur die Sozialdemokraten wagten es, die Vorlage abzulehnen, die den Reichskanzler mit den Vollmachten eines Diktators versah. Adolf Hitler übergoß sie mit dem Hohn des Triumphierenden: er wolle ihre Stimmen nicht, rief er ihnen zu. Er brauchte sie in der Tat nicht, da nicht nur die Deutschnationalen, sondern auch die bürgerlichen Parteien der Mitte und das katholische Zentrum kuschten. Otto Wels, der Fraktionschef der Sozialdemokraten, hatte ernst und würdig auf den Terror hingewiesen, dem die Gegner des neuen Regimes ausgeliefert waren. Der Reichskanzler antwortete mit bösem Spott: «Sie sind wehleidig, meine Herren, und nicht für die heutige Zeit bestimmt, wenn Sie jetzt schon von Verfolgungen sprechen.» Die Drohung wurde ernst genommen – nicht ernst genug.

Am 26. März zogen Thomas und Katia Mann nach Lugano um, ins Hotel «Villa Castagnola», das den Dichter «durch ein gewohntes Niveau» beruhigte. Seine Neigung zu Angstanfällen wurde geringer. Mit Katia erwog er nun eine Niederlassung in Zürich oder Basel: vom deutschen Sprachraum wollte er sich nicht für eine zu lange Frist entfernen. Überdies plante Erika, für ihre «Pfeffermühle» eine Bühne in Zürich zu finden, und die kleine Medi sollte in die Schweiz herüberkommen. Sonst kein Aufsehen. Den großen Buick, meinten die beiden, müßte man überführen, auch wenn dies hieß, daß Thomas Mann auf die Dienste des fragwürdigen Chauffeurs noch nicht verzichten könnte. Oder? Wenig später schrieb er auf, daß ihn durch die Frau des Freundes Bruno Frank «schlechte Nachrichten» über Hans erreichten, «der natürlich verludert und etwas wie ein gefährliches Element darstellt». Er fügte hinzu: «Seine Entfernung unbedingt notwendig.»

Bei einer Filiale der Crédit Suisse hob er Geld ab, das aus München überwiesen worden war. Das also war noch möglich, wenigstens fürs erste. Er notierte: «Heitere Ideen im Gehen am schönen Tage über dem See. Gefühl seelischer Genesung und neuen Vertrauens.» Am 3. April lobte er den «strahlenden, frischen, sonnigen

Morgen». Ins Tagebuch schrieb er die Mahnung: «es wäre Zeit, daß ich mich aus der Bummelei des Umsturzes und der Aufregung zur Arbeit am Joseph zurückfände. Fruchtlos übrigens ist doch wohl das schwere Ferien-Erleben nicht. Ich bringe es oft in Beziehung zu der Faust-Novelle, der Nachfolgerin des Joseph, mit der ich ‹etwas sehr Originelles leisten würde›.» Dies war, wenn nicht vieles täuscht, die erste Erwähnung des Planes, der sein Alterswerk prägen sollte.

Er war in dem Tessiner Idyll nicht allein. Der vertraute Kollege Bruno Frank und seine Frau hatten in dem schönen Haus ihrer Mutter, der einstigen Operettendiva Fritzi Massary, Zuflucht gefunden. Erich Maria Remarque wohnte in der Nähe, auch Emil Ludwig, den Thomas Mann weniger schätzte. Der Schriftsteller, Übersetzer und Akademiekollege Ludwig Fulda, der durch sein Altmännergejammer die Nerven der Schicksalsgenossen ein wenig strapazierte, fand sich in Lugano ein. Übrigens hielt sich auch Ernst Bertram ganz in der Nähe auf: er machte in Locarno Ferien, doch er schien, vielleicht von seinem Lebenspartner Glöckner zurückgehalten, eine Verabredung zu scheuen. Thomas Mann, der ihn mit knappen Nachrichten von seinen Geschicken unterrichtete, bestand nicht darauf, den Freund zu sehen. Es zählte mehr, daß Hermann Hesse droben auf dem Berg rasch erreichbar war. Von Zeit zu Zeit fuhr er mit Katia im Bus nach Montagnola hinauf.

An Golo erging die Weisung, vor Ostern herüberzukommen und Medi mitzubringen. Michael, der Jüngste, hatte schon am 31. Januar gemeldet, ihm biete sich die Gelegenheit, mit einigen seiner Internatskameraden einen «sehr netten Lehrer» nach Italien zu begleiten: nach Rom, Florenz, Venedig. Es sei «nicht im geringsten gefährlich», schrieb er der Mutter, «da ich ganz unter dem Schutz des Dr. Wenzel stehe! (...) Aber jetzt kommt das *schreckliche*, was nicht hätte kommen dürfen: Es kostet im ganzen, mit Reise: – 150 RM.» Etwas altklug setzte der Vierzehnjährige hinzu: «Es ist unzeitgemäß, es ist unverschämt Dich so etwas zu bitten, aber vielleicht als Geburtstagsgeschenk!» Den Eltern war der Ausflug recht: nichts einfacher, als Bibi aus Italien in die Schweiz kommen zu lassen. So gab wenigstens die Vereinigung mit den Kindern keine zu großen Probleme auf.

Am 3. April traf Golo mit Medi in Lugano ein: die beiden waren
von München mit der Bahn nach Friedrichshafen gefahren. Dann
gelangten sie auf einem Schweizer Schiff nach Romanshorn: «welche Erleichterung», schrieb Golo, «anstatt der Hakenkreuzfahne
das Schweizerkreuz zu sehen!» Nach Auskunft des Sohnes wurde
bei seinem Aufenthalt noch «wenig Praktisches» besprochen, doch
aus Thomas Manns Tagebuch ergibt sich, was nur natürlich war:
Katia und er waren aufs intensivste mit allen möglichen Plänen beschäftigt, die eine Sicherung des Münchner Vermögens versprachen.

Golo reiste am 6. April wieder zurück. Bei einem Aufenthalt zwischen zwei Zügen in Zürich sah er Erika – «wie gewöhnlich unvergleichlich resoluter als ich» –, die ihm und der Familie gebot:
«Nichts wie heraus und nie mehr zurück und alles in München verloren geben.» Doch kurz danach fand sie sich selbst, nur für wenige
Stunden, im Haus am Herzogpark ein, um andere Teile des «Joseph»-Manuskriptes, die der Vater entbehrte, an sich zu nehmen.
Eine Woche später war Golo erneut nach Lugano unterwegs. Kai
Köster begleitete ihn. Die Freunde genossen die Fahrt über die Al-
penpässe in Golos kleinem Wagen. Die Gespräche mit den Eltern
waren konkreter als bei der ersten Visite, wenn auch längst nicht
entschieden genug. Am 8. April hatte den Vater die Nachricht erreicht, daß ihn der Rotary-Club kurzerhand aus der Liste seiner
Mitglieder gestrichen habe. Einige Tage später von Heinrich der
Hinweis, daß sein Berliner Guthaben beschlagnahmt und seine
Münchner Wohnung versiegelt worden seien. (Dennoch konnte der
Bruder mit der Hilfe seiner ersten Frau Mimi, die tschechoslowakische Bürgerin war, den größten Teil seiner Bibliothek und einige
alte Möbel nach Prag schaffen lassen.)

Der Münchner Anwalt Dr. Valentin Heins, ein Freund der Familie Hallgarten, war von Golo zu Rate gezogen worden, wie das
Vermögen zu retten sei. Heins kümmerte sich künftig, mit bewun-
dernswertem Eifer, doch alles in allem ohne Glück, um die deutschen Interessen der Familie. Seine Empfehlung: das Haus an der
Poschingerstraße mit Hypotheken zu belasten, davon ein Viertel
oder ein Drittel dahinzugeben, um die möglichen Nachforderungen
der Finanzbehörden zu erfüllen und die «Reichsfluchtsteuer» zu

bezahlen, die Heins auf siebenundneunzigtausend Mark schätzte, und der Rest könnte dann in die Schweiz transferiert werden. Thomas und Katia dachten auch an den Verkauf des Sommerhauses in Nidden, das dem deutschen Zugriff gottlob entzogen war.

Aber würde das alles auch klug sein? Neue Zweifel regten sich, die sich auch nicht völlig verscheuchen ließen, als Thomas Mann von dem Protest Hans Knappertsbuschs und seines Anhangs gegen den Wagner-Essay erfuhr. Nach der Lektüre des Wortlauts setzte er eine geharnischte Antwort auf. Anderntags schrieb er, einem Hinweis Bruno Franks folgend, eine mildere Fassung, die von der «Frankfurter Zeitung», der «Vossischen» und der «Deutschen Allgemeinen Zeitung» in Berlin, ferner von der «Neuen Freien Presse» in Wien abgedruckt wurde: das immerhin war noch möglich. Die wichtigste Passage des Einspruchs: «Kaum einer der ehrenwerten und sogar hervorragenden Männer», die ihren Namen unter den Protest gesetzt hatten, «kann den Aufsatz ‹Leiden und Größe Richard Wagners› überhaupt gelesen haben, denn nur vollkommene Unkenntnis der Rolle, die Richard Wagners gigantisches Werk in meinem Leben und Dichten seit jeher gespielt hat, konnte sie bestimmen, an dieser bösen Handlung gegen einen deutschen Schriftsteller teilzunehmen.» So verhielt es sich in der Tat: keiner der Signateure, Knappertsbusch und Pfitzner ausgenommen, hatte mehr als einen flüchtigen Blick auf den Essay geworfen. Die Vokabeln «Opportunismus» und «Charakterlosigkeit» brauchte Thomas Mann in seiner Antwort nicht zu bemühen: der Text legte sie nahe.

Wenig später legte sich der Musikschriftsteller Willi Schuh gegen die Münchner Anschuldigungen mit Verve und Courage in einem Artikel für die «Neue Zürcher Zeitung» ins Zeug. Pfitzner sah sich zu einer langen Rechtfertigung gedrängt, die er in der «Frankfurter Zeitung» drucken ließ. Er zitierte aus dem Briefwechsel, den er mit Thomas Mann aus Anlaß des fünfzigsten Geburtstages des einstigen Freundes und Bewunderers geführt hatte: Dokumente, die bestätigten, daß sich ihre Gedanken zu den deutschen Dingen weit voneinander entfernt hatten. Zornig setzte Thomas Mann im Juli 1933 eine neue Antwort auf, die vor Erikas strengen Augen keine Gnade fand. Ihr behagte der Ton «melancholischer Konzilianz» nicht, die

der Vater, trotz seines Grimms, für angemessen gehalten hatte. Er
selbst fürchtete nicht zu Unrecht, daß die Auseinandersetzung seine
Lage erschweren könnte. Die «Neue Rundschau», die seine Erwiderung drucken sollte, wies sie höflich zurück: der Redakteur Peter
Suhrkamp wollte das Erscheinen der Zeitschrift durch keine Polemik gefährden, die er als fruchtlos betrachtete. Der Autor beugte
sich seufzend.

Die Konfrontation mit der Feindseligkeit, die der «Protest» demonstrierte, hatte einen heftigen «Choc von Ekel und Grauen» bewirkt. Erregungsanfälle, Angstzustände und die Schlaflosigkeit
kehrten wieder. Immer noch war die Paßfrage nicht geklärt. Beruhigende Versicherungen, daß ihm ein internationales Dokument des
«Völkerbundes», dem er als Berater gedient hatte, oder einer der
Flüchtlingspässe, die nach dem Norweger Nansen genannt wurden,
gewiß nicht verweigert werden könnten, waren kaum ermutigend.
Eher tröstete ihn die Versicherung Gottfried Bermann Fischers, der
mit seiner Frau von Locarno herüberkam, daß der Verlag nahezu
unbehindert arbeiten könne und keiner Zensur unterworfen sei.
Auch ein Transfer der Honorare ins Ausland sei möglich. Die Publikation des Wagner-Essays in Buchform war beschlossen.

Mit eindrucksvollen Argumenten redete Bermann seinem wichtigsten Autor zu, daß er nicht länger darauf beharren sollte, den
Druck des «Joseph» zurückzuhalten, bis er den gesamten Roman-
zyklus zu Ende gebracht habe. Aus vielen Gründen sei es vorzuziehen, wenigstens den ersten Band noch im Herbst des Jahres 1933 auf
den Markt zu werfen. Auch der amerikanische Verleger Knopf
drängte auf eine Publikation. Zögernd deutete Thomas Mann sein
Einverständnis an. Von seinem Schwiegervater brachte Gottfried
Bermann keine guten Nachrichten mit. Das Bewußtsein des alten
Samuel Fischer, sagte er später, sei schon seit einiger Zeit beeinträchtigt gewesen. Ihm habe sich dadurch das Verständnis für die
politischen Vorgänge verschlossen. Den Ernst der Situation verstand er nicht, und er weigerte sich, «die Frage der Auswanderung
auch nur zu diskutieren. Wie ein Segen Gottes hatte ihn diese Trübung seines Geistes vor der bitteren Erkenntnis der Lage bewahrt».

Damit war – wenigstens fürs erste – die drängende Frage beantwortet, ob es recht sei, mit dem Verlag im nationalsozialistischen

Deutschland auszuharren. (Vermutlich wäre Bermann, aus vielen Gründen, ohnedies zu einer positiven Antwort gelangt.) Die geistige Ermattung bewahrte den alten Fischer wohl auch davor, die Veränderung im Verhalten Gerhart Hauptmanns wahrzunehmen, des Gefährten seit den Gründungstagen des Verlages. Als Bermann, so erzählte er selbst in seinen Erinnerungen, im Kreis der Freunde enthusiastisch von der Leistung der Juden für die deutsche Kultur sprach, unterbrach ihn der Dichter mit der Bemerkung: «Ja, mein lieber Bermann, ich bin nun einmal kein Jude.» Auf ein Wiedersehen mit Thomas Mann schien Hauptmann keinen zu großen Wert zu legen. Der alte Groll über die Karikatur im «Zauberberg» war nicht vergessen, trotz der Versöhnungsfeiern, trotz der überschwenglichen Hymnen, mit denen ihn Thomas Mann noch wenige Monate vorher zum siebzigsten Geburtstag gerühmt hatte. Einen «König der Republik» hatte er ihn freilich nicht mehr genannt: tempi passati. Wenig später vermerkte er grimmig, der einstige Freund des sozialdemokratischen Reichspräsidenten Ebert und des liberaldemokratischen Außenministers Rathenau, den «Juden erhoben u. groß gemacht» hätten, habe am nazistischen «Tage der Arbeit» auf seinem Haus das Hakenkreuz hissen lassen.

Auch er hatte nichts vergeben und nichts vergessen. Mit bitterer Ironie fügte er hinzu, Hauptmann möge «sich goethisch vorkommen in seiner Loyalität gegen das Gemeine». Es gefalle ihm, mit Tyrannen zu konversieren. Er sei auch bei Mussolini gewesen: «Ich hasse diese Attrappe, die ich verherrlichen half, u. die großartig ein Märtyrertum von sich weist, zu dem auch ich mich nicht geboren weiß, zu dem aber meine geistige Würde mich unweigerlich beruft.» Einige Jahre danach wollte es der Zufall, daß sich Thomas Mann und Gerhart Hauptmann zur gleichen Stunde in einem Zürcher Warenhaus aufhielten. Aufmerksame Bedienstete wiesen den einen wie den anderen auf die Anwesenheit des gefeierten Kollegen hin. Die Vermittlung einer Begegnung lehnten beide ab.

In Wahrheit schloß Thomas Mann im Frühling 1933 noch nicht alle Chancen einer Rückkehr aus, doch seine Skepsis wuchs von Tag zu Tag. Bei einem Besuch in Emil Ludwigs Haus, nicht weit von Ascona, wurden – wie anders? – die deutschen Dinge debattiert. Erich Maria Remarque und seine Frau, der einstige Botschafter

Graf Wolff Metternich, Ernst Toller und der ehemalige preußische Staatssekretär Wilhelm Abegg waren unter den Gästen. Thomas Mann bemerkte düster, nur der Krieg könne ein «wirksames Mittel zum Sturze der Machthaber» sein, aber den werde man sorgsam vermeiden. Überdies, sagte er später, habe der Revanche-Krieg nach innen schon begonnen. Er nannte das Regime bei anderer Gelegenheit eine «Riesen-Ungezogenheit gegen den Willen des Weltgeistes, ein kindisches Hinter die Schule laufen», und er präsentierte eine Einsicht, der sich die Völker Europas erst nach der zweiten Katastrophe mühsam zu beugen lernten (wenn sie es denn gelernt haben): der nationalistische Rausch, sagte er, verdränge die Einsicht aus dem Bewußtsein, daß das «Problem des Kapitals und der Arbeit, der Güterverteilung (...) vom Nationalen her nicht zu lösen» sei.

Emil Ludwig, der ein Bewunderer des faschistischen Diktators Benito Mussolini war, riet ihm bei jener Gastlichkeit, sich in Bozen niederzulassen. Andere warnten vor einer Residenz in Südtirol, dessen Bevölkerung nicht zuverlässig gegen nazistische und faschistische Anfälligkeiten gefeit sei. Thomas und Katia Mann neigten ohnedies eher dazu, einen permanenten Wohnsitz in Basel oder Zürich zu suchen. Zunächst dachten sie daran, sich für den Sommer nach einem Haus in Südfrankreich umzuschauen: in Heinrichs Nähe, der in Nizza eine Wohnung gefunden hatte. Auch René Schickele, der elsässische Dichter, lebte in der Provence.

Bei der zweiten Visite Golos hatten Thomas und Katia in qualvollen Gesprächen noch einmal alle Möglichkeiten geprüft, wenigstens einen Teil des deutschen Vermögens in die Schweiz zu transferieren. Es galt zu retten, was sich retten ließ. In den letzten Tagen des April und Anfang Mai hob der Sohn bei den Münchner Bankhäusern Aufhäuser und Feuchtwanger nach und nach sechzigtausend Mark ab. Dann teilten ihm die Geschäftsführer bedauernd mit, daß ein hohes Amt befohlen habe, ihm keine weiteren Gelder auszuzahlen, da der Verdacht der Kapitalflucht vorliege. Vermutlich hatten sie einer Anweisung der politischen Polizei zu gehorchen. Das Bündel der Hundertmarkscheine versteckte Golo, wie er in seinen Erinnerungen festhielt, «in einer Kiste auf dem Speicher, unter alten Exemplaren des ‹Simplicissimus›». Aber auf welchem Wege konnte er die Summe – die nach heutigem Geldwert wenigstens das Zehnfache betrug – über die Grenze schaffen? Der junge Mann schien seine nagende Unruhe diszipliniert zu verbergen, obschon er wissen mußte, daß er eine gefährliche Aufgabe übernommen hatte.

Als er sich Ende April zum drittenmal auf den Weg in die Schweiz machte, um in Rorschach am Bodensee mit den Eltern und dem Rechtsanwalt Heins Rat zu halten, stieg er in Karlsruhe aus dem Zug und deponierte das Geld in einem Banksafe. Die Eltern verhandelten unterdessen mit seriösen Experten, auch mit diesem und jenem windigen Zeitgenossen, wie der Rest des Vermögens gesichert und in die Schweiz geschafft werden könnte – doch ohne Erfolg.

Der Vater wurde von einer noch größeren Sorge bedrängt, die ihn bis in den Schlaf verfolgte. Irgendwann im April hatte er sich endlich ein Herz gefaßt und Golo in einem Brief darum gebeten, eine Reihe von Heften, in Wachstuch gebunden, aus einem verschlossenen Fach im Schreibtisch des Arbeitszimmers und aus dem sogenannten Schließschrank in der Diele zu holen, in einen Koffer zu packen und unverzüglich nach Lugano zu schicken, den Sohn beschwörend, er möge diskret genug sein, «nichts von diesen Dingen» zu lesen. Offensichtlich hatte er es nicht übers Herz gebracht, mit Golo bei seinem Aufenthalt im Tessin über die Tagebücher zu reden, obwohl er schon in jenen Tagen eine Beschlagnahmung des Hauses nicht mehr für ausgeschlossen hielt. Die Vorstellung, daß seine persönlichsten Aufzeichnungen in die Hand der Nazis fallen könnten, war ihm unerträglich: ein Alptraum, der ihn bis zur Panik ängstigte. Hätte er den Mut gefaßt, mit Golo zur rechten Zeit ein wenig vertrauensvoller zu reden, hätte sich vielleicht ein sicherer Weg finden lassen, das explosive Material in die Schweiz zu bringen. Valentin Heins, der Anwalt, packte ohnedies einen Stapel von Korrespondenzen und Büchern (für die Fortarbeit am «Joseph»-Roman) in sein Auto, als er von München nach Rorschach fuhr. Offensichtlich wurde sein Wagen nur flüchtig kontrolliert. Es gab zu jener Zeit noch manche Mittel und Wege, der Aufmerksamkeit der Häscher zu entgehen.

Hatten die Eltern mit Golo nicht über Hans Holzner gesprochen, den Chauffeur, über den der Vater schon Wochen zuvor bemerkt hatte, daß er entlassen werden müsse? Hatte der Sohn nicht berichtet, daß der junge Mann anfange, sich wie ein Pascha aufzuführen, daß er das Personal herumkommandierte und bei den Abrechnungen schwindelte? Man schien sich seufzend darauf verständigt zu haben, den Burschen zu halten, bis er die beiden Wagen in die Schweiz gebracht haben würde. Nach Golos Rückkehr war er in der Tat beauftragt worden, die Ausstellung der Dokumente zu beantragen – das sogenannte Triptyk –, das man in jenen Tagen brauchte, um ein Auto ins Ausland zu überführen.

Golo schloß sich ins Arbeitszimmer des Vaters ein, um die geheimnisvollen Hefte verpacken zu können, ohne von jemandem überrascht zu werden. In seinen Memoiren schrieb er, fast ein halbes Jahrhundert danach: «Als ich mit dem Koffer heraustrat, um ihn zum Bahnhof zu bringen, stand da der treue Hans: gerne werde er mir diese lästige Arbeit abnehmen. Desto besser, warum nicht? Aber der Koffer kam nicht an und kam nicht an».

Warum ließ sich der Sohn übertölpeln? Forderte er von dem Chauffeur wenigstens den Frachtschein ein? Oder die Quittung über die Versandkosten? Nach Golos Auskunft lief der Kerl mit dem Koffer direkten Weges zum «Braunen Haus», womöglich sogar zur Politischen Polizei. Auch die Triptyks für die Autos, die der Automobilclub ausstellen sollte, konnte er angeblich nicht beschaffen. Er kehrte, nach Golos Erinnerungen, «stolz gebläht» zurück: «Der Wagen dürfe nicht aus dem Land», behauptete er, «weil es sich bei dem Besitzer um einen politischen Flüchtling handle.» Er sagte: «Ich bin selber Hitler», was heißen sollte: Mitglied der Nazipartei oder der SA. Er redete auf Golo ein: «aber von Mann zu Mann muß ich Ihnen sagen, daß auch Ihnen demnächst der Paß entzogen werden wird.»

Golo nahm die Warnung zur Kenntnis. Er schloß aus dem Verhalten des Chauffeurs, daß er sich keineswegs beim Automobilclub gemeldet habe, um das notwendige Papier für die Ausfuhr der Autos zu beschaffen, sondern wiederum geraden Weges zur Politischen Polizei gelaufen sei, die dem SS-Chef Heinrich Himmler und Reinhard Heydrich unterstand, dem intelligenten Adlatus, der seine vierteljüdische Herkunft durch einen erbarmungslosen Fanatismus in der Verfolgung aller Gegner des Regimes zu kompensieren versuchte, schon damals.

Büttel der Polizei fanden sich prompt in der Poschingerstraße ein, beschlagnahmten die beiden Wagen der Eltern und überdies Golos kleinen DKW; lediglich Erika war es gelungen, ihren Ford rechtzeitig außer Landes zu bringen. Es war zu erwarten, daß auch das Haus in nicht zu ferner Zeit enteignet würde. Dem Anwalt wurde in Rorschach aufgetragen, einige Manuskripte (darunter die Urschrift des «Zauberbergs») und wichtige Korrespondenzen, angeblich auch Thomas Manns Briefwechsel mit seiner Frau, an sich zu nehmen. Es wäre besser gewesen, sie hätten die kostbaren und unersetzlichen Dokumente der tapferen Ida Herz anvertraut, die unterdessen ins Haus am Herzogpark gezogen war, um die Bibliothek und das Archiv zu ordnen. Ihr gelang es, etwa zwei Drittel der Bücher und einige Manuskripte nach draußen zu schaffen. Im Gang der Monate expedierte die Buchhändlerin siebenunddreißig Kisten in die Schweiz: nicht nur Bücher, sondern auch einen guten Teil des Familiensilbers, kostbares Geschirr, das Grammophon und die Schallplatten.

Alle Briefe und Manuskripte, die der Obhut des Anwalts Heins übergeben wurden, gingen im Krieg verloren, vermutlich bei einem der großen Bombenangriffe auf die Stadt. Manche der zurückgebliebenen Bücher wurden im Haus eines Freundes und eines einstigen Kinderfräuleins untergestellt; dieser Teil der Bibliothek, darunter viele Kostbarkeiten, wurde später beschlagnahmt. Das Haus konnte zunächst an eine Familie aus den Vereinigten Staaten – für sechshundert Mark pro Monat – vermietet werden. Freilich beschwerte sich Mrs. Henriette Taylor, die Frau eines amerikanischen Kaufmanns, daß manche Möbel, die schließlich im Mietpreis inbegriffen seien, hinter ihrem Rücken fortgeschleppt würden. Mrs. Taylor schien sich für die Zwangslage des Besitzers nicht zu interessieren. Man sagte ihr nach, sie sei mit ihren Klagen auch zur Politischen Polizei gelaufen.

Das Kinderfräulein Marie Kurz ließ in der Tat einige der wertvolleren Möbel, unter dem Vorwand, sie seien reparaturbedürftig, durch Handwerker, die sie gut genug kannte, ohne Aufsehen aus dem Haus holen. Mit Hilfe des berühmten Antiquitätenhauses Bernheimer wurden sie nach Baden-Baden an die Adresse des Dichters René Schickele expediert, der Thomas und Katia Mann in Südfrankreich mit einer so herzlichen Hilfsbereitschaft begegnete. Von dort gelangten sie – als Umzugsgut des französischen Bürgers Schickele getarnt – an einen zuverlässigen Mittler in Basel. Als Thomas Mann später sein Haus in Küsnacht bezog, fand er fast das gesamte vertraute Inventar seines Arbeitszimmers wieder: den Schreibtisch samt den Erinnerungsstücken, die ihn so lange geschmückt hatten, den Empire-Sessel, den er voller Stolz mit in die Ehe gebracht hatte, zwei Biedermeier-Schränke, auch die silberne Taufschale, die sich seit dem Jahre 1654 im Besitz der Familie befand.

Der wichtigste Auftrag, den Thomas Mann dem Anwalt Valentin Heins bei der Zusammenkunft in Rorschach ans Herz legte: er möge um Gottes willen den «offenkundig feindlich beseitigten» Koffer mit den Tagebüchern herbeischaffen. Thomas Mann wollte von dem «Schreckensgedanken» erlöst sein, der ihn halbe Nächte lang nicht schlafen ließ, daß seine privaten Aufzeichnungen hernach womöglich im «Völkischen Beobachter» nachzulesen seien. Mehr als vor jeder anderen Heimsuchung fürchtete er sich vor «diesem Anschlage gegen die Geheimnisse» seines Lebens: «Sie sind schwer und tief», schrieb er ins neue Notizheft: «Furchtbares, ja Tötliches kann geschehen.»

Der Anwalt meldete schon zwei Tage später (am 2. Mai 1933), es sei festgestellt worden, daß sich der Handkoffer «nicht mehr auf deutschem, sondern auf Schweizer Boden befinde». Aufatmend schrieb Thomas Mann: «Das Gefühl, einer großen, ja unaussprechlichen Gefahr entgangen zu sein, die vielleicht keinen Augenblick bestanden hat.» In Wirklichkeit war die Krise noch nicht ausgestanden. Zwei Tage danach notierte Thomas Mann nach einem Telefonat Katias mit Golo und Dr. Heins, das Stück sei nun endlich eruiert, «dank 4 tägiger zäher Bemühungen. Es war tatsächlich von der politischen Polizei beschlagnahmt, soll aber nun freigegeben u. auf dem Wege nach Lugano sein». Er wolle den Koffer durch Bruno Frank weiterschicken lassen. In Südfrankreich werde er feststellen können, «ob der Inhalt intakt» sei. Er neige zu der Annahme, er sei «einfach in Lindau liegen geblieben». Nach gut zwei Wochen langte der Handkoffer endlich in Bandol an. Der Eigentümer stellte fest, daß die «Münchener Verpackung (...) unberührt» zu sein scheine.

Er fügte hinzu: «Offenbar hat das Stück wochenlang, angehalten aber unangetastet in Lindau gelegen.» Anderntags eine genauere Prüfung: er notierte noch einmal, daß die Papierumhüllung unberührt zu sein scheine, «aber der Koffer war nicht abgeschlossen, was er doch bei der Absendung zweifellos gewesen ist, und der Inhalt, der immerhin auch durch den Transport in Unordnung geraten sein kann, macht immerhin den Eindruck der Durchwühltheit.»

Vorgänge voller Merkwürdigkeiten. Golo Manns Erinnerungen lösten die Rätsel nicht. Auch die Akten der Polizei, des Reichsstatthalters und der Münchner Parteiämter, die der Bonner Historiker Paul Egon Hübinger mit akribischer Sorgfalt geprüft hat, gaben zunächst keinen Anhalt, wie das Mysterium zu klären sei. Schließlich gelang Jürgen Kolbe in seiner Studie über «Thomas Mann in München» die Aufklärung jener verwirrenden Ereignisse. Der Koffer, stellte Kolbe fest, befand sich in Wirklichkeit niemals bei der Politischen Polizei. Warum, in der Tat, hätte der scharfe Heydrich diese Dokumente freigeben sollen, die ihm alle Mittel in die Hand gegeben hätten, Thomas Mann zu ruinieren? Homosexualität galt laut Gesetzbuch als «widernatürliche Unzucht». Sie war strafbar, und sie war gesellschaftlich noch immer verpönt, nicht nur in Deutschland. Doch fast schlimmer: die spontanen und oft unbeherrschten Urteile über Freunde und Feinde, ja über die eigene Familie, die Thomas Mann dem Journal anvertraut hatte, die Sprunghaftigkeit seiner politischen Einsichten, ihre Wandelbarkeit, die Zeugnisse seines kalkulierenden Verhaltens gegenüber den Kollegen, den verlegerischen Partnern, den Mächtigen im Staat – sie hätten jeden Gegner mit Waffen für eine tödliche Polemik versehen. Auch wenn die braunen Kontrolleure es zu jenem Zeitpunkt noch für inopportun gehalten hätten, den Dichter an den Pranger zu stellen: nichts hätte sie davon abhalten können, die belastenden Materialien für einen günstigeren Augenblick aufzubewahren. Es gab zu jener Zeit noch keine Kopiergeräte, aber es hätte geringe Mühe gemacht, die Papiere zu photographieren.

Dies steht nun fest: Hans, der Chauffeur, hatte den Koffer in der Tat gehorsam aufgegeben. Es mag sein, daß er danach, wie Jürgen Kolbe vermutet, zur Polizei gelaufen war, um auf den Versand des mysteriösen Gepäckstückes aufmerksam zu machen. Ob die Kon-

trolle in Lindau der Routine entsprach oder durch eine Weisung aus
München veranlaßt wurde: die Grenzpolizei in dem Städtchen am
Bodensee durchsuchte den Koffer, der – ungewöhnlich genug – achtunddreißig Kilogramm wog. Der zuständige Beamte, Neeb hieß der
Mann, meldete am 13. April telefonisch nach München, was er hernach in einem schriftlichen Vermerk an die Polizeidirektion sorgfältig bestätigte: Die Durchsicht des an Dr. Mann adressierten Koffers
habe ergeben, daß er ein Paket mit Verträgen enthalte, die er in der
Anlage übersende: «Die in den Verträgen angeführten zum Teil hohen Summen», schrieb der Beamte, «geben einen Einblick in die
Höhe des Einkommens von Thomas Mann. Ich ersuche, die beilie-
genden Dokumente dem zuständigen Finanzamt baldmöglichst zur
Kenntnis zu bringen und dann der Grenzpolizeistelle Lindau zu-
rückzusenden, damit der hier noch lagernde Koffer an den Empfänger weitergeleitet werden kann. Die Durchsicht des Koffers hat
ergeben, dass sich in demselben» – außer den Verträgen – «nur
Manuskripte zu den Romanen und Erzählungen von Thomas Mann
befinden. Es besteht der Eindruck, dass Thomas Mann in nächster
Zeit nicht nach Deutschland zurückzukehren beabsichtigt.»
    Der Grenzbeamte Neeb, dessen Ahnungslosigkeit ein wahrer Se-
gen war, schien nicht bemerkt zu haben, daß es sich bei den Manuskripten in Wahrheit um Tagebücher handelte, die Reinhard Heydrich und seinen Gesellen in der Tat sensationelle Offenbarungen
vermittelt hätten. Allerdings wurde dank seiner Wachsamkeit, die
nach bürgerlicher und behördlicher Gewohnheit vor allem Geldge-
heimnisse und mögliche Steuerversündigungen zu erschnüffeln versuchte, das Finanzamt in München alarmiert, das die Verträge
gründlich prüfte und ihren Inhalt zu Protokoll nahm, ehe die Dokumente nach Lindau zurückgeschickt und wieder in den Koffer
gepackt wurden. Das war der Beginn des Enteignungsverfahrens,
das sich von nun an durch die nächsten fünf Jahre schleppte und den
Schriftsteller am Ende um den größeren Teil seines Vermögens
brachte.
    Der Prozeß, der damit in Gang gesetzt wurde, war in der Tat
geeignet, die Aufmerksamkeit der Politischen Polizei ein weiteres
Mal auf den Autor zu lenken. Paul Egon Hübingers Forschungen
brachten zutage, daß Heydrich im Sommer 1933 einen «Schutzhaft-

Befehl» ausstellen ließ, der Thomas Mann – er ahnte nicht, wie nahe ihm die Gefahr auf den Leib gerückt war – bei einer Rückkehr nach Deutschland hinter Gitter oder in ein Konzentrationslager verbannt hätte; vorausgesetzt freilich, daß die Maßnahme die Billigung der vorgesetzten Dienststellen in Berlin gefunden hätte, was man aus guten Gründen bezweifeln mag. Die Aktenfunde sagen deutlich genug, daß Heydrich nun erst seine Spürhunde auf den Dichter ansetzte – gleichviel, aus welchen Motiven: ob aus Wichtigtuerei oder Ranküne, ob er die Radikalität seiner Gesinnung zu beweisen trachtete oder eine politisch halbwegs überzeugende Rechtfertigung für die «Sicherstellung» des Eigentums von Thomas Mann brauchte.

Golo war von der Familienkonferenz mit den Eltern und Valentin Heins von Rorschach wieder nach München zurückgefahren. Sein kleines Auto sah er vor dem «Braunen Haus» geparkt: einer der Nazifunktionäre hatte sich das Gefährt angeeignet. Einer allzu spontanen Eingebung folgend, versuchte er, wie er in seinem Erinnerungsbuch aufschrieb, seinen geliebten kleinen Wagen wieder an sich zu bringen – vermutlich besaß er noch einen Zündschlüssel. Das war leichtfertig. Der neue Besitzer, ein «martialisch uniformiertes Bürgersöhnchen», drohte ihm, er werde ihn in «Schutzhaft» nehmen lassen, wenn er es noch einmal wage, sich des DKW zu bemächtigen. Rechtsanwalt Heins war Zeuge der Auseinandersetzung. Er mag seinem jungen Mandanten geraten haben, sich nun schleunigst aus München zu entfernen.

Bei einem Abendessen im Palais Pringsheim an der Arcisstraße, in dem es still geworden war, verabschiedete sich Golo von den Großeltern, die keine Anstalten machten, Deutschland zu verlassen. Zu Hause packte er seine liebsten Bücher ein, vor allem seine Hegel- und Schelling-Ausgaben, sagte dem treuen Fräulein Kurz adieu, das bitterlich weinte, fuhr nach Karlsruhe, holte sein Geldpaket aus dem Banksafe und reiste weiter nach Berlin, wo er im Haus Samuel Fischers Quartier fand. In der Reichshauptstadt traf er Peter Pringsheim, den Bruder der Mutter, der Ende April aus seinem Ordinariat an der Berliner Universität «beurlaubt» worden war: die rassistische «Säuberung» der Hochschulen hatte begonnen. Er fand auch seine Schwester Monika wieder, die sich noch immer in

Deutschland aufhielt. Für einen Augenblick war daran gedacht, daß Monika das Geld außer Landes bringen könnte. Der Vater schrieb ihr, die Transaktion vorbereitend, einen Gratulationsbrief zu dem Entschluß, «in den Stand der Ehe zu treten», und vermachte ihr das Geld als Mitgift. Als Bräutigam war vermutlich Golos Freund Pierre Bertaux, der Sohn von Félix Bertaux, in dessen Haus Thomas Mann einst Gast gewesen war, vorgesehen, der von Paris herüberkam. Der couragierte junge Mann – der im Krieg als ein Gefährte des Generals de Gaulle seine Unerschrockenheit aufs eindrucksvollste bewies – sollte die sechzigtausend Mark nach draußen schaffen (nach Angaben des Tagebuchs waren es sogar fünfundsechzigtausend). Auch das war riskant. Schließlich fand sich ein besserer Weg: die Summe gelangte, dank der Vermittlung des Botschafters François-Poncet, über den diplomatischen Kurierdienst zum französischen Außenministerium am Quai d'Orsay. Dort konnte Golo, der Deutschland am 31. Mai (zusammen mit Monika) endlich verlassen hatte, das Geld in Empfang nehmen und auf ein sicheres Bankkonto einzahlen.

Die sechzig- oder fünfundsechzigtausend Mark, die der Sohn gerettet hatte, machten laut Golo etwa ein Drittel des Vermögens aus, das Thomas Mann für die Sicherung der neuen Existenz zur Verfügung stand. Thomas Sprecher, der die Zürcher Jahre des Autors untersuchte, rechnete aus, Thomas Mann habe – zusammen mit den Geldern, die ohnedies in der Schweiz lagen – insgesamt über etwa zweihundertzehntausend Franken verfügt: wohl mehr als zwei Millionen Mark nach dem heutigen Stand – eine Summe, von der kaum einer der Emigrationsgenossen zu träumen wagte. Die Verluste in Deutschland waren dennoch herb. Nach seiner eigenen Kalkulation büßte Thomas Mann «drei Viertel seiner irdischen Habe» ein: den Rest seiner deutschen Barguthaben, den größeren Teil seiner Wertpapiere und das Haus am Herzogpark, das von der Gestapo mit zweiundachtzigtausend Reichsmark verbucht wurde, dazu das Mobiliar, das bei der Versteigerung gut fünfzehntausend Mark erbrachte.

Jene Schätzung habe untertrieben, meinte Sprecher, wenn man die «erheblich reduzierte Erbesanwartschaft Katias» oder auch die Expropriation des deutschen Publikums, den Verlust des Marktes also, berücksichtige. Zum anderen, ohne diese Berechnungselemente sei Thomas Manns Schätzung «eher etwas übertrieben». In den Münchner Jahren vor der großen Zäsur des Jahres 1933 hat der Jahresetat des Hauses Mann, nach den Angaben des Autors, fünfzig- bis sechzigtausend Franken betragen. Er wurde nun auf dreißig- bis vierzigtausend beschränkt. Die Einkünfte Thomas Manns gingen in der Regel über diese Summe hinaus. Seine Honorare erlaubten ihm noch immer einen großzügigen Lebensstil, und sie ließen manche Hilfstat für darbende Freunde und notleidende Kollegen zu, die Thomas Mann fast ohne Unterlaß mit ihren flehentlichen Bitten und manchmal mit zornigen Forderungen bedrängten. Die Korrespondenz mit Robert Musil und dessen Tagebuchaufzeichnungen bieten ein Beispiel der verzweifelten, oft neidvollen Erwartungen an den Autor, die sich auch dem späteren Betrachter schwer auf die Seele legen.

Erika und Klaus hatten sich am 21. April in Lugano eingefunden, Erika von Zürich, Klaus von Paris her kommend. Es wurde beschlossen, daß die beiden Jüngsten – Elisabeth und Michael – mit den älteren Geschwistern nach Südfrankreich vorausreisen sollten. Klaus verfügte in der französischen Hauptstadt über ein hilfreiches Netz von Verbindungen. Er ging bei berühmten Kollegen wie André Gide und Julien Green aus und ein. Er traf Joseph Breitbach, den rheinischen Schriftsteller, dem eine erstaunliche Assimilation an das Leben und die Literatur Frankreichs gelungen war. Er hielt mit den Zirkeln der Emigranten Kontakt, die fast zu jeder Tageszeit das Café «Deux Magots» in St.-Germain-des-Prés besetzt hielten: darunter Joseph Roth, der bedeutendste, produktivste, freilich auch schwierigste unter den Flüchtlingen und Ausgestoßenen. Der Sohn begann Pläne einer Zeitschrift zu entwerfen, für die er in Fritz H. Landshoff den zuverlässigen Partner fand, der einst wichtigster Mitarbeiter des Gustav Kiepenheuer Verlags war. Nun wurde Landshoff von dem holländischen Verleger Emanuel Querido in Amsterdam mit der Gründung einer deutschsprachigen Abteilung beauftragt.

Thomas Mann hatte schließlich von der Deutschen Botschaft in Bern, die Ernst von Weizsäcker leitete (der spätere Staatssekretär), seinen deutschen Paß zurückerlangt – freilich ohne die ersehnte

Verlängerung. Am Quai d'Orsay in Paris wurde der Dramatiker und Romancier Jean Giraudoux alarmiert, der damals die Pressesektion des Außenministeriums lenkte, um dem Dichter den Weg nach Frankreich ohne ein gültiges internationales Papier zu ebnen. Ein Besuch beim Konsul in Basel ergab, daß der Einreise des Nobelpreisträgers nichts entgegenstand. Der Autor notierte: «größtes Entgegenkommen, Passierscheine für die Grenze u. besonderer Empfehlungsbrief; ‹Cher Maitre›. Ach, ja! – Beim Chef des Polizei-Departements, Dr. Ludwig, in Sachen unserer Niederlassung. Größtes Entgegenkommen, Dispens von der Beibringung üblicher Papiere. Schon beim Empfang bedankte er sich für unsern Besuch. Ach, ja! –»

Das Suchen nach einem Haus in Basel, das ihn, Katia und die beiden Jüngsten für eine Weile aufnehmen könnte, blieb freilich ohne Erfolg. Am 3. Mai schrieb Thomas Mann ins Tagebuch: «Ich fühlte mich schlecht, und der Eindruck der Besichtigung» (eines teuren und wenig angenehmen Hauses), «die eine abscheuliche u. niederdrückende Vorstellung von deklassierter Existenz gab, verschlimmerte den Zustand meiner Nerven, die zu Hause bis zu Tränen versagten.» Drei Tage später bestieg er mit Katia den Schlafwagen nach Marseille, freilich mit «Phanodorm, das sich immer wieder ausgezeichnet bewährt». Indes gab es im Zug kein warmes Getränk: «Eine schlimme Behagensminderung und unbegreiflich auf solcher Strecke.»

51. KAPITEL

Mediterranes Intermezzo

Die Ängste um das Geschick seiner Tagebücher, die sich in manchen Nächten zum schieren Grauen gesteigert hatten, hielten Thomas Mann nicht davon ab, den neuen Heften des Journals jede Regung seines Gemüts, auch die intimste, jede Beobachtung an sich selbst und an der Umwelt, wie beschwerend oder peinlich sie sein mochte, jedes Urteil über Gott und die Welt, vor allem über die Zeitgenossen, mit merkwürdiger Unbefangenheit anzuvertrauen. Er schien nicht willens, auch nur *einen* Gedanken oder den Hauch eines vorübergleitenden Gefühls dem Vergessen zu überlassen. Wichtiges und Unwichtiges, Bedeutendes und Banales, Hochgemutes und Niederträchtiges reihte er aneinander, Tag um Tag. Niemals schien ihn – inmitten der panischen Furcht um die Journale aus den vergangenen Jahren – die Erwägung zu berühren, daß er sich damit erneut in Gefahr begebe. Das Exil bot gewiß keine völlige Sicherheit, nicht die solide Schweiz, erst recht nicht Frankreich, nicht das freie Amerika. Waren die Fremden vor den Nachstellungen der Polizei jederzeit geschützt? Konnte er die Hefte sorgsam genug vor den Augen des Hotel- und Hauspersonals verbergen, das womöglich zu Schnüffeleien neigte? Wo versteckte er die Notizen, die er auch vor der Familie geheimhielt?

Die Eintragungen deuteten niemals an, daß er über jene Risiken nachgedacht hätte. Mit einer Unbekümmertheit, die sich der rationalen Erklärung entzieht, folgte er dem Zwang der Gewohnheit. Der einfachste Schlüssel: die Fortführung der Chronik zählte zu den Regelmäßigkeiten seines Alltags, auf die er sowenig verzichten wollte wie auf die Toilette am Morgen, den Spaziergang, den Schlaf nach Tisch, den Tee am Nachmittag, die Zigarette, die kleine Zigarre. Dachte er zugleich an eine spätere Autobiographie? An das Gedächtnis, das ihm die Nachwelt bewahren würde? In den kalifornischen Jahren gab er sämtliche Bände bis zum Jahre 1933, man weiß es, dem Feuer anheim, die Frist von 1918 bis 1921 ausgenommen.

Also war das Zeugnis für die künftigen Generationen nicht das entscheidende Motiv, das ihm die Feder führte? Brauchte er eher den täglichen Blick in den Spiegel, um sicher zu sein, daß nichts von ihm selbst verlorengehe: scribo ergo sum? Unterwarf er sich einem Exerzitium, das sich am Ende selbst genügte? Im Februar 1934 bemerkte er: «Diese Tagebuchaufzeichnungen, wieder aufgenommen in Arosa, in Tagen der Krankheit durch seelische Erregung und durch den Verlust der gewohnten Lebensbasis, waren mir ein Trost und eine Hülfe seither, und gewiß werde ich sie fortführen. Ich liebe es, den fliegenden Tag nach seinem sinnlichen und andeutungsweise auch nach seinem geistigen Leben und Inhalt fest zu halten, weniger zur Erinnerung und zum Wiederlesen als im Sinn der Rechenschaft, Rekapitulation, Bewußthaltung und bindenden Überwachung...»

Also drängte es ihn zu einer täglichen Konfession, in der es weder Buße noch Katharsis gab, weil für ihn selbst weder Recht noch Unrecht, weder die Sünde noch die gute Tat, auch keine Reue und keine Scham existierten? War das alles? Oder handelte er unter einem Zwang zur seelischen Selbstentblößung, die ihn hernach vor den Augen des Lesers auf eine seltsame Weise schutzlos machte? War ein unbewußtes Verlangen am Werk, das ihn zu einer Art von postumem Exhibitionismus drängte? In der Tat weist die Geschichte der Literatur nicht viele Dokumente auf, die der brutalen Ehrlichkeit, ob freiwillig oder nicht, von Thomas Manns Tagebüchern gleichkommen, allerdings auch kaum Zeugnisse von solch massiver und unerschütterlicher Selbstgerechtigkeit.

Von einer Chronik im strengeren Sinne konnte nicht die Rede sein, obschon er den Fortgang der Geschichte mit angespannter Aufmerksamkeit registrierte. Er notierte die Meldungen der Presse, die kursierenden Meinungen und Gerüchte, meist ohne sie auf Distanz zu rücken, auch den Klatsch, der in den Salons von Tisch zu

Tisch gereicht wurde. Gelegentlich wurden Gedanken für seine Aufsätze und Reden, auch für die Romane «ins Unreine» formuliert, wie er es früher in den Notizbüchern getan hatte. In der Regel aber hielt er den Blick auf sich selbst gerichtet. Von den Menschen, die ihn umgaben, nahm dieser genaue Beobachter fast ausschließlich die Bezüge auf die eigene Person zur Kenntnis – als interessiere ihn ihr Leben, ihr Geschick, ihr Charakter, ihre Besonderheit, ihr Wohl und ihr Wehe nur am Rande. Wenn sich humane Teilnahme anzeigte, dann nur mit den Nächsten: vor allem mit Katia, von der er noch in Basel aufschrieb, sie sei überanstrengt und mache ihm Sorge. Er vermerkte, daß sie in jenen Monaten elf Pfund an Gewicht verloren habe. Die Anmerkungen über die Kinder, Erika und die kleine Elisabeth ausgenommen, fielen in der Regel sachlich aus. Oft waren sie streng, distanziert und kalt. Kaum ein Satz zeigte an, daß er ihnen jene Sympathien zuwandte, in die er die privilegierten Figuren seiner Bücher zu hüllen verstand, die freilich fast allesamt ein Spiegel seiner selbst waren.

Dennoch: nirgendwo begegnet er uns menschlicher als in den Anfechtungen des Zweifels, die er den Heften anvertraute, den Geständnissen seiner Mutlosigkeit, den Ausbrüchen der tränenvollen Verzweiflung. Er war nicht gut beraten, als er ein gutes Jahrzehnt später aus den Tagebuchblättern der Jahre 1933 und 1934 – für die Publikation durch einen kleinen Verlag in Los Angeles – nahezu jeden Hinweis auf sein Schwanken und die Anfälle von Schwäche streichen zu müssen glaubte. Das Unglück, das ihn in den ersten Jahren der Emigration so tief bedrückte, wurde durch eine schrille und eher propagandistische Polemik beiseite gedrängt.

Die Trauer über die verlorene Heimat konnte im südfranzösischen Sommer des Jahres 1933 seinen Blick für die Schönheit der mediterranen Landschaft nicht völlig verdunkeln. Er rühmte, wie immer, die «aphrodisierende Wirkung» des Meeres, auf das er von seinem Zimmer im Hotel «Les Roches fleuries» herabsah, der ersten Unterkunft bei Le Lavandou, eine halbe Autostunde östlich von Toulon, wo die Familie Zuflucht suchte, bis sich ein Haus finden würde. René Schickele, der sich in Sanary-sur-Mer angesiedelt hatte, schaute sich für den verehrten Kollegen in seinem idyllischen Dorf mit einiger Gründlichkeit um. Die beiden hatten längst ihren

Frieden miteinander gemacht. Über den Hader, der einst den pazifistischen Herausgeber der «Weißen Blätter» und den Autor der «Betrachtungen» in den Jahren des Ersten Weltkrieges entzweit hatte, war Gras gewachsen. Beide hatten sie für die Verteidigung der Republik von Weimar gestritten, jeder auf seine Weise, der hanseatische Patrizier und der deutsch-französische Literat. In ihren politischen Urteilen waren sie einander nähergerückt.

In einem Silvesterbrief an die gemeinsame Freundin Annette Kolb hatte Schickele das Jahr 1933 – «eine schöne Zahl (...) Schlank und doch rundlich wie die Venus von Milo» – noch mit halbem Optimismus begrüßt: es werde das «Jahr der WENDE». Das wurde es, freilich auf andere Weise. Späterhin war die Korrespondenz der beiden von einem salzigen Realismus bestimmt, überschattet von unablässigen Geldsorgen, die das Fräulein Kolb mit dem schönen und adligen Schafsgesicht, von dem Thomas Mann sprach, kaum besser zu meistern schien als der elsässische Freund, der fast ausschließlich auf seine deutschen Einnahmen angewiesen war. Erst als ihn die nazistische Diktatur zu einer Existenz als Franzose verurteilt hatte, begann er – zögernd und vermutlich auch mit Zagen – sein erstes (und letztes) Buch in französischer Sprache zu schreiben. Im Sommer 1933 war ihm der Zugang zum deutschen Markt noch nicht verwehrt. Er arbeitete im vertrauten Deutsch an einem Roman, der das provenzalische Leben aufnahm: «Die Witwe Bosca», diesem kleinen Meisterwerk, das einem mühseligen Dasein abgerungen war, über das sich Schickele bei den Freunden bitter beschwerte. Die «Landschaft des französischen Südens», sagte Thomas Mann später in seiner Vorrede zur französischen Ausgabe des Buches, sei seine «eigentliche Heldin», und ihre «Bewegtheit würde an einen anderen Wahl-Provenzalen, an van Gogh denken lassen, wenn nicht bei Schickele die Intensität und Heftigkeit der Schilderung fortwährend durch Anmut humanisiert wäre».

Thomas Mann selbst schien das Leben der Menschen im Midi nur flüchtig zur Kenntnis zu nehmen. Er rühmte die südliche Szenerie: die paradiesischen Gärten, die Pinienwälder in der Nachmittagsstille, die bizarren Formationen der Küste, die abweisende Strenge der Berge im Hinterland, die phantastischen Schluchten. Die Männer aber, die auf den Dorfplätzen gegen Abend ihre Boule- und

Pétanquekugeln warfen, um jeden Millimeter rechtend, die alten Frauen in ihren schwarzen Röcken, die an den Marktständen hockten, die jungen Mädchen mit den südlich-harten Gesichtern schien er kaum ins Auge zu fassen. Selbst auf die Burschen fielen nur flüchtige Blicke.

Es fand sich so rasch keine Residenz, die er als angemessen betrachtet hätte. So zog er mit Katia zunächst ins Grand Hotel des Badeortes Bandol, nur einen Sprung weit von Sanary entfernt, das in jenen Tagen noch ein idyllisches und stilles Nest war, auf dessen Feldern einer der besten Rotweine der Provence gedieh. Der biedere Gasthof behagte dem Dichter wenig. Der Speisesaal irritierte ihn, er sei «geschmacklos», und in einem Anfall der Entrüstung schrieb er, «in diesem Kulturgebiet» sei «alles schäbig, wackelig, unkomfortabel und unter meinem Lebensniveau». Die Ankündigung, daß Katias greise Eltern zu einem zweiwöchigen Urlaub aus München kommen wollten, war für ihn, wie er notierte, «nicht eben eine Erleichterung». Seufzend setzte er hinzu: «Ich billige sie jedoch von Herzen um K.'s willen.» Ihre Anwesenheit erwähnte er hernach kaum. Nur einmal beklagte er nach einem Spaziergang den quälend langsamen Gang der alten Leute.

Von Einsamkeit war er in jenem Winkel der Welt nicht bedroht. Die beiden jüngsten Kinder waren in der Nähe. Medi erwies sich als eine treue Begleiterin auf den Spazierwegen. Sie hatte hübsche Fortschritte am Klavier gemacht – wie Michael mit seiner Bratsche, beide Tag für Tag fleißig übend, was den Nerven des Vaters nicht immer zuträglich war. Von Zeit zu Zeit gaben die Geschwister im Salon des Hotels kleine Konzerte für den Kreis der Freunde. Auch Monika, die Deutschland zusammen mit Golo verlassen hatte, plante noch immer eine pianistische Karriere. Fürs erste wollte sie ihre musikalischen und kunstgeschichtlichen Studien in Florenz fortsetzen. Golo, der sich als historisch und politisch bewanderter Gesprächspartner erwies, bemühte sich mit der Hilfe seiner Pariser Freunde um einen Lehrauftrag, an dem er seine pädagogischen Talente üben könnte; überdies wollte er nicht völlig auf die Unterstützung durch die Eltern angewiesen sein. In der Tat erlangte er eine Dozentur für Geschichte an der École Normale von Saint-Cloud bei Paris und danach in Rennes.

Klaus kam für manche Wochen aus Paris herüber, ganz durch die Vorbereitungsarbeiten für seine Zeitschrift okkupiert. Auch Erika fand sich ein. Bruder Heinrich zog aus Nizza herüber. Er mietete sich ein kleines, bescheidenes Appartement, das ihm und seiner Gefährtin Nelly Kroeger, die ihm aus Deutschland gefolgt war, Platz und Komfort genug zu bieten schien.

Lion Feuchtwanger und seine exotisch-schöne Frau Marta, die über einen so behenden Witz verfügte, führten in Sanary ein großes und elegantes Haus: anregende und hilfsbereite Nachbarn, wie sie es hernach auch in Kalifornien waren. Thomas Mann teilte die Radikalität der politischen Überzeugungen des Kollegen nicht, den Glück und Reichtum niemals davon abhielten, den kommenden Sieg des Proletariats zu verkünden, sich selten weit vom Glaubensweg der Moskauer Orthodoxie entfernend. Indes, er bewunderte Feuchtwangers handwerkliches Talent, mit dem dieser historische und zeitgenössische Stoffe beneidenswert leichthändig und, wie es schien, in der Frist weniger Wochen zu formen verstand. Feuchtwanger schrieb in jenem Sommer «Die Gebrüder Oppermann»: die erste große Erzählung, die das europäische Publikum mit der Realität des Nazismus konfrontierte. Das neue Buch erreichte freilich nicht den Rang des Romans «Erfolg» aus dem Jahre 1930, eines wahrhaft prophetischen Werks, in dem der Autor ein kaum karikierendes Porträt des Agitators Hitler und ein eindrucksvolles Bild der Jahre von Weimar im Brennspiegel der Münchner Verhältnisse entworfen hatte.

Feuchtwanger bot Arnold Zweig eine Herberge, auch er dem Kommunismus nahe, aber zugleich ein leidenschaftlicher Zionist. Seine Familie hatte er nach Palästina vorausgeschickt, doch er selbst wollte das Buch, das er unter der Feder hatte, noch in Europa zu Ende bringen: eine Fortsetzung des großen Berichts über den Ersten Weltkrieg, der er den Titel «Erziehung vor Verdun» gab.

Später kam Bertolt Brecht zu Besuch (dem Peter Suhrkamp mutig bei der Flucht geholfen hatte). Aus dem Hotel «La Plage» schrieb er an Helene Weigel, die «Emigration hier» sei «nicht besonders angenehm zu sehen: In Paris entsetzte mich Döblin, indem er einen Judenstaat proklamierte, mit eigener Scholle, von Wallstreet gekauft. In Sorge um ihre Söhne klammern sich jetzt alle (auch Zweig hier) an die Terrainspekulation Zion. So hat Hitler nicht nur die Deutschen, sondern auch die Juden faschisiert.» Diese böse Zurückweisung der zionistischen Idee entsprach ganz der Parteilinie. Brecht fuhr fort: «Die eigentlichen Angelegenheiten Deutschlands interessieren hier niemand. Heinrich Mann imitiert Victor Hugo und träumt von einer zweiten Weimarer Republik.»

Wilhelm Herzog stellte sich ein, der Schickele aufs engste verbunden war, ein treuer Gefährte von Bruder Heinrich. Thomas Mann kannte ihn aus den frühen Münchner Tagen gut genug, in Feindschaft und Freundschaft. Herzog arbeitete in jenen Tagen an einer Studie über den «Fall Dreyfus», den er zuvor schon – zusammen mit Hans José Rehfisch – als Bühnenstück präsentiert hatte.

Schickele wiederum beherbergte die Freundin Annette Kolb, die Thomas Mann mit treuer Innigkeit anhing. Der Kunsthistoriker und Romancier Julius Meier-Graefe wohnte in St. Cyr, einem Nest am Rande von Toulon. Hermann Kesten fand sich ein, in dem die Exilliteratur ihren getreuesten Chronisten finden sollte.

Auch Aldous Huxley, der große englische Romancier, lebte in Sanary, ehe er nach Amerika weiterzog. Zu seinem Kreis zählte eine junge Frau deutscher Herkunft: Sybille von Schönebeck, die sich später unter dem Namen Sybille Bedford durch ihre Romane und Biographien einen Namen in der englischen Literatur gemacht hat. Vorerst war sie ganz damit beschäftigt, ihre schwierige Mutter Lisa Marchesani zu hüten, die in der Familie Mann den Spottnamen «Madame Morphesani» führte – eine nicht allzu taktvolle Anspielung auf ihre Abhängigkeit vom Rauschgift, die eher ein Gran Sympathie verdient gehabt hätte, nicht nur bei Klaus, der selbst das Geschick der Abhängigkeit in zunehmendem Maße zu erfahren begann, sondern auch bei Katia, der die Anfälligkeit ihres Sohnes nicht verborgen geblieben war. In Huxleys Haus sah Thomas Mann – die Umstände hatten sich wahrhaft dramatisch verändert – den französischen Dichter Paul Valéry wieder, mit dem ihn seit den Genfer Gesprächen in einer Kulturkommission des Völkerbundes eine Beziehung gegenseitigen Respekts verband.

Sanary, das provenzalische Nest, durfte in jenen Tagen wahrhaftig ein Zentrum der deutschen Literatur genannt werden. Die Mitglieder der Kolonie, zu der sich selten genug ein französischer Schriftsteller oder Journalist gesellte, trafen sich Tag für Tag in einem der Cafés, in denen man ihnen freundlich begegnete: im «Réserve» oder im «Le Goeland», deren Besitzerin Mademoiselle de l'Epine von Peter de Mendelssohn (in einer Anmerkung zum Tagebuch Thomas Manns) bestätigt wurde, daß sie den «deutschen Exilierten besonders hilfreich» gewesen sei.

Durch die Vermittlung von Frau Marchesani fanden die Manns endlich das Haus, das ihnen einen guten Aufenthalt bieten konnte: die Villa «La Tranquille», am Rand von Sanary hoch über den Klippen gelegen – ein schönes und halbwegs behagliches Anwesen, das übrigens der Schwiegermutter des deutschen Botschafters in Kairo, Eberhard von Stohrer, gehörte. Am 12. Juni zog die Familie ein. Am Abend notierte Thomas Mann: «Zunächst tut die private Existenzform mir unendlich wohl, nach dem Hotel-Dasein von 4 Monaten.» Katia kaufte ein bequemes Auto der Marke Peugeot für den moderaten Preis von dreizehntausend Francs – an die zweitausendfünfhundert Reichsmark. Der Alltag gewann, Schritt für Schritt, eine Qualität, die der achtundfünfzigjährige Dichter nicht mehr entbehren konnte und wollte. Das Haus war geräumig genug. Thomas und Katia öffneten es am Abend gern für Gäste. Aus Deutschland war eines der Stubenmädchen gekommen, das in der Poschingerstraße gedient hatte. In der Küche half einheimisches Personal. Die Einkäufe besorgte Katia mit dem Wagen.

Einladungen. Gegeneinladungen. Teebesuche. Kleine Essen, oft im Garten. Nachtgespräche bei Wein oder Punsch. René Schickele schilderte in seinen Aufzeichnungen die Gastlichkeit im eigenen Haus, zu der sein fünfzigster Geburtstag am 4. August den schönen und melancholischen Anlaß gab. Katia hatte Blumen und einen Delikatessenkorb aus Toulon herbeigeschleppt. Am Spätnachmittag fand sich Heinrich Mann ein, «leicht angezogen und schwitzend», wie Schickele schrieb, «hinter ihm in großer Sommertoilette Frau Kröger. Sie schwitzt nicht. Sie schwebt prall und luftig heran. (…) Mit dem Erscheinen der Familie Thomas Mann erreicht die Feierlichkeit ihren Höhepunkt. *Er* ganz Senator (…). Katia, die nicht zu Wort kommt, schiebt nervös den Unterkiefer vor. Bibi und Medi gucken mit großen Augen zu. (…) Moni lächelt. (…) Golo dreht sich in einer Ecke langsam hin und her. Er blickt finster und unbeteiligt.»

Die Brüder Mann, erzählte Schickele, hätten wie immer liebevoll aneinander vorbeigeredet: Thomas «am stärksten, wenn er Heinrich ausdrücklich beistimmt. Er hat dann ein merkwürdiges, verhaltenes Zögern in der Stimme. Heinrich sieht man die Freude an, mit seinem Bruder beisammen und einig zu sein. Jeder bemüht sich, Frau Kröger auszuzeichnen, was aber meist mißlingt. Sie bleibt stumm, nur auf ihrem Gesicht steht deutlich zu lesen, sie sei aus ebenso guter Familie wie wir». Ohne ihre «verdammten Minderwertigkeitsgefühle», fuhr Schickele fort, «wäre sie reizend». Freilich, Heinrich helfe seiner Freundin wenig: «Er wird», schrieb der Elsässer voller Bosheit, «den Lübecker ‹Anstand› auch im Bordell nicht los». Wann immer die Unterhaltung eine Wendung nehme, die alle anderen fessele, gebe «Frau Kröger unzweideutige Zeichen von Langeweile von sich», und sie sehe in jedem Gespräch, das ihren Horizont übersteige, «eine Mißachtung ihrer Person». So suche man einen Gegenstand, der sie interessiere, und finde immer nur den gleichen: «die deutschen Greuel. Das ist das einzige, wo sie anbeißt.» Ohne Zweifel war jenes Fest am Ende ein gemischtes Vergnügen.

Die Gefährtin Heinrichs hatte schlimme Wirren gestiftet, ehe sie Berlin den Rücken kehrte. Sie war eines Tages – zweifellos wegen ihrer Verbindung zum Präsidenten der Dichtersektion, den die Nazis als einen Todfeind betrachteten – zum Verhör ins Polizeipräsidum befohlen worden. Man ließ sie wieder laufen, aber in ihrem Kopf hatte sich der Verdacht festgesetzt, die Frau Hermann Sinsheimers habe sie angeschwärzt, des Kritikers und Regisseurs, der einer der engen und alten Freunde Heinrichs war. Frau Sinsheimer wiederum war aufs intimste mit Heinrichs erster Frau befreundet. Nelly schien in ihr eine gefährliche Feindin zu wittern. Dennoch, am Tag nach dem Verhör rief Heinrich bei Sinsheimer an und bat ihn, Geld von seinem Konto abzuheben. Dazu brauchte es eine Vollmacht. Ehe sie in Berlin anlangte, war das Guthaben gesperrt. Vermutlich hatte die Polizei das Gespräch abgehört – eine Möglichkeit, mit der Heinrich in seiner umständlichen Naivität nicht zu rechnen schien. Heinrich aber nahm die Klage Nellys über den «Verrat» der Sinsheimers willig auf. Er schrieb eine Satire, in der er Sinsheimer – der Jude war – in vertrauter Unterhaltung mit Joseph

Goebbels vorführte, dem Chefpropagandisten des Dritten Reiches. Sie stand in einer Sammlung seiner Polemiken, der er den Titel «Der Haß» gab. Was er damit anrichtete, kann auf den lapidaren Begriff Charaktermord gebracht werden. Sinsheimer, der Deutschland schließlich im Jahre 1938 verließ, litt bitter unter der Denunziation. Dennoch schrieb er in seinen Memoiren in schlechtem Deutsch und mit nobler Gesinnung: «Nichts aber, auch nicht diese mörderische Enttäuschung kann mich verhindern, vor dem in Heinrich Mann verkörperten, schriftstellerischen und kämpferischen Genius mein Haupt zu beugen».

Die arme Nelly Kroeger, die schließlich an ihrer Fremdheit in dieser Welt der Bildung, an ihrer Einsamkeit und am Alkohol zugrunde ging, war nicht das einzige Element, das die verborgene Distanz zwischen den Brüdern bestimmte. Die Unterschiedlichkeit vitaler Interessen und die Divergenzen, die sich daraus ergaben, wurden von den Brüdern, die Frieden um jeden Preis halten wollten, nur mit äußerster Behutsamkeit berührt: Heinrichs Bruch mit dem nazistischen Deutschland war radikal und unüberbrückbar – Thomas aber zögerte, aus guten Gründen, die letzten Verbindungen zur Heimat abreißen zu lassen. Seine Bücher wurden im «Reich» noch immer geduldet – jene Heinrichs nicht.

Am 10. Mai hatten nationalsozialistische Studenten in Berlin und vielen anderen Städten, einer Weisung des neuernannten Propagandaministers Joseph Goebbels gehorchend, Scheiterhaufen aufgerichtet. In einem spukhaften Autodafé wurden die Bücher «marxistischer», antinazistischer und vor allem jüdischer Autoren «den Flammen übergeben», wie die Zeremonienmeister der düsteren Feier mit dem Pathos der Scharfrichter riefen: die Werke von Karl Marx und Sigmund Freud, von Lion Feuchtwanger, Erich Maria Remarque, von Kurt Tucholsky, Alfred Kerr und Arnold Zweig (neben vielen anderen) – auch die Bücher von Heinrich Mann, doch kein Buch von Bruder Thomas. Die zivilisierte Welt kommentierte den barbarischen Akt der neuen Inquisition voller Abscheu. Mehr als einmal wurde Heinrich Heine zitiert, der prophetisch genug gesagt hatte, wo man Bücher verbrenne, werde man schließlich auch Menschen verbrennen.

Die Bücher von Thomas Mann blieben von dem Autodafé verschont. In Köln sorgte Ernst Bertram dafür, daß weder Freund Thomas noch der Gefährte Gundolf, der ihm aus dem George-Kreis nahe war, die Schmach erlitten, die in Wahrheit eine Ehre war. («Verbrennt mich!» rief der Bayer Oskar Maria Graf den Nazis zu.) Doch zugleich setzte Bertram in Stabreimen einen verquast-verqualmten «Flammenspruch» auf, den ein brauner Student während des schauerlichen Zeremoniells skandieren durfte: «Verwerft, was euch verwirrt, / Verfemt, was euch verführt! / Was immer reinen Willens nicht wuchs, / In die Flamme mit was Euch bedroht! / Aber zu sondern wißt / Den heilig fremderen Keim: / Flamme des Dankes dereinst / Lodert Geschontem hinauf.» Die letzten Strophen durfte man – aber das ahnten nur die Eingeweihten – als eine Verbeugung in Richtung Thomas Mann und Friedrich Gundolf verstehen. An seinen vertrauten Freund Glöckner (an den er im Gang der Jahrzehnte mehr als fünftausend Briefe und Mitteilungen geschickt hat) schrieb er vor dem barbarischen Akt: «Den ‹Schandpfahl›, auf den man die jüdischen Bücher (auch Gundolf) spießen wollte, haben wir noch verhindert. So, glaube ich, wird die unvermeidliche Kundgebung jetzt würdig verlaufen.» Alles in allem hatte der einstige Erzfreund gegen die Neubarbarei nichts einzuwenden: Hans Carossa, den man zu den exemplarisch unpolitisch-konservativen Geistern jener Epoche zählen darf – Bertram hatte vergeblich versucht, ihn zum Eintritt in die «gesäuberte» Akademie zu überreden –, notierte in seinem Merkbuch, Bertram fordere die «Rebarbarisierung» der Jugend. Carossa meinte dazu: «Diese ist leicht erreichbar; aber es kommt nichts dabei heraus als die gemeinste Brutalität.» Darin täuschte er sich nicht.

Sechs Tage nach der Bücherverbrennung erschien im «Börsenblatt des Deutschen Buchhandels» eine «schwarze Liste» mit den Namen von einhundertfünfunddreißig Autoren – viele unter ihnen jüdischer Herkunft wie Alfred Döblin, Jakob Wassermann, Richard Beer-Hofmann –, deren Werke aus den Volksbüchereien verbannt werden *könnten*. Peter de Mendelssohn machte in seiner Geschichte des S. Fischer Verlages darauf aufmerksam, daß jene rüde Aufforderung kein Verbot im strengen Sinne bedeutete, noch nicht. In Wahrheit brauchte es das nicht. Der Konformismus, mit dem die «Gleichschaltung» der öffentlichen Einrichtungen besorgt wurde, war Garantie genug, daß sich die Verantwortlichen in den öffentlichen Büchereien und hernach in den Buchhandlungen meist an die Regeln der braunen Kommandeure hielten. Wiederum fand sich der Name von Heinrich Mann im Katalog der Verfemten, auch der von Klaus Mann – nicht der von Thomas. Am 25. August 1933 wurden im Reichsgesetzblatt die ersten Ausbürgerungen der Feinde des Regimes verkündet. Ein weiteres Mal stand Heinrich Mann auf der Liste – nicht Thomas.

Der Dichter, der von sich sagen konnte, daß die Weltgeltung der deutschen Literatur an sein Werk gebunden sei, mehr als an jedes andere, beobachtete mit der gebotenen Aufmerksamkeit, daß sich in Berlin immer wieder ein Interesse zu erkennen gab, ihn nach Deutschland zurückzulocken. Man meinte zu wissen, daß selbst Goebbels seine halbe Verbannung als einen Fehler betrachte, der korrigiert werden sollte. Thomas Mann selbst glaubte – sosehr seine Gefühle schwanken mochten, oft von Stunde zu Stunde – nicht an die Chance einer Rückkehr unter ehrenhaften Bedingungen, gewiß nicht fürs erste. Es war ihm nicht entgangen, daß er nicht nur in München, sondern auch in der Reichshauptstadt unversöhnliche Feinde hatte. Der Dramatiker und Lyriker Hanns Johst, der rasch zum Chef der preußischen Staatstheater avanciert war – sein nationalistisch-reißerisches Stück «Schlageter» wurde auf allen Bühnen gespielt –, schrieb im Oktober 1933 einen Brief an Heinrich Himmler, in dem er sein Bedauern ausdrückte, daß man ja wohl, «da dieser Halbjude schwerlich zu uns herüber wechselt», Klaus Mann nicht «aufs Stühlchen setzen» könne, aber dafür möge man doch den Vater ein wenig in Haft nehmen. Der einstige Expressionist, der in den ersten Jahren nach dem Krieg eine enge Verbindung zu Thomas Mann gesucht hatte, freilich vergebens, schien nicht zur Kenntnis genommen zu haben, daß auch der Vater außer Landes weilte.

Thomas Mann wollte die Brücken nicht abbrechen. Gottfried Bermann, der die Leitung des S. Fischer Verlages fest in seine Hand genommen hatte, beschwor ihn immer aufs neue, sich den Zugang zu seinem deutschen Publikum nicht selbst zu verbauen. Er pochte darauf, daß er seine Arbeit fast unbehindert fortführen könne, und er sagte dem «Joseph», von dem zunächst nur der erste

Band erscheinen sollte, eine günstige Aufnahme und einen guten Markt voraus.

In den ersten Tagen des Aufenthalts in Südfrankreich hatte Thomas Mann, nach langer Erwägung, einen Brief an General Ritter von Epp aufgesetzt, den Statthalter des Dritten Reiches in Bayern, einen Haudegen des Ersten Weltkriegs, der einst mit seinem Freikorps gegen die bayerische «Räterepublik» marschiert war. Es mag sein, daß Thomas Mann den frühen Parteigänger Hitlers, dem man eine gewisse Bonhomie nachsagte, in jenen Tagen flüchtig kennengelernt hatte. Immerhin war es ihm einen Versuch wert, den offiziellen Vertreter der Reichsregierung um Hilfe bei der Regelung der ungeklärten Verhältnisse zu bitten. In jenem Schreiben – der Wortlaut ist nicht erhalten – deutete er an, daß er seinen Wohnsitz vorläufig nach Zürich zu verlegen gedenke, ohne eine Rückkehr auszuschließen. Erika, die auf einen Bruch des Vaters mit dem Dritten Reich drängte, schrieb den Brief in die Maschine. Eine Kopie ging an den Anwalt in München.

Valentin Heins war entsetzt. Er hatte in seinen Verhandlungen mit den Behörden stets darauf gepocht, daß sich Thomas Mann, der gefährdeten Gesundheit seiner Frau zuliebe, zu einer Art Kur im Ausland aufhalte. Unverzüglich eilte er in die Kanzlei des Reichsstatthalters, um den angeblichen Irrtum zu korrigieren. Es bestehe kein Anlaß zu der Vermutung, schrieb er beschwörend, «daß Herr Dr. Thomas Mann seinen Wohnsitz in das Ausland verlegt hat noch verlegen will». Er wies, mit zweifelhafter Logik, auf die «schweren seelischen Kämpfe» des Autors hin, der – wie er in der Tat selbst oft genug sagte – «nicht in offene Feindschaft mit Deutschland» geraten wolle. Tatsächlich erreichte der Advokat, daß ihm Thomas Manns Originalschreiben von Epps engstem Mitarbeiter, dem Ministerialrat Freiherr von Stengel, wieder ausgehändigt wurde: ein «behördengeschichtlich und aktenkundlich ganz ungewöhnlicher Vorgang», wie Paul Egon Hübinger in seiner Studie feststellte. Dennoch scheint die Kunde vom Inhalt des Briefes ihren Weg zur Politischen Polizei gefunden zu haben. Heinrich Himmler und vor allem Reinhard Heydrich witterten wohl eine Chance, dem Reichsstatthalter und seinen Gehilfen die Grenzen ihrer Macht zu zeigen. Heydrich gelang es, die Wünsche des Dichters zu blockieren: die beschlagnahmten Automobile wurden nicht freigegeben, die Sperrung der Konten wurde nicht aufgehoben. In einer Aufzeichnung über die Beschwerde des Rechtsanwalts Heins vom 12. Juli 1933 bezeichnete der SS-Scherge Thomas Mann als «Gegner der nationalen Bewegung und Anhänger der marxistischen Idee». Er führte einen Aufruf des «Kuratoriums für die Kinderheime der Roten Hilfe» auf, den Thomas Mann 1927 mit unterzeichnet habe, nannte die «Einladung des Polnisch Literarischen Clubs in Warschau», der er gefolgt sei, erinnerte an das unglückliche Wort von den «Fliegertröpfen», das beim Münchner Empfang der Ozeanüberquerer Köhl und von Hünefeld gefallen war, zitierte einige Passagen aus der «Deutschen Ansprache» von 1930, rügte seine «judenfreundliche Einstellung», und er verwies auf die Rede vor den sozialdemokratischen Arbeitern in Wien. Heydrich schloß seinen Vermerk mit den Sätzen: «Diese undeutsche, der nationalen Bewegung feindliche, marxistische und judenfreundliche Einstellung gab Veranlassung gegen Thomas Mann Schutzhaftbefehl zu erlassen, der aber durch die Abwesenheit desselben nicht vollzogen werden kann. Nach den Weisungen der Ministerien wurden jedoch sämtliche Vermögenswerte beschlagnahmt.»

Die Umkehr der Motive wäre der Wahrheit näher gewesen. Vermutlich sollte der Haftbefehl die Beschlagnahmung des Vermögens vor den Beamten der Reichsministerien in Berlin rechtfertigen, die den «Fall Mann» vorsichtiger und differenzierter beurteilten. Heydrich freilich blieb konsequent: wenig später ließ er auch das Haus in der Poschingerstraße requirieren. Es wurde hernach, ein merkwürdiger Akt der Willkür, von der Politischen Polizei in eigener Regie für geraume Zeit an die Familie Defregger vermietet – vielleicht die Nachkommenschaft des Malers, von dessen Sohn Thomas Mann einst im September 1918 eine kleine Villa in Abwinkl am Tegernsee für einige Ferienwochen gemietet hatte. Überdies wurde die Aufsicht, eine praktische und zugleich groteske Lösung, dem «Kinderfräulein» Marie Kurz anvertraut. Den Verkaufswert des Hauses schätzten die Finanzbehörden später auf zweiundachtzigtausend Reichsmark; ferner vermerkten sie ein Bankvermögen von 164 822 Mark (davon mehr als 40 000 Mark Bargeld, das Golo nicht mehr hatte abheben können); die Versteigerung der restlichen

Möbel erbrachte 15 692,20 Mark. Von der Gesamtsumme zogen die Finanzbeamten 122 007 Mark ab: laut Jürgen Kolbe schien dies dem Betrag zu entsprechen, der für die «Reichsfluchtsteuer» errechnet wurde; vielleicht schloß die Summe auch Nachzahlungen ein. Der Überschuß wurde an das Finanzministerium überwiesen.

Aber noch war es nicht soweit. Thomas Mann nährte bis zu seiner Ausbürgerung die Hoffnung, er könnte wenigstens einen Teil seines Besitzes retten. Er vermutete nicht ohne Grund, daß auch im Dritten Reich die Linke nicht wisse, was die Rechte tue. Das Überwachungssystem hatte Lücken. Die Konkurrenz der Instanzen war trotz der «Gleichschaltung» auch von der Diktatur keineswegs beseitigt worden. Die sogenannten Zuständigkeiten überschnitten sich, und die Verantwortungen hoben einander manchmal auf. In der Verwaltung war die föderalistische Ordnung des Reiches nicht völlig beseitigt; das mochte seine Vorteile haben – es hatte gewiß auch Nachteile. Thomas Mann wäre in Berlin womöglich eher geschont worden als in Bayern, auf dessen Besonderheit er so große Hoffnungen gesetzt hatte. In München war sein Vermögen beschlagnahmt. In Berlin aber fand der Verleger Gottfried Bermann Fischer nach wie vor Mittel und Wege, Thomas Mann seine Honorare zukommen zu lassen – in völliger Legalität. Der Autor fragte sich voller Skepsis, wie lange das angehen könne. Dennoch, er besorgte die Korrekturen der Fahnen und des Umbruchs für den ersten Band des «Joseph» mit der gewohnten Pünktlichkeit.

Unterdessen hatte Blanche Knopf, die Frau und Mitarbeiterin seines amerikanischen Verlegers, bei ihm angeklopft und ein dringendes Interesse am raschen Druck der englischen Ausgabe des ersten «Joseph»-Bandes angemeldet. Überdies kündigte sie einen Vorschuß in Dollar an: ein entscheidendes Argument, das Bermanns Wunsch bestätigte, mit der Publikation in Deutschland nicht länger zu zögern. Der S. Fischer Verlag konnte 1933 immerhin noch siebenundvierzig Neuerscheinungen drucken. (Ein Jahr später waren es allerdings nur noch vierunddreißig Titel, und der Umsatz sank unter eine Million Mark.)

Die Kontinuität der literarischen Existenz Thomas Manns schien nicht länger gefährdet zu sein. Aber immer wieder hielten den Dichter seine Zweifel gefangen. In einem Brief an Oswald Brüll – einem der Zufallsvertrauten, denen er sich manchmal mit erstaunlicher Unmittelbarkeit offenbarte – sprach er von der Erwägung, daß die Publikation des ersten Bandes wohl seine Rückkehr nach Deutschland fordern werde. Er sagte dem Industriellen, der in Bielitz bei Kattowitz zu Hause war (das damals zur Tschechoslowakei gehörte), Gottfried Bermann Fischer sei «zu weitgehender ‹Gleichschaltung› bereit», und er bemühe sich in Berlin, ihm den Weg zur Heimkehr zu ebnen. Er lasse den Verleger vorläufig gewähren. Es sei schrecklich, gestand er, draußen zu bleiben. Die Heimkehr jedoch würde bedeuten, zu «‹loyalem› Schweigen» verurteilt zu sein und dennoch eine «zweitklassige Existenz» zu führen, bedeute auch, seine Frau und seine Kinder Beleidigungen auszusetzen. Den beiden Ältesten wäre ohnedies die Rückkehr nach Deutschland verwehrt: «Die Qual dieser gleichmäßig bösartigen Alternative ist entnervend.»

Doch am 19. August berichtete er Gottfried Bermann, wieder halbwegs getröstet, bei der Durchsicht der Bogen sei er «von Rahels Tod wieder gerührt wie beim Schreiben» gewesen. Es sei doch «manches Schöne und Merkwürdige in dem Band». Er fuhr fort: «Habent sua fata – Ich fürchte die Fata dieses Libells werden recht bewegt sein, und manchmal staune ich über die – scheinbare – Ruhe und Zuversicht, mit der Sie ihnen entgegensehen. Ruhe, nun ja. Aber Zuversicht? Zuweilen frage ich mich: was denkt er sich eigentlich?» Dann schien ihn der Teufel zu reiten: er fragte den Verleger, ob man den Umschlag nicht mit hebräischen Zeichen schmücken könnte, die er getreulich aufs Papier malte, doch einen Atemzug später fiel er sich selbst in die Zügel: «Ich fürchte nur», schrieb er, «es sieht gleich nach koscherem Restaurant aus.» (Er war am Ende mit der Umschlagzeichnung von Karl Walser, einem Bruder des Dichters Robert Walser, völlig zufrieden, die dem biblischen Jaakob heroische und zugleich menschlich-biedere Züge gab.)

Klaus, der die Vorbereitungen für das Erscheinen seiner Zeitschrift beim Querido Verlag in Amsterdam energisch vorantrieb, beschwor den Vater mit großer Eindringlichkeit, er möge sich aus den innerdeutschen Bindungen befreien, um endlich das klare Wort über seine Stellung zum Dritten Reich sagen zu können, das die Welt und vor allem die Exilgenossen von ihm erwarteten. Ende Juni

1933 schrieb Thomas Mann an den Sohn, er habe nicht «viel Fiduz» zur Emigrantenliteratur: die geplante «Sammlung» werde unter den Zeitschriften wohl die lebenskräftigste sein, da sie sich an den Querido Verlag anlehnen könne. Wenig später beschwerte er sich bei dem Schriftsteller Alexander Moritz Frey über das «Neue Tage-Buch», das Leopold Schwarzschild in Paris publizierte: das erste Heft habe ihn ein wenig enttäuscht. Überhaupt sei er gegen die Emigrantenliteratur skeptisch, obwohl anzunehmen sei, daß sich das deutsche Geistesleben mit seinen besten Vertretern in Zukunft außerhalb der Reichsgrenzen zutragen werde. Vorläufig aber sehe er nur «Ressentiment-Journalistik».

Schließlich ließ er sich von den drängenden Argumenten seines Sohnes überzeugen. Unter dem Eindruck der Beschlagnahme seines Hauses, die ihn tief deprimierte, schrieb er Gottfried Bermann am 24. August 1933 einen erregten Brief, den er einer Cousine Katias anvertraute, die in jenen Tagen von Sanary nach Berlin zurückreiste. Der «Joseph», erklärte er dem Verleger, sei als «Judenbuch», wenn auch von einem «Arier» verfaßt, ja gerade darum, eine «Herausforderung». Seine Ironie erlaube sogar eine «antisemitische Ausbeutung». Das sei die «erste Schiefheit, aber es ist die geringste, obgleich sie zu dem Grauen beiträgt, mit dem man der ‹Presse› entgegensehen muß». Er fuhr fort: «Genau den Augenblick suchen wir uns für die Publikation, wo in Deutschland die Mine springt, mein Außenbleiben bekannt wird, die Konfiskation meines Gutes, meine Ausfluchung, vielleicht Verurteilung (...). Es ist Wahnsinn. Läßt man Ihnen die Veröffentlichung überhaupt durchgehen und kauft das Publikum den Band der Kritik zum Trotz, die ihn aber sehr wohl zu Tode hetzen kann – wie wollen Sie mich honorieren? Das Geld wird Ihnen weggenommen werden, und Sie können doch nicht zweimal zahlen! Haben Sie den Beginn der Veröffentlichung nicht immer nur gewünscht unter der Voraussetzung, daß ich zurückkehren würde? Da ich das nicht kann (ich könnte es nicht, auch wenn ich wollte, ich habe es jetzt schwarz auf weiß), – wie wollen Sie auf dem Vorhaben bestehen?» Er beschwor Gottfried Bermann, er möge das Buch Querido überlassen: «Bei ihm könnte das Erscheinen ein schönes, freundliches Ereignis sein, während es heute in Deutschland ein düsteres, fragwürdiges und widersinniges wäre.»

Gottfried Bermann ließ sich nicht beirren. Er machte Thomas Mann darauf aufmerksam, mit dem Übergang zu Querido würde er einen «endgültigen Schritt» vollziehen, der ihm nicht verziehen werde. Dann zeigte er auf, daß der Verlag in den letzten Wochen siebenhundert Exemplare der «Buddenbrooks», fünftausend Exemplare des «Tonio Kröger» und neunzigmal die zweibändige Ausgabe des «Zauberbergs» verkauft habe. Der Autor beugte sich. Er antwortete am letzten Tag des August: «Gut also, ich werde Ihnen keine Schwierigkeiten mehr machen, werde nichts mehr sagen und die Dinge gehen lassen wie sie wollen und können. Möchten sie erträglich gehen für alle Beteiligten! Heute gilt das Wort: ‹Wie man's macht, ist es falsch.›»

Die Treue zu den Lesern, zu seinem Verleger, der mit Umsicht, List und Tapferkeit um das Leben seines Unternehmens kämpfte, ohne Zweifel von Zeit zu Zeit zu demütigenden Kompromissen gezwungen, sein Interesse am deutschen Markt, der für ihn immer noch offen und auf eindrucksvolle Weise empfänglich war: all das trieb Thomas Mann in Konflikte, die ihn reizten, quälten, wohl auch beschämten. Da er niemals geneigt war, eigene Irrtümer einzugestehen, Fehler bei sich selbst zu suchen oder gar eine Schuld auf sich zu nehmen, machte er später – Gerechtigkeit hin oder her – immer wieder den braven Gottfried Bermann für Entscheidungen verantwortlich, die er selbst getroffen hatte: zumal wenn ihn Erika und Klaus zu klaren Bekenntnissen drängten. Die bitterste Prüfung erlegte Klaus ihm auf.

52. KAPITEL

Die Sammlung

Der Sohn Klaus hatte sich rascher und radikaler als der Vater aus allen deutschen Bindungen gelöst. Seit vielen Jahren war Klaus Mann ein Wanderleben zwischen den großen Städten Europas und den Schauplätzen mondänen Daseins gewohnt, auch wenn er sich niemals aus der Verankerung im Haus von Vater und Mutter befreite, das ihm in allen Krisen Schutz und Zuflucht bot. Viele seiner menschlichen Verbindungen waren unstet und flüchtig. Aber auch ihn kam es hart an, Freundschaften preiszugeben. Die krasse Veränderung in der Haltung und im Wesen Gottfried Benns, den er mit solcher Leidenschaft bewundert hatte, verletzte ihn tief. Im Mai 1933 hatte er dem Dichter aus Le Lavandou einen Brief geschrieben, in dem er von seiner Enttäuschung sprach, daß Benn – «eigentlich als *einziger* deutscher Autor, mit dem unsereins gerechnet hatte» – seinen «Austritt aus der Akademie *nicht* erklärt» habe. Was ihn bei der «protestantischen Frau Ricarda Huch nicht verwundert» und was er von «Gerhart Hauptmann, der seine Rolle als der Hindenburg der deutschen Literatur mit einer bemerkenswerten Konsequenz zu Ende spielt, nicht anders erwartet hatte» – es entsetzte ihn bei Benn: «Was konnte Sie dahin bringen, Ihren Namen, der uns der Inbegriff des höchsten Niveaus und einer geradezu fanatischen Reinheit gewesen ist, denen zur Verfügung zu stellen, deren Niveaulosigkeit absolut beispiellos in der europäischen Geschichte ist und von deren moralischer Unreinheit sich die Welt mit Abscheu abwendet?» Er fragte weiter: «Wieviel Freunde müssen Sie verlieren, indem Sie solcherart gemeinsame Sache mit den geistig Hassenswürdigen machen (…)?» Schließlich rief er dem einstigen Freund mit angemessener Schroffheit zu: «Wer sich aber in dieser Stunde zweideutig verhält, wird für heute und immer nicht mehr zu uns gehören. Aber freilich müssen Sie ja wissen, was Sie für unsere Liebe eintauschen und welchen großen Ersatz man Ihnen drüben dafür bietet».

Gottfried Benn wies in seiner Antwort brüsk darauf hin, daß er nicht zur Partei gehöre, auch keine Beziehung zu ihren Führern habe und nicht mit neuen Freunden rechne. Das war ein halbwegs mutiger Einwurf. Doch er pochte zu oft darauf, daß «die Geschichte», die auch er beschwor, wohl kaum «in französischen Badeorten besonders tätig» sei. Mit anderen Worten: er unterstellte Klaus Mann und seinen Schicksalsgenossen, daß sie ein Luxus- und Lotterleben in komfortablen Hotels und an den hellen Stränden des Mittelmeeres der Teilnahme am Geschick ihres Volkes vorzögen. Benn insistierte, er erkläre sich «ganz persönlich für den neuen Staat, weil es mein Volk ist, das sich hier seinen Weg bahnt. Wer wäre ich, mich auszuschließen, weiß ich denn etwas Besseres – nein! Ich kann versuchen, es nach Maßgabe meiner Kräfte dahin zu leiten, wo ich es sehen möchte, aber wenn es mir nicht gelänge, es bliebe mein Volk. Volk ist viel!» Dann betonte er – der Großstadtdichter par excellence –, daß er «auf dem Land und bei den Herden groß» geworden sei. Er wisse noch, was «Heimat» sei: «Großstadt, Industrialismus, Intellektualismus, alle Schatten, die das Zeitalter über meine Gedanken warf, alle Mächte des Jahrhunderts, denen ich mich in meiner Produktion stellte – es gibt Augenblicke, wo dies ganze gequälte Leben versinkt, und nichts ist da als die Ebene, die weite, Jahreszeiten, Erde, einfache Worte –: Volk.»

Dieser hochgespannte Geist, von dem man sagte, daß er «ganz Nerven» sei, schien nicht wahrzunehmen, daß in den «einfachen Worten» seines offenen Briefes ein schepperndes Pathos klirrte: mehr Blech als Stahl. Er glaube, schrieb er an Klaus Mann, «Sie kämen den Ereignissen in Deutschland näher, wenn Sie die Geschichte nicht weiter als den Kontoauszug betrachteten, den Ihr bürgerliches Neunzehntes-Jahrhundert-Gehirn der Schöpfung präsentierte». Er sprach vom «mühsam hochgehaltenen Rationalismus» des Kontrahenten, auch von einem «neuen menschlichen

Typ», der sich «aus dem unerschöpflichen Schoß der Rasse» durchkämpfen müsse, und er sagte schließlich, daß seine «Auffassung der
Geschichte» natürlich «nicht aufklärerisch und nicht humani-
stisch» sei, «sondern metaphysisch».

Nach dem Ende der Diktatur stellte Benn in dem Versuch einer
Rechtfertigung, den er unter dem Titel «Doppelleben» drucken
ließ, mit einiger Verblüffung fest, daß Klaus Mann, der damals Sie-
benundzwanzigjährige, «die Situation richtiger beurteilt» und «die
Entwicklung der Dinge genau vorausgesehen» hatte. Der Antwort-
brief des Jahres 1933, den er übrigens selbst im Reichsrundfunk vorgelesen hatte, sei «demgegenüber romantisch, überschwenglich, pathetisch» gewesen. Er versäumte freilich, ein Wort des Bedauerns
über die kleinbürgerliche Schäbigkeit seiner wiederholten Hinweise
auf die «französischen Badeorte» hinzuzufügen. Vielmehr zog er es
vor, sich auf die «Betrachtungen» des Vaters zu berufen – ohne den
entscheidenden Hinweis, daß sie während des Ersten Weltkriegs
und nicht 1933 geschrieben worden waren. Mit einem Mangel an
Einsicht, der nachgerade an schiere Torheit grenzte, schrieb dieser
sonst so scharfsinnige Mann: «Aber noch einen Gedanken muß ich
aussprechen, er ist mir zu oft gekommen, wenn ich an 1933 zurück-
dachte: Wenn die, die dann Deutschland verließen und noch heute
so sehr auf uns herabsehen, so klug und weitsichtig waren, wie es
Klaus Mann ja ohne Zweifel war (...) – warum haben sie das Unheil
nicht von sich und von uns abgewendet?» Er behauptete, den Emigranten habe in den Jahren von Weimar «die Öffentlichkeit» gehört, und «die Öffentlichkeit hörte ihnen zu, (...) ihnen standen
Teile der prominenten Presse zur Verfügung, (...) gewisse Botschaften und internationale Gremien, aber außer dem berühmten
Vortrag von Thomas Mann in der Philharmonie 1932 entsinne ich
mich keiner tatsächlichen Aktion von ihrer Seite». Daß die deutsche
Publizistik längst vor 1933 von nationalistischen Zeitungskonzer-
nen immer mehr dominiert war, schien er vergessen zu haben. Er
fragte noch einmal: «Warum haben sie, wenn sie Bescheid wußten,
das Unheil nicht abgewendet von sich, von uns, von Europa, von
der ganzen Welt (...)?»

Es gab darauf eine schlichte Antwort: weil sich die Mehrzahl der
Bürger und Intellektuellen verhielt wie Gottfried Benn, der vor der

«Geschichte», die in der Gestalt des österreichischen Einpeitschers aus Braunau und seiner braunen Bataillone auftrat, alle Widerstände der Vernunft und der Moral in einer Mischung von Berauschtheit und Opportunismus zum Teufel geschickt hatte. Benn wurde seines Irrtums freilich früher als andere und auf schmerzliche Weise gewahr. Er zog sich, rasch vereinsamt, in die Wehrmacht und eine Art von innerer Emigration zurück. Doch noch 1935 schrieb er an seinen Mäzen F. W. Oelze, Thomas Mann sei niemals «grossen Mächten unterworfen» gewesen: «er spielte an ihnen herum u. sie gaben ihm ja auch nur ein kleines Schicksal. Wie sieht er aus, dieser hagere, elegante Mann mit der vorspringenden Nase? Kolossal ohne Rang, sympathisch u. etwas stehngelassen. Steht er in irgendeiner wahrhaft gesteinsmäßigen Landschaft des inneren Reichs? Nein, durchaus im Ausgang des Quartär, wo bei gewissen Gelegenheiten der Cut u. die Vorleselampe sich in den gesellschaftlich abgedämpften Raum schieben.» Er schrieb allerdings auch: «alles, was ich gegen ihn sage, berührt das nicht, dass er für die Deutschen, diese Deutschen u jetzt, ein guter Erzieher wäre.» Im Jahre 1944, als das Dritte Reich in Trümmer zu fallen begann, wußte er es dann wieder anders und besser. Thomas Mann, schrieb er nun, sei «ein grosser Mann, – kein Zweifel –, soweit es heute und für Lebende Grösse, erkennbare Zeichen von Übergeordnetheit, giebt».

Der «elegante Mann mit der vorspringenden Nase» hatte nach der Lektüre der Antwort Gottfried Benns an den Sohn Klaus sarkastisch bemerkt: «Es ist ja angenehm für ihn, daß er sich so in Harmonie mit den Ereignissen befindet, aber muß er uns in seiner Sattheit auch noch verhöhnen und so tun, als säßen wir zum Vergnügen in französischen Badeorten?» Nein, Thomas Mann hatte in jenem Augenblick nichts dagegen einzuwenden, daß Klaus ihn in einer Ankündigung seiner Zeitschrift neben Bruder Heinrich auf die eindrucksvolle Liste der künftigen Mitarbeiter der «Sammlung» setzte, neben Jean Cocteau und Alfred Döblin, Feuchtwanger und Bruno Frank, Ortega y Gasset, André Gide, Jean Giraudoux, Aldous Huxley und Sinclair Lewis, André Maurois, Romain Rolland und Jules Romains, neben Hermann Kesten und Egon Erwin Kisch, Anna Seghers und Ernst Toller, Jakob Wassermann, René Schickele, Arnold Zweig, Stefan Zweig (und vielen anderen): eine wahrhaft glanzvolle Parade, in der kaum ein Name von Rang zu fehlen schien, wenigstens auf den ersten Blick (auf den zweiten stellte man fest, daß zum Beispiel Hermann Hesse und Franz Werfel nicht aufgeführt waren).

Die meisten Schriftsteller, die in jener Annonce Revue passierten, hatten sich gern damit einverstanden erklärt, an einer repräsentativ-literarischen Zeitschrift der Emigration mitzuwirken (die zum guten Teil von Erikas exzentrischer Freundin Annemarie Schwarzenbach, die einer der großen Schweizer Industrie-Familien entstammte, von dem liberalen Fabrikanten Hermann Reiff und dem vielfältig engagierten Geschäftsmann Richard Tennenbaum finanziert wurde). Am 24. August schrieb auch der Vater an Klaus: «Gegen mein Figurieren auf eurer Liste (der Prospekt war ja recht lekker) habe ich garnichts. Soll ich noch den Loyalen spielen? (…) Heute bekamen wir durch Offi» – die Schwiegermutter – «die Nachricht, daß das Kinderhaus beschlagnahmt ist und bewacht wird. Ein Choc war es doch, trotz aller Vorgewöhnung. Die noch nicht entfernten Desiderata (Flügel, Frigidaire, tägliches Silber, Teppiche etc.) sind also verloren. Kummers genug.»

Als im September 1933 das erste Heft der «Sammlung» erschien, schreckte Gottfried Bermann auf. Klaus Mann und sein Partner Fritz Landshoff hatten scharfe politische Akzente gesetzt. Ein Essay von Heinrich Mann, der den Titel «Sittliche Erziehung durch deutsche Erhebung» trug, war geeignet, den Zorn der Mächtigen im Reich herauszufordern. Natürlich billigte Thomas im Grunde seiner Seele die Polemik des Bruders, die dem Diktator und seinen Kohorten unversöhnliche Feindschaft ansagte. Trotzdem fand er, daß ihm Klaus mit der Aufnahme dieses Artikels aus Heinrichs Feder in das erste Heft der «Sammlung» einen Streich gespielt habe. Zwei Tage zuvor war Professor Samuel Saenger, seit 1908 Mitherausgeber der «Neuen Rundschau», mit einer dringenden Botschaft Bermanns in Sanary eingetroffen. Der gelehrte Mann – der den Titel Geheimrat trug, wie Thomas sorgsam vermerkte – beschwor den Dichter, er möge sich von der Zeitschrift des Sohnes distanzieren. Die Ankündigung seiner Mitarbeit an der «Sammlung» gefährde die Herausgabe des «Jaakob» und erschüttere den Fischer Verlag in seinen Grundfesten: «Stundenlange Auseinandersetzung hierüber vor und nach dem Essen, unterbrochen von Erörterungen des deutschen Zustandes und des Verhältnisses der Welt dazu.»

Seufzend beugte er sich dem Zureden Saengers. Er diktierte ein Telegramm an Bermann, von dem er meinte, er habe sich mit ihm nichts vergeben. Der Wortlaut des Kabels: «Muß bestätigen, daß Charakter ersten Heftes Sammlung nicht ihrem ursprünglichen Programm entspricht». Bermann betrachtete diese Formulierung als unzureichend. Saenger schickte eine beschwörende Botschaft. Der Autor gab seinem Drängen ein zweites Mal nach. Er schrieb nun: «Ergänzen Sie meine Erklärung logischerweise dahin, daß mein Name von der Liste getilgt wird – denn darauf läuft sie hinaus.» René Schickele, der um das Erscheinen der «Witwe Bosca» und vor allem um den möglichen Vorabdruck in der «Vossischen Zeitung» bangte, distanzierte sich in härterem Ton: «Bin von politischem Charakter ‹Sammlung› peinlich überrascht, da gelegentliche Mitarbeit nur für rein literarische Zeitschrift in Aussicht gestellt war. Stehe mit Querido in keinerlei Verbindung, halte mich auch weiterhin von allem Derartigen ausdrücklich fern.» Alfred Döblin und Stefan Zweig gaben ähnliche Erklärungen ab. Im Reichspropagandaministerium schien man damit zufrieden zu sein. Thomas Mann indes hat seinem Verleger die eigene Nachgiebigkeit niemals völlig verziehen.

Ein böser Schlag für den Sohn (der über die Desavouierung in seiner Autobiographie lieber hinwegging). In seinem Tagebuch aber notierte er am 15. September: «Post: grosser Brief vom ZAUBERER, die peinlichste Sensation: sein zweites Telegramm an Fischer, sein Abrücken von der Sammlung, gleichzeitig das von Döblin – Schickele; sehr schmähliche Angelegenheit; Trauer und Verwirrung. Dazu noch Brief von Stefan Zweig – auch ein ganz feiger Rückzieher. Elend.» – Dies war der Brief des betretenen Vaters, vom 13. September datiert: «Ich habe Bermann, der offenbar in tausend Nöten schwebt, bestätigen müssen, ‹daß Charakter erster Nummer Sammlung ihrem ursprünglichen Programm nicht entspricht›. Das ist wahr, wie Du weißt. Die Zeitschrift sollte sich von der Emigrantenpublizistik durch Betonung des Positiv-Produktiven, ja durch die Beschränkung darauf abheben, und daß Du's Dir nicht versagen konntest, H. M.'s hochleidenschaftlichen Artikel in

die erste, das Bild bestimmende Ausgabe aufzunehmen (es wäre
ganz etwas anderes gewesen, wenn er in der dritten oder vierten
erschienen wäre) war die Rücksichtslosigkeit Eines, der vom ersten
Tage an gründlich Schluß machen durfte, eine Rücksichtslosigkeit
gegen mehrere Schriftsteller, die nicht in dieser Lage sind, und die
Dir ihre Namen für die Mitarbeiter-Liste zur Verfügung gestellt
hatten. Schickele ist telegrafisch im Abrücken sehr weit gegangen,
um sein Buch und einen möglichen Vorabdruck in der Vossischen
Zeitung zu retten. Er würde mit diesem 20000 Frs. verlieren, viertausend Mark, von denen er mit den Seinen ein Jahr lang leben kann.
Auch ich kam sofort in eine böse Lage. Der Fischer Verlag war in
Verzweiflung. Er sah die Bücher seiner Hoffnung verboten und sich
selber auffliegen. (Längst setzt er zu.) Der alte Saenger wurde nur
wegen dieser Sache nach Sanary entsandt. Alles, was er erreichte,
war ein Telegramm des Inhalts: ‹Muß mir das Recht vorbehalten,
literarischer Zeitschrift europäischen Charakters, die erste Namen
der Welt zu ihren Mitarbeitern zählt, auch meine gelegentliche Mitarbeit in Aussicht zu stellen, was selbstverständlich keine Identifizierung mit jedem einzelnen Beitrag bedeuten kann.› Das war mager, so sauer es mir geworden war. Gestern kam ein weiteres Telegramm von Saenger, dringend, das ‹aus guten Gründen› nach der
Bestätigung verlangte, ich sei über die ‹Tendenzen› der Sammlung
unrichtig informiert gewesen. Wir fuhren zu Schickele, um mit ihm
zu beraten, wie er es mit mir getan hatte. Es war sehr schwer. Ich
hatte schon aufgesetzt: ‹Kann ehrenhalber über Erklärung von neulich nicht hinausgehen›, habe mich dann aber zu der Feststellung
von oben verstanden, einem wahrscheinlich ungenügenden Kompromiß, was aber schon peinlich genug ist. Man ist weit auseinander. Die drinnen haben ein völlig anderes Denken und völlig andere
Maßstäbe als die draußen, und von diesen wieder leben die, die alle
Brücken hinter sich abgebrochen haben, in einer anderen Welt, als
die, die das nicht tun konnten. Ich habe keinen Zweifel darüber
gelassen, daß ich die Hoffnung, ein geistiger Verlag und eine dito
Zeitschrift könnten sich im heutigen Deutschland halten, absurd
finde. Ich bin in Bermann gedrungen, mein Buch durch Querido
draußen erscheinen zu lassen. Er weigerte sich, weil er sich an die
Hoffnung klammert, daß gerade dieses Buch, zusammen etwa mit

denen von Schickele und Wassermann, ihn drinnen retten soll. Das
mag töricht sein; vor allem mag eine Überschätzung der Kräfte meines Buches darin liegen, an das Bermann mit großer Begeisterung
rührend glaubt. Aber da nun das *Experiment* gemacht werden soll,
bin ich seinem Gelingen etwas schuldig. Es *ist* eines. In Deutschland
gibt es viele Trotzige und Sehnsüchtige. Der Verkauf meiner Bücher
war in den letzten Wochen besser als seit langem. Das Sortiment
zeigt sich dem neuen Bande günstig, die Vorbestellungen gehen in
die Tausende. Ich bilde mir keine Schwachheiten ein; aber die Neugier, wie der Versuch verlaufen wird, ist berechtigt und nicht jede
Rücksichtnahme auf ihn sinn- und ehrlos. Wenn er gelingt, wenn
das Publikum in Deutschland diesem Buch, dem Werk eines Ver-
fehmten und einem schon stofflich opponierenden Werk einen Erfolg bereitet, ohne daß die Machthaber es daran zu hindern wagen, –
man muß zugeben, daß das viel richtiger und lustiger, für die
Machthaber viel ärgerlicher, ein eklatanterer Sieg über sie wäre als
ein ganzer Stoß Emigranten-Polemik. Vielleicht sind diese Möglichkeiten durch mein – ganz gleichgültiges – Figurieren auf Deiner
Liste und das Erscheinen von H.'s Aufsatz im ersten Heft schon
beseitigt. Wenn ich ihrer Bewahrung ein kleines Opfer brachte, so
hoffe ich auf Nachsicht dafür bei euch stolzen Anti-Opportunisten.
Herzlich Z.»

Am 19. September setzte Bermann Fischer, der sich über den bitteren Konflikt seines Autors nicht täuschte, einen Brief an Thomas
Mann auf, in dem er die eigene Zerrissenheit auf bewegende Weise
deutlich machte: «Es ist furchtbar für uns», sagte er, «draußen vielleicht den Eindruck zu erwecken, als hätten wir umgeschaltet. Ein
widersinniger Gedanke. – Wir halten eine Position, die zu halten
uns wert und wichtig erscheint; wie lange das möglich sein wird,
kann kein Mensch beurteilen und voraussagen. Jedenfalls sehen wir
eine wichtigere und wirkungsvollere Aufgabe denn je darin, Ihrem
Werk zu dienen». Dann holte er zu einer Polemik aus, deren Schärfe
von seinem inneren Zwiespalt bestimmt war: «Man mag draußen
die allgemeine Situation besser beurteilen und klarer übersehen
können, die verheerende, ganz und gar negative Wirkung dieser leider ganz unfundierten Artikel jedoch, wie sie in der ersten Nummer
der ‹Sammlung› zu finden sind, sehen *wir* besser, sehen, wie eine

Position nach der anderen durch derartige Dinge gefällt wird und bekommen es zu spüren.» Dann die unguten Sätze, die ihm hernach zum bösen Vorwurf gemacht wurden: «Einzig und allein das Werk und die Leistung», schrieb er, könnten hier «überzeugen und wirken (...). Die öffentliche Polemik wirkt nur, wenn sie nicht von den Emigranten und vor allem nicht von Juden kommt. Diese aber sollten sich von diesen Dingen fernhalten, damit sie nicht jedem Hetzblatt und jedem Hetzer hier die Möglichkeit geben, immer wieder neue Schmutzkübel über uns auszuschütten».

Er fügte, als treibe ihn die Peinlichkeit immer weiter voran, einen neuen Angriff auf Klaus hinzu, von dem er wohl wußte, daß er den Vater verletzen müsse: «Es war eine grandiose Kurzsichtigkeit von K., seine Aufgaben auf einem Gebiet zu suchen, für das er nicht zuständig und nicht berufen ist. Er hat damit den ursprünglich begrüßenswerten Plan von vornherein diskreditiert. Ich hoffe, daß der Schaden, den er angerichtet hat, nicht größer wird als bisher. Die Zeitschrift wurde von der Geheimen Staatspolizei dem Propagandaministerium und dem Innenministerium vorgelegt. Dort ist noch nichts entschieden worden. Ich weiß aber, daß man sie im Auge behält, und vor scharfen Maßnahmen gegen die Mitarbeiter nicht zurückschrecken wird. Dies alles zum Verständnis unserer Lage.» Er schrieb weiter: «Ich kenne die Ihre in dieser Sache und weiß sehr wohl, in welche Schwierigkeiten ich Sie durch meine Forderung brachte. Aber es steht zuviel auf dem Spiel. Ich muß etwas in der Hand haben, um das Schlimmste zu verhüten.»

Das war die fatale Formel, die in den zwölf Jahren bis zum Mai 1945 – und auch danach, unter dem Zwang zur Rechtfertigung – tausendfach gebraucht werden sollte. Gottfried Bermann Fischer wurde oft genug und gewiß nicht ganz zu Unrecht vorgehalten, er habe sich allzu willig lockenden Illusionen überlassen; er habe es auf sich genommen, daß die Weiterarbeit des Verlages in Berlin vom Regime mißbraucht werde, um die Kulturfassade des Dritten Reiches mit dem guten Namen des Fischer Verlages zu dekorieren. Indes, der einstige Arzt, der seinen neuen Beruf mit solcher Leidenschaft ausübte, war mit seinen Hoffnungen nicht allein. Sie wurden von ungezählten Gegnern des nazistischen Staates, Juden und Nichtjuden, bis an die Schwelle des Krieges geteilt. Auch Thomas

Mann, in vielen Stunden von nagenden Zweifeln heimgesucht, machte sie sich immer wieder zu eigen. Seinem Verleger ließ er, als ein Schwanken nicht mehr möglich war, nicht immer Gerechtigkeit widerfahren. Er beugte sich zuletzt der Einsicht, daß Gottfried Bermann – und mit ihm Tutti Fischer, eine Frau von lebhafter Intelligenz und einem nicht unbeträchtlichen Geltungsbedürfnis – von dem aufrichtigen Willen erfüllt war, für das Werk seines großen Autors, für die deutsche Literatur und für die deutschen Leser zu wirken, solange es anging.

Stefan Zweig schrieb an Klaus Mann, er habe ihm einst gesagt, daß er eine «literarische, unpolitische Zeitung» für jene machen wollte, «die in Deutschland nicht zu Worte kommen können». Damals sei er «mit Freude einverstanden» gewesen und habe ihm einen Beitrag zugesichert: «Aber Sie selbst sind es, lieber Klaus Mann, der diesem Plan ein anderes Gesicht gegeben hat und der Zeitschrift einen aggressiven Charakter». Er glaube, wie wahrscheinlich auch Thomas Mann, Franz Werfel und Bruno Walter, daß «auf die Herabsetzung unserer Bemühungen die einzige Antwort *Leistung*» sei: «Ich bin keine polemische Natur, ich habe mein ganzes Leben lang immer nur *für* Dinge und *für* Menschen geschrieben und nie gegen eine Rasse, eine Klasse, eine Nation oder einen Menschen (...) Einer so ungeheuren Katastrophe muß man in großen Darstellungen entgegentreten, nicht mit kleinen Sticheleien.» Kleinliche, impotente Angriffe halte er für ein Ärgernis. Er denke nicht an den deutschen Markt, der sei längst verloren: «aber ich denke sehr an die Menschen, die in Deutschland sind und denen wir, statt zu helfen, heute nur schaden». Er verstehe, daß Klaus Mann durch die Absage bestürzt sei: «aber Sie müssen auch uns verstehen, die wir uns verpflichtet fühlen durch Verantwortlichkeit gegenüber den in Deutschland zurückgebliebenen Freunden und daß insbesondere für einen Juden das Verantwortungsgefühl noch stärker gesteigert sein muß.» Jetzt werde es wohl schwer sein, «die Zeitschrift zurückzuschrauben ins Unpolemische und rein Literarische».

Die Absage der Autoren vom Rang Stefan Zweigs, Alfred Döblins, auch Robert Musils, vor allem aber des Vaters, wurde als eine Sensation betrachtet – zu Recht. Die braunen Parteigenossen im Reichspropagandaministerium rieben sich die Hände: nichts konnte ihnen lieber sein als Zwietracht in den Lagern des Exils. Das «Pariser Tagblatt» protestierte. Im «Neuen Tage-Buch» war zuvor schon, mit dem Blick auf das undurchsichtige Schweigen des Vaters, eine Glosse unter dem Titel «Kein Pardon für Thomas Mann» erschienen.

Joseph Roth hatte am 6. September einen Brief an den «Prager Mittag» geschickt, der unter dem Titel «Ich verzichte» erschien. Anlaß des Schreibens war die Debatte um die Mitgliedschaft in der «Reichsschrifttumskammer», von der zu jenem Zeitpunkt nicht ausgemacht war, ob sie Juden und Gegnern des Regimes verschlossen sein würde – vorausgesetzt, sie waren zu einer Loyalitätserklärung gegenüber dem nationalsozialistischen Staat bereit. In seinem Protest stellte Roth fest: «1. Die verhängnisvolle Lage derjenigen deutschen Autoren, die als Feinde und Gegner des ‹Dritten Reiches› gekennzeichnet sind, ist zum Teil auf die Tatsache zurückzuführen, daß ihre ‹langjährigen Verleger› in Deutschland geblieben sind: in der begreiflichen, aber irrigen Auffassung, man müsse ‹retten, was noch zu retten› sei. 2. Viele deutsche Schriftsteller von Rang und Namen können sich von den in Deutschland verbliebenen Verlegern nicht trennen, weil die Vorschüsse zu hoch sind. 3. Viele deutsche Buchhändler und Verleger hoffen immer noch, die rigorose Unversöhnlichkeit der Mörder und Banditen, die das ‹Dritte Reich› regieren, könnte aus außenpolitischen Gründen einer gewissen konzilianten Nachgiebigkeit auf dem Gebiete der Literatur weichen. Einer der in Deutschland verbliebenen Verleger traf sich mit mir im Ausland – es sind ein paar Wochen her. Er sagte mir folgendes: ‹Wir wollen, daß Sie, nebst andern, dem ‹Dritten Reich› nicht gefährlich erscheinenden Autoren, gleichzeitig in Deutschland und im Ausland erscheinen. Wir erhalten Ihnen somit den ‹deutschen Markt›. Als österreichischer Monarchist, konservativer Mann und unerbittlicher Feind jeder Regierung, an deren Spitze ein Tapezierer steht, erwiderte ich dem Verleger: daß ich darauf verzichte, im ‹Dritten Reich›, derzeit genannt Deutschland, zu erscheinen.»

Es war der schiere Zufall, daß Thomas Manns Rückzug von der «Sammlung» mit der Publikation dieses Protestes zusammentraf. Er bemerkte über die «sehr zweifelhafte Äußerung» Roths in seinem Tagebuch voller Ärger: «teils geschmacklos, teils denunziatorisch. Alkoholisches Emigrantentum.» Wiederum war es eine merkwürdige Koinzidenz, daß Joseph Roth erst wenige Tage zuvor in einem Brief an Stefan Zweig voller Bosheit gesagt hatte, er habe Thomas Manns «über den Wassern Schweben nie gemocht». Ein Goethe sei er nicht. Ihm sei es immer unangenehm gewesen, daß «Mann ‹Mann›» heiße. Er «habe ihn immer als ‹Es› empfunden». Er fügte einige Wochen später hinzu: «Der absolut rechtschaffene Professor Thomas Mann ist einfach naiv. Er hat die Gnade, besser zu schreiben, als er denken kann. Er ist dem eigenen Talent nicht geistig gewachsen. Bei Schickele liegt schwankende Feigheit vor, bei Döblin der manchmal irritierende Infantilismus, der zwei Drittel seiner literarischen Tätigkeit ausmacht und alle drei Drittel seines privaten Lebens.»

Nein, er nahm kein Blatt vor den Mund, der große österreichische Romancier und Journalist, der durch die Beschaffenheit seines Talentes so weit von Thomas Mann entfernt war: ein sozusagen natürliches Genie der Erzählung, das Beobachtung, Psychologie und Phantasie mit unangestrengter Meisterschaft ineinander verwob, unschuldig und zugleich raffiniert, in einer Art von schöpferischer Trance geborgen. Roth warf sich, das war nicht weiter erstaunlich, mit Verve auf die Seite von Klaus Mann.

Der Sohn aber griff Gottfried Bermann in einem Brief aus Paris am 30. September ohne Umwege an. Der Verleger habe ihm unterstellt, schrieb er nach Berlin, daß die Polemik in der «Pariser Zeitung» von ihm inspiriert worden sei: damit habe er nichts zu schaffen. «Gleichzeitig wird mir bekannt, daß Sie einen Teil Ihrer Zeit dazu benutzen, Beschimpfungen gegen mich auszustoßen. Sie sind geschmackvollerweise so weit gegangen, dies sogar meinem Vater gegenüber zu tun. Ich darf Ihnen den Rat geben, sich mit meiner Person so wenig wie möglich zu beschäftigen. Ich habe gegen Sie und gegen das Haus, dem ich immerhin auch eine gewisse Zeit lang verbunden war, nicht das mindeste Feindliche unternommen – nicht das *Mindeste* – und nichts liegt mir ferner, als es jetzt zu tun, wenn Sie mich nicht durch die systematische Hetze, die Sie gegen mich treiben, dazu zwingen. Ich gebe Ihnen am allerwenigsten das Recht, die Position, für die ich mich entschieden habe – so wie sich

jeder redliche Intellektuelle für sie entscheiden mußte – zu kritisieren; noch weniger, sie durch Machenschaften zu gefährden.»
Der übersteigerte Ton, mit dem Klaus seine Attacke vortrug, konnte die Tatsache nicht aus der Welt schaffen, daß er mit verbissenem Eifer versucht hatte, den Vater vom Hause Fischer zu entfernen. Bermann hatte sich dagegen gewehrt, wie es einem Verleger anstand, auch er nicht zimperlich in der Wahl seiner Worte. Klaus hatte es in dieser Lage leicht, den vermeintlichen Gegner herauszufordern. Der Vater, das wußte er wohl, konnte ihm wenig verwehren, da ihn sein schlechtes Gewissen bedrückte – und Bermann saß hilflos in seinem Berliner Büro, das ein halbes Gefängnis war, trotz des Spielraums, den ihm die nazistischen Autoritäten fürs erste noch ließen. Er wußte, er genoß eine Freiheit auf Abruf; damit in Wahrheit keine Freiheit. Klaus aber fühlte sich von den wichtigsten Partnern der Literatur im Exil verraten und im Stich gelassen.
Der skandalöse Lärm, mit dem die «Sammlung» ins Leben trat, war wohl – wie Fritz Landshoff in seinen Erinnerungen schrieb – eine Bedrohung des Querido-Verlages, aber zugleich verschaffte er der Zeitschrift eine Beachtung, die sie anders so leicht nicht gewonnen hätte. Romain Rolland schickte Klaus Mann ein Telegramm, das er auf der ersten Seite des Novemberheftes abdruckte. Der große Kollege und pazifistische Kämpfer schrieb ihm, er habe gehört, daß die Zeitschrift von deutschen Mitarbeitern desavouiert worden sei, weil sie «sich nicht auf rein literarischem Gebiet gehalten und das Gebiet der Politik berührt» habe: «Diese befremdende Neuigkeit hat mich sehr überrascht: Ich kann mir nicht vorstellen, wie sich Victor Hugo in Guernsey» – der Insel seines Exils – «aus der Politik hätte halten können, und wenn er es getan hätte, hätte ich ihn kaum achten können...» Romain Rolland, der in jenen Jahren, im Zeichen der antifaschistischen Solidarität, den Kommunisten nahegerückt war, mag Thomas Mann mit einiger Lust den kleinen Hieb verpaßt haben. Auch er hatte die alte Fehde seit der Epoche des Ersten Weltkriegs kaum vergessen.
Die «Sammlung» erreichte, laut Landshoff, in den ersten Monaten ihres Erscheinens eine verkaufte Auflage von etwa 2000 Exemplaren. Doch das Interesse an dem Blatt schien rasch zu schwinden. Der internationale Vertrieb erwies sich als schwierig. In Österreich

war die Zeitschrift nach einer Attacke gegen Engelbert Dollfuß
vorübergehend verboten – den konservativ-katholischen Kanzler
des kleinen Landes, für den Thomas Mann einige Bewunderung
ausdrückte, da es ihm zu gelingen schien, «Zustände, die der
Menschlichkeit seines Volkes durchaus fremd» seien, von Österreich abzuhalten. (Der autoritäre Politiker, der eine Rebellion der
Wiener Arbeiter mit Waffengewalt niederschlagen ließ, wurde im
März 1934 durch nationalsozialistische Putschisten ermordet.) Der
Absatz der «Sammlung» ging rasch zurück. Schließlich war die Zeitschrift nicht mehr zu halten. Sie wurde im August 1935 eingestellt.

Trotz der Aufregungen, die ihn tief deprimierten, nahm sich
Thomas Mann, nachdem die Korrektur des ersten Bandes beendet
war, wieder die Fortsetzung des «Joseph» vor, um sie für den
Druck vorzubereiten. Wie er es nun gewohnt war, teilte er das Werk
sorgsam in «Hauptstücke» und kurze Kapitel ein, um die Lesbar-
keit zu fördern. Doch die kritische Prüfung des Bandes erfüllte ihn
mit «schwerer Sorge». Er empfand die «ganze erste Hälfte (…) als
beängstigend problematisch und episch unnütz». Sie fiel ihm «auf
Nerven und Gewissen». «Es ist sehr schlimm», seufzte er ängstlich.
Seine Skepsis täuschte ihn nicht völlig. Mitunter entfernte er sich
weit von dem Erzählfluß, den er für die «Geschichten Jaakobs»
gefunden hatte.

Er ließ sich von neuem in die Urgründe der Menschen- und Got-
tesgeschichte locken. Seine Exkursionen in die Wüsten und Hochgebirge der «Erkenntnis» aber öffneten dramatische Ausblicke, die
jeden sensiblen Leser den Atem anhalten ließen. Die «Sphäre
rollte», schrieb er in einer der großen Passagen, «und wer will sagen, was er zuerst gewesen war und wo die Geschichten ursprünglich zu Hause sind, droben oder drunten? Sie sind die Gegenwart
dessen, was umschwingt, die Einheit des Doppelten, das Standbild
mit Namen ‹Zugleich›.» «Die Geschichten kommen herab, so, wie
ein Gott Mensch wird, verbürgerlichen gleichsam und werden irdisch». Die «Entdeckung Gottes» durch Abraham war eine theologische Volte von höchstem Reiz, in der Respekt und Ironie eine
originelle Begegnung feierten.

Zum anderen konnte der Autor sich selbst nur schwer verbergen,
daß er sich mit der dressierten Umständlichkeit der Gespräche zwi-

schen dem hübschen und schönen Joseph und seinem kleinen
Bruder Benjamin, diesem altklugen «Knirps», nicht auf der Höhe
seines Könnens befand. Die Dialoge waren wohl eher verspätete
Zeugnisse einer mediokren Jugendstilseligkeit. Aber kam es darauf
an? Thomas Mann fing hernach den eigenen Anspruch rasch wieder
ein. Noch immer hätte er es vorgezogen, das Werk zu Ende zu führen, ehe einzelne Bände gedruckt würden, und es noch einmal von
Beginn an durchzuformen, damit es eine geschlossene Prägung erhalte. Er hätte – zum anderen – die ersten beiden Bücher kaum in die
Welt entlassen, wäre er im Grund seiner Seele nicht sicher gewesen,
daß Längen und Abschweifungen, schwache Stellen und sogenannte Durststrecken zum Wesen des großen Epos gehören.

Unterdessen hatte Erika in Zürich ein Haus gesucht, das den
Wünschen von Katia und Thomas entsprechen würde. In Küsnacht,
dem Dörfchen am Rande der Stadt, hatte sie schließlich hoch über
dem See eine Unterkunft gefunden, die dem Vater und der Familie
einen halbwegs angenehmen Aufenthalt versprach. In Sanary
wurde die Habe eingepackt und per Fracht vorausgeschickt: darunter auch, in merkwürdigem Vertrauen auf die Freundlichkeit des
Geschicks, der schwarze Handkoffer mit den Journalen. Einen Tag
später, am 22. September, der letzte Tagebucheintrag in der Villa
«La Tranquille». Thomas Mann vermerkte, Katia habe von Professor Heuser gehört, daß seine Frau mit dem Sohn Klaus möglicherweise «gegen Ende des Monats hierherkommen» werde: «Die
Begegnung wäre sehr merkwürdig gewesen, geschieht aber wohl
besser nicht. Nach menschlichem Ermessen war das meine letzte
Leidenschaft, – und es war die glücklichste.» Noch immer schien er
vor sich selbst darauf zu bestehen, daß ihm eine erfüllte Liebe zuteil
geworden war – die sich freilich dem jungen Partner eher beiläufig
mitgeteilt hatte.

Er fügte hinzu, daß er gern auf den Aufenthalt in Südfrankreich
zurückblicken werde. Wortreicher hatte er dies zuvor der Redaktion der Zeitung «L'Intransigeant» in seiner Antwort auf ihre Umfrage «Que pensez-vous de la France?» erklärt, die Großzügigkeit
der Behörden lobend: «Man kannte meinen Namen als den eines
Schriftstellers, – das genügte, um mir die Grenze zu öffnen.» (Manche der Emigrationsgenossen mögen den Satz mit einem bitteren

Lachen gelesen haben, da er keineswegs mit ihren Erfahrungen übereinstimmte.) Dann sprach er, wie es sich schickte, von seinen Begegnungen mit den Werken von Balzac, von Flaubert, der Goncourts. Er sprach von Montaigne, von Maupassant, von Marcel Proust, von Jean Cocteau und André Gide, von «Frankreichs Liebe zum Geist», von der er sagte, sie sei «eines mit seiner Liebe zur Freiheit»: «eine starke Schutzwehr gegen Gefahren, mit denen die Zeit Seele und Geist der europäischen Völker bedroht». Frankreichs «menschliche Reife und seine politische Erfahrung», setzte er hinzu, machten es «immun gegen die rauschhaften Infektionen des Fanatismus und mörderischer Panik, denen in solchen Epochen das Leben der Völker ausgesetzt ist».

So weit hatte er sich bisher nicht vorgewagt. Der Satz von der «mörderischen Panik» entging den Spähern des nazistischen Regimes nicht. Freilich war in ihren Berichten, aber auch in der Presse seine Antwort an manchen Stellen auf unverantwortliche Weise vergröbert und verfälscht worden. In einer Korrektur, die er Bermann schickte, wies er darauf hin, daß er zwar vom «Exzessiven» der Ereignisse gesprochen habe, nicht aber von «Barbarei, Ignoranz und Grausamkeit». Den Verleger hatte er auch beauftragt, die interessierten Behörden in Berlin darauf aufmerksam zu machen, daß ein Interview, das «ein Herr David Ewen» in der «New York Times» und einer jüdischen Monatsschrift publizierte, völlig frei erfunden sei.

Sein öffentliches Schweigen über das Regime wollte er nicht brechen, noch nicht. Er wollte sich von niemandem diktieren lassen, wann er und wie er zu reden habe. Die Mißverständnisse, die sich aus dem Schweigen (und später aus dem Reden) ergaben, entsprachen der tragischen Lage des Exilierten, die niemals eindeutig ist. Sie entsprachen freilich auch Thomas Manns innerer Verfassung.

53. KAPITEL

Die halbe Emigration

Das Haus in der Schiedhaldenstraße Nummer 33 in Küsnacht bei Zürich, zunächst für ein halbes Jahr gemietet, war nicht sofort beziehbar: es gab, wie üblich, dieses und jenes zu richten. Vier Tage des Übergangs im alten Hotel St. Peter in wechselnder Stimmung. Unbehagliche Gespräche mit Klaus, der von Amsterdam angereist war, von des Vaters öffentlicher Absage an seine Zeitschrift tief verletzt. Erika, die ihren härteren und leidenschaftlicheren Charakter bewies, bedrängte das Gewissen des Vaters mit ihrer «Rigorosität», von der er im Tagebuch voller Furcht und Bewunderung sprach.

Erika war durch die letzten Vorbereitungen für die Schweizer Premiere der «Pfeffermühle» ganz okkupiert. Mit ihrem zähen Willen schaffte sie es, die tausend Widerstände, die einer Neugründung des Kabaretts im Wege standen, am Ende beiseite zu räumen. Die Behörden fürchteten, daß ihr friedliches Zürich von politischen Beunruhigungen heimgesucht werden könnte. Der unheimliche Nachbar im Norden sollte keinesfalls unnötig gereizt werden. Überdies verlangte die Fremdenpolizei, daß helvetische Staatsangehörige bei der Truppe beschäftigt würden. Die Suche nach Mitwirkenden ließ sich mühsam an, da in der Schweiz, die mit so vielen Gaben Gottes gesegnet war, die kabarettistischen Talente nicht im Übermaß zu gedeihen schienen. Auch hielt es schwer, ein halbwegs geeignetes Lokal zu finden. Schießlich entdeckte Erika im Niederdorf einen geräumigen Saal, der mit einer kleinen Bühne versehen war. Daß der «Hirschen» – einst eine düstere Bierbeize mit zugeordnetem Stundenhotel – einen etwas fragwürdigen Ruf genoß, störte sie nicht weiter. Erst recht machte sich ihre Partnerin Therese Giehse, die am Schauspielhaus engagiert war, nichts aus der anrüchigen Vorgeschichte des Hauses.

Die gemeinsame Freundin Annemarie Schwarzenbach, Erbin einer der großen (und stockkonservativen) Patrizierfamilien des Landes, sorgte – obschon bei der «Sammlung» engagiert – für die Finanzierung auch dieses Unternehmens. Erika selbst, die eine lebenstüchtige Person geworden war, hatte einiges Geld verdient: vom Generaldirektor des Kaufhauses «Globus» war sie beauftragt, eine aufwendige Modenschau zu inszenieren – eine reizvolle Herausforderung, der sie mit Phantasie und Verve begegnete. Wieder schrieb sie die Mehrzahl der Texte fürs neue Programm; einige Nummern konnten aus München übernommen werden. Erikas Beiträge besaßen einen durchtriebenen Witz, eine sprachliche Sensibilität und eine elegante Zweideutigkeit, der die anderen Autoren, auch Bruder Klaus, nicht völlig gewachsen waren. Doch der Anfang auf fremdem Boden mußte tastend sein. Sie hütete sich, zu weit zu gehen. Indes, die Hellhörigen im Publikum wußten, wovon die Rede war, wenn sie in ihrem Lied vom «Märchendichter» sang: «Gleich kommt der Herbst mit allen seinen Farben, / Still steht der See in schöngeschweifter Bucht, – / Man schiesst das Reh, – im Winter müsst es darben, – / Das sanfte Tier erschiesst man auf der Flucht.»

Der dicken Therese Giehse, die auf den ersten Blick (aber nur auf den ersten) jenem resoluten Typus entsprach, den man in ihrer bayerischen Heimat als ein «Urviech» zu bezeichnen pflegt, dieser so reich talentierten und höchst sensiblen Frau gelang es, auch das eher schwerblütige Zürcher Publikum zu erobern. Niemand schien ihrem Charme und ihrer spielerischen Vitalität widerstehen zu können. Nicht nur den Emigranten, die dichtgedrängt bei Bier und Zigaretten an den Tischen des Lokals hockten, sondern auch den eingesessenen Bürgern, die unverstellten Gemütes waren, fuhr der Schock in die Seele, wenn sie rief: «Und gibt es Krieg, dann muß es ihn halt geben, – / Wozu denn sonst das Militär im Land? / Die Industrie will schließlich weiterleben. / Ich und mein Mann, wir haben's längst erkannt. – / Wenn wir daheim sind und am Radio hören, / Wie das so funkt und tönt aus manchem Reich. / Und an-

dere Leute lassen sich nicht stören, – / Nur Österreich selber ward
ein bißchen bleich». Der Text steigerte sich zu düsterer Prophetie:
«Am Ende liegt die Welt in Schutt und Trümmern, / Die wir so
listig-tüchtig aufgebaut. / Das Giftgas schwelt in unsern guten Zimmern – / Ich und mein Mann, wir geben keinen Laut.»

Dieses Mal saß der Vater bei der Premiere im «entgegenkommenden Publikum», das Erika zu seiner und Katias Freude einen «fast
stürmischen Erfolg» bereitete. Es «gab viele Hervorrufe und Blumen», schrieb er voller Stolz spät in der Nacht in sein Tagebuch.
«Nervöse Rührung» habe ihn oft bei Erikas Vorträgen ergriffen.
«Das verschleiert Schmerzliche und Zarte, das den Hintergrund bildet, ließ mehrfach meine Augen naß werden.» In den Briefen aus
jenen Tagen wurde er nicht müde, den Triumph der Tochter zu
feiern. Noch Monate danach berichtete er Ernst Bertram voller Genugtuung: «Erika (…), ein Kind, für das meine Bewunderung und
Liebe immer gewachsen ist (…) hat hier mit einem für Zürcher Verhältnisse ganz beispiellosem Erfolg ihr literarisches Cabaret, das
ganz allein auf ihrer Energie und Phantasie, ihrer zart melancholischen und doch mutig angreifenden Geistigkeit steht, wieder
eröffnet. Das kleine Lokal ‹Zum Hirschen›, sonst ein recht geringes
Beisl, ist Abend für Abend überfüllt, die Automobile der Zürcher
Gesellschaft parken davor, das Publikum jubelt, die Presse ist einhellig entzückt. Die Mischung aus Keckheit und Reinheit, die da
wirkt, hat sich in Bern, Basel und anderen Schweizer Städten genau
ebenso bewährt und wird sich bald in der weiten Welt versuchen.
Ich habe an diesem Erfolg mehr Freude, als an dem Beifall, den etwa
die Jaakobsgeschichten finden.» Die Formel von der «Mischung aus
Keckheit und Reinheit» ging ihm noch oft aus der Feder: sie beschrieb ein burschikoses und seelenvolles Ideal, das sich in Erika auf
eine eher jungenhaft straffe Weise verkörperte. Die Tochter wurde
ihm neben Katia die entscheidende Partnerin der späten Tage.

In seiner Notiz über den Abend der «Pfeffermühle» hatte er bemerkt: «Angenehme Heimfahrt und Freude an der schönen Lage
des Hauses.» Die Küsnachter Villa lag hoch über dem Dörfchen,
breit an den Hang gebaut, weitläufig und auf eine großbürgerlich-
generöse Weise recht behaglich. Aufmerksam hatte Thomas Mann
bei einer Vorbesichtigung sein «sehr großes und elegantes Arbeits-

zimmer» geprüft, dessen Einrichtung freilich noch zu wünschen übrig lasse, wie er notierte. Die «leicht erreichbare und nicht einsame Ländlichkeit» entsprach von fern der Münchner Residenz am Herzogpark. Das Haus bot Platz. Es war still genug – wenn Elisabeth und Michael, die beiden Jüngsten, nicht zu heftig und zu ausdauernd musizierten, wie es, zu des Vaters Kummer und Ärger, die Karrieren geboten, von denen sie träumten. Bibi wurde im Zürcher Konservatorium als Schüler des Tonhallen-Konzertmeisters akzeptiert (erst später ging er von der Geige zur Bratsche über). Medi, noch im Gymnasium, strebte zu pianistischem Ruhm.

Der Hausherr erkundete rasch die schönen Spazierwege über die Höhen und in die nahe gelegenen Wälder. Einige Tage nach dem Einzug wurde ein Telefon gelegt (einer der Arbeiter, notierte Thomas Mann – von physischen Gebrechen zeitlebens fasziniert –, war mit einer Hasenscharte geschlagen). Durch die Vermittlung des tüchtigen «kleinen Juden» Tennenbaum gelangten die geretteten Möbel aus Badenweiler herüber, wo sie unter Schickeles Adresse auf den Abtransport gewartet hatten, mit ihnen der geliebte Schreibtisch. Aus den Schubladen entnahm er «die gewohnten Einzelheiten» und ordnete sie an, wie er es aus München gewohnt war, auch die «Plaketten-Sammlung», die ihn auf bürgerlich-biedere Manier an seine Reisen erinnerte. Seine Porträtbüste, die der Münchner Künstler Hans Schwegerle während des Ersten Weltkriegs gefertigt hatte, stand nun wieder in der Halle. Die Bücherregale füllten sich. «Selbst das, was uns jetzt wieder zugekommen», schrieb er, «bildet noch eine stattliche u. wertvolle Bibliothek, obgleich das Beste fehlt.» In der Nacht konnte er wieder unter seine Münchner Seidensteppdecke schlüpfen, die er nun als «sehr leicht, aber etwas zu warm» empfand.

Das vertraute Utensil verschaffte ihm nicht nur Behagen; es machte ihm vielmehr «die Nimmer-Rückkehr als definitive Wirklichkeit aufs neue und mit neuem Lebensschrecken unbegreiflich-begreiflich». Noch immer gerieten ihm Formeln, die um das Hauptwort «Leben» konstruiert waren, oft und rasch in die Feder. Doch sie waren in der Regel nicht länger nach Dur, sondern nach Moll gestimmt. Von «Lebensweh» und «Lebensangst» war die Rede. Anflüge von «Lebensmüdigkeit» schienen die Aufschwünge des republikanischen Jahrzehnts vergessen zu machen. Die «Lebensfreundlichkeit» wurde blaß.

Der Abreißkalender auf seinem Schreibtisch war am 11. Februar 1933, dem Tag des Aufbruchs von München nach Amsterdam, stehengeblieben. Mit «sonderbaren Empfindungen» entfernte er Blatt für Blatt, bis es à jour war. Von nun an begleitete ihn jenes Utensil der Firma «Soennecken» auf allen Reisen. Es bereitete ihm stets ein «eigentümliches Vergnügen», das Blatt des vergangenen Tages aus dem Block zu lösen: eine rituelle Handlung, immer mit einer «gewissen Feierlichkeit» vollzogen, die ihn an die Stationen der «Heimsuchung» und des «Abenteuers» seiner Exil-Existenz erinnerte.

Voller Wohlgefühl konnte er die Zeitungen, wie er es gewohnt war, in seinem geliebten Empirefauteuil lesen. Auch einige der Bilder fanden sich wieder: Ludwig von Hofmanns «Knaben am Brunnen», ein Lenbach, ein Porträt der kleinen Elisabeth. Wenige Wochen nach dem Einzug schrieb er, das «elegante Haus» werde «ein Durchgangspunkt» für Gäste wie das Haus in der Poschingerstraße. Der Charakter seines Lebens, stellte er befriedigt fest, habe sich «eigentlich nicht geändert». Zwei Dienstmädchen gingen Katia im Haushalt zur Hand. Später kam, wenn sich Katia und Thomas auf Reisen befanden, gar das bewährte Fräulein Kurz aus München herüber, um für Michael und Elisabeth zu sorgen.

Der Prozeß einer gewissen Normalisierung bestätigte sich durch den Kauf eines neuen Autos (Golo beförderte den Peugeot, den Katia in Toulon erstanden hatte, nach Frankreich zurück). Lange hatten die beiden «zwischen einer bequemen Limousine und einem sportlich-schmucken Kabriolett» geschwankt. Thomas Mann versäumte nicht zu vermerken, er habe «den Verkäufer zur genauesten Ehren-Kalkulation» angehalten. Vermutlich sollte diese verschlüsselte Wendung besagen, daß der Fiatvertreter mit diskreter Indiskretion ermahnt worden war, dem berühmten Schriftsteller bei der Festlegung des endgültigen Preises entgegenzukommen. Die Wahl fiel auf die bequeme Limousine, die sechstausend Schweizer Franken kostete – Anlaß zur Genugtuung: «Hätte nicht gedacht, daß wir so bald zu einer solchen Anschaffung im Stil des früheren Lebens kommen würden.» Als Thomas mit Katia wenige Monate später in Basel Station machte – wie üblich stiegen die beiden im Hotel «Drei Könige» ab – gedachte er nicht ohne Stolz des Aufenthaltes in jenem Gasthaus vor der Abreise nach Südfrankreich. Für die «gemachten Fortschritte und erreichten Befestigungen», schrieb es ins Tagebuch, sei es «symbolisch, daß wir diesmal mit dem eigenen Wagen dorthin kommen». Mit Katia (und vermutlich nicht nur mit ihr) sprach er gern von seinem «Vergnügen an der Unfähigkeit» der nazistischen Feinde in München, ihn daran zu hindern, daß er «in der Freiheit in einem schönen Hause» lebe.

Die Befriedigung über den Erfolg seiner Etablierung vor den Toren des Reiches zeigte freilich auch an, wie tief ihn der plötzliche Verlust aller bürgerlichen Sicherheit erschüttert hatte – obschon er, anders als die abertausend Schicksalsgenossen der Emigration, dank seines Weltruhms und der Guthaben auf Schweizer Konten nicht einen Augenblick zu fürchten hatte, er würde ins Elend fallen. In einem Brief an Ernst Bertram, der sich Ende 1933 mit einem Büchergeschenk auf etwas hüstelnde Weise bemerkbar gemacht hatte, nannte er die vorangegangenen Monate die schwersten seines Lebens: «der Choc des Verlustes von Heim, Habe, Vaterland», schrieb er, sei ihm in allen Gliedern gesessen. (Er rügte, weiß Gott zu Recht, daß in jener Zeit der Prüfung nicht ein «Wort des Zuspruchs und der Anteilnahme» von dem Kölner Freund zu ihm gefunden hatte.)

In Wahrheit bangte er auch nicht nur um die materiellen Bedingungen seiner Existenz. Tiefer quälte ihn, daß er nicht sicher sein durfte, ob er «draußen» als der große, unanfechtbare «Repräsentant» deutschen Geistes respektiert werde. Konnte er denn gewiß sein, daß man seine Autorität als die erste in der Hierarchie deutscher Schriftsteller anerkenne? War denn ausgemacht, daß ihm auch im Exil die patrizisch-aristokratische Lebenshaltung gewährt sei, die er für sich beanspruchte? Das «herausgehobene Dasein», von dem er manchmal sprach, war ihm nicht in den Schoß gefallen. Mit seinem bewundernswert zähen Willen hatte er – durch tausend Anfechtungen und Prüfungen – das große Lebensprogramm behauptet, dem er seit den «Buddenbrooks» und seinem Werben um Katia Pringsheim unbeirrt gefolgt war: eine Existenz nach dem Beispiel des großen Vorbildes in Weimar zu begründen.

Der junge Journalist und Lyriker Hans Sahl, der zunächst nach Prag geflohen und dann nach Zürich herübergekommen war, schilderte in seinen Erinnerungen eine Audienz, die ihm im Küsnachter Haus gewährt wurde. Er hatte sich vor einer Begegnung mit Thomas Mann gescheut, weil er sich ihm nicht gewachsen fühlte, aber Klaus und Erika waren vertraute Gefährten. So folgte er brav einer Einladung zum Tee: «Es war fünf Uhr, die Kinder standen hinter ihren Stühlen und warteten auf ihn. (...) Ich hatte mir den Autor des Tonio Kröger eher fragil vorgestellt, zarter, ein wenig leidend (...), aber Thomas Mann trat fest auf, ging mit festen Schritten auf den Tisch zu, bei aller Sensibilität wirkte sein Gesicht doch eher robust, fleischlich. Er gab mit einem Kopfnicken seinen Kindern ein Zeichen zum Hinsetzen. Die Kinder flüsterten noch immer miteinander und warteten darauf, daß der Vater das Wort an sie richtete. Golo schien mir in Anwesenheit des Vaters besonders schweigsam zu sein, beinahe scheu. Klaus war etwas zutraulicher (...), während Erika ihm eine aus Liebe und Achtung gemischte Nonchalance entgegenbrachte. Es schien mir, als ob Thomas Mann Wert darauf legte, sogar ein Gespräch mit seiner Familie wie eine Buchseite zu komponieren. Da wurde nicht durcheinander geredet, jeder kam an die Reihe zu gegebener Zeit.» Dem Gast vermittelte sich in der Tat der Eindruck, Thomas halte «Audienz»: «Er erteilte das Wort, er hörte zu, er kommentierte, er sorgte dafür, daß niemand zu kurz kam. Er verteilte die Portionen seiner Liebe gleichmäßig wie ein Küchenchef, der mit einem großen Suppenlöffel die Teller auffüllt. Es ging alles sehr gepflegt zu. Es wurde sogar gelacht, aber niemals zu laut. Es wurde sogar improvisiert, aber niemals über das Ziel hinaus. Thomas Mann sprach druckreif. Er brach das Brot der Grammatik mit den Seinen und verteilte es huldvoll über die Teller.» Schließlich erhob sich der Hausherr, «trank schnell im Stehen seine Tasse aus und ging festen Schrittes davon, mit der Hand seine Untertanen zum Abschied grüßend. Die Audienz war beendet.»

Thomas Mann wußte seine Auftritte exakt zu inszenieren, und er meisterte unterdessen die Technik der Selbststilisierung virtuos: oft von einem Hauch «Königliche Hoheit» umschwebt. Sein Ruhm war weit über die deutschen Grenzen hinausgedrungen. Man nannte seinen Namen auch in der Schweiz voller Achtung. Dennoch begegneten ihm die Eidgenossen nicht immer mit der Ehrerbietung, die er aus Deutschland gewohnt war. Die Schweizer, das begriff er nicht leicht, ließen sich im Alltag oft von einem grundegalitären Mißtrauen gegen alles Aristokratentum bestimmen. Trotzdem, die Schweiz sollte ihm zur neuen Heimat werden. Ausgerechnet Bertram berichtete er zu Beginn des Jahres 1934, er hoffe «im abgekürzten Verfahren Schweizer zu werden», und er wolle «in der Schweiz begraben sein» wie Stefan George, der andere Literaturheilige in Ernst Bertrams Dasein, der sich geweigert hatte, sich mit dem Dritten Reich gemein zu machen, ob lebendig oder tot – obschon man dem priesterlichen Poeten nachsagen konnte, daß der Kult des mystischen Führerglaubens durch ihn und seine ergebene Gefolgschaft eine gewisse Weihe gewonnen hatte. Aus Thomas Manns Geständnis sprach eine seltsame Arglosigkeit, denn noch immer hielt er gegenüber den deutschen Behörden an der Behauptung fest, daß er nicht «emigriert» sei, sondern sich nur für eine unbestimmte Zeit vom Reich entfernt habe. Keinen Augenblick schien er darüber nachzudenken, daß seine Briefe in Deutschland kontrolliert würden oder daß er durch die Geschwätzigkeit des Freundes, der ja zugleich eine Art Feind war, am Ende in böse Verlegenheiten geriete.

Indes, ein «abgekürztes Verfahren» zur Naturalisierung als Bürger der Schweiz gab es nicht, auch nicht für Thomas Mann, der durch einflußreiche Freunde bei der Regierung in Bern mit einiger Dringlichkeit Möglichkeiten hatte erkunden lassen, wie die strengen Vorschriften zu umgehen oder – für ihn – ein wenig zurechtzubiegen seien. Er registrierte die eidgenössische Hartköpfigkeit mit einer kleinen Enttäuschung.

Die Menschen aus dem Volk, unter dem er lebte, blieben ihm fern – fremder noch als die Bayern, mit denen er in jungen Jahren dann und wann eine engere Berührung gefunden hatte –, sofern ihm die timide und manchmal hochmütig-steife Distanziertheit seines Gebarens eine Annäherung an Menschen außerhalb seines gesellschaftlichen Kreises und ohne prominente Bedeutung jemals erlaubt hat. Mit einer gewissen Bitterkeit beobachtete er den «völligen Mangel an Teilnahme für unseren Verlust und Zustand» – eine «bei Schweizern», wie er sagte, «häufige Erscheinung». Zu den Leuten des Dörfchens Küsnacht gewann er kaum Kontakt. Er versäumte nicht zu notieren, daß er bei einem seiner Spazierwege «einem Kinde das Bäckchen» getätschelt habe, und er vermerkte eher ärgerlich, daß ihm ein ungeschickter Geselle im Dorf die Frisur verschnitt: kein ganz geringer Groll, da der Akt des Haareschneidens (und des Rasierens) zu den fast rituellen Handlungen seiner Existenz gehörten, die er mit einer Mischung von Genuß und pedantischer Ordnungsliebe zu erledigen pflegte. Die jungen Friseure – Frauen war damals der Zugang zum maskulinen Revier jenes Berufsstandes untersagt – faßte er in der Regel sorgsam ins Auge.

Obwohl ihm die wiedergewonnene Sicherheit eine gewisse innere Ruhe verschafft hatte, genügte oft eine winzige Irritation, um seine Nerven in Krisen zu stürzen, auch in dem so wohnlichen und eleganten Küsnachter Haus: «Das Eßzimmer beengt mich», schrieb er, «und verdirbt mir die Mahlzeiten.» Als ihn die musizierenden Kinder zum Zorne gereizt hatten, stellte er ohne allzu lebhafte Beschämung fest, daß er mit der Szene ihr Geburtstagsfest verdorben habe, das sie zusammen feierten. Die Anwesenheit der alten Schwiegereltern, die bald nach dem Einzug von München herüberkamen, empfand er eher als eine Bedrückung. Die beiden Alten waren ihm seit langem ferngerückt. Ihre greise Umständlichkeit überreizte oft seine begrenzte Geduld. Die beiden weigerten sich beharrlich, den Ernst der deutschen Ereignisse zu begreifen, und sie machten fürs erste keine Anstalten – er registrierte es voller Besorgnis, zugleich mit einer gewissen Erleichterung –, die Übersiedlung ins Ausland ernstlich zu betreiben, obschon sie unterdessen ihr Palais in der Arcisstraße verloren hatten: das fürstliche Haus wurde abgerissen und durch einen «Führerbau» im Stil des faschistisch-robusten Klassizismus ersetzt. Immerhin blieben sie finanziell beweglich genug, Erika einen neuen Ford und Michael eine Bratsche zu kaufen.

Ärger als unter häuslichem Ungemach litt er auf Reisen, bei denen nicht jedes Hotel den Komfort bot, den er gewohnt war. Im «Belvedere» von Locarno zum Beispiel rügte er das Fehlen eines Glases im Bad, so daß er gezwungen war, die Seifenkapsel mit Wasser zu füllen, um die übliche Schlaftablette schlucken zu können. Überdies war das Klo defekt, und auch das Frühstück gab Anlaß zur Unzufriedenheit: Salz und Eierbecher mußten reklamiert werden.

Niemals schien sich bei ihm oder bei Katia der Verdacht zu regen, daß der extreme und plötzliche Verfall seiner Stimmungen, die Rebellion der Nerven, die krisenhaften Überreizungen, die Wutanfälle und die Weinkrämpfe, von denen er mitunter heimgesucht wurde, vielleicht auch durch die schweren Schlafmittel ausgelöst sein könnten, die er bedenkenlos zu sich nahm – nicht Nacht für Nacht, doch oft genug, um eine Art Abhängigkeit zu schaffen. Phanodorm und Luminal lagen stets auf dem Nachttisch parat. Später schluckte er Optalidon-Tabletten – ein Barbiturat –, als handle es sich um Bonbons.

Das erste Christfest im Exil: «Weihnachtsabend also, altes Kinderwort und Kinderglück, das auch dieses Jahr seinen stillen Zauber bewährt. Ein Bäumchen ist in der Halle aufgestellt; Tische und gedeckte Kisten für die Bescherung vorbereitet.» Alle Kinder hatten sich im Haus hoch über dem Zürichsee eingefunden, und sie hatten ihre Freunde mitgebracht – Erika ihre Partnerin Therese Giehse und Klaus den getreuen Fritz Landshoff, der Erika mit seinem «Liebeswerben» (wie sich der Vater altmodisch ausdrückte) ein wenig zu nahe rückte: kleine atmosphärische Störungen, die rasch der schönen Einsicht wichen, daß alles, fast alles so sei wie einst in München oder gar wie in Lübeck, im Haus des Senators. Die Weihnachtsmusik, die Bescherung, die Erinnerungen, unter denen die lustigsten jene Szenen waren, in denen «Herr Papale bei Tisch einen Juden nachmachte», zum Ergötzen der Kinder. Am Silvesterabend notierte der Vater: «Welches Jahr seit Februar. Mein Heimweh nach dem alten Zustande ist übrigens gering.» Die Monate in Sanary schienen ihm nun, zurückblickend, die «glücklichste» Etappe des ersten Emigrationsjahres – mit der «kleinen Stein-Terrasse am Abend, wenn ich darauf im Korbstuhl saß und die Sterne betrachtete».

Der Anfang des neuen Jahres 1934 wurde durch die Nachricht vom Tod Jakob Wassermanns verdunkelt, des Gefährten aus frühen Jahren, den Thomas Mann nicht mehr aus den Augen verloren hatte, seit sie einander in der Redaktion des «Simplicissimus» begegnet waren. Ein «tief melancholischer Untergang nach sehr glänzendem Aufstieg aus Not und Dunkel», schrieb er an René Schickele. Er hatte den Freund, als dieser Zürich auf seiner letzten Reise von Amsterdam nach Österreich passierte, vom Tod gezeichnet gesehen, das Herz voller Bitterkeit durch die Zurückweisung des autobiographischen Romans «Joseph Kerkhovens dritte Existenz», die ihm Gottfried Bermann kurz zuvor mitgeteilt hatte, das eigene Wort widerrufend, daß er die Publikation als eine Entscheidungsfrage für die Weiterführung des Verlages betrachte. Bermann hatte ihm schließlich geraten, gewiß schweren Herzens, das Buch einem ausländischen Verlag zu übergeben: ein Schock für den Todkranken, der dem Haus Fischer lange Jahrzehnte treu geblieben war. Gottfried Bermann konnte sich auch nicht zu einem Vorschuß auf eine geplante Sammlung von Novellen verstehen, obwohl er wissen mußte, daß Wassermann von schweren Sorgen bedrängt war: die Anwälte seiner ersten Frau, die ihn mit Klagen und Pfändungen belagerten, machten Anstalten, ihn aus seinem Haus in Altaussee zu vertreiben. Vielleicht stand der Autor zu tief in der Kreide. Thomas Mann rief dem Gefährten nach, der Tod habe ihn «im letzten Augenblick vor dem vollkommenen Ruin in Sicherheit gebracht».

Später sagte ihm die Witwe, beim zweiten, tödlichen Herzanfall, der durch Morphium wohltätig gedämpft worden sei, bis zu «lächelnder Euphorie», habe Wassermann «heiter suchend» gefragt: «‹Wo ist denn der Hugo?›» Er meinte seinen alten Freund Hofmannsthal. «Offenbar», schrieb Thomas Mann, sei er «begierig auf das ‹Wiedersehen› mit dem Geliebten und Verehrten in Bereichen» gewesen, «aus denen er dann vorübergehend noch einmal zurückkehrte.» Das Zeugnis der tiefen Zusammengehörigkeit, das die großen Repräsentanten der österreichischen Literatur – Hofmannsthal, Schnitzler, Beer-Hofmann, Wassermann – miteinander verband, schien, wenn die trockene Notiz nicht täuscht, seine erstaunte Neugier zu wecken. In Thomas Manns Dasein existierte eine Verbindung von solcher Beschaffenheit nicht – ausgenommen vielleicht die Freundschaft mit Hermann Hesse, die niemals ernstlich bedroht war, weil sich die beiden selten zu nahe rückten.

Wassermanns Werk, schrieb er an Schickele, habe ihm «wegen eines gewissen leeren Pompes und feierlichen Geplappers oft ein Lächeln abgenötigt», doch er fügte hinzu, er habe wohl gesehen, daß der Tote «mehr echtes Erzählerblut» besessen habe als er. Das war eine generöse, zugleich deprimierte und ein wenig hochmütige

Feststellung, von der Qual mit dem eigenen Werk geprägt, das ihm so
schwer von der Hand ging, aber auch vom sicheren Bewußtsein
bestimmt, daß er aus dem wenigen unendlich mehr zu machen verstand. Er notierte in jenen Tagen, Joseph Conrad habe dreißig Zeilen
als «einen guten Tagesdurchschnitt» betrachtet. Betrübt setzte er
hinzu: «Ich habe es aber heute nicht auf 30 Zeilen gebracht.» Äußere
und innere Störungen erzwangen immer neue Unterbrechungen.

Im neuen Jahr stand der Besuch von Ida Herz ins Haus, der braven
Seele, die sich durch die Rettung der Bibliothek und mancher Manuskripte ein nicht geringes Verdienst um den Meister erworben hatte.
Sie hockte elend genug in Nürnberg, das durch die obszönen Umtriebe des «Franken-Führers» Julius Streicher zur Hauptstadt des
deutschen Antisemitismus avanciert war. Die Buchhändlerin hatte
sich für den 18. Januar angesagt, Katia aber gebot eilends, sie möge ihr
Kommen verschieben. Thomas Mann schrieb der hartnäckigen Verehrerin einige Zeilen, in denen er auf seine schlechte und nervöse
Verfassung hinwies. Auch seine Frau habe unter dem Exiljahr sehr
gelitten. Er müsse zunächst eine Vortragstournee durch zehn
Schweizer Städte hinter sich bringen; also möge sie später kommen.

Im November hatte er zweimal im Amphitheater der Eidgenössischen Technischen Hochschule aus dem «Joseph» gelesen, mit großem Erfolg. Den Szenen aus dem Roman schickte er ein Dankwort an
die Schweiz voraus, das «lebhaft quittiert» wurde (er trug es, variiert
und erweitert, später auch im Radio vor). Die Wirkung der Veranstaltung schien, zu seiner Befriedigung, «außerordentlich»; der
«kompakte, einhellige, lange sich hinziehende Beifall» tat ihm wohl.
Er brauchte die öffentliche Zustimmung mehr denn je. Sie wurde ihm
auch in Lausanne zuteil, wo er am 7. Dezember ein Stück aus dem
«Jungen Joseph» vortrug: unter den Zuhörern André Gide, mit dem
freilich nur ein knapper Austausch gelang. Die eigentliche Tournee –
sie brachte immerhin mehr als drei Monatsmieten ein – trat er zagen-
den Herzens an, die oft spröden Reaktionen der Eidgenossen fürch-
tend. Doch fast überall waren die Säle überfüllt, ob in Neuchâtel oder
Solothurn, in Glarus und Burgdorf, in Olten und Aarau und schließlich in Baden, wo er schon fast wieder zu Haus war.

Ehe er mit Katia zu einer kleinen Winterkur nach Arosa aufbrach,
langte das Fräulein Kurz aus München an, das so getreulich das

Haus am Herzogpark hütete: übrigens, eine bizarre Übereinstimmung, nicht nur von ihrem Dienstherrn Thomas Mann, sondern auch von der Politischen Polizei des Landes Bayern mit der Verwaltung des Anwesens beauftragt. Die gute Seele brachte Zigarren, die sie in einem Wandschrank des Arbeitszimmers gefunden hatte, eine Flasche Frankfurter «Ratswein», Rasierwasser von der Kommode, die Theater-Lorgnette – dazu einiges «tolles Zeug»: «alte Krawatten und kleinen Plunder.» Gleich am Bahnhof, bei Katias Anblick, habe sie zu weinen begonnen, schrieb der einstige Hausherr: «Ihr niemals starker Verstand scheint im Trubel gelitten zu haben.» Doch befriedigt vermerkte er auch, «die Kurz» sei «sehr entzückt von dem Hause»: «Sie hatte sich offenbar unsere Existenz viel degradierter und bedrückter, exilmäßiger gedacht», und das würde «wohl in Deutschland vielfach der Fall sein.» Die beiden jüngsten Kinder schienen sich dem sanften Regiment des «Fräuleins» gern zu beugen.

Dieser Sorge waren die Eltern enthoben, doch der Aufenthalt in Arosa erwies sich als ein gemischtes Vergnügen: meist trübes Wetter, oft föhnig, mit Schneefall wechselnd. Trotz der angenehmen Gesellschaft von Ferdinand Lion, der nach seiner Lektüre des «Joseph» einige scharfsinnige und geistreiche, immer liebenswürdig-lobende Beobachtungen mitteilte, wurde es Thomas Mann schwer, sich aus seiner nervösen Gespanntheit zu lösen. In der Unruhe brach von neuem der Protest gegen das Geschick der Emigration in ihm auf. Er schrieb bitter: «Die innere Ablehnung des Märtyrertums, die Empfindung seiner persönlichen Unzukömmlichkeit kehrt immer wieder». Sie sei durch eine Äußerung Gottfried Benns bestätigt und verstärkt worden, die ihm Lion zugetragen hatte: «Kennen Sie Thomas Manns Haus in München?», habe der Dichter gefragt und hinzugefügt: «Es hat wirklich etwas Goethisches». Das traf in Wirklichkeit nur sehr bedingt zu, doch er glaubte es gern: «Daß ich aus dieser Existenz hinausgedrängt worden», schrieb er, «ist ein schwerer Stil- und Schicksalsfehler meines Lebens, mit dem ich, wie es scheint, umsonst fertig zu werden suche». Die Unmöglichkeit seiner Berichtigung, die sich immer wieder aufdränge, fresse ihm am Herzen. Auch nach der Rückkehr ins halbwegs vertraute Küsnachter Haus wurde seine Seele von Gedanken an die

Rückkehr nach Deutschland belagert, obwohl er sich vorhielt, sie sei «wegen des Eigenlebens der Kinder» und wegen des Lärms über Klausens «Sammlung» ganz ausgeschlossen. Seit geraumer Zeit erwog er, einen Brief ans Reichsinnenministerium zu schreiben, um endlich Klarheit zu schaffen.

Abschied von Fräulein Kurz, das «in Tränen uns verlassen hat». Drei Tage später, am 23. März 1934, ein «Telephon-Anruf der Herz, die morgen eintrifft. Dieser Besuch, einigermaßen beschwerlich muß einmal absolviert werden.» Katia holte sie am Bahnhof ab: «Ging zum Empfang ans Auto hinunter und führte die hochrot Erregte in Haus und Zimmer ein. Ruhte dann etwas aus.» Die unglückliche Frau brachte Nachrichten aus dem Reich mit, die eine etwas gestörte Beziehung zur Wirklichkeit andeuteten. Kommentarlos und ohne Fragezeichen schrieb Thomas Mann die närrische Geschichte auf, daß in Nürnberg einhundertzwanzig Kinder von der Firmung zurückgewiesen worden seien: wegen ihrer Schwangerschaft, «die vom nationalistischen Parteifest» datiere, bei welchem Hitler seine Kulturrede gehalten habe. Er verwechselte, so darf angenommen werden, die katholische Firmung mit der protestantischen Konfirmation, und er überschätzte wohl auch die Bereitschaft der Maiden, sich mit den SA-Rabauken einzulassen.

Auch das war eine Konsequenz der Propaganda des totalitären Regimes: die Auflösung des Wahrnehmungsvermögens für die Realität. Wo so viel gelogen wurde, glaubte man alles und nichts. Ida Herz war ohne Zweifel durch die antisemitische Hetze, der sie täglich begegnete, tief verstört. Thomas Mann schrieb: «Die Herz, ziemlich belastend wie immer, genießt das Draußensein, die seelischen Ferien von dem entsetzlichen Nürnberg, einem der schlimmsten Orte Deutschlands, bis zu häufigen Tränen. Ihre erregten Erzählungen von dem gräßlichen Geschrei des polnischen Juden, der auf der Straße vor den Augen vieler Fenster-Zuschauer von S.A.-Leuten verprügelt wurde. Von der Haussuchung bei ihr und den in zwei Staffeln vor der Wohnungstür aufgestellten braunen Rowdys, die dem öffnenden Mädchen sieben Revolver entgegenhielten.» Deutsche Szenen jener Tage. Die «Fenster-Zuschauer» der Gewalt schienen sich als eine stereotype Erscheinung der Gesellschaft zu etablieren.

Sein Mitgefühl hielt Thomas Mann nicht davon ab, anderntags aufzuschreiben: «Ich wünsche die beklagenswerte Herz fort. Sie wird wohl erst Freitag reisen.» In der Nacht: «Die Herz beim Abendessen und nachher schwer erträglich, hochrot-geschwollen und hysterisch. Wir hörten Musik: Tschaikowski und Wagner, dessen Tannhäuser-Bachanale denn doch ein unanständiges Maß von Brutalität und Wollust bietet.» Mit Katia kam er überein, daß für den geprüften Gast über Ostern kein Platz im Haus sei: «Spaziergang mit der Herz, der ich auf gute Art zu verstehen gab, daß sie Donnerstag reisen müsse.» Immerhin las er für sie ein Stück aus dem dritten «Joseph»-Band, den er unter der Feder hatte. Er signierte Bücher, die sie mitnehmen wollte. Er suchte einige Drucksachen für ihr «Archiv» zusammen, das er in spöttische Anführungszeichen setzte, obwohl er auf die Sammlung selbst dann und wann gern zurückgriff. Thomas Mann überließ ihr schließlich – wie früher schon manche der Übersetzungen – die ungarische Ausgabe des «Jungen Joseph»: «Sie war in Tränen beim Abschiedsdank.» *Ihrem* Dank, wie angenommen werden muß. Golo brachte sie zur Bahn, während sich der österreichisch-ungarische Feuilletonist und Satiriker Roda Roda zum Tee einfand. Die Rückkehr an die Stätte des Terrors wird der armen Frau schwer geworden sein.

In der Woche nach dem Osterfest begann er den Brief an das Reichsinnenministerium aufzusetzen, den er seit langem geplant hatte: ein Versuch, vielleicht der letzte, sein bürgerliches Verhältnis zu Deutschland auf eine vernünftige Weise zu regeln. Nein, er hatte kein «Gesuch um die Erlaubnis zur Rückkehr» im Kopf, wie ihm hernach zu Unrecht vorgehalten wurde, sondern eine sachliche Darlegung seines «Außenbleibens», das er auf etwa zwei Jahre bemessen wollte. Er dachte an eine Art von «Beurlaubung», deren Bewilligung seinem «Außenbleiben» den Flucht-Charakter und den Eindruck eines «unseligen Zerwürfnisses» mit seinem Lande nehmen würde.

Zweifellos wurde der Plan – wenn die tastende Erprobung der Möglichkeiten so genannt werden konnte – durch die überraschend freundliche Aufnahme des «Joseph» in Deutschland beflügelt. Bermann Fischer hatte schon vor Weihnachten gemeldet, daß vom ersten Band an die fünfundzwanzigtausend Exemplare verkauft wor-

den waren – ein Erfolg, der sich mit dem des «Zauberbergs» vergleichen ließ. Auch die Vorbestellungen für den zweiten Band, den der
Verleger im Frühjahr folgen lassen wollte, waren überaus lebhaft. In
München hatten die Buchhändler zunächst gezögert, die «Geschichten Jaakobs» in den Fenstern und auf den Ladentischen auszulegen,
ja sie behaupteten (wie die alten Pringsheims berichteten), der Verkauf des Buches sei untersagt. Das erwies sich als ein Irrtum. Natürlich wagten die Rezensenten nicht, Thomas Mann zu bejubeln, wie er
es von früher gewohnt war. Auch Bernhard Diebold – dank seines
Schweizer Passes zu größerem Freimut bereit als viele der deutschen
Kollegen – äußerte sich in der «Frankfurter Zeitung» nur respektvoll
reserviert, zur argen Enttäuschung des Autors (bei der Rezension des
zweiten Bandes korrigierte er seine Vorbehalte voller Enthusiasmus). Insgesamt durfte man von einer guten Aufnahme des Buches
reden. Auch der Transfer der Honorare bereitete keine Schwierigkeiten. Noch im alten Jahr hatte Thomas Mann eine Überweisung
von zwanzigtausend Schweizer Franken in Empfang nehmen können, und im Frühjahr 1935 folgten weitere fünfzehntausend – beträchtliche Summen nach der Rechnung jener Zeit.

Aber jeder Vorstoß des unermüdlichen Rechtsanwalts Heins,
endlich die Freigabe des Vermögens zu erlangen, stieß auf Widerstände, die sich nicht genau orten ließen. Vom Finanzamt konnten
sie nicht mehr ausgehen. Oder doch? Bei einem Besuch von Valentin Heins – der nun übrigens selbst hohe Honorarforderungen zu
stellen begann, die Bermann Fischer zu begleichen hatte – war von
Unstimmigkeiten bei den Steuererklärungen der Jahre 1929 und
1930 die Rede. Ohne Zweifel hatte sich ein strebsamer Staatsbuch-
halter über die Vertragsvereinbarung aus dem schwarzen Handkoffer gebeugt und die darin enthaltenen Zahlen mit den alten Abrechnungen verglichen. Die Differenz scheint, wie Thomas Mann
andeutete, nicht allzu schockierend gewesen zu sein, doch sie genügte, ihn und Katia von neuem zu beunruhigen. Trotzdem war
nicht anzunehmen, daß die eigentlichen Widersacher im Finanzamt
hockten. Weder Himmler, den Thomas Mann zunächst für den Finanzminister der nazistischen Regierung von Bayern hielt, noch
sein Adlatus Heydrich waren dem Autor genaue Begriffe. Den
Namen des späteren Gestapo-Chefs Heinrich Müller, von Beruf

Kriminalkommissar, der sich mit dem schlichten Titel eines «Sachbearbeiters» zu den Administratoren des Terrors gesellte, erfuhr er, wenn denn je, vermutlich erst nach dem Kriege. Die Feinde blieben unsichtbar und ungreifbar, von dem ungenauen Begriff der «Politischen Polizei Bayerns» getarnt. Sie gewannen auch keine Gesichter, als der «Reichsführer SS» mit seinem Clan den Polizeiapparat Preußens unter seine Kontrolle brachte.

Thomas Mann war nicht verborgen geblieben, daß die Münchner Schergen einen Schutzhaftbefehl gegen ihn ausgestellt hatten. Durch den Anwalt erfuhr er, daß sie seine Ausbürgerung betrieben. Doch sein Name stand nicht auf der neuen Liste, die Ende März 1934 veröffentlicht wurde – wohl aber der Albert Einsteins, obschon das Auswärtige Amt, wie Paul Egon Hübinger den Akten entnahm, dringend davor gewarnt hatte, dem genialen Gelehrten die deutsche Staatsbürgerschaft abzuerkennen. Thomas Mann, der nicht zu den siebenunddreißig Ausgebürgerten zählte, zog den verständlichen Schluß, der bayerische Antrag sei abgelehnt worden. Das traf mit solcher Exaktheit nicht zu. Vielmehr versah das Reichsinnenministerium das Dokument zunächst mit einem hinhaltenden Vermerk. Es war offenkundig, daß der Reichspropagandaminister nicht die Ausbürgerung, sondern die Rückkehr des Dichters wünschte. Das Auswärtige Amt holte – eher «gemächlich», wie Hübinger bemerkte – Berichte der Botschaft in Paris und des Generalkonsulats in Zürich ein, die bestätigten, was das Innenministerium zuvor schon festgehalten hatte: daß sich Thomas Mann im Ausland nicht «hetzerisch gegen Deutschland betätigt» habe. So wies das Auswärtige Amt den Antrag im September 1934 zurück, und das Reichsinnenministerium folgte seiner Empfehlung.

Der komplizierte Behördenprozeß war noch in der Schwebe (aber das konnte Thomas Mann nicht wissen), als der Dichter Mitte Februar 1934 einen Antrag zur Erneuerung seines deutschen Passes beim Zürcher Generalkonsulat abgab. Das Gesuch wurde kommentarlos abgewiesen. Das Leben ohne ein international gültiges Personaldokument war nicht nur lästig – es konnte eine Bedrohung der Existenz sein, wie es abertausend Emigranten hilflos und elend erlebten. Thomas Mann durfte immer auf ein großzügiges Entgegenkommen der Behörden rechnen, denen die Bemühung um jedes

Visum lästig genug war. Schon Sohn Klaus hatte bittere Mühe, ein Ersatzpapier zu beschaffen. Im Juni 1934 teilte er dem PEN-Club mit, daß er einer Sitzung in Edinburgh leider fernbleiben müsse. Der Grund dafür sei ein «sehr einfacher und ein sehr schlimmer»: sein deutscher Paß sei abgelaufen, und kein deutsches Konsulat der Welt werde ihn verlängern. «Ich soll kein Deutscher mehr sein – vorläufig. Kein anderer Staat aber hat es eilig damit, einem deutschen Flüchtling ein Papier auszustellen, das ihm Bewegungsfreiheit verschaffen würde. Der deutsche Flüchtling muß warten.» Klaus glückte es schließlich, einen holländischen «Gunstpass» zu erlangen: eine Art Fremdenpaß, der seinem Besitzer keinerlei Rechte gab; doch er wurde als Personaldokument anerkannt, auch von anderen Staaten, deren Vertreter ihre Visen in das Papier stempeln durften.

Übrigens blieb auch Vater Thomas der Einladung nach Schottland fern. Er teilte Rudolf Olden, dem Sekretär des Exil-Clubs, mit, jede öffentliche Äußerung von seiner Seite drohe die Situation zu verschlechtern und die Münchner Politische Polizei triumphieren zu lassen, die seine Ausbürgerung betreibe. In einer merkwürdigen Volte fügte er hinzu, er möge nicht gegen die Unterdrückung der Geistesfreiheit in Deutschland protestieren, da offenkundig die deutschen Schriftsteller «die allereifrigsten Parteigänger des Systems» seien. Selbst Hans Carossa – dem er mit dieser Behauptung unrecht tat – schließe sich nicht aus. An wen, fragte er, sollte sein Protest appellieren: an die Welt, die es in der Hand gehabt hätte, durch ihre Weigerung, mit dem jetzigen Deutschland umzugehen, die nazistische Regierung im eigenen Lande unmöglich zu machen? Das war ein Argument, das den Siegermächten nach 1945 nicht selten begegnen sollte: freilich brachten es, als eine Generalentschuldigung, nun vor allem die Überlebenden vor, die sich mit dem Regime auf kompromittierende Weise eingelassen hatten.

Noch stand auch Klaus Mann nicht auf der Liste der Ausgebürgerten (damit ließen sich die Verwalter des Unrechts bis zum November Zeit), aber es gab keinen Zweifel, daß er von den Berliner Behörden als ein Feind des Dritten Reiches betrachtet wurde. Nicht so der Vater – noch nicht. Es existierte kein legitimer Grund, ihm den Paß zu verweigern, der seinen legalen Status als «Auslandsdeutscher» bestätigt hätte. Überdies hatte der Autor Anlaß, sich noch immer als Mitglied des «Reichsverbandes deutscher Schriftsteller» zu betrachten, der den einstigen «Schutzverband» ersetzen sollte. Über den Fischer Verlag waren ihm im Dezember Anmeldungsformulare für die neue Organisation ins Haus gekommen, der Thomas Mann nicht fernbleiben wollte, weil er damit – wie ihn Gottfried Bermann belehrte – sein Recht zur Publikation in Deutschland preisgegeben hätte. Klaus und Erika protestierten aufs heftigste. Der Sohn wies ihn auf die Statuten hin, die Juden und Gegnern des Staates die Zugehörigkeit verwehrten.

Heftige Auseinandersetzung vor den Ohren Hans Reisigers und der Schwiegereltern, die im Haus zu Gast waren. Klaus schrieb deprimiert in sein Journal: Sein «Nicht-hören-Wollen, Nicht-wissen-Wollen, Flucht in die Gereiztheit. Diese Situation ganz unhaltbar. Ungewiss, was meinerseits zu tun.» Der Vater nahm sich die Kritik der Kinder halbwegs zu Herzen. Sein Kompromiß: er teilte dem Reichsverband mit, daß er sich als einstiger Ehrenvorsitzender des Schutzverbandes automatisch als Mitglied der Organisation betrachten dürfe. Sein alter Verehrer Hans Friedrich Blunck, der niederdeutsche Heimatschriftsteller, war unterdessen zum Präsidenten des Verbandes avanciert, und er blieb es für geraume Frist, als die Organisation in «Reichsschrifttumskammer» umbenannt wurde. Er konnte später glaubhaft bezeugen, daß er gegen die Aufnahme eines «Arier-Paragraphen» und vor allem für die formlose Anerkennung der Mitgliedschaft Thomas Manns mit einiger Hartnäckigkeit argumentiert hatte.

Die Parteibüttel wollten aber auf einer ordnungsgemäßen Ausfertigung der Formulare bestehen. Peter Suhrkamp, der neben Gottfried Bermann in die Leitung des Fischer Verlages aufgerückt war, übermittelte Blunck am 13. Januar 1934 die Erklärung seines Autors, die besagte, daß er bereit sei, «dem deutschen Schrifttum auch weiterhin nach besten Kräften zu dienen und das deutsche Wort im Geiste der Wahrheit und Reinheit zu verwalten». Das könne er unterschreiben. Thomas Mann fuhr in seinem Brief an Suhrkamp fort: «Es ist mein dringender Wunsch, mit Deutschland und meinen deutschen Lesern verbunden zu bleiben, und ich würde es für einen Fehler der deutschen Machthaber halten, wenn sie mich durch die Forderung unmöglicher Bekenntnisse ins Emigrantenlager drängten. Sagen Sie das Herrn Dr. Blunck! Mit meiner Anmeldung, worin ich sagte, ich sei Ehrenmitglied des im Reichsverband aufgegangenen SVS und nähme an, daß man mich nach wie vor, ohne weitere Formalitäten, als zum deutschen Schrifttum gehörig betrachte, glaubte ich den Herren eine Brücke zu bauen. Ich finde, sie war gangbar und bleibt es auch.» Suhrkamp fügte hinzu: «Thomas Mann bittet mich außerdem noch, Ihnen zu sagen, daß er von Ihrer freundschaftlichen Gesinnung gegen ihn zuviele Beweise habe, und daß er nie daran zweifeln würde.»

Die Formulare füllte Thomas Mann nicht aus. Man ließ es dabei. Gegen den Druck des zweiten «Joseph»-Bandes im Frühjahr und einer Sammlung seiner Essays im Herbst meldete keine der Behörden Bedenken an. Die bedrückende Undurchdringlichkeit der Lage aber gab dennoch Anlaß, die Regierung um ein klärendes Wort zu bitten. In seinem Schreiben an den Reichsinnenminister, das er endlich zu Papier brachte − Thomas Mann zog es, von Bermann beraten, schließlich vor, den Brief an Dr. Frick persönlich zu richten −, berichtete der Dichter ausführlich, wie er in die Fremde geraten sei. In gemäßigten Worten sprach er von den Übergriffen der Münchner Polizei, und er wies auf das Mißverständnis, das ihn in den Geruch eines «marxistischen Schriftstellers» gebracht habe. Er nannte die «Betrachtungen», mit denen er gegen «die Politisierung, das heißt die Demokratisierung des deutschen Geistes» kämpfte. Die Republik habe er «nicht herbeigesehnt», doch als eine «Schicksalsgegebenheit» genommen. In «gewissen Reden und Aufsätzen (...) während der Nachkriegszeit» habe er den Versuch gemacht, die Deutschen «mit diesem Schicksal auszusöhnen», sich «namentlich in dem Essay ‹Von deutscher Republik›, der traditionellen Anknüpfungsmöglichkeiten» bedienend, «die die deutsche Romantik bot». Das Ausland, schrieb er, habe ihn immer «als spezifisch deutsche Figur» gesehen, obschon manche Landsleute eine «gewisse Europafähigkeit» seiner Bücher mit «charakterlosem Internationalismus» verwechselt hätten.

Er verbarg keineswegs, daß er das deutsche Bürgertum − also seine «eigene Klasse» − aufgefordert habe, «sich politisch an die Seite der sozialdemokratischen Arbeiterschaft, dieser kulturell so gutwilligen deutschen Menschenart zu stellen». Er habe sich davon die Rettung der bürgerlichen Kultur versprochen. Das Schicksal sei über solche Wünsche hinweggegangen – und er sei «nicht der Tor, gegen seinen mit hinlänglicher Entschiedenheit erlassenen Spruch zu revoltieren». Die «elementarischen und (...) vom Verhängnis auf alle Weise begünstigten Mächte, in deren Zeichen längst alles stand», habe er bekämpft, «solange das einen Sinn hatte». Dann ließ er die tapfere und zugleich durchtriebene Feststellung folgen: «aus meiner inneren angeborenen und naturnotwendigen Abneigung gegen das nationalsozialistische Staats- und Weltbild mache ich auch heute, – an dieser Stelle – umso weniger ein Hehl, als ich die Geringschätzung kenne und würdige, die der siegreiche Nationalsozialismus der Speichelleckerei und dem eifrig sich empfehlenden Überläufertum entgegenbringt.» Er fügte hinzu: «Seitdem aber die Geschichte ihr Wort gesprochen, habe ich geschwiegen». Es sei sein Entschluß, in vollkommener Zurückgezogenheit seinen persönlichen Aufgaben zu leben. Diesen Vorsatz könne er – so befehle es die Konsequenz seines früheren Eintretens für «historisch unterlegene Ideen» – am besten außerhalb der Reichsgrenzen verwirklichen. Der «Gedanke des Exils» habe für ihn von jeher einen «überaus schweren und verhängnisvollen Akzent» getragen: «Daß gerade mir je das Los des Emigranten zufallen könnte, habe ich mir nicht träumen lassen; es ist mir sozusagen nicht an der Wiege gesungen worden, und schon rein menschlich ist es begreiflich, daß für den fast Sechzigjährigen das jähe Abgeschnittensein von seiner ganzen gewohnten Lebensbasis eine schwere Erschütterung bedeutete.» Er fuhr fort: «Mein Außenbleiben fasse ich denn auch nicht als dauernde Trennung vom Vaterlande auf, sondern als eine vom Schicksal verordnete Episode, als eine Beurlaubung, wenn ich so sagen darf, aus der Volksgemeinschaft für eine unbestimmte, aber gemessene Frist.»

Er hatte den Einfall, gleichsam um Urlaub vom Dritten Reich zu bitten, am Ende nicht völlig verworfen. Er setzte schließlich hinzu, er habe zu einem Zeitpunkt, an dem es noch sehr ungewiß gewesen sei, «ob ich aus Deutschland je einen Pfennig Honorar würde beziehen können, alle ausländischen Angebote (...), deren Annahme mir das Leben gesichert hätte, abgelehnt» und es vorgezogen, auf jede

Gefahr hin» bei dem Berliner Verlag zu bleiben, mit dem er von
seinem Eintritt in die Literatur an zusammenarbeitete.

Diese Anmerkung war eine Dressur der Wahrheit, die sich aus
der Lage rechtfertigen ließ. Erst wenige Tage zuvor hatte er der Frau
des alten Samuel Fischer geschrieben, sie möge Gottfried Bermann
Fischer sagen, daß seine «innere Ruhe gesicherter wäre» und daß er
«der Nachwelt gegenüber», die ihm sein Schweigen vielleicht nicht
verzeihen werde, «ein besseres Gewissen hätte», wenn er sich «von
der Rachelaune der gegenwärtigen deutschen Machthaber überhaupt unabhängig gemacht» und sein neues Buch «einem der auswärtigen Verleger gegeben hätte, die sich darum bewarben. Was soll
denn auch Deutschland in seinem jetzigen Geisteszustand damit anfangen?»

Valentin Heins, der Anwalt, hieß das lange, womöglich allzu
lange Schreiben gut, und im Tagebuch zitierte der Autor seinen
Verleger mit den Worten: «Brief ans Ministerium richtig, würdig
und wirksam.» Gottfried Bermann war so tief beeindruckt, daß er
Kopien unter den Freunden des Hauses zirkulieren ließ. In der Tat
hatte der Nobelpreisträger mit jenem Brief, in dem sich Dignität
und Schlauheit auf bewunderungswürdige Weise vermengten, den
Versuch unternommen, die Wege offenzuhalten.

Seine Bitte um die Erneuerung seines «Ausweises als deutscher
Staatsbürger» blieb dennoch ungehört. Vergeblich hatte er in dem
Brief an Dr. Frick für eine Rückgabe seines Eigentums plädiert –
auch aus «Gründen der Ehre: weil es nicht mein Wunsch ist und
eine Verfälschung meines natürlichen Schicksals bedeuten würde,
mit meinem Lande in unseligem Zerwürfnis zu leben und aus dem
Gefühl, daß in den Augen der Welt auch Deutschlands Ehre aus
einem solchen Zustande keinen Vorteil zöge». Zu einer Antwort
entschloß sich der Minister nicht.

Zwei Tage ehe Thomas Mann das Schreiben zur Post gab, fand
sich in Küsnacht Blanche Knopf ein, die Frau seines amerikanischen
Verlegers, die zugleich die engste Beraterin ihres Mannes war. Sie
brachte aus Paris eine Depesche Alfred Knopfs mit, die den Vorschlag enthielt, Thomas Mann möge die englisch-amerikanische
Ausgabe der «Geschichten Jaakobs» in New York dem Publikum
selbst übergeben, am besten an seinem neunundfünfzigsten Ge-

burtstag. Seine Reise würde bezahlt – und die Katias zur Hälfte. Der
Autor sagte ohne langes Zögern zu. Das kleine Abenteuer versprach, wenigstens für einige Wochen, eine Befreiung aus den europäischen Wirren. Im amerikanischen Konsulat wurden ohne Umstand Papiere ausgefertigt, die eine Einreise auch ohne gültigen Paß
erlaubten. Aus München eilte erneut das Fräulein Kurz herbei, um
das Haus und die beiden Jüngsten zu hüten. Wiederum schleppte sie
«viele Kleinigkeiten» wie Photoapparate, die Bleistiftspitzmaschine
und ein chinesisches Kissen herbei. Unterdessen prüfte der Dichter,
so gut er es vermochte, die englische Übersetzung des «Joseph»-
Bandes. Er ließ sich wieder von Rahels Tod – «auf englisch ebenso
wie im Original» – ergreifen. Die Ansprache, die in New York beim
Festdinner gehalten werden mußte, bedurfte der Vorbereitung und
der Übertragung.

Am 18. Mai 1934 stiegen Thomas und Katia in den Zug nach Basel. Dort wechselten sie in den Expreß nach Paris, wo sie von Golo
erwartet wurden. Eine Nacht im Hotel «Mirabeau». Anderntags in
aller Frühe nach Boulogne-sur-Mer. Zu Mittag saßen sie im Speisesaal der «Volendam», einem nicht zu großen, doch soliden Schiff
der Holland-Amerika-Linie, das nur spärlich besetzt war: nicht
mehr als zwanzig Passagiere in der ersten Klasse. In der Touristenklasse reisten, wie Thomas bemerkte, vor allem deutsch-jüdische
Auswanderer, von denen er weiter keine Notiz nahm. Das Wetter
zeigte sich kühl und nicht allzu freundlich. Gegen den Seegang, der
niemals die Heftigkeit eines Sturmes erlangte, schützten sich die
beiden durch einschlägige Medikamente, die freilich den Nachteil
hatten, eine gewisse Schläfrigkeit zu bewirken. Das Schreiben bei
den wiegenden und rollenden Bewegungen des Schiffes war eher
mühsam, und die gebückte Haltung reizte zu Übelkeit. Dennoch
führte Thomas sein Tagebuch getreulich weiter. Hernach verwob er
die Eintragungen auf kunstvolle Weise mit seinen Betrachtungen
über Cervantes' «Don Quijote» zu einem humoristischen und
geistreichen Feuilleton, das die «Neue Zürcher Zeitung» druckte.

Anflüge von schlechter Laune, die ihn auf der Fahrt heimsuchten,
wußte er in jenen publizierten Notizen zu unterdrücken. Mit einigem Mißbehagen stellte er fest, daß sein Name nur einem der Mitreisenden in der ersten Klasse, einem jungen Holländer, geläufig zu

sein schien – ihm und einem kleinen Steward aus Hamburg, der Katia zu verstehen gab, er habe sogar die «Geschichten Jaakobs» gelesen, womöglich mit einem genau kalkulierenden Vorausblick auf die Stunde des Abschieds, in der – bei jeder Schiffsreise eine Stunde der Prüfung zwischen ängstlichem Sparsinn und weltmännischer Generosität – die üblichen Trinkgelder verteilt würden. Mrs. Fisher aus Kalifornien, die neben ihm bei Tisch saß, ließ sich von ihm die Titel seiner Bücher aufschreiben, was er als eine kleine Demütigung empfand.

Auch die Schiffsleitung schien weiter keine Notiz von ihm zu nehmen. Er und Katia waren nicht am «Captain's table» plaziert – ein Versäumnis, das die Reederei auf der Rückfahrt wiedergutmachte, für die auf der größeren «Rotterdam» ohnedies eine Luxuskabine mit Bad und Salon reserviert war. (Dort ergab sich auch die Berührung mit den Passagieren der zweiten Klasse ganz von selbst, denn der Dichter wurde zu einer Lesung aufgefordert, der, das versteht sich, auch der Kapitän beiwohnte.)

Die Zeit ließ sich mit Lesen – nach dem «Don Quijote» nahm er sich ein Buch von Jean Giono vor –, mit kleinen Spazierwegen auf Deck, dem amüsanten Shuffleboard-Spiel (das er am Ende sogar richtig buchstabierte) und Kinobesuchen ganz angenehm vertreiben. Am letzten Tag notierte er: «Magen- und Nervenverstimmung, Verstockung des Unterleibs, Müdigkeit und Mißlaune. Ich aß mit Zurückhaltung. Wir waren allein bei dem Farewell-Dinner, da die Tischgesellschaft, offenbar auf Verabredung, erst kam, nachdem wir gegangen. Das Verhältnis zu ihr etwas ärgerlich.»

Vielleicht war die steife Reserviertheit des Dichters von den Nachbarn als ein wenig bedrückend empfunden worden. Das strenge Paar hatte sich von der Champagnerlaune und der kräftigen Fröhlichkeit der Amerikaner und Holländer nicht anstecken lassen. So zogen es die Tischgenossen vor, bei der letzten Mahlzeit unter sich zu bleiben. Thomas gab die «Schuld an dem Unbehagen» dem «besonders niedrigen geistigen Niveau» der Mitreisenden. Er konnte sich auch «gewisser Empfindungen der Beschämung angesichts der herrschenden völligen Unbekanntschaft» mit seiner Existenz «nicht entschlagen». Schwierigkeiten mit der Sprache kamen hinzu: ihm und Katia war das Englische wenig geläufig. Katia lernte es freilich rascher als er. Wie es sich bei vielen Schriftstellern verhält, die aufs intensivste mit der eigenen Sprache leben, war sein Talent für fremde Idiome eher dürftig.

Das Schiff blieb eine Nacht vor Anker, die Einfahrt nach New York bis zum frühen Morgen verzögernd. Dann: «Die Freiheitsstatue (...) und die Hochbauten als Silhouetten im Nebel. Plötzlich Knopf und ein Rudel Journalisten, die per Boot herangekommen. Begrüßung und Diktate im Stehen an Deck». Befriedigt notierte Thomas Mann, daß diese eindrucksvollen Beweise seiner Berühmtheit ihren Eindruck auf die anderen Passagiere nicht verfehlt hätten. Die Paßprobleme, vor denen er sich gefürchtet hatte – auch aus Gründen des Prestiges –, wurden ohne Anstand erledigt. Selbst ein Manager des Hotels «Savoy Plaza» hatte sich am Kai eingefunden. Knopf berichtete – so Thomas Mann im Tagebuch –, der Bürgermeister von New York habe eine Motorradeskorte der Polizei für den Nobelpreisträger herbeibefohlen, doch offensichtlich habe sie die Ankunft verfehlt. Es war denkbar, daß der Verleger – ein Mann von breitem Humor – sich einen kleinen Scherz mit seinem Autor erlaubt hatte.

Der Aufenthalt war auf zehn Tage bemessen. Das gedrängte Programm ließ keine Zeit und keine Kraft für die täglichen Aufzeichnungen. Die Berichte, die Thomas Mann später an Gottfried Bermann und Ida Herz, die geduldigste aller Leserinnen, geschickt hat, hielten nur die wichtigsten Ereignisse fest. Die eleganten Zimmer im vierundzwanzigsten Stock des Hotels stellten ihn zufrieden. Er klagte auch nicht über die anhaltende Belagerung durch das Corps der Journalisten: er betrachtete sie als Bestätigung seiner Bedeutung. Die Worte wog er genau genug ab, um bei den deutschen Behörden keinen Anstoß zu erregen.

Am ersten Abend ein kleines Essen, zu dem Knopf einige amerikanische Kollegen geladen hatte: Willa Cather vor allem, die große Erzählerin (mit deren Werk Thomas Mann noch nicht vertraut war), und seinen Freund und Berater H. L. Mencken, den brillanten Journalisten, Gründer des «American Mercury» und Mitarbeiter der Zeitschrift «New Yorker», ein enger Freund von Scott Fitzgerald – Wegbereiter der Moderne überhaupt und einer der wenigen Deutschamerikaner, die im geistigen Leben der Vereinigten Staaten eine gewisse Prominenz erlangt hatten. Es ist nicht wahrscheinlich, daß Thomas Mann an Menckens dröhnender Vitalität und an seiner Lust, den Puritanismus des Landes in einem Meer von Bier zu ertränken, allzu großen Gefallen fand.

Höhepunkt der Festlichkeiten war das «Testimonial Dinner» an seinem Geburtstag, zu dem sich in der Tat auch der Bürgermeister Fiorello LaGuardia einfand, ein Mann von quirlender Lebhaftigkeit, italienisch-jüdischer Herkunft, das erste Oberhaupt dieser riesigen Stadt, das «aus dem Volke» aufgestiegen war: wichtiger Partner Präsident Roosevelts und seines «New-Deal»-Programms, das Amerika aus dem Elend der wirtschaftlichen Depression und der Massenarbeitslosigkeit befreien sollte. Zweihundertfünfzig Menschen waren geladen, viel Prominenz dabei. Professoren von Princeton und von Yale hielten die angemessenen Reden. Thomas Mann las eine übersetzte Antwort vor, vermutlich ein wenig stockend, von der ungeläufigen Sprache aufgehalten. Es widerfuhr ihm, daß er seinen Verleger «creature» nannte, da er ihn doch gehobenen Tones als einen «creator» hatte feiern wollen: Knopf, der Humor genug besaß, «took it very nicely», wie Thomas Mann später in geläufigerem Englisch bemerkte. Sinclair Lewis, der zeitkritisch-realistische Romancier, hatte ein Telegramm geschickt, dessen Text ihm wohltat: «As long as T. M. writes in the German language the world will not forget its debt to the people and the culture that produced him.» Lewis' Frau war gekommen: Dorothy Thompson, die große Journalistin, die auf Geheiß des «Führers» aus Deutschland ausgewiesen worden war. Sie hatte für den «New York Herald» eine enthusiastische Rezension des ersten «Joseph»-Bandes geschrieben. Diese bedeutende Frau wurde die hilfreiche Partnerin vieler deutscher Emigranten, nicht nur Thomas Manns, der an jenem festlichen Tag mit Bravour und bemerkenswerter Lungenkraft die neunundfünfzig Kerzen auf der Geburtstagstorte ausblies, während der Chor der Gäste in das traditionelle «Happy birthday» ausbrach. Zweifellos war er unter dem steifen Frackhemd in Schweiß gebadet: die feucht-tropische Hitze des New Yorker Sommers setzte ihm zu.

Auf der Heimreise, in einer Luxuskabine der «Rotterdam» geborgen, hatte er Gelegenheit, den Wirbel der Erlebnisse Revue passieren zu lassen, «Knopfs Organisation und splendide Ausgestaltung meines Aufenthaltes, seine Freigebigkeit und Ergebenheit» dankbar bewundernd. Das Hochgefühl jener Tage hielt freilich nicht an: «Ein bitterer oder übel-fader Geschmack nach Reue und Peinlichkeit bleibt wie von allem Leben davon zurück», schrieb er in einem Augenblick der Erschöpfung: «Es ist geleistet worden. Ich habe, so gut es ging, oft demütigend behindert von der fremden Sprache, meinen Mann gestanden». In einem Brief an den ungarischen Kulturphilosophen Kerényi, der ein so wichtiger Partner für die Gespräche über den Joseph geworden war, nannte er das amerikanische Unternehmen schließlich einen «großartigen Jux».

Auf dem Schiff parlierte er mit dem Dirigenten Leopold Stokowski, der mit den Orchestern Amerikas nahezu orgiastische Klangfeste spätromantischer Art zu veranstalten wußte, tauschte sich mit einem Rabbiner und einem deutsch-amerikanischen Juden namens Klein aus, der in ihn drang, eine «stellungnehmende Schrift (...) über die deutschen Dinge» zu publizieren – eine Herausforderung, der er gern nachgegeben hätte: nur wies Katia mit ihrem herben Realismus auf die Steueraffäre hin, von der er fürchtete, sie könnte von der Politischen Polizei ausgenützt werden und seine Lage «ärgerlich beeinträchtigen».

Bei der Ankunft in Rotterdam wurde er von den holländischen Grenzbeamten, die seinen Papieren mißtrauten, aufgehalten, bis alle Passagiere das Schiff verlassen hatten. Er mußte sich mit einer Aufenthaltsgenehmigung für zwei Tage zufriedengeben: «Es war enervierend und beschämend, und bei der Labilität meiner Stimmung verdarb es mir den ganzen Tag.» Draußen wartete Klaus, der von Amsterdam herübergekommen war. Der Sohn erwies sich «als freundlicher Mensch wie immer (...), dessen Verfassung aber nicht die beste ist, da er unter dem Eindruck des Todes seines Freundes W. Hellmert steht, der an Morphium zu Grunde gegangen». In sein eigenes Journal schrieb Klaus, der Tod des Lyrikers, dessen Freundschaft ihn lange begleitet hatte, sei «in einer gewissen Weise schwerer zu ertragen als alles andere. Es sind zu Viele, die sich versammeln, die Rufe werden zu stark.»

Auch in Basel einige Schwierigkeiten bei der Paßkontrolle, denn Thomas und Katia hatten versäumt, sich ein Visum für die Wiedereinreise zu besorgen. Am Bahnhof die Kinder, auch Erika. Aufatmend nahm der Autor wieder Besitz vom Küsnachter Haus. Der Mietvertrag für das schöne Anwesen war verlängert worden. An Schickele hatte Thomas Mann noch vor der Abreise geschrieben, daß er «den Zustand einer halben oder nicht ganz schroffen Emigration, wie das Leben in der Ostschweiz, sozusagen vor den Toren Deutschlands sie darstellt, gern aufrecht erhalten» würde. Er beneide, sagte er, Hermann Hesse, «der längst draußen, dem aber Deutschland nicht verschlossen» sei.

Über die Langwierigkeit des Regimes machte er sich keine Illusionen. Er meinte, daß es das Ende seiner Tage überleben werde, trotz der Unzufriedenheit im Reich: das deutsche Volk sei «stark im Hinnehmen», es liebe die Freiheit nicht, sondern empfinde sie als eine «Verwahrlosung» – so werde es «unter der neuen, rohdisziplinären Verfassung immer noch (...) ‹glücklicher› sein als unter der Republik». Schärfer denn jemals zuvor sah er bei der Rückkunft, wie bedrückend der Zustand des alten Kontinents war. Mit Katia besprach er «die Gefahren einer europäischen Explosion», die ihn und die Familie auch «in der Schweiz beträfe»: «Sie ist eine Mausefalle», fügte er hinzu. Die beiden faßten erneut Südfrankreich ins Auge, das größere Sicherheit biete. Sie erwogen eine Übersiedlung nach Nizza, wenn die Tochter Medi ihr Abitur hinter sich habe. Noch waren sie nicht bereit, Amerika als die Station der Rettung zu erkennen.

Zehn Tage nach der Heimkehr ließ der deutsche Diktator den SA-Chef Ernst Röhm und viele Männer von dessen Anhang erschießen, angeblich um eine «Verschwörung» der homosexuellen Zirkel um jenen braunen Condottiere niederzuschlagen. Zugleich wurden prominente Gegner des «Führers» wie der nazistische Dissident Georg Strasser und General von Schleicher aus dem Wege geräumt. Knapp sechs Wochen später, nach dem Tod des Reichspräsidenten von Hindenburg, leistete die Wehrmacht ohne Widerstreben den Treueid auf den «Führer und Reichskanzler Adolf Hitler».

54. KAPITEL

Anfechtungen

Das Regime in Deutschland hatte mit der «Affäre Röhm» seinen Charakter ohne Tarnung zu erkennen gegeben: brutal, von keinen Normen des Rechtes und der Zivilisation gezähmt. Dennoch überließ sich das Volk – und mit ihm ein guter Teil der Welt – der Illusion, mit den Morden habe sich die Rückkehr zu einem Zustand von «Recht und Ordnung» angekündigt. Die Generalität glaubte, ihre Position sei durch den Rechts- und Verfassungsbruch Hitlers gefestigt worden: glaubte es wie so viele im Reich und draußen vor den Grenzen, unter ihnen Thomas Mann, der in jener Aktion schließlich «in erster Linie einen Erfolg der kapitalistisch-preußisch-konservativen Ordnungselemente» sehen wollte. Er notierte, die «wirkliche Macht» besitze schon jetzt die Reichswehr, «die den Massenpopanz H. nur noch als Aushängeschild» brauche.

Die Bedrohung der Generalität durch die Phantastereien der SA-Führung um den einstigen Hauptmann Ernst Röhm, die von einem «revolutionären Volksheer» träumte, war in der Tat beiseite gefegt – für den Augenblick. Am 20. Juli aber präsentierte der Reichskanzler den Chefs der Wehrmacht seine Rechnung für den zynischen Handel, den sie akzeptiert hatten: Die Formationen der SS wurden aus der Befehlsstruktur der SA herausgelöst und, unter dem Kommando des düsteren Großpolizisten Heinrich Himmler, unmittelbar der Autorität des «Führers» unterstellt. Die schwarz uniformierte Truppe übernahm die Überwachung der Konzentrationslager. Zugleich wurde sie zur bewaffneten Garde des Regimes gedrillt, dem Diktator auf Leben und Tod ergeben.

Thomas Mann stieß sich vor allem an der Grundverlogenheit der nazistischen Sprachregelung, die immer wieder die sogenannten sittlichen Verfehlungen der SA-Clique hervorkehrte: «Die Anständigkeits-, Schlichtheits-, Tugend-Propaganda für die kleinen Leute. Man wirft ihnen die Homosexualität als moralischen Köder hin – alsob sie nicht wesentlich zur Bewegung, zum Kriegertum, ja zum Deutschtum gehörte. Eine besondere Niedrigkeit.» Sohn Klaus hatte des Vaters These von den Zusammenhängen zwischen Faschismus und Homosexualität, die ohne Zweifel auf eine Wahrheit wies (wenn auch, weiß Gott, nicht die ganze), niemals ohne Widerspruch akzeptiert. Nicht lange nach der Röhm-Affäre schrieb er einen Aufsatz über «Homosexualität und Faschismus», der in den «Europäischen Heften», die Willi Schlamm in Prag redigierte, unter dem Titel «Die Linke und das ‹Laster›» gedruckt wurde. Er merkte kritisch an, daß vor 1933 Röhm von den Gegnern des Nationalsozialismus vor allem als Homosexueller, weniger als SA-Chef angegriffen worden sei, «als spräche gegen die Nazis nichts außer dem Liebesleben des dicken Hauptmanns». Empört verwies er auf einen Satz, den man Maxim Gorki, der in jenen Jahren alle Ehren eines Staatsdichters der Sowjetunion genoß, in den Mund gelegt habe: «Man rotte alle Homosexuellen aus – und der Faschismus wird verschwunden sein!»

Gorki hatte in der Tat, ganz den robusten Prinzipien des Stalinismus getreu, dem Faschismus vorgeworfen, er lasse die Homosexualität ungestraft agieren und die Jugend verderben; in dem Lande aber, in dem – in Gorkis Worten – «das Proletariat kühn und mannhaft die Staatsmacht erobert» habe, sei sie «zum sozialen Verbrechen erklärt» worden und werde streng bestraft. Man sei im Begriff, rief Klaus Mann, aus dem Homosexuellen «den Sündenbock zu machen – etwa ‹den Juden› der Antifaschisten. Das ist abscheulich. Mit ein paar Banditen die erotische Veranlagung gemeinsam zu haben, macht noch nicht zum Banditen.»

Der Vater empfand die Äußerung des Sohnes, die auf ihre Weise das Bild der Wirklichkeit verengte, als «problematisch». Beide, Vater und Sohn, konnten zu jenem Zeitpunkt nicht voraussehen, daß die Homosexuellen auch im Dritten Reich zu einer Feindgruppe erklärt und viele von ihnen, mit dem berüchtigten «rosa Winkel» dekoriert, in die Konzentrationslager verschleppt wurden. Freilich

wurde damit das homoerotische Element im «Korpsgeist» der soldatischen Eliten und in den schwarz-braunen Ordensgemeinschaften
des Nazismus nicht ausgelöscht.

Thomas Mann, vielleicht durch das amerikanische Abenteuer
noch überanstrengt, befand sich in einem Zustand gesteigerter Gereiztheit, der ihm die Wiederaufnahme ruhiger Arbeit schwer werden ließ. Die alten Pringsheims waren wieder für zwei Wochen aus
München herübergekommen, um in der freien Luft der Schweiz ein
wenig Atem zu schöpfen. Sie trauerten der Herrlichkeit vergangener
Tage nicht allzusehr nach. Die beiden hatten in München eine stattliche Wohnung bezogen, in der sie sich wohl fühlten. Sie erwogen
nun endlich eine Übersiedlung ins Ausland, doch nur in halbem
Ernst: Wie so viele hielten sie die Herrschaft Hitlers noch immer für
eine Episode. Sie waren dankbar, daß sie die mörderische Unruhe im
Reich für eine kleine Frist aus sicherer Distanz beobachten konnten.

Der Schwiegersohn, der ihre Anwesenheit nur mürrisch ertrug,
bemerkte, den «alten Leuten ist zu gönnen, daß sie gerade hier draußen sind». Doch wenig später empörte er sich gegen den «albernen
und dürren Widerspruchsgeist von K.'s Mutter», mit der er sich
schon lange nicht mehr vertrug. Zornig registrierte er die vermeintliche «Objektivität, die geistige Überlegenheit vorstellen soll, aber
nichts als Unwissenheit und dünkelhafter Selbstschutz ist». Es sei,
fuhr er fort, natürlich nicht angenehm, wenn man zugeben müsse,
«daß man in einer Räuberhöhle lebt», aber das «Nicht glauben» der
Dinge sei «enervierend für den, der unter ihnen mit seinem ganzen
Geist und Gefühl leidet». Auch irritierte ihn «das senile und schon
recht hemmungslose Gejökel des Dreiundachtzigjährigen mit dem
hübschen Stubenmädchen». (Wie sollte er ahnen, daß ihn die Tochter Erika in späteren Jahren streng zur Ordnung rufen würde, wenn
er sich dazu hinreißen ließ, einem Kellner oder einem Liftboy allzu
tief in die Augen zu schauen.) Ihm bangte vor einer drohenden «Verlängerung des Aufenthaltes» der Alten, und er atmete auf, als sie
schließlich davonreisten: «Zum Schluß Weichheit und Freundlichkeit. Aber es bleibt eine Erleichterung.» Übrigens fuhren sie von
Zürich zunächst nach Stuttgart, um dort in einer Ausstellung den
Fries von Hans Thoma zu sehen, der einst ihr Schlößchen in der
Arcisstraße geschmückt hatte.

In jenen Tagen erreichte Thomas Mann die Nachricht, daß Ida Herz, die Buchhändlerin, verhaftet worden sei. Eher verärgert als bestürzt schrieb er auf, das «arme Wurm» sitze «wegen aufsässiger Reden»: «Wenn sie zugrunde geht, so bin ich gewissermaßen schuld daran, bzw. ihre ‹Freundschaft› mit mir ist es, durch welche sie überdreht und über ihre Verhältnisse verpflichtet worden ist. Ihr nicht schweigen können hängt zweifellos mit ihrem Stolz auf diese ‹Freundschaft› zusammen.» Sie habe es, schrieb er ihrer Freundin Käte Hamburger, die unterdessen nach Schweden entkommen war, etwas an Selbstbeherrschung fehlen lassen, zu der er sie öfter ermahnt habe. Wenige Tage später suchte ihn ein Schwager der Unglücklichen auf, ein «recht stumpfer jüdischer Kleinbürger», dessen Bericht besagte, daß die «arme, aufgeregte Person (...) wegen hemmungsloser Redereien gegenüber einem Geschäftsreisenden» festgenommen worden sei. Ihr Anwalt hoffe, daß es zu keiner Verhandlung komme, die «von den Machthabern gewissermaßen gescheut» werde, aber gerade dadurch könne sich die Haft in die Länge ziehen.

Nach knapp sechs Wochen wurde sie, dank einer Amnestie, entlassen. Sie bitte, notiert Thomas Mann im Tagebuch, «um einen Aufenthalt bei uns, den ich aber werde abschlagen müssen». Er schrieb ihr, daß er ihr eine baldige gute Erholung wünsche, doch in seinem Hause würde sie diese jetzt nicht finden, da er in einer tiefen Arbeitskrise stecke und völlig unansprechbar sei. Er riet ihr, in einem nächsten Brief, zu einem Kuraufenthalt im Schwarzwald, damit sie ihr seelisches Gleichgewicht wiederfinde. Ungerührt notierte er wenige Wochen später, daß «die Herz» operiert worden sei und im Krankenhaus liege.

Die äußeren Reizungen und Beunruhigungen ließen nicht von ihm ab. Er tastete sich, mühsamer denn je und Schritt für Schritt, bei der Niederschrift der Kapitel des dritten «Joseph»-Bandes voran, gegen wachsende Widerstände. Die freundliche, ja oft enthusiastische Aufnahme, die der «Junge Joseph» nach dem Erscheinen im Frühjahr gefunden hatte (auch wenn der Absatz stockender war als der des ersten Bandes), gab ihm in manchen Augenblicken des Zweifels das stärkende Gefühl zurück, daß er im Begriff sei, eine «Menschheitsdichtung» zu schaffen – vielleicht einen «Schwanengesang der deutschen Bildungsdichtung», wie Eduard Korrodi, der

Feuilletonchef der «Neuen Zürcher Zeitung», in seiner Kritik geschrieben hatte. Ferdinand Lion, der Thomas Mann in jenen Monaten zu einem unentbehrlichen intellektuellen Begleiter wurde – neben dem ungarischen Mythenforscher Karl Kerényi einer der Nachfolger Bertrams –, habe eine noch «feierlichere Kennzeichnung» gefunden: er nenne es «Les adieux de l'Europe». Das sei ein «melancholischer, aber ehrenvoller Titel», den er sich gefallen lasse, schrieb Thomas Mann dem fernen René Schickele.

Noch hellhöriger merkte er auf, als Karl Kerényi in seinem Brief vom 30. April 1934 den «Jungen Joseph» in die Nähe des «Faust II» rückte – das eine wie das andere ein Werk, mit dem man «nie ‹fertig›» werde. Er konstatierte später tief befriedigt, daß auch ein Kritiker des Winterthurer «Landboten» seinen «Joseph» mit dem «Faust» verglich: «Soit. Nicht zufällig habe ich diesen kürzlich mir in Augenhöhe zu bringen gesucht. Und jemand ist nun doch dahin gebracht worden, ihn im Zusammenhang mit dem Joseph zu nennen. Es kommt darauf an, sein Leben subjektiv, im Spiel, möglichst hoch zu steigern. Geschieht das mit Phantasie und Intensität, so werden andere veranlaßt, an dem Spiel teilzunehmen.»

Die Anmerkung wirft, für einen Augenblick, ein taghelles Licht auf die Lebenstechnik der Selbststeigerung und Selbsterhöhung, mit der Thomas Mann den eigenen Rang bestimmte, von den «Buddenbrooks» an, die Umwelt mit zäher und zugleich zarter Geduld seinem Willen und seinem Anspruch unterwerfend. Manchmal war es ihm genug, die erhoffte Bestätigung durch einen unbekannten Korrespondenten, der ihm aus der Ferne zuwinkte, oder durch einen Mitarbeiter des «Landboten» von Winterthur zu erfahren. Unermüdlich suchte er den bekräftigenden Applaus der Frau, der Kinder, der Freunde, des Zirkels der Verehrer, denen er aus dem Werk vorlas, das er unter der Feder hatte, in jedem Stadium der Fertigung: aus dem frisch geschriebenen Manuskript, der ersten Korrekturfassung (von Katia oder einer Gehilfin kopiert), aus den Fahnenabzügen, dem Umbruch, schließlich dem fertigen Buch.

Es war in jenen Jahren, der Tradition des achtzehnten und neunzehnten Jahrhunderts gemäß, noch eher üblich, die Abende lesend und zuhörend im Kreise von Vertrauten dahinzubringen, die Lektüre hernach zu angeregter Unterhaltung nutzend. Thomas Mann

las – ein Wink genügte – den Gästen des Hauses vor: manchmal fünf
Stunden lang, wie Otto Zoff, ein Romancier und Dramatiker österreichischer Herkunft, in seinem Tagebuch vermerkte (das Hermann
Kesten nach dem Tod des Schreibers herausgab). Der Kollege notierte, Erika habe vor einer häuslichen Lesung große Striche in den
vorgesehenen Kapiteln angebracht, damit sein Vortrag nicht die
(halbwegs erträgliche) Länge von zwei Stunden überschreite: vergebens, der Vater habe der Versuchung nicht widerstehen können
und alle getilgten Passagen mitgelesen, zur Verzweiflung der Geladenen. Katia habe dabei den «Nachtwächter» gespielt, scharfäugig
darauf achtend, «ob niemand in der Aufmerksamkeit nachlasse».
Thomas Manns Leselust blieb indes nicht auf die eigenen vier
Wände beschränkt. Er las mit gleicher Hingabe in den Wohnungen
anderer Leute. Er las in den Salons der Hotels oder in der eigenen
Suite. Er las, wann immer sich die Gelegenheit bot, oft in den größten und festlichsten Sälen der Städte, die er mühelos mit einem Publikum von fünfhundert, tausend, zweitausend Menschen zu füllen
vermochte. Er las nicht nur der üppigen Honorare wegen, die ihm
wichtig waren (über den bloßen Geldwert hinaus), nicht nur um des
Beifalls willen, sondern um immer wieder die Effekte seiner Prosa
zu erproben, die er bei seinen Vorträgen in meisterhafter Manier zu
akzentuieren verstand.

Die Kinder priesen in ihren Erinnerungen allesamt sein ausgeprägtes Talent zur Imitation, zur Parodie, zur Anekdote, deren
Pointe er mit stupender Genauigkeit zu präsentieren vermochte,
zur darstellenden Erzählung überhaupt. Sie rühmten sein phäno-
menales Gedächtnis. Erika meinte, er habe zwei- bis dreihundert
Gedichte auswendig aufsagen können, fünfzig allein von Platen.
Der Vater verfügte über eine hochentwickelte Gabe zur Schauspielerei, und oft empfand er sich als einen Erzähler in des Wortes ursprünglicher Bedeutung: einer, dem der gesprochene Text fast
wichtiger war als der geschriebene. Seine Prosa mit all ihrem Aufwand und Umstand, ihrem Wortgepränge, ihren Nuancen und
Schatten, der hohen und oft so «unnatürlichen» Stilisierung (zumal
im «Joseph»), der komplizierten Artistik ihrer Komposition samt
den Verschachtelungen und in sich verschlungenen Fugen: sie
schien eine «Schreibe» par excellence zu sein, die geschriebene

Sprache schlechthin. Aber die gedruckte Fassung entging nicht immer der Gefahr, auf dem Papier zu erstarren. Oft brauchte es – in paradoxer Verkehrung von Entstehung und Effekt – die Stimme, am besten seine eigene, um die Sätze zum Leben zu erwecken. Für die Joseph-Bücher traf dies womöglich noch mehr zu als für ihre Vorgänger. (Darum gewannen sie später in den Radio-Lesungen von Gert Westphal, dem Thomas-Mann-Virtuosen, eine magische Präsenz, der das Vergnügen einsam-konzentrierter Lektüre niemals gleichkommt.)

Das Parodistische lud, in Verbindung mit der hohen Stilisierung, seinerseits zur Parodie ein, wie Friedrich Torberg in einem Stück unter dem Titel «Die Einschläferung Noahs» mit schöner Frechheit nachwies: «An dieser Stelle», schrieb er im unverkennbaren Zungenschlag, «wäre es gut und tunlich, unserem arg überbeanspruchten Gedächtnis die Erinnerung daran zurückzurufen, daß der und dieser, den wir um eines oberflächlich bequemen Zungenschliffes willen als Noah verbucht zu halten übereingekommen sind, recht eigentlich Nau-Ach geheißen und genannt werden müßte; und es wäre zu überlegen, ob wir in diesem ‹Ach›, das seinem Namen anhaftete, und das Ha-M auf so zierliche und geschickte Weise in die Anrede ‹Pap-Ach-En› einzuflechten gewußt hatte – ob wir hier nicht jene Kosesilbe vor uns haben, die nachmals und späterhin vom Gebirge Ara-Rât auf vielfach durchkreuzten und verschlungenen Wegen über die Berge von Rétenu und Amor, über das Weihrauchland Punt, die Ströme Eu und Phrat, das Philisterland und Lübek bis auf unsere Zeit und Sprache gekommen ist.»

Torbergs Imitation bezog ihre suggestive Ironie aus der Beobachtung, daß wohl kaum ein Schriftsteller dieses Jahrhunderts in gleicher Weise auf Wirkung bedacht war wie Thomas Mann. Auch die essayistischen Passagen des «Joseph» gewinnen ihr Leben durch eine Art intellektualisierter Lautmalerei: philosophische, religiöse, historische Wort-Musik – ein Lexikon, in Töne gesetzt, über dem der Leser gern allen gelehrten Pomp vergaß. Was so grandios daherrauschte, mußte interessant und mußte wesentlich sein.

Thomas Mann ahnte die Problematik seiner pädagogischen Rhapsodik wohl, und er zweifelte von Zeit zu Zeit an der bindenden Kraft der unterweisenden Rezitative, die ganze Kapitel seiner orientalischen Oper füllten. Immer wieder quälte ihn die Furcht, der «Joseph» werde sich in erhabener Langeweile verlieren. Er ängstigte sich vor ihr, und er nahm sie zugleich mit aller Leidenschaft des Verwundbaren in Schutz. Epik sei sublimierte Langeweile, rief er im Tafelgespräch nach einer seiner Vorlesungen, den Roman mit dieser absurd-ironischen These gegen das Drama verteidigend. Wie gern hätte er den Vergleich mit Richard Wagners begeisterungsvoller Pedanterie gehört, von der ein gescheiter Kritiker sprach.

In paradoxer Übersteigerung ließe sich sagen, daß die historischen, die ethnologischen und quasitheologischen Exkurse einen erzählerisch höheren Anspruch stellten: im bloßen Fortgang der Handlung hätte der Dichter die Sprache nicht mit gleicher Virtuosität in der Schwebe zwischen ernster Predigt und persiflierendem Unernst halten können. Im dritten Band, um dessen «Förderung» sich der Autor inmitten der tausend Irritationen und Ablenkungen, der selbstgewählten und der auferlegten, so beharrlich bemühte, hatte er es damit womöglich noch schwerer als beim «Jungen Joseph», in dem er es mit seinen hochgesteigerten «Allotria» ziemlich weit getrieben hatte. Besorgt fragte er Käte Hamburger, die sich auf die humoristischen Aspekte des Werkes so genau verstand, ob er «mit der Weiterentwicklung des religiösen Hochstaplerchens, das der kleine Joseph im Gegensatz zu seinem biederen Erzeuger doch eigentlich ist, Ihre menschlich und geistig so hochgespannten Erwartungen erfüllen» könne.

Felix Krull vor Gottes Thron, über die Heerschar der Engel gebietend, der talentierte Scharlatan als die Vorahnung des göttlichen Jesusknaben – das ließ sich in der Tat kaum mehr steigern und ließ sich auch nicht übertreffen. Der Autor bestätigte in der Neige seiner Jahre ohne Zögern, daß «Joseph» und «Felix Krull» fast dieselbe pikareske Figur seien. Doch ließ sich die artistische Komik dort droben in der Zirkuskuppel durchhalten? Auch unter so radikal veränderten Zeichen der Zeit? Vor 1933 mochte es angehen, der ungemütlichen Härte der Epoche wenigstens im Bereich der Literatur mit einer fast rokokohaften Heiterkeit zu begegnen. Die Spannung in der Welt war härter geworden. Thomas Mann begegnete ihr Tag für Tag. Im Buch aber wurde sie erst nach langem Tasten und ausführlichen Wegen durch Höfe und Gärten Ägyptens sichtbar.

Die Nähe der Katastrophe und die bedrückende Existenz im Exil fand keinen unmittelbaren Einlaß in die Erzählung. Aus den Tagebüchern aber ergibt sich, daß fast unversehens die Religiosität, wenigstens für manche Augenblicke, entschiedener in das Dasein des Autors getreten war: «Das Bewußtsein meines Kultur-Christentums», schrieb er, «das freilich ansteht, ‹gläubig› zu werden und sich der Offenbarung zu unterwerfen, ist in letzter Zeit sehr erstarkt.»

Die Fortführung des Werkes verlangte mehr als den Willen zu einer Anmut, die den klarsten Kontrast zur Barbarei der Epoche bezeichnete – sie forderte eine Kraft zur Passion, die Thomas Mann am liebsten in den eigenen Tagebüchern suchte: in den alten Aufzeichnungen über die leidenschaftlichen Beziehungen zu Paul Ehrenberg und zu Klaus Heuser, der übrigens im Jahr danach überraschend in Zürich vorbeischaute, um ihn «10 Minuten» wiederzusehen: «Unverändert oder wenig verändert, zart, knabenhaft geblieben mit 24, die Augen die gleichen. Sah viel in sein Gesicht und sagte ‹Mein Gott›. Merkwürdig genug, daß ich hier noch kürzlich seiner gedachte, mit der Dankbarkeit, die ich auch in seiner Gegenwart wieder für damals empfand. Er erwartete, daß ich ihn küßte, ich tat es aber nicht, sondern sagte ihm nur vorm Abschied etwas Liebes. Es ging sehr rasch, er mußte bald fort.» Klaus Heuser erinnerte sich später – ein alter Herr geworden, doch kein prüder Spießer – nach dem Bericht von Karl Werner Böhm keineswegs an eine solche Innigkeit des Abschieds, und er bestritt entschieden, daß er erhofft hatte, von dem so viel älteren Freund geküßt zu werden. Kam es darauf an? Wie ging es zu, daß sich der kühle Beobachter Thomas Mann von seinen heimlichen Wunschvorstellungen so einfach überwältigen ließ? Brauchte der Dichter den Aufbruch seiner Gefühle, um seinem Werk eine neue Energie zu vermitteln?

Beim Blättern in den alten Heften stieß er auf die «erste Notiz zu dem Plan, der hinter dem ‹Joseph› steht, der Faust-Novelle». (In Wirklichkeit hatte er den Stoff schon sehr viel früher, nicht erst im Jahr 1927, registriert.) Erneut galt es, den Anspruch emporzuwuchten. Seiner französischen Übersetzerin des «Joseph» (die Übertragung erschien bei Gallimard) schrieb Thomas Mann von einer «abgekürzten Geschichte der Menschheit». Später äußerte er zu Alfred

Kubin, dem genialen Zeichner, er habe den «Zauberberg» durch
den (ersten) Krieg hindurchgeführt; nun führe er die «Joseph»-Tri-
logie durch die «Deutsche Revolution» hindurch. Doch ihm und
seinem Verleger wurde rasch deutlich, daß er den Anschluß an die
ersten beiden Bände des «Joseph» kaum vor Ende 1935 gewinnen
könne. Also wurde beschlossen, der Fortsetzung eine Sammlung
von Essays vorauszuschicken, die die beiden Goethe-Reden aus
dem Jahr 1932, den Wagner-Essay, der den großen Münchner Eklat
provoziert hatte, die Aufsätze über Platen und Theodor Storm enthalten sollte: ein Programm, das aufmerksame Leser als eine Herausforderung des Regimes betrachten durften.

Der Querido-Verlag in Amsterdam hatte, zweifellos durch den
Sohn Klaus angeregt, ein Angebot für die Aufsätze präsentiert,
doch Thomas Mann zog es noch immer vor, auch den Lesern in
Deutschland den Zugang zu seinem Werk offenzuhalten. Gottfried
Bermann schlug den lapidaren Titel «Deutsche Meister» vor, der
den Autor beeindruckte. Er stieß sich gewiß nicht daran, daß Professor Bertram im frühen Sommer 1934 einen Band unter dem Titel
«Deutsche Gestalten» auf den Markt geschickt hatte – im Gegenteil. Der Freund, den er kaum mehr so genannt hätte, hatte ihm das
Buch mit einer Widmung geschickt, der Thomas Mann entnahm,
daß Ernst Glöckner, der lebenslange Gefährte des Gelehrten, gestorben war.

Nichts «von dem», schrieb er Bertram, «was heute an ernstesten
Unterschieden des Urteils und der Gesinnung zwischen uns steht,
soll und kann mich hindern, Ihnen meine bewegte Anteilnahme an
dem bittern Schmerz auszusprechen, den dieser Abschied Ihnen bereitet haben muß.» Er fügte hinzu, auf die Formung Glöckners
durch Stefan George und seinen Kreis verweisend, daß «in Ihrem
liebend festhaltenden Herzen (...) der Freund fortleben» wird, «sowie im Geiste aller, die sein reines und edles Jünglingsbild aufnehmen durften». Indes, diese schwelgerische Bezeugung der Sympathie hielt ihn nicht davon ab, den Beileidsbrief – ohne Atem zu
holen – sofort auch für eine knappe Abrechnung zu nutzen, von der
er wohl wußte, daß sie Bertram verletzen müsse: «In Ihren Aufsätzen lese ich mit all der Neigung, die Ihr frommes und sinnig-geist-
volles Deutschtum mir immer erweckt hat. Daß Sie fähig sind, dies

Deutschtum zu verwechseln mit seiner niedrigsten Travestie und den widrigsten Popanz, den die Weltgeschichte gebar, für den ‹Retter› zu nehmen (...), – das ist mir ein beständiger Kummer. (...) ‹Wir werden sehen›, schrieb ich Ihnen vor Jahr und Tag, und Sie antworteten trotzig: ‹Gewiß, das werden wir.› Haben wir angefangen zu sehen? nein, denn mit blutigen Händen hält man Ihnen die Augen zu, und nur zu gern lassen Sie sich den ‹Schutz› gefallen. Die deutschen Intellektuellen – verzeihen Sie das rein sachlich gemeinte Wort – werden sogar die allerletzten sein, die zu sehen anfangen, denn zu tief, zu schändlich haben sie sich eingelassen und bloßgestellt. Unglückliches, unglückliches Volk! Ich bin längst so weit, den Weltgeist zu bitten, er möge es von der Politik befreien, es auflösen und in einer neuen Welt zerstreuen gleich den Juden, mit denen so viel verwandte Tragik es verbindet. Ich erwidere Ihre Grüße und wahrhaftig auch Ihre guten Wünsche.»

Zum erstenmal nahm er den Gedanken auf, der ihn durch die kommenden Jahre begleiten sollte: «Verpflanzt und zerstreut wie die Juden in alle Welt müssen die Deutschen werden», hatte Goethe am 14. Dezember 1808 an den Kanzler von Müller geschrieben, «um die Masse des Guten, die in ihnen liegt, ganz und zum Heile der Nationen zu entwickeln.»

Eine Zeitlang hatte Thomas Mann erwogen, auch seine Elogen zum siebzigsten Geburtstag Gerhart Hauptmanns in den Essayband aufzunehmen, doch dann verwarf er den Plan. Er schrieb an Bermann: «In diesem Augenblick würde die Vorführung des Aufsatzes (...) zu Mißverständnissen führen, die ich vermeiden muß.» Er habe an Hauptmanns «furchtbar schwacher Haltung» niemals Kritik geübt und gedenke es nicht zu tun: «Ich habe ja überhaupt das Schweigen gewählt, und so auch in diesem Punkt.» Der Entschluß, die Rede wegzulassen, werde ihm durch Hauptmanns Verhalten ihm selbst gegenüber erleichtert: «Ich habe ihn vier, fünfmal durch freudig aktive Teilnahme an seinem Husten bewiesen, daß die Figur des Peeperkorn im ‹Zauberberg› nicht böse gemeint war und nichts weniger als eine Verkleinerung seiner Person bedeute. Umsonst, er ist nicht groß und frei genug, darüber hinweg zu kommen». Über den «Joseph» habe er sich «dermaßen dumm und rankünös» geäußert, daß es ein Jammer und ein Elend gewesen sei:

«Sogar Antisemitismus hat er mir vorgeworfen.» Doch er betonte,
diese «Unempfänglichkeit für meine betonten Huldigungen» habe
ihm den Entschluß erleichtert – «herbeigeführt hätte sie ihn keineswegs».

Nun stellte sich freilich die Frage, ob die Essaysammlung noch
«genügend Substanz» habe und ob man dem äußeren Umfang «mit
der Dicke des Papiers» nachhelfen müsse. Die Lösung kredenzte
Eduard Korrodi, der mit Vergnügen einwilligte, in der «Neuen
Zürcher Zeitung» ein großes Feuilleton über die Amerikareise zu
publizieren, in das Thomas Mann seine Eindrücke von der Lektüre
des «Don Quijote» (mit einigen Ausblicken auf die Epik insgesamt
und so aufs eigene Werk) mit elegantem Geschick zu verweben vermochte. Die Arbeit wurde im Herbst 1934 in zehn Folgen gedruckt,
und sie bot mehr als einen Ersatz für die entfallene Hauptmann-
Rede. Allerdings mußte Cervantes der schöne Titel «Deutsche Meister» geopfert werden. Angelehnt an die Wagner-Rede, hieß der
Band nun «Leiden und Größe der Meister». Von vielen Lesern in
Deutschland wurde er begierig aufgenommen. Auch die Kritik
zeigte sich, alles in allem, eher gutwillig. Das Werk erlebte bis zum
Ende des Jahres 1935 acht Auflagen. Der Erfolg schien die Entscheidung des Autors, den Band im Reich zu verlegen, aufs eindrucksvollste zu bestätigen.

Die Zweifel an der moralischen Zuverlässigkeit dieses Entschlusses ließen sich freilich niemals ganz verscheuchen. Sie wurden durch
Klaus und Erika immer aufs neue geweckt, die in Gottfried Bermann nur noch den bösen Geist sahen, der den Vater zu unguten
Kompromissen mit der nazistischen Diktatur verleitete. Auch Katia
konnte – das Tagebuch deutet es mitunter an – ein wachsendes Unbehagen nicht unterdrücken, obschon sie nicht weniger Anlaß
hatte, um das Vermögen in Deutschland zu bangen, um dessen Freigabe sich Valentin Heins, der Anwalt, zusammen mit Bermann Fischer beharrlich bemühte. Für Katia ging es überdies um ihr Erbe,
das nach wie vor beträchtlich war – und es ging um das Geschick
ihrer Eltern, die sich nicht von Deutschland lösen wollten. Dennoch schien sie in manchen Augenblicken eher bereit als ihr Mann,
der Hinterlassenschaft in München ein für allemal adieu zu sagen.

Am 2. August 1934 hatte sich der Generalfeldmarschall von Hindenburg «zur großen Armee verabschiedet», wie man in jenen Jahren mit hölzernem Pathos zu sagen pflegte. Hitler vereinigte von nun an die Funktionen des Reichskanzlers und des Reichspräsidenten in seiner Person. Die Änderung der Verfassung wurde in einer «Volksbefragung» von mehr als achtzig Prozent der Deutschen gutgeheißen. Das Regime, dem so viele seiner Kritiker einen raschen Untergang vorausgesagt hatten, festigte sich.

Zwei Tage nach dem Tod des Reichspräsidenten hatte Thomas Mann an Karl Kerényi geschrieben, sein «moralisch-kritisches Gewissen» sei «in einem beständigen Reizungszustande» und es werde ihm «immer unmöglicher», dem «sublimen Spiel» seiner Roman-Arbeit weiter nachzuhängen, bevor er nicht «Rede und Antwort» gestanden und sich vom Herzen geschrieben habe, «was darauf liegt an Sorge, Erkenntnis, quälendem Erlebnis und auch an Haß und Verachtung». Er werde wohl, fügte er hinzu, zu einem «bekennenden Unternehmen» übergehen – wie er es zur Zeit der «Betrachtungen eines Unpolitischen» getan habe. Die Vollendung des dritten Bandes rücke damit in weitere Ferne: «Sei es darum. Ein Mensch und Schriftsteller kann nur tun, was ihm auf den Nägeln brennt (…). Die Zeit scheint mir reif für eine Aeußerung wie ich sie vorhabe, und der Augenblick könnte bald kommen, wo ich bereuen würde, mein abwartendes Schweigen über die dafür gegebene Frist hinaus fortgesetzt zu haben.» Wochen zuvor hatte er schon damit begonnen, Materialien für eine Konfessionsschrift zusammenzutragen, der er den Arbeitstitel «Politikum» gab – immer härter von der Notwendigkeit bedrängt, endlich sein Wort zu sagen, doch täglich aufs neue von der Rücksicht auf seine deutschen Leser, auf den Fischer Verlag, auf die Eigentumsfrage zurückgehalten.

Im Juli 1934 bot ihm eine Reise nach Venedig die Chance, sich dem Dilemma für eine kleine Frist zu entziehen. Das Wiedersehen mit dem Lido und dem Hotel des Bains, den Schauplätzen seiner venezianischen Erzählung, berührte ihn schön und schmerzlich. Er pries «die bekannte und ur-geliebte Eigentümlichkeit der heimatlichen Stadt, die namentlich bei Nacht ihr Eigenstes doch bewahrt hat». Anlaß der Exkursion war die Einladung, an einem Kongreß zum Thema «Kunst und Staat» teilzunehmen. Er hatte sogar eine kleine Rede vorbereitet. Doch die Debatten im Dogenpalast schienen ein klägliches Niveau zu demonstrieren: «ein Spott und eine Schande», schrieb er ins Tagebuch, «für mich besonders unannehmbar gemacht durch das hemmende Ärgernis der Fremdsprachigkeit. Ich habe nicht gesprochen, obgleich ich mich dazu gemeldet hatte und zwei Vormittage in entnervender Bereitschaft verbrachte.» Am Nachmittag des zweiten Sitzungstages, nachdem er bis um vier Uhr gewartet hatte, war er am Ende seiner Nervenkraft: «einem Weinkrampf nahe, warf alles hin und veranlaßte unsere Rückfahrt ins Hotel».

Seine Bitterkeit über den Mangel an Beachtung, der ihn verärgerte und verletzte, verschärfte sich durch die bedrohlichen Nachrichten aus Wien: der österreichische Kanzler Dollfuß war von braunen Terroristen ermordet worden. Mussolini, der italienische Diktator, hatte seinen deutschen Konkurrenten säbelrasselnd warnen lassen, daß er einen Übergriff auf die kleine und schutzlose Alpenrepublik nicht dulden werde.

Zu Hause in Küsnacht wandte er sich tastend und zögernd von neuem dem «Politikum» zu. Er las die Erasmus-Biographie Stefan Zweigs, zunächst eher mit Widerwillen: «flau und banal», ja «irreführend und schädlich», notierte er im Tagebuch. Die historische Parallele zur Gegenwart schien ihm zu aufdringlich akzentuiert. Vielleicht hegte er auch eine Spur heimlichen Grolls, da der Kollege eine Figur und damit eine Rolle okkupiert hatte, die er bis zu einem gewissen Grade als seine eigene betrachtete: die des Humanisten zwischen Revolution und überkommener Ordnung.

Das Bild Martin Luthers, das er einst in den «Betrachtungen» entworfen hatte (damals stand die Büste des Reformators, in Eisen gegossen, in seinem Arbeitszimmer), begann sich auf radikale Weise zu verändern: «Das Deutsche, das Protestantische, das Ewig-Volkhafte», notierte er, «wurde eingesetzt als etwas Heruntergekommenes, Verhunztes, mit Mitteln der Lüge, der Brutalität und roher, hysterischer Besoffenheit». Das Luthertum, schrieb er, werde wieder eine «tumultuöse und blutige Rolle» spielen, an furchtbaren Wirrnissen werde es nicht fehlen, «denn der gemütsstarke und bildgewaltige Grobian zu Wittenberg will sie, und im Grunde will sie die Menschheit, der mit vernünftig-gütlicher Ordnung oder Beilegung durchaus nicht gedient ist, die das ‹Glück› garnicht will sondern regelmäßig die Tragödie und das wilde, zerstörende Abenteuer. Habeat.»

Aus den Aufzeichnungen seit dem März 1933 exzerpierte er alle Passagen, in denen er den Ungeist des Nazismus beim Namen genannt hatte, und er fing an, die verbindenden Texte zu skizzieren. Jede Andeutung des Zweifels und des eigenen Schwankens – darauf wurde hingewiesen – sparte er aus. Sie hatten, meinte er, in einer Bekenntnis- und Kampfschrift nichts zu suchen. Überdies warnte Katia vor jedem Anflug der «Selbstverdächtigung», wie er im Tagebuch festhielt. Sie beobachtete seine Mühen mit der politischen Schrift voller Skepsis. Vermutlich glaubte sie, die endlose Qual der «Betrachtungen» werde sich wiederholen, und sie verbarg nicht, daß sie im «Übergang zu einer politisch-konfessionellen Arbeit» eine «Desertion von der künstlerischen Aufgabe» erkenne, deren er überdrüssig oder die ihm zu schwer sei: «Ihre Wünsche gehen aber in der Richtung einer befreienden Äußerung von mir gegen die deutschen Greuel, das der Halbheit meiner Stellung, meiner Abhängigkeit von dem Lande, dem unwürdigen An der Nase herum geführt werden in Sachen meines Besitzes ein Ende macht.» Er setzte hinzu: «Sie hat weitgehend recht, auch wenn sie fürchtet, ich könnte meine äußere Passivität bereuen, wenn der Tag des Zusammenbruchs da ist.» Doch dann gestand er sich selbst: «Ich bin augenblicklich zu müde und zweiflerisch-glaubenslos, um diesen Tag nicht für sehr fern, ja für unwahrscheinlich zu erachten. Dennoch drängt mich vieles dazu, eine solche Abhandlung zu schreiben.» Die Form, sagte er, werde schwer zu finden sein. Ein «Kapitel Autobiographie» läge ihm am nächsten.

Einen knappen Monat lang noch sammelte er, was ein gutes Jahrzehnt später in der Schrift «Leiden an Deutschland» nachzulesen war. Doch Katias herausfordernder Eifer ermutigte ihn nicht. Am 3. September meldete er Ferdinand Lion, daß er den Plan zu einer Auseinandersetzung mit dem Nazismus fürs erste aufgegeben habe. Die Arbeit am «Joseph» nahm er dennoch nicht gleich wieder auf, sondern schrieb zunächst die «Meerfahrt mit Don Quijote» nieder. Die Korrektur wurde Mitte Oktober in Lugano beendet, wo er mit Katia für einige Wochen Zimmer in der vertrauten «Villa Castagnola» bezogen hatte, in der milden Herbstsonne des Tessins

Ruhe und Erholung suchend. Er begegnete Emil Ludwig und Erich
Maria Remarque, die im Tessin zu Hause waren. Die üblichen deutschen Gespräche. Nach dem Besuch bei Hermann Hesse bemerkte
er, der Freund mache «mehr und mehr den Eindruck eines alten
schwäbischen Bauern, behaglich, einfach und angenehm». Wieder
und wieder hatte er ihn dem schwedischen Professor Böök für den
Nobelpreis genannt, höflich und dringlich, ohne sich zu lange
darum zu scheren, daß jener seltsame Nordländer ein kleines Buch
über das nazistische Deutschland auf den Markt geworfen hatte, das
Goebbels und Konsorten mit einiger Zustimmung zur Kenntnis
nehmen durften. Hesse schrieb damals schon am «Glasperlenspiel», dem großen, merkwürdig entrückten Spätwerk, das in
mancher Hinsicht Thomas Manns Formel von der «sublimierten
Langeweile» des Epischen auf eine fast rührende Weise entsprach.
Der abstrakte Reiz dieser Prosa ließ Thomas Mann nicht unberührt.

Auf der Heimfahrt erreichte ihn in Luzern die Nachricht vom
Tod des alten Samuel Fischer: «Ergriffenheit. Telegramm an Frau
Fischer. Ein Stück meines Lebens und ein gutes Stück deutschen
Lebens geht mit dem kleinen Juden, der ein Glückskind und eine
Art von Genie war, ins Grab.» Der Nachruf, für die «Basler Nach-
richten» geschrieben, geriet ihm persönlicher als jedes andere Stück
Prosa in jenen Tagen. Ihm blieb kein langer Anlauf, der Zeit für
abgewogene Formulierungen gelassen hätte. Katia bestand, wie im
Tagebuch vermerkt ist, auf «Milderungen charakteristischer Ein-
zelheiten (...) im Interesse wohltuender Wirkung. Ich nahm sie in
Gottes Namen vor».

Der gedruckte Text enthielt Passagen von schöner Einfachheit:
«Ich habe», schrieb Thomas Mann, «menschlich an ihm gehangen
und er, das weiß ich, an mir.» Er nannte Samuel Fischer ein «Sonn-
tagskind», aber er sprach auch von den «depressiven Stimmungen»,
mit denen dieser so erfolgreiche Unternehmer zu kämpfen hatte,
von seiner «klugen Schalkhaftigkeit» und seiner «humoristischen
Herzensgüte». Selbst das Wort «Verlegergenie» scheute er nicht,
das, wenn denn für einen, auf den «kleinen, ursprünglich recht
mangelhaft gebildeten ungarischen Juden» zutraf. Er wies auf sein
«unfehlbares und fast stoffliches händlerisch-künstlerisches Qualitätsgefühl», auf seinen – ein besonders geglücktes Wort – «Tastsinn

für Güte und Wert einer Sache nach Faser und Maser», seinen «kritischen Instinkt, mit dem er noch im reduzierten Alter seine ganze Umgebung und alle Konkurrenz in die Tasche steckte. Wenn er mit hängender Unterlippe und kopfschüttelnd sagte: ‹Das hat keine Magie›, so mochte es ein bißchen literarisch-jargonhaft klingen, aber er traf damit den Nagel auf den Kopf».

Mit Bedacht betonte er, daß Samuel Fischer so überaus deutsche Autoren wie Emil Strauß und Hermann Stehr (die ihm später den Rücken kehrten) in die Öffentlichkeit eingeführt habe: «Es war ja nicht so, daß die Juden vorzugsweise das jüdische Talent erkannt und begünstigt hätten; sie erkannten und förderten das Nationale, das ‹Deutsche› oft früher, als die Nation es erkennen und fördern wollte, und mit Recht hat man gesagt, daß, hätten sie früher Einfluß gehabt, manchem deutschen Genie das Martyrium erspart geblieben wäre.» Schließlich nutzte der Autor den dunklen Augenblick, um die beschämende Anzeige zu machen, daß er vor dem siebzigsten Geburtstag Fischers «hinter seinem Rücken bei vier oder fünf philosophischen Fakultäten alles aufgeboten habe, um ihm den ‹Ehrendoktor› zu verschaffen (...). Ich scheiterte überall; man bedauerte (...) es ging schon nicht mehr.» Den Erben rief er zu, sie möchten das Werk «mit Klugheit und ohne schimpfliche Nachgiebigkeit hinüberretten in Zeiten, die von großen humanen Ideen wieder etwas verstehen werden». Dies war in gewisser Hinsicht wohl auch ein Appell an die eigene Adresse.

Manfred Hausmann, einer der jungen Autoren des Hauses Fischer, sprach am Berliner Grab des Verlegers schöne Worte der Liebe und des Respektes: «Ehrfurcht in erster Linie vor so viel Bescheidenheit und Zurückhaltung bei so viel wirklicher Weisheit. Ehrfurcht, um das mystische Hölderlinwort zu gebrauchen, vor der heiligen Nüchternheit seines Wesens. Ehrfurcht vor der leisen und zurückhaltenden Art, mit der er seine Gedanken darlegte. Ehrfurcht vor der Unbeirrbarkeit, die man auch Treue zu sich selbst nennen könnte. Ehrfurcht vor der bezaubernden Geistesanmut dieses alten Mannes. Ehrfurcht vor seinem In-sich-hinein-Lächeln, in dem soviel Wissen um die Traurigkeit und Dunkelheit des Daseins war. Ehrfurcht vor seiner Hilfslosigkeit allem Gemeinen gegenüber. Ehrfurcht vor seiner Vornehmheit, die ihm als das Selbstver-

ständlichste von der Welt galt. Ehrfurcht vor seinen Träumen und
Sehnsüchten, die ihn die Romantik lieben ließen. Ehrfurcht vor seiner mitleidsvollen Güte gegen alles Schwache. Ehrfurcht vor der
Weite und Aufgeschlossenheit seiner Seele. Und Ehrfurcht vor seinen sogenannten Fehlern, die ihn ja nur noch liebenswerter machten, als er schon war.»

Konnte man sich draußen vorstellen, daß in Deutschland vor aller
Ohren noch immer ein so klares und herzliches Wort für einen jüdischen Freund gesprochen werden durfte – wenn einer nur den Mut
dazu fand? Oder war die Kluft schon zu tief geworden? Erika Mann
schrieb für ihr drittes «Pfeffermühlen»-Programm im Exil ein trauriges Lied über «Grenzen», in dem der Vers stand: «Oh, die Grenzen, ach die Grenzen / Grenzenlos begrenzt sind wir. / Abgeriegelt
und versiegelt. / Dort bleibt dort und hier bleibt hier.» Das Chanson schloß mit den melancholischen Worten: «Bist du drüben, / Ich
bin hüben. / Ich bleib dort. / Und du bleibst hier.»

Die Eltern sahen eine Vorstellung mit dem neuen Programm der
Truppe in Basel. Sie fanden das Publikum «voller Sympathie und
beifallsfreudig bei den politischen Steigerungen». Auch Klaus war
aus Amsterdam gekommen. Er hatte wieder eine Nummer beigetragen: «Das Märchen von der kleinen Seejungfrau». Zu den Darstel-
lern hatte sich der blutjunge Hans Sklenka gesellt, der vom Milieu
des Wiener Kabaretts geprägt war: ein begabter Darsteller und musikalisch versiert genug, die Kollegen – neben Magnus Henning – an
einem zweiten Flügel zu begleiten. Ein hübscher Bursche voller
Charme. Klaus war vom ersten Blick an bezaubert. Selbst der Vater
wurde gewahr, daß sich der Sohn in den jungen Mann leidenschaftlich verliebt hatte.

Klaus sprach, wie immer, wenn ein Flirt sein Herz berührte, von
dem «Kind» – obschon er kaum ein halbes Dutzend Jahre älter als
der Schauspieler war, selbst noch keine achtundzwanzig und trotz
der «Geheimratsecken» über den Schläfen, an denen sich das Haar
zu lichten begann, durchaus keine väterliche Erscheinung. Wollte er
den Partner in einer Zone artifizieller Unschuld der eher bedrük-
kenden Welt des raschen Konsums entziehen, der so oft seinen
sexuellen Alltag bestimmte – der hastigen Beziehungen mit den
«Gesichtern und Körpern, die aus dem Dunkel, der Namenlosig-

keit, (…) in Bädern, diversen Bars und Hotelzimmern, auf dem Strich auftauchen, um sofort wieder zu verschwinden», wie Wilfried F. Schoeller in seinem Nachwort zum zweiten Band der Tagebücher bemerkte? In dieser «vagierenden Lust», meinte Schoeller, habe sich «eine immer wieder bestätigte Lustlosigkeit» verborgen, und in dem so ausgelebten Trieb werde ein «Mechanismus der Vermeidung, der Partnerverfehlung, des verneinenden Ausschlusses, der Liebe ex negativo sichtbar».

Das «Kind» wurde, wie Klaus notierte, zum «dürftigen Strohhalm», an den er sich halten wollte, «um nicht gänzlich abzustürzen». Mit dem Verweis ins Infantile sicherte er, der angeblich Erwachsene, seine Überlegenheit. Aber damit verwies er die Beziehung zugleich ins Unverbindliche, denn das «Kind» konnte natürlich keinen Anspruch erheben, als Person ganz wahrgenommen und angenommen zu werden. Der Anfang war zugleich ein Abschied, und die Trauer, die Klaus von der ersten Berührung an begleitete, stammte nicht nur aus der Vorahnung des notwendigen Scheiterns: ihr tieferer Anlaß war seine Unfähigkeit, sich in einer Liebe zu binden. Die merkwürdige Beziehungslosigkeit seines Daseins – Erika, die Schwester, und Fritz Landshoff, der Hauptfreund, waren die beiden Ausnahmen – teilte sich auch den bewunderten Kollegen mit, die er mit anmutigem Charme zeitlebens umwarb. Peter Laemmle wies in seinen Anmerkungen zum ersten Band der Tagebücher darauf hin, André Gide habe ihn in seinen Cahiers mit keinem Wort, Julien Green nur beiläufig und Jean Cocteau eher abfällig erwähnt. Cocteau sprach in der Tat von einer Existenz «ohne Richtung und Ziel». Zwar seien ihm, sagte Laemmle zu Recht, Bruno Frank und Stefan Zweig mit «besonderem Wohlwollen» begegnet: «Trotzdem bleiben die vielen Begegnungen mit all den kulturell so bedeutenden Personen seiner Zeit seltsam ergebnislos». Der junge Klaus Mann wirke in seinen Aufzeichnungen wie einer, der «nur die prominenten Namen sammelt. Er kannte alle und doch niemanden richtig.» Er war neugierig, und er konnte ein genauer Beobachter sein. Doch in Wirklichkeit war sein Blick, darin glich er dem Vater, vor allem auf die eigene Person fixiert. Immer war er auf der Suche, immer auch auf der chronischen Flucht vor sich selbst.

Noch immer hastete er von Ort zu Ort. Die Redaktionsarbeit an der «Sammlung» hielt ihn nur für jeweils einige Wochen in Amsterdam fest. Öde Zimmer in öden Hotels und Pensionen, die nun in der Regel nicht mehr zu teuer sein durften. Selten ein Abend allein. Um so erstaunlicher und bewundernswerter, daß er dennoch zu stetiger Arbeit fähig blieb, freilich in wachsender Abhängigkeit von den Drogen, die er sich durch tausend Tricks zu beschaffen wußte. Es war ihm beinahe gleichgültig, was er sich spritzte und was er schluckte. Er nahm es hin, daß die Einstiche an den Armen und Beinen von Zeit zu Zeit vereiterten. Immer wieder fand er Ärzte, die ihm den einen oder anderen «Stoff» verschrieben. Hartnäckig – wie alle Süchtigen – leugnete er die Abhängigkeit, doch in seinem Journal beschrieb er die psychischen Motive präzise genug: «Die allermeisten Dinge im Leben sind *langweiliger* als man sie sich vorstellt. Man stellt sich immer nur die Höhepunkte, die Pointen vor. So ist es mit Emigration, Krieg, Krankheit, Arbeit, Reisen, selbst mit der Liebe.» Auf der Flucht vor der Langeweile mußten die künstlichen Höhepunkte herbeigezwungen werden, die das Grauen vor der inneren Leere für Stunden vergessen ließen. Das kostete Geld: mehr als sich Klaus mit all seinem stupenden Fleiß zusammenschreiben konnte, mehr als der reguläre Zuschuß der Eltern ergab. Immer wieder mußte die Mutter, mußten die Freunde, mußten die Kollegen um Hilfe gebeten werden. Der Alltag verkam ihm oft genug zu einem Dasein auf Pump.

Im August 1934 war er einer Einladung zum ersten «Allunions-Kongreß» der sowjetischen Schriftsteller nach Moskau gefolgt: Auftakt des Versuchs, die divergierenden Gruppen der Antifaschisten unter den Fittichen der stalinistischen Komintern in einer «Volksfront» zu sammeln. Klaus Mann ließ sich nicht völlig in den gewaltigen Sog des propagandistischen Aufwandes ziehen. Er registrierte die fürstliche Gastlichkeit, mit der die Delegationen aus dem Ausland empfangen wurden, die Abordnungen aus abertausend Betrieben, die ihre Grüße entboten, die «Pionier-Stimmung», die dem «*neuen*, ungeheuer ehrgeizigen Lande» zu entsprechen schien. Er sah aber auch die Riesenbilder von Stalin und Gorki, die schlechte Kleidung der Leute, die ungleichen Löhne, den Militarismus, die «betonte Unterordnung (ich gehe, wohin die Partei mich schickt) –

eben jene Züge, die an den Fascismus erinnern»: «Aufmarsch der
‹Pioniere› (Kinder), die aufs Podium marschieren – Trompeten-
stösse, Blumen, Beifall –, deklamieren Dank und Forderung.
(Gorki weint.) – Deputation der Roten Armee. Trupp Soldaten,
gefährlich marschierend; einige in Leder gehüllt, mit Brillen (Auto
oder Tank.) Begeisterung des Publikums; die Deutschen in Verzük-
kung. Davon bitter berührt». Er bemerkte den «hier gepflegten realistischen Stil. Zurück zu Zola. Joyce als Verfallserscheinung. Ablehnung des Experiments.»

Er sah, er hörte viel: die «quälende Nervosität» von André Malraux, die «Schönheit des Lyrikers Pasternak», die vereinfachende
Radikalität des Agitators Karl Radek, die Lederhosen des Bayern
Oskar Maria Graf. Er nahm Bilder auf, die den Intellektuellen jene
ersehnte Vereinigung mit dem «Volk» vorgaukelten, welche ihnen
mehr schmeichelt als jede öffentliche Ehrung: die Trambahnschaff-
nerin, die Proust las. Doch er schien nicht zur Kenntnis zu nehmen,
daß Stalin den neuen «Sowjet-Patriotismus» dekretiert hatte, der
den «Internationalismus» durch Verordnungen und Gesetze Stück
um Stück verdrängte. Er sah nicht, daß in den Schulen die «vaterlän-
dische Geschichte» mit neuer Betonung gelehrt werden mußte. Er
bemerkte nicht, daß damals der Titel «Held der Sowjetunion» geschaffen und zugleich der «Verrat an der Heimat» unter strenge
Strafen gestellt wurde. Er sah und hörte nichts vom Kulakensterben
draußen auf dem Lande, das Millionen Opfer forderte. Der Mutter
schrieb er hernach aus Finnland: «Ich fürchte (...): das dort drüben
ist das Einzige – es ist nur erstens die Frage, ob wir seinen Sieg noch
erleben werden, und die zweite, ob wir mittun könnten, wenn wir
ihn denn erlebten. Eine harte Welt, Moskau kennt keine Tränen – so
hieß einmal ein Buch von Ehrenburg, der auch da war und eigentlich der Klügste gewesen ist.»

Klaus Mann gab seine kritischen Vorbehalte gegen den Kommunismus niemals preis, doch den gemeinsamen Kampf gegen die nazistische Diktatur in Deutschland betrachtete er – wie Erika und
Onkel Heinrich, hernach auch der Vater und tausend andere Weggenossen – als das «übergeordnete Argument», dem man sich zu
beugen hatte. Die moralische Gleichsetzung von Nazismus und
Kommunismus lehnte er ab. Eine psychische Sperre schien es ihm

und vielen seiner Gefährten unmöglich zu machen, gegen zwei Feinde mit gleicher Entschiedenheit zu streiten.

Auf der Rückreise suchte er die Freunde in Finnland auf, denen die Leser in seinem Roman «Flucht in den Norden» begegnet waren. Voller Trauer hing er in dem Erzählwerk den Erinnerungen an die Sommerwochen des Jahres 1932 nach – die letzte unbeschwerte Reise vor dem Umbruch in Deutschland. «Problematik allen Wiedersehens», notierte er in seinem Tagebuch: «Das Gefühl des ‹Unwiederbringlich›, des ‹Zu spät.›» In der dunklen Landschaft überkam ihn, wie so oft, eine Welle der Schwermut (die er niemals in einem unmittelbaren Zusammenhang mit Sucht und Krankheit zu sehen schien). Wenig später erreichte ihn ein Brief des Vaters, der für seinen Roman Worte der ernsten Anerkennung fand. Thomas Mann hatte der Elan des Buches, die Lebhaftigkeit der Zeichnung des Personals und die Schilderung der skandinavischen Landschaft beeindruckt. Das heroische Finale, in dem sich das Mädchen Johanna aus ihrer Liebe löst, um sich von neuem in den «Dienst der Sache», des Kampfes der Kommunisten gegen die Nazis, zu stellen – dieser pathetische Schluß konnte wohl nicht ganz nach seinem Geschmack sein. Es war ein melodramatischer und ein wenig kinohafter Ausklang, dessen heldischer Kitsch der oft so sensiblen und behutsamen Psychologie des Buches widersprach.

Es ließ sich nicht verbergen, daß Klaus den Roman zu rasch und zu ungeduldig verfaßt hatte. Der Autor selbst schien nicht zu bemerken, daß er immer wieder ins Klischeehaft-Sentimentale abglitt («ihre bräunlichen Hände bewegten sich mit einem frommen, dienenden Fleiß», nämlich beim Spiel einer Bachschen Fuge auf dem Klavier). Er schrieb später im «Wendepunkt», er habe das Buch «mit großer Leichtigkeit» geschrieben: «alle Figuren und Situationen schienen fertig und bereit in mir: Ich brauchte sie nur auf das Papier zu bringen.»

Am 4. November 1934 erfuhr er, daß ihm – nach Heinrich Mann als zweitem in der Familie – die deutsche Staatsbürgerschaft aberkannt worden war. Wenige Tage später notierte der Vater, schweizerische Nazis hätten ein Flugblatt mit absurden Anschuldigungen gegen Erika verteilt. (Sie wurde in den primitiven Texten, weiß der Teufel warum, als «Kinderschänderin» bezeichnet.) In der

Zeitung der eidgenössischen Gefolgschaft Adolf Hitlers, die den Titel «Die Front» trug, war die «Pfeffermühle» als «politisches Hetzkabarett» denunziert worden. Am 16. und am 21. November wurden die Vorstellungen im Zürcher Kursaal brutal gestört. Helvetische Nazis brüllten, wie Helga Keiser-Hayne in ihrem Bericht über Erikas Kabarett-Jahre berichtete, die Parolen «Juda verrecke!» und «Raus mit den Emigranten!» Die Polizei verhaftete an die hundert der Randalierer, bei denen auch Waffen gefunden wurden. Erika wurde Polizeischutz gewährt.

Der Vater bemerkte im Tagebuch die «vorzügliche Haltung der städt. Polizei». Die ausverkauften Vorstellungen wurden gedeckt. Erika hielt es dennoch für angebracht, gut gemeintem Rat folgend, das Programm ein wenig zu entschärfen. Sie vermutete, daß die Kampagne von den Eltern ihrer Freundin Annemarie Schwarzenbach angezettelt worden sei: diese reiche Sippe konnte es den Gefährten der Tochter nicht verzeihen, daß diese sich in ihren politischen und sozialen Ideen, auch in ihrem Lebensstil, so weit vom Milieu ihrer Herkunft entfernt hatte. Übrigens entstammte die Mutter dem prominenten Haus Wille, das immer wieder allzu heftige Sympathien für den mächtigen Nachbarstaat im Norden bewiesen hatte: General Wille, ihrem Vater, warf man vor, er habe als Oberstkommandierender der Schweizer Armee im Ersten Weltkrieg die Neutralität des Landes einseitig zugunsten der Deutschen interpretiert; ihr Bruder, der nun die gleiche Funktion ausübte, wurde von einem sozialdemokratischen Nationalrat wegen seiner unstatthaft engen Beziehungen zur Führung des Dritten Reiches gerügt.

Der Einfluß der Schwarzenbachs und des Generals schien auch die «Neue Zürcher Zeitung» zu berühren. Der Redaktion konnte in der Tat nicht nachgesagt werden, daß sie sich für die Freiheit des kleinen Exilkabaretts kampfbereit in die Bresche geworfen habe. Auch die junge «Weltwoche», ein glänzend gemachtes Blatt, zeigte sich unter der Direktion Karl von Schumachers zunächst nicht geneigt, sich mit den Repräsentanten des Dritten Reiches anzulegen. Das Übermaß an Wohlwollen, das die Zeitung dem nazistischen Deutschland entgegenbrachte, wurde zum Gegenstand bitteren Haders zwischen Klaus Mann und Manuel Gasser, dem Mitgründer

der Zeitung: einstmals Freunde, die eine spielerisch-passionierte Zuneigung verband – beides junge Männer von schillernden Talenten und hochdressiertem Charme. Gasser zog sich aus allen Konflikten gern in eine unpolitische Unverbindlichkeit zurück: «Ich sehe Dir das alles nach, denn ich weiß, wie Du bist», schrieb ihm Klaus Mann, der in dem anderen wohl eine Art Spiegel des eigenen Ichs in den Jahren vor 1933 erkannte.

Nicht überall in der Schweiz war die «Pfeffermühle» nach dem Zürcher Skandal noch willkommen. In Davos wurde der Auftritt der Truppe untersagt. Man war dort droben auf die Familie Mann ohnedies nicht gut zu sprechen. Dem Vater warf man noch immer vor, er habe dem Ort durch seine «tendenziöse Schilderung des Kurlebens» im «Zauberberg» geschadet. In St. Gallen trug Erika – eine eindrucksvolle und originelle Bereicherung des Programms – zum erstenmal ein Gedicht von Gottfried Keller vor, das die erstaunlichen Verse enthält: «Erst log allein der Hund, / Nun lügen ihrer tausend; / Und wie ein Sturm erbrausend, / So wuchert jetzt sein Pfund. – Hoch schießt empor die Saat, / Verwandelt sind die Lande, / Die Menge lebt in Schande / Und lacht der Schofeltat! (…) – Wenn einstmals diese Not / Lang wie ein Eis gebrochen, / Dann wird davon gesprochen, / Wie von dem schwarzen Tod; / Und einen Strohmann baun / Die Kinder auf der Heide, / Zu brennen Lust aus Leide / Und Licht aus altem Graun.»

Thomas Mann schickte das Gedicht, das den Titel «Die öffentlichen Verleumder» trägt, kommentarlos an Ernst Bertram nach Köln.

55. KAPITEL

Aufblick

Am Morgen des 1. Januar 1935 wechselte Thomas Mann bedächtig den Abreißkalender auf seinem Schreibtisch aus – wie an jedem Neujahrstag. Dann schrieb er, von der Besonderheit des Übergangs auf merkwürdig naive Weise berührt: «So beginnt denn das Jahr meines sechzigsten Geburtstags.» Von dem Jubiläum erwartete er, kein Zweifel, eine Steigerung seines Daseins. Womöglich brauchte er sie, um den Fortgang der Niederschrift seines großen Romans mit neuem Mut zu betreiben. Hans Reisiger, der Paladin, war vor dem Jahreswechsel aus seinem dürftigen Domizil in Tirol herübergekommen. Dem Hausherrn bekannte er, er habe die Szenen der Ankunft Josephs bei Potiphar dreimal gelesen – mit immer wachsender Empfänglichkeit für den Reiz: «Dieser sei so stark», notierte befriedigt der Autor, «daß man nicht gut thue, mich vor dem Schlafengehen zu lesen.» Er setzte hinzu: «Das gibt es sonst heute wohl nicht in deutscher Prosa, und es hat mit den Leiden, die ich ausstehe, doch also wohl etwas auf sich.» Es mangelte nicht an Bestätigungen, die sein Selbstgefühl stärkten. Alfred Knopf, der amerikanische Verleger, klopfte in Küsnacht an, und man besprach beim Tee eine Gesamtausgabe der Novellen in englischer Sprache. Er fühlte sich, wenigstens für den Augenblick, in gehobenem Zustand.

Selbst der niederschmetternde Ausgang der Abstimmung an der Saar, deren Bevölkerung am 13. Januar 1935 – nach eineinhalb Jahrzehnten treuhänderischer Verwaltung durch den Völkerbund – über ihren künftigen Platz in Europa entschied, schien ihn nur flüchtig zu irritieren: einundneunzig Prozent votierten für

Deutschland, nur neun Prozent für die Aufrechterhaltung des bisherigen Status und noch nicht einmal ein Prozent für den Anschluß an Frankreich. Er wandte sich, wie er selbst sagte, «möglichst gleichmütig» ab. Es brauchte einige Tage, bis er bereit war, danach zu fragen, warum die antinazistische Front, in der sich Kommunisten und Konservative, Sozialisten und Liberale, Christen und Marxisten vereint hatten, vor dem Anprall des nationalen Pathos so kläglich in sich zusammengefallen war. Klaus, der Sohn, begriff das Ausmaß der Niederlage rascher. Sie beweise, sagte er, daß «die Formeln der Linken nicht ziehen». Es handle sich, schrieb er der Mutter, «doch zum größten Teil um Arbeiter», die für Deutschland gestimmt hätten. Alle Hoffnungen seien nun auf eine ganz unbestimmte Zeit hinausgeschoben. Der Vater stieß in einem Aufsatz von Willi Schlamm (in den «Europäischen Heften») auf die resignierte Feststellung, «die Epoche sei abgelaufen, in der man an Massen geglaubt habe, die vernunftmäßig und ihrem Interesse gemäß zu leiten und zu heben seien. Es ist nichts mit diesem Glauben», bemerkte der Journalist. Thomas Mann setzte die Frage hinzu, ob dies nicht das Ende des Marxismus bedeute.

Noch im Januar reiste er mit Katia über Wien nach Prag, dann weiter nach Brünn, wo die «Pfeffermühle» mit großem Erfolg gastierte. In der Hauptstadt der Tschechoslowakei eine freundliche Begegnung mit Mimi, Heinrich Manns geschiedener Frau, und der Tochter «Goschi», von der Klaus feststellte, sie sei ein «armes dikkes Kind» geworden, was sie nicht davon abhielt, von einer Karriere als Tänzerin zu träumen und dem Vetter Proben ihrer Kunst vorzuführen. Thomas Mann kam in jenen Tagen ein erstes Signal aus dem Umkreis des Staatspräsidenten Edvard Beneš zu, dem Nachfolger des Staatsgründers Thomas Masaryk, das andeutete, daß es sich die junge Republik zur Ehre anrechnen würde, ihn als Bürger willkommen zu heißen. Es mag sein, daß Heinrich Mann die ersten Fäden über seine einstige Frau geknüpft hatte: der Bruder, der sich längst als eine Art Bekenntnis-Bürger Frankreichs betrachtete, hatte unterdessen – nicht ohne einen Anflug von Bitterkeit – erfahren müssen, daß seine Liebe zum Vaterland der Revolution und der Freiheit nicht genug war, ihm einen französischen Paß zu verschaffen. Auch seine engen Verbindungen zur Prominenz der liberalen und sozialistischen Parteien in Paris schienen nichts zu helfen. Also wandte er sich nach Prag. Ein Papier der tschechoslowakischen Republik war dem elenden Zustand der Staatenlosigkeit vorzuziehen.

Thomas Mann nahm die angedeutete Einladung zunächst nur mit halbem Ohr auf. Noch immer hoffte er auf einen Schweizer Paß. Auch eine Niederlassung in Österreich wurde wieder und wieder erwogen. Es war ihm wichtig, daß er in Wien – auf der Straße, im Hotel, im Theater – immer wieder «sehr erkannt» wurde. Eine Woche später trug er nach: «Die Kundgebungen der Sympathie» für seine Existenz, die er in gleicher Weise bei seinem kurzen Aufenthalt in Budapest, vor allem auch bei der ersten Begegnung mit Karl Kerényi, empfangen hatte, seien ihm eine «Nerven-Wohltat». Bei der Rückfahrt im Schlafwagen nach Zürich fügte er mit einem Seitenblick auf die Kollegen im Reich hinzu: «Es gab ein helles Aufleuchten meiner Existenz, die sich denn doch als glänzender und den Menschen teurer erweist, als die der Kolbenheyer und Ponten. Es ist übrigens keine Frage, daß dem persönlichen Wachstum der Jahresringe sich ein relatives gesellt, das im sinkenden Niveau der Zeit begründet ist. Moralisch und kulturell gewinnt meinesgleichen bei zunehmender Applanierung etwas einsam Ragendes, und ich verkenne nicht, daß viel von den Huldigungen, die ich auf dieser Reise empfing, auf Rechnung der menschlichen Ehrfurcht vor den Überlebenden einer höheren Epoche kommt.»

Wie fast nach jeder Reise: auch dieses Mal war es notwendig, nachher das eine oder andere Interview zu korrigieren, in dem er versäumt hatte, vom Zorn oder von seiner Verlautbarungslust fortgetragen, jedes Wort auf die Goldwaage zu legen. Die Horchposten des Dritten Reiches meldeten die öffentlichen Äußerungen des Dichters prompt nach Berlin, und sie wurden von den Beamten in den Ministerien aufs sorgsamste vermerkt. Allemal schlug Gottfried Bermann Alarm, wenn er durch eine unvorsichtige Formulierung den Fortgang der Verhandlungen über das Eigentum Thomas Manns oder das Erscheinen seiner Bücher gefährdet sah. Der Autor schien die Routine des Umgangs mit Journalisten nur mühsam zu lernen. Es wurde ihm schwer, seine Worte zu wägen.

Überdies war es hernach – Jahrzehnte vor der Erfindung des Tonbandes – nicht immer einfach, sorgsam zu unterscheiden, was er gesagt und was man ihm in den Mund gelegt hatte.

Aus Prag heimgekehrt, schickte er an die Redaktion des jüdischen Zentralblattes «Die Selbstwehr» einen Brief, in dem er mit Befremden feststellte, daß der Berichterstatter in seinen Formulierungen weit über das Gesagte hinausgegangen sei. Die Wiedergabe des Gespräches sei korrekt gewesen, soweit er sich über die positive Rolle des Judentums in der Weltgeschichte und in der Geschichte des Abendlandes, auch über seine eigenen Erfahrungen mit dem jüdischen Geist geäußert habe. Doch die polemischen Wendungen über den Antsemitismus habe der Interviewer aus seiner Phantasie hinzugefügt. Er drängte auf einen Abdruck seines Schreibens, das – wie so viele andere – in Wirklichkeit an die Behörden in Berlin adressiert war, denen sie von Bermann Fischer vorgelegt wurden. Beide, der Autor und sein Verleger, empfanden ihre krampfhaften Bemühungen um äußerste «Korrektheit» als bedrückend und peinlich. Sie wußten, daß die Promptheit der Dementis, die den Herren im Innen- und im Propagandaministerium zugingen, als Beflissenheit verstanden werden konnten. Indes, solange Bermann Fischer seine Bücher in Deutschland drucken und vertreiben wollte und solange Thomas Mann nicht bereit war, auf sein Eigentum und auf seine literarische Präsenz im Reich zu verzichten, blieb ihm nichts anderes, als das böse Spiel am Rand der Selbstentwürdigung weiterzutreiben.

Der Dichter hatte der «Völkerbund-Kommission für geistige Zusammenarbeit» für ihre Tagung im April 1935, die in Nizza stattfinden sollte, einen Vortrag unter dem Titel «La formation de l'homme moderne» zugesagt. Die Veranstaltung bot Gelegenheit, Bruder Heinrich und einige der Freunde in Südfrankreich wiederzusehen. Der Auftritt war ihm wichtig: Thomas Mann hatte sich aus jener Institution nicht zurückgezogen, obwohl er sich nicht länger als der offizielle Vertreter Deutschlands betrachten durfte. Im März, nach der Rückkehr von einem mißglückten Urlaub in Chanterella, setzte er den Text seiner Ansprache auf, in der er die Gedanken und die Kernworte seiner Warnungen vor dem Zusammenbruch der moralischen und intellektuellen Verantwortlichkeit im Abstand von mehr als zwei Jahren noch einmal aufnahm. «Der vom Ich und seiner Last befreiende Massenrausch», schrieb er, den Blick auf Deutschland gerichtet, «ist Selbstzweck; damit verbundene Ideologien wie ‹Staat›, ‹Sozialismus›, ‹Größe des Vaterlandes›, sind mehr oder weniger unterlegt, sekundär und eigentlich überflüssig: Der Zweck, auf den es ankommt, ist der Rausch, die Befreiung vom Ich, vom Denken, genaugenommen vom Sittlichen und Vernünftigen überhaupt; auch von der *Angst* natürlich, der Lebensangst, die dazu drängt, sich kollektivistisch zusammenzudrücken, es menschenwarm zu haben und recht laut zu singen».

Er wurde noch deutlicher und sprach von den «Dozenten des Irrationalen», die sich nicht darum kümmerten, «ob sie etwa das Volk zum moralischen Sansculottismus und zur Stumpfheit gegen alle Greuel erzogen». Der Kleinbürger, merkte er an, habe in Erfahrung gebracht, «daß die Vernunft abgeschafft sei, daß man den Intellekt beschimpfen dürfe, daß diese Popanze, die irgendwie mit Sozialismus, mit Internationalismus, auch mit dem jüdischen Geiste zu tun hatten, wohl gar an seinem Elend schuld waren». Hart geißelte er das «krankhafte Entzücken», mit dem die Abschaffung der Menschenrechte bejubelt wurde. Zum Schluß setzte er gegen das drohende Verhängnis einen Aufruf zum «*militanten* Humanismus», der «seine Männlichkeit entdeckte und sich mit der Einsicht erfüllte, daß das Prinzip der Freiheit, der Duldsamkeit und des Zweifels sich nicht von einem Fanatismus, der *ohne* Scham und Zweifel ist, ausbeuten und überrennen lassen darf».

Ein kräftiges Wort, klarer als die zögernden Äußerungen, mit denen er sich seit der Trennung von Deutschland zu erkennen gegeben hatte. Indes, aus Berlin meldete sich Gottfried Bermann (der den Text der geplanten Rede nicht kennen konnte), um vor dem Auftritt in Nizza zu warnen. Es gebe «Zusicherungen vom Propaganda-Ministerium», vermutlich «in Hinsicht auf den Geburtstag», die durch die Reise zunichte gemacht werden könnten. «Ärgerliche Verwirrung und fatale Schwierigkeit», notierte Thomas Mann. Er setzte hinzu: «Hols der Teufel.» Anderntags ein neuer Anruf Bermanns, der berichtete, in vierzehn Tagen werde der «Akt» für die Rückgabe des Vermögens erledigt sein. Die «entscheidende Sitzung» habe stattgefunden. Die Reise werde alles um Monate zu-

rückwerfen. «Abscheuliche Zwickmühle», schrieb Thomas Mann:
«Es hängt viel an meinem Entschluß, wohl auch das Schicksal des
Verlages und was mich angeht mein zukünftiges Verhältnis zu
Deutschland, mein ganzer seelischer Zustand, die Farbe meiner
Existenz, denn die Folgen der Rede sind nicht abzusehen.»

Nach einer schweren Nacht rang sich der Dichter zu dem Entschluß durch, eine Absage an die Herren des Völkerbundes zu
schicken. Er begründete den Rückzug mit seiner angegriffenen Gesundheit. Die späte Weigerung schien ihm plötzlich gerechtfertigt,
da die Verantwortlichen der Kommission, denen er den Text seiner
Rede geschickt hatte, um eine Milderung dieser und jener Formulierung baten: ein willkommener Einspruch. Thomas Mann verlangte,
man möge die Kenntnis des Manuskriptes «nicht über den Perso-
nenkreis des Comité hinausdringen» lassen. Trotz eines beschwörenden Telegramms aus Genf war er nicht bereit, die Absage zu
korrigieren – von Gottfried Bermann bestärkt, der in größter Hast
aus Berlin herbeigeeilt war. Der Verleger deutete an, daß er nun
doch daran denke, für den «Not- und Kriegsfall» eine Filiale im
Ausland zu schaffen. In Wahrheit signalisierte er, daß er, nach dem
Tod des Schwiegervaters, der aus Deutschland um keinen Preis
hatte weichen wollen, jetzt endlich über die Freiheit verfügte, das
Haus Fischer aus der Berliner Gefangenschaft zu lösen.

Die beiden trösteten sich mit der Ankündigung, daß die Harvard
University in Cambridge, Massachusetts, Thomas Mann die Würde
des Ehrendoktors zu verleihen gedenke. Der Dichter hatte, als er in
einem Brief Alfred Knopfs den ersten Hinweis las, die Bedeutung
dieser großen Geste nicht verstanden. Er schien nicht zu wissen,
daß Harvard die älteste und angesehenste Hochschule der Vereinigten Staaten war: der Doctor honoris causa dieser Institution kam
nahezu einer Ehrenbürgerschaft der Vereinigten Staaten gleich. So
schickte er Knopf und der Universität zunächst eine nur freundlich
hinhaltende Antwort. Sie wurde unverzüglich durch ein enthusiastisches und dankbares Telegramm korrigiert, als ihm ein
Schweizer Freund den Rang der Auszeichnung deutlich gemacht
hatte. Wenige Tage später fand sich Rudolf G. Binding, der zweite
Vorsitzende der «Deutschen Akademie der Dichtung», zu einem
überraschenden Besuch in Küsnacht ein. Ihm gegenüber pochte

Thomas Mann kräftig auf die neue Würde, die ihm zuteil werden sollte: «Ich sprach ihm von mir mit Stolz und gedachte der Entschädigungen, die mir die Welt für die deutschen Mißhandlungen bietet.» Binding erkundigte sich, wie der sechzigste Geburtstag Thomas Manns gefeiert werde. Sein Gastgeber erklärte kühl, das sei nicht seine Sache. «Was er wissen wollte», schrieb er ins Tagebuch, «war offenbar, ob es mich zurückverlangte – und erfuhr, daß das ein Alptraum für mich ist. Es schien ihm gewissermaßen zur Beruhigung zu dienen.»

Das war keine gerechte Feststellung. Einige Wochen danach schrieb Binding – politisch grundnaiv, nationalistisch und konservativ, doch zweifellos ein Mann von altmodischem Anstand – einen Brief an den Reichsinnenminister Frick, der die Aufsicht über die Berliner Dichter-Akademie führte, und bat ihn um seine Zustimmung zu seinem Vorschlag, Thomas Mann «durch einen Glückwunsch, vielleicht auch durch Entsendung einer Abordnung (...) zu ehren». Er setzte hinzu, die Akademie empfinde es «als ein weithin sichtbares und zugleich unnötiges Unglück in des Wortes vollster Bedeutung daß einer solchen Ehrung (...) die ihr zukommende innere und äußere Wirkung entzogen» bleibe, weil noch «formale Maßnahmen» aufrechterhalten würden, die wahrscheinlich gar nicht mehr im Sinne des Ministeriums seien. Das war die höfliche Umschreibung der Bitte, Thomas Mann endlich sein Eigentum wiederzugeben. Der Minister beschied, daß eine offizielle Gratulation der Akademie nicht erwünscht sei, doch es stehe jedem ihrer Mitglieder frei, Thomas Mann persönliche Wünsche zu übermitteln.

Unterdessen waren die «nicht-arischen» Mitglieder der «Reichsschrifttumskammer» durch ein Rundschreiben des Präsidiums davon unterrichtet worden, daß ihnen fortan jede literarische Tätigkeit in Deutschland untersagt sei. Thomas Mann hatte in der ersten Erregung geschrieben: «Mein Ekel ist so groß, daß mein Wunsch nun doch endlich alle Beziehungen zu diesem Lande zu lösen, sich mehr und mehr durchsetzt. Es ist zu hoffen und zu erwarten, daß auch mit Bermann bald Schluß sein wird und daß schon der Essayband dort nicht mehr erscheint.» Er verwehrte sich die Erfüllung dieses Verlangens. Doch die Demütigung so vieler Kollegen und Freunde, auch seiner Familie, mag Gegenstand heftiger Gespräche mit Katia gewesen sein, die gewiß nicht zögerte, Gottfried Bermann wissen zu lassen, daß es ihr schwerer und schwerer werde, sich in die zweideutige Lage zu fügen.

Der Nachfolger Samuel Fischers, der sich oft genug über Katias harte Verhandlungsführung beschwert hatte, schickte ihr aus unheiterem Himmel einen Huldigungsbrief, der ein fast zu offensichtlicher Beweis seiner genauen Witterung für die Stimmungen im Hause Mann war. «Dichterfrauen sind für den Verleger», schrieb er mit einer Prise Humor, «ein schwieriges Kapitel. Darin bilden Sie, Verehrteste, keine Ausnahme. Im Gegenteil. Das sei offen eingestanden. Aber das gehört zur Natur der Dinge, und die Auseinandersetzung mit der real denkenden Gattin zum Beruf des Verlegers. Da aber beider Absicht darauf gerichtet ist, des Gatten resp. Autors höchstmögliches Wohl zu erzielen, sind sie sozusagen Kollegen, die, wenn auch über die Methoden manchmal verschiedener Meinung, am gleichen Strang ziehen.» Wenn sie oft verschiedener Meinung seien, handele es sich um Fragen der Taktik, nicht der Gesinnung. Er betrachte sich nicht nur als Verleger, sondern auch als «Mithüter und Bewahrer des Werkes».

Katia tat der Zuruf wohl. Sie dankte Bermann herzlich, doch zugleich pochte sie darauf, daß man ihren Einfluß unter keinen Umständen überschätzen dürfe. Ihr Mann fasse alle wesentlichen Entschlüsse unabhängig von ihren Ansichten – «und so, wie es seiner Natur entspricht. Aber jedenfalls haben Sie vollkommen recht darin, daß Sie und ich, unbeschadet gelegentlicher Meinungsdifferenzen ja im Grunde dasselbe wollen».

Das Frühjahr blieb verdunkelt. Selbst die Vorahnung der hohen Festlichkeiten, die ihn erwarteten, verhüllte sich in den Stunden der Verzagtheit: «Es wird sehr still vorübergehen», schrieb er an Ferdinand Lion. «Woher sollten die Ehrungen und Festlichkeiten denn auch kommen? Und besser, wenn sie ausbleiben. Das halb Lächerliche und Qualvolle solcher Kultur-Demonstrationen, wenn man ihr Opfer ist, habe ich an meinem 50. in München zu schmecken bekommen. Dabei findet man, daß ich gut repräsentiere; aber heimlich leide ich unbeschreiblich.» Er litt noch mehr bei der Vorstellung, daß es an seinem Geburtstag allzu still bleiben könnte.

Die Ungewißheit, ob und wie man seiner gedenken werde, setzte

seiner Gesundheit zu. Der Magen rebellierte. Die Nerven lagen
bloß. Sie wurden durch die Anwesenheit von Ida Herz, der nach
Gefängnishaft und Operation endlich ein Besuch in Küsnacht erlaubt wurde, auf jammerwürdige und lächerliche Weise geprüft.
Die lästige und dennoch unentbehrliche Verehrerin machte sich im
Hause nützlich. Sie half bei der Abschrift des «Joseph»-Manu-
skriptes. Doch der Hausherr nannte ihre Anwesenheit schon nach
wenigen Tagen eine «Strafe meiner Gutmütigkeit». Nichts, fast
nichts war geeignet, seine Seele zu besänftigen, auch nicht Bachs
Matthäuspassion, die er in den Tagen vor Ostern auf Platten anhörte (ohne sich zu einem Kommentar zu verstehen). Die Aufführung von Bachs h-Moll-Messe in der «Tonhalle», an der die ganze
Familie teilnahm, tröstete ihn nur für einen Augenblick durch den
«volksfestlichen Einschlag», den er in der Musik wahrzunehmen
meinte – dank der hohen Trompeten, die ihn vermutlich an die
«Meistersinger», an den «Lohengrin» oder den Einzugsmarsch aus
dem «Tannhäuser» erinnerten.

Die Tage «der Herz» liefen ab, vermerkte er erleichtert nach dem
frommen Konzert. Anderntags hatte er die arme Frau noch einmal
bei seinem Spaziergang «auf der Pelle». Er notierte: «Unglückselige
und beschämende Aufdringlichkeiten der hysterischen alten Jungfer.» Dann schrieb er eine Beobachtung auf, die für einen Moment
den Blick auf die Formung seiner Beziehung zu den Menschen freigab. Seine Starre und seine Kälte gegenüber der armen Frau, vermerkte er, erinnerten ihn «an Mama, die sich ähnlich gegen unerwünscht verliebten Zudrang verhielt». Womöglich auch gegenüber
den Kindern? Das sagte er nicht. Er fuhr fort: «Immerhin bewährte
ich zum Schluß einige allgemein zuredende Gutmütigkeit, entschlossen aber, dies nicht wieder zuzulassen.» Nachdem Ida Herz
«entlassen» war, setzte er den Spaziergang fort, «in der Seele froh,
die Lästige los zu sein und einiges Arbeitsnotwendige in mir erhel-
lend». Ohne Atem zu holen schrieb er weiter: «Seit einigen Tagen
bewege ich neben den Roman-Problemen den Gedanken an ein neu
geplantes Politikum in mir, ein Sendschreiben oder Memorandum
an das deutsche Volk, worin die Gefühle der Welt ihm gegenüber
erläutert und es vor dem Schicksal des inimicus generis humani auf
eine warme, wahrhafte Weise gewarnt werden müßte. Es handelt

sich abermals um die politische Seelenrettung, deren rechte und angemessene Form ich beständig suche». Dann fügte er hinzu: «Aß mit ungewöhnlichem Appetit zu Mittag.»

Die Buchhändlerin hatte auch dieses Mal, wie fast immer, seine Seele zu den schärfsten Reaktionen herausgefordert. Sie zwang ihn mit einer merkwürdigen Automatik, die Grenzen der Gutartigkeit, die er sich so gern attestierte, vor sich selbst zu offenbaren.

Anlaß der politischen Erregung, die sich mit dem schwungvollen Stabreim der «warmen, wahrhaften Warnung» kundtat, war nicht das Geschick der bedauernswerten Ida Herz, sondern die Empörung über die Entführung des Journalisten Berthold Jacob, einst Redakteur der «Weltbühne» unter Carl von Ossietzky, der von nazistischen Schergen vom Territorium der Schweiz nach Deutschland verschleppt worden war (er mußte später freigelassen werden). Der kriminelle Skandal, der ganz Europa aufschreckte, bot Lion Feuchtwanger den Stoff für den Roman «Exil», der mit den «Geschwistern Oppermann» und dem «Erfolg» (aus dem Jahre 1930) eine Art Trilogie des Antifaschismus bildet, freilich von der atmosphärischen Dichte des «Erfolgs», von der Schärfe der Charakterisierungen und der sprachlichen Konzentration des ersten Bandes weit entfernt.

Die abgesagte Reise nach Nizza wurde Mitte Mai als ein kleiner Ferienexkurs nachgeholt: Thomas schuldete dem Bruder schon lange einen Besuch. Heinrich hatte sich unterdessen mit seiner Freundin Nelly Kroeger an der Côte d'Azur halbwegs behaglich eingerichtet, und er war im Begriff, die Arbeit am ersten Band des «Henri Quatre» abzuschließen. Am Bahnhof erwartete er den Bruder, «ohne Spitzbart mit weißem Schnurrbart», wie Thomas vermerkte, «distinguiert und seltsam von Anblick». Auch Klaus hatte sich eingefunden, dem die holländische Regierung schließlich ein Ersatzpapier für den deutschen Ausweis ausgehändigt hatte: den sogenannten «Gunstpass», von dem schon die Rede war. Der Vater fand ihn magerer geworden. Er nahm zur Kenntnis, daß der Sohn «etwas Morphium» gebrauche, «wenn auch mit Maßen».

Die Atmosphäre der Gespräche zwischen den Brüdern war, alles in allem, harmonisch, auch wenn ihn die «alberne Ordinärheit der Kroeger» gelegentlich nervös machte (dafür kochte sie gut). Gute

Unterhaltungen auch mit Schickele, der in Nizza ein freundliches Häuschen hatte. Bei einem gemeinsamen Ausflug nach Monte Carlo konstatierte Thomas, es habe viel von einer «Narrenküste»: «verödete Hotelbauten, Feenpaläste des 19. Jahrhunderts». Vermutlich dachte er an Felix Krull, das parodistische Geschöpf, das seiner Aufmerksamkeit so weit entrückt war.

Fast unmittelbar nach der Rückkehr durfte er sich von den Festen aus Anlaß des sechzigsten Geburtstages überwältigen lassen. Die offizielle Feier, vom Lesezirkel Hottingen veranstaltet (der prominentesten literarischen Gesellschaft Zürichs), fand schon am 26. Mai statt, da Thomas Mann unmittelbar nach dem Geburtstag aufbrechen mußte, um sich zur Ehrenpromotion im amerikanischen Cambridge einzufinden. Mehr als tausend Menschen versammelten sich in der Zürcher Corso-Halle. Ein Concerto grosso, wie es sich gehört, eine Festrede von Professor Faesi, die schlicht und herzlich war, Übergabe eines Geschenks der Stadt Zürich (eine Sammlung von Lithographien), dann die Ansprache Thomas Manns, in der er die Ostschweiz als «ein Stück Deutschland außerhalb Deutschlands» pries, auch als «eines der unentbehrlichen Außengebiete des Deutschtums, wo dieses ins Europäische übergeht» – Formeln, die nicht jeden der helvetischen Zuhörer geschmeichelt lächeln ließen. Wichtiger: er sagte dem «schönen, gastlichen Land» seinen Dank, und er rief ihm zu: «Vielleicht wird es seine schönste Sendung sein, deutsche Werte, die Weltwerte sind und die sonst am Wege bleiben würden, in die Zukunft hinüberzuretten.» Schließlich wurde der dritte Akt der «Fiorenza» geboten, stark gekürzt und nach des Autors Einsicht allzu «provinziell besetzt».

Im Küsnachter Haus sammelten sich Berge von Glückwünschen und freundlichen Gaben. Das anmutigste Geschenk kam von Stefan Zweig, der eine Handschrift Goethes schickte. Bertram schrieb einen langen, «schmerzlich besessenen Brief (…), zart, wirr, melancholisch-ergreifend». Der längst totgeglaubte Kurt Martens meldete sich mit einem Telegramm. Am Geburtstag selbst («Heiter festlicher Tag. Sonnenschein.») wurden die Depeschen und Briefe fast zur Flut: Hunderte von Grüßen kamen auch aus Deutschland, selbst aus Arbeitsdienstlagern, wie der Gefeierte immer wieder betonte. Bermann Fischer legte eine Kassette mit den Glückwünschen alter und neuer Gefährten, ferner und naher Zeitgenossen auf den Tisch: einen Almanach der nichtnazistischen deutschen Prominenz. «Festlich bewegtes Herz», schrieb Thomas Mann in der Nacht. «Hat dies schwierige Leben sich also gelohnt und war es größer, besser als meine sorgende Bescheidenheit glauben wollte?»

Anderntags nüchterne Verhandlungen mit Bermann Fischer über die Erneuerung seines Vertrags mit dem Verlag, der jeweils für fünf Jahre galt. Seine «sorgende Bescheidenheit» brauchte dabei nicht überanstrengt zu werden, denn Bermann war bereit, jede Bedingung zu erfüllen, um den Autor des Hauses zu halten, zumal ihm die Opposition der Familie nicht verborgen blieb: Erika und Klaus waren ihm, Geburtstag hin oder her, mit offener Feindseligkeit begegnet. Um so williger akzeptierte er die Klausel, daß der Autor jederzeit berechtigt sei, von dem Vertrag zurückzutreten, wenn sich die Leitung des Verlags verändere. Die Zahlung einer regelmäßigen Monatsrente wurde verabredet. Man sprach auch über die Neugründung des Verlags in der Schweiz, wenn die Lage in Deutschland unhaltbar werde. Thomas Mann vermerkte: «Problem ob ich mich der Außengründung verpflichten oder, wie vermutlich Hauptmann, Hesse, etc. zum Inselverlag übergehen soll. Neige zu ersterem.» Eine beiläufige Feststellung, doch sie zeigte an, daß er wenigstens einen Augenblick lang erwog, auch ohne Bermann und den Fischer Verlag mit seinen Werken in Deutschland präsent zu bleiben.

An jenem Abend las Klaus aus seinem Tschaikowsky-Roman, dessen Niederschrift er voller Elan begonnen hatte. Der Vater, der abends oft der Musik des Russen lauschte (besonders gern dem Violinkonzert), notierte nüchtern: «Reizvoll, aber es fehlt ein wenig an Bedeutung.»

Zwei Tage später Aufbruch nach Paris, begleitet von Golo, der zu seinem Lehramt in Rennes zurückkehrte. Am 11. Juni Einschiffung auf der «Lafayette». Am dritten Tage auf hoher See meldete Erika den Eltern durch ein Radiotelegramm aus London, daß ihre Trauung mit dem englischen Dichter Wystan Hugh Auden glücklich vollzogen sei: einem Freund von Freunden aus jenen Berliner Tagen, in denen der Lyriker mit Stephen Spender und Christopher Isherwood die nervös-vitale Erregung der Untergangsjahre vor

dem Anbruch der Diktatur in der Hauptstadt der Republik beobachtet hatte. Isherwood sammelte seine deutschen Erfahrungen
hernach in dem fragmentarischen Roman «Goodbye to Berlin» (das
den Stoff für das Musical «Cabaret» bot). Auch Auden gab die Verbindung zum deutschen Sprachraum niemals mehr ganz verloren.
Er lebte nach dem Zweiten Weltkrieg einige Jahre im Landhaus seines österreichischen Kollegen Josef Weinheber, der sich beim Einmarsch der Alliierten das Leben genommen hatte. Die Neigung zu
den Vorstadtjungen von Berlin – vorzugsweise aus dem proletarischen Milieu – verband sich für die englischen Freunde mit dem
unwiderstehlichen Reiz der intellektuellen und künstlerischen Dynamik, die sie in der deutschen Metropole – und nicht in Paris – zu
spüren glaubten. Klaus kannte Isherwood gut. Er mag der Schwester nahegelegt haben, bei dem Freund anzuklopfen, ob er bereit sei,
seiner Schwester durch eine Heirat die britische Staatsbürgerschaft
zu vermitteln. Isherwood wies den Wunsch höflich zurück, doch er
riet Erika, sich an Auden zu wenden – und der junge Lyriker hatte
ohne Zögern seine Bereitschaft erklärt. Er antwortete mit einem
Telegramm, das sich mit einem Wort begnügte: «delighted». Golo
erzählte später, beim ersten Rendezvous habe Erika den unbekannten Bräutigam verfehlt und sei dem erstbesten jungen Mann, der mit
Blümchen wartend am Bahnsteig stand, in beseligter Dankbarkeit
um den Hals gefallen. Das Zeremoniell beim Standesamt, mit dem
eine Art Rettungsehe besiegelt wurde, kam der Nachricht, daß auch
Erika aus der Liste der deutschen Bürger gestrichen sei, nur um
wenige Tage zuvor: eine Pointe von düsterer Ironie.

Nach der Ankunft in New York blieb Thomas und Katia Mann
kaum die Zeit für eine knappe Rast in Alfred Knopfs Büro. Am
Abend schon nahmen die beiden den Zug nach Boston. Sie hatten
gerade ihren Wagen bestiegen, als ihnen ein Bote ein herzliches Begrüßungstelegramm von James Conant übergab, dem Präsidenten
von Harvard, diesem großen Wissenschaftsorganisator, der seinem
Land nach dem Zweiten Weltkrieg als amerikanischer Hochkommissar in Deutschland und als erster Botschafter bei der Bundesrepublik diente.

Auf dem Campus von Cambridge versammelten sich an die
sechstausend Menschen in einem riesigen Festzelt, um die neuen

Doctores honoris causa zu feiern, zumal die beiden Emigranten aus
Deutschland: Thomas Mann und Albert Einstein, dem genialen
Mathematiker und Physiker. Beide wurden stürmisch umjubelt –
eine eindrucksvolle Demonstration gegen den Ungeist, der sie aus
ihrer Heimat vertrieben hatte. Freundliche Einflüsterer, die den politischen Akzent der Ehrung betonen wollten, hinterbrachten Thomas Mann, die akademische Würde sei ihm vor allem dank eines
diskreten Hinweises von Präsident Roosevelt zuteil geworden, der
einst selbst, Sohn einer alten Familie der Elite des amerikanischen
Ostens, die Weihen der höheren Bildung in Harvard empfangen
hatte. Vielleicht kam der Hinweis von Roosevelts Landwirtschaftsminister Henry A. Wallace, der mit und neben ihm ausgezeichnet
wurde? Der puritanische Idealist aus dem Mittleren Westen – später
rückte er ins Amt des Vizepräsidenten auf – und der deutsche Dichter schienen sich glänzend zu verständigen. Es war der Beginn einer
politischen Freundschaft, die Thomas Manns amerikanische Jahre
prägen sollte. Er war nicht sehr überrascht, als ihn während einer
kleinen Atempause im idyllischen Riverside (nicht weit von New
York) eine Einladung ins Weiße Haus erreichte: am Samstag, dem
25. Juni, sollte er sich mit Katia zu einem kleinen Essen en famille in
Washington einfinden.

   In den drei Tagen bis zum Aufbruch fand Thomas Mann keine
rechte Ruhe. Sein Gastgeber – der holländisch-amerikanische
Schriftsteller Hendrik Willem van Loon, ein vitaler und herzlicher
Mann – zog den umschwärmten Kollegen in den landesüblichen
Wirbel liebenswürdiger und anstrengender Geselligkeit. Dennoch
versuchte er, ein wenig am «Joseph» zu arbeiten. In den Mußestun-
den las er mit großer Faszination in Kafkas «Schloß», das er «eine
Dichtung von hoher Merkwürdigkeit» nannte – wie das Werk des
tschechisch-jüdischen Schriftstellers deutscher Sprache überhaupt,
da er es nun genauer kennenlernte, ins Riesenhafte zu wachsen
schien. Monate zuvor schon hatte er bemerkt, Kafkas Hinterlassenschaft sei «die genialste deutsche Prosa seit Jahrzehnten», und er
fragte: «Was gibt es denn auf deutsch, was daneben nicht Spießerei
wäre?» Er fand die Zeit für einige gründliche Gespräche mit Dorothy Thompson, der großen Journalistin. Sie hatte den «Joseph»,
man erinnert sich, in einem großen New Yorker Blatt glänzend be-

sprochen. Nun wollte sie ein Buch über ihn schreiben (das jedoch nicht zustande kam).

Übersiedlung nach New York ins Hotel «Algonquin» an der vierundvierzigsten Straße Ost, damals das klassische Quartier der intellektuellen Elite, in dem der große Kritiker H. L. Mencken abstieg, wenn er in der Stadt war, Hauptquartier auch des Cercle um die amüsante Theater- und Filmautorin Dorothy Parker: Es war eine amerikanische Annäherung, wenn auch ein wenig kindsköpfig und lärmend, an den Kreis der französischen Enzyklopädisten um Diderot, der sich jeden Donnerstag im Pariser Haus des Barons Holbach an der Rue des Moulins versammelt hatte. Der «Algonquin-Kreis», der in einem der Nebenzimmer des Restaurants zu tafeln pflegte, hatte das Hotel zu einem Anziehungspunkt für die künstlerisch-literarische Welt und ihre Mäzene werden lassen. Thomas und Katia Mann scheinen von der ein wenig dunklen und lauten Lokalität in der vierundvierzigsten Straße nicht allzu angetan gewesen zu sein. Sie zogen später das solide «Bedford» vor.

Um Zeit zu sparen, hatten sie beschlossen, das Flugzeug nach Washington zu nehmen: für beide der erste Flug ihres Lebens. Thomas Mann bestieg die Maschine «in geheimer Erregung»: «Das Abenteuer bedeutend», notierte er, «aber nicht gerade angenehm. Knisternde Stöße. Ruckweises Höhergehen. Luft in den Ohren. Anwandlungen leichter Übelkeit. Der Niederblick läßt kalt. Zeitungslektüre. Gewöhnung.» Das Hotel in Washington wußte er zu preisen: das berühmte «Mayflower» an der K-Street, nur einige hundert Schritte vom Weißen Haus entfernt. Im Restaurant des Hauses hätte er den Chef der Bundespolizei FBI beim Mittagsmahl beobachten können: J. Edgar Hoover, der dort Tag für Tag am selben Tisch und um dieselbe Stunde immer das gleiche Gericht aß, Shrimps auf Reis. In Hoovers Büro sollte sich später ein dickes Dossier über Thomas Mann finden.

Der Gast aus Europa lobte den bescheidenen Preis, der für sein Appartement mit dem prächtigen Salon gefordert wurde: acht Dollar. Er lobte Washington überhaupt, das sich ihm als eine «außerordentlich schöne» Stadt darbot, «deren Perspektiven an Paris erinnern». Er nannte die Hauptstadt der Vereinigten Staaten «wohl die repräsentativste der Welt»: «Klassizismus. Ausgestiegen beim Lincoln Tempel, dessen feierliche Inschriften wir lasen.» Die Führung hatte Anthony Muto übernommen, Vertreter einer großen Filmproduktionsgesellschaft und Korrespondent einer Filmzeitschrift in der Hauptstadt. Vermutlich war er von Beamten des Weißen Hauses gebeten worden, sich um die Fremden zu kümmern. Er geleitete Thomas und Katia Mann zum Kongreß, und er chauffierte sie nach Alexandria, dem idyllischen Städtchen südlich des Flughafens, das lange schon ein Zentrum kolonialen Handels und Wandels gewesen war, als die ersten Straßen durch die Sümpfe des «District of Columbia» gezogen wurden. Er führte sie schließlich auch hinauf nach Mount Vernon, zu George Washingtons weißschimmernder Residenz, hoch über dem Potomac-Fluß gelegen: ein Schlößchen in schlicht klassizistischem Stil, das Thomas Mann eine Ahnung von der Kultur der «Gründerväter» vermitteln mochte.

Das war die rechte Einstimmung für den Empfang im Weißen Haus. Dann: «Schwarze Boys und Butler. Warten in einem Salon. Mrs. Roosevelt. Im Speisezimmer der Präsident im Rollstuhl. Mäßiges Essen. Ruhige englische Unterhaltung. Außer uns nur ein paar Damen und ein Knabe im weißen Smoking. Der Präsident, kluge Physiognomie, in hellen Hosen und Sammetsmoking. Gesprächseindrücke von seiner Energie und Selbstherrlichkeit. Geringschätzung der degenerierenden Demokratie und der wilden Regierungsstürzerei, Prime Minister and President, they can't get me out. Amerikanisches Lachen.»

Der historische Rang des Präsidenten, den er später mit einer fast schwärmerischen Verzückung verehrte, schien ihm bei dieser ersten Begegnung noch nicht deutlich zu werden. Er nahm auch nicht wahr, noch nicht, daß dieser lächelnde Grandseigneur die eigentliche Gegenfigur zu dem deutschen Diktator war, der fast im gleichen Augenblick wie der amerikanische Aristokrat an die Macht gekommen war. Vielleicht war Thomas Mann die fremde Sprache im Wege (obwohl die Konversation übersetzt wurde). Vielleicht störte ihn das leichte Parlando der Unterhaltung, das der Gastgeber einem tiefsinnig-schweren Gedankenaustausch nach traditionell deutscher Gewohnheit vorzog. Der Präsident war kein Intellektueller. Auch seine Bewunderer konnten nicht umhin, ihm eine gewisse Oberflächlichkeit zu attestieren. Doch Roosevelt hatte, das

war wichtiger, in Amerika das Bewußtsein einer neuen sozialen
Verantwortlichkeit zu wecken vermocht. Er verfügte über geniale
Führungstalente. Vor allem demonstrierte er eine moralische Entschiedenheit, die den amerikanischen Idealismus bis in die entferntesten Winkel des Landes mobilisierte.

«Aber kann man gegen eine *aufgeklärte* Diktatur heute noch viel
einwenden?» fragte Thomas Mann nach der Rückkehr in einem
Brief an René Schickele. Die Frage deutete an, daß er das Regie-
rungssystem der Vereinigten Staaten nicht verstanden hatte, das
zwar dem Präsidenten eine fast unbegrenzte Fülle der Macht zu-
erkennt (die Roosevelt in der Tat bis an die Grenzen der öffentlichen Toleranz zu nutzen wußte): doch stets wird sie durch die
Macht des Kongresses ausbalanciert, der das Budget bis zum letzten
Cent mit hellwacher Eifersucht kontrolliert. Über das Gleichgewicht wacht die unabhängige Justiz, die Roosevelt durch eine personelle Erweiterung des *Supreme Court* dem Geist seiner Administration anzupassen versuchte. Das war der kapitale Fehler seiner
Präsidentschaft, mit dem er denn auch konsequent und völlig zu
Recht gescheitert ist.

Nach dem Essen wurden Filme gezeigt, die Thomas Mann, des
Englischen kaum kundig, noch immer als «Moovings» bezeichnete.
Die Vorführung dauerte ihm zu lange. Hernach durften die Gäste
die berühmten Marinebilder im Arbeitszimmer des Präsidenten be-
sichtigen, der im Ersten Weltkrieg seinem Land als Staatssekretär
für die Flotte gedient hatte, ehe ihn eine Polio-Attacke niederwarf.
Mrs. Roosevelt gab schließlich das Zeichen zum Aufbruch. Mit dem
deutschen Zuruf «Auf Wiedersehen» verabschiedete sie die Gäste.
Zu Fuß gingen Thomas und Katia zu ihrem Hotel zurück, für einige
Augenblicke in einer Gaststätte am Wege rastend, in der sie ein Glas
Bier tranken: eine Wohltat in der tropisch feuchten Hitze, die Washington in jenen Sommertagen belagerte.

Eine knappe Woche später Abfahrt von New York. «Es ist Zeit»,
schrieb Thomas Mann ins Tagebuch: «Genug und übergenug des
Trubels. Die Sehnsucht nach Einsamkeit und Ruhe gleicht körperlichem Durst.» Er fragte: «Was soll mir das alles» und fügte die
merkwürdigen Sätze hinzu: «Meine Abneigung gegen das ‹Leben›
wurde ihrer selbst recht bewußt. Ihre Formel ist das Fontanesche

‹Was soll der Unsinn›. Viel guter Wille kann damit verbunden sein und theoretische Freundlichkeit gegen die Welt.» Auf dem Schiff, der «Berengaria», verstärkte sich die Depression, die vermutlich eine Folge der permanenten Überanstrengung war: «Verstimmung und Leiden. Katzenjammer nach dem Welttrubel, Reue-Qual und Scham. Schlaflos im Stuhl.» Er sei nur allzu geneigt, schrieb er einige Wochen später an Alfred Kubin, sich «von der Welt am Narrenseile» führen zu lassen, er reise zuviel und gehe mit seiner Zeit und seinen Kräften um, als ob ihm ein langes Leben bevorstünde. Aber er finde seine Genugtuung darin, «die Konzentration trotz aller Zerstreuung mit Nägeln und Zähnen festzuhalten».

Es mag auch sein, daß ihn in jenen Tagen eine Vorahnung der Depressionen des Alters erreichte, die nicht so schwelgerisch und selbstverliebt wie die schöne Schwermut der Jugend sein konnten. Seine Bereitschaft, der Welt mit Freundlichkeit zu begegnen, war ohnedies begrenzt. Sie blieb auch in den Lebensfeiern auf Goetheschen Wegen eher theoretisch, wie er selbst sagte. Um so dringender brauchte er das Bewußtsein, das Dasein meistern zu können. Dafür hatte ihm der sechzigste Geburtstag eine glänzende Bestätigung geboten: «Werk und Person sind gewachsen», hatte er schon am Vortag seines Festes geschrieben, «die Akzente sind feierlicher, rein-ehrerbietiger, eine Art von Sicherung, Verewigung, hat eingesetzt, die Arbeiten bis zurück zu den Anfängen, stehen in einem veränderten, gereinigten Licht. Die Welt hat sich mit dem bleibenden Charakter dieses Lebens abgefunden und trägt einer geistigen Tatsache Rechnung in Ton und Haltung, die sich in schwankendem Prozeß mit der Zeit, halb gegen ihren Willen, durchgesetzt.» Mit anderen Worten: er sah nun endlich seinen Rang als Klassiker unangefochten. Auch die nazistischen Widersacher, die in Berlin und München regierten, brachten es nicht zuwege, das Monument zu zertrümmern, das er von sich selbst geschaffen hatte. Es ging sie nichts an, daß er – trotz aller Erfolge, trotz aller Verehrung – in der Nacht manchmal zagend am Sockel des eigenen Denkmals kauerte, von Zweifeln und Ängsten erschüttert. Die Welt sah ihn nur oben, in ungebrochener Haltung. Sie blickte gern zu ihm auf.

56. KAPITEL

Mißverständnisse

Bei der Rückkunft nach Küsnacht fanden Katia und Thomas die Eltern Pringsheim vor: der achtzigste Geburtstag der Mutter sollte gefeiert werden. Thomas Mann bestand das Ereignis mit guter Miene. Beim Besuch der Schwiegermutter, die er sonst lieber in weiter Entfernung wußte, war er dieses eine Mal milder gestimmt, nicht nur des hohen Festes wegen, sondern weil sie gute Nachricht von Valentin Heins mitbrachte, der zu wissen glaubte, daß die «Münchener Angelegenheiten» nach langer Verschleppung vor dem Abschluß stünden. Die Genugtuung hielt nicht lange an, denn schon wenige Tage später hatte er Anlaß, an Gottfried Bermann zu schreiben, eine neue Honorarforderung des Anwalts spräche nicht dafür, daß er der Freigabe des Vermögens sicher sei, mit dem seine Bezahlung geregelt werden sollte. Das undurchsichtige Spiel schleppte sich weiter fort.

Kritische Äußerungen Thomas Manns vor der amerikanischen Presse, die von den Zensoren im braunen Reich nur mit gehobenen Brauen gelesen werden konnten, schien man – zu seiner Erleichterung – in Berlin nicht zur Kenntnis genommen zu haben. Sein Gespräch mit einem Reporter der «Washington Post», der mit dem – für einen Pressemann – bemerkenswerten Namen Karl Schriftgiesser zeichnete (falls es sich nicht um ein sinniges Pseudonym handelte), war von der Literatur rasch auf die Politik geraten. Der Journalist hatte den Dichter nach seinem Urteil über die «sogenannte ‹proletarische Schule›» gefragt, der damals eine große Zahl amerikanischer Autoren zugeordnet wurde: die prominentesten unter ihnen Jack London und Upton Sinclair, Theodore Dreiser, Sinclair Lewis und Sherwood Anderson, John Dos Passos und John Steinbeck. Es ist nicht sicher, daß Thomas Mann willens oder in der Lage war, eine Meinung über die Kollegen zu äußern, von denen er nicht allzu genaue Begriffe hatte. Er zog es vor, Mr. Schriftgiesser zu antworten, daß er selbst kein Kommunist sei, doch er müsse gestehen, daß der Kommunismus die einzige Idee, die einzige Sache sei, die man dem Faschismus gegenüberstellen könne. «Im Vergleich», soll er damals gesagt haben, «ziehe ich den Kommunismus vor. Aber eine kommunistische Welt wäre nicht meine Welt. Ich würde nicht glücklich sein.» Katia, der die Unterhaltung ungemütlich zu werden schien, rief angeblich durch das Zimmer: «Er meint, daß der Kommunismus Ideen enthält. (...) Es ist etwas Zukunft darin. Deshalb sieht er es für natürlich an, daß Schriftsteller, Ihre Schriftsteller, diese Richtung einschlagen.» Thomas Mann habe den Gedanken weitergeführt. «Ja. Der Kommunismus ist im Kommen», habe er geäußert. «Er kommt von allein. Die Welt wird kommunistisch, ohne es recht zu wissen. Der Kommunismus ist in der Luft, ob wir es mögen oder nicht.»

Nein, der Kommunismus war seine Sache nicht. Doch düstere Spekulationen über die wahren Alternativen der Epoche, die nur dem Kommunismus oder dem Faschismus den Triumph verheißen wollten, entsprachen dem Kulturpessimismus der Zeit, dem auch er sich dann und wann nur allzu willig überließ. Vermutlich hatte er sich gegenüber Mr. Schriftgiesser differenzierter geäußert. Aber es läßt sich nicht behaupten, daß er sich im Umgang mit der Presse immer als ein Meister der präzisen Aussage erwies.

Die Berliner Gesinnungswächter schwiegen. In den ersten Wochen nach der Rückkehr konnte er getrost immer wieder betonen, die Geburtstagsbriefe aus Deutschland hätten ihm gezeigt, daß da «noch schöne Reserven von Anständigkeit und Freiheitsmut» vorhanden seien. So sagte er es auch in einem kleinen Brief an Rudolf G. Binding, dem er für die Glückwünsche dankte. Der Kollege hatte seine Durchreise in Zürich annonciert. Thomas Mann ließ ihn wissen, daß er ihn am Hauptbahnhof abholen wolle, da er ihm einen «Gegenbesuch» schuldig sei. Er werde ihm während seines Aufenthaltes Gesellschaft leisten. Der wohlmeinende Novellist, der in unritterlicher Zeit und inmitten eines Gespinstes unleidlicher Kompromisse eine ritterliche Haltung zu bewahren versuchte, wurde freilich kühl abgefertigt.

Vier Tage danach eine schöne Reise im Auto nach Salzburg, wo Thomas Mann mit großem Erfolg aus dem «Joseph» las. Er hörte die Festspielaufführung des «Don Giovanni», den er ein «seltsames Werk» nannte, von Bruno Walter dirigiert, und er hörte den «Fidelio» unter Toscanini, «ergriffen von dem schwärmerischen Geist des Werkes, dem große aktuelle Wirkungen vorbehalten sind». Im festlichen Betrieb, dem sich die kleine Stadt wie jeden Sommer überließ, sah er Bruno Frank und seine Frau, den jungen Carl Zuckmayer und dessen resolute Gattin Alice, er traf den alten Gefährten Hans Reisiger, den Übersetzer Siegfried Trebitsch und Blanche Knopf, die man ohne Übertreibung seine amerikanische Mitverlegerin nennen durfte. Kurz nach der Heimkehr schaute Dr. Heins, der seinen Urlaub in den Dolomiten verbracht hatte, für einige Stunden in Küsnacht vorbei. Guten Mutes beriet man – wieder einmal – über den Verkauf des Hauses und den Transport des Inventars in die Schweiz. Dann schrillte, kurz vor dem Abendbrot, das Telefon: am Apparat der Münchner Sozius des Anwalts, der berichtete, aus Berlin sei Weisung ergangen, Thomas Manns Habe von neuem zu beschlagnahmen. Auch werde ein neuer Ausbürgerungsantrag geprüft. Das amerikanische Interview war in Berlin nun wohl doch angekommen. Im Tagebuch verbarg Thomas Mann die Enttäuschung nicht. Doch er schrieb ruhigen Tones, die «Rettung der Habe» hätte ihm Freude gemacht, nun aber sei es sein Hauptwunsch, «daß Bermann endlich außer Landes gehen möge», damit er seine Unabhängigkeit gewänne. Er fügte hinzu, sie wäre freilich nicht vollständig, solange er seine Bücher noch in Deutschland absetzen wolle. Katia bewies eine bemerkenswerte Gelassenheit. Sie meinte – zweifellos um ihn zu beruhigen –, das «Eintreffen des gewaltigen Hausrats» aus München hätte vor allem «eine Heimsuchung und Kalamität» bedeutet.

Bermanns dringende Bitte um Aufklärung über das Gespräch mit Mr. Schriftgiesser von der «Washington Post» nannte er zunächst «lächerlich». Dennoch fand er es angebracht, am 5. September 1935 an den Verleger zu schreiben, kein Wort in der Wiedergabe der Unterhaltung sei authentisch. Es handle sich um völlig willkürliche Formulierungen, deren er sich nie bedient habe: «Das wäre auch widersinnig, da ich ja wünsche, daß meine Bücher weiter in Deutschland gelesen werden können. Ich habe in Amerika größte Zurückhaltung geübt und politische Interviews überhaupt abgelehnt.» Es ist anzunehmen, daß Bermann mit dem Dementi unverzüglich in die Ministerien eilte. Doch er schien nichts mehr aufhalten zu können. Um so intensiver verhandelte er, mit guter Aussicht auf einen Erfolg, mit seinem englischen Kollegen William Heinemann, einem der profiliertesten Verleger Großbritanniens, über die Gründung eines gemeinsamen Unternehmens außerhalb Deutschlands, in das der Nachfolger Samuel Fischers einige seiner großen Autoren, vor allem Thomas Mann, und die Bestände von vielen hunderttausend «unerwünschten» Büchern einbringen sollte. Ein verständiger Beamter im Berliner Propagandaministerium unterstützte das Projekt mit einigem Wohlwollen. Seinem Herrn und Meister Joseph Goebbels war daran gelegen, den Namen des Fischer Verlages für das Dritte Reich zu sichern. Auch Hedwig Fischer, die Alleinerbin, die – wie einst auch ihr Mann – mit unvernünftiger und zugleich bewundernswürdiger Hartnäckigkeit an die deutsche Existenz des Unternehmens geglaubt hatte, schien nun endlich geneigt, den Auswanderungsplänen zuzustimmen. Bermanns optimistischer Elan stieß allerdings rasch auf ein kapitales Hindernis: die schweizerischen Behörden zögerten, der deutschenglischen Firma das Niederlassungsrecht zu erteilen. Es ging das böse Gerücht um, daß sich die Schweizer Verleger gegen den Zuzug eines Konkurrenten von draußen sträubten.

In Deutschland wurden in jenen Tagen auf dem Reichsparteitag die sogenannten «Nürnberger Gesetze» verkündet. Ihr Kernstück war, in der verkarsteten Sprache der Unmenschlichkeit, das «Gesetz zum Schutz des deutschen Blutes und der deutschen Ehre». Es verbot Heiraten zwischen Deutschen und Juden. Sexuelle Beziehungen zwischen Angehörigen der beiden «Rassen» wurden unter Strafe gestellt. Von nun an galt der Nachweis «arischer Abstammung» als Vorbedingung einer Anstellung bei allen öffentlichen Institutionen. Damit waren die Juden endgültig zu Bürgern zweiter Klasse degradiert, denen elementare Rechte entzogen wurden.

«Schauderhaft, höchst schauderhaft», schrieb Thomas Mann. Am
16. September notierte er die «Verzweiflung der besseren Leute,
keineswegs nur der Juden in Deutschland».

Bermann hielt sich zu dieser Zeit in Zürich auf. Man sprach über
die Verlagspläne und über eine Jahresrente von vierundzwanzigtau-
send Mark, die Thomas Mann künftig empfangen sollte. Einen Tag
danach: «Trüb, Regen. Während der Arbeit überrumpelnde Nachricht vom Eintreffen der aus Nürnberg flüchtigen *Herz*. Schlimm
und lästig (...). Zum Essen die Flüchtige, der wir zuzureden u. die
wir mit etwas Geld zu versehen hatten. Hoffnung, daß sie in wenigen Tagen zurückkehren kann.» Es ist zu vermuten, daß die verstörte Frau in panischer Angst vor einer neuen Verhaftung zum
Bahnhof gestürzt war und sich in den nächsten Zug gesetzt hatte.
Katia fühlte sich verpflichtet, der Ungeliebten ein gewisses Gefühl
der Geborgenheit zu vermitteln, doch im Tagebuch ihres Mannes
wiederholten sich in den nächsten Wochen stereotyp die Formeln:
«Zum Essen leider die Herz» oder «Zu Tische leider die Herz.» Die
einzige Variante: «Die Herz sagte angenehmer Weise ab.» Ein dut-
zendmal oder öfter sah er sich genötigt, seinen Widerwillen expres-
sis verbis zu konstatieren. Dann wurde er es müde.

Für die Buchhändlerin fand sich eine Beschäftigung bei dem Verleger Emil Oprecht, der für die Emigranten aus Deutschland stets
ein offenes Haus und ein offenes Herz hatte. Diesem Arrangement
war leider keine Dauer beschieden. Die Fremdenpolizei kam ihr auf
die Spur, und man durchsuchte ihre Unterkunft. Ende des Jahres
wurde ihr die «Schwarzarbeit» strikt untersagt, doch es gelang –
Thomas Mann mochte sich hilfreich gezeigt haben – diesem so ungeschickten und zugleich so tüchtigen Geschöpf, eine Stelle in Genf
zu finden, die sie freilich bald wieder verlor. Ein Jahr später übersiedelte sie nach London. Ein Abschiedsbesuch in Küsnacht wurde ihr
nicht erlaubt. Der Meister schrieb ihr, ein Aufenthalt im Küsnachter Haus würde wohl für beide Teile nicht erquicklich sein. Sie
mußte sich mit einer raschen Begegnung beim Wechsel zweier Züge
begnügen. Hernach konstatierte Thomas Mann überrascht, daß sie
die Zurückweisung «schmerzlich-unverschämt» zur Kenntnis genommen habe. Am 11. November 1937 beantragte, wie Paul Egon
Hübinger den Akten entnahm, die Geheime Staatspolizeileitstelle

in Nürnberg-Fürth ihre Ausbürgerung, weil sie eine «fanatische Gegnerin des nationalsozialistischen Staates» sei und aus ihrer «schwärmerischen Verehrung» für Thomas Mann keinen Hehl gemacht habe. Sie scheiterte mit den Versuchen, einen amerikanischen Verleger oder eine Universität zum Ankauf ihrer Archivschätze zu überreden, obwohl Thomas Mann lebhaft intervenierte. Dennoch glückte es schließlich, die kostbare Sammlung aus Deutschland zu retten. Gegen Ende ihrer Tage veröffentlichte Ida Herz in der germanistischen Zeitschrift «German Quarterly» einen kleinen Artikel unter dem Titel «Ein Roman wandert aus». Ihr eigenes Verdienst unterschlug sie in jenem knappen Bericht vom Geschick des «Joseph»-Manuskriptes fast völlig. Überhaupt sprach sie von ihrem eigenen Schicksal kaum. Die Verbindung mit dem verehrten und geliebten Dichter, die in jenen Jahren einer so harten Prüfung unterworfen war, verklärte sich ihr im Rückblick zu einer «Kameradschaft im Leiden», die sie «noch unbedingter an sein Werk und seine Welt» band. Ein wenig stolz und ein wenig verlegen, vielleicht auch ein wenig pikiert, wies sie darauf hin, daß sie im «Doktor Faustus» als Meta Nackedey porträtiert worden sei: «ein verhuschtes, ewig errötendes, jeden Augenblick in Scham vergehendes Geschöpf...» Wohl traf die Beschreibung zu, mit der Thomas Mann die erste Begegnung geschildert hat: ein Zusammentreffen auf der Plattform der Straßenbahn, bei dem sie ihn schließlich ansprach: «Es war mein Erlebnis», schrieb sie, «von Thomas Mann in eine Travestie und Karikatur übersetzt.» In Wirklichkeit charakterisierte er in jener Figur eher eine amerikanische Verehrerin: Caroline Newton, eine begüterte Dame, die gelegentlich dem Beruf einer Psychoanalytikerin nachging und lange Zeit plante, ein Buch über ihn zu schreiben. Ida Herz aber fand sich ein zweites Mal in der Figur der «Kunigunde Rosenstiel» wieder, und sie bemerkte ein wenig betrübt: «Auch mit diesem Porträt fiel es mir nicht leicht mich abzufinden. Das wußte er natürlich, aber daß er sich um Menschlichkeiten dieser Art wenig kümmerte, wissen wir von ihm selbst.» Aus dem Essay «Die Entstehung des Doktor Faustus» zitierte sie ergeben den Hinweis, daß die «menschliche Gewagtheit» des Porträts sein Bewußtsein nicht berührt habe: «Dazu stand ich zu sehr unter der Faszination eines Werkes, das Bekenntnis und

Lebensopfer durch und durch, keine Rücksichten kennt…» Ida
Herz lebte in Großbritannien bis zum gesegneten Alter von neun-
zig Jahren – lange genug, um die ersten Bände der Tagebücher jener
Periode zu lesen, die in den Jahren 1977 und 1978 erschienen. Man
weiß nicht, wie sie den Schock verwand. Die Lektüre ließ keinen
Zweifel, daß Thomas Mann sie nicht nur belächelt, sondern in ihrer
Gegenwart nichts als Antipathie und Haß empfunden hatte. Dennoch ließ er lange nicht davon ab, in seinen vielen Briefen an die
Buchhändlerin auf eine fast vertrauliche Weise von sich und von
seinem Werk zu reden. Auch ihres Archivs, das er so oft mit Spott
bedacht hatte, bediente er sich gern.

Unterdessen schritt die Arbeit am «Joseph» mit der üblichen
Mühsal voran. Kerényi hatte ihn im rechten Augenblick auf seinen
Essay über Walter F. Ottos Studie «Die Götter Griechenlands»
hingewiesen: «Herrlich interessant, bedeutend und anregend ist das
wieder, lieber Herr Professor», schrieb ihm Thomas Mann. Der
Aufsatz «kommt mir unglaublich zu Paß», schrieb er, «denn gerade
bin ich im Begriff, die Passion der Frau des Potiphar aufs Dionisi-
sche, Mänadenhafte zu stilisieren, und gewiß werden Sie einmal
Spuren Ihrer Studie in dem Roman finden». Er fügte den Seufzer
hinzu: «Wär' es nur erst so weit.» In der Tat trug die Begegnung des
schönen jungen Mannes mit der Frau seines Herrn den dritten
Band, ja das gesamte Werk einem Höhepunkt entgegen.

Die deutsche Lyrikerin und Essayistin Doris Runge bemerkte
später in einer Studie über die «Frauen im Joseph-Roman», daß die
Umwertung der Mut-em-enet – «von der Bibel dazu verurteilt, als
Verführerin und Metze durch die Jahrhunderte weitergereicht zu
werden» – zu einem «Opfer der dionysischen Überwältigung» in
der «literarischen Tradition des Abendlandes» Vergleichbares su-
che. Eine erstaunliche «Rechtfertigung», in der Tat, die Thomas
Mann mit dem Transfer einer weiblichen Figur aus der biblischen
Erzählung in dem Roman unternahm. Sie konnte dem Dichter nur
glücken, weil sich in der Leidenschaft der Frau der homoerotische
Rausch längst vergangener Jahre verklärte. Leicht wurde ihm die
Transponierung von einem Geschlecht in das andere nicht. Seine
Ferne von den Frauen bewirkte, daß ihm zunächst die üppige Lyrik
der Jahrhundertwende in die Feder geriet: «Was ihren Körper be-

traf, so kannte ihn jedermann nach seinem Wuchs und allen seinen Schönheiten, da die ‹gewebte Luft›, die hauchzart-seidigen Luxusgespinste, die sie trug, ihn nach Landessitte zum allgemeinen besten gaben.» Sein «Ehrenstand», fuhr er fort, «hatte nicht seine Blüte gehemmt und nicht sein Schwellen gefesselt, – es war, mit seinen kleinen und festen Brüsten, dem feinen Nacken und Rücken, den zärtlichen Schultern und vollendeten Bildwerk-Armen, den edel hochstämmigen Beinen, deren obere Linien in der prangenden Hüft- und Gesäßpartie weiblichst ausschwangen, der anerkannt trefflichste Frauenleib weit und breit».

Er war nicht der einzige unter den Dichtern seiner Generation, dessen Sprache in der allzu bemühten Öffnung für die Macht des Eros wie im Gewächshaus zu sprießen begann. So ging es manchem, der es auf sich nahm, die Fleischlichkeit zu beschreiben: die Kunst schlug unversehens in Kitsch um, zumal in der Lockung des Symbolischen, dem sich Thomas Mann nicht zu entziehen vermochte. Natürlich mußte die Mut in einem schweren Traum, von einem Obstmesser verletzt, ihr «blütenweißes Gewand» mit ihrem Blute beflecken, das «von Rubinröte wie der Saft des Granatapfels» war, und natürlich schämte sie sich ihres Blutes, das für den Autor das Grundwesen der Weiblichkeit zu annoncieren schien – eine Obsession, der man in seinem Werk noch einmal begegnen wird. Überdies ließ er die arme Mut für ihre Weiblichkeit durch die Verunstaltung ihrer Rede, da sie sich in ihrer Liebeswut auf die Zunge gebissen hatte, auch durch eine Veränderung ihres schönen Körpers auf komische und boshafte Weise büßen.

Doch in der Feier schmerzlich entsagender Liebe glückte es ihm, die allzu präsente Femininität der Gestalt zu verdrängen. Das Lied der Ägypterin, schrieb Doris Runge, sei «verklungener Gesang. Verse im wagnerisierenden Ton, mit denen einst der junge Dichter seine Liebe zu Paul Ehrenberg besungen hatte». Es war auch ein Lied nach Thomas Manns eigener Melodie. Er ließ die Schöne vom Nil den Jugendvers aus den Ehrenberg-Tagen flüstern, Zeugnis des einzigen lyrischen Aufschwungs, der ihm jemals geglückt war. Es ließe sich anfügen, daß auch des jungen Klaus Heusers überraschender und eiliger Besuch in Küsnacht dem Autor noch ganz gegenwärtig war, als er die bewegten Szenen mit der Mut-em-enet niederschrieb: dieser «Liebesgeschichte (...) so recht nach des Dichters Gusto», mit «lustspielhaften Effekten über dem klaffenden Abgrund». Die Leser freilich ließ die Erzählung, in den Worten der Essayistin, «in zweifelnd-schwankender Stimmung» zurück. Es blieb ihnen nichts anderes, als «mit zwiespältigen Gefühlen die vom Dichter verabreichte Hostie» zu schlucken: «den Liebesverzicht». «Muts Liebe mußte unerfüllt bleiben. Sich hingeben hieße ja, den Becher der Liebe leeren». Dies durfte nicht sein. «‹Geblüht› und ‹geglüht›, ‹geliebt› und ‹gelitten› – das mag reichen für einen Dichter, dem Sehnsucht schon Erfüllung ist.» «Joseph, der Gratwanderer», fügte Doris Runge hinzu, «überwindet keusch, wenn auch nicht schwindel-frei, den animalischen Sumpf. Das heißt Sieg des Geistes über die Herrschaft des Fleisches, Sieg über den Wildwuchs der Gefühle, Sieg über Mut und die Gefährdung der männlich-göttlichen Ordnung schlechthin, Sieg auch über des Dichters ‹Hunde im Souterrain›».

Mit dem Einbruch der Leidenschaft, es ist wahr, gewann der Roman eine neue Tiefe, der zuvor wie ein immer breiter sich dehnender Fluß einhergeströmt war: majestätisch, ausufernd, dann und wann auch ein wenig flach. Der Ton der «höheren Heiterkeiten», den Thomas Mann selbst unermüdlich beschwor, wich nun, wenigstens für Augenblicke, vor der lyrischen Intensität zurück. Die «Sprachorgel», von der René Schickele sprach, rauschte noch immer gewaltig. Aber im Strom der Erzählung wurden gefährlich schöne Strudel über den Abgründen sichtbar, und der Leser durfte bewegten und lustbereiten Herzens fürchten, daß wenigstens eine der handelnden Personen, vielleicht auch beide, über den Katarakt ihrer Passion ins Verderben gerissen würde. Vergessen waren, für einen Moment, die tausend Inseln, die von den Haupt- und Nebenarmen der Handlung gebildet wurden, die hübschen und die mühsamen Ablenkungen, das chronisch plätschernde Parlando samt aller schnurrigen Kurzweil, das immer wieder überhandzunehmen drohte, auch die mythologischen Spekulationen, das lustvoll-unentschlossene Spiel zwischen den Geschlechtern und den Reizen der Mann-Weiblichkeit bei der rätselhaften Sphinx, selbst beim alten Jaakob, beim verschnittenen Potiphar und im Wesen des hübschen und schönen Joseph, vergessen das geistreiche Allotria, das

der Autor mit der Theologie so gern und ausführlich trieb, kleine
Späße wie jenen katholisch-protestantischen Disput über die
Abendmahlslehre – war der Wein das wirkliche Blut des Lammes
oder nur ein Symbol des Opfers? –, den der Dichter in die Wüste
und ins Gespräch des Jaakob über das Geschick seines Joseph transponiert hatte, beiseite gerückt die humoristische «Neigung zur
‹Saekularisierung› des religiösen Begriffes, zu seiner psychologischen Überführung ins profan Sittliche und Seelische», von der er
zu Kerényi sprach, das Spiel mit den jesushaften Zügen des Jünglings, der ein charmanter Streber und zugleich ein kleiner Widerling
war: all das trat, dank der Mut-em-enet alias Paul Ehrenberg, einige
Kapitel lang hinter die Präsenz leibhaftiger Menschlichkeit zurück.

Die Passion der Frau, Travestie hin oder her, erzwang eine Entschiedenheit, die der Erzählung zuvor eher fremd war. Eindeutig
wurde sie dennoch nicht, da Mut wiederum, der Leser hat es erfahren, nur eine Tarnung des Mehrdeutigen war – weibliche Camouflage der begehrenden und begehrten Männlichkeit. Die dramatische
Steigerung trieb der Erzählung die Langwierigkeit und Umständlichkeit nicht aus. Sprachlust und Beschreibungseifer ließen sich
nicht eindämmen. Selten ist in der Weltliteratur eine Liebe – und ihre
Verweigerung – so wortreich geschildert und selten eine Leidenschaft so vielen ironischen (und manchmal auch mühsamen) Brechungen unterworfen worden. Doch ihre Kraft büßte sie in den
etwas abstrahierenden Spiegelungen der Prismen nur vorübergehend ein – wenn die Zwerge eine Parodie wagnerischer Stabreimerei
in kindischer Steigerung vorführten.

Als der Autor mit dem Band zu Ende gekommen war, schrieb er
an Kuno Fiedler, mit einem Hauch von Koketterie: «Langweilig ist
das Buch schon, darauf müssen Sie sich gefaßt machen. Aber es gibt
so viele verschiedene Arten von Langweiligkeit, und man wird sagen müssen, daß diese einzigartig ist, auch daß sie, wenn man sie
schon einrangieren will, jedenfalls den besseren Arten beizuzählen
ist.»

Anfang November stellte der Autor fest, der dritte Band sei bereits an die sechshundert Seiten stark. Damit dränge sich die «technische Frage der Veröffentlichung» auf. Es werde ohne Zweifel
noch so viel folgen, daß auch «Joseph in Ägypten» zweibändig wer-

den müsse, und es sei klar, daß der erste Teil mit der Liebesgeschichte schließen werde. Die etwa sechshundertfünfzig Seiten «bis zur Katastrophe mit Mut» müßten für einen einzelnen Band ausreichen, der im Frühjahr 1936 zu erscheinen hätte. Bermann könne seinen neuen Verlag damit eröffnen. Dies, sagte er, sei eine «erregende Vorstellung».

Gottfried Bermann verhandelte mit dem Bibliographischen Institut in Berlin über den Kauf der Firma. Daraus wurde nichts. Gespräche mit anderen Häusern scheiterten. Dann ergab sich eine überraschende Lösung: Peter Suhrkamp, der engste Mitarbeiter des Verlagschefs, bot plötzlich an, sich um eine Finanzierung zu kümmern und das Unternehmen weiterzuführen. Bermann hatte diesen fähigen und sensiblen Journalisten 1932 engagiert, um der «Neuen Rundschau» kämpferische Vitalität einzuhauchen. Die Zeitschrift sollte, unter Suhrkamps Direktion, dem aggressiven Geist der Rechtsintellektuellen mit demokratischem Elan entgegentreten. Suhrkamp, der von der «Lebensreform»-Bewegung um Gustav Wyneken geprägt war, hatte seine journalistischen Sporen bei der Ullstein-Presse verdient. In seiner Persönlichkeit mischten sich romantische und moderne Elemente, die am glücklichsten wohl mit dem Wesen Hermann Hesses korrespondierten. Für Bermann war er, dank seiner zähen Energie und seiner Zuverlässigkeit, ein unentbehrlicher Helfer geworden. An der Lauterkeit seiner Gesinnung war kein Zweifel erlaubt.

Im Propagandaministerium gab man – dies war erstaunlich – den Erben Samuel Fischers zu verstehen, daß die Führung mit der Übernahme des Hauses durch Peter Suhrkamp einverstanden sei. Hermann Josef Abs – nach dem Zweiten Weltkrieg Chef der Deutschen Bank, damals Vorstand eines kleineren Finanzinstitutes – übernahm die Organisation der Ablösung: sein Bruder Clemens, Philipp Reemtsma (vom großen Tabak-Konzern) und Christoph Rathjen zeichneten die Anteile der Kommandit-Gesellschaft, die nach dem Bericht Gottfried Bermanns alle «nicht zur Auswanderung bestimmten Werte und Rechte» erwerben sollte. Hedwig Fischer wurde mit einem Betrag von zweihunderttausend Mark abgefunden – eine Summe, die längst nicht dem materiellen, erst recht nicht dem immateriellen Wert des Unternehmens entsprach. Indessen, eine bessere Lösung gab es nicht. Bermann gewann die Freiheit, sämtliche Rechte der «nicht erwünschten» und der auswanderungswilligen Autoren samt einem Lager von nahezu achthunderttausend Bänden ins Ausland zu transferieren. Überdies konnte er einen geringen Teil des Barvermögens mitnehmen. Unverzüglich gründete er eine Holding-Gesellschaft in der Schweiz, die alle Verträge des Verlags übernahm und damit, wie er betonte, «dem Zugriff der Nazibehörden entzog». Auch der Vertrag mit Heinemann kam unter Dach und Fach. Einem guten Anfang schien nichts mehr im Wege zu stehen.

Doch unversehens verdunkelten sich die Schweizer Horizonte. In der «Neuen Zürcher Zeitung» erschien im November 1935 eine Kritik des Romans «Die Jugend des Königs Henri Quatre» von Heinrich Mann, über den Thomas in seinem Tagebuch in aufrichtiger Bewunderung geschrieben hatte: «ein seltenes Buch, alles weit überragend was heute in Deutschland hervorgebracht wird». Präzisierend hatte er hinzugefügt: «großer Reichtum und Beweglichkeit der künstlerischen Mittel, das Geschichtsgefühl gehoben und vertieft durchs Gegenwärtige», auf das es, wie er einschränkend sagte, allzuoft zugespitzt sei. Doch zugleich nannte er es «ermutigend in der schneidenden geistig-moralischen Verachtung menschlicher Verirrung und Dummheit», und er schrieb ihm «ergreifende dichterische Momente» zu: «ein Werk», wie er summierend formulierte, «das den Emigranten-Verlag» (es handelte sich um Querido in Amsterdam) «und die ganze Emigration ehrt und nach der Wendung der Dinge in Deutschland zu hohen Ehren aufsteigen wird».

Der anonyme Rezensent im schweizerischen Hauptblatt dachte anders: er nahm den Roman zum Anlaß, ganze Gruppen des deutschen Exils und die Person Heinrich Manns einer Kritik zu unterziehen, die Klaus Mann infam nannte. Als Verfasser vermutete man, zu Recht, Armin Kesser, einen jungen Journalisten und Schriftsteller, der selbst der Emigration zugehörte. Es konnte kein Zufall sein, daß Eduard Korrodi, der Feuilletonchef des Blattes, jenem unguten, ja böswilligen Stück eine prominente Plazierung gewährt hatte. Bermann pochte hernach darauf, daß Korrodi in engster Verbindung mit den Schweizer Verlegern und Buchhändlern gestanden habe, die sich mit wachsender Verhärtung gegen eine

Niederlassung des S. Fischer Verlages in der Schweiz auflehnten. Sie scheuten schließlich auch nicht vor dem Argument zurück, die Gefahr der «Überfremdung» sei geeignet, den Antisemitismus in der Eidgenossenschaft zu ermutigen. Zürcher Polizeipräsident war in jenen Tagen Heinrich Rothmund, auch darauf wies Bermann hin, der später als Chef der Fremdenpolizei in Bern die Anweisung gab, nach dem Beispiel des Dritten Reiches ein «J» in die Pässe der deutschen Emigranten jüdischer Herkunft stempeln zu lassen. Im Gespräch deutete jener übertüchtige Beamte zudem an, wie Thomas Sprecher in seinem Buch «Thomas Mann in Zürich» berichtete, daß seine Behörde «kein Interesse am Verbleib des Herrn Doktor Mann» in der Schweiz habe. Er soll, nach dem Protest der deutschen Gesandtschaft über die erste Nummer der Zeitschrift «Maß und Wert», bemerkt haben, man wolle die weiteren Ausgaben abwarten, um «darnach die Notwendigkeit stärkerer Massnahmen gegen den Verleger wie auch die Frage einer etwaigen Ausweisung Thomas Manns» zu prüfen. Rothmund war ohne Zweifel ein mächtiger Mann, doch es muß hinzugefügt werden, daß die Entscheidung über das Geschick eines Landesgastes vom Rang Thomas Manns von ihm allein nicht abhängig war. Der Herr nahm den Mund vermutlich zu voll.

Dank einer merkwürdigen Fügung war der junge Kesser – ein Freund von Klaus aus dem Landschulheim – am 15. November zu Tisch im Hause Mann geladen. Drei Tage später notierte Thomas voller Unbehagen, daß er verpflichtet sei, den Redakteur Korrodi bei der Feier von dessen sechzigstem Geburtstag im «Zunfthaus Zimmerleuten» mit einer kleinen Rede zu würdigen. Der Kunsthistoriker Heinrich Wölfflin bemerkte von der Ansprache, sie sei «taktvoll» gewesen. Mit anderen Worten: er hatte den einflußreichen Journalisten, der ihm mit so großem Wohlwollen begegnete, nicht allzu überschwenglich gelobt, hatte vielleicht sogar ein Quentchen Kritik angedeutet. Der gelehrte Zeitungsmann war ihm nicht unsympathisch, aber auch nicht ganz geheuer. In mancher Hinsicht erinnerte er ihn an Ernst Bertram: ein Junggeselle wie jener, Haus und Leben mit der Mutter teilend, homosexuell, ohne den Mut, seiner Veranlagung gemäß zu leben, melancholisch, konservativ und machtbewußt. In einem Brief an Hermann Hesse

nannte ihn Thomas Mann, weniger schmeichelhaft, «eine ganz tük-
kische kleine Madame», und Sohn Klaus sprach gegenüber Katia
spottend von der «Frau Marie», die eine «Elende» sei: «wer weiß,
ob sie nicht auch eine Nymphomanische ist und ob nicht selbst der
Bucklige auf ihr lag». Korrodi sympathisierte nicht mit den Nazis,
doch er war, von seinen verkrampft-konservativen Instinkten gelenkt, lange nicht bereit, den kriminellen Charakter des Dritten Reiches zu durchschauen, darum auch voller Mißtrauen gegen die
«Emigration», vor allem gegen die Exilierten radikaler und linker
Prägung. Vermutlich war er von antisemitischen Vorurteilen nicht
frei. Seinen Einfluß als «Literaturpapst» der Schweiz wußte er in
höflicher Camouflage zu nutzen.

Thomas Mann hatte ihm seine Bedenken gegen Kessers Kritik an
Bruder Heinrich nicht verschwiegen. Am 29. November erinnerte
er den Redakteur, mit einem kräftigen Unterton der Ironie, an seine
Rede beim Geburtstag, zu der er sich veranlaßt gesehen habe, weil
sich in Deutschland «nichts geregt und gerührt» habe (um Korrodi
zu ehren): ein Wink mit dem Zaunpfahl. Mit dem Blick auf Kesser
klagte er lebhaft über den Mangel an Solidarität unter den deutschen
Emigranten. In Wirklichkeit rügte er damit Korrodis Taktik, Zwietracht unter den Gruppen der Flüchtlinge zu schüren. Klaus, der
sich in jenen Wochen in Zürich aufhielt, nannte das Schreiben des
Vaters einen «grossen Brief»: «sehr scharf, sehr gut».

Der Sohn befand sich in einem elenden Zustand. Die harte und
ein wenig hastige Arbeit an seinem Tschaikowsky-Roman mochte
ihn überanstrengt haben. Das Buch war in vieler Hinsicht ein privates Bekenntnis. Er selbst sah die eigene Existenz in jener des Komponisten gespiegelt, in dessen Homosexualität, in dem Zwang zur
Tarnung, in der chronischen Zerrissenheit, auch in der Neigung
zum dramatischen, mitunter aufgedonnerten Pathos und in der Anfälligkeit für eine Sentimentalität, die von kritischen Geistern nicht
immer zu Unrecht als parfümiert und süßlich empfunden wurde.
Martin Gregor-Dellin, der sich aufopfernd um das Werk von Klaus
Mann bemüht hat, sprach mit dem Blick auf den Komponisten von
«einer Apotheose des Kitsches», freilich auch von «Momenten der
Rührung, die nacherlebbar bleiben, (…) weil ihre erhabene Banalität einer Art ewiger Romantik» zugehört.

Ein biographischer Roman ist, das versteht sich, nicht zum Respekt vor jedem historischen Detail verpflichtet, doch Klaus Manns Schilderung der unglücklichen Begegnung seines Helden mit Johannes Brahms, die der Vater übrigens lobte, zielte – pars pro toto – auf einen allzu billigen Effekt. Es ist wohl wahr, daß Tschaikowsky dem Deutschen mit einer tiefen Abneigung begegnete, und Brahms empfand für die Musik des Russen vermutlich eine milde Verachtung. Doch behauptete Tschaikowsky wirklich, daß Wien und sein Geist ganz und gar nicht auf die Musik des österreichischen Wahlbürgers abgefärbt habe (was ohnedies nicht zutraf)? Und warum mußte ihm Klaus antifranzösische Ressentiments nachsagen? Gab es sie denn? Brahms bewunderte Georges Bizets «Carmen», vielleicht aus ähnlichen Gründen wie Friedrich Nietzsche, und er akzeptierte voller Genugtuung seine Wahl zum auswärtigen Mitglied der Académie des beaux arts in Paris. Tschaikowsky selbst schrieb nach seinen Gesprächen mit dem großen Zeitgenossen: «Ich bin gestern und heute viel mit Brahms beisammen gewesen (...) wir kommen nicht gut zusammen aus, weil wir einander nicht wirklich gern haben, aber er gibt sich Mühe, freundlich gegen mich zu sein.»

Der Vater, der in jenen Jahren eine anhaltende Sympathie für die Musik des Russen bewies, äußerte sich über den Roman des Sohnes mit freundlicher Reserve. Der Mangel an offensichtlichem Enthusiasmus bei seinem wichtigsten Kritiker mag Klaus noch tiefer in seine Depressionen getrieben haben, die durch seine wachsende Abhängigkeit von Drogen ohnedies immer bedrängender wurden. «Dringlichster Sterbe-Wunsch», schrieb er am 22. November 1935 in sein Journal. Später: «Abends: vor Trauer *geschrien*. Dann Weinkrampf von gewiss einer halben Stunde – wie ich es noch *nie* gekannt habe.» Die Mutter, die ihm zu helfen versuchte, ließ den Arzt rufen. Der Vater notierte: «Klaus unpäßlich, Morphin-Reaktion. Dr. Stahel bei ihm, der dem Entbehrungszustand natürlich nur mit einer Spritze steuern konnte. K. glaubt, der Drogue Herr bleiben und einen Schwebezustand von freier Gewöhnung und Gelegentlichkeit einhalten zu können. Der Weinkrampf wird ihn wohl über seinen Irrtum belehrt haben. Dennoch ist der Wunsch nach gänzlichem Bruch mit dem Mittel nicht vorhanden». Die Aufzeichnung beweist, daß sich Thomas Mann über die Sucht des Sohnes keine Illusionen mehr machte. Er schrieb am gleichen Tag vom «Bekenntnis» Annemarie Schwarzenbachs, «daß sie längst nicht mehr den geringsten Genuß von dem Mittel hat und sich eben nur entsetzlich schlecht befindet, wenn sie es *nicht* nimmt. Dies Stadium recht schnell erreicht.» Klaus zwei Tage später in Luzern, wo die «Pfeffermühle» gastierte: «Wieder geschrien vor Traurigkeit. Wie soll ich es schaffen? Lieber Gott, wie SOLL ich es schaffen?? Du süsser Tod. –––– Schrecklicher Abend. Mir scheint, ich erinnere mich an keinen, der ebenso schrecklich. Vollkommen erstarrt vor Verzweiflung; konnte nicht lesen, kaum rauchen. Nichts gegessen. Nur gelegen und an den Tod gedacht.» Er ließ sich von befreundeten Ärzten mit neuem Stoff versorgen, der die Not der Entbehrung linderte und die Abhängigkeit bestätigte: circulus vitiosus.

Ein gelinder Trost: Klaus nahm eine wachsende politische Übereinstimmung mit dem Vater wahr. Die geplante Emigration des Fischer Verlages ermutigte Thomas Mann zu einer neuen inneren Freiheit, die sich in dem Brief an Eduard Korrodi ausdrückte. Sie wurde durch die Aussicht auf die Verleihung der tschechoslowakischen Staatsbürgerschaft gestärkt, die überdies auch für den Sohn nicht unerreichbar zu sein schien. Mit klugem Bedacht schickte der Dichter Edvard Beneš ein Telegramm, das ihm zu seiner Wahl als Nachfolger des großen Masaryk im Amt des Präsidenten der Tschechoslowakei gratulierte.

Klaus konnte zudem erleichtert zur Kenntnis nehmen, daß der Vater nicht länger zögerte, sich an der Kampagne für die Verleihung des Friedensnobelpreises an Carl von Ossietzky zu beteiligen. Der langjährige Chefredakteur der «Weltbühne», der einst die geheime und illegale Aufrüstung der Reichswehr ans Tageslicht gebracht hatte, büßte seit dem Reichstagsbrand für seinen Mut in einem Konzentrationslager, von Entbehrungen und der Folter gezeichnet, ein schwerkranker Mann. Das Wort des bedeutendsten deutschen Dichters konnte bei dem Rettungsversuch, der zugleich ein internationaler Appell sein sollte, ein entscheidendes Gewicht gewinnen. Ein junger Lübecker Landsmann, der den Feldzug von Oslo aus lenkte, beobachtete das Engagement Thomas Manns voller Befriedigung: der junge Willy Brandt, der 1933 in Norwegen Zuflucht gefunden hatte. Er stieß sich nicht daran, daß der Dichter darum bat, von seinem Namen in der Öffentlichkeit zunächst keinen Gebrauch zu machen. Doch einigen Freunden schickte Thomas Mann Kopien seines Briefes an das Nobelpreiskomitee. Er stellte ihn auch für ein Pariser «Circular» zur Verfügung, freilich unter der Bedingung, daß die Exemplare numeriert und die Empfänger zur Rückgabe verpflichtet würden: ein eher naiver Versuch, seine Beteiligung geheimzuhalten. Die Welt der Emigranten war, man wußte es wohl, von Zuträgern und Spitzeln der Nazis durchsetzt.

57. KAPITEL

Klärungen

Am ersten Tag des Jahres 1936 vermerkte Thomas Mann guten Mutes in seinem Tagebuch, er wolle es zufrieden sein, wenn er den dritten Band des «Joseph» zu Ende bringe und – die Goethe-Novelle schreibe. Dieses Projekt, das er seit dem Beginn des Jahrzehnts mit sich getragen hatte, war in seinen Aufzeichnungen nur selten erwähnt worden, doch nun drängte es sich unversehens nach vorn. Der Autor schien entschlossen, dafür die Weiterführung des «Joseph» zu unterbrechen. Er brauchte, der biblischen Szenerie ein wenig müde, einen radikalen Wechsel der Bilder und Perspektiven. Überdies drängte es ihn, vor der Welt zu dokumentieren, wo sich der Geist Johann Wolfgang von Goethes derzeit aufhielt: gewiß nicht in Berlin und in der gleichgeschalteten Akademie, auch nicht in Weimar, das von den braunen Barbaren okkupiert war (Buchenwald, das Konzentrationslager, entstand ein Jahr später in engster Nachbarschaft des deutschen Olymps) – nirgendwo im Reich des Bösen, sondern draußen im Exil. Genauer: in einem Haus über dem Zürichsee, in dem Thomas Mann, der großen Erbschaft sicher, fast sicher, seinem Tagwerk nachging.

Indes, eine Woche nach Neujahr wurde die Stimmung hoher und freundlicher Erwartung auf rüde Weise gestört. Das «Pariser Tageblatt» druckte einen Angriff auf Gottfried Bermann, in dem, wie Thomas Mann notierte, von «Emigranten mit Vorbehalten» die Rede war. Das Blatt hatte zuvor schon das eine und andere Mal den fortdauernden Aufenthalt des S. Fischer Verlages in Deutschland gerügt. Nun verhärtete sich der Ton. Im Zug nach Basel, wo er aus dem «Joseph» zu lesen hatte, stieß er auch im «Neuen Tage-Buch» Leopold Schwarzschilds auf eine Polemik gegen Bermann, die er – vielleicht nach allzu flüchtiger Lektüre – zunächst nur als boshaft apostrophierte. Die Gefährlichkeit der Attacke schien ihm erst vier Tage später deutlich zu werden, als ihn ein Telefonanruf Bermanns aus London in Arosa alarmierte, wo er sich für den üblichen Winterurlaub aufhielt.

Schwarzschild, der eine scharfe Klinge führte, warf dem Verleger vor, er habe sich «mit dem Dritten Reiche überraschend gut abzufinden» gewußt, und er nannte ihn den «Schutzjuden» des nationalsozialistischen Verlagsbuchhandels. Erwägungen der Fairneß schienen den Journalisten nicht aufzuhalten. «Nicht einmal Streichers ‹Stürmer›», schrieb er, habe «die rassische Schande aufs Korn» genommen, «daß an der Spitze eines der größten deutschen Buchverlage noch im Jahre 1936 ein Nicht-Arier stehe. Wie sich Herr Bermann diese privilegierte Stellung verschafft hat, (...) ist bisher sein privates Geschäftsgeheimnis geblieben.» Nun sei er im Begriff, «mit seinem Verlag ins Ausland zu übersiedeln». Der erste Niederlassungsversuch in der Schweiz aber scheine «daran gescheitert zu sein, daß der Ruf des S. Fischer-Verlages und seines gegenwärtigen Inhabers unter den langjährigen guten Beziehungen zur Reichskulturkammer stark gelitten» habe. Es sei «äußerst wahrscheinlich», daß die Übersiedlung des Unternehmens «von deutschen Amtsstellen gewünscht und favorisiert» werde: «Schon die erforderliche Devisengenehmigung hätte Bermann nicht bekommen können, wäre von ihm nicht eine lohnende Gegenleistung in Aussicht gestellt. Das Interesse des Propagandaministeriums, im Ausland einen getarnten ‹Emigrations›-Verlag, Marke S. Fischer, ins Leben zu rufen, liegt auf der Hand. Vermutlich erwarten die deutschen Behörden, daß Herr Bermann einerseits nur solche Literatur herausgeben wird, die im Dritten Reiche nicht sonderlich anstößig ist; und daß andererseits seine Konkurrenz jenen deutschen Auslandsverlegern, die auf das Dritte Reich keine Rücksicht zu nehmen haben, das Leben erschweren wird.» Er sprach von dem Verdacht «der stillen Teilhaberschaft des Berliner Propagandaministeriums».

Das war Charaktermord, vorsätzlich vollzogen. Leopold

Schwarzschild schien die Gerüchte von den stockenden Schweizer Verhandlungen zu kennen, doch er zögerte nicht, die Motive des eidgenössischen Widerstandes ins Gegenteil zu verkehren: als wehrten sich die einheimischen Verleger nicht gegen die Ansiedlung eines fremden, politisch womöglich anstößigen und vor allem jüdischen Unternehmens, sondern gegen den Einzug eines trojanischen Pferdes der Nazis. Der Angriff war in der Tat geeignet, das Zürcher Projekt scheitern zu lassen.

Ohne langen Umstand beugte sich Thomas Mann dem Drängen Gottfried Bermanns: Er verabredete mit den beiden Fischer-Autoren Hermann Hesse und Annette Kolb eine gemeinsame Ehrenerklärung für den Verleger. Rasch einigten sich die drei auf den vorgeschlagenen Text, den er formuliert hatte. Sie stellten fest: «Dr. Bermann hat sich während dreier Jahre nach besten Kräften und unter den schwierigsten Umständen bemüht, den Verlag an der Stelle, wo er groß geworden ist, im Geiste des Begründers weiterzuführen. Er verzichtet jetzt auf die Fortsetzung dieses Versuchs und ist im Begriffe, dem S. Fischer Verlag im deutschsprachigen Ausland eine neue Wirkungsstätte zu schaffen. In diese Bemühungen bricht der erwähnte Artikel ein, indem er sie nicht nur bereits als gescheitert hinstellt, sondern auch direkt und zwischen den Zeilen, an der Haltung und Gesinnung Bermanns eine sehr bösartige Kritik übt. Die Unterzeichneten, die zu dem Verlage stehen und ihm auch in Zukunft ihre Werke anvertrauen wollen, erklären hiermit, daß nach ihrem besseren Wissen die in dem ‹Tage-Buch›-Artikel ausgesprochenen und angedeuteten Vorwürfe und Unterstellungen durchaus ungerechtfertigt sind und dem Betroffenen schweres Unrecht zufügen.» Die Erklärung wurde in der «Neuen Zürcher Zeitung» gedruckt. Zwei Tage später schrieb Thomas Mann einen ergänzenden Brief an Leopold Schwarzschild, in dem er Bermann mit detaillierten Hinweisen in Schutz nahm. Er legte darin die wahren Motive der schweizerischen Resistenz klar auf den Tisch. Allerdings vermochte auch er den Vorwurf nicht zu entkräften, den sein Sohn Golo dem Verleger später in ruhiger Offentheit präsentierte: «Die deutschen Juden», sagte er, «wollten die Dinge nicht sehen, wie sie sind: da liegt es.»

Klaus Mann, das konnte nicht anders sein, hatte sich voller Erre-

gung gegen die Verteidigung Bermanns aufgelehnt, die er «unglückselig» nannte. Die Schwester Erika war womöglich noch tiefer erregt. Sie hatte, wie das Journal des Bruders andeutet, einen vergeblichen Versuch unternommen, das Erscheinen der Erklärung durch
eine Intervention via Paris zu verhindern. Schwarzschild antwortete unverzüglich in seinem Blatt. Er zögerte nicht, aus Thomas
Manns privatem Schreiben zu zitieren: eine Ungehörigkeit, die er
mit dem windigen Argument rechtfertigte, er halte nichts davon,
«in der gleichen Sache nach zwei verschiedenen Richtungen in zwei
verschiedenen Sprachen zu reden». Die Ehrenerklärung nannte er
Thomas Manns «zweite Verirrung seit 1933», weit schlimmer noch
als den Entschluß, damals bei seinem deutschen Verlag auszuharren. Ohne Tarnung wies er darauf hin, daß die «Verleger der ausge-
wanderten deutschen Literatur – in der Hauptsache Querido, de
Lange und Oprecht –» geschützt werden müßten, da die Zahl der
möglichen Käufer aufs engste begrenzt sei – und in diese Situation
platze «Herr Gottfried Bermann mit seiner Bemühung, einen weiteren Verlag zu etablieren». Er fuhr fort: «Denn vor dem deutschen
Verlagswesen außerhalb des Reichs und seinem Käufer-Publikum
hängt heute, 1936, die Tafel ‹Besetzt!›.» Dann versuchte er nachzuweisen, daß die Übersiedlung des Fischer Verlages ins Ausland,
trotz der Einwände Thomas Manns, den Interessen des Dritten Reiches entspreche. Damit «würde erreicht, daß ein wahres Zweiklas-
sen-Regime in der Literatur außerhalb der Reichsgrenzen sich
durchsetzte, daß sie zerfiele in ein Lager von Depravierten mit Passierschein und Depossedierten ohne Passierschein, in eine Literatur, die keine wäre, weil sie leben will, und eine andere, die keine
wäre, weil sie nicht leben kann».
  In Wirklichkeit hatte kein Verlag der Emigration die Chance,
seine Bücher auch im Reich zu verbreiten, es sei denn auf den kompliziertesten Umwegen und ohne jede Hoffnung auf einen wirtschaftlichen Erfolg. Bermann Fischer und auch Thomas Mann
machten sich darüber wenig Illusionen. Am Ende forderte
Schwarzschild von dem Dichter mit hoch erhobenem Zeigefinger
eine Bereitschaft zur «Besinnung», die ihm zeigen werde, «daß es
überhaupt keine diskutable Antwort gibt (...) als die: ‹Ich habe
mich geirrt.›» Stefan Zweig bemerkte später in einem Brief an Klaus

Mann, er hasse «diese jüdische Profetenfanatik, wenn sie sich ins Journalistische übersetzt». Die Herren in Paris sollten, seufzte er, endlich von der «Anmaßung» ablassen, immer «Zensuren» zu schreiben. Vermutlich durchschaute er, daß der eifernde Hochmut, der in den Redaktionen der Exilblätter so oft groteske Blüten trieb, eine Kompensation ihrer leidvoll erfahrenen Ohnmacht war.

In einem Dankbrief an Thomas Mann verteidigte Gottfried Bermann, der in der Öffentlichkeit schweigen mußte, seine Position nicht ohne Würde. Er erinnerte daran, daß Georg Bernhard, der Chefredakteur des «Pariser Tageblattes», geneigt gewesen sei, die nazistische Gefahr zu bagatellisieren, als er im Jahr vor der «Machtergreifung» zu «Gegenaktionen» aufgerufen habe. Die Methoden der Exilpresse glichen, sagte er, denen der Nazipresse. Das war kein gerechtes Urteil, doch es entrang sich einer verletzten Seele. «Mit jedem Gegner des Systems, der Deutschland verläßt», schrieb er, «wird unsere Position schwächer. Im Lande waren wir eine, wenn auch stumme Front, draußen sind wir nichts, es sei denn der Einzelne tritt durch seine persönliche Leistung hervor und repräsentiere durch sie das verlorene Deutschland.» Das sei nur wenigen gegeben.

Auch Erika hatte unterdessen, wie sich aus einer Bemerkung im Tagebuch von Klaus ergibt, mit Schwarzschild korrespondiert. Über den Inhalt des Briefwechsels merkte der Bruder nichts an. Sie schickte Klaus die Kopie ihres Briefes, den sie zwei Tage nach dem Druck der Erklärung dem Vater geschrieben hatte: ein Dokument, das Thomas «leidenschaftlich und unbesonnen» nannte. Die Rebellion der über alles geliebten Tochter traf ihn bitter. Erika war, nach einem schönen Wort von Hans Sahl, lange bevor sie seine «Statthalterin auf Erden» wurde, sein «politisches Gewissen, die letzte Instanz, an die der ewig Zaudernde und Zögernde sich wandte, wenn er nicht weiter wußte». Es war, als hätte sich Antigone gegen den eigenen Vater erhoben.

Zwar schickte sie ihrem Protest pflichtschuldig den Satz voran, sie wisse immer, daß sie kein Recht habe, ihm «Vorhaltungen zu machen» oder sich einzumischen. Aber dann rief sie voller Empörung: «Immerhin möchte ich Dir erklären, warum Deine Handlungsweise mir dermaßen traurig und schrecklich vorkommt, daß es mir schwierig scheint, Dir in näherer Zukunft überhaupt unter die Augen zu treten.» Sie räumte ein, daß Schwarzschild sich womöglich ins Unrecht gesetzt habe: «man soll einen Juden, der nun also emigrieren will, wohl draußen nicht ‹denunzieren›.» Darin täuschte sie sich nicht. Doch danach holte sie zu harten Hieben aus, in ihrem Haß gegen den Verleger durch keine Rücksicht auf den Vater gezügelt: «Was für Bassessen und Versprechungen der Bermann dem Goebbels gemacht hat während all der Zeit und heute, das wissen wir nicht und Du bist der letzte, dem er es unter die Nase reiben wird (Hesse und Annette sind die vorletzten). Sicher ist, daß Bermann feste Zusagen gegeben haben muß, nichts Emigrantenfreundliches draußen zu unternehmen. Mir genügt das, um einem Vorkämpfer dieser Emigration das Recht einzuräumen, Unkundige vor dem ‹falschen Emigranten› zu warnen. Gleichviel. Dir genügt es nicht, Du hattest im Gegenteil den Wunsch, für Bermann einzutreten, – mit der Kolb und Hermann Hesse gemeinsam einzutreten, – öffentlich einzutreten, – in der N.Z.Z. einzutreten und Du weißt, daß dieser Satz drei Steigerungen enthält. Du hast Dir Deinen Wunsch in vollem Maße erfüllt, obwohl die Tatsache des Erscheinens Deiner Bücher im Bermann-Verlag ohnedies verraten haben würde, daß Du seinem Inhaber nichts Arges zutrauen magst. (Ebenso, wie etwa Deine Abwesenheit von Deutschland genügen muß, um der Öffentlichkeit Deine Abneigung gegen die Nazis zu demonstrieren, ohne daß Du ihr, der Abneigung, noch eigens Ausdruck zu verleihen brauchst.) Doktor Bermann ist, soviel ich weiß, die erste Persönlichkeit, der, seit Ausbruch des dritten Reiches, Deiner Auffassung nach Unrecht geschieht, zu deren Gunsten Du Dich öffentlich äußerst. Für niemanden sonst hast Du es bisher getan. Dein Appell für Ossietzky durfte nicht veröffentlicht werden, – Du schwiegst, als Hamsun denselben Ossietzky öffentlich anpöbelte, und als der kleine Kesser den ‹Henri Quatre› erledigte, schriebst Du einen (wunderbaren) Privatbrief.»

Sie fuhr fort: «Meine persönliche Freundschaft für Schwarzschild ist gleich Null. Meine Feindschaft für Bermann ist nicht persönlich. Ich habe für ihn den Haß, der nach meinem Dafürhalten der Rolle gebührt, die er spielt. Er selbst ist unbedeutend bis zum Rührenden. Sein Einfluß allein ist bedeutend (...). Er bringt es nun

zum zweiten Male fertig (das erste Mal anläßlich des ‹Eröffnungs-
heftes› der ‹Sammlung›), daß Du der gesamten Emigration und
ihren Bemühungen in den Rücken fällst, – ich kanns nicht anders
sagen. Du wirst mir diesen Brief wahrscheinlich sehr übel nehmen, – ich bin darauf gefaßt und weiß, was ich tue. Diese freundliche Zeit ist so sehr geeignet, Menschen auseinanderzubringen – in
wievielen Fällen hat sie es schon getan. Deine Beziehung zu Doktor
Bermann und seinem Haus ist unverwüstlich, – Du scheinst bereit,
ihr alle Opfer zu bringen. Falls es ein Opfer für Dich bedeutet, daß ich
Dir, mählich, aber sicher, abhanden komme, –: leg es zu dem übrigen. Für mich ist es traurig und schrecklich. Ich bin Dein Kind E.»

Statt des Vaters schickte Katia eine Antwort an die Tochter, in der
sie nicht verschwieg, daß auch sie gegen die Erklärung für Bermann
geredet habe, wegen der «bisher geübten völligen Zurückhaltung»,
aber auch «wegen der Mitunterzeichner» Hermann Hesse und Annette Kolb, denen sie mit Vorbehalten zu begegnen schien. Doch sie
zögerte auch nicht, den Angriff im «Neuen Tage-Buch» «etwas niederträchtig» zu nennen, da er darauf gezielt gewesen sei, «Bermann
die Niederlassung in der Schweiz oder Österreich unmöglich zu
machen». Es sei nicht wahr, daß der Fischer Verlag in Deutschland
besonders begünstigt gewesen sei: es gebe auch andere jüdische
Verlage, wie Cassirer, Rütten & Loening oder den Musikverlag Pe-
ters, die jüdische Inhaber hätten. (Es existierten, wie in den Anmerkungen zu Erika Manns Briefen erwähnt wird, im Jahre 1937 noch
siebenundzwanzig jüdische Verlage im Deutschen Reich, die allerdings am Ende des Jahres 1938 allesamt geschlossen werden mußten.) «Ich habe wirklich für Bermann nichts übrig», schrieb Katia
Mann, «aber daß man ihm mit der Andeutung, er käme als Goeb-
bels-Emissär, draußen den Boden unter den Füßen entziehen
wollte, war reichlich perfide.»

Die Mutter fügte den aufklärenden Sätzen ein sehr persönliches
Wort hinzu: «Du bist, außer mir und Medi, der einzige Mensch, an
dem Z.'s Herz ganz wirklich hängt, und Dein Brief hat ihn sehr
gekränkt und geschmerzt. Daß er viel Ärger und Unannehmlichkeiten von diesem Schritt» – der Ehrenerklärung für Bermann – «haben werde, habe ich ihm vorausgesagt; es mag auch immer sein, daß
Franks», die engen Freunde aus München, «deswegen mit ihm bre-

chen, aber das wird er schließlich zu tragen wissen. Daß aber Deine
mir selbstverständliche Mißbilligung so weit gehen würde, quasi
mit ihm zu brechen, hätte ich wirklich nicht erwartet. Und für mich,
die ich doch nun einmal sein Zubehör bin, ist es auch recht hart.
Dein Brief ist ja natürlich kein Abschiedsbrief für immer, und ich
nehme an, daß sich in absehbarer Zeit ein Weg finden wird.»

Erika antwortete liebevoll, doch zugleich voller Härte: der Vater
habe den Schritt getan, der zu weit führe. Er werde merken, daß
man seinen «Protest» als «ein Sich-Abwenden von uns allen» ansehe. Er ziehe die Gesellschaft von Hesse und Annette Kolb – «zwei
ausgehaltene Spinnurscheln am Rande einer versinkenden Welt» –
der Gesellschaft von Emil Ludwig oder Feuchtwanger vor, «die
doch wenigstens Arbeiter von Format und Verantwortungsbewußtsein sind»: «es ist sehr viel Hochmut in seiner Bescheidenheit,
(...) er will über den Wassern schweben und das kann nicht erlaubt
sein».

Dieser Brief an Katia kreuzte sich mit einem langen Schreiben des
Vaters, das im Ton gemäßigt und, alles in allem, ein seltenes Zeugnis
seiner Liebe zu einem Menschen war. Er billigte der Tochter zu, daß
die Leidenschaft mit ihr durchgehe: «Leidenschaft ist schön; blinder Haß, vorsätzliche Ungerechtigkeit sind es nicht.» Den Artikel
Schwarzschilds nannte er eine Gemeinheit und nazihaft. Auch er
bezeichnete es als ein Unglück, daß Bermann sich nicht habe entschließen können, «sofort nach Ausbruch des Irrsinns das Land zu
verlassen». So argumentierte er wieder und wieder, ohne sich mit
der Überlegung aufzuhalten, daß der alte Fischer die Emigration
nicht erlaubt und daß er selbst mit jener Haltung auf entscheidende
Weise zu schaffen, daß er von ihr in nicht geringem Maße – und
völlig willentlich – lange genug profitiert hatte. «Infamien», insistierte er, habe Bermann nicht begangen; keine einzige sei nach-
weisbar. Es treffe nicht zu, daß ihm Devisen bewilligt worden seien.
Er nannte noch einmal die wahren Gründe des Schweizer Widerstandes gegen den Verleger. Von Schwarzschild sagte er, er sei «kein
zartes Blümchen, das man schonen muß (...), sondern (was ich auch
wohl noch zu spüren bekommen werde) ein ganz gefährlicher Gegner und ein Publizist, der (...) sein Blatt etwas weniger emigranten-
cliquenhaft und weltoffener gestalten könnte».

Der Dichter entging dem Zorn des Polemikers, doch Klaus bekam ihn später böse genug zu spüren, als Schwarzschild gegen die «Volksfront» und den kommunistischen Einfluß in der Emigration, dem angeblich auch Klaus Mann unterworfen sei, mit unerbittlichem Eifer Sturm lief. Erika sah sich in jener drastisch veränderten Lage zu einer Intervention veranlaßt. Verstand sie, daß sie Bermann eine Abbitte schuldig war, zu der sich Schwarzschild schließlich im Jahre 1941 entschloß? Er habe damals, schrieb der Journalist an den Verleger, seinen «sens de la mesure» vermissen lassen, und er habe «über-nervös reagiert». Er fügte, flau genug, hinzu: «Es liegt in unserem Metier, daß so etwas vorkommt und daß es nicht ungeschehen zu machen ist. Aber Sie sollen wenigstens wissen, daß es mir leid tut. Ich hoffe, daß die Sache begraben sein kann». In der Tat war sie für ihn selbst so gründlich abgetan, daß er nicht zögerte, dem Fischer Verlag ein Buchmanuskript anzubieten.

In seinem Brief an die Tochter fand Thomas Mann schließlich das entscheidende Wort über die eigene Haltung: «Hätte ich es von Anfang an wie Heinrich, Schwarzschild, Feuchtwanger gemacht, so wäre meine ‹Stimme› viel mehr im allgemein Emigrantischen untergegangen, meine Möglichkeiten moralischer Einflußnahme wären heute schon abgenutzt. So, wie ich es gehalten habe, bilde ich eine Reserve, die eines Tages noch nützlich werden kann.» Dann der überraschende und aufschlußreiche Zusatz: «Heinrichs Sache war niemals genau auch meine, und warum sollte ich heute, was er unübertrefflich tut, daneben weniger gut noch einmal tun? Hier spielt das Bruderproblem in die Angelegenheit hinein, von dessen mühsam geordneter Schwierigkeit Du Dir kaum eine Vorstellung machst.» Der alte Grundkonflikt seiner Existenz: er war unter dem Mantel der Freundschaft noch völlig präsent – stark genug, auch seine politischen Reaktionen zu bestimmen. Monate später vermerkte er einen Traum «von Heinrich, der eine bleiche Mischung mit Papa einging»: ein Signal, daß ihn die eifersüchtige Zwietracht der Kindertage noch immer verfolgte.

Den «dunklen Drohungen» Erikas, ihm ihre Liebe zu entziehen, widerstand er weise und «ziemlich getrost». «Zum Sich-Überwerfen», schrieb er, «gehören gewissermaßen Zwei, und mir scheint, mein Gefühl für Dich läßt dergleichen garnicht zu. Wenn ich denke, wie Du manchmal gelacht und Tränen in den Augen gehabt hast, wenn ich euch vorlas, so scheint mir Deine Ankündigung auch wieder unwahrscheinlich. Du bist viel zu sehr mein Kind Eri, und auch noch in Deinem Zorn auf mich, als daß sie sich so recht erfüllen könnte.» Am Ende deutete er an, daß er dem moralischen Impuls, der aus ihrem zornigen Protest sprach, zur gegebenen Zeit folgen werde: «denn zu dem, was ich um meines Gewissens und Deines Zornes willen wohl werde tun müssen, gehört bei mir eine große, fast tödliche *Bereitschaft.*»

Erika antwortete noch einmal: noch immer voll böser Ironie gegen Hesse, Annette Kolb und Stefan Zweig, noch immer voller Bitterkeit über die «offizielle Freundschaft für Korrodi», noch immer voller Entsetzen über seine Abwendung von der «Sammlung», mit der er für Klaus mehr verdorben habe, «als je ein Nazi in ‹idiotischer Rohheit›» es habe tun können, noch immer voller Wut über das künftige Erscheinen seiner Bücher im «Beinahe-Schmutz eines halbgleichgeschalteten Pseudo-Emigrantenverlages». Sie bat – «es ist drei in der Nacht» –, «den unzarten Schwarzschild» nicht mit einer «fürchterlichen Erwiderung in der N.Z.Z.» zu vernichten: «Denk an die Verantwortung, die Dich trifft, wenn Du, nach dreijähriger Zurückhaltung, als erstes Aktivum die Zertrümmerung der Emigration und ihrer bescheidenen Einheit auf Dein Konto buchst, – und an das Schauspiel, das wir ‹drinnen› bieten. Ich bitte Dich sehr, – *Recht* sehr: E.»

Der Feuilletonchef der besagten «N.Z.Z.» machte, ganz gegen seine Absicht, dem Zerwürfnis zwischen Vater und Tochter ein Ende. Korrodi publizierte am 26. Januar 1936 eine Entgegnung auf Schwarzschilds offenen Brief an Thomas Mann, in dem er auf seine Weise für Klarheit sorgte. Er wandte sich scharf gegen Schwarzschilds Behauptung, daß die gesamte deutsche Literatur emigriert sei: «Wem trägt Herr Schwarzschild solchen Aberwitz vor? Ausgerechnet Herrn Thomas Mann, weil seine Werke bisher noch in Deutschland erscheinen konnten und der Dichter der ‹Buddenbrooks› doch wohl diese Emigrantensprache als eine Unverschämtheit empfindet. Ein feiner deutscher Literaturkenner, den das Schicksal ebenfalls ins Ausland verschlagen hat, hat wohl das Recht, solche Äußerungen ‹Ghetto-Wahnsinn› zu nennen.» Dann folgte der fatale Satz: «Hier hat man es schwarz auf weiß, daß ein Teil der Emigranten – wir hüten uns zu verallgemeinern – die deutsche Literatur mit derjenigen jüdischer Autoren identifiziert.» Er wies auf Gerhart Hauptmann und auf Hans Carossa, auf Rudolf Alexander Schröder und Max Mell, auf Emil Strauß und Ernst Wiechert, auf Friedrich Georg Jünger und Ernst Jünger, Ricarda Huch und Gertrud von Le Fort, auf die Autoren der Schweiz und Österreichs. Ausgewandert seien vor allem die «Romanindustrie» und «ein paar wirkliche Könner und Gestalter von Romanen».

Korrodi sagte eine Wahrheit, als er darauf pochte, daß in der Tat nicht die ganze deutsche Literatur aus dem Land getrieben worden war. Die fortdauernde Anwesenheit mancher guter und wichtiger, ja einiger großer Autoren im Dritten Reich stärkte die moralisch faule Illusion des bürgerlichen Publikums, daß «alles halb so schlimm», daß die Tradition deutscher Kultur nicht gebrochen, daß die Existenz des freien Geistes am Ende gar nicht gefährdet sei. Ein lauterer Zeuge wie der konservativ-protestantische Schriftsteller Jochen Klepper, der 1942 vor der drohenden Deportation der Familie mit seiner jüdischen Frau und seiner Stieftochter in den Tod ging, schrieb am 5. Dezember 1936 in sein Journal: «Obwohl nun soviel namhafte Autoren außerhalb des Reiches leben und hier nicht mehr erscheinen dürfen, ist das Aufgebot an Büchern nichtnationalsozialistischen Gepräges ungeheuer; die Bücher sind dick und die Preise hoch und das Leben in den fünf Buchhandlungen, die ich aufsuchte, war rege.» Von den Weihnachtsbüchern jenes Jahres sagte er: «Flucht in die Geschichte! Flucht in die anderen Nationen!» Er dachte vermutlich auch an seinen eigenen Roman über den preußischen Soldaten- und Prügel-König Friedrich Wilhelm I., «Der Vater», der 1937 auf den Markt gelangte. Auch das Erscheinen der Bücher von Thomas Mann oder Hermann Hesse diente, daran war kein Zweifel, der Rechtfertigung der vielen, die sich blind stellten – doch vielleicht stärkten sie auch die Bereitschaft zum Widerstand bei den wenigen, die widerstehen wollten.

Dies hätte Korrodi mit der gebotenen Klarheit darlegen müssen. Dann hätte er sich fairer und vernünftiger mit jenen Geistern auseinandersetzen können, die mit allzu eifernder Radikalität gegen die Wirklichkeit anzuschreiben versuchten: geeichte Feinde des barbarischen Regimes, die nicht wahrhaben wollten, daß sich die völlige Gleichschaltung durch den totalitären Staat in Etappen und nicht mit *einem* donnernden Schlag vollzog, trotz aller Rechtsbrüche und Brutalitäten, die hätten genug sein müssen, jedem die Augen und Ohren zu öffnen, der hören und sehen wollte. Die Majorität der Bürger aber wollte nicht hören und sehen, und manche Schriftsteller draußen verweigerten sich der Einsicht, daß des Menschen Vermögen, sich blind und taub zu stellen, nahezu unbegrenzt ist.

Thomas Mann mag noch einen Augenblick gezögert haben, Korrodi entgegenzutreten, aber es brauchte zuletzt nicht das dringend mahnende Telegramm von Klaus, um ihn zu einer Antwort zu bewegen. Katia verstand vermutlich rascher, daß ein Schweigen nicht länger erlaubt sei. Sie war es, wie das Tagebuch ihres Mannes bezeugt, die den ersten Entwurf der Antwort aufsetzte, die über die Stellung des Dichters – für die ganze Welt sichtbar, auch für die Schergen in Berlin – ein für allemal entschied. Thomas Mann hat, daran ist kein Zweifel möglich, das Konzept seiner Frau sorgsam überarbeitet und ergänzt. Der Brief trägt ganz seine Handschrift, auch in der Behutsamkeit, mit der die Argumentation begann. Schwarzschild, rief er Korrodi zu, sei «ein sehr glänzender politischer Publizist, ein guter Hasser, ein schlagkräftiger Stilist», doch die Literatur sei nicht sein Feld: «Auf jeden Fall mußte der Mangel an Überblick und künstlerischer Gerechtigkeit, den er mit seiner Behauptung bewiesen hat, einen Literaturkritiker wie Sie zum Widerspruch aufrufen, und einige der innerdeutschen Autorennamen, die Sie ihm entgegenhalten, widerlegen ihn unbedingt.» Mit schönem Realismus fuhr er fort, «die Grenze zwischen emigrierter und nicht emigrierter deutscher Literatur» sei nicht leicht zu ziehen: «sie fällt, geistig gemeint, nicht schlechthin mit der Reichsgrenze zusammen.» Mit gleicher Gerechtigkeit pochte er darauf, daß auch Korrodi eine «unhaltbare Gleichsetzung» vorgenommen habe, als er die Emigrantenliteratur mit der jüdischen verwechselte: «Muß ich sagen, daß das nicht angeht? Mein Bruder Heinrich und ich sind keine Juden. Leonhard Frank, René Schickele, der Soldat Fritz von Unruh, der bayrisch bodenständige Oskar Maria Graf, Anette Kolb, A. M. Frey, von jüngeren Talenten etwa Gustav Regler, Ber-

nard v. Brentano und Ernst Glaeser sind es auch nicht. Daß in der
Gesamt-Emigration der jüdische Einschlag zahlenmäßig stark ist,
liegt in der Natur der Dinge: es ergibt sich aus der erhabenen Härte
der nationalsozialistischen Rassenphilosophie und, von der andern
Seite, aus einem besondern Grauen der jüdischen Geistigkeit und
Sittlichkeit vor gewissen Staatsveranstaltungen unserer Tage.» Er
fügte die Namen von Bertolt Brecht, Johannes R. Becher und Else
Lasker-Schüler hinzu.

Lange, vielleicht zu lange, hielt er sich mit der Frage nach dem
Rang der Lyrik und des Romans in der Literatur auf. Er wehrte sich
damit gegen das leichtfertige Verdikt über die «Romanindustrie»,
das Korrodi in die Feder geraten war. In seinem Autorenstolz sichtbar gekränkt, verwies er auf die «Internationalisierung» des deutschen Romans, an der ein Autor wie Jakob Wassermann neben seinem Bruder und ihm selbst mitgewirkt hätte, «und wir waren keine
Juden». Dann stellte er mit der Deutlichkeit fest, die notwendig
war: «Man ist nicht deutsch, indem man völkisch ist. Der deutsche
Judenhaß aber, oder derjenige der deutschen Machthaber, gilt, geistig gesehen, gar nicht den Juden oder nicht ihnen allein: er gilt
Europa und jedem höheren Deutschtum selbst; er gilt, wie sich immer deutlicher erweist, den christlich-antiken Fundamenten der
abendländischen Gesittung: er ist der (im Austritt aus dem Völkerbund symbolisierte) Versuch einer Abschüttelung zivilisatorischer
Bindungen, der eine furchtbare, eine unheilschwangere Entfremdung zwischen dem Lande Goethes und der übrigen Welt zu bewirken droht.»

Er begründete zum erstenmal, warum er sich der Heimat fern
halte: «Die tiefe, von tausend menschlichen, moralischen und
ästhetischen Einzelbeobachtungen und -eindrücken täglich ge-
stützte und genährte Überzeugung, daß aus der gegenwärtigen
deutschen Herrschaft nichts Gutes kommen *kann*, für Deutschland
nicht und für die Welt nicht, – diese Überzeugung hat mich das
Land meiden lassen, in dessen geistiger Überlieferung ich tiefer
wurzele als diejenigen, die seit drei Jahren schwanken, ob sie es wagen sollen, mir vor aller Welt mein Deutschtum abzusprechen. Und
bis zum Grunde meines Gewissens bin ich dessen sicher, daß ich vor
Mit- und Nachwelt recht getan, mich zu denen zu stellen, für wel-

che die Worte eines wahrhaft adeligen deutschen Dichters gelten: ‹Doch wer aus voller Seele haßt das Schlechte, / Auch aus der Heimat wird es ihn verjagen, / Wenn dort verehrt es wird vom Volk der Knechte. / Weit klüger ist's, dem Vaterland entsagen, / Als unter einem kindischen Geschlechte / Das Joch des blinden Pöbelhasses tragen.›»

Am letzten Tag des Januar 1936 schrieb Thomas Mann in sein Tagebuch: «Vormittags und nachmittags der Brief an die Zeitung. In Bewegung abgeschlossen. Starke und entscheidende Worte. – Fertigstellung des Maschinen-Manuskripts. Wir aßen um ½ 8 eine Hühnersuppe und fuhren mit Medi zur Stadt, wo ich das Manuskript auf der Redaktion abgab und erfuhr, daß Korrodi krank, von der Tram gefallen sei.»

Anderntags, bei föhnigem Wetter, suchten ihn neue Ängste heim, die er Katia nicht verschwieg. Er sprach am Telefon mit Korrodi, der den Brief «vorzüglich» fand. Über das Wochenende hatte er Bedenkzeit. Doch am Sonntag rief er den Redakteur nach dem Frühstück an, um ihm zu sagen, «daß alles bleibe wie es ist». Aufatmend notierte er: «Bin zufrieden und heiter.» Am Dienstag wurde der Brief gedruckt. Klaus schrieb in sein Tagebuch: «die erste entschlossene, rührende Tat von seiner Seite.» In einem Brief aus Amsterdam schrieb er dem Vater: «Es ist wohl kaum anders denkbar, als daß die Nazis auf diese stolze Provokation mit der Verhängung jener ‹Strafen› reagieren – die immer ehrenvoll sind für den, den sie niederschmettern sollen.» Erika schrieb Katia aus Prag: «nun hat er alles gut gemacht und steht klar und richtig da.» Sie meinte, während der Olympiade – die Winterspiele in Garmisch hatten eben begonnen – würde man in Deutschland wahrscheinlich nicht handeln – «und wenn man es später dann tut, – einmal hat es doch sein müssen und der Augenblick war ritterlich und ehrenvoll gewählt».

Gottfried Bermann aber brachte zunächst seinen Vertrag mit Heinemann trotz des vehementen Aufruhrs zu einem Abschluß. Die Widerstände in Zürich erwiesen sich allerdings wenig später als unüberwindbar. Unter diesen Umständen hielten es die englischen Partner für geraten, sich aus dem gemeinsamen Unternehmen wieder zurückzuziehen. Der S. Fischer Verlag siedelte sich, samt seinem riesigen Lager, in Wien an. Er gewann eine Galgenfrist, mehr nicht. Die Rechte der Autoren blieben, ein wahres Glück, bei der Holding-Gesellschaft in der Schweiz.

58. KAPITEL

Ein Brief nach Bonn

Das Hochgefühl, das ihm der mutige Schritt nach vorn vermittelt hatte, hielt nicht an. Hermann Hesse, seit Beginn des Exils der wichtigste Gefährte, schrieb ihm am 5. Februar 1936, «die Schwarzschild- und Korrodikampagne» sei eigentlich «kein würdiger Anlaß» gewesen, doch er begreife, daß Thomas Mann «einmal den Schritt durchs Tafeltuch» habe tun müssen: «Nun es getan ist und in so würdiger Form, sollte man Ihnen eigentlich gratulieren». Er könne es dennoch nicht tun, sondern er bedaure, was geschehen sei: «Es war ein Bekenntnis – aber wo Sie stehen, war längst jedermann bekannt». Resigniert fuhr er fort: Die «gewissermaßen illegale Wirkung des Trostes und der Stärkung, die Sie auf die reichsdeutschen Leser hatten, wird Ihnen nun wohl verloren gehen – das ist ein Verlust für beide Teile. Auch ich bin mitbetroffen, ich verliere einen Kameraden, und ich beklage das ganz egoistisch. So wie ich während des Weltkriegs einen Kollegen in Romain Rolland hatte, so hatte ich ihn seit 1933 in Ihnen. Ich denke Sie zwar keineswegs zu verlieren, ich werde nicht leicht untreu, aber drüben in Deutschland stehe ich, als Autor, nun sehr allein.» Er fügte hinzu, daß er «den Posten halten» wolle, solange es von ihm selbst abhänge.

Ein Freund René Schickeles bemerkte in jenen Tagen, die nazistischen Behörden würden Thomas Manns Bekenntnis zur Emigration in die «Nebenkosten der Olympiade» einberechnen und ihm den Affront, «wenn überhaupt, dann erst später» heimzahlen. Er schien recht zu behalten. Schickele fügte hinzu: «Wenn überhaupt soll heissen: wenn nicht zwischen Bermann und dem Propaganda-

Ministerium eine Abmachung besteht, wovon übrigens hier, in Paris und in London alle Welt überzeugt ist».

Eine «Abmachung» bestand wohl, man weiß es, aber sie trug nicht den Charakter der Kollaboration, die Bermann unterstellt wurde. Es brauchte lange, bis der Verleger die Verdächtigungen abschütteln konnte. Klaus Mann täuschte sich nicht, als er im «Wendepunkt» schrieb, die Emigration sei «keine Gemeinschaft» gewesen. Sie war – als sei das Exil nicht Unglück genug – in Lager gespalten, die sich bitter bekämpften. Schickeles Blick war freilich von seinen Sorgen verdunkelt. Er meinte, er habe viel Geld verloren, weil er zu lange an seinen Vereinbarungen mit Fischer festhielt. Später griffen ihm Aline Mayrisch de Saint-Hubert, die reiche Luxemburgerin, die so vielen emigrierten Schriftstellern half, sein Landsmann Jean Schlumberger, der Freund André Gides, übrigens auch Katia Mann diskret unter die Arme.

Nichts war für Thomas Mann leichter geworden, aber er hatte eine neue innere Freiheit gewonnen: er sah sich nicht länger gezwungen, jedes Wort auf die Goldwaage zu legen und jede Äußerung in der Öffentlichkeit eine innere Zensur passieren zu lassen, die oft genug gegen den Impuls des Gewissens entschieden hatte. Mit dem Verleger Oprecht begann er Pläne für eine Zeitschrift zu prüfen. Gewiß dachte er nicht an ein Kampfblatt nach Art der «Sammlung» des Sohnes Klaus; vielmehr sollte den Deutschen und der Welt gezeigt werden, daß sich die geistige Freiheit auf souveräner Höhe verteidigen lasse. Noch war es nicht soweit.

Voller Zorn beobachtete er den Coup, den das Dritte Reich wenige Wochen nach der Beendigung der Olympischen Winterspiele den europäischen Nachbarn servierte: die Besetzung des Rheinlandes, nach dem Gebot des Versailler Vertrages eine «entmilitarisierte Zone». Zugleich kündigte die Berliner Führung den Vertrag von Locarno, mit dem Gustav Stresemann seine Politik der Versöhnung begonnen hatte. Thomas Mann notierte: «Wenn dies eine Mal die Regierungen des Westens und Südens sich gemeinsam aufrafften und fest zusammenstünden gegen die hysterische Brutalität, die frech mit der Friedensliebe der Welt spielt und nach cynisch vollzogenem Vertragsbruch in die Gesellschaft der Völker zurückkehren will! Ließen sie's einmal auf Biegen oder Brechen ankommen und trieben es bis an den Rand des Krieges! Er würde nicht ausbrechen, das Regime würde fallen! Stoßgebete.»

Sie wurden nicht erhört. Frankreich zwar schien für einen Augenblick Anstalten zu machen, den eklatanten Rechtsbruch mit hartem Widerstand, im äußersten Fall mit militärischer Gewalt zu korrigieren – und die Geschichtsschreibung bietet manchen Hinweis, daß der Hasardeur in Berlin hätte zurückweichen müssen, wenn er entschlossener Resistenz begegnet wäre: die deutsche Wehrmacht war zu jenem Zeitpunkt einem Krieg nicht gewachsen, und die Generalität wäre kaum bereit gewesen, sich auf einen Konflikt einzulassen, der ihr eine nahezu sichere Niederlage beschert hätte. Großbritannien indes setzte auf Verständigung und Vernunft. Seine Regierung strebte noch immer nach dem Ausgleich auf dem Kontinent, der stets das Grundziel englischer Politik war, obwohl er eher dem Bereich des Mythischen zugehört. Das Ungleichgewicht, das der Frieden von Versailles zu zementieren versucht hatte, sollte korrigiert und damit der deutsche Zorn gezähmt werden: das war der Weg, den das «Flotten-Abkommen» des vergangenen Jahres den Völkern des Kontinentes zu weisen schien; die Deutschen hatten dabei eine überraschende Mäßigung gezeigt und sich mit 35 % der britischen Gesamttonnage (bei U-Booten 100 %) zufriedengegeben.

Einem Frieden aber, der nur von einer Erpressung zur nächsten währte, war in der Tat nicht zu trauen. Thomas Mann fürchtete mit guten Gründen, er und seine Familie könnten den heraufziehenden Wirren ohne die schützende Zugehörigkeit zu einem Staatswesen ausgesetzt sein. Es gab kaum einen Zweifel, daß ihm das Dritte Reich die staatsbürgerlichen Rechte bald entziehen würde. Eine seit langem geplante Reise nach Wien, Prag und Budapest bot Gelegenheit, die drängende Frage zu prüfen. Die Schweiz, dies schien gewiß, würde sich nicht bereit zeigen, die vorgeschriebenen Fristen abzukürzen. Dies hieß: eine weitere Wartefrist von drei Jahren war zu bestehen.

Festlichen Anlaß für den Exkurs nach Wien bot der achtzigste Geburtstag Sigmund Freuds. Thomas Mann war vom «Akademischen Verein für medizinische Psychologie» eingeladen, den Gründervater der Psychoanalyse mit einer Rede vor prominenter Versammlung zu feiern. Die Niederschrift des Vortrags hatte ihn herbe Mühe gekostet. Freilich ließ er sich durch den ehrenvollen Auftrag nicht allzusehr von seiner Hauptarbeit ablenken, denn ein weiteres Mal brachte er es mit einer merkwürdigen Mischung von virtuosem Geschick und nur flüchtig getarnter Unbekümmertheit zuwege, vor allem von sich selbst und dem «Joseph»-Roman zu reden: «Ja, lassen Sie mich hier auf (...) mein eigenes Werk zu sprechen kommen – vielleicht hat es ein Recht, genannt zu werden in einer Stunde festlicher Begegnung zwischen dichtender Literatur und der psychoanalytischen Sphäre.» Begütigend bat er, man möge es ihm nicht verargen: «Über ihn zu sprechen, getraue ich mich kaum. Was sollte ich über ihn der Welt Neues zu sagen hoffen können? Ich spreche *zu seinen Ehren*». Sohn Klaus bemerkte später nach der Lektüre: «Sehr merkwürdig: wie ihm *alles* zur *autobiographischen* – gar zu autobiographischen – Studie gerät. (...) Mangel an einer *objektiven* Neugierde. – Unterhaltung mit Golo darüber. Vergleich mit der Methode *Gides*. (Dessen Passion, *fremdes* Leben zu beobachten.)»

Natürlich berührte er Grundelemente des Denkens von Sigmund Freud, wenn er von der Spannung zwischen dem «Bürgerlich-Individuellen» und dem «Mythisch-Typischen» sprach, die er selbst in seiner Dichtung zu bewältigen suchte. Das mythische Interesse, sagte er, sei der Psychoanalyse genauso eingeboren wie allem Dichtertum das psychologische Interesse: «Ihr Zurückdringen in die Kindheit der Einzelseele ist zugleich auch schon das Zurückdringen in die Kindheit des Menschen, ins Primitive und in die Mythik.» Er fand eine schöne Deutung des Begriffs von der «Tiefenpsychologie». Tiefe, gab er zu bedenken, habe auch «zeitlichen Sinn: die Ursprünge der Menschenseele sind zugleich auch *Urzeit*, jene Brunnentiefe der Zeiten, wo der Mythus zu Hause ist und die Urnormen, Urformen des Lebens gründen».

Ehe er die Zuhörer zum «Brunnen der Vergangenheit», den unergründlichen, führte, durften sie seinen Weg zur Psychoanalyse mit ihm abschreiten: über Nietzsche und Novalis, von denen er – wie in der Münchner Rede – noch einmal sagte, Sigmund Freud habe sie nicht gekannt, zu Schopenhauers poetisch-schmerzlichem Pessimismus, der den Schluß der «Buddenbrooks» durchdrang.

Die Berührungspunkte: die Liebe zur Wahrheit «als *psychologische* Reizbarkeit» und der «Sinn für *Krankheit*», die er als ein Erkenntnismittel bezeichnete. Nachdem er in halbwegs eleganter Manier die Grundthemen des eigenen Werkes angeschlagen hatte, durfte er hochgemut sagen, daß in Wirklichkeit nicht er zur Psychoanalyse gekommen sei, sondern sie zu ihm. Ihre Jünger und Vertreter hätten von der frühen Erzählung «Der kleine Herr Friedemann» über den «Tod in Venedig» und den «Zauberberg» bis zum «Joseph» stets ihr Interesse an ihm bekundet, ja ihm zu verstehen gegeben, daß er einer «vom Bau» sei.

In gewisser Hinsicht war er es nur allzu sehr. Er konnte der Versuchung nicht widerstehen, den «klugen, aber etwas undankbaren Sprößling» der Lehre zu zitieren: C. G. Jung, der im Ring der Getreuen um den Erzvater Sigmund und in ihren Gemeinden nicht nur als ein schnöder Geselle galt, der dem Meister danklos den Rücken gekehrt hatte, sondern geradezu als der Verräter unter den Jüngern – Judas, der Abgefallene, der nicht völlig zu Unrecht im Verdacht stand, daß er von antisemitischen Anfechtungen heimgesucht werde, ja dann und wann mit dem Kontrastprogramm einer Art «arischer Psychoanalyse» spiele. Freud war zu liebenswürdig, von dem Fauxpas Notiz zu nehmen, und die anderen wagten es nicht, Thomas Mann auf die Peinlichkeit hinzuweisen. Für sie stand der Dichter auf keiner minderen Stufe der geistigen Hierarchie als der Prophet und Erzvater selbst. «Imago», die Zeitschrift der klassisch-analytischen Schule, druckte den Vortrag schließlich ab, sehr zum Stolz des Autors. Auch vier Wochen später, als er die Rede in Freuds Sommerhaus am Rand von Wien noch einmal einem kleinen Kreis von Freunden des Meisters vortrug, reagierte der alte Herr keineswegs pikiert, sondern eher mit Rührung, wie er zu bemerken glaubte.

Die Festgemeinde beobachtete gern seinen geistreichen und etwas eitlen Umgang mit der «mythischen Identifikation», «Vaterbindung, Vaternachahmung», dem «Vaterspiel» und den «Vaterersatzbildern». Sie lächelte anerkennend über das verblüffende Wort Napoleons, der erklärt hatte: «Ich *bin* Karl der Große» – die «Formel des Mythus» –, belächelte wohl auch diskret den Hinweis auf die «imitatio Goethe's mit ihren Erinnerungen an die Werther-, die

Meister-Stufe und die Altersphase von ‹Faust› und ‹Divan›», von
denen der Redner bekannte, sie könnten «noch heute aus dem
Unbewußten ein Schriftstellerleben führen und mythisch bestimmen; – ich sage: aus dem Unbewußten, obgleich im Künstler das
Unbewußte jeden Augenblick ins lächelnd Bewußte und kindlich-
tief Aufmerksame hinüberspielt».

Wer Ohren hatte zu hören, der verstand wohl, was Thomas
Mann – mit einem kaum erkennbaren Hauch von Selbstironie – mit
diesen Worten zu annoncieren versuchte. Übrigens machte er kein
Geheimnis daraus, daß er im Begriff sei, eine «Goethe-Novelle» zu
schreiben, ehe er mit dem vierten und letzten Band des «Joseph»
beginne. Zwar hatte er – den Blick voraus auf eine gründliche Arbeit
über Nietzsche und einen weiteren Versuch über Wagner – mit
neuer Intensität die Musik des Bayreuther Zauberers gehört, immer
wieder, mit fast unverminderter Süchtigkeit, auf Platten und über
alle Sender des Radios, selbst Übertragungen aus Bayreuth, des
«Führers» Pilgerstätte. Er hatte sogar – bei einer Begegnung im
gastlichen Zürcher Hause von Lilly Reiff-Sertorius und ihres Mannes, des Textilindustriellen Hermann Reiff, den alten Freunden der
Pringsheims – mit Wilhelm Furtwängler über Richard Wagner
gesprochen, zu seinem Bedauern nicht gründlich genug. Die alte
Faszination blühte erneut auf. Hernach fand er rasch wieder zu kritischer Distanz, wie immer, wenn er sich Goethe näherte. Voller Sarkasmus bemerkte er dann, die Venusberg-Musik aus dem «Tannhäuser» sei ein «durchaus geschlechtliches Produkt, zum Schluß
mit feuchtem Blicke einlenkend in die Pilgerchor-Sehnsuchtsheu-
chelei». Er fügte hinzu: «Die Romantik ist eine unsaubere Welt. Ich
will nicht mehr viel davon wissen.» Bei der Lektüre von Wagners
Briefen an Judith Gautier entsetzte er sich über die monströse Taktlosigkeit von dessen Äußerungen nach dem Ausbruch des Krieges
von 1870 – «katastrophal», notierte er: «Das hilflose Erliegen des
freien Geistes vor den ‹Taten› der Staatsmänner ist erbärmlich zu
sehen.» In einem seltenen Anflug von Selbstkritik fügte er hinzu:
«Übrigens habe ich 1914 dieselbe Depravierung durchgemacht.»

Ein Ausflug nach Tribschen zum «herrlich gelegenen Wagner-
Haus» stimmte ihn milder. Er verweilte einige Minuten vor der Inschrift, «die die Vollendung von ‹Meistersinger› (...), Siegfried-

Idyll, Kaisermarsch, ‹Beethoven› an diesem Orte anzeigt. Bewegung.» Bei einer späteren Visite, als er die Räume besichtigen konnte, notierte er kritischer: «Furchtbare Ölbilder, ganz Hitler. Ein absolut anstößiger lustknabenhafter Siegfried.» Von einem jüngeren Bild des erzgermanischen Helden bemerkte er, es sei «täuschend jüdisch». Dann: «Elemente der Furchtbarkeit und des Hitlertums deutlich hervortretend, wenn auch eben nur latent und vorgebildet, vom pathetischen Kitsch bis zur deutschen Knabenliebe.»

Auf der Rückfahrt fragte er Katia, ob sie meine, «daß auch am Hause Schiedhaldenstraße später eine Inschrift die Vollendung des ‹Joseph›, des Freud-Aufsatzes, vielleicht des Essays über Nietzsche an diesem Orte melden wird». Die Antwort seiner Frau verzeichnete er nicht (und es gibt nicht die Tafel). Eine gute Woche später wurde er in Sils-Maria, bei einem knapp bemessenen Urlaub, einer anderen Gedenktafel gewahr, die an Nietzsche und seine «O Mensch, gib acht-Verse» erinnerte. Hier trieb ihn die Überwältigung des Augenblicks zu einer Geste, deren Spontaneität man bei ihm nicht vermutet hätte: «Heftete ein paar eben gepflückte dunkelrote Alpenblumen zu den Tannenzweigen», die an den Seiten der Tafel befestigt waren.

Fürs erste aber stapelte sich Goethesches auf seinem Schreibtisch. Die Aneignung diente, kein Zweifel, nicht nur dem persönlichen Anspruch auf das Erbe. Sie war in diesem Augenblick auch ein Akt des Widerstandes gegen die braunen Barbaren, die Weimar besetzt hielten, Ausdruck eines politisch-zivilisatorischen Willens und die Demonstration der Überlegenheit des Geistes.

An jenem Wiener Nachmittag, an dem er die festliche Rede zu Freuds Geburtstag hielt, hatte Kurt von Schuschnigg, der konservativ-katholische Kanzler Österreichs, ihn und Katia in der Hofburg empfangen. Der Regierungschef versicherte den beiden, daß ihnen die österreichische Staatsbürgerschaft ohne Umstand zuteil werden könne, doch sie war an eine Bedingung geknüpft: es wurde vorausgesetzt, daß sich die Familie Mann in ihrem neuen Staat, am besten in Wien, niederlassen werde. Thomas wies diesen Wunsch nicht zurück. Er und Katia nutzten den Aufenthalt, um sich nach geeigneten Häusern umzusehen. Sie stießen auch auf eine hübsche Villa am Rande von Grinzing, dem klassischen Heurigen-Dorf. Wien lockte.

Die Stadt schien den beiden welthafter als Zürich. Das österreichische Talent zur Schmeichelei kam des Dichters Sucht nach permanenten Beweisen des Respektes aufs angenehmste entgegen. Doch sie waren beide davon überzeugt, daß Österreich über kurz oder lang die Beute Hitlers werden müsse.

Thomas Mann wiederholte den Freud-Vortrag mit glänzendem Erfolg in Brünn und danach in Prag. Präsident Beneš lud ihn und Katia auf den Hradschin zu einem Mittagessen à quatre. Natürlich wurde auch dort die Frage der Staatsbürgerschaft erörtert. Das Angebot der tschechoslowakischen Republik war nicht minder herzlich als das österreichische. Es hatte einen Vorzug: die Regierung bestand nicht auf einer Ansiedlung in ihrem Staatsgebiet. Es genügte, zunächst das Bürgerrecht einer Gemeinde zu erwerben. Dafür hatte der Kaufmann Rudolf Fleischmann, ein Mann-Enthusiast, in seinem mittelböhmischen Städtchen Proseč längst gesorgt. Schon im August 1935 hatte der Gemeinderat jenes Industrieortes Heinrich Mann das Heimatrecht verliehen, und es gab keinen Zweifel, daß die gleiche Gunst auch Thomas und den Seinen zuteil würde, wenn sie ihre Bereitschaft zur Einbürgerung anzeigten. Klaus und Golo, schließlich auch Monika, sollten in die generöse Regelung eingeschlossen sein (für die noch nicht volljährigen Kinder Elisabeth und Michael galt sie ohnedies). Viel sprach für Österreich, das immerhin ein Staat deutscher Sprache war, mehr sprach für die Tschechoslowakei. Ins Tagebuch schrieb Thomas Mann: «Das Resultat unseres Schwankens wird das Verbleiben in der Schweiz sein». Er nannte dieses Ergebnis «vernünftig».

Freilich war die Debatte damit nicht abgeschlossen. Sie konnte es nicht sein. Katias Urteil über die Entwicklung der Dinge in Europa war skeptischer als das seine. Sie fing an, ein Auge auf Amerika zu werfen. Der Dichter schrieb wenig später, seine Frau rate täglich, nach Boston zu übersiedeln, das sie beim letzten Aufenthalt in Amerika freundlich beeindruckt hatte. Er sträube sich noch dagegen, aber auch in Deutschland sei sie immer die klügere gewesen. Es ließ beide nicht gleichgültig, daß es Alfred Knopf gelungen war, seinen Band mit den gesammelten Erzählungen Thomas Manns an den «Book of the Month Club» zu verkaufen, was eine Auflage von sechzigtausend Exemplaren und eine Honorar-Vorauszahlung von dreitausend Dollar bedeutete (immer das Zehn- bis Zwanzigfache nach heutiger Rechnung). Auch von der Hauptausgabe wurden dreitausend Stück in zwei Wochen abgesetzt. Die Besprechungen waren glänzend. Die «Saturday Review», eine der einflußreichsten politisch-literarischen Zeitschriften, hatte die originelle Überschrift «The saddest happy man alive today» gefunden, was Thomas Mann etwas zu poetisch mit den Worten: «Das melancholischste Glückskind unserer Tage» übersetzte. Der Rezensent der «Herald Tribune» bemerkte – ein wahrhaft schöner Satz –, daß kein Schriftsteller der Gegenwart seinem Zeitalter mit einem tieferen Pessimismus begegnet sei und daß keiner seine Leser so wenig deprimiert aus der Lektüre entlassen habe.

Drei Wochen nach der Rückkehr passierten Thomas und Katia Mann erneut Wien, dieses Mal auf dem Wege nach Budapest, wo sich die Völkerbundkommission für geistige Zusammenarbeit versammelte. Beide waren Gäste im Haus der Familie Hatvany, steinreichen Menschen, deren großzügige Gastfreundschaft alle deutschen und westeuropäischen Begriffe übertraf. Ihnen wurden die Bibliothekszimmer eingeräumt, und eine knappe Woche lang genossen sie einen wahren Wirbel von Banketten und Diners, intimen und offiziellen Gesellschaften, von Oper, Konzerten, Spazierfahrten, Besichtigungen. Erstaunlich genug, daß der gefeierte Dichter – auch in Budapest bot er, mit dem größten Erfolg, seine Freud-Rede dar – obendrein noch die Zeit zur Teilnahme an den Sitzungen fand. Er hielt ohne lange Vorbereitung eine Ansprache, in der er wieder für die Notwendigkeit «einer militanten Demokratie» warb – eine Äußerung, wie er später schrieb, mit der er «gegen den recht akademischen und schon um der faschistischen Delegierten willen ziemlich leisetreterischen Charakter der Unterhaltung fast bis zur Taktlosigkeit» verstoßen habe, «die aber mit einer minutenlangen Beifallsdemonstration des ungarischen Publikums beantwortet» worden sei und ihm «die begeisterte Umarmung Karel Čapeks, des tschechischen Dichters», eingetragen habe. Auch diese Rede zeugte für die Freiheit, die er gewonnen hatte.

Vor der Abreise aus Budapest belohnte er den «sympathischen jungen Chauffeur» der Hatvany, der ihn und Katia gefahren hatte, mit einem Trinkgeld von fünfundzwanzig Pengö und, wie er aus-

drücklich vermerkte, auch mit einem Händedruck. Wie sehr ihre
Vorbehalte gegen eine Übersiedlung nach Österreich begründet
waren, erfuhren die beiden bei ihrem Aufenthalt in Wien. Bruno
Walter hatte sie zu einer Aufführung des «Tristan» geladen; die
schöne Darbietung wurde gegen Ende des zweiten Aktes von Nazi-
rabauken mit Stinkbomben rüde gestört, wie übrigens zum gleichen
Zeitpunkt die Vorstellung des Burgtheaters und die Programme
einiger Kinos. Die arme Isolde, die sich in der Pause übergeben
mußte, konnte nicht weitersingen. Bruno Walter aber bestand darauf, die Aufführung zu Ende zu bringen: «Isolde (...) erhob sich
nicht mehr von Tristans Leiche», berichtete Thomas Mann dem
Bruder Heinrich. Er fügte hinzu: «Man muß auch das einmal mitgemacht haben und weiß nun wenigstens genau, wie der Nationalsozialismus riecht: Schweißfüße in mehrfacher Potenz.»

Nach diesem Zwischenfall schien es ihm noch weniger ratsam als
zuvor, in Wien die bleibende Statt der Familie zu suchen, sosehr die
beiden jüngsten Kinder auf einen Umzug in die musikalische Metropole drängten: der schwierige Michael vor allem, der sich in Zürich langweilte. Der junge Mann trank zuviel. Er rebellierte gegen
seine Geigen- und Bratschenlehrer. Er neigte zu Szenen. Nur seine
hübsche Schweizer Freundin (die er wenig später heiratete) schien
ihm eine Art Halt zu geben. Nach einem stürmischen Auftritt mit
dem Vater lief er aufgebracht aus dem Haus, zur Beunruhigung Katias, die – Thomas' Rat folgend – mit dem Wagen die Stadt nach ihm
absuchte, da Michael schon einmal einen halb ernsten Selbstmordversuch unternommen hatte. Als ihn die Mutter schließlich am
Morgen fand, schrieb der Vater auf: «Froh, daß K. aus der gröbsten
Sorge heraus war, arbeitete ich noch etwas weiter.» Er selbst hat sich
offenbar Kopf und Herz nicht allzu lange zerbrochen. Anders als
Elisabeth war ihm «Bibi» niemals wirklich nahe.

Auch «Medi», so lange der Liebling, schien ihm ferner zu rücken.
Er stieß sich daran, daß sie starrsinnig auf einer pianistischen Karriere zu beharren versuchte, obwohl sie über kein allzu ausgeprägtes
Talent für das Instrument verfügte – wie übrigens Monika auch, die
noch immer in Florenz lebte und ihre musikalische Ausbildung verfolgte, ohne großes Glück. Allesamt lebten sie in der Illusion – der
gescheite und disziplinierte Golo war die Ausnahme –, sie seien

zum Künstlertum berufen. Allesamt stellten sie Anspruch auf ein Schicksal, das sie der Normalität entheben würde: Trauma und Verhängnis so vieler Kinder außerordentlicher und genialer Väter und Mütter. Fast beiläufig bemerkte Thomas Mann, die Eltern hätten den beiden Jüngsten – Medi zählte gerade achtzehn Jahre, Bibi war erst siebzehn – ihren ersten Wagen gekauft, freilich eine alte Karosse für vierhundert Franken. Aber das war in jener Zeit ein geradezu sensationelles Geschenk. Ein eigenes Auto hatten die Kinder von Prinzen, Industriemillionären, Großbankiers und Filmstars.

Die biederen Bürger von Küsnacht hielten sich gelegentlich am selbstbewußten und lauten Gebaren des jungen Mann-Volkes auf. Es entsprach nicht calvinistischer Übung, seinen Reichtum der Welt vorzuführen, und es war erst recht nicht der eher kleinbürgerlich-bäuerlichen Prägung der noch halb dörflichen Gemüter des Ortes gemäß. Im Hause Mann wurde die eidgenössische Umwelt mit kühler Distanz gemustert. Erika war seit den «Pfeffermühle»-Skandalen auf die Schweiz nicht mehr gut zu sprechen. Zu rasch zeigte sie sich geneigt, das helvetische Spießertum und die Zeichen der Bereitschaft zur ängstlichen Anpassung an den mächtigen Nachbarn im Norden zu verachten. Sie übersah, daß die Duckmäuserei, die sich beobachten ließ, nicht der Landesgesinnung entsprach. Diese gab sich in der ruhigen Führung der Gerichtsverhandlung nach dem Mord an dem Schweizer Naziführer Wilhelm Gustloff klarer zu erkennen. Ein jugoslawischer Medizinstudent jüdischer Herkunft hatte den braunen «Landesgruppenleiter» im Februar 1936 droben in Davos über den Haufen geschossen. Als es zum Prozeß kam, wurden bei den Auftritten der Zeugen die Verbrechen der Nazis schonungslos ans Taglicht gebracht. Niemals zuvor hatte sich vor einer neutralen Instanz der Charakter des deutschen Regimes auf solch fatale Weise enthüllt.

Die latente Verstimmung der Familie gegen ihre Umgebung aber hielt an. Der Vater hatte sich mit der langen Frist, die für eine Einbürgerung gesetzt war, niemals ganz abgefunden: zu sehr war er gewohnt, daß ihm seine Prominenz das Recht auf eine Vorzugsbehandlung gebe. Der Ärger mit Korrodi verfestigte sich zu einem generellen Ressentiment gegen die «Neue Zürcher Zeitung», deren bemühte, gelegentlich wohl überstrapazierte Objektivität in der Berichterstattung über das Dritte Reich ihm zu einem fast täglichen Stein des Anstoßes wurde. (Freilich brach er seine Beziehungen zu dem Blatt – auch zu Korrodi – niemals völlig ab.) Er begann, der bürgerlichen Liberalität immer tiefer zu mißtrauen.

Seine neue Freiheit ermutigte ihn, sich der Gründung eines «Thomas Mann-Fonds» für die Emigrantenhilfe nicht länger zu versagen. Das Unternehmen bereitete ihm, angefangen mit der Redaktion des Aufrufs, freilich fast nur Umstand und Widrigkeiten, die durch das gute Gefühl, Menschen in äußerster Not eine rettende Hand reichen zu können, nicht immer aufgewogen zu werden schienen. Er wagte es nun, Ende Juni 1935, der «Europäischen Amnestiekonferenz für die politischen Gefangenen in Deutschland», die in Brüssel tagte, eine Erklärung zu schicken, in der er die Machthaber aufrief, «den Tausenden, welche um ihrer Gesinnung, ihres Glaubens willen im Deutschen Reich eine grausame Gefangenschaft erdulden», endlich die Freiheit wiederzugeben. Er schrieb: «Möchten die politischen Sieger Deutschlands sich bewußt werden, daß die unersättliche Rachsucht, die sie bewegt, von der Welt als Merkmal innerer Kleinheit, ja Niedrigkeit empfunden wird, und daß sie damit ein Volk, das für ihre Taten nichts kann, der gesitteten Menschheit entfremden.» Er beteiligte sich überdies – neben Bruder Heinrich, Sigmund Freud, Lion Feuchtwanger, René Schickele und dem Geiger Adolf Busch – an einer Initiative zur Gründung der «American Guild for German Cultural Freedom» in New York: einer Art «Deutscher Akademie» im Exil.

Da er so vieler Hemmungen ledig war, die ihn zuvor gebunden und bedrückt hatten, erklärte er sich ohne gründliche Überlegung auch bereit, an einer Zeitschrift mitzuwirken, die in Moskau unter dem Titel «Das Wort» erscheinen sollte. Eine redaktionelle Beteiligung lehnte er in einem Brief an Wieland Herzfelde allerdings ab. Die kommunistischen Kollegen Johannes R. Becher, Willi Bredel und Ludwig Renn (der in Wirklichkeit Arnold Vieth von Golßenau hieß) hatten ihm brav ihre Aufwartung in Küsnacht gemacht. Im Gespräch (und in der späteren Korrespondenz) blieb er von den üblichen Propagandaphrasen verschont. Die Boten gaben sich höflich, verbindlich und offen: allesamt Männer, deren Talente er in den Tagen der Republik schätzengelernt hatte, auch das expressionistische Pathos von Bechers Gedichten, das ihm eher fremd war. Kein Zweifel, Thomas Mann wurde im Auftrag der Großfunktionäre in Moskau intensiv und taktvoll umworben. Einige Wochen lang erwog er sogar, ob er mit Lion Feuchtwanger eine Rußland-Reise unternehmen sollte, doch er ließ das Projekt rasch wieder fallen: aus Mangel an Zeit, wohl auch von einem leisen Unbehagen gelenkt. (Zugleich verzichtete er auf die geplante Exkursion zur Tagung des PEN-Clubs in Buenos Aires, zu der er von der Regierung Argentiniens eingeladen worden war: kein reizloser Plan, der ihm die Möglichkeit geboten hätte, auf dem Weg in Rio de Janeiro Station zu machen, im Heimatland seiner Mutter, von dem sie ihm in der Kindheit so märchenhaft Schönes erzählt hatte.)

Es ließ ihn nicht völlig gleichgültig, daß die sowjetischen Verlage, die seine Werke druckten, gegen alle Gewohnheit beträchtliche Honorare (von jeweils mehr als tausend Franken) überwiesen: eine ungewöhnliche Geste, die nicht vielen zuteil wurde, denn nichts hüteten die Regenten des Sowjetimperiums strenger als die immer zu knappen Devisen, und nichts behandelten sie gleichgültiger als die internationalen Vereinbarungen über den Schutz des Copyright und die Entlohnung geistiger Arbeit. Natürlich zögerten die kommunistischen Kollegen nicht, Thomas Manns Bereitschaft zur Mitarbeit bei ihrer Zeitschrift mit Pauken und Trompeten zu verkünden. Die konservativen Geister in der Schweiz zuckten zusammen, zumal Eduard Korrodi, was wiederum Thomas Mann verärgerte, der dem borniertem Antikommunismus stockbürgerlicher Prägung mit wachsender Ungeduld begegnete.

Im Juli 1936 putschten in Spanien Teile des Militärs unter der Führung des Generals Francisco Franco. Mit ihren marokkanischen Truppen brachen sie ins Mutterland ein. Die Republik, geführt von einer Volksfront-Regierung, raffte sich nur zögernd zum Widerstand auf. Wenige Wochen später standen die rebellierenden Streitkräfte vor Madrid. Im ganzen Land tobte der Bürgerkrieg. Das faschistische Regime in Italien und die nazistische Führung in Berlin unterstützten den nationalistischen Aufstand. Sie schickten Flugzeuggeschwader, Italien bald auch Bodentruppen. Die Sowjetunion, schwerfälliger als die Gegner in Berlin und Rom, intervenierte durch die Entsendung von Waffen und sogenannten Beratern, die sich in den kommunistischen Organisationen ihre Stützpunkte schufen. Frankreich, Großbritannien und die Vereinigten Staaten gewährten der legitimen Regierung eine Unterstützung, die höchstens halbherzig genannt werden durfte. Indes, Kommunisten, Sozialisten, Sozialdemokraten und linke Republikaner aus aller Welt, vor allem aber deutsche Emigranten und Franzosen, sammelten sich in den Internationalen Brigaden, die – am Ende von den moskowitischen Funktionären verraten – hohe Blutopfer brachten. Wache Geister erkannten wohl, daß der Spanische Bürgerkrieg der Auftakt und gleichzeitig das große Übungsfeld des Zweiten Weltkriegs war. Doch diese Einsicht war nicht genug, den demokratischen Regierungen Beine zu machen.

Dennoch, an der spanischen Tragödie begannen sich die europäischen Geister zu scheiden. Das konservative Bürgertum schien die Gefahr einer kommunistischen Herrschaft in Spanien tiefer zu fürchten als eine Diktatur der Nationalisten. Es schlug sich, wie zuvor in Deutschland, lieber auf die Seite der totalitären Rechten, die als das «kleinere Übel» betrachtet wurde. Der ideologische Konflikt verschärfte sich von Tag zu Tag. Die Liberalen schienen dazu verurteilt, zwischen den Fronten zerrieben zu werden. Thomas Mann, in seinem politischen Urteil immer wieder zu einer jähen Fanatisierung bereit, ließ sich von jenem Dilemma allzu rasch überwältigen. Er beugte sich, einem merkwürdigen Entscheidungszwang ausgeliefert, dem Diktat der Alternativen, das angeblich nur die Wahl zwischen Faschismus und Kommunismus ließ. Er tat es freilich nicht für immer und niemals zu lange. In manchen Augenblicken, in denen ihn Haß und Eifer mit Blindheit schlugen, sah er im «Kapitalismus» nur noch eine Vorstufe von Faschismus und Nazismus. Mit einer erstaunlichen psychischen Energie, die sich – im Augenblick der Erregung – von nichts aufhalten ließ, verdrängte er die Einsicht, daß seine Existenz in ihren Voraussetzungen und Merkmalen (wenn auch nicht länger durch Besitz) ganz kapitalistisch geprägt war, daß er in Wahrheit nichts, fast nichts tiefer fürchtete, als all dies zu verlieren.

Am 13. August brach der verstörte und verständliche Zorn über die Lauheit der demokratischen Gesellschaft aus ihm empor. Er schrieb ins Tagebuch: «Die Haltung der N.Z.Z. in Sachen Spanien und Frankreich ist ungeheuerlich, der Haß dieser Presse auf den Front populaire so albern und abstoßend, daß man erstaunt ist über die Niedrigkeit. Die Ankunft deutscher Bombenflugzeuge in Spanien für die Rebellen wird gelassen gemeldet. Eine Klage der französischen Linken darüber wird als ‹gefährliche Störung› bezeichnet. Gegen das spanische Volk, das um seine Freiheit kämpft, werden von sogenannten Nationalisten marokkanische Mohrenbataillone und Fremdenlegionen in den Kampf geführt, und es wird von ausländischen Bombern niedergemacht, aber kein Gefühl regt sich gegen ein solches Verbrechen, wo das Interesse der kapitalistischen Weltordnung regiert. Welcher Schwindel ist heute alles, was sich Patriotismus nennt!» Die Freiheit, schrieb er, erlaube den Faschisten alles. Daraus folgte der Kurzschluß: «Was bleibt also übrig als die Links-Diktatur?» Er setzte hinzu: «Die Demokratie darf nur für Demokraten gelten, oder es ist aus mit ihr.» Das habe er in Budapest mit dem Wort vom «militanten Humanismus» gemeint. Danach ein zweiter Kurzschluß: «Es ist ausgemacht, daß Pressefreiheit nicht mehr möglich ist. Der Liberalismus als politisches Prinzip ist wirklich tot – es ist nicht einmal so, daß erst die Fascisten einen darüber belehrt hätten. Daß eine aufgeklärte Diktatur das Wünschenswerte sei, schrieb ich schon anfangs der 20er Jahre.» Zwei Tage später fügte er, nach einer Auseinandersetzung mit dem unglückseligen Korrodi, die kurzatmigen Sätze hinzu: «Der antimarxistische Bürger, mit ‹Klassenbewußtsein› ist heute Faschist. Es gibt nichts Drittes.» Er war mit diesen Sätzen dem Autor der «Betrachtungen» wieder sehr viel näher, als es ihm bei nüchterner Überlegung lieb sein konnte. Damals trieb ihn das Ressentiment nach rechts. Nun schien es ihn nach links zu befördern.

Der Aufenthalt zwischen den Fronten war gewiß nicht behaglich. Aber wer sich die Freiheit des Denkens bewahrte, gehörte nirgendwo anders hin. Thomas Mann wußte es im Grunde seiner Seele genau. Es gab genug Sozial- und Liberaldemokraten, die ihm diese Unabhängigkeit beispielhaft vorlebten. Doch seine Geduld mit der gelebten Demokratie und ihren Unvollkommenheiten war oft rasch erschöpft – zumal wenn ihre Entwicklung seinen Wünschen widersprach (wie sich hernach in Amerika zeigen sollte). Aus den bismarckischen und wilhelminischen Jahrzehnten, die sein soziales und politisches Bewußtsein tiefer geformt hatten, als ihm bewußt war, stammte die latente Versuchung, sich autoritären Ansprüchen zu beugen, ob des Staates, ob einer Ideologie, sofern sie Vernunft und Ordnung versprachen und mit einem halbwegs zivilen Gepräge vor die Welt traten.

Golo Mann verfügte über den klareren Blick. Der zweite Sohn bemühte sich redlich, den Sinn des Vaters für die Realitäten zu schärfen. Im Sommer jenes Jahres hielt er sich länger als gewöhnlich im Haus der Eltern auf. Sein Lehrauftrag in Rennes war zu Ende gekommen, und er machte sich wenig Hoffnungen, daß ihm Frankreich den Weg zu einer wissenschaftlichen Karriere öffnen würde. Hin und wieder fertigte er für den Vater Entwürfe für kleine Artikel, auch für diese und jene Rede. Vor allem aber konzentrierte er sich auf die Niederschrift einer Biographie des Friedrich von Gentz, Metternichs rechter Hand, des *spiritus rector* der Wiener Außenpolitik, den man den «Sekretär Europas» nannte: ein Mann von reichen und schillernden Talenten, als junger Mensch glühender Apostel der Französischen Revolution, später einer der geistreichsten Konservativen in den Salons von Wien, katholischer Konvertit, verwöhnt, machtbewußt und korrupt.

Im übrigen wartete Golo, wie die Eltern, auf die Einbürgerung durch die tschechoslowakische Republik. Die wichtigste Voraussetzung für die Verleihung der neuen Nationalität wurde am 6. August erfüllt: Thomas und Katia Mann unterschrieben – wie Klaus und Golo – den Antrag auf die Einbürgerung durch die Gemeinde Proseč, die der unermüdliche Herr Fleischmann mit solch «heiligem Eifer» vorbereitet hatte. Der Dichter bat freilich darum, die «Angelegenheit vorläufig diskret» zu behandeln. Mit anderen Worten: der Vertrieb seiner Bücher im Reich sollte nicht beeinträchtigt werden. Bermann hoffte, daß auch der dritte Band des «Joseph» nach seinem Erscheinen im Herbst die deutschen Buchhandlungen ohne Behinderung erreiche. Thomas Mann hielt es überdies für möglich, daß er als Bürger eines fremden Staates über eine bessere Chance verfügen würde, sein Eigentum in Deutschland dem Zugriff des Staates am Ende doch zu entwinden. So erklärt sich der Satz, er fühle sich «dem Reich gegenüber gedeckt», da er wiederholt mahnend darauf hingewiesen habe, daß er schließlich gezwungen sein werde, «eine andere Staatsangehörigkeit anzunehmen». Immerhin wurde die Feierlichkeit des Augenblicks durch ein Telegramm an Beneš, das künftige Staatsoberhaupt der Familie, dankbar bestätigt. Golo bereitete seine Übersiedlung nach Prag vor, wo ihm eine freundliche Aufnahme bei Tante Mimi, Heinrich Manns erster Frau, gewiß war. Er hoffte, daß er in der Tschechoslowakei seine Laufbahn mit größerem Glück verfolgen könne.

Vater wie Sohn beobachteten voller Skepsis Heinrich Manns hochherziges Engagement für die «Volksfront», das ihn für geraume Zeit den Umarmungen des so kühl kalkulierenden Sachsen Walter Ulbricht und seiner Funktionärsgarde preisgab. Die kleinen Bücher, in denen Heinrich seine Leitartikel und politischen Aufrufe sammelte, hatte Thomas mit halber Zustimmung und einigem Stirnrunzeln gelesen. In einem Brief an Heinrich meldete er seine Einwände an, aber er zog es vor, das Papier zu zerreißen. Die Formulierung seiner Widersprüche und Bedenken wäre ein Verstoß gegen die Übereinkunft gewesen, die die beiden nach ihrem Friedensschluß im Jahre 1922 wortlos miteinander geschlossen hatten. Sie verzichteten ein für allemal auf Kritik am anderen, in der Öffentlichkeit und im Bereich des Privaten. Mit disziplinierter Konsequenz sprachen sie nur noch gut voneinander, und sie nutzten jede Gelegenheit, sich gegenseitig vor der Welt mit Lob und Preis zu überschütten. In Wirklichkeit waren sie – wie sollte es anders sein? – nicht immer ein Herz und eine Seele.

Thomas Manns Zweifel an der Möglichkeit einer aufrichtigen Kooperation mit den Kommunisten wurden durch die Berichte über den Moskauer Schauprozeß gegen die angebliche Verschwörung der «Trotzkisten» genährt: die düstere Ouvertüre der großen «Säuberung», mit der Stalin die einstigen Konkurrenten im Kampf um die Macht, damit die potentiellen Führer einer innerparteilichen Opposition gegen seine Diktatur und mit ihnen Hunderttausende seiner Genossen beseitigen ließ. Der Dichter bemerkte im Tagebuch, das Verfahren sei an «propagandistischer Verlogenheit faschistischen Leistungen dieser Art nicht nachstehend» und «im Stil durchaus verwandt». Er fügte die kargen Worte hinzu: «Schlimm und traurig.» Wenige Tage später fragte er im Journal: «Was soll man denken von all diesen reuigen Geständnissen, denen das allgemeine Todesurteil folgte. Wird dieses vollstreckt werden? Ein Selbstmord ist dem zuvorgekommen. Sind die Berichte einfach gefälscht? Oder die Angeklagten durch Begnadigungsversprechen angehalten, auszusagen wie die Regierung es hören will? Die Charaktere machen das unwahrscheinlich. Es handelt sich um die letzten Leninisten. Auch Radek, bisher der außenpolitische Sprecher der Regierung soll verhaftet sein. Trotzki bestreitet alles. Üble Rätsel. — —» Ein Bonmot von Talleyrand variierend, bemerkte er schließlich, der Prozeß sei mehr als ein Verbrechen: er sei eine Dummheit.

Horchte er auf, als ihm René Schickele – wahrhaftig ein unabhängiger Kopf – nach der Lektüre des amtlichen Prozeßberichtes zurief, dies sei «die letzte Schamlosigkeit»? «Im Vergleich damit», fuhr Schickele fort, «enthielt der Reichstagsbrandprozeß Eichendorffsche Nachklänge! In Diktaturstaaten verliert man offenbar *völlig das Ohr der Welt*! Man ist es gewohnt, daß *alles* geschluckt wird, selbst die krasseste Lüge, das widerhallige Gegenteil dessen, was drei Sätze früher gereicht wurde. Und dieser Byzantinismus! Der ‹grosse Stalin› vorn und hinten. Wenn der Staatsanwalt drei Zeilen von Lenin zitiert, müssen unweigerlich dreizehn Sätze von Stalin folgen. Du lieber Gott! Es lebe der verrottete Liberalismus!!»

Natürlich war Thomas Mann nicht bereit, die Verbrechen und das Unrecht aus der Welt zu reden, nicht jetzt, nicht später, doch sie schienen ihn auch nicht allzu tief zu beeindrucken. Selbst später, als Arthur Koestler die psychologische Mechanik der Vernichtungsmaschinerie mit hellsichtigem Realismus demonstrierte – die nachgelassenen Briefe Bucharins an Stalin boten der Welt nach dem Zusammenbruch des Imperiums eine erschütternde Bestätigung seiner Intuition –, sah Thomas Mann keinen Anlaß, sich unmißverständlich zu äußern (und Bruder Heinrich schon gar nicht).

Als Thomas Mann auf die Nachricht von der Verhaftung der Witwe Erich Mühsams aufmerksam gemacht wurde – der Münchner Revolutionär war 1934 in einem deutschen Konzentrationslager ermordet worden –, schrieb er einen Protestbrief nach Moskau, in dem er – wohl von einem Experten beraten – auf die schönen Paragraphen der neuen sowjetischen Verfassung pochte. (Kreszentia Mühsam war, als der Brief in Moskau anlangte, schon wieder freigelassen worden, wohl unter dem Druck der westlichen Proteste; sie wartete auf die Ausreiseerlaubnis, als sie von neuem verhaftet wurde; eine Strafkommission verurteilte sie als «trotzkistische» Agentin zu acht Jahren Zwangsarbeit, und sie ging schließlich – niemand achtete mehr darauf – in einem Lager des Gulag zugrunde.)

Später beugte sich Thomas Mann immer wieder der angeblichen Notwendigkeit – die in Wirklichkeit keine war –, die sowjetischen Verbündeten im Kampf gegen den Nazismus zu schonen. Niemals konnte und wollte er sich dazu verstehen, dem Regime Stalins den gleichen kriminellen Rang zuzuweisen wie der Diktatur Hitlers. Er war, wie abertausend Mitglieder der intellektuellen Elite des Jahrhunderts, von dem Argument genarrt, daß die kommunistische Utopie, der dumpfen «Veterinärphilosophie» der Nazis (Carlo Schmid) um Welten überlegen, eine moralische Qualität beanspruchen könne, die einen Vergleich der Verbrechen nicht zulasse.

Sohn Klaus registrierte den Moskauer Prozeß voller Entsetzen. Er zog in seinem Tagebuch eine «bittere Parallele zum deutschen 30. Juni», an dem der SA-Chef Röhm und seine Gesellen ermordet worden waren. Halb entschuldigend setzte er die Frage nach den «innenpolitischen Gründen» hinzu, «die Stalin zu diesem schlimmen Akt genötigt haben können…» Anderntags verwies er auf einen Aufsatz von Leopold Schwarzschild im «Neuen Tage-Buch», der sich höhnisch über den angeblichen «Gestapomann Trotzki» äußerte, und er sprach von einem Brief des Bruders Golo, der «ungeheuer erbittert gegen Stalin-Russland» argumentiert habe. Zunächst kommentarlos vermerkte er Ende 1936 das Erscheinen von André Gides Bericht über seine Rußland-Reise, mit dem sich der bewunderte Franzose vom Sowjetregime und von den Kommunisten entfernte: ohne eine dramatische Absage, ohne aufgeregt moralisierende Gestikulation, ohne wilde Anklagen – eher sachlich und voller Trauer. In einer tapferen Rezension, die er für die «Neue Weltbühne» aufsetzte, stellte Klaus Mann fest, die «Akzente der Feindseligkeit, die aufgeregten, schrillen und bösen Töne» seien erst von der anderen Seite – «von denen, die sich angegriffen fühlten» – in die Debatte geworfen worden. Gide habe von sich gesagt, er sei noch immer ein Freund der Kommunisten, er selbst habe es aus dem Mund des Dichters gehört – nur die Kommunisten wollten

seine Freunde nicht länger sein. Klaus Mann fragte: «Warum eigentlich nicht?» Man habe doch gewußt, wer André Gide sei, als man ihn
in der Sowjetunion «mit so weit geöffneten Armen empfing».
Das war naiv gefragt. Klaus Mann hatte nicht verstanden, daß die
totalitäre Ideologie keine Vorbehalte, keine Einschränkungen, keine
Kritik dulden konnte, da jeder Einwand genügte, das geschlossene
Weltbild aus den Angeln zu heben. Voller Unschuld hatte er in seinem Tagebuch den Seufzer notiert: «Ach, diese Schulmeister! Ach,
diese Marxisten!!» Nun empörte er sich dagegen, daß man den «großen Genossen Gide», der gestern noch mit Beifallsstürmen gefeiert
worden sei, in der «Prawda» als einen «aufs äußerste beschränkten
französischen Kleinbürger» schmähe. Gide hatte sich gegen den Kult
gewandt, der mit der Persönlichkeit Stalins getrieben wurde – «ohne
übrigens diese Persönlichkeit selber anzugreifen oder herabzusetzen». Klaus schien ein Opfer des bösartigen Gerüchtes zu sein, die
«Trotzkisten» wünschten «die Niederlage der Loyalisten in Spanien
und den Zusammenbruch des Front Commun in Frankreich (...),
damit nur Stalin geschwächt werde». Er bemerkte wiederum voller
Unschuld, Gide hätte damit rechnen müssen, «daß nicht nur die
liberalen und die trotzkistischen, sondern daß sogar die faschistischen Stalin-Feinde sich auf ihn berufen würden». Vielleicht, schrieb
er weiter, naiv und voll guten Willens, «hätte es doch Mittel und
Wege gegeben (...), um den Mißbrauch, der mit seiner Schrift getrieben wurde, von vornherein zu unterbinden». Nein, er wußte nicht zu
sagen, welche es hätten sein können, und er schien nicht zu verstehen,
daß es gegen propagandistische Ausbeutung – auch der Wahrheit –
keinen zuverlässigen Schutz gibt. Dann fragte er, ganz im Sinn des
Vaters, «ob nicht das Schicksal der Menschheit und ihrer Gesittung,
für die nächsten hundert Jahre, entschieden wird durch die Auseinandersetzung zwischen Faschismus und Antifaschismus, zwischen
der terroristischen Reaktion und dem Geiste des Fortschrittes». Er
fragte weiter, «ob wir nicht, im Verlaufe dieser kämpferischen Auseinandersetzung, zur Anwendung von Taktiken und Praktiken gezwungen werden könnten, die der ‹reine Geist› kaum gutheißen
würde: etwa zur Benutzung von Maschinengewehren oder zum Verschweigen von politisch bedenklichen Wahrheiten».
Der Bürgerkrieg in Spanien hatte längst bewiesen, daß die «Benut-

zung von Maschinengewehren» unumgänglich war. Klaus Mann
aber nannte «die politisch bedenklichen Wahrheiten» in einem
Atemzug mit den Waffen. Er bemerkte nicht, daß auch dies ein Pakt
mit dem Teufel war – wie er ihn eben, auf andere Weise, in seinem
«Mephisto»-Roman am Beispiel seines einstigen Freundes Gustaf
Gründgens geschildert hatte.

Natürlich war der Nazismus der Hauptfeind. Die unmittelbare
Bedrohung ging vom Dritten Reich aus. Später, nach dem Angriff
Hitlers auf die Sowjetunion, gab es in der Tat keine Wahl mehr: Die
Allianz der Demokratien des Westens mit dem kommunistischen
Imperium war ein Gebot des Überlebens. Aber mußte man dann die
Realität der roten Tyrannei aus dem Auge verlieren, deren krimineller
Charakter seit den Säuberungsprozessen offenbar war? Das
ganze Ausmaß des Schreckens wurde erst lange Jahre danach sichtbar.
Experten rechneten schließlich aus, daß etwa eine Million Menschenleben
im großen Purgatorium nach dem Sommer 1936 durch
die Hinrichtungskommandos der Geheimpolizei ausgelöscht wurde;
es wurde geschätzt, daß mehr als eine weitere Million Menschen
noch vor dem Ausbruch des Krieges in den Arbeitslagern Sibiriens
und des Nordens zugrunde ging. Zuvor hatte die Aushungerung der
«Kulaken», die nichts anderes als ein Genozid war, Millionen-Opfer
gefordert. Nachrichten von dem großen Mord waren genug nach
Westen gedrungen. Doch im Umfeld der kommunistischen Gemeinden
des Westens stellte man sich blind und taub – nicht anders, als es
die deutschen Bürger taten, die sich weigerten, die geflüsterten Berichte
über die Greuel in den Konzentrationslagern vor den Toren
ihrer Städte zur Kenntnis zu nehmen.

Klaus Mann zögerte nicht, sich mit Entschiedenheit gegen die
Polemik von Lion Feuchtwanger und Egon Erwin Kisch aufzulehnen,
die André Gide «nicht nur wie einen Verräter, sondern wie
einen etwas geistesschwachen, genußsüchtigen alten Sünder» abgekanzelt
hatten. Voller Anstand und mit einer erstaunlichen Ahnungslosigkeit
fragte er, ob man Gide einst «nur um seines Ruhmes
willen nach vorne geschoben» habe, «nur, weil er nützlich sein
konnte, nur weil sein Name sich gut auf Einladungen zu Kongressen
und unter publizistischen Manifesten machte».

Nichts anderes, in der Tat, war dem großen Freund widerfahren.

Nichts anderes sollte Onkel Heinrich angetan werden, den die Propagandaexperten als würdige Galionsfigur der kommunistisch gelenkten Volksfront-Kongresse nach vorn schoben. Thomas Mann hatte an den Gründungsausschuß zur Vorbereitung der deutschen Volksfront nur ein freundlich-ermutigendes Telegramm geschickt, voll unverbindlicher Phrasen, die eines höflichen Beifalls sicher sein konnten. Der vorsichtig formulierte Text machte deutlich, daß er nicht geneigt war, sich intensiv auf das Unternehmen einzulassen. Zum anderen hütete er sich, Heinrich allzu robust auf die Gefahren hinzuweisen, als sich die Brüder im September nach vielen Aufenthalten endlich für einige Urlaubstage zusammenfanden, die lange und voller Umstand geplant waren.

Thomas Mann hatte am 23. August die Arbeit am dritten Band des «Joseph» endlich abgeschlossen: nach drei Jahren und annähernd sechs Monaten. Das Ereignis wurde mit Champagner, einem festlichen Abendessen und Torte gefeiert. Zu Freunden wie Bruno Walter sprach er von der Furcht, der «Schmöker» könne «gräßlich pedantische Längen» haben, was in der Tat zutraf: sie gehören zu Thomas Mann, selbst in der kritischen Spiegelung. Zugleich setzte er auf die «höhere Heiterkeit» des Buches, die er in jenen Tagen oft beschwor. Ohne Aufenthalt begann er mit den «vorbereitenden Notizen zur Goethe-Novelle». Drei Tage später die Abreise nach Südfrankreich.

Die Brüder hatten ein Rendezvous in Ste.-Maxime verabredet, dem in jenen Tagen noch stillen Städtchen zwischen St.-Tropez und St.-Raphaël, doch Heinrich war durch den Amnestiekongreß in Brüssel aufgehalten. Thomas und Katia fuhren darum zunächst nach St.-Cyr bei Toulon, um René Schickele zu treffen. Sie besuchten die Feuchtwangers in Sanary, das sie nicht ungern wiedersahen. Nach einigen Tagen reisten sie weiter nach Ste.-Maxime. Freilich fand Thomas Mann, das Hotel, in dem Heinrich residierte, sei für ihn unzumutbar. Die alte Unterkunft in Le Lavandou, die sie aus dem Sommer 1933 kannten, war ausgebucht. Es blieb nichts anderes, als in einem älteren Gasthaus mittlerer Güte Zuflucht zu suchen. Von den Bergen fegte der kalte Mistral herab, und durch die Wälder rasten die Sommerbrände. All das strapazierte die Nerven des Dichters. Leidend las er die Korrekturen des dritten «Joseph»-

Bandes, dessen Auslieferung nicht verzögert werden durfte, wenn
er die deutschen Buchhandlungen zeitig genug vor Weihnachten
erreichen sollte.

Nein, über dem Urlaub stand kein guter Stern. Unzuverlässige
Witterung. Das Meer meist zu rauh und zu kalt, um ein wohltuendes Bad zu erlauben. Die Unterkunft ließ zu wünschen übrig. Das
Bett war unbequem. Die übliche französische Nackenrolle malträ-
tierte den Kopf. Das Essen war mäßig, der Morgentee miserabel.
Überdies wurde Katia krank. Dann legte sich Heinrich, der den
beiden gefolgt war, mit Fieber nieder, nach ihm seine Tochter Goschi, die aus Prag gekommen war. Thomas litt an rheumatischen
Schmerzen im Arm. Es tröstete ihn wenig, daß er am Strand einen
nackten jungen Menschen wahrnahm, «nicht unhübsch, dessen
Nähe etwas Bedenkliches hatte». Auch die Gespräche mit Heinrich
schienen nicht allzu ergiebig zu sein. Beide ließen es an Lob für die
Werke des anderen nicht fehlen: Heinrich rühmte den «Joseph»,
Thomas feierte die «Jugend des Henri Quatre». Als Katia wieder
halbwegs zu Kräften gekommen war, machten sie sich auf den
Heimweg.

In Küsnacht trat ihnen – «wie ein Gespenst» – Kuno Fiedler entgegen, der Theologe, der einst das Töchterchen Elisabeth getauft
hatte, wie sich im «Gesang vom Kindchen» nachlesen ließ. Thomas
Mann hatte den Kontakt zu dem sensiblen und eigenwilligen Mann
niemals verloren. Die beiden führten eine angeregte Korrespondenz. In vielen Briefen bewies Fiedler seine aufmerksame und angeregte Teilnahme am Werk des Dichters. Durch eine Polemik, der er
den deftigen Titel «Luthertum oder Christentum» gab, hatte er sich
– es war im Jahre 1921 – mit der evangelischen Kirche Sachsens
überworfen. Nach dem Abschied aus dem Pfarramt sah er sich, wie
es üblich war, auf den Schuldienst verwiesen. Da er einem Erlaß des
nationalsozialistischen Bildungsministers von Thüringen den Gehorsam verweigerte, wurde er – noch vor 1933 – prompt suspendiert. Er versuchte, sich als Journalist und Schriftsteller durchs Leben zu schlagen. Seine hochgestimmten Schriften, in denen er für
die Reinigung des Christentums von der Paulinischen Theologie
und seine Befreiung von allem «Mythologischen» warb, besaßen
wohl einen Einschlag ins gehoben Sektiererische. Kein Zweifel: ihm

ging es jammerwürdig schlecht. Thomas und Katia hatten ihm
durch die Vermittlung von Freunden dann und wann eine kleine
Unterstützung geschickt, und sie hatten ihn im Frühjahr jenes Jahres für einige Tage der Erholung eingeladen. Nach einem der gemeinsamen Spazierwege notierte der Dichter damals Fiedlers «Erschütterung durch die Eindrücke des Draußen». Er setzte hinzu,
daß der Freund bei der Rückkehr nach Deutschland «einerseits wi-
derstandsfähiger, andererseits gefährdeter» sein werde. Dies traf zu.
Noch in Südfrankreich hatte ihn die Nachricht von Fiedlers Verhaftung erreicht. Später berichtete er Heinrich, dem Theologen sei es
gelungen, dem Würzburger Polizeigefängnis zu entspringen, «über
zwei Mauern» hinweg; er wisse selbst nicht, wie er es fertiggebracht
habe. In einem Möbelwagen gelangte er bis ins Badische. In der
Nachbarschaft von Konstanz fand er einen Fischer, der ihn heimlich über den Untersee brachte, ans rettende Schweizer Ufer.

Dank der Verbindungen, über die Thomas Mann verfügte, gelang
es rasch, die Aufmerksamkeit einer evangelischen Vereinigung zu
gewinnen, die Fiedler eine monatliche Unterstützung von einhundertzwanzig Franken zukommen ließ. Es erwies sich, daß er auch
für ein Zimmer, das er im Dorf Küsnacht bezog, nicht bezahlen
mußte. Thomas und Katia Mann kauften ihm einen Anzug (für
fünfundvierzig Franken, wie der Dichter vermerkte). Wenig später
fand Fiedler eine Aufgabe als Seelsorger in Graubünden – auch
fortan und bis in die amerikanischen Jahre ein geschätzter Briefpartner, der oft das Wort fand, nach dem es den Dichter verlangte. Auf
einer der gemeinsamen Wanderungen sprach er von Thomas Manns
«Goethe-Nachfolge und -Verwandtschaft». Die Bemerkung verfehlte nicht, bei dem Autor «neue Bewegung für die Novelle zu
erregen».

Auf seinem Schreibtisch stapelten sich die Materialien. Er las
noch einmal den «Werther» mit größter Aufmerksamkeit, las
«Dichtung und Wahrheit», den Briefwechsel mit Zelter, las vor allem die Aufzeichnungen Friedrich Wilhelm Riemers, der Goethe so
lange zur Hand gegangen war. Er studierte die klassischen Biographien und trug Auskünfte über Charlotte Buff, über Johann Christian Kestner und den Lebenskreis der beiden, über die Gesellschaft
von Weimar, Goethes Sohn August, die letzte Liebe Ulrike von

Levetzow, über Goethes Gewohnheiten, seine öffentliche Karriere, seine Regierungsarbeit, seine Krankheiten, über die typischen Wendungen seiner Sprache zusammen. So fühlte er sich mit ruhiger Intensität in den Alltag der thüringischen Residenzstadt und ins Wesen des Meisters ein: Vorbereitung auf eine möglichst vollkommene und zugleich souveräne Mimikry. In Le Lavandou hatte er mit der Lektüre von Eduard Mörikes Novelle «Mozart auf der Reise nach Prag» begonnen, in der er ein Vorbild für die geplante Erzählung zu sehen glaubte. Das graziöse Stück des schwäbischen Pfarrers berührte ihn freundlich. Doch als er am 11. November 1936 die erste Seite seiner Geschichte schrieb, erinnerte nur noch ein sehr ferner Klang an den Poeten von Cleversulzbach, der seine Erzählung im Ton unaufwendiger Schlichtheit begonnen hatte. Thomas Manns Ouvertüre war aufwendiger orchestriert. Übrigens stand der Titel des Werkes fest, noch ehe er auch nur ein Wort zu Papier gebracht hatte: «Lotte in Weimar».

Acht Tage nach dem Beginn der Niederschrift des ersten Kapitels, am 19. November 1936, fand er sich mit Katia und den beiden jüngsten Kindern auf dem tschechoslowakischen Konsulat in Zürich ein, um den Treueid auf den Staat zu schwören, dessen Bürger er künftig sein sollte. Im Tagebuch nur die knappe Anmerkung: «Sonderbares Ereignis.» Unterdessen hatten sich die Gerüchte verdichtet, daß die Geheime Staatspolizei ein weiteres Mal beantragt habe, ihm die deutsche Staatsbürgerschaft zu entziehen, und es gab kaum einen Zweifel, daß sich das Auswärtige Amt und das Propagandaministerium dem Drängen der Schergen nicht mehr lange würden entziehen können. Der «Vorgang» soll Hitler selbst zur Entscheidung vorgelegt worden sein. Vermutlich hatte der «Führer» niemals eine Zeile von Thomas Mann gelesen, doch er wußte gut genug, um wen es sich handelt. Der Dichter neigte dazu, der Nachricht über den Ausschluß aus dem Staatsverband der Deutschen zuvorzukommen und seine Zugehörigkeit zur Tschechoslowakei so rasch wie möglich bekanntzugeben. Doch er zögerte, von Bermann wie üblich in seinen zaudernden Überlegungen unterstützt. Sollte er den Verkauf des dritten «Joseph»-Bandes gefährden? Die erste Auflage von zehntausend Exemplaren war in wenigen Wochen vergriffen. Das Weihnachtsgeschäft versprach eine

Steigerung des Absatzes. Bis Neujahr sollte das Geheimnis gewahrt werden, das in Wahrheit längst keines mehr war: das Auswärtige Amt hatte die Verhandlungen Thomas Manns über eine mögliche Einbürgerung in Österreich oder der Tschechoslowakei von Beginn an genau registriert. Ohne Zweifel war auch die Gestapo informiert.

Wenige Tage nach dem kleinen Zeremoniell im Zürcher Konsulat der Tschechoslowakei wurde gemeldet, daß Carl von Ossietzky mit dem Friedensnobelpreis ausgezeichnet worden sei. In der «Neuen Zürcher Zeitung» stand zu lesen, daß der «Angriff» in Berlin, die Zeitung von Joseph Goebbels, gegen Thomas Mann zu Felde ziehe, weil er seinen Einfluß für den geschundenen Publizisten geltend gemacht hatte: ein Signal, daß die Schonfrist auch für ihn zu Ende war. Überdies erschien in der Basler «Nationalzeitung» ein Vorabdruck der Rede, die er für die Konferenz der «Kommission für geistige Zusammenarbeit» in Nizza aufgesetzt und am Ende doch nicht gehalten hatte. Rechtsanwalt Heins, mit dem sich der Dichter telefonisch beriet, mahnte, mit der Nachricht vom Wechsel der Staatsbürgerschaft nicht länger zu warten. Auch Bermann ließ sich umstimmen.

Am 3. Dezember informierte er das Konsulat über die geplante Publizierung seines Entschlusses, und er schrieb einen knappen Brief ans Reichsinnenministerium, in dem er «vor Mit- und Nachwelt» die deutsche Regierung für den notwendig gewordenen Schritt verantwortlich machte. Doch der kleine Coup, von dem er sich ein gewisses Vergnügen versprach, mißlang: ehe er vor die Öffentlichkeit treten konnte, wurde aus Berlin seine Ausbürgerung gemeldet.

Auf der Liste, die insgesamt dreiundneunzig Namen verzeichnete, standen neben Thomas Mann der Schriftsteller Konrad Heiden, Autor einer scharfsinnigen Biographie Adolf Hitlers, der Philosoph Dietrich von Hildebrand, Sohn des großen Bildhauers, Rudolf Olden, Sekretär des deutschen PEN-Clubs im Exil, der Sozialdemokrat Heinrich Ritzel, später deutscher Botschafter in Norwegen, und Siegfried Thalheimer, Doktorand der Bonner Universität, der durch sein kämpferisches Engagement im Saargebiet die Aufmerksamkeit der Nazis auf sich gezogen hatte. Mit Thomas Mann verloren auch Katia, Golo, Elisabeth und Michael ihre deutschen Bürgerrechte. Der Bruder, um einen Kommentar gebeten, fand das klarste Wort zu dem beschämenden Ereignis: «Nicht Hitler bürgert Thomas Mann aus», schrieb er, «sondern Europa Herrn Hitler.»

In Telefongesprächen mit der Schweizer Presse wies Thomas Mann darauf hin, daß dieser Schritt rechtlich belanglos sei, da er seine deutsche Staatsbürgerschaft zwei Wochen zuvor selbst aufgegeben habe. Er machte sich kaum Hoffnungen, daß diese Korrektur auf die Entscheidung über sein Vermögen Einfluß haben könne. Den «Bannfluch» selbst nahm er – nach der Auskunft seines Journals und seiner Briefe – mit erstaunlicher Gelassenheit hin, eher von den telefonischen, telegraphischen, den gedruckten und handgeschriebenen Kundgebungen der Sympathie überwältigt. Bermann teilte er mit: «Die Anteilnahme ist groß, es geht fast zu wie nach dem Nobel-Preis». Die Klärung der Situation durch die «Exkommunikation» sei ihm nur lieb. Er fügte den großartigen Satz hinzu: «Ein anderes Deutschland wird es mir nicht nachtragen, daß ich von diesem schied, und schon dieses, glaube ich, wird das großenteils nicht tun.» Stefan Zweig gegenüber betonte er die «hübsche Ironie», die weiß Gott keine zufällige war, daß er «gerade eine Goethe-Novelle schreibe».

Wenige Tage vor Weihnachten schaute André Gide in Küsnacht herein. Er sprach anerkennend von den ersten beiden «Joseph»-Bänden, die er in der französischen Übersetzung gelesen hatte (später äußerte er sich kritischer), und er warf einen wissenden Blick auf Ludwig von Hofmanns Bild mit den nackten Knaben am Brunnen, das auch Thomas Manns Münchner Arbeitszimmer auf angenehme und etwas banale Weise geschmückt hatte. In seinem Vorwort zur französischen Übersetzung des «Briefwechsels» mit der Universität Bonn berichtete Gide von jenem Besuch, und er zitierte, den Blick auch auf die andere, die stalinistische Gefahr gerichtet, von der die Zivilisation Europas bedroht war, das schöne Wort seines Gastgebers: *Das Kollektive ist eine bequeme Sphäre im Vergleich mit dem Individuellen*, bequem bis zur Liederlichkeit».

Golo kam zum Christfest von Prag herüber, Monika aus Florenz, freilich von Liebeskummer beschwert, auch Hans Reisiger kam, von Katia mit dem Reisegeld versehen. Erika und Klaus meldeten sich aus New York: die beiden waren damit beschäftigt, der «Pfeffermühle» in Amerika eine neue Heimat zu schaffen – ein mühseliger und vergeblicher Versuch, wie sich rasch ergab.

Am Weihnachtsabend traf die Mitteilung der philosophischen Fakultät der Universität Bonn ein, daß ihm – in Konsequenz seiner Ausbürgerung – die Würde des Ehrendoktors entzogen worden sei. Thomas Mann trug die Nachricht erst anderntags in sein Journal ein: «Fast hätt' ich's vergessen», begann er seine Notiz, verräterisch genug: es geschah nicht oft, daß er sich in der Intimität des Tagebuchs selbst etwas vorzulügen versuchte. Natürlich hatte er die bittere Botschaft nicht einen Augenblick zu verdrängen vermocht. Er wollte sich und den Seinen das Fest nicht verderben, da die Stimmung durch Monikas Depressionen ohnedies gefährdet war. Vielleicht brauchte seine Seele auch Zeit, wieder zu Atem zu kommen. Kein Zweifel: der Schlag traf ihn hart.

Die eingeschriebene Mitteilung aus Bonn war so knapp wie möglich gehalten. Vier Druckzeilen, mehr nicht: «Im Einverständnis mit dem Herrn Rektor der Universität Bonn muß ich Ihnen mitteilen, daß die Philosophische Fakultät sich nach Ihrer Ausbürgerung genötigt gesehen hat, Sie aus der Liste der Ehrendoktoren zu streichen. Ihr Recht, diesen Titel zu führen, ist gemäß § VIII unserer Promotionsordnung erloschen. Obenauer. Dekan.»

Den Namen, mit dem das Dokument gezeichnet war, vermochte der Empfänger nicht zu entziffern. Er hätte Thomas Mann auch nichts bedeutet. Der Germanist K. J. Obenauer hinterließ in seiner Wissenschaft keine deutliche Spur und in der Geschichte der Universität nur jene, die sich mit seinem Namenszug unter einem schmählichen Dokument annonciert. Paul Egon Hübinger stellte in seiner Arbeit fest, daß Obenauer nicht zu den nazistischen Scharfmachern an der Hochschule zählte – anders als sein Kollege von Antropoff, ein Mitarbeiter des Sicherheitsdienstes, der schon im Jahr 1935 mit dem Wunsch vorgeprellt war, Thomas Mann den Doctor honoris causa zu entziehen. Der Vorstoß war damals durch das Innenministerium zurückgewiesen worden. Nun hatte sich die Lage verändert. Der Rektor der Universität und der Dekan der Fakultät gehorchten, daran gibt es keinen Zweifel, einer Anordnung aus Berlin – beide nur ungern, wie sie später immer aufs neue be-

zeugten. Die zuständigen Gremien wurden, entgegen der Universi-
tätsordnung, nicht befragt. Der Mediziner Karl Schmidt, der das
Amt des Rektors versah, beteuerte später, er habe in zwei Telefongesprächen mit Beamten des Reichsministeriums für Erziehung und
Wissenschaft vergeblich versucht, eine Revision der Entscheidung
zu erlangen. Indes, weder der Rektor noch der Dekan schienen bereit zu sein, von ihren Ämtern zurückzutreten. Sie hätten damit ihre
Karriere, doch zu jenem Zeitpunkt kaum eine Verhaftung riskiert.

Thomas Mann hörte am Abend des Christfestes, an dem er die
fatale Nachricht aus Bonn notierte, den ersten Akt der «Walküre».
Er vermerkte: «Bewundernswerte Ökonomie, knapp, innig.» Doch
er verwies zugleich auf «die schauerlich deutschen Elemente, die
auch noch in der ‹heiligen Not› von heute lebendig» seien. Erst zwei
Tage später begann er seinen Brief an den Bonner Dekan aufzusetzen: ein Stück Prosa, das helleren Ruhm in aller Welt gewann als
irgendein anderer Text, der sich nach den «Buddenbrooks» mit seinem Namen verband. Vorbild des Briefes war, wohl von Golo inspiriert, die Flugschrift von Jacob Grimm «Über meine Entlassung»,
mit der dieser große Gelehrte den Protest der «Göttinger Sieben»
gegen die Aufhebung der Verfassung des Königreichs Hannover im
Jahre 1837 in die Geschichtsbücher eintrug – genau ein Jahrhundert
zuvor.

Thomas Mann brauchte, dieses eine Mal, keinen umständlichen
Anlauf. Schon im zweiten Satz seines Schreibens wies er auf die
«schwere Mitschuld an allem gegenwärtigen Unglück, welche die
deutschen Universitäten auf sich geladen haben». Sie, fuhr er fort,
habe ihm «die Freude an der (…) einst verliehenen akademischen
Würde längst verleidet». Er pochte darauf, daß er den «Ehrentitel
eines Doktors der Philosophie» auch jetzt noch führe: den der Harvard University, die ihm in der Begründung bestätigte, daß er «zusammen mit ganz wenigen Zeitgenossen die hohe Würde der deutschen Kultur bewahrt» habe. Voller Ironie schlug er vor, seinen Brief
am Schwarzen Brett der Hochschule anzuschlagen. Dann die Sätze,
die womöglich öfter zitiert wurden als jedes andere Wort des Dichters: «Ich habe es mir nicht träumen lassen, es ist mir nicht an der
Wiege gesungen worden, daß ich meine höheren Tage als Emigrant,
zu Hause enteignet und verfemt, in tief notwendigem politi-

schem Protest verbringen würde. Seit ich ins geistige Leben eintrat, habe ich mich in glücklichem Einvernehmen mit den seelischen Anlagen meiner Nation, in ihren geistigen Traditionen sicher geborgen gefühlt. Ich bin weit eher zum Repräsentanten geboren als zum Märtyrer, weit eher dazu, ein wenig höhere Heiterkeit in die Welt zu tragen, als den Kampf, den Haß zu nähren. Höchst Falsches mußte geschehen, damit sich mein Leben so falsch, so unnatürlich gestaltete.»

Er begründete die Reserve, die er sich in den ersten Jahren der Emigration auferlegt habe: «Ich meinte, mir durch die Opfer, die ich gebracht, das Recht auf ein Schweigen verdient zu haben, das es mir ermöglichen würde, etwas mir herzlich Wichtiges, den Kontakt mit meinem innerdeutschen Publikum aufrechtzuerhalten.» Er habe hoffen dürfen, fuhr er fort, daß man seine Zurückhaltung verstehen, ja sie ihm danken werde: «So meine Vorsätze. Sie waren undurchführbar. Ich hätte nicht leben, nicht arbeiten können, ich wäre erstickt, (...) ohne von Zeit zu Zeit meinem unergründlichen Abscheu vor dem, was zu Hause in elenden Worten und elenderen Taten geschah, unverhohlenen Ausdruck zu geben. Verdient oder nicht, mein Name hatte sich nun einmal für die Welt mit dem Begriff eines Deutschtums verbunden, das sie liebt und ehrt».

Er fragte: «Ein deutscher Schriftsteller, an Verantwortung gewöhnt durch die Sprache (...) –, und sollte schweigen, *ganz* schweigen zu all dem unsühnbaren Schlechten, was in meinem Lande an Körpern, Seelen und Geistern, an Recht und Wahrheit, an Menschen und an dem Menschen täglich begangen wurde und wird?» Seine Ausbürgerung nannte er den «absurden und kläglichen Akt» einer «nationalen Exkommunikation», und er schrieb weiter: «Der einfache Gedanke daran, wer die Menschen sind, denen die erbärmlich-äußerliche Zufallsmacht gegeben ist, mir mein Deutschtum abzusprechen, reicht hin, diesen Akt in seiner ganzen Lächerlichkeit erscheinen zu lassen. Das Reich, Deutschland soll ich beschimpft haben, indem ich mich gegen *sie* bekannte! Sie haben die unglaubwürdige Kühnheit, sich mit Deutschland zu verwechseln! Wo doch vielleicht der Augenblick nicht fern ist, da dem deutschen Volke das Letzte daran gelegen sein wird, nicht mit ihnen verwechselt zu werden.» «Wohin», rief er, «haben Sie, in noch nicht vier Jahren,

Deutschland gebracht?» Das Land sei ruiniert, seelisch und physisch ausgesogen «von einer Kriegsaufrüstung, mit der es die ganze Welt bedroht, (...) geliebt von niemandem, mit Angst und kalter Abneigung betrachtet von allen, steht es am Rande der wirtschaftlichen Katastrophe».

Er redete von der Gefahr, daß es am Ende doch «den Erdteil mit sich reiße» und «in den Krieg ausbreche», der «*nicht mehr erlaubt*» sei. Dann die prophetischen Worte: «Aber wehe dem Volk, das, weil es nicht mehr ein noch aus weiß, am Ende wirklich seinen Ausweg in den Gott und Menschen verhaßten Greuel des Krieges suchte! Dies Volk wäre verloren. Es wird geschlagen werden, daß es sich nie wieder erhebt.» Alle Unternehmungen des Regimes seien darauf gerichtet, das deutsche Volk für den Krieg «in Form zu bringen» – den Krieg, fügte er mit einem fast aberwitzigen Appell an die Vernunft hinzu, den man ihm «nicht erlauben» werde. Nicht einen einzigen Verbündeten würde Deutschland in der Welt finden: «Deutschland würde allein sein, furchtbar gewiß immer noch in seiner Verlassenheit; aber diese wäre furchtbarer, denn es wäre eine Verlassenheit auch von sich selbst. Geistig reduziert und erniedrigt, moralisch ausgehöhlt, innerlich zerrissen, in tiefem Mißtrauen gegen seine Führer und alles, was sie durch Jahre mit ihm angestellt, tief unheimlich sich selber, zwar unwissend, aber übler Ahnungen voll, würde es in diesen Krieg gehen».

Er mahnte, noch immer mit dem Elan der fast verzweifelten Hoffnung: «Warum nicht lieber Deutschlands Rückkehr nach Europa, seine Versöhnung mit ihm, seine freie, vom Erdkreis mit Jubel und Glockengeläut begrüßte Einfügung in ein europäisches Friedenssystem mit all ihrem inneren Zubehör an Freiheit, Recht, Wohlstand und Menschenanstand? Warum nicht? Nur weil ein das Menschenrecht in Wort und Tat verneinendes Regime, das an der Macht bleiben will und nichts weiter, sich selbst verneinen und aufheben würde, wenn es, da es denn nicht Krieg machen kann, wirklich Frieden machte? Aber ist das auch ein Grund?»

Mit einer harten rhetorischen Volte kehrte er zu seinem Adressaten zurück: «Ich habe wahrhaftig vergessen, Herr Dekan, daß ich noch immer zu Ihnen spreche. Gewiß darf ich mich getrösten, daß Sie schon längst nicht mehr weitergelesen haben, entsetzt von einer

Sprache, deren man in Deutschland seit Jahren entwöhnt ist, voll Schrecken, daß jemand sich erdreistet, das deutsche Wort in alter Freiheit zu führen. – Ach, nicht aus dreister Überheblichkeit habe ich gesprochen, sondern aus einer Sorge und Qual, von welcher Ihre Machtergreifer mich nicht entbinden konnten, als sie verfügten, ich sei kein Deutscher mehr». Er schloß mit dem «Stoßgebet», den «obersten Namen» nennend, den er gemeinhin «aus religiöser Schamhaftigkeit» nur schwer «über die Lippen oder gar aus der Feder» bringe: «Gott helfe unserem verdüsterten und mißbrauchten Lande und lehre es, seinen Frieden zu machen mit der Welt und mit sich selbst!»

Am Abend des 30. Dezember las er den Brief dem Historiker Erich von Kahler und dem Zürcher Dramaturgen Kurt Hirschfeld vor. Das Schreiben bewirkte, wie er vermerkte, «große Bewegung». Es wurde beschlossen, den Text als Flugschrift bei Oprecht zu publizieren. Anderntags, an Silvester, übertrug ihn Golo in die Maschine. Der Verleger lauschte der Vorlesung des Dokumentes mit «Ergriffenheit». Die erste Auflage von zehntausend Exemplaren war in wenigen Tagen ausverkauft. Die nächsten zehntausend wurden bis Ende Februar vertrieben. Thomas Mann hatte Grund zu der Annahme, daß die Schrift in vielen tausend Exemplaren auf heimlichen Wegen nach Deutschland gelangte. Ungezählte hand- und maschinengeschriebene Kopien gingen im Reich von Haus zu Haus. In der Bonner Universität aber wurde der Brief strikt unter Verschluß gehalten. René Schickele sagte voraus, er werde einst in deutschen Lesebüchern stehen.

Der letzte Abend des Jahres en famille: Nach dem Essen mit Reisiger gab es Bowle und kleine Pfannkuchen. Die Lichter am Weihnachtsbaum wurden noch einmal angezündet: «Musik», schrieb Thomas Mann ins Journal: «Nachdenklichkeit und Heiterkeit bis 12 Uhr. Glockengeläut. Die Kinder, auch die Mädchen mit ihren Freunden gingen noch aus.»

59. KAPITEL

Maß und Wert

Photographien aus jenen Tagen zeigen Thomas Mann in der Regel mit strenger Miene: die beiden senkrechten Kerben über der Nase schnitten tief in die Stirn, und die Brauen hoben sich zu einem scharfen Winkel. Die dunklen Augen schauten dem Betrachter fragend und fordernd entgegen. Kein gemütlicher Blick: der eines Professors, den sich die Studenten für die Prüfung nicht wünschen. Wie ein steiler Erker ragte die Nase aus dem Gesicht. Die starken Falten, die zu den Winkeln des Mundes liefen, und die schweren Tränensäcke über den Wangen zeugten von der chronischen Überanstrengung, der sich der Autor unterwarf. Der kurze Haarschnitt ließ die Ohren noch größer erscheinen, als sie es ohnedies waren. Einige Warzen traten prominent hervor, zumal unter dem linken Auge, unter dem linken Flügel der Nase und auf der rechten Schläfe. Die immer noch vollen Haare graumeliert. Am Körper, soweit es die elegant geschnittenen Anzüge erkennen ließen, kein Gramm Fett zuviel, obwohl sich der Dichter für gewöhnlich eines kräftigen Appetits erfreute und der Qualität seiner Mahlzeiten, ob am häuslichen Tisch oder im Restaurant, die größte Aufmerksamkeit zuteil werden ließ. Selten versäumte er es, gegen Abend ein oder zwei Gläschen Wermut zu sich zu nehmen. Zum Essen trank er Wein oder Bier, und zu festlichen Gelegenheiten gab es eine Flasche Champagner. Lebensfreude freilich strahlte der Autor nicht aus. Er tat es wohl niemals.

Auch die Vermittlung gelösten Wohlgefühls an die Umwelt war ihm nicht gegeben, obschon seine Notizen und Briefe neben den

tausend Klagen und pedantischen Beschwerden über die Widrigkeiten des Alltags und die Anfälligkeiten seiner Physis mitunter auch
von Genuß und Behagen zu berichten wußten. Von den Bürgern
des Dörfchens Küsnacht am Rande von Zürich trennte ihn nicht nur
der Weltruhm, der ihnen nicht verborgen geblieben war, sondern
vor allem die unnahbare Würde, die er so sichtbar einhertrug, wenn
er gegen Mittag, vielleicht auch ein zweites Mal gegen Abend zu
seinen täglichen Spaziergängen ausschritt: «über Itschnach» oder
«über Johannisburg», gelegentlich «den großen Rundweg» durch
die schönen Wälder wählend – immer dieselben Pfade, deren er niemals müde wurde. Manchmal wurde er von Katia begleitet, manchmal von einem der Kinder oder von einem Freund. Wenn er von der
Stadt kam, stieg er oft aus dem Wagen, um die letzte halbe Stunde zu
Fuß zurückzulegen.

In den ersten Monaten des Jahres 1937 konnten die Küsnachter
Nachbarn bemerken, daß der prominente Nachbar schwerer ging
als früher. Er hielt des öfteren inne. Er hinkte. Seine Züge zeigten
die Mühsal jeder Bewegung. Später, im Fortgang des Jahres, nahmen sie wahr, daß der Fremde – das war und blieb der gefeierte
Mann – ein Feldstühlchen mit sich trug, wie's unter Jägern üblich
ist, auf dem er sich im Abstand von fünf oder zehn Minuten niederließ, um zu rasten. Oder er schleppte sich von Bank zu Bank,
manchmal länger verharrend, um Briefe oder Manuskripte zu lesen,
die er aus seiner Tasche holte. Thomas Mann wurde von schwerem
Rheuma gequält. Er litt an einer Entzündung des Ischiasnervs, die
nicht weichen wollte. Überdies konstatierten die Ärzte eine chronische Arthrose, die sich durch keine Bemühung besserte, nicht durch
Wärme, nicht durch Massagen, nicht durch Unterwassergymnastik,
nicht durch Bestrahlungen, nicht durch Kurzwellenbehandlung.
(Erst eine sommerliche Kur in Bad Ragaz brachte die ersehnte Linderung.) Obendrein lockerte sich in jenen Monaten eine Brücke im
Oberkiefer, und es erwies sich als unumgänglich, einen «Gesamt-
Ersatz» vorzunehmen, wie er mit der üblichen Verschämtheit sagte.
Mit anderen Worten: er brauchte eine Prothese. Tapfer bestand er
die Qual der Extraktionen und der Abdrücke. Doch die «dritten
Zähne» bereiteten ihm noch lange tägliches Ungemach, zumal bei
den Mahlzeiten. Er konnte, bis endlich ein zuverlässiger Sitz des

Gebisses konstruiert wurde, nur Pürees und Haschees zu sich nehmen. Der Ärger begann schon beim Frühstück, dieser kleinen Morgenfreude, die er so ungern entbehrte. Nichts wollte ihm schmecken. Überdies glaubte er – den eigenen Körper wie immer mit hypochondrischer Aufmerksamkeit beobachtend –, daß ihm die «geseihte Nahrung» den Magen verderbe. Wenigstens war er beim Sprechen kaum behindert, obschon er bei jedem öffentlichen Auftritt ein Unglück fürchtete.

Der Winterurlaub droben in Arosa – immer die gleichen Zimmer im gleichen Hotel, immer die gleichen Wege in der verschneiten Landschaft, immer den Nachmittagstee drunten im «Old India» –, diese so geliebte Kur im Schnee hatte in jenem Jahr kaum der Erholung gedient. Die rheumatischen Schmerzen schienen nur schlimmer zu werden. Er litt wie ein Hund, litt, wenn er stand, wenn er ging, wenn er saß, wenn er lag. Er litt vor allem des Nachts. Ein Phanodorm verschaffte ihm für gewöhnlich Ruhe bis morgens gegen drei: «Dann kommen Schmerzen», schrieb er an René Schickele, «und ich löse zwei Alonal-Tabletten in Kamillenthee. Das reicht bis 5. Dann ist es endgültig aus und keine Position mehr zu finden, in der es auch nur minutenlang auszuhalten wäre.» Er stopfte sich mit Chemikalien voll: um so rascher ermüdete er im Tagwerk, um so öfter fiel er in den Abgrund verdüsterter Stimmungen und um so öfter suchte ihn scharfer, ätzender Ärger heim.

Die Schmerzen duldeten selten ein kleines Rendezvous mit der Lust, die das Tagebuch zuvor dann und wann angedeutet hatte: einer einsamen Lust, in der es keine Partnerschaft gab, nur ein verschwiegenes Ergötzen am Anblick eines schönen Knabenkörpers oder eines hübschen Gesichtes, vielleicht eine rasche Begegnung der Augen. Selten eine Heimsuchung, wie sie ihn im Jahr zuvor noch überkommen hatte, als ihn an einem gewittrigen und dunstig warmen Juni-Nachmittag bei der Ausmalung der «Strafen», die den Helden im dritten Band des «Joseph» treffen sollten, plötzlich eine «sinnliche Erschütterung» überfiel: einer jener wenigen Momente, in denen er sich selbst – und damit der Nachwelt – den Blick in die verborgenen Schichten seines sexuellen Verlangens freigab. Ferne Begleiter, die mit einer feinen Witterung für das Verlangen der «Hunde im Souterrain» begabt waren, winkten den geheimen

Wünschen manchmal auf diskrete Weise zu – wie die Gattin eines Dozenten in Rostock, Emmy Gerig hieß sie wohl, die ihm zweimal schöne Bücher mit Bildern des Sankt Sebastian geschickt hatte, seines Lieblingsheiligen, der durch die Jahrhunderte europäischer Kunst so viele blutig-bitteren Torturen in unverwelklicher Schönheit auf sich zu nehmen wußte. Es geschah nicht oft, daß Thomas Mann die Konfrontation mit diesen verborgenen Empfindungen wagte.

Keine Lockungen. Vielmehr waren die Nächte oft von Angst und bösen Träumen besetzt. Wenn die Unruhe und die Verzagtheit überhand nahmen, weckte er Katia in ihrem Zimmer. Obwohl sie selbst oft am Rande ihrer Kraft war, versagte sie sich niemals seiner Not: sie setzte sich an sein Bett, redend oder auch stumm, und hielt seine Hand, bis er wieder ein wenig Schlummer fand.

Es kostete ihn mehr Energie als früher, sein Tagwerk zu verrichten. Um ein oder zwei Seiten mehrte er das Manuskript, das es zu «fördern» galt, manchmal nur ein paar Sätze. Dazu kamen die Briefe, die der schwellende Strom der Korrespondenzen von ihm verlangte. Am Nachmittag diktierte er Katia Post ins Stenogramm oder in die Maschine. Manches fertigte er selbst von Hand aus. Viele der Briefe forderte die Berufspflicht, viele genügten der Freundes- und der Menschenpflicht, viele dienten einer Art Selbstpflicht – die langen Episteln vor allem, in denen er von sich und interpretierend von seinem Werk sprach, des Interesses an der eigenen Person niemals müde.

Was für ein Aufwand an Zeit und Lebenskraft! Auf seltsame Weise widersprach dem Verlangen nach Konzentration der Wunsch, sich bei den Mahlzeiten mit einem wechselnden Kreis von Menschen zu umgeben, vertrauten und unvertrauten Gesichtern. Selten, daß er eine Mahlzeit nur mit Katia oder für sich allein einnahm. So fern ihm das Wesen der Kinder sein mochte: ihre Anwesenheit trug in der Regel zu seinem Wohlbefinden bei. Vor allem waren sie ein zuverlässiges Publikum für die Lesungen am Abend. Für gewöhnlich aber saßen Gäste am Tisch: durchreisende Kollegen oder Zürcher Honoratioren, die aus politischen, gesellschaftlichen, künstlerischen Gründen wichtig sein mochten, Freunde, Kinder, alte Bekannte wie «die Giehse», Erikas vertraute und schwierige Gefährtin, oder Hans Reisiger, noch immer der angenehmste Hausgenosse, Ferdinand Lion, der elsässische Lyriker und Essayist, der zum Partner eindringlicher und oft aufreibender Arbeitsgespräche wurde. In der Regel blieben die Gäste noch zum Kaffee, der im Sommer auf der Terrasse eingenommen wurde, die einen freien Blick über den See bot. Gäste stellten sich am Nachmittag zum Teezeremoniell ein, oder sie kamen zum Abendbrot, dem sich fast unweigerlich eine Vorlesung anschloß – im Arbeitszimmer des Dichters, wenn es nur wenige waren, in der Halle, wenn sich eine größere Gemeinde versammelte. Falls der Autor nicht geneigt war, ein neues Stück seiner Arbeit zur Prüfung vorzutragen oder keinen der Kollegen ermutigte, eine Probe seines eigenen Werkes vorzustellen, wurde die Gesellschaft eingeladen, mit dem Hausherrn Musik zu hören: Konzert- oder Opern-Übertragungen aus dem Radio, sonst Platten aus Thomas Manns beträchtlicher Sammlung.

Die Last der erstaunlichen Gastfreundschaft trug, es konnte nicht anders sein, vor allem Katia. Sie wurde von den beiden bewährten Hausgehilfinnen unterstützt, die der Familie aus Münchner Tagen treu geblieben waren: Maria Ferber und Marie Treffler. Beide reisten übrigens gelegentlich in die bayerische Heimat, ohne dort drüben von den Behörden belästigt zu werden. Doch Thomas Mann drängten sich wachsende Zweifel auf, ob dieses Arrangement noch lange möglich sein würde.

Das Auto chauffierte Katia, eine allzu energische, allzu unbekümmerte Fahrerin, die von der Tochter Erika mehr als einmal ermahnt wurde, mit dem Gefährt bedachtsamer umzugehen. Wenigstens vor unübersichtlichen Kreuzungen, riet die Tochter, sollte sie Gebrauch von der Hupe, vielleicht auch von der Bremse machen. War Golo zu Hause – im Frühjahr 1937 kehrte er aus Prag zurück –, übernahm er das Steuer, vor allem für längere Ausflüge: ein sicherer und zuverlässiger Lenker, wie es seiner Persönlichkeit entsprach. Im späten Frühjahr wurde der schöne Fiat, der nützliche Dienste geleistet hatte, gegen eine größere und bequemere amerikanische Limousine vom Typ Chevrolet eingetauscht, die mit einem hübschen roten Streifen und den Initialen des Besitzers versehen wurde. Der alte Wagen brachte immer noch dreitausend Franken; nur zweitausend mußten für das elegantere Gefährt dazugelegt werden – ein günstiger Handel. Thomas Mann liebte das Reisen im Auto. Er genoß es, daß er die Zeit des Aufbruchs selbst bestimmen konnte, mit anderen Worten: daß er nicht Sklave des Fahrplans war. Natürlich wurde er zum Bahnhof chauffiert, wenn er die Eisenbahn nahm, und natürlich erwartete er, daß er mit dem Automobil an der Station abgeholt wurde, wenn er zurückkam.

Der Winteraufenthalt 1937 in Arosa gehörte vor allem der Vorbereitung einer Zeitschrift, deren Herausgabe er bedachtsam erwogen hatte, seit die reiche Madame Mayrisch de Saint-Hubert aus Luxemburg durch die Vermittlung ihres Landsmannes Joseph Breitbach Verbindung mit ihm aufgenommen und angekündigt hatte, daß sie bereit sei, eine beträchtliche Summe zur Finanzierung eines intellektuellen Forums der Emigration bereitzustellen: dreimal zehntausend Franken im Jahr. Durch einen Brief, den Schickele am 1. Februar 1937 schrieb, erfuhr Thomas Mann, daß sich auch der Freund in Südfrankreich mit Zeitschriften-Plänen trug.

Der Kollege dachte daran, die «Weißen Blätter» wiederzubeleben, die er in den Jahren des Ersten Weltkriegs in der Schweiz publiziert hatte. Er schien damit auf lebhaftes Interesse bei Jean Schlumberger zu stoßen, seinem elsässischen Landsmann, Sohn einer der reichsten Sippen Frankreichs: der Freund André Gides, mit dem er einst die «Nouvelle Revue Française» im Haus Gallimard gegründet hatte. Schickele hatte davon gehört, daß sich Thomas Mann mit ähnlichen Plänen trage. Er schrieb: «Wenn es damit seine Richtigkeit hat, setze ich meine Bemühungen natürlich nicht fort, schon allein aus dem Grund, weil wir ungefähr das gleiche Programm haben, die Anziehungskraft aber Ihres Namens als des Herausgebers ein Argument ist, das ausserhalb jeder Diskussion steht.»

Postwendend antwortete Thomas Mann, der Brief habe ihn «in einige Bestürzung und Verwirrung versetzt» und doch auch wieder gefreut, «denn diese Einhelligkeit, was die Notwendigkeit einer freien deutschen Zeitschrift betrifft, hat wirklich etwas Erfreuliches und Überzeugendes». Freilich sei es falsch, von «meinen» Plänen zu reden: «Die Dinge kommen an mich heran, und ich sträube mich mehr, als daß ich der Unternehmende wäre.» Der Gedanke an eine Herausgeberschaft löse bei ihm «schwere Befürchtungen» (...) im

Hinblick auf seine Arbeitskraft aus. «Von Ihren Plänen habe ich nichts geahnt, und Sie können denken, in welche Verlegenheit es mich stürzt, davon zu hören.» Er könne von der Zusage, dem Projekt als Berater zu dienen, nicht mehr zurücktreten, doch er brauche kaum zu sagen, daß er «mit dem Gedanken an die Zeitschriftgründung von vorneherein auch den Gedanken an Sie und Ihre Mitarbeit» verbunden habe. Es wäre ihm fatal, wenn er durch seine Teilnahme an diesen Plänen jene René Schickeles durchkreuze, die ihm vielleicht lebenswichtig seien. Im Tagebuch notierte er, daß eine «Fusionierung der Pläne» notwendig sei. Davon war später nicht mehr die Rede. Schickele protestierte nicht. Er selbst wäre wohl, durch sein schweres Asthma geschwächt, kaum in der Lage gewesen, die Bürde redaktioneller Arbeit auf sich zu nehmen. Überdies war er auf die Überweisungen Katia Manns angewiesen, die zu jener Zeit regelmäßig sieben- oder achthundert französische Francs im Monat schickte: ein wesentlicher Beitrag zum Lebensunterhalt für ihn und die Seinen, den er, laut einem Brief an Annette Kolb, die vertraute Freundin, mit dreitausend Francs zu bestreiten versuchte.

Die Dinge nahmen ihren Fortgang. Madame Mayrisch und Jean Schlumberger, Joseph Breitbach, Emil Oprecht, der Zürcher Verleger, und seine Frau fanden sich Mitte Februar im Küsnachter Haus zu Tische ein. Auch Ferdinand Lion und Erich von Kahler waren zur Stelle. In den Beratungen mit ihnen hatte Thomas Mann schon einen Titel für die Revue gefunden, der nach seinem Urteil ganz goethisch war – gleichsam ein natürliches Kind seiner Arbeit an der Goethe-Novelle: «Maß und Wert».

Man war sich rasch einig: die Zeitschrift sollte auf keinen Fall ein Kampfblatt sein, sondern die geistigen und politischen, die moralischen und literarischen Probleme der Zeit auf hohem Niveau untersuchen; sie müßte, auch darin stimmte man überein, in der sicheren Schweiz, im Verlag Emil Oprecht erscheinen, nicht bei Fischer im gefährdeten Österreich; die Redaktion würde, nach Thomas Manns Vorschlag, Ferdinand Lion übernehmen, der sich für diese Arbeit durch seine universelle Bildung und den geschärften Blick des Kritikers empfahl. Lion legte eine inhaltliche Skizze für fünf Nummern vor. Man kam überein, daß in den ersten Heften auch die ersten Kapitel von «Lotte in Weimar» abgedruckt werden sollten.

Natürlich lag der Gedanke nahe, schweizerische und österreichische Intellektuelle in den Kreis der Herausgeber zu berufen. Man dachte an den Literaturhistoriker Walter Muschg, an seinen Kollegen Fritz Strich, mit dem Thomas Mann schon lange in engem Kontakt stand, an den Prager Literaturwissenschaftler Otokar Fischer, vor allem an den Basler Theologen Karl Barth, den Koautor der «Barmer Erklärung» des Jahres 1934, die am Anfang der «Bekennenden Kirche» stand, Künder eines radikal-strengen Gottes-Begriffes (der dennoch an Thomas Manns «Kultur-Christentum» keinen Anstoß zu nehmen schien).

Schließlich entschied man sich fürs erste doch für die Alleinherausgeberschaft Thomas Manns. Ihm gesellte sich später Konrad Falke zu, der im bürgerlichen Leben Karl Frey hieß, Übersetzer von Dantes «Göttlicher Komödie», Verfasser anspruchsvoller, wohl auch ein wenig verblasener Dramen und Romane über Jesus von Nazareth, der sich schon im dritten Heft der Zeitschrift in eine Polemik mit Barth verstrickte. Im übrigen war Falke-Frey ein freundlicher und begüterter Herr, der ein schönes Anwesen mit zwei Häusern bei Rapperswil besaß. Seine Mitwirkung, das ergab sich rasch, bescherte Thomas Mann mehr Probleme als Anregungen. Ehe ein Jahr vorüber war, mußte ihm das Vetorecht entzogen werden.

Die Zeitschrift war ein Sorgenkind, von Beginn an, und Thomas Mann stöhnte bald, daß er sie am liebsten wieder los wäre. Drei Monate nach dem Beginn der Arbeiten meldete ihm Ferdinand Lion, der einzig gute Beitrag, über den er für die erste Nummer verfüge, sei sein Vorwort. Ins Tagebuch schrieb Thomas Mann den Seufzer, er habe gleich gewußt, daß er alles allein machen müsse. Doch als Anfang August das Heft auf dem Tisch lag, nahm es sich trotz allem stattlich aus. Es war ganz von der Handschrift Thomas Manns geprägt: der Vorabdruck aus dem Goethe-Roman, der natürlich keine «Novelle» blieb, ohne Zweifel die liebenswürdigste Attraktion. Dazu ein historischer Aufsatz Erich von Kahlers über die «Preußische Ökonomie», eine Erzählung von Joseph Breitbach, ein Essay des großen Soziologen Karl Mannheim, Glossen von Schickele und Edmund Jaloux.

Pièce de résistance war der Essay von Thomas Mann, mit dem er der Zeitschrift Richtung und Weg zu weisen gedachte. Mit etwas gesenkter Stimme rechtfertigte er darin den Namen, bei dem der eine oder andere das Gesicht verzogen habe: «‹So artig? So konservativ? (...) So esoterisch sogar und vornehm wollt ihr sein? Gab es keine zündendere, kecker werbende Parole (...)? Hofft ihr mit solcher züchtigen Titel-Pädagogik einen Hund vom Ofen zu locken in Zeiten kundigsten Anreißertums und einer revolutionären Propaganda-Schmissigkeit, in der alles Angriff, Vorstoß, Umbruch und ‹junger Morgen› ist oder sich doch triumphierend so nennt?› Nun denn, wir glauben, daß sehr bald kein Hund mehr vom Ofen zu locken sein wird mit den Fanfaren einer verlogenen Sieghaftigkeit und Zukünftigkeit (...). Das Vokabular der Revolution ist heillos geschändet, kompromittiert und ins Läppische gezogen, seit es ein Jahrzehnt lang und länger dem Massenspießer hat dienen müssen, sich revolutionär vorzukommen.» Dagegen stellte er die beiden moderaten und ruhigen Begriffe des Namens. «Maß», sagte er, «das ist Ordnung und Licht (...), das Anti-Barbarische, der Sieg der Form, der Sieg des Menschen.» Wert: das sei vor allem die Wahrhaftigkeit, in der Kunst und Moral eins würden, das sei vor allem das Recht; «der schändlichste Satz, der je der gesitteten Welt ins Gesicht gesprochen worden», behaupte: «Recht ist, was dem Volke nützt.» Da jenes Wort auf deutsch gesagt worden sei, genüge es nicht, daß ihm in fremden Sprachen widersprochen werde: «auf deutsch muß es geschehen».

Diese kämpferische Ouvertüre wurde durch die immer wiederkehrende Berufung auf Goethe nicht gedämpft. Im Gegenteil. Die Präsenz seiner Person und seines Werkes war das eigentliche Programm der Zeitschrift, und mehr als das: sie offenbarte sich auch auf diesem Forum als das Lebensprogramm des Herausgebers, der nicht nur durch seinen Roman den Anspruch anmeldete, den Geist des klassischen Weimar für die Sache der deutschen Freiheit zu engagieren. Goethe bestimmte klarer als jede andere Gestalt die Hoffnung, der sich die Zeitschrift verschrieb: daß sich die «unselige Kluft zwischen Macht und Geist, die das deutsche Leben charakterisiert», endlich einmal schließe, «die tragische Fremdheit zwischen deutschem Staat und deutscher Kultur – man denke an Goethe's eisige Vereinsamung zur Zeit der Freiheitskriege, an Nietzsche's verzweifelte Vermaledeiung des ‹Reiches›, an George's

bitteres und unerbittliches ‹Nein› zum Deutschland von heute und
an sein Grab in der Schweiz». «Wir», schrieb Thomas Mann weiter, «wollen nicht aufhören, auf eine deutsche Macht, einen deutschen Staat zu hoffen – und nach unseren Kräften helfen, ihn vorzubereiten –, an welchem der deutsche Geist freudig teilnehmen
kann und der ihn, eine wahrhafte Totalität verwirklichend, mit
umfaßt.» Des Autors knappe und höfliche Verbeugung vor der
«sittlichen Kultur des Christentums», von der Goethe sprach, und
vor einem humanen Sozialismus, der sich der marxistischen Kulturphilosophie nicht verdingte: sie ließ sich auch als milde Absage
an alle ideologischen Verkrampfungen deuten, die in «Maß und
Wert» vor der «Sehnsucht nach dem Menschenanständigen, nach
Freiheit, Vernunft und Recht» zurücktreten sollten. Der Faschismus, sagte Thomas Mann voller Verachtung, sei als «geistige
Mode» schon überwunden. Der Ton des Aufsatzes beschwor in
Wirklichkeit eine Haltung, die er selbst in düsteren Augenblicken
der vermeintlichen Alternative von Nazismus und Kommunismus
glaubte opfern zu müssen. Er zeugte von einer bürgerlichen Liberalität, deren Energien in Wahrheit noch längst nicht erschöpft waren, auch nicht in ihm selbst.

Die Qualität des zweiten Heftes, das im späten Herbst folgte,
stand der des ersten nicht nach. Es enthielt, neben der Fortsetzung
des Vorabdrucks aus «Lotte in Weimar», eine kleine Kostbarkeit:
Briefe von Nietzsches Mutter über den kranken Sohn (die bei Bermann Fischer in Wien erschienen), an den Freund Overbeck gerichtet, überdies einen Essay des Komponisten Ernst Křenek: «Ist
Oper heute noch möglich?», Erinnerungen von Oskar Maria Graf,
Bemerkungen des Schriftstellers Ernst Weiß, den Thomas Mann
bewunderte, über die Tagebücher und Briefe Franz Kafkas. Das
dritte Heft schließlich wartete mit einer Studie von Alfred Döblin
unter dem Titel «Prometheus und das Primitive» auf, zu dessen
Abdruck sich der Herausgeber trotz seiner unüberwindbaren Abneigung gegen den Kollegen überredet hatte. Dazu fügte sich ein
Auszug aus Robert Musils «Mann ohne Eigenschaften». Der Mitherausgeber Konrad Falke rückte seinen Aufsatz «Jesus und die
Kirche?» ein, in dem er nicht allzu geschickt gegen Karl Barth polemisierte. Thomas Mann selbst war mit seiner Arbeit über Ri-

chard Wagners «Ring» zur Stelle, Sohn Golo mit einer kritischen Abhandlung über den «Deutschen Historismus».

Als Klaus Mann im Februar via Amsterdam und Paris aus Amerika zurückkam, notierte er: «Bin etwas verstimmt, wegen der Zeitschrift, über die man mich nicht unterrichtet.» Er hatte in New York versucht, Erika bei der Übersiedlung ihrer «Pfeffermühle» zur Hand zu gehen: ein gewagtes Unternehmen, das von Beginn an zum Scheitern verurteilt zu sein schien. Die Amerikaner waren, das erwies sich rasch, mit den europäischen Formen des Kabaretts nicht vertraut. Es fand sich kein Café, keine Bar, keine Kneipe, die zugleich auch über eine Bühne verfügte. Erika sah sich schließlich gezwungen, ein kleines Theater in einem der Hochhäuser im Umkreis der Pennsylvania Station zu mieten. Die Übersetzung der Texte ins Englische machte Schwierigkeiten. Die Schauspieler hatten Mühe mit dem fremden Idiom, zumal Therese Giehse, die überdies auf die Herren eifersüchtig war, die sich so lebhaft um Erika bemühten – unter ihnen der Bankier Maurice Wertheim, den die Tochter den «unermeßlich Reichen» nannte.

Das Publikum der Premiere – in der Mehrzahl wohl deutsche Emigranten – beklatschte die Vorstellung enthusiastisch, doch die Kritiken waren mehr als gedämpft. Rasch löste sich die Truppe auf – «unter Hinterlassung eines ansehnlichen Defizits», wie Erika an die Mutter schrieb, und «unter Hinterlassung einer Situation, die alle Ingredienzien der finanziellen Katastrophe reichlich in sich hatte». Indes, der «unermeßlich Reiche» trat in Erscheinung: «Alles wurde bereinigt und aufs beste applanieret, nur daß, natürlich, dann wieder meine Freundschaft mit ihm darunter ein wenig zu leiden hatte, von der freilich ohnedies niemand sagen könnte, wie weit sie zu treiben gewesen wäre, – ist doch der unermeßlich Reiche einfach eine Schattierung *zu* reich, – man kann es irgendwie nicht aushalten, – es ist eine Sache mit Extrazügen und Kammerdienern, – es kommt einem ja blasphemisch vor, – zynisch und unadäquat.»

Kurz, sie war nicht bereit, den Bankier zu heiraten. Ihre Auftritte aber waren, trotz des Fiaskos der Truppe, eindrucksvoll genug, sie den aufmerksamen Agenten für amerikanische Shows und vor allem für Vorträge draußen im Land zu empfehlen. Sie sprach und schrieb ein geläufiges Englisch. So konnte sie hoffen, ihr Brot in der Neuen

Welt durch *lectures* und journalistische Arbeiten, wenn nicht als Schauspielerin zu verdienen. Entschlossen nahm sie den Aufbau einer amerikanischen Existenz in die Hand. Nicht lange danach beantragte sie die offizielle Einwanderung.

Auch Klaus, der mit der amerikanischen Ausgabe von «Flucht in den Norden» (bei Knopf) einen Achtungserfolg errungen hatte, wurde für einige Vorträge engagiert. Sie waren für ihn eine harte Prüfung. Er tat sich mit der fremden Sprache schwerer als die Schwester. In der Arbeit diszipliniert wie immer, schrieb er Berichte, Kritiken, Essays für Zeitschriften und Zeitungen in Paris, in der Schweiz, in Österreich, in Prag. Unterdessen hatte sein «Mephisto» in Europa einigen Lärm gemacht. Man sprach von dem Buch und von seinem Autor. Die «Pariser Tageszeitung», eben erst unter skandalösen Umständen ins Leben getreten, hatte den Vorabdruck des Romans mit der offenen Nennung des Namens von Gustaf Gründgens angekündigt. Klaus Mann dementierte mit höchster Dringlichkeit, daß sein Buch ein *roman à clef* sei. Vermutlich fürchtete er, der einstige Freund, der sich nun auf so mächtige Gönner wie den preußischen Ministerpräsidenten Hermann Göring stützen konnte, werde die Gerichte in Holland, in der Schweiz, in Österreich, in Frankreich mobilisieren. Die Geschichte, erklärte er, handle nicht von einer bestimmten Person, sondern von einem Typus. Die Voranzeige habe seinem «Mephisto» die Züge «eines bestimmten, heute in Deutschland erfolgreichen Schauspielers» zugewiesen: «Ja, diesen Schauspieler habe ich in der Tat gekannt. Aber was kann er heute für mich bedeuten? Vielleicht eine persönliche Enttäuschung; vielleicht nicht einmal das... Bin ich so tief gesunken», rief er, «Romane um Privatpersonen zu schreiben? Meine Entrüstung, mein Zorn, mein Schmerz – sind sie so ziellos, so ‹privat›, daß sie sich mit Individuen beschäftigen, (...) an denen ich mich in Form eines Schlüsselromans räche?» Das Buch sei, sagte er später, «*nicht* gegen einen Bestimmten geschrieben», sondern «gegen *den* Karrieristen; gegen *den* deutschen Intellektuellen, der den Geist verkauft und verraten hat».

Das traf zu, doch nicht ganz. Der Roman bezog einen guten Teil seiner emotionellen Energien aus der Leidenschaft einer persönlichen Abrechnung mit dem Mann, den Klaus einst geliebt hatte.

Der Mutter gegenüber schrieb er von einer «gewissen haßvollen Beschwingtheit», die das Buch verspräche. Wenig später gestand er ihr: «ich habe Angst: es wird ein richtig gemeines Buch, voll von Tücken wie es eigentlich nur ein Mensch mit schlechtem Charakter schreiben kann.» In Klammern setzte er mit einem Anflug von Selbstironie hinzu: «Dabei habe ich doch einen guten.» In Wahrheit glich er selbst in vielen Zügen dem großen Schauspieler und Regisseur, der eine so tiefe Anziehung auf ihn ausübte. Nur hatte er sich – dank seiner Herkunft und der Prägung, die er durch die Eltern erfuhr – im Augenblick der Entscheidung auf der Seite des Anstands gefunden, anders als manche seiner vertrautesten Freunde: Gustaf Gründgens, Erich Ebermayer, den der Vater einen «unbeträchtlichen Tropf» nannte, W. E. Süskind und so viele. Eines Tages, während der Niederschrift, hatte ihn das Gerücht erreicht, Gründgens sei verhaftet worden, weil er Hitler beleidigt habe: «Ich *kanns* nicht glauben. Es wäre *zu* boshaft und lächerlich. Was würde dann aus ‹Mephisto›?» Später, das Buch war noch nicht zu Ende geschrieben: «Ausführlich und lebendig von Gustaf geträumt. (Das schlechte Gewissen!)»

Es kam nicht von ungefähr, das unruhige Gewissen: der Roman bewahrte – zu seinem Schaden – keinen Hauch der Gefühle, die ihn einst mit dem Gefährten verbunden hatten. Daraus mag sich der merkwürdige Mangel an Schärfe und Präzision erklären, die das Bild des Verhaßten flächig und die Erzählung allzu flott erscheinen ließ. Überdies gab der Autor der Versuchung nach, die Deformation des Charakters von Höfgen / Gründgens durch sexuelle Perversionen zu illustrieren, die eher in Kleinbürgerphantasien zu blühen pflegen. Die homoerotische Prägung der Persönlichkeit verschwieg er. Daraus ergab sich ein Element der Unwahrhaftigkeit, das die Schwäche des Romans war. Das Buch erfuhr Jahrzehnte später seine eigentliche Bestimmung als Vorlage zu einem glänzend inszenierten Film.

Der Vater, ein kluger Leser, spürte die Grundmängel des Werkes. Der Roman habe ihm «großes Vergnügen gemacht», schrieb Thomas Mann dem Sohn. «Er ist leichtfüßig und amüsant, ja brillant, sehr komisch oft und auch sprachlich fein und sauber.» Eine schillernde Formulierung: das «Amüsante» ging den Vater nicht allzuviel an, Klaus wußte es gut genug. Dann die vorsichtige Einschränkung: «Die Beobachtung kann man ja machen, daß ein so sehr an die Wirklichkeit gebundenes Werk am gefährdetsten ist und gewissermaßen ratlos wird, wo es frei von ihr abweichen und sie verleugnen möchte. Da ist dann leicht nicht alles in Ordnung, manches ist mehr unrichtig als frei und manches so gar nicht ganz recht – so kommt es uns vor.» Mit «Mielein», der Mutter, fuhr er fort, stimme er darin überein, «daß das Gelungenste und kritisch-erzählerisch Glänzendste die Schilderungen aus dem Berliner Theater- und Literatenleben von vor dem Umsturz» seien. «Aber freilich muß man sich gerade unter dem Eindruck dieses witzigen Bildes fragen: Wenn es so war, so albern und so korrupt, konnte es dann so fortgehen, und mußte nicht etwas anderes kommen, vielleicht notwendig das, was kam? Diese Frage ist gefährlich, und der Republik geschieht doch wohl unrecht damit.»

Er schrieb weiter, der «fast kindlich märchenhafte Blick» auf «Das Böse» sei das «Neue und Zeitcharakteristische». Er verwies auf den «Henri Quatre» des Bruders – aber auch Klaus habe, «bei aller Légèrté», manches davon abgekriegt. «Die besten und bedeutendsten Momente in Deinem Roman sind vielleicht die, wo die Idee des Bösen vermittelt und gezeigt wird, wie der komödiantische Held seine Sympathie dafür entdeckt und sich ihm dann verschreibt. Es ist eine richtige Teufelsverschreibung. Daß es den Teufel wieder gibt, ist schon was wert für die Dichtung.» Ob er bei diesen Sätzen nicht den Blick bereits vom Buch des Sohnes gelöst und auf den «Doktor Faustus» vorausgeworfen hat? Der Stoff war in ihm schon lange genug präsent.

Wenn Klaus den Brief des Vaters nüchtern prüfte, konnte ihm die Zweideutigkeit der Komplimente kaum entgehen. Der Schein des Lobes, der ihn zunächst entzückt hatte, verflog wie Rauch, als er sich mit der Tatsache konfrontiert sah, daß er bei den Vorbereitungsarbeiten für die Zeitschrift des Vaters ohne Umstand übergangen worden war. Die Nichtachtung traf ihn hart. Er hatte den Rückzug des Vaters von seiner eigenen Publikation keineswegs verschmerzt; das war der bitterste Teil der Niederlage, die er mit der «Sammlung» erlitt. Seiner Mitarbeit als Autor, signalisierte der Vater, stehe nichts im Weg. Doch Ferdinand Lion ließ ihn deutlich spüren, daß er ihn als intellektuelles Leichtgewicht betrachte. Er zog die Kooperation mit Golo vor, der dem Vater seit seiner Rückkehr aus Prag bei diesen und jenen Arbeiten für die Zeitschrift assistierte, ein inoffizieller Ko-Redakteur von Beginn an, lang ehe er eine sichtbare Mitverantwortung für die Gestaltung übernahm. Auch seine Beziehungen zu Ferdiand Lion waren nicht spannungslos. Doch seine Aufsätze wurden geschätzt. Sie waren kenntnisreich, solide, redlich, von einem schönen Verlangen nach intellektueller Unabhängigkeit geprägt. Er konzentrierte sich auf sein eigentliches Feld: Politik und Geschichte. Damit blieb er der literarischen Eifersucht Ferdinand Lions entzogen, dieses seltsam unruhigen Mannes, der sich nicht an Zürich binden ließ, sondern von Stadt zu Stadt wanderte, stets bei Freunden zu Gast, in mancher Hinsicht ein Schnorrer der edleren Art, der die Generosität seiner Bewunderer mit einigem Charme auszubeuten verstand. Klaus Mann wies mit bitterem Witz auf eine «Sensibilität ohne Substanz», und auch der Vater nannte Lion ein «kniffliges, querköpfiges, unberechenbares Herrchen». Der Sohn und Lion: sie durchschauten die Schwächen des anderen mit Blicken, in die sich wenig Güte mischte.

Klaus schrieb für «Maß und Wert» nach langen Anläufen einen Aufsatz über seine «Wiederbegegnung mit den deutschen Romantikern», zu dem die Lektüre eines Sonderheftes der angesehenen Zeitschrift «Cahiers du Sud» den Anlaß geboten hatte – eine bemerkenswerte Publikation, in der dem «Romantisme Allemand» eine konzentrierte – und oft sympathisierende – Aufmerksamkeit zuteil wurde, die man in Frankreich zuvor nur selten beobachtet hatte. Der Vater begrüßte die Arbeit des Sohnes: «Es ist ein sauberes, liebevolles, dabei Lob und Liebe kritisch abstufendes Referat, oft mit dem Charakter einer eigenen Studie über die Romantik.» Er bemerkte auch, daß sich Klaus die «besondere Berufenheit zu diesem Bericht» vielleicht ein bißchen zu eifrig attestierte, doch er habe «das Ganze mit Vergnügen und Beifall gelesen, im Ohre die Melodie vom Lindenbaum». Nun sei Lion an der Reihe. Der Redakteur gelangte zu einem anderen Urteil: für eine Rezension, meinte er, sei das Stück zu lang, für einen Hauptaufsatz nicht gewichtig genug. Klaus wehrte sich gegen jede Kürzung, und er drohte, die Arbeit zurückzuziehen. Der Vater, dessen erste Lektüre wohl ein wenig

flüchtig gewesen war, schloß sich dem Urteil Ferdinand Lions an:
zu lang für den kritischen Teil, aber auch nicht der «große Essay
über die deutsche Romantik». Er fragte den Sohn begütigend, ob
das «eine Aufgabe für unsereinen» sei: «Das ist für die Gundolf und
Ricarda Huch, ich würd es mich nie getrauen. Kurz, es war eine
umfangreiche Plauderei, graziös oft, aber doch recht unfundiert.»
Dann der Nachsatz, den Klaus nicht als Kompliment empfinden
konnte: «Romantik zu *machen*, statt darüber zu reden, steht Dir
viel besser zu Gesicht.» Aber er habe nichts dagegen, ließ er wissen,
wenn sich der Sohn die Arbeit von der Moskauer Zeitschrift «Das
Wort» «mit Rubelchen aufwiegen» lasse. Dazu kam es nicht: die
deutsche Romantik stand nicht auf dem Programm der Literatur-
Funktionäre Johannes R. Becher und Willi Bredel. Das Thema war,
wie Klaus sagte, «denn doch zu wenig mit Revolutionärem geladen». Am Ende druckte «Maß und Wert» eine stark gekürzte Version.

Am 25. Februar 1937 hatte Klaus voller Zorn und Trauer in sein
Tagebuch geschrieben: «Empfinde wieder sehr stark, und nicht
ohne Bitterkeit, Z.'s» – des Zauberers – «völlige *Kälte*, mir gegenüber. Ob wohlwollend, ob gereizt (auf eine sehr merkwürdige Art
‹geniert› durch die Existenz des Sohnes): (...) *niemals* in einem
etwas ernsteren Sinn mit mir beschäftigt. Seine allgemeine Interesselosigkeit an Menschen, hier besonders gesteigert. –» Er sah eine
«konsequente Linie von der ungeheuer *oberflächlichen* – weil un-
interessierten – Schilderung», die ihm der Vater in der Erzählung
«Unordnung und frühes Leid» hatte zuteil werden lassen, «bis zu
der Situation», ihn in «dieser Zeitschriftensache glatt zu *vergessen*».
«Reizende Äusserungen» über seine Romane seien «*kein* Gegenbe-
weis», denn der Vater schreibe an «gänzlich Fremde ebenso reizend». Er fügte hinzu, es handle sich um eine «Mischung aus höchst
intelligenter, fast gütiger Konzilianz – und Eiseskälte. – Dies alles
mir gegenüber besonders akzentuiert. Ich irre mich nicht.» Es tröstete ihn wenig, daß ihm die Mutter wenige Tage später erklärte,
der Vater sei «irritiert durch schreibende Familienmitglieder –
mehr durch Heinrich; etwas auch durch mich... Schlimm.»

60. KAPITEL

Die Volksfront

Es gab für Thomas Mann, neben den unüberwindbaren psychischen Befangenheiten, rationale Gründe genug, Distanz von beiden zu halten, vom Bruder und vom Sohn: sie waren tiefer in die politischen Debatten, die Wirren, die Kämpfe der Emigration verstrickt, als es ihm lieb sein konnte. Mit dem großen Brief an Korrodi, den Literaturredakteur der «Neuen Zürcher Zeitung», hatte er Stellung gegen den Hauptfeind bezogen, und er trat dem braunen Barbarentum nun mit entschiedener, manchmal auch schriller Rhetorik entgegen, wann immer es angebracht war. Doch es war nicht seine Sache, sich auf eine der Gruppen, Parteien und Cliquen der Schicksalsgenossen in Paris einzulassen. Auch bei der Gestaltung der Zeitschrift hütete er sich, vom Podest zu steigen, auf dem er – mit dem unverbindlichen Wohlwollen, das seinem Weimarer Vorbild entsprach – über die Fronten und Parteiungen hinweg nach zeitlosen Werten Ausschau hielt.

Heinrich wurde von seinem sozialen Pflichtgefühl zu einer Rolle der politischen Repräsentation gedrängt, die überdies seinem Selbstgefühl wohltat – um so besser für ihn. Thomas aber hielt es für angemessen, seine vorsichtige Sympathie aus weiter Ferne anzudeuten. «Pack-Geschäft» schrieb er im Tagebuch hinter den Vermerk, daß er eine Einladung Heinrichs zur Beteiligung an der Volksfront abgelehnt habe. Mit Unbehagen nahm er zur Kenntnis, daß Johannes R. Becher und seine Genossen die Verleihung des Nobelpreises an Heinrich Mann betrieben. Schon zu Anfang des Jahres hatte er notiert, Wilhelm Herzog sei nach Prag gereist, um die Unterstützung des einstigen Präsidenten Masaryk für den Plan zu gewinnen, den er mit einem einzigen Wort kommentierte: «Aussichtslos.» Becher schrieb er, Preiswürdigkeit sei ohne Zweifel vorhanden, doch viele bedeutende Dichter-Persönlichkeiten seien nicht berücksichtigt worden, und eine Reihe der früheren Preisträger würden nicht bereit sein, seinen Bruder zu benennen. Die Aktivitäten für Heinrich müßten von der Linkspresse ausgehen, aber just damit könne man das Gegenteil der beabsichtigten Wirkung erzielen. Einen Ausweg aus dem Dilemma nannte er nicht. Es lag ihm nicht viel daran, ihn zu finden.

Wenige Tage vor dem Aufbruch zur dritten Amerika-Reise schickte er einen Brief an den sowjetischen Schriftstellerverband, der ihn aufgefordert hatte, einen Beitrag zu einem Jubiläumsbuch zum zwanzigjährigen Bestehen der Organisation aufzusetzen. Er entzog sich der Bitte. Zu Beginn seines Schreibens rechtfertigte er seine Absage mit einem Argument, das von Ironie getränkt, doch zugleich auch mit ernster Entrüstung formuliert war. Den Moskauer Literaten rief er zu, sie seien «sich wahrscheinlich nicht völlig im Klaren darüber, welches halsbrecherische Wagnis Sie (…) uns, Ihren westlichen Kollegen, zumuten. Kommunistische – was sage ich, irgendwelche sozialistische Sympathieen auch nur durchschimmern zu lassen, das bedeutet heute in Europa schlechthin das Martyrium; es bedeutet die Entfesselung eines Hasses, einer Totschlagelust und Verfolgungswut, von der Sie sich schwerlich eine Vorstellung machen, – Sie hätten sonst die naive Grausamkeit nicht, Ihre Aufforderung auch an mich ergehen zu lassen, einen Schriftsteller, der an bürgerlich-konservativer Reputation immerhin noch Einiges zu verlieren hat.»

Meinte er, was er behauptete? Wenigstens halbwegs? Was er sagte, galt für das nazistische Deutschland, für das faschistische Italien, das falangistische Spanien. Aber für Frankreich? Für Großbritannien? Für Amerika? Die kompromißlose Leidenschaft, mit der Leopold Schwarzschild und Konrad Heiden, aber auch Willy Siegfried Schlamm und andere Konvertiten der «Volksfront» und den Kommunisten entgegentraten, mochten ihm die spottend-zornigen Worte in die Feder diktiert haben. Ein unbefangener Blick über die politisch-literarische Landschaft hätte ihn belehrt, daß sich in den

Demokratien des Westens in jenen Jahren eher die Antikommunisten einer Gefahr der Verfemung aussetzten, wie André Gide auf bittere Weise erfahren hatte. Lion Feuchtwanger, dessen Bericht über seine Rußland-Reise nichts als glühende Bewunderung für die Errungenschaften der Sowjetunion und die Leistungen Stalins demonstrierte, hatte nicht den geringsten Anlaß, sich über einen Mangel an Erfolg zu beklagen.

Thomas Mann betonte, wiederum mit einem Unterton des Spottes, daß er wirklich kein kommunistischer Schriftsteller sei, sondern eben nur ein Schriftsteller. Wenn ihm neben der künstlerischen Aufgabe auch eine politische zukomme, dann sei es diese: dem den Weg bereiten zu helfen, nach dem «heute eine tiefe leidvolle Sehnsucht durch das entmündigte und geistig erniedrigte deutsche Volk» gehe – «und das ist bestimmt nicht die kommunistische Diktatur». Er fügte die fragwürdigen Sätze hinzu: «Mißverstehen Sie mich nicht! Mir ist Diktatur nicht ohne weiteres gleich Diktatur. Im Stillen weiß ich Unterschiede zu machen.» Eine Diktatur «im Namen von Freiheit, Wahrheit und Gerechtigkeit» sei denkbar. Auch die «politische Persönlichkeit des Amerikaners Franklin D. Roosevelt», den er sehr bewundere, weise «diktatorische Züge auf», und doch sei er «ein aufrichtiger Diener der Demokratie. Wahrscheinlich», fuhr er fort, «ist die Freiheit ohne diktatorische Züge und Einschläge auf Erden nicht mehr möglich und denkbar. Den ‹Liberalismus› haben ihre Todfeinde der Freiheit ausgetrieben».

Dann fiel er sich ins Wort: «Und doch müßte ich fürchten, meiner politischen Pflicht sehr ungeschickt zu genügen und einen menschlichen Taktfehler zu begehen, wenn ich, als deutscher Schriftsteller, mir den kommunistischen Namen gefallen lassen und damit indirekt meinem Volke zumuten würde, eine Diktatur mit der anderen zu vertauschen.» Es sei nichts mit Parolen auszurichten, die «seinem nie gekannten Durst nach Freiheit, Rechtssicherheit, individueller Würde auch nur scheinbar, auch nur vorläufig widersprechen (...). Wenn diese Einsicht mein Verhalten zur Welt der Sowjets bestimmt, so ändert das nichts an meiner Ehrfurcht vor dem gewaltigen sozialen Experiment, das die russische Revolution bedeutet, einer Ehrfurcht, der es, wie billig, nicht an Schauder fehlt.» Er zitierte ein passendes Goethe-Wort zur Französischen

Revolution und betonte zum Schluß, keine Idee sei «heute jugendfrischer, sehnsuchtsstärker und zukunftsvoller als die der Freiheit». Mit Bedacht deutete er dabei ein weiteres Mal auf die demokratischen Prinzipien der neuen sowjetischen Verfassung. Die Absage war deutlich – und sie blieb dennoch schillernd. Die Erörterung einer «guten Diktatur» konnte den Stalinisten, trotz aller ironischen Kritik, als Rechtfertigung des «Zwangs zum Guten» und des befohlenen Glückes dienen. Und der Hinweis auf Roosevelt zeigte, daß Thomas Mann von der Realität amerikanischer Politik nicht viel begriffen hatte. Auch Ignazio Silone, der italienische Schriftsteller, mit dem er in jenen Monaten intensive Gespräche führte, schien ihn nicht mit einem schärferen Mißtrauen gegen die zynische Verlogenheit der Kommunisten imprägnieren zu können, sosehr er den Kollegen schätzte, der mit der Partei Lenins und Stalins seine leidvollen Erfahrungen gemacht hatte. Der Autor des großen Romans «Fontamara» nahm das Wagnis des zweifachen Widerstandes auf sich: gegen den Faschismus und gegen den Kommunismus zugleich.

Dennoch, in die Nähe der «Volksfront» ließ sich Thomas Mann nicht befördern. Ein origineller Kopf wie Kurt Hiller, der sogenannte Nationalbolschewist, schrieb Ende 1936 in der «Neuen Weltbühne»: «Klar, daß Heinrich Mann der Affektvollere, Aktivere, Streitbarere von beiden ist. Die Schärfe des Bisses, der Schwung des Zorns, das Hinreißende der Anklage –: niemand kommt ihm da gleich, und es wäre so taktlos wie lächerlich, dem jüngeren Bruder zuzumuten, mit dem älteren darin in Wettbewerb zu treten.» Trotzdem forderte er ihn auf, in die Debatte «über den Weg zur Organisierung der Humanität, mit anderem Ausdruck: über die sozialistische Revolution», einzugreifen. Thomas Mann dachte nicht daran. Er weigerte sich, wie ein Brief von Heinrich Mann an Lion Feuchtwanger anzeigt, das Vorwort zum ersten Heft von «Maß und Wert» für eine Publikation der «Volksfront» freizugeben. Der Essay sei, ließ er den Bruder wissen, das Produkt einer Zusammenarbeit – eine Auskunft, die nur bedingt der Wahrheit entsprach: Erich von Kahler hatte zwar einen ersten Entwurf skizziert, von dem wohl nicht allzu viel übriggeblieben war, und vermutlich hatte auch Golo einige Gedanken beigetragen, doch der

Aufsatz war ganz klar von der Handschrift Thomas Manns geprägt. Er zögerte keineswegs, das Stück unter seinem Namen in den Vereinigten Staaten drucken zu lassen.

Klaus Mann, der den Aufruf zur Gründung der «Volksfront» unterschrieben hatte, war – anders als der Vater – den Gruppen und Kreisen der Emigration durch seinen engen Kontakt mit den Redaktionen und durch eine Neigung zur Kameraderie verbunden, in der man ein Merkmal seines Wesens und ein Privileg seiner Generation erkennen durfte. Er hielt sich oft in Paris auf, das mit gutem Recht die Hauptstadt der Emigration genannt wurde. Die Konfusionen und Konflikte, an denen es dort niemals mangelte, berührten ihn unmittelbar. Sie waren seine Sache – die des Vaters nicht. Klaus Mann war niemals vom Strom der Nachrichten abgeschnitten, die unter den Flüchtlingen kursierten, von Redaktion zu Redaktion, Komitee zu Komitee, Café zu Café weitergereicht.

So war auch er Gerüchten aufgesessen, die im Herbst 1936 plötzlich aufsprangen: Wladimir Poljakoff, der Verleger des «Pariser Tageblattes», sollte versucht haben, so wurde behauptet, seine Zeitung einem Strohmann des Reichspropagandaministeriums in die Hände zu spielen – eine monströse Lüge, wie hernach ein jüdisches Ehrengericht und schließlich auch die juristischen Institutionen des Gastlandes befanden. Hans-Albert Walter wies in seiner Studie «Deutsche Exilliteratur 1933–1950» darauf hin, daß der weißrussische Unternehmer in finanzielle Schwierigkeiten geraten war. Er hatte Anstalten gemacht, sein Blatt mit Hilfe einer neuen redaktionellen Leitung zu sanieren. Das bedeutete die Trennung von Georg Bernhard, dem einstigen Chefredakteur der «Vossischen Zeitung» in Berlin, immerhin ein Mann jenseits der Sechzig, dem nachgesagt wurde, er sei seiner Aufgabe nicht völlig gewachsen. Als «Gegen-Zeitung» wurde die «Pariser Tageszeitung» gegründet: wiederum mit Bernhard als Chef der Redaktion. Der «doppelte Boden» der Affäre, den Martin Gregor-Dellin in seinen Anmerkungen zur Korrespondenz von Klaus Mann apostrophierte: Bernhard war ein Alliierter der «Volksfront», die ihn später, als der Skandal ruchbar wurde, ohne allzu sentimentale Umstände fallen ließ – der «nützliche Idiot» hatte seine Schuldigkeit getan. (Der Verleger Poljakoff aber ging an der Demontage seiner Reputation, die einem üblichen

Trick der Kommunisten entsprach, materiell und wohl auch seelisch zugrunde.) Klaus Mann hatte das Manöver nicht durchschaut.
In dem großen Porträt der Emigration «Escape to Life», das er später zusammen mit seiner Schwester schrieb, bemerkte er beiläufig,
der «Pariser Tageszeitung», «die übrigens politisch jederzeit inte-
ger» gewesen sei, habe noch lange Zeit ein «gewisser Rest von ‹Ull-
stein-Stil›, d. h. von einer gar zu ‹schmissigen›, zu sehr für den
‹Boulevard› berechneten Art des Schreibens und Arrangierens» angehaftet. Über den Wechsel der Chefredaktion sagte er lediglich:
«Professor Bernhard schied aus.» Die neue Leitung lasse es sich
«mit Eifer angelegen sein», nicht nur die Auflagenziffer der Zeitung, «sondern auch ihr politisches und literarisches Niveau zu erhöhen».

Er hatte seinen «Mephisto» ohne Zögern der «Tageszeitung»
verkauft, ohne sich durch die infame Diskriminierung Poljakoffs
beirren zu lassen. Hernach meinte er, Georg Bernhard in einem
Brief an Konrad Heiden verteidigen zu müssen, der die Affäre in
Schwarzschilds «Neuem Tage-Buch» in einem Artikel von tödlicher Härte geschildert hatte. Sein wichtigstes Argument: man
dürfe den «Herren in Berlin» kein Schauspiel der Entzweiung bieten. Heidens Entgegnung: die «Pariser Tageszeitung» sei nicht nur
«polizeiwidrig schlecht», sondern sie kompromittiere die gesamte
Emigration. Leopold Schwarzschild wies in einem ergänzenden
Brief darauf hin, daß die «Liga der Menschenrechte», «gegründet
während und wegen des Falles Dreyfus, (…) den Fall Poljakoff offiziell zu dem ihren gemacht» habe. Er fragte Klaus Mann, ob er tatsächlich «in diesen großen Fragen mit zu den Vertuschern und den
unausbleiblich Diskreditierten von Morgen gehören» wolle – «oder
zu den Rechtschaffenen und den Mitgliedern der gesitteten Welt».

Hohe Töne, deren sich Schwarzschild, den man den gereckten
Zeigefinger des Exils nennen durfte, gern und oft bediente. Dennoch, er hatte recht. Klaus Mann verzichtete auf die Publikation
seines Einspruchs. René Schickele aber präsentierte in einem Brief
an Thomas Mann die bedrückenden Sätze, die Friedrich Engels im
Februar 1851 an Karl Marx schrieb – ein Verdikt von erbarmungsloser (und allzu oberflächlicher) Ironie: «Man sieht mehr und mehr
ein, daß die Emigration ein Institut ist, worin jeder notwendig ein

Narr, ein Esel und ein gemeiner Schurke wird, der sich nicht ganz
von ihr zurückzieht, und dem die Stellung des unabhängigen
Schriftstellers, der auch nach der sogenannten revolutionären Partei
den Teufel fragt, nicht genügt.» Schickele tischte auch die Antwort
von Marx auf: «Mir gefällt sehr die öffentliche Isolation, worin wir
zwei, Du und ich, uns jetzt befinden. Sie entspricht ganz unsrer
Stellung und unsern Prinzipien. Das System wechselseitiger Konzessionen, aus Anstand geduldeter Halbheiten und die Pflicht, vor
dem Publikum seinen Teil Lächerlichkeit in der Partei mit all diesen
Eseln auf sich zu nehmen, das hat jetzt aufgehört.» Mit einem Blick
auf Schwarzschild fügte der Elsässer hinzu: «Die Emigration ist ein
Unglück, und man braucht mit ihren bedauernswerten Opfern
nicht so scharf ins Gericht zu gehn. Man gehört dazu, man muss
dazu gehören wollen und helfen, wie und wo man kann.» Seinem
Brief fügte er ein Gedicht aus dem Jahre 1919 hinzu, in dem die
Verse standen: «Wie ich die Welt will, / muss ich selber erst / und
ganz und ohne Schwere werden, / ein klares Wasser / und die reinste
Hand, / zu Gruss und Hilfe dargeboten.» Es fügte sich ins Bild, daß
auch Schwarzschild später von den stalinistischen Propagandisten
mit dem tödlichen Verdacht heimgesucht wurde, seine Zeitschrift
sei von Goebbels ferngelenkt.

Nicht lange danach erreichte Klaus Mann ein Schreiben von Leopold Schwarzschild, der ihn aufforderte, sich einem Kreis von Intellektuellen anzuschließen, von denen er sagte, daß sie «wirklich an
die Prinzipien» glaubten, «deren Verletzung sie Hitler vorwerfen».
Sie wollten «innerhalb der deutschen Emigration selbst jene Segen
der Demokratie und der Meinungs-Freiheit erhalten (...), ohne
die es nur Verblödung und Verlumpung» gebe. Der unerbittliche
Wächter politischer Moralität rief Klaus Mann eher drängend als
werbend zu, die Mitglieder der Gruppe seien «absolut» der Meinung, daß er zu ihnen gehöre und daß er den Mut haben werde, das
auch auszusprechen. Es hätten sich bereits fünfzehn Stimmen gefunden, die ihn in einer formellen Gründungsversammlung als Mitglied des Vorstandes vorschlagen wollten. Zu dem konstituierenden
Zirkel zählten neben Schwarzschild Hermann Kesten und Bruno
Frank, die Klaus als seine Freunde betrachtete, Alfred Döblin und
Joseph Roth, Leonhard Frank und Walter Mehring, Konrad Hei-

den, Autor von scharfsinnigen Analysen des Nationalsozialismus, der junge Lyriker Hans Sahl und der rumänisch-deutsche Schriftsteller Valeriu Marcu.

Schwarzschilds Brief trug das Datum vom 7. Juni 1937. Knapp zwei Wochen zuvor hatte Klaus voller Unruhe und voller Zagen ein Zimmer im Sanatorium «Siesta» in Budapest bezogen, um sich durch eine «Entwöhnungskur» endlich vom Rauschgift zu befreien. (Die Kosten der Kur schien zunächst die reiche Familie Hatvany zu übernehmen.) Er war, am Ende seiner Kräfte, zu der Einsicht gelangt, daß er seiner Abhängigkeit von den Drogen ohne fremde Hilfe nicht Herr werden könne. Die tägliche Dosis von Heroin oder Morphium, die sein Körper verlangte, hatte sich erschreckend gesteigert. Sie war wohl auch kaum mehr bezahlbar. Wenn der «harte Stoff» nicht zur Verfügung stand, brauchte er als Ersatz an die zwei Schachteln Eucodal pro Tag – und nicht immer fanden sich gutmütige Mediziner, die bereit waren, ihm ein Rezept auszufertigen. Er beugte sich schließlich dem Einfluß Robert Klopstocks, eines sensiblen Arztes und Schriftstellers, damals achtunddreißig Jahre alt, der einst seinem Landsmann Franz Kafka aufs engste verbunden war: in seinen Armen, so sagt man, sei der Dichter im Sommer 1924 in einer dürftigen Lungenheilstätte vor den Toren Wiens gestorben.

Die Entziehung war eine bittere Erfahrung, die als eine «melancholische Komödie» begann, wie Klaus in sein Tagebuch schrieb: Vergitterte Fenster, eine Krankenschwester, die Tag und Nacht über ihn wachen sollte. Aus dem «Unruhigenhaus» für die schweren Fälle drangen die «Schreie der Tobenden» herüber. Klopstock, notierte er, habe ihn gefragt, warum er eigentlich das Rauschgift genommen habe. Seine schlichte, allzu schlichte Antwort: «Weil ich gerne sterben möchte.» Dahinter fügte er in Klammern das Stichwort «Todestrieb». Klopstock mochte wohl wissen, daß sein Patient sich es damit zu einfach machte, denn die Umkehr seiner Feststellung traf in gleichem Maße zu: die tiefen Depressionen und das Verlangen nach dem Tod waren auch eine Folge der Sucht. Der Arzt unterrichtete die Eltern brieflich und telefonisch über den Fortgang der Therapie. Klaus leide unter Absencen, schrieb er, und er stehe nachts auf «und sucht ‹die nette Sache›».

«Sorgenvoller Eindruck», bemerkte der Vater lakonisch. An einen Brief Katias fügte er ernste Worte, die das Gemüt des Sohnes zu verfehlen schienen. Die Eltern hätten volles Vertrauen in seine Vernunft und Tapferkeit, sagte der Vater. Sie bauten darauf, daß er seinem Entschluß treu bleibe und für immer Schluß mache mit der «vie facile», «dieser billigen und zerrüttenden Beschönigung des Lebens, der Du Freunde hast zum Opfer fallen sehen, wahrscheinlich ohne sie recht achten zu können». In seinem Journal zitierte Klaus die Worte des Vaters nur unvollständig. Die folgenden Sätze erwähnte er nicht: «Wir haben heute alle viel zu hassen, zu verachten und die Stirn zu bieten», schrieb Thomas Mann, «aber wie kann man das, und wie darf man auf Sittlichkeit und Menschenanstand bestehen gegen die Schreier, wenn man dabei den leichten Weg des Todes geht, sodaß die Schreier einen auslachen dürfen? Das sollen sie nicht!» Er fuhr fort, daß diese Tage und Nächte für Klaus recht schwer sein mögen «nach der scheinnetten Verwöhnung». Er müsse sie tapfer durchstehen: «Das Leben hat dann auch ohne Beschönigung wieder sein Heiteres und Schönes. Herzlich Z.»

Klaus bemerkte dazu in seinem Tagebuch: «*Achte* ich die nicht, die den TOD wollen? Fragt sich nur, wie verzweifelt sie waren, und was sie mit diesem fürchterlich aufgetragenen Leben vorher angefangen. – Den Tod wollen: nicht verächtlich sondern weise. Das Leben ist sehr grosse Scheisse.» Der Vater in seinem Journal: «Der Junge moralisch und selbstkritisch nicht recht intakt. Verträgt keine Autorität, verscherzt aber das Recht, sie nicht zu ertragen.» Zum Grund der Lebensschwäche seines Sohnes drang der Vater freilich nicht vor. Er wollte es vermutlich nicht.

Als die Tage der Krise überstanden waren, erholte sich Klaus erstaunlich rasch. Die liebevolle und zärtliche Zuneigung seines Geliebten Thomas Quinn Curtiss – eines hübschen und blutjungen amerikanischen Journalisten, den der Vater nur das «Freundchen» nannte – half ihm in Augenblicken der Leere über die schlimmsten Anfechtungen hinweg. Die Mutter bat er um Entschuldigung, daß er über den Qualen, mit denen er für seine Sünden büßte, den Geburtstag des Vaters vergessen habe, den fünfzigsten, wie er mit zärtlicher Ironie sagte. Er versicherte: «In absehbarer Zeit fange ich bestimmt *nicht* wieder an – vielleicht *sehr* viel später einmal. Wozu soll man 80 werden?» Der Großvater sei doch auch schon ganz taub und habe noch nicht einmal einen Paß. Doch zunächst wolle er noch ein paar gute Sachen schreiben. «Dann werden wir weitersehen», setzte er hinzu, ganz im alten Ton: «Vielleicht *verdiene* ich plötzlich ziemlich viel, man kann ja nie wissen». Nach einem Monat notierte er seinen ersten «Rückfall», von dem er nur in Anführung sprechen wollte; «ohne Konsequenzen, hoffe ich.» Sie blieben jedoch nicht aus.

Leopold Schwarzschilds Appell, sich zum «Bund der Sauberen» zu gesellen, der ihn in der Rekonvaleszenz antraf, mag seinem geschwächten Selbstbewußtsein wohlgetan haben. Er akzeptierte die Einladung. Die Gefahren des Stalinismus waren auch ihm halbwegs deutlich. Von Feuchtwangers russischem Reisebuch, das eine schwadronierende Rechtfertigung der Diktatur war, stellte er immerhin fest, es sei «gewiss oberflächlicher» als André Gides Entgegnung auf die Angriffe der Kommunisten. In Paris, wo im Rahmen einer internationalen Ausstellung über «Kunst und Technik im modernen Leben» auch die antifaschistische deutsche Literatur präsentiert war, traf er Onkel Heinrich («samt seiner Kröger»), der bei einer Veranstaltung des «Schutzverbandes» der Schriftsteller eine Rede in französischer Sprache hielt, umgeben von Brecht und Piscator, Ilja Ehrenburg und Anna Seghers. Klaus bemerkte, daß Heinrich «den Kommunisten durchaus hörig» sei. Doch anderntags, nach einem Mittagessen mit Erika, Fritz Landshoff und Leopold Schwarzschild, korrigierte er sich: die «extrem anti-kommunistische Haltung» des «Tage-Buch»-Redakteurs erscheine ihm «noch falscher, als Heinrich's kritiklos sympathisierende» Position. Schwarzschild ließ sich in Augenblicken der Erregung in der Tat zu der Behauptung hinreißen, daß Stalin schlimmer als Hitler sei: für geeichte Kommunisten, auch für liberale und libertäre Antifaschisten die denkbar schlimmste Herausforderung – ja eine Beleidigung. Kaum jemand schien fähig, den absurden Komparativ mit der Feststellung zurückzuweisen, daß beide Tyrannen, jeder für sich, eine äußerste Steigerung des Bösen seien.

Im Café «Deux Magots» diskutierte Klaus in jenen Tagen lang und leidenschaftlich mit Konrad Heiden über «die Komplexe: Kommunismus – Konformismus», auch über Georg Bernhard und über den «Schriftsteller-Bund». Wenig später schrieb ihm Heinrich Mann einen strengen Brief, der andeutete, daß er den Neffen eindringlich davor gewarnt hatte, seinen Namen weiter mit dem Kreis um Schwarzschild und Heiden zu verbinden. Er nannte es peinlich und folgenschwer, daß er eher auf Heiden statt auf ihn gehört habe: «Das hat schon jetzt zur Folge, daß wertvolle Mitglieder der Volksfront überlegen, ob sie nicht zu Deiner Gruppe übergehen sollten.» Der Bund Schwarzschilds, mahnte er, habe «überhaupt kein anderes Programm, als der Volksfront zu schaden». Wenn sie zerstört würde, «bliebe wahrhaftig nichts übrig von einer deutschen Opposition. Es blieben nationalistische Ersatzmänner und Nachfolger Hitlers. Es blieben reaktionäre Liberale, die imstande wären, Weimar und seine Folgen nochmals durchzuüben.»

Einen knappen Monat später, im August, setzte Heinrich Mann noch einmal an, voller Milde rügend, daß der Neffe versucht habe, sich «loszubitten», die Rücksicht auf den «armen Onkel» als «mildernden Umstand» anführend. Schwarzschild, den er den «Unerbittlichen» nannte, habe «sich ins Fäustchen gelacht». Für den Herausgeber des «Neuen Tage-Buchs», sagte er, sei die Volksfront, seitdem sie ihn ausgeschieden habe, «ein kommunistisches Unternehmen». Er fügte hinzu: «Auch Hitler bekämpft die Volksfronten und nennt es Antikommunismus. Dich hat man eingeladen, einem antifaschistischen Verband beizutreten. Es wäre zu verstehen, wenn Du Dich betrogen fühltest.» Er führte Schwarzschilds Anschuldigung ins Feld (für die er Bruno Frank verantwortlich machte), daß Feuchtwanger von Stalin Geld genommen habe – was gewiß nicht zutraf: der Kollege mag lediglich hohe Honorare in der Sowjetunion kassiert haben, was freilich ein Glücksfall war, der nicht jedem zuteil wurde, dessen Bücher in der Sowjetunion gedruckt und vertrieben wurden. Dann folgten die fatalen Sätze: «Ich habe den Prozeß Radek und Genossen genau gelesen: das genügt mir, um in diesen Hinsichten manches zu verstehen und zu wissen.» Mit anderen Worten: er nahm die Geständnisse der Moskauer Prozesse, wie sie in den Protokollen gedruckt wurden, für bare Münze – obschon er hätten wissen können, daß sie auf menschenunwürdige Weise erpreßt worden waren.

Heinrich Mann hielt starr an seiner Meinung über die Prozesse

fest, auch in seinen Erinnerungen. Dieser Mangel an Einsicht war
um so rätselhafter, da er – obschon naiv und langsam in seinen Reaktionen – im Herbst 1937 an Lion Feuchtwanger geschrieben hat,
das dringlichste sei, «den Ulbricht loszuwerden», der 1937 die
Kontrolle der deutschen Kommunisten in Paris übernommen hatte.
Dieser Funktionär, meinte Heinrich, sei «nach Schwarzschild der
zweite, der sich bemüht, den Volksfront-Ausschuß zu sprengen. Er
agitiert heimlich bei der SPD, um sie an sich zu bringen». Er wolle
nichts anderes als eine neue Volksfront «unter seinem Befehl». Ulbricht, fuhr er fort, sei ein «vertracktes Polizeigehirn», sehe «über
seine persönlichen Intrigen nicht hinaus», und «demokratisches
Verantwortungsgefühl» sei ihm fremd. Er bat Feuchtwanger, darüber an die «höchste Stelle» zu schreiben, die ihm «aus Unterredungen bekannt» sei – mit anderen Worten an Stalin. Er begriff
nicht – er wollte nicht begreifen, daß Ulbricht den Ungeist vertrat,
der in den Moskauer Prozessen triumphierte. Konsequent empfahl
er, den Teufel durch Beelzebub zur Ordnung rufen zu lassen.
    Der Mangel an Einsicht ließ sich, vielleicht, durch eine frühe
Sklerose erklären, die ihn an den Zielen, auf die er sich selbst einge-
schworen hatte, mit verkrampftem Eigensinn festhalten ließ. Zum
anderen war wohl auch seine Bewunderung für die autoritären Gestalten am Werk, die dem «Geist des Fortschritts» zu dienen schienen: sein guter König «Henri Quatre», Friedrich der Große, Bismarck, Winston Churchill. Ohne Zögern gesellte er Josef Stalin
hinzu. Die moralische Empfindsamkeit des liberalen Großbürgers
Heinrich Mann, der so gern in einer Mischung von pathetischer
Expressivität und preußischem Stakkato schrieb, sein Scharfblick
für die Schwächen der wilhelminischen Epoche, der er ganz und gar
zugehörte, seine Witterung für die Gefahren des heraufziehenden
Nazismus: sie widersprachen aufs merkwürdigste dem Versagen
seiner politischen Intelligenz vor dem Stalinismus. Es traf wohl zu:
er war naiv und in seinem Urteil über Menschen und die Probleme
des Zeitalters nicht immer der Klügste. Er war, dies mag seinen
Blick verdunkelt haben, nach einem Wort René Schickeles vor allem
von einer elenden Isolierung bedroht: «Ich kenne keinen einsameren Menschen», hatte der Elsässer in sein Tagebuch geschrieben.
    Der väterliche Zuspruch des Onkels bewegte Klaus am Ende

doch, sich vom «Bund der Sauberen» zu lösen. In einem Brief an Schwarzschild begründete er seinen Entschluß mit politischen, persönlichen und «familianten» Argumenten: «Bei einer solchen Sache soll nur mitmachen, wer wirklich *ganz* von ihrer Richtigkeit, Wichtigkeit und *Notwendigkeit* überzeugt ist.» Er hätte sich schon früher aus dem Kreis zurückgezogen, wenn ihn nicht «die besondere Sympathie» für die Person Schwarzschilds, die «besondere Achtung vor Ihrer Arbeit» – lauter Gefühle, zu denen er sich «freudig nach wie vor bekenne» – zurückgehalten hätten: «Es ist ein Factum, lieber Herr Schwarzschild, daß ich Sie sehr mag und sehr schätze.» Er wolle seinen Austritt «möglichst leise vollziehen», fügte er behutsam hinzu, damit er von niemandem als ein «feindlicher Akt» gegen Schwarzschild ausgelegt werden könne. Es sei überflüssig, sein Ausscheiden publik zu machen: es genüge, wenn sein Name nicht mehr genannt werde. Doch wäre es ihm am liebsten, wenn er dennoch am «Tage-Buch» weiter mitarbeiten könne.

Kein glorioses Dokument, dieses Abschiedsgesuch. Es könnte eher windig genannt werden. Onkel Heinrich schien zufrieden. Klaus Mann aber schrieb an Feuchtwanger flotten Tones, er möge es auch Ludwig Marcuse berichten, daß er «seit einer Woche wieder ein Unsauberer und ein Abhängiger» sei und sich «in diesem altvertrauten, nun wiedergewonnenen Zustand ziemlich wohl fühle». Schwarzschild schien den Rückzug zunächst mit Verständnis und Nachsicht hinzunehmen. Seine Rache bekam Klaus Mann später schmerzhaft zu spüren.

Die intellektuelle Debatte war in jenen Monaten ganz von dem grausamen Konflikt zwischen der Linken und Rechten in Spanien bestimmt, der längst kein «Bürger-Krieg» mehr war, sondern zu Recht ein «Stellvertreter-Krieg» genannt wurde: das Übungsfeld des Zweiten Weltkrieges. Die Truppen der Republik, unterstützt von den Internationalen Brigaden, hielten den Gegnern länger stand, als man es ihnen zu Beginn der Kämpfe zugetraut hatte – trotz des Terrors, den, immer deutlicher erkennbar, die sowjetischen Funktionäre in den eigenen Reihen und hinter den eigenen Linien exerzierten.

Spanien wurde zur Nagelprobe der Linken. An den Moskauer Prozessen und an den spanischen Erfahrungen schieden sich die

Geister. Einer der scharfsinnigsten Zeugen des düsteren Dramas war Arthur Koestler, der große Journalist ungarischer Herkunft, der vor 1933 in den Blättern der Berliner Ullstein-Presse hohen Ruhm gewonnen hatte. Er war, was damals kaum jemand ahnte, heimlich ein Mitglied der Kommunistischen Partei geworden. Unter der Anleitung von Willi Münzenberg, dem Chefpropagandisten der Kommunisten, hatte er das Handwerk der verdeckten Agitation im Dienst der Partei gelernt. Für die englische Zeitung «News Chronicle» berichtete er vom spanischen Krieg – zuerst von falangistischer, dann von republikanischer Seite. Beim Fall von Malaga wurde er von den faschistischen Truppen gefangengenommen und zum Tode verurteilt. Vier Monate lang wartete er auf seine Hinrichtung. Nach der Freilassung – dank einer Intervention der britischen Regierung – schrieb er einen eindrucksvollen Brief an Thomas Mann, in dem er erzählte, daß er sich in der Einsamkeit seiner Zelle Gedächtnisübungen unterzogen habe. Dabei sei ihm eine Stelle aus den «Buddenbrooks» eingefallen, die ihm zu einem «geistigen Trost» wurde – so sehr, wie er in seinem Erinnerungsbuch «Die Geheimschrift» berichtete, daß er sich in Augenblicken besonderer Depression immer wieder auf jene Szene besonnen habe, als griffe er «nach einer schmerzstillenden Pille». In seinem Kerker beschwor er die Passagen, die von Thomas Buddenbrooks Vorbereitung auf den Tod berichteten und vom Rausch der Wesenserweiterung, den der Senator nach der Lektüre von Schopenhauers Essay «Über den Tod und sein Verhältnis zur Unzerstörbarkeit unseres Wesens an sich» erfuhr.

Dieses Erlebnis wirkte so stark in ihm nach, daß er sich veranlaßt fühlte, Thomas Mann am ersten Tag nach seiner Entlassung davon zu schreiben. Der Dichter antwortete ihm postwendend: Koestlers Brief, stellte er voller Überraschung fest, habe ihn bei der Lektüre des zitierten Kapitels der «Buddenbrooks» angetroffen, das ihm seit fünfunddreißig Jahren nicht mehr vor Augen gekommen sei. «Spiel des Lebens», bemerkte er dazu im Tagebuch. Er zitierte Koestler: «Ich hätte es früher nie für möglich gehalten, daß Kunst einen derartigen drastischen Einfluß auf das Leben gewinnen kann», und er fügte hinzu: «Ich auch nicht, früher.» Ihm war, nach dieser spirituellen Begegnung, an einem Zusammentreffen mit dem jungen Journalisten gelegen. Nach einigem Umstand gelang eine Verabredung in Locarno, wo sich Thomas Mann im Herbst 1937 zur Erholung aufhielt, von Hans Reisiger begleitet.

Der Dichter hatte unterdessen das vierte Kapitel von «Lotte in Weimar» abgeschlossen und mit der Arbeit an seinem Vortrag über Wagners «Ring» begonnen. Thomas Mann hatte Freunde und Kollegen im Tessin besucht, hatte ihnen aus der Goethe-Erzählung vorgelesen, hatte über Deutschland, die Welt, die Gefahren des Krieges diskutiert, hatte bei einem Champagnerfrühstück im Haus Emil Ludwigs den riesenhaften südamerikanischen Scheck bestaunt, den der populäre Autor mit einer Art kindlichem Stolz präsentierte, die enthusiastischen Reaktionen der Betrachter filmend.

Die Zusammenkunft mit Koestler stand unter keinem guten Stern. Thomas Mann vermerkte nur kurz, daß er ihn um elf Uhr in der Halle des Hotels getroffen habe, mit ihm am See spazierengegangen sei, ehe man zu viert gegessen und den Kaffee genommen habe. Koestler erinnerte sich, daß vom Augenblick seiner Ankunft an alles mißglückt sei. Als ihn der Dichter am Telefon gefragt habe, um welche Zeit er heraufkommen wolle, habe er im Zustand aufgeregter Schüchternheit den stereotypen Satz der dümmlichen Frau Stöhr aus dem «Zauberberg» zitiert: «Wann es Ihnen konveniert, Herr Doktor.» Darauf: «Peinliches Schweigen am Telephon, dann ein schwaches Hüsteln.»

Auf dem Spaziergang sprachen die beiden vor allem über den «Joseph»-Roman. Ein Dialog fand nicht statt. Der Dichter habe nichts getan, ihm das Gespräch leichter zu machen: «Er fragte mich weder nach meinen Gefängniserlebnissen, noch stellte er eine Frage, die ein Interesse an meiner Person verraten hätte; er behandelte mich halb wie einen ihn interviewenden Journalisten und halb wie einen Zufalls-Eckermann (...). Erinnerungen an Weimar hingen in der Luft; ich hatte die unheimliche Vorahnung, daß Eckermann, da ich dessen Rolle zu spielen hatte, in der nächsten Stunde ausdrücklich erwähnt werden würde.» Er schrieb: «Ich konnte mich nicht ganz des Gefühls erwehren, daß alles, was Thomas Mann sagte, für die Nachwelt bestimmt war.» Im Rückblick glaubte er sich zu entsinnen, daß er noch am gleichen Tag abgereist sei. Aus dem Tagebuch des Dichters aber ergibt sich, daß er am Abend mit Thomas

Mann, Katia und Hans Reisiger im Hotel gespeist hat: «Nachher
mit ihm u. Reisiger im Salon. Sympathisch. Über seine Todesnot
und den Zbg. War aber angegriffen und verstimmt, brach bald auf.
Reisiger kehrte zu ihm zurück, auch um mich zu entschuldigen.»

Vielleicht war bei jenem Gespräch der Satz gefallen, der sich
Koestler tief eingeprägt hat: «Ich bin nicht für Diktatoren; wenn
man indessen wählen müßte, wäre ich als Humanist geneigt, Herrn
Stalin, als wohl das kleinere Übel, Herrn Hitler vorzuziehen.» Der
Journalist dürfte nach seinen Beobachtungen in Spanien kaum geneigt gewesen sein, die ungute Alternative zu akzeptieren. Es mag
sein, daß sein Widerspruch das Signal für Thomas Manns brüsken
Aufbruch gewesen ist. Von Koestler hätte er lernen können, daß
beides möglich, ja eine Forderung der intellektuellen Redlichkeit
und der simplen Menschlichkeit war: von beiden Diktaturen Abstand zu halten.

Koestler nannte, die Erfahrung jenes Tages summierend, das
Schaffen Thomas Manns bis zum «Joseph»-Roman ein «Monument des frühen zwanzigsten Jahrhunderts und Deutschlands
wichtigsten Einzelbeitrag zur Kultur dieser Zeit». Seine persönliche
Enttäuschung habe seine Bewunderung und Dankbarkeit für Thomas Manns Werk nicht vermindern können. Doch er fuhr fort:
«Die Begegnung schien mir indessen eine Erklärung zu bieten für
einen bestimmten Aspekt von Manns Kunst, der mir immer rätselhaft blieb: ich meine das Fehlen der Barmherzigkeit. Es hat vielleicht noch nie einen großen Romanschriftsteller gegeben, dem die
dostojewskische Gabe der Sympathie für die Armen und Gedemütigten so völlig abging. In Manns Universum wird sie durch Ironie
ersetzt, die manchmal gütig ist und manchmal nicht; seine Einstellung zu seinen Charakteren hat selbst dort, wo sie am wohlwollend-
sten ist, eine Spur olympischer Herablassung. Der Leser fühlt, daß
auch er nur eine Frau Stöhr ist. Die einzige Ausnahme ist Manns
Darstellung von Kindern und Hunden». In einem Nachsatz stellte
er fest, Thomas Manns Humanismus sei daher «etwas recht Abstraktes» – «eine Weltanschauung in verdünnter Luft».

61. KAPITEL

Johann Wolfgang von Mann

Thomas Mann zögerte lange, ehe er sich auf die dritte Amerika-Reise im April 1937 einließ, die er zunächst nur als eine lästige Unterbrechung der erheiternden Arbeit an seinem kleinen Goethe-Roman empfand. Der Ischias quälte ihn, die Zähne bereiteten Ungemach, er war oft nervös und verstimmt. Der Direktion der «New School of Social Research», einer akademischen Heimstatt der Emigration, von der er so herzlich und so dringend eingeladen worden war, hatte er eine Absage geschickt. Es half nichts. Er wurde mit Telegrammen bestürmt. Schließlich gab die Werbung der Tochter Erika den Ausschlag, der mit ihrer Rede bei einer antifaschistischen Kundgebung im Madison Square Garden vor mehr als zwanzigtausend Menschen ein rauschender Erfolg zuteil geworden war. Sie machte darauf aufmerksam, welch weitgreifende Wirkung sich die Gründer der «University in Exile» von seinem Auftritt erhofften. (Sie täuschten sich nicht: ein großmütiger Finanzmagnat spendete dem Institut hernach einhunderttausend Dollar, gewissermaßen als Dank für die Rede des Dichters, wie der Gefeierte selbst in einigen Briefen vermerkte.)

Der Vater sollte auch helfen, die «American Guild for German Cultural Freedom» aus der Taufe zu heben: eine «Deutsche Akademie» der Emigranten, die vor allem ein Werk des Prinzen Hubertus von Löwenstein und seiner Freunde war.

Schließlich hatte ihn die Yale University in New Haven, Connecticut – eine der großen Schulen des Landes, die mit Harvard und Princeton um den ersten Rang unter den Stätten der Wissenschaft

konkurrierte – durch den Anglisten Joseph W. Angell davon unterrichtet, daß sie ein Dokumentationszentrum für sein Werk einzurichten gedachte. Zu einer Rede, um die er gebeten war, wollte er
sich nicht verstehen – sie wurde bis zum nächsten Aufenthalt verschoben –, aber er stellte für die künftige «Thomas Mann Collection» alte Ausgaben und Übersetzungen, ferner einige kleinere
Manuskripte zur Verfügung.

Er bemühte sich, das lag nahe, eine Verbindung zu Ida Herz herzustellen, die noch immer nach Mitteln und Wegen suchte, ihre
Sammlung aus Nürnberg herauszuschmuggeln. In tiefer Sorge um
ihre Existenz schrieb sie hernach, sich auf Thomas Mann berufend,
an Franklin Delano Roosevelt: sie bat den Präsidenten flehentlich,
ihr bei der Einwanderung in die Vereinigten Staaten zu helfen. Den
Dichter hatte sie nicht um sein Einverständnis gebeten. In einem
zornigen Brief putzte er sie herunter: er werde sich weigern, schrieb
er, als Bürge für sie aufzutreten. Diese Drohung nahm er später
zurück. Ida Herz blieb in England.

Bei der Überfahrt – dieses Mal an Bord der «Normandie» – schienen sich die rheumatischen Schmerzen in der feuchten Meeresluft
bis zur Unerträglichkeit zu steigern. «Wär' ich zu Haus», stöhnte
er. Er las und arbeitete ein wenig. Immerhin notierte er Begegnungen mit Aldous Huxley, dem englischen Romancier, und seiner
Frau, die in der Touristenklasse reisten (er kannte die beiden aus
Südfrankreich). Während des knappen Aufenthaltes von zehn Tagen blieb keine Zeit, die amerikanischen Ereignisse im Journal festzuhalten.

Herzliches Wiedersehen mit Erika, die ihrem «unermeßlich Reichen» den Abschied gegeben hatte, dafür von dem Arzt und Schriftsteller Martin Gumpert mit Heiratsplänen bedrängt wurde, denen
sie sich geduldig widersetzte, obwohl sie in jenen Wochen vermutete, daß sie schwanger sein könnte. (Wystan Auden, ihr englischer
Mann, hätte einer Scheidung gewiß keine Hindernisse in den Weg
gelegt; er mahnte sie nur mit klarsichtiger Milde, sie möge nicht so
viel hassen.) Essen und Konferenzen mit Blanche und Alfred
Knopf. Das Programm war, wie üblich, zu gedrängt. Innerhalb
einer Woche drei Reden: die erste beim Bankett der «New School»
zum vierten Jahrestag der Gründung ihrer «Graduate Faculty of

Political and Social Sciences», wenige Tage später die Rede beim
Dinner der «Guild», am 21. April schließlich eine Rede im «Mecca
Temple» zum Gedenken der Opfer des Faschismus. Drei Tage da-
nach schifften er und Katia sich schon wieder ein.

Dennoch wurden, er merkte es kaum, bei diesem gehetzten Aufenthalt die Voraussetzungen für seine Übersiedlung in die Vereinigten Staaten geschaffen. Ein enthusiastischer Artikel von Dorothy
Thompson, mit dem er in der «New York Herald Tribune» begrüßt
wurde, bahnte hilfreich den Weg. Aus Hollywood kam ihm das
Angebot zu, er möge sich einem der Studios als Berater und Drehbuchautor verdingen: für dreitausend Dollar in der Woche – eine
wahrhaft fürstliche Summe, auch nach den Maßstäben der Filmmagnaten, die sich gern mit Namen von Weltrang schmückten. Wichtiger war eine Begegnung, von der er nur am Rande Notiz zu nehmen schien: Mrs. Agnes Meyer hatte sich mit einem langen und
schwärmerischen Brief bei ihm gemeldet und um ein Gespräch für
die «Washington Post» gebeten, das er gern gewährte, da sie sich als
eine Kennerin seines Werkes vorzustellen vermochte. Ihm trat eine
hochgewachsene, elegante Frau gegenüber, die Züge klar und groß-
flächig, die lebhaften und prüfenden Augen weit auseinanderste-
hend, die Nase ein wenig aufgeworfen: keine Schönheit, aber eine
eindrucksvolle Erscheinung. Ihre einundfünfzig Jahre sah man ihr
kaum an. Sie war voller Leben und sprühte vor Energie. Auch
sprach sie ein völlig geläufiges Deutsch, das durch die Spur eines
Akzentes und die kleinen Fehler, die ihr unterliefen, eher an Charme
gewann.

Sie war als Tochter deutscher Auswanderer zur Welt gekommen
und mit der Sprache ihrer Eltern aufgewachsen. Agnes Ernst lautete
ihr Mädchenname: die Enkelin eines niedersächsischen Pastors, der
in ihren jungen Träumen eine fast mythische Gestalt war. Jener
geistliche Herr hatte, in seiner althannoverischen Gesinnung ein
unversöhnlicher Feind des preußisch-wilhelminischen Militärstaa-
tes, seine Söhne nach Amerika geschickt. Agnes' Vater, einem ge-
lernten Juristen, war freilich das Glück nicht allzu günstig gewesen
in der Neuen Welt. Seine Schwäche und sein unstetes Wesen mögen
für die Tochter eher ein Antrieb gewesen sein, sich aus eigenen
Kräften und nach den Geboten ihres starken Willens eine unabhän-

gige Existenz zu schaffen. Sie studierte, gegen den Willen des Vaters, was damals nicht der Regel entsprach. Sie verdiente sich, ohne Billigung der Eltern, ihre Sporen als Journalistin: vor dem Ersten Weltkrieg ein ungewöhnlicher Entschluß. Sie wurde durch den großen Photographen Edward Steichen (dem Mann der Malerin Georgia O'Keeffe) mit der Welt moderner Kunst vertraut. Sie lebte in Paris, bewegte sich in den Kreisen um den Bildhauer Auguste Rodin, bei dem sie auch Rainer Maria Rilke begegnete, lernte Henri Matisse, den Komponisten Darius Milhaud, seinen Wiener Kollegen Gustav Mahler, natürlich auch Gertrude Stein kennen, damals schon eine notorische Erscheinung in den artistischen Zirkeln der Stadt.

Sie bereiste England, Italien, Österreich und Deutschland, von einem Herrn deutschen Adels heftig umworben. In ihrer Autobiographie berichtete sie mit naivem Selbstbewußtsein: «Es hat etwas Berauschendes, jung und attraktiv zu sein. Niemand wurde so gründlich verwöhnt durch die Anbetung der Männer wie ich. Ich fand es einfach langweilig, wenn nicht jemand Hals über Kopf in mich verliebt war.» Dem deutschen Herrn, der außer seinem klingenden Namen wohl nicht allzuviel zu bieten hatte, wußte sie sich zu entziehen. Vielmehr entschloß sie sich nach ihrer Rückkehr im Jahre 1910, den Bankier Eugene Meyer zu heiraten, der ihre Wege mit diskreter Geduld verfolgt hatte: ein kluger Finanzmann, vom Milieu des deutschamerikanischen Judentums geprägt, der dank seiner Umsicht ein großes Vermögen verdient hatte. Die Ehe der beiden, übrigens nach lutherischem Ritus geschlossen, war kaum die Besiegelung einer großen Liebe, doch eine gute Partnerschaft, die mit fünf Kindern gesegnet wurde. Hans Rudolf Vaget wies in seiner biographischen Skizze Agnes Meyers, die er seiner Edition des Briefwechsels von Agnes Meyer und Thomas Mann voranstellte, auf die «achtbare Aufrichtigkeit» dieser Frau hin, die «gestand, es wäre ihr unmöglich gewesen, einen nicht wohlhabenden Mann zu heiraten». Die Familie und die Verwaltung des aufwendigen Besitzes – Eugene Meyer führte ein großes Haus in Washington, er besaß ein Landschloß in Neuengland, eine Ranch im Hochland von Wyoming, später auch eine Farm in Virginia – ließ Agnes Meyer trotz allem Zeit und Freiheit genug, eine sorgfältige Studie über die chinesische Kunst in der Epoche von Li Lung-mien zu schreiben, einem Maler und Sammler der Sung-Periode.

Agnes Meyer überfiel Thomas Mann bei jenem ersten Gespräch wohl kaum mit einem ausführlichen Bericht über ihr eigenes Leben. Erzählte sie ihm, wie sie seinem Werk begegnet war? In ihrer bemerkenswerten Autobiographie aus dem Jahre 1953 («Out of These Roots») berichtete sie von der Begeisterung, mit der ihre norddeutschen Eltern die «Buddenbrooks» aufgenommen hatten. «Tonio Kröger» und «Tod in Venedig» seien ihr fremder gewesen, sagte sie: ihre «jugendliche Unsicherheit» sei «durch die Todesfixierung, die scharfe Ironie und die Stimmung des Verhängnisses aufgerührt» worden. Doch im Sommer 1936 sei sie, nach einer Bergwanderung zu Pferde, in einem der Camps zurückgeblieben, die zur Ranch in Wyoming gehörten, dreitausend Meter hoch, in einer völligen Einsamkeit, die sie manchmal gebraucht habe, um ihr inneres Gleichgewicht zu bewahren. Dort habe sie, wie sie in der Autobiographie erzählte, im Schatten mächtiger Bäume den «Zauberberg» und sofort danach «Joseph in Ägypten» gelesen. Und wie damals, als sie zum erstenmal chinesische Malerei betrachtete, eine lebenslange Passion begonnen hatte, habe sie sich nun leidenschaftlich in den Stil Thomas Manns verliebt. Eine schmeichelhaftere Vorbereitung auf das Gepräch konnte sich der Autor kaum wünschen.

Wenige Tage nach dem Interview, dessen Ablauf eher förmlich war, schickte sie Thomas Mann einen Brief, der eine wahre Huldigungsadresse war. Der Liberalismus, schrieb sie emphatisch, brauche ihn als seinen Führer, brauche sein «großes Genie für das Wort, um seine Ziele auszudrücken», brauche seine «Integrität als Künstler, um sich – geistig und politisch – auf sie zu stützen». «Sie sind», sagte sie, «für uns alle der Beweis, daß der Geist noch immer über die rohe Gewalt zu herrschen vermag.» Zugleich mahnte sie ihn: «Wenn die Wolken sich in Europa dunkler zusammenziehen» sollten und wenn «die Marxisten» Anspruch auf sein Engagement «gegen die negative und destruktive Macht des Faschismus» erheben sollten – «dann vergessen Sie bitte nicht, daß die rationalen Kräfte der Demokratie Ihre individuelle Führung brauchen, um den geordneten Fortschritt der Freiheit und der Gerechtigkeit hier drüben zu bewahren.»

Thomas Mann schien ihr nicht verborgen zu haben, daß er – trotz der Distanz, die er für sich selbst vorzog – die Kommunisten und die «Volksfront» als die entscheidende Phalanx des Widerstandes gegen die faschistischen Diktaturen betrachtete. Ihre besorgte Warnung verband Agnes Meyer mit der diskret verhüllten Einladung, er möge sich nach Amerika wenden. Sie zitierte – auch das eine subtile Schmeichelei – aus dem «Tonio Kröger», wenngleich auf englisch. Mit klugem Bedacht verband sie die politische Herausforderung mit einer schönen Reverenz vor der Poesie. Vielleicht wäre sie klug beraten gewesen, hätte sie dem verehrten Autor deutlich gemacht, daß der amerikanische Begriff «liberal» sich vom europäischen Verständnis des Wortes unterscheidet: das Wort weist in den Vereinigten Staaten nicht auf die freisinnige Bürgerlichkeit altmodischer Prägung, nicht auf Manchester und ungehemmten Kapitalismus, sondern auf eine soziale Demokratie, deren Elemente in den Konzepten Roosevelts sichtbar wurden, auf Progressivität und Libertät.

Der Dichter antwortete ihr während der Rückfahrt an Bord der «Île de France». Ihren deutlichen Wink in Sachen Kommunismus verstand er wohl. «Es besteht keine Gefahr», schrieb er ein wenig indigniert, «dass ich mich den marxistischen Doktrinen verschreibe. Sozialistisch im freieren Sinn ist heute wohl jeder lebendige Geist». Er berief sich dabei auf Frankreich, auch auf das Amerika Roosevelts. «Nehmen Sie vorlieb mit dieser knappen aber herzlichen Zustimmung zu Ihren Worten», schloß er eher reserviert; «angehaeufte Korrespondenz erlaubt mir leider nicht, ausfuehrlicher zu sein.» Der Wortlaut des Interviews, das ihm Agnes Meyer mit einigem Herzklopfen schickte, wurde gnädiger aufgenommen. Es gehöre zum Besten, ließ sie der Dichter wissen, das «an journalistischer Begleitmusik» zu seiner Reise laut geworden sei.

Noch immer war ihm nicht deutlich, welchen Rang diese Verehrerin in der amerikanischen Gesellschaft hatte. Sie beschloß, ihm ein Licht aufzustecken. In ihrem nächsten Brief, datiert vom 15. Mai, wies sie sich als die Frau von Eugene Meyer aus, dem Besitzer und Verleger der «Washington Post», der seinem Land vor 1933 für eine knappe Frist als Präsident der Federal Reserve Bank gedient hatte: einem der höchsten und wichtigsten Ämter des Staates. Dann deutete sie dem Dichter an, sie habe ihn für eine prominente Vortragsreihe in Washington genannt. Jene Reden würden in sämtlichen großen Zeitungen der Vereinigten Staaten gedruckt – einen besseren Resonanzboden gebe es nicht. Überdies lud sie ihn ein, seine Äußerungen zu aktuellen Fragen künftig in der «Washington Post» drucken zu lassen. Die Zeitung werde Morgen für Morgen von sämtlichen Regierungsbeamten gelesen, vom Präsidenten, von jedem Minister, von jedem Senator. Auch ein Nachdruck in anderen wichtigen Blättern lasse sich ohne Schwierigkeit arrangieren.

Die «Washington Post» verfügte damals noch nicht über die Macht, die der Zeitung in den Jahrzehnten nach dem Zweiten Weltkrieg zuwachsen sollte. Eugene Meyer hatte das Blatt, um über ein publizistisches Instrument zu verfügen, nach dem Rückzug aus seinem hohen Amt für gut achthunderttausend Dollar gekauft. Das Niveau der Berichterstattung hatte sich unter seiner Leitung gebessert, und die «Post» war im Begriff, ein Ansehen zu gewinnen, das nicht zu weit hinter dem der «New York Times», der «Herald Tribune» oder der «Los Angeles Times» zurückblieb.

Thomas Manns Reaktion auf die generöse und stolze Einladung ist nicht überliefert, doch ohne Zweifel horchte er auf. Vielleicht wies er darauf hin, daß er im Begriff sei, eine eigene Zeitschrift zu gründen. Katia Mann übernahm es, in einem Brief aus Bad Ragaz, wo Thomas seinen Rheumatismus loszuwerden versuchte, das Interesse der reichen Dame an dem Projekt zu fördern – mit schönem Erfolg. Agnes Meyer schickte prompt einen «Beitrag zur finanziellen Unterstützung» an den Verleger Oprecht: zweitausend Franken. Überdies bot sie an, Thomas Manns Vorwort für die erste Ausgabe von «Maß und Wert» selbst zu übersetzen und in ihrer Zeitung zu drucken.

So geschah es. Der Aufsatz wurde – sie hatte nicht zuviel versprochen – von vielen großen Blättern übernommen, die brav das Honorar nach Küsnacht überwiesen. Die Entlohnung aus Washington blieb aus. Katia Mann erkundigte sich, Ordnung mußte sein, ob ihr Scheck für «Maß und Wert» als «Gegenleistung für die Ueberlassung des Artikels» gedacht sei. Wenn es sich so verhalte, dann müßte ein «Teil des Betrages als Honorar für den Abdruck in der Washington Post bei Oprecht» erhoben werden: «Ich möchte das aber doch nicht tun, ohne mich vergewissert zu haben, dass ich Ih-

rer Absicht entsprechend handele». Der Wink mit dem Zaunpfahl
wirkte. Agnes Meyer versicherte eilig und eifrig, natürlich komme
der gesamte Spendenbetrag Dr. Mann allein zu. Sie werde Oprecht
davon unterrichten (dem sie noch einmal einen Betrag in gleicher
Höhe anweisen ließ). In einem zweiten Brief entschuldigte sie sich,
was gewiß keiner Notwendigkeit entsprach: sie habe es als zu peinlich empfunden, Geld direkt an Thomas Mann zu schicken. «Ehr-
furchtsgefühl», schrieb sie auf deutsch, habe sie in die Irre geführt.
Auch wenn der Verlag unterdessen die gesamte Summe an Thomas
Mann ausgezahlt haben sollte, sollte man es dabei belassen. Die Publikation in ihrer Zeitung honorierte sie separat mit eintausend
Franken. Die Schuld, in der sich die zivilisierte Welt ihrem Mann
gegenüber befinde, schrieb sie an Katia mit einigem Pathos, sei
etwas, das «niemand von uns jemals auf adäquate Weise begleichen» könne. Ihre Hilfe für die Zeitschrift war um so willkommener, da sich Madame Mayrisch, die Wohltäterin aus Luxemburg, über das Finanzgebaren des Verlegers beschwert und mit
ihrem Rückzug gedroht hatte. Agnes Meyer unterstützte «Maß und
Wert» bis ans Ende.

Doch lieber als von Finanzen und von Politik redete sie in ihren
Briefen von der Arbeit Thomas Manns, zumal vom Goethe-Roman, den sie als ein Rendezvous ihrer beiden Erzheiligen betrachtete. Sie traf damit den rechten Ton: man könne sich nichts Vielver-
sprechenderes vorstellen, schrieb sie, als diese Studie über den
«größten deutschen Schriftsteller, verfaßt durch seinen größten
Nachfolger». «Es war unvermeidlich», fuhr sie enthusiastisch fort,
daß «Dr. Mann eines Tages dahin gelangen werde, und das Ergebnis
wird von allen einsichtsvollen Geistern mit atemlosem Interesse erwartet werden.» Agnes Meyer nahm sensibel genug wahr, daß sich
der Autor mit Bedacht und Ernst ein Leben lang auf das Amt des
Erben vorbereitet hatte. Es überraschte sie nicht, daß ihr der Freund
einige Jahre später heiter schrieb, die Beschäftigung mit ihm und
seinem Werk führe sie konsequent über ihn hinaus – «und zwar in
gerader Linie, dorthin, woher ich komme, sozusagen zu meinem
Vater im Himmel…»

Spiele mit dem «Mythus» und das kleine Augenzwinkern, das er
seinem Publikum mitunter schuldig zu sein glaubte, täuschten kei-

neswegs über den Anspruch der Nachfolge hinweg. Die Rolle war ihm in gewisser Hinsicht selbstverständlich geworden. Er hatte sich das Ziel gesetzt, mit ihr und in ihr eine nationale und zivilisatorische Aufgabe zu erfüllen. Durch seine Identifikation mit Goethe, ob durch den Roman oder durch den Anspruch der Person, wollte er nicht nur eine gloriose Bestätigung seiner selbst herbeizwingen. Er wollte auch den regierenden Barbaren in Berlin immer wieder aufs neue sagen, daß sich der Geist von Weimar im Exil befinde – dort, wo er, Thomas Mann, schreibe und lebe, in unversöhnlicher Feindschaft mit den Schändern der Tradition. Durch Goethe, der sich aller nationalen Hysterie im idealistischen Rausch der «Befreiungskriege» ferngehalten hatte, ließ sich – ohne die Wahrheit zu überanstrengen – der Weg ins Verderben vorzeichnen: der Absturz in das «Schreckliche, das sich eines Tages unter den Deutschen zu den grassesten Narrheiten manifestieren wird». Er übertrieb es mit der Aktualisierung vielleicht ein wenig. Er unterschob ihm sogar seine eigenen Einsichten über die geheime Beziehung zwischem dem exaltierten Nationalismus und der Homoerotik. Thomas Mann ernannte den Weimarer Minister sozusagen zum ersten Antifaschisten der deutschen Geschichte.

Wichtiger war ihm womöglich die «höhere Heiterkeit», die in dieser argen Welt zu behaupten Thomas Manns erklärter und sehnlicher Wunsch war. Wie sehr er sie brauchte! Wie jäh sie ihn oft im Stich ließ, vor allem im späten Frühjahr des Jahres 1937, in dem er von so bösen Rheumaschmerzen gequält wurde! Plötzlich brachen alle lange verdrängten Ressentiments aus seiner Seele. Am 23. Mai schrieb er Bruno Frank einen langen Brief, dem er – zur Sicherheit – seinen Zürcher Vortrag vor der jüdischen Vereinigung «Kadimah» beilegte, damit sein Schreiben vor einem falschen Licht bewahrt werde: ihm sei nämlich die Lust vergangen, schrieb er, den jüngsten Roman des Adressaten – es war «Der Reisepaß» – in Schwarzschilds «Neuem Tage-Buch» zu rezensieren, nachdem er dort Hermann Kestens schmeichelnde Kritik über Döblins «Fahrt ins Land ohne Tod» gelesen habe: eine «Lobhudelei» – «unverkennbar auf meine Kosten». Wieso? Die Gründe seiner Erregung blieben zunächst im dunkeln, doch es gab keinen Zweifel: er betrachtete Alfred Döblin als einen lästigen Konkurrenten, der ihm überdies als

Persönlichkeit tief zuwider war. Eifersucht, sagte er wider bessere Einsicht, sei ihm ziemlich fremd, und er habe sie auch nicht nötig, nachdem zwei Erdteile seinem Werk mit Hochachtung begegneten. Sicher sei Döblins letztes Buch ein «überlegenes Meisterstück», doch an «menschlichem Gewicht», an «persönlich-geistiger Autorität», an «psychologischer Würde» sei Döblins Existenz mit der seinen überhaupt nicht zu vergleichen. Er sei in seiner Kritik «gedeckt» durch seine Haltung zum Judentum, wenn er «die Art, wie Kesten seinen Stammesgenossen» gegen ihn ausspiele, eine «jüdische Unverschämtheit» nenne. Man könne nicht vom «mythischen Epos deutscher Zunge» reden und dabei den «Joseph» verschweigen.

Das also war der Frevel, der ihn in Rage versetzt hatte – Anlaß genug für Thomas Mann, die klassischen Klischees des Antisemitismus zu präsentieren, «gedeckt» durch seine allgemein und eher abstrakt judenfreundlichen Erklärungen. Die Literaturkritiker der Pariser Zeitschrift hätten sich eher «die Zungen abgebissen», zeterte er, als eine «würdige Studie» über sein Buch zu bringen (vielmehr war sein Sohn Klaus um eine Äußerung gebeten worden, was zweifellos eine höfliche Verlegenheitslösung war). Die «jüdische Kritik» habe ihn vor 1933 «schnöde oder doch nie ohne Andeutung der Geringschätzung» behandelt (eine Behauptung, die nicht der Wahrheit entsprach). Jetzt hebe sie einen «Bluts- und Cliquengenossen» auf den Schild – «mit unverschämter Ostentation» gegen ihn. Er habe die Brücken zu Deutschland abgebrochen und sich mit aller Entschiedenheit zur Emigration bekannt: «Der Dank ist Nichtachtung und heimliche Niedertracht.» Bruno Frank – auch er Jude – dürfe Schwarzschild Kenntnis von diesen Zeilen geben.

Geschah es? Frank war ein alter Freund. Er mag sich gehütet haben, den nicht unberechtigten Verdacht zu nähren, Thomas Mann sei – jüdische Frau hin oder her – noch immer der Gefangene der Ressentiments, die sich in seiner Seele festgefressen hatten. Natürlich las es sich nach Tische anders. Auf Hermann Kesten fiel von neuem die Gnadensonne, als er die nächsten Schmeicheleien über den strengen Meister publizierte. Alfred Döblin empfing im nächsten Jahr zu seinem sechzigsten Geburtstag ein Glückwunschtelegramm, das den «kühnen Kameraden» feierte, und an Hannah

Arendt, die jüdische Philosophin, schrieb er später, die Juden hätten seine Erzählung «Tonio Kröger» am herzlichsten begrüßt.

Wie sehr er einen «Goethe von innen» brauchte (in Ortega y Gassets Worten), um der Thomas Mann zu sein, den seine Gemeinde ohne Skrupel herzlich verehren durfte! Wie sehr er, gerade er, Goethes bedurfte – nicht weil er ihm so ähnlich, vielmehr weil er ihm in Wahrheit so ganz und gar unähnlich war! In Wirklichkeit lagen heimliche Zweifel an der Verwandtschaft, der Ähnlichkeit und Ebenbürtigkeit wie Schatten auf seiner Seele. Ihm konnte nicht verborgen bleiben, daß die Freiheit des Blicks, die man Goethe zusprach, selten in seinen Augen wohnte, die eher eng und klein waren. Und mag er sich nicht gefragt haben, ob auch ihm die «große Natur» zuteil geworden sei, mit der der Vorläufer vom lieben Gott bedacht worden war?

Thomas Mann begriff die Nachfolge, es läßt sich nicht leugnen, eher geistig. Das hohe, zu hohe Ziel der Erbschaft entließ ihn niemals aus der fordernden Pflicht. Mit fast infantilem Eifer notierte er jedes Wort von außen, das ihn als den legitimen Nachfolger zu bestätigen schien: die Schmeicheleien in dem französischen Brief, den ihm die Sekretärin des PEN-Clubs der Niederlande schickte: «l'écrivain, dont les chef-d'œuvres égalent ceux de Goethe», und noch einmal: «qui me rappelle toujours ce grand génie de Goethe». Oder Karl Kerényis beglückendes Kompliment, er sei «nach Zürich-Küsnacht gekommen, um eine Pflicht des in Europa Reisenden zu erfüllen, wie einst der Aufenthalt in Weimar es war». «Hübsch, hübsch», kommentierte Thomas Mann die liebenswürdige Bemerkung in seinem Tagebuch. Arthur Koestler, man hat es gesehen, nahm die Adaption mit kritischeren Augen wahr. Klaus Mann schrieb nach der Lektüre des dritten Kapitels mit dem langen Gespräch zwischen Lotte und dem Gehilfen Riemer: «Die Psychologie des Genius, sehr geistvoll, amüsant, durch die Spiegelung in Riemer…» Und: «Die autobiographischen Züge des Goethe-Portraits: nur alles ins Hochdämonische, Kolossale gesteigert.»

Eckhard Heftrich sagte in seiner Analyse des Werkes, Goethe sei «eine Figur im Rollenspiel, das um so komplizierter abläuft, je mehr sich der Autor in der Identifizierung gefällt. Im Roman wird das Rollenspiel zu einem mit psychologischen Raffinessen und unter Einsatz aller kompositorisch-artistischen Mittel inszenierten Kunst-Schauspiel.» Das war genau beobachtet.

Vielleicht aber trieb es der Autor mit dem Raffinement und dem Rollenspiel ein wenig weit? In keine andere Figur schien er sich mit gleicher Intensität, gleicher Lust und solch kritischer Ironie eingelebt zu haben – womöglich, ohne es recht zu wissen – wie in die Gestalt des Gehilfen Friedrich Wilhelm Riemer, dessen «Mittheilungen über Goethe» aus dem Jahre 1841 er aufs genaueste studierte. Er legte sogar – wie Heinrich Siefken in seiner Studie über Thomas Mann und Goethe nachwies – eine Liste von Worten und Formeln an, die er als die geeigneten Ingredienzien der Riemerschen Suada betrachtete. Dieser gebildete und eitle Adlatus, der sich als ein Gefährte Goethes verstand, gab gewissermaßen das Thema an, als er in seinen Abhandlungen über «Goethe's Schriften» unter dem Stichwort «Werther» in einer seltsamen Mischung von Entrüstung und Schelmerei vermerkte: «Nachdem ein Werk über ein halbes Jahrhundert in der ganzen Welt gewirkt hat, sollte man denken die Tendenz des Autors würde eingesehen worden seyn, und ihm nicht zu Schaden und Unehren gereichen. Gerade die damalige Zeitgesinnung, der Selbstquälerei, welche das Buch schildert, sollte damit abgeschlossen seyn (…), und noch wirft man ihm vor, daß er das Fieber erregt habe, das bereits in jungen Gemüthern verborgen lag und nur bei ihm zum eclatanten Ausbruch kam; wovon er sich errettete, dadurch daß er sich's aus der Seele schrieb. (…) Warum ahmte man nur das Todtschießen nach und nicht das am Leben Bleiben des Autors? (…) Hat G. mit diesem Buche gesündigt, so ward er übermäßig sein ganzes Leben hindurch bestraft, durch die zudringlichen Forschungen nach der Wahrheit der Geschichte, denen er auch durch kein Incognito entgehen konnte.»

Riemer setzte überhaupt den Ton für die «Lotte». In einem Brief an Alfred Neumann nannte Thomas Mann das Riemer-Gespräch «ein centrales, wohl gar *das* centrale Kapitel, obgleich mit dem Auftreten des Alten selbst noch allerlei Merkwürdiges kommen» müsse. Es kümmerte ihn dabei nicht, daß der gelehrt-geschwätzige Gehilfe zur Zeit des Lotte-Besuches in Weimar nicht in den Diensten des Geheimrates stand: er hatte seinen Brotherrn durch taktlose Bemerkungen über Ottilie von Pogwisch, die Braut des Sohnes

August, gründlich verärgert und war mit einem Hausverbot bestraft worden, das erst 1819 wieder aufgehoben wurde. Die rokokohaft beschwingte, zugleich gelehrt gekräuselte und hochstilisierte Prosa des Professors, zumal im Vorwort seiner «Mittheilungen», übte auf Thomas Manns Talent zur Mimikry einen unwiderstehlichen Reiz aus. In einem Satz, der in seiner Länge und seinen komplexen Verflechtungen den schönsten Produkten des «Zauberberg»- und «Joseph»-Autors nichts schuldig bleibt, rechtfertigte der Gehilfe das Zögern, das er sich auferlegt hatte, ehe er mit seinen Erinnerungen an die Öffentlichkeit trat: «Bedenke ich nun», schrieb er, «daß ich einem großen Theil dieser posthumen Nachreden hätte können zuvorkommen, indem ich früher, länger und genauer in Verhältniß mit G. gestanden, als die Verfasser jener, die ihn nicht einmal alle von Person kannten, oder nur Besuchsweise und gelegentlich etwas von ihm erfahren hatten; daß mir, was seine Person, seinen Character, seine Art zu seyn und zu leben, ja seine schriftstellerische Thätigkeit betrifft, wenn auch nicht Alles, doch das Meiste wohl ebensogut, wo nicht besser bekannt seyn konnte, bekannt seyn mußte; daß ich Einiges sogar als mir besonders vertraut und bewußt vor ihnen voraushatte: Dann könnte ich, mit verzeihlicher Eigenliebe, fast bedauern, daß ich mich durch Rücksichten die Andere nicht kennen, und Bedenklichkeiten die sie nicht theilen, bisher habe lassen abhalten, von meiner günstigen Stellung Gebrauch zu machen. Ich könnte mir das Wort des alten Dichters zu Gemüthe führen: ‹Schande sey es über Ihn zu schweigen und die Barbaren reden lassen!›»

Wohl gesprochen. Dies eine Zitat mag Beweis genug sein, daß Thomas Mann der Lockung zur Imitation, die sich im Stil des Adlaten verbarg, nur zu gern erlegen ist. Der Professor Friedrich Wilhelm Riemer, den Effi Biedrzynski in ihrem Lexikon zu «Goethes Weimar» als einen «schweren, untersetzten Mann» schilderte, «das Gesicht schwammig, der Hals kurz, die Stirn niedrig, die Augen ‹glupschend›» – dieser gelehrte und verletzliche Mensch brachte es nicht zuwege, das gewölbte Pathos und den altfränkisch hohen Ton der Vorrede auf den gut fünfhundert Seiten seines Konvolutes durchzuhalten. Anders der geniale Imitator, dessen Sprachenergien unerschöpflich zu sein schienen. Schon der Kellner des Gasthofes

«Zum Elephanten», Herr Mager, der sich selbst das «Factotum» des Hauses nannte, drückte sich mit der umständlichen Grazie aus, über die der Professor Riemer gebot. Wie er sprach, zumal in der Steigerung ihres Dialogs mit dem Famulus selbst, erstaunlicherweise auch die Hofrätin Kestner geborene Buff, die im August 1816 nach Weimar gereist kam, um den Verfasser des «Werther» wiederzusehen, durch den sie gewissermaßen unsterblich geworden war: Charlotte, die dem Buch den Namen gab, unterdessen eine alte Dame geworden, oft von einem Zittern des Kopfes befallen, wie der Autor immer aufs neue betonte, das nach den Einsichten der modernen Medizin als ein Symptom der Parkinsonschen Krankheit in fortgeschrittenem Stadium diagnostiziert werden müßte.

Nicht wie Riemer sprach Adele Schopenhauer, Tochter der Johanna und Schwester des Arthur, die der Hofrätin ihre Aufwartung machte, um sie in einer langen Erzählung von mehr als achtzig gedruckten Seiten über den Goethe-Sohn August und sein Verhältnis zu ihrer Freundin Ottilie von Pogwisch ins Bild zu setzen. Sie trug ihre Erzählung wie eine literarisch bestrebte Dame jener Epoche vor, die sich, nach einem Hinweis des Autors, im Zustand «gelockerter Mitteilsamkeit und fiebrig entfesselter Redseligkeit» befand, aber auch nicht verheimlichen mochte, daß sie sämtliche Romane und Novellen des Vaters Goethe mit Eifer und dem allergrößten Gewinn gelesen hatte. (In Wirklichkeit hielt sich auch Adele Schopenhauer – wie uns Siefken belehrte – während der Visite der Charlotte Kestner nicht in Weimar auf.)

Nicht wie Riemer, sondern wie Goethe sprach Goethe selbst im Roman, und er wurde sich auch nicht untreu, wenn er das eine und andere Mal mit steifen Gliedern dem Korsett der fleißig gesammelten Zitate entstieg. Thomas Mann aber sprach in langen Partien wie der unentbehrliche Riemer – und Riemer sprach mitunter wie Thomas Mann, der manchmal auch wie Felix Krull sprach, der wiederum wie Goethe zu sprechen glaubte und denn doch wie Thomas Mann sprach, zumal in den Sätzen, in denen der Erbe an Hand des Geheimrats Goethe ein nicht ganz lebens-, aber völlig stilechtes Bildnis seiner selbst entwarf (wie der eigene Sohn nach den ersten Hör- und Leseproben festgestellt hatte): wenn er zum Beispiel von Goethes «zögerndem und aufschiebenden», auch «sehr umständlichen, unentschlossenen» Charakter, von seiner «äußerst ermüdbaren» Natur berichtete, von seinem Geschick in Vertrags- und Geldsachen, von den «kleinen Schlichen und Doubletten», die das Menschliche «an einem großen Mann» wahrnehmen ließen, von der Liebenswürdigkeit der Prosa, in der nichts von «priesterlicher Gebärde» herrschte, «kein Feuersturm und Geschmetter der Leidenschaft»; wohl auch dort, wo er von einem «Dichtergenie» redete, das er die «sanfteste Form» nannte, «worin Großheit auf Erden erscheinen mag» – im scheinbaren und nicht wirklichen Gegensatz zu der «Kälte und Steifigkeit», dem «gepanzerten Ceremoniell, hinter dem geheimnisvolle Verlegenheit sich verbirgt, eine seltsam rasche Ermüdbarkeit und Angegriffenheit». Er blickte auf das Vorbild und auf sich selbst, wenn er Goethes Dominanz im Salon erwähnte, wie Adele sie in ihrer Erzählung charakterisierte, sein tyrannisches Wesen in der Gesellschaft, auch seine Neigung zum Vorlesen, bei dem er «das Komische (...) mit solcher Drastik und Natur, so köstlicher Beobachtung und unfehlbarer Wiedergabe» präsentierte, «daß alle Welt hingerissen» war. Er rückte Goethe von sich selbst nicht fern, wenn er seine Neigung zur Tyrannei beschrieb, die den Freunden gebot, daß sie keine anderen Götter neben ihm haben sollten: das war er, wie er leibte und lebte – Johann Wolfgang von Mann und Thomas Goethe, der eine im andern, der eine durch den andern.

Klaus Mann durfte sich mit gemischten Gefühlen in dem armen August wiedererkennen: «Der Sohn eines Großen – ein hohes Glück, eine schätzbare Annehmlichkeit und eine drückende Last, eine dauernde Entwürdigung der eigenen Selbstheit doch auch wieder.» Allerdings wurde von August gesagt, was für ihn gewiß nicht galt: daß er *nur* Sohn, daß dies die Haupteigenschaft seines Lebens sei. Diesen Schatten hatte Klaus abzuschütteln versucht – ganz entkam er ihm nie: das Grundverhängnis seiner Existenz. Doch er hatte, anders als August, ein unverwechselbares Werk vorzuweisen, gleichviel welche Qualität man ihm zubilligen wollte. Er war, mit all seinen Schwächen, eine Persönlichkeit «aus eigenem Recht».

Bis zum Auftritt Goethes drang Thomas Mann im Fortgang des Jahres 1937 nicht vor. Das Riemer-Kapitel, das in seiner noblen und entzückten Geschwätzigkeit mehr als einhundert Seiten im Druck besetzte, brachte er im Hochsommer zum Abschluß. Im September der Aufenthalt in Locarno, den er als eine Nachkur seiner Rheumatherapie in Bad Ragaz betrachtete. Er kam mit Adeles Erzählung – vielleicht das stärkste Element des Buches, weil in sich geschlossen – auch nach der Rückkehr an seinen Schreibtisch in Küsnacht rasch voran.

62. KAPITEL

Zurück zu Wagner – voran nach Amerika

In den letzten Oktobertagen erreichte den Dichter ein Angebot, dem er sich nicht zu entziehen vermochte: die Direktion des Zürcher Stadttheaters, die im November eine Gesamtaufführung von Wagners «Ring» zu präsentieren gedachte, übermittelte durch den Verleger Oprecht den Wunsch, er möge das Publikum durch einen einführenden Vortrag auf das Ereignis vorbereiten. Eine merkwürdige Fügung: unter Goethes hellem Geist hatte er sich in der Regel von der Mythenwelt Wagners befreit. Nun konnte er der Versuchung nicht widerstehen, sich durch Wagner für eine Weile von Goethes großem Schatten zu entfernen.

Nicht ganz, das versteht sich. Der mäßigende Einfluß, der aus Weimar herüberstrahlte, bestimmte die Tonlage des Essays über die Tetralogie. Mit anderen Worten: er bemühte sich, die beiden Welten, die in ihm wohnten, miteinander zu versöhnen. Er wollte nicht länger wahrhaben, wenigstens nicht für den Augenblick, daß sie sich nicht gut miteinander vertrugen, ja daß sie sich womöglich gegenseitig ausschlossen. Hatte er früher manchmal von sich selbst eine Entscheidung gefordert: Wagner oder Goethe? In Wahrheit hatte er niemals eine Wahl getroffen. Nun versuchte er, die konträren Welten mit lockerer Hand aneinanderzubinden: ein riskantes Unternehmen.

Wagner hatte von der «klassischen Walpurgisnacht» im zweiten Teil des «Faust» gesagt, dies sei wohl «das Originellste und künstlerisch Vollendetste», das Goethe geschaffen habe. Thomas Mann war nachsichtig genug, das fragwürdige Deutsch dieser Feststellung weder zu rügen noch zu korrigieren: echt wagnerisch waren die Superlative gewiß. Er schrieb vielmehr, mit einem gewaltigen Anlauf und angehaltenem Atem, es tue wohl, «den Wagnerischen Genius sich hier im Privaten einmal – denn in den Schriften geschieht es niemals, daß ich wüßte – vor dem Goethe's neigen zu sehen; es ist ein hochmerkwürdiges Vorkommnis, die Berührung dieser beiden sonst so entgegengesetzten, so polarisch voneinander entfernten Sphären; es beruhigt und beglückt, dies Erlebnis, zwei gewaltige und kontradiktorische Ausformungen des vielumfassenden Deutschtums, die nordisch-musikalische und die mittelländisch-plastische, die wolkenschwer-moralistische und die erleuchtet-himmelsheitere, die volk- und sagenhaft urtümliche und die europäische, Deutschland als mächtigstes Gemüt und Deutschland als Geist und vollendetste Gesittung, – auf einmal befreundet zusammentreten zu sehen».

Der Enthusiasmus, der ihn überkam, verführte nun auch ihn zur superlativen Steigerung der «Vollendung», die ihm vielleicht nicht in die Feder geraten wäre, hätte er sich nicht ein weiteres Mal mit dem Zauberer aus Sachsen eingelassen, der so vieles bewirken konnte – Schärfung des Sprachgefühls jedoch kaum. Die freundschaftliche Begegnung von Goethes und Wagners Geist gewann dadurch gewiß nicht die erhoffte Glaubwürdigkeit. Eine Umarmung der beiden fand nur in Thomas Manns eigenem Busen statt, weil er beide liebte und beide bewunderte – ausnahmsweise zur gleichen Zeit. «Bewunderung», rief er zu Anfang, «ist das Beste, was wir haben». «Bewunderung», fügte er hinzu, «ist die Quelle der Liebe, sie ist schon die Liebe selbst».

Beide Geister lebten in ihm – und beide waren sein Deutschland. Natürlich blieb er scharfsichtig genug, die Grundverschiedenheiten nicht aus der Welt zu reden: «Es sind», schrieb er, «die höchsten Namen für zwei Seelen in unserer Brust, die sich voneinander trennen wollen und deren Widerstreit wir doch als ewig fruchtbar, als Lebensquell inneren Reichtums immer aufs neue empfinden lernen müssen». Er sprach, das eigene Ich fürs Ganze nehmend, von der «deutschen Doppelheit», vom «deutschen Zwiespalt, der immer im Seeleninneren des höheren deutschen Menschen selbst verläuft».

Es sei kein Zufall, schrieb er weiter, daß sich die Begegnung der beiden auf dem Boden des «Mythus» ereignet habe. Doch welch ein Unterschied «zwischen der Wagnerischen und der Goethe'schen Art, den Mythus zu traktieren». Goethe habe «sein geistiges Theater nicht mit Lindwürmern, Riesen und Zwergen, sondern mit Sphinxen, Greifen, Nymphen, Sirenen, Psyllen und Marsen bevölkert, das heißt: nicht mit ur-germanischen, sondern mit ur-europäischen Wesen». Nichts könne «unwagnerischer sein», fuhr er ein wenig ernüchtert fort, «als Goethe's ironische Art, den Mythus zu beschwören»: dies galt, wie man hinzusetzen durfte, umgekehrt in gleicher Weise. Goethes klassizistische Mythologie war das Produkt seiner Bildungswelt. Von Wagner aber sagte Thomas Mann, er habe im Fortgang seiner Entwicklung sich von der «bourgeoisen Welt der Kulturverrottung, der falschen Bildung, der Geldherrschaft, sterilen Gelehrtheit und gelangweilten Seelenlosigkeit» gelöst und sich einer «Volkhaftigkeit» und «Volkstümlichkeit» zugewandt, die «ihm mehr und mehr als das sozial und künstlerisch Zukünftige, das Erlösende und Reinigende» erschienen sei. Der deutsche Bildungsbürger habe zunächst über das «‹Wagalaweia› und all die Stabreimerei wie über eine barbarische Schrulle» gelacht.

Dies Lachen hielt an, weil die Infantilpoesie der Rheintöchter und die Stabreimereien eine Volkhaftigkeit behaupteten, in der sich das Volk niemals erkannte und mit der es nicht allzuviel zu schaffen hatte. Die vermeintliche Volkstümlichkeit war ganz und gar künstlich. War sie revolutionär? Flog Thomas Mann die Feder nicht ein wenig zu rasch übers Papier, als er schrieb, wenn es damals das Wort schon gegeben hätte, so hätte man Wagner einen «Kulturbolschewisten» genannt – «und das nicht ohne Fug»?

Noch einmal: der Mythus sei für Wagner «die Sprache des noch dichterisch-schöpferischen *Volkes*» gewesen. Bei ihm aber war sie eine Kunstsprache. Dies macht sie, Thomas Mann wollte es nicht wahrhaben, unlesbar bis auf den heutigen Tag. Auch die Musik des «Rings» war Kunst-Musik durch und durch – was ihren Zauber nicht mindert. Dennoch (oder vielmehr darum) trifft zu, was Thomas Mann von dem Dichter-Komponisten sagte: «Er war Musiker als Dichter und Dichter als Musiker; sein Verhältnis zur Dichtung war das des Musikers, so daß seine Sprache durch die Musik in einen Primitiv-Zustand zurückgezwungen wurde».

Populär war diese Musik nicht, und sie konnte es nicht sein. In dem Wagner-Essay des Jahres 1933 hatte er mit dem Hinweis auf das Buch des Schweden Wilhelm Peterson-Berger darauf aufmerksam gemacht, daß «die deutsche Volksmusik die einzige Richtung» sei, die von der «Synthese» Wagners nicht umfaßt werde. Er könne wohl mitunter den «deutschen Volkston anschlagen, aber dieser bilde nicht den Grundton (...) seiner Tondichtung, sei niemals der Ursprung, aus dem sie spontan hervorsprudele, wie bei Schumann, Schubert und Brahms».

Es ist kein Zufall – Thomas Mann sprach nicht davon –, daß Richard Wagners eigentliche Volkstümlichkeit in den frühen Werken verankert blieb, mit denen er sich nicht aus dem Schatten der romantischen und der Großen Oper gelöst hatte. Das «Volk» hat sich den «Ring» niemals angeeignet, auch den ‹Tristan› nicht und erst recht nicht den «Parsifal» (sowenig wie den zweiten Teil des «Faust»). Niemals pfiff ein Gassenbursche eine Melodie aus der Tetralogie. Niemals las eine Mutter ihren Kindlein Verse aus dem «Ring» zur guten Nacht. Je weiter Richard Wagner in die Welt des germanischen Mythos vordrang, um so mehr entfernte er sich aus dem Reich der eigentlichen Volksnähe. Bayreuth blieb die Pilgerstätte einer bürgerlichen und aristokratischen, vor allem einer künstlerischen Elite, zu der sich von Zeit zu Zeit versprengte Bohemiens kleinbürgerlicher Herkunft wie Adolf Hitler gesellten. Was den hinaufzog, das wußte Thomas Mann genau genug. Schon im Herbst 1935 hatte er dem Wagner-Enkel Franz Wilhelm Beidler geschrieben, «Unseres Adolf Schwäche für ‹Wagner› hat schon ihre gute und schöne Berechtigung. Und schließlich müssen sogar die Anführungsstriche fallen, denn ich fürchte, gegen das Ende seines Lebens war Wagner (...) kein Wagnerianer, sondern ein Bayreuthianer.»

Die eigentliche Analyse des Werkes geriet Thomas Mann zu einem Teppich der unendlichen Variationen in Zitat und Selbstzitat: so geistreich, so gelehrt und zugleich so souverän, wie es die lebenslange Vertrautheit mit dem Werk erwarten ließ. Sie war zugleich in weiten Passagen die Schilderung der Kompositionstechnik, deren er sich für den «Joseph» bediente. Der Leser durfte manches über die Verwebung der Motive lernen, die er in der epischen Ausbreitung des biblischen Mythos bestaunt hatte.

Katia war eingefallen, daß man den Wagner-Essay der «Washington Post» zu Übersetzung und Abdruck anbieten könnte, doch Thomas Mann machte in einem Brief an Agnes Meyer mit gebotenem Realismus darauf aufmerksam, daß sich die Arbeit wohl eher für eine Monatsschrift eigne. Die ferne Verehrerin stimmte ihm zu. Aufmerksam erwähnte sie, daß die Wagner-Rede von 1933 trotz der «emotionellen Realität gegenüber einem so mächtigen Stimulans der jungen Jahre einen Unterstrom der intellektuellen Kritik» zeige, den Thomas Mann sehr absichtsvoll «nicht an die Oberfläche dringen ließ» – für ihren Geschmack wohl nicht deutlich genug.

Die Korrespondenz mit Mrs. Meyer führte in jenen Tagen vor allem Katia, die nicht länger daran zweifelte, daß sich hier eine überaus wichtige Verbindung ergeben hatte. Sie sorgte dafür, daß Erika und Klaus, der sich seit Ende September wieder in Amerika aufhielt, Verbindung mit der hochmögenden Dame aufnahmen. Denn auch der Sohn versuchte nun, drüben Fuß zu fassen. Agnes Meyer nannte er nach den ersten Gesprächen, ein wenig hochmütig, «ganz intelligent, trauliche Person», ihren Mann einen «biederen Onkel». Ehe Klaus zu einer Vortragstournee aufbrach, zwang ihn die Schwester mit liebevoller Energie, sich in New York einer neuen Entzugstherapie zu unterwerfen, über die der Arzt Martin Gumpert die Aufsicht führte.

Europa war in jenem Jahr 1937 von dramatischen Überraschungen verschont geblieben, wie sie der deutsche Diktator der Welt zu servieren gewohnt war. In den Hauptstädten des Westens gab man sich – friedfertig, bequem und ein wenig feige – einem vorsichtigen Optimismus hin, den auch die mächtige Freundin in Washington in ihren Kommentaren nicht völlig zu zähmen vermochte: die Katastrophe, sagte sie, die so oft vorausberedet worden sei, werde schließlich ausbleiben. Indessen hatte der deutsche Diktator seinem italienischen Kollegen Benito Mussolini einen triumphalen Empfang im Reich bereiten lassen: die «Achse» zwischen dem «Führer» und dem «Duce» war geschmiedet. Das hieß: die Unabhängigkeit Österreichs wurde nicht länger durch den südlichen Nachbarn geschützt.

Katia schrieb am 1. November nach Washington: «Aber wenn es auch nicht zum Krieg kommt, – was man hofft und gleichzeitig beinahe schon fürchtet –, der Verfall der Demokratieen (...) scheint nicht mehr aufzuhalten und dieser Kontinent wird bald nicht mehr bewohnbar sein.» Agnes Meyer verstand die Frage, die sich in diesen düsteren Sätzen verbarg. Sie antwortete umgehend, sie könne sich nicht recht vorstellen, daß sich Thomas Mann auf die Dauer in ihrer amerikanischen Welt etabliere; aber wenn die Rückstöße der europäischen Situation zu störend für ihn seien: «warum denken Sie dann nicht über die Möglichkeit nach, sich hier niederzulassen?» Die amerikanische Atmosphäre würde vielleicht einer Konzentration auf sein Werk weniger im Wege sein.

Das war eine lockende Erwägung, die Thomas Manns Verlangen nach der Befreiung von allen politischen Diensten mitsamt ihrem unvermeidlichen Ärger entgegenkam. Bitter schrieb er damals in sein Journal von der «unaufhaltsamen Tendenz der Welt», sich dem Faschismus zu verschreiben, und von dem «unsinnigen Opfer», das man bringe – «ohne zu wissen, wem» –, «indem man sich mit seiner Bekämpfung das Blut» verderbe. «Keine Vorspanndienste mehr! Keine Äußerungen und Antworten! Wozu Haß erregen? Freiheit und Heiterkeit! Man sollte sich endlich das Recht dazu nehmen.»

Noch ehe die taktvolle Einladung Agnes Meyers nach Zürich gelangte, fand in der Schweiz die erste «Verdunkelungsübung» statt. Schwarz gefärbte Birnen wurden gekauft, die nur noch einen schwachen Lichtschimmer warfen, und die Fenster mit schwarzen Stoffbahnen verhängt: Vorbereitungen auf den «Ernstfall». Niemand konnte sicher sein, daß der kommende Krieg an den Grenzen der neutralen Schweiz einhalten würde. Der Gedanke an eine Zuflucht in Amerika drängte sich auf. Thomas und Katia Mann bereiteten ohnedies ihre vierte Reise in die Vereinigten Staaten vor: eine tüchtige Agentur hatte den Dichter für eine Serie von Vorträgen engagiert, allesamt hochbezahlt. Drei Monate würde er drüben bleiben. Sein Hauptthema: die Zukunft der Demokratie. Agnes Meyer hatte es übernommen, das Manuskript zu übersetzen. Außerdem meldete sich die Harvard University mit dem Wunsch, er möge drei Vorlesungen über Goethe halten, die mit tausend Dollar honoriert würden: «Das Geschäft blüht oder könnte es tun», schrieb er ins Tagebuch.

Bei der Niederschrift der politischen Ansprache für Amerika

suchten ihn Zweifel heim: «Demokratischer Idealismus. Glaube ich daran? Denke ich mich nicht nur hinein wie in eine Rolle?» Rasch rief er sich zur Ordnung: «Es ist jedenfalls gut, diese Welt zu erinnern.» Er entschied sich für den Titel «Vom kommenden Sieg der Demokratie». Er holte weit aus, sprach von Abraham Lincoln und Walt Whitman, von der Bestimmung des Menschengeschlechtes, dem die Bibel mit solcher Skepsis begegnete, vom Menschen überhaupt, den er mit einem schönen Wort den «Sündenfall der Natur» nannte, doch er fügte hinzu, daß der Fall gar kein Fall sei, sondern «eine Erhebung, wie das Gewissen höher» sei «als die Unschuld».

Er wies dem Faschismus, wie er es in den letzten Jahren der Republik von Weimar getan hatte, den lügenhaften Charakter seiner «Attitüde von Jugendlichkeit und Zukünftigkeit» nach, redete auch mit der gebotenen Schärfe von dessen anderer großer Lüge: daß er die europäische Zivilisation vor dem Bolschewismus retten müsse. Die Diktatoren lebten, sagte er, «von dieser künstlich genährten Angst». In wirtschaftlicher Hinsicht sei der Nationalsozialismus nichts anderes als Bolschewismus. Freilich könne nicht genug betont werden, «daß der faschistische Sozialismus eine moralische Verhunzung des wirklichen» sei. «Und Rußland?» fragte er. Seine Antwort: «Man kann das innenpolitische Beispiel, das es gibt, böse finden und dieses Beispiel fürchten. Aber man muß einräumen, daß die moralische Natur alles wirklichen Sozialismus sich auch im Falle Rußlands bewährt: man muß es als *Friedensmacht* anerkennen und feststellen, daß es als solche eine Verstärkung der Demokratie bedeutet.»

Bei der Lektüre dieses Satzes mag Agnes Meyer ein wenig zusammengezuckt sein. Doch zu Anfang des Jahres 1938 schrieb ihr Thomas Mann, mit sich selbst und mit der Adressatin argumentierend, daß in «Bezug auf das heutige Russland (...) wohl leider jeder Vorbehalt berechtigt» sei: «und das ist ja eben das Tragische für Europa und die Welt, dass die Macht, die das natürliche Gegengewicht gegen die faschistischen Diktaturen bilden sollte und könnte, eine so erschreckende moralische Aehnlichkeit mit ihnen hat. Wenn die russische Verfassung nicht eine elende Farce wäre, dann wäre der ‹zukünftige Sieg der Demokratie› gesichert und zwar in sehr naher Zukunft.»

Dennoch schien er nicht zur Kenntnis zu nehmen, daß auch auf die Sowjetunion zutraf, was er früh genug vom Nationalsozialismus bemerkt hatte: daß die herrschende Macht Krieg nach innen, gegen das eigene Volk führte. Für die Moskowiter, deren Riesenreich ein Sechstel der Fläche des bewohnten Erdkreises umspannte, traf diese Feststellung mit gleicher Härte zu wie für das nazistische Deutschland. In der schriftlichen Fassung seines Vortrags bemerkte Thomas Mann beschwichtigend, wie er es nun gern und oft tat, er «habe vielleicht nicht genug Sinn für die von Rußland ausgehende Bedrohung der kapitalistisch-bürgerlichen Lebensordnung», denn er sei «kein Kapitalist».

Man mag daran zweifeln, daß er diese Sätze tatsächlich in Amerika vorgelesen hat. Mrs. Meyer legte in ihrer Übersetzung, mit seiner Zustimmung, eine korrigierende Hand an die Texte. Sie löste die langen Sätze auf, und sie schlug ihm, wenn sie es angemessen fand, auch Kürzungen und Veränderungen des Inhalts vor.

Mit zuverlässiger Autorität und der gebotenen Festigkeit warnte Thomas Mann in der Rede vor der Versuchung, dem Dritten Reich zu gewähren, was man einst der «friedenswilligen deutschen Republik» verweigert habe. Eine «verständnisvolle Würdigung» der Ansprüche Deutschlands komme «zu spät und zu früh». Sie jetzt zu erfüllen bedeute «einen grausamen und entmutigenden Schlag gegen die auf Freiheit und Frieden gerichteten Kräfte im deutschen Volk». Dann warb er für eine *Reform der Freiheit*. Mit dieser nebelhaften Formulierung meinte er den Abschied vom «Manchestertum» und vom «passiven Liberalismus». «Die Freiheit muß ihre Männlichkeit entdecken», rief er, sie «muß endlich (…) begreifen, daß sie mit einem Pazifismus, der eingesteht, den Krieg *um keinen Preis* zu wollen, den Krieg herbeiführt statt ihn zu bannen.» Die Demokratie müsse im Ökonomischen wie im Geistigen «von sozialistischer Moral das zeitlich Gebotene und Unentbehrliche in sich aufnehmen». Die Freiheit müsse sich durch «soziale Disziplin» ergänzen: «Sie muß die bürgerliche Revolution aus dem Politischen ins Wirtschaftliche fortentwickeln in der Erkenntnis, daß Gerechtigkeit die herrschende Idee der Epoche (…) geworden ist.» Mit anderen Worten: er plädierte für eine *soziale Demokratie*, die er «das eigentlich und wirklich Neue in der Welt» nannte.

Mitte Dezember hatte er die Niederschrift des Vortrages abgeschlossen. Danach bereitete er die Rede für Yale vor, die ihm zu einem merkwürdig persönlichen Bekenntnis geriet. Dann wandte er sich wieder «Lotte in Weimar» zu. Tastend drang er ins fünfte Kapitel vor. Nicht allzu weit: das Haus wurde in den Wochen vor Weihnachten durch die schwere Krankheit des jüngsten Sohnes beunruhigt. Bibi hatte sich eine Gehirnhautentzündung zugezogen. Lange Tage und Nächte lag er in hohem Fieber, von Katia umsorgt. Auch Weihnachten konnte er nicht mit den anderen feiern. Die Mutter stellte ihm ein kleines Bäumchen ins Zimmer. Die Krankheit hatte beklemmende Folgen. Auch nach der physischen Genesung schien Michael tief verstört zu sein. Wie anders ließe es sich erklären, daß der Achtzehnjährige vier Wochen später in einem Anfall der Umnachtung, in die er offensichtlich durch den Zustand der Volltrunkenheit geraten war, seinen kleinen Hund mit eigener Hand tötete? Der Vater erklärte die «bedenkliche Geschichte» mit einem «Champagner-Exzeß». Im Tagebuch kein Hinweis, daß sich Thomas Mann in diesem Augenblick seiner frühen Erzählung «Tobias Mindernickel» entsann: der grausigen Geschichte von dem Sonderling, der, vom lauernden Wahnsinn überwältigt, unversehens sein geliebtes und verwöhntes Hündchen geschlachtet hat.

Weihnachten 1937 konnte kein strahlendes Fest sein, wie es die Familie, der Tradition getreu, zu feiern liebte. Erika war in New York, Klaus hielt sich mit dem kleinen Curtiss in Los Angeles auf. Am 25. Dezember schrieb er dort in sein Tagebuch: «Sehr traurig. (…) *Gar* zu stiller Weihnachtstag: niemand hat uns eingeladen.» Auch an Silvester schien sich niemand um die beiden zu kümmern. Klaus resümierte voller Schwermut: «Der letzte Tag dieses Jahres. Was hat es gebracht? (…) Die Bitterkeit der zwei Entwöhnungen. (Budapest. New York.) *Zu* viel Reisen. (…) Viele Aufsätze und Vorträge. Material, Bruchstücke und den ganzen Plan zum nächsten Roman. – Politik: Kriegs-Jahr? Vor-Kriegs-Jahr? – Beides. – Katastrophal.»

Der Vater warf in seinem Tagebuch, nach einem Souper bei Kerzenlicht, einen Blick voraus: «Ein Vierteljahr weitläufigster Reise-Abenteuer» erwarte ihn. Dann der Wunsch: «Möge der Sommer, für den eine Badereise vorgesehen ist, oder der Herbst die Vollendung von ‹Lotte in Weimar› bringen. Dies ‹bringen› ist es eigentlich, woran ich glaube und worauf ich hoffe, nicht Energie und Aktivität. Die Zeit bringt alles. Möge mir Zeit gegönnt sein!»

Im Januar, wie es der Übung entsprach, Schnee-Urlaub in Arosa. Der Aufenthalt in der Höhe schlug wieder nicht allzu gut an. Er schlief schlecht, war erkältet, oft von Husten gestört. «Kamillenthee mit Phanodorm», sein bevorzugtes Schlafmittel, verschaffte ihm in der Regel ein wenig Ruhe. Wieder saß Katia, die ohnedies überanstrengt war, des Nachts an seinem Bett, um seine Ängste zu besänftigen. Er schrieb auf: «Als sie meine Hand hielt, dachte ich, so möchte es sein in meiner Sterbestunde.»

Dennoch brachte er dort droben in raschen Zügen die wesentlichen Partien eines Schopenhauer-Aufsatzes zu Papier, den ein amerikanischer Verlag als Einleitung zu einer Auswahl aus den Werken des Philosophen bestellt hatte.

Er bewegte sich wieder auf altvertrautem Gelände: «Kreuz, Tod und Gruft», Weltverneinung, Lust als Form des Schmerzes, «Todes-Erotik». Die amerikanische Freundin Agnes Meyer las das Stück mit gehobenen Brauen. Ihre Welt war das nicht. Freilich war sie nicht gut beraten, als sie später davon sprach, daß sie sich berufen fühle, Thomas Mann aus seiner Gefangenschaft in den dunklen Seligkeiten des inneren (und so deutschen) Reiches der schöpferischen Askese zu befreien.

Wenige Tage nach der Rückkehr aus Arosa sprach zum erstenmal Jenö Lányi im Hause Mann vor, der ungarische Kunsthistoriker, mit dem sich Monika verlobt hatte, ein liebenswürdiger Gelehrter, der sich der Erforschung von Leben und Werk des großen Florentiner Bildhauers Donatello widmete.

Am 5. Februar 1938 Nachrichten von einer beunruhigenden Entwicklung in Berlin: der Reichskriegsminister von Blomberg hatte um seine Entlassung gebeten. Zugleich wurde der Rücktritt des Generalobersten von Fritsch aus seinem Amt als Oberbefehlshaber des Heeres bekanntgegeben. Es sprach sich rasch herum, daß Blomberg eine Frau mit fragwürdiger Vergangenheit geheiratet hatte, und der «Führer» selbst, das machte die Peinlichkeit aus, war von ihm als Trauzeuge bemüht worden. Dem Freiherrn von Fritsch wiederum wurden homosexuelle Affären nachgesagt. Die Gestapo, auch das blieb kein Geheimnis, nahm eine Namensverwechslung zum Anlaß, um den General zu stürzen, der so eindringlich vor kriegerischen Abenteuern warnte. Die Historiker konnten nicht mit Gewißheit feststellen, ob der Diktator selbst in die monströse Intrige von Beginn an verwickelt war. Doch dies ist sicher: seine Vasallen Göring und Himmler nutzten die Gelegenheit, um den honorigen Widersacher in der Armeeführung loszuwerden. Auch Hitler zögerte nicht, sich der Gunst des Augenblicks zu bedienen, um seine persönliche Macht zu mehren. Die organisatorische Führung der Wehrmacht fiel nun einem Oberkommando zu, das er der Leitung von Wilhelm Keitel unterstellte, einem mediokren Büro-General, der seinem «Führer» völlig ergeben war. Thomas Mann sprach von einem «Sieg der Partei über die Armee und den Konservativismus». Die Parallele zur «Säuberung» der sowjetischen Generalität durch Stalin zog er nicht.

Am 15. Februar Aufbruch nach Paris. In den Zeitungen Berichte von einer bevorstehenden Umbildung der österreichischen Regierung, die unter dem harten Druck der Nationalsozialisten stand. Einen Tag später Einschiffung auf der «Queen Mary», dem mächtigen Schiff, das Thomas Mann als ein «Riesengebäude» beschrieb. Michael begleitete den Vater und die Mutter, die den schwierigen und gefährdeten Sohn nicht allzu lange allein lassen wollten. Er sollte in New York neue Möglichkeiten erkunden, seine musikalische Karriere zu fördern.

Am ersten Tag auf hoher See meldete die Bordzeitung, daß der österreichische Kanzler Schuschnigg, von den Nazis erpreßt, die Mörder seines Vorgängers Dollfuß auf freien Fuß gesetzt hatte. Einen Tag vor der Einfahrt in New York berichtete das Blättchen von den Triumphzügen der Nazis in Wien. «Die Folgen für Prag? Die Wirkung auf die Schweiz?» fragte Thomas Mann. Er war bedrückt. Bei Tisch erinnerte er sich seines dreiunddreißigsten Hochzeitstages: «Das Erschrecken, der Schwindel dabei: Das Leben – ich sagte, ich möchte es nicht wiederholen, das Peinliche habe zu sehr überwogen. Fürchte K. weh getan zu haben.» Beiden war deutlich, daß diese vierte Reise in die Vereinigten Staaten der Beginn ihres Abschieds von Europa war.

63. KAPITEL

«Wo ich bin, ist Deutschland»

Noch an Bord der «Queen Mary» schrieb Thomas Mann einen Brief an Ferdinand Lion, in dem er die besorgte Frage stellte, ob «Maß und Wert» überleben könne, wenn der Zeitschrift der österreichische Markt entzogen werde. Er ängstigte sich mit Katia um das Geschick von Hans Reisiger, der in dem Tiroler Dörfchen Seefeld wie in einer Falle hockte. Gewiß machte er sich Gedanken, was mit Gottfried Bermann Fischer und dem Verlag geschehe, die erst knapp zwei Jahre zuvor in Wien Zuflucht gesucht hatten, doch im Tagebuch fiel der Name nicht.

Bei der Ankunft in New York gab er durch den Rundfunk eine Erklärung zu den österreichischen Ereignissen ab, der die lauschenden Passagiere applaudierten. Dabei fiel der Satz, der anderntags – am 22. Februar 1938 – in der «New York Times» zu lesen war (und übrigens nur dort): «Wo ich bin, ist Deutschland.» Im Zusammenhang des Berichtes, den die Zeitung druckte, wirkte die stolze Feststellung sinnfällig und klar, auch wenn das Englisch – war es das seine, das des Übersetzers, das des Reporters? – ein wenig holprig sein mochte: «He was asked whether he found his exile a difficult burden. ‹It is hard to bear›, he admitted, ‹but what makes it easier is the realization of the poisoned atmosphere in Germany. That makes it easier because it's actually no loss. Where I am, there is Germany. I carry my German culture in me. I have contact with the world and I do not consider myself fallen.» («Er wurde gefragt, ob er das Exil als eine schwierige Last empfinde. ‹Es ist hart zu tragen›, räumte er ein, ‹aber was es leichter macht, ist die Vergegenwärtigung der vergifteten Atmosphäre, die in Deutschland herrscht. Das macht es leichter, weil man in Wirklichkeit nichts verliert. Wo ich bin, ist Deutschland. Ich trage meine deutsche Kultur in mir. Ich lebe im Kontakt mit der Welt, und ich betrachte mich selbst nicht als jemand, der gestürzt ist.›»)

Er vermerkte das große Wort im Tagebuch nicht, doch Hans Rudolf Vaget sagte zu Recht, daß es mit Thomas Manns innerster Überzeugung übereinstimmte. Es schloß sich ganz folgerichtig an die zentrale Aussage seines Briefes an den Rektor der philosophischen Fakultät in Bonn an, in dem er mit schönem Selbstbewußtsein aus der Verleihungsurkunde des Ehrendoktorats der Harvard University zitieren konnte, er habe «zusammen mit ganz wenigen Zeitgenossen die hohe Würde der deutschen Kultur bewahrt». Thomas Mann begründete seine Einsicht nicht viel später noch einmal durch den Mund des alten Goethe im siebten Kapitel der «Lotte». Die Legende bemächtigte sich des Satzes wohl erst nach dem Ende des Dritten Reiches – zumal in jener Version, die Bruder Heinrich in seinem Erinnerungsbuch präsentierte. Das Wort aber, dessen steiler Anspruch die Nachgeborenen ein wenig erschauern läßt, entsprach in jener Stunde einer politischen Notwendigkeit und einer moralischen Wahrheit.

Trotz eines Anflugs von Schwäche – «Teils wegen der rauhen See und teils wegen Hitlers gestriger Rede (...) etwas wacklig auf den Beinen» – gewährte Thomas Mann kurz nach der Ankunft auch der «New York Post» ein Interview, in dem er realistisch darauf aufmerksam machte, daß Deutschland das nächste Mal die Tschechoslowakei angreifen werde. Er fügte hinzu, nicht in gleichem Maße der Realität gemäß, die Eroberung dieses Landes durch die Nazis werde nicht so leicht werden, denn seine Regierung sei stark, und es habe ein starkes Heer.

Der Reporter fügte den Zitaten seine Eindrücke von der Unterhaltung mit der landesüblichen und nicht allzu höflichen Unbefangenheit hinzu. Thomas Mann, schrieb er, habe Schwierigkeiten mit allen Sprachen außer der deutschen: «Er beginnt ein Interview auf Englisch, erwägt Frage und Antwort sorgfältig, aber bald springt seine Frau als Dolmetscherin ein. Wenn sie die Fragen übersetzt hat, zögert er nicht mit der Antwort. (...) Er spricht langsam, zurückhaltend und erhebt nie die Stimme. Er zieht es vor zu stehen, mit beiden Händen in den Taschen, was ihm eine gebeugte Haltung gibt.» Leise rügend sagte der Journalist, der Schriftsteller wende sich, wenn er spreche, stets seiner Übersetzerin zu und lasse die Zuhörer unbeachtet, «was diese unbehaglich finden». Der aufmerksame Beobachter täuschte sich kaum: Thomas Mann war es gewohnt, daß seine Aussagen durch Katia oder die Tochter geprüft und, wenn es not tat, in der Übertragung verändert wurden; so war es nur natürlich, daß er seine Worte an sie und nur mittelbar an sein Publikum adressierte.

Als das Ritual des Empfangs passiert war, schien die europäische Tragödie für einige Tage hinter die amerikanischen Bilder und Gesichter zurückzutreten, von der nervösen Betriebsamkeit der großen Stadt und den Forderungen des Programmes in den Hintergrund gedrängt. Am ersten Tag schon traf er Agnes Meyer zum Tee. Die Verehrerin hatte unterdessen darüber nachgedacht, wie Thomas Mann die Ansiedlung in Amerika leichtgemacht werden könnte. Ein nicht allzu belastendes Engagement an einer großen Universität würde nach der Ansicht der lebensklugen Frau der sicherste und ehrenvollste Weg sein, dem Dichter einen angenehmen Einstand in den Vereinigten Staaten zu verschaffen. Vielleicht erwähnte sie schon bei diesem Gespräch das «Institute for Advanced Study» von Princeton, in dem Gelehrte der unterschiedlichsten Wissenschaften eine komfortable Unterkunft fanden, zu regelmäßigen Kollegs und Seminaren nicht verpflichtet, sondern für ihre Forschungen frei: der prominenteste unter ihnen Albert Einstein, der Deutschland im Jahre 1932 den Rücken gekehrt hatte.

Thomas Mann schien die Anregungen zunächst nur zögernd zur Kenntnis zu nehmen – in Amerika zu unerfahren, um sich der Chance und der Ehre, die sich ihm boten, völlig bewußt zu sein. Zuviel stürmte in jenen ersten Tagen auf ihn ein. Ganz New York schien von seinem «Joseph» zu schwärmen. Alfred Knopf war von den Qualitäten des Buches (und von seinem guten Absatz) entzückt. Clifton Fadiman, einer der leitenden Redakteure des «New Yorker», hatte eine «hochgestimmte» Kritik für seine Zeitschrift geschrieben, die um so mehr zählte, da er zu den Preisrichtern des «Book of the Month Club» zählte – einer renommierten Institution, die dem Buch ihrer Wahl eine hohe Auflage und damit dem Autor beträchtliche Einkünfte garantierte. Und Mrs. Meyer hatte sich in einem kühnen Anlauf erboten, «Joseph in Ägypten» für die «New York Times» zu rezensieren. Ihre Besprechung fiel so enthusiastisch aus, daß sie von den Redakteuren gebeten wurde, die Begeisterung ein wenig zu zügeln. Ihre Huldigung wurde nicht nur in der «New York Times Book Review», sondern auch in der «Washington Post» und vielen anderen Blättern in prominenter Aufmachung gedruckt. Bei seiner Vortragsreise begegnete Thomas Mann in den entferntesten Winkeln des Landes gutwilligen Lesern, die gestanden, sie seien durch Agnes Meyer auf sein Buch aufs freundlichste eingestimmt worden.

Unterdessen trat der Dichter in New York bei einer Veranstaltung des «Amerikanischen Komitees für deutsche Flüchtlinge christlichen Glaubens» als Hauptredner auf. Damit wurde ein wichtiger Akzent gesetzt. Es galt, die Öffentlichkeit der Vereinigten Staaten davon zu überzeugen, daß der Widerstand gegen das nazistische Regime keineswegs nur Sache der verfolgten Juden, sondern auch der gewissenhaften Protestanten und Katholiken sei: prominentester Zeuge der Berliner Pastor Martin Niemöller, einstiger Held des Unterseebootkrieges, ein Mann von deutschnationaler Prägung, der auf seiner Kanzel in Dahlem den Nazis mit bemerkenswerter Unerschrockenheit die Leviten gelesen hatte, bis er am 1. Juli 1937 verhaftet und in einem Konzentrationslager festgesetzt wurde (das er erst am Ende des Krieges wieder verlassen durfte). Es war deutlich, daß die Haltung der amerikanischen Regierung gegenüber dem aggressiven Vormarsch der Diktatur wesentlich davon bestimmt würde, ob es gelänge, die Sympathie der amerikanischen Kirchen für die Freiheit des Geistes zu mobilisieren. Thomas Mann nahm die Aufgabe des Komitees ernst genug, später eine Art von Ehrenpräsidentschaft der Organisation zu akzeptieren.

Tag um Tag immer neue Interviews, Luncheons, Cocktails, Dinners, im großen, im kleinen Kreis. Überall fand sich der Dichter von Bewunderern umringt, die ihn mit gescheiten und naiven Komplimenten überhäuften, mit Fragen bedrängten, törichten und klugen, Widmungen erbaten, mit Einladungen winkten, Artikel für hohe Honorare in Auftrag gaben, kurz: he was lionized, wie man in

Amerika sagt – er war der «Löwe» der Saison. Thomas Mann war Mode, wenigstens für den Augenblick, er wurde gefeiert und vom Starkult, der damals wie später ein so zentraler Ausweis der Landesgesinnung war, kurzerhand vereinnahmt. Niemand – außer ihm selbst, in Augenblicken der Besinnung, der Erschöpfung oder der schlechten Laune – schien danach zu fragen, ob sich ein Schriftsteller für den Starbetrieb eigne, zumal ein so konservativer Herr altfränkisch-deutscher Prägung. Vermutlich betrachtete die entzückte Anhängerschaft sein würdig-steifleinenes Gebaren als einen reizvollen Exotismus, der die Zuneigung nur zu steigern schien.

Vier Tage nach der Ankunft eilte er, Katia wie immer an seiner Seite, nach New Haven in Connecticut, um die feierliche Gründung der Sammmlung von Thomas-Mann-Dokumenten in der Yale University durch seine Anwesenheit und eine kleine Rede zu ehren. Er blickte weit zurück in die Jugend und die Jahre der ersten literarischen Unternehmungen, ja er überraschte das Publikum (davon war die Rede) mit dem Vortrag eines der wenigen Gedichte, die er noch als halber Knabe geschrieben hatte: jene Verse, in denen er mit erstaunlicher Selbstverständlichkeit den Ruhm beschwor, den er zu erobern gedachte. Kein bedeutendes Zeugnis deutscher Lyrik. Dennoch lohnt es sich, das Poem noch einmal zu zitieren, denn es bietet den Schlüssel zu einem Lebensplan, den er mit unbeirrbarer Beharrlichkeit verfolgte:

«Ich bin ein kindischer und schwacher Fant, / Und irrend schweift mein Blick in alle Runde, / Und schwankend fass' ich jede starke Hand.

Und dennoch regt die Hoffnung sich im Grunde, / Daß etwas, was ich dachte und empfand, / Mit Ruhm einst gehen wird von Mund zu Munde.

Schon klingt mein Name leise in das Land, / Schon nennt ihn mancher in des Beifalls Tone, – / Und Leute sind's von Urteil und Verstand.

Ein Traum, von einer schmalen Lorbeerkrone / Scheucht oft den Schlaf mir, unruhvoll, zur Nacht, / Der meine Stirn einst zieren wird zum Lohne / Für dies und jenes, das ich gut gemacht.»

Die Rede selbst bot eine Art Antwort auf die Frage, warum der Dichter den Augenblick gekommen sah, auf die Entschiedenheit seiner Ambitionen aufmerksam zu machen, die er auch hier mit dem Namen Goethe verknüpfte. Es kam ihm, angesichts des deutschen, des europäischen Verhängnisses, auf die «Gewissensfrage» an: «Wie verträgt sich mit der natürlichen Bescheidenheit und den ironischen Neigungen des Künstlers ein gewisses unironisches, vielmehr entschiedenes und moralisch gefärbtes Verhalten zur äußeren Welt und zu den sozialen Problemen – kurzum, das Verhalten, mit dem es zusammenhängt, daß ich heute vor Ihnen stehe, statt im Deutschland des Herrn Hitler als Mitglied der ‹Reichsschrifttumskammer› zu schreiben, was man dort schreiben darf?»

Schließlich griff er auf die «Königliche Hoheit» zurück (die im kommenden Jahr bei Alfred Knopf aufgelegt werden sollte), in der er den knappen Dialog über Tamino in Mozarts «Zauberflöte» zitiert hatte: «Er ist ein Prinz!» – «Er ist mehr als das: er ist ein Mensch!» Nun war er nicht länger bereit, die Strenge des Prinzen-Erziehers Dr. Überbein, der im Appell an die bloße Menschlichkeit einen Anschlag gegen die Pflicht erkennen zu müssen glaubte, mit halber Sympathie zu belohnen. Er ging, die Kunst-Religion des «Tonio Kröger» korrigierend, sogar so weit, den Rang des Menschen über den des Künstlers zu stellen. Die Konfrontation mit der nazistischen Barbarei und das Geschick des Exils hatte den Prozeß seiner Humanisierung gefördert (um es mit seinen Worten zu sagen).

Es steht dahin, ob das festlich gestimmte Publikum in Yale begriff, daß es von dem großen Autor dazu auserwählt war, an einer Sensation der stilleren Art teilzunehmen. Wußten wenigstens einige der Zuhörer den freien Blick auf die Stationen seiner Entwicklung zu schätzen, den er in der Ansprache so überraschend gewährte? Die Organisatoren der Veranstaltung waren, man weiß es, vor allem am Erwerb seiner großen Lebenszeugnisse interessiert. Die wichtigsten Manuskripte – «Buddenbrooks», ‹Tonio Kröger›, «Tod in Venedig», «Zauberberg» – befanden sich, man weiß auch das, im Gewahrsam des Anwalts Valentin Heins. Doch in einem Brief vom 8. März an den Professor Joseph Angell nannte Thomas Mann einen Preis von fünftausend Dollar für die Urschrift des «Zauberbergs», die in einem Münchner Aktenschrank, vielleicht auch in einem Safe lag. Er hatte nicht lange zuvor den Journalisten Rolf Nürnberg – bis

1933 ein prominenter Sport- und Radioreporter in Berlin – damit beauftragt, den Anwalt um die Herausgabe seiner Schätze zu bitten. Der Bote, der die amerikanische Staatsbürgerschaft besaß, schien die Absicht zu haben, die Papiere mit seinem Umzugsgut aus Deutschland herauszuschmuggeln. (Man fragt sich, warum Bermann Fischer nicht gebeten worden war, die Manuskripte über die Grenze zu befördern, als er ganz legal mit dem Verlag von Berlin nach Wien umziehen konnte – wäre das nicht viel einfacher gewesen?)

Thomas Manns Auftrag war in einer handschriftlichen Ermächtigung fixiert, an deren Echtheit Valentin Heins nicht zweifeln konnte. Dennoch weigerte er sich, Nürnberg die Manuskripte zu übergeben. Wir wissen nicht, mit welchen Argumenten er die Ablehnung begründete. Klaus und Erika Mann unterstellten ihm später, er habe sich an den Dokumenten, die beträchtliche Vermögenswerte darstellten, bereichern wollen. Sie wollten ihm auch nicht glauben, daß die Manuskripte bei einem Bombenangriff auf München verbrannt seien. Erika ging nach der Besetzung Deutschlands so weit, Valentin Heins die politische Polizei der Militärregierung auf den Hals zu hetzen, was den Gesetzen des Anstands wohl nicht völlig entsprach.

Es ist zu vermuten, daß der Anwalt in jenem Frühjahr 1938 darauf hinwies, die Manuskripte würden von den deutschen Behörden als ein Teil des konfiszierten Eigentums von Thomas Mann betrachtet. Er habe diesen Teil des Vermögens ihrem Zugriff entzogen; darum würde er sich in beträchtliche Gefahr begeben, wenn die Papiere bei Rolf Nürnberg gefunden würden; folglich sei es vorzuziehen, auf eine Änderung der Rechtsverhältnisse zu warten. Vielleicht führte er auch an, daß seine Arbeit für die Familie nicht in einem ausreichenden Maße honoriert worden sei. Thomas Mann sprach am 7. Juli 1938 von einem Brief des Anwalts «mit exorbitanter Forderung, die ihm der Staat verweigert trotz eigener Gesetzgebung». Es ist denkbar, daß Heins die Manuskripte auch als eine gewisse Sicherheit für die Deckung seiner Ansprüche hüten wollte. Fünftausend Mark hatte ihm Thomas Mann für seine Bemühungen gezahlt. Weiteren Forderungen hatte sich Thomas Mann versagt, wie er dem Bruder Viktor im August 1948 schrieb, und ihn «an den deutschen Staat verwiesen, der ja erklärt hatte, daß Gläubiger von Enteigneten aus dem beschlagnahmten Vermögen entschädigt werden würden. Das ist ihm verweigert worden». Nach dem Krieg legte Heins, der sich schäbig behandelt fühlte – zur Empörung von Klaus und Erika –, tatsächlich eine Rechnung über siebzehntausend Mark vor. Soviel ist gewiß: niemals unternahm der Anwalt einen Versuch, auch nur ein Blatt der Manuskripte in den Handel zu bringen. Es ist darum anzunehmen, daß sie tatsächlich vernichtet wurden. Man darf auch bezweifeln, daß Valentin Heins Thomas Manns Briefwechsel mit Katia verwahrt hat. Der Dichter schrieb davon kein Wort, nicht in den Tagebüchern, nicht in den Briefen. Erst in dem Brief an Viktor aus dem Jahr 1948 erwähnte er «zahlreiche Briefe», ohne Spezifizierung. –

Nach der Feier in Yale folgte er einer Einladung der Wesleyan University in Middletown, Connecticut, die ihren Namen von dem machtvollen Prediger John Wesley bezog, dem Gründer der methodistischen Bewegung, der im achtzehnten Jahrhundert missionierend durch Amerika gezogen war. Das «luxuriöse Amtshaus» des Präsidenten, in dem der deutsche Dichter zu Gast war, vermittelte ihm einen Begriff vom Reichtum der angesehenen Hochschulen des Landes. Es entging ihm nicht, daß der Tee von einem japanischen Diener serviert wurde. Am Abend nach dem Dinner hörte er sich Vorträge von Dozenten und Studenten über sein Werk an. Er selbst improvisierte einen kleinen Diskurs über Wagner und beantwortete Fragen aus einem Kreis ausgesuchter Eleven.

Nur für eine Nacht Rückkehr ins «Bedford», das vertraute New Yorker Hotel. Dann zum Nachtzug nach Chicago, in dem ein geräumiges Apartment für den Dichter und seinen Troß reserviert war. Die Tochter Erika erwies sich, neben Katia, als eine zuverlässige Helferin. Ihre praktische Präsenz war unentbehrlich, ihm den Weg durch den fremden Alltag des großen Landes zu ebnen. Natürlich war auch der Organisator der Tournee zur Stelle, der dem berühmten Schriftsteller und seiner Frau jeden Wunsch von den Augen ablas: Reiseleiter und Mädchen für alles. Sogar der Verleger Alfred Knopf begleitete seinen Autor für eine Strecke des Weges.

Sein erster Auftritt, bei der Northwestern University in Chicago, wurde ein glänzender Erfolg. In dem überfüllten Auditorium maximum, das mehr als viertausend Menschen Platz bot, präsentierte Thomas Mann den englischen Text seiner Demokratie-Rede. Es gelang ihm, den verfremdeten Text in passabler Manier zu präsentieren, von Agnes Meyer und Erika geduldig gedrillt. Freilich beschwerte er sich in einem Brief an Ida Herz, daß der Manager von seinem Abendhonorar, das tausend Dollar betrug, die Hälfte für sich kassierte. Er bedachte nicht, daß diese Summe für die bettelarme Emigrantin in England die Dimension des Irrealen berühren mochte. Auch schien ihm nicht gegenwärtig zu sein, daß die Agentur, die seine Tournee veranstaltete, nicht der öffentlichen Wohltätigkeit diente, sondern – wie er selbst – an soliden Profiten jenseits der Unkosten interessiert war.

In Chicago, von Thomas Mann nur am Rande bemerkt, begegnete er wohl zum erstenmal Giuseppe Antonio Borgese: einem italienischen Gelehrten aufrechten Gemüts, der sich tapfer geweigert hatte, den Treueid auf das faschistische Regime zu schwören. Nun lehrte Borgese an der Universität der mittelwestlichen Metropole die Literatur seiner Heimat und politische Wissenschaften. Thomas Mann kannte sein Buch über den Staat Mussolinis; er hatte einen Aufsatz aus seiner Feder in «Maß und Wert» gedruckt. Den Dichter berührte keine Ahnung, daß Borgese, ein temperamentvoller und sympathischer Mann, der übrigens glänzend deutsch sprach, sich nicht lange nach jenen ersten Gesprächen angeregt fühlen sollte, sich um die jüngste Tochter des Dichters zu bemühen, die damals gerade einundzwanzig Jahre zählte; der Professor selbst war nur sieben Jahre jünger als der künftige Schwiegervater, der die seltsame Verbindung zunächst mit halbwegs hochgezogenen Brauen zur Kenntnis nahm.

Von der Metropole des Mittleren Westens hinüber zur Autostadt Detroit, von der Thomas Mann lediglich notierte, daß ein eiskalter Wind durch die Straßen fegte. Auftritt im benachbarten Ann Arbor vor den Studenten und Gästen der University of Michigan, die zu den Eliteschulen des Landes zählte. Für den flauen Beifall am Schluß machte Erika, die das amerikanische Publikum kannte, den unpersönlichen Charakter des Vortrags verantwortlich. Sie riet, von Katia unterstützt, wenigstens das Ende der Rede «ins Wärmere umzuarbeiten». So geschah es.

Der Ton blieb, für amerikanische Ohren, trocken genug. Thomas Mann offerierte keines der biederen Scherzchen, mit denen Amerikaner den Boden zu lockern pflegten, um Wohlwollen und Aufmerksamkeit werbend. Streng und fordernd, meist im Smoking, manchmal im Frack, stand der Dichter am Katheder: ein Lehrer und Mahner der Völker. Ein Prediger auch er, wenngleich er weder die Bibel noch den Heiland beschwor. Der Prophet im Abendanzug, korrekt vom Scheitel bis zur Sohle. Vielleicht kein Gottesmann, doch ein Gesandter des Geistes, zu dem man in Ehrfurcht aufschauen durfte. Der Weltgeist im Mittleren Westen: seine Weihe berührte auch die freundlichen Seelen, die von Hegel nie eine Zeile gelesen hatten und womöglich nicht seinen Namen kannten. Man darf vermuten, daß sich die Wirkung des Autors, dessen Umgang mit der englischen Sprache sich dann und wann der Verständlichkeit entzog, auch aus seiner herben Autorität und seiner Fremdheit ergab. Er war wohl der unamerikanischste unter den Stars, die jemals draußen im weiten Land umjubelt wurden.

Für eine Atempause zurück nach New York. Am Abend des 9. März trug er die aufgeputzte Goethe-Rede aus dem Jahre 1932 im «Institut für die Künste und Wissenschaften» von Brooklyn vor, dem riesigen Gemeinwesen am anderen Ufer des East River, in dem damals vor allem Italiener, Juden und Deutsche zu Hause waren. Am folgenden Morgen ein Auftritt in der Town Hall. Unmittelbar danach Aufbruch nach Washington, wo er mit Katia und Erika in der fürstlichen Residenz von Agnes und Eugene Meyer eine bequeme Unterkunft fand.

Seine Gönnerin hatte den Aufenthalt wohl organisiert. Mit einem Anflug von Selbstironie hatte sie ihm vorher geschrieben: «Während ich meine nüchternen und praktischen Fähigkeiten heute genutzt habe, um Washington für Ihren Vortrag zu mobilisieren, wurde ich gewahr, daß ich nur ein anderer Mont-Kaw bin – – ohne die kranken Nieren»: eine Anspielung auf den getreuen Hausmeier des Potiphar, dessen gütiger Förderung der junge Joseph seine Karriere im ägyptischen Exil zu danken hatte.

Am Abend sprach er in der mächtigen Constitution Hall, einen Sprung weit vom Weißen Haus, die sich im Besitz der patriotischen und erzkonservativen Vereinigung der «Daughters of the American

Revolution» befand. Danach ein glanzvoller Empfang im Hause Meyer, bei dem, wie der Dichter ausdrücklich vermerkte, auch der französische und spanische Botschafter hereinschauten. Am nächsten Vormittag ergab sich bei einer Ausfahrt zum Lincoln Memorial Gelegenheit zu einem vorausplanenden Gespräch mit Agnes Meyer. Die Freundin lenkte auf dem Weg zum Denkmal sein Interesse vermutlich noch einmal auf ein Lehramt in Princeton. Wenige Tage später bat sie – nach den Feststellungen von Hans Rudolf Vaget – einen New Yorker Arzt, ihre Vorschläge an Abraham Flexner, den Präsidenten des Institutes, zu vermitteln. Sie schrieb, ein wenig dramatisierend: «Thomas Mann hat die Absicht, in Amerika zu leben, aber seine Mittel sind so gering, daß ihm dies nicht möglich sein wird, wenn er nicht irgendeine Art von Anschluß an eine Universität findet. Ich wäre entzückt, wenn es sich einrichten ließe, daß er sich für zwei Jahre an das Institut in Princeton binden kann. Ich bin sicher, daß er bereit wäre, einige wichtige Vorlesungen zu halten und von Zeit zu Zeit auch ein Seminar für die Jungs zu veranstalten.» Wenige Tage später traf sie selbst mit Flexner zusammen.

Die nächste Station Philadelphia. Bei einem «Presse-Tee» im «Hotel Bellevue» die Nachricht vom Einmarsch der deutschen Wehrmacht in Österreich: «Depression, Erregung. Änderung des Anfangs der lecture. Toilette, Imbiß, stimul. Tablette. Überfülltes Opernhaus, tief aufmerksam. Zweimaliger Hervorruf. Begeisterung der Unternehmer. Grand evening.»

Über Chicago, wo er für ein paar Stunden in dem deutschtümelnd-ehrwürdigen «Hotel Bismarck» Rast machte, weiter nach Kansas City. Zu dieser Etappe der Reise fand sich auch Hans Feist ein, der alte Freund der älteren Kinder, der offiziell noch immer in Deutschland wohnte. In Wirklichkeit war er fast unablässig in der Welt unterwegs, vermutlich nicht nur um Kontakte mit Autoren und Verlagen zu suchen, die an seiner Arbeit als Übersetzer interessiert waren, sondern mit diesen und jenen Geschäften die eigene Auswanderung vorbereitend. Thomas Mann erwähnte, daß ihm Feist bei einer Plauderei seine Preziosen vorgewiesen habe, die er als mobiles Vermögen mit sich führte. Im Salon des traditionellen Hotels «Muehlebach», noch immer das erste Haus am Platz in Kansas City, las er Feist, Katia und Erika die Adele-Erzählung aus dem

Goethe-Roman vor: eine kurze Einkehr in vertraute Bezirke, die ihm gerade in jener Stadt, die für die Bürger des alten Europa so weit hinter der Welt lag, eine Tröstung und Erfrischung sein mochte. Das Gehörte überredete den betriebsamen und immer wachen Hans Feist, ein Bühnenstück nach dem Roman zu fertigen, das lange Jahrzehnte später tatsächlich auf eine Bühne gelangen sollte: in Heidelberg ausgerechnet, Mitte der fünfziger Jahre, mit dem großen Schauspieler Albert Bassermann in der Rolle des alten Goethe. Der Erfolg war gering.

Erholung in dem Komfort, mit dem ihn Amerika auch in seinen entferntesten Winkeln verwöhnte, unablässiges Staunen über die so gutwillige und manchmal ein wenig ermüdende Naivität des Publikums. Doch in Wahrheit waren die Tage ganz von den düsteren Ereignissen in Europa überschattet. Im Journal beschrieb Thomas Mann seinen Zustand als «furchtbar unglücklich und beängstigt». Zugleich gab er sich der Illusion hin, die Annexion der kleinen Alpenrepublik habe Europa und den Rest der Welt endlich alarmiert und man sei nun bereit, dem Vormarsch des Diktators mit entschlossenem Widerstand zu begegnen. Er täuschte sich. Mussolini, der Verbündete und Konkurrent, raste keineswegs (wie er annahm) vor Zorn und Eifersucht über Hitlers Einbruch in eine Region, die Italien als seine Machtsphäre betrachtete. Der Duce hatte sich in Wahrheit längst mit dem deutschen Diktator über Österreich verständigt. Der «Führer», trotz aller Schwüre am deutschen «Volkstum» nur bedingt interessiert, garantierte Italien den sicheren Besitz Südtirols. Auch in Großbritannien und Frankreich neigten die Regierungen und die Mehrheit der Bevölkerung eher zu der Einsicht, um des Friedens willen müsse man dem Dritten Reich gewähren, was man der armseligen Weimarer Republik verweigert hatte. Markige Worte, die da und dort fielen, änderten daran wenig. Nicht anders verhielt sich Amerika, obschon sich Außenminister Cordell Hull zu einer warnenden Rede verstand. Thomas Mann verwechselte, wie es oft geschah, die Reaktion der Presse mit der Stimmung der Bevölkerung. Vermittelte sich ihm bei dem Aufenthalt im Herzen des Mittleren Westens wenigstens der Hauch einer Ahnung, daß sich die Welt aus der Perspektive von Kansas City anders ausnahm als aus der von Washington oder gar von Paris, von

Zürich, von Wien und von Prag? Versuchte er zu verstehen, daß von dort gesehen Europa noch immer fern hinterm Horizont lag? Daß sich der Blick, wie immer und überall, auf das Nächstliegende richtete? Seine Aufzeichnungen gaben davon nichts zu erkennen.

Alfred Knopf, der Verleger, verabschiedete sich in Kansas, um nach New York zurückzufliegen. Er ließ die freundliche Meldung zurück, daß innerhalb von wenigen Wochen neuntausend Exemplare des «Joseph» verkauft worden seien – eine ermutigende Zahl. Die nächste Station Tulsa in Oklahoma. Der Dichter nahm den Ort nur flüchtig zur Kenntnis, obschon er auch dort gehorsam alle Pflichten erfüllte. Seine Rede brachte er nun fast ohne Stolpern und Straucheln hinter sich. Er signierte Bücher. Er plauderte mit den Damen und Herren im Country Club: «Shakehands mit Mütterchen, die viele Meilen weit aus dem Staate Oklahoma gekommen waren.» Er stellte sich den Photographen, auch, es war nicht zu umgehen, mit den obligatorischen Indianern. Es ist freilich nicht sicher, ob er sich dazu überreden ließ, den Federschmuck aufs Haupt zu stülpen. Vielleicht sog er ein wenig an der Friedenspfeife, die ihm gewiß gereicht wurde.

Die üblichen Interviews nutzte er, um eindringlich vor der Fortsetzung der deutschen Expansion zu warnen: «Hitler wird sich nie zufriedengeben», sagte er. Er habe seinen Plan vor Jahren in dem Buch «Mein Kampf» offen dargelegt: «Jetzt führt er seinen Plan aus. Nichts weniger als ein Krieg oder ein gewaltsames Ende wird den Führer bremsen.» England werde eine Macht zweiten Ranges, ebenso Frankreich: keines der beiden Länder werde «dem widerstehen können, was ein riesiges Hitler-Imperium zu werden scheint». Er rief: «Der Mann ist machttoll.» Ungarn und die Tschechoslowakei würden seine nächsten Opfer sein. Im Tagebuch gab er der Sorge mit unverstellter Heftigkeit nach: «Gequält (...) von Gram und Haß. Käme der Krieg! Écrasez l'infâme! Befreiung von diesem Alp des Ekels! Man erstickt.»

Während des Aufenthaltes in Tulsa begann sich im Gespräch mit Katia und Erika der Entschluß zu formen, daß es an der Zeit sei, sich von der Schweiz zu lösen. Ohne Zweifel wurde Agnes Meyer informiert, daß er und die Seinen daran dächten, in Amerika eine dauerhafte Zuflucht zu suchen. Die tüchtige Freundin machte sich unverzüglich ans Werk, die notwendigen Vorbereitungen für eine offizielle Einwanderung in die Vereinigten Staaten zu treffen. Aus der Zeitung war zu sehen, daß die Trommler in Berlin die Autonomie des Sudetenlandes zu fordern begannen. Der Angriff auf die Tschechoslowakei, den Thomas Mann vorhergesagt hatte, wurde propagandistisch vorbereitet: «Schwachköpfe, die nicht sahen, daß, wenn man Österreich zuließ, kein Halten war. (...) Welcher Triumph der Gewalt-Majestät! Welche Folgen für das europäische Denken!» Im Familienrat kam man überein, daß Erika die Auflösung des Haushalts in Küsnacht übernehmen und den Transport der jüngeren Geschwister nach Amerika in die Wege leiten solle.

Per Pullman zurück nach Kansas und weiter nach Denver in Colorado. Da in jenem Staat noch immer die Prohibition Gesetz war, kaufte Erika vorsorglich einige Flaschen Whisky, vielleicht auch einen Kasten Bier. Für die gewaltige Landschaft der Rocky Mountains, die sich draußen vor den Fenstern des Zuges auftürmte, schienen die Reisenden kaum einen Blick zu haben. Thomas Mann konstatierte, es sei wohl ein Glück, daß er und Katia beim Einbruch der gewaltsamen Veränderungen ein anderes Mal «draußen» seien – wie damals im Jahre 1933. Er schrieb, es sei zu «vertrauen, daß der individuelle Charakter» seines Lebens «stets wieder durchschlägt. Auch die Aufrechterhaltung eines deutschen Geisteslebens meines Gepräges wird so oder so möglich sein, etwa durch die Eröffnung eines deutschen Verlages durch Knopf.»

Genau zum rechten Zeitpunkt erreichte ihn ein Telegramm von Agnes Meyer, das ihm den günstigen Stand ihrer Verhandlungen in Princeton meldete. Er antwortete ihr umgehend, sie möge sich denken, wie wohltuend ihre Nachricht gerade in diesem Augenblick für ihn gewesen sei, und er nannte es eine «glückliche Fügung», daß er eine lecture tour unternehme, die ihm Gelegenheit gebe, seine Beziehung zu Amerika zu vertiefen: «Denn der schon vor der letzten Katastrophe ins Auge gefasste Plan, mich in den Staaten niederzulassen, ist nunmehr zum festen Entschluß geworden: ich glaube sogar kaum, dass wir vorerst noch einmal in die Schweiz zurückkehren werden.» Er setzte hinzu: «Ganz abgesehen von allen psychischen Widerständen würde mir die Schweiz nicht einmal mehr physische Sicherheit bieten.»

In Salt Lake City bemerkte er immerhin die belebende Luft des Hochgebirges, und er hörte ein Orgelkonzert in der Versammlungshalle der Mormonen. Zweitausend Menschen lauschten seinem Vortrag in der Universität, den er trotz eines Schwächeanfalls tapfer hinter sich brachte. Weiter im «Streamliner», der nach seinen Angaben eine Durchschnittsgeschwindigkeit von einhundertdreißig Stundenkilometern erreichte. Den Zeitungen entnahm er, daß sich Egon Friedell, dieser große Journalist und geistreiche Kulturhistoriker, in Wien aus dem Fenster gestürzt hatte, um der Verhaftung durch die Büttel der Nazis zu entgehen. Auch die Verhaftung einer Schwester Bruno Walters wurde gemeldet. Er bangte um das Schicksal des alten Sigmund Freud.

Bei der Ankunft in Los Angeles fand er ein Telegramm, das besagte, Gottfried Bermann und Tutti Fischer, seiner Frau, sei es gelungen, sich nach Zürich zu retten. Der Verleger berichtete später, er habe noch zwei Tage nach dem Einmarsch der deutschen Truppen in Wien – ein kaum faßliches Glück – Plätze im Schlafwagen nach Italien belegen können. Sein deutscher Paß, der noch immer gültig war, hatte ihm und den Seinen das Entkommen erlaubt – mit einem österreichischen Papier wäre er an der Grenze aufgehalten worden. In seinem Gepäck rettete er neben der Stradivarius-Geige einige kostbare Autographen von Johann Sebastian Bach und Wolfgang Amadeus Mozart. Die wertvollen Bilder aber, die er besaß, darunter ein Greco, ein Pissarro und ein Gauguin, blieben in Wien zurück. Sie wurden später zugunsten der Reichskasse versteigert. In seinen Memoiren erzählte Bermann, nicht lange nach der Ankunft sei er im Hotel «Excelsior» in Rapallo Gerhart Hauptmann begegnet: «Wir eilten auf ihn zu, er aber, strahlend, beide Arme erhoben, rief uns entgegen: ‹Der Traum von Heinrich Heine ist in Erfüllung gegangen.›» Der alte Dichter mit der so sorgsam stilisierten Goethe-Frisur blieb seinem einstigen Verleger die Auskunft schuldig, aus welchem Grund sich der ironisch-leidende Dichter der Romantik dazu eignen sollte, den Propheten des großdeutschen Reiches zu spielen.

64. KAPITEL

Der Einwanderer

Thomas, Katia und Erika fanden eine splendide Unterkunft in einer Suite des Hotels «Beverly Wilshire». Das kalifornische Klima, im Frühjahr sanft und schmeichelnd, behagte dem Mann des Nordens. Der Tag, schrieb er, sei «blau und frisch», und der Eukalyptusgeruch vermische sich auf würzige Weise mit der Meeresluft. Er genoß die Promenaden auf den Wegen über der Küste: «Alles weit, hell und neu», schrieb er befriedigt. Er freute sich des schönen Strandes, der anmutigen Villenstraßen mit den Palmen und gepflegten Rasenrabatten: «Allerliebster Geschmack der Häuser», die vor allem den Öl- und Filmmagnaten gehörten.

Überdies fand er viele vertraute Gesichter in der Stadt, unter ihnen den alten Freund Bruno Frank und seine Frau Liesl, den Regisseur Ernst Lubitsch, seine Kollegen Wilhelm Dieterle (der sich nun William nannte) und Fritz Lang, den Produzenten Carl Laemmle, mit dem er vor langen Jahren über die Verfilmung seiner Bücher verhandelt hatte. Auch Max Reinhardt hielt sich in der Stadt auf, den Anschluß an seine grandiosen Erfolge in Berlin, in Wien und Salzburg suchend. Später begegneten sie Vicky Baum, der Autorin populärer Romane, die Unterhaltung und Zeitkritik so eingängig und erfolgreich zu mischen verstand. Arnold Schönberg, Protagonist der musikalischen Moderne, hatte in Kalifornien Zuflucht gefunden. Otto Klemperer, zuvor Chef der Kroll-Oper in Berlin, leitete seit 1933 das Philharmonische Orchester von Los Angeles. Auch Aldous Huxley, der englische Romancier – Thomas Mann kannte ihn aus Sanary –, hatte sich an der Westküste niedergelassen.

Die europäische Kolonie, besonders die deutsche, sollte sich in den kommenden Jahren beträchtlich mehren – das ließ sich, leider, voraussehen.

Thomas und die Seinen entschieden, daß es das beste sei, einige Wochen in der hellen und freundlichen Stadt zu bleiben, um die Entwicklung der Dinge abzuwarten. Katia mietete einen der luxuriösen Bungalows des «Beverly Hills Hotel», dieser klassischen Unterkunft der Elite. Nach den Monaten mühsamen Reiselebens wollte Thomas Mann die Privatheit eines komfortablen Häuschens genießen: «Allerliebster Aufenthalt», notierte er, doch er fügte unverzüglich hinzu: «Zur Arbeit vorbereitet.»

Er nahm sich den Schopenhauer-Essay vor, der zu Ende geführt und für die englische Ausgabe zurechtgeschnitten werden mußte. Zugleich begann er, Stichworte und Sätze für die Weiterführung der «Lotte» zu skizzieren. Golo, der das Haus in Küsnacht bewachte, wurde telegraphisch beauftragt, die wichtigsten Goethe-Bücher herüberzuschicken. Der Vater versuchte auch, sich an die ersten Entwürfe für die Fortsetzung des «Joseph» zu erinnern, die in der Schublade des Schreibtischs in der Schiedhaldenstraße lagen.

Sein Wille zur Kontinuität schien durch nichts erschüttert zu werden. Über tastende Ansätze zur Weiterarbeit gelangte er freilich kaum hinaus: auch in Kalifornien waren Pflichten zu erfüllen. Er half, Geld für die Unterstützung österreichischer Flüchtlinge zu sammeln. Er trommelte einige tausend Dollar für den Thomas-Mann-Fonds zusammen, die mit der Hilfe Agnes Meyers und ihrer glänzenden Beziehungen zum State Department nach Prag transferiert wurden. Er trat bei einer Veranstaltung in Hollywood auf, bei der sechstausend Menschen seinen Mahnrufen lauschten. Er eilte von Luncheons zu Tees und von Cocktails zu Dinners, vom strapaziösen Betrieb der Gesellschaft fast über Gebühr beansprucht. Er reiste nach San Francisco, sprach in der Berkeley University, damals die bedeutendste unter den kalifornischen Hochschulen, und er diskutierte mit einer Abordnung von Studenten, die nach seinem Eindruck ein mysteriöses «Sakramentum» repräsentierten: sie waren in Wirklichkeit aus Sacramento herübergekommen, der kleinen politischen Hauptstadt des Staates.

Mit einem Kabel aus Zürich bestätigte Gottfried Bermann, daß

Hans Reisiger in Österreich festgesetzt worden sei. Er bemühe sich, meldete der Verleger, um die Freilassung des Freundes. Nicht lange danach konnte er berichten, daß sich Reisiger wieder auf freiem Fuß befinde: er halte sich in Berlin auf, mit einem gültigen Paß versehen, doch sei er unschlüssig, ob er es wagen könne, Deutschland zu verlassen. Sohn Klaus berichtete später über das Geschick des alten Freundes. Seine Verhaftung, schrieb er an den Vater, scheine «nicht mit wirklichen Mißhandlungen, aber natürlich doch mit argen Unannehmlichkeiten und Entwürdigungen verbunden gewesen zu sein». Sie habe einen schlimmen Schock für ihn bedeutet. Bei den Verhören aber sei von seiner Freundschaft mit der Familie Mann nicht gesprochen worden. Man habe ihn als einen Sympathisanten der Schuschnigg-Regierung und als Nichtnazi festgenommen, wie so viele andere. Trotzdem, er fürchte, daß man bei einer Hausdurchsuchung die Korrespondenz mit Thomas Mann fände. Er wünsche, daß man die Briefe des Vaters aus dem Versteck hole und vernichte; vor allem liege ihm daran, daß man «*seine* Handschreiben» an Thomas Mann «den Flammen überantwortet». Klaus kommentierte die Bitte mit nachsichtigem Spott: «Man darf ihm wohl gar nicht sagen, daß sie – wie ich fürchte – gar nicht so sorgsam gehütet wurden, und daß da am Ende gar keine Kollektion vorliegt, die man großartig verbrennen könnte?» Der Vater hatte in der Tat die Angewohnheit, ganze Stöße von Korrespondenzen, die ihm nicht durch die Prominenz des Absenders wichtig waren oder die er für die Arbeit nicht brauchte, kurzerhand in den Mülleimer oder in den Kamin zu befördern.

Den getreuen Reisiger gab er merkwürdig rasch verloren. In seiner Antwort an Klaus bemerkte er, daß er unsicher sei, ob man Reisiger damit diene, wenn man ihn aus Deutschland herauszuschaffen versuche (worum er sich später dennoch bemühte, die hohen Verbindungen Agnes Meyers nützend): «Die Wochen der Gefangenschaft werden gräßlich genug gewesen sein, aber irgendwie auch überwältigend, und nun in Berlin, als Arier und vollgültiger Volksgenosse, wird er allmählich finden, daß alles doch eigentlich ganz anders ist, als wir Emigranten es uns vorstellen, wird sein deutsches Herz entdecken und einsehen, daß man doch schließlich nach Deutschland gehört. Ich fürchte, es wird so kommen. Wir werden ihn vielleicht mal wieder sehen (er hat ja einen Paß), aber uns bald nicht mehr recht mit ihm verständigen können.»

Thomas Manns Vertrauen in seine Freunde schien in Augenblikken der Krise rasch zu versiegen. Vielleicht sagte ihm sein Instinkt, daß diese Bindungen in Wirklichkeit oft Verhältnisse der wechselseitigen Abhängigkeit waren, die für beide Seiten ihre Vorteile und Annehmlichkeiten hatten, doch lieber keiner allzu strengen Prüfung ihrer Zuverlässigkeit unterworfen werden sollten. Drückte sich in seiner Skepsis die Einsicht aus, daß er eine Freundschaft, die er selbst nicht empfand, auch dem Partner nicht zutraute?

Gottfried Bermann hatte den großen Autor nach der Ankunft in Zürich davon unterrichtet, daß er sich unverzüglich ans Werk machen wolle, einen neuen Verlag aufzubauen. Er erwog eine Übersiedlung in die Vereinigten Staaten, auf die Kooperation mit einem der großen Häuser in New York hoffend. Thomas Mann antwortete ihm am 8. April 1938 mit kühler Härte, er halte es für seine Pflicht, Bermann von einem solchen Entschluß abzuraten: «Ich habe das deutliche Gefühl und muß es aussprechen, daß Ihre durch alle diese Jahre verfolgte Politik, Ihr bis zum erzwungenen Bruch aufrecht erhaltenes Verhältnis zu Deutschland und selbst noch der Charakter Ihres Wiener Unternehmens, das ja immer noch auf den deutschen Markt abgestellt war, Ihnen hier auf sehr negative Weise den Boden bereitet hat.» Es sei ein naheliegender Gedanke, den «großen deutschen Emigrationsverlag» in Amerika zu gründen, und er wisse, daß sich mehrere amerikanische Verlage mit diesem Gedanken beschäftigten. Er sei persönlich im höchsten Grade daran interessiert, da ihm das Schicksal der Originalform seiner Arbeiten am Herzen liegen müsse, obwohl die englischen Übersetzungen schon längst weit stärker ins Gewicht fielen. Er denke dabei in erster Linie an seinen Freund Alfred Knopf. «Dies alles Ihnen so trocken zu sagen, lieber Doktor Bermann, wird mir gewiß nicht leicht. Ich kann das Maß von Passion schwer abschätzen, das Sie dem verlegerischen Beruf entgegenbringen», aber, fügte er an, er könne sich auch dem Gefühl nicht entziehen, daß es «weitaus das Richtigste wäre, wenn Sie zu jenem damals mit so viel innerer Notwendigkeit verlassenen Beruf zurückkehrten und sich in diesem Erdteil, der solche Spezialisten dringend braucht, als Arzt niederließen.»

Das Schreiben zeugte von der Nähe Erikas, die Bermann Fischer mit unversöhnlicher Heftigkeit haßte. Sie hätte – mit dem Mediziner Martin Gumpert befreundet – wohl wissen müssen, daß es für einen deutschen Arzt nicht leicht war, die Zulassung zu seinem Beruf in den Vereinigten Staaten zu erlangen, und Thomas Mann hatte in Wahrheit längst erkannt, mit welcher Leidenschaft Bermann der Aufgabe des Verlegers anhing, die ihm sein Schwiegervater einst aufgedrängt hatte.

Eine Woche später, nach der Lektüre eines Briefes von Bermann, (der nicht erhalten ist), entschuldigte er sich halben Herzens: sein erstes Schreiben komme ihm nun brutal vor, «wie gewissermaßen übrigens schon vorher. Aber was sollte ich machen? Ich mußte Ihnen meine Überzeugung und mein Gefühl für die Dinge zum Ausdruck bringen, und das war mit anderen Worten kaum zu machen.» Der eigentliche Fehler sei gewesen, daß er sich nicht ausführlich genug geäußert habe.

Indes, die Erläuterungen und Ergänzungen, die er nun hinterherschickte, waren nichts anderes als eine Wiederholung alter Vorwürfe, die der schwierigen Lage des Partners nicht gerecht wurden. Wiederum hielt er ihm vor, daß er S. Fischer nicht zu einem «Emigrantenverlag» gemacht habe, und wiederum berief er sich auf Querido in Amsterdam, der die «Entschlußkraft und Weitsicht» aufgebracht habe, «diesen Emigrationsverlag, und sogar die Zeitschrift dazu, draußen im Freien zu schaffen». Er unterschlug, daß es der alte Samuel Fischer war, der sich beharrlich geweigert hatte, Deutschland zu verlassen. Er unterschlug auch, daß er selbst in Deutschland mit seinen Büchern präsent bleiben wollte, was durch einen Emigrationsverlag nicht möglich gewesen wäre. Er unterschlug, daß er einen Augenblick lang mit dem Gedanken gespielt hatte, beim Insel-Verlag eine Unterkunft zu suchen, als Bermann die Stellung in Berlin endlich räumte. Er unterschlug, daß er mit der Zeitschrift seines Sohnes – nicht nur wegen der Intervention Gottfried Bermanns – lieber nichts zu schaffen haben wollte. Aus seiner Argumentation ließ sich erkennen, daß Erika ein weiteres Mal versuchte, die Bücher des Vaters zu Querido und damit zum Freund Landshoff zu transferieren, der unterdessen eine Sonderausgabe des «Felix-Krull»-Fragmentes auf den Markt geworfen hatte, zu Bermanns Entsetzen. (Er brachte Thomas Mann in einem Vierteljahr dreitausend Schweizer Franken ein, worauf er in diesem zweiten Brief an Bermann mit einem kräftigen Räuspern aufmerksam machte.) Fritz Landshoff war überdies in Amerika unterwegs, um eine transatlantische Basis für die deutsche Abteilung des holländischen Unternehmens zu finden.

Thomas Mann warf Bermann vor, daß kein Exemplar seiner deutschen Bücher greifbar sei: sie lagen bei den großen Lagerbeständen, die von Berlin nach Wien gebracht worden waren. Der Verleger, sagte er, habe die «Warnungen und Ratschläge wegen vorsorglicher Herausschaffung» des Lagers in den Wind geschlagen. Dies traf zu. Bermann mußte sich nachsagen lassen, daß er die Situation Österreichs allzu optimistisch beurteilt hatte. Zum anderen: ihm war die Ansiedlung in der Schweiz verwehrt worden. Prag bot, dies wurde damals schon deutlich, keine größere Sicherheit als Wien. Wo sonst hätte er Aufnahme gefunden?

Den Dichter schien dies nicht weiter zu interessieren. Mit hoheitlicher Kühle erklärte er: «Ich bin mir im Ganzen und für den Alltag der Stellung, die ich in der Welt einnehme, nur zu wenig bewußt. So viel aber weiß ich, daß schon Ihr Wiener Verlag mehr oder weniger auf dieser Stellung und auf meinen Namen gegründet wurde, und ich weiß auch, daß wenn es Ihnen trotz allem hier gelänge, die Tätigkeit zu eröffnen, die Sie planen, dies eben nur wiederum mit Hilfe der, ich möchte fast sagen: Gott weiß warum, exzeptionellen Stellung geschehen könnte, deren ich mich hier erfreue. Aber gerade das widerstrebt meinem Billigkeitsgefühl, und ich weiß genau, daß viele es mir verübeln würden. Nennen Sie das nicht hart und häßlich mit Rücksicht auf unsere alten Beziehungen: ich habe Ihnen länger als ich vielleicht gesollt hätte Treue gehalten, und jetzt scheint mir die Situation eine Trennung des Sachlichen vom Persönlichen zu verlangen.»

Als streife ihn nun doch ein Hauch des schlechten Gewissens, fügte er hinzu: «Lassen Sie uns doch auch bedenken, womit mir denn eigentlich mein Festhalten an Ihrem Haus in den letzten Jahren gedankt worden ist und ob ich Grund hatte, mich besonders daran zu freuen. Es hat im Laufe unserer Zusammenarbeit in dieser Zeit wiederholt recht unangenehme und kleinliche Streitfälle gege-

ben, bei denen Sie sich ja schließlich meinem Standpunkt genähert
haben, die aber bei meinem Verhältnis zu Ihrem Verlag garnicht
hätten auftauchen dürfen.»

Er habe all das dem Verleger auseinandergesetzt, sagte er zum
Schluß, die Härte seiner Argumentation kaum kaschierend,
«nicht, um Recht zu haben, noch weniger, um Sie zu kränken.
Muß ich nicht versuchen, Sie objektiv die Situation sehen zu lassen, wie ich sie, mit Recht, glaube ich, sehe? Ich verurteile Sie auch
nicht: Ihre Haltung und Politik hatte vielleicht Manches für sich
oder schien etwas für sich zu haben, aber bewährt hat sie sich
nicht, und Sie sollen das jetzt zu Tuende denen überlassen, denen
ein besseres Recht darauf zusteht.» «Schwer haben wir es alle,»
fügte er hinzu. Er sei durchaus nicht in der Stimmung, sich «mit
einem alten Freund wie Sie persönlich zu überwerfen (...). Ich
werde mir meine freundschaftlichen Gefühle für Sie um der alten
Zeiten willen immer bewahren und kann nur hoffen, daß auch Sie
trotz der sachlichen Trennung, die ich für notwendig halte, an diesen Empfindungen festhalten.»

Auch dieser Brief kreuzte sich mit einem Schreiben Gottfried
Bermanns, das sachlich und würdig genannt werden konnte. Der
Erfolg seines Wiener Unternehmens, sagte er, widerlege am besten
alle Angriffe gegen seine Haltung: «Mein Umsatz außerhalb
Deutschlands war größer als der im Reich und ist ständig im
Wachsen begriffen.» Seine Tätigkeit «im antinazistischen Sinne»
sei «vielleicht viel wirksamer als die der in Deutschland verbotenen Emigrationsverlage» gewesen. Er danke für die persönlichen
Worte: «Der Gedanke einer Rückkehr zur Chirurgie liegt natürlich nach den letzten Schlägen nicht fern, aber es widerstrebt mir,
eine Aufgabe, die ich nun 13 Jahre lang mit Leidenschaft verfolgt
habe, in einem Augenblick aufzugeben, in dem sie wichtiger denn
je ist.»

Er konnte darauf hinweisen, daß er mit einem schwedischen
Unternehmen in Verbindung stehe. In der Tat hatten die Besitzer
des Bonnier-Verlags in Stockholm auf seine Vorschläge für eine
Kooperation überraschend positiv reagiert; bei den Verhandlungen, die bald danach begannen, wurden die Voraussetzungen für
eine Neugründung des Verlages im Schutz des neutralen skandina-

vischen Staates rasch geschaffen. Freilich mußte Bermann konzedieren, daß Bonnier – einem schwedischen Gesetz gehorchend – einundfünfzig Prozent der Anteile des gemeinsamen Unternehmens hielt.

Drei Tage nach der Absendung seiner ersten Antwort an Thomas Mann schrieb Bermann ein zweites Mal, um seinen Besuch in New York anzukündigen. Er verbarg seine Bitterkeit nicht: «Ihr Brief war für mich niederschmetternd. Alles hätte ich erwartet, nur nicht dies, daß gerade Sie mich in diesem Augenblick, der weiß Gott schwer genug ist, im Stich lassen würden.» Er rechtfertigte ein weiteres Mal seine Haltung und bat um ein gerechtes Urteil: «Sie sind sich offenbar nicht darüber im klaren, daß eine Trennung von mir nach außenhin als ein Votum erscheinen muß, das in diesem für mich entscheidenden Augenblick für mich und meine Familie einfach ruinös ist.» Er fügte hinzu, wiederum allzu optimistisch, es erscheine ihm nicht unmöglich, das Buchlager der Werke Thomas Manns aus Österreich ausführen zu können.

Wenige Tage danach berichtete er per Kabel, vielleicht ein wenig verfrüht, die Verhandlungen mit Bonnier seien so weit fortgeschritten, daß er mit einem Produktionsbeginn Anfang Juni rechne. Er fragte, wann er mit «Lotte» rechnen könne.

Thomas Mann schrieb ins Tagebuch: «Gemischte Gefühle. Mittags neue Fernbrille abgeholt und erweiterten Lapislazuli-Ring empfangen. Lunch mit Landshoff und Bibi.» Anderntags antwortete er telegraphisch aus New York: «Dinge im Fluß Kann mich zur Zeit an Ihre Neugründung nicht als gebunden erachten Brief folgt». Einen Tag später bemerkte er in einem Brief an Klaus, Bermann wolle «seine Überflüssigkeit nicht einsehen». Trotz dieser «Kalamität» könne «noch alles ganz gut werden».

Bermann meldete sich nun aus Stockholm: «Mein Einsatz für Sie und Ihr Werk hat Beschlagnahme Wiener Vermögen zur Folge Daher Ihr Verhalten zu mir geradezu paradox Habe meine Vertragspflichten Ihnen gegenüber pünktlichst erfüllt Können doch jetzt nicht Vertrag einseitig annullieren obwohl Verlag unter günstigsten Bedingungen mit Bonnier in Europa und Amerika weiterarbeiten wird Begreife nicht formaljuristische Argumente zwischen uns Erhalte Treuekundgebungen sämtlicher Autoren (...) Bitte um Revision Ihrer einseitigen Einstellung unter Berücksichtigung bisheriger ungetrübter Zusammenarbeit».

Thomas Manns harsche Replik, schon einen Tag später aufgesetzt: «Muß Vorhaltung ich sei schuld an Wiener Unglück das Sie mit zahllosen andern Wiener Juden und Katholiken teilen mit größter Entschiedenheit zurückweisen Im übrigen sollte mein letztes Telegramm Zusammenarbeit nicht ausschließen Bin aber überzeugt daß bei gegenwärtiger und zukünftiger Schrumpfung des Marktes Zusammenfassung deutschsprachigen Verlagswesens Notwendigkeit ist weshalb Neugründung für wenig glücklich halte würde Vereinbarungen dringend wünschenswert Landshoff käme zu Verhandlungen London Drahtet sofort». Fritz Landshoff hatte offenbar zu einem Kompromiß gemahnt.

Prompt ließ Bermann seinen Hauptautor telegraphisch wissen, daß er zu jeder vernünftigen Zusammenarbeit mit Landshoff bereit sei. Der Kollege und Konkurrent kehrte unverzüglich nach Europa zurück. Am 7. Juni 1938 meldete Bermann Vollzug: «Weitgehende Zusammenarbeit unter Beibehaltung bisheriger Firmennamen in Europa in gemeinsamer Firma in Amerika im Sinne Ihres Vorschlags und Landshoff Vereinbarungen in New York abgeschlossen Brief folgt Gruß».

Ein ergänzendes Schreiben, vom nächsten Tage datiert, war von Bermann Fischer und Landshoff gemeinsam unterzeichnet. Offensichtlich verfügte der Erbe Samuel Fischers über die besseren Karten in diesem Spiel. Fritz Landshoff aber hatte sich den Geboten der Vernunft und des Anstands gebeugt. Die Kooperation der beiden beschränkte sich im wesentlichen auf eine gemeinsame Auslieferung, der sich auch de Lange, der zweite holländische Verlag mit deutscher Produktion, ohne Zögern anschloß. Ferner wurde vereinbart, daß eine gemeinsame Produktion wohlfeiler Ausgaben entwickelt würde, die unter dem Signum «Forum Bücher» erscheinen sollte: eine Art Taschenbuchprogramm, für das Thomas Mann, René Schickele, Franz Werfel und Stefan Zweig als Berater zeichneten. Landshoff gestand ausdrücklich zu, daß die Werke Thomas Manns weiter bei Bermann Fischer erscheinen würden.

Die Produktion in Stockholm konnte wenige Wochen danach begonnen werden. Von der neuen Basis und später von Amerika aus

operierend, gelang es Gottfried Bermann, die Rechte nahezu aller
großen deutschen Autoren im Exil an sich zu ziehen. Die Werke
Thomas Manns erreichten seine Leser in der Schweiz übrigens auch
noch während des Krieges: die Bücher passierten auf dem Weg von
Stockholm nach Zürich das großdeutsche Reich in plombierten
Waggons. Sie wurden nun überdies durch die Zürcher Filiale der
«Büchergilde Gutenberg» in schönen Ausgaben verbreitet – ein
Buchclub hohen Niveaus, der 1924 als Kind der Bildungsarbeit
deutscher Gewerkschaften zur Welt gekommen war, geleitet von
Rudolf Dreßler, den man wahrhaftig einen treuen und uneitlen Die-
ner an der Literatur nennen darf.

Unterdessen vollzog sich die Etablierung Thomas Manns in den
Vereinigten Staaten. Nach Harvard boten ihm auch die Elite-Uni-
versitäten Yale und Princeton das Ehrendoktorat an. Yale winkte
überdies, durch die Konkurrenz von Princeton wach geworden, mit
einer Professur. Überdies wurden von Yale viertausend Dollar als
Anzahlung für das Manuskript des «Joseph» überwiesen: ein willkommenes finanzielles Polster für den Aufbau der amerikanischen
Existenz.

Dennoch war er nicht sicher, ob er sich an der Ostküste niederlassen sollte, obwohl das europäische Erbe in den Staaten Neuengl-
lands, in Pennsylvania, in New Jersey, in Maryland und Virginia,
auch den Staaten des Südens auf eine natürliche Weise präsent
war – was von Kalifornien nicht immer und mit gleicher Selbstverständlichkeit behauptet werden konnte. Der Dichter notierte voller
Spott, daß sich ein kalifornischer Journalist bei einer Pressekonferenz nach den Vornamen Goethes erkundigt hatte. Die Talmikultur
der Film- und Ölmagnaten entging seinem Auge nicht, und er konstatierte indigniert, daß zuviel Champagner getrunken werde. Es
blieb ihm auch nicht erspart, an Filmaufnahmen in den großen Studios von Hollywood teilzunehmen. Er durfte eine Szene mit Peter
Lorre beobachten, dem Schurken vom Dienst, der seinen Weltruhm
einst in Berlin mit Fritz Langs klassischem Film «M» (für Mörder)
begründet hatte. Selbst die kleine Shirley Temple wurde ihm beim
Unterricht vorgeführt. Gegenüber der Freundin in Washington
aber, die im Tagebuch nun meist nur noch «die Meyer» hieß – ein
Faktotum der gehobenen Art –, pries er die Attraktivität Kalifor-

niens, das «die Verheissungen (…) geradezu über Erwarten erfüllt» habe. Er lobte die Vorzüge des Klimas, der Landschaft, die niedrigen Kosten für die Lebenshaltung, die Möglichkeiten für Michael und Elisabeth, die er seine «Musiker-Kinder» nannte. «Universitäten gibt es schließlich auch hier», fügte er hinzu, doch es komme alles auf die Eindrücke an, die sich ihm bei einem Besuch in Princeton bieten würden.

Er hatte, unter der Pression der europäischen Ereignisse, mit der Niederschrift einer großen Polemik gegen den Nazismus und seinen «Führer» begonnen, die in der populären Zeitschrift «Cosmopolitan» erscheinen sollte. (Daraus wurde nichts, doch eine neue Version des Aufsatzes, von der die Rede sein wird, erschien später unter dem Titel «Bruder Hitler».) Zunächst aber galt es, die Voraussetzungen für eine legale Ansiedlung in den Vereinigten Staaten zu schaffen. Dafür mußte er das Hoheitsgebiet des Landes verlassen. Für die Abwicklung bot sich das amerikanische Konsulat im kanadischen Toronto an. Agnes Meyer hatte die Wege geebnet. Mit der Reise nach Nordosten ließ sich ein Auftritt bei der Universität von Illinois in Champaign-Urbana verbinden, wo ihm eine Ehrenmedaille verliehen werden sollte, die den Namen des Kardinals Newman trug, des Gründers der katholizierenden «Oxford-Bewegung» im anglikanisch geprägten Protestantismus, der später konsequent zur römischen Kirche konvertiert war.

Im Zug nach Chicago am 26. April begann er, ein kleines Vorwort für Erikas Studie über die nationalsozialistische Jugend aufzusetzen, die unter dem Titel «Zehn Millionen Kinder» bei Querido erscheinen sollte. In den Zeitungen der Metropole des Mittleren Westens fand er die Nachricht von der Konfiszierung jüdischen Eigentums in Deutschland. Seine und Katias Sorge richtete sich, wie es natürlich ist, auf die Eltern Pringsheim in München (die später dennoch einen kleinen Teil ihres Vermögens zu retten vermochten).

Mit der Tochter übte er auch die kleine Rede zur Feier in Champaign-Urbana ein. Der Text folgte im wesentlichen einigen Abschnitten seiner Betrachtungen über die Demokratie. Eine Passage über den Kommunismus, die vermutlich dem deutschen Original entstammte, scheint bei den Padres des katholischen Institutes Anstoß zu erregt zu haben. Im Tagebuch vermerkte er später mit einigem Ärger, aus diesem Anlaß sei eine Konferenz mit einem der geistlichen Herren notwendig gewesen. Cleveland, die große Industriestadt in Ohio, war die nächste Station nach Champaign. Wiederum konnte er vor einem überfüllten Auditorium sprechen.

Am 2. Mai Ankunft in Toronto. Erika war zurückgeblieben, denn sie besaß schon seit geraumer Zeit die Dokumente, die ihre Einwanderung bestätigten. In der amerikanischen Vertretung der schönen Stadt am Ontario-See «Sitzung zunächst mit dem Sekretär, dann mit dem Consul. Entgegenkommen und glatte Abwicklung (…). Zum Paß-Bild-Photographen, der sich entzückt zeigte und größere Aufnahme für sich verlangte.» Am anderen Tag schon wurden die Emigrationspapiere ausgefertigt. Thomas und Katia mußten ihre Angaben beschwören: «Die Sache ist bereinigt.» Zwei Tage später schickten die beiden ein Telegramm an Agnes Meyer:

«AM TAGE UNSERER UEBERAUS GLATT UND GLUECKLICH VOLLZOGENEN EINWANDERUNG GEDENKEN HERZLICH IHRER UND GRUESSEN DANKBAR = KATIA UND THOMAS MANN.»

65. KAPITEL

«Bruder Hitler»

Die Einwanderung Thomas Manns in die Vereinigten Staaten konnte kein Geheimnis bleiben. Er dachte – trotz der Befriedigung über den wichtigen Schritt, der die Zukunft der Familie zu ordnen versprach – beunruhigt und ein wenig bedrückt an die Reaktionen der tschechischen Freunde, die das Gefühl haben mochten, daß der deutsche Dichter, dem sie so großzügig Heimatrecht und Bürgerschaft verliehen hatten, seinem Staat in einer schwierigen Stunde den Rücken kehre. Auch Klaus Mann wies die Eltern in einem Brief vom 22. April 1938 auf die drohenden Verstimmungen hin.

An jenem Tag erst erwarb Monika die Staatsbürgerschaft der Tschechoslowakei. Die Tochter schwor, wie Klaus berichtete, beim «herzensguten Consul Laška» in Zürich den Treueid auf die kleine Republik. Der Bruder diente als Zeuge. «Der Consul war etwas aufgeregt», schrieb er, «wegen gewisser Gerüchte, die in einer rechts-orientierten tschechischen Zeitung auftauchten, – vermutlich von den Nazis lanciert – : Du wolltest Amerikaner werden. (...) Der Consul», fügte er hinzu, «hat keine Sekunde lang an die dreiste Lüge geglaubt: ‹Das tut uns der Herr Professor nicht an!› (...) Er ist ein rührender Mann. Was die Sache selbst betrifft –: das ist heikel. Ich habe ja keine Ahnung, was Ihr wegen Eurer First Papers beschlossen habt. Wenn Ihr sie haben *müßt* – so müßte es mit möglichster Diskretion geschehen; die Tschechen sind natürlich ganz *grauenhaft* empfindlich; (und haben ja auch wahrlich allen Grund dazu: wenn man bedenkt, in welch infernalischer Lage sie sind...).»

Klaus bot den Eltern ein beschwichtigendes Argument an: die

Beantragung der Einwanderungsdokumente sei noch nicht die Beantragung der Einbürgerung, die erst nach fünf Jahren erfolge: «Man könnte doch also mit *gutem Gewissen* dementieren». Er bemerkte: «*Sorgen* hat man!!»

Unmittelbar nach der Rückkehr ins New Yorker Hotel «Bedford» setzte Thomas Mann ein Telegramm an den Präsidenten Edvard Beneš auf, in dem er von der Immigration Mitteilung machte. Mit einer diplomatischen Wendung erklärte er, dieser Schritt sei durch Vertragsverpflichtungen vorbereitet worden. Dann bekundete er seine tiefe Sympathie und dankbare Verbundenheit mit der tschechoslowakischen Republik, «die dem Heimatlosen ihren staatlichen Schutz gewährt hat». Er betonte, daß er ihr Bürger bleiben wolle, auch wenn ihm im Lauf der Jahre die amerikanische Staatsbürgerschaft zuteil werden sollte. Er schien zu übersehen, daß die Vereinigten Staaten keine Zugehörigkeit zu einem anderen Land anerkannten oder auch nur duldeten.

Dem tschechoslowakischen Konsul in Zürich, der sich als so hilfreich erwiesen hatte, schickte der Dichter einen ergänzenden Brief, in dem er ihn von seinem Telegramm an den Präsidenten unterrichtete. Er werde allerdings, setzte er hinzu, wegen der «katastrophalen europäischen Ereignisse» vorläufig nicht in die Schweiz zurückkehren: nur Amerika biete zur Zeit den «gemäßen Lebensraum», den er für seine Arbeit brauche. Er habe die Einwanderungsformalitäten vollziehen müssen, weil ohne sie ein Aufenthalts- und Arbeitsrecht auf die Dauer nicht gewährt würde. Seine tschechische Staatsbürgerschaft bleibe davon unberührt. Er bitte um eine «berichtigende» Mitteilung an die Presse, die in der Tat notwendig geworden war, denn die nazistischen Zeitungen wiesen voller Hohn auf Thomas Manns angebliche Treulosigkeit hin. Sie schlossen aus seiner offiziellen Übersiedlung nach Amerika nicht zu Unrecht, daß er nicht länger bereit sei, auf die Zukunft der kleinen Republik im Herzen Europas zu vertrauen.

Auch Heinrich Mann hatte mit einiger Betroffenheit zur Kenntnis genommen, daß Thomas nicht mehr zurückkehren wolle. Bangen Herzens schrieb er an Klaus: «Wann sehe ich dann meinen lieben Bruder wieder? Er ist mein letzter Zusammenhang mit der fernen Vergangenheit.» Melancholisch setzt er hinzu: «Indessen wird der Mut nun bald darin geübt sein, auf Erden wenig Verwandtes zu suchen.» Thomas selbst schien sich fürs erste allzu gefühlsbeschwerte Gedanken an die Alte Welt zu verwehren. Ferdinand Lion schrieb er: «Einem Europa, in dem die Schandtat an Österreich möglich war, mag ich nicht mehr angehören.» In Amerika sei er freundlich und ehrenvoll aufgenommen worden. (Nach Princeton und Yale trug ihm nun auch die Columbia University in New York den Doctor honoris causa an: der Reigen der Auszeichnungen durch die großen Schulen des Landes setzte sich fort.)

Dennoch war er erleichtert, daß «Maß und Wert» weitergeführt werden sollte, obschon er zu Klaus – der es gern hörte – bemerkte, zu den «Lichtseiten» des Abschieds von Europa gehöre, daß er Ferdinand Lion nicht mehr sehen müsse. Dem Redakteur gegenüber lobte er das fünfte Heft der Zeitschrift, das unterdessen erschienen war. Es enthielt neben dem dritten Vorabdruck aus der «Lotte» einen Aufsatz von Ignazio Silone über die «Schule der Diktatoren», eine Arbeit von Lion selbst über «Goethes Politik», Bemerkungen von Walter Benjamin und eine Glosse von Golo Mann über den «Anschluß» Österreichs. Auch die Sommerausgabe konnte sich sehen lassen. Sie brachte eine Betrachtung Walter Benjamins über eine «Berliner Kindheit um Neunzehnhundert», neue Gedichte Franz Werfels, kritische Beiträge von Erich von Kahler, Carl Seelig und endlich auch Klaus Manns «Wiederbegegnung mit den deutschen Romantikern». Allerdings wurde der Waffenstillstand zwischen Klaus und Lion bald wieder gebrochen, da sich der Redakteur unwillig über eine Kritik des ungeliebten Mitarbeiters geäußert hatte. In einem zornigen Brief sagte Klaus Mann der Zeitschrift adieu. Rücksicht auf den Vater hielt ihn nicht davon ab, «Maß und Wert» in dem großen Bericht über die «Deutsche Kultur im Exil», den er zusammen mit Erika unter dem Titel «Escape to Life» vorbereitete, eine miserable Zensur zu verpassen. Es müsse festgestellt werden, schrieben die Autoren, «daß erhebliche Teile der literarischen Emigration von Herrn Lions Redaktionsführung, alles in allem, enttäuscht sind. Die etwas launenhafte Exklusivität, in der er sich vielen exilierten Autoren gegenüber gefällt, ist, so meinen manche, dem Blatt nicht stets von Nutzen gewesen.» Dieses Urteil war von Ranküne nicht frei; sie trat durch die objektivierende Formulierung fast noch deutlicher zutage. Vor allem widersprach das Verdikt Klaus' und Erikas Forderung, die sie mit dem Blick auf das «Neue Tage-Buch» von Leopold Schwarzschild so lebhaft angemeldet hatten: daß «Bruderzwist» unter den Emigranten im Interesse des Widerstandes gegen den gemeinsamen Feind vermieden werden sollte.

Das erste Heft des neuen Jahrgangs von «Maß und Wert» präsentierte eine bemerkenswerte Entdeckung: eine Geschichte von Jean-Paul Sartre («Die Mauer»), auf die vermutlich Lion in Paris gestoßen war. Der Philosoph, dreiunddreißig Jahre alt, fing zu jener Zeit erst an, sich im eigenen Land einen Namen zu machen. Der junge Schweizer Journalist Fritz René Allemann, der eineinhalb Jahrzehnte später ein wegweisendes Buch für die zweite deutsche Republik schreiben sollte («Bonn ist nicht Weimar»), überraschte seine Leser mit einem Gedicht, das durch eine prangende Sprache glänzte; es trug den Titel «Der mittägliche Mensch». Golo schrieb über «Gentz und die Französische Revolution», Max Brod über die «Lehre vom edlen und unedlen Unglück». Auch der Musikwissenschaftler Alfred Einstein – Autor des großen Mozart-Buches, übrigens ein Vetter des genialen Physikers und Mathematikers – war mit einem kritischen Beitrag vertreten.

Am Sonntag, dem 8. Mai, fuhr Thomas Mann mit Katia von New York nach Princeton hinüber. Er unterhielt sich ausführlich mit Professor Flexner, der dem «Institute for Advanced Study» vorstand, und mit Harold B. Dodds, einem Politikwissenschaftler, der damals als Präsident der Universität amtierte. Beide waren bestrebt, den Dichter für die Hochschule zu gewinnen – gewiß nicht nur, um ihm zu helfen, sondern weil sie hofften, daß ein Schimmer von dem Glanz des weltberühmten Namens auf Princeton falle. Indessen bereitete die Finanzierung seines Gehalts gewisse Schwierigkeiten. Weniger als sechstausend Dollar konnten und wollten die Herren Thomas Mann nicht bieten, so gering auch seine Pflichten sein mochten: dies entsprach dem Jahressalär eines Professors ihrer Universität – «ein für die damaligen Verhältnisse relativ hohes Gehalt», wie Hans Rudolf Vaget in seiner Studie über Agnes Meyer bemerkte. Princeton aber wies in jenem Jahr ein Defizit auf. Also mußten die Mittel bei freundlichen Spendern aufgetrieben werden. Dodds wandte sich unverzüglich an die Rocke-feller-Stiftung in New York. Der Präsident erwähnte in seiner Be-gründung, daß ihn Thomas Manns Ansprache bei einem Bankett des «American Comittee for Christian German Refugees» in «die richtige Stimmung» für den Antrag versetzt habe. In der Tat geneh-migte die Rockefeller Foundation, auch durch den Zuspruch von Agnes Meyer ermutigt, dreitausend Dollar; weitere zweitausend Dollar stellte das «Emergency Comittee in Aid of Displaced For-eign Scholars» zur Verfügung, wie Vagets Studien ergaben: «Auch hier spielte Agnes Meyer die Rolle der Vermittlerin», stellte der Forscher fest. Der Rest von tausend Dollar stammte aus kleinen Spenden und einem Sonderfonds des Präsidenten.

Indes, der Besuch im idyllischen Princeton hatte Thomas Manns Bedenken nicht völlig zerstreut. Dem Sohn Klaus schrieb er unver-blümt: «Princeton, wo wir neulich waren, ist sehr hübsch. Aber ich fürchte mich etwas vor der Gelehrten-Atmosphäre, und das Movie-Gesindel ist mir im Grunde lieber. Beide Möglichkeiten haben ihre starken Vorzüge und Nachteile. Man muß sehen. Princeton ist na-türlich more dignified, und dann sind New York und Europa nahe. Aber lustiger und klimatisch zuträglicher wäre Beverly Hills oder Santa Monica».

Ein Ausflug nach Mount Kisco, dem neuenglischen Landsitz der Familie Meyer, nur einen Sprung weit von New York entfernt, mochte des Dichters Vertrauen stärken, daß er gut daran getan hatte, sein weltliches Geschick in Amerika der hochmögenden Her-rin des Hauses anzuvertrauen. Die Residenz, die mit übertreiben-dem Understatement «Seven Springs Farm» genannt wurde, war in Wirklichkeit ein nicht gerade kleines Schlößchen, dessen Architek-tur frühbarocke Stilelemente aus dem Tal der Loire in die Neue Welt transferierte: «Park, Stille, Reichtum und Comfort», schrieb der Dichter bei einem späteren Aufenthalt. In einem «Arbeitshäus-chen» der Besitzerin wurden Kaviar und Sherry kredenzt. Zum Dinner gab es Poularde mit Gartengemüsen, danach Erdbeeren und Champagner. Beim Kaminfeuer las Thomas Mann aus seinem Scho-penhauer-Essay. Doch blieb Zeit genug, mit Agnes Meyer die Zu-kunftspläne zu erörtern. Er verbarg ihr nicht, daß ihn auch Boston und die Harvard University lockten. In der Tat bot sich Amerika nirgendwo europäischer dar als im Umkreis der ältesten Hochschule des Landes.

Am 21. Mai 1938 fuhr Erika davon: sie sollte den Auszug aus Küsnacht vorbereiten. Drei Tage später machten Thomas und Katia im Sommerhaus von Caroline Newton in Jamestown, Rhode Island, Quartier: einer literarisch versierten und engagierten Psychoanalytikerin, der Thomas Mann Ende der zwanziger Jahre in München begegnet war. Er fand die Unterkunft «leidlich angenehm». Die malerische Lage erinnerte ihn an Kampen auf Sylt. Freilich fühlten sie sich durch die Anwesenheit der Besitzerin zunächst ein wenig beengt. Auch als die Gastgeberin abgereist war, gelang Thomas Mann nur selten ein unbeschwerter «Genuß der Stille u. freien Natur». Oft lag Nebel über der Küste, und draußen über dem Wasser tönte melancholisch das Schiffshorn. Der Dichter genoß von neuem diese «die Sinnlichkeit außerordentlich stimulierende und erregende Meerluft» – ein «Aphrodisiacum, namentlich bei feuchtem Wetter», doch zugleich empfand er das Leben in der Einsamkeit des neuenglischen Winkels als «zu langweilig und eintönig», obwohl Katia ein Auto gemietet hatte, das es ihnen erlaubte, Ausflüge in die Umgebung zu unternehmen.

Aus Princeton war ein bestätigender Brief eingetroffen: vier Vorlesungen im Jahr, sagte das Schreiben, würden von ihm erwartet. Drei könne er mit den Goethe-Reden bestreiten, bedachte der künftige Professsor, die auf deutsch parat lagen, eine vierte würde er dem «Faust» widmen. Zugleich überlegte er, ob es ihm und Katia, «trotz dem drohenden Kriege», an den er nicht glaube, am Ende nicht dennoch «wohler in Küsnacht» sein würde.

Katia schien in einem Brief an die Kinder ihr Heimweh nach Europa angedeutet zu haben. Mit freundlichem Spott antwortete Klaus, es sei doch «*unrecht* und schier unvernünftig», daß sie sich so nach dem «verrotteten kleinen Erdteil» sehne. Dann führte er – halb ironisch, halb ernst – ein Schweizer Sündenregister auf, das die Kritik der Familie an dem bisherigen Asyl recht bündig und mit einigem Witz zusammenfaßte: «Erstens sprechen die Schweizer doch einen sehr häßlichen Dialekt, sind furchtbar aufs Geld aus, die Zitig» – nämlich die «Neue Zürcher Zeitung» – «hat immer diese häßlichen Sachen gegen Léon Blum gebracht, der 60. Geburtstag ist nicht genug gefeiert worden, Rieser» – der Theaterdirektor – «hat Schwierigkeiten mit den Freikarten gemacht, bei Reiffs» – den reichen Verehrern – «war es meist etwas langweilig, in den Geschäften wurde man langsam bedient, auf dem Postamt wollte niemand so originell sein, für das Auto regnete es Bußen, die Leute mochten uns nicht wegen Toby» – des ungebärdigen Hundes –, «wegen des deutschen Akzents und wegen des Bolschewismus, Korrodi ist ein schlechter Charakter, zu viele Menschen sind homosexuell».

Katia und Thomas Mann beschlossen, daß sie Ende Juni noch einmal für zwei Monate zurückreisen wollten. Zugleich schrieb er an Agnes Meyer, die grundsätzliche Entscheidung für Princeton sei gefallen, die Sache durch einen Brief an Mr. Dodd fest abgeschlossen, und er dürfe sich «als ‹Lecturer in the Humanities› von Princeton betrachten». Fast entschuldigend teilte er der Gönnerin mit, er plane, seine «doch ein bischen mitgenommene Gesundheit in einem der bewährten Schweizer Kurorte» aufzufrischen und den Umzug in Küsnacht selbst zu leiten. Dann wandte er sich nach langer Unterbrechung wieder der «Lotte» zu und schrieb an dem Kapitel über den Sohn August weiter.

Am 2. Juni nahm er das Ehrendoktorat in Yale entgegen. Gut zwei Wochen später brach Katia nach Princeton auf, um ein Haus zu suchen. Sie fand auch – für zweihundertfünfzig Dollar Monatsmiete – eine stattliche Residenz: 65 Library Place, in der Stockton Street. Ein Vertrag mit dem Besitzer konnte nach einigem Umstand abgeschlossen werden. Thomas Mann notierte Ende Juni nach der Besichtigung, die Residenz sei «elegant und praktikabel»: «gegen Küsnacht zweifellos eine Erhöhung des Lebensniveaus. Ein (…) Chevrolet wird in der Doppel-Garage stehen. Geschmackvolle Empfangsräume. Das Studio nicht groß und etwas dunkel, aber behaglich und separiert, mit erwünschtem Sofa.» Das Gehalt von sechstausend Dollar bot eine solide Basis: «Grund-Aspekt, daß es in Amerika Geldsorgen kaum für mich gibt.» Allerdings enttäuschte ihn die erste Berührung mit der Studentenschaft: «Unter den jungen Leuten keine anziehende Erscheinung. Es gibt wenig amerikanischen Jünglingsreiz.»

In New York konnte die Ausreiseerlaubnis ohne lange Umstände besorgt werden: das sogenannte «Sailing permit», das von jedem

Bürger und jedem Emigranten verlangt wurde. Es diente den Behörden zur Vergewisserung, daß sich niemand unter Hinterlassung von Schulden aus dem Staube mache: vor allem von Schulden gegenüber dem Staat. Thomas Mann kam mit einer bescheidenen Steuerzahlung von einhundertachtzehn Dollar für seine beträchtlichen Einnahmen davon.

Ereignislose Überfahrt. «Alles etwas wie im Traum!» notierte Thomas Mann nach der Ankunft in Küsnacht. «Begrüßung mit den Mädchen, dem Hund. Blumengeschmückter Frühstückstisch auf der Terrasse. Freude und Behagen.» «Es tut uns beiden wohl, noch einmal die in fünf Jahren heimatlich gewordene Luft zu atmen und die alten schönen Waldspaziergänge zu machen», berichtete er Agnes Meyer. Doch er ergänzte eilig: «Die Freude daran wird erhöht durch das Bewußtsein, in Princeton ein neues Heim zu haben.» Durch die politische Lage fühlten sie sich kaum bedroht, schrieb er, obwohl nicht zu leugnen sei, «daß neue kritische Tage in Aussicht stehen». In der Tat mehrten sich die Nachrichten von sogenannten Volkstumskämpfen zwischen Deutschen und Tschechen in den Sudetengebieten: Signale für die nächste Etappe großdeutscher Expansion.

Erika und Klaus Mann waren gut zwei Wochen vor der Ankunft der Eltern über Paris nach Spanien aufgebrochen, von der «Pariser Tageszeitung» mit einer Serie von Reportagen über den Fortgang des Bürgerkrieges beauftragt. Ihr erstes Ziel war Barcelona, wo sie – neben vielen Bekannten aus vergangenen Tagen – Ludwig Renn wiedersahen, den Autor des berühmten Romanes mit dem schlichten Titel «Krieg», der eine Militärschule der Republikaner leitete. Sie begegneten Erich Weinert, dem kommunistischen Lyriker, im Zweiten Weltkrieg einer der Gründer und Vorsitzenden des Komitees «Freies Deutschland» in Moskau. Sie sprachen mit Ernst Busch, dem «Arbeitersänger», später Mitglied von Brechts «Berliner Ensemble». «Bedenkliches Niveau dieser deutschen Partei-Leute», notierte Klaus, doch er fügte in Klammern hinzu, daß Busch «natürlich begabt» sei.

Bruder und Schwester wurden vom Kriegs- und vom Propagandaminister empfangen. Sie unternahmen Ausflüge an die Front. Beide waren von der Begegnung mit einem deutschen Divisions-

kommandeur tief beeindruckt: Hans Kahle, einst Offizier im Ersten Weltkrieg, danach Journalist. Er präsentierte ihnen eine Platte
mit den Liedern der «Internationalen Brigaden», gesungen von
Ernst Busch. Erika fand nach Auskunft von Fredric Kroll ein inni-
ges Gefallen an jenem Soldaten, der über eine so ruhige und sachliche Autorität verfügte. Sie schrieb für ihn Verse, deren literarische
Qualität wohl nicht ganz den hohen Gefühlen entsprach, die sie
bewegten – wie es so oft ist, wenn die Poesie der Verliebtheit gehorcht.

Nach den Feststellungen Krolls bereitete Kahle in jenen Tagen
eine Offensive der republikanischen Truppen am Ebro-Fluß vor.
Das Unternehmen schien, für einen Augenblick wenigstens, eine
militärische Wende des Krieges erzwingen zu können. Doch es war
zu spät. Die Armeen General Francos, von Mussolini und Hitler
durch gewaltige Materiallieferungen, den Einsatz ihrer Luftflotten
und einige Detachements wohlgedrillter Bodentruppen gestärkt,
behielten schließlich die Oberhand.

In der Nacht fuhren Erika und Klaus, von Oberst Kahle geleitet,
zu der Stadt Tortosa hinaus, die nichts als «ein Bild der Verlassenheit und großen Traurigkeit» war: Ruinen, die einen Ausblick auf
die Zerstörungen des großen Krieges boten, der Europa heimsuchen sollte. Beim Fliegeralarm, beim Anblick der Verwüstungen,
durch das Leiden der Verwundeten rückte ihnen das Grauen des
Kampfes nahe. Klaus notierte: «Ein junger Soldat, mit fast ganz
weggeschossenem, grauenvoll entstelltem Gesicht bittet mich um
Feuer.»

Sie flogen von Barcelona nach Alicante, gelangten von dort aus
nach Valencia, reisten schließlich ins belagerte Madrid, dessen Wi-
derstandsgeist sie bewundern lernten. Zurück zur Küste. Erika
wurde, da sie einen britischen Paß besaß, von einem englischen
Kriegsschiff mitgenommen. Klaus war dies verwehrt: «Plötzlich
sehr allein.» Er hatte Mühe, auf einem elenden spanischen Boot einen
Platz für den Rücktransport nach Barcelona zu finden: «stunden-
langes Warten im glühend heissen gefährdeten Hafen. Grauenhafte
30 Stunden. (…) Nichts zu essen noch zu trinken. Wie das Vieh
gepfercht mit Hunderten armer Spanier. Nacht auf dem schmutzigen Deck. Tags, die glühende Hitze. (Und *nichts* zu trinken…)»

Gut zehn Tage nach der Heimkehr der Eltern langten die beiden wieder in Küsnacht an. Zum erstenmal seit mehr als zwei Jahren saßen nun wieder alle sechs Kinder am Tisch der Familie. Klaus war nach der letzten Drogenentziehung das eine oder andere Mal rückfällig geworden («Genascht» schrieb er neckisch ins Tagebuch), doch er schien sich im Gleichgewicht zu halten. Ohne Zweifel schreckte ihn der elende Zustand der Freundin Annemarie Schwarzenbach, die am Rauschgift zugrunde zu gehen drohte: der Vater nannte sie einen «verödeten Engel».

Erika zeigte sich stark und umsichtig wie fast immer. Sie arbeitete mit dem Bruder an dem Buch «Escape to Life», das eine kleine Enzyklopädie der Emigration zu werden versprach. Der Verlag Houghton Mifflin in Boston wartete auf das Manuskript, das den beiden Verfassern als eine ehrenvolle Introduktion zur Welt der amerikanischen Literatur dienen konnte. Golo kümmerte sich für den Vater um «Maß und Wert», soweit es der schwierige Ferdinand Lion zuließ, und er schrieb an der Biographie des Friedrich Gentz. Monika war nach Auskunft von Klaus «ein ganz feines Ding» geworden: «Nicht ohne seltsame Züge freilich, aber auch durchaus nicht ohne gewinnende – und wenn ein Mensch von artigem Niveau, wie der Lányi» – ihr Verlobter, der ungarische Kunsthistoriker – «ihr mit so schwärmerischer Treue ergeben ist, *muß* überhaupt etwas an ihr dran sein. Wirklich, sie ist ganz leise und würdig, schwermütig halb, halb humorvoll, nicht ohne bizarre Einfälle, mit Anmut zurückhaltend, auch ziemlich hübsch.»

An Elisabeths hohes musikalisches Talent wollte der Vater freilich nicht mehr recht glauben. Die Jüngste machte ihm gelegentlich durch ihre passionierten Schwärmereien für unerreichbare Herren wie Fritz Landshoff Sorgen. Sie bezahlte für ihre «obstinate Versessenheit» mit Schlaflosigkeit und einem neurotisch bedingten Asthma. Michael, der Benjamin, plante mit unbeirrbarem Ernst, obwohl er noch keine zwanzig Jahre alt war, seine Kindheitsfreundin Gret Moser zu heiraten: diese Bindung schien ihm der zuverlässigste Schutz gegen die Gefährdungen seiner Persönlichkeit zu sein. Die Eltern des Mädchens, grundvernünftige Bürger, legten den beiden keine Hindernisse in den Weg.

Einige Tage lang gab sich Katia der Hoffnung hin, auch ein Wiedersehen mit ihren Eltern könnte glücken. Die alten Pringsheims waren von München nach Konstanz gereist, und sie versuchten dort, einen «kleinen Grenzschein» zu erlangen. Sie wurden von den Beamten mit bösen Worten zurückgejagt. Gret Moser, Michaels junge Braut, fuhr zweimal zu ihnen hinüber. Der Arzt eines Sanatoriums in Kreuzlingen suchte zu vermitteln – vergebens. Die beiden bemühten sich nun mit einiger Hartnäckigkeit, Deutschland endlich zu verlassen. Sie hatten Winifred Wagner um eine Vermittlung gebeten: die Herrin von Bayreuth kannte Alfred Pringsheim, diesen Urwagnerianer, aus fernen Tagen gut genug. Zähe Verhandlungen mit den Behörden des Dritten Reiches über den Verkauf der Kunstschätze des einst steinreichen Mannes begannen. Sie mußten lange auf ein Ergebnis warten.

Wenigstens konnte Katias Bruder Heinz Pringsheim, der völlig zurückgezogen auf dem Land in Oberbayern lebte, mit seiner Frau zu einem Besuch nach Küsnacht herüberkommen. Er berichtete, das Haus am Münchner Herzogpark sei mit einem großen Anbau versehen worden. Später ergab sich, daß es in jenen Jahren einer nazistischen Organisation, die in merkwürdiger Anzüglichkeit «Lebensborn» genannt wurde, zu dienen hatte: ein Heim für sogenannte ledige Mütter, die ein Kind von einem SS-Angehörigen erwarteten – alle Kinder garantiert «arisch», versteht sich, und mit bestem nordischem Erbgut versehen.

Kuno Fiedler, der Theologe, eilte aus seiner Graubündner Pfarrei nach Küsnacht, um den verehrten Freund noch einmal zu sehen. Robert Musil und seine Frau stellten sich ein: bettelarm, bitter und an der Welt verzagt. Musil hatte sich schließlich von Österreich gelöst – freilich nicht offiziell (er hielt, um die Emigration zu tarnen, bis zum Ende an seinem Wohnsitz in Wien fest). Thomas Mann bemühte sich, von Erika unterstützt, einige Hilfsorganisationen zu mobilisieren, die dem bedrängten Kollegen unter die Arme greifen konnten, der vor allem den Wunsch hatte, das Riesenfragment seines Romanes fortzuführen. Zögernd verabredete er eine Mitarbeit bei «Maß und Wert», die nach den Vorstellungen des Verlegers Oprecht von Mme. Mayrisch, der reichen Luxemburgerin – nun fast immer der letzte Rettungsanker –, mit einem Sonderhonorar bedacht werden sollte. Fürs erste fanden Musil und seine Frau in der

Pension «Fortuna» in Le Lavandou eine Unterkunft, wo sie übrigens Tür an Tür mit Monika Mann und ihrem Verlobten Jenö Lányi wohnten, den der Dichter aus früheren Tagen kannte.

Bruder Heinrich traf in den letzten Augusttagen in Küsnacht ein, während die Packer schon im Haus waren, ohne Nelly Kroeger, von Thomas für einen Abschiedsbesuch eingeladen. Das Einvernehmen der beiden schien so herzlich zu sein wie nun fast immer. Oder deutete sich unter den Stichworten «querelle allemande in der Emigration» ein leiser Schatten an, da ohne Zweifel auch von der «Volksfront» die Rede war? Klaus fand den Onkel sehr alt geworden, «beinah greisenhaft», und «sehr rührend». Er beobachtete, daß der Vater «ihm gegenüber oft gedankenlos-grausam» sei. («Wem gegenüber *nicht*?» setzte er in Klammern dazu.)

In seinem Tagebuch sprach Thomas Mann von einer «ergreifenden Vorlesung Heinrichs» aus dem zweiten Band seines «Henri Quatre». Er selbst trug die große Polemik vor, die er in jenen Tagen zu Ende gebracht hatte: den Essay «Der Bruder», der nun endlich aus der Masse des Materials herausgewachsen war, die seit dem Aufenthalt in Beverly Hills parat lag. Er hieß in der Tat nur «Der Bruder». Hitler war nicht mit Namen genannt; er fand erst später Einlaß in den Titel. Dennoch gab es niemals einen Zweifel, von wem die Rede war. Nächst dem Brief an den Dekan der philosophischen Fakultät der Universität Bonn hat Thomas Mann kaum je einen politischen Artikel verfaßt, dem eine ähnlich weitgreifende Wirkung beschert war, nächst der Rede «Deutschland und die Deutschen» vom Mai 1945 kaum je eine Betrachtung zur Geschichte der Zeit, die so persönlich geprägt war wie jene gloriose Attacke, die in Wahrheit in so vielen Passagen in eine trostlose Melancholie zurückwich.

Man darf das Porträt des Diktators, das Thomas Mann entwarf, genial nennen, ohne sich einer Übertreibung schuldig zu machen – nicht, weil der Tyrann jedem der Züge, die ihm der Autor zuerkannte, mit naturalistischer Exaktheit entsprach, sondern weil vor dem Leser ein Bild des deutschen «Führers» entstand, das ihm auf eine unheimliche Weise vertraut sein mußte. Es war, nach einer Formel des Schweizer Schriftstellers Max Picard, der «Hitler in uns selbst». Thomas Mann hatte den Mut, diesen gehaßten Menschen, den er mit der ganzen Verachtung des Bürgers ein «öffentliches Vorkommnis» nannte, für einen Augenblick in seine unmittelbare Nähe zu rücken: «Ein Bruder... Ein etwas unangenehmer und beschämender Bruder; er geht einem auf die Nerven, es ist eine reichlich peinliche Verwandtschaft. Ich will trotzdem die Augen nicht davor verschließen, denn nochmals: besser, aufrichtiger, heiterer und produktiver ist das Sich-wieder-Erkennen, die Bereitschaft zur Selbstvereinigung mit dem Hassenswerten, möge sie auch die moralische Gefahr mit sich bringen, das Neinsagen zu verlernen.»

Die Verwandtschaft mit sich selbst, die er dem Verderber zuerkannte, war in der Karikatur des Genialen zu suchen: «Muß man nicht», fragte er, «ob man will oder nicht, in dem Phänomen eine Erscheinungsform des Künstlertums wiedererkennen? Es ist, auf eine gewisse beschämende Weise, alles da: die ‹Schwierigkeit›, Faulheit und klägliche Undefinierbarkeit der Frühe, das Nichtunterzubringensein, das Was-willst-du-nun-eigentlich?, das halb blöde Hinvegetieren in tiefster sozialer und seelischer Boheme, das im Grunde hochmütige, im Grunde sich für zu gut haltende Abweisen jeder vernünftigen und ehrenwerten Tätigkeit – auf Grund wovon? Auf Grund einer dumpfen Ahnung, vorbehalten zu sein für etwas ganz Unbestimmbares, bei dessen Nennung, wenn es zu nennen wäre, die Menschen in Gelächter ausbrechen würden.»

Die Berührung ergab sich, davor konnte und wollte er die Augen nicht verschließen, im Bannkreis des Bayreuther Zauberers, den sie beide gleichermaßen verehrten, Hitler und er: «Wagnerisch», schrieb er, «auf der Stufe der Verhunzung, ist das Ganze, man hat es längst bemerkt und kennt die gut begründete, wenn auch wieder ein bißchen unerlaubte Verehrung, die der politische Wundermann dem künstlerischen Bezauberer Europas widmet, welchen noch Gottfried Keller ‹Friseur und Charlatan› nannte.»

Er kannte die Stimmungen wohl, aus denen sich das Sendungsbewußtsein des «Führers» nährte: es war die Welt der Ressentiments, die auch im Untergrund seiner «Betrachtungen» hockten (und denen er niemals völlig entkam), des Kulturpessimismus, der eine aggressive Entladung suchte, des romantischen Weltschmerzes und Lebenswehs, die sich in eine Botschaft des Todes übersetzte, des deutschen «Verkannt-Seins», das so rasch in harte Arroganz umschlug. Es zeichnete den Dichter aus, daß er der unheimlichen Nachbarschaft einen Augenblick lang ins Auge sah − freilich um sich von ihr nach der Schrecksekunde, mit allen Zeichen angebrachten Entsetzens, wieder zurückzuziehen: «Ich war», schrieb er, «nicht ohne Kontakt mit den Hängen und Ambitionen der Zeit, mit dem, was kommen wollte und sollte, mit Strebungen, die zwanzig Jahre später zum Geschrei der Gasse wurden. Wer wundert sich, daß ich nichts mehr von ihnen wissen wollte, als sie auf den politischen Hund gekommen waren und sich auf einem Niveau austobten, vor dem nur primitivitätsverliebte Professoren und literarische Lakaien der Geistfeindlichkeit nicht zurückschrecken?»

Natürlich übertrieb er, als er den Verdacht äußerte, daß die «Wut», mit der Hitler den Vormarsch nach Wien betrieb, im Grunde dem alten Sigmund Freud gegolten habe, «seinem wahren und eigentlichen Feinde», von dem er sich durchschaut fühlte − ohne die geringste Ahnung von seinem Werk zu haben. Vielleicht witterte der «Führer» tatsächlich in dem «Entlarver der Neurose, dem großen Ernüchterer, dem Bescheidwisser und Bescheidgeber selbst über das ‹Genie›» einen gefährlichen Widersacher: doch es spricht − außer dem literarischen Reiz − nicht allzu viel für diese These. Hitler wußte von der Lehre Freuds so viel und so wenig wie jeder Bürgerbräu-Spießer: vermutlich nicht mehr als die vulgäre Behauptung, der Wiener Professor sehe in jeder Lebensregung des Menschen nichts als banale Sexualität am Werk. Wichtiger: Thomas Mann zögerte nicht, in dem Trommler aus Braunau am Inn eine Art von Genie wahrzunehmen. Er merkte an, daß «Genie eine Kategorie, aber keine Klasse, keinen Rang bezeichnet, weil es sich auf den allerverschiedensten geistigen und menschlichen Rangstufen manifestiert, aber auch auf den tiefsten noch Merkmale aufweist und Wirkungen zeigt, welche die allgemeine Bezeichnung rechtfertigen».

Doch es genügte nicht, sich von der verluderten Perversion des Genialen aufs Podest der bürgerlichen Normalität zurückzuziehen: «Der Bursche ist eine Katastrophe», hatte er zu Anfang konstatiert. Er hatte mit dem Finger darauf gewiesen, daß er «nichts gelernt hat, aus vagem und störrischem Hochmut nie etwas lernen hat wollen, (...) auch rein technisch und physisch nichts kann, was Männer können, kein Pferd reiten, kein Automobil oder Flugzeug lenken, nicht einmal ein Kind zeugen». Er verfüge freilich über eine Gabe, in der man den Schlüssel seiner Magie erkennen durfte: «eine unsäglich inferiore, aber massenwirksame Beredsamkeit», mit der er es zuwege brachte, das Volk mit seinen Verheißungen zu betäuben und «aus dem nationalen Gemütsleiden das Vehikel seiner Größe, seines Aufstiegs zu traumhaften Höhen, zu unumschränkter Macht, zu ungeheueren Genugtuungen und Über-Genugtuungen» zu machen.

Er selbst, das wußte er wohl, konnte auch nahezu nichts, «was Männer können»: kein Pferd reiten, kein Automobil oder Flugzeug lenken – Kinder zeugen, das allerdings hatte er durchaus vermocht. Es genügte nicht, den «Viertelskünstler» von der sicheren Position des Bürgers und ausgewiesen erfolgreichen «Mannes» aus abzufertigen – darüber täuschte sich der Dichter nicht. Er ging zum anderen nicht so weit, in «Bruder Hitler» den fratzenhaften Spiegel des Kultes der «großen Männer» oder den verteufelten Endpunkt der Anbetung des Genialen wahrzunehmen: die äußerste Steigerung einer Egomanie, die konsequent alle zivilisatorischen Normen sprengte. Mit einem Unterton der Verlegenheit bemerkte er: «Auf jeden Fall bin ich dagegen, daß man sich durch ein solches Vorkommnis das Genie überhaupt, das Phänomen des großen Mannes verleiden läßt, das zwar vorwiegend immer ein ästhetisches Phänomen, nur selten auch ein moralisches war, aber, indem es die Grenzen der Menschheit zu überschreiten schien, die Menschheit einen Schauder lehrte, der trotz allem, was sie von ihm auszustehen hatte, ein Schauder des Glückes war.»

Er lehnte es auch ab, den deutschen «Führer» neben Napoleon zu nennen, von dem er mit fragwürdigem Respekt behauptete, seine Gestalt habe sich der Menschheit «als Erzbild mittelmeerländischer Klassik für immer ins Gedächtnis geprägt». Natürlich konnte der «triste Faulpelz» und «‹Träumer› fünften Ranges» dem «Weltgeist zu Pferde» in vieler Hinsicht das Wasser nicht reichen. Die militärische Genialität des Korsen – von seinen zivilisatorischen Impulsen zu schweigen –, die seine Schlächtereien im Bild der Geschichte noch immer überglänzt, traute er ihm keineswegs zu. Er täuschte sich. Noch immer vermutete er, wie so viele, die Rolle des «Erpres-

sungspazifisten» würde am ersten Tag eines Krieges ausgespielt
sein. Man sollte es, leider, anders erfahren. Die Welt fand Gelegenheit, die Talente des «Feldherrn» fürchten zu lernen.

Nein, er wollte es nicht wahrhaben, daß die «Verhunzung des
großen Mannes» sich mit schrecklicher Folgerichtigkeit aus dem
Mythos der Größe ergab, den niemand mit der gleichen ruchlosen
Entschiedenheit für sich in Anspruch genommen hatte wie Richard
Wagner. Wandelte er nicht selbst in manchen Stunden noch immer
in den Spuren des Zauberers einher? Geriet er nicht immer wieder in
Versuchung, die Kunst zur Religion zu erheben, wenngleich er sie –
dem Bayreuther von Zeit zu Zeit den Rücken kehrend (und doch
aus seinem Bann niemals entlassen) – in Goethes «hellem Zauber»
zu verklären suchte?

Aus diesem Selbstgespräch wurde er fürs erste nicht wieder entlassen. Er führte es ein Jahrzehnt lang fort, bis zum Ende des «Faustus». «Bruder Hitler» dokumentierte, daß der leidenschaftlichste
und wirksamste Widerstand gegen den Diktator eine gewisse Nähe
bedingte – ein Verständnis, das aus der Ahnung des Verwandten
resultierte und einen um so brennenderen Haß zu wecken vermochte. Man könnte sagen, daß der Dichter nur aus der Wahrnehmung einer bedrückenden und kompromittierenden Verwandtschaft das zu werden vermochte, was Marcel Reich-Ranicki die
«weithin sichtbare», die «repräsentative Gegenfigur» zu Hitler genannt hat.

Die Niederschrift jenes Stückes war für den Autor eine tiefe Befriedigung. Der Aufsatz sei das Beste in der geplanten Kollektion
der Essays, schrieb er seinem Verleger: «Die anderen sind nur brav,
aber auf diesen lege ich literarisches Gewicht, und er wird sich länger halten.» Es war verabredet, daß Bermann Fischer die Polemik
zunächst als Broschüre drucken und kurz danach in einen Sammelband aufnehmen würde, der so rasch wie möglich auf den Markt
geworfen werden sollte. Der Verleger antwortete prompt, der Essay gebe «*das* Portrait des Ungenannten, das alle Darstellungen in
Bild und Plastik an Ähnlichkeit übertrifft, man kann sagen: es ist
von sprechender Ähnlichkeit und wird in die Geschichte eingehen».

Über die geplante Sammlung neuer Aufsätze, die unter dem Titel

«Achtung Europa» erscheinen sollte, über die Neudrucke der alten
Werke und die künftige Zusammenarbeit wollten der Verleger und
sein Autor bei einer Zusammenkunft in Paris miteinander reden,
wo Thomas Mann auf der Rückreise nach Amerika Station zu machen gedachte. In Form und Einband sollte sich der Band, nach dem
Willen des Autors, von der Gesamtausgabe klar unterscheiden. Den
Aufsatz «Der Bruder», als Finale gedacht, bezeichnete er nun, ein
wenig abschwächend, als «Satyrspiel», und er betonte noch einmal,
ein wenig naiv, er habe es «in einer Art von Dunkel gelassen, das
man wohl ein Hell-Dunkel nennen» müsse, von wem hier die Rede
sei. Die Kaschierung reiche nach der Meinung seiner Gesprächspartner in der Schweiz wohl aus, um den Aufsatz «öffentlich möglich zu machen – vielleicht nicht separiert, in einer Zeitschrift, wohl
aber als Teil eines Buches».

Unterdessen hatte sich die «Sudetenkrise» verschärft. Tag für
Tag standen in den Zeitungen dramatische Berichte von Zusam-
menstößen der Freischärler beider Parteien an den Grenzen und in
den Siedlungsgebieten, in denen Tschechen und Deutsche über die
Jahrhunderte zusammengelebt hatten – nicht immer spannungslos,
doch nicht Tag für Tag in mörderische Konflikte verstrickt, die nun
von den Sturmtruppen des «Sudetenführers» Henlein brutal geschürt wurden: ein Exempel für die böse Strategie der «ethnischen
Säuberung», die Europa bis zum Ende des Jahrhunderts in Atem
halten sollte.

Der Einpeitscher in Berlin reizte die internationale Krise täglich
hoch. Frankreich ordnete am 6. September 1938 eine Teilmobilisie-
rung an. Thomas Mann aber traute der Bereitschaft des Westens,
dem Abenteurer entschlossen entgegenzutreten, durchaus nicht.
Am 8. September notierte er im Tagebuch einen Artikel der
«Times», der für die Abtretung der Sudetengebiete an Deutschland
warb. Er schrieb, der «Verrat Englands» werde immer deutlicher.
Die Tschechoslowakei solle «auf kaltem Wege» geopfert werden.
Es werde keinen Krieg geben – «was nicht ausschließt, daß man ihn
unter erschwertesten Bedingungen doch eines Tages führen muß».

Angesichts der Gefahr hielt es Gottfried Bermann nicht für angebracht, gerade jetzt mit seinem deutschen Paß – er besaß noch immer kein anderes Papier – über Holland und Belgien nach Frank-

reich zu reisen, zumal das Flugzeug auch deutsches Gebiet berührte. Einen Tag später meldete er aus Stockholm, die schwedische Regierung habe die Verlage aufgefordert, «in diesem Augenblick allzugroße Aggressivität gegen Deutschland zu unterlassen». Dadurch bekämen die «gewissen Bedenken», die Thomas Mann selbst angedeutet habe, ein ganz anderes Gewicht. Man würde es als Loyalitätsverletzung betrachten, wenn er nun einen Aufsatz veröffentliche, der als «Beleidigung eines fremden Staatsoberhauptes» ausgelegt werden könnte. Die Brüder Bonnier, Bermanns Stockholmer Protektoren, teilten seine Meinung.

Thomas Mann hielt es für angebracht, dem Band ein Vorwort mitzugeben, das der neuen Situation entsprechen würde. Das Zögern des Verlegers bewirkte eine neue Verstimmung. Schließlich fand sich – dank des Rates von Fritz Landshoff – ein Ausweg: Thomas Mann verlangte von Bermann Fischer, die Sammlung mit einem Imprint des New Yorker Verlages Longmans, Green and Company zu drucken, das heißt: als eine Lizenzausgabe, für die weder Bermann noch die Bonniers eine unmittelbare Verantwortung zu tragen hätten. Der Vorschlag wurde akzeptiert.

Am 11. November 1938, nach der Reichskristallnacht, erreichte den Autor ein neues Telegramm aus Stockholm: «Erwäget ob nicht angesichts furchtbarer Pogrome Eliminierung Bruder ratsam da unabsehbar ob nicht gerade dieser persönliche Angriff verschärfte Verfolgungen verursacht». Thomas Mann antwortete anderntags, er empfinde den Ausfall als schwer, könne aber eine Weigerung nicht verantworten. Er überlasse die Entscheidung Bermann Fischer, der den Dingen näher sei. Er ließ ein zweites Kabel folgen, das seinen Entschluß anzeigte, die Polemik wegzulassen. Es ist anzunehmen, daß ihm Katia das Geschick ihrer Eltern, ihres Bruders, ihrer Berliner Tanten und Cousinen in Erinnerung gebracht hatte, die noch immer in Deutschland lebten, aufs höchste gefährdet.

Der Aufsatz erschien zum erstenmal am 25. März 1939 im «Neuen Tage-Buch» Leopold Schwarzschilds und zugleich in der New Yorker Zeitschrift «Esquire»: zehn Tage nach der Liquidierung der Tschechoslowakei, deren Reste als «Reichsprotektorat» annektiert wurden.

Am 13. September 1938 verabschiedete sich der Dichter mit einer

Lesung aus der «Lotte» von seinem Zürcher Publikum. In einer
kleinen Vorrede dankte er der Stadt «für die Gastlichkeit, das
freundliche Asyl, den Arbeitsfrieden». Eine «eigentliche Trennung
von Europa» stehe nicht in Rede, sagte er, denn er sei fest entschlossen, «sie, so lange die Umstände es irgend erlauben, durch alljähr-
liche Rückkehr auch räumlich aufzuheben». Aber der Schwerpunkt
seines äußeren Lebens verlagere «sich nun eben doch in das große,
junge, an Möglichkeiten und Aufgaben reiche Land jenseits des
Ozeans», das ihn rufe. Katia und er hatten in der Tat nach einem
Grundstück in der Umgebung von Zürich gesucht, auf dem sich ein
Chalet bauen ließe. Der Gedanke an ein helvetisches pied-à-terre
wäre ihnen tröstlich gewesen. Sie hatten freilich nichts gefunden,
das ihnen behagte. Im kommenden Sommer wollten sie noch einmal
Umschau halten.

Am Abend des 14. September 1938 stiegen Thomas und Katia
Mann in den Schlafwagen nach Paris. Er schrieb ins Tagebuch:
«Unruhe und Ergriffenheit von dem Abschluß dieser 5 jährigen Lebensepoche. Aber zufrieden, daß durch die Rückkehr ein bewußter
Abschied, die letzte Ausfahrt aus der Schiedhaldenstraße herbeigeführt.» Er vergaß nicht zu vermerken, daß der Chevrolet für vier-
tausenddreihundert Franken verkauft worden sei.

Am 16. September flog Neville Chamberlain, der britische Pre-
mierminister, nach Deutschland, um sich in Berchtesgaden mit dem
Reichskanzler zu treffen: die erste der drei Reisen, mit denen er den
Frieden zu retten, vielleicht auch nur den Krieg hinauszuzögern
versuchte. Der Kompromiß von München bahnte sich an, der in
Wahrheit eine vorläufige Kapitulation war. Sie verhinderte den
Krieg nicht, zu dem England und Frankreich noch nicht bereit wa-
ren, sondern machte ihn nur um so gewisser.

66. KAPITEL

Exil-Not

Der britische Regierungschef Neville Chamberlain sprach, man schrieb den 16. September 1938, in der Bergresidenz des Diktators hoch über Berchtesgaden vor. An jenem Tag beriet in einem Konferenzzimmer des Hotels «Scribe» in Paris ein Kreis deutscher Emigranten, ob sich nach dem Scheitern der «Volksfront» eine gemeinsame Linie des Widerstandes gegen den Vormarsch des Nazismus finden lasse. Motor des neuen Versuchs war der einstige preußische Finanzminister Hugo Simon, von Haus aus Bankier, dennoch ein geeichter Sozialdemokrat. In seinem «Bund Neues Deutschland» sollten – dies war das erklärte Ziel – sämtliche antifaschistischen Parteien und Gruppierungen zusammengefaßt werden.

Für das Unternehmen standen englische Gelder zur Verfügung – nach Auskunft kommunistischer Zeugen angeblich die beträchtliche Summe von zwanzigtausend Pfund Sterling –, über deren Herkunft lediglich Vermutungen existieren. Simon kooperierte aufs engste mit Willi Münzenberg, vordem Chefpropagandist und publizistischer Großmanager der deutschen Kommunisten, der im Jahr zuvor – die Strafe für seine Kritik an der stalinistischen Säuberung – aus der Partei Moskaus ausgeschlossen worden war. Er gab nun ein Blatt mit dem Titel «Die Zukunft» heraus, für dessen Redaktion im ersten Jahr Arthur Koestler verantwortlich zeichnete.

Zur Konferenz im Hotel «Scribe» fand sich auch Friedrich Stampfer ein, der ehemalige Chefredakteur des sozialdemokratischen «Vorwärts», und neben ihm Max Bauer, der die Sozialdemokratische Partei im Saarland geführt hatte. Hermann Rauschning, der frühere Senatspräsident von Danzig, vertrat die konservativen Widersacher des deutschen Diktators, der Zentrumspolitiker Dr. Karl Spiecker die katholischen Gegner des Regimes. Protestantische und liberal geprägte Gegner der Nazis fehlten: also bat Thomas Mann, um dem Mangel abzuhelfen, den Basler Theologen Karl Barth, er möge einen Vertreter für das Gremium benennen, wenn er sich dem Kreis nicht selbst anschließen könne. Anstelle des Hauptautors der «Barmer Erklärung» der Bekennenden Kirche kam Fritz Lieb, bis 1933 (wie Barth) Professor an der Universität in Bonn. Die Kommunisten hatten den Reichstagsabgeordneten Franz Dahlem entsandt (der später in der ostdeutschen Republik als «West-Emigrant» unter Verdacht geriet und sich des mißtrauischen Walter Ulbrichts Ungnade zuzog). Ein anderer Repräsentant der Kommunisten: der agile Otto Katz (der 1952 in dem antisemitisch akzentuierten Prozeß gegen Rudolf Slánský, den Generalsekretär der tschechoslowakischen Partei, zum Tode verurteilt wurde). Neben Thomas Mann, der die Diskussion eröffnete, saßen Bruder Heinrich und Tochter Erika am Tisch.

Das erste Ziel, das sich die Beteiligten gesetzt hatten, war die Formulierung eines gemeinsamen Aufrufes. Man schien sich über einen Wortlaut einigen zu können. Später aber brachen in einem Ausschuß, der die endgültige Fassung verabschieden sollte, die unversöhnlichen Gegensätze zwischen den Sozialdemokraten und Kommunisten erneut auf. Die Kontrahenten stritten sich in Wahrheit wohl nicht nur um die Texte, sondern vor allem um die Verteilung der Gelder. Franz Dahlem schob in seinen Memoiren den demokratischen Sozialisten alle Schuld für die chronische Zwietracht zu. Stampfer begnügte sich in seinen hinterlassenen Papieren mit der dürren Feststellung, er sei zwar – wie die meisten Teilnehmer der Konferenz – bereit gewesen, einen «‹Burgfrieden› zwischen den verschiedenen politischen Gruppen der Emigration abzuschließen», aber er habe es abgelehnt – wie andere auch –, «durch Unterzeichnung eines gemeinsamen Appelles (...) als Aktionseinheit mit den Kommunisten in Erscheinung zu treten». Thomas Mann, so Stampfer, sei «tief verstimmt» gewesen, «daß man ihm die Naivität zutraute, sich als Instrument eines kommunistischen Manövers mißbrauchen zu lassen.» Er zog unter dem Eindruck der Konferenz von München, auch durch die Pariser Auseinandersetzung verärgert, seine Unterschrift unter den Entwurf eines Aufrufs zurück. Die Sozialdemokraten machten Erika, deren wachsenden Einfluß auf den Vater sie mit spöttischem Unbehagen konstatierten, für die Verstimmung des Autors verantwortlich.

Am Ende entschloß er sich, das Papier dennoch zu unterzeichnen. Mit Stampfer korrespondierte er noch im Dezember 1938 über eine mögliche Verwendung der Gelder. Man diskutierte über die Gründung einer deutschen «Volkshochschule» in Paris – immerhin ein origineller Gedanke. Stampfer regte eine «Weltbotschaft» an – ein Gedanke, von dem Thomas Mann sagte, er sei ihm auch von der amerikanischen Journalistin Dorothy Thompson entgegengebracht worden. Er habe ein Manifest dieses Sinnes aufgesetzt.

Dennoch, die erste intensive Berührung mit den Spannungen der Exilpolitik ermutigte ihn nicht, ein ähnliches Engagement noch einmal zu riskieren. Es ist wohl wahr, daß die Sozialdemokraten den Kommunisten nicht immer mit frommer Duldsamkeit begegneten. Sie wollten und konnten nicht vergessen, daß sie von den Stalinisten einst unter dem Schmähwort «Sozialfaschisten» als die Hauptfeinde bekämpft worden waren: sie und nicht die Nazis. Die Schwenkung zur «Volksfront» entsprach einer späten Einsicht Stalins und der Kominternchefs. Es gab auch keinen Zweifel, daß die neue Gemeinsamkeit von den Kommunisten für die Festigung ihrer Positionen genutzt wurde. Der prominenteste Zeuge für ihre Taktik der Tricks war Willi Münzenberg (der im Sommer 1940 auf der Flucht vor der Wehrmacht im Département Isère zu Tode kam – ermordet, wie zu vermuten ist, wohl nicht von den Agenten der Nazis). Der Stalinismus vergiftete – im Für und Wider – nahezu jede Regung der Exilpolitik in Europa. Divergenzen über Rußland und den Kommunismus überschatteten auch das Gespräch, das Thomas Mann nach der Sitzung mit Leopold Schwarzschild führte, der sich immer leidenschaftlicher in seine antisowjetische Haltung verbiß.

Erika blieb in Paris. Golo kehrte fürs erste nach Zürich zurück, noch unschlüssig, wohin sein Leben sich wende. Seiner Übersiedlung nach Amerika stand die Frage des Militärdienstes entgegen, den er für den tschechoslowakischen Staat abzuleisten verpflichtet war, wenn keine Befreiung erwirkt werden konnte. Michael wartete die Frist des Aufgebots für seine Heirat ab, für die von den Eltern ihr Einverständnis notariell beglaubigt und hinterlegt worden war. Elisabeth reiste mit den Eltern, die sich am 17. September auf der «Nieuwe Amsterdam» einschifften.

Am selben Tag nahm Klaus das amerikanische Schiff «Champlain», das beim Aufenthalt in Southampton nur fünfzig Schritt von dem holländischen Schiff mit den Eltern und der jüngeren Schwester entfernt im Hafen lag. Mit Klaus reiste Robert Klopstock, unter dessen Obhut er seine erste Entziehungskur in Budapest versucht hatte. Der Arzt hatte die wachsende Feindseligkeit gegenüber den Juden in Ungarn – nazistische Einflüsse vermengten sich mit einem seit Jahrhunderten wuchernden Antisemitismus – nicht länger ertragen. Auch er plante, nach einem Aufenthalt in der Schweiz, in den Vereinigten Staaten Fuß zu fassen.

In Southampton empfingen Thomas und Katia die unglückselige Ida Herz an Bord. Die Arme, wie so oft vom Pech verfolgt, vergaß in der Aufregung über das Wiedersehen mit dem Meister am Ende ihren Paß, der ihr aus Amerika zugeschickt werden mußte.

Als sich das Schiff von der Küste Englands entfernte, notierte der Dichter: «Heftiger Einfluß der Meerluft.» Er schrieb auch auf, daß er nun Vergnügen daran finde, «tags den Lapis Lazuli und abends den großen Diamanten zu tragen». Im gleichen Federzug fuhr er fort: «Gestern Abend englische Zeitungen. Die deutsche Presse vollkommen zügellos gegenüber der Tschechoslowakei. Benesch ‹ein Verbrecher›.» Nach den Berichten der Bordzeitung schien der kleine Staat, dessen Paß er besaß, dazu entschlossen, der deutschen Großmacht bewaffneten Widerstand zu leisten. Angesichts der neuen Lage hielt er es für angebracht, seine Zustimmung zur Veröffentlichung des in Paris beschlossenen Aufrufs telegraphisch zu revozieren. Am 21. September schrieb er, er tue sich etwas darauf zugute, daß er mit der Arbeit an dem Vortrag über Goethes «Faust» für die Studenten von Princeton begonnen habe: «Phlegma, Gemütsruhe, Unbeirrtheit, Beständigkeit. Wer weiß, wie es weiter geht? Ich kann leben und bestehen, wie es auch gehe.»

Chamberlain befand sich erneut auf dem Weg nach Deutschland, wie immer mit dem stereotypen Regenschirm, der ein Symbol seiner zivilen Welt war. Er wollte Zeit gewinnen: um den Frieden zu

retten, wenn es denn angehe, oder um sein Land durch eine vehe-
mente Steigerung der Rüstungsanstrengung auf den Krieg vorzubereiten, wenn er denn nicht verhindert werden konnte. Dies war
deutlich: Großbritannien hatte – wie Frankreich – zu lange gezögert, dem Diktator den Weg zu verlegen. Die erste Nachgiebigkeit
hatte die nächsten Erpressungen nach sich gezogen. Thomas Mann
fragte sich, ob man nicht England «als entehrt betrachten» müsse.
Er stellte fest, Frankreich sei kein bündnisfähiger Staat mehr: «Ich
könnte mir Menschen denken, die sich das Leben nehmen nach dieser Erfahrung.»

In der Zollhalle in New York wartete die getreue Agnes Meyer.
Sie hatte der Familie angeboten, daß sie bis zur Fertigstellung des
Hauses in Princeton, das zum Einzug noch nicht völlig parat war, in
ihrem Schlößchen im Norden New Yorks eine Unterkunft finden
könne. Doch es gab Wichtigeres zu tun: einen Tag nach der An-
kunft strömten im Madison Square Garden an die zwanzigtausend
Menschen zusammen (und Tausende standen draußen vor den Toren), um gegen die Unterwerfung der Tschechoslowakei zu protestieren. Thomas Mann war dringend eingeladen worden, bei der
Kundgebung aufzutreten. Vor ihm sprach mit Leidenschaft und
Schärfe die Publizistin Dorothy Thompson. Der Dichter hatte im
Hotel einen knappen Text aufgesetzt, der wohl von Agnes Meyer
ins Englische übertragen worden war. Er rief: «Was ist das für ein
Friede, der die Anarchie, die Ungerechtigkeit und die Macht brutaler Kraft mit sich bringt, welcher die Staaten aufteilt und den
europäischen Kontinent nach dem Willen eines atavistischen und
verbrecherischen Fanatikers unterjocht?» Er fragte: «Wird die Geschichte jenen Staatsmann billigen, der einen solchen Frieden bewahrt?» Er sagte: «Wir sehen mit Genugtuung, daß das englische
Volk sich heftig gegen die schicksalshaften Irrtümer seiner Regierung auflehnt. Doch jetzt ist es am deutschen Volk, zu handeln. Es
wird seine Aufgabe erfüllen, wenn es sich von einem Regime befreit,
welches Deutschland und die ganze Welt in den Abgrund zieht.
Hitler muß gestürzt werden! Das und nur das wird den Frieden
bringen.»

Massenveranstaltungen schreckten ihn nicht länger. Er war es
von seinen Vorträgen gewohnt, daß sich Tausende um ihn sammel-

ten. Doch der Jubel, mit dem er im Madison Square Garden gefeiert wurde, beeindruckte ihn tief (und er sprach noch lange davon). Sein Ruf «Hitler must fall!» fand – es war das rechte Wort im rechten Augenblick – stürmische Zustimmung, wie Klaus, der im Publikum saß, in seinem Journal notierte. Alfred Knopf sagte dem Dichter hernach, er sei jetzt «Hitlers gefährlichster Feind». Durch den zornigen Jubel der Protestierenden gestärkt, gab er in einem Kabel an Erika nun doch seine Zustimmung zu der Veröffentlichung des Pariser Appells.

Am Tage der Münchner Konferenz zog er mit Katia und Medi in die neue Residenz an der Stockton Street in Princeton, empfangen von dem Dienerpaar Lucy und John, den er als einen «mageren Nigger» beschrieb, des herabsetzenden Charakters der Bezeichnung kaum bewußt. Er schien sich an die Gegenwart des schwarzen Gehilfen rasch zu gewöhnen und konstatierte nicht ohne Befriedigung, daß es für Heizung und Garten einen besonderen «Caretaker» gebe; überdies komme eine Waschfrau ins Haus. Anders als der Sohn Klaus gewann er zu den Bediensteten niemals eine unmittelbare Beziehung. Sie schienen, mehr noch als die ländlich-bayerischen Gehilfinnen vergangener Tage, nur in ihrer Funktion zu existieren. Daran änderte all ihre Tüchtigkeit nichts. John lenkte die Wagen des Hausherrn sicher und zuverlässig, und Lucy lernte sehr rasch, wie Thomas Mann später in einem Interview leutselig-heiter feststellte, einige deutsche Gerichte zu bereiten.

Das Behagen an dem bequemen und großzügigen Haus, in dem freilich zunächst die Möbel von Küsnacht und München, die Bücher und tausend vertraute Gegenstände fehlten, ergab sich nur langsam. Die ersten Tage waren von den deprimierenden Nachrichten aus Europa verdunkelt. Es gab keinen Zweifel mehr, daß die Westmächte dem Diktator die begehrte Beute kampflos überlassen würden. Der Tschechoslowakei blieb nichts anderes, als sich den Beschlüssen von München zu beugen und die sudetendeutschen Gebiete abzutreten. «Peace in our time!» verkündete Chamberlain nach seiner Heimkehr aus Deutschland. Thomas Mann nannte diesen sogenannten «Frieden» im Tagebuch eine «gemeine Lüge». Ihn überraschte es nicht, daß «München» zum Kennwort der Feigheit und des Verrats werden sollte – für Generationen, über alle Zäsuren von Krieg und Nachkrieg hinweg. Er sprach von einem «zermalmenden Schlag gegen die demokratische Idee». Frankreich nannte er einen «entlaubten Baum».

Die politische Depression steigerte seine ohnedies wachen Ängste vor dem neuen Leben in Amerika. Auch Albert Einstein, mit dem er telefonierte, gestand, daß er noch nie so unglücklich gewesen sei. Thomas Mann war überdies tief beunruhigt, weil er ohne Nachricht von Erika war. Klaus äußerte die Vermutung, daß die Schwester, die so oft eine ungewöhnliche Courage bewies, nach Prag gereist sein könnte. So war es in der Tat. Sie hatte sich von englischen Zeitungen in die tschechische Hauptstadt und die Sudetengebiete schicken lassen, um Zeugin des Debakels zu sein und sich mit Argumenten zu rüsten, die es ihr erlaubten, hernach um so entschiedener und härter vor dem Geist der Kapitulation zu warnen. Sie begriff rasch, daß die Genossen des Exils in Prag ihres Geschicks nicht mehr sicher sein konnten. Es galt, Hilfsaktionen vorzubereiten. Auch Mimi, die erste Frau Heinrich Manns, und ihre Tochter Goschi waren gefährdet.

Der Vater zwang sich dennoch, die Rückkehr zum Goethe-Roman vorbereitend, am Abend in Friedrich Wilhelm Riemers «Mittheilungen» aus Weimar zu lesen. Am Tage aber schrieb er in schnellen Zügen den Aufsatz «Dieser Friede» zu Ende, den er dem neuen Essayband als Vorwort mitzugeben gedachte. Das Stück war von dem tiefen Pessimismus jener Tage bestimmt: «Die deutsche Emigration», sagte er, «hat ein furchtbares Erlebnis mit denen gemeinsam, die innerhalb Deutschlands ihre Schmerzen und Hoffnungen teilten: Es war das qualvoll langsame, bis zum Äußersten immer wieder verleugnete Gewahrwerden der Tatsache, daß wir, die Deutschen der inneren und äußeren Emigration, Europa, zu dem wir uns bekannt hatten und das wir moralisch hinter uns zu haben glaubten, in Wirklichkeit nicht hinter uns hatten; daß dieses Europa den mehrmals in so greifbare Nähe gerückten Sturz der nationalsozialistischen Diktatur *gar nicht wollte*.» Er gedachte der «Juni-Greuel von 1934», der Konzentrationslager, der Folterungen und Morde, der Juden- und Christenverfolgungen, des Einmarschs ins Rheinland, des Falls von Österreich: nun folgte der «Verrat der europäischen Demokratie an der tschechoslowakischen Republik», den er noch immer störrisch als den Versuch der Westmächte erklärte, sich des Faschismus als «eines Landsknechtes gegen Rußland und den Sozialismus» zu bedienen. In seiner Empörung nannte er Großbritannien die «Gouvernante» des «Führers». Den «Herrschenden Englands» warf er vor, daß sie den Krieg nicht wollten, «weil sie den gemeinsamen Sieg mit Rußland und den Zusammenbruch des Faschismus nicht wollten».

Lange Passagen des Essays waren von einem verzweifelten und ohnmächtigen Zorn diktiert. Es brauchte in jener Lage wahrhaftig ein ungeduldiges und hartes Wort. Zugleich aber brachte die Polemik zutage, daß dem deutschen Dichter die zögernde Nüchternheit, mit der sich die Entscheidungsprozesse in der angelsächsischen Welt vollzogen, noch immer fremd war. In seiner Furcht um das Geschick der Freiheit wollte und konnte er es nicht fassen, daß die Mühlen der Demokratien mit solch schrecklicher Langsamkeit mahlen – damals wie heute. Eine grunddeutsche Ungeduld ließ ihn allemal Verschwörungen und Sabotage wittern, wo nicht sofort Nägel mit Köpfen gemacht wurden. Tatsächlich stand er nicht an, die «Faschisierung des Kontinents» als «geplantes Ergebnis der englischen Politik» zu geißeln. Mit einer drastischen Volte gelangte er zu dem Schluß, ein «über den faschistischen Kamm geschorener Kontinent» könne «ironischerweise, unter ökonomischem Antrieb, zu den Vereinigten Staaten von Europa führen. Und dann? Dann wäre die Schund-Ideologie, die das Vehikel zu diesem Ziele war, überflüssig, sie wäre sogar unbrauchbar geworden, und menschlicheren Ideen wäre wieder erlaubt, im abendländischen Kulturkreis ihre Stimme zu erheben.»

Diese überraschende Wendung, in der sich Prophetie und Blindheit auf eine merkwürdige Weise begegneten, fiel ihm in Mount Kisco, dem Landschloß Agnes Meyers, ein, die ihn kurz nach der Ankunft in Princeton in einem herzlichen Brief hatte wissen lassen, sie habe oft an ihn gedacht, aber sie sei «so seelens-krank und niedergeschlagen» gewesen, daß ihr kein Wort über die Lippen habe kommen wollen. Nun sei sie «mit Liebe und Zuversicht» an ihre Arbeit zurückgekehrt, und sie sei überzeugt, dies wäre ihr nicht so rasch gelungen ohne «die hohe und schöne Welt», die sie ihm verdanke: «Da Europa in solcher müde Verzweiflung gestürzt ist», fuhr sie in etwas stolperndem Deutsch fort, «werden Sie sich wieder gefragt haben: ‹Für wen schreibe ich denn eigentlich?›» Sie antwortete mit hellem Enthusiasmus: «Sie schreiben für Zeit und Ewigkeit!» In dieser dunklen Stunde werde der Gedanke an ihn viele Herzen getröstet und ermutigt haben.

Der Zuruf kreuzte sich mit einem kleinen Bericht Katias an die Adresse der Gönnerin, der ihre Dankbarkeit für die Sorge und Aufmerkamkeit andeutete, mit der sich die Gehilfen Eugene Meyers um die Einreise der Mann-Kinder kümmerten. Nach den Feststellungen Hans Rudolf Vagets hatte Floyd R. Harrison, der Finanzdirektor der «Washington Post», Katia, Elisabeth und Michael Mann nach Ellis Island begleitet, damit sie auf der Einwanderungsinsel die Vorprüfung ihres Einwanderungsgesuches so reibungslos wie möglich hinter sich bringen konnten. (Die Einreise von Toronto aus, die dennoch notwendig war, ließ sich danach als bloße Formsache erledigen.) Thomas Mann, der seiner mächtigen Gönnerin drei Tage später antwortete, verstand sich zu keinem ausdrücklichen Dank für die praktische Hilfe, doch er zeigte sich für die «lieben tröstlichen Zeilen» erkenntlich. Rasch fügte er hinzu: «Gewiss, hier in Ihrem Lande fühlt man sich noch in Sympathie und Vertrauen geborgen. Aber ich bin ein deutscher Schriftsteller, und wo wird mein ursprüngliches deutsches Wort noch gehört?» Alles, was noch geschwankt und gezögert habe, müsse jetzt dem Monstrum zufallen. Er nannte «München» «eins der schmutzigsten Stücke», die je gespielt worden seien: «Der Boden, wo man stehen kann, ist fast weggeschwunden. Nein, hier ist er und in Russland. Verzeihen Sie die Zusammenstellung, aber die Hoffnung beruht tatsächlich auf diesen beiden Ländern.»

Er wußte, daß Agnes Meyer jenen Satz mit hochgezogenen Augenbrauen lesen würde. Er entsprach seiner seit langem beharrlich behaupteten Überzeugung (die ein Jahr später eine gründliche Erschütterung erfahren sollte). Darüber hinaus mag es ihn gereizt haben, der mächtigen Frau, der er und die Seinen so viel schuldeten, seine Unabhängigkeit zu beweisen. Begütigend fügte er hinzu: «Morgen soll unsere Habe kommen. (…) dann wird es hübsch bei uns sein, und wir werden von Schloss zu Schloss Besuche tauschen.» In der Tat, zwei Tage später stand alles dort, wo es stehen sollte: «Höchste Phantastik, die Dinge hier wieder um mich zu haben. Genaue Wiederherstellung des Schreibtisches, jedes Stück, Medaillen, ägyptischer Diener, genau an seinem Platz wie in Küsnacht u. schon in München.» Die «Knaben am Brunnen» Ludwig von Hoffmanns fanden nun allerdings keinen Platz mehr in seinem Arbeitszimmer, sondern schmückten den Salon.

Agnes Meyer verbarg ihm nach der Lektüre des Aufsatzes «Dieser Friede» – obwohl er eine «Linderung (...) für den grossen Schmerz» sei – ihre Beunruhigung und Verstörung nicht. Mit unübertrefflicher Höflichkeit schrieb sie (wie nun immer auf deutsch): «Darf ich Ihnen aber trotzdem von der Besorgniss sprechen die mich nicht ganz verlassen will, dass langsam Ihre Zeit und Ihre Energie zu sehr von politischen Tätigkeiten beansprucht werden könnte? Dass Sie dies nicht wollen, versteht sich von selber, aber ich fürchte den Druck der vielen Menschen die mit Recht in Ihnen die hilfreichsten Kräfte sehen in diesen Schweren Zeiten. Wenn man aber Ihre Stelle in der Entwicklung der neuen Welt-Kultur versteht, um nichts zu sagen von der Kontinuität der Deutschen Geistesgeschichte, dann ist gar kein Zweifel möglich dass Sie beschützt werden müssen gegen zu viele Unterbrechungen Ihrer Schöpferischen Tätigkeit.» Sie setzte schmeichelnd hinzu, auf seinen Besuch zurückblickend, sie fühle «etwas wie Scham weil ich nicht einfach genug und gross genug war Ihnen zu gestehen wie tief erschüttert, wie tief beglückt ich bin von den überwältigenden aesthetischen und seelischen Erfahrungen, die ich Ihnen verdanke».

Thomas Manns Antwort, wenn es denn eine gab, ist nicht erhalten. Einen knappen Monat später meldete sich Katia, um Agnes Meyer dafür zu danken, daß sie über das State Department versucht hatte, Golo von seiner Militärpflicht für die tschechoslowakische Republik zu entbinden. Das Kriegsministerium in Prag habe sich schließlich bereit gefunden, die Einberufung aufzuschieben. Das Konsulat in Zürich werde, schrieb die Mutter, der Erteilung eines Visums für die Vereinigten Staaten nicht im Wege stehen.

Unterdessen war Erika eingetroffen. Von ihren Erzählungen über Prag tief erregt, sprach der Vater vom «Zusammenbruch, eigentlich Mord, eines Glaubens». Er war zum erstenmal willens, auf unmittelbare Weise und mit ungewohnter Offenheit am Geschick

der Emigration teilzunehmen. Ein Wirbel von Gästen suchte in
den folgenden Wochen und Monaten das Haus in der Stockton
Street heim: Ferdinand Bruckner, der Dramatiker, kam; Robert
Klopstock, Klausens Freund und Arzt; Curt Riess, dieser intelligente und agile Journalist, der sich beim Einräumen der Bücher
nützlich machte; der österreichische Essayist und Romancier Hermann Broch, der auf Thomas Mann den Eindruck eines «äußerst
Müden» machte; der Verleger Fritz Landshoff mit einer jungen
Freundin, deren Anwesenheit die zarte Seele der Tochter Elisabeth
beschwerte. Freilich erfuhr die Jüngste bald schönen Trost: aus
Chicago kam Giuseppe Borgese herüber, um mit dem Hausherrn
über die Gründung eines «Committee on Europe» zu sprechen,
von dem er sich eine produktive Berührung der Exilzirkel mit ihrer amerikanischen Umwelt versprach. Es blieb nicht lang verborgen, daß der lebhafte Professor Medi mit inniger Aufmerksamkeit
zu beobachten begann, und die junge Frau, im April zwanzig geworden, schien sich nicht daran aufzuhalten, daß der Verehrer
nahezu das Dreifache ihrer Jahre zählte. Elisabeth teilte die Neigung zu Männern von väterlicher, ja beinahe großväterlicher Autorität mit Erika, die seit geraumer Zeit in einer innigen Beziehung
mit Bruno Walter lebte, dem Dirigenten und vertrauten Nachbarn
aus Münchener Tagen. Wußte Thomas Mann davon? Damals wohl
noch nicht.

Später schaute Stefan Zweig vorbei, der noch immer in London
residierte, doch eine Übersiedlung in die Vereinigten Staaten, vielleicht auch nach Südamerika zu bedenken begann. Willi Schlamm
klopfte an, der begabte Journalist aus Wien, einst ein glühender
Kommunist, dann ein streitbarer Anhänger Leo Trotzkis, nun –
wie so viele Konvertiten – auf dem Weg nach rechts, im Begriff,
sich dem Weltbild des Verlegers Henry Luce anzunähern, der mit
den Zeitschriften «Time» und «Life» dem amerikanischen Journalismus eine produktive Revolution beschert hatte. Luce prägte den
Typus des Nachrichtenmagazins und der modernen Illustrierten.
Seinem Schüler Schlamm, der sich von nun an William nannte, gelang es, in eine Position von Einfluß und Macht im Konzern des
puritanischen Magnaten hochzuklettern. Allerdings bewies er in
der konservativen Nachbarschaft – dies hatte er mit anderen Ex-

kommunisten gemeinsam –, daß zwar der politische Glaube wechseln mag, die Militanz der Gesinnung aber blieb.

Thomas Mann – auf der Höhe seines Ruhms – sah sich von Einladungen zu Vorträgen und Lesungen, durch Aufforderungen zur Mitarbeit von allen möglichen Zeitungen und Zeitschriften, von wohlgemeinten Anträgen, diese und jene Ehrung zu akzeptieren, geradezu belagert. Das Register seiner Briefe, das kaum vollständig genannt werden kann, verzeichnet von der Ankunft in Princeton am 28. September bis zum Ende des Jahres 1938 fünfundachtzig Absagen an die unterschiedlichsten Institutionen. Der Dichter begann über das «kolossal naiv eifrige und anspruchsvolle Land» zu klagen, das ihn mit Freundlichkeiten und Wohltaten überhäufte (die er, kein Zweifel, zugleich genoß). Er stöhnte über die Schwemme der Briefe, deren Lektüre er mit wachsendem Widerstand erledigte.

«Übersättigung u. Auflehnung» schrieb er ins Tagebuch. Kuno Fiedler gestand er: «Ich rühre die Sachen kaum noch an, wenn ich die Handschrift nicht kenne.» Auch Katia, die ohnedies permanent überarbeitet war, vermochte die Postflut nicht mehr zu bewältigen. Sie brauchte dringend eine Unterstützung. Die englische Korrespondenz übernahm Molly Shenstone, die Frau eines Physikprofessors von Princeton: von jener nachbarlichen Hilfsbereitschaft gelenkt, die eine der Tugenden Amerikas ist, vielleicht auch von der Chance gelockt, in den Lichtkreis des berühmten Mannes zu treten. Die Abschrift der Manuskripte übernahm fürs erste Oskar Koplowitz, ein Freund von Erika und Klaus, der sich später unter dem Pseudonym Oskar Seidlin einen Namen in der Germanistik Amerikas machte. Die schwierige Arbeitshandschrift Thomas Manns konnte er ohne Mühe entziffern. Der Autor zahlte ihm einen Preis von fünfundzwanzig Cent pro Seite und legte etwas Geld für die Papierkosten dazu. Die erste Etappe der Kopierarbeit für die «Lotte» – etwa fünfundvierzig Seiten – brachte dem jungen Kollegen zwölf Dollar ein, nach heutiger Rechnung einhundertsiebzig, höchstens zweihundert Mark. Davon konnte ein sparsamer Mensch eine knappe Woche lang wohl notdürftig existieren.

Durch die Vermittlung Erika Manns erbot sich Hans Meisel, ein respektierter Übersetzer und noch wenig bekannter Schriftsteller, das Amt eines Sekretärs zu übernehmen (er hatte, unter anderem,

Professor Borgeses Buch über den Faschismus ins Deutsche übertragen). Es war gewiß kein leichter Entschluß für den achtunddrei-
ßigjährigen Kollegen, dem, wie nahezu allen Emigranten, die Not
im Nacken saß. Er kümmerte sich vor allem um die tausend Probleme der Exilierten, die sich an Thomas Mann wandten und hofften, durch seine Fürsprache ein Visum für die Vereinigten Staaten,
eine bescheidene Arbeit, womöglich ein Lehramt, die Unterstützung einer der Flüchtlingsorganisationen, vielleicht sogar eine Zuwendung aus seinen privaten Mitteln zu erlangen. Die karitativen
Neigungen des großen Mannes nahmen nicht überhand; dafür
sorgte auch Katia, der die Verwaltung der Kasse oblag. Jene Generosität, die Stefan Zweig auszeichnete, war ihm nicht gegeben.
Doch er mußte, wenn ihm die Mittel nicht aus der Hand fließen
sollten, der Opferbereitschaft Grenzen setzen.

Zum anderen kann gesagt werden, daß er sich dem Elend selten
verschloß. Thomas Mann gab im Gang der Jahrzehnte ein kleines
Vermögen für die Kollegen hin, mit denen es das Geschick nicht so
gut gemeint hatte wie mit ihm. Oft glückte es ihm, den Bittstellern
kleine Stipendien zu verschaffen. Der Thomas-Mann-Fonds fing
nach der Bedrohung Prags manchen deutschen Schriftsteller auf,
der in der Tschechoslowakei Zuflucht gesucht hatte. Der Dichter
legte sich vor allem für Max Brod ins Zeug, zuerst bei der kalifornischen Universität Berkeley, danach beim Hebrew Union College in
Cincinnati. Er wies hier wie dort darauf hin, Brod habe eine eindrucksvolle Sammlung von Manuskripten Kafkas einzubringen:
keine geringe Lockung für ein geisteswissenschaftliches Institut von
Rang, da der Nachruhm des Prager Dichters sich aus der Lichtlosig-
keit seiner Schattenexistenz langsam zu lösen begann. (Brod zog
schließlich die Auswanderung nach Palästina vor.)

Thomas Mann klopfte bei dem New Yorker Bankier Frank Alt-
schul an, der einen Ruf als Bibliophile genoß und der «Library Association» von Yale vorstand, um für Julius Bab, den großen Kritiker, Hilfe für die Ausreise aus Deutschland zu erbitten. Vielleicht,
schlug er vor, bestehe die Möglichkeit, seine theatergeschichtliche
Bibliothek aufzukaufen und ihn als Kurator der Sammlung anzustellen. (Spät in jenem Jahr 1938 glückte es diesem bedeutenden
Chronisten des zeitgenössischen Dramas, nach Paris zu entkom-

men, und er gelangte schließlich 1940 in die Vereinigten Staaten, wo er zu einer bescheidenen Existenz verurteilt war.)

Er wandte sich an Walt Disney, dem er in Hollywood begegnet war, um Hilfe für Felix Salten zu finden, den Erfinder der «Bambi»-Figur, an der Disney ein Vermögen verdient hatte. Salten lebe in der Schweiz ohne jegliche Mittel. Er stelle keine Ansprüche, schrieb Thomas Mann, da er für die Filmrechte an seiner Idee auf faire Weise abgefunden worden sei. Doch vielleicht könne man ihm eine Arbeit zuweisen, die ihm über die schweren Monate hinweghelfe. Er fügte hinzu, daß er fast verzweifelt über die Notrufe sei, die ihn mit jeder Post erreichten. Gewiß war er gut beraten, Walt Disney zu verschweigen, daß der begabte Erzähler Felix Salten auch als Autor der «Josefine Mutzenbacher» galt, des erfolgreichsten pornographischen Buches, das je in deutscher Sprache geschrieben wurde. Disney, dessen Filme von keinem unkeuschen Hauch berührt werden durften, hätte dies dem liebenswürdigen österreichischen Feuilletonisten kaum verziehen. Thomas Mann konnte auch nicht ahnen, daß der Produzent dem FBI-Chef J. Edgar Hoover mit entschlossener Beharrlichkeit als Informant diente: neben Ronald Reagan eine der Säulen konservativer Orthodoxie im Hollywood jener Jahre.

Der Dichter schrieb an Rudolf Olden, den Sekretär des PEN-Clubs der deutschen Schriftsteller im Exil, wie sehr es ihm das Herz erleichtere, daß der englische PEN-Club eine Aktion «zugunsten unseres großen Collegen Robert Musil» plane. Vom «Mann ohne Eigenschaften» sagte er, das Werk gehöre zum «Vornehmsten (…), was unsere Epoche überhaupt zu bieten» habe; es sei «ein Buch, das die Jahrzehnte überdauern und von der Zukunft in hohen Ehren gehalten» werde. Der ferne Gefährte, der sich endlich doch zur Emigration in die Schweiz entschlossen hatte, lebte nach einem Aufenthalt in Südfrankreich dürftig und karg in Genf, leidend, der Welt gram, in jeder Regung seines Daseins auf die Vollendung des *einen* Werkes gerichtet, das sein Leben geworden war, von einem Zürcher Pastor getreulich unterstützt. Gottfried Bermann Fischer öffnete Musil seinen Verlag: bei ihm erschien im Jahre 1943 der dritte fragmentarische Band des «Mannes ohne Eigenschaften». Seine finanziellen Leistungen für den Autor aber blieben bescheiden. Üppige Vorschüsse konnte er nicht zahlen.

Als Carl Zuckmayer schließlich nach Havanna gelangt war, richtete Thomas Mann ein Gesuch an das amerikanische Konsulat in der kubanischen Hauptstadt, um dem jungen Kollegen ein Einreisevisum zu verschaffen: Dieser bedeutendste Dramatiker der jüngeren Generation, versicherte er, werde als Dozent für die Geschichte der Bühnenkunst an der «New School for Social Research» in New York unterrichten – eine erlaubte Modellierung der Wahrheit. Zuckmayer zog es eher nach Hollywood, wie es seinen Talenten entsprach. Allerdings kehrte er der Filmstadt rasch wieder den Rükken und pachtete eine entlegene Farm in den Bergen Vermonts, die ihm ein bescheidenes Auskommen gewährte.

Aus einem Brief an Bruno Frank vom Sommer 1939 ergibt sich, daß Thomas Mann bemüht war, die Schauspielerin Carola Neher aus den Fängen der sowjetischen Geheimpolizei zu retten. Die einstige Freundin Bertolt Brechts – sie spielte die «Polly» in der «Dreigroschenoper» – war mit dem expressionistischen Lyriker Klabund verheiratet gewesen (der in Wirklichkeit Alfred Henschke hieß). Nach dem frühen Tod des schwindsüchtigen Dichters verband sie sich in zweiter Ehe mit dem kommunistischen Funktionär Anatol Becker. Die beiden emigrierten 1933 in die Sowjetunion. Carola Neher geriet, nach der Verhaftung und Hinrichtung ihres zweiten Mannes während der großen «Säuberung», selbst in die Todesmaschine des Stalinismus. Brecht wies im Mai 1937 seinen Freund Lion Feuchtwanger vorsichtig und gewunden darauf hin, daß Carola Neher angeblich in «irgendeine dunkle Geschichte verwickelt» sei. Wenig später fügte er mit ängstlicher Flapsigkeit hinzu, er wisse nicht, weswegen sie sitze, aber er «halte sie nicht gerade für eine den Bestand der Union entscheidend gefährdende Person. Vielleicht ist sie durch irgendeine Frauenaffäre in was hineingeschlittert. Immerhin ist sie kein wertloser Mensch». Feuchtwanger verwies in seiner Anwort auf Gerüchte, die besagten, daß die Schauspielerin in ein «verräterisches Komplott ihres Mannes» verwickelt sei. Details wisse er nicht. Darauf Brecht: «Wenn die N. sich tatsächlich an hochverräterischen Umtrieben beteiligt hat, kann man ihr nicht helfen, aber man kann vielleicht durch einen Hinweis auf ihre große künstlerische Begabung erreichen, daß das Verfahren beschleunigt und ihr Fall besonders geklärt wird (...). Eine einfache (nicht publike) Erkundigung würde ihre künstlerische Bedeutung schon unterstreichen, ohne die Arbeit der Justizbehörden zu erschweren. Es wäre mir allerdings recht, wenn Sie diese meine Bitte ganz vertraulich behandelten, da ich weder ein Mißtrauen gegen die Praxis der Union säen noch irgendwelchen Leuten Gelegenheit geben will, solches zu behaupten.»

Immerhin fragte Brecht im späten Herbst jenes Jahres bei Feuchtwanger noch einmal an, ob man für die «arme CN» nicht dennoch etwas unternehmen könne: «Vielleicht sollten Sie doch ein Telegramm erwägen? Wenn sie verurteilt wurde, geschah das keinesfalls ohne reichliches Material». Das Zeugnis, das sich der «arme B. B.» in diesem Dokument ausgestellt hat, bedarf keines Kommentars. Doch Feuchtwangers Zurückhaltung spricht für sich selbst – ebenso die Untätigkeit Heinrich Manns. In seinem Brief an Bruno Frank erwähnte Thomas Mann, daß er sich an Feuchtwanger und Bruder Heinrich gewandt habe, damit sie gemeinsam an Stalin schrieben. Von beiden sei ihm eine Absage zuteil geworden. Da er und Frank nicht gut allein bei dem Diktator vorstellig werden könnten, sollten sie den Plan fallenlassen. (Carola Neher wurde am 26. Juni 1942 im Straflager Sol-Iletzk erschossen.)

Schicksale: sie pochten täglich an Thomas Manns Tür, Geschicke voll von bitteren Niederlagen, schwindelnden Abstürzen, grotesken Abenteuern, von namenlosem Leiden, von tapferer Resistenz. Es lag nahe, daß Thomas Mann der Gedanke zukam – oder war es ein Einfall der Tochter Erika oder des Sohnes Klaus? –, Briefe deutscher Flüchtlinge für ein Buch sammeln zu lassen, das bei Bermann Fischer in Stockholm erscheinen könnte. Der Verleger gab, für die Anregung dankbar, zu Anfang des Jahres 1939 Annoncen in den wichtigsten Blättern deutscher Sprache außerhalb der Grenzen des Reiches auf, mit denen er um die Einsendung von Beiträgen bat. Auch die «Neue Zürcher Zeitung» wies in einer Notiz auf das Projekt hin. Das Echo war dürftig. Rücksicht auf Verwandte und Freunde im Herrschaftsbereich des Diktators mag den potentiellen Mitarbeitern Zurückhaltung auferlegt haben. Vielleicht zögerten sie auch, von ihrem persönlichen Geschick vor den Ohren der Welt zu reden. Der Plan wurde fallengelassen.

67. KAPITEL

Ein Manifest und eine Akte

Die dringendste Sorge im Herbst 1938 galt den Mitgliedern der Thomas-Mann-Gesellschaft in Prag. In einem Brief an Roosevelts Außenminister Cordell Hull bat Thomas Mann, diesen Gefährten (von denen er manche nur flüchtig kannte) das Refugium Amerika zu öffnen. Er mahnte vergebens. Die strikten Einwanderungsgesetze der Vereinigten Staaten gaben den Beamten, selbst wenn sie guten Willens waren, geringen Spielraum. Doch wenigstens durfte er sicher sein, daß seine Briefe gelesen wurden. In Fällen höchster Not zeigte sich Agnes Meyer stets bereit, den Einfluß ihres Mannes und seiner Zeitung zu mobilisieren.

Die kluge und energische Frau richtete viel für die deutschen Emigranten aus (sie tat es nicht nur Thomas Mann zuliebe) – in idealer Konkurrenz mit Dorothy Thompson, der großen Journalistin, die sich unermüdlich für die Flüchtlinge aus dem Dritten Reich engagierte. Allerdings waren sich die beiden Damen, in ihrer Erscheinung und im Temperament einander nicht unähnlich, keineswegs allzu grün. Die Freundschaft mit Thomas Mann bot Anlaß zu kleinen Regungen der Eifersucht. Anfang Dezember war der Dichter, wie so oft, nach New York hinübergefahren – von Princeton war die Stadt, ob mit der Bahn oder mit dem Wagen, nur eine gute Stunde entfernt –, da er am Abend bei einer deutsch-amerikanischen Kulturveranstaltung sprechen sollte. Am frühen Nachmittag traf er sich mit Dorothy Thompson. Es galt, über ein geplantes «Manifest» zu reden, das die erfahrene Journalistin angeregt hatte: eine Art Grundsatzerklärung, mit der die Mitglieder der geistigen

Welt den Diktatoren in gebotener Schärfe den Kampf ansagen, mit dem sie aber vor allem – wie der Autor in einem Brief an den Literaturhistoriker Harry Slochower sagte – «etwas Trost und Stärkung in eine Welt» hinaustragen sollten, «die durch die jüngsten Triumphe des Unrechts und der Gewalt in schwere moralische Verwirrung gesetzt» sei.

Als er nach der Konferenz mit Dorothy Thompson zu einer Verabredung mit Agnes Meyer ins «Plaza Hotel» eilte, schloß sich ihm die Journalistin kurzerhand an. Seine verehrende Freundin, die sich auf ein vertrautes Gespräch gefreut hatte, war über «die Entrevue à trois» verärgert, wie er im Tagebuch notierte. Sie machte daraus in einem Brief, den sie nach Princeton schickte, kein Geheimnis. Thomas Mann ließ ihr umgehend eine fast demütige Entschuldigung zukommen. Er sei des «Intimitätsgrades» ihrer Freundschaft mit Dorothy Thompson nicht sicher gewesen, schrieb er. Sie habe sich so sehr als «Welt*dame*» gezeigt, ihre Haltung sei so vollkommen und täuschend gewesen, daß er erst jetzt durch ihren Brief erfahren habe, daß sie nicht weniger verstimmt gewesen sei als er selbst. Ein wenig kokett und ohne übertriebene Aufrichtigkeit setzte er hinzu: «Nun lassen Sie mich hoffen, daß Sie mich bald einmal durch Ihren Besuch zu einer Vorlesung aus ‹Lotte› entschädigen, von der wir aber die Intima lieber nichts wissen lassen wollen. Sie erklärte zwar ‹Ich verstehe alles!›, aber ich glaubte es ihr nicht aufs Wort, oder doch nicht nach jedem Sinn des Wortes.»

Am Freitag, dem 11. November, erreichte Thomas Mann die Nachricht von der «Reichskristallnacht». Kaum sechs Wochen nach der fatalen Konferenz von München gab Joseph Goebbels das Signal für das schrecklichste Pogrom, das die moderne Welt bis zu jenem Zeitpunkt erlebt hatte: nahezu alle Synagogen in Deutschland wurden niedergebrannt, etwa siebentausend jüdische Geschäfte zerstört und ausgeraubt, etwa dreißigtausend jüdische Bürger verhaftet, mehr als neunzig Menschen von den johlenden Horden der SA und SS ermordet. Die Welt starrte voller Entsetzen auf die Nation, deren Selbstbewußtsein einst innig und unlösbar in der Idee der Kultur verwurzelt zu sein schien. Noch weigerten sich die aufgeklärten Geister, trotz der ernüchternden Erfahrungen des Ersten Weltkriegs, der Realität ins Auge zu sehen, daß keine noch so üppig blühende Kultur, kein noch so hoher zivilisatorischer Standard, daß auch Jahrhunderte religiöser Bildung und moralischer Erziehung nicht genug waren, die barbarischen Instinkte, die im Keller der Seelen aller Völker hausen, für immer zu verdrängen. Der Appell des Diktators und seiner Vasallen an die Vernichtungstriebe, die stets im Halbdunkel lauern, hatte es zuwege gebracht, die Schutzmechanismen der Gesellschaft außer Kraft zu setzen.

In Deutschland war es geschehen, das war die Wahrheit. Sie konnte durch keine Erklärung und keine Beschwichtigung retuschiert werden. Thomas Mann aber bat noch immer darum – so in einem Brief an die Germanistin Anna Jacobson vom Hunter College in New York –, Deutschland nicht mit der nationalsozialistischen Herrschaft zu verwechseln. Leider, sagte er, habe er die Erfahrung gemacht, daß in Amerika die Neigung bestehe, «eine so gerechte Abneigung gegen das gegenwärtige deutsche Regime und seine Untaten ganz allgemein auf das Deutschtum selbst» zu übertragen, auch auf «die deutsche Kultur, die doch damit garnichts zu tun hat». Er ging noch weiter: man solle nicht vergessen, «daß große Teile des deutschen Volkes in notgedrungen stummer und leidvoller Opposition gegen das nationalsozialistische Regime leben, und daß die Greuel und Missetaten, die in den letzten Wochen dort geschahen, keineswegs als Taten des Volkes betrachtet werden dürfen». Die Ausschreitungen, die von der Regierung organisiert worden seien, nannte er «bolschewistisch».

Es lag ihm nicht allzuviel daran, die innere Verwandtschaft der beiden Diktaturen sichtbar zu machen. Vermutlich war er eher davon überzeugt, daß der Verweis auf den Kommunismus geeignet sei, die Amerikaner gegen den Nazismus zu mobilisieren. In diesem Sinne hatte er das Stichwort «Bolschewismus» auch in seinem Entwurf für das «Manifest» genannt und damit die geharnischte Kritik intellektueller Sympathisanten der Sowjetunion auf sich gezogen. So verwendete er es auch in einer Rede vor den Studenten des Hobart College in Geneva, New York. Der Professorin des Hunter College aber schrieb, es sei «eine moralisch respektable, aber doch kindliche und unreife Handlungsweise, dem Studium des Deutschen valet zu sagen, weil unberufene Machthaber es für den Augenblick in öffentlichen Mißkredit bringen». Er bäte darum, seine

Ansicht den Damen des German Department bekannt zu machen. Lehrer und Studenten des College waren von seinem Brief tief genug beeindruckt, um wenige Monate später eine «Thomas-Mann-Gesellschaft» zu gründen.

Ihm selbst wurde es schwer, dieser Einsicht der ruhigen Vernunft jederzeit treu zu bleiben. In anderen Briefen gestand er, daß er in Wirklichkeit von einer Unterscheidung zwischen Nazi- und Deutschtum nichts halte: «das war immer da», schrieb er an Alexander Frey, «und wurzelt tiefer als alle Humanität.» Sein Urteil über die Deutschen und die Diktatur war merkwürdigen Schwankungen unterworfen. Alfred Neumann, der unterdessen vor den faschistischen Rassegesetzen von Florenz nach Nizza geflohen war, versicherte er treuherzig, «allen Nachrichten zufolge» vertiefe sich «die Kluft zwischen Regierung und Volk in Deutschland unaufhörlich, und namentlich das Pogrom (oder heißt es: der?) scheint Wunder gewirkt zu haben».

Noch im Mai 1939 schrieb er dem Bruder Heinrich, man wisse, «daß die Deutschen ihr Regime im Grunde hassen und daß sie nur den Krieg mehr fürchten, als den Hitler». Allerdings sei die «tiefe, mißtrauische und angsterfüllte Abneigung des deutschen Volkes gegen seine Nazi-Regierung (...) nicht primär ‹politischer› Natur. Wovor die Besseren unter den Deutschen zurückschaudern, das ist der moralische Abgrund, in dem sie zu versinken drohen, – die abscheuliche Verkommenheit im Sittlichen und Kulturellen.»

Heinrich, ein Opfer seines Wunschdenkens, das gern den Legenden vom Widerstand der Arbeiterschaft erlag, die vor allem von den Propagandisten der Kommunistischen Partei in die Welt gesetzt wurden – er gab sich mit einer fast rührenden Gutwilligkeit der Illusion hin, die Volkserhebung gegen den braunen Tyrannen stünde täglich vor der Tür. Natürlich stellten sich immer wieder tapfere Männer und Frauen den Schergen des Regimes in den Weg, viele Arbeiter unter ihnen, viele Kommunisten, die es verdienen, daß ihr Andenken in Ehren gehalten wird (sosehr es von den Kommandeuren der Partei nach dem Kriege mißbraucht worden sein mag). Von einer kollektiven oder auch nur breiten Resistenz konnte indes keine Rede sein.

Im Jahre 1937 aber hatte Heinrich in öffentlicher Rede verkündet, das Dritte Reich habe «fertiggebracht, was vor ihm kein Staat konnte: es hat die Deutschen reif gemacht für die Revolution». Er hatte gerufen: «Erhebt euch, deutsche Mütter.» Er hatte Boten aus dem Untergrund seine Stimme geliehen, die raunten, kein Jahr dauere es mehr. Er hatte, am Vorabend jener schrecklichen «Reichskristallnacht», in einem Aufsatz den Großen von Weimar beschworen und deklariert: «Wer Goethe liest (...) –, was tut er? Er vereinigt sich mit der Nation.» Die Sehnsucht dieses Autors nach einer raschen Wiederauferstehung seines Deutschland, in dem er – wenigstens halb – zu Hause war, ließ sich verstehen, und sie greift noch immer ans Gemüt. Sie zeugte von Treuherzigkeit, doch zugleich von einer erschreckenden Blindheit gegenüber der deutschen Realität.

Die verwirrenden Diskussionen der Emigration über die Lage in Deutschland und über die Forderungen, die an die Deutschen drinnen und draußen gestellt werden müßten, über die Ziele, die man sich selbst und den Landsleuten im Reich zu setzen hätte: sie hätten wahrhaftig ein klärendes Wort verlangt, wie es das «Manifest» Thomas Manns versprach. Er hatte einen Entwurf aufgesetzt, der den Titel «An die gesittete Welt» trug. Mit Erika, Klaus, Dorothy Thompson und anderen Freunden hatte er eine Liste von einigen hundert Persönlichkeiten angelegt, deren Namen unter dem Aufruf stehen müßten. Dann wurde sein Text, wie er Agnes Meyer mitteilte, «mit der Bitte um telegraphische Zustimmung» in die Welt geschickt. Dem hochherzigen Unternehmen war freilich kein Glück beschieden. Er sah später selbst ein, daß sein Entwurf, der immerhin acht Schreibmaschinenseiten füllte, zu lang geraten war. Man könne, gestand er in einem Brief an Professor Slochower, «ein Manifest von *einer* Seite mit seinem Namen decken und sich damit identifizieren, aber nicht mit einem Aufsatz dieser Länge und dieses persönlichen Charakters».

So verhielt es sich. Sein Konzept präsentierte den guten Gedanken, daß der Diktator, der mit der gestohlenen und mißbrauchten Macht des Wortes groß geworden sei, auch durch das Wort gefällt werden könne: «Nein, die Sprache, dies menschliche Gut, das nicht nur den Menschen mit dem Menschen, sondern ihn auch mit dem Geiste verbindet, dies Mittel des Gebetes, des Bekenntnisses und der Dichtung, soll ihnen nicht ausgeliefert sein, wie man ihnen Völker und Länder ausliefert, um einmal noch, ein letztes Mal zu verhüten, daß sie die Welt in Blut ertränken.» Sein Entwurf wies auf die Wahrheit hin, daß die «Friedensliebe, die gerechte Kriegsunwilligkeit der Völker» dem Regime als Schutzwehr diene bei seinen Verbrechen: der tragische Konflikt des Pazifismus gegenüber der Diktatur. Er sagte vorher, daß «Kriege, zerstörender und barbarischer als der Dreißigjährige, über Europa hingehen und es atomisiert und um Jahrhunderte zurückgeworfen hinterlassen werden».

«Fürchtet euch nicht!» rief der Autor in den Worten der Heiligen Schrift den künftigen Lesern und Zuhörern ein ums andere Mal zu, wohl von Franklin Delano Roosevelts unvergeßlicher Formulierung in der Vereidigungsrede vom März 1933 inspiriert, als der Präsident seine Landsleute beschwor, sie hätten nichts zu fürchten außer der Furcht. Thomas Mann war es freilich nicht gelungen, seine Botschaft in knappe, klare Sätze zu fassen. Er holte weit aus zu einer furiosen Polemik, die über nahezu zwei Seiten dahinwogte, ehe er Atem holte, um die erwünschten Unterzeichner des Aufrufes vorzustellen. Manche der gewaltigen Perioden brauchten mehr als zwanzig Zeilen, um zu einem Punkt zu kommen. Es hagelte Invektiven, die allesamt nur zu berechtigt waren – doch sie setzten sich durch die Häufung gegenseitig außer Kraft: «Abart des Menschen», «lichtlose Brut», «Ur-Verbrechertum», «geistiger Kot», «Fratze» und so weiter und so fort. Wie so oft, wenn Thomas Mann sich auf eine Polemik einließ – das hatte sich seit den «Betrachtungen» nicht geändert –, wurde der Tonfall zeternd. Die Stimme schien sich zu überschlagen. Der Haß, der ihm die Worte diktierte, war menschlich, und er verlangte keine Rechtfertigung. Aber der Dichter ließ sich von ihm allzu widerstandslos überwältigen. Damit unterwarf er sich in gewisser Hinsicht dem Feind. Sein Zorn erinnerte an die Ausbrüche Martin Luthers, auf die er selbst gern mahnend hinwies: sie gehörten nicht zum besten Erbe des deutschen Geistes.

Thomas Mann schien – als Propagandist sowenig talentiert wie der Bruder – nicht begreifen zu können, daß es angemessener gewesen wäre, dem Triumphgeheul und der Flut der Beschimpfungen, die aus Berlin über die Welt hereinbrachen, mit äußerster Sachlichkeit und Nüchternheit zu begegnen, wie es hernach die Redakteure und Kommentatoren des britischen Rundfunks so beispielhaft vorexerzierten. Später wurde ihm klar, daß seine Umdeutung der nazistischen Barbarei in den eigentlichen «Bolschewismus», mit der er im «Manifest» aufwartete, auf Widerspruch stoßen mußte. Sie war fragwürdig, in der Tat.

In den folgenden Monaten trug er die Adresse bei dieser und jener Gelegenheit vor. Als seine persönliche Botschaft wurde sie mit Beifall bedacht. Doch er konnte, bei ruhiger Überlegung, nicht damit rechnen, daß sich einige hundert Repräsentanten der Kultur in der Welt bereit finden würden, das Dokument zu unterzeichnen oder auch nur, wie er schließlich vorschlug, mit der Erklärung ihrer Sympathie zu begleiten.

Der Text gelangte auch in die Hände des Schriftstellers James T. Farrell, eines konservativen Mannes irischer Herkunft, der unverzüglich zu einer Polemik in der «Herald Tribune» ausholte. Thomas Mann klagte, er habe «die Organisation des Vertriebes nicht selbst überwachen» können, und er zeigte sich tief verärgert, daß jenes große New Yorker Blatt seine Spalten einem Angriff auf ihn zur Verfügung stellte, obwohl er glaubte, der Zeitung mit einer kleinen Rede bei einem ihrer Presseluncheons «einen Dienst (...) geleistet zu haben». Das Blatt hatte seine Ansprache – was ungewöhnlich genug war – in voller Länge gedruckt. Thomas Manns Hinweis, daß die europäische Krise «Amerikas große Stunde» sein könne, war den Zuhörern jener Veranstaltung gewiß willkommen gewesen. Sie hatten es auch gern gehört, daß er von Amerikas «Jugend» und seiner «unerschöpflichen, moralischen Frische» sprach. Er nannte das Land die «starke und nicht schwankende Protektorin des Guten und Göttlichen im Menschen». Das waren Worte, die den Beifall der wohlmeinenden Kommentatoren, vielleicht sogar der hartgesottenen Redakteure und Reporter gewinnen konnten.

Er verstand durchaus nicht, daß nach der Gewohnheit des amerikanischen Journalismus niemand dank seiner freundschaftlichen Beziehungen zu Mitgliedern des Verlages und der Redaktion der Kritik oder einer polemischen Auseinandersetzung enthoben war. Keine Zeitung, die auf sich hielt, wich einer Debatte aus, wenn der Gegenstand interessant, die Beteiligten und Betroffenen prominent genug zu sein schienen: hier war in der Regel keine persönliche Ranküne, sondern eher ein sportlicher Ehrgeiz am Werk. Die Spielregeln der freien Presse und der Meinungsbildung in den Demokratien des Westen blieben dem deutschen Dichter zeitlebens fremd. Er war auch darin ein Sohn der wilhelminischen Epoche.

Er habe, schrieb er Slochower über den «Manifest»-Plan, nach solchen Erfahrungen nicht übel Lust, sich «von der Sache zurückzuziehen und sie fallen zu lassen». Da ihn auch aus Frankreich eher negative Reaktionen erreichten, wie sich aus einem Brief an die Übersetzerin Louise Servicen ergab, brach er das Experiment schließlich ab.

Es ist erstaunlich, daß Thomas Mann inmitten dieser überbordenden Geschäftigkeit die Konzentration fand, seine erste Vorlesung für Princeton niederzuschreiben: keine beiläufige Arbeit, sondern eine Betrachtung über Goethes «Faust», mit der er in Küsnacht und auf der Reise über den Atlantik begonnen hatte. Er hatte sich Mühe gegeben, den Text schlichter zu fassen, als er es in seinen Essays gewohnt war. Die Sätze fielen – jedenfalls zu Anfang – kürzer aus als üblich, und die Wahl der Worte geriet weniger aufwendig. Er hielt die guten Vorsätze aber nicht durch. Mrs. Helen Lowe-Porter, die bewährte Übersetzerin, mochte ihre Mühe mit dem Manuskript haben. Es ist nicht überliefert, wie sie es mit den zitierten Versen aus dem Werk Goethes hielt, doch man darf vermuten, daß sie auf eine vorliegende Übertragung zurückgriff.

Er hatte Fortschritte im Umgang mit dem fremden Idiom gemacht, doch manche seiner Zuhörer deuteten an, daß es nicht leicht sei, den Sinn seiner Rede hinter dem starken deutschen Akzent aufzuspüren. Englische Verse mögen sich in seinem Munde ein wenig wunderlich ausgenommen haben, doch dies hinderte ihn nicht, mit einer bewundernswerten Unbefangenheit vor sein Publikum zu treten. Auch läßt sich kaum behaupten, daß er den amerikanischen Studenten, die nicht allesamt mit Goethes Welt vertraut sein mochten, allzu hilfreich entgegengekommen sei. Vielleicht hielt er sich für den Geschmack der Professorenschaft zu lange bei seinem Vorspiel über des «Fausts» kleine Brüder, den «Hanswurst» und den «Ewigen Juden», auf, ehe er – durch die Lektüre eines Aufsatzes von Kerényi angeregt – zum urmännlichen und urfaustischen Verlangen nach Helena, dem schönsten der Weiber, und endlich zum Kern des Themas: der dialektischen Spannung zwischen Faust und Mephisto, gelangte, die nach seiner (und nicht nur seiner) Einsicht ein und dieselbe Person waren, wie Clavigo und Carlos, wie Tasso und Antonio auch.

Seine Deutung des Menschheitswerkes war keineswegs revolutionär; sie war nicht einmal originell: beides brauchte es für das Publikum von Princeton nicht, das mit der klassischen Auslegung des Dramas, die er vorlegte, völlig zufrieden war. Thomas Mann versagte es sich, der dämonisch-deutschen Aktualität des Stoffes nachzuspüren, obwohl sie in seinen Gedanken ohne Zweifel schon präsent war. Den Schritt zum «Doktor Faustus» vollzog er noch nicht. Er verharrte in den harmonischeren Bezirken, die er für seinen eher heiteren Goethe-Roman abgesteckt hatte, den er gelegentlich durch einige Seiten zu «fördern» vermochte, trotz allem.

Natürlich war ihm der Stoff – wie fast immer – unter den Händen zu üppig aufgequollen. Das Kolleg mußte aufgeteilt werden. Am Tag der ersten Vorlesung Ende November (die zweite folgte am Tag danach) lag draußen schon hoher Schnee, der die täglichen Spazierwege durch das stille Villenviertel mit den schönen Gärten und dem kleinen Park, der ihm offenstand, ein wenig beschwerlich machte. Die Alexander Hall, in der er zu sprechen hatte, war dicht besetzt. Man darf gewiß sein, daß sich nahezu die gesamte Professorenschaft eingefunden hatte, von Neugier und Höflichkeit geleitet. Thomas Mann bescheinigte sich selbst, er habe die Aufgabe «treulich durchgeführt» und sei mit herzlichem Beifall bedacht worden. Anschließend saß man im Professorenkreis im Faculty Club zusammen, bei Bier und Sandwiches.

Die Akademiker schienen es zufrieden, daß der große Schriftsteller nun einer der Ihren war – und umgekehrt verhielt es sich nicht anders. Fast nicht anders, denn in einem Winkel seiner Seele hockte die Sehnsucht nach völliger Ungebundenheit. Die Strenge der gelehrten Welt konnte ihm nicht allzu angenehm sein. Streng war er selbst, auch gelehrt. Er schüttelte niemals den Verdacht ab, die Herren könnten ihm pedantischen Sinnes auf die Finger schauen. Dennoch machte er es sich mit den drei anderen Kollegs, die er während des ersten Jahres seiner Gastprofessur zu absolvieren hatte, ein wenig leichter. Er griff auf ältere Arbeiten zurück. Im Januar 1939 sprach er über Richard Wagner, im Februar über Sigmund Freud, im April schließlich, nach einer ausgedehnten Vortragsreise, kehrte er mit den Teilnehmern eines Seminars noch einmal zum «Faust» zurück.

Was für eine Erleichterung mußte es sein, angesichts so vieler beschwerlicher Übungen in der fremden Zunge wieder in der angestammten Sprache reden zu können! Die schöne Gelegenheit bot ihm der «Deutsche Tag» des deutsch-amerikanischen Kulturverbandes, dessen Mitglieder sich Anfang Dezember 1938 im Bankettsaal des «Royal Windsor Hotel» versammelt hatten: Emigranten ein großer Teil der Gäste, die anderen von liberalen, von linken, manche von prononciert christlichen Gesinnungen geprägt. Allesamt, Europäer wie Amerikaner, waren sie Gegner des Regimes, das drüben in der alten Heimat herrschte. Es ist nicht anzunehmen, daß sich viele Anhänger des «Bund», der Organisation deutsch-amerikanischer Nazis des Anführers Fritz Kuhn, unter die viertausend Zuhörer verirrt hatten (ausgenommen die Spitzel, die es immer gab).

Wenn es auch seinen Reiz und «sein Amüsantes» habe, «sich in der fremden Sprache bewegen zu lernen», rief Thomas Mann dem Publikum zu, heiteren Beifalls gewiß, so sei es doch «eine große Wohltat, aus der Verstellung des Mundes zurückzukehren, heimzukehren in die eigene sprachliche Natur». Als Emigranten, fügte er voller Ernst hinzu, «denen der Lebensraum in Deutschland geraubt wurde, haben wir nur noch eine Heimat: unsere große und teure deutsche Sprache, die Trägerin der deutschen Geisteskultur, die allem höheren Deutschtum immer viel mehr am Herzen gelegen hat als deutsche Macht und deutsche politische Größe». Er nahm sein altes Thema vom Konflikt zwischen Geist und Macht in Deutschland wieder auf, sprach vom «Irrtum deutscher Bürgerlichkeit», die zu lange der Politik entsagt habe, erinnerte an das November-Pogrom. Er verwies auch auf den Gedanken, bei der New Yorker Weltausstellung, die für das Jahr 1939 geplant war, die deutsche Kultur durch einen Pavillon zu repräsentieren: ein schönes Projekt, das ihm Mühsal und Ärger genug bereiten sollte, obschon er sich nur am Rande darum zu kümmern vermochte. Erika Mann gelang es, bei einem Besuch im Weißen Haus, die Unterstützung Eleanor Roosevelts für die Idee des «Freiheits-Pavillons» zu gewinnen. An der Finanzierung beteiligte sich, von Thomas Mann eingeladen, auch Agnes Meyer.

Freilich, alle Unternehmen gerieten früher oder später in die Konflikte und Wirren der Exilpolitik – zumal wenn Einfluß und Geld auf dem Spiel standen. Beides war rar, darum um so härter umkämpft. Mangel und Not sorgen selten für Einigkeit, sondern eher für Zwietracht und Neid. Nicht nur die deutsche Emigration litt unter einer chronischen Zersplitterung: sie gehört zum Geschick jedes Exils. Der Aufruf zur Gemeinsamkeit, zumal der Linken, scheiterte immer aufs neue auch an dieser Unleidlichkeit der menschlichen Natur.

Das war nicht alles. Unter den deutschen Vertriebenen, die in Amerika Zuflucht gefunden hatten, war die Hoffnung auf eine Wiederbelebung der «Volksfront» noch nicht völlig erloschen. Sie wurde vor allem von den Kommunisten genährt, die sich eine kleine Tribüne geschaffen hatten: das «Deutsche Volksecho», mit dem sie der sozialdemokratischen «Neuen Volks-Zeitung» gegenübertraten. Thomas Mann, um Harmonie bemüht, versuchte immer wieder, die divergierenden Gruppen einander näher zu bringen. Er bemühte sich vor allem um eine Koordinierung der Hilfskomitees. Ein Brief an Oskar Maria Graf, den bayerischen Erzähler, der tatsächlich in Lederhosen durch Manhattan stapfte (ohne je Englisch zu lernen), deutete an, daß er Manfred George, in jenen Tagen mit der Gründung des jüdischen Blattes «Der Aufbau» beschäftigt, den Dramatiker Ferdinand Bruckner und die unermüdliche Dorothy Thompson vor eine Karre zu spannen versuchte. Er schrieb an Hubertus Prinz zu Löwenstein, Gründer der «American Guild for German Culture and Freedom», der ein liberalkonservativer Geist und ein Mann von unerschöpflichen Energien war, daß man eine Art «Clearing-Haus» für die Hilfsprogramme schaffen müsse, um dem «bisherigen Zustand», der «ein Durcheinander von Einzelbemühungen und Parallelaktionen» sei, ein Ende zu machen.

Seine Rede zum «Deutschen Tag» überließ er der sozialdemokratischen «Volks-Zeitung» und dem kommunistischen «Volksecho» zum Abdruck. Die Redaktion des «Volksecho» war damals dem jungen Stefan Heym anvertraut, der aus seiner sächsischen Heimat nach Prag entkommen und schließlich dank des Stipendiums einer jüdischen Organisation in die Vereinigten Staaten gelangt war. In seinen Memoiren berichtete Heym voller Bitterkeit, wie schroff und unversöhnlich sein sozialdemokratischer Kollege Gerhart Seger, der Chefredakteur der «Neuen Volks-Zeitung», sein Angebot für einen Zusammenschluß der beiden notleidenden Blätter, ja eine Kooperation überhaupt zurückgewiesen habe. Er verschwieg auch nicht, daß Seger in einem Artikel Heyms Pseudonym gelüftet und den nazistischen Spähern seine Herkunft und seinen wahren Namen preisgegeben habe: eine unverzeihliche Verletzung der gegenseitigen Schutzpflicht, die für alle Exilierten zu gelten hatte, gleichviel, auf welche politische Konfession sie schworen. Allerdings versäumte er zu erwähnen, daß der ehemalige Reichstagsabgeordnete Seger, nach dem Brand des Reichstages verhaftet, im Konzentrationslager Oranienburg das Entsetzen der Diktatur in böser Unmittelbarkeit kennengelernt und nach seiner Flucht den ersten authentischen Bericht über die berüchtigten Lager geschrieben hatte.

Thomas Mann schickte der «Volks-Zeitung» später zu ihrem zehnjährigen Jubiläum einen langen und herzlichen Glückwunsch, an die Chefredakteure Rudolf Katz und Gerhart Seger gerichtet, denen er versicherte, sie seien «Diener und Wahrer des freien deutschen Wortes». Ohne Zögern und «mit Freude» gab er seinen Namen für die «Sponsorliste», die dem Blatt helfen sollte, Gefälligkeitsannoncen und Spenden einzutreiben.

Stefan Heym verbarg später nicht – das ehrt ihn –, daß er damals die Kritik an den stalinistischen Säuberungsprozessen als trotzkistische Propaganda beiseite gewischt hatte. Doch er schien – unterdessen ein alter Mann geworden, der sich noch immer für die Gerechtigkeit ins Zeug legte – keineswegs verstanden zu haben, daß eine totalitäre Partei in Wirklichkeit nicht bündnisfähig sein konnte. Das erwies sich spätestens an der Reaktion der kommunistischen Parteien und ihrer Zeitungen auf den Abschluß des Stalin-Hitler-Paktes. Heym berief sich, um eine Erklärung für die Irrtümer jener Jahre bemüht, auf Thomas Mann, von dem er die Sätze zitierte: «Es kann nicht fraglich sein, daß die Sowjetunion ein friedliebendes Land ist, das sich unerschütterlich für den Frieden einsetzt, und daß

sie in die Weltfriedensfront gehört. Man muß gar nicht mit allen
Punkten ihrer Innenpolitik übereinstimmen, um das zu sehen. Für
mich ist das der große und entscheidende Unterschied zwischen der
Sowjetunion und den faschistischen Staaten. Gerade weil ich dies so
stark empfinde, sehe ich die Notwendigkeit, alle Kräfte des Friedens und der Demokratie zu stärken und zu einen.»
   «Voilà», fügte Heym hinzu. Thomas Mann sprach jene Sätze – an
die er sich einige Monate später wohl nicht allzu gern erinnerte – zur
Einweihung des sowjetischen Pavillons bei der New Yorker Weltausstellung, den er zusammen mit dem populären Bürgermeister
Fiorello LaGuardia aufsuchte und durch ein Grußwort auszeichnete. Er vermerkte es als kurios, daß er am Botschaftertisch neben
einem Obersten der Roten Armee placiert wurde. Auch Sohn Klaus
besuchte mit Golo den sowjetischen Pavillon. Er notierte in seinem
Journal: «Das grosse Panorama von Moskau – wie es werden soll…
Der grosse Wille; die *scheussliche* Malerei. (‹Der optimistische Realismus› = grinsendes Wachsfiguren-Kabinett…)»
   Das «Volksecho» Stefan Heyms wurde von den Informanten des
«Federal Bureau of Investigation» (FBI) mit einiger Genauigkeit
gelesen, und es ist anzunehmen, daß der Name Thomas Manns
nicht unbemerkt blieb. Nach den Forschungen von Hans Rudolf
Vaget über die Kontrolle des Autors durch die Bundespolizei
wurde eine Thomas-Mann-Akte schon im Jahre 1937, während sei-
ner vierten Amerika-Reise, angelegt. Es entsprach einer unguten
Routine, daß sich die Mitarbeiter des mächtigen FBI-Chefs J. Edgar
Hoover nicht nur für Drogenhändler, Großkriminelle, potentielle
Aufrührer und Spione interessierten, sondern ihr Auge auch auf
Journalisten und Schriftsteller, Wissenschaftler und Künstler warfen, vor allem, wenn sie aus einem anderen Land stammten. Jeder
Gast aus dem Ausland wurde als eine latente Gefahr betrachtet.
   Darin spiegelte sich nicht nur das pathologische Mißtrauen Hoovers, der hinter jeder Hecke und jeder Haustür eine Konspiration
zu wittern schien. Durch seine camouflierte Homosexualität wurde
der FBI-Chef zu einem oft ans Hysterische grenzenden Generalver-
dacht gegen alle Außenseiter angetrieben, die gegen die bürgerlichen Normen verstießen. Der Abwehrinstinkt, der sein Handeln
bestimmte, gehorchte der lauernden Xenophobie, die nahezu so alt

ist wie die Geschichte der Vereinigten Staaten: die Kehrseite der Offenheit und Unbefangenheit, mit der die Fremden in der Regel aufgenommen werden. Die unsicheren Mitglieder der Gesellschaft waren von jeher geneigt, sich den Neuankömmlingen zu verschließen, von der Furcht regiert, ihren so mühselig erworbenen Wohlstand teilen zu müssen, und von der Angst besessen, die labile Ordnung könnte durch unberechenbare Einflüsse von außen erschüttert werden.

Die Masseneinwanderung in der zweiten Hälfte des neunzehnten Jahrhunderts hatte die chronische Sorge um die Geschlossenheit der Gesellschaft und das Selbstverständnis der jungen Nation, das durch den Bürgerkrieg einer so tragischen Zerreißprobe ausgesetzt war, auf ungute Weise gesteigert. Mit den Heeren der Emigranten aus Deutschland und Italien, aus Polen und Rußland waren unsichere Kantonisten ins Land gekommen: viele von ihnen Sozialisten und Anarchisten voll messianischer Hoffnungen, die nicht zögerten, die sozialen Spannungen in der jungen Gesellschaft zu schüren. Der Brutalität des ungezähmten Kapitalismus, der die junge Industriegesellschaft formte, trat eine Gewerkschaftsbewegung entgegen, deren Chefs sich in der Wahl ihrer Mittel nicht zimperlich zeigten. Die Arbeitskämpfe in den Vereinigten Staaten waren in der Regel härter und blutiger als in Europa. Die intellektuelle Avantgarde der Emigranten brachte Ideologien ins Land, die dem Geist der liberalen Aufklärung und der religiösen Grundstimmung, die Amerika in seltsamer Dialektik geprägt hatten, auf radikale Weise entgegengesetzt waren.

Der Erste Weltkrieg wurde als eine tiefe Bedrohung der nationalen Identität empfunden. Angstvoll fragte man sich, ob man der Loyalität der Millionen Bürger deutscher und österreichischer Herkunft gewiß sein könne. Die panische Furcht jener Jahre brachte es in der Tat zuwege, die kulturelle Eigenständigkeit der Deutschamerikaner nahezu auszulöschen: die Mehrzahl der Zeitungen in deutscher Sprache verschwanden; deutsche Schulen wurden geschlossen; es wurde nicht länger auf deutsch gepredigt und in den Vereinen nur selten noch deutsch gesprochen. Ohnehin war die Mehrzahl der Deutschen dem neuen Vaterland auf selbstverständliche Weise treu – so befahl es die Tradition. Die Wächter der natio-

nalen Konformität kümmerte es nicht. Sie erzwangen am Ende des
europäischen Fiaskos den Rückzug der Vereinigten Staaten auf die
eigenen Interessen. Ihre Aufmerksamkeit richtete sich nun mit unverminderter Schärfe auf die «bolschewistische Gefahr», von der sie
fürchteten, sie könne durch die Masse der Einwanderer aus Osteuropa die Tore Amerikas sprengen.

Das FBI war beauftragt, das «organisierte Verbrechertum» niederzuhalten, das über die Grenzen der Einzelstaaten hinausgriff. Die
Gangsterjagden seiner Agenten wurden dank des Propagandatalen-
tes von J. Edgar Hoover zu Großaktionen des *show business*, ja zu
einem Element der amerikanischen Folklore. Erst vom 6. September
1939 datiert eine offizielle Direktive Präsident Roosevelts, mit der
dem FBI die Verantwortung für die Überwachung und Bekämpfung
von Spionage, Sabotage und «subversiven Aktivitäten» zugesprochen wurde. Doch längst zuvor hatte sich das «Bureau» die Kontrolle der Kommunisten, aber auch der deutschen Nazis, die unter
den Mitgliedern des «German American Bund» einen beträchtlichen
Anhang besaßen, zur Aufgabe gemacht.

Hoover, in seinen politischen Gesinnungen stockkonservativ,
hielt es überdies für seine Pflicht, jede Bedrohung der amerikanischen Neutralität scharf ins Auge zu fassen. Die deutschen Emigranten, die so eindringlich und unermüdlich dazu aufriefen, der
nazistischen Expansion und der Barbarei des Dritten Reiches entgegenzutreten, schienen mit allen Kräften entschlossen, die Vereinigten Staaten in kriegerische Verwicklungen zu treiben. Auch Roosevelt, kein Freund der Nazis, hütete sich lange Zeit, die sakrosankte
Neutralität des Landes, die zu einer Art Ideologie der Nation geworden war, durch unvorsichtige Formulierungen in Frage zu stellen. Überdies schien er nicht zur Kenntnis zu nehmen, daß J. Edgar
Hoovers FBI zu einem Staat im Staate zu werden drohte, ein Apparat, der seine Macht – dank der Dossiers mit den Bergen vertrauli-
cher, oft peinlicher Informationen und seinem System der sachten
Erpressung, das kaum einen Prominenten schonte – beinahe unge-
hindert mehren konnte.

Nicht nur die nazistischen Agitatoren, sondern auch die Sprecher
des deutschen Exils waren, von Beginn an, Ziel der Beobachtung,
zumal wenn sie Sympathien für die Sowjetunion und den Kommu-

nismus zu erkennen gaben. Das Regime des Diktators im Kreml wurde von der Mehrheit der Amerikaner noch immer (und später wieder) als ein Feind gleichen Ranges wie das des Besessenen in der Berliner Reichskanzlei betrachtet. Für den prinzipiellen Verdacht, dem Thomas Mann und viele andere deutsche Emigranten ausgesetzt waren, wurde später die Formel des «premature antifascism» geprägt: ein bürokratischer Wortbalg, der seine Absurdität in der Übersetzung «vorzeitiger Antifaschismus» nicht deutlich genug zu erkennen gibt. Gemeint war die vermeintliche Gefährdung der amerikanischen Neutralität.

Unter jene fatale Rubrik fiel auch Thomas Mann. Er ahnte von der Existenz einer Akte lange Jahre nicht das geringste. Die sporadische Überwachung durch Agenten und Spitzel, die ihrem Auftrag mangels Wissen und Bildung nicht gewachsen waren, verhinderte weder seine Einbürgerung, noch behinderte sie, wenigstens ein Jahrzehnt lang, sein politisches Engagement. Wie die Mehrzahl der Kontrollierten lebte er, ohne von der verborgenen Nachbarschaft des «Bureau» Notiz zu nehmen. Dem Einfluß und der Macht des Staates im Staate, so gefährlich sie sein mochten, waren Grenzen gesetzt. Hoover war nicht Himmler oder Berija, das FBI nicht die Gestapo oder der KGB.

68. KAPITEL

Herr Doktor in der Neuen Welt

Einen Tag vor dem Weihnachtsfest 1938 traf Golo Mann, aus der Schweiz kommend, in Princeton ein, von seinem Bruder Klaus begleitet, der sich zuletzt in Hollywood aufgehalten hatte. Der Ältere versäumte gewiß nicht, dem Bruder und den Eltern zu berichten, daß er im Haus von Salka Viertel, der Drehbuchautorin, ein weiteres Mal Greta Garbo begegnet war. In seinem Tagebuch schrieb er von der «überraschenden Naivität» der Schauspielerin, die in jenen Jahren *das* Idol weiblicher Schönheit und Objekt eines wahren Kultes war. Sie sei besonders nett zu ihm gewesen, vermerkte er, «beinah flirtend». «Vorstellung, sich mit ihr anzufreunden», fuhr er fort, sich einem hübschen und ein wenig pubertären Tagtraum überlassend: «einziges Erlebnis mit einer Frau». Das, meinte er, wäre ein «seltsamer Abschnitt» in seiner Biographie. Dann fügte er das Wort hinzu, das in der Tat fällig war: *«Kindereien»*. Die Verzauberung durch den Star der Stars hielt ihn später nicht davon ab, die hübsche Komödie «Ninotschka» von Ernst Lubitsch, in der die Schöne als sowjetische Agentin auftrat, recht humorlos als antikommunistische Propaganda zu verdammen.

Später am Abend des Vorweihnachtstages langte auch Erika in der neuen Residenz der Eltern an. Anderntags reiste Michael mit seiner Braut von New York herüber. Die beiden waren, entgegen allen Plänen, noch nicht verheiratet; die Zürcher Behörden schienen ihrer Eile mit geringem Verständnis begegnet zu sein. Elisabeth hielt sich ohnedies im Haus der Eltern auf. Auch Martin Gumpert, Erikas Freund, fand sich ein. So fehlte nur Monika, die sich Anfang

November drüben in London von Jenö Lányi endlich zum «registrar», dem englischen Standesbeamten, hatte führen lassen.

So war fast die gesamte Familie in dem stattlichen Anwesen versammelt, von dem die Kinder und Katia mit dem Hausherrn sagen konnten, es sei seiner repräsentativen Existenz angemessen. Sie feierten das erste Christfest in Amerika – wie immer und überall – in guter lübeckisch-großelterlicher Tradition: mit den alten Liedern, die in einem dunklen Raum anzustimmen waren, ehe sich die Tür zum Weihnachtszimmer mit dem Lichterbaum öffnete, dem Ritual der Bescherung, an dem auch die Dienstboten teilnahmen – nur hießen sie jetzt Lucy und John und hatten eine dunkle Hautfarbe.

Wie immer häuften sich die Gaben zu Bergen. Thomas Mann notierte, daß er mit einem Bücherköfferchen für die Reisen bedacht worden sei: eine Gabe Erich von Kahlers, der sich wenige Wochen zuvor mit seiner Frau in Princeton angesiedelt hatte, der nahezu schwärmerischen Überredung des Dichters folgend, der ihm geschrieben hatte, die Menschen in Princeton seien «wohlmeinend durch und durch, von unerschütterlicher Zutraulichkeit». Er glaube, hatte er Kahler versichert, er würde «aufatmen unter ihnen, gerührt und glücklich sein. Die Landschaft», hatte er hinzugefügt, «ist parkartig, zum Spazieren wohl geeignet, mit erstaunlich schönen Bäumen, die jetzt, im Indian summer, in den prachtvollsten Farben glühen.»

Offenbar verfügte Kahler über Mittel, die es ihm erlaubten, in Amerika die Studien fortzusetzen, von denen in literarischen und gelehrten Zirkeln mit hohem Respekt gesprochen wurde, seit er 1937 sein großes Werk über den «Deutschen Charakter in der Geschichte Europas» vorgelegt hatte. Thomas Mann half die Erneuerung der Münchner und Zürcher Nachbarschaft mit dem Freund, eine Art von Heimatgefühl in Amerika zu gewinnen. Allzu fest verankert war es freilich nicht, und es konnte rasch eine Erschütterung erfahren.

Eine schöne englische Shakespeare-Ausgabe, die er auf seinem Geschenktisch fand, mochte er als eine Einladung zur geistigen Integration betrachten. Agnes Meyer hatte eine prächtige Handtasche für Katia und ein Jadegefäß für Thomas geschickt, das er zunächst für einen Aschenbecher hielt. In seinem Dankesbrief sprach er dann allerdings angemessener von einem «Phönix-Becher», der künftig auf seinem Schreibtisch neben dem Siamesischen Krieger stehen werde. Erst später, in einem Augenblick des Unmuts, klärte ihn die Spenderin über den Rang und den immensen Wert des einfachen und edlen Objektes auf. Sie bemerkte trocken, daß er, samt seiner Familie, vom Erlös des Bechers ein gutes Jahr leben könne, wenn er sich zum Verkauf entschlösse.

Am Heiligen Abend, ehe er sich zur Ruhe legte, schrieb er auf: «Den ganzen Tag die Seltsamkeit der Situation sehr lebhaft empfunden. Durch die Versammlung der Kinder erheitert. (...) Die Möglichkeiten der Zukunft immer wieder erörtert.»

Seine Arbeit war vorgezeichnet. Es gab nur zu erwägen, wie lange er das Experiment seiner Gastprofessur fortsetzen würde. So leicht die Bürde war – er empfand sie gelegentlich als lästig, auch jetzt schon, wenige Monate nach dem Antritt seines Amtes. Klaus und Erika verdienten ihr tägliches Brot durch ausgedehnte Vortragsreisen. Die Tochter war beim Publikum beliebter, darum bei den Agenten begehrter als der Sohn. Ihr Buch über die Jugenderziehung im Dritten Reich («School for Barbarians») verkaufte sich glänzend. In wenigen Monaten hatte der Verlag mehr als vierzigtausend Exemplare abgesetzt. Im Frühjahr 1939 publizierte der «Daily Telegraph» in London eine Rezension des Bändchens aus der Feder des Diplomaten und Schriftstellers Harold Nicolson, der liebenswürdig auf die Vielzahl der Talente in der Sippe der Manns hinwies. Er nannte sie eine «amazing family» – eine Formulierung, an der Vater Thomas stolzen Gefallen fand; er wurde nicht müde, sie zu wiederholen.

Erika und Klaus hatten unterdessen auch das Manuskript von «Escape to Life» zu Ende gebracht. Nicht alle der Skizzen über die Etappen der Emigration und ihre bedeutendsten Figuren wiesen eine gleichmäßige Qualität auf. Beide Autoren hatten dann und wann allzu willig ihrer Neigung zu flotten Plaudereien nachgegeben. Ihre Anfälligkeit für kesse Formulierungen, die der englische Begriff «flippancy» genauer spiegelt, streifte manchmal das Peinliche, zum Beispiel in Erikas Anmerkungen über Gustaf Gründgens, mit dem sie immerhin einige Jahre verheiratet war. In manchen Abschnitten mußte Charme den Mangel an Gründlichkeit aufwiegen.

Dennoch gelang es Erika und Klaus Mann, ein Bild der Exilgesellschaft zu entwerfen, das den amerikanischen Lesern den Zugang zu einer Realität eröffnete, die ihnen zuvor fremd und verschlossen war. Wann immer die Autoren sich mit ihren Themen Zeit ließen, wo immer sie von den Dichtern, den Journalisten, den Musikern, den Malern, den Wissenschaftlern mit Zuneigung und Respekt sprachen, erlebte ihr Buch schöne Steigerungen, die noch heute geeignet sind, die Sympathie der Leser zu gewinnen.

Ihrer Erzählung hätte es freilich nicht geschadet, wäre der schreckliche und gnadenlose Ernst des Exils öfter deutlich geworden – sie kannten ihn schließlich gut genug. Er hatte Klaus und Erika nach dem Selbstmord ihres Freundes Ernst Toller mit brutaler Härte heimgesucht: nur wenige Tage nach einer Reise, die sie zusammen mit Toller nach Washington unternommen hatten, am 12. Mai 1939. Ein «ganzer Eisenbahnwagen» voll europäischer Schriftsteller war, nach dem Bericht von Fredric Kroll, in die amerikanische Hauptstadt verfrachtet worden: die Teilnehmer am New Yorker Kongreß des Internationalen PEN-Clubs, unter ihnen Alfred Döblin und Arnold Zweig, Annette Kolb und Ferdinand Bruckner, Jules Romains und André Maurois. Auch Ernst Toller reiste mit. Er schien sich für einen Augenblick aus den Depressionen zu lösen. Der Empfang im Weißen Haus – die Schriftsteller defilierten am Schreibtisch des Präsidenten vorbei, der jedem Gast mit seinem strahlenden Lächeln die Hand drückte – hatte vielleicht, wie es so vielen der Kameraden erging, sein geprüftes Selbstbewußtsein stärken können, wenigstens für einen Augenblick. Er nahm an einem Empfang von Eugene und Agnes Meyer teil; Klaus Mann bemerkte bei dieser Gelegenheit, die Gönnerin seines Vaters wirke «assez imposante et fort hystérique».

Der Dramatiker und einstige Revolutionär, früher vom Erfolg verwöhnt, schien durch den Mangel an Resonanz in den Vereinigten Staaten tief bedrückt. Seine Frau, Christiane Grautoff – eine begabte und schöne Schauspielerin, die für den gefährdeten Mann lange mit bewundernswerter Hingabe gesorgt hatte –, hatte ihn schließlich verlassen, vielleicht durch die chronische Anspannung der überreizten Nerven Tollers zermürbt. (Übrigens war sie die Tochter von Thomas Manns Jugendfreund Otto Grautoff – der

Dichter erwähnte die Verbindung in seinen Notizen zu Tollers Tod mit keinem Wort.) In Washington schien Ernst Toller halbwegs guter Dinge zu sein. Dann fand man ihn, nur zehn Tage später, am 22. Mai 1939, erhängt in seinem Badezimmer: «Grosses Grauen», schrieb Klaus in sein Tagebuch, «grosse Erschütterung. Erinnerungen; Vorwürfe; all das Versäumte – was nie wieder gutzumachen ist.»

Fritz Landshoff, mit Toller aufs engste befreundet, schien in Gefahr, dem Beispiel des Gefährten zu folgen. Erika, die in solchen Situationen eine unermüdliche Aufmerksamkeit bewies, ließ den Verleger nicht aus den Augen. Wenige Tage danach wurde der Tod Joseph Roths aus Paris gemeldet. Man sagte, das Ende Tollers habe das Seine getan, den Lebenswillen dieses großen Schriftstellers auszulöschen. Das mochte eine pietätvolle Legende sein. Es war seit langem zu erwarten, daß die Widerstandskräfte des Dichters eines Tages erschöpft sein würden. Durch seinen Alkoholismus vollzog er – konsequent und unbelehrbar – eine langsame Art von Selbstmord. Am 23. Mai 1939 starb er im Delirium tremens.

Der Vater, dem Erika und Klaus das sorgsamste Porträt ihres Exilbuches gewidmet hatten, schrieb den beiden Ältesten einen Brief, der in den Band als Einleitung aufgenommen werden sollte. Sie hätten, bescheinigte er Erika und Klaus, ein Buch nach seinem Sinn geschrieben, «denn ihr wißt, daß ich den Versuch, mich von der deutschen Emigration zu trennen und mir einen nicht eindeutigen Sonderplatz unter ihr anzuweisen, vereitelt und mich mit Nachdruck zu ihr bekannt habe – es ist schon Jahre her. Ich tat es, weil ich nicht wollte, daß die Machthaber in Deutschland länger zögerten, auch mich ‹auszubürgern›, wie sie euch und meinen Bruder schon ‹ausgebürgert› hatten. Und sie zögerten nicht länger.»

Ein schönes Bekenntnis, dem man allerdings nachsagen könnte, daß es die historische Wirklichkeit auf sanfte Weise umfrisierte. Der Vater hatte in der Tat lange genug den «Sonderplatz» innegehabt, den er nun nicht länger für sich in Anspruch nehmen wollte. Auch die Behauptung, er habe seine Ausbürgerung geradezu erzwungen, darf man als eine sachte Korrektur der Wahrheit bezeichnen.

Von den Kindern sagte er voller Stolz, sie hätten durch ihre Entwicklung gezeigt, daß die Freiheit im Exil reifen könne. Das galt für

Erika wohl mehr als für Klaus. Der Sohn brauchte die Ermutigung durch den Vater gewiß notwendiger als die Tochter, die über ein härteres Selbstbewußtsein verfügte. Klaus arbeitete in jenen Monaten beharrlich, von großen Hoffnungen erfüllt und zugleich voller Zweifel, an dem ehrgeizigsten literarischen Unternehmen, auf das er sich jemals eingelassen hatte: Er schrieb an seinem Emigrationsroman, für den der Titel schon feststand: «Der Vulkan». Trotz des unsteten Reiselebens, trotz der chronischen Ablenkungen durch einen Schwarm von Freunden, trotz der niemals endenden Wirren seiner Liebeshändel mit Thomas Quinn Curtiss und einigen flüchtigen Weggenossen saß er beinahe jeden Tag am Schreibtisch, um das Werk voranzutreiben. Den Morphinen, dem Heroin, dem Kokain hatte er entsagt. Die Ersatzdroge waren Benzedrin-Pillen: «uppers», wie Aufputschmittel dieser Art im amerikanischen Jargon genannt werden, deren belebende Wirkung dann bei Nacht in der Regel durch «downers» ausgeglichen werden muß.

Der ernste und zuverlässige Golo sollte, dies war nun ausgemacht, die Redaktion von «Maß und Wert» ganz übernehmen, sofern Lion sich bereit zeigte, das Feld zu räumen (wozu ihn Thomas Mann in höflichen Verschleierungen aufforderte) – und sofern die politische Lage eine Fortführung der Zeitschrift in Europa erlaubte, sofern sich schließlich, darauf kam es vor allem an, die finanziellen Mittel finden würden, das Unternehmen am Leben zu halten. Nothelferin war, wie in jenen Jahren fast immer, Agnes Meyer. Sie konnte ihren Mann dazu überreden, «Maß und Wert» durch die Zuweisung einer Subvention zu retten. Am 18. Januar 1939 dankte Thomas Mann mit einem überschwenglichen Telegramm: «SIE SIND MEIN GUTER ENGEL [STOP] SEHE MIT DANKBAREM VERTRAUEN DEM KOMMENDEN ENTGEGEN».

In den Weihnachtstagen hatte Thomas Mann im Kreis der Freunde und Kinder die ersten Abschnitte aus dem siebenten Kapitel der «Lotte» vorgelesen, das der Kern des Romans war, stilistische Kulmination und geistige Erfüllung: der große innere Monolog des alten Goethe, der am Morgen vor dem Tagwerk Werdegang und Leistung, Zeit und Geschichte, Alltägliches und Außerordentliches Revue passieren ließ. Zum erstenmal bediente sich der Autor der Technik, die durch Arthur Schnitzlers geniale Novelle «Leutnant Gustl» Eingang in die Literatur deutscher Sprache gefunden hatte. Anders als der Wiener Kollege, den man als einen Menschen-Kenner im genauesten Sinn des Wortes bezeichnen mag, anders auch als Alfred Döblin in seinem Roman «Berlin Alexanderplatz» oder gar als James Joyce, der das ganze pralle Leben von Dublin im Innern der Köpfe wuchern ließ, zwang Thomas Mann dem Geheimrat in Weimar die äußerste intellektuelle Präsenz ab. Gnädig entließ er ihn dann und wann in eine freundliche Alltäglichkeit, doch in weiten Passagen des Selbstgespräches hatte sich der rüstige Herr auf der Höhe der Menschheit zu bewegen. Virtuos mischten sich originale Zitate mit den Erfindungen des Nachfahren, der lange Listen angelegt hatte, um Goethes Vokabular möglichst getreu adaptieren zu können, wobei er eine gewisse Vorliebe für das ungewöhnliche Wort und die marottenhafte Floskel an den Tag legte.

Die Leseprobe fand, es konnte nicht anders sein, einhelligen Beifall. Die Begegnung von Stern zu Stern ließ keinen der Zuhörer gleichgültig. Der zuverlässige Erich von Kahler, dem Thomas Mann schon Anfang Dezember zwanzig Seiten dargeboten hatte, betonte den «Eindruck des Großartigen». Dieses «Hauptgeschäft» jedoch, die Fortarbeit an der «Lotte», die er so gern mit ungeteilter Aufmerksamkeit betrieben hätte, mußte erneut unterbrochen werden. Es galt, die Rede für die lecture tour aufzusetzen, die sein Agent für ihn gebucht hatte: politische Pflicht traf sich mit der Chance, die Schatulle zu füllen.

Mitte Januar war der Vortrag geschrieben; er wählte für ihn den spröden Titel «Das Problem der Freiheit». Agnes Meyer, die sich für einen Tag in Princeton aufhielt, erklärte sich bereit, die Übersetzung zu übernehmen. Der Autor hatte von Beginn an sein amerikanisches Publikum genauer ins Auge gefaßt, als man es von ihm gewohnt war: nichts hörten die gebildeten Bürger der Vereinigten Staaten von ihm lieber als die Versicherung, daß Demokratie und Christentum eng miteinander verbunden, ja «in dem Grade solidarisch» seien, «daß man die Demokratie die politische Ausprägung christlichen Lebensgefühls nennen kann» – was zweifellos, mit gewissen Relativierungen, der Wahrheit entsprach. Am 9. Januar notierte er im Journal: «Die Auslasssung Marxens taktisch richtig. Das Christliche als Schutzwehr.»

Wie üblich holte er weit aus, was den Gewohnheiten der Amerikaner nicht ganz entsprach. Den Auftakt besorgte er sich bei Benjamin Constant. Dessen schöne Formel von der Epoche des Handels und der Industrie, die mit der bürgerlichen Demokratie identisch sei, verdankte er, wie man vermuten darf, dem historisch versierten Sohn Golo, der die Literatur jener Zeit aufs intensivste studiert hatte. Goethe und seinen «utilitaristischen Traum» vom großen zivilisatorischen Werk der Trockenlegung der Sümpfe im zweiten Teil des «Faust» brachte er selbst ein: eine erste Annäherung an den späteren Essay «Goethe und die Demokratie» des Jahres 1949, mit dem er den geistreich-liebenswürdigen und ein wenig absurden Versuch unternahm, das Weimarer Über-Ich zu seinem eigenen politischen Bekenntnis zu überreden. Immerhin nahm er Goethe schon jetzt als Ahnherrn für ein Gedankenspiel in Anspruch, das die Theaterregisseure späterer Jahrzehnte oft genug mit pausbäckiger Gesinnungstüchtigkeit demonstrierten: «Es ist außerordentlich merkwürdig und lehrreich», schrieb er mit dem Blick auf den zweiten Teil des «Faust», «dies offenbar geistig notwendige Hinüberspielen demokratischer Moral in eine sozialistische in der Altersdichtung Goethe's zu beobachten.» Über Saint-Simon gelangte er zum «christlichen Sozialismus», von dem er annahm, daß er den Amerikanern ein wenig besser schmecke als jener des gottlosen Marx, obwohl er sich auch damit in abstrakten Höhen bewegte, auf die ihm hernach die tausendköpfige Menge in Fort Worth, Texas, vermutlich eher zögernd folgte.

Es lag ihm am Herzen – Agnes Meyers Stirnrunzeln hin oder her –, den Amerikanern den Schrecken vor dem «Sozialismus» zu nehmen. «Die Furcht des Kultur-Menschen vor dem Untergang der Freiheit und der individuellen Werte im Kollektiven und in sozialistischer Gleichheit ist begreiflich», rief er. «Es ist, sozusagen, die Furcht der Demokratie vor sich selbst, – eine Furcht, die nicht wenig teilhat an der Erschütterung und Schwächung, die heute die Demokratie als geistige und moralische Position in der Welt erleidet.» Sie würde jetzt schamlos ausgebeutet, warnte er, indem man der Welt einrede, sie sei «die Vorstufe zum Bolschewismus». Dies ließ sich in jenen Jahren mit einiger Unschuld beteuern, obwohl sensiblere Geister, die dem Faschismus in gleicher Unversöhnlichkeit begegneten wie Thomas Mann, die schreckliche Bilanz wohl ahnten, die eines Tages über die Herrschaft des Sozialismus sowjetischer Prägung aufgemacht würde. Ihn wollte der Dichter gewiß nicht. Doch wiederum äußerte er den Verdacht, daß die bürgerliche Welt des Westens Opfer einer Konspiration der «besitzenden Klassen» sein könne, denen es darum gehe, den Faschismus als «Bollwerk gegen den Bolschewismus» zu retten. Das war Bruder Heinrichs Überzeugung, der im Dezember 1938 in der «Neuen Weltbühne» mit markiger Schlichtheit verkündet hatte, die «besitzende Klasse» sei «überall faschistisch».

Ganz gewiß entsprach es der Wahrheit, daß bourgeoise Anfälligkeiten für die Diktatoren in Berlin und Rom mehr als eine modische Krankheit waren, und ganz gewiß ging in den bürgerlichen Schichten eine hysterische Kommunistenfurcht um, schon damals. Doch sie bestimmte weder die englische noch die französische und schon gar nicht die amerikanische Politik. Thomas Mann wurde genauer verstanden, als er warnend rief, der «Freiheitsbegriff der Demokratie» dürfe «nicht auch die Freiheit umfassen, die Demokratie ums Leben zu bringen», er dürfe «nicht den Todfeinden der Demokratie freies Wort und freie Hand geben».

Mit Widerspruch mußte er rechnen: die Unantastbarkeit der freien Meinung – zunächst auch für ihre Feinde – gehörte von jeher zum Credo der amerikanischen Demokratie. Dem Einwand, jede Einschränkung sei «die Selbstaufgabe der Freiheit», antwortete er mit der kräftigen Formel: «es ist ihre Selbstbewahrung». Seine Gesprächspartner waren wohl in der Regel zu höflich, ihn darauf hinzuweisen, daß in seiner raschen Bereitschaft zu einer disziplinierenden Begrenzung der Freiheit eine europäische und grunddeutsche Skepsis zum Ausdruck kam, der das amerikanische Vertrauen in die Selbstbehauptungskraft der Freiheit fremd und fern war.

Sein Urteil war vom Geschick der Weimarer Republik bestimmt, im Positiven, im Negativen. Die produktivste Erfahrung jener Epoche faßte er in dem Wort zusammen, das in den kommenden Jahrzehnten tausendfach zitiert wurde: «Die *soziale Demokratie* ist heute an der Tagesordnung.» In dieser Botschaft erkannten die Zuhörer den Geist Roosevelts und seines «New-Deal»-Programms, mit dem der Präsident die Vereinigten Staaten aus der Misere der noch immer anhaltenden wirtschaftlichen Depression zu reißen und zugleich ein Minimum an sozialer Sicherheit zu schaffen bemüht war. Sie dankten es Thomas Mann auch, daß er zum Schluß an den Optimismus appellierte, den er endlich als einen Ausdruck der Landesgesinnung zu begreifen schien: «Wir wagen es wieder», rief er, «Worte wie Freiheit, Wahrheit und Recht in den Mund zu nehmen (…). Wir halten sie dem Feinde der Menschheit entgegen wie einst der Mönch dem leidigen Satan das Kruzifix».

Die Wirkung des Vortrags wurde zuerst im «Union Theological Seminary» von New York erprobt, der bedeutendsten Schule der Gottesgelehrtheit in den Vereinigten Staaten, die in jenen Jahren vor allem durch die Persönlichkeit des großen Lehrers und Publizisten Reinhold Niebuhr geprägt war: ein moderner Geist, der den amerikanischen Protestantismus mit geduldiger Entschiedenheit für die Einsichten der existentiellen Theologie zu öffnen verstand, wie sie drüben in Europa im Widerstand gegen die totalitären Diktaturen gewachsen war, liberal in seiner politischen Haltung, von der sozialen Pflicht des Christentums durchdrungen. Daraus ergab sich die Berührung mit Paul Tillich, dem Begründer der Lehre eines «religiösen Sozialismus», aus Frankfurt in die Vereinigten Staaten emigriert, seit 1938 Niebuhrs Kollege am «Union Seminary», das – nur einen Sprung weit von der Columbia University entfernt – im oberen Manhattan, an der Grenze nach Harlem angesiedelt war.

Der starke Andrang machte es notwendig, aus dem vorgesehenen Vortragssaal in die große Kirche der Schule umzuziehen: vermutlich das erste Mal, daß Thomas Mann redend in die Nähe einer Kanzel geriet. Das geistliche Umfeld schien ihn nicht allzu tief zu beeindrucken. Inhalt und Tonlage des Vortrags waren dem Publikum der theologischen Hochschule gemäß. Es verfügte eher über jene europäisch geprägte Bildung, an die der Dichter appellierte, als die Bürger von Lincoln, Nebraska. Mit der Wirkung war er zufrieden.

Fünf Tage später akzeptierte er mit Würde und Anmut, an Auszeichnungen wahrhaftig gewöhnt, die Einstein-Medaille, die ihm von der Zeitschrift «Jewish Forum» verliehen wurde, vermutlich auf den Vorschlag des Namensgebers hin. Das geplante Festbankett

sagte er ab, da die offiziellen Aufmerksamkeiten überhandzunehmen drohten. Eben erst hatte er lange Gespräche mit Marquis
Childs geführt, einem der prominentesten Journalisten der Epoche,
der Materialien für ein großes Porträt zusammentrug, das im April
1939 in der Zeitschrift «Life» erschien. Solche Ehre widerfuhr
einem Mann der Literatur nicht oft. Der Artikel, von einem Photo-
Essay begleitet, bezeichnete den Höhepunkt der Popularität Thomas Manns in den Vereinigten Staaten. Der Dichter konnte sich
einen verständnisvolleren und liebenswürdigeren Text nicht wünschen. Marquis Childs schrieb, gleichsam nach Diktat, daß sich
Thomas Mann nicht in einen Politiker verwandelt habe: «Seine
Aufgabe – wie er sie sieht – ist es, als Sprecher für die große Kulturtradition der westlichen Welt zu fungieren. Und in dieser Rolle ist
seine Autorität unbestreitbar.»

Die kleinen ironischen Aperçus, die der Journalist in seine Reportage einflocht, waren gutartig genug, den Humor Thomas
Manns nicht über Gebühr zu strapazieren. Natürlich amüsierte es
den Amerikaner, daß der Schriftsteller und seine Frau von den deutschen Freunden «Herr Doktor» und «Frau Doktor» angeredet
wurden. Er stellte auch fest, daß der Salon des Hauses Mann in der
Stockton Street «etwas unverkennbar Deutsches» habe: «förmlich,
steif und doch irgendwo gemütlich». Das «größte Vergnügen» bereite es dem Autor, erzählte der Amerikaner voller Staunen, in seinen eigenen Räumen oder im Hause eines Freundes aus seinem
neuesten Werk vorzulesen. Dabei erwarte er keine kritischen Bemerkungen: «mit Kritik hat das Ganze überhaupt nichts zu tun»;
man folge mit diesen literarischen Abenden vielmehr einer älteren
deutschen Tradition, deutete Childs an – einer Gewohnheit bürgerlicher Unterhaltung. Er war zu höflich und zu diskret, öffentlich
anzumerken, daß der Vorleser vor allem die Zustimmung des kleinen, erlesenen Publikums suchte, um neuen Mut für seine Arbeit zu
gewinnen.

Voller Bewunderung sprach er von der Arbeitsdisziplin Thomas
Manns, in der sich sein Genie zeige. Die jährliche Tantieme des
Schreibers, die er mit zwanzigtausend Dollar bezifferte, unterschätzte er eher (obwohl sich aus der von ihm genannten Zahl nach
heutiger Rechnung der stattliche Betrag von etwa dreihunderttau-

send Mark ergäbe). Ausführlich sprach er vom Werk des Autors und vor allem von den «Joseph»-Büchern, von denen er zum Schluß seines Berichtes sagte: «Es könnte sein, daß unser Zeitalter mit all seinen Namen, die Schlagzeilen machen, gerade dieses Werkes und seines Verfassers wegen von der Nachwelt erinnert werden wird.»

Einen schöneren Finalsatz konnte sich Thomas Mann nicht wünschen. Childs schien ihn freilich in keiner allzu guten physischen Verfassung angetroffen zu haben. Er schilderte eine «magere, gebeugte Gestalt (...), das Antlitz tief zerfurcht, die Augen melancholisch umschattet».

Der Winter und die Belastung durch die politischen Pflichten setzten dem Dreiundsechzigjährigen zu. Er litt unter den heftigen klimatischen Schwankungen, die das Dasein an der Ostküste der Vereinigten Staaten mitunter beschweren: wenn die Winde nicht länger von der Arktis herabfegten, sondern plötzlich umsprangen und von der Karibik heraufkamen, konnte die Temperatur über Nacht um zwanzig Grad in die Höhe schnellen (und umgekehrt) – eine harte Prüfung für den Kreislauf und den Zustand der Seele. Der konstante Konsum starker Schlaf- und Schmerzmittel zehrte an seinen Kräften, ohne daß er es recht wahrnahm. Er rauchte zuviel. Überdies suchte ihn eine schmerzhafte Gesichtsneurose heim: ein eher harmloser Fall von «Shingles» – einer Gürtelrose –, die er mit starken Medikamenten bekämpfte. «Singler» nannte er, sich in der fremden Sprache verirrend, die Krankheit in einem Brief an Hedwig Fischer nach Stockholm, die Witwe Samuel Fischers, die sich nun endlich entschlossen hatte, Deutschland zu verlassen, nur noch mit einem Rest ihres Vermögens versehen, von den Nazi-Behörden, wie es üblich war, auf räuberhafte Manier ausgeplündert.

Außerdem hielt die Familie den Dichter in Atem, auf gute und auf beschwerliche Weise. Michael hatte seine Gret im Januar endlich heiraten können; im März holten die jungen Leute, die beide noch keine zwanzig Jahre zählten, den kirchlichen Segen ein. Sie brachten zur Feier ein Hündchen mit: ein Geschenk für die Eltern, das andeuten mochte, daß Bibi seinen «Mindernickel»-Komplex überwunden oder doch wenigstens gezähmt hatte. Elisabeth ließ die Eltern wissen, sie sei entschlossen, den Professor Borgese zu heiraten.

Heinrich aber, der arme Bruder, mußte gewarnt werden: Seine einzige Tochter Goschi hatte sich einem Amerikaner von der windigen Sorte anvertraut. Thomas Mann berichtete Anfang März nach Nizza, ihn habe Mr. Morton W. Lieberman aus South Orange in New Jersey aufgesucht, um ihn darauf hinzuweisen, gegen seinen angeheirateten «Neffen» Dr. Aschermann, der Heinrichs Tochter Goschi heimgeführt hatte, sei «eine Klage anhängig wegen Veruntreuung von Wertgegenständen, Juwelen u. dergl., die eine jüdische Dame ihm zum Hinausschaffen aus Deutschland eingehändigt habe». Jene Dame, der die Ausreise aus Deutschland gelungen sei, könne gegen Aschermann vorgehen; andere, die im Reich festgehalten seien, müßten den Verlust ihrer Habe hilflos dulden. Auch aus Prag seien ihm Warnungen zugekommen.

Heinrich Mann gestand hernach, er habe den Schwiegersohn beauftragt, wertvolle Möbel, die seine erste Frau für ihn hütete, aus der tschechoslowakischen Hauptstadt nach Frankreich zu spedieren. Sie mußten als verloren gelten. Es stellte sich heraus, daß jener Mr. Aschermann, angeblich im Begriff, mit einer chemischen Fabrik von Wien nach Amerika zu übersiedeln, den Schwiegervater um eine beträchtliche Summe betrogen hatte: dreitausend Dollar, die von der Tochter hinterlegt werden sollten, damit sie in die Vereinigten Staaten einreisen könne. Die arme Goschi hatte dem Herrn das Geld arglos ausgehändigt. Mimi, ihre Mutter, beklagte den Verlust eines Schmuckstücks. Mit anderen Worten: sie waren allesamt einem Hochstapler und Betrüger aufgesessen. Den gebeutelten Bruder grämte außerdem, als sammle sich bei ihm das Unglück, eine hartnäckige Krankheit seiner Gefährtin Nelly Kroeger. Das Leiden, das er nicht näher beschrieb, schien eher von psychischem Ungemach bedingt zu sein. Er ließ Thomas wissen: «Meiner Frau kann ich helfen gesund zu werden, wenn ich mich mit ihr trauen lasse. In zehn Jahren, die nicht alle leicht waren, hat sie es sich reichlich verdient.» Ein deutsches Männerwort...

Den zweiten Band des «Henri Quatre» hatte er, den beschwerlichen Verhältnissen in seiner bescheidenen, doch halbwegs gemütlichen Wohnung in Nizza tapfer trotzend, im Winter zu Ende gebracht, des Erfolges in der engumgrenzten Welt der freien deutschen Sprache ungewiß. Thomas schrieb ihm Anfang März, er lese

Tag und Nacht in dem Buch, «tags in jeder freien halben Stunde und abends in der Stille, bevor ich das Licht lösche». Er sprach vom «Gefühl festlich erregender Außerordentlichkeit», das einen bei der Lektüre nie verlasse, vom «Gefühl, es mit dem Besten, Stolzesten, Geistigsten zu thun zu haben, das die Epoche zu bieten hat». Er setzte hinzu: «Man wird sich gewiß einmal wundern, wie sie in all ihrer Erniedrigung doch dergleichen hervorbringen konnte».

Nach diesen schönen Superlativen fuhr er, kaum Atem holend, noch einmal mit einer ganzen Batterie prächtigster Preisworte auf, um das Werk zu rühmen: «Das Buch ist groß durch Liebe, durch Kunst, Kühnheit, Freiheit, Weisheit, Güte, überreich an Klugheit, Witz, Einbildungskraft und Gefühl, wunderschön, Synthese und Résumé Deines Lebens und Deiner Persönlichkeit.» Er schloß den Hymnus mit dem guten Satz: «Das will ich glauben, daß die deutsche Emigration sich etwas zugute thut auf dies Monument!»

Die Allgemeinheit des Lobes legt die Frage nahe, ob er das Buch zu jenem Zeitpunkt tatsächlich gelesen oder nur in ihm geblättert hatte. Der Empfänger der hochtönenden Botschaft mußte sich darum nicht kümmmern: er sog, wie jeder Autor, das Lob begierig auf – zumal das seines wichtigsten und prominentesten Partners im Leben und in der Literatur. Die Besprechung aber von Hermann Kesten im Frühjahrsheft von «Maß und Wert», die Thomas ankündigte, war ein leuchtendes Signal, das der Kritik den Rang anzeigte, den der Roman beanspruchte. Die Begeisterung habe Kestens Talent «Flügel verliehen», schrieb Thomas: «es ist beinahe das Musterbeispiel einer positiven Kritik, und da er das Ganze sieht, ist es eine Art von Lebensfeier.»

69. KAPITEL

Der Gral in Princeton

Thomas Mann durfte halbwegs gewiß sein, daß ihn die Princeton University dazu einladen würde, seine Gastprofessur um ein Jahr zu verlängern. Für die anstehenden Verhandlungen war es wichtig, daß ihn von Yale ein ähnliches Angebot erreicht hatte. Er schrieb an Joseph Angell, seinen Gewährsmann, auch die Columbia University in New York habe sich an ihn gewandt. Er könne den Plan freilich nur erwägen, wenn eine Tätigkeit für mehrere Jahre gesichert sei, sonst würde sich ein Umzug nicht lohnen. Am liebsten aber zöge er sich von jeder Verpflichtung zurück, um seine dichterische Arbeit fortzuführen.

Dennoch: es tat wohl, so vielen Ortes begehrt zu sein. Hochgemut konnte er am 8. März 1939 das Schlaf-und-Wohn-Abteil im Nachtzug nach Boston besteigen, das für ihn, Katia und Erika reserviert war, die ihn – wie er es gewohnt war – auf der großen Lesereise begleiten würden. In Harvard, der ersten Station, konnte er trocken «das übliche Getümmel» verzeichnen. Nach seinem «Freedom»-Vortrag drängten ihn die Deutsch-Studenten, an ihrem abendlichen «Kommers» mit Bier, bunten Mützen und Gesängen teilzunehmen, einer halb peinlichen, halb rührenden Imitation teutonischer Verbindungsbräuche à la Alt-Heidelberg. Noch in der Nacht zurück nach New York, am Morgen Rast im Hotel («Nichtsthun im seidenen Schlafrock»). Des Abends Wiederholung des Vortrags an der Columbia University, anderntags weiter nach Detroit, wo fünftausend Menschen das große Auditorium der Freimaurer füllten.

Der Agent hatte die Termine in enger Folge gebündelt: einen Tag
später trat Thomas Mann schon in Cincinnati auf, dieser freundlichen Stadt im Süden von Ohio, an der Grenze zu Kentucky gelegen, von deutschen und irischen Einwanderern geprägt. Der
Dichter, konstant überanstrengt, schien für den Charakter der
Landschaften und der Siedlungen, die er passierte, kaum Augen zu
haben. Immerhin fand er in Cincinnati Zeit, das Museum zu besichtigen, das die Familie Taft etabliert hatte: jene große politische Dynastie des Mittleren Westens, die im Gang der Generationen hohe
Richter, Abgeordnete und Senatoren in den Dienst der Nation delegierte, auch einen Präsidenten, von dem man feststellen durfte, daß
er der dickste in der Geschichte der Vereinigten Staaten war. Die
alten Tafts hatten keine große Sammlung hinterlassen, doch einige
schöne Stücke von Gainsborough, Turner, dem französischen Klas-
sizisten Ingres, auch einige wertvolle Holländer – alles in einem
hübschen Schlößchen mit den obligaten weißen Säulen untergebracht. Im Publikum seines Vortrages saßen, wie Thomas Mann
notierte, auch einige Gegner: Nazis und rabiate Katholiken, wie er
meinte, doch die Polizei wachte scharf über den ruhigen Verlauf der
Veranstaltung, und die potentiellen Störer verhielten sich gesittet.
Das Frage-und-Antwort-Spiel, das der Rede folgte, konnte ohne
Zwischenfall bestanden werden. Wie immer war bei diesem Ritual
Erika zur Stelle, die in ihren Übersetzungen seine Formulierungen
mitunter den Erwartungen des Publikums und den Realitäten an-
paßte.

Vor der Weiterreise nach Chicago die Nachricht vom Einmarsch
deutscher Truppen in die Tschechoslowakei. Vierundzwanzig
Stunden später unterzeichnete Präsident Hacha, sich den Pressionen des Diktators und seiner Gehilfen beugend, die Auslieferung
seines Staates an das Dritte Reich. Thomas Mann schrieb ins Tagebuch: «Niederschlagende Wirkung vorausgesehener Dinge». Er
fügte hinzu, daß nun wohl auch die Schweiz gefährdet sei.

Katia und er hatten seit einigen Wochen erwogen, im Sommer
noch einmal nach Zürich zurückzukehren. Sie sehnten sich nach
Europa und nach den Freunden, vor allem aber hoffte Katia, endlich
doch ihre Eltern wiedersehen zu können, die mit den Nazi-Behörden über den Verkauf der Sammlung italienischer Majoliken nach

England verhandelten; sie hofften, mit dem Erlös, der zum übergroßen Teil dem Staat zufallen sollte, ihre Ausreise in die Schweiz und ihre Freiheit erkaufen zu können. Nun schien es höchst unsicher, ob die Familie eine Abschiedsvisite auf dem alten Kontinent wagen durfte. Katia sorgte sich auch um den Status von Klaus und Golo, die beide nur die Pässe eines Staates besaßen, den es nun nicht mehr gab. Anders als der Vater, die Mutter und die beiden jüngsten Geschwister waren sie noch nicht offiziell in die Vereinigten Staaten eingewandert. Sie hatten darum auch die «first papers» noch nicht beantragen können. Ihr Aufenthaltsrecht war begrenzt. Die beiden fragten sich nicht ohne Furcht, welches Geschick ihnen nun drohe – Klaus angstvoller als Golo, der die Rückkehr nach Europa plante, um Lion bei der Zeitschrift abzulösen. Klaus fragte sich, ob er nun Kubaner werden müsse. Es gab, gottlob, «die Meyer», die in jeder Krise Rat wußte.

Rumänien und Ungarn, schrieb Thomas Mann, würden der Tschechoslowakei bald folgen. Einen guten Monat später kündigte der Diktator an, daß er nicht daran denke, von seiner Strategie der Aggression in Sprüngen abzulassen. Vor der Applausmaschine, die zu Unrecht den Namen «Reichstag» trug, wies er die Forderung Präsident Roosevelts, sich künftig aller Gewaltaktionen zu enthalten, voller Hohn zurück. Er annullierte das deutsch-britische Flottenabkommen von 1935, das der maritimen Rüstung des Reiches gewisse Beschränkungen auferlegt hatte. Er setzte auch den deutsch-polnischen Nichtangriffsvertrag außer Kraft und signalisierte damit die Richtung des nächsten Stoßes.

«England und Frankreich ohne Regung. Rußland – eine Sphinx», schrieb Thomas Mann nach dem Einmarsch in Prag. Ihm wurde erst später deutlich, daß Hitlers zynischer Wortbruch das entscheidende Signal war, das endlich die moralische Mobilisierung der großen Demokratien bewirkte. In London und Paris begriffen nun auch die Anwälte des «Appeasement», daß mit dem Diktator kein Kompromiß möglich war. Er hatte bewiesen, was die Aufmerksamen ohnedies wußten: daß er Vereinbarungen und Verträge nur so lange halten würde, wie sie ihm nützlich zu sein schienen. Der britische Regierungschef Neville Chamberlain kündigte wenige Tage später vor dem Unterhaus den Widerstand Großbritanniens gegen die Weltherrschaftspläne des deutschen Diktators an. Die Vorbereitungen für den Zweiten Weltkrieg begannen.

In Chicago traf Thomas Mann mit einem Neffen des einstigen Präsidenten, dann mit Beneš selbst zusammen. Er begegnete auch dem Sohn des Staatsgründers Thomas Masaryk, der später, nach der Befreiung, seinem Land als Außenminister diente, bis er beim kommunistischen Staatsstreich im Jahre 1948 Selbstmord verübte – oder zum Selbstmord gezwungen wurde. Wenig später erreichte den Dichter ein Hilferuf seines tschechischen Mentors Rudolf Fleischmann, der einst die Einbürgerung der gesamten Familie Mann in die Wege geleitet hatte. Der brave Mensch, zuletzt Sekretär der Thomas-Mann-Gesellschaft in Prag, hatte sich rechtzeitig in Sicherheit bringen können, doch offensichtlich war er ohne alle Habe geflohen. «Eine kleine Beihilfe zur Erleichterung Ihrer Lage geht sofort – leider schon verspätet – an Sie ab», schrieb ihm der Autor. «Daß ich für die ganze Summe, die Sie brauchen, nicht aufkommen kann, werden Sie verstehen. Auch mein Leben ist ernst und der dringenden Ansprüche sind viele.»

Dem voranstürmenden Unheil, das niemand aufzuhalten vermochte, setzte er auch jetzt – mit einem unbeugsamen Trotz, der nicht nur ein moralisches Aufbegehren, sondern ein Protest der ganzen Persönlichkeit war – das verbissene «Dennoch» des Schriftstellers entgegen, der sich in der Ausübung seines Berufs von nichts und von niemandem beirren ließ. Auch in Chicago schrieb er wenigstens einige Zeilen weiter an Goethes Monolog. Viel war es nicht, das er zu Papier brachte, von Telefonaten aufgestört, von immer neuen Schreckensmeldungen bedrängt, von Interview-Wünschen belagert. Das Schreiben aber war für ihn eine Frage des Überlebens geworden. «All Heroismus liegt in der Ausdauer, im Willen zu leben und nicht zu sterben», ließ er seinen Goethe in der «Lotte» sagen: «das ist's, und Größe ist nur beim Alter.»

Der Gegensatz von Kunst und Leben, den er in seiner Jugend zum existentiellen Konflikt hochstilisiert hatte, war im Fortgang der Jahre auf die natürlichste Weise eingeebnet worden – wie er es im «Tod in Venedig», die Welt des «Tonio Kröger» hinter sich lassend, vorausgeahnt hatte. Das Leben, das sogenannte, stellte jenseits der täglichen Gewohnheiten immer geringere Ansprüche:

keine Lockungen, keine Versuchungen, welkende Neugier. Leben
war ihm nun – beinahe – gleich Schreiben geworden, und das
Schreiben – beinahe – gleich Leben: sein Mittel des psychischen
Widerstandes gegen den übermächtigen Herausforderer drüben in
Deutschland, den er mehr und mehr als seinen persönlichen Geg-
ner, seinen Erz- und Urfeind betrachtete.

Noch immer beharrte er darauf – so in einem Interview für die
«St. Louis Post-Dispatch», eine der großen Zeitungen des Mittleren
Westens –, daß England und Frankreich «die allgemeinen Ziele Hitlers im Osten kannten und sie sanktioniert hatten». Zum anderen
erwog er mit überraschender Hellsicht, daß eine «Verbindung oder
gar Vereinigung Deutschlands und Rußlands in zukünftigen Jahren» möglich sein könnte. Dies würde ihm nicht gefallen, sagte er,
doch die «äußeren Ähnlichkeiten der beiden Systeme» machten ein
Ereignis dieser Art denkbar. Zugleich pochte er darauf, daß zwar
Kommunismus und Faschismus in ihren «technischen Methoden
zu einem gewissen Grade ähnlich» seien, aber der Kommunismus
sei «in gewissen Aspekten mit der Idee der Humanität verbunden.
Obwohl er sich falscher Methoden bedienen mag, die nicht mit der
menschlichen Natur im Einklang stehen, ist sein Ziel trotz allem die
Verbesserung der Bedingungen für die Menschheit. Der Faschis-
mus ist ausschließlich destruktiv und bewundert nur die reine
Macht.»

Die wichtigere Botschaft für die amerikanischen Leser: Hitlers
Aggressionen würden schließlich zu einer «schwarzen Katastrophe» für Deutschland, wenn nicht für die ganze Welt führen, dennoch seien Hitlers Tage der Macht gezählt. Er wolle den Zeitpunkt
allerdings nicht vorhersagen. Der Reporter hatte zwei Stunden im
Zug von Springfield in Illinois nach St. Louis und danach im Hotel
mit Thomas Mann gesprochen. Er notierte aufmerksam, daß nach
der Einsicht des deutschen Schriftstellers «die Wurzeln der Demokratie» in Amerika zu stark seien, um eine totalitäre Bewegung zu
dulden. An diese schmeichelnde Feststellung fügte sich eine voraus-
schauende Erwägung, die den Zeitungsmann zunächst verwirrt haben mag: Thomas Mann sagte, wenn sich in Amerika eine totalitäre
Bedrohung rege, dann werde sie «unter dem Deckmantel der Freiheit» kommen. Die dunkle Äußerung, die dem Gesprächspartner

Rätsel aufgeben mochte, klärte er durch den Hinweis auf eine polemische Äußerung des Expräsidenten Herbert Hoover gegen die Politik Roosevelts halbwegs auf.

Der Reporter konstatierte die Anmerkung ohne Kommentar. Mit einem kaum wahrnehmbaren Hauch von Belustigung wies er auf die vierzehn Gepäckstücke, mit denen die Familie Mann reiste. Zu ihrer Ausrüstung gehöre auch ein hölzerner Kasten, der mit einem Vorhängeschloß versehen sei: «Frau Mann erklärte, daß er drei Gläser und zwei ‹prachtvolle kleine Flaschen› Whisky enthält. ‹Wenn wir in einen trockenen Staat kommen›, sagte sie, ‹können wir uns immer noch verlustieren.›»

Die Turnhalle des YMCA in St. Louis war überfüllt, wie er es gewohnt war: «Naive Ansprüche unaufhörlich», heißt es im Tagebuch. Mit dem «Texas Express» weiter nach Fort Worth, wo er sich «ausschließlich Damen» gegenüber sah. Kansas City erreichte er nach einer Nacht im Pullman, die er mit der Hilfe von Phanodorm überstand. Quartier im Hotel «Mühlebach», das er gut genug kannte. Ruhetag. Von der Besetzung des litauischen Memellandes, an jenem Tag gemeldet, schien er nur flüchtig Kenntnis zu nehmen. Das Tagebuch verzeichnet keine Erinnerungen an das Sommerhaus, das er einst dort droben besessen hatte. Das idyllische Refugium gehörte einer versunkenen Welt an; es war überdies längst verkauft.

Weiter nach Omaha in Nebraska, wo der Mittlere Westen weiter und flacher zu sein scheint als irgendwo anders. Seinen Vortrag, schrieb Thomas Mann auf, habe er dort «eher träge, aber erfolgreich» absolviert. Viele seien von weither gekommen. In der Fragestunde erkundigten sich einige der Zuhörer nach dem «Joseph» – zur Freude des Autors, der freilich ohne Staunen registrierte, daß seine Trilogie bis in diese entlegene Region vorgedrungen war. Es überraschte ihn auch nicht, daß seine anspruchsvolle «Freiheits-Rede», die sich oft in luftigen Höhen bewegte, solch gebannte Aufmerksamkeit zu finden schien. Streifte ihn je die Überlegung, ob er in Küstrin an der Oder und im niederbayerischen Straubing mit einem vergleichbaren Zulauf hätte rechnen dürfen? Wunderte er sich niemals, wie es zuging, daß er einem Amerika begegnete, das den europäischen Vorurteilen so wenig entsprach? Nahm er wirklich wahr, daß er sich in der «Neuen Welt» befand? Die Tagebücher und die Briefe sagen darüber so gut wie nichts.

Drei Tage und drei Nächte rollte der Zug, bis Seattle erreicht war, die aufblühende Industriestadt im Nordwesten der Vereinigten Staaten. Im Hotel lag keine Reservierung vor, doch wartete Post auf den Schriftsteller. Der Hotelmanager mußte mit einigem Umstand davon überzeugt werden, daß Thomas Mann tatsächlich Thomas Mann sei. Erika kaufte Zeitungen, die von einer angemessenen Rede des französischen Premierministers Daladier berichteten: «Die Situation scheint sich dem Kriege zu nähern, wird voraussichtlich sich wieder von ihm entfernen, um am Ende doch in ihm unterzugehen. Die kapitalistische Welt wird durch ihr Hätschelkind, den Fascismus, zum Kriege gezwungen werden.»

Das antikapitalistische Ressentiment Thomas Manns schoß noch immer heftig ins Kraut. Zweifellos waren seine Betrachtungen von der Bitterkeit getränkt, mit der er die Triumphe der Diktatoren beobachtete. Doch er schien nicht in Erwägung zu ziehen, daß auch Präsident Roosevelt, den er mit nahezu unkritischer Bewunderung verehrte, den «Kapitalismus» repräsentierte, trotz der sozialen Korrekturen, mit denen er Wirtschaft und Gesellschaft des Landes zu reformieren versuchte.

Regte sich in der Vehemenz seiner Anklage ein verborgenes Schuldbewußtsein? Anders als abertausend Genossen des Exils wurde er durch die Segnungen des kapitalistischen Systems immer aufs neue verwöhnt – und nirgendwo strahlte ihm dieses doch ohne Zweifel grundkapitalistische Amerika freundlicher entgegen als in Beverly Hills, das ihn und die Seinen in den ersten Apriltagen aufs liebenswürdigste aufnahm: «Freude des Wiedersehens mit dieser heiteren u. gepflegten Lichtwelt in Meeresluft. Das vertraute Hotel. Parterre-Wohnung. Blumen und Konfekt von Franks u. der Massary» (Bruno Franks Schwiegermutter, die einstige Operetten-Diva). «Wahl zwischen zwei Wagen; den geschlossenen gemietet.» Nach dem Abendessen im Hause Frank – deutscher Sitte getreu gab es Schnittchen und Tee – las er aus dem siebenten Kapitel der «Lotte» vor.

Die Welt von Hollywood, die sich von Zeit zu Zeit gern in den edleren Kristallen der Literatur zu spiegeln versucht, bemächtigte sich seiner mit dem naiven und zugleich durchtriebenen Charme des Showbusiness. Er begegnete Max Reinhardt und Salka Viertel, die ihm ihren Garbo-Film «Christine von Schweden» vorführte. Ernst Lubitsch geleitete ihn zu einem Dinner des «American Committee for Christian German Refugees», bei dem er den Text seines «Manifestes» vortrug. Der Erlös des Galaabends betrug mehr als dreitausend Dollar – etwa fünfzigtausend Mark nach heutigem Geld; über tausend Dollar durfte er für seinen Hilfsfonds verfügen.

Er aß bei William Dieterle zu Abend, von der chinesischen Bedienung beeindruckt, und wurde anderntags ins Studio der Warner Brothers zum Lunch geladen. Erich Maria Remarque und Marlene Dietrich saßen mit ihm am Tisch. Die beiden bedachte er im Journal, schnaubend vor Verachtung, nur mit einer Vokabel: «minderwertig». Der blendende Star aus Deutschland, durch den Film über des Bruders «Professor Unrat» zu Weltruhm gekommen, schien einen Typus Frau zu repräsentieren, der in ihm nichts als tiefen Widerwillen weckte. Der Kollege Remarque wiederum – wohl vom Champagner angefeuert, was ihm dann und wann widerfuhr – scheint sich einiger Flapsigkeiten schuldig gemacht zu haben. Die literarischen Talente des Autors, dessen Ruhm sich ganz auf sein Kriegsbuch «Im Westen nichts Neues» gründete, schätzte Thomas Mann ohnedies gering ein. Er ordnete ihn dem Niveau von Emil Ludwig, Lion Feuchtwanger und Stefan Zweig zu, von denen er kurze Zeit später voller Hochmut bemerkte, er wisse nicht, welchen unter ihnen die «Palme der Minderwertigkeit» zu reichen sei.

Nach einer Woche schon Rückfahrt nach Chicago, wo sich der Himmel weniger freundlich zeigte: nordisches Aprilwetter, Regen und Schnee. Auch dort tagte das «Komitee für die deutschen Flüchtlinge christlichen Glaubens», und er trug ein weiteres Mal, vor etwa zweitausend Menschen, sein «Manifest» vor. Im südlichen Washington aber – das, man vergißt es oft, auf der Höhe von Palermo liegt – zeigte der Frühling ein heiteres Gesicht. Die Behaglichkeit des schönen und eleganten Hauses der Meyers am Crescent Place nahm ihn, Katia und Erika auf, generös wie immer.

Am Abend in großer Toilette – «vom Kammerdiener vorbereitet» – zu einem Konzert in der Constitution Hall, in der Bruno

Walter Werke von Mozart, Weber, Beethoven und Richard Strauss
dirigierte: «Genußreich. Der mir gemäßeste Dirigent. In der Pause
bei ihm. Stürmische Überraschung.» Die Wege der Freunde kreuz-
ten sich immer wieder, in der Alten, in der Neuen Welt: man könnte
von einer mobilen Nachbarschaft sprechen, die sich hernach in Kalifornien erneut verwurzeln würde. Auch für den Schriftsteller war
es zur Gewohnheit geworden, sein Gewerbe im Umherziehen auszuüben. Er hatte sich – wie die Schauspieler und Musiker – wenigstens mit einem Teil seines Daseins dem modernen Starbetrieb
überantwortet, der ihn zu einer ambulanten Existenz zwang. Es war
ihm, trotz allen Seufzens, nicht einmal unlieb. Auch aus der Bewegung ergab sich eine Art von Kontinuität.

Agnes Meyer, seine Gastgeberin, sah es nicht gern. Ihr wäre es
lieber gewesen, wenn sich der Dichter in der geschützten und geschlossenen Welt von Princeton ganz auf sein Werk konzentriert
hätte, statt sich von den europäischen Tragödien, politischen Pflichten und dem hübschen Firlefanz Hollywoods ablenken zu lassen.
Sie selbst hatte sich in den Kopf gesetzt, ein Buch über Thomas
Mann zu schreiben, für das sie intensive Studien betrieb. Am Morgen nach dem Konzert fuhr sie mit dem Dichter hinüber nach Virginia in ihr Landhaus, von dem der Blick weit über das obere Tal des
Potomac-Flusses mit seinen Fällen und Felsen ging – eine Indianer-
landschaft, nur wenige Meilen vom Zentrum der politischen Macht
entfernt. Das Tête-à-tête mit der verehrenden Dame war ihm nicht
behaglich: natürlich gab sich die vitale und ein wenig herrische Frau
nicht damit zufrieden, nur ihre literarischen Analysen mit ihm zu
überprüfen. Die Gespräche über seine Persönlichkeit gerieten ihr
allzu rasch zu einer Art Missionsstunde; ohne Zweifel regte sich in
ihrem Eifer auch der Wille zur Verführung. Sie hielt ihm vor, daß
sein Verhältnis zu den Mitmenschen «kalt» und ohne «Spontaneität» sei. Sie deutete auf die Figur des «Hippe» im «Zauberberg»,
seiner Homoerotik auf der Spur, die diese kluge Frau in merkwürdiger Unschuld wohl für korrigierbar hielt.

Der Vorwurf der «Kälte» war ihm nicht neu – er kannte ihn seit
frühen Tagen, und er war es gewohnt, ihn fortzuwischen, manchmal voller Ärger, manchmal resigniert, manchmal gleichgültig. Die
permanente Abwehr bewies nicht, daß die so hartnäckig geäußerte

Klage zu Unrecht erhoben wurde. Thomas Mann betrachtete sie als Teil des Geschicks, das ihm Künstlertum und Größe aufgetragen hatte: im Goethe-Roman würde er das Seine dazu sagen. In dem «bread and butter letter», mit dem er sich nach der Heimkehr für die Gastfreundschaft Agnes Meyers artig und überschwenglich bedankte, nannte er jenen allzu intimen Vormittag in Virginia den «geistig-menschlichen Höhepunkt» seines Aufenthaltes: «in ländlich getäfeltem Sälchen mit dem Blick in ein romantisch felsiges Flußtal und in die gütig kluge und feine, hilfreich exegetische Bemühung eines edlen Frauengeistes. Dankbarst denke ich daran zurück. Es war, und ich bewahre es. Auch sonst gäbe es, noch einmal, viel zu danken – auch Ihrem Gatten, den ich von Mal zu Mal lieber gewinne. Tell him, that the President and he are the two Americans I like best.»

Der Aufwand ergebener Floskeln war angebracht: Agnes Meyer hatte noch einmal eine regelmäßige Subvention für «Maß und Wert» in Höhe von zweitausend Dollar zugesagt. Allerdings bedurfte es einige Wochen später noch einmal einer höflichen Mahnung, um den Scheck nach Princeton und weiter nach Zürich zu lenken. Nach einer peniblen Rechnung – in der er nicht ganz beiläufig erwähnte, daß er selbst auf eine Vergütung verzichte – gelangte er zu dem Resultat, daß ein Defizit von etwa dreitausend Dollar bleibe: «Ich habe mich anheischig gemacht, 2000 davon hier aufzubringen; die restlichen 1000 würden *dann* aller Voraussicht nach von europäischer Seite beigesteuert werden. – Frage: Ist also jene grosse Seele, auf die zu hoffen Sie und Ihr lieber Mann mich ermutigt haben, bereit, mir den rettenden Check auf die 2000 zu überhändigen, dass ich ihn mit mir nach Europa nehmen kann? Meine reinliche Bilanz *muss* der grossen Seele ja gefallen.»

Dem Verleger Oprecht, der sich im späten Frühjahr zu einem Besuch in Princeton einfand, hatte er schon am Anfang des Jahres Einsparungen vorgeschlagen, die vielleicht erlaubten, die Zeitschrift weiterzuführen. Er strich die eigenen Honorare. Golo, meinte er, würde das Unternehmen billiger zu stehen kommen als Lion. Er brauche keinen Sekretär. Im übrigen dürfe man hoffen, daß neben Mrs. Meyer auch Madame Mayrisch weiter bereit sein würde, das Blatt zu unterstützen.

Die Freundin in Washington durchschaute die kunstfertig-ironische Heuchelei des Dankes nicht. Sie trank die Worte des Meisters wie schieren Nektar: «Darf ich Ihnen gestehen», antwortete sie postwendend, «dass ganz ungewohnte Tränen mir in den Augen gekommen sind als ich Ihre schönen Worte in meinem Herzen sinken liess?» Mit dem Blick voraus auf das Buch, das sie zu schreiben gedachte, rief sie: «Nur wenn ich in meiner Arbeit die ganze Sympathie und die daraus wachsende Einsicht verwirklichen kann, werde ich mich selber als Mensch vollfüllen.»

Wollte sie sagen, daß sie sich wohl fühlen oder erfüllen wolle? Sie zog, sich für einen Augenblick im Gestrüpp der deutschen Worte verirrend, beide Möglichkeiten auf eine psychologisch recht schlüssige Weise zusammen. Thomas Mann hatte sie offensichtlich auf die Biographie hingewiesen, die Caroline Newton, die Nachbarin in Princeton, in die Feder zu nehmen plante. Voller Großmut bat sie ihn, sich «in allen solchen Sachen (...) ganz frei zu wissen. (...) Je mehr man über Sie schreibt desto besser. Ich mache keine exklusiven Ansprüche. Ich kann es selber nicht ertragen mich gebunden zu fühlen, und verabscheue es daher andere Menschen in irgendeiner Hinsicht zu binden.» (Beide Bücher blieben übrigens Fragmente.)

Der offizielle Anlaß des Aufenthalts in Washington war die Einladung zum Jahresdinner des «Gridiron Club»: einer exklusiven Vereinigung von Mitgliedern des hauptstädtischen Pressekorps, von Senatoren, Abgeordneten und hohen Beamten, die ihre Ehrengäste mit munteren Sketches und satirischen Versen zu feiern pflegten. Den seltsamen Namen bezog die Vereinigung vermutlich von einer altmodischen Bezeichnung für den Eisen- und Stahlrost, auf dem man in geselliger Runde ein Stück Fleisch briet: den Grill. Von den Reden bei jenen launigen Abenden wurde erwartet, daß sie kongenialen Witz demonstrierten, was nicht immer gelang. Die Atmosphäre des Festbanketts glich mitunter der Stimmmung eines rheinischen Karnevalabends oder einer Abiturfeier in Nürtingen am Neckar. Doch galt es als eine hohe Auszeichnung, zu dieser Veranstaltung gebeten zu werden. Prominentester Gast des Abends, an dem Thomas Mann geladen war: der Präsident der Vereinigten Staaten. Der Schriftsteller registrierte, daß auch ihm bei der Begrüßung eine «freundliche Kundgebung» zuteil wurde. Sie schien herzlicher auszufallen als der «abgewogene Applaus» für die anwesenden Diplomaten, von denen der Finne den lebhaftesten Beifall fand, weil der Zeremonienmeister darauf hinwies, daß das kleine nordische Land seine Schulden bei der Regierung der Vereinigten Staaten pünktlich bezahlt habe.

Die «Washington Post» nannte den deutschen Dichter in ihrem Bericht «the world's greatest living writer». In einem Gepräch, das er am Rande des Banketts mit dem Reporter führte, verglich er den heiteren Umgang der Presse mit den rauheren Sitten, die im Dritten Reich herrschten. Er erzählte, der Propagandaminister Joseph Goebbels habe vor einigen Jahren festgestellt, daß die deutschen Zeitungen zu langweilig seien. Prompt habe er die Redakteure aufgefordert, die Spalten ihrer Blätter mit Humor aufzulockern. Ein Journalist habe die Anweisung wörtlich verstanden: «Er druckte einen Witz, einen harmlosen kleinen Witz, doch Ziel des Spottes war Dr. Joseph Goebbels selbst.» Das sei das Ende des Journalisten gewesen.

Die Anekdote machte sich gut. Sie kennzeichnete die Humorlosigkeit des Regimes, das am Ende in der Tat nur den tödlichen Ernst (im wörtlichen Sinn) kannte. Doch Thomas Mann übersah – oder er wußte es nicht –, daß die Produktion von Witzen über die Prominenten des Reiches, den sakrosankten «Führer» ausgenommen, immer wieder ermutigt wurde, besonders die Witze über den dicken Feldmarschall Hermann Göring. Politische Scherze, befand der Chefpropagandist, seien geeignet, die Unzufriedenheit im Volk zu dämpfen.

Der Gast in Washington aber war, wie er im Tagebuch festhielt, «tief bewegt vom Anblick des aufrichtig verehrten Präsidenten, der gegen Mitternacht sprach: anmutig und höchst sympathisch. Sein energisch-mühsames Aufstehen. Sein gestützter Abgang mit dem Chef des Sicherheitsdienstes, dicht an uns vorüber.»

In Franklin Delano Roosevelt hatte er die Persönlichkeit gefunden, die seiner Verehrungsbereitschaft und seines grundsätzlichen Respektes vor der Obrigkeit würdig war. Überdies fing er an, die literarische Verwertbarkeit der Figur des Präsidenten zu prüfen. Mit anderen Worten: er begann, über die Weiterführung des «Joseph» nachzudenken, obschon er die «Lotte» noch längst nicht zu Ende gebracht hatte.

Zunächst mußten die akademischen Pflichten erfüllt werden: eine letzte Vorlesung war zu halten. Ihre Vorbereitung forderte besondere Sorgsamkeit, denn das Kolleg ging der Verleihung des Ehrendoktors der Princeton University nur um eine gute Woche voraus: nach Harvard, Yale, Columbia und Rutgers die fünfte Ehrenpromotion, die er in den Vereinigten Staaten empfing. Überdies stand die Entscheidung an, ob und wie die Bindung an die Hochschule fortgesetzt werden sollte. An dem freundlichen Interesse des Präsidenten und der Professorenschaft war nicht zu zweifeln, doch die Finanzierung schien einige Schwierigkeiten zu bereiten. So war es wohl allen Beteiligten lieb, daß Thomas Mann schließlich vorschlug, seine Pflichten, aber damit auch seine Einkünfte, auf die Hälfte zu reduzieren: erst vom Februar 1940 an wollte er bis zum Schluß des akademischen Jahres im Sommer präsent sein – für dreitausend Dollar. Die Miete fürs Haus und die gröbsten Unkosten würden damit gedeckt sein. Die literarische Agentur «Brandt and Brandt», die ihn in Amerika vertrat, schickte in jenen Tagen mit der halbjährlichen Abrechnung einen Scheck über mehr als neuntausend Dollar: an die hundertvierzigtausend Mark in heutigem Geld. Thomas Mann brauchte sich ums tägliche Brot keine Sorgen zu machen.

Nach Goethes «Faust», Richard Wagner und Sigmund Freud wollte er im letzten Kolleg des Jahres sich selbst präsentieren: unmittelbar und ohne den üblichen Umweg über einen der Meister. Er beschloß, eine «Einführung in den ‹Zauberberg›» vorzutragen. Die Niederschrift ging rasch von der Hand. Er erzählte in schöner Lebhaftigkeit die Entstehungsgeschichte des Werkes, das er – den Studenten zuliebe – in seiner Ausdeutung selten in die allerhöchsten Gefilde der Menschheitsideen dirigierte. Freilich sprach er, das war unvermeidbar, von Krankheit und Tod, durch deren Erfahrung alle «höhere Gesundheit» gegangen sein müsse – wie die «Kenntnis der Sünde eine Vorbedingung der Erlösung» sei. Er konnte auch der Versuchung nicht widerstehen, einen jungen Gelehrten von Harvard zu zitieren, der den «schlichten Helden» seines «Magic Mountain» den Gralsuchern zuordnete (davon war die Rede). Zum Schluß fand er die schönen Sätze: «Der Gral ist ein Geheimnis, aber auch die Humanität ist es. Denn der Mensch selbst ist ein Geheimnis, und alle Humanität beruht auf Ehrfurcht vor dem Geheimnis des Menschen.»

Von Madame Chauchat war in dem Essay nur am Rande die Rede, von ihrem Vorbild, dem Knaben Hippe, nicht. Bei der Lektüre des Manuskripts hegte Agnes Meyer dennoch den Verdacht, er verteidige ein weiteres Mal die Flucht vor dem Leben, die sie – nicht zu Unrecht – als eine Flucht vor den Frauen verstand. (Sie sollte darüber in der Neige des Jahres das eine oder andere einschlägige Wort in der «Lotte» lesen, Goethe in den Mund gelegt, der auch für sie die unumstrittene, die allerhöchste Autorität in Sachen Dichtung und in Sachen Leben war.) Nun schrieb sie mit einem nicht geringen Aufwand an Pathos: das Leben sei ein «fortwährendes Suchen der absoluten Reinheit, des Ewigen, Wahren und Guten», was er selbst in seinem Aufsatz das «ewige Geheimnis» nenne: «Und das, lieber Freund, ist ja auch der Grund warum ich zu dieser Arbeit über Sie gezwungen bin. Die Rettung der eigenen Seele ist im Spiel und meine armen, vernachlässigten Kräfte und Gaben dehnen sich täglich bis ich fast verzage, nur um die klare Einsicht in Ihrem heroischen Streben in würdiger Form herzustellen. Die Bürde ist furchtbar und es gibt kein Entrinnen.»

Sie fuhr fort, ihre eigene ganze Erfüllung hänge damit zusammen, «dass ich Sie zur selben Zeit von der Furcht vor der Frau als Verführerin befreie. Bitte, seien Sie nicht empört über diese dreiste Empfindung. Die deutsche Askese ist zweifellos eine höhere Conception des irdisch-seelischen Konflicts als die sündenhaft französische die den hochbegabten Rimbaud zerstört hat, aber es gibt doch eine mehr liebevolle, höhere Einsicht wo Furcht ganz verschwindet und zur vollen Erlösung führt.» Ihre Sprache steigerte sich zuletzt zu biblischer Mächtigkeit: «Sie haben das Fleisch in Wort verwandelt, und sind jetzt auf dem Wege, das Wort wieder in Fleisch umzuwandeln.»

Es ist nicht anzunehmen, daß Thomas Mann den Brief in die Schublade seines Schreibtisches einschloß. Vermutlich durfte die Familie an der Lektüre mit spöttischem Lachen teilnehmen. Doch es empfahl sich eine höfliche, nicht allzu ironische Antwort: «Sie hätten mir nicht schöner schreiben können», rief er der hohen Dame zu: «Unmöglich konnten Ihnen diese gutmütig belehrenden Aeusse-

rungen» – über den «Zauberberg» – «irgend etwas Neues sagen.
Aber purity, Reinheit, ist es ja eigentlich nicht, wonach H. C.
‹sucht›. Weder er noch ich haben asketische Neigungen. Was ihn
ergreift, ist das Problem des Menschen überhaupt, die Frage nach
seinem ‹Stande und Staate›. Es handelt sich um seine humane Erziehung, und in Erziehungsromanen gibt es Führungen und Verführungen. Mme. Chauchat ist verführerisch erstens in einem Sinn,
gegen den ich nichts einwenden möchte, und zweitens auch ein bisschen im geistigen Sinn, wie Settembrini es meint.»

Nachsichtig fuhr er fort, er würde es nur ungern auf sich sitzen
lassen, daß er «in der Frau nur die Verführerin sehe. Das hat auch
Mérimée gewiss nicht getan, obgleich er ‹Carmen› geschrieben hat.
Man muss doch zugeben, dass mein Bild der Frau des Potiphar die
Ehrenrettung eines vor aller Welt als liederliche Verführerin angesehenen Weibes durch die Leidenschaft ist. Und die tiefe Rührung,
die auf mich und andere von der Figur der Rahel ausgeht, weiss auch
nichts von Verführung.» Am Ende konnte er der Versuchung nicht
widerstehen, ironisch mit der Wahrheit zu spielen: «Ich gebe zu,
dass ich mehr auf das Menschliche, als auf das speziell Weibliche aus
bin. Aber durchaus stimme ich der reizenden Huldigung zu, die
Goethe dem Weiblichen in den Versen dargebracht hat: – ‹Denn das
Naturell der Frauen / Ist so nah mit Kunst verwandt.› – Alles Gute
und Schöne für Ihre Arbeit! Ihr Thomas Mann.»

Immer wieder hatte in jenen Wochen die Familie darüber debattiert, ob die geplante Reise nach Europa gewagt werden könne. Am
3. Mai 1939 die Nachricht aus Moskau, Außenminister Litwinow
sei durch Stalins engsten Vertrauten Molotow abgelöst worden.
Thomas Mann notierte, einer präzisen Witterung folgend, daß ein
Bündnis des Dritten Reiches mit der Sowjetunion nicht mehr undenkbar sei. «Düstere Perspektiven», schrieb er auf.

Der immer drohender aufragende Schatten der Gefahr trieb ihn
dazu an, über neue Mittel des Widerstandes nachzudenken. Trotz
seines eher skeptischen Urteils über den Freiheitswillen der Deutschen hielt er an der Vermutung fest, daß sie sich dagegen sträuben
würden, von dem Diktator in den Krieg gerissen zu werden. Die
bitteren Erfahrungen mit dem «Manifest» hinderten ihn nicht, eine
neue Aktion zu planen. Bruder Heinrich und anderen möglichen

Mitarbeitern schrieb er Mitte Mai, es sei «notwendig, für die Deutschen drinnen, und für uns Vertreter des geistigen Deutschland draußen, daß wir die Verbindung miteinander aufnehmen». Er würde darum gern im Gang eines Jahres «etwa 24 Broschüren ins Land gehen lassen, die von Repräsentanten des deutschen Geistes *für die Deutschen* geschrieben werden sollen». Ein Ausschuß von amerikanischen Freunden, dem Dr. Frank Kingdon vorstehe – der Präsident der Universität Newark (später ein wichtiges Mitglied des «American Emergency Rescue Committee», das so vielen Emigranten das Leben rettete) –, werde die Finanzierung übernehmen. Er lud unter anderem seine Kollegen Bruno und Leonhard Frank, Ludwig Renn und René Schickele, Fritz von Unruh, Franz Werfel und Stefan Zweig, die Regisseure William Dieterle und Max Reinhardt, die Sängerin Lotte Lehmann, den Physiker und Nobelpreisträger Erwin Schrödinger, den Theologen Paul Tillich und den konservativen Politiker Hermann Rauschning zur Mitarbeit ein. Jede der Broschüren, die bescheiden honoriert würden, sollte in etwa fünftausend Exemplaren gedruckt werden. Es böten sich viele Wege des Vertriebs an, um die Hefte ins Reich zu schmuggeln – auch der offizielle Postweg. Thomas Mann betonte nicht, was die Tochter Erika in einem Brief an den Vater bemerkte: daß man gut beraten wäre, auf den «Vertriebs-Apparat der Roten» zu verzichten, obwohl dies, wie die Tochter sagte, nicht ganz leicht sein werde – «denn sie haben, die Unholde, – nun mal den besten». Auch dieses Unternehmen scheiterte – nicht am Widerstreben der Beteiligten, sondern am dramatischen Fortgang der Dinge.

Seit dem Einmarsch in Prag roch es nach Krieg. Dennoch beschloß die Familie die Abreise am 6. Juni auf der «Île de France»: Thomas konnte und wollte seiner Sehnsucht nach Europa nicht widerstehen. Allerdings durfte nicht die Schweiz das erste Ziel sein. Noch immer waren Katias Eltern die Pässe nicht ausgehändigt worden. Die Familie fürchtete, daß die Anwesenheit Thomas Manns in Zürich den Behörden als Vorwand dienen könnte, die Ausreise der alten Leute zu verzögern oder gar zu verhindern. So sollte zunächst in Paris Station gemacht werden. Erika würde Thomas und Katia begleiten. Golo plante, nach Zürich zurückzukehren.

Klaus und Elisabeth brachten die Eltern zum Schiff. «Turbulente

Verabschiedung» schrieb Thomas Mann. «Die Abschiede werden immer bitterer…», notierte am selben Tag der Sohn. Curt Riess, Martin Gumpert, Robert Klopstock, Klausens Freund Curtiss und Caroline Newton fanden sich ein, um adieu zu sagen. Einige Tage später sprach Klaus mit Miss Newton über das Thomas-Mann-Buch, das die gelernte Psychologin zu verfassen gedachte. Der Sohn blätterte, von der Unterhaltung angeregt, mit einiger Ängstlichkeit in den «Betrachtungen». Er notierte: «Eines Tages – gesetzt ich soll meinen Vater überleben – werde ICH DAS Buch über ihn und H. M.» – den Bruder Heinrich – «schreiben…»

Auch «die Meyer» (die den eingeforderten Scheck pünktlich schickte) bereitete eine europäische Reise vor. Sie wollte Lübeck kennenlernen und sich in München umschauen: eine Wallfahrt auf den Spuren des verehrten und geliebten Dichters. Thomas Mann hatte sie davon nichts gesagt.

70. KAPITEL

Sommer des Abschieds

Auf dem Schiff wurde Thomas Mann von einer Depression heimgesucht: vermutlich die Konsequenz der chronischen Überanstrengung, die er sich zugemutet hatte. «Leidende Tage», schrieb er ins Journal. Er sprach von «Thränen und Pein. Spät gefundener Schlaf. Ekel vor Speisesaal, Kellnern, Toilette, Salon.» Das obligate Dinner mit dem Kapitän und die Einladung zu einer Vorlesung für die Passagiere sagte er ab. Ein Essen mit dem Publizisten Walter Lippmann – in jenen Jahren der prominenteste Kommentator der amerikanischen Presse, ein liberal-konservativer Geist, der seine Karriere als Assistent des Präsidenten Wilson in Versailles begonnen hatte – konnte ihn nicht inspirieren.

Auch die Ankunft in Paris am 12. Juni 1939 heiterte ihn nicht auf. Es ärgerte ihn, daß es Katia zunächst nicht glücken wollte, die Beamten des niederländischen Konsulats zur Ausstellung der notwendigen Visen zu überreden. Er empfand die Abweisung – angesichts seiner Prominenz – als «beschämend». Da er sich den Zugang zur Schweiz fürs erste verwehrte, damit die Emigration der alten Pringsheims nicht gefährdet werde, wollte er sich mit Katia für die Zeit des Wartens in einem holländischen Seebad einquartieren. Dort hoffte der Dichter, «Lotte in Weimar» zu Ende zu bringen, nachdem er die versprochene Einführung in eine neue amerikanische Ausgabe der «Anna Karenina» hinter sich gebracht haben würde. Sein Buch sollte nach seinem und des Verlegers Willen noch im Herbst, ganz gewiß aber vor Weihnachten 1939 erscheinen.

Seine Laune besserte sich erst, als sich in Paris überraschend Bru-

der Heinrich am Telefon meldete und kurz danach ins Hotel kam.
Die beiden hatten sich nicht verabredet. Heinrich, der in publizistischen und politischen Geschäften von Nizza hergereist war, hatte
wohl durch gemeinsame Freunde oder durch die Zeitung von Thomas' Anwesenheit erfahren. Das Wiedersehen war bewegt. In ihren
Gesprächen über die düstere Lage Europas vermieden sie es, ihre
unterschiedlichen Urteile allzu scharf zu akzentuieren: die brüderliche Harmonie war ihnen wichtiger.

Zwei Tage später konnten Thomas, Katia und Erika, mit Emp-
fehlungsschreiben des holländischen Gesandten versehen, die Reise
durch Belgien in die Niederlande antreten, bei der Kontrolle der
Papiere dann schließlich doch hofiert und geehrt, wie er es gewohnt
war. Sie fanden im Huis ter Duin in Noordwijk, einem ruhigen
Hotel an den Dünen, eine komfortable und angenehme Unterkunft.
Im Restaurant bedienten helvetische «Saaltöchter», wie Thomas
Mann mit Befriedigung feststellte. Katia mietete einen Wagen, den
sie mit der üblichen Furchtlosigkeit durch die Schwärme der holländischen Radfahrer steuerte.

Erika reiste in die Schweiz voraus. Es wurde vereinbart, daß sie
sofort zurückkehren sollte, wenn Kriegsgefahr drohe, damit die Familie vereint nach Amerika aufbrechen könne. Katias Bruder Peter
Pringsheim und seine Frau kamen für ein paar Tage aus Brüssel
herüber, wo der Physiker einen Lehrauftrag gefunden hatte. Danach riß der Strom der Besucher nur selten ab. Aus Stockholm flog
Gottfried Bermann herbei, mit dem ein neuer Kontrakt für drei
Jahre geschlossen wurde, der dem Autor einen beträchtlichen Vorschuß und die Verfügung über die Übersetzungsrechte einräumte.
Der Verleger Oprecht eilte aus Zürich herzu, mit dem die Probleme
der Zeitschrift zu bereden waren. Zum Wochenende fand sich Fritz
Landshoff aus Amsterdam ein. Auch der jüngste Sohn Michael und
seine Frau Gret schauten vorbei, auf dem Weg nach Zürich. Dann
kam der amerikanische Verleger Alfred Knopf des Weges. Der holländische Schriftsteller Menno ter Braak fand sich zum Tee ein. Im
Café lauschte Thomas Mann aufmerksam den Gesprächen deutscher Gäste. Einige schienen ihn zu erkennen.

War ihm die Nachbarschaft der großen Drohung niemals unheimlich? Das Journal sagt von Angst und bösen Vorahnungen

nichts. Es gibt auch keine Auskunft, warum Thomas Mann die Nähe der Gefahr gesucht hat, was seiner Natur kaum entsprach. Er wußte wohl, daß der Krieg vor der Tür stand, trotz seiner gereizten Vermutung, die Demokratien würden im letzten Augenblick immer wieder zurückweichen. Holland, auch das wußte er, konnte sich auf die Respektierung seiner Neutralität nicht verlassen. Die Wohltat eines nördlichen Meeres und die Bequemlichkeit eines europäischen Hotels hätte er auch im sicheren Frankreich finden können, «die Vereinigung des Elementaren mit dem Komfortablen», die er so schätzte, wie er an Agnes Meyer schrieb.

Die Freundin meldete am 19. Juli 1939 aus London, daß sie nach Hamburg, Lübeck und München zu reisen gedenke. «Amüsant», merkte er im Tagebuch an. Katia bat die Protektorin postwendend, ihre Eltern aufzusuchen, wenn es angehe: «München 22, Widenmeyer Strasse 35, zweiter Stock, die Telephonnummer steht jedenfalls im Telephonbuch.» Sie trug Agnes Meyer auf, den Alten zu bestellen, sie sollten «unbedingt, sowie sie den Pass haben, unverzüglich, ohne eine Minute zu verlieren, mit dem nächsten Flugzeug fortfliegen».

Die Pringsheims saßen noch immer auf ihren gepackten Koffern, obwohl die Majolikasammlung Mitte Juli in London versteigert worden war. Sie hatte nur an die zwanzigtausend Pfund gebracht: ein miserabler Preis, doch die schwebende Gefahr eines Krieges war nicht geeignet, die Kauflust der Sammler zu fördern. Das Ergebnis entsprach nach dem Umtauschkurs jener Tage einer Summe von gut zweihundertdreißigtausend Reichsmark – immerhin mehr als eine Million Mark in heutigem Geld. Den Eltern Pringsheim sollte davon ein Viertel in der Schweiz ausgezahlt werden. Sie brauchten sich um ein bescheidenes Auskommen kaum zu sorgen, zumal anzunehmen war, daß draußen noch einiges Geld parat lag. Dennoch wurde ihre Ausreise – angeblich aus finanztechnischen Gründen – bis Ende August (und schließlich noch einmal bis in den November) verzögert, trotz der hohen Protektion, die ihnen zuteil wurde: Winifred Wagner, die Witwe des Sohnes Siegfried und dem Diktator freundschaftlich verbunden, war schon einige Monate zuvor alarmiert und um eine Intervention gebeten worden. Die hohe Dame, die man eine ausgemachte Nazisse nennen durfte (obschon geborene Engländerin), bewies dem engagierten Wagnerianer Alfred Pringsheim denn doch eine Art von Dankbarkeit. In einfacheren Worten: sie beugte sich dem Gebot des Anstands.

Vielleicht war die Nähe zu Deutschland eine Art stimulierender List, mit der sich Thomas Mann – ohne es recht zu wissen – dazu überreden konnte, den Goethe-Roman, dieses grunddeutsche Buch, mit neuem Elan zu Ende zu bringen. Es wurde ihm nicht leicht, sich wieder in das schwierige siebente Kapitel einzufinden: Goethes großen Monolog, der im Fortgang seiner Morgengeschäfte in Dialoge mit dem Diener, danach mit dem Schreibgehilfen und schließlich mit dem Sohn August hinübersprang. Je länger er an dem großen Gespräch des Geheimrats mit sich selbst webte und spann, um so deutlicher trat ein Bild zutage, das Goethe und zugleich Thomas Mann war – am Ende wohl mehr Mann als Goethe. Das Porträt läßt sich mit jener photographischen Technik vergleichen, bei der die Aufnahmen zweier Persönlichkeiten so lange übereinanderkopiert werden, bis sie zuletzt eines geworden sind. Im Fortgang des Buches verwies er zum Beispiel immer wieder auf die angeblich so eng zusammenliegenden Augen Goethes, was viel eher der Konstellation der eigenen Züge entsprach, wie ihm jeder Blick in den Spiegel hätte zeigen müssen. Doch der geistigen Adoption des Geheimrates folgte mit einer gewissen Notwendigkeit die physische Adaption: er schuf den Vater nach seinem Bilde.

Hinrich Siefken sprach in einer liebenswürdigen Formulierung von der «ironisch-hochstaplerischen Gewagtheit» des «literarischen Spiels». Er sagte aber auch, Thomas Manns Goethe-Bild habe die Neigung, «sich dem bekannten mannschen Künstlertypus zu nähern, der seine bitterste Ausprägung in Adrian Leverkühn finden» würde. Die «Ähnlichkeiten mit dem Aschenbach des ‹Tod in Venedig›» seien unverkennbar. Mit anderen Worten: Goethe verwandelte sich in den Erben. Er mußte – das Geschöpf einer Dichtung ist immer duldendes Objekt – auch die Elemente der Erotik seines Schöpfers übernehmen: zum Beispiel die Vorliebe für den Kuß, von dem er zu sagen hatte, daß er das «Glück» sei, die Zeugung aber nur «Wollust» – ungeachtet der «Schlampampen-Stündchen», deren der historische Held und seine Christiane, wie die Briefe der beiden belegen, selten müde wurden. Nein, mit Schnäbeleien hatten sich die Liebenden im Gartenhäuschen und hernach im Haus am Frauenplan nicht begnügt. Es wäre Goethe ohne die Einflüsterung seines Lübecker Erben auch kaum in den Sinn gekommen, seinen Sohn eine «Frucht lockeren Behelfs» und «libertinischer Bettgenossenschaft» zu nennen.

Dennoch, in Kuß und Zeugung wollte der Erbe und Interpret den «Unterschied von Kunst und Leben» erkennen, «denn die Fülle des Lebens, der Menschheit, das Kindermachen, ist nicht Sache der Poesie, des geistigen Kusses auf die Himbeerlippen der Welt...» Der Nachfahr ließ den Alten auch sagen, Grausamkeit sei «ein Hauptingrediens der Liebe und ziemlich gleichmäßig auf die Geschlechter verteilt: die Grausamkeit der Wollust, die Grausamkeit des Undanks, der Unempfindlichkeit, des Unterjochens und Maltraitements. Die Lust am Leiden und am Erdulden der Grausamkeit übrigens ebenso.»

Von dort war der Weg nicht weit bis zu der zentralen Sentenz, die besagte: «Gemüt, Gemüt, ich glaub's und will's. Das Leben wäre nicht möglich ohne etwelche Beschönigungen durch wärmenden Gemütstrug, – gleich drunter aber ist Eiseskälte. Man macht sich groß und verhaßt durch Eiseswahrheit und versöhnt (...) die Welt durch fröhlich-barmherzige Lügen des Gemüts.»

Wahrhaftig, Thomas Mann bot die höchste Autorität, die er kannte, und den eindrucksvollsten Zeugen der Geschichte des deutschen Geistes auf, um die «Kälte», die man ihm zeitlebens nachgesagt hat, ein für allemal zu rechtfertigen. Übereinstimmung mit dem Original setzte er voraus. Nicht einen Augenblick schien ihn der Verdacht anzufechten, der wirkliche und historische Goethe könne ein anderer sein als das Selbstbildnis, das er in Goethes Gestalt entwarf: das übergroße Ich, das zur Kargheit des Herzens verurteilt ist, wenn es das Werk vollbringen will, von keiner gemüthaften Wärme aufgehalten, mit der ihn die Familie und die Geliebten bedrängen könnten. Darum zwang er den Geheimrat zu einer Distanz, die jener bei der historischen Visite nach verbürgten Zeugnissen gar nicht einhielt. Goethe begleitete Charlotte sehr wohl ins Theater, wo sie in seiner Loge «Des Epimenides Erwachen» sahen. Thomas Mann wußte es. Eine zweite Begegnung Goethes mit Charlotte aber sei für den Autor «ausgeschlossen» gewesen, sagte Heinrich Siefken, denn sein Roman nährte sich «von der Dialekt der Flucht Goethes vor zu viel andringendem Leben und der Auswertung alles Erlebens in künstlerischem Werk, in dem die große Benutzung des Gefundenen das Erfinden ersetzt. Manns Goethebild macht eine gewisse Stilisierung auf ‹Kälte› hin notwendig.»

In Wirklichkeit gab es für Goethe keinen Anlaß, die einst Geliebte mit kühler Berechnung auf Abstand zu halten. Die Enttäuschung, die Charlotte notierte, besagte wenig: die beiden hatten sich lange Jahrzehnte nicht gesehen, und sie waren darüber alt und einander ein wenig fremd geworden, wie es unter Menschenkindern nicht unüblich ist.

Wäre Goethe gewesen, wie Thomas Mann ihn erschuf, er hätte wahrhaftig «das Weib» fürchten müssen, da es ihn nur hinab- und nicht hinanzuziehen schien, was immer er in den Schlußversen des zweiten «Faust» mit so gewaltiger Stimme singen mochte. Dann mußten ihn natürlich die «abweichenden Bildungen und das Monstrose» faszinieren, da erst das «Pathologische» so recht über die «Norm» zu belehren vermag. Er durfte auch wissen, daß «von der Seite der Krankheit her die kühnsten Vorstöße ins Dunkel des Lebendigen zu vollbringen» sein würden. Hatte er nicht, neben der Schwester Cornelia, als einziges unter – wie vielen, fünf? – Kindern überlebt? Von einem frühen Anhauch der Psychoanalyse berührt, fragte sich der Alte im Roman, ob er all seine Geschwister habe töten müssen, damit das «wunderlich Gemisch» der Herkunft in ihm «ansprechend-genehmere Formen» annehmen konnte. Für alle fünfe müsse er leben und den Stein bergauf wälzen. Seufzend beobachtete er, von den dunkleren Naturen seiner Ahnschaft sei in ihm «hinlänglicher Wahnsinn» übriggeblieben, «als Untergrund des Glanzes», von seinem Willen zur Ordnung niedergehalten. Darum hasse er die «verrückte Genialität und Halbgenialität und schon das Pathos», an den Kummer-Preußen Kleist zu denken oder an den Schwaben Hölderlin, in dem sich Schillers Geist zur Selbstverzehrung gesteigert hatte, oder an die kritischen Romantiker, die so frech gegen ihn anschrieben.

Und der späte Doppelgänger aus Lübeck, in dem er seine Reinkarnation erfuhr: dachte er an die beiden Schwestern, die Hand an sich gelegt hatten? Signalisierte er schon jetzt den Gefährdeten unter seinen eigenen Sprößlingen, daß auch sie womöglich sterben müßten, damit er leben und sein Werk zu schaffen vermöge? Konnte das Genie denn anders, als die Liebe mit ihrer zersetzenden Wärme, die ihn aus der Kühle der Geistigkeit herauszulocken drohte, zeit seines Lebens zu verscheuchen, wie es im Roman Charlotte wackelnden Kopfes dem gekränkten Riemer angedeutet hatte? Hernach würde sie es dem Freunde selbst sagen. Aber so weit war der Autor noch nicht, der an der holländischen Küste in seinem Strandkorb saß und schrieb und schrieb.

Die Aneignung und Veränderung der historischen Gestalt war, kein Zweifel, durch die Kunst legitimiert. Mehr: sie durfte in der gegebenen Lage als ein Akt patriotischer Notwehr, ja als eine nationale Tat betrachtet werden. Der barbarischen Horde, die sich des Reiches bemächtigt hatte, galt es zu sagen, daß ihr kein Recht über den Menschen zukam, den man in der Welt als Deutschlands größten Sohn zu verehren und feiern gewohnt war. Es mußte ihr verwehrt werden, sich auf Goethe zu berufen. Es war eine zwingende Forderung der geschichtlichen Wahrheit, den Dichter des «Faust» gegen sie ins Feld zu führen: als Ahnherrn des geistigen Widerstandes.

Es war der rechte Augenblick, Goethe feststellen zu lassen, daß die Deutschen ja auch seinem Deutschtum niemals so recht getraut und seinem Ruhm gegenüber eher «Haß und Pein» empfunden hätten: «Soll wohl sein», sagte er in dieser beschwerten Studie den Landsleuten ins Gesicht: «wehleidig bin ich nicht. Aber daß sie (...) den Reiz der Wahrheit nicht kennen, ist zu beklagen, – daß ihnen Dunst und Rausch und all berserkisches Unmaß so teuer, ist widerwärtig, – daß sie sich jedem verzückten Schurken gläubig hingeben, der ihr Niedrigstes aufruft, sie in ihren Lastern bestärkt und sie lehrt, Nationalität als Isolierung und Roheit zu begreifen, – daß sie sich immer erst groß und herrlich vorkommen, wenn all ihre Würde gründlich verspielt, und mit so hämischer Galle auf die blicken, in denen die Fremden Deutschland sehn und ehren, ist miserabel. Ich will sie gar nicht versöhnen. Sie mögen mich nicht – recht so, ich mag sie auch nicht, so sind wir quitt. Ich hab mein Deutschtum für mich – mag sie mitsamt der boshaften Philisterei, die sie so nennen, der Teufel holen.»

Dann fügte der Minister bei jener matinalen Selbstunterhaltung den stolzen und wichtigen Satz hinzu, der in manchen Varianten zu einem geflügelten Wort der Epoche wurde: «Sie meinen, Sie sind Deutschland, aber ich bin's und ging's zugrunde mit Stumpf und Stiel, es dauerte in mir.»

Das ist die sensiblere Variante der schon zitierten Feststellung, die Thomas Mann im Februar 1938 gegenüber einem Reporter der «New York Times» bei seiner Ankunft in den Vereinigten Staaten getroffen hatte: «Wo ich bin, ist Deutschland.» Das Wort, das er Goethe auf die Zunge legte, war, man darf es vermuten, auch eine der Quellen, die Heinrich Mann in seinem Erinnerungsbuch am Anfang des Kapitels über den Bruder zu der Behauptung inspirierten, Thomas habe bei seiner Übersiedlung nach Amerika «schlicht und recht» erklärt: «Wo ich bin, ist die deutsche Kultur.»

Der Anspruch entsprach seiner Überzeugung, seinem Selbstgefühl und in gewisser Hinsicht der Wahrheit. Es war in jener Lage notwendig, und es war gut, auf ihm zu bestehen: der deutsche Geist befand sich im Exil, oder er hatte sich in den Kammern des inneren Widerstandes verborgen. Keinem anderen wäre die Repräsentation des «anderen», des besseren Deutschland mit größerem Recht zugekommen als Thomas Mann, der sich auf diese Rolle mit einer geduldigen und manchmal fast übermenschlichen Anspannung des Willens durch lange Jahrzehnte vorbereitet hatte. Er dachte, daran ist kaum ein Zweifel möglich, was Bruder Heinrich schrieb, obschon er sich jener Formel in ihrer gemeißelten Härte selbst nicht bediente. Das Wort in Heinrichs Prägung diente dem Mythos, in dem Thomas Mann Werk und Leben zusammenwachsen ließ, auch darin dem Vorbild in Weimar getreu. Nur unternahm er mit präzisem Bewußtsein, was Goethe auf selbstverständlichere, man könnte auch sagen: unschuldigere Weise zugewachsen war, ohne eine übergroße und mitunter verkrampfte Steigerung seiner Person ins Monumentale.

Unterschiede hin oder her (sie waren offensichtlich genug): Thomas Mann brauchte sich wenig darum zu scheren, daß der großherzogliche Minister in Weimar sich − anders als er − keineswegs sein Leben lang kämpfend und leidend mit Deutschland herumgeschlagen hat. Das Geschick des Vaterlands war ihm, zu seinem und zu unserem Glück, ziemlich gleichgültig. Für ihn bestand keine Notwendigkeit, von früh bis spät nach Antworten auf die «deutsche Frage» zu grübeln.

Goethe war als ein Geschöpf des Heiligen Römischen Reiches Deutscher Nation in die Welt gewachsen: jenes uralten unordentlichen Verbundes von Staaten und Städten, der nicht nur durch die Verknotung der Traditionszöpfe zusammengehalten wurde; es war auch nicht das morsche Gemäuer, von dem die Publizisten und die nationalen Beunruhiger der napoleonischen Epoche mit den üblichen Übertreibungen sprachen. Vielmehr hatte es immer wieder eine erstaunliche Flexibilität bewiesen, die lebenskräftig genug war, den Antagonismus der beiden Großmächte Österreich und Preußen zu überstehen, bis es unter den Schlägen Napoleons zusammenbrach. Goethe betrachtete die Französische Revolution, man weiß es, voller Mißtrauen und Furcht; erst spät ließ er ihr, auf seine Epoche zurückschauend, halbwegs Gerechtigkeit widerfahren. Doch er verehrte Napoleon – aus nicht ganz durchschaubaren Gründen; vielleicht weil er der Attraktion des Genialen nicht widerstehen konnte und sich darum gegen den destruktiven Furor des Korsen blind zu stellen vermochte, vielleicht auch nur, weil der Tyrann es verstand, ihm zu schmeicheln. Er hielt es mit dem Rheinbund, in dem Elemente des alten Reiches fortlebten, und er hielt es hernach mit der Heiligen Allianz, die Recht und Ordnung garantierte, auch gegen die patriotischen Schreier, von denen er bemerkte, ihre aufgeregte Gesinnung verderbe die Geschichte. Vom deutschen Gegennationalismus der Befreiungskriege wollte er nichts wissen. Daran durfte Thomas Mann anknüpfen.

Es hätte die Anstrengung des Erben nicht gebraucht, der in der «Lotte» aus einer Linie der Vorfahren – den Lindheimers, Ahnen von der Seite der «Frau Rath» – Goethes äußere und innere Distanz von den Deutschen, dem «Sackermentsvolk», konstruierte, damit sich auch noch eine Parallele zu Thomas Manns exotischem Einschlag aus der kreolisch-romanischen Herkunft der Frau Mama ergebe: «Mein elterliches Erbe teilt sich genau nach Goethischem Muster ein», schrieb er in jenen Tagen an Agnes Meyer: «Vom Vater die ‹Statur› (...) und ‹des Lebens ernstes Führen›; vom ‹Mütterchen› all das, was G. in den Worten ‹die Frohnatur› und ‹die Lust zu Fabulieren› allgemein symbolisch zusammenfasst».

Der Abstand Goethes zum «teutschen Getümmel» bedurfte kaum einer biologischen Begründung. Zum anderen schien der hanseatische Nachfahr geneigt, das lutherische Vermächtnis, in dem er mehr und mehr den Ursprung des deutschen Verhängnisses erkennen zu müssen glaubte, in Goethe zu überschätzen: die Erbschaft des Reformators mit ihrer lodernden spirituellen Leidenschaft, der Wortmächtigkeit, der Musikalität und der Innigkeit, die sich so ungut mit einer brütenden Wut, den mystischen Verzükkungen, der weltabweisenden Innerlichkeit, dem metaphysischen Haß vermengte. Luther, das war für Thomas Mann nun das gotisch verhangene Deutschtum, das herzlich beseelte, dessen Gemüthaftigkeit immer aufs neue ins Dämonische umschlug – der disziplinierten Vernunft und der Klassizität des Erasmus unglückselig entgegengesetzt. Im «Faustus» sollte die Welt davon einiges mehr erfahren.

Die arme Charlotte, die vor ihrem sentimentalen Exkurs nach Weimar nicht geahnt haben mag, welche Schätze der Bildung sie in ihrem Busen mit sich trug, sah sich später angesichts der Gesellschaft in Goethes Haus und dessen «patriarchalischem Monologisieren» an Martin Luthers Tischgespräche erinnert. Hätte die vielbelesene Dame dem morgendlichen Monolog des Freundes lauschen dürfen, dann wäre die lutherische Assoziation noch rascher aus ihrem Kopf gescheucht worden, als es ohnedies der Fall war. Denn ganz unreformatorisch sprach in jener frühen Stunde der Erzdichter mit dem Blick auf die Deutschen: «Gebärdet euch, wie ihr wollt, das Meine abzuwehren, – ich stehe doch für euch. Das aber ist's, daß ich für die Versöhnung weit eher geboren, als für die Tragödie. Ist nicht Versöhnung und Ausgleich all mein Betreiben und meine Sache Bejahen, Geltenlassen und Fruchtbarmachen des einen wie des anderen, Gleichgewicht, Zusammenklang? Nur alle Kräfte zusammen machen die Welt».

Er fuhr, ganz unlutherisch und mit einer leichten Verbeugung vor der universellen Ironie, die der Erbe verkündete, hochherzig fort: «Deutschtum ist Freiheit, Bildung, Allseitigkeit und Liebe, – daß sie's nicht wissen, ändert nichts daran. Tragödie zwischen mir und diesem Volk? Ah, was, man zankt sich, aber hoch oben, im leichten, tiefen Spiel will ich exemplarische Versöhnung feiern».

Der holländische Aufenthalt schlug dem Buch gut an. Thomas Mann schloß am 24. Juli – es war Katias sechsundfünfzigster Geburtstag – das siebente Kapitel mit dem Auftritt des Sohnes August ab. Merkwürdige Fügung: zwei Tage zuvor hatte er einen langen Brief an den eigenen Sohn Klaus geschrieben, in dem er von Herzen «und mit väterlichem Stolz» zu dessen Roman «Der Vulkan» gratulierte. Er schrieb: «Sie haben Dich ja lange nicht für voll genommen, ein Söhnchen in Dir gesehen und einen Windbeutel, ich konnt es nicht ändern.» Eine wohltätige Amnesie hinderte ihn daran, sich zu erinnern, daß er mitunter selbst zu jenen gehört hatte, die den Sohn für ein Söhnchen hielten. Jetzt rief er ihm voller Genugtuung zu: «Es ist nun wohl nicht mehr zu bestreiten, daß Du mehr kannst, als die Meisten».

Dieses eine Mal behandelte er den Sohn fast wie einen Gleichen unter Gleichen – anders als Vater Goethe den Filius August, der am Schluß des siebenten Kapitels angewiesen wurde, ein «Mittagessen in kleinem Cirkel» für Charlotte und ihre Tochter vorzubereiten, mit den Verwandten und einer «Zutat von Fremderem». «Eine leicht erweiterte Intimität», durfte der Vater mit einem Anflug feinsinnigen Hochmuts sagen, würde «sich in diesem Falle empfehlen». Sonst, gebot sich der Vater, wolle er sich fernhalten und «der Gier nach Aufregung keinerlei Handhabe» bieten.

Das historisch verbürgte Essen aber, zu dem Goethe die Freundin aus Wetzlar einlud, erfüllte durchaus den Anspruch vertrauter Intimität, denn es war nur ein kleiner Kreis geladen. Riemer zum Beispiel, der sich als ungeplantes, unbewußtes, vielleicht sogar unerwünschtes Alter ego Thomas Manns immer wieder vordrängte, hatte – wir wissen es – in der wirklichen Runde nichts zu suchen. Goethe soll die Runde so kleingehalten haben, wie ein Forscher vermutete, damit eine peinliche Begegnung Lottes mit der Frau von Stein vermieden werde. Doch genauere Studien haben ergeben, daß sich die beiden Damen keineswegs aus dem Weg gegangen waren: Madame Kestner hatte der Madame von Stein unbefangen einen Besuch abgestattet, womöglich sogar einen zweiten und dritten. Zehn Jahre später durfte sich der Nachfahr in Weimar davon überzeugen, daß der «Gelbe Salon», in dem er die «erweiterte Intimität» seiner Tischgesellschaft plaziert hatte, den geladenen sechzehn Personen nicht Raum genug geboten hätte.

Thomas Mann mußte das nicht kümmern. Er durfte – das Privileg des Schriftstellers – über seine Gestalten frei und nach Willkür verfügen. Auch über Goethe, da es in Wahrheit doch mehr und mehr Thomas Mann war, über den er schrieb. Die doppelte Verfremdung zwang ihn erst recht, seine Person und sein Leben, die er wohl längst als ein Gesamtkunstwerk empfand, durch einen arktischen Eisgürtel vor dem Zutritt Unbefugter zu schützen.

In seinem holländischen Strandkorb drang er, von philiströsen Skrupeln nicht aufgehalten, weit ins achte Kapitel vor: zur Tafelrunde im Haus am Weimarer Frauenplan. Mit Vergnügen berichtete er von Lottes naiver Geschmacklosigkeit, an ihr Kleid die Schleifen aus der «Werther»-Zeit zu heften – ein anzüglicher Wink, den der Geheimrat in seiner nachdrücklich betonten «Steifigkeit» mit geringem Behagen zur Kenntnis nahm. Um so schärfer faßte der Alte, dank des unbestechlichen Blickes seines doppelgängerischen Interpreten, das «jetzt ganz unbezähmbare Nicken ihres Kopfes» ins Auge (und er war unzart genug, darauf an anderer Stelle wiederholt zurückzukommen). Die «Gezwungenheit» des Hausherrn flößte den Gästen «ganz von selbst die Ahnung mangelnder Anteilnahme an Menschen und Dingen ein»: Thomas Mann schien sozusagen zu Besuch bei sich selber zu sein.

Wer immer künftig bei ihm anklopfte, tat gut daran, sich auf den Empfang durch die Lektüre der «Lotte» vorzubereiten. Auch die Familie mochte aus dem Buche lernen, was sie ohnedies wußte: daß ein Geist dieses Ranges anderen Gesetzen unterstand. Goethe durfte das chinesische Sprichwort aus dem Gedächtnis kramen, das dem Erben fast schon seit seinen Jünglingsjahren gegenwärtig war: «Der große Mann ist ein öffentliches Unglück.» War er nicht auch ein privates? Die Frage verbot sich.

Die Nähe Deutschlands schien Thomas Mann, trotz der bedrohlichen Nachrichten über die sich steigernden «Volkstumskämpfe» in Polen, noch immer nicht einzuschüchtern, sondern, im Gegenteil, eher anzustacheln und zu beflügeln. Es lag nahe, daß er die pädagogische Chance nutzte, Goethes Vergleich zwischen den

Deutschen und den Juden, den er so oft zitierte, zu einem Generalthema des Gespräches bei Tisch – und damit des achten Kapitels –
zu steigern: «Höchst merkwürdig nun und schwer zu ergründen sei
angesichts des so erheblichen Beitrags, den sie der allgemeinen Gesittung geleistet, die uralte Antipathie, die in den Völkern gegen das
jüdische Menschenbild schwele und jeden Augenblick bereit sei, in
tätlichen Haß aufzuflammen (…). Es sei diese Antipathie, in der die
Hochachtung den Widerwillen vermehre, eigentlich nur mit einer
anderen noch zu vergleichen: mit derjenigen gegen die Deutschen,
deren Schicksalsrolle und innere wie äußere Stellung unter den Völkern die allerwunderlichste Verwandtschaft mit der jüdischen aufweise. Er wolle sich hierüber nicht verbreiten und sich den Mund
nicht verbrennen, allein er gestehe, daß ihn zuweilen eine den Atem
stocken lassende Angst überkomme, es möchte eines Tages der gebundene Welthaß gegen das andere Salz der Erde, das Deutschtum,
in einem historischen Aufstande frei werden, zu dem jene mittel-
alterliche Mordnacht» – in Eger, von der Goethe erzählt hatte –
«nur ein Miniaturvor- und -abbild sei…» Für die zitierten Meinungen Goethes über das Judentum existiert kein historischer Beleg,
schon gar nicht für den prophetischen Blick auf das Pogrom von
1938, den Thomas Mann im Roman andeutete.

Agnes Meyer lieferte für jene düstere Konversation die aktuelle
Begründung. Auf der Rückfahrt nach Amerika berichtete sie, daß
sie es nicht gewagt habe, mit Katias Eltern in München auch nur zu
telefonieren: ihre Sorge sei zu groß gewesen, daß der Kontakt mit
ihr die Ausreiseprozeduren aufhalten könnte. In zwei Briefen erzählte sie von ihren deutschen Beobachtungen und Abenteuern: der
erste an das Ehepaar Mann gerichtet («Lieber Herr und Frau Doktor»), der zweite nur an ihn. Von dem geliebten Travemünde wußte
sie mitzuteilen, der Strand sei überschwemmt mit Zelten gewesen,
«eins neben dem anderen, der Hafen war voll von drohenden
U-Bote, aber die Musik trotzdem sie nicht mehr in einem Tempel
sondern auf einer Bühne, spielte, hatte noch immer ihren Zauber.
Wie ich ein Glas Bier trinken wollte vor der Rückreise, sah ich auf
einmal die Schandworte ‹Hier sind keine Juden gewünscht›.»

Sie fuhr fort: «Aber ich habe mir alle dies Unschöne einfach weg-
gedacht und sah nur einen kleinen Knaben in dänischem Matrosen-

anzug der auf den reinen Sande lag, in seinen Träumen, von solcher unvorhergesehener Wichtigkeit, ganz verloren.» Nur im Lübecker Buddenbrookhaus – es sei jetzt ein Samenladen – habe sie ein unfreundliches Wort gehört: als sie sich den Garten mit dem Walnußbaum ansehen wollte, sei sie schroff davongewiesen worden.

Sie erzählte: Die Ausstellung im Münchner «Haus der Neuen Kunst», das unter der besonderen Protektion des «Führers» stand, habe sie krank gemacht, und sie habe sich «beschmutzt» gefühlt: vielleicht durch den Anblick der vulgären Propagandabilder, vielleicht auch durch die Konfrontation mit den vielen arischen Nacktheiten, deren platter Naturalismus einem der hofierten Maler des Dritten Reiches den Titel des «Reichsschamhaar-Meisters» eintrug. In Berlin, schrieb die treue, begeisterte Freundin, habe sie «wieder einmal Glück gehabt – das Glück – welches ich Ihnen und Goethen zum Trotz, nicht Verdienst nennen kann. Man ist eben ein Gotteskind oder man ist es nicht»: In der deutschen Hauptstadt habe sie «aus lauter Liebenswürdigkeit den Freund eines Freundes zu Thee eingeladen. Und siehe da, dieser Prachtmensch, namens Leverkuehn, stammt aus Lübeck und interessiert sich für die Schriften eines T. M. Er hat sogar eine alte Ausgabe von Rede und Antwort, in Berlin 1922 gedruckt, voll von Sachen die ich ausser den Friedrich Essay, nie gesehen hatte. Und was für Reichtüme! ‹Bilse und ich›, ‹Autobiographisches›, ‹Über eigene Werke› u.s.w.»

Vielleicht hat sie hier als die erste den Namen des Tonsetzers von «Doctor Fausti Wehklag» gesagt? Dann bot sie dem Autor ein Kompliment dar, das sich schwer übertreffen ließ: bei Paul Claudel, den sie zuvor – als er die Botschaft seines Landes in Washington leitete – mit passionierter Verehrung umschwärmt hatte, gehe «alles in Theologie über», statt wie bei ihm in «einer Dichtung die aus einer neuen Menschlichen Deutung des Mythos» herauswachse. Er, Thomas Mann, rief sie ihm zu, fange jetzt erst an, sein «eigentlichstes Selbst» zu werden. Ein ganz «grosses, neues Leben» habe für ihn begonnen. Es folgte der hübsche Satz: «Wer in seiner Jugend so frühreif, so altgeboren war wie Sie, dem ist das Leben, der ist dem Leben, noch viel schuldig.»

71. KAPITEL

Die Katastrophe

Trotz der konzentrierten Arbeit an seinem Roman fand Thomas Mann in jenen holländischen Wochen die Muße – es wurde gesagt –, den neuen (und letzten) Roman des Sohnes Klaus aufmerksam zu lesen. Das Tagebuch verzeichnet seine wachsende Faszination. Am Schluß der Lektüre vermerkte er, daß er «recht ergriffen» gewesen sei. In seinem Brief vom 22. Juli 1939 versicherte er dem Autor, er habe viele Freunde ernstlich auf das Buch hingewiesen, so Alfred Neumann, Onkel Heinrich und Bruno Frank, «weil es eine wirklich vorzügliche Sache» sei: als Emigrationsroman «ganz konkurrenzlos». Die «leichte fromme verderbte Kikjou-Weis'», bemerkte er mit dem Blick auf die seltsame Figur des jungen Liebhabers, in dem sich Klausens eigene Züge mit denen anderer Vorbilder mischten – die singe ihm keiner nach. Er habe, fuhr der Vater fort, «ein Bild deutscher Entwurzelung und Wanderung (...) à la Jean Cocteau» gemalt: «Eine sonderbare Übertragung und Anwendung, wird mancher sagen, wird das Bild recht hoffnungslos finden und meinen, diese Piqueure, Sodomiter und Engelseher hätten auch ohne Hitler ihren leichten, frommen, verderbten Untergang gefunden, Deutschland habe ganz recht gethan, sie auszustoßen, und da sei nichts dran verloren. Aber erstens handelt sich's um ein Kunstwerk, also doch in erster Linie nicht um handfeste Moral, sondern um neues, starkes und buntes Erleben, und da ist denn doch die mißglückende Entwöhnungskur, um nur sie zu nennen, ein so außerordentliches Stück Erzählung».

Hinter der Eleganz dieser Eloge war ein leiser Unterton der Kritik nicht zu überhören – auch hier nicht. Der Vater fragte sich in jenen Tagen oft, ob die artistische und intellektuelle Elite der Linken und die Gesellschaft der morbiden Snobs nicht das Ihre dazu beigetragen hätten, die Republik von Weimar zu schwächen. Klaus wollte den Brief des Vaters so nicht verstehen. Er antwortete: «Und wie freut es mich, welche Genugtuung wiederum, daß Du gerade auch die moralisch bedenklichen, anstößigen Partien des Buches mit Sympathie hervorhebst. Leider mußte ich fürchten, daß viele andere, sonst verständnisvolle Leser in dieser Hinsicht weniger weitherzig sein werden; Fränkchens, zum Beispiel» – Bruno Frank und seine Frau – «haben ernsthaft Anstoß genommen – aus ‹taktischen Gründen›, wie sie sagen.» Auch Stefan Zweig meldete in seinem lobenden Brief – «kein beobachtetes Buch (...) sondern ein erlittenes. Man spürt das» – die sachte Kritik an, er hätte sich «vielleicht noch etwas mehr Armut und Geldverzweiflung» gewünscht, wie er sie oft, allzu oft, sehe: «den Untergang bloß aus dem nackten Faktum von fehlenden paar Mark – etwas mehr Kläglichkeit, Dreck, Düsterkeit also». Mit anderen Worten: mehr von dem üblichen Elend der Emigration, dafür weniger Drogen.

Um so schöner, daß der Vater davon sprach, der Roman werde «in der zweiten Hälfte immer ernster, fester und gesunder, es wird doch ein Buch, dessen die deutsche Emigration sich auch unter dem Gesichtspunkt der Würde, der Kraft und des Kampfes nicht zu schämen hat, sondern zu dem sie sich, wenn sie nicht neidisch ist, froh und dankbar bekennen kann. Dazu hat Dir, dem im Grund das Morbide, Erotische und ‹Makabre› viel mehr Spaß macht, als Moral, Politik und Kampf, die stärkere Schwester verholfen; aber sie hätte Dir nicht dazu verhelfen können ohne Dein großes, geschmeidiges Talent, das mit Leichtigkeit schwierige Dinge bewältigt, sehr komisch und sehr traurig sein kann und sich rein schriftstellerisch, im Dialog und der direkten Analyse, überraschend stark entfaltet hat.»

Die Schwester hatte in der Gestalt der Schauspielerin Marion von Kammer den Roman in der Tat auf eindrucksvolle Weise geprägt. Thomas Mann sprach auch von «der fast kindlichen Naivität», mit welcher der Sohn literarische Einflüsse aufgenommen habe: «In technischen Einzelheiten und Manipulationen», sagte er, «tut der große Onkel sich mächtig hervor» – Heinrich Mann also. Der Vater übersah auch die eigene Präsenz nicht: gegen das Ende werde «stark gezaubert», und überdeutlich melde sich, was ihn besonders frappiert habe, Knut Hamsun – «den es doch», wegen seiner Sympathien für die Nazis, «eigentlich gar nicht mehr geben sollte». Er stellte fest: «Ein Erbe bist Du schon auch, der sich, wenn man will, in ein gemachtes Bett legen durfte. Aber schließlich, zu erben muß man auch verstehen, erben, das ist am Ende Kultur. Nicht umsonst sprechen die Bolschewiki jetzt immer vom ‹bürgerlichen Erbe›.»

An der Erscheinung des Engels, den der Autor in entscheidenden Augenblicken in die Szenen des Romanes einschweben ließ, schien der Vater keinen Anstoß zu nehmen. Vielleicht erinnerte ihn der fragwürdige Hauch von neuromantischer Friedhofsmystik an die ästhetisch-sentimentalen Ideale seiner Jugend. Klaus antwortete: seine «Engel-Kunde» stamme «teils von Rilke, teils von Gide und Cocteau – und teils aus dem ‹Joseph› – so weit sie nicht aus dem Herzen stammt».

Das Publikum hätte vermutlich einen realistischen Roman der Emigration bevorzugt. Der Absatz des Buches, das bei Querido erschien, war dürftig: nur einige hundert Exemplare wurden verkauft. Die amerikanischen Verlage konnten sich zu einer Übersetzung nicht entschließen. Vermutlich war den Lektoren die Welt der Süchtigen nicht behaglich. Auch die poetische Überhöhung des Emigrantenmilieus mag ihnen fremd geblieben sein. Um so wichtiger der Brief des Vaters, den Klaus als eine Art Ritterschlag empfinden durfte: «Denn wenn es für den Vater eine Genugtuung ist, den Sohn sich vor der Welt bis zum gewissen Grade bewähren zu sehen – so empfindet le fils, umgekehrt, die Genugtuung, dem ‹großen Vaterauge› zu beweisen, daß man mehr als nur ein ‹Söhnchen und ein Windbeutel› ist. Dies umso mehr, als ja auch der väterliche Blick zeitweise etwas besorgt und spöttisch spähte…»

Nach dem «Vulkan» schrieb Klaus keinen Roman mehr zu Ende. Fürs erste war er von der kargen Reaktion des Publikums entmutigt. Stoffe gab es genug, die er mit ein paar Strichen skizzierte und wieder fallen ließ. Der letzte Ansatz, nicht lange vor seinem Tod begonnen – der Titel «The Last Day» stand fest –, blieb Fragment.

In jenem Sommer 1939 fühlte er sich ein wenig leer, wie es nach dem Abschluß eines schwierigen Buches die Regel ist. Seine Gefühle wanderten unstet zwischen «Tomski», wie er seinen Freund Curtiss nannte, und dem jungen Russen Ury Cabell hin und her. Es gab niemanden, dem er völlig zugehörte, keine Welt, in der er ganz zu Hause war, kein System, mit dem er sich identifizieren mochte. «*Entre nous*», schrieb er ins Tagebuch, als wäre ein Geheimnis zu hüten (gab es Mitleser?): «ein orthodox marxistisches Deutschland wäre für *mich fast* ebenso unerträglich wie das jetzige. (Wenngleich *objektiv* besser.)» Er zitierte die letzten Worte seines Freundes René Crevel: «Je suis dégoûté de *tout* …»

Klaus schluckte noch immer Benzedrin-Tabletten, um sich für seine journalistischen Arbeiten aufzuputschen, nun vor allem bemüht, sich in die englische Sprache einzufinden: «Experimentieren mit dem fremden Idiom – da man das eigene bis in alle Nuancen beherrscht… Rilkes Freude an seinen französischen Versen…» Mitte August brach er, nachdem ein altes Auto gekauft war, mit Ury zu einer Cross Continent Tour Richtung Kalifornien auf.

Die Eltern wollten, nach einem Aufenthalt von mehr als sechs Wochen, in ihrem holländischen Seebad nicht länger warten: niemand konnte wissen, wann die alten Pringsheims endlich Deutschland verlassen dürften. Am 5. August nahmen Thomas und Katia Mann den Schlafwagen über Brüssel und Straßburg nach Basel. Anderntags trafen sie in Zürich ein. Sie wohnten im Waldhotel «Dolder», das Thomas Mann zur bevorzugten Unterkunft wurde, bis er wieder über ein eigenes Haus in der Schweiz verfügte. Natürlich fuhr er mit Katia nach Küsnacht in die Schiedhaldenstraße. Er blickte zu seinem alten Arbeitszimmer hinauf, «wo der dritte Band des Joseph, der Brief an den Dekan, der größte Teil von Lotte entstanden. Tiefe Bewegung, erschüttertes Lebensgedenken, Trauer und Schmerz…»

Golo war zur Stelle, zuverlässig, hilfsbereit, klug in seinem Rat wie fast immer. Seine Rückkehr aus den Vereinigten Staaten war eine komplizierte Operation gewesen. Das französische Visum hatte er, wie der Vater andeutete, nur «auf dem Wege hoher Korruption» erlangt. Der Wechsel der redaktionellen Verantwortung für «Maß und Wert» ließ sich nicht völlig schmerzlos vollziehen.

Aus Noordwijk hatte Thomas Mann an Lion geschrieben, begütigend und streng zugleich, einen Brief des Gehilfen beantwortend, den er als bitter bezeichnete. Er erinnerte daran, daß er Lion zu der Entwicklung der Zeitschrift und zu dem Niveau, das er ihr zu geben wußte, beglückwünscht habe. Sein Dienst für das Blatt könne nicht zu schlimm gewesen sein: «Sie haben doch sicher Freude gehabt an der Leitung der Zeitschrift, haben Macht besessen und ausgeübt, schöne ästhetische Arbeiten veröffentlichen können (...) und (...) rund und nett 17000 Franken eingesäckelt. Das ist anständig und richtig, soweit die Bezahlung von unsereinem überhaupt anständig und richtig sein kann.» Es sei sein dringender Wunsch, daß Lion der Zeitschrift sein Interesse, seine Freundschaft und seine Mitarbeit unter allen Umständen bewahren möge: «es widersteht mir, Sie auszudanken, zu verabschieden, als sollte es zwischen der Zeitschrift und Ihnen nun aus sein. Nein, Sie gehören zu uns, gehören zur Sache.»

Der Partner begrub seinen Grimm. Er publizierte nach dem Krieg einen großen Essay über Thomas Mann: geistreich und sensibel, wie nahezu alles, was er schrieb. Golo Mann sagte von ihm in einem schönen Gedenkblatt, der Elsässer Lion sei «ganz Franzose und ganz Deutscher» gewesen – ein «treuer Freund, aber kein ganz treuer Verehrer». Während des Krieges verbarg er sich in einem französischen Benediktinerkloster, danach nahm er seine unstete Reiseexistenz wieder auf. Er starb, ohne Geld und Besitz, wie er es zeitlebens war, im Februar 1965.

Der Vater prüfte mit Golo den Berg der Manuskripte, die für die Zeitschrift parat lagen. Die Revue sollte, wie es den Interessen und dem Weltsinn des Sohnes entsprach, schärfer politisch geprägt werden. Thomas Mann war es wichtig, daß er in der Schweiz eine publizistisch-intellektuelle Basis zu behaupten vermochte. Er wollte sich von Europa und vom deutschen Sprachraum nicht völlig trennen. Katia und er sahen sich noch einmal nach Grundstücken um, die sich für den Bau eines pied-à-terre eignen könnten, freilich ohne Glück.

Die deutsch-polnischen Spannungen verhärteten sich von Tag zu Tag. Im Journal aber nahm Thomas Mann die bedrohliche Lage nur am Rande zur Kenntnis. Er weigerte sich nach wie vor, den Krieg für gewiß zu halten: er zweifle, sagte er noch immer, daß Hitler zu kämpfen bereit sei, doch er fügte hinzu, daß er vielleicht dazu gezwungen werde.

«Ich scheide ungern von Zürich», notierte er. In Paris sage man «La guerre est inévitable, mais elle n'aura pas lieu», schrieb er an Agnes Meyer. Dennoch, er konnte sich nicht darauf verlassen, daß er und Katia im September noch einmal zurückkehren könnten, wie es geplant war. Erika hielt sich in Arosa bei ihrer Freundin Annemarie Schwarzenbach auf. Mit der Tochter wurde vereinbart, daß sie sich mit den Eltern in Stockholm treffen sollte, wo Anfang September der Internationale Kongreß des PEN-Clubs beginnen würde. Am 18. August flogen Thomas und Katia Mann über Basel nach London: «Weiß-weiche Wolkenlandschaft unter dem lichten Blau. Oben ruhige, schnelle Fahrt. Tüchtige Schweizer Stewardeß. 12 Uhr Lunch: Bouillon und Schinkenbrot. Cigaretten. Nur eine Anwandlung von Herzerregung. Über dem Kanal, kleine Dampfer darauf, die englische Küste als geographisches Relief. Bei London stoßend durch die Wolkenschicht hinab. Landung.» War es bei jener Ankunft oder bei der nächsten Ankunft in England, daß einer der Zollbeamten bei der Durchsicht der Papiere mißtrauisch auf eine Skizze starrte, die ihm verdächtig zu sein schien? Das «Dokument» war nichts anderes als die Sitzordnung, die der Autor für das Lotte-Essen in Goethes Haus entworfen hatte.

Am Flugplatz wartete Monika mit ihrem Mann. Anderntags Wiedersehen mit Katias Cousinen Käthe Rosenberg und Ilse Dernburg, die unter bösen Schikanen aus Deutschland entkommen waren. Auch «die Herz» eilte herbei. Thomas Mann unternahm mit ihr einen Spaziergang von seinem Hotel zum Buckingham Palace, und er bezeichnete die Exkursion, ein kleines Wunder, als «angenehm». Einige Tage später überwand er sich und besuchte die Verehrerin in ihrer bescheidenen Unterkunft.

In den Morgenstunden schrieb er am achten Kapitel der «Lotte» weiter, Goethes Tischgespräch folgend und vom großen Durst des Gastgebers beeindruckt. Er las die fertigen Passagen den anwesenden Damen unverzüglich vor.

Am 22. August notierte er: «Im ‹Telegraph› grelle Sensation: Ribbentrop fliegt nach Moskau zum Abschluß eines Nichtangriffspakts. (...) Zugleich mit der politischen Elendsnachricht die private, daß Grete Walter in Bern von ihrem Mann erschossen, der sich danach selbst getötet. Erschüttertes Telegramm abgefaßt.» Die jüngere Tochter des Dirigenten, eine Kindheitsfreundin von Klaus und Erika, hatte sich von ihrem Mann, dem Filmproduzenten Robert Neppach, zu trennen versucht, der sie bei einer «letzten Aussprache» über den Haufen schoß, nicht in Bern, sondern in Zürich. Erika und Golo wurden zur Beerdigung delegiert.

Die private Tragödie im Haus des Freundes versank rasch im Schatten der dramatischen Wendungen, von denen die Weltpolitik revolutioniert wurde. Thomas Mann meldete im Tagebuch seine Zweifel an der Haltbarkeit des deutsch-russischen Vertrages an, den er für ein Produkt «cynischen Leichtsinns» hielt, «nur von Hitlers wütender Ungeduld eingegeben, sich an Polen zu rächen». Er sah nicht, noch nicht, daß sich der Diktator mit jenem Coup die Rückenfreiheit verschafft hatte, die er brauchte, um seinen Krieg gegen die Westmächte führen zu können. Großbritannien bekräftigte, daß es an seinen Verpflichtungen gegenüber Polen festhalte.

Dennoch schifften sich Thomas und Katia Mann am 23. August 1939 auf einem kleinen schwedischen Schiff nach Göteborg ein (das er, nomen est omen, nach dem erwünschten Vorfahren «Goetheborg» buchstabierte). An Bord schrieb er, seine Zweifel, daß es zum Krieg kommen werde, bestünden fort. Stalin sei «gewiß nicht für die Teilung Polens» (darin täuschte er sich), aber die «Verwirrrung der moralischen Fronten» sei gelungen und «das Zusammengehen von Sozialismus u. Demokratie (...) verhindert».

Erst andertags, noch immer auf der Nordsee, begann er, die Radikalität der Zäsur zu ahnen: «Der russische Verrat scheint sehr bösartig: (Generalsbesprechungen). – Groß die Verwirrung der Welt, da der Begriff der ‹Linken› nun jeden Sinn eingebüßt hat. (...) Die sozialistisch gefärbte Freiheit glaubte auf Rußland zählen zu können und hat sich geirrt.» Im Zug von Göteborg nach Stockholm trug er am 25. August die Beobachtung nach, daß «Deutschland vom ‹Westen› vielleicht für immer geschieden» und «auf die östliche Seite gefallen» sei.

Einige Zeilen später: «Berliner Kriegsrat. Überall fieberhafte Vorbereitungen. Immer noch bleiben Friedensüberraschungen möglich, aber ich verhehle mir nicht, daß ich den Krieg wünsche, *weil* er in seinen Folgen unabsehbar ist und aus dem jetzigen Zustand hinausführt, wahrscheinlich auch in Deutschland. Vor allem wäre ein neuer kampfloser Einmarsch Hitlers dermaßen widerlich, daß alles ihm vorzuziehen ist. Die Manifeste Roosevelts und der kleinen Neutralen sind wohl ohne Bedeutung. − Gutes Lunch mit vielen kalten Vorspeisen. Nachher Cigarre und Lektüre.»

Sein Wunsch, daß der Krieg komme, damit dem Vormarsch der Gewalt und der Rechtlosigkeit endlich Einhalt geboten werde, entsprach einer schwierigen, elenden und unendlich leidvollen Vernunft. Dennoch, er hatte recht mit der Einsicht, daß Hitlers Regime nur in der Konsequenz eines militärischen Konfliktes gestürzt werden könne. Der Gedanke aber an die entsetzlichen Opfer, die gebracht werden müßten, von allen betroffenen Völkern, schien ihn zunächst nicht zu berühren. Wie einst, als er sich die «Betrachtungen» von der Seele schrieb, war ihm auch jetzt die Realität des tausend-, des millionenfachen Sterbens, das Europa drohte, in den Bereich des Abstrakten entrückt. Man mag seine verhärtete Phantasielosigkeit − in den öffentlichen Dingen wie im Bereich des Privaten − als emotionelle Impotenz erklären: er spürte sie nicht. Er sah sich vom Fortgang der Ereignisse bestätigt. Anders als 1914 befand er sich nun auf der Seite der Demokratie, der Freiheit, des Menschenrechts. Das Leid freilich hob sich durch die Legitimität und die Notwendigkeit des Widerstandes gegen den Diktator nicht auf, und die Leiden machten an keiner moralischen Frontlinie halt.

Erst mit einiger Verzögerung verstand er die Realität des «russischen Chocs». Sohn Klaus sprach von einer Erschütterung, die «nachhaltiger und tiefer» sei «als im ersten Moment geahnt». «Politisch», sagte Klaus Mann, sei sie «von Stalin aus − vielleicht sehr klug». «Von Hitler» aus, fügte er hinzu, handle es sich um einen «Verzweifelungs-Akt, als ‹Triumph› frisiert». Er fuhr fort: «Ideologisch niederschmetternd. Die heillose Konfusion. Von welcher Plattform aus sollen wir nun kämpfen? − Die brutale Zerschlagung der Volksfront, im nationalen Interesse Rußlands. − Die Desavouierung jeder ‹antifascistischen Einheit›. − Viel ‹Disciplin›, viel ‹Realismus› nötig, um dies hinzunehmen... ‹Der ganze Krieg macht mir keine Freude mehr› (und wird wohl, gerade deshalb, kommen...)».

Stefan Heym fand in seinen Memoiren für die Verwirrung der Linken ein präzises Wort: «Es war ein Gefühl (...), als wären einem die Beine unterm Leib weggeschlagen worden.» Er schrieb: «Und alles war Illusion gewesen. Was man gedacht, geschrieben, gepredigt hatte, Jahr um Jahr, auf einmal stimmte es nicht mehr: zerflattert der Traum von der großen internationalen Front gegen den Faschismus; und der einzig prinzipienfeste, einzig ernstzunehmende und unter allen Umständen verläßliche Gegner des Hitler-Regimes hatte sich mit eben diesem Regime verbündet. Schaudernd sah man die neue Realität – zwei Wölfe, in schöner Eintracht sich stürzend auf eine Beute und sie zerfleischend.»

Bruder Heinrich zog sich, so wird berichtet, für einige Tage in ein ratloses Schweigen zurück. Später deutete er den Pakt, wie Klaus Schröter es ausdrückte, als ein «Palliativ» Hitlers gegen den Widerstand der deutschen Arbeiter, den der Schriftsteller, ein Opfer seines Wunschdenkens, auf phantastische Weise überschätzte. Heinrich Mann raunte: «Ich weiß, was ich weiß. Zwischen Krieg und Revolution ist während gezählter Augenblicke die Schwelle schmal gewesen.» In seinen Erinnerungen schloß er, am Ende eines deprimierend konfusen Kapitels, der Bau von Unterständen in Moskau habe bewiesen, daß sich die Sowjets, schon vom ersten Tage des Bündnisses an, auf Hitlers Angriff einrichteten. Wenn es so war, dann stand Stalin freilich nicht an, dem Kollegen in Berlin im Sommer 1941 ganze Armeen zu opfern, um die Täuschung bis vor die Tore Moskaus aufrechtzuerhalten.

Erika Mann bemerkte in einem Brief an Klaus, die russischen Radiosendungen seien unerträglich: «In allen Sprachen hetzen sie gegen die Demokratien». Nach dem Zeugnis von Bertolt Brecht aber fand sie «den pakt logisch und verständlich» (doch sie habe sich gegen die Behauptung gewandt, «er diene dem frieden»). Zum anderen sprach Erika von «*Elends*szenen», die sich in Deutschland zugetragen haben sollen, als die Arbeiter zur Befestigungslinie des «Westwalls» geschickt wurden. In Wirklichkeit herrschte im «Reich» nichts als eine bleierne Ruhe: kein Jubel, aber auch kein Protest, sondern unterdrückte Furcht und stumpfer Gehorsam.

Am Bahnhof in Stockholm wurden Thomas und Katia Mann von Gottfried und Tutti Bermann Fischer erwartet. Der Mercedes, den die Witwe Samuel Fischers aus Deutschland mitgebracht hatte, beförderte die beiden in ihr Hotel im Vorort Saltsjöbaden, nicht weit von der Wohnung des Verlegerpaares. Alle Gespräche konzentrierten sich nun auf die drohende Katastrophe, auch am folgenden Tag bei einem glanzvollen Empfang, den die Familie Bonnier – Gottfried Bermanns Partner – für Thomas Mann in ihrem Landhaus gab, höchst feierlich mit artigen Reden, die Damen im Abendkleid, die Herren im Frack. Von Michael traf ein Telegramm ein, in dem er meldete, daß er sich auf dem Weg nach England befinde, um von dort aus nach Amerika zurückzukehren. Erika rief aus Amsterdam an, um zu berichten, daß ihr ganzes Gepäck samt den Manuskripten – die Arbeit des Sommers –, ihrem Schmuck und den neuen Kleidern gestohlen worden sei: «Großes Mitleid, das uns lange wachhält. (...) Und doch wäre Schlimmeres zu denken.» Die Tochter war auf dem Weg nach Stockholm zu den Eltern, um dort die Rückreise in die Vereinigten Staaten vorzubereiten. Ihre Koffer fanden sich anderntags wieder ein.

Der Vater schrieb unterdessen einen Brief an den Diplomaten Harold Nicolson in London, um ihm für den Fall des Krieges die Tochter Monika, die so zart und zerbrechlich zu sein schien, und ihren Mann Jenö Lányi, der jüdischer Herkunft war, ans Herz zu legen. «Die Katastrophe muß ihren Lauf nehmen», sagte er, «und niemand weiß, wohin sie führt. Lassen Sie uns hoffen, daß bei ihrer Liquidierung nicht nur die Gewalt, sondern auch der Geist ein Wort mitzureden haben werden.»

Nun erst fing er an, das heraufziehende Debakel mit all seinen Schrecken wahrzunehmen: «Immer galt die Katastrophe als die moralisch ersehnte Consequenz alles Geschehnen, die Furcht vor ihm bricht jetzt durch als Grauen des Fleisches, aus dem man fast den Triumph des Verhaßten vorzöge.» Doch am gleichen Tag schrieb er auch: «‹Es dürfen nicht Millionen Menschen geopfert werden› heißt doch immer noch: Man muß uns alles geben, was wir verlangen. Was not thut, ist nicht möglich bei dieser Denkungsweise, diesen Menschen. Also?» Wenigstens nahm er nun das furchtbare Dilemma wahr. Die Zerrissenheit dauerte nicht lange an.

Am 28. August wurde der PEN-Kongreß, bei dem Thomas Mann die Hauptrede halten sollte, kurzerhand abgesagt. Am 29. keine

Eintragung im Tagebuch. Am 30. August traf Erika ein. Am 31. gab
Thomas Mann eine Pressekonferenz, über die am Tag darauf alle
Zeitungen berichteten. Seine Erklärung deutete die eigene Zerrissenheit an: «Das ist der schwierigste Augenblick», sagte er, «den
Krieg zu diskutieren, viel spricht für beide Möglichkeiten, daß er
kommt und daß er nicht kommt. Ich glaube trotz allem, daß niemand sich die Gräßlichkeiten und die Folgen des nächsten Krieges
ausmalen kann. Gleichzeitig wünsche ich auch, daß die Vermeidung
eines Krieges nicht zu viel kostet – d. h. ein solches Nachgeben, daß
das Regime, das auf den Krieg hinarbeitet, so fortfahren kann. Denn
wenn das Regime, das ich meine, bestehen bleibt, bekommt Europa
nie Frieden.»

Als die Leser von «Dagens Nyheter» von der Lektüre dieses Interviews aufschauten, meldete der Rundfunk, daß Geschwader der
deutschen Luftwaffe Warschau bombardierten und die Armeen
Hitlers in Polen eingebrochen seien. Es war Krieg.

Am Mittag des 1. September 1939 gab der Stadtpräsident von
Stockholm einen Empfang für den Nobelpreisträger. Unter den
Gästen bemerkte der Gefeierte auch Bertolt Brecht und dessen Frau
Helene Weigel. Er teilte nicht mit, worüber er mit dem Dramatiker
gesprochen hat, doch Brecht hielt in einer Tagebuchnotiz fest, Thomas Mann sei «gegen die schützenhilfe der USSR für hitler».

Am 2. September: «Ultimatum Englands. (…) Nun wird unsere
Sprache gesprochen, Hitler ein Wahnsinniger genannt. Spät, spät!
(…) Gleichviel, die Erschütterung ist groß. Ich denke viel an den
Bonner Brief u. seine Voraussagen. (…) Hätte der unselige Mensch
einen Funken der ‹Liebe zu Deutschland›, aus der er angeblich seine
Untaten begangen, so würde er sich eine Kugel in den Kopf schie
ßen und hinterlassen, daß man aus Polen abziehe.»

Am 3. September: «Um 12 Uhr lief das englische Ultimatum ab.
Seit dieser Stunde sind England u. Frankreich mit Deutschland im
Kriegszustande. Im deutschen Radio Marschlieder, die Antwort auf
die englische Forderung (von trotziger Lügenhaftigkeit) und Hitlers Proklamation an die Truppen im Osten, zu denen er abreist.
Das Schicksal nimmt seinen Lauf.»

Sohn Klaus, noch immer in Los Angeles, schrieb in sein Journal:
«Das Ungeheure, noch kaum zu fassen, kaum zu realisieren. Er-

leichterung und Hoffnung indessen stärker als Schrecken und
Angst... *Dies wird nicht* lange dauern... Das dumpfe Schweigen
auf den Berliner Straßen. Kein Hurra... (...) Cable-Wechsel mit
den Eltern in Schweden; cabeln: ‹guten Mutes... hoffen *Götzen-
dämmerung* mit euch zu erleben...›»

Dennoch arbeitete Thomas Mann unbeirrt weiter am Goethe-
Roman. Er schrieb am achten Kapitel, korrigierte das siebente, das
ihm plötzlich zu «steif» geraten schien, da er den alten Goethe in
seiner geheimrätlichen *gravitas* in der Tat ein wenig zu verknöchert
konterfeit hatte.

Unterdessen versuchten Erika und Katia, die Rückreise der Familie zu organisieren. Der Andrang auf die Schiffe nach Amerika
sprengte alle Kapazitäten. Es grenzte ans Unmögliche, eine sichere
Passage zu buchen. Aus einem späteren Dankesbrief ergibt sich, daß
der amerikanische Außenminister Cordell Hull, nach einer Intervention von Agnes Meyer, ein Kabel an die Botschaft in Stockholm
geschickt hat, das die Weisung enthielt, Thomas Mann und den Seinen zu helfen. Die Intervention war erfolgreich.

Am 8. September Abfahrt mit dem Schlafwagen nach Malmö. Am
Flugplatz der südschwedischen Stadt mußten neun Gepäckstücke
zurückgelassen werden. Bermann Fischer erhielt telegraphisch den
Auftrag, sich um die Koffer zu kümmern. Flug nach Kopenhagen.
Nach kurzem Aufenthalt weiter über die Nordsee nach Amsterdam. Katia erinnerte sich später, sie habe ihren Mann gebeten, ihr
den Fensterplatz zu überlassen, damit er von den Besatzungen deutscher Maschinen nicht erkannt werden könne. Auch Thomas Mann
vermerkte, daß deutsche Flugzeuge «in den letzten Tagen über die
Tragflächen der Holländer gegangen» seien und ihre Piloten «zu
den Passagieren hineingeschaut» hätten. Beide schienen allen Ernstes zu glauben, daß es der Streitmacht Hermann Görings befohlen
war, den Dichter in den Lüften zu jagen.

Wohlbehalten landeten sie in Amsterdam, von Landshoff be-
grüßt. In einer englischen Maschine setzten sie über den Kanal. Mit
dem Zug von London nach Southampton. Warten in einem Hotel.
Erika, der nun die britische Staatsbürgerschaft, die sie dem Poeten
Auden verdankte, doppelt nützlich war, kümmerte sich um die
Papiere für die Weiterreise. Michael und seine Frau meldeten aus

Wales, sie bemühten sich um eine Schiffsbuchung von Holland aus. «Möchte morgen die Ausreise und das Entkommen nach unserer sicheren Basis ohne Zwischenfälle vonstatten gehen!» schrieb Thomas Mann ins Tagebuch, nicht ohne Beklemmung. Als Katia ihn für eine Dreiviertelstunde verließ, um Einkäufe zu machen, suchte ihn eine angstvolle Unruhe heim.

Am Morgen des 12. September kehrte Erika mit den Papieren aus London zurück: «Toller Tag. Abreise vom Hotel ca. ½ 11 Uhr, Fahrt zum Dock, Halle der Kontrollen. Stunden langes Warten. Bänke. Freundliche Nachbarn mit Chokolade. Prof. Niebuhr u. Familie. Recht unwohl vor Nervosität. Brillante Aktivität Erikas, die mich etwa ½ 2 Uhr als sick *an Bord* bugsierte. Warten in einem schon vollen Salon auf dem Sofa bei Klavierspiel. (…) Wiedersehen mit deutschem Obersteward. Aufnahme in die I. Klasse nach Bekanntschaften mit Häuptern der Linie. Alles viel irregulärer u. kriegsmäßiger als vorgestellt. Improv. Schlafsäle mit Pritschen bei getrennten Geschlechtern. (…) Das Schiff mag von ca 3000 Menschen, Kindern überfüllt sein. Diakonissinnen. Komisch protestierende Damen. (…) Behelf mit der Nachttoilette. Zu Bette als Nachbar eines Alten, der unsere Unterkunft als Concentration Camp bezeichnet.»

Dann setzten die Eintragungen für sechs Tage aus. Eigensinnig, wie er selbst sagte, schrieb er im Deckstuhl am achten Kapitel der «Lotte» weiter. Der schlimmste Tag, meinte er später, sei jener gewesen, an dem gemeldet wurde, daß auch die Rote Armee in Polen einmarschiere. Überdies gingen Gerüchte um, die Sowjetunion habe England und Frankreich den Krieg erklärt.

Ankunft in New York am 18. September. «Es war überstanden. (…) John mit dem Wagen. Erika ins Bedford. Fahrt mit K. und dem freudig schwatzenden Schwarzen nach Princeton.» Er fügte hinzu: «Amerika Schicksals- und Notheim vielleicht für den Rest meines Lebens. (…) Die Schweizer Uhr aufgezogen. (…) Wir werden viel allein sein.» Anderntags trug er nach: «Was ich erwarte und erhoffe ist: Deutschland als Kriegsschauplatz beim Kampf zwischen Rußland u. dem Westen, kommunistische Revolution und Untergang Hitlers darin. Der Untergang des Regimes unter schwerer Heimsuchung des schuldigen Landes ist im Grunde alles, was ich wünsche.»

72. KAPITEL

Klagen, Anklagen, Rechtfertigungen

Am 26. Oktober 1939 brachte Thomas Mann den Goethe-Roman zu seinem melancholisch-glücklichen Ende: abends gegen halb acht. Er hatte sich, eine Ausnahme, nach dem Tee noch einmal an den Schreibtisch gesetzt, um den Schluß zu schreiben, «wie er nun bleiben möge als versöhnliche Auskunft».

Nach einem Besuch im liebenswürdigen Theater von Weimar – Goethe hatte Charlotte die Loge angeboten, über die er als Intendant des Hauses verfügte – fand die alte Dame den Geheimrat in der Kutsche, die sie zu ihrem Hotel bringen sollte: eine überraschende Wendung, diese Szene zwischen Traum und Möglichkeit, von melodramatischem Sentiment nicht frei. Nicht alle Leser konnten sie gutheißen – René Schickele zum Beispiel deutete in seinem letzten Brief behutsam an, daß sie ihn nicht überzeugt habe: eine rechte Kino-Szene, für Thomas Mann eher ungewöhnlich, und ein Arrangement, in dem das geschärfte Ohr dann und wann einen Ton leiser Verlegenheit wahrzunehmen glaubt. Indes, er konnte und wollte es nicht bei dem etwas bitteren Resümee des Aufenthalts in der Stadt des Großen lassen, das die gute Lotte in einem Brief an ihren Sohn gezogen hat: «Ich habe eine neue Bekanntschaft von einem alten Manne gemacht, welcher, wenn ich nicht wüßte, daß es Goethe wäre, und auch dennoch, keinen angenehmen Eindruck auf mich gemacht hat. Du weißt, wie wenig ich mir von diesem Wiedersehen oder vielmehr dieser neuen Bekanntschaft versprach, war daher sehr unbefangen; auch that er nach seiner steifen Art alles mögliche, um unverbindlich gegen mich zu sein.»

Sie hatte sich in Wahrheit nicht ganz so wenig versprochen. Oder? Der Geheimrat, der sich nach dem Gebot seines Erben in solcher Kühle zurückhielt, mochte fühlen, daß er etwas gutzumachen habe. Doch im tastenden Gespräch, während das Gefährt durch die Gassen rollte und die Hufe der Pferde regelmäßig auf das Pflaster schlugen, konnte er nicht umhin, die Freundin auf die dialektische Beziehung zwischen Gegenwart und Vergangenheit hinzuweisen, von der ihre Visite in Weimar bestimmt war. Er wollte es sich auch nicht versagen – da er nicht nur Goethe, sondern obendrein Thomas Mann war –, vom rührenden Wackeln des Kopfes der alten Dame zu reden. Sie nahm an der Bemerkung Anstoß. Der Mangel an Delikatesse trug indes dazu bei, das Gespräch noch einmal auf die Frage zu lenken, die den Autor tiefer als jede andere zu bedrängen schien: ob das Dasein des Dichters, ob sein Werk nicht notwendig Entsagung, Distanz, ja die gefürchtete, die berüchtigte Kälte verlangte – und rechtfertigte?

Goethe und mit ihm sein Nachfahr hielten es für angebracht, Charlotte gegenüber die «herzlichste Bitte um Vergebung» zu äußern, die durch den Superlativ freilich nicht gesteigert, sondern in konventioneller Manier gedämpft wurde. So entsprach es dem Gefühl von «unschuldiger Schuld», von dem der Dichter sprach, der sich mit jenem Wort nicht nur an die Freundin altvergangener Tage, vielmehr an alle Menschen wandte, die seine Wege säumten: vorausschauend auch an Frau Katia Mann geborene Pringsheim, die sich durch Goethes Fürsprache um eine Art Generalpardon ersucht sah.

Sie hätte wahrhaftig mit Charlotte sagen dürfen, es röche allzusehr «nach Opfer» in der Nähe auch ihres Mannes – nach «Menschenopfer»: «nach solchen sieht's leider aus in deinem Umkreis, es ist ja beinah wie ein Schlachtfeld und wie in eines bösen Kaisers Reich». Dagegen hatte er ein gewaltiges Wort zu setzen, das freilich auch von einem tiefen Mitgefühl mit sich selbst geprägt war: «ich zuerst und zuletzt bin ein Opfer – und bin der, der es bringt». Der Dichter am Marterpfahl der Kunst.

Darauf ließ sich nicht viel erwidern. «Friede deinem Alter!» durfte Charlotte freundlichen Sinnes flüstern. Schließlich trat der literarische Kellner Mager an den Schlag, noch immer wie der Professor Riemer redend (der sich gern wie der Geheimrat selber ausgedrückt hätte und doch eher wie Thomas Mann sprach), hoch gebildet scherzend: «Möchten Frau Hofrätin in unserem Musentempel einen erhebenden Abend verbracht haben! Darf ich diesen Arm offerieren zur sicheren Stütze? Guter Himmel, Frau Hofrätin, ich muß es sagen: Werthers Lotte aus Goethe's Wagen zu helfen, das ist ein Erlebnis – wie soll ich es nennen? Es ist buchenswert.»

Wenige Monate später sagte der Autor in der autobiographischen Abhandlung «On Myself», die er für die Studenten von Princeton aufsetzte, mit erstaunlicher Unbefangenheit, was er durch Goethe über sich selbst mitzuteilen hatte. Das Thema des Romans, schrieb er, sei «der würdig gewordene Geist, der sich, sein Eigenstes unter steif-listigen Masken vor der neugierigen Welt versteckt. Er ist der Genius, dem man dient, und der nicht dankt, nur schenkt, dadurch eben, daß er vorhanden ist, ein großer Mensch und zugleich doch kein Mensch mehr; darum die Menschen ihn denn oft auch kalt und herzlos, ja geradezu mephistophelisch-nihilistisch finden. Ihre Liebe zu ihm ist von Haß nicht frei, sie fühlen sich durch ihn so sehr beglückt wie bedrückt. Er ist der Vater, gegen den man sich verehrungsvoll empört. Doch Opfer ist auch er, der Genius, und der, der es bringt. Er ist die Flamme, aber die brennende Kerze doch auch, die ihren Leib opfert, damit das Licht leuchte...» Das Buch, fügte er hinzu, handele nicht nur von Goethe persönlich, «sondern vom Genius an sich, vom Problem des Großen Mannes selbst».

Siebenunddreißig Monate, rechnete der Autor aus, waren seit dem Beginn der Niederschrift im September 1936 vergangen. Im Tagebuch bemerkte er, nicht ohne Feierlichkeit, nachdem er den Schlußpunkt gesetzt hatte: «Es ist als solches originell, als Beziehungsgewebe recht reich, manches ist Compilation und Aneignung, hilfesuchend, das Goethe-Portrait intim, heiter, neu, nicht ohne Intimität mit der Größe, der dabei eine demokratische Ironie entgegengesetzt wird. – Möge es seinen Platz einnehmen – in meinem Leben und in der Welt der Schriften.»

Nichts hatte seine Konzentration auf das Werk ernstlich gefährden können, mit dem er die immer wieder zitierte «unio mystica» mit Goethe ein für allemal zu etablieren gedachte: nicht die Erschütterungen, die Europa erfuhr, als der Diktator Österreich und die Tschechoslowakei an sich riß, nicht der Krieg, der über die Menschheit hereinbrach, als sich die Demokratien des Westens nicht länger den brutalen Willen des deutschen «Führers» aufzwingen ließen, nicht die radikale Veränderung des eigenen Geschicks, die Übersiedlung aus der vertrauten Schweiz ins fremde Amerika. Er hatte in Stockholm weitergeschrieben, seines Entkommens aus dem Machtkreis des Dritten Reiches nicht sicher, er hatte die Arbeit in der drangvollen Enge unter dreitausend Passagieren auf dem rettenden Schiff fortgeführt, hatte sie nach der Rückkunft in Princeton unverzüglich wiederaufgenommen, trotz der Blicke, die auch er auf das Entsetzen warf, das in der Alten Welt unaufhaltsam voranschritt.

Polen war in knapp drei Wochen unter den Schlägen der deutschen Militärmaschine zusammengebrochen. Die Sowjetunion hatte ihren Teil der Beute an sich gerissen. An der Westfront lagen sich die Armeen erstarrt gegenüber: drôle de guerre, wie man in Frankreich sagte. Thomas Mann hielt es noch immer nicht für ausgeschlossen, daß trotz allem ein zweites «München» ausgehandelt werden würde, das Hitlers Eroberungen sichern und seine Herrschaft für unabsehbare Zeit befestigen werde. An Agnes Meyer schrieb er, merkwürdig starrsinnig: «Der Krieg ist nicht möglich, die Civilisation erträgt ihn nicht mehr, man hat zu wählen zwischen ihm und der Acceptierung Hitlers, und also wird man wohl diesen akzeptieren müssen.»

Der schwierigen Freundin hatte er hochgemut angekündigt, er werde, wenn er sich recht kenne, am nächsten Morgen, nachdem er das Wort «Ende» geschrieben habe, die ersten Zeilen von «Joseph IV» zu Papier bringen. In der Tat erlaubte er sich keine Pause. Doch in Wahrheit dachte er an einen indischen Novellenstoff, angeregt von Heinrich Zimmers kleinem Buch über «Die indische Weltmutter», das er in den späten Herbsttagen des Jahres 1939 las. Der Schwiegersohn Hugo von Hofmannsthals, der zu jener Zeit noch in England lebte, hatte seine Aufmerksamkeit zuvor schon durch seine Studie «Maya. Der indische Mythos» auf das Motiv der «Vertauschten Köpfe» gelenkt.

Ehe er sich die novellistische Erholung gönnte, mußten die Pflichtübungen erledigt werden. Die Universität forderte ihr Recht.

Seufzend wandte er sich dem Vortrag über Goethes «Werther» zu. Sein eigener Widerwille wurde durch die offensichtliche Langeweile des Pudels Nico gemehrt, der im Arbeitszimmer auszuharren hatte, bis sein Herr zum täglichen Ausgang bereit war: Caroline Newton hatte ihm das Tier geschenkt, als Ersatz für Michaels Hündchen. Natürlich war die Rasse mit liebevollem Bedacht gewählt.

Mit Goethes Jugendroman hatte sich Thomas Mann ein vertrautes Sujet gewählt, in der Hoffnung, daß ihm das Stück rasch von der Hand gehen würde. Der Stoff aber war in Wirklichkeit abgetan. So wurde ihm die neue Aufarbeitung schwer. Der Studie war der Überdruß am Ende nicht anzumerken. Sie bot keine originellen Ausblicke, doch der Autor brachte es zuwege, die Entstehungsgeschichte und den Inhalt des kleinen Romans, dessen poetischer Zauber im Gang zweier Jahrhunderte nichts von seinem Glanz verloren hatte, den amerikanischen Zuhörern in kluger Konzentration und in einem Stil voller Anmut nachzuerzählen. Sein Publikum wußte es zu schätzen, daß er die Vorlesung mit einer humoristischen Note abschloß: «Ich meine», sagte er, auf Lottes Besuch in Weimar weisend, «daß sich auf diese Anekdote eine nachdenkliche Erzählung, ja ein Roman gründen ließe, der über Gefühl und Dichtung, über Würde und Verfall des Alters manches abhandeln und Anlaß geben könnte zu einem eindringlichen Charakterbilde Goethe's, ja des Genies überhaupt. Vielleicht findet sich der Dichter, der es unternimmt.»

Man darf sich darauf verlassen, daß die studentische Elite und vor allem die verständigen Vertreter der Professorenschaft dieses graziöse Finale mit kundigem Lachen begrüßten. Ihnen war kaum verborgen geblieben, daß der gefeierte Schriftsteller dort am Pult ein kapriziöses und ein wenig riskantes Werk über eben jene Lotte zu Ende gebracht hatte, das in nicht zu ferner Frist in den Schaufenstern ausliegen würde.

Die englische Übersetzung freilich, vor allem des siebten Kapitels mit Goethes Monolog, der voll der schwierigsten Anspielungen war, machte der bewährten Mrs. Lowe-Porter nicht geringe Mühe. Thomas Mann riet zu Streichungen und Vereinfachungen, doch sie setzte – genau wie ihre französische Kollegin Mme. Louise Servicen

– ihren ganzen Ehrgeiz darein, vor keiner der schier unübersteig-
baren Barrieren zu kapitulieren.

Seine Vermutung, daß der Roman eine schwierige Prüfung des
angelsächsischen Publikums sein würde, erwies sich als ganz realistisch. Der Rezensent des «Times Literary Supplement» schrieb mit
belustigter Schärfe, Lottes Besuch in Weimar liefere «den Vorwand
für eine hingerissene und übererregte Untersuchung zum Gegenstand von Goethes Leben und Kunst. Herr Mann ist in charakteristisch ernster Stimmung. Sogar noch bemerkbarer als in früheren
philosophischen Romanen ringt er, da er über Goethe schreibt, mit
eigenen esoterischen und widerspenstigen Problemen, Problemen
des Glaubens und romantischen Schicksals und des Ehrgeizes nach
dem Gipfelpunkt der Kunst. Die Wirkung davon ist, daß ein Nebel
feierlicher und dunkelschwangerer Worte über die konventionellen
subjektiven Exzesse deutscher literarischer Geschichtsschreibung
hinaus verbreitet wird. Es gibt tiefe Dinge in diesem Buch, wie man
erwartet haben mochte, scharfe und peinigende Spekulationen um
Goethes Geist und Person und um das ganze Geschäft erfinderi-
scher Schöpfung; aber das alles ist auf etwas schmerzvolle Art humorlos». Der Kritiker stürzte freilich selbst in einen Abgrund der
Humorlosigkeit, als er feststellte: «Wenn Herr Mann Goethe in
dieser Weise huldigen kann, versteht man leicht die sich erniedrigende Ekstase deutscher Naturen, und die irre Blasphemie der Hit-
lerverehrung stellt weiter keine Rätsel dar.»

Bermann Fischer meldete aus Stockholm erfreuliche Vorbestellungen, trotz des reduzierten Marktes. Tatsächlich wurden bis zum
Weihnachtsfest fünftausend Exemplare verkauft, obschon die Auslieferung – von der holländischen Druckerei aus – kaum vor Ende
November erfolgen konnte. Dennoch schrieb Thomas Mann, es
könne «die Wehmut einen packen», wenn man bedenke, «daß es,
wenn Deutschland noch stünde, gerade bei diesem Buch sofort
100 000 hätten sein können». Er fuhr fort, in einem Anflug von Optimismus, der seine Sprachsicherheit ein wenig ins Wanken brachte:
«Aber wissen wir denn, ob nicht Deutschland bälder, als noch vor
kurzem zu denken war, wieder zugänglich sein wird? Es sieht
manchmal so aus. Stellen Sie sich vor, daß Sie eines Tages Ihre Ware
in das ausgehungerte Reich werden hineinpumpen können!»

Er lobte die Herstellung des Buches. Überhaupt war er nun plötzlich geneigt, seinen Verleger, dessen Eignung für seinen Beruf er nicht lange zuvor so harsch in Zweifel gezogen hatte, mit den üppigsten Elogen zu überhäufen. Dem Schwiegersohn Borgese, der die «gepflegte Form» der Ausstattung als einen Beweis für die «Widerstandskräfte der Civilisation» zu preisen wußte, habe er gesagt, «diese Zähigkeit der Civilisation habe ihren ganz persönlichen Sitz, nämlich in Ihrem Busen. Sie seien nicht umzubringen, und wenn nach Berlin und Wien auch Stockholm auffliege, so würden Sie es in London oder New York oder Neuseeland ebenso distinguiert weitertreiben und auch meinen nächsten Roman wieder aufs feinste herausbringen». Das positive Echo der Kritik tat ihm von Herzen wohl. Er wußte besonders zu schätzen, daß Korrodi, dieser schwierige Begleiter, der «Lotte» eine Würdigung in zwei Folgen der «Neuen Zürcher Zeitung» zukommen ließ. Geradezu entzückt aber war er von dem Artikel eines Rezensenten in Luzern, der sich das halbwegs infantile Geständnis von der Seele geschrieben hatte, «er habe seit den Indianergeschichten seiner Jugend kein Buch mehr so verschlungen».

In jenem Augenblick aber, an dem sich Thomas Mann der völligen Vereinigung mit Goethe gewiß wähnte, trat unversehens Richard Wagner, der große Gegenpol, mit einer seltsamen und nahezu magischen Zwangsläufigkeit wieder in sein Dasein. Der amerikanische Historiker Peter Viereck hatte in der Zeitschrift «Common Sense» einen Aufsatz unter dem Titel «Hitler und Wagner» publiziert, in dem auch Thomas Mann auf höflich-kritische Weise zitiert wurde. Die Redaktion schickte ihm die Polemik ins Haus und erkundigte sich liebenswürdig, ob er sich wohl zu einer Stellungnahme herausgefordert fühle. Er konnte der Einladung nicht widerstehen. Doch gleich zu Anfang pochte er darauf, daß er – obschon ein «eingestandener Bewunderer der Kunst Richard Wagners» – gegen den Aufsatz keineswegs protestiere. Er habe die Arbeit vielmehr mit fast unausgesetzter Zustimmung gelesen. Dann wandte er mit gutem Recht ein, daß Viereck das kritische Element seiner Rede vom Februar 1933 allzu drastisch verkürzt habe. Er deutete an, daß der Essay die «Nuance» vermissen lasse: «Ich meine die Nuance der Liebe, der leidenschaftlichen persönlichen Erfahrenheit in dieser schließlich doch über alle Maßen begabten und bewundernswerten Kunst». Das war ein in Wahrheit herber Verweis, in Watte gepackt, da er einige Sätze zuvor bemerkt hatte, die «Nuance» sei den Nazis, «was dem Stiere das rote Tuch».

Für den Kenner seiner eigenen Studien über den Bayreuther ergab sich aus der Entgegnung an Peter Viereck nichts Neues. Er hatte zuvor schon Nietzsches Verdikt ins Feld geführt, die «Meistersinger» seien ein Werk *«gegen die Zivilisation»*, das «Deutsche gegen das Französische» mobilisierend. Er hatte schon in Zürich das nicht ganz exakte Aperçu von dem «Kultur-Bolschewisten» Wagner aufgeboten. Er hatte ihn – in seinem Vortrag über den «Ring» – schon einmal unter die großen Epiker des neunzehnten Jahrhunderts eingereiht. Er hatte auch das Grundproblematische der Person und des Werkes nicht verschwiegen, obwohl er seine Einwände, wie er zugab, vor allem gegen die Prosaschriften Richard Wagners «aus Zartgefühl» zurückgehalten habe. Er hatte auch früher die innere Verbindung zwischen dem Bayreuther Zauber und dem mythischen Gewoge des Nationalsozialismus nicht geleugnet. Aber er schien nicht so recht wahrhaben zu wollen, wenigstens nicht in diesem Augenblick, wie tief er dem Magier einst selbst verfallen war – und rasch immer wieder verfallen konnte, so daß er «noch heute, wenn irgendein abgerissener Klang aus dieser Beziehungswelt» sein Ohr treffe, «erschüttert aufhorche».

Die Bilder, die er für die Lockung fand, waren verräterisch genug: «Hochgebirgsgipfel im Abendschein» und «brandendes Meer». Er entkam dem Sog der späten Romantik nicht, auch nicht ihrem Kitsch. Aber wichtiger war die Einsicht, die er hier zum erstenmal in solch präziser Formulierung vortrug: Hitler und Wagner, sagte er, gehörten in der Tat zusammen. Er fuhr fort: «Es gibt nur *ein* Deutschland, nicht zwei, nicht ein böses und ein gutes, und Hitler, in all seiner Elendigkeit, ist kein Zufall: nie wäre er möglich geworden ohne psychologische Vorbedingungen, die tiefer zu suchen sind, als in Inflation, Arbeitslosigkeit, kapitalistischer Spekulation und politischer Intrige.»

Diese Worte nahm er in der großen Rede über Deutschland, die er 1945 in Washington halten sollte, mit grandiosem Pathos wieder auf. Schon jetzt wagte er den Vorausblick: «Aber wahr ist, daß Völker nicht immer dasselbe Gesicht bieten, und daß es auf Zeit und Umstände ankommt, wie ihre konstanten Eigenschaften sich ausnehmen. Deutschland nimmt sich heute fürchterlich aus. Es ist die Qual der Welt, – nicht weil es ‹böse›, sondern gerade weil es auch ‹gut› ist, eine Tatsache, auf die der angelsächsische Humor sich sehr wohl versteht, wenn er durch den Mund des vortrefflichen Harold Nicolson feststellt: ‹The German character is one of the finest but most inconvenient developments of human nature!›»

Thomas Mann schloß seine Antwort an Viereck mit der Feststellung, der Krieg werde von den demokratischen Mächten «zu Deutschlands Gunsten geführt»: «Er wird geführt zur Herstellung eines Zustandes, welcher Deutschland vom Fluche der Machtpolitik befreit, unter dem es verdirbt wie kein anderes Volk; für ein befriedetes, ein entpolitisiertes Europa, in dessen Atmosphäre allein Deutschland groß und glücklich sein kann, weil sie seinen Werken die politische Unschuld und der Bewunderung dafür das gute Gewissen zurückgibt».

Wenige Tage ehe er mit der Niederschrift seiner Wagner-Entgegnung begann, wurde aus Zürich endlich die Ankunft der Schwiegereltern gemeldet: dank Winifred Wagners schützender Hand waren die beiden Alten dem sicheren Untergang entkommen. Wer mag, darf auch hier eine düstere Art der Ironie am Werk sehen. Thomas Mann schien sie nicht wahrzunehmen. In der Realität seines Lebenskreises sah er sie selten am Werk. Er begnügte sich damit, in ihr ein philosophisches Generalprinzip zu erkennen, dem er nahezu alles zu- und unterzuordnen bereit war, wenn es ihm hilfreich schien – oft eine Art Fetisch, den er vor sich her trug. Auch Goethe blieb, in der Interpretation des späten Doppelgängers, nichts anderes, als sich dem ironischen Universalismus Thomas Manns zu beugen. In einem Brief an Agnes Meyer wiederholte er den Satz, den er dem Geheimrat in der «Lotte» zugeschrieben hatte: «Ironie ist das Körnchen Salz, das das Aufgetischte überhaupt erst geniessbar macht.» Goethe-Experten wiesen nach, daß sich dieses Wort nirgendwo findet: der Erbe hatte es im Zuge der mystischen Verschmelzung erfunden, gleichviel ob mit Vorsatz oder einer träumerischen Eingebung folgend.

Zum andern entging ihm die ironische Pointe, die man darin erkennen mag, daß Agnes Meyer ihn und Katia nach einer Periode des Frostes nun ausgerechnet in eine Aufführung von «Tristan und Isolde» in der New Yorker Metropolitan Opera führte. Thomas Mann war ihr, wie fast immer, Dank schuldig. Sie hatte Sohn Klaus, der bei seinem Aufenthalt in Los Angeles über seine Verhältnisse lebte (wie fast immer), eine nicht unbeträchtliche Summe geliehen. Sie hatte, das war wichtiger, aus Anlaß einer Neuauflage der «Königlichen Hoheit» einen hymnischen Artikel in der «New York Times» drucken lassen, von dem sie selbst sagte, daß er auf den Verkauf des Buches einigen Einfluß haben sollte. Sie hatte ihm freilich auch nicht verschwiegen, daß sie bei jener Arbeit von «inneren Konflikten» bedrängt war, die sie den Lesern wohlweislich vorenthielt. In einem langen Brief an den Autor machte sie aus ihren wahren Gefühlen keinen Hehl. Sie verwies auf das «Gemachte» im zweiten Teil des Buches, auf seine «eisige Luft» und die «tragische Wahrheit», daß hier «eine Liebesgeschichte (…) ohne Liebe» vorliege. Streng fuhr sie fort, in manchmal ein wenig holperndem Deutsch, sie könne es nicht ertragen, daß er «auch heute nicht innerlich frei» sei. Solange er die innere Freiheit nicht gefunden habe, werde er vielleicht nie der Künstler sein, der in ihm lebe – «denn Kunst ist nichts wie Freiheit». Joseph, bemerkte sie nicht ohne Scharfsinn, sei kein anderer als der Prinz Klaus Heinrich in «einem höheren Gebiet».

Mit der Freiheit meinte sie nichts anderes als die Fähigkeit zur Liebe: «Ich spreche nicht von Liebe (…) als die grösste befreiende Macht in dem menschlichen Gemüth, die Liebe zur Welt und zum Leben. Diese Liebe haben Sie nur teilweise gekannt, weil Sie das Leben, an und für sich, noch immer fürchten, weil in Ihrem Herzen der Tod noch leise seine magischen Lieder singt und diese Musik noch immer Ihr heimliches Glück ist.»

Die gescheite und unruhige Frau hatte, vielleicht ein wenig zu rasch, einige der zentralen Einsichten moderner Psychologie in die Welt ihrer Wahrnehmung aufgenommen. Dem Dichter sagte sie auf den Kopf zu, er lebe noch immer «im Bann der Mutter». Sie fuhr fort: «Es geht nicht anders, lieber Freund, Sie müssen der Mutter den schweren Teil an Ihrem Leben verzeihen und einsehen dass dies Verhängnis gerade so viel Ihre Schuld war, als Schuld der Mutter.

Denn nur wenn Sie diesen Schmerz ansehen und durchleben, werden Sie die Liebe verstehen von der Spinoza sagt: ‹Wer Gott liebt, der frägt nicht nach seiner Gegenliebe.›» Sie schloß den schwierigen Brief voller Pathos: «In tieffster Demuth und erhabenster Freundschaft».

In der Erregung war ihr die deutsche Orthographie ein wenig entglitten − so wie ihr in einem nächsten Brief, den sie zwei Tage später der kritischen Epistel hinterherschickte, die Bilder zu entgleisen drohten. Bei der Lektüre eines neuen Kapitels aus dem Goethe-Roman, rief sie, «bewegten sich mir vor Freude die Eingeweide, wenn Sie erlauben daß eine Weltdame Eingeweide hat». Dies sei, sagte sie in holder Begeisterung, «nicht mehr Thomas Mann durch Goethe wie in den Essays, sondern das seltenste, was es auf der Welt gibt, Genius von Genius gesehen und wieder hergestellt in Leib und Seele». Später schlug sie einen schönen Titel für die amerikanische Ausgabe des Werkes vor: «Journey towards Youth». Den deutschen Titel wollte der New Yorker Verleger auf keinen Fall: die amerikanischen Käufer, sagte Alfred Knopf, würden nicht sicher sein, wie zwei von den drei Worten «Lotte in Weimar» auszusprechen seien. Thomas Mann genehmigte die allzu sentimentale Formulierung: «The Beloved Returns». Der Verlag Secker and Warburg in London zog die Wiedergabe des deutschen Originaltitels vor.

Agnes Meyers enthusiastisches «Lotte»-Nachwort machte ihm die Anwort auf ihren Brief über die «Königliche Hoheit» leichter, obschon er einen ersten Entwurf «aus Abneigung» abgebrochen hatte. Ihre Worte, sagte er schließlich, hätten ihm «einige Bangigkeit» um sein Seelenheil einflößen müssen, aber das nachfolgende Schreiben «über das Goethe-Fragment hat mir das Mass von Sorglosigkeit zurückgegeben, das ich brauche, um weiter das Meine zu thun». Er riet ihr, die «alte Spieldosen-Musik» des Prinzen-Romans auf sich beruhen zu lassen, obwohl dem Buch «Grazie und Witz» nicht ganz fehlten. Wenn die knappe Probe aus dem Weimar-Roman einen Menschen wie ihr, fuhr er fort, «so erregend nahe gehen konnte, so wird es ja (…) mit meiner verkrampften Lieblosigkeit nicht so weit her sein. Für einen produktiven Menschen bleibt die entscheidende Frage immer: Was kommt dabei heraus? − sei es dann mit diesem ‹dabei› wie immer bestellt. Das Eine kann ich darüber sagen: Ich habe mich immer redlich bemüht, ein Mensch zu sein.» Einige Monate später hielt er der strengen Protektorin mit einiger Genugtuung die Sätze aus einem Brief von Genia Schwarzwald vor, einer Wiener Pädagogin (die, wie er mit Bedacht hinzufügte, den Titel eines philosophischen Doktors trug): «Sechs Nächte», habe jene Dame geschrieben, «war ich in Gesellschaft Ihrer rührenden, reizenden Lotte. Was sind wir Frauen Ihnen doch für Dank schuldig! Nie hat es (ausser Gottfried Keller) einen deutschen Dichter gegeben, der den Frauen soviel Verständnis, Herz und Humor geschenkt hätte.» Er war nur allzu gern bereit, jenem Bekenntnis Glauben zu schenken, doch immerhin setzte er lächelnd hinzu: «Was man auf seine alten Tage noch alles zu hören bekommt!»

Der «Tristan»-Besuch im Dezember, der jenes penible Gespräch gleichsam abschloß, war geeignet, die Verstörung zwischen der energischen Verehrerin und dem störrischen Dichter ein wenig zu besänftigen. Zudem stand, seit dem fatalen Bündnis zwischen dem nazistischen Deutschland und der Sowjetunion, das Reizwort «Kommunismus» nicht länger zwischen ihnen. Wohl beharrte Thomas Mann noch immer darauf, daß die Welt zwischen Sozialismus (was immer er sich darunter vorstellen mochte) und Faschismus zu wählen habe. Mit anderen Worten: die liberalen Demokratien der kapitalistisch-industriellen Welt waren nach seinem Urteil der Zukunft nicht länger mächtig. Ihre Energien hatten sich erschöpft. Sie schienen nicht fähig, der drängenden sozialen Fragen Herr zu werden, und er war noch immer nicht sicher, ob sie willens seien, dem Ansturm der Diktatoren standzuhalten.

Mit Unbehagen aber beobachtete er, daß die treue Genossenschaft Moskaus im «Schutzverband» der emigrierten deutschen Schriftsteller, der sich «German-American Writers Association» nannte, die Kooperation zwischen Stalin und Hitler und die russisch-deutsche Kampagne gegen den «Krieg der britischen und französischen Imperialisten», ja auch die Besetzung Ostpolens durch die Sowjetunion zu rechtfertigen suchte. «Die amerikanischen Kommunisten für einen Münchner Frieden auf Grund der Teilung Polens», notierte er: «Man muß sie meiden.»

Wenig später legte er die Ehrenpräsidentschaft der «League of American Writers» nieder, die in ihrem Verbandsbulletin die sowjetisch-nazistische Allianz in robuster Manier propagiert hatte. In einem Brief an Curt Riess aber bemerkte er, sein Gefühl billige es nicht, Stalin für den Hauptschuldigen des Krieges zu erklären und das Hitler-Regime damit zu entlasten (was freilich nur die borniertesten unter den Antikommunisten versuchten). Doch er schrieb auch: «Daß an der Auslösung dieser Katastrophe der Stalinismus verhängnisvoll beteiligt war, hat für mich einen mehr oder weniger akzidentiellen Charakter». Zugleich bekräftigte er, daß die kommunistische Weltanschauung in seinen Augen «volle Lebensberechtigung» habe. Trotzdem wolle er nicht länger Ehrenpräsident des Verbandes bleiben, wenn sich dieser «mit dem gegenwärtigen Stalinkurs» identifiziere.

Die Distanzierung tat not. Im New Yorker Wochenblatt der deutschen Sozialdemokraten fragte Julius Epstein, wo Thomas Mann in jenem Konflikt stehe. Der Stalin-Hitler-Pakt hatte die alten Wunden aus der Epoche der Demokratie von Weimar, die noch längst nicht verheilt waren, erneut aufgerissen.

Der Kampf um die Seele und das Gewissen der Linken rührte – wie jede Konfrontation mit einer totalitären Ideologie – an Grundängste, und er weckte damit allzuoft eine latente Bereitschaft zur Hysterie. Auch Leopold Schwarzschilds Stimme schien sich immer öfter zu überschlagen. Klaus und Erika Mann hatten ihm in ihrem Emigrationsbuch bescheinigt, er sei «von allen Publizisten, die Deutschland verlassen haben, ohne Frage der begabteste». Sie hatten ihm ferner attestiert, er sei ein «unbedingter, leidenschaftlicher Antifaschist», doch sie fügten hinzu, er sei «keineswegs ein Revolutionär», sondern eher konservativ geworden, ja er habe «ausgesprochen anti-marxistische Tendenzen gezeigt, die ihn mit dem politisch radikal gesinnten Teil der Emigration in Konflikte» gestürzt hätten. Seine Integrität dürfte sowenig in Zweifel gezogen werden wie sein «publizistisches Genie». Dann redeten sie, naiv und schlau zugleich, einer Versöhnung das Wort: «Wir finden diese Streitigkeiten bedauerlich und hoffen, daß sie nicht dauern werden – nicht nur und nicht vor allem, weil wir mit dem Herausgeber des ‹Neuen Tage-Buchs› persönlich befreundet sind, wie auch mit einigen, die ihn zur Zeit nicht grüßen; sondern weil wir es unwürdig und unklug finden, den Nazis, die den liberalen Schwarzschild ebenso unversöhnlich wie seine marxistischen Gegner verabscheuen, das Schauspiel dieses internen Zerwürfnisses, dieses ‹Bruderzwistes› zu bieten. Unsere Freunde in Paris, Prag oder Amsterdam zanken sich über ideologische oder taktische Nuancen; die lachenden Dritten aber sitzen in Berlin.»

Es half alles nichts. Im November erschien im «Neuen Vorwärts», aber auch im «Neuen Tage-Buch» Leopold Schwarzschilds ein rüder Angriff gegen Klaus Mann. Er wurde verdächtigt, ein Agent der Kommunisten zu sein. Anlaß der Polemik war seine Weigerung, Julius Epsteins hart zugespitzte Frage nach einem «Ja» oder «Nein» zum Pakt zwischen Stalin und Hitler mit der geforderten Entschiedenheit zu beantworten. Er hatte dazu am 13. September 1939 geschrieben: «Ich würde ein ‹Ja oder Nein› in diesem heiklen Zusammenhang als eine unaufrichtige Vereinfachung empfinden. – Übrigens bleibt alles sehr unentschieden, fließend und geheimnisvoll; niemand kennt noch die eigentlichen Hintergründe und Absichten des Paktes. Wir können hoffen, fürchten, deuten, kalkulieren, prophezeien, erklären, warnen – aber doch nicht ‹Ja oder Nein› sagen. Mir käme das unpassend vor.»

Klaus Mann befand sich, als er diese Zeilen niederschrieb, wahrhaftig nicht auf der Höhe der intellektuellen und moralischen Präsenz, die er mitunter bewies. Vier Tage später marschierten, was niemanden überraschte, die sowjetischen Armeen in Polen ein. Im «Neuen Tage-Buch» spottete ein anonymer Autor: «Man würde mit Fassung warten, was der junge Mann ohne ernstliche Reife, ohne erarbeitetes Wissen und wetterfeste Kriterien, der so viele Urteile schon passend fand, während er diesmal ein Urteil unpassend findet, demnächst wieder passend finden wird. Man würde ohne Spannung darauf warten, flößte die Tatsache, daß er sich in seiner Rolle als Sowjet-Agent hier nun definitiv beglaubigt, nicht Gedanken über die Dienste ein, die in der Planwirtschaft von ihm erhofft werden.»

Die Anschuldigung, ein Agent zu sein, mußte Klaus Mann unverzüglich zurückweisen. Fredric Kroll bemerkt zu Recht, daß, hätte sich der Konflikt zugespitzt, sein Aufenthalt in den Vereinigten

Staaten gefährdet gewesen wäre. So setzte er eine Erklärung auf, die Schwarzschild nicht druckte – ohne seine Weigerung zu begründen. Sie erschien in der sozialdemokratischen «Neuen Volkszeitung» Gerhart Segers. Klipp und klar stellte Klaus Mann darin fest: «Ich bin kein Kommunist und kein ‹Agent der Sowjetunion› und bin weder das eine noch das andre jemals gewesen: weder ‹objektiv› noch ‹subjektiv›, weder bewußt noch unbewußt, weder direkt noch indirekt. Ich habe weder von den Kommunisten noch von irgendwelchen Mittelsleuten der Kommunisten jemals irgendwelche Bestechungs- oder Unterstützungs-Gelder angenommen oder auch nur offeriert bekommen. (…) Ich bin weder in meinen politischen noch in meinen kultur-politischen Gesinnungen und Äußerungen von den Kommunisten beeinflußt worden. Mehrere der Autoren, die ich gerade während der letzten Jahre am häufigsten und nachdrücklichsten gepriesen habe, sind bei den Kommunisten ‹in Ungnade› – zum Beispiel Stefan George und André Gide. In meiner gesamten Produktion ist kein einziges Wort der Bewunderung für Josef Stalin zu finden. Ich bewundere ihn nicht.»

Klaus Mann vermutete, daß Willi Schlamm, einst ein glühender Kommunist und Redakteur der «Neuen Weltbühne», die böse Glosse gegen ihn geschrieben habe. Am 30. November schickte er dem Konvertiten eine Epistel, die ihn als talentierten Polemiker auswies, obschon sie in manchen Passagen allzu schrill und kreischend wurde: «Der Umstand», schrieb er, «daß ich heute nicht mehr an die Volksfront glaube, kann mich kaum dazu bestimmen, jeden kleinen Ex-Kommunisten als politischen Propheten zu preisen, weil er sich schon seit einigen Jahren aus seinen dubiosen Ressentiments gegen ‹die Partei› eine aggressive Weltanschauung und interessanten Lebensinhalt gemacht hat. – Auch was sich vom *Moralischen* her über Ihr erstaunliches Betragen sagen ließe, soll lieber ungesagt bleiben. Warum sollten gerade Sie moralischer sein als irgendwelche anderen Fanatiker von geringerem Format? Ich erinnere mich, daß ich mich, vor einigen Jahren, einmal in Paris mit meinem alten Freund Leopold Schwarzschild über Sie unterhalten habe. (…) Ich versuchte ihm – dem Schwarzschild – klar zu machen: ‹Schauen Sie, der Schlamm ist wirklich ganz brav, hat auch Talent, meint es gut.› Daraufhin der Herausgeber des NTB, sehr hochmütig: ‹Er ist völlig unmoralisch wie alle moralistischen Fanatiker ohne viel Hirn.› Später fanden Sie sich dann mit ihm, weil ihr beide den Stalin nicht mochtet.» Er erinnerte an den Spott, den einst Karl Kraus über den aufgeregt-aktivistischen Journalisten Schlamm ausgegossen hatte, und er drohte ihm schließlich mit einer gerichtlichen Klage, da er die Bezeichnung «Sowjet-Agent» als ehrenrührig betrachte.

Dieser schäumende Gegenangriff hatte einen argen Nachteil: Schlamm konnte glaubhaft machen, daß er nicht der Verfasser der Anschuldigungen im «Neuen Tage-Buch» war. Allerdings durfte sich Klaus zu Recht darüber beschweren, daß sich der Kontrahent an seinen Vater und nicht an ihn selbst gewandt hatte: «Ich hätte sogar die Mitteilung eines von Ihnen beauftragten Anwalts als taktvoller empfunden, als die Methode, die Sie gewählt haben. Ihre Briefe an die väterliche Autorität erinnern mich aufs peinlich-drolligste an jene ‹Rügen›, die von Professoren manchmal durch eine ‹Mitteilung nach Hause› verschärft wurden.» Kleinlaut und dennoch aufsässig fügte er hinzu: «Wie dem auch sei: ich bin formal im Unrecht, und empfinde, daß ich etwas voreilig gehandelt habe. Ich hätte Sie fragen sollen, ob Sie jenen Artikel im NTB wirklich verfaßt haben. Freilich hätte für Sie kaum ein Grund bestanden, mir dies zuzugeben – gesetzt sogar, Sie wären der Autor in der Tat gewesen.» Am Schluß stand er nicht an, den vermeintlichen oder wirklichen Gegner von der Seite her ein anderes Mal zu attackieren: «Meine Vermutung, daß Sie selbst der Verleumder waren, konnte Sie nicht dazu bringen, das Gegenteil durch irgendein Wort, irgendeine Geste zu beweisen. So sehr sympathisieren Sie mit dem, der verleumdet hat. Es tut mir leid, daß meine Bitte um Entschuldigung nicht enthusiastischer ausfallen will. Da mir mein eigener Irrtum nur ein formaler, kein wesentlicher zu sein scheint, müssen Sie sich mit dieser etwas trockenen Bitte-um-Pardon begnügen.»

Das Zerwürfnis mit Schwarzschild ließ sich niemals mehr ganz reparieren. Noch ein Jahr später sah sich Erika veranlaßt, den Journalisten mit den Gerüchten von der Kommunistenhörigkeit des Bruders zu konfrontieren. Sie schrieb ihm unverblümt, sich selbst zitierend, daß «man sich ein ziemliches Stück ruchloser Niedertracht leistet, wenn man als angesehener und zuverlässiger Publizist

einen Menschen, der auf Grund eines Visitor-Visums die Gastfreundschaft Amerikas genießt, eben dort (...) als Sowjet-Agenten
denunziert, der keiner ist und nie einer war.» Sie fügte in Klammern
hinzu, sie habe sich entschlossen, das Denunzieren von Kommunisten niederträchtig zu nennen, obwohl sie mit keinem mehr spreche
und jede «Plattform» meide, auf der ein Kommunist erscheine. Sie
habe «völlig und (...) for good, mit den comrades gebrochen». Denunzieren würde sie freilich keinen.

«Sie wußten», rief sie Schwarzschild zu, «daß wir uns selbst zur
Zeit der schönsten Volksfront-Blüte nie und nimmer mit den Genossen hätten identifizieren lassen (...); wenn wir trotzdem Ihre
leidenschaftlich antikommunistische Haltung nicht immer gutheißen konnten, haben wir Sie deshalb nicht einen Nazi-Agenten genannt.»

Sie war klug genug, dieser deftigen Zurechtweisung den Hinweis
auf die eigenen Fehler hinzuzufügen: «Ich weiß heute, lieber
Schwarzschild, daß ich mich in manchem getäuscht habe. Es war ein
Irrtum, zu glauben, man könne zusammenarbeiten mit den Stalinisten, – ein Irrtum, den begangen zu haben ich bereue; – er war bona
fide begangen und manches schien damals dafür zu sprechen, daß er
keiner war (kann man das sagen?). (...) Ich gebe zu, daß ich mich
geirrt habe and that's that. Sie sollten das auch tun. Schreiben Sie
einen Brief an Klaus, – geben Sie zu, daß Sie sich geirrt haben und
daß es Ihnen leid tut, ihn, der nie in seinem Leben ein Sowjet-Agent
gewesen ist, öffentlich als solchen beschimpft zu haben».

Danach allerdings hielt sie es für angebracht, den Verdächtiger
nun ihrerseits mit einem schrecklichen Verdacht heimzusuchen:
«Schön wäre freilich, wenn Sie hinzufügen könnten, daß nicht auf
Grund Ihrer Denunziationen Leute in die Pariser Lager geworfen
worden und, eventuell den Nazis ausgeliefert worden sind. (...) ich
kann nicht mit jemandem sprechen, der daran festhält, daß Klaus
ein Sowjet-Agent gewesen ist. Und es wäre schwer für mich, mit
einem zu sprechen, auf dessen Veranlassung irgendwelche Menschen, die nicht Nazis sind (...) den Nazis in die Hände gefallen
sind. Sie wissen (or do not know) wie gern ich Sie immer gehabt
habe und wie sehr ich also wünschen muß, daß man wieder miteinander sprechen könne. Bestens die Ihre: E. M.»

Leopold Schwarzschild wies die böse Vermutung schroff zurück: «Vom ersten bis zum letzten Tag habe ich keiner französischen Amtsperson jemals meine politische Meinung über irgend einen Emigranten mündlich oder schriftlich bekannt gegeben. Ich bin nämlich ein Schriftsteller. Höher habe ich nie hinaus wollen; nicht einmal die Rolle eines Polizei-Konfidenten hat mich gelockt.» Danach erklärte er präzise, daß nahezu sämtliche Emigranten ohne Unterschied im Mai 1940 interniert worden seien, ob Kommunisten oder nicht.

Schwarzschild war aber nicht generös oder nicht einsichtig genug, die infame Anschuldigung des Bruders klar zu korrigieren. Er zog sich auf eine faule Ausrede zurück: «Ich sehe ein», schrieb er der Schwester, «daß wir in Europa das Wort Sowjet-Agent oder Nazi-Agent in einem unpräziseren Sinn anzuwenden pflegten als man es in Amerika tut. (...) Wenn wir bestimmte Politiker Hitler-Agenten nannten, so meinten wir fast nie, daß sie angestellt oder besoldet seien, sondern fast immer nur, daß sie aus Gesinnungs-Identität ständig in der Linie der Hitler-Politik agierten. So sollte auch über Klaus nicht gesagt werden, daß er in einem Moskauer Dienstverhältnis stand, sondern nur, daß er in den großen Fragen stubbornly die Linie der Stalin-Politik verfolgte. Ich denke, daß eine solche Erklärung die volle damalige Wahrheit sowohl über meine wie über seine Seite enthalten würde.»

Er schien nicht gewahr zu sein, daß er, der unversöhnliche Antikommunist, sich des Begriffs «Agent» in jener schluderhaften und zugleich bösartigen Allgemeinheit bediente, die unter den Moskowitern spätestens seit der «Großen Säuberung» üblich war. Er fügte hinzu, daß er zu einer beschwichtigenden Erklärung bereit sei und eine bereinigende Aussprache begrüßen würde. Jene Episode (wie er sie nannte) werde von den Kommunisten gegen ihn genutzt.

Das mochte wohl so sein. Indes, man versteht Klaus Manns Vorbehalte gegen die Vermittlung, die Bruno Frank mit einem fast rührenden Eifer betrieb. Er schrieb dem Freund im Oktober 1940, Schwarzschild sei – «staubiger Melonenhut und intelligentes Erlöser-Lächeln hin und her» – «wohl einfach kein guter Mensch». Trotzdem würde er nicht nein sagen, wenn Schwarzschild eine «Aussprache» wünsche. In der Neige des Jahres 1940 – so lange schleppte sich der Streit fort – gab er sich schließlich mit einer formalen Entschuldigung Schwarzschilds zufrieden. Sein Dank vom 2. Januar 1940 geriet ihm, kein Wunder, ein wenig spröde: «Lieber Leopold Schwarzschild. Es ist gut, daß Sie mir das endlich geschrieben haben. Die Affäre fing ja in der Tat schon an, absurd zu werden. (...) Ob wir uns zanken oder versöhnen – wir sitzen in einem Boot. Schon aus diesem Grunde ist mir das Ende des Zankes willkommen – wenngleich ich mir die Versöhnung noch etwas rührender und großartiger hätte vorstellen können. Ihr Klaus Mann.»

Auch der Vater hatte im Herbst 1939 die scharfe Geißel zu spüren bekommen, die Schwarzschild in gerechtem und ungerechtem Zorn auf Köpfe und Rücken niedersausen ließ, nach rechts und nach links (doch lieber nach links), von Energien getrieben, die sich aus der Unbedingtheit des Fanatikers nährten. Er hatte an dem Vortrag über das «Problem der Freiheit» Anstoß genommen, der in der Tat durch manchen Mangel an Klarheit Anlaß zu Mißverständnissen bot. Er deutete auf die Fragwürdigkeit von Thomas Manns Kritik an der liberalen Demokratie und sein verwaschenes Bekenntnis zu einem Sozialismus, den er nicht zu definieren vermochte. Allerdings stand stets außer Zweifel – Schwarzschild nahm es nicht zur Kenntnis –, daß seine Hoffnung auf eine humane Ordnung nichts mit dem Sowjetkommunismus stalinistischer Prägung zu schaffen hatte. Schwarzschild durchschaute auch nicht, daß die simple Alternative «Faschismus» oder «Sozialismus» aus dem morastigen Grund des deutschen Kulturpessimismus stammte. Er verstand nicht, daß noch immer die «Betrachtungen» durch das Denken des Dichters geisterten. Thomas Mann nahm die «Diatribe», die er in einer Notiz vom 22. Dezember 1939 als «höflich und schief» bezeichnete, mit einer Gelassenheit hin, die bei ihm nicht üblich war.

Vielleicht dämpfte die heraufziehende Weihnachtsstimmung seine Empörung: drei der sechs Kinder fanden sich im schönen Haus an der Stockton Street ein. Monika wartete in London auf das amerikanische Visum, das trotz der Intervention des Vaters noch immer verweigert wurde – vielleicht weil Jenö Lányi unter die ungarische Immigrationsquote fiel, die (wie die polnische oder die rumänische) auf Jahre hinaus besetzt war. Golo arbeitete in Zürich: ein gewissenhafter und erfolgreicher Redakteur, trotz der Zweifel, die auch ihn anfechten mochten, ob sich die Zeitschrift noch lange werde halten lassen und ob sich die Schweiz nicht eines Tages als eine Falle erweise, aus der ein Entkommen so leicht nicht möglich sein werde. Michael war mit seiner Frau nach wie vor in Großbritannien festgehalten: er hatte sich gegen den Willen der Eltern einen neuen Geigenlehrer gesucht und darum die Überfahrt nach Amerika fürs erste verschoben – darauf hoffend, daß die «Schiffahrt (...) NICHT plötzlich ganz abbrechen» werde. Gegen den Einspruch des Vaters hatte er sich, wie aus einem demütigen Entschuldigungsbrief zu schließen ist, mit unbedachten Worten zur Wehr gesetzt. Der Mutter schrieb er: «Also ohne noch einmal mein eigenes Verhalten, über welches ich mir schon ganz gut im Klaren bin und dessen immer wieder durchkommende Fehlerhaftigkeit Du mir also nichteinmal vorzuhalten bräuchtest, revidieren zu müssen, kann ich von bitteren Gefühlen von meiner Seite gegenüber dem Elternhaus wirklich nicht die Rede sein lassen.» Er fügte hinzu, es bleibe ihm nichts übrig, «als um *ganz* eiliges Vergessen zu bitten».

Elisabeth reiste mit ihrem Mann von Chicago an. Genau einen Monat zuvor hatte sie den Professor Borgese in Princeton geheiratet. Der Vater, nicht bester Laune, hatte bei der Hochzeitsfeier «vor Nervenschwäche» geweint, wie er vermerkte. Klaus schrieb in sein Journal mit einer Prise von Spott, Medi scheine ziemlich glücklich zu sein – «der überreife Bräutigam ist es jedenfalls, trotz aller stolzen Empfindlichkeit». Er fügte hinzu: «Die Eltern jetzt so allein in dem *grossen* Haus. No children around.» Den Schwager betrachtete er mit kritischen Augen. Zum Jahresende erzählte er Bruder Golo: «Borgi hat längst begriffen, daß hinter allem Ungemach der Welt als lauernder Dämon der Heilige Vater steht. Was er über die alleinseligmachende Kirche zu sagen weiß, erinnert quälend an die Meinungen, die es bei gewissen deutschen Volksgenossen über das ‹Weltjudentum› geben mag. Überhaupt hat unser bedeutender Schwager seine beunruhigenden Züge – Eitelkeit und fixe Ideen trüben seine Urteilskraft. Dann aber wieder zeigt er sich kindlich, humorvoll, aufgeschlossen und gescheut. Er liebt seine junge Frau.»

Mit anderen Worten: das Schicksal hatte Thomas Mann einen Schwiegersohn beschert, der manche Züge des Settembrini aus dem «Zauberberg» trug. Von Heinrich, der unterdessen Nelly geheiratet hatte, langte ein Brief aus Nizza an: der erste Brief in deutscher Sprache, den er nach langer Zeit geschrieben hatte, wie er betonte. Von Nelly sagte er, sie sei glücklich und fühle sich «eingeordnet», seit sie Mme. Mann und mit einem Paß der tschechoslowakischen Exilregierung versehen sei: für die gesamte Familie noch immer das Dokument, das ihre Staatsangehörigkeit bestimmte. Nelly stricke für die tschechischen Soldaten, die unter französischem Kommando dienten. Freilich sprach Heinrich auch voller Schmerz vom Geschick seiner Tochter, die nach ihrer unglückseligen Heirat mit dem Hochstapler Aschermann wieder nach Prag zurückgekehrt war. Der tschechoslowakische Staat, sagte der Bruder, werde «so oder so» wiederhergestellt – «wahrscheinlich innerhalb einer Donau-Föderation», zu der denn auch der Präsident Beneš neige (was sich als Irrtum erwies). Mit besonderer Herzlichkeit gratulierte er Katia zur Rettung ihrer Eltern.

Am 24. Dezember gegen Mittag, in scharfer Kälte, kam Erika mit Klaus, Bruno Frank und dessen Frau Liesl. Auch Martin Gumpert mit seiner Tochter war geladen. Erich von Kahler und seine Frau wurden zur Bescherung gebeten. Der Gabentisch prangte am ersten Christfest des Krieges in der gewohnten Fülle. Agnes Meyer hatte ein antikes Gefäß geschickt, das einst chinesischen Gelehrten zur Aufbewahrung Ihrer Schreibpinsel diente. Es war mit kleinen Bildern geschmückt, die Szenen aus dem Leben des großen Poeten Tao Yüan-ming zeigten: ein sinniges und kostbares Geschenk, das der Empfänger in seinem Dankesbrief einen «im Goethe'schen Sinn ‹bedeutenden› Besitz» nannte.

An der Festtafel saßen «bei brennenden großmütterlichen Kandelabern» zwölf Personen zum Champagnerdinner. Thomas Mann versäumte nicht, die «dreifache schwarze Aufwartung» zu vermerken. Später las er das neunte Kapitel der «Lotte» vor und registrierte die «Ergriffenheit» seiner Kinder. Klaus hatte bereits einige Tage zuvor in seinem Journal festgehalten, daß er die letzten Kapitel der «Lotte» gelesen habe: «mit Amüsement und Respekt. Zuweilen etwas schaurig berührt von Hochmut, Ironie und Traurigkeit dieses wunderlich hoch-stilisierten Selbstporträts...»

73. KAPITEL

Fünfundsechzig

Geburtstage waren ihm wichtig. Sie gaben dem Dasein, das den Menschenkindern so rasch ins Regellose und Unüberschaubare entwächst, eine Spur von Ordnung. Die festlichen Daten zeigten den Fortgang der Zeit an, mit dem das Leben dahinfloß, unweigerlich dem Ende entgegen – und sie hielten es zugleich mit einem gewissen Pathos auf, wenigstens für die hohen Stunden der Feier.

Am 6. Juni 1940, an dem er seinen fünfundsechzigsten Geburtstag beging, durfte er in sein Journal schreiben: «In München oder Zürich hätte der Tag kaum anders verlaufen können.»

Kinder, Schwiegerkinder, Freunde waren nach Princeton geeilt. Die deutsche Abteilung der Universität bot ihm durch eine Abordnung ihre Glückwünsche dar. Freundliche Notizen in allen Zeitungen des Landes. Die «New York Herald Tribune» präsentierte ihren Lesern ein prominent plaziertes Interview. Agnes Meyer schrieb in der «Washington Post» eine hymnische Adresse. Das sozialdemokratische Wochenblatt in New York widmete ihm eine ganze Ausgabe. Eine Radiostation feierte ihn mit einem halbstündigen Programm. Körbe von Briefen, Telegrammen, Geschenken. Die schwarze Dienerschaft des Hauses erfreute ihn, seine Neigungen kennend, mit einer seidenen Hausjoppe.

Caroline Newton, die Psychologin, erzählte an der Geburtstagstafel, sie habe John, den Chauffeur, und Lucy, seine kochende Frau, für ihre Biographie über die Gewohnheiten des Hausherrn auszuforschen versucht: die beiden, voll blühender Phantasie, erzählten ihr die buntesten Geschichten, die nur den Nachteil hatten, erfunden zu sein. Im feiernden Kreis wurden sie mit lebhafter Heiterkeit aufgenommen.

Mit Vergnügen lauschte die Gesellschaft dem Vortrag des Sekretärs Meisel, der diese und jene lustige Episode in artig-anmutigen Versen schilderte: ein Geburtstags-Carmen der traditionell-deutschen Art. Doch die bedrohlichen Nachrichten, die aus Europa herüberdrangen, ließen sich nicht völlig vom Tisch verbannen, auch an diesem hohen Tage nicht, obwohl die deutsche Offensive in Frankreich, die am 10. Mai begonnen hatte, für einen Augenblick in ihrem schrecklichen Elan zu erlahmen schien. «Höfliche Kriegsnachrichten zum Geburtstag», schrieb Thomas Mann auf. Das war eine freundliche Täuschung. Am 5. Juni hatte die Wehrmacht Dünkirchen erobert. Die Sender des Dritten Reiches meldeten, daß die Besetzung von Paris nur noch eine Frage von Tagen sei. Der Zusammenbruch Frankreichs schien unaufhaltsam zu sein. Das britische Expeditionskorps war in Gefahr, von der Insel abgeschnitten und vernichtet zu werden.

Überdies war stets die Sorge um Golo präsent, der sich nach dem Ausbruch der «Schlacht in Frankreich» in Zürich vergebens um ein amerikanisches Visum bemüht hatte. Er war abgewiesen worden, weil er nicht mit der Schweizer Genehmigung zur Wiedereinreise aufwarten konnte, trotz der Intervention des Außenministers Cordell Hull (der von Agnes Meyer alarmiert worden war). Der Sohn entschloß sich, vielleicht allzu hastig, sich bei der tschechischen Brigade, die der französischen Armee angegliedert war, zum freiwilligen Kriegsdienst zu melden. Er wollte sich außerdem, so vermutete es der Vater, beim amerikanischen Konsulat in Paris um die Erlaubnis zur Einreise in die Vereinigten Staaten bemühen. Golo konnte lediglich auf ein Besuchervisum hoffen, das in der Tat nur erteilt wurde, wenn die Erlaubnis zur Rückkehr in das Land vorlag, in dem sich der Bewerber aufhielt.

Für den Vater hatte das Jahr 1940 zunächst eine gewisse Normalisierung versprochen. Sein ängstlicher Widerstand gegen die Gewöhnung an das fremde Leben Amerikas wich dem leisen Prozeß der Anpassung, zu dem die Zivilisation der Vereinigten Staaten nahezu alle Geschöpfe anderer Kulturen zu überreden vermochte, die auf ihrem Boden Rettung, Schutz und Brot suchten. Im Januar wa-

ren endlich Michael und seine Frau aus England angelangt. Gret
deutete an, daß sie schwanger sei; auch Elisabeth meldete im April,
daß sie ein Baby erwarte. Die Aussicht, Großvater zu werden, entsprach dem Sinn für die Ordnung des Daseins, die dem hanseatischen Bürger von Kind auf tief eingeprägt war.

Am 22. Januar 1940 hatte er in der Town Hall von New York
seinen Essay über den «Zauberberg» gelesen. Von dort Aufbruch
zu der jährlichen lecture tour, die nun schon Routine geworden
war. Zum erstenmal mußte er auf die unentbehrlichen Dienste der
Tochter Erika verzichten. Die Tochter war selbst redend in dem
großen Land unterwegs. Sie schickte, vom schlechten Gewissen ein
wenig beschwert, per Telegramm die launigen Verse: «Keine Folter
sondern nur / Eine schöne Lecturetour / Ach es liegt mir stets im
Sinn / Daß ich fern und treulos bin – Tausend Grüße und Wünsche
von Missionar zu Missionar.»

Des Vaters Englisch war besser geworden. Er verstand mehr,
drückte sich gewandter aus, obwohl er für die Fragestunden noch
immer eines Mittlers bedurfte. Ottawa die erste Station, die in arkti-
scher Kälte erstarrt war: das Barometer maß an die dreißig Grad
Celsius unter Null. Er trug in der kanadischen Hauptstadt eine neue
Fassung seiner Rede über das «Problem der Freiheit» vor – ergänzt
durch Passagen aus dem Aufsatz «Dieser Krieg», dem Gegenstück
zu der Abhandlung «Dieser Friede» aus dem Herbst 1938.

Die neue Arbeit, die seine Verlage in England und Amerika in
großer Auflage unters Publikum zu bringen gedachten, pries den
Widerstandswillen Großbritanniens, von dem er sich nun endlich
überzeugt hatte. Sie wies überdies mit einem konstruktiven Appell
in die Zukunft: Thomas Mann redete einer europäischen Föderation das Wort, von der die Ordnung der Nachkriegszeit bestimmt
sein sollte – einem Commonwealth, für das es sich lohne, Souverä-
nitätsrechte zu opfern, wie er schon im November 1939 in einem
Brief an den einflußreichen republikanischen Anwalt John Foster
Dulles geschrieben hatte. Der Bund, sagte er, solle eine «neue
und schöpferische Synthese von Freiheit und wechselseitiger Verantwortlichkeit, von nationaler Charakter-Kultur und sozialer
Gleichheit darstellen»; die «Opfer an Absolutheit und ‹Selbstbe-
stimmungsrecht›» brächten «Vorteile an Glück, Arbeitssicherheit,

ausgeglichener Wohlfahrt», wie sie nur die Gemeinschaft bieten
könne.

Die Vereinigung Europas: sie war von nun an die große Aufgabe
für die Epoche des Nachkriegs, die er immer wieder beschwor. An
ihr hielt er fest, durch keine der schrecklichen Erschütterungen, die
über die Völker hereinbrechen sollten, und durch keine Zweifel
beirrt.

Toledo in Ohio der nächste Halt. Rückkehr nach Princeton für
eine Pause von knapp zehn Tagen. Neuer Aufbruch, noch immer in
grimmiger Winterkälte: Dover im kleinen Staate Delaware, weiter
nach Dubuque, dem Städtchen am Oberlauf des Mississippi, das
unter den Künstlern Amerikas – ob zu Recht oder Unrecht – als
Inbegriff der Provinzialität galt: «the little old lady in Dubuque»
war geradezu sprichwörtlich für den strikten Moralismus und den
sentimentalen Bonbongeschmack geworden, denen Romane, Filme
oder Theaterstücke genügen mußten, wenn sie vom kleinbürgerlich
geprägten Publikum des Landes akzeptiert werden sollten. Dubuque besaß eine Universität, deren Vorsteher sich eine besondere
Auszeichnung für Thomas Mann ausgedacht hatten: er sollte der
erste und einzige Ehrenrektor der Hochschule werden. Der Dichter, der sich schmeichelnden Anträgen nicht gern widersetzte, hatte
eingewilligt. Gefaßt ließ er das Zeremoniell über sich ergehen, samt
Einkleidung in den obligaten Talar und den akademischen Hut, Reden und langen Gebeten: «wohlmeinend lächerlich», notierte er
seufzend. Es gab wohl auch Geld.

Rückreise nach Chicago, wo er die Gastfreundschaft der rührend
bemühten Tochter Medi genoß. Dort erreichte ihn der letzte Brief
René Schickeles – vierzehn Tage nach dem Tod des Freundes; seine
Zeilen gaben durch kein Zeichen zu erkennen, daß er dem Ende
nahe sein könne. Im Gegenteil: hellwach kommentierte dieser tapfere Mann die dunkle Stunde, die Europa durchmaß. Mit Erleichterung hatte er Thomas Manns klare Absage an die Kommunisten
begrüßt. Von Stalin und Hitler sagte er nach dem Pakt, nun seien die
beiden Teufel demaskiert, und er zitierte die Goethe-Verse: «Ist es
ein lebendig Wesen, das sich in sich selbst getrennt, / Sind es zwei,
die sich erlesen, dass man sie als eines kennt.» Er sprach von einem
«Weltbürgerkrieg», der extra muros und intra muros ausgetragen

werden müsse. Dann fügte er das Bekenntnis hinzu: «Ich will lieber völlig unterliegen, als nur mit halbem Herzen bei einer Partei zu sein, mit geteilten Gefühlen ihrem Sieg beizuwohnen, zur Feier eine Fahne aufzuziehn, die für mein innerstes Empfinden auf Halbmast stehen bliebe. Zum ersten Mal in meinem Leben bin ich Konformist und fühle mich ganz und gar auf der rechten Seite. Ich bin gläubig, wie der grosse Pasteur es zu sein wünschte: mit der Kraft und der Ausdauer eines bretonischen Bauern. Ich glaube an unser Recht und unsern Sieg.» Aus dem Hotel Nicolet in Minneapolis schrieb Thomas Mann an die Witwe (die bald danach zu ihren Söhnen in die Vereinigten Staaten übersiedelte), es werde «einem kalt um das Herz bei der Vorstellung, daß die Freunde, d. h. die Lebens- und Erlebnis-Genossen einer nach dem anderen dahingehen und man mehr und mehr allein in einer befremdenden Welt zurückbleibt. – Nun, auch nicht auf lange.»

Zuvor hatte der Dichter eine öffentliche Diskussion an der landwirtschaftlichen Hochschule des Städtchens Ames im Staate Iowa hinter sich gebracht, für das er eine schlechte Presse bekam, vermutlich weil er der Debatte sprachlich nicht völlig gewachsen war. Die kleine Niederlage – aber warum ließ er sich auf solche Abenteuer in den hintersten Winkeln der Vereinigten Staaten auch ein? – wurde durch den schönen Applaus von dreitausend Zuhörern in Minneapolis ausgeglichen. In jener nördlichen Metropole, durch deutsche und skandinavische Siedler geprägt, begegnete ihm ein junger amerikanischer Germanist, der bei dem alten Freund Ernst Bertram in Köln studiert hatte. Er wußte zu berichten, daß der zimperliche Nationalist, der natürlich das alles so nicht gemeint hatte, oft von Thomas Mann träume. Der Dichter wiederum bemühte sich, Bertram «durch holländische Reisende» seinen Goethe-Roman «in die Hände zu spielen». (Es steht dahin, ob die kleine List Erfolg hatte.)

Danach Topeka in Kansas, auch keine Weltstadt. Über Dallas in Texas nach Houston, die «nagelneue, saubere Stadt» am Golf von Mexiko. Weiter nach San Antonio, etwa zweihundertfünfzig Kilometer landeinwärts. Thomas Mann schrieb auf, daß er, um den Vortragsabend zu bestehen, eine halbe «Ermutigungs-Tablette» zu sich genommen habe. Er vermerkte auch, die Pille werde zwischen ihm und Katia «Heiterlein» genannt: ein Hinweis, daß er es nicht ungewohnt war, sich Trost, Mut und Energie durch ein Aufputschmittel oder ein depressionshemmendes Medikament zu verschaffen.

In San Antonio, dieser freundlichen Stadt, die durch die mexikanischen Elemente der Architektur einen gewissen Charme gewann, fühlte er sich halbwegs wohl, trotz einer hartnäckigen Ohrenentzündung, die ihn quälte. Er faßte, zum erstenmal seit langer Zeit, hübsche junge Burschen lateinamerikanischer Herkunft ins Auge, und er besichtigte die spanischen Missionskirchen am Rande der Stadt: naive und reizvolle Barockbauten, von dominikanischen oder franziskanischen Mönchen im achtzehnten Jahrhundert gebaut, für lange Jahrzehnte die einzigen Inseln westlicher Zivilisation in der verkarsteten Landschaft zu Füßen des texanischen «hill country». Die deutschen Siedlungen, nur einen Sprung weit entfernt, die im neunzehnten Jahrhundert unter unsäglichen Mühen der harten Erde abgerungen worden waren, sah er nicht. Doch erstmals nahm er auf jener beschwerlichen Reise die Reize des amerikanischen Landes wahr. Ein letzter Aufenthalt in Denton, nicht weit von Dallas. Rückfahrt über New York – und der feste Entschluß, sich auf die Strapazen einer lecture tour wenigstens ein Jahr lang nicht mehr einzulassen. Die indische Novelle sollte rasch zu Ende gebracht werden: dann endlich Beginn der Arbeit am letzten Band des «Joseph», der für das «Gelingen des Schlußteiles» seines «persönlichen Lebens» so wichtig war.

Zu Hause aber warteten die akademischen Pflichten. Vier Vorlesungen mußten geschrieben, korrigiert und gehalten werden – eine Notwendigkeit, der er sich nur noch murrend unterwarf. Die Horde der Studenten, die er meist als rohe «boys» betrachtete, weckte in ihm nur selten das Feuer des pädagogischen Eros. Auch die Themen waren ihm eher lästig. Die «Hauptbemühung», schrieb er dem Bruder Heinrich im März 1940 mit verdrossenem Hochmut, müsse es sein, «es nicht zu gut zu machen». Er ließ Hans Meisel, den Sekretär, Entwürfe aufsetzen, die ihm hernach wenig behagten. Zum erstenmal beschäftigte er einen «Neger», wie die literarischen Gehilfen mit einer Portion Zynismus in Frankreich genannt werden – einen «Ghostwriter» in der Sprache Hollywoods. Dem Vortrag über «Die Kunst des Romans» war denn auch anzumerken, daß er ohne Lust und Liebe zusammengebastelt wurde. Selten blitzte eine originelle Formulierung oder ein frischer Gedanke auf. Gegen Schluß verwies er auf Theodor Fontane und auf die «Schweizer deutscher Zunge», vor allem auf den «in seiner Art sehr großen, ja gewaltigen Bauern-Moralisten Gotthelf, den liebenswerten Gottfried Keller, der eine Prosa von wahrem Goldklang schrieb», und auf Conrad Ferdinand Meyer, den «historisierenden Novellisten von höchster Noblesse». Er fragte, wie es denn komme, «daß das alles europäisch nicht recht mitzählen» wolle. Eine Antwort gab er nicht, sondern verwies darauf, daß «europäische Repräsentabilität, das Weltbezwingende (...) in Deutschland ganz woanders zu finden» sei «als im Literarisch-Gesellschaftskritischen, nämlich in der Musik». Dann fiel, es konnte nicht anders sein, der Name Richard Wagners.

Auch bei der Überarbeitung des zweiteiligen Faust-Kollegs ging ihm Meisel zur Hand. Er las, davon war die Rede, über den «Werther». Unmittelbarer und liebenswürdiger geriet ihm, wie es dem Thema gemäß war, die autobiographische Vorlesung «On Myself»: ein handlicher Überblick über die wichtigsten Stationen seines Wegs durch die Welt und eine nicht zu schwierige Vermittlung des Wesens von Werk und Person – für den europäischen Kenner selten überraschend, doch geeignet, den amerikanischen Studenten das eine oder andere Licht aufzustecken.

Nicht oft berührte ihn, wenn er auf dem Katheder stand, ein Hauch der Freude, der ihm sagte, daß er seine Sache gut mache – das Mißvergnügen überwog. Kalifornien begann von neuem zu locken. Das Klima und die «lustigere Umgebung» zogen ihn in den Bannkreis von Hollywood. Princeton, sagte er, langweile ihn. Die vertraute Nähe Erich von Kahlers war ihm wichtig. Halten konnte ihn der Freund schließlich nicht. Zur Professorenschaft hatte sich kaum eine engere Bindung ergeben, auch nicht zu Albert Einstein, dem kauzigen Genie, der nur ein paar Straßenzüge entfernt von ihm wohnte, von einer Tochter versorgt. Der musikalische Mathematiker mag Thomas Mann als zu steifleinen empfunden haben: in jeder Lebenslage zu sehr auf seine Würde bedacht. Der Dichter wiederum, in dem sich ein Element seines Felix Krull verbarg, von der strengen Studienratsmiene sorgsam getarnt, fühlte sich in den akademischen Zirkeln – trotz des Wohlwollens, das ihm so sichtbar dargeboten wurde – mit einer intellektuellen Exaktheit beobachtet, die ihm nicht immer behaglich war.

Er führte allerdings ein großes Haus. Selten gingen Katia und er ohne Gäste zu Tisch. Fast täglich stellten sich Besucher zur Teestunde ein. Die Kollegen der Universität betrachteten es als eine Auszeichnung, zu den Lesungen im privaten Zirkel geladen zu werden. Anfang Mai 1940 gab er ein Hauskonzert: der große deutsche Geiger Adolf Busch, der nicht lange zuvor in den Vereinigten Staaten eingetroffen war, und der Pianist Rudolf Serkin, Inspirator und Leiter des «Marlboro Festival of Music» (das jeden Sommer eine musikalische Elite in die Berge Neuenglands lockte), spielten Sonaten von Mozart, Beethoven und Brahms: eine Besetzung und ein Programm, die auch die Carnegie Hall in New York gefüllt hätten. Anschließend wurde ein Souper vom Büfett gereicht.

Nein, es mangelte nicht an hohen Stunden. Das Klima freilich mit seinen harten Sprüngen bedrückte ihn. Er atmete schwer unter der feucht-heißen Tropenluft des heraufziehenden Sommers, der die Staaten hinter der Ostküste über Nacht in dampfende Treibhäuser verwandelte. (Die Briten zahlten ihrem Botschaftspersonal in Washington aus gutem Grund eine Tropenzulage.) Überdies quälten ihn Ekzeme und eitrige Entzündungen (die ihn zeitlebens heimsuchten, vermutlich als Folge seines exzessiven Konsums an Medikamenten). Auch Katias Gesundheit bereitete Probleme. Sie berichtete zu Anfang des Jahres von Blutungen der Gebärmutter, über die er einen Augenblick lang erschrak. Er beruhigte sich rasch, da die Untersuchungen auf eine der Krisen hindeuteten, die bei Frauen ihres Alters nicht unüblich sind. Katia unterzog sich knapp drei Wochen später einer kleinen Operation in New York, die er unbewegt in seinem Tagebuch verzeichnete. Er hatte kaum mit Entschiedenheit darauf bestanden, Katia zum Hospital zu begleiten, obschon sie die Fahrt gewiß nicht ohne Ängste antrat. Vielleicht wies sie seine Frage mit der Schroffheit zurück, die nun oft an ihr beobachtet wurde. Sie hatte gelernt, ihre Interessen ganz den seinen unterzuordnen, doch sie kompensierte die permanente Restriktion, der sie ihre Persönlichkeit unterwarf, mit einem eher herrischen Stil des Auftretens. Die Beschwerden ihres Leibes und ihrer Seele waren ihre Sache, nicht die seine. Immerhin mag man in der Bestürzung,

mit der er auf Katias Krankheit zunächst reagiert hatte, eines der
Motive erkennen, die sich in Thomas Manns letzter Erzählung «Die
Betrogene» aus dem Jahre 1953 wiederfinden.

Trotz der idyllischen Abgeschiedenheit, die ihm die Universitätsstadt Princeton mit ihrer efeuumrankten Neogotik gewährte, bedrängten ihn die unablässigen Konflikte, die Intrigen und Eifersüchteleien der Emigrationspolitik, die sich im nahen New York
konzentrierte. Der «American Guild for German Cultural Freedom» des Prinzen Hubertus zu Löwenstein hatte er die Mitgliedschaft aufzusagen versucht, da sie über keine nennenswerten Mittel
mehr verfügte. Auch hatte es Ärger mit der Vergabe eines Preises
für «das beste Buch eines exilierten Schriftstellers» gegeben.

Mitte März 1940 erschien in der «New Yorker Staatszeitung» –
dem traditionsreichen Blatt der Deutschamerikaner, das von Einflüssen deutschnationaler und nazistischer Gruppen nicht frei war –
ein Artikel unter dem Titel «Gefahren der Vernichtungspolitik», in
dem Löwenstein vor einer Zerschlagung Deutschlands nach dem
Ende des Krieges warnte. Das war zu jenem Zeitpunkt ein depla-
zierter Vorstoß, gut gemeint und ein wenig kopflos, wie so vieles,
das der Prinz unternahm, der im Kern seines Wesens ein deutscher
Nationalliberaler vom alten Schlage war. Löwenstein hatte in dem
Aufsatz unter anderem behauptet, der Deutschenhaß der Franzosen und Engländer entspränge ihrem schlechten Gewissen wegen
des Versailler Vertrages, und die Propagandasendungen der Westmächte zeugten von einem erschreckenden Ungeist.

Sohn Klaus hatte noch vor dem Vater eine schneidende Absage an
den Prinzen geschickt, mit dem er lange Jahre aufs engste befreundet war: «Ich habe mich», schrieb er, «seit dem Oktober verstriche-
nen Jahres, von meinen kommunistischen Freunden trennen müssen – was mir in manchen Fällen Schmerz bereitet hat. Es fällt mir
nicht leichter, Ihnen zu sagen, daß ich zwischen uns jene Überein-
stimmungen nicht mehr finde, die wir wohl beide für die Voraussetzung einer produktiven Kameradschaft halten. Ihr Artikel (...)
macht mir erschreckend klar, daß zwischen Ihnen und mir die notwendige Basis für eine ergiebige Diskussion nicht mehr existiert.»
Er rief Löwenstein zu: «Sie sind ehrgeizig, und Sie gehen den Weg,
der Ihnen am ehesten eine Karriere im ‹Vierten Reich› zu garantie-

ren scheint. Ob dieses Vierte Reich nun kommunistisch ist oder deutsch-national: Sie werden sich schon einzufügen wissen. Für mich sieht das anders aus. Ich habe weder Lust, einem neuen Bismarck noch auch einem preußischen Stalin die Füße zu küssen: Beide haben Soldatenstiefel an, die stinken nach Blut und Dreck. Auch wäre ich in Gefahr, von dem einen oder dem anderen ins Gesicht geschleudert zu bekommen, ich sei ‹fürwahr kein ehrlicher Patriot›, vielmehr ein ‹Landesverräter›. Diese ganze Terminologie gefällt mir nicht. ‹The Other Germany›, das ich zu analysieren und zu preisen unternommen habe, ist nicht jenes, in dem mit solchem Turnhallen-Pathos geredet und gestikuliert wird.»

Wie dem Vater in Augenblicken hoher Erregung entglitt auch dem Sohn die Stimme. Beide schienen nicht zu bedenken, welches Zeugnis sie sich selbst – und ihrer Menschenkenntnis – ausstellten, wenn sie nun plötzlich einem Weggenossen, mit dem sie Jahr um Jahr voller Vertrauen geplaudert, geredet, gegessen, getrunken, gelacht, geträumt und gearbeitet hatten, die Gesinnung eines kleinen Lumpen unterschoben. Nicht lange zuvor hatten Klaus und Erika in «Escape to Life» von dem Prinzen geschrieben, es sei «gut, seine konsequente und phantasiebegabte Person in unseren Reihen zu wissen». Er sei kein «Phantast und kein Träumer», sondern er denke und handle nach den Gesetzen der Vernunft, er sei mutig, ein «guter Arbeiter», ein «gebildeter und geschulter Kopf».

Frank Kingdon, der sich als Mitbegründer des «Emergency Rescue Committee» um die Rettung von vielen hundert, wenn nicht abertausend Emigranten verdient gemacht hat – einer der führenden Köpfe des Kampfes gegen den Isolationismus –, bemühte sich vergebens, ein klärendes Gespräch zwischen Thomas Mann und Löwenstein zu vermitteln. Der Dichter zog es vor, die Tochter Erika zu einer Aussprache zu delegieren.

Die Nähe seiner Protektorin Agnes Meyer versöhnte Thomas Mann mit seinem Unbehagen in Princeton keineswegs, im Gegenteil. Ihre stets präsente Hilfsbereitschaft und ihr waches Interesse an seinem Werk wollte er nicht entbehren, doch er wußte die temperamentvolle Frau, die Sohn Klaus beharrlich «hysterisch» nannte, lieber in guter Entfernung. Indes, Visiten bei Hofe waren von Zeit zu Zeit nicht zu vermeiden.

Im April 1940 – die deutschen Truppen waren in Dänemark und
Norwegen eingefallen – machte er sich mit Katia auf den Weg in die
Hauptstadt. Eine Gratulation, schriftlich schon dargeboten, war
fällig: Katharine, Agnes Meyers älteste Tochter, hatte sich mit dem
jungen Juristen Philip L. Graham verheiratet, einem der Referen-
dare des großen Richters Felix Frankfurter. Später wurde er Verleger der «Washington Post», und es gelang ihm, auf das Fundament
des erfolgreichen Blattes einen der großen Medienkonzerne der
Vereinigten Staaten zu bauen.

Die Gastgeberin erwartete Thomas und Katia an der Union Station, Washingtons wahrhaft monumentalem Bahnhof. Schon am
ersten Abend ein offizielles Dinner, dann ins Theater zu einer folk-
loristischen Darbietung, in der Amerika gefeiert wurde. Diskussionen bis spät in die Nacht. Anderntags traf zu seiner Erleichterung
Erika ein, auf die der Hausherr Eugene Meyer ein Auge geworfen
zu haben schien. Am Abend ein festliches Essen beim Senator Robert Taft aus Cincinnati in Ohio, dem einflußreichen Republikaner
aus der politischen Dynastie des Mittleren Westens, später eine
Säule der überparteilichen Außenpolitik, in jenen Jahren freilich
noch ganz dem klassischen Neutralitätskurs der Vereinigten Staaten
verpflichtet. In seinem «geschmacklosen Mietshaus», wie sich Thomas Mann ausdrückte, begegnete der Autor Mrs. Alice Longworth,
der Tochter des Präsidenten Theodore Roosevelt. Der literarische
Gast billigte der formidablen Dame in seinem Tagebuch zu, daß sie
«intelligent» sei. In Wirklichkeit war Mrs. Longworth, die in Washington ein großes Haus führte, eine der geistreichsten und witzig-
sten Frauen, die Amerika hervorgebracht hat, voller Bosheit und
voller Charme. Freilich beobachtete sie ihren Vetter Franklin Roosevelt, der nun im Weißen Haus residierte, mit nicht allzu gütigen
Augen.

Niemand schien Thomas Mann darauf hinzuweisen, welchen
Rang die Persönlichkeiten besaßen, die ihm dank der Aufmerksamkeit Agnes Meyers präsentiert wurden – oder er schien es nicht zu
begreifen. Ihm dämmerte erst später, daß der Richter Felix Frankfurter die überragende Gestalt am Obersten Gerichtshof und einer
der bedeutendsten Köpfe in jener Epoche der amerikanischen Geschichte war. Frankfurter fand sich auch am folgenden Tag zu

einem Empfang des Ehepaars Meyer in ihrem Landhaus über den
Potomac-Fällen drüben in Virginia ein; neben ihm Archibald
MacLeish, der Lyriker, dem die Direktion der Library of Congress
anvertraut war: der größten Bibliothek des Landes, ja vermutlich
des Erdkreises. MacLeish hielt eine kleine Rede auf den Ehrengast,
von dem er sagte, er sei der «von ihm vielleicht meistbewunderte Mann».

Auch hier war die Hand Agnes Meyers wohltätig am Werk. Sie
wußte, daß Thomas Mann die Universitätsfron (die keine war) nicht
länger ertragen wollte: nun machte sie sich ans Werk, ihm eine neue
Sinekure zu schaffen. Sie dachte an ein Arrangement, bei dem Mac-
Leish als Schlüsselfigur zu dienen hatte. Thomas Mann wiederum
nutzte einen Ausflug zum Lincoln Memorial, bei dem er mit der
Gastgeberin allein war, um vorzubringen, was er auf dem Herzen
hatte: Sohn Klaus brauchte einen Job, der ihm ein regelmäßiges
Einkommen gewährte. Agnes Meyer fand eine Lösung: Sie stellte
eine Verbindung zum «Reader's Digest» her, für den Klaus denn
auch geraume Zeit Beiträge zu redigieren versuchte. Er tat es eher
stöhnend und grollend, da er zugleich bemüht war, ein erstes Buch
in englischer Sprache zu schreiben: «Distinguished Visitors» – eine
Anthologie von Skizzen der Begegnung prominenter Europäer mit
Amerika, von Chateaubriand über Sarah Bernhardt und Antonin
Dvořák zu Leo Trotzki und dem Streichholzkönig Ivar Kreuger;
Stücke von unterschiedlicher Qualität, manche allzu flüchtig re-
cherchiert, manche verkitscht. Ein Verleger für das Werk fand sich
nicht.

Der Vater erwähnte auch eine Zeitschrift: er meinte die eigene,
«Maß und Wert», nicht Klausens Projekt, der ein amerikanisches
Forum für die Literatur und Politik der Emigration schaffen wollte.
Der Sohn brauchte dafür ein Kapital, wie er selbst notierte, von
wenigstens fünfundzwanzigtausend Dollar. Auch er rechnete auf
das Ehepaar Meyer. Thomas aber konnte am Abend vor dem Ab-
schied notieren: «Nachher allein mit Meyer. Den Check für M. u.
W. gesichert.»

Die Nachricht vom deutschen Einfall in Dänemark und Norwegen hatte ihn an dem Tage aufgeschreckt – es war der 9. April 1940 –,
an dem er mit Meisel letzte Hand an die Faust-Vorträge legte. Der

Schock und der Zorn hielten ihn auch in dieser Krise nicht davon ab, seinen Gewohnheiten nachzugehen. Mit Katia unternahm er den üblichen Spaziergang. Er vermerkte auch, daß der Pudel Nico mit einem neuen Halsband versehen worden sei – ohne sich zu fragen, warum ihn die Halsbänder seiner Hunde zeitlebens so hartnäckig beschäftigten: ein chronisches Element seiner Eintragungen, überdies eines von unfreiwilliger Komik. Am Abend lenkte er sich, wie so oft, durch einen Kinobesuch ab. Er sah mit hellem Entzücken den «reizenden u. überaus kunstfertigen neuen Disney-Tric-Film ‹Pinocchio›».

Die Meldungen über die skandinavische Invasion waren ungenau. Die Zeitungs- und Radiokorrespondenten in den Hauptquartieren der Alliierten schienen geneigt, die deutschen Verluste zu überschätzen: wishful thinking, an dem auch Thomas Mann teilnahm. Es zeigte sich rasch, daß auch die Kriegsberichte der demokratischen Presse unweigerlich in den Sog der Propaganda gerieten – wie es später der amerikanische Schriftsteller Phillip Knightley in seiner Studie «The First Casualty» nachwies. Die Wahrheit blieb in der Tat als erstes Opfer jedes modernen Krieges auf der Strecke, auf allen Seiten der Front.

Die Konfusion steigerte sich nach dem Einbruch der deutschen Armeen in Holland, Belgien und Frankreich am 10. Mai 1940. Wiederum gaben die Kriegsreporter, die Redakteure und Kommentatoren allzuoft der Versuchung nach, die Chance des Widerstandes der angegriffenen Armeen und die Höhe der deutschen Verluste auf nahezu groteske Weise zu übertreiben – mit ihnen Thomas Mann, der immer wieder Hoffnung zu schöpfen bemüht war und um so härter in eine zornige Verzweiflung abstürzte, wenn die Illusionen zerschellt waren. Nur zu gern vertraute er der Angabe, die Schlacht um Frankreich koste den deutschen Diktator eine Million Soldaten (die Verluste machten in Wirklichkeit eher ein Zwanzigstel jener Zahl aus). Hitler, bemerkte er später, habe angegeben, daß der Krieg zwei Millionen Menschenleben kosten könne. Thomas Mann notierte, er werde es auf diese Zahl wohl bringen, und er fügte hinzu: «Schließlich kein Unglück bei einem regenerationsfähigen Volk. Keine in Civilisationsideen befangene Regierung konnte diese späte Geschichtscreation unternehmen.» Er beugte sich, dessen kaum bewußt, dem biologistischen Geschichtsbild, das die Köpfe der Deutschen verstellte, nicht erst seit der Machtergreifung der Nazis. Er notierte: «Daß Hitler als Reiniger einer morschen und verschmutzten Welt fungiert ist der Gotteshohn.»

Er sah beim Zusammenbruch Belgiens und Frankreichs vor allem «Verrat» am Werk. Unverzüglich fiel er, ohne es zu merken, in den Ton der Zivilisationskritik zurück, die sein Denken im Ersten Weltkrieg bestimmt hatte. Frankreich und England, schrieb er in sein Tagebuch, seien «mit Schuld bedeckt»: «Sie hatten wahrscheinlich kein Recht mehr, diesen Krieg zu führen.» Er fragte: «Gericht über den Kapitalismus?» Zum Beweis verzeichnete er das Gerücht, England habe, «bis Churchill kam, Öl an Deutschland verkauft. Amerika hat Japan seinen Krieg gegen China ermöglicht. Es hat an dem spanischen Verbrechen teilgehabt.» Resigniert stellte er fest: «Das Schlechte wird durch das Schlechtere gezüchtigt und gefällt.» Dann schrieb er: «Welches Ende wird mein persönliches Leben finden in diesem Wirrsal?…»

«Immer wieder packt einen das Grauen», notierte er, als der Beginn der Waffenstillstandsverhandlungen im Wäldchen von Compiègne gemeldet wurde (wo die Alliierten im November 1918 ihre harschen Bedingungen für die Waffenruhe diktiert hatten). Er fuhr fort: «Aber die Schuld, die Schuld ist da und die Strafe ist im Grunde Wunscherfüllung.» Er schrieb freilich auch, einen amerikanischen Kommentator zitierend: Mitleid gebe es nicht mehr in Europa, wie die Deutschen sagten: «Auch sie werden es noch zu spüren bekommen. Ihr Maß ist voll. In Deutschland selbst wurde das Mitleid zuerst abgeschafft. Wer weiß, wie das Elend, das sie jetzt schaffen, auf sie noch zurückschlagen wird.» Die Eintragung schloß mit den Worten: «Musik abends. Hörte mit Rührung das Lohengrin-Vorspiel, mußte weinen, weil mir schien, ich hörte das in der Jugend Geliebteste wieder im Untergang.»

Mit Befriedigung stellte er fest, daß die Rüstungsanstrengungen Amerikas nun mit «voller Kraft eingesetzt» hätten. Doch er wollte, er konnte nicht begreifen, daß es dem Präsidenten der Vereinigten Staaten verwehrt war, seinem Volk den Krieg zu befehlen: die Demokratie selbst war es, die eine solche Abkürzung des historischen Prozesses im Stil der Diktaturen nicht erlaubte. Er verstand auch nicht, daß gerade darin die überlegene Kraft dieser Staatsform beruhte. Unmutig fragte er vielmehr: «Welches wird die Entwicklung in Amerika sein? Ich glaube *nicht* an dieses Land, längst nicht mehr. Es ist unterminiert, gelähmt, fallreif wie die übrige sogenannte Civilisation. Uns wird es möglicherweise nicht mehr lange Sicherheit bieten.» Schon einige Wochen vorher hatte er vermerkt: «Das Verbleiben in Princeton ist wohl kaum denkbar. Ich bin zu sehr gewohnt, daß mir die Stätte bereitet wird.»

Freunden war es gelungen, für den geplanten Sommeraufenthalt in Kalifornien ein schönes Haus im Villenquartier Brentwood zu mieten, nur wenige Autominuten von Santa Monica und Beverly Hills entfernt. Anfang Juli ein Aufenthalt von zwei Tagen bei Agnes Meyer in Mount Kisco. Im Arbeitszimmmer der Herrin des Meyerschen Schlosses hatte er die Tempelszenen aus den «Vertauschten Köpfen» vorgelesen. Sie «erregten große Bewunderung und zu zügelnde Bewegung. Das Sinnlich-Übersinnliche ein starker Reiz, Erotik mit scharfsinnigem Geist, Begierde und Klarheit, Humor.» Dann reisten Katia, Erika und Thomas Mann über Chicago an die Westküste. Klaus, der ein wenig später in der Hauptstadt Station gemacht hatte, um bei Archibald MacLeish für seine geplante Zeitschrift zu werben, fand sich in Chicago ein. Zu viert fuhren sie weiter.

Am Bahnhof von Los Angeles warteten Bruno und Liesl Frank – mit ihnen Nico, der in Freudentänze ausbrach, als er seinen Herrn wiedersah. Der Pudel hatte die Reise durch den Kontinent im neuen Buick hinter sich gebracht, den Freunde herüberchauffierten. Thomas Mann sagte von dem Gefährt voller Stolz, es sei «hübsch, dunkelblau, mit Radio, Heizung und allem Comfort». Das Vergnügen an dem prächtigen Auto und an der kalifornischen Villa konnte die Sorge um Golo und um Bruder Heinrich, die in den französischen Wirren verschollen waren, nicht verdrängen.

74. KAPITEL

Der ferne Sturm

Wenige Tage nach dem Fall der französischen Hauptstadt hatte Thomas Mann – noch in Princeton – in sein Tagebuch geschrieben: «Entsetzliches über die Emigrantenjagd in Paris und den nahen Wäldern. Himmler dort. Grauen, Grauen.» Die Eltern vermuteten zunächst, Golo versehe seinen Dienst an der guten Sache als Fahrer des Roten Kreuzes. Dann hofften sie, daß es ihm geglückt sei, sich in den Süden zu retten, der fürs erste dem Zugriff der deutschen Armeen entzogen zu sein schien.

Sie täuschten sich – und sie täuschten sich nicht: der Sohn war in der Tat in die Provence gelangt, doch nicht aus freien Stücken. Golo war, kaum hatte er die Grenze nach Frankreich passiert, verhaftet worden – in Annecy, dem schönen Städtchen südlich von Genf. Die Gendarmen kümmerten sich nicht um seine so dringend versicherte Bereitschaft, ihrem Land in seinem Kampf gegen die Invasion der Deutschen helfen zu wollen. Sie ließen sich auch durch seinen tschechoslowakischen Paß und einen Empfehlungsbrief des französischen Botschafters in Bern nicht beirren. Sie hielten sich an das Dekret der Regierung, das kurz nach dem Beginn der deutschen Offensive befohlen hatte, sämtliche erwachsenen Bürger, die aus den Feindstaaten stammten, sofern männlichen Geschlechtes und nicht älter als sechsundfünfzig Jahre, unverzüglich zu internieren.

Golo wurde zunächst an einen Sammelplatz bei Loriol, dann nach Les Milles bei Aix-en-Provence gebracht, ein Lager in den einstigen Ziegeleien, in dem sich nun viele deutsche und österreichische Emigranten ein unerwünschtes Rendezvous gaben. Dort stieß er auf Lion Feuchtwanger, den Nachbarn des Vaters in Sanary, den die Häscher wenige Tage vor seinem sechsundfünfzigsten Geburtstag verschleppt hatten. Der Autor des «Jud Süß» und des «Josephus» beschrieb die deprimierenden Verhältnisse hernach voll präziser Bildkraft in seinem Bericht «Der Teufel in Frankreich». Wilhelm Herzog, der einige Jahre später in Sanary, dem freundlichen mediterranen Städtchen, Zuflucht gefunden hatte, war zunächst dank der Altersgrenze von der Verhaftungswelle verschont geblieben. Indes, die magische Ziffer sechsundfünfzig schien ein Schreibfehler zu sein: Produkt der chaotischen Konfusion, der sich Frankreichs Behörden in jenen Tagen hingaben. Sie wurde später auf fünfundsechzig korrigiert. Auch Frauen waren der Internierung nicht länger enthoben.

Heinrich, der Bruder, zählte neunundsechzig Jahre. Die automatische Festnahme blieb ihm erspart. Er harrte mit seiner Gefährtin Nelly in Nizza aus, müde, resigniert, in sein Schicksal ergeben. Sein Wahl-Franzosentum half ihm nicht viel. In der Panik des Untergangs schien jeder Hauch der Solidarität mit der antifaschistischen Emigration zu erlöschen. Später schrieb er, der Wirklichkeit enthoben, «sogar fremde Intellektuelle» hätten «einen unauffälligen Schutz» durch die Behörden genossen: «mit Auswahl», wie er hinzufügte, «wer Frankreich geehrt hat und ihm verbunden ist». Walter Benjamin, Lion Feuchtwanger, sein Neffe Golo und tausend andere hätten ihn eines Schlimmeren belehren können. Er selbst war seiner Freiheit und seines Lebens auf die Dauer keineswegs sicher. Sein Blick auf die Verhältnisse dieser Welt war nicht klar. Sich selbst zitierend, sagte er in den Tagebuchnotizen von 1941, er habe 1932 vorausgesagt, «um 1940 werde es den Nationalismus nicht mehr geben. Ich war bestätigt und bedient. Weissagungen treffen auf ungeahnte Art ein». Der Nationalismus habe den Krieg «weder verursacht, noch bestimmt er, was vorgeht. Niemand denkt an Nationen, so voll man von ihnen aus alter Gewohnheit den Mund nimmt.» Moralisch, sagte er, hätten sie «sich selbst schon aufgehoben»: darin hatte er recht, freilich nur darin.

Er lebte, offensichtlich, in einer Traumwelt, denn selbst im besiegten Frankreich bestimmte eine dumpfe nationalistische Egozentrik das Arrangement mit dem triumphierenden Nationalismus der

Deutschen. Heinrich Mann wollte es nicht wahrhaben, obschon er selbst ein Opfer jener bitteren Wirklichkeit war. Thomas Mann, der Realität näher, schrieb in jenen Tagen, er vermute, daß der Bruder in seiner Wohnung apathisch den weiteren Verlauf der Dinge erwarte. In Amerika könne man sich ihn schwer vorstellen. Womöglich ziehe er es vor, sein Leben so oder so in Europa zu beschließen.

Auch Alfred Kantorowicz war in Les Milles interniert, ebenso der große Maler Max Ernst. Die Liste der Künstler und der Intellektuellen, die in der ewig staubenden Ziegelei mit Tausenden unbekannter Opfer nationalistischer und bürokratischer Borniertheit zusammengepfercht waren, las sich wie ein Register der Emigrationselite: Max Lingner und Joseph Breitbach, Walter Hasenclever (der im Lager Selbstmord verübte) und der Feuilletonist Franz Hessel, Franz Schoenberner, der einstige Chefredakteur des «Simplicissimus», und der Soziologe Ulrich Sonnemann, Manès Sperber, der den Kommunisten mit so eindrucksvoller Entschiedenheit den Rücken gekehrt hatte, und der Dramatiker Friedrich Wolf, der hernach über Jugoslawien in die Sowjetunion gelangte. Man registrierte die Namen von Johannes Hoffmann, dem späteren Ministerpräsidenten des französisch verwalteten Saarlandes, und Walter Janka, der in der Deutschen Demokratischen Republik einer der prominenten Verleger und danach einer der entschiedenen Dissidenten werden sollte.

«Sorgen Sie sich nicht über Golo», hatte Agnes Meyer dem Vater zugerufen: «Il va se débrouiller.» Natürlich sorgten sie sich, auch Thomas Mann, obschon er in seiner Arbeit stetig fortfuhr. Er und Katia hielten die engste Verbindung mit Agnes Meyer, in fast täglichen Telefonaten, Telegrammen und Briefen. Die Freundin nutzte das Geflecht ihrer Beziehungen und vor allem ihren Einfluß im amerikanischen Außenministerium mit unermüdlichem Eifer, um Golo und Bruder Heinrich – und wie vielen anderen mit ihnen! – den Weg in die Vereinigten Staaten zu öffnen. Da sie nicht sicher sein konnte, ob die generelle Visumsperre zu umgehen sei, hatte sie den brasilianischen Botschafter in Paris alarmiert, der mit einer Schwester ihres Mannes verheiratet war: im Notfall sollte sich Golo nach Südamerika retten. Zugleich scheint Agnes Meyer den Kontakt zur Vertretung der Dominikanischen Republik aufgenommen zu haben. Anders läßt sich die Notiz des Vaters nicht deuten, der am 7. Juli vermerkte, «San Domenico» – er meinte wohl Santo Domingo – sei «telegraphisch gebeten» worden, «auch diese Möglichkeit offen zu halten» – ein naheliegender Hinweis, denn General Trujillo, der dominikanische Diktator, hatte im Sommer 1939 bei der Weltflüchtlingskonferenz in Evian, die im ganzen so beschämend ergebnislos war, die Bereitschaft seines kleinen Inselstaates erklären lassen, deutsche, österreichische und tschechoslowakische Exilanten aufzunehmen; keineswegs aus humanitären Gründen, die den Tyrannen wenig interessierten, sondern weil er sich vom Wissen, von dem Fleiß und den Fertigkeiten der Europäer nützliche Beiträge für die Entwicklung seines Territoriums versprach. (Die karibische Republik wurde in der Tat zur Zuflucht von mehr als zehntausend Juden, von denen die meisten später in die Vereinigten Staaten weiterzogen.)

Am 11. Juli 1940 schickten die Eltern ein Telegramm an Agnes Meyer, das besagte, Golo befinde sich in Marseille, doch sei seine Adresse unbekannt. Trotzdem möge man den brasilianischen Schwager benachrichtigen. Die Nachricht war Thomas Mann über den Zürcher Verleger Oprecht zugekommen. Als sie in Kalifornien anlangte, traf sie vermutlich schon nicht mehr zu.

Dies war geschehen: Die französischen Behörden hatten in den letzten Tagen des Juni die Verlegung des Gros der Internierten, unter ihnen Lion Feuchtwanger, von den Ziegeleien bei Aix-en-Provence in das Lager San Nicola bei Nîmes befohlen. Golo hatte die Verwirrung des Übergangs und die nachlässige Bewachung genutzt, um sich nach Marseille durchzuschlagen. Wenig später wurde er auf der Canebière, der Paradestraße der Stadt, bei einer Razzia wieder aufgegriffen und nach einigen Tagen in einem finsteren Gefängnis, das er als wahrhaft mittelalterlich beschrieb, nach Nîmes zurückgeschleppt. Immerhin schien es ihm gelungen zu sein, sich in den Tagen der Freiheit mit dem amerikanischen Konsulat in Verbindung zu setzen.

Die deutschen Sieger hatten den französischen Unterhändlern im Waffenstillstand von Compiègne den demütigenden Artikel neunzehn aufgezwungen, der ihre Regierung verpflichtete, Gegner des Dritten Reiches auf Begehren an die Besatzungsmacht auszuliefern:

eine tödliche Drohung für abertausend Flüchtlinge. Es hätte kaum den persönlichen Impuls der unmittelbaren Gefährdung von Sohn, Bruder und Schwager – auch Katias Bruder Peter Pringsheim, zuletzt Professor in Brüssel, hatte sich nach Frankreich durchgeschlagen – gebraucht, die Familie bei ihren täglichen Bemühungen um die Rettung der Emigrationsgenossen voranzutreiben.

Erika, energischer und gewitzter als der Rest der Sippe und in vielen Rettungsaktionen geübt, legte sich mit besonderem Elan ins Zeug. Es schien ihre Tatkraft nicht zu beeinträchtigen, daß sie vor ihrem Aufbruch an die Westküste eine Aufforderung erhielt, mit ihrem Freund Martin Gumpert am 17. Juni 1940 in einem Büro des FBI vorzusprechen, um über ihre politischen Aktivitäten Auskunft zu geben. Sie hatte – wie der Bruder Klaus, später auch der Vater und tausend andere – den Verdacht auf sich gezogen, daß sie sich auf einen allzu engen Umgang mit den Kommunisten eingelassen habe und am Ende selbst von der Doktrin der Moskowiter beeinflußt sei. Die Agenten J. Edgar Hoovers – oft genug ungebildete Spießer, unfähig, zwischen den Strömungen des freiheitlichen Sozialismus, der Sozialdemokratie in ihren Schattierungen und der sowjetischen Orthodoxie zu unterscheiden – waren mit dem Kommunisten-Verdacht rasch zur Hand. Jede Denunziation wurde sorgsam registriert, wie absurd sie auch immer sein mochte. Es wurden Dossiers über Erika und Klaus angelegt, denen es an Feinden nicht fehlte; das FBI brauchte sich daher um einen Mangel an Zuträgern nicht zu sorgen. Auch über den Vater existierte längst eine Akte.

Die Beobachtungen der Informanten blieben, zunächst, für Thomas Mann ohne Folgen. Sie konnten auch Klaus nicht daran hindern, nach der Überwindung vieler Widrigkeiten am Ende doch Soldat und Bürger der Vereinigten Staaten zu werden. Indessen haben die Forschungen des deutschen Literaturwissenschaftlers Alexander Stephan ergeben, daß Erika, wohl von jenem ersten Verhör an, mit dem FBI kooperiert hat. Es steht dahin, ob Pressionen ausgeübt wurden, die ihr nahelegten, den Herren die gewünschten Auskünfte zu geben. Eher ist denkbar, daß es keine allzu lange Überredung brauchte, um ihre Mitarbeit zu gewinnen. Die Bundespolizei J. Edgar Hoovers war damals beauftragt, dies darf nicht vergessen werden, die «fünfte Kolonne» der Nazis aufzuspüren – wie man in jenen Tagen die Saboteure, Spione, Partisanen und heimlichen Mitstreiter jenseits der Front nannte, einer Formulierung des Franco-Generals Mola folgend, der bei der Belagerung von Madrid die heimlichen Verbündeten in der Stadt als die «fünfte Säule» seiner Armee bezeichnet hatte. Auch in den Kommunisten, dem zweiten (und oft wichtigeren) Objekt der Überwachung, sah Erika in der Epoche der deutsch-sowjetischen Allianz eine Gefahr für die westlichen Demokratien. Sie fürchtete, daß die Passivität der Getreuen Stalins den faschistischen Diktaturen helfe. Aus den freigegebenen Akten läßt sich nicht ersehen, ob sie bereit war, Verdächtige anzuzeigen (viele der Papiere wurden geschwärzt): das allerdings stünde in bösem Widerspruch zu dem Bekenntnis in ihrem Brief an Leopold Schwarzschild, dem sie – übrigens erst vier Monate nach der ersten Vorladung zum FBI – mit eindrucksvoller Unmittelbarkeit sagte, sie habe zwar ein für allemal mit den Genossen gebrochen, aber: «Denunzieren, freilich, würde ich keinen.»

In jenem kalifornischen Sommer, dessen helle Freundlichkeit eine so tiefe Beunruhigung verbarg, fertigte die Familie Mann, von Erika vorangetrieben, zusammen mit Salka Viertel, der Drehbuchautorin, William Dieterle, dem Regisseur, und seiner Frau lange Listen von Schriftstellern, mit denen die großen Filmfirmen Autorenverträge abschließen sollten: eine finanzielle Sicherung war Grundvoraussetzung für die Erlaubnis zur Einreise. Zur Ehre Hollywoods kann festgestellt werden, daß die Magnaten der Traumindustrie, so halbseiden und schaumschlägerisch sie immer gewesen sein mögen, sich in jener dramatischen Lage ihrer moralischen Pflicht nicht entzogen. Sie fingen – unter anderen – Heinrich Mann und Alfred Döblin, Leonhard Frank und Alfred Neumann, Walter Mehring und Wilhelm Speyer auf.

Allen Bedrängten in Europa aber schien zuerst der Name Thomas Mann in den Sinn zu geraten, wenn sie einen Weg aus ihrer Not und Verzweiflung suchten. Hans Sahl schrieb ihm später aus Lissabon, sein Name sei zum «Inbegriff aller Hoffnungen auf Rettung und Hilfe geworden». Klaus bemerkte (laut Tagebuch), «die Emigranten» glichen «einer Nation», die seinen Vater «als ihren Gesandten» betrachtete: «man kabelt, man schreibt», klagte Thomas in einem Brief an Friedrich Burschell, «aber die mich ängstigende und mich bedrückende Überschätzung meines Einflusses, die mir immer wieder aus Briefen und Notschreien entgegentritt, ist nur allzu klar bewiesen durch den bisherigen halben oder Miß-Erfolg». Man mache sich keine Vorstellungen von der bürokratischen Hartnäckigkeit und Widerborstigkeit, auf die man ständig stoße. Wenige Zeilen später konnte er andeuten, daß immerhin die Hoffnung bestehe, für fünfzig ausgesuchte Personen Durchreisevisen zu erlangen. Nicht lange danach ordnete Präsident Roosevelt die Ausgabe von Notvisen an. Später berichtete der Dichter seinem Freunde Erich von Kahler, unterdessen leicht enerviert, man lebe «mit den Hilferufen der Unglücklichen in den Ohren», und er fügte rügend hinzu, manche hätten zu lange «Europäer (...) bleiben wollen, was Vergnügungssucht» gewesen sei.

Erika regte an, den Geld-Adel der Filmstadt zu einem Tee-Empfang in das Haus des Vaters zu laden: Ziel des Unternehmens war es, Spenden für das «Emergency Rescue Committee» zu erbitten. Das «fund raising», wie die Amerikaner solche Veranstaltungen nennen, wurde ein glänzender Erfolg. Die dreißig Gäste, die sich am 28. Juli im Haus des Dichters einfanden, zeichneten etwa 4500 Dollar, nach heutigem Geld mehr als siebzigtausend Mark – eine stattliche Summe, die der Organisation helfen mochte, wenigstens einem halben Dutzend der Bedrohten das Tor zu Freiheit und Sicherheit aufzuschließen.

Das «Emergency Rescue Committee» war, dank der Initiative von Frank Kingdon, im Juni unter dem Druck der Katastrophe von einigen beherzten Männern in New York gegründet worden, Universitätsleute die meisten: so Harold W. Dodds und Abraham Flexner von Princeton, Robert M. Hutchins, Präsident der Universität von Chicago, Alvin Johnson, sein Kollege von der New School for Social Research in New York, William A. Neilson, der dem Smith College vorstand, und Robert G. Sproul, Präsident der Universität von Kalifornien. Jene Organisation und ihre Helfer bewiesen bei ihrem Rettungswerk einen bewundernswerten Elan. Hundertfach gelang es den Freiwilligen, die den schweren und gefährlichen Rettungsdienst in Europa versahen, die Büttel der deutschen Besatzung und die französischen Milizionäre an die Wand zu spielen. Immer wieder brachten sie es zuwege, die Willfährigkeit der Kollaborateure, die Sperrigkeit der französischen Behörden, die bürokratische Renitenz der amerikanischen Vertretungen, die Gleichgültigkeit der spanischen Beamten und die Lethargie ihrer portugiesischen Kollegen zu überwinden: zäh, listig, phantasievoll und unerschrocken. Die Liste der Schriftsteller, die dem «Committee» ihre Rettung verdankten, ist wahrhaftig eindrucksvoll: sie verzeichnet Heinrich und Golo Mann, Fritz von Unruh und Franz Werfel, Lion Feuchtwanger und Alfred Döblin, auch Leonhard Frank und Hans Marchwitza, Annette Kolb und Alfred Neumann, Walter Mehring und Hans Sahl, Anna Seghers und Wilhelm Speyer. Insgesamt wurde – nach den Feststellungen von Hans-Albert Walter – die Zahl der Flüchtlinge, denen das «Rescue Committee» den Weg in die Freiheit öffnete, auf etwa zweitausend geschätzt.

Eva Herrmann, die Graphikerin – seit Jahr und Tag mit Klaus und Erika eng befreundet –, präsentierte Thomas Mann am 13. Juli einen Brief Lion Feuchtwangers, der anzeigte, daß auch er – neben Thomas Mann, Stefan Zweig und Franz Werfel ohne Zweifel der erfolgreichste Autor der Emigration – nach Amerika strebte (wie später auch Bertolt Brecht), Bewunderung für die Sowjetunion hin oder her. Erika hatte nicht zu Unrecht gesagt, die Franzosen würden kaum geneigt sein, ihm zu helfen, da er es zuvor «aus Rücksicht auf dear little old father» – «Väterchen Stalin» – stets abgelehnt habe, sich für die Verteidigung Frankreichs zu engagieren, durch das deutsch-sowjetische Bündnis zu gehorsamem Schweigen veranlaßt. Der Kreml und die Führung der Komintern hatten den Widerstand der bürgerlichen Demokratien gegen das Dritte Reich als «imperialistischen Krieg» verdammt. Die Kommunistische Partei Frankreichs war verboten.

Feuchtwanger hatte Grund, sich als besonders gefährdet zu betrachten: die nazistischen Schergen hätten sich seiner, daran gab es kaum einen Zweifel, mit besonderer Genugtuung bemächtigt. Das Porträt, das er in seinem Roman «Erfolg» von ihrem Führer entworfen hatte, war im Propagandaministerium und bei der Gestapo unvergessen. Bei den Vertretern des offiziellen Frankreich konnte er kaum mehr auf allzu großes Wohlwollen rechnen, und die kommunistischen Freunde waren machtlos. Im Lager fragte er sich, warum er es 1938 versäumt habe, ein amerikanisches Visum für sich und seine Frau zu nutzen. Er wußte keine Antwort. Vor sich selbst verschwieg er, daß sein Blick in jenen Jahren eher nach Osten gewendet war, obschon er niemals ernsthaft erwogen hatte, sich in der Sowjetunion niederzulassen, trotz der Popularität, die seinen Büchern dort zuteil wurde.

Marta Feuchtwanger, seine kluge und schöne Gefährtin, hatte sich unmittelbar nach der Verhaftung ihres Mannes mit einem Telegramm an Eleanor Roosevelt gewandt, die sie beide bei einer Amerika-Reise im Jahre 1932 kennengelernt hatten. Die Frau des Staatschefs, die ihr Herz vor der Not der europäischen Flüchtlinge niemals verschloß, ließ den Konsulaten der Vereinigten Staaten unverzüglich die Weisung erteilen, dem Schriftsteller zu helfen. Dennoch, ohne einen Handstreich des «Emergency Rescue Committee» wäre seine Befreiung kaum geglückt. Es muß hinzugefügt werden, daß Feuchtwanger sein Geschick mit beispielhafter Haltung ertrug. Alfred Kantorowicz bescheinigte ihm eine bewundernswerte «Standhaftigkeit und Nervenbeherrschung» in jenen Wochen, «in denen es unter den Tausenden von Mitgefangenen immer wieder zu Szenen der Verzweiflung, Selbstmorden und hysterischen Ausbrüchen kam. Es erwies sich, daß der Besitzer der Luxusvillen im Grunewald und in Sanary die Widerwärtigkeiten und physischen Strapazen des Konzentrationslagers mit einem Humor überkam, der ihn sehr bald zu einem Zentrum aller der Gequälten und Geängstigten machte. Sie suchten sich an seiner Ruhe und seinem Rate aufzurichten. Er war vom Morgen bis in die Nacht hinein umlagert von Hilfesuchenden, denen er in seiner leisen, eindringlichen Weise Mut zuzusprechen suchte – wiewohl nur wenige so gefährdet waren wie er selber. Er wurde unser Sprecher beim Kommandanten des Lagers. Es gehört durchaus zu seinem Bilde, daß er sich in dieser recht schweren Probe durchaus als der vernünftige Humanist bewährte, den wir nach der Lektüre seiner Bücher und aus der Erfahrung persönlichen Umganges im Alltagsleben in ihm erkannt hatten.»

Einen Tag nach der *tea party* im Hause Mann langten Brigitte und Gottfried Bermann Fischer mit ihren Kindern im Hafen von Los Angeles an. Katia und Erika nahmen sie am Pier in Empfang. Am Abend berichtete der Verleger von seinen Abenteuern. Nach der deutschen Invasion in Dänemark und Norwegen hatte er beschlossen, Zuflucht in den Vereinigten Staaten zu suchen, denn es gab keine Garantie, daß der Diktator in Berlin – im Begriff, ganz Europa zu unterwerfen – die Neutralität Schwedens respektieren werde. Das Ende des russisch-finnischen Krieges schien ein Entkommen zu erlauben, doch niemand wußte, wie lange der Weg nach Osten offen sein würde. Drei Tage vor der geplanten Abreise wurde Gottfried Bermann von zwei Beamten der Kriminalpolizei verhaftet. Durch eine Denunziation hatten die Behörden erfahren, daß der Verleger in Verbindung mit einem Briten stand, in dessen Wohnung Sprengstoff für Sabotageakte gefunden wurde: ein Agent des Secret Service. Bermann, man durfte es glauben, hatte von jenen Aktivitäten nicht die geringste Ahnung. Die schwedischen Behörden aber fürchteten, daß die Bücher und Schriften des Widerstandes gegen das Dritte Reich, die er verlegt hatte, von den deutschen Kontrolleuren als eine Provokation betrachtet würden.

Freunde und Autoren in den Vereinigten Staaten hatten unterdessen das State Department und die Botschaft alarmiert. Ein Prozeß blieb Bermann erspart. Der Verleger wurde ausgewiesen. Seine Partner im Hause Bonnier und ein tüchtiger Vertreter garantierten die Weiterführung der Geschäfte seines Unternehmens. Per Flugzeug gelangte die Familie in einem ersten Sprung nach Riga, das eben von den Sowjets besetzt worden war. Weiterflug nach Moskau. Zweiter Klasse mit der Transsibirischen Eisenbahn nach Wladiwostok. In seinen Aufzeichnungen, aus denen er Thomas Mann noch am Tage der Ankunft vorlas, beschrieb er das immer «gleiche Bild des furchtbaren Elends», das sich den Reisenden an allen Stationen bot: «In Lumpen gehüllte Gestalten, Männer, Frauen und Kinder, vor Schmutz starrend, um Lebensmittel und Zigaretten bettelnd. Wege und Straßen tiefe Schlammgruben. Elend, Lumpen, Hunger, Schmutz, Krankheit – (…) Rußland im Jahre 1940, dreiundzwanzig Jahre nach der Revolution». Auch die Stadt Wladiwostok darbte.

In Yokohama, der großen Hafenstadt vor Tokio, ein letzter Kampf ums amerikanische Visum. Am Pier von Honolulu stand, wie Bermann berichtete, Klaus Mehnert. Der Fischer Verlag hatte in den späten Jahren von Weimar das Buch des jungen Journalisten über die sowjetische Jugend gedruckt und damit Sensation gemacht. Der Autor, der aus dem «Tat-Kreis» Hans Zehrers stammte, war im Dritten Reich nicht gelitten: er stand Gregor Strasser nahe, dem Repräsentanten des sozialistischen Flügels der braunen Kohorten, der in der blutigen Säuberung des 30. Juni 1934 ein Opfer der Rachsucht seines Führers und Konkurrenten Adolf Hitler geworden war. Freilich hatte sich Mehnert gehütet, den Anschluß an die Gruppen des erklärten Exils und der offenen Gegner des Nazismus zu suchen. Nun lehrte er an der Universität von Hawaii europäische Geschichte; eine Aufgabe, die ihm dank der Verbindungen seiner amerikanischen Frau zugekommen war.

Von Golo lange Wochen keine Nachricht. Ärgerlich hatte der Vater vermerkt, daß Lebenszeichen von allen möglichen deutschen Flüchtlingen, prominente Literaten unter ihnen, aus Marseille eingetroffen seien: doch nichts von dem Sohn.

Über Bruder Heinrich berichtete ein Kabel des Konsulats der Vereinigten Staaten in Lissabon, man stehe seinetwegen mit den Vertretungen der tschechoslowakischen Exilregierung und den amerikanischen Kollegen in Nizza und Marseille in Verbindung. Unverzüglich informierte Thomas Mann die Beamten in der portugiesischen Hauptstadt, daß ein Filmkontrakt für seinen Bruder parat liege: der Vertrag war auf ein Jahr begrenzt, und er sah ein Honorar von einhundert Dollar pro Woche vor. Auch für Alfred Döblin wurde eine ähnliche Lösung gefunden.

Das Visum werde Bruder Heinrich wohl bekommen, notierte er, doch er zweifle daran, daß ihm die Ausreise gelingen könne. Am Tag danach wies ein Telegramm Emil Oprechts, dessen Verlag in Zürich eine Relaisstation für die Flüchtlinge in Frankreich war, auf den Aufenthalt von Franz Werfel und seiner Frau im Wallfahrtsort Lourdes in den Pyrenäen hin.

Wenig später erfuhr Thomas Mann – wiederum über Oprecht – von Golos erneuter Verhaftung und seiner Internierung in San Nicola bei Nîmes. Unverzüglich bat er Agnes Meyer, sie möge durch ihren Einfluß erreichen, daß der amerikanische Konsul die Verbindung mit Golo im Lager aufnehme: dies wäre wirksamer als eine Intervention des brasilianischen Gesandten. Er wies darauf hin, daß die kanadische Regierung der Tochter Monika und ihrem Mann die

Einreiseerlaubnis gewährt habe – «und zwar ausdrücklich mit folgender Begründung» (die in typischem Bürokratenjargon verfaßt war): «It was only your own exceptional and distinguished service to the causes for which this country is at war that made it possible for an exception to be made in the general rule». Er fügte hinzu: «Es wäre schön, wenn eine solche Rücksicht von Seiten der Vereinigten Staaten auch noch meinem so viel mehr gefährdeten und übrigens meinem Herzen viel näher stehenden Sohn zugute kommen könnte!» Nein, er verbarg vor der Freundin nicht, selbst nicht in dieser Lage, daß ihm manche Kinder lieber waren als die anderen.

Im gleichen Brief nach Washington berichtete er, unterdessen sei sein erster amerikanischer Enkel zur Welt gekommen: in Carmel, diesem kalifornischen Idyll der Künstler und Kunsthandwerker, in dem Michael und Gret eine bescheidene Unterkunft gefunden hatten. Im Tagebuch stellte er fest, daß die «Großvaterschaft» spät komme, und sie mache ihm «geringen Eindruck». Doch er merkte an, das Kind habe «deutsches, brasilianisches, jüdisches und schweizerisches Blut».

Den Zeilen ihres Mannes vom 8. August fügte Katia anderntags die dringende Bitte hinzu, Agnes Meyer möge für Heinrich und Golo – «voller Name: Dr. Angelus Gottfried» – einen «sponsor-Brief» hinterlegen, der von einem amerikanischen Bürger auf persönlichem Briefpapier ausgefertigt und notariell beglaubigt sein müsse. Das finanzielle Affidavit, das gleichfalls gefordert werde, dürften sie selbst ausstellen. Sie versäumte nicht den Hinweis, daß Tommy, obwohl das Haus «das reine Bureau für Rettungsaktionen» geworden sei, trotz allem angefangen habe, «den Vierten Joseph in Angriff zu nehmen».

Am 28. Juli hatte Thomas Mann notiert, daß er die «Vertauschten Köpfe» abgeschlossen habe – «ziemlich à bâton rompu», wie er in etwas zweifelhaftem Französisch bemerkte. In der Tat war ihm längst die Lust vergangen, sich mit der indischen Erzählung noch lange aufzuhalten. Das Finale hatte er übers Knie gebrochen. Das doppelt tödliche Duell der Freunde und Rivalen Schridaman und Nanda, die sich beide auf ihre Weise des Besitzes der «schönhüftigen Sita» rühmen durften, und die Verbrennung der doppelten Witwe mit den Leichen ihrer Männer ließ sich in einem höheren, mythologisch und metaphysisch geadelten Sinn ein Happy-End nennen: ein literarisch glorreiches Finale war es kaum. Agnes Meyer aber, der sich alles verklärte, was aus der Feder des Meisters floß, jubelte nach der Lektüre, Tonio, Hans und Inge aus der frühen Künstler-Novelle hätten sich nun in einem indischen Tod vereint.

Der Autor, der dank des lobenden Echos nun Besseres von der Geschichte zu denken geneigt war, die er zuvor nur einen Scherz genannt hatte, stimmte ihr mit einem ironischen Seufzer zu. Er betonte jetzt gern den sinnlichen Charme seiner Schilderungen, die er für gewagt hielt. In der Tat ging er – nach seinen Maßstäben und Gewohnheiten – in der Darstellung weiblicher Reize recht weit. In manchen Passagen schien er sich erstaunlich ungehemmt der üppigen Poesie aus der Epoche des Fin de siècle hinzugeben. Er schrieb von den «süßesten Kinderschultern» und den «wonnig geschwungenen Hüften», die eine «geräumige Bauchfläche ergaben», von Sitas «jungfräulich starrenden, knospenden Brüsten» und «prangend ausladendem Hinterteil», das sich «nach oben zum schmalsten, zierlichsten Rücken» verjüngte, «der geschmeidig eingebogen erschien, da sie die Lianenarme erhoben und die Hände im Nacken verschränkt hielt, so daß ihre zarten Achselhöhlen sich dunkelnd eröffneten». Er konnte sich wahrhaftig kaum genug tun im Preise «dieses großartigen Hinterteils» in Verbindung «mit der Schmalheit und Gertenschmiegsamkeit des Elfen-Rückens», und er rühmte den «preisgesangwürdig ausladenden Schwung der Hüften» und die «ziersame Eingezogenheit der Taillengegend darüber».

Die wundersame Kombination von den Köpfen und Körpern der Männer, die dank der mächtigen Göttin Kali in einem makabren Wechselspiel neu zusammengefügt wurden, berühre das Problem der erotischen Identität, meinte er hernach. So verhielt es sich wohl. Doch ihn hatte vor allem die Variante des Motivs der vertauschten Gatten gereizt, das Jaakob einst mit Rahel und der unterschobenen Lea ganz gegen seinen Willen zu erproben hatte. Anders als der Erzvater gewann Sita, «das goldene Mädchen», am Ende keine rechte Befriedigung aus den wechselnden Partnerschaften. Es blieb allen dreien, nachdem die junge Frau eines Knäbleins genesen war, nur der gemeinsame Rückzug in die radikalste Askese: den Tod.

Agnes Meyer rügte diese Lösung nicht, obschon sie ihrer Billigung nicht würdig sein konnte. Sie veröffentlichte, als die amerikanische Übersetzung auf den Markt kam, eine enthusiastische Besprechung des kleinen Werkes, die der Verfasser seinerseits in entzücktem Überschwang pries: «Ihre Besprechung», schrieb er ihr, «erinnert mehr an die geistreich deutende Wiedergabe einer Composition durch einen reproduktiven Künstler, als an eine landläufige Kritik.» In seinem Tagebuch bemerkte er nüchterner, die Rezension Agnes Meyers sei «langweilig». Vor allem behagte ihm nicht, daß sie die Fabel zu ausführlich nacherzählt habe, die nun freilich nicht von ihm selbst stammte. Er hatte sie, man erinnert sich, einem Buch des Indologen Heinrich Zimmer entnommen, des Schwiegersohns von Hugo von Hofmannsthal, der sich nun im «Time Magazine» zu Wort meldete und seinen Anteil an der Urheberschaft andeutete. Thomas Mann bemerkte verdrossen, Zimmer dränge sich «peinlich» vor, doch er hielt es für angemessen, dem gelehrten Mann ein Exemplar der amerikanischen Ausgabe des Bändchens zu widmen. Er schrieb ihm, er hoffe, ihn und seine Frau Christiane bei seiner nächsten Reise an die Ostküste zu sehen, um «bei dieser Gelegenheit soviel Scheinwerferlicht auf Ihre Person zu lenken, wie mir eben zu Gebote steht». Er sei froh, fügte er hinzu, daß seine Geschichte vor dem Experten bestehen könne, und stolz vermerkte er die Zustimmung eines «richtigen Hindu».

Die indische Novelle hatte ihm den kleinen Aufschub verschafft, den er nach der «Lotte» brauchte, ehe er die Energie und den Mut fand, sich von neuem über das Material des «Joseph» zu beugen, um das letzte Geviert des Riesenteppichs der biblischen Erzählung zu fertigen. Er begann, wie immer, zögernd und tastend. Immerhin waren vier Jahre vergangen, seit er den dritten Band des Romans abgeschlossen hatte.

Draußen schien unterdessen die Welt aus den Fugen zu gehen. Thomas Mann aber schrieb mit zähem Beharren sein Pensum: eine Seite pro Tag – oder wenigstens einige Sätze. Seine Disziplin war nicht unerschütterlich, und die Verstörungen ließen ihn nicht gleichgültig, doch länger als für einige Tage wurde sein produktiver Wille niemals gelähmt. Kalifornien schien ihm die besten Voraussetzungen für die Fortsetzung seiner Arbeit zu bieten. Er war frei

von den Verpflichtungen, unter denen er in Princeton gelitten hatte,
und überdies mehr als dreitausend Meilen von der Ostküste entfernt, die in den Bereich der Gefahren gerückt zu sein schien. An
Erich von Kahler hatte er geschrieben: «Man muß sich auf völlige
Schutz- und Heimatlosigkeit gefaßt machen, auf einen Zustand, der
nur noch die Berge im Zeitlosen offen läßt.» Immer habe er daran
geglaubt, daß «eine gewisse heitere Bestimmung des Persönlich-In-
dividuellen sich auch gegen das düsterste Äußerste» durchsetze,
aber jetzt fühle er sich «oft heillos in die Enge getrieben». Indes, er
lobte Kalifornien, dessen Hügellandschaft der «toscanischen auffallend ähnlich» sei: «Ich habe, was ich wollte, das Licht, die trockene,
immer sich erfrischende Wärme, die gegen Princeton wohltuende
Weiträumigkeit, die Steineichen-, Eukalyptus-, Cedern- und Pal-
men-Vegetation, die Ozean-Promenade, die man mit dem Wagen in
wenigen Minuten erreicht, gute Freunde sind auch da».

Während der Morgenstunden harrte er, wie er es gewohnt war,
am Schreibtisch aus. Gegen Mittag für gewöhnlich ein Gang an der
Uferpromenade von Santa Monica. Zum Tee und zum Abendessen
in der Regel Gäste – oft auch Freunde von Klaus, der sich endlich
dazu überwand, ein Auto lenken zu lernen und die Fahrprüfung
abzulegen, freilich ohne Glück: ein ums andere Mal fiel er durchs
Examen. Leichtsinn und Ungeschick bescherten ihm kleine Un-
fälle, bei denen er allemal glimpflich davonkam, doch er mußte
peinliche Verhöre auf der Polizeistation über sich ergehen lassen, da
er stets die Papiere vergessen hatte. Die Konfrontation mit den Behörden war mehr als nur ungemütlich, denn er hielt sich noch immer mit einem Besuchervisum in den Vereinigten Staaten auf, das
längst abgelaufen war. Im schlimmsten Fall hätte ihm die Ausweisung drohen können. Die Polizisten wollten auch wissen, wovon er
sein Leben bestritte. Obwohl er – laut Fredric Kroll – niemals auch
nur einen Cent Einkommensteuer gezahlt hatte, gab er an, daß
er selbst in den vergangenen zwei Jahren an die dreitausend Dollar durch Honorare für seine Vorträge und Bücher verdient habe
und überdies von seinem Vater zweitausend Dollar Taschengeld be-
ziehe – was vermutlich der Wahrheit nahe kam. Er sah ein, daß es
nun endlich notwendig war, sich um die offizielle Einwanderung zu
bemühen, zumal er sich entschlossen hatte, eine amerikanische Zeit-

schrift zu gründen. Dies setzte voraus, daß er auch als «juristische Person» existent wurde. Also beantragte er in New York seine Immigration.

Für den Vater und die Mutter gab es in jenen Monaten selten einen Abend, an dem sie nicht Gäste zu sich baten oder ihrerseits eingeladen waren – meist im Kreis der Emigranten, manchmal auch in die Häuser der Filmprominenz und der kultivierteren unter den Geld-Menschen. Unmerklich wurde die Familie vom gesellschaftlichen Betrieb kalifornischer Prägung eingesogen. Thomas Mann vermerkte, in der Kolonie der Exilierten würden mit unermüdlicher Leidenschaft literarische Ratespiele gespielt, in denen er selbst nicht brillierte. Klaus trug in sein Tagebuch ein: «Grosse Verstimmung Zauberers, der sich rätselhaft erniedrigt fühlt, weil ihm auf Englisch nichts einfällt. Sein jäher Aufbruch – während Gumpert und ich leicht bestürzt zurückbleiben. Z., heute den ganzen Vormittag ganz zerfressen von Gram und Pikiertheit. Diese Depressionen wären leichter erträglich, wenn sie *völlig* grundlos einträten, als solcherart, von absurden Bagatellen veranlasst. – – – Mit Sorge und nicht ohne Aversion beobachtete ich übrigens, wie seine ‹Distanciertheit› zu den Menschen sofort in misstrauische Gereiztheit umschlägt, wenn die Unterhaltung sich nicht völlig in den ihm vertrauten, von ihm gewünschten Gleisen bewegt – (und gar noch, wenn sie englisch geführt werden muss!!) Es ist einem auch schmerzlich zu sehen, in wie zunehmenden Grade er erwartet – oder es vielmehr braucht –, dass ihm ständig Komplimente gesagt werden. Deshalb findet er Gottfried Bermann ‹eigentlich recht nett›; Aldous Huxley hingegen einen ‹hochmütigen und störrischen jungen Mann›. Und um ihn herum entsteht, mehr und mehr, jene Serenissimus-Ödheit, die er im Falle Goethes erkennt und melancholisch verspottet.»

Katia begann sich nach Grundstücken oder Häusern umzusehen. Anfang September wurde ein hübsches Anwesen besichtigt, das mit einer «kompletten deutschen Bibliothek aus der besten Zeit» versehen war: es sollte gut zehntausend Dollar kosten – vielleicht war es die Villa Aurora am Amalfi Drive, die später von Lion Feuchtwanger erworben wurde. Zehn Tage später fand sich ein schönes Terrain in Pacific Palisades einige Meilen nördlich von

Beverly Hills: am stillen San Remo Drive gelegen, hoch über der
Küste, mit einem schönen Ausblick aufs Meer. Sechstausendfünf-
hundert Dollar schienen ein angemessener Preis zu sein. Am
12. September wurde der Kaufvertrag besiegelt. Agnes Meyer
schrieb Thomas Mann davon fürs erste nichts.

Die Übersiedlung war beschlossen: eine Lebensentscheidung. Mit
der Niederschrift des «Joseph» machte er danach, von einer Last
befreit, lebhaftere Fortschritte. Dennoch, so groß die Distanz von
Europa war, die er nun gewonnen hatte: er horchte aufmerksam in
die düstere Zeit. Es entging ihm nicht, daß die Wochenzeitung der
Prätorianergarde des «Führers», das «Schwarze Korps», in jenen
Tagen verkündete, der Kontinent werde aller Juden entledigt. Das
Blatt deutete an, sie würden in entlegene Regionen verschickt, wo sie
– ihrem Elend überlassen – zugrunde gehen würden: ein erstes Signal
der «Endlösung», die an den Schreibtischen des «Reichssicherheitshauptamtes», das unter dem Kommando von Heinrich Himmlers
Adlatus Heydrich stand, ohne große Heimlichkeit vorbereitet
wurde.

Am 11. August 1940 endlich die ersehnte Nachricht von Golo,
der sich aus Le Lavandou meldete, wo er bei einer Madame Behr
Unterkunft gefunden hatte. Jahrzehnte später berichtete er Hans
Rudolf Vaget, er habe es nicht auf einen zweiten Fluchtversuch ankommen lassen, sondern die Bewegungsfreiheit, die den Internierten im Lager San Nicola gewährt war, nach vernünftigem Bedacht
genutzt, um die Dienststelle der Geheimpolizei in jenem Städtchen
– das legendäre «Deuxième Bureau» – aufzusuchen und den Bediensteten zu erklären, er sei als tschechoslowakischer Bürger und
freiwilliger Helfer der französischen Armee völlig zu Unrecht verhaftet worden. Überdies konnte er sich auf eine Intervention seines
Freundes Pierre Bertaux berufen, der im Begriff war, in die höheren
Sphären der französischen Beamtenschaft aufzusteigen: der begabte und originelle Germanist, der später das Bild von Hölderlin
im wörtlichen Sinn revolutionierte, engagierte sich in der Résistance, und er sorgte später dafür, daß sich die französische Verwaltung der schwarzafrikanischen Kolonien der Führung General de
Gaulles unterstellte; nach dem Krieg besetzte er eine Schlüsselposition im Innenministerium, mit dem Auftrag versehen, die Kommu-

nisten aus den Zentren der Macht in der Polizei, im Transportwesen und in der Industrie zu entfernen.

Die Herren von der Sûreté hatten ein Einsehen. Sie händigten Golo ein Papier aus, das ihn in die Freiheit entließ. Unterdessen hatte Agnes Meyer nach neuen Wegen gesucht, dem Sohn des Freundes zu helfen. Sie stellte fest, daß der Comte René de Chambrun, ein französischer Anwalt, der damals in New York residierte, in der Heimat nach dem Rechten sehen wollte. Der Graf verfügte über weitreichende Beziehungen: immerhin war er der Schwiegersohn von Pierre Laval, der am 17. Juli 1940 zum Stellvertreter des Regierungschefs Marschall Petain aufgerückt war. Mrs. Meyer händigte René de Chambrun fünfhundert Dollar Reisegeld für Golo Mann aus. Das Geld erreichte den Sohn in der Tat: der Graf hinterlegte es beim amerikanischen Konsul in Marseille, der Golo den Betrag leider nicht in Dollarscheinen, sondern in französischen Francs nach dem offiziellen Kurs jener Tage aushändigte.

Am 12. August dankte Thomas Mann der generösen Helferin so herzlich, wie es ihm gegeben war. Er konnte ihr berichten, daß Golo bereits über ein amerikanisches Visum verfüge. Das Problem war, darüber täuschte er sich nicht, die Erlaubnis zur Ausreise. Naiv fragte er, ob Graf Chambrun den jungen Mann bei der Rückreise nicht einfach mitnehmen könne. «Die Wiedergewinnung dieses Kindes», fügte er hinzu, wäre ihm «desto tröstlicher, als Erika, die uns eben zum Fluge nach New York verliess, in wenigen Tagen nach *England*» reise: «Abenteuerlust, Aktivitätstrieb, der ernste Wunsch zu helfen waren stärker, als unser Horror vor dem recht tollkühnen Unternehmen. Man kann so etwas nicht verbieten.»

Er rief der Freundin zu, man müsse den Engländern helfen, wie man könne: «Schickt ihnen destroyers! Ich gehe mit gutem Beispiel voran und schicke ihnen meine Tochter.» Tag um Tag bangte er um die Widerstandsfähigkeit der Briten, die unter der Führung Winston Churchills die letzte Barriere waren, die Hitlers vollständigen Triumph in Europa aufzuhalten vermochte. Er registrierte die Steigerung der Luftkämpfe in der «Schlacht um England», die für die Geschwader Hermann Görings verlustreicher waren, als es die strategischen Kalkulationen vorsahen. Am 16. August schrieb

er ins Tagebuch, die Royal Air Force finde «Zeit und Kraft
zum Bombardement Münchens», was er «diesem dummen Nest
gönne».

Erika reiste offiziell als Korrespondentin amerikanischer Zeitungen. In Wirklichkeit hatte sie der britische Propagandaminister
Duff Cooper eingeladen, ihn und seine Gehilfen bei der Vorbereitung von Radioprogrammen für die Deutschen zu beraten. Vor dem
Abflug schrieb sie an den Vater: «As a matter of fact, ich wäre ganz
außer mir, wenn mir etwas zustoßen sollte, weil ich weiß, daß ich
Dich im Grunde durch *nichts* wirklich kränken und verletzen
könnte, als eben durch mein Ausbleiben.» Dann rechtfertigte sie ihr
Engagement mit einer altmodisch-ironischen Umschreibung des
Rufes zur Pflicht: «Man kann nicht sieben Jahre lang den Soldaten
spielen, der, wie der Bürstenbinder in Tölz, auf den geheimen
Marschbefehl wartet, um zu desertieren, wenn, schließlich, die
Trompete bläst.»

Den Aufenthalt in Lissabon wollte sie nutzen, um beim Konsulat
der Vereinigten Staaten die Tür für Golo und Heinrich zu öffnen.
Der Vater vermutete, daß sie in Portugal ausharren wolle, bis sie
Bruder und Onkel in Sicherheit wisse. Er unterschätzte die Widerstände, die zu überwinden waren.

Agnes Meyer hatte vergebens versucht, Erika aufzuhalten, bis die
Gefahr einer deutschen Invasion Großbritanniens gebannt sei. Die
junge Frau bemerkte am Telefon ein wenig schnippisch, die Freundin in Washington wolle sich vermutlich nur die Scherereien ersparen, die sie ihr bereiten würde, wenn sie in die Kriegsmaschine Hitlers geriete. Agnes Meyer, die jede Art von Spott hilflos zu machen
schien, verstummte vor Erikas Ironie, wie sie dem Vater ein wenig
gereizt andeutete. Sie hatte, nicht zu Unrecht, den Eindruck, daß
die Tochter des Freundes ihr Engagement für den Bruder, den Onkel und so viele Gefährdete, die in Frankreich noch immer auf Rettung warteten, allzu gleichgültig hinnahm. Thomas Mann hielt es
für angebracht, sich in seiner nächsten Antwort für die Tochter zu
entschuldigen, wenngleich eher halbherzig.

Agnes Meyer aber konnte ihm melden, daß nun auch die spanischen und portugiesischen Visen für Golo parat lägen, die Franzosen aber verweigerten jede Ausreisegenehmigung. Zwar halte sich

Roosevelt derzeit nicht in Washington auf, doch sie wolle trotzdem
zum Weißen Haus gehen, um mit seinem Sekretär darüber zu sprechen, daß der Präsident von der Regierung Frankreichs die Erteilung von Exitvisen an alle Flüchtlinge fordern müsse, die über die
Erlaubnis zur Einreise in die Vereinigten Staaten verfügten. Das,
setzte sie hinzu, würde auch Heinrich Mann den Weg in die Freiheit
öffnen: sein Name stehe auf einer Liste von Persönlichkeiten, denen
nach Weisung des Präsidenten ein Notvisum erteilt werden sollte.

Am 23. August 1940 druckte die «Washington Post» einen Leitartikel unter dem Titel «Refugees in France», in dem der französischen Regierung vorgehalten wurde, sie habe keinen Versuch unternommen, die «Unglücklichen zu retten, die ein vorübergehendes
Asyl in Frankreich gesucht und gefunden hätten» – im Gegenteil: es
gebe den Beweis, «daß sie in ihrer Angst, nichts zu tun, das die
Nazi-Herren reizen könne», auch den Flüchtlingen die Ausreisevi-
sen vorenthielten, denen die amerikanischen Nationen einschließlich der Vereinigten Staaten Aufnahme gewähren wollten. Auf der
anderen Seite zeigten Marschall Petains Erklärungen an, daß er seiner Regierung «die gute Meinung der Amerikaner» gewinnen
wolle. Das Vichy-Regime müsse durch Taten demonstrieren, daß es
solchen Respekt verdiene.

Agnes Meyer zögerte in der Tat nicht, schweres Geschütz zur
Unterstützung ihrer Intervention auffahren zu lassen. In ihrem
Brief an Thomas Mann erzählte sie gegen Schluß in einigen knappen
Sätzen, am nächsten Tag träfen achtzehn Kinder aus Frankreich ein,
für die sie ein schönes Haus auf dem Lande gefunden habe – «ganz
möbliert bis zu Puppen und Teddy Bears».

Skeptisch antwortete Thomas Mann, die Franzosen seien «Sklaven der Deutschen». Sie hätten den Auslieferungsparagraphen
unterschrieben; er fürchte, hier könne selbst der Präsident nichts
ausrichten. Golo brauche einen französischen Paß. Als letzte Möglichkeit bleibe immer noch, daß er «an irgend einer unbewachten
Stelle» in den Pyrenäen nach Spanien gelange.

Dann hörte der Vater wieder lange Wochen nichts. Anfang September kam Chambrun nach New York zurück: mit ermutigenden
Nachrichten, wie Agnes Meyer dem Freund schrieb. Thomas Mann
aber wies noch einmal auf die Möglichkeit eines illegalen Grenz-

übertritts hin. Ungeduldig bemerkte er, Leopold Schwarzschild, der ehemalige Herausgeber des «Neuen Tage-Buchs», «schwer verhasst, dazu extrem jüdisch aussehend und miserabel französisch sprechend», sei «tatsächlich illegal nach Lissabon gelangt»; auch Fritz von Unruh, der pazifistische Dramatiker, sei «mit falschem Pass hier gelandet». Doch «sicherer und eleganter wäre es natürlich, wenn Golo legal hinauskomplimentiert würde. Hoffen wir!»

Mitte September konferierte die Freundin in Washington noch einmal mit Chambrun und den Beamten des State Department. Die Auskünfte des Grafen waren keineswegs so ermutigend, wie sie es dem Vater berichtet hatte. Bei einem gemeinsamen Essen hatte er angedeutet, daß eine Deportation Golo Manns nach Deutschland nicht ausgeschlossen sei. Sie schrieb dem Grafen, sie sei von seiner Mitteilung so tief schockiert gewesen, daß sie sich nicht in der Lage gefühlt habe, die Diskussion fortzusetzen. Streng fuhr sie fort, der Fall dieses Jungen sei besonders tragisch, da er nur nach Frankreich gegangen sei, um im Kriege zu helfen: «Wenn er jetzt den Deutschen ausgeliefert werden sollte, würde dies gewiß die Loyalität von manchen der zuverlässigsten Freunde Frankreichs zerstören.» Sie fragte: «Können wir noch irgend etwas tun, um eine solche Katastrophe zu verhindern?» Dann wies sie darauf hin, der Sonderbotschafter Sumner Welles habe bereits im Auftrag des Sekretärs von Präsident Roosevelt an die amerikanischen Konsulate und an einige französische Freunde telegraphiert, sie sollten sich für Golo verwenden.

Agnes Meyer ließ wahrhaftig nichts unversucht, den Sohn Thomas Manns zu retten. Dem Vater beschied sie, es wäre das beste, wenn Golo einen Bona-fide-Vertrag für einen historischen Lehrauftrag an einer amerikanischen Universität bekommen könnte. Vielleicht würde ihr eigenes College bereit sein, den Vertrag abzuschließen, wenn sie «hinter ihm stünde», mit anderen Worten: wenn sie die Kosten zu übernehmen bereit sei. Sie verhandelte mit der Columbia University in New York, doch zwei Tage später konnte ihr Katia versichern, die New School for Social Research habe den Sohn zu einer Dozentur eingeladen. Sie wisse freilich nicht, ob dies als eine ordentliche Berufung akzeptiert werde. Sie nutzte die Gelegenheit, um auf ihren Bruder Peter Pringsheim zu verweisen, der einen Ruf an die Universität von Berkeley besitze und mit Empfehlungen von Albert Einstein und einigen amerikanischen Kollegen versehen sei.

Am 20. September – Thomas und Katia saßen beim Frühstück – brachte der Telegrammbote die Nachricht, daß Golo und Heinrich in Lissabon eingetroffen seien und dort auf ein Schiff warteten. Zugleich langten Depeschen vom «Rescue Committee» und von einer Organisation der Unitarischen Kirche an, die das Ihre getan hatten, bei der Rettung der beiden zu helfen. Kabel des Schriftstellers Hermann Kesten, der immer wieder versucht hatte, Kontakt mit Golo aufzunehmen, und des Arztes Robert Klopstock bestätigten die gute Botschaft. «Freude und Genugtuung», notierte Thomas Mann. Doch er fügte hinzu: «Leichte Trübung durch die Tatsache, daß auch ‹Mrs.› dabei» – er sprach von der Frau des Bruders –, «ebenso wie Alma Werfel, die mit ihrem Mann ebenfalls dort eingetroffen.» Nein, er zögerte nicht, auch die fragwürdigste Regung seiner Gefühle dem Papier anzuvertrauen, und es deutet nichts darauf hin, daß er sich bei der Niederschrift auch nur eine Sekunde vor sich selbst geschämt hätte.

Die Flüchtlinge waren in der Tat über die Pyrenäen gekommen. Bruder Heinrich erzählte in seinen Erinnerungen von der bitteren Beschwerlichkeit des Aufstiegs auf einem kleinen Pfad durchs Gestrüpp: «Von einem Steinblock zum anderen (...). Am besten versetzte man sich in die Gewohnheiten der Ziegen, die hier sonst verkehrten.» Der fast Siebzigjährige war der Strapaze kaum gewachsen. Er hatte seit Jahrzehnten keinen Berg mehr bestiegen, war ungeschickt und alt: «Ich fiel recht oft auf die Dornen. In die Füße drangen sie ohnedies (...). Mehrmals unterstützte mein Neffe mich, dann überließ er es meiner Frau, die an sich selbst genug gehabt hätte. Er nahm die noch steileren Abkürzungen, kehrte aber zurück, wenn wir gescheitert auf einem Stein saßen. Er verließ uns nicht, eher machte er den Weg dreifach.»

Organisator der Rettung war Varian Fry, ein junger Unitarier, der beauftragt war, die gefährdeten deutschen Schriftsteller aus Frankreich zu holen, unterstützt von einer tapferen Schar freiwilliger Helfer, unter ihnen Mary-Jayne Gold, eine unerschrockene junge Frau aus einer reichen und liberalen Familie des Mittleren

Westens, die all ihre Energien und wohl auch einen guten Teil ihres
Vermögens aufbot, um deutschen und österreichischen Flüchtlingen den Weg nach Amerika zu öffnen und ihnen drüben den Aufbau einer Existenz ein wenig leichter zu machen. Sie teilte ihr Leben
fortan zwischen Frankreich und New York.

Die Verbindung zu Varian Fry hatte der amerikanische Vizekonsul Hiram Bingham hergestellt, ein beherzter Mann, der sich niemals hinter die Barrieren bürokratischer Vorschriften zurückzog.
Durch ihn hatte Varian Fry auch den Weg zu Lion Feuchtwanger
gefunden, der noch immer im Lager San Nicola auf eine Entscheidung über sein Schicksal wartete. Marta, seine Frau, dank eines
Tricks aus dem Konzentrationslager Gurs entlassen, hatte ihren
Mann in seiner Verbannung gefunden und unverzüglich das Konsu-
lat alarmiert, von seiner körperlichen Verfassung erschreckt.
Feuchtwanger war von der Ruhr heimgesucht und durch die
Krankheit bis auf die Knochen abgemagert. Varian Fry, ein mutiger
und entschlossener Mann, entführte den Schriftsteller, als er eines
Nachmittags in der Badehose vom Bad in einem kleinen Fluß zum
Lager zurücklief: er warf ihm einen Mantel über, setzte ihn ins Auto
und fuhr mit ihm davon. Konsul Bingham nahm Lion und Marta
Feuchtwanger fürs erste in seiner Wohnung auf.

Varian Fry indes entschied, daß zunächst nur Heinrich und Golo
Mann und mit ihnen Franz Werfel und seine Frau den illegalen
Grenzübertritt wagen sollten: er wollte es nicht verantworten, ihren Konvoi durch die Präsenz Lion Feuchtwangers zu gefährden,
von dem zu vermuten war, daß sein Name hoch oben auf den Such-
listen der deutschen Besatzung und der französischen Kollaborateure stand. Die Grenze in den Bergen war nur nachlässig bewacht,
doch Kontrollen konnten nicht ausgeschlossen werden. Walter
Benjamin, man weiß es, wurde nur wenige Tage nach der Passage
der Gruppe Mann und Werfel von einer Patrouille zurückgeschickt; er nahm sich, da er an seine Rettung nicht länger glaubte, in
Port-Bou das Leben. Lion und Marta Feuchtwanger erreichten Spanien wenige Tage danach. Sie gelangten ungefährdet nach Lissabon,
wo Golo, Heinrich und die Werfels auf Schiffsplätze für die Reise
über den Atlantik warteten.

Vier Tage nach der Nachricht von ihrer Rettung ein Telegramm von Erika aus London: die Tochter meldete, Monika und ihr Mann Jenö Lányi hätten sich auf dem Schiff «City of Benares» befunden, das im Atlantik von einem deutschen Unterseeboot torpediert und versenkt worden war. Lányi sei ertrunken. Monika liege in einem schottischen Hospital. Der Vater schrieb ins Journal: «Grauen und Abscheu. Erbarmen mit dem gebrechlichen Kind. – Nicht gearbeitet.»

Monika versuchte später, das Unfaßbare in Worte zu zwingen: «Es geschah alles in einer Viertelstunde. Die Explosion, die anfängliche Unordnung, die Panik, der Sturz in die Tiefe, das Chaos am brennenden Schiff, unsere Rufe, unser Verstummen..., aber es hatte in seiner maßlosen Schrecklichkeit das Volum des Ewigen». «Es gab so einen Ruck», schrieb sie, ein zweites Mal ansetzend. «– die Alarmglocke klingelte – nachts, ja, es war halb elf, ich hatte schon geschlafen, er» – ihr Mann – «kam aus dem Salon herunter, wo er Klavier gespielt hatte – Bach, das Wohltemperierte Klavier von Bach –, bei der Alarmglocke kam er herunter in unsere Kabine, bleich – er zog erst mir den Rettungsgürtel an, dann sich selbst – was wir anhatten? Nur Regenmäntel, wir nahmen nichts mit, wir hatten keine Zeit, wir hatten Rettungsboot Nummer sechs, da waren viel zuviel Menschen, viel mehr als in ein Rettungsboot gehen, es fehlten Rettungsboote, die waren durch das Torpedo kaputtgegangen, und wir fielen alle auf den Grund des Meeres fast, weil wir zu viele waren, auch waren die Seile kaputt. Es war ein wahnsinniges Geschrei gewesen von der Mannschaft, schwarze Mannschaft, sie hat nichts als geschrien – und als wir wieder heraufkamen, schrien wir so gut es ging, nahe am brennenden Schiff, wir hatten Petroleum geschluckt und waren zerschlagen und suchten nach etwas zum Anhalten, wir riefen einander, ich hörte seinen Ruf, dreimal, und dann nichts mehr. Und dann waren lauter Tote um mich rum und ganz schwarze Nacht und ganz hohe Wellen, und ich war durstig, und ich hatte keine Stimme mehr, und meine Hände waren unendlich kalt, und ich habe mich einmal übergeben, mein Schal wurde schmutzig – mein grün-braun gewürfelter Wollschal, sein letztes Geburtstagsgeschenk, dann hat ein Matrose auf dem englischen Kriegsschiff den Schal genommen – die Wellen haben mich ganz zugedeckt, sie kamen wie schwarze Gebirge auf mich los – tote Kinder gab es, von Schreck und Kälte getötet, und Durst – ja der Durst! –, und sie schwammen wie Puppen herum – es hatte in Strömen geregnet, dann kam der Mond, jetzt schwammen die Kinder auf den schwarzen Wellen im Mondschein.» «Indes ich zwanzig Stunden auf einem Stück Holz im herbstlich aufgewühlten Atlantischen Ozean herumtrieb, vermischte sich Sein und Nichtsein, Unten und Oben, Dunkel und Licht, Ende und Anfang, Fluch und Segen, Verlassenheit und Gottesnähe. (...) Ich hielt mich immer ganz fest, ganz fest. An dem Floß oder Holz, an dem Stück Boot? Ja. Am Leben (...). Und am nächsten Nachmittag um vier Uhr kam das englische Kriegsschiff – mit dem ging es zurück nach Schottland, hierher, wo ich nun bin, ganz voll von jenem Wunder und ganz leer...»

Der Vater sagte Agnes Meyer, ihm sei eher übel zumute: «Moni's Schicksal ist nicht nur traurig, sondern gibt auch Probleme auf.» Drei Tage zuvor hatte Katia die Aufmerksamkeit der Protektorin in Washington noch einmal auf ihren Bruder Peter Pringsheim gelenkt, der im Lager St. Cyprien in den Pyrenäen auf seine Befreiung wartete. Er sei politisch völlig unbelastet, schrieb sie, darum sollte es möglich sein, für ihn ein Ausreisevisum zu erlangen.

Sie erwähnte nicht, daß sie und Thomas unterdessen mit einem Architekten über den Hausbau in Pacific Palisades konferiert hatten. Nach einem ersten Voranschlag sollte die Konstruktion etwa zweiundzwanzigtausend Dollar kosten, von denen sechzehntausend als Hypothek aufgenommen werden könnten. Freunde wurden eingeladen, das Grundstück zu besichtigen. Sie fanden, daß die Lage vorzüglich sei. Das Leben hatte weiterzugehen – und so die Arbeit.

75. KAPITEL

Im Weißen Haus

Mit dem Flugzeug waren Heinrich Mann, seine Frau und Golo von Barcelona nach Lissabon gelangt: Passagiere ausgerechnet der Lufthansa, die ihre Beförderung ohne Anstand übernahm. Dennoch, während des Fluges kam kein Gefühl des Behagens auf. Der portugiesische Grenzbeamte hatte lange gezögert, ehe er sich bereit fand, die Einreise zu gestatten. In der Hauptstadt fanden sie keine Unterkunft. Sie fuhren mit dem Taxi weiter ins Seebad Estoril. Der Kampf um die Schiffskarten, den vor allem Golo ausfocht, war mühselig, trotz aller Vorsorge der amerikanischen Freunde. Am 3. Oktober endlich konnten sie mit dem griechischen Dampfer «Neo Hellas» reisen. Auch Franz Werfel und seine Frau Alma, der österreichische Feuilletonist Alfred Polgar, Hermann Budzislawski, der letzte Chefredakteur der «Neuen Weltbühne», und sein Konkurrent Friedrich Stampfer, einst Chefredakteur des sozialdemokratischen «Vorwärts», befanden sich an Bord.

Heinrich Mann wurde der Abschied bitter: «Der Blick auf Lissabon zeigte mir den Hafen», schrieb er später. «Es wird der letzte gewesen sein, wenn Europa zurückbleibt. Er erschien mir unbegreiflich schön. Eine verlorene Geliebte ist nicht schöner. Alles, was mir gegeben war, hatte ich an Europa erlebt, Lust und Schmerz eines seiner Zeitalter, das meines war (...). Überaus leidvoll war dieser Abschied.» Er sah Europa nicht wieder.

Thomas und Katia Mann brachen am 5. Oktober von Los Angeles auf. Sie machten einige Tage in Chicago Station. Professor Borgese und Elisabeth, unterdessen hochschwanger, hatten eine neue

Wohnung bezogen. Lange Gespräche über das Geschick des Emigrantentums. Thomas Mann und der Schwiegersohn zweifelten, daß der Einfluß der europäischen Intellektuellen auf Amerika wohltätig sein werde. Ihr Mangel an Solidarität, die Anfälligkeit für parteiische Ressentiments, ihre zeternden Debatten, der Eifer, mit dem sie ihre Interessen verfochten: war – alles in allem – ihre gereizte Fremdheit nicht eher geeignet, das Mißtrauen und die Verbocktheit der Amerikaner zu stärken, die ohnedies nur geringe Neigung zeigten, sich erneut in die Händel Europas verstricken zu lassen? Die Einführung der allgemeinen Wehrpflicht, die vom Kongreß am 16. September 1940 beschlossen wurde, war keineswegs populär. Selbst Thomas Quinn Curtiss, Klaus Manns engster Freund, der die Welt gut genug kannte und den Nazismus aus dem Grund seiner Seele haßte, weigerte sich beharrlich, im Waffendienst eine demokratische Pflicht zu erkennen: er betrachtete ihn als einen Anschlag auf die Freiheit. Er war mit diesem Verdacht nicht allein.

An der Union Station in Manhattan warteten Agnes Meyer und ihr Fahrer. Die Mäzenin hatte Thomas und Katia herzlich eingeladen, die Tage bis zur Ankunft von Heinrich und Golo in ihrem Schlößchen Mount Kisco abzuwarten, da die schwarzen Bediensteten, die den Wagen von der Westküste herüberchauffierten, erst später in Princeton eintreffen würden.

Lange politische Gespräche, auch mit Eugene Meyer, der von Washington herüberkam. Der Hausherr beobachtete Franklin Delano Roosevelt, Thomas wußte es, mit kritischer Aufmerksamkeit, doch eine Rede des Präsidenten, die sie miteinander hörten, brachte es zuwege, das herbe Urteil des Finanzmannes, Amerika werde von einem begabten Dompteur der öffentlichen Meinung regiert, wenigstens für einen Augenblick zu korrigieren. Roosevelt rief an jenem Abend seine Nation zu einer entschlossenen Unterstützung Großbritanniens auf. Das verlangte einigen Mut, denn er hatte seine Wiederwahl vorzubereiten, und eine Intervention in den «europäischen Händeln» war – noch immer – in weiten Kreisen des Bürgertums und der Arbeiterschaft alles andere als populär. Nicht lange danach legte er dem Kongreß das «Lend-and-Lease-Programm» vor, das England eine nahezu unbegrenzte Rüstungshilfe gewährte.

Am Sonntag, dem 13. Oktober, machte die «Neo Hellas» an der

Pier von Hoboken fest, der kleinen Stadt am Ufer des East River, Manhattan gegenüber gelegen. Auch Gottfried Bermann und seine Frau, Frank Kingdon, der Vorsitzende der Rettungsorganisation, Hermann Kesten, schließlich auch Leopold Schwarzschild hatten sich eingefunden. Klaus notierte in seinem Journal, daß er den Exfreund und Erzfeind aus den Pariser Tagen «mit Aplomb» *nicht* gegrüßt habe. Langes Warten. Die Zoll- und Grenzbeamten gingen, trotz der Weisungen des State Department, die Flüchtlinge ohne Aufenthalt passieren zu lassen, von der Umständlichkeit ihrer Prozeduren nicht ab.

Thomas Mann vermerkte in seinen Aufzeichnungen keine Erschütterung, keine Tränen, keine Regung des Gemüts. Man darf trotzdem gewiß sein, daß ihn das Wiedersehen mit dem Sohn und dem Bruder nicht gleichgültig ließ. Klaus fand Golo und Heinrich «überraschend wohl aussehend». Die abgebrochenen Gespräche mit dem Bruder, sagte er, habe er ohne Schwierigkeit wiederaufnehmen können, und er rühmte Golos Intelligenz: «Wohltuend – nach so viel konfusen, inhaltslosen Debatten».

Aperitif und Lunch im Bedford Hotel. Dann reiste die wiedervereinigte Familie nach Princeton. Freunde halfen mit Auto und Personal bis zur Rückkehr von John und Lucy aus. Heinrich und Golo gratulierten artig zu dem schönen Haus, und Thomas Mann konstatierte denn doch ein «Gefühl der Heimkehr». Schon anderntags machte er sich an die Arbeit, um eine kleine Radio-Rede in deutscher Sprache für die BBC zu entwerfen, die Golo in die Maschine schrieb: der Anfang einer Serie von Rundfunkprogrammen für die Hörer im «Reich», die Thomas Mann bis zum Ende des Krieges fortführte. Das Honorar ließ er dem «British War Relief Fund» überweisen.

Die Niederschrift der Kommentare wurde ihm freilich immer wieder zur Qual. Von Mal zu Mal wehrte er sich voller Grimm gegen die Beschränkung der Zeit, der er sich zu unterwerfen hatte. Ihm war vieles gegeben – prägnante Kürze aber zählte nicht zu seinen Talenten. In der ersten Folge, die von einem Sprecher verlesen wurde – später las er den Text selbst auf Platte (Tonbänder existierten noch nicht) –, bekannte er sich als ein deutscher Schriftsteller: «Solange ich lebe (…), und selbst als Bürger der Neuen Welt, werde ich ein Deutscher sein und leide unter dem Schicksal Deutschlands und all dem, was es nach dem Willen verbrecherischer Gewaltmenschen seit sieben Jahren (...) der Welt zugefügt hat.»

Die Identifikation mit den Menschen in der Heimat war der Schlüssel, der die Herzen der Zuhörer öffnen mochte. Sie machte es leichter, die Deutschen auf den Ernst ihrer Lage hinzuweisen. Die Amerikaner, sagte er – gleichviel ob Anhänger oder Gegner des Präsidenten –, betrachteten die Unterjochung des alten Kontinents als die größte Herausforderung, mit der die Vereinigten Staaten seit dem Bürgerkrieg konfrontiert wurden. Mit anderen Worten: Thomas Mann warnte davor, auf eine politische Spaltung der Amerikaner zu setzen. Er habe, rief er, keinen Unterschied zwischen Deutschamerikanern und Angloamerikanern und Italoamerikanern gefunden. Sie alle bauten ihre Hoffnung auf die wirtschaftliche Kraft ihres Landes, auf «seine guten und bewährten Führer», auf die Widerstandsfähigkeit Englands und schließlich auf das deutsche Volk, wenngleich diese Hoffnung nicht mehr sehr stark sei. Man frage sich, ob die Deutschen nicht endlich erkennen wollten, daß ihre Siege nur Schritte «in einem endlosen Sumpf» seien.

Dieser gelassenen Sprache blieb er nicht immer treu. Schon in der nächsten Sendung für den November verschärfte er den Ton, obschon es Anlaß zu freudiger Genugtuung gab: die Mehrheit der Amerikaner hatte seine Zweifel an der Zuverlässigkeit ihrer demokratischen Energien durch den Wahlsieg Roosevelts am 5. November 1940 widerlegt. In seinem Tagebuch schrieb er am 6. November von der «ersten Freude» und vom «ersten Sieg seit mehr als 7 Jahren, die nichts als Enttäuschungen u. Gram» gebracht hätten: «Das Ereignis mag den Krieg entscheiden (...). Eine faszistische Conspiration ist abgeschlagen (...). Eine Appeaser-Clique, der das Schlimmste zuzutrauen war, ist außer Gefecht gesetzt, England ermutigt, die Nazi-Canaille sieht ihr Ende kommen.»

Roosevelts Vorsprung gegenüber Wendell Willkie, dem Kandidaten der Republikaner – der übrigens keineswegs zum Clan der hartgesottenen Isolationisten zählte –, fiel knapper aus als das Ergebnis von 1936 gegen Alfred M. Landon, den Gouverneur von Kansas. Doch Roosevelt war der erste Präsident in der Geschichte der Vereinigten Staaten, dem eine dritte Amtsperiode (und danach eine vierte) zugebilligt wurde – und er blieb der einzige, denn eine Ergänzung der Verfassung limitierte nach seinem Tod die Regierungszeit des Staatschefs auf acht Jahre; von nun an war nur noch eine Wiederwahl zulässig, um die Gefahr einer allzu persönlichen Herrschaft oder einer demokratisch legitimierten Diktatur ein für allemal zu bannen.

In seinem Kommentar für die deutschen Hörer sprach auch Thomas Mann vom «Führergedanken», der dem «Zeitalter der Massen» zugehöre. Den Amerikanern aber sei es vorbehalten gewesen, sagte er, das «glückliche Phänomen eines modernen Massenführers hervorzubringen, der das Gute und Geistige, das wirklich Zukünftige, Frieden und Freiheit will». Er hätte besser daran getan, seine Sätze eine Spur nüchterner zu stimmen. Die kritischen Geister in Deutschland erwarteten von ihm kaum die pathetische Feier eines Idols: davon hatten sie genug, wenn auch in minderer Ausführung. Die Idealisierung Roosevelts aber entsprach Thomas Manns Überzeugung und einem Verlangen seiner Gefühle. Auch er brauchte eine Führergestalt, die er in Roosevelt gefunden hatte. Einige Monate später schrieb er an den österreichischen Schriftsteller Ernst Benedikt die aufschlußreichen Sätze, der Präsident erkenne die Lage richtig, aber er werde von dem «altmodisch schwerfälligen Apparat der amerikanischen Demokratie» gehemmt. Er hatte vom System der «checks and balances», die Geist und Mechanik der Regierung Amerikas bestimmen, nicht das geringste verstanden. Sein Blick war ganz von der Persönlichkeit Roosevelts gebannt, der ihm zu einer Art Lichtgestalt wurde. Im Grund seines Herzens wünschte er, ihn als einen aufgeklärten Diktator herrschen zu sehen.

Um so kräftiger zeichnete er in seiner Rundfunkrede den Kontrast zu dem Regime, von dem die Deutschen und die unterworfenen Völker Europas kommandiert und kontrolliert wurden. Die «Geschichtsmacherei» der nazistischen «Zwingherren» nannte er eine «elende Schaumschlägerei aus Blut und Tränen», und er attestierte der letzten Rede Hitlers eine «krankhafte Verlogenheit». Er sprach von den «Gassenhistorikern des Nationalsozialismus», die den «armseligen Geschichtsschwindler» in den Rang Cäsars, des Großen Friedrich und Napoleons zu befördern suchten.

Dies alles traf zu. Doch grelle Polemik, die einen nahezu unerschöpflichen Vorrat von Invektiven demonstrierte, quoll ohnedies aus allen Lautsprechern der Propagandamaschinen, wenn auch unvergleichlich primitiver formuliert, und in den Spalten der Zeitungen marschierten Beleidigungen und Verhöhnungen des Gegners hordenweise auf, Tag für Tag. Es war auch ein wenig fahrlässig, im Herbst 1940 zu deutschen Hörern von dem Elend zu reden, das jetzt schon herrsche. Die Verluste an Menschenleben – bitter für die Betroffenen, weiß Gott, der Glanz der militärischen Triumphe änderte daran nichts – waren zu jenem Zeitpunkt noch gering. Die Versorgung der Bevölkerung mit Nahrung und Kleidung konnte nicht üppig genannt werden, aber es gab im Reich weder Hunger noch Not. Wie so viele Zeitgenossen, die sich auf propagandistische Unternehmungen einließen, wurde Thomas Mann immer wieder das Opfer falscher Informationen und verfehlter Interpretationen, die ihm die Neigung zum Wunschdenken eingaben. Damit schwächte er die Wirkung der schrecklichen Wahrheiten, die er im Gang der kommenden Jahre den Deutschen zu sagen hatte.

Die monatlichen Radioansprachen waren von nun an eines der Elemente, die zum Rhythmus des Alltags gehörten. Die Universität bürdete ihm keine Pflichten mehr auf. Den Andrang der Redakteure, der Vortragsagenten, der Vereinigungen und Gesellschaften, die seine Anwesenheit wünschten, hielt er energischer im Zaum als zuvor, doch einem Festbankett, das die Rettung des Bruders und seiner Kollegen feierte, konnte und wollte er sich nicht entziehen. Das Aufgebot der Redner war eindrucksvoll: Frank Kingdon und der Gesandte der tschechoslowakischen Exilregierung sprachen, Somerset Maugham, der große englische Romancier (laut Klaus Mann ein «gescheiter und rührender kleiner Mann. Charmante Hemmungen. Sein liebes Stottern»), nach ihm die unermüdliche Dorothy Thompson («geistvoll-couragiert improvisierend»), Konrad Heiden, der konservative Hitler-Biograph (der «einzige Unsympathische (...) falsch-schneidig; ein boche»), Franz Werfel («katholisch – rabbinerhaft – rhapsodisch»), Bruder Heinrich («ergreifend – ungelenk – französisierend») und, es versteht sich, Thomas Mann, der die Flucht seiner Kollegen ein ziviles «Dünkirchen» nannte – einen «Rückzug, der so schwierig und erfolgreich war, daß er den Namen eines Sieges verdient», freilich einen «jener Siege, von denen Winston Churchill in seiner nüchternen Aufrichtigkeit» gesagt habe, «daß nicht Kriege damit gewonnen werden, denen aber ein ruhmvolles Gedächtnis gleichwohl sicher ist». Das wichtigste Ergebnis der Veranstaltung: es wurden an die zwölftausend Dollar gesammelt, die das «Rescue Committee» für seine Hilfsaktionen nutzen konnte.

Anderntags reisten Heinrich Mann und seine Frau nach Kalifornien: in Hollywood forderte der Filmvertrag mit Warner Brothers seine Anwesenheit. Thomas Mann verzeichnete den Abschied ohne sentimentale Regung. Die Gegenwart Nellys in seinem Hause war ihm rasch lästig geworden, obwohl er sich Beherrschung auferlegt hatte. Die fremde Frau war in der Tat eine Prüfung. Dank des Hangs zur Flasche entglitt ihr Verhalten gelegentlich der eigenen Aufsicht. Die Bekundungen ihrer Komplexe, die durch die Kühle Thomas Manns kaum gedämpft wurden, waren geeignet, jedes Gespräch zu zerstören. Es mag auch sein, daß Thomas Mann die Resignation des Bruders bedrückte. Klaus hatte von ihm geschrieben: «Ach, wie *alt* er ist – wie erloschen!»

Der Vater vermerkte nach der knappen Notiz über Heinrichs Abreise eine Besprechung mit dem Verleger Knopf, der ihm bestätigen konnte, daß der Verkauf der «Lotte» das fünfundzwanzigste Tausend erreicht habe. Die beiden unterhielten sich über die amerikanische Edition der «Vertauschten Köpfe», und sie prüften die Herausgabe einer Anthologie seiner Essays. Die Aufsätze aus dem Ersten Weltkrieg – zum Beispiel «Friedrich und die Große Koalition» – wollte Thomas Mann in die Sammlung keinesfalls aufgenommen wissen. Er fürchtete, daß alte Debatten wieder aufleben würden.

Niemals schien die Emigration, auch nicht im dankbaren Gedenken an die großen Rettungsaktionen, aus den Spannungen entlassen zu werden, die sich aus den erstarrten ideologischen Zuordnungen vergangener Tage ergaben: das bittere Erbe von Weimar, noch immer. In einer Konkurrenzveranstaltung, die dem Dinner für Heinrich Mann im Hotel «Commodore» wenige Tage später folgte, wurde das Entkommen einiger Schriftsteller gefeiert, die man eher der Linken zuordnete: Lion Feuchtwanger, der am 5. Oktober mit

dem amerikanischen Schiff «Excalibur» gelandet war, der prominenteste unter ihnen; eine amerikanische Dame hatte dem Gefährdeten – Gegner der Nazis waren in Lissabon vor Entführungen
nicht zuverlässig geschützt – ihren Kabinenplatz abgetreten; Marta
Feuchtwanger kam mit einem späteren Schiff. Der Romancier residierte fürs erste im Hotel «St. Moritz» am Central Park, das im
Erdgeschoß ein Café europäischer Art beherbergte, das köstliche
Patisserien und einen guten Mokka bot: für lange Jahrzehnte einer
der klassischen Treffpunkte für die deutsche und österreichische
Emigrantenkolonie in New York.

Feuchtwanger warf man vor – so vor allem Franz Schoenberner,
der einstige Chefredakteur des «Simplicissimus» –, er habe, von
Starallüren nicht frei, in den vielen Interviews, die er amerikanischen Reportern gewährte, allzu freimütig vom Abenteuer seiner
Flucht berichtet und damit die Arbeit des «Rescue Committee» und
die Nutzung der illegalen Grenzübergänge gefährdet. Die Namen
der Helfer nannte er nicht, und er vermied auch eine genaue Loka-
lisierung der Fluchtwege. Varian Frys Arbeit schien keinen Schaden
zu leiden. Dennoch, nicht alle diese Beschuldigungen waren vom
Ressentiment der politischen Gegner diktiert. Hermann Kesten,
der nicht im Ruf der Böswilligkeit stand, fürchtete – laut Klaus
Mann – Feuchtwangers Erzählungen «bedeuteten eine arge Er-
schwerung für all jene, die noch dort drüben, in der Hölle, sind».
Der Schriftsteller selbst, der in raschen Zügen seinen Bericht «Der
Teufel in Frankreich» niederschrieb (er wurde 1942 unter dem Titel
«Unholdes Frankreich» zum erstenmal gedruckt), hielt es für ange-
bracht, in seinem Buch zunächst auf die Darstellung der Flucht zu
verzichten.

Auch Erika war unterdessen aus London mit dem Flugzeug via
Lissabon glücklich nach New York zurückgelangt. Ihrer Schwester
Monika aber, die nur über einen tschechoslowakischen Paß verfügte, war ein Platz im Atlantik-Clipper versagt worden. Trotz der
schrecklichen Heimsuchung, die sie erlitten hatte, blieb ihr nichts
anderes, als sich von neuem einem Schiff für die gefährliche Passage
über den Ozean anzuvertrauen. Am 28. Oktober landete sie in New
York, von der Mutter am Pier erwartet. Der Vater schrieb, die
«arme kleine Witwe» befinde sich in einem «kläglichen Zustande».

«Erbarmen» war sein Stichwort für das Mitleid, das ihn beim Anblick des verstörten und hilflosen Geschöpfes überkam. Bruno
Frank berichtete er von den Händen des «armen verwitweten Mön-
chens, (…) die keine Tasse halten können, weil sie sich 20 Stunden
lang damit an ein Boot ohne Boden geklammert hat». Klaus beobachtete die «Tragik ihrer armen kleinen Miene, die sich ins Altjüngferliche» verändere. Der Vater machte sich überdies Sorgen über die
Legalisierung ihres Aufenthaltes. Agnes Meyer, die gelernt hatte,
Probleme dieser Art mit praktischer Nüchternheit zu betrachten,
gab ihm den Hinweis, daß Monika nach dem Verlust ihres Mannes
die materielle Abhängigkeit ihrer Existenz vom Vater anführen
könne, um das Recht zur Ansiedlung in den Vereinigten Staaten zu
gewinnen.

Im Tagebuch und in den Briefen findet sich nicht ein Wort der
Klage, doch es konnte Thomas Mann und Katia nicht gleichgültig
lassen, daß ihnen nun wieder vier der sechs Kinder auf der Tasche
lagen. Elisabeth war durch ihre Ehe halbwegs angemessen versorgt.
Erika verdiente durch ihre Vortragsreisen, ihre Artikel und Bücher
gutes Geld; man sagte, ihre Einnahmen seien in manchen Jahren
nicht weit hinter denen des Vaters zurückgeblieben. Doch es stand
dahin, ob Monika jemals einen Beruf finden würde. Michael hoffte,
in Carmel, vielleicht auch in San Francisco einige Schüler zu gewinnen, die sich bei ihm in der Kunst des Bratschenspiels üben würden;
ernähren konnte er seine Frau, sein Söhnchen Fridolin und sich
selbst von den kargen Einnahmen gewiß nicht. Klaus war nicht in
der Lage, seinen aufwendigen Lebensstil mit den Honoraren seiner
Artikel zu finanzieren; er kam ohnedies niemals ohne den regelmäßigen Zuschuß der Eltern aus. Golo bemühte sich um einen Lehrauftrag. Seine Probevorlesungen an der «New School» in New
York aber waren eine herbe Enttäuschung: beim ersten Versuch
fand er nicht viele, beim zweiten (im Februar 1941) gar keine Zuhörer, und er kehrte tief deprimiert nach Princeton zurück. Mit der
gewohnten Tapferkeit machte er sich dem Vater nützlich, wie er es
schon in der Schweiz getan hatte, entwarf kleine Aufsätze und Ansprachen, kopierte Manuskripte, schrieb Briefe, aber es konnte
nicht seine Sache sein, seine Tage als Privatsekretär des Großschriftstellers Thomas Mann dahinzubringen. Er brauchte eine

Aufgabe. Er war bereit, sich fürs erste mit einer Stelle an einer der weniger renommierten Universitäten zu begnügen.

Klaus Mann zeigte sich nun entschlossen, eine Zeitschrift zu gründen, wie hoch auch immer das Risiko sein mochte. Schon in Kalifornien und auf der Rückreise hatte er Geldgeber für sein Projekt zu gewinnen versucht. In San Francisco setzte er sich ans Krankenbett der alten und steinreichen Mrs. Koshland (der Mutter des späteren Verlagsdirektors bei Alfred Knopf), von der er sich Unterstützung erhoffte. Ein wenig zu flott, wie so oft, schrieb er an die Mutter, er habe «schließlich (...) gelernt, wie man sieche Vetteln erheitert». Überdies habe er in San Francisco einen «ganz smarten kleinen Intriganten» zurückgelassen, der ihm zu Diensten sein werde. Er berichtete Katia weiter, daß er die Bankiers Louis Lebis und Rosendahl («oder wie sie heißen») «angetastet, begrüßt und ausprobiert» habe. Er fügte hinzu: «ich scheue vor nichts zurück». Eine Verabredung mit Edgar Kaufmann, der ein Warenhaus in Pittsburgh besaß, scheiterte freilich, vermutlich, weil er einen Zug versäumt hatte und Mr. Kaufmann unterdessen nach Mexiko abgereist war. In New York schwirrte er von Verabredung zu Verabredung, konferierte mit potentiellen Herausgebern, Beiräten, Redakteuren, Assistenten, Sekretärinnen, Geschäftsführern, Buchhaltern und Financiers. In einem launigen Brief an Bruno Frank nannte er sich, allzu neckisch, «eine Biene Maja mit Bencedrin-Flügelchen».

Der junge Curtiss, der aus einem wohlhabenden Hause stammte, zeichnete die ersten tausend Dollar für die Zeitschrift. Diese und jene Brieftasche öffnete sich nach einigem Zögern, andere blieben verschlossen: so auch die Schatulle von Agnes Meyer, die Klaus allzu selbstverständlich ins Auge gefaßt hatte. Manche der erhofften Mäzene zogen es vor, Projekte zu unterstützen, die ihnen wichtiger und seriöser zu sein schienen. William S. Paley zum Beispiel, Präsident des Columbia Broadcasting System, des größten Rundfunkkonzerns der Vereinigten Staaten, ließ Klaus den Bescheid zukommen, daß er sein Geld lieber für die Rettung bedrohter Menschen in Europa spende.

Der erste Titel, den Klaus für sein Magazin notiert hatte, hieß seltsam genug «The Aims» – «Die Ziele», «Die Richtungen», «Die

Absichten». Die wolkige Allgemeinheit des Stichwortes legte Rückschlüsse auf die mangelnde Präzision der inhaltlichen Vorstellungen nahe. Eine andere Möglichkeit, die Klaus wenigstens einen Augenblick lang erwog: «Solidarity», doch er verwarf die Formel als «zu ‹propagandistisch›». Sie wies in der Tat eher auf ein Gewerkschaftsblatt. Der Schwager Borgese und seine Frau schlugen – laut Fredric Kroll – «Europe» vor. Vielleicht hatte der Professor im Sinn, das geplante Blatt in den Dienst seiner Aktion «City of Man» zu stellen, die dem Brückenschlag zwischen den Kulturen dienen sollte: ein rechtes Settembrini-Unternehmen, dem Thomas Mann seine Unterstützung gewährte. Er ließ sich darauf ein, bei der ersten Tagung des Gremiums, das der rührige Schwiegersohn zusammengetrommelt hatte, eine hochherzige Rede über die «Wiedergeburt der Demokratie» zu halten.

Klausens nächster Einfall für den Titel: «Zero Hour» – «Die Stunde Null». Der künftige Chefredakteur und Herausgeber wurde darauf hingewiesen, diese Formulierung sei vielleicht ein wenig zu dramatisch. Eine andere Idee: «The Cross Road» – «Die Wegkreuzung». Eine weitere Möglichkeit: «New World» – «Neue Welt» – ohne Zweifel der beste Vorschlag, doch der Titel war, wie sich rasch herausstellte, schon belegt. Schließlich: «Decision» – «Entscheidung».

Es ist nicht festzustellen, wie groß das Kapital war, das im Herbst 1940 parat lag – zu wenig war es gewiß. Klaus wurde von nahezu allen seinen Freunden und Gönnern, auch von den Eltern dringend davor gewarnt, nach vorn zu preschen, ehe sein Unternehmen über eine halbwegs solide finanzielle Ausstattung verfügte. Indes, er wollte und konnte seine Unruhe nicht zähmen. Der Freundin Eva Herrmann schrieb er, nun werde «eine Corporation gegründet – mit shares and stocks, und einem treasurer, und allem». Mit seinem fatalen Hang, neckisch um jeden Preis zu sein, setzte er hinzu: «Dann kann ich endlich mal richtig ‹Bankrott erklären› – wie wir es uns als Kinder immer so großartig vorgestellt haben.» Sein Wunsch sollte sich erfüllen.

Eine juristische Schwierigkeit mußte aus dem Weg geräumt werden, ehe er seine Firma gründen konnte: da Klaus Mann noch nicht über die offiziellen Einwanderungspapiere verfügte, war er in den

Vereinigten Staaten nicht voll geschäftsfähig. Mit Hilfe eines Anwaltes gelang es, in Washington eine besondere Genehmigung zu
erlangen. Damit waren die äußeren Voraussetzungen für den Start
gegeben. Wie stand es mit den inneren? Existierte ein intellektuelles
und moralisches Konzept, das den Mäzenen und der künftigen
Käuferschaft die Notwendigkeit der Gründung einer Zeitschrift zu
beweisen vermochte? Gab es eine Prüfung der Marktchancen? Den
Ansatz zu einer Analyse, die Klausens Hoffnung auf eine Auflage
von vierzigtausend Exemplaren bestätigt oder widerlegt hätte?
Kämpfte nicht die künftige Konkurrenz mühsam genug ums Überleben – «The Nation», «The Partisan Review», «The New Republic», «The American Mercury», «The Saturday Review» und wie sie
hießen – ausgezeichnete Zeitschriften allesamt?

Zunächst sammelte er glanzvolle Namen. Das Gremium der Redaktionsberater wies nicht weniger als sechzehn illustre Persönlichkeiten auf, acht Amerikaner und acht Europäer: unter ihnen Sherwood Anderson, der Dramatiker, der schon ein Jahr später starb,
sein Kollege Robert Sherwood, der hernach dem Informationsamt
der Regierung in Washington vorstand, der Poet Stephen Vincent
Benét, Klausens englischer Schwager Wystan Auden, der italienische Schwager Borgese, der alte Somerset Maugham, der tschechoslowakische Exilpräsident Edvard Beneš, Stefan Zweig und – der
Vater. Was auf die Dauer zählte, waren freilich nicht die Ratgeber
und die Herausgeber, sondern die Autoren und die Abonnenten.
Thomas Mann und Golo registrierten mit einem Anflug von Wehmut, daß Oprecht im späten Herbst 1940 das letzte Heft von «Maß
und Wert» an die kleine Schar der getreuen Bezieher lieferte. Es
enthielt Beiträge von Ignazio Silone, Ernst Bloch und Hans Mayer:
Namen, die in der Welt der Literatur und der geistigen Politik einen
bedeutenden Rang gewinnen sollten. Der Verleger hätte die Zeitschrift gern fortgeführt, doch Thomas Mann schrieb ihm Anfang
Februar 1941, er begreife, daß die finanziellen Schwierigkeiten dies
nicht zuließen. Er halte das Geschick der geplanten Zeitschrift des
Sohnes Klaus für ebenso aussichtslos.

Das erste Heft erschien zum Jahresanfang 1941. Es konnte sich
sehen lassen: der Lyriker Benét und der Musiker Bruno Walter, der
englische Romancier Aldous Huxley, der sich inzwischen in Kali

fornien angesiedelt hatte, Sherwood Anderson, Stefan Zweig, der
Freund Jean Cocteau, der Schwager Auden, Onkel Heinrich und
die Journalistin Janet Flanner (deren Name einige Monate später
den ganzen Haß des Vaters auf sich ziehen sollte) – eine splendide
Versammlung von Mitarbeitern. Klaus und Erika luden zu einem
Cocktailempfang, der helfen sollte, das Blatt zu lancieren. Immerhin erschienen einhundertfünfzig Gäste. Der gesellschaftliche Aufwand aber konnte die Werbung von Anzeigen und Beziehern, die
für Leben und Überleben des Magazins entscheidend waren, am
Ende nicht ersetzen. Beides kostete Geld, das Klaus nicht hatte. Der
Vater täuschte sich nicht: die Existenz der Zeitschrift war vom ersten Tag an gefährdet.

Im November 1940 waren Thomas und Katia Mann nach Chicago gereist. Die Universität von Illinois in Evanston hatte um eine
Rede gebeten, die er, wie meist im Smoking, mit schönem Beifall
vor zwölfhundert Zuhörern absolvierte. Die Verpflichtung ließ sich
mit Katias Wunsch verbinden, bei der Geburt von Elisabeths erstem
Kind zur Stelle zu sein. Thomas Mann arbeitete an seinem Schreibtisch im bequemen Hotel «Windermere». Die Wehen der Tochter
aber ließen auf sich warten. So fuhr er mit Katia, nachdem der
zweite Vortrag an der Universität von Chicago absolviert war, wieder davon. Drei Tage später kam die Enkeltochter Angelica zur
Welt: das zweite Mitglied der Familie, das durch seine Geburt die
amerikanische Staatsbürgerschaft erwarb.

Das Verlangen nach der offiziellen Aufnahme in die Gesellschaft
der Vereinigten Staaten schien Thomas Mann in jenen Tagen stark
zu bewegen. Er wußte, daß die Einbürgerung Zeit brauchte – um
so dringender sein Wunsch, die Identifikation mit Amerika nach
außen sichtbar zu machen und zugleich, wenn es denn angehe, seinen Einfluß zur Geltung zu bringen, um das mächtige Land aus der
Lethargie zu reißen, die es zu lähmen und von seiner Verantwortung für das Geschick Europas fernzuhalten schien. Im Dezember
schrieb er an den holländischen Kollegen Hendrik Willem van
Loon, der ihn bei der ersten Reise in die Neue Welt so gastlich aufgenommen hatte, daß er am 12. Januar in Washington zu sprechen
habe, und er wäre dankbar, wenn ihm zu diesem Zeitpunkt ein Gespräch mit Mrs. Roosevelt vermittelt werden könnte, zu der van

Loon enge Beziehungen unterhielt. Er selbst schickte der Ersten Dame des Landes und ihrem Mann die herzlichsten Weihnachtsgrüße, die dafür sorgen mochten, daß sein Wunsch nicht in Vergessenheit geriet.

Ein letztes Christfest in Princeton. Zwar fochten Katia und Thomas Mann immer wieder Zweifel an, ob sie klug beraten seien, nach Kalifornien zu übersiedeln: der Bau eines Hauses würde eine beträchtliche Belastung sein, die sie bedrückte, da sich kaum absehen ließ, wann sie von den finanziellen Pflichten für die Kinder entlastet seien – wenn denn jemals. Agnes Meyer, das wußte er wohl, betrachtete die Umzugspläne voller Skepsis. Sie hätte den geliebten Autor gern an ihre Nachbarschaft im Osten des Landes gebunden. Thomas Mann wiederum zog es vor, eine gute Distanz zwischen sich und der machtvollen Frau zu wissen, die ihm lästig und zugleich unentbehrlich war. Nach der Rückkehr aus Chicago hatte er ihr, seltsam unbefangen, geschrieben, die Tochter Elisabeth habe ihn gefragt, «als wir sie das letzte Mal mit ihrem Ränzlein spazieren führten», ob ihr Mrs. Meyer wohl etwas zu Weihnachten schenke. «Ich sagte, ich glaubte das kaum, denn wie käme Mrs. Meyer dazu. Wenn Sie es nun doch täten, wäre die Freude kindisch gross.» Sie tat es gewiß. In seinem nächsten Brief sagte er – er kannte die Herztöne, auf die sie hörte –, daß er sich auf Weihnachten freue: «Das sind so norddeutsch-Theodor Storm'sche Gemütsneigungen». Sie wurden mit einem Morgenrock aus Brokatseide belohnt. «Richard Wagner wäre vor Neid erblasst bei seinem Anblick», schrieb er der Gönnerin in seinem Dankesbrief. Dabei sei er «von einer gehaltenen und würdigen Pracht», passe «wie angegossen», nur sei zu befürchten, daß er seine Hotelrechnungen erhöhen werde. Katia wurde mit einer «reizenden Abendtasche» bedacht.

Die Botschaft zum Fest, die er den Deutschen über den Londoner Rundfunk schickte, geriet ihm zur strengen Predigt. Er nannte Weihnachten das «deutscheste aller Feste», das kein Volk «mit solcher Innigkeit» begehe, und er wies seine Hörer auf die «christliche Menschlichkeit», der sie Weihnachten verdankten, sprach von Dürer und Bach, von Schiller, Goethe, vom «Fidelio» und der «Neunten Symphonie» – nein, nicht von Wagner. Ihre Gabentische, meinte er, würden kümmerlich sein: «Aber die Weihnachtskerzen brennen. Ich möchte euch fragen, wie euch in ihrem Lichte die Taten vorkommen, die eure Führer euch als Nation im vergangenen Jahre haben begehen lassen». Er fragte: «Würdet ihr mir sagen, wie zu diesen Taten die schönen alten Lieder stimmen, die ihr mit euren Kindern, und selbst von Kindheitsgefühlen erfüllt, nun wieder singt – oder singt ihr sie nicht mehr? Hat man euch befohlen, statt ‹Stille Nacht, Heilige Nacht› die blutige Parteihymne zu singen, die, ein Gemisch aus Winkelblatt-Leitartikel und Gassenhauer, irgendeinen obskuren Tunichtgut zum mythischen Helden emporlügt?»

Nein, dies hatte man den Deutschen nicht befohlen. Die Propagandisten und Regisseure des Regimes dachten nicht daran, dem Volk das sentimentale Wohlgefühl, das die gemütlichen Traditionen vermittelten, vorzuenthalten. Um die heidnisch-germanischen Albernheiten, mit denen einige braune Sektierer die Volksgenossen zu langweilen pflegten, kümmerte sich keine Seele. Thomas Mann wußte es nicht. Die inneren Verhältnisse der Deutschen waren ihm ferngerückt. Seine harschen Urteile entsprachen, fast immer, der Wahrheit. Doch die polemische Journalistensprache, deren er sich manchmal bediente, ging am Ohr – und der Seele – der Zuhörer vorbei. Es ist nicht anzunehmen, daß sie unterm Lichterbaum eine Savonarola-Stimme hören wollten, die sie mahnte: «Deutsche, rettet euch! Rettet eure Seele, in dem ihr euren Zwingherren, die nur an sich denken und nicht an euch, Glauben und Gehorsam kündigt! (…) Es ist Weihnachten, deutsches Volk. Laß dich bewegen und auch empören von dem, was die Glocken meinen, wenn sie Frieden verkünden, Frieden auf Erden!»

Mit einer Spur von Betretenheit fragte er Agnes Meyer, ob sie seine «Weihnachtsbotschaft an das deutsche Volk» gelesen habe: «Sie werden mir zu solchen Aeusserungen nie gratulieren, weil Sie es, wie ich wohl fühle, nicht gern sehen, dass ich mich innerlich und aeusserlich zu sehr engagiere. Sie haben insofern recht, als ich zur Liebe geboren bin und nicht zum Hass. Dieser ist mir aufgezwungen worden und hilft mir nicht, ich selbst zu sein.» Dann fuhr er in leichter Anlehnung an quasireligiöse Stimmungen à la Richard Wagner fort: «Wünschen Sie mir zum Neuen Jahr, dass ich durch den Untergang des Grundschlechten vom Hass erlöst werden möge!»

Agnes Meyer nahm den Seufzer gewiß mit Genugtuung auf: das war Thomas Mann, wie sie ihn sehen wollte. Sie nahm mit Vergnügen zur Kenntnis, daß er am Weihnachtsabend nach Tisch «wie ein rechter Hausvater aus der Bibel» vorgelesen habe – aus seiner eigenen, wie er rasch hinzufügte: aus dem vierten «Joseph»-Band, der die Familie durch seine humoristischen Passagen amüsiert habe. Wenige Tage nach dem Fest reiste er mit Katia ein weiteres Mal nach Chicago, um nun endlich das Baby seiner Tochter Elisabeth zu besichtigen. Silvester wurde im Haus der Borgeses gefeiert. Bei der Rückkehr nach Princeton lag ein an Katia adressierter Brief von Agnes Meyer vor, der ankündigte, daß sie für die Visite in Washington eine Abendgesellschaft arrangiert habe, an der einige «führende Persönlichkeiten der Kriegsvorbereitungen» teilnehmen würden. Eugene, ihr Mann, bemühe sich um einen Gesprächstermin mit dem Präsidenten. Wenige Tage später traf eine Nachricht von Mrs. Roosevelt ein, daß er, Katia und Erika eingeladen seien, den 13. und 14. Januar im Weißen Haus zu verbringen – also auch in der Residenz des Staatsoberhauptes zu nächtigen.

Dem großen Ereignis ging der Aufenthalt im Hause Meyer voraus: Gespräche mit der Herrin des Hauses beim Sherry und beim Kaffee, Lesung aus einem neuen Kapitel des «Joseph», das angekündigte Dinner, Interviews, am nächsten Abend die Town Hall Lecture, vor einem enthusiastischen Publikum im Bankettsaal des «Shoreham Hotel» gehalten, das in jenen Tagen als das erste Haus am Platze galt. Thomas Mann präsentierte keine neue Rede, sondern eine gekürzte Fassung seines Textes «War and Democracy». Agnes Meyer kannte das Manuskript. Dennoch litt sie während des Vortrags, wie er im Tagebuch verärgert notierte, während ihr Mann seine Begeisterung äußerte, vielleicht mit einem Gran Heuchelei. Es mag auch sein, daß die Protektorin die anschließende Podiumsdiskussion, an der neben ihrem Mann Senatoren und hohe Bürokraten beteiligt waren, mit einigem Unbehagen verfolgte: Thomas Mann war einer Debatte von so hohem Niveau sprachlich noch nicht gewachsen. Erika, die neben ihm saß, mußte die üblichen Dolmetscherdienste leisten.

Einige Tage später schrieb ihr der Dichter, der Vortrag sei ihm nun selbst zu Leide geworden, weil er sie leiden gemacht habe:

«Das Ergebnis ist, dass ich die Rede in dieser Gestalt nicht mehr wiederholen werde. Ich mag sie nicht mehr und werde sie ändern.» Sie meine, er sei für die «‹Politik›» zu schade und sie wolle ihn «audessus de la mêlée» sehen: «Aber diese mêlée ist eine Entscheidungsschlacht der Menschheit, und alles entscheidet sich darin, *auch* das Schicksal meines Lebenswerkes». Er fragte sie: «Habe ich mich schlecht gehalten in diesen Jahren und mich vom Hass degradieren und lähmen lassen?» Er gab sich selbst die Antwort, voller Stolz: er habe immerhin den «Joseph», die «Lotte», die «Vertauschten Köpfe» geschrieben – «Werke der Freiheit und Heiterkeit und, wenn Sie wollen, der Überlegenheit». Seine Freunde sollten in der Tatsache, daß er «ausserdem auch noch kämpfe, ein Zeichen von Kraft und nicht von Schwäche und Erniedrigung sehen. Die Teilnahme an meinem freien Werk ist nicht vollkommen und kann mich im Letzten nicht glücklich machen, wenn sie nicht von dieser Anerkennung und diesem Mitgefühl mit bestimmt ist. Es heisst ‹Wer nicht für mich ist, der ist gegen mich.› Wer aber nicht gegen das Übel ist, leidenschaftlich und mit ganzer Seele dagegen, *der ist mehr oder weniger dafür.* Gott verhüte, dass Ihr freundschaftliches Leiden unter meinem Vortrag damit etwas zu tun habe! Es bleibt dabei, ich werde ihn nicht mehr halten.»

In Wirklichkeit war die Spannung zwischen ihm und der Gönnerin rasch hinter das große Ereignis seines Aufenthaltes in Washington zurückgetreten: den Besuch im Weißen Haus, einen Höhepunkt seiner amerikanischen Existenz. Eine Regierungslimousine hatte Katia, Erika und Thomas Mann nach dem Vortrag im «Shoreham Hotel» abgeholt (das Gepäck war vorausgeschickt worden). Im Tagebuch vermerkte er den Empfang durch den Butler. Er notierte: «Hohe, altmodische, aber bequeme Zimmer.» Es ist zu vermuten, daß die drei im Blair House, dem offiziellen Gästehaus des Präsidenten, untergebracht waren, nur einige Schritte vom Weißen Haus an der Nordseite der Pennsylvania Avenue. Seine Nachtruhe war durch eine böse Erkältung beeinträchtigt. Eleanor Roosevelt, die um halb neun zum Frühstück empfing, ließ unverzüglich einen Arzt benachrichtigen, der Thomas Mann gegen Mittag den Hals auspinselte und ihm ein Öl für die Nase verschrieb. Dann ein Essen mit der Herrin des Hauses, von der er sagte, daß sie eine «einfach-

herzliche u. brave Frau» sei. Um vier Uhr ein Hauskonzert mit
einem guten Pianisten: «Danach Thee bei Mrs. R. Vorträge über
Mexiko und das Refugee-Problem. Dinner an der Seite von
Mrs. Roosevelt. Danach Discussion-Abend mit Studenten, to ask
questions. Charakteristisch für die bemühte Aktivität der Frau.»

Am nächsten Morgen stellte sich auch der Präsident zum Frühstück ein: «Ergriffen von seiner Gegenwart. Lebhaftes Gespräch.
(…) Naivetät, Gläubigkeit, Schlauheit, Schauspielerei, Liebenswürdigkeit. Ermißt man die Macht u. Bedeutung, ist es sehr interessant
an seiner Seite zu sitzen.» Gegen Mittag wurde er mit einem Wagen
des Senators Ralph Brewster abgeholt. Er verfolgte eine Debatte des
Senats, den man den mächtigsten Club der Welt genannt hat, doch
er schien sich ein wenig zu langweilen. Es folgte ein Essen mit dem
einflußreichen Politiker und eine kurze Besichtigung des Kapitols.
Rückkehr zum Weißen Haus. Um sechzehn Uhr Teilnahme an
einer Pressekonferenz des Präsidenten, der ihn danach zum Cocktail in sein Arbeitszimmer lud, «während die anderen Dinner-Gäste
gefälligst unten zu warten hatten»: der «schwindelnde Gipfel» des
Aufenthaltes, wie er, von der Ehre ein wenig überwältigt, Agnes
Meyer schrieb.

Thomas Mann setzte, wenn er vom Präsidenten berichtete, «er»
und «ihm» beflissen in Anführung, wie es im Umgang mit den Großen und Mächtigen dieser Welt nicht unüblich ist. «‹Er›», schrieb er
der Freundin, habe ihm wieder «starken Eindruck» gemacht, oder
doch sein «sympathisches Interesse» neu erregt: «Diese Mischung
von Schlauheit, Sonnigkeit, Verwöhntheit, Gefalllustigkeit und
ehrlichem Glauben ist schwer zu charakterisieren». Er fügte hinzu,
seinen Jaakob und seinen Joseph zitierend: «aber etwas wie Segen
ist auf ihm, und ich bin ihm zugetan als dem, wie mir scheint, geborenen Gegenspieler gegen Das, was fallen muss. Hier ist einmal ein
Massen-Dompteur modernen Stils, der das Gute oder doch das Bessere will und der es mit uns hält wie sonst kein Mensch in der Welt.
Wie sollte ich es nicht mit ihm halten? Ich bin gestärkt von ihm
gegangen.» In seinen Briefen schwärmte er noch lange von der Begegnung mit dem Mann, den er in einer seltsamen (und keineswegs
despektierlich gemeinten) Formulierung in einem Schreiben an
Bruno Frank einen «Rollstuhl-Cäsar» nannte, der ihm immer bes-

ser gefalle. An dem Vergleich mit Cäsar hielt er fest, bis zu Roosevelts Tod.

Unmittelbar nach dem Abendessen Aufbruch zur Union Station. Im Schlafwagen nach Durham in North Carolina. Vortrag über den «Zauberberg» vor Studenten der Duke University. Weiter nach Atlanta. An der Universität von Athens in Georgia wiederholte er die Rede über «Krieg und Demokratie» in etwas veränderter Version. Rückkehr nach Princeton. Bis zum Umzug nach Kalifornien, der für den 15. März beschlossen war, blieben nur noch wenige Wochen. Er schrieb am «Joseph» weiter, gelegentlich von Zweifeln gequält. Agnes Meyer klagte er, es seien im Fortgang der Handlung nun doch wieder «untersuchende, berichtende, sozusagen belehrende Einschaltungen nötig, und so sehr man sich dabei vor Trokkenheit zu hüten sucht, es bleibt dichterisch immer eine fragwürdige angreifbare Sache. Übrigens ist bei meinen Skrupeln vielleicht einfach Abgespanntheit und ein gewisser Überdruss an dem alten, übertragenen Stoff im Spiel.» Er hatte sich im Tagebuch eingestanden, daß er bei der Niederschrift zuweilen von Langeweile heimgesucht sei. Doch gegenüber der Freundin reckte er sich schließlich auf. Wenn er bedenke, tröstete er sie und sich selbst, «wie Tolstoi sich bei Anna Karenina gelangweilt hat, so darf ich mir sagen, dass meine Langeweile nicht notwendig beweist, dass auch der Leser sich langweilen wird.»

76. KAPITEL

Kalifornische Brüderlichkeit

Agnes Meyer kam am 8. März für einen Abschiedsbesuch nach Princeton herüber. Als Gastgeschenk brachte sie Taschentücher, die aus zartestem ägyptischem Stoff gewirkt waren: «Königsleinen», wie Thomas Mann bemerkte.

Die Freundin traf den Dichter bedrückt an. Er litt an Zahnschmerzen, und es war abzusehen, daß er nun auch für den unteren Kiefer bald eine Prothese brauchen würde. Für einen Augenblick streifte ihn das Verlangen, den Umzug nach Westen abzusagen, obschon er sich sagte, daß sich der Aufenthalt in Princeton «überlebt» habe. Er fürchtete düster, wie er dem Tagebuch – und Katia – anvertraute, nicht nur die «Festlegung in so unsicherer Zeit» durch den Hausbau, sondern vor allem die Nachbarschaft, der er sich ausgesetzt sehen würde: die allzu große Nähe des Bruders, genauer: den Umgang mit dessen Frau Nelly.

Heinrich hatte sich an der Westküste bescheiden, doch ohne zu große Schwierigkeiten etabliert. Freilich seufzte er darüber, daß er durch seinen Vertrag verpflichtet sei, die Stunden von zehn Uhr früh bis ein Uhr mittags in einem Büro des Filmstudios abzusitzen, mit anderen Worten, seine Zeit «mit Beratungen und Plaudereien zu verlieren». Er schien nicht wahrzunehmen, was für ein Glück die Garantie eines kleinen Einkommens war, für das er kaum einen Finger zu rühren brauchte: für viele Emigrationsgenossen Ziel ihrer sehnlichsten Wünsche. Otto Zoff schrieb damals die melancholische Anekdote von dem emigrierten österreichischen Beamten, der eines Nachts im Schlaf zu brüllen begann; als seine Frau ihn wach gerüttelt habe, um den Alptraum zu verscheuchen, habe er traurig gesagt: «Warum weckst Du mich auf, wo ich doch endlich einen Job als Löwe von Goldwyn Mayer bekommen habe!»

Für die offizielle Einwanderung mußte Heinrich Mann später das Konsulat der Vereinigten Staaten in dem mexikanischen Grenzstädtchen Tijuana südlich von San Diego aufsuchen. Er unterwarf sich der Prozedur nicht gern. Am liebsten wäre er, wie er dem Bruder bekannte, als «Visitor» im Lande geblieben. Da sein Besuchervisum ablief, vielleicht schon abgelaufen war, wurde er von den Behörden benachrichtigt, daß er das Territorium der Vereinigten Staaten unverzüglich zu verlassen habe. Er berichtete dem Bruder, sein Telefon und sein Haus würden überwacht. Das, klagte er, sei ihm «in 7 ½ Jahren Frankreich» nie widerfahren.

Zu den geforderten Papieren für die Immigrations-Prozedur gehörte das «Affidavit»: ein entscheidendes Stichwort in den Gesprächen der Exilierten. Natürlich war Thomas Mann bereit, Heinrich mit der Bürgschaft zu versehen, obwohl er fürchtete, wie er dem Bruder schrieb, seinen «Credit damit schon etwas zu überziehen, denn außer für 3 Kinder haben wir schon für mehrere andere Einwanderer gebürgt. Dein Fall liegt besonders und natürlich. Aber auf ihn muß ich mich auch beschränken; das Affidavit kann nicht auch für Nelly gelten.» Sein Argument: sie habe selbst Verwandte im Land, die sich «nicht weigern» würden. Vermutlich fürchtete er, die Schwägerin würde sich in Zuständen alkoholisierter Unberechenbarkeit in Affären verstricken, für die am Ende die Verantwortung auf ihn fiele. Der Bruder beugte sich ohne Murren. Seine Nelly, schrieb er, habe «inzwischen überlegt, dass ihre Verwandten allerdings die Nächsten für sie wären. Sie sind längst eingesessene Geschäftsleute und sozusagen gesichert, abgesehen von dem unbekannten Bankguthaben. Aber was ist nicht alles unbekannt.»

Die Kriegslage beschwerte die Seele der Brüder. Das deutsche Afrika-Korps unter General Rommel – den Thomas Mann später in einer seiner Radioreden einen «frechen Nazi-Bandenführer» nannte – eroberte ein gewaltiges Terrain an der Küste Libyens, und es begann, gegen Ägypten vorzustoßen. Deutsche Armeen waren im Begriff, die hilflosen Italiener in Griechenland abzulösen. In Jugoslawien, das von Hitler zum Durchmarschgebiet erklärt wurde, zeichneten sich Unruhen ab, und es gab kaum Zweifel, daß es dem Diktator gelingen würde, die Lage auf dem Balkan binnen kurzem gewaltsam zu meistern: damit gewänne er neue Ressourcen. Die Vereinigten Staaten aber verharrten, wie Thomas Mann voller Bitterkeit vermerkte, noch immer in Untätigkeit. Er überschätzte den Widerstand der Isolationisten, die sich um den Obersten Lindbergh sammelten – ein anderer «Fliegertropf» –, der Hitler und dem Nazismus mit naiven Sympathien begegnete. Das Land, schrieb er im Tagebuch, sei nicht weit von einer «bürgerkriegsähnlichen Verfassung». Davon konnte, trotz aller Spannungen, keine Rede sein.

Agnes Meyer, deren politischer Blick klarer und ruhiger war, vermochte ihn mit ihrem Optimismus ein wenig zu trösten. Am Nachmittag nach ihrer Ankunft zur Abschiedsvisite in Princeton rief Eugene Meyer aus Washington an, während Thomas Mann aus dem «Joseph» vorlas, um seine Frau und ihn darüber zu unterrichten, daß der Senat die «lend and lease bill» Präsident Roosevelts akzeptieren werde. Damit war die gesetzliche Voraussetzung für ein gewaltiges militärisches Hilfsprogramm geschaffen, das den Widerstand Großbritanniens sichern konnte.

Anderntags zur Teestunde hatte er ein zweites Tête-à-tête mit Agnes Meyer zu bestehen, die ihn, wie er notierte, wegen seines Verhaltens gegenüber der Tochter Monika ermahnte. Die junge Frau, die seit ihren Mädchenjahren zu Seltsamkeiten und leisen Exzentrizitäten geneigt hatte, schien durch die schreckliche Konfrontation mit dem Tod, die sie zu bestehen hatte, tief verstört zu sein. Agnes Meyer hielt es für angebracht, Monika und Golo, den sie besonders schätzte, für einige Tage in ihr Haus nach Washington zu laden, ehe sie nach Westen aufbrachen. Thomas Mann redete sie überdies zu, er möge sich nicht zu intensiv mit dem Krieg beschäftigen. An Hitlers Untergang, sagte sie, gebe es schon jetzt keinen Zweifel mehr: er könne, was dies angehe, frei atmen. Die Welt werde am Ende des Kampfes «eine viel ärmere, aber viel bessere» sein. Das fand er ein intelligentes Argument.

Gegen Abend verabschiedete sich die «reiche und strebsame Frau». Sie fuhr betrübt davon. In einem Brief, den der Empfänger «fatal» nannte – er warf ihn in den Papierkorb, wie so viele Schreiben, die ihm nicht angenehm waren –, hatte sie sich darüber beschwert, er sei am zweiten Tag ihres Zusammenseins «entrückt» gewesen. Er antwortete unverzüglich: «An beiden Tagen war ich Ihrer belebenden, ‹das Haus mit Schönheit füllenden› (auch das ist aegyptisch) Gegenwart gleichermassen froh. Aber freilich, was weiss man von sich und davon, wie schwer man es denen macht, die einem gut sind! Es ist recht schlimm und traurig, was Sie mir darüber sagen. Wenn ich schon meine Freunde so leiden mache, was muss es erst bedeuten, mit mir verheiratet zu sein! Sie haben mir das Gewissen aufgewühlt von wegen meiner armen Frau, die das seit 36 Jahren auszustehen hat.»

Der liebevolle Angriff, gegen den er sich verteidigen zu müssen glaubte, verführte ihn zu der ein wenig koketten Beschwörung seines Todes: «Nun, ich habe die längste Zeit die Erde gedrückt, und das ist gut auch für mich, denn, glauben Sie mir, ich bin meiner oft gründlich müde und sehe mit Zuneigung der Zeit entgegen, wo nur noch das von mir da sein wird, womit ich den Menschen Freude zu machen und ihnen ‹leben zu helfen› versuchte.»

Dann appellierte er an ihr Mitgefühl. Die Auflösung des Haushaltes, sagte er, habe schon begonnen: «Unten sieht's schon verzweifelt aus, und ich habe mich ins Schlafzimmer zurückgezogen, das fürs erste noch Schongebiet ist. Mir liegt's wie Steingewicht auf der Brust». Er fügte, die Gönnerin tröstend, rasch hinzu: «Den Abschied jedenfalls kann und will ich so ernst nicht nehmen. Ist denn der Unterschied so wesentlich zwischen Entfernungen Washington-Princeton und Washington-Santa Monica? Amerika ist dort wie hier (...). Ich werde dann und wann einen Brief von Ihnen haben und von den Fortschritten Ihrer Arbeit, von Ihrem Leben hören, und so Sie von mir.» Er kündigte an, daß Washington das Hauptziel sein werde, wenn er und Katia in den Osten reisten – um ihretwillen und nicht, wie er in einer seltsamen Wendung anfügte, «on behalf of the man who is too superficial to be murdered». Damit war, kein Zweifel, Franklin D. Roosevelt gemeint. Es ist wohl möglich, daß sich ein Freund der Meyers in der Hitze einer Debatte zu der witzig gemeinten und eher peinlichen Formulierung hatte hinreißen lassen, der Präsident sei – anders als Abraham Lincoln – ein zu oberflächlicher Charakter, um einen Mordanschlag provozieren zu können.

Die Beziehung Thomas Manns zu Agnes Meyer – in vieler Hinsicht die wichtigste seiner amerikanischen Jahre – war den jähen Wechseln unterworfen, die ihre gesteigerte Empfindlichkeit und seine verletzliche Reizbarkeit diktierten. Die unsteten Stimmungen spiegelten sich in den Veränderungen der Anrede: «Lieber Freund» und «Liebe Freundin» lautete für gewöhnlich die Adresse. Wurde von ihm oder von ihr die Variante des «Verehrten Freundes» oder der «Theuersten Freundin» gewählt, war Vorsicht geboten. Ein «Chère Amie» annoncierte eine gewisse Distanz. Gemessene Vertrautheit zeigte sich durch seine (ganz unamerikanische) Formel «Liebe Mrs.Agnes» an. Später sagte er einfacher «Liebe Agnes». Sie wagte es manchmal, ihn «Dear Tommie» zu nennen. Er bediente sich, freilich nur selten, des burschikosen Kürzels «Ag», das er ihrem Mann abgelauscht hatte. Wenn sie gekränkt war, zog sie sich auf ein streng-höfliches «Dear Doctor Mann» zurück, und er schrieb mit ehrfurchtsvoll kaschierter Ironie «Theure Fürstin».

Was immer der protokollarische Seismograph im Auftakt der Briefe anzeigen mochte: entspannt, auf eine wohltätige Weise selbstverständlich, in natürlicher Sympathie geborgen schien das Verhältnis der beiden niemals zu sein. Es ist eher angebracht, von einem chronischen Duell zu reden, das von Brief zu Brief und von Begegnung zu Begegnung fortgeführt wurde. Stets fühlten sie sich herausgefordert, ihre Persönlichkeiten aneinander zu messen. Agnes Meyer war freilich dazu verurteilt, die Unterlegene in diesem Kampf zu sein, den man keinen der Geschlechter nennen darf, da er sie als Frau nicht zur Kenntnis nehmen wollte und konnte: sie liebte ihn; er liebte sie gewiß nicht. Es gereichte ihr auch zum Nachteil, daß sie reich war.

Die Begüterten haben es ohnedies nicht leicht, den permanenten Verdacht abzuschütteln, das Geld sei die entscheidende Attraktion, die ihnen gegeben sei. Sie lassen sich selten davon überzeugen, daß sie um ihrer selbst willen und nicht ihres Kontos und ihrer Wohltaten wegen geliebt werden. Agnes Meyer aber wollte es keinesfalls wahrhaben – obschon sie es gefürchtet und geahnt haben mag –, daß Thomas Mann ihre Macht, ihren Einfluß, auch ihr Geld brauchte. Sie wies jeden Verdacht hartnäckig von sich, doch sie spürte immer aufs neue, daß ihm die Gespräche über die hohen geistigen und moralischen Werte der Menschheit eher lästig waren. Von der «Geist-Pute» sprach man mit bösem Spott im Kreis der Familie Mann.

Sie sammelte noch immer Materialien für das Buch, das sie über ihn schreiben wollte. Die Unterhaltungen mit dem Meister berührten allzuoft die heiklen Zonen seiner Sexualität und Erotik, doch auch an ihren Analysen seines Werkes war er nur bedingt interessiert. Er schätzte ihre Kritiken, sofern sie ihn lobten, zumal sie stets an prominenter Stelle publiziert wurden. Die leise Verachtung, mit der er ihren intellektuellen Talenten begegnete, hielten ihn nicht davon ab, sich ihr in einer ausladenden Korrespondenz – es ist die umfangreichste seines Lebens – immer wieder zu offenbaren und sich zugleich voller Umstand vor ihrem liebevoll-neugierigen Blick zu tarnen.

Den Umgang mit dieser schwierigen und so wohlmeinenden Person konnte er, so lästig sie ihm war, nicht entbehren. Es mag sein, daß er – trotz des Widerwillens gegen die begehrende Frau – von ihr geliebt oder wenigstens bedingungslos bewundert und verehrt werden wollte. Ganz gewiß wollte er Macht über sie ausüben. Er verstand es, sie immer aufs neue seinem Willen zu unterwerfen. Er brauchte sie. Es ist denkbar, daß die Ausbeutung der Mäzenin nicht nur seinen materiellen Interessen diente, sondern zuerst und zuletzt ein Triumph des Willens war, diesem wichtigsten Quell seiner Energien.

Kurz nach der Ankunft an der Westküste schrieb er ihr, als habe er etwas gutzumachen, einen ausführlichen Erzählbrief über die Trennung von Princeton und die lange Reise. Erich von Kahler, von dem ihm der Abschied schwer wurde, hatte Thomas und Katia Mann nach New York begleitet, wo der Dichter in einer Synagoge zu sprechen hatte. Er habe es, berichtete er der Gönnerin, «im Hute» tun müssen – das sei ihm im Leben noch nicht vorgekommen. Offensichtlich hatte ihm in seiner langen Existenz an der Seite einer jüdischen Frau (die freilich nicht die geringste Verbindung mit der religiösen Welt ihrer Vorväter und Mütter empfand) keine Seele gesagt, daß in den israelitischen Gotteshäusern und Kultstätten, selbst in den reformistisch-liberalen, das Haupt stets bedeckt sein muß. Auf der Weiterreise gesellte sich in Chicago die Tochter Erika zu den Eltern. Sie hatte unterdessen ein bequemes Haus in Pacific

Palisades gefunden, einige Meilen nördlich von Santa Monica und Beverly Hills, in dem die Familie fürs erste zur Miete wohnen konnte.

Die Universität von Berkeley hatte den dringenden Wunsch angemeldet, Thomas Mann am 27. März 1941 den Ehrendoktor der Rechte zu verleihen – just an Bruder Heinrichs siebzigstem Geburtstag. Bruno Frank, mit dem sich Thomas Mann telefonisch beriet, beschwor ihn, diese hohe Auszeichnung nicht abzulehnen. Sie bot ihm den schönsten Einstand in Kalifornien, den er sich wünschen konnte. So blieb ihm nichts anderes, als Heinrich zu bitten, die Feier um zehn bis vierzehn Tage zu verschieben, da er im Umkreis von San Francisco noch anderen Verpflichtungen nachkommen müsse. Das Programm war gedrängt und anstrengend genug.

In Chicago Abschied von Elisabeth, «wohl für lange Zeit», wie er notierte: «Sie weinte, und auch uns beiden war schwer ums Herz». Das Enkelkind Angelica, das zu gedeihen schien, hatte er, wie er ausdrücklich festhielt, mit einer Liebkosung bedacht. In Colorado Springs, dem Kurort in den Rocky Mountains, trug er seine Vorlesung über den «Zauberberg» vor – «etwas anstrengend», wie er Agnes Meyer berichtete, da ein Aufenthalt in zweitausend Meter Höhe «an sich schon kein Spass» sei. Doch er wurde aufs üppigste verwöhnt. Einer seiner Bewunderer hatte ein Mittagsmahl arrangiert, dessen Menü exakt der Speisefolge entsprach, die der alten Lotte in Goethes Haus serviert worden war: «Drollige Idee», meinte er lobend.

Denver die nächste Station: der Saal für zweitausendfünfhundert Menschen, der für seinen Vortrag reserviert worden war, füllte sich noch nicht einmal zur Hälfte. «Finanzieller Mißerfolg», konstatierte er mürrisch, da er zu einer Beteiligung an den Einnahmen überredet worden war und darum auf ein Honorar verzichtet hatte. Sechsunddreißig Stunden in der Bahn nach Los Angeles. Unmittelbar nach der Ankunft eine Rede im Wilshire Theatre. Andern Morgens um halb sechs Uhr Wecken. Flug nach San Francisco. Mit einer kleinen Maschine weiter nach Oakland. Agnes Meyer erzählte er: «Da die Zeit drängte wurden wir mit Polizei-Eskorte vom Flugplatz abgeholt und fuhren mit Sirenengeheul durch alle Lichter – zur begreiflichen Erregung des Publikums. Es war, als wäre Hitler gestürzt und ich würde als Präsident nach Deutschland geholt. Was wollen Sie, alles ist möglich – von seiten der Zeit, wenn auch freilich nicht von meiner Seite. Ich würde mich schönstens bedanken.» Unter großem Applaus nahm er seinen siebenten amerikanischen Ehrendoktor in Empfang. Am Tag darauf ein wenig Ruhe. Der Schwager Peter Pringsheim, der aus Frankreich mit seiner Frau glücklich entkommen war, hatte eine Professorenstelle in Berkeley bekommen. Er führte Thomas Mann das Physikalische Institut der Universität vor. Er zeigte ihm vor allem die «Vorrichtungen zur Zertrümmerung des Atoms», die Thomas Mann «unheimlich» nannte. Am Abend ein Konzert Arthur Rubinsteins.

Während dieses Aufenthalts wurde der Dichter auch in den «Phi-Beta-Kappa»-Orden der Hochschule aufgenommen: eine Verbindung, im Jahre 1776 am College «William and Mary» in Williamsburg, Virginia, gegründet, in der sich eine intellektuelle Elite sammelte. Er pries die Ehrung als einen «geistigen Ritterschlag», der ihm zuteil werde, ehe er amerikanischer Bürger geworden sei. In seiner kleinen Rede knüpfte er an die Worte, die sich durch die griechischen Initialen annoncierten: «Philosophia bioy kybernetes» – «Philosophie, die Führerin des Lebens». Über jene Begriffe geriet er, ein wenig unvermittelt, an Nietzsche, der seine «rauschvoll antihumane Lehre» in einem «heroischen Widerspruch» zu sich selbst ausgebildet habe. Er rief: «Ich zweifle nicht, daß er sich im Grabe umdrehen würde, wenn er (…) von dem erführe, was man aus seinem Macht-Philosophem gemacht» habe. Er fuhr fort: Wenn Nietzsche «lebte, so wär er heute ein Emigrant», und er gelangte zu der kühnen Folgerung, er «würde vielleicht statt meiner (…) in den Phi-Beta-Kappa-Orden aufgenommen».

In der Welt, wie sie nach dem Siege Hitlers sein würde, sagte er voller Ernst, «gäbe es Philosophie überhaupt nicht mehr (…). Es gäbe auch keine Religion und keine Moral.» Er plädierte am Ende für eine «militante Philosophie aus Gründen der Selbsterhaltung». Er sage nicht, «daß die Philosophie politisch werden» müsse, doch er wandte sich ein weiteres Mal gegen den «verhängnisvollen Fehler der gebildeten deutschen Oberklasse, zwischen Geist und Leben, zwischen Philosophie und politischer Wirklichkeit einen scharfen Trennungsstrich zu ziehen, und von der Höhe einer absoluten Kul-

tur verachtungsvoll auf die Sphäre des Sozialen und Politischen her-
abzublicken». Das sei es, «was dem bürgerlichen Geist in Deutschland seine heutige Erniedrigung eingetragen» habe.

In San Francisco aß er mit Katia im Haus der reichen Mrs. Koshland, und er besichtigte die Stadt: Golden Gate Bridge und China-
town, wie es sich gehörte. Weiter nach Palo Alto zur Stanford University, der anderen großen Hochschule Kaliforniens, wo er eine
variierte Version der «Phi-Beta-Kappa»-Rede vortrug. Mit dem
Zug nach Pebble Beach, einer kleinen Station nahe von Monterey
und Carmel. Er litt an Zahnschmerzen. Eine Geschwulst erschwerte das Kauen. Am Vormittag beugte er sich, auch dort, über
das «Joseph»-Manuskript. Am Nachmittag Michael und seine
Frau, die unterdessen die Schwester Monika bei sich aufgenommen
hatten. Die drei schienen sich freilich nicht allzu gut zu vertragen:
Monika war verhuscht und eigenwillig, Michael aufbrausend und
oft nicht fähig, die Bitterkeit seiner Seele zu kontrollieren. Indes,
der Sohn gab für den Vater und einige Freunde ein kleines Konzert:
«Bibi's Spiel sauber», schrieb Thomas Mann, es sei nun «leichter,
fortgeschritten, aber wohl gestaltungsschwach».

Erst kurz vor der Abreise nahm er wahr, daß er sich in einer der
eindrucksvollsten Szenerien des Kontinents aufhielt. Er sah die
«pittoresken alten Cypressen» am Seven Miles Drive in der Bucht
von Monterey, die sich unter den Sturmböen gekrümmt hatten, und
man zeigte ihm die Seelöwen, die draußen auf den Klippen in der
Brandung lagerten. «Westpunkt der Welt», notierte er: «das Meer
führt ins Östliche, nach Asien.»

Bei der Rückkehr nach Los Angeles stand der schwarze Diener
John am Bahnhof, der den Buick von der Ostküste herübergefahren
hatte, samt Koffern und Pudel. Das gemietete Haus erwies sich als
«weiß» und «sauber», «ländlich gelegen (...), nicht unpraktisch,
aber unvollkommen möbliert». Von der Terrasse ging der Blick
aufs Meer. Doch wollte sich keine Freude an dem Idyll ergeben.
Zähne und Zahnfleisch schmerzten. Die Nachrichten aus Europa
waren, wie üblich, eher deprimierend. Die deutsche Wehrmacht
schien im Begriff, den Widerstand der Armeen Jugoslawiens und
Griechenlands fortzufegen. In Zagreb wurde ein unabhängiger
kroatischer Staat faschistischer Prägung kreiert, von dem man ge-

wiß sein konnte, daß er sich niemals aus der Abhängigkeit von Deutschland und Italien lösen würde. Rommel machte Anstalten, Tobruk zu erobern und damit eine glänzende Ausgangsstellung zum Angriff auf den Suezkanal zu gewinnen. Aus New York meldeten sich Flüchtlinge, die in bittere Not geraten waren. Auch Annette Kolb, unterdessen ein altes Fräulein von einundsiebzig Jahren, hatte nicht in der Schweiz zurückbleiben wollen, obschon ihr dort keine Gefahr drohte. Sie zog es vor, sich nach Amerika durchzuschlagen. Thomas Mann hatte ihr durch Dorothy Thompson einige hundert Dollar verschafft, mit denen sie fürs erste auskommen konnte. Gottfried Bermann empfahl er dringend, er möge der ältesten seiner Verlagsautoren eine kleine Rente aussetzen.

Klaus lag ihm mit seinen Sorgen um die Zeitschrift in den Ohren. In einem Brief vom 11. April kündigte er ihm den Besuch von Mr. A. A. Strelsin an, den er als einen «vermögenden Juden» beschrieb. Genaueres hatte er über den Herrn nicht mitzuteilen, doch dieser «gastliche und erfolgreiche Spekulant», sagte er, mache sich anheischig, «Decision» finanziell auf die Beine zu helfen, wozu es zwanzigtausend Dollar brauche. Wenn Thomas Mann als Chefredakteur zeichne, werde Strelsin diese Summe herbeizaubern. Der Sohn meinte, eine solche plötzliche «Umbesetzung» wäre für den Vater eine «lästige Verantwortung», für ihn aber eine Blamage. Trotzdem, er brauche den Geldgeber. Als Kompromiß schlug er vor, daß der Vater drei- oder viermal im Jahr ein «Editorial» schreibe und, neben einem anderen prominenten Zeitgenossen, als «Editorial Advisor» zeichne.

Wenige Tage später wandte er sich, offensichtlich in großer Not, an die Mutter, konsterniert, daß sich jener Strelsin bei den Eltern noch immer nicht gemeldet habe – ein «übles Zeichen». Er fragte: «Sollte der Herr eine *Sau* sein?» Dann trieb er Katia an, die Filmprominenz von Hollywood zur Spende von einigen tausend Dollar zu überreden: die New Yorker Geldleute kämen dann schon nach. Er seufzte: «Man braucht viel Heiterkeit – teils in Tabletten-Form teils im Herzen – um es auszuhalten.» Der Vater reagierte auf die Erwägung, daß er eine unmittelbare Verantwortung für jenes Blatt übernehme, ganz negativ: «Durchaus abzuwehren», bemerkte er im Tagebuch. Später erklärte er sich bereit, zusammen mit Carl Sandburg, dem prominentesten amerikanischen Dichter jener Tage, eine Herausgeberschaft zu übernehmen, die ihn zu nichts verpflichtete.

Er legte sich, trotz seiner Bedenken und seines Ärgers, für die Zeitschrift des Sohnes mit einer erstaunlichen Verve ins Zeug, obwohl er an ihre Zukunft nicht glaubte. Vielleicht stachelte ihn die Erinnerung an die «Sammlung», an die er nicht allzu guten Gewissens dachte, zu seinem erstaunlichen Eifer an. Er schien zu spüren, daß Klaus die Existenz des Magazins als eine Überlebensfrage empfand: er wollte, er durfte nicht ein weiteres Mal scheitern. Der Sohn hatte das Projekt mit der Leichtfertigkeit eines verwöhnten Kindes begonnen, aber nun war es ihm bitterer Ernst. Erika schrieb dem Vater am 13. April 1941, wenn Klaus «von einem Tag auf den andern die Bude zumachen» müsse, «hätte das, im Psychischen wie im Finanziellen ganz *abscheuliche* Folgen für ihn». Er hatte der Schwester wohl angedeutet, daß er Hand an sich legen würde, wenn er gezwungen werde, den Bankrott von «Decision» anzumelden.

Klaus Mann wußte gut genug, daß auch die Pleite bezahlt werden müsse: nicht von ihm, denn er lebte von der Hand in den Mund, sondern von den Eltern oder seinem Freund «Tomski» Curtiss, der unterdessen zur Armee einberufen worden war und in einem Camp in Georgia seine Ausbildung absolvierte. Die Drucker klopften mit ihren Rechnungen an die Tür. Autoren forderten ihr Honorar. In einem Brief an die Mutter klagte er: «Diese Reichen treiben es ja auch wirklich zu arg und widerlich.» Alfred Knopf, der Verleger des Vaters, rechnete zu genau, um in ein verlorenes Unternehmen zu investieren. Gottfried Bermann Fischer, der in Amerika erst Fuß zu fassen begann, konnte ihm nur mit kläglichen einhundertfünfzig Dollar unter die Arme greifen: das mag ihn eine kleine Überwindung gekostet und ihm zugleich eine Art Genugtuung bereitet haben, denn er hatte nicht vergessen, mit welch konsequentem Haß Klaus und die Schwester versucht hatten, ihn von Thomas Mann zu trennen. Selbst Dorothy Thompson, die immer hilfsbereite, versagte sich seinem Drängen und den Bitten des Vaters.

«Was für entmenschte Primadonnen und verruchte Schieber», rief Klaus der Mutter zu, «sind diese Prominenten in unserem Lager!» Er schien ganz davon überzeugt zu sein, daß die Geldleute, die er so sehr verachtete, durch das Gebot der Sittlichkeit dazu verpflichtet seien, das Kind seines Ehrgeizes und damit ihn selbst am Leben zu erhalten. Schließlich gelang es dem Herausgeber, der bettelnd von Tür zu Tür lief, einige tausend Dollar beizubringen, die es ihm erlaubten, das Blatt über einige Monate weiterzuschleppen. Curtiss hatte im Augenblick der größten Bedrängnis einen Scheck geschickt. Auch Professor Max Ascoli – ein italienischer Emigrant, der in das Versandhaus Sears, Roebuck eingeheiratet hatte und später die Zeitschrift «The Reporter» gründete – ließ sich fünfzehnhundert Dollar entwinden. Der Vater half aus. Die Mutter war es ohnedies gewohnt, Klaus immer wieder Geld zuzustecken. Es steht dahin, ob Klaus – ohne Wissen des Vaters – auch bei Agnes Meyer an die Tür pochte. Wohl brachte er es immer wieder zuwege – elegant in maßgeschneiderten Anzügen auftretend –, seine Pläne mit strahlender Zuversicht zu schildern, intelligent, enthusiastisch und mit dem lockenden Charme, der ihm zur Verfügung stand.

In der Redaktion herrschte, wie sich die Zeugen jener Tage erinnern, eine chaotische Wirrnis. Klaus war zu geschäftig (er fand nicht einmal die Zeit, sein Journal zu führen), um auf eine gute Ordnung der täglichen Pflichten zu achten. Er arbeitete oft bis tief in die Nacht. Im Büro erschien er selten vor zwei Uhr am Nachmittag. Er wohnte noch immer im Hotel Bedford. In den ersten Monaten des Jahres hatte er ein kleines Apartment in der Nähe gemietet, für gut achtzig Dollar (das Hotel kam teurer), doch er war es rasch leid geworden, einen eigenen Haushalt zu führen. Strichjungen, die er auf der Straße oder bei seinen Streifzügen durch die Bars aufgelesen hatte, versuchten ihn zu erpressen. Das Hotel bot vor solchen Fährnissen einen gewissen Schutz. Ein Freund aus jenen Tagen schilderte ihn, laut Fredric Kroll, «als den nervösesten Menschen», dem er je begegnet sei: «Er sprach zu schnell. Er flatterte ständig herum, um sich plötzlich ans Telefon zu hängen, dann wieder sich hinzusetzen und zu stöhnen, ‹Mir geht es fürchterlich›, und dann wieder weitläufig von irgendetwas anderem zu erzählen. Er war aufgeregt und unsicher, immer reizbar, ungeduldig.» Immer wieder, fügte Kroll hinzu, habe er zum Wasserglas gegriffen und eine Benzedrintablette geschluckt. Jener Freund fuhr fort: «Es war, als ob er von einer nervösen Maschinerie ständig angekurbelt wurde, völlig außer seiner Kontrolle. Ich wußte nie, wie er es überhaupt schaffte, sich einmal hinzusetzen und zu schreiben.»

Die Sorgen um Klaus, die Ungewißheit, wie Heinrich sein Leben fristen könne, wenn die Sinekure beim Film nicht erneuert werden würde, die vergeblichen Bemühungen, ein Lehramt für Golo zu finden, Monikas lastende Präsenz, Michaels Schwierigkeit, sich in seinem Musikerberuf zu etablieren: Thomas und Katia Manns Zweifel mehrten sich, ob dies der rechte Augenblick sei, ein Haus zu bauen. Sie versuchten, den aufwendigen Entwurf des Architekten J. R. Davidson, der aus Breslau stammte, auf zwanzigtausend Dollar zu reduzieren: eine Summe, die immer noch ein stattliches Haus garantierte.

Am 2. Mai 1941 wurde endlich die Feier von Heinrichs siebzigstem Geburtstag nachgeholt: Salka Viertel, die Drehbuchautorin und Freundin der Greta Garbo, hatte sich bereit erklärt, das Fest auszurichten. Die Vorbereitungen waren mühsam. Nelly Mann wünschte darüber zu bestimmen, wer eingeladen werde – und sie wies, wie Salka Viertel in ihren Memoiren erzählte, zunächst viele der Freunde zurück, von denen sie sich brüskiert glaubte. Am Ende war die Liste der Gäste prominent genug: Alfred Neumann und Franz Werfel, Lion Feuchtwanger, Alfred Döblin, Bruno Frank, Walter Mehring, Ludwig Marcuse, Alfred Polgar. Sie repräsentierten, wie Salka Viertel schrieb, «die wahre deutsche Kultur».

Die Gastgeberin sprach nach der Suppe ein Wort des Willkommens. Nach dem Hauptgang sollten Bruno Frank und Lion Feuchtwanger reden, doch unterdessen war Thomas Mann aufgestanden und setzte seine Brille auf: er zog ein umfangreiches Manuskript aus der Brusttasche seines Smokings hervor und begann zu lesen. «Ich schätzte es auf mindestens fünfzehn Seiten», schrieb Salka Viertel. Er erinnerte an die Rettung des Bruders aus Frankreich, dem Land, «dessen Kultur deine eigene bilden half», und er wies darauf hin, daß sich Heinrich «auf dieser jungen Erde (...) notwendig in der Fremde» fühle. Er fragte: «Aber schließlich, was heißt heute Fremde, was Heimat? In Lübeck an der Trave sind wir ohnedies lange nicht mehr. Wo die Heimat zur Fremde wird, da wird die Fremde zur Heimat. Die tiefste Fremde ist uns heute Deutschland, das verwildert abenteuernde und aufgelöste Land unserer Herkunft und Sprache, und verglichen mit seiner tödlichen Fremdheit wirkt jede Fremde traulich.» Er nannte den Krieg einen «Welt-Bürger-krieg», und er sprach davon, Goethes Wort über die Literatur pharaphrasierend, daß «National-Staaten und National-Kulturen» heute «nichts mehr besagen»; «Welt-Einheit und Welt-Kultur» sei «die Forderung des Tages».

Im Drang der Geschäfte hatte er die Geburtstagsrede nicht völlig neu konzipiert. Er griff auf die Nietzsche-Passagen in seiner Ansprache vor dem «Phi-Beta-Kappa»-Orden zurück, um auf die unselige deutsche Tradition der Trennung des Geistig-Humanen vom Politischen aufmerksam zu machen. Dann wandte er sich wieder dem Bruder unmittelbar zu: «Du, lieber Heinrich, hast diese neue Situation des Geistes früher geschaut und erfaßt, als wohl wir alle; du hast das Wort ‹Demokratie› gesprochen, als wir alle noch wenig damit anzufangen wußten». Er nannte den «Untertan», «Die kleine Stadt», den «Professor Unrat» – Bücher, die er als «vollendete Prophetie» bezeichnete. Er rief: «Wenn Genie Vorwegnahme ist, Vorgesicht, die leidenschaftliche Gestaltung kommender Dinge, dann trägt dein Werk den Stempel des Genialen».

Das war ein hohes Lob. Es ließ Heinrich gewiß darüber hinweglächeln, daß der Bruder am Ende den «Professor Unrat» – der als eine lächerlich-tragische Figur konzipiert war – in einem eher mißglückten Scherz mit Adolf Hitler zusammen nannte, der freilich kein Professor sei: «Aber Unrat ist er, nichts als Unrat, und wird bald ein Kehricht der Geschichte sein.» Er schloß: «Wenn du, wie ich vertraue, die organische Geduld hast, auszuharren, so werden deine alten Augen sehen, was du in kühner Jugend beschriebst: das Ende eines Tyrannen.»

Salka Viertel fuhr in ihrem Bericht fort: «Wir hatten kaum Zeit, auf Heinrich Manns Wohl zu trinken, als er schon aufstand, seine Brille aufsetzte und ebenfalls ein dickes Manuskript hervorholte.» Seine Rede rührte die Versammlung der Flüchtlinge zu Tränen, doch das Roastbeef, auf das die Gäste noch immer warteten, war schließlich – kein Wunder – zu lang gebraten. Nach der Schokoladentorte aber stand, wie Mrs. Viertel erzählte, Marta Feuchtwanger auf, «erhob ihr Glas und brachte einen Toast aus ‹auf die Frau, die

Heinrich Mann das Leben gerettet hat. Sie zog die Dornen aus seinen blutigen Händen und trug ihn praktisch auf ihren Armen über die Pyrenäen. Sie erfüllte uns alle mit Mut.› Es war wunderbar von Marta, das zu sagen, denn niemand von den Sprechern hatte daran gedacht, Nelly zu erwähnen. Sie wurde rot und verbarg ihr Gesicht in den Händen, als wir sie umdrängten, um mit ihr anzustoßen, und dann deutete sie plötzlich, schreiend vor Lachen, auf ihr rotes Samtkleid, das aufgeplatzt war und man sah ihren vollen Busen in einem Spitzenbüstenhalter.»

Die Szene war des «Blauen Engels» würdig. Für einen Augenblick schien sich der Genius der «Künstlerin Fröhlich» mit Nellys üppigem Fleisch zu vereinen.

77. KAPITEL

Rußland, die Mäzenin, das Haus

Im März 1941 hatte Thomas Mann seine Radio-Rede für die
«Deutschen Hörer» zum erstenmal auf eine Platte gesprochen, die
Technik nutzend, die der akustischen Konservierung auf dem Tonband vorausging: «Diesmal hört ihr meine eigene Stimme», hatte er
den Landsleuten zugerufen, die heimlich lauschten, von der Neugier der Nachbarn abgeschirmt. «Es ist die Stimme eines Freundes»,
sagte er ihnen, «eine deutsche Stimme; die Stimme eines Deutschland, das der Welt ein anderes Gesicht zeigte, und wieder zeigen
wird als die scheußliche Medusenmaske, die der Hitlerismus ihm
aufgeprägt hat.» Er sagte auch: «Es ist eine *warnende* Stimme, –
euch zu warnen ist der einzige Dienst, den ein Deutscher wie ich
euch heute erweisen kann». Er machte seine Zuhörer darauf aufmerksam, daß Deutschland – nach dem Beschluß des «Lend-and-
Lease»-Programms – «in Tat und Wahrheit» nicht nur mit dem
englischen Reich, sondern auch mit Amerika im Kriege läge, und er
fragte: «Was soll aus euch werden? Unterliegt ihr, so sind alle Ra-
chegeister der Welt gegen euch los für das, was ihr den Menschen,
den Völkern angetan habt.» Einen Sieg könnten sie sich selbst nicht
wünschen, und er sei nicht denkbar, da es die Welt nicht ertragen
würde, «zu einem einzigen Gestapo-Keller, einem einzigen Konzentrationslager gemacht zu werden, worin ihr Deutsche die SA-
Wache abgäbet».

In der vorherigen Folge war sein Ton noch schärfer ausgefallen,
durch eine Sportpalast-Rede des «Führers» und das «Freudenge-
brüll» seiner Gefolgsleute gereizt, die er «Myrmidonen» nannte,

darauf vertrauend, daß jeder seiner Zuhörer die «Ilias» des Homer im Kopf habe und natürlich wisse, daß damit ein dem Achill anhängender thessalischer Stamm barbarischen Charakters gemeint war. Den Späßen des großen Trommlers, die in ihrer Primitivität dann und wann den Schwachsinn streiften, haftete in der Tat etwas «Idiotisch-Obszönes» an – in unerträglichem Kontrast zu «Jammer und Not, Menschenjagd, Heimatlosigkeit, Verzweiflung und Selbstmord, Blut und Tränen», von denen die Erde erfüllt war. Thomas Mann machte mit gutem Recht darauf aufmerksam, daß Hitler fast zwanghaft «ich» und wieder «ich» sagte, und er charakterisierte dieses «Hervorkehren der ersten Person» als eine «unerträgliche ästhetische und moralische Takt- und Geschmacklosigkeit». Ästhetisch? Das wohl auch. Seinen Zuhörern war dies kaum das Wichtigste.

Es schien Thomas Mann zum anderen eine tiefe Genugtuung zu bereiten, daß Hitler ihn in seinen Reden wegen der BBC-Sendungen «beschimpft haben soll» (wie Freund Kuno Fiedler aus der Schweiz berichtete, wo die Sendungen «sehr bekannt» seien). Dennoch bleibt es seltsam, daß er sich darauf einließ, den Diktator wie einen persönlichen Feind anzugehen, den er mit der «Artillerie seiner Sprache» (wie Thomas Jefferson vom Stil seines Freund-Feindes John Adams sagte) in Grund und Boden schießen zu müssen glaubte. Er wetterte gegen die «Abenteuerlichkeit», die «unergründliche Verlogenheit», die «schäbige Grausamkeit und Rachsucht», das «unaufhörliche Haßgebrüll», die «Verhunzung», den «minderwertigen Fanatismus», die «feige Askese», die «armselige Unnatur», die «ganze defekte Menschlichkeit, die jeden kleinsten Zug von Großmut und höherem seelischen Leben vermissen läßt», und er zeigte mit dem Finger auf die «Schwindlerlaufbahn» des «Führers»: «die abstoßendste Figur (…), auf die je das Licht der Geschichte fiel».

Jedes der Stichworte traf in einem genauen Sinne zu. Aber fragte sich der Autor, wen er mit seiner furiosen Polemik erreiche? Die Gegner des Regimes, die den Namen Thomas Mann mit Ehrfurcht nannten, brauchte er von der Bosheit des Tyrannen nicht zu überzeugen. An den Getreuen des «Führers» prallten seine Formulierungen ab. Den Nachdenklichen, Unsicheren, Schwankenden, die von ihm ein klärendes Wort erwarten mochten, half er mit der Kanonade wenig. Propagandalärm prasselte ihnen genug um die Ohren. Von Thomas Mann erhofften die Gewissenhaften die Stimme des absoluten Kontrastes. Es mag sein, daß ein bestätigendes Lächeln über die Gesichter ging, wenn der Dichter rief: «Seht euch die Galerie seiner Vertreter an, diese Ribbentrop, Himmler, Streicher, Ley, diesen Goebbels, ein weit aufgesperrtes Lügenmaul, den übel inspirierten Führer selbst und seinen fetten, putzsüchtigen Groß-, Erz- und Reichs-Marschall des Großdeutschen Großraum-Reiches! Was für eine Menagerie! Das soll siegen, bleiben, dauern, der Welt den Fuß auf den Nacken setzen?»

Deftige Charakterisierungen solcher Art wurden von den Opponenten im vertrauten Kreise oft gewagt. Bittere Witze über den «Führer» und seine Vasallen hatten sie unter sich hundert- und tausendfach ausgetauscht. Den deftigen Schmähungen in der Stimme Thomas Manns zu begegnen bedeutete – für den Augenblick – vielleicht eine Genugtuung und eine Stärkung.

Im frühen Sommer des Jahres 1941 deutete nichts darauf hin, daß die Macht des Tyrannen im Begriff sei, gebrochen zu werden. Thomas Mann sah voraus, hellsichtiger als andere, daß Hitler auch über die Sowjetunion herfallen würde, um sich in den Besitz ihrer Weizenfelder und ihrer Ölquellen zu bringen. Zugleich aber schrieb er, von der prophetischen Gabe sofort wieder im Stich gelassen, an Agnes Meyer, er wüßte gern alles so sicher wie dies: «daß Russland geschlagen werden wird».

Er beschwor den Fortgang des Unheils in einem Brief, in dem er ihr sorgfältig darlegte, daß er und Katia zu dem Schluß gelangt seien, auf den kalifornischen Hausbau, über den er die Mäzenin endlich ins Bild gesetzt hatte, fürs erste zu verzichten: «Sie kennen mich und verstehen, aus welchen Bedürfnissen und Instinkten meiner Natur der Plan hervorging. Es war der ‹hanseatische› Wunsch nach einer würdigen und gewissermassen repräsentativen Existenz in festem, persönlichen Lebensrahmen.» Nein, das sei nicht der Augenblick. Er fürchtete den «gigantischsten Sieg der Weltgeschichte», den die Nazis ankündigten – dank der «gigantischen Dummheit der Welt» könne er Wirklichkeit werden: «Sollte Amerika es verhindern? Nagender Zweifel – täglich gespeist von Aeusserungen der Ahnungslosigkeit, der törichten Bequemlichkeit, des ruinösen Egoismus *und* der nackten Verräterei. Glauben Sie, dass dieses Land, wenn es England erst hat zu Grunde gehen lassen, noch die moralische Kraft finden wird, den Kampf auf eigene Hand zu führen? Ich kann es nicht glauben.» Er fuhr fort: «Auf diesem schwankenden und bebenden Grunde ein Vorhaben auszuführen, wie wir es hegten, sich zu fixieren und für die Dauer einzurichten, alsob es irgend eine Dauer gäbe, wäre Hybris und Stumpfheit.» Katia und er hätten den Architekten gebeten, ihnen das angezahlte Honorar «für bessere Zeiten» zu kreditieren. Er fügte den Satz hinzu: «Wir hätten freilich von den letzten niedrigen Material-Preisen profitiert und eine Art von Gelegenheitskauf gemacht.» Schließlich seufzte er: «Ich weiss nur nicht, wo ich je meine Bücher wieder aufstelle.»

Es ist anzunehmen, daß ihn die «anstrengende Freundin», wie er sie vor den Seinen und im Tagebuch gelegentlich nannte, in Washington genau verstand. Er wußte, daß sie seine Zweifel an Amerika als eine persönliche Herausforderung empfand – und zugleich bot er ihr, diskret verschleiert, eine Chance, seinen Glauben an Amerika zu stärken. Ihre Antwort, wenige Tage später in englischer Sprache diktiert, mußte ihn enttäuschen: sie hieß den Entschluß, das Haus nicht zu bauen, ohne alle Umstände gut. Die Material-Preise würden steigen. Es drohten Streiks. Seine Frau brauche eine Atempause. Dann mahnte sie ihn: «Verzweifeln Sie niemals an diesem Land. Der Ernst der Lage wird hier völlig richtig eingeschätzt, und es wird mehr getan, als Sie wissen. Es würde mich nicht überraschen, wenn der Präs. den Notstand ausrufen würde, ohne den Krieg zu erklären, was närrisch wäre, solange wir nicht mehr Flugzeuge und Piloten haben.» Sie rügte ihn, ein wenig zu mütterlich und ohne Zweifel auch ein wenig taktlos, er sei in allen Fragen des praktischen Lebens – er möge ihr verzeihen – ein Kind. Realistisch fügte sie hinzu, er würde die Dinge nicht so schwarz sehen, wenn ihn seine Zähne nicht quälten.

Einige der Briefe, die ihm die Freundin in jenen Wochen schrieb, bewahrte er nicht auf. Sie haben, seine Antworten legen den Schluß nahe, die Melancholien und Verstimmungen Agnes Meyers nicht verborgen. Am 20. Mai schrieb er ihr tröstend, jene Zeilen, die sie ihm kürzlich aus dem New Yorker Plaza Hotel geschickt habe, hätten ihn sehr ergriffen: «Lassen Sie mich es aussprechen: wenn Sie leiden, ja wenn Sie verzweifeln, sind Sie mir in der Seele näher, als wenn Sie Optimismus prästieren und es meiner nicht würdig finden, dass ich mich gräme.» Doch er insistierte noch einmal, daß sein düsteres Bild der amerikanischen Verhältnisse realistisch sei: «Aber ich bin auch keine Heul-Liese, und wer neun Jahre lang die Dummheit, Feigheit und Miserabilität der Welt erlebt hat, wie ich sie erlebt habe, und dabei keinen Augenblick den Mut zu seinem Leben und zu seiner Arbeit verlor, dem sollte man es nicht als Mangel an geistiger Widerstandskraft auslegen, wenn er zuweilen daran verzweifelt, mit diesem Lande hier bessere Erfahrungen zu machen, als mit den übrigen.» Er fügte hinzu: «Wenn erst Amerika seine Vichy-Regierung hat, so können Sie auch hier die schönste coopération complète mit Hitler erleben».

Er wollte nicht verstehen, daß sie seine Zweifel an der kernfesten Resistenz der amerikanischen Demokratie allemal als einen persönlichen Affront betrachtete. Oder doch? Ganz gewiß aber hatte er nicht begriffen, daß sie – wie so viele ihrer Landsleute – auf die Kritik der Fremden mit höchster Empfindlichkeit reagierte, obschon sie zur Selbstkritik durchaus fähig war. Wollte er sie verletzen? Wenigstens herausfordern? Schon sechs Tage danach schrieb er ihr erneut, um diesmal ihre Rezension der «Vertauschten Köpfe» zu rühmen; er legte auch ein Photo in den Umschlag, das ihn mit seinem Enkel Fridolin zeigte: er wußte wohl, daß jede großväterliche Geste ihr mütterliches Herz berühre.

Unter dem gleichen Datum antwortete sie ihm aus Washington: «Lieber Freund, Ihre Antwort auf meinen einzigen wehmütigen Brief hat mich so erschüttert dass ich in diesen total deprimierten Zustande nicht schreiben sollte, aber ich bin zu nichts anderen fähig. Eine Nacht habe ich nicht schlafen können und zwei ganze Tage habe ich an nichts gedacht als dass mein ganzes Streben Ihnen beizustehen mit allem was in meiner Seele das Beste und Schönste ist, doch gänzlich verunglückt ist. Ich habe Ihnen ich weiss nicht wie oder wo oder wann den Eindruck gegeben dass es Ihnen an geistigen Wiederstandskraft mangelt?! Wie habe ich mich so vergriffen, ich die Ihnen noch in meinem letzten Brief sagte dass ich mich selber aufrecht halte indem ich mich mit Ihrer geistigen Kraft ernähre und stütze? Habe ich Optimismus ‹prästiert› (ich kenne das Wort nicht aber es hat keinen guten Klang) so wollte ich Ihnen nur zur Seite stehen mit Erheiterung (...). Wie es auch gekommen ist, ich fühle es als unverzeihlich, und ganz ungewohnte Tränen kommen mir dabei in den Augen so dass ich nicht weiter schreiben kann.» Sie schloß mit der wahrhaft deprimierten Feststellung: «Alles war vergebens –»

Er notierte im Tagebuch: «Verzweifelter Brief der Meyer, hervorgerufen durch gewisse Schärfen eines früheren von mir. Beschwichtigender Night letter notwendig.» Unverzüglich brachte er ein Telegramm auf den Weg, das sie aufrichten sollte: «LIEBSTE FREUNDIN BIN BESTUERZT UND BETRUEBT [STOP] HATTE NICHT IM GERINGSTEN DIE ABSICHT IHNEN KUMMER ZU BEREITEN [STOP] ALLES BLOSSES MISSVERSTAENDNIS UND WAERE MUENDLICH RASCH GEKLAERT [STOP] DENKEN WIR NICHT MEHR DARAN [STOP] NOCHMALS DANK FUER DIE HERRLICHE REVUE [STOP] SCHREIBE BALD WIEDER IHR THOMAS MANN.»

So lästig ihm die überschwengliche und manchmal herrschsüchtige Zuneigung dieser Frau auch war: mit Disharmonien konnte und wollte er nicht leben. Sie hatte zu erkennen gegeben, daß sie sich seinem stärkeren Willen unterwerfen würde. Außerdem war dies nicht der Augenblick, sie allzu tief und womöglich für immer zu verstören. Mit dem genauen Sinn für den Rang der irdischen Realitäten, der den Sproß hanseatischer Kaufleute nur selten verließ, hatte er notiert: «Ich muß mich in Acht nehmen, daß meine Briefe» (an Mrs. Meyer) «keinen gereizten Ton bekommen.»

Katia und er hatten gut zwei Wochen zuvor beschlossen, nun doch den Bau zu wagen. Sie nahmen eine Hypothek auf, was klüger war, als die eigenen Reserven anzugreifen, über die sie wohl noch immer verfügten. In den Schweizer Jahren konnten sie ein nicht zu beengtes Leben führen, ohne das Kapital anzugreifen, das ihnen geblieben war: immerhin mehr als zweihunderttausend Schweizer Franken. Nichts deutet darauf hin, daß sich dies seit der Übersiedlung nach Amerika zunächst geändert hatte. Erst in den letzten Mo-

naten sahen Thomas Mann und seine Frau einigen Anlaß zur Beunruhigung: der europäische Markt für seine Bücher hatte sich weiter
verengt, und der Absatz in den Vereinigten Staaten war nicht glo-
rios. Die «Lotte» kam immerhin dem dreißigsten Tausend nahe,
doch die Vorbestellungen für die «Vertauschten Köpfe» waren
dürftig: siebentausend Stück. Bald danach gelangte das kleine Buch
allerdings doch auf die Bestsellerliste – vermutlich auch dank Agnes
Meyers hymnischer Rezension und trotz der ablehnenden Besprechung im «New Yorker», die der Autor dem Redakteur Clifton
Fadiman bitter anrechnete. Er sagte von ihm verärgert, Fadiman
habe «völlig versagt» – eine Formel, deren er sich gern bediente,
wenn eine Kritik nicht zu seiner Zufriedenheit ausfiel.

Katia und Thomas Mann hatten erwogen, die Meyers um ein
zinsloses Darlehen von fünf- bis sechstausend Dollar zu bitten, um
die Hypothek zu verringern. Doch sie scheuten, wenigstens für den
Augenblick, den Bittgang nach Washington. Es schien besser zu
sein, geduldig abzuwarten, ob sich ein gutes Arrangement am Ende
von selbst ergebe. In der Tat bewilligte man ihm einen Bankkredit
ohne großen Umstand. Allerdings wurde der Abschluß einer Lebensversicherung gefordert, die wiederum eine gründliche ärztliche
Untersuchung voraussetzte. Das Resultat beseitigte alle Bedenken
gegen sein Alter, wie er mit einiger Genugtuung feststellte.

So oder so: Thomas Mann war nicht der Mensch, der allzu lange
«zur Miete» wohnen konnte. Der Bürger, der in seiner Seele Tür an
Tür mit dem Künstler lebte, in verträglich-unverträglicher Koexistenz, brauchte die Verwurzelung – oder wenigstens die Idee, daß er
Wurzeln schlage, auch wenn dies eher ein Wunschdenken sein
mochte.

Drei Tage nach seinem Telegramm ein neuer Brief an «Mrs.
Agnes», der um Versöhnung warb. Er sprach von der Bürde, die er
zu tragen habe, von der Gereiztheit, die jene Last erzeuge, vor der er
sich «nicht genug gehütet» und ihr «weh getan» habe. Mit seltener
Einsicht stellte er fest: «Tatsächlich habe ich immer auf der Hut zu
sein vor Schärfen des Ausdrucks, wie sie gegenüber einer grossen
und bemühten Seele gleich der Ihren am allerwenigsten zu entschuldigen sind. Zu sagen: Wir wollen Nachsicht mit einander haben,
wäre etwas eigennützig von mir, denn ich bin auf Nachsicht mehr

angewiesen als Sie. Dennoch baue ich auf Ihr schwesterliches Verstehen.» In der Tat, darauf wollte er auch im realen Sinne des Wortes bauen, und so scheute er keinen Aufwand an zarten Gefühlen, auch nicht das ironische Spiel mit dem Kitsch: «Mir ist, alsob ich Ihnen mit einem meiner schönen, grossen, zarten ägyptischen Taschentücher die Tränen trocknete – worüber ich Sie nun doch im Geiste lachen sehe.»

Sie setzte zwei Tage später den Entwurf eines Briefes auf, der die Tiefe ihrer Bindung an den Dichter und ihre Hilflosigkeit vor dem Menschen Thomas Mann sichtbar machte: «Welche Erleichterung! Ihr zarter, verständnisvoller Brief hat mir geholfen den Weg zu mir selber wieder zu finden. (...) Denn gepanzert wie ich bin gegen gewöhnliche Kritique – um so tödlicher ist der Schuss der mich erreichen kann. (...) Nur langsam bringt Vernunft das Gleichgewicht zurück. Ihre Schärfe des Ausdrucks schneidet um so tiefer in einer Seele die jede Nuance Ihres Styles kennt. Dies, trotzdem ich ja den Grund Ihrer Härte verstehe. Immer habe ich mir gesagt daß wer Ihre Wärme kennt, auch gefasst sein muss dann und wann einen kalten Zug zu vertragen von ihrer fernen Natur, ohne darunter besonders zu leiden. Hat mir diese Weisheit geholfen? Keine Spur.» Sie fuhr fort: «Ich werde versuchen das nächste mal den Humor zu behalten, wenn Sie mir erlauben ein feiges Geständniss zu machen – feig weil ich es mit in den Kauf nehmen sollte. Ich habe entdeckt dass ich Ihnen gegenüber ganz Schutzlos bin.»

In dem Brief, den sie zwei Tage danach auf den Weg brachte, ließ sie das Geständnis ihrer Schutzlosigkeit fort. Sie schrieb nüchterner und mit angemessener Vorsicht: «Sie sind mir recht, so wie Sie sind. Künftig werde ich meinen Humor behalten wenn nur weil ich nicht die Freiheit und Sicherheit Ihnen gegenüber verlieren will, die mein persönliches Leben so bereichern und verschönern, und die für meine Arbeit so unentbehrlich sind.»

Sie verzichtete nicht auf einen seltsamen Kommentar zu dem Photo, das ihn mit dem Enkel zeigte: «wer könnte sich gegen diesen T. M. wehren? Sie sehen aus wie eine stolze, junge Mutter! Ich müsste die Photographie gebrauchen als Ilustration zum letzten Teil meines Buches. The last transfiguration of T. M. – die Reise ins Mutterland, den Rücken auf immer dem Meere zugewandt,

Augen nur noch für das Leben. Und dazu noch ein so heiteres, intelligentes Stückchen Lebens. Ich gratuliere und bin eifersüchtig.»

Es ist nicht sicher, wie er sich bei der Beschwörung seiner «Mutterschaft» fühlte, trotz seiner Bekenntnisse zur androgynen Erfüllung der menschlichen Existenz, die er im «Joseph» offenbart und halb wieder verborgen hatte: er legte Wert darauf, in diesem irdisch-bürgerlichen Dasein als ein männlicher Mann zu erscheinen. Es waren immer die muskulös-sportlich trainierten Körper junger Männer, die ihn aufschauen ließen: die Ballspieler, die er hin und wieder bei der Strandpromenade beobachtete, zumal einen schwarzen Jüngling in der Badehose: «Überraschender Anblick des mattschwarzen Körpers, herkulisch-wohlgebaut. Ungewollte Obszönität der Bewegung beim Eingraben der gespreizten Füße in den Sand. Blecken der weißen Zähne.» Aber das waren seltene Lockungen. Die jungen Amerikaner fand er, alles in allem, eher langweilig. Er vermißte die homoerotische Grundströmung, von der nach seinem Urteil das «deutsche Wesen» tief geformt war.

Vielleicht war Agnes Meyers Hinweis auf seine «mütterlichen Züge» Anlaß schallenden Gelächters in der Familie. Zum sechsundsechzigsten Geburtstag schickte ihm die Mäzenin, wie er im Journal festhielt, einen riesigen Blumenkorb, nicht mehr. Es mag sein, daß sie es als taktlos empfunden hätte, sich ihm in dieser gespannten Phase ihrer Beziehungen mit einer weniger poetisch-unverbindlichen Gabe zu nähern. In seinem Dank verwies er denn auch prompt darauf, daß dies nur eine Station auf dem Weg zu einer «wirklich rot anzumerkenden Erneuerung des Datums» seiner Geburt sei: «Mit 70 werde ich immerhin der Mann sein, der den ‹Joseph› zustande gebracht hat, und wie auch die Welt dann aussehen möge, – für einige Leute wird das doch etwas heissen. ‹Buddenbrooks›, ‹Zauberberg›, ‹Lotte› und ‹Joseph› – finden Sie nicht, dass das allenfalls als ein erfülltes Leben gelten – und dass man sich danach mit dem Bewusstsein schlafen legen kann, auf Erden eine Spur zu hinterlassen? Aber es ist noch nicht so weit, und das ist ja wohl gut.»

Dann klagte er ein bißchen über den schleppenden Verkauf der Bücher. Vier Tage später erprobte er ihre Hilfsbereitschaft aufs neue: «Sie sagten mir einmal, wenn ich Geld für Emigranten-Hilfe brauchte, sollte ich mich an Sie wenden, man könne keinen besseren

Gebrauch von vorhandenen Mitteln machen. Ich habe mich nicht beeilt, Sie beim guten Worte zu nehmen». Nun aber seien die Mittel des «Emergency Rescue Committee» so gut wie erschöpft. Er habe wiederholt in die eigene Tasche gegriffen, doch er könne das «heute vernünftigerweise nicht mehr tun», obgleich jedem Bedrängten sein Name zuerst einfalle. Er bat um tausend Dollar, von denen ein Teil Oprecht in der Schweiz zugehen sollte, der so vielen Darbenden helfe; ein Teil würde verwendet, um Walter Landauer zu retten, den Leiter der deutschen Abteilung des Allert de Lange Verlags in Amsterdam, der sich irgendwo in Holland versteckt halte. Auch der Dramatiker Georg Kaiser, «in seiner Art ein genialer Kerl», brauche Geld für die Reise nach Amerika. (Es glückte nicht, Landauer in Sicherheit zu bringen: er kam in Bergen-Belsen zu Tode; Georg Kaiser blieb in der Schweiz, wo er 1945 in Armut starb.)

Natürlich zögerte Agnes Meyer keinen Augenblick, den erbetenen Scheck zu schicken. Zu seinem Dank fügte Thomas Mann die Nachricht, daß sich Erika ein weiteres Mal entschlossen habe, in England ihrer Pflicht zu genügen. Sie war gebeten worden, dem britischen Informationsamt bei seinen Versuchen der «psychologischen Kriegsführung» zu helfen. Dem Vater hatte sie – in einem Brief, den sie ihm auf den Schreibtisch legte – ihren Entschluß in Worten der liebevollsten Schonung nahegebracht. Ihr war deutlich, daß er sich ohne sie stets ein wenig verloren fühlte. Der Abschied sei ihr so schwer geworden wie ihm und Katia, schrieb er an Agnes Meyer: «Sie weiss ja auch, dass ihr Verlust so ungefähr das Schlimmste wäre, was uns treffen könnte, besonders mich, der ich heiterer und glücklicher bin, sobald dies belebende Kind in der Nähe ist. Aber ihr Pflichtgefühl, ihr Aktivitätsdrang, ihre Kämpferehre waren stärker».

In der Nacht vom 21. auf den 22. Juni 1941 fielen die deutschen Armeen in Rußland ein. Hitler, der sich so oft als einen der großen Strategen und Feldherrn der Geschichte feiern ließ, provozierte damit den Zweifrontenkrieg, vor dem er in seinem Kampf-Buch so dringend gewarnt hatte.

Thomas Mann schrieb nüchtern und zutreffend in sein Tagebuch: «Ende des kommunistischen Pazifismus.» Er schrieb auch, nicht ganz so klar vorausschauend, Rußland werde geschlagen werden – daran habe er nie gezweifelt: «An seine revolutionären Kräfte ist schwer zu glauben. Vielleicht ist Zeit für die Angelsachsen gewonnen.» Er bemerkte später zu Agnes Meyer, Stalin empfange nun das, «was er verdient hat durch den schändlichen Vertrag von 39, dem allerdings ein schändlicherer vorausgegangen war: der von München». Erst dieser habe auch Stalin «zum Hitler-Appeaser gemacht».

Bruder Heinrich, der am Nachmittag des 22. Juni mit seiner Nelly herbeieilte, zeigte sich weniger reserviert. Er bezeichnete den Tag der Kriegserklärung als einen «Festtag». Hartnäckig hatte er sich geweigert, die Allianz zwischen den Diktatoren in Berlin und Moskau als einen Verrat an den Idealen des Kommunismus und den Prinzipien der antifaschistischen «Volksfront» zu betrachten. Nun war die Ordnung seines Weltbildes bestätigt worden. An die ungeheuerlichen Opfer, die von den Völkern der Sowjetunion und schließlich auch von den Deutschen gefordert würden, dachte in diesem Augenblick keiner. Thomas Mann fügte seiner Juni-Ansprache an die deutschen Hörer, die von der Schließung der deutschen Konsulate in den Vereinigten Staaten und von einer Erklärung Präsident Roosevelts sprach, nur gegen Schluß eine Passage über die dramatische Wendung der Dinge an. Nun stünden alle drei Großmächte, sagte er, England, Rußland und Amerika, gegen Deutschland. Die «motorisierten Ruhmesgreuel» von Hitlers Armeen, die zu erwarten seien, könnten «das Schicksal in glücklichem Sinne beschleunigen» – «wahrscheinlicher» sei «leider, daß sie den Krieg ins Unabsehbare verlängern». Der Führer, der die *«einzige Verkörperung des Bolschewismus* in der obszönsten Bedeutung dieses Wortes»* sei, stelle sich der Welt nun als ein Sankt Georg und als «Schutzherr abendländischer Gesittung» vor. Er endete: «Das Gesicht, das die Welt dazu macht, kenne ich. Ich möchte eures sehen, deutsche Hörer.»

Diese Andeutung war vielleicht ein ferner Spiegel des lastenden Schweigens, das sich in jenen Tagen – wie am Beginn des Krieges in den ersten Septembertagen des Jahres 1939 – auf die Deutschen senkte. Nirgendwo ein Zeichen der Bereitschaft zur revolutionären Erhebung, die Heinrich Mann wohl noch immer erhoffte. Das Schweigen drückte keinen Willen zur Verweigerung aus, zu der

Thomas Mann im August in einer Sondersendung des Britischen Rundfunks aufrief. In dem Appell sagte er vorher, daß die Jugend Deutschlands millionenweise in Rußland verbluten und daß «Fürchterliches über Deutschland kommen» werde. Das erste Entsetzen verlor sich bald in den brausenden Siegen der vorwärts stürmenden deutschen Truppen, die im Reichsrundfunk allemal nach der schmetternden Signalmusik aus Franz Liszts Tondichtung «Les Préludes» verkündet wurden. Doch hinter der flackernden Zuversicht, die sich nun regte, hockte eine dumpfe Ergebenheit in den Seelen, die den Zustand des deutschen Gemüts im Zweiten Weltkrieg kennzeichnete. Grenzenloser Gehorsam, der auch an der Schwelle des Verbrechens nicht einhielt, und eine grenzenlose Opferbereitschaft, die bis an den Rand der Selbstvernichtung reichte: sie bestimmten das kollektive Gefühl, Gefangene eines Schicksals zu sein, aus dem es kein Entrinnen gab.

Der Lärm des Krieges drang nur von fern her nach Kalifornien herüber. Der Alltag forderte sein Recht, und das Leben ging weiter. Am 24. Juni wurden in einer kleinen Konferenz mit dem Architekten J. R. Davidson die Pläne für den Hausbau in Pacific Palisades noch einmal bedacht und wohl endgültig festgelegt. Thomas Mann schrieb auf: «Gleichgültig im Grunde gegen das finanzielle Abenteuer, da mir Geld, wenn notwendig, zur Verfügung steht.» Es steht dahin, ob er damit die eigenen Reserven meinte oder – wie sich eher vermuten läßt – an einen Hinweis Agnes Meyers dachte, daß er mit ihr rechnen könne, wenn eine Krise drohe. Er bezahlte die Summe, die von der Hypothek nicht gedeckt war, mit einem Scheck. Später schoß er noch einmal mehr als elfhundert Dollar für die Gartenanlage nach.

Seine Gelassenheit wurde auch nicht gefährdet, als anderntags die Nachricht vom Tod des alten Pringsheim eintraf. Katia hatte ihren Vater seit der Ausbürgerung nicht wiedergesehen. Dennoch nahm sie den Abschied von dem Neunzigjährigen ruhig auf. Nach der Einäscherung meldete sich Katias Bruder Heinz mit einem Brief aus Zürich. Ihm hatten die deutschen Behörden erlaubt, zur Beisetzung des Vaters in die Schweiz zu reisen: der Musikschriftsteller lebte noch immer in einem Winkel Bayerns; es war ihm verboten, seinen beiden Berufen nachzugehen, wenigstens in der Öffentlichkeit, doch dank der «arischen» Frau schien er fürs erste nicht gefährdet zu sein. Sein Dasein fristete er aus Resten eigenen Vermögens und aus den Einkünften des Vaters Pringsheim: der einstige Mathematikprofessor an der Münchner Universität hatte noch immer seine Pension bezogen. Sie war allerdings, wie Heinz in seinem Brief klagte, im April gestrichen worden – als Strafe für die «Agitation» Thomas Manns, durch die sich auch er selbst gefährdet fühle. «Achselzucken»: so der knappe Kommentar des Schwagers. Es war nicht seine Sache, daß der Bruder seiner Frau noch immer in Deutschland ausharrte und die Erniedrigungen ertrug, denen die Juden ausgesetzt waren.

Erika, die unterdessen mit der Bahn nach Osten gereist war, traf Klaus in einer wahrhaft verzweifelten Lage an. Die Sorgen mit der Zeitschrift waren ihm über den Kopf gewachsen. Nach den Berechnungen von Fredric Kroll hatte der Bruder um den 17. Juni versucht, sich das Leben zu nehmen – vermutlich mit einer Überdosis Schlaftabletten. Christopher Lazare, ein junger Kunstkritiker und Mitarbeiter der Zeitschrift, hatte ihn in seinem Hotelzimmer gefunden. War dem Freund ein Hinweis zugekommen, daß Gefahr im Verzuge sei? Man weiß es nicht. Es ist zu vermuten, daß der ernste Wille, ein Ende zu machen, und die Hoffnung, im letzten Augenblick doch noch gerettet zu werden, ineinander verschränkt waren, wie es bei so vielen Bedrohten der Fall ist. Es läßt sich kaum leugnen, daß jenes Signal der äußersten Rat- und Hilflosigkeit – auch dies entspricht der psychologischen Regel – ein Element der Erpressung enthielt.

Klaus Mann hatte eine Art Abschiedsbrief vorbereitet in Form einer Anklageschrift, in der er mit furioser Bitterkeit gegen die Geldleute zu Felde zog, die sich ihm versagt hatten. Seine Egozentrik und seine Neigung zum Selbstmitleid hielten ihn davon fern, sich selbst zu fragen, warum die Reichen verpflichtet seien, ihm und seiner Zeitschrift unter die Arme zu greifen. Seine wilde Enttäuschung steigerte sich zu einer generellen Kritik an der amerikanischen Gesellschaft. Klaus Mann, der auf Amerika utopische Hoffnungen gesetzt hatte, fragte voller Pathos: «Besteht überhaupt eine Chance, daß diejenigen, die geduldig und stark genug sind, um diesen Schrecken zu überstehen, zu ihren Lebzeiten eine Weltdemokratie erleben oder gar selbst schaffen werden? Ich glaube kaum. Deswegen will ich nicht mehr leben.»

Man mag in dieser naiven Utopie den Spiegel infantiler Züge erkennen (ohne die wohl kein Utopismus denkbar ist, denn alle Träume von einer heilen und vollkommenen Welt drücken auch die Sehnsucht nach einer idealisierten Kindheit aus). Die Schwester hätte sich daran nicht aufgehalten, wäre ihr die merkwürdige Rechtfertigungsschrift damals schon in die Hände geraten. Sie beschloß, den Bruder aus seinem Elend zu reißen und zugleich den Vater von allen Sorgen zu befreien. Kurz entschlossen schrieb sie einen Brief an Agnes Meyer. Sie erinnerte die Dame daran, daß sie ihr einst gesagt habe, sie möge sich an sie wenden, wenn bei der Familie Mann Not an die Tür klopfe. Nun erbat sie, ohne langen Umstand, für den Vater einen Scheck von fünfzehntausend Dollar. Zwölftausend sollten dem Bau des Hauses dienen, dreitausend der Rettung von «Decision». Ihr Überraschungsmanöver erklärte und rechtfertigte sie zur selben Zeit in einem Brief an den Vater. Sie sagte, «die Gelehrten» seien sich doch «durchaus einig darüber, daß Du, lieber Z., im Grunde nicht so recht weitermachen mochtest mit Deiner strenuous and costly relationship to Frau Agnes, – ohne daß, eines nahen Tages, – ein gewisser *Ausgleich*, – eine verständige *Balance*, – gefunden wurde, – und zwar in Gestalt von *Geld* ... Ich bleibe der Anschauung, daß sie *zahlen soll* und zwar kaum unter 15 000. Wer weiß, wie lange sie noch zahlen *kann*, – einmal *muß* es sein, – das Ganze hat doch sonst ganz einfach *zu wenig Sinn* (oder hat es? dann bitte ich um Verzeihung) ...»

Es steht dahin, was Erika mit «Ausgleich» und «Balance» im Sinn haben mochte. Was sollte die Mäzenin Thomas Mann schulden – außer der Dankbarkeit, daß er ihr herzliches Interesse an seiner Existenz zuließ? Hatte Erika vergessen, daß Agnes Meyer den Eltern und den Geschwistern alle Wege nach Amerika und in diesem Land geebnet, daß sie Golo und Heinrich Mann – und weiß der Himmel, wie viele Schicksalsgenossen dazu – aus dem drohenden Verderben in Europa gerettet, daß sie dem Vater die Sinekure in Princeton verschafft und damit den Aufbau seiner Existenz in den Vereinigten Staaten gesichert hatte? Die Tochter schien all dies nicht mehr wahrzunehmen: von ihrer Anfälligkeit zur fanatischen

Radikalisierung ihrer Ansichten überwältigt, wie es dieser im Alltag so praktisch-nüchternen Frau oft widerfuhr. Die Egozentrik des Vaters – der wußte, daß er Agnes Meyer auch künftig noch brauchen würde – und die Ich-Besessenheit des Bruders: sie besaß eine gute Portion von beidem. Nur hatten sich diese Elemente bei ihr von den eigenen Interessen gelöst und auf die Sippe übertragen. Ihr schien es ganz selbstverständlich zu sein, daß die Welt der Familie Mann zu dienen habe – zumal die Reichen und vor allen anderen Agnes Meyer.

Die reiche Frau hielt sich zu jener Zeit in Mount Kisco auf. Unverzüglich nach dem Erhalt von Erikas Brief rief sie die Tochter des Freundes an, aufgeregt und zornig. Sie war nicht geneigt, sich unter Druck setzen zu lassen. Sie wisse wohl, sagte sie laut Erikas – wohl eher einseitig formuliertem – Bericht an die Eltern, daß der Vater das Haus in Kalifornien gern hätte. Er aber wisse nicht, was gut für ihn sei. Sie wisse es, «und wenn sie glaubte, daß die 15 000 ihm gut wären, wäre der Check längst in California». Im August müsse sie ihre Tochter Florence – die mit dem österreichischen Schauspieler Oscar Homolka verheiratet war – in Los Angeles besuchen: dann würde sie den Vater sehen und ihm erklären, was ihm gut sei – die «dummdreiste Geizhälsin», wie Erika hinzufügte.

An jenem Tag – dem 26. Juni 1941 – schrieb auch Klaus an den Vater, daß er spätestens in einer Woche eintausendfünfhundert Dollar brauche, um die dringendsten Schulden bezahlen und das nächste Heft auf den Markt bringen zu können. Er deutete an, daß «die Meyer» mit einer Zahlung «bis August», dem Zeitpunkt ihres Besuches in Kalifornien, warten wolle. Aus dieser Wendung könnte geschlossen werden, daß die Mäzenin in ihrem Telefongespräch mit Erika nicht völlig ausgeschlossen hatte, daß sie am Ende denn doch bereit sein könne, Klaus zu Hilfe zu eilen. Es ist anzunehmen, daß sie längst begonnen hatte, über eine andere und würdigere Modalität finanzieller Zuwendungen an den Vater nachzudenken. Die Geduldsprobe, die sie den Eltern auferlegte, deutete wohl auch an, daß sie den Entschluß zur Übersiedlung nach Kalifornien, mit dem sich der Dichter von ihr entfernt hatte, noch immer nicht völlig verziehen hatte. Aber wollte sie auch für die Zeitschrift aufkommen? Daran sind Zweifel erlaubt.

Klaus aber schrieb dem Vater, er wolle «diese 1500 *nicht* von euch, wenn ihr nicht die Meyerin schröpfen wollt. Ich möchte sie von euch nur als Vorschuß auf die Meyerin hin.» Erika, die ihren Brief mit dem des Bruders abstimmte, bemerkte ergänzend, wenn Thomas und Katia «die Meyerin *ungeschoren*» lassen wollten, sollten sie die Summe nicht schicken.

Auch Golo scheint sich, wie das Tagebuch des Vaters anzeigt, in jenen Tagen über die verfehlte Rettungsaktion der Schwester und die Lage des Bruders geäußert zu haben. Es ist anzunehmen, daß er sich mit derselben Skepsis äußerte, mit der er hernach das Unternehmen seines Bruders beurteilte. Welt- und lebensnäher als Klaus, sagte er später in seinem Nachwort zu den Briefen des Bruders, reiche Leute spendeten ihr Geld nur «nach diskreter, genauer Prüfung». Sie ließen sich in der Regel nicht darauf ein, «die Existenz eines Unternehmens, welches überhaupt keine Basis» hat, um «ein paar Monate zu verlängern». Damals, 1941, wandte er sich unmittelbar an den älteren Bruder und riet ihm, die Publikation spätestens im August einzustellen, wenn er bis dahin nicht eine Summe von zehn- bis zwölftausend Dollar gewinnen könne. Im Falle einer Liquidation solle er sich «nicht mit asketischen Ideen tragen. Du solltest dann die Sache dem Anwalt überlassen (…), Dich aus dem Staube machen». Auch Gentz, der Sekretär des Wiener Kongresses, dessen Biographie er geschrieben hatte, sei gezwungen gewesen, seine «Deutsche Monatsschrift» mit einem «förmlichen Banquerot» zu liquidieren, und Schiller habe seinen «Horen» adieu sagen müssen.

Noch ein weiterer Brief trägt das Datum des 26. Juni: auch Agnes Meyer schrieb an Thomas Mann über das Telefonat, das sie mit Erika geführt hatte. Die Tochter hatte es vorgezogen, ihr gegenüber zu behaupten, die Entscheidung über den Bau des Hauses sei noch nicht gefallen. So sagte sie ihm, sie verstehe – da sie gerade an dem Kindheits- und Lübeck-Kapitel ihres Thomas-Mann-Buches schreibe –, wie tief sein Bedauern sei, daß er sich das eigene Dach nicht sofort errichten könne. Dann wiederholte sie «ganz entschieden (…), dass dieser Wunsch momentan nicht ausgeführt werden sollte». Sie fürchtete, von ihrem Mann beraten, daß sich Schwierigkeiten mit den Baumaterialien und womöglich auch mit den Arbeitern ergeben könnten: «Sie müssen sich die Sache aus dem Kopf schlagen bis wir die erste Hysterie des ‹Defense› Programs hinter uns haben.» Mit strenger Mütterlichkeit, die Thomas Mann ohne Zweifel als lächerlich und taktlos empfand, rief sie ihm zu: «Bitte seien Sie doch ein vernünftiges Kind und sagen Sie sich, dass wir es nur gut meinen, und dass Eugene, wenn nicht ich, die Sache recht beurteilen kann. Kommt der rechte Moment so sollen Sie es haben, so wie Sie es wollen, und nicht wie jetzt nötig wäre, mit Ersatzmaterial.» Sie fügte hinzu, sie habe nun «genug gescholten».

Im Tagebuch vermerkte der Empfänger: «Warnungsbrief der Meyer wegen des Baues, zu spät. Briefe von Klaus u. Golo, Erika's Finanz-Intrige betreffend, die Haus und ‹Decision› verkoppelt. Nicht zu billigen. Klaus 1500 Dollar für die letzte Nummer oder zur Liquidierung gewährt.» Anderntags telefonierte er mit Agnes Meyer, um ihr zu sagen, daß der Einspruch zu spät komme. Er konnte freilich festhalten, daß er «nicht nur ihre Zustimmung, sondern auch die Versicherung erhalten hatte», er würde sich «in jedem Fall auf sie verlassen» können: «Geldsorgen brauche ich mir nicht zu machen.»

So unterzeichnete er nicht allzu beschwert die Verträge und Baupläne. Acht Tage später der offizielle Baubeginn. Auf dem Grundstück fanden sich, um das Ereignis zu würdigen, Reporter und Photographen des Lokalblättchens von Santa Monica ein. Die «Herren von der Presse», meinte er zu Agnes Meyer, würden ihm auch nicht helfen, «wenn die erwarteten troubles sich einstellen». Mit merkwürdiger Nachlässigkeit ließ er es zu, daß sich englische Worte in seinen deutschen Sätzen breitmachten: offensichtlich für die Verführungen des amerikanischen Alltagsjargons, der so handlich ist, genauso anfällig wie jeder andere Einwanderer auch.

78. KAPITEL

Ein Staatsschreiben

Im Fortgang des Sommers kehrte eine gewisse Normalität in das Dasein des Dichters zurück: die täglichen Regelmäßigkeiten, die er nicht entbehren mochte. Der kurze Gang nach dem Aufstehen, das amerikanische Frühstück, das ihm die behaglichste Mahlzeit war, mit Orangensaft, Eiern und Haferflocken, die er so lange beharrlich als «Oak Meal» bezeichnete (statt Oatmeal), obschon es keine angenehme Vorstellung sein konnte, zu früher Stunde «Eichenmehl» in warmer Milch zu löffeln. Arbeit am Manuskript. Gegen Mittag die Ausfahrt zur Strandpromenade, von John chauffiert, wenn Katia beschäftigt war, dem schwarzen Diener, der mit seiner Lucy die Herrschaft aus Princeton nach Westen begleitet hatte. Niemals wurde der Dichter des Meeres müde. Zum Bad freilich entschloß er sich, anders als Katia, so gut wie nie. Vielleicht fürchtete er die harten Brecher und die kühle Temperierung der pazifischen Brandung.

Das Mittagessen oft mit Gästen. Ruhe. Am Nachmittag häufig kleine Ausfahrten und Besorgungen, unter denen die Besuche beim Friseur oder bei der Pediküre stets eine besondere Betonung verdienten. Danach die Korrespondenz. Die Pflichten des Sekretärs hatte Konrad Katzenellenbogen übernommen: Connie, der sich später Kellen nannte, ein Jugendfreund von Erika und Klaus, mit seiner Familie 1933 in die Schweiz emigriert, seit 1937 in den Vereinigten Staaten ansässig – ein freundlich entspannter Mensch von achtundzwanzig Jahren, mit einer liebenswürdigen Frau deutscher Herkunft verheiratet, die er mit Hilfe der resoluten Erika aus ihrer ersten Ehe befreit und nach Kalifornien entführt hatte. Die Mutter betrieb eine kleine Kunsthandlung in Santa Monica, die sie, ihre beiden Töchter und Connie zu ernähren schien. Dennoch war ein zusätzliches Einkommen, so gering es immer sein mochte, hoch willkommen.

Connie war, dies zählte mehr als alles andere, in der Sprache des Landes ganz zu Haus. Den englischen Texten, die ihm Thomas Mann nun dann und wann in die Maschine diktierte, eher schlecht als recht – doch so weit hatte er es nach drei amerikanischen Jahren immerhin gebracht –, konnte Connie die notwendigen Korrekturen angedeihen lassen. Einen Teil der Korrespondenz erledigte er nach Stichworten. Er schien auch Thomas Manns Handschrift ohne Schwierigkeit entziffern zu können; so übernahm er die Abschrift der Manuskripte. Er zählte gewissermaßen zur Familie.

Sein Erinnerungsaufsatz, 1961 in den «Neuen Deutschen Heften» gedruckt, zeugt von jener unaufdringlichen Intimität, die ihn auszuzeichnen schien. Er respektierte den Abstand, den Thomas Mann seiner Umwelt diktierte. «Äußerlich», schrieb er, «ähnelte er (...) einem gesetzten Bankdirektor: ein stets korrekter, sehr beherrschter Herr von Welt, der sich konservativ kleidete und großen Wert auf äußere Formen legte. Die im Umgang mit Freunden und Bekannten gewahrte Distanz, dieses bewußt gehandhabte und bewahrte Erbe europäischer Bürgertradition, wirkte in der zwanglosen Atmosphäre Kaliforniens zuweilen eigentümlich. Doch die Achtung vor ‹Germanys grand old man›, der für unzählige Amerikaner das Symbol des ‹anderen Deutschland› war, ließ zudringliche Vertraulichkeit erst gar nicht aufkommen.»

Kellen erzählte weiter: «Ganz besonders war ich über das formelle Gebaren innerhalb der Familie Mann verblüfft. Wenige Tage nachdem ich meine Arbeit begonnen hatte, war ich Zeuge einer Unterhaltung zwischen den Brüdern Thomas und Heinrich. Bei einer Tasse Tee saßen beide auf einem großen Sofa und diskutierten verschiedene ästhetische und literarische Probleme. Ich betrachtete das Schauspiel fasziniert. Sind das wirklich Brüder? Handelt es sich nicht vielmehr um zwei Universitätsprofessoren, die einander gerade vorgestellt worden sind und nun einen höchst gelehrten und steifen Disput abhalten? Dabei war Heinrich einer der ganz wenigen Auserwählten, die Thomas Mann beim Vornamen riefen.»

Klaus, berichtete Connie Kellen weiter, habe ihm gestanden, daß er sich «für jede gemeinsam mit dem Vater einzunehmende Mahlzeit geistig vorbereite». Er lege sich immer einen Gesprächsstoff zurecht. «Im Verhältnis der Söhne zu Thomas Mann war dieses Element der Distanz in erstaunlichem Maße enthalten. Der Vater seinerseits verhielt sich seinen Söhnen gegenüber so unpersönlich, daß er nicht selten über einen Artikel oder Roman seiner Sprößlinge in einem Ton dozierte, als habe er es mit der Leistung eines ihm wildfremden Schriftstellers zu tun.»

Nur Erika hatte das Recht und die Fähigkeit, den Abstand zu überwinden. Der armen Monika gelang dies nicht. Die zweite Tochter – der Vater sprach in einem Brief an Klaus vom «unseligen Mönle» – lebte nun wieder bei den Eltern, die von Michael und Gret dringend gebeten worden waren, sie bei sich aufzunehmen: sonst, sagten sie, würden sie ihr kleines Haus in Carmel räumen. Nun suchte Katia eine «passende Unterkunft für das Unglückskind», was in jenen Tagen nicht leicht war. Monika bestand darauf, daß in der Wohnung ein Klavier stehen müsse. Womöglich träumte sie noch immer von einer musikalischen Karriere, für die ihr Talent nach dem Urteil des Vaters – und wohl nicht nur des seinen – nicht ausreichte. Später zeichnete Monika ein Porträt des Vaters in jenen amerikanischen Tagen, das von einer merkwürdig poetischen Eindringlichkeit war. Sie erzählte, wie er durchs Haus ging: «eher leichten, ebenmäßigen Schrittes (...), weder schnell noch langsam, sah im Vorübergehen die Post auf dem Flügel an, wo noch die von ihm geschriebenen Briefe lagen – ein sauberer Stoß, vielleicht acht Briefe, deren ganz langweilige Adressen in adretten Lateinbuchstaben gemalt waren, die Stadt unterstrichen mit einem sicheren, leicht nach oben zielenden Strich, noch unfrankiert, Mielein würde sie mittags besorgen – die Brille hatte er am Schreibtisch liegenlassen, sein Gesicht war weder gespannt noch inspiriert, eher vergnügt, alltäglich, ‹O.K.›, er ging ins Schlafzimmer und schloß die Tür hinter sich, weder laut noch leise – wirklich nichts Besonderes, mit dem besten Willen nicht. Und doch kann ich nur mit Bestimmtheit wiederholen, daß das Haus eine ganze Weile voll seines Durchgehens war.»

Seine Präsenz erfüllte die Räume, und doch schien er auf eine rätselhafte Weise nicht anwesend zu sein: «Ein Streit mit ihm», fuhr Monika fort, «ein Wortwechsel – ‹some argument› wie es englisch heißt – ist undenkbar. Aus Sanftmut, Hochmut wähnt er sich turmhoch über allem, läßt er sich zum ‹argument› nicht herab? Oder ist es ihm um die Fragen des Lebens überhaupt nicht ernst, lohnt es nicht, sich ihretwegen zu ereifern (…)? Daß es sich scheinbar nicht lohnt, ist es Indifferenz, ‹Lauwarmheit›, die Christus verpönte? Trotz aller Erfahrung, trotz allen Sinnens weiß er nichts. Denn Wissen ist nichts Fixiertes, sondern aus den Tiefen des Augenblicks zu Erhaschendes: Er hat es nicht parat».

Fast war es, wenn man den Schilderungen Monikas vertrauen mag, als hätte er vor allem Nico, den Pudel, mit dem engsten, innigsten, entspanntesten Umgang ausgezeichnet: «Es ist Abend: Die Zigarre raucht – es gibt türkischen Kaffee, den er selbst bereitet. Er tätschelt den Pudel und spricht – Du gutes Männlein, ja du gutes Seelchen! Der Pudel grinst, macht ‹Männlein› und schaut mit den runden, goldenen Augen geradewegs in seine blauen Augen. Was will das Närrchen, was will denn der Hund, was schaut er mich denn so an? (…) Da zieht er ein rotes Ding hervor, das einmal ein Ball gewesen war und durch des Pudels Zärtlichkeit total verunstaltet ist. Das will der Pudel, ja? Er wirft es hoch: Der Pudel schnellt aus dem ‹Sitzmännlein› senkrecht hoch, als habe er eine Spirale im Leib, und faßt es mit dem Maul im Fluge. Er lacht so herzlich und dankbar über dieses Kunststück: Das Seelchen hat ihn recht sehr ergötzt.»

Und dann die Musik: «Jetzt spielt das Grammophon.» Des Vaters Augen «sind ein wenig aufwärts geschlagen, der Mund ist leicht geöffnet, der Kopf ein wenig zurückgelehnt, als ob er mit offenen Augen schliefe, fast als ob er tot wäre. Kaum sind die letzten Töne verklungen, sagt er etwas – irgend etwas über diesen Schlußchor im ‹Fidelio›: Seine Worte rühren die Musik an, so wie man mit der Hand etwas Lebendiges anrührt. Er hat also nicht geschlafen – ganz und gar nicht: Ist untergetaucht in den Klängen».

Thomas Mann hatte das kalifornische Gleichmaß des Klimas gesucht, doch manchmal setzte ihm die harte Hitze zu, die trockenheiße Luft, die aus der Wüste kam, auch wenn sie nicht so bedrükkend war wie die feuchte und schwer lastende Tropenluft an der

Ostküste. Sein ohnedies niedriger Blutdruck sank dann noch ein wenig tiefer ab. Eine Untersuchung ergab, daß er an einer Unterfunktion der Schilddrüse litt. Belebende Medikamente wurden verordnet. Mit ihrer Hilfe atmete und ging er leichter.

Die Hügel von Pacific Palisades, auf denen er sein Haus baute, waren von bezwingender Anmut: ein subtropischer Garten hoch über dem Meer, auf das sich grandiose Ausblicke boten, über die so vielfältig gegliederte und in manchen Winkeln dramatisch zerklüftete Küste hinweg. Die Nähe der Wüste indes war ihm unbehaglich. Die Öde der verkarsteten Berge landeinwärts mit ihrem dürren Gestrüpp und den braungelb ausgebrannten Prärien verstörte ihn rasch. Das wesentliche Element der Landschaft – die Weite, die Leere, ihre Gewalt – war ihm nicht geheuer. Amerika blieb die Fremde. Im Tagebuch hielt er fest, er sage oft, daß er gern wieder in der Schweiz leben würde – «Das Eigentliche ist, daß ich dort sterben möchte und nicht hier.»

Die amerikanische Literatur nahm er mit einem distanzierten Interesse, doch gelegentlich auch mit einer unbefangenen Bewunderung wahr. Der Zugang zu den Klassikern öffnete sich ihm auch dort selbstverständlicher als zu den Autoren der Gegenwart – zu Hause war das nicht anders gewesen. Die Gesellschaft des Landes aber wurde ihm niemals vertraut. Er weigerte sich, ohne es recht wahrzunehmen, sie sich nahe kommen zu lassen. Eine innere Blokkade, deren er sich nicht bewußt war, ließ es auch nicht zu, daß er sich in seinem Werk einem amerikanischen Stoff zuwandte – nicht einmal in einer ersten schwebenden Skizze. Niemals erwog er, die Menschen des Landes, ihr soziales Gefüge, ihre Geschichte, ihre Religiosität, ihr Lebensgefühl, die Landschaft des Kontinents in sein literarisches Universum aufzunehmen. Amerikaner blieben Randfiguren des Werkes, die kapriziös-kapitalistische Prinzessin Imma Spoelmann im Märchen von der «Königlichen Hoheit» ausgenommen. Nach einem Abend bei einem reichen amerikanischen Trivialschriftsteller, der ausgerechnet auf den Namen Faust hörte, vermerkte er, daß sich die Frauen als «europa-kundig» erwiesen und daß man Kaffee mit «abgebranntem Alkohol» servierte – Irish Coffee mit anderen Worten. Er notierte auch, daß der Gastgeber – der seine Bücher im Dutzend verfaßte – über die «Wertlosigkeit aller Fiction» philosophiert habe. «Das Ganze sonderbar», setzte er hinzu: «Rückkehr in die eigene Ordnung angenehm.» Zur kalifornischen Talmi-Welt, die ihn anzog und die er zugleich verachtete, zählte für ihn auch der «dicke Producer Hitschcock mit seiner blonden Frau», dem er im Hause eines englischen Schauspielers begegnete. Der Regisseur, der übrigens Brite war, habe nach dem Kaffee geschnarcht, bemerkte er. Er schlafe auch nachts im Stuhl. Talmi war Marlene Dietrich, war vor allem der gehaßte und so erfolgreiche Erich Maria Remarque, den er bei Florence Homolka, der Tochter von Agnes Meyer, wiedersah.

Die Emigrationsgenossen lebten zwischen zwei Welten. Auch sie hielt er auf Distanz, trotz seiner Hilfsbereitschaft für die Flüchtlinge, in der er auch jetzt nicht nachließ, Brief um Brief, Eingabe um Eingabe schreibend. Die Ausnahme waren einige Urvertraute wie Bruno und Liesl Frank, Alfred Neumann und seine Frau. Es vergingen selten mehr als drei oder vier Tage, ohne daß er das eine oder andere Mitglied der deutschen Kolonie – die von Tag zu Tag größer zu werden schien – bei sich zu Tisch sah: Franz Werfel und Alma, seine Frau, die einst mit Gustav Mahler verheiratet und mit Oskar Kokoschka aufs innigste liiert war, den geistreichen und aufsässigen Ludwig Marcuse, Hedwig Fischer, die Witwe seines Verlegers, natürlich Bruno Walter und die Seinen, Heinrich samt der unvermeidlichen Nelly, Lion Feuchtwanger, dessen geographische Nachbarschaft ihm lieber war als die literarische, und dessen warmherzige und schöne Frau Marta. Gern unterhielt er sich mit dem Soziologen Max Horkheimer, einem reichen und weltkundigen Mann, urban, scharfsinnig, sensibel und ängstlich, der sein Englisch mit einem unverkennbar schwäbischen Akzent dekorierte, da er aus Stuttgart stammte, zusammen mit Theodor Wiesengrund Adorno und Herbert Marcuse Gründer der Frankfurter Schule für Sozialforschung, für die er zunächst eine Unterkunft in New York, dann eine Heimat in Los Angeles geschaffen hatte. Horkheimer kaufte, nur wenige Schritt von Thomas Manns Bauplatz im San Remo Drive entfernt, ein schönes Haus. Das Einweihungsfest mit einem aufwendigen Buffet-Dinner geriet allerdings zu einer «historisch-politisch-philosophischen Gesprächsorgie», die Thomas Mann als quälend empfand.

Nein, er schätzte diese deutschen Debatten nicht, die nie ein Ende fanden, die Erörterungen immer der gleichen Themen, die ins Endlose und nirgendwohin führten. Überdies war er es gewohnt, der natürliche Mittelpunkt jeder Gesellschaft zu sein. Selten empfand er einen Abend als geglückt, an dem er nicht Gelegenheit fand, ein Kapitel aus dem werdenden Werk zu lesen. «Greulich und sinnlos», nannte er eine «Massen-Party» bei Salka Viertel, samt ihren «Disputationen (...) über (...) Christentum, katholische Kirche etc.», vor allem aber, was ihn am meisten ärgerte, über einen Roman Franz Werfels: «entnervend, degradierend, dumm, den Stolz und die Einsamkeit verletzend. 11 Uhr fort.»

Die politischen Köpfe der Emigration hielt er auf Abstand. In den ersten Augusttagen 1941 aber klopften prominente Sozialdemokraten bei ihm an, um ihm die Ehrenpräsidentschaft einer Vereinigung anzutragen, die sich «German-American Council for the Liberation from Nazism» nannte, angeführt von Albert Grzesinski, dem einstigen Berliner Polizeipräsidenten und preußischen Innenminister, und Friedrich Stampfer, dem ehemaligen Chefredakteur des «Vorwärts». Thomas Mann urteilte in einem Brief an Agnes Meyer ohne zu großen Aufwand an Sympathie, dies alles seien «Leute, die glauben, in einem zukünftigen Deutschland wieder eine Rolle spielen zu können (was sie schwerlich verdienen)». Wenn er sich an ihre Spitze stellte, würde er «womöglich den Anschein erwecken», als ob seinem «eigenen Kampf gegen das Hitler-Elend irgendwelcher politischer Ehrgeiz zugrunde läge». Nichts sei ihm ferner als die Rolle eines Masaryk, der im Exil einst so beharrlich für die Gründung eines tschechoslowakischen Staatswesens geworben hatte. Masaryk habe «politischen Glauben an sein Volk» hegen können – «und eben den habe ich nicht». Die Deutschen hätten durch ihre großen Männer Bedeutendstes zur allgemeinen Kultur beigetragen: «Als Fruchtboden dieser Grösse ehre ich Deutschland, aber als politisches Volk sind die Deutschen unmöglich, sind sie mir einfach grässlich, und höchste Verlegenheit müsste es sein, in irgend einer Form vor der Welt politisch für sie einstehen zu müssen. Gott bewahre mich!» Er zog sich in jenen Tagen auch aus dem «German-American Congress for Democracy» zurück, der an der Westküste eine Filiale unter seiner

Schirmherrschaft aufbauen wollte, zumal dem Schriftsteller Karl Schück, der als Generalsekretär vorgesehen war, vorgeworfen wurde, daß er sich während seines Aufenthaltes in Italien den Faschisten als kleiner Propagandist verdingt habe.

Im gleichen Brief, in dem er von seiner Absage an die Sozialdemokraten sprach, berichtete er der Freundin in Washington auch, er habe den «Joseph» für einige Tage beiseite gelegt, um für einen kleinen New Yorker Verlag das Vorwort zu einer Sammlung der Predigten des Pastors Martin Niemöller zu schreiben, der seit 1937 in Konzentrationslagern gefangen saß. «Sie werden sich wundern», sagte er Agnes Meyer, «dass ich das annahm; aber ich hatte meine Gründe dazu.» Die «mutige Zeugenschaft des Mannes» sei ihm «bei der Lektüre der Predigten (...) ungeheuer eindrucksvoll geworden».

Man spürte es dem kleinen Aufsatz an, in dem Thomas Mann eine Unmittelbarkeit demonstrierte, die er sich nur selten erlaubte. Er ging so weit, sich in direkter Rede an die Leser zu wenden, und in manchen Passagen übernahm er – wohl nicht unwillentlich – den Stil der Predigt, der ihm in den Texten des Dahlemer Pfarrers, der mit solch schlichtem Mut die Grenzen des Gehorsams und die Pflicht zum Widerstand deutlich gemacht hatte, nach so langen Jahren zum erstenmal wiederbegegnet war. Er wies darauf hin, daß Niemöller in der kaiserlichen Flotte als Kommandant eines Unterseebootes gedient habe. Freilich hielt er es nicht für angebracht, von der konservativ-nationalistischen Prägung dieses Mannes zu reden, die sich von der seiner jüngeren Jahre kaum unterschied. Aus der verwandten Herkunft ergaben sich auch später, nach der Katastrophe, politische Berührungen. Für das amerikanische Publikum war es wichtiger, den «seelischen Radikalismus der Erneuerung» sichtbar zu machen, der aus den Predigten sprach: das gewandelte Verständnis des «Kreuzes», das «nichts Klischeemäßiges, Gutmütiges, Beschönigendes, Erbauliches» dulde. Er zitierte Niemöllers Wort: «Die Bibel ist niemals erbaulich.»

Das war auch für ihn eine ungewohnte Botschaft, die mit den lauwarmen Sentimentalitäten des liberalen Sonn- und Feiertags-Protestantismus seiner Jugend nichts mehr zu schaffen hatte. Er referierte: «Fromme Stimmungen, ja, Überzeugungstreue und Mannesmut werden *Götzen* genannt, man darf sie nicht mit dem Glauben verwechseln, der allein die Kraft verleiht, den Weg des Kreuzes zu gehen. Und der ist ‹kein Spaziergang›.»

Hier blieb in der Tat nichts mehr vom beseligten Schwelgen in der Poesie von «Kreuz, Tod und Gruft», die der pathetisch-sentimentale Dreiklang seiner Jugend waren. Aus einer Predigt des Märtyrers zitierte er: «Vor dem Kreuz macht alles edle Menschentum, oder was wir sonst noch so nennen mögen, Bankrott», und er fügte hinzu: «Nun denn, ohne Blasphemie, auch vor seinem» – Niemöllers – «Kreuz hört das Rühmen auf, auch seines bedeutet den Bankrott des Menschentums, der gesitteten Welt. Niemand half ihm, niemand ‹intervenierte›. (…) Ich glaube wirklich, seit dem Tage von Golgatha hat die Trägheit des menschlichen Herzens sich nicht so kläglich-sträflich offenbart wie in unseren Tagen.»

Merkwürdig, daß er die Eindrücke, die er durch die Lektüre der Predigten Martin Niemöllers gewann, niemals in seine Radioansprachen an die Hörer in Deutschland aufnahm. Es hätte die Menschen drüben aufs herzlichste berührt, wenn er die Botschaft des Gefangenen von Dachau, der auch unter den Deutschen zu einer Legende geworden war, zu der seinen gemacht haben würde. Er wußte, daß er die Hörer in Deutschland nur erreichen konnte, wenn er immer aufs neue die Identifikation mit ihrem Geschick vollzog. Doch ebendies wurde ihm von Mal zu Mal schwerer. Wohl rief er ihnen zu, er sei «gutgläubig und vaterlandsliebend genug, dem Deutschland (…) Dürers und Bachs und Goethe's und Beethovens den längeren historischen Atem zuzutrauen». Wohl sagte er auch – das war eines der ermutigenden Worte, von denen es nicht viele gab –, die Welt brauche Deutschland, aber Deutschland brauche auch die Welt. Wohl berief er sich auf Schillers «Geschichte des Dreißigjährigen Krieges», gewiß durch Golo angeregt, und er zitierte die erstaunlichen Verse, die Goethe nach dem Sturz Napoleons geschrieben hatte: «Verflucht sei, wer nach falschem Rat / Mit überfrechem Mut / Das, was der Korse-Franke tat, / Nun als ein Deutscher tut!»

Doch immer wieder reckte er den Zeigefinger hoch empor, ein Mahn- und Bußprediger, dem es nur mühsam gelingen wollte, den Abstand zwischen Kanzel und Gemeinde zu überwinden. Er unternahm einen Versuch, die Ferne aufzuheben, als er den nazistischen Kampfruf «Deutschland, erwache!» – von Dietrich Eckart geprägt, dem er selbst einst flüchtig begegnet war – mit einer Art Halleffekt umkehrte: «Erwache, Deutschland! Erwache zur Wirklichkeit, zur gesunden Vernunft, zu dir selbst, zu der Welt der Freiheit und des Rechtes, die auf dich wartet!»

Er hatte recht mit der Feststellung, daß die «männliche Jugend bis herab zu den Achtzehn-, den Sechzehnjährigen dem Moloch des Krieges» geopfert werde, daß es bald «kein Haus in Deutschland» mehr gebe, «das nicht seinen Gatten, Sohn oder Bruder zu beklagen hätte». Wohl fragte er in derselben Sendung: «Wie sieht es aus bei euch? Denkt ihr, wir draußen wissen es nicht so gut wie ihr?», doch er zeigte sich allzurasch bereit, wilden Gerüchten aufzusitzen. Ohne den Schatten eines Zweifels oder Vorbehaltes verkündete er, in deutschen Lazaretten und Krankenhäusern würden «die Schwerverwundeten zusammen mit Alten, Gebrechlichen, Geisteskranken zu Tode gebracht». Der Mord an den Geisteskranken: das war die Wahrheit. Viele Deutsche wußten Bescheid. Diese Wahrheit war entsetzlich. Es mußte ihr nichts hinzugefügt werden. Mit der Behauptung, auch Alte, Gebrechliche und Schwerverwundete würden als «lebensunwertes Leben» (wie der nazistische Terminus hieß) beseitigt, verfiel er in den Fehler, mit dem sich die Propagandisten am Ende immer selbst besiegen: er übertrieb.

Er saß auch dem Geschwätz auf, «beurlaubte Soldaten» würden an sogenannten Begattungstagen mit den «BDM-Mädchen zu tierischer Stunden-Ehe zusammenkommandiert (…), um Staatsbastarde für den nächsten Krieg zu zeugen». Auch das konnten die Hörer als blanken Unsinn beiseite wischen. Sie wußten, daß in den «Lebensborn»-Heimen der SS ledige Mütter die Kinder der Gardisten des «Führers» austragen konnten: das kam der «nordischen Aufzucht» auf beklemmende Weise nahe. Über die «Begattungstage» aber lachten gewiß auch die Gutwilligen unter seinen Hörern. (Von jener bizarren Vorstellung mag der Einfall bestimmt gewesen sein, den Thomas Mann im November 1941 notierte: «Gedanken an ein Stück im Begattungshotel, 2 Paare in Nachbarzimmern» – eine Idee, auf die er gottlob nicht zurückkam.)

Natürlich war es draußen schwer, ein realistisches Bild der Verhältnisse «drinnen» im Reich zu gewinnen. Doch Thomas Mann erlag oft allzu bereitwillig dem Sog des Irrealen. Das wirklich Wichtige, das er mitzuteilen hatte, drohte zum Schaden der Wahrheit relativiert zu werden. Er zählte zu den ersten, die den Deutschen klipp und klar sagten, daß – schon in jenem Jahr 1941 – die Maschinerie des Rassen- und Völkermordes ihre blutige Arbeit hinter den deutschen Frontlinien im Osten begonnen hatte. In Wahrheit waren viele durch Soldaten, die Zeugen der Massenhinrichtungen waren, auf das Ungeheuerliche hingewiesen worden: «Das Unaussprechliche, das in Rußland, das mit den Polen und Juden geschehen ist und geschieht, wißt ihr, wollt es aber lieber nicht wissen aus berechtigtem Grauen vor dem ebenfalls unaussprechlichen, dem ins Riesenhafte heranwachsenden Haß, der eines Tages, wenn eure Volks- und Maschinenkraft erlahmt, über euren Köpfen zusammenschlagen muß. Ja, Grauen vor diesem Tage ist am Platz, und eure Führer nutzen es aus.»

Hunderttausende wußten es, auch wenn sie es später nicht wahrhaben wollten: beurlaubte und verwundete Soldaten hatten ihren Angehörigen, manchen Freunden, auch ihren Pfarrern von den entsetzlichen Szenen berichtet, denen sie in Polen und Rußland begegnet waren. Es wäre genug gewesen, davon zu sprechen: ruhiger und nüchterner, als es ihm in jenem Kommentar gelang, in dem er die entscheidende Meldung – es ist kaum faßbar – erst *nach* einer aufwendigen Revue des nazistischen Propagandaplunders erwähnte. Nun rief er: «Die Hölle, Deutsche, kam über euch, als diese Führer über euch kamen. Zur Hölle mit ihnen und all ihren Spießgesellen.» «Doktor Faustus» kündigte sich an.

Aus New York keine guten Nachrichten. Die Agonie von «Decision», die begonnen hatte, ehe die Zeitschrift recht zur Welt gekommen war, schleppte sich auf quälende Weise dahin. Am 30. Juli schickte Klaus Mann einen neuen Notruf an die Eltern (der überdies auch an Golo adressiert war). Ihm «würde vor New York grauen, und erst recht vor Hollywood, und vor Amerika überhaupt», wenn er aufgeben müsse – wenn er, mit anderen Worten, sich «vor dieser Gesellschaft hier blamiert habe»: «Ich wüßte buchstäblich nicht, was tun. Nicht einmal Soldat kann ich werden – erstens aus Zimperlichkeit, außerdem aus Älte, besonders aber nicht weil ich Ausländer bin und man mir doch partout nicht erlauben will einzuwandern.» (Er verfügte noch immer nicht über die Immigrationspapiere.) Doch noch war er nicht bereit, seinen Traum zu opfern: «Es *muß* eine große Summe her, um die Schulden zu zahlen und die Sache auf die Beine zu bringen. Sonst *kann* ichs nicht weiter machen, und dann... (siehe oben. Circulus vitiosus.) Es kann und darf nicht von euch kommen. Also *muß* es von der Meyer kommen – sie ist die einzig wirklich sehr Reiche weit und breit. Ich habe mir ausgerechnet, daß ich $ 8000 brauche, um alles zu zahlen».

Der Vater hatte unterdessen beschlossen, daß die Zeitschrift liquidiert werden müsse, was freilich auch viel Geld koste, wie er im Tagebuch notierte. Die Operation erspare es ihm nicht, «die Meyer anzugehen und so um dieses Leichtsinns willen eine notwendige Reserve anzugreifen. Beunruhigend und verstimmend.» Dies war, er sagte es deutlich genug, nicht ihre geringste Funktion: sie sollte als personifiziertes Notkapital für ihn parat stehen. Klaus indes hörte denn doch nicht auf den Vater. Er ließ sich – ohne Widerstand zu leisten – von seinen Mitarbeitern, auch von Thomas Quinn Curtiss, dazu überreden, das unaufhaltsame Ende weiter hinauszuschieben. Wenigstens wollte er einen vollständigen Jahrgang von «Decision» vorweisen können.

Am 24. August 1941 langte Agnes Meyer in Los Angeles an. Sie besichtigte den Bau am San Remo Drive, der weit fortgeschritten war und seine Vorzüge erkennen ließ. Gewiß führte ihr Thomas Mann mit einigem Stolz sein Studio vor, von dem eine Art Privat-Treppchen, das für ihn reserviert sein sollte, hinauf zu seinem Schlafzimmer führte. Das Arbeitszimmer mit dem «freien Blick über Avocado-Haine, vereinzelte Villen und ferne Abhänge, hinter denen sich der Stille Ozean auftat» – dieses «behaglich-elegant eingerichtete ‹Dichterverlies›», von dem Connie Kellen berichtete –, war durch einen schmalen Gang zugleich mit dem Salon und dem Eßzimmer verbunden. Thomas Mann bemerkte später voller Stolz, dieses Refugium sei das prächtigste, über das er jemals verfügt habe.

Die Gesamtanlage, von einer moderaten Modernität geprägt, deutete an, daß der Architekt mit der Bauhaus-Schule vertraut war. Davidson hatte es einige Mühe gekostet, Thomas und Katia Mann ihren Traum von einer schmucken Villa im klassizistischen Kolonialstil, weiß und mit dekorativen Säulen, auszureden: das passe, sagte der Baumeister, nicht nach Kalifornien. Spätere Bewohner des Anwesens fanden es notwendig, Fenster und Türen zu erweitern, um das Haus für Luft und Licht zu öffnen. Sie berichteten, daß es trotz der Geräumigkeit, die Thomas Mann lobte, von einer dämmerigen Schwere gewesen sei, die sich vielleicht aus der Mächtigkeit der Möbel und der Pracht der Portieren ergab, die er in seinem Arbeitszimmer, wenn die Nacht hereinbrach, stets völlig geschlossen hielt.

Agnes Meyer, die bei ihrer Tochter Florence Homolka wohnte, war während des kurzen Aufenthaltes gesellschaftlich lebhaft in Anspruch genommen. Thomas Mann war es nicht unrecht. Dennoch blieb Zeit, ihr das Vorspiel des vierten «Joseph»-Bandes vorzulesen: seinen «Prolog im Himmel», mit dem er die ersehnte Nachbarschaft zum «Menschheitsgedicht» des «Faust» akzentuierte. In seiner Antwort auf ihren Dankesbrief versicherte er ihr mit dem übertreibenden Enthusiasmus, von dem seine Korrespondenz mit der hohen Frau gezeichnet war: «Ich habe so viel zu danken, wie Sie, denn Geben und Empfangen halten sich die Wage, wenn das Empfangene geübt wird wie von Ihnen. Wie gern habe ich Ihnen vorgelesen! Das amerikanische ‹oh boy, oh boy!› ein paar Mal zwischenein war besser, als preisende Erörterungen.»

Nach der Lesung hatte sich die Gelegenheit zu einem privaten Austausch ergeben. Tagebuch und Briefe sagen aber nichts von einer Verabredung über die Finanzierung des Hauses und nichts von einer Hilfe für Klaus. Im September klopfte der Sohn selbst bei Agnes Meyer an. Er wurde nicht allzu gnädig empfangen. Den Eltern berichtete er: «Zwar hat sie mir, nervös und nebenbei, einen Scheck versprochen, aber ausdrücklich nur zum persönlichen Verbrauch.» Für die Zeitschrift engagierte sie sich nicht. Klaus bestand darauf, daß er sich bei dem Bittgang nichts vergeben habe. Dann holte er aus: «Ich habe ausdrücklich erklärt, daß ich weder Amerikaner zu werden noch auch eine amerikanische Weltherrschaft zu erleben wünsche. Bei solchen Gelegenheiten halte ich dem Pack jetzt immer das große England als Beispiel vor: denn dort bringt man es fertig, heroisch zu sein ohne nationalistisch zu werden; (kein nationalistisches *Tönchen*, mein Herzechen, in Churchills pracht-

vollen Donnerwettern!) – während man hier den lahmsten Defaitis-
mus mit Fremdenfeindlichkeit und aggressiver Prahlerei verbindet.
Man muß es ihnen nur *sagen*: dann einen Scheck nehmen, und
hocherhobenen Hauptes das Lokal verlassen.»

Ganz so arrogant hatte er sich gewiß nicht aufgeführt. Er neigte
zu Aufschneidereien, wenn sein schwankendes Selbstbewußtsein
allzu herb geprüft wurde. Agnes Meyer nahm den Hochmut trotzdem wahr. In einem späteren Brief, den Thomas Mann nicht aufbewahrte, äußerte sie sich voller Skepsis, ja «anklägerisch» (wie er im
Tagebuch sagte) über seine Kinder, denen sie vorwarf, sie nutzten
die Eltern auf «vampyrische» Weise aus. Seine Sippe verteidigend,
sprach der Vater mit gedämpftem Respekt von Michaels Hoffnung,
im Symphonieorchester von San Francisco akzeptiert zu werden.
Golo sei «ein angenehmer, gescheiter Hausgenosse» und ihm «oft
bei kleinen Arbeiten» nützlich. (Überdies bemühte sich Agnes
Meyer selbst, ihm die Tür zu einem Lehramt aufzuschließen, das er
durch die Vermittlung des Bruders Klaus schließlich auch fand.)
Beim Gedanken an Erika, schrieb er weiter, gehe ihm «einfach das
Herz auf». Klaus sei «zum Mindesten rührend». Elisabeth leiste
«das Menschenmögliche». Nur Monika, «die sich schweigend bei
uns verköstigt» (wie er an anderer Stelle sagte), tue gar nichts. Zu
Anfang hatte er, eher kryptisch, einen «Fall» angedeutet, bei dem
man leider «von einer gewissen Minderwertigkeit» sprechen müsse
– und gerade ihn («d. h. sie») habe Agnes Meyer, wie manch andere,
«anfänglich überschätzt»: er sprach von seiner Tochter Monika, die
ihm durch ihre Untätigkeit, die dumpfe Resistenz, die sie den Eltern
entgegensetzte, und durch ihre künstlerischen Ambitionen, die auf
kein nennenswertes Talent gegründet zu sein schienen, unleidlich
geworden war, trotz des Entsetzens, das sie durchlitten hatte.
«Minderwertigkeit» war ein böses Wort.

Die Eltern bedrängte unterdessen eine andere Sorge: Heinrich
Manns Vertrag mit der Filmgesellschaft Warner Brothers lief aus –
und so die Verträge seiner Kollegen, die mit den Schecks jenes Hauses oder den Zahlungen von Metro-Goldwyn-Mayer ihr Dasein fristeten. «Man sah», so zitierte Willi Jasper einen Zeugen jener Jahre,
«den Greis oft stundenlang in den Vorzimmern der Hollywooder
Produzenten vergeblich auf eine Unterredung warten.» Schon wäh-

rend des Aufenthaltes von Agnes Meyer hatte Thomas Mann bei
Harry Warner vorgesprochen, von der Frau des Regisseurs William
Dieterle begleitet, die sich in den Revieren der Industrie genauer
auskannte als er. Er hatte den Eindruck, daß er mit seinen Argumenten Gehör finde. Mit Charlotte Dieterle suchte er auch Louis
B. Mayer, den Chef von Metro-Goldwyn-Mayer, in seinem Holly-
wood-Büro auf. Im September schickte er ihm einen Brief, in dem
er um eine Vertragsverlängerung für Alfred Döblin, Alfred Polgar,
Hans Lustig, Wilhelm Speyer und Walter Mehring bat: Nicht «nur
zu humanitären Zwecken», wie er bemerkte, sondern weil sie
fruchtbare Arbeit leisten könnten (was vor allem für Hans Lustig
galt, der über Filmerfahrung verfügte). Er wies auch darauf hin, daß
sich die zuständige Gewerkschaft, die «Screen Writers Guild», keineswegs gegen das Engagement ausländischer Autoren sträube.

Seine Plädoyers richteten nichts aus. Die meisten der Verträge
wurden nicht erneuert – auch der des Bruders nicht. Damit drohte
die Not. Heinrichs Bücher waren in Amerika kaum existent. Honorare aus publizistischer Arbeit blieben spärlich. Er war ein alter und
schwerfälliger Mann, und es blieb ihm versagt, Verbindungen zu
knüpfen, die ihm den Zugang zu der fremden Gesellschaft und damit vielleicht zu einer Art von «Markt» geöffnet hätten. Er sprach
kein Englisch. Sein Umgang beschränkte sich auf den Kreis deutscher Flüchtlinge. Marlene Dietrich, die seinem «Professor Unrat»
ihre Weltkarriere verdankte, kümmerte sich nicht um ihn.

Thomas Mann blieb nichts anderes, als Heinrich eine Monats-
pauschale zuzuweisen, die das tägliche Auskommen garantierte. Es
handelte sich laut Tagebuch – fürs erste – um ein Fixum von einhundert Dollar; einen Scheck über dreihundert Dollar drückte er Heinrich Ende November 1941 in die Hand, um ihn der schlimmsten
Sorgen des Augenblicks zu entheben. Später wies er seine regelmäßige Zahlung – zu der sich eine anonyme Spende Feuchtwangers
fügte – über einen «European Film Fund» an, den er mit Hilfe einiger Kollegen gegründet hatte, um den Notleidenden unter die Arme
greifen zu können. (Dieses Verfahren hatte den Vorteil, seine Steuer
ein wenig zu mindern.)

Was immer Thomas dem Bruder bieten konnte: es war ein Minimum fürs Überleben, mehr nicht. Bertolt Brecht, der sich im Juli

1941 – wahrhaftig im letzten Augenblick – von Finnland über Moskau nach Amerika gerettet hatte (in der Sowjetunion wollte er nicht bleiben), warf Thomas Mann später vor, er habe den Bruder zu einer Hungerexistenz verurteilt: eine Behauptung, die von dem Ressentiment durchsetzt war, mit dem der große Lyriker und Dramatiker, der sich in hartnäckiger Stilisierung als Stimme des Proletariats präsentierte, dem Großbürger aus Lübeck seit der eigenen Etablierung in der Literatur der zwanziger Jahre begegnete.

Heinrich Manns Bücher waren in der Sowjetunion in hoher Auflage verbreitet, und er besaß beträchtliche Guthaben bei den sowjetischen Verlagen. Die Moskauer Regierung, die unter einer chronischen Knappheit an Devisen litt, war zu einem Transfer der Tantiemen ins Ausland nur selten bereit. Dennoch scheint Heinrich Mann vom sowjetischen Vizekonsul in San Francisco nach der Auskunft Willi Jaspers regelmäßig «kleinere Barzahlungen» empfangen zu haben. Thomas Mann – der davon nichts erwähnte – wandte sich später in jenem Jahr 1941 mit einem Brief an den sowjetischen Botschafter Konstantin Oumansky in Washington. Er beschrieb die elenden Verhältnisse seines Bruders, der, wie er sagte, «ein gläubiger Freund der russischen Revolution» sei. Er würde es als eine «moralische Freude» empfinden, sagte er, wenn Heinrich von sowjetischer Seite Hilfe zuteil würde. Oumansky war freilich damals schon im Begriff, nach Moskau zurückzukehren (wenn er seinen Posten nicht gar schon geräumt hatte). Maxim Litwinow, der am Beginn der Kontakte zwischen Berlin und Moskau im Mai 1939 sein Amt als Außenminister hatte aufgeben müssen, wurde zum neuen Vertreter der Sowjetunion in der amerikanischen Hauptstadt ernannt.

Zu Anfang des Jahres 1942 wiederholte Thomas Mann sein Gesuch für den Bruder, das offensichtlich ohne Antwort geblieben war. Er nutzte die Gelegenheit, um Litwinow, der sich nach seiner Einsicht der sowjetisch-deutschen Allianz verweigert hatte, eine kräftige Eloge zu offerieren. Im April 1942 ließ der Botschafter endlich von sich hören. Er schrieb Thomas Mann, daß seine Regierung die Anweisung von dreitausend Rubel aus Heinrich Manns Verlagsguthaben genehmigt habe. Das kam (laut Heinrich) einer Summe von siebenhundertfünfzig Dollar gleich. Dankbar schrieb Heinrich am 15. April 1942 an den Bruder: «Russland, dieses Land des Schicksals, zeigt mir, dass auch ich nicht auf einmal überflüssig bin: sie lassen auch was ich getan habe, zu ihrer grossen Sache zu. Wenn sie mir überdies Geld geben, ist es wahrhaftig mehr Auszeichnung als Entgelt, und zählt für das Vielfache, bedenkt man ihre eigene, furchtbar gespannte Existenz.» So schrieb ein Glaubender. Willi Jasper wies darauf hin, daß nach dieser so dankbar gepriesenen Überweisung die sowjetische Quelle offensichtlich versiegte.

Heinrich Mann aber machte dem Bruder eine deprimierende Rechnung auf. Für eine Zahnprothese, schrieb er, seien zweihundertfünfundzwanzig Dollar aufzubringen. Wenn er die Rechnung in Raten zahle, würde die Forderung einer Bank übergeben, was die Kosten vermehre und eine «Angstpartie» bedeute – wie er seit dem Kauf des Autos wisse. Für den Wagen seien noch dreihundert Dollar zu bezahlen. So blieben von der Moskauer Überweisung nur noch zweihundertfünfundzwanzig Dollar: «Mehr als einige gesicherte Monate darf ich nicht verlangen.» Das Häuschen in Beverly Hills hatte er nicht halten können. In Hollywood West, einem bescheidenen Viertel, fand er eine billigere Unterkunft. Dann zogen Nelly und er weiter in den South Swall Drive.

Heinrich Mann trug sich damals mit dem Gedanken, nach New York zu übersiedeln, von Thomas ermutigt, der wohl vor allem danach trachtete, Nelly ans andere Ende des Kontinents zu befördern. Dort, bedachten die Brüder, würde Heinrich vielleicht eher Zugang zu Verlagen und Zeitschriften finden, obwohl Nelly zuvor realistisch festgestellt hatte, in New York gebe es «wohl schon genügend europäische Schriftsteller»; außerdem sei das Klima «für einen geistich arbeitenden Menschen, nicht zu vergessen, einen alten Mann! sehr anstrengend». Ihren Schmuck hatte sie, wie sie in einem Brief an eine Freundin gestand, schon lange verkauft.

Heinrich und Nelly Mann hungerten nicht. Aber sie lebten von der Hand in den Mund. Klaus riet dem Vater, er möge Heinrich für ein Stipendium der Guggenheim-Stiftung vorschlagen, das sei «das Ei des Columbus» – «Sonst müßt ihr monatlich $ 250 überweisen und die Kröger lauert uns auch noch im Garten auf, wie seiner Zeit die tragisch-verkommene Affa (an die sie wohl überhaupt *etwas* erinnert)». Dazu konnte sich Thomas nicht entschließen. Er fand es angemessener, beim Aufsichtsgremium jener Stiftung um eine Unterstützung für acht andere Autoren einzukommen, unter ihnen Erich von Kahler und Julius Bab, Ludwig Marcuse und der junge Hans Sahl.

In seiner ritterlichen Verteidigung des Vaters pochte Golo Mann im Jahre 1973 darauf, die Eltern selbst hätten «nicht in armen, wohl aber in beengten Verhältnissen» gelebt. Es ist zweifellos wahr: sie mußten, durch den Bau des Hauses okkupiert, auf ihr Geld achten. Unvorhergesehene Ausgaben, wie sie aus den zahlreichen Karambolagen resultierten, die Katia mit ihrem heftigen Fahrstil produzierte, bereiteten einigen Ärger. Golo bemaß das monatliche fixe Einkommen des Vaters auf eintausend Dollar: nach heutigem Geld zwischen zwölf- und fünfzehntausend Mark. Er verwies auch darauf, daß Thomas Mann für die Tochter Monika aufzukommen hatte, die keinen Pfennig verdiente.

Der getreue Sohn vergaß, daß der Vater sein Einkommen durch hoch honorierte Artikel und gut bezahlte lecture tours erheblich aufzubessern vermochte. Auch überstiegen die Tantiemen aus den amerikanischen Ausgaben seiner Bücher in der Regel Knopfs Vorauszahlungen. Die Einnahmen aus den deutschen Ausgaben waren bescheiden, aber sie waren besser als nichts: für gewöhnlich etwa eintausend Dollar im Jahr. Überdies verstand sich Bermann Fischer bei der fälligen Erneuerung des Vertrages zu Anfang des Jahres 1942 auf eine Pauschalzahlung von zweitausend Dollar. Es ist ferner anzunehmen, daß Thomas Mann Erträge aus dem Restvermögen zuwuchsen, das er im wesentlichen unangetastet durch die ersten Jahre der Emigration retten konnte. Er verfügte nicht über vier oder fünf Autos, wie Bertolt Brecht behauptete, von Golo streng gerügt, sondern über zwei, von denen eines alt und klapprig gewesen sein mochte. Immerhin hielt er sich auch nach der Übersiedlung an die Westküste zunächst noch ein Chauffeur-und-Köchin-Paar. Er lebte nicht auf dem goldenen Fuß der Filmzaren von Hollywood, doch nach wie vor wie ein Großbürger, auch nach amerikanischen Maßstäben.

Thomas Mann half vielen, die in Not geraten waren – dies wurde im Fortgang der Exiljahre immer wieder deutlich, auch wenn seine Gaben genau bemessen waren, die Zahlungen für Heinrich nicht

ausgenommen, dem Katia unter die Arme griff, wenn er nicht mehr
ein noch aus wußte. Sie tat es nicht ohne Vorbehalt, denn Nelly,
Heinrichs Gefährtin, war zu sorgsamer Wirtschaft kaum fähig. Sie
trank. Das Geld zerrann ihr zwischen den Fingern. Golo, der die
«intrafamiliären, melancholischen Geschichten» nur ungern aus-
grub, machte darauf aufmerksam, daß Nelly «völlig unfähig geworden war, einen Haushalt zu führen. Sie kaufte Autos auf Abzahlung, verkaufte sie wieder, ehe sie abgezahlt waren und häufte
Schulden auf. Sie verursachte Verkehrsunfälle – ‹drunken driv-
ing› –, entzog sich drohenden Strafprozessen durch Überdosen von
Schlafmitteln, Selbstmordversuche, von denen man nicht sagen
kann, wie ernsthaft sie waren. Sie phantasierte das Schwarze vom
Himmel herunter. Sie machte Szenen, wie sie aus Heinrich Manns
düstersten Romanen stammen könnten.» Es trifft aber auch zu, daß
diese unglückliche Frau immer versuchte, die Einkünfte durch eigene Arbeit im Haus, in Reinigungen, in einer Fabrik und zuletzt in
einem Hospital aufzubessern. Die Experimente mußten stets nach
wenigen Wochen oder Monaten abgebrochen werden.

Golo gab auch einen Bericht Ludwig Marcuses wieder, der erzählte, Nelly habe eines Abends Gäste, die zum Essen geladen waren, splitternackt empfangen und bei der Mahlzeit mehrfach aufge-
heult: «Ich hab' ja so 'nen alten Mann!» – «so lange, bis ihr Gatte
das Zimmer verließ und die Gesellschaft, schwer betreten, sich auflöste.» Der Persönlichkeitsverfall der Alkoholikerin vollzog sich
offensichtlich rasch. Die Kälte, mit der Thomas und Katia Mann der
armen Nelly entgegentraten, tat vermutlich das Ihre, Nellys ohnedies lädiertes Selbstbewußtsein zu schwächen: die Ursache des
Elends war sie nicht. Thomas und Katia aber waren geneigt, auch
das muß gesagt werden, die Abhängigkeit von der Flasche als einen
sozialen Makel zu betrachten. (Die Drogensucht des Sohnes Klaus
beurteilten sie verständiger und milder.) Sie erkannten nicht, daß
Alkoholismus eine Krankheit ist. Heinrich Mann hielt, trotz aller
Erniedrigungen, mit fragloser Treue an der Gefährtin fest: sie war
der einzige Mensch, der seine Einsamkeit durchbrach. Mit ihr
konnte er den Dialekt seiner Heimat sprechen.

Agnes Meyer, die Mäzenin: ließ sie Thomas Mann mit all seinen
Sorgen im Stich? Versuchte sie, eine intellektuelle Partnerschaft zu

erzwingen – die er ihr in Wahrheit verweigerte –, ehe sie sich zur konkreten Sicherung seines Daseins bereit fand? Sie schrieb ihm damals, daß sie ihrer Studie über ihn den Titel «The God-seeker» zu geben gedenke – der Gottsucher. Untertitel: «Quellen der poetischen Imagination im Leben und in der Kunst von Thomas Mann». Sie zitierte, zur Bestätigung ihrer Einsichten, auf französisch ein Gedicht, mit dem Alfred de Vigny die Gestalt des Moses feierte. Thomas Mann äußerte sich nur beiläufig zu diesem Vorschlag, den er wohl für eine Narretei hielt. Es sei ein großer und ernster Titel, den sie ersehen habe, antwortete er mit einem Gran sanften Spottes: «Ich hätte mir nie träumen lassen, dass einmal von mir unter einem solchen Titel die Rede sein werde.» Ergeben fügte er hinzu: «Aber – mag es so sein. Auf meine Art suche auch ich wohl Gott oder das Gute und Rechte, oder was es nun sein mag, um was man sich's sauer werden lässt. Halten Sie jedenfalls vorläufig an diesem Titel und Unter-Titel fest und sehen Sie zu, ob beide Ihnen bis zum Schluss gefallen! Recht zusammen werden sie jedenfalls nur passen, wenn wirklich durch das Buch hin ein gewisses Gottsuchertum als Quelle meiner poetic imagination nachgewiesen wird.»

Immerhin sagte er, das Moses-Gedicht habe ihn tief ergriffen. Er schickte ihr – um ihre Sorge zu zerstreuen, daß er sich politisch kompromittieren könnte – den Text der Rede, den er für seine Vortragstournee im späten Herbst aufgesetzt hatte. Sie fand «den Text grossartig» und entschuldigte sich mit einer Prise Selbstironie, die bei ihr für gewöhnlich nicht zu kräftig ausgeprägt war: ihre «Furcht» sei «nicht ohne Komik», wenn man bedenke, «wie lange Sie schon ziemlich gut ohne meine Obhut fertig geworden sind». In diesen wüsten Zeiten aber könne alles passieren, und sie «könnte es nicht ertragen, dass irgend ein Hanswurst Sie vielleicht in der Presse angreift». Es sei großmütig von ihm, daß er ihre Warnungen nicht als prätentiös betrachte und verstehe, daß «Hingebung und Sympathie nicht nur stark machen sondern auch ängstlich und behutsam». In ihrem Buch wolle sie auf der Hut sein, «nicht hagiographisch zu werden». Ein abschreckendes Beispiel seien ihr immer «die verschrobenen Weiber, die sich um Rilke und George sammelten». Sie erzählte, daß sie als junges Mädchen Rilke bei dem Bildhauer Rodin «ein und ausgehen sah ohne damals zu verstehen wer er war». Rodin habe ihn instinktiv und gründlich verachtet. Die Demütigung, die er bei Rodin erlitten habe, sei von ihm später – als Kompensation und Rache – seiner «femininen Entourage» auferlegt worden: «Rilke war ein weibisches Talent, die Kehrseite der übertriebenen Deutschen ‹Männlichkeit› und ein rechtes Symbol deutscher Dekadenz.» Sie fragte: «Finden Sie dieses Urteil ungerecht?»

Damit hatte sie das Problem der «großen Männer» berührt: Thomas Mann horchte auf. Wagners Verhalten zum jungen Nietzsche, antwortete er, sei nicht wesentlich anders gewesen als das des Bildhauers Rodin zu Rilke. Dann der merkwürdig schwebende Satz, mit dem er «Größe» in Anspruch nahm und den Anspruch zugleich dementierte, wenngleich nicht allzu deutlich: «Glauben Sie, dass Einer, der in ‹Lotte in Weimar›, anlässlich Goethes, alle verfügbare Ironie aufgeboten hat, um diese ‹grossartige› Undankbarkeit fühlbar zu machen, irgendwelche Neigung hat, sie nachzuahmen? In diesem Punkt muss man sich über die grossen Männer erheben und Ehrfurcht haben vor der Bewunderung, die man erregt, gerade wenn man zu bescheiden ist, sie zu teilen.»

Zum Schluß versäumte er nicht, auf den Besuch der Kinder aus San Francisco und des kleinen Fridolin hinzuweisen. Das Haus sei etwas überfüllt: «Aber ich bin ganz vernarrt in den bildhübschen, immer freundlichen, von Gesundheit strahlenden kleinen Jungen. Gewiss wird er eine gute Erdenfahrt haben. Es tut gut, Segenswünsche für das junge Leben im alten Herzen zu tragen.» Agnes Meyer las es gern. In einem Brief, der sich mit diesem kreuzte, deutete sie eine «wachsende Ahnung» an, «dass es Ihnen irgendwie nicht gut geht, dass Sie innerlich bedroht sind, dass Sie mit Kummer überbürdet sind». Auf die Gefahr hin, sich lächerlich zu machen, müsse sie sich doch erkundigen, ob jemand in der Familie krank sei und ob mit dem Hausbau alles seinen ruhigen Gang gehe.

Thomas Mann nutzte die Chance, um einen «bedeutsamen Antwort-Brief» aufzusetzen, den er am Tag danach das «Staatsschreiben» nannte. «Bin neugierig auf den Effekt», vermerkte er am 9. Oktober 1941 im Tagebuch. Die Epistel, für die er sich drei Tage Zeit ließ, war in der Tat sorgsam kalkuliert. Er wandte sich zunächst noch einmal Rilke zu, Agnes Meyers Urteil sacht korrigierend: eine «Art von lyrischem Genius» sei «der Mann der Duineser Elegien ja

zweifellos» gewesen, künstlerisch und wohl auch «geistig-religiös
(...) von grossem Einfluss auf eine gewisse Jugend». Übrigens habe
er eine der «ersten und besten Besprechungen von ‹Buddenbrooks›
geschrieben.»

Dann sprach er von ihrem neuen Brief, dem «irrationalen»: «ich
war betroffen, ja, erschüttert von diesen seelisch sehr merkwürdigen Eingebungen der Sorge um mein persönliches Wohl, die sich in
Ihre gedankliche Beschäftigung mit meiner Existenz beunruhigend
hineindrängen.» Sie habe sein Leben «hart» genannt. Er könne es
nicht so sehen: «Im Prinzip empfinde ich es mit Dankbarkeit als ein
glückliches, *gesegnetes* Leben – ich sage: im Prinzip; denn nicht darauf kommt es an, dass in einem solchen Leben nicht natürlich auch
allerlei Qual und Dunkelheit und Fährnis vorkommt, sondern darauf, dass sein Untergrund heiter, sozusagen sonnig ist, – und von
diesem her ist denn endlich doch alles bestimmt.» Er bewundere es
oft «ganz sachlich, rein als Phänomen», wie sich ein «freundlich
intentioniertes Individuelles (...) auch gegen die widrigsten äusseren Umstände durchzusetzen und für sich das Beste daraus zu machen weiss». Er zitierte den «Joseph», der «Einblick in das Gemüt
eines Sonntagskindes» gebe – und dabei sei «einiges subjektives Erlebnis (...) im Spiel»: «Wirklich, wenn ich das Maß von Blut und
Tränen, Elend und Untergang in Betracht ziehe, das heute auf Erden herrscht, so habe ich allen Grund, meinem Schicksal dankbar zu
sein, wie richtig und günstig und angemessen es doch immer mit mir
hinausgewollt hat.» Das allerdings sei relativ zu verstehen: «Natürlich hat es viel Verlust und Verstörung und schwierige Umgewöh-
nung auch für mich gegeben. Aber mein Werk ist ungestört fortgeschritten, neue Möglichkeiten, mich um das Menschliche verdient
zu machen, sind mir zugewachsen, viel Zutrauen und Ehrerweisung
sind mir treu geblieben, und meine äussere Lebensform hat keine
merkliche Erniedrigung erlitten.»

Dann näherte er sich dem eigentlichen Ziel des Schreibens, und er
fragte auf hohe Weise schmeichelnd: «Ist es eine Kleinigkeit, dass
ich in der Fremde (die aber im Grunde nicht fremder ist, als die Welt
immer schon war) eine Freundin und Fürsprecherin gefunden habe
wie Sie, die in meiner Arbeit das sieht, was Sie darin sehen? Das gab
es in Deutschland kaum.» Er trat einen Schritt zurück: «Ein hartes

Leben? Ich bin ein Künstler, das heisst: ein Mensch, der sich unterhalten will – darüber soll man kein feierlich Gesicht ziehen. Freilich – und es ist wieder ein Joseph-Citat – kommt es darauf an, wie hoch man es bringt in der Unterhaltung». Er vergesse nie das ungeduldige Wort Goethes: «Von Leiden kann ja bei der Kunst keine Rede sein.»

Er sprach von der Politik, fast ganz in ihrem Sinne: «Zutiefst bin ich überzeugt, dass Hitlern der Stab gebrochen ist, und dass er zugrunde gehen wird, – auf wieviel Umwegen und unter wieviel unnötigen Umständlichkeiten das auch geschehen möge. Die Schwäche, Dummheit, Halbherzigkeit, Un-Inspiriertheit der Demokratie ist oft zum Verzweifeln; man leidet manchmal darunter wie ein Hund. Aber im Grunde glaube ich: es muss und wird auch so gehen, selbst so!»

Schließlich nahm er ihre Frage nach seiner Gesundheit auf. Das sei ein etwas «vexatorisches Lied»: «Sie kennt eigentlich kein rechtes Wohlsein, aber ernste Krankheit kennt sie auch kaum; das Organische ist in guter Ordnung, und ich glaube im Grunde, dass meine Natur ihrem ganzen Tempo und Charakter nach auf Geduld, Ausdauer, einen weiten Weg, auf ein Zu-Ende führen, um nicht zu sagen: auf Vollendung angelegt ist.»

Endlich war er dort, wo er von Beginn an hingestrebt hatte: beim Hausbau, der ein «etwas kecker, eigensinniger Streich» in seinem Alter sei, «unter den heutigen Umständen und bei meinen gegenwärtigen Verhältnissen; aber er ist in meinen Gewohnheiten, Bedürfnissen, Ansprüchen, dem natürlichen *Stil* meines Lebens entschieden begründet, und – wenn ich das bekennen darf – ich habe mich manchmal gefragt, weshalb eine zu Huldigungen, die nichts kosten, so bereite Welt (ich denke an die 7 Doktor-Capes, die man mir hierzuland umgehängt hat) sich um solche Aeußerlichkeiten, die doch mit dem Produktiven in nahem Zusammenhange stehen, so garnicht kümmert und sich in dieser Beziehung so gar nichts einfallen lässt.»

Der Wink war deutlich, doch der Schreiber wurde präziser: seinem Kollegen und Freund Hermann Hesse habe ein reicher Schweizer Mäzen ein schönes Haus im Tessin gebaut. Der Dichter habe es nicht als Besitz haben wollen, er bewohne das Haus mit seiner Frau auf Lebenszeit: «Warum ist in diesem Lande nie eine Stadt, eine Universität auf den Gedanken gekommen, mir etwas Aehnliches anzutragen, sei es auch nur aus ‹Ehrgeiz› und um sagen zu können: ‹We have him, he is ours?›»

Dann ließ er, für einen Augenblick, seinen wohlberechneten Zorn durchblitzen: Kümmere man sich nicht um ihn, fragte er, weil er «früher einmal viel verdient habe und den Nobel-Preis bekam, – den doch natürlich die Nazis geschluckt haben nebst dem Uebrigen, ausgenommen ein bischen Vermögen, das zufällig in der Schweiz lag, und dem ich die Freiheit verdanke? Es muss die Vorstellung sein, dass man ‹einem solchen Mann› doch nicht zu helfen braucht – oder es ist pure Gedankenlosigkeit. Dieselbe Gedankenlosigkeit, die beständig auf meinen Idealismus zählt und honorarlose Ehren-Ansprüche an mich stellt, weil ‹ein solcher Mann› doch nicht an Geld denken darf. Es wäre allerdings richtiger und würdiger, wenn er nicht daran zu denken brauchte.»

Er sagte: «Das Haus baue ich mir nun also selbst – natürlich nicht ganz leichtsinniger Weise. Es reicht schon dazu; die Federal Loan hätte sonst kein freundlich Gesicht gemacht, – wenn sie es auch vielleicht mehr im Hinblick auf meine Stellung überhaupt, als auf meine augenblicklichen Verhältnisse gemacht hat.» Er sprach vom Verlust des deutschen und europäischen Marktes, von den mäßigen Erfolgen der «Lotte» und der «Vertauschten Köpfe» in Amerika. Dennoch: «Von Sorge und Not kann nicht die Rede sein, wohl aber von Unbequemlichkeit, Enge, Aufpassen müssen, sodass man bei der Einrichtung sich jeden Stuhl genau ansehen muss – nicht ob er einem gefällt, sondern ob er auch nicht zu sehr ins Geld läuft. Und doch entspricht das alles nicht recht der Wirklichkeit – ich meine: meiner Gesamt-Existenz».

«Schreiben Sie es dem hermetischen Geschäftsgeist zu, den Joseph jetzt personifiziert», sagte er, müde scherzend, «wenn ich – ein wenig zur eigenen Befremdung – so spreche. Ich *denke* zuweilen so, und Ihr von weiblicher Intuition eingegebener Brief hat meinem Denken die Zunge gelöst – das sollte er ja, nichtwahr? Ich lese den Brief nicht noch einmal durch; er wird schon recht sein», sagte er, zum Schluß kommend. Wenn er das lange Schreiben nicht selbst noch einmal durchschaute, woran man zweifeln darf, dann prüfte es gewiß Katia mit der gebotenen Sorgsamkeit. Er fügte noch einen knappen Bericht über den Stand der Bauarbeiten hinzu, und er erwähnte – auch dies war psychologisch genau bedacht –, daß Eugene Meyer aus Lissabon «ein vergnügtes Kabel von einem Zusammensein mit Erika» geschickt habe.

Von Agnes Meyers Antwort existiert nur ein Entwurf, datiert vom 13. Oktober 1941. Sie schrieb: «Persönlich bin ich unendlich befreit durch die Erwähnung Ihrer finanziellen Lage – Schon immer wollte ich dieses Thema mit Ihnen besprechen – Habe es nicht gewagt – Jetzt geben Sie mir das Recht dazu – Hat es vielleicht warten müssen bis die Unbefangenheit zwischen uns existierte?» Sie fügte hinzu: «Wenn meine geistlichen Bestrebungen Ihnen zu Verfügung stehen, wie sollte nicht jede materielle resource die ich besitze? Ich werde in Wash. sein wenn Sie ankommen. Reservieren Sie mir einige ununterbrochenen Stunden.»

Thomas Mann notierte fünf Tage später, nun längst unterwegs auf der lecture tour durch den amerikanischen Westen und Süden: «vorläufige Antwort auf das Staatsschreiben, bereitwillig.» In einem weiteren Brief, der ihn in South Carolina erreichte, erörterte Agnes Meyer Ort und Umstand, die sie für die Besprechung in Washington vorgesehen hatte. Er aber schrieb ungeduldig und enttäuscht in sein Journal: «Es fehlt jedes Zeichen dafür, daß ein rechtes Verständnis und rechte Bereitschaft zur Großzügigkeit vorhanden.»

Am 15. Oktober war er mit Katia nach San Antonio aufgebrochen. Zwei Tage später Ankunft in der schönen texanischen Stadt. Von dort weiter im Auto nach Austin, der politischen Hauptstadt des Staates. Vor dem Vortrag nahm er, um sich aufzuputschen, ein halbes Benzedrin. Er lobte die freundliche Betreuung durch den deutschsprechenden Professor Wolf und seinen Kollegen Metzenthin, der wie Agnes Meyer aus einer Theologenfamilie stammte. Weiterreise nach New Orleans. Der gerühmte Charme der Stadt schien ihn nicht zu überwältigen, obwohl er mit Katia eine «splendide Suite» im Hotel Roosevelt bewohnte und, angemessen genug, eine Napoleon-Biographie zu lesen begann – eine angemessene Lektüre im «French Quarter» der alten französisch und spanisch geprägten Kolonialstadt an der Mündung des Mississippi. Die tropische Hitze setzte ihm zu. Das Air-conditioning funktionierte in jenen Tagen noch eher unvollkommen: so war er stets in Schweiß gebadet. Auch Birmingham in Alabama bot keine Erholung. In einem kleinen Seebad bei Mobile am Golf von Mexiko versuchten er und Katia ein wenig Atem zu holen, ohne großen Erfolg. Greenville in South Carolina und Greensboro in North Carolina die letzten Stationen.

Am 31. Oktober Ankunft in Washington. Die beiden stiegen nicht in der Residenz der Meyers am Crescent Place ab: vielleicht weil der Hausherr erst an jenem Tag aus Europa zurückerwartet wurde und überdies seinen Geburtstag feierte – vielleicht auch, um Distanz zu wahren, gerade nach dem «Staatsschreiben», das fordernd genug war. Thomas Mann mußte es zunächst auf sich nehmen, Klausens versessener Insistenz gehorchend, dem reichen Max Ascoli seine Aufwartung zu machen und um Hilfe für die Zeitschrift zu betteln: «resultatlos und verstimmend». Auch das erste Gespräch mit Agnes Meyer, beim üblichen Sherry, schien ohne konkretes Ergebnis zu sein. Danach Telefonat mit Klaus. Thomas Mann schrieb ins Tagebuch: «Ruhelos und zornig. Hatte Lust, abzureisen.»

Anderntags holte ihn Mrs. Meyer ab und fuhr mit ihm nach Virginia hinüber in ihr Landhaus: «Dort bei Kaminfeuer Gespräch wechselnd zwischen ihrer Arbeit u. dem ‹Staatsschreiben›. Gut erdachte Lösung: Library of Congress (...), Honorary Consultant, Jahresgehalt von 5000 Dollar. Befriedigung.»

79. KAPITEL

Amerika im Kriege – «Goethe in Hollywood»

Das Gehalt, das Thomas Mann von nun an aus Washington beziehen sollte, betrug exakt viertausendachthundert Dollar plus einer Garantie von tausend Dollar für eine Vorlesung, für die er einmal im Jahr in die Hauptstadt kommen sollte: eine Ehrenpflicht, kein zwingendes Gebot; dies galt in gleicher Weise für die Vereinbarung, daß er sich – wenn es denn angehe – zwei Wochen im Jahr in Washington aufhalten möge. Sein offizieller Titel lautete: Berater der Kongreßbibliothek für Fragen der deutschen Literatur. So stand es gedruckt auf den Briefbögen, die ihm einige Wochen später ins Haus geschickt wurden. Er benutzte sie für eine Weile mit jenem Behagen, das ihm einst das Briefpapier mit dem Doktortitel bereitet hatte, dann bediente er sich des Rests der Bögen für seine Moses-Novelle. Agnes Meyer hatte für seine Finanzprobleme eine wahrhaft taktvolle Lösung gefunden, er mußte es zugeben, seines Ansehens würdiger als jedes andere denkbare Arrangement. Es sicherte ihm immerhin, nach heutigem Geld, etwa neunzigtausend Mark, zu denen er ein Verlagsfixum von fünfundsiebzigtausend hinzurechnen durfte. Seine Gesamteinkünfte dürften wenigstens zweihunderttausend Mark pro Jahr betragen haben.

Die Mäzenin schrieb ihm später: «Einfaches Geld» anzubieten «wäre mir nie gut genug gewesen für Sie.» Es hatte sich glücklich gefügt, daß sie seit 1929 als Mitglied des «Trust Fund Board» der Library of Congress amtierte – des Gremiums, dem die Aufsicht über das Spendenaufkommen anvertraut war, aus dem sich die Institution (neben den Staatszuschüssen) zu einem guten Teil finanzierte. Chef der Bibliothek – der größten der Welt, schon damals – war in jenen Tagen der Dichter und Schriftsteller Archibald MacLeish, mit dem schlichten Titel eines «Librarian» versehen: ein Mann von liberaler und weltoffener Gesinnung, der Thomas Mann mit hohem Respekt begegnete. Er wußte sich – auf dem glatten Parkett der Hauptstadt erfahren – der Zustimmung seiner Kollegen und der Behörden zur Berufung des Repräsentanten der deutschen Literatur mit Umsicht und Diskretion zu versichern. Das kann nicht allzu schwierig gewesen sein: Thomas Mann kostete die Bibliothek und damit den Kongreß der Vereinigten Staaten keinen roten Heller. Das Gehalt brachte vielmehr die «Eugene und Agnes E. Meyer-Foundation» auf. Davon wußte der Empfänger vorerst nichts – oder doch nichts Genaues.

Die Ernennung des deutschen Dichters mit dem tschechoslowakischen Paß setzte voraus, daß er einen Treueid auf die Vereinigten Staaten und ihre Verfassung abzulegen hatte, da er von nun an die Funktion eines Beamten ausübte. Den Schwur leistete er gern, und er sah voller Ungeduld der Ausfertigung des Vertrages entgegen, der schließlich am 30. November 1941, laut Tagebuch, «perfekt» war. Der offizielle Brief des Bibliotheksdirektors erreichte ihn am 11. Dezember: dem Tag der deutschen Kriegserklärung an die Vereinigten Staaten. Er telegraphierte Agnes Meyer: «EXPRESS IMMEDIATELY MY PRIDE AND GRATITUDE AND DO SO ONCE MORE TO YOU [STOP] GOD BLESS AMERICA. MANN.» Die Bürde, die er auf sich nahm, wurde ihm leicht. Hans Rudolf Vaget stellte in seinen Forschungen fest, daß der Berater nicht ein einziges Mal durch die Bitte um ein Gutachten belästigt wurde.

Es war Krieg – nun auch in Amerika. Japanische Torpedomaschinen hatten sich am Morgen des 7. November 1941, einem Sonntag, auf die amerikanische Flotte in ihrem Stützpunkt Pearl Harbor gestürzt – mit verheerendem Erfolg: neunzehn Kriegsschiffe, darunter fünf Schlachtschiffe, waren außer Gefecht gesetzt. Lediglich die Flugzeugträger entkamen dem Desaster, da die sich auf hoher See befanden: der entscheidende Fehler in der Kalkulation des japanischen Generalstabs. Die Bürger der Vereinigten Staaten hatten Anlaß, von einer Katastrophe zu reden.

Es ist wahr, daß die Regierung des Tenno die offizielle Kriegserklärung erst nach dem Überfall abgeben ließ. Dennoch kam der
Schlag, der die Befehlshaber der Flotte so unvorbereitet traf, nicht
aus heiterem Himmel. Der Konflikt hatte sich lange vorbereitet.
Am 18. Oktober war – unter dem Druck der Militärs – das japanische Kabinett umgebildet worden: ein Alarmsignal, das man in Washington und anderswo sehr wohl registrierte. Die schwebenden
Verhandlungen mit den Vereinigten Staaten, die vor allem dem
Konflikt in China galten, wurden fürs erste weitergeführt. Da keine
konstruktiven Ergebnisse zu erzielen waren, die eine Bewahrung
des Friedens erlaubt hätten, ließ Präsident Roosevelt die Gespräche
abbrechen. Damit war die Grundentscheidung für den Krieg gefallen. Selbst Thomas Mann, der nicht zu den aufmerksamsten Beob-
achtern der politischen Manöver im Fernen Osten zählte, notierte
am Samstag, dem 6. November, in seinem Tagebuch: «Amerika und
Japan vor dem Kriege.»

Zwei Tage später stellte er nüchtern fest, daß sich die «große Majorität der Menschheit aufseiten Amerikas und Englands» befinde.
Der Vorsprung der «Axis-Mächte» Deutschland und Japan – Italien zähle nicht – werde sich verbrauchen. Die Welt sei «nun beisammen im Kriege, wie es kommen mußte». Ihm war deutlich, daß
der Konflikt im Pazifik Amerika in den europäischen Krieg ziehen
werde. Am 11. Dezember erklärte Hitler den Vereinigten Staaten
den Krieg – ohne zu diesem fatalen Schritt, wie die Historiker betonen, durch die vertraglichen Abmachungen mit dem fernöstlichen Kaiserreich verpflichtet zu sein: ein Akt der Hybris, wohl
auch der Rache an Franklin Delano Roosevelt, den er – mehr als
Winston Churchill oder Josef Stalin – als seinen persönlichen Widersacher betrachtete. Sein Blick für die Wirklichkeit der Energie-
und Rohstoffreserven, der industriellen Kapazitäten, des potentiellen Aufgebotes an Menschen schien sich völlig verdunkelt zu
haben – trotz der Alarmsignale, die ihm die Augen hätten öffnen
können: des Scheiterns der deutschen Offensive gegen Moskau, die
fast in Sichtweite der Hauptstadt zusammengebrochen war, und der
Warnungen seiner Generale, die zu einem raschen Rückzug rieten,
ehe die Armeen im Schlamm und Schnee des russischen Winters
umkamen.

Thomas Mann hatte in jenen Tagen den Text seines Reisevortrages redigiert, den die große und traditionsreiche Zeitschrift «Atlantic Monthly», die in Boston erschien, in ihrem Februarheft unter dem Titel «How to Win the Peace» zu drucken plante. Er fragte sich besorgt, ob es wohl notwendig sei, diese und jene Passage zu verändern, da sich Amerika nun im Krieg mit Deutschland befinde. Mit gutem Instinkt entschied er sich gegen eine radikale Intervention. Die Leserschaft des Blattes, die man getrost als eine amerikanische Elite bezeichnen konnte, dürfte ihm dafür dankbar gewesen sein. Von ihm wurde in diesem Augenblick und in dieser Lage keine propagandistische Rhetorik erwartet – wenigstens nicht von den kritischen Geistern –, sondern exakt das, was er in jenem Essay anbot: eine konstruktive Vorausschau, die er mit der lapidaren Feststellung ankündigte, daß die Welt eine Einheit geworden sei. Langsam gewänne die Einsicht an Boden, daß «die nationale Idee nicht länger die dominierende Idee unserer Zeit» sei. Den Ereignissen vorauseilend, vermerkte er, daß Deutschland im Begriff sei zu zerfallen – «welch andere Erklärung gebe es für die uferlose Expansion, die es in blinder Rage verfolgt?» Es fürchte, als Konsequenz der Niederlage, die Zerstörung des Reiches: «Aber Bismarcks Reich, einst mit Hilfe der wohlwollenden Neutralität Englands gegründet, existiert schon heute nicht mehr.» Niemand wisse, wo die Grenzen Deutschlands lägen. Hitler orakle in seiner Halbbildung, Deutschland müsse Europa sein – oder es werde nicht sein. Dieser «katastrophensüchtigen Simplizität» setzte Thomas Mann das Konzept entgegen, an dem er für den Rest seiner Tage festhielt – die klarste und produktivste seiner politischen Einsichten, die stärker war als alle Einflüsterungen, die er so oft nachschwätzte (ohne es recht zu wissen), stärker auch als alle ideellen und moralischen Konfusionen, die ihn mitunter überwältigten: «Deutschland wird Europa sein», rief er, «wie das bessere Deutschland immer Europa war, aber Europa wird nicht Deutschland sein, wie Adolf, der Prophet, es vorhersieht.» Er fügte, der Realität rasch wieder enteilend, hinzu, daß sogar der Begriff «Europa» heute schon ein Provinzialismus sei: «Das Konzept des Reiches auf Erden» (von dem die Bibel spricht), «der Stadt des Menschen» (und der Menschheit) sei «zur Welt gekommen».

Hier hatte ihm vermutlich Giuseppe Antonio Borgese, der betagte Schwiegersohn, die Feder geführt. Später wurde für Kenner der Familienpolitik wieder die Nähe Golos erkennbar, der ohne Zweifel die klugen Anmerkungen über Metternich und die Heilige Allianz angeregt hatte, obendrein wohl das Grillparzer-Zitat «Von der Humanität über die Nationalität zur Bestialität», mit einiger Gewißheit auch die Feststellung, daß das Bestehen auf einer «uneingeschränkten Souveränität des Nationalstaates» anarchisch geworden sei: der Egoismus der Nationalstaaten müsse Opfer bringen, und die Frucht dieses Krieges müsse «eine Demokratie der Staaten» sein, in der «Freiheit und Gleichheit ein neues schöpferisches Gleichgewicht» fänden.

Deutschland, sagte der Vater, könne nicht ausgelöscht werden – «und die soziale Verbesserung der Welt würde in ernstem Maße beeinträchtigt sein, wenn Deutschland für sie nicht gewonnen» werden könne. Die Hoffnung auf Deutschlands moralische Gesundung setze das Scheitern des nationalsozialistischen Experimentes voraus, das den «totalen Krieg in den Dienst der Rassen-Mythologie und der Welt-Unterwerfung» gestellt habe: wenn dies so sei, dann gebe es in der Tat eine Hoffnung, daß «der deutsche Nationalismus, kraft seiner mechanisierten Mystik der gefährlichste, der jemals existierte», am Ende dieser Heimsuchung ausgebrannt sein werde. Im Jahre 1919 hätten die Siegernationen von ihrer unbegrenzten Macht schlechten Gebrauch gemacht: «Gott sei Dank gibt es heute Anhaltspunkte, daß dieses Mal mehr Mut, mehr Phantasie und mehr Weisheit regieren werden.»

Thomas Mann konnte sich selten dazu entschließen, seine konstruktiven Einsichten in die BBC-Reden für die Hörer in Deutschland zu übernehmen. Dabei hätte kein wirksameres Instrument existiert, die Berliner Propagandamaschinerie außer Kraft zu setzen. Doch bei der Niederschrift seiner Kommentare überkam ihn immer aufs neue der Zorn über die Nachrichten von den deutschen Greueln in den besetzten Gebieten. Es war notwendig, daß er die Landsleute auf die Verbrechen aufmerksam machte, die in ihrem Namen – und durch ihre Soldaten in der Uniform der SS, der Polizei, auch der Wehrmacht – begangen wurden. Es war unerläßlich, daß er auf die immer tiefere Verstrickung in die Schuld hinwies. Es war unumgänglich, daß er zur Umkehr mahnte. Aber selten blickte er über den Tag des Gerichtes hinaus. Er trat den Deutschen als der Prediger entgegen, und immer wieder gab er der Versuchung nach, den Erzfeind selbst herauszufordern: «Die *gottloseste aller Kreaturen,* die zu Gott, dem Herrn, in keiner anderen Beziehung steht als der, eine *Gottesgeißel* zu sein, entblödet sich nicht, den Namen dessen im Munde zu führen, zu dem Millionen seiner gequälten Opfer schreien. *Den* Namen laß *uns,* Schurke, daß wir aus tiefstem Herzen sprechen: Gott im Himmel, vernichte ihn!» (So im Dezember 1941.) Es tue doch wohl, schrieb er in einem späteren Brief an Agnes Meyer, «Hitler so recht ins Gesicht hinein einen blödsinnigen Wüterich zu nennen».

Der Diktator hatte ihn in seiner Rede zum Jahrestag der Parteigründung am 21. Februar 1941 beiläufig als einen der «Revolutionäre» bezeichnet – in spöttische Anführung gesetzt –, die sich von London aus vergebens bemühten, das Volk gegen das Regime aufzuwiegeln. Niemand hatte ihm gesagt, daß Thomas Mann niemals in London ansässig war, obschon seine Radioprogramme von der BBC übertragen wurden. Der Propagandaminister ließ sich, soweit erkennbar, auf eine Auseinandersetzung mit Thomas Mann nicht ein. Lediglich in einer Tagebuchnotiz vom 22. März 1941, einen Monat nach der Hitler-Rede, registrierte er Thomas Manns Appell «an die deutsche Vernunft», und er nannte ihn einen «senilen Schwätzer».

Es wäre dringender denn je gewesen, daß der Dichter die Menschen mit seiner Stimme erreicht hätte – jenseits aller Polemik, nur mit der Autorität der Wahrheit, die er zu vermitteln hatte: vor allem, als er – vielleicht die wichtigste Mitteilung seiner Sendungen – von den Photographien sprach, die aus Polen herausgelangt seien: Bilder von den «geblähten Hungerleichen der polnischen Kinder, die fürs Massengrab zusammengeschmissenen Körper der tausend und abertausend im Warschauer Ghetto an Typhus, Cholera und Schwindsucht verendeten Juden». In jenem Kommentar fuhr er fort: «Der Generalgouverneur, ein ehemaliger Winkeladvokat namens Frank, hat ausdrücklich erklärt: Polen sei das Muster dafür, wie der siegreiche Nazismus überall in der Welt zu regieren gedenke. Vor allem wurde das Land methodisch seiner möglichen geistigen und politischen Führer beraubt: gemordet und in Konzentrationslagern zu Tode gequält wurden Gelehrte, Ärzte, Juristen, Hochschullehrer, die Vermögenden und Höhergeborenen. Dann kam das Volk daran. Fünfundachtzigtausend sind von der Erobererrasse hingerichtet, anderthalb Millionen nach Deutschland zur Zwangsarbeit verschickt, die Frauen, die jungen Mädchen auf dem Amtswege der Prostitution überliefert worden. Der Rest der Bevölkerung lebt auf einem dezimierenden und verblödenden Bettelniveau.»

Krieg oder nicht: unbeirrt führte er die Arbeit an seinem Werk weiter, wie er es immer tat. In den Tagen, als die Hölle über Pearl Harbor hereinbrach und die Städte an der Westküste bei ersten Alarmen – die sich als falsch erwiesen – in der Dunkelheit erstarrten, schrieb er an der «Thamar»-Erzählung, die er als eine selbständige Novelle in den Fortgang seines Berichtes über «Joseph den Ernährer» und Staatsmann im Land der Ägypter einfügte: die Geschichte von der Magd, die zu Füßen des alten Jaakob saß – «unter dem Unterweisungsbaum oder am Rand des benachbarten Brunnens» –, um den Erzählungen des Patriarchen zu lauschen, mehr noch, um von ihm die Gewährung zu erheischen, daß sie zur «Heilsgeschichte» zugelassen, unter die Kinder Israels aufgenommen und zur Empfängerin des gesegneten Samens erkoren werde.

In der Neige ihrer Tage erzählte Agnes Meyer (in einer fragmentarischen Fortsetzung ihrer Autobiographie, die Hans Rudolf Vaget in die Ausgabe ihrer Korrespondenz mit Thomas Mann aufnahm): «Als ich beim ersten der Kapitel über die Thamar anlangte, nahm ich wahr, daß ich langsamer und langsamer las und schließlich atemlos anhielt – für den Augenblick unfähig weiterzulesen. Allmählich, doch sicher dämmerte es mir, daß ich als Modell für die Thamar gedient hatte. Oder redete ich mir das ein? Tommy hatte kein Wort davon gesagt. Doch genau wie Thamar darauf besteht, Teil von Jakobs großer Welt-Tradition zu werden, so hatte mich Thomas Mann nun zu einem Teil der seinen gemacht – der deutschen Tradition.»

Sie fuhr fort – auf ihre älteren Tage in der Vorsicht geübt, die er sie auf so harsche Weise gelehrt hatte, unterdessen wohl auch auf Selbstschutz bedacht: «Thamars Bewunderung, so anrührend beschrieben, daß Tränen in meine Augen traten – diese besondere zugleich persönliche und unpersönliche Bewunderung trug das Gepräge einer Frau, die nicht einen Mann, sondern eine Idee liebt. Dies machte sie einzigartig und der Billigung durch Jakob würdig. Ich war durch diese Entdeckung so überwältigt, daß ich etwas zu tun wagte, was leicht als eine krasse Taktlosigkeit hätte empfunden werden können. Als ich Thomas Mann das nächste Mal begegnete, wurde die Frage aus mir herausgepreßt: ‹Ist es wahr?› ‹Ja, eben›, war die Antwort. Man muß das Deutsche kennen und man muß Tommy kennen, um die Qualität dieser lapidaren Erwiderung zu schätzen. Sie machte ein weiteres Gespräch über Thamar unmöglich. Der Bescheid war endgültig, ergeben, kalt. Eine hingeworfene Bemerkung, wie man heute sagen würde: da haben Sie's – und jetzt lassen Sie uns kein Theater damit machen. So waren wir, Tommy und ich. Später schickte er mir eine hübsche gebundene Ausgabe der Thamar-Kapitel. Mit der üblichen Sorgfalt, die ich den romantischen Aspekten meines Lebens angedeihen ließ, verlor ich sie schließlich.»

Eine unmittelbare Bestätigung dieser Zuordnung, die von manchen Experten bestritten wird, ist in Thomas Manns Aufzeichnungen und Briefen nicht zu finden. Doch nachdem er Agnes Meyers ärgerlichen Brief über die ausbeuterische Gesinnung seiner Kinder gelesen hatte, schrieb er anderntags in sein Journal: «Vormittags etwas an ‹Thamar› weiter geschrieben. Wie schwer es mir wird, mich noch hierfür zu erwärmen!»

Dieser Hinweis war deutlich. Wie immer es sich damit verhielt: der Autor hielt es für angebracht, die Mäzenin in ihrem Glauben an ihre Identität mit dem biblischen Geschöpf zu belassen. Die steile Falte in der Stirn, die er Thamar zuschrieb, mochte ihr die Übereinstimmung nahelegen, auch die Andacht, die er der «Schülerin in der Welt- und Gotteskunde» zuerkannte, die eigentümliche Mischung «aus Strenge und geistlicher Strebsamkeit (...) und dem seelisch-körperlichen Geheimnis astartischer Anziehungskraft», die «strenge und verbietende Art» ihrer Schönheit, über die sie selbst erzürnt zu sein schien – «und das mit Recht, denn etwas Behexendes war daran, was den Mannsbildern nicht Ruhe ließ». Thamar erkannte er überdies «bewundernswert schöne und eindringlich sprechende braune Augen» zu, «fast kreisrunde Nasenlöcher und einen stolzen Mund». Vor allem aber sagte er von ihr: «Thamar war eine Sucherin.»

So zahlte ihr der Dichter das «Gottsuchertum», das sie in ihm sehen zu müssen glaubte, weil sie den deutschen Geist nicht anders denken konnte und wollte, mit spielerischer Ironie wieder heim. Sie nahm es dafür in Kauf, vermutlich mit einem gewissen Stolz, daß er von Thamar sagte: sie «aber war ein Weib, war das Weib, denn jedes Weib ist das Weib, Mittel des Falles und Schoß des Heils, Astarte und Mutter Gottes». Sie ertrug es, daß zwei Söhne des Juda – Jaakobs vierter Sohn und Erbe des Segens – auf ihrem Lager den Geist aufgaben, ehe sie fruchtbar geworden waren, und sie litt es auch willig, daß sich Thamar in der Maske einer Tempelhure am Ende den Samen Judas selbst erschlich: eine neue Variation des Liebesbetrugs, der den Autor so nachhaltig zu beschäftigen schien.

Er selbst hielt viel von der Thamar-Novelle, die er in den ersten beiden Wochen des Jahres 1942 zu Ende gebracht hatte, trotz des Kriegsgetöses. Das Prosastück habe, schrieb er an Erika (die sich übrigens selbst in Thamar wiederzufinden meinte), den vierten Band des «Joseph» «einigermaßen aufgestutzt. Du solltest die zweite Hälfte hören, sie ist vielleicht das Sonderbarste und Besterzählte, was ich gemacht habe.»

Von der Tetralogie, die er im Gang des neuen Jahres abzuschließen hoffte, dachte er ohnedies nicht gering. Am 31. Dezember schrieb er Erich von Kahler: «Schließlich habe ich eine Art von Weltgedicht unter den Händen, wenn auch nur ein humoristisches und bizarres.» Wiederum der Flirt mit der «Größe», der im Dementi den Anspruch bestätigte: «Ich habe mich nie für groß gehalten, aber ich liebe es, mit der Größe zu spielen und auf einem gewissen Vertraulichkeitsfuß mit ihr zu leben.» So hatte er mehr als einmal die Annäherung an Goethes Rang präsentiert und sie dennoch, mit einiger Grazie, unverzüglich relativiert: ein Umweg, der eher von seiner Vorsicht als von wahrer Bescheidung zeugte. Zwei Wochen danach und noch einmal ein halbes Jahr später vertraute er Agnes Meyer dieselbe Konfession an, in wörtlicher Wiederholung. Sie entgegnete, was er von der Größe sage, habe sie «wunderlich berührt». «Es ist Ihnen sicherlich nicht eingefallen dass das viel besser auf mein Leben paßt wie auf Ihre Kunst.»

Die Reizbarkeiten und Verletzlichkeiten zwischen den beiden minderten sich nicht. An die Mitteilung, daß er zum «Honorary Counselor» des «Phi-Beta-Kappa»-Ordens ernannt worden sei, hatte er die – nicht allzu taktvolle – Bemerkung gefügt, daß damit leider kein Jahresgehalt verbunden sei: «Ich kann garnicht genug Jahresgehälter haben». Die Gönnerin nahm Anstoß: Sie wolle «keine weiteren ‹Predigen› schicken», schrieb sie ihm, doch sie wies ernst darauf hin, daß «alle» sich nun «auf weniger gefasst machen und vorbereiten, statt auf mehr zu hoffen». Der Krieg werde lange dauern, und Amerika werde «gerade so arm wie die anderen Länder». Sie selbst habe ihren Haushalt schon auf «Kriegsbudget» gesetzt.

Es war ihm sehr unbehaglich, als ihm der «New Yorker» mit dem ersten Teil eines großen Porträts unter dem Titel «Goethe in Hollywood» auf den Schreibtisch kam – denn auf der dritten Seite der langen Studie war, zu seinem hellen Entsetzen, auch Agnes Meyer apostrophiert. Die Verfasserin des Artikels schrieb, nicht allzu genau informiert: wenn Thomas Mann sich an der Ostküste aufhalte, sehe er für gewöhnlich nur drei Amerikanerinnen. Das Trio werde angeführt von Mrs. H. T. Lowe-Porter, seiner Übersetzerin. Die zweite sei Miss Caroline Newton, die Psychoanalytikerin, die eine Interpretation seines Werkes und seiner Person vorbereite (worauf sie, zu seiner Erleichterung, unterdessen verzichtet hatte); sie sei es, die ihn in die Werke Sigmund Freuds eingeführt habe (was gewiß zutraf). Die dritte: Mrs. Eugene Meyer, die Frau des Verlegers der «Washington Post» und eine «Spezialistin für lange Rezensionen» seines Werkes in der «New York Times».

«Alle diese Damen», schrieb die Autorin, «sind ihm nützlich und stolze Elemente des geheimnisvollen und schäumenden häuslichen Nimbus, der den Romancier umgibt». Sie fuhr fort: «Jede dieser Damen ist ein Blaustrumpf, und sie alle sind in einem Kult der Bewunderung für Mann vereint, doch jede für sich (so wird wenigstens gesagt) fragt sich manchmal, was die beiden anderen dabei zu schaffen haben.» An anderer Stelle nannte sie Agnes Meyer das «Delphische Orakel» Thomas Manns, was gewiß keine Schmähung war.

«Wird mich einen beredten Brief kosten», notierte er nach der

Lektüre im Journal. Anderntags setzte er sich an den Schreibtisch:
«Was für ein nichtsnutziges Machwerk!» rief er nach Washington
hinüber: «Es ist wirklich ein Kunststück, so frech und zugleich so
langweilig zu sein. Das ist eine ähnliche Verbindung, wie die von
Indiskretion und Falsch-Informiertheit, durch die diese Neck-Bio-
graphie sich ebenfalls auszeichnet. Jedes zweite Factum ist ein
Falsum. Ausgezeichnet z. B. die Angabe, dass Caroline Newton
mich in das Werk Freuds eingeführt habe, die Arme! Ebenso, dass
sie unter meiner Aegide eine psychoanalytische Erläuterung ‹of him
and his works› habe schreiben wollen.» Und dann: «So sternenweit
voneinander stehende Figuren wie Sie, Caroline Newton und die
gute Lowe zu einem auf einander eifersüchtigen Kleeblatt von Blau-
strümpfen zusammenzustellen, ist ein starkes Stück, – nein, nicht
stark, sondern läppisch. (…) ‹Alle diese Frauen sind ihm nützlich.›
Es ist ein sauberes Gesinnungs-Niveau, das sich da offenbart. Wie
‹nützlich› allerdings ernstere Geister einander sein können, davon
ahnt diese Intellektuelle wohl nichts.»

Er mußte gestehen, daß er die Verfasserin kannte: «Als ich das
Heft ins Wohnzimmer brachte, erklärte ich, ich hätte die Schreibe-
rin nie gesehen. Meine Frau belehrte mich eines Besseren: ich hatte
es nur vergessen, sie hat in Princeton einmal bei uns geluncht. Jedenfalls habe ich mich so monströs höflich, steif und zugeknöpft
verhalten, wie sie mich schildert. Zu bereuen habe ich davon nur die
Höflichkeit.»

Die Verfasserin war Janet Flanner, eine der großen Journalistin-
nen ihrer Generation, die durch ihre Pariser Feuilletons und Reportagen – mit dem Pseudonym Genet gezeichnet – hohen Ruhm erlangte. Sie hatte mit Thomas Mann in Princeton ein ausführliches
Gespräch geführt und war in der Tat auch zu Tisch geladen worden:
der Sohn Klaus kannte sie gut genug. Für geraume Zeit war sie
Mitglied einer eigentümlichen «Wohngemeinschaft» draußen in
Brooklyn, zu der sich eine Gruppe von Künstlern und Intellektuellen zusammengefunden hatte: Carson McCullers gehörte dazu, die
Autorin aus den Südstaaten (die mit ihrem Roman «Das Herz ist ein
einsamer Jäger» das Aufsehen der literarischen Welt auf sich gezo-
gen hatte) – hier begegnete sie Annemarie Schwarzenbach, der
Schweizer Freundin von Erika und Klaus, die sich in einer verzeh-

renden Liebe an die Schriftstellerin band; die große Jazz-Sängerin
Rose Gypsie Lee zählte zu der artistischen Kolonie, der Komponist Benjamin Britten, der englische Lyriker Wyston Hugh Auden, immer noch Erikas offizieller Ehemann, durch ihn für einige
Monate (vom März bis zum Juli 1941) auch Golo Mann – wahrhaft
illustre Mieter, die in dem großen alten Haus Zuflucht gesucht hatten.

Janet Flanner war bei der Niederschrift ihres Porträts keineswegs mit der Absicht ans Werk gegangen, den großen deutschen
Schriftsteller der Lächerlichkeit preiszugeben. Ihr Spott war gezügelt. In manchen Passagen machte sie sich über ihn lustig, wie es
dem Stil des «New Yorker» entsprach. Auch dies empfand er zunächst als ein Sakrileg. Er las es nicht gern, daß ein Pressephoto-
graph von ihm gesagt habe, er sehe aus wie ein «gut geschnittener
altmodischer Spazierstock»: ein witziges und überdies nicht unzu-
treffendes Bild. Die Autorin hatte hinzugefügt, sein Gesicht sei
wie ein Holzschnitt gekerbt, und er bewege sich mit der «korrek-
ten, aufrechten Salon-Förmlichkeit einer älteren teutonischen Generation»: «Seine Manieren sind beispielhaft. Fremde, die sein
Gleichmaß beunruhigt, betrachten ihn als ein Monster der Höflichkeit. Er präsentiert eine freundliche, jedoch einschüchternde
und überzivilisierte Fassade, die zum Teil ein Produkt seines ursprünglichen Charakters und zum Teil mit Bedacht konstruiert
ist.»

Die Recherchen der Verfasserin waren – alles in allem – allzu
flüchtig, doch sie hatte ein genaues Auge. Obgleich Thomas Mann,
schrieb sie, vierzig Jahre damit zugebracht habe, «Charaktere in
Druckerschwärze zu schaffen», sei er «bar jeden Interesses an
Menschen aus Fleisch und Blut». Mit einem sehr angelsächsischen
Wortspiel sagte sie: «He views them as models rather than as mortals.» Auf deutsch: Er betrachte die Leute als Modelle und nicht
als sterbliche Wesen. Er vergesse Namen und Gesichter, und er
wiederhole Fragen. Sanft spielte sie auf seine homoerotischen Neigungen an. Von einer jungen Frau, die in München bei ihm zu
Tisch gewesen sei, habe er gesagt, wenn sie ein Junge wäre, würde
sie sehr schön sein. Es war nicht zufällig, daß sie nur einen großen
Schriftsteller der Zeit in seine Nähe rückte: André Gide, und ihr

entging nicht, wie sehr seine Aufmerksamkeit auf die eigene Person konzentriert war: «the greatest study of Mann is Mann», sagte sie, ein geflügeltes Wort variierend.

Mit einigem Bangen sah er der zweiten Folge des Artikels entgegen, von der man ihm zugetragen hatte, daß sie Enthüllungen über seine nationalistische Vergangenheit enthalten werde. In der Tat kam Janet Flanner auf die «Betrachtungen» zu sprechen – die Nemesis, der er bis an die Schwelle des Grabes nicht entkommen sollte. Sie zitierte auch in großer Ausführlichkeit aus dem fatalen Aufsatz des Jahres 1914 «Gedanken zum Kriege», und sie führte an, daß er in einer Publikation des «Institut de France» noch 1924 als «gefährlicher Pan-Germanist» bezeichnet worden sei. Freilich versäumte sie nicht, die Gründlichkeit seiner Wandlung zum Demokraten und Antinationalisten zu schildern. Sie erwähnte, daß Thomas Mann in den diplomatischen Zirkeln von Washington als der «ideale Präsident des Vierten Reiches» diskutiert werde. Dann beschrieb sie die Kinder, die sie – wie den Vater – aufmerksam ins Auge gefaßt hatte. Von Erika sagte sie, sie verfüge über den schärfsten Geist und die ausgeformteste Persönlichkeit unter den sechsen. Der Vater verlasse sich auf ihr Urteil. Sie verschwieg nicht, daß ihre Meinungen über alles und jedes stets «einhundertprozentig» seien und keinen Raum für eine Erörterung ließen. Klaus, das «zerstreuteste und gewinnendste» Mitglied der Mann-Sippe, sei seit seiner Jugend «ein enthusiastischer Schriftsteller von jener zweitrangigen Art, die das Schicksal den Söhnen der großen Autoren auferlegt».

Klaus und Erika, sagte sie, hätten stets Beziehungen mit aller Welt unterhalten, in welchem Land sie auch lebten. Den Einfluß der beiden überschätzend, meinte die Journalistin, sie kontrollierten die Lage der deutschen Emigranten. Ein stereotyper Scherz behaupte, man sei kein «wirklicher Flüchtling», ehe man nicht von Klaus und Erika anerkannt sei. Von Golo bemerkte sie, nicht unzutreffend, er sei der «Familien-Konservative» und er sehe aus wie eine «dunkle, bäuerliche Ausgabe seines welthaften Vaters». Von Monika, dem einfachsten Gemüt in dem «exzentrischen Sextett», spreche man stets als von der «armen Monika». Sie wußte, daß Elisabeth in der Erzählung «Unordnung und frühes Leid» als kindliche Heroine figurierte. Sie erwähnte Michael, beiläufig auch Bruder Heinrich. Sie sprach von der musikalischen Bildung des Vaters. Es entging ihr dabei nicht, daß er für Bach mehr Achtung als Zuneigung empfinde. Sie berührte seine eher flüchtigen Beziehungen zur amerikanischen Literatur.

Schließlich präsentierte sie – sich auf die Auskünfte seines Verlages berufend – die eindrucksvollen Auflagen seiner Bücher in den Vereinigten Staaten: «Joseph in Ägypten» habe in der Ausgabe des «Book of the Month Club» (als Alternativband des Jahres 1938) zweihundertzehntausend Exemplare verkauft, dazu siebenundvierzigtausend Exemplare der Verlagsausgabe; die «Buddenbrooks» an die achtundvierzigtausend; der «Zauberberg» mehr als hundertfünfundzwanzigtausend; die «Erzählungen aus drei Jahrzehnten» neunzigtausend – in der Tat Erfolge, die keiner der anderen Emigranten aufweisen konnte, ehe Franz Werfel sein «Lied von Bernadette» und Lion Feuchtwanger seine historischen Romane aus der Epoche der Revolution auf den Markt schickten.

Es möge wohl sein, bemerkte sie zum Schluß, daß Mann tief am Geschick des Emigranten, an der Trennung von seinem Land, seinem Volk, seiner Sprache leide: doch er sei «vom Typus der Schnecke, der seine wohlgeformte Behausung über seinem Kopf trägt». Sie zitierte einen seiner Freunde, der bemerkte: «Ich gehe immer heim zum Haus von Thomas Mann, in welchem Land es auch sein mag.»

So bitter der Spott ihn kränken mochte: er räumte ein, daß seine Würde am Ende doch nicht bedroht war. Im Gang der Monate ließ er sich von amerikanischen Gesprächspartnern davon überzeugen, daß jenes Porträt alles in allem eher schmeichelhaft ausgefallen sei. Und welche Werbung! Wahrhaftig, nur wenige Schriftsteller, ob Amerikaner oder Fremde, konnten sich solcher Aufmerksamkeit rühmen.

80. KAPITEL

Der bürgerliche Selbsthaß

Agnes Meyer zeigte sich, mit dem Spott des Porträts im «New Yorker» konfrontiert, weniger verstört, als er gefürchtet hatte. Aufatmend lobte Thomas Mann ihre «raisonable Haltung gegenüber dem üblen Streich». Sie stieß sich kaum an den ironischen Aperçus, mit denen sie bedacht worden war – eher an der Respektlosigkeit, mit der die Autorin dem Dichter begegnete. Thomas Mann, der Schlimmes befürchtet hatte, tröstete sie gern. Er müsse Amerika in Schutz nehmen, schrieb er ihr: «Sie glauben nicht, wieviel hämisches Wesen und niedrige Lust an der Herabsetzung es in Deutschland gab. Ich finde die Leute hier gutmütig bis zur Generosität (...), und fühle mich freundlich geborgen unter ihnen. Daran kann dieser ärgerliche Zwischenfall nichts ändern.»

Überschwenglich dankte er ihr für die Weihnachtsgeschenke, mit denen er und die Familie bedacht worden waren: ein Silberservice fürs neue Haus, von dem er sagte, daß es die Zier des künftigen Eßzimmers sein und auf der Anrichte prangen werde. Ihm schickte sie eine schöne Ausgabe von Laurence Sternes «Tristram Shandy» – ein Buch, zu dem er eine besondere Nähe empfand. Eugene fügte ein Kistchen teurer Zigarren hinzu. In seinem Brief gab er sich, nachdem der Dank abgestattet war, einige Mühe, Agnes Meyers Depression über die fatalen Schläge zu beschwichtigen, die das mächtige Amerika von den Japanern – den «Gelben», wie er gern sagte – in jenen ersten Wochen des pazifischen Krieges hatte hinnehmen müssen.

Aber dann konnte er der Versuchung nicht widerstehen, der regierenden Elite ihres Landes und damit ihr selbst gehörig die Leviten zu lesen: «Was hattet ihr alle euch denn nur gedacht? Musste man nicht bitter lachen, als Mr. Hull die letzte japanische Note ein Dokument nannte wie er es diesem Planeten nicht zugetraut hätte, – so etwas an Lügenhaftigkeit und Verderbnis sei noch nicht dagewesen? *Fünfundzwanzigmal* war es dagewesen – drüben in Europa, vor den Augen der Amerikaner, aber sie glaubten nicht, was sie sahen, sei es aus Seelenreinheit, sei es aus Bequemlichkeit, vielleicht aus beidem. Alles, was wir durchgemacht haben, wollten sie oder konnten sie nicht miterleben, oder nur halb, nur ungläubig; im Grunde hielten sie es für Greuelmärchen. Nun haben sie eine eigene abscheuliche Probe davon empfangen. Sie werden nicht daran zugrunde gehen!» Sie hatte ihn in ihrem Brief gefragt – den er, wie so viele, nicht aufbewahrte –, ob auch er unter der düsteren Lage leide. Er antwortete: «Ach, liebe Freundin, ich habe *vorher* gelitten, als es noch eine Taktlosigkeit war, sein Leiden merken zu lassen. Jetzt ist mir eher wohler, denn nun ist der Löwe erwacht».

Er sagte, es gebe keinen Zweifel, wer schließlich den längeren Atem habe, doch der Trost, den er ihr anbot, konnte nicht darüber hinwegtäuschen, daß er zuvor Salz in die Wunden der leidenden Patriotin gerieben hatte. Warum? Nur weil er – grimmig triumphierend – recht behalten mußte? Dieses Versagen seiner Klugheit – von Takt nicht zu reden – war um so merkwürdiger, da er im selben Brief erneut an Agnes Meyers Hilfsbereitschaft appellierte.

Nach der Kriegserklärung Deutschlands und Italiens wurden die Flüchtlinge aus diesen Ländern – wie in Großbritannien und Kanada auch – als «enemy aliens» registriert: «Ausländer feindlicher Herkunft» in wörtlicher Übersetzung, die gewisse Beschränkungen ihrer Freiheit auf sich nehmen mußten, obschon sie mit den Staaten, die sich im Kriegszustand mit Amerika befanden, meist nichts mehr zu schaffen hatten, sondern zum guten Teil ausgebürgert waren und nichts dringlicher wünschten, als Amerikaner unter Amerikanern zu werden. Thomas Mann wies darauf hin, daß er nicht «deutscher Untertan» sei, sondern einen tschechoslowakischen Paß führe und die Einwanderung in die Vereinigten Staaten beantragt habe. Dennoch erkundigte er sich besorgt, ob die Einschränkungen auch auf ihn zuträfen: «Darf ich also keinen Kurzwellenempfänger haben (den ich übrigens nie benutze) und nicht ohne Erlaubnis reisen? Sie sollten Francis Biddle» – den Justizminister – «einmal fragen, wie er meinen Fall ansieht und ob er mir nicht, wenn nötig, eine Art von Freibrief und General-Permess geben will. –» Dann versicherte er ihr, daß er entschlossen sei, Amerikaner zu werden, «wenn auch kein grosser». Er fuhr fort: «Bei dem Gedanken, Deutschland wieder zu betreten, schaudert mir. Ich mache kein Geheimnis mehr daraus, dass mir meine Nation bis *da* geht. Bevor dort nicht in einer hellichten, ehrlichen Revolution hunderttausend Schurken und Schädlinge ausgetilgt sind, sehe ich sie nicht mehr an, und ‹Lotte in Weimar› sollen sie auch nicht eher zu lesen bekommen.»

Thomas Mann befand sich in einem unleidlichen Zustand. Der bevorstehende Umzug ins neue Haus kündigte sich durch Unruhe und immer neue Ausgaben an. Das Problem der Dienstboten bedrückte ihn. Die schwarze Köchin Lucy hatte vor Weihnachten plötzlich den Wunsch angekündigt, Urlaub zu nehmen und nach Florida zu reisen, vermutlich, um ihre Familie zu besuchen. Es war Krieg: vielleicht warteten Brüder auf die Einberufung. Der Hausherr zeigte kein Verständnis, sondern forderte von Katia, daß sie der Gehilfin ein Ultimatum zu stellen habe. Lucy zog den Abschied vor. Thomas Mann und seine Frau glaubten, auf ihre Dienste leicht verzichten zu können, zumal John, der chauffierende Gatte, zu Kränklichkeiten neigte und seine Pflichten nur schleppend versah: er sei «schon länger schlaff und wenig brauchbar» gewesen, ließ der Dichter seine Gönnerin in Washington wissen. Freilich ergab sich, daß Ersatz nur mühsam zu finden war (denn die Kriegsindustrie sog nun alle Arbeitskräfte auf): und dies vor dem Umzug!

Der Ärger mit den «servants» wurde ein chronisches Problem. Zwar fand sich ein deutsch-jüdisches Dienerpaar ein, doch Katia ließ sie rasch wieder ziehen, da die beiden durch eine stets gekränkte Miene zu erkennen gaben, daß sie sich für die niedrigen Arbeiten in Küche, Haus und Garten zu schade waren: «ein Alpdruck von dummer Halbbildung und grundsätzlichem Beleidigtsein», wie der Hausherr zornig feststellte. Seufzend wandte man sich wieder den Mitbürgern vom «freundlichen Negerstamme» zu (wie Thomas Mann an Erika schrieb): im Familienjargon, in dem man sich gern pseudohelvetischer Wendungen bediente, «Dunkelis» genannt, mit mäßigem Witz, der eine Anleihe bei dem amerikanischen Slang-Begriff «darkies» war. In ihrer Verzweiflung sandte Katia sogar ein Telegramm an Lucy mit dem dringenden Appell, zu ihr zurückzukehren, doch die einstige Gehilfin zeigte sich nicht geneigt. Für einige Wochen deuteten sich die Härten des Krieges an: Fleisch, Butter und Eier verschwanden von den Märkten und aus den Geschäften. Katia, von Pflichten überhäuft, hatte einige Mühe, Mahlzeiten auf den Tisch zu bringen, die den Erwartungen des Hausherrn entsprachen. Thomas Mann erhob gewiß nicht den Anspruch, ein Gourmet zu sein, doch er war auf seine Weise verwöhnt. Er legte Wert auf eine gute und solide Kost mitteleuropäischer Tradition. Wenn die Familie aushäusig speiste, suchte sie nun fast allemal das «Chalet Suisse» am Sunset Boulevard auf, dessen Küche der Dichter immer aufs neue rühmte. Der Kummer mit den Dienstboten, die in raschem Wechsel kamen und gingen, legte häufiger Besuche an dieser Stätte helvetischer Gastlichkeit nahe.

Der Chefin des Hauses schien keine allzu glückliche Hand im Umgang mit ihrem Hauspersonal gegeben zu sein. Es wurde ihr offensichtlich schwer, den rechten Ton mit ihren Gehilfen zu finden – und Thomas Mann erst recht. Die beiden wurden nicht gewahr, daß der amerikanische Umgangston zwischen Reichen und Armen, Hohen und Niederen – trotz des unübersehbaren Abstands zwischen den Klassen – auf Gleichheit und Familiarität gestimmt war. Der Geist des «Dienens» schien in der Landesgesinnung keine Heimat zu haben. Augenzeugen berichteten, daß die Hausfrau Schränke und Vorratsräume sorgsam abzuschließen pflegte, ja daß sie mit einem mächtigen Schlüsselbund am Gürtel wie die Kastellanin eines Schlosses durch die Gemächer zu stampfen pflegte. Die Angestellten betrachteten diese Gewohnheit, die ein Erbe des Affa-Traumas aus Münchner Notzeiten sein mochte, als eine permanente Demonstration des Mißtrauens.

Die Familie wäre oft in böse Verlegenheit geraten, hätten sich nicht immer wieder willige Helferinnen aus dem Kreis der deutschen Flüchtlinge gefunden, die ihre Verehrung für den Dichter durch handfeste Dienstleistung zu beweisen suchten: Eva Landshoff vor allem, die geschiedene erste Frau des Verlegers, aber auch Virginia Katzenellenbogen-Kellen, die Gefährtin des Sekretärs, deren Gutartigkeit von den Mitgliedern des Hauses Mann besonders geschätzt wurde.

Die kleinen Beschränkungen, die ihm und den Seinen durch die Kriegswirtschaft zugemutet wurden, verdüsterten oft seine Laune. Auch der Kummer um die Kinder erklärte manche seiner Verstimmungen. Klaus wollte den Untergang seiner Zeitschrift noch immer nicht akzeptieren. Er hatte das Blatt von Nummer zu Nummer weitergeschleppt. Die Last wurde schwerer und schwerer. Vergebens mahnte ihn Golo, drei Tage nach dem Debakel von Pearl Harbor: «Und Du? Die Zeitschrift? Wenn man Dir einen Rat geben dürfte – aber man darf es ja nicht. Der Ernst dieser Krise; die äußerste Anstrengung der Nation zu *materiellen* Zwecken; das eigentliche Aufhören der Diskussion, dort, wo die Waffen reden; daß selbst die ‹NATION› um ihre Existenz ringt… Großer Gott. wer hat Dich verhext!…»

Im Februar 1942 erschien die letzte Ausgabe: ein respektables Heft. Dann blieb nur noch die Liquidation und ein Berg von Schulden, für die Klaus haftete. Die Hilfe des Vaters war kaum genug, ihm die dringendsten Verpflichtungen vom Leibe zu halten.

Agnes Meyer konnte und wollte für ihn keine Nothelferin mehr sein, er wußte es. Ihre Fürsorge gehörte dem Vater, dem sie in jenen Tagen, nicht ohne Stolz, berichtete, der sowjetische Botschafter Litwinow sei – bei einem Empfang für Arturo Toscanini, den Dirigenten – Gast in ihrem Hause gewesen. Sie rief voller Enthusiasmus, zugleich mit einer Prise Selbstironie: «Sehr wichtig, etwas gefunden zu haben, was dem argwöhnischen Kommunisten Freude bereiten konnte – Auf solchen Umwegen arbeitet Ihre Freundin für ihr Land – und ist zweifellos darin erfolgreicher als in den geistlichen Anstrengungen». Sie meldete überdies, daß sie bei jener Gelegenheit auch mit dem Justizminister Francis Biddle gesprochen habe: nein, die Vorschriften über die Behandlung der «enemy aliens» lasse keine Ausnahme zu; er habe dies auch den italienischen Schicksalsgenossen Toscanini wissen lassen.

Thomas Mann antwortete resigniert, die «kleinen Beschränkungen», denen auch er unterliege, seien «vorerst nicht der Rede wert»: «Feuerwaffen und Explosivstoffe sind mir von Natur höchst unsympathisch, unser Kurzwellen-Empfänger arbeitet so wie so nicht, und für meine lectures, die allerdings ausgesprochenes defense work sind, will ich gern von Fall zu Fall um Reise-Erlaubnis einkommen.» Er frage sich freilich, ob es dabei sein Bewenden haben werde. Dann klagte er, daß «400 californische publishers» den Antrag gestellt hätten, «alle enemy aliens» müßten «aus den Küstenstaaten evakuiert und ins Innere des Landes verwiesen werden». In einem späteren Brief wies er zornig auf die «abscheuliche Hetze» der kalifornischen Presse. Es gebe schon Lokale, sagte er, deren Besitzer Aufschriften an die Türen klebten: «Enemy Aliens keep out», was «bedenklich an ‹Nicht-Arier unerwünscht›» erinnere.

Es gab Bestrebungen, die vermeintlichen Feinde aus den Staaten am Pazifik zu entfernen. Earl Warren, der Generalstaatsanwalt von Kalifornien – er wurde später, als Vorsitzender des Obersten Bundesgerichts, eine Säule der liberalen Rechtsprechung –, betrieb das monströse Projekt mit unbeirrbarer Entschlossenheit, unterstützt von John J. McCloy, damals Staatssekretär im Kriegsministerium (nach dem Kriege amerikanischer Hochkommissar im besetzten Deutschland), der schließlich dafür sorgte, daß der Plan elende Wirklichkeit wurde. Er betraf allerdings nicht die ehemaligen Deutschen und Italiener, sondern ausschließlich die Japaner, gleichviel, ob sie einen Paß der Vereinigten Staaten besaßen oder nicht. Mehr als einhunderttausend von ihnen wurden, weitab von allen Zentren der Zivilisation, in Lager gepfercht: hinter den Rocky Mountains oder tief im Mittleren Westen, wo er am unwirtlichsten ist.

Die meisten der Ausgesiedelten – viele waren Gärtner oder kleine Bauern – verloren Haus und Hof, zu Notverkäufen gezwungen wie vordem die Juden in Deutschland unter dem Zwang der «Arisierung». Nein, sie wurden nicht gefoltert, nicht ermordet, sie litten selten Hunger und Durst. Dennoch war es schieres Unrecht, das ihnen widerfuhr, der Vereinigten Staaten und ihrer rechtsstaatlichen Prinzipien nicht würdig. Thomas Mann nahm das Geschick der gelben Mitbürger nur am Rande zur Kenntnis. Ludwig Marcuse aber, der sich über die Einschränkungen bei ihm beschwerte, schrieb er tröstend: «Es ist das Demokratie, oder man nennt es doch so. Selbst den evakuierten Japanern sagt man: Seid ihr so loyal wie ihr zu sein behauptet, dann schreit und petioniert nicht, sondern fügt euch freudig in die militärischen Notwendigkeiten und nehmt bereitwillig das Opfer auf euch, das dieses Land in höchster emergency von euch verlangen kann. This is war.» Bertolt Brecht, dem die Ironie für einen Augenblick verging, hielt in seinem Tagebuch eine Szene fest, die ihm bewies, wie «wunderbar (...) die menschlichkeit gegen alle psychosen und hetzen durchkommt. im registrierungsbüro, wo auch wir uns als ‹enemy aliens› einzuschreiben hatten, sah ich eine alte japanische frau, halb blind, nicht eben sehr gefährlich wirkend. sie ließ sich durch eine begleiterin, ein junges mädchen, bei den andern wartenden entschuldigen, daß sie zum schreiben so viel zeit brauche. alle lächelten; die amerikanischen beamten waren sehr höflich.» Dann vermerkte er, kleine Leute hätten, wohl um ihre Solidarität zu bekunden, bei den niseis eingekauft. Auch klebte er eine Notiz aus der Zeitung in sein Heft, die besagte, den japanischen Arbeitern, die mit dem Aufbau der Baracken ihrer Lagerstädte beschäftigt waren, habe die Armee die regulären, gewerkschaftsüblichen Löhne gezahlt.

Angstvoll fragte sich Thomas Mann, ob auch er zu den «enemy aliens» zähle. Der Freundin in Washington sagte er, mit besorgtem Blick auf sein eigenes Geschick: «ich bin eben nur neugierig, ob auch dann keine Ausnahme zulässig sein wird, wenn wir unser neues Haus gleich wieder verlassen und dafür ein Hotel in Cansas City aufsuchen müssten. Manchmal erinnert man sich eben doch, dass man länger mit Hitler im Kriege ist, als Amerika...» Es erwies sich, daß er und die Seinen die bürokratischen Umständlichkeiten, die den «enemy aliens» europäischer Herkunft zugemutet wurden, nicht auf sich zu nehmen hatten, da sie über Pässe der tschechoslowakischen Exilregierung verfügten, die von den Behörden anerkannt wurden. Doch verwandte er sich ohne Zögern – zusammen mit Albert Einstein, Bruno Walter, Bruno Frank, Arturo Toscanini und dem einstigen italienischen Außenminister Graf Sforza – in einem Appell an Präsident Roosevelt für die Aufhebung der diskriminierenden Vorschriften, denen die Opfer der nazistischen und faschistischen Unterdrückung unterworfen seien. Er selbst hatte die Erklärung aufgesetzt und dringend um die Unterstützung der anderen prominenten Exilierten geworben: Es müsse eine «klare und praktische Linie zwischen den potentiellen Feinden der amerikanischen Demokratie (...) und den eingeschworenen Gegnern des totalitären Übels» gezogen werden, schrieb er dem Präsidenten. Später trat er als Zeuge vor die Kommission des Kongreßabgeordneten John H. Tolan, bei der «mit soviel Liebenswürdigkeit unsere Aussagen entgegengenommen wurden» – ja er sprach in einem Brief an Bermann Fischer von einer «anmutigen demokratischen Zeremonie»: mehr sei es wohl nicht gewesen. Man hob die Einschränkungen schließlich auf, freilich nur für die Deutschen, die Österreicher, die Italiener. Nicht für die Japaner.

Thomas Mann hatte sich bei Agnes Meyer wohl ein wenig zu ungeduldig danach erkundigt, wann er mit den Überweisungen seines Monatsgehaltes durch die Kongreßbibliothek rechnen dürfe. Sie hielt es nun für angebracht, ihn über die Herkunft der Summe zu informieren: nein, sie habe nicht «kalt und mathematisch» entschieden, daß dies für ihn genug sein müsse: «Diese Summe ist das ganze Einkommen welches ich besitze als Privateigentum – also worüber ich verfügen kann wie ich will, ohne Frage oder Beratung. Es wäre mir lieb wenn es mehr wäre aber dagegen ist es sicher – so sicher, wie irgendetwas heutzutage.» In ihrer praktischen Beziehung handle sie nicht anders als in ihrer idealen: «Beiden gebe ich alles was ich zu geben habe.» Es besteht kein Anlaß, an der Wahrhaftigkeit dieser Feststellung zu zweifeln. Man darf vermuten, daß diese Summe den Zinsen entsprach, die ihr eigenes kleines Vermögen abwarf. Es darf aber auch angenommen werden, daß Eugene Meyer mit der Verwendung des Geldes völlig einverstanden war. Bei guter Gelegenheit mahnte sie Thomas Mann, sich voller Vertrauen an ihren Mann zu wenden, wenn es je notwendig sei.

Was sollte er anders, als seine Dankbarkeit stammeln? «Meine Ergriffenheit über das», schrieb er, «was Sie mir über Natur und Herkunft der der Library zur Verfügung gestellten Summe eröffnen, hat freilich viel von Erschrecken und Beschämung. Es war schön, es war gross, dass Sie das taten – trotzdem: durften Sie es tun?»

Seine Beschämung – wenn er sie denn empfand – hielt ihn nicht davon ab, sie ein weiteres Mal mit einer massiven Kritik an der Widerstandsfähigkeit der angelsächsischen Demokratien herauszufordern. Es sei gewiß, sagte er, daß die Amerikaner den Krieg «nicht mit dem notwendigen Sinn für seinen revolutionären Charakter, nicht mit genug seelischer Kühnheit, Initiative, Entschlossenheit» führten: «Sie werden ihn verlieren, zu unser aller Schmach und Tod, wenn sie den Völkern nichts anderes zu bieten haben, als die Erhaltung dessen, was sich nicht mehr erhalten lässt» – nämlich das System des Kapitalismus. Er fuhr fort: «Wovor ich mich ängstige, ist, dass vielfach kein klarer und aufrichtiger Siegeswille vorhanden sein möchte, weil man sich vor den Veränderungen fürchtet, die der Sieg mit sich bringen würde, und die sein Preis sind.» Ihm sei, sagte er, «ganz ähnlich zu Mute wie zur Zeit von ‹München›». Mit anderen Worten: er traute den Demokratien die Kraft zur Selbstbehauptung nicht zu, weil sie sich weigerten, etwas anderes als Demokratien zu sein. Sie waren ihm im Grunde seiner Seele so fremd, wie sie es in der Epoche der «Betrachtungen» waren.

Agnes Meyer hatte schon vor dem Empfang seines überschwenglichen und in Wahrheit so schlechtgelaunten Dankes einen neuen Besuch an der Westküste angekündigt. Sie klagte schon im voraus, daß er vermutlich doch keine Zeit für sie haben werde – wie bei der letzten Visite, bei der die Stunden intensiven Gespräches so selten gewesen seien.

Seine kritische Epistel über die Schwäche der Demokratien, die unterdessen in Washington angelangt war, hatte gewirkt, wie sie wirken mußte: Agnes Meyer war verstört, auch verärgert. Sie hielt mit ihrer Meinung nicht hinterm Berg. Thomas Mann nannte ihren Brief «albern» und beförderte ihn umgehend in den Papierkorb. Von seiner Entgegnung bemerkte er im Tagebuch, sie sei der «Freundschaft», die er in Anführung setzte, «nicht gerade zuträglich»: «Mein Wunsch, dem Frauenzimmer, das mich tyrannisiert, heimzuleuchten, ist fast unbeherrschbar.» Erika rief er zu: «Immer bin ich in Versuchung, gegen diese königliche Gouvernante, die mich pädagogisch tyrannisiert, ausfällig zu werden.» Mit einer Portion Zynismus, die eine Frau wie Agnes Meyer verletzen mußte, stellte er in seinem Brief an die Mäzenin fest: «Nicht alles, was ich sagte, war dumm, aber es war dumm, dass ich es sagte.» Seine Zweifel «an dem reinen und ungebrochenen Willen der Welt, dem Bösen zu widerstehen», suchte er sich zu rechtfertigen, seien die Frucht von neun Jahren «niederschlagendster Erfahrungen». Wenn man

wolle, könne man das eine «Emigranten-Psychose» nennen, sogar
«Glaubenslosigkeit». Doch er fügte hinzu, sein «Glaube an Gut
und Böse» habe ausgereicht, ihn «seit Jahrzehnten zu einem don-
quixotischen Kämpfer für das Gute und Bessere auf Erden zu machen». Schließlich bat er: «Liebe Freundin, wir überlasteten und
gequälten Menschen müssen einander heute wohl einiges nachsehen!» Er bot ihr überdies an, sie in San Francisco aufzusuchen,
wenn sie nicht nach Los Angeles kommen wolle.

Seine Seele war bedrückt. Der Umzug, den Katia in jenen Tagen
zu bewältigen hatte, widersprach seinem Verlangen nach Ordnung
und Gleichmaß. Wohl rühmte er die Vorzüge des neuen Hauses im
San Remo Drive. Aber er hatte sich, ehe die Dinge auf ihren Plätzen
standen, mit seiner Arbeit im Schlafzimmer einzurichten. Die Been-
gung verstimmte ihn.

Das Aus- und Einräumen der alten Tagebücher hatte er, wie immer, selbst übernommen. Er konnte der Versuchung nicht widerstehen, in den Heften zu blättern. Die Lektüre machte ihm die «Abtrennung von Deutschland» aufs schmerzlichste gegenwärtig. Sie
schien zugleich tiefe Ängste in seiner Seele aufzuscheuchen. Er notierte: «Über das Falsche, Schädliche und Kompromittierende des
Tagebuch-Schreibens, das ich unter dem Choc des Exils wieder begann und fortführte, um diese Geschichte zusammen mit meinem
Alltag zu notieren.» Die Konfrontation mit der Vergangenheit war
nicht geeignet, seine Depressionen zu lindern. Er phantasierte von
der Möglichkeit einer «fascistischen Revolution», auch in Amerika.
Wenige Tage später: «Manuskript- und Materialpakete geräumt,
unratsamer Weise. Grauen vor den alten Dingen.»

Was beunruhigte ihn bei dieser Begegnung mit den vergangenen
Tagen? Gab es dunkle Augenblicke, die er sich selbst (und den Sei-
nen) hernach beharrlich verschwieg, ja die er in die dämmerigen
Räume des halben Vergessens verdrängt hatte? Homoerotische
Aventüren, die ihm peinlich waren? Erpressungsversuche? In den
Journalen der Jahre 1918 bis 1921 deutete sich davon nichts an. Als
ihn in jenen Tagen die Nachricht vom Selbstmord Stefan Zweigs in
Brasilien erreichte, schrieb er an Agnes Meyer, die Tat sei ihm rät-
selhaft: «Er war sorgenfrei und erfolgreich, für politischen Gram
war er zu charakterlos, und sein nachgelassenes Papier erklärt gar-

nichts. Ich vermute, dass das liebe Geschlecht im Spiele war und dass irgend ein Skandal drohte. Er war gefährdet in dieser Beziehung. Grosse Erschütterung kann ich nicht empfinden.» Mit seiner Anspielung deutete er auf die exhibitionistischen Neigungen, die den Kollegen in seinen frühen Wiener Tagen das eine oder andere Mal, wie man sich zuraunte, in die Fänge der Polizei getrieben hatten.

Warum drängte sich ihm der zwielichtige Verdacht einer Wiederholung so selbstverständlich auf? Hatte er sich nicht von den Dämmerzonen verbotener Lüste selbst konsequent entfernt gehalten? Sexuelle Entsagung war ihm nach einem so langen Prozeß der Domestizierung des Geschlechtes gleichsam zur zweiten Natur geworden. Nichts zeigte an, daß er sich je aus der strengen Disziplin entlassen hätte. Wenn sich der Trieb nächtens regte – er sprach von «Exzitationen» –, schien er ihn nur als eine lästige Anfechtung zu betrachten, die verscheucht werden mußte: wie Kopf- oder Magenschmerzen. Überdies hatte sich ihm die letzte Berührung mit einer erotischen Passion ins Lichtvoll-Ideale verklärt: Klaus Heusers «schwarze Augen, die Tränen vergossen für mich, geliebte Lippen, die ich küßte» – obschon er davon nur geträumt haben dürfte.

Gab es anderes, das er fürchtete? Scheute er sich, dem Mann der nationalistischen Fanatisierung ins Auge zu sehen, von der er sich im Ersten Weltkrieg hatte überwältigen lassen: rassistischen Ressentiments, von denen sich in den überlieferten Journalen diese und jene Spuren finden, antisemitische Versündigungen, expansionistische Phantasien, Haß gegen die Demokratien, die tiefe Abneigung gegen den «Westen»? Bedrückte ihn die Nähe jener Empfindungen zu dem Aufstieg der finsteren Mächte, die dann von Deutschland Besitz ergriffen hatten?

Der Untergang Stefan Zweigs, sagte er Agnes Meyer, sei so deprimierend, weil er «nach dem Triumph jener ‹unwiderstehlichen Geschichtsmächte›» der Diktaturen aussehe. «Über mich werden sie nicht triumphieren», fügte er hinzu, «es sei denn, sie liessen mich umbringen. Aber das hätte nichts Deprimierendes.»

Anderntags verzeichnete er die Ankunft eines «demütigen Briefes der Meyer». Seine psychologische Taktik, ob kalkuliert oder nicht, hatte sich von neuem als wirksam erwiesen. Die Protektorin

mußte sich, unglücklich, überarbeitet und erschöpft, aufs Krankenlager legen: eine Anwandlung der Schwäche, in die sie sich wohl aus
Notwehr flüchtete. Ohne Zögern entschuldigte er sich mit einigen
versöhnlichen Zeilen: «Ich aber hätte Ihren letzten nervösen Briefen besser anmerken müssen, aus welchem seelischen und körperlichen Zustand sie kamen, und hätte meine Antworten richtiger darauf einstellen müssen. Es war plump von mir, *mich* zu verteidigen,
wo es meine Sache gewesen wäre, *Ihnen* wohl zu tun. Ein Herz, das
mit Recht, so warm für sein Land schlägt, wie das Ihre, hat schon
heute allen Grund, auf dieses Land stolz zu sein».

Da ihr Leiden hartnäckig zu sein schien, hatte sie den Badeort
Hot Springs in Virginia aufgesucht. Sie hoffte überdies, sie könne
dort in einiger Ruhe an der Thomas-Mann-Studie weiterarbeiten.
(Den Brief, in dem sie ihm ihren Rückzug in die Einsamkeit gemeldet hatte, beseitigte er.) Im Tagebuch aber sprach er von der «bedrückenden Fixierung auf meine Person, Ausscheiden aus sozialen
Aktivitäten um der desperaten Arbeiten willen über mich. Schrecklich. Will da noch das Weib in mein Leben treten, allen Ernstes.» In
der gleichen Eintragung nannte er sie eine «beschwerliche Geist-
Pute».

Zögernd setzte er zu einem Briefversuch an, den er selbst «gefährlich» nannte. Zunächst schickte er lieber ein Telegramm mit
herzlichen Genesungswünschen. Drei Tage später ließ er ein langes
Schreiben folgen. «Sorgen um sein Seelenheil» betrachte er nur «als
eine unnötige Belastung für die Seele dessen (...), der sie hegt», sagte
er: «Ich bin, liebe Freundin und Helferin, viel unveränderlicher,
unerschütterlicher, unbiegsamer, viel endgültiger und unbeein-
flussbarer geprägt, als eine pädagogische Hochherzigkeit glauben
mag, die mich darum ängstigt, weil ich weiss, dass sie nicht reussie-
ren kann. Man kann mich verstehen, kann mich erläutern, aber man
kann mich nicht ändern.» Er fuhr fort: «Pallas Athene selbst könnte
in mein Leben treten – und es bliebe ihr auch nichts anderes übrig,
als mich zu nehmen, wie ich nun einmal bin. Ich weiss mich sehr
unzulänglich, aber was ich bin, das bin ich mit Nachdruck, und
nicht allein durch meine Jahre bin ich untauglich zum Objekt der
Erziehung.»

Natürlich eilte sie trotz aller Bedenken herbei. Die Anwesenheit ihrer Tochter Florence bot einen willkommenen Vorwand. Ehe sie ankam, notierte er, ihn suche das Gefühl heim, «daß unter dem Schleier des Krieges eine fascistische Conspiration der Regierungen gegen die Völker à la München im Gange» sei: «Bin neugierig, die Meyers zu hören.» Wenn er darauf bestand, darüber zu diskutieren, durfte er einer neuen Verstimmung gewiß sein. Immerhin hielt er es für angebracht, der Gönnerin ein Memorandum seines Schwiegersohnes Borgese vorzulegen, in dem ein eher kruder «Offensiv-Plan» entwickelt wurde: durch einen Vorstoß über Alaska und die Behringstraße sollte das Tor zum direkten Angriff auf Deutschland und Japan geöffnet werden. Agnes Meyer wischte die Verrücktheit des Amateurstrategen beiseite. Sie besichtigte lieber das Haus und ließ sich aus der «Thamar»-Novelle vorlesen. Die Gespräche waren penibel genug. Beim vorletzten Tête-à-tête war der Dichter, wie er klagte, mit «manchem Entsetzlichen, in Schranken zu haltenden» konfrontiert, und bei der letzten Unterhaltung vor dem Abschied hielt er es für angebracht, ihren «Verfänglichkeiten mit Verständnislosigkeit» zu begegnen: «Psychologismen über mich zu ihrem Buch. Ahnungslosigkeiten wie meine völlige Verhältnislosigkeit zu Menschen, die Unbeeinflußtheit meines Schreibens von Emotionen, wenigstens seit dem Tonio Kroeger. Alles dient der Erklärung, warum ich kein Verhältnis mit ihr anfange.»

Trat sie ihm wirklich zu nahe? Er war kein Greis, das nicht, doch in den Augen der Zeitgenossen ein alter Mann. Sie war eine Matrone von fünfundfünfzig Jahren. Es ist nicht anzunehmen, daß sie ihn in ihr Bett zu locken versuchte. Vermutlich bedrängte sie ihn mit Fragen, die er als indiskret empfand. Vielleicht verlangte sie auch nach einer zärtlichen Geste. Seine Homosexualität mochte sie unterdessen ahnen, doch sie wollte als Frau zur Kenntnis genommen werden.

Von der Rückreise schrieb sie ihm, daß sie in seiner Nähe eine «Disziplin der Entsagung» empfinde, die bei einem längeren Besuch «nur schärfer statt leichter» werde: «Bis zu dem Punkt wo der Continent der zwischen uns liegt mir jetzt als eine ausgezeichnete Fügung des Schicksals erscheint.» Sie frage sich, ob sie den «harten Stein», auf den sie ihr Haupt gelegt habe, auf die Dauer ertragen könnte, wenn sie nicht so weich gebettet wäre. Sie wollte wissen, das Bündnis zwischen Jaakob und Gott im «Joseph» zitierend, ob eine ähnliche Verbindung zwischen Menschen nicht möglich sein sollte, wenn der eine dem anderen überlegen sei. Es müsse, fuhr sie fort, ein großes Werk geschrieben werden, um die Frau zu lehren, daß die Seelenbande, die sie knüpfe, den Mann nicht fesseln, sondern befreien sollten, damit sie selbst zur vollen Entwicklung gelange: «Wir gehen jetzt einer anderen Welt entgegen worin die Frau so oft wie der Mann selbständig ist, und ihr damit die Erste Gelegenheit gegeben wird sich als Mensch und nicht nur als Weib zu betrachten. Das ist eine der wichtigsten Seiten der Demokratie». Die Welt, bemerkte sie später, müßte «ein neues zweigeschlechtliches Wort für Brüderschaft finden».

Die «Offenherzigkeit» ihres langen Bekenntnisbriefes nannte er «erschreckend»: «Kunst des Ignorierens zu üben», sagte er im Tagebuch. Sie aber schrieb, nach ihrer Heimkehr, einige Verse unter dem Titel «Goldene Träume», die eine bemerkenswerte Sensibilität im Umgang mit der deutschen Sprache bewiesen: «Du bist nicht das einzige Meer, stürmischer Pacifique, / Auf dem mein Blick sich heute sehnsuchtsvoll verlor – / Mir wurde schon ein anderes vorgezaubert, / Nicht minder gross, nicht minder tief wie du – / Doch ruhiger und unvergleichlich schöner, / Denn aus dem leichten Spiel der schweren Wogen, / Stieg, blendend, das verlorene Atlantis.»

Am 4. April 1942, dem Tag vor Agnes Meyers Heimreise nach Washington, wurde der Angriff britischer Bombergeschwader auf Thomas Manns Heimatstadt Lübeck gemeldet. Das Haus seiner Großeltern in der Mengstraße, sagten die Meldungen aus dem Reich, sei zerstört. Die BBC wünschte dazu eine Ansprache an die deutschen Hörer, die am Jahrestag des deutschen Schlages auf die Stadt Coventry gesendet werden sollte. «Kaum tunlich», notierte er im Tagebuch. Sonst verzeichnete das Journal keine Bewegung.

Schließlich nahm er die Anregung auf. Er verwies nicht nur auf Coventry, sondern auch auf die Greuel, die sich die deutsche Luftwaffe in Spanien hatte zuschulden kommen lassen, auf Rotterdam, auf die Massaker in Polen. Er fragte: «Hat Deutschland geglaubt, es werde für die Untaten, die sein Vorsprung in der Barbarei ihm gestattete, niemals zu zahlen haben?» Köln, Düsseldorf, Essen, Hamburg – das sei nur ein Anfang: «Beim jüngsten britischen Raid über

Hitlerland hat das alte *Lübeck* zu leiden gehabt. Das geht mich an, es ist meine Vaterstadt. Die Angriffe galten dem Hafen, den kriegsindustriellen Anlagen, aber es hat Brände gegeben in der Stadt, und lieb ist es mir nicht, zu denken, daß die Marienkirche, das herrliche Renaissance-Rathaus oder das Haus der Schiffer-Gesellschaft sollten Schaden gelitten haben. Aber ich denke an Coventry – und habe nichts einzuwenden gegen die Lehre, daß alles bezahlt werden muß. Es wird mehr Lübecker geben, mehr Hamburger, Kölner und Düsseldorfer, die dagegen auch nichts einzuwenden haben und, wenn sie das Dröhnen der RAF über ihren Köpfen hören, ihr guten Erfolg wünschen.»

Es schien ihm nicht in den Sinn zu kommen, daß die Menschen, die sich in den Kellern an die Wände preßten, in jenen Augenblicken kaum an die ausgleichende Gerechtigkeit der Geschichte und des lieben Gottes dachten, auch wenn sie nichts sehnlicher herbeiwünschten als die Niederlage und den Untergang des Regimes: daß sie Angst hatten, nichts als Angst, um sich selbst, um ihre Kinder, ihre Frauen, ihre Mütter. Es kam ihm auch nicht in den Sinn, daß seine Sprache in diesem Augenblick die des Zeitgeistes war, in dem er den tödlichen Feind zu erkennen glaubte. Er fuhr fort: «Sogar könnte es sein, daß mein Sinn für Gerechtigkeit durch dies Bombardement noch auf eine besondere Probe gestellt wäre. Schwedische Blätter melden, und amerikanische fragen mich danach aus, daß das Haus meiner Großeltern, das sogenannte Buddenbrook-Haus in der Mengstraße, bei dem Raid zerstört sein soll. Ich weiß nicht, ob die Nachricht wahr ist. Für viele draußen ist durch meinen Jugendroman der Name Lübecks nun einmal mit dem Gedanken an dies Haus verbunden, und leicht kommt es ihnen in den Sinn, wenn Bomben auf Lübeck fallen. An Ort und Stelle freilich heißt es schon längst nicht mehr das ‹Buddenbrook-Haus›.» Er stellte fest: «solche Trümmer schrecken nicht denjenigen, der nicht nur aus der Sympathie für die Vergangenheit, sondern auch aus der für die Zukunft lebt. Der Untergang eines Zeitalters braucht nicht der Untergang dessen zu sein, der in ihm wurzelt und der ihm entwuchs, indem er es schildert.»

Hitler-Deutschland, sagte er schließlich, habe «weder Tradition noch Zukunft». Es könne «nur zerstören, und Zerstörung wird es erleiden. Möge aus seinem Fall ein Deutschland erstehen, das *gedenken* und *hoffen* kann, dem Liebe gegeben ist rückwärts zum Gewesenen und vorwärts in die Zukunft der Menschheit hinaus. So wird es, statt tödlichen Hasses, die Liebe der Völker gewinnen.» Eine signierte Kopie des Manuskriptes jener Radiosendung ließ er Gottfried Bermann Fischer für eine Versteigerung zugunsten des Roten Kreuzes zukommen.

Ein knappes Jahr später schrieb er in einem kurzen Exposé «Über Deutschlands Zukunft», das vom «Office of War Information» erbeten wurde, mit ruhiger Entschiedenheit, er brauche kaum zu sagen, daß er mit einer «generellen Bestrafung» oder gar mit der Sterilisierung und Ausrottung der Deutschen nicht einverstanden sei. Die Rolle des rachsüchtigen Emigranten behage ihm nicht, aber vor allem: er betrachte das deutsche Volk nicht als hoffnungslos – so wenig und so viel wie die Menschheit insgesamt. Er glaube, daß die Art der Erziehung, die den Deutschen ein Jahrzehnt lang durch die Nazis zuteil geworden sei, in jedem Volk die gleichen Ergebnisse hervorbringen würde: «Im Menschen wohnt viel Böses und große Niedrigkeit; eine Erziehung, die nicht nur versäumt, die schlechtesten und niedrigsten Instinkte zu unterdrücken, sondern sie als gut und ‹patriotisch› erklärt, wird überall auf dieser Erde zu solchen Verbrechen führen, wie sie die Deutschen begangen haben (...). Man muß vor Selbstgerechtigkeit auf der Hut sein.»

Der Faschismus, fuhr er fort, sei in Italien schon tot, und der Nationalsozialismus sei, nach seiner Meinung, in Deutschland heute genauso tot. Wenn die Deutschen erst begriffen hätten, daß ihr Führer niemals ein Retter, sondern immer nur ein Verderber gewesen sei, würden sie diesen Mann abschütteln. Er fügte hinzu, darin von beharrlicher Naivität, daß es vielleicht noch im letzten Augenblick eine «echte und gründliche Revolution» in Deutschland geben werde. Eine «Säuberung des Hauses» sei die Voraussetzung für die künftige friedliche Zusammenarbeit mit den zivilisierten Völkern der Erde.

Er sagte so klar, wie er sonst selten sprach: «Eine Nation wird nur einmal Opfer eines Hitler – und dann niemals wieder.» Wenn das Experiment des Nazismus gescheitert sei, gebe es einige Hoffnung, daß sich der deutsche Nationalismus wahrhaftig ausgebrannt haben werde. Traditionen könnten wieder ans Licht kommen, die jetzt noch mit Füßen getreten würden: zum Beispiel die deutsche Tradition der «Welt-Sympathie» und eines universellen Welt-Verständnisses. Diese Botschaft, geschrieben im März 1943, nahm er niemals unmittelbar in seine Radioreden auf. Sie hätte ihm die Herzen der deutschen Hörer geöffnet.

Zu Agnes Meyer sprach er im Mai 1942 von der «harten aber nützlichen Tätigkeit der R.A.F. in Lübeck und Rostock». Er schrieb freilich auch: «Wegen Lübecks war mir doch sonderbar zu Mut. In einer Zeitung sah ich ein Bild der zerdepperten Breiten Strasse, in der Gegend, wo die Konditorei von Niederegger stand. 40 Prozent der Altstadt sollen in Trümmern liegen. Was soll man machen! Die Lübecker gehörten ums Jahr 1933 zu den allerschlimmsten. Die Nachricht, dass das Buddenbrook-Haus zerstört sei, ist nicht dementiert worden. ‹You lost your house?› fragte mich neulich ein Verkäufer in Westwood. Ich verstand garnicht, was er meinte, dachte an das Herzogpark-Haus und antwortete: ‹Oh, that's long ago.› – ‹Well, some weeks,› sagte er, worauf mir die Meinung klar wurde.»

«Haben Sie gehört», fuhr er fort, «dass die deutschen Emigranten, vorwiegend Juden also, der Regierung ein Bomben-Flugzeug namens ‹Loyalty› stiften wollen? Ein überaus geschmackloser Gedanke, meiner Meinung nach – ich habe mich strikt geweigert, dabei mitzutun und gar den Chairman für das West Coast Committee abzugeben. Wenn man 10000 Dollars für das Rote Kreuz sammelte oder War Bonds dafür kaufte. Aber ein Bomber! Es ist das krasseste Symbol, auf das man verfallen konnte. Wenn man bedenkt, was den deutschen Städten wahrscheinlich bevorsteht – mit Recht und notwendiger Weise bevorsteht –, und wovon Lübeck und Rostock nur vorläufige Proben waren, so zögert man doch, dazu auch nur symbolisch die Hand zu bieten. Die Hände einer gequälten und furchtbar herausgeforderten Welt mögen das tun, aber doch nicht meine.»

Der seltsame Vorschlag war durch den Journalisten Ralph Nunberg, der an einer unheilbaren Geisteskrankheit litt, an ihn herangetragen worden. Thomas Mann sagte ihm, was er auch Agnes Meyer in einer merkwürdigen Wendung mitteilte: «Den Hitler kann ich verfluchen so viel ich will, das schadet mir garnicht für später. Aber ich möchte nicht, daß die Deutschen nach meinem Tode meine Bücher mit dem Gedanken lesen – oder auch nicht lesen –, daß ich als Chairman eines Committee zur Zerstörung deutscher Kultur-Monumente geamtet habe.» Ralph Nunberg (ursprünglich: Rolf Nürnberg), den er einst zu seinem Anwalt Valentin Heins nach München entsandt hatte, um ihm die frühen Manuskripte einschließlich des «Zauberbergs» zu entlocken, unternahm in jenen Monaten, vermutlich aus seiner paralytischen Umnachtung handelnd, den Versuch, Thomas Mann – und nicht nur ihn – zu erpressen. Immerhin beriet der Dichter mit Erika über eine «Beseitigung» der von Nunberg aufbewahrten Briefe. Wovon sie handeln mochten, deutete er auch im Tagebuch nicht an.

Im Brief zuvor hatte Thomas Mann seiner Protektorin von einer zweiten Radiorede im April berichtet, in der er den Deutschen sagte, wenn sie die Nazis verjagten und der Welt Frieden böten, könnte man sich ans Werk machen, die «neue Ordnung» zu schaffen, nach der sich die Völker sehnten. Er fragte seine Hörer: «Ihr könnt nicht, sagt ihr? Zu stark ist der Terror, der Gestapo-Staat unüberwindlich? Wir müssen uns an den Krieg klammern, um die Schrecken der Niederlage hinauszuschieben?» Dann rief er: «So ist euch zu wiederholen: Ein Volk, das frei sein *will*, ist es im selben Augenblick. Ginge in den deutschen Städten einmütig das Volk auf die Straßen und riefe: ‹Nieder mit Krieg und Völkerschändung, nieder mit Hitler und allem Hitler-Gesindel, Freiheit, Recht und Friede für uns und alle!› – die Nazis würden erkennen, daß sie verspielt haben: sie würden schießen, natürlich, aber ein Abenteurer-Regime, das auf das Volk schießen lassen muß, ist am Ende, und so viel von eurem Blut, wie in Rußland fließt, würde die deutsche Erhebung nun einmal sicher nicht kosten.»

Drei Monate später korrigierte er den Appell zur Erhebung: «Es hat keinen Sinn, so zu drängen und zu fragen, wir sehen das alle ein, denn ihr könnt nicht. Es ist nicht wie 1918, als Deutschland zusammenbrach. Ein Volkskörper, der in das Eisen des Terrors geschirrt und geschient ist wie der euere, bricht nicht zusammen, sondern steht schauerlich aufrecht, auch wenn unterm Eisen schon alles verfault ist. Hat es nicht schon im vorigen Winter Massenerschießungen meuternder Truppen gegeben? Davon wird es bald mehr geben und immer mehr. Der Streik des sinnlos ausgebluteten Volksheeres – das wird aller Mutmaßung nach die Form eures Zusammenbruches und eurer Erhebung sein.»

Es steht dahin, ob er seinen Aufruf aus den Apriltagen aus eigener Einsicht oder fremdem Rat gehorchend revidierte. Der Hinweis auf die «Massenerschießungen» deutete an, daß er sich rasch von Gerüchten übertölpeln ließ: es gab sie nicht. Freilich war ihm bei jenen propagandistischen Übungen nicht allzu wohl ums Herz. Gegenüber Agnes Meyer sprach er von der Verantwortung, die mit den Exerzitien verbunden sei. Er habe «sogar Gewissens-Skrupel», daß man sich «durch die Aufforderung an die Deutschen, (…) die Nazis (…) zum Teufel zu jagen», leicht «der späteren Blossstellung» aussetze. Er habe gesagt, man könne, wären die Nazis erst verjagt, sogleich ans Werk gehen, die neue Ordnung im Geist der Atlantik-Charta zu begründen, die nach den Beschlüssen Roosevelts und Churchills, bei ihrer Konferenz an Bord zweier Kriegsschiffe im August 1941 verabredet, den Völkern Selbstbestimmung, Gleichberechtigung, Zugang zum Welthandel und zu Rohmaterialien, wirtschaftliche Zusammenarbeit, eine Verbesserung der sozialen Verhältnisse, ein Leben in gesicherten Grenzen und schließlich die Freiheit von Furcht und Mangel versprachen. In Wirklichkeit, sagte Thomas Mann zu der Freundin, sei es ausgeschlossen, die Deutschen, «nach allem was sie angerichtet, ohne Weiteres mit offenen Armen als vollwertiges und gleichberechtigtes Mitglied in die Gemeinschaft der Völker» aufzunehmen: «Vorderhand wird es ihnen nicht gut gehen, und dann steht man als einer da, der geholfen hat, sie zu ‹betrügen›. Es ist aber wohl eine überflüssige Sorge, – sie werden nicht aufstehen: sondern werden und müssen vielleicht es bis zum bitteren Ende weitertreiben. Wer so weit übers A hinausgekommen ist im Alphabet muss wohl bis zum Z gehen.»

Gut einen Monat später gestand er Agnes Meyer: «Die Zerstörung von Köln hat mich ernstlich erschüttert. Unglückliches Volk! Die Sühne beginnt. Man muss sich erinnern wie sie in Prag, in Polen gehaust haben, muss an Guernica, an Rotterdam denken, um sich das Mitleid zu verbeissen.» Im Tagebuch fragte er: «Dachten die Unglücklichen, sie könnten es immer alleine treiben?» Fünf Wochen danach verzeichnete er einen heftigen Streit zwischen Erika,

Klaus und Golo über «den Krieg, die Russen, Tapferkeit, Civilisation». Er sagte zu sich selbst: «Für mich ist dieser Krieg Sühne für frühere schwere Verschuldung. Er wäre nicht nötig gewesen. Die ‹Weltrevolution› fürchte ich nicht. Ich wäre dem Kommunismus loyal u. würde mich seiner Diktatur, wenn er die Alternative gegen den Nazismus wäre, bereitwillig, beinahe mit Freude unterwerfen.» Schon im März hatte er die Prophezeiung des britischen Sozialisten Sir Stafford Cripps notiert, daß Rußland künftig die Vormachtstellung in Europa einnehmen werde: «Wie recht soll es mir sein!» hatte er hinzugefügt. Im Zusammenhang mit dem Blick auf den Tod Stefan Zweigs war ihm der Satz in die Feder gekommen: «Wer wird sich mit dem liberalen Humanismus identifizieren.»

Ein bestimmendes Element seines Wesens, daran war kein Zweifel, hatte die Demokratie nicht akzeptiert. Seine Skepsis gegenüber der Entschlossenheit der Amerikaner und Briten, den Nazismus in die Knie zu zwingen, sein Verdacht, daß auch die Feinde des deutschen Diktators in aller Heimlichkeit einer faschistischen Weltkonspiration dienen könnten, die schockierende Konfrontation mit der eigenen Vergangenheit beim Blättern in den Tagebüchern und bei der Durchsicht seiner politischen Essays für die geplante amerikanische Ausgabe, die chronische Auseinandersetzung mit einer mächtigen Frau, der er mit schierem Ressentiment begegnete: das Gemenge dieser problematischen Erfahrung schien ihn in eine Krise zu drängen, in der er nicht länger fähig war, die Vorzüge seiner Existenz und des Systems, das sie ihm gewährte, mit klarem Blick wahrzunehmen.

Das Wort vom bürgerlichen Selbsthaß liefert einen Schlüssel zu seinem Verhalten. Es weist auf eine Grundstimmung hin, die so viele Intellektuelle bourgeoiser Herkunft und Prägung in die Traumwelt der Utopien getrieben hatte: von Gottfried Benn bis Bertolt Brecht. Thomas Mann, im Grunde seines Wesens noch immer und zeitlebens der «Unpolitische», wurde von dieser Krankheit nur von Zeit zu Zeit überwältigt.

81. KAPITEL

Zweifel an Amerika

Agnes Meyer ließ sich in den Briefen jener Tage auf Thomas Manns politische Argumente in der Regel nicht ein. Sie schrieb lieber von Goethe, vom «Faust», vom «Zauberberg», von Thomas Manns Essays, von ihrer Arbeit über ihn, die sie als «intimste und abenteuerlichste Verschmelzung» bezeichnete. Mit ironischer Vorsicht fügte sie hinzu: «Man kennt sich persönlich, man begegnet sich mit bürgerliche Nüchternheit, man hat noch dazu nordisches Blut, und statt der Seele freien Lauf zu lassen, macht man sich asketische Vorwürfe wegen dem vielen Schreiben und dem zu freien Fluss des Bleistifts.»

Sie sagte ihm allerdings auch (mit dem Blick auf Goethe): «Nun, ein Genie kann sich viel erlauben aber doch nich alles ohne dafür zu bezahlen, und eine Verhärtung sowie der Mangel an Humor, waren zweifellos das Resultat von diesem Rücksichtslosem Streben für das *Ich*.» Thomas Mann war töricht genug, sie wissen zu lassen, daß er den Brief, der diese Sätze enthielt, im Kreis der Familie vorgelesen habe. Sie wies ihn zornig zurecht, die Verletzung eines Bezirkes rügend, der ihr heilig war. Er wehrte sich: es sehe fast so aus, als ob sie ihm «um jeden Preis eine Szene (…) machen» wolle, sagte er vorwurfsvoll. Nur die Abschnitte, die von Goethe handelten, habe er «ihrer Vorzüglichkeit und inneren Aktualität wegen en famille zum besten gegeben». Sie hätte, setzte er schmeichelnd hinzu, «ebenso gut drucken lassen können», was sie geschrieben habe: «Und nun soll es von mir eine Schamlosigkeit, soll Verrat an unserer Freundschaft sein, dass ich ein paar Nächste daran teilnehmen liess?

Da geht mir das Verständnis aus. Um Verzeihung habe ich schon im Voraus ganz freiwillig gebeten. Ich finde keinen Grund zu weiterer Bussfertigkeit und kann Sie nur versichern, dass nie sonst, zum mindesten seit Jahren nicht, ein Wort aus Ihren Briefen zu anderen Augen und Ohren gedrungen ist. Wenn Sie im Ernst dieser beruhigenden Versicherung bedürfen, so nehmen Sie sie! Ihre Ruhe liegt mir am Herzen. Und die meine auch!»

Der strenge Ton mußte überzeugend wirken. Im Tagebuch vermerkte er, das «dumm-tyrannische Frauenzimmer» irritiere ihn. Anderntags beunruhigte ihn, während er die Radiosendung für Deutschland schrieb, noch immer der «Ingrimm gegen das Weibsbild», der ihn nervös mache und seiner nicht würdig sei.

In jener Radiorede vom Mai 1942 erinnerte er an den Ersten Weltkrieg, in dem die «damaligen Führer» der Deutschen «die vierzehn Punkte Wilsons verhöhnt und zurückgewiesen haben, solange noch ein Funke Siegeshoffnung in ihnen war». Es kam ihm nicht in den Sinn, seine Hörer darauf aufmerksam zu machen, daß damals auch er zu denen gezählt hatte, die den Friedensplan des amerikanischen Präsidenten voller Grimm und voller Hohn verwarfen: um so aufmerksamer hätten sie seine Mahnung zur Kenntnis genommen. Er sagte ihnen nun mit der gebotenen Klarheit, daß die «Atlantic-Charta» für Deutschland nicht über Nacht in Kraft gesetzt werden könne: die «Ausschweifungen», wie er die Verbrechen zopfig genug umschrieb, müßten bezahlt werden, Ehre und Gleichberechtigung würden zu warten haben: «Freiheit und Gleichheit sind von Deutschland zu lange geleugnet und mit Füßen getreten worden, als daß es sie für sich fordern dürfte am ersten Tage der Waffenstrekkung. Eine lange Quarantäne der Vorsicht und Überwachung wird unvermeidlich sein.» Man werde Deutschland ökonomisch helfen, aber militärische Macht verweigern müssen. Die innerpolitische Gestaltung bleibe den Deutschen selbst überlassen, aber sie müßten sich zur «Reinigung» des «sozialen Körpers» aufraffen. Sie dürfe sich nicht auf die «Ausbrennung der Nazipest» beschränken, sondern müsse «die ganze Menschenschicht treffen, deren Macht- und Habgier sich des Nazitums als Instrument bediente und die nie mehr imstande sein darf, das Deutschtum zur Geißel des Menschengeschlechtes zu machen.»

Die Skizze, mit der Thomas Mann das Nachkriegsgeschick der Deutschen vorauszeichnete, entsprach einem Konsensus der angelsächsischen Demokratien. Es war realistisch, und es war im Angesicht der Verbrechen, von denen nur eine erste Spur offenbar geworden war, auch gerecht. Dennoch, die Sprache geriet dem Dichter stets eine Spur zu polemisch, und sie schien oft von einem Ressentiment durchtränkt, das einst auch den Ton der aggressiven Passagen in den «Betrachtungen» bestimmt hatte: Ausdruck einer Kränkung, aus der sich damals sein zornig-ohnmächtiger Protest gegen die «Civilisation» der Demokratien erhob – nun nährte sie, mit so viel größerem Recht, den Haß gegen die moralische Verwüstung des Volkes, das er noch immer als das seine empfand, wohl auch den Haß gegen die «Dämonen», in denen er die eigenen Gefährdungen in der Vergangenheit wahrnahm. Die Bitterkeit pflegte ihn mit besonderer Heftigkeit heimzusuchen, wenn er sich an seiner Umgebung, häuslichem Ungemach, Sorgen mit den Kindern, Ärger mit den Kollegen, auch den Verstimmungen in der komplizierten Beziehung mit seiner schwierigen Mäzenin aufrieb.

Als sein Geburtstag zu feiern war, wurden die beiden prompt von der unvermeidlichen Geschenkkrise heimgesucht: Sie schickte ihm ein Paar kostbare Manschettenknöpfe «aus *schönstem Jade*», die er als hübsches Accessoire betrachtete. Sie war verärgert und ließ ihn wissen, wenn er die Steine verkaufe, könnten er und seine Familie ein Jahr davon leben.

Den Beziehungen der beiden war kein Gleichmaß beschert, noch lange nicht. Bis zu einem gewissen Grade waren sie ein Spiegel seines so wechselhaften Verhältnisses zu Amerika. Er meinte, der Himmel stürze ein, wenn ein republikanischer Senator – er hieß Dies, doch die Geschichte hat seinen Namen längst vergessen – den Vizepräsidenten Henry A. Wallace, der sich gern in der Welt ein wenig wolkiger Ideen christlich sozialer Prägung erging, libertär und erzpuritanisch zugleich, kommunistischer Versündigungen verdächtigte. Thomas Mann fürchtete auch, das Fundament der Vereinigten Staaten sei erschüttert, wenn ein Professor der Columbia University – George T. Renner hieß der zweifelhafte Gelehrte, aber auch sein Name ist im Gedächtnis Amerikas nicht verzeichnet – einen Artikel närrisch-spekulativen Charakters publizierte, der

das Nachkriegs-Europa in fünf Blöcke einteilte: das Elsaß und
Lothringen, einige Regionen Belgiens, Luxemburg, die deutsche
Schweiz, Österreich, das nördliche Ungarn und die Sudetengebiete
schlug er dabei in wirrer Großzügigkeit dem deutschen Block zu.
Renner war einer aus der Gefolgschaft der «Geopolitiker» Karl
Haushofers, des geistigen Ziehvaters von Rudolf Heß, der nun nach
seinem spektakulären Friedensflug in einem britischen Gefängnis
saß.

«Wenn man wüsste», rief der Dichter Agnes Meyer zu, was
Haushofer «für ein mediokrer Esel» sei – «der allerdings vor vielen
anderen erschossen zu werden verdient, sobald wir gesiegt haben».
Er war rasch bereit – so entsprach es dem Ungeist der Zeit, nicht nur
in Deutschland –, die Exekutionskommandos herbeizuzitieren. Als
ihm Erika oder Klaus später in jenem Sommer von dem Grauen
berichteten, das amerikanische Offiziere bei der Vernehmung deutscher Gefangener heimgesucht habe – «There is nothing human
left» sagten sie angeblich –, schrieb der Vater in sein Tagebuch:
«entschiedener Eindruck, daß man sie töten muß.»

In seinen Münchner Jahren war er dem Exgeneral Haushofer
wohl dann und wann begegnet: der wirrköpfige alte Herr, der seine
historischen, geographischen und ökonomischen Banalitäten zu
einer Wissenschaft hochstilisierte, war ein Mitglied der bayerischen
Gesellschaft, die man die bessere nannte. Seine vereinfachenden
Formeln, die rasche Antworten auf die komplexen Probleme dieser
Welt anboten, hatten ihm eine gläubige Gemeinde in jenen Schichten verschafft, denen man nachsagen konnte, daß sie über eine Art
paramilitärischer Halbbildung verfügten. Er gewann Schüler in nahezu aller Herren Länder, auch in Amerika. Einer dieser ambitiösen
Narren schien jener Professor Renner von der Columbia University
zu sein, dem Thomas Mann nun «ungeschminkten Hochverrat»
vorwarf: «Die F. B. I.», schrieb er der Freundin in Washington,
«sollte sich des Mannes annehmen.» Den Präsidenten der New
Yorker Hochschule habe er schon in einem Brief gefragt, ob er nicht
meine, daß sein Institut «ausdrücklich von dieser Sabotage der erklärten Kriegs- und Friedensziele Amerikas abrücken sollte».
Agnes Meyer sagte ihm, dem Oberhaupt der Universität bleibe
wohl nichts anderes, als auf die Lehrfreiheit zu pochen. So geschah

es auch. Thomas Mann nahm es seufzend zur Kenntnis, doch er bemerkte ganz zu Recht, die akademische Lehrfreiheit sei «ja nicht in jeder Richtung unbegrenzt»: spräche sich zum Beispiel einer «unter philosophischem Gesichtspunkt der freien Liebe zu Gunsten» aus, werde ihm «wohl der Lehrstuhl entzogen». Darin täuschte er sich nicht. Doch wollte er nicht begreifen, daß die Amerikaner – anders als ihre europäischen Vettern, zumal in Deutschland – den Krieg nicht als einen willkommenen Anlaß betrachteten, die nonkonformistischen Mitglieder der Gesellschaft, wie harmlos oder gefährlich sie immer sein mochten, zum Schweigen zu bringen.

Er glaubte allen Ernstes, daß sich ein «Abgrund von Verrat» öffnete (um mit Konrad Adenauer zu reden), als der Abgeordnete Hamilton Fish, ein geeichter Isolationist und zweifellos ein Sympathisant der Nazis, noch immer in öffentlicher Rede für einen Friedensschluß mit dem deutschen Diktator warb. Ein unguter Zeitgenosse, doch nicht mehr als eine Randfigur der amerikanischen Politik, auch später nicht, als er dem Großdemagogen McCarthy bei seiner Kommunistenhatz assistierte. Erika, die ohnedies zu einem «leidenschaftlichen Pessimismus» neigte, wie der Vater feststellte, erregte sich über die Radiorede des fatalen Abgeordneten Fish so sehr, daß sie sich krank zu Bett legen mußte.

Nur wenige Tage zuvor hatten sich Thomas Mann und seine beiden ältesten Kinder beim sonntäglichen Abendessen ein weiteres Mal in eine Diskussion über den Krieg verstrickt, die mit einem Eklat endete. Der Vater schrieb von einem «Ausbruch», zu dem er sich in Gegenwart des Schriftstellers Leonhard Frank habe hinreißen lassen. In seinem Aufsatz über den Bruder Klaus schrieb Golo: «Thomas Mann bejahte den Krieg, wie er es 1914 getan hatte. Klaus nicht; eben gerade nicht mehr, seit die USA interveniert hatten. Der Krieg, meinte er, verdumme und brutalisiere das Volk. Übrigens sei er nicht populär – worin er ganz recht hatte; die Leute wußten oder ahnten, daß Franklin Roosevelt sie mit höchster, langwieriger Kunst in etwas hineinmanövriert hatte, was sie nicht wollten, und zwar entgegen seinem eigenen heiligsten Versprechen. Worüber also zwischen den beiden schwer gestritten wurde.»

Der Vater war sich in gewisser Hinsicht treu geblieben. Klausens Haltung aber durfte kaum als konsistent bezeichnet werden: sein prinzipieller Pazifismus, das wußte er wohl, war durch die blutige Ruchlosigkeit des deutschen Diktators ad absurdum geführt worden. Er selbst hatte mit der notwendigen Klarheit den Kampf gegen die nazistische Eroberungsmaschine gefordert. Überdies drängte er nun in die amerikanische Armee. Dennoch fühlte er sich durch die Härte des Vaters, der an die Opfer selten dachte, zum Widerspruch gereizt.

In seinem Erinnerungsbuch «The Turning Point», das er nach dem Debakel der Zeitschrift in rascher Arbeit niederschrieb – die englische Fassung ging der deutschen voraus –, hatte Klaus aus Anlaß der Bombardierung Lübecks festgestellt, wie seltsam dies sei: er müsse nicht einmal humanitäre Bedenken überwinden, um ein solch schauerliches Ereignis gutzuheißen. «Wenn ich erfahre», sagte er, «daß die Achsen-Mächte irgendwo geschwächt oder getroffen worden sind, reagiere ich mit spontanem Vergnügen. Ich denke nicht an die Frauen und Kinder, die Krankenhäuser und Kathedralen. Jedes Ding und alle Wesen im Bereich der Diktaturen sind bis zum Tag ihrer Rebellion und Befreiung potentielle Feinde.»

Das hätte auch der Vater in einem der Augenblicke sagen können, in denen er nicht auf der Hut war, sondern sich von der lauernden Bereitschaft zur Fanatisierung überwältigen ließ. Der Sohn witterte genauer als er die Gefahr, daß die Unmenschlichkeit des Nazismus auch auf die Gegner abfärbe. In der deutschen Ausgabe des «Wendepunkts» korrigierte er sich später mit dem Text einer fingierten Tagebuch-Notiz: «Lübeck von der RAF bombardiert. *Gut so!* …Ich schreibe dies hin und erschrecke. Wie, ist man schon so verhärtet, so entmenscht, daß man der Apokalypse Beifall klatscht! Denn apokalyptisch geht es ja wohl zu beim Bombardement einer modernen Stadt… Die Agonie unschuldiger Kinder, die Panik der Massen, das gehäufte Elend, die Zerstörung von Kathedralen und Krankenhäusern, Tempeln und Theatern, Gärten, Schulen, Arbeiterwohnungen und Bibliotheken – ist das ‹gut›? Nicht gut, aber unvermeidlich! Hitler muß fallen. Alles, was ihn schwächt und seine Niederlage näher bringt, hat meinen Beifall. Die Bombardements schwächen Hitler. Ich bin für die Bombardements.»

Er fuhr fort: «Am gleichen Tag, später. Aber was würde der Sieg über das Nazi-Regime nützen, wenn die Sieger sich vom Nazi-

Geist infizieren ließen? Im Kampf gegen die äußerste Brutalität mögen brutale Mittel statthaft oder selbst notwendig sein. Indessen geziemt es sich, daß wir solche Mittel nur *mit schlechtem Gewissen* verwenden und akzeptieren. Die Skrupellosigkeit des Feindes darf uns nicht skrupellos machen. Gefahr der Ansteckung! Seien wir auf der Hut!» Fredric Kroll machte darauf aufmerksam, daß er sich in der englischen Version präziser ausgedrückt habe: «Not to become Nazi-like while fighting Nazism!»

Zu Haus, wo er nach der Niederlage mit «Decision» für eine Weile Zuflucht suchte, empörte er sich nun gegen die Neigung des Vaters, aus so weiter Entfernung einen unerbittlich geführten Kampf zu fordern. Klaus habe sich, berichtete Golo – wohl den Erzählungen der Schwester folgend –, nach jener Szene vom Tisch zurückgezogen und sei auch anderntags nicht zum Essen erschienen. Thomas Mann habe später seine Unbeherrschtheit bedauert, doch sich zugleich so harsch über den Sohn geäußert, daß Erika die Tafel verließ. Darauf sei der Vater, dem eine Verstimmung Erikas unerträglich war, krank geworden.

Das Tagebuch bestätigt dies nicht. Es vermerkt am Ende jenes sonntäglichen Eintrags lakonisch das Ende der Mutter Katias, die in Zürich im Alter von achtundachtzig Jahren – «nach längst vorangegang. geistigem Tod» – gestorben war. Die mitleidlose Knappheit der Notiz machte deutlich, daß Thomas Mann der Schwiegermutter, die seine Werbung um Katia einst so schmeichlerisch gefördert hatte, schon lange mit nur mühsam gezügelter Abneigung begegnet war. Es mag auch sein, daß sich sein Widerwille gegen die alte Dame von neuem gesteigert hatte, da sie nach dem Tod ihres Mannes sämtliche Briefe Richard Wagners, die sich in seinem Besitz befanden, kurzerhand verbrannte.

Klaus hatte sich, von der Mutter mit Fahrgeld versehen, aus seinem bedrückten Dasein in New York zu den Eltern gerettet, um den Schatten seines Scheiterns für eine Weile zu entgehen. Die Niederlage mit der Zeitschrift hatte sein labiles Selbstbewußtsein erschüttert. Er trug schwer an den Schulden. Zum erstenmal in seiner Existenz war er der Not begegnet: es gab Tage, an denen er nur mit Mühe die fünfzig Cent zusammenkratzte, die er für eine Mahlzeit und eine Zeitung brauchte. Obendrein hatte er sich bei seinem

Freund Jonny, einem Strichjungen der gutmütigen Sorte, die Lues geholt. Sie wurde von Martin Gumpert mit Salvarsan-Injektionen behandelt, damals das einzig wirksame Mittel (Antibiotika existierten noch nicht). Die Angst hockte in seiner Seele. Ihm träumte, Erika habe sich bei ihm angesteckt, wie er dem Tagebuch anvertraute – vielmehr habe sie geglaubt, daß es so sei, weil sie «einen harmlosen Pickel am Kinn» entdeckte: «Weigerte sich, einen Wassermann zu machen» – den damals üblichen Bluttest –, «und erzählt allen, daß sie sich S. zugezogen hat» – die Syphilis.

Den Aufenthalt in Pacific Palisades nutzte er, um auf dem Grillofen draußen im Garten alte Papiere zu verbrennen, dem Vater um zwei Jahre voraus. Er sagte in seinem Journal nicht, welche Dokumente er beseitigte. Doch er sprach von einem «unheimlichen und bewegenden Vorgang». Er dachte, nach einer Geisterbeschwörung im Hause der Graphikerin Eva Herrmann, seiner alten Freundin, über einen spiritistischen Roman nach. Er hatte, seine Zerfahrenheit bezähmend, die Autobiographie mit beharrlichem Fleiß und voller Elan abgeschlossen. Nun kam die englische Version auf den Markt, und er hoffte, sie werde ihm den großen Durchbruch zur Literatur Amerikas bescheren. Doch zugleich war er traurig und zu resigniert, den Fortgang des Weltkonfliktes aufmerksam zu beobachten. «Kein Interesse am Krieg», schrieb er: «Trotzdem wäre ich froh, wenn diese (…) Army endlich zustimmen würde, mich einzuberufen. Es würde mir allen Ernstes gefallen.» Er wußte nicht mehr, was er mit sich anfangen sollte.

So sehnte sich dieser besessene Individualist, der mit solch verwöhnt-naiver Selbstverständlichkeit nur dem eigenen Ego gelebt hatte, nun nach der Rettung durch das Kollektiv der militärischen Gemeinschaft. Von ihr schien er die Erlösung von all seinen Problemen zu erhoffen, den privaten und den allgemeinen. Es kam ihm nicht in den Sinn, daß er damit exakt dem psychischen Mechanismus gehorchte, der die bürgerliche Jugend Europas 1914 in das große Sterben getrieben hatte. Die moralischen Bedingungen des Kampfes gegen die Diktaturen erlaubten keinen Vergleich mit dem Ersten Weltkrieg, das ist wahr. Aber die persönlichen Motive Klaus Manns unterschieden sich kaum von denen der gefährdeten Seelen, die damals aus ihren privaten Verzweiflungen in den Krieg stürzten, der eine Antwort auf alle Fragen zu geben schien. Aufatmend reiste er Ende August wieder nach Osten, um sich den Rekrutierungsbehörden zu stellen, die freilich noch lange zögerten, ehe sie seine Bewerbung akzeptierten und ihm die «Flucht zu den Fahnen» erlaubten, von der Fredric Kroll sprach.

Wenige Tage nach seiner Abreise schrieb ihm der Vater einen begütigenden Brief über die Lektüre des «Turning Point», in dem sich, wie er sagte, «Gescheitheit und Anmut» verbänden: es sei «ein ungewöhnlich charmantes, gemütvoll-sensitives, gescheites und redlich-persönliches Buch, – persönlich und unmittelbar auch in der adoptierten Sprache». «Wir Elterlein», sagte der Vater, «können ja zufrieden sein mit den Figuren, die wir machen.» Die Mutter sehe in dem Buch, zu Recht, ihr «Monument». Das war ein hohes und aufrichtiges Lob. Das Bild, das der Sohn vom Vater gezeichnet hatte, gab Thomas Mann in der Tat keinen Grund zur Beschwerde.

Klaus hatte unterdessen von einem kleinen Verlag in New York den Auftrag erhalten, sein lange schon geplantes Buch über André Gide zu schreiben. Der Vater erwähnte es mit einem Anflug von Stolz in einem Brief an Agnes Meyer. Aber das war kein gutes Stichwort. Die Mäzenin schien zu ahnen, daß der Sohn keine zu gütigen Blicke auf Paul Claudel, André Gides erzkatholischen Rivalen, werfen würde – und so kam es denn auch.

In ihrer Antwort erinnerte sie Thomas Mann daran, daß er es in Kalifornien wohl ein wenig besser habe als ihr französischer Freund, der in Paris ausharre. Auf diesem Ohr hörte der exilierte Dichter nicht gut: «Er sei härter gebettet, als ich, meinen Sie. In mancher Beziehung gewiss; ich weiss, dass ich zu denen gehöre, die es in Anbetracht dieser Zeiten noch immer viel zu gut haben. Aber er hat den ungeheuren Vorzug, in seinem Lande leben zu können und in seiner Sprache nicht nur gelesen, sondern sogar aufgeführt zu werden, während mein Werk ein übersetztes Schattendasein führt und keine Zeile davon meinen Landsleuten zugänglich ist.» Überdies führte er ins Feld, die Nazis ließen es zu, daß Claudels Stücke selbst in Paris gespielt würden.

Agnes Meyer hatte ihn darauf aufmerksam gemacht, völlig zu Recht, daß Amerika im Begriff sei, tragische Opfer zu bringen. Er stellte fest: «Es ist mir als Deutschem ein Gedanke *tiefen Schrek-*

kens, gewissermaßen den Tod von Amerika's bester Jugend auf dem Gewissen zu haben!» Mit einem merkwürdig unlogischen Sprung fuhr er fort: «Aber, andererseits, hätte ich nicht mein Bestes getan, dies alles zu verhindern, so würde ich heute in Berlin die Drucklegung des 4. Joseph-Bandes überwachen.» Sie hatte auch, was gewiß nicht taktvoll war, seine «Ungeduld» mit der Bemerkung in ein «ironisches Licht» gerückt, daß seine Söhne noch nicht Soldat seien, anders als ihr einziger Sohn Bill, der sich freiwillig gemeldet hatte. Thomas Mann verteidigte die seinen: «‹To join the army› ist für sie kein so einfaches Ding. Klaus bemüht sich seit Monaten darum und es ist ihm noch nicht gelungen, vielleicht weil es ihm noch nicht einmal gelungen ist, einzuwandern. Golo ist in derselben Lage. Er hatte *nicht* die Wahl zwischen dem College und dem Heeresdienst, sondern zwischen dem College und der Untätigkeit, – die er nicht länger ertrug.» Dennoch bot er ihr am Ende prompt eine Versöhnung an. Er nannte sie eine «grossartige Frau» und beglückwünschte sie zu ihrem Entschluß, nach England zu fliegen, um die sozialen Verhältnisse des Landes unter den Bedingungen des Krieges zu studieren.

Im Tagebuch nannte er ihre begütigende Antwort «sentimental»: sie hatte ihm von ihren Gewissensbissen geschrieben. Er selbst hielt es für angebracht, sich für seinen «unkontrollierten Schmerzensausbruch» zu entschuldigen, den er freilich mit einem neuen Nadelstich rechtfertigte: die ganze gesittete Welt habe sechs bis acht Jahre lang gedacht, «Hitler sei ganz gut gegen den Bolschewismus». Wohl sagte er ihr, daß ihr «gross angelegter Charakter gewisse Härten» aufweise und nicht «ohne einen tyrannischen Einschlag» sei – doch er, zum anderen, kenne an sich «eine polemische Iraszibilität», die ihm schon «manchen Streich gespielt» habe. Das war eine seltene Einsicht. Er setzte hinzu: «Dass über den Himmel unserer Freundschaft zuweilen Wolken laufen, ist unter diesen Umständen kein Wunder. Wir werden beide dafür Sorge zu tragen wissen, dass es seltener und seltener geschieht.»

Sie dankte ihm mit liebevoller Herzlichkeit. Voller Pathos sagte sie: «Es ist mir manchmal, als ob mein früheres Leben von den Göttern so reich, so verschiedenartig, so Deutsch-Amerikanish in seiner Tradition gestaltet war, nur damit Sie in diesem fremden Lande eine Freundin finden sollten –.»

Dann reiste sie nach England. Bis zum Ende des Jahres blieb der Himmel nahezu blank. Thomas Mann schrieb dem Ende des vierten «Joseph»-Bandes entgegen. Die Zweifel an der Qualität des gewaltigen Unternehmens kümmerten ihn nicht länger. Fast heiter strebte er nur noch danach, es zu Ende zu bringen. Im hohen Sommer hatte er, in einer guten Stunde, der Freundin in Washington gestanden, zum koketten Understatement aufgelegt, er halte «Joseph garnicht für ein wirklich grosses Werk, sondern nur für ein persönliches Mittel, in gewissem Grade die Erfahrungen der Grossen zu teilen. Sehen Sie, liebe Freundin, in mir und dem Meinen, was Sie darin sehen wollen und müssen! Ich erkenne in mir immer nur den kleinen Jungen wieder von einst, der Tage lang spielte, er sei ein Prinz. Was ich treibe, ist eine Art von harmloser Hochstapelei, die mir dient, die Grösse sozusagen praktisch auszuprobieren und mich in traulichen Wissenskontakt mit ihr zu bringen. Das ist ein Lebens-Zeitvertreib, auch eine Lebenserhöhung und -Steigerung, wenn man will, jedenfalls aber eine Sache des Lebens und des Subjekts, und ich hüte mich, grimmig ernst zu nehmen, was objektiv dabei herauskommt. – Immerhin, lassen Sie sich trösten, – vielleicht bin ich gerade hiermit und auf diese Weise ein – Dichter.»

Es geschah nicht so oft, daß er sein Licht unter den Scheffel stellte, obschon er wußte, daß es aus der halben Verborgenheit um so lockender leuchtete. Der Mäzenin erzählte er im gleichen Brief, er habe sich am gestrigen Abend mit den Werfels, dem Komponisten Erich Wolfgang Korngold und seiner Frau bei einer Abendgesellschaft Bruno Walters aufgehalten, «der gegenwärtig völlig in der Matthäus-Passion, die er nächstens aufführen wird, lebt und webt». Der Dirigent, erzählte er, «demonstrierte prachtvoll am Klavier die erstaunliche Variabilität und die unermüdliche Erfindung an wechselvoll unterhaltenden Ausdrucksmitteln, womit die alte Perücke das Riesenwerk versorgt hat. Nun ja, sagte ich mir, so ungefähr machst du's zu Hause auch.» Es werde nicht so gut, setzte er hinzu, wie die Passion Johann Sebastian Bachs, die ihm, trotz der Überredungskraft seines Freundes Walter, auch jetzt noch fremd zu bleiben schien.

82. KAPITEL

Wagner am Pazifik

Er ließ sich auf dem Weg zum Finale des riesenhaften Werkes durch nichts mehr beirren. Interventionen von außen waren ihm nicht immer unwillkommen, zumal die tastenden Angebote aus Hollywood, die allemal eine schöne Summe Geldes versprachen. Franz Werfel, er beobachtete es nicht ohne Neid, hatte nicht nur durch die hohen Auflagen seiner «Bernadette» – dreihundertfünfzigtausend Exemplare des «wendigen Mystifikations-Romanes» waren verkauft, wie Thomas Mann «der Meyer» berichtete –, sondern auch durch den Verkauf der Filmrechte ein Vermögen von angeblich einhunderttausend Dollar verdient. Man erzählte sich, er sei schon wieder mit einem neuen Filmprojekt zugange, das «ihm wohl noch einmal ein Taschengeld dieser Art eintragen wird. Unter soviel Emigranten-Elend eine solche Blüte zu sehen, ist Wohltat, – wenn auch eine etwas beschämende.» Werfel hatte überdies das Abenteuer seiner Flucht aus Frankreich in die Komödie «Jacobowsky und der Oberst» übersetzt, die einen brillanten Erfolg versprach (und dann auch erntete, auf der Bühne und als Film).

Bei Thomas Mann hatte der Regisseur und Schauspieler Reinhold Schünzel mit dem Vorschlag angeklopft, den Freiheitskampf der Griechen mit einem filmischen Epos zu feiern, das sich von fern an die Odyssee anlehne. Thomas Mann horchte auf: der Stoff war reizvoll, und das geplante Unternehmen diente überdies einem guten Zweck. Er nahm sich die Zeit, ein ausführliches Exposé aufzusetzen. Die Arbeit hatte eine kleine Chance, nicht in den Abgründen der Studio-Archive dem Vergessen anheimgegeben zu werden, denn der Präsident der «Twentieth Century Fox», Spyros Skouras, war griechischer Herkunft. Hans Rudolf Vaget unterzog sich der Mühe, die fünfseitige Beschreibung des Stoffes aufzuspüren. Dies war, in vereinfachten Zügen, die Handlung: Odysseus kämpfte, in der Gestalt eines thessalischen Bauern, als Partisan in den Bergen, während Penelope der Umgarnung eines italienischen Offiziers zu widerstehen hatte. Eine Falschmeldung von der Ermordung des deutschen «Führers» gibt das Signal zum Aufstand: für wenige Stunden herrscht die Illusion der Freiheit. Als die bittere Wirklichkeit an den Tag tritt, zieht sich die gesamte Familie ins Gebirge zurück, um den Kampf fortzusetzen – «bis zur endgültigen Befreiung».

Es meldete sich auch ein Produzent, der einen Film über Adolf Hitler zu fertigen gedachte und Thomas Mann für die intellektuelle Aufsicht des seltsamen Unternehmens zu gewinnen versuchte: eine eher anwidernde Idee, wie der Dichter fand. Zugleich warben Armin Robinson, ein Filmagent, und Liesl Frank, die Frau seines Freundes Bruno, bei der «Metro-Goldwyn-Mayer» mit einer ehrgeizigen Idee: zehn bedeutende Schriftsteller und Regisseure sollten die Zehn Gebote der Bibel in einen Film zu übersetzen versuchen, um so der Weltmoral aufzuhelfen. Keines dieser Filmprojekte wurde Wirklichkeit, doch aus den Zehn Geboten wurde immerhin ein Buch, für das Thomas Mann den Einleitungsessay schreiben sollte (der ihm zu einer Novelle über den Gesetzgeber selbst geriet). Die anderen neun Kapitel übernahmen Rebecca West, eine Autorin, die in jenen Tagen eine hohe Popularität genoß, Franz Werfel, der amerikanische Essayist und Erzähler John Erskine, der durch seine parodistische Behandlung antiker Stoffe bekannt geworden war, Bruno Frank, der französische Romancier Jules Romains, einer der wenigen Schriftsteller seines Landes, die während des Krieges Asyl in den Vereinigten Staaten gesucht hatten, sein Landsmann André Maurois, die norwegische Nobelpreisträgerin Sigrid Undset, die nach Amerika geflohen war, Hendrik Willem van Loon, in dessen Haus Thomas Mann während seiner zweiten Amerika-Reise einige heitere Ruhetage genossen hatte, Louis Bromfield, damals einer der erfolgreichsten Autoren seines Landes. Die Einleitung schrieb schließlich Hermann Rauschning, der konservative Gegner des Nazismus, einst Senatspräsident von Danzig.

Das Haus am San Remo Drive wurde leer. Klaus hatte es nicht lange bei den Eltern gehalten. Golo zog Mitte September davon, um ein kleines Lehramt am Olivet College in Michigan anzutreten: keine geliebte Aufgabe, die er dennoch mit Gewissenhaftigkeit erfüllte. Der Vater ließ ihn nicht gern ziehen: er sei «hilfreich in jeder Weise» gewesen, «im Garten wie am Schreibtisch», schrieb er an Agnes Meyer. Der zweite Sohn war ihm ein fast unentbehrlicher Helfer bei der Redaktion seiner Essays und Vorträge geworden. Er wurde mit einem Fest verabschiedet. Die Einsamkeit an seiner Schule weit hinter der Welt war nicht geeignet, bei Golo eine Zuneigung zu Amerika wachsen zu lassen.

Erika hatte vor ihrer Abreise die Pflicht übernommen, den Vortrag über «Joseph und seine Brüder» zu kürzen, den Thomas Mann für den ersten Auftritt in der Library of Congress vorbereitet hatte. Sie ging «grausam und geschickt» zu Werke, wie der Vater berichtete. Er hatte zweiunddreißig Seiten geschrieben – die Tochter ließ zwanzig bestehen. Ihm wäre es lieber gewesen, über geistespolitische Fragen zu reden, doch Agnes Meyer hatte ihn beschworen, sich bei der Premiere einem literarischen Sujet zuzuwenden.

Erika, seine gewitzte Redakteurin, war in und mit Amerika erfahren genug, die quasireligiöse Überhöhung, die der Vater den letzten Passagen der Rede zuteil werden ließ, keinesfalls zu mindern. In Hollywood hatte sie – zusammen mit dem Sekretär Connie Katzenellenbogen-Kellen – einige Wochen an einem Propagandafilm gedoktert. Nun brach sie zu einer eigenen Vortragsreise auf: ein strapaziöses Unternehmen, das sie mit eindrucksvoller Routine hinter sich zu bringen verstand. Sie wußte, durch ihre Auftritte in aberhundert Auditorien geübt, wie das amerikanische Publikum zu gewinnen war. Stets triumphierte die Mischung von Charme, Autorität und Kompetenz, mit der sie die Geister in den entlegensten Regionen des Südens und den verschlafensten Nestern des Mittleren Westens für die Sache des Kampfes in Europa wachzurütteln versuchte. Sie hatte, darauf kam es vor allem an, stets Aufregendes zu erzählen. Bei ihrem letzten Aufenthalt in England war ihr gestattet worden, sich an einer der blitzschnellen Probelandungen an der französischen Kanalküste zu beteiligen, mit denen die Wachsamkeit der Deutschen getestet wurde: ein journalistischer «scoop», von dem der Vater den Freunden voller Stolz berichtete.

Harold Peat, der früher so tüchtige Agent Thomas Manns, hatte es nicht zuwege gebracht, für den Herbst 1942 diesen und jenen einträglichen Auftritt zu verabreden, der die weite Reise nach Osten etwas weniger kostspielig gemacht hätte. Thomas Mann wiederum verzichtete nach einiger Überlegung auf eine Serie von Vorträgen, mit denen er für den «German-American Congress for Democracy» werben sollte. Außer der Unterkunft in bequemen Hotels konnte ihm jene Vereinigung patriotischer Deutschamerikaner nicht allzu viel bieten. Er war, zu Recht, lieber auf die Schonung seiner Kräfte bedacht. Es kostete Erika nicht zuviel Mühe, den Vater zu einem Wechsel der Agentur zu überreden: am Ende des Jahres kündigte Thomas Mann seinen Vertrag mit Peat und band sich an Colston Leigh, den Impresario, der für Erika seit langen Jahren mit hoher Effizienz gewirkt hatte.

Am Tisch der Eltern blieb fürs erste nur Monika, die zu den Mahlzeiten aus ihrem kleinen Appartement herüberkam. Auch ihre Übersiedlung nach New York war beschlossen; Thomas Mann war ihre Anwesenheit kaum mehr erträglich. Dennoch hielt sie in ihren Erinnerungen innige Bilder von der Nähe des Vaters zum Enkel Frido fest, der von Michael und Gret oft den Großeltern in Obhut gegeben wurde. Seine «letzte Liebe» nannte Thomas Mann den Kleinen, halb im Scherz. Sein Lächeln für das Kind war nach Monikas poetischem Zeugnis «voll zärtlicher Wehmut: Ein tiefes und lächelndes Mitleid scheint ihn zu durchfluten mit dem Menschenkind überhaupt, samt seiner Holdheit, seinem Ausgeliefertsein, seiner Rätselhaftigkeit –».

Thomas Mann wandte dem Enkelkind die gleiche närrische Verliebtheit zu, die er einst für Elisabeth empfunden hatte. Noch in seinem letzten Lebensjahr erinnerte sich der Dichter an seine «Schwärmerei» für Frido: «Immer denke ich, wie ich ihn auf dem Arm und das Wägelchen schob.» Seinen heranwachsenden und erwachsenen Kindern war eine solch unverstellte und vorbehaltlose Zuneigung niemals zuteil geworden, Erika ausgenommen. Mit den Persönlichkeiten, die ihm entgegentraten, wenn die Kinder begannen, Eigenwillen und Eigenständigkeit zu beweisen, hatte er es schwer. Das andere Ich war allemal eine Prüfung, von der ihn die infantilen Geschöpfe freundlich verschonten. So konnte Frido, solange er klein war, ein Quell ungeschmälerter Freude sein – er und der Pudel Nico (vorausgesetzt, er führte sich artig auf).

Dennoch, die großen Kinder bewahrten ihm eine erstaunliche Loyalität, die sich nicht nur durch ihre materielle Abhängigkeit erklärte, von der sich Erika (in jenen Jahren) und Elisabeth (dank ihrer Ehe), später auch Golo freizuhalten vermochten. Klaus verbannte seine Ressentiments für gewöhnlich ins Tagebuch. Vielleicht offenbarte er sie dann und wann den Freunden, dem Bruder, der Schwester. Vor der Welt gab auch er, wie die anderen, nur eine zärtliche und dankbare Anhänglichkeit zu erkennen.

Wie merkwürdig und liebevoll faßte die ungeliebte Monika den Vater ins Auge: «Er geht im Regen spazieren. Es gehen da manche Leute auf der Straße. Dies ist unverkennbar er. Er ist der Inbegriff eines im Regen spazierenden Herrn. (...) Er trägt irgendeinen Trenchcoat und Hut, keine besonderen Schuhe, und geht, den offenen Schirm in der Hand, dahin, der Situation angepaßt, beinahe paßt sich die Situation ihm an: Er scheint in aller Gelassenheit und Demut die Situation zu absorbieren, sie scheint in ihm aufzugehen. Die Bügelfalte seiner grauen Flanellhose ist fast weg, mehrere Schmutzspritzer kleben an ihr. Er will die Straße kreuzen – ein Auto kommt von links, es ist noch ziemlich weit von ihm entfernt. Er steht Schirm-in-Hand und wartet. Der Regen prasselt auf seinen Schirm nieder, das Auto ist vorbeigeprasselt.»

Auch Klausens «Turning Point» war, alles in allem, ein Zeugnis des Respektes und der Sympathie. Den Vater hatte die Huldigung nicht unberührt gelassen, und es befriedigte ihn, daß dem Sohn solch glänzende Kritiken zuteil wurden. Wenigstens bei der Presse, schrieb er an Agnes Meyer – ihr sagte er es mit besonderer Genugtuung –, habe Klaus einen «warmen, fast enthusiastischen Erfolg» errungen – «was mich nicht wundert, denn es ist ein reizvolles Buch und gibt auf persönlich vertrauliche Art ein gutes Bild nicht nur von this amazing family, sondern auch von der Epoche, auf deren Hintergrund dies junge Leben sich abspielte». Die Verkaufsziffern, die Alfred Knopf meldete, der die amerikanische Ausgabe verlegte, waren freilich nicht ermutigend.

Die Kinder gingen davon. Bruder Heinrich harrte aus. Er hatte dem Plan einer Übersiedlung nach New York rasch adieu gesagt, hatte auch die Erwägung, nach Mexiko weiterzuwandern, wo ihm eine Gruppe sozialistischer und kommunistischer Intellektueller freundliche Aufnahme bot, ohne lange Besinnung verworfen. Thomas Mann war der Anker, der ihn festhielt. Feuchtwanger, Brecht, manche andere wandten ihm ihre Verehrung zu, doch er brauchte vor allem die Nähe des Bruders, auch wenn sie sich selten sahen, auch wenn der Ton des Umgangs eher förmlich und kühl, die Beziehung von Spannungen nicht frei war.

Der Zustand der armen Nelly begann unerträglich zu werden, nicht nur für Thomas Mann, der sie stets mit nervösem Mißtrauen beobachtete. Die peinlichen Szenen häuften sich: «Heinrich und Frau zum Abendessen. Das Weib betrunken, laut und frech. Störte bei H.'s Vorlesung aus seiner szenischen Darstellung des Lebens Friedrichs II. Machte mich krank. Ist das letzte Mal hier gewesen. Zog mich ohne Abschied zurück.» Indes, jeder Versuch, Heinrich zu einer Trennung von der kranken Frau zu überreden, prallte an seiner unerschütterlichen Loyalität ab. Wenigstens gelang es, ihn für zwei Wochen allein ins Haus zu holen, und er schien sich in der gemessenen Ruhe, die im San Remo Drive herrschte, halbwegs wohl zu fühlen. Freilich sah der Bruder mit Sorge, daß seine intellektuellen Energien nachließen. Sein Arzt sprach von einem sklerotischen Verfall, und Thomas fürchtete, daß die physische Schwäche auch die Qualität seiner Texte bedrohte. Bei einer öffentlichen Vorlesung in Hollywood, registrierte er, las Heinrich «Problematisches». Immerhin konnte der Ältere Anfang November eine kleine, von ihm selbst eingerichtete Wohnung am Swall Drive in Hollywood beziehen, und immerhin reichten seine Mittel aus, einen Empfang für achtzehn Personen zu geben, wie Thomas Mann sorgsam registrierte.

Am 9. November 1942 Abreise nach Chicago. Draußen die Wüste unter einer Schneedecke. Zwei Tage später Ankunft in der Metropole des Mittleren Westens. Der sechzigste Geburtstag des Schwiegersohnes war zu feiern, der die Nachrichten vom Zusammenbruch der afrikanischen Offensive des Generals Rommel und der Landung amerikanisch-britischer Streitkräfte in Marokko und

Algerien mit euphorischen Gefühlen registrierte. Er sehe sich schon
als Gouverneur von Sizilien, sagte Elisabeth dem Vater, mit einer
Prise liebevollen Spottes. Thomas Mann aber sah gebannt nach Stalingrad, wo sich der deutsche Vorstoß am Widerstand der sowjetischen Armeen unter General Schukow festgefressen hatte. Die erste
große Niederlage des Reiches wurde erkennbar.

Am 15. November Weiterreise nach Washington. Sie wurden
von dem Chauffeur der Familie Meyer mit dem Cadillac am Bahnhof erwartet. Kleine Krise, weil sich der Koffer mit dem Smoking –
oder war es der Frack? – nicht eingefunden hatte. Das Gepäck-
stück langte schließlich in letzter Minute an und erlaubte ihm, die
«schickliche Toilette» anzulegen. Mit Agnes Meyer hatte er das
englische Manuskript der Rede geprüft und einige Korrekturen akzeptiert. Der Vortragssaal in der Kongreßbibliothek war überfüllt,
auch ein zweiter Raum, in den die Reden durch Lautsprecher übertragen wurden, war bis auf den letzten Platz besetzt.

Thomas Manns Auftritt wurde als ein großes Ereignis gefeiert.
Die grundrepublikanisch geprägten Amerikaner demonstrierten,
wie sie es in hohen Augenblicken gern tun, einen protokollarischen
Aufwand, der mit seinen schmeichlerischen Akzenten eine Reverenz vor der Gesellschaft des achtzehnten, des neunzehnten Jahrhunderts zu sein scheint. Für die Einführung des Dichters war –
was für eine Auszeichnung! – der Vizepräsident der Vereinigten
Staaten gewonnen worden: Henry Wallace, der einst zusammen
mit Thomas Mann die Doktorwürde in Harvard empfangen hatte.
Eine Einführung dieses Ranges bedurfte der Vorbereitung. Archibald MacLeish, der Bibliotheksdirektor, übernahm den Auftakt zur
Ouvertüre. Es versteht sich, daß er die Gelegenheit nutzte, seine
Vertrautheit mit dem Werk Thomas Manns zu annoncieren, den er
mit «großem Stolz» in seiner Eigenschaft als «Berater der Kongreßbibliothek für die deutsche Literatur» willkommen hieß – einer
«großen Literatur», wie er feststellte, «die das Böse, die Verwirrung, der Haß, das Gift niemals zerstören können, weil sie in Menschen wie Thomas Mann fortlebt». Seine Rede war wohltätig konzentriert und präzise. Den Vizepräsidenten begrüßte er mit drei
knappen Sätzen.

Mr. Wallace, dreizehn Jahre jünger als Thomas Mann, verbarg in keinem Satz, wie tief er vom protestantisch-puritanischen Geist des Landes geprägt war. In seinem offenen und klaren Gesicht mochte man die Herkunft aus der bäuerlichen Welt des Mittleren Westens erkennen. In seinem Denken mischten sich konservative und radikal-demokratische Werte auf eigentümliche Weise. Sektiererische Züge verbanden sich mit grundliberalen Elementen. Die Tradition des amerikanischen Idealismus im Geiste Thomas Jeffersons schien in seiner Person eine nicht unproblematische Verbindung mit der missionarischen Sendung des entschiedenen Christen eingegangen zu sein.

So verwies er in seiner Introduktion das illustre Publikum denn auch auf die Bibel, die in ihren Büchern, wie er sagte, sechsmal dieses Kernwort wiederhole: «Der Stein, den die Bauleute verworfen haben, ist zum Eckstein geworden.» Dieses Wort habe eine große Bedeutung gewonnen – nicht nur für die Vereinigten Staaten, sondern für alle, die in dem Lande Zuflucht fanden, «von dem wir glauben, daß es das gelobte sei». Vielleicht würden die Flüchtlinge in diesem Augenblick noch nicht als der «Eckstein» erkannt, aber er wolle die Frage stellen, ob die Menschen dieses gelobten Landes Amerika nicht in einem halben Jahrhundert zurückblicken und von der Epoche der dreißiger und vierziger Jahre sagen würden, die Fremden hätten die Gedanken und Ideale der Vereinigten Staaten bereichert und sie damit in eine neue und fruchtbarere Ära geleitet. Vermutlich hatte er den Text der Rede Thomas Manns, wie es üblich ist, mit einiger Sorgsamkeit gelesen, ehe er seinen eigenen Text aufschrieb (es war deutlich, daß ihm kein Gehilfe die Feder geliehen hatte). Er sprach vom Konflikt zwischen Freiheit und Gleichheit, wie der Geehrte nach ihm, den er mit einer einfachen Geschichte aus der Welt seines Großvaters in Iowa aufzulösen versuchte. Seine Worte waren schlicht, bieder, herzlich. Thomas Mann nahm es gern hin, daß er ihn ein wenig frömmer erscheinen ließ, als es der differenzierten und schwierigen Beschaffenheit seines Geistes entsprach. Henry Wallace pries den «Künstler, Demokraten, Staatsmann, der nicht nach dem alten Germanen-Gott, sondern nach dem Gott verlangte, den Jesus Christus gesehen» hat.

Der Dichter vergaß dem Vizepräsidenten diese warmherzige Rede nie, auch wenn sie kaum von einem tieferen Verständnis seines

Werkes und seiner Person zeugte. Die loyale Sympathie für Henry Wallace, die er nicht mehr preisgab, bestimmte von nun an – in wesentlichen Zügen – sein Urteil über Amerikas Politik, damit auch sein künftiges Verhältnis zu den Vereinigten Staaten.

Er selbst wurde, als er ans Rednerpult trat, mit einer Ovation begrüßt, die sich am Ende des Vortrags wiederholte. Den Kennern der «Joseph»-Romane teilte sein Kolleg nicht allzuviel Neues mit. Es war in weiten Zügen eine ruhige und durchsichtige Nacherzählung. In den interpretierenden Passagen lenkte der Autor die Aufmerksamkeit seines Publikums ganz auf seine Annäherung an den Mythos, für die er lange «in *Bereitschaft*» gewesen sei, da sich «die Geschmackswendung vom Bürgerlichen weg und hin zum Mythischen» vollzogen habe, als ihn die Josephs-Legende «produktiv anzusprechen» begann. Das Wort Mythus stehe in einem üblen Geruch, sagte er, auf Alfred Rosenbergs nazistisches Kult-Buch «Der Mythus des 20. Jahrhunderts» verweisend. Dieser Verirrung des Zeitgeistes stellte er den eigenen Anspruch entgegen: in seinem Buch sei der Mythos «dem Faschismus aus den Händen genommen und bis in den letzten Winkel der Sprache hinein *humanisiert*» worden.

Das Mythische aber war ihm nichts als der Urstoff, aus dem die Individualität triumphierend hervortrat: «Ich erzählte die Geburt des Ich aus dem mythischen Kollektiv», stellte er fest, Nietzsches «Geburt der Tragödie» aus der Ferne grüßend. Mit anderen Worten: er bekannte sich als der Bürger, der er war und blieb, in dieser Bestimmung unbesiegbar. In einer zweiten, kühnen Umkehrung aber demonstrierte er durch Joseph die Wendung des «Ich aus übermütiger Absolutheit zurück ins Kollektive, Gemeinsame». Der «Gegensatz von Künstlertum und Bürgerlichkeit, von Vereinzelung und Gemeinschaft, Individuum und Kollektiv hebt sich im Märchen auf, wie er sich nach unserer Hoffnung (...) aufheben soll in der Demokratie der Zukunft».

Das war die politische Botschaft, auf die er nicht verzichten wollte. Freilich versagte er es sich, den Namen Franklin D. Roosevelts zu nennen, in dem er den guten Geist seines Joseph gegenwärtig sah. Er steigerte vielmehr seine demokratische Verkündung in eine religiöse Begriffswelt, hieß die Sünde ein Leben gegen den

Geist und seine Wandlungen, die von anderen (nicht von ihm) allzu
unschuldig Fortschritt genannt wurden, hieß den Ungehorsam gegen den Geist «Gottesdummheit», hieß die Furcht vor der Versündigung «Gottessorge», hieß schließlich die Hoffnung auf eine Welt
«glücklicherer Ausgeglichenheit zwischen Geist und Wirklichkeit»,
die Hoffnung, «den Frieden zu gewinnen», ja den Frieden selbst ein
Geschenk der «Gottesklugheit» – ein weiteres Mal von seiner Neigung zur Begriffs- und Wortverschmelzung überwältigt. Er durfte
gewiß sein, daß diese Apotheose nicht nur Agnes Meyer, sondern die
gesamte festliche Versammlung, die ihn in der Bibliothek auf dem
Capitol Hill feierte, zu einem entzückten Lächeln überredete. Amerika hatte den Gegensatz von Vernunft und Glaube, Aufklärung und
Religiosität, Demokratie und Christentum niemals akzeptiert, sondern diese Grundelemente des westlichen Geistes stets als eine höhere Einheit empfunden. Thomas Mann beschwor im Finale der
Joseph-Rede diesen Grundklang, in dem sich die Landesgesinnung
in harmonischer Überhöhung offenbart.

Zu dem Empfang, den Agnes und Eugene Meyer nach seiner
Rede in ihrer Residenz am Crescent Place gaben, fand sich neben
dem Vizepräsidenten auch der Justizminister Francis Biddle ein,
dessen Frau mit schwärmerischer Beseligung verkündete, Thomas
Manns Vortrag sei ihr wie Musik gewesen. Wichtiger: der Minister
deutete ihm an, daß die diskriminierenden Gesetze über die Behandlung der deutschen Emigranten revidiert würden.

Am anderen Morgen legte ihm die Dame des Hauses das Programm vor, das sie für die Tage seines Aufenthaltes entworfen hatte.
Zunächst war der traditionelle Spaziergang am Lincoln Memorial
zu absolvieren, dessen Umgebung am Potomac-Strom ihren Cha-
rakter im Zeichen des Krieges gründlich verändert hatte: überall
Baracken und provisorische Bauten, in denen das Personal des ge-
waltig gewachsenen Kriegsministeriums untergebracht war – der
Bau des Pentagons am anderen Ufer des Flusses, das dreißigtausend
Militärbürokraten beherbergen sollte, war noch nicht völlig zu
Ende gebracht.

Zum ersten Mittagessen hatte Agnes Meyer – dem Wunsch des
Gastes gehorchend – den sowjetischen Botschafter Litwinow und
seine englische Frau eingeladen. Thomas Mann drückte ihm, wie

er in der «Entstehung des Doktor Faustus» berichtete, seine «Bewunderung (...) für seine politische Haltung und Tätigkeit vor dem Kriege» aus. Er sei «der einzige gewesen, der die Dinge beim rechten Namen genannt» habe: «Er dankte mir mit einiger Melancholie. Seine Stimmung schien mir eher moros und bitter, – was nicht allein auf die furchtbaren Prüfungen, Opfer und Leiden zurückzuführen sein mochte, die der Krieg seinem Lande auferlegte. Mein Eindruck war, daß man ihm seine Sendung als Mittler zwischen Ost und West so schwer wie möglich mache, ja, daß seines Bleibens auf dem Botschafter-Posten in Washington kaum lange mehr sein werde.» Er täuschte sich nicht. Im August 1943 wurde Litwinow abgelöst.

Am Nachmittag Ruhe, Tee mit der Hausfrau, ein frühes Abendbrot und schließlich ein Kinobesuch. Er konnte sich an Filmen nicht satt sehen. Anderntags die obligate Lesung aus dem «Joseph», von dem nur noch die letzten Kapitel zu schreiben waren. Thomas Mann präsentierte den Abschluß des sechsten Hauptstückes: die «Verkündung», in der die kleine Serach – «kein Kind mehr und auch eine Jungfrau noch nicht» – dem alten Jaakob, ihrem Großväterchen, zur Harfe die Psalter sang, die der Dichter, an Martin Luthers Worte angelehnt, in seine Sprache hinübergehoben hatte, eingebettet in den breiten Fluß der Erzählung. Aus dem Mund des halben Kindes durfte Jaakob vernehmen, daß Joseph, sein lieber Sohn, in Ägypten lebe und nur Pharao größer denn er sei, der erste Diener des Staates, Nährer der Völker, der die Welt durch die Hungersnot trage und aus abertausend Scheuern Brot spende: «Du aber dachtest, er wäre zerrissen, / hast mit Tränen genetzt deine Bissen. / Zwanzig Jahre wohl hat es gedauert, / daß du in der Asche um ihn getrauert. / Siehst du es, Alter, siehst du es nun: / Gott kann striemen und lindern. / Ach, wie wunderlich ist er mit seinem Tun / unter den Menschenkindern! / Unbegreiflich ist es, wie er regiert, / groß seiner Hände Geschäfte, / ruhmreich, wie er dich nasgeführt, / majestätisch dich äffte.»

Agnes Meyer lauschte verzückt. Die Qualität der humoristisch-pathetischen Verse schien sie wenig zu kümmern, obschon sie ein gutes Ohr für die deutsche Lyrik hatte – ihr eigenes Gedicht, das sie Thomas Mann gewidmet hatte, bewies es. Thomas Mann notierte leicht indigniert die «nur allzu ergreifende Wirkung».

Zum Abendessen waren er und Katia mit ihren Gastgebern zu amerikanischen Freunden geladen, wo sie wiederum Henry Wallace antrafen, mit und neben ihm Robert Gordon Sproul, Präsident der Universität von Berkeley, und DeWitt Wallace, Gründer und Besitzer von «Reader's Digest», vom Dichter als ein «Männchen» bezeichnet. Die Gespräche konzentrierten sich vor allem auf den Krieg und das Geschick Deutschlands. Anderntags ließ sich Thomas Mann von einem Reporter des Informationsamtes intensiv über Deutschland ausfragen. Er diskutierte das «deutsche Problem» beim Tee mit dem Schweizer Gesandten (der mit einer Schwester des Vizepräsidenten Wallace verheiratet war). Der Diplomat meinte, die Russen würden bald ins Reich vorstoßen und Deutschlands Industrien vollständig ausplündern lassen.

Am Abend las er wiederum aus dem «Joseph», für die Hausfrau allein: die große Szene, in der sich der Statthalter Pharaos seinen Brüdern zu erkennen gab. Die literarische Überwältigung schien Agnes Meyer, allen abschreckenden Erfahrungen zum Trotz, erneut zu innigen Bekundungen ihrer Liebe zu dem Autor zu verführen. Oder täuschte er sich? Fühlte er sich nur durch die bedrückende Nähe ihrer Weiblichkeit bedroht? «Zum Schluß reichlich beängstigend», schrieb er in sein Tagebuch.

Auch am nächsten Abend war er mit den Meyers zu einem großen Essen geladen, an dem Harlan F. Stone, der Vorsitzende des Obersten Gerichtshofes, außerdem Joseph Davies, der ehemalige amerikanische Botschafter in Moskau, teilnahmen. Hauptgast des letzten Luncheons im Hause Meyer war – neben ihm selbst – der Journalist Elmer Davis, der die Leitung des Informationsamtes übernommen hatte. Es wurde natürlich wieder über Deutschland diskutiert. Die Nachrichten legten es nahe. An jenem Tage schloß sich der sowjetische Ring um die sechste deutsche Armee, die sich in den Trümmern von Stalingrad verschanzt hatte: mehr als zweihunderttausend Soldaten, die zum Untergang verurteilt waren. Es durfte mit einigem Recht von einer Wende des Krieges gesprochen werden.

Dann endlich, nach einer strapaziösen Woche, Aufbruch aus Washington: «Madame zum Abschied in mein Zimmer, schlimme Innigkeit. Fort, fort.» Seine Furcht vor der Frau drohte zur wahren Panik zu werden.

Die Verstörung hielt ihn davon ab, sich für die Gastfreundschaft durch den üblichen lettre du château, im Englischen «bread and butter letter» genannt, oder durch ein Telefonat rasch und gründlich genug zu bedanken. Ein besonderer Dank wäre in der Tat am Platze gewesen, denn die Arrangements, die Eugene und Agnes Meyer für seinen Aufenthalt in Washington getroffen hatten, mochte man fürstlich nennen. Er aber schien geneigt, den Aufwand, wie fast immer, mit einiger Selbstverständlichkeit hinzunehmen. Der Gedanke lag ihm nicht fern, daß die Gastgeber ihrerseits durch seinen Aufenthalt geehrt und belohnt worden seien.

Der New Yorker Umtrieb erfaßte ihn. Alfred Knopf lud ihn zum traditionellen Thanksgiving-Dinner in sein Landhaus draußen in White Plains, nur eine gute Stunde von New York entfernt. Bei der Rückkehr fand er einen bitteren Brief «der Meyer», den er «fatal» nannte. Prompt schickte er ihr ein «beruhigendes Telegramm», von dem er im Tagebuch allerdings sagte, daß es seiner Erbitterung schlecht entspreche. «DEAR AGNES», schrieb er, «JUST RECEIVED YOUR LETTER [STOP] EVERYTHING IS GOOD AND BEAUTIFUL [STOP] ONLY OVERWHELMING DEMANDS PREVENTED ME FROM WRITING [STOP] LOOKING FORWARD TO SEEING YOU SUNDAY AFTERNOON [STOP] ALWAYS YOUR T. M.»

Das Wiedersehen stand unter keinem guten Stern, trotz der «Tröstungen», die er sich entrang. Anderntags aß er mit Agnes und Eugene zu Abend, doch die Gespräche schienen von keiner Harmonie gesegnet zu sein. Auch ein Wagner-Konzert Arturo Toscaninis stimmte die drei nicht versöhnlicher. «Die Frau dégoûtant», schrieb er ins Tagebuch, «der Mann zuletzt unerzogen mürrisch. Der Abschied so unerfreulich, wie es dem Verhältnis zukommt.»

In New York noch konnte ihm Bermann Fischer die ersten Exemplare seiner gesammelten Botschaften an die deutschen Hörer in die Hand drücken, in Windeseile produziert und mit einem Vorwort versehen. Mit der deutschen Version war freilich nicht viel Staat zu machen. Im April meldete ihm der Verleger, daß er nicht mehr als dreihundertfünfzig Exemplare verkauft habe. Bermann hätte gern auch die Ausgabe in englischer Sprache produziert, doch Alfred Knopf bestand auf seinen Rechten, obschon er für das Buch kaum werben ließ. Vielleicht hemmte ihn auch das Malheur, daß der amerikanische Titel «Listen, Germany!» zu dem Verdacht einlud, er sei bei einem Buch von Dorothy Thompson abgekupfert: «Listen, Hans!» hatte die Publizistin ihre Sammlung von Aufsätzen genannt. Thomas Mann blieb nichts anderes, als sich in einiger Demut bei ihr zu entschuldigen. Die Formulierung, sagte er, sei schon lange beschlossen gewesen, ehe er von ihrem Buch gewußt habe.

Im übrigen stand es außer Zweifel, daß die BBC in London eine Fortführung seiner Monatsreden wünschte. Allerdings schienen ihm die Propaganda-Experten angedeutet zu haben, daß es vielleicht besser sei, wenn er seinen Ton ein wenig mäßigte und ernüchterte. Anders läßt sich sein Brief an eine Mrs. Ryerson vom 22. Februar 1943 kaum verstehen, der er schrieb, er wisse wohl, wie seine zum Teil leidenschaftlichen Ausdrücke in Großbritannien aufgenommen würden. Er wolle versuchen, sein Temperament künftig etwas zu zähmen, doch er finde, daß angesichts der Greueltaten der Nazis eine starke Sprache gerechtfertigt sei.

Eine ähnlich gestimmte Kritik deutete sich in der Besprechung an, die Reinhold Niebuhr, der große Theologe, seiner Sammlung in der Zeitschrift «The Nation» zuteil werden ließ. Sie sei «höchst abfällig, teilweise sogar boshaft», klagte er Agnes Meyer. Niebuhr, den er aufrichtig schätze, finde seine Ansprachen «langweilig, arrogant, propagandistisch falsch, ohne Gefühl für das tragische Dilemma des deutschen Volkes etc. etc…»

Niebuhr hatte geschrieben, eine Haltung beredter Verachtung durchdringe seine Ansprachen mit einer Konsequenz, die Langeweile provozieren könne. Auch der aufgeschlossenste Leser könne mit den häufigen Hinweisen des Autors auf seinen eigenen Anteil im Kampf zwischen der deutschen humanistischen Tradition und dem Nazismus leicht ungeduldig werden. Man frage sich, wie wirksam diese Reden als Propaganda wirklich seien. Dr. Mann erlaube es sich oft, die Deutschen wegen ihrer politischen Unfähigkeit und Fügsamkeit zu verspotten, aber das mache seine Ansprachen nicht sehr hilfreich für ein Volk, das sich solch verzweifelten Alternativen gegenübersehe. Er sei überdies in seiner Aneignung der politischen Realitäten oft naiv. Manchmal sage er den Deutschen, die Rache der ganzen Welt werde über sie hereinbrechen, wenn sie einmal besiegt

seien. Da Dr. Goebbels sich derselben Argumente bediene, sei der
Propagandawert dieser Äußerungen zweifelhaft. Zu anderen Zeiten
versichere er seinen Zuhörern, daß Hitlers Drohung, sie würden
ausgelöscht, wenn sie den Krieg verlören, eine fette Lüge sei. Die
tragischen Realitäten der Geschichte aber dürften weder mit der
Drohung noch mit der Ermutigung übereinstimmen. Es gebe ohne
Zweifel Millionen von Nazi-Gegnern in Deutschland, deren Herzen zerrissen seien, wenn sie die Konsequenzen der deutschen Niederlage bedächten. Die Beherztesten unter ihnen zögen die Niederlage noch immer dem Sieg und der andauernden Versklavung vor.
Doch es sei wenig fruchtbar, diese Wahl als eine leichte zu betrachten oder die Realität des Dilemmas, in dem sie sich befänden, zu
negieren.

Das waren menschliche Worte. Sie wurden dem nichtdeutschen
Betrachter gewiß leichter als dem so intensiv beteiligten Dichter.
Dennoch ist es merkwürdig, daß Thomas Mann den Appell an sein
Erbarmen, der sich durch die Kritik des Theologen mitteilte, nicht
wahrzunehmen schien. In seinem Brief an Agnes Meyer meinte er,
hier sei ein Unglück geschehen, da Niebuhr erst kurz zuvor in derselben Zeitschrift die Sammlung seiner politischen Essays – Knopf
publizierte sie fast gleichzeitig mit den Radioreden – «sehr ausführlich, klug und warm» gewürdigt habe. Er warf sich vor, daß er sich
bei Niebuhr nicht bedankt habe: «Ich hatte einen langen Brief an
ihn im Kopf (...), – und dann kam ich Monate lang nicht dazu, war
zu faul, zu beschäftigt, zu müde und – was weiss ich – ihm zu schreiben, und Niebuhr blieb ohne jedes Zeichen meiner Erkenntlich-
keit.» Er fügte hinzu: «Ein solches menschliches Versäumnis rächt
sich immer.»

Es wollte ihm nicht in den Kopf, daß Niebuhr das kritische Wort
über Thomas Manns Botschaften an die Deutschen genauso wichtig
war wie die Zustimmung zu seinen politischen Reden und Aufsätzen, die ein Bild der Entwicklung seines Denkens seit dem Bekenntnis zur Republik von Weimar gaben – kurz, daß es ihm auch um die
Sache und nicht nur um die Person ging. Thomas Mann versuchte,
das Versäumte nachzuholen. In einem ausführlichen Brief erklärte
er die Entwicklung, die Niebuhr seine «Conversion to the im-
portance of politics» genannt hatte. Es handle sich dabei, meinte er

in einer etwas fragwürdigen Wendung, «ganz einfach um ein organisches Wachstum», und er fuhr fort: «Ich möchte aber nicht wahrhaben, daß jene ‹Conversion› nötig war, um mich im Nazitum den Greuel sehen zu lassen, der er ist. Wäre ich auf der Stufe der ‹Betrachtungen eines Unpolitischen›, die schließlich kein anti-humanes Buch waren, stehen geblieben, so hätte ich mit derselben Wut *und mit derselben Berechtigung* gegen diesen Greuel Stellung genommen, wie ich es als ‹Demokrat› – sit venia verbo – heute tue.» Hier war sie wieder: die Nemesis. Thomas Mann war ganz davon überzeugt, daß die Wahrheit, die für ihn nach seiner Bekehrung zum Staat von Weimar galt, in ihren moralischen Grundimpulsen auch für die Epoche der «Betrachtungen» galt. Aber daran waren Zweifel erlaubt. Ein «humanes Buch» war seine Kampfschrift nicht – und der Geist des Nazismus war nicht aus dem Nichts gewachsen: er hatte sich in der nationalistischen Leidenschaft, die seine «Betrachtungen» prägte, in mancher Hinsicht sehr wohl angekündigt. Thomas Mann wollte, er konnte es nicht wahrhaben.

Niebuhr, der die Zusammenhänge klar genug sah, sagte er schließlich: die Radiosendungen zu einem Buch zusammenzustellen sei ein Fehler gewesen. Auf deutsch, setzte er mit einer eher mißglückten Formulierung hinzu, nehme «sich alles heller und unterhaltender aus, und selbst das Allzu-Persönliche» erscheine «mehr im Licht eines polemischen Lyrismus, der auch etwas mit deutscher Tradition» zu tun habe. Das letztere traf zu.

Hätte er die «polemischen Lyrismen» seines verbalen Duells mit dem Diktator und dessen Propagandaminister gezügelt, dann wären seine Botschaften nicht nur zu Reinhold Niebuhr, sondern vor allem zu den Hörern in Deutschland klarer durchgedrungen. Vor allem der Kommentar vom 27. September 1942, in dem er – als einer der ersten – vom Plan der «völligen Austilgung der europäischen Judenschaft» sprach, nun Goebbels als Zeugen der Wahrheit zitierend, der in einer seiner Ansprachen mit schamloser Offenheit bekannt hatte, daß die Ausrottung der Juden das Grundziel der nazistischen Kriegsführung sei: «Ob wir siegen oder geschlagen werden», hatte der Propagandaminister gesagt, «wir müssen und werden dieses Ziel erreichen. Sollten die deutschen Heere zum Rückzug gezwungen werden, so werden sie auf ihrem Wege den letzten Juden von der Erde vertilgen.» So kam es. Thomas Mann fügte mit fragwürdigem Sarkasmus hinzu: «Die Niederlage hält Gundolfs mißratener Schüler nachgerade für möglich. Aber nicht allein werden die Nazis zur Hölle fahren, sie werden Juden mitnehmen. Sie können nicht ohne die Juden sein. Es ist tief empfundene Schicksalsgemeinschaft. Ich glaube ja freilich, daß die zurückflutenden deutschen Heere an anderes zu denken haben werden als an Pogrome.» Nach Informationen der polnischen Exilregierung, fuhr er fort, seien bereits siebenhunderttausend Juden von der Gestapo ermordet worden – eine bei weitem zu niedrig geschätzte Zahl. In Paris habe man binnen weniger Tage sechzehntausend Juden zusammengetrieben, in Viehwagen verladen und abtransportiert. Er wies darauf hin, daß Giftgas bei der Massentötung gebraucht werde. Von der Todesmaschinerie in Auschwitz und Treblinka wußte er noch nichts.

In einer langen und hymnischen Rezension, die Agnes Meyer für die «Washington Post» und die «Book Review» der «New York Times» schrieb, verschwieg sie nicht, daß Thomas Mann vor dem Ersten Weltkrieg zu jenen «intellectual leaders» gezählt habe, die für Deutschlands gegenwärtigen Zustand verantwortlich seien. Diese Formulierung war von Aufrichtigkeit diktiert – und sie entsprach ganz den Einsichten Reinhold Niebuhrs. Sie schrieb weiter: um so bemerkenswerter sei seine Transformation von dem Thomas Mann des Vorkriegs, «der stets nur an seinen eigenen Gefühlen interessiert war», zu einem Schriftsteller von «ethischer Tapferkeit», der seine «Verpflichtung gegenüber der Gesellschaft» angenommen habe.

In einem «kargen Telephon Gespräch», das sie miteinander geführt hatten, als ihm das Manuskript vorlag, scheint er sich zu der Rezension nur spärlich geäußert zu haben. In New York kein neuer Kontakt. Er aß mit Caroline Newton zu Abend, sah im Theater Thornton Wilders erfolgreiches Stück «The Skin of our Teeth», das er als eine «sehr mangelhafte Allegorie» empfand. Er echauffierte sich bei einem Abendgespräch mit Franz Werfel in der Wohnung von Thomas Quinn Curtiss, bei dem auch Max Reinhardt, Martin Gumpert und Fritz Landshoff anwesend waren. Natürlich sprach man auch dort über Deutschland. Natürlich debattierte man die

«Ordnung», die das Land nach dem Krieg finden werde. Werfel, der im Glanz seiner Erfolge strahlte, schien davon überzeugt zu sein, daß die notwendigen sozialen Reformen nicht versäumt würden. Verstimmt schrieb Thomas Mann, der ihm wohl vergebens widersprochen hatte, in sein Tagebuch: «Es ist leicht, bei reaktionären Neigungen diese Sprache zu führen. Empfand erstens, daß es mir in tiefster Seele gleichgültig ist, was nach dem Débacle des National-Sozialismus geschieht, u. zweitens, daß es objektiv ungehörig ist, in meiner Gegenwart so zu sprechen.»

Nur knapp erwähnte er den Abschied von Erika und Klaus, der nun endlich am Ziel zu sein schien. Untersuchungen beim Gesundheitsamt ergaben, daß er von der Syphilis geheilt sei. Die Militärbehörden zeigten sich bereit, die denunziatorischen Anklagen in seinem FBI-Dossier, die ihn und Erika kommunistischer Agententätigkeit verdächtigten, als nichtig zu betrachten. Sie schienen entschlossen, seine Homosexualität, für die Anhaltspunkte genug vorlagen, nicht zur Kenntnis zu nehmen, obwohl in jenen Jahren die bloße Vermutung der Inklination zum eigenen Geschlecht genug war, auch den kräftigsten jungen Mann vor der Einberufung zu bewahren. Ein Tropfen Parfum, vor der Musterung in der Achselhöhle verrieben, galt als ein sicheres Mittel, dem Kriegsdienst zu entgehen. Die Armeebürokraten setzten sich sogar darüber hinweg, daß ein Deserteur in seinem Hotelzimmer verhaftet worden war: Jonny, der syphilitische Strichjunge, hatte sich schon im November 1941 «unerlaubt von der Truppe entfernt», wie die deutsche Formel für jenes Vergehen hieß, und er war in New York untergetaucht. Klaus Mann versicherte, daß er von der Fahnenflucht nichts gewußt habe. Immerhin, er hatte die Wahrheit geahnt. Dennoch war er naiv genug, noch immer davon zu träumen, daß er im Nachrichtendienst oder bei einer Spezialeinheit, die zu geheimen Einsätzen bestimmt war, gebraucht werden könnte.

Weihnachten 1942 feierte er mit der Schwester in New York. Am Morgen des 28. Dezember meldete er sich in einer Dienststelle an der Lexington Avenue. Seine erste militärische Station: Fort Dix, nicht weit von der Metropole gelegen. Allerdings wurde er unverzüglich für zwei Wochen in ein «Infektions-Lazarett» gesteckt, wie der Vater im Tagebuch notierte. Bedeutete dies, daß Thomas Mann

über die Krankheit des Sohnes informiert war? Überdies ergab
sich, daß die zivilen Behörden weniger generös als die Militärbürokraten waren: sie verweigerten Klaus fürs erste hartnäckig die Einbürgerung in die Vereinigten Staaten, auf die Verdächtigungen in
der FBI-Akte pochend.

Katia und Thomas Mann reisten über San Francisco zurück. Sie
hörten Michael in einem russischen Programm des Opernorche-
sters, in dem der Sohn unter den Bratschen seinen Platz gefunden
hatte. Wenig später machte ein Darmverschluß eine dringende
Operation beim jüngsten Sohn notwendig.

Zu Hause in Pacific Palisades fand der Vater unter den Weih-
nachtsgeschenken eine schwere und kostbare Aschenschale, die
Agnes Meyer geschickt hatte. Überdies stiftete sie ein Service der
Kopenhagener Manufaktur und eine elegante Schreibgarnitur für
Katia. Thomas Mann bedachte sie mit einer kostbaren Ausgabe von
Tristram Shandys «Sentimental Journey». Knopf schickte eine Ki-
ste Champagner. Katia bescherte ihm einen Globus und eine
Nachttischlampe. Die beiden feierten das Fest mit Elisabeth und
ihrem Mann, der sich für einige Monate von seiner Universität hatte
beurlauben lassen.

Am Anfang des Jahres 1943 teilte ihm Archibald MacLeish mit,
daß er die Vereinbarung mit der Library of Congress weiterzuführen
ren gedenke, doch schlage er vor, den Titel «Consultant» nach
akademischem Beispiel gegen den gehobenen Begriff des «Fellow»
auszutauschen. Von Agnes Meyer traf außerdem ein Scheck über
eintausend Dollar ein. Nein, schrieb er ihr, er weise das Geld nicht
zurück: «– die Gebärde würde mir dumm vorkommen. Ich sage
frank und schlicht, dass er willkommen ist. Nach der recht kostspie-
ligen Reise wären die Hospitalkosten» für den Sohn Michael «wenn
nicht unerschwinglich, so doch beschwerlich gewesen. Sie sind es
nun nicht mehr.»

Am Schluß seines Dankesbriefes konnte er, wie üblich, der Versuchung nicht widerstehen, über die militärische und politische
Lage zu spekulieren. Beim Präsidenten der Vereinigten Staaten,
schrieb er, scheine eine starke Neigung zu bestehen, «den Frieden
mit Hilfe der Kirche und des süd-europäischen Faschismus zu machen – womit World-War III wohl gesichert wäre. Nur dies habe

ich dagegen einzuwenden.» Dennoch, alles sei besser als Hitler, und er fühle sich fähig, «mit dem Kommunismus sowohl wie mit einem leidlich gebildeten Clerico-Faschismus auszukommen».

Agnes Meyer hörte es gewiß nicht gern. Sie würde sich ärgern, er wußte es. Wie sollte die Spenderin ahnen, daß die wirren Anmerkungen über den «Klerikal-Faschismus», der nun angeblich auch seinen Helden Franklin Delano Roosevelt in Versuchung zu führen schien, ein Spiegel der Tiraden seines schwiegersöhnlichen Settembrini Giuseppe Antonio Borgese waren? Der temperamentvolle Professor sah, der Carbonari-Tradition radikaler Aufklärung getreu, im Heiligen Vater stets den Hauptfeind, der mit den Diktatoren konspirierte, und Thomas Mann schien in jenen Wochen geneigt, ihm wenigstens halbwegs zu glauben – wie so vielen, die ihn mit einer ausgeprägten Meinung und schlüssigen Formeln zur Erklärung der politischen Welträtsel zu beeindrucken vermochten.

Kam es darauf an? Die luxuriösen Geschenke und der generöse Scheck Agnes Meyers waren Herausforderung genug, ihr eine Handvoll von Reizworten vor die Füße zu werfen. Sie begriff nicht, daß er ein getreuer Jünger Richard Wagners war, als es ihm selbst lieb sein konnte. Ihr trat nicht nur der hanseatische Bürger Thomas Mann gegenüber, sondern zugleich der Artist, der es, ganz wie der Magier von Bayreuth, als die Pflicht der Reichen und Mächtigen betrachtete, ihm und seinem Werk ein gesichertes Dasein in «Schönheit, Glanz und Licht» zu garantieren. Wie der Meister hätte auch er schreiben können: «Die Welt ist mir schuldig, was ich brauche! Ich kann nicht leben auf einer elenden Organistenstelle, wie Ihr Meister Bach!»

Hanjo Kesting bemerkte in seiner Studie über «Richard Wagner und das Geld», das Werk des Zauberers verheiße die Erlösung vom Gelde, die Erlösung für eine Gesellschaft, die Gewinn und Genuß als einzige Werte gelten lasse. Doch habe er dabei niemals die Notwendigkeit aus dem Auge verloren, daß er zunächst nach der Erlösung durch das *Geld* zu trachten hatte. Das antikapitalistische Ressentiment, dem sich Thomas Mann so gern überließ, war ganz gewiß nicht Erbschaft des Marxismus, von dem er nichts verstand und der ihn nicht kümmerte, sondern – ihm selbst kaum gewahr – das heimliche Vermächtnis des geliebten und gehaßten Richard

Wagner. Mit dem intellektuellen Erbe des Propheten von Trier hatte es nichts zu schaffen.

Agnes Meyer wies freilich nicht die geringste Ähnlichkeit mit König Ludwig II. von Bayern auf. Das war ihr unverzeihlicher Nachteil. Sie machte ihren Schützling schließlich darauf aufmerksam, daß er ihren Geburtstag vergessen hatte. Er entschuldigte sich, nicht allzu zerknirscht, mit dem Hinweis, daß er ihn nie gekannt habe. Das Interesse des Künstlers für das Geschick der Wohltäterin hatte Grenzen. Aber warum dachte Katia, die regelmäßig Mitbeschenkte, niemals daran?

83. KAPITEL

Finale des «Joseph» – Ouvertüre des «Faustus»

Pacif. Palisades, Montag den 4. 1. 43. Föhnluft, mittags sehr heiß. Ging morgens bergauf. Arbeitete nach dem Frühstück nah gegen das Ende, ging hinauf, erledigte Maniküre, Haarwaschung und Rasieren, setzte mich wieder und schrieb genau bis zum Lunch-Zeichen die letzten Zeilen von ‹Joseph der Ernährer› und damit von ‹Joseph und seine Brüder›. / Ich war erregt und traurig. Aber so ist es getan, schlecht und recht. Ich sehe darin weit mehr ein Monument meines Lebens, als ein solches der Kunst und des Gedankens, ein Monument der *Beharrlichkeit*. – K. war gerührt.»

Am Abend gab es Champagner. Anderntags an Agnes Meyer: «Gestern Mittag habe ich die letzten Zeilen geschrieben: es sind freundlich-menschliche Worte des Helden zu seinen Brüdern, die nach dem Tode des Vaters fürchten, er möchte sich doch noch an ihnen rächen. Auch dieses Motiv der Bibel habe ich noch mit aufgenommen. Es erlaubte mir, das Ganze mit Josephs heiterer Stimme ausklingen – ihn noch einmal sprechen zu lassen.»

Vergebung erbaten die Brüder von Joseph, dem Ausgestoßenen, der in der Fremde zu solcher Herrlichkeit gelangt war, und Verzeihung erbat Joseph von den Brüdern, da ihnen der Part des Bösen zugefallen war und ihm der Auftrag des Guten. Er sagte: «‹Denn ein Mann, der die Macht braucht, nur weil er sie hat, gegen Recht und Verstand, der ist zum Lachen. Ist er's aber heute noch nicht, so soll er's in Zukunft sein, und wir halten's mit dieser. Schlafet getrost! Morgen wollen wir nach Gottes Rat die Rückfahrt aufnehmen ins drollige Ägyptenland.› So sprach er zu ihnen, und sie lachten und weinten zusammen, und alle reckten die Hände nach ihm, der unter ihnen stand, und rührten ihn an, und er streichelte sie auch. Und so endigte die schöne Geschichte und Gotteserfindung von Joseph und seinen Brüdern.»

Wie immer in den ersten Tagen, wenn er ein Werk zu Ende gebracht hatte, war er nicht gewiß, ob ihm das Große geglückt sei, dem er mit solch geduldiger Unermüdlichkeit entgegengestrebt und das er – trotz der Intervalle des Zweifels – so zäh für sich in Anspruch genommen hatte. Fast wörtlich wiederholte er der schwierigen Mäzenin in Washington die Sätze, die er am Tag zuvor in sein Tagebuch geschrieben hatte: «So ist es also getan und möge dastehen als ein Monument der Beharrlichkeit und des Durchhaltens, denn dergleichen sehe ich viel eher darin, als etwa ein Monument der Kunst und des Gedankens.»

Für einen Augenblick entsann er sich der alten leidigen Kampfschrift, als gelte es, sie um jeden Preis zu rechtfertigen, gerade Agnes Meyer gegenüber, für die jenes unselige Buch nicht aufhörte, ein Quell der Beunruhigung zu sein: «Der Auffassung, dass die Kunst nur eine ethische Erfüllung meines Lebens sei, habe ich schon in den ‹Betrachtungen› Ausdruck gegeben und sehe mein Werk noch heute ganz vorwiegend unter diesem Gesichtspunkt. Es ist eine Lebensangelegenheit. Dass es darüber hinaus, objektiv, etwas taugen möge, ist eine Hoffnung, keine Behauptung von meiner Seite.»

Die Schatten des Zweifels wurden später verscheucht. Er ließ an das getane Werk nicht rühren, nicht durch die Kritik, nicht durch die eigenen Bedenken. Ob «Menschheits-Gedicht», «Mythos, in Psychologie übersetzt», «humoristisches Groß-Märchen», «epischer Riesen-Teppich», in dem sich tausend Varianten um eine Handvoll Grundmuster in kunstvoller Verwebung ordneten – wie immer er die vier Bücher selbst benannt und stilisiert haben mochte: es kam ihm, für den Augenblick, darauf nicht mehr an. Fast unverzüglich wandte er sich – nach dem üblichen Interludium – einer noch mächtigeren Herausforderung zu, die ihn fast ein Jahrzehnt lang weitertragen sollte: eine Prüfung all seiner vitalen Energien, mit der er den Tod in Schach hielt.

Noch war es ein langer Weg, bis der letzte Joseph-Band die Welt erreichen würde. Bermann Fischer mußte versuchen, das war ver-

abredet, die deutsche Ausgabe in Stockholm zu veranstalten, trotz
der Gefährdung des Transports und aller Widrigkeiten der Kriegswirtschaft. Der vierte Band sollte in Schweden gesetzt und in der
Schweiz gedruckt werden: die Matern müßten – eine bizarre Vorstellung – die feindliche Heimat, für die das Buch doch eigentlich
bestimmt war, als plombiertes Frachtgut passieren.

Für den unmittelbaren Erfolg entscheidend würde die amerikanische Ausgabe sein, die für den Herbst vorgesehen war. Indes,
die bewährte Übersetzerin Helen Tracy Lowe-Porter hatte Mühe
mit dem Zeitplan. Der Text mit seinem Gemenge von biblisch-
lutherischem Pathos, althistorischer Bildung, halbwegs moderner
Alltagsrede, altfränkischen Umständlichkeiten und humoristischen
Drolerien war kompliziert genug. Dazu fügten sich – im «Verkün-
digungs»-Kapitel – einige Seiten anspruchsvoller Verse, die der alten Dame Kopfzerbrechen machten. Sie zählte sechsundsechzig
Jahre, kränkelte zuweilen, und sie wollte überdies ihren literarischen Ehrgeiz nicht ausschließlich durch ihr Übersetzungswerk erfüllt sehen, sondern betrieb – gewissermaßen in der Freizeit – eigene
Hervorbringungen, auch solche dramatischer Art, die sie Thomas
Mann zur Begutachtung vorlegte. Sie kam daher nur langsam voran.
Obschon er das fertige Werk von sich rückte: er wollte es dennoch,
ungeduldig wie jeder Autor, in den Schaufenstern und auf den Ver-
kaufstischen der Buchhändler wissen. Nach den dürftigen Auflagen
des Essaybandes und der Radioreden war es ihm wichtig, sich den
Verleger Alfred Knopf durch einen sichtbaren Erfolg von neuem zu
verpflichten – er war es um so mehr, da der Freund durch seinen
Ausflug zur Konkurrenz, dem Haus Simon and Schuster, den er mit
seiner Beteiligung an der «Zehn Gebote»-Anthologie unternahm,
ein wenig verstimmt war.

Allzu große Hoffnungen auf einen Triumph des «Joseph»
machte sich der Dichter nicht. Oder? Nur zögernd erkannte er die
eindrucksvolle Fügung, die ihm nahegelegt hatte, sich in der Stunde,
in der die Gemeinschaft der Juden die schrecklichste Heimsuchung
ihrer Geschichte durchlitt, eines jüdischen Urstoffes zu bemächtigen. Er wußte, als er das Werk zum Abschluß brachte, noch nicht,
wie furchtbar die Krise war, trotz der Schreckensnachrichten, die
aus Polen und Rußland herüberdrangen. Es war ihm nicht völlig

deutlich, daß sein «Joseph» von aberhunderttausend und schließlich Millionen Lesern als ein Symbol- und Schlüsselbuch des geistigen Überlebens der Juden aufgenommen würde (gleichviel, ob sie der Lektüre gewachsen waren oder nicht): ein ans Absurde grenzender Glücksfall im tiefsten und entsetzlichsten Unglück.

Untergründige Zusammenhänge hatte er manchmal geahnt: «Mit dem Joseph bin ich früher fertig geworden, als die Welt mit dem Fascismus», schrieb er ins Tagebuch. Alfred Neumann, der alte Münchner Nachbar, rief ihm aus Hollywood zu: «Es ist ein merkwürdiger und feierlicher Tag für Sie und für uns alle: das Werk der Epoche ist vollendet, und der deutsche Weltgeist, den Sie repräsentieren, wird den lichten Joseph in die Waagschale werfen gegen das schwarze Nihil des Böhmiaken.»

Den Glückwunschbrief Agnes Meyers nahm er nicht ganz so gnädig auf, trotz des überschwenglichen Dankes, den er ihr zuteil werden ließ: «Ich bin mir voll der Lebensgunst, um nicht zu sagen: der Begnadung bewusst, die es bedeutet, solche Briefe zu erhalten», schrieb er, eine Spur der Irritation in der Stimme. Er nutzte die Gelegenheit – auf Wiedergutmachung gestimmt –, von der Schwierigkeit ihrer Freundschaft zu reden: er kenne die «Kälte und Entmutigung», die von ihm ausgehe, schrieb er in seltener Einsicht. Doch zugleich berief er sich auf Goethe, den er in seinem Roman mit einer Komik umgeben habe, die «Selbstzüchtigung und Selbstverspottung» gewesen sei. Er wisse sich auch «einer sogar sehr starken und lebendigen Fähigkeit zur Dankbarkeit» teilhaftig, und er fügte hinzu: «Ich habe Goethe, meine Vater-Imago, recht recht schlecht gemacht. Aber ich weiss, dass er gern das Schriftwort wiederholte, dass einer mit Engelszungen reden könne, und doch, wenn er ‹der Liebe› nicht habe, nur eine klingende Schelle sei: Ich müsste verzweifeln, wenn ich mir sagen müsste, dass ich ohne Liebe sei. Und da ich *nicht* verzweifle, – müssen, sollten Sie es an mir tun?» Er fragte – als wüßte er, der Psychologe des Künstlertums, es nicht besser –, ob jemand Liebenswertes hervorbringen könne, wenn er «der Liebe nicht hat».

So schwelte der Konflikt, der den «Roman» dieser Beziehung bestimmte, von dem Erika später sprach, fort und fort. Mit seinen politischen Anmerkungen blies er, in halb bewußter Vorsätzlich-

keit, von Zeit zu Zeit in die Glut, um ihren Zorn und ihr Leid anzu-
fachen. Unverhohlen rügte er in seinen Briefen, daß bei der Konferenz von Casablanca, zu der sich Roosevelt und Churchill im Januar
1943 zusammengefunden hatten, weder China noch Rußland vertreten waren. Der Volksmund behaupte, schrieb er, der Kronprinz
von Italien und Generalissimo Franco dagegen hätten an jenem Gespräch in aller Heimlichkeit teilgenommen – «was natürlich lächerlich ist – und doch auch wieder gar nicht so dumm». Der Friede
werde also katholisch-faschistisch sein, und die angelsächsischen
Okkupationsarmeen würden wohl hauptsächlich dazu dienen, «die
fälligen Revolutionen in Deutschland, Frankreich, Italien und Spanien hintanzuhalten». Er fuhr fort: «Sie fahren mir immer kräftig
über den Mund, wenn ich mich in politische Dinge mische, aber ich
glaube, Sie werden einmal an mich denken. Die Russen könnten
allenfalls störend wirken, aber man hört ja schon oft die Meinung
äussern, dass wir uns nach der Besiegung Deutschlands mit den
Russen auseinander zu setzen haben werden. Kommen Sie mit nach
Moskau?»

Die Proklamation der «bedingungslosen Kapitulation», die nach
dem Willen Roosevelts und Churchills von Deutschland gefordert
wurde – übrigens im Einverständnis mit der Sowjetunion –, schien
ihn nur am Rande zu interessieren. Er nahm auch nicht zur Kenntnis, daß diese Forderung kaum geeignet war, seinen hartnäckigen
Verdacht zu bestätigen, reaktionäre Kreise in Washington und anderswo spönnen schon heimlich die Fäden für einen Kompromiß
mit den deutschen Kapitalisten und Militärs, um mit ihnen gemeinsam den nächsten Schlag gegen den Kommunismus zu führen.

Die Katastrophe der sechsten deutschen Armee in Stalingrad, mit
der sich die Niederlage des Dritten Reiches ankündigte, war, trotz
seines hohen und berechtigten Respekts vor der Leistung der sowjetischen Truppen, nicht genug, seine Bedrücktheit zu verjagen. In
seinem Kommentar für die deutschen Hörer rügte er, mit gutem
Grund, die Verlogenheit der offiziellen Trauer, die den Deutschen
vom Propagandaminister verordnet wurde. Freilich fand er für das
große Sterben in den Trümmern der Stadt an der Wolga, das Elend
der überlebenden Soldaten, für das Leid der Familien, die ihre Väter, ihre Brüder, ihre Söhne verloren – ob Deutsche oder Russen,

Russen oder Deutsche –, kein Wort der Trauer und des Erbarmens. Dafür zitierte er Stalins Feststellung, die über Nacht zum geflügelten Wort wurde: «Ein Hitler kommt und geht, aber das deutsche Volk und der deutsche Staat bleiben.» Er meinte, der Tag sei vielleicht nicht fern, an dem das deutsche Volk in Rußland «einen besonnenen Freund» erkennen werde.

Der Grimm, der sich in den Briefen an Agnes Meyer mitteilte, entsprach der Depression, die ihn unvermeidlich nach dem Abschluß des «Joseph» heimsuchte. Das Werk sei, schrieb er an Alfred Knopf, sein Begleiter in all den harten Jahren des Exils gewesen, und er könne sich kaum vorstellen, wie er sie ohne diese Arbeit hätte bestehen können. Im Tagebuch fügte er hinzu: «Es war bequem, an dem Hergebrachten weiterzuwirken», und er fragte: «Wird noch die Kraft zu neuen Konzeptionen da sein? Ist nicht die Thematik aufgebraucht? Und sofern sie es nicht ist – wird noch Lust dazu aufgebracht werden?»

Nur neue Arbeit konnte ihn von der Melancholie befreien. Schon am 18.Januar 1943 notiert er, er habe mit der Niederschrift des «Moses» begonnen: seines Beitrags für das Sammelwerk über die Zehn Gebote, das er mit einem Essay einleiten sollte. Die merkwürdige Biographie des Gesetzgebers inspirierte ihn zu einer Erzählung: in gewisser Hinsicht einer Fortsetzung des Joseph, die sich beinahe von selbst ergab. Innerhalb weniger Wochen hatte er den Stoff geprüft, durch rasche Lektüre erweitert und halbwegs geordnet. Die Aufzeichnung ging ihm, wie er Klaus später sagte, so rasch von der Hand, als führte der Sohn die Feder.

Es lockte ihn, die Gestalt des Moses, den Christenheit und Judenheit als die kolossale Statue des Michelangelo zu sehen gelernt hatten, in die freundlicheren Gefilde des Menschlichen, auch des Allzumenschlichen hinab zu geleiten – den Führer des Gottesvolkes und seinen strengen Herrn im brennenden Dornbusch dazu. Als Vorbild seines Helden wählte er – ein genialer Kunstgriff – nicht die monumentale Skulptur, die der Bildhauer geschaffen hatte, sondern ihren Schöpfer selbst, dessen irdischer Erscheinung so gar nichts Kolossales, nichts Übermenschliches eigen war. Eher wurde in der anziehenden Häßlichkeit und grazilen Dürftigkeit seines Selbstbildnisses eine Humanität sichtbar, die Charme und Geist verlangte, um wirksam zu werden. Überdies mag ihn Michelangelos Homosexualität angezogen haben.

Die Leichtigkeit der Annäherung übertrug sich in die Sprache, die auf alle übervirtuose Artistik, die sich im «Joseph» gelegentlich überschlug, die gespreizte Gelehrsamkeit und die Geschäftigkeit der Rede fast ganz und gar verzichtete. Der Autor überließ sich dem Elan seiner Geschichte, die ihn weit über das hinaustrug, was er sich vorgenommen hatte: achtundsechzig Seiten besetzte die Novelle schließlich auf dem bedruckten Papier.

Das Vergnügen, das Thomas Mann bei der Niederschrift empfand, übertrug sich in natürlicher Weise auf die Leser, die an einer hohen Stunde in der Entwicklung der Menschheit teilnehmen durften, ohne zu übergroßer Ehrfurcht gezwungen zu sein. Der agile Verleger Felix Guggenheimer legte das kleine Werk später in einer Luxusausgabe vor – achthundert Exemplare, die meisten vom Autor signiert –, die ein bibliophiles Vergnügen, freilich auch Anlaß zu beträchtlichem Ärger war, denn Thomas Mann hatte es versäumt, sich die deutschen Rechte des Werkes zu sichern. Die Folge war ein fast endloser Rechtsstreit mit dem Agenten, der ihn zu dieser Arbeit verpflichtet hatte.

Ein Zwischenspiel, mehr sollte der «Moses» nicht sein – eine Etappe vor der nächsten großen Station, zu der Thomas Mann in Wahrheit längst unterwegs war. Der pausenlose Übergang von einem Buch zum nächsten hatte einen Vorzug, der nicht unterschätzt werden durfte: Kritiken konnten den Mut zum neuen Projekt nicht mehr mindern, wie enttäuschend sie immer sein mochten, denn längst war der erste Anlauf samt den schlimmsten Hürden genommen, und der Applaus der vertrauten Gemeinde, die der ersten Vorlesungen teilhaftig wurde, trug den Autor über die Melancholien, die das abgetane Werk hinterlassen mochte, für gewöhnlich bald hinweg.

Am 14. März 1943, knapp zehn Wochen nach dem Abschluß des vierten «Joseph»-Bandes, schrieb Thomas Mann in sein Tagebuch: «Gedanken an den alten Novellen-Plan ‹Dr. Faust›. Umschau nach Lektüre.» Einen Tag später: «Durchsicht alter Papiere nach Material für ‹Dr. Faust›.» Er schien zuvor schon in den alten Journalen geblättert zu haben. In seinem abgedunkelten Arbeitszimmer notierte er die Verse: «Warum lähmst du deine Schwingen, / Quälest dich mit alter Scham? / Lebe frisch in neuen Dingen / Und vergiß den toten Kram!»

Was war der «alte Kram», den er vergessen wollte? Was drängte ihm die Qual «alter Scham» auf? Nur zwei Tage später las er die Skizzen für die – nicht geschriebenen – Romane «Die Geliebten» und «Maja», die er nicht lange nach der Jahrhundertwende notiert hatte. Er nannte noch einmal das Stichwort «Scham», doch zugleich sprach er von der «Rührung», die er beim «Wiedersehn mit diesen Jugendschmerzen» empfand: «Man kann die Liebe nicht stärker erleben», schrieb er. «Schließlich werde ich mir doch sagen können, daß ich alles ausgebadet habe. Das Kunststück war, es kunstfähig zu machen.»

In den Notizbüchern fand er schließlich den «3 Zeilen-Plan des Doktor Faust vom Jahre 1901». (Die Eintragung stammte aber, wie Peter de Mendelssohn festhielt, in Wirklichkeit aus dem Jahre 1904 – und es waren zwei Notizen.) Wiederum vier Tage später gab er sich genauere Rechenschaft von dem Wagnis, das zu beginnen er im Begriff war. Bei der vielfältigen Lektüre waren «die Gedanken auf den Faust-Stoff gerichtet, der jedoch fern davon ist, Gestalt anzunehmen. Obgleich das Pathologische ins Märchenhafte zu heben, ans Sagenmäßige anzuschließen wäre, geht eine Art von Bangigkeit davon aus, die sonstigen Schwierigkeiten scheinen fast unüberwindlich».

Er fragte sich, ob er «deshalb vor dem Unternehmen zurückschrecke», weil er «es immer als mein letztes betrachtet» hatte. Katia schien seine untergründige Furcht zu teilen. Sie versuchte, sein Interesse auf die Fortführung des «Felix-Krull»-Fragmentes hinüberzulenken: «Ganz fremd war mir der Gedanke nicht, aber ich erachtete die Idee, die aus der ‹Künstler›-Zeit stammt, für überaltert und überholt durch den Joseph.» Doch er schien zu schwanken. Fast im gleichen Atemzug schrieb er weiter: «Gestern Abend beim Lesen u. Musikhören merkwürdig bewegte Annäherung an diese Vorstellung, hauptsächlich unter dem Gesichtspunkt der Einheit des Lebens und des Werks. Gefühl der Großartigkeit, nach 32 Jahren dort wieder anzuknüpfen, wo ich vor dem ‹Tod in Venedig› aufgehört, zu dessen Gunsten ich den Krull unterbrach.» Wahrhaf-

tig, was für ein Triumph der Kontinuität, der Konsequenz, der
Lebensplanung, der sich hier ankündigte!

In der langen Eintragung vom Sonntag, dem 21. März 1943, überließ er sich dem Reiz der Vorstellung, daß er als Achtundsechzig-
jähriger das Unternehmen des Sechsunddreißigjährigen fortsetzen
könne, «entzückt von dem Goethe-Parodistischen des innerlich
höchst adäquaten Stoffes». Er vergegenwärtigte sich, daß sich sein
«Krull»-Manuskript samt Notizen und «tausend gesammelten Einzelheiten» in dem Tagebuch-Koffer befand, der 1933 auf dem Zoll-
amt von Lindau durchsucht worden war. Anderes Material war in
München geblieben. «Vorläufig», schrieb er, «wird der Gedanke
der Wiederaufnahme hauptsächlich durch die Idee erstaunlich geduldiger Kontinuität, der Lebenseinheit, des großen Bogens gestützt». Er führte auf, was sich dazwischengeschoben hatte: vom
«Tod in Venedig» und dem Ersten Weltkrieg über die «Betrachtungen», den «Zauberberg», den Anfang des «Joseph» bis zum Exil
und zum zweiten Krieg – mit allen «Erschütterungen und Gedulds-
proben» – «und nun reizt mich der Trotz, die Unberührbarkeit,
Unbeirrbarkeit, zurückzugreifen auf das, worüber soviel Sturm
und Mühe, Zeit und Leben hinweggegangen». Es war, für den
Augenblick, ein fast unwiderstehlicher Reiz, «ein Beispiel innerlich
heiterer Treue zu sich selbst, spöttisch überlegener Ausdauer zu
geben mit der Durchführung des vor Alters abgebrochenen epischen Capriccio.»

Dennoch schob er den lockenden «Krull» ohne Kommentar wieder beiseite. Die Lektüre konzentrierte sich auf den «Faust»-Stoff.
Er nahm sich das «Volksbuch» der Sage vor, beschaffte sich Literatur über «deutsches Städtewesen aus der Luther-Gegend», besorgte
sich «Medizinisches und Theologisches», las in Luthers Briefen, um
die engste Berührung zur Sprache des Reformators zu gewinnen,
nahm sich die Hutten-Biographie von David Friedrich Strauss vor,
studierte Musikbücher und Lebensbilder von Musikern, von Robert Schumann und Hugo Wolf vor allem, wandte sich den autobiographischen und musiktheoretischen Büchern der Zeitgenossen
Igor Strawinsky, Ernst Křenek und – ein wenig später – des Revolutionärs Arnold Schönberg zu. Er studierte biographische Werke
über Beethoven und Tschaikowsky, las Nietzsche, las alles um und

über ihn – und immer wieder kehrte er zum «Faust» selbst zurück.
Nahezu alle Bücher, die er brauchte, schien er in den Bibliotheken
von Los Angeles zu finden, vor allem in der glänzend ausgestatteten
Bücherei der Universität von Kalifornien; seltene Werke bestellte er
bei der Kongreßbibliothek in Washington, zu deren unvergleichlichen Beständen dem offiziellen Berater des Institutes der Zugang
leicht gewährt wurde. Seine Exzerpte und Notizen, fürs erste ohne
erkennbare Ordnung aufeinandergehäuft, füllten schließlich zweihundert halbe Quartseiten.

Freilich verdroß es ihn, daß ihm seine amerikanische Umwelt
«die Anschauungsstütze» verweigerte, die er für die Übersetzung
von Städten und Landschaften ins Wortbild brauchte. Wohl wußte
er sich, wie immer, Illustrationen zu beschaffen: Bilder von den
Städten, den Häusern, den Gesichtern, die er bei der Niederschrift
der Erzählung nachzeichnete. Für den Kopf des Vaters von Adrian
Leverkühn, des Musiker-Helden seines geplanten Romans, nahm er
Dürers in Kupfer gestochenes Porträt von Philipp Melanchthon als
Vorlage, und die Mutter beschrieb er nach Dürers Bildnis einer
«Deutschen in Venedig». Es war nicht zu schwierig, Darstellungen
der bunten tropischen Falter, der Muscheln und Schnecken oder der
Meerespflanzen zu beschaffen, die er schon im dritten Abschnitt
des Buches in einer, wie er selbst sagte, «angeschwollenen» Ab-
schweifung beschrieb: vielleicht von dem Bedürfnis getrieben, sich
in dem Abenteuer, in dem mit Nietzsche auch Richard Wagner eine
Auferstehung erlebte, gleich zu Beginn durch die naturwissen-
schaftliche Erörterung der fortwirkenden Nähe des goetheschen
Geistes zu versichern.

Es fehlte ihm die Gesellschaft, die Leverkühns Lebenskreis sein
sollte: seine deutsche Welt. Im Tagebuch klagte er, ehe er den Anfang wagte: «Amerika ist Menschenfremde, die wenig haftende
Eindrücke liefert.» Irgendwie müsse er daher «aus der Vergangenheit, aus Erinnerung, Bildern, Intuition schöpfen». (Die «Menschenfremde» wurde später in seinem Bericht von der «Entstehung
des Doktor Faustus» aus Gründen des Taktes und der Vorsicht gestrichen.) In Wahrheit aber hatte er sich auf Amerika kaum eingelassen. Wie sollte es ihm nicht fremd bleiben? Er sah, wie er klagend
feststellte, immer nur die gleichen Emigrantengesichter. Aber das

war nicht die Schuld der Amerikaner: die offenste Gesellschaft der Welt, die ihre Türen selten verschließt – in Kalifornien ganz gewiß nicht. Er unternahm wenig, die Distanz zu überbrücken.

Den Roman, der in seinem Kopf rasch Gestalt und Form gewann, nannte er für sich selbst und in seinen Briefen immer öfter die «Teufelsgeschichte»: die alte Volkssage, der jene Formel zukam, sollte in die Moderne übertragen werden, wenngleich unter spätromantischen Vorzeichen. Sohn Klaus schrieb er am 27. April 1943 von einer «Künstler-(Musiker-) und modernen Teufels-verschreibungsgeschichte aus der Schicksalsgegend Maupassant, Nietzsche, Hugo Wolf etc., kurzum das Thema der schlimmen Inspiration und Genialisierung, die mit dem Vom Teufel geholt Werden, d. h. mit der Paralyse endet. Es ist aber die Idee des Rausches überhaupt und der Anti-Vernunft damit verquickt, dadurch auch das Politische, Faschistische, und damit das traurige Schicksal Deutschlands. Das Ganze ist sehr altdeutsch-lutherisch getönt (der Held war ursprünglich Theologe), spielt aber in dem Deutschland von gestern und heute. Es wird mein ‹Parsifal›. So war es schon 1910 gedacht, als der politische Einschlag noch vorwegnehmender und verdienstlicher war. Aber ich hatte immer soviel anderes zu tun.»

Die Syphilis nannte er nicht mit Namen, aber Klaus – das wußte er wohl – würde sich über den Charakter der Krankheit keiner Täuschung hingeben. Wenn der Vater, was anzunehmen ist, über die Ansteckung des Sohnes durch die Seuche informiert war, bewies er mit der Parade ihrer genialen Opfer nicht das äußerste Zartgefühl. Klaus reagierte in seiner Antwort mit makabrer Forschheit – und zugleich lenkte er, ob bewußt oder nicht, von den genialen Syphilitikern ab: «So eine Teufelsverschreibung habe ich mir schon lange gewünscht. Der Held dürfte wohl leicht Bertramsche, auch Fiedlersche Züge haben? Ob er sich nun bei einer interessanten Fremden infiziert? oder im Bordell? oder liegt es in der Familie? Und bleibt er dann so fein höflich wie Nietzsche, mitten in der Auflösung? Kadidja Wedekind – die hier mit einem faden Leutnant verheiratet lebt – könnte mir ja noch einiges Material für Dich mitteilen: sie hatte Gelegenheit, den Prozeß an ihrem Schwager, Carl Sternheim, zu studieren.» In einem Nachsatz fragte er: «Vielleicht erinnert der Teufels-Schüler auch etwas an Hans Pfitzner? Wie dem auch sei, der

Gedanke an das Buch hat in der Tat etwas Prickelndes für mich. Wie
schön werden die musikalischen, medizinischen und metaphysischen Elemente ineinander verwoben sein… Ich kanns mir alles so
recht gruslig-geistvoll und finster-unterhaltlich ausmalen und
wünschte, die Erzählung wäre schon dem Abschluß nah.»

Das Stichwort «Parsifal» setzte sich im Tagebuch und in den
Briefen des Vaters fest. Es zeigte die neue Zuordnung zu Richard
Wagner an, damit aber auch die Entfernung vom «Vater-Imago»
Goethe. Sie war ihm selbst bis zu einem gewissen Grade bewußt
und wirkte doch stärker im Unbewußten; sie war freiwillig, und sie
war in größerem Maße zwanghaft. Die nahezu rauschhaft gehobene
Stimmung, mit der er sich des Stoffes bemächtigte, war womöglich
ein anderes Signal, das die wiedergewonnene Nähe zu dem Magier
annoncierte. Die Wiederkehr jener lang verdrängten Gefühlswelt
ließ ihn – im Zusammenhang mit dem Buch – bald von der «deutschen Welt-Einsamkeit» sprechen.

Nach wenigen Wochen war ihm deutlich, daß er Adrian Leverkühn, das tragische Genie, besser nicht unmittelbar mit den Lesern
konfrontieren, sondern ein «Medium» zwischen sich und den
dunklen Helden schalten sollte: den Altphilologen Serenus Zeitblom, Adrians treuen Freund aus Kindheitstagen, der von sich
selbst sagen durfte, daß er eine «gesunde, human temperierte, auf
das Harmonische und Vernünftige gerichtete Natur» sei. Dank des
Erzählers bot sich dem Autor die Chance, ein Doppelporträt zu
entwerfen: das des Künstlers, der in einsamer Kälte seinem genialen
Dämon dient, und das des aufgeklärten Bürgers, der den Dämonen-
weg des Genius beschreibt.

Mit Agnes Meyer, die sich Ende März für einige Tage in Los
Angeles aufhielt – eine Atempause auf der großen Reportage-Reise,
die sie unternommen hatte, um die soziale Lage Amerikas im Krieg
zu erkunden –, schien er den grandiosen Plan noch nicht beredet zu
haben. Er las ihr einige Abschnitte aus der «Moses»-Novelle vor,
von der sie – wie nahezu immer, wenn sie an seiner Arbeit teilnehmen durfte – hingerissen war. Die beiden schienen dieses eine Mal
so behutsam miteinander umzugehen, wie es die entnervende Auseinandersetzung zu Beginn des Jahres nahelegte: der Friede blieb
gewahrt. Erst Ende April – einen Tag nach dem Brief an Klaus –

setzte er sie ins Bild, die Sätze, die er dem Sohn geschrieben hatte, wörtlich wiederholend.

Daß der Name des tragischen Helden Leverkühn sein würde, stand früh fest: so hieß, man erinnert sich, der Vorsitzende des Vormundschaftsgerichtes in Lübeck, dem die Aufsicht über die Kinder anheimgegeben war, die der Senator Mann hinterlassen hatte. Leverkühn hieß auch der Lübecker Bürger – wohl ein entfernter Verwandter des Richters –, dem Agnes Meyer bei ihrer Deutschlandreise im Sommer 1939, wenige Wochen vor dem Ausbruch des Krieges, in Berlin begegnet war. Thomas Mann blieb der Nachwelt die Erklärung schuldig, warum er jenen hanseatischen Namen für den Musiker-Theologen gewählt hat. Einer zufälligen Eingebung war er kaum gefolgt, denn die Namensgebung für das aufwendige Personal des Buches geschah mit Bedacht: ein Spiel mit symbolischen, allegorischen, lautmalerischen Elementen, das dem Autor ein unendlicher Quell des Vergnügens zu sein schien – ein Spiel der diskreten, der indiskreten Anverwandlungen, der Verhüllungen und Enthüllungen, in dem so viele der Haupt- und Randfiguren seiner Biographie einherparadierten, ein Spiel auch der Selbstbelustigung, das manchmal – wie es dem witzelnden Umgang mit Namen eigen ist – von einem Hauch der Peinlichkeit nicht frei war.

Am Sonntag, dem 23. Mai des Jahres 1943 – dem nämlichen Tag, an dem er den Chronisten Serenus Zeitblom seine Aufzeichnungen über das Leben seines Freundes Leverkühn anfangen ließ –, begann Thomas Mann mit der Niederschrift: weit ausholend und mit ersichtlich langem Atem, schon im zweiten Satz die kompliziertesten Konstruktionen auftürmend, auf altväterische Weise gelehrt, sich dem Behagen an einer Sprache voll altertümelndem Umstand überlassend. Nichts an dem verräterischen Idyll deutete an, daß draußen Krieg und Tod sei.

Der Autor selbst befand sich sehr «nervös, reizbar und leidend», wofür er (unter anderem) die «unerledigte und fragwürdige Meyer-Affaire» verantwortlich machte: eine harte und kränkende Auseinandersetzung, die sich von neuem an Paul Claudel entzündet hatte. Die Anspannung des Beginns mochte seine Erregung verschärfen. Die neue Krise – die härteste in dieser belasteten Beziehung – war über Nacht hereingebrochen. Agnes Meyer war in den letzten

Apriltagen auf einen Leserbrief in der «New York Herald Tribune» aufmerksam geworden, in der Miss Anne B. G. Hart, Lektorin an dem renommierten Smith College in Massachusetts, mit gekränkter Miene behauptete, Klaus Mann habe in seinem Buch über André Gide den Dichter Paul Claudel als profaschistisch vorgeführt. Sie äußerte auch den Verdacht, der Autor halte womöglich alle römischen Katholiken für ausgemachte Faschisten. Vor allem aber benutzte sie die Studie des Sohnes für einen massiven Angriff auf den Vater. Sie fragte, ob Thomas Mann noch immer «solche Verachtung für die Demokratie» empfinde, wie er sie einst öffentlich ausgedrückt habe. Ferner wies sie darauf hin, daß «ein großer Freund der Mann-Familie, Mr. Archibald MacLeish», den deutschen Dichter «mit einem Stipendium von jährlich $ 9000» ausgestattet habe, das ihn zu «einiger Arbeit in der Congress-Bibliothek» verpflichte, die er offensichtlich auch in Kalifornien verrichten könne. Dann griff sie MacLeish unmittelbar an, weil er 1938 auf das «edle und bedeutende Werk von Ezra Pound» hingewiesen hatte, der noch immer im faschistischen Italien Benito Mussolinis ausharrte, trotz des Krieges, und den Achsenmächten von Zeit zu Zeit seine Stimme für törichte Propagandareden am Radio lieh – in den Augen der meisten seiner Landsleute ein Verräter. Sie fragte mit listiger Bosheit, ob dies Mr. Archibald MacLeish in den Augen Klaus Manns zu einem Sympathisanten der Faschisten mache.

Agnes Meyer, durch Klaus Manns kritisch-ironische Apostrophierungen ihres französischen Freundes gekränkt (obschon sie den Wortlaut der Anmerkungen noch nicht kannte), schrieb dem Vater in hoher Erregung, er und Claudel seien ihr «gleich heilig», «und eine Opposition zwischen den beiden zu sehen» sei ihr unerträglich. Archibald MacLeish habe auf den Brief von Miss Hart schon geantwortet. Der Chef der Bibliothek hatte nicht gezögert, die Attacke sofort in einem knappen Schreiben an die Zeitung abzuwehren. Thomas Manns Stipendium, sagte er, betrage, leider, keineswegs neuntausend Dollar, und es werde nicht von der Bibliothek, sondern von den Freunden der Institution getragen. Die Pflichten, denen Dr. Mann genüge, verdeutlichte er durch den Hinweis auf den Vortrag des Dichters im vergangenen Herbst, der eines der «bemerkenswertesten Ereignisse in der jüngsten Geschichte» der

Library gewesen sei. Die Verbindung der amerikanischen Nationalbibliothek mit dem «hervorragendsten Romanautor Europas» sei
für ihn und für seine Kollegen «ein Quell großen Stolzes».

Dies war knapp und würdig. Vielleicht hätte Thomas Mann seinen Zorn bezähmt, wäre Agnes Meyer umsichtig genug gewesen,
dem Zeitungsausschnitt mit dem Leserbrief der unglückseligen
Miss Hart sofort die Antwort von MacLeish beizulegen. Der deutsche Dichter, mit dem Wesen einer unabhängigen Presse nur flüchtig vertraut, witterte in dem Schreiben der Lektorin einen Generalangriff auf sich und seine Position. Warum hätte die Zeitung das
Schreiben, das er ein Dokument von «deprimierender Dummheit
und Bosheit» nannte, sonst abgedruckt? Nur weil es interessant war
und eine hübsche kleine Aufregung versprach? Das wollte ihm
nicht in den Kopf.

Agnes Meyer kreidete er an, daß sie sich den Vorwurf, Klaus habe
sich ungut über Claudel geäußert, zu eigen mache, ohne sein Buch
in die Hand zu nehmen. Er behauptete, die Bemerkungen des Sohnes seien von «vollkommenem Respekt und untadeliger Ehrerbietung» für Claudels Genie getragen. «Wie könnte es anders sein, da
der Verfasser nicht nur weiss, wie nahe Sie dem grossen Dichter
stehen, sondern auch wie sehr ich selbst seine Poesie bewundere».
Er fuhr freilich fort: «Es gibt Unterschiede, demonstriert durch die
Tatsache, dass Bernanos und Maritain ausser Landes gegangen sind,
während Claudels Stücke, wie ich von Ihnen weiss, in Deutsch-
Paris gespielt werden und er selbst zu den Aufführungen fährt. Ich
glaube, dass Sie sich wegen seiner persönlichen Sicherheit unnötige
Sorgen machen. Die Nachricht, dass mein Sohn ihn ‹angegriffen›
hat, könnte seine Stellung nur verbessern.»

Ganz so verhielt es sich nicht. Immerhin sagte Klaus dem Groß-
poeten des katholischen Frankreich einen «salbungsvoll-pfaffenhaften Zug» nach. Er warf ihm auch vor, daß ihm «jeder Diktator
(einschließlich Franco) recht» sei, «solange er oft genug zur Messe»
gehe. Zum anderen übersah er die vielleicht entscheidende Äußerung André Gides über den Freund-Feind: «Ich habe es Claudel oft
gesagt: – Was mich zurückhält, ist weniger Freidenkertum als vielmehr das Evangelium. – Wovon zurückhält? – Katholisch zu werden, natürlich. Die Katholiken kennen das Evangelium nicht. Und

nicht nur kennen sie es nicht, sie wissen gar nicht, daß sie es nicht kennen; sie sind guten Glaubens, es zu kennen; was bewirkt, daß sie auch weiterhin in Unkenntnis verharren.»

Zudem gab Klaus das fragwürdige Spottwort Claudels wieder, das ihm der Vater übermittelt hatte: Goethe, der Verfasser des «Faust», sei ein Esel... Auch Thomas Mann schien vergessen zu haben, daß er die kleine Unverschämtheit, mit der Claudel einen Effekt von komischer Absurdität erzielen wollte, einer Erzählung Agnes Meyers verdankte, die ihn damit amüsieren wollte. Auf die Rechtfertigung seines Sohnes bedacht, bekräftigte er aus freien Stücken, daß Claudels «politische Neigungen» auch nach seiner Ansicht «in der Richtung eines katholischen Fascismus liegen, also mit den Tendenzen übereinstimmen, die wahrscheinlich auf die Gestaltung des Friedens den stärksten Einfluss ausüben werden». Mit anderen Worten: er goß Öl ins Feuer, obschon er hinzufügte: «Natürlich muss man als Katholik nicht notwendig Fascist sein.»

Es ist kaum anzunehmen, daß Klaus seine Studie über André Gide in schierer Unschuld mit den Sticheleien gegen Claudel versehen hatte. Es mochte ihn vielmehr gereizt haben, Agnes Meyer, der er eine amouröse Affäre mit dem Botschafter-Dichter nachsagte (vermutlich nicht zu Unrecht), auf diesem Umweg für die verweigerte Unterstützung seiner Zeitschrift büßen zu lassen. Er konnte, wenn er sich dazu aufgelegt fühlte (und das war er meistens), ein freundlicher Mensch sein, doch sein Talent zur Ranküne schoß gelegentlich ins Kraut. Der Vater wiederum wußte gut genug, daß seine Mäzenin durch die Schmähung des alten Freundes verletzt wurde.

Es gibt keinen Zweifel, daß er sie demütigen wollte. Er tat ein übriges: er nahm ihre Kritik an den Vereinigten Staaten, die aus den deprimierenden Eindrücken ihrer Reportagereise resultierte, mit einer beschönigenden Geste auf, um sie dann eher drastisch zu bestätigen: «Ich leide mit Ihnen», schrieb er, «denn es erfüllt mich alles mit Kummer, was den Glauben an dieses Land erschüttern könnte, das wir alle mit so enthusiastischem Glauben betreten haben. Ach, gewiss, es ist nicht alles wie es sein sollte. Aber ist nicht (das) Volk gross und gut, und muss man es nicht bewundern, wie das reiche, verwöhnte Land entbehren und Krieg führen lernt?»

Er nährte – Pathologie des Exils – gegenüber der Umwelt eine Bitterkeit in seiner Seele, die seinen Blick auf die Realität Amerikas immer wieder verdunkelte. Im Tagebuch verstieg er sich zu der Frage, warum man Hitler denn überhaupt bekämpfe: «Die Abschlachtung der Juden hat allgemeinen Beifall, stößt mindestens auf Gleichgültigkeit. Von einem Peoples' War» – er meinte den Volkskrieg nach russischem Beispiel – «kann keine Rede sein. Der Krieg geht einfach gegen den deutschen Imperialismus.»

Es traf wohl zu, daß der amerikanische Antisemitismus angesichts des nazistischen Rassenwahns und seiner Greuel nicht erloschen war. Auch blieb es ein düsteres Rätsel, warum die Welt des Westens den großen Mord an den Juden nicht entschlossener zu verhindern versuchte – was schwerhalten mochte, doch das Ausmaß des Verbrechens hätte der zivilisierten Menschheit jede Intervention, wie riskant und schwierig sie immer sei, zur Pflicht gemacht. Dennoch: die Vernichtung des jüdischen Volkes fand niemals die Zustimmung der Alliierten – nicht einmal der ausgemachten Antisemiten unter den Amerikanern und Briten. Thomas Mann sah eine Dämonie am Werk, nicht nur in Deutschland, die ihm den Zugang zu den Realitäten immer schwerer zu machen schien. Der konspirativ gestimmte Geist sieht immer Konspirationen am Werk. Der Dämonengläubige wittert stets Teufeleien.

Zu Agnes Meyer sprach er von seiner Sorge um den Zusammenhalt der Koalition mit der Sowjetunion. Er nannte in diesem Zusammenhang seinen Brief an den sowjetischen Schriftsteller Alexei Tolstoi, den er geschrieben hatte, um eine Werbeaktion der «Russian-War-Relief»-Organisation zu unterstützen. Er hatte den Schriftsteller um des illustren Namens willen gewählt, den dieser trug, obwohl er nur ein entfernter Verwandter des großen Autors von «Krieg und Frieden» war und obschon Thomas Mann sich leicht hätte ins Bild setzen können, daß er nicht den lautersten Ruf genoß. Sein Schreiben zeugte kaum von einem geschärften Instinkt. Naiv sprach er davon, die Oktoberrevolution sei, «ob man ihre Ergebnisse nun fürchtet oder sie gutheißt, (…) ein Schritt auf der Linie des großen Menschheitsstrebens nach sozialem Fortschritt, mehr Glück, mehr Freiheit» gewesen: «mit all ihren Schrecken war sie eine echte und ehrliche, eine von Grund auf hochsinnige Revolution, und sie hat im Leben Rußlands einen ungeheuren Aufschwung bewirkt, materiellen wie geistigen».

Der russische Sozialismus, sagte er auch, habe mit den westlichen Demokratien mehr gemeinsam «als bloßes zeitweiliges militärisches Interesse»: «zusammen mit ihnen gehört er der menschlichen Welt an, dieser Sphäre des Geistes und der Freiheit, von der sich kein Volk eigensinnig ausschließt, ohne elendiger und schurkischer Verdüsterung seiner Seele zum Opfer zu fallen.» Es gebe aber Individuen und Gruppen, die jene «wesensmäßige Verbundenheit» nicht begriffen: die Rußland und den Sozialismus fürchteten, «weil sie eine Entwicklung verabscheuen, auf die wir anderen unsere ganze Hoffnung bauen: das Einswerden von Sozialismus und Demokratie».

Die «Vertreter eines unversöhnlichen Antagonismus zwischen Demokratie und Sozialismus» haßten «die soziale Reformierung und Verjüngung der Demokratie» – und gerade sie seien es, «auf deren schweigende Sympathie und geheime Unterstützung die Hitler und Goebbels zählen». Er spreche nicht «vom amerikanischen Volk und seinen höchsten Staatsmännern, sondern ausdrücklich nur von Individuen und Gruppen, von jenen Schirmherren des Faschismus, die nirgends ohne Einfluß sind». Nichts, sagte er schließlich – in diesem Vorausblick klarsichtiger als in seiner Interpretation der Geschichte –, könnte für die Zukunft der Menschheit verderblicher sein «als ein politischer Antagonismus zwischen Ost und West – eine Spannung, die, wenn der faschistische Erzfeind erst einmal niedergeworfen ist, sogar in eine bewaffnete Auseinandersetzung zwischen der bürgerlichen und der sozialistischen Weltsphäre ausarten könnte».

Seine Warnung vor einem blinden Antikommunismus, der reaktionär-faschistische Züge trug, war angebracht. Es gab eine primitive Kommunistenfresserei in den Vereinigten Staaten – nur überschätzte er ihren Einfluß. Seine Mahnungen wären überdies realistischer und glaubwürdiger gewesen, hätte er darauf hingewiesen, daß die demokratischen Sozialisten, die den Ausgleich zwischen Freiheit und Gleichheit suchten, in der leninistisch-stalinistischen Diktatur, durch bittere Erfahrungen belehrt, nichts als einen mörderischen Verrat an ihrer Idee erkannten. Daran konnte auch die Notwendigkeit der gemeinsamen Kriegsführung und der vernünftige Zwang zu einer Zusammenarbeit im künftigen Frieden nichts ändern. Es ließ sich schließlich fragen, ob es angebracht war, die Kritik am kapitalistischen Westen in einem Brief an einen sowjetischen Schriftsteller zu äußern, dem die Gunst des Diktators gehörte, während Aberhunderte seiner Kollegen in den Lagern des Gulag zugrunde gingen: man wußte es wohl – wenn man es wissen wollte.

Fünf Tage später schrieb er Agnes Meyer von neuem, ohne den Streit mit einem Wort zu erwähnen. Die begütigende Geste kam zu spät. Sie hatte bei der Heimkehr von einer Erkundungsreise ins Kohlenrevier von Pennsylvania sein erstes Schreiben gefunden, das ihr eine Nacht «in schlafloser Agonie» bereitete. Sie antwortete auf englisch, sprach von ihrer Erschöpfung und, ein wenig erpresserisch, von ihrer Sorge um den Sohn Bill, der seit drei Wochen aus den Kämpfen um Biserta und Tunis in Nordafrika keine Nachricht gegeben habe. Sie sprach auch mit Empörung davon, daß er diesen Augenblick gewählt habe, um einen «ihrer geliebtesten Freunde», der auch einer der «tapfersten und reinsten Geister in der heutigen Welt» sei, zu verdammen. Natürlich habe Claudel Fehler gemacht, vor allem in der spanischen Frage. Doch er habe sich auch geweigert, eines seiner Stücke in Paris aufführen zu lassen, weil die Bühnenmusik seines jüdischen Freundes Darius Milhaud zurückgewiesen worden sei. Außerdem habe er den Mut bewiesen, am Weihnachtsfest 1941 einen Brief an das Oberhaupt der Jüdischen Gemeinde zu richten: ein Dokument des Anstandes, in dem Claudel, der als «ambassadeur de France» zeichnete, von dem Abscheu, dem Schrecken, dem Unwillen sprach, die die Behandlung der israelitischen Mitbürger allen guten Franzosen und besonders den katholischen einflöße.

Agnes Meyer sagte: «Wenn er in Frankreich geblieben ist, obwohl er mit seinen Söhnen in die Freiheit hätte entkommen können, geschah es, weil er ein katholisches Konzept vom Wert des Leidens und der Gleichgültigkeit gegenüber dem Tod hat (...), das ich respektiere, auch wenn ich es nicht teile.» Sie schloß, seine Fehler seien das Produkt einer warmen und heftigen Natur: «Ihnen aber sage ich, daß ich Irrtümer, die durch *tiefe menschliche Sympathie und tiefes Verstehen* gemildert werden, dem unanfechtbarsten Zeugnis *einer kalten und grausamen protestantischen Moralität* vorziehe.»

Das war eine Kampfansage. Thomas Mann ließ sich mit seiner Antwort Zeit. Er war tief verärgert. Es ist zu vermuten, daß er seine Reaktion gründlich mit Katia bedachte. Im Tagebuch deutete er auch an, daß er sie mit seinem Freund Bruno Frank beredete. Den ersten Entwurf einer Antwort verwarf er. Die zweite Fassung begann er mit der Feststellung, daß er einige Tage unwohl gewesen sei und nicht habe schreiben können (was nicht zutraf, denn immerhin hatte er die ersten Seiten des «Faustus» und seinen Monatskommentar für die BBC-Hörer in Deutschland zu Papier gebracht). Dann stellte er sich vor seine Familie: er habe «viel und bitter darunter gelitten», daß Agnes Meyer für seine «Kinder nichts als unverhohlene Geringschätzung und Ablehnung» hege, da er doch «diese Kinder liebe» – mit demselben Recht, mit dem sie ihre Kinder liebe.

Er sprach von seiner Sorge um ihren Sohn Bill, der als Sanitätsoffizier an der Mittelmeerfront diente, sprach – mit gelinder Übertreibung – von seiner Sorge um das Wohl ihrer Töchter, wenn sie «ihren schweren Stunden entgegensehen»: «Ich habe es hier in meinem Kreise zuweilen ausgesprochen, dass ich nicht wüßte, wie ich leben sollte, wenn Ihnen durch eines Ihrer Kinder ein Leid geschähe. Aber das waren sehr einseitige Gefühle.» Florence Homolka, Agnes Meyers älteste Tochter, die in Hollywood lebte, sah er freilich selten. Sie beklagte sich gelegentlich bei der Mutter, daß die Manns ihre Einladungen niemals erwidert hätten. Aus diesem Grund wurden sie später eher zu den größeren Gesellschaften gebeten, die sich nach dem Abendessen einfanden. Dann bestand auch, wie Florence zu ihrer Mutter bemerkte, eine gewisse Chance, daß die energische Katia die Unterhaltung nicht mit zu deftiger Entschiedenheit an sich reiße, wie sie es gern tat, ihren unermüdlichen und oft so entsagungsvollen Dienst an dem Mann, seinem Werk und der Familie durch ein herrisches und gelegentlich brüskes Auftreten kompensierend.

Thomas Mann wies mit Stolz auf Erikas gefahrvolle Reisen nach England und auf Klausens hartnäckige Bemühungen, in die Armee aufgenommen zu werden, wo er «überraschend schnell zum staff-sergeant avanciert» sei. Von ihr: «kein Wort der Anerkennung». Er schien zu vergessen, daß Agnes Meyer ungute Erfahrungen mit dem Sohn gemacht hatte, der früh begann, sie hinter dem Rücken des Vaters anzupumpen, und daß Erika der Protektorin einen Brief vorgelegt hatte, den diese als eine blanke Unverschämtheit empfinden mußte.

Klaus habe sich, sagte er weiter, bei der Erwähnung Claudels in seinem Gide-Buch nur an einer Stelle einer unzutreffenden Darstellung schuldig gemacht, die auf einer falschen Information beruhe: «Wer wird dafür zur Rechenschaft gezogen? Ich. Klaus ist jung und, wenn nicht leichtsinnig, so doch leichten Sinnes. Er liest die Angriffe kaum, die er heraufbeschworen dadurch, dass er in das katholische Wespennest gestochen; er weiss auch von unserem Briefwechsel nichts und hat nichts als sein Soldatenleben nebst den ihn erwartenden Abenteuern im Kopf.»

Ganz traf dies nicht zu. Er bemerkte gelegentlich, sich einer Phrase aus der Epoche wilhelminischer Glorie bedienend, sein Sohn sei mit Leib und Seele Soldat, doch aus Klausens Briefen an Katia wußte er wohl, daß ihm das «Exerzieren (...) ziemlich *schwer*» fiel und er mit dem «Schießgewehr (...) gar nichts Rechtes anzufangen» wußte. Er hatte ihm zu der Beförderung zur bescheidenen Stufe eines Feldwebels gratuliert, der vielleicht bald die Rangerhöhung zum Leutnant folgen könnte – «Wie wird es die Meyern ärgern!» –, aber es war ihm nicht verborgen geblieben, daß Klaus unter der Monotonie des Kasernendaseins litt und überdies mit verständlicher Bedrückung beobachtete, daß ihm der Zugang zu einer sinnvollen Aufgabe im Nachrichtendienst oder im Bereich der psychologischen Kriegsführung verwehrt blieb. Die bedrückende Öde des Alltags in den Militärlagern weit hinter der Welt – ohne rechte Freundschaft, ohne Liebe, ohne eine sinnvolle Aufgabe, in der Regel auch ohne Drogen, vom Benzedrin abgesehen – gab Klaus in einer melancholischen Stunde sogar den Entschluß ein, zur römisch-katholischen Kirche zu konvertieren – der Kirche Claudels und des Klerikalfaschismus! In einem fast demütigen Brief bat er den Militärpfarrer um eine Unterredung. Der geistliche Herr schien ihn freilich im plötzlichen Aufschwung des Glaubenseifers, der ein

Produkt der Verzweiflung war, nicht zu bestärken. In seinem Tagebuch ging Klaus schweigend über die Episode hinweg.

Agnes Meyer war über die Schwierigkeiten des Sohnes vermutlich nicht weniger genau informiert als der Vater. Aber das bedachte
er nicht. Vielmehr klagte er, trotz des langen Zögerns mit der Niederschrift, in einer seltsamen Anwandlung von Selbstmitleid: «Ich,
der nichts verträgt, der Ruhe und Frieden braucht wie das liebe
Brot, der bei Zank und Streit weder etwas leisten noch auch nur
leben kann, sondern rapid dabei zugrunde geht, ich muss es ausba-
den und um einer Sache willen, mit der ich nicht das mindeste zu tun
hatte, eine Freundschaft zerbrechen sehen, die mir teuer war.»

«Ich wusste, was ich, der Fremdling, an ihr besass und habe ihr
treu und sorgsam gedient. Von einem Dienst kann man wohl sprechen. Mehr Gedanken, Nervenkraft, Arbeit am Schreibtisch habe
ich ihr durch Jahre gewidmet, als sonst irgend einer Beziehung auf
der Welt. Ich habe Sie, so gut ich es verstehe, an meinem inneren
und äusseren Leben teilnehmen lassen, Ihnen, wenn Sie da waren,
stundenlang neue Arbeit vorgelesen, die noch niemand kannte, Ihrer patriotischen, sozialen Tätigkeit die aufrichtigste Bewunderung
erwiesen. Nichts war recht, nichts war genug.»

Er warf ihr vor, nicht zu Unrecht, daß sie ihn immer anders
wollte, als er sei: «Sie hatten nicht den Humor, auch nicht den Respekt, auch nicht die Diskretion, mich zu nehmen, wie ich bin. Sie
wollten mich erziehen, beherrschen, verbessern, erlösen. Vergebens
habe ich Sie in aller Güte und Zartheit gewarnt, dass das ein Versuch
am untauglichen Objekt, dass mein Leben bei nahezu 70 Jahren
dafür zu ausgeformt und festgelegt sei.»

Er hätte sich fragen können, ob er selbst stets das Bedürfnis unterdrückt hatte, die Wohltäterin zu beherrschen, zu kränken und zu
demütigen. Es war nicht nur sie, die der Beziehung «den Charakter
der Ausgeglichenheit und Heiterkeit» verweigerte. Er wolle aus
dieser Qual, sagte er nun, zu sich selbst und seinen Aufgaben zu-
rückfinden. Da dies ein «Scheidebrief» sein sollte, wie er im Tagebuch notierte, fügte er einige Sätze an, wie sie ein förmlicher Abschied verlangte: «Was wir einander verdanken, können wir
schwerlich vergessen, – ich sage: einander; denn was ich an Güte,
Beistand, Lebenserleichterung von Ihnen empfing, durfte ich ohne

Würdeverlust hinnehmen, da Sie mich glauben liessen, dass es sich nicht um einseitige Wohltaten handelte.»

Dennoch, er hielt es für angebracht, ihr eine Lösung des Arrangements mit der Library of Congress vorzuschlagen, das durch die «Denunziation jener warmherzigen Claudel-Verehrerin» vom Smith College «so blossgestellt und besudelt» sei. Tatsächlich schrieb er Archibald MacLeish, er habe das Gefühl, daß «ein Teil der öffentlichen Meinung» mit seiner Auszeichnung durch das ehrenvolle Amt bei der Kongreßbibliothek nicht einverstanden sei; er wolle darum, damit sich der Direktor «wieder völlig frei» fühle, seine Verbindung zu der Library lösen. Die Presse möge informiert werden, daß er selbst diese Trennung vollzogen habe.

Dieser Brief, bemerkte er im Tagebuch, sei ein «Balance-Kunststück» gewesen, das seine «Nerven nicht wenig angespannt» habe. Das traf ganz gewiß zu. Bei jedem Satz war genau bedacht, daß keine Tür ins Schloß geworfen wurde. Das galt auch für den Scheidebrief, den sogenannten, den er der Mäzenin schickte. In einem späteren Schreiben an Agnes Meyer pochte er noch einmal auf seinen Entschluß, allerdings nicht zu kräftig: wenn die Äußerung der Miss Hart «im Geringsten repräsentativ» gewesen sei, sagte er, müsse sein Verhältnis zur Library beendet werden: «Einigen Sinn für Ehre und Würde habe ich auch.»

Die Gefahr war gering, daß dieses Angebot von Mrs. Meyer oder vom Direktor der Bibliothek akzeptiert werde. MacLeish schob die Vorwürfe so souverän beiseite, wie es zu erwarten war. Er wies überdies darauf hin, daß Miss Hart, die «Närrin» vom Smith College, aus ihrem Lehramt entlassen worden sei.

Agnes Meyer schickte ihm – auch dies eine versöhnliche Geste – einen Artikel über ihre deprimierenden Eindrücke von der amerikanischen «Home front». Er untersagte sich selbst eine Antwort, zu der er schon angesetzt hatte: «Nichtssagende Höflichkeit ist das Einzige, und Distanz», bemerkte er im Tagebuch.

Anderntags ein «neuer Brief von der Frau, die es nicht aushält. Es mag schon sein, daß ich zu mitleidlos mit ihr bin.» Unter dem Datum, an dem er seinen «Scheidebrief» aufgesetzt hatte, schrieb sie ihm einige zu Herzen gehende Zeilen: «Liebster Freund – Ja – das ist die einfache Wahrheit, diese Anrede. Wir haben einander Wun-

den geschlagen. Ich habe darunter furchtbar gelitten, leide noch
daran, werde vielleicht immer davon leiden, – mehr über meine
eigene Härte als über die Härte die mir erteilt wurde. Mein Leben ist
so schwer, meine Nerfen so ermüdet, meine Seele so überbürdet mit
Sorgen, dass ich mir Erleichterung schaffen muss, indem ich sage
dass meine Liebe unveränderlich bleibt, – sogar wenn diese Verbundenheit für Sie keine Bedeutung hat. Wie wenig habe ich vorausgesehen in welch endloses Gefächt ich mich geworfen habe, mit dem
Entschluss für die sociale Besserung unseres Landes zu arbeiten!
Was so schmertzt, Tonio, ist dass Sie nicht wussten wie sehr ich Ihre
Hilfe nötig hatte. Agnes –»

Für sich selbst zeichnete sie den Entwurf eines Briefes auf – in
Englisch, das ihr denn doch die vertrautere Sprache war –, den Hans
Rudolf Vaget in den Korrespondenz-Band mit aufnahm: ein Dokument der Unterwerfung, das den Dichter (gottlob) niemals erreichte. Es hätte nur bestätigt, was er ohnedies wahrnehmen
konnte: daß seine psychologische Kriegsführung einen Sieg errungen hatte, der freilich kaum glanzvoll genannt werden durfte.

Sie schrieb in ihrem Konzept: «Von nun an behandele ich Sie, wie
Sie alle Welt behandelt hat – als den ‹Großen Mann›, den Genius,
den Helden. Es ist die Tragödie des Großen Mannes, daß er dazu
verurteilt ist, um sich eine Wüste der Uniformität, der Unterwürfig-
keit und der Ergebung zu schaffen, während ich versuchte, für Sie
eine Demokratie der Empfindsamkeit, des Verstehens und der
gegenseitigen Zuneigung zu kreieren.» Sie nannte sich einen «shell-
shocked soldier» – einen Soldaten, der vom Schock des Granatfeu-
ers betäubt sei, nur noch dazu fähig, «mechanisch Befehle auszuführen, die Sie mir gegeben haben»: «Was mir blieb ist das Gefühl
des Verrats, der Kapitulation, der Oberflächlichkeit.» Sie fuhr fort:
«Unsere Liebe kann nicht leben, wenn sie sich nicht aus der Freiheit
nährt – und ich habe Ihre autoritäre Gesinnung akzeptiert. Ich bin
besiegt, weiß es und akzeptiere es».

Sie sagte noch immer «unsere Liebe». Sie wollte nicht begreifen,
daß der Dichter für sie niemals einen Hauch von Liebe empfunden
hatte – vielleicht Anflüge von Sympathie, manchmal auch von Mitgefühl, doch Liebe gewiß nicht. Sie war ihm nützlich: in den besten
Augenblicken als Partnerin im Gespräch, für gewöhnlich als ein

Faktotum hohen Ranges, das zu seinem Glück einen Platz von Einfluß, Macht und Reichtum in der Gesellschaft besetzte.

Zermürbt, doch ein wenig nüchterner, verteidigte sie sich danach
in einem langen Schreiben, vom 28. Mai 1943 datiert, das den Adressaten wenige Tage später erreichte. Es sei ungerecht gewesen, klagte
sie sich an, daß sie ihm ihre Ungeduld mit Klaus und Erika verraten
habe – entweder hätte sie alles oder nichts sagen sollen. Beide habe
sie «mindestens zwei Jahre behandelt», als ob sie ihre «eigenen Kinder wären, bis es nicht mehr möglich war». Sie habe Klaus sehr
geholfen, ohne dem Vater ein Wort davon zu sagen, bis sie gesehen
habe, daß «man ihm nicht helfen kann». Erika aber habe sich gegenüber Eugene Meyer, ihrem Mann, in Lissabon so benommen, daß er
«ganz einfach ‹Fertig› sagen» mußte. Sie stellte sich auch dem Vorwurf der Herrschsucht: es sei ein «unbeherrschbarer Drang» gewesen, aus dem heraus sie geschrieben habe – «und nie hätten Sie mir
so gütig und geduldig geantwortet wenn Sie nicht gewusst hätten,
dass da etwas Ehrliches sich ausarbeitete. (...) Da Sie mir nun mein
anspruchsvolles Benehmen so klar vor Augen halten, schäme ich
mich bis in den Grund meines Wesens, und fühle mich mit Recht
gedehmütigt.»

In ihrer Qual hatte sie nicht jede der Formulierungen seines Briefes genau genug verstanden. Sie glaubte zu lesen, daß er das Arrangement mit der Bibliothek durch sie *besudelt* sehe (während er
von Miss Hart gesprochen hatte): das sei ein Wort, sagte sie, das
zwischen ihnen unter keinen Umständen fallen sollte. Sie habe mit
jener Regelung als eine «gewissenhafte Amerikanerin» agiert, die
nicht dulden wollte, «dass Thomas Mann in diesem Lande ungeehrt
und vernachlässigt leben musste – Deshalb gab ich dem ‹Arrangement› einen nationalen Charakter. Etwas weniger – einfaches Geld
– wäre mir nie gut genug gewesen für Sie. Und diese Tat betrachten
Sie jetzt als ‹Corruption, Begünstigung und Geldverschwendung.›
Tonio, Sie sind hart wie Stein wenn Sie weh tun wollen. Nichts kann
mich tödlicher treffen als diese Negierung der Höhe und Reinheit
unserer eigentlichen, mysteriösen, Verwandschaft.»

Auf ein überhöhtes Bild ihrer Beziehung konnte und wollte sie
nicht verzichten. In einer Nachschrift gestand sie, wie tief sie durch
seinen Brief verstört sei: «Ich kann kaum aus den Augen sehen und

liege herum wie eine Todte. Nichts lief mir durch den Kopf als Worte aus Ihrem Brief. Es waren Momente wo ich dachte ich hätte den Verstand verloren. (…) Das Bild von mir in Ihrem Brief – das ist was mich umbringt. Nie habe ich schöner sein wollen, und was Sie Schildern ist überspannte Hässlichkeit. Hätten Sie einen Moment an meinen Abschiedsbrief wie ich Sie zum letzten Mal verliess, gedacht, so könnten Sie doch nicht von einem primitiven Weibe sprechen die sich enttäuscht und erbittert an dem Liebesobjekt zu rächen sucht? Das hat doch nichts mit *mir* zu tun – Das bin ich nicht – Für mich war unsere Freundschaft eine Ekstase, die sich in etwas viel ruhigeres und erhabeneres verwandelt hat. A.»

Die «Ekstase» teilte er nie. Stürme freilich blieben der Beziehung auch künftig nicht erspart. Doch sie trat tatsächlich in die «ruhigeren Bahnen», die sie beide wünschten, auch wenn der Friede niemals völlig gesichert war. Das transkontinentale Drama, das so oft zur Farce zu entarten schien, fand noch lange keinen Abschluß. Agnes Meyer aber schien endlich zu akzeptieren, daß Liebe von ihm nicht zu erwarten war. Ihre Hilfsbereitschaft ließ dennoch nicht nach.

84. KAPITEL

Ernst Reuters Appell

Am 11. Juni 1943, sechs Tage nach seinem achtundsechzigsten Geburtstag, hielt Thomas Mann im Tagebuch zum erstenmal den Untertitel fest, den er für das neue und kühne Werk erdacht hatte: «Das seltsame Leben Adrian Leverkühns, erzählt von einem Freunde». Die endgültige Fassung verzichtete, man weiß es, auf das «seltsam» und sprach verdeutlichend vom Leben des «deutschen Tonsetzers». Damit annoncierte sich die so «ausgesprochen deutsche Fundierung und Tönung des Buches», die der Autor selbst unterstrich. Er wies zugleich darauf hin, daß sein «privates Verhalten gegen das rasende Land» seiner Herkunft von der leidenden Identifikation, die sich in dem Buch ausdrücke, «recht verschieden» sei.

Ob in Widerspruch oder Sympathie: Thomas Mann sah sich mit der fortschreitenden Arbeit an dem Roman tiefer und tiefer in die Debatte der ewigen «deutschen Frage» gezogen. Der Zusammenbruch des Reiches und des nationalsozialistischen Staates war nur noch eine Sache der Zeit. Die Amerikaner zwangen am 13. Mai 1943 den Rest des einst so triumphal durch die Wüsten brausenden Afrikakorps des Marschalls Rommel zur Kapitulation. Knapp zwei Monate später landeten britische und amerikanische Divisionen in Sizilien. Die Offensive der deutschen Unterseeboote gegen die amerikanischen und britischen Konvois im Atlantik wurde abgebrochen, da die Verluste überhand nahmen, seit die Alliierten das deutsche Codesystem zu dechiffrieren vermochten. Tag- und Nacht-Angriffe der Bombengeschwader legten die großen deutschen Städte in Trümmer.

In der Armee begann sich der Geist des Widerstandes gegen den
Diktator und die Verbrechen seiner Herrschaft von neuem zu regen: Adolf Hitler entging im März 1943 – doch davon wußten weder die Deutschen noch die Welt – nur knapp zwei Attentatsversu-
chen. In München waren die Schergen zum erstenmal seit dem Ende
des «Kirchenkampfes» einem unübersehbaren Protest begegnet.
Die Geschwister Hans und Sophie Scholl, mit ihnen ihre Kommili-
tonen Willi Graf, Christoph Probst, Alexander Schmorell und der
Professor Kurt Huber, die sich zum Kreis der «Weißen Rose» zu-
sammengeschlossen hatten, verteilten Flugblätter in der Universität, deren Text die Untaten des Regimes beim Namen nannte. Sie
waren Kinder der Jugendbewegung, die in der Konfrontation mit
dem Grauen des Krieges und den Verbrechen des Regimes zu einem
Glauben gefunden hatten, der ihnen die Kraft zu einer Opposition
auf Leben und Tod gab. Die Mitglieder der «Weißen Rose» riefen
zum passiven Widerstand und zur Sabotage in den Rüstungsbetrie-
ben auf. Der deutschen Wiedergeburt, sagten sie, müsse «die klare
Erkenntnis der Schuld, die das deutsche Volk auf sich geladen hat,
und ein rücksichtsloser Kampf gegen Hitler und seine allzu vielen
Helfershelfer (...) vorausgehen». Sie büßten für ihren christlichen
Mut mit dem Leben: die nazistischen Richter machten kurzen
Prozeß.
Thomas Mann konstatierte seine Bewegung in einem Brief an
Agnes Meyer, wenngleich in einer Formulierung, die ihm in der Eile
entglitten war: «Sehr glücklich bin ich über München, die Auflehn-
ungsbewegung unter der Studentenschaft, die schon ein Dutzend
Hinrichtungen gezeitigt hat.» Glücklich? – ein *lapsus linguae*; er
deutete an, daß dem Dichter im Augenblick der Niederschrift jeder
Gedanke an den schrecklichen Tod, den diese jungen Menschen unter dem Fallbeil erlitten, entrückt zu sein schien. Die Wirklichkeit
des Leidens und des Sterbens ergriff ihn selten, wenn sie nicht in
seine unmittelbare Nähe drängte. Man könnte auch sagen: die Vorstellungskraft des Dichters reichte für das Leben nicht aus.
In seinem Brief an die Freundin in Washington, die er nun wieder
so nannte, fuhr er fort: «Dass endlich der deutschen, ich hoffe: der
europäischen *Jugend* die Augen aufgegangen sind über die Lügen-
revolution, ist eine Freude. Ueberhaupt Europa. Wieviel besser hät-

ten die Voelker es haben können, wenn sie die ‹neue Ordnung› angenommen hätten! Sie haben es nicht getan. Mehr und mehr fange ich an, mich wieder als Europäer zu fühlen, obgleich nun für mich die Zeit der second papers herannaht» – mit anderen Worten: der Augenblick, in dem er amerikanischer Bürger werden sollte.

Im gleichen Brief berichtete er, daß er in San Francisco bei einer Massenversammlung gegen die Nazigreuel in Europa und vor allem die Judenmassaker reden müsse. Die Sache komme ihm nicht zupaß, sagte er, da er am liebsten nur an seinen «seltsamen Roman» denken würde, aber dies sei einer der Ansprüche, denen man sich nicht gut entziehen könne.

Er reiste am Abend des 16. Juni mit dem Schlafwagen in die nördliche Schwesterstadt, von den Veranstaltern mit Aufmerksamkeit empfangen. Der Text seiner Rede wurde nur fragmentarisch überliefert, doch es ist anzunehmen, daß Thomas Mann zu Beginn – wie später noch einmal – an den Aufstand der Kämpfer im Warschauer Ghetto erinnerte, der erst einen Monat zuvor, nach fünf Wochen des verzweifelten Widerstandes gegen die deutschen SS- und Polizeiverbände, ausgebrannt worden war. Er sprach davon, daß die Zahl der Opfer des systematischen Vernichtungsprozesses in die Millionen gehe: in der Mehrheit sogenannte «Ostjuden», deren kulturelle Leistung er durch die Namen der großen Geiger Yehudi Menuhin, Jascha Heifetz und Nathan Milstein deutlich machte. (Auf dem Podium stand der elfjährige Isaac Stern, ein Wunderkind, «etwas Fettknabe», wie er in seinem Bericht später sagte.) Er nannte die Pianisten Wladimir Horowitz, Rudolf Serkin, Artur Rubinstein, die Dirigenten Bruno Walter und Eugene Ormandy, die alle im osteuropäischen Judentum verwurzelt waren.

Es mochte in dieser dunklen Stunde ein wenig fragwürdig sein, den Ruhm einer künstlerischen Elite zu beschwören, um das Lebensrecht von Millionen Menschen deutlich zu machen – aber so befahl es die Bildungsreligion des europäischen Bürgertums, die sich auch die Juden des europäischen Ostens zu eigen gemacht hatten. Derselbe Kulturglaube schrieb Thomas Mann auch den Satz vor, daß niemals «ein geistiger, gebildeter, Europa zugewandter Mensch in Deutschland Antisemit sein» konnte. Er hätte wissen müssen, daß dies leider nicht der Wahrheit entsprach. An die An-

fechtungen des Bruders Heinrich und der eigenen Jugend, an den
Erzfreund Ernst Bertram und so viele Gefährten aus den Jahrzehnten vor und nach dem Ersten Weltkrieg schien er sich nicht zu erinnern. Doch tapfer nutzte er die Gelegenheit, um den zehntausend
amerikanischen Zuhörern von kleinen Beweisen der Sympathie zu
berichten, die den Juden in Deutschland auch jetzt noch (oder wieder) zuteil würden. Es wäre ein «völliger Irrtum», rief er, «der großen Mehrheit des deutschen Volkes einen Antisemitismus zuzuschreiben, der eine volkstümliche Grundlage für die Verbrechen der
Nazis gegen die Juden» sein könne. Er fragte auch, ob alles «in
unserer Macht Stehende» getan werde, um die unbeschreiblichen
Leiden zu lindern, von denen die ganze Menschheit erniedrigt
werde. Er wies auf die Versäumnisse der Alliierten, und er forderte
eine Änderung der Einwanderungsgesetze, die «auf normale Zeiten
zugeschnitten» seien, doch den «ungeheuerlichen Zuständen», die
in Europa herrschten, nicht gerecht würden.

Dieser frühe Versuch einer Ehrenrettung der Mehrheit der Deutschen – vor einem jüdischen Publikum! – fand schließlich auch in
seinen Ansprachen an die deutschen Hörer ein gedämpftes Echo.
Im Mai hatte er des zehnten Jahrestages der Bücherverbrennung
gedacht, bei dem die Flaggen an sämtlichen amerikanischen Bibliotheken auf halbmast gesetzt wurden. Freilich erwähnte er dabei
nicht, daß seine eigenen Werke jenem düsteren Ritual entgangen
waren, obwohl er mit geschärfter Aufmerksamkeit hätte rechnen
dürfen, wären damit die Täuschungen der ersten Jahre, denen sich
das Bürgertum so willig überließ, sichtbar gemacht und erklärt worden. Er zog es vor, auf das verkohlte Exemplar der «Buddenbrooks» zu verweisen, das ihm ein nazistischer Hasser lange vor der
Machtergreifung ins Haus geschickt hatte.

In seiner Radio-Botschaft vom Juni 1943 sprach er von den «Vorgängen an der Münchner Universität», und er rief: «Ehre den Völkern Europas! Und ich füge etwas hinzu, was im Augenblick manchem, der mich hört, befremdlich klingen mag: Ehre und Mitgefühl
auch dem deutschen Volk! Die Lehre, daß man zwischen ihm und
dem Nazitum nicht unterscheiden dürfe, daß deutsch und national-
sozialistisch ein und dasselbe seien, wird in den Ländern der Alliierten zuweilen, nicht ohne Geist, vertreten; aber sie ist unhaltbar und

wird sich nicht durchsetzen. Zu viele Tatsachen sprechen dagegen. Deutschland hat sich gewehrt und fährt fort, sich zu wehren, so gut wie die anderen.» Er fuhr fort: «Wer nennt die Zahl derjenigen, die im Himmler-Staat ihren Idealismus, ihren unbeugsamen Glauben an Recht und Freiheit mit Marter und Tod bezahlt haben? Bei Kriegsausbruch gab es in Deutschland zweihunderttausend politische Häftlinge, und in der deutschen Presse läuft die Veröffentlichung von Todesurteilen und verhängten Freiheitsstrafen wegen Hochverrats, Sabotage et cetera ununterbrochen weiter, – wobei es sich doch nur um die Fälle handelt, deren man habhaft werden konnte und die man zugeben will.»

Die Hoffnung freilich, von der dieser Kommentar bestimmt zu sein schien, unterschied sich drastisch von manchen privaten und halböffentlichen Äußerungen, die von Bitterkeit und Resignation durchtränkt waren. Durch die Widersprüchlichkeit seiner Äußerungen, die ihm selten bewußt wurde, drückte sich eine chronische Unsicherheit aus, von der er sich in der Konfrontation mit der «deutschen Frage» und dem Geschick Europas niemals befreite. Seine Hilflosigkeit hätte ihm einen Strom von Sympathien zugetragen, wenn er den Mut gefunden hätte, sie sich selbst, den Freunden, den Amerikanern, den Deutschen einzugestehen. Dazu überwand er sich jedoch nicht: er konnte es nicht, da er von der Unanfechtbarkeit jeder seiner so rasch wechselnden Überzeugungen stets tief durchdrungen war.

Bei einer Versammlung der Nobelpreisträger in der Neige des vergangenen Jahres in New York, an der er selbst nicht teilnehmen konnte, hatte Erika eine kurze Ansprache verlesen, in der er einer «Amerikanisierung der Welt» das Wort redete – eine Formel, die auf den entrüsteten Widerspruch seiner Kollegin Pearl S. Buck stieß, die in diesen Worten einen imperialistischen Anspruch witterte, den er heftig dementierte. In einem korrigierenden Artikel für die Zeitschrift «Fortune» sagte er, das Wort sei keine glückliche Wahl gewesen (obschon es in Wirklichkeit eine unaufhaltsame Entwicklung kennzeichnete). Er schien es schon wieder vergessen zu haben, als er nicht lange danach dem österreichischen Schriftsteller Jonas Lesser nach London schrieb: «Man wird sich die zukünftige Welt doch wohl mehr oder weniger kommunistisch vorstellen müssen. Für Deutschland scheint mir das der einzige Ausweg zu sein, und es wird ihn wahrscheinlich beschreiten.» Wie dies mit der universellen Amerikanisierung übereinstimmen sollte, erklärte er nicht. Thomas Mann hatte im Herbst 1942 an Hermann Kesten einen Brief über die Lage der Deutschen geschrieben, in dem er darauf pochte, daß nachher alles ohnedies «ganz anders» sein werde und die Exilregierungen, «ganz besonders aber unsere sozialdemokratischen Schafsköpfe, (...) wohl gänzlich bei Seite fallen» würden. Mit dem Blick auf den Selbstmord Stefan Zweigs, den er nie verstanden habe, hatte er dem jungen Kollegen gestanden: «Ich fühle mich an die untergehende Welt nur sehr teilweise gebunden und könnte in jeder leben, nur nicht unter Hitler.» Er hatte auch gesagt, daß man sich nach dem Ende des Krieges wohl so rasch nicht hinübertrauen könne. In einem Brief an Kurt Hiller, den streitbaren Nationalbolschewisten, der in London Zuflucht gefunden hatte, war er deutlicher geworden. Er schrieb ihm: «Zu den Deutschen geh' ich nimmermehr, auch wenn es noch zu meinen Lebzeiten unbedenklich werden sollte.» Hiller hatte dieses kräftige Wort, das spontan niedergeschrieben war, in einer seiner Publikationen – ohne Genehmigung – zitiert. Die Bemerkung fand keine sehr freundliche Aufnahme.

Dennoch, immer wieder klopften Kollegen, mit ihnen Journalisten und Politiker der Jahre von Weimar bei ihm an, um zu fragen, ob er – der prominenteste unter den Emigranten – sich nicht bereit finde, die Präsidentschaft dieses und jenes Komitees zu übernehmen, das sich den Phantastereien von einer nach Kriegsende notwendigen tödlichen Schwächung Deutschlands, die da und dort spukten, entgegenstemmen wollte: vor allem den Vorschlägen des einstigen britischen Staatssekretärs Lord Vansittart, der einer Art antideutschem Rassismus nachhing, später auch dem wenig durchdachten Konzept des amerikanischen Finanzministers Henry Morgenthau, der 1944 ein Exposé für die Entindustrialisierung vor allem der Ruhr und die Verwandlung der Mitte Europas in ein Agrarland entwarf – ein Plan, der niemals die Billigung der Regierung fand.

Die vernünftigen Geister – ob deutsche Emigranten, Amerikaner oder Engländer, vor allem auch die Franzosen, die unter der Leitung des großen Jean Monnet in Washington mit einigen amerikanischen Experten das Konzept einer europäischen Montanunion und eines gemeinsamen Marktes erarbeiteten – sie alle, ob konservativ oder progressiv gestimmt, waren sich einig, daß ein zweites Versailles die schlimmste Torheit wäre, die sich die Alliierten zuschulden kommen lassen könnten. Thomas Mann teilte, im Prinzip, diese Meinung, doch er beharrte darauf, daß es nicht seine Sache sei, eine deutsche Politik für den Nachkrieg zu formulieren. Er ging weiter: die deutsche Emigration sei nicht befugt, sich zu diesen Fragen zu äußern. Die Antworten müßten den Siegern überlassen werden.

In der «Washington Post» erschien am 4. Juli 1943 ein Artikel aus der Feder von Alfred Tyrnauer, einem Mitarbeiter der Presseagentur «International News», der die Möglichkeiten einer Deutschlandpolitik nach der Vernichtung des nazistischen Staates skizzierte. Die Arbeit spiegelte vor allem die Einsichten Reinhold Niebuhrs, des deutschamerikanischen Theologen, zum anderen die Vorstellungen von Edvard Beneš, dem ehemaligen tschechoslowakischen Staatspräsidenten. Tyrnauer fragte, wer wohl geeignet sei, eine künftige demokratische Regierung der Deutschen zu führen. Er schrieb: «Trotz aller Verschiedenheit der Meinungen sieht es so aus, als besitze ein Mann das Vertrauen der meisten Deutschen» – es werde «ihm in einem solchen Maße zuteil, daß seine Nominierung für die Präsidentschaft einhellig akzeptiert» werden könnte: «Thomas Mann könnte für Deutschland werden, was der Professor und Staatsmann Thomas G. Masaryk für die Tschechoslowakei war oder der Pianist Paderewski für Polen. Masaryk, der selbst während des letzten Krieges im Exil in den Vereinigten Staaten lebte, gründete die Tschechische Republik und wurde ihr erster Präsident. Paderewski wurde Polens erster vorläufiger Präsident nach dem Ersten Weltkrieg.»

Der Dichter antwortete in einem kurzen Brief an Agnes Meyer knapp und harsch (aber auch geschmeichelt): «Welcher Unsinn, aus mir einen Masaryk oder Paderewsky machen zu wollen! Auch wird ja Deutschland vorderhand politisch völlig entmündigt sein und garkeinen head brauchen, sondern nur vernünftige Lokal-Verwaltungen.»

Indes, es lagen seriösere Erkundigungen vor. Schon im März jenes Jahres hatte ihm Ernst Reuter einen langen Brief aus Ankara geschickt, der seine Aufmerksamkeit verdiente. Der Verfasser war ihm wohl ein ferner Begriff: Sohn eines bürgerlichen Hauses wie er selbst, Soldat im Ersten Weltkrieg, in russischer Kriegsgefangenschaft zum Kommunismus bekehrt, für eine knappe Frist Generalsekretär der Partei, bis ihn seine Kritik an der Unterdrückung der Freiheit in der Sowjetunion zum Bruch zwang; als Sozialdemokrat hatte er das Berliner Verkehrswesen reformiert, und von 1931 an war er Bürgermeister von Magdeburg. Nun versah er ein Lehramt in der Türkei, das ihm dank einer Intervention des Staatschefs Atatürk zuteil geworden war.

Reuters Schreiben ließ keinen Zweifel, daß er es für die Pflicht der Emigranten hielt, den Deutschen aus ihrer Verstörung und dem Chaos der Niederlage zu helfen. Es gehe nicht an, sagte er, dem Volk die Alleinverantwortung für alles aufzubürden, das auch das Ausland «durch Trägheit des Herzens, durch sozialreaktionäre Tendenzen und durch manche aktive Ermunterung mitverschuldet» habe. Er fügte den bemerkenswerten Satz hinzu: «Wir haben uns alle im einzelnen, im Tempo und in den Besonderheiten des Ganges der Ereignisse geirrt.» Er schrieb, die Menschen in Deutschland würden von einer Art dumpfer fatalistischer Verzweiflung erfaßt. Sie fragten, was nun werden solle – und auf diese Frage müsse eine Antwort gegeben werden. Die Emigranten hätten keine Vollmacht, fuhr er fort, für das Ausland zu sprechen: «Wir verkennen auch nicht die ungeheuren Schwierigkeiten, die der Wiedereingliederung Deutschlands in ein Konzert friedlicher und gemeinsam arbeitender Mächte entgegenstehen, aber wir hoffen zuversichtlich, daß die Stimmen der Vernunft stark genug sein werden, um einem von der Nazipest gereinigten Deutschland wieder den Platz im Kreise der Völker zu geben, auf den es immer Anspruch haben wird.» Er drängte: «Wir müssen alle erkennen, daß die Heilung der Wunden, die Wiederaufrichtung unseres Landes, unseres Rechts- und Erziehungssystems, unserer Wirtschaft, die Wiederentwicklung unserer einst so blühenden Selbstverwaltung, unserer Universitäten, der Wiederaufbau aller wahren Manifestationen deutscher Kultur nur möglich sein wird, wenn alle diejenigen, die sich Sauberkeit und Anständigkeit erhalten haben, die sich von der Nazipest fernhielten und die niemals an dem guten Kern unseres Volkes gezweifelt haben, heute, schon jetzt, gemeinsam erklären, daß sie bereit sind, sich zu gemeinsamer Arbeit zusammenzuschließen. Wir wissen gut genug, daß es auch in Deutschland unendlich viele Menschen gibt, die diese Vorbedingung erfüllen, unendlich viel mehr als hinter dem Nebel der Nazipropaganda dem Fernerstehenden wahrscheinlich zu sein scheint.» Einsichtiger als viele erklärte er: «Den Luxus überflüssiger Rechthaberei und Denkens in alten Schablonen werden wir uns nicht leisten können. *Wir müssen alle bereit sein*, ganz gleich, wie die Dinge im einzelnen laufen werden, an einem solchen Neubau mit allen unseren Kräften mitzuarbeiten. *Wir müssen diese unsere Bereitwilligkeit jetzt schon erklären.*»

Über das Programm werde man sich, wenn die Stunde komme, «unter vernünftigen Menschen verhältnismäßig schnell einigen» können, schrieb er schließlich. Auch in der Friedenswirtschaft werde man «einen starken sozialistischen Einschlag nicht vermeiden können», doch «alle Menschen in Deutschland wollen wissen, daß sie weder auf russische Weise noch nach irgendeinem anderen Zwangsrezept gesotten werden sollen.» Er zitierte Thomas Manns eigenen Satz: «Deutschland braucht die Welt, und die Welt braucht Deutschland.» Die Deutschen im Ausland sollten einen Appell formulieren, der ihren Landsleuten sage: «Wir wollen zusammen mit Euch daran arbeiten. Wir, die wir früher Euer Vertrauen genossen haben, denen man im Ausland vertraut, weil man uns als gute Deutsche kennt, und *mit Euch zusammen* wollen wir an die neue Aufgabe gehen!»

Er schloß den hochherzigen Brief mit der Bitte: «Sie, Thomas Mann, können einen solchen Appell an alle Deutschen in der Welt richten, die sich noch frei äußern können. Die Zeit ist reif für einen solchen Aufruf, der heute noch seine Wirkung tun kann. Ihre Stimme dringt durch den Äther überall hin, es ist die Stimme des geistigen, freien, menschlichen Deutschlands.»

Der so ernst und so leidenschaftlich formulierte Appell Ernst Reuters ließ Thomas Mann nicht unbeeindruckt. In seinem Journal erwähnte er, daß er den Brief Katia gezeigt habe. Er besprach seinen Inhalt auch mit Leonhard Frank, der später einen bewegenden Lebensbericht unter dem pathetischen Titel «Links, wo das Herz ist»

vorlegte: kein nationalistisch gestimmter Mann, doch Thomas
Mann bemerkte von ihm im Tagebuch, auch er äußere sich «patriotisch» und wolle so bald wie möglich nach Deutschland zurück, um
zu «helfen»; Frank schelte zu Recht die antideutschen Tiraden, in
denen sich Emil Ludwig, der populäre Biograph, in jenen Jahren
gefiel.

Ernst Reuters Brief aus Ankara war länger als zwei Monate unterwegs, ehe er zum Adressaten fand, denn auf dem Umschlag stand
nur: «Dr. Thomas Mann, Amerika». Der Professor hatte ihn über
die BBC geschickt und Richard Crossman, einen Abgeordneten der
Labour Party, der sich um die deutschen Programme kümmerte,
um die Weiterleitung gebeten. Am 26. Juni 1943, einen Monat nachdem Reuters Brief bei ihm angelangt war, antwortete der Dichter:
er habe den Vorschlag eines Aufrufs mit Freunden besprochen,
doch er sei zu dem Ergebnis gekommen, daß der Versuch zwecklos
sei. Aus seinen Rundfunksendungen nach Deutschland habe er die
Erfahrung gewonnen, daß die Deutschen nicht von der Emigration
her angesprochen werden könnten, sondern ihre eigene Revolution
ins Werk setzen müßten. Die führenden Kräfte, die es dazu brauche, müßten aus Deutschland selbst kommen. Die Emigration habe
keine Autorität hinter sich. Sie verfüge nicht über die Zustimmung
ihrer Gastländer. Sie könne keine verbindlichen Versprechungen
machen. Außerdem sei es kaum möglich, sich vorzustellen, wie es in
Europa und in Deutschland nach dem Krieg aussehen werde.

Reuter nahm die höfliche Zurückweisung mit dem «Gefühl einer
gewissen Enttäuschung» auf. Dennoch ließ er sich nicht beirren. Im
Herbst des Jahres 1943 wandte er sich, wie seine Biographen Willy
Brandt und Richard Löwenthal berichteten, noch einmal an Thomas Mann, den er den «großen Meister unserer schönen Sprache»
nannte: «Wir sind glücklich, Sie auf unserer Seite zu wissen. Wie
froh werden wir sein, wenn Sie uns auch bei der bevorstehenden
großen Aufgabe der Wiedererneuerung die Hilfe Ihres moralischen
und geistigen Gewichtes leihen werden.»

Gerhart Seger, der Chefredakteur der sozialdemokratischen
«Neuen Volks-Zeitung», wollte die Korrespondenz in seinem Blatt
abdrucken, doch Thomas Mann entzog sich seiner Bitte. Ernst Reuter war betroffen, als er ein Jahr danach der Kritik des verehrten

Dichters an einem «gewissen deutschen Emigranten-Patriotismus» begegnete, aus dem nicht das geringste Gefühl dafür spreche, was Deutschland den anderen Nationen zugefügt habe und noch immer zufüge. Das war eine Vereinfachung, die ans Unzulässige grenzte: die deutschen Demokraten im Exil kannten das Ausmaß der Verbrechen so genau wie Thomas Mann; sie dachten nicht daran, sie aus der Welt zu reden – und sie dienten dennoch der Einsicht, daß nur der konstruktive Wille zum Aufbau eines demokratischen Staates in Deutschland den europäischen Frieden sichern könne.

Deutsche Kommunisten, unter ihnen der Lyriker Erich Weinert, aber auch der Funktionär Walter Ulbricht, hatten am 12. und 13. Juli 1943 mit deutschen Kriegsgefangenen das «Nationalkomitee Freies Deutschland» in Krasnojarsk unweit von Moskau gegründet, das – wie der «Bund Deutscher Offiziere», dem der Generalfeldmarschall Paulus und der General von Seydlitz als prominenteste Soldaten angehörten – die Kameraden auf der anderen Seite der Front zum Widerstand gegen die Nazi-Diktatur und zum Sturz des Regimes rief, um zu retten, was sich noch retten ließ. Thomas Mann hatte sich – übrigens einen Tag nach dem Diktat seines Briefes an Ernst Reuter – in einer Erklärung für die sowjetische Nachrichtenagentur TASS mit behutsamer Zustimmung zu dem Manifest des Komitees geäußert. Es scheine ihm, sagte er, «die natürliche und gesetzmäßige Fortsetzung des Aufrufes zu sein, mit dem sich die westlichen Demokratien unlängst an Italien gewandt haben, damit es sich vom faschistischen Regime befreie». Er habe stets den Standpunkt vertreten, nur eine «echte und aufrichtige Umkehr» könne «Deutschland von den Mächten des Übels säubern», nur sie könne «das deutsche Volk (…) rehabilitieren und auch Deutschland das Tor in die Zukunft öffnen». In diesem Sinne sei er mit dem Manifest völlig einverstanden.

Bertolt Brecht und Lion Feuchtwanger, die beiden bedeutendsten Köpfe der «Linken» im amerikanischen Exil, verstanden den Aufruf ihrer Kollegen und der deutschen Gefangenen in der Sowjetunion als ein Signal, die Emigration im Westen zu mobilisieren. Brecht vor allem drängte auf eine Erklärung: seine Gedanken schienen sich, schon damals, ganz auf die Rückkehr zu richten. Selten streifte ihn der Gedanke, daß es notwendig sein könne, sich in Amerika auf eine lange Frist, vielleicht sogar für immer einzurichten. Seine Chancen, bei der Produktion von Filmen in Hollywood mitzuwirken, waren begrenzt. Er lieferte ein Skript für den Fritz-Lang-Film «Hangmen Also Die» (Hanns Eisler schrieb die Musik), das wie üblich bis zur Unkenntlichkeit verändert wurde. Brecht hatte es, wie Salka Viertel berichtete, schließlich untersagt, ihn als Autor zu nennen. Zusammen mit Feuchtwanger fertigte er ein weiteres Drehbuch, das niemals verfilmt wurde. Aus der Filmindustrie, bemerkte er in seinen Aufzeichnungen, ließe sich vielleicht etwas herausschlagen, «wenn man ein bordell für ältere damen errichtete, denn das würde die zensur mildern, die hauptsächlich von diesen damen ausgeübt wird».

Seine Honorare erlaubten ihm immerhin, sich in einem bescheidenen Holzhaus mit einem großen Garten samt Pfeffer- und Feigenbaum in der sechsundzwanzigsten Straße von Santa Monica für sechzig Dollar im Monat einzumieten. Er schrieb, und er betrieb die Produktion seiner Stücke, von Charles Laughton, dem großen Charakterdarsteller, unterstützt. Er war, alles in allem, auch in Amerika nicht völlig erfolglos, und er litt keine Not. Es sei für Emigranten schwer, sagte er, nicht in ein «wildes geschimpfe auf ‹die amerikaner› zu verfallen oder ‹mit dem wochen-scheck im maul zu reden›, wie kortner es denen vorwirft, die gut verdienen». Das Land und seine Menschen blieben auch ihm eher fremd. Er hatte zwar in seinen frühen Stücken immer wieder Bilder Amerikas entworfen, in denen sich Vorurteile und Idealisierung merkwürdig mischten. Mit der Realität des riesenhaften Landes und seiner Gesellschaft hatten sie wenig zu schaffen: sentimentale und soziale Abstraktionen, die den Amerika-Vorstellungen des deutschen Bürgertums mit seinem Kultur-Hochmut entsprachen – doch um so besser waren sie geeignet, klassenkämpferische Thesen zu präsentieren.

Die Landschaft Kaliforniens nahm Brecht wahr, als befinde sie sich «hinter einer glasscheibe», und er stellte fest, daß er «unwillkürlich an jeder hügelkette oder an jedem zitronenbaum ein kleines preisschildchen» suche: diese Preisschildchen suche man denn auch an Menschen. Wahrscheinlich, sagte er, seien es die Arbeitsverhältnisse, die ihn ungeduldig machten: «die sitte hier verlangt, daß man alles, von einem achselzucken bis zu einer idee, zu ‹verkaufen› sucht, d. h., man hat sich ständig um einen abnehmer zu bemühen, und so ist man unaufhörlich käufer oder verkäufer, man verkauft sozusagen dem pissoir seinen urin. für die höchste tugend gilt der opportunismus, die höflichkeit wird sogleich zur feigheit.»

Dieses Amerika-Bild stimmte völlig mit den überkommenen Borniertheiten des deutschen Spießertums überein, die von der Linken mit einer merkwürdigen Art von Gehorsam nachgebetet wurden. Es unterschied sich auch von den Vorbehalten Thomas Manns nur graduell. Doch die Gefühle, die Deutschland und die Deutschen weckten, vermochte Brecht leichter zu disziplinieren als Thomas Mann. Für die nazistische Katastrophe machte der Dramatiker nicht «das Volk» verantwortlich (was immer das sein mochte). Er suchte die Schuld auch nicht in den religiösen und geistigen Besonderheiten der deutschen Geschichte. Hort des Übels war für ihn der Kapitalismus, und der Vollstrecker des Unglücks war die «besitzende Klasse». Darin stimmte er mit Lion Feuchtwanger und Heinrich Mann, wohl auch mit Berthold und Salka Viertel, vielleicht sogar mit Ludwig Marcuse überein, den man als einen abtrünnigen Linken bezeichnen mochte. Auch Bruno Frank und Thomas Mann – obschon beide grundbürgerlich – hätten Brecht, was dies angeht, kaum allzu scharf widersprochen, obwohl ihr Bild von den Ursachen der deutschen Tragödie komplexer war.

Die Schriftsteller, die sich am Abend des 1. August 1943 bei Salka und Berthold Viertel zusammenfanden, waren sich darüber einig, daß es nicht genug sei, Zeichen unverbindlicher Sympathien nach Europa hinüberzuschicken. Nach einer Debatte, die sich über Stunden hinzog, formulierten die Mitglieder des Kreises, zu denen sich auch der Physiker und Philosoph Hans Reichenbach gesellte, eine Erklärung dieses Wortlauts: «Wir begrüßen die Kundgebung der deutschen Kriegsgefangenen und Emigranten in der Sowjetunion, die das deutsche Volk aufrufen, seine Bedrücker zu bedingungsloser Kapitulation zu zwingen und eine starke Demokratie in Deutschland zu erkämpfen. Auch wir halten es für notwendig, scharf zu unterscheiden zwischen dem Hitlerregime und den ihm verbundenen Schichten einerseits und dem deutschen Volk andererseits. Wir sind überzeugt, daß es ohne eine starke deutsche Demokratie einen dauernden Weltfrieden nicht geben kann.»

«Das Ganze muß wohl sein», schrieb Thomas Mann nach der Sitzung spät in der Nacht in sein Journal. Doch anderntags notierte er: «Beunruhigung durch die gestrigen Ergebnisse, wiederholtes Telephonat mit Frank, Beschluß der Ablehnung, Telephon mit Feuchtwanger, da Viertel nicht zu erreichen. Irritation und Verdruß.»

Am gleichen Tag erreichte ihn aus New York ein Brief von Paul Hagen, der in Wirklichkeit Karl Frank hieß: Gründer der sozialistischen Gemeinschaft «Neu Beginnen», deren Programm von Elementen des deutschen Idealismus, einem von der kommunistischen Vulgarisierung gereinigten Marxismus und von einer nahezu religiös gestimmten Moralität geprägt war – Richard Löwenthal, der unter dem Pseudonym Paul Sering wegweisende Analysen des demokratischen Sozialismus publizierte, durfte man den wichtigsten Vertreter jener Gruppe in Großbritannien und später in Deutschland nennen. Anlaß der Korrespondenz war nicht nur Hagens kluge und vorwärts weisende Schrift, die den Titel «Germany After Hitler» trug, sondern wohl auch die Überraschung, mit der er Thomas Manns Äußerung über das Moskauer Komitee zur Kenntnis genommen hatte. Der Dichter antwortete ihm einige Tage später, er habe bei der Sitzung im Hause Viertel geraten, eine Erklärung zu verfassen, die von der «russischen Kundgebung» des Nationalkomitees unabhängig sei, doch sei das übergangen worden. In seiner eigenen Bekundung für die TASS-Agentur habe er es vorgezogen, darüber zu schweigen, daß ihm der patriotische Eifer vieler Sozialisten und Kommunisten nicht gefalle, die redeten, als dürfe Deutschland «nichts geschehen». Bei den Kommunisten stecke hinter dieser Argumentation der Wunsch nach einem «starken Deutschland mit einer großen, tüchtigen roten Armee». Er bekenne ganz offen, fuhr er fort, daß er sich nicht darüber aufregen könne, was diejenigen, die «unter fürchterlichen Opfern der riesenhaften deutschen Anmaßung und Gewaltphantasterei Herr geworden» seien, Deutschland zunächst einmal zufügen wollten. Doch er hoffe, daß «nicht irreparable, die Zukunft belastende Torheiten begangen werden». Ihm als einem Deutschen widerstrebe es – damit kam er auf die Erklärung der Gruppe um Brecht zurück –, den Amerikanern unerbetene Ratschläge zu geben. Außerdem lehne er es ab, sich aufzudrängen –

als einer von vielen, die einerseits «enemy-aliens» und andererseits «premature anti-fascists» seien.

Ein merkwürdiges Dokument, in dem sich grundverschiedene Elemente des Ärgers, der Kränkung, der Ressentiments aufeinanderhäuften. Die Abneigung gegen Bertolt Brecht und die Rücksicht auf amerikanische Empfindlichkeiten ließen unversehens ein Mißtrauen gegen die Kommunisten virulent werden, das er für gewöhnlich sorgsam unter Verschluß hielt; sein Groll gegen die Deutschen veranlaßte ihn, auf die große und rächende Abrechnung durch die sowjetischen Armeen zu deuten, die er für unvermeidlich hielt; schließlich kam zutage, daß ihn die drohende Diskriminierung bei Amerikas Eintritt in den Krieg und die bornierte Formel, mit der die Kommunistenschnüffler ihren Verdacht gegen den Sohn verschlüsselten, tief verletzt hatten.

85. KAPITEL

Brecht gegen Mann

Bertolt Brecht nahm Thomas Manns Absage voller Hohn zur Kenntnis. Er hatte nach der Sitzung aufgeschrieben, daß Thomas Mann die Erwähnung der Sowjetunion in der gemeinsamen Erklärung «bedenklich» gefunden habe. Mit präziser Bosheit setzte er hinzu: «das letzte mal, wo ich ihn gesehen habe, im februar, sagte er, einen teller mit sandwiches haltend: ‹ich wollte, die russen wären vor den alliierten in berlin.› nachher erfuhr ich, daß er an diesem nachmittag auf dem russischen konsulat eine gratulationsrede für die rote armee auf eine platte gesprochen hatte und traktiert worden war.»

Vom Rückzug Thomas Manns hatte Bertolt Brecht durch Lion Feuchtwanger erfahren. Er vermerkte die Stichworte der Verweigerung: mit jener «patriotischen erklärung», die ihm einen «katzenjammer» verursacht habe, falle man den Alliierten in den Rücken – «und er könne es nicht unbillig finden, wenn ‹die alliierten deutschland zehn oder zwanzig jahre lang züchtigen›». Herbert Lehnert machte darauf aufmerksam, daß dies Formulierungen aus zweiter Hand seien, und er hielt sich vor allem an der Vokabel «züchtigen» auf. Der Ton indes klang authentisch. Im Eifer betonte Thomas Mann oft die Härte der Strafen, die auf die Deutschen warte.

Brecht warf ihm überdies vor, er stimme «mit goebbels' behauptung» überein, «hitler und deutschland sei eins». Thomas Mann hatte jene fragwürdige Identifizierung in der Tat nicht immer zurückgewiesen, doch er war ihr – wenigstens in seinen öffentlichen Äußerungen – auch immer wieder mit einiger Behutsamkeit ferngerückt. Seine Haltung war, was diese Grundfrage anging, wahr-haftig voller Widersprüche, und sie änderte sich immer wieder.

Eine Woche später trug Brecht in sein Tagebuch ein: «als Thomas Mann vorigen sonntag, die hände im schoß, zurückgelehnt sagte: ‹ja, eine halbe million muß getötet werden in deutschland›, klang das ganz und gar bestialisch. der stehkragen sprach. kein kampf war erwähnt, noch in anspruch genommen für diese tötung, es handelte sich um kalte züchtigung, und wo schon hygiene als grund viehisch wäre, was ist da rache (denn das war ressentiment von dem tier).»

Golo Mann bestritt später mit leidenschaftlicher Entschieden-heit, daß sein Vater «je so erbärmlich geschmacklose Ausdrücke wie den von der zwanzigjährigen ‹Züchtigung›, wie den von der halben Million zu tötender Deutscher in den Mund genommen» habe. Nein, mit Bedacht und ruhiger Überlegung äußerte Thomas Mann solche erschreckenden Sätze nicht, doch wenn seine Seele vom Är-ger und von Ressentiments überschwemmt wurde, sprach er man-ches unbedachte Wort, das ihm später peinlich war. In den Tagebü-chern findet sich dieser und jener Hinweis, der anzeigt, daß er von makabren Gewaltphantasien nicht frei war und sich gelegentlich von Rache- und Bestrafungswünschen überwältigen ließ, die er hin-terher zu zähmen – oder wenigstens beiseite zu drängen – ver-mochte. Er besaß, wie er selbst sagte, ein reizbares und polemisches Temperament.

Zum anderen: Bertolt Brecht war von einem unüberwindlichen Haß gegen den Großschriftsteller erfüllt. Immerhin nannte er ihn in jener Tagebuchnotiz nicht nur den «stehkragen», was keine völlig unpassende Charakterisierung war, sondern auch ein «tier». Den «Joseph»-Roman, den er vermutlich nicht gelesen hatte, bezeich-nete er als «die enzyklopädie des bildungsspießers», und er warf Thomas Mann vor, seinen Bruder Heinrich, der nicht einmal das Geld habe, einen Arzt zu rufen, dem Hunger preiszugeben, wäh-rend er selbst ein Haus gebaut habe und vier bis fünf Autos besäße. Heinrichs Frau, «vulgär und von einer groben hübschheit», müsse in einer Wäscherei arbeiten, und sie trinke. Die zwei säßen in einer «sehr kleinen, stickigen villa ohne garten in hollywood».

Heinrich Mann lebte am Rande der Not, doch Hunger litt er nicht. Thomas und Katia bewiesen keine Großzügigkeit bei der Unterstützung des Bruders, doch sie sorgten immer wieder für das Nötigste (wie Feuchtwanger, der generösere Freund). Brechts Blick war von einer unbezähmbaren Abneigung verdunkelt. Thomas Mann bot sich ihm als ein nahezu perfektes Objekt an, auf den er den bürgerlichen Selbsthaß, von dem auch er nicht frei war, jederzeit und aufs wirksamste ablenken konnte. Neben dem Dichter bedachte Brecht auch Max Horkheimer und Theodor W. Adorno, die Gründer des Instituts für Sozialforschung, mit seinem ungezügelten Widerwillen: sie waren nicht nur Bürger, sondern maßten sich obendrein an, Marxisten zu sein – Söhne der Kirche, zu der sich auch der schwierige und aufsässige Dramatiker bekannte. Der Schwabe Horkheimer war außerdem, was unverzeihlich zu sein schien, von Hause aus reich.

Für Thomas Mann wiederum war Bertolt Brecht – mit der pseudoproletarischen Stilisierung seiner Erscheinung, dem verkniffenen Gesicht, dem dünnen Mund, den schlechten Zähnen und seiner wahrnehmbaren Abneigung gegen den Umgang mit Wasser und Seife – die hassenswerte Inkarnation intellektueller Vulgarität: um so schlimmer, daß er nicht umhinkonnte, diesem abtrünnigen Bürger Talent zuzubilligen.

Eine Woche später schrieb Thomas Mann an Agnes Meyer: «ich habe eine Dummheit vermieden, indem ich von einer Bewegung zurücktrat (und sie dadurch abstoppte), die hier von einer Gruppe deutscher Schriftsteller inauguriert worden war. Man wollte in der amerikanischen Presse eine Erklärung veroeffentlichen, dass man die russische Kundgebung begrüsse, dass scharf zu unterscheiden sei zwischen Hitler und Deutschland, und dass nur eine ‹starke Demokratie› in Deutschland (was beinahe schon heisst: ein starkes Deutschland) den Weltfrieden sicher stellen könne.» Er fügte hinzu, daß er an die Spontaneität der Gründung des Kriegsgefangenenkomitees in der Sowjetunion nicht glaube, sondern sie für einen «russischen politischen Schachzug» halte, der in keine «erfreuliche Aktionsrichtung» deute. Aus der Erklärung des Komitees spreche ein «gewisser militaristischer Geist». Außerdem sei «die Unterscheidung zwischen Deutschtum und Nationalsozialismus ein sehr weites Feld, mit dem man in einem Buche nicht fertig würde». Schließlich aber komme es «uns Emigranten nicht zu, Amerika Rat-

schläge wegen der Behandlung unseres Landes nach dem schweren
und noch fernen Siege zu geben». Es gebe unter «deutschen Links-
Sozialisten eine Art von patriotischer Mode, darauf zu bestehen,
dass Deutschland ‹nichts geschehen darf›»: «Das ist garnicht mein
Gefühl. Nach allem, was geschehen, werde ich mir über *nichts* die
Haare raufen, was die Alliierten mit Deutschland anfangen, wenn es
endlich bezwungen ist. Natürlich ist zu wünschen, dass nicht irreparable, die Zukunft belastende Torheiten begangen werden. Aber
rein moralisch und pädagogisch gesehen, können zunächst einmal
der Fall und die Busse garnicht tief genug sein nach dem lästerlichen
Uebermut, der wüsten Superioritätsraserei und Gewaltphantasterei, die dies Volk sich rauschvoll geleistet hat. Uebrigens glaube ich,
dass diesmal Rußland den Protektor Deutschlands machen wird,
wie nach 1918 England.» Er berichtete ferner, sein Sohn Golo sei bei
der Musterung für tauglich befunden worden. Klaus habe für zehn
Tage Urlaub, den er bei den Eltern verbringe. Erika – die eigentlich
eine Reportage-Reise in die Sowjetunion geplant habe – halte sich
als Kriegskorrespondentin in Kairo auf: auch sie trage eine Uniform
«mit Offiziersrang».

Er habe siebzig Seiten des neuen Romans geschrieben, fuhr er
fort, in einem «ersten stürmischen Anlauf», doch nun leide er an
einem «bösen Müdigkeitsrückschlag». Er setze fürs erste aus, um
den Text für die Vortragsreise im Herbst zu fertigen, für die er sich
freilich «zu abgespannt» fühle. Er müsse sich mit MacLeish darüber
verständigen, ob er bei der Library of Congress den gleichen Vortrag halten könne wie auf den anderen Stationen seiner Tournee.
Wenn das nicht angehe, müsse er die Library im Stich lassen, denn
zwei abendfüllende Vorträge bringe er nicht zustande.

Damit handelte er sich eine kleine Zurechtweisung der Protektorin ein, die ihm schrieb, er könne natürlich hier wie dort über das
gleiche Thema reden, doch es wäre wünschenswert, wenn er die
Premiere für Washington reservierte. Es würde nicht fair gegenüber
der Bibliothek sein, wenn er den Vortrag in der Hauptstadt einfach
ausfallen lasse. Sie rief dem «geliebten, doch so unpraktischen, unpolitischen und undiplomatischen Freund» herzlich zu: «that just
isn't done» – das gehöre sich einfach nicht, wenn man eine offizielle
Position einnehme, die lediglich zu *einem* Vortrag im Jahr ver-

pflichte. «Vergeben Sie mir, wenn ich ‹schulmeisterlich› klinge (das ist nur eine der ehrenhaften Wunden, die noch immer in meiner armen Haut schwären), aber Sie brauchen bei Gott eine ‹Schulmeisterin› für die Welt-Geschäfte, und wenn ich, was Sie angeht, eine geworden bin, dann ist es, weil Ihr naiver und selbstzerstörerischer Umgang mit Ihrem Beziehungskreis mich dazu gezwungen hat.»

Sie schrieb ihm aber auch, sie sei dankbar, daß er die deutschen Emigranten mundtot gemacht und ihre Kundgebung für das russisch-deutsche Manifest abgewehrt habe. Sumner Welles, der diplomatische Sonderbeauftragte Präsident Roosevelts, habe ihr kürzlich erzählt, die linken deutschen Emigranten seien eine wahre Plage, und er lasse ihm ausrichten, daß er sich mit ihnen nicht einlassen solle. Der Staatssekretär sei so weit gegangen, ihm zu raten, daß er sich davor hüten möge, seinen Namen auf irgendeinen Briefkopf setzen zu lassen, um vor allem Mißbrauch sicher zu sein.

In der Tat war die Gründung des «Nationalkomitees Freies Deutschland» in Washington voller Mißtrauen beobachtet worden. Auch die «New York Times» sprach von einem Schachzug Stalins. Man fürchtete, der Diktator könne versucht sein, einen Sonderfrieden mit Deutschland zu schließen, wenn sich die Wehrmacht hinter die sowjetische Grenze zurückzöge. Der Verdacht war erst völlig gebannt, als auch die Sowjetunion bei einer Konferenz der alliierten Außenminister, die im Oktober 1943 in Moskau stattfand, die Forderung der «bedingungslosen Kapitulation» übernahm.

Agnes Meyer stimmte Thomas Mann zu, daß die deutschen Sozialisten mit ihrem Wunsch, daß Deutschland «nichts geschehen» möge (was sie in Wirklichkeit so nicht verlangten), «keine sehr realistischen Leute» seien. Das «tragische Land» werde ohnedies von einem denkbar schlimmen Geschick eingeholt, da nun Tag und Nacht «Niagara-Fälle der Zerstörung» auf seine Städte niederfielen. Sie erwähnte den Bombenangriff auf Hamburg, von dem sie meinte, er habe nach vorsichtiger Schätzung zweihunderttausend Menschen getötet oder verletzt (die Zahl der Todesopfer betrug dreißigtausend). Thomas Manns Hinweis auf die gerechte Strafe, die den Deutschen zuteil werde, nahm sie nicht auf. – Da ihr langer Brief auf englisch geschrieben war, sah sie sich zu der Erklärung veranlaßt, daß ihr Deutsch «so geheimnisvoll verschwunden», wie

es ihr vor Jahren plötzlich wieder präsent gewesen sei. Über die
«tiefen, komplizierten Gründe» dieses Vorgangs wolle sie nicht reden. Wichtig sei, daß der Wunsch, mit ihm in Verbindung zu bleiben, überlebt habe.

Von dem entstehenden Roman sprach sie nicht. Ihr war nicht
gegenwärtig, daß der Prozeß seiner Formung in die deutsche Debatte auf merkwürdige Weise verstrickt war. Trotz «Irritation und
Verdruß» hatte Thomas Mann am Tag nach der Sitzung mit Brecht
im Hause Viertel das siebente Kapitel des «Doktor Faustus» zu
Ende geschrieben, in dem er die Instrumentensammlung des Nikolaus Leverkühn vorstellte, eines Onkels von Adrian, dem er die Gesichtszüge von Dürers Baumeister Hieronymus gab, während er
das Bürgerhaus, in dem der feinsinnige Witwer wohnte und werkte,
dem stattlichen Haus des großen Malers am Tiergärtner Tor in
Nürnberg nachzeichnete, mit wenigen, doch genauen Strichen.

Thomas Manns Lübeck, Dürers Nürnberg und lexikalisch genährte Vorstellungen von den alten mitteldeutschen Städten fingen
an, sich zum Bild der Stadt Kaisersaschern zu verschmelzen, von
dunkleren und bedrängenden Eindrücken später Jahre durchdrungen: dem Gefühl eines «altertümlich-neurotischen Untergrundes
(…), einer seelischen Geheimdisposition», zu dem die «vielen ‹Originale›, Sonderlinge und harmlosen Halb-Geisteskranken», die er
in seinen frühen Novellen beschrieb, genauso gehörten wie die «alten Baulichkeiten», in deren Mauern sie lebten, wie die Kinder, die
spottend hinter ihnen herzogen, und wie ein «gewisser Typus von
‹altem Weib›», der «im halb spaßhaften Geruch des Hexentums»
stand. Die Dämonen begannen zu spuken, und die Schatten eines
besessenen Deutschland fingen an, sichtbar zu werden.

Wenn aber die Diktatur eine Konsequenz der Dämonisierung der
Deutschen war, dann hob sich die Frage nach der Unterscheidung
zwischen dem «bösen» und dem «anderen Deutschland» auf – und
damit am Ende auch das Problem der «Kollektivschuld», die
Brecht, der linke Widersacher, entschiedener zurückweisen konnte
als Thomas Mann, da er die Verantwortung nicht dem Genius des
Verderbens, der in der deutschen Geschichte spukte, sondern einer
Klasse zuwies. Leonhard Frank, der einige Kapitel aus den abendlichen Vorlesungen kannte, gestand Thomas Mann, daß dieses Buch

«an den Grund seines Wesens» rühre. Thomas Mann schrieb später: «Ich verstand wohl, um was es ihm ging. Sozialist seinem politischen Glauben nach und Verehrer Rußlands, war er zugleich erfüllt von einem neuen Gefühl für Deutschland und die Unantastbarkeit seiner Einheit». Er fuhr fort: «Seine emotionelle Anteilnahme am ‹Faustus› war mir lieb, zugleich aber stimmte sie mich bedenklich und wollte als Warnung erfaßt sein – vor der Gefahr, mit meinem Roman einen neuen deutschen Mythos kreieren zu helfen, den Deutschen mit ihrer ‹Dämonie› zu schmeicheln. Dem Lob des Kollegen entnahm ich die Mahnung zu geistiger Vorsicht und dazu, die allerdings sehr deutsch gefärbte Thematik des Buchs, eine Krisen-Thematik, so vollkommen wie möglich ins allgemein Epochale und Europäische aufzulösen. Und doch habe ich mich nicht enthalten können, das Wort ‹deutsch› in den Untertitel aufzunehmen!» Indes ist es zweifelhaft, ob er der Warnung, die er so hellhörig aufnahm, konsequent genug gehorchte.

Thomas Mann und Bertolt Brecht waren einander bei Alfred Döblins fünfundsechzigstem Geburtstag ein weiteres Mal begegnet. Die Feier für den Autor des großen Romans «Berlin Alexanderplatz» war eine geschlossene deutsche Veranstaltung, bei der sich kein amerikanischer Gast eingefunden hatte – doch vermutlich war auch keiner gebeten worden. Das entsprach der Lage Döblins, der – nahezu ohne jeden Kontakt zu seiner amerikanischen Umwelt – ein isoliertes und karges Leben fristete. Seine Bücher fanden keine Verleger in den Vereinigten Staaten. Er sagte von sich selbst, mit aller Bitterkeit des Verkannten und Vereinsamten: «Wenn ich nicht tot bin, wie ist man denn tot?» Zu aktuellen Fragen äußerte er sich selten. Er weigerte sich – wie Heinrich Mann –, die Sprache seiner Umwelt zu lernen, von der er nicht mehr als die Vokabeln beherrschte, die es zum Einkauf, zur Bestellung einer Mahlzeit im Restaurant, zur Benutzung der öffentlichen Verkehrsmittel und zur mühsamen Zeitungslektüre brauchte. Brecht notierte die «harten schläge», die Döblin niedergeworfen hatten: den «verlust zweier söhne in frankreich, die undruckbarkeit eines 2400-seiten-epos», dazu die Qual seiner Angina pectoris, die Brecht die «große bekehrerin» nannte, darauf anspielend, daß Döblin unterdessen zum katholischen Glauben konvertiert war. Er fügte seiner Notiz die Bemerkung hinzu, daß der Schriftsteller auch mit einer «ungewöhnlich dummen und spießigen frau» geschlagen sei.

Heinrich Mann hielt Döblin die Festansprache, Fritz Kortner und Peter Lorre lasen aus seinen Werken, Blandine Ebinger sang – nach Brechts Bericht – Berliner Chansons. Am Schluß ergriff Döblin selbst das Wort. Voller Ernst bekannte er, auch er sei, wie so viele Schriftsteller, mitschuldig am Aufstieg der Nazis. Dann wandte er sich unmittelbar an Thomas Mann, auf den großen Essay von 1938 verweisend: «sagten nicht Sie (...), er sei wie ein bruder, ein schlechter natürlich?»

Als er die Frage nach der Ursache der Mitschuld stellte, hatte Brecht, wie er schrieb, für einige Minuten geglaubt, Döblin «werde jetzt fortfahren: ‹weil ich die verbrechen der herrschenden vertuscht, die bedrückten entmutigt, die hungernden mit gesängen abgespeist habe› usw. aber er fuhr nur verstockt, unbußfertig, ohne reue fort: ‹weil ich nicht gott suchte›.» Nein, Döblin war nicht bereit, Brechts Katechismus aufzusagen. Er hatte der Ersatzreligion, der er niemals blind angehangen hatte, mit seinem Rückzug in den Schoß der Kirche ein für allemal den Rücken gekehrt.

Die deutsche Debatte, aus der Thomas Mann nicht wieder entlassen wurde, setzte sich Ende des Jahres an der Ostküste fort. Sie wurde nun passionierter, härter, zugleich auch konkreter geführt. Die Niederlage des «Großdeutschen Reiches» war kein unerreichbares und fernes Ziel mehr. Im Osten drängte eine sowjetische Generaloffensive die deutschen Armeen an allen Fronten zurück, und der Tag rückte näher, an dem sie über die Grenzen des Imperiums durch Polen auf deutsches Territorium getrieben würden. Die Briten und Amerikaner waren auf Sizilien gelandet. Zwei Wochen nach ihrer Landung versammelte sich in Rom der «Große Faschistische Rat», und er bat nach einer dramatischen Abstimmung den König Vittorio Emmanuele, Benito Mussolini aus dem Oberbefehl über die Streitkräfte zu entlassen. Der Duce erklärte – es blieb ihm nichts anderes – seinen Rücktritt. Er wurde verhaftet: die faschistische Diktatur war am Ende. Der König beauftragte den Marschall Badoglio mit der Bildung einer neuen Regierung. Sie versprach, den Kampf gegen die Alliierten im Bündnis mit Deutschland fortzusetzen. Doch nach der Landung britischer und amerikanischer Divisionen in Kalabrien und bei Salerno zog es die neue Führung vor, wie es nur verständlich, ja ihre Pflicht war, einen Waffenstillstand abzuschließen: die alliierten Verbände hatten Fuß auf dem Festland gefaßt – und es wurde rasch deutlich, daß sie nicht wieder vertrieben werden konnten. In einer raschen Gegenaktion entwaffneten Truppen der Wehrmacht und der SS die italienischen Verbände. Mussolini wurde durch ein dramatisches Kommandounternehmen aus seiner Gefangenschaft auf dem Gran Sasso in den Abruzzen befreit und nach Deutschland gebracht. Im Norden seines Landes gründete der Duce eine faschistische Rumpfrepublik, die niemals eine reale Autorität gewann.

Seufzend hatte Thomas Mann seinen Vortrag für die Kongreßbibliothek aufgesetzt (das zweite Stück im Reise-Repertoire sollte das Joseph-Kolleg vom vergangenen Jahr sein). Agnes Meyer, die sich erbot, die Übersetzung zu besorgen, nahm das Traktat nicht allzu wohlwollend auf. Ihr wäre es lieber gewesen, hätte sich ihr Schützling einem literarischen Thema zugewandt, doch Thomas Mann bestand darauf, eine politische Rede zu halten, für die er den sehr allgemeinen Titel «Schicksal und Aufgabe» wählte.

Die ursprüngliche Fassung des Textes liegt nicht vor. Von der scharf redigierten Version muß festgestellt werden, daß sie die ruhige Klarheit seiner kleinen Denkschrift für das Informationsamt in Washington oder der Rede «How to Win the Peace» aus dem Jahre 1941 nur in wenigen Passagen erreichte. Immerhin war bemerkenswert, daß er gleich zu Anfang die künftige Ordnung des Erdkreises mit der «römischen Machtwelt» verglich – an die «Betrachtungen» anknüpfend, in denen er Washington zum erstenmal das «neue Kapitol» genannt hatte. Die Europäer seien vielleicht dazu verurteilt, sagte er, die «Graeculi» der Imperien des zwanzigsten Jahrhunderts zu werden, doch er hielt es für angebracht, für sie ein Wort einzulegen: auch die unterdrückten Völker des Kontinents, rief er, führten einen «heroischen Kampf». In diesem Zusammenhang fragte er, wie weit das deutsche Volk in seiner Gesamtheit für die Untaten der Nazis verantwortlich zu machen sei. Mit anderen Worten: er warf das Problem der Kollektivschuld auf. Eine eindeutige Antwort gab er nicht, doch bat er – um Verständnis für die innere und äußere Opposition werbend – seine Zuhörer, sie sollten sich vorstellen, daß sie gezwungen wären, «sich dem Siege Amerikas als einem großen Unglück für alle Welt (...) entgegenzustemmen». Er sei nicht frei von der Neigung, «für dieses Schicksal eine besondere, nie dagewesene Tragik in Anspruch zu nehmen».

Im August 1943 hatte er Wilhelm Herzog geschrieben, dem Münchner Kollegen, der noch immer in Trinidad hockte, auf sein amerikanisches Visum wartend: «Deutschland hält nicht mehr lange, ich kann es nicht glauben. Die Menschen leiden zu sehr – man hält es von Weitem kaum aus; wie sollen sie es noch Jahr und Tag aushalten. Man muß aber zugeben: nie war die Geschichte gerechter.» – Die Exilierten seien, fuhr er im Konzept seiner Rede fort, «mit wenigen Ausnahmen (...) weit entfernt, einem unseligen Emigrantenhaß gegen das eigene Land zu verfallen». Dann klang die These an, die den Faustus-Roman prägte: der Fall Deutschland sei «darum so verwirrend und kompliziert, weil Gutes und Böses, das Schöne und das Verhängnisvolle sich darin in der eigentümlichsten Weise mischen». Er exemplifizierte diese Einsicht am Fall Wagner. Dann sprach er, im Jargon jener Jahre, vom «weltbedrohenden Bündnis von Junkertum, Generalität und Schwerindustrie».

Bertolt Brecht hätte mehr als einmal Anlaß gehabt, kräftigen Beifall zu spenden, denn Thomas Mann pochte darauf, daß der Faschismus «in den Augen des konservativen Kapitalismus des Westens (...) schlechthin das Bollwerk gegen den Bolschewismus» gewesen sei. Den Krieg nannte er «ein Mittel (...) zum Ausgleich von Sozialismus und Demokratie», doch er fügte eilig hinzu: «Ich verstehe Demokratie nicht hauptsächlich als einen Anspruch und ein Sichgleichstellen von *unten*, sondern als Güte, Gerechtigkeit und Sympathie von *oben*. Ich finde es nicht demokratisch, wenn Mr. Smith oder Little Mr. Johnson Beethoven auf die Schulter schlägt und ruft: ‹How are you, old man!› Das ist nicht Demokratie, sondern Taktlosigkeit und Mangel an Sinn für Distanz.» Wenn aber Beethoven singe: «Seid umschlungen, Millionen, diesen Kuß der ganzen Welt!» – *das* sei Demokratie.

Brecht war gewiß nicht der einzige, der sich über diese Passagen mokierte. Sie zeugten von einem puerilen Begriff künstlerischer Hoheit. Agnes Meyer rügte denn auch in einem zweiten Brief mit kaum verhaltener Empörung, daß die Demokratie nach seinem Ver-

ständnis wie eine «milde Gabe von oben nach unten» gereicht
werde. Jeder Amerikaner würde darin den «anhaltenden Effekt
deutscher Subjektivität» erkennen. In einem Brief an Golo schrieb
sie später, womöglich habe dem Vater noch niemand je gesagt, daß
sein Vortrag einfach nicht gut genug sei. Sie fragte den Sohn, dem sie
vertraute, fast angstvoll: «Denken Sie, daß es ein Fehler war, mit
dem Großen Mann ehrlich zu sein? (...) Es ist keine dankbare Rolle,
einem Genius aufrichtig zu begegnen».

Seine Zuhörer, fuhr sie im Brief an den Vater fort, erwarteten von
ihm keine Diskussion über Wesen und Charakter des Kommunismus, sondern eine Erörterung Deutschlands und seiner möglichen
Rückkehr zur menschlichen Gesellschaft. Sie rief ihm zu, Deutschland marschiere auf seinem Weg nach Golgatha weiter – vielleicht
kreuzige es sich, um für die Sünden der Welt zu büßen, in der es
«nicht der einzige aber der größte Sünder» sei. Sie fragte: «Glauben
Sie noch an Deutschland oder nicht?» – ohne lange darüber nachzudenken, was der «Glaube» an ein Land oder ein Volk besagen und
beweisen mochte. Sie weigerte sich, die ursprünglichen Abschnitte,
die vom Kommunismus handelten, zu übersetzen, weil sie ein «zu
großes Mißverständnis der Demokratie» offenbarten. In seiner
Flüchtlingsatmosphäre isoliert, warnte sie, nehme er die Intensität,
mit der Amerika lebe und denke, nicht wahr.

Das traf gewiß zu. Seine Verteidigung war lahm. Immerhin führte
er an, daß er die Stelle über den Kommunismus Bruno Frank vorgelesen habe, der nur schwer davon zu überzeugen gewesen sei, daß er
dies weglassen solle. Habe er wirklich die Aufgabe verpatzt, sagte er
schmollend, dann müsse er sich eben krank melden und die Reise
aufgeben. Im Tagebuch nannte er den ersten Brief «der Meyer»
«unverschämt und tief verstimmend». Sie wiederum bat in ihrem
zweiten Schreiben – ihn förmlich mit «Dr. Mann» anredend – um
Gerechtigkeit gegenüber dem Land, das im Begriff war, in eine
Katastrophe zu taumeln. Was sie an dem Vortrag, ja bei jeder Kritik
an Deutschland enttäusche, sagte sie, sei dies, daß niemand das
amerikanische Volk an die «sehr großen, positiven und dauernden
Beiträge Deutschlands zur westlichen Zivilisation» erinnere. Sie
machte ihn auch darauf aufmerksam, daß sein Versuch, eine Verwandtschaft zwischen dem amerikanischen Konzept, der demokra-

tischen Gemeinschaft und dem Ideal des Kommunismus aufzuzei-
gen, nichts als ein Spiel mit Worten sei, weil er die Unabhängigkeit
der amerikanischen Gemeinden und den individualistischen Pio-
niergeist außer acht lasse: er sei der kommunistischen Organisation,
die das Gleichgewicht zwischen der Zentralregierung und den
Rechten der Provinzen zerstört habe, diametral entgegengesetzt.
Sie stimmte seiner Mahnung zu, daß man den Kommunismus nicht
fürchten dürfe, aber sie widersprach seiner Andeutung, die Kommunistenfurcht sei nicht angebracht, weil die allgemeine Entwicklung der Welt in jene Richtung strebe. Und sie bemerkte spitz, Anne
Lindbergh, die Frau des Helden der amerikanischen Isolationisten,
habe den Faschismus auf der gleichen «unrealistischen Basis» als die
Welle der Zukunft bezeichnet.

Das war eine harte Zurechtweisung. Dennoch, die redigierte
Übersetzung des Essays veranlaßte ihn, Agnes Meyer ein dankbares
Telegramm zu schicken. Im Tagebuch notierte er weniger gnädig,
ihr Manuskript samt Brief und Nachschrift beweise, wie recht er
tue, «sie nicht ernst zu nehmen». In einem Brief, in dem er sie mit
«Gräfin Tolstoi» anredete – weil sie ihn an die «bewundernswerte
Frau und ihren Kummer» mit «Leo, dem grossen Künstler», erin-
nere, der so «deprimierendes Zeug über Politik und Religion»
geschrieben habe –, trug er allerdings nach, daß er nicht alle ihre
Korrekturen unangetastet gelassen habe.

Dann bat er sie, daß sie während seines Aufenthaltes in Washington auch Erika für zwei Tage aufnehme, die aus Kairo zurück sei
und ihre Eltern nur in der Hauptstadt sehen könne. Er berichtete
ferner, daß Klaus nun endlich Bürger der Vereinigten Staaten geworden sei. Der Weg zum Ziel der schwierigen Prozedur war von
Francis Biddle, dem Justizminister, geebnet worden – wohl nicht
ohne die helfende Hand Agnes Meyers, die den Minister als einen
Freund ihres Hauses betrachten durfte. Der Sohn konnte jetzt darauf hoffen, daß er bald nach Europa oder Nordafrika versetzt
werde. Seine kleinen journalistischen Arbeiten für die Truppenzei-
tung in Camp Crowder, einem weltverlorenen Nest in Missouri,
langweilten ihn gründlich. Die Verwendung bei einer Nachrichten-
oder einer Propagandaeinheit würde ihm die Chance bieten, so
hoffte er, anregende Kameraden wie Hans Wallenberg, später Lei-

ter der amerikanischen «Neuen Zeitung» in Berlin und München,
oder den eleganten Hans Habe, den ersten Chef jenes Blattes, in
seiner Nähe zu finden. Übrigens war der Österreicher Habe, anders
als Klaus Mann, rasch zum Leutnant aufgestiegen – er brachte es
später bis zum Major –, und man munkelte, es sei nicht unnütz
gewesen, daß er mit einer Tochter von Joseph Davies, dem einstigen
amerikanischen Botschafter in Moskau, verheiratet war.

Am 9. Oktober reiste Thomas Mann mit Katia in einem bequemen Eisenbahnabteil – ein kleiner Salon und zwei Schlafkabinette –
zunächst nach Chicago, wo sie mit Peter Pringsheim zusammen-
trafen, Katias Bruder, der dort eine Stelle im «Argonne National
Laboratory» übernommen hatte. Die Tochter Elisabeth und ihr
Mann hielten sich in Puerto Rico auf, wo der Schwiegersohn, die
karibische Sonne suchend, im Wintersemester Gastvorlesungen
hielt. In Washington wurden sie von Agnes Meyer abgeholt. Auch
Erika war zur Stelle. Der Vortrag in der Bibliothek wurde herzlich
aufgenommen. Mit leisem Triumph schrieb die Gastgeberin an
Golo, sein Vater habe sich ihre Kritik zu Herzen genommen und die
ganze Rede umgemodelt. Er habe vor einem erlesenen Publikum
gesprochen, doch sei er enttäuscht gewesen – eine «typische Regung»! –, daß es die Reporter versäumt hätten, in ihren Berichten
die Präsenz der vielen Mitglieder des Obersten Gerichtshofes und
des Senates zu vermerken. Senator Barkley, der Führer der demokratischen Fraktion, habe sich sofort eine Kopie der Ansprache erbeten, und es sei mehr als wahrscheinlich, daß sein Plädoyer für
Deutschland, auf dem sie bestanden habe, einen gewissen Einfluß
auf die Stimmung des Senates ausüben werde. Während des knapp
bemessenen Aufenthaltes las er der Mäzenin die Anfangskapitel des
«Faustus»-Romanes vor. Ihre Reaktion sei «schaurig ergriffen» gewesen, notierte er mit einigem Unbehagen und zugleich befriedigt.

Weiter nach New York. Die Vorlesung vor zweitausend Zuhörern im Hunter College, wenige Tage später, war ein schöner Erfolg. So der Auftritt in Manchester, New Hampshire. Von Boston
aus reiste er, den Arrangements der tüchtigen Agentur Colston
Leigh folgend, nach Montreal weiter. Gegen Ende des Monats
Rückkehr nach New York. Ein Wochenende im Haus Gottfried
Bermanns, der sich mit seiner Frau an der Küste von Connecticut

eine hübsche ländliche Residenz geschaffen hatte, zum Teil mit der Arbeit seiner eigenen geschickten Hände. Dort erreichte ihn die Nachricht vom Tod Max Reinhardts, des großen Regisseurs. Thomas Mann notierte mit Erleichterung, daß er an der Trauerfeier, durch eine Erkältung entschuldigt, nicht teilnehmen mußte.

Am 4. November 1943 folgte er der Bitte des Theologen Paul Tillich und des Sozialisten Paul Hagen, mit einem Kreis von zehn Persönlichkeiten der Emigration über die Gründung eines «Komitees für ein demokratisches Deutschland» zu beraten. Er hätte die Einladung lieber ausgeschlagen, doch seine Stellung als erster Repräsentant der deutschen Emigration verpflichtete ihn, die Argumente der «Links-Patrioten» wenigstens anzuhören. Überdies fühlte er sich Paul Tillich verpflichtet. Er hatte den Professor gebeten, ihm für seinen «Faustus» möglichst detaillierte Auskünfte über den Gang des Theologiestudiums in Deutschland zu geben, denn die geisteshistorische Konsequenz – das war ihm bei der Durchdringung des Stoffes rasch deutlich geworden – forderte von seinem Helden Adrian Leverkühn, daß er den Weg zur Musik über die Theologie nehmen müsse. Wie anders hätte er den Blick auf Martin Luther lenken können, in dem er die erste gewaltige Inkarnation des deutschen Dämons erkennen zu müssen glaubte? Tillich hatte, durch den Appell an sein Expertentum womöglich ein wenig geschmeichelt, mit großer Ausführlichkeit geantwortet und überdies seine eigene Studentenzeit im pietistisch-lutherischen Milieu an der theologischen Fakultät von Halle, damals «die bedeutendste nach Berlin», lebhaft beschrieben. Thomas Mann hatte Anlaß, ihm dankbar zu sein, obschon ihm Tillichs Anmerkung, daß «der Teufelsglaube in jener Zeit überhaupt keine Rolle» gespielt habe, kaum zupaß kam.

Zu der Konferenz in New York fanden sich auch die Sozialdemokraten Paul Hertz und Siegfried Aufhäuser ein, die beide nach dem Kriege dem Senat von Berlin angehörten. Kommunisten schienen in jenem Gremium nicht vertreten zu sein. Thomas Mann hörte zu. Er verbarg seine Skepsis nicht, doch er versprach, die Vorschläge der Herren für die Bildung eines repräsentativen Komitees der Emigranten in Washington prüfen zu lassen. Unverzüglich schrieb er an Adolf Berle, wie Sumner Welles in jenen Jahren einer der Staatssekretäre im State Department. In seinem ausführlichen Brief stellte er das New Yorker Gremium vor. Es könne zweierlei Aufgaben erfüllen, legte er dar: es sei zum einen geeignet, die politische Kriegsführung zu unterstützen, und es sei zum anderen in der Lage, dank seiner Kenntnis der deutschen Mentalität, die amerikanischen Behörden zu beraten. In ihm sehe man die geeignete Person, eine Zusammenarbeit der verschiedenen politischen Gruppen des Exils zustande zu bringen. Doch er sei weder ein Mann der Tat noch der Diplomatie und würde es vorziehen, seiner Arbeit nachzugehen. Trotzdem würde er aus einem gewissen Verantwortungsgefühl und unter bestimmten Bedingungen nicht vor dieser Aufgabe zurückscheuen. Eine wesentliche Voraussetzung sei, daß die Bildung des Komitees von der amerikanischen Regierung gebilligt werde. Er fügte hinzu, daß in der Presse und anderswo Namen von Persönlichkeiten genannt würden, die in einem demokratischen Deutschland eine führende Rolle spielen sollten. Er halte solche Nominierungen für voreilig und nutzlos. Nach dem Sieg über Deutschland werde zu Anfang keine Regierung gebraucht, sondern es seien Verwaltungsmänner notwendig, die mit den Besatzungsbehörden zusammenarbeiteten. Dann bat er um ein Gespräch vor seiner Abreise nach Westen am 27. November.

Berle empfing ihn am 25. und lud ihn zum Lunch ein. In einer Notiz – Herbert Lehnert teilte sie in seinem Aufsatz «Bert Brecht und Thomas Mann» mit – hielt der Staatsekretär fest, daß Thomas Mann zunächst die Schwierigkeiten betont habe, die ihm der Vorsitz einer solchen Gruppe bereiten würde: er habe beantragt, amerikanischer Bürger zu werden, und er habe die Absicht, den Rest seines Lebens in diesem Lande zu verbringen.

Berle nahm den Hinweis auf, daß jene Persönlichkeiten, die eine deutsche Demokratie prägen könnten, im Dienst der Besatzung zu früh verbraucht würden. Er riet Thomas Mann, sich dem Feld kontroverser Debatten über Deutschland fernzuhalten, solange die Probleme nicht klarer seien, und er betonte, daß sein Name der bedeutendste unter den Deutschen außerhalb des Landes sei; es könnte darum in seinem Interesse sein, genau darauf zu achten, wann und wie er gebraucht werde. In einem Gespräch mit Paul Hagen stritt es der Staatsekretär ab, daß er Thomas Mann von einem

Beitritt zu dem Komitee ausdrücklich abgeraten habe. Lehnert machte darauf aufmerksam, daß sich Berle jeder offiziellen Stellungnahme zu dem New Yorker Kreis und seinen Aufgaben enthalten habe, doch Thomas Mann habe dies als «diplomatischen Ausdruck einer ablehnenden Haltung der Regierung» verstanden.

Er wollte es so verstehen. In seinem Tagebuch verzeichnete er einen «glücklich negativen Ausgang». Sofort nach der Rückkehr unterrichtete er die «Herren», wie er in Anführung vermerkte, von dem Ergebnis: es sei, schrieb er, eine «erhitzende Angelegenheit» gewesen, sie «abschlägig zu bescheiden und zu trösten». Professor Tillich sagte, so berichtete er Agnes Meyer, er habe damit «Deutschland das Todesurteil» gesprochen. In New York hatte ihn einige Tage nach der Sitzung Reinhold Niebuhr aufgesucht, um sein Widerstreben zu überwinden: vergebens. Der Theologe mußte bei der Gründung des «Council for a Democratic Germany», das er im Jahre 1944 mit Paul Tillich ins Leben rief, auf Thomas Manns Mitwirkung verzichten. Bruder Heinrich unterzeichnete das Manifest, das die Gruppe entwarf, wie Brecht und Feuchtwanger auch.

Otto Zoff schrieb am 14. Dezember 1943 in sein Tagebuch, Thomas Mann habe «zu guter Letzt erklärt, (...) er fürchte, Washington könne über dieses oder jenes verschnupft sein. Sein Rücktritt hat außerordentliche Enttäuschung und Verärgerung erregt. Zuerst ergreift er bei jeder nur möglichen Gelegenheit das politische Wort und tritt als der politische Hauptopponent der Nazis auf – und sobald es sich um mehr handelt als Worte, kneift er. Dies wäre leichter hinzunehmen, wenn noch eine Person da wäre, die für alle Deutschen irgendwie repräsentativ gelten könnte. Die gibt es aber nicht. Da ist weder ein Benesch noch ein De Gaulle. Man hat, nicht ganz mit Enthusiasmus, Paul Tillich die Aufgabe übertragen.»

Thomas Mann setzte in jenen Tagen einen Brief an die «New York Times» auf, der am 29. November 1943 gedruckt wurde. Er bezog sich darin auf eine Meldung der kommunistischen Zeitschrift «New Masses», die behauptete, das State Department widersetze sich nicht länger der Bildung eines «Freien Deutschen Komitees», und es habe ihn aufgefordert, einem solchen Gremium zu präsidieren. Diese Nachricht sei falsch. Es liege, schrieb er, weder eine Aufforderung des Außenministeriums vor, noch halte er den Zeitpunkt für geeignet, eine solche Körperschaft zu bilden.

An der Konferenz in New York hatte auch Bertolt Brecht teilgenommen und dabei ein «höhnisch verbittertes Gesicht» gezeigt, wie Thomas Mann der Protektorin in Washington erzählte. In seinem Brief nannte er den Kollegen einen «Party liner» – vermutlich meinte er den «hard liner», damals die gängige Formel für unerbittliche Stalinisten –, der ihm «alles Böse» antun werde, «wenn die Russen ihm in Deutschland zur Macht verhelfen».

Brecht nahm seine Absage an das Komitee zum Anlaß, um ihn mit höflicher Schärfe von dem «schmerzlichsten Erstaunen» zu unterrichten, den sein «so betonter Zweifel an einem starken Gegensatz zwischen dem Hitlerregime (...) und den demokratischen Kräften in Deutschland» erregt habe. Die «Vertreter der früheren Arbeiterparteien und, deutlich aus einem tief religiösen Gefühl, Paul Tillich», fühlten «es weder als ihr Recht noch als ihre Pflicht, sich dem deutschen Volk gegenüber an einen Richtertisch zu setzen». Er wies auf die dreihunderttausend Menschen hin, die bis zum Ende des Jahres 1942 im Widerstand ihr Leben geopfert hätten, und er sprach von den zweihunderttausend Hitler-Gegnern, die zu Beginn des Krieges in Konzentrationslagern saßen. Er fürchte, daß Thomas Mann, der «mehr als irgend ein anderer von uns das Ohr Amerikas» habe, die «Zweifel an der Existenz bedeutender demokratischer Kräfte in Deutschland vermehren» könnte, denn nicht nur die Zukunft Deutschlands, sondern auch die Europas hänge wohl davon ab, daß diesen Kräften zum Sieg verholfen werde.

Nach der Rückkunft ins Haus am San Remo Drive antwortete Thomas Mann heftig und indigniert: er habe Mitte November in New York einen politischen Vortrag gehalten, dem tausend Menschen zugehört hätten, aber es sei – «grundsonderbar und wohl echt deutsch» – nicht ein einziger der Herren des Gesprächskreises darunter gewesen – anders hätten Zweifel an seiner Gesinnung, wie sie sich in Brechts Brief äußerten, nicht aufkommen können. Er habe zwar von einer gewissen «Gesamthaftung» des deutschen Volkes gesprochen, aber zugleich alle Argumente, die Brecht gebrauche, gegen «die Gleichstellung von Deutsch und Nazistisch» angeführt;

er habe von der «schweren Mitschuld der Weltdemokratien» gesprochen; er habe sich über die «Mitschuld der kapitalistischen Demokratien in Wendungen geäußert», von denen er «kaum erwartet hätte, daß sie geduldig hingenommen, geschweige denn (...) mit großem Applaus aufgenommen werden würden»; er habe sich sogar «über die blödsinnige Panik der bürgerlichen Welt vor dem Kommunismus (...) lustig gemacht».

Dann wiederholte er, daß Angehörige des State Department die Bildung eines «Free Germany Committee» für verfrüht hielten. Gerüchte über die Bildung eines solchen Gremiums hätten Exponenten verschiedener europäischer Nationen beunruhigt. Man müsse damit rechnen, daß «unser Zusammenschluß als ein nichts als patriotischer Versuch gedeutet werden würde, Deutschland vor den Folgen seiner Untaten zu schützen». Es sei zu früh, deutsche Forderungen aufzustellen: «Schreckliches kann und wird wahrscheinlich noch geschehen, das wiederum das ganze Entsetzen der Welt vor diesem Volk hervorrufen wird, und wie stehen wir da, wenn wir vorzeitig eine Bürgschaft übernehmen für einen Sieg des Besseren und Höheren». «Lassen Sie», schrieb er, «die militärische Niederlage Deutschlands sich vollziehen, lassen Sie die Stunde reifen, die den Deutschen erlaubt, abzurechnen mit den Verderbern, so gründlich, so erbarmungslos, wie die Welt es von unserem unrevolutionären Volk kaum zu erhoffen wagt».

Es ist nicht anzunehmen, daß sich Brecht von Thomas Manns langem Schreiben allzu tief beeindrucken ließ. Die bürgerliche Selbstanklage mag er mit jenem Achselzucken aufgenommen haben, mit dem man unter geeichten Kommunisten solche Bekenntnisse anhörte, die entweder als Heuchelei oder als Naivitäten nützlicher Idioten gewertet wurden. Später schrieb er über die Kontroverse ein böses Gedicht, eine Elle unter seinem Niveau, dem er den umständlichen Titel gab: «Als der Nobelpreisträger Thomas Mann den Amerikanern und Engländern das Recht zusprach, das deutsche Volk für die Verbrechen des Hitlerregimes zehn Jahre lang zu züchtigen». Brecht vergaß, daß Thomas Mann dieses Recht auch der Sowjetunion zuerkannte. Doch es wird Brechts scharfem Kopf kaum entgangen sein, daß sich der «Stehkragen» der These von der Einheit von deutschem Volk und Nazismus denn doch bedrückend

weit angenähert hatte. Zum anderen redete er einer Revolution das
Wort, die sich mit dem geforderten Vollzug der totalen militärischen Niederlage nicht allzu gut vertrug. Die Menschenopfer, die
eine Verlängerung des Krieges bis zur völligen Erschöpfung des Regimes kosten würde – nicht nur die Deutschen, sondern vor allem
die Opfer des nazistischen Vernichtungswahns –, bedachte er nicht
mit einem Wort.

Wohl legten ihm Vernunft, historische Erfahrung, moralische
Erwägungen immer wieder nahe, die Gleichsetzung von Deutschen
und Nazis zu verwerfen, doch die Bitterkeit in seiner Seele wollte es
anders. Die Resistenz der deutschen Soldaten betrachtete er, wie er
im Tagebuch notierte, als Kampf für «die Verewigung des Nazi-
Regimes» – «damit man wohl unterscheide zwischen Nazis und
deutschem Volk», wie er mit grimmiger Ironie hinzufügte. An
Erich von Kahler schrieb er im frühen Sommer 1944, der «Kampf
bis zur letzten Patrone» beweise, daß die Deutschen «am Nationalsozialismus hängen wie kein anderes Volk an seiner Regierung». In
einem Augenblick der Wut ließ er sich – im Tagebuch, vielleicht
auch in diesem und jenem Gespräch – dazu hinreißen, von einer
«abscheulichen Rasse» zu reden.

Von New York aus war Thomas Mann zunächst nach Philadelphia gereist: Caroline Newton hatte in ihrem Landhaus das Fest
zum siebzigsten Geburtstag Alvin Johnsons ausgerichtet, des Begründers der «New School», die zugleich ihr fünfundzwanzigstes
Jubiläum feierte. In einer kurzen Rede pries der Dichter den Jubilar,
der sich um die Wissenschaftler, die Künstler, die Intellektuellen
unter den Flüchtlingen so verdient gemacht hatte, als einen «Weltbürger». In Princeton besuchte er Erich von Kahler, dem er – als
wohnten sie noch immer nebeneinander – lange Stunden aus dem
«Faustus» vorlas. In Kansas City, wo Katia und er auf dem Rückweg Station machten, fanden sich Erika und Klaus ein. Die Tochter
war, wie üblich, auf Tournee, der Sohn kam von seinem Camp herüber. Der Vater genoß das «vertraute Gespräch». Die «beiden Großen», bemerkte er, würden sie wohl lange nicht wiedersehen. Klaus
schrieb auf: «Beim Abschied umarmt er mich – was noch nie zuvor
geschehen ist. Mieleins Augen, voller Tränen.» Anderntags die
Nachricht, daß der Sohn seine «Ordre overseas» empfangen hatte.

Die Heimfahrt in einem überfüllten und langsamen Zug war
mühsam und «kostarm»: «Das Lästigste (…) das Schlange stehen
vorm Speisewagen, um wenigstens einmal am Tage eine Mahlzeit zu
erwischen.» Ihn erreichte zum erstenmal eine Andeutung der Härten des Kriegsalltags, in amerikanisch gedämpfter Version. Nicht
lange: zu Hause «eingelaufen, erfuhren wir dann freilich wieder das
‹Wohlwollen unsrer Zeitgenossen›, das Goethe ‹erprobtes Glück›
nennt. Es gab Leute, die uns mit ihrem Wagen vom Bahnhof Los
Angeles abholten. Es gab andere, die uns gleich Butter, Rahm, Kuchen ins unbediente Haus brachten.»

Franz Werfel, der vor Thomas Manns Abreise einen Herzanfall
erlitten hatte, befand sich in einem «ernsten Zustand». Nach einem
Krankenbesuch wunderte sich Thomas Mann über die «Lebhaftigkeit» und den «guten Mut», die der Kollege und Konkurrent demonstrierte. «Das Sterben als eine Zermürbung in Form eines Sich-
selbst-fremd-werdens», notierte er kryptisch. Von «der Meyer»
trafen zum Christfest «schwerseidene Pyjamas» ein. Katia trennte
sich das Nerzfutter aus dem Pelz ihres Mannes, um daraus für sich
selbst eine Jacke schneidern zu lassen: «Weihnachtsgeschenk von
mir», schrieb er ins Tagebuch.

Am Heiligen Abend kam Golo in Uniform. Am Christtag
schaute er mit dem Vater bei Franz Werfel vorbei. Sie unterhielten
sich, wie Thomas Mann notierte, «humoristisch über die Meyer»,
die bitter enttäuscht gewesen wäre, hätte sie geahnt, daß sich auch
Golo, mit dem sie eine respektvolle Freundschaft verband, über sie
lustig machte. Noch vor Silvester mußte Golo wieder davon: «Abschied von ihm, schmerzlich. Er geht schwer und mag nicht in den
Krieg, fühlt sich als Soldat unnötig.»

Mit der Post war – überraschend – nach Weihnachten die Aufforderung zur Einbürgerungsprüfung ins Haus am San Remo Drive
gelangt. An letzten Tag des Jahres füllte Thomas Mann den «Citi-
zen-Fragebogen» aus. Katia, schrieb er ins Tagebuch, sei «recht
müde und melancholisch, Kinder und Enkel entbehrend». Sie gehe
mit dem Wunsch ins neue Jahr, «daß uns kein Sohn verloren gehen
möge. Auch ich bin mehr müde und traurig, als hoffnungsvoll.» Er
erwähnte, von Furcht gestreift, die Krankheiten Churchills und
Roosevelts.

Dann bemerkte er: «Die alberne und wenig sympathische Ceremonie der Bürger-Prüfung steht mir beschämend und ärgerlich vor.» Die Prozedur war unumgänglich: er konnte nur Amerikaner werden wie jeder andere auch. So wollte es das Gesetz. So wollte es auch der Geist des Landes, der ihm fremd und fern war.

86. KAPITEL

Deutsche Tiefe – lutherische Abgründe

Am 4. Januar holten Thomas und Katia Mann, nach einem kräftigen Imbiß von Eiern mit Speck und Kaffee, Max Horkheimer und seine Frau in ihrem nahe gelegenen Haus ab: die beiden hatten sich als Zeugen für das Bürgerexamen zur Verfügung gestellt. Miteinander fuhren sie nach *down town* Los Angeles, wo der Dichter und seine Frau die Prüfung ablegen sollten, die ihnen erlaubte, nun endlich Besitzer eines Passes der Vereinigten Staaten oder, in den Worten des deutschen Dichters, «cives romani» zu werden.

Das Examen war, wie er seiner Protektorin berichtete, denn doch nicht der schiere Spaß, besonders nicht für ihn, da er, «im Gegensatz zu Katja, nichts gelernt hatte». Die freundliche Beamtin schien das Gespräch mit dem weltberühmten Kandidaten absichtsvoll in die Länge zu ziehen: «Mit der Staatsform, der Constitution und den Regierungs-Ressorts wusste ich so ziemlich Bescheid, als aber die prüfende Dame auf die Verwaltung und Gesetzgebung der Einzelstaaten und Städte zu sprechen kam, hatte ich keine Ahnung mehr und konnte nur grosses Erstaunen über die Eigenmächtigkeit dieser Kommunen an den Tag legen – da ich doch irgend etwas an den Tag legen musste.» Die Bedienstete verbiß sich, wie er sagte, ein Lächeln. Zum anderen zeigte sie sich beeindruckt, als er auf die Frage nach der Funktion der beiden Kammern des Kongresses völlig richtig antwortete: «Das sei in erster Linie eine Sache der Gerechtigkeit (...), damit nämlich die kleineren Staaten, die nur wenige Congressmen entsenden, nicht im Nachteil seien gegen die grossen, denn durch zwei Senatoren sei jeder vertreten.»

Die gründliche und zugleich so liebenswürdige Prüferin hatte beim Richter, vor dem Thomas und Katia Mann die Richtigkeit ihrer Angaben beschwören mußten, diskret ein Exemplar der «Buddenbrooks» und den Wunsch nach einer Widmung hinterlegt. Auch Seine Ehren, Mr. Judge, erbat ein Autogramm. Annähernd fünf Stunden hatten Thomas und Katia Mann schließlich mit ihren Zeugen auf der Behörde zugebracht. Anschließend aßen sie in einem nahe gelegenen Restaurant «ein kräftiges amerikanisches Mahl»: Pfannkuchen mit dem dickflüssigen und honigsüßen Sirup, der aus dem Ahornbaum gewonnen wird.

Trotz der guten Laune, die sich in dem Brief an Agnes Meyer mitzuteilen schien, empfand Thomas Mann bei der Aussicht, nun binnen kurzer Frist die Weihen der amerikanischen Staatsbürgerschaft zu empfangen, kein rechtes Hochgefühl mehr. Fünf Jahre früher, sagte er, hätte er die Verleihung des begehrten Papiers als einen Akt der Rettung und überdies als eine Auszeichnung empfunden. Insgeheim verdroß es ihn, daß er sich der üblichen Wartezeit hatte unterwerfen müssen, überhaupt: daß man ihn – wenigstens vor den Behörden – als einen Gleichen unter Gleichen behandelte.

Nun, da er im Begriff war, de jure Amerikaner zu werden, richtete er den Blick wieder voller Sehnsucht hinüber nach Europa. Später im Jahr schrieb er an den Schweizer Gesandten in Washington, alles, was aus der Schweiz komme, habe für ihn immer etwas herzlich Erwärmendes. Nach dem Kriege, versicherte er vielen Freunden, wolle er die Hälfte des Jahres wieder drüben leben – nein, nicht in Deutschland, doch im deutschen Sprachraum, mit anderen Worten: in Zürich.

Nun, da der Untergang des Dritten Reiches nur noch eine Frage von Monaten zu sein schien, sprach er auch – mit einem Gran von Ironie und Selbstironie – immer öfter davon, daß sein Verleger Bermann Fischer denn wohl bald ganze Waggonladungen seiner Bücher (und jene der Emigrations-Kameraden) in die verheerte Heimat schicken werde, um den geistigen Hunger der darbenden Deutschen zu stillen. Er wollte deutsche Leser – sie zuerst und zuletzt. Sein amerikanisches Publikum betrachtete er, so wichtig ihm die Erfolge auf dem angelsächsischen Markt auch waren, nur als einen Ersatz.

Wenige Wochen später bat er Agnes Meyer im Auftrag seines deutschen Verlegers, sie möge Archibald MacLeish, den Bibliotheksdirektor, oder Henry Wallace, den Vizepräsidenten der Vereinigten Staaten, dazu veranlassen, einen «sanften Druck» auf den «War Production Board» auszuüben, damit Bermann Fischer ein besonderes Papierkontingent für die deutsche Ausgabe des «Joseph» zur Verfügung gestellt werde (denn Papier unterlag während des Krieges auch in Amerika einer strengen Rationierung). Die Zuteilungen an die Verlage richteten sich nach dem Verbrauch des Vorjahres: bei Bermann, der mit seinen Produktionen erst einen Anfang gemacht hatte, war er allzu gering. Thomas Mann fragte die hohe Dame: «Wüssten Sie sonst einen Weg? Sie sehen, ich traue Ihnen alles zu, und mein erster Gedanke sind immer Sie, wenn Not am Manne ist. Aber nicht nur dann!»

Mit diesem Wunsch kam er schlecht an. «Nicht Archi, nicht einmal Wallace kann da helfen», stellte Agnes Meyer rügend fest. Auch die «Washington Post» bekomme nicht mehr Papier als zuvor, obwohl die Zahl ihrer Leser gewachsen sei. Bermann Fischer stehe eine Quote zu, wie jedem anderen Verleger. Er möge «nur sein Papier auf den Joseph verwenden. Was kann er besser damit anfangen?»

Der Dichter nahm die Zurückweisung ungnädig auf. Die «Meyerin» habe «vollständig versagt», berichtete er Gottfried Bermann, und er fügte hinzu: «Menschen, Menschen, falsche heuchlerische Krokodillenbrut.» In einem Brief an die Mäzenin wiederum sagte er mit einem strafenden Blick auf den «guten, aber ungeschickten Bermann», er hätte auch «rechtzeitig für das Papier (…) sorgen können». Zu jenem Zeitpunkt hatte sich freilich Alfred Knopf erboten, die deutsche Auflage für die Vereinigten Staaten zu verlegen – eine Lösung, die den Interessen Bermanns keinesfalls entsprach. Zu Erich von Kahler hatte Thomas Mann zuvor schon mit nicht allzu freundlicher Nonchalance bemerkt, Gottfried Bermann Fischer habe ihm einen neuen Verlagsvertrag «aus lauter Angst vor der ausbrechenden Konkurrenz» angetragen.

Der Dichter konstatierte gern ein «Versagen», wenn Freunde ihm nicht zu Willen sein konnten oder wollten. Er bedachte auch Kritiker, die den «Joseph» nicht ausnahmslos mit schierem Entzükken feiern mochten, des öfteren mit jener Vokabel. Er trug seufzend in sein Tagebuch ein, bei «der Meyer» seien «Resignation und Rückzug deutlich zu merken». In Wahrheit hatte sie ihm nur erklärt, daß sie sich dem Wunsch Alfred Knopfs, sie möge den «Faustus» übersetzen, lieber entziehe, da sie sich keinesfalls an seinen Stil wagen könne.

Seine demokratischen und sozialistischen Bekenntnisse hielten Thomas Mann niemals davon ab, für sich Sonderrechte in Anspruch zu nehmen, die sein aristokratisch-großbürgerlich und zugleich künstlerisch geprägtes Lebensgefühl mit völliger Selbstverständlichkeit forderten. Überdies war er – im Vergleich zu nahezu allen Emigrationsgefährten – vom Schicksal verwöhnt. Was für ein Privileg, daß es ihm nicht verwehrt war, seine Tage auch jetzt den alten Gewohnheiten unterzuordnen, die eine beinahe gesetzliche Weihe beanspruchten! Was für ein Luxus, daß ihn die Lästigkeiten banaler Sorgen um Geld, Wohnung und Nahrung kaum je berührten! Er nahm es in der Regel ohne Erstaunen und aufwendige Regungen der Dankbarkeit hin: es stand ihm zu.

Was für ein Segen auch, daß er seit dem Ende des Jahres 1943 wieder über eine Sekretärin verfügte, die pünktlich, zuverlässig, diskret war, überdies gebildet genug, die Reize ihrer Arbeit zu genießen: Hilde Kahn, die Tochter einer deutschen Flüchtlingsfamilie, blond, recht hübsch und frischen Wesens, wohlerzogen, wie es sich für ein Kind aus gutem Hause schickte, damals siebenundzwanzig Jahre alt. Nach der Einberufung von Connie Kellen hatte er sich einige Monate mit den Diensten von Albrecht Joseph beholfen, einem österreichischen Regisseur und Drehbuchautor, der in Hollywood als Filmcutter arbeitete, um sich über Wasser zu halten. In den Produktionspausen versah Albrecht Joseph Sekretärsdienste bei Emil Ludwig, Franz Werfel und, einige Monate lang, auch bei Thomas Mann: ein begabter und anstelliger Mann, der später recht geschwätzige und indiskrete Memoiren schrieb, die nicht nur seine eigenen erotischen Erfolge beschrieben, zum Beispiel die Eroberung einer Tochter Bruno Walters, sondern auch die Liebeshändel des Dirigenten mit Erika Mann präsentierten. Albrecht Joseph hatte die ersten Kapitel des «Faustus» aus der Handschrift Thomas Manns in die Maschine übertragen.

Thomas Mann mochte der Umgang mit einem maskulinen Gehilfen angenehmer gewesen sein, doch er lernte rasch, die unermüdliche Dienstwilligkeit Hilde Kahns zu schätzen. Das Probediktat bestand sie ohne Schwierigkeit, obwohl sie, von der Autorität des Dichters beeindruckt, vielleicht ein wenig eingeschüchtert war. Aufmerksam nahm sie bei der ersten Begegnung mit dem berühmten Mann die «schlanke Gestalt» wahr, auch seine sorgfältige Kleidung, die nach ihrer Schätzung nicht vom Maßschneider zu stammen schien (obwohl er sich die besseren Anzüge sehr wohl anmessen ließ). Vor allem aber wirkte sein «Diplomatengesicht mit den leuchtenden blauen Augen und den grauen Schläfen zu den sonst noch ganz schwarzen Haaren» auf sie.

Die junge Frau fand, das war nicht weniger wichtig, Gnade auch vor den Augen von «Frau Katia», die am Tag der Vorstellung «wie häufig (...) ein bis zum Boden reichendes Gewand aus rötlichem Samt» trug, «das ihr zu dem markanten grauen Kopf mit den charaktervollen Zügen und den lebendigen schwarzen Augen ein eindrucksvolles, fast kardinalsartiges Aussehen verlieh. In ihrer Art, mich auszufragen, mischte sich eine Ironie mit abwägendem Wohlwollen, und ich verhaspelte mich einige Male unter ihrem leicht mockierenden Blick.»

Katia war es auch, die das Gehalt festlegte: Hilde Kahn dachte an einen Stundenlohn von eineinhalb Dollar, doch die Chefin des Hauses entschied, daß ein Pauschalhonorar von fünfzig Dollar im Monat angemessen sei. Dafür hatte die Sekretärin zweimal in der Woche zum Postdiktat am Nachmittag zu erscheinen. Die Manuskripte des Meisters übertrug sie zu Hause auf der kleinen Continental-Maschine, die sie aus Deutschland gerettet hatte. Lion Feuchtwanger bot seiner Gehilfin Hilde Waldo schon im Jahre 1941 ein Monatssalär von vierhundert Dollar, aber dafür war sie täglich in der Pflicht. Dennoch ist die Feststellung erlaubt, daß der Kollege großzügiger war, zumal er noch einen Bonus dazulegte, wenn die Einnahmen besonders reichlich flossen. Freilich verband ihn mit Hilde Waldo eine freundschaftliche Beziehung.

Auch Hilde Kahn wurde dann und wann zu Tisch gebeten, wenn Frau Katia den «starken, aromatischen Earl-Grey-Tee und dazu etwas Backwerk» servierte, und sie durfte die Enkelkinder hüten, wenn Frido und sein kleiner Bruder Tonio aus San Francisco zu Besuch kamen. Doch die achtungsvolle Distanz hob sich niemals auf. Jahrzehnte später schrieb sie mit unvermindertem Respekt, daß Thomas Mann immer als letzter zum Tee erschienen sei, «nach seiner Mittagsruhe von seinem im zweiten Stockwerk gelegenen Schlafzimmer wie vom Olymp herabsteigend, erfrischt und neu belebt, umduftet von einem zarten Hauch von Veilchenwasser. Er erklärte mir einmal, daß auch Goethe den Veilchengeruch geliebt habe».

Die Härten des Daseins hat Thomas Mann selten gespürt, und es gab für ihn keinen Grund, sich über einen Mangel an Resonanz und Anerkennung zu beklagen. Am 17. Januar erreichte ihn die Nachricht, daß der mächtige «Book of the Month Club» den vierten «Joseph»-Band als «Hauptvorschlag» präsentiere. Damit war eine Auflage von wenigstens zweihunderttausend Exemplaren und ein Gewinn von mindestens fünfundzwanzigtausend Dollar gesichert – nach heutigem Geldwert an die vierhunderttausend Mark. Sein Verleger Knopf versicherte ihm überdies, daß er plane, «Joseph in Ägypten» neu aufzulegen.

Thomas Mann gab die gute Nachricht unverzüglich an Agnes Meyer weiter. Allerdings halbierte er die Summe der Einnahmen, die er zu erwarten hatte. Vorsichtig deutete er an, sie könne sich verdoppeln, sogar verdreifachen, wenn die Gutachter des Clubs – zu denen übrigens sein Verehrer Clifton Fadiman gehörte – den Geschmack des Publikums richtig beurteilten. Behutsam fuhr er fort: «Weit entfernt also davon, mich nun für einen Croesus zu halten, frage ich mich doch, ob ich recht tue, das Gehalt der Library weiter zu beziehen. Ich muss mich daran erinnern, dass es mir zukommen sollte, ‹solange ich es brauchen würde› und muss gestehen, dass ich es vorderhand nicht notwendig brauche.» Doch sei der Kontrakt mit der Bibliothek gerade erneuert worden. Also nehme er sich vor, «den Betrag im wesentlichen zur Unterstützung» des «Bruders und anderer Schriftsteller, denen Amerika nicht lächelt, zu gebrauchen».

Ein Teil der Hypothek, die das Haus in Pacific Palisades belastete, wurde abgetragen, und er begann, den Kauf eines Nachbargrundstückes zu erwägen (das er im Jahr 1945 denn auch erwarb),

aber davon sagte er nichts. Und immerhin beschloß er, einen Stutz-
flügel anzuschaffen. Das war kein Luxus: die Arbeit am «Faustus»
verlangte intensive musikalische Studien, für die auch ein halbwegs
gutes Klavier ausgereicht hätte, doch immer öfter lud er nun Musik-
experten ins Haus, mit denen er die kompositorischen Probleme
debattierte, denen Adrian Leverkühn auf dem Weg zum eigenen
Werk begegnete. Michael, der gelegentlich mit seiner Familie von San
Francisco herüberkam, lud seine Freunde zu Kammermusik-Aben-
den ins Haus des Vaters. Die Gruppe spielte meist Streichquartette:
immer wieder Beethovens Opus 132, an dem sich Thomas Mann
nicht satt hören konnte. Das Stück sollte in dem entstehenden Buch
einen zentralen und glanzvollen Rang besetzen. Man darf ohne
Übertreibung feststellen, daß seine Beschreibung zu einem Höhepunkt literarischer Spiegelung von Musik geriet, die allemal ein riskantes Experiment ist. Jetzt erst, so schien es, gewann Thomas
Mann einen unverstellten Zugang zu Beethoven, zu dem er einst
kein rechtes Verhältnis gefunden hatte, «es wäre denn das einer
stummen und religiösen Ehrfurcht». Er glaube nicht, hatte er in
jüngeren Jahren bekannt, daß er Beethovens Werk so durchdringen
und ganz zu erkennen vermöge, wie es ihm bei Richard Wagner
gelingen mochte. In dem werdenden Roman aber sollte Beethoven
ganz präsent sein – nicht nur musikalisch.

Der Sohn Michael hatte dem Vater im ersten Anlauf seines Mu-
sikstudiums für den «Faustus» durch die schlichte Erklärung des
Kanons und elementare Begriffe der Harmonielehre einige Hilfe
geboten. Thomas Mann suchte von nun an intensiven Umgang mit
den Musikern und Musikwissenschaftlern, die im Umkreis von Los
Angeles ansässig waren – mit der gleichen Beharrlichkeit und der
gleichen Lernwilligkeit, die er einst beim «Joseph» im Gespräch mit
Orientalisten und Althistorikern bewiesen hatte. Schon im Mai
1943 hatte er im Tagebuch nach einem Abendessen mit Franz Wer-
fel und seiner Frau Alma Mahler vermerkt, daß «Begegnungen mit
Schönberg und Stravinsky in Aussicht genommen» seien. Nur fünf
Tage danach war er in Werfels schönem Haus in Beverly Hills mit
Schönberg zusammengetroffen: «Holte ihn viel über Musik und
Komponisten-Dasein aus», notierte er, «und es trifft sich gut, daß
er selbst auf Verkehr der Häuser dringt.»

Am selben Tag schrieb er auch auf, daß seit 1940 die moderne Musik und damit auch die Zwölftonmusik im nazistischen Deutschland wieder zugelassen und damit «gewissermaßen begünstigt» sei, obschon sie als «entartete Kunst» gelte. Er sagte, dem müsse Rechnung getragen werden: «Verhältnis des Staates zu Leverkühns Musik kann zwiespältig sein wie das zu Nietzsche.» Für diese Behauptung läßt sich in den Studien über die Musik im Dritten Reich keine klare Bestätigung finden.

Er las Strawinskys Memoiren, doch die funkelnde Intelligenz des Russen, der von der späten Romantik über die expressive Wildheit der frühen Jahre zur späten Klassizität einen so weiten Weg abgeschritten hatte, schien ihn weniger zu faszinieren als das dunklere Temperament Arnold Schönbergs, dessen Musik ihm fremder sein mochte. Darauf kam es nicht an. Das Kriterium für die Musik des «Faustus» war nicht das romantische Schwelgen in Pathos und Innigkeit, Melancholie und Passion, das er von Kind auf gewohnt war, sondern die intellektuelle Herausforderung, mehr nicht.

Der «Faustus» war ohnedies eine halsbrecherische Prüfung, die er seiner Seele zumutete, und sie reflektierte sich in der Musik, die er beschrieb. Für die künstlerische Ökonomie war es wohl besser, daß sich das Abenteuer dieser späten Auseinandersetzung mit der Moderne in seinem Kopf vollzog. Die Annäherung an Béla Bartók und Alban Berg wurde ihm leichter als die Auseinandersetzung mit Schönberg. Wenn er ihre Werke hörte, schien gelegentlich ein Funke der Sympathie aufzuglimmen. Auch den Zugang zur Musik Ernst Křeneks, der an der Hochschule von St. Paul in Minnesota lehrte, gewann er rascher, dank der Spannweite der Experimente, auf die sich der Wiener Komponist eingelassen hatte, neugierig und von einer vitalen Spielfreude vorangetrieben: Jazz und serielle Musik, Elektronik und Expressionismus begegneten sich in seinem Werk. Auch im Gespräch erwies er sich als ein interessanter Partner, doch er kam während der Arbeit am «Faustus» wohl nur ein- oder zweimal nach Kalifornien herüber. Um so aufmerksamer las Thomas Mann sein Buch «Music Here and Now», das er ein «Hilfs- und Nutzwerk ersten Ranges» nannte, studierte auch die Vorträge, die ihm der Meister schickte. Er konferierte mit Ernst Toch, der in Santa Monica lebte: Österreicher wie Schönberg und Křenek, gebildet, hellhörig und sensibel genug, den intellektuellen Reiz von Thomas Manns Unternehmen zu spüren, freilich keiner der Musikrevolutionäre. Der so reich begabte Erich Wolfgang Korngold, auch er in Los Angeles tätig, schien ihn aus eben diesem Grunde gleichgültig zu lassen: seine Musik, so reizvoll sie sein mochte, blieb zu sehr der Romantik verhaftet. Wie anders wären seine Erfolge als Filmkomponist denkbar gewesen?

In Hollywood wurde die Neutönerei nur mäßig geschätzt. Auch Bruno Walter, ihm seit Jahrzehnten der liebste und vertrauteste unter den Dirigenten, konnte ihm bei dem Wagnis, auf das er sich einließ, nicht allzuviel helfen: Walter demonstrierte gegenüber der Moderne kühle Distanz, zum Ärger seiner Nachbarin Alma Mahler-Werfel, die es dem Andenken ihres ersten Mannes schuldig zu sein glaubte, den sogenannten Bahnbrechern mit offenen Ohren zu begegnen. Bruno Walter äußerte sich denn auch, zu Thomas Manns Verdruß, eher reserviert über die musikalischen Experimente, denen er im «Faustus» begegnen sollte. Vielleicht zweifelte er ohnedies an der Musikalität seines Freundes, den jener Abend im Walterschen Haus, an dem der Dirigent am Klavier für seine Gäste den Geist und die Schönheit der «Matthäuspassion» zu durchdringen versuchte, ganz offensichtlich kühl, wenn nicht gleichgültig gelassen hatte (während Erika, ein Opfer ihres Liebeskummers, sich entschlossen betrank). Walter aber schien die Aufführung des Bachschen Werkes, die er in jenen Wochen vorbereitete, tiefer am Herzen zu liegen als jedes andere seiner musikalischen Projekte: mit ihr schloß er seine Erinnerungen ab. Eindrucksvoller konnte er den Rang des Werkes nicht bezeugen, das er Amerika mit genauem Bedacht mitten im Krieg präsentierte.

Thomas Mann aber brauchte den Durchbruch in eine Musik, die neue Horizonte öffnete. Solche Kühnheit verlangte eine solide handwerkliche Basis. Mit inspiriertem Dilettantismus war nichts getan. Noch in der «Entstehung des Doktor Faustus» insistierte er sich selbst gegenüber: «Das Zünftige war gefordert. Nichts läppischer, in einem Künstler-Roman, als Kunst, Genie, Werk nur zu behaupten, nur anzupreisen, von ihren seelischen Wirkungen nur zu schwärmen. Hier galt es Realisierung, galt *Exaktheit* –». Seinem Bruder sagte er, er werde Musik studieren müssen. Er tat genau das, von der Mühsal, die allem Abstrakt-Theoretischen so oft innewohnt, nicht abgeschreckt – vielleicht sogar zu wenig, denn er konnte später bei der Niederschrift nicht immer der Versuchung widerstehen, sein erarbeitetes Wissen in breiter Fülle und ins Detail vernarrt an die Leser weiterzugeben.

Der schwierige Schönberg war sein Mann. Die «Verklärte Nacht», das letzte große Werk in traditioneller Tonalität, hörte er gern. Er mußte von sich nicht verlangen, daß er für die Kompositionen, die nach den Gesetzen der neuen Technik und in einer neuen Tonsprache gefertigt waren, Sympathie empfinde. Vermutlich blieben sie ihm so fremd wie die Person des Meisters und das Milieu seines Hauses in Brentwood (samt den «ungezogenen Kindern»). Er trichterte sich vielmehr Schönbergs «Harmonielehre» ein wie ein Gymnasiast die lateinische Grammatik. Da seine Helfer das Buch in den Bibliotheken nicht zu finden vermochten, lieh er sich das Handexemplar des Meisters. Peter de Mendelssohn wußte in seinen «Nachbemerkungen» über den «Doktor Faustus» zu berichten, daß er vergessen habe, den Band zurückzugeben, und sich dafür von Schönberg eine ärgerliche Rüge einhandelte.

Der entscheidende Mittler wurde Theodor Wiesengrund Adorno, Max Horkheimers Gefährte und enger Mitarbeiter im «Institut für Sozialforschung». Er war ein nahezu universal gebildeter Geist: Philosoph und Soziologe, Musikwissenschaftler, Komponist, literaturkundig und zu alledem ein Schriftsteller, mit dem die Kunst der Essayistik auf ein Niveau gelangte, die sie in der deutschen Sprache nicht oft erreichte. Adorno zählte damals kaum vierzig Jahre, ein Mann von lebhaftem Temperament, generös und, wie es schien, nahezu Tag und Nacht bereit, dem großen Schriftsteller mit seinen souveränen Kenntnissen zu helfen. Er exerzierte die musikalischen Probleme, die der Meister zu durchdringen hatte, unermüdlich am Flügel vor, lieferte die theoretischen Erklärungen in funkelnder Suada mit, schrieb für ihn ganze Aufsätze, versorgte ihn mit der richtigen Lektüre, prüfte später das Manuskript, machte auf Fehler aufmerksam, regte Verbesserungen an: ein Famulus, der seine Dienstfertigkeiten – anders als der brave Wagner in Goethes «Faust», der ein trockner Geist war – bis an die Grenze des Kongenialen zu steigern wußte. Er sah sich eher als Partner denn als ein

Gehilfe des Meisters, und er schien keinen Lohn zu erwarten als Bewunderung für den Born seines Wissens, der sich niemals erschöpfte, für die Schärfe seines Verstandes und – vielleicht – für die eigene Kunst, die er dann und wann zu Gehör brachte: so den Zyklus seiner Lieder nach Gedichten von Stefan George, der, man weiß es wohl, nicht Thomas Manns bevorzugter Lyriker war.

Zugleich wanderte der Dichter in seiner Lektüre aus der Gegenwart immer wieder zurück zu den Künstlerschicksalen des neunzehnten Jahrhunderts, die in die Gegenwart transferiert werden sollten. Er las die Briefe von Hugo Wolf und eine Biographie Robert Schumanns, geschrieben von seiner Tochter – beide, Schumann wie Wolf, zählten zu den genialen Syphilitikern. Er las, merkwürdig genug, nichts über Schubert, der, von der Lues geschlagen, einen so frühen Tod erlitt. Er las dafür Schindlers klassische Beethoven-Biographie. Er las die Schriften des geistreichen Hector Berlioz. Immer wieder aber wandte er sich Nietzsche zu, dem eigentlichen Helden seines Buches.

Über alldem ließ er den Blick nicht ab vom Ursprung des Mythos: der Epoche zwischen Mittelalter und Neuzeit, in der Doktor Faust sein Wesen getrieben hat – die Zeit der Reformation und des großen Umbruchs, der die Deutschen nach seiner Einsicht im Innersten ihres Wesens noch immer bewegte und prägte. Er las in Martin Luthers Schriften, studierte seine Predigten und Tischgespräche, las über sein Leben, über Albrecht Dürer und seine Welt, las über das Leben des Bildschnitzers Tilman Riemenschneider, über das Städtewesen und über Volksbräuche, las den «Hexenhammer». So schlug er Brücken aus der gotischen Welt mit ihren Dämonen und Engeln zur hohen Romantik und hinüber in die bedrückende Gegenwart, in der alle Teufel losgelassen waren. Nur Serenus Zeitblom, das Alter ego, durfte an seinem stillen Schreibtisch ausharren, um den Weg seines Freundes Leverkühn nachzuzeichnen.

Je weiter er in dem ehrgeizigen Werk vordrang, um so dichter wuchsen die Schatten des Zweifels. Thomas Mann notierte am 19. Februar 1944: «Wenig Gefallen an dem Werk, das mir zu zerfließen scheint. Gewiß ist es ein originelles Unternehmen, aber ich zweifle, ob meine Kräfte reichen.» Er warf sich in jener Notiz die «fehlerhafte Neigung» vor, das Buch «Zauberberg»artige Formen und Dimensionen annehmen zu lassen. Er war zum zwölften Kapitel gelangt: weit über Adrian Leverkühns erste und entscheidende Konfrontation mit der Musik hinaus, die dem talentierten und so verhangenen jungen Menschen durch die Vermittlung des Domorganisten Wendell Kretzschmar zuteil wurde, dieses grandiosen Stotterers, der die Bürger von Kaisersaschern über die Geheimnisse von Beethovens Sonaten, Symphonien und Messen ins Bild zu setzen bemüht war. In gewisser Weise war Kretzschmar ein mitreißender Redner, trotz der gehemmten Sprache, und ein genialer Demonstrator am Klavier, dessen Kolleg über die Sonate Opus 111 das spärliche Publikum den Atem anhalten ließ. Seine Züge waren zum Teil denen Ludwig van Beethovens nachgebildet, der in einem Roman, der von Musikdämonie handle, nicht fehlen dürfe, wie der Autor später einem Leser gestand. Thomas Mann legte durch Kretzschmar und mit ihm das erste Bravourstück unter den musikalischen Passagen des Buches vor: ein hartes Stück Arbeit, dem später niemand mehr ansah, wie oft es umgeformt, korrigiert, gebessert worden war, den Ratschlägen Adornos gehorchend. (Ulrich Weinzierl indes entdeckte eine amüsante kleine Verirrung: das «Eigengewicht der Akkorde», von dem Adorno geschrieben hatte, kopierte Thomas Mann «völlig sinnwidrig» als «Fugengewicht».)

Peter de Mendelssohn entdeckte als die eigentliche Urgestalt Kretzschmars den Organisten der Lübecker Marienkirche, der auf den unvergleichlichen Namen Jimmerthal hörte. Durch den deutsch-amerikanischen Musiker Hermann Hans Wetzler wiederum ließ sich Thomas Mann überreden, der schlichten Musik einer wiedertäuferischen Sekte in Pennsylvania und ihrem frommen Oberhaupt Johann Conrad Beißel einen allzu ausführlichen Traktat zu widmen.

Auf dem Umweg über den Adventisten gelangte Thomas Mann zu der Formel von der «asketischen Abkühlung», die es angeblich brauche, damit die Musik zum Kunstwerk werde, von der «Stallwärme» des bloßen Klangmaterials befreit: ein Prozeß der Abstraktionen, die Adrian Leverkühn im Gespräch mit seinem Freund Serenus Zeitblom auch der menschlichen Stimme zuerkannte, von der er in einer merkwürdigen Wendung sagte, ihr sei «eine Art von Abstraktheit» eigen, «ungefähr wie der entkleidete Körper abstrakt ist». Ein überraschender Einblick, die Disziplinierung des Eros spiegelnd, die sich der Autor auferlegt hatte.

Zeitblom nannte in jenem Dialog die Musik ein «Lebensgeschenk» und «Gottesgeschenk». Er verlangte, daß man sie lieben solle. Leverkühn fragte: «Hältst du die Liebe für den stärksten Affekt?» «Weißt du einen stärkeren?» «Ja, das Interesse.» «Darunter verstehst du wohl eine Liebe, der man die animalische Wärme entzogen hat?» «Einigen wir uns auf die Bestimmung!» Leverkühn lachte und rief «Gute Nacht!»

Das verdächtige Motiv des Lachens hatte der aufmerksame Franz Werfel sofort wahrgenommen, als er auf seinem Krankenbett Thomas Manns Vorlesung der ersten drei Kapitel des «Faustus» lauschte. Die «Kälte» war das Kennwort, mit dem der Autor zu verstehen gab, wer und was dort im Schatten so verdächtig rumorte: der Leibhaftige, den er später als den «hintergründigen Helden» des Buches bezeichnete. Franz Werfel, der die virtuosen Möglichkeiten des Handwerks samt ihren Verschlagenheiten und Tricks gut genug beherrschte, ahnte von Beginn an, wie sich der Teufel Adrians bemächtigen würde: durch die Liebe – oder genauer gesagt durch ihre Reduktion auf das «Interesse», durch die Abstraktion, durch die Kälte.

Für Adrian gebe es kein Modell, gestand Thomas Mann im Juli 1944 seinem Kollegen Leonhard Frank, der ihm in jenen Tagen – dank und kraft seines «Deutschtums» – neben Adorno der wichtigste Gesprächspartner wurde. Der junge Leverkühn (in jener Phase war er noch jung) war wohl die einzige Gestalt des Buches ohne Vorbild, es sei denn, daß man in ihm ein Porträt erkenne, das Thomas Mann von sich selbst entwarf. In der Unterhaltung mit Frank nannte er ihn eine «Idealgestalt» und einen «Helden unserer Zeit». Im Tagebuch fuhr er fort: «Er ist eigentlich *mein* Ideal, und nie habe ich eine Imagination so geliebt, weder Goethe, noch Castorp, noch Thomas Buddenbrook, noch Joseph oder Aschenbach. Eine bewunderungsvolle und ergriffene Zärtlichkeit erfüllt mich für ihn.»

Adrian hatte sich unterdessen der «Prinzenerziehung» des wunderlichen Kretzschmar sacht entzogen, die ihm nicht nur einen «mächtigen Schub musikalischer Kenntnisnahme» verschaffte – Beethoven das Zentrum der Passion –, sondern auch für die erste Annäherung an Shakespeare sorgte, des Organisten zweites Idol. Er hatte mit dem Stotterer die großen Landschaften der Musikgeschichte durchstreift. Dabei war von vielen Meistern die Rede, doch nur am Rande – ein Zufall war dies nicht – von Richard Wagner. Seine Werke kamen wohl vor, doch wurde er niemals beim Namen genannt.

Leverkühns Entschluß zum Studium der Theologie war nicht zwingend. Doch man könnte sagen, daß er aus dem grundlutherischen Milieu des mitteldeutschen Städtchens Kaisersaschern geboren wurde. Außerdem brauchte ihn Thomas Mann für die Darbietung seiner deutschen Thesen. Der Reformator selbst trat an der Universität von Halle, die Paul Tillich so lebhaft (und so anders) geschildert hatte, in der Verkleidung des Professors Ehrenfried Kumpf auf: dieser «wuchtigen Persönlichkeit» – im Gegensatz zu einem trockenen Kirchengeschichtler, der den Namen Kegel tragen durfte, der Alliteration zuliebe. Kumpf war von anderem Format: «ein großer, massiger, voller Mann mit gepolsterten Händen, dröhnender Stimme und einer vom vielen Sprechen leicht vorgebäumten, zum Spritzen geneigten Unterlippe.» Die Studenten liebten seine Kollegs, die er «auf dem breiten Katheder hin und her stapfend» darbot. Ihnen gefielen die «Spontaneität, Derbheit, gesunde Aufgeräumtheit», auch der «pittoresk-altertümliche Sprachstil», von dem der Verfasser manches Beispiel bot, das er – wie übrigens die meisten Namen der hallensischen Personen – Martin Luthers Schriften entnahm.

Der Autor, der seiner künstlerischen Mittel für gewöhnlich so sicher war, schien nicht zu fürchten, daß die parodistische Aneignung des altdeutsch-barocken Vokabulars den lutherischen Passagen seiner Erzählung einen merkwürdig kunstgewerblichen Charakter aufzwingen könnte. Die Verfremdung wirkt aufgesetzt und nicht authentisch – eine Erfahrung, die auch Ina Seidel in den historisierenden Novellen ihres Pfarrhaus-Buches «Lennacker» oder Günter Grass in seiner barockisierenden Erzählung von der «Reise nach Telgte» nicht erspart blieb. Ironie fing diese Schwäche nicht auf. Kraftworten wie «Potz Blut» oder «Potz Strahl», «Potz hundert Gift» oder «Potz Fickerment» kam wohl nur in einer bürgerlichen Muffstube oder einer studentischen Kneipzeitung eine gewisse Komik zu.

Der massive Nationalismus lutherischer Prägung, den Thomas Mann dem Professor Kumpf zuschrieb, war ein erster und ernster Hinweis auf das dämonische Erbe, das nach Thomas Manns Überzeugung die deutsche Geschichte seit dem reformatorischen Protest gegen die Welt beschwerte. Die Heimsuchung präsentierte sich in der Karikatur des Luther-Affen, der während des kräftigen Abendbrots Semmeln statt des Tintenfasses warf, wenn der Gottseibeiuns in einer finsteren Ecke rumorte. Das protestantische Verhängnis sollte offenbar werden, das nach der Einsicht des Verfassers den deutschen Weg in die Katastrophe vorzeichnete.

War es ein Akt der Gerechtigkeit, daß er dem polternden Altlutheraner Kumpf (im dreizehnten Kapitel) den Dozenten Schleppfuß zugesellte, dessen gleisnerische Suada in den jungen Jahren des Autors – mit dem Blick auf Wilhelm Busch und seinen schwarz behüteten Pater Filuzius – gewiß jesuitisch genannt worden wäre? Konfessionell wurde der Dozent nicht ausgewiesen, aber da er im evangelischen Halle lehrte, ist anzunehmen, daß auch er den Kirchen der Reformation zugehörte. Dennoch, die Rechtfertigung, die Schleppfuß der Inquisition angedeihen ließ, deren Tätigkeit nach seiner Interpretation «von rührendster Humanität beseelt» gewesen sei, wob heimlich ein katholisches Element in die Erzählung ein. Dies mußte dem lutherischen Duktus nicht widersprechen, da der Reformator selbst in mancher Hinsicht grundkatholisch war – nur eben nicht römisch und nicht papistisch, dennoch aus der Sicht Thomas Manns in den entscheidenden Zügen seines Wesens ein Mensch der Gotik und des Mittelalters, von der Renaissance Italiens nicht nur durch Raum und Sprache, sondern durch den Kern seiner Gesinnung auf unüberbrückbare Weise entfernt. Allerdings ließ Thomas Mann Adrian auch sagen, daß Luthers Reformation «nur ein Ableger und ethischer Seitenweg der Renaissance, ihre Anwendung aufs Religiöse» gewesen sei, was nun auch wieder eine arge Verkürzung der Realität war. Also bemerkte Zeitblom korrigierend, das Religiöse sei denn doch «etwas anderes als archäologische Auffrischung und kritischer Gesellschaftsumsturz», was die Dinge halbwegs ins Lot brachte. Die Freunde einigten sich am Ende darauf, daß die Religiosität eine «auszeichnend deutsche Gabe» sein könnte – «als Lebensgläubigkeit und Dürer'sches Reiten zwischen

Tod und Teufel», was immer das heißen mochte. Sich selbst bezeichnete der Autor später als «Zögling des deutschen Protestantismus und einer humanistischen Säkularisierung des Religiösen»: eine Mischung, die man als Kultur-Protestantismus beschreiben könnte – eine Ausprägung der bürgerlichen Bildungsreligion, die mit dem Luthertum so gut wie nichts und mit dem Christentum im strengeren Begriff nicht allzuviel zu schaffen hatte.

Dennoch: sollte Schleppfuß auf diskrete Weise daran erinnern, daß Adolf Hitler ein Geschöpf des katholisch barocken Österreich war, Heinrich Himmler ein Sohn des katholischen bayerischen Bürgertums, Paul Joseph Goebbels, der sich in der Tat schleppenden Fußes in die höchsten Machtbezirke des Dritten Reiches emporgewieselt und -geredet hatte, ein Produkt des katholischen Rheinlands? Konnte man in der ironischen Devotion, mit der Privatdozent Schleppfuß bei Begegnungen in der Stadt oder auf den Korridoren der Universität seinen breitkrempig schwarzen Hut zog und ein «Ihr ganz ergebener Diener!» zum Gruß entbot, nicht auch einen Hauch Österreichertum wahrnehmen? Hätte er nicht genausogut ein wienerisches «Habe die Ehre!» rufen können?

Zwar hatte Thomas Mann von seinem Schwiegersohn Borgese die Settembrini-These übernommen, daß zwischen Faschismus und katholischem Klerikalismus ein inniger Zusammenhang bestehe, aber er vergaß sie auch wieder, sich daran erinnernd, daß er einst in der katholischen Gesellschaft Bayerns einen Hort des Widerstandes erkannt zu haben glaubte, der den Nazis die Machtübernahme in seiner süddeutschen Wahlheimat verwehren sollte: eine arge Täuschung.

So oder so: er wollte den Verdacht nicht widerlegt wissen, daß die finstere Tragödie der Deutschen aus dem Geist des lutherischen Protestantismus geboren sei. Er hielt sich auch nicht mit der Frage auf, warum die Dänen, die Norweger, die Schweden und die Finnen erzlutherisch und dennoch in ihrer Mehrheit keineswegs geneigt waren, sich mit dem Nazismus einzulassen – nicht mehr und nicht weniger als die reformierten Holländer, die katholischen Flamen, die katholischen, atheistischen oder vernunftgläubigen Franzosen, unter denen wiederum die protestantische Minderheit der deutschen Besatzung und vor allem den Judengesetzen den geschlossen-

sten Widerstand demonstrierte. Vielleicht durfte man in der Anklage gegen die Konfession seiner Väter eher die Spur des bürgerlichen Selbsthasses erkennen, der ihn so quälend umtrieb.

Der Dozent Schleppfuß leuchtete in seinem Plädoyer für die Inquisition voller List in die Finsternis des Teufels- und Hexenwe-
sens, was ihm (und damit dem Autor) Gelegenheit gab, sich langwierig und insistent über den «dämonischen Charakter» des Geschlechtlichen und seiner Sphäre zu äußern: laut Schleppfuß ein
«Vorzugstummelplatz (...) für Gottes Gegenspieler, den Feind und
Verderber: Denn größere Hexenmacht hatte ihm Gott zugestanden
über den Beischlaf als sonst über jede menschliche Handlung: nicht
nur wegen der äußeren Unflätigkeit dieser Verübung, sondern vor
allem, weil die Verderbtheit des ersten Vaters als Erbsünde dabei auf
das ganze Menschengeschlecht übergegangen war. Der Zeugungs-
akt, gekennzeichnet durch ästhetische Scheußlichkeit, war Ausdruck und Vehikel der Erbsünde, – was Wunder, daß dem Teufel
besonders viel freie Hand dabei gelassen war?» Das war Ironie –
und nicht nur Ironie.

Die Feier der Askese und der ästhetische Abscheu vor dem Gemenge der Geschlechter, die sich in dem «anrüchigen Kolleg» des
Dozenten Schleppfuß anzeigten, waren Thomas Mann näher als
Ehrenfried Kumpfs und Martin Luthers deftige Fleischlichkeit:
eine Anmerkung, die für die Biographie des Dichters nicht gleichgültig ist, da er bei der Vorbereitung und Niederschrift des «Faustus» tief in die Erfahrungen seiner Jugend hinabstieg.

87. KAPITEL

Dämonen-Zeit

Wohin er den Blick auch richtete: die Vergangenheit schien ihn zu umstellen. Wenige Tage nach dem Abschluß des dreizehnten Kapitels las er in der Zeitschrift «The German American» einen Bericht über die Ehrung, die Bruder Heinrich bei einer Feier in New York zuteil geworden war. Der Ältere, der nun ganz in seinem Schatten lebte, hatte der Versammlung eine Botschaft zukommen lassen, die den Nerv der einstigen Auseinandersetzung zwischen dem Dichter deutscher Kultur und dem demokratischen Zivilisationsliteraten zu berühren schien. Gereizt notierte Thomas, daß der Bruder eine «gewisse Mißdeutung seines Falles» zugelassen habe, zum Beispiel hinsichtlich der «revolutionären Konjunktur-Auferstehung seines Werkes» im Jahre 1918: dem Erscheinungsjahr der «Betrachtungen», denen unverzüglich «Der Untertan» folgte. Thomas Mann fügte seiner Notiz die Worte hinzu: «Unmöglich, nicht einige Schiefheit zu empfinden.» Doch dem Bruder schrieb er, das «phönixartige Auferstehen» seines Werkes werde sich nach diesem zweiten Krieg «im Weltmaßstabe wiederholen». Er setzte sarkastisch hinzu: «Noch gestern drückte ein amerikanischer Schriftsteller, Louis Bromfield, mir die Ueberzeugung aus, daß wir nach dem Kriege unfehlbar die vereinigten Sowjet-Republiken Europa's haben würden. Nun, da wäre denn doch noch ein ganz anderer Raum zum Phönix-Schwingen-Breiten als in der armen deutschen Republik.»

Der Tonfall gereizter Mißbilligung ließ sich nicht überhören. Heinrich Mann aber war des Trostes dringend bedürftig. Barthold

Fles, ein Literatur-Agent holländischer Herkunft, hatte sich bis zu jenem Zeitpunkt mit einem erstaunlichen und fast rührenden Eifer darum bemüht, des Bruders Bücher bei amerikanischen Verlagen unterzubringen: nicht nur den mißglückten Roman «Lidice», sondern auch die frühen Erzählungen und Romane, den «Professor Unrat» vor allem und den «Untertan». Seine Arbeit wurde ihm durch den Eigensinn seines Klienten, der seine Möglichkeiten stets überschätzte, nicht leichter gemacht. Das Alter schien Heinrich Manns Blick für die Realitäten zu verdunkeln. Sie waren nicht ermutigend. So mag er den Zuruf des Bruders nicht ohne eine Regung des Grimms zur Kenntnis genommen haben. Indes, er war von Thomas abhängig. Überdies hatte er sich geschworen, daß kein Zwist sie jemals mehr trennen dürfe.

Nein, keine der alten Wunden war vernarbt. Nichts war abgetan. Thomas griff Heinrich unter die Arme, und er pries ihn immer wieder als einen Großen, doch es schmeckte ihm nicht, wenn er zu sehr gerühmt wurde – womöglich, wie er rasch vermutete, auf seine Kosten. Im übrigen hielt er ihn auf Distanz – schon der Frau wegen, von der er Wilhelm Herzog mit wahrhaft lutherischer Grobheit schrieb, sie sei «eine arge Hur'». «Da haben Sie meine Gemütlosigkeit», setzte er hinzu, ironisch mit dem Vorwurf der Kälte spielend, der ihn zeitlebens verfolgte. Er nannte Heinrich im gleichen Brief den «großen Eigenbrötler», der nun schon zweiundsiebzig sei, gern die Vergangenheit abstoße und nicht viel Gedächtnis habe.

Er selbst hatte es wohl. In jenen Tagen setzte er einen Brief an Clarence B. Boutell auf, den Redakteur der «New York Post», der einige massive Vorwürfe des einstigen spanischen Botschafters in Deutschland, Louis Araquistan, aufzugreifen plante. Der Diplomat hatte in seiner Polemik gegen Thomas Mann erneut dessen Proklamationen in der Epoche des Ersten Weltkriegs aus der Versenkung geholt. Der Dichter sollte davon nicht loskommen.

In seinem Rechtfertigungsschreiben wurden, es erstaunt nicht, die Spuren des «Faustus» sichtbar. Die «dialektischen Husarenstücke» von 1914, sagte er, seien zum Teil eine Reaktion auf die «hitzigen Insulte» gewesen, die damals gegen die deutsche Philosophie und Kultur geschleudert wurden, vor allem aber erklärten sie sich «aus der völligen politischen Unschuld und Ignoranz einer in

Luthertum und Romantik wurzelnden deutschen Intelligenz». Er behauptete, mit den «Betrachtungen» hätten nicht einmal die Deutschnationalen «etwas (...) anzufangen» gewußt, was gewiß nicht zutraf. Wohl räumte er ein, daß sich «arg genug» ausnehme, was er damals geschrieben habe. Mehr gestand er den Widersachern nicht zu. In seiner Antwort auf eine Zuschrift des Professors Henry Peyre, der Romanistik an der Yale University lehrte, an die Zeitschrift «Atlantic Monthly», bestand er vielmehr störrisch darauf, daß der Aufsatz «Friedrich und die große Koalition» eine seiner besten Arbeiten sei, und er nannte die «Betrachtungen» ein weiteres Mal ein «uferloses und schmerzvolles Werk der Introspektion», das im übrigen die «intellektuelle Vorbereitung zu dem Roman europäischer Dialektik», nämlich dem «Zauberberg», gewesen sei.

Auch Peyre hatte sich der Argumente des spanischen Diplomaten in London bedient, ohne sich um die originalen Texte zu kümmern, die allerdings nur zum Teil ins Englische übersetzt waren. Thomas Mann hielt dem Gelehrten vor, es sei sinnlos, einem Menschen, der seit damals einen weiten Weg zurückgelegt habe, «den Knüppel alter Zitate zwischen die Beine zu werfen, ihn immer wieder zu Äußerungen zurückzunötigen, die er in einer ganz anderen Phase der Geschichte und seines eigenen Lebens getan, und ihn zu zwingen, sich ihretwegen zu verantworten». Das waren Argumente, die man in den folgenden Jahren bis zum Überdruß hörte, zumal im nachnazistischen und im nachkommunistischen Deutschland. Genügte der Verweis auf die eigene Wandlung, um die Mitverantwortung abzuschütteln?

Warum konnte er seine Verirrung nicht in simplen Worten zugeben? Warum die Gereiztheit, wenn er mit der eigenen Vergangenheit konfrontiert wurde? Warum war er nicht fähig, mit einer Geste der Demut von der gemeinsamen Schuld zu reden – wie es Alfred Döblin getan hatte, der sich keine vergleichbaren nationalistischen Versündigungen vorzuwerfen hatte?

Es bleibt immer wieder nur diese Antwort: Thomas Mann war nicht fähig, von sich selbst zu sagen, daß er geirrt habe – als fürchte er, mit dem Geständnis der einen Verfehlung breche das grandiose Gebäude seiner moralischen Unfehlbarkeit, seines intellektuellen

Stolzes und seines – immer wieder so mühsam stabilisierten – Selbstbewußtseins, breche schließlich das Monument, als das er sich der Welt präsentierte, mit einem Donnerschlage zusammen.

Darum fetzte er – später in jenem Jahr 1944 – Ludwig Marcuses Forderung, er möge einmal «schonungslos über seine Vergangenheit» schreiben, als «taktlosen Artikel» und eine «Dummheit» beiseite. Er möge mit sich «so schonungslos» verfahren, hatte ihn der junge Verehrer ermahnt, «wie es alle großen Bekehrten taten»: «Nicht seinetwegen, sondern unseretwegen! Nicht damit er als Sünder dasteht – wer hat ein Interesse daran? Sondern, um in jedem von uns die Abrechnung mit der eigenen Vergangenheit anzuregen. Die Selbstgerechtigkeit im Lager der Anti-Faschisten ist riesengroß. Weil sie nicht Bluttaten begangen haben wie Hitler, bilden sich sehr viele ein, ein gutes Gewissen zu haben. Wenn Thomas Mann an seinem Leben einmal zeigen würde, welche Schuld dem deutschen Intellektuellen, welche Schuld dem europäischen Intellektuellen an dem heutigen Zustand der Dinge zuzumessen ist, dann würde er eine sehr wichtige Tat vollbringen.»

Nein, diese Tat vollbrachte er nicht, niemals. Es hätte Thomas Mann nicht zu sehr erstaunen dürfen, daß in jenen Tagen der Literaturkritiker, Feuilletonist, Biograph und Frankreich-Experte Friedrich Sieburg, aus den Diensten des Auswärtigen Amtes im besetzten Paris ins Reich zurückgekehrt, an W. E. Süskind schrieb, den Münchner Jugendfreund des Sohnes Klaus, er habe «mit Genuß wieder einmal die ‹Betrachtungen eines Unpolitischen› von Thomas Mann» gelesen, «der entsetzlicher Weise soeben amerikanischer Bürger geworden ist. Nie – so glaube ich – ist ein Krieg großartiger vom Geistigen her verteidigt und gedeutet worden als der vorige durch ihn».

Die Wirkung des Buches war durch den Wandel der Zeiten, denen Thomas Mann unterworfen war, und durch die Veränderungen, die er an sich selbst vollzogen hatte, nicht aufgehoben. Die Vergangenheit klopfte immer wieder auch an seine Tür. Er selbst, nicht nur der eine und andere naseweise Zeitgenosse, beschwor sie immer herauf. Der «Doktor Faustus» war – so drückte es Eckhard Heftrich in seinem Buch «Vom Verfall zur Apokalypse» zutreffend aus – eine «radikale Autobiographie», eine «Lebensbeichte». Da der Krieg dem Ende zuraste, schienen die Geister des Gestern immer dreister und immer fordernder aus den Schatten zu treten.

Vom 4. bis zum 11. Februar 1944, als er Adrian Leverkühn und Serenus Zeitblom zu Füßen des Professors Kumpf und des Dozenten Schleppfuß sitzen ließ, beschlossen Franklin Delano Roosevelt, Winston Churchill und Josef Stalin in Teheran die Gründung der Vereinten Nationen, und sie berieten über die Zukunft der Deutschen. Die Pläne der «Großen Drei» blieben zunächst hinter dem Schild der Geheimhaltung verborgen, doch Dorothy Thompson deckte in einem ihrer Artikel auf, daß die Grenzen Polens weit nach Westen verschoben und die Aufteilung des Reiches in Besatzungszonen der Siegermächte (einschließlich Frankreichs) vereinbart worden sei.

Thomas Mann schrieb an Agnes Meyer, er könne sich darüber nicht erregen. Der «patriotische Raptus» der Sozialdemokraten und Kommunisten komme ihm geradezu närrisch vor, und er könne beim besten Willen «nichts Entsetzliches darin sehen, wenn Deutschland nach allem, was seit 1914, namentlich aber in den letzten 10 Jahren geschehen, eine Provinz, nämlich Ostpreussen, verlöre»: «Ich erkläre offen, dass ich mir darüber nicht das Haar raufen würde». Siegfried Marcks teilte er ein wenig spöttisch mit, er wünsche ihm Glück bei seiner Mitgliedschaft im «Council for a Democratic Germany» Paul Tillichs, dem sich auch Dorothy Thompson angeschlossen hatte. Der Theologe, sagte er, sei ein braver Mann. Er habe ihm einen «sehr lesenswerten Aufsatz über Existenz-Philosophie» geschickt – einen «Beitrag zur tragischen Geschichte des deutschen Geistes», wie der Verfasser selbst feststellte. Thomas Mann fuhr fort: «Es gehört zum deutschen self-pity (Gegenstück der Brutalität), immer mit ‹tragisch› und ‹dämonisch› bei der Hand zu sein, wenn es sich um unsere Unfähigkeit handelt, mit dem Leben in ein gesundes, uns und anderen wohltätiges Verhältnis zu kommen. Ich sehe das wohl, kann aber doch auch nicht anders, als einen Roman zu schreiben, der die deutsche Tragik und Dämonie zum mehr oder weniger geheimen Gegenstand hat.» So verhielt es sich: er war im Begriff, der dunklen Überhöhung des deutschen Geschicks, die er bei andern rügte, das ehrgeizigste und schwierigste Buch seines Lebens zu widmen. Die Überhöhung des deutschen

Geschicks ins Dämonische ließ sich ohne Krampf auch als eine Steigerung des eigenen Narzißmus ins Nationale erkennen.

   Die Versenkung in eine Welt der Unheimlichkeiten, der Irrlichtereien und Dämonien steigerte Thomas Manns Empfänglichkeit für
Gerüchte, die stets sein offenes Ohr und wenigstens seinen halben
Glauben fanden, wie absurd sie auch immer sein mochten. Die Atmosphäre der Verschwörung, die durch sein Buch geisterte, war
dazu angetan, seine stets wache Empfänglichkeit für «Kolportage,
historische Schauerballaden und groteske Moritaten», von denen
Inge Jens im Vorwort zum sechsten Band seiner Tagebücher sprach,
ins Ridiküle zu steigern. Er vermerkte angebliche Geheimverhand-
lungen des deutschen Außenministers Joachim von Ribbentrop mit
den Engländern, die in den Pyrenäen stattgefunden haben sollten.
Er schrieb die Vermutung auf, daß am Ende des Krieges eine «revolutionierte, proletarisierte, umgestülpte, nackt und bloße, zerrüt-
tete, glaubenslose, ruinierte Volksbande» in Deutschland versucht
sein könne, den «National-Bolschewismus» auszurufen und den
«Anschluß an Rußland» zu suchen: «Für eine dezente liberal-
demokratische Republik ist das Land verloren», sagte er, vergessend, daß er selbst im Tagebuch, aber auch in Briefen und Reden der
liberalen Demokratie adieu gesagt und oft genug die Bindung eines
sozialistischen Deutschland an die Sowjetunion als eine vernünftige
Lösung befürwortet hatte. Nun schien sie ihm eher zum Alptraum
zu werden: «ein national-demokratisches Reich im Bündnis mit
Rußland scheint sicher», notierte er, und er fügte mit einer Prise
Hohn hinzu, daß die Westmächte kaum eine Chance zur Umerziehung der Deutschen finden würden.

   Er saß fast jedem Angeber auf, der sich als «Insider» aufspielte.
Nach einer Unterredung mit dem Schriftsteller Louis Bromfield,
der von Weltpolitik nicht mehr verstand als er selbst, wußte er
Agnes Meyer zu berichten, der Kollege habe seine Frage, ob die
Vereinigten Staaten bereit seien, der Sowjetunion den europäischen
Kontinent zu überlassen, «unbedingt» bejaht. Er fügte hinzu: «Ich
gestehe, dass ich gegen das Arrangement nicht viel einzuwenden
hätte.» Früh schon phantasierte er von den Vorbereitungen der Nazis auf den Untergrundkampf, den sie nach ihrer Niederlage zu führen gedächten: gewaltige Summen würden dafür bei Schweizer

Banken deponiert. Auch er ließ sich das Märchen von dem Fest Hermann Görings aufbinden, bei dem der fette Reichsmarschall in eine Toga gekleidet als Nero erschienen sei, Leckerbissen auftischend und Juwelen verstreuend.

Nicht nur die verbohrten Fanatiker im Nazi-Reich glaubten an «Wunderwaffen» – auch er meinte, die Deutschen würden den schon verlorenen Krieg so lange hinziehen, bis «gewisse Kampfmittel» ausgearbeitet seien, mit denen sie «alles upside down» kehren könnten. Der Schwager Peter Pringsheim, der das Ardenne-Laboratorium in Chicago rasch wieder verlassen und einen besser bezahlten Posten in Pasadena nicht weit von Los Angeles angenommen hatte, berichtete Thomas Mann von den revolutionären Umwälzungen, die von der Erforschung des Atoms zu erwarten seien. Der Dichter war ganz davon überzeugt, daß die deutschen Forscher den amerikanischen und englischen Wissenschaftlern voraus seien. An anderer Stelle hatte er mit überraschendem Realismus konstatiert, den Frieden werde wohl auch der Sozialismus nicht bringen: «eher mag die Physik es tun durch die Entfesselung des Uran-Atoms, denn mit der wird freilich der Spaß aufhören.»

Amerikanische Bombengeschwader begannen im Frühjahr 1944, die Treibstoffwerke im Reich zu zerschlagen. In Italien setzten die Alliierten am 23. Mai zu einer machtvollen Offensive an, und bald genug trieben sie die deutschen Truppen vor sich her. Die Invasion im Norden Frankreichs bereitete sich vor. Im Reich breitete sich Endzeitstimmung aus. Zugleich zog der «Faustus»-Stoff Thomas Mann immer tiefer in den Sog chiliastischer Erwartungen, von denen die Zeit in dieser Phase vor dem Anbruch der letzten Schlachten des Zweiten Weltkrieges ohnedies erfüllt war.

Der Autor hatte bei der Präparation des Stoffes die Offenbarung des Johannes gelesen – wie es übrigens zu jener Zeit viele Menschen in Deutschland taten. Er hatte auch Martin Luthers Vorreden und Kommentare zu diesem dunklen Buch studiert, in denen der Reformator von den «greulichen, ungeheuren Tieren», den «scheußlichen feindseligen Engeln», den «wüsten und schrecklichen Plagen» sprach, die dazu mahnten, «die Christenheit mit andern Augen als mit der Vernunft» anzusehen. Der Reformator hatte freilich in einer früheren Vorrede auch gesagt, daß er das Buch «weder für apostolisch noch prophetisch» halte, und er könne «in allen Dingen nicht spüren, daß es von dem heiligen Geist verfaßt sei». Das schien der Dichter nicht zur Kenntnis zu nehmen.

Ins Vokabular seiner Tagebucheintragungen, seiner Briefe und seiner öffentlichen Kommentare hielten dunkel-fromme Worte und theologische Begriffe Einzug, die er seit den Konfirmandentagen in Lübeck niemals mehr ganz aus den Ohren verloren hatte, so fern ihm die Kirche auch sein mochte und so selten er ein Gotteshaus betrat. Immer öfter beschwor er Teufel, Hölle und Dämonen, die nach seinem Empfinden – und nicht nur dem seinen – von Deutschland Besitz ergriffen hatten. Immer häufiger und immer eindringlicher sprach er von «Reue», «Sühne» und «Buße». Seine Reden an die Hörer im Reich gerieten ihm, ob er es wollte oder nicht, mehr und mehr zu Predigten. Er klagte die Versündigung an, andere schuldig werden zu lassen, «indem sie dem Bösen widerstehen. Das soll man nicht tun, aber die Schrift lehrt uns nicht, wie man der Schuld und Schande entgeht, wenn man das Böse ohne Widerstand walten läßt. Schuld will Sühne. Die freien Völker werden, will's Gott, was auch sie an Schuld auf sich nehmen mußten, durch die Errichtung eines Friedens sühnen, der alle für viele Generationen vor den moralischen Schrecken des Krieges bewahrt.»

Das war sein vorläufig letztes Wort an die Deutschen, gesprochen am 29. Mai 1944. Eine gute Woche zuvor hatte er der Leitung der British Broadcasting Corporation die Mitteilung geschickt, es falle ihm schwer, weitere Sendungen nach Deutschland zu übernehmen. Bevor nicht eine entscheidende Wendung des Krieges geschehe, sei es kaum möglich, die Deutschen zu beeinflussen oder an sie zu appellieren, sich vom Nazi-Regime zu befreien. Sie seien dazu wohl auch physisch nicht mehr in der Lage. Darum wolle er warten, bis die zweite Front errichtet sei. (Zum Jahresbeginn 1945 nahm er die Sendungen wieder auf.)

Der Verzicht zeugte von Resignation. Er drückte auch eine gewisse Hilflosigkeit aus. Nach der Gründung des «Council for a Democratic Germany», dessen Mitglieder ihm «spinnefeind» seien, da er ihr Manifest nicht unterschrieben habe, wie er Agnes Meyer sagte, wollte er sich von den angesehenen Initiatoren der Gruppe nicht zu schroff distanzieren. Zum anderen war er auch nicht bereit, sich ihre Plädoyers für einen Frieden der Mäßigung und der Vernunft zu eigen zu machen. Also zog er es vor, für geraume Zeit zu schweigen. Clifton Fadimans Bitte, für den «Writer's War Board» seinen Abstand von dem «Council» in einem kleinen Aufsatz zu begründen, lehnte er höflich ab. Es sei zu früh, sagte er in seiner Begründung, «Mitleid mit Deutschland zu haben». Er finde es überdies unverantwortlich, wenn deutsche Emigranten die «Bürgschaft für das künftige demokratische Wohlverhalten Deutschlands» übernähmen. Es scheine ihm aber auch «unschön und selbstzerstörerisch», «wenn ein Deutscher meiner Art, der auch als amerikanischer Bürger der deutschen Sprache treu zu bleiben, sein Lebenswerk in ihr zu beenden gedenkt, sich heute zum Ankläger seines verirrten und schuldbeladenen Landes vor dem Welt-Tribunal aufwirft».

Im Herbst schrieb er an Erich von Kahler, dessen Urteil in der Regel ruhiger und nüchterner war als das seine, sein «dégoût an allem Deutschen» wachse «gerade jetzt ins Unermeßliche». Er fuhr fort: «Sie haben nichts gelernt, verstehen nichts, bereuen nichts, haben nicht das geringste Gefühl dafür, daß ihnen Heroismus, nach allem, was sie angerichtet, nicht zukommt, und daß der heilige deutsche Boden längst nicht mehr heilig, sondern von Unrecht und äußerster Niedertracht über und über geschändet ist. Aber dumm und kritiklos werden sie ihn nebst Hitler und Himmler noch Monate lang mit dem ‹Fanatismus› verteidigen, den man sie gelehrt hat.»

Mit der letzten Feststellung täuschte er sich nicht, nur war es kaum Fanatismus, der die Mehrzahl der Soldaten zwang, auch in einer aussichtslosen Lage ihre vermeintliche Pflicht zu erfüllen: sie waren unfähig, der schrecklichen Mechanik des Gehorsams zu entkommen, waren es um so weniger, je tiefer sie in der Stumpfheit von Entbehrung, Furcht und Ergebung in das Unvermeidliche versanken. Die Angst vor der Rache, vor allem der Russen, die nicht unbegründet war, trieb sie zu einem sinnlosen Widerstand an. Die Soldaten an den westlichen Grenzen ließen sich überdies oft von der Lüge des Chefpropagandisten Goebbels narren, daß sie von den Amerikanern und Engländern an die Sowjets ausgeliefert würden, wenn sie in Gefangenschaft gerieten.

Die Tochter Erika hatte in einem offenen Brief, der im New Yorker «Aufbau» gedruckt wurde, ihre Mißbilligung des «Gebarens der ‹Freien Deutschen›» härter und unversöhnlicher formuliert, als es der Vater wagen konnte. Sie schrieb: «ihrer These von der Verschiedenartigkeit der Nazis und der Deutschen», der das «A und O ihrer Umtriebe» sei, werde «täglich von den Tatsachen aufs blutigste widersprochen». Bis zum Kriegsausbruch habe man an ein «anderes» Deutschland glauben und sich einreden mögen, daß «eine Majorität ‹guter›, wenngleich verblüffend inaktiver Deutscher von den Nazis niedergehalten sei». Die exilierten deutschen Politiker aber schwätzten selbst heute «von der Unschuld des deutschen Volkes»: «Schuld ist Hitler! Die Gestapo ist schuld!» In Wahrheit kämpften sie «wie die Löwen» an allen Fronten und betreuten daheim in «grauenvoller Einhelligkeit» die Kriegsmaschine des «Führers». Die Exilpatrioten aber trachteten schon heute danach – hier sprach sie anders als der Vater –, die Niederlage «in eine reinigende, alles sühnende Revolution umzufälschen». «Es ist», sagte sie zum Schluß, «ich muß es aussprechen, ein Jammer und eine Schande und denkbar ungeeignet, Zeugnis abzulegen für ein besseres Deutschland. Die Welt wäre glücklich, es geboren und sich bewähren zu sehn. Die Welt kämpft und wartet.»

Ihr antwortete Carl Zuckmayer von seiner Farm in den grünen Bergen von Vermont, in die sich dieser unabhängige Geist, der sich gern allzu naturburschenhaft gab, lebenstüchtig und weise zurückgezogen hatte. Dort schrieb er sein Drama «Des Teufels General», das eine erstaunliche Nähe zu der psychischen Verfassung der Deutschen im Reich anzeigte: das Werk einer ans Geniale grenzenden Intuition. Der Dramatiker hatte sich dem Council nicht angeschlossen. Er lehnte, wie er sagte, jede doktrinäre Fixierung und jede parteiische Bindung ab. Aber das habe nichts gemein «mit einer generellen Diskriminierung des deutschen Volkes, die mir ebenso absurd, zelotisch, kurzsichtig –, wirklichkeitsfremd und wahrheitsfern erscheint, wie jedes moralische Gesamturteil über ein Volk oder eine ‹Rasse›».

Er hielt Erika entgegen, wenn man aus dem deutschen Volk den «alleinigen Sündenbock» mache, verfälsche man die Wahrheit und gefährde «das Endziel dieses Krieges, das über den militärischen Sieg hinausgeht». Die Reinigung Deutschlands müsse «tiefgehend und gründlich» sein, aber es dürfe ihm die Hilfe und das Vertrauen nicht versagt bleiben «wie uns im Jahre 1918». Er schrieb: Die «Völker in Polizei- und Verbrechernationen einzuteilen, ist ein ebenso oberflächlicher wie hypokritischer Standpunkt. Andererseits wird kein anständiger Deutscher sich der Mitverantwortung für die Schuld entziehen wollen, in die sich Deutschland verstrickt hat, ganz gleich ob er Deutschland verlassen mußte oder nicht. Denn wir haben alle, auch Ihr, nicht genug gegen das Übel getan, als Deutschland noch unser freier Kampfplatz war. Ich sehe nichts Gutes darin, weder für Deutschland noch für die Welt, wenn als krasser Pendelausschlag gegen den Wahnwitz des Pangermanismus nun ein ebenso krasser Antigermanismus geschaffen wird, der den kleinherzigen und abergläubischen Zügen des Antisemitismus bedauerlich ähnelt.»

Zuckmayer fuhr fort: je mehr ihm Amerika Heimat geworden sei, desto stärker empfinde er «die unzerstörbare Verbundenheit mit dem Volk», aus dem er komme, und den Wunsch, ihm auch «in seiner schwärzesten Stunde gerecht zu werden». Dann wandte er sich unmittelbar an die Freundin: «Ich schreibe Dir nicht als ein ‹politischer Gegner› oder von einem anderen ‹politischen Lager›, das ich nicht zu beziehen gedenke, – sondern als ein alter Freund, weil mir der Ton Deiner ‹Ablehnung› zutiefst mißfällt. Es ist kein guter Ton. Er weckt traurige Assoziationen.» Schließlich bat er sie, «auch in den leidenschaftlichen Auseinandersetzungen dieser kämpferischen Tage auf jener Plattform» zu bleiben, «zu der Euch Abstammung, Erziehung, menschliches Niveau verpflichtet».

Natürlich sah sich Erika zu einer Replik veranlaßt, in der sie ihre Position nur wenig mäßigte. Sie beschuldigte den «Council», er unternehme den Versuch, «ein Deutschland aus der Katastrophe zu retten, das imstande – ich sage nicht ‹willens› – wäre, die Welt aufs neue mit Krieg zu überziehen». Dies könne «selbst dem Verträumtesten unter ihnen nicht entgangen sein». «Und Dir?» fragte sie Zuckmayer. «Ist es das, was Du willst und, was nicht zu wollen, Du absurd, zelotisch, oberflächlich, hypokritisch und kurzsichtig nennst? Deutschland war schön. Du magst mir glauben, daß ich seiner Landschaft und seinen Liedern, daß ich allem, was wir als gut und achtenswert dort kannten, nicht weniger innig verbunden bin als Du. Deutsche *Macht*, freilich, ist unserer Lebtage noch nicht benevolent gewesen. Anzunehmen, daß sie es von nun an sein werde und zu verlangen, daß die Welt diese Annahme teile und ihr gemäß handle, *scheint* mir unerlaubt. Das, lieber Zuckmayer, war es, was ich sagen wollte und was ich in anderen Worten gesagt habe in meiner ‹Ablehnung›. Es auszusprechen, war ich durch Abstammung, Erziehung und menschliches Niveau verpflichtet.»

Erika habe sich gut geschlagen, meinte der Vater. Doch wohl war ihm bei der Debatte nicht. Mit dem Fortschritt des Jahres schien sich das Ungemach um ihn und mit ihm zu häufen. Die Arbeit am «Faustus» wurde härter und zäher. Hermann Hesse hatte ihm sein «Glasperlenspiel» schicken lassen. Thomas Mann nahm das Alterswerk des Freundes mit gemischten Gefühlen auf. In einem Brief an Agnes Meyer nannte er das Buch «etwas völlig Versponnenes, Einsames, Tiefsinniges, Keusches und Dollar-Fernes, unübersetzbar, enorm deutsch. Dabei hat es, schon als fingierte Biographie, aber auch durch die Rolle, die die Musik darin spielt etc., eine unheimliche, geisterhaft brüderliche Verwandtschaft mit meiner eigenen gegenwärtigen Schreiberei. Es ist immer eine eigentümlich verletzende Entdeckung, dass man nicht allein auf der Welt ist. Goethe fragt einmal unverfroren: ‹Lebt man denn, wenn andre leben?›»

Er hätte gut daran getan, das ganze, grundironische und so grimmig-vergnügte Gedicht aus dem «Buch des Unmuths» zu zitieren, das in seiner Gesamtheit denn doch einen anderen Klang hatte, der alle kleinliche Mißgunst und jede Verstörung durch die Konkurrenten lachend aufhob. Es begann mit den Versen: «Keinen Reimer wird man finden / Der sich nicht den besten hielte, / Keinen Fiedler, der nicht lieber / Eigne Melodieen spielte.» Und so endete das ganz unverkniffene und fast übermütige Bekenntnis künstlerischer Egozentrik: «Und das grobe Selbstempfinden / Haben Leute hart gescholten, / Die am wenigsten verwinden, / Wenn die andern was gegolten.»

Dem Sohn Klaus gegenüber äußerte sich Thomas Mann über das «Glasperlenspiel» deutlicher: «Höchst wunderlich (...). Spielt in einer Zukunft nach Abschluß der Kriegs- und Revolutionsepoche in einer gelehrt-künstlerischen Kulturprovinz. Der ergreiste Held stirbt schließlich, indem er einem Knaben in zu kaltem Wasser nachschwimmt. Dacht' ich's doch. Dabei fehlt es nicht an fast erschreckenden Verwandtheiten mit Adrian, und merkwürdiger Weise spielt ein gewisser Meister Thomas von der Trave eine Rolle darin, der es eleganter und ironischer treibt, als ‹Joseph Knecht›. Sehr geheimnisvoll.»

Im Tagebuch sagte er, was er von dem ehrgeizigen Unternehmen wirklich hielt: «Vieles doch breit und schwach, undramatisch, vom Menschen nichts Neues. Klug und viel wissend.» Dennoch, es verstörte ihn, daß «der andere lebte».

88. KAPITEL

Hetaera Esmeralda

Er fühlte sich, öfter noch als früher, müde und zerschlagen. Er hustete viel. Weder er noch die Ärzte schienen auf den Verdacht zu geraten, die Empfindlichkeit seiner Bronchien könne durch den übermäßigen Konsum von Zigaretten und Zigarren gesteigert werden. Eine Frühjahrsreise nach Chicago, wo er und Katia das zweite Kind Elisabeths begrüßten – es war wieder eine Tochter –, bescherte ihm nicht den Elan, den er von der Ablenkung erhofft hatte. Der Ausflug gab den Eltern Gelegenheit, sich von Golo zu verabschieden, der seine Versetzung nach London erwartete, wo er – wie auch jetzt auf seinem amerikanischen Posten – mit der Auswertung geheimdienstlicher Materialien beschäftigt sein würde: eine verantwortungsvolle Aufgabe, für die ihm, nach der Meinung des Vaters, ein Offiziersrang zugestanden hätte, doch er wartete immer noch auf seine erste Beförderung zum Sergeant. Im Sommer suchte Thomas Mann eine heftige Magen- und Darmgrippe heim, von der er sich nur mühselig erholte. Sie war wohl durch einen Virus verursacht, der in jenen Tagen im südlichen Kalifornien umging, doch die Frage liegt nahe, ob Ärger und Verstimmung den Dichter nicht für eine so heftige Infektion disponiert haben könnten.

Es bedrückte ihn, daß er und Katia länger als ein halbes Jahr auf den endgültigen Vollzug der Einbürgerung zu warten hatten. Drei Monate betrachtete man als die übliche Karenzzeit nach der Prüfung. Am 9. Juni 1944, als Thomas Mann noch immer ohne Nachricht von der Behörde war, wandte er sich an den Kollegen Upton Sinclair, damals einer der gefeiertsten Schriftsteller des Landes. Er schilderte die ihm unverständliche Verzögerung und erwähnte die Auszeichnungen, die ihm – sechsfacher Ehrendoktor der angesehensten Hochschulen des Landes – in den Vereinigten Staaten zuteil geworden seien. Er bäte um vertrauliche Behandlung des Problems, damit man in Deutschland nicht juble, er sei in den Staaten nicht wohl gelitten. Eine definitive Heimkehr nach Deutschland komme für ihn nicht in Frage.

Hans Rudolf Vaget, der das FBI-Dossier Thomas Manns so gründlich examiniert hat, wie es die Geheimhaltungsvorschriften der Behörde erlaubten, fand unter den Akten keinen Hinweis auf einen Einspruch der Bundespolizei gegen die Verleihung des Bürgerrechts. Der berühmte Dichter schien eher eine Art Vertrauensperson der Sbirren J. Edgar Hoovers zu sein. Zwischen dem 19. Januar und dem 12. Februar 1944 klopften die Agenten des FBI insgesamt viermal an seine Tür, um Auskunft über Emigranten zu erbitten, von denen er Zeugnis ablegen konnte. Man befragte ihn nach dem polnischen Literaten Joseph Mischel, einer Art Hansdampf in allen Gassen, der den Schriftstellerkongreß der Universität von Kalifornien im Jahre 1943 mitorganisiert und nun seine Einbürgerung beantragt hatte. Zehn Tage später erkundigte sich ein FBI-Beamter nach dem Schauspieler Ernst Deutsch. Es folgte ein Interview über Leo Matthias, einen politischen Schriftsteller linken Engagements, kritisch in seinem Urteil über die Vereinigten Staaten, doch kein Kommunist. Schließlich wurde er um ein Zeugnis über Felix Guggenheim gebeten, den einstigen Finanzchef der «Deutschen Buchgemeinschaft», der nun den kleinen Verlag «Pacific Press» mit seinen exklusiven Ausgaben betrieb, bei dem Thomas Manns Novellen «Thamar» und «Das Gesetz» erschienen.

Es versteht sich, daß die Unterhaltungen auch dazu dienten, Thomas Mann über sich selbst so diskret auszuhorchen, wie es der Bildungsstand der Agenten erlaubte. Die Bedenken der FBI-Direktion gegen die Einbürgerung Thomas Manns, wenn sie denn Anlaß der Verzögerung waren, schienen schließlich zerstreut zu sein. Den Freund Bruno Frank verfolgten die Zweifel hartnäckiger. «Er steht im Verdacht des Kommunismus», schrieb Thomas Mann an Agnes Meyer, «weil er die deutsche Ausgabe seines letzten Buches in Mexico in einem Verlage hat erscheinen lassen, der seinerseits für kommunistisch gilt. Das Tragikomische dabei ist, daß Frank persönlich geradezu reaktionär kapitalistisch empfindet und am liebsten im Jahre 1850 in Baden-Baden gelebt hätte.» Er fragte: «Kann man nicht in Washington etwas für ihn tun?»

Upton Sinclair – der Amerika mit der schärfsten Sozialkritik konfrontierte, die sich in der Literaturgeschichte des Landes verzeichnen läßt – hatte am 17. Juni 1944 gemeldet, daß er bei der Einwanderungsbehörde interveniert habe. Fast gleichzeitig erreichte Thomas und Katia Mann die Vorladung zur Eidesleistung. Sie wurde am 23. Juni im New Federal Building von Los Angeles vollzogen: «Merkwürdiger Tag im Gange dieser 11 jährigen Aufzeichnungen», schrieb er ins Tagebuch: «Nach einigen Umständlichkeiten (...) Eintritt in den vollbesetzten Saal. Anweisungen, durch Beamte erteilt, Ansprache des Judge, Eidesleistung. Unterzeichnung der Einbürgerungspapiere. So denn also amerikanische Bürger.»

Eine tiefere Bewegung verzeichnete das Journal nicht. Immerhin schickte Katia ein Telegramm an Agnes Meyer – die er übrigens nicht gebeten hatte, für die Beschleunigung seines Verfahrens zu sorgen. Das hatte seine Gründe: die Protektorin hätte es vermutlich mißbilligt, daß der Dichter ein weiteres Mal eine privilegierte Behandlung wünsche. Trotzdem feierte die «Washington Post» den neuen Bürger der Vereinigten Staaten in einem Leitartikel, der wohl aus ihrer Feder stammte.

Beide waren verstimmt, der Autor und die Mäzenin. Thomas Mann war verdrossen, daß ihn Agnes Meyer in ihrem Porträt, das sie für die Zeitschrift des «Book of the Month Club» entwarf, «ein klein wenig zu eremiten- und hagestolzenhaft» geschildert hatte: «Ich habe ja *gern* Gäste (wenn ich ihnen Vertrauen entgegenbringe)», wandte er in einer verschnupften Entgegnung ein, «liebe ausnehmend Feste, Geburtstage, Champagner, Weihnachten mit Kindern und Enkeln, Vorlese-Abende im Freundeskreise, mag Tiere gern, bin überhaupt nicht ohne *Sympathie*.» Er rügte auch, daß sie seinen Sinn für Humor und für Komisches nicht genug betont habe, die sich doch im vierten Band seines «Joseph» «fast unerlaubt stark» hervorgetan hätten.

Agnes Meyers kleiner Aufsatz, obschon er von Bewunderung und Liebe zeugte, konnte nicht mehr verleugnen, daß sie gelernt hatte, ihn mit dem aufmerksamen Blick der kritischen Journalistin zu beobachten: «In Gesellschaft», schrieb sie, «mag Mann dann und wann vor Charme und Humor strahlen, aber er ist auch dazu fähig, eine fröhliche Versammlung in Agonien des Schweigens, der Langweile und des Grimms zu stürzen, wenn er sich in einer düsteren Stimmung befindet, die ihn gegenüber aller Realität völlig gleichgültig macht. Sein Verhältnis zu anderen Menschen kann sich so jäh verändern, daß ich gesehen habe, wie er mitten in einem vergnügten Abend plötzlich weiß und ausgezehrt vor Erschöpfung und Überdruß zu werden vermag.» Mit einer hübschen Portion Witz fuhr sie fort, bei einer dieser Gelegenheiten habe ein Gast gefragt, nachdem Thomas Mann unbeobachtet geflohen war, wo denn der Dichter sei. Ein anderer habe scharfsinnig geantwortet: «Sein Geist entfernte sich vor einer halben Stunde, sein Körper folgte wenig später.»

Die Verfasserin hielt sich nun ihrerseits an den kleinlichen Einwänden ihres Helden auf, der nicht fähig zu sein schien, auch nur den Hauch einer Kritik unwidersprochen hinzunehmen – und darin gewiß kein Übermaß des Humors bewies, den er sich selbst so gern zuerkannte. In einem Brief an Alfred Knopf klagte sie, «Seine Königliche Hoheit» schätzten ihren Artikel ganz und gar nicht, obschon sie selbst glaube, daß er seinem Gegenstand gerecht werde, ihn interessant mache und ganz gut geschrieben sei.

Thomas Mann quälte die Sorge, die amerikanischen Rezensenten könnten auf den Verdacht geraten, der «Joseph» sei für den Geschmack des amerikanischen Publikums nicht unterhaltend genug. Darin täuschte er sich nicht. Die «New York Times» druckte in ihrer Ausgabe vom 26. Juni 1944 eine Besprechung aus der Feder von Orville Prescott. Der Rezensent nahm zunächst die Stilisierung Thomas Manns zum «greatest living man of letters» unter den Zeitgenossen achtungsvoll auf, doch er fügte sofort hinzu, manche Geister, die eher zur Bescheidenheit gestimmt seien, begnügten sich damit, ihn als den «greatest living German writer» zu bezeichnen. Dann räumte er ein, daß kein amerikanischer Autor jemals eine ähnliche Autorität gewonnen habe. Nur Victor Hugo und Samuel Johnson seien mit seiner Position vergleichbar.

Zehn Jahre habe Thomas Mann an der «Joseph»-Tetralogie gearbeitet, die insgesamt (in der amerikanischen Ausgabe) mehr als zweitausend Seiten fülle – sechshundertundacht Seiten allein der letzte und vierte Band. Es sei schwierig, durch ein solches Werk nicht eingeschüchtert zu sein. Dennoch, er wolle den entschlossenen Versuch machen, von dem Buch so zu reden, als hieße der Autor Joe Smith oder Hans Schmidt. Thomas Mann habe dank seiner «kolossalen Studien im Reich der hebräischen, der griechischen, babylonischen und ägyptischen Mythologie mit gravitätisch deutscher Pedanterie und mit einer orientalischen Üppigkeit des Bilderreichtums, überdies mit einem allzu prangenden und wiederholsamen Aufwand an Worten, der sich niemals mit einem zufrieden» gebe, «wo er zwei oder zweihundert anbringen» könne, «einen brokatgeschmückten und leuchtenden Teppich gewoben».

Prescott schrieb weiter, der Leser sei allerdings oft nicht sicher, wovon «Joseph der Ernährer» handle und worum es gehe, denn Thomas Mann habe alle «konventionellen Tugenden erzählender Prosa» unbeachtet gelassen. Er nannte die Gestalten des Romans hölzern und uninteressant. Joseph selbst sei die einzige Figur, die aus Fleisch und Blut gemacht sei. Die Dialoge seien nicht nur blumig und auf orientalische Weise schwülstig, sondern vor allem unmenschlich lang. Dazu kämen die Kommentare des Autors, die von der Erzählung ablenkten.

Natürlich weise das Buch auch große Schönheiten, literarisches Geschick und immenses Wissen auf. Es sei ein tief eindrucksvolles Werk, und keiner dürfe die Lektüre versäumen, der sich für die Quellen religiösen Denkens interessiere. Doch Orville Prescott gelangte am Ende zu dem Verdikt, der vierte «Joseph»-Band sei «stiff, pompous and dull. That is the ultimate and most important fact about ‹Joseph the Provider›. It is aggressively dull, soporifically dull»: langweilig auf eine aggressive und zugleich einschläfernde Weise.

Dies war das Schlimmste, das Thomas Mann gesagt werden konnte. So hatte noch kein wichtiger Kritiker über ihn und sein Werk geschrieben. Der Vorwurf der Langweilerei traf ihn um so tiefer, da er die eigenen Zweifel, die sich bei der Arbeit immer wieder geregt hatten (und die er danach mit solcher Entschiedenheit zu verdrängen vermochte), unbefangen, ja ruchlos bestätigte. In seinen

Briefen aus jenen Wochen, gleichviel ob an Erich von Kahler, Agnes Meyer oder den Bruder Heinrich, warb er fast flehentlich darum, den «Joseph» als ein Werk höheren Humors zu begreifen. Kahler ließ er wissen, von der «Unreife (...) der amerikanischen Kritik» könne er wieder ein Lied singen, und an Heinrich schrieb er: «Du wirst sehen, es ist ein durchaus humoristisches und populäres Buch, und nichts ist falscher, als die Beschreibung, die die meisten amerikanischen Kritiken davon geben, nämlich, daß es ein mit anspruchsvoller Weisheit überstopftes Werk sei.»

Klaus Mann berichtete tröstend aus Italien, er habe das Buch bei Nacht in Zelten oder zerstörten Bauernhäusern bei flackerndem Kerzenlicht gelesen, oft unter der «leicht irritierenden Begleitung von detonierenden Artillerie-Geschossen» – und er habe sich niemals gelangweilt. Scherzend wies er darauf hin, daß sich die Beziehung zwischen Joseph und dem puerilen Pharao-Gott nicht recht entwickle; auch habe er den Verdacht, daß Josephs erbarmungswürdige kleine Frau nicht zuviel Spaß und Befriedigung in der Ehe finde. Er fragte mit freundlicher List, ob es nicht sein könne, daß «Joseph der Ernährer» ein wenig egoistisch sei. Bei dieser Gelegenheit verriet er dem Vater, daß Erika Elemente ihres Wesens in der Thamar zu erkennen glaube; auch ihm sei, als kenne er «die attraktive Schlankheit und dynamische Energie» dieser Erscheinung.

Zu allem Unglück zeigte sich Hamilton Basso im «New Yorker» nicht gnädiger als der Kollege von der «Times». Edmund Wilson, die überragende Persönlichkeit der amerikanischen Literaturkritik jener Tage, hätte die Besprechung in dem illustren Blatt gern Clifton Fadiman übertragen, der ein «großer Mann- und ‹Joseph›-Bewunderer» sei, doch er hatte schließlich dem jungen Basso in einem Brief geschrieben, man müsse in Sachen Thomas Mann, dem «Stolz der deutschen Literatur», auf jeden Fall «etwas unternehmen».

Das Ergebnis war nicht erheiternd. Bassos Kritik erschien unter dem Titel «Tonio Kröger in ägyptischem Gewand». Der Rezensent versuchte nachzuweisen, daß des Autors Selbstporträt in jener frühen Novelle im Grunde auch das Thema der «Joseph»-Romane sei: die Beziehung des Mannes, der mit einzigartigen und unvergleichbaren Gaben ausgezeichnet sei, zur Welt und zu seiner Umgebung. Er nannte den «Zauberberg» Thomas Manns «größten Roman», und er pries die «Buddenbrooks» – aber auch er sagte vom «Joseph», das Buch sei langweilig, und er rügte seinen «zweifelhaften Tiefsinn». Basso bemerkte, jeder, der Thomas Manns autobiographischen Essay – den «Lebensabriß» – gelesen habe, wisse, wie sehr er sich mit Goethe identifiziere, doch er frage sich, ob er diese Identifikation nicht zu weit getrieben habe. Mit der Unbekümmertheit, die so vielen amerikanischen Kritikern eigen ist, gestand er, daß er von «Mr. Mann, dem Denker» niemals besonders beeindruckt gewesen sei, was vielleicht gegen ihn selber spreche. Auch er teile «die allgemeine Meinung, daß er einer der größten lebenden Schriftsteller» sei, aber zuzeiten gerate er in Gefahr, «einer der größten lebenden Langweiler» zu sein – «one of the greatest living bores».

Das grenzte an Majestätsbeleidigung. Thomas Mann hat Amerika diese Demonstrationen der Respektlosigkeit niemals verziehen. Nach den Gründen für den plötzlichen Umschlag der Stimmung fragte er nicht. Er kannte die Gesellschaft der Vereinigten Staaten nicht gut genug, um zu wissen, daß nach den Gesetzen des Starkultes jedem Idol eines Tages die Rechnung für die Verwöhnung präsentiert wird: die heimliche und oft schäbige Rache des Verlangens nach Gleichheit, die hinter aller Sucht zur Vergötterung und Heldenverehrung stets auf ihre Stunde wartet. Überdies war er nicht bereit, sein Werk und seine Person zur Diskussion zu stellen. William Phillips hatte in der «Nation» in seiner – alles in allem positiven – Rezension vom «schwergewichtigen Olympianismus» Thomas Manns gesprochen. Die Ursachen, sagte er, seien in seinen «politischen Verkündigungen» zu suchen, die «voll von einer überhitzten Spiritualität» seien – «durch und durch phrasenhaft» und von der «Sonntagsrhetorik geistlicher Wiederkäuerei» nicht zu unterscheiden.

«Die Demokratie fängt an, mich satt zu bekommen», klagte der geschmähte Autor seiner Gönnerin in Washington, die in der eigenen Zeitung und in der «Book Review» der «Times» eine womöglich allzu hymnische Rezension publizierte und damit für einen gewissen Ausgleich sorgte. Mit dem Blick auf den ungnädigen Orville Prescott rief er: «Wenn jener Herr nur wüsste, wie wenig ich innerlich Gebrauch mache von dem Victor Hugo-Nimbus, den er mir zuschreibt, wie scheu meine Stellung mich macht, wenn ich sie spüre, und wie wenig ich es nötig habe, ‹die Wahrheit› über mich zu erfahren! Wenn die Wahrheit das ist, was uns demütigt, so ist sie mein täglich Brot.»

Das war sie nun freilich nicht. Niemand in seiner Umgebung, keines seiner Kinder, keiner der Freunde, kaum einer der Kollegen wagte je ein wirklich kritisches Wort über sein Werk zu äußern – und seltener noch über seine Person. Einwände wurden mit der größten Behutsamkeit formuliert. Dies galt wohl auch für Katia, die sonst kein Blatt vor den Mund nahm und für ihre oft so brüske Unmittelbarkeit gefürchtet war. Er fragte Agnes Meyer mit völliger Unschuld: «Wenn ich nur wüsste, wie es kommt, daß ich den Eindruck olympischen Anspruchs mache! Ich möchte im Grunde ja nur die Leute zum Lachen bringen und bin im Uebrigen die sich mühende Bescheidenheit selbst.»

Der Vorwurf der Langweilerei brachte ihn auch nicht dazu, den breiten Strom der philosophischen und theologischen Diskurse im «Faustus», denen sich – im Fortgang der Erzählung von den Studienjahren in Halle – die «Wingolf»-Brüder auf ihren Wanderungen hingaben, auf bescheidenere Maße einzudämmen. (Den Hinweis auf jene studentische Verbindung hatte er Paul Tillich zu verdanken.) Er war auch nicht bereit, wenigstens auf einige der musiktheoretischen Passagen, in die er alles neu erworbene Wissen packte, seinen amerikanischen Lesern zuliebe zu verzichten. Manche kompositorischen Umständlichkeiten bedrückten ihn: man denke nur an den langen Brief, den Leverkühn an den alten Kretzschmar in Leipzig schrieb – Serenus Zeitblom mußte ihn wörtlich, oder fast wörtlich, aus dem Gedächtnis zitieren, was die Grenze des Wunderbaren streifte, selbst in diesem Roman, mit dem er so oft am Rande des Möglichen wandelte. Zu Korrekturen und Straffungen konnte er sich nicht entschließen.

In Wahrheit interessierten ihn solche Einwände wenig. Rasch nahm er die Bemerkung des Essayisten Harry Levin auf, der von James Joyces «Ulysses» bemerkt hatte, er sei der Roman, mit dem alle Romane ihr Ende fänden. «Das trifft wohl auf den ‹Zauberberg›, den ‹Joseph› und ‹Doktor Faustus› nicht weniger zu», sagte er später im Essay über die «Entstehung des Doktor Faustus». Er fragte auch, «ob es nicht aussehe, als käme auf dem Gebiet des Ro-

mans heute nur noch das in Betracht, was kein Roman mehr sei» –
mit anderen Worten: der Roman-Essay, den er als seinen Beitrag
zur Literatur des zwanzigsten Jahrhunderts sehen durfte. Er hätte
auch Musils «Mann ohne Eigenschaften» und Hesses «Glasperlenspiel» nennen können. Nicht ohne Genugtuung führte er Levins
Feststellung an, daß sich «die Schwierigkeit, ein Roman-Autor zu
sein, enorm vergrößert» habe. Die Sentenz vom «Ende des Romans» aber, die auch damals schon von Seminar zu Seminar und
Akademie zu Akademie gereicht wurde, galt immer nur bis zu dem
Augenblick, in dem ein Erzähler von genialen Qualitäten mit einem
großen Buch vor sein Publikum trat: William Faulkner zum Beispiel, von dem Thomas Mann nur am Rande Kenntnis nahm, eine
Generation nach ihm Gabriel García Márquez oder der junge Günter Grass.

Thomas Mann selbst betrachtete die «Faustus»-Kapitel, die der
Übersiedlung Adrian Leverkühns nach Leipzig und seiner neuen
Hinwendung zur Musik vorausgingen, als spröde Annäherungen
an die Hauptbegebenheit des Buches: Leverkühns fatale Begegnung
mit der Hetaera Esmeralda in einer «Schlupfbude» der Messe- und
Musikstadt Leipzig, die – wie man weiß – auch «Auerbachs Keller»
beherbergte. Die Beschreibung des Ereignisses folgte, auch das
weiß man, völlig getreu der Erzählung Paul Deussens von Nietzsches Besuch in einem Kölner Bordell, den dieser seinem Freund
anvertraut hatte: der große, arme Nietzsche, von dessen «Geschlechtsleben» Thomas Mann in der Sprache der Vorstadtkapläne,
Sanitätsräte und Polizeiinspektoren sagte, er habe nur «2 mal im
Leben Verkehr gehabt».

Leverkühn entging für dieses Mal der Versuchung, in die er durch
die Teufelslist des windigen Schleppers geraten war: er ergriff die
Flucht, als ihm jene «Bräunliche, in spanischem Jäckchen, mit großem Mund, Stumpfnase und Mandelaugen» mit ihrem Arm die
Wange streichelte. Doch schließlich reiste er ihr, nachdem er sich
ihres Aufenthaltes versichert hatte, nach Preßburg nach, und er ließ
sich, damit das Verhängnis seinen Weg nehme, zuchtlos mit ihr ein,
obwohl sie ihn in einem Anflug von menschlicher Güte vor ihrem
Körper gewarnt hatte. Es kam, wie es kommen mußte: «Liebe und
Gift» flossen ineinander. Die Vermählung von Genialität und

Krankheit konnte stattfinden. Das melancholisch fragende Thema aus dem schönsten der dreizehn Brentano-Gesänge Leverkühns, dem «herzzerwühlenden Liede ‹O lieb Mädel, wie schlecht bist du», und der «Weheklag Dr. Fausti» war geboren: die Klang-Chiffre h-e-a-e-es, von der Hans Mayer hernach feststellte, sie lasse die Erinnerung an ein Motiv des «Tristan» aufschimmern.

Das Schicksal des Musikers Nietzsche-Faust, das auf schrecklich-symbolische Weise für die deutsche Tragödie stand, konnte seinen bösen Lauf nehmen.

Hatte Leverkühn die Krankheit gesucht, um stellvertretend das Leid der Deutschen, ja das Leid der Welt an sich zu ziehen? Inge Jens machte, wie zuvor Gunilla Bergsten, in ihren Anmerkungen zu den Tagebüchern darauf aufmerksam, Thomas Mann sei durch Hellmut Walther Branns Studie «Nietzsche und die Frauen» zu der Einsicht angeregt worden, daß der Philosoph die syphilitische Infektion «‹aus inneren Sühnegründen› bewußt herbeigeführt» habe: eine, wie man zugeben muß, verwegene Spekulation, die – wenn sie der Realität entspräche – eher bewiese, daß sich der Pastorensohn schon auf dem Weg in den Wahnsinn befunden hatte, noch bevor er sich der Ansteckung im Kölner Sündenpfuhl auszusetzen vermochte.

Thomas Mann quälte sich lange und bitter mit dem Kapitel. Er hielt es für angemessen, Leverkühns Brief, mit dem dieser Zeitblom von der unfreiwilligen Visite in dem plüschenen Puff berichtete, als Parodie der lutherisch-barocken Sprache des Professors Ehrenfried Kumpf zu präsentieren. Diese Verfremdung der Szene, eher verkrampft als humoristisch, gibt ein Rätsel auf, das weder die Tagebücher noch der Entstehungsbericht des Buches lösen. Thomas Mann besserte lange an den Seiten, korrigierte, schrieb um. Er vermerkte: «Unzufrieden. Wie mans macht ist es falsch.» Er fragte: «Bin ich gezwungen, den Stoff auszutrocknen und zu verderben?»

Die parodistische Form des Briefes drückt durch ihre Pseudo-originalität eine tiefe Verlegenheit aus. Es schien den Autor hart anzukommen, Adrians Fall in die Sünde zu beobachten, und beim Transfer des Ereignisses in die überspannte Humoreske verließ ihn die gewohnte Sicherheit in der Wahl der stilistischen Mittel.

Warum? Die Vermutung liegt nahe, daß Thomas Mann in jenen

Wochen eine elementare Krise durchlebte. Das sechzehnte Kapitel des «Faustus», das den Esmeralda-Brief enthält, hatte er zwar schon am 24. Mai im ersten Entwurf zu Ende gebracht. In Wirklichkeit schleppte sich die Arbeit fort. Er kehrte immer wieder, ändernd und bessernd, zu dem Kapitel zurück.

Einen knappen Monat später, am 20. Juni, beschäftigte er sich mit dem neunzehnten Kapitel, das von der Reise nach Preßburg, von der syphilitischen Ansteckung und von den mißglückten Therapien erzählte. Den ersten der behandelnden Ärzte, Dr. Erasmi mit Namen, beseitigte er durch einen plötzlichen Tod, den zweiten, Dr. Zimbalist, ließ er durch Polizeibüttel in Handschellen davonführen. Hier wie dort durften sich Autor und Leser sagen, daß der Teufel im Spiel sei: diabolus ex machina. Es mußte so sein, damit das Schicksal seinen Lauf nahm. Von der künstlerischen Souveränität, die Thomas Mann für sich beanspruchen konnte, zeugten diese Wendungen kaum.

Am 20. Juni 1944 aber, fünfzehn Tage nach seinem neunundsechzigsten Geburtstag, verzeichnete er im Journal: «Begann mit der Vernichtung alter Tagebücher.» Sonst nichts. Keine Erklärung. Er sagte auch nicht, welche der alten Hefte der Vernichtung anheimfielen. Das Gros der Aufzeichnungen bis zum März 1933 – die Jahre 1918 bis 1921 ausgenommen – verbrannte er, dies besagt eine weitere Notiz, erst ein knappes Jahr später im Grillofen draußen in seinem Garten.

Was bewog ihn zu dem Entschluß? War der Wunsch, Spuren der Vergangenheit auszulöschen, von den neugierigen Nachstellungen des FBI diktiert? Aber dann hätte er alle Notizen aus der Zeit des Ersten Weltkrieges und der ersten Jahre der Republik von Weimar, die Kompromittierendes enthalten mochten, ohne Ausnahme verschwinden lassen, schon damals. Er hätte kaum ein anderes Jahr gewartet – und er hätte nicht drei Jahre ausgespart, die von seiner einstigen Verkrampfung in nationalistischen Ressentiments und seiner mühsamen Annäherung an die Demokratie dieses und jenes peinliche Zeugnis liefern konnten. Gab er dem Verlangen nach, im Erwerb der amerikanischen Staatsbürgerschaft eine radikale Zäsur zu erkennen, die ihm nahelegte, seine deutsche Biographie dem Vergessen zu überantworten? Doch das hätte seinen Bekundungen widersprochen, daß er bis zum Ende seiner Tage ein deutscher Schriftsteller bleiben werde.

Was also? Er hatte schon einmal, man erinnert sich, auf einer der ersten Italien-Reisen, private Aufzeichnungen vernichtet, die zu viele beschwerende Geheimnisse enthielten, wie er damals dem Freunde Otto Grautoff gestand. Die Briefe an jenen Gefährten hatten angedeutet, daß der hanseatische Jüngling in Venedig oder Neapel einer sexuellen Begegnung ausgesetzt war, die ihn verstört hatte. Könnte es sein, daß Thomas Mann damals von der Furcht heimgesucht war – ob zu Recht oder nicht –, er könne bei jenem Exkurs selbst das «Gift der Liebe» und die «Liebe als Gift» kennengelernt haben? Wie anders erklärte sich das Bekenntnis zur Askese, das er als junger Mensch hernach mit solch traktätchenhaftem Eifer gepredigt hat? Wie der tiefe Abscheu vor aller Sexualität, sofern sie sich nicht in der fernen Anschauung hübscher Jünglinge erfüllte und zugleich sublimierte? Wie die Faszination durch die Verbindung von Krankheit und Genie, schon in frühen Jahren, längst vor Katia Manns Sanatoriumsaufenthalt, obwohl er selbst weder ein kränkliches Kind noch ein schwächlicher junger Mann war?

Eine Heilung der Lues war auch in jenen Tagen, vor der Erfindung der Antibiotika, nicht ausgeschlossen. Indes, auch nach einer physischen Genesung könnte jene Heimsuchung – wenn es sie denn gegeben hat – ein unauslöschliches Trauma in seiner Seele hinterlassen haben, eine Grundangst, die viele seiner Lebensregungen und seiner Lebensverweigerungen diktiert haben mag: seine Produktivität und seine Kälte, sein Verlangen nach der schützenden Familie und seine Kontaktarmut (trotz aller Geselligkeit), sein übermächtiges Selbstbewußtsein, das sich so rasch erschüttern ließ, und die Willensleistung, der er sein ganzes Dasein unterwarf.

Fragen, die wohl niemals eine Antwort finden werden. Es ist dennoch notwendig, sie zu stellen.

89. KAPITEL

Gespräch mit dem Teufel

In der Morgendämmerung des 6. Juni 1944, es war Thomas Manns neununsechzigster Geburtstag, stand die gewaltigste Armada der Geschichte vor der Küste Frankreichs. Expeditionskorps der amerikanischen und englischen Armeen, die in den folgenden Stunden an Land gesetzt wurden, eroberten Brückenköpfe bei Calais, Le Havre und Caen: die so lang ersehnte, so lange versprochene Invasion des Festlandes hatte begonnen.

«Eigentümliches Zusammentreffen», schrieb Thomas Mann in sein Tagebuch. Agnes Meyer, die anrief, um ihm zu seinem Fest zu gratulieren, versicherte, die Nachrichten aus dem Pentagon über den Fortgang der Operation seien befriedigend. Er schrieb weiter am Schluß des siebzehnten «Faustus»-Kapitels: Zeitbloms beunruhigter Reflexion des Leipziger Abenteuers, über das ihn Adrians barock-parodistischer Brief ins Bild gesetzt hatte, um den «Harnisch von Reinheit, Keuschheit, intellektuellem Stolz, kühler Ironie» des Freundes bangend, der ihm «heilig war, – heilig auf eine gewisse schmerzliche und heimlich beschämende Weise», wie der getreue und in sein Idol schmerzlich verliebte Knappe schrieb, in dem Helmut Koopmann nicht nur den Autor, sondern auch den Nietzsche-Freund Overbeck zu erkennen glaubt. (Übrigens gab es einen Maler mit Namen Bartholomäus Zeitblom, 1455 in Nördlingen geboren, den Meister des «Kilchberger Altars».)

Anfang Juli langte ein Kabel von Erika aus London an, das knapp besagte: «Back from over there.» Dies konnte nur heißen, daß ihr eine journalistische Exkursion zu den Landungstruppen erlaubt worden war. Klaus aber hockte noch immer in Italien, entwarf Flugblätter, vernahm deutsche Gefangene, unter ihnen einen jungen Schauspieler aus München, von dem er sich tief angezogen fühlte; er hielt ihn für geeignet, sich an den Radio- und Lautsprecherkampagnen zu beteiligen, die seine Kameraden überreden sollten, die Front zu wechseln.

Ausflüge nach Rom und nach Florenz unterbrachen die Monotonie des Dienstes im Schatten der Front. Die ersehnte Beförderung aber ließ auf sich warten. Noch immer war Klaus nicht über den Sergeant zum erstrebten Rang eines Leutnants vorgerückt. So suchte er nach Wegen, dem allzu engen Pferch des Armeedienstes zu entkommen, ohne die Uniform ausziehen zu müssen. Der Vater schrieb im September an Elmer Davis, den Leiter des Informationsamtes in Washington, Klaus strebe nach einer Aufgabe als Radiokommentator, Journalist, Herausgeber einer Zeitschrift, als allgemeiner Kulturreferent und Kontaktmann – als Zivilist, doch mit Offiziersrang und Offiziersprestige. Er habe darum seine Entlassung aus der Armee beantragt, doch dabei einen Termin versäumt. Ein Wort von Mr. Davis würde das Problem sofort lösen. Er müsse nur den Wunsch äußern, Klaus künftig als Zivilisten, nicht als Soldaten in Deutschland zu verwenden. Elmer Davis zeigte guten Willen, doch die Hindernisse ließen sich so rasch nicht überwinden.

Der Sohn Golo wiederum lehnte die Versetzung in den zivilen Stand ab, die ihm angeboten war. Er begnügte sich – das «Sein» war ihm, nach der preußischen Maxime, wichtiger als das «Scheinen» – mit dem Rang eines Unteroffiziers. Seine Arbeit im Nachrichtendienst erlaubte es ihm, dem Vater von Zeit zu Zeit Informationen über den Stand der deutschen Dinge zukommen zu lassen. Klaus schickte dem Vater aus Italien einige deutsche Zeitungsausschnitte, denen zu entnehmen war, daß dem Urfreund Ernst Bertram der «Rheinische Dichter-Preis» verliehen worden war.

In der britischen Hauptstadt schlugen die ersten V1-Raketen aus der Peenemünder Werkstatt Wernher von Brauns ein. Unterdessen waren die sowjetischen Truppen zu einer Offensive gegen die deutsche «Heeresgruppe Mitte» aufgebrochen. Mehr als dreihunderttausend Soldaten Hitlers, sagte man, seien gefallen oder in

Gefangenschaft geraten. Die Truppen der Roten Armee näherten sich Ostpreußen und Warschau.

Das Debakel rückte dem Reich immer näher. Thomas Mann und die Seinen waren – wie alle Mitglieder der Exil-Gemeinschaft – in die chronische Debatte über die Zukunft Deutschlands verstrickt, obschon er die Unterzeichnung des Manifests von Paul Tillich, Reinhold Niebuhr und Dorothy Thompson verweigert hatte. Agnes Meyer hatte ihm die Bedenken gegen eine allzu radikale Amputation deutscher Territorien, wie sie in Teheran beschlossen worden war, nicht verschwiegen. Es werde einem bei der Schilderung der Pläne natürlich «schwül», antwortete er: «Bis zur Oder. Königsberg, Stettin, auch wohl Breslau. Und dass es gerade die Polen sind, denen ich so wenig wie Sie etwas zutraue! Vielleicht bringen sie als russisches Protektorat einen besseren Staat zuwege als der, den sie bisher zu präsentieren wussten. Phantastisch bleibt die Sache. Aber andererseits, Deutschland hat so Phantastisches angestellt, dass niemand sich wundern darf, wenn ihm Phantastisches geschieht.»

Er sei längst soweit, setzte er hinzu, daß er keine Miene über irgendeine Maßnahme verziehen werde, die alliierte Staatsmänner «für notwendig halten werden, um Deutschland ausserstand zu setzen, sein Spiel in einer absehbaren Zukunft zu wiederholen». Allerdings, die Verantwortung «für die *auch* möglichen Folgen» möge er nicht tragen. Die Staatsmänner hätten breitere Schultern, und der Gedanke an die «Abkühlungs-Frist zwischen Kapitulation und eigentlichem Friedensschluss» gewähre eine leichte Beruhigung. In einem späteren Brief meinte er: «Ueber das deutsche Schicksal grübelt man immer wieder nach. Was man vorhat, ist gefährlich. Wenn wenigstens die Welt zur Auswanderung, zur deutschen Diaspora offen stände. Aber weitere 10 Millionen evakuierter Deutscher in das stark verengte, übervölkerte Reichsgebiet hineinzupressen – es kann nicht gut gehen.»

Den Aufstand der Offiziere gegen den Diktator am 20. Juli 1944 nahm er mit knappen Worten zur Kenntnis. Er schrieb ins Journal: «Es ist der Anfang vom Ende.» Die Nachrichten waren ungenau. Man sprach in Amerika von der Meuterei zweier Divisionen in Ostpreußen und eines Teils der Flotte (wovon in Wirklichkeit keine Rede sein konnte). Thomas Mann vermutete, die Generäle hätten beabsichtigt, eine Verständigung mit den Russen zu suchen. Sein Mitgefühl mit den Opfern von Hitlers Rachejustiz war begrenzt. Später schrieb er an Agnes Meyer: «Bei dem grässlichen Untergang gewisser Leute jetzt in Deutschland muss man an das Wort denken: ‹Qui mange du Pape en meurt.› Den Gesandten von Hassel z. B. kannte ich aus seiner Kopenhagener Zeit. Als ich 1929 dort war, hielt er zu meinen Ehren eine ausgezeichnete intelligente und formgewandte Rede. Es war einer der Menschen, die den Nazis nie hätten dienen dürfen und die es aus Ehrgeiz, Cynismus, Unverstand doch taten. Zu spät sind sie sehend geworden – als es nur noch ihr Tod, ein möglichst ehrlos gestalteter Tod, sein konnte.»

Im Essay über «Die Entstehung des Doktor Faustus» fand er ein Wort halben Respekts für den Feldmarschall Rommel, der – vor der «Wahl zwischen Selbstmord mit Staatsbegräbnis und schändendem Hochverratsprozeß nebst Tod am Galgen» – das Gift gewählt habe und damit «der bedeutendste Heerführer dieses Krieges» geblieben sei. Montgomery, sagte Thomas Mann, habe «immer sein Bild mit sich geführt und gehofft, ihn eines Tages von Angesicht zu Angesicht zu sehen». Allzu naiv fragte er, ob Rommel denn «keine Möglichkeit gehabt» habe, «über den Kanal zu entkommen». Immerhin war dies eine stille Korrektur des Wortes vom «frechen Nazi-Bandenführer», mit dem er einst seine deutschen Hörer eher verstört hatte. Schließlich geriet er auf den absurden Verdacht, der Anschlag auf Hitlers Leben habe gar nicht stattgefunden.

Im Fortgang des Sommers war er zum zwanzigsten Kapitel des «Faustus» vorangeschritten: in den Bannkreis Adrian Leverkühns trat Rüdiger Schildknapp, in dem sich ohne große Schwierigkeit Hans Reisiger erkennen ließ, der Übersetzer und Schriftsteller, einer der ältesten und treuesten Gefährten Thomas Manns und seiner Kinder, der nicht den Mut gefunden hatte, das Wagnis der Emigration auf sich zu nehmen, nachdem er vom Einmarsch der deutschen Truppen in einem Tiroler Winkel überrascht worden war. Thomas Mann und Bermann Fischer hatten sich alle Mühe gegeben, ihm die Wege nach draußen zu ebnen, doch Reisiger, nach kurzer Verhaftung freigelassen, zog eine unauffällige Existenz in der Heimat vor. Niemand wußte, wo er sich aufhalten mochte. (Später gab er an, ihm sei – trotz einer telegraphischen Anforderung durch die

Berkeley University – das amerikanische Visum verweigert worden, da er die zweijährige Lehrtätigkeit an einer deutschen Hochschule nicht habe nachweisen können, die von den Konsulatsbeamten verlangt wurde. Thomas Mann meinte in einem Brief an Erich von Kahler vom September 1946, die Schwierigkeiten wären zu überwinden gewesen, «wenn sie in etwas anderem als in seiner Trägheit und Treulosigkeit bestanden» hätten.)

Schildknapp sollte Adrian den Text für eine Oper nach Shakespeares «Love's Labour's Lost» einrichten, doch der angenehme junge Mann, der mit einer «eleganten und sportlich herrenhaften» Erscheinung begabt war – von «markanten Gesichtszügen», überdies «hochgewachsen, breitschultrig, schmalhüftig, langbeinig» –, wurde dem Komponisten ein unentbehrlicher Partner, auch dank seines Charmes, der für Frauen und Männer wohl die gleiche angenehme Ausstrahlung hatte. Für Frauen schien sie einen Hauch stärker zu sein, wie der Erzähler Zeitblom andeuten durfte, vor allem für die «jüdischen Verlegersfrauen und Bankiersdamen», die «mit der tiefgefühlten Bewunderung ihrer Rasse für deutsches Herrenblut und lange Beine» zu ihm aufblickten. Nicht nur die amerikanischen Kritiker in ihrer heiteren Ruchlosigkeit, sondern auch der altweise und vom Gram des Lebens gezeichnete deutsche Dichter schien über eine bemerkenswerte Unbefangenheit zu verfügen, die es ihm erlaubte, in jenem Jahr 1944 – als täglich Abertausende in die Vernichtungsmaschine des Dritten Reiches getrieben wurden – über die jüdische Gesellschaft des wilhelminischen Deutschland mit einer ungenierten Schmissigkeit zu schreiben, als zeigte der Kalender noch immer das Jahr 1905 an, in dem ein wohletablierter und überdies jüdisch versippter Autor kühl-ironischen Sinnes die Novelle «Wälsungenblut» verfassen konnte.

Wenige Seiten später wurde der Biograph Serenus Zeitblom – während ihm Helene geborene Ölhafen, seine «gute Frau», den Morgentrank bereitete – dank der Zeitung endlich gewahr, daß draußen Krieg herrschte: ein nicht gleichgültiger Umstand, der womöglich der Aufmerksamkeit des späteren Lesers zeitweilig entglitten war, da von den Schlächtereien an den Fronten, vom Bombenhagel und den Greueln der Diktatur über lange Kapitel hin nie mehr die Rede gewesen war – nach der Zeitrechnung des Romans schrieb man unterdessen den August 1944. Nun erfuhr man plötzlich von Unterseebooten, vom Protest der Münchner Studenten und ihrer Hinrichtung, vom «fürchterlichen Bombardement der Stadt Dürers und Willibald Pirckheimers» und von der Ankunft des «jüngsten Gerichts» in München, dessen Getöse bis nach Freising herüberdrang: «bleich und wie die Wände, die Türen, die Fensterscheiben des Hauses bebend» saß Zeitblom in seiner Studierstube und schrieb «mit zitternder Hand» an der Lebensgeschichte weiter. Seinem Herzen entrang sich der Seufzer: «Es ist aus mit Deutschland, wird aus mit ihm sein, ein unnennbarer Zusammenbruch, ökonomisch, politisch, moralisch und geistig (...) zeichnet sich ab». Er wolle es nicht gewünscht haben, was drohe, klagte der Chronist, «weil viel zu tief mein Mitleid, mein jammervolles Erbarmen ist mit diesem unseligen Volk», dessen «völkische Wiedergeburt» vor zehn Jahren, dieser «scheinbar heilige Taumel», schon den Krieg, «diesen ganzen Krieg», in sich getragen habe. Nein, er wolle es nicht gewünscht haben – «und hab' es doch wünschen müssen».

Mit der Hilfe einiger gedruckter «Sternchen», die er eine «Erquickung für Auge und Sinn des Lesers» nannte, gelangte der Erzähler zu Adrian und seiner Musik zurück. Zeitbloms Freund stand vor der nicht leichten Aufgabe, «auf eigene Hand, ohne von den Wienern zu wissen, die 12 Ton-Technik» zu erfinden – «anknüpfend an seine Organisation des Liedes ‹O lieb Mädel, wie schlecht bist du› durch die ‹Reihe› h-e-a-e-es (Hetaera Esmeralda)». Die Reihen-Technik werde sich so als «Teufelswerk» herausstellen, schrieb er an Agnes Meyer. Schönberg, setzte er hinzu, werde ihm die Freundschaft kündigen. Das tat der Komponist denn auch, als das Buch erschien, doch nicht, weil es der Leibhaftige war, der Adrian Leverkühn sein Kompositionssystem eingegeben hatte, wie der Autor vermutete, sondern weil er sich des Eindrucks nicht erwehren konnte, daß sich Thomas Mann seines Werkes und seines geistigen Eigentums bedient hatte, ohne ihm dafür mit der geringsten Reverenz Ehre und Genugtuung zu erweisen. Thomas Mann hielt es für angebracht, nachdem er über den Undank des gelehrten Musikers gemurrt hatte, in der neuen Ausgabe des Romans nach dem Jahre 1947 eine lange und elaborate Passage zu streichen, in der sich der Komponist plagiiert sehen mochte. Außerdem fügte er einen bescheidenen Verweis auf die Urheberschaft des Wiener Meisters hinzu.

Schönberg war mit der eigentümlichen Technik der «Wirklichkeits-Montage» nicht vertraut, deren sich Thomas Mann schon bei den essayistischen Exkursen des «Joseph» mit einer bemerkenswerten Sorglosigkeit bedient hatte, wie er denn bei der Komposition seiner Bücher überhaupt erstaunlich unbekümmert zu Werke ging. Hernach war er allemal überrascht, wenn sich die unfreiwilligen Zulieferer nicht so geschmeichelt fühlten, wie es die orientalistischen Professoren beim «Joseph» waren – oder, in einer bewunderswerten Steigerung, der generöse Theodor W. Adorno, der es gern zuließ, daß die Einsichten seiner musikalisch-philosophischen Schriften und ganze Sentenzen aus seinem Wagner-Aufsatz Eingang in den «Faustus» fanden. Nachdem Thomas Mann im Sommer 1945 Bruno Walter und seiner Tochter die Passagen über die Sonate Opus 111 und den kauzigen Musik-Prediger Beißel vorgelesen hatte, sprach er von der «überraschenden, aufregenden Wirkung» auf den Dirigenten, der enthusiastisch feststellte, «über Beethoven» sei «nie so Wahres gesagt worden». Mit einer verblüffenden Unverfrorenheit setzte Thomas Mann hinzu: «Dabei ist manches von Adorno als das Meine übernommen.» «Je prends mon bien où je le trouve», fügte er hinzu, Molière zitierend. Später sagte er hart und entschieden, was von anderen übernommen und ins eigene Werk eingeschmolzen worden sei, werde geistiges Eigentum des Nehmers – also sei der Plagiatsvorwurf ohne Kraft.

Hans Wysling meinte in seinen «Quellenkritischen Studien», Thomas Mann habe dazu geneigt, «sein Montageverfahren noch aus der Blickrichtung des 19. Jahrhunderts zu bewerten, das im Dichter den Genius, den Begnadeten und Inspirierten sah, der seine Werke mit seherischer Kraft *ex nihilo* erschuf». Er hätte hinzufügen können, daß er das Privileg des Genies, dem – dank der schöpferischen Gnade – alles erlaubt war, mit dem großzügig-ungenauen Begriff des geistigen Eigentums verband, der im siebzehnten und achtzehnten Jahrhundert üblich war. Johann Sebastian Bach zum Beispiel durfte ganz unbedenklich die Violinkonzerte Vivaldis in Cembalikonzerte transponieren, die unter seinem Namen publiziert wurden, ohne daß jemand Anstoß genommen hätte.

An Agnes Meyer hatte der Dichter einige Kapitel zur Probelektüre geschickt. Sie antwortete mit dem Enthusiasmus, den er erhofft hatte: «Liebster Meister, was haben Sie da für einen Zaubertrank gemischt!» Dann fragte sie in halbem Scherz: «Und Sie wollen ermutigt sein bei einer solchen geistig-geisterhaften Entdeckungsreise? Glücklich preise ich mich solche Worte von Ihnen zu hören. Denn daß Sie im Begriff sind das Unerhörteste und Bezaubernste zu liefern, ahnen Sie, und dennoch wünschen Sie den Jubelruf Ihrer Freundin zu hören. Das ist schön, und erfreut mir das ganze Gemüt.» Thomas Mann war erleichtert: «Ihr grosses Herz hat gesprochen», sagte er dankbar, dieses eine Mal wohl ohne die übliche Beimischung von Ironie und Heuchelei. Wenige Wochen später gestand er der Mäzenin, es sei sehr schwer, die «musikalischen Exaktheiten» des Buches «geniessbar» und «dialogfähig» zu machen, ohne «ins Abhandlungsmässige zu verfallen».

Seine Sorge war angebracht. Nur die musiktheoretisch versierten Musterstudenten germanistischer Oberseminare konnten später die Abschnitte des Textes, die sich mit der Technik der Komposition befaßten, ohne Probleme durcheilen. Der Rest der Leser, zumal der amerikanischen, mußte sich wohl eher mit angefeuchtetem Finger durch die gelehrten Unterweisungen arbeiten, bis er, nach harter Prüfung aufatmend, ein Kapitel erreicht hatte, in dem von keinem «temperierten Halbton-Alphabet», keinem «Absolutwerden der Dissonanz» und keinem «Abgenutztsein des verminderten Septimenakkords» die Rede war: zum Beispiel im Kapitel dreiundzwanzig, von dem der Autor sagte, mit ihm trete der «Faustus» in eine «Phase des Gesellschaftsromans» – der freilich zugleich ein Familienroman war.

Die Wohnung in der Münchner Rambergstraße, in die Adrian Leverkühn nach dem Fortgang aus Leipzig als Untermieter Einzug hielt: der Verfasser schrieb sie einer «Senatorswitwe aus Bremen, namens Rodde» zu, doch sie war, es gab keinen Zweifel, in Wirklichkeit das Reich seiner Mutter. Exakt schilderte der Sohn den Salon mit den «bronzierten Kandelabern», den «vergoldeten Gitterstühlchen», dem «Sofa-Tisch mit Brokatdecke» und dem «reich gerahmten, stark nachgedunkelten Ölgemälde von 1850, welches das Goldene Horn mit dem Blick auf Galata darstellte» – «Reste eines einst wohlhäbigen bürgerlichen Haushalts», in dem die Witwe «von damenhafter Haltung, elfenbeinfarbenem Teint und angenehmen, noch ziemlich wohlerhaltenen Gesichtszügen» hof hielt.

Alter, nie verwundener Kummer wurde in dem Porträt, das Thomas Mann ein halbes Jahrhundert später von der Mutter entwarf, in halber Andeutung und in halbem Verschweigen sichtbar. Nach dem Tod ihres Gatten, ließ er Serenus Zeitblom schreiben, seien in der Frau «Wünsche einer unerschöpften und wahrscheinlich nie recht befriedigten Lebenslust» frei geworden. Man habe sie, verriet er, noch immer ein wenig indigniert, «am besten durch kleine, nicht zu weitgehende Schlüpfrigkeiten, Anspielungen auf die gemütlich-unbedenklichen Sitten der Kunststadt, Anekdoten von Kellnerinnen, Modellen, Malern» unterhalten, die «ihr ein hohes und zierlich-sinnliches Lachen bei geschlossenem Munde entlockten». Die Töchter Ines und Clarissa, in denen die Schwestern Julia und Carla zu erkennen sind, hätten jenes Lachen nicht geliebt: «sie tauschten kalt mißbilligende Blicke dabei, die alle Reizbarkeit erwachsener Kinder gegen das Unerledigt-Menschliche im Wesen der Mutter erkennen ließen», obschon Clarissa sich aus dem Bürgerlichen entwurzelt habe – eine «hochgewachsene Blondine», mit einem «großen, kosmetisch geweißten Gesicht», einer «gerundeten Unterlippe und dem wenig entwickelten Kinn». Der Bruder beschwor ihre «Neigung zum Skurril-Makabren», erwähnte die Totenköpfe und Skelette, mit denen sie sich umgab, und er verschwieg nicht, daß die junge Frau, die sich auf die dramatische Laufbahn vorbereitete, sich später mit Gift aus dem Leben schaffte. Auch Ines, die Ältere, sei schließlich zu jener «tragischen Tat» bestimmt gewesen. Sie habe im Protest gegen das Süddeutsche, die Kunststadt München und ihre Boheme gelebt: «rückwärts gewandt mit Betonung zum Alten, Väterlichen, Bürgerlich-Strengen und Würdigen». Doch dieser Konservativismus sei nur eine «Schutzvorrichtung (...) gegen Spannung und Gefährdungen ihres Wesens» gewesen. Sie war «zierlicher von Gestalt als Clarissa: Schweres aschblondes Haar belastete ihr Haupt, das sie bei gedehntem Halse und gespitzt lächelndem Munde schräg vorgeschoben trug.»

München, das war auch die Welt des Rudolf Schwerdtfeger, des «begabten jungen Geigers, Mitglied des Zapfenstößer-Orchesters, das neben der Hofkapelle eine bedeutende Rolle im musikalischen Leben der Stadt spielte»: der Musikus war das Abbild von Paul Ehrenberg, dem Maler, den man die große Liebe Thomas Manns oder, vielleicht eher, das Ziel der leidenschaftlichsten Passion seiner jungen Jahre nennen darf. In dem Hinweis auf Rudolfs Neigung zum «Flirt mit dem schönen Geschlecht, jungen Mädchen sowohl wie reiferen Frauen», trat eine Spur der alten Kränkungen zutage.

Serenus Zeitblom, der das bürgerliche Ich des Autors vertrat, hatte die Erfahrung der Eifersucht auf sich zu nehmen, in der sich seine zarte Homoerotik zu erkennen gab. Er war, wie Thomas Mann schrieb, «sorgenvoll» in den Freund verliebt – das Alter ego, das Künstler-Ich: in seine «‹Kälte›, seine Lebensferne, seinen Mangel an ‹Seele›…, in sein ‹Unmenschentum› und ‹verzweifelt› Herz, seine Überzeugung, verdammt zu sein». Eckhard Heftrich knüpfte in seiner Arbeit über den «Faustus» an dieses Schlüsselzitat die Frage, wie man in einen Menschen von solch einschüchternder und kaum liebenswerter Beschaffenheit vernarrt sein könne. Er antwortete: «wohl nur in der Art eines zur verschließenden Einsamkeit und Hybris gesteigerten Narzißmus».

Die Personnage des Salons der Witwe Rodde gab dem Autor Gelegenheit, ein Panorama der Münchner Gesellschaft um die Jahrhundertwende zu entwerfen: mit dem musikalischen Oberpostrat namens Knöterich, der Wagner-Sängerin Tanja Orlanda, in der man die Geliebte des Schwiegervaters Pringsheim wiederfindet, dem Intendanten von Riedesel (nach Ernst Ritter von Possart), dem Verleger Radbruch (nach Rudolf Oldenbourg) oder dem «älteren, vermögenden und kinderlosen Ehepaar» in seiner «etwas düsteren, aber prächtigen Wohnung», das auf den seltsamen Namen «Schlaginhaufen» hören durfte.

Zu den Hauptpersonen in dieser Kollektion von Originalen und sogenannten Charakteren gehörte die Romandichterin «Jeannette Scheurl», die das Konterfei Annette Kolbs war: ein Geschöpf «von mondäner Häßlichkeit, mit elegantem Schafsgesicht, darin sich das Bäuerliche mit dem Aristokratischen mischte, ganz ähnlich wie in ihrer Rede das bayerisch Dialekthafte mit dem Französischen (…), außerordentlich intelligent und zugleich gehüllt in die naiv nachfragende Ahnungslosigkeit des alternden Mädchens». Ihrem Geist sei, wie Thomas Mann weiter schrieb, «etwas Flatterndes, drollig Konfuses» eigen gewesen, worüber sie selbst aufs herzlichste gelacht habe.

Die Betroffene betrachtete die genialische Skizze, die ihr bei der Lektüre des Buches begegnete, freilich keineswegs als Anlaß zu gesteigerter Heiterkeit. Sie war tief verstimmt. Nach dem Erscheinen des Buches schrieb sie Thomas Mann aus Paris, daß im Hinblick auf ihre «langjährige Freundschaft (...) keine Unaufrichtigkeit» zwischen ihnen bestehen dürfe. Doch sie räumte nicht ein, daß sie über das «elegante Schafsgesicht» verstimmt war, das sie in der Tat durch die Welt trug; vielmehr behauptete sie, sie sei durch die Schilderung ihrer Mutter verletzt worden, die Thomas Mann ihres Wissens doch gar nicht gekannt habe. Der Autor bezeichnete ihre Zeilen als «kümmerlich». Annette Kolb schwieg danach hartnäckig bis zu Thomas Manns Tod, der ihr den Anlaß zu einem versöhnlichen Brief an Katia gab. Sie sagte, nach der Bezeigung ihrer Trauer, ihre Hemmung sei zu groß gewesen, sich von der verjährten Verstörung noch zu Lebzeiten des Freundes ganz zu befreien.

Ein Ausflug nach «Pfeiffering» gab Leverkühn Gelegenheit, seine künftige Fluchtburg kennenzulernen: den Hof der Familie «Schweigestill» alias Schweighardt in dem Flecken Polling, in dem die Mutter auf ihre alten Tage gehaust hatte. Auch diese Namen hatte Thomas Mann, wie Peter de Mendelssohn feststellte, den Schriften Martin Luthers entnommen – wie nahezu alle Namen seines Personals. Die Beschränkung der Auswahl auf die Epoche der Reformation hatte den Nachteil, daß die Namen ausschließlich alt- und kerndeutsch waren. Sie entsprachen damit kaum mehr der Gesellschaft in der Wende vom neunzehnten zum zwanzigsten Jahrhundert, die längst von Zuwanderern aus Ost und West und Nord und Süd, von Familien polnischer und tschechoslowakischer, französischer und italienischer Herkunft durchsetzt war. Der Autor wurde übrigens der Veränderung, die sich mit den Deutschen im Gang ihrer Geschichte vollzogen hatte, durchaus gewahr. In seinem Tagebuch vermerkte er, daß im siebzehnten Jahrhundert – genauer: durch den Dreißigjährigen Krieg – so «etwas wie der Untergang einer Rasse» stattgefunden habe, und er berief sich auf Nietzsche,

der – selbst einer Sippe polnischen Ursprungs entstammend – ein
«slavisches Europa» vorausgesagt hatte.

Das Teufelskapitel, für das Thomas Mann im August 1944 die
ersten Notizen zu Papier brachte, sollte sich durch seine Sprache
als das zentrale Element des Romans zu erkennen geben. Thomas
Mann schrieb an ihm mit unablässiger und niemals ganz befriedigter
Mühe. Es war ein langes und schweres Kapitel, an dem er vom späten Herbst 1944 an über Weihnachten und Neujahr 1945 hinweg bis
in den Januar arbeitete, fünfzig Tage lang, zu Anfang nicht nur
durch die Sperrigkeit des Stoffes, sondern auch seine anhaltende
Schwäche nach einer weiteren schweren Magen- und Darmgrippe
aufgehalten, der zweiten des Jahres, die ihn vierzehn Pfund seines
Körpergewichts kostete – womöglich die Ankündigung einer ernsteren Heimsuchung, die sich in seinem Körper vorbereitete. Danach quälten ihn eine hartnäckige Neuralgie und Zahnprobleme.

«Leiden an der Arbeitsratlosigkeit», schrieb er in jenen Tagen in
sein Journal, «verstärkt durch Sorge um das Verderben des Romans
und körperliche Reduziertheit.» Kurz danach ein zweiter Eintrag,
der eine Krise anzeigte: «Energiemangel, bis zur Unfähigkeit, einen
Brief zu schreiben. Wenn nur nicht auch das Grauen vor der Ver-
fehltheit des Romans sich einmischte, den ich mit so erregenden
Neuheitsgefühlen begann!»

Es brauchte die Ermutigung durch den Beifall der Freunde, um
seinen Elan wieder zu wecken. Die Vorlesung des Münchner Kapitels eignete sich – dank der heiter-boshaften Charakterisierungen
seines Personals – zum Vortrag aufs prächtigste. Dankbar verzeichnete der Autor: «Kluge, bewegende Äußerungen Werfels über die
Thematik und neuartige Komposition des groß konzipierten und
gefährdeten Buches.» Das nachfolgende Gespräch habe seinen
«Glauben an das Buch wieder etwas stimuliert».

Dennoch, die Begegnung mit dem Leibhaftigen, der sich selbst
den «Engel des Giftes» nannte, schien immer aufs neue seiner for-
menden Kraft zu entgleiten. Die Unterredung mußte sich in Palestrina zutragen, gewissermaßen an historischer Stätte: in jener
Pension, in der Thomas Mann – nach dem Recht jener Zeit gerade
volljährig geworden – bei einem langen Aufenthalt mit dem Bruder
die «Buddenbrooks» konzipiert hatte. Er hauste damals, man erin-

nert sich, mit Heinrich in der Casa Bernardini, einem alten und geräumigen Steinhaus von karger Einrichtung, doch nicht allzu un-
wohnlich. Als Begleiter war Adrian Leverkühn – statt des Bruders –
nun der Übersetzer Rüdiger Schildknapp zugeteilt, mit dem er sich
später auch geraume Zeit in Rom aufhielt. Sie nahmen eine Wohnung in der «Via Torre Argentina, nahe dem Teatro Costanzi und
dem Pantheon, drei Treppen hoch»: es war exakt die Adresse, die
1897 für ihn und Heinrich gegolten hatte.

In seinen «Nachbemerkungen» schrieb Peter de Mendelssohn,
Thomas Mann habe 1953 beiläufig davon erzählt, daß er sich «an
einem heißen Nachmittag» dort droben in Palestrina «nicht wohl-
gefühlt» und darum den Bruder auf dem «gewohnten Spaziergang»
nicht begleitet habe. Allein sei er in dem «kühlen, steinernen Saal,
auf halber Höhe einer Treppengasse» zurückgeblieben. Dort habe
er, in der Nachmittagshitze, «urplötzlich, auf dem schwarzen Sofa
sitzend, einen Fremdling erblickt, von dem er sofort gewußt habe,
daß er kein anderer als der Teufel sei». Eine rationale Erklärung für
die Erscheinung versuchte er nicht. Konnte die Halluzination durch
eine Krankheit verursacht sein?

Der junge Schriftsteller wies den Teufelsspuk in seinem ersten
Roman dem wunderlichen Christian Buddenbrook zu. Nun, ein
halbes Jahrhundert später, rief er die düstere Vision von neuem herbei – wie damals angeregt durch die Lektüre der «Brüder Karama-
sow» Dostojewskis, die er, wie er im Essay über die Entstehung des
«Doktor Faustus» sagte, mit «distanzierter Aufmerksamkeit»
nachgelesen habe.

Die groteske Szene der Begegnung mit dem Leibhaftigen teilte
sich dem Chronisten Zeitblom durch eine nachgelassene Aufzeichnung Adrian Leverkühns mit, die er mit der ihm eigenen Pedanterie
kopierte. Wie in seinem Brief über die Leipziger «Schlupfbude» mit
der Hetaera Esmeralda hatte sich Adrian einer Kunstsprache zu bedienen, die sich ans Lutherische lehnte: «fein altdeutsch (...), ohn
einige Bemäntelung und Gleisnerei». So wollte, so sollte es dem
Fürsten der «Hellen und ihrer Spelunck» gefallen, der übrigens, das
versteht sich, rötlichen Haares war, auch mit rötlichen Wimpern
und geröteten Augen versehen wie nahezu alle Boten des Unheils
im Werk Thomas Manns (und im Aberglauben des Volkes).

Freilich wagte der Autor die sprachliche Verfremdung nur halbherzig. Er geriet mit ihr, der bloße Verdacht hätte ihm peinlich sein müssen, unversehens in die Nähe des «Paracelsus» von Erwin Guido Kolbenheyer, des schweratmigen Künders deutscher Tiefe aus dem Sudetenland. Thomas Mann verwucherte die Luther-Sprache in eine Parodie des barocken Deutsch aus der Epoche des Dreißigjährigen Krieges, den der kalte Gast eine «dreißigjährige Lustbarkeit» nannte – übrigens nur wenige Sätze, lange und geballte Sätze, ehe er zum Nervus rerum seiner Visite gelangte.

Der Leibhaftige redete von Kaisersaschern, wo gut «altdeutsche Luft» geherrscht habe: «anno fünfzehnhundert oder so, kurz bevor Dr. Martinus kam, der auf so derbem, herzlichem Fuß mit mir stand und mit der Semmel, nein, mit dem Tintenfaß nach mir warf».

«Erinnere dich nur, wie munter volksbewegt es war bei euch in Deutschlands Mitten, am Rheine und überall», rief der Teufel dem Musiker zu, «seelenvoll aufgeräumt und krampfig genug, ahndungsreich und beunruhigt, – Wallfahrtsdrang zum Heiligen Blut nach Niklashausen im Taubertal, Kinderzüge und blutende Hostien, Hungersnot, Bundschuh, Krieg und die Pest zu Köllen, Meteore, Kometen und große Anzeichen, stigmatisierte Nonnen, Kreuze, die auf den Kleidern der Menschen erscheinen, und mit dem wundersam bekreuzten Mädchenhemd als Banner wollen sie gegen die Türken ziehen. Gute Zeit, verteufelt deutsche Zeit!»

Beschwörung der Weltenwende. Anbruch chiliastischer Katastrophen vor dem Tag des Gerichts. Die Gesichter des Untergangs waren, die Leser verstanden es später wohl, ein Spiegel der blutigen Apokalypse, die nun von neuem über Deutschland hereingebrochen war. Der Satan aber nutzte, mit Worten und Begriffen höhnisch jonglierend, die Geißelbrüder der umherziehenden Büßerzunft, um alsbald von den «Geißelschwärmern» zu reden, dem Volk der «Lebeschräubchen», der «zarten Kleinen», die aus Westindien ins deutsche Land gezogen kamen: die «Flagellaten (…) von der Sorte, die Geißeln haben, wie unsre bleiche Venus, die spirochaeta pallida» – kurzum, die Erreger der Syphilis. So wußte Adrian endlich, was ihm blühte.

Sein Gespräch mit dem Versucher, dem er längst erlegen war, trotz seines Widerwillens, geriet von der Lues zur Theologie, von der Gottesgelehrtheit zur Musik und damit zu Leverkühns Lebenssache. Der Gast wußte kundig vom «verminderten Septimakkord» am Anfang von Opus 111 zu reden, und er tat es in Sentenzen, die nichts mehr mit der Sprache des Doktor Martinus, mit Grimmelshausen oder gar dem verquasten Pseudobarock des Erwin Guido Kolbenheyer, sondern viel mit der geschliffenen Prosa Theodor W. Adornos gemein hatten.

Nach der Durchsicht des Kapitels notierte der Autor, die «musikkritischen Montagen» kämen ihm nun oft lächerlich vor, doch sie seien in die Komposition eingeschmolzen. Er wollte und konnte sie auf keinen Fall entbehren. In sein gotisch-barockes Kunstdeutsch fiel er später nur noch für Augenblicke zurück: so als der düstere und kalte «Ludewig» Adrians Fragen nach den Verhältnissen in seinem dunklen Reich beantwortete. Im Tagebuch sagte Thomas Mann nach dem Abschluß der Niederschrift im Februar 1945, das stärkste im Teufelsgespräch sei wohl die «Beschreibung der Hölle». Ausdrücklich vermerkte er, daß die Leser bei jener Schilderung mit den Schrecken eines Gestapokellers konfrontiert werden sollten. Er hatte gewiß manche Berichte über die Kerker der schwarzen Schergen gelesen. Aber genügte es, die Kennworte «unterirdisch», «Keller», «dicke Mauern», «Lautlosigkeit», «Vergessenheit», «Rettungslosigkeit» aneinanderzufügen, von denen der Teufel selbst sagte, daß sie nur «schwache Symbole» seien? Nein, und es half auch nichts, im Gegenteil, daß er es «in der Schalldichtigkeit» der Foltergelasse «recht laut, maßlos und bei weitem das Ohr überfüllend laut» zugehen ließ: voller «Gilfen und Girren, Heulen, Stöhnen, Brüllen, Gurgeln, Kreischen, Zetern, Griesgramen, Betteln und Folterjubel, so daß keiner sein eigenes Singen vernehmen wird, weils in dem allgemeinen erstickt, dem dichten, dikken Höllengejauchz und Schandgetriller, entlockt von der ewigen Zufügung des Unglaublichen und Unverantwortlichen. Nicht zu vergessen das ungeheure Ächzen der Wollust, das sich hineinmischt».

Der teuflische Wink mit der «Wollust der Hölle» war sowenig wie das Wortgepolter geeignet, einen Begriff von dem Leiden in der Gestapo-(oder KGB-)Haft zu vermitteln, auch keinen Begriff von der Mentalität der Schergen, die selten mit infernalischer Lust, son-

dern in der Regel mit der infamen Sachlichkeit mörderischer Bürokraten an ihr schreckliches Werk gingen. Thomas Manns Vision der
Hölle hatte viel mit Hieronymus Bosch und nichts mit der Prinz-
Albrecht-Straße in Berlin (oder der Moskauer Lubjanka) zu schaffen. Deutschland war nicht Kaisersaschern, und es war von Dämonen
anderer und böserer Art besetzt. Man mochte den Diktator einen
gescheiterten und verluderten Künstler nennen, aber das Reich der
Unmenschlichkeit, das er gegründet hatte, war nicht altdeutsch-
spitzgiebelig. Der Terror, mit dem er bis zum letzten Atemzug regieren sollte, hatte nichts mit altfränkischem Teufelsspuk in gotischen Gassen gemein.

Dem Autor kam es nicht in den Sinn, daß seine deutschen Leser,
die der Roman am Ende des Schreckensweges eines Tages erreichen
würde, die Beschwörung des gotischen Höllenzaubers mit einer
kaum verhohlenen Erleichterung begrüßen würden: das «Dämonische» schmeichelte dem Selbstgefühl auf fatale Weise. Er hatte
wahrhaftig Anlaß, das Gelingen des Werkes in Frage zu stellen, und
er war keineswegs sicher, daß er mit dem Roman auf gutem Wege
sei. Ins Tagebuch schrieb er, im Gestrüpp des Teufelsdialogs verfangen, das «Mißraten» könne «wohl keinem Zweifel mehr unterliegen». Dennoch werde er das Buch zu Ende führen.

Im «Faustus», der auf dem Weg über den gotischen Mythos und
die späte Zeit des deutschen Bürgertums ins Innerste der Epoche
totalitärer Verirrung vordringen sollte, offenbarte sich Thomas
Mann noch einmal als ein Sohn des wilhelminischen Zeitalters, das
sich so gern altdeutsch und butzenselig aufführte, trotz Krupp und
seiner «Dicken Berta», trotz Tirpitz mit seiner Hochseeflotte und
den U-Boot-Geschwadern. Er war jener Epoche niemals völlig entwachsen – sowenig wie sein Bruder Heinrich, dessen radikal-libera-
les Demokratentum im protestierenden Geist und im Pathos der
Dritten Republik Frankreichs verwurzelt blieb.

Die Sprache seines Lebensberichts «Ein Zeitalter wird besichtigt», den Heinrich Mann in den letzten Monaten des Jahres 1944 zu
Ende brachte, machte es deutlich: eine noch immer heftige Expressivität mischte sich – wie so oft – mit der Neigung, in klassizistisch
abgeschliffenen Formulierungen zu brillieren. Der herrische Ton

war gelegentlich überpointiert, mitunter kasinohaft – als schriebe der Autor noch ein wenig dem Schnurrbart nach, den er einst so hochgezwirbelt wie der junge Kaiser getragen hatte – oder mit einem eingeklemmten Monokel über der Nase, dem Symbol der Reserveoffizierswelt, der er einst mit solch grandiosem Elan die Leviten gelesen hatte. Großartige Einsichten standen neben absurden Behauptungen, schöne Weisheiten neben Sätzen aus Alabaster und Kitsch, originelle Durchblicke neben fast unbegreiflichen Verbohrtheiten. Man konnte in jeder Hinsicht von einem Alterswerk reden, mit allen Vorzügen und Nachteilen, die jenes Wort signalisiert. Dennoch wurde das Buch, das man niemals ohne Sympathie liest, zu einer Art Gesinnungs-Fibel der deutschen Linken, die mit Heinrich Mann die Neigung teilte, sich auf den Wogen ihres hochgestimmten Idealismus über die Wirklichkeiten hinwegtragen zu lassen.

Dem Bruder Thomas schrieb Heinrich Mann, sein Buch wolle «die Ehre dieses Zeitalters retten», das nicht nur «greulich» sei, sondern sich durch «das seltene Phänomen des Intellektuellen an der Macht» auszeichne. Damit deutete er auf Franklin Delano Roosevelt, Winston Churchill und Josef Stalin, unter denen gewiß nur der Brite den Ansprüchen genügen konnte, an denen eine intellektuelle Existenz gemessen werden mag. Der amerikanische Präsident war mit anderen Talenten begabt und der sowjetische Diktator durch andere Interessen okkupiert.

90. KAPITEL

Nellys Tod und ein Seidenjackett

Das Urteil Thomas Manns über Roosevelt war ein Gran realistischer als das des Bruders Heinrich. Er hatte sich darauf eingelassen, für die dritte Wiederwahl des Präsidenten zu werben. Sein Engagement erregte Aufsehen, wie er befriedigt vermerkte: Journalisten klopften bei ihm an, die «New York Times» bewarb sich um den Nachdruck seiner werbenden Ansprache, und man versicherte ihm, es handle sich um ein Ereignis von «internationaler Wichtigkeit».

Es blieb dem Dichter erspart, die Tribüne einer Massenversammlung zu besteigen, obwohl er sich auch davor kaum gescheut haben würde. Vielmehr war er gebeten, bei einer Veranstaltung «in einem Privatgarten» zu sprechen: im reichen Viertel Bel Air wurde ein «fund raising» organisiert. Den Dichter erwartete ein Publikum von zweihundert Bürgern, die über wohlgefüllte Brieftaschen verfügten. Zunächst wurden die Gäste durch Zauberkünstler und eine blutjunge Bauchrednerin unterhalten, «ersten Ranges in ihrer Kunst», ehe Thomas Mann das Wort ergriff – mit einer «viel zu ernsten Rede», wie er fürchtete, die dennoch gutwillig aufgenommen wurde. Er verzichtete, klug genug, auf jede direkte Kritik an der Person des Gegenkandidaten Thomas E. Dewey, des liberalkonservativen Politikers, der als Gouverneur im Staate New York amtierte. Immerhin stellte er fest, daß sich hinter Dewey «die Kräfte der Reaktion, des Isolationismus, der rassischen Intoleranz, der verstockten und blinden Renitenz gegen die Notwendigkeit sozialer Veränderungen und Anpassungen», samt «den England-, den Russen-, den Juden-Hassern» sammelten.

Agnes Meyer und ihr Mann, beides liberale und progressive Republikaner, hätten dies nicht gern gehört, und es mag wohl sein, daß die Mäzenin ein wenig pikiert war, als sie seine Rede las – zumal sie mit ihren mutigen Reportagen über die sozialen Mißstände im Lande, die unterdessen als Buch erschienen waren, und mit ihrer schonungslosen Studie über die Diskriminierung der schwarzen Soldaten in der amerikanischen Armee deutlich gezeigt hatte, daß die Unterstützung der republikanischen Partei keineswegs zu einer reaktionären Gesinnung verpflichtete (wie es umgekehrt rassistische Demokraten genug gab). Seine aufwendige Feier des Herrn im Weißen Haus, von dem er mit der Bibel sagte, er sei «klug wie die Schlangen und ohne Falsch wie die Tauben», empfand sie vermutlich als ein wenig übertrieben. Der Präsident sei durch «intuitives Wissen um die Notwendigkeiten der Zeit und den Willen des Weltgeistes» erleuchtet, schwärmte er: peinlich nahe an der Heldenverehrung und am Kult des großen Mannes. Mit einigem Recht pries er Franklin Delano Roosevelt als den «geborenen und *bewußten* Gegenspieler des abgründig bösen, aber wohl eben damit auch abgründig dummen und weltblinden Diabolismus», dem «das arme Deutschland verfallen» sei.

Übrigens hatte er sich während der demokratischen *Convention* mit einem Telegramm an die Leitung des Parteitages gewandt, um eine neue Kandidatur von Henry Wallace für das Amt des Vizepräsidenten zu befürworten: ohne Erfolg, wie man weiß, da Roosevelt es vorzog, Harry Truman, den stocknüchternen und zugleich so vitalen Senator von Missouri, als seinen Vertreter zu nominieren. Wallace, der Puritaner aus dem Mittleren Westen, wurde mit dem Amt des Landwirtschaftsministers abgefunden.

Als er seiner politischen Pflicht genügt hatte, wandte sich Thomas Mann unverzüglich wieder dem Roman zu. Der Autor schrieb an den Bruder, nun würden die alten Tage auch ihm wieder nahegebracht, da er seinen «Musiker-Helden, der wie Nietzsche an langsam fortschreitender und hoch-erregender Paralyse» leide, «für einige Zeit nach Palestrina zu unseren Bernardini's» versetze: «Ein starkes Stück, da dieses Plätzchen ja in der ‹Kleinen Stadt› endgültig geschildert ist! Aber es ist bei mir nur eine vorübergehende Unterkunft.»

Heinrich Mann hatte im Sommer 1944 Erholung in einem Sanatorium gesucht, dessen Besitzer dem Geist des Buddhismus verpflichtet war: «Ananda Ashrama» hieß das Institut, das in La Crescenta angesiedelt war, «im hinteren Gebirge», wie er sagte, «nicht hoch, aber abgelegen». Von dort korrespondierte er mit seinem Agenten Barthold Fles. Er konnte gewisse Erfolge melden: das junge Haus «Creative Age», das von Robert Knittel, einem Sohn des schweizerisch-englischen Verfassers populärer Romane (wie «Via Mala»), geleitet wurde, zeigte einiges Interesse, vor allem seine alten Bücher unter die Amerikaner zu bringen. Die Anzahlungen, die er bot – immerhin zwölfhundertfünfzig Dollar pro Buch, die etwa zwanzigtausend Mark im Geld unserer Tage entsprachen –, durften ordentlich genannt werden. Heinrich Mann brauchte das Geld – er brauchte es dringend. Auch Nelly Mann lag dem Agenten mit ihren telegraphischen und brieflichen Notrufen in den Ohren. Am 14. Oktober meldete Heinrich aus dem «Ashrama», sein Befinden sei nun leidlich genug, daß er in seine Wohnung zurückkehren könne. Er habe nur kein Geld, um von dem Sanatorium Abschied zu nehmen. Fles scheint ihn schließlich ausgelöst zu haben.

Die Zuschüsse des Bruders und die diskrete Hilfe Lion Feuchtwangers genügten kaum, dem alten Herrn einen Lebensstandard zu sichern, der die kargen Bemessungen einer schlichten bürgerlichen Existenz überschritt. Seine Frau arbeitete nun als Krankenpflegerin in einem Hospital – eine Aufgabe, die sie überanstrengte, wie Heinrich Mann sagte. Man glaubt es gern, denn sie hatte darüber hinaus ihren Mann und das kleine Haus zu versorgen.

Heinrich Mann hungerte nicht. Katia kümmerte sich darum, daß er mit dem – nicht gerade billigen – Rotwein versehen war, den er schätzte. Dennoch war es nicht übertrieben, von Not zu reden. Die täglichen Sorgen empfand er als eine Bedrohung seiner Würde, obwohl er sein Ansehen in der Welt nicht mit der gleichen Ängstlichkeit hütete wie der jüngere Bruder. Aber auch ihm waren Dignität und Habitus wichtig; auch er hatte das patrizische Element seines Wesens zeitlebens nicht verleugnet.

Heinrichs Bürden konnten Thomas Mann nicht dazu überreden, die alten Empfindlichkeiten völlig in Schach zu halten. Es verletzte ihn, daß in der kommunistisch dominierten Zeitschrift «Authors'

League Bulletin» spöttisch von «weltberühmten Autoren» die Rede war, denen es erlaubt sei, «in ihrer angestammten Sprache weiter zu schreiben, während eifrige Übersetzer für sie schon parat standen». Das war auf ihn gezielt. Die Autorin, Eva Lips hieß sie, fuhr fort: «sie lebten in den Wolken weiter, in weit entlegenen Königreichen, in Legenden und Analogien – und sie konnten es sich wirtschaftlich leisten. Weniger glücklich waren deutsche Autoren hohen Ruhmes, deren Werken ein nicht so leicht übertragbares Aroma eigen ist wie Alfred Döblin und Alfred Kerr und, bis zu einem gewissen Grad, der meisterhafte Heinrich Mann, der in Amerika mißverstanden und mißinterpretiert wird.» Die Verfasserin fügte hinzu: «Seine – nicht Thomas' – Bücher wurden auf den Scheiterhaufen in Berlin verbrannt.» In seinem Journal sprach Thomas beleidigt grimmig von «kommunistischen Eseleien»: «Auffallend der Mangel an wirklichem Verhältnis zum Kulturellen. Es ist ein politisches Kulturgeschwätz, nicht besser und nicht klüger, als das der Nazis und mit derselben Totschlageneigung.»

Am 17. Dezember 1944 vermerkte er im Tagebuch: «Anruf Heinrichs; Nachricht vom Tode seiner Frau durch Schlafpillen.»

Am Nachmittag suchte er mit Katia den Bruder auf: «Zuspruch, Check für die Beerdigungskosten.» Thomas versprach, sie würden Heinrich bei sich aufnehmen, sobald für Tochter Elisabeth und den «vulkanischen» Borgese, die sich samt den beiden Kindern seit einigen Wochen im Haus am San Remo Drive aufhielten, eine andere Unterkunft gefunden sei. Fürs erste suchte Heinrich wohl bei Salka Viertel Zuflucht, die sich seinem Elend niemals verschlossen hatte.

Dies war nach den Erinnerungen jener beherzten Frau mit Nelly Mann geschehen: «Ein Verkehrspolizist hatte sie wegen Trunkenheit am Steuer verhaftet, und da sie bereits eine einschlägige Vorstrafe mit Bewährungsfrist bekommen hatte und nun fürchtete, daß ein Gerichtsverfahren ‹Schande über Heinrich Mann› bringen würde, hatte sie beschlossen, ihrem ständigen Konflikt mit der Polizei, ihrem aussichtslosen Ringen mit der englischen Sprache, ihrer Angst vor dem Altwerden und ihrem vergeblichen Kampf gegen den Alkohol mit Schlaftabletten ein Ende zu machen. Es war ihr gelungen.»

In ihren Memoiren legte Salka Viertel eine beklemmende Schilderung der Beerdigung auf dem kleinen Woodland-Friedhof in Santa Monica vor: «Die Dezembersonne war warm und angenehm. Als ich zur Beisetzung kam, war noch niemand da. Der Erdhügel neben dem Grab war mit einer Matte aus künstlichem Gras bedeckt, wie man sie zu Filmdekorationen verwendet. Ich setzte mich auf einen der sechs Stühle, die neben dem Grab standen, und wartete. Nach einer Weile fuhr lautlos das Leichenauto vor. Zwei Männer hoben den Sarg heraus, stellten ihn auf eine Art Karren, legten ein paar Gladiolen darauf und schoben ihn quer über das Grab. (...) Langsam versammelten sich die Trauergäste: Thomas und Katja Mann, Helli Brecht, Ludwig Marcuse, Alfred Döblin mit Frau und Liesl Frank. Auch Toni Spuhler, die Nelly oft beigestanden hatte. Als letzter kam Heinrich Mann; von Kummer gebeugt, entstieg er einem Auto, an dessen Steuer eine ältere, grell geschminkte Dame saß. Sie war – wie sich später herausstellte – Nellys beste Freundin. Nach einer langen Pause blickte der Bestatter, ein junger Mann mit feierlicher Miene, auf seine Uhr, flüsterte einem der Träger etwas zu, ging zu dem tief in Gedanken versunkenen Heinrich und sagte ihm, daß noch zehn Minuten Zeit sei. Falls jemand ein paar Worte sagen wolle... Heinrich Mann schüttelte heftig den Kopf. Der Bestatter trat zurück. Er wartete noch einen Moment, dann räusperte er sich, warf uns einen vorwurfsvollen Blick zu, zog sein Gebetbuch hervor und begann ‹Der Herr ist mein Hirte› vorzulesen. Er las schnell und monoton. Als er fertig war, standen wir alle auf und warteten, daß der Sarg ins Grab hinabgelassen würde. (...) Plötzlich wandte sich Heinrich Mann mit einem herzzerreißenden Schluchzen ab, bedeckte sein von Schmerz verzerrtes Gesicht mit einem Taschentuch und stolperte davon. Katja lief ihm nach, nahm seinen Arm und führte ihn zum Auto.»

Des Bruders Notiz im Tagebuch war karg: «Bestattung von Heinrichs unglücklicher Frau, die ihm viel Schaden getan. Begrüßung mit den Erschienenen. H. kam mit einer Freundin der Toten. Am Sarge las ein junger Angestellter geistliche Worte. H. in Tränen um die ruinöse Gefährtin. Er fuhr mit uns zu uns. Vor Tisch mit ihm im Wohnzimmer. Lunch mit ihm. Kaffee auf der kleinen Veranda. Er ruhte auf dem Sofa im Living Room. Nach 5 Uhr hatten wir Thee mit ihm und Borgeses. Er bekam Geld zum Auslösen seiner verpfändeten Möbel, Wein, Lebensmittel, ein Exemplar von ‹Das Gesetz› zum Weihnachtsgeschenk. Er besitzt nicht einen Cent, da seine sehr günstigen Einkünfte durch das unselige Treiben der Frau bis weit ins Negative zerronnen. – Mit K. Sorgen seinetwegen. –»

Es war Nelly Manns fünfter Selbstmordversuch, der sie endlich aus einem Leben, das sie als gescheitert betrachten mußte, erlöste. Heinrich Mann schrieb am 3. Januar 1945 an eine ihrer Freundinnen: «Wer zu Fuß über die Pyrenäen und dann ins ferne Exil ging, hatte gewiß den Mut weiterzuleben. Sie hätte ihn gerne gehabt. Nur ihr armer leidender Kopf machte ihr alles schwer und immer schwerer. Zwischenfälle, die einer Gesunden als geringes Mißgeschick erschienen wären, eine Autoaffäre, ein Prozeß, wurden für sie ein Anlaß zu sterben. Ich kannte sie auch in ihren schlimmen Stunden. Ihre hellen Augen lachten nicht, sie waren verstört. Ihr schöner Mund stieß die Drohung aus ein Ende zu machen mit allem Unglück – dem wirklichen und dem eingebildeten.» Er sagte schließlich: «In Frankreich hatte sie zweimal versucht zu sterben, auch hier schon zweimal, bevor der dritte Versuch gelang. Meine Angst um sie war beständig. Heilung durfte ich nicht mehr hoffen, mein einziger Wunsch war, sie zu erhalten. Sie war die lebende Gestalt meiner besten Erinnerungen, der liebevollsten, der tragischen. Jetzt bin ich mit den Erinnerungen, Schatten nur noch, allein. Aber wenn ich die Lebende nicht länger halten konnte, die Tote ist bei mir.»

Klaus, der dem Onkel näher war als seine Geschwister, schrieb an Silvester 1944 seiner Mutter: «Was für eine Schande! Was für eine peinliche, überflüssige, *häßliche* Tragödie! Dies muß ein schrecklicher Schlag für den armen alten Heini gewesen sein – der ihr wohl bald folgen wird. Konnte sie nicht ein paar Jahre warten? Was für ein bedauerlicher, ungehöriger Mangel an Rücksicht und Selbstkontrolle! Doch tut sie mir auch leid. Sie hätte in Deutschland bleiben sollen, bei Leuten ihres Schlages. Er hat ihr Leben ruiniert, indem er sie verpflanzte und entwurzelte. Zum andern war es wohl das, was sie wollte. (…) Dummes Ding, das sie war! Doch damals in Nizza pflegte sie wirklich köstliche Abendessen für uns zu kochen. Es ist alles sehr traurig (ich will versuchen, dem Onkel ein paar Zeilen zu schreiben. Aber es gibt wirklich *nichts* zu sagen…)»

Sein Beileidsbrief brachte es zuwege, Heinrich Mann zu einem gerührten Dank für seine «feinen Worte und seine aufrichtigen Gefühle» zu bewegen. (Der Onkel schrieb in Englisch: die Armee verlangte es so.) Nelly, sagte er, habe nicht gewußt, was sie tue – «oder sie wußte es vorher und wollte es niemals tun, aber alles war vergessen, als die böse Stunde kam». Er habe, trotz der schrecklichen letzten Zeit, eine gewisse Hoffnung gehegt, daß sie sich wieder aufrichten könne: «Jetzt kann ich auf nichts hoffen, und ich bin allein.» Er fügte hinzu, ein trauriger Mann denke oft an seine Freunde, und so gingen seine Gedanken oft zu Klaus. Er schloß mit einer frommen Wendung, die für ihn ungewöhnlich war. Im Radio habe er die Worte gehört: «Möge der Herr zwischen Dir und mir wachen, während wir voneinander getrennt sind.» Während der Weihnachtstage blieb er bei Salka Viertel.

Zwei Tage vor dem Christfest hatte sich Erika aus New York telefonisch gemeldet, die Sorge der Eltern zerstreuend, sie könne von der Ardennenoffensive, diesem letzten verzweifelten und militärisch widersinnigen Gegenschlag der deutschen Wehrmacht, an der Front überrascht worden sein. Lange hatte sie sich im befreiten Paris aufgehalten, aus dem sie Klaus berichtete, die meisten Einwohner hätten nicht gelitten, vielmehr hätten fast alle kollaboriert, aber da es unmöglich sei, jeden zu bestrafen, würden nur sehr wenige das bekommen, was ihnen gebühre. Der «Mythos vom hungernden, heldenhaften Paris, das sich selbst befreite», steigere «zwangsläufig De Gaulles hysterische nationale und persönliche Eitelkeit». Jeder sei äußerst nachsichtig gegenüber jedem, vermutlich weil jeder ein schlechtes Gewissen habe. Sie gestand dem Bruder, für ihre Zeitungen habe sie aus der französischen Hauptstadt noch kein Wort geschrieben. «Liberty» – das amerikanische Wochenblatt, das sie als Korrespondentin an den europäischen Kriegsschauplatz entsandt hatte – sei nicht allzu begeistert von ihren Leistungen, doch die Redakteure der kanadischen Tageszeitung «Toronto Star» (für die einst Ernest Hemingway als Korrespondent unterwegs war) hießen ihre Berichterstattung gut.

Für «Liberty» brachte sie schließlich eine ausführliche Reportage unter dem Titel «Paris Now» zu Papier, die Anfang Dezember gedruckt wurde. Es war kein journalistisches Meisterwerk. Sie saß den Aufschneidereien eines zweiundzwanzigjährigen Résistance-Offiziers auf, der behauptete, er allein habe zehn Deutsche getötet und sei für den Tod von wenigstens zweihundertfünfzig anderen verantwortlich: «Man mußte sich irgendwie ein Messer beschaffen. Mit dem Messer mußtest Du einen Deutschen töten und Dir seine Pistole aneignen; mit der Pistole mußtest Du zwei Deutsche töten und Dich ihres Maschinengewehrs bemächtigen; mit dem Maschinengewehr mußtest Du fünf Deutsche töten und ihren Panzer in Besitz nehmen.»

Sie unterhielt sich mit einer Coiffeuse, die nur an der Entwicklung amerikanischer Kosmetika interessiert zu sein schien, doch auch bekannte, während der Okkupationsjahre habe sie mangels Nylon gern Seidenstrümpfe getragen mit dem patriotischen Hochgefühl, daß die Seide an ihren Beinen wenigstens nicht zu deutschen Fallschirmen verarbeitet werden konnte. Ferner sprach sie mit dem Lyriker Paul Eluard, der ihr erklärte, die Linie der kommunistischen Partei schreibe es nun vor, die Interessen der Nation allen anderen Zielen voranzusetzen: auf diese Weise sei eine Verständigung mit den Gaullisten möglich. Sie versuchte, die Schwierigkeiten mit der «Säuberung» einer Gesellschaft sichtbar zu machen, in der vier Jahre der Besetzung so viel «Apathie, Ignoranz und Korruption wie Tapferkeit und moralische Erneuerung» ausgebrütet hätten.

In Aachen, der ersten deutschen Stadt, die von den Alliierten erobert worden war, suchte sie Gespräche mit den Überlebenden. Sie beobachtete die gewohnte «Mischung von Tüchtigkeit und Stupidität». Dem Bürgermeister der Stadt – einem katholischen Anwalt, der später von einer «Werwolf»-Bande ermordet wurde – hatte sie sich, wie der Vater Agnes Meyer erzählte, als Tochter Thomas Manns zu erkennen gegeben: «Darauf er, in gelindem Schrecken: ‹O... ja... Nun, die ‹Buddenbrooks› bleiben ja trotz allem ein sehr gutes Buch!›» Seufzend schrieb der Vater weiter: «Ach, Deutschland, Deutschland! Jeder Laut von dort, auch noch der halbwegs freundliche, mutet *schaurig*, grotesk und schaurig an. Gestern Abend las ich in einem Emigranten-Club, vor 500 Menschen, die als Eintrittsgeld war-bonds gekauft hatten, darunter auch einige Amerikaner, die zweite Hälfte der Moses-Novelle vor. Das Publikum stand auf wie ein Mann bei meinem Eintritt, es hörte zu wie Kinder

und stand am Ende wieder und applaudierte Minuten lang. Und in
Deutschland sind trotz allem die Buddenbrooks noch immer…
Nun, ich bin ja Amerikaner.»

Auch wenn Erikas Berichte vom Krieg und aus dem befreiten
Frankreich kaum geeignet waren, sie zur Kandidatin für den Pulit-
zerpreis avancieren zu lassen – Stoff für Vortragstourneen hatte sie
genug gesammelt. Am 29. Dezember 1944 langte sie zusammen mit
ihrer Freundin Betty Knox (die der Vater im Tagebuch als «etwas
verrückt» beschrieb) in Pacific Palisades an. Bei den Eltern fand sie
die jüngere Schwester Medi, Schwager Borgese und den Onkel Peter Pringsheim. Die beiden kleinen Töchter Elisabeths und die beiden kleinen Söhne Michaels und Grets, die am Christtag aus San
Francisco eingetroffen waren, füllten das Haus am San Remo Drive
mit Kinderlärm. Thomas Mann ertrug es gern, solange er Frido bei
sich wußte. An Silvester wurde der kleine Anthony, den die Familie
Toni nannte, zusammen mit Domenica Borgese getauft. Von seinem älteren Bruder sagte der Großvater, er sei weniger schön als
beim letzten Aufenthalt, doch «lieb und zart wie zuvor». Er vergötterte das Enkelkind noch immer, und er kümmerte sich nicht im
geringsten darum, ob die Seele des Kleinen Schaden an seiner Verliebtheit nehmen könne. Frido Mann sagte lange danach in seinem
autobiographischen Roman «Professor Parsifal», er könne diese
«letzte Liebe», von der sein Großvater gesprochen habe, «nur teilweise als echt, das heißt meiner Person geltend», empfinden.

Thomas Mann war zu jenem Zeitpunkt längst entschlossen, das
Bild des Knaben für den «Doktor Faustus» zu nutzen. Er brauchte
die liebliche Erscheinung für den kleinen Todesboten, der im Fortgang der Handlung auftreten würde, und er hatte auch schon den
Namen notiert, der für ihn ausersehen war: «Echo» oder «Nepomuk Schneidewein». In seinem autobiographischen Buch stellte
Frido Mann mit bemühter Sachlichkeit fest: «Ich bin dem mir im
letzten großen Werk meines Großvaters zugedachten Schicksal
glücklich entronnen und über das Alter von vier Jahren hinaus gelangt.» Immerhin schien er die Gefahr dieses merkwürdigen Falles
von literarischer Pädophilie geahnt zu haben. Der kleine Bruder
Toni wiederum, in seiner Entwicklung zurückgeblieben, mag mit
der wortlosen Sensibilität der Kinder wohl wahrgenommen haben,

daß er in die Spiele, mit denen sich der Großvater voll unermüdlicher Geduld dem hübschen Frido zuwandte, «nur zur Wahrung des äußeren Scheins von Gerechtigkeit miteinbezogen wurde. Er erhielt in Wirklichkeit nur kärgliche großväterliche Beachtung.»

Am Tag der Taufe Tonis und Domenicas schrieb Thomas Mann in sein Tagebuch: «Das Schicksal Bibi's beim Militär beschäftigt uns.» Auch Michael – der Vater des kleinen Frido und des Täuflings Toni – hatte sich nun für eine Einberufung parat zu halten. Anders als Klaus trieb es ihn nicht einen Augenblick lang zur Armee. Seine Abneigung gegen das Soldatenwesen war entschiedener als die des Bruders Golo. Vor der Musterung versuchte er, nach den Berichten seiner Freunde, durch heftige Leibesübungen ins Schwitzen zu geraten, legte sich ins heiße Bad und danach nackt in den Garten, um sich eine Erkältung zu holen. Er trank starken Kaffee, um das Herz rasen zu lassen, ging nicht ins Bett, sondern brachte die Nacht in Kinos durch.

Er schien, trotz solch heftiger Mühe, die Herren der Kommission nicht hinters Licht führen zu können – anders als Felix Krull, dem die musternden Stabsärzte so prompt auf den Leim gegangen waren. (Der Vater wurde der nachgelebten Komödie nicht gewahr.) Michael Mann wurde in ein Ausbildungslager beordert, doch nach wenigen Tagen wegen seiner Übernervosität, die in der Tat nicht nur gespielt war, wieder entlassen. Es war besser so. Seine Aufsässigkeit hätte ihm beim Militär vermutlich nur bittere Tage beschert.

Während der Feiertage und «zwischen den Jahren» hatte sich Thomas Mann beharrlich bemüht, das Schlüsselkapitel des Buches mit dem «Teufelsgespräch» endlich zu bezwingen. Er mußte diese schwierigste Etappe des Weges hinter sich bringen, ehe er sich auf die Reise nach Washington vorbereitete, die er im Herbst, von der Grippe niedergeworfen, zögernd abgesagt hatte, um die stets so verletzliche Beziehung zu Agnes Meyer und die Bindung an die Library of Congress besorgt, der er den jährlichen Pflichtvortrag schuldig bleiben mußte.

Ende Oktober hatte er einen zweiten Anlauf genommen, um seine Vereinbarung mit der Bibliothek zu ändern. Er trug das Angebot, künftig auf sein Gehalt zu verzichten, nicht mit stürmischem Enthusiasmus vor. Aus seinem «Kapitalismus», schrieb er Agnes

Meyer, sei nicht viel geworden. Knopf habe von dem vierten «Joseph»-Band nur dreißigtausend Exemplare gedruckt, die noch nicht vollständig verkauft seien. Über diese Grenze werde er nicht hinausgelangen (was nicht zutraf): «Erfolge à la Hemingway und Werfel sind nun einmal nicht meine Sache, und ich bin im Grunde ganz einverstanden damit.» Um die Verfilmung sei es still geworden. Der Buchclub freilich, «dessen Wahl uns zeitweilig einen ausserordentlichen Erfolg (…) vorspiegelte», sei Glück und Segen genug: vierzigtausend Dollar habe er bekommen, von denen ihm die Steuer immerhin die Hälfte lassen werde. Davon hätten sie einen Teil zur teilweisen Abzahlung der Hypothek genutzt. Dennoch: «für das nächste Jahr sind wir sicher gestellt, und mit gutem Gewissen kann ich sagen, dass wir auf den Zuschuss von der Library vorderhand *nicht* angewiesen sind. Man sollte ihn also suspendieren.» Allerdings wäre es ihm schmerzlich, wenn damit auch seine Beziehung zur Bibliothek selbst aufgehoben würde. Er wünschte, «diese könnte fortbestehen auch ohne Gehalt». Im übrigen müsse man sehen, wie die Dinge übers Jahr gestellt sein würden: «Noch vor kurzem hatte man höchst sanguinische Vorstellungen von der Bedürftigkeit des deutschen Büchermarkts nach Hitlers Sturz», aber für ihn hätten sich diese Hoffnungen sehr verschleiert, und er bezweifle oft, daß es im heutigen Deutschland überhaupt noch Leser für ihn gebe.

Agnes Meyer und Archibald MacLeish fanden, daß eine Regelung nach seinem Vorschlag gut und gerecht sei. Es blieb bei dem vereinbarten Honorar von tausend Dollar für den Vortrag. Darüber hinaus versprach die Mäzenin, daß sie für Thomas Manns und Katjas Reisekosten aufkommen würde.

Für die nächste Rede schlug Thomas Mann das Thema «Deutschland und die Deutschen» oder «Deutschland und die Welt» vor. Dabei denke er an eine «Synthese» der «Betrachtungen eines Unpolitischen» und seines alten Essays «Vom kommenden Sieg der Demokratie» mit einem «halb humoristischen, naturalistischen Werben um Verständnis im Zeichen von ‹Know your ennemy›». Er fragte die Freundin, ob sie das für zu gewagt und zu heikel halte: «Es *ist* ein précaires Thema, und wahrscheinlich kann man es keinem damit recht machen und verdirbt sich auch noch bei den Deutschen, was da noch zu verderben ist.» In einem späteren Brief fügte er hinzu, er könne sich «über die deutsche Frage», wie er nun einmal dastehe, «nicht dauernd in Schweigen hüllen», sondern er müsse «irgend wann einmal mit einem Bekenntnis darüber hervortreten». Schon sei der Verdacht geäußert worden, daß er sich vor der allerdings heiklen Aufgabe «in die Krankheit geflüchtet» habe.

Seine Absage der Veranstaltung, die für den Anfang des Jahres gedacht war, hatte Agnes Meyer gelassen und voller Verständnis hingenommen. Sie sei nur traurig, schrieb sie, weil sie und MacLeish für ihn eine Überraschung geplant hätten: «Wir wollten Ihren 70ten Geburtstag mit offizieller Zeremonie feiern – eine würdige Amerikanische Begrüssung und Danksagung dass Sie in unserem Lande dieses Fest entgegensehen – Nun das könnten wir ja später – vielleicht sogar am 6ten Juni veranstalten, und Sie könnten dann einige Wochen ruhig in Seven Springs Farm verbringen, wenn alles dort in Blüthe ist, und sicher noch andere ähnliche Festlichkeiten in N.Y. zu besuchen wären.» Bei dieser Gelegenheit verriet sie, ein wenig fahrlässig, daß Bermann Fischer zum großen Tag die «Neue Rundschau» wieder auferstehen lassen wolle – mit einer Ausgabe, die ganz Thomas Mann gewidmet sei.

Doch im Dezember fiel ein neuer Schatten auf die Freundschaft – und wieder war eines der leidigen Weihnachtsgeschenke für den Ärger verantwortlich. In seinem Dankbrief pries der Dichter den «Lieben Weihnachtsengel», und er lobte die schöne Handtasche für Katja, die von dem «geschmackvollen und gediegenen Stück» ganz fasziniert sei. Ihm aber hatte die Gönnerin eine seidene Hausjacke zugedacht: «Von dem prächtigen Material (...) war ich entzückt auf den ersten Blick. Aber, die Wahrheit zu sagen, es hat sich herausgestellt, dass sie mir etwas zu kurz und zu eng ist. (...) Das ist umso beklagenswerter, als Sie es im Prinzip *genau getroffen* haben: eine seidene Hausjacke war das, was ich mir wünschte, und hier wäre es schwer, eine aufzutreiben. Was tun? Ich kann das schöne Ding doch nicht in den Schrank hängen, um mich nur manchmal mit Aug' und Hand daran zu weiden! Ist noch ein Umtausch möglich? Dann sollte ich mich wohl mit der Rücksendung an das Geschäft beeilen und sie bewerkstelligen ohne Ihre Antwort abzuwarten. *Wenn* aber schon umgetauscht wird, dann sollte auch gleich auf eine andere

Façon geachtet werden, more informal. Dies ist ein tief ausgeschnittenes Dinner-Jacket, keine Arbeitsjacke. Sowohl *loser* wie auch *höher geschlossen* sollte sie sein, um ganz ihren Zweck zu erfüllen.» Mit einer Prise Bosheit setzte er hinzu, er könne im Notfall «das wunderschöne Stück dem kleinen Tonio, zusammen mit den Jadeknöpfen» vermachen. Er schickte das Jackett an die Schneiderei zurück. Die Spenderin war pikiert. Das Ergebnis der lächerlichen Episode war eine tiefe und anhaltende Verstimmung.

91. KAPITEL

«Deutschland und die Deutschen»

Am 7. Februar 1945 hielt Thomas Mann im Tagebuch fest, daß «erste Nachrichten über die Konferenz der Drei am Schwarzen Meer» gemeldet worden seien. In Wirklichkeit verhandelten Roosevelt, Stalin und Churchill schon seit dem 4. Februar in Jalta, dem Kurort auf der Krim.

Die Staatsmänner sorgten in ihren Gesprächen dafür, daß die Struktur der Vereinten Nationen den Interessen der Großmächte angepaßt wurde. Sie beschlossen, daß die Vereinigten Staaten und die Sowjetunion, China – von dem nationalistischen Regime des Marschalls Tschiang Kai-schek repräsentiert –, Großbritannien und Frankreich über ein Vetorecht im Sicherheitsrat verfügen würden.

Ferner bestimmten sie, sich der Forderung Stalins beugend, daß die kommunistisch dominierte provisorische Regierung Polens, die zunächst in Lublin etabliert war, mit Vertretern der polnischen Exilregierung in London vereinigt werden sollte. Dies hieß in Wahrheit, daß Roosevelt und Churchill die Zugehörigkeit Polens zum Herrschaftsbereich der Sowjetunion anerkannten.

Sie erklärten sich damit einverstanden, daß mehr als ein Viertel des alten polnischen Staatsgebietes im Osten der Sowjetunion zugeschlagen und der neue polnische Staat dafür im Westen mit deutschen Gebieten bis zu Oder und Neiße und Teilen Ostpreußens entschädigt würde. Mit anderen Worten: Deutschland sollte ganz Hinterpommern einschließlich der Stadt Stettin, Westpreußen und Schlesien verlieren. Es wurde ferner vereinbart, daß Frankreich als vierte Macht eine Zone im deutschen Südwesten besetzen würde.

Stalin wiederum versprach, daß die Sowjetunion innerhalb der nächsten zwei oder drei Monate in den Krieg gegen Japan eintreten werde. Zu jenem Zeitpunkt würden, so die allgemeine Einsicht, die Kämpfe in Europa im wesentlichen beendet sein.

Der große deutsche Gegenangriff im Westen war längst gescheitert. Die alliierten Truppen bereiteten den letzten und entscheidenden Vorstoß ins Gebiet des Reiches vor. Im Osten eroberte die Sowjetarmee riesige Territorien gegen den noch immer überraschend zähen Widerstand der zerschlissenen deutschen Divisionen. Adolf Hitler – ein zerrütteter Greis von sechsundfünfzig Jahren – und Joseph Goebbels, neben Heinrich Himmler zum mächtigsten Mann des wankenden Staates aufgerückt, versuchten in ihren Berliner Bunkerhöhlen, die Deutschen für den «heiligen Krieg» um den kostbaren «Boden des Abendlandes» zu mobilisieren. Millionen Flüchtlinge zogen vor der Roten Armee einher, um im Westen Schutz und notdürftige Unterkünfte zu suchen.

Der Zusammenbruch war nahe. Auch Thomas Mann, immer zu pessimistischen Spekulationen geneigt, glaubte nun nicht länger, daß sich der Krieg bis ins Jahr 1946 dahinschleppen werde. Für die Zeitschrift «Free World» in New York schrieb er in den ersten Februarwochen einen Aufsatz von wenigen Seiten, dem er den Titel «The End» gab. Er zitierte ein eindrucksvolles Aufgebot prophetischer Worte aus seinem Tagebuch des Jahres 1933 herbei. Dann stellte er fest: «Die nationale Katastrophe, die das Regime in sich trug vom ersten Tage an, ist da». Er nannte sie einen «Ruin nie gesehenen Ausmaßes, allumfassend, ein moralischer, geistiger, militärischer, ökonomischer Bankrott ohnegleichen». Mit ihm rege sich neben der Genugtuung ein «Mit-Leiden, das keineswegs nur altruistischer Art ist, denn alles Deutschtum ist betroffen und tief in Frage gestellt, auch der deutsche Geist, der deutsche Gedanke, das deutsche Wort, und man fragt sich, wie überhaupt noch in Zukunft ‹Deutschland› in irgendeiner seiner Erscheinungen es sich soll herausnehmen dürfen, in menschlichen Angelegenheiten den Mund aufzumachen.» Er fragte: «Ein deutscher Schriftsteller – was wird das noch sein?», und er fuhr fort: «Den Hintergrund jedes Satzes, den wir in unserer Sprache fügen, bildet ein gebrochenes, an sich selber und seiner Geschichte irregemachtes, ein seelisch abgebranntes Volk, das, Berichten zufolge, daran verzweifelt, sich selbst zu regieren und es noch für das beste hält, zur Kolonie fremder Mächte zu werden; ein Volk, das mit sich selbst eingeschlossen wird leben müssen, wie die Juden des Warschauer Ghettos, weil ein ringsum furchtbar aufgelaufener Haß ihm nicht erlauben wird, aus seinen Grenzen herauszukommen, – ein Volk, das sich nicht sehen lassen kann...»

Dieses Stück Prosa, das die Erregung jener Wochen ungefiltert wiedergab, fand ein ungewöhnliches Echo. Es wurde, als es im März erschien, von mehreren Zeitungen nachgedruckt und oft im Radio zitiert. «Reader's Digest» übernahm den Artikel (für ein Honorar von sechshundert Dollar). Doch zugleich meldeten manche Emigranten, vor allem die Sozialdemokraten, heftigen Protest an. Den schärfsten Einspruch formulierte Hans von Hentig, ein Kriminalwissenschaftler und Journalist, der in den Jahren von Weimar zu den «nationalbolschewistischen» Zirkeln gezählt hatte. Er stieß sich besonders an dem Hinweis auf das Warschauer Ghetto und an der Behauptung, die Deutschen hielten es nun für das beste, eine Kolonie der Sieger zu werden. Thomas Mann sei «ein Künstler und kein Politiker», schrieb er in seiner Polemik, die in der «Neuen Volks-Zeitung» gedruckt wurde: er sehe die Dinge nun genauso falsch wie einst im Jahre 1914. Hentig und seine Freunde wollten auch Thomas Manns Feststellung, es sei unmöglich, «von den mißhandelten Völkern Europas, von der Welt zu verlangen, daß sie einen reinlichen Trennungsstrich ziehen zwischen dem ‹Nazismus› und dem deutschen Volk», nicht akzeptieren.

In der Tat schien der Dichter nun bereit zu sein, die Unterscheidung zwischen dem nazistischen Regime und dem deutschen Volk ganz aufzuheben. Übersahen seine aufgebrachten Kritiker den Nachsatz? Thomas Mann sagte: Wenn es «Deutschland als geschichtliche Gestalt, als kollektive Persönlichkeit» gebe, dann gebe es auch dies: «Verantwortung – ganz unabhängig von dem immer prekären Begriff der ‹Schuld›.»

An Agnes Meyer schrieb der Autor klagend, sie mache sich keine Vorstellungen «von der Verrücktheit des deutschen Emigranten-Patriotismus» und «von der Wut, die man erregt, wenn man sich zu der Wahrheit bekennt, daß der ‹National-Sozialismus› (...) jahrhundertlange Wurzeln in der deutschen Lebensgeschichte hat». Der Aufsatz über «Das Ende» war genau besehen eine rasche und grelle Spiegelung seiner These vom dämonisch-faustisch-lutherisch-romantischen Verhängnis der deutschen Geschichte, in der sich die Frage nach der Differenz von Regime und Volk in fragwürdiger Überhöhung aufhob – und fragwürdig war in der Tat die brüske Verkürzung, die jene spontane Äußerung von ihm verlangte. Er seufzte: «Ich habe viel auszustehen von Dummköpfen, die sich für deutscher halten, als mich.»

Er nahm nicht zur Kenntnis, daß es die sozialdemokratischen «Patrioten» für ihre Pflicht hielten, zur Vernunft und zur Mäßigung zu raten, von der tiefen Furcht erfüllt, daß ein Friede, der die Deutschen zu chronischem Elend verurteilte, eines Tages notwendig in einer neuen Katastrophe untergehen müsse. Die Schicksalsgenossen im Exil meinten, vor einem «Über Versailles» warnen zu müssen, das denn auch dank der Einsicht der Sieger vermieden wurde, wenigstens für den deutschen Westen – zum Segen Europas. In seiner Erregung vergaß Thomas Mann dann und wann, daß die sozialdemokratischen «Dummköpfe» genauso ausgewiesene Antifaschisten waren wie er, ja daß sich viele unter ihnen früher dem Nationalismus entgegengeworfen hatten als er selbst.

Übrigens teilte er ihre Ängste. Er hatte mit dem Blick auf die Flüchtlingsheere voller Sorge betont, daß dies nicht gutgehen könne. Zum anderen versuchte er, halben Herzens, die flüchtigen Pläne zu verteidigen, die Henry Morgenthau, Roosevelts Finanzminister, für das besetzte Deutschland im Frühjahr 1944 entworfen hatte. Im Tagebuch nannte er die Konzepte vernünftig, was sie nach der Meinung einer Mehrheit des amerikanischen Kabinetts keineswegs waren. Die realistischeren Kollegen des Ministers betrachteten die Verwandlung des verkleinerten und vielfach aufgeteilten Deutschland in einen Agrarstaat als eine Gefahr für den Aufbau ganz Europas, das von einer permanenten Verarmung des Volkes in seiner Mitte nicht profitieren, sondern – ganz im Gegenteil – dazu gezwungen werde, sein Elend zu teilen. Solche ökonomischen Realitäten und die politischen Konsequenzen, die von ihnen bestimmt wurden, waren seiner Vorstellungskraft entzogen.

Das Politische aber ist moralisch: dies hatte er verstanden. Doch er schien sich nicht immer dazu entschließen zu können, den Respekt vor dem Gebot des Vernünftigen als eine Prämisse des Moralischen zu akzeptieren. Der Autorität des Wirklichen beugte er sich – auch nach dem Abschied von der unpolitischen Bürgerlichkeit der Deutschen und der Weltüberhebung des Künstlers – stets nur widerstrebend. Er urteilte, fast immer, nach abstrakten Kategorien – oder nach den Forderungen seines Wunschdenkens. Freilich war er auch darin schwankend. «Und was das röchelnde Deutschland betrifft», schrieb er am 11. April an Agnes Meyer: «wie wird das Gemüt zwischen Genugtuung und Erbarmen hin und hergerissen.» Einer seiner Nachbarn, der Philosophieprofessor Charles Henry Rieber, mahnte ihn nach der Lektüre des Aufsatzes über «Das Ende»: «Don't take the world too hard! Each evening we pray for you.»

Thomas Mann hatte, dringenden Bitten aus London folgend, zu Anfang des Jahres 1945 seine Sendungen für den deutschen Dienst der BBC wiederaufgenommen, die nun in vierzehntägigem Rhythmus ausgestrahlt werden sollten. Er fand jetzt eher den Ton menschlicher Unmittelbarkeit, im Entsetzen und im Mitleiden, der die Deutschen aufhorchen ließ. In seinem Kommentar vom 14. Januar 1945 – vielleicht war es der wichtigste, den er seit dem Beginn des Programms im Oktober 1940 geschrieben und gesprochen hatte – beschwor er zu Anfang, was seine Zuhörer mehr als alles andere herbeiflehten: «Wäre nur dieser Krieg zu Ende!» Er fuhr fort: «Wären die grauenhaften Menschen erst beseitigt, die Deutschland hierhin gebracht haben, und könnte man anfangen, an einen Neubeginn des Lebens, an ein Forträumen der Trümmer, der inneren und äußeren, an den allmählichen Wiederaufbau, an eine verständige Aussöhnung mit den anderen Völkern und ein würdiges Zusammenleben mit ihnen zu denken! – Ist es das, was ihr wünscht? Spreche ich damit eure Sehnsucht aus? Ich glaube es. Ihr seid des Todes, der Zerstörung, des Chaos übersatt, wie sehr euer Heimlichstes zeitweise danach verlangt haben möge. Ihr wollt Ordnung und Leben, eine neue Lebensordnung, wie düster und schwer sie sich für Jahre auch anlassen wird.» Das sei mutig – mutiger als der «betörte Fanatismus», mit dem die Jugend in Waffen noch immer den deutschen Boden verteidigen zu müssen glaube.

Die Aussöhnung mit der Welt habe allerdings eine Vorbedingung: das sei die «klare Einsicht in die Unsühnbarkeit» dessen, was Deutschland der Menschheit angetan habe – «es ist die volle und rückhaltlose Kenntnisnahme entsetzlicher Verbrechen, von denen ihr tatsächlich heute noch das Wenigste wißt, teils weil man euch absperrte, euch gewaltsam in Dummheit und Dumpfheit bannte, teils weil ihr aus dem Instinkt der Selbstschonung das Wissen um dieses Grauen von eueren Gewissen fernhieltet».

Er sprach, für ihn ungewöhnlich, seine Zuhörer mit Du an: «Weißt du, der mich jetzt hört, von Maidanek bei Lublin in Polen, Hitlers Vernichtungslager? Es war kein Konzentrationslager, sondern eine riesenhafte Mordanlage. Da steht ein großes Gebäude aus Stein mit einem Fabrikschlot, das größte Krematorium der Welt. Eure Leute hätten es gern rasch noch vernichtet, als die Russen kamen, aber größtenteils *steht* es, ein Denkmal, *das* Denkmal des Dritten Reiches. Mehr als eine halbe Million europäischer Menschen, Männer, Frauen und Kinder, sind dort in Gaskammern mit Chlor vergiftet und dann verbrannt worden, vierzehnhundert täglich. Tag und Nacht war die Todesfabrik in Betrieb, ihre Kamine rauchten immer. Schon war ein Erweiterungsbau begonnen ... Die Schweizer Flüchtlingshilfe weiß mehr. Ihre Vertrauensmänner sahen die Lager von Auschwitz und Birkenau. Sie sahen, was kein fühlender Mensch zu glauben bereit ist, der's nicht eben mit Augen gesehen: die Menschenknochen, Kalkfässer, Chlorgasröhren und die Verbrennungsanlage, dazu die Haufen von Kleidern und Schuhen, die man den Opfern ausgezogen, viele kleine Schuhe, Schuhe von Kindern, wenn du, deutscher Landsmann, du, deutsche Frau, es hören magst. Vom 15. April 1942 bis zum 15. April 1944 sind allein in diesen beiden deutschen Anstalten eine Million siebenhundertfünfzehntausend Juden ermordet worden. Woher die Zahl? Aber eure Leute haben Buch geführt, mit deutschem Ordnungssinn!»

Er sagte: «Entsetzen, Scham und Reue ist das Erste, was not tut. Und nur *ein* Haß tut not: der auf die Schurken, die den deutschen Namen vor Gott und der ganzen Welt zum Greuel gemacht haben.»

Keiner der Kommentare, die er danach sprach, kam der Eindringlichkeit dieses Wortes gleich. Es konnte nicht anders sein, denn nichts, was sich in jenem Krieg zugetragen hatte, duldete einen Vergleich mit der Entdeckung der Todesfabriken: nicht die Schlächterei von Stalingrad, nicht die Belagerung von Leningrad, nicht die mörderischen Verluste der Invasionsschlachten, auch keine der Schreckensnächte, in der die deutschen Städte untergingen. Es gab in der Geschichte der Menschheit nichts, was als eine Entsprechung für die Vernichtungsmaschine zu nennen wäre, die geschaffen worden war, um die Ausrottung eines Volkes als ein technisches Problem zu erledigen. Die Technisierung und damit auch die Abstrahierung des Mordes war die absolute Abkehr von aller Menschlichkeit. Darin unterschied sich die Ungeheuerlichkeit, für die der Name Auschwitz steht, selbst von dem millionenfachen Mord an den russischen und ukrainischen Kulaken durch Hunger und Liquidation, von der Erschießung der vielen hunderttausend Menschen durch die stalinistischen Säuberungskommandos, von dem Massensterben in den Lagern des Gulag, auch von dem Tod der ungezählten Millionen, den Mao Tse-tung durch die «Kulturrevolution», die dem Namen spottet, und eine fatale Entwicklungspolitik über seine Völker verhängte: diesen anderen historisch beispiellosen Verbrechen, die von der Menschheit des zwanzigsten Jahrhunderts erduldet wurden. Auschwitz, das war der Tiefpunkt der Menschheitsgeschichte. Es war die Hölle auf Erden.

Thomas Mann, der unterdessen seinen Vortrag über «Deutschland und die Deutschen» niedergeschrieben hatte, fragte sich, und er fragte Agnes Meyer, ob seine Rede «gerade jetzt, nach den Erfahrungen, die man mit Deutschland, *in* Deutschland gemacht hat, als erträglich empfunden» werde. Er fing die Zweifel sogleich wieder auf: «das Beste und Wahrste» an seinem Vortrag sei «die Selbstsolidarisierung mit dem deutschen Unglück». Er fuhr fort: «Die patriotische Emigration – und sie ist kolossal patriotisch jetzt – nimmt es mir übel, dass ich durch *diese* Katastrophe *alles* Deutsche, die deutsche Geschichte, den deutschen Geist als mitbetroffen empfinde. Aber kann man denn anders? Muss man sich als Deutscher nicht schämen, es als tiefe Schande empfinden, wie jetzt die Nazi-Greuel den Blicken der fremden Commissionen preisgegeben werden?»

Er fügte einige Sätze hinzu, mit denen er denn doch wieder zwischen den Deutschen und dem Nazismus unterschied – oder wenigstens eine Marge ließ. Er sagte: «Allerdings sollte man ihnen» – den

Deutschen – «vielleicht nicht sagen: ‹Seht, das ist Deutschland!›
sondern ‹Seht, das ist Fascismus! Dieser Taten ist er fähig, und in
jedem Lande, das ihm verfällt, wird er ihrer fähig sein.› Das wäre die
rechte Lehre.» Hätte er diese Sätze in den Aufsatz «Das Ende» eingefügt: der Protest wäre ihm vermutlich erspart geblieben.

Das Manuskript der Ansprache, die er für die Library of Congress aufgesetzt hatte, schickte er Agnes Meyer und Archibald
MacLeish zur Prüfung voraus. Beide waren beeindruckt – besonders von dem Bekenntnis, das er am Ende der Rede wagte.

Er begann, liebenswürdig genug, mit einer anmutigen Reverenz
vor dem «Genius des Lebens», der es ihm bescherte, als amerikanischer Bürger vor sein Publikum zu treten, ja der es ihm erlaubte, «es
zu patriarchalischen Jahren zu bringen», was er «theoretisch schon
früh für wünschenswert» gehalten habe: ein Mann, der wenig später seinen siebzigsten Geburtstag feiern durfte. Er sei mit geringem
Vertrauen in die «eigene biologische Berufenheit und Tüchtigkeit»
versehen gewesen, gestand er, und die Ausdauer, die er trotzdem
bewiesen habe, rechne er nicht nur der eigenen «vitalen Geduld»,
sondern vor allem der Gnade zu: «Wer sie erfährt, glaubt zu träumen!» Es brauche nur «ein wenig Phantasie (...), um das Leben
phantastisch zu finden».

Er fragte: «Wie komme ich her? Welche Traumwelle verschlug
mich aus dem entferntesten Winkel Deutschlands, wo ich geboren
wurde und wohin ich doch schließlich gehöre, in diesen Saal, auf
dieses Podium, daß ich hier als Amerikaner stehe, zu Amerikanern
redend? Nicht als ob es mir unrichtig schiene. Im Gegenteil, es hat
meine volle Zustimmung, – das Schicksal hat für diese Zustimmung
gesorgt.» Seine Art Deutschtum sei in dem «rassischen und national-
len Universum», das Amerika heiße, «am passendsten aufgehoben»: «Bevor ich Amerikaner wurde», berichtete er, «hat man mir
erlaubt, Tscheche zu sein; das war höchst liebenswürdig und dan-
kenswert, aber es gab keinen Reim und Sinn. Ebenso brauche ich
mir nur vorzustellen, daß ich zufällig Franzose oder Engländer oder
Italiener geworden wäre, um mit Befriedigung wahrzunehmen,
wieviel richtiger es ist, daß ich Amerikaner geworden bin.» Als
Amerikaner sei er Weltbürger – was der Deutsche von Natur aus
sei, ungeachtet seiner «Weltscheu».

Damit war er beim Thema. «Das grausige Schicksal Deutschlands, die ungeheuere Katastrophe, in die seine neuere Geschichte jetzt mündet, erzwingt Interesse, auch wenn dies Interesse sich des Mitleids weigert. Mitleid erregen zu wollen, Deutschland zu verteidigen und zu entschuldigen wäre gewiß für einen deutsch Geborenen heute kein schicklicher Vorsatz. Den Richter zu spielen aus Willfährigkeit gegen den unermeßlichen Haß, den sein Volk zu erregen gewußt hat, es zu verfluchen und zu verdammen und sich selbst als das ‹gute Deutschland› zu empfehlen, ganz im Gegensatz zum bösen, schuldigen dort drüben, mit dem man gar nichts zu tun hat, das scheint mir einem solchen auch nicht sonderlich zu Gesichte zu stehen.» Er fuhr fort: «Man *hat* zu tun mit dem deutschen Schicksal und deutscher Schuld, wenn man als Deutscher geboren ist. Die kritische Distanzierung davon sollte nicht als Untreue gedeutet werden. Wahrheiten, die man über sein Volk zu sagen versucht, können nur das Produkt der Selbstprüfung sein.»

In der Rede wurde ihm die Einkehr in die deutsche Geschichte – wie im «Faustus» – zu einer Heimkehr in die eigene Kindheit, ins neunzehnte Jahrhundert und das biedermeierliche Behagen der Städte mit ihrem «spießbürgerlichen Universalismus»: «einem Kosmopolitismus in der Nachtmütze sozusagen», der «unweltlichen und provinziellen deutschen Weltbürgerlichkeit», der freilich «immer etwas Skurril-Spukhaftes und Heimlich-Unheimliches, etwas von stiller Dämonie angehaftet» habe. Er sprach von Lübeck, in dem er noch «tief im gotischen Mittelalter» gewandelt sei – und dabei denke er nicht nur «an das spitz getürmte Stadtbild mit Toren und Wällen, an die humoristisch-makabren Schauer, die von der Totentanz-Malerei in der Marienkirche» ausgegangen seien. Er schilderte jene spitzgiebelige Welt mit den gleichen Worten, mit denen er im Roman das Bild von Kaisersaschern entworfen hatte.

Er wollte, das sagte er deutlich genug, «eine geheime Verbindung des deutschen Gemütes mit dem Dämonischen» suggerieren. Er verwies auf den «Faust», und er führte den Teufel vor: «Luthers Teufel, Faustens Teufel», der ihm «als eine sehr deutsche Figur erscheine». Die «Teufelsverschreibung», mit der man «unter Drangabe des Seelenheils (…) alle Schätze und Macht der Welt zu gewinnen» trachte, führte er «als etwas dem deutschen Wesen eigentümlich Naheliegendes» vor. Musik sei «dämonisches Gebiet», «musikalisch» sei «das Verhältnis des Deutschen zur Welt», rief er, Kierkegaards große Abhandlung über Mozarts «Don Juan» ins Feld führend. Er zitierte Balzac mit dem hellsichtigen Satz: «Les Allemands, s'ils ne savent pas jouer des grands instruments de la liberté, savent jouer naturellement de tous les instruments de musique.»

Er gelangte nahezu geraden Weges zu Martin Luther, dieser «riesenhaften Inkarnation deutschen Wesens», die so «außerordentlich musikalisch» gewesen sei: «Ich liebe ihn nicht, das gestehe ich offen. Das Deutsche in Reinkultur, das Separatistisch-Antirömische, Anti-Europäische befremdet und ängstigt mich, auch wenn es als evangelische Freiheit und geistliche Emanzipation erscheint, und das spezifisch Lutherische, das Cholerisch-Grobianische, das Schimpfen, Speien und Wüten, das fürchterlich Robuste, verbunden mit zarter Gemütstiefe und dem massivsten Aberglauben an Dämonen, Incubi und Kielkröpfe, erregt meine instinktive Abneigung. Ich hätte nicht Luthers Tischgast sein mögen, ich hätte mich wahrscheinlich bei ihm wie im trauten Heim eines Ogers gefühlt und bin überzeugt, daß ich mit Leo X., Giovanni de' Medici, dem freundlichen Humanisten, den Luther ‹des Teufels Sau, der Babst› nannte, viel besser ausgekommen wäre.»

War er dessen so sicher? In der oft so schrillen Polemik seiner «Betrachtungen» ließ sich ein durchaus «lutherischer Ton» erkennen, und er hätte die Wahrhaftigkeit seiner Argumentation unterstrichen, wäre er wenigstens zu der humoristischen Andeutung bereit gewesen, daß er in den Jahren des Ersten Weltkrieges und der Revolution eine Luther-Büste (eine eiserne) in seinem Arbeitszimmer postiert hatte.

Er beschrieb den Reformator damals wie jetzt mit gutem Recht als einen «konservativen Revolutionär». Wohl räumte er ein, daß «die Unmittelbarkeit des Verhältnisses des Menschen zu seinem Gott (...) die europäische Demokratie befördert» habe: «‹Jedermann sein eigener Priester›, das ist Demokratie.» Luther aber habe nichts von Freiheit verstanden. Thomas Mann machte – bis zu einem gewissen Grade zu Recht – das Luthertum dafür verantwortlich, daß «Deutschland nie eine Revolution gehabt und gelernt hat, den Begriff der Nation mit dem der Freiheit zu vereinigen».

In der Goetheschen Klassik sah er eine Bestätigung der unpolitischen Tradition des «lutherischen Dualismus von geistiger und politischer Freiheit», der «den deutschen Bildungsbegriff gehindert hat, das politische Element in sich aufzunehmen»: «Die große Geschichtstat der deutschen Innerlichkeit war Luthers Reformation – wir haben sie eine mächtige Befreiungstat genannt, und also war sie doch etwas Gutes. Daß aber der Teufel dabei seine Hand im Spiel hatte, ist offensichtlich. Die Reformation brachte die religiöse Spaltung des Abendlandes, ein ausgemachtes Unglück, und sie brachte für Deutschland den Dreißigjährigen Krieg, der es entvölkerte, es verhängnisvoll in der Kultur zurückwarf». Er sah die Romantik mit ihrer «dunklen Mächtigkeit und Frömmigkeit», mit ihrer «Altertümlichkeit der Seele» als Zufluß und Weiterfluß jenes Stromes, der dem Abgrund zustrebte: dank der unheilvollen Verschmelzung des Romantischen mit dem Machtrealismus, die sich in Bismarcks Reich vollzog.

Eine kraftvoll-geistreiche Deutung der deutschen Geschichte, voll brillanter und oft genialer Wortprägungen, kühne Durchblicke öffnend, zugleich gefährlich verkürzend, in ihren Vereinfachungen manchmal am Rand des Demagogischen. Der Jubel über die Wahrheiten, die er aussprach, und der Zorn über die Simplifizierungen, die er riskierte, traten vor der Macht des Bekenntnisses zurück, mit dem er die Rede beschloß, die zu den großen Zeugnissen deutscher Rhetorik zählt (von denen es nicht zu viele gibt): dies sei «in abgerissener Kürze», rief er seinem Publikum zu, die «Geschichte der deutschen ‹Innerlichkeit›» – «eine melancholische Geschichte», aber er «spreche nicht von ‹Tragik›, weil das Unglück nicht prahlen soll».

«Eines mag diese Geschichte uns zu Gemüte führen: daß es nicht zwei Deutschland gibt, ein böses und ein gutes, sondern nur eines, dem sein Bestes durch Teufelslist zum Bösen ausschlug. Das böse Deutschland, das ist das fehlgegangene gute, das gute im Unglück, in Schuld und Untergang. Darum ist es für einen deutsch geborenen Geist auch so unmöglich, das böse, schuldbeladene Deutschland ganz zu verleugnen und zu erklären: ‹Ich bin das gute, das edle, das gerechte Deutschland im weißen Kleid, das böse überlasse ich euch zur Ausrottung.›» Er sagte: «Nichts von dem, was ich Ihnen über

Deutschland zu sagen oder flüchtig anzudeuten versuchte, kam aus fremdem, kühlem, unbeteiligtem Wissen; ich habe es auch in mir, ich habe es alles am eigenen Leibe erfahren.»

Die «Liquidierung des Nazismus», meinte er schließlich, könne den Weg freigemacht haben zu einer «sozialen Weltreform», die «gerade Deutschlands innersten Anlagen und Bedürfnissen die größten Glücksmöglichkeiten» biete. Er warf einen raschen Blick auf den künftigen «Weltstaat» voraus, und er sprach von einem «sozialen Humanismus», der über die bürgerliche Demokratie hinausgehe.

Von Deutschland sagte er noch: «In seiner Weltscheu war immer so viel Weltverlangen, auf dem Grunde der Einsamkeit, die es böse machte, ist, wer wüßte es nicht! der Wunsch, zu lieben, der Wunsch, geliebt zu sein. Zuletzt ist das deutsche Unglück nur das Paradigma der Tragik des Menschseins überhaupt. Der Gnade, deren Deutschland so dringend bedarf, bedürfen wir alle.»

Fortgewischt schienen, für einen Augenblick, die Bedenken, die einst Thomas Manns eigenen Sinn gekreuzt hatten: daß den Deutschen ein besonderes Schicksal in dieser Welt zugewiesen sei, im Guten oder im Bösen, sie seien anders als andere Völker, auserwählt oder verflucht – am Ende wohl beides – und dazu bestimmt, auf ihrem «Sonderweg» durch die Geschichte zu wandern.

Thomas Mann nahm es in Kauf, daß die Dämonisierung des Deutschen zugleich als eine Erhöhung wirke – eine negative Glorifizierung, in ihrem Kern so romantisch-nationalistisch, wie es einst die «Betrachtungen» waren. Hier schloß sich ein Kreis. Der Autor war seinen Anfängen näher, als es ihm lieb sein konnte.

Manchmal kam ihm davon eine Ahnung zu. Am 8. April verlor er sich – nach der Niederschrift der Rede wieder den Anschluß an den «Faustus» suchend – in die Lektüre seiner Tagebuchaufzeichnungen von 1918 und 1919. Er notierte: «Erfahrung der Unzuträglichkeit solchen Zurückgehens in abgelebte Zeiten.» Vielleicht erneuerte sich in diesem Augenblick der Entschluß, die alten Aufzeichnungen zu vernichten, mit deren Beseitigung er im Vorjahr begonnen hatte.

92. KAPITEL

Finis Germaniae – und ein Staatsakt

Der Krieg in Europa trieb auf sein Ende zu. Thomas Mann schaute gebannt, zugleich voller Ekel und Resignation hinüber zu den Schauplätzen der Tragödie, vor allem nach Berlin, wo der Diktator eine so miserable Parodie der Götterdämmerung aufführte. (Vom pazifischen Krieg – seiner kalifornischen Wahlheimat geographisch näher als der Krieg in Europa – nahm er nur selten Kenntnis. Im Tagebuch verzeichnete er lediglich den Fall von Manila am 4. Februar 1945.)

Noch einmal schien der rasende Gang der Dinge für einen dramatischen und traurigen Augenblick aufgehalten zu werden, den die mörderischen Phantasten in den Trümmern der Reichshauptstadt als ein Signal des Schicksals, ja als die Ankündigung eines Wunders bejubelten: am 12. April 1945 starb Franklin Delano Roosevelt an einem Gehirnschlag. Thomas Mann, der sich dem Präsidenten so eng verbunden fühlte – er war für ihn die einzig verläßliche Erfüllung der Demokratie –, lehnte zunächst jede Äußerung der Presse gegenüber ab. Er schickte an Mrs. Roosevelt ein langes und herzliches Telegramm. Drei Tage später hielt er bei einer Trauerfeier im Rathaus von Santa Monica eine kurze Rede.

Sie begann mit der merkwürdigen Beobachtung: «Er hatte die Liebenswürdigkeit, den gewinnenden Zauber Cäsars. Er hatte auch sein Glück. Seine Größe selbst hatte viel Verwandtschaft mit der des Römers.» Den amerikanischen Zuhörern war der Verweis auf Cäsar womöglich ein wenig fremd. Sie hielten es, in der Tradition ihres klassischen Lehrers Thomas Jefferson, lieber mit der römischen Republik, der Cäsar ein Ende bereitet hatte. Thomas Manns Verweis auf den «Aristokraten», der zugleich ein «Freund des Volkes» und «Hort des kleinen Mannes» war, hätte leicht das latente Mißtrauen gegen die europäischen Hierarchien berühren können, das zum unwandelbaren Erbe des Amerikanertums zählt. Des Dichters Neigung zur «Demokratie von oben», die Agnes Meyer streng gerügt hatte, betrachteten sie als eine klassische Versündigung der Alten Welt.

Gewiß versöhnte sie die verehrungsvolle Eloge, bei der Thomas Mann den Linien seiner Wahlrede vom Herbst des Jahres 1944 folgte. In jenen Stunden der Trauer nahmen sie – ob Demokraten oder Republikaner – am Kult des Großen Mannes keinen Anstoß. Für sich selbst aber notierte der Dichter: «Eine Epoche endet. Es wird nicht mehr das Amerika sein, in das wir kamen. Die offizielle Freundwilligkeit wird fehlen.» Dem Journal vertraute er die Voraussage an, Henry Wallace – von Truman zunächst in seinem Amt als Landwirtschaftsminister bestätigt – und Archibald MacLeish, der als Bibliotheksdirektor (und danach in wechselnden Positionen) der Regierung weiterdiente, auch der Justizminister Francis Biddle würden bald verschwinden sein.

Am 27. April schrieb er in sein Journal: «Bewegungen zur Einschließung Münchens, das nun an die Reihe kommt. Ich verberge mir nicht mein besonderes Interesse.» Zwei Tage später schrieb er: «München eingenommen. Merkwürdiges Ereignis. Der Kampf um Berlin so gut wie beendet. Mussolini, von der Schweiz zurückgewiesen, von Partisanen gefangen und nach kurzem Prozeß erschossen. In den Rücken. Er hat sich mit No! No! gewehrt. Die Leichen liegen, die Bevölkerung kommt, darauf zu speien. Gräßlich. –»

Am selben Tag las er Erika, die von New York herübergekommen war, Katia und dem Schwager Pringsheim das Porträt von Rüdiger Schildknapp aus dem «Faustus» vor, in dem sie amüsiert den armen Hans Reisiger erkannten. Gespräche über Deutschland, von dem Thomas sagte – noch immer war er von dieser Idee behext –, daß es «durch Rußland und dessen Imperialismus» wiederaufgebaut würde. Er deutete auf den «schon heute so gut wie gewissen Vernichtungskrieg der Zukunft» und meinte in einem An-

flug von Hellsicht, «der Sozialismus im Rahmen des Nationalstaates» sei «kein Mittel gegen den Krieg».

Am 30. April meldeten die Radiostationen und die Zeitungen Gerüchte vom Tod Adolf Hitlers. Der Diktator hatte an jenem Tag,
etwa gegen 15.30 Uhr, im Bunker unter den Trümmern seiner
Reichskanzlei Selbstmord begangen. Thomas Mann bemerkte, es
sei völlig gleichgültig, ob Hitler noch lebe oder nicht. Anderntags
die Bestätigung des Endes durch eine Proklamation des Großadmi-
rals von Dönitz, der zum Oberhaupt des Reiches bestimmt worden
war, das in Wirklichkeit nicht mehr existierte.

Der Dichter wurde von den Redakteuren einer Zeitschrift telegraphisch gefragt: «Do you believe that Hitler is dead?» Er antwortete mit zwei Worten: «Who cares.» Dies hielt ihn nicht davon ab,
angstvoll auf die Tatarennachricht zu horchen, die wissen wollte,
daß der Tod des Diktators nur vorgetäuscht sei, da die Russen seine
Leiche auf dem Gelände der Reichskanzlei zunächst nicht gefunden
hatten: «Ist die Flucht nach Argentinien geglückt?» fragte er voller
Mißtrauen, das Sujet so vieler Schauerfilme späterer Tage voraus-
nehmend.

Er sah mit gemischten Gefühlen zu den Deutschen hinüber, deren Land in Anarchie und Chaos zu versinken drohte: «Wildeste
Brutalität im Siege, Gewimmer und Appell an Generosität und Gesittung in der Niederlage. Nein, es ist kein großes Volk.» Erika las
ihm und Bruder Heinrich, der als Gast im Hause weilte, einen Artikel über die Bestrafung der Kriegsverbrecher vor, den sie für «Liberty» geschrieben hatte (er wurde nicht gedruckt). Die Strafe
werde «so gut wie 1918 ausbleiben», schrieb der Vater auf, «soweit
nicht die Russen Exempel statuieren». Er fuhr fort: «Andererseits
ist es nicht möglich, eine Million Menschen hinzurichten, ohne die
Methoden der Nazis nachzuahmen. Es sind aber rund eine Million,
die ausgemerzt werden müßten.» Dann führte er einige Namen von
Menschen auf, die nach seiner Meinung dazugehörten: den närrischen General Haushofer, Erfinder der «Geopolitik» und Mentor
des nicht weniger närrischen Rudolf Heß, Hanns Johst, den nazistischen Großfunktionär in Sachen «Schrifttum» und Schauspiel, Will
Vesper, den Nazibarden.

Am 7. Mai wurde Deutschlands Kapitulation gemeldet. Er fragte in seinem Journal: «Ist dies nun der Tag, korrespondierend mit dem 15. März 1933, als ich diese Serie von täglichen Aufzeichnungen begann, – also ein Tag feierlichster Art? Es ist nicht gerade Hochstimmung, was ich empfinde.»

Nein, in seiner Seele regte sich keine erschütterte Freude über das Ende des Terrors und des großen Sterbens; kein Jubel über die Befreiung Europas; kein Echo des Friedensgeläuts; auch keine Trauer über die unsagbaren Opfer, die den Völkern abgepreßt worden waren.

Bitter vermerkte er, es fehle bis jetzt (in Deutschland) «an jeder Verleugnung des Nazitums, jedem Wort, daß die ‹Machtergreifung› ein fürchterliches Unglück, ihre Zulassung, Begünstigung ein Verbrechen ersten Ranges war. Die Verleugnung u. Verdammung der *Taten* des Nationalsozialismus innen und außen, die Erklärung, zur Wahrheit, zum Recht, zur Menschlichkeit zurückkehren zu wollen, – wo sind sie?»

Er schien nicht wahrzunehmen, daß Admiral Dönitz und seine Gespensterregierung kaum geeignet waren, eine moralische Bilanz des Dritten Reiches aufzumachen. Wer sollte für die Deutschen reden? Die Marschälle und Generäle, von denen vor allem die Angepaßten und Feigen übriggeblieben waren? Wer sonst konnte, in diesem Augenblick der Auflösung, die Stimme erheben? Die Mitglieder des antinazistischen Widerstandes taumelten, soweit sie noch lebten, ausgemergelt und erschöpft aus den Konzentrationslagern und Zuchthäusern. Als sich der Bischof Graf Galen in Münster, ein tapferer Mann, in einem Hirtenwort schützend vor seine Landsleute zu stellen versucht hatte, wie er es als seine geistliche Pflicht betrachtete, fand Thomas Mann seine Äußerungen «widerwärtig und deprimierend». Auch Martin Niemöllers erste Äußerungen nach der Befreiung aus Dachau enttäuschten ihn: der Pastor hatte einem Reporter von «Time» mit verständlicher Nüchternheit erklärt, er wolle so rasch wie möglich an seine Arbeit zurückkehren.

Mit anderen Worten: Thomas Mann vermißte die große Erschütterung, die der Katharsis vorausgehen sollte. Dazu waren die Deutschen, vom Grauen der vergangenen Monate, den Bombardements, den Kämpfen um ihre Städte, dem Flüchtlingselend betäubt, zu jener Stunde nicht fähig. Sie hatten in mehr als einer Hinsicht ihre

Stimme verloren. Sie fühlten sich nicht länger als eine Gemeinschaft – ob Nation oder Volk. Jeder suchte zu retten, was zu retten war. Jeder dachte zuerst, wie es menschlich und allzu menschlich ist, an sich und die Seinen. Eine kollektive Verantwortung existierte nicht. Dem Geschick der anderen wandten sich die wenigsten zu: Not macht phantasielos. Die Schwierigkeit täglichen Überlebens forderte die Reste an Tapferkeit und Widerstandsfähigkeit, die geblieben waren. Vielen bot die Flucht ins Selbstmitleid, das ist wohl wahr, einen bequemen Ausweg. Das Bewußtsein der Schuld dämmerte erst später durch die Ohnmacht.

Thomas Mann aber schrieb an jenem 7. Mai 1945: «Die alberne Zerrissenheit der Emigration, der neidische Haß auf mich und meine Haltung kommen hinzu, die Freude niederzuhalten.» Er notierte auch, eine «gewisse Genugtuung» bereite ihm «das physische Überleben». Nach dem Fall Frankreichs habe Goebbels seinen Tod melden lassen. (Dafür fand Inge Jens bei ihren Forschungen für die Anmerkungen zum Tagebuch nicht den geringsten Beleg, und auch das Journal der Jahre 1940 und 1941 sagte davon nichts.)

Seine Depression hinderte ihn nicht, mit der Niederschrift des sechsundzwanzigsten Kapitels seines «Faustus» fortzufahren, mit dem er nach dem Abschluß des Essays über «Deutschland und die Deutschen» begonnen hatte. Es schildert Adrian Leverkühns Einkehr im Klosterhof der Schweigestills zu Pfeiffering: ein getreues Porträt der Familie Schweighardt, die in seiner Erinnerung ganz gegenwärtig war, in jedem Detail samt den Merkwürdigkeiten ihrer Konversation. Manches mochte durch die Lektüre der alten Aufzeichnungen wieder ins Bewußtsein gehoben worden sein.

Am 8. Mai feierten er und die Seinen den Tag des Sieges schließlich doch mit einer Flasche französischen Champagners. Doch auch jetzt regte sich kein Hochgefühl. Dafür gab es sachlich-schlichte Gründe: Am Morgen hatte sich Thomas Mann, von Katia begleitet, nüchternen Magens in einem Röntgenlaboratorium in Beverly Hills einfinden müssen, denn es war ihm von den Ärzten ernstlich geraten worden, die Ursache seiner chronischen Schwäche, der raschen Ermüdbarkeit und des allzu niedrigen Blutdrucks durch eine gründliche Untersuchung feststellen zu lassen. Die Mediziner fütterten ihn mit Vitamintabletten, und sie versuchten, ihn mit Hormonspritzen zu erfrischen, die Anwandlungen sexuellen Verlangens in ihm weckten. Zu Anfang des Jahres hatte er im Tagebuch von einem «seltsam ergreifenden» und «lebhaft ausführlichen» erotischen Traum gesprochen, der ihn gegen Morgen heimsuchte: «in fremder, offenbar europäischer städtischer Umgebung, aus meinen Verhältnissen und Bedingungen scheinbar ganz gelöst». Es war kaum zufällig, daß ihn jener glückliche Traum nach Europa zurückführte. Zwei Monate später fragte er seinen Arzt, ob er den sexuellen Impulsen, die er den Injektionen verdankte, nachgeben solle. Der Mediziner empfahl ihm, dies zu tun. «Hat seinen Humor», bemerkte der Patient. Eine spätere Eintragung deutet darauf hin, daß er sich von Zeit zu Zeit onanierend eine gewisse Befreiung verschaffte.

Hermann Hesse hatte er am 8. April geschrieben, die Krankheiten des Winters betrachte er als einen «Altersschub, gegen den garnichts zu sagen ist, und nach welchem mir nun bis zum gottseligen Einnikken die Hosen um den Leib herum zu weit bleiben sollen». Dann fuhr er fast euphorisch fort: «Dabei sehe ich aus wie 55, besonders wenn frisch rasiert, und mein Doktor, der von der modernen Idee des völligen Unterschieds zwischen rein zahlenmäßigem und biologischem ‹Alter› ergriffen ist, rät mir bei jedem Besuch, mir keine Schwachheiten einzubilden. Nun, man muß nur leicht neugierig zusehen, wie es mit einem gemeint ist. The readiness is all.»

Ganz so glänzend stand es in Wahrheit nicht. Die Notwendigkeit, auch den Rest der unteren Zähne durch eine Prothese zu ersetzen, bereitete ihm arges Ungemach. Die Prozedur des «Abdrucks» mit dem fast unvermeidlichen Brechreiz trieb ihn bis an den Rand eines Nervenzusammenbruchs. Er war der Tortur schließlich nur dank einiger Optalidon-Tabletten gewachsen, die er vorher schluckte: ein Zaubermittel, wie er dachte, das er auch dem Sohn Golo in London dringlich empfahl.

Die Röntgenuntersuchung indes hatte kein greifbares und benennbares Leiden zum Vorschein gebracht. Dr. Wolff – ein Kardiologe, der 1936 Deutschland verlassen hatte – stellte fest, daß Blut, Blutdruck und Herz ganz in Ordnung seien. Doch er registrierte besorgt, daß der Dichter wiederum Gewicht verloren hatte, und er verordnete die damals üblichen Arsenik-Injektionen.

Wohlbefinden wollte sich nicht einstellen. Überdies verdunkelten

die Nachrichten aus Deutschland seine Stimmung. Das Leben drüben, notierte er, lasse sich für die nächsten Jahrzehnte kaum vorstellen: «Vorläufig werden sie keine Schulen, kein Theater, kein Radio,
keine Zeitungen haben. Auseinanderfall, Hunger, Krankheiten, Re-
duzierung der Bevölkerungsziffer auf vielleicht 45–50 Millionen.»
Einen Tag später, am 14. Mai, langte ein Telegramm von Klaus an,
der wenige Tage nach der Kapitulation Gelegenheit fand, sich in
München umzusehen – inzwischen von der römischen Redaktion
der Armeezeitung «Stars and Stripes» als Reporter übernommen,
wie es seinen Wünschen entsprach, doch mit einer Uniform versehen. Er meldete, das Haus in der Poschingerstraße, mehrfach von
Bomben getroffen, sei in Umrissen erhalten, doch im Innern vollständig zerstört. Der Vater nahm die Nachricht lakonisch auf:
«Seltsamer Eindruck», schrieb er und fügte hinzu: es sei gut, daß er
ein neues Haus «unter freundlicheren Zonen» habe.

Sein pessimistisch gestimmtes Gemüt sog noch immer alle finsteren Vermutungen gierig auf: «Der Sieg wird ärger verspielt werden,
als das vorige Mal», schrieb er, und er sprach von einem «Phantom
Victory». Da Heinrich Himmler, der SS-Chef, noch nicht eingefan-
gen war, redete er sich ein, daß mit ihm ein Handel gemacht worden
sei, «der den Kampf zwischen Waffen-SS und Armee verhindert
und Dönitz zur Macht» gebracht habe. Der Scherge habe seine
Haut gerettet und Hitler geopfert.

Agnes Meyer mahnte ihn aus der Ferne zur Vernunft. Sie schickte
ihm einen Artikel aus ihrer Feder, der ein exemplarisches Dokument ihrer Fairneß und moralischen Sensibilität war. Sie fragte in
dem Aufsatz – laut Hans Rudolf Vaget noch vor der Kapitulation
geschrieben und in der «Washington Post» gedruckt –, wie es zuge-
gangen sei, daß der einst so edle und freundliche deutsche Charakter
in solche Tiefen des Bösen hinabgestiegen sei. In ihrer Antwort
nahm sie einige Stichworte von Thomas Manns Vortrag über
«Deutschland und die Deutschen» auf, den sie aus der Lektüre des
Manuskripts kannte: sie nannte das Fehlen einer sozialen Revolution und die Kluft zwischen abstraktem Idealismus und techni-
schem Materialismus als die entscheidenden Ursachen der Katastrophe.

Dann wandte sie den Blick ihrem eigenen Land zu: auch die

Amerikaner, sagte sie, seien ein idealistisches Volk mit großen technischen Fähigkeiten. Ehe man die Deutschen guten Gewissens verdamme, solle man sich klarmachen, daß «auch wir ‹unschuldige› Opfer des faschistischen Übels werden könnten, wenn wir nicht den Abstand zwischen unseren idealistischen Prätentionen und den vielen düsteren Realitäten des amerikanischen Lebens schließen». Sie sprach vom Isolationismus und Chauvinismus, vom Antisemitismus, von den erschreckenden sozialen Verhältnissen, von der Diskriminierung der Schwarzen, und sie zeigte – ein Tabu jener Jahre verletzend – auf die Terrorisierung der Bürger japanischer Herkunft in Kalifornien, die gegen jedes Recht und gegen alle Vernunft in der Hysterie des ersten Kriegsjahres von Haus und Hof verjagt worden waren.

Thomas Mann antwortete mit einem gedämpften Lob: «Wir sind jetzt in die Rolle des Richters gedrängt, die Macht zu richten ist uns zugefallen, und wir sollen sie gewiß nicht zaghaft üben. Aber auch nicht in Selbstgerechtigkeit. Daß Sie diese dämpfen und, unbequem sicher für viele, die eigene Unzulänglichkeit in Erinnerung bringen, ist eine gute, tapfere Tat. Es ist die Form der ‹Großmut›, die uns einzig erlaubt ist. Jede andere hat der geschlagene Feind gründlich verwirkt».

In jenem Brief bat er darum, daß auch Erika ihrer Gastfreundschaft teilhaftig werde, wenn er und Katia sich in Washington einfänden. Die Tochter hatte sich bereit erklärt, ihre Eltern auf der Reise an die Ostküste zu begleiten: «Ohne den Geburtstag wäre sie längst wieder in Europa», schrieb er und fuhr scherzend fort: «unter anderem, um meinen Manuskript-Besitz aus München zu holen, ein Akt, zu dessen Ermöglichung nach ihrer Meinung der Krieg hauptsächlich geführt worden ist.»

Die Vorbereitungen für die Feier des großen Tages waren längst in vollem Gange. Bermann Fischer hatte im vergangenen Jahr mit der Planung einer Neuausgabe der «Neuen Rundschau» begonnen: ein Heft zum siebzigsten Geburtstag Thomas Manns, ganz dem Jubilar gewidmet, sollte die Ouvertüre sein. Listen der vorgesehenen Mitarbeiter wanderten über den Kontinent. Es durfte nicht dem Zufall überlassen werden, wer zur Mitwirkung eingeladen würde. Der Verleger und Katia waren über Wochen durch ihre Geschäftigkeit, der Ausdruck mag erlaubt sein, auf dem Terrain der Thomas-Mann-Diplomatie ganz okkupiert.

Die Liste las sich schließlich wie ein elitäres Register der Literatur deutscher Sprache in der Mitte des zwanzigsten Jahrhunderts. Einige Namen aus dem amerikanischen Lebenskreis Thomas Manns fügten sich dazu: jene von Agnes Meyer und Archibald MacLeish vor allem, die bewegende Huldigungen darboten. Natürlich mangelte es auch nicht, wie es immer zugeht, an Verstimmtheiten. Am närrischsten führte sich der Schwiegersohn Borgese auf, der sein Manuskript zu spät auf den Weg gebracht hatte: es konnte nicht mehr in die Bogen aufgenommen werden, die in Stockholm gedruckt wurden; Bermann fügte es in separaten Blättern den Heften bei.

Kurz, die Vorbereitung des Geburtstages glich der Zurüstung und Organisation eines veritablen Staatsaktes. Der Auftakt sollte sich in Washington vollziehen. Am 24. Mai brach Thomas Mann mit Katia und Erika von Los Angeles auf. Einen Tag Station in Chicago. Am 28. trafen sie am Morgen gegen neun Uhr in der Hauptstadt ein. Sie frühstückten mit den Meyers, die wie immer ihre Gastgeber waren. Der Hausherr jedoch zog sich im Tagebuch die Note schlechter Manieren zu. Auch hielt sich Thomas Mann daran auf, daß die Mahlzeiten im Hause «unzulänglich» seien, womit er andeuten mochte, daß sie sich, schlichter als früher, den Einschränkungen des Krieges angepaßt hatten.

Die Stimmung war ferner durch die Schwierigkeiten beeinträchtigt, denen sich Erika gegenübersah, als sie – wie es vor jeder Reise ins Ausland notwendig war – die Genehmigung zur Rückkehr in die Vereinigten Staaten beantragte: sie war noch immer britische Staatsbürgerin und hatte es lange versäumt, sich den für die Einbürgerung notwendigen bürokratischen Prozeduren zu unterziehen. Das State Department äußerte Bedenken gegen die Erneuerung ihres Visums. Vermutlich war sie ein weiteres Mal, wie es der stumpfsinnigen Gewohnheit jener Tage entsprach, als Kommunistin denunziert worden. Ihre Kontakte zum FBI schienen nicht zu genügen, den Verdacht zu zerstreuen.

Thomas Manns Vortrag, den er am 29. Mai in der Kongreßbibliothek in guter Disposition absolvierte, von Archibald MacLeish eingeführt, war ein glänzender Erfolg. Es hatte sich die doppelte Zahl von Zuhörern eingefunden, als man es bei Veranstaltungen dieser Art gewohnt war. Die Rede mußte in einen zweiten Saal übertragen werden. Der Autor selbst sprach von einem «überaus glücklichen Verlauf». Danach gaben die Meyers in ihrer Residenz, seinen Geburtstag vorausfeiernd, einen Empfang für etwa siebzig Gäste, zu dem sich auch Justizminister Francis Biddle und der Kommentator Walter Lippmann einfanden.

In New York ging es «hoch her», wie er gern sagte. Der Salon seiner Suite im St.-Regis-Hotel an der Park Avenue, in dem er mit Katia abgestiegen war, glich einer Blumenausstellung. Briefe und Telegramme häuften sich zu Bergen. Trotzdem vermerkte er, daß er einige «Gedenkbriefe» vermisse: so von Hermann Hesse, dem Schweizer Professor Robert Faesi, einem Vertrauten aus alten Tagen, und von Eduard Korrodi, dem Redakteur der «Neuen Zürcher Zeitung», den er in Wirklichkeit nur mäßig schätzte. «Warum?» fragte er. (Von Hesse kam schließlich, mit Verspätung, ein Brief, den er «nicht eben sehr bemüht» fand.) Er rügte auch Alfred Döblins «undankbares Benehmen», nicht völlig zu Unrecht, denn der Kollege, dem er in den amerikanischen Anfangsjahren helfend die Hand gereicht hatte, begegnete ihm stets mit einer Gereiztheit, die von Eifersucht nicht frei war. Es war allerdings erstaunlich, daß der Gefeierte in der Überfülle der Freundlichkeit, die sich ihm zuwandte, das Fehlen dieses und jenes Namens so aufmerksam zu registrieren vermochte.

Am Geburtstag gab Alfred Knopf ein Mittagessen. Der Verleger überreichte ihm eine große goldene Zigarettendose, fast zu schwer für die Jackentasche, an der er sich mit seinem sozusagen Bayreuther Vergnügen an funkelnden und gleißenden Wertobjekten ergötzte. Am Abend wurde im Hause Bruno Walters gefeiert, des Münchner Urfreundes, der von so viel Leid heimgesucht worden war: zuerst, noch in der Schweiz, der Mord an der Tochter; nun war seine Frau im September 1944 durch einen Schlaganfall halb gelähmt und ihrer Sprache beraubt worden. Es war wohl auch eine Geste gegenüber Erika, deren Beziehung zu Walter von so vielen Problemen beschwert war, daß Thomas Mann sich bereit gefunden hatte, den Dirigenten ein Fest für sich ausrichten zu lassen, bei dem – es versteht sich – die schönste Musik geboten wurde.

Bruno Walter und sein Kollege Adolf Busch nahmen freilich bei der Wiederholung des Vortrages über «Deutschland und die Deutschen» im Hunter College mit Bestürzung jene Passagen zur Kenntnis, die sich kritisch mit der Musik befaßten, von der Thomas Mann sagte, sie sei «dämonisches Gebiet». Beide empfanden, daß dieses zweifelhafte Verdikt an den Grundnerv ihrer Existenz rühre. Spät in der Nacht noch mußte er Adolf Busch telefonisch beschwören, «daß die Bedenklichkeiten», die er «gegen die deutscheste der Künste vorgebracht» habe, «nur eine Form der Huldigung seien». Walter mag es geglaubt haben − und es traf ja auch *cum grano salis* zu.

Am 9. Juni, dem Tag nach der Veranstaltung im Hunter College, feierte ihn die «Tribüne für freie deutsche Literatur und Kunst» mit einer aufwendigen Veranstaltung. Am Abend lud Bermann in sein Haus draußen in Old Greenwich. Dem Gast zu Ehren wurde ein Schubert-Trio gespielt. Bermanns Tochter Gisela sang die Verse der Thamar aus dem «Joseph», die von der anderen Tochter Gabrielle in Musik gesetzt worden waren: ein gewiß eher rührendes Unternehmen. Der Verleger schrieb in seinen Erinnerungen: «Bei soviel Musik konnte auch Zuck» − Carl Zuckmayer, der Poet und Dramatiker −, «der inzwischen dem Weine reichlich zugesprochen, nicht schweigen, und er trug zum gewaltigen Getöne seiner Laute und mit erderschütterndem Gestampf sein ‹Cognacvogellied› vor, sehr zum Mißvergnügen des Jubilars, der solchen Exzessen durchaus abhold war und nur mühsam gute Miene machte.»

Die Gastlichkeiten waren damit noch nicht bestanden. Thomas und Katia zogen sich, zur Regeneration der Kräfte, für ein paar Tage in ein abgelegenes Gästehaus am Lake Mohawk zurück: «Das stattliche, im Schweizer Stil gebaute Hotel, ‹Mountain House› genannt, von Quäkern geleitet, liegt am See in einer Parklandschaft mit felsigen Hügeln, einer Art von gehegtem Gralsgebiet viktorianischen Geschmacks, in das kein fremder Wagen einfahren darf, mit allerlei ‹outlooks›, Türmchen und Brückchen zierlich versehen, ein altmodischer Kurort ohne Kur, wenn man nicht etwa die Enthaltung von alkoholischen Getränken als solche ansehen will, − ein Aufenthalt, zum Ausruhen wohl geeignet und um diese Jahreszeit von frischerer Atmosphäre immerhin, als das stickig dampfende New York.»

Der Dichter traf in dem frommen Haus eine amerikanische Dame an, deren sechzehnjährige Tochter den «Zauberberg» las. Ihn überkam beim Anblick des Mädchens, Cynthia mit Namen, und bei ihren schüchternen Huldigungen ein «zärtliches Gefühl», das er mit Behagen pflegte, zumal es ihn schmeichelhaft und «zur lächelnden Befriedigung» seines «Sinnes fürs Mythische» an die Neigung des alten Goethe zu der siebzehnjährigen Ulrike von Levetzow erinnerte: «Tochter einer Industriellen-Familie in Connecticut», wie er Kuno Fiedler voller Genugtuung berichtete, «ein reizendes Kind, lipstick-Engel mit schiefen Augen, von der unermeßlichen amerikanischen Naivität und Kulturbegierde, glühende ‹Verehrerin›, traumhaft glücklich, mit mir zusammen zu sein, beim Kurkonzert neben mir zu sitzen (was die Mama eingerichtet hatte).» «Ich sagte beim Abschied», erzählte er voller Behagen in einem unbekümmerten Englisch: «‹Goodbye, Cynthia! I never shall forget you. It was always a pleasure to look at you.› ‹Oh – really??!› Unendliche Verschämtheit – und ein in den College-Alltag mitzunehmender ungeheurer Stolz.»

Das Idyll wurde durch die Nachricht vom plötzlichen Tod Bruno Franks gestört: des freundlichen Gefährten, der ihn seit fünfunddreißig Jahren begleitet hatte. Sie begegneten einander nicht völlig unkritisch. Thomas Mann vergaß die revolutionären Auftritte des «grübchenhaften» Weggenossen im Jahre 1918 bis zum Ende seiner Tage nicht – er kramte sie für den «Faustus» wieder aus dem Gedächtnis –, und er war nicht geneigt, das Werk des Freundes zu überschätzen. Frank wiederum, der über eine solide Bildung verfügte, war Literat genug, sich nach der Lektüre eines Mannschen Aufsatzes – laut Albrecht Joseph – zu der spitzen Bemerkung verführen zu lassen: «Er hat sicher Größe, aber manchmal zeigt es sich eben, daß er das Gymnasium nicht beendet hat.» Bruno Frank war im Jahr zuvor zum erstenmal durch eine Herzattacke niedergeworfen worden. Nun war er, erst achtundfünfzig Jahre alt, davongegangen. Der Tod war im Schlaf gekommen. Er sei auch darin eine «Sonntagskind-Natur» gewesen, schrieb Thomas Mann an die Witwe.

Rückkehr nach New York. Seufzend nahm er eine neue Begegnung mit Agnes Meyer auf sich: «Bekenntnisse einer schönen Seele.

Religiöses Erlebnis mit dem sozialen Bischof in Chicago. Voller Verständnis und unter vagem guten Zureden alles aufgenommen. Vorwürfe ihrer ‹Untreue› halber macht sie sich auch noch, auch diese offenbar poetisch genießend. Ich verschwieg ihr entschlossen die unvergleichlich bevorzugte kleine Cynthia. – K. kam nach dem Weggang der Frau zurück.»

Eine letzte öffentliche Feier mußte bestanden werden: die Ehrung, die von Verlag und Redaktion der Zeitschrift «The Nation» ausgerichtet wurde: mit zweihundert Gästen, unter ihnen der Innenminister Harold Ickes, der einstige spanische Premierminister Juan Negrin und Felix Frankfurter, das prominenteste Mitglied des Obersten Gerichtshofes. Anderntags las der Dichter vor vielen Freunden das Lues-Kapitel und Teile des Teufelsgespräches aus dem «Faustus» vor: «Größte Betroffenheit und Ergriffenheit. Kahler ermutigend über das Ganze.» Ihm sei «festlich» und «etwas betrügerisch erregt» zumute gewesen, notierte Thomas Mann, da er nur «das Sicherste» vorgetragen habe.

Am 30. Juni trat er mit Katia die Rückfahrt Richtung Los Angeles an. Wieder einmal seien, notierte er, die «Anforderungen des Lebens (...) bestanden». Bei der langen Reise war Zeit genug, die Fülle der Zeichen von Bewunderung, Ergebenheit und Sympathie noch einmal Revue passieren zu lassen. Der schönste Beweis von Zuneigung war ihm von Erika zugekommen. Sie hatte ihm geschrieben: «Lieber Zauberer – Daß Du siebzig bist! Und hast mich doch eben noch gelehrt, das grüne Buch vom roten Buch zu unterscheiden, in der Münchener Franz Joseph-Straße. Damals warst Du jünger, als ich es heute bin. Aber Dein Gesicht – die hellen, sinnend-aufmerksamen Augen unter den dunkeln, zackigen Brauen, deren eine Du nachdenklich oder erstaunt hochzuziehen liebst; die gerade und stark vorspringende Nase, Erbteil aller Deiner Söhne und Rettungsanker aller Deiner Karikaturisten; die lange Oberlippe mit dem korrekt gestutzten Bärtchen und das lange, ovale Kinn – hat sich mir kaum verändert. Mag es weich und jung und empfindlich gewesen sein, das Vatergesicht der frühesten Erinnerung, es ist eines mit dem strengeren, schmaleren, dessen ich jetzt beim Schreiben zärtlich gedenke. Und nun gar die Stimme! Sie ist so sehr dieselbe geblieben, daß sie mich oft genug zurückzaubert in die entlegenste Vergangen-

heit. Du brauchst nur vorzulesen mit ihr – im halbdunkeln Arbeitszimmer nahe dem Schreibtisch bei der Stehlampe sitzend, während
wir andern es uns ringsum bequem gemacht haben (und wie eh und
je sind Stühle und Sopha mit Büchern, Zeitschriften, Druckwaren
aller Art bedeckt gewesen und mußten gesäubert werden, ehe wir
Platz fanden!) – Du brauchst nur vorzulesen, Lieber, und Ort und
Zeit verschwimmen ins Träumerische. Nichts ist mehr bindend,
was nur heute ist. Nur was immer war, hat Gültigkeit.»

Die Reise, unterbrochen durch ein festliches Abendessen in Chicago, war noch immer den Mühseligkeiten der Kriegszeit unterworfen. Die Fahrgäste mußten im Speisewagen fürs Abendessen
und fürs Frühstück eine Stunde, manchmal auch zwei in der
Schlange stehen: «unsinnig, beschämend und empörend», schrieb
der deutsche Dichter: «Nur Amerikaner können dabei gute Laune
und Appetit bewahren.»

93. KAPITEL

Lauter falsche Töne

Einen Tag nach der Rückkunft verzeichnete Thomas Mann im Tagebuch, daß er nach dem morgendlichen Bad sein Bett selbst gemacht habe (erst eine knappe Woche später fand sich ein neues schwarzes Hausmädchen ein). Dann schrieb er übergangslos und ohne Kommentar: «Papiermassen zum Verbrennungsofen geschleppt.»

Das Autodafé, mit dem er die Journale aus der Jugend beseitigte, hatte er vor dem Aufbruch zur großen Geburtstagsreise am 21. Mai 1945 in einem zweiten Anlauf fortgesetzt. Was übergab er nun den Flammen? Weitere Partien des Tagebuches? Oder verbrannte er, wie es so oft geschah, Korrespondenzen, die ihm ärgerlich oder gleichgültig geworden waren? Seine trockene Notiz deutet eine wortlose Entschlossenheit an. So liegt die Vermutung nahe, daß er Dokumente seiner privaten Existenz vernichtete.

Gab er dem Verlangen nach, Zeugnisse seiner deutschen Vergangenheit auszulöschen, während ihm die deutsche Gegenwart immer näher rückte, lockend und bedrohlich zugleich? Am 16. Juli trafen über die Redaktion der Soldatenzeitung «Stars and Stripes» Bilder von dem Haus in der Poschingerstraße ein, die ein amerikanischer Photograph zwei Tage nach der Kapitulation des Dritten Reiches aufgenommen hatte, um den Bericht von Klaus Mann über die gespenstische Begegnung mit der Heimat zu illustrieren. Den Titel seiner Reportage hatte der Sohn einem Buch von Thomas Wolfe entliehen: «You can't go home again» – eine melancholische Formulierung, die der Stimmung des Berichterstatters exakt entsprach.

In einem Telegramm an die Eltern hatte er den Zustand des Hauses in knappen Worten geschildert. Ein ergänzender Brief – mit Rücksicht auf die Militärzensur auf englisch geschrieben – trug im Detail nach, wie er das Anwesen am Herzogpark vorgefunden hatte: die neubarocke Fassade wies nur geringe Schäden auf, doch das Innere war völlig verwüstet. In den Jahren des Krieges hatte die Bauverwaltung des Staates einige Mauern einziehen lassen, um Platz für mehrere Familien zu schaffen. Sie hatten nach den letzten Bombenangriffen allesamt das Weite gesucht. Das Gebäude schien völlig verlassen zu sein. Aber dann entdeckte Klaus auf dem Balkon im Obergeschoß vor seinem alten Zimmer eine junge Frau, die dort eine notdürftige Unterkunft gesucht hatte. Voller Mißtrauen schaute sie auf die fremden Männer in der Uniform der Sieger herab, denen sie zu verstehen gab, sie sei ausgebombt und von Beruf Stenotypistin. Ihr Verlobter, erzählte sie schließlich, sei in Rußland verschollen, ein Bruder in Stalingrad gefallen, ein anderer schwer verwundet, eine Schwägerin vor ihren Augen verbrannt, die Eltern tot: «‹Man ist halt ganz alleinig›, stellte das Mädchen fest, nicht klagend, eher trotzig. ‹Ka Verwandten mehr und ka Bräutigam! Ka Geld und ka Wohnung! Durchzwazzeln muß man sich halt; und a bisserl Glück muß der Mensch haben. Nehmen's den Balkon, zum Beispiel, das ist doch direkt ein Glücksfall!›»

So erzählte Klaus später in der deutschen Version des «Wendepunkts». Im Brief an die Eltern beschrieb er auch den Zustand der Häuser, in denen einst die Freunde gewohnt hatten: bei den Hallgartens sei amerikanisches Personal eingezogen (in Wirklichkeit hatte sich das «Polnische Nationale Befreiungskomitee» im dem Gebäude etabliert, wie George Hallgarten, der wenig später nach München kam, mit einigem Amüsement feststellte). Die Villa, in der einst Bruno Walter und Bruno Frank residierten, befinde sich in ausgezeichneter Verfassung. «Dirschls Wirtschaft» – ein nahe gelegenes, dörflich-vorstädtisches Gasthaus – und der Gemüseladen des Herrn Bartl hätten sich nicht im geringsten verändert. Der halb taube und halb blinde Bartl habe ihn als erster erkannt.

Viktor, den jüngsten Bruder des Vaters, suchte Klaus nicht auf. Auch Golo, der bei einer Radiostation der amerikanischen Armee in Luxemburg die Verantwortung für die deutschen Programme übernahm, hielt es bei seiner ersten Fahrt nach München nicht für angebracht, sich nach dem Onkel umzuschauen, von dem er freilich bei der letzten Begegnung im Jahre 1933 nicht die besten Erinnerungen mitgenommen zu haben schien. Viktors Frau aber wandte sich schon im August 1945 – durch die Vermittlung eines Offiziers im amerikanischen Nachrichtendienst – an den Schwager in Kalifornien. Sie bat Thomas in verzweifelten Worten um Hilfe für Vicco, der verhaftet worden war, weil man ihm vorwarf, französische Kriegsgefangene mißhandelt zu haben: eine Anschuldigung, für die keine Bestätigung existiert – sie scheint sich auch rasch als ein Irrtum erwiesen zu haben. In seinen Memoiren nahm Viktor von der Verhaftung keine Notiz.

Auch Erika, die sich im September 1945 in München aufhielt, hatte nicht die Absicht, den Onkel aufzusuchen, obwohl sie darüber nachdachte, wie sie an das «Bilderbuch für artige Kinder» gelangen könnte, das Heinrich Mann und der Vater einst in Italien für die Geschwister gezeichnet und gedichtet hatten. Sie war, wie ihre Brüder, ganz davon überzeugt, daß die Humoreske, über die sie einst Tränen gelacht hatten, sich in Viktors Obhut befinde. Der Onkel indes konnte glaubhaft versichern, daß er den Band längst an Thomas zurückgegeben habe. Er war wohl mit dem Rest der Bibliothek und der Möbel in der Poschingerstraße beschlagnahmt worden.

Erika berichtete in einem Brief, daß Viktor plötzlich in ihrem Zimmer erschienen sei: «äußerst, äußerst aufgeregt. Höchstwahrscheinlich wirst Du, Z., inzwischen seinen Brief erhalten haben – einen langen, phrasenhaften Brief, in dem alles ordnungsgemäß erklärt wird.» Sie fügte hinzu, daß sie ihn eigentlich «ganz üsis befunden» habe. Das Kindheitswort aus der Privatsprache der Geschwister kehrte plötzlich wieder: es besagte, daß diese und jene Person nicht allzu übel, sondern eher umgänglich sei. Vielleicht verzichtete sie ihm gegenüber auf die Marotte, ihrem Deutsch einen dicken amerikanischen Akzent aufzusetzen, mit dem sie damals manche ihrer Gesprächspartner verstörte – oder zu einem heimlichen Lächeln herausforderte. (Vielleicht glaubte sie, die Verfremdung als Schutz oder Tarnung nicht entbehren zu können.) Im Bericht an die Eltern meinte sie, daß sich Viktor wohl «nicht allzu schlecht benommen» habe, weil er «seinem ‹Bruder Thomas› wirklich treu zugetan» sei: «Um ihm eine Chance zu geben, seine Loyalität auf nützliche Art zu beweisen, habe ich ihn gebeten und bevollmächtigt, mit Hilfe der Bayerischen Rechtsanwaltskammer Valentin zu suchen.»

Sie hatte sich fest in den Kopf gesetzt, Valentin Heins das Manuskript des «Zauberbergs» und des «Todes in Venedig» abzujagen. Der Anwalt, als sie ihn schließlich fand, erklärte ihr, die kostbaren Dokumente seien mit allen anderen Papieren in seiner Wohnung verbrannt (auch die Kanzlei war durch Bomben zerstört worden). In einem langen Schreiben begründete er, warum er sich 1938 geweigert habe, die Manuskripte dem Journalisten Nürnberg auszuhändigen. Er konnte darauf pochen, daß er sich strafbar gemacht hätte, und er dachte wohl – es wurde gesagt – an die Steuern, die das Finanzamt reklamierte.

Erika glaubte ihm von alldem kein Wort. Sie war ganz davon überzeugt, daß Heins die Manuskripte hinter dem Rücken des rechtmäßigen Eigentümers zu Geld machen wolle. In ihrem enttäuschten Zorn stand die strenge Tochter nicht an, dem Anwalt mit der amerikanischen Militärpolizei zu drohen. Dem Vater schrieb sie am 11. November 1945, sie habe den Fall dem C.I.C. übergeben: der Criminal Investigation Commission bei der Militärregierung, «who may or may not arrest him ‹for questioning›». Sie schien nicht die geringsten Skrupel zu haben, den einst vertrauten Berater der Familie anzuzeigen, der sich über lange Jahre mit zähem Engagement – wenn auch nicht uneigennützig – um die Rettung des Vermögens von Thomas Mann bemüht hatte. Heins indes wurde nicht verhaftet. Die Affäre verlief im Sande. Thomas Mann schien aus manchen Gründen nicht daran interessiert zu sein, sie konsequent zu verfolgen. (Die Manuskripte blieben verschollen. Es ist zu vermuten, daß sie tatsächlich verbrannt sind.)

Auch Heinz Pringsheim, Katias Bruder, der den Krieg in einem bayerischen Winkel überstanden hatte, sah Erika bei jenem ersten Aufenthalt in München. Der Musiker war beunruhigt, weil weder Klaus noch Golo bei ihm angeklopft hatten. Er fürchtete, daß sich aus den möglichen Mißverständnissen Feindschaften ergeben könnten. Erika schrieb: «Bayern, oh je, ist *beunruhigend* lieblich.»

Doch sie sagte auch: «Ich flehe Euch an: erwägt *auch nicht eine Minute lang*, in dieses verlorene Land zurückzukehren. Es ist einfach nicht menschenerkennbar. Und damit meine ich nicht seinen physischen Zustand!!!»

Für Klaus war bei seinem ersten und so schwierigen Wiedersehen mit Deutschland der journalistische Auftrag wichtiger als der Austausch mit den Verwandten, die ihm in den zwölf Jahren der Diktatur ferngerückt waren. In seinem Bericht an den Vater erwähnte er ein knappes Interview mit dem Reichsmarschall Hermann Göring, den er – laut «Wendepunkt» – am gleichen Tage sah, an dem er das Konzentrationslager in Dachau besichtigt hatte: «Enttäuschenderweise fand ich ihn viel weniger unförmig als erwartet, ein knapp mittelgroßer Mann mit Bauch und Doppelkinn, aber ganz ohne monströse Züge. Man kann nicht einmal sagen, daß er besonders unsympathisch wirkte, eher im Gegenteil. Eine gewisse Brutalität ist seiner Miene freilich anzumerken, auch hat der Blick oft ein recht böses Glitzern. Aber die Stimme klingt angenehm, markig und hell, wenngleich ein wenig fett, und das Gesicht erscheint nicht schlecht geschnitten. Die Gesamterscheinung läßt an den Typ des Condottiere denken, dem es bei aller Grausamkeit doch nicht ganz an Bonhommie gebricht.» Dem «großen Herrn» sei etwas unbehaglich gewesen. Er habe sich offenkundig bemüht, auf die amerikanischen Journalisten einen guten Eindruck zu machen, und er behauptete, daß er nie geahnt habe, was in den Konzentrationslagern vor sich gegangen sei: alles die Schuld des SS-Führers Heinrich Himmler.

Erika traf den Reichsmarschall später im luxemburgischen Bad Mondorf an, wo er zusammen mit dem einstigen Vizekanzler Franz von Papen, dem nazistischen Chefideologen Alfred Rosenberg, dem Erzrassisten Julius Streicher (Herausgeber des obszönen Hetzblattes «Der Stürmer»), dem Arbeitsfront-Führer Robert Ley, dem Admiral Dönitz, dem Generalfeldmarschall Keitel und dem ehemaligen Generalstabschef Jodl interniert war – «tout le horreur monde», wie sie in nicht ganz korrektem Französisch sagte, «eingesperrt in einem ehemaligen Hotel, das zum Gefängnis wurde und aus dem seine Insassen ein regelrechtes Irrenhaus gemacht haben. Da ich mit den Idioten nicht selbst sprechen durfte, schickte ich hinterher Vernehmungsbeamte zu ihnen und ließ sie wissen, wer ich (die erste und einzige Frau, die je den Ort betreten hat) war. Ley schrie: ‹Assez!› und schlug die Hände vors Gesicht; Rosenberg murmelte: ‹Pfui Deubel!› Und Streicher lamentierte: ‹Du *lieber* Gott, und diese Frau ist in meinem Zimmer gewesen!› Göring war am erregtesten. Hätte ich mich doch nur vorgestellt, sagte er, dann hätte er alles erklärt; und hätte *er* den Fall Mann bearbeitet, dann hätte er die Sache anders gehandhabt. Ein Deutscher von T. M.s Format hätte dem Dritten Reich sicherlich angepaßt werden können.» Der Vater vermerkte die Reaktion Hermann Görings in seinem Tagebuch, nicht ohne Genugtuung.

Zusammen mit Curt Riess hatte Klaus auch Richard Strauss in Garmisch-Partenkirchen aufgesucht: er freilich gab sich dem alten Mann nicht zu erkennen. Der Komponist, schrieb er, könne noch nicht einmal durch Senilität entschuldigt werden, trotz seiner einundachtzig Jahre, denn er wirke «bemerkenswert gut konserviert und agil». Nur sei er einer der «verkommensten Charaktere, die man sich denken könne – ahnungslos, servil, habgierig, eitel, bodenlos egoistisch, bar der elementarsten menschlichen Impulse von Scham und Anstand». Im «Wendepunkt», in dem er seine Reportagen für «Stars and Stripes» nachzeichnete, ließ er prominent die jüdische Frau des Sohnes Franz Strauss auftreten, die dank der Protektion durch den Schwiegervater, der trotz seines Rücktritts aus der Reichsmusikkammer eine gewisse Autorität genoß, ihre Freiheit bewahren konnte. Klaus erwähnte freilich nicht, daß achtundzwanzig Menschen der Familie von Alice Strauss in den Vernichtungslagern ermordet wurden. Er schien auch nicht allzu willig zu sein, sich nach den Bedingungen des Überlebens so aufmerksam zu erkundigen, wie es der Pflicht eines gewissenhaften Reporters entsprochen hätte. Sie waren für eine Jüdin auch in einem privilegierten Haus nicht einfach.

Richard Strauss setzte später einen Protestbrief an Thomas Mann auf, der nach den Feststellungen von Hans Rudolf Vaget niemals abgeschickt wurde. Darin fragte er den Dichter, ob er es gutheiße, daß sein ältester Sohn «als Pressevertreter in amerikanischer Uniform inkognito in sein Garmischer Heim eingedrungen» sei, um «offensichtliche Unwahrheiten nicht nur über ihn selber, sondern vor allem über seine jüdische Schwiegertochter in aller Welt zu ver-

breiten». An seine Unterzeichnung der blamablen Erklärung über
Thomas Manns Wagner-Rede im Februar 1933 schien er sich nicht
zu entsinnen. Klaus Mann gelangte in seinem Erinnerungsbuch zu
einem harten Urteil: «Die Naivität, mit der er sich zu einem völlig
ruchlosen, völlig amoralischen Egoismus bekennt, könnte entwaff-
nend, fast erheiternd sein, wenn sie nicht als Symptom sittlich-geistigen Tiefstandes so erschreckend wäre. (...) Ein Talent von solcher Originalität und Kraft, ein Genie beinah – und weiß nicht,
wozu seine Gaben ihn verpflichten! Ein großer Mann – so völlig
ohne Größe!»

Einige Tage ehe die Photographien des Münchner Hauses zu ihm
gelangten, hatte Thomas Mann durch die Vermittlung eines amerikanischen Besatzungsoffiziers ein Geburtstagsbrief von Emil Preetorius erreicht, dem Bühnenbildner und Graphiker, der seine Arbeit an einer intelligent-gemäßigten Modernisierung der Werke
Wagners auch in den Jahren der Diktatur mit ruhiger Beharrlichkeit
fortgesetzt hatte. Thomas Mann bemerkte, der «erstaunliche Brief»
des einstigen Freundes sei «klug, vielleicht spekulativ». Er habe
«Eindrucksvolles» über «Lotte in Weimar» mitgeteilt. Doch zu
einer Antwort konnte er sich nicht entschließen.

Am 8. September unternahm Preetorius einen zweiten Versuch,
die Aufmerksamkeit des Dichters zu gewinnen. Inzwischen hatte er
auch Bücher geschickt, die von ihm illustriert waren. Thomas
Manns erster Impuls befahl ihm, das Geschenk zurückzuweisen,
doch sein Widerstand hielt nicht an. Mit einigem Unbehagen betrachtete er die schönen Bände, die durch Gerard P. Speyer auf den
Weg gebracht worden waren, einen Neffen des Schriftstellers Wilhelm Speyer, der dann und wann in der Poschingerstraße zu Gast
gewesen war und sich nun in Beverly Hills durchschlug. Speyers
geschiedene Frau lebte in dem bayerischen Dorf, in das sich Preetorius zurückgezogen hatte, um den Bombenangriffen und den Wirren des Zusammenbruchs zu entgehen.

Er war ein gescheiter Mann, in der Tat. (Nachdem er sich Thomas
Mann ins Gedächtnis gebracht hatte, wurde er alsbald in der Gestalt
des Sixtus Kridwiß in die Besetzungsliste des «Doktor Faustus»
aufgenommen.) In seinem zweiten Brief konfrontierte er den einstigen Freund ohne langen Anlauf mit einigen Vorschlägen, die mit

intuitiver Exaktheit auf die Interessen und Sensibilitäten des Dichters zielten. Es gebe keinen Deutschen, schrieb er, «der wie Sie das äußere Ansehen und innere Wissen, die Sprach- und Stoffbeherrschung besäße, der als einzigartiger Wahrer echter Humanität durch alle Wirrsal hindurch in solchem Maße legitimiert wäre, das richtigstellende und richtungweisende Wort zu jenen Themen zu sagen»: «Erstens wäre eine Apologie Wagners zu verfassen, die der irrigen und irreführenden Meinung entgegentritt, Wagner sei eine Art Nazi». Er setzte dieser robusten Schuldzuweisung, die das Produkt allzu simpler Kurzschlüsse war, den «hohen Glauben» des Bayreuthers «an die wunderweckende Kraft der Kunst, seiner Kunst als eines neuen Mythos» entgegen. Zum zweiten regte er an, den «Fall Nietzsche» zu prüfen: «Denn glauben Sie mir: nicht nur die deutsche, die Jugend der ganzen Welt ist von der gefährlich geistfeindlichen, verwirrend widersprüchlichen Haltung Nietzsches angesteckt, geradezu infiziert.» Dieser Zuruf mag Thomas Mann später darin bestärkt haben, die Auseinandersetzung mit dem heimlichen Helden des «Doktor Faustus» als Thema des nächsten Vortrags in der Library of Congress zu wählen.

Schließlich präsentierte Preetorius die Idee, der Dichter möge «eine ‹Theorie des Deutschen›» vorlegen, die «nicht nur die grundsätzliche Andersheit der deutschen Wesensart – Verwunderung und Abscheu aller sonstigen Völker –, sondern auch deren Gewordenheit, deren Herkunft, deren Warum» erkenne und «voll ins deutsche Bewußtsein» hebe – damit «einen Weg zu Umkehr und Läuterung» weisend. Er schrieb: «Bei der Untersuchung dessen, was eigentlich die rätselvolle deutsche Art gemacht hat, wären erstaunliche Entdeckungen ans Licht zu bringen: der tiefe Zusammenhang etwa von Luthers Tat und der idealistischen Philosophie, von der protestantischen Gnadenidee und dem Hegelschen Weltgeist bis hin zu Militarismus, Pharisäertum und der die Deutschen kennzeichnenden Instinktverlogenheit und -verlassenheit.»

Thomas Mann nannte, als er sich im Oktober 1945 zu einer Antwort entschloß, die «Diskussionsanregungen» «vorzüglich». Alle diese «Gedankenkümmernisse» schlügen sich schon in einem Roman nieder, der von der «altdeutschen Neigung zum Teufelsbündnis» handle: «Ein Musiker-Roman (...), beinahe der Roman der

Musik; ein Nietzsche-Roman, die Geschichte einer infektiösen Inspiration mit dem Collaps am Ende; ein deutscher Roman, die Geschichte vom kranken Deutschen, beinahe vom Deutschtum *als*
Krankheit.» Was Preetorius über das Deutschtum sage, berühre
sich mit seinem Vortrag über «Deutschland und die Deutschen»,
von dem der Bühnenbildner gewiß jene Auszüge kannte, die schon
am 30. Juni 1945 – noch keine zwei Monate nach der Kapitulation –
in der «Münchner Zeitung» abgedruckt waren.

An der Geschwollenheit der Formulierungen des Künstlers, in
denen sich auch eine beunruhigte Genugtuung über die «Besonderheit» der Deutschen und eine vernarrte Insistenz auf der angeblichen Rätselhaftigkeit ihres Wesens deutlich anzeigten, schien er
keinen Anstoß zu nehmen. Thomas Mann lobte im Gegenteil Preetorius' Briefe: «Sie waren, man muß es kaum sagen, mit Abstand
das Klügste und Sensibelste, was mir in diesen Monaten aus
Deutschland zugekommen ist. Der Vergleich mit gewissen gedruckten Äußerungen schöner Seelen aus der ‹inneren Emigration›
ist gar nicht zulässig.» Schmeichelnd setzte er hinzu, die «in dekorativen Dingen oft recht altmodische ‹Met›» – die Metropolitan
Opera in New York – «könnte eine kühne und dabei ohne Extravaganz auf der Höhe der Zeit stehende Phantasie wie die Ihre wohl
brauchen, und ich würde mich nicht wundern, wenn sie Sie eines
Tages zu Hilfe riefe, – was eine Chance mehr wäre, daß man sich
hienieden noch einmal wiedersähe».

Versöhnlich äußerte er sein Mitgefühl über den Verlust von Heim
und Habe, den Preetorius durch den Bombenkrieg erlitten habe. Er
sprach von seiner Beklemmung, die er gegenüber der Not des «an-
brechenden deutschen Winters» empfinde, und er fügte hinzu: «Es
ist natürlich, daß man sich seines äußeren Wohlseins in diesem noch
satten und sicheren, wenn auch auf lange Sicht keineswegs unbe-
drohten Lande ein wenig schämt.» Dann freilich wies er auf die
«Collegen, die, weil sie gegen den heraufziehenden Schrecken nie
den Mund aufgemacht hatten, 1933 in der angenehmen Lage waren,
zu Hause bleiben zu können. Daß sie dann ins Verderben schlidder-
ten, ist nicht ihr Verdienst, obgleich sie sich jetzt auf ihr treues Ausharren und den inneren Gewinn, den es ihnen gebracht haben soll,
nicht wenig zugute tun.» Seufzend berief er sich auf das Pathos der

Daheimgebliebenen: «Deutschland, Deutschland», riefen sie, und: «ohne Deutschland muß man verkümmern». Er sagte: «Das ist Einbildung. Die Welt hat mir gutgetan, und vom deutschen Erlebnis habe ich, weiß Gott, nichts versäumt.» Sein Exil sei kein «Warte-Zustand» mehr, «auf Heimkehr abgestellt», sondern er spiele schon «auf die Auflösung der Nationen an und auf die Vereinheitlichung der Welt».

Noch freilich sei es nicht soweit: es sehe «übel aus in der Welt», und es fehle nicht viel, daß man wieder 1938, «anno ‹München›» schriebe: «Es ist ein unreiner Friede, wenn es überhaupt einer ist, und der Krieg fängt an, uns als erhebendes Zwischenspiel zu erscheinen. Der nächste, wenn er kommt, wird Deutschland moralisch sehr entlasten, da er zeigen wird, daß es ganz wohl auch ohne Deutschland geht...» Was denn ein «reiner Friede» und ob ein solcher auf dieser Erde denkbar sei, sagte er nicht. In seiner Sorge über die wachsenden Spannungen zwischen Ost und West, die in jenen Tagen aufzubrechen begannen, vergaß er – wie so oft –, daß auch ein einstweiliges Ende der Schlächtereien an den Fronten und die Zerstörung der deutschen Mordmaschine Anlaß zur Dankbarkeit waren.

Schließlich fragte er nach Hans Reisiger, dem zu bestellen sei, daß er «nie etwas von ihm gehört» habe, und er erkundigte sich nach seinem «alten Freund Ernst Bertram», dem «Paten unserer Medi, die nun Mme Borgese ist». «Was hört man von ihm? Der Typus des sinnigen Edel-Nazi und betörten Germanisten. Aber seine Nietz-sche-Legende bleibt doch ein ergreifendes Gedicht.»

Natürlich war es Preetorius nicht entgangen, daß Thomas Mann in einem offenem Brief, von dem in diesem Kapitel die Rede sein wird, massive Kritik, kaum getarnt, an seiner Arbeit in Bayreuth geübt hatte. Da die Festspiele von dem Diktator zu einem jährlichen Weiheakt des Nazismus umgeprägt worden waren, stand jede Darbietung auf dem Hügel – ob es den Beteiligten lieb war oder nicht – tatsächlich unter dem Zeichen des Hakenkreuzes. Voller Bitterkeit hatte der Bühnenbildner zunächst eine Antwort aufgesetzt, in der er sich heftig zur Wehr setzte. Er warf Thomas Mann vor, daß er «ohne Kenntnis der näheren Umstände, der sachlichen wie persönlichen», den Stab über ihn breche, und er pochte darauf, daß ihm keine der im Dritten Reich «üblichen Ehren» zuteil geworden sei, «nicht einmal zum 60. Geburtstag» die «wohlfeile Goethe-Medaille», von den «opulenten Honoraren» mancher Kollegen zu schweigen. Er fragte: «Hätte ich 1933, im 50. Gedenkjahr von Wagners Tode, diese ganze vielfältig mühevolle Arbeit im Stich lassen sollen: eine Arbeit, die nunmehr, ich darf wohl sagen, erstmals die Voraussetzung geschaffen hätte, der Lösung eines Kernproblems in Wagners Werk, des Problems der szenischen Gestaltung, nahezukommen?» Er gab sich selbst die Antwort: «Freilich war nicht nur für mich, sondern für viele andere aus aller Welt Bayreuth noch immer das Bayreuth Richard Wagners, und das will sagen, das verpflichtende Vermächtnis eines, von hoher Mission erfüllten, großen deutschen Menschen.» 1939 sei er von Bayreuth geschieden. Der Kernsatz seiner Rechtfertigung: «Was man auch dagegen sage: Kunst und Politik sind getrennte, mehr noch, es sind einander ausschließende Sphären».

Damit bestätigte er die Grundkritik Thomas Manns am «Sonderweg» des Geistes und der Kunst in Deutschland: daß mit ihrer Abkehr von der Politik dem Prozeß der Demoralisierung des Politischen und Sozialen die Tür geöffnet worden sei. Preetorius aber klagte: wenn Thomas Mann meine, daß ihn schon sein Bleiben schuldig gemacht habe, «so sprechen wir in verschiedenen Sprachen. Dann begreifen Sie nicht, daß es Gründe gab, keine der Bequemlichkeit und Feigheit, wie uns höhnisch zugerufen wird, Gründe, die zwingend genug waren, mich und viele andere trotz allem verharren zu lassen. Hierbleiben aber und weiterarbeiten, das war für alle produktiven Menschen am Ende ein zwingendes Beieinander und zudem im drückenden Zwang äußerer Unfreiheit und dunkler Wirrnis die einzige innere Befreiung und Erhellung.»

Er wolle sich, schrieb er, von einer persönlichen Mitverantwortung für «allen Frevel, alles Entsetzliche, abgründig Gemeine, das geschehen ist», nicht freisprechen: er sei verantwortlich, «wie es jeder einzelne Deutsche ist». Auf ungenaue Weise schien er wahrzunehmen, daß sich die Schuld in solcher Generalisierung sofort wieder aufhob. «Wie wir aber alle mithaftbar sind», sagte er, «so sind wir doch nicht alle mitschuldig: es gibt einen Unterschied zwischen mittelbar politischer Verantwortung, die jeden Angehörigen des deutschen Staates trifft, und unmittelbar faßlicher Schuld». Preetorius schloß: «es ist bitter, von sich selbst besser reden zu müssen, als der andere denken will. Und so ist zuletzt jedes Wort, das ich zu Ihnen spreche, beschämend für mich und zu nichts mehr nütze. Ihr Herz ist hart geworden, und Ihre Perspektive aus allzu weiter Ferne notwendig verzerrt. Ihrem tiefen Schmerze um alles furchtbare deutsche Geschehen halte ich viel zugute: Sie wissen aber um das weite Echo Ihrer Stimme und Sie sollten sich besinnen, sie vor aller Welt zu erheben gegen uns, weil wir daheim geblieben sind und fortgewirkt haben, was zu wirken einem jeden aufgegeben war.»

Preetorius schickte jenes Schreiben nicht ab. Die ausführliche und freundliche Antwort, die ihm Thomas Mann schließlich auf sein zweites Schreiben hatte zukommen lassen, riet ihm, auf die Rechtfertigung zu verzichten. Thomas Mann hätte sie ihm kaum verziehen. Sie hätte seinen rasch geäußerten Verdacht genährt, daß in Deutschland schon wieder (oder noch immer) die Stimmung von 1933 herrsche. Er war davon überzeugt, daß die Westmächte wie damals auf die «restaurativen Kräfte» setzten, um sich der deutschen Unterstützung in der kommenden Auseinandersetzung mit der Sowjetunion zu versichern.

In der Tat zeichneten sich die ersten Konflikte zwischen den Siegermächten ab. Seit der Explosion der Atombomben über Hiroshima und Nagasaki am 6. und 8. August und Japans Kapitulation am 2. September 1945 schien der Macht der Vereinigten Staaten nichts mehr entgegenzustehen. Thomas Mann aber fragte zweifelnd, ob Harry Truman, der Farmer und Krämer aus Missouri, geeignet sei, das Erbe Roosevelts weise zu verwalten. Während der Konferenz von Potsdam hatte er voller Verachtung notiert, die drei «weltordnenden Häupter» – Truman, Stalin und Attlee, der neue Regierungschef Großbritanniens – hätten «nichts als Unsinn» gemacht und Klavier gespielt. Die Völker Deutschlands und Japans würden «auf ungenügendem Raum zusammengedrängt und zur Dezimierung durch Hunger verurteilt». Er war, wie er sagte, «trotz allem» von den Verfügungen über Deutschland erschüttert. Die Vergrößerung Polens bis zur Oder nannte er unsinnig. Es sei wahrscheinlich beabsichtigt, die deutsche Bevölkerung auf «40 oder so Millionen» zu reduzieren: «Nichts davon» sei «überraschend, aber als definitiver Plan doch chockant.»

Von der Atombombe sagte er, daß sie in gewisser Weise das Ende der Geschichte darstelle. Natürlich glaubte er den Gerüchten, die besagten, daß auch die Deutschen im Begriff gewesen seien, die schreckliche Waffe zu konstruieren, doch die Amerikaner hätten «das Rennen gewonnen» – womöglich mit Hilfe der «zahlreichen deutschen Physiker», die jetzt in Amerika arbeiteten, «mit demselben Eifer wie» zuvor «für Hitler-Deutschland».

Dem zweiten Signal des Bühnenbildners Preetorius war ein Zuruf aus Ankara vorangeeilt, der Thomas Mann nicht unberührt gelassen hatte: Ernst Reuter schrieb ihm, er habe alles getan, was in seiner Macht stehe, um so bald wie möglich nach Deutschland zurückkehren zu können: «Für mich würde das Leben keinen Sinn haben und die Nöte der vergangenen Jahre würden fast vergeblich gewesen sein, wenn ich nicht da, wo ich in guten Tagen habe schaffen können, nun auch in schlechten Tagen wieder neu würde arbeiten können. Wir Deutsche haben Ungeheures wieder gut zu machen. Der Friede der Welt hängt sehr wesentlich davon ab, daß wir der Welt unseren ehrlichen Willen zeigen, neue Wege zu gehen».

Thomas Mann antwortete: «Meiner Bewunderung Ihres guten Willens, die ‹schlechten Tage› Deutschlands (was für die nächsten zehn Jahre noch ein milder Ausdruck sein mag) tätig zu teilen, sind Sie sicher. Ich gestehe offen, daß mir vor den deutschen Trümmern, den steinernen und den menschlichen, graut, und auch, daß mich die mehr oder weniger offiziellen Ermahnungen zur Rückkehr, die mich jetzt aus Deutschland erreichen (Berliner Radio, Artikel der deutschen Presse) irgendwie unlogisch anmuten.»

Manche der Formulierungen, mit denen der Dichter seine Zurückhaltung begründete, fanden sich wenig später in einer Korrespondenz wieder, von der sich sagen läßt, daß sie nach dem Zusammenbruch der nazistischen Diktatur entscheidende Richtpunkte setzte.

Mitarbeiter des Berliner Rundfunks, der von den Sowjets kontrolliert wurde, waren wohl die ersten, die Thomas Mann zur Heimkehr gemahnt hatten. Einem Reporter von «Time», der ihn auf jenen Appell aufmerksam machte, antwortete er, daß er sich als

deutscher Schriftsteller fühle, der deutschen Sprache treu geblieben
sei, in deutscher Tradition lebe und größtes Gewicht darauf lege,
daß seinen Büchern wieder freier Zutritt nach Deutschland gewährt
werde. Aber er sehe nicht ein, daß seine «persönliche Anwesenheit
wünschenswert sei in einem Lande», wo er «gewiss viele gute
Freunde, aber auch sicherlich eine Menge lauernde Feinde» habe –
«geschlagene Feinde», aber das seien «die giftigsten». Agnes Meyer
gestand er: «Ich gebe zu, daß das alles etwas doppelzüngig klingt
und es auch ist. Aber wie soll man sich anders zu der Sache äussern?
Unter allem, was ich sagen kann, wohnt das *Grauen*: vor den Trümmern, den steinernen und den menschlichen.»

Auch diese und jene Zeitungen – armselige Blättchen, die in der
Regel nicht mehr als vier oder sechs Seiten umfaßten, denn das Papier war knapp – meldeten zaghaft den Wunsch an, Thomas Mann
möge der Heimat nicht länger fernbleiben.

Walter von Molo aber – der konservativ-liberale Autor national
geprägter Historienromane, denen allesamt glänzende Erfolge beschert waren – hatte am 13. August 1945 einen offenen Brief an Thomas Mann in die «Münchner Zeitung» einrücken lassen, durch den
sein Name – mehr als durch die eigenen Bücher – in der Geschichte
der deutschen Literatur festgeschrieben bleibt. Sein Brief war ein
Dokument der Not und des guten Willens, aber auch ein Zeugnis
des Mangels an Umsicht, der sich aus der psychischen Verstelltheit
so langer Jahre der Isolation erklärte, eines Mangels an Takt, der zu
rasch von dem Verlangen nach menschlich-herzlicher Nähe fortge-
schwemmt wurde. In den ersten Sätzen drückte Walter von Molo
seine erschütterte Freude über Thomas Manns «treues Festhalten
an unserem gemeinsamen Vaterlande» aus. Nicht für einen Augenblick schien sich in ihm der Verdacht zu regen, daß dieser naiv-
treuherzige Ton nicht angebracht sei. Ganz so schlicht ließ sich
das Verhältnis des Ausgestoßenen zu Deutschland in jenen ersten
Augenblicken des Wiedererkennens wahrhaftig nicht beschreiben.

Wohl mahnte sich Walter von Molo – damals ein Mann von fünfundsechzig Jahren – selbst zu «aller Zurückhaltung, die uns nach
den furchtbaren zwölf Jahren auferlegt ist». Dennoch rief er ohne
Anlauf und ohne Umstand: «Bitte, kommen Sie bald, sehen Sie in
die von Gram durchfurchten Gesichter, sehen Sie das unsagbare

Leid in den Augen der vielen, die nicht die Glorifizierung unserer Schattenseiten mitgemacht haben, die nicht die Heimat verlassen konnten, weil es sich hier um viele Millionen Menschen handelte, für die kein anderer Platz gewesen wäre als daheim, in dem allmählich gewordenen großen Konzentrationslager, in dem es bald nur mehr Bewachende und Bewachte verschiedener Grade gab. Bitte, kommen Sie bald und geben Sie den zertretenen Herzen Trost durch Menschlichkeit und den aufrichtenden Glauben zurück, daß es Gerechtigkeit gibt».

«Ihr Volk», schrieb Walter von Molo, «das nunmehr seit einem Dritteljahrhundert hungert und leidet, hat im innersten Kern nichts gemein mit den Missetaten und Verbrechen, den schmachvollen Greueln und Lügen, den furchtbaren Verirrungen Kranker». Mit anderen Worten: er wies die These von der Identität der Deutschen mit dem Nazismus mit drastischer Entschiedenheit zurück. Er machte es sich dabei, kein Zweifel, zu einfach. Beschwörend rief er dem Kollegen in Kalifornien immer wieder zu: «Kommen Sie bald wie ein guter Arzt, der nicht nur die Wirkung sieht, sondern die Ursache der Krankheit sucht (...). Sie wissen, daß es sich um keine unheilbare Krankheit unseres Volkes handelt».

Thomas Mann konnte und wollte sich den bewegenden Worten Molos nicht völlig verschließen, und so begann er seine Antwort, die er am 7. September aufsetzte, mit gemessener Milde. Es müsse ihn «ja freuen», sagte er, daß Deutschland ihn wiederhaben wolle – «nicht nur meine Bücher, sondern mich selbst als Mensch und Person». Doch schon im nächsten Satz stellte er fest: «Aber etwas Beunruhigendes, Bedrückendes haben diese Appelle doch auch für mich, und etwas Unlogisches, sogar Ungerechtes, nicht Wohlüberlegtes spricht mich daraus an.» Er wies auf die fast «heillose Lage, in die unser unglückliches Volk sich gebracht hat», und er fragte, ob ein «schon alter Mann (...) direkt, persönlich, im Fleische noch viel dazu beitragen kann, die Menschen (...) dort aus ihrer tiefsten Gebeugtheit aufzurichten».

Dann sprach er von den «technischen, bürgerlichen, seelischen Schwierigkeiten», die seiner Rückwanderung entgegenstünden: «Sind diese zwölf Jahre und ihre Ergebnisse denn von der Tafel zu wischen und kann man tun, als seien sie nicht gewesen?» Er nannte den «Choc» des Verlustes der gewohnten Lebensbasis, von Haus und Land, Büchern, Andenken und Vermögen, begleitet von kläglichen Aktionen daheim, von Ausbootungen, von Absagen: «Nie vergesse ich die analphabetische und mörderische Radio- und Pressehetze gegen meinen Wagner-Aufsatz, die man in München veranstaltete und die mich erst recht begreifen ließ, daß mir die Rückkehr abgeschnitten sei».

Er wies auf «das Wanderleben von Land zu Land», die Paßsorgen, das Hoteldasein: «Das haben Sie alle, die Sie dem ‹charismatischen Führer› (entsetzlich, entsetzlich, die betrunkene Bildung!) Treue schworen und unter Goebbels Kultur betrieben, nicht durchgemacht. Ich vergesse nicht, daß Sie später viel Schlimmeres durchgemacht haben, dem ich entging; aber das haben Sie nicht gekannt: das Herzasthma des Exils, die Entwurzelung, die nervösen Schrecken der Heimatlosigkeit.» Er beklagte die «Verleugnung der Solidarität» und fuhr fort: «Wenn damals die deutsche Intelligenz, alles, was Namen und Weltnamen hatte, Ärzte, Musiker, Lehrer, Schriftsteller, Künstler, sich wie ein Mann gegen die Schande erhoben, den Generalstreik erklärt, manches hätte anders kommen können, als es kam.» Nein, er habe «Euch, die Ihr dort drinnen saßet, nie beneidet, auch in Euren größten Tagen nicht».

Nun sei er amerikanischer Bürger, «und lange vor Deutschlands schrecklicher Niederlage habe ich öffentlich und privat erklärt, daß ich nicht die Absicht hätte, Amerika je wieder den Rücken zu kehren». Er verwies auf die Ehrungen, die ihm von den großen Universitäten der Vereinigten Staaten zuteil geworden seien, und er sagte, an der «herrlichen, zukunftatmenden Küste» Kaliforniens habe er sein Haus errichtet, in dessen Schutz er sein Lebenswerk zu Ende führen möchte – «teilhaft einer Atmosphäre von Macht, Vernunft, Überfluß und Frieden. Geradeheraus: ich sehe nicht, warum ich die Vorteile meines seltsamen Loses nicht genießen sollte, nachdem ich seine Nachteile bis zur Hefe gekostet. Ich sehe das namentlich darum nicht, weil ich den Dienst nicht sehe, den ich dem deutschen Volke leisten – und den ich ihm nicht auch vom Lande California aus leisten könnte. Daß alles kam, wie es gekommen ist, ist nicht meine Veranstaltung. Wie ganz und gar nicht ist es das! Es ist ein Ergebnis des Charakters und Schicksals des deutschen Volkes –

eines Volkes, merkwürdig genug, tragisch-interessant genug, daß man manches von ihm hinnimmt, sich manches von ihm gefallen läßt. Aber dann soll man die Resultate auch anerkennen und nicht das Ganze in ein banales ‹Kehre zurück, alles ist vergeben!› ausgehen lassen wollen.»

Das war nun doch ein halbes Ja zu der problematischen These von der Übereinstimmung zwischen Deutschtum und Nazismus. Immerhin rief er: «Fern sei mir Selbstgerechtigkeit! Wir draußen hatten gut tugendhaft sein und Hitlern die Meinung sagen. Ich hebe keinen Stein auf, gegen niemanden. Ich bin nur scheu und ‹fremdle›, wie man von kleinen Kindern sagt. Ja, Deutschland ist mir in all diesen Jahren doch recht fremd geworden. Es ist, das müssen Sie zugeben, ein beängstigendes Land. Ich gestehe, daß ich mich vor den deutschen Trümmern fürchte – den steinernen und den menschlichen. Und ich fürchte, daß die Verständigung zwischen einem, der den Hexensabbat von außen erlebte, und Euch, die Ihr mitgetanzt und Herrn Urian aufgewartet habt, immerhin schwierig wäre.»

Der Dämonologie des «Doktor Faustus» entging er auch hier nicht. Noch einen Atemzug lang ließ er sich aufhalten: «Wie sollte ich unempfindlich sein gegen die Briefergüsse voll lange verschwiegener Anhänglichkeit, die jetzt aus Deutschland zu mir kommen! Es sind wahre Abenteuer des Herzens für mich, rührende.» Dann befand er, seine Freude an diesen rührenden Begegnungen würde «etwas eingeengt» durch den Gedanken, daß keiner der gutgemeinten Briefe «je wäre geschrieben worden, wenn Hitler gesiegt hätte». Er nahm in ihnen «eine gewisse Ahnungslosigkeit, Gefühllosigkeit» wahr, «sogar schon durch die naive Unmittelbarkeit des Wiederanknüpfens, so, als seien diese zwölf Jahre gar nicht gewesen». Mit einem Hieb gegen Preetorius und seine Gaben fügte er hinzu: «Auch Bücher sind es wohl einmal, die kommen. Soll ich bekennen, daß ich sie nicht gern gesehen und bald weggestellt habe?» Dann schien ihn der Teufel zu reiten, und er ließ sich von seinem Zorn immer weiter fortreißen: «Es mag Aberglaube sein, aber in meinen Augen sind Bücher, die von 1933 bis 1945 in Deutschland überhaupt gedruckt werden konnten, weniger als wertlos und nicht gut in die Hand zu nehmen. Ein Geruch von Blut und Schande haftet ihnen an; sie sollten alle eingestampft werden.»

Dachte er nicht mehr daran, daß auch drei seiner eigenen Bücher nach 1933 in Deutschland verlegt, gedruckt, verkauft worden waren? Entsann er sich nicht mehr, daß er den größten Wert darauf gelegt hatte, seine deutsche Leserschaft nicht zu verlieren, auch wenn er sich später einredete, er sei nur dem alten Samuel Fischer und dann dem Schwiegersohn Gottfried Bermann gehorsam gewesen?

Nun schrieb er: «Es war nicht erlaubt, es war unmöglich, ‹Kultur› zu machen in Deutschland, während rings um einen herum das geschah, wovon wir wissen. Es hieß die Verkommenheit beschönigen, das Verbrechen schmücken. Zu den Qualen, die wir litten, gehörte der Anblick, wie deutscher Geist, deutsche Kunst sich beständig zum Schild und Vorspann des absolut Scheusäligen hergaben.» Er zeigte mit dem Finger auf Preetorius, ohne ihn mit Namen zu nennen: «Daß eine ehrbarere Beschäftigung denkbar war, als für Hitler-Bayreuth Wagner-Dekorationen zu entwerfen – sonderbar, es scheint dafür an jedem Gefühl zu fehlen.» Er wies auf Furtwängler: «Ein Kapellmeister, der, von Hitler entsandt, in Zürich, Paris oder Budapest Beethoven dirigierte, machte sich einer obszönen Lüge schuldig – unter dem Vorwande, er sei ein Musiker und mache Musik, das sei alles. Lüge aber vor allem schon war diese Musik auch zu Hause.»

Dann verlor er sich für einen Augenblick in eine Vorstellung, die seine Fremdheit gegenüber der Realität des totalitären Staates in erschreckender Drastik anzeige: «Wie durfte denn Beethovens ‹Fidelio›, diese geborene Festoper für den Tag der deutschen Selbstbefreiung, im Deutschland der zwölf Jahre *nicht* verboten sein? Es war ein Skandal, daß er nicht verboten war, sondern daß es hochkultivierte Aufführungen davon gab, daß sich Sänger fanden, ihn zu singen, Musiker, ihn zu spielen, ein Publikum, ihm zu lauschen. Denn welchen Stumpfsinn brauchte es, in Himmlers Deutschland den ‹Fidelio› zu hören, ohne das Gesicht mit den Händen zu bedecken und aus dem Saal zu stürzen!» Es schien jenseits seines Vorstellungsvermögens zu sein, daß jede Präsentation des «Fidelio» als eine Ermutigung zur Freiheit empfunden wurde: Ausdruck der Sehnsucht und der Hoffnung, das eine oder andere Mal wohl auch Antrieb zum Widerstand, der immer eine Frage auf Tod und Leben gewesen war. Er führte ein Pamphlet ins Feld, das ein Nazi-Professor gegen ihn geschrieben hatte – als hätte er nicht längst gewußt, daß es keine

Niedrigkeit gab, der die «Arbeiter der Stirn» in jenen Jahren ihre Feder verweigerten: «Unter Leuten, sagte ich mir, die zwölf Jahre lang mit diesen Drogen gefüttert worden sind, kann nicht gut leben sein».

Dennoch, er sagte auch: «Die tiefe Neugier und Erregung, mit der ich jede Kunde aus Deutschland, mittelbar oder unmittelbar, empfange, die Entschiedenheit, mit der ich sie jeder Nachricht aus der großen Welt vorziehe, wie sie sich jetzt, sehr kühl gegen Deutschlands nebensächliches Schicksal, neu gestaltet, lassen mich täglich aufs neue gewahr werden, welche unzerreißbaren Bande mich denn doch mit dem Lande verknüpfen, das mich ‹ausbürgerte›.» Er betonte: «Nie werde ich aufhören, mich als deutschen Schriftsteller zu fühlen, und ich bin auch in den Jahren, als meine Bücher nur auf englisch ihr Leben fristeten, der deutschen Sprache treu geblieben – nicht nur, weil ich zu alt war, um mich noch sprachlich umzustellen, sondern auch in dem Bewußtsein, daß mein Werk in deutscher Sprachgeschichte seinen bescheidenen Platz hat.»

Deutschland, sagte er schließlich, habe ihm nie Ruhe gelassen: «Ich habe ‹mit euch gelitten›, und es war keine Übertreibung, als ich in dem Brief nach Bonn von einer Sorge und Qual, einer ‹Seelen- und Gedankennot› sprach, ‹von der seit vier Jahren nicht eine Stunde meines Lebens frei gewesen ist und gegen die ich meine künstlerische Arbeit tagtäglich durchzusetzen hatte›.» Dann verwies er auf seine Deutschland-Rede in Washington, und er wiederholte wörtlich seine These, das «böse Deutschland» sei «das fehlgegangene gute». Er bezeichnete den Vortrag, zu Recht, als eine «Solidaritätserklärung» – «im gewagtesten Augenblick. Nicht gerade mit dem Nationalsozialismus, das nicht. Aber mit Deutschland, das ihm schließlich verfiel und einen Pakt mit dem Teufel schloß.» Auch hier pochte er darauf: «Der Teufelspakt ist eine tief-altdeutsche Versuchung, und ein deutscher Roman, der eingegeben wäre von den Leiden der letzten Jahre, vom Leiden an Deutschland, müßte wohl eben dies grause Versprechen zum Gegenstand haben.» Er meinte, «sogar um Faustens Einzelseele ist, in unserem größten Gedicht, der Böse ja schließlich betrogen, und fern sei uns die Vorstellung, als habe Deutschland nun endgültig der Teufel geholt. Die Gnade ist höher als jeder Blutsbrief.»

An diesen Exkurs in die hohen Sphären der Literatur schloß er das Bekenntnis, er «glaube an Deutschlands Zukunft, wie verzweifelt auch immer seine Gegenwart sich ausnehmen, wie hoffnungslos die Zerstörung erscheinen möge. Man höre doch auf, vom Ende der deutschen Geschichte zu reden! Deutschland ist nicht identisch mit der kurzen und finsteren geschichtlichen Episode, die Hitlers Namen trägt. Es ist auch nicht identisch mit der selbst nur kurzen Bismarck'schen Ära des Preußisch-Deutschen Reiches. Es ist nicht einmal identisch mit dem auch nur zwei Jahrhunderte umfassenden Abschnitt seiner Geschichte, den man auf den Namen Friedrichs des Großen taufen kann. Es ist im Begriffe, eine neue Gestalt anzunehmen, in einen neuen Lebenszustand überzugehen, der vielleicht nach den ersten Schmerzen der Wandlung und des Überganges mehr Glück und echte Würde verspricht, den eigensten Anlagen und Bedürfnissen der Nation günstiger sein mag als der alte.»

Die Unsicherheit, von der sein Brief gezeichnet war, blieb ihm selbst nicht verborgen. Die Niederschrift schleppte sich, mit immer neuen Korrekturen, über acht Tage dahin, unterbrochen durch konsternierende Nachrichten, die von draußen hereindrangen. Den ersten Entwurf der Antwort an Walter von Molo hatte er noch am gleichen Tag Liesl Frank, der Witwe seines Freundes Bruno, und dem Kollegen Wilhelm Speyer vorgelesen. Sie äußerten Bedenken, und sie hielten «Kassierungen und Humanisierungen» für angebracht. Am 8. September notierte er: «Geniertes Herum-Experimentieren mit dem zur Hälfte verfehlten Brief nach Deutschland. Das Neu-Geschriebene wieder verworfen». Zwei Tage später nahm er sich die letzten Seiten des «deutschen Briefes» noch einmal vor, und er versah sie, einem Wunsch Katias folgend, mit jenen Akzenten der Hoffnung, die er im Tagebuch mit ein wenig verspannter Feierlichkeit als eine «Haupterhebung» bezeichnete.

94. KAPITEL

Dialog der Tauben

Thomas Manns guter Wille, der sich durch Walter von Molos allzu unbefangene Annäherung peinlich geprüft sah, konnte der Lektüre eines zweiten Dokuments, das in jenen Tagen in Deutschland publiziert wurde, nicht standhalten: am 18. August 1945, nur fünf Tage nach Molos offenem Brief, druckte die «Münchner Zeitung» einen Artikel aus der Feder von Frank Thieß, der von Grund auf falsch gestimmt war. Der Schriftsteller – Autor von Romanen, die durch ihre schwülstige Erotik in den zwanziger Jahren einiges Aufsehen erregt hatten – trat Thomas Mann und seinen Schicksalsgenossen im Exil mit einer nervösen Aggressivität entgegen, die sich nicht als Reaktion eines besonders hart geprüften Selbstbewußtseins rechtfertigen oder entschuldigen ließ. Thieß konnte zwar für sich ins Feld führen, daß er mit einem historischen Kolossalgemälde, das er von der Geschichte des Oströmischen Reiches entworfen hatte, den nazistischen totalitären Staat mit einer getarnten Kritik konfrontiert hatte, die dennoch jeder Leser verstand – das Buch war denn auch prompt verboten worden. Dies gab ihm jedoch nicht das Recht, auf eine sittliche Überlegenheit des innerdeutschen Widerstands gegenüber der Emigration zu pochen: genau das aber tat er – mit einer erstaunlichen Arroganz.

Thieß war vermutlich der erste, der von der «inneren Emigration» sprach, die er durch «Männer wie Kasimir Edschmid, Hermann Keyserling, Walter von Molo, Erich Kästner, Werner Bergengruen» repräsentiert sah – ja er zählte ihr auch «betont *nationale* Schriftsteller wie Hans Grimm und Ernst Wiechert» zu, die im

Dritten Reich bald in die Isolierung geraten seien. Schon im dritten Absatz seines Aufsatzes führte er Erich Ebermayer ins Feld, den einstigen Freund von Klaus Mann, der behauptete, Thomas Mann habe ihn in den ersten Jahren der Diktatur, bei einem Besuch im Küsnachter Haus, zur Emigration zu überreden versucht, weil sie «als der einzige klare Ausdruck einer Nazigegnerschaft angesehen werden könne». Ebermayer gab an, daß er dem großen Kollegen geantwortet habe: «Als deutscher Schriftsteller bedürfe er des deutschen Raums, der deutschen Erde und des Widerhalls deutscher Menschen, Mächte, die letztlich kein Terror angreifen könne, auch wenn sie als wirkende Kräfte mehr und mehr zu verschwinden schienen.»

Es darf bezweifelt werden, daß es Ebermayer tatsächlich gewagt hatte, dem großen Kollegen mit solch prunkendem Pathos entgegenzutreten. Thomas Mann bestritt mit verärgerter Heftigkeit, daß er den jungen Mann jemals zum Übergang ins Exil aufgefordert habe. (Übrigens hatte sich Ebermayer aus einem Dorf in der Oberpfalz – er war von den Amerikanern zum Bürgermeister ernannt worden – schon in den ersten Wochen nach dem Ende des Krieges über die Redaktion von «Stars and Stripes» an Klaus Mann gewandt, der ihm auch voller Freundlichkeit antwortete; er wies allerdings darauf hin, Ebermayer möge nicht vergessen, «daß wir in den vergangenen zwölf Jahren in zwei verschiedenen Welten gelebt haben».)

Frank Thieß aber warf sich in seinem Aufsatz mit geschwollenem Pathos in die Brust: «Auch ich bin oft gefragt worden, warum ich nicht emigriert sei, und konnte immer nur dasselbe antworten: Falls es mir gelänge, diese schauerliche Epoche (über deren Dauer wir uns freilich alle getäuscht hatten) lebendig zu überstehen, würde ich dadurch derart viel für meine geistige und menschliche Entwicklung gewonnen haben, daß ich reicher an Wissen und Erleben daraus hervorginge, als wenn ich aus den Logen und Parterreplätzen des Auslands der deutschen Tragödie zuschaute. Es ist nun einmal zweierlei, ob ich den Brand meines Hauses selbst erlebe oder ihn in der Wochenschau sehe, ob ich selber hungere oder vom Hunger in den Zeitungen lese, ob ich den Bombenhagel auf deutsche Städte lebend überstehe oder mir davon berichten lasse, ob ich den beispiellosen Absturz eines verirrten Volkes unmittelbar an hundert Einzelfällen feststellen oder nur als historische Tatsache registrieren kann.»

Nach dieser peinlichen Proklamation entschloß er sich zu einigen Worten des Verständnisses für die Exilierten: «Ich will damit niemanden tadeln, der hinaus ging, denn für die meisten Emigranten hing Leben oder Tod von diesem Entschluß ab, also war es richtig, daß sie fortgingen.» Er ließ es nicht dabei, sondern blies noch einmal die Backen auf: «Ebensowenig kann ich aber wünschen, daß die ungeheure Belastung und Schwere unseres Lebens, das in einer Anzahl von Fällen wirtschaftlichen Ruin und körperlichen Zusammenbruch zur Folge hatte, verkannt werde. Ich glaube, es war schwerer, sich hier seine Persönlichkeit zu bewahren, als von drüben Botschaften an das deutsche Volk zu senden, welche die Tauben im Volke ohnedies nicht vernahmen, während wir Wissenden uns ihnen stets um einige Längen voraus fühlten.»

Es half nichts, daß er hinzufügte: «Trotzdem sind uns diese zornigen Grüße und Mahnungen von jenseits des Ozeans Zeichen einer tiefen inneren Verbundenheit zwischen beiden Emigrantenlagern geblieben. Wir haben hinter abgesperrten Türen auf sie gelauscht und sind dankbar gewesen, daß drüben einer stand, der für uns sprach, auch wenn er uns, die wir zurückgeblieben waren, vergessen hatte.» Er schloß mit Sätzen, die man als Demonstration einer monumentalen Taktlosigkeit betrachten mag: «Wir erwarten dafür keine Belohnung, daß wir Deutschland nicht verließen. Es war für uns natürlich, daß wir bei ihm blieben. Aber es würde uns sehr unnatürlich erscheinen, wenn die Söhne, welche um es so ehrlich und tief gelitten haben wie ein Thomas Mann, heute nicht den Weg zu ihm fänden und erst einmal abwarten wollten, ob sein Elend zum Tode oder zu neuem Leben führt. Ich denke, nichts ist schlimmer für sie, als wenn diese Rückkehr zu spät erfolgt und sie dann vielleicht nicht mehr die Sprache ihrer Mutter verstehen würden.»

So waren die ersten Kontakte mit Deutschland, die eine äußerste Behutsamkeit verlangt hätten, von Beginn an verstört. Ein Gespräch, das den Namen verdiente, fand nicht statt. Voller Bitterkeit schrieb Thomas Mann an Agnes Meyer: «Es gibt viel Aergerliches, und besonders schwer erträglich ist es, dass Leute, die, weil sie gegen den heraufziehenden Schrecken nie den Mund aufgetan hatten, 1939 in der angenehmen Lage waren, zu Hause bleiben zu können, sich nun als die wahren Helden und Märtyrer hinstellen, die Deutschland die Treue hielten, während wir uns im Auslande gute Tage machten.» Spottend fuhr er fort: «‹Deutschland, Deutschland, und ohne Deutschland muss man verkümmern.› Welche Einbildung! Mir hat die Welt gutgetan, und vom deutschen Erlebnis ist mir wahrhaftig nichts entgangen, obgleich ich nicht zugegen war, als mein Haus zerbombt wurde.» Dann sagte er: «Man verlangt, dass ich für meine Freiheit büsse und nach Deutschland gehe, um in die ‹gramzerfurchten Gesichter der gebeugten Menschen› zu blikken.» Schließlich zitierte er seinen jungen S.-Fischer-Kollegen Manfred Hausmann, der ihm geschrieben hatte: «Nicht über die zerstörten Städte bin ich verzweifelt – wiewohl das Ausmass der Zerstörung grauenvoll ist –, sondern über die zerstörte Seele meines Volkes. Was hier angerichtet ist, was sich hier anläßlich der Naziherrschaft offenbart hat, lässt sich nicht beschreiben. Sie kennen wohl die Greuel der Konzentrationslager, aber Sie kennen den deutschen Alltag der letzten Jahre nicht, Sie kennen den verbrecherisch-dummen, groessenwahnsinnigen, rohen Durchschnittsdeutschen nicht. Ich habe ihn kennen gelernt, dass mir zuweilen Hören und Sehen vergangen ist. Die Niederlage, der Zusammenbruch hat nichts, garnichts daran geändert. Im Gegenteil: das Volk ist heute, in seinen bürgerlichen Schichten jedenfalls, nationalsozialistischer als je. Ein hoffnungsloser Fall. Und wenn ich den Amerikanern einen Vorwurf machen darf, dann den, dass sie viel zu nachsichtig sind. Die deutsche Frechheit ist bereits wieder obenauf. Ich komme mir wie ein Fremdling in meinem eigenen Volke vor.»

Die sozialdemokratischen Exilzeitschriften stießen sich heftig an Thomas Manns vermeintlicher Absage an Deutschland und die Deutschen. Die «Neue Volks-Zeitung» in New York druckte eine Polemik von rüder Härte aus der Feder von Max Barth, der dem Dichter «klägliche Weinerlichkeit» und einen «Schmollton» vorwarf, die so beschämend seien, «daß man sich als deutscher Antinazi beim Lesen erröten fühlt». Thomas Mann habe gesagt, daß er in Deutschland außer Freunden auch Feinde finden würde. Barth führte dagegen mit allzu simpler Robustheit ins Feld: «Es scheint das schöne Vorrecht der aktiven Antifascisten, der Arbeiter, der Intellektuellen, ja, selbst eindeutiger Reaktionäre wie Gördeler, deutscher Junker und Offiziere zu sein, für die Sache zu sterben, für die Thomas Mann mit herzbewegter Stimme eintritt. Nach dem Sturz des Nazismus gibt er nachträglich noch den Nazis Anlaß zum Triumph.»

Der Verfasser rügte Thomas Manns Feststellung, er habe es schwer genug gefunden, sich dem Leben in fremden Ländern anzupassen, nachdem er seines Eigentums in Deutschland beraubt worden sei. Barth bot gegen ihn die abertausend anderen Emigranten auf, die ihrer «Verpflichtung» treu geblieben seien: «Diese anderen, einfache Leute, Arbeiter, Schreiber, frühere Beamte, haben nicht weniger verloren als Herr Mann, nämlich alles, was sie hatten; und sie haben es in der Emigration wohl ausnahmslos nicht so leicht gehabt wie er. Ihnen hat man nicht tschechoslowakische Staatsbürgerschaften ins idyllische Asyl an der Riviera nachgeworfen. Sie haben in armseligen Kammern von Paris, Prag und anderen Großstädten gelebt, in Möbeln, die sie aus Zucker- und Nudelkisten zusammengenagelt hatten, von einem mühsam beschafften Existenzminimum, haben sich mit Behörden herumgequält, um das bißchen Recht, die Luft des fremden Landes zu atmen, sind mit Tschechen, Franzosen, Norwegern mit dem wenigen Besitz, den sie selber mittragen konnten, auf langen Landstraßen, durch nächtliche Wälder, durchs verschneite Gebirge geflohen; sie haben immer wieder dahinten lassen müssen, was sie sich im Wirtsland langsam erworben hatten – es war wenig genug, aber es war ihr Alles.»

Es war erstaunlich, daß sich die Redakteure des sozialdemokratischen Blattes, die Thomas Mann kannte und schätzte, dazu bereit gefunden hatten, diesem Pamphlet Raum zu geben. Selbst wenn es sich zu ihnen herumgesprochen haben mochte, daß der Dichter in seinem Unmut sich gelegentlich auch gegen die «sozialdemokratischen Patrioten» erbost hatte: ihre Entgleisung ließ sich nicht rechtfertigen. Die Entschuldigung, die sie Thomas Mann darboten, konnte den Schaden nicht wiedergutmachen.

Er war verstört – er war es um so tiefer, da er ahnte, daß der Hader seiner sozialdemokratischen Kritiker einem generellen Unbehagen entstammte, das auch ihn selbst berührte: der Zusammenbruch des

Dritten Reiches stürzte die Emigration in eine Existenzkrise. Jeder einzelne fand sich mit der Frage konfrontiert, ob er die Rückkehr wagen könne oder besser draußen bleibe in den halbwegs sicheren Verankerungen des Daseins, die er sich mit solcher Mühsal geschaffen hatte. Man durfte von einer Zäsur reden, die nahezu ebenso scharf ins Leben schnitt wie einst die Flucht aus Deutschland. Die Rückkehr verlangte den Mut, noch einmal ganz von vorn zu beginnen.

Und war es so sicher, daß die Rückkehr auch eine Heimkehr sein würde? Die deutschen Emigranten hatten wenig Anlaß, sich mit den französischen Aristokraten zu vergleichen, die nach dem Sturz des Königs Ludwig in Großbritannien, Deutschland, in Italien, ja in Amerika Zuflucht gesucht hatten, um ihre Köpfe vor dem Terror zu retten. Doch viele der deutschen und österreichischen Flüchtlinge waren grundgebildete Leute, und sie kannten das Wort, das einst in Europa umging, als die Stürme der großen Revolution schließlich verebbten: daß leider immer unrecht habe, wer draußen gewesen sei. Die Gereiztheit erklärte sich aus einer tiefen Unsicherheit. Angst und Hoffnung, Ressentiment und Pflichtgefühl, Zorn und Versöhnungsbereitschaft vermengten sich zu einer Stimmung, die von einer kaum erträglichen Spannung erfüllt war. Alfred Döblin, der von der französischen Armee als Kulturoffizier rasch nach Deutschland beordert wurde, bemerkte in einem Brief: «Ihr Thomas Mann (...), der herübersprach, daß alles, was hier erschien zwischen 33 und 45 nach ‹Blut und Schande› riecht, weiß nichts, absolut nichts.» Er fügte die Frage hinzu: «Und warum haßt er sich nicht selbst? Erschienen nicht seine eigenen Bücher noch in den ersten Nazijahren im Lande?»

Thomas Mann konnte die Beunruhigung, die sich im harten Streit um seinen Brief auch unter den Emigranten manifestierte, in Wahrheit von seiner Seele nicht fernhalten – anders wäre es ihm leichter geworden, von Döblin gelassen zu reden oder den Angriff von Max Barth ins Leere laufen zu lassen. Doch nun schnaubte er in einem Brief an Agnes Meyer gegen die «sozialdemokratischen Nazis». Der Konflikt war nicht geeignet, seine Sympathien für die große Partei zu stärken, die den Aufbau der deutschen Demokratie so entscheidend prägen sollte. Ohnedies hatte er sich niemals mit dem

Antikommunismus abfinden können, der die demokratischen Sozialisten nach den Erfahrungen von Weimar geprägt hat.

In ihm stieg immer wieder der Verdacht auf, daß sich die antikommunistischen Kreise in den Vereinigten Staaten – zunächst
heimlich, dann offen – mit den Deutschen gegen die Sowjetunion
verbünden würden. Heinrich Mann, der sich im Juli für einige Tage
im Haus am San Remo Drive aufgehalten hatte, sprach unverblümt
von der «Unvermeidlichkeit (…) des Fascismus» in Amerika. Thomas Manns eigenes Mißtrauen schien eine Bestätigung zu erfahren,
als er von den Militärbehörden in Deutschland gebeten wurde, ein
mahnendes Wort an die GIs zu richten, die sich dann und wann von
unbelehrbaren Deutschen beschwatzen ließen, der Nazismus sei alles in allem so übel nicht gewesen, zumindest habe er Ordnung geschaffen, die Kriminalität eingedämmt und die Kommunisten in
Schach gehalten, für Brot und Arbeit gesorgt, die Autobahnen gebaut: die übliche Litanei der Verstockten. Ihre Argumente fanden
bei den unschuldigen Söhnen der Neuen Welt mitunter Gehör, da
ihnen die Lebensgewohnheiten der Deutschen vertrauter vorkamen, als es die Alltagskultur der lateinischen Völker Europas war.
Auch wurden sie von den Besiegten oft freundlicher aufgenommen
als von den Befreiten, zumal den Franzosen, die nicht immer begreifen wollten, daß es nötig gewesen sei, so viele ihrer Städte in Schutt
und Asche zu legen, da die Deutschen ohnedies im Begriff waren,
das Weite zu suchen.

Das «Fraternisierungsverbot» war rasch durchbrochen worden.
Die Sieger wurden nicht zuletzt durch die Liebe und den Eros überredet, sich dem Überlebenswillen der Besiegten zu unterwerfen:
zehntausendfach erlagen sie den Lockungen der jungen deutschen
Frauen, die sich der sanftesten Waffen bedienten, um sich und die
Ihren vor dem Hunger zu retten. Sie erwarben durch ihr Opfer, das
manchmal wohl auch, nach all den Entbehrungen der Kriegsjahre,
ein Vergnügen war, ohne Zweifel ein patriotisches Verdienst, dem
eine historische Anerkennung bis heute mit der üblichen Heuchelei
versagt blieb.

Thomas Mann, auf seinem fernen Beobachtungsstand an der kalifornischen Küste, nahm mit Unbehagen zur Kenntnis, daß die
Stunde der Kapitulation keineswegs auch die Stunde einer generel-

len Erschütterung und einer moralischen Levée en masse war: kein allgemeines Bekenntnis der Schuld und der Reue, keine Proklamation der Bekehrung, kein Aufbruch zu den sittlichen Idealen, die zwölf Jahre lang täglich geschändet worden waren. Er schien, ohne es sich selbst zu gestehen, wie so viele der Intellektuellen jener Generation der Illusion anzuhängen, daß es eine «Stunde Null» gegeben habe: den radikalen Anfang, mit dem die Geschichte noch einmal anhebt, rein in ihrem Willen, geläutert in ihrem Streben. Nichts davon. Das Leben ging auf banale Weise weiter. Die Einkehr ließ auf sich warten. Sie geschah langsam und oft in der Verschwiegenheit. Sie war, wie es nicht anders sein konnte, Sache des einzelnen, nicht des Kollektivs.

Die Abwendung von der Diktatur ereignete sich nicht als das große Damaskus, das den Sünder in einem Augenblick der grellen Erleuchtung vom Saulus zum Paulus werden ließ. Sie vollzog sich in Übergängen – wie sich einst auch die Diktatur nicht in der Nacht des 30. Januar 1933 mit dem Fackelzug Unter den Linden etabliert hatte. Wer nicht sehen und nicht hören wollte, mochte selbst nach der Mordnacht des 30. Juni 1934, die dem sogenannten «Röhm-Putsch» folgte, eine Bändigung des Regimes noch für möglich gehalten haben. Viele, die später der «Inneren Emigration» zugerechnet wurden, hatten dem Regime zunächst ihren guten Willen gezeigt. Viele hatten – aus Bequemlichkeit, Feigheit, Torheit und manchmal aus einem so oft heraufbeschworenen «Idealismus» – Versuche der Anpassung, der freiwilligen «Gleichschaltung» unternommen: unter ihnen Walter von Molo, von dem Thomas Mann später grimmig feststellte, daß auch er zunächst seinen kleinen Kotau gemacht habe, nicht anders als Frank Thieß.

Félix Bertaux schrieb er, seine «schonende Weigerung», nach Deutschland zurückzukehren, habe das Mißfallen seiner deutschen Kollegen hervorgerufen, die 1933 im Grunde froh gewesen seien, ihn loszuwerden. Die sogenannte Innere Emigration sei «eine schreckliche Gesellschaft» von Leuten, die alle irgendwie «mitgetan, profitiert, sich verunreinigt» hätten und jetzt die Helden spielten. Im selben Brief beklagte er sich auch über einen Artikel von Jean Schlumberger, dem Freund André Gides, der in der Pariser Zeitschrift «Terre des hommes» ein «gewisses Erstaunen» über die

«Strenge» geäußert hatte, mit der Thomas Mann jene Schriftsteller und Künstler verurteilte, die in Deutschland geblieben waren. Er habe, schrieb der Franzose, nicht nur die Kollegen abgelehnt, die «Koryphäen des Regimes» geworden seien, sondern in seine massive Verdammung alle Intellektuellen eingeschlossen, die nicht offen gegen das Regime rebelliert hätten. Auch der französische Kollege verwies auf die «Betrachtungen», die dem Autor selbst «gewiß in allzu unangenehmer Erinnerung» seien. Mit einem bemerkenswerten Willen zur Fairneß verwies Jean Schlumberger schließlich auf den Widerstand, den es auch unter den deutschen Intellektuellen gegeben habe. Er sagte, jeden Anflug von Selbstgerechtigkeit beiseite wischend: «Wir haben all dies in Frankreich erfahren.» Die Franzosen seien darum eher in der Lage, den Mut und die Opfer zu würdigen, als Thomas Mann in der Zurückgezogenheit Kaliforniens.

Unter den Listen der «Belasteten», der «Unbelasteten», der nazistischen, der antinazistischen, der schuldigen und unschuldigen Deutschen, die in jenen Tagen in Washington kursierten, befand sich auch ein Papier, das unter dem Titel «German Literature with Elements of Opposition against Nazism in Germany during the Years 1933–1945» fünfunddreißig Mitglieder der «Inneren Emigration» aufreihte: zu ihnen zählten der Philosoph Karl Jaspers, der einst der Lehrer Golo Manns war, der Romanist Ernst Robert Curtius, der Soziologe Alfred Weber (Max Webers Bruder) und sein Heidelberger Freund Dolf Sternberger, der Kultur- und Musikhistoriker Richard Benz, die protestantischen Kirchenmänner Martin Niemöller und Hans Asmussen, der Münchner Kardinal Faulhaber, der Journalist Gert H. Theunissen, später Redakteur beim Westdeutschen Rundfunk, die Schriftsteller Werner Bergengruen, Hans Carossa und Ernst Wiechert, aber auch Ina Seidel, die Autorin des «Wunschkindes», die liberal-konservative Gertrud Bäumer, natürlich die tapfere Ricarda Huch, der Verleger Peter Suhrkamp, den die Schergen am Ende ins Konzentrationslager geworfen hatten, überdies Ernst Jünger und sein Bruder, der Lyriker und Essayist Friedrich Georg Jünger, denen wahrhaftig nicht nachgesagt werden konnte, daß sie Demokraten seien (doch Nazis waren sie keineswegs). Thomas Mann warf den Brüdern Jünger freilich vor, nicht völlig zu Unrecht, daß sie als Vorläufer und Wegbereiter des Dritten Reiches zu betrachten seien – aber dies galt für den Verfasser der «Betrachtungen» nach strengen Maßstäben auch.

Ernst Jüngers «Marmorklippen» nannte er in einem Brief an Agnes Meyer das «Renommierbuch der 12 Jahre». Sein Autor, schrieb er, sei «zweifellos ein begabter Mann, der ein viel zu gutes Deutsch schrieb für Hitler-Deutschland. Er ist aber ein Wegbereiter und eiskalter Genüssling des Barbarismus und hat noch jetzt, unter der Besetzung, offen erklärt, es sei lächerlich, zu glauben, dass sein Buch mit irgendwelcher Kritik am nationalsozialistischen Regime etwas zu tun habe. Das ist mir lieber, als das humanistische Schwanzwedeln und die gefälschten Leidens-Tagebücher gewisser Renegaten und Opportunisten. Aber eine Hoffnung für die ‹deutsche Demokratie› stellt Ernst Jünger auch nicht gerade dar. Glauben Sie überhaupt an eine solche? Wo es einem schon schwer wird, zuweilen, auch nur an die Zukunft der amerikanischen zu glauben?»

Er fügte die Klage hinzu, in Amerika sei die «pro-deutsche Propaganda (…) ganz in den Händen der Faschisten. Man muss sich sehr hüten, aus Mitleid darauf hineinzufallen. Mir war schon bange, als ich neulich einmal einen Aufruf zur Hilfe für deutsche Kinder unterschrieben hatte.» Agnes Meyer mag jene Passage mit einigem Befremden gelesen haben. Ihre Reaktion steht dahin: Thomas Mann bewahrte in jenem Jahr 1945 nur zwei belanglose Mitteilungen und einen Brief vom 11. August auf, der ihn darüber informierte, wie begehrt seine Bücher in den Lagern der deutschen Gefangenen seien: «Kurz, Sie sind noch immer die große Mode in Deutschland», schrieb ihm die Freundin, «und sowie sich der Handel öffnet, werden sich Ihre Bücher, dessen bin ich sicher, wie heiße Semmeln verkaufen.»

In seinem langen Schreiben vom 14. Dezember 1945 verwies er auf die Korrespondenz, die der Göttinger Physikprofessor James Franck, Nobelpreisträger des Jahres 1925, mit Albert Einstein geführt hatte. Franck, der nun in Chicago lebte, schien zu fürchten, daß eine harte Politik der Demütigung und permanenten Schwächung Deutschlands nach den Konzepten Henry Morgenthaus neue Ressentiments aufrühren würde, für die vor allem die Juden büßen müßten (wie Thomas Mann andeutete). Er sammelte darum

Unterschriften für ein Plädoyer, das nach den Worten von Inge Jens einer «behutsamen Politik gegenüber dem von Hunger und Wirtschaftschaos bedrohten Deutschland» das Wort redete und für eine rasche ökonomische Hilfe warb.

Albert Einstein entzog sich der dringenden Bitte seines Kollegen. Von «Schuldgefühl und Reue», sagte er, sei «bei den Deutschen keine Spur zu finden». Er mahnte den Kollegen: «Lieber Franck! Lass' doch die Hände weg von dieser stinkenden Sache! Nachdem man Eure Gutmütigkeit mißbraucht hat, wird man sich über Eure Einfalt lustig machen. Wenn Du aber nicht zu retten bist: ich jedenfalls will nichts mit der Sache zu tun haben. Und wenn sich eine passende Gelegenheit bietet, will ich öffentlich dagegen auftreten.» Manch anderer der Emigranten meldete Bedenken an, so vor allem Hermann Broch, der Thomas Mann schrieb, die «Tränen-Kampagne» werde wie nach dem Ersten Weltkrieg mißbraucht werden. Er betonte, daß es um die «Schaffung günstiger Vorbedingungen für eine Denazifizierung und künftige Demokratisierung Deutschlands» gehe.

Auch Thomas Mann zögerte mit der Unterzeichnung. Doch sein Freund Erich von Kahler redete in einem wahrhaft großen Brief der wägenden Vernunft und der Gerechtigkeit das Wort: «wie schwer, wie schwer das Richtige zwischen allen Extremen und Simplifikationen zu sehen und zu befolgen! Ich habe die blutigsten Diskussionen nach der einen Seite wie nach der andern – mit Einstein etwa, der allzu emotionell gegen alles Deutsche eingestellt ist, und einer ganzen Menge wohlgesinnter und kluger Menschen, die in dieser Frage einfach blindwütig summarisch reagieren, und andrerseits *mit den Deutschen, die wieder in ihrer Erbitterung über die offenkundigen Sünden der Alliierten alles vergessen haben, was von ihrem Volk ausgegangen ist.*»

Er selbst habe, sagte Kahler, den Aufruf von James Franck unterschrieben, und er sei «froh darüber»: «es war mir eine Herzenserleichterung, ein moralisches Alibi. Denn was die Alliierten dort getrieben haben und treiben, *das Verbrennen und Verrottenlassen von Heeresproviant und Kleidung, inmitten von Hungersnot und Frieren, das In-die-Luft-Sprengen von Fabriken, wo die Leute kein Dach über dem Kopf haben, die Roheit der tschechischen und polni-*

schen Massenaustreibungen vor dem Winter, die ganze tierische Indifferenz und Geschäftsmäßigkeit, mit der wieder die Zukunft Europas verspielt wird – zu alledem kann man nicht schweigen, ohne sich mitschuldig zu machen.» Freilich sei der Aufruf «matt und einseitig» und lasse «vieles ungesagt», was hätte ausgesprochen werden müssen: «*die Laxheit des Vorgehns gegen die Nazi und das Totschweigen (selbst in Deutschland) der deutschen Widerstandsbewegungen, die viel umfassender waren, als man hier weiß, ja die offene Begünstigung und Verwendung von Nazis, besonders in der französischen Zone – Sünden, Sünden, die ihre schrecklichen Früchte tragen werden.*»

Kahler fuhr fort: «*während man sich an den Nürnberger Schauprozessen gegen die längst erledigten Häuptlinge delektiert, wächst im Stillen eine Sammlung der gänzlich unbehelligten kleinen Nazi (Blockwarte, kleine Beamte u.s.w.) heran, die jetzt schon die ehrlich antifascistischen Leute einschüchtern, unter den Augen und dem Patronat der militärischen Regierungen.*» Er fügte hinzu: «*Aber wie kann man angesichts einer solchen rapiden Vergeßlichkeit und Gleichgültigkeit der Alliierten, angesichts solcher Beispiele, die man gibt, angesichts solcher Bestätigung aller Nazivoraussagen von den durchschnittlichen Deutschen erwarten, daß sie eine prompte Reue und ehrliche, innere Gesinnungswandlung zeigen.*»

Schließlich sagte der Gelehrte mit humaner Eindringlichkeit: «*So ein Erwachen aus einer zehnjährigen Betäubung und Abschließung, so ein Prozeß der Besinnung und Bekehrung braucht Zeit und seelische Kraft und eine das Rechte encouragierende, das Schlechte degradierende Umwelt.*»

Solch menschlicher Realismus war Thomas Mann fern. Er antwortete Erich von Kahler, er habe den Aufruf Francks «tatsächlich nur unterschrieben, weil, wenn überhaupt eine solche Aktion ins Werk gesetzt wird, das Fehlen meines Namens zu demonstrativ und gehässig wirken würde». Freilich habe er sich nicht enthalten können, einen Brief an Franck zu schicken, in dem er ihm «schonend und unter tausend Sympathiebezeugungen für die Hochherzigkeit seiner Absichten nahe lege, eine Sache, die bestimmt nichts nützen, uns aber unabsehbare Widrigkeiten einbringen wird, lieber fallen zu lassen». Albert Einstein ließ er wissen, er habe den Appell nicht leichten Herzens unterzeichnet, doch er wolle «nicht als ausgesprochener Deutschenfeind dastehen». Gegenüber seinem Verleger Bermann Fischer rechtfertigte er die Unterschrift mit dem Argument, daß er es «nicht gänzlich mit denen drinnen (...) verderben» wolle.

In Thomas Manns kalifornischem Lebenskreis fand sich kein Berater, der über die souveräne und nüchterne Umsicht Erich von Kahlers verfügt hätte. Von Kahlers großem Buch «Der deutsche Charakter in der Geschichte» sagte Thomas Mann – aus Anlaß des sechzigsten Geburtstags seines Freundes –, es sei «die Standard-Psychologie des Deutschtums, ein Buch leidend durchdringender und umfassend darstellender Erkenntnis, ein Buch der Liebe im Grunde: einer kritisch gebrochenen, verhängnisschweren Liebe, in welcher das Negative und Positive in schmerzlicher Ambivalenz verschwimmen, ein Buch des doppelten Blicks und der gemischten Gefühle».

Kahler war einer der wenigen Freunde und Weggenossen Thomas Manns, die sich nicht in die Rolle des gehobenen Faktotums hatten drängen lassen. Bruno Frank, ein treuer Begleiter in langen Jahrzehnten, war tot. Auch Franz Werfel, dem er mit einigem Respekt begegnete, war tot: am 26. August 1945 hatte das Herz des Vierundfünfzigjährigen versagt, den Thomas Mann fast – freilich nur fast – als einen literarischen Partner von Rang akzeptiert hatte. Die Witwen der beiden ließen sich in New York nieder. Auch Leonhard Frank war in den Osten des Landes gezogen. Es wurde einsam an der pazifischen Küste.

95. KAPITEL

Konfrontation der Ressentiments

Das erste Weihnachtsfest im Frieden. Die drei Ältesten gingen in Europa ihrer Arbeit nach, doch wenigstens waren Michael und Gret mit den beiden Kindern von San Francisco gekommen. Der Großvater empfand das Wiedersehen mit Frido, noch immer in den Enkel verliebt, als «beglückend». Man sang die alten Lieder, von Michael auf der Bratsche begleitet. Die Gabentische waren wie immer überhäuft: «Reiche und angenehme Geschenke», schrieb der Vater ins Journal, darunter Langspielplatten für sein Grammophon, die eine sensationelle Neuheit auf dem Markt waren, in der Tonqualität den schweren Schellackplatten weit überlegen und längst nicht so fragil.

Agnes Meyer hatte – zurückhaltender als früher – für ihn eine kostbare Weckuhr geschickt und für Katia Servietten. Thomas Mann dankte artig, und er wünschte nachträglich, daß sie «im Kreise ihrer Lieben einen hellen, heiteren Weihnachtsabend verbracht» haben möge. In seinem Brief nach Washington, am 25. Dezember begonnen und am 28. fortgesetzt, berichtete er von dem Besuch eines Reporters von «Time Magazin», der aufmerksam notiert hatte, daß Thomas Mann in seinem Lebensbericht aus dem Jahre 1930 die merkwürdige Prophezeiung in die Feder geraten war, er werde im selben Alter wie seine Mutter sterben. So hätte der Tod 1945 bei ihm anklopfen müssen.

Der Journalist schrieb von jener eher heiteren Begegnung: der Autor wirke durchaus fit, rauche seine zwei Zigarren pro Tag (und viele Zigaretten), trinke seinen Likör, spaziere zwei Meilen gegen die Meeresbrise und habe fünfhundert Seiten eines neuen Romans geschrieben. In seiner Jugend, habe ihm Thomas Mann gestanden, sei er völlig davon überzeugt gewesen, daß er mit vierzig sterben werde. Dann sei er älter und älter geworden. Aus der Erfahrung habe er zwar gelernt, daß dies ein Fehler sei, aber nun denke er, daß er wahrscheinlich recht alt werde.

Auch Agnes Meyer gegenüber hatte er die eigene Weissagung, die ihm durchaus gegenwärtig war, in einem früheren Brief erwähnt. Wörtlich erfülle sie sich nicht, schrieb er, aber «wenigstens andeutungsweise» tue sie es doch. Die Nerven seien mitgenommen, und ihn quäle ein chronischer Bronchialkatarrh. Er fühle sich oft schlechter, als es erlaubt sei, ja er sprach von einem «Tiefpunkt». Eine ärztliche Untersuchung Ende November hatte ergeben, daß es ihm nicht gelungen war, sein Gewicht zu halten: seit März hatte er zwei Pfund verloren, und sein Blutdruck erreichte nur den oberen Wert von einhundertzwanzig. Durch eine Röntgenaufnahme sei in seiner Lunge «eine Stelle gefunden» worden, die auf einen «Prozeß» hindeute – «keinen tuberkulösen», wie man ihm versicherte. Aber der Arzt habe angedeutet, daß er wohl «vor kurzem in aller Heimlichkeit eine kleine Pneumonie durchgemacht» habe. Von einem Krebsverdacht sprach niemand. Es wurden Vitamintabletten verordnet. Das physische Unbehagen spiegelte, nach seinem eigenen Empfinden, die wachsende Sorge um sein Buch, zugleich auch die Qual der chronischen Auseinandersetzung mit Deutschland und den Deutschen. Die eine Heimsuchung schien mit der anderen zu korrespondieren. Die Mühsal mit dem «Faustus» und die deutsche Polemik waren tief ineinander verstrickt.

So heftig der Autor auch über die Verstörungen und Verzögerungen beim Fortgang der Arbeit an dem Roman klagte: in Wirklichkeit hatte er während der Sommer- und Herbstmonate des Jahres 1945 eine weite Strecke durchmessen. Die Schilderung von Vorkrieg und Krieg in den Kapiteln sechsundzwanzig bis vierunddreißig – insgesamt über einhundertdreißig Druckseiten – hatte er mit einem bemerkenswerten Elan gemeistert. Er war freilich darauf bedacht, daß sich sein «Faustus» nicht völlig von der Präsenz des «Goethisch-Universalen» entfernte. Durch Adrians Erkundung der grotesken Lebensfülle in submariner Tiefe mittels einer just erfundenen Taucherglocke blieb er dem Meister in gewisser Hinsicht nahe. Zwar stieg er nicht zu den Müttern hinab, aber doch zu den Fabelwesen, die auf dem Grunde des Ozeans wohnten: die Nymphe war nicht weit. Auch erkundete er den Kosmos – Einstein winkte ihm zu –, sprach von «Lichtjahren», von den «Alpha-Teilchen radioaktiver Substanzen», von «Milchstraßenbildungen», und man sah ihn lächeln, wenn er Freund Zeitblom von so «unermeßlichem Unfug wie dem explodierenden Weltall» sprechen hörte.

Die künftigen Leser, so durfte der Autor hoffen, würden ihm auf den Exkursen in die Unendlichkeiten mit der schon gewohnten Geduld folgen, da sie in den nächsten Abschnitten durch ein Gesellschaftsporträt von erfrischender Unterhaltsamkeit reichlich belohnt werden sollten. Im Großbürgerhause der «Schlaginhaufens» durften sie endlich der «dramatischen Sopranistin Tanja Orlanda, einer gewaltigen Frau», begegnen: ein Abbild der Geliebten des Schwiegervaters Pringsheim, die sich in schöner Gemeinsamkeit mit dem «Heldentenor Harald Kjoejelund, einem schon dicken Mann mit Zwicker und erzener Stimme», dem Vortrag der Werke Richard Wagners widmete: des Magiers, dessen Name nun endlich fiel.

Im Salon der Schlaginhaufens trat auch der «Privatgelehrte Dr. Chaim Breisacher» auf, ein «hochgradig rassiger und geistig fortgeschrittener, ja waghalsiger Typ von faszinierender Häßlichkeit», der, «mit einem gewissen boshaften Vergnügen, die Rolle des fermentösen Fremdkörpers» spielte: ein später Bruder des Naphta aus dem «Zauberberg». Der Autor karikierte in der Erscheinung dieses problematisch-radikalen Polyhistors und Kulturphilosophen, der aller Kultur mißtraute, den Orientalisten Arthur Goldberg, dessen Studien ihm für den «Joseph» nützlich gewesen waren. Es kümmerte ihn nicht weiter, daß das Konterfei dieses Herrn, das ihm eher widerwärtig geriet, manches bürgerliche Vorurteil gegen die jüdischen Intellektuellen zu bestätigen schien. Nein, er dachte nicht daran, die Freiheit des Künstlers durch die Nachbarschaft antisemitischer Klischees beeinträchtigen zu lassen.

Wenig Takt verriet auch seine Erzählung vom Geschick der Ines Rodde – in der man die Schwester Julia erkennt –, die mit Dr. Helmut Institoris, einem bläßlichen Renaissance-Schwärmer –

dem Schwager Löhr nachempfunden –, in einer problematischen Ehe verbunden war. Es läßt sich nicht behaupten, daß Thomas Manns Bildnis der Verblichenen, die ihn durch ihren Selbstmord im Jahre 1927 so tief aufgebracht hatte, von Liebe und Güte überglänzt sei. Er schien zu spüren, daß seine offensichtliche Antipathie eine Art von Selbstrechtfertigung verlange. So ließ er Serenus Zeitblom seinen Bericht mit der Bemerkung unterbrechen, dies sei «kein Roman, bei dessen Komposition der Autor die Herzen seiner Personnagen dem Leser indirekt, durch szenische Darstellung erschließt». Als Biograph stehe es ihm zu, «die Dinge unmittelbar bei Namen zu nennen». Also berichtete er kühl und herzlos von Ines' Liebe zu dem Geiger Rudi Schwerdtfeger. Paul Ehrenberg hätte bei der Lektüre – er starb im Jahre 1949 – rasch feststellen können, daß ihm Thomas Mann seine hundert Flirts, die vielen kleinen und großen Treulosigkeiten niemals vergeben hat. Die Schwester aber verstrickte sich «unter der Decke bürgerlicher Untadeligkeit», deren Schutz sie durch die Heirat mit Helmut Institoris gewonnen hatte, immer tiefer in ihren unseligen Ehebruch, der ihr ein schwieriges Doppelleben aufzwang. Überdies war sie durch die Ahnung bedrückt, daß der Geliebte sie eines Tages verlassen werde.

Es half nichts: der Erste Weltkrieg mußte bestanden werden. Der Chronist schrieb, stellvertretend, mit sichtbar beschwerter Seele über die Katastrophe, die er einst als eine Art schreckliches Glück empfunden habe, die Reaktionen des Autors im Sommer 1914 mit halbem Herzen rechtfertigend und zugleich korrigierend. Er diagnostizierte den überschäumenden Enthusiasmus der Tage des Ausmarschs als den «Anbruch wilder Ferien». Er sprach «vom Hinwerfen des eigentlich Pflichtgemäßen, von einem Hinter-die-Schule-Laufen, einem Durchgehen zügelunwilliger Triebe», kurz, von dem violenten Ausbruch der bürgerlichen Gesellschaft aus den Schranken ihrer zivilisierten Ordnung. Die Versündigung der «Gedanken zum Kriege» fing Thomas Mann mit Zeitbloms Bemerkung auf, er könne «in keiner Weise prätendieren», daß er sich «von der allgemeinen Ergriffenheit ausgeschlossen» habe. Es sei, fügte er mit einem Gran Ironie an, «für das höhere Individuum auch wieder ein großer Genuß, einmal (…) mit Haut und Haar im Allgemeinen unterzugehen».

Oder war das am Ende gar nicht ironisch gemeint? Immerhin hatte er zuvor die Behauptung riskiert: «moralisch betrachtet sollte das Mittel eines Volkes, zu einer höheren Form seines Gemeinschaftslebens durchzubrechen – wenn es denn blutig dabei zugehen soll –, nicht der Krieg nach außen, sondern der Bürgerkrieg sein.» Der Erzbürger, der die deutsche Revolution nun so oft vermißte, ließ durch Zeitblom seine späte und realistische Einsicht mitteilen, daß den Deutschen die Revolution außerordentlich widerstrebt habe, «während wir uns nichts daraus machten, es im Gegenteil prächtig fanden, daß unsere nationale Einigung (...) drei schwere Kriege gekostet hatte». Zum anderen nahm er das Motiv der «Betrachtungen» vom «fassungslosen Tugend-Gebrüll» der Welt des Westens wieder auf. Immerhin ließ er, sich seiner sicheren und im ganzen nicht zu entbehrungsreichen Existenz in der Poschingerstraße erinnernd, sogar einen diskreten Ansatz zu retrospektiver Selbstkritik zu: Adrian, schrieb er, sei während der Not- und Hungerjahre auf dem Hof der Schweigestills «so leidlich wie nur wünschbar versorgt» gewesen, «ohne es recht zu wissen und zu würdigen»: «Er nahm das mit Selbstverständlichkeit und ohne Erwähnung hin, wie etwas, das von ihm ausging und in seiner Natur lag.» Das hätte Katia Mann von ihm sagen können.

Über die schwierigen Kriegskapitel half ihm schließlich die heiter-kühle Erzählung von den «Damen Meta Nackedey und Kunigunde Rosenstiel» hinweg, die beide im verehrenden Dienst, mit dem sie sich an Adrian banden, ein entsagungsvolles Glück fanden: «Klavierlehrerin die eine, die andere tätige Mitinhaberin eines Darmgeschäftes, will sagen: eines Betriebes zur Herstellung von Wursthüllen.» In den Porträts dieser «jüngferlichen Frauen» mischten sich die Züge der Nürnberger Buchhändlerin Ida Herz und der amerikanischen Psychoanalytikerin Caroline Newton, die eine arm, die andere reich: «Die Nackedey, ein verhuschtes, ewig errötendes, jeden Augenblick in Scham vergehendes Geschöpf von einigen dreißig Jahren», die Rosenstiel «eine knochige Jüdin vom ungefähren Alter der Nackedey, mit schwer zu bändigendem Wollhaar und Augen, in deren Bräune uralte Trauer geschrieben stand darob, daß die Tochter Zion geschleift und ihr Volk wie eine verlorene Herde war». Er attestierte Kunigunde, daß sie nicht nur, «wie fast alle Juden, sehr musikalisch» sei, sondern auch «ein viel reineres und sorglicheres Verhältnis zur deutschen Sprache als der nationale Durchschnitt» unterhalte. Mit hoheitlicher Entrückung ließ er Zeitblom von der Rosenstiel sagen, sie habe Adrian eine Verehrung bekundet, «die näher zu definieren und zu begründen sie entweder zu bescheiden oder außerstande war, – es war eben Verehrung, eine instinktbestimmte, sich durch viele Jahre in Treuen bewährende Verehrung und Ergebenheit, um derentwillen man die vortreffliche Person, ganz abgesehen von sonstigen Tüchtigkeiten, ernstlich hochzuachten hatte».

Die Lust an der Karikatur konnte ihn nicht zu lange binden: das kritische Jahr 1918 nahte, das Jahr der «Betrachtungen», das Jahr der Revolution, der Republik, der Demokratie. Zeitblom verschaffte sich (und dem Autor) noch einen kleinen Aufschub, indem er den Blick auf die beunruhigende Gegenwart richtete: in der Chronisten-Zeit schrieb man den Juni 1944, die Invasion der Alliierten hatte begonnen, und die Schlachten näherten sich deutschem Boden – dies der «Hintergrund» seines «biographischen Tuns», von dem Zeitblom dem Leser eine Skizze «wieder einmal schuldig zu sein» glaubte. Sich nach 1918 zurückwendend, bemerkte er, «der jakobinisch-puritanische Tugendjargon» sei damals zur gültigen Sprache des Sieges geworden. Heinrich Mann mag es später mit gerunzelter Stirn gelesen haben, doch er dürfte rasch durch die vorsichtige Sympathie versöhnt worden sein, die Zeitblom, «als mäßiger Mann und Sohn der Bildung», dennoch der Revolution zuteil werden ließ, trotz des «natürlichen Entsetzens (...) vor der Diktatur der Unterklasse», die er sich «schwerlich anders als im Bilde der Anarchie und Pöbelherrschaft, kurz, der Kulturzerstörung vorzustellen» vermochte. Heinrich Mann konnte auch mit Genugtuung konstatieren, daß Serenus, dieser ordentliche Bürger, den deutschen Führer und den italienischen Duce mit herbem Spott als «die beiden vom Großkapital bezahlten Retter der europäischen Gesittung» entlarvte.

Der Bruder wurde einem wahren Wechselbad ausgesetzt. Ganz im Stile der «Betrachtungen» geißelte Zeitblom zwar «die selbstgerechte Tugend-Suada des Rhetor-Bourgeois», doch wenige Zeilen später nannte er Rußland den «Bruder im Leide»: «Die russische

Revolution erschütterte mich, und die historische Überlegenheit ihrer Prinzipien über diejenigen der Mächte, die uns den Fuß auf den Nacken setzten, litt in meinen Augen keinen Zweifel.» Er fuhr fort, Heinrich (in seinem bayerischen Winkel und noch immer mitten im Zweiten Weltkrieg) nun ganz nach dem Munde redend: «Es ist wahr: gewisse Schichten der bürgerlichen Demokratie schienen und scheinen heute reif für das, was ich die Herrschaft des Abschaums nannte, – willig zum Bündnis damit, um ihre Privilegien zu fristen»: dem Faschismus. Im nächsten Satz eine sachte Korrektur, mit dem Blick auf Franklin D. Roosevelt und Churchill: es sei diesen Männern zu danken, «daß die Demokratie der Westländer, bei aller Überholtheit ihrer Institutionen durch die Zeit, aller Verstocktheit ihres Freiheitsbegriffs gegen das Neue und Notwendige, wesentlich doch auf der Linie des menschlichen Fortschritts, des guten Willens zur Vervollkommnung der Gesellschaft» liege «und der Erneuerung, Ausbesserung, Verjüngung, der Überführung in lebensgerechte Zustände ihrer Natur nach fähig» sei.

Das kritische Jahr 1918 durfte vor der Präsenz des Zweiten Weltkrieges, der im Zeitgefüge des Chronisten seinem furchtbaren Ende zueilte, samt seinen aktuellen und geradezu journalistischen Kommentaren bald gnädig in den Hintergrund treten. So ersparte sich der Autor einen ausführlichen Widerruf der alten Sünden, die er in der gängigen halblinken Phraseologie jener Tage ertränkte.

Nein, die Präsentation der Epoche des Ersten Weltkrieges und des Anfangs der Jahre von Weimar wurde ihm nicht leicht, so wendig er das Alter ego Zeitblom – in all seiner gravitätischen Würde – durch die Epochen wieseln ließ, geschwätzig und ziemlich verlogen. Das Tagebuch der Revolutionsjahre hatte der Autor, weil er die Lebenszeugnisse der Zeit vor Augen haben wollte, vom großen Autodafé ausgenommen, doch die Lektüre bereitete ihm allemal das tiefste Unbehagen. Die Peinlichkeit der Konfrontation mit sich selbst schien seinen Zorn über die Verstocktheit der Daheimgebliebenen, die seinen Wandel nicht mitvollzogen hatten, immer von neuem aufzustacheln. Jedes kritische Wort, das er über sich und seine Kommentare zur «deutschen Frage» las, schien ihm zu bestätigen, daß dort drüben nach wie vor der Geist von 1933 herrsche, von einer reaktionären Phalanx in den Vereinigten Staaten unterstützt. «Offen gestanden halte ich das Monopol-Kapital jedes Verbrechens für fähig», rief er Agnes Meyer zu, die Sentenzen dieser Art nicht mit Behagen las.

Zum Jahresende 1945 lud ihn der Londoner Rundfunk ein, seinen Gegnern und Kritikern in Deutschland zu antworten. Es wäre vielleicht besser gewesen, hätte er sich eine Äußerung versagt, doch seine chronische Entrüstung brauchte ein Ventil. «Bosheit und Dummheit», sagte er, hätten seine Worte mißbraucht. Noch einmal begründete er, warum er Deutschland fernbleibe, wo er nach einem «festlichen Wiedereinzug (…) binnen kurzem zermürbt, aufgerieben» sein würde, «verdächtigt überall, beim Deutschtum wie bei der Okkupation». «Welche Tücke, welche geheime Lust am Ruinieren sich hinter diesem anmutigen Vorschlag», der Einladung zur Heimkehr, «verbirgt, ich mag es nicht ergründen.» Die Ablehnung des Angebotes kreide man ihm als Egoismus an. «Egoismus» aber, «so scheint mir, konnte man ebensowohl beweisen, indem man in Deutschland blieb, wie, indem man floh. Ich war weit entfernt von der monumentalen Wurschtigkeit eines Richard Strauss, wie er sie im Gespräch mit amerikanischen Journalisten zur Erheiterung einer Welt kundgegeben hat.» Er sagte nicht, daß jener amerikanische Journalist sein Sohn Klaus war. Er fuhr fort: «Mich hat der Teufelsdreck, der sich Nationalsozialismus nennt, den Haß gelehrt. Zum ersten Male in meinem Leben den wirklichen, tiefen, unauslöschlichen, tödlichen Haß, einen Haß, von dem ich mir mystischerweise einbilde, daß er nicht ohne Einfluß auf das Geschehen gewesen ist.» Frank Thieß warf Thomas Mann später vor, hinter seinen «Haßausbrüchen gegen den Nationalsozialismus» sei für seine Ohren «ein neuer Haß» hervorgeklungen, «ein wahrhaft fürchterlicher und schrecklicher, der Haß gegen Deutschland».

Dies traf gewiß nicht zu. Doch auch Thomas Mann täuschte sich: nicht erst der Nationalsozialismus, der nun endlich vernichtet war (aber das wollte er nicht glauben), hatte ihn den Haß gelehrt. Seine frühen Mannesjahre waren vom Bruderhaß überschattet, und Haß diktierte ihm einst die Polemik gegen den «Zivilisationsliteraten», gegen die Demokratie, gegen den Westen: ein Grundhaß, der sich in einem langen Leben niemals völlig stillen ließ, aus verborgenen Verletzungen in der Kindheit immer aufs neue genährt – und immer bereit, in den bürgerlichen Selbsthaß des Menschen umzuschlagen, der niemals sein durfte, was er war, und der es sich zu keiner Stunde erlaubte, sein Leben zu leben. Dieser Haß verleitete ihn immer wieder zur Flucht in eine – ganz und gar rhetorische – Glorifizierung der radikalen Alternative: jene halb heimlichen und halb offenen Huldigungen an die Adresse Rußlands, das er allzu selbstverständlich mit der Sowjetunion gleichsetzte, ganz davon überzeugt, daß dem Sozialismus, dem Kommunismus, die Zukunft gehöre, vielleicht in einer Ehe mit der Demokratie, wie er gelegentlich schwärmte, ohne die Bedingungen der Allianz jemals zu definieren. Wann immer ihn der Widerwille gegen die schwierige und manchmal auch schäbige Realität der westlichen Demokratien überkam, wann immer die amerikanische Wirklichkeit seine Nerven strapazierte, gebärdete er sich, als erwarte er im Ernst eine Rettung durch die Selbstverneinung des Bürgers. In Wahrheit handelte es sich um eine – manchmal ans Hysterische grenzende – Abreaktion seiner schlechten Laune, seiner Zweifel, seiner Überanstrengung. Bertolt Brecht durchschaute die Unzuverlässigkeit und Dürftigkeit seiner sozialistischen Bekenntnisse klar genug.

In seinem BBC-Kommentar nannte er die Reden an die «Deutschen Hörer», die er während des Krieges geschrieben hatte, eine «sinnlos verlorene Liebesmüh». Nun sollten ihn die Ansprachen verpflichten, nach Deutschland zurückzukehren? «Du hast dich als geistiger Führer des Volkes aufgespielt, nun lebe auch unter diesem Volke und teile nicht nur seine Leiden, sondern mildere sie. Tritt auf gegen die Fremden, die sie ihnen zufügen.» Er fragte: *«Und wo ist Deutschland?* Wo ist es aufzufinden, auch nur geographisch? Wie kehrt man heim in sein Vaterland, das als Einheit nicht existiert? Ein in Okkupationszonen zerrissenes, die einander kaum noch kennen? Soll ich zu den Russen gehen, zu den Franzosen, den Engländern oder zu meinen neuen Landsleuten, den Amerikanern und mich von ihren Bajonetten schützen lassen gegen den nichts weniger als toten und begrabenen Nationalsozialismus, der sich alle Mühe gibt, unsere Soldaten zu korrumpieren?» Er fragte weiter, ob er «angesichts solcher Unverfrorenheit (...) gegen die Leiden Deutschlands protestieren» solle? Seine Antwort: «Nein, gerade das kann ich nicht, ich konnte als Deutscher zu Deutschen sprechen, um sie vor der nahenden Nemesis zu warnen. Aber eben als Deutscher, der tief empfindet, daß alles, was deutsch heißt, in die furchtbare nationale Gesamtschuld eingeschlossen ist, kann ich mir nicht erlauben, an der Politik der Sieger eine Kritik zu üben, die immer nur im Sinne eines egozentrischen Patriotismus für das gedeutet werden würde, was andere Völker jahrelang von Deutschland erlitten haben.»

Er stellte fest: «Wem es längst vor den Bergen von Haß gegraut hat, die rings um Deutschland sich auftürmten, wer längst in schlaflosen Nächten sich ausgemalt hat, wie furchtbar das entmenschte Tun der Nazis auf Deutschland werde zurückschlagen müssen, der kann jetzt mit Erbarmen in dem, was Deutschen von Russen, Polen und Tschechen geschieht, nichts anderes sehen als die mechanische und unvermeidliche Reaktion auf Untaten, die ein Volk als Ganzes übt, bei der es leider nicht nach individueller Gerechtigkeit, nicht nach Schuld und Unschuld des einzelnen geht.»

Natürlich ließ sich an der Vertreibung der Deutschen aus Osteuropa nichts ändern. Doch es stand auf einem anderen Blatt, ob man alles neue Unheil als «mechanische und unvermeidliche Reaktion» hinnehmen mußte, ohne wenigstens darum zu bitten – die eigene Schuld nicht leugnend –, daß der «Fluch der bösen Tat» korrigiert und die Kette des Unrechts, das fortzeugend neues Unrecht gebären muß, endlich einmal durchbrochen werde. So eindrucksvoll und so verpflichtend Thomas Manns Verweis auf die Verantwortung für die Leiden der Opfer des nazistischen Deutschland auch war: moralisch zwingend konnte seine Rechtfertigung des Schweigens nicht genannt werden. Hatte er vergessen, daß kein Leiden das andere aufhebt und kein Unrecht neues Unrecht rechtfertigt? Er rügte später, daß sich Ernst Wiechert – der Autor des Romans «Das einfache Leben», dieses problematischen Hochgesangs deutscher Innerlichkeit – verpflichtet gefühlt hatte, den Siegermächten in einer Denkschrift die Härten ihrer Maßnahmen vorzuhalten. Der Schriftsteller glaubte sich dazu dank der moralischen Autorität berechtigt, die ihm aus seiner Haft im Konzentrationslager zugewachsen war (doch er zog sein Memorandum später wieder zurück). Thomas Manns Kommentar: Wiechert sei «seine Tugend etwas zu Kopf gestiegen».

Hermann Hesse, der seine schroffe Feindschaft gegen die Dikta-

tur niemals verborgen hatte (obschon auch seine Bücher noch lange
im Dritten Reich präsent blieben), hielt am Silvesterabend 1945
über Radio Basel eine kleine Ansprache, in der er einfache und
menschliche Worte auch für seine deutschen Hörer fand: «Wir wollen diesen innern Frieden uns und allen wünschen: denen, die in
dieser Stunde in ihrem sichern Hause zu Bett gehen, und denen, die
ohne Haus und Bett das Elend und die Not schmecken müssen. Wir
wünschen ihn den Siegern, damit ihr Sieg sie nicht stolz und blind
mache, und den Besiegten, daß sie das ihnen zugekommene Leid
nicht schelten und auf fremde Köpfe hinweg wünschen, sondern
bereit sind, es zu leiden und Gottes Stimme in ihm zu vernehmen.»
   Die tapfere Ricarda Huch, die jeden Kompromiß mit dem Regime verweigert hatte, schickte Hesse danach ein Wort des Dankes,
das mittelbar wohl auch eine Mahnung an die Adresse Thomas
Manns war: «Die ersten Worte, die nach dem Zusammenbruch
vom Ausland her uns Deutschen nicht weh- sondern wohlgetan haben, kamen aus Dichtermund. Das ist begreiflich (...), ihm ist es
gegeben zu wissen, was andere fühlen, und es mitzufühlen. Wäre
das nicht so selten, würden uns nicht die Vorwürfe und Ratschläge
auch wohlmeinender Personen, die wir als Freunde Deutschlands
kennen, so tief verletzt haben. Wir, die unter bittern Schmerzen im
Kriege den Sieg des Feindes wünschten, während unsere eigenen
Siege uns erschreckten, die den eigenen Untergang herbeisehnten,
weil er zugleich den Untergang Hitlers und der Seinen bedeutete,
sollten wir nicht die Schuld Deutschlands, für die wir politisch alle
haften müssen, durch und durch kennen? Warum waren wir denn
Hitlers Gegner und Opfer? Gewiß, es gibt auch jetzt noch Anhänger Hitlers. Kann ein Ausländer glauben, seine weisen oder zürnen-
den Worte könnten diejenigen bekehren oder zur Einsicht ihrer
Schuld bringen, die das Strafgericht Gottes nicht bekehrt hat? Die
Schuldigsten werden mit dem Tode bestraft, andere mit Gefängnis,
Enteignung, Entlassung, alle, ob schuldig oder unschuldig, (...) waren jahrelang furchtbaren Leiden unterworfen, zu denen es gehörte,
daß sie als verdient und logisch erkannt wurden. Wozu noch Vorwürfe und Ratschläge? Dem Bedürfnis, die strafende Gerechtigkeit
vollzogen zu sehen, sollte Genüge geschehen sein. Wenn Feinde,
denen Unrecht angetan ist, sich rächen, ist das verständlich, von

unsern Freunden, wenn sie überhaupt zu uns sprechen, erwarten wir ein Wort des Trostes. Sie, lieber Hermann Hesse, haben solche Worte (...) gesprochen».

Thomas Manns Bitterkeit aber erlaubte ihm nicht einmal einen Hinweis auf die Summe des Elends, in dem Europa in der Neige des Jahres 1945 zu versinken drohte, kein Wort der Hoffnung und der Ermutigung für das neue Jahr.

Die Wirkung der Ansprache war fatal. Zu allem Unglück gerieten die Redakteure des Nordwestdeutschen Rundfunks, der unter britischer Aufsicht stand, auf den törichten und taktlosen Einfall, Frank Thieß zu einer Erwiderung aufzufordern. Der Kollege ließ sich nicht lange bitten. Er versicherte zwar, daß er nicht aufgehört habe, Thomas Mann zu bewundern, und er sagte, ganz zu Recht: «Der, welcher den andern zu bewundern und zu achten vermag, ist stets im Vorteil.» Es gelang ihm ein anderes gutes Wort: «Ich habe in unserem Streit nie siegen wollen, ich wollte verstanden werden.»

Danach aber präsentierte er eine Peinlichkeit um die andere. Wiederum: lauter falsche Töne. Er warf Thomas Mann vor, daß er «ein Volk als Ganzes» verurteile, das «nun so hilflos am Boden» liege, daß er «in die Wunde» schieße, daß von «Noblesse» bei ihm nichts zu spüren sei. Er ließ sich, noch schlimmer, von einem schrecklichen Pathos überwältigen: Deutschland hänge «wie der Schächer am Galgen von Golgatha, aber wie Christus auch dem Schächer vergab, so wird vielleicht auch dereinst der Weltgeist ihm vergeben». Er wagte die Vermutung zu äußern, ob Thomas Manns «böse und anklagende Sprache (...) nicht ein mißglückter Ausdruck seines Schmerzes» gewesen sei: «Und nicht nur seines Schmerzes, sondern auch seiner Einsamkeit und Verlassenheit?»

Er wagte sich weit nach vorn: «Wir sind in einem ebenso schrecklichen wie großen Sinn freigeworden von allem, was uns an Herkommen und Gewohnheit band, und diese unsere Freiheit, die genau dem Maße unserer politischen Unfreiheit und Gebundenheit entspricht, stellt uns psychologisch gesehen, vor ungeahnte schöpferische Möglichkeiten.» Dies war eine allzu kühne, ja eine absurde Hoffnung, die rasch widerlegt werden sollte. Wie oft verwies man in jenen Tagen, geheimnisvoll raunend, auf die poetischen und denkerischen Schätze, die nun zum Vorschein kommen würden: in zwölf Jahren der Heimlichkeit «für die Schublade geschrieben», wie gern gesagt wurde.

Die Schubladen waren in Wirklichkeit leer. Thieß aber schien sich – wie so viele – der Illusion hinzugeben, daß die Kapitulation des Dritten Reiches am 8. Mai 1945 die «Stunde Null» gewesen sei. Es traf wohl zu, daß Deutschland für einen Augenblick einem Zustand der Geschichtslosigkeit überlassen zu sein schien, da alle staatliche Ordnung aufgelöst und die Nation als Subjekt ausgelöscht war. Die Täuschung hielt nicht lange an. Natürlich ging das Leben weiter, wie die schnöde Redensart sagt, wohl auch für die Nation, die für geraume Zeit zur Willenlosigkeit verurteilt war, bis sie zu einer Lebens- und Staatsform zurückfand, die nicht dem Nationalstaat klassisch-französischer Prägung, nicht dem zentralisierten Reich der Diktatur, nicht dem preußisch dominierten Werk Bismarcks und seiner verkommen-wilhelminischen Erbschaft, sondern den föderativen Traditionen Deutschlands entsprach.

96. KAPITEL

Keine Stunde Null

Thomas Mann teilte auf seine Weise den Glauben an den Mythos der «Stunde Null». Er schien zu erwarten, daß sich das deutsche Volk – als sei es zu einer urprotestantischen Gebetsgemeinschaft versammelt – kollektiv in die Knie werfe, um seine Schuld vor aller Welt zu bekennen, der Sünde abzuschwören und die Bekehrung zum demokratischen Tugendweg in aller Feierlichkeit zu geloben. Auch er schien auf den großen Exorzismus zu hoffen, mit dem die bösen Geister des Nazismus über Nacht, sozusagen mit einem Kreuzesschlage, ausgetrieben würden. Manchmal focht auch ihn der Wunsch nach einer raschen und blutigen Säuberung an, wie er es – nach dem Zeugnis Bertolt Brechts – zuvor in diesem und jenem Gespräch angedeutet hatte.

Nichts davon war geschehen. Thomas Mann vergaß – er war nicht der einzige –, daß nur Diktaturen zu einer konsequenten «Säuberung» fähig sind und daß nur Tyrannen nicht zögern, Blutschuld durch Blutvergießen zu ahnden. Ihm schien zu entgehen, daß Einsicht und Läuterung der Gesellschaft – sofern sie denn möglich sind – sich in quälend langsamen Prozessen vollziehen, zumal in einer Ordnung des Rechtes und einer Sphäre der Freiwilligkeit: sie können sich über Jahrzehnte erstrecken.

Der Autor des «Faustus» hatte in jenen Monaten nicht ohne Folgen die biblische Apokalypse studiert (um die düstere Apotheose des musikalischen Werkes von Adrian Leverkühn vorzubereiten). Der Roman, mit dem er sich nun der Krise und dem schrecklichen Höhepunkt näherte, spiegelte ein chiliastisches Lebensgefühl, das ihn heimlich durch sein ganzes Dasein begleitet haben mochte. Wie anders erklärte sich die halluzinatorische Begegnung mit dem Teufel an jenem glutheißen Tag des Sommers 1897 in Palestrina – falls sie nicht die Eingebung einer Krankheit war? Die Endzeitstimmung des Buches korrespondierte aufs seltsamste mit der «Götterdämmerung» in Berlin und dem Zusammenbruch des Dritten Reiches, der freilich, trotz allem, kein Weltuntergang war: darum folgte ihm auch kein Jüngstes Gericht.

Natürlich waren die Nazis nicht vom Erdboden verschlungen worden. Sie versicherten nun fast alle, sie seien niemals überzeugte Nationalsozialisten gewesen, was übrigens in gewisser Hinsicht bei vielen der Wahrheit entsprechen mochte: sie waren mitgelaufen, feige, opportunistisch, ohne Überzeugung, ohne Widerstand. Die nazistische Ideologie schien, da der Bann gebrochen war, wie ein Spuk zu verfliegen. In der Tat hatte sich kaum eine Seele je für das «Fünfundzwanzig-Punkte-Programm» der Partei interessiert, und fast niemand hatte – leider – Adolf Hitlers Buch «Mein Kampf» gelesen, das den Marschweg zum Verbrechen und in den Wahnsinn vorgezeichnet hatte. Die Wurzeln des Nationalismus aber, des Rassismus und des Glaubens an eine besondere deutsche Mission in der Welt lagen tiefer. Also brauchte es die Mühe von langen Jahren, den Kern des Unheils aus dem Lebensgefühl des Volkes zu lösen – eine Aufgabe, die zwei oder drei Generationen beschäftigen mußte (wenn sie denn jemals völlig zu bewältigen ist).

Untersuchungen, die in der Neige des Jahres 1945 durch Beauftragte der amerikanischen Militärregierung vorgenommen wurden, bestätigten die gebotene Skepsis. Kamen sie Thomas Mann jemals zu Gesicht? Eine Umfrage unter zweihundert sogenannten «Funktionsträgern» in Bayern – Beamten und Verwaltungsleuten, Stadträten, Repräsentanten der Parteien, Männern der Wirtschaft, Journalisten, Künstlern – ergab mit erschreckender Deutlichkeit, daß er mit seinen mahnenden Reden eine Art Trotzreaktion herausgefordert hatte. Marita Krauss, die jene Akten studiert hat, stellte fest, daß man ihm den «gehobenen Zeigefinger» besonders übel nahm. Man warf ihm vor, daß er «aus der Entfernung weise Reden» halte, «auf seinem Richterstühlchen» sitze und zu seinen Landsleuten im «Sonntagsschulpredigtton» spreche.

Ressentiments hockten in den Seelen, aus Verletztheiten, aus Verstocktheit und oft aus schierer Dummheit genährt. Thomas Mann, sagten manche der Befragten, «habe kein Recht zur Kritik an Deutschland, denn ihm sei es zwölf Jahre gutgegangen, während in Deutschland die Leute in den Konzentrationslagern schmachteten». Fast alle lehnten die Rückkehr des Dichters ab, doch zugleich gaben sie in der Mehrzahl zu erkennen, daß sie seine Bücher schätzten. Vom Chor der Feindseligkeit hob sich die Stimme des Komponisten Karl Amadeus Hartmann wohltuend ab, der erklärte, Thomas Mann kenne «sein Volk zu genau», und er sage ihm «Wahrheiten, die ihm nicht lieb sind zu hören». Mit seinem Hinweis auf das Selbstmitleid der Deutschen habe er völlig recht. Der Chefredakteur der «Würzburger Mainpost» schrieb, laut Marita Krauss, die Debatten hätten erkennen lassen, «wie sehr sich halbgetarnte ‹nationale Instinkte› an einem Mann zu entzünden bereit sind, der als ehemaliger Deutscher der Kritik leichter zugänglich ist als eine Maßnahme der Alliierten Militärregierung». Der Journalist traf den Nagel auf den Kopf. Das skeptische Urteil über die Motive der deutschen Verdrossenheit konnte nicht heißen, daß die Realität des geistigen Widerstandes geleugnet werden durfte: es gab ihn, wenngleich er in tausend komplexen Verstrickungen existierte.

Wilhelm Hausenstein, später der erste Botschafter der Bundesrepublik Deutschland in Paris, legte sich in der Weihnachtsausgabe der «Süddeutschen Zeitung» – die wenige Wochen zuvor zum erstenmal erschienen war – unter dem Titel «Bücher – frei von Blut und Schande» für die «Innere Emigration» ins Zeug. Er führte die Werke der katholischen Schriftsteller Theodor Haecker und Josef Pieper, Reinhold Schneider und Alfred von Martin ins Feld. Er verwies auf die Kulturhistoriker Richard Benz und Carl Linfert, auf Ricarda Huch und Theodor Heuss, natürlich auch auf Ernst Jünger, Hans Carossa und Werner Bergengruen. Vor allem aber machte er auf die «erstaunlichen Arbeiten» von Stefan Andres aufmerksam. Von dessen Erzählung «Wir sind Utopia», die im Jahre 1943 gedruckt worden war, sagte er mit fragwürdiger Entschiedenheit, er wage daran zu zweifeln, ob draußen viel geschrieben worden sei, das diesem Werk an Rang gleichkomme. Seinen Lesern verbarg er nicht, daß sich das Propagandaministerium der «unfreiwilligen

Duldung anständiger, guter, bedeutender Bücher» als einer «List» bedient habe: «Die Welt sollte meinen, das *Dritte Reich* gewähre die Freiheit des Geistes». Dieser Trick verfing freilich nur bei den naivsten Zeitgenossen. Die Zensoren und Aufseher des Dritten Reiches zogen es, wie ihr Minister, vermutlich vor, der geistigen Opposition einige Ventile zu lassen. Oft nahmen sie den verborgenen Zündstoff der Bücher auch nicht wahr. Hausenstein sagte, die *«Gestapo»* und das *«Promi»* – das Propagandaministerium – seien «im Subalternen schlau, in ihrer Technik gerissen» gewesen: «Im Wesentlichen waren sie dumm – wie alles, was des Teufels ist.»

Auch Otto Flake, einst Autor im S. Fischer Verlag, meldete sich im «Badener Tageblatt» mit einem besonnenen Aufsatz zu Wort. Er sagte, die «völlige Gleichschaltung» der Literatur sei zwar das Ziel der nazistischen Kulturpolitik gewesen, doch sie sei niemals eine Tatsache geworden. Nüchtern summierte er: «Einige gingen ins Ausland: es ließ sich rechtfertigen. Andere blieben: auch dafür gab es der Gründe genug. Beide Lösungen waren vertretbar, und darauf kommt es hier an.» Mit ruhigem Selbstbewußtsein begründete er seine eigene Entscheidung: «Ich wollte die Schicksale der Nation – obwohl ich mit ihr politisch ebenso überworfen war wie Hesse oder Mann – an Ort und Stelle erleben, um nachher legitim mitreden zu können.»

Thomas Mann brachte es noch lange nicht zuwege, sich aus der Verspannung des verkrampften Dialoges zwischen «drinnen» und «draußen» zu lösen. Sein Ärger und sein grimmiger Hohn verbargen nicht, daß er sich durch den sentimental drapierten Hochmut eines Widersachers wie Frank Thieß in eine Art Rechtfertigungszwang hatte drängen lassen. Unermüdlich legte er allen seinen Briefpartnern dar, warum er sich weigere, nach Deutschland zurückzukehren. «Nur nicht dorthin müssen!» stöhnte er in einem Brief an Agnes Meyer. Er berief sich auf jedes Signal nazistischer Borniertheit, von dem die Zeitungen berichteten. In Göttingen, schrieb er der Freundin, hätten Studenten demonstrativ den Hörsaal verlassen, weil es ein Professor gewagt habe, sich kritisch über das Regime des Dritten Reiches zu äußern, und er verbarg ihr nicht, daß er das konservative Amerika im Verdacht hatte, es sei im Begriff, den Nazismus in Deutschland zu einer Renaissance zu ermutigen, um das Reich ein weiteres Mal als «Bollwerk gegen den Bolschewismus» aufzurüsten.

Einen Schweizer Kollegen wies er warnend darauf hin, in Amerika sei «überall (...) ein Pro-Germanismus ausgebrochen, der einen als Deutschen ja freuen könnte, der aber doch sein Ungesundes und Gefährliches hat». Zum anderen warnte er die Siegermächte davor, das geschlagene Land völlig in Stücke gehen zu lassen – er wolle nicht als Todfeind eines Landes angesehen werden, der deutsche Kinder verhungern lasse, gestand er dem Journalisten Eugene Tillinger: einem eher windigen Zeitgenossen, durch den ihm später verstörendes Ungemach zuteil werden sollte.

Aber er horchte auch sofort auf, als ihm ein Brüsseler Literaturagent den Vorschlag ins Haus schickte, er möge zu einer lecture tour nach Europa herüberkommen: London, Paris, Amsterdam, Brüssel und Zürich standen auf dem Programm des Impresarios. In einem Brief an Agnes Meyer argumentierte er: «Schweden müsste wohl einbezogen werden und – Deutschland, d.h. etwa München und Berlin. Ich bin recht aufgeregt, teils bedrückt, teils neugierig aufgekratzt von der Perspektive. Was *dafür* spricht, das Abenteuer dieses Jahr zu bestehen, ist die Ueberlegung, dass, wenn ich Deutschland überhaupt je wieder betreten will, ich es *bald* tun muss, da sonst die Kluft unüberbrückbar wird.» Er fragte: «was meinen Sie, soll ich es dann tun? Oder geschähe es unter Ihrer Missbilligung? Ein Vierteljahr etwa müsste ich rechnen für den Ausflug. Die längste Zeit würden wir in der Schweiz verbringen (...). Kurz, ich hörte gern, ja *muss* wissen, wie Sie sich zu der Idee verhalten.»

So am 6. Februar 1946. Vier Tage später schrieb er dem Bruder Viktor, daß er seinen Besuch in Deutschland wegen der feindseligen Haltung der Presse noch hinausschieben werde. Noch einmal drei Tage später an Erich von Kahler: Deutschland bleibe «das alte Nazi-Land», das man für hundert Jahre machtlos halten müsse. Erika, die sich in Arosa von einer schweren Erkältung und den Strapazen ihres Aufenthaltes in Nürnberg zu erholen suchte – sie berichtete für den Londoner «Evening Standard» über den ersten Kriegsverbrecherprozeß –, riet wie immer dringend (nicht anders als Klaus) von einer Reise nach Deutschland ab. Ihrer Freundin Lotte Walter schrieb sie: «Daß sie» – die Deutschen – «nicht ‹be-

setzt› sein wollen und, zu feige zu offener Revolte, uns mit passiver
Resistenz, vereinzelten Sabotage-Akten und Morden und notdürftig kaschierten Frechheiten in Presse und Radio kommen, ist noch
das netteste an ihnen.»

Es steht dahin, wo Erika den Widerstand ausgemacht haben
mochte. In Wirklichkeit überschlugen sich die Deutschen in ihrem
nahezu servilen Anpassungswillen. «Weniger nett ist ihr triefendes
Mitleid mit sich selbst», fuhr sie fort, «das der Leiden anderer schon
deshalb niemals gedenkt, weil solche Leiden von jemandem ver-
schuldet sein müssen, weil dieser jemand am Ende Deutschland
heißt und weil Deutschland sich so uferlos nicht leid tun dürfte,
wenn es schuld wäre, an anderer Leute ebenbürtigem Elend. Ein
neuer Dichter, der sich dort aufgetan, ein Onkel namens Bergengruen, geht so weit, Deutschland Christo gleichzusetzen. Wie jener
blute es für die Sünden der Welt. Bergengruen gilt als das feinste und
beste, was die ‹innere Emigration› hervorgebracht. Das zweitfein-
ste, Wiechert, ein Wegbereiter, der sich freilich gegen Ende mit den
Nazi nicht mehr vertrug, gesteht, daß man gesündigt habe, weiß
aber selbst aus diesem Tatbestand etwas sehr steiles, schönes, und
unwahres zu machen. Deutschland, umlodert vom Weltenhaß; vereinzelt unter den Völkern; aufschreiend, wie noch nie ein Land geschrien; verachtet und bespuckt; O Haupt, voll Blut und Wunden…»

Härter als jede andere Polemik traf den Vater ein satirischer Artikel aus der Feder von Erich Kästner, der das Feuilleton der amerikanischen «Neuen Zeitung» in München leitete – in jenen Jahren ohne
Zweifel das beste Journal, das auf deutschem Boden erschien. Unter
dem höhnischen Titel «Betrachtungen eines Unpolitischen»
wandte sich der melancholische Lyriker, den man getrost als das
bedeutendste Talent des deutschen Kabaretts nach Frank Wedekind
und Kurt Tucholsky bezeichnen durfte, im gutartig-vernünftigen
Onkelton an eine Schar neugieriger Kinder, die zu wissen begehrten, warum Thomas Mann denn nicht geneigt sei, nach Deutschland
zurückzukehren. Dies sei, schrieb er, ein «fast tragisches Mißverständnis»: «Den Deutschen fehlt der große, der überlebensgroße
Dichter oder Denker, der sich schützend, sammelnd und die Welt
beschwörend hinstellt und die Arme ausstreckt wie ein zweiter lie-

ber Gott. Thomas Mann ist kein lieber Gott, der erste nicht und auch nicht der zweite. Sondern er ist, wie gesagt, der bedeutendste und berühmteste unter den lebenden deutschen Dichtern. Und es ist sehr bedauerlich, daß ihn andere, weniger berühmte, trotzdem bedeutende deutsche Dichter so lange gebeten und gebettelt haben, bis er böse wurde. Sie haben sich ein bißchen dumm benommen. Wenn ich jemanden um hundert Mark bitte, der nur zehn Mark einstecken hat, wenn ich ihn wieder bitte und weiterbitte, muß er mit der Zeit wütend werden. Das ist ja klar. Thomas Mann ist ein Meister in der Darstellung differenziertester Künstlernaturen, kränklicher, überfeinerter, dekadenter Charaktere, er tut sich sogar auf die Bedeutsamkeit des Nichtgesundseins seiner Bücherhelden etwas zugute.»

Kästner spottete weiter: «Nun ist er verbittert, und, die ihn vergeblich riefen, sind böse, und das alles, liebe Kinder, sind die unausweichbaren Folgen eines Mißverständnisses, das, weiß Gott, zu vermeiden gewesen wäre. Das müßt ihr begreifen und solltet ihr euch merken. Ich will euch, zur Verdeutlichung, ein anderes Beispiel erzählen. In Amerika lebt zur Zeit noch ein anderer großer Deutscher, der Schauspieler Albert Bassermann. Ein herrlicher Schauspieler und ein herrlicher Mensch. Als ihm die Berliner Schauspieler kabelten, ob er nicht in die Heimat zurückkehren wolle, depeschierte er vier Worte: ‹Ich komme, Albert Bassermann.› Als ich die vier Worte las, habe ich alter Schafskopf beinahe geheult. Seht ihr, liebe Kinder, das ist eben ein anderer Mann als Thomas Mann. Nur darf man das dem Thomas Mann nicht zum Vorwurf machen, daß er nicht ein Mann wie unser Bassermann ist. Das wäre sehr, sehr ungerecht. Und ungerecht sein, liebe Kinder, soll man nicht und nie. Daß wir in diesen grauen Tagen einen großen deutschen Dichter zu wenig haben, einen, der sich nicht hätte rufen lassen, sondern der ungerufen, vom Nachhauserennen noch ganz außer Atem, zwischen uns getreten wäre –, daß wir diesen Mann nicht haben, dürfen wir dem anderen, dem Thomas Mann nicht übelnehmen. Er wird und soll in Amerika bleiben. Zum Ersatz-Mann wäre er wahrhaftig zu schade.»

Dieser Angriff, durch die Schmeicheleien Erich Kästners nur flüchtig getarnt, erschien am 14. Januar 1946. Der Artikel wurde voller Genugtuung in vielen deutschen Zeitungen nachgedruckt. Die Germanistin Anna Jacobson vom Hunter College in New York war harmlos genug, das Stück als eine Verteidigung Thomas Manns zu empfinden, der von der Publikation erst im frühen Sommer durch die Tochter Erika erfuhr. Die Satire mag ihn um so tiefer gekränkt haben, da er Erich Kästner wahrhaftig keine nazistischen Anfälligkeiten nachsagen konnte: der Poet und Journalist war ein militanter Feind der deutschen Rechten, und er hatte lange vor 1933 mit hartem Hohn vor der heraufziehenden Gefahr gewarnt. Trotzdem war er im Februar 1933, nach der «Machtergreifung», aus der Schweiz nach Deutschland zurückgeeilt. Er hatte mit eigenen Augen angesehen, wie seine Bücher von den braunen Studentenhorden ins Feuer der Scheiterhaufen geworfen wurden. Danach hatte er sich mühsam mit Publikationen unpolitischer Art für die Schweizer Presse – meist unter anderem Namen – und durch Filmdrehbücher über Wasser gehalten, bis ihm schließlich 1942 ein totales Schreibverbot auferlegt wurde.

Thomas Mann, der sich durch Ironie, die sich gegen ihn selbst wandte, stets aufs äußerste gereizt fühlte, gab der gutmütigen Miss Jacobson barschen Bescheid. Kästners Artikel, sagte er, sei «das Unverschämteste, was die Deutschen sich gegen mich geleistet haben, und ein klassisches Stück sächsischer ‹Heemdicke›. ‹Nach D. kehre ich nicht zurück›, schrieb mir die liebe Annette Kolb im Jahre 33. Es ist bei uns ein geflügeltes Wort geworden.» Übrigens hielt ihn sein Ärger nicht davon ab, sich ein Jahr später für Kästners untadelige Haltung zu verbürgen und dem Kollegen, als einem der ersten Schriftsteller des besiegten Deutschland, den Weg in den Internationalen PEN-Club zu öffnen. So gebot es die Klugheit – doch vergeben hat er ihm jenen Artikel nie.

Anders als Kästner zögerten die kompromittierten Kollegen kaum, mit demütigen Bitten oder arroganten Forderungen an seine Tür zu klopfen. Hans Friedrich Blunck, Präsident der «Reichsschrifttumskammer», suchte sich mit langen Briefen und Memoranden vor ihm zu rechtfertigen. Ihn wies er mit einer heftigen Philippika zurück, bei der ihm der Ärger manch verstörende Generalisierung aufdrängte. Er habe nicht die «Macht, zu binden, zu lösen», sagte er: «Es suche jeder allein mit seinem Gewissen fertig zu

werden.» Man könne nur «den Blick gen Himmel wenden und
sprechen: ‹Ja, du allmächtiger Gott!› ist denn soviel Blindheit möglich, ein solcher Mangel an Blick und Gefühl für die Scheußlichkeit,
die im Gange war, einem geistigen Menschen erlaubt? (...) Nur der
deutsche Schriftsteller wußte es nicht. Er hatte es gut, er durfte ein
reiner Tor sein und ein stumpfes Gemüt, ohne moralische Reizbarkeit, ohne jede Fähigkeit zum Abscheu, zum Zorn, zum Grauen vor
dem durch und durch infamen Teufelsdreck, der der Nationalsozialismus für jedes anständige Herz vom ersten Tage an war.» Den
«Kummer und die Scham über das entsetzliche, herz- und hirnlose
Versagen der deutschen Intelligenz» werde ihm niemand ausreden:
«Sie wird viel *Großes* leisten müssen, um *das* in Vergessenheit zu
bringen. Möge Gott ihr die Kraft und innere Freiheit dazu geben!
Das ist ein allgemeiner und zugleich ein ganz persönlicher Wunsch
für Ihr Werk und Lebensglück.»

Am gleichen Tage, an dem er Blunck eine so herbe Abfuhr erteilte, schrieb er an Wilhelm Emanuel Süskind, den Jugendfreund
von Erika und Klaus, mit mühsam gezähmtem Grimm: «So sollen
denn auch Sie einen ‹leibhaftigen› Brief haben zum Dank für Ihre
beiden arg anhänglichen – ob noch anhänglich oder wieder anhänglich, das weiß Gott allein, ich stelle es dahin, und beides soll mir
recht sein, also arg anhänglich jedenfalls. Der Kerstin Strindberg
sollen Sie eines Tages den Auftrag gegeben haben, mir auszurichten,
ich solle mich ‹was schämen›. Sie ist damit nach England gefahren
und hat es dort als deutsch-charakteristische Äußerung an die
Presse gegeben. Gehört das zu den Mißverständnissen und Verleumdungen, von denen Sie sprechen? Ich glaube kaum. Ich glaube,
wenn Hitler gesiegt hätte, würden Sie heute noch so denken. Gottlob hat er nicht gesiegt, und nun denken Sie also nicht mehr so. Daß
Sie es nicht mehr tun, ist nicht das Letzte an der ganzen Geschichte,
worüber ich mich freue.»

Für einen Augenblick hielt er ein und fragte: «Mißverständnisse
und üble Nachrede? Ach, das ist es nicht so sehr. Die Verständi-
gungsschwierigkeiten kommen aus der Verschiedenheit des Erlebens, des Standpunktes während der 12 Jahre, der perspektivischen
Gewohnheiten, des Gefühls. Ich meine weniger den Choc des Exils,
den Verlust von Heim und Habe, des deutschen Lesepublikums

und all das durch eine prononcierte Haltung selbst Verschuldete, dem ihr mit Gemütsruhe oder mißbilligend – *uns* mißbilligend – zusaht. Ich meine Schrecknisse wie den Verlust von Wien, die qualvolle Schande von München, 1938, mit der die Geschichte Europas ihren tiefsten Punkt erreichte, und gewisse Zeiten um 1940, als wir allem Anschein nach den Krieg verloren – worauf ihr zu Hause Gebliebenen es doch mindestens in aller Ruhe ankommen ließet.»

Er setzte seufzend hinzu: «Man hat sich recht sehr ‹auseinander gelebt›, finden Sie nicht? In gewissem Sinn seid ihr in Deutschland Sitzengebliebenen uns allen, mit wenigen klaren und deutlichen Ausnahmen, die wirklich eine ‹innere Emigration› bildeten, wie die alte Huch und der alte Meinicke» – er sprach von dem großen Historiker Friedrich Meinecke – «wildfremd und unverständlich geworden.»

Süskind, unterdessen Redakteur der «Süddeutschen Zeitung» geworden, hatte 1933 die Verantwortung für die Zeitschrift «Die Literatur» übernommen, die einer Anpassung an das Regime nicht entging. In jenem Jahr – man erinnert sich – hatte er Klaus Mann die Rückkehr ins nazistische Reich nahegelegt. Während des Krieges schließlich hatte er – gewiß nicht aus freien Stücken – im besetzten Polen als Feuilletonchef der «Krakauer Zeitung» amtiert, unter den Augen des Generalgouverneurs Hans Frank, in dessen Herrschaftsbereich die Vernichtung von Millionen Menschen exekutiert wurde. Er versicherte später, daß er über keinen Einblick in die Politik des Statthalters verfügt habe, und behauptete sogar, daß Frank nach seiner Einsicht bestrebt gewesen sei, ein Regime des Wohlwollens gegenüber seinen polnischen Untertanen zu etablieren. Es ist kaum denkbar, daß nicht wenigstens Gerüchte über die Todesfabrik von Auschwitz, das nur fünfzig Kilometer von Krakau entfernt liegt, in seine Redaktionsstube gedrungen sind. Nun mußte er sich von dem Dichter fragen lassen: «Was ist das alles? Verbesserung des Gewissens? Künstliche, gewollte Unwissenheit? Bequemlichkeit, Stumpfheit, oder was? Habt ihr denn kein Gefühl, keine moralische Reizbarkeit, keine Fähigkeit zum Abscheu, zum Zorn, zum Grauen? Und keine Spur von Vorhersicht?»

Schlimmer konnte Süskind, der in seinen späteren Tagen selber zu einem hochmütig näselnden Moralismus neigte, kaum gebeutelt werden. Es half wenig, daß Thomas Mann mit einer milderen Note schloß: «Ich tauge gar nicht zum starren Sittenrichter, bin eigentlich der Letzte, einen Stein aufzuheben und tue mir nichts darauf zugute, daß ich gnädig geführt wurde. Auch freut es mich ja, daß Ihnen an unserer freundlichen Gesinnung gelegen ist. Sie ist da, sie ist vorhanden, seien Sie darüber beruhigt! Niemand von uns wünscht Ihnen Böses. Ich persönlich habe Sie immer für einen fein begabten Menschen gehalten und bleibe Ihnen dankbar dafür, daß Sie mehrmals Ihre reizvolle literarische Intelligenz in den Dienst meiner Arbeit stellten, sogar noch nachdem Hitler ‹die Weimarer Verfassung beschworen› hatte! An Ihrem Freund Klaus haben Sie, glaube ich, direkt oder indirekt weniger nett gehandelt.»

Golo Mann, der im Dezember 1945 nach Nürnberg geschickt wurde, um für den Frankfurter Sender über den Kriegsverbrecherprozeß zu berichten, schrieb an die Eltern: «Süskind saß hinter mir, und er tippte plötzlich an meine Schulter: ‹Du willst mich wohl nicht mehr erkennen?› Später sagte er, um sich nett und versöhnlich zu zeigen: ‹Die Leute vergessen meistens, daß Dein Vater nicht wirklich emigriert ist. Er befand sich lediglich außerhalb Deutschlands, als diese Dinge passiert sind!› Er glaubte, daß ich dies wirklich hören wollte, denn er legte Wert darauf, daß ich zwischen ihm und Erika vermittle! Aber, worüber könnten wir mit Leuten dieser Art diskutieren!» Klaus bewies nicht die gleiche Härte, als er sich ein Jahr später bei Süskind für einen Geburtstagsgruß bedankte. Allerdings war auch er nicht bereit, die bitteren Erfahrungen beiseite zu räumen: «Entfremdet sind wir uns einmal, ich kanns nicht ändern, die Läufte und unsere Charaktere haben es so mit sich gebracht», schrieb er in guter Aufrichtigkeit: «Wir wissen ja beide, wie alles zusammenhängt, und wie sichs fügte und entwickelte; aber ein Abgrund bleibt es eben doch. Erinnerungen sind wehmütig und schön, schaffen aber doch den Abgrund nicht aus der Welt.»

In seiner Antwort an den Vater schien sich Süskind aufs heftigste über den «Hagel moralischer Ohrfeigen» und über den Ton zu beklagen, mit dem er «wie ein Schuljunge» zusammengestaucht worden sei. Thomas Mann gab sich überrascht. Er meinte, sein Brief habe – wie jener an Walter von Molo – «eigentlich ganz herzliche Dinge» enthalten. Dennoch stimmten ihn Süskinds Darlegungen zu

einer Art resignierten, vielleicht auch nur wurschtigen Versöhnlichkeit: «Aber genug, und keine neue Polemik!» gebot er sich selbst.
Er setzte hinzu: «Deutschlands Schicksal, sein Elend aber geht mir
näher, als meine Tadler glauben; es täte das auch dann, wenn es
nicht in dem Roman, den ich jetzt beende, eine so durchwaltende
Rolle spielte». Ähnlich wie in seinem milden Brief an den alten Gefährten Emil Preetorius begnügte er sich nun mit der Feststellung:
«Wir draußen und ihr drinnen, wir haben beide eine wohl etwas
krankhafte Sensitivität in Dingen dieses Dritten Reiches. Genug!»
Der Grimm jener Jahre hielt ihn nicht davon ab, Süskind im Oktober 1948 mit einem geradezu überschwenglichen Schreiben für
seine Rezension der «Lotte» zu danken: «Selten oder nie, scheint
mir, ist so Zartes, Feines, Schönes und Verständiges über das Buch
gesagt worden», in dem er «Goethe gespielt» habe, wie er als Junge
Griechengötter und Prinzen spielte.

Sein Vorsatz, sich künftig jedes Urteils über die «drinnen» mit
verachtungsvoller und zugleich melancholischer Freundlichkeit zu
enthalten, wurde immer aufs neue bedroht. Im März 1947 schickte
ihm die Redaktion des «Aufbaus» die Aufzeichnungen, mit denen
sich Wilhelm Furtwängler vor einer deutschen Spruchkammer gegen den Vorwurf der Kollaboration verteidigt hatte. Thomas Mann
setzte eine Antwort für das New Yorker Blatt auf, die von einer
rasch durchschaubaren Ironie diktiert war. Zwar konzedierte Thomas Mann dem Musiker – den er in seinen privaten Aufzeichnungen
gern «*Furcht*wängler» nannte –, daß er in seiner Rechtfertigung
«zum großen Teil mit unanfechtbaren, Achtung gebietenden Fakten» arbeite und daß sie «den Verfasser vom Vorwurf des Mangels
an Mut und gutem Willen völlig entlaste»: «Es ist gar kein Zweifel –
und war mir auch vor dieser Lektüre nie zweifelhaft, daß Furtwängler sich im Rahmen des in einem Terrorstaat Möglichen wie ein
Mann benommen, große Opfer gebracht, Vielen geholfen hat und
in seiner Opposition gegen die Kunstpolitik des Regimes bis an die
genaue Grenze dessen gegangen ist, was er sich in seiner Stellung
(…) irgend erlauben konnte. Die Bezichtigung, er sei ein Nazi gewesen, ist als falsch erwiesen, im technischen, inquisitiven Sinne
steht er gereinigt da, und ich muß gestehen, es ist mir eine Wohltat,
zu wissen, daß dieser hervorragende Musiker nun bald in allen vier

Zonen Deutschlands seine Interpretationskunst wieder frei wird üben können.»

Der Dirigent – wäre ihm jene Antwort unter die Augen gekommen – hätte solcher Freundlichkeit nicht über den Weg trauen dürfen. Thomas Mann fuhr deutlicher fort: Furtwängler sei bei seiner Absolution durch die Entnazifizierungskammer «als Märtyrer gefeiert worden und mit Recht; denn er hat gelitten und gerungen, hat sich unter unendlichen Schwierigkeiten, halben und ganzen Zugeständnissen, abwechselnd mit trotzigen Verweigerungen, immer am Rande des K.Z., zwischen den Klippen und Schlünden, den Fallen und Fangeisen der nationalsozialistischen Kulturpolitik hindurchgewunden, und was man feierte, war im vollsten Sinne des Wortes seine *Unschuld*, das heißt: sein Glaube und Unglaube, seine Unwissenheit, sein völliges Nichtverstehen und Nichtverstehen-Wollen dessen, was in Deutschland ‹die Macht ergriffen› hatte, seine verblendete Meinung, man könne unter dieser Macht in Deutschland Kultur treiben, die kindliche Überschätzung seiner eigenen Macht, gegen den blutigen Banausen-Bolschewismus, der da Allmacht geworden war, ‹für das deutsche Volk etwas zu tun.› Aus jeder Zeile seines Exposés geht diese tragische Ahnungslosigkeit, diese Unfähigkeit, das Wesen des Nationalsozialismus zu begreifen, zu lesen, was dieser Brut auf der Stirn geschrieben stand, klar hervor.» Er setzte hinzu: «Aber Furtwängler, auf nichts als die Reinerhaltung des Konzertlebens bedacht, glaubt, es sei etwas getan, wenn er die jüdischen Mitglieder seines Orchesters solange schützt und deckt, ...»

Nach einem Gespräch mit Katia zog er es vor, den Artikel als «völlig zwecklos u. unwürdig» aufzugeben. Dem Redakteur Manfred George schrieb er, aus «Furtwänglers Schriftsatz, wie aus so vielen anderen Dokumenten», gehe wieder hervor, «welch ein Abgrund zwischen unserem Erlebnis und dem der in Deutschland Zurückgebliebenen klafft. Eine Verständigung ist über diesen Abgrund hinweg völlig unmöglich, und ich habe mich, wenn auch anfangs ungläubig, mehr und mehr davon überzeugen müssen, daß auch meine Äußerungen während des Krieges und nachher in Deutschland nur als ein unwissendes Gerede empfunden worden sind, das an das Erlebnis der Deutschen in keiner Weise heranreicht». Aus zuverlässiger Quelle wisse er, daß sein Brief nach Bonn, der «überall als eine Art von Ehrenrettung für den deutschen Geist und die deutsche Würde» empfunden worden sei, dem Philosophen Karl Jaspers «*wehe getan*» habe.

In der Korrespondenz zwischen Jaspers – Golo Manns bewundertem Lehrer – und seiner Schülerin Hannah Arendt findet sich dafür kein Anhaltspunkt. Der Philosoph bemerkte allerdings schon im Dezember 1945 kritisch: «Ob es in Deutschland notwendig wird, von Thomas Mann als Ethiker und Politiker Abstand zu nehmen, ist eine Frage, die mich bedrückt. Ich schätze ihn als Schriftsteller und Romancier so hoch, daß ich nicht gern gegen ihn etwas sagen möchte. Wenn aber hier die Verwirrung durch ihn nicht behoben wird, muß man gegen solche Angriffe und solches Verhalten – da er ein Deutscher ist und als Deutscher redet – ein Wort finden. Das müßte, wenn es Sinn haben soll, gründlich sein. Man müßte bis auf die Schrift von 1915 über Friedrich den Großen (die mich damals ebenso quälte, wie seine jetzigen Auslassungen) zurückgehen.»

Jaspers verzichtete schließlich auf eine öffentliche Auseinandersetzung, auch aus Rücksicht auf Thomas Manns Krankheit im Frühjahr 1946, von der die Kunde rasch nach Deutschland gedrungen war. Er schrieb Hannah Arendt nach New York: «Der Mann ist als Schriftsteller zu gewichtig, um ihm überflüssigerweise eine Kränkung zuzufügen. Sein eigenes Leid als Emigrant ist zu respektieren, und er tut uns ja nichts Böses.» Sein kritisches Urteil über die Persönlichkeit des Dichters revidierte er nicht. Seinen einstigen Studenten Golo schildernd, bemerkte er: «Er ist borstig, schüchtern, bissig und unglücklich, aber immer anständig. Er hat Begabungen von seinem Vater geerbt, aber ist als Charakter viel mehr als der Vater.»

97. KAPITEL

Im Schatten der Krankheit

Die tägliche Mühsal mit dem «Doktor Faustus», die er mit besessen-grimmiger Lust und zugleich als eine Art Sühneopfer auf sich nahm, hatte ihn immer tiefer in die Dunkelheiten der «Deutschheit» getrieben. Die Handlung des Romans drängte in allen Ansätzen und Linien der Katastrophe entgegen. Zum Jahresende 1945 hatte Thomas Mann das dreiunddreißigste Kapitel zu Ende gebracht, in dem der Chronist Serenus Zeitblom die latente Homosexualität des Freundes Adrian Leverkühn klarer zutage treten ließ, als er es zuvor gewagt hatte, von seinem Konkurrenten Rudi Schwerdtfeger gleichsam herausgefordert: der Geiger wußte, wie er unter Schmerzen vermerkte, den «leidenden, reduzierten und, wie er wohl meinte, gewissermaßen hilflosen Zustand» des Tonsetzers zu nutzen, um seine «Sprödigkeit, Kühle, ironische Abweisung zu überwinden». Mit insistenter Gekränktheit betonte Zeitblom «Rudolfs Flirt-Natur», in der die Vertrauten aus den Tagen der Münchner Jugend Thomas Manns – es wurde erwähnt – ohne Schwierigkeit das flirrende Temperament des Maler-Musikers Paul Ehrenberg mit seiner «absolut naiven, kindischen, ja koboldhaften Dämonie» erkannten, samt dem «Widerschein», der «zuweilen aus seinen so sehr hübschen blauen Augen» zu lachen schien.

Doch im Schutz des Dämmerlichtes, in dem Adrian bei den Anfällen rasender Kopfschmerzen verharrte, gestand ihm Rudolf sein beschwerendes Verhältnis zu Ines Rodde, verehelichter Institoris. Er sprach in diesem Zusammenhang, ein wenig verräterisch, von dem «unerfreulichen Übergewicht der Frau in der Liebe, so, daß er sagen müsse, Ines gehe mit seiner Person, seinem Körper um, wie eigentlich und richtigerweise der Mann umgehe mit dem einer Frau». Schmeichelnd sagte er dem Komponisten, man «beurteile ihn meistens falsch: er führe viel lieber ein ernstes, ihn hebendes und förderndes Gespräch mit einem (…) Mann, als daß er bei Weibern liege; ja, wenn er sich selber charakterisieren solle, so glaube er nach genauer Prüfung am besten zu tun, sich eine platonische Natur zu nennen». Seine Wünsche wurden erfüllt – und nicht nur seine musikalischen. Zeitblom durfte von einem «kecken Anschlag der Zutraulichkeit auf die Einsamkeit» sprechen, und er mußte ihm ein «schwermutsvolles Gelingen» zubilligen, doch er deutete düster an, daß sich «auf die Dauer (…) die Wehrlosigkeit der Einsamkeit gegen solche Werbung, allerdings zu des Werbers Verderben» erweisen würde.

Adrian aber, dem die Schmerzen zusetzten «wie Johanni Martyr im Ölkessel», trachtete danach – ehe er sich dem geistreichen Zeitvertrieb des Violinkonzertes für Rudi überließ –, einen kompositorischen Ausdruck für die höllischen Szenen seines Leidens zu finden, bei denen er im «Hintergrund (…) die Türme, Spitzerker und Giebel von Kaisersaschern» zu sehen meinte. Zeitblom korrigierte ihn im stillen – er rede in Wirklichkeit vom mittelalterlichen Stadtbild Nürnbergs, genauer: von Dürers Holzschnitten zur Apokalypse.

Die Dämonie der deutschen Gotik hatte ihn eingeholt – und zugleich des Dichters chronisches Hauptmotiv, das ihn seit einem halben Jahrhundert gefangenhielt: sein Grundthema «Genie und Krankheit», von dem sein Leben und sein Werk unerbittlich bestimmt waren. «Hatte ich nicht recht, zu sagen, daß die depressiven und produktiv gehobenen Zustände des Künstlers, Krankheit und Gesundheit, keineswegs scharf getrennt gegeneinander stehen? Daß vielmehr in der Krankheit, und gleichsam unter ihrem Schutz, Elemente der Gesundheit am Werke sind und solche der Krankheit geniewirkend in die Gesundheit hinübergetragen werden? Es ist nicht anders (…): Genie ist eine in der Krankheit tief erfahrene, aus ihr schöpfende und durch sie schöpferische Form der Lebenskraft.» Er hatte keinen langen Anlauf gebraucht, sich dem Thema noch einmal zu nähern, vorbereitet durch die erneute Lektüre der Romane und Erzählungen Dostojewskijs. Thomas Mann hatte den Auftrag übernommen, die Einleitung für eine amerikanische Auswahl der Werke des großen Russen zu schreiben (eine Pflicht, der er im Sommer des Jahres 1945 nachgekommen war). Natürlich konnte er auch dieses Mal nicht der Einladung widerstehen, das «tiefe, verbrecherische Heiligenantlitz Dostojewski's» zu beschwören, und er wies, wie zuvor, auf die eigene Scheu, «eine tiefe, mystische zum Schweigen anhaltende Scheu (…) vor der religiösen Größe der Verfluchten, vor dem Genie als Krankheit und der Krankheit als Genie, vor dem Typus des Heimgesuchten und Besessenen, in welchem der Heilige und der Verbrecher *eines* werden…»

In Wahrheit hatte er seine respektvolle Reserve noch stets zu überwinden vermocht, und sie hinderte ihn auch jetzt nicht daran, die amerikanischen Leser auf das fragwürdige Geständnis Dostojewskijs aufmerksam zu machen, in dem sich der Dichter – es war in einem Gespräch mit Turgenjew – selbst bezichtigte, er habe sich des gleichen Verbrechens wie Stawrogin in den «Dämonen» schuldig gemacht: nämlich der Schändung eines kleinen Mädchens. Am Ende zitierte Thomas Mann die Warnung eines Freundes: wenn er sich auf Dostojewski einlasse, werde er ein Buch über ihn schreiben. Davor habe er sich gehütet. Doch er verdankte dem Einwurf den Titel seines Essays: «Dostojewski – mit Maßen». Vermutlich wußte jener Warner nicht, daß Thomas Mann im Begriff war, einen Roman über das andere kranke Genie zu schreiben, das ihm die Formel vom «bleichen Verbrecher» vermittelt hatte: Friedrich Nietzsche alias Adrian Leverkühn alias Doktor Faustus.

Bevor er – im vierunddreißigsten Kapitel des Romans – mit der «Konzeption des apokalyptischen Oratoriums» beginnen konnte, suchte er ein weiteres Mal den Rat Theodor W. Adornos, dem er nun, mit einigem Zagen, die bisher niedergeschriebenen Teile des Buches zur Lektüre anvertraute. Vorsicht und eine gewisse Furchtsamkeit geboten ihm, dem Partner, der ihm so geduldig mit seinem stupenden Wissen diente, einen erklärenden Brief hinterherzuschicken, der eine Apologie der Aneignungstechnik war, die er ein wenig verlegen als sein «Prinzip der *Montage*» umschrieb. Allerdings fügte er sofort hinzu, es ziehe sich «eigentümlich und vielleicht anstößig genug» durch das ganze Buch: «vollkommen eingeständlich, ohne ein Hehl aus sich zu machen. Es wurde mir noch neulich wieder auf halb amüsante, halb unheimliche Weise auffällig, als ich eine Krankheitskrise des Helden zu charakterisieren hatte und dabei die Symptome Nietzsche's, wie sie in seinen Briefen vorkommen, nebst den vorgeschriebenen Speisezetteln etc. wörtlich und genau ins Buch aufnahm, sie, jedem kenntlich sozusagen aufklebte.»

Auf Elemente späterer Kapitel verweisend, die noch gar nicht geschrieben waren, sprach er vom «unverfrorenen Diebstahl-Charakter der Übernahme». Er fuhr fort, timider, als er sich gegenüber Dritten ausdrückte: «Die Berufung auf das Molière'sche ‹Je prends mon bien où je le trouve› scheint mir selber nicht recht ausreichend zu sein zur Entschuldigung dieses Gebarens. Man könnte von einer *Alters*neigung sprechen, das Leben als Kulturprodukt und in Gestalt mythischer Klischees zu sehen, die man der ‹selbständigen› Erfindung in verkalkter Würde vorzieht.»

Er wußte wohl, daß ihn die hochgreifende Tarnformel der «mythischen Klischees» in diesem Fall nicht völlig rechtfertigen konnte, nicht jetzt und auch nicht später, als er in der «Entstehung» auf eine allgemeine Neigung verwies, «alles Leben als Kulturprodukt und in Gestalt mythischer Klischees zu sehen und das Zitat der ‹selbständigen› Erfindung vorzuziehen». Davon zeige der «Faustus» so manche Spur.

Mit dieser Interpretation seines Verfahrens war es, wenn er Adornos guten Willen erneut mobilisieren wollte, nicht getan. Also nahm er einen neuen Anlauf, um das große Geständnis zu wagen: «Schwieriger, um nicht zu sagen: skandalöser liegt der Fall, wenn es sich bei der Aneignung um Materialien handelt, *die selbst schon Geist sind*, also um eine wirkliche literarische Anleihe, getätigt mit der Miene, als sei das Aufgeschnappte gerade gut genug, der eigenen Ideen-Komposition zu dienen. Mit Recht vermuten Sie, daß ich hier die dreisten – und hoffentlich nicht auch noch völlig tölpelhaften – Griffe in gewisse Partien Ihrer musikphilosophischen Schriften im Sinne habe, die gar sehr der Entschuldigung bedürfen, besonders da der Leser sie vorhanden nicht feststellen kann, ohne daß doch, um der Illusion willen, eine rechte Möglichkeit gegeben wäre, ihn auf sie hinzuweisen. (Fußbemerkung: ‹Dies stammt von Adorno-Wiesengrund›? Das geht nicht).»

Nein, das ging wirklich nicht, auch wenn er sich dabei, wie sonst üblich, den zweiten, jüdisch-lyrischen Namen des Beraters erspart hätte. Aber warum fiel es ihm nicht ein, daß er den Roman mit einem Vorwort oder einer Schlußbemerkung versehen könnte, wie er sie dann später eingefügt hat – allerdings, um den aufgebrachten Schönberg zu beruhigen? Adorno, der wichtigere Geburtshelfer, blieb (zunächst noch) unerwähnt.

Er schrieb weiter: sein Verhältnis zur Musik habe «einigen Ruf», und er habe sich immer «auf das literarische Musizieren verstanden», ja sich halb und halb «als Musiker gefühlt» und «die musikalische Gewebe-Technik auf den Roman übertragen»: «Aber um einen Musiker-Roman zu schreiben, der zuweilen sogar den Ehrgeiz andeutet (...) zum Roman der Musik zu werden –, dazu gehört mehr als ‹Initiiertheit›, nämlich *Studiertheit*, die mir ganz einfach abgeht.» Mit genau kalkulierter Offenheit (von der er eine entwaffnende Wirkung erwartete) fügte er hinzu, daß er von Anfang an dazu entschlossen gewesen sei, «in einem Buch, das ohnehin zum Prinzip der Montage neigt, vor keiner Anlehnung, keinem Hilfsgriff in fremdes Gut zurückzuschrecken: vertrauend, daß das Ergriffene, Abgelernte sehr wohl innerhalb der Komposition eine selbständige Funktion, ein symbolisches Eigenleben gewinnen könne – und dabei an seinem ursprünglichen kritischen Ort *unberührt bestehen bleibe*. Ich wollte, Sie könnten diese Auffassung teilen. – Tatsächlich haben Sie mir, dessen musikalische Bildung kaum über die Spät-Romantik hinausgelangt ist, den Begriff von modernster Musik gegeben, dessen ich für ein Buch bedurfte.»

Er bat, und er schmeichelte: «Sache Ihrer Gefälligkeit ist es nun, korrigierend einzugreifen, wo diese der Illusion und Komposition dienenden Exaktheiten (die ich nicht ganz ausschließlich Ihnen verdanke) schief, mißverständlich und das Gelächter des Fachmannes erregend herauskommen. *Eine* Stelle ist fachmännisch ausgeprobt. Ich habe Bruno Walter die Abschnitte über opus 111 vorgelesen. Er war *begeistert*. ‹Nun, das ist großartig! Nie ist Besseres über Beethoven gesagt worden! Ich habe keine Ahnung gehabt, daß Sie so in ihn eingedrungen seien!›»

Niemals schien ihn die Erwägung zu berühren, daß sich sein lokkerer Begriff vom geistigen Eigentum den unschuldigen Lesern und den diskreten Mitarbeitern liebenswürdiger darbieten würde, wenn er die Anleihen und die Früchte der Kooperation nicht als seine eigenen Errungenschaften durch die Welt trüge, sondern die Merkwürdigkeit der Aneignung wenigstens mit jener gedämpften Aufrichtigkeit erklärte, zu der er sich später – nicht ganz freiwillig – in seinem Bericht über die «Entstehung des Doktor Faustus» veranlaßt sah. In jener Rechenschaft sprach er dann verschämt, auch ein wenig unverschämt, von seinen «‹bedenklich-unbedenklichen› Griffen» in die Musikphilosophie des Gelehrten.

Seine Epistel an Adorno, die schließlich zehn handgeschriebene Seiten füllte, diente in erster Linie natürlich nicht der Apologie, sondern der Notwendigkeit, die Mitarbeit des komponierenden Philosophen auch für das apokalyptische Oratorium Adrian Leverkühns zu gewinnen. Er fragte, wie er, Adorno, es machen würde, wenn er «im Pakt mit dem Teufel» stünde: «Mir schwebt etwas Satanisch-Religiöses, Dämonisch-Frommes, zugleich Streng-Gebundenes und verbrecherisch Wirkendes, oft die Kunst Verhöhnendes vor, auch etwas aufs Primitiv-Elementare Zurückgreifendes (…), die Takt-Einteilung, ja die Tonordnung Aufgebendes (Posaunenglissandi); ferner etwas praktisch kaum Exekutierbares: alte Kirchentonarten, A-capella-Chöre, die in untemperierter Stimmung gesungen werden müssen, sodaß kaum ein Ton oder Intervall auf dem Klavier überhaupt vorkommt etc. Aber ‹etc.› ist leicht gesagt.»

Er hätte dies alles auch mündlich vorbringen können, bemerkte er zum Schluß. Dann wagte er einen virtuosen Überschlag: «Aber es hat auch wieder sein Schickliches und mich Beruhigendes, daß Sie es Schwarz auf Weiß in Händen haben. Unserm Gespräch, nächstens, mag es vorarbeiten, und gibt es eine Nachwelt, so ist es etwas für sie.» So lockte er den Partner nicht nur mit künftigem Ruhm, sondern spielte ironisch mit der Möglichkeit, bei seiner Art von Hochstaplertum schließlich ertappt zu werden – wenigstens nach seinem Tod. Das Aperçu wirft überdies ein Licht auf den Autor des Tagebuchs, von dem er so viele und so wichtige Bände dem Feuer überantwortet hatte: die Furcht vor der Preisgabe seiner großen und kleinen Lebensgeheimnisse schien stets im Widerstreit mit der verborgenen Lust an einer Selbstentblößung zu liegen, die allerdings erst postum stattfinden sollte.

Adorno und seine Frau gaben nach der Lektüre des Manuskriptes den erhofften Enthusiasmus zu erkennen. Kritische Hinweise, die der alerte Gehilfe nicht versäumte, wurden von Thomas Mann getreulich notiert. Adorno riet vor allem davon ab, bei der Komposition des Oratoriums nur den vierzehn Blättern von Dürers Apokalypse zu folgen. Wir «kamen überein», berichtete Thomas Mann in der «Entstehung», «daß der innere Raum des Werkes möglichst ins allgemein Eschatologische erweitert werden, möglichst die ganze ‹apokalyptische Kultur› aufnehmen und als eine Art von Résumé aller Verkündigungen des Endes dargestellt werden müsse». Also vertiefte er sich in die Berichte von den Ekstasen der Mechthild von Magdeburg und der Hildegard von Bingen, in die «Historia Ecclesiastica gentis Anglorum», die alttestamentarischen Prophetien des Babylonischen Exils, die Lamentationen des Hesekiel – weiß der Himmel, was noch.

Der Anreger Adorno aber demonstrierte sein Engagement mit eindrucksvoller Unermüdlichkeit. Denn doch ein wenig betreten merkte Thomas Mann in der «Entstehung» an, seine Aufzeichnungen würden «sehr unvollständig» sein, wenn er darüber hinweggginge, wie getreulich und eifrig Adorno sein Wort gehalten habe. In den folgenden Wochen sei er wiederholt «mit Notizbuch und Stift» bei ihm gewesen, und er habe «fliegend, in Stichworten, Verbesserungen und Präzisierungen für frühere musikalische Darstellungen und charakterisierende Einzelheiten» aufgenommen, «die er sich für das Oratorium zurechtgelegt hatte». – Es waren wohl nicht nur Details, wie sich aus dem nächsten Paragraphen ergab: «Vollkommen vertraut mit den Absichten des Ganzen und denen dieses besonderen Stückes, zielte er mit seinen Anregungen und Vorschlägen genau auf das Wesentliche, nämlich: das Werk dem Vorwurf des blutigen Barbarismus sowohl wie dem des blutlosen Intellektualismus bloßzustellen.»

In einer langen Passage der «Entstehung», die vor der Drucklegung gestrichen wurde – wohl einer Intervention der Tochter Erika gehorchend, die den Berater nicht so gefeiert sehen wollte –, fuhr er mit bemerkenswerter Exaktheit fort, Adorno habe es «vorzüglich mit Vorstellungen wie der Entwicklung der Chöre aus Flüstern, geteiltem Sprechen und Halbsingen zu reichster Vokal-Polyphonie» getroffen; ebenso «mit Klangvertauschung des Vokal- und des Instrumentalparts, der ‹Verrückung der Grenze zwischen Mensch und Ding›, der Idee, den Part der babylonischen Hure einem höchst graziösen Koloratur-Sopran zu übertragen und ‹seine virtuosen Läufe mit flötenhafter Wirkung in den Orchesterklang eingehen› zu lassen, andererseits gewissen Instrumenten den Klangcharakter einer grotesken vox humana zu verleihen. (...) Der sinnreichste und bestangepaßte tip, den er mir gab, war die substanzielle Identität des Höllengelächters mit dem Engelskinderchor, deren bewegte Darstellung ich für den Kapitelschluß aufsparte. Es war so, daß ich zuerst das flüchtig Aufgenommene zu Hause ‹befestigte›, das heißt: in bestimmterer Ausführlichkeit niederschrieb, – und dann blieb mir nichts zu tun, als das Gegebene kompositionell zu ordnen, auszuformen, sozusagen in Verse zu bringen, will sagen: es den guten Serenus recht aus voller Brust, schwer atmend, in Entsetzen und Liebe vortragen zu lassen.»

Dies hieß, in klaren Worten, daß Adornos Anteil an der musikalischen Konzeption gewiß so groß wie sein eigener war – vermutlich größer. Den verzückten Zuruf von Brigitte Bermann Fischer, den er in den folgenden Monaten und Jahren aus so vielen Mündern hören sollte, hatte er nur zum Teil verdient: «daß Sie ein Musikwerk in Worten geschaffen haben, das niemals in Tönen gesetzt wurde und dennoch als Musik so lebendig geworden ist, daß niemand seine Existenz bestreiten könnte». Adorno selbst schätzte Qualität und Quantität seiner Mitwirkung an dem «schöpferischen Prozeß» nicht gering ein, wie er später – von der Dankbarkeit Thomas Manns nicht überwältigt – deutlich bekannte. Es brauchte einen Kopf wie den seinen, um diese Art abstrakten Musizierens gelingen zu lassen, die man mit einem Schachspiel ohne Brett und ohne Figuren vergleichen mag. Immerhin meldete er bei den Gesprächen im Januar 1946 zum erstenmal den Wunsch an, Thomas Mann «möge den Druck seiner musikalischen Schriften betreiben», wie im Tagebuch nüchtern festgestellt wird – zunächst ohne Erfolg, denn die «Philosophie der neuen Musik» erschien erst im Jahre 1949 (und nicht bei S. Fischer, sondern in einem Tübinger Verlag, an den der Dichter, einem dringenden Wunsch des Autors folgend, einen werbenden Brief zu schicken hatte).

Adornos Rat war für die Komposition des Violinkonzertes, das Adrian Leverkühn für Rudi Schwerdtfeger schrieb, genauso unentbehrlich wie für die kammermusikalischen Episoden. Es bedurfte seiner aber vor allem, als das letzte große Werk aufgesetzt wurde: die symphonische Kantate «Doktor Fausti Weheklag». Adornos, des «Wirklichen Geheimen Rates» (wie er nun mit hofierendem Spott genannt wurde), unschätzbare Anregungen und Vorschläge würdigte Thomas Mann mit einer geradezu ungehemmten Aufrichtigkeit in einem Abschnitt der «Entstehung», der später prompt dem Rotstift zum Opfer fiel: «Er war es, der, geistreich genug, aus dem alten Text den zwölfsilbigen Satz vom ‹guten und bösen Christen› herausgriff und mir riet, es zum Generalthema des Variationenwerkes und seiner ‹Ringe› zu machen, – ja, auch das Gleichnis von den konzentrischen Kreisen, die sich um einen ins Wasser geworfenen Stein, einer um den anderen, ins Weite bilden und immer dasselbe sind, stammt von ihm. (…) Wie würde es sich ausnehmen, des armen Fausti Höllenfahrt als Ballet-Musik und Tanz-Furioso zu geben? Gut! sagte ich und notierte den Tip. Sehr war ihm, um die Idee des Durchbruchs aus der Konstruktion zum Ausdruck zu stützen, an dem resümierenden Aufgebot aller ausdruckstragenden Momente der Musik überhaupt gelegen (…). ‹Vorzüglich›, sagte ich. ‹Das ist Adrian ganz.›»

Übrigens beschränkte sich die kritische Mitarbeit des Gelehrten nicht nur auf die musikalischen Aspekte des Buches. Er rügte an der Faust-Komposition die allzu selbstverständliche Entrückung in die Sphäre der Gnade, die seiner eigenen, ganz und gar nicht aufs Religiöse gerichteten Philosophie tief widersprach. Der Dichter beugte sich, partiell, dem Einspruch, und er fand sich schließlich bereit, die Möglichkeit der Rettung und Erlösung behutsamer und diskreter anzudeuten: jene Wendung zur «Transzendenz der Verzweiflung», dem «Wunder, das über den Glauben geht», in der «versartigen Schlußkadenz mit der Sinnverkehrung aus klingender Trauer zum ‹Licht in der Nacht›», von der Thomas Mann selbst sagte, sie sei beinahe in jeder Besprechung des Buches zitiert worden.

Allerdings forderte der Berater nun mit einiger Energie denn doch eine Art von Entlohnung: Da Bermann Fischer für seine musiktheoretischen Schriften offensichtlich keinen Platz in seinem Programm sah, bat er Thomas Mann, sich bei dem Verleger für die Publikation seiner Aphorismen und Reflexionen zu verwenden, die er unter dem Titel «Minima Moralia» gesammelt hatte. Er unterstütze, schrieb der Dichter an Bermann, diesen Wunsch um so lieber, da er dem «musikalischen Gespräch des Autors (er ist auch Musiker und Musikolog) viel Anregung und Förderung danke». Dies war eine zurückhaltende Formulierung. Indes fügte er hinzu, daß er «der radikalen Gesellschaftskritik des Buches, seiner oft spröden und bitteren, aber reinen Geistigkeit, seinen glänzend scharfen Formulierungen die Veröffentlichung durch einen angesehenen Verlag aufrichtig wünsche».

Gottfried Bermann konnte sich mit der «Superklugheit» der Aphorismen nicht befreunden. Zwar deutete er die Möglichkeit eines Vorabdrucks in der «Neuen Rundschau» an (die nicht zustande kam), doch auf eine Buchpublikation wollte er sich nicht verstehen. Thomas Mann drängte nicht allzu sehr. Halbherzig verteidigte er die schwierige Anthologie: es sei zuzugeben, daß ihr «etwas ‹Ätzendes›, Überscharfes, Überintellektuelles», «Unbescheidenes» anhafte. Dadurch könnten die Aphorismen abstoßen: «Aber sie haben doch auch ihr Anziehendes und Imponierendes durch strenge Gescheidtheit und einschneidende Kritik der Epoche, auch oft durch sprachliche Energie».

Adorno hatte ihn freilich auch, um der Veröffentlichung auf die Beine zu helfen, um ein Vorwort zu der Sammlung gebeten. Thomas Mann sträubte sich – und so heftig schien ihn die Dankesschuld nicht zu drücken. Bermann verriet er: «An die Heilswirkung eines Vorwortes von mir glauben ja alle. Sein direkt ausgesprochener Wunsch war mir nicht gerade lieb, denn so nahe steht diese Kritik mir ja wieder nicht, daß es mich drängte, mich essayistisch dafür ins Zeug zu legen. Auch habe ich ihm gesagt, daß der Roman, den ich unbedingt bis Februar-März fertig haben will, all meine Kraft und Aufmerksamkeit beansprucht.» (Die Sammlung erschien schließlich 1951 im Suhrkamp Verlag.)

Die Weigerung kostete Thomas Mann zuletzt mehr als zwei oder drei Seiten einer Einleitung. Später, im Jahre 1948 – der Vorgriff ist notwendig –, beobachtete er bei einer «House warming Party» Eva Herrmanns, daß der «Geheime Rat», der zu lange auf das Essen warten mußte, sich zu einem «hysterischen Ausbruch» habe hinreißen lassen. Er notierte im Journal: «Adorno, in dessen Brust das Bewußtsein der musikalischen Teilhaberschaft am Faustus gährt. Etwas unheimlich.» Am Tage danach schrieb er auf: «Erfuhr, daß Adorno sich schon zu Bibi» – dem Sohn Michael – «über seine Teilhaberschaft triebhaft entladen u. entlastet hat. Überlege Maßnahmen zu seiner Beruhigung.» Fünf Tage später: «Wir hatten zum Abendessen Neumanns und Adornos. (...) Mit Adorno über die Absicht, auch über Faustus eines Tages Autobiographisches zu schreiben, – zu seiner Beruhigung.»

Eine gute Woche danach meldete Arnold Schönberg durch Alma Mahler seinen Wunsch an, in einer neuen Ausgabe des Buches und der amerikanischen Edition möge vermerkt werden, «daß die 12 Ton-Technik sein Geistesgut» sei. «Wie zu machen? Adorno zugleich zu gedenken.» Der gelehrte Komponist hatte sich nicht damit zufriedengegeben, daß er in dem Band, den ihm Thomas Mann ins Haus schickte, durch die pathetisch-schlichte Widmung «Dem Eigentlichen» eine private Huldigung erfuhr. Nicht lange zuvor war Thomas Mann durch einen fingierten Brief aufgeschreckt worden, der einen Artikel aus der (nicht existierenden) «Enzyclopaedia Americana» enthielt, dem er entnehmen durfte, daß Thomas Mann, von Haus aus Musiker, der wahre Erfinder des Zwölftonsystemes gewesen sei; da er es vorgezogen habe, die Karriere eines Schriftstellers zu wählen, habe er es auch schweigend geduldet, «daß ein diebischer Komponist namens Schönberg sich seiner Erfindung bemächtige». Erst im «Doktor Faustus» habe er sein geistig-musikalisches Eigentum eindeutig als solches proklamiert.

Thomas Mann – jeder Ironie verschlossen, sofern sie ihn selbst betraf, auch ein wenig begriffsstutzig – verstand den herben Scherz zunächst nicht. Dann schrieb er mit einiger Beklemmung an Schönberg, das «kuriose Dokument» habe ihn ergriffen, weil es ein Zeichen dafür sei, «mit welchem heiligen Eifer» die «Jünger» des Komponisten «Ruhm und Ehre» ihres Meisters bewahrten: «Aber soviel angestrengte und dabei völlig ins Leere stoßende Bosheit» habe «doch auch wieder ihr Komisches». Jedes «Mohrenkind» wisse, wer der Schöpfer der sogenannten Zwölftontechnik sei, ganz bestimmt wisse es jeder, der ein Buch wie den «Doktor Faustus» in die Hand nehme. Schönbergs Name werde in jeder Besprechung genannt werden. Die ganze Musiktheorie des Buches sei von seinen Ideen durchtränkt. «Eine Verkleinerung» seiner «geschichtlichen Figur» sei das nicht. Etwas kleinlaut fügte er hinzu: «Gewiß, alle Schuld rächt sich auf Erden! Ich habe, unter Verwendung von viel Wirklichkeits-Montage, allerlei zusammenfabuliert (‹Viel ja lügen die Dichter›, sagt Homer)».

Er hatte nicht verstanden, daß Schönberg selbst – der in Wirklichkeit tief verstimmt war, ja eine Zeitlang sogar eine gerichtliche Klage erwog – der Urheber des bitteren Juxes war. Schon zwei Tage später versuchte er sich im Tagebuch an einer genauen Formulierung, die in einer Neuauflage und in der englischsprachigen Ausgabe des Romans die Urheberschaft Schönbergs deutlich mache. Er beriet sich darüber auch mit Adorno. Dieser war bereit, auf die Schilderung seines Anteils in dem angekündigten Essay zu warten. Soweit die Entstehungsgeschichte der «Entstehung», die Thomas Mann schließlich unter dem halbwegs zutreffenden Titel «Roman eines Romans» in die Welt schickte. –

Zurück zum «Faustus». Unter «Messerschmerzen» hatte Adrian Leverkühn sein apokalyptisches Oratorium vorausgedacht. Bei der Komposition freilich fielen sie (wie durch ein Wunder) von ihm ab, damit sein Geist, wie der Chronist voller Pathos schrieb, «phönix-gleich, sich zu höchster Freiheit und staunenswerter Macht ungehemmter, um nicht zu sagen: hemmungsloser, jedenfalls unaufhaltsamer und reißender, fast atemloser Hervorbringung» erheben konnte. Der Roman aber bezeugte, gleichsam im Spiegel, wie schwer dem Autor jenes zentrale Kapitel des Buches wurde: «Ach, ich schreibe schlecht!» ließ er Serenus Zeitblom jammern: «Die Begierde, alles auf einmal zu sagen, läßt meine Sätze überfluten, treibt sie ab von dem Gedanken, zu dessen Notierung sie ansetzten, und bewirkt, daß sie ihn weiterschweifend aus den Augen zu verlieren scheinen. Ich tue gut, die Kritik dem Leser vom Munde zu nehmen.»

Der Dichter war – wie es in den entscheidenden Phasen der Niederschrift fast immer geschah – von Zweifeln über das Gelingen des Romans heimgesucht: «Die Schwächen des Buches wurden mir empfindlich deutlich (...). Sein grösster Nachteil ist, dass es keine Gelegenheit zum eigentlich Epischen, Humoristischen bietet. Es ist unerfreulich ernst, nicht künstlerisch glücklich.»

Er fühlte sich, anders als sein Adrian im Rausch des Schaffens, elend und müde. Der Blutdruck war erschreckend niedrig. Er verlor Gewicht. Er quälte sich mit einer verschleppten Erkältung. Mitte Februar wurde eine permanent erhöhte Temperatur konstatiert. Die Arbeit am Manuskript beschränkte sich nun auf den Vormittag. Dennoch drang er im vierunddreißigsten Kapitel zäh voran. Das Oratorium erstand, Satz für Satz, vor Augen und Ohren des künftigen Lesers. In einer Chorfuge nach Worten des Propheten Jeremias fand es seinen ersten Höhepunkt.

Der nächste Abschnitt, nicht als ein neues Kapitel numeriert, wandte sich von der imaginären Komposition für einen Augenblick ab. Mit dem Chronisten kehrte Thomas Mann in die eigene Biographie zurück: das Jahr 1919, noch immer von revolutionären Wirren heimgesucht, in dem sich ein Kreis gelehrter und kritischer Geister zu «diskursiven Herrenabenden» in der Schwabinger Wohnung des Graphikers Sixtus Kridwiß versammelte, der – man weiß es – ein Porträt des wiedererstandenen Altfreundes Emil Preetorius war. Hätte er sich den Zeitgenossen durch nichts anderes zu erkennen gegeben, dann wäre er durch die stereotype Redensart, in ausgeprägtem Rheinhessisch vorgetragen, daß dies und jenes, ja fast alles «scho' enorm wischtisch» sei, klar genug annonciert worden. Ohne Schwierigkeit ließ sich unter den Teilnehmern jener Gespräche der Literaturhistoriker Josef Nadler alias Georg Vogler ausmachen, der sich mit seiner Lehre von der Stammesgebundenheit der deutschen Dichtung bis auf einige Handbreit den völkischen Mythen angenähert hatte, die durch die Epoche spukten; ferner der Kunsthistoriker Wilhelm Waetzoldt, dem der Leser unter dem Namen Holzschuher begegnet; auch der George-Schüler Ludwig Derleth, der – wie in der alten Münchner Skizze «Beim Propheten» – unter dem Namen Daniel zur Höhe auftrat (oft wurde er mit George, dem Meister selbst, oder mit Karl Wolfskehl verwechselt).

In der Galerie der Zeugen trat schließlich, als «sybaritischer» Revolutionsredner, Bruno Frank auf. Obwohl er das Konterfei «dieses kleinen Hochstaplers mit dem Grübchen in der Wange» gegenüber der Vorlage im Tagebuch ein wenig beschönigt hatte, fürchtete er, die Witwe des Freundes könne sich an der Karikatur stoßen. Die weltkluge Erika schlug vor, er solle ihr einreden, daß er keineswegs Bruno Frank, sondern den Erzähler und Dramatiker Otto Zarek, damals Dramaturg an den Münchner Kammerspielen, im Auge gehabt habe. Der Vater war skeptisch, ob ihm die kluge Frau diese Ausflucht glaube: «gerechte Besorgnis wegen all der Opfer des kalten Blicks», notierte er voller Unbehagen. Später sprach er zu Katia und im Tagebuch von den «Morden», deren er sich schuldig gemacht habe: an Hans Reisiger, Annette Kolb, Emil Preetorius, dem Maler Walter Geffcken, der mit der Schwester Julia befreundet war.

Gegenüber Hans Reisiger, der sich ein wenig kleinlaut zurückgemeldet hatte, überwand er die Skrupel. Ihm schrieb er ohne Umstand, daß er glaube, ihn in seinem Roman richtig beschrieben zu haben: «nun ist da also, unter anderen *montage*haften Vorkommnissen, das ‹Portrait›, von dem Sie gehört haben, Rüdiger Schildknapp, der ‹Gleichäugige›, mit dem Adrian so gern lacht, und den er bis zu seinem Ende immer wiedersehen will. Portrait? Es ist garkein Portrait, obgleich frevelhafter Weise als solches gegeben. Ich bin von der Wirklichkeit ausgegangen und habe sie dann mehr als einmal sündhaft im Stich gelassen. Ich habe schon etwas scheinbar Wahres hingestellt, aber ich bin einfach nicht bei der Wahrheit geblieben, und mit Fug und Recht können Sie sagen, und alle, die Sie lieben und schätzen, werden es mit Ihnen sagen: Das und das und das ist *nicht wahr*. Es ist eine karikierende Halb-Wirklichkeit, nur angelehnt ans Leben und in der Blickweise von der erregt preisgebenden Kälte des ganzen Buches.»

Im gleichen Brief ließ Thomas Mann den Erzfreund mit einigem Unmut wissen, daß er ihm, hätte er sich zur Emigration entschlossen, trotz aller Schwierigkeiten durch seinen eigenen Einfluß eine Universitätsstellung hätte besorgen können: «wir hätten zusammen gelacht und uns zusammen gegrämt, hätten den unvermeidlichen Ablauf der Geschichte gemeinsam, unter derselben Perspektive erlebt, statt daß Sie nun Ihre besten Jahre, verängstigt und

schweigend, in der verkommenen Atmosphäre... verbringen mußten.»

In Wirklichkeit war Reisiger tief verstimmt – wie tief, das läßt
sich seinem Brief an Hermann Broch entnehmen, in dem er voller
Bitterkeit sagte: «Ich war u. bin (...) bereit, allen nur erdenklichen
Humor u. guten Willen aufzubringen u. einem *solchen* Autor das
Recht zu einiger karikierender Unbill zuzugestehen. Aber es sind
nun doch Dinge in der Schilderung dieses Rüdiger, die kaum erträglich sind.» Der erboste Reisiger stieß sich vor allem daran – es war
nur zu verständlich –, «daß er mich, resp. Rüdiger, als einen ‹Krip-
penreiter› darstellt, der sich überall ‹zum Essen› einladen läßt, der
‹von jüdischen Verlegers- und Bankiersfrauen› Geschenke provoziert und hinterm Rücken ‹antisemitische Bemerkungen› macht»:
das ginge nun doch zu weit. Er habe nicht eine einzige Bankiersfrau
gekannt, die ihm Geschenke gemacht hätte, und von den Verlegersfrauen sei die «liebe Frau Fischer» die einzige gewesen, die ihm
«wie *allen* befreundeten Autoren» zu Geburtstagen Geschenke geschickt habe.

Tatsächlich konnten Anspielungen dieser Art in jenen Jahren für
die Existenz eines Schriftstellers bedrohlich sein. Der Freund ließ
Broch wissen, daß sich Thomas Mann über Bermann immer wieder
gefragt habe, ob Reisiger wohl gekränkt sein werde. Er rief: «Ja,
aber warum *tut* er denn so was überhaupt?»

Er zog es am Ende vor, sich bei dem Autor mit einem langen Brief
zu melden, dem Thomas Mann «Selbstbeherrschung» und «ein Minimum von Empfindlichkeit» attestierte. Inge Jens bemerkte in ihrem Kommentar, Reisigers Schreiben sei «ein nobler, verständnisvoller, leicht melancholisch-resignierter Schriftsteller-Brief, der die
unerschütterliche Freundschaft des Jüngeren allen Verletzungen
zum Trotz eindrucksvoll bekundet». Immerhin verbarg Reisiger
nicht völlig, daß ihn die «persönliche Affäre» schmerzte.

Des Autors Alter ego Zeitblom aber sagte, auf die Diskussionen
in Kridwißens Salon während der Revolutionsjahre zurückblik-
kend: «wohl überflüssig ist es dabei, zu sagen, daß die uns Deutschen durch die Niederlage zuteilgewordene Staatsform, die uns in
den Schoß gefallene Freiheit, mit einem Wort: die demokratische
Republik auch nicht einen Augenblick als ernstzunehmender Rah-

men für das visierte Neue anerkannt, sondern mit einmütiger Selbstverständlichkeit als ephemer und für den Sachverhalt von vornherein bedeutungslos, ja als ein schlechter Spaß über die Achsel geworfen wurde.»

Der Chronist wahrte in seinen Formulierungen eine sorgsame Distanz. Mit keiner Nuance deutete er an, daß er selbst – vielmehr der Autor, für den er die Feder führte – die Verachtung für die Republik in jenen Jahren durchaus noch geteilt hatte. Thomas Manns Freundschaft mit Hans Pfitzner stand 1919 in üppigster Blüte. Von diesem wahrhaft deutschen Tonsetzer schrieb er damals in sein Tagebuch: «Überhaupt erfreut sein Anti-Demokratismus, bei dem nur die sehr antimilitaristische Gesinnung auffällt.» Er selbst lebte damals ganz in jenem Dunstkreis der romantisch-nationalistischen Gefühlswelt, deren Spuren im «Faustus» durch die konsequente Umkehr der einstigen Einsichten sichtbar werden.

Er ließ Zeitblom eine Debatte über den radikalen französischen Sozialphilosophen Georges Sorel nutzen, um einen weiten Bogen um die «Betrachtungen» zu schlagen. Die Mitglieder der «kulturkritischen Avantgarde» um Kridwiß zeigten sich nach dem Bericht des Chronisten von den vorfaschistischen Grundelementen in Sorels «Réflexions sur la violence» – einer geistreich-verführerischen Feier der Gewalt – tief fasziniert. Anders aber der gute Zeitblom selbst, der seinen Abscheu vor der «krassen und erregenden Prophetie» dieses Buches an den Tag legen durfte. In den «Betrachtungen» las es sich anders. Dort hatte Thomas Mann von dem späteren Bewunderer Mussolinis mit herzhafter Zustimmung gesagt, Sorel habe *«die Gefahr der (…) Verderbnis des ‹Geistes› durch die politische Machteroberung»* früh schon begriffen, denn die Demokratie führe «zur Vernichtung der Größe und zur Herrschaft der Mittelmäßigkeit».

In der Neige des Jahres 1946 aber wurde der Autor – eine merkwürdige Fügung des Zufalls – durch einen Brief aus Harvard ein wenig unsanft auf den Zusammenhang aufmerksam gemacht, der ihm bei der Niederschrift des vierunddreißigsten Kapitels seines «Faustus» zehn Monate früher ganz und gar entfallen zu sein schien. Er wurde gefragt, ob er Sorel gekannt habe, als er die «Betrachtungen» schrieb. Sein knapper und naiver Kommentar: «Mit seiner Idee vom Massen-Mythos als bewegender historischer Macht, steht er doch dem Fascismus weit näher. Ich kann mich nicht rühmen, dessen Prophet gewesen zu sein, es sei denn in warnendem Sinn.»

Nein, sein Gedächtnis war nicht weniger selektiv als das so vieler seiner Landsleute, die sich nicht mehr daran erinnern wollten, was sie gestern gedacht, geredet, getan hatten. Er drängte den Thomas Mann jener früheren Epoche mit retrospektiven Prophetien beiseite, die jeden gewissenhaften Zeitgenossen beschämen mußten. Mit energischer Autorität sprach er durch Serenus Zeitblom – im Jahr 1919 – von der «Tötung Lebensunfähiger und Schwachsinniger», von «volks- und rassehygienisch» Begründetem, von der «Absage an alle humane Verweichlichung (...), die das Werk der bürgerlichen Epoche gewesen» sei: «um ein instinktives Sich-in-Form-Bringen der Menschheit für harte und finstere, der Humanität spottende Läufte, für ein Zeitalter umfassender Kriege und Revolutionen, das wohl hinter die christliche Zivilisation des Mittelalters weit zurückführen und eher die dunkle Epoche vor deren Entstehung, nach dem Zusammenbruch der antiken Kultur zurückbringen werde...»

Sein Chronist fuhr fort: «Wird man es verstehen, daß ein Mann bei der Verarbeitung solcher Neuigkeiten vierzehn Pfund Gewicht verlieren mag? Sicherlich hätte ich sie nicht eingebüßt, wenn ich an die Ergebnisse der Sitzungen bei Kridwiß nicht geglaubt hätte und der Überzeugung gewesen wäre, daß diese Herren Unsinn schwätzten.»

98. KAPITEL

Krebs

Der Gewichtsverlust des Serenus Zeitblom entsprach exakt den vierzehn Pfunden, die Thomas Mann auf der Waage fehlten: für Katia, für die Kinder (soweit sie davon wußten) und für die Freunde ein Anlaß zu tiefer Sorge. Der Autor selbst schien das bedenkliche Signal des Verfalls seiner körperlichen Kräfte ohne zu große Aufregung hinzunehmen. Der psychische Schutzmechanismus, der so viele kranke Menschen vor der Einsicht in die eigene Lage bewahrt, war bei ihm in besonderer Weise ausgebildet.

Er arbeitete zäh und stetig am Romanwerk weiter. Die Absage der gebildeten Herren des Kridwiß-Kreises an den human-bürgerlichen Geist, die Fortschritts-, die Lebens- und Wirklichkeitsfeindschaft jener radikal-konservativen Schwätzer hatte Adrian Leverkühn in seine apokalyptische Musik zu übertragen, in der er vor allem an dem schrecklichen «Glissando» nicht sparte, von dem der komponierende Autor sagte, es sei ein «barbarisches Rudiment aus vormusikalischen Tagen», dem sich eine «anti-kulturelle, ja anti-humane Dämonie» abhören ließ.

Adorno schien all seine reichen theoretischen, seine technischen Kenntnisse und seine beträchtliche musikalische Vorstellungskraft aufgeboten zu haben, um Thomas Manns kompositorisches Vermögen anzuregen: Choralvariationen wechselten mit der «Stimme der babylonischen Hure», die einem graziösen Koloratursopran übertragen wurde, Momente von größter rhythmischer Freiheit lösten strenge Sätze ab. Als Finale bot er ein «zum Tutti-Fortissimo grauenhaft anschwellendes, überbordendes, sardonisches Gaudium

Gehennas» – des alttestamentarischen Infernos –, «dieser aus Johlen, Kläffen, Kreischen, Meckern, Röhren, Heulen und Wiehern schauderhaft gemischten Salve von Hohn- und Triumphgelächter der Hölle». Das Höllengelächter habe, fuhr er fort, «sein Gegenstück in dem so ganz und gar wundersamen Kinderchor – einem Stück kosmischer Sphärenmusik, eisig, klar, gläsern-durchsichtig, zwar herb dissonant, dabei aber von einer, ich möchte sagen: unzugänglich-überirdischen und fremden, das Herz mit Sehnsucht ohne Hoffnung erfüllenden Lieblichkeit des Klanges. Und dieses Stück, das auch Widerstrebende gewonnen, gerührt, entrückt hat, ist für den, der Ohren hat, zu hören, und Augen, zu sehen, nach seiner musikalischen Substanz das Teufelsgelächter noch einmal!»

Ein nahezu genialer Einfall, den auch Serenus Zeitblom bewunderte, wenngleich mit melancholischem Widerstreben. Er hätte gewiß von sich selbst sagen können, was Thomas Mann notierte, als er in jenen Tagen Schuberts Klaviertrio in B-Dur wiederbegegnete: «Glücklicher Zustand der Musik. Man wünschte, sie wäre auf dieser Stufe geblieben.» Er zog, für sich persönlich, die «wirkliche» der «erdachten» Musik noch immer vor, und er seufzte nach der Begegnung mit einem Quartett Béla Bartóks: «Die neuen Klänge, denen ich wünschte mehr abgewinnen zu können.»

Es ging ihm nicht gut. Doch er wollte sich nicht der Krankheit ergeben. So hypochondrisch er sich zeitlebens gebärdet hatte: nun biß er die Zähne zusammen. Das Thermometer zeigte bei den täglichen Messungen stets eine erhöhte Temperatur, und das Fieber widerstand allen Therapien. Auch Injektionen mit seinem eigenen Blut halfen nichts, die Friedrich Rosenthal vornahm, der Hausarzt des Bruders Heinrich, den Thomas jetzt vor allem zu Rate zog. Eine Kur mit Empirin-Bellergal schlug nicht an. An manchen Tagen kam er kaum auf die Beine. Agnes Meyer – «Liebe Fürstin» sprach er sie an – berichtete er, daß er einen großen Teil des Tages im Bett verbringen müsse: «Was ich am meisten vermisse, sind meine Spaziergänge». Zigarren und Zigaretten wollten nicht mehr schmecken.

Dennoch raffte er sich auf, um am 27. März 1946 Bruder Heinrichs fünfundsiebzigsten Geburtstag mitzufeiern. Man begnügte sich mit einem Essen, bei dem man fast en famille blieb. Doch Lion und Marta Feuchtwanger fanden sich ein, auch die Graphikerin Eva

Herrmann (die treue Salka Viertel war krank). Es ist anzunehmen,
daß in den Gesprächen an der Tafel die Möglichkeit einer Übersiedlung des Bruders nach Berlin erörtert wurde: Heinrich war durch
Johannes R. Becher, zweifellos mit Billigung der russischen Füh-
rungsoffiziere, der Wunsch übermittelt worden, er möge sich in der
ehemaligen Reichshauptstadt niederlassen. Der Aufbau-Verlag begann 1946, Neuauflagen seiner Bücher herauszubringen. Doch der
Bruder zeigte zunächst keine Neigung, sich auf ein deutsches Abenteuer einzulassen, obwohl es in Kalifornien immer einsamer um ihn
wurde und die Verhältnisse, die er geduldig auf sich nahm, immer
dürftiger genannt werden mußten. Eine Rückkehr nach Frankreich
hätte er vielleicht eher erwogen, doch es erreichte ihn kein zureden-
des Wort aus Paris.

Im Vorausblick auf den Geburtstag hatte Thomas Mann für das
«Neue Deutschland» – nicht das spätere «Zentralorgan» der Sozialistischen Einheitspartei in der sowjetisch besetzten Zone, sondern
ein Blatt linker Kreise, das in Mexiko gedruckt wurde – einen sachli-
chen Bericht über die kalifornische Existenz Heinrichs aufgesetzt.
Die Einsamkeit des Bruders, sagte er begütigend, sei «ein im
Grunde natürliches Element für seinesgleichen», doch nun würde
sie «belebt und diskret betreut von bewundernder Freundschaft,
von der ehrerbietigen Liebe seiner Nächsten». Er fuhr fort: «Die
Entfernungen hierzulande sind beschwerlich. Die zwischen seinem
Platz und unserem könnte hinderlicher sein: Sie beträgt eine halbe
Stunde Wagenfahrt, wenn man Glück hat mit den Lichtern. Es ist
so, daß wir näher dem Ozean, schon in den Hügeln von Santa Monica leben, während er in städtischerer Gegend, landeinwärts, nicht
gerade down-town, aber in Los Angeles doch, seine Wohnung hat.
Gern, einmal wöchentlich gewiß, läßt er sich von uns ins Ländliche
holen und verbringt die Stunden vom Lunch bis zum Dunkelwer-
den bei uns. Zur Abwechslung finden wir uns bei ihm zu einer Art
von Picknick-Abendessen ein, das außerordentlich gemütlich zu
sein pflegt und nach welchem er uns, nach Befinden, aus neuen
Merkwürdigkeiten liest, die er geschrieben, oder von dem zu hören
verlangt, was ich zustande gebracht.»

Im Gang jenes Berichtes nannte er Heinrichs kalifornisches Zuhause denn doch «etwas zufällig» – «irgendwo in der Gegend, wo

Los Angeles in Beverly Hills übergeht». Der Bruder, meinte er, hänge an der «bequemen kleinen Parterre-Wohnung» in der South Swall Street, von wo er «zu Fuß seine Einkäufe machen» könne. Das war freilich eine etwas zu euphemistische Beschreibung der bescheidenen Unterkunft in einem Viertel kleinbürgerlichen Gepräges. Heinrich arbeite dort lieber im Schlafzimmer als an seinem «eleganten Schreibtisch», vermutlich weil es – nach hinten gelegen – stiller sei. Er produziere, schrieb Thomas Mann weiter, «unbeirrbar in alter Kühnheit und Selbstgewißheit, getragen von jenem Glauben an die Sendung der Literatur, den er so oft in Worten von stolzer Schönheit bekannt hat». Er fördere «das aktuelle Werk, indem er, immer noch mit eingetauchter Stahlfeder, Blatt auf Blatt mit seiner überaus klaren und deutlich ausgeformten Lateinschrift» bedecke «– gewiß nicht mühelos, denn das Gute ist schwer, aber doch mit der trainierten Fazilität des großen Arbeiters». Seine moralische Haltung kennzeichnete Thomas mit einer Formel, die einst von kritischen Geistern für Goethe geprägt war: «Toleranz ohne Milde». «Nein», fuhr er fort: «milde ist er nicht, aber duldsam von oben herab und recht pessimistisch. Dem Faschismus verheißt er noch eine große Zukunft –». Er fügte die fragwürdige Begründung hinzu: «Die Epoche selbst ist faschistisch – eine Feststellung, die sich gelassen gibt, aber eine resignierte Brandmarkung ist.»

So wundert es nicht, daß Heinrich Mann zu Erika bemerkte: «Mit Deinem Vater verstehe ich mich politisch jetzt wirklich recht gut. Etwas radikaler ist er als ich.» Thomas sagte dazu, das klinge «unendlich komisch, aber was er meinte, war unser Verhältnis zu Deutschland, dem teuern, auf das er weniger zornig ist als ich, aus dem einfachen Grunde, weil er früher Bescheid wußte und keinen Enttäuschungen ausgesetzt war. Heute lehnt er es ab, in der deutschen Aufführung einen ganz und gar ‹monströsen Einzelfall›, eine ‹unbedingte und zusammenhanglose Verschuldung› zu sehen – ich brauche seine Worte. Es ist alles bedingt und erklärlich, wenn nicht verzeihlich, und die Deutschen sind auch nur Menschen: Ich glaube, die Behauptung, sie seien so ganz ausnehmend schlecht, würde ihm als eine Form des Nationalismus erscheinen.» Dies war eine weise Einsicht, die Thomas selbst zuweilen vergaß.

Bei der Geburtstagsfeier konstatierte der Jüngere, daß die Zigarette noch immer nicht schmecke – also sei die Infektion nicht überwunden. Anderntags zeigte das Thermometer wieder 101 Grad Fahrenheit an – gut 38 Grad Celsius: erhöhte Temperatur, nicht mehr, in ihrer Beharrlichkeit dennoch beunruhigend. Doktor Rosenthal und seine Kollegen, über Thomas Manns zunehmende Schwäche besorgt, hielten eine neue Röntgenuntersuchung für unumgänglich. Das Ergebnis wurde ihm verschwiegen: Krebs. Man erklärte ihm, daß am rechten Lungenflügel ein Schatten zu beobachten sei, bei dem es sich vermutlich um einen «infektiösen Abszeß» handle. Sofort dachte der Dichter – noch immer dem «Zauberberg» nahe – an eine tuberkulöse Infektion. Das konnte ihm ausgeredet werden.

Die Möglichkeit einer Operation deutete sich an. Rosenthal schien bedenklich zu sein, ob Thomas Mann im Alter von einundsiebzig Jahren das Risiko eines großen Eingriffs auf sich nehmen sollte. Zunächst begnügte man sich mit einer Penicillin-Kur, mit der es in der Tat gelang, das Fieber zu beseitigen. Der Verzicht auf eine chirurgische Intervention aber hätte bedeutet, Thomas Mann verloren zu geben – auch wenn man annehmen durfte, daß sich der Krebs in seinen fortgeschrittenen Jahren nur langsam ausbreiten würde. Katia resignierte nicht. Sie setzte sich, wie der Dichter in der «Entstehung» berichtete, durch die Vermittlung der Tochter Elisabeth mit dem «Billings Hospital» in Chicago in Verbindung, das einen ausgezeichneten Ruf hatte: die Arbeitsstätte von Doktor William E. Adams, einem großen Spezialisten für Lungenchirurgie.

Stoisch, ohne Widerspruch und wohl auch ohne erkennbare Ängste akzeptierte Thomas Mann die Entscheidung Katias für eine Operation. Er fand es, wie er schrieb, «am bequemsten», über sich bestimmen zu lassen. Den «schrecklichen Roman» machte er, wie im Journal nachzulesen, «zusammen mit den deutschen Ärgernissen» für seine Krankheit verantwortlich, die schließlich durch eine Grippe aktiviert worden sei.

Viel Zeit war nicht zu verlieren. Am 1. April 1946 brach das Tagebuch für nahezu zwei Monate ab. Ein letzter Vermerk besagte: die Vortragsreise an die Ostküste, mit der obligaten Lecture in der Library of Congress – das Thema Nietzsche stand fest –, damit aber auch die geplante Europareise müßten bis Oktober aufgeschoben werden.

Wenige Tage später wurde Thomas Mann mit Bahre und Ambulanzwagen zum Zug nach Chicago transportiert. Die Fahrt schien er ohne Qualen zu überstehen: «Elisabeth erwartete uns», schrieb er später in der «Entstehung», «und wieder stand dort eine Ambulanz bereit, deren Rollbahre mich bald, von Lifts gehoben, durch die weitläufigen Korridore von ‹Billings Hospital› und in das bereitgestellte, von dem guten Kind schon mit Blumen geschmückte Zimmer führte.» Er fuhr in der Chronik der Krankheit fort: «Wie lebhaft steht mir, der ich nie die Lebensordnung eines großen Krankenhauses erfahren, mit Chirurgie nie zu tun gehabt hatte, diese ganze Ankunft und Installierung vor Augen: die Bekanntschaft mit den durch die nicht bis zum Boden reichende Pendeltür hin- und herschwebenden, messenden, injizierenden und alle Augenblicke kalmierende Tabletten verabfolgenden Pflegerinnen; die fast sofort erfolgende Begrüßungsvisite der behandelnden Ärzte in corpore, an der Spitze der Operateur Dr. Adams selbst, ein Mann von schlichter Liebenswürdigkeit und Herzensgüte, ohne eine Spur der Tyrannenallüren des Anstaltsgewaltigen deutschen Stils, vor dem Assistenten und Schwestern zittern; sodann sein ‹Medical Advisor›, der Internist und Universitätsordinarius, Professor Bloch, hochgewachsen, brünett, aus Fürth bei Nürnberg gebürtig, wie er mir bald auf deutsch vertraute; ein Dr. Philipps dazu, Lungenspezialist, scherz- und plauderhaft von Natur, ein erst vierundzwanzigjähriger Dr. Carlson, nordischer Herkunft und bildhübsch, ‹Intern› dieses großen Hauses schon seiner ausgezeichneten Intelligenz und manuellen Geschicklichkeit wegen, – und weitere weißbekittelte Entourage.»

Die Ärzte ließen sich mit der Vorbereitung des Eingriffs zehn Tage Zeit. Thomas Mann erwies sich als ein williger und geduldiger Patient. Die Mühsal einer Bronchoskopie, die allerdings unter Narkose vorgenommen wurde, bereitete ihm kein zu großes Ungemach. Immer registrierte er voller Aufmerksamkeit, was mit ihm geschah, an medizinischen Fragen zeitlebens interessiert. Seine Neugier blieb in der Regel unbefriedigt: «Es gehört zu den wunderlichen Gesetzen und Schweigegeboten dieser Stätten, daß man nie erfährt, worin die Anwendungen bestehen, die einem geboten werden, und sehr bald lernt man, neugierige Erkundigungen danach als taktlos zu empfinden. Die Schwestern verweigern jede Auskunft über das Ergebnis der Temperaturmessungen. Nie würden sie verraten, woraus die weißen Plätzchen bestehen, die sie alle paar Stunden mit einem Glase Wasser servieren, noch würde ein Arzt Namen und Natur eines verordneten Medikamentes verraten.» Es half nicht allzuviel, daß er sich mit Professor Bloch in der gemeinsamen Muttersprache verständigen konnte. Der Landsmann war es, der schließlich den erkrankten Lungenflügel durch einen Pneumothorax stillegte. Der Patient notierte später: «es war doch merkwürdig, eine Applikation, die ich in vergangenen Arbeitstagen, zur Zeit des ‹Zauberbergs›, soviel im Munde geführt, am eigenen Leib zu erfahren.»

Erika, die sich noch immer in Deutschland aufgehalten hatte, war, von der Mutter alarmiert, unterdessen in Chicago eingetroffen. Auch Klaus war benachrichtigt. Er stand für einen raschen Aufbruch bereit, wenn es denn notwendig sein sollte – so auch Golo, den man mit der Hilfe von Shepard Stone, dem Berater der amerikanischen Militärregierung, irgendwo in Deutschland aufzuspüren vermochte.

Doktor Adams, der einige Tage abwesend war, meldete sich Mitte April zurück und erklärte, wenn der Patient nichts dagegen habe, könne man beginnen. «Morgen früh also. Meine Frau ließ es sich, ein wenig gegen die Hausordnung, nicht nehmen, die Nacht in dem recht unbequemen Lehnstuhl neben meinem Bett zu verbringen, während ich den Schlaf vollkommener Gemütsruhe schlief. Dennoch hatte ich noch nachmittags Dr. Bloch gefragt, wie ‹Lampenfieber› auf englisch heiße. ‹Stage fright›, hatte er geantwortet. Punkt sieben Uhr, wie immer, wurde Tag und Toilette gemacht. Ich empfing meine ‹Hypo› (vertrauliche Abkürzung für hypodermic injection; es war Morphium, natürlich, aber wer hätte zu fragen gewagt), und dann winkte ich von dem ‹stretcher›, der mich entführte, der zurückbleibenden Getreuen den Abschiedsgruß. Nie vergesse ich die sanfte Stimmung in dem halb dunklen Vorraum des Operationssaals, wo ich auf meiner Bahre eine Weile zu warten hatte. Es bewegten sich Leute um mich her, aber sie gingen auf Ze-

henspitzen, und wer zu kurzer Begrüßung an mich herantrat, tat es
mit äußerster Zartheit. Bloch steckte den Kopf durch die Tür und
nickte mir zu. ‹No stage fright today›, ließ ich ihn wissen, aber er
ging auf meinen Humor nicht ein. Professor Adams wünschte guten
Morgen und kündigte mir an, daß ich außer der geliebten Arm-
spritze auch noch etwas einzuatmen bekommen würde, ‹a little
something›.»

Die Kranken-Erzählung, zwei Jahre später niedergeschrieben,
geriet Thomas Mann im Rückblick fast zu behaglich und betulich:
«Es war ein schöner Morgen, alle hatten so trefflich geschlafen, alle
waren in frischer Lust und Laune tätig, voran Dr. Adams, der mit
gewohnter, im Tempo genau gemessener, nie sich übereilender,
aber durch die Exaktheit des Einzelgriffes dennoch zeitsparender
Meisterschaft arbeitete. Zu Hilfe kam ihm eine geduldige Natur mit
immer noch solidem Hintergrund (ich brauchte nur eine Bluttrans-
fusion noch während der Handlung, da andere, und jüngere, zwei
oder drei benötigen) und vereinigte sich mit entwickeltstem ärztlichen Können zu einem fast sensationellen klinischen Erfolg. Tagelang nachher soll in medizinischen Kreisen New Yorks und Chica-
gos von der ‹most elegant operation› die Rede gewesen sein.»

Beim Erwachen sprach Thomas Mann englisch zu seiner Frau. Es
sei viel schlimmer gewesen, als er gedacht habe: «I suffered *too*
much!» sagte er, obwohl er von dem Eingriff nicht das geringste
wahrgenommen hatte. Später fragte er sich, ob es «irgendwelche
Tiefen des Vitalen» gebe, «in denen man, bei völlig ausgeschaltetem
Sensorium, dennoch leidet?»

Private Pflegerinnen wachten an seinem Bett. Überdies ließen ihn
Katia und Erika kaum eine Stunde aus den Augen. Der Nacht-
schwester June Colman bewahrte er ein besonders freundliches Andenken. Sie war sanft und aufmerksam – und er legte, ehrgeizig wie
immer, den größten Wert darauf, ein Musterpatient zu sein. Alle
drei Stunden wurde Penicillin verabreicht, damit eine Infektion verhindert werde. Die amerikanischen Ärzte exerzierten mit Bravour
ihre Einsicht, daß dem Rekonvaleszenten durch falsche Schonung
und Verzärtelung nicht gedient sei, und er erholte sich erstaunlich
rasch. Schon am zweiten Tag stand er unter Aufsicht von Dr. Carlson für einige Augenblicke auf den eigenen Beinen. Dem blutjungen

Assistenten gehorchte er gern, denn er war liebenswürdig und hübsch – und «hübsche Menschen», bemerkte er in seinem Krankheitsbericht, «sind eine Freude, ob männlich oder weiblich».

Da die Presse seine Erkrankung gemeldet hatte, wurde er mit Aufmerksamkeiten überschüttet, von Freunden und von Fremden. Das Zimmer hatte für all die Blumen, die ihm geschickt wurden, kaum Platz. Sein amerikanischer Verleger Alfred Knopf zog es vor, ihn mit einer Büchse Kaviar zu erfreuen. Bermann Fischer eilte herbei, sobald Thomas Manns Zustand einen Besuch erlaubte. Bruno Walter, der in Chicago konzertierte, klopfte bei ihm an. Caroline Newton, die treue Verehrerin, die Meta Nackedey seines «Faustus» (weiß der Himmel, warum er ihr den etwas anzüglichen Namen verliehen hatte), sprach mit guten Gaben bei ihm vor.

Kokett fragte er in der «Entstehung»: «In kritischer Lebenslage umgeben von so viel Liebe, Teilnahme, Fürsorge», denke man darüber nach, «womit man sie verdient hat – und tut es ziemlich vergebens. War je einer, dem der Kobold des Hervorbringens im Nacken saß, so ein vom Jahr- und Tag-Werk immer Versorgter, Besessener, Präokkupierter – ein erfreulicher Mitmensch? Dubito. Und ich bezweifle es für mich persönlich noch ganz besonders.» – Es geschah nicht allzuoft, daß Thomas Mann einen Anlaß sah, sich über seine Beziehung zur Umwelt den Kopf zu zerbrechen. In der Regel nahm er ihre Zuwendung mit völliger Selbstverständlichkeit auf. Rasch fand er, wenngleich noch immer fragend, eine Antwort, die ihm bestätigte, daß dem Künstlertum ein besonderer Rang in der Gesellschaft zukomme, die seine Egozentrik, ja seine Kälte rechtfertige: «Kann das Bewußtsein einer auf Konzentrationszerstreutheit beruhenden Unmenschlichkeit, kann etwa die Tönung der Existenz durch dieses Schuldbewußtsein selbst für mangelnde Leistungen aufkommen und versöhnend, ja Zuneigung gewinnend wirken?» Er fügte hinzu, diese «Spekulation» sei «verrucht genug, um sie Adrian Leverkühn zuzuschreiben».

Bald nahm er die Lektüre wieder auf. Neben den Zeitungen und Zeitschriften beschäftigte ihn vor allem Gottfried Kellers «Grüner Heinrich», den ihm die Tochter Elisabeth geliehen hatte: ein Werk von «eigenwilliger Größe», das ihm, wie er sagte, «sonderbarer-, ja skandalöserweise bis zur Stunde so gut wie unbekannt geblieben

war». Er las auch die englische Version der Biographie, die Sohn
Golo über Friedrich Gentz, den «Sekretär Europas» beim Wiener
Kongreß, geschrieben hatte. Bald genug wandte er sich Nietzsches
Werken zu – keine leichte Kost, wahrhaftig nicht, wie sie im Prozeß der Genesung sonst üblich ist. Er dachte an den Vortrag, der in
nicht zu ferner Zeit geschrieben werden mußte. Der Philosoph aus
dem sächsischen Pfarrhaus lenkte ihn zum «Faustus» zurück: zu
der großen Pflicht, die erfüllt werden mußte. Er war ganz davon
überzeugt, daß ihn das Schicksal die Heimsuchung jener Wochen
überleben ließ, damit er das Buch zu Ende bringe.

Als er auf die Antibiotika verzichten durfte, kehrte auch der
gute Appetit wieder. Er trank – Alkohol wollte ihm nicht schmek-
ken – zu jeder Mahlzeit große Mengen von Coca-Cola, von dem
einer seiner deutschen Kollegen in jenen Jahren bemerkte, es
schmecke wie aufgelöster Kamm. Thomas Mann hatte an dem
«populären (...) Gebräu» nie zuvor Geschmack gefunden, und er
wurde es rasch wieder leid, doch während jener Krankenhauswo-
chen war es sein «ein und alles», vermutlich dank der belebenden
Wirkung durch den hohen Zuckergehalt und die kleine Beigabe
von Coca, die überdies den Vorteil hatte, den Magen freundlich zu
beruhigen.

Bald durfte er Spaziergänge durch die langen Korridore der Klinik unternehmen. Dann schob man ihn im Rollstuhl vor die Tür,
und er konnte sich im Park des Hospitals ergehen, den linden
Frühling genießend. Die Ärzte widersprachen ihm nicht, als er den
Wunsch äußerte, in das Hotel Windermere zu übersiedeln, das
ihm von vielen Aufenthalten vertraut war. Beim Abschied hatte er
seinen Namen in ungezählte Bücher zu schreiben. Bei den Pflegerinnen bedankte er sich durch artige Geschenke. Eine Pressekonferenz war zu absolvieren. Entsprach sie seinem Wunsch? Er hätte,
wie er sagte, dabei gern «das Lob der Anstalt, der Ärzte und der
glorreichen Taten» gesungen, die an ihm verrichtet wurden. Dies
war ihm nicht erlaubt, denn die Leitung des Hospitals duldete
keine Werbung: «So konnte ich den boys nur einiges Gutgemeinte
über Politik vorsagen und wurde übrigens bald ‹cut short› von
Erika, die mit meinen Kräften sparte.» – «Boys» schrieb er, wie
einer der politischen Routiniers, die es gewohnt waren, Journali-

sten – in der Regel ausgewachsene Männer und Frauen – mit der herablassenden Kameraderie zu behandeln, die damals in Amerika üblich gewesen ist.

Im Hotel genoß er die Bequemlichkeit seiner Suite, genoß vor allem die Mahlzeiten, die so viel besser schmeckten als jene im Hospital. Er trank auch kein Coca-Cola mehr.

Für den 24. Mai war die Heimreise geplant, indes, ein Eisenbahnerstreik schob die Abfahrt um vierundzwanzig Stunden hinaus. Alles war wohlorganisiert: «Unter bequemsten Umständen, in einem ‹drawing-room›, mit privaten Mahlzeiten, vollzog sich die Rückreise. Dienstag, den 28. Mai, trafen wir zu dritt in Union Station wieder ein.»

Im Rückblick schrieb er dankbar: «Ich war glücklich, (…) in den eigenen Lebensrahmen wieder eingekehrt und mit meinen Büchern, allem gewohnten Bedarf eines tätig strebenden Lebens wieder vereinigt zu sein; glücklich sogar über die Freude des Pudels, der den bedenklichen Sinn unserer Abreise so wohl gespürt, mir so traurigen Blicks die Pfote aufs Knie gelegt hatte, als ich im Schlafzimmer sitzend die Ambulanz erwartete, und nun unser Wiederdasein mit Tänzen und Rundgalopps feierte; glücklich vor allem in dem längst gefaßten Beschluß, zu dem besonders Antonio Borgese nachdrücklich ermahnt hatte, nichts anderes vorerst meine Sache sein zu lassen, als die Beendigung des Romans.»

99. KAPITEL

Exorzismus

Er habe die Prüfung der vergangenen sechs Wochen «cum laude» bestanden, schrieb Thomas Mann in sein Tagebuch, das er am 28. Mai 1946 wiederaufnahm – eine Formel, die er voller Genugtuung in vielen seiner Briefe wiederholte. Nicht einen Augenblick regte sich bei ihm der Verdacht, daß er vom Lungenkrebs heimgesucht sei: der Verdrängungsmechanismus, der so viele Krebskranke von der schrecklichen Wahrheit abschirmt – Ärzte nicht ausgenommen –, funktionierte mit erstaunlicher Perfektion. Unermüdlich lobte er die «Gutwilligkeit und Geduldigkeit» seiner Natur, das «vorzügliche Herz», seine «Wohlkonserviertheit» überhaupt. Er hatte wahrhaftig Anlaß, mit der Widerstandskraft seines Körpers zufrieden zu sein. Die Operation – nach dem Stand der Technik jener Jahre meisterhaft exerziert – hatte eine riesenhafte Narbe hinterlassen. Den Ärzten war keine Wahl geblieben, als eine Rippe zu entfernen. Neckisch bemerkte er Agnes Meyer gegenüber, man habe ihn dabei «so wenig um Erlaubnis gefragt wie Gott den Adam. Ist aber bei mir kein Evchen daraus geworden.»

Die finanzielle Belastung durch die Krankheit – amerikanische Ärzte und Hospitäler waren teuer, und die Versicherung mag nicht den ganzen Aufwand getragen haben – wurde durch den Abschluß eines Vertrags über die Filmrechte am «Zauberberg» mit dem englischen Produzenten Sir Alexander Korda ausgeglichen. Die britische Firma, der Thomas Mann eher Vertrauen schenkte als den Magnaten in Hollywood, zahlte für die Option zwölftausend Dollar – nach heutigem Geld an die zweihunderttausend Mark.

Den Prozeß der Genesung betrachtete er als eine Leistung, die ihm so rasch keiner nachmachen würde, und es mag wohl sein, daß er sich durch den Stolz auf die eigenen Energien und seine stupende Willenskraft doppelt so rasch auf die Beine half. Dennoch blieb der Zustand seiner Nerven noch lange labil. Die Verwachsungen bereiteten Schmerzen. Er nahm kräftige Portionen von Kodein, das ihm offensichtlich großzügig zugeteilt wurde. Bald genug begann er, wieder einige Zigaretten pro Tag zu rauchen. Von einem Protest oder gar einem Verbot der Ärzte erwähnte er nichts. Der Medizin jener Tage schien noch nicht völlig deutlich zu sein, daß das Rauchen eine der Hauptursachen der Krankheit war, von der sie ihn zu heilen versuchte. Die Überlebenschancen beim Lungenkrebs waren damals – wie sie es heute sind – auch nach einer geglückten Operation nur gering. Vielleicht sagten sie sich, daß es sich nicht lohne, von dem alten Herrn den späten Verzicht auf eine Gewohnheit zu fordern, von der er nicht lassen mochte.

Es machte ihm Mühe, allzulange in vornübergebeugter Haltung am Schreibtisch zu sitzen. So zog er es vor, in einer Ecke des Sofas in seinem Arbeitszimmer zu schreiben, eine feste Unterlage auf den Knien. Zwei Tage nach der Rückkunft nahm er die Arbeit am «Faustus» wieder auf, beflügelt und erwärmt von der Schönheit der kalifornischen Natur, deren Licht und Farben ihn immer aufs neue entzückten: «Garten und Ausblick paradiesisch», notierte er voller Glück über sein Refugium.

Die Harmonie wurde nur durch die sichtbare Unzufriedenheit des japanischen Dienerpaares beeinträchtigt, das er nun endlich beim Namen zu nennen gelernt hatte: Koto zeigte eine Neigung zu «melancholisch-hysterischen» Anwandlungen; ihr Mann Vattaru schien gelassener zu sein. Es gelang, dank Erikas Beschwichtigungen, noch einmal, «die Gelben», wie sie für gewöhnlich hießen, zum Bleiben zu überreden. Ende des Monats dann jedoch: «Koto ‹zusammengebrochen›», was er in Anführungszeichen setzte. Es stellte sich heraus, daß sie an Problemen mit der Schilddrüse litt. Die beiden wurden durch ein «Neger-Couple» ersetzt: Felix und Jo, von denen der Hausherr bald grimmig vermerkte, daß sie am Morgen ihres freien Tages nicht bereit gewesen seien, eine Hand zu rühren.

Adorno fand sich schon eine Woche nach der Heimkehr zu einer musikalischen Konferenz über den Fortgang des Buches ein, immer noch voll guten Willens. Am 6. Juni Feier des einundsiebzigsten Geburtstages: eine Feier in Wahrheit seines Überlebens. Feuchtwanger brachte ein wertvolles Geschenk: die «Schriften des Agrippa von Nettesheim», in denen Thomas Mann «ein schnurrig entrüstungsvolles Kapitel über Teufelsbannerei und Schwarzkünstlerei und mehr noch: eines über Musik» fand, «oder vielmehr gegen sie, voller moralischer Invektiven». Zum festlichen Essen war Bruno Walter mit den Seinen geladen. Beim Champagner bot Thomas Mann dem kaum Jüngeren «nach einer strengen Prüfungszeit von vierunddreißig Jahren» endlich das Du an – ein Privileg, das nur wenigen der Freunde zuteil geworden war. Vielleicht wollte er mit dieser Geste des Vertrauens und der Vertraulichkeit Erika eine Freude machen, die mit dem Dirigenten – ihrem geliebten «Kuzi» – in einem spannungsreichen Verhältnis lebte, das sich auch nach dem Tod der schwierigen Frau Bruno Walters in keiner engeren und permanenten Bindung erfüllte: wohl der tiefste Schmerz im Leben dieser talentierten Frau (wie Irmela von der Lühe in ihrer überaus taktvollen Biographie andeutete). Womöglich war diese Verletzung auch ein Antrieb des unerbittlichen moralisierenden Rigorismus, mit dem sie sich in jenen Jahren so viele Feinde zu machen begann. Dem Vater hatte sie die Liebe zu verheimlichen versucht, doch sie war ihm wohl kaum verborgen geblieben, obwohl er sie auch in der Intimität des Tagebuches niemals bei Namen nannte. Katia wußte von ihr, auch Klaus. Mit beiden hatte sie von der schwierigen Beziehung, die strikte Diskretion verlangte, offen gesprochen. Thomas Mann nahm wenig später – seufzend wie immer – die Pflicht auf sich, ein Grußwort zu Bruno Walters siebzigstem Geburtstag aufzusetzen, das zuerst in englischer Sprache publiziert werden sollte. In ihr, sagte er scherzend, könne «die schöne Neuerung» (des Duzfußes) «gar nicht zur Geltung» kommen, «da man ja in diesem verdammt überzivilisierten Englisch sogar seinen Hund mit ‹you› anredet».

An seinem eigenen Geburtstag war Gerhart Hauptmann gestorben. Die Nachricht langte freilich mit einer Verspätung von fünf Tagen in Pacific Palisades ein. Der erste, lakonisch-banale Kommentar: «Es ist gemein, was lebt, muß sterben.» Erst gut zwei Wochen später erwähnte er – den Anlaß gab ein Gespräch mit Adorno –, daß den fernen Gefährten nach der Ausweisung durch die Polen aus seinem schlesischen Landsitz Agnetendorf bei Schreiberhau «der Herzschlag getroffen» habe. Er fügte hinzu: «Ich denke an 1933 und meinen Verlust von Haus und Herd.» Dann erinnerte er sich, daß sich ihm Gerhart Hauptmann, nicht lange nach der Machtergreifung bei einer Begegnung in Zürich, die der Zufall zu arrangieren schien, mit der Bemerkung entzogen hatte, er wolle «neutralere Zeiten» abwarten. Doch er vergaß, daß er selbst es damals, über Hauptmanns ängstliche Ergebung gegenüber dem braunen Regime tief verärgert, gleichermaßen für angebracht hielt, ein Zusammentreffen zu vermeiden. Er fragte: «Schämte er sich oder erachtete er es als Verrat am ‹neuen Deutschland›, mit einem Emigranten zu verkehren?»

Zwei Jahre danach, bei der Niederschrift der «Entstehung», nutzte er dann das Stichwort zu jenem schon erwähnten kritisch-sympathisierenden Porträt, das manchen Einblick in die Enge der Verbindung während der Jahre der Arbeit am «Zauberberg» gewährte. Er sprach behutsam von dem «skurrilen», doch «auch immer ergreifenden, tief gewinnenden, zu Liebe und Ehrfurcht anhaltenden Erlebnis seiner Persönlichkeit. Zweifellos hatte sie etwas Attrappenhaftes, bedeutsam Nichtiges, diese ‹Persönlichkeit›, hatte in ihrer geistigen Gebundenheit etwas von steckengebliebener, nicht recht fertig gewordener und ausartikulierter, maskenhafter Größe, also daß man, sonderbar gebannt, stundenlang an den Lippen des gebärdenreichen Mannes im schlohweißen Haar hängen mochte, ohne daß bei der Sache irgend etwas ‹herauskam›.» Er rühmte das ungewöhnliche Sprachgefühl des Dichters, seine «Gutmütigkeit und Fürsorge», doch er berichtete auch von seiner Neigung zum Champagner und den allzu üppigen «Trink-Sitzungen». Er nannte ihn einen «glücklichen Mann» und, wie Jaakob, den Vater Josephs, einen «Segensmenschen». Er gestand ihm sogar zu, daß er – der «germanische Liebling der jüdischen Kritik» – «gewiß unsäglich gelitten» habe «in der Stickluft, dem Blutdunst des Dritten Reiches, unsäglich sich gegrämt über das Verderben des Landes und Volks seiner Liebe».

Bei der Durchsicht der bisher geschriebenen Kapitel des «Faustus» gelangte der Autor zu der Einsicht, daß es «böse Längen und Lizenzen» gebe, doch er sagte sogleich, daß andere sie tilgen mögen. Diese Aufgabe kam Erika zu, die ihm nun zur Hauptredakteurin wurde.

Mit der Komposition des apokalyptischen Oratoriums hatte Thomas Mann eine der schwierigsten Klippen des Buches überwunden. Die Schilderung des schrecklichen Todes von Clarissa Rodde ging ihm rasch von der Hand. Er stützte sich ganz auf den Bericht vom Selbstmord der Schwester Carla in seinem «Lebensabriß», den er einst für das Nobel-Komitee aufgesetzt hatte. Es läßt sich kaum behaupten, daß ihn die literarische Konfrontation mit jener Tragödie tief berührte. Der «kalte Blick», den er sich als Chronist der Münchner Gesellschaft zuschrieb, brach nicht in neuer Erschütterung. In der Rückschau entging seiner kühlen Beobachtung nicht einmal die Zahnlücke der eigenen Mama, die als Senatorin Rodde auftrat, den Namen einer alten Lübecker Familie adaptierend, in die einst Dorothea Schlözer, die gelehrte «Universitäts-Mamsell» aus Göttingen und erste deutsche Doktorandin der Philosophie, Ende des 18. Jahrhunderts eingeheiratet hatte.

Ihm war daran gelegen, das schreckliche Schicksal der Schwester mit Hilfe einer kleinen Lust an der Melodramatik von sich fern zu rücken. Oder war es eine schiere Parodie des schwülstigen Zeitstils der Jahrhundertwende, der ihn über den erotischen Ausbeuter der armen Clarissa sagen ließ, nach seiner Meinung habe es «der Wicht (…) außer auf erzwungene Lust, geradezu auf ihren Tod abgesehen»? «Seine infame Eitelkeit verlangte nach einer Frauenleiche auf seinem Wege; es gelüstete ihn, daß ein Menschenkind, wenn nicht gerade für ihn, so doch von wegen seiner, sterbe und verderbe. Ach, daß Clarissa ihm den Gefallen tun mußte!» Was Parodie sein könnte, war – wie so oft bei Thomas Mann – das Original. Im Jahre 1910, in dem die Schwester Carla ihre Überdosis Gift geschluckt hatte, mag man in unterhaltenden Blättern der gehobenen Art so geschrieben haben. Indes transferierte der Autor das grausame Ereignis in die Wirren der frühen zwanziger Jahre, in denen die Stilblüten des Fin de siècle verdorrt waren, und im Jahre 1945, in dem Serenus Zeitblom von dem Drama berichtete, war die Sprache erst recht von härteren Realitäten bestimmt. Ines, verehelichte Institoris, wurde, kaum hatte Clarissa ihre monströse Portion Zyankali geschluckt, als Morphinistin entlarvt (wie es die ältere Schwester Julia tatsächlich war): auch ihr Leben war zu einem tragischen Untergang bestimmt. Aber noch war es nicht soweit.

Zuvor durfte Leverkühns «Kosmische Symphonie» unter der «rhythmisch besonders zuverlässigen Leitung Bruno Walters», der mit vollem Namen genannt wurde, ihre Uraufführung erleben. (Später stellten sich Paul Sacher, der Dirigent, der Musikkritiker Willi Schuh, das Schweizer Mäzenatenpaar Reiff, bei denen Thomas Mann so oft zu Gast war, und manche andere Freunde und Gefährten ohne verfremdende Benennung in dem Buche ein: ein kokettes Spiel mit der Wirklichkeit, der dieser Roman so weit enthoben war. Auch der bayerische Beamte Freiherr von Stengel, einst Adjutant des Reichsstatthalters Ritter von Epp, der sich um den Schutz des Münchner Eigentums der Familie bemüht hatte, wurde durch ein kleines Gedenken ausgezeichnet.)

Dann durfte die geheimnisvolle Frau von Tolna die Szene betreten, in deren Lebensverhältnissen sich, nach der Einsicht Peter de Mendelssohns, die Person der Irene von Hatvany spiegelte, der Schwester des reichen Layos von Hatvany, auf dessen ungarischem Schloß der Autor zweimal zu Gast gewesen war. Die äußeren Daseinsbedingungen, von denen der Erzähler berichtet, stimmten völlig mit den Lebensverhältnissen der Dame überein, die 1944 in Auschwitz ermordet wurde (doch davon scheint Thomas Mann bei der Niederschrift jener Passagen nichts gewußt zu haben, denn er erwähnt das schreckliche Ende der Frau weder im Tagebuch noch in der «Entstehung»). Die ungarische Aristokratin des Romans durfte aus der Ferne das Werk Adrian Leverkühns bewundern, dem sie jede Art von Ermutigung und Unterstützung zuteil werden ließ. Ihr erster Brief war, wie Zeitblom sorgsam verzeichnete, «vom Huldigungsgeschenk eines *Ringes*» begleitet, wie er «seinesgleichen nie gesehen» hatte.

Liegt es nicht nahe, dabei an die Manschettenknöpfe aus kostbarster Jade zu denken, die Thomas Mann einst von Agnes Meyer empfangen hatte? Agnes Meyers Liebe hatte ihn, wenigstens in den ersten Jahren ihrer Beziehung, manchmal vielleicht davon träumen lassen, daß ihm – wie er es sich einst von der Verbindung zur Pringsheim-Tochter erhofft haben mochte und wie es Adrian Leverkühn dank der Frau von Tolna widerfuhr – «ein Riesenvermögen zu seinen Füßen lag, in das er nur zu greifen brauchte, um sich ein fürstliches Dasein zu bereiten».

Nichts deutet darauf hin, daß sich Agnes Meyer selbst im Bild der seltsamen Frau erkannt hätte (wie sie sich ohne Zögern in der Gestalt der «Thamar» entdeckte). Die Ahnungslosigkeit ersparte ihr die Begegnung mit einer mittelbaren, doch herben Kritik. Der Chronist gestand zwar der Frau von Tolna zu, daß sie sich für den Komponisten «als die klügste und genaueste Kennerin und Bekennerin seines Werkes, dazu als sorgende Freundin und Ratgeberin, als unbedingte Dienerin seiner Existenz» erwiesen habe, und Adrian Leverkühn sei in der Korrespondenz mit der hochmögenden Dame «an die Grenze der Mitteilsamkeit und des Vertrauens» gegangen, «deren die Einsamkeit fähig» war. Doch die Dame habe – anders als er es Mrs. Meyer vorwarf – eine hohe Art der Uneigennützigkeit an den Tag gelegt: «durch den asketischen Verzicht auf jede direkte Annäherung, die unverbrüchliche Observanz der Verborgenheit, der Zurückhaltung, der Nicht-Behelligung, des Unsichtbar-Bleibens.» So, kein Zweifel, hätte sich Thomas Mann seine Beziehung zu der amerikanischen «Fürstin» in Washington gewünscht.

Rasch schritt er zu Kapitel siebenunddreißig weiter, in dem er Saul Fitelberg herbeieilen ließ, dessen groteske Erscheinung dem Literatur- und Theateragenten Saul Colin nachgebildet war, einem alten Bekannten von Klaus und Erika, der sich lange und schließlich vergebens um eine Verfilmung des «Joseph» bemühte. Den Impresario beschrieb der Vater im Roman als einen «wohl vierzigjährigen fetten Mann, nicht bauchig, aber fett und weich von Gliedern, mit weißen, gepolsterten Händen, glattrasiert, vollgesichtig, mit Doppelkinn, stark gezeichneten, bogenförmigen Brauen und lustigen Mandelaugen voll mittelmeerischen Schmelzes hinter der Hornbrille». Der geschäftige Herr hatte es sich in den Kopf gesetzt, Leverkühns Musik einen Siegeszug durch die Welt zu bereiten. In Paris vor allem galt es, den großen Triumph zu feiern, dessen er sicher zu sein glaubte, wenn Leverkühn nur bereit sei, den Aufführungen seiner Werke durch persönliche Anwesenheit den rechten Glanz zu verleihen.

Der Versucher führte sich auf dem Hof der Schweigestills in Pfeiffering durch einen Monolog ein, der bis zum Ende des Kapitels nicht mehr abriß: eine brillante und gelegentlich ausfernde Parodie, bühnen- oder doch kabarettreif. In seinem deutsch-französischen Redeschwall präsentierte sich Fitelberg selbst ohne allzu schmeichelnden Aufwand: «aus sehr bescheidenen, um nicht zu sagen: miesen Verhältnissen» stammend, «– nämlich aus Ljublin mitten in Polen, von wirklich ganz kleinen jüdischen Eltern, – ich bin Jude, müssen Sie wissen: Fitelberg, das ist ein ausgesprochen mieser, polnisch-deutsch-jüdischer Name, – nur daß ich ihn zu dem Namen eines angesehenen Vorkämpfers avantgardistischer Kultur und, ich kann wohl sagen, eines Freundes großer Künstler gemacht habe. C'est la vérité pure, simple et irréfutable.» Der Impresario stellte sein Licht auch nicht unter den Scheffel. Er fragte, sich selbst in die Rede fallend: «‹Wie hat er das gemacht? Wie brachte der kleine Judenjunge aus der polnischen Provinz es fertig, sich in diesen wählerischen Cirkeln, unter der crème de la crème zu bewegen?› Ah, meine Herren, nichts leichter als das! Wie schnell lernt man es, sich eine Smoking-Schleife zu binden, wie schnell, mit vollendeter Nonchalance einen Salon zu betreten».

Virtuos war jenes Kapitel in der Tat, und der Autor präsentierte es später gern als ein Bravourstück, nicht nur bei Lesungen im Kreis der Freunde. Ein leises Unbehagen vermochte er dabei nicht immer ganz zu unterdrücken. Sohn Klaus äußerte mit der gebotenen Deutlichkeit seine Sorge, daß die drastischen Schilderungen als eine antisemitische Karikatur empfunden werden könnten. Noch in der Niederschrift des Kapitels versuchte der Vater die Kritik aufzufangen. «Fitelberg», ließ er den Schwadroneur daherschwatzen, «das ist ein eklatant jüdischer Name. Ich habe das Alte Testament im Leibe, und das ist eine nicht weniger ernsthafte Sache als das Deutschtum – es schafft im Grunde geringe Disposition für die Sphäre der Valse brillante. Zwar ist es ein deutscher Aberglaube, daß es draußen nur Valse brillante gibt und Ernst nur in Deutschland. Und doch, man ist als Jude im Grunde skeptisch gesinnt gegen die Welt, zugunsten des Deutschtums, auf die Gefahr hin natürlich,

Fußtritte einzuhandeln für seine Neigung. Deutsch, das heißt ja vor allem: volkstümlich – und wer glaubte einem Juden Volkstümlichkeit? Nicht nur, daß man sie ihm nicht glaubt, – man gibt ihm ein paar über den Schädel, wenn er die Zudringlichkeit hat, sich darin zu versuchen. Wir Juden haben alles zu fürchten vom deutschen Charakter, qui est essentiellement anti-sémitique, – Grund genug für uns natürlich, uns zur Welt zu halten, der wir Unterhaltung und Sensationen arrangieren, ohne daß das besagte, daß wir Windbeutel oder auf den Kopf gefallen sind.»

So konnte ein wohlmeinender Autor – vielleicht – einen jüdischen Erdenbürger in den zwanziger Jahren daherreden lassen. Vielleicht. Doch im Jahre 1946? Aufgezeichnet – nach dem Zeitgefüge des Romans – im Schatten der entsetzlichen Offenbarung des Jahres 1945? Der peinliche Nachsatz der Tirade machte nichts besser: «Wir wissen sehr wohl zwischen Gounods ‹Faust› und dem von Goethe zu unterscheiden, auch wenn wir französisch sprechen, auch dann...»

Er brachte es zuwege – die Wahrheit über Auschwitz war zwei Jahre zuvor erst zutage getreten –, noch im Angesicht des Entsetzens diese erstaunlichen Sätze niederzuschreiben: «Sollen wir Juden, die wir ein priesterliches Volk sind, auch wenn wir in Pariser Salons minaudieren, uns nicht zum Deutschtum hingezogen fühlen und uns nicht ironisch stimmen lassen von ihm gegen die Welt und die Kunst für die kleine Freundin? Volkstümlichkeit wäre für uns eine den Pogrom herausfordernde Frechheit. Wir sind international, – aber wir sind pro-deutsch, sind es wie niemand sonst in der Welt, schon weil wir gar nicht umhinkönnen, die Verwandtschaft der Rolle von Deutschtum und Judentum auf Erden wahrzunehmen. Une analogie frappante! Gleicherweise sind sie verhaßt, verachtet, gefürchtet, beneidet, gleichermaßen befremden sie und sind befremdet. Man spricht vom Zeitalter des Nationalismus. Aber in Wirklichkeit gibt es nur zwei Nationalismen, den deutschen und den jüdischen, und der aller anderen ist Kinderspiel dagegen, – wie das Stockfranzosentum eines Anatole France die reine Mondänität ist im Vergleich mit der deutschen Einsamkeit – und dem jüdischen Erwähltheitsdünkel...»

Wie konnte es ihm widerfahren, da er doch länger als ein Jahr-

zehnt, dank des «Joseph», in der Welt des Alten Testamentes gelebt
hatte, den schwierigen Auserwähltheitsglauben der Juden mit dem
biologistischen Superioritätswahn der nationalsozialistischen Ras-
sisten in einem Atem zu nennen: nach den Ungeheuerlichkeiten,
von denen er als einer der ersten mit der gebotenen Klarheit gesprochen hatte? Hatte seine Selbstkontrolle versagt? Waren darum vor-
nazistische, in den deutschseligen Tagen des Wilhelminismus geformte Grundüberzeugungen an die Oberfläche gelangt? Wie war
es möglich, daß diese Peinlichkeit den prüfenden Augen Katias und
dem strengen Sinn der Tochter Erika entging?

Fitelberg sagte noch, den Türgriff für seinen Rückzug schon in der
Hand: «Die Deutschen sollten es den Juden überlassen, prodeutsch
zu sein. Sie werden sich mit ihrem Nationalismus, ihrem Hochmut,
ihrer Unvergleichlichkeitspuschel, ihrem Haß auf Einreihung und
Gleichstellung, ihrer Weigerung, sich bei der Welt einführen zu lassen und sich gesellschaftlich anzuschließen, – sie werden sich damit
ins Unglück bringen, in ein wahrhaft jüdisches Unglück, je vous le
jure. Die Deutschen sollten dem Juden erlauben, den médiateur zu
machen zwischen ihnen und der Gesellschaft, den Manager, den
Impresario, den Unternehmer des Deutschtums – er ist durchaus
der rechte Mann dafür, man sollte ihn nicht an die Luft setzen, er ist
international, und er ist pro-deutsch…Mais c'est en vain. Et c'est
très dommage! Was rede ich noch? Ich bin längst fort.»

In der «Entstehung» sprach Thomas Mann später von einer «erfrischenden Episode (…) in all der Düsternis, und sehr dankbar vorzulesen». Er schrieb ihr etwas von der «munteren Zweideutigkeit
und Theaterwirksamkeit einer Riccaut de la Marlinière-Szene» zu,
auf Lessings «Minna von Barnhelm» verweisend, deren Titel er allerdings mit schalkhafter Hochnäsigkeit unerwähnt ließ. Lessing,
sagte er, sei dem «Vorwurf nationalistischer Verunglimpfung der
französischen Nation nicht entgangen», und auch er habe immer
gefunden, daß sich der Aufklärer «eines gewissen moralischen
Leichtsinns um des Effektes willen wirklich schuldig gemacht»
hatte. Er müsse einräumen «daß die Gefahr einer antisemitischen
Mißdeutung meiner jüdischen Riccaut-Figur, bei aller sympathischen Drolerie, die ich ihr mitzugeben suchte, nicht ganz von der
Hand zu weisen» sei. «Mit einer gewissen Besorgnis darauf auf-

merksam gemacht wurde gleich bei der ersten Vorlesung des Abschnitts im Familien- und Freundeskreis» – nämlich durch Klaus –, «und so überraschend der Gedanke mir war, – ich mußte ihm um so mehr sein Recht zugestehen, als da ja auch noch der arge Breisacher ist, ein intellektueller Quertreiber und Wegbereiter des Unheils, dessen Charakterisierung demselben Verdacht Vorschub leistet.»

Ruth Klüger nannte in ihrem Essay über «Thomas Manns jüdische Gestalten» den Vergleich mit Lessings Riccault «entlarvend», denn der deutsche Aufklärer habe mit guten Gründen «die Privilegien der Franzosen im friederizianischen Preußen» bloßstellen wollen. «Dagegen waren die Juden im frühen zwanzigsten Jahrhundert nicht gerade privilegiert, und nur als Antisemit hatte man Grund, an ihnen Anstoß zu nehmen.» Mit gebändigtem Zorn fügte sie hinzu: «Wenn man bedenkt, was den Fitelbergs aus Lublin und anderen europäischen Staaten angetan worden war – und sowohl Autor wie Leser sind in der Nachkriegszeit im Bilde –, dann stockt einem doch ein wenig der Atem, wenn Mann die Szene als eine ‹erfrischende Episode (…)› empfiehlt.»

Indes, Thomas Mann meinte: mit Fitelbergs Wort «Ich habe das Alte Testament im Leibe, und das ist eine nicht weniger ernste Sache als das Deutschtum…» sei von ihm sehr wohl «auf die sonderliche geistige Würde des Judentums» verwiesen worden, «von der ich doch selbst meinem Allerwelts- und Manager-Juden noch etwas mitgegeben habe». Ein wenig verlegen fügte er die Frage an, ob denn die «deutschen Bewohner» seines Romans sympathischer seien als die jüdischen, auf Serenus Zeitblom und die Mutter Schweigestill deutend. Die Antwort müßte heißen: manche sind es wohl, und manche sind es nicht, doch keinen der Juden, die er auftreten ließ, lüde man gern zu einem Abend unter Freunden ins Haus. Von Takt zeugte das Paradestück nicht. Aber dieser Begriff war Thomas Mann noch immer fremd. Er verwarf alle Bedenken: auf die Fitelberg-Episode mit ihrem boulevardhaften und ein wenig schnöden Glanz wollte er auf keinen Fall verzichten.

Für Thomas Mann hätte es in jenen Wochen einen bemerkenswerten Anlaß gegeben, über die kalkulierbaren und unkalkulierbaren Wirkungen literarischer Texte nachzudenken. Vom britischen Botschafter in Washington erreichte ihn am 16. August 1946 ein sehr höflicher Brief, der ihn darauf aufmerksam machte, daß Sir Hartley Shawcross, der Hauptankläger im Nürnberger Prozeß, in seinem Plädoyer kritische Bemerkungen Goethes über die Deutschen zitiert habe (es wurde früher darauf verwiesen). In der britischen Presse aber sei festgestellt worden, daß jene Passagen aus seinem Roman «Lotte in Weimar» stammten. Das Außenministerium wollte wissen, ob er die erwähnten Worte Goethe «in den Mund gelegt» habe oder ob sie tatsächliche Zitate aus dem Werk Goethes seien – und wenn es sich so verhalte, möge er doch mitteilen, wo man sie finden könne.

Die Bitte um Aufklärung stürzte ihn in einige Verwirrung. Im Tagebuch notierte er knapp: «Verlegenheit.» Jene fraglichen und fragwürdigen Anmerkungen ließen Goethe, in dem sein Volk stets die höchste geistige Autorität erkannte, als Künder deutschen Unheils auftreten, ja er warnte, nach dem Willen Thomas Manns, vor der Ankunft eines Verderbers, der die Deutschen in den Abgrund reißen werde: «Daß sie den Reiz der Wahrheit nicht kennen, ist zu beklagen, – daß ihnen Dunst und Rausch und all berserkerisches Unmaß so teuer, ist widerwärtig, – daß sie sich jedem verzückten Schurken gläubig hingeben, der ihr Niedrigstes aufruft, sie in ihren Lastern bestärkt und sie lehrt, Nationalität als Isolierung und Roheit zu begreifen, – daß sie sich immer erst groß und herrlich vorkommen, wenn all ihre Würde gründlich verspielt, und mit so hämischer Galle auf die blicken, in denen die Fremden Deutschland sehn und ehren, ist miserabel.»

Thomas Mann hatte sich, verständlich genug, des Mittels der retrospektiven Prophetie bedient, um vor den Augen der Welt zu demonstrieren, daß der Nazismus samt seinen Barbareien aus Weimar selbst, dem Herzen Deutschlands, im voraus verurteilt worden sei. Während des Krieges noch liefen Flugblätter im Reich um, wie er nun erfahren hatte, auf denen die provokantesten dieser Sätze nachgedruckt waren. Sie wurden später immer aufs neue in deutschen Zeitschriften zitiert – im Ostberliner «Aufbau», in den «Frankfurter Heften» und der «Hamburger Akademischen Rundschau» –, deren Redakteure nicht die gleiche Hellhörigkeit und kritische Bildung an den Tag gelegt hatten wie manche ihrer Kollegen in der britischen Presse. Der Autor hätte jene Verwirrung vielleicht vermeiden können, wäre er auf den Einfall geraten, dem Buch eine Bemerkung voranzusetzen, in der auf die Montage von erfundenen und authentischen Zitaten aufmerksam gemacht worden wäre.

In seiner Antwort an die britische Vertretung, die der Autor schon am folgenden Tag aufsetzte, konzedierte er, daß die englische Presse «tendenziell Recht» habe. «Dies jedoch», fuhr er fort, «bedeutet nicht, daß der britische Chef-Ankläger essentiell Unrecht hatte. Es ist wahr, daß die zitierten Worte in Goethes Schriften oder Unterhaltungen nicht wörtlich erscheinen; aber sie waren streng in seinem Geist empfangen und formuliert, und obwohl er sie niemals so ausgesprochen hat, könnte er es doch getan haben. Der erwähnte Monolog» – im siebenten Kapitel – «enthält viele Äußerungen, die Goethe tatsächlich getan hat, die jedoch aus poetischen Gründen modifiziert und variiert wurden. Auf der anderen Seite gibt es in jenem Monolog auch viel, das Goethe nicht gesagt hat, aber das durch zahlreiche authentische Kundbarungen in einer Art gestützt wurde, die es erlaubt, sie als authentisch zu betrachten.» Nach dieser gewundenen, auch ein wenig windigen Auskunft führte er als Beispiel eine Bemerkung in den «Sprüchen in Reimen» an, in der Goethe ironisch von der «frommen deutschen Nation» sprach, «die sich erst recht erhaben fühlt, wenn all ihr Würdiges verspielt». Der große Dichter, der dies gesagt habe, könnte auch leicht die Worte gesagt haben, die ihm durch den britischen Ankläger zugeschrieben wurden: «In einem höheren Sinne sind diese Worte in der Tat seine eigenen.»

Man darf diesen Brief vielleicht als eine Bravourleistung aus Krullschem Geist betrachten – nur war der Autor, anders als der talentierte Hochstapler, keineswegs bereit, die Rabulistik seiner Epistel zu belächeln. Er hätte seine Leser im britischen Außenministerium vermutlich mehr beeindruckt, hätte er ohne Umstand festgestellt, er habe es bei der Niederschrift der «Lotte» für richtig gehalten, Goethe gegen das Dritte Reich zu mobilisieren, wie es gut und wie es notwendig war. Ein Dokument der Souveränität war jener Brief wahrhaftig nicht. –

Erika scheint in dem peinlichen Fitelberg-Kapitel nur einige beiläufige Passagen gestrichen zu haben (eine Seite wurde freilich neu geschrieben). Um so kräftiger mahnte sie zum Gebrauch des Rotstifts in der ersten Hälfte des Buches. Vor allem empfahl sie, lange musiktheoretische und musikgeschichtliche Erörterungen im neunten Kapitel, das von der Persönlichkeit und Lehre des dröhnenden Wendell Kretzschmar beherrscht war, der Ökonomie des Buches zu opfern. Der Vater fügte sich willig. Er konnte sich im Fortgang der Niederschrift dennoch nicht enthalten, bei der Beschreibung des Violinkonzertes, das Rudi Schwerdtfeger dem Komponisten mit solch charmierender Insistenz abgebettelt hatte, mit seinen (und Theodor W. Adornos) Fachkenntnissen ein wenig zu prunken. Adrian, bemerkte er, habe «die Violinbehandlung bei Bériot, Vieuxtemps und Wieniawski genau studiert».

Erika ließ es durchgehen. Um so resoluter bestand sie (wie Katia) darauf, einige allzu explizite Passagen über die homosexuelle Beziehung des Geigers zu dem Tonsetzer zu eliminieren. Das prekäre Faktum aber wollten und konnten sie nicht anfechten: es war für den Vollzug der Tragödie unentbehrlich. So durfte Serenus Zeitblom klagen: «Das Merkwürdigste und Ergreifendste für mich bei alldem war es, mit Augen zu sehen, wie der Eroberte nicht gewahr wurde, daß er behext worden war». Dies hieß, in schlichten Worten, daß die homosexuelle Versuchung dem Teufel als ein fatales Instrument des Unheils diente, zu dem Adrian verdammt war. In Anlehnung an das Volksbuch vom «Doktor Faust», das Thomas Mann immer wieder zur Hand nahm, hielt er in seinen Vorarbeiten fest: «Sinnlichkeit (Liebe) darf durch kein menschliches Wesen, sondern nur durch succubi, Buhlteufel gestillt werden. Dachte, dem Nicht-Weiblichen, weiblich nur durch Koketterie, werbende Vertraulichkeit, nachgeben zu dürfen».

Auf den gestrichenen Seiten, die Inge Jens im Anhang des Tagebuchs jener Jahre präsentierte, stehen die bekenntnishaften und zugleich camouflierenden Sätze, dem armen Zeitblom in die Feder diktiert: «Bei alledem verhält es sich so, daß ich mich der Unfähigkeit, gewissen Richtungen des Gefühlslebens auch nur imaginativ zu folgen, eher anklage, als daß ich mich ihrer berühmte. Man sieht mich bereit, in dieser Unfähigkeit ein Versagen meines Humanismus zu erblicken, der mich zu besagter Sphäre geradezu in vertrauliche Beziehung setzen sollte. Eine Spielart der Sympathie, die dem Altertum für den Inbegriff der Liebe galt; die sich immer erneuerte,

wenn eine Wiedergeburt antiker Sitte und Sittlichkeit das Erden-
leben erhöhte, der Michelangelo und Shakespeare emphatische
Huldigungen darbrachten, sie sollte dem Mitgefühl oder doch wenigstens dem Mit- und Nachdenken des Altphilologen nicht ganz
und gar fremd und geistig unvollziehbar sein.»

Zum anderen legte er Wert darauf, das andersgeschlechtliche Element in der Homosexualität zu betonen: in ihrem Schönheitsbegriff
seien «immer noch halbwegs weibliche Anziehungskräfte wirksam»: «Jugend, Lebendigkeit, Knabenhaftigkeit, also ein Habitus,
der, ohne feminin zu sein, einen möglicherweise verwirrenden Mittelstand zwischen dem eigentlichen Männlichen und dem Weiblichen bildet, vermögen offenbar ästhetisch und emotionell für
den mangelnden Geschlechtsunterschied aufzukommen.» Rudi
Schwerdtfeger, meinte er dann, sich an Paul Ehrenberg erinnernd,
habe dem Ideal des «ästhetisch Vollkommenen» keineswegs genügt. Der «kalte Blick» erlaubte ihm auch hier eine schonungslose
Porträtierung: «Seine Gesichtsbildung fiel (...) etwas ins Mops-
hafte, und ohne die lachenden blauen Augen wäre nichts an seiner
Erscheinung gewesen, was ein so pathetisches (...) Urteil wie
‹schön› gerechtfertigt hätte, es sei denn sein gerader und weder zu
hoher noch zu kurzer Wuchs.»

Ahnte wenigstens Katia, daß ihr Mann im Begriff war, den Ju-
gendgeliebten endlich ganz aus seinem Herzen zu reißen? Thomas
Mann blieb in der Tat merkwürdig kühl, als ihn einige Monate später durch Walter Opitz, den Gefährten aus frühen Münchner Tagen, Nachricht über das Geschick der Brüder Ehrenberg zukam,
zum erstenmal seit nahezu einem Jahrzehnt. Von Paul hatte Opitz
durch den Musiker Carl erfahren, daß er in Plauen im Hospital
liege: «Entweder muß er dort gemalt haben, oder er muß beim Zusammenbruch aus München entwichen sein und aus irgendwelchen
Gründen den Rückweg nicht gefunden haben.» Von Carl wußte
Opitz zu berichten, er hause mit Frau und Schwägerin in nur zwei
Zimmern seiner Wohnung und lehre wohl nicht länger an der
Musikakademie. Er habe «reichlich viel von dem Gedankengut des
‹falschen Messias› übernommen».

Thomas Mann entgegnete milde: «Ach, meine Jugendfreunde,
die Ehrenbergs! Carl (...) spielte den Tristan so schön gebunden,

und ‹jener Paul› war freilich ein Maler, dem viele, viele gleichen, aber ein reizender Kerl und wohl eigentlich eine meiner großen Liebschaften, – ich kann es nicht anders sagen. Schlechtes Benehmen? Die Zeit forderte wohl garzu dringend zu schlechtem Benehmen auf, und wenn man war wie viele, viele, so benahm man sich eben wie sie alle.» Dann fragte er denn doch, mit einer Spur von Gekränktheit: «Ich *galt* solchen Menschen doch etwas, ich stand doch in einem gewissen geistigen und moralischen Ansehen bei ihnen. Hat ihnen denn meine Haltung gegen das, was da ‹die Macht ergriff› garkeinen Eindruck gemacht, sie garnicht ein bißchen nachdenklich gestimmt, sie an ihrer Begeisterung garkein bißchen zweifeln lassen? Haben sie mich einfach für einen schiefgewickelten Narren gehalten, weil ich Deutschland mied und mich ausbürgern ließ? Es ist sonderbar.» (Paul, der ältere der Ehrenbergs, starb im Jahre 1949, einundsiebzig Jahre alt; sein Bruder Carl, zwei Jahre jünger, erreichte das stattliche Alter von vierundachtzig Jahren und lebte bis 1962.)

«Armer Rudi!» rief Thomas Mann zu Beginn des neununddreißigsten Kapitels, und er fuhr fort: «Kurz war der Triumph deiner kindischen Dämonie, denn sie hatte sich in dem Kraftfeld einer tieferen, verhängnisstärkeren verfangen, die sie schleunigst brach, verzehrte, zunichte machte.» «Armer Paul!» wollte er in Wirklichkeit sagen, denn er hatte den liebenswürdigen jungen Mann, der leichten Sinnes von Flirt zu Flirt eilte, zu einem düsteren Ende bestimmt, von Beginn an. Sein Geschick vollzog sich unerbittlich, wenngleich mit einiger Umständlichkeit. Adrian Leverkühn hatte es sich in den Kopf gesetzt, im Stand der Ehe Rettung zu suchen, als er in einem Zürcher Salon Marie Godeau begegnete, einer jungen Frau von ernster Anmut, die ihren Unterhalt als Kostüm- und Bühnenbildnerin bestritt, an den Theatern Europas begehrt. Peter de Mendelssohn stellte fest, Thomas Mann habe die Figur «mit all ihren Accessoires, ihrer ganzen geistigen und künstlerischen Welt aus Strawinskys Memoiren herausgehoben», wo sie als die Malerin Marie Laurencin anzutreffen sei.

So ist es. Es berührt merkwürdig, daß Thomas Mann eine der wenigen liebenswürdigen Frauengestalten seines Werkes – es sind wahrhaftig nicht viele – den Erinnerungen eines Zeitgenossen entleihen mußte: als habe ihn all seine Vorstellungskraft im Stich gelassen, da es galt, von einem weiblichen Wesen zu reden, das nicht nur Adrian Leverkühn, sondern auch die Leser als begehrenswert betrachten durften.

Der Teufel in der Seele des Komponisten gebot ihm, seinen Verführer Rudi Schwerdtfeger als Brautwerber zu der Erwählten zu schicken. Ihm wurde, es konnte nicht anders sein, eine herbe Absage zuteil. Rudi aber, der chronische Flirt, verliebte sich in die Umworbene, wie leicht vorauszusehen war – und er gewann, gegen alle Wahrscheinlichkeit und alle Vernunft, das Jawort der lebensernsten Person. Die Verlobung wurde mit Trompetenschall verkündet. Also mußte, sie konnte nicht anders, Ines Institoris geborene Rodde, von Rudi so schmählich verlassen, nach dem letzten Münchner Konzert des Geigers zur Schreckenstat schreiten.

Thomas Mann, der selten ein Sujet ungenutzt verkommen ließ, hatte sich längst seiner Notizen aus dem Jahre 1902 entsonnen, in denen eine blutige Untat verzeichnet war, die sich einst in Dresden zugetragen hatte: eine junge Frau, verheiratet, schoß ihren ungetreuen Liebsten am hellichten Tage in der Straßenbahn über den Haufen. Damals glaubte er, jenes Drama in dem geplanten Roman «Die Geliebten» verwenden zu können, wohl schon in jener Epoche von der Möglichkeit gereizt, sich an Ehrenberg durch ein *crime passionnel* zu rächen. Nun ließ er die arme Ines handeln, wie es die Nachricht aus dem «vermischten» Teil der Zeitung vorgezeichnet hatte. Er vergaß auch das früher notierte kalte elektrische Feuer nicht, «das beständig unter den Rädern des Gefährtes und noch stärker oben an der Kontaktstange» eines herankommenden Trambahn-Wagens mit «kalten Flammen zischend in ganzen Funkenschwärmen» zerstob: es durfte jetzt, gleichsam vom Teufel entfacht, eine symbolische Bedeutung gewinnen.

«Wie leicht ist das Katastrophale!» rief er voller Entzücken im Rückblick auf die Beschreibung der Untat, die vor den Augen des nahezu allgegenwärtigen Serenus Zeitblom geschah. «Wir passierten die Universität, und eben stand der Schaffner in seinen Filzstiefeln vor mir, um meinen Zehner entgegenzunehmen und mir meinen Gradaus-Schein in die Hand zu schieben, als das Unglaubliche und, wie alles völlig Unerwartete, zunächst ganz Unverständliche geschah. Ein Schießen ging los im Wagen, flache, scharfe, schmetternde Detonationen, eine nach der anderen, drei, vier, fünf, in wilder betäubender Schnelligkeit, und drüben sank Schwerdtfeger, seinen Geigenkasten zwischen den Händen, erst an die Schulter und dann in den Schoß der rechts neben ihm sitzenden Dame, die sich, wie auch die zu seiner Linken, entsetzt von ihm wegbog, während ein allgemeiner Tumult, mehr Flucht und kreischende Panik als geistesgegenwärtiges Einschreiten, den Wagen erfüllte und vorn der Wagenführer, Gott weiß, warum, in einem fort wie toll auf die Glocke trat, – mag sein, um einen Schutzmann herbeizurufen.»

Das parodistische Pathos der Beschreibung, das ganz der wilhelminischen Kolportageliteratur entsprach, kontrastierte aufs seltsamste mit der allzu realen Tragödie, die im Frühjahr 1945 vor den Augen des Chronisten Serenus (auf der Zeitebene des Romans) ihr Ende fand: in seinen Worten «eine von donnernden Flammen umtanzte Höllenfahrt», in der Millionen ums nackte Leben bangten und sich in der Gier nach einem Stück Brot verzehrten.

Thomas Mann aber vermochte den Zusammenbruch Deutschlands nur als eine gigantische Version der «Götterdämmerung», ja als ein groteskes Opernspektakel zu erkennen. Darüber täuschte auch die quasitheologische Erhebung nicht hinweg, die er dem dreiundvierzigsten Kapitel vorausschickte: «Ich, ein schlichter deutscher Mann und Gelehrter, habe viel Deutsches geliebt, ja, mein unbedeutendes, aber der Faszination und Hingabe fähiges Leben war der Liebe, der oft verschreckten, der immer bangen, aber in Ewigkeit getreuen Liebe zu einem bedeutend deutschen Menschen- und Künstlertum geweiht, dessen geheimnisvolle Sündhaftigkeit und schrecklicher Abschied nichts über diese Liebe vermögen, welche vielleicht, wer weiß, nur ein Abglanz der Gnade ist.»

100. KAPITEL

Das rituelle Opfer

Zeitblom schrieb noch immer im Getöse des Zusammenbruchs von 1945. In des Autors realer Zeit hatten die Angeklagten im Nürnberger Prozeß ihr Schlußwort gesprochen. Thomas Mann nahm mit staunendem Ärger zur Kenntnis, daß es dem einstigen Reichsmarschall Göring erlaubt worden war, sich vor dem Nürnberger Gericht mit einer zwölfstündigen Tirade zu verteidigen. Er schrieb im Tagebuch, ein paar würden wohl gehenkt werden. Er fragte: «Wozu?»

In der amerikanischen Deutschland- und Europa-Politik kündigte sich im Fortgang des Jahres 1946 ein Umschwung an. Die planenden Köpfe in Washington beugten sich der realistischen Einsicht, daß die Krankheit Deutschlands die Krankheit des Kontinentes sei. Im Mai jenes Jahres befahl der Militärgouverneur Lucius D. Clay, daß sämtliche Reparationszahlungen an die Sowjetunion beendet würden. Natürlich hatte das große Land, das im Zweiten Weltkrieg so entsetzlich verwüstet worden war, Anspruch auf eine deutsche Wiedergutmachung. Indes, die Kommissare des Kreml bedienten sich ohnedies schon kräftig aus der eigenen Zone, oft gegen alle Vernunft. Die Erfüllung ihrer Forderungen an die westlichen Besatzungsgebiete, die weit über die britischen Demontagen hinausreichten, drohte das industrielle Potential Deutschlands, damit aber ganz Westeuropa, auf die Dauer heillos zu schwächen.

Im September hielt Außenminister James Byrnes vor alliierten Offizieren und Repräsentanten der ersten demokratischen Institutionen der Deutschen in der Stuttgarter Staatsoper (die den Bomben entkommen war) eine programmatische Rede, in der er versprach, daß die Vereinigten Staaten, anders als nach dem Ersten Weltkrieg, Europa nicht wieder den Rücken kehren und daß sie keinesfalls in den Isolationismus der zwanziger Jahre zurückfallen würden. Der einstige Richter des Obersten Bundesgerichtes in Washington ließ im Auftrag seines Präsidenten Harry Truman wissen, es sei nun an der Zeit, dem besiegten Land auf die Beine zu helfen: auch gegen den Widerstand der Sowjets, wie er in vorsichtigen Formulierungen andeutete.

Die Kommandeure Stalins hatten unterdessen ihren aggressiven Druck im eigenen Herrschaftsgebiet brutal verstärkt und im April 1946 die Verschmelzung der kommunistischen und sozialdemokratischen Parteien zur Sozialistischen Einheitspartei erzwungen. Thomas Mann schien die Zwangsvereinigung der beiden Linksparteien und die Verfälschung der Wahlen, er schien auch die wachsende Pression der Kommunisten auf die Gewerkschaften und die politischen Gruppierungen in den westlichen Sektoren Berlins, die Berichte von den willkürlichen Verhaftungen und Verschleppungen demokratischer Gegner des neuen Regimes nur flüchtig zu beachten. Die meisten der beunruhigenden Nachrichten aus dem sowjetisch besetzten Deutschland und aus Osteuropa betrachtete er als antikommunistische Propaganda – oder doch als unvermeidliche Konsequenzen des Krieges. Die Stuttgarter Rede des Außenministers bezeichnete er im Tagebuch ohne weitere Begründung als «antirussisch», und er fügte hinzu, daß sie auch eine Zurückweisung der Franzosen sei, die zu jenem Zeitpunkt noch zögerten, sich mit den konstruktiveren Einsichten der Amerikaner und Briten zu befreunden – in einem merkwürdigen Widerspruch zu den Thesen General de Gaulles, der mit früher Hellsicht für eine enge Verbindung Frankreichs und des künftigen Deutschland plädiert hatte: unter seinen Bedingungen.

Der amerikanische Handelsminister Henry Wallace aber – der einzige Politiker in Washington, dem Thomas Mann vertraute – hatte in jenen Wochen mit seinen Warnungen vor einem Bruch des amerikanisch-sowjetischen Kriegsbündnisses sein politisches Generalthema gefunden. In manchen konservativen Winkeln Amerikas begann eine antikommunistische Hysterie aufzuflackern, die

Anlaß genug war, die Bürger zur Vernunft, zur Toleranz und zum Respekt vor den traditionellen Freiheiten des Landes zu mahnen. Das atomare Wettrüsten – die Sowjetunion arbeitete, auch mit Hilfe ihres Spionagenetzes, längst an der Entwicklung eigener Waffen – rief chiliastische Ängste wach, die jener entschiedene Christ aus dem Mittleren Westen wie so viele seiner Landsleute in seiner Seele trug. Seinem Kollegen Byrnes trat er mit öffentlichen Erklärungen entgegen, die den Geboten der Kabinettsdisziplin kaum gerecht wurden, und er scheute sich nicht, einen zwölf Seiten langen Brief an den Präsidenten, in dem er eine Korrektur der Rußlandpolitik verlangte, der Presse zu übergeben. Später verteidigte er sich – puritanische Aufrichtigkeit hin oder her – mit der Notlüge, ein Journalist habe das Memorandum aus den Akten seines Ministeriums gestohlen – daher sei die Veröffentlichung unumgänglich gewesen. Thomas Mann aber meinte, man versuche «alles, den letzten Roosevelt-Mann loszuwerden».

Wenige Tage später trat Henry Wallace von seinem Amt zurück. Er hatte keine andere Wahl, da sich James Byrnes einem Kompromißvorschlag des Präsidenten kategorisch widersetzte und mit seinem eigenen Abschied drohte. Thomas Mann blieb ein ergebener Gefolgsmann des starrköpfigen Nonkonformisten, dessen Protestgesinnung sich mit solch idealistischem Aufschwung den unangenehmen Realitäten verschloß. Mit Wallace verband ihn der gute Wille, der sich durch störende Wahrheiten nicht aufhalten ließ, und der moralistische Elan, der bei ihm aus der Gesinnung des «unpolitischen» Bürgers stammte, noch immer. Bei der leisesten Erschütterung brachen im Gemüt des Dichters jene latenten antiwestlichen Ressentiments wieder durch, die er niemals völlig zu zähmen vermocht hatte. Im Zweifel suchte er die Schuld am verhängnisvollen Gang der Dinge immer zuerst bei den Vereinigten Staaten und ihren Verbündeten, nicht bei der Sowjetunion und ihrem Diktator.

Agnes Meyer mußte wie eh und je seine Kritik an den Zuständen ihres Landes über sich ergehen lassen, wenn er nun auch die Worte ein wenig genauer wog als in manchen früheren Stunden. «Amerika als Ganzes», schrieb er am 1. Dezember 1946, «ist nicht in der glücklichsten Verfassung – moralisch geschädigt durch einen Krieg, der eine Notwendigkeit war, aber böse und schädlich eben doch einfach als Krieg. Das sind die Antinomieen dieses Jammertals. Nun haben wir hier viel Verfinsterung der Gemüter, rohe Habgier, politische Reaktion, Rassenhaß und alle Merkmale geistiger Depression, – worüber man aber das reichliche Vorkommen von gutem Willen und gesunder Vernunft nicht vergessen darf, dessen das Land sich immer noch erfreut. Als Deutscher neigt man natürlich zum Pessimismus und fürchtet zuweilen, das ganze Elend, etwas modifiziert, noch einmal erleben zu müssen, – wovon es kein Emigrieren mehr gäbe, – denn wohin? Aber die geschichtlichen, geistigen und materiellen Bedingungen sind doch ganz anders und weit günstiger hier. Amerika wird schon durchkommen.»

Dieser gedämpfte Optimismus hielt nicht an. Seine Gereiztheit hatte, wie so oft, auch physische Ursachen. Eine Hautkrankheit suchte ihn heim, unter der er Tag und Nacht litt: eine Entzündung in der «Rektalgegend» (wie er sich ausdrückte), die bei ihm eine Zone besonderer Empfindlichkeit zu sein schien. Oft lag er lange wach, hilflos dem Juckreiz preisgegeben, gegen den es kein Mittel zu geben schien. Waren es Hämorrhoiden, an denen er früher schon gelitten hatte? Oder allergische Reaktionen auf den immensen Verbrauch von Medikamenten und Schlafmitteln? Er schleppte sich von Arzt zu Arzt. Keiner wußte gescheiten Rat. Einer der Herren versuchte – nach heutiger Einsicht mit bodenloser Leichtfertigkeit – das Übel durch Röntgenbestrahlung zu vertreiben. Schließlich unterzog ihn eine russisch-jüdische Medizinerin, die in einem der ärmeren Viertel von Los Angeles praktizierte, einer Therapie – er beschrieb ihre Methoden nicht näher –, die ihn nach fünf Behandlungen heilte. Dafür nahm er es auf sich, daß er – daran gewöhnt, stets bevorzugt bedient und behandelt zu werden – im Wartezimmer der populären Ärztin allemal einige Stunden auszuharren hatte.

Dennoch, weiter im «Faustus». Ines Institoris war nach dem Mord an Rudi im Polizeigewahrsam, später dann wohl in einer Nervenheilanstalt verschwunden (ihr ferneres Geschick blieb den Lesern vorenthalten). Damit war auch die zweite Schwester abgetan. Mit dem Knaben Nepomuk, der den lieblichen Namen «Echo» empfing, aber trat noch einmal ein Mitglied der Familie Mann auf. Thomas Mann zeichnete den Enkel Frido mit all jenen Adjektiven der Verzückung, die er im Tagebuch der vergangenen Jahre und in

manchen Briefen festgehalten hatte. Er pries ihn verzückt als ein
«Elfenprinzchen»: «Die zierliche Vollendung der kleinen Gestalt
mit den schlanken, wohlgeformten Beinchen; der unbeschreibliche
Liebreiz des länglich ausladenden, von blondem Haar in unschuldiger Wirrnis bedeckten Köpfchens, dessen Gesichtszüge, so kindlich
sie waren, etwas Ausgeprägt-Fertiges und Gültiges hatten, sogar
der unsäglich holde und reine, zugleich tiefe und neckische Auf-
schlag der langbewimperten Augen von klarstem Blau» – Adrian
konnte sich «nicht satt sehen (...) an so viel Lieblichkeit».

Vom Vater ließ er den Knaben – im Roman – einen prononciert
schweizerischen Akzent erben, der es dem Autor erlaubte, jene
Drolligkeiten, die aus dem Kindermund purzelten, ins Altmodisch-
Älplerische zu verfremden. «Echo» durfte mit seinem «Silber-
Timbre» «Hüsli» sagen statt Haus oder «Öppis Feins» statt etwas
Feines. Es steht dahin, ob die Verlautbarungen des altklugen Winz-
lings damit eine Komik von jener erstrebten Herzigkeit erlangten,
die sich auch dem Leser ohne Abstriche mitteilen konnte. Die Originalität von Kindersprüchen ist für gewöhnlich eher geeignet, Eltern und andere Anverwandte zu erheitern – Fremde finden sie
meist nur halb so lustig. Auch durch Erikas Einspruch ließ sich der
verliebte Großvater nicht bewegen, auf manche der infantilen und
zugleich so merkwürdig überanstrengten Sentenzen Nepomuks zu
verzichten. So ließ er den Fratz sagen: «Echo dünkt es nicht wohl-
anständig, länger noch außer Dach zu bleiben. Es ziemt sich, daß er
ins Hüsli geht, den Oheim zu grüßen.» Es mag wohl sein, daß er
solche Worte von den Lippen des wirklichen kleinen Frido abgele-
sen hatte, dessen Sprache vom Schwyzerdütsch der helvetischen
Mutter, gewiß aber auch vom gehobenen Konversationsstil im
Hause des Großvaters geprägt war. Dennoch hatte Erika mit ihrem
Einwand recht, daß man Kinder so nicht reden lassen sollte. Der
Vater aber war lediglich bereit, einige der kruden Abendgebete des
Kindes, die er einer mittelhochdeutschen Spruchsammlung des
Dichters Fridanc aus dem dreizehnten Jahrhundert entnommen
hatte, seufzend wieder zu streichen. Durch den Griff über das Ba-
rocke und Lutherische zurück ins Mittelalter sollte dieses «Buch
vom Deutschtum» «sprachliche Vertiefung» gewinnen, wie der
Autor später in der «Entstehung» erklärte.

Dem Dichter war die Demonstration seiner Vernarrtheit in das Kind selbst nicht ganz geheuer. Sein Chronist Zeitblom durfte zaghafte Einwände formulieren: «der Erzieher und Lehrer» in ihm, schrieb der Gymnasialprofessor, blieb «etwas besorgt, beunruhigt, ja verlegen (…) angesichts einer freilich anbetungswürdigen Lieblichkeit, die aber doch der Zeit anheimgegeben, und der beschieden war, zu reifen und dem Irdischen zu verfallen. In kurzer Frist würde das lächelnde Himmelsblau dieser Augen seine Urreinheit von anderwärts einbüßen; dies Engelsmienchen von eigentümlich ausgesprochener Kindlichkeit, mit dem leicht gespaltenen Kinn, dem reizenden Mund, der im Lächeln, wenn er die schimmernden Milchzähne sehen ließ, etwas voller wurde, als er in der Ruhe war, und zu dessen Winkel, von dem feinen Näschen her, zwei weich gerundete Züge, die Mund- und Kinnpartie gegen die Bäckchen absetzend, hinuntergingen, würde zum Gesicht eines mehr oder weniger gewöhnlichen Buben werden». Der Überschwang suchte auch den widerstrebenden Serenus heim – ein Zeuge, der dem kritischen Betrachter unfreiwillig bestätigt, daß die Schilderung von Kindern in der Literatur (wie übrigens auch auf der Bühne und im Film) fast so schwierig – und meist so peinlich verkrampft – ist wie die des Liebesaktes.

Die Gefahr der sentimentalen Entgleisung lag um so näher, da Adrian natürlich auch das Glück der Liebe zu diesem Kind versagt sein mußte, das zum Tode verurteilt und zugleich ein anmutiger Bote des Todes war (wie der «Psychagog» im «Tod in Venedig»), dem «Ariel» in Shakespeares «Sturm», freilich auch dem «Euphorion» in Goethes «Faust» nachgebildet. Spukte irgendwo auch das Bild von Abrahams schrecklicher Opferbereitschaft? Das Knäblein Isaak auf dem Altar, über seiner Brust das geschwungene Messer des Todes?

Der Autor hatte beschlossen, das Kind «Echo» durch eine Hirnhautentzündung zu beseitigen, vermutlich – wie Michael Maar in seiner Studie über den «Doktor Faustus» schrieb – der Todesursache des Sohnes von Friedrich Rückert folgend, des Dichters der «Kindertotenlieder», die Gustav Mahler in seinem großen Zyklus vertont hat. Er hatte von seinem Arzt Dr. Rosenthal genaue Auskünfte über den Verlauf der schrecklichen Krankheit eingeholt. Der leibhaftige Frido hielt sich zu jener Zeit bei den Großeltern in Pacific Palisades auf, zu Thomas' Entzücken, der sorgsam vermerkte, wenn er dem Kleinen mit liebender Hand den Pyjama zuknöpfte. Den Todeskampf des «göttlichen Kindes» beschrieb er nach eigenem Zeugnis «mit Leide», doch nicht ohne innere Erhebung. Er bezeichnete später «diese süße und schreckliche Episode» als die «dichterischste wahrscheinlich» des ganzen Romans. Die Familie nahm die beiden Echo-Kapitel «tief bewegt» auf: «Gespräch darüber, Erregung, Freude, Ergriffenheit und Ermüdung», hielt er im Tagebuch fest. Der Dichter selbst war beim Vortrag der rührendsten Passagen des öfteren den Tränen nahe. Auch Erika, die ihre Gefühle meist im Zaume zu halten wußte (wenigstens die weicheren), telegraphierte in der Silvesternacht aus New York: «Read all night. Shall go into newyear with reddened eyes but happy heart.» Der Vater schrieb ins Journal: «Erfreut und bewegt. Wußte, daß sie über Echo weinen würde.»

Nicht alle seiner Getreuen teilten den Enthusiasmus über die Erzählungen vom sonnigen Wesen und düsteren Ende des «Elfenprinzchens». Agnes Meyer, die Ende März 1947 für einen Vortrag an die Westküste kam, zeigte sich laut Tagebuch wenig beeindruckt. Sie hatte fünf Kinder großgezogen und um manches Enkelkind gebangt. Womöglich war ihr nicht ganz geheuer, was sie in einem Brief Thomas Manns im Januar 1947 von dem «wunderbaren Kind» las, «fast überirdisch, ein Elf», das «zu frühem, grausamen Tode bestimmt» sei. «Das ist wahrscheinlich das Beste im ganzen Buch», hatte der Autor auch ihr bekannt.

Der Dichter, bemerkte der vorsichtige Peter de Mendelssohn mit einiger Betretenheit, habe sich hier «doch wohl am Rande der Ruchlosigkeit» gewußt. Seine amerikanische Übersetzerin fragte ihn später, so berichtete er in der «Entstehung»: «How could you do it?» Auf deutsch: «Wie brachten Sie das übers Herz?» Er antwortete, «sie möge aus Adrians Gebaren, aus seinem ‹Es soll nicht sein›, seinem Bruch mit der Hoffnung (…) – sie möge daraus ablesen, wie schwer es mir geworden».

Drückt die Opferung des Kindes tatsächlich – so vermutete Michael Maar – ein Schuldgefühl aus, wie es die Klage des wahnsinnigen Adrian anzuzeigen scheint, ein Schuldbewußtsein, das «unter-

gründig das Leben seines Schöpfers zernagt»? Schuld der kalten
Mißachtung der eigenen Kinder (die vergötterte Erika ausgenommen)? Wenn es sich so verhielt, dann hat Thomas Mann, auch in der
Intimität des Tagebuches, diese Einsicht sorgsam verborgen. Verhüllte er sie am Ende auch vor sich selbst? Das große Schuldbekenntnis Leverkühns – war es nicht, wie es sich für dieses «deutsche
Schicksalsbuch» gehörte, viel mehr ins Allgemeine gerichtet? Blieb
es nicht allem Privat-Persönlichen und damit aller Unmittelbarkeit
entrückt? Nahm es nicht eher die nationale Schuld der Deutschen
und womöglich die Schuld der Menschheit voraus? Das «Tonio-
Kröger»-Motiv mag wohl in die deutsche Generalbeichte vernäht
worden sein. «Das geliebte Leben wird in Kunst überführt»,
schrieb Maar. Genau hierin liege die Schuld. War es so? Irrte Tonio
durch die Vernichtungslager, auf die nun die Welt starrte? Das wäre
ein eher peinlicher Bezug.

Es trifft vermutlich zu, daß Thomas Mann der alten Obsession
des feindlichen Widerspruchs von Leben und Kunst, die er angeblich hinter sich gelassen hatte, noch einmal einen heimlich-unheimlichen Tribut leistete. Doch nichts deutet darauf hin, daß er diesen
Teil der Gesamtschuld jemals als einen persönlichen empfand. Das
schlechte Gewissen, mit dem er an die Objekte des «kalten Blickes»
dachte, zeigte kaum ein Schuld-, noch nicht einmal ein Schamgefühl
an, auch wenn er im Tagebuch (am 18. Juli 1947) notierte, er habe
die «Morde» mit der Lungenoperation bezahlt, «die mit dem Werk
in unzweifelhaftem Zusammenhang stand». Meinte er damit in
Wahrheit nicht, daß er die Ungelegenheiten, die er den karikierten
Zeitgenossen zumutete, schon im voraus durch das Ungemach seiner Krankheit beglichen habe? Die Angst vor Peinlichkeiten und
Ärger, die nagende Furcht vor den Folgen seiner Indiskretionen: sie
hatten mit Schuld und mit Scham wohl nur wenig, doch manches
mit seinem Hang zu einer bequemen Ordnung der Beziehung zu
seiner Umwelt zu tun. Er ertrug es nicht, daß ihm die Freunde, die
Nachbarn, die Bekannten grollten. So sparsam er selbst seinen Vorrat an Wohlwollen verwaltete: der Entzug von Sympathien verstörte ihn allemal. Darum demütigte er sich nahezu, als das Buch auf
den Markt kam, in beschwichtigenden Briefen an die Opfer: leugnend und lügend, Spuren verwischend, Sand in die Augen streuend,

inständig um gut Wetter bittend. Immerhin zog er es vor, der Mutter des Enkels Frido die Lektüre der Echo-Kapitel so lange wie möglich vorzuenthalten, denn es lag nahe, daß sie den Tod des Kindes als ein böses Omen für das Geschick des eigenen Söhnchens betrachten würde. Nicht anders empfand es Frido selbst, als er schließlich erwachsen genug war, den «Doktor Faustus» zu lesen.

Schuld rückte Thomas Mann stets weit von sich weg ins Generelle. In seiner privaten Existenz hielt er sein Leben lang ein unerschütterliches Nichtbetroffensein durch. Er war ein Meister der Verdrängung – darin der Mehrheit seiner deutschen Landsleute (womöglich der Menschen überhaupt) ähnlicher, als es ihm lieb sein konnte. Im verborgenen mochten die ein Leben lang unterdrückten Passionen und Gefühle ein dürftiges Dasein fristen: die kühle Askese aber, die nicht nur seine Sexualität und den Eros, sondern auch seine Liebesfähigkeit mit einem Bann belegt, seine Verständnisfähigkeit gemindert und oft sein Interesse am Nächsten ausgelöscht hatte – sie war Teil seines Wesens, ja das entscheidende Element seiner Persönlichkeit geworden.

Seelenkälte und Sentimentalität haben einander nie widersprochen. So schlimm wie die Skrupellosigkeit, mit der Thomas Mann das angebetete Kind «Echo» dem Zwang der Handlung seines Romanes geopfert hat, war der konsequente Absturz in den Kitsch, den seine Kunst in den Echo-Passagen erfuhr. Die Frau, die Kinder, die meisten der Freunde und Weggenossen schienen so völlig im Bann des Dichters und seines Werkes zu stehen, daß sie das Versagen der künstlerischen Aufsicht über das eigene Schaffen nicht wahrzunehmen schienen.

Es traf sich gut, daß die Familie des Sohnes Michael samt dem kleinen Frido zum Weihnachtsfest 1946 ausblieb. Die Gästezimmer des Hauses im San Remo Drive waren besetzt. Im November hatten sich Katias Zwillingsbruder Klaus Pringsheim und sein Sohn gleichen Namens eingefunden, ihrem freiwillig-unfreiwilligen Aufenthalt in Japan, wo sie seit 1931 lebten, wenigstens für eine Weile entkommen. Der Musikwissenschaftler und Dirigent hatte mit einiger Mühe seine Professur am kaiserlichen Konservatorium bis zum Jahre 1937 zu halten vermocht. Einer möglichen Ausweisung waren er und die Seinen entgangen, weil sie sich – wohl für schweres

Geld – von respektablen japanischen Bürgern hatten adoptieren lassen. Mit Glück hatten sie die Luftangriffe überlebt, die Tokio in Schutt und Asche legten. Nun hoffte Klaus Pringsheim auf die Chance einer neuen Karriere in Amerika. Thomas fragte sich, ob dies einem Dreiundsechzigjährigen gelingen könne (er täuschte sich mit seiner Skepsis nicht). Wohl bezog er von seinem Schwager manchen musikalischen Hinweis für den Roman, doch er konstatierte bald mit leiser Verdrossenheit, daß seine Gastfreundschaft über Gebühr beansprucht werde.

Golo war aus Europa zurückgekehrt. Die «Voice of America» in New York bot dem radioerfahrenen Redakteur eine gutdotierte Stellung in der deutschen Abteilung der New Yorker Zentrale an. Zugleich öffnete sich ihm die Chance, im Pomona College Geschichte zu lehren. Die kleine Anstalt zählte nicht zu den großen Hochschulen des Landes, aber sie war nur einen Sprung weit von Los Angeles entfernt – und Golo war es vermutlich leid, einer journalistischen Aufgabe in Regierungsdiensten genügen zu müssen. Er hatte einen Freund mitgebracht, der im Hause nächtigte. Überdies war mit ihm auch Monika aus New York herübergekommen. So mußte der Vater auch seiner Favoritin Erika raten, sie möge ihren Weihnachtsbesuch verschieben, bis sie mehr Ruhe miteinander fänden.

Golo, damals der einzig klare politische Kopf der Familie, bewies die Vorzüge seiner Erfahrung. Er überzeugte den Vater, daß es nicht vernünftig sei, wenn er einen kleinen Text über die Notwendigkeit einer «Weltregierung», den er nicht lange zuvor für eine Vereinigung unter jener idealistischen Zielsetzung formuliert hatte, der Zeitschrift «The New Republic» übergeben würde, die nun unter der Direktion von Henry Wallace erschien. Das Blatt war damals die wichtigste Plattform der Opposition gegen die Außenpolitik Harry Trumans. Der Sohn Golo hieß den Kurs der Regierung in seinen wesentlichen Zügen gut. Auch der Vater begrüßte – wenige Wochen später – die Ernennung George Marshalls, Generalstabschef im Zweiten Weltkrieg und der eigentliche Organisator des militärischen Sieges, zum Nachfolger von James Byrnes als Außenminister der Vereinigten Staaten. Er habe «das Gefühl, dass die Wahl gut war, und dass er der Mann ist, den das Land braucht», schrieb er an Agnes Meyer. Dem Vorgänger weinte er keine Träne nach. Er verdächtigte ihn – und mehr noch Winston Churchill – «suspekter Deutschfreundlichkeit», wie er in der «Entstehung» ein wenig fahrlässig sagte.

Die Mahnung des Sohnes zur Vorsicht erwies sich bald genug als angebracht: Das Kongreßkomitee, das sich die Beobachtung sogenannter «unamerikanischer Aktivitäten» zur Aufgabe gemacht hatte, denunzierte in seinem jüngsten Bericht auch die Arbeit der «Library of Congress», die als eine «Zuflucht» für Fremde und «ausländisch gesinnte Amerikaner» bezeichnet wurde. Zählte man Thomas Mann dazu, schon damals?

Am Weihnachtsabend 1946 vermerkte er, daß er sich am «Faustus»-Kapitel vorwärts taste: dem vorletzten, dessen Anfang der Chronist Zeitblom auf den 25. April 1945 datierte, fünf Tage vor dem Tod Adolf Hitlers. Seine Betrachtungen über das deutsche Geschick nahmen einige Sätze wieder auf, die der Autor angesichts des deutschen Zusammenbruchs unter dem Titel «Das Ende» niedergeschrieben hatte. Selbst auf das fragwürdige Verdammungswort, daß sein Volk «mit sich selbst eingeschlossen wird leben müssen wie die Juden des Ghetto», wollte er nicht verzichten. Er fragte ein weiteres Mal, ob nicht «alles Deutschtum, auch der deutsche Geist, der deutsche Gedanke, das deutsche Wort von dieser entehrenden Bloßstellung mitbetroffen» seien. Er fragte weiter: «War diese Herrschaft nicht nach Worten und Taten nur die verzerrte, verpöbelte, verscheußlichte Wahrwerdung einer Gesinnung und Weltbeurteilung, der man charakterliche Echtheit zuerkennen muß, und die der christlich-humane Mensch nicht ohne Scheu in den Zügen unserer Großen, der an Figur gewaltigsten Verkörperungen des Deutschtums ausgeprägt findet?»

Wer war gemeint? Zeitblom gab keine Auskunft. Thomas Mann hatte zweifellos vor allem Martin Luther im Auge. Vielleicht auch Friedrich den Großen, den Helden der wirren Skizzen, mit denen Bruder Heinrich beschäftigt war (Thomas hatte einst selbst einen biographischen Roman über den «Philosophen von Sanssouci» schreiben wollen)? Womöglich Goethe, den der Dichter von der Mitschuld am deutschen Verhängnis nicht völlig freisprach? Bismarck, den Heinrich noch immer verehrte? Nietzsche, den er in

Gestalt des Adrian Leverkühn zur letzten Etappe seiner teufelskranken Besessenheit geleitete?

Er arbeitete nun – wie sein Tonsetzer – «in einer Art von Taumel dahinreißender schöpferischer Aktivität» an der «Symphonischen Kantate ‹Dr. Fausti Weheklag›», für deren Komposition er noch einmal die Hilfe Adornos aufgeboten hatte, denn es galt, ein «ungeheueres Variationenwerk der Klage» zu entwerfen – «negativ verwandt als solches dem Finale der ‹Neunten Symphonie› mit seinen Variationen des Jubels», ja das musikgeschichtliche «Gegenstück in des Wortes schwermütigster Bedeutung» zu Beethovens krönendem Opus. Das Thema der Hetaera Esmeralda, mit dem alles Unheil begann, wurde in zwingender Logik noch einmal aufgenommen. Der Teufelskreis schloß sich. Adornos Einspruch aber brachte es schließlich zuwege, den Autor zum Verzicht auf die Beschwörung des Rettenden zu überreden, mit der er am Schluß denn doch den Einklang mit dem Finale Goethes erzwingen wollte. Er begnügte sich mit dem «hohen g eines Cellos»: «das letzte Wort, der letzte verschwebende Laut, in Pianissimo-Fermate langsam vergehend. Dann ist nichts mehr, – Schweigen und Nacht. Aber der nachschwingend im Schweigen hängende Ton, der nicht mehr ist, dem nur die Seele noch nachlauscht, und der Ausklang der Trauer war, ist es nicht mehr, wandelt den Sinn, steht als ein Licht in der Nacht.»

Es blieb – dem letzten gespenstischen Auftritt Hugo Wolfs vor seinen Freunden fast im Wortlaut nacherzählt – die Abschiedsrede Adrian Leverkühns, der er das Christuswort «Wachet mit mir» aus dem Garten Gethsemane voranstellte. Wie im Esmeralda-Brief und im Teufelsgespräch wies wieder ein parodistisch-krudes Lutherdeutsch den Weg in den Abgrund. Der Tonsetzer war nun ganz dem Wahnsinn verfallen. In einer Nachschrift zeichnete der Dichter die letzten Stationen nach. Sie entsprachen dem Ende Friedrich Nietzsches unter der Obhut der Mutter. Am 25. August 1940 ließ er Adrian Leverkühns Leben ein Ende finden. Zeitblom berichtete: «Am offenen Grabe auf dem kleinen Friedhof von Oberweiler standen mit mir, außer den Angehörigen, Jeannette Scheurl, Rüdiger Schildknapp, Kunigunde Rosenstiel und Meta Nackedey, dazu eine unkenntlich verschleierte Fremde, die, während die Erdschollen auf den eingebetteten Sarg fielen, wieder verschwunden war.»

Zeitblom fügte seinem Verzeichnis der Trauergäste die später oft zitierten Sätze an: «Deutschland, die Wangen hektisch gerötet, taumelte dazumal auf der Höhe wüster Triumphe, im Begriffe, die Welt zu gewinnen kraft des einen Vertrages, den es zu halten gesonnen war, und den es mit seinem Blute gezeichnet hatte. Heute stürzt es, von Dämonen umschlungen, über einem Auge die Hand und mit dem andern ins Grauen starrend, hinab von Verzweiflung zu Verzweiflung. Wann wird es des Schlundes Grund erreichen? Wann wird aus letzter Hoffnungslosigkeit, ein Wunder, das über den Glauben geht, das Licht der Hoffnung tagen? Ein einsamer Mann faltet seine Hände und spricht: Gott sei euerer armen Seele gnädig, mein Freund, mein Vaterland.» – So schloß das Buch, das der Dichter selbst als ein «Symbol der deutschen Welt-Einsamkeit» beschrieb.

Am 29. Januar 1947 waren eine halbe Stunde vor zwölf Uhr mittags die letzten Worte des «Doktor Faustus» zu Papier gebracht: «Bewegt immerhin», notierte er im Journal. Dann unternahm er den üblichen Gang zum Amalfi Drive, wo er einst gewohnt hatte. Er ging fast bis zum Ozean hinab: «K. beglückwünschte mich auf der Rückfahrt. Mit Grund? Ich anerkenne die moralische Leistung.» Am Abend ins Kino. Er sah mit Katia und dem Schwager einen Film, der nach einer Vorlage von Somerset Maugham gedreht war. Zum Essen Veuve Cliquot. Dann Schuberts «Winterreise».

Dies blieb lange die bestimmende Formel: seine tiefe Genugtuung über die «moralische Leistung», die ihn befähigt hatte, «so etwas durchzuhalten», wie er an Erich von Kahler schrieb. Es sei «ja kein alltägliches Vorkommnis», betonte er in einem anderen Brief an Kahler, «daß einer mit 70 sein ‹wildestes› Buch» schreibe: «Der Epochen-Roman, wie eben ich ihn allenfalls geben konnte, ist damit gegeben.»

Die Vollendung des Werkes war, wie er sich selbst und den Freunden immer wieder bestätigte, vielen Widrigkeiten abgetrotzt: dem Hader mit Deutschland, dem wachsenden Mißtrauen gegen die amerikanische Umwelt, dem Alter, der Krankheit, der schweren Operation. An Hans Reisiger, den Wiederauferstandenen, schrieb er: «Sie glauben nicht, lieber Freund, wie dieses in jeder Beziehung problematische Werk mir nahe gegangen ist. Es ist von Anfang bis zu Ende in einem Zustand tiefer Erregung, tiefer Aufgewühltheit und Preisgabe geschrieben, und die vier Bände ‹Joseph›, die ich doch gern ein Menschheitslied nenne, waren das reine Opernvergnügen im Vergleich damit. Das war Epik; dies ist etwas anderes, Schrecklicheres, – obgleich einiges Heitere, auch etwas Lieblich-Tränenlösendes darin vorkommt, die Geschichte des Kindes Echo. Ich kann doch manches ausdrücken, aber ich kann nicht ausdrükken, warum es so schrecklich ist. Daß ich ernstlich krank wurde mittendrin, war kein Zufall, es war das Buch, das mich verzehrte. Warum? Weil es, geschrieben während des Krieges, in tiefer Trennung von Europa und allen persönlichen Beziehungen dort, sich immerfort mit dem deutschen Charakter und Schicksal beschäftigt? Weil die von einem anderen aufgezeichnete Biographie, als die es sich gibt, soviel Unheimlich-Autobiographisches, das kalte Bild meiner Mutter, das Zugrundegehen meiner Schwestern enthält und schließlich das arge Leben Adrian Leverkühns nicht nur ein Symbol ist für das Verderben Deutschlands, die Krisis der Epoche, die Krisis der Kunst etc., sondern auch eine versetzte, verschobene, verzerrte, dämonische Wiedergabe und Bloßstellung meines eigenen Lebens?» Er fügte hinzu: «Das sind Fragen, die viel von Feststellungen haben.» Mußten die alten Tagebücher beseitigt werden, weil sie die angedeutete «Bloßstellung» dokumentarisch bestätigt hätten?

Er war nicht gewiß, ob der Roman – sein «Parsifal», wie er immer wieder sagte – als «Kunstwerk» geglückt war. Ob jenseits der «moralischen Leistung» noch «etwas Anerkennenswertes» an dem Buch sei, müsse die Zukunft lehren, schrieb er Hermann Hesse wenige Tage nach der Vollendung. Seine Unsicherheit hatte gute Gründe. Es mag wohl sein, daß die Unausgewogenheit der Komposition, die barocke Kunstsprache, in deren Gestrüpp er sich manchmal verlor, der Mangel an stilistischer Geschlossenheit und die gelegentlichen Abstürze in die schiere Kolportage der Fragwürdigkeit des geistigen Konzepts entsprachen.

Ließ sich die Katastrophe in ruhigem Ernst aus der Besessenheit eines Volkes erklären? War Thomas Manns Bild vom Triumph des «deutschen Dämons», der sich – seit Martin Luther vorbereitet – im Dritten Reich erfüllte, nicht in Wahrheit eine letzte und düstere

Huldigung an den romantischen Nationalismus, dem der Dichter niemals entkommen war? War das Buch selbst nicht ein grandioses Dokument des deutschen «Sonderweges»? Wurde die komplexe Wirklichkeit, in der die Diktaturen des zwanzigsten Jahrhunderts gedeihen konnten – die deutsche wie die russische –, durch den Roman, der ganz vom Geist des neunzehnten Jahrhunderts geprägt war, nicht eher verdunkelt? Stand er im Dienst der Aufklärung, der Thomas Mann mit einem Teil seines Wesens und seines Werkes denn doch zu dienen bemüht war? Oder war es, womöglich gegen den Willen des Autors, von der Widervernunft der Gegenaufklärung durchdrungen?

Fragen über Fragen. In seinem großen Essay «Die Deutschen in ihrem Jahrhundert» sagte Christian Graf von Krockow, man spreche «vom ‹Dämon› Hitler oder vom deutschen ‹Verhängnis› – und rettet sich im übrigen in die Schuldzuweisungen, sei es an den Volkscharakter der Deutschen – von dessen Fatalität vor dem Ausgang des 19. Jahrhunderts allerdings nie jemand etwas bemerkt hatte – oder an den Kapitalismus – als ob es den in den anderen, westlichen Ländern nicht ebenso gegeben habe, ohne zum Faschismus zu führen.» Daraus folge, bemerkte der Historiker zu Recht, nur neue «Mystifikation» und eine weitere «Kapitulation der Vernunft». Die Debatte über den «Doktor Faustus» und das deutsche Schicksal, von dem er kündete, die in tausend Artikeln und Kommentaren lange Jahre durch Deutschland, durch Europa, durch die Welt wogte, bot dafür Hinweise genug. Die Leidenschaft der Auseinandersetzung aber war geeignet, Thomas Manns Landsleute der gründlicheren Besinnung über die Schuld und ihre Ursachen, die Verantwortung und ihre Forderungen auf pathetische und manchmal leidverliebte Weise zu entheben. Thomas Mann hätte dem Buch auch den Untertitel «Bekenntnisse eines Überdeutschen» geben können.

Der Freund Alfred Neumann fragte in einem von tiefer Ehrfurcht durchdrungenen Brief über den «Doktor Faustus»: «Ob es Ihr größtes Buch ist? Es drängt mich, es zu bejahen aus meiner eigenen Erregung heraus und wegen seiner schlechthin phänomenalen Stellung innerhalb Ihres Œuvre: nämlich, daß diese Ihre Schöpfung so etwas wie eine Eigen-Dämonie entwickelt». Er sagte dies mit dem

Blick auf den Autor, den das «Eigenschicksal» des Romans «nicht
unbedrohlich durchdrungen» habe, aber doch wohl auch mit dem
Blick auf die Beunruhigung, die von dem Buch ausging. Es mag in
der Tat Werke geben, die durch die Interpretation und nicht durch
ihre künstlerischen Energien am Leben bleiben: eine Existenz zweiter Hand, die ihren eigenen Reiz hat.

Der Bruder Viktor Mann schrieb auf den letzten Seiten seiner
Memoiren, das Buch sei «schwer»: «Schwer wie das Leid, das den
Dichter in dies Schmerzenswerk zwang.» Es erschließe sich ebenso
schwer, und darin liege Gefahr, denn es sollte nicht nur einer «geistigen Elite» zugänglich sein. Ein «Volksbuch» konnte dieser
«Doktor Faustus» freilich nicht werden. Die breite Leserschaft, die
auch der «Zauberberg» gewonnen hatte (von den «Buddenbrooks»
nicht zu reden), vermochte er nicht zu erobern. Er wurde – in pas-
sioniertem Für und Wider – für ein oder zwei Jahrzehnte eine Art
«Kultbuch» der deutschen Intellektuellen – nicht der angelsächsischen, nicht der französischen, nicht der italienischen, trotz der Erfolge, die ihm auch in jenen Ländern beschert waren. Ein unbefangener Amerikaner, der den «Faustus» vier Jahrzehnte nach seiner
Entstehung zu lesen versuchte, stellte den Band mit einem verlegenen Lächeln zur Seite. «Really, a very German book», sagte er:
Gewogen und für zu schwer befunden.

Nietzsche oder: Die Signale des Gestern

Wie er es gewohnt war, wandte sich Thomas Mann fast unverzüglich der nächsten Aufgabe zu, um den drohenden Depressionen nach dem Abschluß eines großen Werkes zu entkommen. Der «Faustus» forderte noch diese und jene Korrekturen (bei denen der Vater alles in allem willig Erikas sorgsamen Vorschlägen folgte), kleine Ergänzungen, eine Prüfung der Einteilung. Doch schon am 9. Februar 1947, nur elf Tage nachdem die letzten Sätze des Buches geschrieben waren, vermerkte er im Journal: «Wandte mich dem Nietzsche-Vortrag zu.» Indessen, es gab ein zweites Projekt, das er intensiver ins Auge zu fassen begann.

«Nun aber nie wieder Roman!» hatte er zu Neujahr Karl Kerényi zugerufen: «Sondern für den Rest meines Lebens nur noch kurze, in gemessener Zeit abzutuende Sachen.» In Wirklichkeit hatte er längst einen Erzählstoff ins Auge gefaßt, der nach aller Erfahrung über eine Novelle hinauswachsen würde. Im Herbst 1945, als er sich nach Sujets umschaute, die das musikalische Genie seines Adrian Leverkühn herausfordern könnten, war er auf die Legende vom heiligen Gregor gestoßen, die in den «Gesta Romanorum» verzeichnet war, einer Sammlung von Fabeln aus dem dreizehnten und vierzehnten Jahrhundert, manche schon in römischer Zeit verwurzelt, aus der sich auch vor ihm mancher Dichter Europas bedient hatte: Boccaccio für sein «Decamerone», Chaucer für seine «Canterbury Tales», der Nürnberger Handwerker und Stückeschreiber Hans Sachs für seine Schwänke, selbst Friedrich Schiller. Die Geschichte von der sündhaften Zeugung und blutschänderischen Ehe des nachmaligen Papstes, in der Ödipus eine christliche Renaissance erlebte, konnte den Autor, der einst «Wälsungenblut» geschrieben hatte, nicht gleichgültig lassen. Es gab keinen Zweifel, daß sich hier die nächste Etappe seiner produktiven Unternehmen annoncierte. Mit Erika, die im März am Ende ihrer lecture tour von New York herüberkam, erwog er freilich auch eine Fortsetzung des «Felix Krull».

Die Niederschrift des Nietzsche-Essays brachte er in gut vier Wochen hinter sich: neununddreißig Seiten konzentrierter Prosa, von der er später etwas hochnäsig sagte, daß sie – wie es die Umstände verlangten – ein wenig volkstümlich geraten seien. In Wahrheit brachte er es zuwege, die intellektuelle Substanz des «Faustus» in eine Abhandlung zu übersetzen, deren Sprache ebenso ambitioniert wie glanzvoll war. Der Inhalt geriet ihm, gegen jede Absicht, zu einem Dokument der inneren Spannungen seines Wesens, die sich mit dem Hinweis auf die «unverbrüchliche Kontinuität» (bei Wagner) und die «eiserne Konsequenz» (bei Tolstoi), also die bruchlose Folgerichtigkeit im Werk großer Männer nicht aus der Welt reden ließen. Dem aufmerksamen Betrachter offenbarte der Vortrag Brüche genug.

Zu Anfang glückten ihm mit den Zitaten aus «Hamlet» einige poetische Pointen von besonderer Schönheit. Vielleicht eilte er danach ein wenig zu rasch durch Nietzsches Jugend. Es läßt sich kaum behaupten, daß er ins Milieu des protestantischen Pfarrhauses mit Aufmerksamkeit eingedrungen sei. Die religiöse Prägung, die Friedrich Nietzsche in seiner Kindheit empfing – sie spiegelte sich hernach in der Leidenschaft seiner Verneinung und manchmal im Orgelton seiner Sprache –, nahm er nur flüchtig wahr: sie entsprach nicht der eigenen Erlebniswelt. Die Erfahrung des Religiösen hatte sich für ihn lange in schierer Sentimentalität und frommer Moral erschöpft, wie es dem «Kultur-Protestantimus» entsprach, in dem er aufgewachsen war; später, bei der Arbeit am «Joseph», übersetzte sie sich in Mythos und Psychologie.

Er wollte ohne lange Umwege zu seinem Generalthema gelangen: Nietzsches Krankheit, die ihn aus «einer hochbegabten Edelnormalität» zum «Sich-Versteigen in tödliche Höhen» trieb. Gedrängt erzählte er die Geschichte der Kölner Heimsuchung nach, die in die Hetaera-Esmeralda-Kapitel des «Doktor Faustus» Eingang gefunden hatte. Er deutete die fragwürdige These an, Nietzsche habe die syphilitische Ansteckung als «Selbstbestrafung» absichtlich auf sich gezogen: die Heimsuchung, die «sein Leben zerrütten, aber auch ungeheuer steigern» sollte – ja von der auch eine «teils glückliche, teils fatale Reizwirkung auf eine ganze Epoche ausgehen» sollte.

Er hatte gute Gründe, den «Zarathustra» mit knappen Strichen abzufertigen. Es sei, sagte er, dank seiner «biblischen Attitüde» das «populärste» seiner Bücher geworden, von dem Philosophen selbst – nicht erst an der Schwelle des Wahnsinns – grotesk überschätzt. Vielleicht hätte er gründlicher danach fragen sollen, wie es zuging, daß dieses Buch zu einer Art Pubertätsevangelium von zwei oder drei Generationen werden konnte: die heilig-unheilige Schrift einer Gegenaufklärung, die mit den gewaltigen Wolkengebirgen ihres Pathos so viele Köpfe unselig zu vernebeln vermochte.

Thomas Mann hielt es mit dem Kritiker und Kulturphilosophen Nietzsche, dem Autor von «Jenseits von Gut und Böse» und der «Genealogie der Moral», mit dem Schüler Schopenhauers, von dem er die Einsicht übernahm, von der die «Tonio Kröger-Welt» so völlig bestimmt war: daß das Leben «nur als ästhetisches Phänomen (…) zu rechtfertigen» sei. Aber er gab auch klar zu verstehen, daß er sich von dem «heroischen Ästhetizismus» jener Tage weit entfernt hatte, und er beschönigte nicht länger die «trunkenen Botschaften von Macht, Gewalt, Grausamkeit und politischem Betrug», zu denen der «Gedanke des Lebens als Kunstwerk» in Nietzsches späteren Schriften so «glänzend degeneriert» sei. Allerdings, fügte er entschuldigend hinzu, habe der Dichter-Philosoph dies «im Sinn eines höheren, tieferen, stolzeren, schöneren Menschentums gemeint und sich sozusagen ‹nichts dabei gedacht› – jedenfalls nichts Schlechtes, wenn auch eine Menge Böses». Denn, interpretierte er den «Immoralisten», denn «alles, was Tiefe hat, ist böse; das Leben selbst ist tief böse, es ist nicht von der Moral ausgedacht, es weiß nichts von ‹Wahrheit›, sondern beruht auf Schein und künstlerischer Lüge, es spricht der Tugend Hohn».

Er ließ sich von dem Taumel nicht anstecken, der in der Schöpfung eine «massive und sinnlose Ausgeburt des Willens zur Macht» erkennen wollte, «über deren Sinnlosigkeit und kolossale Unmoralität (…) man sich zu entzücken habe». Thomas Mann fügte hinzu, Nietzsches Huldigungsruf sei nicht «Hosianna!», sondern «Evoe!» – und dieser Ruf habe einen «außerordentlich gebrochenen und gequälten Klang». (Das «Hosianna» war den Zuhörern und Lesern, das durfte er voraussetzen, aus der Bibel vertraut. Aber woher sollten sie wissen, sofern sie nicht Zöglinge humanistischer Gymnasien waren, daß «Evoe» der Jubelschrei der Jünger des Dionysos war? Er selbst hatte nie Griechisch gelernt.)

Seine Hauptkritik setzte bei zwei «Irrtümern» an, die «das Denken Nietzsche's verstören und ihm verhängnisvoll werden». Zum ersten: wenn man bedenke, «wie völlig bei der großen Mehrzahl der Menschen der Wille, der Trieb, das Interesse den Intellekt, die Vernunft, das Rechtsgefühl beherrschen und niederhalten», so gewinne «die Meinung etwas Absurdes, man müsse den Intellekt überwinden durch den Instinkt». Der zweite von Nietzsches Irrtümern sei «das ganz und gar falsche Verhältnis, in das er Leben und Moral zueinander» bringe. Er selbst brachte es freilich noch immer nicht zuwege, der Antithetik, die sein Denken so lange bestimmt hatte, ein für allemal adieu zu sagen. Der «wahre Gegensatz», sagte er, sei der «von Ethik und *Ästhetik*»: «Nicht die Moral, die Schönheit ist todverbunden, wie viele Dichter gesagt und gesungen haben»: Platen schickte seinen vertrauten Gruß.

Es gab Wichtigeres, Thomas Mann wußte es wohl. Die aufgeklärte Menschheit meinte in jenen Jahren, wohl nicht völlig zu Unrecht, in dem Künder des «Übermenschen», der den so nervösempfindsamen Kulturkritiker am Ende dominierte, einen «Schrittmacher, Mitschöpfer und Ideensouffleur» des Faschismus zu erkennen. Thomas Mann aber setzte, ein wenig zögernd, zu dem problematischen Versuch an, «Ursache und Wirkung umzukehren». Er wagte die Vermutung, daß nicht Nietzsche «den Faschismus gemacht» habe, «sondern der Faschismus ihn». Damit wollte er sagen: der «politikferne» Philosoph habe, «unschuldig-geistig (…) als sensibelstes Ausdrucks- und Registrierinstrument (…) den heraufsteigenden Imperialismus vorempfunden und die faschistische Epoche des Abendlandes (…) als zitternde Nadel angekündigt».

Mit dieser nicht allzu lauteren Spekulation verteidigte der Autor der «Betrachtungen» in Wirklichkeit sich selbst. Wohl gab er zu, daß es schlimm um Nietzsche stehe, wenn das Wort «An ihren Früchten sollt ihr sie erkennen» seine Wahrheit habe. Er zeigte auf Oswald Spengler, den er einst für den Preis der Nietzsche-Gesellschaft vorgeschlagen hatte, und nannte ihn, nicht zum erstenmal, mit einer genial verkürzenden Formel Nietzsches «klugen Affen». Dann freilich verlor er sich im Gestrüpp seiner defensiven Bemühungen. Man solle sich doch nicht täuschen lassen, sagte er: «Der Faschismus als Massenfang, als letzte Pöbelei und elendestes Kultur-Banausentum, das je Geschichte gemacht hat, ist dem Geiste dessen, für den alles sich um die Frage ‹Was ist vornehm?› drehte, im tiefsten fremd; er liegt ganz außerhalb seiner Einbildungskraft, und daß das deutsche Bürgertum den Nazi-Einbruch mit Nietzsche's Träumen von kulturerneuernder Barbarei verwechselte, war das plumpste aller Mißverständnisse.»

Ging es so einfach zu? Die Fälschungen, mit denen Nietzsches Schwester Elisabeth das Werk des Bruders für die bequeme Plünderung durch den Nazismus zurechtfrisiert hatte, waren zu jener Zeit noch nicht aufgedeckt. Dennoch: wer Augen hatte zu sehen und Ohren zu hören, konnte sich kaum der Einsicht entziehen, daß Nietzsches elitärer Appell das Seine getan hatte, um die Barrieren zu sprengen, die das «gebildete Bürgertum» und die sogenannte «Welt des Geistes» von dem Machtrausch hätte fernhalten müssen, von dem sich Deutschland mit dem Anbruch des Nazismus nicht zum erstenmal überwältigen ließ. Der Verfasser der «Betrachtungen» konnte und wollte das nicht wahrhaben. Die Besinnung der «Vornehmen» auf die alten Werte, die den besten Söhnen des deutschen Adels, einigen gewissenhaften Bürgern und einer Handvoll ungebeugter Sozialisten den Todesmut für den Opfergang in die Résistance und zum Zwanzigsten Juli gab, war zu spät gekommen: sie konnten nichts mehr retten, nicht für Deutschland, nicht für Europa, nicht für sich selbst – nur einen unzerstörbaren Begriff des Anstandes (aber das war viel).

Es trifft wohl zu, daß Nietzsche den Nationalismus des Bismarckschen Reiches, die antifranzösischen Ressentiments, den Antisemitismus, das Machtgeschrei und die Geistferne der Epoche aus

tiefster Seele verachtet und gehaßt hat. Aber die Signale, die er selbst
für den Aufbruch zum Amoklauf gegeben hatte, ließen sich so einfach nicht fortzaubern. Sein Verteidiger Thomas Mann schien nicht
zu verstehen, daß der Machtanspruch einer artifiziellen Elite, dem
Nietzsche das Wort redete, in der modernen Gesellschaft konsequent eine Form der Herrschaft bedingt, die sich in Wirklichkeit auf
die «Massen» samt ihrer Barbarei stützen muß. Mit anderen Worten:
er konnte sich nur in der Diktatur erfüllen. Es gab das eine nicht ohne
das andere: der arrogante Traum von einer Auslese der «Edlen» und
die «letzte Pöbelei» des Faschismus – beides gehörte zusammen. Die
Gefolgsleute der elitären Zirkel um Stefan George, auch um Ernst
Jünger, diesen radikalen Analytiker des Krieges, hatten dies sowenig
begriffen wie er, vielleicht auch Hugo von Hofmannsthal nicht.
Ernst Bertram, dem Thomas Mann eine tiefere Vertrautheit mit
Nietzsche verdankt – auch wenn sich Bertram niemals aus den Ver-
blasenheiten der George-Welt löste –, marschierte entschlossen auf
dem Irrweg in die schrecklichsten Dunkelheiten des Dritten Reiches.
Thomas Mann hatte sich vom George-Kreis, erst recht von Jüngers
Anhang stets entfernt gehalten. Dennoch, er war in den Grundirrtum
der «Vornehmen» tiefer verstrickt, als es ihm jemals deutlich wurde.
Der Nietzsche-Essay machte es offenbar.

Der Autor verriet nur eine tiefe Unsicherheit, als er sich mit verkrampftem Eifer bemühte, Nietzsche am Ende halbwegs für eine
sozialistische Weltsicht zu gewinnen. Wohl sagte er, der Philosoph
habe «die faschistische Komponente der nachbürgerlichen Zeit
scheinbar bejaht» – es kam ihm auf das «scheinbar» an – «und die
sozialistische verneint, weil diese die moralische war». Doch dann
behauptete er, sein Kulturbegriff habe «hie und da eine starke sozialistische, jedenfalls nicht mehr bürgerliche Färbung». Er habe sich
«gegen das Auseinanderfallen von Gebildeten und Ungebildeten»
gewandt. Von «Arbeiterfeindschaft» zeuge es nicht, im Gegenteil,
wenn er gesagt habe: «Die Arbeiter sollen als Soldaten empfinden
lernen: ein Honorar, ein Gehalt, aber keine Bezahlung. Sie sollen
einmal leben wie jetzt die Bürger; aber *über* ihnen, sich durch Be-
dürfnislosigkeit auszeichnend, die *höhere* Kaste, also ärmer und
einfacher, aber im Besitz der Macht.»

Dem Interpreten entging, daß der erste Teil des Satzes auch von

Ernst Jünger stammen könnte. Der zweite entsprach einem Ideal, das die Nationalsozialisten, ins Simple übersetzt, unermüdlich propagierten. Thomas Mann aber verkürzte das Problem auf den Satz, daß es «zuletzt nur zwei Gesinnungen und innere Haltungen» gebe: «die ästhetische und die moralistische». Der Sozialismus aber sei «streng moralische Weltansicht».

Nachdem er den Nietzsche-Vortrag einigen Gästen – unter ihnen Max Horkheimer, Eva Herrmann und Liesl Frank – vorgelesen hatte, begegnete er dem Einwand, daß «Fascismus und Sozialismus eben doch keine reinen Gegensätze» bildeten. Wenige Tage später gestand er in einem Brief an Agnes Meyer, der «schwache Punkt» des Essays sei «die strikte Opponierung von Fascismus und Sozialismus». Auch der Faschismus enthalte «sozialistische (oder pseudo-sozialistische) Elemente (...) und manche anti-kapitalistische Aeußerung» Nietzsches könne «ebenso gut fascistisch gedeutet werden».

Vielleicht veranlaßte ihn jene Kritik, die «Nachbarschaft (...) von Ästhetizismus und Barbarei» nun schärfer zu betonen. Er sagte, diese «unheimliche Nähe» habe man «gegen Ende des neunzehnten Jahrhunderts noch nicht gesehen, gefühlt, gefürchtet». Als Zeuge führte er Georg Brandes an, den Dänen jüdischer Herkunft. Er hätte auch sich selbst nennen können. Immerhin fand er es nun angebracht, «Nietzsches Romantisierung des Bösen» an der Erfahrung der Epoche zu messen. Wir seien, rief er, «nicht mehr Ästheten genug, uns vor dem Bekenntnis zum Guten zu fürchten, uns so trivialer Begriffe und Leitbilder zu schämen wie Wahrheit, Freiheit, Gerechtigkeit». Ein wenig angestrengt stellte er fest, Nietzsches Moralkritik sei «eine letzte Form der Aufklärung». Zumindest er selbst hatte sich mit dieser These, nach einer beschwerlichen und manchmal orientierungslosen Wanderschaft durch die romantische Denklandschaft seiner jungen Jahre, wieder der Schar der Aufgeklärten zugesellt.

Die öffentliche Lesung des gesamten Textes verbot sich: sie hätte mehr als zwei Stunden gebraucht. Erika nahm es auf sich, die Arbeit um gut die Hälfte zu kürzen. Die Eingriffe hätten «große Opfer gekostet», klagte der Vater nach Washington. Es sei dabei aber auch «manches weggefallen, was anstössig hätte wirken können», fügte er hinzu. Dieser Hinweis deutet an, daß auch Agnes Meyer, die das Manuskript aufmerksam las, kritische Vorbehalte angedeutet haben mag (ihr Kommentar wurde, wie er es nun mit den meisten ihrer Briefe hielt, nicht aufbewahrt). Ende März hatte sie sich einige Tage lang in Los Angeles aufgehalten. Es ist anzunehmen, daß er sich mit ihr nicht nur über den Auftritt in der Library of Congress, der für den 29. April festgelegt war, sondern vor allem über die Europareise unterhielt, zu der er – nun endlich doch! – zwei Wochen später aufbrechen wollte.

Deutschland oder nicht? Er fürchtete, das Verhältnis zu der Heimat und ihren Menschen werde von neuem Schaden leiden, wenn er sich weigere, seinen Fuß auf deutschen Boden zu setzen. Tiefer noch fürchtete er die Konfrontation mit der Zerstörung des Landes, mit den verheerten Städten, in denen er gelebt hatte, mit der Feindseligkeit der Zurückgebliebenen, den Mißverständnissen. Er zögerte. Er schwankte. Er quälte sich. Er prüfte das Für und Wider ein ums andere Mal mit Katia und mit Erika, die ihn eifernd davor warnte, das Wiedersehen mit dem Land seiner Herkunft zu wagen. Er sog mit angstvollem Interesse jede Nachricht auf, die aus Deutschland zu ihm herüberkam. Aufatmend vermerkte er, daß bei der deutschen Jugend ein Bedürfnis nach Wiederanschluß an die Welt bestehe, und er notierte nach der Lektüre von diesem und jenem freundlichen Artikel, daß man in Deutschland schon wieder anständig von ihm spreche.

Es bereitete ihm tiefe Genugtuung, daß die Bonner Universität durch die Vermittlung des Historikers Wilhelm Levison, der nach England emigriert war, mit der Frage bei ihm anklopfen ließ, ob er bereit sei, das Ehrendoktorat der rheinischen Hochschule wieder zu akzeptieren. Die Aberkennung war, wie Paul Egon Hübinger in seiner Studie mitteilte, mit einem Beschluß der Philosophischen Fakultät am 27. August 1945 – wenige Wochen nach dem Arbeitsbeginn der Universität – ohne Umstände aufgehoben worden. Natürlich sollte Thomas Mann von dieser Korrektur benachrichtigt werden. Doch damit hatten sich die Bonner Herren Zeit gelassen. Es mag sein, daß sie sich keine öffentliche Abfuhr holen wollten.

Der gutwillige Dekan Friedrich Oertel, ein Althistoriker, suchte darum den Weg über seinen Freund Levison in London. Der Dich-

ter antwortete dem Vermittler, er habe «seit dem Ende des tausend-
jährigen Reiches schon hie und da daran gedacht, daß eine solche
Geste von Bonn eigentlich fällig sei – und fast schon die Hoffnung
aufgegeben, daß sie noch erfolgen werde». Er fuhr fort: «Sie sehen
mich aufrichtig erfreut darüber. Ich bin nicht der Mann, ein solches
Anerbieten mit der Miene der Unversöhnlichkeit zurückzuweisen.» Doch er nannte Bedingungen: Es müsse sich «um einen freien,
spontanen und einhelligen Wunsch der Fakultät» handeln, und
diese wiederum müsse gewiß sein, daß sie «der Stimmung in der
Universität überhaupt» entspreche und «die Gesinnung der großen
Mehrheit der Studentenschaft zum Ausdruck» bringe.

Im «Allgemeinen Studenten-Ausschuß», der jüngst erst etablierten Vertretung der Studentenschaft, wurde – wie Hübingers
Forschungen ergaben – über den Dichter und über seinen Brief an
Walter von Molo lebhaft debattiert. Seine harsche Kritik an der «inneren Emigration» fand keineswegs die einhellige Zustimmung der
jungen Leute. Sie verweigerten ein «ausdrückliches Bekenntnis der
Jugend zu Thomas Mann». Der Ausschuß fand sich lediglich zu
einer Resolution bereit, die verlangte, das während des Dritten Reiches begangene Unrecht solle «grundsätzlich wieder gut gemacht»
werden. Wäre die Kunde von dieser Diskussion bis nach Kalifornien gedrungen, hätten sich viele der argwöhnischen Vermutungen
des Dichters bestätigt. Es würde ihn kaum getröstet haben, daß
jenes Gremium nur wenig später mit großer Mehrheit beschloß,
Dekan und Senat der Universität sollten die emigrierten Professoren wieder zur Rückkehr einladen.

Dekan Oertel war klug genug, die – trotz der leisen Vorbehalte –
positive Antwort Thomas Manns auf die Frage Wilhelm Levinsons
zu publizieren. Die versöhnlichen Worte des Dichters hellten die
Gemüter der Studenten auf. Einer neuen Ausfertigung der Urkunde
stand nichts im Wege. Der Dichter nahm sie im Januar 1947 mit
tiefer Befriedigung in Empfang. In seinem Dank sprach er von dem
«erwärmenden Bewußtsein (...), einer deutschen Universität nun
wieder als Mitglied ihrer philosophischen Fakultät verbunden zu
sein». Er setzte hinzu: «Wenn etwas meine Freude und Genugtuung dämpfen kann, so ist es der Gedanke an den entsetzlichen Preis,
der gezahlt werden mußte, ehe Ihre berühmte Hochschule in die

Lage kam, den erzwungenen Schritt von damals zu widerrufen. Das arme Deutschland! Ein so wildes Auf und Ab seiner Geschichte ist wohl keinem anderen Land und Volk beschieden gewesen.» Er habe es sich, fuhr er fort, in seiner Jugend nicht träumen lassen, daß er seine späten Tage als amerikanischer Staatsbürger an der Palmenküste Kaliforniens verbringen werde: «Ich lebe und tue», sagte er, «das Meine hier nicht anders, als früher im Münchener Herzogpark, und was meine ‹Entdeutschung› betrifft, um Nietzsche's Wort zu brauchen, so hat sie recht geringe Fortschritte gemacht. Im Gegenteil finde ich, daß man sich in der glücklicheren Fremde seines Deutschtums nur desto bewußter wird». Dann wies er, fast übertrieben mitteilsam, auf den «Doktor Faustus» hin, mit dem er in jenen Tagen zu Ende gekommen war.

Nicht lange danach erreichte ihn ein ehrenvoller Antrag, der für einen Augenblick seine Fassung zu bedrohen schien. Franz Wilhelm Beidler, ein Enkel Richard Wagners (dem Großvater «unheimlich ähnlich»), der in Zürich oft an Thomas Manns Tisch gesessen hatte, übermittelte ihm einen Brief des Bayreuther Oberbürgermeisters Oskar Meyer, der Beidler und Friedelind Wagner (die in London lebte) die Fortführung des «künstlerischen Erbes» ihres Großvaters «in demokratischem Geist» antrug. Der Enkel hatte seine «Bereitschaft zur Mithilfe» zugesichert. Bei einer Reise nach Bayreuth aber bestand er darauf, nach Thomas Manns eigener Auskunft in der «Entstehung», daß ein Kuratorium gebildet werden müsse, das den Einzug eines «neuen Geistes» im Festspielhaus garantierte. Den Dichter fragte er, ob er willens sei, die Ehrenpräsidentschaft zu übernehmen. «Es war ein sonderbarer, phantastischer und in gewissem Sinn erschütternder Eindruck», schrieb Thomas Mann in seinem Bericht über den «Doktor Faustus»: «Aus hundert Gründen, geistigen, politischen, materiellen, mußte die ganze Idee mir utopisch, lebensfremd und gefährlich, teils als verfrüht, teils als obsolet, von Zeit und Geschichte überholt erscheinen; ich war nicht imstande, sie ernst zu nehmen.»

Beidler antwortete er höflich, der Ehrenvorsitz in Bayreuth wäre eine Erfüllung seiner Jugendträume. Doch – anders als in der «Entstehung» – nannte er sein Mißtrauen gegen Deutschland als den eigentlichen Hinderungsgrund. (Danach wies er, nun ganz Experte,

darauf hin, daß die vorgesehenen musikalischen Leiter für Bayreuth
wenig taugten: der Schweizer Musiker Hermann Scherchen sei kein
Dirigent erster Klasse und Ernest Ansermet, Chef des Orchestre de
la Suisse Romande, mit Wagner zu wenig verbunden.) In seinem
Faustus-Bericht meinte er schließlich: nein, es sei keine Versuchung
gewesen, mit der man ihn gelockt habe, «aber es war ein Traum, und
wirklich wäre ich mit den letzten fünfzig Seiten des ‹Faustus› früher
fertig geworden, wenn dies Irrlicht mir nicht tagelang vorgeschwebt
und (…) mich nicht abgelenkt hätte».

Nicht lange zuvor, am 12. Januar 1947, hatte er dem französischen Germanisten Félix Bertaux ein eher düsteres Bild der deutschen Dinge übermittelt: er habe nicht den Eindruck, daß die Deutschen «etwas gelernt» hätten, schrieb er nach Sèvres bei Paris. «Der
Nationalismus, der Antisemitismus, ein närrischer Neo-Fascismus
blühen», und «unter Studenten und schreibenden Menschen» gras-
siere «eine Art von Nihilismus». Am gleichen Tage aber äußerte er
gegenüber der alten Freundin Adele Gerhard die optimistischere
Vermutung, die Deutschen würden schließlich auf ihre «nihilistischen Träume verzichten». Noch einmal zehn Tage danach unterrichtete er den Bruder Viktor über seine europäischen Reisepläne.
Die Stationen: Stockholm, London, Brüssel, Amsterdam und Paris,
dann die Schweiz – und von dort wolle er nach München kommen:
«Ich glaube noch immer nicht recht daran», schrieb er, «aber es
sieht aus, als ob der Traum Wahrheit werden sollte.»

Ende März 1947 war München aus dem Reiseprogramm wieder
gestrichen. Zwar nannte er den Besuch in einem neuen Brief an Viktor noch immer «ein sehr ernstes Problem, über das wir viel nachdenken und diskutieren». In Wahrheit war der Plan wohl endgültig
verworfen. Dem Bruder sagte er: «Könnte ich als Privatmann in
aller Stille kommen und gehen, so wäre die Sache sehr einfach. Aber
ich käme ja offiziell, unvermeidlich mit ziemlichem Geräusch,
müßte mich der Öffentlichkeit darstellen – und der Gedanke gewinnt, seien wir ehrlich, von Tag zu Tag ein brenzlicheres Ansehen.
Wie die Dinge in Deutschland sich entwickeln, wie die Atmosphäre
heute dort schon wieder ist (…) – kann es mich nicht befremden,
daß alles mich beschwört, *nicht* hinzugehen.»

Er zitierte Ernst Wiechert, der gegenüber einem schwedischen

Blatt erklärt hatte, wenn Hitler morgen wiederkäme, würden ihn sechzig bis achtzig Prozent des Volkes mit Hurra empfangen: «Das ist Wiechert, der konservativ-nationale Mann. Und nun erst ich, der ich bei den Rettern und Rächern der deutschen Ehre soviel schlechter, röter angeschrieben bin. Glaubst Du, daß mein Aufenthalt ohne ‹Störung› verliefe? Hier rechnet man sehr mit dem Gegenteil. Nicht daß ich für mein Leben fürchtete. Aber stelle Dir die Ungemütlichkeit und das *Beschämende* der Situation vor! Das Military Government würde sich verpflichtet fühlen, mich zu schützen (...). Soll ich in München mit einer M.P.-Bodyguard herumlaufen? Unvermeidlich würde ich öffentlich sprechen, sagen wir: in der Universität einen Vortrag halten müssen. Also: Polizei-Cordon, Zuhörer-Kontrolle, Spannung, Besorgnis, daß es Radau gibt. Und was soll, was kann man den Deutschen sagen, mimosenhaft empfindlich, wund, hautlos, überreizt wie sie sind? Sie sehen ja offenbar nicht, daß Deutschland genau in dem Zustand ist, in dem seine Führer es haben wollten, wenn sie den Krieg schon verlieren mußten. Aber gegen diese Führer etwas zu sagen, ohne die Okkupation zu kritisieren (was ich allenfalls hier tun kann, aber nicht dort) wäre schon unpatriotisch. Die Deutschen wollen im Grunde auf ihr Drittes Reich garnichts kommen lassen. Also nur von der Zukunft sprechen! Aber die liegt ja völlig im Dunkeln, und man weiß garnicht, was man wünschen, hoffen, empfehlen soll.»

Ängstlich und unmutig sprach er schon im voraus von dem Ansturm auf seine Nerven, dem Jammer, den Hilfsgesuchen, dem quälenden Vertrauen auf seinen Einfluß. Schließlich meinte er, die Amerikaner würden ihm die Einreise wohl nicht gern gewähren: «Wir müssen das in Washington noch genauer feststellen. Es ist damit zu rechnen, daß man dort einfach Nein sagt.»

Im Familienkreis war beschlossen worden, sich der Ablehnung in Washington zu versichern. Gut drei Wochen später, am 18. April, fragte Thomas Mann bei Agnes Meyer an, ob auch Erika während des Aufenthaltes in Washington ihre Gastfreundschaft für zwei Tage in Anspruch nehmen dürfe: «Wir brauchen sie dringend dort in Visa-Geschäften und zu einer Besprechung mit dem General, der uns die Einreise nach Deutschland *nicht* bewilligen soll.»

Die Abreise nach Chicago wurde für den 22. April festgelegt.

Thomas Mann erwartete den Aufbruch ungeduldig, da er durch keine «laufende Arbeit», keine drängende Aufgabe, kein ausgreifendes Werk okkupiert war. Die Leere machte ihn reizbar. Die Aufsicht von Haus und Garten sollte das japanische Dienerpaar Koto und Vattaru übernehmen, mit dem sich die einstigen Dienstherren wieder ausgesöhnt hatten. Auch Thomas Mann schien sie nun als Menschen mit einem Schicksal wahrzunehmen. Ende 1947 erwies er ihnen in einem Neujahrsgruß an Japan, den er für die Zeitung «Asahi Shimbun» schrieb, sogar eine kleine Reverenz: «Diese liebenswürdigen Leutchen (...) waren durch den grausamen Krieg ihres Eigentums verlustig gegangen, sie hatten die Mißhelligkeiten der Lager-Entwürdigung kennen gelernt und suchten sich wirtschaftlich wiederherzustellen, indem sie dienten. Nie haben wir angenehmere, reinlichere, höflichere, kultiviertere Helfer gehabt, als diese. Vattaru war ein passionierter und wohlgeübter Gärtner, unter dessen Händen unsere etwas vernachlässigten Rabatten und Rasenflächen zu größter Schönheit gediehen. Koto, etwas nervös und ermüdbar nach allem, was sie durchgemacht, erwies sich gleichwohl als geschickte Köchin und hatte eine Art, Blumen in einer Tonvase zu ordnen, aus der auf schwer definierbare Weise, durch einen überhängenden Zweig roter Beeren oder ich weiß nicht, was, der ganze Kulturstil ihrer Heimat sprach. Ich sah es gar zu gern, wie sie sich, die flachen Hände auf die Oberschenkel gelegt, verneigte.»

Auf den Tag genau ein Jahr nach der großen Operation langten Thomas und Katia Mann in Chicago an. Er nutzte den Aufenthalt zu gründlichen Nachuntersuchungen im Billings Hospital, mit deren Ergebnissen sich die Ärzte zufrieden zeigten. Die Tage in der Metropole des Mittleren Westens wurden nur durch die dröhnende Rhetorik des Schwiegersohnes Borgese, der die Vereinigten Staaten und ihre Politik mit der heftigsten Kritik überzog, gelegentlich ein wenig gestört. In den Tiraden des Professors schien sich nun, kaum war der Faschismus begraben, ein pathetischer Nationalismus altmodisch-mediterraner Prägung zu Wort zu melden. Der Schwiegervater, der fast sein Altersgenosse war, notierte im Tagebuch die ironische Frage: «Soll ich, weil die Demokratieen ‹versagen›, zu den ‹Betrachtungen eines Unpolitischen› zurückkehren?»

An der Union Station in Washington, die man mit ihren prangenden Säulen und riesigen Hallen eine Eisenbahnkathedrale nennen durfte, wartete wie immer Agnes Meyers Chauffeur mit dem Cadillac. Die Gastgeberin fand sich erst später am Vormittag ein. Sie kam aus dem Weißen Haus: Präsident Truman hatte sie zu einem Gespräch empfangen (Thomas Mann verzeichnete nicht, wovon dabei die Rede gewesen sein mochte). Am Abend trug er den Nietzsche-Essay in der Kongreßbibliothek vor, begrüßt von Dr. Luther Evans, dem neuen Chef des Hauses. Wieder waren zwei große Säle «gepackt voll». Er habe zunächst «nervös, dann lebhaft und natürlich» gesprochen, trug er am Abend in sein Journal ein. Den «starken u. andauernden Beifall am Schluß» nahm er befriedigt zur Kenntnis. Danach der gewohnte Empfang im Hause der Meyers, das noch immer eines der Zentren der politischen Debatte in Washington war, zumal Eugene Meyer für eine gewisse Frist die Präsidentschaft der neugegründeten Weltbank übernommen hatte.

Der Aufenthalt war knapp bemessen. Erika bemühte sich im Außenministerium und im Pentagon um die offizielle Bestätigung, daß eine Reise des Vaters nach Deutschland nicht gern gesehen oder, noch besser, abgelehnt würde. Thomas und Katia machten dem britischen Botschafter ihre Aufwartung und holten die Visen für den geplanten Aufenthalt in London ein.

Die Nietzsche-Rede erwies auch im New Yorker Hunter College ihre bezwingende Wirkung: zweitausend Menschen im Auditorium, die seinem Vortrag mit lautloser Aufmerksamkeit und «jede Pointe auffangend» folgten. Man könne, schrieb er auf, von einem «glänzenden Verlauf des Abends sprechen. Aspekt und Charakter einer großen Konzert-Veranstaltung».

Elisabeth und Michael, der mit seinem Orchester auf Tournee war, hatten die Eltern in Chicago gesehen. Die vier anderen Kinder hielten sich in New York auf, das, wie immer, tumultuös und anstrengend war. Erika sollte mit nach Europa reisen. Klaus, der im vergangenen November seinen vierzigsten Geburtstag gefeiert hatte, suchte nach einer Aufgabe, nachdem er aus der Redaktion der Soldatenzeitung «Stars and Stripes» ausgeschieden war. Seine Hoffnungen, sich als Drehbuchautor beim Film zu etablieren, hatten sich nach dem verunglückten Versuch einer Kooperation mit Roberto Rossellini in Cinecittà rasch wieder zerschlagen. Auch keiner seiner Entwürfe für Bühnenstücke und Romane wollte gedeihen: «Fräulein» hieß eines seiner Sujets – ein verheißungsvoller und saftiger Stoff, der zu einer ironisch-melancholischen Schilderung der «Fraternisierung» zwischen den amerikanischen Siegern und den jungen deutschen Frauen einlud, aber auch aus diesem Projekt wurde nichts. So irrte Klaus ein wenig ziellos durch New York, bis es der Vater für angemessen hielt, ihn zur Mitarbeit bei der Vorbereitung einer Goethe-Anthologie für den Verlag «Dial Press» einzuladen (was ihm überdies eine gute Möglichkeit gab, dem Sohn finanziell unter die Arme zu greifen).

Golo absolvierte seine letzten Aufgaben für die «Voice of America», ehe er im Herbst die Professur in Kalifornien übernehmen würde, für die er sich entschieden hatte. Es fügte sich gut, daß er mit seinem ruhigen Rat präsent war, denn der Vater hatte sich durch die Unterzeichnung eines Aufrufs gegen die Verhaftung des deutschen Emigranten Gerhart Eisler – des Bruders des Komponisten Hanns Eisler, den er aus Los Angeles kannte – bedrückenden Ärger eingehandelt. Gerhart, der Journalist, war in die Fänge des berüchtigten Kongreßausschusses geraten, der sich die Kontrolle «unamerikanischer Aktivitäten» zur Aufgabe gesetzt hatte, vermutlich von seiner Schwester Ruth Fischer denunziert, die einst für eine kurze Frist Vorsitzende der Kommunistischen Partei Deutschlands war, ehe sie sich zu einer radikalen Renegatin wandelte. Sie deutete an, daß ihr Bruder Mitglied eines sowjetischen Agentenringes sei. Der Verdacht konspirativer Unternehmungen war, wie man heute weiß, nicht völlig unbegründet. Er rechtfertigte freilich nicht die Hysterie, die von den Kommunistenjägern in Washington in der Öffentlichkeit geschürt wurde. Das «Committee on Un-American Activities» des Kongresses funktionierte in Wirklichkeit nicht als eine Kontrollinstanz, sondern als eine Propagandaplattform und zugleich als eine Art parlamentarischer Gerichtshof, von fanatisierten Rechtsradikalen beherrscht.

Gerhart Eisler wurde wegen eines Paßvergehens festgenommen und auf der Einwandererinsel Ellis Island interniert. Thomas Mann unterschrieb – wie viele prominente Intellektuelle – eine Resolution, die das «Committee on Un-American Activities» samt dem einstigen Vorsitzenden Martin Dies, seinem Nachfolger John E.

Rankin aus Mississippi und mit ihnen andere notorische Faschisten und Rechtsradikale mit der gebotenen Entschiedenheit verurteilte. Die Entschließung forderte die sofortige Freilassung Eislers. In New York nun erreichte Thomas Mann der Wunsch, eine zweite Erklärung zu unterzeichnen. Er lehnte ab. Am 8. Mai 1947 notierte er im Tagebuch, er sei froh, daß er die «Deklaration der ‹Civil Rights› nicht unterschrieb, die sich als kommunistisch entpuppen». Inge Jens meinte in ihrem Kommentar, dieser Hinweis gebe keinen zureichenden Aufschluß über die Gründe seiner Ablehnung. Es trifft gewiß zu, daß Thomas Mann über die kommunistischen Bindungen Eislers nicht erst jetzt aufgeklärt worden war. Doch es mag sein, daß ihm erst Golo deutlich machte, mit welch ausgefuchster Routine die Funktionäre der kommunistischen Apparate solche Protestaktionen zu steuern vermochten – immer bestrebt, ihren Unternehmen durch prominente Namen des liberalen, womöglich sogar des konservativen Bürgertums demokratische Respektabilität zu verschaffen. Diese fragwürdige Technik änderte nichts an der Notwendigkeit, über den Schutz der bürgerlichen Rechte zu wachen, die in jenen Jahren durch das antikommunistische Zelotentum immer aufs neue bedroht wurden.

Auch Monika lebte in New York. Sie war dem Vater, neben Michael, das fremdeste seiner Kinder. Ihr Erinnerungsbuch, 1956 publiziert, berichtete nicht, wie sie damals ihr tägliches Dasein geordnet haben mag. Sie schien sich enger an Golo, ihr im Alter am nächsten, als an die anderen Geschwister anzuschließen: nun immerhin eine Frau von sechsunddreißig Jahren, zart und gespannt, leicht verstörbar. Die oft ärgerliche Ungeduld des Vaters, die er ihr gegenüber nicht verbarg, vermochte ihren Blick nicht zu verdunkeln. Sie zeichnete später ein liebevolles Porträt von seinem Leben in New York, dieser «absoluten Stadt», der sie eine «hektische Monotonie» und eine «eiserne Schwermut» nachsagte.

Oft aßen die Brüder und Schwestern am Mittag und am Abend mit den Eltern im Hotel. Monika schrieb: «Bei Tisch hielt sich Papa wie gewöhnlich an die Suppe – die er sehr heiß mit sichtlichem Behagen rhythmisch auszulöffeln pflegte – und an den ‹ice-cream›: seit vielen Jahren langweilte, ja quälte ihn das Hauptgericht.» Die gastronomischen Präferenzen mochten durch den Zustand seines

Gebisses und die Empfindlichkeit seines «nervösen Magens» bedingt sein. Lungenoperation hin oder her: «Er rauchte zwischen den Gängen die längliche, etwas feminine Zigarette ‹Reeges› und trank ohne Skrupel zwei Täßchen starken Kaffee. Zum Tee empfing Papa in der gedämpften ‹Suite› mit dem handdicken Bodenbelag, den fraisfarbenen Fauteuils, goldgerahmten Spiegeln, vor denen Gladiolen ihre etwas hohle Pracht entfalteten, einen Verleger, einen Journalisten, einen Freund oder einen Fremden, der meine Mutter am Telephon davon überzeugt hatte, daß er ‹den Meister zehn Minuten sehen müsse›.»

Am Sonnabend, dem 10. Mai 1947, geleitete Klaus die Eltern und Erika zum Hafen. Um zwei Uhr legte die «Queen Elizabeth» ab. Thomas Mann blickte auf New York zurück: «Nachdenklicher Anblick nach diesen acht Jahren u. ihrem gewaltigen Inhalt.»

Die Überfahrt war unruhig. Der Dichter fand, das «übertriebene Rollen des Schiffes» sei durch seinen «zu hohen, unbalancierten Aufbau» bedingt. Er schien die «enervierende Störung» als eine persönliche Zumutung zu betrachten, vor allem das «Wegrutschen u. Verschwinden der Sachen» beim Packen vor der Landung. (Kannte er die These des Philosophen Friedrich Theodor Vischer von der «Tücke des Objekts»?) Er klagte auch, daß er sich durch zu viele Cocktails und zu viele Menschen den Magen verdorben habe: «Viel Verstimmung und Leiden.» Er schrieb von «Unlust» und «Reue». «Dennoch», fügte er hinzu, «war die Reise geboten.»

102. KAPITEL

Deutsche Ärgernisse und helvetische Seligkeiten

Noch ehe Thomas Mann in Southampton von Bord ging, gab er einem Vertreter der Agentur Reuter ein Interview, das ein Quell neuer Mißverständnisse und damit die Ursache gereizten Ärgers zwischen ihm und den Deutschen wurde. Zwar plädierte er in jenem Gespräch zunächst dafür, daß Deutschland eines Tages «Mitglied der europäischen Föderation und weiter der Weltföderation» werde, doch zugleich hielt er es für angebracht, sich höflich und bestimmt von der Zürcher Rede Winston Churchills im September 1946 zu distanzieren: der Chef der Tories – am Ende des Krieges durch die Entscheidung der britischen Wähler aus der Regierung verdrängt – hatte zu diesem frühen Zeitpunkt die Gründung der Vereinigten Staaten von Europa gefordert, die auf dem Fundament der Zusammenarbeit zwischen Deutschland und Frankreich basieren sollten. Diese großartige Vision wurde, zu Recht, als eine Sensation empfunden. Sie brach manche Verhärtungen auf, in denen die Mentalität von Siegern und Besiegten zu erstarren drohten, und sie half, die Debatte über die Zukunft Deutschlands und Europas für konstruktive Planungen zu öffnen.

In seinem Zürcher Konzept für die Zukunft Europas sah der Führer der Opposition im britischen Parlament durchaus eine weltpolitische Rolle für die Sowjetunion vor, doch er wollte ihr nicht länger das Gesetz des Handelns überlassen. Es gab keinen Zweifel, daß der Zusammenschluß der europäischen Staaten nicht nur der Befriedung Deutschlands, sondern auch der Abwehr des Kommunismus dienen sollte. Thomas Mann bemerkte denn auch in jenem

Interview, Churchill sei ein großer Mann, aber er glaube nicht, daß er «als Konservativer die zukünftige Welt gut versteht». Seine Rede sei «ein wenig tendenziös» gewesen: er habe, meinte er, «einen anti-sowjetischen Block der Westmächte» im Auge. Diese Teilung Europas in Ost und West aber sei gefährlich.

Er erwähnte nicht, daß die Teilung Deutschlands und des Konti-nentes auch – und vor allem – durch die Etablierung eines kommu-nistischen Regimes in der sowjetisch besetzten Zone bedingt war: dies hätte sich nicht in sein Weltbild gefügt. Eine kommunistische Gefahr bestehe seiner Einsicht nach nicht, sagte er vielmehr, «trotz der von der sowjetischen Zone ausgehenden Propaganda». Der Kommunismus sei «etwas Totalitäres», und die Deutschen seien «nicht darauf erpicht, Hitlerismus gegen Kommunismus einzutau-schen».

Das traf wohl zu, doch Thomas Mann übersah, daß die Deut-schen im sowjetischen Herrschaftsbereich – trotz der Wahlfarcen – nicht darüber bestimmen konnten, was gut für sie sei. In jener Phase, in der sich die Konturen des Kalten Krieges abzuzeichnen begannen, hatten die stalinistischen Strategen im Kreml und ihre deutsche Avantgarde in Berlin noch keinesfalls auf die Hoffnung verzichtet, sie könnten eines Tages ganz Deutschland und damit auch dem europäischen Westen ihren Willen aufzwingen. Sie wei-gerten sich, die demokratische und freie Wahl des Sozialdemokra-ten Ernst Reuter zum Bürgermeister von Berlin im September 1947 anzuerkennen. Damit provozierten sie eine «Verfassungskrise» in der Stadt: der erste Schritt zur Teilung Berlins und zur Blockade.

In seinem Tagebuch nahm Thomas Mann, obschon er mit Reuter ausführliche und respektvolle Briefe gewechselt hatte, von diesen dramatischen Ereignissen keine Notiz. Mit dem größten Mißtrauen hatte er die «Truman-Doktrin» kommentiert, die den in ihrer Frei-heit bedrohten Völkern den Schutz ihrer Unverletzlichkeit durch die Vereinigten Staaten garantierte: fürs erste exemplifiziert am Bei-spiel Griechenlands, das durch den Machtkampf zwischen den kommunistischen Freischärlern und ihren konservativen Wider-sachern von einem blutigen Bürgerkrieg bedroht war, und am Bei-spiel der militärisch exponierten Türkei. Der amerikanische Präsi-dent formte seine Politik nach der Strategie des «containment» – der

Eindämmung –, die George Kennan, der Planungschef des State Department, in einem Artikel für die Juliausgabe der Zeitschrift «Foreign Affairs» unter dem schlichten Pseudonym «Mr. X.» umriß. Nach der Einsicht Kennans, dieses großen und nüchternen Diplomaten, der keineswegs ein Feind der Sowjetunion, schon gar nicht des russischen Volkes war, respektierte Stalin nur den entschlossenen Widerstand der Führungsmacht des Westens. Nachgiebigkeit und Beschwichtigung steigerten seiner Meinung nach die Gefahr eines Krieges, statt sie zu bannen. Er plädierte lebhaft für den Wiederaufbau der deutschen Wirtschaft, die Europa brauche, um lebensfähig zu sein.

Thomas Mann blieben solche Überlegungen fremd. Zugleich behauptete er, es fehle in Deutschland «an gutem Willen zur Zusammenarbeit mit den Alliierten». Die Deutschen verlangten zu viel von den Siegern: «Sie erwarten nicht nur, daß die Siegermächte sie ausreichend mit Nahrung versorgen, sondern obendrein noch, daß sie ihre zerstörten Städte und Industrieanlagen wieder aufbauen.» – Woher wollte er das wissen? Zu jener Zeit war es noch immer die dringendere Sorge seiner Landsleute in Ost und West, daß sie durch die Demontagen ihrer Industrien Produktionskapazitäten verloren, die für die Regeneration ihrer Wirtschaft unentbehrlich zu sein schienen. Sie ahnten damals noch nicht, daß sich der Kahlschlag als ein Segen erweisen würde, der sie zu einer radikalen Modernisierung zwang. Im übrigen zeigten sie sich – oft bis an die Grenze der Servilität, ja manchmal darüber hinaus – zur Kooperation mit den Siegern bereit, auch mit den sowjetischen Besatzungsbehörden, sofern sie nicht durch Enteignung, willkürliche Verhaftungen und eine allzu offensichtliche Unterdrückung in eine Art passiven Widerstand gedrängt wurden.

Die gegenwärtige Spannung, meinte Thomas Mann, könne nur gelöst werden, «wenn Amerika sozialistischer und die Sowjetunion demokratischer werden würde», so daß sie sich auf halbem Wege begegnen könnten: eine freundliche Idee, die den Realitäten jener Tage und ihrer möglichen Entwicklung enthoben war.

Schließlich wurde er danach gefragt, ob er auch seine Heimat wiedersehen werde. Seine Antwort: «Ich möchte nicht gern unter alliierten Bajonetten zu Besuch nach München oder Bonn kommen, wo die Universität mir kürzlich die Würde des Doktors der Philosophie erneuerte. Es wäre zu beschämend für mich.» Die Nachrichtenagentur für die amerikanische Zone in Deutschland publizierte eine entstellte Version dieser Bemerkung, die, wie es nicht anders sein konnte, hohe Wellen schlug. In der Fassung der DENA lautete der Satz: «Ich möchte weder München noch Bonn besuchen, die kürzlich unter dem Druck der Alliierten mir mein Ehrendoktorat erneut verliehen. Es wäre beschämend für mich.»

Ursache der Verfälschung war ein Übersetzungsfehler: ein flüchtiger Redakteur hatte ein Komma in der englischen Fassung nicht zur Kenntnis genommen. Die Empörung war beträchtlich. Paul Egon Hübinger, der sorgsame Chronist der Beziehungen Thomas Manns zur Universität Bonn, machte damals den Dekan der Philosophischen Fakultät auf die unterschiedlichen Versionen des Interviews aufmerksam. Er regte an, sich den englischen Wortlaut zu beschaffen. Professor Friedrich Oertel folgte dem Rat. Doch er hielt es für gut, eine öffentliche Erklärung abzugeben, in der er darauf hinwies, daß von «einem Drucke der Alliierten» keine Rede sein könne. Die DENA-Meldung, die von der «Frankfurter Rundschau» publiziert worden war, könne schon darum nicht stimmen, weil Thomas Mann zur «Erneuerung der Doktorwürde (...) seine freudige Zustimmung» mitgeteilt habe.

Das Interview, das der Dichter in Southampton noch vor der Ausschiffung gegeben hatte, hielt ihn eine Weile an Bord zurück. Zweitausend Passagiere drängten an Land. Im Tumult verlor Thomas Mann Katia und Erika aus den Augen – vermutlich kümmerten sie sich um das Gepäck. Er fand sich allein in dem Zug, der sie nach London bringen sollte. Im letzten Augenblick vor der Abfahrt sprang er ab. Er war es nicht mehr gewohnt, draußen in der Welt auch nur einen Schritt ohne schützende Begleitung zu unternehmen.

Kein guter Anfang. Die Tage in England kamen ihn hart an. Er litt unter einer Magen- und Darmverstimmung, wie so oft, wenn er allzu angespannt war. Überdies vermochte er sich nur schwer an das dürftige Essen zu gewöhnen. Lebensmittel waren in Großbritannien noch immer rationiert.

Das gedrängte Programm zehrte an seinen Kräften, sosehr er den rauschenden Erfolg seiner Auftritte genoß. In der Universität trug er die Nietzsche-Rede vor. Auch hier waren zwei große Säle überfüllt. Erika berichtete ihrer Freundin Lotte Walter, zum erstenmal in der Geschichte der Londoner Universität hätten «alle Pforten des Gebäudes geschlossen werden» müssen, «weil die Unmengen nicht zu halten waren». Das Publikum habe nach der Darbietung minutenlag getobt. Nirgendwo in der Presse sei – «dies das Verwunderlichste» – auch nur «*ein* hämisches Wörtchen» erschienen.

Sein Verleger Frederic Warburg arrangierte einen glanzvollen Empfang. Eine Pressekonferenz mußte bestanden werden. Für die BBC nahm er den Vortrag über «Deutschland und die Deutschen» unter dem Titel «Germany, her character and destiny» auf. Das Telefon klingelte ohne Unterlaß. Besucher klopften an die Tür, unter anderem Lord Vansittart und seine Frau. Er dinierte mit dem Diplomaten und Schriftsteller Harold Nicolson, der einst zu seinem Entzücken jenes Wort von der «amazing Family» Mann geprägt hatte, das er so unermüdlich wiederholte. Eine Visite bei Katias Cousinen Ilse Dernburg und Käthe Rosenberg war zu absolvieren. Es blieb ihm auch nicht erspart, Kunigunde Rosenstiel alias Ida Herz zu begrüßen, die treue Seele, der das nicht allzu schmeichelhafte Porträt im «Doktor Faustus» gottlob noch vorenthalten geblieben war: «dickfällig-begierig» nannte er sie im Tagebuch, nach der orthographischen Fehlleistung zu schließen eher an ihren «Fall» als an ihr «Fell» denkend.

Über die Nachrichtenagentur «United Press» richtete er eine «Botschaft an das deutsche Volk», die am 24. Mai über die Fernschreiber ging. Seine Äußerung, die nichts Neues enthielt, sollte vermutlich die Gemüter beschwichtigen, die sich über das Interview so heftig erregten. Deutschland, sagte er, brauche «dank der eingeborenen Tüchtigkeit und Lebenskraft (...) an seiner Zukunft nicht zu verzweifeln». Zum anderen bekräftigte er, daß der Nationalsozialismus «gewisse Wurzeln im geistigen Charakter und in der Tradition der Deutschen» hätte. Das deutsche Volk könne «nicht von außen her umerzogen werden». Jede «wirksame Umerziehung» müsse «von innen heraus wachsen». Die beste Umerziehung werde sich aus einer «allgemeinen Aufwärtsentwicklung der Welt» ergeben, «die dem deutschen Volk klar macht, daß es keine Aussicht auf einen neuen Krieg hat».

Mit dieser Feststellung dürfte er kaum auf heftigen Widerspruch gestoßen sein, da einer großen Mehrheit der Deutschen, die sich kaum aus den Trümmern erhoben hatten, ganz gewiß nicht der Sinn nach einem neuen Krieg stand – die versprengten Veteranen des zerbrochenen Regimes, eine Handvoll zynischer Intellektueller und einige Gruppen geistig verdunkelter SS-Söldner ausgenommen, die es allerdings auch gab. Von einem militärischen Konflikt zwischen der Sowjetunion und den Vereinigten Staaten erhofften sich die Deutschen nichts. Die meisten von ihnen waren davon überzeugt, daß er ihren Untergang besiegeln würde.

War ihm dies entgangen? Sein Zugang zu präzisen Berichten über die Lage der Deutschen war offensichtlich begrenzt. Er verließ sich auf die Zeitungen, denen er eher vertraute, wenn sie nicht allzu deutschfreundlich waren, auf seine persönlichen Korrespondenzpartner und vor allem auf das kritische Urteil der Tochter Erika. Dennoch war er davon überzeugt, genau zu wissen, welchen Regungen sich das deutsche Gemüt hingebe.

Ein Korrespondent der Hamburger «Welt» – dem Blatt der britischen Militärregierung (und neben der amerikanischen «Neuen Zeitung» das beste Journal der deutschen Nachkriegspresse) – begehrte ein ausführliches Interview, das ihm freundlich gewährt wurde. Mit einer gewissen Vorsicht sagte Thomas Mann in diesem Gespräch, es wäre vielleicht weiser, wenn er einen Besuch in Deutschland noch verschöbe. Er würde «fruchtbarer und glücklicher wirken (...), wenn die Gemüter dort sich mehr beruhigt und geklärt haben werden». Außerdem sei bisher «keinerlei offizielle Einladung» an ihn ergangen. (Das sollte rasch korrigiert werden.) Nicht ohne Mitgefühl sprach er vom Elend in dem besetzten Land: «Wir schicken Pakete am laufenden Band», betonte er, und er stehe auch im Briefwechsel mit alten Freunden. Zugleich sagte er streng, die Deutschen müßten «die Folgen dafür auf sich nehmen, daß sie sich in die Knechtschaft gefügt» hätten. Auch rügte er, nicht zu Unrecht, ihre Neigung zur «Selbstbemitleidung». Wenn man an das Elend anderer Länder erinnere, stoße man «nicht nur auf Gleichgültigkeit, sondern auf Ablehnung».

Auf die Frage nach der jüngeren deutschen Schriftstellergeneration antwortete er, daß er in Kalifornien vielleicht manches übersehen habe, aber er glaube sich «nicht zu täuschen (...), daß das nationalsozialistische Regime eine kulturelle Wüste» hinterlassen habe. Lobend wies er auf «Die Wandlung» von Karl Jaspers, Alfred Weber und Dolf Sternberger hin, auch auf «Die Gegenwart» in Freiburg, die von einstigen Redakteuren und Mitarbeitern der alten «Frankfurter Zeitung» ediert wurde. (Privat hatte er sich übrigens scharf ablehnend über das Blatt geäußert.) Im Augenblick wüßte er «keinen jungen deutschen Schriftsteller», fügte er hinzu, «der als Hoffnung für eine Belebung des geistigen Lebens genannt werden könnte»: eine etwas rasche Behauptung, da er die deutsche Buchproduktion kaum überblickte.

Katia und Erika befanden, daß die Schiffsreise über den Kanal und eine Bahnfahrt durch Frankreich nach den Londoner Strapazen zu beschwerlich seien. So charterte die Tochter kurzerhand eine Privatmaschine. Die Familie erreichte Zürich nach einem ruhigen Flug von dreieinhalb Stunden. Am Flugfeld warteten der Verleger Oprecht und seine Frau, die Schwiegertochter Gret mit dem kleinen Frido und seinem Bruder Toni.

Die Geschäftigkeit und die Anstrengungen der ersten Tage in Zürich ließen – wie in London – keine regelmäßigen Eintragungen im Tagebuch zu. Später vermerkte Thomas Mann, daß ihn das Wiedersehen mit der «reizenden» Stadt entzückt habe. Seinen Auftritt im Schauspielhaus – an just dem Pult, an dem er sich knapp neun Jahre zuvor mit einer Lesung aus der «Lotte» von der Schweiz verabschiedet hatte – empfand er als «tief befriedigend». In seinen einleitenden Worten pries er das «rührende Wiedersehen» mit dem Zürcher Publikum. Dann las er, eine problematische Wahl, das Fitelberg-Kapitel aus dem «Doktor Faustus», das auch die glanzvollen Passagen über Beethovens Sonate Opus 111, mit «Beifallsdonner» gefeiert. Korrodi schrieb einen fast hymnischen Bericht vom Wiedersehen: «denn solches konnte einen schon übernehmen: das Phänomen, wie die bösen Geister die geistige Kraft dieses Mannes nicht versehren konnten und wie die Götter die Ausnahme statuierten und ihrem Liebling das lange Leben verhießen, die elastische Gestalt, das ungebleichte Haar, den Schalk in den Mundwinkeln und den totalen Charme des Geistes, der Stimme und der Haltung. So hat Weimar den über siebzigjährigen Goethe nicht gesehen wie Zürich den Mann, dem wir es freudig gönnen, daß er in seinem neuen Zuhause in Californien ungestraft unter den Palmen seines Gartens wandeln soll.» Vor der Studentenschaft trug Thomas Mann – laut Tagebuch – die Wingolf-Gespräche aus dem «Faustus» vor; nach einer anderen Notiz rezitierte er, vielleicht zusätzlich, das erste Pfeiffering-Kapitel. In Bern und Basel las er später den Nietzsche-Essay.

Schon am ersten Zürcher Abend sah er Strindbergs «Traumspiel» mit Käthe Gold, Paul Hoffmann und Gustav Knuth, danach Hölderlins «Empedokles», Johann Nestroys «Mädel aus der Vorstadt» mit der alten Freundin Therese Giehse, Goethes «Stella» in einem Gastspiel des Wiener Burgtheaters mit Käthe Dorsch und Curd Jürgens. Er sah und hörte – er konnte es nicht lassen – die «Götterdämmerung» – ausgerechnet unter der «Stabführung» von Hans Knappertsbusch, der einst mit Hans Pfitzner den Münchner Protest gegen seine Wagner-Rede inszeniert hatte. Das Gebaren von Knappertsbusch am Pult (der schließlich bei den Nazis in Ungnade gefallen war) sei «völlig exzentrisch» gewesen, berichtete der Dichter nach Washington: «Den verrückten Deutschen den Untergang dirigieren zu sehen, war ein grundunheimlicher Eindruck.»

Die Schwiegertochter Gret fuhr ihn und Katia nach Kreuzlingen, um Viktor Mann abzuholen, der die Grenze nach einigem Umstand passieren durfte. Es brauchte, wie er später in einem Brief an Kitty und Alfred Neumann festhielt, die «Protektion eines französischen Grenz-Offiziers», um dem Bruder den Weg zu öffnen. Viktor war zu früh gekommen, da die Besatzungsbehörden, damit Strom gespart würde, in Deutschland die Sommerzeit eingeführt hatten. Zu Hause hatte er noch ein Zweifrankenstück gefunden, mit dem er sich in einer Wirtschaft am Grenzübergang einen Kirsch und ein Paket «wirklicher Zigaretten», die man damals «aktive» nannte, leisten konnte. Aber «viel unglaubhafter als alle Orangen, Schokoladen, Seidenstrümpfe und Havannas», erzählte er in seinen Memoiren, sei ihm die «überall gleiche Freundlichkeit der Menschen» gewesen. Über die Begegnung mit Thomas sagte er, daß er «auf einen viel älteren» Bruder gefaßt gewesen sei – nicht «auf diesen tiefgebräunten, elastischen Mann neben mir, den man mit seinem noch nicht einmal ganz ergrauten Haar für sechzig statt zweiundsiebzig halten konnte. Auch Katja hatte ihr Wesen mit allen charakteristischen Eigenschaften so sehr bewahrt, daß ich trotz Veränderung durch die Zeit an die junge Frau von 1904 denken mußte und mir die Großmutter sehr unglaubhaft schien.»

Enthusiastisch fuhr Viktor fort: «Geschenke für mich wurden ausgepackt, so daß ich mir wirklich wie der biblische Benjamin beim Wiedersehen in Ägypten vorkommen konnte, obwohl es sich unter anderem um Importe, Badeschwamm, Kaffee und Pflümliwasser handelte. Und ich zog zwei alte Bücher aus meinem Gepäck: das große Märchenbuch mit den Doréschen Bildern und das ‹Tagebuch dreier Kinder›, eine ungemein wohlerzogene Geschichte aus dem schönsten Biedermeier, die schon unser Vater als Kind besessen hatte. Jetzt bekam sie Thomas zum 72. Geburtstag zur Weitergabe an Papas Urenkel.»

Thomas Mann kommentierte das Wiedersehen kühleren Gemüts: «Lügen, Vernebelung, erdrückende Umarmung. Alles sehr seltsam.» Vicco habe ihm bestätigt, wie er den Neumanns mitteilte, daß alle Deutschen dreiviertel «meschugge» seien: «Er selbst» – nämlich Viktor – «müsse sich scharf kontrollieren – tut es aber auch nicht immer so ganz.»

Reich beladen mit kostbaren Gaben, kehrte Viktor Mann nach München zurück. Von der Begegnung mit dem weltberühmten Bruder beflügelt, begann er zu Haus unverzüglich und «im naiven Schwung», wie er selbst sagte, seine Erinnerungen aufzuzeichnen. Er war klug genug, Thomas das kühne Projekt eines Buches über die Familie noch zu verschweigen, als er wenig später zu einem zweiten, längeren Aufenthalt in die Schweiz herüberreisen durfte, dieses Mal von seiner Frau – sie hieß Nelly, wie Heinrichs Gefährtin –, von Katias Bruder Heinz Pringsheim und dessen Frau Klara begleitet.

Nun sprach er mit Thomas, wenn sein Zeugnis zuverlässig ist, auch über die heiklen Fragen der «äußeren» und «inneren» Emigration. Thomas Mann sagte demnach: «Niemals habe ich einem deutschen Künstler sein Verbleiben daheim verübelt». Wenn er allerdings «weltbekannt» gewesen sei, so hätte er wissen müssen, «daß er mit seinem Bleiben und Schaffen in Deutschland der geistigen Propaganda des Bösen diente». Die Großen hätten «aus Heimatliebe auswandern müssen». Den anderen verdenke er es nicht einmal, wenn sie der Partei beigetreten seien, um sich zu halten.

Die Londoner Interviews und ihre Entstellungen hatten in Deutschland ein lärmendes Echo gefunden. In Zürich trafen manche Botschaften neuer Gereiztheit ein: kein freundlicher Auftakt für den internationalen PEN-Kongreß, der vom 3. bis zum 7. Juni 1947 in Zürich tagte – der erste nach dem Krieg. Thomas Mann hielt den Festvortrag. Er bestritt ihn mit der deutschen Fassung seines Nietzsche-Essays. Am zweiten Tag stand die Hauptfrage zur Debatte, ob eine neue deutsche Gruppe des PEN-Clubs gegründet werden dürfe. Thomas Mann sprach sich nach einem Bericht der «Neuen Zeitung» durch ein «warmherziges Plädoyer» für die Zulassung seiner Landsleute aus. Er sagte: «Trotz aller entmutigenden Anzeichen», die «das besiegte, das befreite Deutschland» an den Tag lege, lebe dort eine «erhebliche Minorität von Menschen», die «sehnsüchtig, hungrig und durstig den Kontakt mit dem Ausland wiederzufinden» hoffe.

Für die Präsidentschaft schlug er Ricarda Huch vor, eine «stolze, aufrechte Frau» (sie starb nur wenige Monate später). Als mögliche Mitglieder nannte er drei Schriftsteller, für die er persönlich einstehen könne: Johannes R. Becher, Ernst Wiechert und auch Erich Kästner, den er trotz seines spöttischen Kommentars zum Brief an Walter von Molo als einen geeichten Antifaschisten halbwegs zu respektieren schien. Er wies außerdem auf Anna Seghers hin, die im Begriff war, aus dem mexikanischen Exil nach Berlin zurückzukehren, auf Ernst Penzoldt, den Philosophen Karl Jaspers, den Theologen Karl Barth (der freilich Schweizer war), den Romancier Bernhard Kellermann, auf Fritz von Unruh, den pazifistischen Weggenossen in der amerikanischen Emigration, auf Friedrich Wolf, den Arzt und Dramatiker, der schon 1945 aus Moskau nach Berlin zurückgekehrt war, auf Theodor Plievier, der in jenem Jahr 1947 nach seinen Erfahrungen in der sowjetischen Emigration und bei der Etablierung des stalinistischen Regimes im deutschen Osten mit dem Kommunismus brach, überdies auf Hans Reisiger, dem Thomas Mann nicht länger zu grollen, auf W. E. Süskind, dem er die treulose Inkonsequenz halb zu vergeben schien, schließlich auch auf Manfred Hausmann, der ihn wenig später durch einen Artikel im Bremer «Weserkurier» bis aufs Blut verärgerte. Alfred Kerr, den alten Feind, der sich in Zürich eingefunden hatte, erwähnte er nicht.

Mit großer Mehrheit entschied der Kongreß, daß deutsche Autoren, die dem Hitlerregime widerstanden hatten, in den Club aufgenommen werden dürften – gegen den leidenschaftlichen Protest des Franzosen Vercors, des Autors aus dem kommunistischen Widerstand, der die Résistance in seiner Novelle «Le silence de la mer» mit patriotischem Pathos gefeiert hatte. Jeder Beitrittsantrag, so wurde beschlossen, müsse von einer Kommission geprüft werden, die sich aus drei Vertretern der einst okkupierten Länder, einem Deutschen der Emigration, einem Inlandsdeutschen und dem Generalsekretär des Clubs zusammensetzen sollte. Die Delegationen von neun Ländern, die eine deutsche Besatzung zu ertragen hatten, enthielten sich der Stimme, Norwegen ausgenommen.

Unterdessen hatte, wie nach der Bemerkung in London zu erwarten war, die Universität Bonn eine Einladung an Thomas Mann auf den Weg gebracht. Der Chefredakteur der «Leipziger Zeitung» rief ihn nach Deutschland. Auch der Bürgermeister von München bat herzlich, der Stadt die Ehre zu erweisen, ja er schickte einen Sendboten nach Zürich, um den Dichter zu einem Besuch in der Heimat so vieler Jahre zu überreden. Erika schrieb am 6. Juni – dem zweiundsiebzigsten Geburtstag Thomas Manns – an ihre Freundin Lotte Walter, der Vater sei den «wüstesten Versuchungen» ausgesetzt, die er alle überwunden habe: «Nicht zuletzt war es (neben meinem kleinfeinen Einfluß) die Erpressermanier derer, die ihn zu deutschpropagandistischen Zwecken auszubeuten gedachten, was ihn hinderte». Sie meinte, die «bayerischen Bonzen» hätten ihre «rein privaten Einladungsbriefe» «offenbar unter Druck» entworfen, doch zeigte sie ein gewisses Mitgefühl mit dem Münchner Oberbürgermeister Scharnagel und seinen gleichgesinnten Freunden, die «das Odium auf sich genommen» hätten, den «wenig Geliebten» nach München zu bitten, und nun auch «in voller Öffentlichkeit» seine Weigerung einstecken müßten.

Dem Vater schrieb sie am 26. Juni einen Brief, in dem sie beschwörend und voller gereiztem Spott über die «Kranken» – wie sie die Deutschen nannte – noch einmal die Gründe darlegte, die den Verzicht auf die deutsche Reise nahegelegt hatten: «Was ich sagen möchte und wovon ich so sehr wünschte, daß Du es mir glaubtest, ist dies: es *ist* zur Zeit – völlig gleichgültig, *wie* man es macht – mit den Menschen» – in Deutschland – «nicht auszukommen, und je weniger man sich abgibt mit ihnen, desto besser, schonsamer (für alle) und, á la longue, aussichtsreicher. – Meinst du wirklich (der Gedanke verfolgt mich!), der Besuch, von welchem ich dir abgeraten (ohne ihn freilich, als es ernst wurde, irgend sabotieren zu wollen), hätte alles, alles zum Besseren und Guten wenden können? Nie und nimmer hätte er dies gekonnt. Ach, wäre es nicht – potentiell zumindest – so unverhältnismäßig kostspielig gewesen, ich hätte wünschen müssen, das Experiment – und mit ihm die Probe aufs Exempel – endlich gemacht zu sehen.»

Am 20. Juni reiste Erika nach Prag. Klaus, der im bescheidenen Hotel Urban hauste, einer unter den deutschen Emigranten populären Herberge in Zürich, mühte sich in jenen Wochen – einstweilen vergebens – bei den amerikanischen Behörden um die Genehmigung zur Einreise nach Deutschland. Er war damit beschäftigt, sein Buch über André Gide ins Deutsche zu übertragen, doch die Arbeit ging ihm quälend langsam von der Hand. Zusammen mit den Eltern hörte er in der Oper Verdis «Maskenball».

Dann sagten Katia und Thomas dem Hotel Baur au Lac einstweilen adieu. Ein hübscher Liftboy – wohl die erste seiner greisen Schwärmereien für junge und ansehnliche Vertreter des Hotel- und Gaststättengewerbes – wurde mit einem schönen Trinkgeld belohnt. Endlich vier Wochen Stille und Konzentration droben in Flims, dem kleinen Kurort im vorderen Rheintal: Waldspaziergänge und Wege am See. Auch dort oben warf er das Auge auf einen liebenswürdigen Kellner von «angenehmem Gesicht und sanftem Wesen». Die Gestalt eines schönen Jünglings, der sich am See fürs Sonnenbad einölte, beschäftigte ihn. Zugleich vermerkte er voller Unmut, daß er für seine Jahre vom Geschlecht «mehr als gebührend geplagt» werde. Er schien, ein gutes Jahr nach der Operation auf Leben und Tod, seine Vitalität wiedergewonnen zu haben.

103. KAPITEL

Mißverständnisse und Verspannungen

Die deutschen Fahnen des «Doktor Faustus», die vom Postboten Tag für Tag im Flimser Hotel abgeliefert wurden, mußten in einiger Eile durchgesehen und korrigiert werden. Die Arbeit ging rasch voran, auch wenn ihm das «rücksichtslos Autobiographische» des Buches, das er im Tagebuch durch das Stichwort «unverleugnet» akzentuierte, nun wieder schwer auf der Seele lag. Die «Morde» im Roman – er nannte noch einmal Reisiger, Annette Kolb und Emil Preetorius – schienen ihn von neuem zu ängstigen.

Überdies lastete auf dem Autor – und mehr noch auf dem Verleger – die Sorge, ob das Buch denn auch wirklich, wie es schon angekündigt war, im Herbst erscheinen könne. Eine Besonderheit des amerikanischen Urheberrechtes drohte die Publikation zu verhindern. Für amerikanische Staatsbürger galt die eigentümliche Bestimmung, daß ihre Werke in den Vereinigten Staaten keinen Schutz genossen, ehe eine Ausgabe in ihrem eigenen Land gedruckt und veröffentlicht wurde. Die Übersetzung aber konnte, sosehr sich auch Helen Lowe-Porter beeilte, unmöglich vor dem Frühjahr 1948 auf den Markt gebracht werden. Das aber hieß, daß es in Amerika für lange Monate keine juristische Sicherung gegen einen Raubdruck oder die Ausbeutung als Filmstoff gab. Dieses Risiko war Thomas Mann zu hoch. Vor allem lehnte sich sein Verleger Alfred Knopf, der seine Ansprüche nicht immer in jovialer Gemütlichkeit anmeldete, gegen dieses Wagnis auf. Verzweifelt suchte Gottfried Bermann Fischer nach Mitteln und Wegen, die Gefahr zu bannen und dennoch den Erscheinungstermin zu halten. Seine Anwälte

verhandelten im Justizministerium, Thomas Mann selbst bat um die
Intervention des Direktors der Kongreßbibliothek: vergebens.

Schließlich bot Hans Wallenberg, der quirlige Chefredakteur der
«Neuen Zeitung», eine hilfreiche Hand. Er besaß mit seinem Bruder drüben in New York ein kleines Werbe- und Vervielfältigungs-
büro. So bot er an, fünfzig Exemplare des Buches in der originalen
Fassung herstellen zu lassen, die numeriert und vom Autor signiert
werden sollten. Ganz wollte Thomas Mann dieser Lösung nicht
trauen. Noch kurz vor der Publikation der Miniaturauflage schickte
er dem Verleger ein Telegramm, in dem er davor warnte, das Buch
zu veröffentlichen, ehe eine Entscheidung in Washington gefallen
sei. Er mache Bermann Fischer, kabelte er, für jeden Schaden verantwortlich, der aus einer unautorisierten Publikation entstehen
könne. Die Behörden in Washington waren gottlob bereit, die
kleine Verlegenheitsedition als amerikanische Ausgabe anzuerkennen. Damit war der Weg zum Erscheinen des Buches in Europa frei.

Tiefer belastete ihn eine ebenso böse wie unnötige Kontroverse
mit Manfred Hausmann. In seinem Zorn über die Londoner Äußerungen Thomas Manns hatte der empfindsame Lyriker und Romancier aus seinem Künstlerdorf Worpswede einen Protest an die
Öffentlichkeit geschickt, in dem er behauptete, Thomas Mann
selbst habe 1934 in einem Brief an den Reichsinnenminister Frick
um die Erlaubnis gebeten, nach Deutschland zurückkehren zu dürfen.

Man erinnert sich: Thomas Mann hatte während seines Aufenthaltes in Sanary in der Tat ein Schreiben an das Reichsinnenministerium aufgesetzt, das er an den Minister selbst adressierte, da er Wert
darauf legte, daß der Brief vom Chef des Amtes persönlich zur
Kenntnis genommen werde. Gottfried Bermann Fischer, dem er
eine Kopie übermittelt hatte, war von seiner Darlegung der Gründe,
die ihn dazu zwangen, sich einstweilen von Deutschland fernzuhalten, so tief beeindruckt, daß er diesem und jenem Freunde eine Abschrift hatte zukommen lassen – auch Manfred Hausmann. Allerdings entsann sich der jüngere Kollege des tatsächlichen Inhalts und
seiner Nuancen nur ungenau.

Thomas Mann ging es damals vor allem darum, die Zustimmung
der Berliner Behörde für die Verlängerung seines deutschen Passes

zu gewinnen. Überdies hoffte er, die Freigabe seines Eigentums in München zu erlangen. Er verbarg nicht, auch wenn er dafür genau kalkulierte Wendungen wählte, daß er sich als Gegner des Nationalsozialismus betrachtete. Zugleich deutete er einen Rückzug aus der Politik an, um sich künftig ganz seinem dichterischen Werk zu widmen. Seine Ansiedlung draußen bezeichnete er als eine Art «Urlaub» vom Reich. Der Brief, eine kuriose Mischung von Bekenntnis und taktischem Raffinement, war ohne Antwort geblieben.

Gegen Hausmanns massive Vorwürfe, die er als eine «sinnlose Denunziation» charakterisierte, setzte er sich voller Zorn mit einem langen Schreiben an die «Neue Zeitung» zur Wehr. Er sagte zu Recht, daß es für ihn 1933 keiner Erlaubnis bedurft hätte, nach Deutschland zurückzukehren: «Diese Rückkehr war ja das, was gewünscht wurde: von der Münchner Gestapo, damit sie Rache nehmen könne für meinen Kampf gegen das heraufziehende Unheil, von der Berliner Goebbels-Propaganda aber aus internationalen Prestigegründen und damit die Literatur-Akademie über meinen Namen verfüge.» (Beides hätte sich freilich schlecht miteinander vertragen.) Er fügte hinzu: «Bermann-Fischer, der damals hoffte, den Verlag in Berlin halten zu können, versprach, mich mit dem Automobil an der Grenze abzuholen und nach Berlin zu bringen. Er schickte den Redacteur der ‹Neuen Rundschau›, S. Sänger, zu mir nach Sanary sur mer, damit er mich zur Heimkehr überrede. Ich weigerte mich.»

Diese zweite Passage wurde in der «Neuen Zeitung» nicht abgedruckt. Zog Thomas Mann sie selbst zurück? Wurde sie nach einer Intervention Bermann Fischers gestrichen? Im Tagebuch rügte der Dichter des Verlegers «Gedächtnislosigkeit», doch auch seine Erinnerung war nicht völlig exakt. Die zitierten Sätze hätten ohne Zweifel eine Korrektur gefordert: Samuel Saenger war damals nach Sanary gereist, um Thomas Manns angekündigte Mitarbeit bei Klaus Manns Zeitschrift «Die Sammlung» zu verhindern. Es mag wohl sein, daß er im Gespräch auch die Möglichkeit einer Heimkehr andeutete, doch der Anlaß seiner Visite war dies nicht.

In seinem Schreiben an die «Neue Zeitung» eilte Thomas Mann rasch zum Jahr 1936 und zu seinem «Bekenntnis zur Emigration», mit dem er die Ausbürgerung erzwungen habe. Ganz so verhielt es sich nicht, man weiß es wohl: der Übergang in die offiziell gewordene Emigration vollzog sich komplizierter, zögernder, und er war nicht völlig freiwillig.

Manfred Hausmann hatte von ihm gesagt, er rede über Deutschland wie ein Blinder über die Farbe. Nun zahlte er ihm die Polemik heim. Er wisse nicht, schrieb Thomas Mann (der hinter jedem Angriff ein persönliches Motiv witterte), was er Hausmann zuleide getan habe. Er fuhr fort: «Es sind keine zwei Jahre, daß er an unseren gemeinsamen Verleger nach Amerika schrieb, er sei tief verzweifelt in Deutschland, ein Fremder im eigenen Lande. Dies Volk sei hoffnungslos, bis in die Wurzeln, verdorben, und er ersehne nichts mehr, als den Staub von den Füßen zu schütteln und ins Ausland gehen zu können. Heute spricht er von einem ‹zwar armseligen und unglücklichen, aber doch einigermaßen demokratischen Deutschland›, in das ich häßlicher Weise nicht zurückkehren wolle. Es steht – und wer wollte sich darüber wundern? – grundunheimlich um das deutsche Equilibrium.» Er fügte hinzu, wenn sich unter den «Briefen in die Nacht», die er in der «Qual zu jener Zeit» geschrieben habe, auch ein Brief an Frick befinde und wenn Hausmann es verstanden habe, «sich in den Besitz dieses Briefes zu setzen, so soll er ihn in seiner Gänze veröffentlichen, statt mit einer offensichtlich verfälschten Inhaltsangabe hausieren zu gehen». Er sei gewiß, daß ihm ein solches Dokument nicht zur Unehre gereichen werde. Tatsächlich fand sich bald danach, wie Inge Jens feststellte, eine Kopie des Schreibens unter den Akten des Innenministeriums. Es wurde am 8. August 1947 in der «Neuen Zeitung» abgedruckt.

Seine Unsicherheit, die Thomas Mann nicht wahrhaben wollte, verschärfte den Ton seiner Äußerungen. Er nannte Hausmanns Attacke, wenn auch in Anführung, einen «Dolchstoß». Agnes Meyer klagte er, die Durchsicht des «Faustus»-Textes habe ohnedies «etwas sehr Erschütterndes» für ihn: «Und dabei hacken, zwacken und placken die lieben Deutschen nebenan unaufhörlich an mir herum». Es erregte ihn immer von neuem, daß Hausmann seine Radiosendungen nach Deutschland als «leeres, totes Geschwätz» abgetan habe (so an Arnold Bauer). Hedda Eulenberg, der Frau von Herbert Eulenberg, rief er zu, Deutschland sei ihm «unsäglich unheimlich» geworden. Ihrem Mann gegenüber sprach er drei

Wochen später von den Mitgliedern «der fatalen Körperschaft, die sich die ‹Innere Emigration› nennen, und die ich sitzengebliebene Dummköpfe heiße, Ofenhocker, über denen der Ofen zusammengefallen ist, und die sich dieses Malheur nun zur höchsten Ehre und als Treue zu Deutschland anrechnen, während wir es uns ‹bequem› gemacht hätten. Ich kann Sie versichern: es war nicht bequem.»

Im selben Brief formulierte er voll bitterer Ironie eine Voraussage, die man ein halbes Jahrhundert danach mit einem gewissen Frösteln liest: «Dem deutschen Nationalismus wird aller Voraussicht nach volle Genugtuung werden. Das ‹Mitleid› mit Deutschland ist durchaus politischer Natur, das springt in die Augen. Man wird es aufrichten und aufrüsten, und in knapp 50 Jahren, wenn das nicht zu hoch gerechnet ist, wird es trotz allem das nicht-russische Europa in der Tasche haben, – wie ja schon Hitler, wenn er etwas weniger unmöglich gewesen wäre, alles hätte haben können. Um die machtpolitische Zukunft Deutschlands brauchen wir uns also keine Sorge zu machen, – wenn sie unsere Sorge ist.»

Auf den ersten Blick scheint die Entwicklung der Weltläufte jene Schreckensvision zu bestätigen. Die Realität ist – wie immer – komplizierter: in der Stellung auch des vereinigten Deutschland relativieren sich Stärke und Schwäche auf eine seltsame Weise. Thomas Mann übersah den Prozeß der Einbindung in die Gemeinschaft der westlichen Demokratien, die sich damals abzuzeichnen begann. Er nahm auch nicht zur Kenntnis, daß der Stalinismus den Westmächten keine andere Wahl ließ, als den von ihnen okkupierten Teil Deutschlands aufzubauen – was ohnedies der Vernunft entsprach. Das Angebot der Vereinigten Staaten, die Sowjetunion und die Staaten Osteuropas an den Segnungen des Marshallplanes teilhaben zu lassen, wurde auf Befehl des Kreml im Juli 1947 zurückgewiesen. Thomas Mann äußerte sich über diese Verweigerung einer Chance zur Zusammenarbeit zwischen Ost und West in seinem Tagebuch und in den Briefen mit keinem Wort. Erst im Herbst sagte er in einem Interview mit dem «San Francisco Chronicle»: «Der Marshall-Plan wird von vielen Europäern als Instrument einer amerikanischen politischen und finanziellen Kontrolle Europas aufgefaßt».

Auf die deutsche Heimsuchung zurückblickend, schrieb er an Agnes Meyer: «Persönlich fühlte ich mich einfach noch nicht ‹reif› für dies Wiedersehen, seelisch nicht bereit dazu. Die ganze Qual ist noch nicht lange genug her, sie wirkt fort in mir und erhält neue Nahrung durch den Eindruck von Verständnislosigkeit, Egoismus, unverbesserlichem Dünkel, den das gegenwärtige Deutschland auf mich macht. Der Welt recht bald wieder die Faust zeigen zu können, ist alles wovon diese Menschen träumen, und es ist garnicht so sicher, dass diese Träume – Schäume sind. Russland sammelt tölpelhafterweise einen ebensolchen Hass auf sein Haupt, wie einst Deutschland, und das allgemeine Mitleid mit diesem ist durchaus tendenziös. Russland mag im eigenen Lande nicht zu besiegen sein, aber es mit vereinten Kräften aus Deutschland wieder hinauszuwerfen, samt den Polen, ist bestimmt möglich, und wenn man sich erinnert, dass schon Hitler, wäre er nur ein bisschen manierlicher gewesen, alles hätte haben können, was er wollte (siehe ‹München›), so schweben einem Zukunftsbilder vor, die es voreilig erscheinen lassen, sich der *Furcht* vor Deutschland zu entschlagen. Man wird den Kontinent Deutschland ‹anvertrauen›.» Er setzte die melancholische Frage hinzu: «Aber ob ein deutsches Europa auch ein europäisches Deutschland bedeuten wird? Ich zweifle. Auf Macht wird es wieder hinauslaufen, und mir graut vor deutscher Macht.»

Dann schrak er ein wenig zusammen. Er kannte die Skepsis, mit der Agnes Meyer seinen schwarzen Visionen begegnete: «Verzeihen Sie die ‹Politik!›. Ich weiss, Sie gestehen sie mir nicht zu, und Sie mögen recht haben.» Nicht lange danach aber zitierte er in einem Brief an die einstige Nachbarin Constance Hallgarten den nazistischen Großfunktionär Hanns Johst, der darauf bestand, daß der Nationalsozialismus die einzig passende Regierungsform für Deutschland sei. «Ich finde, da hat er recht», sagte er.

So kann auch der Widerwille nicht überraschen, mit dem er – noch in der Schweiz – Zuckmayers Schauspiel «Des Teufels General» begegnete. Hatte er das Stück gelesen, das die Stimmungen im Offizierskorps und in der Berliner Gesellschaft während des Krieges mit solch intuitiver Realistik zu schildern verstand? Im Tagebuch und in den Briefen deutet nichts darauf hin. Wohl aber hatte er die gereizte Debatte zwischen dem Dramatiker und der Tochter Erika nicht vergessen. In einem Gespräch mit Hans-Geert Falkenberg, das die «Göttinger Universitäts-Zeitung» druckte, bemerkte er, ein wenig wegwerfend, Zuckmayers Stück sei nicht voll «wahrer Gesinnung». Man rühme dem Autor nach, daß er nicht schwarz-weiß zeichne, doch in diesem Drama laufe das «auf eine sträfliche Anschauungslosigkeit» hinaus. Er sei dagegen, daß man das Stück schon jetzt in Deutschland aufführe. Die verspannte Beziehung zum Land seiner Herkunft quälte ihn. Um zu beweisen, daß er der einstigen Heimat und ihren Menschen nicht feindlich gesinnt sei, folgte er einer Einladung der jüdisch-katholischen Schriftstellerin Regina Ullmann, zugunsten eines Münchner Waisenhauses in St. Gallen zu lesen. Er tat es mit schö-nem Erfolg. Von diesem Ausflug kehrte er noch einmal nach Flims zurück. Der alte Freund Kuno Fiedler, Pfarrer in Graubünden, kam zu einem Besuch herüber. Er hatte ein Manuskript vorausgeschickt, das Thomas Mann als «brenzlich» empfand: der Theologe machte in seiner Schrift die Juden des römischen Zeitalters für die Ächtung der Homosexualität verantwortlich.

Am 21. Juli Rückkehr nach Zürich. Schon zwei Tage später fuhr er mit Katia, Michael und Gret nach Luzern hinüber, um Hermann Hesse und seine Frau zu treffen. Sie gratulierten dem Freund ver-spätet zu seinem siebzigsten Geburtstag, den er am 2. Juli gefeiert hatte – von Thomas Mann durch einen «offenen Brief» geehrt. Er rühmte den Kollegen in seiner Eloge, in einem ungewöhnlichen poetischen Aufschwung, vielleicht auch mit einem leisen Unterton der Ironie, als eine «*Nachtigall*»: ein «Lyriker, den Mörike gerührt in die Arme schlösse» und «der aus unserer Sprache Gebilde von weichstem und reinstem Umriß hob». Sie aßen miteinander zu Mit-tag (für Hesses Geschmack zu teuer). Dann unternahmen sie einen Ausflug zum Wagner-Museum in Triebschen. «Versunkene Welt», notierte Thomas Mann: «Greuliche Oelbilder. Das Beste Nietz-sches Briefe.» Hermann Hesse fühlte sich im Reich des Zauberers fremder als Thomas Mann. Er schrieb von der Exkursion an den Kulturhistoriker Richard Benz: «Da war mit Ausnahme einiger Fo-tos und Briefen alles gesättigt mit einem hautgout von schlechte-stem 19. Jahrhundert, eine verschollene Theaterwelt, aber daneben in einem Kabinett fand ich unter Glas ein mir vorher nicht bekann-tes Jugendbild von Nietzsche, als Pforta-Schüler, das könnte ebenso gut den Jean Paul der Flegeljahre darstellen, es wog den ganzen übrigen Zauber und Plunder auf.»

Am 27. Juli verabschiedeten sich Bruder Viktor und der Schwager Heinz Pringsheim mit ihren Frauen, um nach München zurückzureisen. Fröhlich hatten sie noch zusammen Katias Geburtstag im Restaurant «Zum hinteren Stern» gefeiert. Vicco sehe krank aus, schrieb Thomas Mann, er sei «unklar belastend, erregt, über-liebevoll». Heinz Pringsheim, fügte er hinzu, äße drei Schnitzel und trinke Pflaumenschnaps zum Kaffee.

Wenig später folgte er mit Katia einer Einladung des italienischen Verlegers Mondadori nach Stresa. In dem «luxuriös-unkomfortablen Landhaus» lernten die beiden das bewegte Feriendasein einer patriarchalisch regierten italienischen Großfamilie kennen: «Der Alte, das jüngere Paar, Schwiegersohn, ältere Frauen, Frauen mitlebend im Hause, Kinder und ihre Bonnen, Marco, Fabrizio, Lionardo etc.» – die Generationen und Geschlechter in unordentlich-vitalem Gemisch, über allem thronend: «Il presidente, gutmütig und schlau.» Der Dichter, solchen Betrieb nicht gewohnt, hatte «Geduld und Selbstbeherrschung» zu üben, was ihm nicht allzu schwer wurde, da ihm jedermann «verehrungsvoll» gegenübertrat, wie er betonte.

Auf des Verlegers Wink reisten Journalisten von Mailand herbei. Im «Corriere de la Sera» schrieb Corrado Pizzinelli einen inspirierten Bericht von der Begegnung, in dem nicht nur die Meinungen des Autors über den hohen Sinn seiner Bücher und den Gang der Weltgeschäfte nachgezeichnet wurden – Thomas Mann trat den Lesern der Reportage als ein Erdenbürger aus Fleisch und Blut gegenüber: «Er ist groß, mager, hat graue, von einem Linksscheitel geteilte Haare, blaue, durchdringende Augen, wirkt aber jugendlich. Er trägt ein modern geschnittenes, weißes Hemd, sandfarbene Hosen, braune, spitze Schuhe (wahrscheinlich die ältesten aus seiner Garderobe – Künstlerkoketterie).» Der Beobachter fuhr fort: «Am Ringfinger der rechten Hand trägt er einen Ring mit dunkelgrünem Stein; oft raucht er mit der linken Hand, und während Zeige- und Mittelfinger die Zigarette halten, malträtiert er mit dem Daumennagel die Fingerkuppe des Ringfingers.» Dem Journalisten gelang ein pointiertes Finale: «Auf die Bitte der Fotografen hin betrat er den

Garten. Als man ihn nach den drei größten lebenden Schriftstellern fragt, antwortet er: ‹Shaw, Gide›, und nach einem Augenblick der Unsicherheit, wobei er seine Gesprächspartner anlächelt: ‹Ich›. Ein anderer wollte wissen: ‹Und Ihr bester Roman?› Thomas Mann, nach einem Moment des Überlegens: ‹Der Zauberberg›.»

Am 11. August, nach gut sechs Wochen Aufenthalt in der Schweiz, Flug von Zürich mit dem «Flying Dutchman» nach Amsterdam, von Sohn Klaus und Fritz Landshoff erwartet. Wie in London registrierte Thomas Mann auch in Holland mit einigem Erstaunen, daß Lebensmittel noch immer rationiert und knapp waren. Der Tee mußte durch mitgebrachten Honig gesüßt werden. Nach acht Jahren bezogen er und Katia wieder Zimmer im Noordwijker Strandhotel «Huis ter Duin», in dem sie im Sommer 1939 den letzten europäischen Urlaub erlebt hatten. Wie immer genoß der Dichter die See. Er wagte zum erstenmal seit Jahr und Tag ein Bad im Meer. Über das Essen und die Bedienung äußerte er sich unzufrieden, und er fand den «holl. Menschenschlag meist nicht anziehend». «Keine Augenliebe ringsum», schrieb er mißgelaunt auf: «gleichgültige Menschheit.»

Nachts kam er nur schwer zur Ruhe. Sein Konsum an Schlaf- und Beruhigungsmitteln war bedenklich: er nahm an einem Abend, wie er getreulich aufzählte, «ein Bellergal, ein Empirin-Kodein, ein Phanodorm und ein Evipan» – eine Portion von Sedativen, die genügt hätte, einen normalen Sterblichen für vierundzwanzig Stunden in die tiefste Ohnmacht zu versenken. Danach habe er recht gut geschlafen, bemerkte er ungerührt. Im Strandkorb schrieb er den Text für einen Band mit Holzschnitten von Frans Masereel, den er dem Künstler versprochen hatte.

Am 30. August Abreise mit dem kleinen holländischen Dampfer «Westerdamm». An Bord fand er den großen Maler Max Beckmann und seine Frau (eine Tochter Wilhelm von Kaulbachs, eines der «Malerfürsten» des alten München, den er in seinen jungen Jahren kennengelernt hatte). Die beiden unterhielten sich oft und angeregt, wie auch Beckmann in seinen Tagebüchern notierte. Zeit war genug. Thomas Mann nannte die Kunstgespräche allerdings «obenhin», und er fand die Frau anziehender als den Maler. Der Künstler Beckmann scheint ihn nicht weiter interessiert zu haben.

Das kleine Schiff stampfte voller Mühsal durch die rauhe See. Er begann über den neuen Goethe-Aufsatz nachzudenken, der für die Anthologie der «Dial Press» zu schreiben war, und er las eine Biographie von Erasmus, dessen Charakterbild ihn, wie schon so oft, «durch Verwandtschaft» beschäftigte. Goethe hätte sich wie Erasmus «ausweichend» zur Reformation gestellt, notierte er, und er hätte auch vom «Luther'schen Aufruhr nichts wissen wollen»: «So auch ich. Es war ja National-Bolschewismus. Und der Strudelkopf Hutten, syphilitisch dazu, widrig.» Erasmus könnte ein Thema sein, dachte er, noch immer.

Die Überfahrt dauerte zehn Tage. In New York stand Monika an der Zollhalle. Die üblichen Interviews, in denen er seine Kritik an den deutschen Zuständen nicht verbarg. Freund Kahler, der von Princeton herübergekommen war, plädierte, wie er es fast immer tat, für eine gelassenere und gerechtere Betrachtung. Katia und Thomas drängten nach Hause. Die Einladung Agnes Meyers, einige Tage in Mount Kisco zu verweilen, wiesen sie höflich ab.

Drei Tage später Weiterreise nach Chicago. Der Schwiegersohn Borgese strapazierte wie immer Thomas Manns Nerven. In seiner radikalen Abneigung gegen die Politik der Vereinigten Staaten schien sich dieser wunderliche Antifaschist zu Tiraden über die «jüdische Verschwörung gegen Deutschland» hinreißen zu lassen. Thomas Mann wiederum nahm daran Anstoß, daß die Frau des «schwachen» Peter Pringsheim, die er eine «böse Schachtel» nannte, nach Deutschland zurückdrängte, obschon sie belgischer Herkunft war. Eine neue Untersuchung im Billings Hospital bestätigte noch einmal den glänzenden Erfolg der Operation.

Am 14. September 1947, nach fast vier Monaten, langten er und Katia wieder zu Hause an, von Golo begrüßt. Sie fanden den Pudel Niko frisch geschoren und gesund. Er war, wie sie in Flims zu ihrer Bestürzung erfahren hatten, für eine Weile aus der Pflege im Hause des Verlegers Gottlieb entlaufen, und Thomas Mann hatte das Tier voller Trauer verloren gegeben. Doch Niko hatte sich kurzerhand in den San Remo Drive zurückverfügt, wo er hingehörte, wie sein Herr alsbald zu seiner Erleichterung erfuhr. Er sei doch «der Klügste von uns allen», bemerkte er voller Rührung.

104. KAPITEL

Entfremdung von Amerika

Einige Wochen nach der Rückkehr schrieb der Dichter an Hermann Hesse, bei der Ankunft in New York sei er von dem Paßbeamten gefragt worden, ob er *der* Thomas Mann sei, der berühmte. «Welcome home!» habe der freundliche Mann gesagt: «Nun ja, – home», fuhr er in jenem Brief wie im Selbstgespräch fort: «Man kann so sagen. Was eigentlich ‹home› ist, weiß ich längst nicht mehr recht, habe es im Grunde nie gewußt.»

Keinem, der zwischen zwei Kontinenten, zwischen verschiedenen Ländern, Regionen oder Städten lebte, bleibt die Erfahrung der partiellen Entwurzelung ganz erspart. Es kann Einsamkeit *und* Reichtum bedeuten, oft beides zugleich. Man gehört überall- und nirgendwohin: ohnedies fast das übliche Geschick des Intellektuellen, das in diesem Jahrhundert der Flüchtlinge und Ausgetriebenen, in dem Millionen über Millionen das Los der Emigration auf sich zu nehmen hatten, eine Art von Normalität gewonnen hat.

Als er noch drüben vom Hotel «Huis ter Duin» über die holländischen Dünen schaute, hatte er für einen Augenblick geglaubt, er fange an, nach Amerika Heimweh zu bekommen. Aber dies schien nur der flüchtige Anflug einer vagen Sehnsucht zu sein. Kaum zehn Tage im Land der Zuflucht, schrieb er in einem Brief nach Europa: «Sehr sonderbar ist es, wieder am alten Fleck zu sein, und man hat nach der Ausschweifung einen kleinen Kater. Es gilt nun, ein paar Jahre abzuwarten, wie der Hase läuft. Dies Haus und dieser Garten sind mir lieb. Aber sterben möchte ich doch lieber daheim in der Schweiz.» Ehe das Jahr zur Neige ging, gestand er Fritz Bondy, durch seine Anekdotensammlungen unter dem Namen N. O. Scarpi eine Art Legende geworden (der Vater des Publizisten François Bondy), daß er oft Heimweh nach der Schweiz habe: gerade jetzt empfinde er das Land als Heimat, da das «Buch meines Alters» dort «eine so lebendige, fast festliche Aufnahme» finde. Er ging noch weiter: die englisch-amerikanische Ausgabe des «Faustus», sagte er bei anderer Gelegenheit, interessiere ihn kaum noch.

Ganz so verhielt es sich nicht. Aber nahezu jeder Eintrag im Journal und beinahe jeder Brief aus jenen Tagen bezeugte, daß ihm Amerika noch fremder zu werden begann, als es dies ohnehin war, und seine Kritik – für die es bitteren Anlaß genug gab – schlug dann und wann in Feindseligkeit um. Er fing an, sich von den Vereinigten Staaten abzuwenden. Mit anderen Worten: er bereitete, vielleicht nur halb bewußt, seinen Rückzug nach Europa vor.

Die Stimmung der ersten Wochen war bedrückt. Er fühlte sich erschöpft. Die angstvoll-angespannte Erwartung, wie der «Faustus» aufgenommen würde, schien ihn zu lähmen. Außerdem nahmen Sorgen, die kaum alarmierend genannt werden durften, für einen Augenblick überhand. Er konstatierte einen Rückgang seiner Einnahmen (der nicht lange andauerte) – und er war mehr denn je davon überzeugt, daß sein künftiger «Markt» in Europa sei. Noch immer lagen ihm die meisten der Kinder auf der Tasche. Michael hielt sich und seine Familie mit dem dürftigen Gehalt eines Orchestermusikers wohl nur knapp über Wasser. Immerhin hatte der Großvater für die Klavierstunden des kleinen Frido aufzukommen. Monika konnte kaum ihr eigenes Auskommen bestreiten. Erika stellte fest, daß ihre Vorträge nicht mehr allzu begehrt waren. Das Publikum habe, wie der Vater meinte, einen Widerwillen gegen «europ. Angelegenheiten» entwickelt. Es mag auch sein, daß ihre Agentur zunehmend dem Widerstand konservativer Organisationen begegnete, denen die Radikalität der Tochter nicht geheuer war. Zum erstenmal seit Jahr und Tag war sie nicht in der Lage, für sich selbst aufzukommen. Auch sie brauchte Geld vom Vater.

Sie war nun zweiundvierzig Jahre alt, kränkelte mitunter, zumal sie sich einem gynäkologischen Eingriff zu unterziehen hatte, den die Ärzte, wohl aus Gründen der Krebsvorsorge, für dringend geraten hielten. Sie war einsam. Bruno Walter schien nicht bereit, sich auf eine Bindung einzulassen. Das Scheitern ihrer Liebe zu dem Ersatzvater legte ihr nahe, sich dem wirklichen Vater um so intensiver zuzuwenden. Sie erwog, seine Biographie zu schreiben, ein Plan, für den sie aber nicht die Zeit, die Kraft, den Mut fand. Thomas Mann war es nur recht, daß sie sich enger an ihn schloß. Ihre Hilfe war ihm unentbehrlich geworden, auch im Alltag, in dem sie – wann immer sie sich im Haus der Eltern aufhielt – längst die Funktion einer Generalsekretärin versah (die manche Briefe, die sie in seinem Namen aufsetzte, manchmal belustigt als Privatsekretär «Homer Smith» unterzeichnete, sich über die pompös-banale Mischung amerikanischer Namen amüsierend). Ohne sie wagte der Vater keine wichtige Entscheidung mehr zu treffen. Sein «Wotanskind» nannte er sie, ausgerechnet in einem Brief an Bruno Walter, dem er schrieb, Wagner zitierend: «Da brach sich sein Blick, er gedachte, Brünnhilde, dein.» In einem ernsten Gespräch machte er sie mit seinem Wunsch vertraut, daß sie künftig «als Sekretärin, Biographin, Nachlaßhüterin, Tochter-Adjutantin» bei ihm und Katia leben möge. Mit anderen Worten: daß sie die Aufgaben, die sie zum guten Teil ohnedies immer wieder wahrgenommen hatte, nun zu ihrem Beruf mache. So geschah es.

Bruder Klaus war nach wie vor auf die Unterstützung der Eltern angewiesen. Mit der Übertragung und Erweiterung des «Turning Point» für die deutsche Ausgabe kam er nur langsam voran. Gutwillig teilte der Vater mit ihm das Honorar von zweitausend Dollar, das ihm für die Vorbereitung der Goethe-Anthologie, die der Verlag «Dial Press» zum Jubiläumsjahr 1949 zu publizieren plante, versprochen war. Für Klaus Manns neues Bühnenstück «Der siebente Engel» schien sich niemand zu interessieren (es wurde bis heute nicht aufgeführt). Dem Vater schrieb er, Jean Cocteau habe ihn in Paris an einen alten Plan erinnert, daß Thomas Mann sein Drama «La machine infernale» ins Deutsche übersetzen wolle. War davon jemals ernsthaft die Rede? Hatte sich Klaus dieses entlegene Projekt erträumt? Oder hatte Thomas Mann scherzhaft von dieser Möglichkeit gesprochen? Wie immer es sich damit verhielt: Klaus fragte nun vorsichtig, ob der Vater nicht seine Bereitschaft andeuten könne, den Plan wieder aufzunehmen; damit ließe sich der Vorschlag verbinden, daß Cocteau seinen «Siebenten Engel» ins Französische übertrage und in Paris lanciere. Die Verknüpfung der beiden Unternehmen schien dem Vater ein wenig plump zu sein, doch seufzend genügte er dem Wunsch. Von Katia oder Erika ließ er einen überaus liebenswürdigen Brief an den Kollegen aufsetzen, der allerdings, wie vorauszusehen, folgenlos blieb.

In der Tat: die Familie war eine Bürde. Klaus Pringsheim, der Zwillingsbruder Katias, suchte noch immer ein Lehramt in den Vereinigten Staaten. Zugleich war er bemüht, seine Professur in Tokio zurückzugewinnen. Das «Problem Heinrich» lag Thomas Mann schwerer denn je auf der Seele. Bei der Rückkunft hatte er den Bruder in keinem guten Zustand angetroffen. Er klagte über schlaflose Nächte und Angstzustände. Dr. Rosenthal, sein Arzt, ließ Thomas und Katia wissen, daß sich der Bruder mit einer Angina pectoris, exakter: einer schmerzhaften und gefährlichen Verengung der Herzgefäße quäle – ihn selbst klärte er darüber nicht auf. Ein Erholungsaufenthalt im Hause des Bruders würde Heinrich wohltun, meinte der freundliche Arzt. Die Anregung stürzte Thomas und seine Frau in einige Verlegenheit: die japanischen Diener, die das Anwesen während der Europareise gehütet hatten, wollten nicht länger bleiben. Die schwarzen Dienstboten, mit denen sich Katia zu behelfen suchte, liefen in der Regel nach einigen Tagen oder nach wenigen Wochen davon, wenn ihnen nicht die Tür gewiesen wurde. Die strenge Herrin des Hauses hatte mit dem amerikanischen Personal noch immer keine glückliche Hand. Ein Hausgast aber, der sorgsame Aufmerksamkeit verlangte, war eine zu große Last, wenn Katia nicht mit einer zuverlässigen Hilfe rechnen konnte. «Mielein», schrieb der Vater an Klaus, sei «heldenhaft tätig, aber auch die Jüngste nicht, und ihretwegen bin ich froh, daß Heinrich keine Treppe steigen darf (was er nicht weiß) und also nicht zu uns ziehen kann, sondern nur öfters geholt werden soll.»

Thomas Mann registrierte überdies, daß die Verständigung mit dem Bruder immer schwieriger werde. Heinrich, stellte er fest, lächle bei seinen Erzählungen und höre nicht zu. Außerdem zeige er, wie der Vater unmutig bemerkte, eine «deutliche Abneigung» gegen Erika. Wenn er zum Abendessen in den San Remo Drive kam – für gewöhnlich einmal in der Woche –, brach er lieber früher auf, jede Fahrgelegenheit nutzend, statt sich von Erika zu seiner bescheidenen Behausung in Santa Monica chauffieren zu lassen. Vielleicht stieß sich Heinrich Mann an Erikas Gereiztheit gegen alles Deutsche, die sich gelegentlich ins Absurde steigerte. Sie fand nun, daß die deutschen Lieder der Romantik, die der Vater so liebte – im Gegensatz zu italienischen und französischen Gesängen –, «hysterisch» seien, was, wie Thomas Mann meinte, «etwas Wahres» habe. Bruno Walter überzog sie mit leidenschaftlichen Vorwürfen, weil er sich darauf eingelassen hatte, die Wiener Philharmoniker zu dirigieren, die der Vater im Journal ein «Nazi-Orchester» nannte.

Heinrich aber war eher zur Versöhnung gestimmt. Er neigte nun doch dazu, notierte der Bruder, der Einladung Johannes R. Bechers zu einer ehrenvollen Heimkehr nach Berlin zu folgen – vielmehr «ins russische Deutschland zu gehen», wie Thomas es ausdrückte. «Man kann nicht abraten», fügte er ohne Bedauern hinzu. Wenig später hielt er fest, daß sich Heinrich von der Demokratie abwende und die Diktatur bejahe. Eine gewisse Sympathie für «starke Männer» und autoritäre Herrschergestalten, sofern er sie im Dienst der Aufklärung und des Fortschritts sah, hatte der Bruder – seiner republikanischen Radikalität und Liberalität zum Trotz – niemals verborgen. Er war geneigt, auch Josef Stalins Regiment einen «hohen sittlichen Anspruch» zu bescheinigen.

Die amerikanische Demokratie, die in jenen Jahren einer gefährlich wachsenden Pression von rechts ausgesetzt war, schien ihm nur noch widerwärtig zu sein. Das fremde Land hatte ihn aufgenommen und ihm damit das Leben gerettet. Doch es hatte sich seinen Büchern verweigert. Er war zu alt, zu fremd, zu gleichgültig, um sich nach dem Tode Roosevelts für die liberalen Traditionen der Vereinigten Staaten zu engagieren. Anders als seinem Freund Lion Feuchtwanger war es ihm nicht gegeben, den Amerikanern ihre freiheitliche Geschichte in elegant und flott komponierten Büchern zu präsentieren. Thomas Mann nahm den Roman des Nachbarn über Benjamin Franklin und Beaumarchais («Waffen für Amerika»), der mit so viel Verve das französisch-amerikanische Bündnis im Krieg um die Unabhängigkeit beschrieb, mit Bewunderung über die «geistige Munterkeit», aber auch mit Neid und leiser Verachtung auf. Immerhin glückte es dem Kollegen, trotz seines Engagements für die Sache der Linken, die begehrteste aller literarischen

Trophäen zu gewinnen: der Roman wurde der Hauptvorschlagsband des «Book of the Month Club» – eine lukrative Auszeichnung,
die Thomas Mann für den «Doktor Faustus», wenn er denn endlich
auf den Markt gelangen würde, nicht zu erhoffen wagte.

Er selbst traute der Demokratie nicht mehr viel zu. Sie – die Demokratie – wolle nicht wissen, schrieb er an Heinz-Winfried Sabais in
Weimar, den späteren Oberbürgermeister von Darmstadt, daß sie
«nur in der Gestalt des Sozialismus überhaupt noch moralische Existenz hat». Er setzte harsch hinzu: «Eher, daß sie es zugibt, wirft sie
sich dem Fascismus in die Arme». Dem jungen deutschen Schriftsteller, der übrigens 1948 sein Amt als Generalsekretär des Deutschen
Goethe-Ausschusses in Weimar aufnahm, sagte er mit einiger Bitterkeit, es sei «sehr höflich», daß er in der Parole vom «Jahrhundert des
kleinen Mannes» das Bekenntnis der westlichen Welt sehe. «Die
andere vom ‹American Century› (...) ist ungleich populärer, und
wenn es ‹uns› nicht gelingt, der Welt den Sozialismus abzukaufen, so
bleibt eben nur die A.-Bombe.» Schließlich: «Wieviel fehlt, daß wir
hier leben – ungefähr wie um 1930 in Deutschland?»

Er dachte an den Brief, kaum war er auf die Post gegeben, mit
Unbehagen. Vier Tage später schickte er einen zweiten Brief nach
Weimar, mit dem er beunruhigt darum bat, seine Äußerungen als rein
persönliche zu verstehen und mit aller Diskretion zu behandeln. Ein
etwas beschämender Rückzug.

Es ist nicht gleichgültig, daß er an jenem 9. Februar 1949, an dem
sich sein Zorn so heftig in den ersten Brief gedrängt hatte, im Tagebuch vermerkte, daß er aus seiner autobiographischen Vorrede für
eine amerikanische Neuausgabe der «Joseph»-Romane (in einem
Band) die Passage über die «Betrachtungen» gestrichen habe. Seufzend hatte er darin – zum wievielten Mal? – das Buch als «ein uferloses, Jahre verschlingendes Schreibwerk rigoroser Selbstprüfung
und Introspektion», aber auch «eine leidensvolle, zum Teil heute
skandalös wirkende Kampfschrift» verteidigt. Er hatte klagend hinzugesetzt, daß aus ihr «im nachhitlerischen Deutschland» und anderwärts gern zu seiner Bloßstellung zitiert werde. Für ihn habe das
Buch aber – er bediente sich einer Formel des Schweizer Essayisten
Max Rychner – eine «kathartische Funktion» gehabt, die sie auch für
seine deutschen Leser hätte haben sollen.

Am 10. Februar 1948 hatte das Moskauer Politbüro, in dem Andrei Schdanow die Aufsicht über die ideologischen und kulturellen Entwicklungen führte, die großen Komponisten Schostakowitsch, Prokofjew und Chatchaturian der Todsünde des «Formalismus» angeklagt – eine Nachricht, die Theodor W. Adorno, der sich wenige Tage danach bei Thomas Mann einfand, ohne Zweifel tief schockierte. An jenem 13. Februar 1948 teilte er dem musikalischen Ratgeber seinen Plan mit, die Entstehungsgeschichte des «Doktor Faustus» aufzuschreiben, gewissermaßen als Wiedergutmachung.

Bald nach Thomas Manns Rückkehr aus Europa war ein anderer seiner musikalischen Gesprächspartner vor das Kongreßkomitee zitiert worden, das der Verfolgung «unamerikanischer Aktivitäten» zu dienen vorgab: der Komponist Hanns Eisler, ein Bruder des Journalisten und Agitators Gerhart Eisler, der – wie berichtet – zuvor ins Blickfeld der antikommunistischen Kopfjäger geraten war. Der Musiker hatte, als er im Jahre 1940, nach einer Intervention von Eleanor Roosevelt, ein Visum für die Einreise in die Vereinigten Staaten erlangte, angeblich feierlich versichert, daß er kein Kommunist sei. Nun wurde er, wie Hans Rudolf Vaget ermittelte, zu dem Geständnis gezwungen, daß er in Wirklichkeit schon seit 1926 Mitglied der Partei war und sich des öfteren in Moskau aufgehalten hatte. Beides gab weder der Exekutive noch dem Kongreß das Recht, ihn des Landes zu verweisen oder gar hinter Schloß und Riegel zu bringen. Indes, man warf ihm vor, daß er sich eines Meineids und der illegalen Immigration schuldig gemacht habe, da er kraft falscher Angaben von den Vereinigten Staaten aufgenommen worden sei.

Thomas Mann schien zu glauben, daß dieser liebenswürdige und geistvolle Gesprächspartner nicht als ein Mann der Partei betrachtet werden dürfe. Er schrieb am 4. Oktober 1947 in sein Tagebuch, das Verhör des Musikers sei «ein plumper Mißbrauch der inneren Schwierigkeit eines geistigen Menschen» gewesen; man habe «ihm die Versicherung zu extorquieren» versucht, daß er «den Kommunismus ebenso» hasse «wie Hitler, in einem Augenblick, wo dieser allein die Weltgefahr bildete und jeder anständige Mensch ihn mehr hassen mußte, als Rußland». Er fuhr fort: «E. gehört einer künstlerisch-intellektuellen Sphäre an, in die stark sozial-kritische Elemente einschlägig sind, der Sphäre eines gewissen geistigen u. musikalisch-soziologischen Radikalismus, der in den Augen Ungebildeter wie ‹Kommunismus› aussehen mag. Es steht aber fest, daß in dieser Sphäre (Adorno) eine ausgesprochene Ablehnung, ja Verabscheuung des gegenwärtigen russischen totalitären Systems herrscht.»

Eine knappe Woche danach konfrontierte er Agnes Meyer mit der Affäre: «Aus persönlichen Gründen geht mir der Fall Hanns Eisler nahe. Ich kenne den Mann recht gut, er ist hoch gebildet, geistvoll, im Gespräch sehr amüsant, und oft habe ich mich mit ihm, namentlich über Wagner, glänzend unterhalten. Als Musiker ist er, nach dem Urteil all seiner Kollegen, ersten Ranges. Seit die Inquisition ihn dem ‹weltlichen Arm› zur Verschickung empfohlen, besteht die Gefahr, dass er in einem deutschen Konzentrationslager landet. Ich höre, dass Strawinsky (ein Weissrusse!) eine Demonstration zu seinen Gunsten einleiten will. Aber ich habe Weib und Kinder und erkundige mich nicht weiter danach.»

Zuvor freilich hatte ihm Adorno ein Licht aufgesteckt. Der Hauptberater lobte zwar den Musiker, aber was er über Eislers Charakter zu sagen hatte, empfand Thomas Mann als eine Ernüchterung. Er verabschiedete seine «nervösen Träume von Protest, Anklage und Selbstopfer», von denen er unverzüglich festgestellt hatte, daß sie töricht seien und ihm nicht gedankt würden. Er zweifelte auch jetzt nicht daran, daß «der Fall auf der Linie der Fascisierung des Landes» liege, doch er registrierte auch, daß er «ungeeignet für ein J'accuse» sei. Erika, in solchen Fragen realistischer als der Vater, riet ihm davon ab, einen Aufruf der «Gesellschaft für Sowjetisch-Amerikanische Freundschaft» zu unterzeichnen. Er selber bezeichnete die Aktion im Tagebuch schließlich als eine «kommunistische Falle». Dennoch zitierte, wie Inge Jens mitteilt, das «Zentralorgan der Sozialistischen Einheitspartei» «Neues Deutschland» einige Sätze aus einer früheren öffentlichen Äußerung Thomas Manns, in der er gesagt hatte, daß er vielleicht «nicht genug Sinn für die von Rußland ausgehende Bedrohung der kapitalistisch-bürgerlichen Lebensordnung» habe, denn er sei «kein Kapitalist».

Wenig später entschloß er sich, zusammen mit Albert Einstein, Bruder Heinrich und dem Journalisten William Shirer, der eindrucksvolle und erfolgreiche Bücher über seine Beobachtungen im Dritten Reich publiziert hatte, ein Gesuch an das Generalkonsulat der Tschechoslowakischen Volksrepublik zu unterzeichnen. Die Behörde sollte dazu aufgefordert werden, Präsident Edvard Beneš um die Ausstellung eines Passes zu bitten, der Hanns Eisler die Chance einer legalen und freiwilligen Ausreise gebe – andernfalls laufe der Komponist Gefahr, fügte Thomas Mann kryptisch hinzu, daß er «in einem deutschen Lager» lande.

Er erklärte nicht, was er damit meinte. Wollte Thomas Mann suggerieren, auch im Herrschaftsgebiet der westlichen Okkupationsmächte existierten Lager für Kommunisten und andere unliebsame Elemente? Wußte er es nicht besser? Es gab in Westdeutschland noch einige Lager für «Displaced Persons» – meist osteuropäisch-jüdische Überlebende der Konzentrationslager, die auf ein Visum warteten, das sie zur Einwanderung in eines der westlichen Länder berechtigte, oder sie warteten auf eine Gelegenheit, legal oder illegal nach Palästina zu reisen. (Die meisten «DPs» hielten sich zu jenem Zeitpunkt allerdings längst in normalen Wohnquartieren auf.) Es gab ferner die Internierungslager der Besatzungsmächte, in denen meist hochrangige Nazifunktionäre und Mitglieder der SS-Verbände festgesetzt waren. Es existierten in der sowjetischen Zone Konzentrationslager – unter anderem die einstigen Nazilager Buchenwald und Oranienburg –, in denen Bedienstete und Profiteure des Hitler-Regimes zusammen mit Opfern der Besatzungswillkür, unter ihnen viele Sozialdemokraten, hinter Stacheldraht gehalten wurden.

Hanns Eisler reiste am Ende, mit einem tschechoslowakischen Papier versehen, legal nach Europa zurück, vermutlich von Beamten der Polizei oder gar des FBI aufs Schiff geleitet, was den Zeitungen Gelegenheit gab, von einer Deportation zu reden. In der Deutschen Demokratischen Republik, für die er die Nationalhymne nach Versen von Johannes R. Becher komponierte (mit Anklängen an den von Hans Albers gesungenen Filmschlager «Good bye, Johnny»), stieg er später zu hohen Ehren auf; sein Bruder Gerhart amtierte als Vorsitzender des staatlichen Rundfunkkomitees der DDR und war bis zu seinem Tod im Jahre 1968 Mitglied des Zentralkomitees der Sozialistischen Einheitspartei.

In seinem Brief an Agnes Meyer hatte Thomas Mann mit grimmigem Hohn geschworen, er wolle künftig keine Aufrufe mehr unterzeichnen, «mit denen die verzweifelte Linke sich lästig macht, denn ich habe wenig Lust, noch einmal den Märtyrer zu spielen». Der Zustand des Landes, meinte er, könne vielleicht durch «eine gewisse moralische Abspannung (...) nach den Anstrengungen der Roosevelt'schen Genie-Periode» erklärt werden. Zuvor hatte er die «Fürstin» in Washington mit keinem geringen Aufwand an Heuchelei gefragt, ob und wieweit sie an seinem Schicksal noch Anteil nehme. Die Frage beschäftige ihn oft und mache ihn beim Schreiben «unbestimmt zaghaft». Dennoch bestehe bei ihm das eingewurzelte Bedürfnis fort, sich ihr mitzuteilen. In Wirklichkeit hatte er den Brief, wie das Tagebuch bezeugt, von Beginn an als «boshaft» konzipiert. Er wollte die Protektorin ärgern. Sie hatte, mehr als jeder andere, dazu beigetragen, daß er amerikanischer Bürger werde – was er einst als die rettende Chance empfunden hatte, die er dankbar ergriff. Nun ließ er sie für seinen Ärger und für seine Verzweiflung an dem Land seiner Wahl immer aufs neue büßen.

Es gab Anlaß genug, sich an fatalen Entwicklungen aufzuhalten. Der ominöse Kongreßausschuß, der die verborgenen Feinde Amerikas in jedem Winkel des Landes aufzuspüren trachtete, wandte seine Aufmerksamkeit der Filmindustrie zu, die nach der Ansicht seiner hartköpfigen und meist lärmend ungebildeten Mitglieder von Kommunisten unterwandert war. Natürlich gab es Schauspieler und Regisseure, Dramaturgen und Drehbuchautoren, die von einem Sozialismus moskowitischer Prägung den Aufbau einer «besseren Welt» erhofften. Die Elite von Hollywood war vor der Verführung durch die Ersatzreligion, die Arthur Koestler das «Opium für die Intellektuellen» genannt hatte, sowenig geschützt, wie es die Kollegen in Europa waren. Alle moralischen Anstrengungen hatten sich im vergangenen Jahrzehnt auf die Mobilisierung des geistigen Widerstandes gegen den Faschismus konzentriert. Die Regierungen, auch die kritischen Geister unter den Journalisten, den Schriftstellern, den Gelehrten, den Künstlern waren während des Krieges eher bestrebt gewesen, der Notwendigkeit gehorchend, die sowjetischen Bündnispartner in ein günstiges Licht zu rücken. Überdies quälten sich viele Amerikaner noch lange Jahrzehnte mit den leidvollen Erfahrungen der großen Wirtschaftsdepression, die sie nicht zu Unrecht als ein Versagen des kapitalistischen Systems betrachteten. Bot sich nicht der «Sozialismus», auch der russisch gefärbte, als die Alternative an? Vielen wurde es schwer, die Realität des Schreckens im Reich des roten Zaren wahrzunehmen. Die Psyche des Menschen scheint nicht dafür gerüstet zu sein, zwei Gefahren zu gleicher Zeit ins Auge zu fassen. Thomas Mann machte darin keine Ausnahme.

Seit der Aushebung eines großen sowjetischen Spionageringes in Kanada, dessen Netz weit bis in die Vereinigten Staaten reichte, ging die Furcht um, der amerikanische Staatsapparat könne – auch in den sensitiven Zonen der Atomrüstung – von Agenten Moskaus durchsetzt sein. Diese Vermutung war, wie man heute weiß, nicht völlig unbegründet. Indes, rechte Ideologen im Kongreß und in der Presse dachten nicht daran, sich mit der Organisation des notwendigen Schutzes und sachlicher Aufklärung zu begnügen. Sie peitschten die Öffentlichkeit mit hysterischen Appellen auf. Präsident Truman bemühte sich, die Erregung durch ein «Loyalitätsprogramm» einzudämmen. Ihm ging es, so versicherte er glaubhaft, um ein korrektes Verfahren, das die bürgerlichen Freiheiten respektieren sollte – wie Jahrzehnte danach der deutsche Kanzler Willy Brandt versuchte, die Abschirmung des Öffentlichen Dienstes einem korrekt-rechtsstaatlichen Verfahren zu unterwerfen: das Grundmotiv des unglückseligen «Radikalen-Erlasses», der einen Schatten auf die Geschichte der sozialliberalen Koalition in Bonn warf. Margaret Truman, die Tochter des Präsidenten, wies in der Biographie ihres Vaters darauf hin, daß jenes Loyalitätsprogramm weder die Rechtsextremisten noch die Liberalen zu befriedigen vermochte.

Nach vier Jahren einer beharrlichen Prüfung von mehr als drei Millionen Beamten und Angestellten staatlicher Behörden wurden insgesamt 212 Entlassungen registriert; zweitausend Männer und Frauen hatten es vorgezogen, dem Druck zu weichen und selbst den Abschied zu nehmen. Dieses Ergebnis war für die Betroffenen bitter. Aber ein Vergleich mit den stalinistischen Säuberungen in der Sowjetunion und ihren Satellitenstaaten, die Millionen in den Tod trieben, verbot sich. Dennoch: die amerikanische Gesellschaft erfuhr durch den Feldzug der Einschüchterung und Verängstigung eine moralische Deformation, vor der die besten Geister des Landes eindringlich warnten. Die Stimme der Vernunft wurde in Wirklichkeit niemals zum Schweigen gebracht. Nüchterne Bürger pochten stets darauf, daß es wohl angebracht sei, Stalins Späher von den Geheimnissen der Nuklearindustrie fernzuhalten (was keineswegs gelang), aber sie fragten auch nüchternen Sinnes, welchen Schaden die Kommunisten und ihre Sympathisanten in Hollywood anrichten könnten: Agitation im Dienste Stalins hätten die Filmmagnaten kaum finanziert. Freilich wurde nun auch der Kriegsfilm «Song of Russia», der ein allzu rosiges Bild der Sowjetunion auf die Leinwand amerikanischer Kinos projiziert hatte, bei den Hollywood-Hearings des Kongreßkomitees als «subversives Machwerk» geschmäht. Die Schauspieler Robert Taylor, Robert Montgomery, Adolphe Menjou (der dem schmalen Oberlippenbärtchen den Namen gab) und Ronald Reagan stellten sich der Anklage als Zeugen zur Verfügung.

Der spätere Präsident der Vereinigten Staaten, ein Star von unterhaltenden Filmen der sogenannten B-Klasse, hatte sich in Hollywood durch seine Aktivität in den Gewerkschaften und Zunftgenossenschaften eine Position von Einfluß verschafft. In den vielen Streiks jener Tage bewies er oft ein vermittelndes Geschick. Nach seinem eigenen Zeugnis klärten ihn Agenten des FBI darüber auf, daß einige der Standesorganisationen kommunistisch unterwandert seien. Dies war der politische Wendepunkt seiner Karriere: Ronald Reagan wandelte sich vom liberalen Roosevelt-Demokraten zum entschlossenen Konservativen. Immerhin bestand er vor dem Ausschuß in Washington darauf, daß keine politische Partei, einschließlich der kommunistischen, aus ideologischen Gründen verboten werde sollte. Er sagte auch: «Ich hoffe, daß wir niemals durch die Furcht vor dem Kommunismus dazu angetrieben werden, unsere demokratischen Prinzipien in Frage zu stellen.»

Das blieb ein frommer Wunsch. Zehn Schauspieler, Regisseure und Autoren weigerten sich, vor dem Komitee auszusagen, ob sie Kommunisten seien oder nicht. Sie betrachteten ein erzwungenes Bekenntnis politischer Überzeugungen und Zugehörigkeiten völlig zu Recht als eine Verletzung des Grundrechtes der Meinungsfreiheit. Die «Hollywood ten», wie man sie später nannte, wurden der «Mißachtung des Kongresses» beschuldigt und aus ihren Stellungen oder Verträgen ohne eine Abfindung entlassen. Die Chefs der großen Produktionsgesellschaften beugten sich der Pression und erklärten, Kommunisten würden in ihren Studios künftig nicht mehr beschäftigt.

Zur Ehre der Filmstadt kann gesagt werden, daß sich die prominentesten Schauspieler durch Zeitungsanzeigen und in vielen Interviews gegen den Meinungsterror des Ausschusses zur Wehr setzten, unter ihnen Ava Gardner und Henry Fonda, Paulette Goddard und Katharine Hepburn, Gregory Peck und James Stewart, Fredric March, Rita Hayworth und Frank Sinatra, aber auch Musiker vom Range Benny Goodmans. In Protestversammlungen wurden die «faschistischen Taktiken» des Ausschusses attackiert. Man bat Thomas Mann, sich an einem Radioprogramm unter dem Titel «Hollywood Fights Back» zu beteiligen, in dem Stars wie Humphrey Bogart und seine Frau Lauren Bacall ihre Empörung bekundeten.

Das Statement des deutschen Autors begann mit dem provozierend-ironischen Satz: «I have the honor to expose myself as a hostile witness.» Auf deutsch: «Ich habe die Ehre, als ein gegnerischer Zeuge (des Komitees) vor die Öffentlichkeit zu treten.» Er habe seit seiner Ankunft in den Vereinigten Staaten, sagte er, viele Hollywood-Filme gesehen. Wenn kommunistische Programme in sie eingeschmuggelt worden seien, dann müsse das in großer Verborgenheit geschehen sein. Er habe nichts davon bemerkt. Dann betonte er: «Als ein amerikanischer Bürger deutscher Geburt bezeuge ich schließlich, daß ich mit gewissen politischen Entwicklungen schmerzlich vertraut bin. Geistige Intoleranz, politische Inquisition und eine abnehmende Rechtssicherheit – und all dies im Namen eines sogenannten ‹Notstandes›: so fing es in Deutschland an. Was folgte, war der Faschismus, und dem Faschismus folgte der Krieg. Ich heiße diese Gelegenheit willkommen, eine Warnung zu äußern, die ich nicht erschallen lassen würde, wenn es nicht meines Herzens unauslöschlicher Glaube wäre, daß dieses große Land unsere Liebe sowohl wie unsere Sorge sowie auch unser Vertrauen verdient.»

105. KAPITEL

«Faustus» und der Schatten des Hradschin

Es darf vermutet werden, daß Thomas Manns Erklärung gegen die antikommunistische «Säuberung» Hollywoods, die von einer intimen Kennerschaft des politischen Pathos der Amerikaner zeugt, in Wirklichkeit von der Handschrift Erikas geprägt war. Die Tochter wußte damals sehr genau, wann und wo es angebracht war, eine entschiedene Sprache zu sprechen. Zum anderen hielt sie den Vater immer wieder davon ab, sich in seinen öffentlichen Äußerungen zu weit nach vorn zu wagen, wenn der Anlaß nicht zwingend war.

Die berechtigte und notwendige Auflehnung gegen den Meinungsterror der amerikanischen Rechten hätte freilich an Glaubwürdigkeit gewonnen, wäre Thomas Mann bereit gewesen, öffentlich und mit gleicher Entschlossenheit gegen die Unterdrückung der bürgerlichen Freiheiten durch die Schergen des Sowjetimperiums zu protestieren. Doch es war ihm wichtiger, immer aufs neue zu betonen, daß er das Reich Josef Stalins als eine Friedensmacht betrachte. Am 19. Oktober 1947 notierte er zum Sieg der Gaullisten bei den französischen Gemeindewahlen, er sei «unter dem Einfluß der amerik. Darlehen und Geschenke» errungen worden; die Kommunisten, vermerkte er, stünden an zweiter Stelle. Wenig realistisch setzte er hinzu: «Es kann Bürgerkrieg daraus entstehen». Danach der unverantwortliche Zusatz: «was den Hiesigen gesund wäre.»

Die Gründung der «Kominform» am 5. Oktober 1947 – eines kommunistischen «Informationsbüros», mit dem die im Krieg aufgelöste Agitationszentrale «Komintern» eine Renaissance erlebte – nahm er am Rande zur Kenntnis. Ohne Wertung registrierte

er die «Verfluchung der westlichen Sozialdemokratie». Im gleichen
Atemzug nannte er Kurt Schumacher, den Vorsitzenden der SPD,
der zehn Jahre lang in den Konzentrationslagern des Dritten Reiches gelitten hatte, ein «fanatisches Krischperl» – sich der bajuwarischen Formel für eine Kasperle-Figur bedienend. Den Hinweis auf
eine Rede Molotows, des sowjetischen Außenministers – «über das
Seufzen vieler Völker unter dem amerikanischen Druck» –, ergänzte er durch den Zusatz: «Das Schweigen großer Nationen
(Englands, dem der Sozialismus, aber auch die Demokratie, abgekauft wird).»

Es entging ihm, daß Stalins Mitarbeiter in seiner Rede angedeutet
hatte, die Vereinigten Staaten verfügten nicht länger allein über das
Wissen und die Fähigkeit, eine Atombombe zu konstruieren. Immerhin bezeichnete Thomas Mann die Feiern zum Jahrestag der
Oktoberrevolution in Moskau als eine «eher unangenehme Show.
Prahlen und Schimpfen – aber was sollen sie machen?» Die kommunistisch organisierten Unruhen in Frankreich und in Italien waren
in seinen Augen nichts anderes als Rebellionen «gegen die Kolonisierung durch den Marshallplan».

In einem Brief an einen Mr. Gray, dessen Identität der Nachwelt
verborgen blieb, schrieb er am 12. Oktober 1947: «Es gab eine Zeit,
in der mein Glaube an die menschheitliche Sendung Amerikas sehr
stark war. Er ist in den letzten Jahren leichten Schwankungen ausgesetzt gewesen. Statt die Welt zu führen, scheint Amerika sich entschlossen zu haben, sie zu kaufen, – was ja in seiner Art auch recht
großartig, aber doch weniger begeisternd ist.» Sein Urteil über die
Außenpolitik der Vereinigten Staaten schien nicht nur von der Notwendigkeit eines Ausgleichs mit der Sowjetunion, sondern ebensosehr von seiner Auflehnung gegen die zunehmende Pression von
rechts bestimmt zu sein: «Erste Anzeichen von Terror, Gesinnungsspionage, politischer Inquisition, beginnender Rechtsunsicherheit sind spürbar und werden entschuldigt mit einem angeblichen Zustande von emergency. Als Deutscher kann ich nur sagen:
So fing es an auch bei uns.» Er fügte beschwichtigend hinzu: «Aber
nur mit leiser Stimme, so gelegentlich und anspruchslos wie hier,
spreche ich die Warnung aus und würde sie überhaupt nicht aussprechen, wenn ich nicht im Herzen den Glauben bewahrte, daß

dieses große Land unserer Liebe, unserer Sorge – und unseres Vertrauens wert ist.»

So leise blieb seine Kritik nicht immer – gottlob nicht. Freilich gründete sie sich auch nicht auf ein zuverlässiges Vertrauen in die Vereinigten Staaten, das er in jenem Brief, nicht ganz ehrlichen Herzens, angedeutet hat. Eine «warnende Rede» von Andrei Wyschinski, dem sowjetischen Botschafter bei den Vereinten Nationen, nahm er kommentarlos zur Kenntnis, obschon es ihn nicht gleichgültig lassen konnte, daß der hohe Diplomat Churchill und General de Gaulle als «Bewunderer und Imitatoren Hitlers» schmähte. Er schien sich auch nicht daran zu erinnern, daß Wyschinski als Generalankläger in den großen Moskauer Säuberungsprozessen einst die Rolle eines zeternden Inquisitors übernommen hatte, in der Maßlosigkeit der Tiraden seinem nazistischen Kollegen Roland Freisler vergleichbar, der die Angeklagten vor dem «Volksgerichtshof» des Dritten Reiches mit verbalem Terror gedemütigt hatte.

Am 17. November 1947 reiste Thomas Mann nach San Francisco. Vor einem enthusiastischen Publikum trug er die Nietzsche-Rede vor. Am 23. November erschien im «Chronicle», der wichtigsten Zeitung der Stadt, ein Interview, in dem er über den Marshallplan sagte, er sei «sehr idealistisch und gutgemeint», doch in Europa auf Mißtrauen gestoßen. «Tumulte in Italien und Frankreich» seien wenigstens teilweise darauf zurückzuführen, daß die finanzielle Hilfe der Vereinigten Staaten nur «mit politischen Bedingungen» gewährt werde. Amerika verlange, daß jene Länder von «reaktionären Regierungen» geführt würden. Man habe dort den Eindruck, daß die Vereinigten Staaten den «freien Willen des Volkes» unterdrückten, «indem es den linken Flügel aus den Regierungen ausschließt». Dies Gefühl könne verkehrt sein, aber es sei vorhanden. Die Gefahr, daß Europa kommunistisch werde, würde stark übertrieben. Wörtlich: «Kommunismus ist jetzt ein leeres Wort.» In Europa sei kaum eine «Neigung für den Kommunismus russischen Stils vorhanden». Dies traf zu. In Polen oder im sowjetisch besetzten Teil Deutschlands aber wurden die Menschen nach ihren Neigungen nicht gefragt.

Seine Reizbarkeit nährte sich, wie so oft, auch aus der Unzufriedenheit mit dem Fortgang der Arbeit. Seufzend beugte er sich über das Vorwort, das er «Dial Press» für die Goethe-Anthologie schuldete. Der Aufsatz ging ihm schwer von der Hand. «Phantasie über Goethe» nannte er das Stück später für die deutsche Ausgabe (in Amerika blieb es bei dem schlichten Titel «Einführung»), doch es fiel ihm wenig Neues zum Leben und zum Werk des Vorbildes ein, über das er sich zuvor schon in mehr als einem halben Dutzend Reden und Essays gründlich genug geäußert hatte. So begnügte er sich im wesentlichen mit einer Montage aus den alten Arbeiten.

Als er die Studie endlich aus der Hand legte, wandte er sich tastend der Erzählung vom heiligen Gregor zu, zunächst mit der Sammlung von Materialien beschäftigt, die es ihm erlaubten, in die Welt des frühen Mittelalters vorzudringen. Es wurde ihm, wie er feststellte, denn doch nicht leicht, den mittelhochdeutschen Text des Hartmann von Aue in jeder Nuance zu verstehen, aber bald fand sich, wie fast immer, ein williger Nothelfer: der Germanist Samuel Singer und seine Assistentin in Bern fertigten für ihn eine Übersetzung in modernes Deutsch, natürlich nur in Prosa.

Am 17. Oktober 1947 erschien «Doktor Faustus» in der Schweiz. Fürs erste hatte er nur noch Augen und Ohren für die Reaktion der Kritiker und der Freunde. Die Arbeit an der neuen Erzählung mußte, kaum begonnen, für eine gute Weile in den Hintergrund treten. Otto Basler, einem schriftstellernden Lehrer im Aargau, der ihm herzlich ergeben war, schickte er ein Telegramm mit der Bitte, ihm alle Besprechungen zukommen zu lassen (was durch den Verlag ohnedies geschah). Im Tagebuch vermerkte er, daß er aus einem «traurigen Leidenszustand» zu erwachen beginne. Schon eine Woche später kam durch Bermann Fischer die Rezension ins Haus, die der Essayist Max Rychner für das Feuilleton der «Tat» aufgesetzt hatte, damals eine der bedeutenden helvetischen Zeitungen. Unverzüglich vermerkte Thomas Mann den Kernsatz Rychners in seinem Journal: «Ein Buch wie seinesgleichen derzeit die Welt nicht hat.»

Am Abend setzte er sich an den Schreibtisch, um dem hochherzigen Autor zu danken: «Ich bin tief bewegt von der Wärme all dessen, was Sie über dies Schmerzensbuch aussagen. Ich weiß nicht, welche exceptionelle Bewandtnis es damit hat, aber mir treten die

Tränen in die Augen, sobald ernstlich davon die Rede ist. Nun ist Ihre große Anzeige die erste geformte, öffentliche Betrachtung des Werkes, und das hat etwas Erschütterndes für mich. Auch etwas Beruhigendes wieder; denn mir ist, als ob ihm nun nicht mehr viel passieren könnte.» Er fügte einige Worte hinzu, die er in den nächsten Wochen unermüdlich wiederholte: «Was werden die Deutschen sagen zu diesem Roman? (...) Vielleicht lehrt er sie doch, daß es ein Irrtum war, einen Deserteur vom Deutschtum in mir zu sehen.» «So, wie in dem kleinen Alpenlande wird das Buch wohl nirgends gelesen werden», schrieb er Ende des Jahres 1947, «auch in Deutschland nicht, wo es jetzt gedruckt wird. Ich fürchte, der geistige Blutdruck ist einfach zu niedrig dort.» Joachim Kaiser, der Münchner Musik- und Literaturkritiker, bemerkte dazu in einem Aufsatz über die Wirkungen des «Faustus»: «Da irrte Thomas Mann. Er meinte, der Zusammenbruch Hitlerdeutschlands habe lauter apathische, zerstörte, triste Figuren hinterlassen – während doch in der unmittelbaren Nachkriegszeit zwischen 1945 und 1952 der geistige Blutdruck, die geistige Leidenschaft in Deutschland enorm, ja fast krankhaft hoch war.»

Er atmete auf. Ein Bann war gebrochen. Rychner hatte das entscheidende Signal gegeben. Seine Kollegen in den anderen helvetischen Blättern standen ihm mit Bekenntnissen ergriffener Begeisterung nicht nach. Thomas Mann lauschte, wie er Basler schrieb, auf jedes Wort. Die Elogen rührten ihn allemal bis zu Tränen – und es war für ihn um so wohltuender, daß viele der ersten Leser, ob Kritiker oder Käufer, freien Sinnes bekannten, nicht nur das traurige Ende des kleinen Nepomuk, sondern die Tragik des Adrian Leverkühn, in der sich das düstere deutsche Geschick spiegelte, hätten auch ihnen Tränen der Erschütterung in die Augen getrieben. Man habe, schrieb er am Weihnachtsabend 1947 an den Zürcher Literaturhistoriker Carl Helbling, vielleicht seit Werthers Tagen nicht mehr so viel von Tränen gehört.

Auch Korrodi von der «Neuen Zürcher Zeitung» versagte nicht. Er hatte den originellen Einfall, nach seiner eigenen «atemlosen u. sehr extraordinären Anzeige» eine Art Colloquium zu veranstalten, bei dem sich – neben ihm selbst – ein Theologe, ein Biologe und vor allem der Musikwissenschaftler Willi Schuh zu Wort meldeten, der im «Faustus» so ehrenvoll mit Namen genannt worden war. Schuh äußerte sich voller Enthusiasmus über die musikalischen Interpretationen: ein Kompliment, das Thomas Mann unverzüglich an Adorno weitergab.

Kaum ein Rezensent blieb ohne Dank, keine Zuschrift eines Lesers unbeantwortet. Er setzte Brief um Brief auf, unermüdlich immer die gleichen Formeln vom «Schmerzensbuch» und von dem «Geheimwerk» wiederholend, immer wieder betonend, daß es doch ungewöhnlich sei, wenn ein Mann «mit 70 sein ‹wildestes› Buch» schreibe. Mehr denn je fühlte er sich dazu berufen, der erste Interpret seiner selbst zu sein.

Um so unwilliger reagierte er auf Einwände, die anzudeuten schienen, daß die Rezensenten die Größe des Werkes verkannten. Käte Hamburger, die es an Verehrung nicht fehlen ließ – sie widmete dem «Joseph» ein gründliches Buch –, hatte an der «Kälte» der Charakterisierung und der Karikierung des Münchner Personals Anstoß genommen. Vor allem verstörte sie das grausame Porträt ihrer Freundin Ida Herz. Im Tagebuch gab sich Thomas Mann selbst die Weisung, «ruhig und trocken» zu reagieren. Dies gelang ihm keineswegs. Er entgegnete der respektvollen Kritikerin voller Zorn: «...kalt eben, bis ans Herz hinan, ist Ihr Bericht, – vielleicht ein unerlaubter Vorwurf angesichts eines Buches, in dem das teuflische Motiv der ‹Kälte› eine so beherrschende Rolle spielt. Und doch, wie kommt es, daß gerade dieses Buch in der deutsch lesenden Welt eine seit vielen Jahren beispiellose Ergriffenheit erzeugt. Daß ich Briefergüsse und Besprechungen bekomme, wie ich sie nie gelesen? Daß diese Menschen (...) nach den höchsten Worten greifen, um es zu kennzeichnen, und daß in den literarischen Kreisen der Schweiz Wochen lang von nichts anderem die Rede war? Nicht umsonst hat dies Werk mir zugesetzt und an mir gezehrt wie kein anderes; nicht umsonst erkrankte ich mitten drin gefährlich».

Wiederum beschwor er die Tränen der Leser: «Früheres von mir hat allerlei Wirkung hervorgebracht, aber zum erstenmal sehe ich *Tränen* in den Augen meiner Leser. – Die Ihrigen sind trocken und blicken leer. Vielleicht sind Sie die einzig Nüchterne, Klarsehende und besonnen auf lange Sicht Urteilende, es mag sein. Und doch hat sie etwas Bedauerliches und Unnatürliches, diese Ihre Verschlossenheit, um nicht zu sagen: Versperrtheit gegen ein Werk, das so viele aufwühlt bis zum Grunde, und von dem Sie sprechen wie von einem Dinge, das Spuren ehemaliger Vorzüge aufweist, aber ganz anders und am besten überhaupt nicht hätte gemacht werden sollen.» Er setzte ihr hart zu: «Nicht die Spur eines Gefühls für die singuläre Stellung, die das Buch einnimmt innerhalb (oder zuoberst) meines Lebenswerkes und, sagen wir doch die Wahrheit, im zeitgenössischen ‹Schrifttum›; für seine Eigenschaft als Lebensbuch und Konfession, sein Zurücklassen des Literarischen, seine fast wilde Direktheit und wunde Wirklichkeit als bisher unzweifelhaft größtes und erlittenstes Symbol und Bild der Epoche, – nicht die Spur von Zugänglichkeit für all das findet sich in Ihren intelligent gelangweilten Aussagen. Mehr als einmal versagt selbst die Intelligenz.»

Käte Hamburgers distanzierte Äußerung hatte ihn tief verletzt. Es betrübte ihn, daß es auch Hermann Hesse an intensiver Begeisterung mangeln ließ. Der schwäbische Kollege schrieb zwar, der «Leverkühn» sei ein «großer und kühner Wurf», und er lobte, daß er die «ideale Abstraktion» der musikalischen Analyse «nicht im idealen Raume ausschwingen» lasse, sondern «mitten in eine realistisch gesehene Welt und Zeit» hineinstelle: «Da steht nun freilich vieles, das man Ihnen übelnehmen wird, aber daran ist man ja gewöhnt, Sie werden es nicht zu schwer nehmen. Mir selbst ist, nach dem erstmaligen Lesen, die Innenwelt Leverkühns sehr viel klarer, geordneter, durchsichtiger als seine Umwelt, und das gerade gefällt mir so, daß diese Umwelt so mannigfaltig, figurenreich und so verschiedentlich belichtet ist, daß sie Raum hat für die Hallenser Theologenkarikaturen wie für das holde Kind Nepomuk, daß der Dichter uns den Guckkasten so reich besteckt hat und kaum jemals die gute Laune, den Spaß am Theater verliert.»

Thomas Mann kannte die Mühsal hochgetönter Zustimmung, die in Wirklichkeit gelangweiltes Desinteresse oder gar eine präzise Abneigung zu verbergen hatte, von sich selbst gut genug, um nicht Hesses Distanz zu seinem Bekenntniswerk zu spüren. Er hatte sich seinerseits über das «Glasperlenspiel» nicht viel herzlicher und gewiß nicht aufrichtiger geäußert. Die lobende Lüge war auch für ihn ein unentbehrliches Hilfswerkzeug im Gewerbe. Aber «gute

Laune» und «Spaß am Theater» hatten ihm nun wirklich nicht die Feder geführt. Er war um so ungehaltener, da er jüngst erst für die amerikanische Ausgabe des «Demian» ein Vorwort geschrieben hatte, das dazu beitrug, dem Nobelpreisträger den Weg zur amerikanischen Leserschaft zu öffnen – lange vor dem Hesse-Kult, der die Romane «Siddhartha» und «Steppenwolf» zur Hauptlektüre der Blumenkinder in den sechziger Jahren werden ließ, die durch ihr romantisches Entzücken eine Hesse-Renaissance auch in Deutschland bewirkten. Hatte Thomas Mann nicht, mehr als jeder andere, dazu beigetragen, Hesse endlich die höchste literarische Ehrung der westlichen Welt zu verschaffen?

Käte Hamburgers Rezension hatte gezeigt, daß seine literarischen «Morde», von denen er selbst sprach, nicht folgenlos bleiben würden. In Briefen, die er nun mit höchster Dringlichkeit in die Welt schickte, versuchte er das Schlimmste zu verhindern. Beschwörend rief er Ida Herz zu, es sei ihm «kummervoll, zu denken, daß ein Buch, das selbst nur *eine* offene Wunde ist, auch Mitmenschen noch kränken» müsse. Sie möge, bat er inständig, doch nicht glauben, daß sie die Rosenstiel sei: «Es wäre Größenwahn! Es wäre die ärgste Hypochondrie!! Und *gesetzt*, der Wahn enthielte ein elektron-kleines Körnchen Wahrheit? Was dann? Dann finden wir die wüstentraurige Rosenstiel, der Sie fesche Londonerin gleichen, wie ich dem Herkules, am Sterbebett des kleinen Nepomuk, und zuletzt steht sie wie eine Schildwache aufrecht und treu neben dem kollabierenden Leverkühn. Das ist kein Zugeständnis. Und doch...»

Einen Tag später wandte er sich an Preetorius. Sein «Lebensbuch», bekannte er, sei «von fast sträflicher Schonungslosigkeit, eine sonderbare Art von übertragener Autobiographie». Die Entfernung vom Schauplatz, in der er seinen Roman schrieb, habe dazu beigetragen, «seine Rücksichtslosigkeit, seinen menschlichen Radikalismus zu steigern. Soll ich ihn Unmenschlichkeit nennen? In der Figur des Helden selbst, dieses Adrian Leverkühn, liegt etwas Kaltes und Unmenschliches, aber auch so viel von Selbstopfer, daß es vielleicht die menschlichen Kruditäten des Buches, das kalte Portrait meiner Mutter, die Preisgabe des Schicksals meiner Schwestern, zu sühnen vermag.»

Nach diesem Anlauf gelangte er zur Sache. Die «erzfaschistischen Unterhaltungen» im Salon des Freundes, von denen er später dann wieder in der «Entstehung» schrieb, mußten herabgemindert, entschuldigt und gerechtfertigt werden, ehe das Buch den deutschen Markt erreichte: «Irgendwo mittendrin nun sind da, in naher Verbindung mit Leverkühns ankündigungsvollem Kapitalwerk, der ‹Apocalipsis cum figuris›, Szenen aus einem Münchener Debattier-Klub, bei denen der Teufel mich ritt, an gewisse, mit geistreichen Herren in Ihrem Heim in der Ohmstraße verbrachte Abende zu denken und diese doch eigentlich völlig dezente Erinnerung meiner Schilderung vom Wachstum des Bösen zu unterlegen! Muß ich Sie bitten, sich nicht davor zu entsetzen und nicht darüber zu zürnen? Ich muß es wohl allerdings und tue gut, die Bitte ins Beschwörende zu treiben, wenn da nun auch noch die neugierige und Darmstädtisch redende Randfigur des freundlichen Gastgebers schattenhaft, sehr schattenhaft auftaucht, ein Schemen ohne vollere Existenz, der mit Ihrer Person 2½ Äußerlichkeiten gemeinsam hat, und das ist alles. Noch einmal, *muß ich Sie bitten*, sich mit mir zusammen über die Dummheit und Bosheit, auch die Entrüstung derer hinwegzusetzen, die da sagen werden, das seien Sie? Absurd! Und doch, als Bitte, notwendig von mir aus, auch wenn Sie die Achseln darüber zucken. Ich habe sogar noch ein weiteres Anliegen und Ersuchen, nämlich, daß Sie diesen Brief wieder lesen, wenn Sie eines Tages an die Lektüre des ‹Faustus› gehen.» (Prectorius bat später um die Genehmigung, Partien des Schreibens – zur Richtigstellung und zum Schutz seines Namens – in der «Neuen Zeitung» abdrukken zu dürfen.)

Gegenüber Viktor leugnete Thomas später, daß mit der Senatorin Rodde die Mutter geschildert sei, von der der jüngere Bruder in seinen Erinnerungen ein so liebevolles Bildnis entwarf: «Mit Mama», schrieb er nach München, «hat sie eigentlich nur durch die Töchter Verwandtschaft und allenfalls durch das deracinierte, nach München übergesiedelte norddeutsche Patriziertum.»

Was für eine Erleichterung, daß die ersten deutschen Rezensionen – und auf sie kam es ihm an, mehr noch als auf die schweizerischen – nichts – noch nichts – von all diesen Komplikationen und Peinlichkeiten verrieten, sondern nur Respekt bezeugten. W. E.

Süskind hatte er vor Weihnachten geschrieben: «Nun soll die innerdeutsche Ausgabe (...) in Druck gehen – ihr gilt meine Spannung.
Was werdet Ihr sagen? Es ist nämlich etwas so excessiv Deutsches,
daß es euch selbst am Ende zuviel sein wird. Jedenfalls wird es das
Vorurteil, ich sei ein Deserteur vom deutschen Schicksal, hie und da
ins Wanken bringen.»

Bruno E. Werner schrieb die Besprechung für die «Neue Zeitung» in München. Auch ihm dankte der Autor von Herzen für das
schöne «erste deutsche Echo auf das kuriose Werk», sich offensichtlich nicht länger darüber grämend, daß der Feuilletonist zu den
achtundachtzig deutschen Schriftstellern gehörte, die 1933 dem
Führer und Reichskanzler gehuldigt hatten: «Dummes, mittelmäßiges Gesindel», wie er dazu noch im September 1947 notiert hatte.
Für die westlichen Zonen Deutschlands – die im Begriff waren, sich
zu einer Wirtschaftseinheit zusammenzuschließen – war damit der
Ton bestimmt. Auch die folgenden Rezensionen gaben keinen
Grund zur Klage. Sie zeugten alle von Ehrfurcht, Faszination, ja
zwischen den Zeilen von einer gewissen Erleichterung. Es schien
den Landsleuten zu schmeicheln, daß sie ihr Geschick als ein dämonisch verhangenes Schicksal betrachten durften. Der Teufel wies
sozusagen den Weg ins Freie: in eine metaphysische Überhöhung
der Schuld.

Indes, die enthusiastische Aufnahme des Buches war nicht genug, Thomas Manns Verhältnis zu Deutschland und den Deutschen
über Nacht ins reine zu bringen, auch wenn er Agnes Meyer gegenüber in seinem Neujahrsbrief – den er im Journal «fast ausgelassen verlogen» nannte – die Hoffnung ausgedrückt hatte, durch
das Buch werde «manches Missverständnis (...) beseitigt oder modifiziert werden». Vom Frankfurter Oberbürgermeister Walter
Kolb erreichte ihn zu Anfang des Jahres die Einladung, er möge
zur Hundertjahrfeier der gescheiterten Revolution des Jahres 1848
in der Paulskirche sprechen. Ins Tagebuch schrieb er: «bewahr
mich Gott.» Auch die Anregung Agnes Meyers, er möge in der Library of Congress über die Revolution von 1848 reden, lehnte er
ab.

Es mag mit den grunddeutschen Stimmungen zusammenhängen,
die er im «Faustus» beschworen hatte, daß er sich nun plötzlich

gegen die «bilderstürmerische» Bewegung und den «zerknirschten Antiromantismus» in Deutschland auflehnte, von denen ihm ein Korrespondent berichtet hatte. Verärgert bemerkte er, es liege viel von «Mißerfolgsanbeterei in dieser Perhorreszierung von Werten, an denen, wenn Deutschland den Krieg nicht verloren hätte, die Welt hätte genesen sollen. Warum nicht gleich Beethoven verpönen?» fragte er heftig. Man solle die «seelengeschichtlichen Entwicklungen und Verhängnisse doch ehren, eingeschlossen den zweideutigen Mythiker Wagner, der viel herrlichste Musik geschrieben hat. Jetzt wird gegen Luther, Friedrich, Bismarck, Nietzsche, Wagner, womöglich auch gegen Goethe geeifert.»

Gegen Goethe eiferte in Wirklichkeit niemand. Er war mehr denn je die kaum angefochtene Richtgestalt der Deutschen. Thomas Mann aber fragte: «Will man seine Geschichte, sein Deutschtum abschütteln? Es steckt viel Wahres und Gutwilliges, aber auch einige Erbärmlichkeit in dieser Selbstgeißelung und Verleugnung deutscher Größe, die allerdings unter allen Größen die verfänglichste ist. ‹Erbärmlich› gebrauche ich ganz im Wortsinne. Man muß zugeben, daß die Deutschen in einer erbarmungswürdigen Lage sind... Sie kompensieren», sagte er, ihre elende Situation «durch strammen Neu-Nationalismus».

Recht machen konnten sie es ihm fürs erste nicht. Nicht auszudenken, mit welcher Härte er sie gegeißelt hätte, wäre es ihnen eingefallen, sich für Nietzsche und Wagner ins Zeug zu legen. Ihm stand dies zu – ihnen nicht. Er aber legte, den «Fall Schönberg» im Zusammenhang mit dem «Faustus» erwägend, «abends die alte Platte ‹Abendlich strahlt›» auf «und war fast zu Tränen bewegt von dem Gesang der Rheintöchter mit dem ‹Traulich und treu ist's nur in der Tiefe›». Er bekannte: «Gebe für diese Stelle allein die ganze Musik Schönbergs, Bergs, Kreneks und Leverkühns dahin.»

Wenige Tage zuvor hatte er, zum zweitenmal ansetzend, mit der Niederschrift des «Erwählten» begonnen. Es wurde ihm nicht leicht, eine Sprache zu finden, die – mit der Altertümlichkeit des Stoffes spielend – die Balance zwischen Modernität und stilisierter Antiquiertheit wahrte. Gern hatte er sich von der Bitte Alfred Knopfs ablenken lassen, eine Einleitung für die geplante Ausgabe des gesamten «Joseph» in *einem* Band (von zweitausend Seiten) aufzusetzen. Ihm wurde daraus der autobiographische Essay über die «16 Jahre» seines Lebens, die im Zeichen jenes Werkes standen. Danach nahm er sich nun endlich ernsthaft die Gregor-Erzählung vor. Er hatte kaum die ersten Seiten neu geschrieben, als ihm noch einmal Einhalt geboten wurde: beim Abschied nach einem Abendessen im Hause Max Horkheimers stürzte er über eine unbeleuchtete Schwelle und brach sich das Schlüsselbein. Schlimmer als die Fraktur war zunächst der Schock, der dem schweren Fall unvermeidlich folgte. Eine jähe Kreislaufschwäche ließ ihn erblassen (und die untröstlichen Gastgeber auch). Es waren gottlob der linke Arm und die linke Hand, die zunächst gelähmt waren und danach eine gute Weile geschont werden mußten. Wohl konnte er mit der Rechten schreiben, aber die Linke konnte die Blätter nicht festhalten, wie er es gewohnt war. Briefe ließen sich diktieren.

Die physische Mühsal erlaubte keine raschen Fortschritte. Überdies brach ein Wahljahr an. Er hatte vor keinem seiner Freunde, keinem seiner Gegner verborgen, daß er sich der «dritten Partei» des bewunderten Henry Wallace verbunden fühle, obwohl die Kandidatur des einstigen Vizepräsidenten auch in Kreisen der Linksliberalen umstritten war: so bei Freda Kirchwey und ihrer Zeitschrift «The Nation», die darauf aufmerksam machte, daß Wallaces Bewerbung die Wiederwahl von Harry Truman verhindern und damit einem konservativen Republikaner den Weg ins Weiße Haus öffnen könnte. Thomas Mann kümmerte sich wenig um diese Einwände, da er meinte, zwischen der Politik des Präsidenten und dem Programm eines republikanischen Reaktionärs seien die Unterschiede am Ende gering.

Natürlich konnte es nicht ausbleiben, daß sich manche irrlichternden Geister, manche notorischen Aktionisten und Bannerträger des permanenten Protestes, auch manche offenen und heimlichen Sympathisanten der Kommunisten an die Rockschöße des großen Idealisten Wallace hängten. Die Polemik gegen die bunte Gesellschaft, die sich um Wallace sammelte, wurde nicht immer fair und nicht immer wahrhaftig geführt. Thomas Mann aber schien sich durch jeden Angriff auf seinen Kandidaten persönlich verletzt zu fühlen.

Seine eigene Kritik an der Außenpolitik der Vereinigten Staaten nahm an Heftigkeit zu. Im Februar bemerkte er im Tagebuch, Italien werde zum «Vasallen u. Satelliten» degradiert. Frankreich stehe unter einem Schock. Die Wallace-Partei sei von einem «Atom-General» als «Spionen-Organisation» denunziert worden. Er redete sich selbst die Konsequenz ein: «Völlige politische Detaschierung von diesem Lande geboten.» Über den Zustand Amerikas schrieb er an den Kollegen Joachim Maass (der ein Thomas-Mann-Buch plante): «Wir leben unter Unwissenden, lieber Freund, deren Bedürfnis, ihre Unwissenheit zu korrigieren, durch Sieg und Macht sehr herabgesetzt worden ist.» Mit tiefer Bitterkeit notierte er gut drei Wochen später: «Gedanken über die Gleichgültigkeit der ‹Kultur› und ihrer Freiheit, wenn es das Ende der einen schamlosen Profitwelt gilt, in deren Mund das Wort Freiheit eine schmutzige Lüge ist. Man wird dafür bereitet, jeden Zwang der Diktatur in Kauf zu nehmen für die Vernichtung dieser Gesellschaft.»

Dies war am 22. Februar 1948. Vier Tage zuvor waren in Prag zwölf Minister der bürgerlichen Parteien aus Protest gegen die wachsende autoritäre Gewalt der Kommunisten zurückgetreten. Am 25. Februar bemerkte auch Thomas Mann die «allgemeine Machtübernahme» in der Tschechoslowakei. Einen Tag später sagte er, der Umsturz sei «wohl hauptsächlich der faschistischen Slowaken wegen nötig» gewesen. Er setzte hinzu: «Vermutlich auch die studentischen Gegendemonstrationen faschistischen Charakters.»

Dies hieß: er glaubte den propagandistischen Weisungen der Kommandeure im Kreml und ihrer Prager Gefolgsleute aufs Wort. Erst der «Fenstersturz» auf dem Prager Hradschin – zu Beginn des Dreißigjährigen Krieges in der tschechischen Hauptstadt schon einmal exerziert – schien ihn nachdenklicher zu machen: Jan Masaryk, der Sohn des Staatsgründers und Außenminister der wiedererstandenen Republik, hatte sich am 10. März 1948 – so die offizielle Verlautbarung – aus dem Fenster geworfen, um Selbstmord zu verüben. Die Sprachregelung erklärte die Tragödie mit einem depressiven Anfall. Auch Thomas Mann fand es verdächtig, daß man sich mit einem Sprung aus dem zweiten Stock das Leben nehme. Im

Westen sprach man von einem kommunistischen Mord. Der Dichter, der einst einen Paß jenes Landes besessen hatte, sagte im Tagebuch: «Charakter- und Kraftlosigkeit des Westens an allem Schuld. Das Land im Stich gelassen wie 1938.» Wie das? Rügte er nun plötzlich, daß die Amerikaner, die Briten und Franzosen den kommunistischen Schergen nicht mit dem Einmarsch drohten? Er schrieb aber auch: «Natürlich Ausbeutung des Falles hier. Schaden für Wallace.» Drei Tage später schickte er ein Sympathietelegramm an Beneš, von dem er vermutete, er sterbe «in Verzweiflung». In Wirklichkeit hatte sich der Präsident dem Druck der moskowitischen Fraktion gebeugt und eine gleichgeschaltete Regierung ernannt. Vier Monate später weigerte er sich allerdings, die «volksdemokratische» Verfassung zu unterzeichnen, und trat zurück. Wiederum drei Monate danach erloschen seine Kräfte. Er starb in der Tat «in Verzweiflung».

Sohn Klaus hatte sich vom 7. bis zum 22. März 1948 in Prag aufgehalten. Seine einsilbigen Eintragungen im Journal geben keine politischen Beobachtungen wieder. Nach der Rückkehr schrieb er in einem Artikel für die Wiener Zeitung «Welt am Montag», am Kopf der aufgebahrten Leiche des Außenministers seien keine Versehrungen zu erkennen gewesen: «der Ausdruck des Gesichts erschien so friedlich, als sei er eines sanften Todes gestorben». Die Idee, Masaryk sei von den Kommunisten ermordet worden, nannte er «absurd: um so bemerkenswerter, daß sie trotzdem in so vielen Köpfen spukt, allerdings nicht in den hellsten.» Er erwähnte die Labilität des Ministers und seine Neigung zum Alkohol. Das Wort vom «roten Terror» setzte er in Anführungszeichen. Das Drama des Ministers, meinte er schließlich, lasse sich nicht auf eine einfache Formel bringen: «Jan Masaryk fand sich vor einen Konflikt gestellt, für den es keine Lösung gab – es sei denn die tragische, zu der er sich entschloß. Er liebte das Volk und er liebte die Demokratie, aber die neue ‹Volksdemokratie› war nicht seine Sache. (...) Sollte er im Kampf zwischen Ost und West Partei nehmen, gegen den Osten, zu dem doch sein Land mit einem essentiellen Teil seines Wesens, seiner Tradition gehört? Sollte er für das Kapital optieren, gegen den Sozialismus? Aber indem er diesem die Treue hielt, opferte er, was ihm am teuersten war: die Freiheit... Es gibt Probleme, hat ein weiser Mann gesagt, über denen nur der nicht den Verstand verliert, der keinen hat.»

Klaus Mann, politisch und menschlich sensibler als der Vater, ahnte wenigstens die entsetzlichen Konflikte, die mit der zweiten, der kommunistischen Gleichschaltung über das Volk der Tschechen und das der Slowaken und ihre Eliten hereinbrachen.

106. KAPITEL

Kalter Krieg

Ich gestehe mir wirklichen Lebensüberdruß», schrieb Thomas Mann am 6. April 1948 in sein Tagebuch. Es war wohl das erste Mal seit den Todesverliebtheiten seiner Jugend, daß sein vitaler Existenzwille, der sich in allen Krisen und Ängsten behauptet hatte, vor einer lähmenden Melancholie zu kapitulieren drohte. Er spielte nicht mehr, wie einst, mit der trauernden Ermüdung – nun schien er vor einer erschöpften Resignation, dieser schrecklichsten Krankheit des Alters, zurückzuweichen. Stockend und stochernd werkte er am Gregor-Stoff weiter, doch der «leidende Zustand zwischen den Werken» ließ sich nur schwer überwinden. Nach dem «Faustus» mutete ihn alles, was er begann, nur noch «fad» an. Das «Divertimento», mit dem er sich von dem großen Werk zu erholen trachtete – wie er einst die Moses-Novelle nach dem Abschluß des vierten «Joseph»-Bandes mit Elan aufs Papier geworfen hatte –, war mühsam – wie es alles wahrhaft Heitere ist. «Mich verlangt durchaus nach Komik», rief er Agnes Meyer zu. Der Wunsch las sich wie ein Befehl an die eigene Adresse.

Anfang Mai aber durfte er die «Erheiterung und Verwunderung» der Familie notieren, als er das Kapitel «Die Kinder» vorlas. Er stellte fest, daß er die «Lust an etwas Neuem, wieder Neuem und Neugier Erweckendem gefunden habe». Der Schwung, der sich aus der Ermutigung durch sein dankbares Publikum ergab, trug ihn nicht lange. Die bedrückende Hinterlassenschaft des «Faustus» forderte immer wieder seine Aufmerksamkeit: Schönbergs Murren und vor allem Adornos wachsende Unruhe, von denen bereits die

Rede war, setzten ihm zu. Am 28. Juni schob er seufzend den «Gregor» noch einmal beiseite und begann mit der Niederschrift der «Entstehung».

Zwei Tage zuvor, am 26. Juni 1948, hatten die Militärgouverneure der drei Westmächte in Deutschland die Versorgung der Bevölkerung von West-Berlin durch Transport- und Bombengeschwader befohlen: die gewaltigste Luftoperation der Geschichte, die das Überleben der zweieinhalb Millionen Bürger in den westlichen Sektoren der belagerten Stadt garantieren sollte, ohne die Sowjets zu einer unmittelbaren militärischen Konfrontation herauszufordern. Thomas Mann nahm von dem erstaunlichen Unternehmen in seinem Journal erst zwei Tage später Notiz – nur am Rande, mehr mit der Ankunft Monikas beschäftigt, die sich für eine Weile ihren Geschwistern zugesellte. Auch Klaus hielt sich in jenen Tagen bei den Eltern auf. Golo kam für gewöhnlich zum Wochenende. Erika war ohnehin im Lande, wenn sie nicht zu einem ihrer (seltener gewordenen) Vorträge ausflog. Überdies hatte der Diener Felix eines der Autos für eine Exkursion – «ohne Licence» – aus der Garage geholt, und er fing an, Geld zu stehlen. Also mußte man ihn loswerden, was ohne Zweifel «bei bevorstehender Invasion von Kindern u. Enkeln sehr unangenehm» war: Michael und die Seinen wollten für den Sommer von San Francisco herüberkommen, durch ein Engagement des Bratschisten für das Hollywood-Bowl-Orchester unter Eugene Ormandy herbeigelockt.

Der Vater täuschte sich über den Ernst der Lage in Europa nicht. Im April hatte er vermerkt, es sei klar, daß die Russen versuchten, «die Alliierten aus Berlin herauszumanövrieren». Der Konflikt in der einstigen Hauptstadt hatte sich zugespitzt, seit die Forderung der Sowjets nach Zulassung der Sozialistischen Einheitspartei und der ostdeutschen Gewerkschaftsorganisation dem kategorischen Nein der westlichen Stadtkommandanten begegnet war, die mit ihrem Widerstand dem Willen der demokratischen Parteien, vor allem der SPD, und der freien Gewerkschaften entsprachen. Um eine unbehinderte Entwicklung des wirtschaftlichen und politischen Ausbaus (nach westlichem Muster) in ihren Zonen zu sichern, verwarfen die Alliierten die «gesamtdeutschen» Pläne Moskaus und seiner deutschen Verbündeten, die der Sowjetunion ein Instrument für die Expansion ihres Einflusses im deutschen Westen, ja womöglich in ganz Westeuropa geboten hätte. Die Westmächte waren entschlossen, ihre Besatzungsgebiete aus der lähmenden Abhängigkeit von der Aufsicht aller vier Siegermächte zu lösen. Protestierend hatte sich Marschall Sokolowski am 20. März aus dem Alliierten Kontrollrat zurückgezogen. Diese Institution – die höchste Autorität der Besatzungsmächte, die eine (wenigstens) völkerrechtlich verankerte Fortexistenz ganz Deutschlands sichern sollte – gab es fortan nur noch auf dem Papier.

Im Westen wurde unter strikter Geheimhaltung von amerikanischen und deutschen Experten die Währungsreform vorbereitet. Am 20. Juni kam die Deutsche Mark zur Welt. Die alte Reichsmark wurde im Verhältnis eins zu zehn abgewertet und jeder Bürger der drei westlichen Zonen und der drei Westsektoren Berlins mit einem «Kopfgeld» von vierzig Mark ausgestattet. Die Sowjets reagierten mit einer – ebenfalls längst geplanten – Währungsreform in ihrem Herrschaftsbereich. Damit war die wirtschaftliche und politische Spaltung Deutschlands und Berlins vollzogen. Die staatliche konnte nur noch eine Frage der Zeit sein. Stalin befahl die Sperrung aller Zufahrtswege zu den westlichen Sektoren der Hauptstadt.

Die Blockade hatte begonnen. General Lucius D. Clay – ein Militär aus den Südstaaten, mutig, von kühler Intelligenz und ein brillanter Organisator – beschwor seine Regierung in Washington, sie möge ihm erlauben, den Durchbruch nach Berlin mit einem bewaffneten Konvoi zu erzwingen. Er war davon überzeugt, daß die Sowjets vor dem Risiko eines Krieges zurückweichen würden. Präsident Truman entschied sich, nach einer Übereinkunft mit den Verantwortlichen in London und Paris, für das Experiment der «Luftbrücke», an dessen Erfolg fürs erste niemand recht glauben wollte, am wenigsten wohl der greise Diktator hinter den dicken Mauern des Kreml.

Von den Kundgebungen der Bürger West-Berlins, die Ernst Reuter mit seinem hohen Pathos zur Resistenz gegen die sowjetische Bedrohung ermutigte, nahm Thomas Mann keine Kenntnis, doch immerhin bedachte er, daß die Alliierten nicht nur aus Prestigegründen in der einstigen Hauptstadt ausharrten, sondern aus der Sorge um das «Schicksal der anti-russischen Mitarbeiter», die auch nach seiner Einsicht Gefahren ausgesetzt sein würden, wenn die Amerikaner, die Briten und Franzosen abzögen. Über die Aggressivität der sowjetischen Intentionen täuschte er sich nicht, doch sie war in seinen Augen keine schlimmere Versündigung als die Machenschaften des «Dollar-Imperialismus», über dessen «Widerwärtigkeit» er sich in seinem Journal so oft erregte. Von den beiden Weltmächten hielt er nun jenen moralischen Abstand, für den später die Formel «Aequidistanz» in die Debatte geworfen wurde, doch es läßt sich nicht leugnen, daß er den Argumenten des Sowjetreiches dann und wann ein wenig verständnisvoller begegnete als denen der Amerikaner, da er es in der Position des Schwächeren wähnte.

An seinem dreiundsiebzigsten Geburtstag hatte er eine kleine Rede vor der sogenannten Peace Group in Hollywood gehalten, die den Ideen von Henry Wallace ein Forum bot. Gleich zu Beginn fragte er, von der Pose des Märtyrers nicht frei, ob man das Wort «Friede» denn «noch frei im Munde führen» dürfe, «ohne sich dem Vorwurf von unamerican activities auszusetzen», ob «nicht (...) ‹Friede› als ein subversiver Begriff und als ein anderes Wort für Kommunismus betrachtet» werde, «ob man nicht mit dieser Parole auf die Schwarze Liste des Attorney General» komme – «gesetzt, man wäre noch nicht darauf». Er habe im Jahre 1938, als der Justizminister Francis Biddle hieß, sich nicht vorzustellen vermocht, daß er «je vor dem Attorney General der Vereinigten Staaten würde zittern müssen». Dann wies er auf ein beschämendes Dokument aus dem Jahre 1944, in dem zwölf Abgeordnete und ein Senator die Roosevelt-Regierung beschuldigt hatten, sie diene einer «gigantischen Verschwörung, unsere Demokratie an den Kommunismus zu verkaufen». Er fragte weiter: «Und heute? Geschieht nicht seit Jahren alles, was geschieht, um der Nation den Geist auszutreiben, den Franklin Roosevelt ihr einflößte? Um sein Werk abzubauen und rückgängig zu machen, sein Andenken zu verkleinern und beschmieren? Geschieht nicht alles aus wütender Reue darüber, daß man nicht lieber mit Deutschland Rußland geschlagen, statt mit Rußland den Faschismus?»

Der Vorsitzende des Kongreßkomitees, das sich der antikommunistischen Hexenjagd verschrieben hatte, war unterdessen wegen seiner unlauteren finanziellen Ränke zu einer Gefängnisstrafe verurteilt worden, doch um so heftiger bemühte sich sein interimistischer Nachfolger Karl Mundt, jene Blamage durch neue Appelle an die latente Hysterie unsicherer Kleinbürger vergessen zu machen. Mit seinem jungen kalifornischen Kollegen Richard Nixon peitschte er eine Vorlage durch den Kongreß, die verlangte, daß alle «subversiven Handlungen» – was immer das sein mochte – durch das Justizministerium registriert werden sollten. (Der Vorstoß scheiterte – zunächst. Doch ein Nachfolgegesetz, der sogenannte «McCarran Act», konnte schließlich Rechtskraft gewinnen, gegen das Veto Präsident Trumans.)

Thomas Mann bezeichnete die «Mundt-Nixon Bill» als einen «bedrohlichen Schritt weiter zu einem amerikanischen Faschismus». Er rief, die Möglichkeit eines Verhörs durch den berüchtigten Ausschuß in Washington heraufbeschwörend: «Ich würde mich niemals der aktiven Verachtung des Committees schuldig machen und ihm die Antwort verweigern, sondern, wenn ich von ihm citiert und befragt würde, so würde ich ebenso höflich wie aufrichtig antworten: Nein, ich war niemals ein Kommunist und werde es niemals sein. Ich liebe nicht die Diktatur, die oft schaurigen Methoden des Polizeistaates, die Regimentation der Kultur und ihre Herabzwingung auf ein Massenniveau.» Doch er fügte hinzu, er glaube nicht, «daß ein autoritativer Sozialismus in Frankreich oder Italien notwendig ein russisches Gepräge tragen müßte, – das Gepräge eines Landes also, das die Freiheit niemals gekannt hat».

Sein Protest war berechtigt, und er war notwendig. Zugleich aber wurde auch deutlich, daß er vom stalinistischen Charakter der Kommunistischen Partei Frankreichs und damals auch der entscheidenden Kader in der Partei Italiens nichts zu ahnen schien. Die Gefahr von rechts nahm er so scharf ins Auge, wie es angebracht war – die Gefahr von links schien er nicht sehen zu wollen. Einem guten Ratschlag folgend, strich er aus seinem Manuskript wenigstens den Satz: «ich könnte Ihnen Briefe zeigen von solchen jungen Menschen in Europa and elsewhere, die mir das Glück schildern, das sie empfinden, seit ihnen die kommunistische Heilslehre ein Ziel gegeben hat, und seit sie wissen, wofür sie leben.» Doch wörtlich sagte er: «Der Friede ist eine Sache des Verstehens – freilich nur dann, wenn es sich im Ernst um den Gegensatz von Ideologien und nicht um einen bloßen Machtkampf handelt, bei welchem das Ideologische nur als Vorwand herhalten muß. In diesem Fall ist der blinde Haß auf den Kommunismus nur eine Maske für den Haß auf Rußland als Macht-Rivalen, und die Verfolgung von Anhängern der kommunistischen Ideologie in diesem Land hat dann den einzigen Zweck, die Geschlossenheit der Nation für den gewollten Krieg gegen Rußland zu gewährleisten. Vernichtet werden aber kann diese Anhängerschaft nur mit faschistischen Mitteln, und die erwiesene Neigung des Monopol-Kapitalismus, den Faschismus zum Schild zu nehmen, trägt dazu bei, daß die Bill of Rights schon manchen Abbruch zu erleiden gehabt hat, und daß das Land unter unkonstitutionellen Befragungen, Diffamierungen und Gesinnungsspionage langsam die Züge des Polizei-Staates anzunehmen begonnen hat. Wenn aber der Polizei-Staat nicht kommunistisch ist, was er bei uns gewiß nicht ist, was ist er dann?»

Er sage nicht, fuhr er fort, daß Amerika bereits ein faschistisches oder auch nur semifaschistisches Land sei, aber er klagte die Vereinigten Staaten an, daß sie draußen in der Welt den Faschismus unterstützten und schützten. Schließlich verglich er den blutigen Kampf in Griechenland gegen die kommunistische Rebellion – bei dem die Regeln der Humanität nicht respektiert wurden, auf beiden Seiten nicht – mit dem Umsturz in der Tschechoslowakei, den er als Folge eines politischen Gewitterschlags rechtfertigte, «der von den antikommunistischen Parteien hinter dem Rücken des Präsidenten Benesz, ohne sein Wissen, begangen wurde»: «eine interne Gegenaktion der tschechischen Kommunisten, an der Rußland keinen unmittelbaren Anteil hatte.» (Rudolf Slánský, einer der Hauptorganisatoren der Machtergreifung, wurde drei Jahre später in einem antisemitisch akzentuierten Schauprozeß zum Tode verurteilt.)

Rußland sei nicht daran interessiert, meinte Thomas Mann, «daß in den Staaten seiner Einfluß-Sphäre unbedingt der totalitäre Kommunismus russischer Prägung» herrsche. Das beste Beispiel dafür sei Finnland. Er vergaß, daß jener nordische Staat – wie überdies auch Griechenland – in den Verabredungen der Alliierten nicht dem sowjetischen Herrschaftsbereich zugeschlagen worden war. Rußland genüge es, argumentierte er weiter, wenn die Regierungen seiner Nachbarstaaten «ihm und jeder Form von Sozialismus nicht geradezu feindlich gesinnt» seien: «Auch in den Staaten West-Europas würde ihm das genügen, und wenn es sich überzeugen könnte, daß Amerika es leben lassen will, daß Amerika davon absteht, den Welt-Faschismus gegen Rußland zu organisieren und Deutschland wieder aufzubauen als ein Bollwerk, das die Zivilisation des Westens vor der kommunistischen Bedrohung retten solle, kurz, wenn es wieder ein Roosevelt-Amerika vor sich hätte und nicht das Amerika des Committee on unamerican activities, so wäre die Verständigung zwischen den beiden großen Mächten, ihr friedliches Nebeneinanderleben durchaus möglich, und die Welt wäre befreit von dem Fluch des Zwiespalts zwischen West und Ost».

Der Kalte Krieg wurde nach seiner Einsicht nur vom Westen gegen die Sowjetunion geführt – nicht von der Sowjetunion gegen den Westen: der Kalte Krieg war in seinen Augen, «mitsamt dem Marshall-Plan», «ein Mittel, Europa dem Sozialismus abzukaufen und es gegen Rußland zu bewaffnen».

Diese Rede, wenige Wochen vor Beginn der Einkesselung West-Berlins gehalten, nimmt sich nicht erst jetzt, nach dem Zusammenbruch des sowjetischen Imperiums und der schrecklichen Bestätigung der stalinistischen Verbrechen, als ein Dokument kaum faßbarer Torheit aus – sie war es auch damals: für den, der sich gegen die Wirklichkeit nicht blind stellte. Wer nicht taub sein wollte, wußte auch seinerzeit, daß jenseits des Eisernen Vorhangs ein Regime des Terrors, der Folter und des Mordes herrschte. Der antikommunistischen Hysterie entsprach bei Thomas Mann und vielen anderen sensiblen Geistern unter den Bürgern des Westens ein «Anti-Antikommunismus», der sich aus verwandten Ängsten nährte.

Auch die Blockade von Berlin brachte Thomas Mann nicht zur Besinnung. Einen knappen Monat nach dem Anfang der Belagerung schrieb er Agnes Meyer, die Russen würden sich nur zum Krieg entschließen, «wenn sie vollkommen überzeugt» seien, daß «wir ihn wollen, sobald wir fertig sind», das heißt: wenn die Aufrüstung abgeschlossen sein würde. Er verwies auf die Verhaftung von Funktionären der Kommunistischen Partei der Vereinigten Staaten, die wegen der angeblichen Planung eines gewaltsamen Umsturzes unter Anklage gestellt waren; man hatte sie allerdings, wenige Tage nach der Arretierung, unter dem Druck liberaler Organisationen gegen eine Kaution wieder auf freien Fuß gesetzt. Die Aktion, schrieb er der Freundin, werde in Moskau hoffentlich nicht «schon als Kriegsmassnahme aufgefasst». Frankreich und die Benelux-Länder hätten, fügte er hinzu, dem Department of State sehr deutlich zu verstehen gegeben, daß sie in Berlin keine Handlungen wollten, die zum Kriege führen könnten. Dann die Feststellung: «Man muss ja auch zugeben, dass seit der Konsolidierung West-Deutschlands mit Frankfurt als Hauptstadt die Anwesenheit der Alliierten in Berlin nicht leicht zu rechtfertigen ist.»

Nichts fürchtete er mehr als ein neues «München», das er als einen Tiefpunkt der Menschheitsgeschichte betrachtete, wie er wieder und wieder betonte. Doch es kam ihm nicht in den Sinn, daß die Preisgabe Berlins die zweite Kapitulation der Demokratien vor dem Willen eines Diktators gewesen wäre: in der Tat das neue «München». Im Gegenteil, er sah in der politischen und schließlich militärischen Stärkung Deutschlands das Signal für einen neuen Kniefall vor der faschistischen Drohung.

In seinem düsteren Brief an Agnes Meyer erwähnte er nicht, daß der Sohn Klaus zehn Tage zuvor einen Selbstmordversuch unternommen hatte. Um ein Uhr in der Frühe waren die Eltern durch Anrufe der Polizei und der Presse aufgeschreckt worden. Die Beamten und nach ihnen die Reporter meldeten, Klaus habe in der kleinen Wohnung, in die er erst kurz zuvor eingezogen war, seine Pulsadern aufgeschnitten und überdies den Gashahn geöffnet. Nachbarn bemerkten, wie Bruder Golo später schrieb, das ausströmende Gas und alarmierten die Feuerwehr: «Der Anlaß, aber auch nicht mehr, war ein Freund gewesen, der, unabgemeldet, ihn hatte warten lassen.» Golo beschrieb den Burschen, Harold nannte er sich, als einen «gutmütigen Menschen, aber jeder Bildung bar und seiner Erscheinung nach eher ein Unhold». Der Vater sagte von dem Seemann, er sei ein «gutmütiger und nichtssagender junger Arbeitsmann». Immerhin soll er unter dem Schock des Ereignisses geweint haben. Nicht lange vor dem Selbstmordversuch war der junge Mann verhaftet worden. Vermutlich hatte es sich um ein Eigentumsdelikt gehandelt. Klaus Mann stellte eine Kaution von fünfhundert Dollar. Anderntags meinte er, die Garantie sei verwirkt, denn Harold war spurlos verschwunden. Es stellte sich heraus, daß er von neuem verhaftet worden war – unter dem «Verdacht des Einbruchs», wie Klaus notierte. Einige Monate später wurde Harold zu drei Monaten Gefängnis mit Bewährung verurteilt, doch für ein halbes Jahr in ein Erziehungsinstitut eingewiesen.

Die Enttäuschung hielt Klaus nicht davon ab, sich an den unsteten jungen Menschen zu klammern, der – wie manche seiner flüchtigen Gefährten – aus einem halb kriminellen Milieu stammte. Tiefer bedrückte ihn seine Unfähigkeit zu konzentrierter Arbeit. «Warum kann ich nicht mehr schreiben?» fragte er mit einer merkwürdigen Naivität. «Was ist mit mir los??» Wenig später noch einmal: «Bin ich am Ende?» Einige Tage später scheiterte er an einem kleinen Aufsatz, den er früher in wenigen Stunden gefertigt hätte: «Was ist es?» fragte er wieder, doch nun fiel ihm immerhin ein, daß er ein bißchen zu oft und zu rasch in die Pillenschachtel mit den Aufputschmitteln gegriffen haben könnte: «Das Benzedrin? Irgendeine geistige Lähmung?…»

Über die Feuerwehr war die Nachricht vom versuchten Selbstmord an die Polizei gelangt, in deren Zentrale die Lokalreporter vom frühen Morgen bis spät in die Nacht auf Meldungen warteten, die das Interesse der Leserschaft finden würden. So erklärte es sich, daß Berichte über den Selbstmordversuch des Sohnes von Thomas Mann anderntags in den Zeitungen Amerikas und Europas standen. Schon drei Monate zuvor hatte sich Klaus mit einer Überdosis von Schlaftabletten das Leben nehmen wollen, doch seine Physis war damals noch kräftig genug, dreißig Phanodorm zu widerstehen. Dennoch, seine Psyche war am Ende ihrer Kräfte. Die deutsche Fassung des «Wendepunkts» kam nur quälend langsam voran. Er hatte noch immer den Kopf voller Projekte, doch es wollte ihm nichts mehr gelingen. Nach zwei Jahrzehnten unter der Herrschaft der Drogen war er zermürbt. Das Rauschgift steigerte das Verlangen nach der Selbstvernichtung, das in einem engen Zusammenhang mit den überhöhten Erwartungen stand, mit denen er sich selbst von der Kindheit an begegnet war: zart, verletzlich, mit hohen, wenngleich keinen überreichen Talenten versehen, die er nur mit strikter Disziplin ganz auszuschöpfen vermocht hätte. Er lebte, er agierte, er schrieb, er dachte zeitlebens über seine Verhältnisse.

Thomas Mann schien das Drama des Sohnes gefaßt zu beobachten. An Theodor W. Adorno schrieb er, der «Trieb» zum Selbstmord sei in Klaus angelegt. Er erinnerte daran, daß sich seine beiden eigenen Schwestern umgebracht hätten. Wie damals, als Carla und Julia aus dem Leben schieden, war er vor allem empört über die Rücksichtslosigkeit der Tat, die er als disziplinlos betrachtete. Er beklagte, daß Klaus sich nicht gescheut habe, dies der Mutter anzutun. Der Sohn schien das Argument zu akzeptieren. Er sagte später zu Golo, man dürfe es «wegen derer, die einem nahestehen», nicht machen. Der Bruder bemerkte dazu weise, dieser «Akt, den keine Worte beschreiben, der alle Bande bricht, der bricht die Treue auch». Er habe deswegen nie verstanden, wie man «so blind» sein könne, «Selbstmördern ihre Tat zum Vorwurf zu machen».

Klaus hatte zunächst im Haus von Bruno Walter Aufnahme gefunden, wo in jenen Tagen auch Erika wohnte, da alle Kinderzimmer im San Remo Drive belegt waren. Eine Therapie in einem Nervensanatorium lehnte er ab, doch er unterzog sich einigen Sitzungen bei einem Psychiater, der ihm laut Golo sagte: «In neun Monaten werden Sie's wieder tun.» Der Arzt hat sich bei dieser düsteren Voraussage nur um einen Monat verrechnet.

So lag wohl ein schwerer Schatten über Katias fünfundsechzigstem Geburtstag am 24. Juli 1948, bei dem sie alle ihre Kinder um sich sah, Golo ausgenommen, der durch einen russischen Intensivkursus an der Stanford University festgehalten wurde. Auch Elisabeth war mit den beiden kleinen Töchtern gekommen. Der Zwillingsbruder Klaus Pringsheim hatte sich eingefunden, dazu Bruno Walter, seine Tochter Lotte, Eva Herrmann. Man feierte mit Champagner. Klaus, die Unterarme noch immer bandagiert, schien sich ohne Zeichen einer zu tiefen Bedrücktheit in die Festlichkeit zu finden. Doch Monika wirkte, nach der Beobachtung des Vaters, «verstört und leidend». Den Eltern begegnete sie kritisch, ja rebellisch, «unselig», seufzte Thomas Mann: «Armes Kind. Wünsche sehr ihre Niederlassung in der Schweiz.» Am 7. Juli hatte sie einen «hysterischen Anfall», laut Protokoll des Vaters: «Erika berichtet über den infantilen Verlauf».

Die zweite seiner Töchter schien ihm immer fremder zu werden. In keinem seiner Briefe und keiner seiner Eintragungen im Journal findet sich ein Hinweis, womit sich Monika beschäftigte, wie, wo und von welchen Mitteln sie lebte, was ihre Pläne sein mochten. Auch ihre poetisch versponnenen Erinnerungen, die ein beredtes Zeugnis ihres Talentes sind, geben kaum einen Anhaltspunkt, wie ihr reales Dasein aussah. Sie zählte nun immerhin achtunddreißig Jahre. Es ist anzunehmen, daß sie im wesentlichen von den Mitteln der Eltern lebte.

Inmitten aller Mißlichkeiten wurde dem Vater eine Ermutigung zuteil, die mehr zählte als alle Bedrückungen des Alltags. Es mehrten sich die Gerüchte, daß der «Faustus», der im Herbst erscheinen sollte, gute Chancen habe, zum «Book of the Month» gewählt zu werden: laut Lion Feuchtwanger (der übertrieb) eine garantierte Einnahme von 80000 Dollar – nach heutigem Geldwert mehr als eine Million Mark. Zu Thomas Mann waren Vermutungen über die schöne Auszeichnung schon einige Wochen zuvor gedrungen. Ins Journal schrieb er damals, er begehre herzlich, daß sich die Wahl bestätigen möge, «weniger um des Geldes als um des Buches willen».

Golo lud den Bruder ein, seine Unterkunft in Palo Alto für eine Weile mit ihm zu teilen. Die Eltern und Erika hofften, daß die nüchterne Klugheit des Jüngeren und seine empfindsame Aufmerksamkeit einen wohltätigen Einfluß auf Klaus haben würden. Die beiden unternahmen lange Spazierfahrten durch die Landschaft Nordkaliforniens, die so oft Ausblicke von dramatischer, ja pathetischer Schönheit bietet. Ihre Gespräche waren, wie es nicht anders sein kann, melancholisch und beschwert. Später im Sommer bot Fritz Landshoff seinem alten Freund eine Lektorenstelle in Amsterdam an, zweifellos, um ihn durch eine sinnvolle Arbeit aufzufangen.

Aus der Kooperation Landshoffs mit Gottfried Bermann Fischer, die vor dem Kriege begonnen und sich in Amerika fortgesetzt hatte, ergab sich eine Fusion zwischen dem Querido und dem Fischer Verlag, der unterdessen von Stockholm nach Wien zurückgekehrt war – der ersten Station seiner Wanderschaft –, um im Bereich der deutschen Sprache wieder eine Verankerung zu finden. Der Hofmannsthal-Experte Rudolf Hirsch, der die nazistische Besatzung im holländischen Untergrund überlebt hatte, war als Cheflektor in das gemeinsame Unternehmen eingetreten. In den kommenden Jahrzehnten sollte der Fischer Verlag von der immensen literarischen Bildung dieses zerbrechlichen und zugleich so zähen Mannes zehren. Bermanns Interessen in Deutschland nahm Peter Suhrkamp wahr. In Frankfurt, dem Wirtschafts- und Verwaltungszentrum der westdeutschen Zonen, baute der Partner ein Unternehmen unter seinem eigenen Namen auf, dessen Programm alte Fischer-Autoren und jüngere deutsche Talente vereinte. Die Teilung der inner- und außerdeutschen Aufgaben war vernünftig und sinnvoll. Gottfried Bermann zögerte, verständlich genug, sich wieder ganz in Deutschland niederzulassen. Der Wirtschafts- und Finanzverkehr zwischen dem besetzten Land und seinen Nachbarn unterlag noch immer einer strikten Reglementierung. Erst zum Ende des Jahres 1948 konnte für den Hauptautor Thomas Mann − dies war eine Ausnahme − die Erlaubnis der Behörden für den Transfer seiner deutschen Einnahmen in Dollar eingeholt werden, vermutlich nach dem festgelegten Umrechnungskurs, der den Wert eines Dollars auf drei Mark und dreiunddreißig Pfennig fixierte.

Thomas Mann band sich durch einen Vertrag, zunächst auf drei Jahre befristet, von neuem an seinen bewährten Verleger, der ihm ein Basiseinkommen von 1000 Dollar im Monat garantierte: an die 12 000 Mark nach heutiger Rechnung. Bei den Tantiemen mußte er sich, wie er seinem Schweizer Vertrauten Otto Basler grimmig klagte, einstweilen meist mit zwölf Prozent begnügen, da mit den fünfzehn Prozent, die ihm nach den alten Abmachungen zustanden, Bermanns Kalkulationen nicht aufgehen wollten. Bei Sonderausgaben − wie dem Neudruck des «Joseph» in drei Bänden − mußte er eine Beschränkung auf siebeneinhalb Prozent hinnehmen. Mit den Einkünften in Deutschland war zunächst ohnedies kein Staat zu machen: durch die Währungsreform wurden sie auf zehn vom Hundert der Reichsmarksumme reduziert.

So wurde es Thomas Mann nicht allzu schwer, sein Guthaben bei Suhrkamp für den Aufbau der Marienkirche im heimatlichen Lübeck zu spenden. Am 3. Juli hatte ihm die Telefonvermittlung einen Anruf aus Lübeck gemeldet und ihn gefragt, ob er die Gebühren des Gespräches übernehmen würde: er lehnte das Ansinnen ab, das er als «rätselhaft und närrisch» empfand. In der Nacht wurde Erika durch einen zweiten Versuch aus dem Schlaf geschreckt. Sie ließ, wie den Notizen des Vaters zu entnehmen ist, ihren Zorn an der Bediensteten in der Zentrale aus. Beide wußten nicht, daß Telefonate aus Deutschland nur als sogenannte R-Gespräche möglich waren. (Die Ablehnung provozierte, es überrascht nicht, in der heimatlichen Presse gehässige Kommentare.) Einige Tage später wurde der Anlaß der fernmündlichen Überfälle deutlich: die so dringend notwendige Rettung des Gotteshauses, dessen Ruine jederzeit zusammenzustürzen drohte, war aufgehalten worden – seit der Währungsreform waren die Kassen der Gemeinde leer. Die «Lübecker Nachrichten» riefen zu einer dringenden Spendenaktion auf, und die Zeitung bemühte sich, was nahelag, auch den berühmtesten Sohn ihrer Stadt zu mobilisieren – schließlich mit Erfolg.

Als ihn das Notsignal erreichte, wies Thomas Mann seinen Verleger in Frankfurt an, das dort ruhende Guthaben unverzüglich nach Lübeck zu überweisen. Die Heimatstadt unterrichtete er telegraphisch von seinem Engagement. Darüber hinaus wandte er sich in einem Brief an George Shuster, den Präsidenten des Hunter College (der eine geraume Zeit lang auch der amerikanischen Militärverwaltung in Deutschland angehört hatte). Er erinnerte daran, daß sich die Regierung der Vereinigten Staaten um die Rettung italienischer Kunstschätze bemüht habe – Lübeck aber sei eine Stadt, die mit vielen italienischen Orten konkurrieren könne. Später schlug er vor, man möge den Marienaltar nach Amerika schicken und die Einnahmen aus einer Ausstellungstournee für den Wiederaufbau der Kirche verwenden. Es kam nicht dazu. Die «Gesellschaft der Freunde der Marien-Kirche» und der Lübecker «Denkmals-Rat» gerieten sich über den Vorschlag in die Haare – und Thomas Mann zog sich, um nicht zwischen den sich bekämpfenden Lagern zu stehen, ein wenig verärgert von der Aktion zurück. Immerhin wurde er zum Dank mit einem Bronzeabguß bedacht, der von einer Glocke der Kirche stammte. Er schrieb nach Lübeck, daß er die Gabe mit wehmütigen Empfindungen betrachte.

Die großmütige Geste stimmte mit seiner Beobachtung überein, daß man ihm in Deutschland nun mit neuem Respekt begegne. Der Wind sei zu seinen Gunsten umgeschlagen, stellte er in einem Brief an Max Rychner fest. Die Kritiken, die der «Faustus» fand, bestätigten es. Das freundlichere Klima erlaubte es ihm, selbst Hans

Friedrich Blunck, dem einstigen Präsidenten der Reichsschrifttumskammer, der ein weiteres Mal um gut Wetter bat, mit unverbindlicher, doch fast heiterer Milde zu antworten. Er reagierte auch nicht abweisend, als sich ein Schüler von Ernst Bertram an ihn wandte, um seine Meinung zu dem schwebenden «Entnazifizierungs»-Verfahren gegen den einstigen Gefährten zu erforschen. Thomas Mann äußerte in seiner Antwort zunächst Befriedigung, daß er endlich Nachricht über den alten Freund erhalte. Noch mehr hätte es ihn gefreut, sagte er, wenn er selbst ihm geschrieben hätte: «Aber dazu ist er wohl zu stolz und mir auch zu gram, weil ich mich gegen das stellen mußte, woran er glaubte.» Voller Wohlwollen versicherte er, daß Bertram ein «lieber, feiner und reiner, geistig außerordentlich hochstehender Mensch» sei, durch viele Jahre sein und seines Hauses Freund. Die Gründe der Entfremdung verschwieg er nicht: seinen «Germanisten-Romantismus», seine «Ergebenheit an einen Blondheitsmythos» und seinen «Edel-Nationalismus», den er lange genug mit ihm geteilt hatte. Die Roheit des Nazismus habe Bertram wohl erkannt, «aber seine Zartheit begrüßte den Barbaren-Einfall (...). Er erwartete von ihm die Erneuerung der Kultur, die Reinigung, Erhebung, Verherrlichung des Vaterlandes».

Der Brief zeigte an, daß Bertram niemals der Partei angehört hatte. Er sei, meinte Thomas Mann, zu vornehm gewesen, «um irgendwo numeriertes Mitglied zu sein». Die Behauptung aber, Bertram sei niemals Nationalsozialist gewesen, sei unhaltbar: «Natürlich war er es nicht wie Hinz und Kunz, aber er war es als Mythiker, Idealist und Träumer.» Bertram selbst könne wohl nicht wünschen, «nach dem katastrophalen Schiffbruch seiner völkischen Ideale wieder die Jugend zu lehren», doch die offiziellen Gründe für seine «Ausschaltung» bezeichnete Thomas Mann als fadenscheinig. Dem George-Kreis habe Bertram, «so nahe er ihm stand, nie eigentlich angehört. Sein Protestantismus und Germanismus wehrte sich gegen die römisch-imperialen und jesuitischen Neigungen des heiligen Cirkels. Auch waren ihm wohl zu viele Juden darin. (Mit seiner Zustimmung wäre Gundolf nie Ordinarius geworden, hat er gesagt.)» Es sei verfehlt, ihm ein Schreib- und Publikationsverbot aufzuerlegen: «Dieser Mann sollte selbst Herr seines Schweigens und Redens sein». Was die verweigerte Pension angehe, mischten sich in seine, des Freundes, «Protestgefühle» die «Erinnerungen an jüdische Gelehrte, die man 1933 von ihren Kathedern und aus ihren Laboratorien stieß, und nach deren Ergehen die deutschblütige Kollegenschaft wenig gefragt hat». Es stehe Deutschland wenig an, «einen edelmütig verirrten Professor in die ökonomische Wüste zu schicken». Bertram müsse ohnedies «der Altersgrenze nahe» sein. Er sei mit aller Entschiedenheit dafür, daß man ihm «ein anständiges Ruhegehalt und produktive Selbstbestimmung gewähre».

Gut zehn Tage nach der Formulierung des Bertram-Briefes sorgte die Tochter Erika für eine neue Gereiztheit zwischen den Deutschen und der Familie Mann. Sie war eingeladen worden, sich an einer vielgehörten Radiosendung zu beteiligen, die sich – nach dem Beispiel der alten demokratischen Übung in den Städtchen Neuenglands – «Town Meeting of the Air» nannte: Experten diskutierten vor einem großen Publikum am Versammlungsort über ein aktuelles Thema – und viele Millionen Hörer im Land konnten der Debatte an ihren Apparaten folgen. Am 9. August 1948 stand in der kalifornischen Stadt Stockton das Berlin-Problem zur Debatte. Captain Harry Butcher, ein hoher Flottenoffizier, der General Eisenhower als Adjutant gedient hatte, vertrat die offizielle Haltung der amerikanischen Regierung. Ihm sollte – nach der dialektischen Ordnung des Verfahrens – Erika mit einer Interpretation des sowjetischen Standpunktes begegnen. Dem englischen Politologen Denis Brogan fiel der Part des «objektiven» und vermittelnden Unparteiischen zu.

Erika Mann erklärte, nach Irmela von der Lühes Biographie, daß die Blockade Berlins natürlich ein Bruch des Potsdamer Abkommens durch die Russen sei, aber ihr sei die westdeutsche Währungsreform vorausgegangen, die sie als «nicht minder vertragswidrig» bezeichnete. Mit der Frage konfrontiert, wie sich Amerika verhalten solle, wies sie auf drei Möglichkeiten hin: die Alliierten könnten «entweder aus Berlin herausgehen und dabei riskieren, daß wir, die Amerikaner, eine große Menge wertvollen Prestiges verlieren, oder Krieg wegen Berlin führen und damit die ganze Welt in unvorstellbares Elend stürzen. Oder drittens in Berlin zu einem vernünftigen Preis bleiben, über den man sich mit Moskau einigen müßte.» Sie fügte hinzu: sie hoffe «von ganzem Herzen», daß der dritte Weg gewählt werde.

So weit, so gut. Doch als sie aus dem Publikum gefragt wurde, «ob Amerika notfalls einen Krieg um Berlin führen, der russischen Aggression widerstehen und die Deutschen, die doch inzwischen demokratisch geworden seien und den Kommunismus ablehnten, schützen sollte», antwortete sie: «Well, I do not think this question is going to arise. How can we save Germans who accept democracy when we do not know of any crowd of Germans who are actually doing any such thing. I do not think there should be war over Berlin, because I don't think Berlin is important to the Western Allies, and I don't think there are enough German democrats in Berlin to be worthy to fight over, actually»: diese Frage stelle sich nicht. Wie könne man Deutsche retten, von denen die Demokratie akzeptiert werde, wenn sie gar nicht existierten? Für Berlin sollte kein Krieg riskiert werden, weil es für die westlichen Verbündeten nicht wichtig sei und weil es ihrer Meinung nach in Berlin nicht genug Demokraten gebe, die es wert seien, daß man für sie kämpfe.

Erikas mehr als fahrlässige Äußerung blieb den Berlinern nicht verborgen. Sie scherten sich nicht darum, daß ihr die abenteuerlichen Sätze im Eifer der Debatte entglitten waren und daß sie den vernünftigen und abgewogenen Einsichten ihrer ersten Bemerkungen widersprachen. Freilich ließ sich nicht leugnen, daß sie in Wahrheit genauso dachte. Die Bürger West-Berlins aber, die um ihre kaum gewonnene Freiheit bangten und – trotz der lockenden Angebote aus dem Osten – so viele Härten auf sich nahmen, beobachteten voller Zorn, daß ihnen die Tochter Thomas Manns in den Rücken gefallen war.

Ihre Empörung entschuldigte den schrillen Nationalismus der Repliken in den Berliner Zeitungen nicht. Manche der Autoren in der einstigen Hauptstadt schienen es darauf angelegt zu haben, Erikas Vermutung, die Mehrheit der Deutschen seien unheilbare Nazis, lauthals zu bestätigen. Das «Montagsecho» sprach von ihrem «snobistischen Kulturbolschewismus», damit – wie Irmela von der Lühe sagte – an den «Völkischen Beobachter» erinnernd. Der britisch lizenzierte «Telegraf», der den Sozialdemokraten verbunden war, verstieg sich zu der Klage, «daß es Hunderttausende von freiheitlich denkenden Deutschen gegeben» habe, «die nicht wie sie und ihr Vater emigrieren konnten, die ihre Heimat auch in der dun-

kelsten Zeit nicht verließen und das Martyrium des Hitlerregimes
auf sich nehmen mußten». Erika Mann sei es «offenbar unbekannt,
daß es gerade diese Menschen sind, die heute erneut für die Demokratie in ihrer Heimat kämpfen». Der Autor jenes Artikels nannte
es schließlich «eine gewissenlose Dummheit, wenn jemand, der sich
der Mitarbeit an dem demokratischen Wiederaufbau in Deutschland versagt, seinen Landsleuten aus seiner gesicherten Existenz im
demokratischen Ausland in den Rücken fällt».

Erika wiederum übersah in ihrer Entrüstung, daß der Chefredakteur dieses Blattes und manche seiner Mitarbeiter zu den Gegnern
und Verfolgten des Naziregimes zählten. Ihr Urteil, das an der Realität nicht geprüft war, stieß nicht nur in Deutschland und nicht nur
bei den reaktionären Geistern in den Ländern des Westens auf Widerstand. Auch ihr alter Freund Duff Cooper, der während des
Krieges die britische Propaganda gelenkt hatte, rügte ihre eifernden
Anschuldigungen. In ihrer Antwort auf einen kritischen Brief sagte
sie schneidend: «Und ich habe gedacht, Du würdest mich kennen!
Zum Teufel! ‹Stalinistin›. ‹Kommunisten-Mitläuferin, was schlimmer ist, weil weniger mutig›. Für wen hältst Du mich eigentlich?
Für Lillian Hellman?» Sie sprach von der damals erfolgreichen amerikanischen Theaterautorin, die eine harte Anhängerin des sowjetischen Diktators war, und sie fuhr fort: «Aber muß ich – nur weil ich
den Totalitarismus hasse und verachte (und fürchte) – deswegen
‹unser› (und ich meine hauptsächlich das amerikanische) System
eines ignoranten, unzivilisierten und verwerflichen Imperialismus
schätzen und lobpreisen? Und muß ich aus meinem spärlichen
Wortschatz den Begriff ‹Imperialismus› streichen, nur weil Joe der
Schreckliche ihn gebraucht? Muß ich ‹unsere› Vorbereitungen für
einen Krieg gutheißen, der so überflüssig ist wie Kropf und Blinddarm zusammen (...)?» Die Russen, sagte sie, wollten keinen Krieg:
«Aber ‹wir› wollen Krieg, weil wir so reich und so mächtig und
bislang keineswegs mächtig genug sind; und weil wir zu Hause soviel – überflüssige – Schwierigkeiten haben; und weil Krieg immer
so ein fabelhafter Ausweg gewesen ist, und weil wir so leichtsinnig
und kurzsichtig und dumm sind, daß man darüber nicht einmal lachen kann.»

In ihrer Neigung zur grotesk-karikierenden Übertreibung malte sie die Horrorvision aus, daß Deutschland eines Tages «die Erlaubnis oder die Aufforderung» bekomme, «die erste A-Bombe zu werfen». Sie sagte schließlich, auf eine Bemerkung Duff Coopers über «die Kommunisten-Mitläufer» reagierend: «Hätte ich nicht eine so heftige Abneigung gegen die Genossen und praktisch alles, was sie vertreten, so würde ich – aus schierem störrischem Mut heraus – prompt anfangen, wie verrückt mitzulaufen. Denn Du kannst mir glauben, daß weder der Ausschuß gegen ‹un-amerikanische Umtriebe› noch die ‹Loyalitäts-Kontrollen›, noch die Aktivitäten des FBI und verwandter Institutionen sonderlich lustig sind, und man braucht eine gehörige Portion Starrköpfigkeit, um sich nicht einschüchtern zu lassen.»

Schließlich der Seufzer: «Irgendwie scheine ich es – in diesem und in meinem letzten Brief – geschafft zu haben, den Eindruck zu erwecken, ich sei von Politik besessen und könnte über nichts anderes mehr nachdenken, sprechen oder schreiben. Das stimmt überhaupt nicht. Aber ich bin nun mal provoziert worden und konnte Deine empörenden Anspielungen einfach nicht unerwidert lassen. Das nächste Mal wirst Du nettes privates Geplauder von mir hören. Diesmal möchte ich schließen, indem ich Deine Aufmerksamkeit auf einen brillanten Leitartikel in der WELTWOCHE (Zürich) lenke, verfaßt von jener großen demokratischen Kapazität Dr. Hjalmar Schacht. Die Abhandlung trägt den Titel ‹Der Marshall-Plan – die Grundlage des Wiederaufbaus› (...). Gibt zu denken – nicht?»

Die böseste Konsequenz der Radiodebatte ergab sich erst im Oktober 1948. Harry Schulze-Wilde, der Chefredakteur des Münchner Blattes «Echo der Woche», verdächtigte Erika und den Bruder Klaus, sie seien Agenten von «Stalins 5. Kolonne». Er faselte von einem neuen «Novemberputsch» (wie 1918 oder wie 1923?), und er warf den Geschwistern vor, sie spielten bei den Staatsstreichplänen der Kommunisten eine außerordentliche Rolle.

Der Autor, selbst ein einstiger Kommunist, zählte zu der Sorte von Renegaten, die zwar das Etikett ihrer Gesinnung wechselten, aber nichts von dem Fanatismus und der Brutalität der alten Denk- und Verhaltensmuster preisgaben. In der Propagandaschule der Kommunisten hatte er, wie manch andere, die Technik der Verleumdung gründlich studiert. Er stellte sie nun bedenkenlos in den Dienst des Antikommunismus. Erika und Klaus Mann aber hatten Anlaß, die Attacke, so absurd sie war, ernst zu nehmen, denn es bestand im Zeichen der chronischen Denunziation «un-amerikanischer Aktivitäten» durchaus die Gefahr, daß die Verdächtigungen Einlaß in ihre Dossiers finden würden, zumal sie mit Anschuldigungen aus früheren Jahren korrespondierten. Sie waren keine «fellow travellers», alle beide nicht, aber vor allem Erika erschwerte ihre Lage immer wieder (vor allem, wenn sie für sich selbst sprach – für den Vater argumentierte sie klüger). Sie neigte dazu, sich der in Moskau oder Ost-Berlin vorgestanzten Formeln zu bedienen, oft wohl aus störrischer Aufsässigkeit, fehlgeleitetem Nonkonformismus und allgemeiner Bitterkeit. Durch ihren unkontrollierten Eifer forderte sie nicht nur ihre Feinde heraus, an denen es nicht mangelte – sie verwirrte auch ihre Freunde.

Voller Zorn, wohl auch voller Angst, setzten Klaus und Erika Himmel und Hölle in Bewegung, um gegen den Münchner Angriff zu protestieren. Klaus schickte aus Amsterdam ein Telegramm an die «Information Control Division» der amerikanischen Militärregierung, um eine Verleumdungsklage gegen die Zeitung anzukündigen. Viktor Mann forderte er auf, «sofort den besten, schärfsten, angesehensten und teuersten Münchner Anwalt» auszusuchen, der sich ihrer Sache annehmen könnte. Er würde selbst zum Prozeß nach München kommen, schrieb er und rief: «Du siehst mich entschlossen, Wilde zu vernichten.» Peter de Mendelssohn, der sich in Berlin aufhielt, bat er um sein publizistisches Engagement. Harry Schulze-Wilde habe ihm nachgesagt, er sei als «Gast der kommunistischen Schriftsteller» nach Berlin gereist. Klaus meinte, dies könne sich nur auf seinen Besuch bei «unserem Freund Melvin J. Lasky» beziehen, der damals im Begriff war, die kämpferisch liberale, antikommunistische Zeitschrift «Der Monat» zu gründen: ein Forum der europäischen und amerikanischen Intellektuellen, die sich in den Dienst der Notwendigkeit stellten, den beiden totalitären Heimsuchungen der Epoche, dem Faschismus *und* dem Kommunismus, mit gleicher Entschlossenheit zu widerstehen.

Erika, die in Oregon an der Nordwestküste der Vereinigten Staaten eine Reihe von Vorträgen hielt, bemühte sich durch die Vermittlung ihrer Freunde, die deutschen Zeitungen zum Abdruck ihres Dementis zu überreden, das ungekürzt im New Yorker «Aufbau» erschien. Sie mobilisierte die Vereinigung der amerikanischen Kriegskorrespondenten, deren Mitglied sie war. Bei der Militärregierung versuchte sie, die Kündigung von Schulze-Wildes Zeitungslizenz zu erwirken, vergebens (er wurde allerdings der Chefredaktion des Blattes enthoben, das ohnedies nicht mehr allzu lange überlebte). Zu einem Prozeß kam es nicht. Die Anwälte glaubten, die Gesinnungslage der Münchner Gerichte lasse für den Erfolg eines Verfahrens wenig Hoffnungen zu. Darin täuschten sie sich kaum. Noch lange Jahre schien die Münchner Justiz bestrebt zu sein, Klagen gegen Verleumder aus dem rechten Lager zu Lasten von linken und liberalen Demokraten, von Emigranten und Verfolgten des Naziregimes mit formalen Argumenten, dem Hinweis auf die Verfahrenskosten oder mit der Mahnung abzuwiegeln, sich mit einer Entschuldigung oder einer kleinen Berichtigung zu begnügen.

Es gibt keinen Zweifel, daß diese Kampagne Erikas Ressentiments gegen das Land ihrer Herkunft von neuem verhärtete. Die Invektiven und die bornierten Dummheiten, mit denen sie sich konfrontiert sah, zerstörten jede Bereitschaft, über die eigene Selbstgerechtigkeit, die provozierende und vorschnelle Schärfe ihrer Urteile, ihre Reizbarkeit und Verletzlichkeit nachzudenken. Ihre Verstimmung schlug auch auf den Vater zurück. Thomas Mann empfand überdies die Attacken auf Henry Wallace, den er als den einzigen Garanten einer antifaschistischen Landesgesinnung betrachtete, als Generalangriffe auf Franklin D. Roosevelts Amerika, das er mit einer fast kindlichen Hingabe idealisierte und verklärte. Er glaubte allen Ernstes, der einstige Vizepräsident werde zwölf bis vierzehn Millionen Stimmen für seine dritte Partei sammeln können: «Es wäre eine bitter notwendige Demonstration», hatte er Hans Reisiger geschrieben. Allerdings war ihm auch Bruder Heinrichs «krankhaft wütende» Kritik an Amerika zuwider. Er litt am starren Eigensinn des Älteren, und er notierte denn doch ein wenig schockiert, daß Heinrich die «Liquidierung aller Deutschen, die mit Amerikanern u. Engländern kollaborieren», willkommen wäre.

Es entging ihm nicht, daß solche Bemerkungen auf einen senilen Verfall hindeuteten, der rasch voranschritt. Das stimmte ihn nicht milder. Noch immer konnte er es nicht ertragen, wenn man das Werk des Bruders über das seine stellte, wie es ihm von dem österreichischen Schriftsteller Paul Frischauer hinterbracht wurde. Mit «tiefem Grimm» nahm er solche «schäbigen Ewigkeitsurteile» zur Kenntnis, zumal er dem Kollegen vorwerfen zu müssen meinte, daß er seinen «Tagesruhm» ausnutze, um «mit seiner Hilfe eine College-Stellung zu gewinnen». Erika hatte ihm die törichten Redereien zugetragen. Da sie mit Heinrich Mann im Unfrieden lebte, schien sie sich nicht zu scheuen, die Zwietracht der Brüder mit beiläufiger Bosheit dann und wann ein bißchen zu schüren. Der Vater, sie wußte es wohl, konnte nichts vergessen. Bei der Nachricht vom Tod Alfred Kerrs, die ihn am 22. Oktober 1948 erreichte, bemerkte er lediglich, der alte Erzfeind habe über den «Faustus» «sehr positiv» geschrieben. Dies war nicht genug, den alten Hader auszulöschen.

Heinrich war gezwungen, noch einmal die Mühsal eines Wohnungswechsels auf sich zu nehmen. Thomas konstatierte, der Bruder habe die vorige Unterkunft «ungeheuerlich verschmutzt» hinterlassen: fünf Dollar seien, wie er aufschrieb, für die Reinigung zu bezahlen gewesen. Katia, die den Schwager nun fast täglich besuchte, um nach dem Rechten zu sehen, zeigte sich verletzt durch seine «mäkelnde und scheltende Undankbarkeit und störrige Unbilligkeit». Nein, es war nicht einfach mit dem Greis. Er wäre wohl kaum mehr in der Lage gewesen, die Übersiedlung nach Ost-Berlin, die ihm von Johannes R. Becher so dringend angetragen war, zu überstehen.

Der Präsidentenwahl 1948 sah Thomas in düsterer Stimmung entgegen. «Kommt der Krieg dieses Frühjahr oder im nächsten?» fragte er im Journal: «Kommt er nicht, so tritt an seine Stelle eine Wirtschaftskrise fürchterlichen Ausmaßes». Der kriegerische Ausweg werde – nach einer Einschätzung Erikas, die ihm mehr und mehr zum politischen Orakel wurde – mit einer Wahrscheinlichkeit von siebzig zu dreißig gesucht. Agnes Meyer fragte er, ob sie aus dem Kalten Krieg noch «einen anderen Ausweg» sehe «als den in den heissen». Er fürchtete den konservativen Kandidaten Thomas

Dewey, der in Wirklichkeit ein Mann der Mäßigung war, wie den Leibhaftigen: der Republikaner schien, wenn man dem Urteil des Beobachters im fernen Kalifornien vertrauen wollte, nichts anderes im Schilde zu führen, als die Welt so rasch wie möglich in den Abgrund zu reißen. Er traute auch Harry Truman nicht über den Weg. Für ihn war der Farmer und Krämer aus dem Mittleren Westen am Ende auch nichts anderes als ein Verräter am noblen Erbe seines Idols Franklin D. Roosevelt. Er begriff nicht, daß sich in der Gestalt dieses Präsidenten die Tugenden des «kleinen Mannes» in mancher Hinsicht genialisiert hatten, obschon Truman gewiß auch die Schwächen seiner Herkunft mit sich trug. Thomas Mann verkannte den Realismus, den der Mann aus Missouri immer wieder bewies, und er ahnte nichts von der historischen Bildung, die dem Staatschef das Maß seiner Entscheidungen vermittelte.

Immerhin hatte er im Fortgang der Kampagne verstanden, daß die Kandidatur von Henry Wallace einen Wahlsieg des republikanischen Kandidaten Thomas Dewey zu begünstigen drohte. Den amerikanischen Schriftsteller Howard Fast, den Linkssozialisten radikal-liberaler Herkunft (der später durch seinen Spartacus-Roman Weltruhm gewann), ließ er nun wissen, daß er sich nach gründlicher Überlegung entschlossen habe, Henry Wallace nicht länger zu unterstützen. Bis zum Urnengang am 2. November überlegte er es sich noch einmal anders: er stimmte trotz aller Bedenken für Wallace, Katia aber gab Harry Truman ihre Stimme. Dem «Wahlrummel» im Radio, den er als altmodisch empfand, lauschte er voller Ekel, zumal sich früh das Debakel der dritten Partei abzeichnete: Wallace brachte es nur auf eine Million Stimmen, weit entfernt von dem Massenzulauf, den Thomas Mann noch im Sommer prophezeit hatte. «Vergrämt und übermüde» ging er zu Bett, ohne den Ausgang des dramatischen Kopf-an-Kopf-Rennens zwischen dem demokratischen Präsidenten und dem republikanischen Gouverneur von New York abzuwarten.

In der pessimistischen Erwartung, daß dem Republikaner der Sieg zufallen müsse, war er nicht allein. Die große New Yorker Boulevardzeitung «Daily News» meldete am Morgen des 3. November mit prangenden Lettern den Triumph von Thomas Dewey. Wenig später stand fest, daß Harry Truman mit einem nicht allzu

knappen Vorsprung gewonnen hatte. Die Voraussagen der Demo-
skopen des Gallup-Institutes waren, zu Thomas Manns Befriedigung, drastisch korrigiert worden. Er atmete auf, trotz der Abneigung gegen Truman. Amerika, schrieb er an die Freundin in
Washington, habe in der Welt schon «als der ‹dunkle Erdteil›» gegolten, und die «Reaktion» habe geglaubt, sich alles erlauben zu
dürfen. Alle diese Mächte würden in Zukunft vorsichtiger sein.

Im Jahre 1948 hatte er mit der obligaten Vorlesung in der Library
of Congress pausiert. Seine Erkundigung nach einem Termin im
Frühjahr 1949, den er als Auftakt des Goethe-Jahres feiern wollte,
war lange ohne Antwort geblieben. Er vermutete, das Zögern mit
einer Zusage könne politisch bedingt sein. Besorgt fragte er Agnes
Meyer: «Bitte, sagen Sie mir doch offen, ob es sich Ihrer Meinung
nach so verhält und ob, wenigstens unter Umständen, mein Erscheinen in der Library vielleicht nicht mehr opportun ist. Ich täte
dann ja viel besser, mich meinerseits zurückzuziehen, statt Dr.
Evans in die Verlegenheit zu setzen, mir eine Absage erteilen zu
müssen.» Nach der Präsidentenwahl – inzwischen lag eine Vereinbarung mit dem Bibliotheksdirektor vor – berichtigte er sich erleichtert: «Auf den Gedanken, dass ich in der Library nicht mehr
willkommen sein könnte, würde ich heute wohl nicht mehr kommen. Es hat mich gerührt, dass Sie meine Frage eines Telegramms
für wert erachteten.» Der großen Frühjahrs- und Sommerreise an
die Ostküste und weiter nach Europa, die ihn schließlich nach
Deutschland führen sollte, zum erstenmal nach vierzehn Jahren,
schien nichts mehr im Wege zu stehen.

107. KAPITEL

Goethe und der Friedenskampf

Der «Faustus» war, eine ungewöhnliche und mutige Entscheidung, wahrhaftig in den «Book of the Month Club» gewählt worden. Thomas Manns Vergnügen an der Auszeichnung, die einen so
reichen materiellen Segen versprach, wurde freilich durch die bösen
Rezensionen der Tageskritiker in der «New York Times» und der
«Herald Tribune» rasch wieder gedämpft. «Trostlos» nannte er alle
beide. Orville Prescott von der «Times», der mit hartem Spott die
grandiose Langeweile des vierten «Joseph»-Bandes denunziert
hatte, zügelte auch gegenüber dem «Faustus» seine Ironie nicht:
«Kein Schriftsteller in diesem Jahrhundert», schrieb er, die Empfindlichkeit des Autors scharf im Auge, «hat solch universelle Bewunderung gewonnen, und keiner betrachtete sich ihrer mehr würdig als Thomas Mann.» Dann begann die Attacke: Prescott hielt
sich vor allem an der intellektuellen Überfrachtung des Romans
auf. Das Philosophieren ersticke die Erzählung, sagte er. Als «eine
literarische tour de force» sei das Buch «brillant auf seine massive, gedankenschwere und pedantische Weise», als Roman aber
«schwerfällig, gestelzt und bewundernswert umständlich». Die musikalischen Partien, für die Prescott keine Ohren und keine Augen
hatte, bezeichnete er als «beinahe undurchdringlich» – jedenfalls für
einen Leser, fuhr er spottend fort, der «über kein Diplom des Jul-
liard-Konservatoriums» verfüge, keine «Symphonie geschrieben
oder die New Yorker Philharmoniker dirigiert» habe. Überdies kreidete er dem Autor sein Engagement für Henry Wallace an: ein Argument, das in einer Literaturkritik nichts zu suchen hatte. Oder

doch? Es bestimmte den Rezensenten, die politischen Auskünfte des Romans voller Mißtrauen zu betrachten. Ihm geriet die Behauptung in die Feder, Thomas Mann habe von den Nazis keine öffentliche Notiz genommen, ehe sie an die Macht gelangt seien. Danach zwar habe er sich auf edle Weise gegen sie verwahrt, doch die Vergegenwärtigung der nazistischen Gefahr sei spät gekommen.

Dies entsprach, man weiß es, keineswegs der Realität. In einem Brief an den Herausgeber der «Times» machte Thomas Mann darauf aufmerksam, daß er «den wachsenden deutschen Nationalismus» mit allen ihm zu Gebote stehenden Mitteln bekämpft und «im heraufkommenden National-Sozialismus, als Einer von Wenigen, von Anfang an den Zerstörer Deutschlands und Europas gesehen» habe. Seine Berliner Rede «Ein Appell an die Vernunft», im Jahre 1930 gehalten, sei in seiner bei Knopf erschienenen Sammlung von politischen Essays nachzulesen. Der Brief wurde, wie Hans Rudolf Vaget feststellte, von der Zeitung nicht gedruckt.

Alfred Knopf, der nach einem selbstironischen Geständnis vom «Faustus» nur die Hälfte verstanden hatte, sprang über seinen Schatten und wagte, was ein Verleger nur unter höchstem Risiko auf sich nehmen darf: er eilte seinem Autor mit einer kräftigen Schelte der Kritik zu Hilfe. Aber es kam noch schlimmer. Im «New Yorker» machte sich Hamilton Basso – auch er hatte den letzten «Joseph»-Band zerfetzt – über den rauschenden Aufwand des «Faustus» lustig: der Roman sei ein «dicker, schwerer Pudding», sagte er, und er kam zu dem wenig originellen Schluß, Thomas Mann sei «als Philosoph mehr gedankenschwer als tief, als Goethes Konkurrent in der Behandlung des Faust-Stoffes hoffnungslos unterlegen». Es half wenig, daß er dem Buch zugleich bescheinigte, manche «Einblicke in das deutsche Leben» seien «so gut wie die besten Passagen in den ‹Buddenbrooks›».

Empört schrieb der Vater an den Sohn Klaus, jener Basso sei «das Letzte», und voller Zorn teilte er dem «Book of the Month Club» mit, der «New Yorker» sollte sich dieses Mitarbeiters schämen, der «dumm wie ein Tenor» sei. Hier sei «der Dummheit eine Bosheit beigemischt», sagte er Agnes Meyer, die er verstehe: «Ich bin zeitweise in diesem Lande zu viel gelobt, zu oft als ‹the greatest living man of letters etc.› ausgerufen worden und musste auf eine verärger-

te Reaktion gefasst sein. Ein Buch wie Neiders ‹Stature of T. M.›
musste auch als Herausforderung wirken, denn gerade in diesem
Lande soll kein Baum in den Himmel wachsen – was ich nur billigen
kann.» Er fügte naiv hinzu, er sei an «alldem ja unschuldig» und
«nicht halb so anmaßend und selbstzufrieden und überheblich wie
die review-Schreiber zu glauben scheinen. Nur ist gerade dieses
Buch, der ‹Faustus›, mir eigentümlich teuer und immer noch wie
eine offene Wunde, schrecklich empfindlich gegen plumpe Berührung, – die doch unvermeidlich ist. Uebrigens kann ich mich schon
garnicht mehr beklagen.»

Er beschwerte sich vor allem über den Literaturwissenschaftler Harry Levin von der Harvard University, den er einst hoch
geschätzt hatte, der nun in seinem Aufsatz «Dr. Mann versus a Teutonic Mephisto» mit dem «Faustus» wenig gnädig ins Gericht
gegangen war. Levin schien der «Faustus» eines «jener offiziellen
Ereignisse» zu sein, «bei denen die Pflicht das Vergnügen auf feierliche Manier» austreibe. Schlimmer noch: er behauptete, Romain
Rollands «Jean Christophe», wie veraltet er auch sein möge, sei in
«der Repräsentation des musikalischen Lebens überzeugender» als
der «Faustus».

Überdies drohte die beharrliche Annäherung an Goethe dem
Autor nun zu einer amerikanischen Nemesis zu werden. Voller
Hohn sagte Levin, man könne ihn natürlich nicht dafür schelten,
daß Thomas Mann nicht Goethe sei. Man könne ihm auch nicht
anrechnen, daß er atonale Klagegesänge statt der Neunten Symphonie komponiert habe. Es gebe Anlässe, für die nicht das «Lied an die
Freude», sondern ein Lied der Trauer der rechte Ausdruck sei.

Thomas Mann fragte in seinem Brief zur Weihnacht 1948 Agnes
Meyer mit kaum gedämpfter Bitterkeit: «Wie soll denn ein übersetztes Buch, das aller Ueberredungsmittel entbehrt, die es im Original besitzt, seine natürliche und volle Wirkung tun! Es ist ein
Wunder, dass es auch so noch einigen Eindruck macht. Wäre ich
nur in die angelsächsische Kultur hineingeboren!»

Dennoch, er redete, nach den ersten negativen Reaktionen, sich
und den Freunden gut zu, daß alle Feindseligkeit durch die kluge
Rezension von Alfred Kazin, einem der besten Köpfe der amerikanischen Literaturkritik, im wöchentlichen Buchmagazin der

«Herald Tribune» halbwegs aufgewogen werde, obwohl auch dieser liberale Geist, der vom demokratischen Sozialismus der mitteleuropäischen und jüdischen Emigration geprägt war, einige ernste Bedenken äußerte: «Thomas Mann erweist Deutschland eine zu große Ehre», schrieb Kazin, «wenn er es, wie subtil auch immer, in direkter Linie mit der Idee des Genies verbindet, wenngleich eines kranken.» Die Erzählung löse «das Dämonische aus seinem vulgären und universellen Element». Mit sanfter Ironie fuhr er fort, man könnte denken, der Teufel bewege sich ausschließlich in der «Gesellschaft von Intellektuellen und seine bevorzugte Sprache» sei «das Deutsche». Die mögliche Folge: andere könnten sich als unschuldig betrachten, und vielleicht vergäßen «selbst die Deutschen, daß die frustrierten und von tiefen Ressentiments erfüllten ‹kleinen Leute›, die sprichwörtlichen Hitler, aus ihrer Mitte stammten». Kazin deutete damit auf taktvolle Weise an, daß sich in dem Buch ein Element des Nationalismus verberge, wenngleich eines negativ umgeformten, von dem sich aber nicht leugnen ließ, daß er noch ein Element der romantischen Selbstergriffenheit und Selbstüberhebung spiegelte, die einst auch das Denken des Autors bestimmt hatten. Insgesamt verhehlte Kazin seine Bewunderung nicht: er sei von Thomas Manns «virtuoser Darbietung» bezaubert, schrieb er, und er habe bei der Lektüre gehofft, «das Konzert würde noch länger dauern».

Der Dichter – der sich nach seiner Gewohnheit bei jedem wohlmeinenden Rezensenten mit einem Brief bedankte – versicherte Alfred Kazin, wie sehr er sich, nach den anderen deprimierenden Besprechungen, über sein Urteil gefreut habe. Aber er sagte auch, man dürfe in dem Schicksal Adrian Leverkühns nicht nur eine «Allegorie des deutschen Charakters» sehen. Leverkühn sei nach seiner Einsicht weit mehr «ein Repräsentant seines Jahrhunderts und seiner Probleme, der Krise von Kultur und Kunst, mit einem Wort: ‹Ein Held unserer Zeit›, um mit Lermontow zu reden».

Uneingeschränkt positiv war die große Kritik in der Zeitschrift «Atlantic Monthly» von Charles Rolo. Auch in dem linksliberalen Magazin «New Leader», in der «Los Angeles Times» und später in der großen jüdischen Wochenzeitschrift «Commentary», die Erich von Kahlers «Faustus»-Studie druckte, war der Respekt von Bewunderung überhöht.

Alles in allem: die Anerkennung überwog, und die kritischen Stimmen schienen die schönen Verkaufszahlen nicht zu mindern. Alfred Knopfs Erstauflage von mehr als zwanzigtausend Exemplaren war noch vor dem Erscheinen vergriffen. Damit zeichnete sich auch ein finanzieller Erfolg des Buches ab, zumal der erste Scheck des «Book of the Month Club» auf Thomas Manns Konto mit 22 000 Dollar zu Buche schlug (nach heutigem Geld gut 250 000 Mark).

Er hatte früh die Gefahr gewittert, daß die Amerikaner den «Faustus» als «excessively German» betrachten könnten. Nun wurde er nicht müde, dieses Bild zu korrigieren. Immer wieder betonte er, seine deutschen Bekenntnisse kurzerhand umfrisierend, daß Leverkühn ein Mensch sei, der «das Leid der Epoche» trage. Er ahnte, daß die späte und ein wenig verkrampfte Berichtigung der eigenen Interpretation nicht ohne weiteres akzeptiert werde. Der Tochter Erika klagte er, alle kehrten die «d-e-u-t-sche Allegorie so fürchterlich» hervor. Doch er setzte hinzu: «Bin ja selber schuld. Weiß es.» Er fuhr fort: «Wenn ich lebe und bei Kräften bleibe, lege ich ihnen noch den Felix Krull hin, der aus nichts als Streichen besteht, damit sie endlich aufhören einen ponderous philosopher in mir zu sehen.» Immer wieder hatte er erwogen, ob er den Krull nicht wiederaufleben lassen und das Fragment zu Ende führen sollte. Nun verdichtete sich in ihm die Neigung zum Entschluß. Er wollte es nicht hinnehmen, daß sich bei der amerikanischen Presse für immer ein «Bild seines Künstlertums» festsetzte, wie er Alfred Knopf schrieb, das ihn «olympierhaft, pompös und schwerfällig (...), langweilig, philosophisch und schwer verständlich» darstelle, obwohl er doch «im Grunde ein Humorist» sei.

So zählte, jedenfalls mit dem Blick auf die Nachwelt, denn doch fast nur die deutsche Ausgabe. Deutschland hatte allerdings den Nachteil, daß es von Deutschen bevölkert war – und noch immer forderten viele dieser Deutschen trotzig und unverständig seine Anwesenheit, während andere – vermutlich die Mehrheit – ihn lieber draußen vor den Toren wußten, was ihm auch nicht recht sein konnte.

Wilhelm Buller, einen rheinischen Industriellen (in dessen Hause er in den zwanziger Jahren manchmal zu Gast war), fragte der Autor seufzend: «Was muß ich auch leiblich in Deutschland sein?» Dann zitierte er sich selbst mit dem stolzen Satz aus den frühen Jahren der Emigration: «Wo ich bin, da ist Deutschland», und er fuhr fort: «und wo meine Bücher sind, da bin ich. Sie sind ja schließlich das Destilliert-Beste von mir, und die Deutschen sollen sie nur lesen, als ob ich schon ein abgeschiedener Geist wäre. Gar so weit ist es ja sowieso nicht mehr dahin.»

Im April 1948 war er von der Universität Oxford eingeladen worden, den offiziellen Vortrag zum Goethe-Jahr und, als Nachfolger Gerhart Hauptmanns, den Ehrenvorsitz der German Literary Society zu übernehmen: eine große Auszeichnung. Fünf Monate später wurde er davon unterrichtet, daß ihm zugleich der Doctor honoris causa verliehen werde, wiederum als erstem und einzigem Deutschen nach Hauptmann: die höchste Ehrung, die er erträumen konnte – «ja wohl immer noch das Feinste auf Erden», wie er Agnes Meyer voller Genugtuung sagte. Also würde er 1949 ganz gewiß nach Europa reisen, zumal es keinen Zweifel gab, daß man ihn auch in Zürich zu Goethe hören wollte. Wenig später erreichte ihn die Bitte, in Stockholm zu sprechen. Es blieb ihm nicht verborgen, daß man von der Möglichkeit eines zweiten Nobelpreises für den «Faustus» raunte (was, wie er sich rasch genug deutlich machte, die Satzungen der Stiftung nicht zuließen).

Die Hauptfrage war noch immer, wie schon zwei Jahre zuvor: Deutschland – ja oder nein? Er wurde vor allem von Emil Preetorius bedrängt. Der Bühnenbildner und Illustrator war unterdessen zum Präsidenten der wiederbegründeten Bayerischen Akademie der Künste avanciert. Er hatte Thomas Mann durch den Generalsekretär Dr. Alfred Jacob die Mitgliedschaft anbieten lassen. Der Dichter entzog sich der Aufforderung (die in München umstritten zu sein schien) mit dem nüchternen Hinweis, daß er die Pflichten eines ordentlichen Mitgliedes der Institution nicht wahrnehmen könne. Dann wies er selbst ohne allzu bescheidenes Räuspern einen Ausweg: man könne ihn zum Beispiel zum Ehrenvorsitzenden der Literarischen Sektion ernennen, schlug er vor. Damit würde seine Verbundenheit mit der Stadt, in der er vier Jahrzehnte gelebt habe, auf eindrucksvolle Weise bestätigt. So wurde es beschlossen. (Die offiziellen Listen allerdings verzeichneten ihn später doch nur als ein schlichtes Ehrenmitglied.)

Da nun die freundschaftlichen Bande geknüpft waren, ließ Preetorius nicht mehr locker. Thomas Mann möge, bat er, bei einer Art von Staatsakt die große, ehrende Rede für Goethe halten. Der Autor war nicht völlig abgeneigt, diesem Vorschlag zu folgen. Er schrieb an Reisiger, der Besuch der Stadt könne «symbolisch für den *ganz* Deutschlands» stehen.

Damit war in Wirklichkeit nichts geklärt. «Aber meine Verwirrung ist groß», schrieb er, «seitdem dieser Ausblick sich eröffnet hat. Noch habe ich nicht zugesagt, aber ich werde es wohl tun müssen, und meine Ruh' ist hin. Ich sollte es wohl nicht so schwer nehmen, aber ich kann nicht umhin, das Wiedersehen nach diesen 16 Jahren der Entfremdung als ein gespenstisches Abenteuer und als eine rechte Prüfung zu empfinden. Allzu lange war ‹nach Deutschland gebracht zu werden›, ‹in die Hände der Deutschen zu fallen› ein Alptraum! Und was soll ich sagen? Es ist alles so äußerst kompliziert. Kaum kann ich etwas anderes tun, als innere Versuche mit einer Rede anzustellen – und kann es auch wieder nicht, denn es ist da eine Sperre, und das Bewußtsein, wie sehr man sich in all den Jahren auseinandergelebt hat, läßt mich den Ton nicht finden. Eine arge Lage». Er meinte, er werde sich «in glückhaften Stunden schon herauszuhelfen wissen». Zum anderen fürchtete er, daß das, «was die ‹deutsche› Aura des ‹Faustus› an Versöhnung gestiftet hat», durch seine Erinnerungen «an die Jahre seiner Entstehung» wieder verdorben werde.

Dieser Brief war nur eine der Stationen seines Zögerns. Die Zweifel mehrten sich, da der Generalsekretär Jacob nach den Forschungen von Eveline Pochadt nur undeutliche Auskünfte über die Bedingungen seines Auftritts zu geben vermochte. Auch Klaus, der von Amsterdam aus mit Preetorius telefonierte, erlangte keinen klaren Bescheid, wie man sich in München die Inszenierung der Visite gedacht hatte. Doch Frankfurt bewarb sich um seine Anwesenheit. Auch in Weimar erwog man, wie er hörte, eine Einladung.

Ohnedies schwankte er von Tag zu Tag. Eineinhalb Monate zuvor noch hatte er Bermann Fischer geschrieben, er wolle Deutschland *nicht* besuchen, aber auch Wien lieber meiden und sich vielleicht mit einem Erholungsurlaub im Salzkammergut oder in Badgastein begnügen. Er notierte jeden warnenden Brief, der von drüben kam, sprach von seinem Grauen, von Qual und Nervenbelastung. Erich von Kahler war einer der wenigen, die für das Wagnis plädierten. Alfred Neumann riet ab. Suhrkamp redete zu. Sohn Klaus votierte in einem Brief gegen die Visite. An Wilhelm Buller schrieb Thomas Mann in belustigter Verzweiflung, er wünschte, die Deutschen betrachteten ihn als einen großen, aber «abgeschiedenen Geist».

Mit Befriedigung, doch zugleich mit einem gewissen Unbehagen hatte er zur Kenntnis genommen, daß die Stadt München mit der Wiederherstellung seines Hauses am Herzogpark beginnen wolle. Unmißverständlich wies er darauf hin, daß er nicht die Absicht hege, die Villa jemals wieder zu beziehen, doch es sei gewiß erfreulich, daß der Bayerische Ministerpräsident Doktor Ehard «dem Gedanken günstig ist, uns den Besitz unseres Hauses wieder zuzusprechen und den Bombenschaden nach dem ‹Lastenausgleich› vergüten zu lassen. (...) Sind wir wieder in seinem Besitz, so kann es sich für uns nur um seine Vermietung oder um seinen Verkauf handeln. Es kann ja kaum ein Zweifel bestehen, daß über kurz oder lang Transfer-Möglichkeiten aus Deutschland hergestellt werden, und daß ich nach so langer Zeit allmählich wieder in den Besitz meiner dortigen Vermögenswerte und der Einnahmen aus meinen Büchern gelange.» Die Mühlen der Behörden mahlten, was die Restitution anging, noch langsamer, als man es von ihnen ohnedies gewohnt war. Doch immerhin war die von den Nazis beschlagnahmte Sammlung von antikem Silber, Bildern und Teppichen aus dem Besitz seines Schwiegervaters Alfred Pringsheim als das Erbe seiner Kinder anerkannt worden, und die Kostbarkeiten warteten nun auf den Abtransport in die Vereinigten Staaten.

Seufzend schrieb er Viktor – es war der letzte Brief, der den Bruder erreichte –: «Daß die Goethe-Feiern in Deutschland einen etwas verworrenen Charakter haben werden, kann ich mir denken, und es ist wohl unvermeidlich. Man wird ihn in den verschiedenen Zonen in widersprechendem Licht präsentieren. Gewissermaßen tue ich das auch, denn ich habe etwas aufgeschrieben über sein Verhältnis zur Demokratie, und das ist auch zweideutig und problematisch genug.»

Fünf Wochen später war Viktor tot, in seinem sechzigsten Lebensjahr an einem Herzversagen gestorben. Seiner Frau Nelly schrieb Thomas Mann: «Ein Jammer (…), daß unser Viko im Augenblick seiner besten Hoffnung, einem neuen Aufblühen seines Lebens entgegensehend, dahingehen mußte, – er, der Jüngste von uns Brüdern, – welche unvorhersehbare, schwer annehmbare Fügung! (…) Wer weiß, ob es nicht ein Vorgefühl seines nahenden Endes war, das Viko trieb, dies Erinnerungsbuch zu schreiben, worin er sein liebenswürdiges Wesen befestigt hat, und in dem er fortleben wird.»

Der Bruder hatte in der Tat mit ersten Vorlesungen aus seinem so lebhaften und so menschlichen (wenn auch nicht immer zuverlässigen) Erinnerungsbuch fast überall herzliche Zustimmung gefunden. Er schien auch nicht über Thomas' Bitte verärgert zu sein, auf das Erscheinen der Autobiographie in Amerika zu verzichten. Gerade, sagte der Bruder, sei ein Sammelwerk über ihn mit vielen Beiträgen aus aller Welt herausgegeben worden, in dem die Familie mit Heinrich, Erika, Klaus, Monika stark vertreten gewesen sei. Jemand habe in einer Zeitschrift bemerkt, es sei schade, daß Thomas Mann nicht so viele Kinder habe wie Johann Sebastian Bach (der achtzehn die Seinen nennen konnte, von denen allerdings nur wenige die ersten Jahre überlebten), denn dann hätte «das Ganze als Homework hergestellt werden können». Das alles könne «als ein bißchen zu viel der persönlichen Präsentierung empfunden werden». Er fürchte darum eine «mißliche und ironische Aufnahme» für Viktors Familienerinnerungen.

Vor allem fürchtete er, daß Viktors Buch als ein weiterer Baustein für die Errichtung einer Kultstätte betrachtet werden könne. Die amerikanische Öffentlichkeit schien einer sorgsamen Taktik und der fürsorglichsten Pflege zu bedürfen (was sie, eher zur Bewunderung des Spontanen aufgelegt, mit geschärftem Mißtrauen zur Kenntnis nahm). Die literarische Kritik bewies, das hatte die «New York Times» demonstriert, nicht immer und nicht überall ihre Unabhängigkeit von den Urteilen über Thomas Manns politische Einlassungen. In unglückseliger Wechselwirkung ließ sich der Autor durch die ungerechte Behandlung seines Werkes in seinem ohnedies gereizten Urteil über die Politik der Vereinigten Staaten bestärken. Seine Hoffnung setzte er, mehr denn je, auf den verabredeten Auftritt in der Library of Congress, der als eine Bestätigung seiner Zugehörigkeit zur liberalen Tradition Amerikas empfunden werden sollte.

Goethe bot sich als ein geradezu idealer Mittler an, trotz des chronischen Spottes über die «imitatio». Er mußte, dies war nun das wichtigste, eine Brücke von Weimar zur Neuen Welt finden. Mit dem üblichen Zitat des Verses «Amerika, du hast es besser…», mit dem gewohnten Hinweis auf die Zueignung der gesammelten Werke an die Universität von Harvard und der so oft beschworenen Erinnerung an die Bemerkung zum Kanzler von Müller – «Wären wir zwanzig Jahre jünger, so segelten wir nach Amerika» –, mit diesen alles in allem eher lockeren oder zufälligen Hinweisen, daß Goethe die Vereinigten Staaten mit Wohlwollen und Neugier betrachtet hatte, konnte es dieses Mal nicht genug sein.

Lange vor der Niederschrift des Essays seufzte er, daß er über Goethe so gut wie alles gesagt habe, was für ihn zu sagen sei. Vor seinen Nächsten verbarg er nicht, daß er gezwungen sein werde, sich in manchen Passagen zu wiederholen. Er half sich gleich zu Anfang des Vortrags mit dem freimütigen Bekenntnis, daß er in einem halben Dutzend Aufsätzen und einem ganzen Roman in der Tat seinen «Sack geleert» habe, und er deutete an, daß seine «dichterische Versenkung in dies Leben und Werk» ihm den «Ruf eines gewissen Spezialistentums, ja einer imitatorischen Jüngerschaft» eingetragen habe. Damit wiegelte er zugleich die spöttische Kritik an der Goethe-Erbschaft, mit der sich mancher amerikanische Literat amüsierte, durch eine sacht selbstironische Geste ab.

Dennoch schmeichelte ihm der Versuch des Übersetzers Hans Feist (es war davon die Rede), seine «Lotte» zum Goethe-Jahr auf die Bühne zu bringen. Er nahm an der Arbeit, die seinen Segen hatte, den lebhaftesten Anteil. «Please go ahead!» rief er dem Autor telegraphisch zu, nachdem er den Entwurf studiert hatte. Er bewundere, wie er in einem Brief hinzufügte, die «Geschicklichkeit in der dramatischen Umformung des Stoffes». Dann erreichte ihn ein Warnruf von Fritz Landshoff, der das Stück in Amsterdam geprüft hatte. Thomas Mann antwortete dem Verleger ein wenig betreten, er habe bald gemerkt, daß Feist mit großen Schwierigkeiten und Unlösbarkeiten kämpfe – und der Übersetzer habe ihn obendrein als eine Art Mitarbeiter vorgestellt. Daran sei nicht gedacht gewesen: «Mit meinem Wissen allenfalls, aber doch hinter meinem Rükken hätte das Ganze vor sich gehen sollen, wenn es vor sich gehen konnte, und ich durfte nicht verantwortlich gemacht werden. Aber die Rolle, die ich mir da zudachte, war wohl eine Utopie.» Nun höre er, das Urteil von Experten sei vernichtend. Er riet mit einiger Schlauheit, der Verlag möge darauf bestehen, daß nur erstklassige Häuser die Aufführung wagen dürften. Einer Provinzbühne dürfe sie nicht erlaubt werden. So werde es zu gar keiner Aufführung kommen… Später gab er dennoch seine Zustimmung, daß die Szenen gespielt werden durften.

Bei der Arbeit an dem Vortrag gelangte er rasch zu dem Schlüsselwort des Achtundsiebzigjährigen aus einem Gespräch mit Eckermann, das er auch in der «Lotte» ins Feld geführt hatte: «Wenn wir Deutschen nicht aus dem engen Kreise unserer eigenen Umgebung hinausblicken, so verfallen wir leicht pedantischem Dünkel. Ich sehe mich daher gern bei fremden Nationen um und rate jedem, es auch seinerseits zu tun. Nationalliteratur will jetzt nicht viel sagen, die Epoche der Weltliteratur ist an der Zeit, und jeder muß jetzt dazu wirken, diese Epoche zu beschleunigen.» Thomas Mann durfte, auf dieses Wort bauend, von sich selbst sagen, auch wenn er «viel über Deutsches und wenig über Fremdes geschrieben habe», so habe er «doch im Deutschen immer die Welt, immer Europa gesucht»: Das «Europäische auf deutsch» und «ein europäisches Deutschland» – «sehr im Gegensatz zu dem ‹deutschen Europa›, dieser Schreckensaspiration des deutschen Nationalismus».

Eine natürliche Verbindung zwischen Goethe und der Demokratie, die er sich als Thema gesetzt hatte – und die der Rede den Titel gab –, war damit noch nicht geschaffen. Sie ließ sich nicht leicht zustande bringen. Er bemühte eine Hilfskonstruktion: Goethes Lob des «praktischen Verstandes», seine «Lebensfreundschaft», seinen Abstand vom «deutsch-romantischen Todeskult».

Dennoch, er mußte einräumen, daß man «den Begriff des Demokratischen sehr weit fassen» müsse, «um Goethe darin einzubeziehen», und er konnte nicht umhin, von seiner konservativen Grundhaltung, seiner mißtrauischen Distanz zur Französischen Revolution, seiner Abneigung gegen die frühen Regungen des deutschen

Nationalgefühls zu berichten, jenen patriotischen Erhebungen, die mit dem Verlangen nach Demokratie und Liberalität im Auftakt des 19. Jahrhunderts (und wenigstens bis zur Revolution von 1848) identisch zu sein schienen. Zum andern konnte er das Aperçu über Schiller anführen, von dem Goethe meinte, er habe das «merkwürdige Glück» gehabt, «als besonderer Freund des Volkes zu gelten», obwohl er «weit mehr ein Aristokrat» gewesen sei. Thomas Mann sagte gerecht, dies sei wohl wahr, «ohne so ganz die Wahrheit zu sein». Denn die konservative Liebe zum Volkselement, wie Goethe sie kannte und hegte», sei «etwas anderes als die ideelle und revolutionäre Liebe zur Menschheit, die Schillers pathetische Sache war und die seine Art von Volkstümlichkeit bestimmte». Er hätte hinzufügen dürfen, daß Schiller – der «Räuber» wegen und unter einer grotesken, phonetisch entstellten Schreibweise seines Namens zum Ehrenbürger der Französischen Republik ernannt – ein härterer Feind der großen Revolution Frankreichs war als Goethe selbst.

Eine halbwegs tragfähige Brücke fand er schließlich in Goethes Faszination durch die technische Utopie, in der der Geheimrat die Chance zur Verbesserung des Menschengeschicks erkannte, zumal bei der Feier der öffentlichen Werke im zweiten Teil des «Faust», aber auch in seinem Interesse für die Projekte des Panama- und des Suezkanals, der Verbindung von Donau und Rhein – in einem Wort: in seiner Hinwendung zu den großen zivilisatorischen Unternehmen, die dem Nutzen der Menschheit dienen sollten. Nein, rief der Erbe, es sei «keine Täuschung, wenn wir Goethe's Lebensfreundschaft, seine Gabe, to make a success of things, seinen Willen, zu überleben, statt poetisch in Stücke zu gehen, als einen demokratischen Zug, ja als das entscheidende Merkmal dafür empfanden, daß die europäische Demokratie ihn zu den ihren zählen darf.»

Das war schön gesagt. An der inneren Schlüssigkeit und Wahrheit der Allianz, die Thomas Mann zwischen Goethe und der Demokratie zu stiften versuchte, darf man trotzdem zweifeln. Er wandelte hier auf unsicheren Wegen, aber man muß zugeben, daß er sich mit einiger Bravour aus der Affäre zu ziehen verstand. Ums Haar aber hätte er sich die vorteilhafte Wirkung beim amerikanischen Publikum verdorben, wäre er nicht von Katia, Klaus und Golo davor bewahrt worden, die Rede mit einer Bemerkung zu befrachten, die von seinen Zuhörern in der Library of Congress kaum als eine Bereicherung empfunden worden wäre. In seinem Konzept hatte er eine fragwürdige Vermutung angestellt: «Ich bin nicht absolut sicher», hatte er sagen wollen, «– es ist nur ein Argwohn, aber ich will ihn aussprechen –, ob nicht heute Goethe's Blick eher auf Rußland gerichtet wäre, als auf Amerika. Ich führe sogleich seine Mißbilligung des Despotismus dagegen ins Feld. Aber vor dem Phänomen Napoléon versagte bekanntlich dieser Widerwille, und wer weiß, wovor er heute versagen würde. Die Frage ist ja, wie das mitwirkende Sich verlieren in der geregelt tätigen Masse, das zuletzt, wenn nicht sein Ideal, so doch seine Vision war, sich anders abspielen soll als unter der Kontrolle des Staates und unter einem gewissen Despotismus. Sein heller Geist hat sich bestimmt keine Illusionen darüber gemacht, daß es unter den neuen sozialen Verhältnissen um die ‹staatsfreie Sphäre›, auf welcher der Liberalismus besteht, mehr und mehr geschehen sein werde, und ich würde mich nicht wundern, wenn schon die Frage ihn beschäftigt hätte, ob die Freiheit der Forschung und Kunst nicht bei einem Staat, der selbst nicht mehr das Instrument des Privatinteresses wäre, besser aufgehoben wäre, als in der Abhängigkeit von eben diesem.»

Vermutlich hätten die Amerikaner mit einigem Erstaunen gefragt, ob er von den gewaltigen öffentlichen Werken in ihrem Lande – dem Bau riesenhafter Dämme, der Bewässerung großer Regionen, der Errichtung immer weiter ausgreifender Siedlungen – denn gar nichts mehr wissen wolle – und sie waren nicht die Sache des «Staates» allein, sondern die Frucht eines Zusammenwirkens privater Initiativen und des öffentlichen Interesses, von einigen Großprojekten der Roosevelt-Ära abgesehen. Handelte es sich bei der Entwicklung der amerikanischen Wirtschaft, der Forschung, der Technik nicht um zivilisatorische Leistungen, die in der Geschichte ohne Beispiel waren? Sie hätten ihn darauf aufmerksam machen können, daß er selbst im «Joseph», die Gestalt Franklin D. Roosevelts verklärend, den Dienst des großen Amerikaners an der Gesellschaft gefeiert hatte. Er war sich in jener am Ende gestrichenen Passage seiner Rede schließlich selbst ins Wort gefallen: «Aber es hat keinen Sinn und ist Gespensterzwang, einen verewigten Geist zum Urteil über Heutiges zu zitieren. Es ist nur Goethes außerordentlicher

Zukunftsinstinkt, der mich dazu versuchte, nebst der Gewißheit, daß der Amerikaner, den seine Bewunderung meinte, nicht der Millionär war, sondern der Pionier, – wobei ich zugebe, daß in der Demokratie amerikanischen Stils die beiden Typen in einander übergehen. Viel Täuschung wird dabei herauskommen.»

Hatte er nicht selbst notiert, daß es Hunderttausende von russischen Sklavenarbeitern gab: der erste Hinweis auf die Existenz des «Gulag», der sich bei ihm findet, das riesenhafte System einer Lagerwirtschaft, in dem nicht nur Hunderttausende, sondern Millionen ihr Leben einbüßten? Er nahm den schrecklichen Hinweis zur Kenntnis und schien ihn rasch wieder zu vergessen. Für einen Augenblick stärkte der Prozeß gegen den ungarischen Erzbischof József Mindszenty im Februar 1949 sogar seinen «Mut (…) zu der russischen Passage im Goethe-Vortrag», wie er im Journal mit einer merkwürdigen Wendung festhielt. Er schien zunächst nicht zu durchschauen, daß jenes Verfahren – vor einem «Volksgerichtshof» zum Teil hinter geschlossenen Türen durchgepeitscht – vor allem darauf angelegt war, den Widerstand der katholischen Bürger und Bauern gegen die wachsende Radikalisierung des kommunistischen Systems zu brechen. Einen Tag später fiel ihm auf, daß die Geständnisse und Reueschwüre mancher der Angeklagten, die neben dem Erzbischof auf der Sünderbank saßen, an die Moskauer Schauprozesse der dreißiger Jahre erinnerten. Prompt gelangte er zu dem Schluß: «Die russische Passage im Vortrag muß doch wohl wegbleiben.»

Immerhin hatte der weltweite Protest dem ungarischen Parteichef Rákosi und den Richtern nahegelegt, auf das beantragte Todesurteil gegen den Kardinal-Erzbischof zu verzichten und eine lebenslängliche Haftstrafe zu verhängen, die gleichermaßen ein Urteil der Willkür war. (Beim Budapester Aufstand im Jahre 1956 wurde der Kirchenfürst aus dem Zuchthaus befreit, doch beim Einmarsch der sowjetischen Truppen war er gezwungen, in der amerikanischen Botschaft Asyl zu suchen. Im Jahre 1971 – nach fünfzehn langen Jahren der Verbannung im Botschaftsgelände – konnte endlich seine Ausreise in den Westen ausgehandelt werden. Vier Jahre später starb er.)

Einen guten Monat nach der Verurteilung des Kardinals, Ende

März 1949, sammelten sich in New York Wissenschaftler, Künstler, Intellektuelle aus vielen Staaten zu einer «Weltfriedenskonferenz», die von dem Harvard-Professor Harlow Shapley einberufen wurde, einem berühmten Astronomen, der die Ausdehnung unserer Galaxie berechnet hatte. Shapley war ein Sohn des Mittleren Westens, idealistisch, eine eher unpolitische Natur, von den gleichen naivhochherzigen Impulsen wie Henry Wallace erfüllt. Er repräsentierte ein Amerika, mit dem sich Thomas Mann vertraut und von dem er sich, das war wichtiger, verstanden fühlte. Shapley war für ihn ein Geist aus der Epoche Franklin Delano Roosevelts, die er beim Besuch von Eleanor Roosevelt in Los Angeles in einer wohlgesetzten Begrüßungsrede noch einmal öffentlich feiern durfte. Im eindrucksvollen Finale seiner kleinen Ansprache schlug er diese bemerkenswerte Frau für den Friedensnobelpreis vor. Er empfand es als eine Art Gruß aus der Roosevelt-Ära, daß ihm nun auch – zweifellos durch die Vermittlung seines Freundes Archibald MacLeish – der Literaturpreis der «Academy of Arts and Letters» für den «Faustus» verliehen wurde: eine Auszeichnung, mit bescheidenen tausend Dollar dotiert, die nur im Abstand von jeweils fünf Jahren für einen Roman vergeben wird.

Am 17. März schickte er Professor Shapley ein langes Telegramm, in dem er den Gelehrten gegen den Vorwurf in Schutz zu nehmen suchte, daß die New Yorker Konferenz die Fortsetzung einer sowjetisch gelenkten Friedensveranstaltung in Wrocław-Breslau sei. In seiner Adresse feierte er Shapley als einen der «besten und patriotischsten Amerikaner», dem er begegnet sei, und er versicherte, daß er sich die Bestrebungen seiner Friedenskonferenz zu eigen machte. Der «Haß und eine Kriegs-Psychose» behaupteten «gegenwärtig eine starke Stellung in diesem Land», schrieb er, «und wer das Feuer anfache», dem stehe ein «gewaltiger Propaganda-Apparat in der Presse und im Radio zur Verfügung». Es sei für ihn um so deprimierender, daß die Friedenskonferenz auf eine solch heftige und ungerechte Opposition stoße.

Thomas Manns Protest gegen die Neigung zur Hysterie, die einen Teil der amerikanischen Publizistik und der Öffentlichkeit zu überschwemmen drohte, war völlig angebracht – er blieb es auch, wenn man zu der Einsicht gelangte, daß die Friedenskonferenz von den Moskauer Strategen des Kalten Krieges mit genauer Kalkulation mißbraucht wurde. Es wäre allerdings notwendig gewesen, zugleich auf die Gefahr hinzuweisen, daß ein politischer und moralischer Neutralismus, der so viele Intellektuelle von der politischen Hauptmacht des Westens und von den antikommunistischen Formationen der europäischen Politik trennte, durch die Chefpropagandisten im Kreml ausgebeutet werden konnte: dies schien Thomas Mann nicht zu bemerken. Um so heftiger ging die Kritik der Konservativen, der antitotalitären Sozialisten und der Liberalen mit der Friedenskampagne ins Gericht, der sie ihre Blindheit auf dem linken Auge, ja eine moralische Stumpfheit gegenüber dem Terror im sowjetischen Imperium vorwarf.

Die Erregung über den Budapester Prozeß, der den Blick der Welt auf den kommunistischen Staatsterror in ganz Osteuropa gelenkt hatte, wollte nicht so rasch aus den Gemütern weichen. Die Blockade Berlins hielt an. Die Kriegsgefahr in der Alten Welt war nicht gebannt. Wenige Tage vor dem Beginn des New Yorker Kongresses wurde der Wortlaut des Vertrags über den Nordatlantikpakt publiziert, der die Staaten des Westens – dies war nach wie vor das erklärte Ziel des Bündnisses – gegen ein mögliches Wiederaufleben der deutschen Gefahr, in Wahrheit aber vor allem gegen die Bedrohung durch kommunistische Aggressionen schützen sollte. Die Vereinigten Staaten verpflichteten sich, darauf kam es an, mit ihrem NATO-Beitritt zu einem permanenten Engagement in Europa.

Es gab kaum einen Zweifel, daß die Sowjets von der Friedensversammlung in New York eine Ermutigung des Protestes gegen den Pakt erhofften (der schließlich am 4. April 1949 in Washington unterzeichnet wurde). Thomas Mann nannte jenes Abkommen «recht demütigend für Europa». Wenige Tage später schrieb er in sein Journal, um die kommunistische «Überschwemmung Europas aufzuhalten, werden die europ. Länder gekauft, bewaffnet, entwürdigt, in Abhängigkeit gebracht – und gerade dadurch dem Kommunismus wirksamste nationale Propaganda-Mittel in die Hände gespielt». Er witterte in dem Vertrag nur einen Vorwand für die Remilitarisierung Deutschlands, und er bemerkte nicht, daß die alten Nationalstaaten, die sich allesamt in einem Zustand der Schwä-

che befanden, ohne eine Bindung an die Vereinigten Staaten zum
Widerstand gegen die totalitäre Bedrohung kaum fähig gewesen wären, obschon er selbst notierte, daß der italienische Kommunistenchef Palmiro Togliatti mit völliger Selbstverständlichkeit verkündet
hatte, die Arbeiterschaft seines Landes werde im Kriegsfall auf der
Seite der Sowjets kämpfen (was nicht ganz so sicher gewesen wäre).
Immerhin hielt er es für notwendig, eine Bemerkung festzuhalten,
die er selbst beim Frühstück hatte fallenlassen: «Der Kommunismus
ist kein Spaß. Eine harte, asketische Welt. Vielleicht sollten wir einverstanden sein mit den Schutzmaßregeln dagegen.»

Er war es schließlich ganz und gar nicht, obwohl er das realistische Urteil des englischen Außenministers Ernest Bevin, eines Sozialdemokraten vom alten Schlage, registrierte, der zutreffend bemerkte, daß die Vereinten Nationen zu einer Garantie des Friedens
sowenig imstande sein würden, wie es einst der Völkerbund war.
Doch wenigstens war der Dichter klug genug, eine Einladung für
eine zweite Friedenskonferenz in Paris unter der Schirmherrschaft
Pablo Picassos und des Dichters Louis Aragon abzulehnen, da sie
nach seinem Urteil von den Kommunisten manipuliert sein würde.

Das State Department hatte, den Protesten der konservativen Publizistik nachgebend, einer Reihe von Intellektuellen aus Europa
und Lateinamerika, die als Mitläufer der Kommunisten betrachtet
wurden, die Einreise in die Vereinigten Staaten verweigert: eine
kleinmütige und unkluge Entscheidung, gegen die Thomas Mann in
einem Telegramm an den neuen Außenminister Dean Acheson, den
eigentlichen Vater des Marshallplanes, telegraphisch Einspruch erhob. Er erinnerte den Chef der amerikanischen Diplomatie – ein
liberal-konservativer Repräsentant der «Ostküsten-Elite», gebildet
und ein weitschauender Geist – an die Entschlossenheit seiner Friedenspolitik, die er in seiner ersten Ansprache nach dem Antritt seines Amtes formuliert hatte, und er machte ihn darauf aufmerksam,
daß die Visumsverweigerung die Aufrichtigkeit der amerikanischen
Friedenspolitik diskreditieren würde.

Zweiundzwanzig Delegierte aus kommunistischen Ländern
wurden schließlich zugelassen, unter ihnen der große Komponist
Dmitri Schostakowitsch, der nach dem Partei-Urteil, das seine Musik als «formalistisch und volksfremd» verurteilt hatte, zu demüti-

genden Erklärungen seiner Reue gezwungen worden war. Igor Strawinsky lehnte es ab, ein Begrüßungstelegramm für den bitter erniedrigten Kollegen zu unterzeichnen – vermutlich, um den Schergen in Moskau zu demonstrieren, daß er das ideologische Diktat des Staates über die Kunst kompromißlos mißbillige. Schostakowitsch aber wurden öffentliche Auftritte – zum Beispiel in Philadelphia – mit törichtem Eifer untersagt: ein mehr als zweifelhafter Boykott, da ein sensibles Publikum sehr wohl in der Lage gewesen wäre, seine Sympathie für die Person des Musikers und zugleich sein Bekenntnis zur Freiheit der Kunst auszudrücken – mit dem Risiko, am Ende Schostakowitschs Schwierigkeiten im eigenen Land zu vermehren.

In einem langen Brief sagte der Musiker Fritz Zweig, der Thomas Manns Namen unter den Signaturen der Begrüßungsbotschaft für Schostakowitsch gefunden hatte, er könne sich schlecht vorstellen, daß der Dichter 1938 oder 1939 eine Adresse an die Nazidelegierten bei einer «fiktiven Weltfriedenskonferenz» des «deutschamerikanischen Bundes» gerichtet hätte, und er bemerkte mit dem Blick auf den russischen Komponisten, daß noch «niemals im Laufe der Kulturgeschichte (...) sich ein Künstler derartig erniedrigt» habe. Er fügte hinzu: «Die Partei befiehlt, der Künstler gehorcht».

Die Antwort Thomas Manns an Fritz Zweig fiel dürftig aus: «Es ist eine große, merkwürdige Frage, lieber Herr Zweig, welche Rolle die Kunst und auch die Musik in einer zukünftigen Gesellschaft spielen wird, – vielleicht eine viel bescheidenere und dienendere, als sie zur Zeit ihrer höchsten Emanzipation im 19. Jahrhundert gespielt hat. Wenn ich mich in meinen eigenen persönlichen Grenzen halte, so muß ich sagen, daß nach meiner Überzeugung auch die kühnsten, der Menge unverständlichsten Vorstöße des Geistes und der Kunst auf irgend eine Weise dem Menschen und auf die Dauer sogar den Menschen im einzelnen dienen, und daß das Niveau der Kunst nicht von unten bestimmt werden kann. Aber ich bin ein Mensch des bürgerlichen Zeitalters und maße mir nicht an, vorauszusagen, welche Veränderungen in der Stellung der Kunst in einer veränderten Welt sich ergeben werden.» Dann verwahrte er sich, mit guten Gründen, gegen die Gleichsetzung der Friedenskonferenz mit dem nazistischen Bund. Die Merkwürdigkeit seiner schillernden Aussage zur Freiheit der Kunst konnte mit diesem Hinweis nicht überdeckt werden. Er wollte offenbar nicht zugeben, daß die Demonstration für den Frieden durch die Unterdrückung der freien Kunst in der Sowjetunion kompromittiert sein könnte. Er mußte recht haben, auch wenn er sich damit auf eine Argumentation einließ, bei der ihm nicht wohl sein konnte und mit der er sich selbst widersprach.

Wenige Monate zuvor nämlich hatte er in einem Brief an den Literaturprofessor Hans Mayer in Leipzig mit großem Ernst darauf aufmerksam gemacht, daß er sich mitbetroffen fühle, wenn man bei der kommunistischen Orthodoxie von «bürgerlicher Kunst» spreche und diesen Begriff «als Synonym (...) für ‹dekadent›, ‹formalistisch›, ‹dissonant›, ‹unverständlich›, ‹unsozial› und ‹volksfremd›» gebrauche: «es tut mir weh und erfüllt mich mit Hoffnungslosigkeit, daß die Revolution das Notwendig-Neue, Avantgardistische beschimpft, ohne Sinn für das Schicksal der Kunst, das tragisch sein mag, aber ein ehrliches Schicksal ist; und wenn ich russische Komponisten niederknien sehe und mit hohler Stimme ihr Bekenntnis abgeben höre: Ja, ja, sie seien formalistisch und dissonant gewesen, hab' gesündigt, Väterchen, und bereu' es, – so wird mir kalt in der Magengrube.» Er machte den Gelehrten, der ihm so enthusiastisch von dem «neuen Studententyp» der «Arbeiter- und Bauernsöhne» vorgeschwärmt hatte, auf einen Artikel des Musikkritikers Hans Heinz Stuckenschmidt in Berlin aufmerksam, der «nicht etwa mit Hohn und Feindseligkeit, sondern mit Erschütterung» gezeigt habe, «daß die Moskauer Kunsturteile und -Vorschriften aufs Haar mit denen der Nazis übereinstimmen, und daß die russische Revolution dieselben Führer der modernen Kunst diffamiert, die von Goebbels verfolgt, verjagt, verboten wurden – im Namen des Volkes. Natürlich handelt es sich nicht nur um die Musik, sondern um eine deprimierend mißverständliche *Vereinfachung des Verhältnisses von Geist und Volk* überhaupt.»

Ein Brief von überraschender Unverblümtheit. Sonst schien seine Sensibilität des öfteren zu versagen, wenn Boten der östlich-kommunistischen Welt an seine Tür klopften. Hätte es ihn zum Beispiel nicht stutzig machen müssen, daß ihm ein Prager Verlag so prompt das Honorar für die Erstauflage des «Doktor Faustus» anwies:

mehr als zweitausend Dollar in Devisen – und dies zu einer Zeit, in der kaum ein Autor des Westens, dessen Bücher in einem Staat jenseits des Eisernen Vorhangs gedruckt wurden, mit einer Honorierung in einer harten Währung rechnen durfte? Den Schriftstellern wurden in der Regel ihre Tantiemen auf ein Konto in Prag, in Warschau, in Ost-Berlin, in Moskau gutgeschrieben. Es stand ihnen frei, das Geld selbst abzuholen und an Ort und Stelle zu verbrauchen, da ein Umtausch nicht möglich war. (Immerhin hielt er es für angebracht, auch eine Anweisung für Bruder Heinrich zu erbitten, der auf die Honorierung seiner Bücher in der kommunistischen Welt in der Tat dringender angewiesen war als er.)

108. KAPITEL

Reise zu den Schatten

Das Engagement für die Friedenskonferenz trug Thomas Mann öffentliche Denunziationen ein, die seine verhärteten Urteile über die Landesgesinnung bestätigten. Das New Yorker Massenblatt «Daily Mirror» fragte ihn mit der üblichen sentimentalen Entrüstung der Boulevardblätter: «Thomas Mann – als Sie ein Flüchtling vor Hitlers Zorn waren, hat Sie dieses Land aufgenommen. Sie suchten keine Zuflucht in Sowjet-Rußland. Sie kamen hierher. Und Sie lebten hier in Frieden, Bequemlichkeit und Wohlstand. Sie konnten Ihrem Beruf in Freiheit nachgehen.» Einen Tag später fügte die Redaktion den Kommentar hinzu: «Thomas Mann ist jetzt ein amerikanischer Bürger, und er kann sagen, was er will, da dies ein freies Land ist. Er findet offensichtlich keinen Geschmack mehr an unserer Freiheit, warum sollte er sich sonst für die Unterstützung des sowjet-russischen Propaganda-Krieges gegen uns engagieren?»

Die große illustrierte Wochenzeitschrift «Life», neben «Time» die erfolgreichste Publikation des Pressezaren Henry Luce, fügte ihrem Bericht über die Friedenskonferenz eine Galerie mit den Porträts von fünfzig prominenten Amerikanern an, die unter den Stichworten «Dupes and Fellow Travellers Dress up Communist Fronts» in einer Art «Kollektiv-Steckbrief» (so die Worte von Inge Jens) vorgestellt wurden: «Genarrte und Mitläufer schmük-ken kommunistische Tarnveranstaltungen». Thomas Mann betrachtete die niveaulose und agitatorische Publikation «angewidert und niedergeschlagen». Golo hielt eine Replik für notwendig.

Über einige Ansätze zur Niederschrift gelangte der Vater nicht hinaus. Es bedrückte ihn, daß sich auch ein liberaler Geist wie Roosevelts Justizminister Francis Biddle dazu veranlaßt sah, ihn höflich zu fragen, was er bei der Friedenskonferenz zu suchen habe. Thomas Mann erklärte dem Partner so vieler Gespräche, der ihm oft hilfreich gewesen war, daß er an dem Kongreß nicht teilgenommen, doch Telegramme an Professor Shapley und an Dean Acheson geschickt habe. Die Antwort des Außenministers sei höflich, aber unaufrichtig gewesen, denn er habe verschwiegen, daß sein State Department die Konferenz als ein rein kommunistisches Unternehmen geschildert habe. Er selbst sei weder ein «fellow-traveller» noch ein Bewunderer der gegenwärtigen gefährlichen Phase der russischen Revolution. Ein Krieg zwischen Amerika und Sowjetrußland aber wäre eine Katastrophe. Darum halte er es weder für subversiv noch für kriminell, wenn geistige Führer aus Ost und West zusammenkämen, um das Problem des Kalten Krieges zu diskutieren und zu versuchen, die Gefahren abzuwenden. Das war eine eher naive Interpretation jener fragwürdigen Veranstaltung, die mit der treuherzigen Argumentation des Professors Shapley ganz übereinstimmte.

Die elenden Kontroversen drängten sich immer wieder in die schwankenden Überlegungen, ob es denn angeraten sei, nach Deutschland zu reisen: ins Zentrum des Kalten Krieges. Im Frühjahr schwankte er noch immer. Aus Ost-Berlin lag, es war davon die Rede, das Angebot vor, ihm den Goethe-Preis zu verleihen. Er hatte akzeptiert, freilich unter dem Vorbehalt, daß er bei der Verleihung womöglich nicht anwesend sein werde. Er hatte Hans Mayer geschrieben, ihm wäre es das liebste gewesen, wenn er seine geplante Thomas-Mann-Stiftung «einfach und frischweg» nach ihm benannt hätte, ohne ihn zu fragen: «Würde nicht meine ausdrückliche Zustimmung eine einseitige Option und eine *Solidarisierung* mit der russisch-ostdeutschen Kulturpolitik bedeuten, die öffentlich ausgewertet werden würde? Wenn Sie mich darüber beruhigen könnten!»

Mayer dürfte an beschwichtigenden Zusicherungen gewiß nicht gespart haben. Für Thomas Mann blieb die Vorstellung verlockend, daß es ihm gegeben sein könne, eine Brücke zu bilden «über das Verhängnis» der «Zweiteilung Deutschlands»: «ein schöner Ehr-

geiz, aber ein vermessener wohl, denn wer hält die Belastung aus?»
Aus Frankfurt war zu hören, daß auch die Behörden der Heimatstadt Goethes den Wunsch hegten, ihm den großen Preis ihres Ge-
meinwesens zu verleihen. Und aus München meldete sich, immer
wieder, Preetorius mit beschwörenden Briefen.

Die deutschen Pläne stießen bei Erika auf harten Widerstand. Sie
geriet allemal in Rage, wenn davon die Rede war, daß der Vater am
Ende doch dazu neigen könnte, das Land seiner Herkunft aufzusuchen – wie er es nun auch in einem Brief an Agnes Meyer andeutete:
«Da ich nicht mit Deutschland gebrochen habe und meine Bücher
dort erscheinen lasse, hat es keinen rechten Sinn, dass ich das Land
ostentativ meide, wenn ich nebenan in der Schweiz bin. Natürlich
sind die Deutschen keineswegs in der seelischen Verfassung, die
man ihnen wünschte, sondern so arrogant wie je, und mit der Dena-
zifikation ist es rein nichts, – woran wohl nicht nur die Deutschen
schuld sind. Und doch glaube ich, dass nicht wenige Menschen dort
sich über mein Kommen freuen würden.»

Die Tochter lehnte sich gegen jede Geste der Versöhnung auf. Sie
hatte in einem Brief an den Kolumnisten Walter Winchell, der keiner Kontroverse und keinem Klamauk aus dem Wege ging, gegen
ein Engagement Wilhelm Furtwänglers durch das Symphonieorchester von Chicago protestiert. Später vermerkte der Vater voller
Befriedigung, daß der Auftritt des Pianisten Walter Gieseking in der
New Yorker Carnegie Hall an den Protesten vor allem der Vertreter
jüdischer Organisationen gescheitert war. Die Chancen und Gefährdungen einer künstlerischen Existenz in der Diktatur gaben jeder gewissenhaften Seele harte, vielleicht unlösbare Probleme auf,
und am Ende stand immer eine Verstrickung in die Schuld. Weder
Thomas Mann noch die Tochter waren jemals bereit, darüber sorgsam genug und ohne pharisäische Überhebung nachzudenken.

Heinrich Mann riet Thomas eher zu, den Exkurs nach Deutschland zu wagen, und er zerstritt sich darum noch tiefer mit der
Nichte. Der ältere Bruder befand sich in keinem guten Zustand.
Katia engagierte eine Pflegerin, deren Gegenwart dem alten Herrn
wenig behagte. Aber konnte man ihn allein lassen? Katia würde
durch die Reise für einige Monate von einer Last befreit werden. Ins
Tagebuch schrieb Thomas Mann den seltsamen Satz: «H.'s Endzu-

stand, der sich lange hinziehen kann, eine Konsequenz seines ganzen Lebens.» Als die Angina pectoris schlimmer wurde, fand sich Heinrich Mann bereit, sich für eine Weile in ein Hospitalbett zu legen, wo er mit Sauerstoff versorgt wurde, der seine Herzbeklemmungen linderte. Thomas wünschte er nicht zu sehen. «Will er Abschied nehmen?» fragte der Bruder, doch er setzte den Satz in Anführungszeichen, vermutlich Katia zitierend. Heinrich überstand die Krise.

Thomas Mann schloß einen Artikel für das Sonntagsmagazin der «New York Times» über Luther, Bismarck und Goethe unter dem Titel «Die drei Gewaltigen» ab: eine fragwürdige Trinität, in der er die Essenz deutschen Wesens und deutscher Geschichte zu versammeln schien. (Die Arbeit erschien später in der Berliner Zeitschrift «Der Monat» unter dem schöneren Titel «Goethe, das deutsche Wunder».)

An seiner Charakterisierung Bismarcks hätte sich Bruder Heinrich nicht freuen können, der den Erzkanzler so unerschütterlich bewunderte. Die Persönlichkeit des Preußen war in prägnanten Strichen gezeichnet, dennoch, wie es auf wenigen Seiten nicht anders sein konnte, zu einfach und zu einseitig. Durfte man den Groß-Preußen ernstlich als «echten Bruder des Wittenbergers» bezeichnen? Und Goethe? Konnte man ihn «den echten und rechten Bruder Luthers und Bismarcks» nennen, «eine Erscheinung deutscher Gewaltigkeit (...), allerdings die sublimste, humanisierteste, gebändigtste Abwandlung davon –, den olympisch gebildeten Titanen»? Thomas Mann sagte, der Name des Dichters deute durch seine Herkunft das «Nordisch-Gotische» an, das er ein wenig abrupt das «Barbarische» nannte, «durch den flötenhaften Umlaut ins Musische geläutert», wie er in einem etwas peinlichen Überschlag in die billigeren Feuilletonsparten hinzufügte.

Später schrieb er, sein «dreifaches Portrait des Großen Mannes deutscher Nation» sei womöglich der «beste Beitrag», den er «zum Goethe-Fest geliefert habe». Er meinte auch (in einem Brief an den schwäbischen Pfarrer und Lyriker Albrecht Goes), das Ganze könne ein Kapitel aus den «Betrachtungen» sein, von denen er in jenen Tagen sagte, sie seien «ein sehr richtiges Buch mit einem falschen Vorzeichen» gewesen. Ging die Rechnung so glatt auf? Er wußte es in einem Winkel seiner Seele wohl selbst, daß er mit der Wahrheit seines Lebens manchmal recht willkürlich umging.

In leidlich guter Verfassung bestieg er am 26. April 1949 mit Katia und Erika den Zug nach Chicago. Die Wochen der Vorbereitung waren beschwerlich gewesen. Selten erlebte er Tage, in denen ihn kein Ungemach heimsuchte. Die Jahre, die Mühsal der Arbeit, der permanente Konsum von schweren Medikamenten, den Schlafmitteln vor allem, forderten auch von ihm einen Tribut. Ihn plagten vor allem, ehe er sich auf den Weg machen konnte, die überanstrengten und entzündeten Augen. Eine Sulfonamid-Kur schlug schließlich an.

Noch immer war er nicht gewiß, wohin die Reise schließlich führen würde: «Viel denken an das Bevorstehende. Es muß abrollen, und man muß seinen Mann stehen. Wäre nur nicht die deutsche Frage. Wünsche mich auch in Washington noch nicht wegen Frankfurt zu entscheiden. Ungeschickt, daß der Vortrag sich für Deutschland nicht eignet. Vielleicht in der Schweiz Neues zu entwerfen?»

Die Premiere des Goethe-Vortrags an der Universität von Chicago bestand er mit Bravour. Auch die Untersuchung im Billings Hospital bot ihm und den Ärzten Anlaß zur Zufriedenheit. Großer Beifall in der Library of Congress. Beim anschließenden Empfang im Hause Meyer stellte sich Francis Biddle ein, den die Kampagne der Zeitungen und der Ausfall in «Life» gegen den Ehrengast so wenig zu beeindrucken schienen wie Agnes Meyer, der die antikommunistische Propagandahatz ohnedies zuwider war. Auch ihr erzkonservativer Mann hatte sich nicht beirren lassen.

In dem Palais am Crescent Place fand sich am Tag nach der Ankunft Professor Walter Hallstein ein, Jurist an der Frankfurter Universität, der in jenen Monaten Gastvorlesungen an einer amerikanischen Hochschule hielt. Der diskrete und ein wenig schüchterne Gelehrte, später Staatssekretär in der Regierung Konrad Adenauers und einer der engsten Vertrauten des Kanzlers, war von den Stadtvätern Frankfurts gebeten worden, Thomas Mann die Einladung zur Verleihung des Goethepreises zu übermitteln. Doch der Dichter konnte sich zu einer Zusage so rasch nicht entschließen. Hallstein kam ein zweites Mal: nun willigte Thomas Mann endlich ein.

Erika verbarg ihre Verärgerung nicht. Der Vater schrieb: «Sie zu versöhnen mir herzlich angelegen.» Seine freundliche Stimmung wandte sich auch der Hausfrau zu, die er dieses Mal «sehr warm und weich» fand. Er schien keine Bitterkeit zu hinterlassen, als er davonfuhr, und er selbst gab dieses eine Mal keinen Groll zu erkennen. Doch Katia deutete in einem Brief an Klaus an, der Aufenthalt in Washington sei ihr «durch die bei fortschreitenden Jahren ins wahrhaft Unerträgliche progressierende Reichenfrechheit» der Meyers etwas verleidet worden.

Die Tage in New York waren zu bewegt, um Tagebuch-Aufzeichnungen zu erlauben. Den Vortrag «Goethe und die Demokratie» wiederholte der Autor im Hunter College, das nun eine feste Station bei jeder Reise nach Osten war, und im College von Mount Holyoke im südlichen Massachusetts, von Gottfried Bermann Fischer durch die harmonische Landschaft Neuenglands chauffiert. Am 10. Mai überquerte er mit Katia und Erika den Atlantik zum erstenmal mit dem Flugzeug. Er registrierte verwundert, wie kurz die Nacht war, obwohl die Flugreise damals, von Zwischenlandungen in Neufundland und in Schottland (oder Irland) unterbrochen, sechzehn bis achtzehn Stunden dauerte.

Der Aufenthalt in England wurde eine tumultuöse Erfahrung. Selbst Erika schien an den Strapazen zu leiden. Sie schrieb aus London an den Bruder Klaus: «Derlei mitzumachen, wenn man selbst der Gefeierte ist, ist leidig und ermüdend genug. Hockt man nicht im Zentrum, ist es *noch* anstrengender, wiewohl des lieben und (dreimal geklopft) mysteriös dauerhaften Z. gewaltiger Ruhm mir Spaß macht, und umso größeren, als er *ihm* in der Hauptsache unseretwegen einiges bedeutet.» Höhepunkt war die Promotion in Oxford, in der Thomas Mann einen roten Talar anzulegen hatte. Er unterzog sich mit Bravour den geforderten Radioaufnahmen in der deutschen Abteilung der BBC. Thomas Mann sprach bei der Veranstaltung des PEN-Clubs der deutschen Schriftsteller im Exil. Er sprach in der Wiener Library, in der vor allem Zeugnisse von der Existenz, der Verfolgung und der Vernichtung der deutschen und europäischen Judenheit, aber auch Dokumente der allgemeinen Zeitgeschichte gesammelt wurden. Er traf, Gewohnheit und Pflicht, mit Ida Herz und den alten Tanten zusammen.

Preetorius schrieb er nun endlich, daß er auf den Besuch in München zugunsten des Auftritts in Frankfurt verzichten müsse, denn
es gehe über seine Kräfte, im Lande herumzureisen. Einem Korrespondenten des «Münchner Merkur» gewährte er im Hotel ein Gespräch, in dem er mit populärem Humor verkündete, das Kriegsbeil
werde begraben. (Die Zeitung fügte hinzu: «Mögen auch seine
deutschen Freund-Feinde das gleiche tun!») «Ich hoffe», sagte er
dem Reporter, «daß gewisse Vorurteile, die über mein Verhältnis zu
Deutschland bestehen, nunmehr hinfällig werden. Auch möge damit bewiesen sein, daß ich nicht den Bruch wünsche, der zudem
völlig unlogisch wäre.» Für Deutschland, erklärte er nach den Worten des Journalisten weiter, «müsse leider sein Frankfurter Besuch
symbolhaft bleiben, so gern er selber etwa nach seiner Vaterstadt
Lübeck oder seiner letzten Wirkungsstätte München gereist wäre
(...). Aber eine solche Rundfahrt übersteige seine Kräfte. Er suche
Erholung.»

Insgeheim hoffte Erika noch immer, daß «irgendwelche, zwischen jetzt und dann auftauchende Ärgernisse das Tollkistenstück»
verhindern würden: so am 15. Mai 1949 an den Bruder Klaus. Zwei
Tage später setzte sie den Brief fort. In dem angestrengt flotten Ton,
der zwischen den Geschwistern üblich war, spielte sie auf eine «Erkrankung» des Bruders an, der in Wirklichkeit wieder einmal eine
Entziehungskur zu bestehen hatte.

In seinem Amsterdamer Lektorat hatte Klaus nicht lange ausgeharrt. Im November 1948 war er überstürzt nach New York zurückgekehrt. Seine Mutter war durch den plötzlichen Abbruch der
Arbeit verstört: sie fürchtete, zu Recht, eine neue Krise. Am Ende
des Monats fand er sich bei den Eltern ein, und er arbeitete fürs erste
an der deutschen Fassung des «Wendepunkts» weiter, die im Februar 1949 endlich abgeschlossen werden konnte. Der Umfang des
Buches hatte sich gegenüber der amerikanischen Ausgabe nahezu
verdoppelt. Nichts deutete darauf hin, daß die Sprache des Autors
in den langen Jahren der Entfernung von Deutschland verarmt sei.
Aber an den Freund Herbert Schlüter schrieb er: «die Wochen huschen geisterhaft vorbei... Oder fällt das Schreiben mir schwerer als
in den flotten Kindertagen? Damals hatte ich *eine* Sprache, in der ich
mich recht flink auszudrücken vermochte; jetzt stocke ich in zwei

Zungen. Im Englischen werde ich wohl nie *ganz* so zuhause sein, wie ich es im Deutschen *war* – aber wohl nicht mehr *bin* …»

Die Eintragungen in seinem Tagebuch begannen am 1. Januar 1949 mit den lapidaren Sätzen: «Ich werde diese Notizen nicht weiterführen. Ich wünsche nicht, dieses Jahr zu überleben.» Er trug danach nur noch Stichworte ein.

Im März flog er nach New York zurück und wenige Tage später weiter nach Amsterdam. Auch dort hielt es ihn nicht. Schon fünf Tage später war er unterwegs nach Paris. Vermutlich begann er dort von neuem, sich mit Rauschgiften aufzuputschen. Vergeblich hatte die Mutter gemahnt: «Ach, lieber Sohn, wolltest Du doch das Kleinbürgerliche meiden» – so nannten sie in ihrer Privatsprache die Drogen – «und Deinem armen Mielein keinen Kummer bereiten.» Drei Tage später reiste er weiter nach Marseille. Er mietete sich schließlich in Cagnes-sur-Mer bei Nizza ein. Am 7. April ein neuer Selbstmordversuch, von dem er sich rasch wieder zu erholen schien. Die Nähe der alten Freundin Doris von Schönthan tat ihm wohl, doch die Gegenwart der teilnehmenden Gefährtin war nicht stark genug, ihn zu halten. Er hatte kein Geld, er arbeitete nicht, er war unfähig zu lesen.

Anfang Mai fand er sich noch einmal zu einer Entgiftung bereit. Aus Cannes meldete er der Schwester: «Deine Befürchtungen, die chose elle-même betreffend, sind übertrieben. Übrigens höre ich jetzt völlig auf: es stört mich bei der Arbeit.» Und schließlich: «was mich betrifft – nur stets unbesorgt!» Wenige Tage später aber schrieb er an Georg Jacobi, den Leiter des Langenscheidt-Verlages in Berlin, der versprochen hatte, den «Mephisto» zu drucken, einen Brief voll bitterem und unkontrolliertem Grimm: «Ich weiß nicht, was mich mehr frappiert: die Niedrigkeit Ihrer Gesinnung oder die Naivität, mit der Sie diese zugeben. Gründgens hat Erfolg: warum sollten Sie da ein Buch herausbringen, das gegen ihn gerichtet scheinen könnte? Nur nichts riskieren! Immer mit der Macht! Mit dem Strom geschwommen! Man weiß ja, wohin es führt: zu eben jenen Konzentrationslagern, von denen man nachher nichts gewußt haben will…»

Vier Tage später meldete er sich bei der Mutter und bei Erika aus einer Pension, die von einer russischen Gräfin geleitet wurde: er sei «ein Wiederhergestellter, Kaum-noch-Rekonvaleszenter, eigentlich schon wieder ein ganz gesunder Bub.» Mit etwas angestrengter Heiterkeit registrierte er, daß die Eltern nun doch nach Frankfurt führen: «So sei es also. (…) Da die Frankfurter Visite ja so ziemlich mit der Etablierung des Westdeutschen Staates koinzidiert, läge es doch nahe, daß man dem Vater die Präsidentschaft anböte. Aber dann müßte er sich wohl nach dummem demokratischen Usus *wählen* lassen? Das wäre langweilig, ginge wohl auch schief aus. Könnte er sich einfach *ernennen* lassen, so hätte ich nichts dagegen. Das Dichterschicksal würde sich bedeutend ründen, es wäre eine fette Pointe für die Biographen da. Und die Deutschen könnten sich ins Fäustchen lachen. Wer stünde ihnen sonst zur Verfügung? Dieser Präsident wäre in *beiden* Zonen akzeptabel und angesehen: er gehört zum Westen, wird aber vom Osten höflich anerkannt.»

Zwei Tage danach im Tagebuch die Notiz: «Inj. (ein kleiner Rückfall).» Am 20. Mai schrieb er noch einmal an die Mutter und die Schwester, gedämpft darüber klagend, daß eine Dollar-Überweisung noch immer auf sich warten lasse; den Bruder Michael und die Schwester Monika, deren Schiff einige Stunden im Hafen von Cannes lag, habe er nicht sehen können, weil ihnen bürokratische Umständlichkeit keinen Landgang erlaubte. Er sprach davon, daß man sich vielleicht in Österreich treffen könne. Im Tagebuch unter jenem Datum lediglich der Vermerk: «22 h: *Louis* (Zanzi-Bar).»

Einen Tag zuvor, am 19. Mai, waren die Eltern mit Erika über Göteborg nach Stockholm geflogen. Im Hotel fand der Vater einige Leserbriefe an die «Frankfurter Rundschau», die er als feindselig betrachtete. «Kommt noch viel dergleichen, so gehe ich nicht», schrieb er ins Tagebuch. Inge Jens stellte fest, daß von «wütenden Zuschriften» keine Rede sein konnte, doch er schien sich an jedem kritischen Wort über sein Verhältnis zu Deutschland aufzuhalten. Um so mehr freute er sich an dem feierlichen Empfang durch Rektor, Lehrer und Schüler, als er draußen auf dem Lande eine Schule besuchte. Am Abend fuhr er zurück nach Stockholm.

«Bei Ankunft im Hotel schwerster Chock. Telegramm, daß Klaus in der Klinik von Cannes in verzweifeltem Zustand liege. Bald darauf Telephonat von seiner u. Erikas Freundin dort: Mitteilung seines Todes. Langes Beisammensein in bitterem Leid.»

109. KAPITEL

Trauer – und die Annäherung an Deutschland

Er hätte es ihnen nicht antun dürfen», schrieb Thomas Mann nach der Todesmeldung ins Tagebuch. Seine Haltung war gefaßt. Der eigene Schmerz über den Selbstmord des Sohnes schien gedämpft zu sein. Das Mitgefühl, zu dem er fähig war, wandte sich der Mutter und Erika zu. Wie einst beim Tod der Schwestern nahm er an der disziplinlosen Egozentrik der Tat Anstoß, obschon er sich über den «von langer Hand unwiderstehlich wirkenden Todeszwang» des Sohnes nicht täuschte. Er rügte das «Kränkende, Unschöne, Grausame, Rücksichts- und Verantwortungslose» der Tat.

Die Eltern und Erika berieten, ob sie – wie es nur nahegelegen hätte – die Reise abbrechen und sofort nach Hause zurückkehren sollten. Unschlüssig gingen sie schließlich um zwei Uhr früh zu Bett, im Zustand «völliger Erschöpfung», wie der Vater schrieb. Am nächsten Morgen einigten sie sich darauf, daß Thomas Mann seinen Vortragsverabredungen in Schweden, in Dänemark und in der Schweiz genügen sollte. Er wollte nicht aus der Pflicht entlassen werden; sie garantierte ihm einen festen Halt gegen den Ansturm von Empfindungen, die ohne ein disziplinierendes Programm vielleicht seiner Kontrolle entglitten wären. Alle gesellschaftlichen Unternehmungen aber, das verstand sich, mußten zunächst abgesagt werden, angefangen bei dem für den Abend geplanten Theaterbesuch, bei dem der Dichter dem schwedischen Kronprinzen und seiner Frau begegnen sollte. Auch der Reise nach Deutschland glaubte Thomas Mann nun, mit dem Hinweis auf seine Trauer, entgehen zu können, ohne von neuem die Gefühle der Landsleute zu verletzen.

Am 23. Mai kein Eintrag ins Journal. «Verschleierte Tage», notierte er später. Tiefer als alles andere, auch als das Leiden der Mutter, griff ihm das Elend Erikas ans Herz, die mit dem Bruder Klaus – trotz der wachsenden Entfremdung – zeitlebens eine Art Zwillingsexistenz geführt hatte. Ihre Zerrissenheit und ihre Schwäche erlaubten der Schwester nicht, sofort nach Südfrankreich zu fliegen, um sich des Toten und seiner dürftigen Habe anzunehmen. Die Freundin Doris von Schönthan ordnete dort unten das Notwendige. Ein Brief, der die Eltern am 25. Mai erreichte, sprach von dem «kindlichen Ausdruck tiefster Wunscherfüllung», den sein Gesicht im Tode gezeigt habe. Stellvertretend für die Familie nahm Michael, aus der Schweiz kommend, an der Beerdigung teil. Auf seiner Bratsche spielte der jüngste Bruder zum Abschied ein Largo am Grab.

Hernach wurde Klaus im Journal nicht mehr oft erwähnt. Ein junger Freund, mit dem sich Thomas Mann später ausführlich über die Planung des europäischen Aufenthaltes unterhielt, war «über die Maßen erstaunt, daß der Name des Sohnes nicht ein einziges Mal fiel, obwohl sich das lange Gespräch eben als Folge seines Todes ergeben hatte». In seinen Antworten auf die vielen Beileidsbriefe zeigte er sich immer mehr geneigt, in Klaus ein Opfer der Epoche zu sehen, die es nicht zugelassen habe, daß der Sohn eine sichere Existenz und Halt in sich selbst zu finden vermochte. Damit schob er die schwierigen und beschwerenden Fragen nach seiner möglichen Mitverantwortung für das Geschick des Ältesten von sich fort. Auch schien er mit der zunehmenden Entfernung einen wachsenden Respekt vor dem Werk des Toten zu gewinnen. Nicht nur seine Arbeit über André Gide, sondern auch sein Tschaikowsky-Roman sei ein «sehr gutes Buch», schrieb er Hermann Hesse, und der «‹Vulkan›, abgesehen von Partien, die er hätte besser machen *können*», sei «vielleicht der beste Emigrationsroman». Den «Mephisto» erwähnte er nicht. Klaus, fügte er hinzu, sei «viel Unrecht geschehen, noch im Tode». Er aber dürfe sich sagen, daß er ihn «immer gelobt und ermutigt habe» – was zutraf, wenn auch sein Lob stets mit leisen Vorbehalten untermischt war, die dem empfindsamen Sohn nicht völlig entgehen konnten. Er hatte ihm mehr als einmal angedeutet, was er nun Hermann Hesse sagte: daß er «zu leicht und zu rasch» arbeitete, was «die mancherlei Flecken und Nachlässigkeiten in seinen Büchern» erkläre. Schließlich überwand er sich doch, dem Freund in Montagnola zu gestehen: «Mein Verhältnis zu ihm war schwierig und nicht frei von Schuldgefühl, da ja meine Existenz von vorn herein einen Schatten auf die seine warf. Dabei war er als junger Mensch in München ein recht übermütiger Prinz, der viele herausfordernde Dinge beging. Später, im Exil, wurde er viel ernster und moralischer, auch wahrhaft fleißig». Arthur Schnitzler hatte einst, nach dem Selbstmord seiner Tochter Lili, an eine Freundin geschrieben: «Jeder Satz den ich beginnen will, zerbricht an seiner Unzulänglichkeit; und das Wort Schmerz ist lächerlich geworden, denn nun weiss ich, dass ich das erste Mal erlebe, was Gott damit gemeint hat.»

Thomas Mann hatte, den Schock voller Haltung zähmend, seine Goethe-Rede in der Universität von Uppsala unter dem Schatten der Todesnachricht tapfer und ohne Stocken vorgetragen. Dankbar nahm er am Ende der Veranstaltung die «Huldigung» und den «Gesang der Studenten» entgegen. Anderntags trat er, wie es vorgesehen war, in der Akademie der Künste und Wissenschaften ans Pult, mit besonderer Herzlichkeit willkommen geheißen. Er konnte nicht umhin, im Kreis der Zelebritäten auch den Forscher und Schriftsteller Sven Hedin zu begrüßen, wohl der berühmteste Schwede jener Epoche, der – wie der Norweger Knut Hamsun – im nazistischen Deutschland und seinem «Führer» die Erfüllung seiner politischen Ideale erkannt zu haben glaubte. Erika, die jedem Anhänger des braunen Regimes mit kompromißloser Unerbittlichkeit gegenübertrat, war über die nachlässige Toleranz des Vaters aufgebracht. Es wurde beschlossen, daß sie nach Amsterdam fliegen sollte, um die Hinterlassenschaft des Bruders beim Querido Verlag zu ordnen. Die Eltern würde sie in der Schweiz wieder treffen.

Die Aufgaben des Reisemarschalls in Skandinavien übernahm in ihrer Vertretung der Baron Edgar von Uexküll (dessen Namen Thomas Mann beharrlich mit einem Ypsilon schrieb): ein Mann von dreiundsechzig Jahren, noch immer behende, in praktischen Dingen versiert, von einer unermüdlichen Dienstwilligkeit, die Thomas Mann als freundschaftliche Wohltat empfand. Er kannte Uexküll seit nahezu drei Jahrzehnten, und er wußte, daß der Junker aus baltischer Familie in den Jahren der nazistischen Diktatur eine untadelige Haltung bewiesen hatte; nach dem Attentat vom 20. Juli 1944 war er verhaftet und bis zum Ende des Krieges in ein Konzentrationslager verbannt worden.

Uexküll begleitete Thomas und Katia Mann nach Kopenhagen. Am Tag vor der Abreise waren sie – trotz der Trauer – denn doch der Einladung des französischen Botschafters zu einem Cocktail gefolgt. Auch in der dänischen Hauptstadt wurde die Goethe-Rede mit Bewunderung aufgenommen. Danach mit der Fähre zurück nach Malmö. In Lund nahm Thomas Mann ein weiteres Ehrendoktorat entgegen: in feierlichstem Zeremoniell, das im Dom stattfand, wie es die Tradition gebot, mit Studenten, die Fahnen schwenkten, Böllerschüssen, Bischof, Orgelspiel und Lorbeerkranz. Dann machte er sich mit Katia auf den Weg in die Schweiz, auf die er sich freute. «Wäre nicht Frankfurt», seufzte er, «von dessen Bürgermeister gestern, mit viel anderer Post, zwei Briefe da waren. Absagen wird schwer sein.»

Am Zürcher Flugplatz fanden sich der Buchhändler Oprecht und seine Frau ein, Michael und Gret mit ihren beiden kleinen Söhnen, Therese Giehse, der Verwaltungsratspräsident des Schauspielhauses Richard Schweizer und die Tochter Monika – sie an letzter Stelle erwähnt –, die mit dem Bruder von Amerika herübergereist war, um in der Alten Welt eine Aufgabe zu suchen, einem Wunsch des Vaters entsprechend, der sie seit langem aus Amerika fortwünschte.

Die Abstinenz vom «Gesellschaftlichen» galt nicht länger in strikter Konsequenz. Schon am ersten Abend besuchte Thomas Mann mit Katia eine Aufführung des «Faust», bei der Käthe Gold auftrat. An einem der nächsten Tage fand sich Hans Feist zum Tee im «Baur au Lac» ein, um das Plazet des Dichters für seine Bearbeitung der «Lotte» einzuholen. Es wurde ihm trotz aller Bedenken erteilt – ganz gewiß dank seines Hinweises auf die Bereitschaft des großen Bassermann, in Heidelberg den Goethe-Part zu übernehmen. Und ein anderer, wunderlicher Besucher stellte sich ein: ein Student, der Thomas Mann beichtete, er habe ihn bei einer Veranstaltung des Vorjahres um einen Teil seines Honorares betrogen, nämlich um 300 Franken, die er wohl in die eigene Tasche steckte, und er sei darüber psychisch krank geworden. «Absolution», vermerkte das Tagebuch trocken.

Der «enorme Erfolg» des Goethe-Vortrags im Schauspielhaus half der Stimmung auf. Auch Erika zeigte zum erstenmal wieder ein heiteres Gesicht. Der Vater beschloß, ihr tausend Franken zu schenken, da sie nun fast ohne eigenes Einkommen war. (Er ließ es schließlich doch bei fünfhundert.)

Am Pfingstmontag der vierundsiebzigste Geburtstag. Von neuem erreichten ihn Gerüchte, die Herren der Akademie in Stockholm zögen ihn noch einmal für den Nobelpreis in Betracht. Er träumte davon, daß ihm die Ehre zusammen mit Heinrich zuteil werden könnte, dem er die überschwenglichsten Elogen über seinen jüngsten Roman «Der Atem» schickte («Freue mich, daß es ihn freuen wird»): «Unnütz zu sagen, daß es etwas Einziges und Unvergleichliches darstellt in moderner Literatur oder besser: den modernen Literaturen, über die es sich, nicht mehr national, erhebt, sodaß man erfährt: Ueber den Sprachen ist die Sprache. Man hat da, in äußerster Weitergetriebenheit einer persönlichen Linie, einen Greisen-Avantgardismus, den man von bestimmten großen Fällen her (Parsifal, Goethe, auch Falstaff) kennt, der aber doch hier und so als ganz neues Vorkommnis wirkt. Dazu pflegen Avantgardisten heute reaktionär zu sein, und Du machst die Ausnahme (Lukács würde vielleicht sagen: ähnlich wie ich als Traditionalist eine Ausnahme mache). Uebrigens fehlt es ja auch bei Dir nicht an Tradition: von Balzac her die grandiose Uebertriebenheit und geniale Aufschneiderei in der politischen Intrige, deren Abenteuerlichkeit doch durchaus *realistisch* und der Zeit angemessen ist. Sehr bösartig und aufregend.» Im Tagebuch äußerte er sich skeptischer: er nannte den Roman «stolz, hart, politisch wissend, schwierig intrigant, große Hintertreppe, und man weiß nicht, wohin man tritt. Fremd, einzigartig und fragwürdig. Kann wirkliche Lese-Hingabe nicht erzwingen. Schmerz darüber.» Die herrischen Verkürzungen, die Heinrich seinem Stil auferlegte («sie atmet, er betrachtet, bleich wie sie...»): sie waren ihm, der die Erfüllung der Sprache eher in den «himmlischen Längen» suchte, recht fremd.

Nichts deutet darauf hin, daß er die Beschreibung der Beziehung zwischen den beiden Schwestern in jenem Roman, in denen Helmut Koopmann eine Charakterisierung des Verhältnisses der Brüder wahrnahm, auf sich und Heinrich bezogen hätte. Wäre es so gewesen, dann hätte er diese Passage mit gehobenen Brauen zur Kenntnis nehmen müssen: «Uns trennte, daß ich nicht deinen Ehrgeiz hatte; deine Laufbahn war voll Kampf, in den Wechselfällen hieltest du dich oben, dir erschien ich lau. Dennoch verstand nur ich dich. Nur dein Urteil traf mich. Wir kränkten uns mit unserer Unabänderlichkeit, gleichwohl habe ich dich geliebt (...), am meisten, wenn wir verfeindet waren. Du weißt es. Weißt du es nicht? Nimm mein Wort für was es jetzt noch wert ist. Sogleich werde ich vergangen sein, du allein bist meine Nachwelt, bei der ich fortlebe. Höre, ich hatte so viel Demut wie Stolz. Als du vor der Welt unermeßlich über mir standest, habe ich von dir nur eines angenommen, deine Schuhe.» Die Schuhe, meinte Koopmann, seien symbolisch für das Geld des Bruders herbeizitiert worden. Das mag so sein. Es ist nicht einmal sicher, daß Thomas das Buch von der ersten bis zur letzten Zeile gelesen hat.

Den rühmenden Brief an den Bruder schrieb er in Schuls-Tarasp-Vulpera, einem freundlichen Flecken im Unterengadin, in dem er mit Katia einige Wochen Erholung suchte, nachdem er seine Auftritte in Bern und in Basel mit routinierter Bravour hinter sich gebracht hatte. Erika hatte vorgeschlagen, mit dem Besuch in Frankfurt nicht bis zu Goethes Geburtstag am 28. August zu warten, sondern den Bürgermeister um eine Vorverlegung auf den 25. Juli zu bitten. Vielleicht hoffte sie auf eine Absage – vergebens. Oberbürgermeister Walter Kolb, ein Sozialdemokrat, der im Dritten Reich bitter gelitten hatte, war selbst nach Zürich gekommen, um Thomas Manns Zusage dingfest zu machen. Auch sein Kollege aus Nürnberg, wo eine Thomas-Mann-Gesellschaft entstanden war, eilte herbei. Aus Lübeck hatte der Studienrat Siegfried Horstmann, Leiter des Thomas-Mann-Archives, einen beschwörenden Brief geschickt, in dem der Dichter gebeten wurde, auch der Vaterstadt die Ehre zu geben. Doch Lübeck lag zu weit vom Wege. München war näher, nicht nur in geographischer Hinsicht.

Überdies hatte Thomas Mann in den Zeitungen gelesen, Weimar beabsichtige, ihm die Ehrenbürgerwürde zu verleihen. Eine Bestätigung ließ lange auf sich warten. So hatte er, wohl allzu ungeduldig, noch aus Bern einen Brief an den Oberbürgermeister der Goethe-Stadt geschickt, in dem er um Aufklärung bat, ob jene Nachricht zutreffe. Vielleicht sei eine Mitteilung verlorengegangen, und man warte auf ein Wort der Dankbarkeit von seiner Seite.

Diese ungewöhnliche Erkundigung sagte den Stadtvätern und den Kulturfunktionären des ostdeutschen Staates (der im Begriff war, in die Welt zu treten), daß Thomas Mann nicht zögern würde, die Ehrung zu akzeptieren, wenn sie ihm denn zugedacht sei, ja daß der Vorschlag seiner freudigen Zustimmung gewiß sein durfte. Hätte er einige Tage länger gewartet, wäre ihm die erhoffte Botschaft ohnedies ins Haus gekommen, und er hätte sich eine kleine Peinlichkeit erspart (die er nicht empfand): Heinz-Winfried Sabais, der mit der Vorbereitung der Goethe-Festlichkeiten in Weimar beauftragt worden war, unterrichtete ihn von dem Beschluß der Stadtverordnetenversammlung, unterzeichnet von dem Kirchenrat Rudolf Herrmann, daß ihm die besagte Auszeichnung zuteil werden sollte. Thomas Mann versicherte umgehend, daß er «mit Freuden» annehme.

Fiel ihm dabei ein, daß er Sabais gut eineinhalb Jahre zuvor einen Brief geschrieben hatte, der mit Amerika kritisch (und nicht allzu fair) ins Gericht ging? Er hatte es damals immerhin für nötig gehalten, den Empfänger in einem zweiten Schreiben zu bitten, daß er seine Äußerungen rein persönlich verstehen und sie mit aller Diskretion behandeln möge. Konnte er sicher sein, daß seine Mitteilung an den jungen Mann in Weimar keine Mitleser gefunden hatte? Es hatte sich vermutlich auch nach Kalifornien herumgesprochen, daß die Post im sowjetischen Machtbereich einer recht strikten Kontrolle unterlag, zumal wenn es sich um Briefe aus Amerika handelte.

Thomas Mann fügte nun seiner Antwort an Sabais einen seltsam ungenauen Kommentar hinzu, den es gewiß nicht gebraucht hätte. Die Mächtigen dort drüben mochten ihn als eine Erklärung seiner gedämpften Sympathie, aber auch als die Andeutung einer gewissen Distanz empfinden: «Die Humanität», schrieb er, «‹kultiviert› man gewiß am besten, indem man in einer unaufhaltsam sich verändernden Welt nicht störrig sich gegen das Neue stemmt, nicht alt und schon heuchlerisch gewordene Ideale dagegen ausspielt, sondern dem Leben offen bleibt und ohne Preisgabe der Persönlichkeit sich ihm freund- und dienstwillig erweist.»

Dann regten sich in ihm doch Zweifel, ob er «dort hingehen» solle: «Abneigung, es mit Amerika zu verderben», schrieb er ins Journal. Vorausgegangen waren lebhafte Debatten, auch mit den Oprechts, über Amerika und Rußland. Thomas Mann notierte voller Erstaunen, daß man von den «hysterisch-rechtswidrigen Vorkommnissen drüben» in Europa wenig wußte. Mit der Fahrlässigkeit, die so viele seiner politischen Äußerungen bestimmte, bemerkte er, daß auch dies ein «eiserner Vorhang» sei. Wieder bewegte ihn der Gedanke, den Lebensabend in der Schweiz zu verbringen. Dann widersprach er sich: ein Besuch einmal im Jahr oder alle zwei Jahre sei «doch wohl das Richtigere und Vernünftigere» – «selbst wenn es drüben zur Investigation kommt, die ich nicht zu fürchten habe». Er fügte hinzu: «Der Besuch in Weimar würde sie wahrscheinlicher machen.»

Darin täuschte er sich nicht. Agnes Meyer erklärte er in einem «Pflichtbrief», wohl nicht ganz ohne Berechnung, daß ihn «trotz aller Empfänglichkeit für die Reize des alten Europa ein redliches Heimweh nach Amerika» berühre. Vom Zustand des Landes sagte er mit einem Bild, das er nun oft gebrauchte: «Das politische Wetter ist schlecht dort drüben, aber das Klima ist gut, Land und Leute sind *gut*, und ich wundere mich oft selbst, welche Anhänglichkeit und welches Zugehörigkeitsgefühl sich in 11 Jahren bei mir entwickelt haben.» Von dem geplanten Exkurs nach Weimar erwähnte er nichts.

Anderntags schrieb er – war es der schiere Zufall? – an Hans Carossa, den Arzt und Dichter, er betrachte es als eine mutige Handlung, daß man ihm den Goethe-Preis verleihen wolle. Er sagte freilich auch, er werde sich auf Frankfurt beschränken müssen. Es sei mühsam, die «inständigen Bürgermeister-Einladungen» abzulehnen. Er sagte nichts von Weimar, obschon er zehn Tage vorher seine Zusage abgeschickt hatte und obschon er im Gedächtnis haben mußte, daß auch Carossa in der Goethe-Stadt aufgetreten war: bei einem «Europäischen Dichter-Treffen» 1941. Vielmehr schrieb er dem Kollegen: «Das deutsche Verhalten zu mir hat, in Haß und Verlangen, einen sonderbar hysterischen Charakter angenommen. Ich verspreche mir von meinem Besuch Beruhigung im Sinn der Ernüchterung. An der Herzlichkeit wird es ganz unwillkürlich meinen Worten nicht fehlen, und das große, gebändigte Deutschtum Goethes ist ein Thema, das viele Möglichkeiten der Verständigung und Versöhnung bietet.»

Ob er die Ernennung zum Ehrenbürger von Weimar auch akzeptiert hätte, wäre ihm damals hinterbracht worden, daß es eines scharfen Befehls aus der Berliner Kommandozentrale des sich bildenden ostdeutschen Staates bedurft hatte, damit ihm die Auszeichnung zuteil werden konnte? Der Vorschlag für die Ehrung war dem Stadtparlament von Heinz-Winfried Sabais eingereicht worden, wie er dreieinhalb Jahre später in einem Bericht für die «Gesellschaft Hessischer Literaturfreunde» in Darmstadt erzählte. Der «Fraktionsvorsitzende der SED, ein Herr Friedrich», habe mit einer wahren Brandrede gegen Thomas Mann protestiert, diesen «‹Knecht der Wallstreet›, der noch nichts für die Arbeiterklasse geleistet habe». Ein «CDU-Redner» habe zum anderen die alten «verwaschenen Ressentiments» (aus der Epoche des Dritten Reiches) zu erkennen gegeben. Es sei hoch hergegangen. Als Sabais die Diskussionsbeiträge in seinem Schlußwort als würdelos bezeichnet habe, die «den einen aus Unkenntnis, den anderen aus Anmaßung» so geraten seien, habe es eine «tumultuarische» Szene gegeben. «Schreiend und gestikulierend» habe man ihm vorgeworfen, er hätte das Stadtparlament beleidigt. Er sei von der Ministerin Dr. Marie Torhorst gerüffelt worden. Dann habe er unverzüglich Johannes R. Becher ins Bild gesetzt, und ein Telegramm dieses mächtigen Mannes habe schließlich dafür gesorgt, die «gebührende Einstimmigkeit aller Fraktionen» herbeizuführen. Danach wurde Sabais beauftragt, «dem damals gerade in der Schweiz weilenden Dichter den ‹einmütigen Wunsch der Weimarer Bevölkerung›, ihn zum Mit- und Ehrenbürger erwählen zu wollen, mitzuteilen.» Er fügte hinzu, man habe in Berlin «inzwischen in eiliger Konkurrenz zu Frankfurt am Main noch einen Goethe-Nationalpreis 1949, dotiert mit 20 000 DM (Ost) geschaffen, der Thomas Mann als erstem verliehen werden sollte.»

Erika, durch die Gespräche über die deutsche Reise immer aufs neue verärgert, war unterdessen nach Nizza geflogen, um das Grab des Bruders aufzusuchen. Verstört, wie es nicht anders sein konnte, kam sie zurück. In ihrem gereizten Zustand wandte sie sich, seit langem fast nur die fügsame Tochter und Gehilfin, nun auch gegen die Eltern, wohl mehr gegen die Mutter als gegen den Vater, der von ihrer «bitteren Entstellung der Dinge» sprach, «auch was Klaus und das eigene Leben betrifft. Beschämend in seiner Rigorosität noch in seiner Halb-Wahrheit.» Seufzend fuhr er fort: «Aber zuviel Charakter macht ungerecht. Toleranz heute freilich wohl nicht erlaubt.»

Erika vergab keinem so rasch, der ihren Begriffen von Charakter und Konsequenz nicht gewachsen war, auch nicht dem besten Freund. Martin Gumpert, der ihr seit vielen Jahren anhing, sollte ihre Kompromißlosigkeit wenige Wochen später auf böse Weise erfahren. Er hatte sich von der Redaktion der Illustrierten «Life», die den Vater vor nicht zu langer Zeit als «fellow traveller» denunziert hatte, dazu überreden lassen, Thomas Mann auf seiner europäischen Reise zu begleiten. Da von Gumpert nicht zu erwarten war, daß er ein unfreundliches Wort über den väterlich-vertrauten Gefährten zu Papier bringen würde, lag die Vermutung nahe, daß die Redaktion der Zeitschrift eine gewisse Pflicht zur Wiedergutmachung empfand. Überdies war der Auftrag lukrativ. Erika bedachte nicht, daß amerikanische Verlage und Redaktionen sich, anders als die deutschen, nur selten einer «Linie» verpflichtet fühlten. Sie war, laut Thomas Mann, über Gumperts Bereitschaft zur Kooperation mit dem Blatt «außer sich» und entschlossen, mit dem alten Freund zu brechen, der einst so beharrlich versucht hatte, sie zur Heirat zu überreden. Der Arme war verurteilt, im Restaurant an einem Katzentisch zu essen.

Unter den ersten Besuchern im Hotel «Baur au lac» hatte sich Georges Motschan eingefunden, ein gutaussehender, fast hübscher junger Mann, noch keine dreißig Jahre alt, der in der chemischen Industrie rasch zu Geld gekommen war. Als siebzehnjähriger Gymnasiast hatte er Thomas Mann einst den ersten Verehrungsbrief geschrieben, und er war in Küsnacht vor dem Krieg mit liebenswürdigem Interesse empfangen worden, von Katia selbst – die wohl wußte, was ihrem Mann wohltat – ins Arbeitszimmer geleitet. Die Besuche in dem schönen Haus an der Schiedhaldenstraße 33 – das Thomas und Katia nun, einer Einladung der Besitzerin folgend, mit melancholischen Gefühlen wiedersahen – hatten sich in den folgenden Jahren wiederholt. Es wurden auch ein paar artige Mitteilungen gewechselt, Bücher zur Widmung vorgelegt und solche geschenkt. Georges Motschan hatte dann eine Dienstreise in die Vereinigten Staaten genutzt, um im Haus am San Remo Drive in Pacific Palisades seine Aufwartung zu machen. Damals schon war erwogen worden, daß er bei einem möglichen Ausflug nach Deutschland mit seinem großen Buick als Chauffeur und Reisemarschall dienen könne. Sein Angebot war um so willkommener, da Erika entschlossen war, die Eltern auf keinen Fall zu begleiten.

Zunächst fuhr Motschan die beiden hinauf ins Unterengadin: eine Art von Probe, die er nach eigenem Zeugnis glänzend bestand. Er erwies sich als ein umsichtiger und zuverlässiger Betreuer. Thomas Mann wurde in den Bergen, fast von Beginn seines Aufenthaltes an, immer wieder von einem heftigen Nasenbluten heimgesucht, das sich nur mühsam stillen ließ, durch die große Höhe und eine hypotrophierte Vene verursacht, wie Motschan später fachmännisch berichtete. Der Helfer begnügte sich nicht mit einer Expertise des Ortsarztes, sondern zog telefonisch einen Spezialisten zu Rate. Das physische Ungemach war, wie man annehmen darf, wohl auch eine Folge der inneren Spannung, die sich bei der Niederschrift seiner Rede für Frankfurt und Weimar nicht lösen wollte.

Dies war Thomas Mann deutlich: daß er in Deutschland nicht mit dem Vortrag über «Goethe und die Demokratie» auftreten konnte. Die so hoch gesteigerten Erwartungen, die er selbst durch sein angstvolles und manchmal fast hochmütiges Zögern nicht gemindert hatte, verlangten ein besonderes Wort. Die Rede, die er in den Engadiner Tagen aufschrieb, gehörte zu den schwierigsten Prüfungen seiner Existenz – wie die Reise überhaupt.

110. KAPITEL

Der Staatsbesuch (I)

Die Vorbereitungen, auch die praktischen, glichen den Zurüstungen eines Staatsbesuches. Alle Briefe aus Deutschland, die Äußerungen der Zeitungen und Zeitschriften wurden sorgsam geprüft. Motschan berichtete von einem Bündel «böser, niederträchtiger Episteln», darunter Drohbriefe, das ihm Katia vorgelegt habe. Die Nachricht von dem geplanten Besuch in Weimar, die nicht geheimgehalten wurde, machte viele der deutschen Kommentatoren gallig und hämisch. Sie beunruhigte aber auch freundliche Geister, wie Arnold Bauer, der in jenen Tagen zwei Gespräche für die «Neue Zeitung» in München aufzeichnete. «Viele deutsche Schriftsteller», sagte Thomas Mann dem Reporter – unter anderem nannte er Ernst Bertram, «dessen Irrtum er als tragisch» empfinde –, hätten wegen ihrer «Politikfremdheit und Wirklichkeitsblindheit vor dem Hitlertum versagt». Bauer schrieb: «Der Hinweis auf eine entsprechende Wirklichkeitsfremdheit gegenüber der östlichen Diktatur lag nahe. Doch Thomas Mann kam dem Einwand zuvor: ‹Ich kann mir nicht vorstellen, daß der Kommunismus für Deutschland die gegebene politische Form ist. Aber ich kann der übertriebenen antibolschewistischen Propaganda, hinter der sich oft reaktionäre Kreise verstecken, nicht zustimmen. Wir müssen zu einem modus vivendi mit Rußland kommen, um des Friedens willen. Ein neuer Krieg würde Europa zerstören. Auch empfinde ich große Sympathien für die russische Kulturleistung. Ich möchte das Werk Tolstois und Dostojewskis nicht vermissen.› Auch die Erinnerung an die fehlende Geistesfreiheit in der Sowjetunion und an die willkürlich entstellenden

Deutungen am Werke des Dichters können in Thomas Mann nur partielle Vorbehalte bewirken.» Der Dichter antwortete auf dieses Argument mit dem Hinweis, daß der große Aufsatz des kommunistischen Literaturtheoretikers Georg Lukács über den «Doktor Faustus» von einem «tiefen Verständnis» für sein Werk zeuge.

Nach der Publikation der Gespräche schickte er Bauer einen Brief, in dem er den moralischen Neutralismus seiner Antworten zu erklären versuchte: «Als geistiger Mensch sitzt man heute zwischen den Stühlen, scheut die Gesellschaft, in die man durch entschiedene Ablehnung der kommunistischen Revolution gerät und empfindet Widerwillen gegen das Ausspielen überalterter und schon heuchlerisch gewordener Ideale gegen diese Glaubenswelt, und so ist man auf ein politisches ‹Freelancertum› angewiesen, das nicht leicht durchzuhalten ist. Machen wir es so gut, wie wir können!» In sein Tagebuch aber notierte er, es bestehe Gefahr, daß die Amerikaner im Falle seines Besuches in Ostdeutschland seinen Vortrag in Frankfurt boykottieren würden: «Man muß für diesen Fall begründete Absage in Aussicht stellen.»

Zu den Beratungen wurden nun auch Gottfried Bermann und Fritz Landshoff zugezogen, die zur rechten Zeit in Zürich eintrafen. Der Verleger Oprecht hatte unterdessen versucht, Thomas Mann für eine der Intrigen zu gewinnen, die in der gehobenen Sphäre des kommerziellen Umgangs mit der Literatur nicht unüblich sind: er wollte sich mit dem Querido Verlag in Amsterdam zusammenschließen, um Gottfried Bermann zu «entmachten». Ob er zugleich an eine Querverbindung zu Peter Suhrkamp dachte, steht dahin. Der Treuhänder in Deutschland begann sich in jenem Jahr immer heftiger gegen eine Reetablierung des S. Fischer Verlages unter der Autorität Gottfried Bermanns zu sträuben.

Aufmerksam registrierte Thomas Mann einen Artikel von Friedrich Sieburg in der Zeitschrift «Die Gegenwart», um die sich viele der alten Mitarbeiter der «Frankfurter Zeitung» gesammelt hatten: «Frieden mit Thomas Mann» war das Stück überschrieben, das sein Werk als «die größte kulturkritische Leistung» pries, «die der deutsche Geist hervorgebracht hat». Doch zugleich sprach der Autor über die «politischen Ohnmachtsanfälle» des Dichters – eine durchtriebene Formulierung, von gewollter Doppeldeutigkeit, wie der andere Satz, «daß Thomas Manns guter und gerechter Kampf gegen den Nationalsozialismus sich immer wieder mit einem qualvollen Wüten gegen die deutsche Art verband». Er sprach von den «geistigen und moralischen Konflikten (...), die ein Deutschland ohne Hitler dem Kämpfer Thomas Mann» auferlege, und er fuhr fort: mit der «hohen Empfindlichkeit», die dem Dichter eigen sei, könne «man keine Politik machen, geschweige denn mitmachen». Die «Unauflösbarkeit der Verbindung» aber besiegle «unseren Frieden mit Thomas Mann», der durch sie «in einen eigentümlichen, fast ehrwürdigen Zutand der Wehrlosigkeit versetzt ist! Der Weg von Frankfurt nach Weimar ist kurz, aber er wird für den Dichter des ‹Doktor Faustus› ein Kreuzweg sein, denn abermals wird er finden, daß es Deutschland bestimmt ist, auseinanderzuklaffen und doch eins zu sein.»

Am Tag der Abreise – es war der 23. Juli 1949 – schrieb Thomas Mann in sein Tagebuch: «Gefühl, alsob es in den Krieg ginge.» Für die Reise nach Frankfurt hatten Katia und er Abteile im Schlafwagen belegt. Motschan sollte sie im Gästehaus der Stadt im Taunus wiedertreffen. Er glaubte sich später zu erinnern, daß der französische Kommandant beim ersten Halt in Deutschland – auf dem Badischen Bahnhof von Basel – eine Ehrenkompanie habe antreten lassen, um die hohen Besucher zu begrüßen. Doch die beiden hätten sich schon zur Ruhe begeben. Ob die Ehrenformation tatsächlich angetreten war, steht dahin.

Bei der Ankunft in Kronberg stellte der Helfer fest, das Gästehaus sei eine «von der Weltpresse und deren photographierenden Begleitern belagerte Festung». Schon in der Schweiz war der Dichter von Kriminalbeamten in Zivil auf diskrete Weise bewacht worden. In Deutschland schirmten ihn die Behörden durch uniformierte Polizei aufs strengste ab. Man nahm die Drohbriefe ernst. Es wäre eine unausdenkbare Katastrophe gewesen, wäre Thomas Mann bei dieser ersten Visite in seiner Heimat einem Anschlag oder auch nur einer offenen Beschimpfung ausgesetzt gewesen.

Der Dichter selbst fand keine Zeit, die Fülle der Eindrücke festzuhalten. Später schrieb er in einem «Reisebericht», er müsse gestehen, daß er «ein wenig im fürstlichen Stil gereist» sei, «geschützt, bevorzugt und überwacht, und daß ich Dinge und Menschen durch einen Schleier umringender Freunde und scharf aufpassender Kriminalpolizei gesehen habe, welche uns beizugeben die einladenden Stadtväter in ihrem Verantwortungsbewußtsein für ratsam gehalten hatten». Die Besucher drängten sich. Im Gästehaus sei, erzählte Motschan in seinen Erinnerungen, die «wahrste Ellbogengesellschaft» erblüht, und er habe Thomas Mann nur bewundern können, «mit welcher Ruhe, welchem Entgegenkommen er immer wieder Leute empfing, deren Namen ihm entweder nichts sagten oder deren Existenz er während Jahren verdrängt hatte». Der junge Freund berichtete weiter, ganz offensichtlich habe Thomas Mann «insgeheim auf einen bestimmten Besucher gehofft, einen, der ihm mehr bedeutet hätte als die vielen Ungebetenen». Er aber, auf den er «im Innersten und voller Hoffnungen, ja fast sehnsüchtig gewartet hatte, blieb fern: Ernst Bertram». Das «Beiseitestehen» des alten Freundes, dem «Thomas Mann die unheilvolle politische Vergangenheit nur zu gerne nachgesehen, sie ihm verziehen hätte, machte den Dichter betroffen». Er versicherte sich durch Motschan, daß Bertram, «sollte er denn doch eintreffen», von den Kriminalbeamten «auf keinen Fall abgewiesen würde».

Der junge Schweizer registrierte diese hingebungsvolle Bekundung einer so offensichtlich unverwelkten Freundschaftsliebe mit verstehender Sympathie. Um so mehr befremdete ihn die Aufführung der Gäste aus den politischen und intellektuellen Zirkeln der westdeutschen Gesellschaft, die sich bei den aufwendigen Bewirtungen zu Ehren Thomas Manns als «Parasiten von Amtes wegen» gerierten: «Was ich als eine geistige Elite Deutschlands vorzufinden erwartet hatte, sollte sich (...) als eine profitgierige Meute entpuppen, die, auf nichts anderes als auf den eigenen Vorteil bedacht, ekelerregend, abstoßend und omnipräsent war.» Bei den Banketts hätten sie sich der «Freßwelle» überlassen und «mit Stumpf und Stiel» vertilgt, was aufgetischt wurde, «als gelte es vor allem andern die eben glücklich überstandenen Hungerjahre gewaltsam zu verdrängen».

Am 25. Juli stiegen Thomas und Katia in Georges Motschans großen Buick und fuhren, von einer Motorrad-Schwadron der Polizei eskortiert, zur Paulskirche, vor der sie eine «unüberschaubare Menschenmenge (...) mit großem, ja herzlich zu nennenden Applaus» empfing. Die Reden wurden durch Lautsprecher auf den Platz übertragen, auf dem die Menschen, die keinen Einlaß finden konnten, respektvoll verharrten.

Der Dichter, erzählte der Gentleman-Chauffeur, habe es ganz offensichtlich genossen, «wieder einmal in Deutschland der Mittelpunkt eines großen Festaktes» zu sein, «höchst urban und völliger Beherrscher der einmaligen Situation» – nichts habe «in Haltung oder Gesichtsausdruck (...) auch nur die geringste nervöse Spannung» verraten. Der bewundernde Adjutant meinte zu Recht, die Feierstunde habe weniger Goethe «als vielmehr ihm, Thomas Mann», gegolten – doch wiederum, wie präzisiert werden muß, nicht nur seiner Person, sondern seinem historischen Auftrag als der bedeutendste Vertreter der deutschen Emigration. Er selbst sprach von einer «seltsamen Lebensstunde, voller beklommener Traumhaftigkeit», und er sagte mit schöner Klarheit, das «Persönliche» und «mehr als Persönliche» verlange nun nach dem Wort, das «der Entfremdung wehren» und «die Verschiedenartigkeit der Erlebnisweisen» draußen und drinnen «versöhnen möchte».

Er sprach von der Erschütterung, wie sie vor ihm auch «andere Emigranten beim Wiederbetreten des heimatlichen Bodens» erfahren hätten. Er nannte Toscaninis «bleiche Benommenheit» beim ersten Auftritt in der Mailänder Scala, und er erinnerte an den Ohnmachtsanfall, den Fritz von Unruh bei der Paulskirchen-Feier erlitten hatte. Mit kühler und exakt kalkulierter Heiterkeit fügte er hinzu: «Nun, ich gedenke auf den Beinen zu bleiben bei meiner kleinen Allokution, – meine vielberufene Nüchternheit wird mir dazu verhelfen, oder sagen wir: die Gefaßtheit und Gesetztheit des Erzählers, ein episches Phlegma, oder auch ein Sinn für Humor, der sich durch langen Aufenthalt in angelsächsischer Lebensphäre eher noch verstärkt hat. Aber glauben Sie nicht, daß ich darum der erregenden Phantastik und Abenteuerlichkeit der Stunde und der Tragik, die ihr beigemischt ist, weniger zugänglich bin, als jene Schicksalsgenossen!»

Nein, er glitt über die Jahre der Fremdheit nicht hinweg, in denen der Rausch, der sich «nationale Revolution» genannt habe, über die Deutschen gekommen sei: «‹Der Rausch› – was für ein zweideutig deutsches Wort! Wie mischen sich darin Begeisterung mit Entgei-

stung, das Höchste mit dem Niedrigsten, das Glück der Enthem-
mung, das Elend der Vernunftlosigkeit. Andere Sprachen haben
dies Zauberwort gar nicht; sie setzen dafür ein sehr sachliches und
nüchternes wie: Intoxikation, Vergiftung. Vergiftet schien mir
Deutschland, nicht erhoben. Wild-fremd geworden über Nacht
und verfratzt, bot es mir keine Stätte und Atemluft mehr.» Er
sprach von dem «Wanderleben von Land zu Land», der «tiefen
Verstörung, im Gefühl der Entwurzelung», dem Verlust von
«Herd, Heim und Habe» – und zugleich von seiner «aktiven Treue
zur deutschen Sprache, dieser wahren und unverlierbaren Heimat
(...), aus der kein Machthaber mich vertreiben konnte». Er sprach
von dem «brennenden Affekt» des Hasses, den er «ohne das deutsche Unheil gewiß nie kennengelernt hätte», und er bekannte: «Ja,
meine Zuhörer, ich habe die ruchlosen Verderber Deutschlands und
Europas gehaßt, mit unbedingtem, mit tödlichem Haß, dessen ich
mich nicht zu schämen hatte, auf den ich stolz sein durfte; und eben
die Tiefe dieses Hasses mag den Gedanken verzeihlich erscheinen
lassen, den ich nicht los wurde, daß, wenn er vom deutschen Bürgertum, vom deutschen Volk wahrhaft und durchgehend geteilt
worden wäre, es mit Deutschland nicht hätte zu kommen brauchen,
wohin es gekommen ist.»

Dieser letzte Satz fand, wie er sorgsam registrierte, den spontanen
Beifall seiner Zuhörer. Seine Worte schienen, mehr als in jeder anderen Rede seines öffentlichen Lebens, die rechten und richtigen zu
sein. Mit ruhigem Ernst konnte er das Spottwort beiseite rücken,
das ihm «frei nach Goethe» nachsagte, er könne «sagen, er sei nicht
dabei gewesen». «Nicht doch», rief er, «ich bin dabeigewesen.» Er
wies auf den «Doktor Faustus» und zitierte Platens Verse: «Ich
lieb' es drum in keinem Sinne minder, / Da stets ich mich in seinem
Dienst verzehre, / Doch wär' ich gern das fernste seiner Kinder. /
Geschieht's, daß je den innern Schatz ich mehre, / So bleibt der
Fund, wenn längst dahin der Finder, / Ein sichres Eigentum der
deutschen Ehre.»

Er freue sich, fügte er hinzu, «sogar des materiellen Teils dieser
Ehrung», die ihm nun widerfahre, weil er ihn nutzen könne, «um
hier im Lande unverdiente Not (...) in dieser harten Zeit zu lindern». (Sein Plan war es, die ihm zugesprochene Summe einem

Hilfsfonds für notleidende Schriftsteller zu übergeben.) Doch er sei nicht nur zur Danksagung gekommen, sondern weil ihm ein «untrügliches Gefühl» sage, daß der Streit um sein Werk und um seine Person, dem er mit Staunen zugesehen habe, an Bedeutung weit über ihn hinausreiche.

Damit deutete er auf die Auseinandersetzung über seinen Entschluß, auch Weimar aufzusuchen. Unter ihm, in einer der ersten Reihen, saß die Delegation, die aus Ostdeutschland herübergekommen war, um sich seiner Zusage zu versichern: Hermann Buchterkirchen, der Oberbürgermeister von Weimar (er gehörte der christlich-demokratischen Formation der «Blockparteien» an), Heinz-Winfried Sabais, der Sekretär des Goethe-Ausschusses, und der kommunistische Schriftsteller Willi Bredel.

Thomas Mann fuhr fort: «Will es denn das Schicksal, daß unsere Existenz symbolisch wird, so haben wir uns diesem Schicksal zu stellen. Nun also, ich stelle mich, der Freundschaft, dem Haß. Den Freunden, um sie nicht im Stich zu lassen, den Feinden, um den Anschein zu meiden, als verbärge ich mich vor ihnen. Willkommen oder nicht, ich hätte es als einen Flecken in meinem Leben empfunden, wenn ich dem Genius Goethe's nur auswärts gehuldigt und auch dabei Deutschland gemieden hätte.» Er nannte die Zerrissenheit des Landes beim Namen, bezeugte sein Verständnis für den «patriotischen Gram» und «die bittere Ungeduld, aus der, laut oder leise, das Wort ‹Fremdherrschaft›» breche.

Darin täuschte er sich, wenigstens was den Westen Deutschlands anging, denn nur eine verstockte, fast verschwindende Minderheit empfand die Präsenz der Amerikaner, Briten und Franzosen als «Fremdherrschaft». Die Besatzungsmächte waren im Begriff, Freund-Mächte zu werden. (Die Lage jenseits des Vorhangs nahm sich anders aus.) Sein Publikum wird aber gern gehört haben, daß er die braune Diktatur unmißverständlich «die schlimmere Fremdherrschaft» nannte, manchen früheren Aussagen über die Identität von Nazismus und «Deutschtum» widersprechend. Er wußte wohl, daß auch diese entlastende Formulierung die komplizierte Wirklichkeit nicht decken konnte. Doch mit dem Blick auf die Teilung rief er, die Sehnsucht, sie zu überwinden, «wäre keinem Volke auf Erden fremd. Eines Tages muß und wird es enden. Mir aber, wie ich hier stehe, gilt es schon heute nicht. Ich kenne keine Zonen. Mein Besuch gilt Deutschland selbst. Deutschland als Ganzem, und keinem Besatzungsgebiet.» Er fragte: «Wer sollte die Einheit Deutschlands gewährleisten und darstellen, wenn nicht ein unabhängiger Schriftsteller, dessen wahre Heimat, wie ich sagte, die freie, von Besatzungen unberührte deutsche Sprache ist?»

Mit solchem Selbstbewußtsein hatte wohl nie zuvor ein deutscher Autor zu seinem Volk gesprochen. Die stolzen Sätze wurden denn auch mit brausendem Beifall belohnt. Thomas Mann durfte rufen, der Zustimmung sicher: «Gewähren Sie, meine Zuhörer, dem Gast aus Kalifornien diese Repräsentation und lassen Sie ihn den Augenblick unbekümmert vorwegnehmen, den Goethe's Faust seinen letzt-höchsten nennt: den Augenblick, wo der Mensch, wo auch der Deutsche ‹auf freiem Grund mit freiem Volke steht›!»

Dann dämpfte er, eine Gefahr witternd, das mächtige Pathos des Augenblicks: «Ich komme zu Ihnen als ein armer, leidender Mensch, der sich mit den Problemen dieser in Geburtswehen des Neuen, in Umwälzungen und qualvollen Anpassungsnöten liegenden Zeit herumschlägt wie irgendeiner von Ihnen.» Er sprach von seiner Ratlosigkeit vor der Frage, «wie der Mensch wieder den Segen einer moralischen Autorität gewinnen» und «zu einem Glauben gelangen könne». Den Blick nun zu Goethe gewandt, sagte er, es habe «mit der Kunst vielleicht eine glücklichere, hilfreichere, lebensdienlichere Bewandtnis als mit allem Ratwissen, Glauben und Lehren». Alle Kunst schwebe in der «Doppeldeutigkeit» des Wortes «gut», «in dem das Ästhetische und Moralische sich treffen, vermischen, ununterscheidbar werden, dessen Sinn übers bloß Ästhetische hinausreicht ins überhaupt Zustimmungswürdige und hinauf bis zur höchsten, gebietenden Idee der Vollendung».

Für einen Augenblick schien er in die «Religion der Kunst» heimzukehren, unter deren Bann seine Jugend gestanden hatte, und es war wohl kein Zufall, daß er den eigentlichen Anlaß der Feststunde in geradezu biblischer, ja evangelistischer Feierlichkeit beschwor: «Der wunderbare Mensch, den vor zweihundert Jahren ein junges deutsches Weib zur Welt gebar und dessen leuchtender Lebensbogen nicht nur am deutschen Himmel steht, sondern überall auf Erden staunendes Schauen auf sich zieht – Goethe». Er rief:

«Preis dem achtzehnten Jahrhundert, das den ‹großen Mann› deutscher Nation, den Übermenschen, dies eine Mal, in höchster, welt-
gewinnender Liebenswürdigkeit hervorbrachte, als Dichter und
Weisen, als Lebensfreund, Friedenshelden, als Gesegneten der Natur und des Geistes, als Liebling der Menschheit – so ist man zu
sagen versucht angesichts der reinen und einmütigen Sympathie,
mit der buchstäblich die ganze bewohnte Erde die hohe Wiederkehr
seiner Epiphanie begeht. Ich brauche dies Wort, das die Ankunft,
Herniederkunft, das Erscheinen eines Gottes auf Erden bedeutet,
denn noch einmal: etwas Göttliches war es mit ihm». Er sprach von
einem «von göttlicher Kühle umflossenen Leben», vom «hohen
Standpunkt (...) des Schauens», von dem «geöffneten Blick für die
Widersprüche», den er der Dialektik in der Philosophie gleichsetzte, von dem Blick für «das Böse im Guten, die Verderbnis der
Idee durch ihre Verwirklichung, die fundamentale Tragik des Men-
schenlebens», denn: «Alles reine Schauen» sei «tragisch» (was immer das hieß).

Von dieser Erhebung war der Weg nicht weit zu Fausts «Sozial-
werk der Menschenbeglückung». Thomas Mann, der drüben in
Weimar nicht anders sprechen wollte als in Frankfurt, bahnte sich
den Weg zu dem Publikum, das ihn in Ostdeutschland erwarten
würde. En passant fertigte er noch einmal den Lyriker und Essayisten Holthusen ab, der in der Zeitschrift «Merkur» den «Doktor
Faustus» unter dem Titel «Welt ohne Transzendenz» sozusagen
sub specie aeternitatis verworfen hatte. Er gab zu verstehen, daß die
Bejahung des Religiösen und des Metaphysischen selbstverständlich sei, und er deutete zugleich an, daß es ihm nicht ganz geheuer
sei, wenn man ihr nun solch «seltsamen Nachdruck» verleihe: «in
einem Augenblick, wo alles Ringen der Menschheit darum geht,
sich auf eine höhere Stufe ihrer sozialen Reife zu erheben, wo alles
darauf ankommt, die lebensgefährliche, katastrophengeladene
Spannung auszugleichen, die sich hergestellt hat zwischen Wahrheit
und Wirklichkeit, zwischen dem geistig längst Erreichten und dem,
was sich noch Wirklichkeit zu nennen wagt, und wo in der Sorge
um diesen Ausgleich von Religiosität, von Gehorsam gegen den
Willen des Weltgeistes ganz sicher mehr ist als in aller spirituellen
Frömmelei.»

Niemals hätte sich Goethe «dazu hergegeben, gegen ein Neues, das kommen wollte oder schon da war, überalterte oder schon heuchlerisch gewordene Ideale auszuspielen». Nach West wie Ost gewandt, feierte er das «Wunder Goethe», das «in so gewinnender Größe kein zweites Mal vorgekommen ist in der Geschichte der Gesittung», als die «vollkommen zwanglose und einleuchtende Synthese» des «Deutsch-Volkhaften» und des «Mediterran-Europäischen», mit anderen Worten: als eine Verkörperung des Deutschen, das von der Welt geliebt werden und sich selbst lieben kann. Er sagte: «Das ‹gute Deutschland›, das ist die Kraft, gesegnet durchs Musische, gesittete Größe. So konnte ein Deutscher musterhaft werden, Vorbild und Vollender seines Volkes nicht nur, sondern der Menschheit, zu deren Selbst er sein Selbst erweiterte.»

Tosender Applaus. Georges Motschan erzählte: als «Thomas Mann die Paulskirche zu verlassen im Begriffe stand, da hörte er (...) eine vieltausendköpfige Menge in Beifallsstürme ausbrechen. Die Menschen hatten, über draußen aufgestellte Lautsprecher, die Rede in tiefem Schweigen mitanhören können. Rufe wie ‹Komm bald wieder!› schallten Thomas Mann entgegen. Diese aufmunternden Rufe waren es, die ihn beeindruckten, viel mehr in seinem Gedächtnis hafteten als alle höflichen und wohlformulierten Ansprachen der Offiziellen.»

Der Helfer berichtete weiter: «Zurück in Kronberg und im Gästehaus, bei einem Bier, da fragte mich Thomas Mann, unter vier Augen nur: ‹Was glauben Sie, junger Schweizer-Freund, wieviel Blut wohl an all' den Händen klebt, die ich heute habe drücken müssen, wieviel?›» Die «Vorstellung der blutverklebten Hände» habe den Dichter während der deutschen Tage stets verfolgt.

Thomas Mann schien den Vertretern des jungen westdeutschen Staates, die ihm in Frankfurt, in Stuttgart, in München und anderswo begegneten – in ihrer Mehrzahl Sozialdemokraten, Christdemokraten und Liberale –, wenig Vertrauen entgegenzubringen, trotz aller Botschaften der Ermutigung. Eine Pressekonferenz, in der sich die Fragen, es war nicht anders zu erwarten, auf den Besuch in Weimar konzentrierten, bestand er mit äußerer Gelassenheit. Die Kritik, die sich in den folgenden Tagen massiv zu erkennen gab, nährte sich vor allem aus dem Appell einer Berliner Organisation,

die den etwas aufwendig militanten Titel «Kampfgruppe gegen Unmenschlichkeit» trug. Ihre Mitarbeiter und Mitglieder unter der
Leitung des jungen Rainer Hildebrandt hatte es sich zum Ziel gesetzt, die Welt beharrlich auf die chronische Verletzung der Menschenrechte im deutschen Machtbereich der Sowjetunion aufmerksam zu machen. Der Aufruf forderte von Thomas Mann, er möge
drüben in Ostdeutschland darauf bestehen, das Konzentrationslager Buchenwald zu besichtigen. Schon halb im Aufbruch und voller
Hast schrieb er eine Erklärung auf, die besagte, was er später wieder
und wieder betonte: daß sein «Besuch dem alten Vaterlande als
Ganzem» gelte und daß es ihm «unschön» schiene, sich «von der
Bevölkerung der Ostzone fern zu halten, sie gewissermaßen links
liegen zu lassen. Im Rahmen dieses Besuches Forderungen zu stellen, die die einladenden deutschen Behörden nicht erfüllen können,
ist offensichtlich unmöglich, und die interpellierende Gesellschaft
weiß das so gut wie ich.»

War es unmöglich? Heinz-Winfried Sabais berichtete, er habe,
mit der Vorbereitung der Goethe-Feiern beauftragt, in einem Brief
an den sowjetischen Militärgouverneur Marschall Sokolowski höflich um die Auflösung des KZ Buchenwald gebeten. Das habe ihm
wiederum eine «scharfe Rüge» der Volksbildungsministerin von
Thüringen und ihrer Parteikontrolleure eingebracht. Trotzdem
habe er den Brief an Johannes R. Becher weitergeleitet, der als «Vorsitzender des Deutschen Goethe-Ausschusses» sein oberster Vorgesetzter gewesen sei. Der habe ihm später tatsächlich gesagt, sein
Schreiben sei an den Marschall geschickt worden. Dennoch, Sabais
wurde nicht geschaßt.

Viele der Bürger, die Thomas Manns Worte in der Paulskirche
voller Dankbarkeit aufgenommen hatten, waren nicht bereit, sich
mit dieser verärgert-nüchternen Auskunft zufriedenzugeben. Eugen
Kogon, Mitherausgeber der «Frankfurter Hefte» und Verfasser der
großen Studie über den «SS-Staat» (mit der Thomas Mann vertraut
war), publizierte am 30. Juni in der «Frankfurter Neuen Presse»
einen offenen Brief. Der Verfasser bezog seine Autorität aus einer
fünfjährigen Haft in jenem Konzentrationslager, das die Nazis wenige Kilometer vor der Goethe-Stadt errichtet hatten. Er nahm
Thomas Mann bei seinem Frankfurter Wort: Der Dichter, schrieb

Kogon, habe dort von dem «Schicksal» gesprochen, daß seine «Existenz symbolisch wird», und habe betont, er wolle sich diesem Schicksal stellen – «der Freundschaft» wie auch «dem Haß». «Nun also», insistierte Kogon, «sollten Sie in Weimar sprechen, so stellen Sie sich der Freundschaft oder dem Haß von 12000 politischen Gefangenen im bloß acht Kilometer entfernt gelegenen Konzentrationslager Buchenwald, – ‹armen, leidenden Menschen›, um noch einmal, über Ihre Person hinaus, auf die Sie sie anwandten, Worte aus Ihrer Frankfurter ‹Ansprache im Goethejahr› zu gebrauchen. Armen, leidenden Menschen, die sich freilich nicht ‹mit den Problemen dieser in Geburtswehen der neuen, in Umwälzungen und qualvollen Anspannungsnöten liegenden Zeit herumschlagen›, sondern die wegen solcher Probleme herumgeschlagen werden, was, nicht wahr?, für das Maß und die Heftigkeit des Leidens einigen Unterschied ausmacht.»

Dann wies Kogon mit schneidender Schärfe darauf hin: «Schon einmal, es muß im Herbst 1941 oder im Frühjahr 1942 gewesen sein, haben deutsche Dichter und Schriftsteller in Weimar, dem Geiste Goethes huldigend, gegen die Unmenschlichkeit gesprochen – natürlich nicht etwa gegen die nationalsozialistische, sondern gegen die sowjetische –, und ihre Kollegen in Buchenwald, wo die Schergen eine mächtige sogenannte Goethe-Eiche verehrungsvoll am Leben gelassen hatten, mußten auf dem blutgetränkten Boden, in dem sie wurzelte, mit Entsetzen, Abscheu und damals ohnmächtiger Wut das glorreiche Gerede zur Kenntnis nehmen.»

Er fragte: «Wollen *Sie*, sofern Sie die Absicht haben sollten zu sprechen, oder wenn Sie darum gebeten werden sollten, sich und die 12000 Gefangenen von heute in eine ähnliche Lage bringen? Sie müßten sich wohl vorher entscheiden, was Ihnen richtiger erscheint: die Freundschaft der 12000 und der Haß der Machthaber, oder der Haß der Gefangenen und die Freundschaft der Machthaber.»

Kogon schloß mit den bitteren Sätzen: «Im Namen meiner toten Kameraden, die damals in Buchenwald, als sie eben noch lebten, gegen ihre Dichter- und Schriftstellerfeinde selbst zähneknirschend die Hoffnung nicht aufgaben, eines Tages die unselige Verbindung ‹Weimar – Buchenwald› wieder zerreißen, sie durch die eigene

Menschlichkeit sühnen und ungeschehen machen zu können, darf ich für die heute noch Lebenden, dort aber fortgesetzt Leidenden, und für uns alle, Sie sicherlich bitten, sich dies alles durch Kopf und Herz gehen zu lassen – ein Stück der deutschen Wirklichkeit, die Sie gesucht haben –, es zu bedenken, ehe Sie Ihren angekündigten Besuch in Weimar antreten, um auch dort dem Genius Goethes zu huldigen.»

Wann immer er auf Kogons Brief angesprochen wurde, zog sich Thomas Mann auf die Antwort zurück, die er der «Kampfgruppe gegen Unmenschlichkeit» hatte zuteil werden lassen. Einmal bemerkte er, daß er die Äußerung Kogons für «die indirekte Form» halte, ihm für seinen «Besuch in der Ostzone die Mißbilligung auszusprechen». Sonst bedachte er den Autor keines Wortes, keines Ausdrucks der Verbundenheit und des Bedauerns, obschon Eugen Kogon, wie er vermutlich wußte, zu den Vertrauten Gottfried Bermann Fischers zählte (dem er später, bei der schwierigen Trennung von Peter Suhrkamp, mit integrem Rat zur Seite stand).

In seinem späten Bericht sagte Sabais, er sei bei den privaten Gesprächen, die er in Frankfurt geführt habe, oft der Besorgnis begegnet, «daß der Besuch Thomas Manns nur einer Glorifizierung des kommunistischen Systems in der Ostzone dienen werde». Er habe diese Bedenken zu zerstreuen versucht und darauf hingewiesen, daß die Reise dazu beitragen könne, die «Sehnsucht nach der nationalen Einheit» von der Spekulation der Kommunisten zu lösen. Auch er habe insgeheim gehofft, daß Thomas Mann die Frage nach dem KZ Buchenwald stellen würde: «Ein streitbarer Humanist wie Thomas Mann konnte nicht gleichgültig gegenüber der Tatsache bleiben, daß auf dem Ettersberg bei Weimar, dem gleichen Boden, auf dem Goethe seine imperativischen Verse: ‹Edel sei der Mensch, hilfreich und gut...› niedergeschrieben hatte, die verhaßten SS-Büttel nur durch nicht minder verhaßte NKWD-Posten abgelöst worden waren».

III. KAPITEL

Der Staatsbesuch (II)

Auf Freund Bertram hatte Thomas Mann in Frankfurt vergeblich gewartet. Aber ein anderer der alten Vertrauten stellte sich ein: Hans Reisiger, der mit dem Auftrag kam, dem Freund eine Einladung des Oberbürgermeisters von Stuttgart für einen kleinen Empfang in der Hauptstadt des neuen Südweststaates Baden-Württemberg zu übermitteln. Er wurde aufgenommen wie ein verlorener Sohn – oder eher wie ein kleiner Bruder – und kurzerhand aufgefordert, mit Thomas und Katia in Motschans Buick nach Stuttgart zu reisen.

Für Privates blieb auf der ersten Etappe der Staats- und Staatenvisite kaum Zeit. Immerhin folgte Thomas Mann einer Bitte des Literaturhistorikers und Bibliotheksdirektors Hanns W. Eppelsheimer, bei ihm in der Wohnung zum Gespräch im kleinen Kreise vorbeizuschauen. Er las aus seinem «Gregorius-Romänchen». Mit dem seltsamen Jargon der darin aufretenden Fischer, die er «einen dreist erfundenen Dialekt aus Englisch, Französisch und Plattdeutsch» reden ließ, erregte er die größte Heiterkeit.

Vom Schlußbankett im Kronberger Gästehaus zog er sich mit Katia früh zurück. Er tat gut daran. Der schweizerische Betreuer glaubte, ähnliches nie erlebt zu haben: eine Gruppe von meist älteren Männern, die wohl wankten, aber nicht wichen, schütteten nach dem Bericht des Beobachters alles, was aus den Flaschen rann, in ihre gierigen Hälse, Bier, Wein und Schnaps, und sie brachen schließlich, wie es deutscher Mannen Brauch ist, in grölende Gesänge aus, natürlich auch Soldaten- und Nazilieder.

Thomas Mann schien davon nichts wahrgenommen zu haben. Doch er war erleichtert, daß er aufbrechen konnte. Es kostete einige Mühe, in dem großen amerikanischen Wagen vierzehn Gepäckstücke und drei Fahrgäste unterzubringen, doch es gelang. Auf dem Weg war noch ein Besuch in der Redaktion der «Frankfurter Rundschau» zu absolvieren. So traf der Dichter mit seiner Begleitung arg verspätet in dem Stuttgarter Restaurant ein, in dem sie erwartet wurden. Die Versammelten hatten inzwischen gegessen, und der Oberbürgermeister Arnulf Klett, der unermüdlich in Bewegung war, hatte sich wieder zu seinen Geschäften begeben. Er eilte nach der Ankunft des illustren Gastes herbei, so rasch es ging. Man tauschte artige Reden, besichtigte die Stadt und zeigte dem Gast vor allem eine «Trümmerverwertungsanlage», die ihn beeindruckte und ihm obendrein den Anlaß zu respektvoll-ironischen Kommentaren über die deutsche Tüchtigkeit verschaffte. Am Nachmittag fuhr die kleine Gruppe hinüber nach Bad Cannstatt, wo Reisiger zu Haus war, und am Abend aß man mit dem Oberbürgermeister in einem gemütlich-hübschen Restaurant in den Weinbergen über dem Neckar.

Nachtruhe im Gästehaus der Stadt in der Stafflenbergstraße («Stassenbergstraße» schrieb Motschan, der es mit den Details nicht immer allzu genau nahm). Anderen Morgens Weiterreise nach München. Der Chauffeur notierte mit Erstaunen, daß auf der Fahrt zu der Stadt, die zur eigentlichen Heimat der Familie Mann geworden war, niemals der Name des Sohnes Klaus fiel. Dafür sei ausführlich von dem Anwalt Valentin Heins die Rede gewesen, und vor allem Katia habe sich daran aufgehalten, daß der einstige Vertraute auch die Liebesbriefe ihres Mannes, die ihm zur Verwahrung übergeben worden seien, nicht herausgegeben habe: was vermutlich – darauf wurde hingewiesen – eine Legende war, da die Korrespondenz in den Tagebüchern Thomas Manns und in den Äußerungen Erikas niemals erwähnt wurde. Ein Schild an der Autobahn zeigte die Abzweigung nach Dachau an. Thomas Mann, berichtete Motschan, habe lakonisch bemerkt, in diesem Konzentrationslager hätten ihn die Nazis erniedrigen und umbringen wollen, Reinhard Heydrich vor allem, der spätere Chef des «Reichssicherheitshauptamtes» (der mit seinen Verhaftungsplänen vermutlich auf den Widerstand der Mächtigen in Berlin, zumal des Ministers Goebbels gestoßen wäre).

Das Wiedersehen mit München war schmerzlich. Motschan schrieb in seinem Bericht: «Was ich sowohl in Frankfurt am Main als auch in Stuttgart bei Thomas und Katia Mann ein bißchen vermißt hatte, das war der Ausdruck des Entsetzens über den zerstörten Zustand dieser Städte. Bei der Einfahrt in Richtung Stadtmitte München, als man durch völlig zerstörte Straßenzüge zu fahren hatte, Straßen, die die beiden zu kennen schienen und doch nicht erkennen wollten, da gab es nichts mehr zu überspielen, still und leise weinten sie vor sich hin, der Tränen wohl bewußt, aber wortlos». Die emotionale Erstarrung des Dichters war, wenigstens für einige Minuten, aufgebrochen.

Thomas und Katia Mann waren zu verwirrt, um ihren Chauffeur zum Hotel «Vier Jahreszeiten» dirigieren zu können. Der Polizeieskorte aber, die an der Abfahrt der Autobahn gewartet hatte, schien kein amerikanischer Wagen mit einer schweizerischen Nummer annonciert worden zu sein: sie fand sich erst am Hotel ein, zum Staunen der Ehrengäste, die sich rasch wieder zu erheitern schienen.

Wiederum mußte eine Pressekonferenz bestanden werden, und wiederum konzentrierte sich das Interesse auf den zweiten Teil der deutschen Reise, der Weimar galt. Anderntags war der Vortrag über «Goethe und die Demokratie» gleich zweimal zu halten: zunächst vor den Mitgliedern der Regierung, der Parteien, Vertretern der Besatzungsmacht und einigen geladenen Gästen, am Nachmittag vor dem Münchner Stadtrat und seiner Klientel, den Angehörigen des «Schutzverbandes Deutscher Schriftsteller», dem Thomas Mann lange Jahre angehört hatte, dazu den Mitgliedern der «Akademie der schönen Künste».

Die Zeitungen, schrieb Inge Jens, hätten die Auftritte «meist im Ton der Hofberichterstattung» kommentiert. W. E. Süskind aber nannte in der «Süddeutschen Zeitung» die Frankfurter Rede «fast zu glatt, zu entgegenkommend in ihrer etwas akademischen Milde». Klausens einstiger Freund sagte: «Noch bin ich der Meinung, daß Thomas Mann, wenn er 1946 gekommen wäre, in unsere noch umgepflügte Seelenlandschaft hinein, in einem Triumphzug des moralischen Pfingstgewitters durch Deutschland hätte ziehen können – mit politischer Heilsgewalt, weit über seine bewußten politischen Ressourcen hinaus. Denn damals war alles möglich. Jetzt sind wir längst wieder eingeschalt in Verstand und Ressentiment, und es ist nicht mehr viel möglich. So ist ein mildes und versöhnliches Wiedersehen wohl gerade das Rechte...»

Max von Brück, ein prominenter Mitarbeiter der «Gegenwart», aus dem alten Kreis der «Frankfurter Zeitung» stammend, rückte in einem geistreichen Bericht die Visite des prominentesten der deutschen Schriftsteller mit kluger Ironie ins rechte Licht. «Nach 1945», schrieb er, «glaubten viele, er werde über den Ozean eilend Schafe wie Wölfe unter einen blauen Mantel schlagen. Sie waren bestürzt, die Schafe und die Wölfe, als sie nicht die Worte eines Heilsbringers, sondern eines tief Gereizten, Zornmütigen, Schwankenden vernahmen oder lasen, der mit den Rutenstreichen seiner Rede die zur Rechten wie die zur Linken schlug. Es galt einzusehen, daß der Schriftsteller kein Heilsbringer ist; daß er, selbst wenn er wollte, ein verpfuschtes Geschehen in seinen Folgen nicht aufheben kann.»

Brück gelang ein schönes Porträt des Gastes, der «nicht im blauen Mantel, sondern im zweireihigen Sakko» erschien: «gesellschaftlich-konziliant, ein urbaner Reisender, der den Kopf zuweilen schräg neigt und in den Augen hinter steten Brillengläsern jene Ironie aufzucken läßt, die ihm als Mittel distanzierender Betrachtung nun einmal eigen ist (...), liebenswürdig-höflich im Defilé der Geladenen jedem die Hand schüttelnd, alte Bekannte grüßend, hanseatisch straff, fast jugendlich noch immer, aber mit ganz leisem, wahrscheinlich bewußtem amerikanischen Sprechakzent –»

Brück versuchte, Deutschland und München mit den Augen des Autors zu sehen: die «Stadtväter, Präsidenten, Ministerpräsidenten, Vorsitzende von diesem und jenem, die Lizenz- und sonstigen Träger». «Echte Urbanität und alter ‹dunkelmütiger Provinzialismus› mochten sich ihm gezeigt haben; europäisches Kernland und sarmatische Versteppung des Geistes; Trümmer, Verkaufsbaracken, Anfänge, Improvisationen, Querschnitte. Welche Fülle an Studienmaterial, Stoff zu neuem Bericht, zu neuer Rechenschaft für einen noch immer schöpfungsträchtigen Griffel.»

Er fragte, ob Thomas Mann «auch drüben im Herzogspark, rechts der Isar, in der Poschinger Straße» gewesen sei: «Er war nicht, sagt man. Vielleicht war er aber doch, und der Oberbürgermeister hat sich zu früh gefreut. Herr Oberbürgermeister, bedenken Sie, wie peinlich es wäre, wenn irgendein künftiger Autor eines künftigen Romans ‹Thomas Mann in München› sich beifallen ließe, eine Wiederbegegnung des Dichters mit seinem Heim zu erfinden! (...) Wie wollten Sie sich rechtfertigen? Die Stadt hat zwar das Haus, in dem er fast 25 Jahre gelebt hat, im Frühjahr 1949 dem rechtmäßigen Eigentümer zurückgegeben. Was hat sie getan, den von Krätze zerfressenen, von Nazis, Krieg und Nachkrieg, übelst mitgenommenen Bau in einen halbwegs menschenwürdigen Zustand zurückzuversetzen?»

Die Antwort war bedrückend. Brück hatte die einstige Residenz des Dichters aufgesucht: Die «Gartenmauer rings ums Haus ist geborsten und fast abgetragen. Woilachs, Matratzen, Gerümpel, faulende Küchenabfälle und Holz bedecken den Rasen. Das zersiebte Dach ist mit Blechstücken geschuppt, die Eingeweide des Hauses, zersplitterte Drähte, geborstene Türen hängen aus den Wänden. Hühner gackern, Kinder schreien in östlichen Sprachen. Ein Blechtopf mit Zittergras schmückt ein Fenstergesims auf der Frontseite. Mit Blechstücken ist der Garten in kleine Geviere geteilt, auf denen zwischen hochstaudigen Nesseln verschüchterte Kohlstrünke mit Wannen und Näpfen fragwürdige Gemeinschaft pflegen. In den zwölf noch bewohnbaren Räumen hausen an die 50 Menschen, das tierische Inventar nicht mitgezählt. Gesindel, Schwarzhändler mit Aktentaschen, Schwarzbrenner hatten sich hier in den letzten Jahren zu rasch wechselndem, rasch vergnügtem, niemals von der Polizei faßbaren Aufenthalt eingenistet. Was früher die Wohnung des Dichters war, ist zur Lemure geworden. Zugegeben, es wird schwer halten, jene Freiwohner auszuweisen, die außerhalb der deutschen Gesetze stehen. Aber hat die Bürokratie dieserhalb überhaupt Versuche eingeleitet?»

Emil Preetorius, der mit solcher Beharrlichkeit für den Besuch in München eingetreten war, hatte sich entschuldigen lassen: er war durch eine Inszenierung im Ausland festgehalten (doch es mußten wohl auch Verstimmungen über die Mißverständnisse bei der Vorbereitung des Besuches halbwegs diskret überspielt werden). Dafür erreichte Thomas Mann nun endlich die ersehnte Botschaft von

Ernst Bertram, durch einen amerikanischen Schüler des Germanisten überbracht. Er liege krank zu Bett, erklärte der Freund dem «lieben, altverehrten Thomas Mann», darum könne er nicht so schreiben, wie er «möchte und sollte». Gerade habe man ihm den Auszug der Frankfurter Rede gebracht, der ihn ergreife und bewege: «Ich muß glauben, daß diese eindringlichen Gewissensworte eine Art Friedensschluß mit unserm immer noch verstörten Volke bewirken, wie sie von Ihnen aus ein solcher Friedensschluß *sind*.» Er fuhr fort: «Möchte nach so vielen Schicksalen und notwendigen Gegnerschaften die Goethe-Stunde Sie wieder mit unserem Volk versöhnen, für das Sie zuletzt doch alles gesprochen und erlitten haben. Mit solcher Versöhnung ist auch mir persönlich ein jahrlang gehegter und bewegter Wunsch erfüllt.»

Die «besonderen persönlichen Umstände» erlaubten ihm keine Fahrt nach Frankfurt und München, doch gern hätte er, «wenn auch nur von fern, noch einmal Ihre Stimme gehört, wie in alten Zeiten». Er ließ es sich besonders angelegen sein, sein Patenkind Elisabeth zu grüßen. Über seine persönlichen Umstände wolle er noch nicht schreiben, doch habe er Anlaß, Thomas Mann für den Brief an seinen Schüler Werner Schmitz zu danken, der ohne sein Wissen und gegen seinen Wunsch teilweise gedruckt worden sei. Doch er habe ihm geholfen, die Freigabe seiner Bücher zu erreichen: «In allem übrigen ist meine Lage unverändert – als die eines Paria der Kaste Drei ziemlich ernst – aber wir haben uns ja gewöhnt in einer Welt zu leben, darin die Last des Pariatumes reihum geht.» Er schloß: «Mein Gedenken galt neulich, bei der Nachricht vom Scheiden Ihres Sohnes Ihnen und Ihrer Gattin, und ich war noch einmal auf dem Chiemsee, mit Ihren Kindern und Ernst Glöckner. Es ist so gut, daß wir niemals ahnen dürfen, was uns alle erwartet. Möge es für Sie in der neuen Heimat nur noch viel Gutes, Tätiges, Freundliches sein und ein versöhnter Fernblick. Ich kann jetzt nicht mehr schreiben. Ich danke und gedenke von Herzen wie einst. Ihr Ernst Bertram.»

Thomas Mann nahm, nach dem Bericht von Motschan, das Schreiben Bertrams mit der Bemerkung auf: «Dieser Brief allein hätte die ganze Reise gerechtfertigt!» Er vermochte Bertram, der seinem Herzen näher zu sein schien als jeder andere Überlebende aus den deutschen Jahren, erst bei der Rückreise nach Amerika vom Schiff aus zu antworten. Seine Zeilen waren ganz von dem Wunsch nach Versöhnung bestimmt: «Wie gern hätte ich Sie wiedergesehen! Ich habe mich und andere oft nach Ihnen gefragt, nur langsam einiges erfahren und über Ihre ‹Einstufung› dégoûtiert die Achseln gezuckt. Jenen Brief an Ihren Schüler schrieb ich in der zustimmenden Voraussicht, daß man schickliche Teile daraus zu Ihren Gunsten öffentlich benutzen werde. So ist es geschehen, und wenn es geholfen hat, das Schlimmste und Dümmste abzuwenden, so soll es mir im vollsten Sinne des Wortes recht sein. Wonach weiter getrachtet werden muß, ist, Ihnen das verdiente Ruhegehalt zu sichern. Ueber zu unternehmende Schritte denken wir nach.»

Noch sah er, als er diese Zeilen schrieb, die deutsche Reise in einem ganz positiven Licht: «Für mich war der Besuch durchaus geboten und überfällig, und ich bin froh, ihn absolviert zu haben. Die Magistrate haben mich in den Städten mit Kriminal-Polizei umgeben, aber das war ganz überflüssig, denn von einigen schlicht unflätigen Briefen abgesehen ging es überall sehr freundschaftlich-herzlich, ja festlich zu, und ich wollte, Sie wären in der Paulskirche und bei der Abfahrt von dort dabei gewesen.» Zum Schluß schrieb er Bertram: «Ich glaube, Sie kennen mich als Einen, der nie etwas aus seinem Leben verliert, sondern alles immer lebendig mit sich weiterführt, – wie denn vor allem nicht alte Freundschaft!»

Ein zweites Mal berührte ihn eine Begegnung mit versunkenen Welten: Carl Ehrenberg stellte sich ein, nun immerhin ein Herr von dreiundsiebzig Jahren, der musizierende Bruder des geliebten Paul. Thomas Mann nannte die Begegnung später «gespenstisch»: «Abgelebtes Leben stieg in zerlumptem Zustand aus dem Grabe der Vergangenheit», schrieb er nach der Heimkehr an Walter Opitz. Carl hatte ihn wohl zweifelnd danach gefragt, ob er ihn denn noch kenne. Der Dichter bemerkte: «Warum hätte ich ihn nicht kennen sollen, der mir einst so hübsch gebunden den II. Akt Tristan gespielt hat. Ich war froh zu sehen, daß es ihm gut geht: Professor an der Münchener Musik-Akademie ist doch eine große Stellung, und daß er's mit den Nazis gehalten, verübelt ihm sicher kein Mensch. (...) Paul tauchte *nicht* auf, vielleicht auch, weil er sich einmal in einer Geldsache (...) sehr mangelhaft benommen hat. Er mag es mir nachtragen.»

Der einst so umschwärmte Freund hatte von Thomas Mann im Jahre 1933 achthundert Mark geliehen und sie niemals zurückgegeben. Durch Carl ließ er ausrichten, daß er zum Dank für den «vor vielen Jahren geleisteten Freundschaftsdienst» Thomas Mann ein Bild schenken wolle. Er werde es, da er nicht nach München kommen könne, nach Amerika hinüberschicken. (Es scheint niemals nach Kalifornien gelangt zu sein.) Im Oktober des Jahres 1949 starb der Maler – auf der Heimreise von Plauen – an einer Embolie. Der Trauerbrief, den Thomas Mann an den Bruder schickte, war ein melancholisches Echo der letzten Münchner Begegnung: «Unsere Jugendfreundschaft zu Dritt, die fröhliche Geduld, die ihr mit mir Scheuem und Schwierigem hattet, die guten, vertraulichen und begeisterten Stunden, die wir mit einander verbrachten – diese Erinnerungen haben nie aufgehört, einen glücklichen Gefühlswert in meinem Leben zu bilden, von dem Wärme und Helligkeit ausging. Mit euch konnte ich übermütig sein. Weißt Du noch, wie wir früh morgens zum Aumeister radelten (Dein Rad hieß ‹die Kuh›, weil es immer einen kotigen Bauch hatte) und nach dem Kaffeetrinken mit Steinen nach leeren Bierflaschen warfen? Fünfzig Jahre! Fünfundfünfzig! Und nun sitze ich, auch schon recht müde von all dem Leben, in Californien und schreibe Dir diesen Brief, weil Paul tot ist. In Gottes Namen, wir müssen alle dahin – dürfen, sollte ich sagen. Ich hoffe, er hat nicht viel zu leiden gehabt. Es lag doch auf ihm, von uns Dreien, wohl am meisten Sonne, und solchen, denen das Leben hold war, gönnt es meist auch ein sanftes Ende. Sein Jugendbild lebt in mir fort. Ich bin froh, bei dem etwas geisterhaften Besuch in München wenigstens Dich noch einmal gesehen zu haben. Lebe recht wohl!»

Am 30. Juli weiter nach Nürnberg, wo die Thomas-Mann-Gesellschaft auf sein Kommen wartete: «Man hatte in einem uralten Haus ohne Fahrstuhl fünf Treppen hochzusteigen, um in einem engen Raum das zu besichtigen, was (…) in Tat und Wahrheit (…) nichts weiter war als des Vorsitzenden äußerst bescheidene Privat-Wohnung». Deutsche Wirklichkeit. Der Oberbürgermeister lud zu einem Essen, bei dem es wohl nicht ganz so aufwendig zuging wie sonst bei den offiziellen Banketten. Doch die Auswahl war immer noch reichhaltig genug. Beeindruckt wies der Dichter später darauf hin, wie erbärmlich spartanisch sich im Vergleich ein Dinner im Londoner «Savoy» ausnehme: England, das den Krieg gewonnen habe, darbe, während Westdeutschland als Kriegsverlierer alle Köstlichkeiten der Welt auftischen lassen könne. Das Nürnberger Stadtoberhaupt schlug eine Besichtigung des Verhandlungssaals im Justizgebäude vor, in dem die Kriegsverbrecherprozesse stattfanden, und er hätte gern auch die Hinrichtungsstätte gezeigt. Thomas Mann verzichtete. Dafür ließ er sich zu der riesenhaften Anlage fahren, in der einst die Aufmärsche zum Reichsparteitag stattgefunden hatten. Motschan schrieb: «Zu unsern Füßen lagen die Trümmer eines riesigen steinernen Hakenkreuzes, welches nach dem Einzug der Amerikaner gesprengt worden war. Thomas Mann meinte lakonisch: ‹Es ist doch symbolhaft, – so sieht wohl ganz Deutschland heute aus.›»

Am Nachmittag weiter nach Bayreuth. Übernachtung im Hotel «Bayerischer Hof». Hier sollte, so war es verabredet, Golo zu den Eltern stoßen: auch für ihn war ein Visum beantragt. Doch er kam nicht. Vermutlich widerstrebte es ihm, sich an der zu erwartenden Triumphfahrt des Vaters in das andere Deutschland zu beteiligen. Auch die ostdeutsche Delegation, die Thomas und Katia dort erwarten sollte, war noch nicht zur Stelle. Besorgt schickte Thomas Mann ein Telegramm an den Oberbürgermeister von Weimar, in dem er fragte, wann und wo die Interzonenpässe ausgehändigt würden. Indessen setzte man sich zu Tisch. Nach dem Essen legte der Hausherr beflissen ein Gästebuch vor, damit sich der Dichter eintrage. Thomas Mann blätterte zurück, und er stieß, wie es nicht anders zu vermuten war, auf die Namenszüge der gesamten Prominenz des Dritten Reiches, die in dem schönen Gasthof bei den Wagner-Festspielen abgestiegen war. Laut Motschan überwand der Dichter den Anflug von Ärger, der ihn fast veranlaßt hätte, das Blatt mit seiner Eintragung herauszureißen; er fand sich damit ab, daß einige leere Seiten die kompromittierende Nachbarschaft erträglicher machten. Vielleicht sagte ihm auch der Sinn für Ironie, der sich gelegentlich in Augenblicken persönlicher Betroffenheit regte, daß jenes Gästebuch ein Spiegel der deutschen Realität sei.

Die Abordnung aus Berlin, die den Dichter nach Weimar geleiten sollte, langte im Fortgang des Abends schließlich an: voran Johannes R. Becher und Klaus Gysi, Mitglied des Zentralkomitees der SED, damals Generalsekretär des «Kulturbundes», später in der Regierung der Deutschen Demokratischen Republik eine Reihe von Jahren Minister für Kultur. Die Reiseroute sah vor, daß Thomas Mann die Grenze bei Wartha nicht weit von Eisenach passieren sollte, denn man hatte angenommen, der Dichter komme direkten Weges von Frankfurt. Dies hätte, wie der tüchtige Motschan flugs errechnete, einen Umweg von etwa dreihundert Kilometern bedeutet. Er schlug vor, den Weg über Hof und Plauen zu nehmen. Becher und Gysi waren bestürzt, denn offensichtlich sollte eine Regierungsdelegation den Gast in Wartha empfangen. Die Bevölkerung vieler Städte und Dörfer war aufgeboten, dem Gast spontane Willkommensgrüße darzubieten. Telefongespräche nach drüben zu führen erwies sich als schwierig. Doch Thomas Mann blieb fest. Er wollte keine unnötigen Strapazen auf sich nehmen.

Die Zonengrenze wurde andern Morgens ohne Anstand passiert. Auch Motschan war mit einem Visum versehen. Da Becher und Gysi, die mit ihrem Wagen vorausfuhren, offensichtlich fürchteten, man könne in Weimar zu früh eintreffen, wurde in Plauen eine Pause eingelegt. In einem bescheidenen Restaurant, das den Abstand zum westdeutschen Überfluß eindrucksvoll demonstrierte, aß man zu Mittag. Vorher hatte man, wie es der «Zufall wollte», einen kleinen Augenblick in der «Thomas-Mann-Straße» angehalten. «Gestellt natürlich! Potemkin!» riefen die Vorausfahrenden, wie der Dichter später in seinem Reisebericht erzählte: «Aber mit der Straße (...) hatte es seine schlichte Richtigkeit. Sie heißt immer so, seit 1945, auch wenn ich nicht zu Besuch komme; und es gibt mehr Straßen dieses Namens in der Ostzone.»

Hinter Plauen war die Autobahn durch einige quergestellte Autos gesperrt: an der Barriere stand die Empfangsdelegation parat, die von Wartha herbeibeordert war. Anders als gewohnt vermieden es die «Honoratioren», nach dem Zeugnis von Heinz-Winfried Sabais, das «sonst obligate Parteiabzeichen» zu tragen. Die Polizei hatte allen Verkehr gesperrt, wie Motschan vermerkte, der im Auftrag des Dichters über die Stationen und Ereignisse der großen Visite Buch führte: «Begrüßungen wurden getauscht, Hände geschüttelt, Namen, Namen, Namen».

Die zur Gründung bereite Deutsche Demokratische Republik hieß Thomas Mann in der Tat wie ihren ersten Staatsbesuch willkommen. In Weimar, nach Thomas Manns eigenen Worten, «unendlicher Volksfest-Trubel und Ehrungen», bei denen er «mit guter Miene meinen Mann zu stehen hatte». Für ihn und Katia waren die «Fürstenzimmer» – oder, wie man heute sagen würde, die «Präsidenten-Suite» – im ersten Stock des Hotels «Kaiserin Augusta» reserviert (der «Elephant», in dem einst Lotte und nach ihr so viele Berühmtheiten abgestiegen waren, hatte bei einem Bombenangriff im Kriege böse gelitten und war noch nicht wieder ganz restauriert). Vor dem Eingang der Unterkunft drängten sich unzählige Neugierige. Alle Eingänge wurden bewacht. Laut Motschan war selbst «auf den einzelnen Stockwerken des Hotels (...) nichtuniformierte Polizei postiert». Außer Thomas Mann, Katia und dem jungen Schweizer waren auf der ersten Etage keine anderen Gäste zugelassen. Der Begleiter meinte, die Organisatoren hätten «vor allem die Ruhe des Dichters, deren er wohl bedurfte, im Auge» gehabt, «und er war auch dankbar für die rührende Vorsorge, der er auf Schritt und Tritt begegnete». Um so heftiger ärgerte er sich über die «Impertinenz einzelner westdeutscher Journalisten», die bei der Pressekonferenz im Hotel den Dichter «immer wieder mit provozierenden Fragen (...) auf politisches Glatteis zu führen versuchten». «Sie gaben erst klein bei, als sie einsehen mußten, daß sie Thomas Mann in keiner Weise gewachsen waren: Seine Antworten kamen prompt, scharf und präzise formuliert und ließen an Klarheit nichts zu wünschen übrig. Auch die internationale Presse war anwesend, es wurden Fragen in Fremdsprachen gestellt, englisch und französisch, die Thomas Mann, sich immer der deutschen Sprache bedienend, ohne Zögern beantwortete.» Motschan meinte, «das Frage- und Antwortspiel» hätte «weniger der Politik, dafür viel mehr der Literatur Beachtung schenken sollen».

Damit widersprach er einer Grundeinsicht seines großen Freundes, der immer wieder und völlig zu Recht darauf gepocht hatte, die Trennung von Geist und Politik sei eine der Ursachen des deutschen Elends. Es ließ sich nicht leugnen: seine Anwesenheit in Weimar war ein politisches Ereignis ersten Ranges. Thomas Mann war sich dessen wohl bewußt. Der Ernst, den Katia in den Gesichtern sah – «Kein Lachen, nicht einmal ein Lächeln ist zu sehen» –, war nicht nur von der Ehrfurcht vor dem klassischen Erbe des «bürgerlichen Humanismus» gezeichnet, den man in Goethe feierte. Er stammte wohl eher aus Not und Entbehrung, aus einer tiefen Unsicherheit, auch aus dem Bewußtsein, daß sie sich auf einem Prüfstand befanden – sie alle miteinander, der Dichter aus dem Westen, die Vertreter des Regimes, das um seine Anerkennung rang, die Bürger, die nicht gewiß waren, ob sie sich als solche betrachten durften oder eher als die Untertanen eines neuen Obrigkeitsstaates zu sehen hatten. Die Berliner Blockade war erst gut zweieinhalb Monate zuvor aufgehoben worden. Niemand konnte gewiß sein, daß die Gefahr eines Konfliktes auf deutschem Boden schon völlig gebannt sei. Thomas Mann aber deutete den «asketischen Ernst» auf den Gesichtern der Partei- und Staatsfunktionäre als eine «strenge Ruhe, Entschlossenheit und eine der Verbesserung des Irdischen zugewandte Frömmigkeit».

Am ersten Abend, nach einem offiziellen Essen in kleinerem Kreis mit dem Oberbürgermeister, wurde eine Stadtrundfahrt unternommen. Die Straßen und Gebäude waren in Schwarz-Rot-Gold, den alten Farben der Republik, geschmückt. Man habe keine rote Fahne gesehen, hielt Thomas Mann später fest. Motschan berichtete, vor der Post sei der Wagen plötzlich von Mitgliedern der Staats- und Partei-Jugendorganisation FDJ («Freie Deutsche Jugend») umringt gewesen, «blaugoldene Fähnchen und Wimpel schwingend». Katia berichtete Erika voller Drastik: «Besonders die FDJ (...), die von Morgen bis Abend ihr Friedens-Horst Wessel Lied grölte und dazwischen im Chor schrie ‹Wir grüßen unseren Thomas Mann› erregte recht fatale Assoziationen, wie sogar von dem guten Becher, der überhaupt einen äußerst bedrückten Eindruck machte, ausdrücklich festgestellt wurde.» Selbst Motschan meinte, die Kinder seien «denn doch etwas zu jung» gewesen, «um zu wissen, wen sie da mit so großem Jubel willkommen hießen». Thomas Mann aber schrieb in seinem «Reisebericht» begütigend, man dürfe nicht vergessen, daß es ein «*Friedens*lied» gewesen sei, das so unaufhörlich gesungen wurde – «mit dem Refrain: ‹Freundschaft siegt›».

Am Morgen des 1. August diktierte er Katia eine Einleitung, die er der offiziellen Ansprache voranschicken wollte. Dann mußte das

Haus am Frauenplan besichtigt, an den Grabstätten von Goethe und Schiller ein Kranz niedergelegt werden, den die Gastgeber in weltkluger Voraussicht bestellt hatten. Mit der Routine eines Staatsmannes rückte der Dichter die Schleifen zurecht. Dann zum Nationaltheater durch «ein Meer von Menschen». Streichquartett und Rezitation, Übergabe der Urkunden für die Ehrenbürgerschaft und den Goethe-Preis, eine Ansprache Bechers, dann Thomas Manns Rede, in der er noch einmal versicherte, daß er es als eine «Unvollständigkeit» seiner Deutschlandfahrt empfunden hätte, wenn er «nur die Geburtsstadt des Helden besucht hätte und nicht auch die Stadt, in der er von jungen Jahren an sein gewaltiges Leben verbracht hat».

Er erinnerte daran, wie schmerzlich es gewesen sei, die «Lotte» fern vom Schauplatz des Buches zu schreiben: «Nun bin ich da, nun habe ich alles wieder vor Augen, und nicht nur das, sondern, traumhafter Weise, ich bin ein *Bürger* der Stadt geworden, nach der ich mich damals sehnte und die in meiner Vorstellungswelt, wie in der jedes überhaupt vom Geist berührten Deutschen, eine so bedeutsame Rolle spielt.» Er sprach, wie zuvor schon, von der «glücklichen Bedeutsamkeit (...), daß Ost- und Westdeutschland, abseits und oberhalb von allen Unterschieden ihrer staatlichen Regimente, aller ideologischen, politischen und ökonomischen Gegensätze, auf kulturellem Grund sich gefunden und ihre Goethepreise in diesem besonders festlichen Jahr ein und derselben Schriftstellerpersönlichkeit zuerteilt haben. (...) In dieser Übereinstimmung in kultureller Sphäre darf man ein Symbol sehen für die öfters schon gefährdet scheinende Einheit Deutschlands, und auch an dieser Stelle will ich die Frage wiederholen: wer sollte denn heute diese Einheit gewährleisten und repräsentieren, wenn nicht ein unabhängiger Schriftsteller, dessen wahre Heimat die freie, von Zonen-Einteilung unberührte deutsche Sprache ist?»

Er drückte die Hoffnung aus, daß «aus den Leiden und Nöten dieser Übergangszeit ein neues menschliches Solidaritäts-Gefühl, ein neuer Humanismus hervorgehen könnte und sollte». Sie könnten der Menschheit helfen, die im Begriffe sei, «sich auf eine neue Stufe ihrer sozialen Reife zu erheben». Darin mochten die Gastgeber eine Anerkennung ihres Versuchs einer Umformung der Gesellschaft sehen. Doch der Dichter fügte hinzu: «Die Bemühung und Anstrengung, von der ich spreche, ist überall heute in der Welt vorhanden, in Ost und West, in sehr verschiedenen Formen und Erscheinungen. Aber über all diesen Unterschieden, lassen Sie mich das aussprechen, muß die Erkenntnis stehen, daß gewisse schwer erkämpfte und unveräußerliche Errungenschaften der Menschheit, daß Freiheit, Recht und die Würde des Individuums dabei nicht untergehen dürfen, sondern daß sie, sei es auch in gebundenerer Form, bedingt durch verstärkte soziale Verpflichtung, aufgenommen, heilig bewahrt und in die Zukunft überführt werden müssen.»

Der Beifall, der die Beschwörung von «Freiheit, Recht und Würde des Individuums» begrüßte, war spontan, und er war gewaltig, wie Thomas Mann später immer wieder betonte. Auch Oberst Sergei Iwanowitsch Tulpanow, Chef der Informationsabteilung in der sowjetischen Militärregierung und längst eine legendäre Figur in der intellektuellen und künstlerischen Welt Berlins, applaudierte lebhaft. Der Dichter maß dieser ostentativen Zustimmung einige Bedeutung zu. In seinem «Reisebericht» versäumte er nicht den Hinweis, daß der «russische Stadtkommandant», ein ehemaliger Metallarbeiter und «ein Bär in weißer Bluse, (...) sein Ohr zu dem deutschkundigen Adlatus zu seiner Rechten» geneigt habe, «um sich das Gesagte übersetzen zu lassen». Er legte auch Wert auf die Feststellung, daß er bei dieser wie bei allen offiziellen Gelegenheiten «die kleine Kokarde der ‹American Academy of Arts and Sciences› im Knopfloch» getragen und «als Amerikaner» gesprochen habe.

Er folgte einer Einladung Tulpanows zu einem kleinen Essen, bei dem der Offizier (auf Thomas Manns ausdrücklichen Wunsch) in Zivil erschien. Georges Motschan, der in Rußland aufgewachsen war und die Sprache seiner Kindheit nicht vergessen hatte, sollte dem Dichter als Zeuge und Dolmetscher dienen. Die sprachliche Vermittlung war nicht notwendig, denn Tulpanow beherrschte das Deutsche bis in die feinste Nuance. Der mächtige Mann erklärte dem Gast, die «Volksdemokratie» in der sowjetischen Zone sei nun «eingeübt», und es brauche nicht mehr «viel Einmischung der Besatzungsbehörden» – «man könne die Deutschen schon selbständig gewähren lassen». Thomas Mann fügte in seinem «Reisebericht» immerhin die skeptischen Sätze hinzu: «Daß dieses glatte Arbeiten

der Maschine in erster Linie dem schwarzuniformierten Polizeiheer
zu danken ist, das die Russen aufgestellt haben und von dem ein
kleines Detachement unser mit Lebensmitteln üppig versorgtes Hotel ‹Augusta› in jedem Stockwerk besetzt hielt, blieb unerwähnt, –
wie denn überhaupt in dem Gespräch so manches höflich ausgespart
wurde.»

Man unterhielt sich vor allem über die russische Romankunst des
neunzehnten Jahrhunderts, die Thomas Mann immer wieder beschwor, seit dem Ende des Ersten Weltkriegs, wenn er sich um ein
positives Verhältnis zu der revolutionären Macht im Osten Europas
bemühte. Heinz-Winfried Sabais stellte in seiner Aufzeichnung über
die Tage von Weimar später die Vermutung an, Thomas Mann habe
bei dieser Gelegenheit die «Frage nach den Insassen des KZ Buchenwald gestellt». So habe ihm der Schweizer Begleiter Motschan versichert. Nach der Erzählung des Adjutanten trug der Dichter eine Bitte
vor, die ihm mitgegeben worden war: man hatte ihm dringend ans
Herz gelegt, sich um die Freilassung politischer Gefangener zu bemühen, die ihm mit Namen genannt worden waren. Tulpanow
scheint ihm wohlgelaunt versichert zu haben, dies werde erfolgt sein,
noch ehe er in Amsterdam das Schiff nach Amerika besteige. Nichts
dergleichen geschah. Auch Tulpanows Macht hatte Grenzen.

Georges Motschan selbst hätte es seinen Lesern nicht verschwiegen, wäre bei jenem Gespräch von Buchenwald die Rede gewesen.
Auch Thomas Mann hätte es zumindest angedeutet, um sich der
Anfeindungen zu erwehren. Sabais aber erinnerte sich, er habe Katia
Mann darauf aufmerksam gemacht, einige seiner Freunde, «demokratische Sozialisten, sogar Mitglieder der SED», säßen im Gefängnis
oder vielleicht im KZ Buchenwald – und sie seien «nicht weniger übel
dran als unter Himmler», nur die Fahne auf dem Wachturm habe
gewechselt. Katia habe über den Nationalismus der westdeutschen
Sozialdemokraten unter Kurt Schumacher geklagt, doch dann habe
sie ihn gefragt, was «mit diesem Nazi-KZ Buchenwald» sei. Man
habe ihren Mann aufgefordert, sich in Weimar danach zu erkundigen, aber eine «solche Art von politischer Demonstration käme ihm
wohl nicht zu. Sein Besuch gilt Goethe.» Sabais habe geantwortet, die
Frage, von einem Deutschen gestellt, möge vielleicht provozierend
wirken, doch könne er sich vorstellen, daß «ein prominenter Ameri-

kaner» – der Thomas Mann dem Paß nach war – dazu verpflichtet sei, seinen «Bundesgenossen im antifaschistischen Krieg» mit dem Problem zu konfrontieren.

Professor Hans Mayer, der aus Leipzig herübergekommen war, sagte in seinen Erinnerungen, in Weimar habe Thomas Mann «das Exil und die Emigranten nicht zu rechtfertigen» brauchen. «Im Dunstkreis von Buchenwald brauchte nichts beschönigt zu werden.» Der Literaturhistoriker wies, als er diese Sätze niederschrieb, auf das Konzentrationslager der Nazis. Den Bürgern von Weimar war 1945 von dem amerikanischen General, der das Lager befreit hatte, befohlen worden, Buchenwald in einer Kavalkade der Schuld und der Scham zu besichtigen. Dreiundvierzig Jahre später sagte Mayer in einem Gespräch zu seinem fünfundachtzigsten Geburtstag, das vor den Mikrophonen des Norddeutschen Rundfunks geführt wurde: «Thomas Mann mußte (…) wie wir alle damals in jenen Jahren bis 1956 der Meinung sein, daß nun die Mörder von Auschwitz in ein Lager gekommen seien, das ein Mörderlager des Dritten Reiches war. Wenn Thomas Mann dies Lager besucht, ist das doch eine Gleichsetzung –: so mußten wir es sehen, und so hat es wohl auch Thomas Mann gesehen, – eine Gleichsetzung dieses Lagers der Siegermächte mit dem, was in Auschwitz und Majdanek zugrundegegangen war.»

Hans Mayer täuschte sich in mehr als einer Hinsicht. Nach dem Zeugnis seines «Reiseberichtes» hatte sich Thomas Mann, «so gut» er «konnte, und unterderhand (…) über die Zustände dort informieren lassen»: «Ich hörte, die Belegschaft bestehe zu einem Drittel aus schlechthin asozialen Elementen und verwilderten Landfahrern, zum zweiten Drittel aus Übeltätern der Nazi-Zeit und nur zum dritten aus Personen, die sich manifester Quertreibereien gegen den neuen Staat schuldig gemacht und notwendig hatten isoliert werden müssen. Folter, Prügel, Vergasung, die sadistische Erniedrigung des Menschen wie in den Nazi-Lagern gebe es dort nicht. Aber die Sterbeziffer sei hoch infolge von Unterernährung und Tuberkulose. Wo man überhaupt nicht viel zu essen habe, seien diese Ausgeschiedenen eben die letzten, die etwas bekämen. – Das Bild ist traurig genug. Wir wollen hoffen, daß es nicht auch noch zu schöngefärbt ist.» Übergangslos fuhr er fort: «Im übrigen ist es schwer, von dem Volksfest, zu dem Regierung und Stadt unseren Besuch gestaltet hatten, ein zulängliches Bild zu geben.»

Anders als Mayer sich zu erinnern glaubte, nahm Thomas Mann nicht einen Augenblick lang an, das KZ Buchenwald sei nur ein Verwahrungsort für die Auschwitz-Mörder. Für sie hätte sich der einstige Häftling Eugen Kogon, als er seinen Appell an das Gewissen des Dichters aufsetzte, keinesfalls ins Zeug gelegt – das wußte er wohl. Es ist bedrückend genug, daß Thomas Mann die aus der Nazizeit überkommene Formel von den «asozialen Elementen» ohne Protest übernahm. Er schien auch nicht danach zu fragen, warum «verwilderte Landfahrer» in ein Konzentrationslager gesperrt werden müßten und mit welchem Recht man «Personen, die sich manifester Quertreibereien gegen den neuen Staat schuldig gemacht» haben sollten, «isolieren» dürfe. Auch die «Quertreiberei» war eine Vokabel, die aus der gleichgeschalteten Sprache des Dritten Reiches stammte.

Beim Abschiedsbankett, zu dem sich die in Weimar versammelte Prominenz samt Tulpanow eingefunden hatte, redete Paul Wandel, damals Präsident der Zentralverwaltung für Volksbildung, mit großer Passion und Eindringlichkeit von den Errungenschaften, die durch die gesellschaftlichen Veränderungen des «Arbeiter-und-Bauern-Staates» gewonnen worden seien: durch die Bodenreform, die «demokratische Umerziehung», die «Überführung von Produktionsmitteln in Volkseigentum», auch (nach den Worten von Thomas Mann) von einer «innigeren Verbindung zwischen dem Volk und den Kulturschaffenden». Er sprach, wie der «Reisebericht» bezeugte, von der «anständigen Armut, in welcher man hier, ohne geborgtes Geld, mühselig, aber ohne Neid auf Reichere, seine nach bestem Wissen aufbauende Arbeit tue».

Der Gefeierte fügte dieser Demonstration volksdemokratischen Selbstbewußtseins später die Frage hinzu: «Hörte man da nur den Fuchs, dem die Trauben zu hoch hängen und der sie darum sauer nennt? Nein, für jeden Europäer schwang und klang etwas mit von der Ehre des alten Kontinents, die Sehnsucht war angesprochen nach einem Europa, das nicht gekauft, das nicht die femme soutenue des Mannes mit dem großen Geldsack mehr wäre, sondern seine Würde wiederfände, indem es nach eigenem Sinn, eigenen Gesetzen und Notwendigkeiten seinen Weg verfolgte...» Die Hiebe, die er mit diesen Sätzen austeilte, galten dem Marshallplan, den er noch immer als ein Instrument der Kolonialisierung Europas betrachtete. Er fuhr fort: «Wer lobte den Terror! Aber sind nicht auch die Bedingungen des Geldgebers nur eine ‹humanere› Form davon?»

Der Wortlaut seiner Dankansprache bei dem Abschiedsessen ist nicht übermittelt. Nach Motschans Bericht sagte er: «Man hat mich hier in Weimar nicht als Mummelgreis begrüßt, mit mir nicht die Wiederkehr alter Zeiten gefeiert, sondern als einen willkommen geheißen, der beim Bau einer neuen Welt ein wenig behilflich sein könnte; wäre das der Fall, hätte ich tatsächlich durch mein Schaffen einiges zum Neuen beitragen können, so wäre ich der Glücklichste in diesem Kreise!»

Laut Hans Mayer verglich er die Erfahrungen in Frankfurt und in Weimar. Drüben im Westen habe man sich zu einer Art «Familienfeier» zusammengefunden, doch «kaum einen Gedanken seiner Rede zu Goethes Gedenken ernsthaft überdacht». Über «sein Werk» habe «man ersichtlich» mit ihm «nicht sprechen wollen in Westdeutschland». Die Aufmerksamkeit in Weimar aber habe seinem Werk gegolten. Thomas Mann selbst legte in einem Brief an Agnes Meyer, den er nach der Heimkehr Ende August voller Grimm niederschrieb, das sarkastische Geständnis ab: «Auf eine Frage bei Tische habe ich nicht richtig geantwortet. Ich hätte nicht zugeben sollen, dass die Toleranz, die Russen und Sowjet-Deutsche gegen mich zeigen, herrührt von meinem Eintreten für Wallace und für den Frieden. Sie ist älter und äusserte sich gleich 1945 in Vorträgen, die unter russischer Protektion in Weimar über meinen Goethe-Roman gehalten wurden, und in anderen Zeichen der Achtung für mein Werk. Durch ein Bekenntnis zum Kommunismus habe ich mir dies merkwürdige Vertrauen nie verdient».

Hatte er sich, darüber hinaus, bei seiner Abschiedsadresse im Überschwang des Augenblicks dazu verführen lassen, jenes Gefühl des Verstandenseins anzudeuten, das ihn später so tief zu bewegen schien? Hans Mayer berichtete, es sei zu sehen gewesen, «wie Katia Mann mit wachsender Sorge» zugehört habe und «ihn endlich sanft am Rocksaum zupfte, damit er sich nicht weiter ins Unheil rede». Der Gast nutzte die Gelegenheit, den Anwesenden zu verkünden, was er mit den zwanzigtausend Mark des «Goethe-Preises» zu tun gedenke. Er hatte sich darüber zuvor mit Sabais beraten, der eine gute Lösung vorschlug: die Summe wurde zum Wiederaufbau der Kirche gespendet, in der einst Johann Gottfried Herder, dank Goethes Vermittlung Superintendent von Weimar, so oft auf der Kanzel gestanden hatte. Das Geld in Frankfurt, erklärte er, habe er für notleidende Schriftsteller gespendet. Hier sei das nicht am Platze, da – so zitierte ihn das «Neue Deutschland» – «die Schriftsteller der Ostzone viel mehr Wertschätzung und Unterstützung genössen».

Der Dichter mag sich in Wirklichkeit differenzierter geäußert haben. Doch er dürfte in Weimar kaum angemerkt haben, daß von den Schriftstellern, die in der Tat ein privilegiertes Dasein genossen, denn auch eine «positive Haltung» gegenüber dem neuen Regime erwartet wurde. Hinterher schrieb er im «Reisebericht», in der Ostzone sorge der Staat für die «geistigen Arbeiter, wenn sie nicht geradezu stören, (...) und die Prominenten unter ihnen werden gehegt und gepflegt». Er fügte den problematischen Satz hinzu: «Der russische Kommunismus weiß die Macht des Geistes wohl zu schätzen, und wenn er ihn reglementiert und in den Schranken des Dogmas hält, so muß man eben darin den Beweis dieser Schätzung sehen. Ohne sie würde er sich weniger um ihn kümmern.»

Die Kirchenleute wußten ihm seine Spende zu danken. Als Thomas Manns Konvoi auf der Rückfahrt Eisenach und die Wartburg erreichte, fand sich der Landesbischof von Thüringen ein, mit dem großen goldenen Kreuz über dem Luther-Rock, wie der Dichter in seinen Briefen wieder und wieder betonte, und der geistliche Herr drückte seinen bewegten Dank aus. Danach begleitete er Thomas Mann «zu einem Aussichtspunkt, wo die Wartburg auf ihrem bewaldeten Hügel, wie eine Tannhäuser-Dekoration, sich den Blicken darbot. Papst Pius, erzählte er, habe als Nuntius Pacelli bei diesem Anblick einst zu ihm, dem Lutheraner, gesagt: ‹Das ist eine gesegnete Burg!›»

Es entging dem Gast nicht, daß sich auch ein Teil der protestantischen Geistlichkeit durchaus «positiv» zu den neuen Verhältnissen zu stellen versuchte, zumal Bischof Moritz Mitzenheim, der sich seiner so aufmerksam annahm. Dachte er darüber nach, daß dies exakt jener lutherischen Tradition entsprach, gegen die er mit solchem Eifer zu Felde zog?

Die Abreise wurde noch aufwendiger inszeniert als die Ankunft: «Zehn Autos mit Würdenträgern von Stadt und Land, mit Presse-, Rundfunk- und Kurbelbildleuten eskortierten unseren Wagen, der auf Schritt und Tritt mit Blumen überfüllt, mit Girlanden behängt wurde, so daß wir ihn, da der Fahrer nichts mehr sah, von Zeit zu Zeit, zwischen den Städten und Ortschaften, auf den Wiesenrand auszuleeren und von Behängen zu befreien hatten. Fahnen, Spruchbänder quer über den Straßen, ausgerückte Stadtmusikanten, die bliesen, Bürgermeister und Lehrer mit Schulklassen und Ehrentrünken, Sprechchöre: ‹Wir grüßen unseren...›»

Dennoch, sagte er im Rückblick, habe er manchmal gefunden, «daß die äußeren Formen der Volksdemokratie eine fatale Ähnlichkeit aufweisen mit dem Regime des Hitlerstaates». Er sagte: «Für einen Schriftsteller, eigentlich einen Mann der Stille und des zarteren Gedankens also, ist es durchaus nicht leicht, das rechte Gesicht zu machen, wenn er plötzlich in der Rolle des Nationalhelden und Volksführers eine stationenreiche Triumphstraße trommelnder und jauchzender Popularität zurückzulegen hat. Alles, was man an gutem Humor, bescheidwissender Menschenfreundlichkeit und Skepsis sein eigen nennt, will da aufgeboten sein, um glücklich und mit Anstand durch- und davonzukommen.» Heinz-Winfried Sabais drückte es anders aus: Thomas Mann, schrieb er, habe «Haltung bewahrt».

Kein Zweifel, der Dichter genoß den Triumphzug. Er wurde umjubelt und umschwärmt, wie es zuvor wohl noch niemals einem Schriftsteller widerfahren war. Die Szenen mochten ihn – nein, nicht so sehr an den organisierten Enthusiasmus erinnern, der kurz zuvor noch für die faschistischen Diktatoren aufgeboten worden war, sondern wohl eher an die hochgestimmte Festlichkeit, mit der Bürger und Volk in seiner wilhelminischen Kindheit die gekrönten Häupter zu begrüßen pflegten: Königliche Hoheit auf Reisen.

112. KAPITEL

Der Olberg-Brief

Für den zweiten Aufenthalt in Frankfurt stand Thomas Mann, wie er es sich erbeten hatte, noch einmal das Gästehaus der Stadt im Taunus zur Verfügung. Am Abend traf er dort mit Gottfried Bermann Fischer zusammen, der sich inzwischen in Frankfurt ein Domizil geschaffen hatte. Oberbürgermeister Walter Kolb lud ihn und Katia anderntags zum Mittagessen in den «Frankfurter Hof». Dann gab Kolb sich die Ehre, die Gäste zum Bahnhof zu geleiten. Am Zug ein bewegter Abschied von dem so zuverlässigen und freundlichen Adjutanten und Chauffeur, der Thomas und Katia Mann gern in seinem eleganten Buick nach Amsterdam und weiter bis zum Schiff nach Rotterdam transportiert hätte. Indes, Katia meinte, nüchtern, wie es ihr zur zweiten Natur geworden war, daß die Eisenbahnbilletts nun einmal bezahlt seien – also müßten sie auch genutzt werden. An Erika schrieb sie, man könne «unseren guten Motschan», den «guten Jüngling», nicht genug loben. Ohne ihn hätte der Vater die Strapazen kaum bestanden.

Ihre Bilanz der Reise verschwieg manche ihrer Bedenken nicht, vor allem, was den Ausflug nach Weimar anging. Katja Mann stellte fest, es bleibe ihr zweifelhaft, ob es denn richtig gewesen sei, «der dortigen Propaganda als so überaus fetter Bissen zu dienen». Natürlich lasse sich «auch manches dafür sagen». Thomas Mann selbst pochte immer wieder darauf, daß die «nicht konformistischen Teile der Bevölkerung» – und sie seien beträchtlich – ihm sein Kommen keineswegs verübelt hätten: «Gerade sie zeigten sich dankbar, denn in ihrer Isolierung vom übrigen Deutschland fühlen sie wohl, daß die Gefahr eines gänzlichen Sichauseinanderlebens der beiden Hälften, der völligen Entfremdung zwischen ihnen täglich wächst, und sind froh, wenn man sie nicht vergißt, auch noch Deutsche in ihnen sieht und sie nicht wie Pestkranke meidet.»

Damit waren die Fragen, die auch ihn bedrängten, keineswegs beantwortet. Es bestätigte sich rasch, was Friedrich Sieburg schon vor dem Beginn der Reise prophezeit hatte: der Weg von Frankfurt nach Weimar sei kurz, aber er werde «für den Dichter des ‹Doktor Faustus› ein Kreuzweg» sein. Inge Jens sprach vier Jahrzehnte später in ihrem Aufsatz über den späten Thomas Mann und die Politik («Eingeholt von der Vergangenheit?») von einem Scheitern, das unumgänglich gewesen sei, weil er die «jede symbolische Handlung mit Notwendigkeit zur Propaganda pervertierende politische Entwicklung seit 1945» ignoriert habe.

Der Stein des Anstoßes war Buchenwald, war der Brief Eugen Kogons, war der vergebliche Appell an seine humane Autorität. In der Tat: Was hätte er riskiert, wenn er die Vertreter der Regierung von Thüringen und Oberst Tulpanow darum gebeten hätte, in Buchenwald Blumen für die Opfer des Naziterrors niederlegen und bei dieser Gelegenheit das fortbestehende Lager besichtigen zu dürfen? Was hätte er aufs Spiel gesetzt, wenn er in einer seiner Reden in ruhiger Klarheit gesagt hätte, er empfinde es als eine unerträgliche Bedrückung, daß die Konzentrationslager der faschistischen Epoche fortbestünden? Was, wenn er erklärt hätte, er verstehe die Impulse der jungen Deutschen, die sich nicht vorwerfen lassen wollten, sie hätten zu dem erkennbaren Unrecht unter dem neuen Regime geschwiegen und sich damit schuldig gemacht wie die Väter? Hätte man ihm die Ehrenbürgerschaft und den Goethe-Preis wieder aberkannt? Wohl kaum. Er wäre einem betretenen Schweigen begegnet. Vielleicht hätte er auch eine harsche Zurechtweisung auf sich nehmen müssen. Er wäre danach in Westdeutschland, wohl auch in Amerika, gefeiert worden wie kein anderer, seit die Diktatur zerbrochen war. Aber darauf kam es nicht an. Seine Mahnung hätte vielleicht das Los der Opfer leichter gemacht. Vor allem aber hätte jeder seiner Proteste gegen die Versündigungen, denen sich der demokratische Westen in der Fanatisierung des Antikommunismus überließ, künftig eine unanfechtbare Glaubwürdigkeit gewonnen.

Er war nicht bereit, Gewalt, Terror und Unrecht, die unter dem Vorzeichen der kommunistischen Utopie geschahen, mit der gleichen Kompromißlosigkeit zu verwerfen, mit der er den nazistischen Verbrechen entgegengetreten war. Zäh hielt er an der Behauptung fest, daß Unterdrückung und Mord, die im Namen des Kommunismus verübt wurden, dank des humanen Ursprungs der Idee eine andere Qualität besäßen als die Verbrechen, die der primitiven Weltanschauung des Nazismus entstammten. Niemals streifte ihn die Überlegung, daß sie eine um so bösere und demütigendere Erfahrung der Menschheit sein könnten – eben weil sie sich hinter einem so hohen ideologischen und sittlichen Anspruch verbargen.

Arthur Koestler sprach später von dem abstrakten Charakter, der den Humanismus Thomas Manns charakterisiert habe: «eine Weltanschauung in verdünnter Luft». Sie machte er für «seine Unterstützung des preußischen Imperialismus im Ersten Weltkrieg, seinen zögernden Bruch mit den Nazis, seine schweigende Hinnahme der neuen Despotie in Ostdeutschland und die Annahme des Goethe-Preises von einem Regime» verantwortlich, «das die Bücher seiner Kollegen verbietet und verbrennt». Die «Unsensibilität der moralischen Wahrnehmung» und des «Mangels an ethischer Feinhörigkeit» ändere nichts an «Manns Größe als Künstler».

Die oft schrille Empörung, mit der die westdeutschen Zeitungen Thomas Manns Auftritte in Weimar kommentierten, schien ihn einer gründlichen Prüfung der eigenen Zweifel zu entheben. Es waren ungute Töne, die in manchen Blättern der jungen Bundesrepublik laut wurden. Das alte Ressentiment drohte da und dort die verständliche Enttäuschung junger Demokraten zu überdröhnen, und die Gereiztheit, die manche seiner offenen Worte über Deutschland und die Deutschen provoziert hatten, schien die Stimmen der Versöhnung beiseite zu drängen.

Während der knappen Tage in Amsterdam blieb er von der anschwellenden Kritik noch halbwegs verschont. Auf dem bequemen holländischen Schiff, das Katia und ihn von Rotterdam nach New York beförderte, war er ohnedies von der Welt abgeschirmt. In New York aber konnte er der obligaten Pressekonferenz nicht entgehen. Er stellte sich zum erstenmal den Kameras der Television –

des neuen Mediums, das er mit einem Achselzucken zur Kenntnis nahm, ohne die Wandlungen zu ahnen, die durch dieses universelle Instrument der Information und Desinformation, der Zerstreuung und Unterhaltung der Menschheit beschert wurden. Nach Auskunft der «Herald Tribune» schlug er im Gespräch mit den Journalisten das Thema an, von dem er in den kommenden Monaten nicht mehr ablassen wollte: er warnte vor einem wachsenden Nationalismus der Deutschen in der Bundesrepublik, durch den die «anständigen und ehrlichen» unter seinen einstigen Landsleuten tief verstört seien. Die nationalistische Beunruhigung gehe weit «über diese normale Reaktion» hinaus, die von einer «militärischen Besatzung in einem geschlagenen Land» immer erzeugt werde. Die große Mehrheit des Volkes sage, dies sei ihm durch Dutzende von Briefen und seine persönlichen Eindrücke bestätigt worden: «Unter Hitler hatten wir es viel besser». Zum Besuch in Weimar bemerkte er, er sei «völlig unpolitisch» gewesen und «mit völliger Billigung und in Übereinstimmung mit den amerikanischen Autoritäten» erfolgt. Natürlich sei seine überwältigende Aufnahme «offiziell vorbereitet» gewesen, aber auch der Teil der Bevölkerung, der gegen das Regime sei, habe ihm Sympathie bezeugt.

Für die Sonntagsausgabe der «New York Times» schrieb er – auf eigenen Wunsch – einen Bericht, der in ungekürzter Fassung später von einer Zeitschrift in der Schweiz gedruckt wurde. Agnes Meyer hatte ihn zu einem Mittagessen in kleinem Kreis auf ihrem Landsitz in Mount Kisco geladen, bei dem er auf englisch von dem Abenteuer des Wiedersehens mit der Heimat berichtete. Erneut bewunderte er die Schönheit und den Luxus des Schlößchens, das sich als eine Farm ausgab. Die alte Freundin trug sich damals selbst mit dem Gedanken an eine Deutschland-Reise. Nach der Rückkehr schrieb er ihr: «Trotzdem, gehen Sie nur! Sie können wertvolle Aufklärung mitbringen für unser Land hier. Wenn Sie vorher nach Paris gehen, werden Sie erfahren, welche Angst man in Frankreich vor einem militärischen come back Deutschlands hat.» Er gab ihr den Hinweis, sie möge sich mit dem Frankfurter Oberbürgermeister in Verbindung setzen. Wenn sie sich in die russische Zone wage, würde er ihr raten, mit dem Bürgermeister Buchterkirchen Kontakt zu suchen, der kein Kommunist, sondern christlicher Demokrat und ein

«sehr anständiger Mann» sei. Von sich selbst sagte er, er sei kein
«Mitläufer». «Aber es scheint, dass ich einige gescheite Kommunisten zu Mitläufern habe.» Ins Tagebuch trug er ein: «Mein Leben
wahrhaftig La vie difficile», durch das er von jeher gerade so hindurchgekommen sei. Er fügte hinzu: «Und das stellt sich als ‹Weltruhm› dar.»

Er fühlte sich «sehr müde, nervös und leidend», und er hatte es
eilig, nach Hause zu kommen. In Chicago der übliche Aufenthalt,
um die Tochter Elisabeth, ihren Mann und den Schwager Pringsheim wiederzusehen. Auf der Weiterreise nach Los Angeles nahm
er draußen «verweilende sinnliche Bilder» wahr, «begeisternd und
Leidenschaft erregend». Er meinte nicht die Landschaft, die ihn
nicht weiter interessierte, sondern den Anblick schöner Jünglinge.
Seufzend setzte er hinzu: «Das nimmt kein Ende.»

Zu Hause in Pacific Palisades erwartete ihn unter den Bergen von
Post auch eine Sammlung deutscher Zeitungsausschnitte aus Ost
und West, die er mit der resignierten Formel «Schimpf' und Ehr'»
beiseite legte: «Glück des Zuhause, des Gerettet- und vor der Welt
Geborgenseins, die draußen schreien mag.» Anderntags kam Heinrich zu Besuch. Der Bruder schwankte noch immer, ob er die Einladung, sich in Ost-Berlin niederzulassen, annehmen solle oder
nicht. Thomas schickte Paul Wandel ein Telegramm, mit dem er im
Namen Heinrichs fragte, ob das Reisegeld für den Bruder übernommen würde. Er selbst hatte Heinrich während der letzten Monate die Kosten für die Pflegerin bezahlt: zweihundert Dollar im
Monat. Nun glaubte er, diese Summe nicht länger aufbringen zu
können. Katia verständigte Lion Feuchtwanger, der sich wie immer
hilfsbereit zeigte und fürs erste jenen Freundesdienst übernahm.

Knapp drei Wochen später kündigte ein Antworttelegramm Paul
Wandels die Überweisung des Reisegeldes an. Thomas notierte:
«Es heißt nun mit ihm reden u. eine Entscheidung herbeiführen.»
Das ließ sich nicht leicht an. Er versuchte, mit Katia einen
«Aktionsplan» zu entwerfen. Ihre Überredungsversuche nannte er
schließlich ein «mißliches Geschäft», das sie beide «sanft betrieben» hätten: «Von Aufschub abgeraten, wenn er fahren will. Technikalien besprochen. Seefahrt mit Bücherkiste bevorzugt, nach
Danzig.» Also wollten sie für die Überfahrt einen Platz auf einem

polnischen Schiff reservieren. Heinrich wünschte seine Tochter in Prag offenbar nicht zu sehen, notierte Thomas nach einem Besuch. Wenn er denn bleibe, müßte der Fortgang der Pflege geordnet werden. Auf alle Überlegungen schien Heinrich mit agilem Interesse zu reagieren: «Lebensauftrieb oder beschleunigtes Ableben?» fragte der Jüngere. Er setzte hinzu: «Dunkle Angelegenheit. Denke nicht aufrichtig daran, ihn in Berlin zu besuchen, was ebenfalls dunkel.»

Mitte September traf das «Sowjet-Geld» ein, wie Thomas es nannte: die nicht unbeträchtliche Summe von fünftausend Dollar, davon zweitausend als Reisegeld, dreitausend als Honorar gedacht (zusammen nach heutigem Wert etwa 50000 Mark). Seufzend bemerkte Thomas, das polnische Schiff begebe sich schon am 10. Oktober auf die Reise. Heinrich werde «bestimmt nicht fahren, gedenkt aber das Geld auszugeben». Es festigte sich der Eindruck, daß für eine Übersiedlung die Lebensgeister des Älteren nicht mehr ausreichten. Mit dieser Beobachtung täuschte er sich nicht. Am 5. Oktober hielt Thomas fest, Heinrich habe erklärt, «durch die bevorstehende Errichtung des Ost-Staates als Volksdemokratie sei für ihn die Situation entscheidend geändert». Er wolle sich nicht «verkaufen»: «Will also nicht reisen und möge bleiben. Das Ganze recht ermüdend und deprimierend.»

Anderntags kam Heinrich zum Tee. Thomas sprach, fast gegen seine Absicht, noch einmal zugunsten der Übersiedlung und «brachte ihn dem positiven Entschluß wieder näher». Zehn Tage später beschloß Heinrich, seinen Aufbruch bis zum Frühjahr zu verschieben. Thomas bemerkte mit der gebotenen Nüchternheit: «Es wird nichts mehr daraus, muß nun so sein.» Es war wohl weniger die «Volksdemokratie», die Heinrich schreckte, denn seine Abneigung gegen Amerika hatte sich zu einer fast irrationalen Heftigkeit gesteigert, die auch den Bruder manchmal verstörte. In Wirklichkeit wollte er sich nicht mehr von Thomas und Katia, von den Feuchtwangers, von Salka Viertel trennen – den einzigen halbwegs vertrauten Menschen, die er auf Erden hatte. Immerhin war er achtundsiebzig Jahre alt.

Am 21. August traf Erika wieder ein, die versucht hatte, sich in Österreich ein wenig zu erholen – ohne großen Erfolg, denn noch immer litt sie unter Kreislaufstörungen. Hatte der Vater Gelegenheit, mit ihr den offenen Brief zu beraten, den der schwedische Journalist Paul Olberg in der schweizerischen Zeitung «Volksrecht» publiziert hatte? Der Zeitungsmann fragte in seinem Schreiben, «wie Thomas Mann, der so radikal mit Nazi-Deutschland gebrochen und mit so unerbittlicher Schärfe den Kampf gegen Gewalt und Terror geführt hat, die Einladung eines Regimes annehmen konnte, das in nicht minder brutaler Weise Freiheit und Humanität mit Füßen tritt».

Die Antwort, vom 27. August 1949 datiert, wurde dem Dichter mühsam – und sie trug nicht dazu bei, das Verständnis für die Reise nach Weimar und seine Haltung zu Deutschland zu fördern. Er glaubte betonen zu müssen, daß «das politische Regime in Thüringen kein reines Ein-Partei-System» sei. Nichtkommunisten säßen in der Regierung. Der Bürgermeister von Weimar sei ein christlicher Demokrat und der Vorsteher der Stadtverordneten ein Geistlicher, «dem manches Wort erlaubt» gewesen sei, «über dessen evangelische Freiheit Sie sich gewundert hätten». Auch habe die russische Presse seine Meditation über die zaristischen Polizeistaat-Methoden der autokratischen Revolution sehr übel aufgenommen. Doch er beharrte darauf: «Trotzdem, die Tatsache allein, daß ich mir vorbehalte, einen Unterschied zu machen zwischen dem Verhältnis des Kommunismus zum Menschheitsgedanken – und der absoluten Niedertracht des Faschismus; daß ich mich weigere, an der Hysterie der Kommunistenverfolgung und der Kriegshetze teilzunehmen und dem Frieden zugunsten rede in einer Welt, deren Zukunft ohne kommunistische Züge ja längst nicht mehr vorzustellen ist, – dies allein genügt offenbar, mir in der Sphäre jener Sozialreligion ein gewisses Vertrauen einzutragen, um das ich nicht geworben habe, das aber als ein schlechtes Zeichen für meine geistige und moralische Gesundheit zu empfinden mir nicht gelingen will.»
Seine Erregung schien sich bei der Niederschrift zu steigern: «Sie sprechen viel von politischen Freiheiten und staatsbürgerlichen Rechten, die in den Westzonen Deutschlands dem Volke gewährt sind – und scheinen dabei zu vergessen, was Sie vorher über den Gebrauch gesagt haben, der meistens von diesen Gaben gemacht wird. Es ist ein unverschämter Gebrauch. Der autoritäre Volksstaat hat seine schaurigen Seiten. *Die* Wohltat bringt er mit sich, daß

Dummheit und Frechheit, endlich einmal, darin das Maul zu halten haben. In der Ostzone habe ich keine schmutzigen Schmähbriefe und blöde Schimpfartikel zu sehen bekommen, wie sie im Westen vorkamen – und nicht nur ‹vorkamen›. Habe ich das allein der Drohung Buchenwalds zu danken – oder einer Volkserziehung, die, eingreifender als im Westen, Sorge trägt für den Respekt vor einer geistigen Existenz wie der meinen?» Der Osten habe «Briefmarken mit dem Bilde Gerhart Hauptmanns» gedruckt, fügte er an. Er verlor sich weiter: «Gewalt ist natürlich ein böses Ding und das Konzentrationslager ein furchtbares Agitationsmittel.» Aber Versuche, den Sozialismus «gewaltlos zu verwirklichen», wie es Beneš in der Tschechoslowakei unternommen habe, hätten «ebenfalls keine Gunst gefunden», und auch «gegen das englische Experiment» (der Labour-Regierung) geschehe «alles Erdenkliche». Dann der fatale Satz: «Im übrigen gibt es über das Schicksal der Idee auf Erden, ihr unvermeidliches Schuldigwerden, und wie der Teufel dabei seine Hand im Spiele hat, im Zweiten Teil des ‹Faust› ein paar tief ironische Szenen. (5. Akt).»

Unter den «kommunistischen Offiziosen der deutschen Ostzone» fehle es «gewiß nicht an subalternen, streberischen und gewaltlüsternen Tyrannen», aber, fuhr er fort: «ich habe in Gesichter geblickt, denen ein angestrengt guter Wille und reiner Idealismus an der Stirn geschrieben steht, Gesichter von Menschen, die achtzehn Stunden täglich arbeiten und sich aufopfern, um zur Wirklichkeit zu machen, was ihnen Wahrheit dünkt und in ihrem Bereich gesellschaftliche Bedingungen zu schaffen, die, wie sie sagen, einen Rückfall in Krieg und Barbarei verhindern sollen. Selten oder nie habe ich diese Gesichter lächeln sehen. Es liegt ein asketischer Ernst auf ihnen, strenge Ruhe, Entschlossenheit und eine der Verbesserung des Irdischen zugewandte Frömmigkeit. Menschlich ist dem schwer zu widerstehen. Man muß es meiden, um es nur recht hassen zu können und sich ganz die Lust zu bewahren, Ideale dagegen auszuspielen, die so vielfach schon zu heuchlerischen Vorwänden des Interesses geworden sind.»

Einige Wochen später wurde ihm durch Heinrich Graf von Einsiedel eine Antwort zuteil, von der nicht gewiß ist, ob er sie jemals gelesen hat. Eine englische Übersetzung war freilich in der Zeitschrift «Plain Talk» veröffentlicht, einem antikommunistischen Agitationsblatt, das zugleich eine Polemik von Eugene Tillinger druckte, die er sehr wohl zur Kenntnis nahm. Einsiedel hatte sich, in russische Kriegsgefangenschaft geraten, einst dem Nationalkomitee «Freies Deutschland» und dem «Bund Deutscher Offiziere» zugeordnet. Bei seiner Rückkehr in die Heimat war er, wie er später wieder und wieder bezeugte, von dem guten Willen erfüllt, beim Aufbau eines demokratischen und sozialistischen Staates zu helfen. Er würde Thomas Mann nicht schreiben, sagte er, wenn er sein eigenes Gewissen nicht lange genug mit jenen Argumenten beschwichtigt hätte, mit denen der Dichter das Regime im anderen Teil Deutschlands zu verteidigen suche. Den Verweis auf die Mitglieder bürgerlicher Parteien in den Regierungen der sowjetisch besetzten Zone, die nun Deutsche Demokratische Republik hieß, erledigte er mit der Aufzählung kommunistischer Funktionäre, die den Kern der «Nationaldemokratischen Partei» ausmachten, der von den sowjetischen Regisseuren und ihren deutschen Gehilfen der Auftrag zugedacht worden war, die ehemaligen Nationalsozialisten zu binden. Die nichtkommunistischen Parteien seien als nichtoffizielle Sprachrohre der Sozialistischen Einheitspartei zu betrachten. Thomas Mann müsse verstehen, daß ihn, den Grafen Einsiedel, weder ein christlich demokratischer Oberbürgermeister von Weimar noch die Rede eines Kirchendieners, weder der bewundernswerte Wiederaufbau eines Theaters – «wieviele Theater wurden auf so bewundernswerte Weise im Dritten Reich restauriert?» – noch ein Landesbischof mit dem Kreuz oder gar Gerhart Hauptmann auf einer Briefmarke von der Feststellung abhalten könnten, daß die Ostzone, auch wenn sie kein reines Einparteiensystem habe, ein riesiges Konzentrationslager sei.

Thomas Mann habe an Paul Olberg geschrieben, daß er in Gesichter des guten Willens und des reinen Idealismus gesehen habe. Einsiedel fragte: «Glauben Sie vielleicht, daß solche Gesichter im Dritten Reich seltener waren?» Thomas Mann habe darauf bestanden, daß er niemals einen dieser Idealisten habe lachen sehen. Wiederum fragte er: «Wie können Leute lachen, die sich selber vor dem Schicksal der Liquidation (...) nur durch den Verrat ihrer Ideale und durch die fortgesetzte, sklavische Bezeugung ihrer Loyalität gegenüber dem Stalinismus retten konnten?» Je anständiger als Mensch und je ehrlicher als Kommunist ein Mitläufer sei, um so fanatischer müsse er sich an die Illusion des kommenden Reiches kommunistischen Heils klammern, um den Respekt vor sich selbst zu bewahren. Er wisse aus eigener Erfahrung, wie ein Kommunist – vorausgesetzt, daß er noch ein Gewissen habe – nach Worten hungere, die ihm dabei hälfen, sich weiter selbst zu betrügen. Thomas Mann aber habe vielen dieser «aufrichtigen Kommunisten» den Vorwand geliefert, sich weiter zu betrügen.

Graf Einsiedels Antwort war entschieden und hart im Ton, doch alles in allem respektvoll und fair. Thomas Manns Ausfall gegen die westdeutsche Presse, deren Unverschämtheiten im «autoritären Volksstaat» nicht möglich seien, weil er wenigstens «*die* Wohltat» mit sich bringe, «daß Dummheit und Frechheit (...) das Maul zu halten haben»: diese böse Entgleisung verdiente eine schärfere Abfuhr (die ihr an anderer Stelle zuteil wurde). Thomas Mann aber hat diese Formulierung niemals wirklich bedauert. Er ließ es bei der da und dort wiederholten Feststellung, seine Bemerkung sei taktisch nicht angebracht gewesen. Den tieferen Grund des Zornes, der ihm begegnete, begriff er nicht: die Pressefreiheit war für ihn niemals ein Grundwert der Demokratie, den es gegen jede Anfechtung zu verteidigen gelte, sondern stets nur ein hochherziges Abstraktum, das er guthieß, solange er nicht unter der unzensierten Sprache der Zeitungen zu leiden hatte. Erich von Kahler schrieb er (Erika strich diesen Absatz in der dreibändigen Ausgabe seiner Korrespondenz): «Von der Unverschämtheit der Presse machen Sie sich keinen Begriff. Ich spreche vom Westen. Im Osten (wenn Thüringen Osten ist) herrscht natürlich eiserne Zucht, – die, unter uns, etwas Wohltuendes haben kann. Die Leute halten mich für bestechlich durch Fahnen, Guirlanden, Sprechchöre, Ehrentrünke und ausgerückte Stadtmusiken. Ach, nein. Aber daß ich dort nicht einen einzigen Schmähbrief und blöden Hohn-Artikel zu lesen bekommen habe, das könnte mich bestechen.»

Dennoch war ihm bei der Verharmlosung des kommunistischen Regimes in Ostdeutschland und der stalinistischen Diktatur im Sowjetreich nicht behaglich. Um so mehr steigerte er sich in seinen Anklagen gegen die wachsende Gefahr einer nazistischen Renaissance in Westdeutschland, die er nun in seinen Briefen und öffentlichen Äußerungen immer aufs neue bekundete. Er brauchte die Furcht vor einem neuen Triumph des Rechtsradikalismus, um seine Neigung zu einem moralischen Appeasement gegenüber der kommunistischen Welt zu rechtfertigen. Es kümmerte ihn dabei nicht im geringsten, daß die rechtsradikalen und neonazistischen Parteien bei den ersten Wahlen zum Deutschen Bundestag zusammen weit von der Marke der zehn Prozent entfernt geblieben waren. Die bevorstehende Aufhebung des Lizenzzwangs für Zeitungen und Zeitschriften in Westdeutschland werde, so sagte er Reisiger, zur Folge haben, daß hundert neue Nazizeitungen entstünden. Die Entwicklung gehe «rapide in Richtung der Renazifikation, unter anglo-amerikanischem Schutz und Schirm». In zwei Jahren werde man ein faschistisches Westdeutschland haben.

Immer wieder betonte er, er habe seinen Besuch im letzten möglichen Augenblick hinter sich gebracht. Er fragte sich niemals, ob es nicht besser sei, wenn der Prozeß der Demokratisierung in offener Diskussion vollzogen werde, statt die Ressentiments, die nicht mit einem Zauberschlag aus der Welt geschafft werden konnten, in einen formal «antifaschistischen» Staat einzubetonieren (und damit ihr heimliches Überleben zu garantieren – wie es denn auch war).

Wolfgang Harich, damals einer der Chefideologen des SED-Regimes (der später für seinen Versuch einer intellektuellen und politischen Rebellion schrecklich büßte), hatte in einem Willkommensartikel für Thomas Mann in der «Täglichen Rundschau», dem Blatt der sowjetischen Militärregierung, enthusiastisch geschrieben, der «große bürgerliche Demokrat und Humanist» finde in der Ostzone «ein in völliger Wandlung begriffenes, neues Deutschland, in dem der Faschismus mit der Wurzel ausgerottet ist». Thomas Mann glaubte ihm nur zu gern.

Thomas Manns demonstratives Mißtrauen gegenüber dem neuen deutschen Staat im Westen übersetzte sich zugleich in eine immer herbere Kritik an der amerikanischen Demokratie. Sie sei nur noch ein Schatten, schrieb er Hans Reisiger: «Die erste ernstere Wirtschaftskrise bläst sie um.» Es war ein Teufelskreis: je heftiger, unkontrollierter, wirklichkeitsferner seine Kritik an den Vereinigten Staaten – um so gieriger stürzte sich die Meute der antikommuni-

stischen Hexenjäger auf ihn und seine Äußerungen. Erika, durch
die Verschleppung ihrer Einbürgerung und die chronische Schnüf-
felei des FBI verbittert, schürte nun, wann immer sie in der Nähe
war, des Vaters Grimm gegen die amerikanische Politik. Die Regierung in Washington werde Westdeutschland stärker machen,
redete sie Thomas Mann ein, als es ihr selbst lieb sei. Die Bundesrepublik wiederum würde nicht zögern, die Vereinigten Staaten
«mit der Drohung eines russischen Bündnisses» zu «erpressen».
Man werde Europa den Deutschen ausliefern, bemerkte sie laut
Journal. Er selbst, fügte er an, habe das seit fünf Jahren vorausgesagt. Die Tochter meinte: in etwa zehn Jahren stehe man «vor
einem neuen 1939» – «ohne Rußland als Bundesgenossen». Thomas Mann hatte vergessen, daß die Sowjetunion auch damals –
dank des Stalin-Hitler-Paktes – nicht an der Seite der westlichen
Demokratien stand.

Immer tiefer verbiß er sich in die Vorstellung, daß die Deutschen in der Bundesrepublik nichts anderes im Sinn hätten, als
sich für die Niederlage von 1945 zu revanchieren. Nach der Aufhebung der Demontagen und Presselizenzierung, so im November
1949, komme die «Remilitarisierung, dann Österreich und das Sudetenland, dann Rückforderung der polnischen Gebiete, woraus
der Krieg entstehen kann. Das Ziel: ein faschistisches Europa unter deutscher Hegemonie und der Protektion des Vatikans und
Amerikas. Was mit Sicherheit ebenfalls zum Kriege führte.» Es
kam anders, wie man weiß. Die Einbindung Deutschlands in die
Bündnisse des Westens und das sich vereinende Europa bescherte
der Welt, was sie erhoffte: einen dauerhaften Frieden auf dem alten Kontinent (bis der Zusammenbruch des sowjetischen Imperiums die Dämonen des Nationalismus in Osteuropa und – reflexhaft – in einigen Gebieten des Westens wieder zu wecken begann).

Er war kein Kommunist, auch kein fellow traveller im strengen
Sinn. Aber er eignete sich allzu oft die Argumente und manchmal
die Sprache der Mitläufer an. Ob Angriffe auf seine politischen
Überzeugungen, ob Kritik an seinem Werk: stets betrachtete er
solche Herausforderungen als unerlaubte Anschläge auf den Rang
und die Integrität seiner Persönlichkeit. Die Erbitterung weckte in
ihm, wie er dem Tagebuch anvertraute, zuweilen den Wunsch,

«Europa möchte als Ganzes kommunistisch organisiert und in
Züchten aufgebaut werden. Es wäre Amerika zu gönnen. – –»

Sein verletztes Selbstgefühl trieb ihn immer weiter vorwärts zu
Äußerungen von neuer Gereiztheit, die von den antikommunistischen Tugendwächtern in Washington und anderswo mit befriedig-
tem Eifer registriert wurden. In der Zeitschrift «Plain Talk» – einem
Winkelblättchen, das nach Auskunft von Hans Rudolf Vaget von
J. Edgar Hoovers Bundespolizei finanziert war – fand sich, wie erwähnt, neben Graf Einsiedels offenem Brief ein Artikel von Eugene
Tillinger. Der Journalist hatte einst an der Seite von Rex Stout zu
den antideutschen Kampagnen der ersten Nachkriegsjahre getrom-
melt: ein eher windiger Zeitgenosse, der nun versuchte, den Dichter
als «America's Fellow-Traveller No. 1» zu denunzieren. Immerhin
schien er sich in den Büchern und in der Lebensgeschichte des prominentesten deutschen Emigranten halbwegs auszukennen. Um die
Unzuverlässigkeit Thomas Manns zu dokumentieren, deutete er
auf die nationalen Kampfschriften des Autors aus dem Ersten Weltkrieg: die «Gedanken zum Kriege» und «Friedrich und die große
Koalition». Tillinger machte auch darauf aufmerksam, daß Thomas
Mann lange gezögert habe, sich öffentlich und in aller Klarheit vom
nazistischen Deutschland loszusagen, ja er erwähnte seine Distanzierung von Klaus Manns Zeitschrift «Die Sammlung»: ein Einfall
von bemerkenswerter Tücke, da der älteste Sohn lange vor dem Vater
dem Verdacht ausgesetzt war, er halte es mit den Kommunisten.

Schon einige Wochen ehe er das Tillinger-Pamphlet zur Kenntnis
nahm, hatte Thomas Mann mit der Tochter Erika beraten, ob
nicht wieder an der Zeit sei, mit einem «J'accuse» vor die Welt zu
treten: einer «Anklageschrift in der Art von ‹Dieser Friede›» aus
dem Jahre 1938, in der er einst auf so entschiedene Weise mit der
Politik des Appeasements à la München ins Gericht gegangen war.
Die Gelegenheit dazu bot ihm die Begegnung mit der kleinen
schweizerischen Zeitschrift «Extempore», die in Luzern gedruckt
wurde. Thomas Mann fand in den Artikeln des Blattes eine Übereinstimmung mit seinem Urteil über die Lage der Welt, die ihn tief
befriedigte. Also machte er sich an die Arbeit, einen werbenden
Aufsatz über diese Publikation zu schreiben, der es ihm zugleich
erlaubte, sich mit Vehemenz gegen die politischen Anfeindungen zu

verteidigen. Er dachte daran, den Essay an den «Aufbau» in New York zum Druck zu geben. Das fertige Stück las er Katia, Erika und Golo nach Weihnachten vor. Erika zeigte sich bewegt, wie er im Tagebuch aufschrieb, Golo machte Bedenken geltend, Katia hielt eine Veröffentlichung für möglich, wenn er einige «ausgleichende Retouchen» vornehme, was er denn auch versuchte. Er selbst äußerte im Journal die Sorge, daß ihm die Publikation «den Hals brechen» könnte. Die Furcht vor den Folgen hielt ihn wohl schließlich davon ab, die Schrift zum Druck zu geben.

Sie hätte, das ist gewiß, seine Lage nicht verbessert und seinem Ansehen kaum gedient. Sein Versuch, die Situation des Jahres 1949 mit der des Jahres 1938 gleichzusetzen, hätte ihn rasch aufs Glatteis geraten lassen. In der Mobilisierung der antikommunistischen Energien sah er vor allem eine Renaissance des Faschismus. Die Gefahr, daß die westliche Welt, zumal die Gesellschaft der Vereinigten Staaten und der jungen Bundesrepublik Deutschland, durch den Meinungsterror der rechtsradikalen Propagandisten deformiert werden könnte, war offensichtlich. Die wachsende Macht des FBI zeigte zugleich in einem erschreckenden Maße, daß es auch in einer Demokratie möglich war, einen Staat im Staate heranzuzüchten, der sich jeder wirksamen Kontrolle zu entziehen vermochte.

Zum anderen: auch die sowjetische Bedrohung war eine Realität. Thomas Mann wollte sie nicht wahrhaben. Ihn hatte die Blockade Berlins kaum am Rande interessiert. Er hatte auch die immer härtere Unterdrückung der Völker Osteuropas in der Regel mit einem Achselzucken zur Kenntnis genommen. Im Protest gegen den törichten und oft so hämischen Vorwurf, er habe sich durch seinen Auftritt in Weimar und seine Äußerungen hernach eines «Verrats an der Freiheit» und einer «Verherrlichung von Gewalt und Rechtlosigkeit» schuldig gemacht, redete er einem moralischen Neutralismus das Wort, der zu der Frage einlud, ob er nun selbst zu den Advokaten des Appeasements gehöre. Er verkündete, der «jetzt wütende sozioökonomische Gegensatz zwischen Ost und West» werde sich einmal ausgleichen: «Dann», sagte er doppeldeutig, werde «sich wahrscheinlich zeigen, daß die Rezeption sogenannter östlicher Ideen durch den Westen stärker war, als umgekehrt.» Meinte er damit nur die relativierende Annäherung der kapitalistischen und sozialistischen Systeme, die er so manches Mal prophezeit hatte? Oder schloß er darin den Hinweis auf die «Methoden des Polizei-Staates» ein, samt «Rechtsunsicherheit und Konzentrationslager» sowie «totalitärer Gängelung der Kultur», die er in den folgenden Sätzen klar genug verurteilte? In seinem ersten Konzept folgte danach der Satz, er zweifle daran, daß «das russische Volk als ganzes sonderlich leidet unter seinem Regime». Der neue Staat habe ihm «große Vorteile, große Fortschritte gebracht, und die Kosakenknute ist ihm vertraut».

Diesen Passus hatte er, wie manche mit ihm, nach der kritischen Durchsicht zur Streichung vorgesehen: mit Recht, denn eine allzu große Achtung vor den Bürgern des sowjetischen Imperiums drückten diese Sätze nicht aus. Daß sich seine leidenschaftliche Kritik den beklagenswerten Entwicklungen im demokratischen Westen zuwandte, rechtfertigte er mit der Einsicht, daß «der Mensch seine moralischen Emotionen aus dem *nahen* Leben» schöpfe, «nicht aus dem fernen, an dem er nicht teilhat». Aber mußte das eine das andere aufheben? In seiner Erregung warf er den Satz aufs Papier: «Die Wut darüber, daß man mit Rußland Deutschland geschlagen hat und nicht lieber Rußland mit Hitler, zeitigt» – in den Vereinigten Staaten – «Blüten der Narretei, die das Land zum Gespött machen.»

Konnte er im Ernst daran denken, die gewaltige Propagandamaschine des kommunistischen Imperiums mit absurden Behauptungen von solcher Beschaffenheit zu füttern? Ein unbefangener Blick für die Realität Amerikas hätte ihm sagen müssen, daß die liberale Gesellschaft der Vereinigten Staaten im Begriff war, ihre Abwehrkräfte gegen die Macht der Hexenjäger zu sammeln: ein mühseliger und schwieriger Prozeß, der schließlich erfolgreich war. Thomas Mann machte aus gutem Grund darauf aufmerksam, daß viele der antikommunistischen Staaten, die von Amerika unterstützt wurden, keine Musterdemokratien waren: weder der Iran noch Saudi-Arabien, weder Griechenland noch Portugal, von den lateinamerikanischen Diktaturen nicht zu reden. Zu einem westlichen Hochgefühl gab diese Bilanz nicht den geringsten Anlaß. Doch Thomas Mann schien nicht zu verstehen, daß der Kalte Krieg nicht nur von West nach Ost, sondern, wie die Berliner Blockade gezeigt hatte, mit größerer Härte von Ost nach West geführt wurde. Die beiden Systeme trugen einen Machtkampf aus, in dem eine westliche Schwäche à la München die Gefahr des Krieges nicht gezähmt, sondern erst recht heraufbeschworen hätte. Warf er den Vereinigten Staaten nicht vor, sie würden «Europa, die Wiege aller abendländischen Kultur, als Kolonie behandeln», und Europa sei Amerika «gut genug», nur «als strategisches Vorfeld für seinen Krieg mit Rußland zu dienen»? Darum sei, schrieb er, nun die «ruchlose Einbeziehung des deutschen Militarismus in die ‹Europäische Front› (...) beschlossene Sache», darum «der nationalsozialistische Wiederaufmarsch in vollem Gange. Harmonisch verbindet sich der Abscheu vor dem Sowjet-Kommunismus mit neuen, altbekannten Spekulationen auf die Dienste eines freundlich behandelten Nationalismus, mit der Schonung, Begünstigung und der neuen Mobilisierung der Nazi-Unterwelt.»

Wohl sagte er gegen Schluß, wiederum zu Recht: «so dankbaren Herzens ich Gradunterschiede der Rechtsunsicherheit anerkenne, so bleibt Terror doch Terror, und geheimpolizeiliche Gesinnungsspäherei bleibt, was sie ist, auch wenn sie unter demokratischem Vorzeichen geübt wird. Geht es so fort, so werden wir, worauf es so sehr uns doch ankommt, dem Kommunismus bald nichts mehr vorzuwerfen haben».

Seine Warnungen, die wichtig und notwendig waren, verloren durch die Maßlosigkeit seiner Klage, durch die Relativierung der moralischen Differenzen und seine Blindheit gegenüber der Wirklichkeit des Landes, in dem er sich aufhielt, ihre Autorität.

So war es gut, daß die Polemik nicht gedruckt wurde. Die Vereinigten Staaten, schrieb er im Tagebuch, seien «verrückt gemacht durch die Diskrepanz zwischen Macht und Unreife». Ein arrogantes Wort, das nur bewies, daß er zwar *in* Amerika, aber nicht *mit* Amerika lebte – er tat es in Wirklichkeit nie. Die Neigung zur Fanatisierung, die er zu dieser Zeit an Erika beobachtete, war auch ihm selbst nicht fremd: die «Verbitterung und Reizbarkeit», die Trauer, die Bereitschaft zum Haß.

Die Lage der Tochter war bedrückend. Sie könne, sagte er, nicht ins Ausland reisen, weil man ihre Einbürgerung unabsehbar verzögere. Tiefer beschwerte sie ihr privater Kummer. Im Tagebuch deu-

tete er nichts davon an, doch es entging ihm kaum, daß sich Bruno
Walter mit dem Gedanken trug, die Sängerin Delia Reinhardt zu
heiraten, der er – nach Irmela von der Lühes Feststellungen – ein
Haus gekauft hatte, nicht allzu weit von der eigenen Residenz entfernt, übrigens zum heftigen Kummer seiner Tochter Lotte, die eine
enge Freundin Erikas war.

Dies war nun gewiß: der Dirigent war nicht bereit, sich mit Erika
enger zu verbinden. Im Gegenteil, er bestand darauf, das Verhältnis
wieder zu seiner «natürlichen, d. h. väterlichen Basis» zurückzuführen. Thomas Mann fragte sich, «ob ihr nicht in England wohler
wäre» und ob ihr dort nicht eine «adäquatere Tätigkeit geboten
würde», zum Beispiel bei der BBC. Ihm selbst drängte sich nun
immer wieder der Gedanke an eine «Rücksiedlung in die Schweiz»
auf, die für ihn mit der wachsenden Fremdheit Amerikas eine immer größere Anziehungskraft gewann.

Die Umdüsterung seines Gemüts war, wie immer, von den Zweifeln am entstehenden Werk und von einer gesundheitlichen Krise
bedingt. Trotz intensiver Behandlung quälte ihn eine chronische
Ohrenentzündung. Er stopfte sich mit Medikamenten und Schlafmitteln voll. Damit unterstützte er die Anfälligkeit für Allergien,
die ihn zeitlebens geplagt hatte. Eine Exkursion zur Universität von
Berkeley, wo er seinen Vortrag «Goethe und die Demokratie» präsentierte, brachte keine Erfrischung. Auch eine Einladung bei Jawa-
harlal Nehru, dem Führer Indiens, der ihn zu sich nach San Francisco gebeten hatte, bescherte ihm keine anhaltende Ermutigung,
trotz des überaus freundlichen Empfangs durch den Staatsmann, an
dem er die «klugen, angenehmen Züge» bewunderte. Skeptisch
fügte er hinzu: «Das Verhältnis zu ihm erinnert an das zu Roosevelt, da auch Nehru eigentlich von mir keine Ahnung hat.»

«Lebensüberdruß und Verlangen nach Abberufung», schrieb er
Ende November 1949 ins Journal. Er begann, den eigenen Tod genauer zu bedenken, der ihm zuvor – ungeachtet seiner poetischen
Todesliebe – eine eher abstrakte Vorstellung war wie allen anderen
Menschen auch. Walter Widmer, dem Übersetzer in Basel, gestand
er: «Überhaupt stellen körperliche und seelische Altersverdriess-
lichkeiten sich ein, Plagen und Müdigkeiten, gegen die nicht viel zu
sagen ist», da sie «ja die praktische Funktion haben, die Anhäng-

lichkeit ans Leben allmählich zu lockern. Dazu können die äusseren Umstände, das Wettstreiten, der Un- und Wahnsinn der ‹grossen Politik› nur beitragen, die einem nicht das Verlangen erregen, von der Zukunft noch viel mitzumachen.»

Sein Arzt verordnete Hormonspritzen. Dieser drastische Appell an seine Vitalität verfehlte seine Wirkung nicht. Die Stimulanz war ihm freilich nicht völlig willkommen. Am 1. Dezember notierte er: «Sexueller Kummer zwischenein, durch Bilder am Wege gespeister Schmerz und tiefes, leidvolles Verlangen nebst dem Wissen, daß es die Wirklichkeit nicht will.» Vier Tage später: «In diesen Tagen viel leidende Begierde und Nachsinnen über ihr Wesen und ihre Ziele, über erotische Begeisterung im Streit mit der Einsicht in ihr Illusorisches. Das höchste Schöne, behauptet als solches gegen eine Welt, ich würde es nicht anrühren wollen. Reisigers ‹Was will man?› einmal auf einem Spaziergang in Küsnacht, als von Clawdias Armen die Rede war. Über das alles bekennend zu schreiben, würde mich zerstören. – – –»

Das Weihnachtsfest, zu dem Elisabeth mit ihrem Mann und den Kindern herüberkam, war noch von der Arbeit an dem «explosiven Artikel» für den «Aufbau» überschattet. Am Silvesterabend zog sich Thomas Mann schon vor Mitternacht zurück. Am ersten Tag des Jahres 1950 schrieb er ins Tagebuch: «Dies nun eins meiner runden Jahre, in dem ich 75 werde.» Seine Existenz bot sich ihm, bei jenem nächtlichen Rückblick, in den großen Etappen des Werkes dar: «Vor 50 Jahren erschienen ‹Buddenbrooks›, vor 25 der ‹Zauberberg›.» Er fügte in Klammern hinzu: «Hatte vorgestern Brief von Carl Ehrenberg, mit näheren Daten über Pauls Tod.»

113. KAPITEL

Heinrichs Tod – Bruch mit Amerika

Das Jahr des großen Geburtstags, dessen Bedeutung er schon so weit voraus bedachte, ließ sich nicht freundlich an. Niko, der geliebte Pudel, war entlaufen – nicht zum erstenmal. Oft schon hatte er sich auf Liebespfaden für einige Tage vom Haus seines Herrn entfernt, doch immer wieder war er schließlich zum San Remo Drive zurückgelangt. «Geringe Hoffnung, ihn wiederzusehen», schrieb Thomas Mann dieses Mal deprimiert: «Abschluß eines Zusammenlebens von elf Jahren.» Eine Annonce im Lokalblättchen, die Meldung bei der Polizei und die Umfrage bei den Nachbarn blieben ohne Ergebnis. Thomas Manns trübe Ahnungen trogen nicht: das Tier fand nicht wieder zurück.

Er tröstete sich mit dem Gedanken, daß ihm so wenigstens das Erlebnis des «keinesfalls mehr fernen Ablebens» des Tieres erspart bleibe. Der Freundin Caroline Newton schrieb er: «Er war mit seinen elf Jahren noch immer in relativ rüstigem Zustand und hatte sich auch seine humoristisch räuberischen Neigungen bewahrt und noch kürzlich einen ganzen Kaffeekuchen hinter unserem Rücken vom Tisch geholt. So verständig er war, konnte sein Betragen auch oft noch recht kindlich sein. Seine Gefahr war immer *das Weib*, und weichherzig und sinnlich, wie er war, spürte er eine vorhandene Hitze meilenweit. (…) Auf welche Weise er zu Grunde gegangen ist, wird wohl immer im Dunkeln bleiben. Sie können sich denken, wie wir dem langjährigen Gefährten, den wir Ihrer Freundlichkeit verdanken, nachtrauern: er war ein so liebes, gescheites und anhängliches Wesen.»

Wenig später wurde der Hund des Sohnes Golo überfahren. Ihm schickte der Vater, den gemeinsamen Kummer bedenkend, das schöne Gedicht von Matthias Claudius: «Als der Hund tot war», das mit den Versen beginnt: «Alard ist hin, und meine Augen fließen / Mit Tränen der Melancholie! / Da liegt er tot zu meinen Füßen! / Das gute Vieh!»

Caroline Newton bot unverzüglich an, Ersatz zu schaffen. Sie meldete telegraphisch, daß sie ein artiges Tier gefunden habe, leider weiblichen Geschlechts. Thomas Mann winkte ab: zu einem «female Pudel» könne er sich kein Herz fassen. Nicht lange danach wurde in Philadelphia ein kleiner Rüde ins Flugzeug nach Los Angeles gesetzt. Das Tier wurde zunächst für sechs Wochen zu einem Dresseur in Pflege gegeben, um zu Gehorsam und Stubenreinheit erzogen zu werden.

Nikos Ende war nicht die einzige Heimsuchung, die den Anfang des Jahres verdüsterte. Die Ohrenentzündung wollte sich nicht bessern. Nachts vor allem schieden die Geschwülste im Innern eine lästige Nässe aus. Oft war der Gehörgang halb geschlossen, und Thomas Mann fühlte sich nahezu taub. Keine der Behandlungsmethoden wollte anschlagen. Eine Infektion schien auch die Mundhöhle zu irritieren. Dringend rieten die Ärzte, er möge endlich auf das Rauchen verzichten. Dazu konnte und wollte er sich nicht entschließen. Die Mahnung trieb ihn nur noch tiefer in seine Depression: das «Grauen im Herzen» ließ sich lange nicht verscheuchen. Oft lag er schlaflos, oder er setzte sich in den bequemen Sessel, in dem er manchmal halbe Nächte lang ausharrte, lesend, dämmernd, dann schließlich doch, dank einer doppelten oder dreifachen Dosis an Schlaf- und Beruhigungsmitteln, für vier oder fünf Stunden aus dem Zustand sorgenden Grübelns in den Schlaf entlassen. Am 1. Februar schrieb er ins Tagebuch: «Um den 12. Teil des Jahres ist es schon wieder getan. Wie nahe steht der Tod!»

Der politische Ärger, der zu einer permanenten Beschwernis geworden war, mehrte die Angst und den Überdruß. Thomas Mann war eingeladen, bei einer Versammlung des «Council for the Arts, Sciences and Professions», einer Organisation linksliberalen Gepräges, im «Wilshire Hotel» in Beverly Hills mit einer kleinen Rede aufzutreten, die er in raschen Zügen niedergeschrieben hatte, in vielen Teilen dem Konzept seines «J'accuse»-Artikels für den «Aufbau» folgend. Mit dem ersten Entwurf war er selbst nicht völlig zufrieden, da er ihm, wie er in ironischer Anführung sagte, zu «kommunistisch» geraten sei. Eine Mäßigung seiner Sprache empfahl sich um so mehr, da sich die Direktion des berühmten Hotels zunächst weigerte, dem Council einen Saal zu vermieten, ausdrücklich auf die Polemik weisend, zu der Thomas Mann durch seine Kommentare zu der Reise nach Weimar Anlaß gegeben hatte. Die Leitung des Etablissements provozierte damit allerdings einen Sturm der Entrüstung. Der Autor berichtete Adorno voller Hohn, der Boykottversuch gegen einen «communist wie Doctor Männ» habe einen «solchen Aufruhr in der Community und einen solchen Telegrammhagel» hervorgerufen, daß das Hotel zur Kapitulation gezwungen worden sei.

Die Korrekturen, mit denen sich das liberale Amerika immer von neuem gegen die Pressionen der antikommunistischen und in Wahrheit freiheitsfeindlichen Fanatiker behauptete, stimmten ihn nicht milder. Wäre er mit der Geschichte des Landes vertrauter gewesen, hätte er sich dann und wann vergegenwärtigen können, daß die politischen Fronten in Amerika seit den Tagen der Gründerväter immer wieder mit erschreckender Härte aufeinandergeprallt waren. Schon immer flogen in der öffentlichen Auseinandersetzung die Fetzen. Zimperlichkeit war niemals ein Merkmal der amerikanischen Demokratie. Sie war es auch nicht im Jahrzwölft der Regierung Franklin Delano Roosevelts gewesen, der sich in der Wahl seiner Mittel und Worte keineswegs immer behutsam gezeigt hatte.

Erika fuhr ihn am Abend des 14. Januar zum «Wilshire Hotel», wo er von dem Anwalt Carey McWilliams, einem der führenden Männer der Bürgerrechtsbewegung, und von dem Chemiker Linus Pauling begrüßt wurde, einem erprobten Kämpfer an allen Fronten des Nonkonformismus. «Merkwürdig», schrieb Thomas Mann nach der Rückkehr auf, «sich plötzlich unter einer Menge Gleichgesinnter» zu finden. Er hätte sehr viel drastischer reden können, meinte er. Das ist nicht so sicher. Die vernünftige Moderation bekam seiner Ansprache gut. Er rief warnend: «Die Idee einer nichts als antikommunistischen Ordnung der Welt ist nicht besser als die einer kommunistischen; sie ist sogar schlechter, weil sie rein negativ ist. Beide aber sind nur Ausflucht in eine gewaltsame Machtordnung und können nur in faschistischen und imperialistischen Formen verwirklicht werden.»

Amerika war in Wirklichkeit kaum von der Versuchung bedroht, die Demokratie dem totalitären oder auch nur autoritären Widergeist des Faschismus zu opfern: anders als die Staaten Europas wurde es der freiheitsfeindlichen Mächte in der eigenen Gesellschaft noch immer Herr. Dennoch tat es not, so laut und so deutlich wie möglich zu sagen, daß der «landläufige und sehr zur moralischen Verwilderung neigende Anti-Kommunismus (…) das Letzte an sozialem Tiefstand, Korruption und feudalistischer Verkommenheit» darstelle. Thomas Mann stellte fest: «Wenn Kommunismus Gewalt und Rechtlosigkeit heißt, Konzentrationslager, totalitäres Management der Kultur, bevormundete Kunst, die Bestimmung ihres Niveaus von unten her, nach dem Geschmack kleiner Leute, dann bin ich entschieden kein Kommunist, und ich kann nur hoffen, daß Terror und polizeiliche Gesinnungsspäherei nicht auch dort noch Sitte werden, wo man gegen die Methoden des Kommunismus moralisch wettert.»

Er hätte besser darauf verzichtet, von der «gleichgeschalteten Wut der ganzen Atlantic Pact-Presse» zu reden, die über ihn herfalle «und Mensch und Werk (…) für ewig entehrt und abgetan» erkläre: Übertreibungen nahmen die Amerikaner mit Vergnügen hin, doch mit Demonstrationen von Selbstmitleid hatten sie in der Regel nicht viel Geduld. Den Dichter aus Deutschland beurteilten sie weniger streng. Sie ließen es ihm auch durchgehen, daß er noch einmal betonte, es werde sich nach dem Ende des Ost-West-Konfliktes zeigen, daß die «Rezeption östlicher Ideen durch den Westen stärker» gewesen sei «als umgekehrt». Es kam, wie man weiß, ganz anders.

Mit «Grauen und Ekel» beobachtete er in jenen Tagen den Prozeß gegen Alger Hiss, einen hohen Bediensteten des State Department, dem von einem undurchsichtigen Zeugen, dem einstigen Kommunisten Whitacker Chambers, vorgeworfen wurde, er habe Staatsgeheimnisse an die Sowjetunion verraten. Der Diplomat wurde schließlich auf Grund fragwürdiger Indizien zu fünf Jahren Gefängnis verurteilt, obschon Dean Acheson, sein Minister, seine

Integrität bezeugt und sich vor Gericht geweigert hatte, ihm den Rücken zu kehren. Selbst Thomas Mann, der für den brillanten Lenker der amerikanischen Außenpolitik nicht die geringsten Sympathien hegte, konnte nicht umhin, Acheson eine «anständige Haltung» zu bestätigen. Hiss beteuerte seine Unschuld bis ans Ende seiner Tage, und er sah sich vor seinem Tod schließlich weitgehend rehabilitiert.

Damals beschloß Thomas Mann, seinen neuen Pudel «Alger» zu nennen. Dieser humoristische Beweis der Solidarität – der übrigens unverdächtig war, da man im Lebenskreis eines Schriftstellers wohl zuerst an Horatio Alger, den populären Autor des 19. Jahrhunderts, dachte – war nicht genug, «Grauen und Übelkeit» zu verscheuchen, die er bei der Lektüre der Zeitungskommentare zur Verurteilung von Alger Hiss empfand. «Bin den Zuständen in diesem Lande garnicht gewachsen», schrieb er, «mag aber an die Aufgabe des Hauses nicht denken und darf das Ansehen, ja die Popularität nicht vergessen, die ich doch hier genieße.» Es hob seine Stimmung nicht, daß er, nach Katias gründlichen Verhandlungen mit dem Steueranwalt, für das Jahr 1950 eine Vorauszahlung für die Einkommensteuer in Höhe von 16000 Dollar zu entrichten hatte (woraus sich für das Jahr 1948, freilich nur in grober Schätzung, ein versteuerter Verdienst von wenigstens 100000 Dollar errechnen läßt, was einer Einnahme von etwa eineinhalb Millionen Mark im Jahre 1994 entspräche).

So angebracht die Zweifel an der Rechtmäßigkeit des Urteils über Alger Hiss gewesen sein mögen: Thomas Mann sträubte sich zunächst gleichermaßen gegen die Einsicht, daß der Atomphysiker Klaus Fuchs, der in Großbritannien an der Entwicklung nuklearer Waffen gearbeitet hatte, ein Verräter sein könnte. Im Tagebuch nannte er die Vorwürfe gegen den angeblich «jüdischen Emigranten» eine «blödsinnige Geschichte». Fuchs war keineswegs Jude, sondern protestantischer Pfarrerssohn. Erst das Geständnis des Spions, der sich nach seiner Begnadigung in Ostdeutschland niederließ, konnte ihn davon überzeugen, daß sich der Wissenschaftler tatsächlich gegenüber seinem Gastland schuldig gemacht hatte. Seine Hinweise hatten der Sowjetunion geholfen, die Wasserstoffbombe sehr viel rascher zu entwickeln, als sie es kraft der Leistungen ihrer eigenen Forscher zuwege gebracht hätte. «Merkwürdige, niederschlagende und erregende Überraschung», schrieb Thomas Mann in sein Journal: «Sturzwasser auf die Mühlen der Hysteriker. Genaue Beschäftigung mit den Details. Seltene Kombination von wissenschaftlicher und politischer Passion. Sein Raskolnikow-ähnliches Benehmen. Viel Gespräch über den phantastischen Fall.»

Es entlastete seine Seele, daß er dem Fall Fuchs durch die literarischen Assoziationen eine gewisse Weihe zu verschaffen vermochte. Zum anderen wollten seine Nerven die Lektüre von George Orwells utopischem Roman «1984» nicht ertragen, von dem er sehr wohl verstand, daß er eine satirische Schilderung mancher Wirklichkeiten der Epoche war: die «Phantasie-Realisierung des schon Seienden», in der er auch eine Beschreibung des totalitären Regimes Josef Stalins hätte erkennen müssen. Im Tagebuch und in seinen Briefen zeigte er solche Bezüge freilich nicht auf.

Doch er notierte, er habe dem Professor Hans Mayer einen Brief nach Leipzig geschrieben, den er zurückhalte, weil ihn die «Americana», die das Schreiben enthielt, beunruhigten. Dem Bewunderer schickte er eine gesäuberte Version, in der er nichts von seinen Ärgernissen mit den Vereinigten Staaten andeutete, dafür aber sehr ausführlich von Heinrich Mann sprach. Er sagte von sich und dem Bruder, es habe Zeiten gegeben, in denen sie aneinander gelitten hätten: «Damals machten die Literaten einen Sport daraus, uns gegeneinander auszuspielen.» Das habe sich gründlich überlebt. Heinrich beschäftige sich nun ernstlich mit den Vorbereitungen zur Übersiedlung nach Berlin. Obwohl dies vielleicht den Abschied für immer bedeuten würde, könne er dieses Vorhaben nur bestärken: «Ein würdigerer Lebensabend, als den, den man ihm dort bereiten wird, ist nicht für ihn zu erdenken.»

Heinrich Mann schien sich solch hochgespannte Erwartungen nun endlich auch selbst zu eigen zu machen. Er sei, vermerkte Thomas Mann, in Ostdeutschland sehr reich, wo man ihm überdies einen Filmvertrag für den «Untertan» biete. Er lasse sich neue Anzüge schneidern, was durch seine Schwerfälligkeit zum Problem werde. Die tschechoslowakische Gesandtschaft habe ihm schon einen Paß geschickt. (Die amerikanische Staatsbürgerschaft besaß

der Bruder nicht: er hatte sich wohl auch niemals um die Einbürgerung bemüht, da er sie nicht für erstrebenswert hielt.) Für Mitte
April sollte eine Kabine belegt werden, wiederum auf einem polnischen Schiff. Die Passagierplätze waren, wie sich erwies, schon
ausverkauft, doch man ließ Beziehungen spielen und unternahm
Schritte bei der Gesandtschaft.

Die Kulturfunktionäre in Ost-Berlin verschoben, durch diese
hoffnungsvollen Signale ermutigt, die Eröffnung ihrer Akademie
der Künste bis zur Ankunft Heinrich Manns, der jenem Institut
präsidieren sollte. Drüben erwarteten ihn «gewaltige Ehrungen und
viel Geld», schrieb der Bruder. Dann wurde Heinrichs Name einen
Monat lang im Tagebuch nicht mehr erwähnt.

Am Sonnabend, dem 11.März 1950, trug Thomas Mann ein:
«Nach der Arbeit Nachricht, daß Heinrich morgens bewußtlos,
unerweckbar, im Koma aufgefunden. Zuziehung eines alten Consi-
liarius von Santa Monica durch Dr. Mann. Gehirntod, bei noch
schwach fortarbeitendem Herzen. K. dort. Das Ableben eine Frage
von Stunden. Natürliche Erschütterung ohne Widerstand gegen
dies Geschehen, da es nicht zu früh kommt und die gnädigste Lösung ist. Er hat den Abend unter Musikhören lange hingezogen.»

Thomas Mann schrieb einige Briefe, nur um tätig zu sein (auch
einen Brief an die unerschütterlich getreue Ida Herz in London). Er
las ein wenig, dann lauschte er einer Plattenaufnahme von «Don
Giovanni», ohne die seltsame Wahl zu erklären. Später berichtete er
in einem Brief an die Universitätszeitschrift «Germanic Review» in
New York, Heinrich habe am letzten Abend bis gegen Mitternacht
mit Genuß Musik gehört. Er sei von seiner Pflegerin nur schwer zu
überreden gewesen, zu Bett zu gehen. «Dann, man weiß nicht zu
welcher Nachtstunde, im Schlaf, die Gehirnblutung, ohne Laut
oder Regung von seiner Seite.»

Heinrich Mann starb am 12.März 1950 gegen Mitternacht. Thomas Mann wiederholte: «Die gnädigste Lösung.» Er hielt fest, Katia
habe ihm «von dem Fund einer Menge obszöner Zeichnungen in
des Verstorbenen Schreibtisch» berichtet. Erika habe «die Blätter
nebst einem fragw. Manuskript über Klaus» aus der Wohnung abgeholt.

Mit dem Abschiedsgottesdienst wurde der Reverend Stephen

H. Fritchman beauftragt, Pastor einer Gemeinde in Los Angeles, die der Unitarischen Kirche zugehörte, einer theologisch und politisch prononciert liberalen Religionsgemeinschaft. Die Feier, am 14. März begangen, war kurz und würdig. Ein Streichquartett spielte einen langsamen Satz von Debussy, Heinrich Manns Bindung an Frankreich huldigend. Vor dem Pfarrer sprach Lion Feuchtwanger. Die Teilnehmer seien «nicht eben zahlreich» gewesen, stellte Thomas Mann fest, doch die «Kränze und Blumen ein schöner Anblick». Sein eigener Kranz trug eine Schleife mit der Aufschrift: «Meinem großen Bruder in Liebe» – eine Widmung von schöner Doppeldeutigkeit, da sie das Alter und den literarischen Rang (oder beides) meinen konnte.

Nach dem Bekanntwerden der Nachricht waren unverzüglich lange offizielle Telegramme aus der Deutschen Demokratischen Republik eingetroffen: von Wilhelm Pieck, dem Präsidenten des ostdeutschen Staates, dem Regierungschef Otto Grotewohl, natürlich von Johannes R. Becher. Aus der Bundeshauptstadt Bonn: nichts. Heinrich Mann hatte sich für den kommunistischen Oststaat entschieden, und die Empfindlichkeiten der Deutschen waren, kaum ein Dreivierteljahr nach dem Ende der Berliner Blockade, noch immer nahezu unkalkulierbar und die Gereiztheiten groß. So stellten sich die Repräsentanten des Bonner Staates ein beschämendes Zeugnis der Engherzigkeit und ihrer schlechten Manieren aus, den liberalen Bürger-Präsidenten Theodor Heuss nicht ausgenommen. Ob der Bundeskanzler Konrad Adenauer mit dem Namen Heinrich Mann etwas verband, ist nicht sicher, doch sein Stab hätte es sein müssen, vor allem sein Vertrauter Heinrich von Brentano, Fraktionsführer der Christlichen Demokraten im Bundestag, der ein Bruder Bernard von Brentanos war, Thomas Manns schwierigem Nachbarn im Schweizer Exil. Erst recht war es nicht verständlich, daß auch der Oppositionsführer Kurt Schumacher keinen Anlaß sah, dem Autor des «Untertans» seine Reverenz zu erweisen. Angesichts des Todes hätten die ideologischen Differenzen schweigen müssen.

Thomas Mann vergaß dieses spießige Versagen der Repräsentanten Bundesdeutschlands nicht so rasch. Es schien seinen Verdacht zu bestätigen, daß sich dort drüben unter dem Schutz des «amerikanischen Imperialismus» der «Aufmarsch der Reaktion» vorbereite, der schließlich die Ouvertüre einer zweiten Machtergreifung der Nazis werde. Auch der Tochter Erika verschwammen die Realitätsbegriffe. In jenen «wohl informierten Kreisen» Hollywoods, in denen sich der Mangel an Kenntnissen und Bildung unverzüglich in wuchernde Phantasien und abstruse Mythen übersetzte, hatte sie sich zuraunen lassen, deutsche Nazipolitiker und Techniker, angeführt von Martin Bormann, dem Sekretär Adolf Hitlers und Leiter der Reichskanzlei, der seit 1945 als verschollen galt, hätten sich mit Unterseebooten nach Argentinien gerettet. Juan Perón, der quasifaschistische Chef jenes Staates, sei «mehr oder weniger ihr Gefangener», und seine Beseitigung gelte als wahrscheinlich. Der Vater sog die Greuelmeldungen gierig auf.

An jenem Tag, an dem Heinrich Mann zwischen Leben und Tod schwebte, war ein Brief von Agnes Meyer angelangt, der Thomas Mann versicherte, daß sein Vorschlag, am 25. April seinen obligatorischen Vortrag in der Library of Congress zu halten, von Luther Evans akzeptiert worden sei. Er hatte der «Fürstin» geschrieben, daß er sich nicht ohne ihr Einverständnis an den Leiter der Bibliothek wenden wolle. Er war keineswegs sicher, daß er in der Hauptstadt genauso willkommen sei wie früher. Etwas betreten sagte er, es hätte für ihn «etwas Beschämendes, fast Skandalöses», wenn er Washington meiden müsse. In diesem Fall würde er wahrscheinlich auf den ganzen Reiseplan verzichten.

Schon zu Anfang des Jahres hatte der französische Verleger Albin Michel ihn herzlich eingeladen, zum Erscheinen des «Doktor Faustus» nach Paris zu kommen. Behutsam erkundigte er sich über Louise Servicen, die Übersetzerin, ob wenigstens ein Teil seiner Reisekosten übernommen werde. Die Auskunft schien, trotz der notorischen Sparsamkeit, die in den Verlagshäusern Frankreichs herrschte, halbwegs befriedigend auszufallen. Ohnedies sehnte er sich nach der Schweiz. Also war er bereit, die lange und beschwerliche Reise an die Ostküste und weiter nach Europa auch im Jahr 1950 auf sich zu nehmen. Es wurden Vorträge in Chicago und, bei einer Veranstaltung des «Aufbaus», in New York, Auftritte in Stockholm und in Zürich verabredet, die das Unternehmen finanzieren würden.

Zunächst dachte er daran, den Nietzsche- und Goethe-Reden

einen Vortrag über Schopenhauer folgen zu lassen. Er hätte dabei auf den Essay zurückgreifen können, den er im Jahre 1938 geschrieben hatte. Dann verwarf er den Einfall. Es schien ihm dringend angebracht zu sein, das Bild der Amerikaner über seine Antwort auf die schwierigen Grundfragen der Epoche, vor allem ihr Urteil über seine Stellung zwischen Ost und West, durch einen großen Essay zurechtzurücken.

«Meine Zeit» nannte er das Vorhaben – und so annoncierte er es Agnes Meyer, die ihm ihr Einverständnis mitteilte. Die Arbeit wurde ihm zunächst nicht leicht. Er begegnete in sich selbst «tiefen Widerständen», die ihm durch eine neue Versenkung in die Welt Richard Wagners – die Welt seiner Jugend, seiner künstlerischen Herkunft – nur mühseliger wurden. Ende des vergangenen Jahres hatte er sich in einem langen Brief an Emil Preetorius noch einmal auf die Auseinandersetzung mit dem Magier eingelassen. Sein Schreiben war, wohl von Beginn an, zur Veröffentlichung bestimmt, als Antwort auf einen Essay des Bühnenbildners, der sich so leidenschaftlich um eine demokratische Rehabilitierung Wagners bemühte. Thomas Mann meinte, sie beide würden sich «bei Tee und Zigaretten (…) gut verstehen in unserem Enthusiasmus, – und in seinen skeptischen Brechungen». Preetorius, sagte er, glaube Wagner allzu viel. Dessen sumpfig pathetischem Satz von der Sehnsucht, «zurückzutauchen in den wiedervereinenden Abgrund und die heilige Nacht», setzte er die Formel von der «deutschen Mischung aus Barbarismus und Raffinement» entgegen, mit der ja auch «Bismarck Europa unterworfen hat, – plus einem Erotizismus, wie er in Gesellschaft noch nie exhibiert worden war». Er fragte Preetorius, ob er die Pariser Venusberg-Musik noch gut hören könne: «Es ist ja wirklich zuweilen unappetitlich.» Es sei «viel ‹Hitler› in Wagner», das habe der Freund ausgelassen. Aber dann: «Tristan», noch immer und wieder der «Tristan», nicht so sehr der zweite Akt, der «mehr etwas für junge Leute» sei, «die mit ihrer Sexualität nicht wo ein und aus wissen». Aber der erste Akt übte offensichtlich noch immer den alten Zauber auf ihn aus, und im «Lohengrin» erkannte er den «Gipfel der Romantik». Den möchte er in Preetorius' Ausstattung sehen, schrieb er, und den «Parsifal», der «doch eigentlich das Aller-Interessanteste» sei.

Dies abgetan, konnte er sich mit Elan dem selbstgestellten Auftrag hingeben, einen Blick über die Epoche zu werfen. Er schrieb den Essay «Meine Zeit» in wenigen Wochen nieder, von Heinrichs Tod kaum aufgehalten. Dennoch sagte er von der Rede: sie «ward hergestellt unter Kopfschmerzen, die das Zeichen der Erschütterung meines Central-Nervensystems durch das Todesereignis ist. Wußte immer, wie es mir zusetzen würde.» Der Aufsatz war ihm zum Bekenntnis geworden: «Dieser Vortrag, in der Library of Congress gehalten, ist vielleicht ein geschichtlicher Akt, größeren Stils als die Rede im Beethovensaal von 1932.» Mit der Jahreszahl hatte er sich getäuscht. Er meinte in Wirklichkeit die «Deutsche Ansprache», diesen unvergessenen «Appell an die Vernunft», die er am 17. Oktober 1930 in Berlin vorgetragen hatte.

Ihm war ein glanzvolles Stück Prosa von eindrucksvoller Klarheit und Geschlossenheit geglückt. Den Zuhörern legte er zunächst dar, daß er von seiner Zeit spreche, nicht aber seine Lebensgeschichte erzähle, von der er nur «sehr gelegentlich und fragmentarisch» berichte. «Vielleicht», sagte er, «liebe ich mein Leben nicht genug, um zum Autobiographen zu taugen»: ein Schlüsselsatz, der eine Grundwahrheit anzeigte. Kannte er die Anregung Goethes, doch einmal zu untersuchen, ob nicht Protestanten mehr als Katholiken zu Selbstbiographien geneigt sind: mehr zur Selbstprüfung und auch zur Selbstspiegelung geneigt als die römischen Christen? Er hätte die Frage in einen geistreichen Bezug zu seinem Verhältnis zu Martin Luther setzen können. Denn fast zu brüsk wandte er sich dem Vorwurf zu, der ihm aus dem Kreis der lutherischen Bischöfe Deutschlands als Antwort auf seine Polemik gegen den Reformator entgegengeschleudert worden war: daß sein «Lebenswerk jede Christlichkeit entbehre».

Das traf in einem strengen Sinne zu, da er das Glaubensbekenntnis, wie es im Katechismus steht, wohl kaum als sein persönliches Credo betrachtete. Das Verlangen, sich zu verteidigen, verführte ihn nun doch zu einer Feststellung, die ihm – entgegen der eingangs bekundeten Absicht – zu einer autobiographischen Konfession von höchstem Interesse geriet: «Wenn es christlich ist, das Leben, sein eigenes Leben, als eine Schuld, Verschuldung, Schuldigkeit zu empfinden, als den Gegenstand religiösen Unbehagens, als etwas, das

dringend der Gutmachung, Rettung und Rechtfertigung bedarf, —
dann haben jene Theologen mit ihrer Aufstellung, ich sei der Typus
des a-christlichen Schriftstellers, nicht so ganz recht.» Er unterstellte die gesamte «Hervorbringung» seines Lebens dem «bangen
Bedürfnis nach Gutmachung, Reinigung und Rechtfertigung» — ein
Daseinsmotiv, das man grundlutherisch nennen könnte. Es ist zugleich nicht weniger aufschlußreich, in diesem Geständnis eine
persönliche Offenbarung zu erkennen, obschon er mit keiner Silbe
andeutete, woran und wodurch er schuldig geworden sei. Klagte
er sich, ohne es auszusprechen, des Versagens in der Liebe zum
Nächsten an? Zur Frau, zu den Kindern (Erika ausgenommen),
zum Bruder Heinrich, zu Bruder Viktor, zu den beiden Schwestern,
womöglich zur Mutter? Der verweigerten Liebe zum Leben? Der
ungelebten Sexualität? «Der Prozeß der Schuldbegleichung», sagte
er, werde sich in seinem Werke fortsetzen bis ans Ende. Es werde
damit «gehen bis zuletzt, wo es mit Prospero's Worten heißen
wird: ‹And my ending is despair›, ‹Verzweiflung ist mein Lebens-
end›. Da wird, wie für Shakespeare's Magier, nur ein Trostgedanke
bleiben: der an die Gnade».

Was für ein Tribut an Martin Luther, entgegen aller Absicht! Er
habe dies alles nur gesagt, fuhr er fort, um seine «Abneigung gegen
die Autobiographie zu erklären» (die er in Wirklichkeit durchaus
nicht hatte, denn in Form seines Journals arbeitete er an ihr in aller
Heimlichkeit Tag um Tag fort).

Danach wandte er sich entschlossen der Prüfung der Epoche zu,
die sein Leben umspannte. Fünf Jahre nach dem deutsch-französischen Kriege war er zur Welt gekommen. Er hatte «die kontinentale
Hegemonie Deutschlands unter Bismarck und die Hochblüte des
britischen Imperiums unter Viktoria noch miterlebt», aber auch,
«schon mit persönlichem Bewußtsein, die intellektuelle Untermi-
nierung der bürgerlichen Lebensnormen (...); die Katastrophe von
1914 mit dem Eintritt Amerikas in die Weltpolitik», «die Russische
Revolution», «das Heraufkommen des Fascismus in Italien und des
Nationalsozialismus in Deutschland, den Hitlerschrecken, das
Bündnis von Ost und West gegen ihn, den gewonnenen Krieg und
den abermals verlorenen Frieden».

Ein gewaltiger Bogen. Doch worauf gründete sich sein Urteil, daß der Frieden schon wieder verloren sei? Es ist wohl wahr, daß der Kalte Krieg eher einem prekären Waffenstillstand glich, doch das Verhältnis konkurrierender Großmächte entsprach in der Geschichte nur zu oft diesem Zustand. Niemand konnte, dies läßt sich nicht leugnen, damals gewiß sein, daß der «Nichtkrieg» andauern werde. Winston Churchill fand für den Zustand der Welt die realistische und einschüchternde Formel vom «Gleichgewicht des Schrekkens». Am Ende des Jahrtausends kann festgestellt werden, trotz der Tragödie in Bosnien, daß es Europa die längste Periode des Friedens garantierte, die es in seiner Geschichte erlebt hat – eines Friedens, der in der konstruktiven Bündnispolitik der Vereinigten Staaten und in der Vereinigung Westeuropas eine feste Verankerung fand.

Dies alles war 1950 die öffentlich erklärte Zielsetzung der Staatsmänner in Washington, in London, in Paris und im kleinen Bonn. Thomas Mann nahm sie nicht zur Kenntnis. In seinem Alterspessimismus fürchtete er «noch ganz andere Umwälzungen und spektakulöse Weltveränderungen», wenn sie die «amoklaufende Technik (…) überhaupt noch zum Zuge kommen läßt». Noch einmal wandte er sich zurück, um die Zivilisation seiner Jugend geistvoll-amüsant zu beschreiben, zunächst die Mode ins Auge fassend: die «festliche Entblößung von Schultern und Busen», die «in erstaunlichem Gegensatz zu der alles versagenden Keuschheit des weiblichen Badekostüms» gestanden habe. Er sprach vom Turnen «in Hemdsärmeln, aber, unglaublicherweise, mit steifem Kragen», vom Aufkommen der «Bügelfalte», der Ablösung der Pferde-Trambahn durch die elektrische Straßenbahn, dem Übergang von der Petroleumlampe zum elektrischen Licht, der Installierung der ersten «Telephonkästen», vom Aufkommen des Fahrrades, von der Dekadenz und dem «makabren Narrenkleid des Fin de siècle», das er nie getragen habe, da er nie modisch gewesen sei, nie «literarisch à la tête und auf der Höhe des Tages», «nie einer Schule oder Koterie» angehört habe, «die gerade obenauf war, weder der naturalistischen, noch der neuromantischen, neu-klassischen, symbolistischen, expressionistischen, oder wie sie nun hießen. Ich bin darum auch nie von einer Schule getragen, von Literaten selten gelobt worden.» Er hatte auch an der «Jugendbewegung» keinerlei Anteil. Er stand für «Bürgerlichkeit».

Mit der üblichen Verlegenheit nannte er die «Betrachtungen» ein Werk der «rückwärtigen Bindungen», die ihn, wie er ironisch anfügte, «zum Reaktionär» gemacht hätten oder ihn «doch einen Augenblick so erscheinen» ließen. Im gleichen Atemzug rechtfertigte er die Polemik von neuem als «Experimental- und Bildungsroman», den er sich von der Seele geschrieben habe, ein Buch zur Verteidigung der Humanität. Er glaubte es selbst, wenigstens fast.

Thomas Mann kam dem Ziel seiner Rede näher: er wollte, wie er angekündigt hatte, sein Verhältnis zum Kommunismus öffentlich und ein für allemal klären. Er hatte den Übergang zu einer Auseinandersetzung mit der «neuen Kirche» gefunden, diesem «heiligen Schrecken», die der Menschheit durch das Sowjet-Imperium entgegentrat. Diese Kirche, sagte er, treibe Machtpolitik – «wen wundert es? Welteroberung ist ein uralter Traum, und jeder Glaube will die Welt erobern – auf die Gefahr hin, daß er dabei zum bloßen Mittel der Welteroberung wird.» An seiner «Ehrerbietung vor dem (...) historischen Ereignis der Russischen Revolution» wolle er keinen Zweifel lassen: sie habe «ein zu neunzig Prozent analphabetisches Volk intellektuell gehoben» und «das Lebensniveau seiner Massen unendlich menschlicher gestaltet». Anfechtbare Einsichten, die von einer kritischen Geschichtsschreibung nicht völlig bestätigt werden, aber sie entsprachen damals dem Konsensus nahezu aller Menschen guten Willens in der westlichen Welt, auch mancher konservativer Geister, die ihr Bild von der Sowjetunion nicht auf eigene Anschauung stützen konnten. Sie stimmten mit Thomas Mann in der Bezeugung seines Respekts vor der kommunistischen «Gegenstellung zum Faschismus italienischer oder deutscher Färbung» überein, den er eine «rein reaktive und läppische Nachäffung des Bolschewismus» nannte: auch dies eine fragwürdige These, die eine ungemütliche Nähe zu den späteren Behauptungen des deutschen Historikers Ernst Nolte aufweist. Die kommunistische Revolution, fuhr er fort, habe durch ihr «russisches Schicksal» ein «tragisches Gepräge» erhalten: ein Opfer sozusagen der Tradition der Autokratie des Terrors, des byzantinischen «Welterlösungsanspruchs».

Wieder erlag er der Versuchung, die sowjetische Realität durch die russische Literatur zu entschuldigen. Er rief: «Wer wollte Rußland, dem ewigen Rußland, die Menschlichkeit absprechen? Eine tiefere gab es nie und nirgends als in der russischen Literatur, – der *heiligen* russischen Literatur».

Er beschwor die Kriegsgemeinschaft der westlichen Demokratien mit dem russischen Kommunismus und die Gefahr des Konfliktes, der die Völker zwinge, «ihre besten Kräfte im Dienst von Haß und Furcht zu vergeuden». Dieser Konflikt «hält alles auf, alles zurück, hindert jeden Fortschritt, bringt die Menschen intellektuell herunter, lähmt in großen Nationen das Rechtsgefühl, beraubt sie des Verstandes und macht sie durch Narreteien, zu denen Verfolgungswahn und Verfolgungssucht sie verleiten, voreinander lächerlich».

Diese Warnung war angebracht. Es war auch nötig, die Bürger des Westens zu mahnen, daß der Kalte Krieg das zu zerstören drohte, was er bewahren wollte: die Demokratie. Doch er ging weiter, seit der Deutschlandreise von einer wahren Obsession getrieben: die Demokratie unterliege der Versuchung, «den Teufel mit Beelzebub auszutreiben und den Faschismus zum Waffengefährten zu nehmen, ihn zu stützen und wieder großzuziehen». Dies war sein Alptraum. Er hätte ihn als solchen präsentieren können. Doch er redete sich und seinem Publikum ein, dies sei die Strategie der westlichen Alliierten, zumal der Amerikaner.

Seine Verkennung der Realität erklärte sich ein weiteres Mal aus der moralischen Äquidistanz, aus der er die Sowjetwelt und die Welt des Westens ins Auge faßte. Er überspielte sie durch die Flucht ins Feuilleton: Amerika und Rußland, «diese beiden gutmütigen Riesen», als eine Art von Brüder beschreibend – «anfällig beide, das ist wahr, der eine für kopflose Hysterie, der andere für Ausbrüche sarmatischer Wildheit». Er fragte, ob einer «notwendig (...) den anderen erschlagen» müsse, «wie Fafner den Fasolt, damit der eine allein auf dem Hort der Welt liege und schlafe?» Er meinte, schon die Größe selbst schaffe zwischen den beiden Mächten eine Verwandtschaft, die «Großräumigkeit ihres Daseins», ein «besonderes Verhältnis zur Zeit», ihre Geduld. Amerikanische Farmer und Arbeiter, deren Gesichter er bei einer Photoausstellung betrachtet habe, muteten ihn «russisch bis ins Physiognomische hinein» an. «Zwischen russischer und amerikanischer Menschlichkeit gibt es viel merkwürdig Verwandtes: das angeboren Demokratische vor allem, eine Zutraulichkeit, Offenheit, Unreserviertheit des menschlichen Zusammenlebens, die sich so fühlbar von dem absperrenden Individualismus des französischen oder englischen Charakters unterscheidet.»

Was immer es mit dem «angeboren Demokratischen» auf sich hatte: so sprach einer, der amerikanische Arbeiter und Bauern so gut wie niemals von Angesicht zu Angesicht gesehen hatte, von den russischen nicht zu reden. Indes, der Bezug half, sein Verlangen nach einer Synthese der Systeme zu akzentuieren. Goethe habe gegen das Ende seines Lebens gesagt, «jeder vernünftige Mensch sei doch ein gemäßigter Liberaler». Heute heiße das Wort: «Jeder vernünftige Mensch ist ein gemäßigter Sozialist.»

Was dieser Sozialismus sein könne, wußte er so genau nicht. Schriften zur Theorie des Reformsozialismus hatte er nicht gelesen. Doch es war ihm nicht entgangen, daß die Sozialdemokratie «den totalitären Kommunismus am allerbittersten» haßte. Er hielt sich bei dieser Einsicht nicht lange auf, sondern eilte rasch weiter zu der allgemeinen und richtigen Feststellung, daß «eine soziale Reform der Freiheit fällig» sei. Dem russisch-amerikanischen Gegensatz würde «viel, ja Entscheidendes von seiner Schärfe genommen», wenn man sich von dem Aberglauben abkehre, «man müsse überall in der Welt den Sozialismus niederhalten und lieber sich mit dem Faschismus verbünden». Schließlich plädierte er für eine «universelle Friedenskonferenz» und für eine Art Welt-Marshallplan, ohne diesen früher so oft denunzierten Begriff zu gebrauchen: eine «*umfassende Finanzierung des Friedens*».

Der Leidenschaft seiner Friedenspredigt und der humanen Qualität seiner Vorschläge hätten wohl auch die Zuhörer in Washington ihre Reverenz erwiesen, trotz denkbarer Vorbehalte gegen seine Argumentation. Doch es kam nicht dahin.

Zwischen dem 17. und dem 21. März, an dem Thomas Mann die Niederschrift der Rede voller Hochgefühl abschloß, findet sich im Journal kein Eintrag. Indes, es müssen Telefongespräche zwischen Washington und Pacific Palisades geführt, vielleicht auch Telegramme gewechselt worden sein. Am 21. März schickte Katia, wohl ohne Wissen ihres Mannes, ein Kabel an Agnes Meyer, in dem sie mitteilte, der Vortrag beschäftige sich mit kulturellen Fragen und Stationen der eigenen literarischen Entwicklung Thomas Manns. Teilweise handle er auch von Gegenwartsproblemen – nicht völlig unkritisch gegenüber der westlichen Politik, doch er nehme eine unmißverständliche und bisher noch nie so bezeugte Haltung gegen den östlichen Totalitarismus ein. Thomas ahne noch nichts von Schwierigkeiten. Er würde durch eine verspätete Absage, die er als eine ernste und völlig ungerechtfertigte offizielle Beleidigung betrachten müsse, schwer schockiert sein. Sie wisse, daß Agnes Meyer alles tun würde, was nur möglich sei, doch die Empfängerin wünsche gewiß, einen aufrichtigen Bericht über den Ernst der Lage zu erhalten. Sie, Katia, warte auf ein endgültiges Wort, bevor sie Thomas die Nachricht mitteile. Der englische Text des Telegramms läßt darauf schließen, daß Erika an der Formulierung beteiligt war.

Der Herausgeber der Korrespondenz mit Agnes Meyer vermutet, dieser Beschwörung sei ein sondierender Anruf der Freundin und Gönnerin vorausgegangen. Zwei Tage später schrieb Agnes Meyer den bestätigenden Brief. Er traf am 27. in Pacific Palisades ein. Sie formulierte ihre Gedanken unter dem Gefühl einer «schweren Verantwortung». Zunächst klärte sie Thomas Mann darüber auf, wohl um den Stoß ein wenig abzufangen, daß seine Ernennung zum Berater der Kongreßbibliothek und die Idee seiner regelmäßigen Vorträge ihre Erfindung gewesen seien, um ihm «Freude zu machen und eine Amerikanische Ehrenstelle zu verschaffen». Die Kosten habe sie getragen: diese etwas informelle Situation – es gebe keine andere Verbindung mit der Library, die ihr entspreche – sei nur möglich gewesen, weil sie Mitglied des Gremiums sei, das die Finanzierung der Institution beaufsichtige.

Er müsse, schrieb sie weiter, «die momentanen Zustände hier in Washington in Auge fassen. Die Administration wird von den Republicanischen Senatoren angegriffen als Communistisch gesinnt. Wenn man Acheson und seine höchsten Beamten als gefährliche Menschen angreifft, dann kann man die Tollheit der Atmosphäre begreifen.» Luther Evans, der Bibliotheksdirektor, habe nach der Lektüre des Dossiers über die Auseinandersetzungen, zu denen Thomas Manns Auftritt in Weimar führte, sofort verstanden, daß der Dichter das nächste Opfer der Situation werden könne. (Hans Rudolf Vaget wies allerdings nach, daß sich in der FBI-Akte über

Thomas Mann kein Material zu dem fatalen Brief an den schwedischen Journalisten Olberg findet, doch dies schließe, meint er, nicht aus, daß es von der Bundespolizei Luther Evans übermittelt worden sei, um ihn vor einem Auftritt des Dichters zu warnen.)

Agnes Meyer fuhr fort: Mehr um ihn als die Bibliothek zu schützen, betrachte es Evans als ratsam, seinen Vortrag in diesem Jahr ausfallen zu lassen. Niemand wisse von der telefonischen Vereinbarung, die über Termin und Thema der Rede getroffen worden sei, und niemand werde den Verzicht bemerken, da Thomas Mann ja selbst vor zwei Jahren seinen Auftritt abgesagt habe. Er könne das hundertfünfzigjährige Jubiläum der Library und seine frühe Abreise nach Paris als Vorwand gebrauchen. Sie müsse hinzusetzen, daß sie Evans' Entscheidung für weise halte: «Es wäre schrecklich für Sie wenn Ihr Name ein Fussball werden sollte in dieser unvernünftigen Communist-Hetze. Denken Sie sich vor einem Congressional Committee wo Sie jedes Wort persönlich verteidigen müssten dass Sie in öffentlichen Briefen oder Interviews gesagt haben. Es wäre schrecklich und niemand könnte Ihnen damit helfen.»

Sie fügte allerdings hinzu: «Und, lieber Freund, sagen wir ganz ehrlich dass Sie den Feinden der Vernunft zu viel Stoff zum Angriff gegeben haben. Sie werden sich erinnern wie ernstlich ich Sie gemahnt habe schon vor Ihre letzten Reise nach Deutschland, wegen mehrere Stellen in ‹Der Entstehung des Dr. F.› Schon damals fand ich dass Sie gegen Amerika zu gunsten Russlands sprachen und sah die Gefahr in der Sie schwebten. Ich wusste ja nur zu gut wie Amerikaner darauf reagieren würden und war nicht zu beruhigen biss Sie mir sagten dass das Buch nicht übersetzt werden sollte.»

Als Beweis, wie sehr die Kommunisten sein Vertrauen mißbraucht hätten, führte sie an, daß Georg Lukács verschwunden sei und daß man an seinen Tod glaube, «weil er solche feine Kritiken» über seine Werke und die anderer westlicher Schriftsteller veröffentlicht habe. Dies war eine Falschmeldung. Lukács geriet erst im Jahre 1956 nach dem Budapester Aufstand gegen das Regime der stalinistischen Funktionäre, bei dem er das Kulturministerium der Revolutionsregierung übernommen hatte, in ernste Gefahr. Daß er sich während der großen Säuberungen in den dreißiger Jahren auf schreckliche und tragische Weise kompromittiert hatte, ahnte zu jenem Zeitpunkt niemand.

Agnes Meyer sagte zu Recht, aus dem Olberg-Brief zitierend, es seien «nicht nur die Dummheit und die Frechheit die im autoritären Volksstaat das Maul zu halten» hätten. Obgleich es nicht zum Schießen gekommen sei – und nicht kommen werde –, befinde sich Amerika in einem «Kriegszustand mit einem Ruchlosen Feind». Das errege Amerika tiefer als die Europäer, die seit Jahrhunderten nur einen bewaffneten Frieden kennten. In Evans' Brief möge er ein «warmes Gefühl» für ihn und für seine «Rolle in unserem Lande und in der ganzen Welt» sehen. Sie verstehe seine Hauptrolle als Versöhner zwischen dem ganzen Deutschland und der Menschheit.

Der Direktor der Bibliothek äußerte sich verhaltener. Auch er bezog sich auf den Olberg-Brief, der zu einer öffentlichen Debatte Anlaß gebe. Wenn Thomas Mann nun eine Rede unter der Schirmherrschaft einer Regierungsinstitution halte, könnte dies eine politische Kontroverse auslösen, die zu seiner Stellung in der Literatur keinen Bezug habe. Dies müsse ihn in Verlegenheit bringen, und die so alte Verbindung zwischen ihm und der Bibliothek könne Schaden nehmen. Darum sei nach einer Diskussion mit Mrs. Meyer entschieden worden, seinen Vortrag in diesem Jahr ausfallen zu lassen. Die Entscheidung werde vereinfacht, weil es keine Ankündigung in der Presse gegeben habe und überdies im Bewußtsein der Öffentlichkeit alle Aktivitäten dem hundertfünfzigjährigen Jubiläum der Bibliothek gewidmet seien.

Thomas Mann antwortete einen Tag nach dem Erhalt der beiden Schreiben der «lieben, guten Freundin» in Washington. Er verstehe alles, schrieb er, und billige den Entschluß von Dr. Evans: «Wie die Dinge nun einmal liegen, gibt es garnichts Vernünftigeres, als den Gedanken an die lecture lautlos fallen zu lassen, bevor Proteste laut werden. Mein Vortrag bringt zwar, am Schluss, ausser einem Wort für den Frieden, eine entschiedene und fundierte Absage an den Kommunismus, aber ich sehe ein, dass ich mir die Möglichkeit, dieses Bekenntnis in der Library abzulegen, verscherzt habe. Alles wäre vielleicht noch leidlich gewesen, ohne den Brief an den schwedischen Journalisten, der in seiner vollkommenen Unnötigkeit ein wirklicher dummer Streich war. Nichts zwang mich, ihn zu schreiben, und er enthält Sätze, die viel zu sehr momentaner Stimmungsausdruck sind und von flüchtiger Gereiztheit eingegeben. Ich habe mir keine Vorstellung dabei gemacht, wie man meine Worte herumschreien würde, und dass sie überhaupt hierher dringen würden.»

Er wolle hoffen, daß er wenigstens in Chicago und New York reden könne, und er wiederholte, daß er in Europa nur ungern eingestehen würde, er dürfe in Amerika nicht mehr sprechen: «Das wäre beschämend. Für mich, meine ich natürlich.» Er fuhr fort, sie möge es nicht «verschwören», daß es nicht zum wirklichen Krieg zwischen Amerika und Rußland komme. Niemand wisse, wohin der Kalte Krieg führe: «Zu etwas Gutem führt er auf keinen Fall. Russland macht er noch böser, wenn es möglich ist, bei uns aber ruiniert er die Demokratie und macht die Leute Mann für Mann verrückt.»

Dann deutete er, fast unvermittelt, die tiefe Depression an, in die er sich gestürzt sah. Sie sei genährt «von all den ewigen Abschieden in *einem* Jahr: erst unser Sohn, dann in Deutschland der jüngste Bruder, nun der älteste.» Er schloß mit Worten, in denen sich seine verärgerte Resignation ausdrückte: «Fahren Sie nur fort, zu glauben, dass ich es gut meine bei allen Fehlern, die die Verworrenheit der Zeit mich begehen lässt, und denen man vielleicht nur entgeht, wenn man sich allein um das eigene Wohl kümmert.»

Er empfand die Absage aus Washington, die ihm Agnes Meyer mit einem beschwerten Gewissen und so viel herzlicher Sympathie mitteilte, als eine tiefe Schmach, ja als eine persönliche Schmähung. Er hat sie Amerika nicht verziehen. Sie bezeichnet den Bruch mit den Vereinigten Staaten.

114. KAPITEL

Fünfundsiebzig

Beschwichtigend und beschwörend schrieb ihm Agnes Meyer in einem zweiten Brief, er möge sich von der Politik fernhalten und auf sein eigentliches, sein dichterisches Werk konzentrieren. Er nannte ihren Rat im Tagebuch «albern». Seine Verstörung übersetzte sich in «Fluchtgedanken». In der Verborgenheit des Tagebuches nannte er, wie so viele Deutsche vor ihm (ob rechter oder linker Couleur) Amerika ein «Gangsterland», von dessen Treiben er «tief angewidert» sei: «Aber wohin? In Europa wird die Macht Deutschlands unaufhaltsam wachsen und auch die Schweiz schwer bewohnbar machen. England zu traurig und klimatisch unzuträglich.»

Indes, niemand machte Anstalten, seine Auftritte in Chicago und New York zu verhindern. Es war begreiflich, daß er dem Abend in der Universität von Chicago mit einer «nervösen Spannung» entgegensah, die größer als üblich war. Das vorgesehene Auditorium, das etwa tausend Menschen Platz bot, erwies sich als zu klein. So wurde die Veranstaltung in die Kirche der Universität verlegt. Thomas Mann mußte für seine Rede die Kanzel besteigen, was ihm eine stille Genugtuung verschafft haben mag. Der sakrale Raum trug zu der «feierlichen Stimmung» bei, doch er verhinderte Äußerungen der Heiterkeit im Publikum nicht, auch nicht den Applaus am Ende. Der Redner bestätigte sich selbst, er habe eine «gute Produktion» gemacht.

Auch in New York wurde die Betrachtung, die im Englischen den Titel «The Years of My Life» trug, von den Zuhörern im Kaufmann-Auditorium an der zweiundneunzigsten Straße voller Wohlwollen aufgenommen, und sie erzielte, nach seinen eigenen Worten, «größte Wirkung». Die Veranstaltung fand unter den Auspizien der Redaktion des «Aufbaus» statt, jenes Wochenblattes linksliberaler Prägung, das sich vor allem an die deutsch-jüdische Emigration wandte. Manfred George, der Chefredakteur, durfte sich zu den Freunden Thomas Manns zählen. Er bot seinen Lesern Gelegenheit, den fünfundsiebzigsten Geburtstag des Dichters vorauszufeiern. Auch Agnes und Eugene Meyer waren aus Washington gekommen. Sie suchten, am Tag nach der Rede, Thomas und Katia im Hotel Carlyle auf, einem eleganten Etablissement an der 5th Avenue mit Blick auf den Central Park, mit aller Pracht des amerikanischen Neorokoko ausgestattet, das später ein favorisiertes Quartier der Familie Kennedy wurde.

Die Visite der Meyers war eine Geste der Loyalität, die dem Besitzer der mächtigen «Washington Post», den man als liberalkonservativen Republikaner kannte, ein schönes Zeugnis ausstellt, zumal er die politische Haltung Thomas Manns vermutlich noch schärfer ablehnte als seine Frau. Die beiden gehörten – auch das war Amerika – zu jener Front des Anstands, die sich der rechtsradikalen Demagogie immer entschlossener entgegenstemmte. Es war hoch an der Zeit. Präsident Harry Truman hatte endlich Joseph McCarthy, den Senator von Wisconsin, mit der gebotenen Härte als das bezeichnet, was er war: einen verantwortungslosen Hetzer, ja einen «Saboteur», und er hatte vor allem die denunziatorische Behauptung gerügt, das State Department sei von Kommunisten und Spionen durchsetzt, «der größte Aktivposten», über den der Kreml verfüge. Später warf der Präsident dem Senator vor, daß er sich der «Methode der Kommunisten» bediene – genau wie der «Ausschuß für unamerikanische Aktivitäten», der die Grundrechte der amerikanischen Bürger verletze.

Harry Truman schien – wie sein Nachfolger General Eisenhower – der Meinung zu sein, die irrationale Hysterie werde sich schließlich selbst besiegen. Mit Verboten, nach denen Bürger europäischer und zumal deutscher Herkunft so rasch riefen, war in Amerika nichts auszurichten. Die demokratische Regierung verließ sich auf die Vernunft ihrer Landsleute. Den gebrannten Kindern der faschistischen Diktaturen war solches Vertrauen in die Vitalität der Demokratie nicht gegeben. Sie waren von einem anderen sozialen und politischen Klima geprägt: Thomas Mann ganz gewiß, der den Staat stets als Obrigkeit betrachtete, eine gute, eine böse, die über das Wohl und Wehe der Bürger letztlich entscheide.

Auch jetzt erklärte er in einer Pressekonferenz, laut «Herald Tribune», was er immer wieder, mit fast monotoner Beharrlichkeit wiederholte: die Amerikaner und Briten seien in ihrer «verständlichen Furcht vor den Kommunisten» der Versuchung ausgesetzt, den Faschismus als «Waffen-Bruder» zu akzeptieren. Alles würde besser sein, wäre Amerika nur «aufrichtig antifaschistisch» und verstünde es nicht länger als seine Hauptaufgabe, den Sozialismus überall auf der Welt zu unterdrücken. Der Bericht über diese Veranstaltung erschien unter der vergröbernden Überschrift: «Mann verdammt die amerikanische Hilfe für Bonn als ‹faschistisch›» – eine journalistische Vereinfachung, doch auch keine völlige Verfälschung seiner Meinung. In der Hauptstadt der Bundesrepublik wurden diese Äußerungen aufmerksam registriert. Es konnte nicht erstaunen, daß die schlichteren Köpfe in der Regierung und im Parlament des neuen Staates den Dichter als einen Gegner zu betrachten begannen. Überdies hockte in vielen Seelen noch immer ein dumpf-nationales Ressentiment, das nur auf ein Signal wartete, um das lauernde Mißtrauen gegen «die Emigranten» offen zutage treten zu lassen.

Die Führung der sozialdemokratischen Opposition in Bonn hielt es dennoch für angebracht, Carlo Schmid zu einem Gespräch mit dem Dichter nach Stockholm zu delegieren: der ersten Station seiner europäischen Reise, die Thomas Mann nach einem Flug von zwanzig Stunden – durch Zwischenlandungen in Neufundland, Schottland, Hamburg und Kopenhagen unterbrochen – im üblichen Zustand der Übermüdung erreichte. Der Dichter äußerte sich nicht über die Begegnung mit dem Professor, der durch seine Mutter halb französischer Herkunft war: ein Mann von brillanter Intelligenz, Übersetzer von Baudelaire und Dante, in seinem literarischen Geschmack vom Stefan-George-Kreis geformt. Schmid erzählte später gern, daß er dem Dichter über die deutschen Verhältnisse reinen Wein eingeschenkt habe – nicht nur was die kommunistische Herrschaft in Ostdeutschland, sondern auch was die Gefahr einer nazistischen

Renaissance in Westdeutschland anging. Allerdings hat es nicht
den Anschein, daß er Thomas Mann damit beeindrucken konnte.
Doch immerhin hielt es der Dichter für angebracht, dem Reporter
eines Münchner illustrierten Blattes ein Interview zu gewähren, das
er für eine versöhnliche Grußbotschaft nutzte. Das Wiedersehen im
vorigen Jahr, sagte er mit der freundlichen Schwindelei, die bei solchen Anlässen üblich ist, sei ihm eine sehr liebe, bewegende Erinnerung.

Trotz aller Vorbehalte: Deutschland war sein wichtigster Markt.
Sein Konto beim S. Fischer Verlag wies ein stattliches Guthaben
auf, aber er war über die Entwicklung besorgt. Schon Ende März
war er, vermutlich durch Emil Oprecht, auf die wachsenden Span-
nungen zwischen Gottfried Bermann Fischer und seinem deutschen
Partner Peter Suhrkamp aufmerksam gemacht worden. Am 17.
März hatte er sich unmittelbar an Suhrkamp gewandt: Über
Zürich seien Hinweise zu ihm gedrungen, daß zwischen ihm und
Bermann ernste Zwistigkeiten ausgebrochen seien, die zu einem
Ausscheiden Suhrkamps aus dem Verlag geführt hätten. Er wolle
hoffen, daß dies «wilde und unsinnige Gerüchte» seien, aber er
wäre dankbar, wenn Suhrkamp ihm sagen wolle, wie es damit stehe.
Er fügte hinzu: «Ich habe zu Ihnen und zu Ihrer Führung des Verla-
ges immer besonderes Vertrauen gehabt und es würde sehr Bedenk-
liches und Ernstes für mich bedeuten, wenn diese Geschichten auf
Wahrheit beruhten.»

Suhrkamps Antwort beruhigte ihn nicht. Der Verleger sagte, sein
Ausscheiden habe seit dem Oktober 1949 alle Augenblicke bevor-
gestanden. Er sei selbst oft soweit gewesen, um des Friedens und
des Verlages willen – wenn es nicht dazu gekommen sei, dann nur
weil er wußte, er werde damit Autoren, die ihm freundschaftlich
verbunden seien, in Verlegenheit bringen. Bermann setze gegenwärtig «alle erdenklichen Mittel» gegen ihn ein, und das Ende lasse
sich nicht absehen. An seinen «wiederholt geäußerten und auch unverändert bestehenden Wunsch und Willen, das Erbe der Familie
Fischer zur Familie zurückzugeben», seien «seitens der Familie
Bedingungen und Zumutungen geknüpft» worden, die er «im persönlichen Interesse» und nach seinen «Einsichten in die Differen-
ziertheit unseres Verlages sowie in die Mentalität von Herrn Dr. Ber-

mann und seiner Kompagnons nicht annehmen» könne. Einzelheiten wolle er nicht mitteilen.

Thomas Mann mußte raten, was sich hinter diesen geschraubten
Wendungen verbergen mochte. Gegenüber Hermann Hesse, mit
dem ihn eine herzliche Freundschaft verband, hatte sich Suhrkamp
einige Wochen zuvor deutlicher ausgedrückt: seine Zurückweisung
der Forderungen Bermanns sei mit der fristlosen Kündigung des
Treuhandverhältnisses und dem Verbot, «Handlungen in der Geschäftsführung vorzunehmen und die Verlagsräume zu betreten»,
beantwortet worden. Diese juristisch begründeten Maßnahmen trafen ihn um so härter, da er sich körperlich elend fühlte – wie meist
seit seiner Entlassung aus dem Konzentrationslager. Dennoch bat
er Hesse, nicht völlig ohne Berechnung, er möge versuchen, «das
Verhalten von Bermann Fischer ohne Aufregung und Empörung
aufzunehmen». Die Herzbeschwerden, die ihn quälten, hätte er sicher auch ohnedies.

Thomas Mann aber schrieb an Hermann Broch, es sei ihm bei
diesem Streit gar nicht wohl: Suhrkamp habe sich «rechtschaffen
und getreu» gezeigt, und er habe «sich nicht durch anmaßende Her-
renmanieren bei jedermann unbeliebt» gemacht – womit er wohl
Bermann meinte, der gelegentlich sehr selbstbewußt aufzutreten
pflegte, von seiner Frau Brigitte, die von einem streitbar-nervösen
Temperament bestimmt und von Hochmut nicht frei war, nicht immer zur Mäßigung angehalten. Vermutlich hatte Bermann auch die
Kritik seines großen Autors herausgefordert, weil er nicht immer
verbarg, daß er politisch anders dachte, vor allem über Amerika,
dem er mit einem gelasseneren Realismus begegnete.

Thomas Mann schickte Bermann einen mahnenden Brief, um vor
dem Bruch mit Suhrkamp zu warnen. Dieses Schreiben, das verloren ist, scheint angedeutet zu haben, daß er sich zunächst bei Suhrkamp nach dem Stand der Dinge erkundigt hatte. Bermann antwortete postwendend – ein wenig pikiert darüber, daß sich sein
Hauptautor nicht zuerst an ihn gewandt hatte. Er habe lange schon
die Absicht gehabt, sagte er, Thomas Mann über die Differenzen mit
Suhrkamp zu informieren, doch habe er warten wollen, bis die Dinge
zu einer Entscheidung kämen. Suhrkamp habe ihm unmittelbar nach
dem Ende des Krieges schriftlich erklärt, er sei täglich bereit, den

Verlag, den er nur treuhänderisch verwaltet habe, in Bermann Fischers Hände zurückzugeben. Soweit schien alles gut zu sein.

Im Jahre 1947, als sich die beiden endlich wieder begegneten, hatten sie eine enge Kooperation vereinbart, bei der Samuel Fischers Erbe – gleichviel ob durch seine Gesellschaften in Stockholm, in New York, in Amsterdam und später wieder in Wien – stets der Gebende war, wie Gottfried Bermann auch gegenüber Thomas Mann betonte: Peter Suhrkamp bestritt sein Programm im wesentlichen durch Lizenzausgaben. Bermann wiederum hat stets anerkannt, daß Suhrkamp die deutsche Hinterlassenschaft des großen Hauses in den Jahren der Diktatur redlich und untadelig zu verteidigen suchte. Die alliierten Gesetze verhinderten zunächst die Rückgabe des Verlages. Peter Suhrkamp schrieb, um Bermann die notwendige Sicherheit zu geben, im Juni 1947 ein Testament, in dem er sich ausdrücklich «als Platzhalter der Familie Fischer» bezeichnete: Er habe den Verlag niemals als sein Vermögen betrachtet, versicherte er, und er bekräftigte, daß das Haus noch zu seinen Lebzeiten «formalrechtlich auf die Familie Fischer zurücküberführt» werden solle. Bermann und dessen Angehörige setzte er als seine Erben ein, und er äußerte lediglich den Wunsch, daß seine Frau Annemarie Suhrkamp, geborene Seidel – die Schwester Ina Seidels –, auf Lebenszeit eine angemessene Rente erhalte. In einem ergänzenden Brief schilderte er die komplizierte Finanzkonstruktion, einst von dem Bankier Hermann Josef Abs entworfen, die es Bermann erlaubt hatte, wenigstens einen Teil des Verlagsvermögens nach draußen zu retten, und die zugleich Suhrkamp die Mittel verschaffte, das Haus in Berlin weiterzuführen. Gottfried Bermann zögerte denn auch nicht, Abs schriftlich zu versichern, daß der Verkauf im Jahre 1936 kein Akt der «Arisierung» gewesen sei.

Bermann begann, auf die Rückübertragung des Verlages zu drängen. Nach seiner genauen und glaubwürdigen Darstellung wäre sie, so die «Gesetzeslage», nur durch einen «Restitutionsakt» möglich gewesen, das heißt: durch einen Rechtsvorgang, mit dem in der Regel die «arisierten» Vermögen an die ursprünglichen Eigentümer zurückerstattet wurden. Suhrkamp, berichtete er Thomas Mann, habe den dafür gesetzten Anmeldetermin versäumt, und er habe sich später gegen diese Lösung – die einzig mögliche – hartnäckig gesträubt, weil sie ihn dem Verdacht aussetze, zu den «Arisierern» gezählt zu werden. Daraufhin habe er ihm einen Vertrag vorgeschlagen, der jegliche Diskriminierung vermieden hätte, indem er durch einfache Protokollierung den früheren Zustand wiederhergestellt haben würde. Zugleich habe er Suhrkamp die Leitung der Frankfurter und Berliner Verlage, eine Gewinnbeteiligung von fünfundzwanzig Prozent und ein Gehalt angeboten, dessen Höhe er selbst bestimmen könne – allerdings unter seiner, Bermann Fischers, Gesamtleitung der deutschen und außerdeutschen Gesellschaften. Dagegen habe sich Suhrkamp gestemmt und auf der alleinigen Geschäftsführung mit der Übertragung einer Sperrminorität von fünfundzwanzig Prozent samt einem Vetorecht für alle Verträge mit dem Ausland bestanden. Dies sei für ihn, Bermann Fischer, unannehmbar gewesen. Also sei ihm nichts anderes geblieben, als eine Wiedergutmachungsklage einzureichen. Der Name S. Fischer sei unterdessen auf den Umschlägen immer kleiner, der Name Suhrkamp immer prominenter geworden.

Überdies wies er auf die unterschiedlichen Konzepte für die Führung eines modernen Verlages hin. Suhrkamp betrachte die Produktion von Büchern als ein elitäres Unternehmen, und er habe sich entsetzt gegen seine Vorschläge für eine billige Reihe, kurz: für die Einführung des Taschenbuches nach amerikanischem Beispiel, gewehrt.

Es liege ihm fern, schrieb Bermann, «die Bedeutung von Suhrkamps Leiden unter den Nazis zu verringern, aber auch ein früher politisch Verfolgter hat die Verpflichtung innezuhalten, die er auf sich genommen hat». Er klagte über den «autokratischen Zug» in Suhrkamps Wesen, über «das Lehrerhafte und zugleich Undurchsichtige», mit dem er sich viele Feinde gemacht habe. Dennoch, es seien neue Verhandlungen im Gange, die für ihn durch Eugen Kogon und den Stuttgarter Anwalt Ferdinand Sieger, für Suhrkamp durch dessen Freund Alexander Kreuter und den Anwalt Carl Hans Barz geführt würden.

Die Unterhändler fanden rasch eine annehmbare Lösung. Laut Präambel ihres Vertrages sollte der S. Fischer Verlag «in seiner ursprünglichen Form» wiederhergestellt, zugleich «die unter dem Namen Peter Suhrkamp entfaltete verlegerische Tätigkeit» in einem eigenen Verlag erhalten werden. Die Nachfolgegesellschaften S. Fischers, die unter Suhrkamp firmierten, würden zurückgegeben. (Die wirtschaftliche Vernunft verlangte freilich, daß die Berliner Verlagsniederlassung rasch aufgelöst wurde.) Der neue S. Fischer Verlag sollte die gesamten ausstehenden Verpflichtungen der Suhrkamp-Verlage an den Amsterdamer Fischer-Querido Verlag übernehmen, die etwa eine Million Deutsche Mark betrugen. Davon waren etwa die Hälfte Autorenhonorare aus den abgeschlossenen Lizenzvereinbarungen. Suhrkamp hätte sie, laut Bermann, auf ein Sonderkonto einzahlen müssen, was er versäumt habe.

Den Autoren, die 1936 bei Peter Suhrkamp bleiben konnten, wurde freigestellt, welchem der beiden Häuser sie sich anschließen wollten. Hermann Hesse war der prominenteste unter den Schriftstellern, die für Peter Suhrkamp votierten. Seine Sympathien für den Schwiegersohn Samuel Fischers waren gering. Er sagte von ihm in einem Brief an Fritz Bondy, Bermann und die Seinen hätten «in der Emigration nie aufgehört zu leben wie Millionäre», während «der treue Suhrkamp» mit «Gefängnis, KZ, Folterung und Verurteilung zum Strang» gebüßt habe. Er schrieb weiter, mit sichtbarem Groll: «Nun, die jüdischen Erben kamen im Luxusauto zurück, ließen sich den Verlag zurückgeben und setzten den, der für sie den Kopf hingehalten hatte, auf die Straße.» Auch Hermann Hesse war von Ressentiments nicht frei.

Für Thomas Mann gab es kaum eine Wahl: er gehörte seit den «Buddenbrooks» zum Hause Fischer. Man kann freilich nicht sagen, daß er Gottfried Bermann den Anfang leichtgemacht habe. Er wußte sehr wohl, daß Bermann jetzt eine gewaltige Last zu schultern hatte. Dem Autor Zuckmayer, dessen Stücke auf allen deutschen Bühnen Triumphe feierten, schuldete – nach Bermanns Bericht – der Suhrkamp Verlag allein für die Tantiemen, die aus den Aufführungen von «Des Teufels General» in seine Kassen geflossen waren, eine Viertelmillion Mark. Der Dramatiker war fair genug, Gottfried Bermann Fischer mit der Begleichung Zeit zu lassen.

Thomas Manns Lage war weniger günstig – wenn auch nicht so schlecht, wie er, immer zur Panik geneigt, fürchten zu müssen glaubte. Dennoch lauschte er, durch die wachsenden politischen Spannungen tief beunruhigt, den Sirenenklängen des Schweizer

Scherz Verlages, der ihm sechzehntausend Franken Anzahlung für Lizenzausgaben der «Buddenbrooks» und des «Zauberbergs» bot. Zuvor schon hatte ihn Bermann mit allen Zeichen des Entsetzens gemahnt, keinem Verlag in der DDR eine Ausgabe seiner Bücher zu gestatten (später kam es doch dazu). Nun bat er ihn händeringend in Telegrammen und langen Briefen, er möge begreifen, daß der gewünschte Vertrag mit Scherz den verabredeten Ausgaben in Gemeinschaft mit der Büchergilde Gutenberg in Zürich widerspreche und überdies die Vereinbarung mit den deutschen Behörden über den Transfer seiner Honorare ins Ausland gefährde: denn noch war die Deutsche Mark nicht voll konvertibel, und noch immer unterlag der Umtausch in Devisen strengen Einschränkungen. Der Autor forderte, was sein gutes Recht war, für alle Lizenzausgaben einen Anteil von siebzig Prozent, entgegen der amerikanischen Üblichkeit, die eine Teilung fünfzig zu fünfzig vorsah.

Bermann konzedierte, was verlangt wurde. Thomas Mann nahm in seinem Ärger dennoch keinen Anstand, seinem Verleger zu sagen, die Schwierigkeiten des Verlages entstammten keinem «bösen Willen», sondern sie seien Bermann eben «oft über den Kopf» gewachsen: «Sie kämpfen allein auf einem Posten, für den Sie nicht geboren sind, der Ihnen vom Schicksal nie zugedacht schien, und der mir oft schon ganz verloren vorkommt. Es ist sehr tapfer von Ihnen, wenn Sie das bestreiten. Aber können Sie es mir verargen, wenn ich mich gelegentlich nach Kompensationen umsehe für die Ausfälle an Publizität und Erträgnissen, die mein Werk im Zeichen Ihres Verlages leidet, und wenn ich ein Angebot wie das des finanziell als sehr gesund bekannten Berner Verlages annähme?»

Das hieß mit anderen Worten: wieder einmal sprach er Bermann die Befähigung zu seinem Beruf ab. Der Verleger verteidigte sich würdig. Er sprach von einer «deprimierenden Enttäuschung». Dann stellte er fest: «Ich leite den Verlag nunmehr 25 Jahre durch größere Nöte und Schwierigkeiten hindurch, als wohl jemals ein solches Unternehmen zu überstehen hatte, und kann zumindest sagen, daß ich das Erbe erhalten und vielleicht auch um einiges gemehrt habe. Daß gerade Sie mir das absprechen und dem Verlag die Anerkennung versagen, die er von vielen anderen, mich wenig interessierenden Seiten empfängt, ist eine tiefe Kränkung.»

Thomas Mann beugte sich in der Sache. Doch für die Kränkung
entschuldigte er sich nicht. Bermann blieb nichts anderes, als die
Zurechtweisung zu ertragen. Er konnte es sich nicht leisten, seinen
bedeutendsten Autor auf unkorrigierbare Weise zu verärgern oder
ihn gar zu verlieren.

Der Vortrag «Meine Zeit» wurde in Stockholm, wo der Redner
durch den Prinzen Wilhelm von Schweden, den Präsidenten des
PEN-Clubs, begrüßt wurde, und anschließend in Lund womöglich
noch herzlicher aufgenommen als zuvor in New York. Am 12. Mai
traf Thomas Mann in Paris ein. Sein französischer Verlag hatte für
Katia und ihn eine Suite im «Ritz» reserviert. Noch am Tag ihrer
Ankunft bestanden sie in diesem Hotel einen rauschenden Empfang. Bei Martin Flinker, der seit 1947 am Quai des Orfèvres eine
renommierte Buchhandlung führte, signierte er zweieinhalb Stunden lang Exemplare seines Romans, mit einer nicht abreißenden
Kette von Menschen konfrontiert.

Am Abend sammelten sich zweitausend Menschen im Amphitheater der Sorbonne, um den deutschen Schriftsteller zu hören.
Der Romancier Jules Romains, der Germanist Maurice Boucher
und sein Kollege Edmond Vermeil feierten ihn vor dem Auftritt mit
den prächtigsten Elogen. Thomas Mann trug zunächst eine französische Einleitung vor, bei der es ihm unterlief, daß er in der Aufregung den Namen von Jules Romains falsch aussprach (wofür er
sich später in einem Brief wortreich entschuldigte). Dann folgte der
gekürzte Vortrag über seine Epoche. Auch hier, im Zentrum der
intellektuellen Tradition Frankreichs, wurde ihm eine Ovation dargebracht.

Wichtiger noch: der Verkauf des «Faustus» ließ sich gut an.
Agnes Meyer berichtete er voller Genugtuung, er habe immer vermutet, «dass die Franzosen diesem Buch bessere Leser sein würden,
als die Angelsachsen». Später schrieb er an einen Schweizer Freund,
die «beste aller europäischen Abrechnungen» (der Tantiemen) sei
aus Paris gekommen: «Es gibt eine französische Faszination durch
das ‹Deutsche›, die bedeutend geistreicher ist, als der deutsche Nationalismus.» In Deutschland, sagte er wiederum der Freundin in
Washington, wohin er «lieber keinen Fuss mehr setze», gehe das
Verhalten zu ihm «wie Kraut und Rüben durcheinander»: «Ueber-

strömende Sympathie-Kundgebungen» wechselten «mit halb idio-
tischen Beschimpfungen». Darin spiegele sich «die seelische Verworrenheit des Landes».

André Gide schien sich nicht in Paris aufzuhalten, aber Thomas
Mann hatte Gelegenheit, sich eine Weile mit Jean Schlumberger zu
unterhalten, Gides treuem Gefährten aus den Gründungstagen der
«Nouvelle Revue Française», der ihm einst, nach dem Brief an Walter von Molo, so hart zugesetzt hatte. In einer hastig niedergeschriebenen Skizze über die Pariser Tage, die er später für Martin Flinker
entwarf, rühmte er die «unglaubliche Schönheit» der Stadt und ihre
vom «Oxygen der Literatur durchtränkte Atmosphäre von Leichtigkeit, Lachlust, skeptischer Erfahrung», einer Zivilisation, die immer noch «die äußerste Spitze» halte. In Wirklichkeit schien er sich
in Paris nicht allzu wohl zu fühlen. Er war übermüdet, er litt an
Schlaflosigkeit, und er hatte eine seiner «Nervenkrisen» zu bestehen, für die er das allzu schwere Essen verantwortlich machte. «Genug, genug», rief er im Journal sich selbst zu, und er sagte, die «französische Sprachsphäre» sei ihm «verhaßt».

Zu seiner Reizbarkeit mochten einige kritisch geführte Interviews beigetragen haben. Dominique Arban, der für den «Figaro
Littéraire» auftrat, bemerkte mit dem Blick auf den «Doktor Faustus», das Buch zeige «die dämonischen Kräfte, als seien sie ihrer
Natur nach die innersten Kräfte Deutschlands». Dann fragte er:
«Können Sie sich denn gar nicht die Möglichkeit des Wiedererste-
hens eines Deutschlands unter einem anderen Stern als dem ‹Rausch
des Gehorsams und des Bluts› vorstellen?» Thomas Mann antwortete, Luther, Goethe und Bismarck seien «die drei Antlitze
Deutschlands». Die Deutschen aber würden «immer der ‹Luther-
form› oder der ‹Bismarckform› den Vorzug» geben.

Er wurde auch hier mit dem Brief an Olberg konfrontiert. Er
stellte fest: «Es ist völlig klar, daß ich für die sowjetische Gesellschaftsordnung absolut ungeeignet und unakzeptabel bin. Ich bin
sehr weit vom Kommunismus entfernt.» Wenn er vom Kommunismus spreche, meine er nicht den Stalinismus, sondern die russische
Revolution des Jahres 1917. Er wiederholte noch einmal die unter-
scheidende Wertung, die ihm so wichtig war: Die äußeren Formen
des Kommunismus könnten «für den Augenblick denen des Fa-

schismus und Nazismus ähnlich sein – aber Faschismus und Nazismus ist nichts anderes als eine Verneinung des Menschen, ein Nihilismus. Wohingegen der Kommunismus einen moralischen Inhalt hat und ein Ideal, was die Zukunft der Menschheit anbelangt.» Er wurde weiter gefragt, ob die marxistische Lehre nicht «der Tod der Kunst» sei. Er meinte, «das stalinistische Experiment, die Kultur zugunsten und im Dienste der Unwissenheit zu simplifizieren», sei nicht «nachfolgendswert».

Für die «Nouvelles Littéraires» klopfte die Journalistin Vera Volmane bei ihm an. Sie erkundigte sich nach dem Stand der Literatur in Deutschland. Thomas Mann äußerte sich über neue Talente unter den neuen Lyrikern, die sich auf Hölderlin oder Rilke bezögen, und er meinte, das beste Theater spiele man in Ost-Berlin, was er nur vom Hörensagen wissen konnte. Die deutschen Schauspieler aber seien erbärmlich: «Sie sind abgestumpft, spielen voller Hysterie, Gebrüll ausstoßend, wie Hitler in seinen Reden.» Außer Furtwängler sehe er niemanden in der Musik, auch «nichts nennenswertes in Malerei und Skulptur». «Zum Film kann ich Ihnen nicht viel sagen. Sie sehen, das Bild, das ich Ihnen vom intellektuellen Leben in Deutschland zeichne, ist alles andere als ermutigend.»

Es konnte ihm selbst nicht völlig verborgen bleiben, daß er sich über eine Welt äußerte, die er nicht kannte. Seine abschätzigen Äußerungen, die von den deutschen Korrespondenten in Paris nicht verschwiegen wurden, fanden jenseits des Rheins kein freundliches Echo. Vielleicht war er besonders aufgebracht, weil er wahrgenommen hatte, daß man der jungen Bundesrepublik in Frankreich, trotz aller Vorbehalte, oft mit einem freundlichen und ermutigenden Interesse begegnete. Voller Grimm notierte er, daß man in Bonn den Plan Robert Schumans, des christlich-demokratischen Außenministers aus Lothringen, für die Vereinigung und gemeinsame Kontrolle der Kohle- und Stahlindustrie in der Montanunion (nach dem Konzept des großen Europäers Jean Monnet) positiv aufgenommen hatte. Er widersprach den Hoffnungen, die auf die «Montanunion» gesetzt wurden, mit der Behauptung, dieser Plan sei «sehr gefährlich für Frankreich»: «Schuman hat die deutsche Psychologie noch nicht begriffen. Ich bin besorgt, daß er sich über die großen Industriebarone an der Ruhr Illusionen macht. Diese sind nicht im geringsten an ehrlicher Zusammenarbeit, sondern allein an der Macht interessiert. Daraus ergibt sich das Risiko, daß Frankreich mehr oder minder zu einer deutschen Wirtschaftsprovinz wird, was dazu führen würde, daß Frankreich von der Bühne abtritt.» Auch diese fatalen Sätze fanden sofort Eingang in die deutschen Gazetten, und sie sorgten für neue Empörung.

Er hatte nichts von den neuen Realitäten verstanden, die Europa zu formen begannen. Er wußte nicht, wovon er sprach, sondern machte sich ohne Umstand die Phrasen zu eigen, die von der gleichgeschalteten Presse des Sowjetimperiums in Umlauf gebracht wurden. Hartköpfig schrieb er Adorno, «der Schumanplan» sei «nichts als der abgekartete Entwurf eines deutschen Europas unter amerikanischer Protektion». (Agnes Meyer hätte ihn darüber aufklären können, daß Jean Monnet seine konstruktiven Konzepte schon während des Krieges in Washington entwickelt hatte – aber das würde er nur als eine Bestätigung seines Verdachtes empfunden haben.)

Obschon der deutsche Dichter den Lenkern der französischen Politik in aller Öffentlichkeit eine geradezu infantile Leichtgläubigkeit vorwarf, sah er nicht ein, warum er nicht zugleich sein Interesse an der Verleihung der Legion d'honneur anmelden könne. Er bat Martin Flinker, die Auszeichnung zu betreiben, in der «Offiziersklasse», wenn es angehe. Sie würde ihm in Amerika nützlich sein, bemerkte er im Journal. Er setzte hinzu: «Schäme mich etwas dieser Eitelkeit, die wohl nicht einmal befriedigt werden wird. Und doch würde es mich freuen.»

Dieser genau berechnete Wunsch wurde schließlich befriedigt, wenngleich er sich ein wenig in Geduld üben mußte. Die Ironie der Dinge fügte es, daß ihm der Orden durch den Minister zuteil werden sollte, dessen europäischen Plan er mit solcher Schärfe verurteilt hatte: durch den Lothringer Robert Schuman, der im November 1952 Flinkers Buchhandlung aufsuchte, ein signiertes Buch des Dichters abholte, das für ihn parat lag, und die Verleihung freundlich zusicherte. Prompt traf am 6. Dezember 1952 denn auch die Nachricht von Thomas Manns Ernennung zum Offizier der Legion ein. Einen Tag vor dem Weihnachtsfest erreichte ihn die amtliche Mitteilung samt einem handschriftlichen Brief des Ministers. Mit fast überschwenglichen Worten bedankte er sich bei Robert Schuman: «Es ist keine Redensart, wenn ich sage, daß nie eine Ehrung (…) mir solche Freude gemacht hat wie diese.» Auch Martin Flinker wußte er Dank für die «wohl gesponnene Intrigue», die Frankreich zu einer «Beau geste» veranlaßt habe. –

Mit einem kleinen Leihwagen englischer Herkunft, einem Hillman-Minx, den Erika chauffierte, fuhr er mit Katia, nachdem die Pariser Tage ohne weitere Krise überstanden waren, über Belfort und Basel nach Zürich, wo ihm unverzüglich Gottfried Bermann und Fritz Landshoff ihre Aufwartung machten, um einen neuen Vertrag vorzulegen. Dann wurden die Vorbereitungen für das große Fest zum fünfundsiebzigsten Geburtstag mit den Herren der Stadtverwaltung und des Theaters besprochen. Schon nach wenigen Tagen reisten Katia und er, wiederum mit dem kleinen englischen Wagen, weiter nach Lugano, um die milde Luft des Tessiner Frühlings zu genießen, vor allem aber, um Hermann Hesse zu sehen, den er im Tagebuch und in Briefen einen «lieben, klugen alten Mann» nannte.

Er konstatierte mit Befriedigung, daß sich das politische Urteil des Gefährten nicht allzusehr von dem seinen unterschied. Hesse war auf seine späten Tage wieder dem Pazifismus seiner Jugend näher gerückt. Wie Thomas Mann ordnete er sein Mißtrauen gegen die Sowjetwelt dem absoluten Vorrang des Friedens unter, und er glaubte sowenig wie der Freund, daß es gerade die Drohung des atomaren Vernichtungsschlages sein könnte, der die beiden Weltmächte vor dem letzten Mittel des Krieges zurückschrecken ließ. Wie Thomas Mann weigerte er sich, den Faschismus mit dem Kommunismus gleichzusetzen. Aber sehr viel klarer als der Kollege sagte er, privat und auch öffentlich, «die Männer, in deren Hände der Machtapparat des Kommunismus» geraten sei, hätten «sich jeder Vergewaltigung des Menschen, jedes Terrors und jeder Brutalität schuldig gemacht».

Thomas Mann setzte seine Hoffnungen auf eine Annäherung und einen Ausgleich der Systeme – Hermann Hesse, der seine schwäbisch-pietistische Prägung niemals verleugnen konnte, auf die Wandlung des Menschen. Die Harmonie der beiden Männer erlitt in jenen Tagen keine Trübung. Sie aßen zusammen, plauderten beim Tee, lasen einander vor (Thomas Mann las mehr als Hesse). Zu

Pfingsten traf Erika ein, die Granatschmuck und einen Silberfuchs für Katia aus Deutschland (wohl aus dem Osten) mitbrachte. Überdies hatte sie sich drüben mit Bargeld versorgt, was offiziell nicht erlaubt, aber nützlich war. In Heidelberg hatte sie die Uraufführung von Hans Feists problematischer Dramatisierung der «Lotte» gesehen, die sie absurd nannte. Auch der große Bassermann schien das Stück nicht retten zu können, das, nach einer Formulierung des Kritikers der «Rhein-Neckar-Zeitung», «bedenklich in die Nähe des ‹Dreimäderlhauses› und des ‹Kleinen Hofkonzerts›» geraten war.

Rückfahrt über den St. Gotthard. Die Freude über die grandiose Landschaft wurde durch den «Ärger mit frech überholendem Pöbel» beeinträchtigt. Der Dichter schien die Ungeduld der Fahrer schnellerer Wagen als eine Demonstration der persönlichen Respektlosigkeit zu empfinden. Er hielt fest, daß er an diesem Verdruß den ganzen Tag gekrankt habe.

Am 1. Juni, wieder im Zürcher Hotel Baur au Lac, schrieb er ins Journal: «Der Festmonat angebrochen.» Er genoß das Wiedersehen mit Frido, der «erregt vor Freude» gewesen sei und ihn herzlich geküßt habe. Am 5. Juni 1950 der Vortrag «Meine Zeit» im Schauspielhaus. Das Publikum ehrte ihn durch «Sich erheben», wie er denn überall mit großer und verehrender Wärme aufgenommen wurde.

Der Geburtstag bescherte ihm, neben den offiziellen Ehren der Stadt Zürich, die «erfreulichsten Gaben». Elisabeth war von Chicago angereist (nicht aber Monika – auch Golo traf später in Europa ein). Aus Lübeck kam eine Delegation, angeführt von Petra Vermehren aus der alten Honoratiorenfamilie. Unter den Telegrammen war, es versteht sich, auch die Gratulation von Wilhelm Pieck, dem Präsidenten der Deutschen Demokratischen Republik. In Bonn aber schien sich niemand zu rühren: nicht Theodor Heuss, nicht Konrad Adenauer, nicht der Bundestagspräsident Hermann Ehlers. Schiere Vergeßlichkeit war das wohl nicht. Dieses Versäumnis, das nichts als Kleinlichkeit und Ängstlichkeit offenbarte, ließ sich nicht damit entschuldigen, daß keine der Bonner Institutionen offiziell für die «Kultur» verantwortlich war, die nach dem Grundgesetz in die Zuständigkeit der Länder gehörte.

Unter den Festgaben befand sich das Thomas-Mann-Buch von

Hans Mayer, das der Autor in Leder gebunden geschickt hatte. Der Gefeierte las es voller Aufmerksamkeit. Er notierte, wie Inge Jens feststellte, sorgsam die Druckfehler. Dem Autor dankte er, fast enthusiastisch, für die «großartige kritische Leistung». Er sei «geehrt und bewegt von dem Erlebnis», sein «Werk von soviel ausdrucksvoller Erkenntnis umleuchtet und durchdrungen zu sehen!» Im Tagebuch äußerte er sich skeptischer. Das Buch «langweilt mich», er lese es «ohne rechtes Vergnügen», schließlich: «Mayers Buch beendet. Großartig, aber quälend.» Dem Verfasser selbst hielt er vor, das Kapitel über seine Persönlichkeit, in dem Mayer die Feindseligkeit so vieler Zeitgenossen erwähnte, habe ihm «etwas weh» getan, denn er sei «ein *Liebender* und möchte nicht als der ‹Ungeliebte› dastehen. Nein, eine Persönlichkeit, in dem etwas komischen Sinn, den bei mir das Phänomen annimmt, und den es auch wohl wirklich hat, so ein Genie-Kopf, dekorativ, magnetisch bezwingend, gesellschaftlich überwältigend, bin ich nicht, kein Wagner, Björnson, Hauptmann (der schon fast Karikatur war) etc.» Er wolle nicht «von tausend Briefen aus aller Welt» sprechen, «die von Sympathie, Dankbarkeit überströmen». Doch es stimme nicht, «wenigstens nicht ganz», daß die Zeit- und Kunstgenossen sich gleichgültig oder ablehnend gegen ihn und sein Werk verhalten hätten: «Kafka *liebte* den ‹Tonio Kröger›. Mit Hauptmann verband mich eine Art von Freundschaft. Wassermann war ein treuer Freund. Hofmannsthal besuchte ich früh in Rodaun, und er war nie in München, ohne zu mir zu kommen. Rilke hat über ‹Buddenbrooks› einen essay geschrieben. Gide war mir zugetan, und sein Tagebuch zeugt von Bewunderung für ‹Lotte in Weimar›. Ein Freund war Schnitzler. (…) Hermann Hesse und ich stehen fest als Freunde zusammen, und keiner läßt etwas auf den anderen kommen. Im Übrigen: Künstler sind Säulenheilige; jeder lebt in seiner ‹Menschenleere› wie die Einsiedler in den ‹Vertauschten Köpfen›; im Grunde will keiner vom anderen wissen, und jeder fühlt: ‹Lebt man denn, wenn andre leben?›» Noch einmal betonte er, so kräftig wie es nur anging: «ungeliebt war ich nicht, bin ich nicht, will ich nicht sein, leugne, es zu sein.»

Mayer hatte eine tiefe Wunde in seiner Seele berührt. So erstaunt es nicht, daß er sich am Schluß – das war nicht gerecht – die stalinistischen Phrasen vom «Anti-Formalismus» und «Sozialistischen Realismus» um die Ohren hauen lassen mußte, Produkte eines «Lehr-Jargons», von dem Thomas Mann sagte, er stehe *nicht* über dem faschistischen Niveau»: «Gott helfe mir.»

Mayers Arbeit ragte, trotz der ideologischen Beengtheit des Autors, weit über die Demonstrationen teutonischer Verklemmtheit empor, die in den Feuilletons vieler Zeitungen der Bundesrepublik wucherten. Ein miserables Zeugnis stellte sich vor allem die «Frankfurter Allgemeine Zeitung» mit einem wahrhaft bodenlosen Artikel Gerhard Nebels aus, der dem Kreis um Ernst Jünger nahestand. Er stellte seine Arbeit, nicht zufällig, unter ein Wort von Carl Schmitt, der dem Mordregime Hitlers nach dem «Röhm-Putsch» im Jahre 1934 den Mantel der Legalität umgehängt hatte (und überdies bis ans Ende seiner Tage ein notorischer Antisemit war). Nebels andere Kronzeugen: Martin Heidegger, Gottfried Benn, Ernst Jünger und Hans Blüher – Zeugen, von denen er sagte, ihren Worten fließe «die stoßende, verwandelnde Kraft zu, die man an den ebenso glitzernden wie schlaffen Sätzen Thomas Manns vermißt». Von «Natur, Weltgeist, Gott oder Sein» wisse Thomas Mann nicht das mindeste. Er sei «Humanist»: für Nebel ein verachtungswürdiger Begriff. Mann fasere «zum letzten Mal die Bildungsprosa des alten Goethe aus», während die «wahren Zeitgenossen (...) das sprachliche Urgestein» von Hamann und Hölderlin aufschlössen. Es war ein trostloses Stück Feuilleton.

Von dem großen und hohen Fest blieb ein bitterer Nachgeschmack. Dem ostdeutschen Versuch, Thomas Mann und sein Werk als den letzten Repräsentanten der bürgerlichen Epoche für den konsequenten Fortschritt der Geschichte zu reklamieren, entsprach in einigen Blättern der Bundesrepublik der dumpfe Wille, seine Stimme in einem wüsten Gemenge von deutsch-nationalen Ressentiments, Haß auf die Aufklärung und die Zivilisation, kurz auf den «Westen» zu ersticken. Manchmal schien Thomas Mann zu vergessen, daß zwischen diesen Polen seine aufmerksamsten und dankbarsten Leser zu Hause waren, die jedes seiner Bücher mit Empfindungen aufnahmen, die den Ideologen, den linken und den rechten, in der Seele fremd sind: Mitgefühl und schieres Vergnügen.

115. KAPITEL

Der Erreger

Ohnedies war die Rückkehr in den Alltag nach den brausenden Feiern schmerzlich und beunruhigend. Katia gestand ihm schon einen Tag nach seinem großen Fest, daß sie sich einer gynäkologischen Operation zu unterziehen habe, die sie etwa drei Wochen in der Klinik festhalten würde. Sie hatte tapfer alle Schmerzen unterdrückt, damit ihr Mann den Geburtstag mitsamt den Ehrungen ohne Schatten genießen könne. Schon zwei Tage später bezog sie ein Zimmer in der Klinik Hirslanden. Die Ärzte ließen sich mit der Vorbereitung der Operation nahezu zehn Tage Zeit. Am Morgen vor dem Eingriff konnte Thomas Mann mit Katia telefonieren. Erika hielt sich während der Operation im Hospital auf. Sie berichtete ihm unverzüglich, daß alles gut verlaufen sei. Aber die postoperativen Schmerzen waren beträchtlich, und es dauerte einige Tage, bis die Furcht vor Komplikationen ganz gebannt war.

Thomas Mann telefonierte jeden Morgen mit der Stationsschwester, und oft fuhr er am Nachmittag hinauf, um nach der Kranken zu sehen. Erika kümmerte sich voller Hingabe um die Mutter und gleichermaßen um den Vater. Sie konnte ihre Reizbarkeit allerdings auch jetzt nicht immer unterdrücken. Sie selbst schien mit diesem und jenem Leiden einen Zürcher Arzt aufzusuchen: «Diskret-indiskrete Erkundigung», notierte der Vater, ob seine Tochter «gern ‹spritze›». Im Gespräch gestand sie, daß sie ihre Gallenbeschwerden durch den «mäßig-gelegentlichen Genuß von Morphium-Derivaten» zu bekämpfen versuche. Sie meine – «wenigstens subjektiv» –, «sich vollständig in der Hand zu haben». Die Drogen waren

ihr wohl von einem Arzt in Santa Monica mit leichtfertigem Wohlwollen verschrieben worden: «Erika, you need it», pflegte der
leichtfertige Herr zu sagen.

Der Vater ahnte gewiß, daß sie seit den späten zwanziger Jahren
immer wieder ihr Lebensgefühl durch Rauschgifte der einen oder
anderen Art aufgeputscht hatte, doch sie war nie in die desolate
Abhängigkeit geraten, die den Bruder Klaus schließlich zugrunde
gerichtet hatte. Ihre Unbeherrschtheit aber nahm bedenklich zu.
Voller Kummer konstatierte der Vater einige Wochen später im Engadin ihre «oft betrübliche Exaltiertheit» gegen Menschen, die sie
als Feinde betrachtete. Er gab zum Teil dem Alkohol die Schuld,
von dem sie viel vertrage – «aber auch wieder nicht». Sie mache
Katia, an der sie «mit soviel Fürsorge u. Eifersucht hänge», oft das
Leben schwer. Es entsetzte ihn, daß sie den französischen Schriftsteller André Germain, den sie als einen Hauptfeind des Bruders
Klaus betrachtete, im Lesezimmer des Hotels geohrfeigt hatte, «sodaß ihm die Brille von der Nase fiel. ‹C'est pour Klaus Mann!› rief
sie, und sie erklärte, sie würde es mit der deutschamerikanischen
Journalistin Hilde Walter, die einen bösen Artikel gegen den Vater
geschrieben hatte, nicht anders machen. Bedrückt sprach Thomas
Mann von der «strengen Leidenschaft», die sich nach ihrem Zerwürfnis mit Bruno Walter nun auch gegen den väterlichen Freund
richtete. Sie verlor sich in Ausfällen von grotesker Bitterkeit, als der
Dirigent unvorsichtig genug war, von seinen freundlichen Erfahrungen in Westdeutschland zu berichten. «Dunkle Unversöhnlichkeit», schrieb der Vater, dem sie auch darin zu weit ging.

Die Ärzte gaben zu verstehen, daß Katia zwei oder drei Wochen
im Krankenhaus ausharren müsse, ehe sie beide die geplante Reise
ins Engadin unternehmen könnten. So wurde beschlossen, daß
Thomas und Erika fürs erste ins «Grand Hotel Dolder» auf den
Waldhügeln über Zürich umziehen sollten: die Luft dort atmete
sich leichter als unten in der Stadt, und die Spaziergänge mußten
nicht auf die Uferpromenade beschränkt werden. Erika übernahm
das Packen. Die Hoteldirektion stellte eine freundliche Suite zur
Verfügung, und sie sorgte für die Möbel, die der Dichter für seine
Arbeit und seine Bequemlichkeit brauchte.

Am zweiten Tag nach dem Einzug bemerkte Thomas Mann, als

er mit dem Shaw-Übersetzer Siegfried Trebitsch den Tee im Garten nahm, einen Münchner Kellner, dem er sofort attestierte, daß er hübsch sei. Er bezeichnete den jungen Mann, der ein Autogramm von ihm erbat, als einen «prächtigen Nazi». Sein Wohlgefallen minderte diese Beobachtung nicht.

In der nächsten Zeile des Journals notierte er: «Bedenkliche Meldungen über den Ausbruch des Krieges zwischen Nord- u. Süd-Korea.» Truppen der Volksrepublik im Norden, von den Generalen des kommunistischen Diktators Kim Il Sung befehligt, waren am Morgen des 25. Juni 1950 über den Staat im Süden der Halbinsel hergefallen, der von den Truppen der Vereinigten Staaten beschützt werden sollte, die freilich nur eine Handvoll Soldaten in ihrem Protektorat zurückgelassen hatten, das ein Produkt der willkürlichen Teilung des Landes am achtunddreißigsten Breitengrad war.

Man sagte, daß die Koreaner nach ihrer Befreiung von der japanischen Kolonialherrschaft im Jahre 1945 zu den ärmsten Völkern der Welt gehörten. Seoul, die Hauptstadt im Süden, hatte keine vierhunderttausend Einwohner (sie ist unterdessen auf dreizehn Millionen angewachsen). Das Regime des Präsidenten Syngman Rhee, der lange Zeit im amerikanischen Exil gelebt hatte, entsprach nur in seinen äußeren Formen einer Demokratie. Der Regent im «Blauen Haus» hielt sein Land mit eiserner Faust in einer harten Zucht.

Indes, der wirtschaftliche Fortschritt im Süden war beträchtlich. Überdies bekannte sich ein erstaunlich großer Teil der Bevölkerung, damals wohl schon an die zwanzig Prozent, zu den christlichen Kirchen. Die religiöse Bewegung nährte sich aus dem Protest gegen die japanische Fremdherrschaft, die versucht hatte, dem koreanischen Volk den Shinto-Kult aufzuzwingen. Nun drohte die Annexion durch den kommunistischen Norden dem ökonomischen und sozialen Aufschwung, vor allem aber der religiösen Freiheit, in der Christentum, Buddhismus und das traditionelle Schamanentum in friedlicher Koexistenz nebeneinander lebten, über Nacht ein Ende zu machen.

Von der Realität jenes Landes wußte Thomas Mann so wenig wie die meisten Europäer oder Amerikaner, doch er verstand, daß hier die Festigkeit der Vereinigten Staaten erprobt wurde, mit anderen

Worten: daß Nordkorea den Angriff gewiß nicht ohne Ermutigung durch die Sowjetunion und durch Mao Tse-tung gewagt
haben würde, dessen rote Garden unterdessen die Armeen des
Marschalls Tschiang Kai-schek aus dem Norden Chinas verdrängt
hatten. Er vermerkte die Einberufung des Weltsicherheitsrates, aus
dem sich die Sowjetunion in einem Augenblick der Verblendung
zurückgezogen hatte, aus Protest gegen die Weigerung der Westmächte, vor allem der Vereinigten Staaten, der kommunistischen
Regierung Chinas einen Sitz im Entscheidungsgremium der Völ-
kerversammlung einzuräumen: ein strategischer Irrtum des
Kreml, der es den Vereinigten Staaten erlaubte, den Abwehrkampf
im Zeichen der Vereinten Nationen zu organisieren, ohne durch
das Veto Moskaus behindert zu werden.

Der Beobachter in der fernen Schweiz hielt es zunächst für möglich, daß die kommunistischen Truppen zum achtunddreißigsten
Breitengrad zurückbeordert würden, da Rußland den Krieg mehr
fürchte als Amerika. Zehn Tage später, als die Zeitungen die Mobilisierung der Streitkräfte der Vereinigten Staaten meldeten, vermerkte er in seinem Journal: «Leichtes Grauen vor der Rückkehr»
nach Amerika.

Doch dann schien er den Lärm des Krieges im Fernen Osten
kaum noch zu bemerken: er starrte, völlig gebannt, nur auf den
kleinen Kellner, der nicht aus München, sondern vom Tegernsee
stammte, und er schien dem eher robusten Charme des jungen Mannes rasch und widerstandslos zu erliegen. «Welche hübschen Augen
und Zähne! Welche charmierende Stimme!» schrieb er, doch er
setzte hinzu: «Wüßte nicht, daß sein Körper mich anzöge.»

Dieser Eindruck sollte sich ändern. Er suchte bei Tisch, wann
immer sich die Gelegenheit bot, das Gespräch mit dem liebenswürdigen Burschen, von dem er erfuhr, daß er Franz Westermeier
heiße und daß die Eltern zu Haus «selbst einen Betrieb» besäßen,
den er später übernehmen wolle. Er sei sehr stolz darauf, daß er
Ludwig Ganghofer und Ludwig Thoma, den beiden Volksschrift-
stellern, aber auch dem Tenor Leo Slezak, durch seine Anekdoten-
bücher berühmt, begegnet sei. (Ganghofer hatte freilich im Jahre
1920 das Zeitliche gesegnet, und Ludwig Thoma hatte sich ein Jahr
danach aus diesem Dasein verabschiedet – doch immerhin hätte es

sein können, daß Slezak, der 1946 starb, in der Wirtschaft der Eltern eingekehrt war.)

Die Aufschneidereien Franzls minderten das Entzücken seines illustren Gastes nicht. «Was für ein liebes Gesicht und welche angenehme Stimme!» seufzte er ein ums andere Mal. Bei einer der nächsten Unterhaltungen fand es Erika angebracht, den Vater am Ärmel zu zupfen und wegen seiner Unbeherrschtheit zur Ordnung zu rufen. Thomas Mann sah ein, daß er das Gespräch in der Halle nicht länger ausdehnen dürfe, schon um den Kleinen nicht in Ungelegenheiten zu bringen, aber er bemerkte auch, er sei «gleichgültig gegen Blicke, die etwa die Herzlichkeit» seines «Abschiedsnickens» beobachtet haben könnten. Zu Erika meinte er, «das Wohlgefallen an einem schönen Pudel sei nichts sehr Verschiedenes. Viel sexueller sei dies auch nicht. Was sie nicht ganz glaubte.»

Natürlich traf seine Behauptung in einem genauen Sinn nicht zu. Sie war auch nicht völlig falsch. Seine Verliebtheit, ob in possierliche Hunde oder in hübsche Jünglinge, galt immer der «Creatur»: Persönlichkeit dagegen – obschon man sie auch einem Tier nicht völlig absprechen mag – brauchte sie nicht.

Seine Gefühle für den Kellner, redete er sich ein, gingen «im Begehren nicht weit. Zu dem Reiz gehört der Gedanke, daß Tausende ein kurzes Gespräch» – mit ihm, dem berühmten Dichter – «als Glück und Auszeichnung genießen würden – wovon ihm etwas vorschweben mag. Ungerechtigkeit der Liebeswahl.» Trotz des aufwendigen Hölderlin-Zitats – «Wer das Tiefste gedacht, liebt das Lebendigste» (Marcel Reich-Ranicki nannte die Verse die schönsten, die in deutscher Sprache über Homoerotik geschrieben wurden) – blieben seine Emotionen auf eine schützende Weise unbestimmt. Doch niemals zuvor hatte er sich in den Tagebüchern – wenigstens in denen, die der Vernichtung entgingen – von der Anziehung durch einen jungen Menschen so völlig überwältigen lassen. Das Gefühl für Franzl, schrieb er, gehe «recht tief». «Denke beständig an ihn und versuche, Begegnungen herbeizuführen, die leicht zum Anstoß werden könnten. Seine Augen sind garzu hübsch, seine Stimme garzu einschmeichelnd, und obgleich mein Begehren nicht weit geht, sind doch meine Freude, Zärtlichkeit, Verliebtheit enthusiastisch und untergründen den ganzen Tag.»

Er hatte erfahren, daß der junge Mensch nach Genf strebte, vermutlich um Erfahrungen im französischen Sprachraum zu sammeln. Überdies galt die Metropole der französischen Schweiz als die große Schule des gehobenen Gaststättengewerbes. Thomas Mann sagte ihm, er würde gern bei der Bemühung helfen, dort eine Stelle zu finden. Er fuhr fort: «Das Gefallen, das ich an ihm finde, hat er gewiß längst schon bemerkt, – was natürlich meinen Wünschen entspräche.»

Die Bekundung seiner «Leidenschaft» aber blieb zurückhaltend. Er fragte sich selbst: «Scheu, Diskretion oder Bequemlichkeit?» Dann, am gleichen Tag die Konfession: «*Noch einmal also dies, noch einmal die Liebe*, das Ergriffensein von einem Menschen, das tiefe Trachten nach ihm – seit 25 Jahren war es nicht da und sollte mir noch einmal geschehen.» Später sagte er, Franzl sei: «Aufgenommen (...) in die Galerie, von der keine ‹Literaturgeschichte› melden wird». Sie reiche über Klaus Heuser zurück «zu denen im Totenreich», den Jugendgefährten Paul Ehrenberg, Willri Timpe, Armin Martens.

Er nahm neben den Vorzügen des jungen Menschen – seiner «diskreten, höflichen, von Münchener Dialekt gefärbten Stimme», der «berufsmäßigen Gewandtheit» und der «‹Virtuosität› der Bewegungen» – halbwegs klaren Blickes auch seine «Mängel» wahr: das «nicht sangeswürdige» Profil des jungen Mannes, den zu plumpen Nacken, einen vielleicht allzu kräftigen Wuchs, der zeigte, daß Franzl kein Knabe mehr war.

Inzwischen täuschte er sich über den sexuellen Charakter der Faszination nicht länger hinweg. Er hatte damals auch geträumt, daß der Enkel Frido «eigentlich ein Mädchen sei», was ihm «sehr unlieb war». Nun vermerkte er: «Nachts, nach kurzem Schlaf, gewaltige Ermächtigung und Auslösung. Sei es darum, Dir zu Ehren, Tor! Ein gewisser Stolz auf die Vitalität meiner Jahre, wie auf das ganze Erlebnis, spricht mit.» Doch ohne Übergang setzte er hinzu: «Banale Aktivität, Aggressivität, die Erprobung, wie weit er willens wäre, gehört nicht zu meinem Leben, das Geheimnis gebietet. Es ist auch keine Gelegenheit und Möglichkeit dazu. Zurückschrecken vor einer *nach ihren Glücksmöglichkeiten sehr zweifelhaften Wirklichkeit.*»

Die Unmittelbarkeit des Geständnisses, wenigstens vor sich selbst, die Ungehemmtheit, mit der ihm die Worte des Eros zuflossen: sie waren wohl auch die Frucht des Alters, in dem die Kontrollen, die er sich ein Leben lang auferlegt hatte, nachzugeben schienen, wenigstens dieses eine Mal. Zu sich selbst sprach er später davon, daß es «lieblich» sein müsse, «mit ihm zu schlafen», obwohl er sich «von seinen Gliedern nichts Besonderes» vorstelle und vor allem «zärtlich zu ihnen» wäre, «um seiner Augen – also beinahe um etwas ‹Geistigen› willen». Freilich nur beinahe.

Diese Andeutung annonciert, daß er die körperliche Liebe mit einem Knaben oder mit einem Mann das eine oder andere Mal erfahren hatte, wenn auch vermutlich nur in seiner Jugend. Dennoch, er vermochte die Vorbehalte gegen die körperliche Liebe auch jetzt nicht völlig zu überwinden, selbst nicht in seinen einsamen nächtlichen Träumen. Die «Askese», die sogenannte, war ihm zur zweiten Natur geworden. Er konnte, er wollte ihren Schutz nicht entbehren.

Für Franz Westermeier geriet ihm eine merkwürdige Vokabel in die Feder. Am 10. Juli, nicht lange nach dem Beginn seiner Verliebtheit, schrieb er, er habe «den Erreger» den «ganzen Tag nicht zu Gesicht» bekommen.

Er wollte, ganz ohne Zweifel, den Verursacher seiner Aufregung benennen. Doch zugleich kam ihm die Erinnerung an die «Hetaera Esmeralda» im «Faustus» und an das «Teufelsgespräch» mit der Beschwörung der «Flagellaten», der «untersichtig Winzigen von der Sorte, die Geißeln haben», der «spirochaeta pallida», ins Gehege. Ein Zufall war das kaum. Das Verlangen berührte offensichtlich eine Urfurcht seines Daseins: das Grundtrauma der Angst vor jener Krankheit, aus der er sich in eine Steigerung seines Talentes an die Grenze der Genialität gerettet hatte.

Anderntags wiederholte sich das Wort: «Durchtränkt und überschattet alles von entbehrender Trauer um den Erreger, Schmerz, Liebe, nervöse Erwartung, stündliche Träumereien, Zerstreutheit und Leiden. Sah sein Gesicht, das es mir angetan, einmal flüchtig bei der Herabkunft im Lift. Er wollte nichts von mir wissen. Sein Interesse an meiner Teilnahme scheint mir erloschen.»

Voller Trauer schrieb er weiter, der Weltruhm sei ihm «nichtig

genug», was nicht der Wahrheit entsprach, da er ihm so gut wie alles
bedeutete – doch nicht in dieser Minute, in der er «gar kein Gewicht» mehr hatte «gegen ein Lächeln von ihm, den Blick seiner
Augen, die Weichheit seiner Stimme! Platen und andere, von denen
ich nicht der Unterste, haben das in Scham, Schmerz und mutlosem
Gefühl, das dennoch seinen Stolz hat, erlebt.» Zugleich baute er
sichernd vor: «Wie gering dabei die Energie zur Wirklichkeit.
Schließlich bestünden Möglichkeiten, dem Gefühl zielstrebig nachzugehen, Begegnungen herbeizuführen. Wenn ich mich morgens
gleich anzöge und auf der Terrasse frühstückte, könnte es leicht
sein, daß er Dienst für mich hätte. Außer der Scheu vor der Erschütterung und außer dem Zwang, das Geheimnis zu wahren, ist es sogar Bequemlichkeit, was mich abhält, – Widerwille gegen Aktivität
und Unternehmen, bei soviel Ergriffenheit!»

Er liebte nicht den jungen Mann, der banal genug war: ein Bursche von angenehmen Zügen, nach den Photos zu schließen, ein
wenig zu kurzbeinig und zu gedrungen geraten, die Füße in den
groben und bequemen Schuhen schon nach außen gestellt, wie es
Kellnerart ist, denen ihr Beruf das Geschick der Plattfüßigkeit nur
selten erspart. Der junge Mann selbst ahnte von der erotischen
Heftigkeit seines berühmten Verehrers nichts, wie er mehr als drei
Jahrzehnte später, von Reportern in New York aufgespürt, in
glaubwürdiger Schlichtheit versicherte. Er sagte, mit einem etwas
aufgesetzten Pathos, daß er sich von der Liebe des Dichters geehrt
fühle – nicht von der des Mannes, sondern von den Gefühlen des
Menschen. Freilich meinte er auch, wenn sich Thomas Mann ihm
damals «erklärt» hätte, hätte er sich irritiert abgewandt, und der
Gedanke an die nächtlichen Phantasien samt «Auslösung» schok-
kierte ihn ein wenig.

Aus dem «Erreger» wurde der «Berücker». Katia, die am 11. Juli
endlich aus der Klinik entlassen wurde, nahm den Flirt ungerührt
zur Kenntnis. Sie fand Franzls Augen kokett, doch sie behandelte
ihn, ihrem Mann zuliebe, mit großer Freundlichkeit. Mit einem
Gran von Bosheit bemerkte sie, daß er zu seinen Kollegen «frech»
sei – und es mag wohl sein, daß ihm die Aufmerksamkeit des berühmten Gastes ein bißchen zu Kopf gestiegen war. Thomas Mann
aber erlebte Augenblicke des höchsten Glückes, wenn ihm der

junge Mann Feuer für die Zigarette gab, die Hände um das Streich-
holz zum Schutz gegen den Wind geschirmt. Er gab ihm fünf
Franken, wenn er besonders «nett servierte»: «Unbeschreiblich»,
schrieb er auf, «der Reiz des Lächelns seiner Augen beim Danksa-
gen.»

Der Tag der Abreise kam. Thomas Mann suchte nach einer günstigen Gelegenheit, dem Franzl adieu zu sagen. Wehmut füllte sein
altes Herz: «Vorbei. Vielleicht ist es schon vorbei, und es wird wohl
eine Erleichterung sein – die Rückkehr zur Arbeit als Ersatz für das
Glück, so muß es sein. Es ist die Bestimmung (und der Ursprung?)
alles Genies. – – –»

Verliebtheit und Lust begannen dem trainierten Willen zur Entsagung zu weichen. Die psychologische Mechanik der Askese, der
er sein Leben unterworfen hatte, funktionierte wie eh und je. Er
konnte sich gefahrlos dem gelinden Schmerz überlassen, den das
narzißtische Verliebtsein in die Liebe forderte. «‹Er›», schrieb er in
Anführung, wie ein Backfisch, fand sich zum Abschied in der Halle
ein: «Wir schüttelten uns lange die Hände. Er: ‹Wenn wir uns nicht
mehr sehen sollten.› Ich wußte nicht mehr als: ‹Franzl, alles Gute!
Sie werden ihren Weg schon machen!› Er war nicht ganz unbewegt.
Das unvergleichlich liebe Gesicht. Eilte herbei zum Lift, sagte beim
Einsteigen mit seiner leisen, weichen Stimme noch etwas von Wiedersehen, worauf ich nichts mehr zu antworten wußte.» Zu Katia
bemerkte Thomas Mann, vielleicht nun doch ein wenig verlegen:
«Ein goldiger Bursch!» Er machte Erika darauf aufmerksam, «wie
reizend er Adieu gesagt» habe. Zu sich selbst: «Leb wohl in Ewigkeit, Du Reizender, später, schmerzlich aufwühlender Liebes-
traum! Ich werde noch etwas leben, noch etwas tun und sterben.
Und Du reifst auch auf deinem tieferen Wege und gehst einmal dahin. O, unfaßliches Leben, das sich in der Liebe bejaht.»

Bei der Fahrt hinauf nach Sils-Maria schienen sich Erika und Katia über seine Absicht, dem «kleinen Westermeier» in seinem beruflichen Fortkommen zu helfen, auf sachte Weise lustig zu machen.
Diskret wiesen sie darauf hin, daß es Grenzen der «Schicklichkeit
und Natürlichkeit» gebe. Nach der Ankunft setzte er einige nüchterne Zeilen an den jungen Mann auf, mit denen er fragte, ob er mit
einer Empfehlung nützlich sein könne. Eine Weile noch dachte er

dann und wann an sein Gesicht. Des Nachts stellte er sich denn doch gelegentlich vor, mit ihm zu schlafen: seine Sicherheit war, dank der Entfernung, niemals bedroht.

Ein merkwürdiger Zufall hatte es gefügt, daß ihm nicht lange zuvor die Sonette des Michelangelo in der Übertragung des Schweizer Lyrikers Hans Mühlestein in die Hände geraten waren. Er konnte der Lockung nicht widerstehen, die Gefühlserhebung, die ihm Franzl verschafft hatte, in einen enthusiasmierten Essay einmünden zu lassen. Da und dort mag die Transmission seiner Gefühle ein wenig zu direkt geraten sein. «Hoffentlich», rief er mit dem Blick auf Tommaso Cavalieri, den der Bildhauer so glühend verehrte, «war der Junge nett, entgegenkommend und hatte einen Begriff von der Ehre, die ihm durch das Gefühl des Gewaltigen geschah.» (Die Redakteure der luxuriösen Schweizer Kulturzeitschrift «Du», die den Essay abdruckten, zogen es vor, dieses Sätzchen zu streichen.) Er schien sich nicht länger zu scheuen, endlich der eigenen Neigung klarer und aufrichtiger zu begegnen, als er es vordem gewagt hatte. Wenige Zeilen später kam ihm das große Bekenntnis in die Feder: «Michelangelo hat nie um der Erwiderung willen geliebt, noch an sie glauben wollen und können. Für ihn ist, recht platonisch, der Gott im Liebenden, nicht im Geliebten, der nur das Mittel göttlicher Begeisterung ist».

Das hieß aber auch, daß sich diese Liebe von der Person des Geliebten nahezu unabhängig macht: sie existiert um ihrer selbst willen. Von dem Bildhauer schrieb Thomas Mann, was für ihn selbst gelten sollte: «Dieser große Liebende liebt die Liebe mehr als alles Geliebte.» Er sagte auch, er habe «die Liebe stets als Übel, als Heimsuchung und süßes Gift verwünscht und dabei ihr angehangen, wie keiner». Michelangelo habe, bemerkte er auch, «vorzugsweise (...) wohl immer solche Wesen» geliebt, «in deren Antlitz sich das Männliche und Weibliche auf eine ihm göttlich scheinende Weise vereinigte»: das Maskuline in der Vittoria Colonna, das Weibliche in Tommaso Cavalieri. In den kommenden Wochen wiederholte er unermüdlich den Vers: «Nel vostro fiato son le mie parole. / – In Eurem Atem bildet sich mein Wort.»

Ihn begleitete auch der seltsame Satz, der ihm in der Erinnerung an Franzl zugefallen war: «Ach, nicht mehr sehen dürfen, Trennung, das Entbehren sinnlicher Anschauung *ist* Vergessen». Oft bedrängte ihn das Verlangen, eine Antwort des Kellners auf seine dürren Zeilen in den Händen halten zu können: «Wüßte der Junge in der weißen Jacke, wie ungeduldig ich bin, ein paar Worte von ihm in Händen zu haben, er würde sich etwas mehr beeilen!» Doch er fügte, nicht ganz trostlos, im nächsten Satz hinzu: «Die Küche hier ist vorzüglich.» Ein paar Tage danach seufzte er: «Warum schreibt er mir nicht, daß er geehrt und erfreut sei? Geliebter Dummkopf! Und ich?» Gegen Ende des Monats traf schließlich ein «lieber, schlichter Brief» ein. Beglückt hielt der Dichter fest, der Franzl habe sich «wirklich sehr gefreut», daß er an ihn gedacht habe, und er sage nochmals herzlichen Dank für alles. Die Bekundung der Freude über die kleine, banale Phrase wiederholte er oft.

Katia und er waren nach kurzem Aufenthalt im Hotel «Waldhaus» in Sils-Maria, in dem sie sich beengt fühlten, in das elegante «Suvretta-Haus» in St. Moritz umgezogen: «Das Bedürfnis nach dem gewohnten Styl» sei «unwiderstehlich» gewesen. (Wenig später mietete sich Hermann Hesse mit seiner Frau im «Waldhaus» ein.) Auf dem Tennisplatz vor seinem Fenster entdeckte Thomas Mann einen jungen Argentinier, der dort zu einer bestimmten Vormittagsstunde trainierte: «Dunkles Haar, Gesicht ungenau kenntlich, schlanker, bewundernswerter Wuchs, Hermesbeine. Das ausholende Schlagen, der spielende Umgang mit den Bällen, das Gehen, Laufen, Hinspringen, gelegentliche übermütige Tänzeln. Federnde Ruhelosigkeit des Körpers bei Inaktivität auf der Bank.» Er konstatierte sein «tiefes erotisches Interesse»: «Aufstehen von der Arbeit, um zu schauen. Schmerz, Lust, Kummer, zielloses Verlangen. Die Kniee. Er streichelt sein Bein, – was jeder möchte.»

Seufzend fuhr er fort, daß sich der Schmerz um Franzl in diesen Tagen «zu einer allgemeinen Trauer» um sein Leben und seine Liebe «vertieft und verstärkt» habe, diesem «wahnhaften und doch leidenschaftlich behaupteten Enthusiasmus für den *unvergleichlichen, von nichts in der Welt übertroffenen* Reiz männlicher Jugend, die von jeher mein Glück und Elend». «Enthusiastisch und stumm» nannte er jene Liebe, «keine ‹promesse du bonheur›, sondern nur der Entbehrung und zwar einer nicht zu bestimmenden, wunschvoll-wunschunmöglichen».

Immer wieder erhob er sich von seinem Schreibtisch, um die
«Hermesbeine» zu betrachten: «Ich wurde nicht satt zu schauen,
zwanghaft. Sein Schlagen, Laufen, Gehen, Stürzen, Federn, sich auf
den Füßen Heben ist wundervoll.» Immer wieder, schrieb er, sei er
aufgestanden, um den zu betrachten, «dessen Gesicht» er «garnicht
unterscheide». Die altmodische Wendung meinte freilich auch, daß
es ihn nicht sonderlich interessierte: «Krankhafter Enthusiasmus
für den ‹göttlichen Jüngling›. Tiefster Schmerz – um wen? um was?
Wahrscheinlich würde ich den Schönen im Speisesaal garnicht erkennen.» Die entpersonalisierte Leidenschaft drohte sich, wenigstens für einen Augenblick, seiner Kontrolle zu entziehen: «Nähe
des Wunsches, zu sterben, weil ich die Sehnsucht nach dem ‹göttlichen Knaben› (womit nicht gerade dieser gemeint ist) nicht länger
ertrage. Gottlob schlief ich etwas.»

Fast erleichtert bemerkte er: «Erika glaubte mir im Speisesaal
einen jungen Mann recht gleichgültigen Aussehens als den Tennis-
gott bezeichnen zu können. Der Glühwurm auf der flachen Hand.
Illusion! Illusion!» Am Tag vor dem Aufbruch: «Ich werde ihn nie
wirklich gesehen haben, und habe nun, da wir abreisen, nur zu vergessen, was mich an seinem Gebaren auf dem Spielplatz entzückte.
Vergessen, verschmerzen. Das letzte Vergessen und Verschmerzen
von allem ist der Tod. – Tieftraurig. Übermüdet von Gefühlsstürmen. – – –»

Rückkehr nach Zürich. Ihn beschäftigte der Gedanke, ob er noch
einmal zum «Grand Hotel Dolder» hinauffahren sollte. Er zögerte
lange, wie ein Jüngling vor dem ersten Rendezvous, ehe er es wagte:
«Es scheint, daß Erika, unter dem Vorwand zu telephonieren, den
Jungen herbestellt hatte, ‹guten Tag zu sagen›. (...) Meine Augen
hatten ihn die ganze Zeit gesucht, sie zögerten, zu glauben, daß er es
sei. ‹Da ist ja der Franzl!› Er kam heran. Händeschütteln, Freude.
‹Das ist ja schön, daß man sich noch einmal sieht!›» Er sagte, daß er
sich wirklich sehr gefreut habe über den Brief – und der alte Mann,
wieder zum Jüngling geworden, klammerte sich lange an diesen
Satz. «Konnte mich nicht satt an ihm sehen, – der wohlbald ein
etwas schwerer, oberbayrischer Wirtssohn sein wird. Kräftiger,
freundschaftlicher Händedruck zum Abschied. – Auf Niemehr
wiedersehen. Er ist dankbar für meine Zuneigung». Er fragte sich,

ob er dem Burschen nicht mit einer handfesten Intervention bei den Plänen für einen beruflichen Wechsel hätte helfen können: «Ist mein Schauen, meine Liebe nur egoistischer Genuß?»

So war es wohl. Immerhin setzte sich die Schwärmerei, was ihm nur noch selten widerfahren war, sofort wieder in ein sensuelles Begehren um: «Die gestrige Begegnung wirkt stark im Gemüte nach. Das Wesen der Liebe seltsamste Aufhebung der Abneigung gegen das Mitgeschöpf durch Sympathie: Kein Widerwille mehr gegen zu nahe Berührung, gegen die fremde Lieblichkeit, etwa mit ihm im Bett zu liegen.» Sofort schränkte er ein, die sinnliche Sympathie werde nicht «notwendig zum starken Verlangen und (...) zur Leidenschaft». Das «fleischliche Ich-Du-Verhältnis» könne sich «im Negativen» halten, es könne suspendiert werden, es könne «Zärtlichkeit bleiben». Er sagte, den alten Argwohn bestätigend: «Das Glück der realen Vereinigung und Umarmung sehr zweifelhaft.»

Die späte Wallung der Gefühle, die ihn so jäh überwältigte, traf mit einer tiefen Beunruhigung über die vermeintliche Bedrohung seines äußeren Geschicks zusammen. Die Spannungen zwischen den Weltmächten, die sich nach dem Ausbruch des Koreakrieges gefährlich mehrten, schienen ihn, wie er fürchtete, in eine Existenzkrise zu stürzen. Es gab die Gefahr in Wirklichkeit nicht. Sie war ein Produkt seiner Furcht – aber damit bedrückend genug. Lange Nächte verzehrte er sich in angstvollen Zweifeln, ob es ratsam sei, in die Vereinigten Staaten zurückzukehren, oder ob er ein weiteres Mal in der Schweiz Zuflucht suchen müsse.

116. KAPITEL

Ein Jahr der Krise

Am 28. Juni 1950 war Seoul unter dem Ansturm der Roten Garden Kim Il Sungs gefallen. Die Truppen Südkoreas verfügten nur über leichte Waffen. Auch in der Zahl waren sie denen des Nordens weit unterlegen. Die Amerikaner hatten beim Abzug ihrer Besatzungsstreitmacht im Vorjahr nur ein halbes Tausend Berater zurückgelassen. Am 1. Juli befahl Präsident Truman das Eingreifen der Armee, die in Japan stationiert war. Vier Tage später landeten die ersten Einheiten an der koreanischen Küste – unter dem Befehl des Generals Douglas MacArthur, des Siegers im Pazifik, der mit den Allüren eines römischen Feldherrn als Prokonsul in Tokio regierte. Die GIs richteten zunächst wenig aus. Am Ende des Monats war nahezu die gesamte Halbinsel mit Ausnahme eines Brückenkopfes um die Hafenstadt Pusan von den Divisionen des Nordens besetzt.

Thomas Mann fürchtete, die emotionelle Mobilisierung der amerikanischen Bürger werde die antikommunistische Hysterie in einem kaum erträglichen Maße steigern. Ganz täuschte er sich damit nicht, doch er überschätzte die Gefahr. Der Patriotismus, der in Zeiten der Krise immer stürmisch aufwallt (wenigstens für einige Wochen), schlug nirgendwo in eine nationalistische Raserei um. Amerika war nicht Europa.

Seine eigene Stimmung war unstet, wie fast immer. Oft hielt er es, von Erikas schwarzem Pessimismus in seinen Ängsten bestärkt, für unvermeidlich, daß der Zusammenprall im Fernen Osten den großen Konflikt der Weltmächte heraufbeschwören müsse. Der Krieg, schrieb er am 18. Juli nach einer Beratung mit Katia und Erika in der Halle des Hotels «Suvretta» von St. Moritz, werde den Chauvinismus steigern und jeden Nonkonformismus der Verfolgung preisgeben. Es schien ihm so gut wie sicher zu sein, daß ihm der Paß entzogen werde, ja daß sämtliche amerikanischen Bürger dieser Restriktion ausgesetzt sein könnten.

Er richtete sich auf eine Wiederholung der Ereignisse von 1933 ein. Da er seine Wahlheimat nicht kannte, meinte er, den Zustand Deutschlands am Ende der Republik von Weimar mit der Lage Amerikas im Jahre 1950 gleichsetzen zu müssen: «Der Gedanke einer wiederholten Emigration spukt längst», schrieb er, «und dies Tagebuch kehrt gewissermaßen zu seinem Beginn, Arosa 1933, zurück. Die Ablösung von Amerika müßte sehr leise und vorsichtig geschehen. Erika würde dorthin fahren und die Räumung, Vermietung oder den Verkauf des Hauses einleiten. Die Frage der Staatsangehörigkeit und -Papiere jedenfalls sehr schwierig. Aber wohl gewiß, daß wir im Fall unserer Rückkehr jetzt nicht mehr herauskämen und das Land eine große Falle für uns wäre.» Auch Golo riet für den Augenblick von einer Rückkehr ab.

Dann mahnte sich Thomas Mann zur Geduld. Er setzte sich und den Seinen «einige Wochen Frist zur Beobachtung und Überlegung». Tröstend erinnerte er sich daran, daß sein literarisches Ansehen «drüben bis jetzt intakt» sei. Die «New York Times» hatte seinen fünfundsiebzigsten Geburtstag voller Freundlichkeit gewürdigt, und die Universität von Yale bereitete ihm zu Ehren eine Ausstellung vor. Ein Kriterium sei, bemerkte er, ob die englische Version des Essays «Meine Zeit» in der Festausgabe zum einhundertjährigen Bestehen der Zeitschrift «Harper's Magazine» im Oktober erscheinen werde. (Der Aufsatz wurde gedruckt.)

Den Motiven und Absichten der Verantwortlichen in Washington begegnete er voller Mißtrauen. Nach seiner Ansicht war der Krieg in Korea für sie nichts als ein Signal zur allgemeinen Aufrüstung – so könne man «das Kriegspotential des Westens voll entwickeln». Er setzte hinzu: «Wären die Russen ganz so unmoralisch wie man sie malt, so würden sie sofort die halbe Welt besetzen.» Er vergaß, daß das atomare Vernichtungspotential als Abschreckung funktionierte – hier wie dort. Die Sowjetunion betrachtete er als ein

Opfer der «Majorisierung» durch den Westen: «Sympathie der Welt heute mit allem Faulen, Luschen, Reaktionären, Bösen.» An dem Tag, an dem er dieses Aperçu in sein Tagebuch schrieb, notierte er Enthüllungen in der Schweizer Zeitung «Die Tat» über die unmenschlichen Verhältnisse in den Lagern auf der griechischen Verbannungsinsel Makrónisos, auf der Gefangene des Bürgerkrieges festgehalten wurden: eine Schmach, die in den «freien Ländern» sowenig geduldet werden durfte wie später das Regime der griechischen Obristen.

Der Journalist Wolfgang Cordan hatte den Skandal aufgedeckt, und er bat Thomas und Erika Mann, die Sturmglocke zu läuten. Der Dichter fragte zu Recht: «Wie kann man den Kommunisten entgegentreten, wenn solches geschieht, in einem Lande, das faktisch vom amerikanischen Ambassadeur regiert wird?» Er war mit seinem Zorn nicht allein. In den Zeitungen des Westens – auch in amerikanischen – wurden die griechischen Barbareien sehr wohl beim Namen genannt – ein Hinweis, daß die «freien Länder» die Anführungsstriche, die er ihnen verpaßte, nicht immer verdienten, und vor allem: daß eine freie Presse für den Schutz der Menschlichkeit unentbehrlich war.

An Wolfgang Cordan schrieb der Dichter: «Ich bin im Begriffe, nach Californien zurückzukehren, wo ich mein Haus habe, – und im Begriffe, davon abzustehen und ‹draußen› zu bleiben, wie Frühjahr 1933. Es ist fast dieselbe Lage. Drüben bin ich schwer bloßgestellt, von ‹Life› und Consorten längst als fellow traveller denunziert, und habe noch keine rechte Vorstellung von den Bedingungen, unter denen ich, wie die Dinge sich seit meiner Abreise entwickelt haben, dort zu leben haben werde.» Von Amerika sagte er: «Seine Demokratie kennt überhaupt keine Scham mehr. Sein Dünkel, seine Selbstgerechtigkeit, bei krassester moralischer Gesunkenheit, sind ohne Grenzen. Es glaubt wirklich, daß Gott antirussisch ist.» Dennoch wäre er überrascht und entrüstet gewesen, hätte man seine Haltung «anti-amerikanisch» genannt. Sie war es. Die Neigung zur Hysterie, die er bei den Amerikanern beobachtete, suchte ihn selbst immer aufs neue heim.

Ein Brief von Elisabeth aus Chicago ermutigte nicht zur Rückkehr. Voller Aufregung schrieb er: «Neue, schwer belastende Aktualisierung dieser Frage. Wie das Provisorium hier gestalten? Als amerik. Flüchtling in der Schweiz? Erika hinüberschicken zur Auflösung des Haushalts? Ohne sie hinübergehen, da sie polizeilichen Chikanen ausgesetzt wäre? Aber gerade unter den obwaltenden Umständen würde sie mir dort aufs schwerste fehlen. Daß alles drüben auf den Krieg zusteuert, ist klar. Wir würden uns in dem kalifornischen Winkel vergraben u. damit zu rechnen haben, die, die hier bleiben, nie wiederzusehen. Und doch hat es viel Ratsames in den gegebenen Lebensrahmen zurückzukehren und dort das Schicksal über uns ergehen zu lassen. Das Hauptproblem ist Erika.»

Er wollte die Tochter keiner Gefährdung aussetzen, und er wollte sie auch nicht entbehren – ein kaum zu lösendes Dilemma, wie es schien. Dann fiel er sich selbst ins Wort: es sei ja möglich, «daß der wirkliche Krieg» doch nicht komme. Verwirrt konstatierte er, daß Henry Wallace, den er nun plötzlich als «einfältig» bezeichnete, sich von seiner eigenen Partei zu lösen entschloß: in einem Krieg, der von den Vereinten Nationen sanktioniert sei, erklärte sein einstiger Held, gehöre er an die Seite seines Landes. Später nahm er mit gleicher Enttäuschung zur Kenntnis, daß sich auch die bewunderte Eleanor Roosevelt an die Seite ihrer Regierung stellte und in einem Artikel die mangelnde Solidarität der Verbündeten beklagen zu müssen glaubte.

Mitte August überbrachte Lotte Walter einen Hinweis von Erikas New Yorker Anwalt, der warnend sagte, die Tochter müsse damit rechnen, daß sie bei ihrer Einreise auf der Einwandererinsel Ellis Island festgesetzt werde. In einem Telefongespräch, das der Vater mit ihr führte, wiegelte sie ab. Sie meinte, man dürfe «die Handlungen eines wahnsinnigen Landes nicht persönlich nehmen». Der Advokat, den sie in New York anrief, riet ihr, über Kanada einzureisen, wenn sie in die Vereinigten Staaten zurückkehre. Man vermeide, wenn sie zurückgewiesen würde, allzu großen Lärm, denn an den Grenzen zum nördlichen Nachbarn lagen keine Journalisten auf der Lauer, um jede Sensation an die große Glocke zu hängen. Die Eltern hätten dann trotzdem die Chance, ihre Übersiedlung in die Schweiz ohne zu große Störungen vorzubereiten.

Es blieb, trotz allem, bei der Entscheidung zur Rückkehr, vor allem dank Katias nüchtern-beruhigendem Einfluß. Thomas Mann wollte zur Ruhe kommen. Er wollte vor allem die Arbeit an der Gregor-Erzählung beenden. Seine Stimmung bezeichnete er als «bitter, fatalistisch, auf Schlimmes gefaßt». Beim Abschied von Erika in London war er, nach eigenem Zeugnis, «mehr stumpf als bewegt», doch es entging ihm nicht, daß der Steward in dem Clipper der Pan American Airways – er nannte ihn «Schaffner» – hübsch war und über prächtige Zähne verfügte. Der junge Mann drückte ihm überdies seine Bewunderung und Ergebenheit aus. Die Sitze in der ersten Klasse erwiesen sich als bequem. Die Maschine, die den stolzen Namen «The President» trug, war allerdings kein Muster an Zuverlässigkeit. Ein Motorenschaden zwang zur Zwischenlandung in Irland. Danach gelang die Überquerung des Atlantiks ohne Zwischenfall, aber nach dem üblichen Aufenthalt auf dem öden Flughafen von Gander in Neufundland wurde der Pilot durch den Ausfall eines Motors zur Rückkehr gezwungen. Die Reparatur nahm sechs Stunden in Anspruch.

Bei der Grenzkontrolle in New York aber gab es nicht die geringsten Probleme. «Im Lande (...) sind wir mit größter Kordialität empfangen worden, und alle unmittelbaren Besorgnisse haben sich in nichts aufgelöst», schrieb er an einen Schweizer Freund. Das galt auch für Erika, die einige Tage später ohne jede Schwierigkeit von Kanada her einreisen konnte. Der Vater zweifelte nicht daran, daß sie auch in New York die Schalter der Einwanderungsbeamten mit der gleichen Selbstverständlichkeit wie die Eltern passiert hätte.

Erika war in jenen Wochen ganz durch den spektakulären Frontwechsel eines englischen Journalisten okkupiert, der alle ihre Vorbehalte gegen die Deutschlandpolitik des Westens und vor allem der Vereinigten Staaten zu bestätigen schien: John Peet hatte wenige Wochen zuvor seinen Posten als Korrespondent der Agentur Reuters in West-Berlin verlassen und in der Deutschen Demokratischen Republik Zuflucht gesucht. Der Brite erklärte nach seiner Flucht, er wolle nicht länger ein Handlanger der westlichen «Kriegstreiber» sein, die den Dritten Weltkrieg gegen die Sowjetunion vorbereiteten. Erika gab der dramatische Zwischenfall Gelegenheit, in einem langen Artikel, den ihre Biographin Irmela von der Lühe zutreffend ein Stück Autobiographie nannte, ein politisches Bekenntnis abzulegen, das ihr bei der amerikanischen Regierung keine

Freunde machen konnte. Es empörte sie tief, daß ihr Aufsatz von der Redaktion der «Schweizer Rundschau» abgelehnt wurde: sie glaubte, hier sei die Macht der Gleichschaltung am Werk. Es kam ihr nicht in den Sinn, daß Redakteure eine eigene Meinung hatten, die ihnen nicht dazu riet, dieser streitbaren Frau eine Plattform zu offerieren. Ihre Argumente waren, was die Beurteilung der aktuellen politischen Lage anging, in der Tat zu simpel. Hermann Hesse, der für die Publikation plädiert hatte, richtete mit seiner Intervention nichts aus. Schließlich fanden sich holländische, dänische und schwedische Blätter bereit, das Stück zu drucken. Die Allianz des protestantischen Nonkonformismus funktionierte.

Nachdem der Sprung zurück gewagt war, wirkte Amerika auf den Vater – wenigstens für eine Weile – «gewissermaßen heimatlich und vorläufig nicht bedrohlich», zumal er, unmittelbar nach der Ankunft, bei der Besichtigung der Thomas-Mann-Ausstellung in der Bibliothek der Yale University in New Haven, voller Respekt und mit großer Herzlichkeit gefeiert worden war. Thornton Wilder – ein Schriftsteller, den er immer unterschätzt hatte – fand sich zu der festlichen Stunde ein, und er sagte Thomas Mann, daß noch niemals ein lebender Autor auf solche Weise geehrt worden sei.

Fast genauso wichtig: die leitenden Herren der Bibliothek und der Hochschule deuteten an, daß sie am Erwerb aller verfügbaren Manuskripte seines Werkes interessiert seien. Das konnte, wie der Verkauf der «Joseph»-Urschrift bewiesen hatte, einen schönen Batzen Geld bringen. Später im Jahr erkundigte sich der Autor bei dem Kunsthändler Erwin Rosenthal, der einst den Verkauf des «Lotte»-Manuskripts in die Schweiz vermittelt hatte, welchen Preis er für seine Kollektion verlangen könne (doch er deutete die Summe nirgendwo an). Katia und Erika waren über Silvester hinaus mit der Ordnung und groben Katalogisierung der Papierflut beschäftigt, die aus den Schränken quoll, die Fußböden vieler Zimmer des Hauses am San Remo Drive bedeckend. Er dachte sogar darüber nach, daß er auch die Tagebücher der Universität übergeben könne, «versiegelt und erst 20 Jahre oder 25 nach meinem Tode der ‹Forschung› zugänglich»: «Heitere Entdeckungen dann, in Gottes Namen.» (Die Journale gingen am Ende nicht nach Yale.

Sie wurden von den Erben dem Thomas-Mann-Archiv bei der Eidgenössischen Technischen Hochschule in Zürich übergeben.)

Der Flug zurück aus Europa, sagte er in einer melancholischen Bilanz, habe ihn weit fortgetragen von den «Abenteuern und Bildern», die sein Gemüt drüben bedrängten. Er sprach, ein wenig gequält, von seinem «ständigen Vergafft sein in allerlei Jugend». Er habe sich, schrieb er, «zuviel von der Welt am Narrenseil führen lassen», und er fragte: «Wäre alles besser *nicht* gewesen? Es *war* und der Händedruck, das ‹Ich habe mich wirklich *sehr* gefreut› bleibt ein schmerzlicher Schatz. – – Warum schreibe ich dies alles? Um es noch rechtzeitig vor meinem Tode zu vernichten? Oder wünsche ich, daß die Welt mich *kenne?*» Er setzte hinzu: «Ich glaube, sie weiß, wenigstens unter Kennern, ohnedies mehr von mir, als sie mir zugibt.»

Im New Yorker Hotel hatte ihn, zu seiner Überraschung, auch Agnes Meyer aufgesucht, die nun ernstlich ihre Reise nach Europa vorbereitete – auch nach Deutschland, wo sie Vorträge zu halten gedachte. Sie rede «oberflächlichen Unsinn wie immer», notierte er. Später schmeichelte er in einem Brief, ihre Artikel über die deutschen Zustände seien «glänzend», «klar sehend, wahrheitsmutig und etwas wie eine politische Tat». Sie nannte, in ihrem privaten Bericht, den Bundeskanzler Konrad Adenauer, seinen Vizekanzler Franz Blücher und den Wirtschaftsminister Ludwig Erhard die «schrecklichsten alten Reaktionäre». Zugleich versicherte sie Thomas Mann, daß die Wiederkehr des Nazismus eine Legende sei – die Vereinigten Staaten etablierten vielmehr «das alte Reich Wilhelm II.», das am Ende zu einer Massenarbeitslosigkeit geführt und Hitler möglich gemacht habe.

Die geschichtlichen Fakten gerieten der gescheiten Frau ein wenig durcheinander. In ihren gedruckten Berichten aber hatte sie, mit einigem Erfolg, für das Mitbestimmungsrecht nach den Vorstellungen der Sozialdemokraten und des Deutschen Gewerkschaftsbundes plädiert. Konrad Adenauer war schließlich, nicht zuletzt durch den Einfluß aufgeschlossener Amerikaner und Briten in der Hohen Kommission der Alliierten, zu einem Kompromiß bewegt worden. Die Übereinkunft über die Mitwirkung der Arbeiterschaft bei der Kontrolle und Führung großer Betriebe, die in jenen Tagen formuliert wurde, galt in der Welt lange Jahrzehnte als vorbildlich. Die Mitbestimmung bewirkte nicht nur die Zähmung der «Ruhr-Barone», dieser «Raffer und unverbesserlichen Gewaltmenschen», die angeblich «Deutschland in zwei ruinöse Kriege gestürzt» hatten, wie Thomas Mann sagte, sich der gängigen Phrasen bedienend – sie war vor allem die Voraussetzung einer Kooperation von Kapital und Arbeit, die sich als produktiv und – für alle Beteiligten – segensreich erwies.

Unmittelbar nach seiner Rückkehr ins Haus am San Remo Drive hatte Thomas Mann in einem langen Brief die Kritik Agnes Meyers an den problematischen Wertungen und illusionären Hoffnungen, von denen die politische Summe des Vortrags «Meine Zeit» bestimmt war, halb resigniert, halb zornig zurückgewiesen. Niemals schien er imstande, seine Ressentiments gegen die schwierige Beschützerin ganz im Schach zu halten. Wann immer sich ein Anlaß bot, so lächerlich er sein mochte, überzog er die Protektorin mit häßlichen Schmähungen. In der Schweiz hatte sich eines Tages erwiesen, daß der seidene Morgenmantel, den sie ihm einst geschenkt hatte, völlig zerschlissen war – sofort war er mit der Bemerkung zur Hand, das kostbare Kleidungsstück sei nichts als «Okkasionsschund» gewesen – «charakteristisch für ihr Schenken».

In seinem Brief vom 30. August 1950 schrieb er, es wäre «unfreundschaftlich und ein Zeichen mangelnden Vertrauens» gewesen, ihr die Rede vorzuenthalten – doch der Vortrag solle sein letzter gewesen sein. Wenn sie die Schlußsätze noch einmal überlese, werde sie finden, daß es «ganz passende Abschiedsworte sind für einen alten Mann, der es mit der Menschheit und also auch mit diesem Lande gut meint». Er wolle Amerika nicht dem «Sozialismus übergeben», der «für Europa eine unabwendbare Notwendigkeit» sein möge. Es gräme ihn nur, daß «dies Land der Pioniere und der Freiheit heute in der ganzen Welt das Alte, Verbrauchte, Faule, Korrupte» unterstütze und «in einer unaufhaltsam sich wandelnden Welt den policeman des status quo» spiele.

Er hatte oft den Wunsch geäußert, daß der Osten demokratischer, der Westen samt Amerika sozialistischer werde – was immer er sich unter dem einen oder anderen vorstellen mochte. Der Vorwurf, die Vereinigten Staaten schützten überall nur die reaktionären

Regime, war weder gerecht noch realistisch. Sie taten zu ihrem Schaden auch das: in Südamerika, in Asien – doch keineswegs immer, überall und aus Prinzip. Die Aufgabe des «Weltgendarmen», die Amerika zufiel, war fragwürdig, und das Land hat stets dafür gebüßt, wenn es die Pflichten der Weltmacht allzu vorschnell mit seiner idealistischen Mission und seinem Wirtschaftsegoismus vermengte. Thomas Mann aber, der Washington einst hellsichtig «das neue Kapitol» genannt hatte, fand sich niemals dazu bereit, die Last der globalen Verantwortung und das tragische Element im Geschick einer Weltmacht zur Kenntnis zu nehmen. Er verstand nicht, daß sie notwendig in Verstrickungen geraten mußte, die ihr eine unentrinnbare Schuld aufbürdeten. Gerade in der Auflehnung gegen dieses Verhängnis blieb Amerika, was seine Lage nicht einfacher machte, bis zu einem gewissen Grad stets eine Weltmacht wider Willen.

Seine Unsicherheit trieb ihn im Fortgang des Briefes an Agnes Meyer zu Übertreibungen, die diese wohlwollende Frau konsternieren mußten: «Käme der allgemeine Krieg», schrieb er, «den General MacArthur in Asien anzuzünden sucht, so würde es uns allen, die die amerikanische Aussenpolitik mit furchtbaren Zweifeln erfüllt, wohl schlecht ergehen. Konzentrationslager und Standgerichte wären schnell bereit.» Begütigend fügte er rasch hinzu, der Krieg werde wohl nicht kommen. Europa wolle ihn nicht, auch Präsident Truman und sein Außenminister Acheson wollten «den völligen Wahnwitz und die Weltkatastrophe» nicht – sosehr sie auch «unter dem Druck der inneren Politik und des verbrecherischen McCarthy-Feldzuges» stünden.

Um seine treue Beschützerin noch ein wenig tiefer zu verletzen, fügte er hinzu, er würde seinen Gregor-Roman «Der Erwählte» am liebsten nur auf deutsch erscheinen lassen, denn ihm graue schon jetzt «vor den Dummheiten, die Kritiker, die nicht deutsch verstehen, darüber schreiben werden». «Die Deutschen sind ein recht unausstehliches Volk, aber ein deutscher Schriftsteller und Diener der deutschen Sprache bin ich nun einmal durchaus, und mein Leben in deutscher Sprach-Sphäre, in der Schweiz, zu beschliessen, davon träume ich doch oft.»

Die sorgenvolle Erwägung, ob es an der Zeit sei, den Rückzug in

die Schweiz anzutreten, beherrschte mehr und mehr die Gespräche
in der Familie. Ein Gesetz, gegen das Veto des Präsidenten beschlossen, das die Registrierung der Mitglieder kommunistischer Organisationen zur Pflicht machte – die Vorlage trug unter anderem auch
den Namen des kalifornischen Abgeordneten Richard Nixon –, erweckte bei Thomas und Erika Mann neue Furcht. War er betroffen,
weil er eine Zeitlang einer Sammelorganisation von Intellektuellen
und Künstlern angehört hatte, von der er schließlich feststellte, daß
sie kommunistisch gelenkt war?

Natürlich ging ihn das Gesetz nichts an, das stets umstritten blieb.
Die Regierung zweifelte mit Recht daran, daß es mit den Prinzipien
der Verfassung zu vereinen sei. Doch es erfüllte den Zweck, der den
Absichten von Richard Nixon und Konsorten entsprach: es verbrei-
tete Furcht. Der Primitivismus, der stets ein Element der amerikanischen Innenpolitik war – man denke nur an die fremdenfeindliche
und rassistische «Know-nothing»-Bewegung des neunzehnten
Jahrhunderts –, setzte sich unter dem Einfluß der rechten Demagogen vom Schlage des Joseph McCarthy in den Massenmedien fest.
Hetzende Kommentatoren beförderten jeden, der den «Stockholmer Appell» zur Ächtung der Atomwaffen unterschrieb – wie Albert
Einstein und auch Thomas Mann –, kurzerhand ins Lager der Kommunisten. Schlimmer: auch die Mitarbeiter der Bundespolizei J. Edgar Hoovers erwiesen nur zu oft ihre schwarze Ignoranz. Sie aber
verfügten über reale Macht, wenngleich keine unbeschränkte. In
dem Thomas-Mann-Dossier, das vom FBI geführt wurde, fand sich
allerdings kein Hinweis, daß der Autor nach seiner Rückkehr aus
Europa einer besonderen Observation unterlag; jedenfalls nicht
nach Auskunft der Akten, die Hans Rudolf Vaget einsehen konnte.

Dennoch, die Angst vor den Konsequenzen seiner politischen
Haltung suchte ihn fast Tag für Tag heim. Obendrein berichtete ihm
Gottfried Bermann aus Deutschland in taktvoller Umschreibung, er
erleide mit ihm die «Auswirkungen des Politischen im Verlegerisch-
Geschäftlichen» – «genau wie im Menschlich-Persönlichen». Er ver-
suche, sich dieser Welle «mit den Mitteln der Verlagspropaganda»
entgegenzustellen, aber er könne sie nicht aufhalten: «dazu ist Ihre
Persönlichkeit zu bedeutend und die Reaktion zu stark.»

«Dégoûtiert mehr und mehr von diesem Lande», schrieb der

Dichter – mit dem Blick auf Amerika – am 15. September. Er ordnete den Brief des Kellners Franzl dem Journal zu – eine «durchaus infantile Handlung», wie er sich selbst eingestand. Dann bedrängte ihn der «Hintergedanke (...) alle Tagebücher in irgend einem sich empfehlenden Augenblick zu verbrennen».

Er verzeichnete auch, von seinem tschechischen Verlag sei eine «geheimnisvolle Zahlung von mehr als 4000 Dollars» eingetroffen, obwohl er keine Honorare aus Prag mehr zu erwarten hatte. Er fügte die kryptische Bemerkung hinzu: «Annahme, daß das Geld ‹dorther› auf diesem Wege kommt.» Das «dorther»: war es aus Berlin? War es aus Moskau? Der mysteriöse Hinweis besagt, daß er sich über jene überraschende Zuwendung den Kopf zerbrach. Ließ man ihm – eine besondere Gunst – in der Sowjetunion anstehende Tantiemen schon damals in Devisen zugehen (immerhin keine ganz unbeträchtliche Summe, die etwa 45000 Mark in der Kaufkraft des Jahres 1994 entsprechen mochte)? Was sonst? Es ist nirgendwo verzeichnet, daß er Anstalten machte, die Herkunft der Summe zu ermitteln. Bedachte er niemals, daß dies eine Falle des FBI sein könnte? (Sie war es nicht.)

Die Rückeroberung von Seoul durch die amerikanischen und südkoreanischen Streitkräfte, die am 15. September ihre Gegenoffensive begonnen hatten, nannte er «erbärmlich», und er registrierte zugleich den «stärker sich regenden Wunsch, hier wegzukommen», den er allerdings hinter die Notwendigkeit der «Fertigstellung des Romans» zurückstellte. In seinem Tagebuch kommentierte er den Fortgang des Krieges mit Anmerkungen, die nur zu oft den kommunistischen Propagandaphrasen folgten. Als die Streitkräfte der Alliierten die alte Grenze am achtunddreißigsten Breitengrad erreichten, schrieb er: «Die mit Land versehenen und bewaffneten Bauern» – des kommunistischen Nordens – «werden weiter kämpfen». Er sagte auch, ein Wort der finsteren Verblendung, daß «‹Korea› der größte Sieg seit der Erstürmung des Warschauer Ghettos» sei. Der Sieg wessen? Doch wohl des Faschismus. Er sah nur «die Brutalität der amerikanischen Kriegsführung», die das Land – wie zuvor das nazistische Deutschland – in einem Hagel von Bomben verwüstete. Er sah nicht die Greuel und die Härte der kommunistischen Armeen, die den Süden überfallen hatten. Er schien tatsächlich zu glauben, daß Kim Il Sung, der später zum Oberhaupt einer roten Monarchie wurde, einen Staat von glücklichen Bauern und Arbeitern geschaffen habe.

Das Vordringen der Truppen des Generals MacArthur über den achtunddreißigsten Breitengrad hinaus war, obschon von den Vereinten Nationen sanktioniert, ein fataler Irrtum (wenn auch durchaus keine «amerikanische Aggression», wie Thomas Mann meinte). Die Offensive mußte notwendig das kommunistische China auf den Plan rufen, das gewarnt hatte, es würde die Vernichtung Nordkoreas nicht dulden. Der Chef des Regimes in Peking erkannte hier eine Chance, den Eintritt seines Reiches in den Kreis der Groß- und Weltmächte zu erzwingen.

Mao Tse-tungs Kampfbereitschaft erlaubte es Stalin, sich im Hintergrund zu halten. Anders, als es Thomas Mann fürchtete, wurde der regionale Konflikt darum nicht der Auftakt zu einer direkten Konfrontation der Weltmächte. In Washington nahm man die latente Gefahr sehr ernst. Es herrschte keineswegs der verbrecherische Leichtsinn, den der deutsche Dichter den Verantwortlichen zuschrieb. Dean Acheson rief die Scharfmacher, die einen «Präventivschlag» gegen die Chinesen und womöglich gegen die Russen forderten, mit Nachdruck zur Ordnung. Der Außenminister sagte in einer Rede vor der «National-Konferenz von Christen und Juden», daß die intellektuellen Kritiker durchaus recht hätten, wenn sie darauf pochten, daß die «letzte Wirklichkeit der Außenpolitik nicht allein in den Begriffen der Macht» gefunden werden könne. Leider würden sie nicht immer genauso rasch einsehen, daß zum anderen moralische oder politische Prinzipien allein auch nicht genügten. Viele der Anführer «in der Schlacht um den menschlichen Geist» hielten nach einem demokratischen Glaubensbekenntnis Ausschau, das die Wirkung von Abraham Lincolns «Gettysburg Address» und des Vaterunsers auf einer Manuskriptseite vereinten.

Präsident Trumans wichtigster Ratgeber erwies sich als ein Mann, der Entschlossenheit mit der Fähigkeit zur Differenzierung vereinte. Obwohl Thomas Mann des Außenministers Mäßigung zur Kenntnis nahm, obwohl er die Besonnenheit von George Marshall, der das Verteidigungsministerium übernommen hatte, sehr wohl kannte, vertraute er der demokratischen Regierung und der

Widerstandsfähigkeit des liberalen Geistes dennoch nur selten. Er war davon überzeugt, daß die Vereinigten Staaten nicht darauf verzichten würden, den Kampf gegen die chinesischen Armeen schließlich mit den äußersten Mitteln – den nuklearen Waffen – zu führen. Am 29. November 1950 schrieb er in sein Tagebuch: «Nur mit seiner technischen Überlegenheit, d. h. mit blödsinniger Wüstlegung China's mit Atombomben kann Amerika den Krieg gegen diese Räume und Menschenmassen führen. Nie wird ein Land sich mehr ins Unrecht gesetzt haben, als dieses durch seinen Glauben, daß eher die Welt zugrunde gehen soll, als daß sie kommunistisch werde.»

Präsident Truman schloß, wie man weiß, die «Ultima ratio» nicht völlig aus, als die Chinesen mit riesigen Armeen in den koreanischen Krieg eingriffen und die Amerikaner nach Süden zurückzutreiben begannen. Seine warnende Andeutung, daß er gezwungen sein könnte, zum letzten Mittel der Abschreckung zu greifen, alarmierte die europäischen Alliierten. Thomas Mann schrieb: «Die Lüge der Notwehr, der Verteidigung des Rechtes und der eigenen Lebensinteressen so unerträglich, daß vor Verzweiflung stundenweise den Tränen nahe. Es ist pure Feigheit, daß der alte Esel» – Harry Truman – «diese Reden führt. Ein Mann von Ehre würde sagen: ‹Ehe ich als Eröffner des Atomkrieges und eines neuen Weltkrieges in die Geschichte eingehe, lege ich vor aller Welt mein Amt nieder.› Aber da ist keine Ehre, kein Mut und keine Scham.» Er setzte hinzu: «Man müßte, wenn es geschieht, sofort das Land verlassen, nur bin ich gefesselt durch das Haus, die noch nicht geordneten und abgestoßenen Manuskript-Mengen, die ungelöste Frage des Verkaufs der Sammlung nach Yale etc.» Die Menschheitsfragen stießen, man muß es zugeben, auf lästige Weise mit den kleinen, persönlichen Realitäten zusammen.

Erika beschwor immer wieder das Gespenst der «faschistischen Revolution». Sie riet, die Eltern sollten schon im Januar in die Schweiz reisen, sich in dem kleineren Hotel «Waldhaus» auf dem Dolder einmieten – nicht in Franzls teurem Grand Hotel –, während sie versuchen würde, das Haus in Pacific Palisades zu verkaufen. Die Mutter wandte ein, daß bei einem Panikverkauf nur ein schlechter Preis zu erzielen sei. Thomas Mann überlegte, daß im

Falle eines Krieges auch die Schweiz «größten Versorgungsschwierigkeiten» ausgesetzt sein könnte. Man erwog, ob nicht ein Aufenthalt auf Madeira ratsam sei, der portugiesischen Atlantik-Insel. Thomas Mann schien keinen Anstoß daran zu nehmen, daß jenes iberische Land damals noch einem autoritären Regime unterstand, das manche kritischen Geister als «klerico-faschistisch» bezeichneten. Er suchte Sicherheit um fast jeden Preis. Er wollte überdies in seinem hohen Alter auf die Vorzüge des gewohnten Wohlstandes noch weniger verzichten als in seinen früheren Tagen, zumal er der Meinung war, daß eine gehobene Lebensform die ihm angemessene Existenz sei.

Überdies begann er zu spüren, daß er, der sich zur «Repräsentation» berufen fühlte, zu jenem Zeitpunkt nichts mehr zu repräsentieren schien außer einem Häufchen Gleichgesinnter: nicht die Deutschen, weder im Westen noch im Osten, nicht die Europäer, die sich in der Mehrheit auf die Seite Amerikas schlugen, ganz gewiß nicht die Amerikaner – und kaum mehr die deutschen Emigranten, denen in der Mehrzahl die Übereinstimmung mit dem Land selbstverständlich war, das ihnen Rettung und eine gewisse Geborgenheit geboten hatte. Das war ein Einschnitt.

Es bedrückte ihn, daß Erika eine Krise durchlebte, die auch den Ärzten Sorge zu machen begann. Sie litt an Schlaflosigkeit, verlor Gewicht, wurde von klimakterischen Problemen heimgesucht. Ihre Lebensliebe war unerfüllt geblieben. Sie war noch immer eine Frau von bemerkenswerter Anziehungskraft – Hermann Hesse hatte, wie der Vater mit einem gewissen Stolz bemerkte, eine lebhafte Zuneigung zu ihr gewonnen –, und sie vermochte nach wie vor auch das amerikanische Publikum in ihren Bann zu ziehen, wie sie Anfang Dezember bei einem Vortrag vor annähernd tausend Menschen in einer unitarischen Kirche von Los Angeles bewies. Trotz und wegen ihrer herben Kritik an der amerikanischen Politik fand sie bei jenem Auftritt lebhafte Zustimmung.

Aber dieser Erfolg war nicht genug, ihre Bitterkeit zu verscheuchen. Ihre beruflichen Chancen schien sie eingebüßt zu haben. Wohl war sie dem Vater die wichtigste Partnerin, ja die zweite Frau geworden, doch es wurde ihr nicht leicht, sich mit dieser Aufgabe zu bescheiden. Schlimmer: sie konnte sich dem Eindruck nicht länger verschließen, daß sich ihr das offizielle Amerika der Regierung und der Ämter samt dem Gros der öffentlichen Meinung, immer härter verweigerte.

Am 11. Dezember 1950 zog sie mit einem langen Schreiben an den Direktor der Einwanderungsbehörde ihren Antrag auf die amerikanische Staatsangehörigkeit zurück. Im Krieg habe sie es versäumt, schrieb sie, die fälligen Schritte zu unternehmen, um Amerikanerin zu werden. Voraussetzung wäre gewesen, daß sie sich sechs Monate ohne Unterbrechung im Land aufgehalten hätte, doch sie habe von 1939 bis 1946 die Hälfte der Zeit im Krieg oder bei den Besatzungstruppen in Europa verbracht. Sie fühle wie eine Amerikanerin, habe wie eine Amerikanerin gelebt, ja sie sei praktisch eine Amerikanerin gewesen. Nachdem sie den Antrag auf die Einbürgerung endlich gestellt habe, hätten die Methoden der Überprüfung aber Zweifel an ihrem Charakter gesät, die ihre berufliche Laufbahn allmählich ruinierten, sie ihres Lebensunterhaltes beraubten und «von einem glücklichen, tätigen und einigermaßen nützlichen Mitglied der Gesellschaft zu einer gedemütigten Verdächtigten» machten. Man habe ihr niemals einen Anhörungstermin gewährt. Nur einmal sei sie von zwei Herren der Einwanderungsbehörde Los Angeles befragt worden.

Es sei weniger, sagte sie schließlich, der «tatsächlich erlittene Schaden» als «vielmehr die Ungerechtigkeit des ganzen Vorgehens», die sie «bis ins Innerste» schmerze und beleidige. Den Entschluß, auf die Einbürgerung zu verzichten, habe sie nicht ohne eine sehr ernsthafte Erwägung getroffen. Da er nun getroffen sei, könne sie keinerlei Bedauern bei der Aussicht verspüren, den Rest ihres Lebens als britische Staatsbürgerin verbringen zu müssen: «Und Sie können ganz sicher sein, daß ich als britische Staatsbürgerin stets bemüht sein werde, den Interessen anglo-amerikanischer Zusammenarbeit nach besten Kräften zu dienen.»

Lion Feuchtwanger, der ihr Geschick teilte, gab sie eine Kopie ihres Briefes. Der Freund sagte, das Schreiben sei ein «kleines Meisterwerk eleganter und tödlicher Polemik», und er hoffe, daß sie den Brief veröffentliche. Das tat sie nicht. Sie scheint ihn auch nicht dem Vater vorgelegt zu haben.

Vielleicht wollte sie die Eltern nicht mit zusätzlichen Sorgen belasten. Thomas und Katia Mann waren durch eine Ehekrise Elisabeths ohnedies beunruhigt. Die Jüngste hatte Gefallen an einem jungen Argentinier gefunden, den sie als Generalsekretär in der «Vereinigung für die Propagierung der Weltregierung» installiert hatte – einer Gesellschaft, die Professor Borgese in seinem idealistischen Überschwang als das wichtigste Werk seines Lebens betrachtete. In einer Aussprache hatte sie dem erregbaren Gatten gestanden, daß er gehörnt worden sei. Für Giuseppe Antonio Borgese, einen rechten Italiener und überdies durch sein fortgeschrittenes Alter – er zählte achtundsechzig Jahre – besonders empfindlich, schien diese Offenbarung eine wahre Katastrophe zu sein. In einem Telefongespräch bat er Katia um ihre Vermittlung. Er wolle alles vergeben, beteuerte er, aber er bestehe darauf, daß sich die Familie in seiner Heimat ansiedle. Die Schwiegermutter setzte sich unverzüglich in den Zug, um in Chicago zu schlichten. In ihrem Gespräch mit der Tochter und ihrem Mann konnte sie beide in dem vernünftigen Entschluß bestärken, sich fürs erste nicht zu trennen. Elisabeth, notierte der Vater erleichtert, scheine für den Argentinier keine zu tiefe Leidenschaft zu empfinden.

Als sei all dies nicht Kummer genug: auch Alger, der neue Pudel, machte nichts als Ärger. Er war unerzogen und biß sich mit anderen Hunden, ja er hatte seinen Herrn gezwungen, seinen kostbaren Spazierstock in der Abwehr eines widerwärtigen Chow-Chow zu zerschlagen. Kläffend rannte er jedem Auto nach, immer in Gefahr, unter die Räder zu geraten, und erwies sich als «psychopathisch nässend». Immer wieder erwog Thomas Mann, das Tier abzuschaffen, und konnte sich doch nicht dazu entschließen.

Nein, das Jahr seines 75. Geburtstages, das mit solch melancholischen Erwägungen begonnen wurde, hatte sich nicht als ein gutes Jahr erwiesen. In der Bilanz konnte er freilich bemerken, daß er endlich seinen Roman «Der Erwählte» zum Abschluß gebracht hatte.

117. KAPITEL

Zwei Leben

Am 23. Oktober 1950 verzeichnete Thomas Mann in seinem Journal, daß er gegen halb zwölf Uhr die letzten Zeilen des kleinen Romans geschrieben habe. Zwei Jahre und acht Monate hatte ihn die Erzählung vom heilig-unheiligen Gregorius begleitet, als eine belustigende Etüde nach dem Riesenwerk des «Faustus» begonnen – ein humoristisches Zwischenspiel, das ihm helfen sollte, die schreckliche Leere nach dem Abschluß des «Schmerzensbuches» zu überbrücken. Selten hatte er eine Arbeit so häufig unterbrechen müssen, wie es ihm mit dieser Erzählung widerfuhr. Zunächst hatte er sich nicht ungern ablenken lassen, da ihm nach dem «Faustus» alles «fad» dünkte, auch die Legende von dem übergroßen Sünder, der aus dem Abgrund der Verworfenheit und der Dunkelheit seines Büßerdaseins auf den Stuhl Petri berufen wurde. Schließlich wurde sie ihm zu einer Art Refugium, in das er aus dem Alltag flüchten konnte.

Die Widrigkeit der Epoche, die den Autor so oft zu überwältigen drohte, schlug sich in der Erzählung nicht nieder – in keinem Augenblick. Die Komik seiner Schilderungen und die wahren Clownerien, die er mit der Sprache aufführte, bisweilen ins Groteske steigerte, annoncierten kein grimmiges «Trotzdem». Die parallele Lektüre der Tagebücher und des Romans vermittelt eher den Eindruck, Thomas Mann habe zwei Leben nebeneinander gelebt, die kaum miteinander korrespondierten: das eine im Werk, das andere in der Wirklichkeit. Sie berührten sich nur in den gewohnten Stunden des Vorlesens, in denen der Verfasser die Effekte seiner

Experimente in Handlung und Wort erprobte. Allemal konnte er dabei eine Belustigung beobachten, die ihn befriedigte.

Die Hauptvorlage der Erzählung war, man erinnert sich, Hartmann von Aues Legende, die von einer Assistentin des Berner Professors Samuel Singer unter der Aufsicht des Ordinarius aus dem Mittelhochdeutschen für ihn übersetzt wurde. Er hatte sich von Singer auch eine Liste altfranzösischer Redewendungen fertigen lassen, die er den altdeutschen, altenglischen und lateinischen Wendungen untermischte. Für das spaßige Unternehmen erfand er eine Art Kunstsprache, die er dem Mönch Clemens in die Feder gab: einem frommen Bruder irischer Herkunft, der in der Bibliothek des Klosters St. Gallen hockte wie einst Notker, der Stammler, dem Thomas Mann ohne Zweifel bei der Lektüre von Victor von Scheffels «Ekkehard» in frühen Jugendjahren begegnet war. Sein Chronist, dem die Elemente so vieler Zungen in eines flossen, bediente sich des Idioms mit unterschiedlichem Glück. Nicht immer ging es ohne aufgesetzte Geschraubtheit und Krampf ab – wie es jedem historisierenden Stil widerfährt, dem so oft eine Spur von altfränkischer Umständlichkeit, prätentiöser Geziertheit und manchmal ein Hauch von Studentenulk anhängt.

Das Spiel mit der Sünde, das der Autor zu betreiben gedachte, verlangte das Spiel mit der Sprache, und er verschwendete keinen Gedanken daran, daß die Leser dann und wann gezwungen sein könnten – wenn sie es mit der Lektüre genau nehmen wollten –, in den öffentlichen Bibliotheken jene Lexika zu durchforschen, aus denen sich der Dichter bedient hatte. Oder erheiterte ihn diese Vorstellung? Wie sollten sie wissen, was «Wätlichkeit» war – und obendrein eine «prätendierte»? Konnte er sicher sein, daß sie auf Anhieb raten würden, ein «Berchfrit» sei der Bergfried? Und der «Tannewetzel» stünde für den Schlagfluß? Was hatten sie sich unter dem «Trutgespiel» vorzustellen?

Er trieb die «lose Conversation voll Corteisie und Fug» über manche Seiten hin, um dann sacht zu Vokabular und Tonfall der Erzählweise zurückzufinden, die von den Traditionen des neunzehnten Jahrhunderts geformt war. Die Szene der sündhaften Beiwohnung, der die schönen Geschwister Wiligis und Sibylla verfielen, führte er durch den Mönch in einer nur noch behutsam verfremdeten Sprache vor. Mit den antikisierenden Wendungen deutete er die ironische Distanz an, die es ihm erlaubte, noch einmal das prekäre Sujet des «Wälsungenbluts» zu präsentieren – mit einer vergnügt getarnten Ungeniertheit, die ihn vermutlich besonders ergötzte, da die frühe Novelle noch immer zu einer halb verborgenen Existenz verurteilt war. Die Merkwürdigkeit der inzestuösen Versuchung kann ihn allerdings kaum völlig kühl gelassen haben. Gerüchte, die seinen Kindern Erika und Klaus solche Versündigung nachsagten, hatten schließlich auch ihn erreicht.

Mit den Einsichten Sigmund Freuds war er nicht allzu tief vertraut, doch die Lehre von der inzestuösen Vorprägung der menschlichen Sexualität war da und dort auch in sein Werk vorgedrungen. Aber er schien sich zu weigern, sich selbst anhand dieser Erkenntnisse zu prüfen. Kurz nach dem Abschluß der Niederschrift des «Erwählten» geriet ihm eine englische Broschüre vor Augen, deren Verfasser das Problem der Homosexualität mit den Einsichten der Psychoanalyse zu beantworten versuchte: sie sei das Ergebnis «der Inzestangst in Beziehung auf die Mutter». Im Tagebuch bemerkte er dazu: «Die gelehrte Unwissenheit selbst.»

Nein, persönliche Befangenheiten waren es nicht, die den Fortgang der Erzählung immer wieder verzögerten. Oder verbargen sie sich in Wirklichkeit hinter den äußeren, den «objektiven» Umständen? Konnte die Munterkeit der Beschreibungen ein wenig aufgesetzt sein? Die Welt der Kindheit und der Jugend war ihm wieder nähergerückt, wie es im Alter immer ist. Die Fischersleute, die den kleinen Gregor aus dem Fäßlein bargen, in dem die Frucht der Sünde ausgesetzt worden war wie einst Moses in einem Körblein aus Schilf, ließ er Plattdeutsch sprechen, die Lübecker Kindheitssprache, die seit den «Buddenbrooks» niemals mehr Zugang zu seinem Werk gefunden hatte, freilich untermischt mit englischen Wendungen, die sich in den Dialekt mit überraschender Selbstverständlichkeit einfügten: «‹Dat's aber Lug und Fiddel-Faddel›», sagte Ethelwulf: «‹Min Dochter is gar nich dämpfig, sundern hälpig und halig rundum wie'n Appel und könnt twelf Kiddens upbringen, wenn sie bloß welche hätt. Dat's Hoax. Ihr, Herr, hawt uns allwegs geseggt, dat wi schellen die Wahrheit tellen, wenn ook mit slechtem Muhl.›» Lübeck war in dieser Huldigung an den Volksmund ganz gegenwärtig, trotz des englischen «hoax», das soviel wie Täuschung, Schwindel und Flunkerei bedeutete.

Die unschuldige und doch hochschuldige Buhlschaft des Jünglings Gregor mit der Mutter forderte ein gewisses Pathos, und sie war zur selben Zeit Anlaß manch frivolen Erschauerns – nur an die komplizierten Verwandtschaftsverhältnisse zu denken, die sich aus der Zeugung der beiden Töchter ergaben, denen Sibylla Mutter und Großmutter zugleich, Gregor aber Vater und Onkel war. Wo sich Thomas Mann im Fortgang der mittelalterlichen Wiederkehr des Ödipus-Geschickes einer gewissen Dramatik überließ, war ihm – er war sich dessen wohl kaum bewußt – der Dichter und Wortschmied Richard Wagner näher, als es ihm lieb sein konnte. Als zum Ende die Gattin und Mama nach Rom pilgerte, um beim Heiligen Vater die Lösung aus der Schuld zu erflehen, inszenierte er, wohl nicht unabsichtlich, das parodistische Finale einer großen Oper, rührend und lächerlich, wie es zu dieser Gattung gehört: ‹Mutter!› rief er. ‹Vater!› rief sie. ‹Vater meiner Kinder, ewig geliebtes Kind!› Und sie umhalsten einander und weinten zusammen.» Das spottend moralisierende Nachwort des Clemens mag – ganz aus der Ferne – dem Sextett am Ende des «Don Giovanni» abgelauscht sein, diesem banalen und doch so erhebenden Nekrolog, der uns auf die Erde zurückholt, da der heroische Unhold zur Hölle gefahren ist.

Die Vorlagen, die Thomas Mann für den kleinen Roman ausgebeutet hat, sind in den «Nachbemerkungen» von Peter de Mendelssohn getreulich aufgelistet: von Meyers Konversationslexikon über Gregorovius' «Geschichte der Stadt Rom im Mittelalter» bis zu Gustav Schwabs Volksbüchern und, natürlich, dem Nibelungenlied, «Parzival» und «Tristan». In Hans Wyslings und Yvonne Schmidlins Dokumentation über «Bild und Text» bei Thomas Mann finden sich die Vorbilder, die der Autor mit genialischer Pedanterie nachgezeichnet hat: das Ritterpaar vom «Meister des Sterzinger Altars», der Kopf des Bramante, ein schöner junger Mann, dessen Photo er aus einer Zeitung schnitt, die Skulptur des Heiligen Hieronymus, schließlich ein Holzschnitt des sündigen Papstes.

Das «höhere Abschreiben» und die Technik der «Montage», in der – nach Mendelssohns Formel – «Gefundenes und Erfundenes gänzlich verschmolzen sind», hatte Thomas Mann in dieser Geschichte zu neuer Virtuosität gesteigert. Da sie nun beendet war, wußte er fürs erste nicht – so erging es ihm stets –, was er davon zu halten hatte. Agnes Meyer sagte er, es sei nun «doch wieder etwas fertig geworden»: «Weiter tu' ich mir nicht viel zugute darauf. Die Zeit der Zauberberge und Faustusse ist vorbei. Man unterhält sich danach noch so reizvoll wie möglich.» Seine Unsicherheit schien allerdings noch größer als üblich zu sein. Er tröstete sich, so gut er es vermochte, mit der Komik der Geschichte, von der er – in einem Brief an Kuno Fiedler – behauptete, er habe sie vor allem zu seiner Zerstreuung geschrieben: «und Komik erscheint mir mehr und mehr als das Beste auf der Welt, erlabend, entlastend, ein wahrer Segen.» Er fuhr fort, die Komik sei noch etwas anderes als «Humor». Sie stehe der Verzweiflung nahe: eine «zwerchfellerschütternde Form des Nihilismus», aber dennoch human. –

Er grämte sich über das politische Ungemach, das ihn verfolgte. In Meldungen der kommunistischen Presse war davon die Rede, daß er eine «Message zur Friedenskonferenz» in Warschau geschickt habe, ja dort ins Präsidium gewählt worden sei: eine der rituellen Veranstaltungen jener Tage, die ursprünglich in der englischen Industriestadt Sheffield stattfinden sollte, doch nach einem Tag schon in die polnische Hauptstadt verlegt werden mußte, da die Regierung in London dem prominenten «Friedenskämpfer» Pierre Cot und dem Dichter Louis Aragon, beide französische Kommunisten, außerdem Pietro Nenni, dem italienischen Sozialisten, den sowjetischen Schriftstellern Alexander Fadejew und Ilja Ehrenburg, aber auch dem Komponisten Dimitri Schostakowitsch die Einreise verweigerte. Thomas Mann formulierte mit Erika unverzüglich ein Dementi. Die Tochter drang darauf, daß es in der «Los Angeles Times» gedruckt werde. Der Ärger bewegte ihn dazu, noch am selben Tag dem Freund Otto Basler die Rückkehr anzukündigen, wenn auch halbwegs verschleiert: «Nichts von Politik! Sie spielt dabei keine Rolle. Ich berufe mich darauf, daß ich immer gesagt habe, ich wünschte mir, meinen letzten Lebensabend in der Schweiz zu verbringen.»

Im Tagebuch sprach er von der «Öde des hiesigen Lebens». Die Formel spiegelte wohl auch die lähmende Einsicht, daß er nun plötzlich ohne Aufgabe war. Er fragte: «Was *tun*?» Ohne Aufenthalt erinnerte er sich der einzigen großen Aufgabe, die er noch nicht erledigt hatte. Nun wäre der Augenblick gekommen, die «Felix-Krull»-Papiere wieder hervorzuziehen, wie schon einmal im Mai 1943, bevor er sich entschlossen hatte, gegen Katias Rat, sich an den «Faustus» zu wagen: «Der Versuch der Wiederanknüpfung muß, rein um Beschäftigung, eine vorhaltende Aufgabe zu gewinnen, gemacht werden. Ich habe sonst nichts; keine Novellen-Ideen, keinen Romangegenstand.» Doch ihn streifte noch einmal der Gedanke an die «Luther-Erasmus-Novelle»: ein Stoff, der stets gegenwärtig blieb – trotz oder gerade wegen der Kritik, mit der er dem Reformator begegnete, untermischt mit einer grollenden Bewunderung, die ihm aus der Zeit der Heroisierung dieses Erzdeutschen im Ersten Weltkrieg geblieben war. Joseph Chapiro, den Schriftsteller ukrainischer Herkunft, der ein Erasmus-Buch geschrieben hatte, mahnte er Anfang November, er tue Unrecht, den Doktor Martinus den «größten Deutschen aller Zeiten» zu nennen. Es habe einen gegeben, «der Luthers Urkraft und Dämonie mit der Urbanität, dem Geist und der Liebenswürdigkeit des Erasmus vereinigte»: Goethe natürlich.

Dennoch ließ sich nicht leugnen, daß ihm das geistige Milieu des Protestantismus, in dem er aufgewachsen war, nun wieder näherkam. An dem Vorwurf des deutschen Essayisten Hans Egon Holthusen, er habe eine «Welt ohne Transzendenz» geschaffen, trug er noch immer schwer (obwohl er die Studie, angeblich, niemals gelesen hatte). Er betonte, fast trotzig, er fühle sich als protestantischer Christ. Hermann Hesse schrieb er: «Merkwürdig mehren sich in letzter Zeit die Fälle, daß ich von beamteten protestantischen Theologen brieflich sympathisch angesprochen werde, und ich nehme an, daß Sie dieselbe Erfahrung machen, – auch daß es Sie, wie mich, zu dem und jenem Gedanken anhält über das, was unsere Existenz herkunftsgemäß ganz zuletzt bestimmt und ‹bindet›.»

Als er wenig später eine Rezension der amerikanischen Ausgabe von Briefen Richard Wagners schrieb, erinnerte er sich, daß der Magier im Anblick der Dürer-Welt des alten Nürnberg daran gedacht hatte, «Luthers Hochzeit» in einer Oper zu feiern – doch statt dessen habe er die «Meistersinger» geschrieben. Martin Gregor-Dellin meinte allerdings in seiner Wagner-Biographie, der Bayreuther habe ein Werk über die Liebe des Mönches Luther zu der Nonne Katharina von Bora erst später erwogen, um an seiner «Gewagtheit und Unkonventionalität» seine eigene Beziehung zu Cosima von Bülow darzustellen. Der «vielbedeutende Stoff» habe ihn bis zu seinem Lebensende beschäftigt. Thomas Mann behielt das Sujet im Kopf, ins Komödiantische gewendet, wie fast alles in dieser späten Phase seines Lebens.

Mit dem Blick auf den «Krull» fragte er sich, ob es in dem vorliegenden Fragment aus der Jugend, das «originell, komisch und mit Recht berühmt» sei, «genug Welt und Personal» gebe und ob «genug Kenntnisse» für eine Fortführung vorhanden seien. Ohne Umschweife bezeichnete er das geplante Buch in seinem Journal als einen «homosexuellen Roman», der ihn «nicht zuletzt wegen der Welt- und Reise-Erfahrungen» interessiere. Er fragte weiter: «Hat meine Isoliertheit genug Menschen-Erlebnis aufgefangen, daß es zu einem gesellschaftssatirischen Schelmenroman reicht? Alles, was ich weiß, ist, daß ich unbedingt etwas zu tun, eine Arbeitsbindung und Lebensaufgabe haben muß. Ich kann nicht nichts tun.» Wiederum fiel er sich selbst ins Wort: «Doch zögere ich, das alte Material wieder vorzunehmen, aus Besorgnis, es möchte mir nach all dem inzwischen Getanen nichts oder nicht genug mehr sagen, und ich möchte gewahr werden, daß mein Werk tatsächlich getan ist.» Im Gespräch mit Erika überlegte er, ob er den Schauplatz des Romanes nach Amerika erweitern solle, doch er dachte eher an den Süden des Kontinents, die Welt, aus der seine Mutter stammte, nicht an die Vereinigten Staaten.

Er war nicht unglücklich, daß sich zunächst einige Nebenarbeiten nach vorn schoben. Am 2. November 1950 starb George Bernard Shaw, vierundneunzig Jahre alt. Die BBC erbat für ihr drittes Programm einen halbstündigen Nachruf, den Thomas Mann zu schreiben bereit war, wenn man ihm vier Wochen Zeit lasse. Man machte sich einer Übertreibung schuldig, würde man behaupten, daß er sich dem irisch-englischen Dramatiker besonders nahe wußte. Er habe ihn bei seinen Aufenthalten in London nie besucht, sagte er den Zuhörern des britischen Rundfunks, mit einem leisen Unterton der Befriedigung, «und zwar aus Humanität. Denn ich war und bin überzeugt, daß er nie eine Zeile von mir gelesen hatte, was ihn ebenfalls in Verlegenheit hätte bringen können.»

Vielleicht trieb ihn auch die heimliche Genugtuung der Überlebenden an. Shaw war ihm um eine halbe Generation voraus – «einer der alten europäischen Garde, der Nestor dieses Geschlechtes großer Statur». «Les dieux s'en vont», hub er an: «die Götter gehen dahin», zu denen er Gerhart Hauptmann zählte, auch Richard Strauss, dem er nun sein «sonntagskindliches» Talent bescheinigte. In der deutschen Fassung des Aufsatzes konnte er den Namen von André Gide hinzufügen, der im Februar 1951 starb. Nur Knut Hamsun lebe noch.

Was Shaw mit Deutschland und Thomas Mann mit Shaw verband, war nicht die Literatur, sondern die Musik. Er berichtete mit Behagen, man habe den jungen Dubliner in der Bibliothek des Britischen Museums über zwei Werken angetroffen, «die er wochenlang immer abwechselnd studierte»: «Das Kapital» von Marx und die Partitur von Wagners «Tristan und Isolde». Dieser Spannungsbogen imponierte ihm. Er hätte ihn zu jener Zeit vielleicht nicht ungern auch den seinen genannt – ohne sich darauf zu beschränken –, nur daß er «Das Kapital» eher vom Hörensagen kannte. Von Shaw wiederum meinte er, daß er den «erotischen Rausch» nicht gekannt habe (darin täuschte er sich), den er sich selbst sehr wohl zuschrieb, wenngleich in diskreter Andeutung. Der Wille zur Askese aber, den der Ire so ostentativ bekundete, konnte ihm nicht unvertraut sein, wenngleich er zu bedenken gab, daß in dem «geistigen Bilde» des Kollegen «etwas Hageres, Vegetarisches und Frigides» sichtbar gewesen sei, das «zur Vorstellung der Größe nicht recht stimmen will». Er sprach davon, daß Shaws Lachen «gläsern» geklungen habe.

Wie nahezu jeder seiner Essays handelt auch dieser bis zu einem gewissen Grade von ihm selbst – und nicht anders seine Abhandlung über die «Briefe Richard Wagners», mit der ihn die «Saturday Review of Literature» für ihre Jubiläumsausgabe beauftragt hatte. Der Aufsatz geriet ihm viel zu lang. Die Redaktion druckte ihn dennoch, wenn auch in einer späteren Ausgabe, in der mehr Platz war. Mit aufmerksamem Interesse berichtete er in dem Stück von der Renaissance der unverfälschten Brieftexte, die in den deutschen

Ausgaben der strengen Zensur der Witwe unterworfen waren. Dachte er nur an Wagner, als er den Satz über «die Bedenklichkeit einer Damenverwaltung des Nachlasses genialer Männer» niederschrieb, eine «Bedenklichkeit oder auch Skandalosität» – was für ein Wort! –, die nicht nur Cosima, sondern mehr noch Elisabeth Förster-Nietzsche vorzuhalten war? Gewiß hatte er nicht nur Wagner im Auge, als er aufschrieb: «Depression, Widrigkeiten, Not, Verzweiflung sind keine Hindernisse für große Eingebungen. In gewissen Fällen sind sie der günstigste Nährboden dafür. Zähe Vitalität ist nicht angeboren, der Genius läßt sie zuströmen, und wer einen Auftrag hat, ist nicht umzubringen.»

Die Leitung des Münchner Residenztheaters hatte ihn um ein Wort zur Wiedereröffnung nach der raschen Restauration des Hauses gebeten. Thomas Mann erfüllte den Wunsch gern, und er beschwor mit einigem Vergnügen die Tage des Glanzes, an denen er sich in seinen jungen Jahren gefreut hatte: zumal in der Epoche des legendären Generalintendanten Ritter von Possart, der zugleich ein so grandioser Schauspieler war. Dieses eine Mal flocht die Nachwelt dem Mimen die üppigsten Kränze – und den Lesern der Skizze öffnete sich für einen Augenblick die Hoffnung, daß Thomas Mann sich vielleicht trotz aller Beteuerungen entschließen könnte, seine Memoiren zu schreiben, auf die alle Welt wartete. Er selbst griff voller Neugier zu den Erinnerungsbüchern der Zeitgenossen.

Schließlich waren alle Nebenarbeiten erledigt. Einen Tag nach dem Weihnachtsfest 1950 nahm er die Erzählung von den Abenteuern des hübschen Hochstaplers Felix Krull nach vierzig Jahren wieder auf, «nämlich am Schluß des abgebrochenen 4. Kapitels des II. Teils, vor der Militär-Untersuchung». Auf demselben Manuskriptblatt, das er einst liegengelassen hatte, fuhr er fort, und nur ein Gedankenstrich markierte den Abstand, der in Wirklichkeit einen Abgrund verbarg: zwei Weltkriege, die Konfrontation der Menschheit mit dem totalitären Vernichtungswillen, Exil…

Nichts konnte diesen Autor, der von einem so unbeirrbaren Willen gelenkt wurde, von der konsequenten Erfüllung seines Werkplanes abhalten. Die Arbeit am «Krull» vollzog sich, wie schon die Niederschrift des «Erwählten», gleichsam auf einer zweiten Ebene seines Daseins: vom Alltag abgehoben. Wenn er an der Erzählung weiterwirkte, schien ihn keine der Widrigkeiten der Politik, die ihn in Wahrheit so tief verstörten, erreichen zu können. Das halbernste Spiel mit den Frivolitäten und dem Personal der großen Humoreske gewährte ihm den Rückzug in eine andere Epoche und ein abgeschirmtes Feld unverbindlicher Ergötzung. Die Flucht gelang nicht immer. Oft ließ er sich doch von den Zudringlichkeiten überwältigen, die von draußen hereindrangen. Er notierte voller Ekel, daß er die Zeitungen nicht mehr anschauen wollte – und er tat es dennoch.

Fast täglich registrierte er das Hin und Her der Kämpfe auf der fernöstlichen Halbinsel. Anfang Januar 1951 mußte die Hauptstadt Seoul ein weiteres Mal geräumt werden, doch die Offensive der chinesischen Truppen wurde fünfzig Kilometer weiter im Süden aufgehalten: «Wozu, fragt man sich vergebens», schrieb er, und er sprach von den «süd-koreanischen Horden», die Landungsversuche im Norden unternähmen. Er entsetzte sich immer wieder über die Radikalität der Kriegsführung, zumal über die amerikanischen Bombardements, die mit Napalmbomben die Städte und das Land verheerten. Er nannte die amerikanische Fernostpolitik, die Taiwan und die vorgelagerten Inseln nicht preisgeben wollte, den «naivsten und dreistesten Imperialismus, der je da war». Ein Bericht des Oberkommandierenden der NATO, General Dwight D. Eisenhower, an den Kongreß gab ihm die Feststellung ein, daß «Amerikas ‹Verteidigung› ebenso auf Weltherrschaft und Imperialismus» hinauslaufe «wie die russische ‹Aggression›». Moralische Äquidistanz beherrschte, nach wie vor, sein politisches Urteil.

Präsident Trumans schlichte und dennoch nicht unzutreffende Feststellung, daß es «keinen Unterschied zwischen den Diktatoren der Polizei-Staaten» in der Weltgeschichte gebe, daß sie alle «für die Versklavung des Einzelnen zugunsten des Staates» seien, regte ihn – im Tagebuch – zu dem empörten Ausruf an, daß «Hitler (…) nie dümmer gequatscht» habe. Von Arthur Koestler, der das Gewissen der Intellektuellen gegen den stalinistischen Terror zu mobilisieren versuchte, bemerkte er voller Verachtung, ihm habe «sein Renegatentum eine reiche Besitzung» eingetragen, offensichtlich daran zweifelnd, daß die materiellen Erfolge dieses talentierten Schriftstellers genauso legitim sein könnten wie seine eigenen. Die Berliner Zeitschrift «Der Monat», damals wohl die bedeutendste Plattform der antitotalitären Geister sozialistischer und liberaler Prägung, nannte er ein amerikanisches Propagandablatt, obwohl er dem Magazin einst selbst manches Manuskript zum Abdruck überlassen hatte.

Befriedigt hatte er am Ende des Vorjahres die Verkündung eines Gesetzes in Ostdeutschland notiert, das die Aufforderung zum Massenmord und zur Kriegshetze unter Todesstrafe stellte: «Die Westdeutschen sollen es sich gesagt sein lassen», setzte er hinzu. Daß die alt-neuen Konzentrationslager, in denen viele tausend Menschen zu Tode kamen, auf dem Territorium des ostdeutschen, nicht des westdeutschen Staates lagen, hatte er vergessen. (Man schätzt die Zahl der Opfer auf etwa sechzigtausend.) Am 13. März 1951 schrieb er ins Journal: «Moskauer Demonstration unter Stalin gegen Kriegshetze, die mit hohen Strafen bedroht wird. Der Kriegskonformismus der hiesigen Propaganda-Maschine angeprangert – in leider durchaus zutreffenden Worten, die wiedergegeben wurden, als ob sie heller Wahnsinn wären.»

Zwei Tage später setzte Thomas Mann seine «Botschaft» zur Feier des achtzigsten Geburtstages seines Bruders Heinrich in Ost-Berlin auf, in der er seine tiefe Rührung und seine innigste Anteilnahme an den «hochherzigen Kundgebungen» ausdrückte, ohne das versäumte Gedenken in Westdeutschland zu erwähnen. Vielleicht hätte er gestutzt, wäre ihm der Text vor Augen gekommen, den der Volksbildungsminister Paul Wandel in das Gästebuch der Heinrich-Mann-Ausstellung in der Akademie der Künste schrieb: «wenn Heinrich Mann heute unter uns wäre», er würde «dort stehen (...), wo jeder aufrechte Deutsche heute stehen muß – im Lager des unversöhnlichen Kampfes für den Frieden.» Er hätte sich denn doch wohl an der makabren Komik der Verknüpfung von «Frieden» und «Unversöhnlichkeit» aufgehalten.

118. KAPITEL

Die Grundtorheit der Epoche

Am 1. Februar 1951 erschien in der «New York Times» eine Meldung unter dem Titel: «Robeson, Mann join new Peace Crusade». Den Dichter, der schließlich durch eine Anfrage des «Time»-Magazin alarmiert wurde, erreichte der Hinweis auf diese Meldung erst zwei Tage später. Einige Wochen zuvor hatte er sich durch seine Unterschrift dem «American Peace Crusade» angeschlossen, als dessen Initiatoren der Nuklearphysiker Philip Morrison, der Chemiker Linus Pauling (dessen Name bei keiner Friedensinitiative fehlte), der schwarze Historiker und Soziologe W. E. B. Du Bois, der Gewerkschafter Ernest de Maio, der republikanische Anwalt Charles P. Howard, die Frauenärztin Clementina J. Paolone und der einstige China-Missionar Lucius C. Porter zeichneten. In ihrer Erklärung, in der diese Gruppe vor der Schwächung der Bürgerrechte durch die «Kriegsatmosphäre» warnte, forderte sie zugleich die Aufnahme von Abrüstungsverhandlungen mit der Sowjetunion über alle schwebenden Fragen, die Anerkennung des kommunistischen China, und sie wandte sich gegen die «militärische Wiedererweckung eines reaktionären Deutschland».

All dies stimmte mit den politischen Glaubenssätzen Thomas Manns völlig überein. Er sah keinen Grund, warum er sich dem Aufruf zu einem «Volksreferendum für den Frieden» nicht anschließen sollte. Kein Name im Komitee der Gründungsmitglieder bot ihm einen Hinweis, daß die Kommunisten im Spiel sein könnten – obschon aufmerksame Beobachter des Zeitgeschehens die radikalen Neigungen des Professors Du Bois – zu jener Zeit der prominenteste Intellektuelle afroamerikanischer Herkunft – sehr wohl kannten (der Historiker trat erst viel später, im Jahre 1961, der Kommunistischen Partei bei, wenigstens offiziell, und er starb zwei Jahre danach als Bürger der Republik von Ghana).

Niemand hatte Thomas Mann darauf aufmerksam gemacht, daß zu den Organisatoren des «Kreuzzugs» auch der Schriftsteller Howard Fast, der Gewerkschafter Ben Gold und vor allem der schwarze Schauspieler und Sänger Paul Robeson gehörten, der 1924 durch die Titelrolle in Eugene O'Neills Drama «Emperor Jones» am Broadway berühmt geworden war. (Später wurde er als der Star in dem Musical «Show Boat» mit dem Song «Ol' Man River» und als Darsteller in vielen Filmen umjubelt.) Bei allen dreien gab es keinen Zweifel über ihre Bindung an die Sache der Kommunisten. Der Name Paul Robesons war zum (sprichwörtlichen) roten Tuch – nicht nur der Hexenjäger – geworden, seit er sich dazu herbeigelassen hatte, auf dem Roten Platz in Moskau gegen die Politik der Vereinigten Staaten zu demonstrieren. Im Jahr zuvor hatte ihm das State Department den Paß entzogen, weil er sich weigerte, eine Erklärung zu unterschreiben, die besagte, daß er mit der Kommunistischen Partei nichts zu schaffen habe – eine Einschränkung seiner Bewegungsfreiheit, die der Oberste Gerichtshof der Vereinigten Staaten, allerdings erst 1958, als Verletzung seiner Bürgerrechte verwarf.

Die Verkoppelung des Namens von Thomas Mann mit dem Paul Robesons in der «New York Times» – ohne Zweifel eine redaktionelle Perfidie – schreckte die Freunde des Dichters auf. Alfred Knopf schickte einen Eilbrief mit der entsetzten Rüge, daß man wohl denken sollte, sein Autor «Tommy» würde vor jeder Aktion, in die der Name von Paul Robeson verwickelt sei, zurückscheuen wie vor der Beulenpest: nichts könne für ihn schädlicher sein, persönlich und beruflich – besonders zu diesem Zeitpunkt. Der Verleger bediente sich gern einer kräftigen und volkstümlichen Sprache: «Natürlich sind Sie frei, von weißer Hautfarbe und einundzwanzig Jahre alt, wie wir hier drüben sagen, und es wäre eine grobe Aufdringlichkeit von meiner Seite, wenn ich versuchte, über Ihr Verhalten eine Kontrolle auszuüben, aber als ein alter und ergebener Freund wäre es nicht fair, für keinen von uns, wenn ich Ihnen diesen

Brief nicht schickte.» Dann riet er ihm aufs dringendste, sich öffentlich nachdrücklich und unverzüglich von jener Gruppe zu distanzieren.

Unter demselben Datum schickte ihm auch Agnes Meyer einen nahezu gleichlautenden Brief. Knopf und die Protektorin in Washington hatten ihre Alarmrufe in der Tat telefonisch miteinander abgesprochen. Die Freundin, die sich immer noch als eine solche empfand, sandte einen zweiten Brief hinterher, den der Empfänger als «hysterisch» bezeichnete. Bei Knopf, aber auch gegenüber seiner Übersetzerin Helen Lowe-Porter beklagte er sich bitter, sie habe ihn des Verrats an dem Lande bezichtigt, das ihm so «grosse Wohltaten» erwiesen habe. «Wer das Schreckliche, das in seinem Lande geschieht, schrecklich nennt, war noch immer ein Verräter. So war es in Deutschland, und so ist es jetzt hier. Diese von ihrer Klasse und ihrem Reichtum borniert Person glaubt in ihrem banalen und falschen ‹Patriotismus› mich schulmeistern zu dürfen. Sie wird an mich denken.» Knopf sagte er – hier vermutlich der übertreibenden Sprache Erikas folgend, von der die meisten seiner englischen Briefe aufgesetzt wurden –, Mrs. Meyer habe ihm mit dem Verlust der amerikanischen Staatsangehörigkeit gedroht und vorhergesagt, daß er sich selbst und alle seine Nächsten ins Unglück stürzen werde, und sie habe ihm schließlich angeboten, seine Seele zu retten.

Es war nicht klug, sich bei Knopf so harsch über Agnes Meyer zu beschweren, der Persönlichkeit und Erfahrung dieser Frau schätzte. Doch der Verleger war bereit, im Umgang mit dem großen Autor, den er politisch kaum ernst nahm, manches mit großzügigem Humor zu übersehen. Den Brief von Agnes Meyer hat Thomas Mann vernichtet; man darf aber fast sicher sein, daß sie ihn nicht des «Verrats» beschuldigt, sondern seinen Mangel an Dankbarkeit, an politischer Klugheit, vielleicht auch an Takt beklagt hat. Es mag auch sein, daß sie sagte, man dürfe seinem Land, das sich im Krieg befinde, nicht in den Rücken fallen: darin eine altmodische Patriotin.

Trotz der kaum bezähmbaren Abneigung gegen die einstige Wohltäterin – er vermied auch jetzt den offenen Bruch. Als sie Ende März 1951, von einem Ferienaufenthalt in Hawaii kommend, in Los Angeles Station machte, fand er sich bei ihr zum Tee im «Bel Air»

Hotel ein. Die Konversation war freundlich. Vermutlich mieden beide die leidigen politischen Themen. Hinterher aber schrieb er ins Journal, er sei «zerrüttet vom Dreschen leeren Strohs und vom Markieren einer geistigen Anwesenheit, die nicht vorhanden. (...) Entnervt durch das unwissende oder nicht wissen wollende Gerede» einer Person, die in «verdummendem Reichtum gehüllt» existiere. In Wirklichkeit hatte sie auch in der Auseinandersetzung um den «Friedenskreuzzug» mit ihren Mitteln versucht, ihm zu helfen. Niemals gab sie nach außen hin zu erkennen, daß ihre Freundschaft gefährdet sei oder daß sie seine Nachbarschaft als kompromittierend empfinde. Ihre Loyalität schien unerschütterlich zu sein.

Mit Erikas Hilfe hatte er unverzüglich eine Antwort an die «New York Times» aufgesetzt, in der er darauf pochte, die Initiatoren des «Kreuzzugs» hätten ihm jede Gewähr geboten, «daß das Unternehmen *nicht* unter kommunistischem Einfluß oder gar unter kommunistischer Führerschaft» stehe. Er bekundete auch, daß er Paul Robesons Verhalten in Moskau als eine Handlungsweise betrachte, die ihm durchaus fremd sei, «bei allen Einwänden», die er «gegen die gegenwärtige amerikanische Außenpolitik auf dem Herzen» habe. Er schloß mit der Versicherung, daß er in «Zukunft überhaupt keine sponsorship übernehmen und keine politische Kundgebung irgendwelcher Art, sie sei auch noch so unverfänglich, mehr unterzeichnen werde». Wenn fortan sein Name unter Manifesten und Aufrufen erscheine, so sei dies als Fälschung zu betrachten.

Danach hielt er Tag für Tag voller Sorge Ausschau, ob die «New York Times» seine Erklärung gedruckt habe. Zu seiner tiefen Beunruhigung war fünf Tage später noch nichts erschienen. Voller Grimm schrieb er ins Journal: «Es gibt nichts Gemeineres als eine Zeitung.» Anderntags schickte er ein Telegramm an die Redaktion. Dann ließ er Erika anrufen. Auch ihr wurde keine klare Auskunft zuteil. Damit das lastende Schweigen gebrochen werde, setzte er mit der Tochter eine Erklärung für United Press auf, die in gedrängter Form wiederholte, was er der «Times» ausführlich dargelegt hatte.

Nun endlich klärte ihn ein Kabel von Alfred Knopf darüber auf, daß er es gewesen sei, der die Veröffentlichung der Erklärung verhindert habe. Am gleichen Tag legte der Verleger in einem ausführ-

licheren Brief, wie immer in einer robusten Sprache, seine Gründe
dar: er habe sich telefonisch mit Arthur Sulzberger beraten, dem
Verleger der «Times», der ein alter Schulfreund sei, zugleich aber
auch mit Agnes Meyer, die viel vom Zeitungswesen verstehe und
Thomas Manns Interessen nicht weniger ergeben diene als er selbst.
Ihm sei es – wie auch ihr – bei der Berufung auf die Namen von
Morrison und Linus Pauling unbehaglich gewesen, die als umstritten gälten. Auch habe ihn das Gefühl bedrückt, wenn Thomas
Mann zuviel zu erklären versuche, würde er aus dem Regen in die
Traufe, vielmehr – wie die Amerikaner sagen – aus der Bratpfanne
ins Feuer geraten. Er sei überzeugt, daß der Abdruck seines Briefes
nur weitere Aufmerksamkeit auf eine Affäre ziehen würde, die viele
schon vergessen hätten. Alle seine Schwierigkeiten, sagte der Verleger weiter, stammten aus einem Verhalten, das seine amerikanischen Mitbürger nur als eine «gewisse politische Naivität» betrachten könnten. Arthur Sulzberger sehe die Dinge ähnlich, doch wenn
er darauf bestehe, werde die Zeitung seinen Brief natürlich drucken.
    Thomas Mann beklagte in seiner Antwort, mit einem etwas rü-
genden Unterton, er gewähre ihm, dem Verleger – «(doch nicht
Mrs. Meyer!)» –, gern das Recht, für ihn zu handeln und Gegen-
maßnahmen zu treffen, wenn er glaube, daß gewisse seiner Schritte
unangemessen seien. Doch er hätte es für natürlicher gehalten,
wenn er ihm durch ein Telegramm geraten hätte, seinen Brief zu-
rückzunehmen, statt ihn unter Aufsicht zu stellen und ihn in dieser
Sache jeder Stimme zu berauben. Niemals zuvor sei er so miserabel
behandelt worden. Er fragte, ob es Knopf nicht in den Sinn gekommen sei, daß Thomas Mann seinen Brief vielleicht an anderer Stelle
hätte publizieren können. Der Verleger entschuldigte sich. Doch er
bestand darauf, daß ein großer Schaden angerichtet worden wäre,
hätte die «Times» diesen Brief gedruckt. Offensichtlich verließ er
sich dabei ganz auf den vorsichtigen Rat seines Freundes Sulzberger: das liberale «Old boys network» der Ostküstenelite funktionierte.
    Unterdessen hatte «Time» in relativer Sachlichkeit über Thomas
Manns Berührung mit dem «Kreuzzug» berichtet: es habe sich dabei um die typische Geschichte kommunistischer Irreführung gehandelt – der Autor sei allerdings nur zu anfällig für diese Art von

Spielen. Das Blatt wies darauf hin, daß «die Warschauer Friedenskonferenz Dr. Mann *in absentia* in sein Präsidium gewählt hat. Er
war gezwungen, ein Protesttelegramm zu schicken. Dem Physiker
Frédéric Joliot-Curie, einem der prominenten kommunistischen
Intellektuellen Frankreichs, hatte er in einem Brief seine Absage
mitgeteilt, aber zugleich seine Sympathien für dessen Friedenskampagne ausgedrückt.» Er habe sich geweigert, die «Stockholmer Erklärung» gegen die Atomrüstung zu unterzeichnen, von der man zu
Recht annahm, sie sei von den kommunistischen Propagandastrate-
gen inspiriert worden, aber er habe einer Friedenskonferenz in Chicago eine Botschaft auf Tonband geschickt, die von den Kommunisten ausgebeutet worden sei. Das Magazin begnügte sich damit, was
nicht unfair war, dem Autor seinen Mangel an Vorsicht und Aufmerksamkeit vorzuhalten.

Professor Morrison reagierte auf den Rückzug des Dichters von
seinem Kreuzzug mit einem betont liebenswürdigen Schreiben.
Trotz des Schwurs der politischen Enthaltsamkeit konnte Thomas
Mann dem Verlangen nicht widerstehen, dem Atomphysiker eine
Art von Bekenntnisbrief zu schicken, den er ausdrücklich als «vertraulich» kennzeichnete: ein naiv vertrauensseliges Unternehmen.
Konnte er gewiß sein, daß dieses Schreiben nicht in falsche Hände
geriet? Er war Philip Morrison persönlich niemals begegnet. Woher
wollte er wissen, daß er sich auf ihn verlassen könne? Er sagte ihm,
keine amerikanische Friedensbewegung, von der allgemein angenommen werde, daß sie von den Kommunisten inspiriert oder kontrolliert sei, könne Erfolg haben. Die Kommunisten müßten die ersten sein, dies zu realisieren. Wenn es ihnen wirklich um die Sache
des Friedens gehe – und nicht um den Lorbeer Moskaus – sollten sie
nicht insistieren, auf den Listen der amerikanischen Friedenskämpfer prominent zu figurieren.

Doch er fügte hinzu, er wisse wohl, daß die «New York Times»
gelogen und gefälscht habe, «wenn auch ‹nur› indirekt». Morrison
könne sich kaum vorstellen, wie viele Freunde ihn davor gewarnt
hätten, daß er nicht nur seinen Paß, sondern auch die Staatsbürgerschaft verlieren könne. Dennoch sei seine Entscheidung, sich nicht
mehr an «Gruppenaktivitäten» zu beteiligen, nicht von der Furcht
bestimmt. Ihm sei zwar nicht besonders daran gelegen, noch einmal

zu erfahren, was er 1933 durchgemacht habe. Das Verlangen «nach ‹Sicherheit›» werde seine Handlungsweise aber nicht bestimmen. Das Gewicht seines Namens würde sich verbrauchen, wenn er Dokumente unterschreibe, deren gefärbten Charakter er nicht prompt durchschaut habe. Er werde nicht aufhören, auf eine «breite und militante amerikanische Friedensbewegung» zu hoffen, die sich von diskreditierenden Einflüssen freigemacht habe – nicht nur in den Augen der professionellen Hexenjäger. Immerhin verzichtete er auf den Satz der ersten Version dieses Briefes, die Inge Jens in ihrer Dokumentation dieser Vorgänge präsentierte: er ziehe sich auch innerlich, hatte er mit allzu großem Freimut und etwas pompös verkünden wollen, von den Geschicken dieses Landes zurück, das einen falschen und ruinösen Kurs eingeschlagen habe.

Damit war die leidige Affäre leider nicht abgeschlossen. Thomas Mann fand sich nicht dazu bereit, Alfred Knopfs Rat zu folgen und lieber ein striktes Schweigen zu wahren, als sich auf immer neue Auseinandersetzungen einzulassen. Das Blättchen «Santa Monica Evening Outlook» präsentierte Ende März seinen Lesern einen Artikel – von einem Mitarbeiter der Agentur United Press geschrieben –, in dem er von neuem beschuldigt wurde, daß er kommunistischen Tarnorganisationen angehöre: so auch dem «American Committee for Protection of the Foreign Born». Der Verfasser bezog sich dabei auf einen Artikel in dem rechtsradikalen Winkelmagazin «The Freeman», der wenige Tage zuvor erschienen war: Verfasser kein anderer als Eugene Tillinger, der Thomas Mann zuvor schon in der kleinen Zeitschrift «Plain Talk», die nahezu unter Ausschluß der Öffentlichkeit erschien, auf so rüde Weise angegriffen hatte.

Der Journalist stellte ihm nun in inquisitorischer Manier eine Reihe von Fragen, die es wert gewesen wären, in einem freien und sachlichen Gespräch debattiert zu werden – doch nicht mit Tillinger, dem es nicht zustand, Thomas Mann darüber ins Verhör zu nehmen, ob er «eine endgültige Haltung zu Korea» eingenommen, ob er sich jemals «gegen die sowjetischen Sklavenlager erklärt», ob er die Ziele des «antikommunistischen Berliner Kongresses für die Freiheit der Kultur» gebilligt, ob er jemals «gegen den Verlust der

Freiheit von Millionen nicht sowjetischer Bürger in den Satelliten-Ländern protestiert», ob er «seine Stimme gegen die religiösen Verfolgungen hinter dem Eisernen Vorhang erhoben» habe. Eine Polemik im Stil Tillingers, der die Arbeit der McCarthy-Schergen besorgte, ließ eine ruhige und sachliche Diskussion nicht zu. Thomas Mann konnte sich auf die Feststellung zurückziehen, daß er auf würdelos-unsachliche Weise gekränkt würde. Dies ersparte ihm die Auseinandersetzung mit Tillingers letzter Frage, ob er denn «noch immer glaube, daß der ‹Anti-Bolschewismus die fundamentale Narrheit unserer Zeit›» sei.

Der Inquisitor hatte ihn überdies nicht völlig korrekt zitiert. In der Rede «Schicksal und Aufgabe», die Thomas Mann am 13. Oktober 1943 unter dem Titel «The War and the Future» in der Kongreßbibliothek von Washington vorgetragen hatte, fanden sich die Sätze, er sei «vor dem Verdacht geschützt, ein Vorkämpfer des Kommunismus zu sein. Trotzdem» könne er «nicht umhin, in dem Schrecken der bürgerlichen Welt vor dem Wort Kommunismus, diesem Schrecken, von dem der Faschismus so lange gelebt hat, etwas Abergläubisches und Kindisches zu sehen, die Grundtorheit unserer Epoche».

Hans Wysling erkannte in diesem Wort, das künftig unermüdlich zitiert werden sollte, den «Mangel an politischer Eindeutigkeit», der Thomas Manns Denken immer bestimmt habe: das «erasmische Sowohl-Als-auch», seine Aufgabe, nicht «Vorkämpfer» zu sein, sondern «Mittler», «Repräsentant» und «nicht Märtyrer». Der Dichter aber wurde niemals seines Irrtums gewahr, daß es gegenüber einem totalitären Regime wohl eine Mittlerschaft in der praktischen Politik und in der strengen Aufsicht über die Konflikte geben kann, nicht aber im Raum der geistigen und moralischen Entscheidungen. Dies galt für den Faschismus. Dies galt für den Kommunismus.

Thomas Mann zweifelte keineswegs daran, daß der Kommunismus sowjetischer Prägung totalitären Charakters sei, doch er hielt daran fest, daß es totalitäre Regime unterschiedlichen moralischen Niveaus gebe: eine grandiose Illusion, die zum intellektuellen und moralischen Fiasko so vieler seiner Zeitgenossen und so vieler Mitglieder der nachfolgenden Generation wurde. Berichte über den

Gulag – zum Beispiel aus der Feder Ignazio Silones im «Monat» – beeindruckten ihn vorübergehend, doch sie konnten sein erstarrtes Urteil nicht erschüttern. Auch das «abstoßende Problem» der «Technik der ‹Seelenzertrümmerung›», das nun in den «Prager Schauprozessen» gegen die kommunistische Elite von neuem sichtbar wurde, bewirkte keine Korrektur. Er zog sich auf die Formel zurück, «das Zeitalter» scheine «einem asketischen Dogmatismus gehören zu wollen», und er fügte das fatale Paradoxon hinzu, das die geistige und moralische Schwäche seiner Lage ungetarnt sichtbar werden ließ: «Hinnehmendes Ablehnen des Totalitarismus.» Dies war in Wirklichkeit eine Kapitulationserklärung, denn so redete der Mitläufer, der zu sein er sich sträubte. Seine Entfernung von der Realität wurde durch die Erwägung deutlich, daß er nun darüber nachdenke, ob er seine Feinde im Westen nicht durch ein «schaurig-monotones Schuldbekenntnis im russischen Stil» zu beschämen vermöge: ein Einfall von grotesker Geschmacklosigkeit, den er gottlob wieder verwarf. Denn jenseits des großen Zauns bedeutete, das mußte er wissen, ein «Schuldbekenntnis» den Tod.

Antikommunisten vom Schlage Tillingers trugen selbst den Geist totalitären Denkens in die Welt. Sie waren ihren eigenen Fragen nicht gewachsen. Der kleine Hetzer hatte in seinem Artikel für den «Freeman» zu den Verdächtigungen, zu denen der «Friedenskreuzzug» Anlaß gegeben hatte, die Behauptung gefügt, Thomas Mann habe die «Stockholmer Erklärung» gegen die Atomrüstung unterschrieben. Er berief sich auf einen Brief von Frédéric Joliot-Curie, aus dem die Pariser «Humanité», die wichtigste Zeitung der französischen Kommunisten, einige Zitate präsentiert hatte, die den Weg durch die gesamte Parteipresse zu beiden Seiten des Eisernen Vorhangs machten. Die kommunistischen Blätter hatten den Eindruck erweckt, daß Thomas Mann den «Stockholmer Appell» doch unterzeichnet habe: eine Fälschung, wie er später betonte. Aber er mußte sich sagen lassen, daß er nicht rasch, laut und klar genug gegen diese Machenschaften Einspruch erhoben hatte – vielleicht, weil er mit den Prinzipien jener Erklärung übereinstimmte, wie viele gewissenhafte Zeitgenossen, die sowenig wie er der prekären Hoffnung vertrauen mochten, daß gerade das entsetzliche Potential der Vernichtung die Großmächte zum Frieden oder doch zu einem permanenten Waffenstillstand zwinge.

Seine Bereitschaft, die Apokalypse heraufzubeschwören, verführte ihn zu dem Aberglauben, man müsse in den atomaren Experimenten etwas absolut Böses erkennen. Es ist allerdings wahr, daß die Nuklearwaffen in jenen Jahren mit krimineller Leichtfertigkeit erprobt wurden – in der amerikanischen Wüste, in der pazifischen Inselwelt, aber auch (mit schlimmerer Rücksichtslosigkeit) in der Sowjetunion. Er neigte überdies dazu, dem Atom die Schuld für alle angeblichen neuen Tücken und Launen der Natur zu geben, für die Verschlechterung des Klimas insgesamt und selbst für die Lawinenkatastrophen in der Schweiz.

Jedenfalls war es seine Sache nicht, den Appell an die Protest-Gesinnung, an humanitäre Impulse und den guten Willen, der immer wieder aus östlicher Richtung zu ihm drang, auf kritische Distanz zu rücken. In jenem Frühjahr 1951 versagte er sich nur ungern der Bitte einer Landeskonferenz des Kulturbundes in Sachsen-Anhalt, das Ehrenpräsidium der Veranstaltung zu übernehmen: «Wenn das freundliche Vorhaben (...) etwa unterdessen schon ausgeführt ist, so musste es ohne meine Zustimmung geschehen, die ich als ein Emigrant, der seit vielen Jahren von Deutschland weit entfernt lebt und einem Lande von äusserst gespannter und reizbarer politischer Atmosphäre angehört, nicht in der Lage bin zu gewähren.» Er schickte der Konferenz seine guten Wünsche. Es ehre ihn, sagte er, daß man auch in ihm «einen Verfechter der Sache des Friedens, der Freiheit und des sozialen Fortschritts» sehe. Die Nachricht, daß man den Sitz der Landesleitung des Kulturbundes in Sachsen-Anhalt nach ihm benennen wolle, freue ihn aufrichtig. Schon mehrere Schulen in der Deutschen Demokratischen Republik hätten sich letztlich in diesem Sinne an ihn gewandt. Katia bestand darauf, daß er eine telegraphische Absage vorausschicke, und sie scheint auch die Änderung einiger zweifelhafter Passagen in seinem Brief angeregt zu haben.

Ein Zufall war die Häufung solch schmeichelnder Anerbieten nicht. Obwohl er mit den Mechanismen totalitärer und autoritärer Staaten nicht unmittelbar und physisch vertraut war, hätte er, hätte zumindest Erika dies wissen müssen. Wie konnte es ihm, wie konnte es Erika verborgen bleiben, daß man Schindluder mit seinem Namen trieb? Er brachte es nicht zuwege, sich dagegen laut und hart genug aufzulehnen.

Weder er noch die älteste Tochter bedachten die Möglichkeit, daß hier eine Strategie am Werk gewesen sein könnte, die darauf abzielte, Thomas Mann durch immer neue Provokationen in einen immer schärferen Gegensatz nicht nur zur amerikanischen Regierung, sondern auch zur liberalen Öffentlichkeit der Vereinigten Staaten zu drängen. Wäre der Autor vor das Kongreßkomitee zitiert worden, das «unamerikanische Aktivitäten» zu verfolgen vorgab, oder gar vor den Ausschuß des Senats, der von dem Demagogen Joseph McCarthy und seinen Gehilfen dirigiert wurde: was hätte den Lenkern der internationalen Kampagnen Besseres passieren können? Natürlich wäre es ihnen am liebsten gewesen, der Weltberühmte hätte unter lautem Protest den Staub Amerikas von den Füßen geschüttelt und in Ostdeutschland Zuflucht gesucht, statt des Bruders Heinrich mit allen Ehren des «Staatsdichters» versehen. Diesen Gefallen tat ihnen weder Amerika noch Thomas Mann.

Den Rat Alfred Knopfs schlug er in den Wind. Er ließ sich schließlich aber doch darauf ein, den Denunziationen Eugene Tillingers durch ein Interview mit dem Journalisten Sidney B. Swirsky entgegenzutreten. Thomas Mann schloß das Gespräch mit einem Wort des Erasmus: «Ich sehe, daß es mein Geschick ist, von beiden Seiten gesteinigt zu werden, während ich versuche, dem Ganzen zu dienen.» Für den «Freeman» setzte er überdies eine lange Entgegnung auf, doch die Redaktion bestand darauf, sie auf sechshundert Zeilen zu kürzen. Der Dichter antwortete dem Blatt im New Yorker «Aufbau», und die wichtigsten seiner Argumente wurden von der «New York Times» zitiert. Das große Blatt ließ freilich auch Tillinger zu Wort kommen, der seine Behauptungen verteidigte.

Nichts konnte dem Journalisten willkommener sein als die endlose Fortsetzung der öffentlichen Auseinandersetzung: Thomas Mann gab ihm, unklug genug, die Chance, sich auf seine Kosten einen Namen zu machen – und das in der «New York Times», die ohne die Verbindung mit Thomas Mann für ihn unerreichbar gewesen wäre. Tillinger zwang Manfred George, den Chefredakteur des «Aufbaus», eine Entgegnung auf die Entgegnung zu drucken. In

einem redaktionellen Kommentar mahnte der Redakteur, daß die
Debatte «in einer Sphäre strenger Sachlichkeit» aus der «überhitzten Temperatur politischer Erregung (...) auf ihr normales Mass
zurückgeführt werden» müsse. Er sprach von den «Attentaten auf
die menschliche Freiheit», die in Europa zum Nazismus und zum
Kommunismus geführt hätten, und er fügte hinzu: «Wir würden
unwürdige Bürger dieses Landes sein, wenn wir seine Ideale nur als
ein Aushängeschild, seine grosse Vergangenheit nur als ein Lese-
stück für Schulkinder, seine grossen Männer nur als Frontfiguren
für kleine Phrasendrescher halten würden. Die unwürdige Art, mit
der heute Männer der Wissenschaft, der Literatur und der Künste in
die politische Arena gezerrt und auf ihre privaten politischen Ansichten hin inquiriert werden, entspricht nicht den Notwendigkeiten, die in den Bereich nationaler Sicherheit fallen und die von uns
auf das Eifrigste befürwortet werden. Wir sind für jede Massnahme,
die der Sicherung der Demokratie dient, aber gegen jede, die, von
totalitären Hirnen erdacht, diese Demokratie unterminiert.»

George bot, wie es seine Pflicht war, Thomas Mann ein Schlußwort an, das kurz und präzise sein sollte. Statt dessen versuchte der
Dichter, vom Ärger überwältigt, eine Generalabrechnung mit Tillinger, die zu seinem Glück niemals gedruckt wurde, auch nicht in
der von Erika redigierten Fassung. Auch die überarbeitete Version
war peinlich genug, da der Tochter manche der geschmacklichen
Entgleisungen des Vaters entgangen zu sein schienen. Es war unnötig, wahrhaftig, daß Thomas Mann auf die jüdische Herkunft Tillingers aufmerksam machte, daß er ihn – aber wenigstens das hat Erika
beseitigt – hartnäckig «Jutschien» statt Eugene nannte, um auf seine
Amerikanisierung aufmerksam zu machen, ihn eine «Kröte» hieß,
«die, in ihrer Winkel-Redaktion hockend, ihr organisches Gift
absondert», ihn als einen «mordlüsternen Denunzianten» bezeichnete und «Killinger» statt Tillinger schrieb. In seiner Rage
wollte er öffentlich sich selbst fragen, ob Amerika «das unabsehbare
und zehrende koreanische Abenteuer wirklich ‹aufgezwungen›»
worden sei, und er betonte, daß er sich vorbehalte, «an der gesunden Vernunft eines jeden zu zweifeln, der glaubt, Amerika sei von
Gott beauftragt, den Erdkreis in Asche zu legen, nur um den Kommunismus daraus zu vertreiben». Was diesen betreffe, so sei er

«nicht ohne leidendes Gefühl für das Schaurige seiner gegenwärtigen Verwirklichungen» – eine gewundene und zugleich prätentiös-pathetische Formel, die seine Entfernung von der Realität bewies. Der Brief war unter seinem Niveau. George machte Thomas Mann – mit dem gebotenen Respekt – darauf aufmerksam, daß er seinem «Angreifer nicht die Ehre einer so ausfuehrlichen Polemik» erweisen sollte. Er, George, hätte vielmehr gedacht, er würde Tillinger «mit zehn Zeilen so ‹von oben herab zudecken› (...), dass kein weiteres Wort mehr noetig waere». Er wies ihn auch auf rechtlich anfechtbare Formulierungen hin. Seine Äußerung über Korea, gab er zu bedenken, werde von seinen Gegnern gewiß so ausgelegt, daß jener Krieg von den Vereinigten Staaten ausgelöst worden sei – eine Hypothese, die er keineswegs teile. Einen Verteidigungsbrief, den Thomas Mann sofort danach aufsetzte, gab er freilich nicht zur Post. Er begnügte sich mit einer kurzen Mitteilung, in der er um die Rücksendung seines Manuskripts bat. George solle den Lesern mitteilen, daß die «politische Lage und die offenkundige Nichtigkeit von Tillingers ‹Antwort›» ihn bestimmten, auf das ihm zustehende Schlußwort zu verzichten. Der Chefredakteur wiederum schickte Tillinger einen Brief, in dem er die Fortsetzung der Diskussion dem «Freeman» zuwies. Thomas Mann nahm er mit einigen klaren Worten in Schutz: er sei ein Mann von «höchster persönlicher Integrität und genieße die Wertschätzung von untadeligen intellektuellen Führern überall in der Welt», ein «loyaler Kämpfer für die Demokratie und erfüllt vom tiefsten Hass gegen jede Beeinträchtigung der geistigen und moralischen Freiheit». Zehn Tage später räumte Thomas Mann ein, seine Replik sei im Zorn geschrieben gewesen: «aber sobald sie auf dem Papier stand, hatte ich genug davon». Ganz so war es nicht: es brauchte eine gewisse Nachhilfe, um ihn zur Vernunft zu bringen.

Sein Vertrauen in die liberalen Abwehrkräfte Amerikas war unter dem Eindruck jener Auseinandersetzungen nicht gewachsen. Am 10. April 1951, mitten in der Tillinger-Affäre, hatte er im Tagebuch festgestellt, General MacArthur, der mit der Bombardierung chinesischer Basen gedroht hatte, werde natürlich nicht abgelöst. Am Abend war ein Nachtrag notwendig geworden: Truman habe den Oberkommandierenden im Pazifik unterdessen sämtlicher Ämter enthoben. Den politischen Kern der Entscheidung Harry Trumans aber verstand er nicht: mit der Entlassung des hochmütigen Heerführers war der Primat ziviler Autorität über das Militär auf unmißverständliche Weise bestätigt worden. Er überschätzte den jubelnden Empfang, der dem heimkehrenden Krieger später vom konservativen Teil der Bevölkerung bereitet wurde, und immer wieder verführte ihn die Schärfe der inneramerikanischen Debatte zu der Feststellung, es handle sich um einen «Bürgerkrieg». Immer noch und immer wieder trug er sich mit «Fluchtgedanken».

Schon zu Anfang des Jahres hatte er, um seiner Bewegungsfreiheit sicher zu sein, den Paß erneuern lassen, was «nach langem Anstehen» durch einen «japanischen, sehr häßlichen kleinen Beamten» besorgt wurde. Er war erleichtert, daß das Papier «mit erstaunlicher Promptheit» eintraf. Seine Depressionen nährten sich nun auch aus der Feststellung, daß die amerikanischen Einnahmen im Vorjahr zurückgegangen waren. Renovierungsarbeiten im Haus kosteten vermutlich mehr, als veranschlagt worden war. Die Löhne der Dienstmädchen, die kamen und gingen, waren gestiegen. Überdies war Erika nun fast permanent krank, und offensichtlich verfügte sie über keinen ausreichenden Versicherungsschutz. Körperlich leidend, war sie gereizter denn je, vor allem auch gegen die Mutter – und sie vergrößerte damit ihr eigenes Elend, wie der Vater schrieb: «Ihre Treue zu uns, und wie sie es als Aufgabe ihres Lebens betrachtet, uns zu helfen und dienen, ist für mich rührend genug, um tiefen Schmerz um sie zu empfinden.»

Katia litt unter dem ungezügelten Haß, mit dem die Tochter über die Vereinigten Staaten urteilte. «Sehr viel Wahres daran und doch betrübend», meinte der Vater über Erikas «Reden (...) gegen Amerika». Mitte April war bei ihr ein gynäkologischer Eingriff notwendig geworden. Ein Tumor mußte operativ entfernt werden. Erika erholte sich von der Operation nur langsam. Voller Kummer notierte der Vater den Hinweis ihrer Hautärztin, daß sich die Heilung durch ihre Drogenabhängigkeit verzögere. Golo hatte schon zuvor darauf aufmerksam gemacht, daß sie – wie Klaus – sich mit zu vielen Benzedrintabletten aufputsche. Vermutlich nahm sie auch andere Rauschgifte. Schließlich ließ sie sich darauf ein, nach Chicago zu reisen, um im Billings Hospital, mit dem der Vater so gute Erfahrungen gemacht hatte, eine wirksamere Behandlung zu suchen. Der Verzicht auf Drogen, zu dem sie in der Klinik gezwungen war, steigerte ihre Erregbarkeit. Sie stritt sich vor allem mit dem Hautarzt, der auf eine strikte Enthaltung von den Rauschgiften drängte. Nach einigen Wochen erzwang sie den Abbruch der Therapie und kehrte ins Haus der Eltern zurück.

Der Vater selbst hatte beim Konsum von schweren Medikamenten selten Zurückhaltung bewiesen. Auch bei ihm stellten sich die alten Leiden wieder ein: die lästige Entzündung in der Rektalregion, von der ihn nur die ukrainische Ärztin «downtown» befreien konnte, die er zuvor aufgesucht hatte, eine Infektion der Mundschleimhaut, die ausgebrannt werden mußte, arthritische Schmerzen in der Schulter, Schlafschwierigkeiten, die ihn veranlaßten, nun auch die Mittagsruhe durch zwei Bellergal-Tabletten zu sichern. Es war ein Schock, daß er an sich selbst einen «Altersschub» beobachten zu müssen glaubte, da er seit Wochen ein «vollständiges und ungewohntes Versagen der geschl. Potenz» registrierte.

Im Fortschritt der Jahre fielen die Hemmungen ab, die er sich, auch im Tagebuch, früher bei der Erörterung sexueller Probleme auferlegt hatte. Nun schrieb er mit drastischer Offenheit: «Da ich es ablehne, ohne Vollerektion zu masturbieren, scheint das Ende meines physischen sexuellen Lebens gekommen.» Er fügte hinzu: «Im Halbschlaf träumte ich, daß ich von Franzl W., dem Letztgeliebten, als von dem Repräsentanten der ganzen angebeteten Gattung, mit einem Kuß Abschied nähme. Nach einem Blick in seine braunen Augen, die er schmelzen lassen konnte. Übrigens hatte er den zu dicken Kopf der oberbayerischen Rasse. Ob die Wirklichkeit mich *je* tauglich gefunden hätte, ist eine Frage für sich.»

Ohne sich der Trostlosigkeit seiner Äußerung bewußt zu sein, machte er – wenn auch nur vor sich selbst – die bedrückende Traurigkeit eines Daseins offenbar, das in der Lebensfrist des erwachsenen Mannes vermutlich niemals die Erfüllung der körperlichen Liebe mit einem Partner erfahren hatte. Nach der Pubertät, den Jünglings- und den frühesten Mannesjahren waren alle erotischen Berührungen mit einem anderen Menschen, die diesen Namen verdienten, waren alle Zärtlichkeiten, alle passionierten Begegnungen nur geträumt. Er hatte stets nur einsam eine Art von Befriedigung gefunden: beim Blick aus dem Fenster auf diesen und jenen Jüngling, vielleicht durch einen Vorhang getarnt, onanierend – näher war er einem Objekt seines Begehrens kaum mehr gekommen. – Das gemischte Echo, das dem «Erwählten» bei den Kritikern der Bundesrepublik Deutschland zuteil wurde, trieb ihn noch tiefer in seine Verstimmung. Eine Kollektion der deutschen Rezensionen, die ihn durch Bermann erreichte, empfand er als «gräuliche Lektüre. Die halsstarrige Unempfänglichkeit, der auflauernde böse Widerwille sind monströs.» In einem Brief an Emil Belzner, den Feuilletonchef der «Rhein-Neckar-Zeitung» in Heidelberg, der ihm freundlich gesinnt war, nannte er die Kritiker «Engerlinge der Literatur». Er sagte von ihnen, ein wenig pauschal, sie seien «lauter Nazis, die dank der Gunst (der Ungunst) der Zeiten wieder von sich hören lassen dürfen». Friedrich Sieburg, der sein Werk mit einer Aufmerksamkeit verfolgte, die nicht immer von schierem Wohlwollen bestimmt war, bemerkte in der «Gegenwart», es gehe von der «Kunstsprache» des Buches «ein kalter Hauch aus, wie er am Ende der Welt wehen mag, wo sie mit Brettern vernagelt ist». Er zitierte aus dem Essay über «Die Entstehung des Doktor Faustus» die Neigung, alles Leben «als Kulturprodukt und in Gestalt mythischer Klischees» zu sehen. Der Dichter habe sie «mit Zweifeln an der weiteren Existenzberechtigung der Romanform» verbunden: «Diese Zweifel haben sich als begründet erwiesen, wenigstens für Thomas Mann. Er schreitet in die Sackgasse, als ginge es in die Freiheit.»

Auch Werner Weber, Korrodis Nachfolger als Feuilletonchef der «Neuen Zürcher Zeitung», äußerte sich nicht einhellig positiv. Es gebe in diesem Werk, sagte er, «keine schwache Stelle», sondern «nur großartig Abstoßendes und großartig Hinreißendes». Er sprach von der «Widerlichkeit» des «Auserzählens» (auf die sexuellen Versündigungen anspielend), das den Autor durch ein «im letzten Grunde tief bürgerliches Insistieren und Nicht-mehr-Aufhören-Können in eine peinlich-quälende Schäbigkeit gegenüber dem Elementaren des Mythischen» bringe. Die Erzählung könne zum anderen aber auch das «reine Entzücken» hervorbringen.

Thomas Mann, der selten eine Kritik unbeantwortet ließ, sofern ihm der Verfasser wichtig war, setzte sich mit einem höflichen Brief

zur Wehr: «Genau ins Schwarze treffen Sie mit Ihrer Charakterisierung der Erzählung als Spätwerk in jedem Sinn, nicht nur nach meinen Jahren, sondern auch als Produkt einer Spätzeit, wo es mit den
Begriffen der Kultur und der Parodie schon ein bißchen durcheinander geht. Amor fati – ich habe wenig dagegen, ein Spätgekomme-
ner und Letzter, ein Abschließender zu sein und glaube nicht,
daß nach mir diese oft erzählte Geschichte, wie auch die Joseph-
Geschichte noch einmal erzählt werden wird. Als ich ganz jung war,
ließ ich den kleinen Hanno Buddenbrook unter die Genealogie seiner Familie einen langen Strich ziehen, und als man ihn zur Rede
stellte, ließ ich ihn stammeln: ‹Ich dachte – ich dachte – es käme
nichts mehr.› – Barbarei senkt sich herab, eine lange Nacht vielleicht
und ein tiefes Vergessen. Ein Werkchen wie dieses ist Spätkultur,
die vor der Barbarei kommt, mit fast fremden Augen schon angesehen von der Zeit.» Doch zugleich bestand er darauf, der «ver-
spielte Stil-Roman» bewahre den «religiösen Kern» der Legende,
«ihr Christentum, die Idee von Sünde und Gnade».

Gut zwei Wochen später gestand er Erich von Kahler, noch immer aufgewühlt von den Tillinger-Tumulten: «*Wem* sprechen Sie
von ‹akuter Depression›! Ich bin nur noch ein Nervenbündel, erzit-
ternd bei jedem Gedanken und Wort und war noch gestern Abend
widerstandslos in Tränen beim Hören des Lohengrin-Vorspiels –
als Reaktion auf all die Gemeinheit. Haben je Menschen in einer so
vergifteten, so ganz von blöder Niedertracht übersättigten Atmosphäre atmen müssen?»

Die Maßstäbe waren ihm für den Augenblick entglitten. Er fuhr
fort, man lebe in einer Welt des Unheils, aus der es kein Entrinnen
mehr gebe. Der Freund hatte ihm zuvor von einer Übersiedlung
nach Europa abgeraten und seine Skepsis mit einer Anekdote begründet, die in jenen Tagen unter den Mitgliedern der Emigration
umging: Der eine reiste von Amerika nach Europa, der andere von
Europa nach Amerika. Als sich ihre Schiffe in der Mitte des Atlantiks begegneten, habe der eine dem anderen und der andere dem
einen im gleichen Augenblick zugerufen: «Bist Du wahnsinnig?»
Thomas Mann zitierte die Pointe oft.

Dennoch, Europa schien ihm das kleinere Übel zu sein. Die Mentalität der Alten Welt unterscheide sich vom «barbarischen Infanti-

lismus» Amerikas, schrieb er Kahler, obwohl er sich über die unerschütterlich proamerikanische Haltung der Schweiz nicht täuschte.
Hans Carossa gestand er in einem allzu deutschen Tonfall: er wolle
nicht im «seelenlosen Boden» Amerikas ruhen, dem er «nichts verdanke» und der nichts von ihm wisse. «Wo George, Rilke und
Mombert eingekehrt sind, da möchte ich auch wohl meinen Stein
haben. Es fragt sich nur, ob es sich wird machen lassen.»

Ob es sich «machen lassen» würde oder nicht, war vor allem eine
Frage des Geldes. Die Kritiken in Deutschland änderten gottlob
nichts am Erfolg des «Erwählten», von dem rasch eine zweite und
dritte Auflage gedruckt werden mußte. Überdies gelang es, das
Nachbargrundstück am San Remo Drive, das sich Thomas und Katia Mann im Jahre 1945 gesichert hatten, für den stattlichen Preis
von zwölftausend Dollar zu verkaufen. Noch immer machten sich
die beiden nicht unberechtigte Hoffnungen, daß sich ein Mäzen
fände, der die Sammlung der Manuskripte für die Bibliothek von
Yale für etwa 40 000 Dollar kaufe (die treue Caroline Newton trug
sich eine Weile mit dem Gedanken, für den gesamten Betrag zu
zeichnen).

Einen Tag vor Thomas Manns sechsundsiebzigstem Geburtstag
traf die Nachricht ein, daß der «Book of the Month Club» die amerikanische Ausgabe des «Erwählten» – neben einem Roman von
Somerset Maugham – als Hauptvorschlagsband für den Monat September gewählt habe. Das bedeute, vermerkte der Autor, gewiß
eine Einnahme von 25 000 Dollar, sei «sehr angenehm» und, wie er
hinzufügte, «auch sonst erfreulich».

Ganz so schlimm konnte es mit der Feindseligkeit nicht bestellt
sein, von der er sich eingekreist glaubte. Die Auszeichnung durch
den mächtigen Buchklub, die ihm nun zum drittenmal zuteil wurde,
bedeutete nicht nur eine literarische Ehrung: sie war auch eine Art
politischer Deklaration. Unverzüglich wurde von der Familie beschlossen, die immer wieder hinausgeschobene Reise nach Europa
im Juli zu wagen.

119. KAPITEL

Der Ulbricht-Brief

Die Reise in die Schweiz, schrieb er drei Tage nach seinem sechs-
undsiebzigsten Geburtstag auf, sei «als einfache Ferienreise gedacht», doch sie werde zugleich «versuchend, sondierend» sein. In
Wirklichkeit waren sich Thomas Mann, Katia und Erika längst darüber einig, daß in nicht zu ferner Zeit die endgültige Rückkehr gewagt werden müsse, wenngleich behutsam und fast unmerklich,
ohne den offenen Bruch mit Amerika zu vollziehen – wie sie sich
einst, in den Jahren 1937 und 1938, die Vorläufigkeit des Übergangs
beschwörend, mit größter Vorsicht von der Schweiz gelöst hatten.
Er wollte dem Krieg entkommen, den er in dunklen Stunden für
unvermeidlich hielt. Er sah wohl ein, was ihm Erich von Kahler
gesagt hatte: daß auch die Schweiz keinen Schutz mehr biete, wenn
die große Katastrophe hereinbreche. Vielleicht, bemerkte er, einem
Gedanken Kahlers folgend, fände man ihn in Indien, wohin zu gehen einen menschlichen und demonstrativen Sinn hätte; aber das
würde für ihn und Katia eine physische Prüfung sein, der sie kaum
gewachsen wären; also müsse man bleiben, wo man sei.

Er schrieb an Reisiger: «Wüßte man nur, wie noch in Hitlers
Maienblüte, auf welche Seite man gehört mit seinem Nein und Ja.
Die Kommunisten mit ihrem infantilen Amoralismus sind unmöglich, aber an die Zukunft dieser korrupten und offenbar verurteilten
spätkapitalistischen Profitwelt kann man auch nicht glauben. Man
sollte wohl nach Indien gehen, das den heute klügsten Staatsmann,
Nehru, hat. (...) Aber für solche Verpflanzung bin ich nun doch zu
alt. Man muß wohl sitzen bleiben und den Genickfang abwarten,

denn gut geht es nicht aus.» Doch wenn er denke, daß er noch vier, fünf Jahre vor sich habe – «allenfalls» –, dann ziehe es ihn nach Europa, in dessen Boden er lieber ruhen möchte als in dem Amerikas.

Dies wurde, wenigstens in der Argumentation nach außen, mehr und mehr das vorherrschende Motiv: daß er in der Schweizer Erde begraben sein wolle. Vor diesem Wunsch müßten die politischen Kontroversen schweigen. Wenn dies akzeptiert würde – konnte und durfte man die Mahnungen zu Frieden, Versöhnung und Ausgleich, mit denen sich Thomas Mann nach West und Ost wandte, nicht auch als eine Gewissensbotschaft des Dichters aufnehmen, die gleichsam sub specie aeternitatis gesprochen und geschrieben wurde?

Befriedigt betrachtete er die Bilder von der Herderkirche in Weimar, die, wie er im Journal konstatierte, auf seine Kosten repariert worden sei, was, genaugenommen, wohl nur für das Altarbild Cranachs zutraf, denn sehr viel weiter hatten die zwanzigtausend Mark des ostdeutschen Goethepreises gewiß nicht gereicht. Er hielt es nicht für erwähnenswert, daß Heinz-Winfried Sabais, der ihn über den Stand der Arbeiten informierte, in seinem Begleitbrief geschrieben hatte, er sei unterdessen gezwungen gewesen, aus Weimar zu fliehen, da ihn der sowjetische Geheimdienst «zu Agentendiensten erpressen wollte».

Doch er horchte auf, als wenig später ein Brief des Berliner Aufbau-Verlages dringend darum warb, er möge seine Bücher endlich auch den Lesern in der Deutschen Demokratischen Republik zugänglich machen. Die Unterzeichner, unter ihnen Walter Janka, versicherten ihm, daß sie besondere Wünsche von seiner Seite oder des Bermann Fischer Verlages berücksichtigen wollten. Sie wüßten, daß sie bei der «Durchführung der Formalitäten und Zahlungen die grösste Unterstützung ihrer Behörden» genießen würden. Wenn der Abschluß eines Generalvertrages über eine Lizenz seiner Werke im Augenblick nicht möglich sei, so wollten sie wenigstens die «Buddenbrooks» und «Lotte in Weimar» herausbringen.

Unverzüglich drängte Thomas Mann seinen Verleger in Frankfurt, diesen Vorschlag zu akzeptieren, doch er stieß bei Bermann fürs erste noch auf taube Ohren. Beharrlich verteidigte der Chef des

Hauses Fischer seinen alten Einwand, es sei durch keine wirksame Kontrolle zu verhindern, daß die sehr viel billigeren ostdeutschen Bücher nach Westdeutschland herübergeschmuggelt würden und damit der Verkauf seiner Werke in der Bundesrepublik Schaden leide.

Vielleicht durch die werbende Bemühung des ostdeutschen Verlages um ihn und seine Werke ermutigt, wandte sich Thomas Mann wenige Tage später, durch deutsche Briefpartner um eine Intervention gebeten, an den Kulturminister Johannes R. Becher, um ihn auf die Verhaftung des Buchhändlers und Verlegers Langewiesche in Eberswalde aufmerksam zu machen. Er schrieb: «Man versichert mir hoch und teuer, dass es dem Joachim Langewiesche ausschliesslich um literarische und künstlerische Dinge zu tun gewesen sei, und dass ihm alles Politische durchaus fern gelegen habe.» Um Geschäftliches könne es sich auch nicht handeln, was daraus hervorgehe, daß bei der Durchsuchung «die Buchhandlung völlig unberührt geblieben und nur aus der Wohnung ein paar Dinge, ich weiss nicht welcher Art, entfernt worden seien. Ich belästige Sie ungern und weiss ja auch garnicht, ob es Ihnen möglich ist, dem Manne zu helfen oder auch nur irgend etwas über den Fall in Erfahrung zu bringen. Aber wahrscheinlich werden Sie doch wissen, wer da zuständig ist, und wo man etwas erfahren kann, und sind in der Lage, die Sache weiter zu geben.»

Becher wandte sich denn auch sofort, wie Inge Jens ermittelte, an den Justizminister Max Fechner: «Ich brauche Ihnen die politische Wichtigkeit dieses Schreibens nicht auseinanderzusetzen und wäre Ihnen sehr dankbar, wenn diese Angelegenheit womöglich so zufriedenstellend geordnet werden könnte». Der Kollege vermochte dem Kulturminister freilich nur mitzuteilen, daß Langewiesche «nicht von deutschen Dienststellen inhaftiert» worden sei. Darum könne er auch «nicht weiter behilflich sein». Becher gab den Bescheid an Thomas Mann weiter. Er fügte den bedauernden Kommentar hinzu, «dass unter diesen Umständen» auch seine «Mittel zu einer weiteren Verfolgung dieser Angelegenheit nicht ausreichen».

Für einen Augenblick hatte Thomas Mann Gelegenheit, in den Abgrund der Rechtlosigkeit des Systems auf der anderen Seite des

Vorhangs zu blicken. Am guten Willen des Kulturfunktionärs Becher konnte und wollte er nicht zweifeln, doch die Schwäche des Lyrikers, der zu so hohen Ehren aufgerückt war, blieb ihm nicht verborgen: seine Macht war gering. Ehe der negative Bescheid über das Geschick des Buchhändlers Langewiesche kam (er gewann erst 1955 seine Freiheit zurück), hatte er ein allzu überschwengliches Schreiben zu Bechers sechzigstem Geburtstag am 22. Mai aufgesetzt: «Mehr noch, oder fast mehr noch, als den Poeten und Schriftsteller liebe und ehre ich in Johannes R. Becher den Menschen, – dies drängend bewegte, von innigen Impulsen getriebene Herz, das ich mir bei so mancher Begegnung, besonders aber bei unserem Zusammensein während meines Besuches in Weimar im Sommer 1949, entgegenschlagen fühlte». Er fuhr in hohen Tönen fort: «Als sein Wesen empfand ich eine Selbstlosigkeit, rein wie die Flamme und verzehrend wie sie; eine bis zum Leiden inbrünstige Dienstwilligkeit, die sein Dichten und Schreiben ganz und gar durchdringt; ein Gemeinschaftsethos, das ihm seelisch zum Kommunisten prädisponiert und im Politischen denn auch zum kommunistischen Bekenntnis geworden ist.» Dieser Kommunismus sei «durchaus patriotisch gefärbt», sagte er, und «sein Drang zum Dienst an der Gemeinschaft» sei «zuerst und zuletzt der heiße Wunsch, seinem Volke, dem deutschen, zu dienen und ihm ein liebevoller, getreuer Berater nach bestem Wissen und Gewissen zu sein. Ich glaube, der Tag wird kommen, wo ihm das deutsche Volk in seiner Gesamtheit für diese Liebe Dank wissen wird.»

Das war des Jubels zuviel. Selbst wenn er die pathetische Glückwunschadresse als ein Mittel betrachtet haben sollte, das es ihm erlauben würde, für Verfolgte um Hilfe zu bitten: mußte er den Bediensteten eines totalitären Regimes so lauthals feiern? Konnte er sich darüber wundern, daß ihm die Gratulation böse angekreidet wurde, vor allem in der Bundesrepublik, wo ihn – unter anderem – Ernest J. Cramer, der stellvertretende Chefredakteur der amerikanischen «Neuen Zeitung», der mit ihm das Geschick der Emigration geteilt hatte, in einem scharfen Kommentar zur Rede stellte: «Wenn ich von einem Protagonisten des Systems der Konzentrationslager sage, dass sein Wesen Selbstlosigkeit ist und rein wie eine Flamme, wenn ich ausserdem sage, dass ein aus dieser Selbstlosig-

keit erwachsenes Gemeinschaftsethos ihn zum Kommunisten prädisponiert hat, dann darf ich mich nicht wundern, wenn irgend jemand hergeht und mir sagt, ich sei entweder auch ein Freund der
Kommunisten oder von einer nicht zu überbietenden politischen
Naivität.»

Thomas Mann tat den Protest als «conformistische Angeberei»
kurzerhand ab. Friedrich Torberg, der scharfsinnige Polemiker,
nutzte die Gelegenheit, um seinen Lesern in der Zeitschrift «Forum» eine der Hymnen zu präsentieren, mit denen Becher den Diktator im Kreml gefeiert hatte: «In Stalins Blick zu lesen, / Suchen
wir sein Gesicht, / Als wäre er ein Wesen, / Das täglich zu uns
spricht.» Mit bösem Hohn fügte er ein Zitat aus Thomas Manns
Glückwunsch hinzu: «Sein Drang zum Dienst an der Gemeinschaft, dem Volke, ist – man lese nur seine Gedichte – zuerst und
zuletzt der heiße Wunsch, seinem Volke, dem deutschen, zu dienen…»

Der Lärm über den Gratulationsbrief an Becher drang, es konnte
nicht anders sein, auch rasch über den Atlantik. Der «Aufbau» publizierte einen Bericht. Eugene Tillinger stürzte sich mit wahrer
Wonne auf den Text, den er in seiner Gesamtheit in der sozialdemokratischen Zeitschrift «The New Leader» publizierte, dekoriert von
zweien der unsäglichen Stalin-Gedichte des Kulturministers. Das
«Time»-Magazin griff die Polemik in einer Meldung auf, ergänzt
durch Katias Kommentar, daß ihr Mann die Ansichten Bechers
nicht teile, aber von seinem Idealismus überzeugt sei. Nach Tillingers Angriff hatte Thomas Mann nur einen «widrigen Chock» notiert und hinzugesetzt: «Aber solange der Book of the Month nicht
den ‹Erwählten› fallen läßt soll es mir gleichgültig sein.» Das Echo
in «Time» nahm er ernster. Das Magazin summiere «alle Sünden
und Angriffe» und lege «implicite die Vorladung vor das Unamerican Committee nahe». Das «Geschrei in der überall gelesenen Wochenschrift» sei auch in Europa unangenehm.

Der Lärm rief schließlich den demokratischen Kongreßabgeordneten Donald Jackson auf den Plan, der Thomas Manns Wahl-
distrikt vertrat. Der eifrige Herr gab eine Erklärung zu Protokoll, in
der er feststellte, niemand leugne, daß Mr. Mann ein literarischer
Riese sei, doch viele würden seine politische Weisheit in Frage stel-

len. Manche gingen so weit, an seiner «Loyalität gegenüber den Prinzipien persönlicher Freiheit» zu zweifeln. Obwohl der Abgeordnete wissen mußte, daß der Autor längst Bürger der Vereinigten Staaten geworden war (und ihm womöglich seine Stimme gegeben hatte, wenngleich Thomas Mann mit seinem Namen nicht vertraut war), nannte er ihn mit geschwollenem Pathos einen «eminenten Gast in den Toren dessen, was wir Amerikaner als das Land der Freiheit und Gerechtigkeit betrachten». Der Dichter würde, rief der Volksvertreter, gut daran tun, «seine offensichtlichen Sympathien für Kommunismus und Kommunisten mit einigen Streifen der Vernunft und der Dankbarkeit zu spicken». Thomas Mann möge sich auch daran erinnern, «daß Gäste, die an den Tischen ihrer Gastgeber klagen, nur selten zu einer weiteren Mahlzeit eingeladen werden».

Seufzend beklagte sich der Angegriffene bei Alfred Knopf, so viele Nicht- und Antikommunisten hätten Becher gratuliert, zum Beispiel Hermann Hesse und Alfred Döblin, aber auch Lion Feuchtwanger: warum müsse immer er das Opfer der Zeitungskontroversen werden? In einem Brief an den Schweizer Vertrauten Otto Basler versuchte er sich zu rechtfertigen: «Der Mann ging mir, als ich in Weimar war, nicht von der Seite, nannte mich bei den innigsten Namen, hielt bei der Goethe-Preis-Verteilung im Nationaltheater eine begeisterte Rede auf mich. Jetzt habe ich ihn einen reinen Menschen genannt und von ihm gesagt, daß ein außerordentlich entwickeltes Gemeinschaftsgefühl (das mir völlig abgeht) ihn zum Kommunismus praedestiniert habe, daß sein Kommunismus durchaus patriotisch gefärbt sei, ja, sich im Patriotismus erfülle. Unerhört! Verrat an der abendländischen Kultur.»

Das alles erklärte nicht, warum ihm die Adresse so überschwenglich geraten war: er hätte sich, wenn er nur der Pflicht der Höflichkeit genügen wollte, mit schlichteren Worten zufriedengeben können.

Erika wiederum, der das Bürgerrecht so hartnäckig vorenthalten worden war, wurde im Juni 1950, wie schon so oft zuvor, von Beamten des FBI aufgesucht, die Auskünfte über die Beziehungen zwischen Joseph Angell, dem Herausgeber der so lange geplanten Thomas-Mann-Anthologie, und dem kommunistischen Schrift-

steller Bodo Uhse, der einst auf dem Weg ins mexikanische Exil eine
vorübergehende Zuflucht im Haus des Gelehrten gefunden hatte,
von ihr erbaten. Es hat den Anschein, daß die Bundespolizei – trotz
der Ermittlungen, die gegen sie geführt wurden – die Zusammenarbeit mit Erika, die in den frühen Tagen ihres Aufenthaltes im Lande
begonnen hatte, nicht als beendet betrachtete. Es ist allerdings auch
denkbar, daß die Befragung ein verschleierter Loyalitätstest sein
sollte.

In jenen Tagen erreichte Thomas Mann eine Bittschrift der Angehörigen von sieben Gefangenen, die in Strafanstalten der Deutschen
Demokratischen Republik festgehalten wurden. Die Eltern und
Geschwister schilderten in bewegenden Worten das Geschick der
Häftlinge, die zu den mehr als dreitausend Männern und Frauen
gehörten, die nach langen Jahren der Unfreiheit in den sowjetischen
Konzentrationslagern an die Behörden des neuen Staates übergeben
und in den summarischen Verfahren der «Waldheim-Prozesse» zu
hohen Strafen verurteilt worden waren.

Thomas Mann wollte helfen: dies war gewiß sein erster Impuls.
Er sah in einer Intervention aber auch die Chance, seine Stellung
zum Kommunismus prinzipiell zu klären – obschon er sich dazu
eines Schreibens bediente, das nicht zur Veröffentlichung bestimmt
war. Schon einen Tag nachdem er Ernest J. Cramers Angriff registriert hatte, begann er mit der Formulierung eines Briefes an Walter
Ulbricht. Das Schreiben war nicht an den Generalsekretär der Sozialistischen Einheitspartei, sondern an den stellvertretenden Ministerpräsidenten adressiert, von dem er wohl wußte, daß er der
mächtigste Mann, ja der eigentliche Lenker des ostdeutschen Staates
war. Thomas Mann, sagte Inge Jens in einem Aufsatz über die Hintergründe jenes Briefes, habe nur auf einen passenden Anlaß gewartet, um wiedergutzumachen, was er einst in Weimar versäumte, als
er sich geweigert hatte, bei den sowjetischen Behörden oder bei seinen deutschen Gastgebern gegen die Vorgänge im Konzentrationslager Buchenwald zu protestieren.

Er arbeitete lange Tage an dem Ulbricht-Brief, ehe das Schreiben
die endgültige Fassung fand. Man mag sich fragen, ob es notwendig
war, einen so langen Anlauf zu nehmen, wie er es tat, um dem Chef
in Ost-Berlin die Bitte um Begnadigung der Waldheim-Häftlinge

vorzulegen. Das Schreiben an den trockenen Bürokraten Ulbricht setzte in einer stilistischen Höhenlage an, die den Empfänger erstaunt haben mag. Thomas Mann bekannte sich zunächst noch einmal als einen «überzeugten und gelegentlich kämpfenden Anhänger des Friedensgedankens», der das «Gebot der Weltstunde» sei und jedem Volk schwere Aufgaben stelle. Er sagte, an die westliche wie an die kommunistische Adresse gewandt: «Die machtpolitischen Antagonismen und Ambitionen, so sehr sie sich in ideologisch-messianischem Aufputz gefallen, sind fehl in der Zeit, sind wider das Gebot, und was sie ins Werk setzen, kann nur die Entsittung fördern, von der ohnedies die Menschheit in ihren Übergangsnöten und Anpassungswehen bedroht ist.» Den Hinweis auf die «verwüstenden Befreiungsaktionen», mit denen er die Kriegführung der Amerikaner in Korea charakterisierte, ohne sie beim Namen zu nennen, und auf die «kriegerischen Unternehmungen (...) zur Erlösung fremder Völker», womit er vielleicht die Chinesen, vermutlich aber doch eher die Amerikaner meinte, strich er – nach den Feststellungen von Inge Jens – bei der Korrektur der ersten Fassung.

Er sprach von einer Zeitenwende, einem «Übergang zu neuen Formen menschlichen Zusammenlebens», von der «Nötigung zur Anpassung an völlig veränderte Daseinsbedingungen». Den «Kommunismus – oder wie man das zeitliche Ergebnis der großen russischen Revolution nennen soll» – bezeichnete er als einen «harschen und opferreichen Versuch, aus der Auflösung neue und feste Ordnungen erstehen zu lassen», und er machte kritisch deutlich, daß nach seiner Einsicht der «Gegenpart, die sich noch bürgerlich nennende Welt, nicht wissen zu wollen» scheine, «wie sehr auch sie schon mitten in der allgemeinen Revolution» stehe. Dann das Bekenntnis: «Ich bin nach meiner Erziehung und Überlieferung, nach meiner ganzen geistigen Formung kein Kommunist. Daß ich kein Anti-Kommunist bin, nimmt man mir in meiner Sphäre, der bürgerlichen, bitter übel.»

An dieser Stelle war in der ersten Fassung vom «Notstands-Konformismus» und der «Gedankenkontrolle» die Rede, unter denen die Freiheit gelitten habe, von der «bedenklich fließenden Linie», die die Demokratie vom Faschismus trenne, mit dem sie, «durch ihren rot sehenden, angstblinden Antikommunismus» verführt, liebäugle und gemeinsame Sache mache: eine Passage, die Erikas Aufsicht zum Opfer fiel. Der Vater beugte sich, nachdem er seinen Entwurf der Tochter, Katia und der Sekretärin Hilde Kahn vorgelesen hatte, dem Argument, daß es nicht angebracht sei, dies im Ausland zu sagen.

In der schließlich verabschiedeten Version fuhr er fort: «Wenn auch der Kommunismus den Frieden will – und ich glaube, daß er ihn will –, so sollte er alles tun, um einem Humanismus Vorschub zu leisten und Rechtfertigung zu gewähren, der, ohne an das kommunistische Credo gebunden zu sein, sich dem militanten Anti-Kommunismus verweigert und für den Frieden einsteht.»

Es folgten die entscheidenden Sätze: «Der Kommunismus hat – das ist die Wahrheit – mit dem Faschismus die totalitäre Staatsidee gemeinsam, aber er will doch wahrhaben, und wir möchten es mit ihm wahrhaben, daß sein Totalitarismus sich von dem faschistischen himmelweit unterscheidet, einen ganz anderen ideologischen Hintergrund, ganz andere Beziehungen zum Menschheitsgedanken hat, und darum sollte er Sorge tragen, jede Möglichkeit der Gleichsetzung und geflissentlichen Verwechslung auszuschließen, sollte – so lange nach vollendeter Revolution – Kruditäten und formlose Grausamkeiten meiden, die ihn äußerlich, für das Auge, aber das heißt: praktisch, auf das Niveau des Faschismus herabsetzen».

«Kruditäten» und «formlose Grausamkeiten» waren eher umständlich-betuliche Umschreibungen des Systems, von dem Thomas Mann noch immer nicht wahrhaben wollte, daß seine Entfernung von allen Normen des Rechtes und der Menschlichkeit nicht eine zeitlich bedingte Verirrung, sondern sein Fundament war. In einer Sphäre der Rechtsstaatlichkeit wäre es nicht existenzfähig gewesen, was auch damals jedermann wußte, der es wissen wollte – obschon erst vier Jahrzehnte später der historische Beweis erbracht wurde, daß keiner der kommunistischen Staaten den Versuch einer Normalisierung und den Verzicht auf den Terror überleben konnte.

Eine merkwürdige Ironie hat es gefügt – oder war es die Umsicht der Redakteure? –, daß im gleichen Heft der «Neuen Rundschau» des Jahres 1990, in der der Brief an Walter Ulbricht zum erstenmal in seinem vollen Wortlaut erschien, eine Sammlung von wahrhaft erschütternden Berichten über das Geschick Isaak Babels mit dem

Titel «Schreiben und Sterben unter Stalin» gedruckt wurde. Man kannte im Jahre 1951 noch nicht die ganze Realität der Leiden dieses großen Dichters, doch man wußte sehr wohl, daß er ein Opfer der stalinistischen Säuberungen geworden war: einer von etwa eintausendfünfhundert Autoren, die nach neueren Schätzungen im Feuer der Hinrichtungspelotons oder in den Lagern den Tod fanden.

In der Schilderung der konkreten Rechtsverletzungen, die Thomas Mann dem stellvertretenden Ministerpräsidenten Walter Ulbricht vortrug, kam er der Einsicht nahe, gegen die er sich bis ans Ende seiner Tage sträubte: daß Unrecht Unrecht ist, gleichviel, ob es von Nazis oder Kommunisten (oder Demokraten) getan wird – er kam ihr *nahe*, mehr nicht (und er vergaß die Nachbarschaft bald auch wieder).

Die sieben Opfer – entweder Mitläufer des Dritten Reiches oder angebliche Spione – seien durch «Sondergerichte» abgeurteilt worden, berichtete er Ulbricht, obwohl der Alliierte Kontrollrat nach seinem Wissen die Einsetzung von Sondergerichten verboten habe. Vor den «Volksgerichten» seien zehn Verhandlungen in einer Stunde geführt worden, ohne Verteidiger, ohne Entlastungszeugen. Die Urteile: fünfzehn, achtzehn, fünfundzwanzig Jahre, auch lebenslänglich, Berufungsverfahren ausgeschlossen.

Er sagte: «Wie ich über den Nationalsozialismus und den Faschismus im Allgemeinen denke, brauche ich hier nicht zu wiederholen», und er «tauge schlecht zum Verteidiger derer, die es mit ihm hielten». «Aber ich frage Sie, Herr Ministerpräsident, – nicht rhetorisch ‹vor aller Welt›, sondern von Mensch zu Mensch: Hat es einen Sinn, diese armen Teufel, schwache, anpassungsbedürftige Durchschnittsmenschen, die es nicht anders wußten, als daß man den Mantel nach dem Winde hängen muß und zweifellos heute wieder bereit wären, ihn nach dem neuen Winde zu hängen, – hat es einen Sinn, sie ganz im wilden Stil des Nazismus und seiner ‹Volksgerichte›, ganz im Stil jenes zur Hölle gefahrenen Roland Freisler, der genau so seine Zuchthaus- und Todessprüche verhängte, aburteilen zu lassen und damit der nicht-kommunistischen Welt ein Blutschauspiel zu geben, das ein Ansporn ist allem Haß, aller Furcht, aller Propaganda für die ‹Unvermeidlichkeit› des

Krieges – und eine moralische Niederlage für alle, die diesen Krieg
für das größte Unheil halten, das die Menschheit treffen könnte?»

Nach einer genaueren Schilderung der einzelnen Schicksale bekräftigte er, daß er «niemanden von diesen armen Schächern», deren Namen ihm durch ein Bittschreiben bekannt geworden seien,
entschuldigen und verteidigen wolle, sondern er bitte um Gnade. Er
schrieb: «Glauben Sie nicht mit mir, daß alles, was auch nur indirekt dazu beitragen könnte, diese verhängnisgeladene Spannung
herabzusetzen, die vergiftete Atmosphäre zu verbessern, Haß und
Furcht zu mindern und das Bild der einen Seite der andern weniger
bedrohlich erscheinen zu lassen, – daß jede Geste der Milde und
Menschlichkeit heute eine Tat für den Frieden, Trost und Unterstützung für alle wäre, die den Frieden wollen?»

Er riet zu einem «Gnadenakt, großzügig und summarisch, wie
diese Massenaburteilungen von Waldheim es in nur zu hohem
Grade waren»: «Nutzen Sie Ihre Macht, um diesen Gnadenakt herbeizuführen! Darum bittet, das rät Ihnen ein alter Mann, in dessen
Denken und Dichten die Idee der Gnade längst bestimmend hinein-
wirkt. Das deutsche Wort ‹gnadenlos› hat einen eigentümlich doppelten Sinn. Es bedeutet zugleich ‹unbarmherzig› und ‹unbegnadet›. Unbegnadet ist der starre Wahn, allein die ganze Wahrheit und
das Recht auf unerbittliche Grausamkeit zu besitzen. Wer aber
Gnade übt, der wird Gnade finden.»

Es ist nicht sicher, ob der Empfänger Thomas Mann bei der ernsten Ausdeutung des Wortes Gnade zu folgen vermochte. Vermutlich gab es in der Welt nicht viele Begriffe, die Walter Ulbricht fremder sein mochten, zumal in der theologischen Überhöhung, die der
Vokabel zuletzt zuteil wurde. Alfred Kantorowicz, der Spanien-
Kämpfer, der so lange ein getreuer Parteisoldat war, brachte bei
seiner Flucht nach West-Berlin im Jahre 1957 eine Kopie von Thomas Manns Brief mit, die in das Archiv der Akademie der Künste
des ostdeutschen Staates gelangt war. Erst 1963 ließ er Teile des
Schreibens in der Zeitung «Die Welt» drucken. In seinen Anmerkungen meinte er, Ulbricht habe wohl über die Darlegungen des
Dichters in ihrer «hohen Sprache» nur «höhnisch und verständnis-
los» gelacht. Inge Jens urteilt anders: er habe mitnichten gelacht,
sondern die Sache ernst genommen, denn ein Brief des «umworbe-

nen Thomas Mann» sei «ein Politikum ersten Ranges» gewesen.
Ulbricht ersuchte denn auch in einem formlosen Schreiben den Minister Erich Mielke, der den Staatssicherheitsdienst kommandierte, um Auskunft über die angeführten Fälle, damit er Thomas Mann antworten könne. Zugleich setzte er einen Offizier der sowjetischen Militäradministration in Kenntnis. Mielke ließ ihn wissen, er habe den «größten Teil des gewünschten Materials zusammen», einen Teil aber könne man nicht finden, weil die Angaben nicht konkret genug seien. Die Ermittlungen von Inge Jens ergaben, daß einer der Genannten – «vermutlich aber auch die anderen, wenn sie die Gefangenschaft denn überlebten» – erst 1955 aus der Haft entlassen wurde.

Eine Antwort wurde Thomas Mann niemals zuteil. Was hätte Walter Ulbricht auf Thomas Manns Erklärung über die Nachbarschaft der totalitären Staatsideen des Kommunismus und des Faschismus – trotz des «himmelweiten Unterschieds», auf dem er beharrte – antworten können? Was sollte er zu dem Hinweis auf den nazistischen Blutrichter Roland Freisler (der übrigens aus der kommunistischen Sphäre kam) sagen? Die Lektüre des Briefes hat ihn wohl darüber belehrt, daß die kommunistische Welt vergebens darauf hoffen würde, Thomas Mann ganz vor ihren Karren spannen zu können: sie mußte sich damit begnügen, daß er nicht als ihr Gegner auftreten würde. Die Bemühungen indes, seine Zustimmung zu einer Lizenzausgabe seiner Bücher in Ostdeutschland zu gewinnen, wurden unverdrossen weitergeführt.

Thomas Mann aber ließ durch die Vermittlung der diskreten Helen Lowe-Porter eine englische Übersetzung des Ulbricht-Briefes anfertigen und legte sie zu den Akten. Dort würde das Dokument parat sein, wenn sich das FBI oder der gefürchtete Ausschuß in Washington für ihn interessieren sollte. Zu einer Publikation konnte er sich nicht entschließen, obwohl er damit vermutlich die Chance gehabt hätte, den Opfern des kommunistischen Justizapparates zu helfen. Selbst Walter Janka, der Chef des Aufbau-Verlages, schrieb später, Thomas Mann «wäre berufen gewesen (...), öffentlich auch gegen den Terror unter Stalin aufzutreten». Gegen den unter Ulbricht allemal.

Zeigte er das Schreiben Agnes Meyer, die sich am 19. Juni 1951 noch einmal in Los Angeles aufhielt und am Nachmittag zum Tee kam? Dies hätte nahegelegen, doch die Vermutung wird durch keinen Hinweis im Tagebuch oder in der Korrespondenz bestätigt. Die Plauderstunde ging, wie er notierte, «schonend» vorüber, doch er vermerkte zugleich sarkastisch, daß sie sich des Anteils der «Washington Post» an der Absetzung des Generals MacArthur gerühmt habe, übrigens nicht ganz zu Unrecht, da die liberale Presse in der pazifischen Krise durchaus ihre warnende Funktion erfüllt hatte. Einige Wochen zuvor, nach der Amtsenthebung des Feldherrn, hatte Thomas Mann – mit dem Blick auf den Empfang, der ihm in der Hauptstadt bereitet wurde – mit beiläufiger Bosheit in einem seiner Briefe die Möglichkeit angedeutet, der Held könne gar in Agnes Meyers Hause zu Gast gewesen sein: ein Verdacht, der ihn nicht daran gehindert hatte, ein langes Schweigen zu brechen und sich sanft darüber zu beschweren, daß er so lange nichts von ihr gehört habe. Er wollte nach wie vor die Schutzmacht in seinem Rücken nicht missen, und er brauchte sie noch immer als Objekt seines Ärgers und Ziel seines Spottes.

Übrigens wandte er sich später im Jahr an Otto Grotewohl, den Ministerpräsidenten der Deutschen Demokratischen Republik, und bat um Hilfe für den Musiker Karl Schleifer, den er flüchtig aus München kannte: dieses Mal mit Erfolg (aber es ging auch um keinen Häftling und um keinen Verfolgten). Er war naiv erstaunt, daß einige Zeilen von ihm genügten, dem Protegé eine Anstellung bei der Deutschen Akademie der Künste zu verschaffen.

Man bemühte sich um ihn, noch immer – und niemand mit emsigerem Enthusiasmus als Hans Mayer, der im Oktober in einem langen Brief von neuem mahnte, daß seine Bücher nun endlich auch in dem anderen deutschen Staat verfügbar sein müßten. Der Leipziger Literaturprofessor schrieb, wohl im Einverständnis mit den leitenden Herren des Aufbau-Verlags: «Ich weiß sehr genau, daß es von Seiten unserer Regierung und unserer Verlage an finanziellen Bedingungen nicht scheitern würde.» Massiv unterstrich er den Anspruch der antifaschistischen Lauterkeit, den der Staat des stalinistischen Realsozialismus für sich reklamierte: «der Unterschied zwischen unserem Staatswesen und dem erschreckend neu militarisierten und auf Nazibahnen wandelnden Westdeutschland besteht eben darin, daß hier Hunderttausende mit Sehnsucht und Dankbarkeit Ihre Bücher, Ihr Gesamtwerk entgegennehmen würden.»

Thomas Mann verschloß sich den Worten des Professors nicht. Er drängte Bermann Fischer in immer neuen Briefen, die Verhandlungen mit dem Aufbau-Verlag aufzunehmen, der ein Angebot des kleineren Greifenverlages im thüringischen Rudolstadt, die Lizenz für die «Buddenbrooks» und «Lotte in Weimar» zu erwerben, kurzerhand an sich gezogen hatte. Bermann hatte darauf hingewiesen, daß die Herren vom Aufbau-Verlag ohne Umstände Heinrich Manns «Henri Quatre» gedruckt und erst nach dem Erscheinen um eine Lizenz bei Fischer nachgesucht hatten (auf den die Rechte von Querido übergegangen waren).

Thomas Mann ließ keine Einwände gelten. Er schrieb seinem Verleger: «Ihre Gedankengänge, den Aufbau-Verlag betreffend, scheinen mir durchaus unrichtig. Sie nennen diesen Verlag unzuverlässig. Aber er ist der eigentliche Staatsverlag, hinter dem die Behörden stehen. Das wird ihm nicht nur ermöglichen, meine pekuniären Bedingungen bereitwillig zu erfüllen, sondern auch jeden Mißbrauch der Lizenzausgaben zu verhindern. Die Diktatur mag sehr übel sein, aber selbstverständlich bietet gerade diese Art von Regierung stärkere Garantieen als jede andere dafür, daß sie in der Lage ist ihren Willen durchzusetzen.» Allerdings wies er darauf hin, daß er keine Aufnahme der «Lotte» in die «Bibliothek fortschrittlicher deutscher Schriftsteller» wünsche, die von Willi Bredel herausgegeben werde, denn diese Bände seien nicht für den öffentlichen Handel bestimmt. Er hätte hinzufügen können, daß die Bücher in jener Reihe mit linientreuen Einleitungen versehen wurden. Die Auseinandersetzung über das Erscheinen seines Werkes in Ostdeutschland schleppte sich noch lange fort.

120. KAPITEL

Schwermut des Alters

Wann immer er ein wenig zu Atem kam, schrieb er am «Krull» weiter. Das chronische Mirakel seiner Disziplin und seiner Fähigkeit, in zwei Reichen zu leben, dem der Arbeit und dem des «Lebens» – es schien ihm noch immer fast täglich zu glücken. Korrigierend und ergänzend setzte er noch einmal bei den grotesken Szenen der «Musterung» an, die er 1937 – wie die Schilderung der bedenklichen Affäre mit der Dame Rosza – dem ersten Fragment hinterhergeschickt hatte. Inmitten seiner Auseinandersetzung mit Tillinger und Konsorten brachte er es zuwege, seinen liebenswürdig-nichtsnutzigen Unhelden an die deutsch-französische Zollstation zu befördern, an der Felix zum erstenmal sein Auge auf das schöne Fleisch der Madame Houpflé, vor allem aber auf das Kästchen werfen durfte, das Teile ihres kostbaren Schmuckes barg.

Er geleitete das hübsche Bürschchen in die große Stadt Paris, und dort stellte er Felix alsbald in den Dienst des korpulenten Generaldirektors Stürzli im Hotel «Saint James and Albany». Er hieß ihn, den Schmuck, den er auf so fragwürdige Weise erworben hatte, zu Geld zu machen, wenn auch weit unter Preis, und schließlich ließ er ihn in die weit geöffneten Arme der Madame Houpflé sinken, die darauf bestand, daß er sie seine «süße Hure» nannte, beseligt von der Fügung, ihr Lager mit dem Dieb ihres Geschmeides teilen zu dürfen. Es war ihr ekstatischer Befehl, der den Taugenichts dazu anhielt, das zu vollziehen, was in der dürftigen Sprache der Justiz als «Beischlaf-Diebstahl» bezeichnet wird.

Das Spiel mit den femininen Elementen hielt die aufmerksame

Erika nicht davon ab, von dem «homosexuellen Untergrund des Romanes» zu sprechen. Der Vater bemerkte dazu im Tagebuch: «Nun, freilich wohl.»

Er bot das merkwürdige Sinnesfest in parodistischen Alexandrinern dar. Die deutschen Verse drechselte er selbst, die französischen entlieh er – wie er, mit einem Anflug von Stolz, der Übersetzerin Louise Servicen gestand – bei Victor Hugos klassischem «Hernani» und aus seinem Drama «Le Vieillard». Wie einst im «Zauberberg» dank der Madame Chauchat und im «Faustus» durch den Mund des ominösen Monsieur Fitelberg paradierte der Autor üppig mit französischen Phrasen, schon von dem Augenblick an, in dem Felix die Grenzkontrolle passierte und den Zöllner der République Française mit einem aufgesetzt parodistischen Redeschwall gegen die preußische Annexion Elsaß-Lothringens für sich zu gewinnen vermochte. Er bediente sich des fremden Idioms voller Enthusiasmus, doch nicht immer mit Glück. (Den Marquis de Venosta ließ er gern von seiner «pauvre mère» oder von seinen «pauvres parents» reden, nicht gewärtig, daß es in der Regel nur die lieben Entschlafenen sind, die mit diesem mitleidvollen Adjektiv bedacht werden.)

Einige Tage vor der Abfahrt zu der so lange geplanten Europa-Reise fragte er sich: «Welche Bücher mitnehmen? Worauf zunächst konzentrieren, auf das 16. Jahrhundert? den Krull? eine GoetheErzählung? Was taugt aus seinem Leben als folgenreicher Wendepunkt?» Anderntags sprach er von seinem «Unvermögen des Hoffens»: «Arbeitsunsicherheit hat großen Anteil an meiner leidenden seelischen Verfassung. Nagende Zweifel, ob es ‹Sinn› hat, den Krull-Roman fortzusetzen. Geistiger Hintergrund fehlt bis auf das Künstlertum, das abgeschmackt ist. Laszivität und moralisierende Unmoral werden in der Welt nicht anklingen und unschicklich gefunden werden.» Immer wieder drängten seine Gedanken hinüber zu dem «Erasmus-Luther-Hutten-Plan». Zugleich vermerkte er seine Zweifel, ob er «den Fleiß, die Energie dazu noch aufbringe».

Die Eintragungen im Journal verrieten in Schrift und Diktion einen zunehmenden Mangel an Konzentration. Eine Atempause war angebracht. Wie sehr er ihr trotz der Furcht vor den Mühen des Aufbruchs entgegenhoffte, zeigte sich an der Zäsur im Tagebuch. Dem neuen Abschnitt gab er die Überschrift: «Europa-Reise».

Der erste Aufenthalt wie üblich Chicago. Thomas Mann fand den Schwiegersohn Borgese «elegisch und düster», von einem «furchtbaren Haß auf Amerika» erfüllt, der sich wohl auch aus der Erbitterung darüber nährte, daß Elisabeth die Freiheit, die das Land den Frauen gewährte, zu intensiv genutzt hatte. Er wollte nicht länger dulden, daß seine Frau einen Beruf ausübe. Die Tochter erzählte den Eltern, daß ihr der so viel ältere Gefährte die «Kreutzersonate» vorgelesen habe: die novellistische Bekehrungsschrift des alternden Tolstoi, in der der Dichter als Apostel der Sittlichkeit vor sein Publikum trat, nicht ohne eine kritische Abrechnung mit dem mörderischen Phänomen der Eifersucht.

Aufregung bei der Weiterreise nach New York, da Thomas Mann seine Handtasche «mit hundert Unentbehrlichkeiten» im Hotel vergessen hatte. Er mußte eine Nacht ohne Schlaftabletten überstehen. Erst am Abend gelangte das Utensil an der Grand Central Station an, eingeholt von einem stattlichen Empfangskomitee unter Anführung des Hotelportiers, dem sich Thomas und Katia Mann, Monika und Martin Gumpert zugesellten (der seine Freundschaft mit Erika auf die jüngere Tochter übertragen hatte).

Für die Überfahrt nach Europa war das kleine französische Passagierschiff «De Grasse» ausgewählt worden (nach dem Admiral benannt, der die französische Hilfsflotte im amerikanischen Unabhängigkeitskrieg kommandierte). Thomas Mann fand auf dem Dampfer nicht alle Bequemlichkeiten, die er gewohnt war, doch der Atlantik bot sich während der gesamten Reise spiegelglatt wie ein See. Er fragte sich, ob er denn je wieder reisen werde: er fühlte sich dafür zu alt und zu müde, und ihn quälte es, daß er an Bord niemals allein sein konnte. Vom obligatorischen Cocktail-Empfang des Kapitäns zog er sich rasch wieder zurück, da er «das herrschende Französisch nicht ertrug».

Am 19. Juli 1951 Ankunft in Le Havre. Erika war vorausgeflogen. Sie erwartete die Eltern am Pier. Anderntags schon setzten sie zu dritt von Paris aus die Reise mit dem Wagen fort. Übernachtung in Dijon. Um acht Uhr abends langten sie in Zürich an. Wie gewohnt stiegen sie im «Baur au Lac» ab.

Vermutlich nutzten sie den Aufenthalt, der auf zehn Tage bemessen war, um erste Erkundigungen über die Möglichkeiten eines

Hauskaufs einzuziehen. Das eigentliche Ziel der Reise aber war der österreichische Kurort Badgastein, wo Thomas Mann eine Linderung seiner arthritischen Beschwerden zu finden hoffte. Dort stand eine angemessene Unterkunft freilich erst Mitte des Monats bereit. Die zwei vorausgehenden Wochen sollten am Wolfgangsee überbrückt werden, wo sich Michael Mann mit seiner Familie für den Sommer eingemietet hatte.

Sie wagten den Umweg über München. Die Stadt, die der Dichter nun zum zweitenmal wiedersah, wirkte auf ihn wie ein «sonderbarer Traum, selbstverständlich und fremd». Ihn beeindruckte von neuem, wie üppig und schlemmerhaft man in Deutschland aß, das er sarkastisch als «Siegerland» bezeichnete. Dieses Mal fuhr er mit Katia nun auch hinüber zum Herzogpark, um sein Haus zu besichtigen, das er «zerstört» und «entstellt» fand, noch immer bewohnt von «Displaced Persons», Flüchtlingen aus Osteuropa oder Überlebenden der nazistischen Konzentrationslager, die sich beharrlich weigerten, ihre Unterkünfte zu räumen, solange ihnen die Ämter keine anderen Wohnungen zur Verfügung stellten. Da sie unter alliiertem Schutz standen, waren sie einer Kündigung entzogen. (Von Amerika drängte Thomas Mann die Behörden von neuem, endlich eine Lösung zu finden, und in der Tat wurde eine Räumung erzwungen. Im Gang des Jahres 1952 trug man das verfallene Haus ab. Es war geplant, an seiner Stelle ein Apartmenthaus zu errichten. Dazu kam es nicht, solange es Thomas Mann gehörte. Das Grundstück wurde verkauft.)

Auch die Wiedergutmachungsverfahren stockten. Überdies befanden sich noch immer jene Objekte der Kunstsammlung Alfred Pringsheims, die nicht in London versteigert worden waren, in einem Wiesbadener Lagerhaus. Die Sammlung von altem Silber, Gemälden, Teppichen hatte im Nationalmuseum den Bombenkrieg unversehrt überstanden. Das Testament des Schwiegervaters wies die Erbschaft Katia und ihrem Bruder Peter zu, beide amerikanische Bürger. Die deutschen Ämter aber weigerten sich, die Ausfuhr zu genehmigen, da es sich um «Kulturgut» handle, das im Lande zu bleiben habe. Thomas Mann sah sich schließlich gezwungen, den Hochkommissar der Vereinigten Staaten um eine Intervention zu bitten – mit Erfolg: im Mai 1952 gaben die Behörden den Schatz endlich frei. Nur ein Pokal, der angeblich von einem der Holbeins gefertigt war, wurde von der Exportgenehmigung ausgenommen; er mußte an das Nationalmuseum in München verkauft werden.

Nein, die Berührung mit der Stadt, die ihm so lange Heimat gewesen war, ließ in Thomas Mann kein Hochgefühl aufkommen. Er fand auch das restaurierte Residenztheater, in dem er mit Katia eine Aufführung des «Egmont» sah, eher häßlich. Der kurze Besuch hinterließ im Tagebuch und in der Korrespondenz kaum eine Spur. In einem Brief an Lion Feuchtwanger, den man als Urmünchner betrachten konnte, erwähnte er die Stadt mit keinem Wort, obschon er sich denken mochte, daß der Nachbar und Freund im kalifornischen Exil mit einiger Neugier auf eine Schilderung seiner Eindrücke warten mochte, zumal Feuchtwanger, dem die amerikanische Staatsbürgerschaft hartnäckig verweigert wurde, jede Reise ins Ausland und damit auch in die Heimat verwehrt war.

Auf dem Weg ins Salzkammergut machten Thomas, Katia und Erika Mann in Bad Reichenhall Station, wo Alfred Neumann sein Asthma auszukurieren versuchte. Am Tag danach langten sie im «Grand Hotel» von Strobl an, dem Touristendorf am Wolfgangsee. Wiedersehen mit Michael und seiner Familie, mit Frido vor allem, der nun elf Jahre zählte, gern mit Soldaten spielte und dem Großvater auf dem Klavier vorführte, was er gelernt hatte. Die Liebenswürdigkeit des Knaben war nicht genug, den Dichter aus seiner Melancholie zu lösen. Er mußte sich der Bitte des Kleinen verweigern, mit ihm im See zu baden. Er sei traurig, schrieb er auf, daß er – «zu alt und entwöhnt» – Frido «kein guter Kamerad» sein könne. Natürlich erfüllte er ihm den Wunsch nach einem Fahrrad (sorgsam den Preis von achthundert Schilling notierend).

Michael hatte ihn gebeten, in Salzburg zugunsten einer Stipendienstiftung für junge Musiker zu lesen. Eher erleichtert fuhr Thomas Mann am 12. August hinüber. Er lobte die Unterkunft am Rande der Stadt, in der auch Wilhelm Furtwängler und seine Frau logierten. Kam es zu einer Begegnung? Gingen sie grußlos aneinander vorbei? Das Tagebuch vermerkt darüber nichts, auch nicht die Korrespondenz. Mit einiger Mühe gelang es, Karten für eine Aufführung von Verdis «Othello» unter der Leitung des großen Dirigenten zu sichern. Am Festspielhaus großer Auftrieb, da die Aufführung von dem amerikanischen Hochkommissar in Deutschland John J. McCloy besucht wurde. Die Plätze aber, die man ihm und Katia im letzten Augenblick zugewiesen hatte, erwiesen sich als «blödsinnig schlecht und erniedrigend». Voller Entrüstung verließ Thomas Mann nach der ersten Szene den Saal.

Je älter er wurde, um so größer wurde seine Neigung, alle Widrigkeiten des Alltags als einen Anschlag auf seine Würde zu betrachten. Doch ihn versöhnten schließlich die freundliche Stimmung, mit der seine Lesung aus dem «Krull» aufgenommen wurde, eine interessante Aufführung von Alban Bergs «Wozzeck» unter Karl Böhm, eine animierte Inszenierung von Kleists «Zerbrochenem Krug», die heiteren Abendessen im «Goldenen Hirsch», dem traditionellen und etwas versnobten Treffpunkt der Prominenz, in dem man mit schmeichelnden Anreden noch freigebiger zu verfahren pflegte als anderswo im titelsüchtigen Österreich. Brigitte Bermann Fischer, Therese Giehse, Berthold Viertel, der zurückgekehrte Oskar Homolka (einst Agnes Meyers Schwiegersohn) stellten sich ein, alte Freunde allesamt.

Am 16. August endlich langten die drei in Badgastein an, das Thomas Mann wohl behagte, obschon er es dem Kurort ein wenig übel nahm, daß er – mitten in der Hochsaison – «so überlaufen u. überfüllt» wie noch nie war. Die Gebirgssonne fand er mitunter lästig, und er zögerte nicht, sie als Feindin zu bezeichnen: «Soll scheinen», schrieb er mit einem Hauch von Selbstironie ins Journal, «aber nicht auf mich.» Die Thermalbäder, die er am Morgen nahm, empfand er bald als zu erregend und kürzte sie ab. Doch sie schienen ihm nicht ganz abträglich zu sein, und vielleicht war es ein Zeichen seiner Erholung, daß er danach «im erregten Halbschlaf» eine «Vollerektion» erleben durfte, die ihn mit einem «sonderbar hoffnungsvollen Liebesgefühl» erfüllte. –

In der populären «Sommerfrische» traf er die Witwe Gerhart Hauptmanns und den Sohn Benvenuto. Voller Befriedigung nahm er zur Kenntnis, daß sie die Figur des Mynheer Peeperkorn im «Zauberberg» nun ganz zu akzeptieren schien, da sie «die überragende» des Buches sei. Am 6. September chauffierte Erika die Eltern über die Großglocknerstraße nach Bozen. Der Vater notierte «mächtige Natur-Eindrücke», die ihn in Amerika so gut wie nie erreicht hatten – hier bewegten sie sein Gemüt. In Lugano entsprachen die Zimmer wieder einmal nicht seinen Erwartungen. Nach einer Nacht im «Majestic» bezogen die drei ein neues Quartier in der «Villa Castagnola», in der er mit Katia am Anfang der Emigration so viele Wochen im Zustand angstvoller Unsicherheit verbracht hatte. Die Verständigung mit Hermann Hesse und seiner Frau war herzlich wie immer. Katia erfuhr, daß Emil Ludwigs Tessiner Haus für dreißigtausend Franken zum Verkauf stehe. Thomas Mann berührte der Gedanke, das Erbe des wenig geschätzten Kollegen anzutreten, nicht allzu behaglich.

Man hielt weiter Umschau, auch von Zürich aus, wo sie nach einer Fahrt über den Gotthard Mitte September wieder eintrafen und im «Waldhaus Dolder» Quartier bezogen – nicht im «Grand Hotel», in dem Franzl sein Kellneramt versehen hatte. Mied man das feinere Etablissement seinetwegen oder eher, weil es teurer war? Wäre er überhaupt noch anzutreffen gewesen? Thomas Mann erwähnte den jungen Mann, den er für seine «letzte Liebe» gehalten hatte, mit keiner Silbe. Nur mittelbar war er für einen Augenblick präsent, als die italienische Zeitschrift «Letterature moderne» mit der Übersetzung des Michelangelo-Aufsatzes eintraf und er noch einmal den Vers vor Augen hatte: «Nel vostro fiato son le mie parole.»

Der Tod André Gides im Februar 1951 hatte ihn nicht allzu tief berührt. Die knappen Nachrufe, die er pflichtgetreu lieferte, durfte man eher konventionell nennen. Doch durch die Redaktion der «New York Times Book Review» hatte er sich überreden lassen, das André-Gide-Buch von Albert Guerard zu besprechen. Die Arbeit war ihm wie üblich zu lang geraten, aber sie bot ihm den Anlaß, sich von neuem der Persönlichkeit und dem Werk des großen Zeitgenossen anzunähern, der sich – anders als er – mit radikaler Wahrhaftigkeit zu seinem Päderastentum bekannt hatte. In seiner Kritik des autobiographischen Bekenntnisbuches «Si le grain ne meurt» hatte Thomas Mann einst – es war im Jahre 1929 – sacht gerügt, daß Gides Herz so andere Wege gehe als seine Sinnlichkeit, sein Eros und sein Sexus. Er hatte gefragt, ob sein Empfinden nicht «im tiefsten und frühesten Grunde» dennoch «aufs Weibliche gerichtet» sei, ja er hatte angeführt, daß es «sehr verständige Beobachter» gebe, die noch immer dafür hielten, «echte und wurzelhafte Homosexualität» komme in Wahrheit nicht vor. Mit diesen Argumenten hatte er nur zu bekräftigen versucht, was er einige Jahre zuvor in seinem Aufsatz «Über die Ehe» apodiktisch festgestellt hatte: daß die Homosexualität in ihrem «inneren Wesen (…) Libertinage, Zigeunertum, Flatterhaftigkeit» sei, daß ihr die Treue fehle, daß sie «in Gemeinheit und Elend zu enden» pflege. Hinter dem Schwur auf die Ehe verbarg sich ein Bekenntnis zur Askese, die ohne eine gewisse Feindseligkeit gegen die Sexualität schlechthin kaum denkbar war: die Konsequenz eines früh erlittenen Traumas. Nun zwang ihn André Gide, noch vor der Rückkehr an die kalifornische Küste, noch einmal zu einer Konfession, wenngleich nur im Tagebuch. In seinem Aufsatz hatte er, halbwegs diskret, von Gides «moralisch beunruhigender und das Hergebrachte unterminierender Wirkung» gesprochen. Ins Journal aber schrieb er: «Verstimmt gegen ihn durch sein allzu direkt sexuell aggressives Verhalten gegen die Jugend, ohne Achtung, Ehrerbietung vor ihr, ohne sich seines Alters zu schämen, unseelisch, eigentlich lieblos. Ich – und einem geliebten Jungen irgend etwas zumuten! Undenkbar! *Seine* Verehrung durch Niederträchtigkeiten stören! Befremdung.»

Dies hieß mit anderen Worten, daß er den sexuellen Akt – nur in der Form der Päderastie? – als sündhaft, verwerflich, unzüchtig, ja schmutzig empfand. War dies eine «Verinnerlichung» puritanischer Moralität? Oder der Hinweis auf eine leidvolle Erfahrung, die ihn für immer verstört hatte? Das Asketentum, in das er sich zugunsten des Werkes zurückzog, war überdies bloß in einem beschränkten Maße zuverlässig und ehrlich, denn seine Sexualität war, man weiß es, niemals völlig unterdrückt: er begnügte sich nach den ersten Jahren der Ehe mit der einsamen Masturbation, von kleinen voyeuristischen Sensationen akzentuiert. Sexualität ohne Partnerschaft aber entsprach kaum dem strengeren Begriff der Askese.

Der Entschluß, in der Schweiz wieder dauernden Aufenthalt zu suchen, stand außer Zweifel, aber die Frage nach der künftigen Residenz hatte noch keine Antwort gefunden. Kurz vor dem Aufbruch erreichten Katia und ihn Hinweise auf ein Haus nicht weit von Lugano, das Erika, die einige Tage länger blieb, inspizieren sollte. Eine wichtige Voraussetzung für die Übersiedlung, die Thomas Mann auch in seiner Korrespondenz beschäftigte, war geklärt: die Schweiz hatte mit den Vereinigten Staaten ein Abkommen geschlossen, das eine doppelte Besteuerung der Bürger, die im anderen Land residierten, verhindern sollte. Später wurde festgestellt, daß Thomas Mann weiterhin in Amerika seine Einkommensteuer zu entrichten habe, auch wenn er auf Schweizer Boden dauernden Aufenthalt suchte.

Für die Rückreise nahm er mit Katia eine Maschine der Swiss Air, die er mit einem «Gefühl des Vertrauens» bestieg. Er vermerkte, daß die Stewardeß eine berühmte Jodlerin sei. In Genf wurden weitere Passagiere aufgenommen. Nach den damals notwendigen Zwischenlandungen im irischen Shannon und in Gander, Neufundland, erlebten die beiden in der Ankunftshalle des Flughafens Idlewild, der später den Namen John F. Kennedy tragen sollte, zum erstenmal das Ungemach, dem Jahr um Jahr Millionen Amerika-Reisender ausgesetzt sind: das Warten in den Schlangen vor den Schaltern der Paßkontrolleure und an den Pisten, auf denen das Gepäck den Zöllnern vorgeführt werden mußte. Das Personal war dem Andrang niemals gewachsen, nicht damals, nicht Jahrzehnte später. Kein gnädiger Aufsichtsbeamter erspähte den berühmten Autor in der Menge und winkte ihn nach vorn.

Beim Aufenthalt in Chicago waren lange und ungestörte Gespräche mit Elisabeth möglich, denn ihr Mann prüfte während jener Wochen in Italien die Chancen einer Rückkehr. Die Metropole im Mittleren Westen bot Thomas überdies eine unerwartete Anregung. Zusammen mit der Tochter durchwanderte er zweimal das Naturhistorische Museum der Stadt, tief fasziniert von den Darstellungen ur- und vorgeschichtlichen Lebens: der Meereswelt, deren Erforschung Elisabeth die zweite Karriere ihres Lebens widmen sollte, den Sauriern und anderen gigantischen Monstren, den Affen, den ersten Menschenwesen. Der alte Dichter erlebte, nach seinen eigenen Worten, so etwas wie einen «biologischen Rausch». Keine Kunstgalerie könne ihn so interessieren, schrieb er. Er sagte auch, merkwürdig genug, die Begegnung mit jenen Daseinsformen lösten in ihm das Gefühl aus, daß dies alles seinem «Schreiben und Lieben und Leiden», seiner «Humanität» zugrunde liege. Die Impressionen fanden nicht lange danach Einlaß in den «Krull».

Erika, die wenige Tage später, auch dieses Mal wieder via Kanada, in Los Angeles eintraf, wußte von dem Tessiner Haus zu berichten, daß es einer Renovierung bedurfte, die drei- oder viertausend Franken kosten würde. Die Entscheidung über den Kauf wurde vertagt, doch man bat die kalifornischen Grundstücksmakler, den Marktwert des Hauses in Pacific Palisades zu schätzen. Siebzigtausend Dollar müßten zu erzielen sein, meinte einer der Herren, was einen stattlichen Gewinn anzeigte, trotz einer gewissen Entwertung des Dollars, da die Baukosten einst präterpropter nur fünfundzwanzigtausend Dollar betragen hatten. Ein günstiger Preis war Thomas Mann wichtiger denn je: der Ankauf seiner Manuskripte durch die Yale University war gescheitert, weil sich kein Mäzen gefunden hatte. Der Verkauf des «Erwählten» außerhalb des Buchclubs schien zu stocken. Die Ansiedlung in der Schweiz würde zunächst keine geringe finanzielle Belastung bedeuten, und Thomas Mann schien sich zu scheuen, die Reserven anzutasten, die er in Europa besaß. So zog er ernsthaft in Erwägung, ob er sich nicht als Autor an einem Film über Martin Luther beteiligen sollte, den die Frau William Dieterles zu produzieren gedachte: «Können für unsere Pläne nicht genug Geld haben», schrieb er. Aus dem Projekt wurde nichts.

Die älteste Tochter plante, sich wieder einem Metier zuzuwenden, das sie neben dem Kabarett am eindrucksvollsten zu meistern vermochte: dem Kinderbuch – darin übrigens Erich Kästner ähnlich, dem der Vater seinen ironischen Kommentar zum Brief an Walter von Molo keineswegs vergessen hatte, trotz der Befürwortung seiner Aufnahme in den PEN-Club: er lehnte Kästners Benennung für die Jury eines René-Schickele-Preises, den Alfred Neumann angeregt hatte, mit unversöhnter Entschiedenheit ab. An Stelle des Feuilletonisten wurde Ernst Penzoldt in das Gremium berufen, das über die Auszeichnung eines deutschen Romans entscheiden sollte, dessen Autor eine besondere Förderung verdiente. Neben Thomas Mann und Neumann selbst gehörten Hermann Kesten, der Komödienautor Curt Goetz und der Musiker Bruno Walter dem kleinen Komitee an, dem es nicht leicht wurde, sich auf ein geeignetes Buch zu verständigen. Siegfried Lenzens «Es waren Habichte in der Luft» stand zur Debatte, das Neumann als «noch unfertig, schmalspurig und arg verhamsunt» charakterisierte, aber es sei «ebenso gewiß das Begabteste», das ihm vor Augen gekommen sei. Kesten allerdings, der Hamsun nicht ausstehen konnte, fragte sich, ob der Fünfundzwanzigjährige ein verfrühter oder ein verspäteter Nazi sei, was gewiß kein gerechtes Urteil war. Thomas Mann, der Hamsuns Werk stets respektiert und bewundert hatte, trotz der Liaison des alten Mannes mit dem Nazismus – auch den Memoiren gewann er ein anhaltendes Interesse ab –, votierte schließlich, «um zu einem Resultat zu kommen», für Hans Werner Richters Roman «Sie fielen aus Gottes Hand». Es war eine seiner wenigen Berührungen mit der jungen deutschen Literatur, deren Vertreter sich unter Richters Direktion in der «Gruppe 47» gesammelt hatten. Die Wahl stieß in Deutschland auf heftige Kritik, wie Inge Jens feststellte. Ein zweites Mal wurde der Preis nicht vergeben.

Trotz ihres Versuchs, sich durch Kinderbücher eine neue berufliche Basis zu schaffen: Erika wollte es nicht gelingen, die so lang anhaltende Krise abzuschütteln. Der Vater beobachtete voller Kummer ihre Schlaflosigkeit, aus der sie manchmal durch starke Spritzen erlöst wurde. Er schien nicht zu durchschauen, daß ihre Abhängigkeit von Drogen eine der Ursachen ihrer Depressionen und der nervösen Rebellionen war. Sie verkümmere in Amerika, notierte er, was ihm am Herzen nage. Es empörte sie vor allem, daß die deutsche Publikation des «Mephisto» an dem juristischen Einspruch scheiterte, mit dem Gustaf Gründgens und seine Freunde drohten.

Sorgen um die Kinder ließen den Vater, wie so oft, nicht zur Ruhe kommen. Die Gegenwart Golos mußte er für geraume Zeit entbehren. Der Historiker, des Lehramtes an seinem kleinen College und der nicht allzu inspirierten Schar seiner Studenten müde, wollte sich eine Zeitlang in den Schwarzwald zurückziehen, um ein Buch zu schreiben. Dafür war Michael, der Jüngste, von Europa herübergekommen, um mit seiner musikalischen Partnerin Yalta Menuhin, einer Schwester des großen Geigers Yehudi, eine Reihe von Konzerten zu geben. Thomas Mann wußte wohl, daß die Pianistin und sein Sohn vom Ruhm des Bruders Yehudi zehrten. Katia wiederum blieb nicht verborgen, daß die Verständigung zwischen Michael und Yalta die Grenzen des Musikalischen zu überschreiten drohte. Indes, die Pianistin war verheiratet. Der Vater sprach «mit K. beim Kaffee über das Besorgniserregende der Konstellation» und meinte hellsichtig, sie könne kaum «zu Gutem führen».

Keine zwei Wochen später das Desaster. Yaltas Mann rief an und meldete, daß Michael die junge Frau in einem seiner Anfälle von Gewalttätigkeit geschlagen und über dem Auge verletzt habe. Katia suchte sie unverzüglich auf, um sie zu trösten und, wenn es denn anging, den Streit zu schlichten. Unterdessen sprach der Mann der Pianistin am Telefon mit Erika, der er unverblümt sagte, daß er Michael nicht für zurechnungsfähig halte. Von einer Fortsetzung der Konzerttournee könne keine Rede sein. Seufzend fragte der Vater, was aus dem «fatalen jungen Menschen» werden solle, dessen «ganze nächste Zukunft auf die Zusammenarbeit mit der ‹sister of› gestellt» gewesen sei. Allerdings sei er auch durch die Huldigungen «verwildert», die ihm von den Menuhins entgegengebracht worden seien. Michael selber schien den Charakter seiner Violenz nicht zu ahnen und das Erschreckende seines Handelns nicht zu begreifen. Er hielt den Ausbruch für eine «Kinderei», was in den Worten des Vaters «die Dinge in nicht ganz geheuerer Weise zu leicht nehmen heißt». Thomas Mann schrieb ins Journal: «Gestehe mir, daß ich froh sein werde, wenn er weg ist. Sein Wesen ist mir nicht lieb, einschließlich seines Lachens. Aber ich redete ihm bei Tische gut zu und sagte, er brauche die Verbindung mit Yalta nicht.» Ein Freund sagte später von Michael, er habe sich immer «im Zustand einer tiefgehenden Auflehnung» befunden: «Er fühlte sich von allem und von allen unterdrückt, alles empfand er als etwas über sich. Deshalb hatte er auch eine Neigung zum schroffen Urteil» – und zu schroffen Handlungen, wie hinzugefügt werden muß. Sein Alkoholismus schwächte überdies die Kontrollen. Eine seiner gewaltsamen Rebellionen brachte ihn später für einige Tage ins Gefängnis, wo er sich merkwürdig «glücklich» gefühlt habe, weil er sich einer «greifbaren Autorität» gegenübergesehen habe.

Unverzüglich wurde für den Sohn eine Flugkarte bestellt: er sollte zu seiner Frau und den Kindern nach Europa zurückkehren. Gret schien der einzige Mensch zu sein, der ihn zur Vernunft zu lenken verstand. Die Menuhins aber ließen durch ihren Anwalt wissen, daß Michael künftig jeder Versuch, mit Yalta wieder Kontakt aufzunehmen, strikt untersagt sei. Seine musikalische Karriere war damit gebrochen.

Der Tumult um den Sohn verstärkte die Bedrücktheit des Vaters. Es tröstete ihn nur kurz, daß Bermann Fischer melden konnte, die «Buddenbrooks» hätten in der Jubiläumsausgabe zum fünfzigsten Jahrestag der Erstpublikation eine Auflage von einer Million und achthunderttausend Exemplaren allein in deutscher Sprache erreicht, was dem Autor Anlaß zu dem Bekenntnis war: «Bei den Deutschen, so hämisch sie oft sind, doch schließlich einzig Verständnis. Hier fremd und unerkannt.» Der Verleger nahm auch den Vorschlag des Schriftstellers für einen Essay-Band, für den er Altes und Neues zusammenzutragen plante, voller Enthusiasmus auf. In diesem Zusammenhang prüfte Thomas Mann, ob nicht auch der Aufsatz über «Friedrich den Großen» aus dem Ersten Weltkrieg eine Renaissance verdiene – nur müßten die Passagen über die deutsche Sendung des Königs getilgt werden. Er zog auch sein Vorwort zu einer Anthologie russischer Erzählungen aus dem Jahre 1921 in Betracht, von «zeitlichen Spitzen» gereinigt.

Ehe das Jahr zur Neige ging, wurde ihm überraschend die Genugtuung der Wahl zum Mitglied der «American Academy of Arts and Letters» zuteil. Agnes Meyer berichtete er, mit einem Seitenblick auf die «Académie Française», umgehend und jubelnd, daß ihr «alter Freund und Schützling» nun zu den «50 Unsterblichen dieses Landes» zähle, und er zitierte voller Stolz das Kriterium, das für die Aufnahme in den illustren Zirkel entscheidend war: die Auszeichnung gelte dem «schöpferischen Künstler, dessen Werke Anlaß zu der Hoffnung geben, einen permanenten Platz *in der Kultur der Nation* zu erlangen». Er fügte hinzu, es sei ihm manchmal zuviel von der «Generosität» Amerikas die Rede: «Aber dies ist nun doch wieder ein rührendes und beschämendes Beispiel dafür.» Für einen Augenblick wenigstens gab er sich dem Gefühl der Zugehörigkeit zu den Bürgern der Vereinigten Staaten hin, und es schmeichelte ihm, von seinen Landsleuten als einer der Ihren angenommen zu sein. Auch Hermann Kesten schrieb er, er sei beschämt, da er sich zuwenig Mühe gegeben habe, in der Kultur Amerikas Wurzeln zu schlagen.

Die Freude verwelkte bald angesichts der Zweifel am «Krull», dessen Scherze er vor sich selbst einmal als «unwürdig und undurchführbar» bezeichnete. Manchmal wollte er nicht glauben, daß er «das Buch je bewältige», besonders, da er «es nicht als der Mühe würdig empfinde». In einer Studie über Jacob Burckhardt las er, daß die Produktionskraft des großen Schweizers *vor* seinen körperlichen Kräften geschwunden sei. Melancholisch bemerkte er, daß ihn die Bestätigung seiner körperlichen Tüchtigkeit nicht mehr heiter stimmen könne, wie sie es früher tat: «Oft aufsteigende Angst, daß ich nicht mehr schreiben kann, während der Körper verhältnismäßig jugendlich aushält. Gräßliche und zugleich komische Vorstellung.»

Am 15. Dezember 1951 schrieb er auf: «Ich esse, um mich zu nähren und um rauchen zu können. Mein Glaube an meine zukünftige Leistungsfähigkeit ist gering. Ich bin wütend über Anforderungen, Belästigungen, zittere vor Erschöpfung, wenn ich ausnahmsweise gezwungen war, ein Telephongespräch zu führen.» Die Altersdepression bemächtigte sich, wenigstens für einen Augenblick, nicht nur des Kommenden, sondern auch des Vergangenen. «Meist graut mir vor allem. Ich habe fast keine anderen als peinliche Erinnerungen, und die Zukunft scheint nur Versagen zu bergen. Mein Leben scheint mir eines Umsturzes, wie er geplant ist, nicht mehr wert zu sein. Wenn ich in die Schweiz gehe, tue ich es nicht, um dort zu leben, sondern um dort zu sterben.» Am zweiten Weihnachtstag: «Elend, verdüstert, aussichtslos. Sehnsucht nach Erlösung.»

121. KAPITEL

Fait accompli in Ost-Berlin

Am Silvesterabend 1951 befand sich Thomas Mann in «gehobenerer Stimmung» als in den Wochen zuvor. Es hatte sein Gemüt ein wenig gestärkt, daß er auch in Amerika, wie die Wahl in die Akademie bewies, respektiert, ja hofiert wurde. Seine Berufung durfte auch als eine Demonstration des liberalen Amerika gegen die Gesinnungsterroristen vom Schlage Joseph McCarthys betrachtet werden. Doch er fiel rasch in den Verdacht zurück, daß die Vereinigten Staaten im Begriff seien, sich dem nackten Faschismus preiszugeben. Voller Sorge schrieb er auf, daß vier «geräumige Conzentrationslager» für den «Notfall» vorbereitet würden: eine beunruhigende Meldung, in der Tat, die darauf hinwies, daß im Falle eines nationalen Notstandes mehrere tausend Bürger, ob mit oder ohne amerikanischen Paß, die subversiver Tätigkeiten verdächtig waren, interniert werden könnten. Man sprach davon, daß bis zu fünfzehntausend Menschen zu den Betroffenen zählen könnten.

Die Maßnahmen waren nicht unumstritten, obwohl sich ihre Verteidiger darauf berufen konnten, daß kaum ein Staat darauf verzichtete, für den Ernstfall solch fragwürdige Vorkehrungen zu schaffen. Ihre Rechtmäßigkeit und Vernunft wurden – wenigstens das – im Kongreß und in der Öffentlichkeit lebhaft debattiert. Senator Patrick A. McCarran, der engste Partner Joseph McCarthys, bereitete überdies ein Gesetz vor, das die Einwanderungsbestimmungen in gefährlicher Weise verschärfte. Es drohte mit Ausbürgerungen «im abgekürzten Verwaltungsweg» – ein klarer Verstoß gegen die Verfassung, wie der erste «McCarran-Act» aus dem Jahre

1950 auch, der die Selbstanzeige der Mitgliedschaft in sogenannten
«subversiven Organisationen» zur Pflicht machte. Präsident Truman bemerkte von McCarran voller Grimm, ihm hätten es «wohl
nur sehr wenige Reaktionäre an Obstruktion und schlechter Gesetzgebung gleichgetan». Trumans Veto aber wurde von einer
Zweidrittelmehrheit in beiden Häusern des Kongresses über-
stimmt. Der Prozeß gegen fünfzehn Mitglieder der kommunistischen Partei in Kalifornien, in dem sich die Staatsanwälte in zügellosen Anschuldigungen überboten, eine neue Hetzjagd gegen Männer
und Frauen der Filmindustrie, die demagogische Kampagne gegen
den China-Experten Owen Lattimore, der während des Zweiten
Weltkrieges als Berater des Generalissimus Tschiang Kai-schek gedient hatte (das Verfahren mußte schließlich eingestellt werden,
freilich erst vier kostbare Jahre später): all dies bekräftigte die
Furcht eines alten Mannes, der jedes Vertrauen in die demokratische Stabilität seiner Wahlheimat verloren hatte, seit die politischen
Strukturen nicht mehr dem Bilde entsprachen, das er sich in den
Jahren nach seiner Ankunft von ihnen gemacht hatte.

Er schrieb, am Rande der Panik: «Der Krieg wird kommen, man
will ihn hier zweifellos und zwar noch dieses Jahr. Wir haben
Grund zur Eile.» Seine Korrespondenz über die Voraussetzungen
einer Niederlassung in der Schweiz schien nicht geheim geblieben
zu sein. Man berichtete ihm, es gingen drüben Gerüchte über seine
Rückkehr um. In diesem Zusammenhang traf es ihn hart, daß in der
linksliberalen englischen Wochenschrift «The New Statesman and
Nation», die er besonders schätzte, eine Rezension von Stephen
Spender über Charles Neiders panegyrisches Buch «Die Statur
Thomas Manns» abgedruckt war, in der ein Schweizer Professor
mit dem bösen Bonmot zitiert wurde, dieser Autor sei für die
Schweiz entschieden zu groß: «Wir haben schon unsere Berge.» Er
mochte sich daran erinnern, daß Spender zum engsten Kreis der
Freunde von W. H. Auden gehörte. Wie so oft fragte er: «Woher
und warum nur dieser Haß und Hohn? Wodurch fordere ich sie
heraus?»

Es kam ihm nicht in den Sinn, daß der Spott, zumal bei den Angelsachsen, ein Reflex seines Hochmuts und seiner oft so gespreizten Feierlichkeit sein mochte. In Großbritannien war er – trotz des

Ehrendoktorats von Oxford – von den Zirkeln der Literaten niemals ganz akzeptiert worden. Auch die Mehrheit der amerikanischen Schriftsteller konnte sich nicht daran gewöhnen – obwohl sie ihm mit größerer Achtung begegneten –, ihn als einen der Ihren zu betrachten, trotz des Textes der Akademie-Laudatio, der ihn gleichsam zum Kulturgut Amerikas erklärt hatte. Die «Unsterblichen» der Vereinigten Staaten trugen zwar keine Gala-Uniformen mit gleißenden Litzen, Schwert und Helm wie ihre erlauchten Brüder in der Académie Française, dafür aber eine Rosette im Knopfloch, an der sie der Kundige erkennen durfte. Thomas Mann legte sie nicht mehr ab – bis er sie durch die Rosette der französischen Ehrenlegion ersetzen durfte, die ihm wichtiger war.

Nein, die Ehrung konnte die innere Ablösung von Amerika, die längst vollzogen war, nicht mehr rückgängig machen. Am Gartentor seines Hauses brachte die mit dem Verkauf beauftragte Agentur das Schild «For sale» an. Danach hielt es nicht leicht, Freunde und Fremde davon zu überzeugen, daß die Familie lediglich darüber nachdenke, für eine bemessene Zeit Aufenthalt in der Schweiz zu nehmen. Als Thomas Mann von dem großen Radioreporter Edward Murrow, der wenig später den Generalangriff des Fernsehens gegen McCarthy eröffnete, zu einem Beitrag für seine Sendereihe «This I Believe» gebeten wurde, schrieb er einen Essay mit dem Titel «Lob der Vergänglichkeit», in dem man ein verborgenes Eingeständnis seiner Bereitschaft zur Veränderung und zum Wechsel erkennen mochte. Er griff weit aus – bis in den zeitlosen Raum, in dem das Leben entstand, zweifellos angeregt von seiner Visite im Naturhistorischen Museum von Chicago. Er sprach vom Werden des Menschen, zu dessen wesentlichen Eigenschaften das Wissen von der Vergänglichkeit gehöre, und er schloß mit dem Satz: «In tiefster Seele hege ich die Vermutung, daß es bei jenem ‹Es werde›, das aus dem Nichts den Kosmos hervorrief, und bei der Zeugung des Lebens aus dem anorganischen Sein auf den Menschen abgesehen war und daß mit ihm ein großer Versuch angestellt ist, dessen Mißlingen durch Menschenschuld dem Mißlingen der Schöpfung selbst, ihrer Widerlegung gleichkäme.»

Das kosmische Lebensgefühl, das er hier – von neuem goethisch gestimmt – einem amerikanischen Publikum nahebringen wollte, versuchte er in jenen Tagen auch mit der Traumwelt des Felix Krull zu verknüpfen: ein schwieriges Unternehmen. Der kleine Abenteuer-Roman hatte bisher dem Schreiber die schöne Gelegenheit geboten, den deprimierenden Wirklichkeiten für einige Stunden auf rosigen Wölkchen zu entschweben, und es hatte ihn eher entzückt, daß Erika nach einer Vorlesung des Kapitels, in dem das fleischliche Gemenge im Boudoir der Madame Houpflé mit einer – für Thomas Mann – erstaunlichen Freizügigkeit geschildert wurde, noch einmal das «Erz-Päderastische (‹Schwule›) der Szene» konstatierte. «Soit», bemerkte er im Tagebuch.

Krulls Aufstieg in die Reihe der befrackten Kellner des «Saint James and Albany» gab dem Autor die gern genutzte Gelegenheit, seine beobachtende Vertrautheit mit dem Personal luxuriöser Restaurants zu demonstrieren, zumal seinen hübscheren Vertretern männlichen Geschlechts. Bei der Darstellung ihrer Allüren streifte die Erinnerung an Franzl sein Gedächtnis, von dem im Tagebuch so gut wie nie mehr die Rede war. Als er von Lord Kilmarnock erzählte, dem einsamen Gast, der den Aufwärter Krull, von seinem Charme überwältigt, als Gesellschafter auf sein schottisches Schloß zu entführen versuchte, warf er auch einen Blick auf sich selbst und sein schmachtendes Verlangen nach Franzls Lächeln. Die melancholische Appetitlosigkeit des Lords zum Beispiel war ganz die seine: Suppen aß auch er mit Behagen, ob Consommé, Turtle oder Oxtail, und wie der edle Schotte kostete er von den danach aufgelegten Köstlichkeiten nur einige Bissen. Er zündete sich wie jener lieber rasch eine Zigarette an «und ließ jedes Gericht fast unberührt abtragen». (Übrigens mußte der Name des schottischen Aristokraten mehrmals korrigiert werden, da es Adelsgeschlechter gab, die so hießen, wie der Autor sein Ebenbild benannt hatte.)

Als sich Krull endlich, mit den Papieren und dem Kreditbrief des Marquis de Venosta versehen, auf dem Weg nach Lissabon befand, den wirklichen Grafen mit seiner schönen Mademoiselle Zaza in Paris zurücklassend, ließ Thomas Mann die starken Eindrücke, die er im Naturhistorischen Museum von Chicago gewonnen hatte, in detaillierter Überfülle in das lange Gespräch mit dem ur- und vorgeschichtlich so beschlagenen Professor Kuckuck strömen. Er lenkte es endlich hinüber zur griechischen Mythologie, von Beginn an den behenden Hermes (und seine Beine) im Auge. Zuvor hatte er über die würdelosen Scherze geklagt, mit denen er sich die Zeit vertrieb. Doch nun seufzte er, daß er schon wieder im Begriff sei, seiner «verfluchten Neigung» nachzugeben, «alles, auch etwas so Närrisches, ins ‹Faustische› ausarten zu lassen und eine Wanderung vom Himmel durch die Welt zur Hölle daraus zu machen».

Es hatte seine eigene Komik, daß er auch die Abenteuer des kleinen Hochstaplers ins Universelle zu erhöhen bemüht war, nach dem es ihn – in der Pflicht Goethes – stets verlangte, damit sich, um mit Hans Wysling zu reden, sein «kosmischer Narzißmus» ein weiteres Mal erfüllen könne. Der Autor aber war keineswegs immer sicher, ob sein Krull das rechte Gefäß für diese Ambition sei.

Er hatte den Leitern des Dritten Programms der British Broadcasting Corporation in London einen Vortrag mit dem Titel «Der Künstler und die Gesellschaft» versprochen. Die Arbeit an einem Essay war ihm, obwohl sie ihn von dem Roman fernhielt, nicht unwillkommen, weil er sich auf diese Weise den Text für einige Vorträge zum neuen Einstand in Europa verschaffte. Die geplanten Auftritte verlangten eine Konfession, die seine Heimkehr in die Alte Welt begründete. Sie sollte nicht zu weit gehen: keine demonstrative Abkehr von den Vereinigten Staaten – das auf keinen Fall –, doch eine leise Distanzierung durfte sichtbar werden. Zugleich mußte die Abgrenzung gegenüber dem Kommunismus markiert werden: nicht zu schroff, nicht zu eindeutig – auch das nicht.

Die Vieldeutigkeit war nicht nur, von jeher, eine Merkwürdigkeit seines Stils. Sie entsprach seinem Lebensgefühl, das sich nicht in die biblische Forderung übersetzen ließ, daß unsere Rede «Ja – ja» oder «Nein – nein» zu sein habe. Er zog das «Ja – aber» und das «Nein – doch» stets vor: das «Sowohl – als auch», das er nicht dialektisch verstand, sondern als Ausdruck einer Existenz in fließenden Grenzen und ungenauen Übergängen.

Der Untertitel seines Vortrags, meinte er, könne «Der Künstler und die Politik» lauten oder genauer: «Der Künstler und die *Moral*». Im Text beschrieb er noch einmal Deutschlands Fremdheit gegenüber dem Gesellschaftsroman und der Gesellschaftskritik, denen es seine «Innerlichkeit» und seinen «Romantizismus» entgegengesetzt habe. Ein Motiv der «Betrachtungen» klang an: «Die

Vorstellung hat etwas Unwillkürliches, daß der Geist seiner Natur nach – um mich des politisch-gesellschaftlichen Terminus zu bedienen – ‹links› stehe; daß er also den Ideen der Freiheit, des Fortschritts, der Humanität wesentlich verbunden bleibt. Das ist ein oft widerlegtes Vorurteil. Er kann ebensowohl ‹rechts› stehen – und zwar in größter Brillanz.» Er deutete auf Edmund Burke und seine Kritik der Französischen Revolution, die von Friedrich von Gentz übersetzt worden war, dem Helden seines Sohnes Golo. Sie hätten einen ungeheuren Einfluß ausgeübt: «so weithin in der Zeit, daß ich selbst noch in einer konservativ-nationalistischen und antidemokratischen Stimmungsperiode meines Lebens, zur Zeit des ersten Weltkrieges, mit Begeisterung daraus zitiert habe.» Er nannte Balzac als Beispiel konservativer Gesellschaftskritik, Knut Hamsun und den amerikanischen Poeten Ezra Pound, den Anhänger Mussolinis, dem kürzlich ein angesehener Preis verliehen worden sei, wobei er sich fragte, ob er ihm auch zuteil geworden wäre, «wenn er zufällig nicht Faschist, sondern Kommunist gewesen wäre». Dann behauptete er, ins gewohnte Spiel mit der Märtyrergeste verfallend: «Schon eine Bemerkung wie diese genügt heute zweifellos, um den, der sie macht, in den Verdacht des Kommunismus zu bringen.»

Zugleich gab ihm dieser Satz Gelegenheit, seinen Nichtkommunismus zu bekräftigen: «Den Kommunisten abzugeben, bin ich sehr schlecht ausgestattet, – meine Schriften sind ja voll von allen vom Kommunismus perhorreszierten Lastern, wie Formalismus, Psychologismus, dekadente Neigungen und was man will, den Humor und eine gewisse Schwäche für die Wahrheit nicht zu vergessen, – denn Liebe zur Wahrheit ist Schwäche in den Augen unbedingter Parteilichkeit.» Dann folgte prompt die Unterscheidung, die jedes Verbrechen des Totalitarismus moskowitischer Prägung bis auf den heutigen Tag ein wenig entschuldbarer, ein wenig besser, ein wenig moralischer erscheinen läßt: «Der Kommunismus ist eine Idee, deren Wurzeln tiefer reichen als Marxismus und Stalinismus und deren reine Verwirklichung sich der Menschheit immer wieder als Forderung und Aufgabe stellen wird. Der Faschismus aber ist überhaupt keine Idee, sondern eine Schlechtigkeit, der hoffentlich kein Volk, klein oder groß, sich je wieder ergeben wird.» Er schrieb, der Faschismus habe ihn «mehr und mehr auf die linke Seite der Gesellschaftsphilosophie getrieben». Glaubte er es wirklich? Rasch hob er die Behauptung mit dem heiteren Hinweis, er sei dadurch zu «einer Art von Wanderredner der Demokratie» geworden, halb wieder auf – «eine Rolle, für deren Komik ich, selbst zur Zeit meines leidenschaftlichsten Verlangens nach Hitlers Untergang, nie ohne Blick war». Er gestand, es stehe «leise fragwürdig» um seine Haltung, «um alles, was Optimismus, Demokratismus, Menschheitsgläubigkeit an ihr ist – und sogar um meine ‹World Citizenship›». Seine Bücher seien «verzweifelt deutsch», vom Pessimismus Schopenhauers geprägt, «der zur generös-humanitären Gestik im Grunde wenig geschickt ist».

Das Finale war ein unpolitisch-unverbindlicher Aufschwung zur «Güte», von der er behauptete, sie sei das Wesen der Kunst. Die deutschen Zuhörer, an die er vorausdenken mochte, hörten es sicher gern: «Sie ist keine Macht, sie ist nur ein Trost. Und doch – ein Spiel tiefsten Ernstes, Paradigma allen Strebens nach Vollendung, ist sie der Menschheit zur Begleiterin gegeben von Anfang an, und diese wird von ihrer Unschuld nie ganz das schuldgetrübte Auge wenden können.» Dafür war ihm rauschender Beifall sicher.

Unterdessen nahmen die Verhandlungen über das Erscheinen seiner Werke in der Deutschen Demokratischen Republik eine überraschende Wendung. Inge Jens dokumentierte die komplizierten Entwicklungen in ihren Kommentaren und im Anhang zu den Tagebüchern der Jahre 1951–1952. Ihr entging nicht, daß das «Börsenblatt für den Deutschen Buchhandel» in Leipzig am 26. Januar 1952 auf seiner Titelseite geschrieben hatte, die Werke Thomas Manns gehörten dem «gesamten deutschen Volke!» Das Blatt druckte im Faksimile die kurze Antwort des Dichters auf ein Schreiben vom 1. Dezember 1951, in der er festgestellt hatte, es sei sein «aufrichtiger, oft bekundeter Wunsch», daß seine Bücher «dem Publikum der deutschen Ostzone zugänglich gemacht werden. Nicht weniger als Sie, empfinde ich den gegenwärtigen Zustand als unnatürlich und versichere, dass ich – ohne die entgegenstehenden Schwierigkeiten zu unterschätzen – nichts unversucht lasse, ihm abzuhelfen.»

Das Problem war, da Gottfried Bermann Fischer seinen grundsätzlichen Widerstand nicht länger aufrechterhalten konnte, die

Honorierung des Autors in einer Währung des Westens. Unter dem Datum des 26. Januar hatte Walter Janka, der Leiter des Aufbau-Verlages, an den Kollegen in Frankfurt geschrieben: «Für den Transfer des Autorenhonorars in USA-Dollars ist die Zustimmung unseres Finanzministeriums erforderlich. Wir haben sofort alle notwendigen Anträge eingereicht und hoffen, in Bälde einen positiven Bescheid zu erhalten.» (Das Schreiben erschien in einer Sammlung von «Autoren- und Verlegerbriefen 1950 bis 1959» unter dem Titel «Und leiser Jubel zöge ein» im Aufbau Taschenbuch Verlag). Daraus darf geschlossen werden, daß Janka mit Gottfried Bermann Fischer über die Auszahlung der Honorare Thomas Manns in Dollar oder in Westmark verhandelt hatte, ganz im Sinn des Autors.

Nicht lange nach dem Schreiben an Bermann schickte Janka einen Brief an Thomas Mann, in dem er sich über die Forderungen des Gesprächspartners in Frankfurt beschwerte. Der Dichter antwortete ihm am 12. Februar. Er pochte darauf, daß sein «Freund Bermann» ohne seine «unermüdlichen Mahnungen (...) wohl kaum für die Sache überhaupt zu gewinnen gewesen» wäre. Er freue sich, daß jetzt alles nach Wunscherfüllung aussehe: «Es kann nicht meine Absicht sein, meinen Verleger einem anderen Verlag gegenüber irgendwie preiszugeben, aber im Vertrauen darf ich Ihnen wohl sagen, dass Bermanns Bedingungen mir etwas rigoros erscheinen, vor allem, was die Verquickung der Lizenzvergebung für meine Bücher mit Forderungen betrifft, die sich auf Werke meines Bruders beziehen. Ich möchte jedenfalls feststellen, dass diese Nachricht für mich überraschend kommt, und dass ich es ausgesprochen bedauern würde, wenn solche, von mir unerwarteten Schwierigkeiten die Verhandlungen über meine Bücher verzögern oder gar zum Scheitern bringen sollten.»

Dies waren, um es gelinde zu sagen, ungewöhnliche Formulierungen. Sie konnten Bermann bei der Führung der Verhandlungen kaum helfen. Im Gegenteil, sein Autor hatte ihn ohne Skrupel desavouiert. Bermann aber hatte in der Tat den Fehler gemacht, ein Werk des Bruders Heinrich mit den Verhandlungen über die Bücher Thomas Manns zu verknüpfen: damit hatte er ein Tabu verletzt. Natürlich hatte er Grund, sich darüber zu beschweren, daß

sich der ostdeutsche Verlag den «Henri Quatre», für den die Rechte
bei Fischer lagen, kurzerhand für eine unautorisierte Lizenzausgabe
angeeignet hatte. Natürlich war es angebracht, seine legitimen Forderungen anzumelden und damit auch vor einer Wiederholung der
Räuberei bei den Werken des Bruders Thomas zu warnen. Nur
hätte er wissen müssen, daß dies keinesfalls in einem unmittelbaren
Zusammenhang mit den Verhandlungen über die Bücher Thomas
Manns geschehen durfte. Alle Beschwörungen der Größe Heinrichs, der Versöhnung, der Liebe, änderten nichts daran: das
Trauma Heinrich brach allemal wieder auf, wenn auch nur der
Schatten einer Konkurrenz sichtbar wurde.

Einige Wochen später genügte die Lektüre einer autobiographischen Skizze der Malerin Lou Albert-Lasard, in der diese und jene
Unrichtigkeiten standen, um das schlummernde Ressentiment auf-
zustören: «Die Erinnerung wird wieder wach, wie Heinrich nach
dem Zusammenbruch» – im Jahre 1918 – «spazierend an meinem
Hause, durch die Silberpappel-Allee, vorüberging und voller Genugtuung vor sich hin lächelte. Er hatte ‹gesiegt›. Dabei soll er, nach
allen Haß-Entladungen viel über unser Zerwürfnis geweint haben.
Und zuletzt: ‹Mein großer Bruder›.» Noch immer sagte er von dem
Zola-Aufsatz des Bruders aus dem Jahre 1914, er sei «von Haß starrend» gewesen, und reflexhaft verteidigte er den Nationalismus,
von dem er sich damals hatte überwältigen lassen: «Vom Deutschtum waren damals mehr Seelen ergriffen, als meine: Dehmel, Sche-
ler mit seinem ‹Deutschen Krieg›, auf seine Art Hofmannsthal mit
seinem ‹Gott erhalte›. Hesses Demian mit seinem Gefühl einer ungeheuren Wende, ‹und für die, die am Alten hingen, wird das Neue
schrecklich sein.› Schicksalsergriffenheit, war das soviel gemeiner
und blinder als der landläufige und nach dem verloren gegangenen
Krieg triumphierende Pazifismus (...)?» Deutschland und die jungen Jahre waren ihm in vieler Hinsicht wieder nähergerückt.

In der Auseinandersetzung mit Bermann, aber auch in seinen
Briefen nach Ost-Berlin gab Thomas Mann zu erkennen, daß sein
Interesse an der Verbreitung seiner Bücher im ganzen Deutschland,
also auch in Ostdeutschland, am Ende stärker sein könnte als alle
rechtlichen Bedenken. Die Gründe traten immer klarer zutage: die
Vereinigung deutscher Gemeinsamkeit in seinem Werk und durch

seine Person war die letzte Gelegenheit, die «Repräsentanz» sichtbar zu machen, die er sich als das bestimmende Element seiner
Existenz zeitlebens zuerkannt hatte. Spätestens seit dem Ersten
Weltkrieg hatte er, Gerhart Hauptmann ablösend, unter dem Anspruch gelebt, das ungekrönte Oberhaupt des «geistigen Deutschlands» oder des «deutschen Geistes» zu sein. Er hatte ihn den nazistischen Usurpatoren der Nation entgegengesetzt. Er hatte ihn
als «Kaiser der Emigration» demonstriert. Indes, die Einheit der
Exil-Deutschen war zerbrochen. Amerika hatte ihm zwar höchste
Ehren zuteil werden lassen, aber er «repräsentierte» das fremde
Land nicht. Er «repräsentierte» auch nicht die westliche Demokratie, die er nur mit Vorbehalten akzeptierte. Das geteilte
Deutschland aber wollte er unter seinem Werk vereint sehen.

In Ost-Berlin begriff man die Chance, die Thomas Mann durch
sein Schreiben an Janka eröffnet hatte. Zwei Wochen nach seinem
Brief, in dem er den Antrag auf einen «Transfer des Autorenhonorars» bestätigte, schrieb der Chef des Aufbau-Verlages nun plötzlich an Bermann: «Ablehnen müssen wir auch Ihre Forderung auf
Zahlung der Lizenzgebühr in D-Mark West. Der herbeigeführte
Abbruch jeglicher Wirtschaftsbeziehungen mit der DDR unterbin-
det eine solche Regelung und führte dazu, daß die Finanzbehörden
der DDR Vereinbarungen auf Westmarkzahlungen untersagen.»

Thomas Mann antwortete ihm postwendend: «Der Aufbau-Verlag hat in seinen Briefen immer eine Haltung eingenommen (...),
als ob es ihm ein Leichtes sei, nicht nur meine und meines westdeutschen Verlegers finanzielle Bedingungen für die Lizenzdrucke
zu erfüllen, sondern als ob gerade er auch in der Lage sei, die Beträge zu transferieren. Es mag nicht Schuld des Verlages sein, daß
er diese Zusagen nicht einhalten kann, aber es ist weder dem S. Fischer Verlag zuzumuten, noch kann ich es mir leisten, auf die für
uns nutzlosen Zahlungsbedingungen einzugehen, die Sie jetzt für
notwendig erklären.» Inge Jens meinte, es sei anzunehmen, daß
der Aufbau-Verlag «aufgrund der scharfen Reaktionen» von Thomas Mann und Gottfried Bermann Fischer «doch noch einmal versucht» habe, «Devisen zur Zahlung von Lizenzen und Honoraren
zu bekommen», allerdings vergeblich, wie eine Mitteilung von
Walter Ulbricht besage, der verfügt habe, daß man «für Literatur

unter keinen Umständen valuta an Schriftsteller im Ausland» auszahlen dürfe.

Bermann Fischer wollte sich auf die veränderten Bedingungen nicht einlassen. Thomas Mann, der ihn wegen seiner allzu «rigorosen» Forderungen streng gerügt hatte, wies er darauf hin, daß er lediglich ein Angebot der anderen Seite aufgegriffen habe, das die Grundlage der Verhandlungen gewesen sei. Er machte auch darauf aufmerksam, daß es wohl kein Zufall sei, wenn er und sein Verlag von den Zeitungen des ostdeutschen Staates wegen der geforderten Devisenzahlung aufs heftigste angegriffen würden.

In Ost-Berlin aber entschloß man sich kurzerhand, die Bücher Thomas Manns auch ohne die Erteilung einer Lizenz zu drucken. Die grundsätzlich so freundlich interessierte Haltung des Autors schien Anlaß zu der Vermutung zu geben, daß er sich einmal geschaffenen Tatsachen schließlich beugen würde. Man täuschte sich mit dieser Kalkulation nicht ganz. Zwar beschwerte sich Thomas Mann bei Janka über die «Freibeuterei». Sein Protest aber war, fürs erste, eher zahm. Janka sagte in seinen Erinnerungen, die DDR-Verleger seien von ihm ermahnt worden, «Urheberrechte zu respektieren und keine vertragslosen Nachdrucke zu veranlassen». In einem Schreiben an Bermann verwahrte sich Thomas Mann gegen den Vorwurf, er habe sich «zu wenig ablehnend verhalten (...) gegenüber den wilden Plänen des Aufbau-Verlages»: «Ich habe den Leuten doch gesagt, ich könne kaum glauben, was Sie da schrieben von einseitigen Entschlüssen und Gewaltstreichen, und habe hinzugefügt, ich übersehe die Folgen nicht, die so etwas haben würde, sei aber überzeugt, daß nichts Gutes daraus kommen könne und daß unbedingt Verhandlungen wieder aufgenommen werden müßten. Seitdem habe ich von dem Verlag nichts mehr gehört.»

Genau eine Woche später meldete sich Erich Wendt, Jankas Vorgänger in der Leitung des Aufbau-Verlages. Er schrieb Ende April 1952, er sei durch Herrn Janka «über die Folgen des Verhaltens von Dr. Bermann unterrichtet». Der Kern seiner Mitteilung: «Wir (...) wollen und können nicht dulden, daß unsere Jugend ohne Ihr Werk, ohne Hermann Hesse, ohne Heinrich Mann heranwächst, daß Ihre Bücher in unseren Betriebsbibliotheken, an unseren Oberschulen und Universitäten fehlen, daß in den oberen Klassen Ihr

Werk nicht behandelt werden kann, weil es in der DDR nicht erhält-
lich ist. Wir können das nicht, weil es dem Wesen und Sinn von
allem widerspricht, was wir hier tun, weil wir gebildete, von Humanismus durchdrungene Menschen heranziehen müssen. (...) Und
für uns ist diese Verpflichtung doppelt groß, weil wir sehen, welche
unheilvollen Einflüsse sich im Westen Deutschlands geltend machen. Wir brauchen Ihr Werk für unseren Aufbau und können nicht
auskommen ohne dieses Werk, das ein wesentliches Element deutschen humanistischen Geistes bildet.» Seine Folgerung: «Deshalb
sind wir nicht imstande, uns Ihrer Auffassung anzuschließen, die
Herausgabe Ihrer Bücher müsse angesichts der gegenwärtigen Umstände besseren Zeiten vorbehalten bleiben. Wir meinen umgekehrt: die Bücher müssen jetzt erscheinen – zu lange haben wir bereits gezögert – und die strittigen kommerziellen Fragen sollten in
weiteren Verhandlungen geregelt werden.»

Auf die Vorhaltungen Thomas Manns antwortete der Funktionär
mit rüder Resolutheit: «Sie nennen das *Freibeutertum*. Ich antworte Ihnen: wir verstehen das nicht. Niemand erwirbt hier mit
Ihren Werken materielle Reichtümer. Das Gesetz, das den Autor
gegen den Mißbrauch seines Werkes durch gewissenlose Verleger
schützt, hat nicht den Sinn, Teile der Nation vom Genuß des Werkes auszuschließen.» Schließlich: «Wir haben uns entschlossen, Ihr
Werk in der DDR herauszubringen, und werden dafür sorgen, daß
viele Zehntausend Menschen Ihre Bücher erhalten, und diese Menschen werden Ihrer in Dankbarkeit und Verehrung gedenken.» Am
Ende die vage Versicherung, man werde nichts unversucht lassen,
sein Honorar oder doch Teile des Honorars zu transferieren. Auch
werde, soweit möglich, der Schleichhandel mit den Ausgaben in
Westdeutschland unterbunden.

Bermann Fischer hatte, wie es nicht anders sein konnte, eine
Klage gegen den Gaunerstreich angestrengt, den sich die Literatur-
funktionäre, mit humanistischen und antifaschistischen Phrasen
drapiert, geleistet hatten. Aus einem Brief seines Autors aber mußte
er schließen, daß er die Auseinandersetzung allein zu führen habe.
Thomas Mann hatte geschrieben: «Ich glaube, es wird am besten
sein, ich äußere mich jetzt überhaupt nicht mehr und überlasse es
Ihnen und Ihrem Rechtsvertreter, mit den Leuten fertig zu werden.

Ich wünschte nur nicht, dort in dem Licht dazustehen, als hätte ich durch meine Geldgier eine Einigung verhindert und das vielverlangte Erscheinen meiner Bücher hintangehalten.»

Nach der Lektüre des Briefes von Erich Wendt wurde er deutlicher: «Unsere Lage ist schwierig, denn wie wir juristisch etwas gegen die hochidealistischen Entschlüsse des Aufbau-Verlages ausrichten könnten, sehe ich nicht ein: daß etwa ein ostdeutsches Gericht gegen diesen Verlag entscheiden könnte, ist doch wohl ausgeschlossen. Nach meiner Meinung wird es das klügste sein, uns, wie man früher sagte, auf den Boden der Tatsachen zu stellen und die freilich wilden Beschlüsse des ostdeutschen Verlages nachträglich zu legalisieren.» Er konnte auch jetzt nicht darauf verzichten, Bermann die eigentliche Schuld zuzuweisen: «Ich möchte aber doch sagen, lieber Doktor Bermann, daß es ohne Ihre große und zähe Widerspenstigkeit in dieser Angelegenheit nicht zu dieser recht peinlichen Lage hätte kommen müssen.» Dann äußerte er die Hoffnung: «Was die Bezahlung in Ostmark betrifft, so werden sich ja schließlich Mittel und Wege finden lassen, sie wenigstens teilweise nutzbar zu machen.»

Der Verleger setzte sich in seiner Antwort energisch zur Wehr. Er erinnerte Thomas Mann: «Wie großen Wert haben Sie noch kürzlich auf die formale Sicherung Ihres Copyrights gelegt!» Er gerate, sagte er, auch gegenüber den Ämtern der Bundesrepublik in eine fragwürdige Lage: «Was sollen im übrigen die westdeutschen Devisenbehörden von einem solchen Nachgeben halten. Ich habe Himmel und Hölle in Bewegung gesetzt und mit der Abwanderung Ihres Werkes nach der Schweiz gedroht, um die volle Transfergenehmigung» (der deutschen Honorare nach Amerika) «zu erhalten.» Den keineswegs ironischen Elogen Thomas Manns für den «Idealismus» der Literaturverwalter in Ost-Berlin trat er realistisch entgegen: «An diesem Punkt endet der Idealismus des Herrn Wendt. Lassen wir doch seine schönen Reden einmal beiseite, und sehen Sie sich die Anzeige Ihres Werks im ostdeutschen ‹Börsenblatt› an, die sehr deutlich zeigt, wozu man es mißbrauchen will. Die ‹Buddenbrooks› sind hier der Roman ‹vom Verfall bürgerlicher Kulturtradition und vom Aufstieg rücksichtslosen bourgeoisen Großverdienertums›.»

Thomas Mann las es nicht gern. Er verbarg seinen Unmut über Bermann Fischer auch im Gespräch mit Dritten keineswegs. Die Konkurrenten, die seinem Verleger nicht immer mit freundlichen Gefühlen begegneten, stürzten sich mit Vergnügen auf alle Gerüchte, die von Spannungen zwischen Thomas Mann und dem Erben Samuel Fischers wissen wollten. Der Konflikt mit Peter Suhrkamp hatte ungute Spuren hinterlassen. Der Ärger über Bermanns manchmal hochfahrende Allüren mischte sich mit dem Neid und dem Ressentiment gegen den Emigranten.

Otto Basler hielt es für angebracht, voller Vorsicht zu erkunden, ob Thomas Mann wohl geneigt sein könne, sich an den Schweizer Manesse-Verlag zu binden. Der Autor antwortete ihm, von einem «endgültigen Bruch» mit Bermann könne keine Rede sein, und er «wüsste auch leider garnicht, wie es sich bewahrheiten sollte.» Selbst wenn er den Kontrakt nicht erneuern würde, bliebe sein Lebenswerk bei Bermann Fischer. Freilich wäre es für ihn «sehr glücklich, sehr richtig, ein Manesse-Autor zu sein». Basler möge dem Leiter des Hauses sagen, daß er sich «unter seinen Fittichen herrlich und wohlig geborgen» fühlen würde: «Aber bevor nicht Bermann eines natürlichen Bankrottes stirbt, wird nichts zu machen sein.» «Zu schön um wahr zu sein», schrieb er ins Tagebuch.

Thomas Mann hatte Erich Wendt schließlich geantwortet, ihm sei die Freude darüber, daß nun seinem «langgehegten Wunsche gemäss auch in der Deutschen Demokratischen Republik meine Bücher unter die Leute gebracht werden, gründlich verleidet». Er sehe nicht ab, wohin das führen solle. «Der S. Fischer Verlag wird nun Klage gegen Ihre Firma erheben und, gewiss nicht ohne eine starke moralische Wirkung, die rechtlich denkende Welt gegen Sie aufrufen. Wenn ich für meine Person mich öffentlich vorderhand nicht beteilige, so darum, weil es mir, wie hundertmal gesagt, an und für sich von grosser Wichtigkeit ist, dass mein Lebenswerk dem ostdeutschen Publikum, auf sein wahrnehmbares Verlangen, zugänglich gemacht wird, und weil ich nicht als derjenige dastehen mag, der sich aus materiellen Gründen – der Frage der Geld-Transferierung wegen – dagegen auflehnt. Ueber meine entschiedene Missbilligung Ihres – man kann wohl sagen – unerhörten Verhaltens aber dürfen Sie nicht im Zweifel sein.»

Diese Mißbilligung und den wiederholten Vorwurf, man habe «gewalttätig» gehandelt, nahm man in Ost-Berlin in Kauf. (Dem Tagebuch übrigens vertraute der Dichter an, daß ihm der östliche «Bücher-Raub», den er in Anführung setzte, «im Grunde ganz gleichgültig» sei.) Wichtig war nur dies: daß Thomas Mann sich der Klage Bermann Fischers nicht anschloß. Das DDR-Landgericht machte sich die Argumentation des Autors denn auch behend zunutze. Das am 7. August 1952 ergangene Urteil wies die Klage Bermann Fischers mit der Begründung zurück, Thomas Mann zitierend, daß der Autor sein Interesse an dem Erscheinen seiner Werke in der «Ostzone» wiederholt geäußert habe, die auch der «Wahrung der kulturellen Einheit der deutschen Nation gemäß den Rechtsgrundsätzen des Potsdamer Abkommens» entspreche. Walter Janka schien es bei dieser Pseudolegalisierung der Schurkerei – wenigstens im Rückblick – nicht recht behaglich zu sein. Er schrieb in seinen Erinnerungen, Dr. Bermann habe seinen Prozeß verloren, «obwohl er ihn nach den damaligen Gesetzen hätte gewinnen müssen».

Thomas Manns Haltung aber wies auf die Möglichkeit hin, daß der Rechtsbruch nachträglich durch ein Abkommen sanktioniert werden könne. Diesen Plan verfolgte Janka, unterstützt von Hans Mayer, mit großer Zähigkeit. Übrigens ergab sich aus dem Urteilstext des Ostberliner Gerichtes, daß sich auf den Konten der DDR inzwischen ein Honorar von nahezu neunzigtausend Mark angesammelt hatte: auch und gerade nach realsozialistischen Verhältnissen ein beachtliches Vermögen.

122. KAPITEL

Kein Blick zurück

Die Münchner Zeitung «Echo der Woche» – die Klaus und Erika Mann einst mit solch massiver Bosheit attackiert hatte – druckte Ende April 1952 einen Kommentar unter dem Titel «Willkommen in Europa». Auch Thomas Mann sei im Begriff, durch die Umtriebe des Kongreßkomitees gegen «unamerikanische Aktivitäten» aus den Vereinigten Staaten vertrieben zu werden, sagte der Artikel, und der Verfasser fuhr fort: Wenn er sich «der Bedrängnis durch diesen Ausschuß» entziehen zu müssen glaube, so treibe ihn «kein schlechtes Gewissen, sondern der Abscheu vor der Charakterlosigkeit mancher seiner Freunde, und vor einem Gericht, das Prämien für Charakterlosigkeit verleiht».

Der gutgemeinte Zuruf war Thomas Mann nicht nur angenehm: er lenkte zu große Aufmerksamkeit auf den geplanten Wechsel, den er so leise und diskret wie möglich zu vollziehen gedacht. Unverzüglich setzte eine Antwort auf, in der er feststellte, über das Wirken jenes «Committee» möge man denken, wie man wolle – ihn habe es «jedenfalls vollkommen in Ruhe gelassen», noch niemals vorgeladen, und es mache, soweit er sehe, auch keine Anstalten, es zu tun. Er wisse auch von keinen «charakterlosen Freunden», die ihn «vor diesem Tribunal belastet oder im Stich gelassen hätten». Vielmehr betonte er, daß er in den Vereinigten Staaten «bis zum heutigen Tag nichts als Freundlichkeit und Auszeichnung empfangen» habe. Im Entwurf des Briefes führte er, mitteilsam wie immer, viele der Ehrungen auf, die ihm zuteil geworden waren. Dies alles sehe nicht nach Verfolgung, Verfemung und zur Flucht treibender Bedrängnis aus. Diese Sätze – samt der Liste der Auszeichnungen – strich Erika in der von ihr redigierten Fassung, die zur Post gegeben wurde. Sie schrieb vielmehr: alles, woran er denke, sei «ein Europa-Aufenthalt von einiger Dauer, – für mehrere Jahre vielleicht». Der Wunsch habe mit einer Arbeit zu tun, für die er «europäische Atmosphäre» brauche. Dann ließ sie ihn sagen, die Erwägung möge «auch mit tieferen Regungen, Mahnungen des Blutes zu tun haben, mit der alten Erde, deren Sohn ich schliesslich bin, wieder engere Fühlung zu nehmen. Mit Politik und ‹House Committees› hat er nichts zu tun, und keineswegs bedeutet er die Trennung von den Vereinigten Staaten.»

Auf keinen Fall wollte er die Brücken zu Amerika abbrechen. Er dachte nicht an eine Rückkehr, vorausgesetzt, daß er für sich und die Seinen eine angemessene Unterkunft in der Schweiz finde, woran er kaum zweifelte. Doch der Weg zurück sollte nicht abgeschnitten werden.

Die Darstellung seiner Lage in Amerika, die er dem Münchner Blatt schickte, entsprach völlig den Tatsachen: niemand hatte ihn belästigt. Er hatte bisher nichts zu erdulden gehabt – außer publizistischen Angriffen, die meist in Winkelblätter verbannt blieben, und der Absage eines Vortrages in Washington. Und doch empfand er den «hübschen kleinen Aufsatz» fürs «Echo der Woche» als Schönfärberei, denn er fühlte sich trotzdem – mit welchem Recht auch immer – bedroht und verfolgt. Nach der Beratung des Textes mit Erika und Ludwig Marcuse schrieb er ins Journal, ihm sei es «offenbar nicht gegeben», sich «aus der verlogenen Situation befriedigend herauszuziehen». Dann brach wieder die Verzweiflung über ihn herein: «Gefühl der Auflösung, der Ratlosigkeit, des Abstiegs und Ruins erschüttert mehr und mehr meinen Nervenzustand, – nicht des Todes, leider, da meine Physis aushält.»

Verbarg sich in diesen Zeilen eine Spur der Melancholie über den Abschied, der von ihm gefordert war? Darauf deutet wenig hin. Aus der Traurigkeit, die eher seine Furcht vor dem unaufhaltsamen Prozeß des Alterns anzeigte, löste er sich, wenigstens für einen Augenblick, als ihm gemeldet wurde, daß ihm der vom Verleger Feltrinelli gestiftete Preis der italienischen Nationalakademie zugesprochen worden sei: fünf Millionen Lire oder achttausend Dollar gab es neben der Ehre. Die Gabe war ihm willkommen, «denn Geld», schrieb er ins Tagebuch, «ist eine Sicherung u. Beruhigung für die kommenden wirren Zeiten».

Für das Haus im San Remo Drive hatte sich noch kein Käufer eingestellt. Ohnedies mußte es ein Liebhaber sein, der den erwarteten Preis von wenigstens siebzigtausend Dollar zu zahlen bereit sein würde, da die ferne Anlehnung an die Bauhaus-Architektur kaum dem eher konservativen Geschmack der reichen Bürger Amerikas gerecht wurde. Zudem waren die Gerüchte über die Endgültigkeit der Rückwanderung nach Europa – für deren Verbreitung er selbst, halb willentlich, halb unwillentlich, gesorgt hatte – keineswegs geeignet, die Position des Verkäufers zu stärken.

Es grämte ihn, daß die amerikanische Presse von der römischen Auszeichnung keine Notiz nahm. So schrieb er an die Redaktion des «Aufbaus» in New York, schrieb auch an Agnes Meyer, um ihnen nahezulegen, ihre Leser auf das Ereignis aufmerksam zu machen: «Es würde mir leid tun für meine Herren Feinde, wenn die Demonstration so ganz unter den Tisch fiele.» Das Verlangen nach respektvoller Beachtung, das sich auf seine alten Tage gelegentlich zur Ehrsucht steigerte – auch bei der Verleihung der «Ehrenlegion» später im Jahr sorgte er selbst für das angebrachte Aufsehen –, verband sich mit der Spekulation, daß ihn die Auszeichnungen, die ihm in so vielen Staaten zuteil wurden, unangreifbar machen würden (was für die Behörden zutreffen mochte – für die Journalisten aber mehrte sich eher der Reiz zur Polemik).

Auf keinen Fall durfte vor der Abreise unnötiger Lärm gemacht werden. Robert W. Kenney, einer der Anwälte, die in einem Prozeß gegen amerikanische Kommunisten die Verteidigung der Angeklagten übernommen hatten, war an Thomas Mann mit dem Wunsch herangetreten, er möge sich an einer Protestaktion gegen die drohende Behinderung in der Ausübung seiner beruflichen Pflichten durch das ominöse Kongreßkomitee in Washington beteiligen. Der Autor erfüllte die Bitte und setzte prompt eine kräftige Erklärung auf, die besagte, daß jede Einschränkung der Rechte und Freiheiten eines Verteidigers die Norm verletze, an der zivilisierte Nationen gemessen würden. Er fragte, völlig zu Recht: «Wenn ein Verteidiger, der sich für seinen unpopulären Mandanten einsetzt,

auch noch bestraft werden soll – wohin würde uns das führen? Es
würde uns genau in einen nationalsozialistischen Volksgerichtshof
führen, dessen Präsident ein gewisser Roland Freisler war, Ankläger und Richter in einer Person, und in dessen Verhandlungen keine
andere Stimme zu vernehmen war als seine, welche am Ende auch
seine Bluturteile verkündete. Ich brauche nicht zu sagen, wie undenkbar eine solche Verfahrensweise in einem freien Lande wie
Amerika erscheinen würde.»

Der Familienrat aber beschloß, daß Thomas Mann seinen Namen
so kurz vor dem Aufbruch keinesfalls belasten dürfe. Also schickte
Katia ein Telegramm an Robert Kenney, in dem sie darum bat, von
der Publikation des Schreibens abzusehen. Sie holte das Dokument
am nächsten Tag im Büro des Anwaltes ab.

Thomas Mann war unterdessen, vom «Krull» beurlaubt (den er
in Amerika doch nicht mehr beenden konnte), durch die Sichtung
der essayistischen Arbeiten okkupiert, die er zusammen mit Erika
vornahm. Sie sollten bei Fischer unter dem Titel «Altes und Neues»
erscheinen, mit dem Untertitel «Kleine Prosa aus fünf Jahrzehnten». Sie war nicht immer so klein: angefangen bei «Bilse und ich»
über den «Friedrich»-Essay bis zu Michelangelos Erotik.

Die Redaktionsarbeit genügte nicht, sein Verlangen nach Tätigkeit zu befriedigen. Das Schreiben war ihm so sehr Bedürfnis wie
der tägliche Gang, der Schlaf am Nachmittag, wie es die Zigaretten
waren und die Mahlzeiten, die ihren Rang behaupteten, obschon er
im Journal stets über seine Appetitlosigkeit klagte («ich mag nur
Suppe und Kaviar»). Das Schreiben war Notwendigkeit, der er –
fast zwanghaft – in seinen noch immer so gesprächigen Briefen und
in den Aufzeichnungen im Tagebuch diente.

Er horchte auf, als Katia beim Frühkaffee am 6. April 1952 von
einer «älteren Münchener Aristokratin» erzählte, «die sich leidenschaftlich in den jungen Hauslehrer ihres Sohnes verliebt. Wunder-
barer Weise tritt, nach ihrem entzückten Glauben kraft der Liebe,
noch einmal Menstruation ein. Ihr Weibtum ist ihr zurückgegeben
– es war im Grunde noch nicht tot, denn wie hätte sonst auch dies
junge, mächtige Gefühl sie ergreifen können? Zu diesem faßt sie
unter dem Eindruck der physiologischen Segnung, Verjüngung,
Auferstehung, frohen und kühnen Mut. Alle Melancholie, Scham,

Zagheit fällt davon ab. Sie wagt zu lieben und zu locken. Liebesfrühling, nachdem schon der Herbst eingefallen. Dann stellt sich heraus, daß die Blutung das Erzeugnis von *Gebärmutter-Krebs* war – auch eine Vergünstigung, da die Erkrankung gewöhnlich nichts von sich merken läßt. Furchtbare Vexation! War aber die Krankheit der Reiz zur Leidenschaft u. täuschte sie Auferstehung vor?»

Nur wenig später exzerpierte er die Mitteilungen seiner Lexika über «Gebärmutter und Menstruation». Knapp einen Monat nach der Morgenunterhaltung begann er die Niederschrift der Geschichte, die den Titel «Die Betrogene» tragen sollte und die er nach Düsseldorf verlegte: in die Heimat Klaus Heusers, dessen Andenken ihn vielleicht berührte, als er von dem Amerikaner Ken erzählte, dem er die Rolle des jungen Geliebten der alternden Frau von Tümmler zuwies (obwohl das eigentliche Vorbild des kraftvoll strahlenden Menschen wohl eher ein Freund des Sohnes Golo war). Die gynäkologischen Auskünfte, die er aus den Nachschlagewerken und den Gesundheitsbüchern im Hause bezog, genügten ihm nicht. Er setzte ausführliche Briefe an Doktor Frederick Rosenthal auf, den Arzt in Beverly Hills, der ihm und Bruder Heinrich so oft hilfreich gewesen war. Er wollte wissen: «In welchem Stadium der Krebs-Entwicklung (die ja bekanntlich an der Gebärmutter unmerklich, ohne Schmerzsignal vor sich geht) (...) eine solche, mit erneuter Menstruation verwechselbare Blutung eintreten» mag. Er fragte: «Woran überhaupt erkennt der Arzt – oft zu spät – das Vorhandensein von Gebärmutter-Krebs? Ist die Blutung nach dem schon erfolgten Stillstand der geschlechtlichen Funktionen ein untrügliches Zeichen dafür – und zugleich für die hoffnungslose Fortgeschrittenheit der Krankheit?»

Rosenthal antwortete mit höchstem Eifer, durch den Appell an sein Expertentum und zugleich durch die Chance einer Geburtshelferfunktion beim Entstehen eines literarischen Werkes aufs höchste geschmeichelt. Ein Gebärmutterkarzinom, klärte er den Autor auf, versetze die Frauen für gewöhnlich «sehr frueh in einen Zustand morbider Melancholie, sexueller Frigiditaet und der Neigung zur Abgeschlossenheit von der Aussenwelt, bedingt durch frueheinsetzende koerperliche Schwaechezustände.» Das von Thomas Mann angezeigte «sexuelle Wiedererwachen» sei nur dann möglich, wenn eine Krebserkrankung der Eierstöcke vorliege. Es könne, meinte der Arzt, am Anfang der Erkrankung «Symptome des Hyperestrogenismus mit dem ueberraschend erfreulichen Wiederaufbluehen der Patientin» geben, aber «diese grausige Taeuschung» halte nicht lange an.

In einem zweiten Brief drückte sich Thomas Mann präziser aus. Er zitierte aus seinen vorläufigen Aufzeichnungen: «Das Gefühlswunder wird (für sie) zum physiologischen Wunder. Sie ist wieder Weib, wieder empfängnisfähig, wieder ‹potent›, der Jugend des Geliebten trotz grauen Haaren wieder physisch würdig, braucht vor ihr nicht mehr die Augen niederzuschlagen. (...) Die Natur läßt das Psychische über das Physische siegen. Kraft des Psychischen belebt sie das schon entschlafene Physische wieder, stellt die weiblichen Funktionen wieder her, macht die Ausgeschiedene auch körperlich wieder zum Vollmenschen. Ihr Liebesmut schwillt... *Aber denkbar*, daß ihre ekstatische Leidenschaft, ihre Liebe, die durch die Person des Geliebten nicht gerade sehr gerechtfertigt ist, ein Effekt der Reizung durch das erkrankte Organ war. Es hätte also nicht das Seelische einen Triumph über das Physische gefeiert, sondern das Pathologisch-Physische einen trügerischen Seelenfrühling erregt. Das neue Leben war in Wahrheit der Tod.»

Rosenthal meldete keine Einwände. Die medizinische Problematik der Novelle war geklärt. Zu der menschlichen, sofern sie ihm deutlich wurde, war das Urteil des Arztes ohnedies nicht gefordert.

Hatte der freundliche Helfer den «Joseph»-Roman gelesen? Erinnerte er sich, wenn er mit dem Epos vertraut sein sollte, der vorgetäuschten Schwangerschaft von Potiphars Weib? An die Prominenz, die der Autor dem Menstruationsblut auf dem weißen Kleid der Mut-em-enet zuerkannt hatte? Streifte ihn – wie später manchen der Leser – die Vermutung, daß Thomas Manns merkwürdige Faszination durch den Zyklus der Frau zugleich auch ein tiefes Mißtrauen gegen das Wesen des Weiblichen annoncierte? Das Blut, Symbol der Fruchtbarkeit und des Lebens, wurde Thomas Mann zum Symbol des Todes. Die alternde Rosalie von Tümmler ließ er klagen: Es ist halt «recht schwer mit der Würde und mit dem Abschied» und «der Anpassung der Seele an die neue Körperverfassung», und «wenn da nun auch noch ein Gemüt ist, das von Würde und vom verehrten Matronenstande noch gar nicht viel wissen will und in Widerspruch steht zur Vertrocknung des Körpers».

Bitter beschwerte sich die Dame: «Wenn es uns nicht mehr geht nach der Weiber Weise, dann sind wir eben kein Weib mehr, sondern nur noch die vertrocknete Hülle von einem solchen, verbraucht, untauglich, ausgeschieden aus der Natur.» Doris Runge sagte in einer scharfsinnigen Betrachtung der Novelle: «Hier spukt der alte Weiberschreck Schopenhauer durch die Zeilen, mit seiner zum Postulat erhobenen Behauptung, ein altes, das heißt nicht mehr menstruierendes Weib errege unseren Abscheu. Jugend ohne Schönheit habe immer noch Reiz, Schönheit ohne Jugend keinen.»

Die vermeintliche Rückkehr der Potenz aber, unter dem Gefühlssturm der neuen Liebe, kündigte die tödliche Krankheit an, nein, umgekehrt: der Rausch der Liebe war von der Krankheit, vom Tode gezeugt.

Das alte Lied. Liebe und Tod waren – wie immer und hier noch einmal – ganz ineinander verwoben, das eine durch das andere bedingt. Adrian Leverkühn lieferte sich mit der Liebe willentlich der Krankheit aus, die ihn mit der genialen Steigerung seines Schöpfertums belohnte. Rosalie von Tümmler aber erlebte die Liebe, die man als die universelle und eigentliche Genialität des Menschenwesens bezeichnen darf, als eine Botschaft des Todes. In Doris Runges Worten: «Aus dem Akt der Verschmelzung von Liebe und Tod gibt es keine Rückkehr ins Leben».

Der Dichter rief denn auch, den alten Bildern getreu, einen Todesboten herbei, der «einen rötlichen Schifferbart unterm Kinn» trug: rothaarig mußte der Düsseldorfer Charon sein, der Rosalie von Tümmler und ihre Tochter Anna samt Ken mit seinem Nachen über den Rhein-Acheron setzte, nach Benrath, das gewissermaßen schon im Reich des Hades lag, rothaarig wie der Leipziger Schlepper im «Faustus», wie die zweifelhaften Gesandten des Schicksals im «Tod in Venedig».

Erika riet, nach den ersten Lesungen aus der entstehenden Erzählung, «zur Dämpfung des Physiologischen, das nicht zart genug zu behandeln» sei, «um nicht den Geschmack zu verletzen». Sie sagte im übrigen, vermutlich mit dem Blick auf das ungewöhnliche Sujet, einen großen Bucherfolg voraus. Sie deutete damit den Einwand vieler Kritiker an, die sich hernach über die Verletzung des «guten Geschmacks» beschwerten. Katia aber schien sich an dem Blick nicht zu stören, den ihr Mann auf das Wesen der Weiblichkeit warf. Sie kannte vermutlich die Ängste, die hinter der diagnostizierenden Kühle und der Beschwörung von «Güte» und «Gnade» hausten, mit denen er nun so rasch zur Hand war.

In der Schilderung der gespannten Beziehungen der Mutter Rosalie zur Tochter Anna erkannten sich – wenigstens zunächst – weder Erika noch Katia wieder. Oder waren sie beide zu rücksichtsvoll, ihre Bedenken schon jetzt, in der schwierigen Phase der Niederschrift, erkennen zu lassen? Traf nicht auf Erika zu, was von der Tochter Anna gesagt wurde, der Künstlerin, die anders als die naturselige Mutter von «kühler Intelligenz» war: daß sie «von jeher an heftigen Leibschmerzen» litt, «wenn ihre Regel im Anzuge war»? Quälte sie sich nicht seit Jahren mit hartnäckigen gynäkologischen Problemen? Berührte es sie nicht schmerzlich, daß die junge Frau, der eine solch ausgeprägte Intellektualität zuerkannt wurde, mit einer körperlichen Behinderung geschlagen sein mußte: einem Klumpfuß, der sie hinken, knappen und lahmen ließ? Und wie war ihr bei dem großen Gespräch von Mutter und Tochter über die Liebe zumute? Dort fand sie die von Bitterkeit getränkten Sätze: «Meine liebe Mama (…), laß mich vor allem die Ehre zurückweisen, die du meinem Stolz und meiner Vernunft erweist. Die wären kläglich damals dem unterlegen, was du poetisch das Herz nennst, wenn nicht ein gnädiges Schicksal sich ins Mittel gelegt hätte, und wenn ich denke, wohin mein Herz mich geführt hätte, so muß ich Gott danken, daß es nicht nach seinen Wünschen ging.»

Wie weit führte der Vater die Erzählung im ersten Elan? Er gelangte, dies ist gewiß, über die Ankunft Ken Keatons hinaus, vielleicht sogar bis zu dem Augenblick – es ist der entscheidende –, in dem sich Frau von Tümmler in einem ekstatischen Selbstgespräch, auf ihre Ottomane hingestreckt, «überwältigt von Scham, Schrekken und Wonne», ihre Leidenschaft gesteht, dem Leser eine üppige Girlande hoher Worte zuwerfend: «Großer Gott, ich liebe ihn ja, liebe ihn, wie ich nie geliebt, ist das denn zu fassen? Bin ich doch zur Ruhe gesetzt, von der Natur in den milden, würdigen Matronen stand überführt. Ist es da nicht ein Gelächter, daß ich noch Wollust pflegen soll, wie ich es tue in meinen verschreckten, wonnevollen Gedanken bei seinem Anblick, beim Anblick seiner Götterarme, von denen umschlossen zu sein mich wahnsinnig verlangt, seiner herrlichen Brust, die ich in Jammer und Begeisterung unter dem Trikot sich abzeichnen sah? Bin ich eine schamlose Alte? Nein, nicht schamlos, denn vor ihm schäme ich mich, vor seiner Jugend, und weiß nicht, wie ich ihm begegnen und ihm in die Augen, die schlichten, freundlichen Knabenaugen blicken soll, die sich von mir keines heißen Gefühles versehen.»

Geisterte hier der Verehrer des bayerischen Franzl? Sprach der Autor von der Beschwernis des eigenen Alters? Dachte er an André Gide, der in fortgeschrittenen Jahren, zu Thomas Manns tiefster Empörung, nicht gezögert hatte, sich zu den Jungen zu legen? War ihm bei dieser himmlischen Schilderung einer späten Passion, die sich als eine medizinisch exakt definierte Todesfalle erweisen sollte, ein wenig unbehaglich?

In jenen Tagen las er Tolstois kaukasische Erzählung «Hadschi-Murat», nicht zum erstenmal. Sein Talent zur Bewunderung fremder Leistung – sofern ihm die Autoren weit genug entrückt waren – durfte man stets als seine liebenswürdigste Eigenschaft betrachten. Selten aber hatte er sich dazu hinreißen lassen, den Abstand zu den epischen Riesen des neunzehnten Jahrhunderts mit solch vorbehaltlosem Respekt zu bekennen, sei es auch nur im Journal: «Das ist es! Wie blicke ich auf! Wie schäme ich mich der albernen ‹Literaturpreise›!» Nur die großen Epiker des neunzehnten und des frühen zwanzigsten Jahrhunderts schienen ihm die Lektüre wert zu sein. Es verging fast kein Tag, an dem er nicht dem einen oder anderen ihrer Werke begegnete: immer wieder Tolstoi, Dostojewski, mit Vorbehalten und Distanz auch Stendhal, Balzac, Flaubert, vor allem aber Joseph Conrad, dem er den Ruhm zuerkannte, der ihm selbst oft zugesprochen wurde: der bedeutendste Epiker seines Jahrhunderts zu sein.

Fast bis zur Stunde des Aufbruchs ging das Leben in Pacific Palisades seinen gewohnten Gang: die erste Tasse Kaffee oder Tee nach dem Aufwachen, das Bad, Frühstück und die Stunden am Schreibtisch, oft erst danach die Rasur – das einzige Zugeständnis an die nachlässigen Allüren, die er den Boheme-Künstlern zuschrieb –, und vor dem Mittagessen der tägliche Spazierweg «über das Alte Haus» am Amalfi Drive oder hinab bis zur Küste, stets mit dem Wagen von Erika oder Katia eingeholt. Manchmal eine Wanderung am Pazifik, wo sich die Anblicke junger Männer beim Sonnenbad darboten.

Nichts änderte sich an der Routine bis zum vorletzten Tag: «Etwas an der Erzählung» notierte er, dann: «Gegangen ‹oben herum› zum Boulevard». Kein Hauch der Wehmut schien ihn zu berühren. Er erwähnte die Reisevorbereitungen mit einer Beiläufigkeit, als führe er zu einem Vortrag nach San Francisco hinauf oder zu einem Besuch bei der Tochter nach Chicago, zu Verabredungen nach New York, vielleicht zur sommerlichen Europatournee, wie er es gewohnt war. Kein Hinweis auf einen Abschied von Hilde Kahn, der zuverlässigen und so taktvollen Gehilfin, ein Dankgeschenk, ein freundliches Adieu für die vielen Freunde und Nachbarn, die immer zu guten Diensten bereit waren.

Er wußte sehr wohl, daß er kaum je zurückkehren würde, obschon er die Möglichkeit offenließ, da man für alle Eventualitäten gewappnet sein mußte. Das Haus stand zum Verkauf. Er hatte es stets als eine Insel der Sicherheit gepriesen und sich der Schönheit des Gartens erfreut. Länger als ein Jahrzehnt hatte es ihm die Geborgenheit garantiert, die er brauchte.

Am Tag vor dem Aufbruch ließ er sich mittags zur Fußpflege fahren, die ihm so wichtig war wie das regelmäßige Rendezvous beim Friseur. Am Nachmittag kam Bruno Walter mit der Tochter zum Tee. Am 24. Juni 1952 ließ er sich mit Katia von einem Neffen, der das Haus hüten sollte, zum Flugplatz chauffieren. Warf Thomas Mann einen Blick zurück? Er schrieb davon nichts in seinen Briefen oder im Tagebuch.

123. KAPITEL

Wiener Heimsuchungen

Thomas Mann hatte es eilig, Amerika hinter sich zu lassen. Ein Tag in Chicago mußte genügen, um von Elisabeth Abschied zu nehmen, die noch immer mit der Entscheidung kämpfte, ob sie sich scheiden lassen oder denn doch mit Mann und Kindern in Italien niederlassen sollte. Der Vater nutzte die Gelegenheit, um noch einmal das Naturhistorische Museum aufzusuchen, Felix Krulls Exkursionen in die Urgeschichte der Schöpfung und die Vorgeschichte der Menschheit repetierend. Auch in New York hielten sich Katia und er nur drei Tage auf. Die Einladung Agnes Meyers nach Mount Kisco hatten sie höflich abgelehnt. Die Protektorin, auf deren Schutz er nun kaum mehr angewiesen war, hatte ihm erst wenige Wochen zuvor ein Kapitel aus ihren Memoiren geschickt, in dem sie ein herzlich-bewunderndes Bild des Dichters entwarf, nahezu ohne einen Hauch der Kritik und ohne eine Spur der Enttäuschung (was er als selbstverständlich hinnahm). Vor ihr suchte er noch immer das Geheimnis zu wahren, das längst keines mehr war: daß er nicht die Absicht hatte, in die Vereinigten Staaten zurückzukehren. Die Endgültigkeit des Entschlusses wurde ihm und Katia auf schockierende Weise klar, als ihnen der Anwalt Erikas mitteilte, der Antrag der Tochter für ein Visum zur Wiedereinreise in die Vereinigten Staaten sei ohne Begründung abgelehnt worden.

«Sehr ernst», vermerkte der Vater. Die Älteste war, wie beschlossen, schon zu Beginn des Monats vorausgeflogen (ehe ihr britischer Paß ablief) – nicht über Paris, wie man ausdrücklich vereinbart hatte, da die französische Hauptstadt in jenen Tagen vom tosenden

Lärm kommunistischer Demonstrationen gegen den angeblichen Einsatz biologischer Waffen im koreanischen Krieg erfüllt war: amerikanische Flugzeuge sollten «Pestfliegen» und andere Erreger von Seuchen, auch Bakterien zur Erntevernichtung hinter der Front abgesetzt haben – so die Propaganda-Mär, für die der Professor Frédéric Joliot-Curie als Zeuge auftrat. Thomas Mann hatte den bösartigen Unsinn halb geglaubt, wie er denn jedes Gerücht antiamerikanischer Agitation mit steter Bereitschaft zur Empörung aufnahm. Weder ihm noch anderen sagte die Vernunft, daß die Yankees schon aus Gründen der Selbsterhaltung gezögert haben müßten, ansteckende Krankheiten auszusäen, da Epidemien nur selten geneigt sind, höflich an Grenzen und Frontlinien haltzumachen.

Hatte Erika Paris wirklich meiden sollen, um nicht in die Wirren einer Revolution gerissen zu werden? Oder um sich nicht dem Verdacht auszusetzen, sie strebe an die Seine, um bei den Manifestationen mitzumarschieren? Die Berichte über ihr FBI-Dossier gaben keine Auskunft, was die Einwanderungsbehörden veranlaßt haben mochte, ihr die Rückkehr in die Vereinigten Staaten abzuschneiden. War es nur die Konsequenz ihres Verzichts auf die Einbürgerung? War es die alte, alberne Anschuldigung, sie sei eine «Agentin des Komintern»? Wollte man sich ihrer lästigen Anwesenheit entledigen, da man ihre Haltung – trotz ihrer gelegentlichen Hilfsdienste für die Bundespolizei – als antiamerikanisch betrachtete?

Aus ihrer Feindseligkeit, die zwischen der Regierung in Washington und der amerikanischen Gesellschaft insgesamt nicht immer klar unterschied, hatte sie kein Geheimnis gemacht, manchmal auch zum Kummer des Vaters, den es beunruhigte, daß die Irrationalität der Tochter die seine übertraf. Ihr Blick für die Wirklichkeit war – gewiß auch eine Folge des chronischen Kränkelns, der Schlaflosigkeit und der Drogen – von Zeit zu Zeit getrübt. Hermann Hesse hatte sie im Jahr zuvor schon geschrieben, gegen den Vater sei «ein politisches Kesseltreiben» im Gang, «wie es selbst die Nazis im Jahre 33 infamer nicht veranstalten konnten».

Entsprach der Bescheid des Immigrationsamtes nur einer stumpfsinnig-böswilligen Routine? Oder war die Bestrafung der Tochter eine wohlüberlegte Mahnung an die Adresse des Vaters, der durch sein Ansehen in den Vereinigten Staaten und in der Welt den Angriffen der Hexenjäger entzogen war (wenn auch nicht der Polemik ihrer publizistischen Gehilfen)?

Thomas Mann zog es vor, entgegen dem Rat von Erikas Anwalt, keinen öffentlichen Lärm zu schlagen. Er erwog, so ein anderer Vorschlag, einen Brief an Herbert Lehmann, den demokratischen Senator von New York, aufzusetzen, doch er scheint auch darauf schließlich verzichtet zu haben. Immerhin telefonierte er mit Agnes Meyer, die sich stets als Retterin in der Not erwiesen hatte. Die einstige Beschützerin war Erika aus guten Gründen nicht allzu gewogen, doch man darf annehmen, daß sie es nicht kurzerhand abgelehnt hat, sich um die Affäre zu kümmern: eine Absage hätte Thomas Mann als eine Bestätigung seiner Ressentiments empfunden und im Journal mit triumphierendem Grimm verzeichnet. Erreicht hat sie wohl nichts. Die Korrespondenz mit ihr, die immer sporadischer wurde, sagte zum Problem Erikas keine Silbe. Doch sie mochte es gewesen sein, die William Benton, den demokratischen Senator des Staates Connecticut, alarmierte, der so couragiert dem Demagogen McCarthy entgegengetreten war. Auch Benton richtete nichts aus.

Während Thomas Manns Aufenthalt in New York passierte das fremdenfeindliche Einwanderungsgesetz des Senators McCarran die letzten Hürden im Kongreß. Das Veto Präsident Trumans hatte nichts gefruchtet. Kein ermutigendes Signal zum Abschied. Dankbar konstatierte Thomas Mann, daß sich die Bediensteten der holländischen Fluglinie – die Vorboten Europas – in ihrem besorgten Eifer um sein Wohl und seine Bequemlichkeit übertrafen. Er und Katia hatten sich nicht um das Gepäck zu bemühen, und sie wurden draußen am Flugplatz ohne Aufenthalt an einem Schalter direkt zu der Maschine geleitet: eine Auszeichnung, die für gewöhnlich nur Regierungschefs, Ministern und Hollywood-Stars zuteil wird.

In Amsterdam zwei Stunden Wartezeit. Gegen Mittag Ankunft in Zürich: «Der höhere Zollbeamte wartend», ihn und Katia bevorzugt abzufertigen. Golo am Flugplatz, mit der Frau des Freundes Emil Oprecht, der zu krank war, um die alten Gefährten zu begrüßen. Erika, die sich in einem Sanatorium bei Bern auszukurieren versuchte, kam anderntags zum Lunch ins «Baur au Lac», das Katia und Thomas eine Woche lang beherbergte, ehe sie droben in Kandersteg Zimmer im «Hotel Viktoria» bezogen.

Mit Behagen begegnete der Dichter dem so grundeuropäischen Reiz der Landschaft: der gezähmten Natur in den Tälern mit den freundlichen Wegen durch die «Szenerien von Fels, Wald und Fichten». Von den Bänken der Kurverwaltung, die zum Verweilen einluden, bestaunte er die Gletscher droben, die von der Sonne beleuchtet waren, «wobei das Mythische, Göttersitzartige der Hochberge sich mit seltener Plastik ausdrückte».

Bald wandte er sich wieder der Erzählung zu. Er erfüllte sein Pensum auch an Katias neunundsechzigstem Geburtstag, der mit Champagner gefeiert wurde. Nach drei Wochen ruhiger Anpassung an die Alte Welt fuhren sie über Luzern nach Lugano hinüber, um eine Villa zu besichtigen, die für achtzigtausend Franken zum Kauf angeboten war. Das milde Klima und die Nachbarschaft Hermann Hesses (der sich in jenen Tagen nicht in Montagnola aufhielt) waren eine schöne Lockung, doch Thomas Mann gab rasch der Einsicht nach, daß er vom deutschen Sprachraum nicht abgeschnitten sein dürfe: wenigstens brauchte er ein pied-à-terre in Zürich, dem deutschen Kulturbereich nahe, doch weit genug von Deutschland entfernt. Sein Publikum war dort drüben, und es war ihm wichtiger denn je, obschon ihn der aufsässig-kritische Geist, der den Umtrieb seiner jungen Kollegen bestimmte, eher irritierte als anzog.

Da Erika Verabredungen in Deutschland hatte, fuhren Thomas und Katia mit der Eisenbahn nach Zürich. Mitten in der Feriensaison war der Zug überfüllt. Sie mußten sich mühsam zum Speisewagen durchkämpfen, was der Dichter, wie stets, als eine Kränkung empfand, die ihn anwiderte. Sie nahmen Zimmer im «Waldhaus Dolder»; doch sie blieben nicht lange, sondern reisten schon fünf Tage später weiter nach München, wo Thomas Mann den Vortrag «Der Künstler und die Gesellschaft» für den Bayerischen Rundfunk auf Band sprach. Im Theater sahen sie Marianne Hoppe, die in einer Komödie von Somerset Maugham auftrat. Er fand sie reizend, wenn auch etwas «nervös und outriert». Später kam sie zum Abendessen. Thomas Mann vermerkte wohl, daß die große Schauspielerin lange mit Gustaf Gründgens verheiratet war, eine Nachfolgerin Erikas, doch es schien ihn nicht zu stören: «Sehr eingenommen von ihr. Küßte ihr zum Abschied die Hand.»

Auf dem Weg nach St. Wolfgang machten sie in Salzburg Station, wo Thomas Mann vor der Festspielgemeinde die Rede über den «Künstler und die Gesellschaft» präsentierte. Michael, der mit seiner Familie noch immer im Salzkammergut wohnte, spielte bei einem Mozart-Abend den Solopart der Bratsche in der Konzertanten Symphonie. Der Vater war angetan, doch er fand, der Ton des Sohnes sei «zu klein»: er schien nicht davon überzeugt, daß Michael noch eine große musikalische Zukunft winke – nach dem Fiasko mit Yalta Menuhin weniger denn je. Er war ein guter Handwerker, mehr wohl nicht, obschon er seine Karriere – nach den Worten des Vaters – mit «egocentrischem Ehrgeiz» verfolgte, nervös, seinen Kindern gegenüber oft tyrannisch. Die Schwiegertochter, notierte Thomas Mann, habe es nicht leicht mit ihm. Die Sympathie für Frido, die noch immer wach war, schärfte den ohnedies kritischen Blick für Michaels Schwächen, wie es die Verständigung zwischen Großeltern und Enkeln, über die Eltern hinweg, so oft nahelegt. Entzückt beobachtete der Großvater, daß ihn der Zwölfjährige mit «Freude und Zärtlichkeit» begrüßte: «Die Gefühlsnachwirkung der Echo-Zeit ist unauslöschlich», schrieb er, an die Entstehungszeit des «Faustus» zurückdenkend.

Michael und Gret sollten, so wurde nun beschlossen, nach Kalifornien zurückkehren, um das Haus in Pacific Palisades zu hüten und die Verfrachtung des Inventars nach Europa zu überwachen. Die beiden Buben müßten unterdessen einem Internat übergeben werden. Erika plädierte für eine englische Schule, Golo brachte Schloß Salem am Bodensee ins Gespräch – eine Anregung, die der Vater fast ärgerlich ablehnte. Auch von einer Schweizer Schule war die Rede, die im Geiste Paul Geheebs geführt wurde, des einstigen Leiters der Odenwaldschule, von der Klaus in mancher Hinsicht geprägt worden war. (Man entschied sich schließlich für ein Institut in der Nähe von Bern.)

Erikas Zustand hatte sich kaum gebessert. Sie wandte sich, eher noch reizbarer geworden, oft mit verletzender Schärfe gegen Golo, der die Welt mit so anderen Augen ansah: ein liberal-konservativer Geist, der sich der Vernunft und der Mäßigung verpflichtet fühlte. Golo war nicht bereit, die Qualitäten der amerikanischen Gesellschaft aus dem Auge zu verlieren, obschon auch er die transatlantische Welt nicht liebte. Er respektierte den guten Willen, den die

Vereinigten Staaten bei der Erfüllung ihrer weltpolitischen Pflichten an den Tag legten. Sein Urteil über den Kommunismus und die moralischen Abgründe der stalinistischen Herrschaft war realistischer als das des Vaters oder der Schwester.

Von Zeit zu Zeit publizierte Golo Aufsätze im Berliner «Monat», von dem sich ohne Übertreibung sagen ließ, daß er zu jener Zeit die wichtigste unter den Zeitschriften in deutscher Sprache war, der dank seiner amerikanischen und englischen, seiner französischen, italienischen und schweizerischen Mitarbeiter die deutsche Provinzialität durchbrach. In dem Blatt fanden sich die Stimmen der Emigration mit den Talenten der kritischen deutschen Publizistik und der jungen Literatur aufs selbstverständlichste zusammen. Man durfte Melvin Lasky, dem Spiritus rector des Magazins, attestieren, daß er ein Redakteur von ungewöhnlichen Talenten war. Golo fand es angebracht, daß der Vater diesen begabten, immer anregenden, immer neugierig-behenden und ein wenig schillernden Zeitgenossen kennenlernte, der mit seinem ironisch-bewußt gepflegten Lenin-Bart und dem lebhaften Spiel seiner Kalmückenaugen eine exotische Art von Attraktivität einzusetzen wußte. Mitte August kam er herüber nach St. Wolfgang. Golo provozierte damit einen der Zornausbrüche Erikas, die ihre Launen weniger und weniger zu zügeln vermochte. Sie nannte Lasky einen amerikanischen «Agenten und Spion», wie der Vater aufschrieb: der Antikommunismus des jungen Mannes aus New York, der ganz vom Geist amerikanischer Linksliberalität und von der politisch-moralischen Aufmerksamkeit Arthur Koestlers geprägt war, machte sie rasend. Sie verstimmte Golo auch durch ihre zänkischen Äußerungen über seine Freundin Eleonore Lichnowsky, eine Tochter des letzten kaiserlichen Botschafters in London, der sich 1914 vergebens um einen deutsch-britischen Ausgleich und die Rettung des Friedens bemüht hatte.

Der Bruder weigerte sich, tief verletzt, mit der Schwester noch länger an einem Tisch zu sitzen. Auch Erika zog sich, wohl auf die Vorhaltungen der Mutter reagierend, wütend zurück. Lasky übrigens fand wenig Gnade vor den Augen Thomas Manns, der die Kritik seines Gastes an der Verwerflichkeit des sowjetischen Imperialismus nicht gern hörte. Er nannte ihn im Tagebuch einen «angeregten, aber beschränkten Mann, der in seiner amerikanischen Propaganda-Sphäre lebt und denkt und sich auch noch für einen Hamlet hält».

In Badgastein fand sich Hans Reisiger für eine Woche ein, der nichts von seinem Charme eingebüßt hatte. Ihm schien es zu gelingen, die Atmosphäre ein wenig zu lockern. Die Bäder strengten Thomas Mann auch dieses Mal an. Der folkloristische Aufwand, dem sich die einheimische Bevölkerung zum Ergötzen vieler Gäste voller Deftigkeit hingab – mit «Trachtenfest, Musik, Umzug und Böllerschüssen», dabei «natürlich viel Nazitum einschlägig» –, strapazierte seine Nerven. Nach einem Abendessen, das von «Harmonika- und» – so schrieb er es – «Zittermusik» begleitet war, «zitterte» er «vor Anstrengung», nicht nur der lautmalerischen Fehlleistung gehorsam. Er atmete auf, als er nach Zürich zurückkehren konnte – wiederum via München, wo er noch einmal zum Herzogpark hinausfuhr, um das verwaiste Grundstück zu sehen. Von der großbürgerlichen und soliden Residenz, die ihn und die Seinen so lange beherbergt hatte, waren nun bloß noch die Fundamente übrig: «War bewegt und gedankenvoll.»

Nein, die Rückkehr nach Europa erlaubte es ihm nicht, von Beginn an und überall eine wärmende Geborgenheit zu spüren. Im Gegenteil, die Schatten wurden länger. Alfred Neumann, einer der treuesten Freunde, lag in Lugano auf dem Tod danieder. Kitty, seine Frau, berichtete in täglichen Telefonaten von seinem schweren Todeskampf. Auch Emil Oprecht legte sich zum Sterben. Hans Feist, der treue Gefährte der Kinder, wurde, gerade fünfundsechzig Jahre alt, Opfer einer Herzattacke. Es waren Nachrufe zu schreiben: eine Pflicht, der er gewissenhaft nachkam. In die gedämpfte Trauer und den latenten Überdruß am eigenen Dasein mischte sich, wie so oft bei alten Leuten, die leise Genugtuung des Überlebenden. Als er einem Freund der Familie aus Münchner Tagen begegnete, der einst die Schwester Lula umworben hatte – damals ein «Prachtjüngling und Liebling aller Frauen», nun ein wenig zitternd, doch mit seinen dreiundachtzig Jahren ein «schöner Greis» –, schrieb er ins Tagebuch: «Vergänglichkeit, Leben, Zeit. Bewegt.» Dann der seltsame Zusatz: «War da froh, diesem einst Glänzenden so anders gegenüberzutreten, als in meinem Elend von damals...»

Für die Hauptgeschäfte – die Weiterführung des «Krull» oder der Erzählung – blieb zunächst keine Zeit. Am 18. Oktober 1952 flog er mit Katia nach München, wo sie von Erika erwartet wurden. Sie waren im Theater, aßen mit der Witwe des Bruders Viktor, verbrachten einen Abend bei Heinz Pringsheim, der eine Wohnung in der Königinstraße am Rande des Englischen Gartens bezogen hatte. In einer Sonntagsmatinee der Kammerspiele las Thomas Mann das «Kuckuck»-Kapitel aus dem «Krull», sein neues Paradestück, das nach seinen eigenen Worten die «gespannteste und heiterste Aufnahme» erfuhr. Das enthusiasmierte Publikum holte ihn mit seinem Beifall wieder und wieder vor den Vorhang. «Wiederkommen!» und «Dableiben!» rief man ihm zu, auch draußen vor dem Theater und auf der kurzen Wegstrecke zu den «Vier Jahreszeiten».

Bleiben wollte er nicht. Wann immer ihn der Gedanke streifte, wischte er ihn, nach einigem Zögern, wieder zur Seite, doch immerhin konstatierte er nun eine «geheime Halb-Neigung». Den Wunsch hörte er gern, und er begegnete ihm nicht länger mit jenem entsetzten Protest, mit dem er bisher jede Erwägung einer Rückkehr von sich gewiesen hatte. «Dableiben doch lieber nicht», schrieb er nach Washington, aber die herzliche Aufnahme habe ihn gefreut. Man hätte ihn wohl auch mit offenen Armen aufgenommen. Der Bibliotheksdirektor Hans Ludwig Held versuchte in einem Gespräch, seine mögliche Bereitschaft zu erkunden. Gewiß hätte er mit den großzügigsten Bedingungen für den Wiederaufbau des Hauses in der Poschingerstraße rechnen können. Auch von einem Lehramt für den Sohn Michael an der Musikhochschule war die Rede. Doch es wurde nichts daraus.

Rückflug nach Zürich. Vortrag in Bern. Das Suchen nach einer Unterkunft war die vordringliche Aufgabe, die vor allem Katia und Erika oblag. Das Glück kam ihnen zu Hilfe. Durch die Vermittlung von Emil Oprecht fanden sie in Erlenbach hinter Küsnacht ein Haus, dessen Lage Thomas Mann schöner als die des ersten Heims in der Schweiz zu sein schien. Die Besitzer waren bereit, das Anwesen für eineinhalb Jahre um den Freundschaftspreis von insgesamt neuntausend Franken zu vermieten – «soviel wie allein das Gehalt unserer kleinen help-Negerin in Californien». Unverzüglich wurden Michael und Gret in Pacific Palisades gebeten, die Möbelpacker zu bestellen. Das Umzugsgut sollte Mitte Januar in der Schweiz eintreffen. Das Möbelhaus Pfister sagte zu, es werde unterdessen für eine komfortable Einrichtung sorgen, die genügen würde, bis das eigene Mobiliar aus Kalifornien einträfe: kein Rappen wurde dafür berechnet. Die Behörden bewilligten die Niederlassung mit allen Zeichen des Stolzes. Erheitert registrierte er die Begründung der Erlaubnis: «Verbringung des Lebensabends und schriftstellerische Betätigung.»

Für die gute Ordnung der Existenz brauchte es nun nur noch die Bestätigung der amerikanischen Papiere. Am 4. November 1952 war, wie zu erwarten, Dwight D. Eisenhower zum Präsidenten der Vereinigten Staaten gewählt worden – gegen Adlai Stevenson, den liberalen Demokraten aus der Schule Roosevelts. Thomas Mann vermutete ganz richtig, daß es dem konservativen General leichter werden würde, den Koreakrieg zu beenden, bei dem sich Nord und Süd seit annähernd zwei Jahren in erstarrten Fronten am achtunddreißigsten Breitengrad gegenüberlagen. McCarthy sei nun vielleicht, meinte er, eine geringere Gefahr. Allerdings bewies er zugleich wieder, daß er der amerikanischen Wirklichkeit entrückt war: ein Sieg Stevensons, meinte er, hätte leicht «zum faschistischen Staatsstreich» führen können. Die Folgen des Übergangs der Macht an die Republikaner seien für ihn, nach seinen Worten, nicht vorauszusehen. Mit einer möglichen Ausbürgerung wegen der Reise nach Weimar sei noch immer zu rechnen. Er schien nicht zu wissen, daß dies – McCarren-Act hin oder her – ein kompliziertes Verfahren voraussetzte, bei dem der Regierung oft der Erfolg versagt war. Katia aber, immer umsichtig, ließ lieber gleich die Pässe erneuern, was ohne Anstand geschah.

Thomas Mann meinte nun, daß es an der Zeit sei, Agnes Meyer ein Licht aufzustecken. Er ging mit Vorsicht zu Werk. Die ganze Wahrheit meinte er der Protektorin nicht zumuten zu können. Der europäische Aufenthalt ziehe sich in die Länge, schrieb er ihr am 7. November: «Gewiss haben Sie aus einzelnen brieflichen Aeusserungen von mir schon entnommen, wie sehr mit zunehmenden Jahren das Bedürfnis sich in mir verstärkt hat, mit der alten Erde, in der ich doch schliesslich meine Wurzeln habe, wieder engeren Kontakt zu nehmen. Wir waren ja fast jedes Jahr hier; aber das Hin- und

Her-Reisen ist mühselig und kostspielig, und so haben wir beschlossen, es wieder einmal mit der Lebensform zu versuchen, in der wir uns von 1933 bis 38 doch recht wohl gefielen, und der wir immer eine freundliche Erinnerung bewahrt haben. Das will sagen: wir haben auf der Höhe von Erlenbach-Zürich, ganz in der Nähe unseres damaligen Wohnsitzes Küsnacht, für ein Jahr ein kleines Haus in wunderhübscher Lage, am Wald, mit weitem Blick über den ganzen Zürichsee hin und auf die Berge, gemietet, das wir Mitte Dezember beziehen wollen.»

«Poor old Europe», fuhr er fort, zeige sich «sehr empfänglich» für seine Wiederkehr – «die aber wahrhaftig keine Abkehr von Amerika bedeuten soll, dem Lande, dem ich soviel Gutes und Freundliches verdanke. Wir wollen zwar unser kalifornisches Haus, das uns längst zu gross geworden war, verkaufen (wenn wir einen anständigen Preis dafür bekommen). Aber nichts wünsche ich weniger, als dass drüben der Eindruck entstünde, dass ich Amerika den Rücken kehre. Bitte, helfen auch Sie, wenn es nötig sein sollte, diesen Eindruck hintanzuhalten! Ich bleibe ja American citizen und bin hier schon ebenso befreundet mit dem amerikanischen Consul wie mit den Schweizer Behörden.» Da die Familie Meyer der republikanischen Partei nahe war, versicherte er der Freundin gern, daß es nicht gut gewesen wäre, «wenn die Grand Old Party wieder unterlegen wäre. Das hätte das politische Leben unheilvoll vergiftet».

Am Tag nach der Ausfertigung des Briefes war er mit Katia schon wieder unterwegs nach Frankfurt, wo er die Rede zu Gerhart Hauptmanns neunzigstem Geburtstag zu halten hatte. Den Wunsch, daß er die Würdigung übernehmen möge, hatte die Witwe des Dichters nach der freundschaftlichen Begegnung in Badgastein geäußert. Nun saß sie vor ihm, in der ersten Reihe, mit der größten Aufmerksamkeit lauschend. Er hatte sich mit dem Auftrag nicht leicht getan, ja er hatte sich in der Not an Hans Reisiger gewandt: «Wollen Sie nicht so lieb und gut sein und mir mit ein paar Tips, Notizen, Winken, Ideen, Erinnerungen, tatsächlichen Angaben zur Hand gehen, die mir den Geist erwecken, und die ich mit Eigenem zusammenkochen kann? Sie haben Hauptmann früher und näher gekannt, als ich, haben mit ihm gelebt, kennen auch sein Werk, besonders sein Greisenwerk, besser».

Der alte Gefährte hatte sich ihm nicht versagt, und er dankte ihm überschwenglich: «Prächtig, guter Reisi! Vorzüglich! Sie sind ein ghost-writer, um den die Truman und Eisenhower mich beneiden könnten. Dies neben mir, werde ich schon irgend etwas ‹heraus-würgen›» – was auf eine Apologie seines Hauptmann-Porträts im «Zauberberg» hinauslaufen werde. Doch zunächst blickte er weiter zurück, und er nutzte die Gelegenheit, korrigierend von jener Grundspannung zu sprechen, die seine jungen Jahre beherrscht hatte: das Spiel mit dem «Gegensatz von Geist und Leben» oder gar – die Versündigung des Ludwig Klages – die Denunzierung des Geistes als «Widersacher des Lebens» und «Widersacher der Seele». Das habe, sagte er, seine Reize gehabt und sei «doch recht müßig und falsch» gewesen. Dann folgte eine Tour d'horizon durch die Literatur der Jahrhundertwende. Hauptmann als «Fahnenträger» des Naturalismus, über den er so weit hinauswuchs, die «geisterhaf-ten Suggestionen der späten Ibsen-Stücke», die «esoterische Sprach-erneuerung Stefan George's», die «symbolistischen Frühdramen Maeterlincks mit ihrer hochbeklommenen Traumsprache», die «kulturgesättigte ephebische und wienerisch-mürbe Kunst Hugo von Hofmannsthals», der «Sexual-Zirkus Frank Wedekinds», Ril-kes «so neuer, so verführerischer lyrischer Laut» – und schließlich die «Buddenbrooks», die er bescheiden-selbstbewußt jener glanz-vollen Parade folgen ließ: eine eindrucksvolle Zeitgenossenschaft, die in der Geschichte der deutschen Literatur wohl nur in der zwei-ten Hälfte des achtzehnten Jahrhunderts und im Aufbruch der Ro-mantik eine Entsprechung aufwies.

Die langen Passagen, mit denen er sich schließlich dem Werk Hauptmanns zuwandte, waren weitgehend von Hans Reisiger vor-geprägt, und wie angekündigt endete er mit dem Bekenntnis zu dem Bild, das er von Hauptmann im «Zauberberg» entworfen hatte. Als er die drei Kapitel nachgelesen habe, in denen er den angeblich «sündhaften Verrat» begangen habe, sei er – kein geringes Wort – von der «überwirklichen Getroffenheit» dieser «Portrait-Phanta-sie» ergriffen gewesen: «Das ist kein schnödes Zerrbild, – es ist *kein* Verrat, sondern eine Huldigung, und als Niederschlag der rührend größten Erfahrung im Menschlich-Persönlichen, die mir je zuteil wurde, mag es der Nachwelt von dem Erlebnis seines Daseins, von seines Wesens weher Festlichkeit mehr überliefern, als noch so viele kritische Monographien je vermöchten.»

Margarete Hauptmann umarmte und küßte ihn, coram publico. Er wurde in Frankfurt nicht weniger gefeiert als zuvor in München, denn auch die Vorlesung des bewährten «Kuckuck» in der Aula der Goethe-Universität fand den heitersten Beifall. Die Einführung übrigens hatte der einstige Nachbar von Pacific Palisades übernommen: Max Horkheimer, der nun als Rektor der Hochschule amtierte. Er deutete später an, konservativ-national gestimmte Studenten hätten geplant, gegen den Auftritt des Dichters mit einer Stinkbombenattacke zu protestieren, was er umsichtig und entschlossen verhindert habe. Thomas Mann hielt dies für «offenkundigen Unsinn», ja für eine Ranküne des Emigrationsgefährten.

In Zürich eine Pause von wenigen Tagen. Dann Aufbruch nach Wien zu Rede und Lesung, Empfängen, Signierstunden. Vor den Gefahren des Aufenthalts in der Stadt, die noch immer von allen vier Siegermächten des Zweiten Weltkrieges kontrolliert wurde, war er in Frankfurt eindringlich gewarnt worden. In jenen Tagen wurde eine «Weltfriedenskonferenz» in Wien vorbereitet, mit dem üblichen Aufgebot der Propagandisten und Idealisten, der ernsten Mahner und der notorischen Protest-Akteure, der aufgeregten Chiliasten und der Parteisoldaten, die bei keinem solcher Appelle fehlten. Man werde sich in seine Nähe drängen, hatten ihm erfahrene Freunde vorausgesagt – er möge auf der Hut sein.

Unterdessen redete ihm Erika zu, daß es an der Zeit sei, in der Öffentlichkeit ein klärendes Wort über die Rückkehr nach Europa zu sprechen. So verlas Thomas Mann bei einer Pressekonferenz am 18. November 1952 eine knappe Erklärung, die von der Tochter aufgesetzt war. Das Statement wiederholte, was er so vielen Freunden gesagt und geschrieben hatte: daß er seinen Lebensabend in Europa verbringen wolle, in dessen alter Erde er verwurzelt sei, doch daß er dennoch amerikanischer Staatsbürger bleibe. Man wußte es längst. Die Zeitungen hatten es nicht verschwiegen. Wollte Erika, daß er die Trennungslinie so scharf wie möglich ziehe? Hatte sie ihn nicht auch bedrängt, daß er auf den Paß der Vereinigten Staaten verzichten und sich um die Einbürgerung in der Schweiz bemühen möge?

Schon im August hatte der Reporter einer kleinen norddeutschen Zeitung nach einem Gespräch mit Thomas Mann geschrieben, man nehme es ihm in den Vereinigten Staaten übel, daß er «ein deutscher Dichter geblieben» sei, «in seinen unpolitischen wie in seinen politischen Worten», obwohl man ihn «mit amerikanischen Augen schon fast als amerikanischen Schriftsteller anzusehen gewöhnt war». Hatte der Journalist diese absurde Äußerung frei erfunden? Niemand in den USA kreidete es ihm an, daß er ein deutscher Dichter geblieben war – und niemand war je auf den Einfall geraten, ihn für einen amerikanischen Schriftsteller zu halten, was immer die Akademie-Mitgliedschaft besagte.

Zwei Stunden stand er bei der Wiener Pressekonferenz Rede und Antwort. Später sagte er von der Veranstaltung im Tagebuch, sie sei «zuweilen gemütlich, oft eiertanzartig» verlaufen. Er habe «schonend nach ‹beiden Seiten› hin» gesprochen, «wobei aber die Schonung der östl. Seite stets schwer» wiege. Er bescheinigte dem Unternehmen einen «im ganzen befriedigenden Verlauf».

Darin täuschte er sich. Natürlich zogen manche der Journalisten ihre Stolperdrähte, sie legten Fallen aus und warfen ihm Fangfragen zu, während ihm andere gutwillig helfen wollten. Nach einem Bericht der Associated Press sagte er, auf seinen Besuch in Weimar angesprochen, daß dort drüben «dem Geistigen gegenüber viel Respekt vorhanden sei, sofern es dem Regime nicht feindlich gegenübersteht». Eine diplomatische und zugleich eine entlarvende Antwort, denn jeder nachdenkliche Zeitgenosse durfte sich zu der Nachfrage eingeladen sehen, wieviel das Geistige tauge, wenn es sich keine Opposition zu dem herrschenden Regime leisten könne. Prompt wollten die Reporter wissen, ob in Ostdeutschland ein Widerstand möglich sei, wie er sich in den Vereinigten Staaten äußere. Thomas Mann meinte dazu, wiederum diplomatisch und wiederum unfreiwillig ehrlich, daß dies «wohl zu kostspielig» sei. Natürlich erkundigten sich die Journalisten auch, was er von dem «Weltfriedenskongreß» und der angekündigten Teilnahme von Jean-Paul Sartre, Jean Cocteau und Pablo Picasso halte. Seine Antwort bewies von neuem ein diplomatisch schonendes Verständnis: die Genannten hingen der Sache des Friedens an, und so könne man das Erscheinen dieser Intellektuellen bei der Konferenz nur begrüßen.

Schließlich verlangte man von ihm ein Bekenntnis: er möge Auskunft darüber geben, «ob er» – so berichtete Associated Press – «auf Grund seiner Erkenntnisse dem politischen System des Westens oder jenem des Ostens den Vorzug gebe». In seiner Antwort übertrieb er es mit dem Vorsatz, handfeste Antworten zu vermeiden: er könne, sagte er, «eine solche Frage im gegebenen Rahmen nicht beantworten (...). Dies wäre bestenfalls in Form eines Buches möglich.»

Damit war das Unglück geschehen. Eine konservative Wiener Zeitung sprach von dem «Doppelgesicht», das Thomas Mann zur Schau trage. Die «Arbeiterzeitung», eine Stimme der Sozialistischen Partei, verwies freundlicher auf die unterschiedliche Akzentuierung, die er den Chancen des Widerstandes in Ost und West zuteil werden ließ.

Die kommunistische «Volksstimme» aber bemächtigte sich jubelnd seiner Weigerung, die Vorzüge der «Demokratie amerikanischer Prägung» gegenüber den «Volksdemokratien» zu preisen. Sie zitierte in ihrem Bericht empört den Einwurf auf der Pressekonferenz: «‹Es wird hier versucht, Thomas Mann für die Weltanschauung gewisser Frager zu rekrutieren. Dieser Versuch kann nicht gelingen. Sind Sie, Herr Thomas Mann, nicht der Meinung, daß die beiden Lager, in welche die Welt gespalten ist, so hitzig diskutieren mögen wie nur immer nötig, daß es aber doch die Hauptsache bleibt, daß diese Diskussion zu einer Verständigung führe und nicht zu einer gewaltsamen Auseinandersetzung, daß sie zum Frieden führe und nicht zum Krieg?› ‹Ausgezeichnet›, sagte Thomas Mann, ‹gerade so einem Ziel will ich dienen, und zwar auf meine persönlichste Weise, mit meiner Kunst.›»

Die Zeitung schrieb am nächsten Tag: «Daß sich mit Thomas Mann gerade die Kommunisten aus vollem Herzen für die Größe der bürgerlichen Tradition und für die Menschlichkeit bekennen, unterstreicht nur die Worte *Stalins*, die sich im Fall dieses großen Dichters mit besonderer Deutlichkeit als wahr erwiesen haben: die sogenannte Freiheit der Persönlichkeit und das Banner der bürgerlichen demokratischen Freiheiten sind von der Bourgeoisie über Bord geworfen worden. Wir Kommunisten und mit uns alle ehrlichen Demokraten heben dieses Banner auf und tragen es voran.»

«Ich bin und war immer ein Mann des Friedens», hatte Thomas Mann gesagt, und ganz gewiß zweifelte er nicht daran, daß dies für jede Phase seines Lebens zutraf. Der streitbare Friedrich Torberg, der einst zu seinen Bewunderern gezählt hatte, bediente sich dieser pathetischen Feststellung, um mit ausgestrecktem Zeigefinger auf die Heuchelei zu deuten, der sich der Dichter in seinen Augen schuldig machte. Höhnisch zitierte er lange Passagen aus dem Aufsatz «Gedanken im Kriege» und aus dem «Friedrich»-Essay, die Thomas Mann aus seinem Gedächtnis gelöscht zu haben schien – obschon er nicht lange zuvor seinen Versuch über den Preußenkönig für den Band «Altes und Neues» einer gewissen Reinigung unterzogen hatte.

Der Lärm drang, wie es nicht anders sein konnte, über den Ozean. Es half nichts, daß Thomas Mann nun behauptete, die ominöse Frage, welchem System er den Vorzug gebe, sei gar nicht gestellt worden, auch seine Frau habe sie nicht gehört, und es sei kein Zufall, daß von ihr und seiner angeblichen Antwort nur in *einer* Agenturmeldung die Rede gewesen sei.

Das Dementi wurde durch den Bericht der kommunistischen «Volksstimme» widerlegt, und der Korrespondent der Associated Press bestand mit ruhiger Ironie auf der Korrektheit seiner Meldung. Er nannte einen Reporter des Österreichischen Rundfunks, der die Frage gestellt hatte, mit Namen, und er schrieb, in solchen Fällen sei es wohl wahrscheinlicher, daß sich Thomas Mann irre oder vergeßlich sei, wie es großen Männern manchmal widerfahre.

Das fatale Echo in der Öffentlichkeit verlangte eine Korrektur. Erika setzte für den Vater das «Bekenntnis zur westlichen Welt» auf, das der New Yorker «Aufbau» drucken sollte. In diesem merkwürdigen kleinen Aufsatz – der weit über die Zeitung hinaus verbreitet wurde – beharrte Erika für den Vater darauf, daß der Bericht von Associated Press nicht zutreffe. Sie ließ Thomas Mann sagen: «Mir ist eine Fehlmeldung von so läppischer Unglaubwürdigkeit kaum je vor Augen gekommen. Den Journalisten möchte ich sehen, der hinginge und sich lächerlich machte vor über dreißig seiner urteilsbefähigten Kollegen, indem er zu mir käme mit einer solchen Frage! Und was nun gar mein angebliches Verhalten betrifft, angesichts der angeblichen Erkundigung, so möchte ich den Amerikaner sehen, der wünschte, in Eintracht weiterzuleben mit seinem Lande, und sich dennoch ‹weigerte›, seiner bedingungslosen Vorliebe für die US und das dort herrschende System den geschwindesten Ausdruck zu verleihen!» Im übernächsten Absatz wurde freilich eingestanden, daß die «Narrenfrage (...) offensichtlich aufgeworfen worden» sei, wenn auch nicht auf jener Pressekonferenz in Wien.

Wußten es die beiden nicht besser? Wollten sie es nicht anders wissen? Oder glaubten sie, die Schwierigkeit seiner Lage erlaube es, die Grenzen der Wahrhaftigkeit ein wenig zu dehnen (wie man so sagt)? Sie gaben, was immer der bequemste Ausweg ist, der Presse die Schuld, die Thomas Mann «vielfach scharf getadelt» habe, und sie verteidigten sich durch einen Angriff: «So scheint meine Mitteilung, die amerikanische Demokratie fühle sich bedroht, und der Freiheit seien augenblicklich dort – zu ihrem eigenen Schutze – gewisse Grenzen gesetzt, groben Anstoß erregt zu haben. Warum? Ist es denn auch wohl ‹illoyal›, einen ‹gewissen Konformismus› nicht zu bestreiten, der – wiederum als Verteidigungsmittel – in den Staaten für nötig gehalten werde? Spricht man auf einer Pressekonferenz zu erwachsenen, demokratisch erzogenen Menschen, oder sind es verhetzte Buben, an die man sich wendet?»

Schließlich die Konfession: «Ich lebe im Westen –, durchaus nicht versehentlich –, keineswegs zufälligerweise. Ich lebe hier als treuer Sohn des Abends, weil es mir hier relativ behagt und ich, trotz allem, vielleicht hoffen darf, hier meines Lebens Arbeit zu beenden. Kennte ich ein ‹System›, dem ich den Vorzug gäbe vor unserer traurig zugerichteten und sehr gefährdeten Demokratie –, ich reiste noch heute und stellte mich ihm zur Verfügung. Ist dies klar? Ist es deutlich und ganz und gar unmißverständlich? Ich dächte doch.»

Der Vater sagte, daß ihm der Text fremd sei, und er erwog, ihn zurückzuziehen. Er tat es dann doch nicht, vermutlich den Wünschen Katias und der Tochter gehorchend. Doch er schrieb im Journal voller Zorn, es sei der Beschluß gefaßt, «die amerik. Staatsbürgerschaft hinzuwerfen», wenn er vor das «Un-American Committee» in Washington zitiert werde. Dem Schweizer Literaturwissenschaftler Fritz Strich aber sagte er, als sei ihm plötzlich ein Licht aufgegangen, die Zitate seien ein recht charakteristisches

Stückchen der «östlichen Reportage»: indem man Halb- oder auch Dreiviertelwahres mit frei Erfundenem verbinde, hoffe man, glaubwürdig zu erscheinen. Und zu Alfred Knopf: die westlichen Journalisten bemühten sich um Schlagzeilen, und die Kommunisten seien von der Idee besessen, seinen Namen für Propagandazwecke zu benutzen.

Es stimmte ihn nicht heiter, daß für das Haus in Pacific Palisades nur ein Angebot über fünfzigtausend Dollar vorgelegt wurde. Die Summe lag weit unter dem erhofften Preis, doch es schien keine andere Wahl zu bleiben, als in den sauren Apfel zu beißen. Indes, Katia und er zögerten mit der Antwort, trotz Golos Drängen, ein wenig zu lange. Das Angebot wurde zurückgezogen.

«Oft Sehnsucht fort aus dieser verrückten, geifernden Welt», schrieb er ins Tagebuch. Die Familiensorgen häuften sich. Golo, der nach Kalifornien zurückgekehrt war, deutete in einem Brief an, daß er dort unglücklich sei. Katia hätte ihn – ein Element der Vernunft und der Zuverlässigkeit – gern in der Nähe gesehen. Der Vater meinte, Erika würde ihn als Hausgenossen nicht ertragen. Es falle ihr schon schwer genug, Elisabeth freundlich zu begegnen, die in jenen Tagen aus Italien erwartet wurde.

Sie kam nicht. Sie meldete vielmehr am Telefon, ihr Mann sei von einer Gehirnthrombose niedergestreckt und liege im Todesschlaf. Am Morgen rief sie ein weiteres Mal an: Giuseppe Antonio Borgese war gegen Mitternacht gestorben. Katia fuhr unverzüglich nach Fiesole, um der jungen Frau beizustehen, die sich rasch entschloß, in Italien zu bleiben, wohl um den Kindern ein Gefühl der Zugehörigkeit zum Land des Vaters zu vermitteln, dessen Gestalt sich in ihren Augen durch seinen Tod bald ein wenig zu verklären schien.

Die Aufnahme in die «Ehrenlegion», die in jenen schwierigen Tagen bekanntgegeben wurde, richtete Thomas Mann in Augenblicken der Trostlosigkeit auf. Niemals hatte er eine Auszeichnung ungeduldiger erwartet, und keine hat er je mit solcher Genugtuung begrüßt: ein Triumph, wie er meinte, auch und vor allem über seine amerikanischen Kritiker. Mit einem Gran Selbstironie sagte er Otto Basler: «Ich spaziere jetzt nur noch mit der roten Rosette eines Officiers der Légion d'Honneur im Knopfloch herum. Bin unbändig eitel darauf. Recht wie ein Franzos.» Nur leise konsterniert stellte er später fest, daß Bruno Walter mit einer höheren Stufe des Ordens versehen war: der Dirigent trug das Kreuz eines Kommandeurs, und er durfte sich darum gewissermaßen als Thomas Manns Vorgesetzter fühlen.

Der Einzug ins Erlebacher Haus verzögerte sich bis zum Heiligen Abend. Die beiden Hausmädchen, die einst der Familie aus München nach Zürich gefolgt waren – sie hatten, längst erwachsene Frauen, in der Schweiz geheiratet, alle beide –, halfen Katia und Erika beim Einzug. Die Firma Pfister schickte mit den Möbeln einen Weihnachtsbaum. Man feierte in den eigenen vier Wänden. Frido und sein Bruder Toni kamen aus dem Internat. Der Großvater aber beklagte die «Einsilbigkeit und Kühle», mit der ihm «Echo» nun gegenübertrat. In der Schule schätze man seinen Charakter nicht sehr. Er halte sich zu «minderwertigen Freunden». Es sei möglich, daß aus dem «innig gefeierten» Kind «nichts sonderlich Erfreuliches» werde.

In gewisser Hinsicht hatte sich mit dem Einzug ein Kreis geschlossen. Aber «Angst und Grauen» wollten aus seiner Seele nicht weichen. Am Silvesterabend schrieb er: «Dasselbe Graudunkel immer, mit mäßiger Kälte.» Der helle kalifornische Himmel war nur noch Erinnerung. Manchmal mochte er sich fragen, ob die Rückkehr eine Heimkehr sei.

124. KAPITEL

Der Kuß für den Ring des Fischers

Am Neujahrstag 1953 konnte Thomas Mann endlich wieder mit dem gewohnten Bedacht das erste Blatt des Umlegekalenders der Firma Soennecken aufschlagen, den er drüben in den Vereinigten Staaten so ungern entbehrt hatte. Nun, da sich sein Leben zum Ende neigte, beobachtete er das Gehen der Stunden, der Tage, der Wochen aufmerksamer denn je. Der Wechsel der Jahreszeiten, der sich in Kalifornien nur sanft bemerkbar gemacht hatte, war in Europa auf schmerzliche Weise präsent. Der Winter war kein verhaltener Herbst und kein vorausgenommenes Frühjahr wie drüben an der pazifischen Küste, sondern kalt und grau.

Selten sonnige Tage, die es ihm erlaubten, die Stille des verschneiten Waldes zu genießen. Die Härte des schweizerischen Winters bedrückte ihn: die lange Dunkelheit am Morgen, das frühe Fallen der Nacht, der heulende, eisige Wind, die Mühsal mit dem Eis auf den Straßen, das es Katia und Erika manchmal nicht erlaubte, mit dem schnellen und großen Fiat, der neben dem englischen Minx gekauft worden war, das letzte Stück am Berg vor dem Haus zu bewältigen: das schöne Auto (mit dem aufgesteckten Schweizer Fähnchen), auf das Thomas Mann so stolz war, mußte gelegentlich von einem Rettungsfahrzeug heraufgeschleppt werden.

Ein gewisses Heimweh nach Amerika regte sich. Thomas und Katia Mann fragten sich manchmal, ob sie denn recht getan hätten, Kalifornien zu verlassen. Er konnte, wie er im Journal bezeugte, keine Photographie der Residenz in Pacific Palisades betrachten, ohne daß sich ihm «das Herz zusammenkrampft»: «Das Haus war so ganz das meine», schrieb er. «Dies hier mag ich nicht», stellte er von der neuen Unterkunft fest. Die anfängliche Begeisterung war geschwunden, als Mitte Januar die Möbel aus Kalifornien eintrafen. Für die Tage des Einräumens hatte er sich ins «Waldhaus Dolder» geflüchtet. Die gnädige Entfernung von der Unordnung hielt ihn nicht davon ab, in harten Zorn auszubrechen, als festgestellt wurde, daß die Bücherschränke zu hoch für die Zimmer im Erlenbacher Haus waren. Der Architekt, mit dem sie sich vor dem Abschluß des Mietvertrages beraten hatten, schien die Maße der Zimmer nicht genau berechnet zu haben. Thomas Mann warf ihm bewußten Schwindel vor, und sein Ärger ließ ihn nachts nicht zur Ruhe kommen, ehe er nicht ein zweites Sekonal einnahm: das Schlafmittel, ohne das er kaum mehr die Augen zu schließen vermochte. (Natürlich fand sich für das Problem eine Lösung: es wurden Bücherregale gefertigt und die Schränke in einem Möbellager untergestellt.) Das Arbeitszimmer, klagte er, sei zu klein. Es biete keinen Platz für sein Sofa, das er nicht nur zur nachmittäglichen Rast und zur Lektüre brauchte, sondern mehr und mehr – da ihn die vornübergebeugte Haltung am Schreibtisch quälte – als Aufenthalt zum Schreiben zu nutzen gewohnt war, in eine Ecke gelehnt, eine feste Unterlage auf den Knien, den Blick zum Fenster gerichtet.

Kaum ein Tag, an dem er sich physisch völlig wohl fühlte. Manchmal mahnte er sich, daß es gut wäre, wenn er den Zigarettenkonsum und vor allem den Verbrauch an Schlafmitteln einschränkte – vergebens. Er brachte halbe Nächte dämmernd in seinem Lehnsessel zu, ehe er zu seinem Bett hinüberwanderte, um mit Hilfe einer zweiten Portion von Beruhigungsmitteln Schlaf bis zum Morgen gegen acht Uhr zu finden. Die Drogen lähmten, es konnte nicht anders sein, seinen Verdauungsapparat. Also sorgte er mit Hilfe von Ölen und anderen Laxativen zweimal oder dreimal in der Woche auf etwas gewaltsame Weise für eine Entleerung des Darmes. Die nachlassende Beherrschung der physischen Funktionen schien ihn, der zeitlebens auf seine Weise stolz auf seinen Körper gewesen war und allen hygienischen Pflichten aufmerksam genügt hatte, mehr zu ärgern als zu beschämen. Er nahm auch nicht mehr, wie er es früher gewohnt war, täglich ein Bad (die Dusche schätzte er weniger).

Die Abführmittel beunruhigten den Magen und verstörten die

Eingeweide. Ihm war fast permanent schlecht. Die Übelkeit bekämpfte er, auch das längst eine Gewohnheit, mit Kohletabletten, die wiederum für Verstopfung sorgten: ein Circulus vitiosus. Da er sich ungut fühlte, ließ sein Appetit nach. Der Kaviar, den ihm Katia nun oft schon zum Frühstück servierte, wurde ihm das wichtigste Nahrungsmittel. Er schmeckte noch immer, wenn ihm alles andere zuwider war, und er glaubte fest an die stärkende Wirkung der schwarzgrauen Perlen, die voller Proteine, Vitamine und Minerale sind. Das Bewußtsein, daß der edle Fischlaich so teuer war, förderte sein Vertrauen in die heilende Kraft der Speise. Er litt an Schluckbeschwerden und beklagte sich oft, daß ihm eine Brotkrume, ein Stück Fleisch oder gerösteten Specks im Halse steckenblieb: vermutlich eine Schwäche, die sich auch psychosomatisch deuten ließ. Die Ohren schmerzten und näßten. Die juckenden Rektalbeschwerden waren chronisch geworden. Er plagte sich mit Furunkeln: eine Folge der permanenten Vergiftung seines Körpers. Immer wieder suchten ihn Erkältungen heim. Manchmal überfielen ihn kleine Fieberstöße, für die es keinen rechten Anlaß gab.

All diese Qualen freilich beeinträchtigten, entgegen den früheren Besorgnissen, seine Virilität nur wenig. «Das endet nie», seufzte er. Doch die nächtlichen Erregungen, denen manchmal eine «Auslösung» folgte, waren zum anderen ein Anlaß puerilen Stolzes. «Zuweilen ist meine Brunst noch von der Hengste Brunst», schrieb er ins Tagebuch in einem Anflug halbseniler Kraftmeierei.

Trotz des täglichen Ungemachs: beharrlich spann er die Erzählung von der «Betrogenen» weiter, von einer Krise zur nächsten, von Zweifeln verfolgt, wie es bei jeder seiner großen Arbeiten war. Er tröstete sich mit den «Mängeln und Unstimmigkeiten» der «Natürlichen Tochter» Goethes. Hieß ihn der hochgestimmte Ton der klassizistischen Sprache, den er für die Novelle gewählt hatte, wieder bei dem großen Bruder in Weimar Zuflucht suchen? Warum stemmte er seine Prosa in solch angestrengt-kunstvolle Höhen? Legte ihm das Sujet nahe, einen altfränkischen Stil zu zelebrieren, der so seltsam zu den zwanziger Jahren – der Zeit der Handlung –, so merkwürdig zu der gynäkologischen Tragödie und so heftig zu Frau von Tümmlers gelegentlichen Abstürzen in den rheinischen Straßendialekt kontrastierte: als eine Art sterilisierender Schutz?

Der Düsseldorfer Jargon ging ihm nicht leicht von der Hand. Von landeskundigen Damen, bei denen er Rat suchte, mußte er sich darüber aufklären lassen, daß er die Redewendung «da is wat jefällig» beinahe ganz falsch angewendet hätte. So ging er lieber sparsam mit den rheinisch gefärbten Einwürfen um, die «immer ein Zeichen von Frohmut und Behagen» der Frau von Tümmler waren: «Wat et nit all jibt!» Was immer dieses Spiel mit dem Idiom der kleinen Leute annoncieren mochte – in Kreisen des Offiziers- und Beamtenadels, auch des gehobenen Bürgertums, in denen sich Rosalie zu Haus wußte, bediente man sich des Hochdeutschen, wenn auch nur selten in jener Geziertheit, Girlanden aus dem Jahre 1890 windend, um die sich die Damen Tümmler nach dem Willen des Autors zu bemühen hatten.

Am 18. März 1953 schloß Thomas Mann die Erzählung ab: zehn Monate nachdem er sie drüben in Kalifornien begonnen hatte. «Nun denn, auch das ist noch durchgehalten», schrieb er: «Die zweite Hälfte ermüdet. (…) Es gehe hinaus.» Er fügte hinzu, nachdem er der Familie den Schluß vorgelesen hatte: «Zwischendrin Längen und Trockenheiten. Als Ganzes dennoch ein schönes, merkwürdiges Werk. Bewegte kritische Unterhaltung.»

Am selben Tag war Elisabeth mit ihren Kindern aus Fiesole eingetroffen, um für eine Woche bei den Eltern Station zu machen, ehe sie in die Vereinigten Staaten flog. Erika, die die Nähe der Schwester nur schlecht ertrug, brach prompt zu einer Hochgebirgswanderung auf. Ihre Einwände gegen die Novelle und ihre Kürzungsvorschläge äußerte sie erst nach der Rückkunft, natürlich mit der gebotenen Vorsicht, die Geschichte im ganzen lobend. Sie drängte vor allem darauf, Rosalies «geschlechtliche Naturrenovation» abzuschwächen, was dem Vater widerstrebte. Katia plädierte dafür, den Text zu lassen, wie er war. Anderntags, bei einer weiteren Erörterung der Erzählung, insistierte die Tochter, daß das neue Prosawerk zum «Ur-Kram» des Vaters gehöre: «Erzählt von Klaus' Aufregung darüber, daß alle meine Liebesgeschichten dem Bereich des Verbotenen und Tötlichen angehören, – wo ich doch ‹glücklicher Ehemann› und ‹sechsfacher Vater›. Ja, ja… Diese Geschichte, noch immer die nämliche, sei noch eine Übersteigerung. Also wenigstens nicht schwach.»

Bemerkte die scharfsinnige Tochter, daß der Vater mit der wattierten Tragik seiner Erzählung eine Misogynie dokumentiert hatte, die zu den Grundzügen seiner Existenz gehörte, in klinisch sachlicher Kühle auf Distanz gerückt und zugleich im Stil des Fin de siècle sentimental überzuckert? Erinnerte sie sich daran, daß eine Frau, die von einer postklimakterischen Leidenschaft überwältigt zu sein schien, Thomas Mann einst bis zur Panik verstört hatte? Lag es nicht nahe, in der Geschichte der Frau von Tümmler auch eine heimliche Rache an Agnes Meyer zu erkennen, dem Vater bewußt oder auch nicht?

Erika beobachtete, dessen darf man gewiß sein, die Reise der Schwester Elisabeth in die Vereinigten Staaten mit Unbehagen: ihr selbst war die Rückkehr versagt. Auch Thomas Mann sah den Exkurs seiner Jüngsten nicht gern, da sich die Welle des McCarthyismus in der Forderung nach einer Massen-Investigation von abertausend Bürgern zu überschlagen schien. In Wirklichkeit begann die Macht des propagandistischen Terrors zu brechen. Präsident Eisenhower war im Begriff, den Senator von Wisconsin innerhalb der republikanischen Partei zu isolieren.

Der nüchterne Soldat, der nun im Weißen Haus regierte, verachtete McCarthy nicht weniger, als es Präsident Truman getan hatte. Doch er mied den offenen Konflikt, solange es anging, weil er sehr genau wußte, daß er mit einem Zusammenprall dem Einpeitscher eine Wichtigkeit zugestanden hätte, die ihm nicht länger zukam. Der Kommunistenjäger hätte sich nur zu gern als Opfer der Regierung aufgespielt. Senator McCarthy versuchte, die Ernennung von Charles Bohlen, der einer der besten Köpfe des State Department war, zum Botschafter in Moskau zu verhindern: ein grober Fehler. Präsident Eisenhower dachte nicht daran, sich dem Einspruch des Demagogen zu beugen. Er erklärte sich damit einverstanden, daß vier Senatoren die FBI-Akte des Diplomaten prüften (unter ihnen kein Parteigänger McCarthys) – zu einem weiteren Zugeständnis war er nicht bereit. Das Examen förderte natürlich kein Argument gegen Bohlens Ernennung zutage. So wurde seine Nominierung beschlossen – gegen nur dreizehn Stimmen. Der Aufwiegler aus dem Mittleren Westen erlitt eine eklatante Niederlage.

Vielleicht war es ein Signal für den Umschwung der Stimmung, daß sich die Redaktion der «New York Times» schon zu Anfang des Jahres an Thomas Mann gewandt und ihn um ein Interview über die «Realitäten und Gefahren» amerikanischer Politik gebeten hatte, vor allem was die «Behinderung der Einreise, die Investigationen (und Bestrafung) nonkonformistischer Meinungen in allen Bereichen des Lebens» angehe. Er möge über alles reden, sagte man ihm, «was ihm bei den Namen McCarthy und McCarran einfalle».

Ihn reizte die Chance, mit einer ernsten Mahnung vor die Öffentlichkeit der Vereinigten Staaten zu treten, zumal er sich – so legten es die Vertreter der Zeitung nahe – prononciert über die schlechte Behandlung der Tochter Erika hätte beschweren können. Doch die Aufregung über seine verunglückte Pressekonferenz in Wien war noch nicht völlig verebbt. Katia und Erika rieten dringend von einer Äußerung ab. So schrieb er Ende Januar 1953 einen Brief an Paul Hoffmann, den Europa-Korrespondenten des Blattes in Genf, in dem er seine Absage begründete. Er habe sich, sagte er, in die Schweiz zurückgezogen, um intellektuellen und geistigen Abstand vom Tagesgeschehen zu gewinnen. Wenn er in Amerika gelegentlich ein kritisches Wort äußerte, um auf die gefährliche Entwicklung aufmerksam zu machen, habe er wenig Dank und viel Haß geerntet. Er könne auch der «New York Times» nicht vergessen, daß sie ihn durch jene Schlagzeile, die ihn mit Paul Robeson zusammen nannte, zum Kommunisten gestempelt habe.

Dies traf so nicht zu. Er verwechselte überdies – mit dem amerikanischen Pressewesen nach wie vor wenig vertraut – die Versündigung eines Redakteurs mit einem vorsätzlichen Anschlag der Zeitung auf seine Integrität. Jetzt, schrieb er gekränkt, wolle das große Blatt ihn haben. Wieder konnte er es nicht lassen, die Parallele zum Jahre 1933 zu ziehen. Der Niedergang der amerikanischen Demokratie deute auf Krieg, meinte er, und die europäischen Staaten, die sich sklavisch dem amerikanischen Willen gebeugt hätten, zitterten davor, von den Vereinigten Staaten in einen Vernichtungskrieg gezogen zu werden. Die Welt gerate wahrscheinlich in einen Zustand, wie ihn George Orwell in seinem Roman «1984» beschrieben habe. Wie dort vorausgesagt worden sei, gehöre die Zukunft dem Totalitarismus.

Vom Schauprozeß gegen den ungarischen Außenminister László

Rajk und seinen Anhang in Ungarn, dem ersten der antisemitischen Schauprozesse im Jahre 1949, vom Prager Slánský-Prozeß im November 1952, in dem angebliche Trotzkisten, Titoisten und bürgerliche Nationalisten zum Tode oder zu hohen Zuchthausstrafen verurteilt wurden, darunter auch Otto Katz, dem er selbst im Jahre 1938 bei einer Exilkonferenz im Pariser Hotel «Scribe» begegnet war, vom «Komplott der Ärzte» in Moskau, vor allem gegen die Juden gerichtet, das vermutlich der Auftakt zu einer neuen blutigen Säuberungswelle Stalins sein sollte, erwähnte Thomas Mann nichts in seinem bitteren Brief. Im Tagebuch hatte er wohl den «Ärzte-Prozeß» vermerkt, aber sofort einen Hinweis auf die «unendlichen Investigations» hinzugesetzt – die westlichen wie die östlichen Bedrückungen einander gleichsetzend.

In seinem Brief an Paul Hoffmann warf er der «New York Times» vor, sie würde sich im Falle einer «Machtergreifung» wohl «auf den Boden der Tatsachen stellen». Sie würde davonkommen und ihr Leben retten – und er? Wenn er sage, was er denke, wäre sein Los nur eine Wiederholung des Schicksals, das er als Sechzigjähriger erlitten habe: Ausbürgerung und Beraubung seiner Habe. Er konnte der Versuchung nicht widerstehen, sich als ein potentieller Märtyrer aufzuführen. Sein Schweigen, schloß er, befähige ihn, sein Lebenswerk in Ruhe zu vollenden, ein Werk, das völlig und ausschließlich dem Dienst der westlichen Kultur gewidmet sei.

Er schickte den Brief zur Übersetzung an Erika, die in jenen Tagen in Arosa Erholung suchte. Sie riet ihm – wie Katia auch – dringend davon ab, trotz ihrer «Haßverzehrtheit» gegen Amerika, das Schreiben aus der Hand zu geben, da es auf irgendeine Weise – Vertraulichkeit hin oder her – an die Öffentlichkeit gelangen könne. Er beugte sich dem Einwand. Der Tochter sagte er, er wisse nicht, wohin es ihn führe, wenn er über «all das» einmal zu schreiben anfange: «Es könnten ja ‹Betrachtungen eines Unpolitischen› werden.» Erika setzte ihm eine knapper formulierte Absage an Paul Hoffmann auf, in der er feststellte, alles, was er hätte sagen können, wäre entweder zu wenig oder zu viel. Man habe die gefährlich-dynamische McCarthy-Bewegung zu lange geduldet. Auf eine Bemerkung über den Undank, den Haß und die Verfolgung aber mochte er nicht verzichten. Auch nicht auf den Hieb: Wäre die liberale

Presse, einschließlich der «New York Times», rechtzeitig eingeschritten, sähe das Bild ganz anders aus.

Agnes Meyer schrieb er mit jener Heuchelei, die ihm im Umgang mit dieser Frau zur Gewohnheit geworden war, er habe sich bei der Einladung der «Times» zu einem Interview gefragt, ob sie ihm raten würde, «das zu tun, oder würde sie mir abraten? ‹Sie würde mir *ab*raten›, antwortete ich mir und so sagte ich ‹No, thank you.›» Kurze Zeit später wurde er durch die Tochter Elisabeth darauf hingewiesen, daß seine Protektorin bei einer Massenversammlung eine Rede gehalten hatte, in der sie McCarthy als einen «gefährlichen und ruchlosen Demagogen» und als einen «Psychopathen» angriff. Sie forderte die amerikanischen Schulen und Hochschulen auf, im ganzen Land eine Kampagne zur Verteidigung der akademischen Freiheit zu organisieren: eine Demonstration der Unerschrockenheit, von der die «Times» auf der ersten Seite berichtete. Thomas Mann schrieb ihr voller Überschwang: «Wahrhaftig, es war eine mutige Tat, zu der man Sie nicht genug beglückwünschen kann, – wenn man für das Glück und die Ehre Amerikas ein Herz hat. Ich gestehe, ich war oft schon recht pessimistisch, fürchtete, dass es auf der schiefen Ebene kein Halten mehr gäbe und hätte meinen amerikanischen Freunden zurufen mögen: ‹It is later than you think!›» Nun scheine die Öffentlichkeit drüben «zu dem Bewusstsein erwacht zu sein, *dass* es recht spät geworden ist für die Verteidigung der Freiheit nicht nur nach aussen, und Ihre von edlem Zorn erfüllten Worte waren der stärkste und wirksamste, der widerhallendste Ausdruck dieser trostreichen Gegenbewegung.» Er sprach ihr seinen «freundschaftlich-ehrerbietigen Glückwunsch» aus.

Ins Tagebuch aber schrieb er, trotz der Niederlage, die McCarthy im Kampf um die Besetzung des Botschafteramtes in Rußland hinzunehmen hatte, daß dem amerikanischen Volk das «moralische Rückgrat» gebrochen werde. Wörtlich: «Groteske Dummheit der Washingtoner ‹Freundin› und ihrem ‹As I told you: we will be forced into greatness.› Manchmal versucht, zu schreiben: ‹Ich kann nicht länger an mich halten.›»

Warum tat er es nicht endlich? Sein widerwilliger Respekt schien im Gang der Jahre vom Ressentiment völlig verzehrt worden zu sein. Doch er brachte es noch immer nicht zuwege, auf die zuverläs-

sige Helferin zu verzichten, an die man im Notfall appellieren
konnte. So log er lieber fort und fort.

Was aber hatte er Robert Schuman gesagt, dem einstigen Außenminister Frankreichs, der sein bewundernder Leser war? Der Lothringer, der bei der Neubildung der Regierung sein Amt als Hausherr am Quai d'Orsay eingebüßt hatte, nutzte die Gelegenheit eines
privaten Besuches am 9. Februar in Zürich, um bei Thomas Mann
vorzusprechen. Statt der angekündigten Viertelstunde blieb er die
dreifache Zeit. In seinem Tagebuch und in den Briefen deutete Thomas Mann nichts über den Inhalt der Unterredung an; auch Schuman sagte in seiner Adresse zum 80. Geburtstag nichts Näheres
über die Themen ihrer Konversation.

Am 4. März 1953 meldeten die Radiostationen und Zeitungen,
daß Josef Stalin einen Schlaganfall erlitten habe. Thomas Manns
Journal verzeichnete die Stichworte, die durch die Berichte aus
Moskau geisterten: «Gehirnblutung, Lähmung, Bewußtlosigkeit.»
Die Ausgabe von Bulletins sei unterbrochen worden. Er nahm an,
daß der Diktator schon tot sei. «Ermordung?» fragte er, und er
sagte «wirre Machtkämpfe» voraus.

Anderntags der Tod des roten Zaren. Thomas Mann verwies auf
den «äußerst knappen und feindseligen» Ton der amerikanischen
Kondolenz. Kein Wort, weder im Tagebuch noch in den Briefen,
deutete an, daß die Menschheit Grund zum Aufatmen haben
könnte: der Mann, der mit Adolf Hitler den Titel des blutigsten
Tyrannen der Geschichte teilte, war von dieser Erde geschieden.
Die gefürchtete neue Säuberung würde, wenn die Völker des Sowjetimperiums Glück hatten, nicht mehr stattfinden. Ihn schien
dieser Gedanke, der die Rettung von Zehntausenden, wenn nicht
von Millionen Menschenleben bedeuten mochte, nicht allzu tief zu
bewegen. Eher beiläufig notierte er die Freilassung der Ärzte und
die «Bestrafung unerlaubter Untersuchungsmethoden», mit anderen Worten: der Erpressungen und Foltern, die eine tägliche (und
nächtliche) Gewohnheit der sowjetischen Geheimpolizei waren. Er
entsann sich auch nicht, daß der Diktator wenige Monate zuvor –
die Amerikaner hatten am 1. November eine Wasserstoffbombe ge-
zündet – den Krieg zwischen den Vereinigten Staaten und der Sowjetunion als unvermeidlich bezeichnet hatte: eine Äußerung, die

anzeigte, daß der chiliastische Wahn, dem er die Völker der Sowjetunion unterwarf, die Rationalität seiner Außenpolitik zu bedrohen begann.

Seit dem Abschluß der «Betrogenen» fühlte sich Thomas Mann «beschäftigungslos». Zur Fortsetzung der Arbeit an den Abenteuern des «Felix Krull» hatte er, wie er sich selbst gestand, «keine Lust». Er las, statt sich dem Fragment zuzuwenden, lieber in Biographien Martin Luthers, mit einer Faszination, in der sich Abneigung und Bewunderung mischten. Doch das Beziehungsgeflecht zwischen dem Reformator, seinem kritischen Zeitgenossen Erasmus, in dem sich Thomas Mann gern selbst erkannte, und dem rebellischen Ritter Ulrich von Hutten wollte sich nicht zu einem Stoff verdichten.

Die Leere, die ihn rastlos machte, wurde – wenigstens für einige Tage – vom Erscheinen des Essaybandes überdeckt. Befriedigt konstatierte er das freundliche Echo. Die bemerkenswerteste Äußerung kam von Friedrich Sieburg, der seiner Rezension in der «Gegenwart» den Titel «Höchste Humanität» gab. Dieser aufmerksame Kritiker vermerkte überrascht, daß auch der Aufsatz über Friedrich den Großen in die Sammlung aufgenommen worden war, und er zitierte mit Vergnügen, daß Thomas Mann für diesen Essay «auch heute noch etwas übrig» habe, obwohl er ihn für ein «Zeugnis ‹eigener politischer Torheit›» halte. Sieburg sagte mit einfacher Klarheit, der Essayband bestätige, «daß in der Erzählungskunst Thomas Manns ein kritisches Vermögen steckt, wie es in der deutschen Literatur nicht mehr zu finden ist». Seine Meisterung der «kritischen Funktion des Romans» mache ihn «zu einem der größten Moralisten deutscher Zunge» – in fruchtbarer Spannung mit seiner «Auffassung von den außersittlichen, um nicht zu sagen anarchischen Elementen im Künstler. Diese unerschöpfliche Dialektik tritt in einem der faszinierendsten Stücke des Buches, ‹Bruder Hitler› (1938), hervor, in dem Thomas Mann seine fast unheimliche Fähigkeit offenbart, die letzten Schleier vor den Abgründen der Menschennatur analysierend wegzuziehen (...). Es gelingt ihm, in dem unseligen Schicksalsmann ‹eine Erscheinungsform des Künstlertums wiederzuerkennen›, freilich ‹nur Dunkelgebräu und blinde Ausgeburt der tellurischen Unterwelt› (...). Diese Deutung, die er-

schreckend aufschlußreich ist, war zu erwarten. Es will uns heute so
scheinen, als ob die Besessenheit von Richard Wagner, die Mann oft
siegend, oft unterliegend durchmacht, seit eh und je die Möglichkeit
zu dieser Hitler-Deutung in ihrem Schatten verborgen gehalten
habe.» Sieburgs Elogen verbargen einige ungemütliche Anzüglich-
keiten: er faßte die «Nachtseite» Thomas Manns aufmerksamer ins
Auge als die meisten der Zeitgenossen, ob Freund oder Feind. Der
Dichter schien nur die Lobrede zur Kenntnis zu nehmen.

Eine Fülle neuer Ehrungen half ihm über die Sorge um die
schwindende Produktivität hinweg. Er sollte nun endlich den Fel-
trinelli-Preis der Römischen Akademie entgegennehmen. Sein Verleger Mondadori ließ erkennen, daß er für gesellschaftlichen Auftrieb sorgen werde. Über den Archäologen Ranuccio Bianchi
Bandinelli, Generaldirektor des Antiken Museums, ließ er im Vatikan anklopfen und eine Privataudienz bei Papst Pius XII. erbitten.
Ein seltsamer Wunsch. Thomas Manns Verhältnis zur katholischen
Kirche war zeitlebens ein kritisch-distanziertes gewesen. Zwar bewunderte er, wie jeder Künstler, das leuchtende Mysterium der Li-
turgie, die musikalischen Offenbarungen der Messe, die prangende
Schönheit der Architektur, die kultische Macht und die Energien
des Glaubens, die sich in tausend Bildnissen darstellten, auch die
historische Würde der Institution. Aber er war stets rasch geneigt,
mit dem Finger auf «klerikal-faschistische» Machenschaften zu
deuten, und lange hatte er an der Enttäuschung über das Versagen
des katholischen Widerstandes im Jahre 1933 getragen, der einst ein
letzter Hort seiner Hoffnung war.

Hatte er all das vergessen? Was trieb ihn in die Nähe des Heiligen
Vaters? Ein Spiel mit der Konversion war es gewiß nicht. Reizte ihn
die Begegnung mit dem Blick auf den Luther-Stoff? Wollte er sich
in seiner erasmischen Rolle bestätigt sehen? Oder glaubte er, er
dürfe auch diese Auszeichnung auf keinen Fall versäumen? Erwartete er von ihr – wie von den anderen Anerkennungen auch – einen
wohltätigen Schutz vor den politischen Anfechtungen, denen er
sich ausgesetzt zu sehen glaubte, vor allem in Amerika?

Für einen Augenblick quälte ihn die Frage, ob er im «Erwählten»
das Spiel mit Frömmigkeit und Frivolität vielleicht ein wenig zu
weit getrieben und sich damit den Empfang verscherzt haben

könnte. Bald aber trafen beruhigende Nachrichten ein. Am
10. April flog er mit Katia nach Rom. Die beiden stiegen im «Hotel
Excelsior» an der Via Veneto ab, als Gäste Mondadoris. Nach einigen Tagen der Erholung wurden sie in einen «Trubel von Veranstaltungen» gerissen, bei dem Thomas Mann ein paarmal die «Nerven
versagten». Es gab Empfänge, Cocktailpartys, offizielle Essen, Interviews und Besichtigungen. Ignazio Silone, der sich mit Elisabeth
angefreundet hatte, begleitete Katia und Thomas auf diesen und jenen Wegen. Der italienische Romancier, ein ausgewiesener Antifaschist, vertrug sich freundlich mit dem großen deutschen Kollegen.
Politische Debatten schienen sie zu vermeiden. Es war besser so,
denn Silone war nicht nur ein passionierter Feind des Faschismus,
sondern auch ein entschiedener Antikommunist – Herausgeber der
Zeitschrift «Tempo Presente», die dem Berliner «Monat» Melvin
Laskys, dem Wiener «Forum» Friedrich Torbergs, den Pariser
«Preuves» François Bondys und dem Londoner «Encounter» von
Stephen Spender und Irving Kristol verbunden war.

In den Museen übernahm Professor Bandinelli die Führung. Ihm
schrieb Thomas Mann nach der Rückkunft, er könne ihm «nicht
dankbar genug (...) sein für den fast stürmisch ehren- und sympathievollen Empfang, der mir zuteil wurde, und ich wollte, Sie machten sich überall und bei jedem zum Dolmetsch dieses Gefühls. Ich
muß fürchten, durch persönliche Unergiebigkeit, eine im Konventionellen steckenbleibende, nervös beklommene Höflichkeit, enttäuscht zu haben.» Er pries die Stadt Rom mit ihrem «In- und Nebeneinander der Jahrhunderte, des Antiken und Früh- und Hochchristlichen, diese Überfülle von Kunstschöpfungen sinnlicher und
mystischer Frömmigkeit und Genialität, – wie im Traum, einem
Traum von Größe, nahm ich das alles auf, und wie ein sehr starker,
ins Gemüt dringender Traum wirkt und lebt es in mir fort.»

Am Ende der römischen Tage war er in die Albaner Berge gefahren, um Palestrina und das «Haus an der Treppe» wiederzusehen,
wo er vor mehr als einem halben Jahrhundert die «Buddenbrooks»
begonnen und in der lastenden Hitze eines Sommernachmittages
dem Teufel gegenübergesessen hatte. Im Tagebuch vermerkte er
den Ausflug nicht.

Am 29. April 1953 wurde Thomas Mann zuteil, was er sich vor

allem gewünscht hatte: die Audienz beim Heiligen Vater. Gottfried
Bermann Fischer berichtete er von diesem «stärksten Erlebnis» des
Besuchs in der Ewigen Stadt: «Es war, nach langsamem Vorrücken
durch die Vorzimmer ein Gespräch unter vier Augen von einer kleinen Viertelstunde und für mich doch ein merkwürdiger und rührender Lebensaugenblick, vor der weißen Gestalt zu stehen, die so
vieles vergegenwärtigt.»

«Bewegte Kniebeugung und Dank für die Gnade», hielt er in seinem Journal fest. Der Heilige Vater habe lange seine Hand gehalten.
Die beiden sprachen über eine Krankheit, die Pius bestanden hatte.
Der Heilige Vater drückte sich geläufig auf deutsch aus. Thomas
Mann hatte den Eindruck, daß er sich «mit größtem Vergnügen an
die Zeit seiner Nuntiatur in Deutschland» erinnere, «die offenbar
beste Lebenszeit für ihn war».

Von dem Konkordat mit dem Dritten Reich, das er abgeschlossen
hatte, redeten sie natürlich nicht. Thomas Mann erinnerte den Papst
vielmehr an den Blick, den er einst zur Wartburg hinaufgeworfen
hatte, und an sein Wort, dies sei eine gesegnete Burg. Ihm, sagte der
Dichter, habe das so großen Eindruck gemacht, «weil es zeige, wie
doch die homines religiosi im Grunde eines Sinnes seien und das
Konfessionelle schließlich keine so große Rolle spiele». Pius
«stimmte dem lebhaft zu, und die ‹Einheit der religiösen Welt› bildete eigentlich den Kern des Gesprächs. Zum Zeichen, daß es nun
ein Ende haben muß (es warten ja so viele) schenkt er einem eine
kleine silberne Medaille mit seinem Bildnis zum Andenken, und
man beugt noch einmal das Knie, was mir sehr leicht und natürlich
vonstatten ging.»

Im Journal beschrieb er die Szene präziser: «Darreichung der
Hand. ‹Ist das der Ring des Fischers? Darf ich ihn küssen?› Ich tat
es. Beglückwünschung zu meinem Wirken und Entlassung. Rückweg gewiesen von den Kämmerlingen in lila Seidenmänteln.»

Da das Gespräch stehend geführt wurde, fühlte sich Thomas
Mann an die Begegnung Napoleons mit Goethe in Erfurt erinnert.
Sein Stolz schien nicht darunter zu leiden, daß er mit einer kleinen
Gedenkmünze abgefunden wurde wie jeder sizilianische Bürger-
meister, dem der Heilige Vater die Ehre erwies. Der «Erbe prote-
stantischer Kultur» – so zu Professor Bandinelli – empfand auch

nicht «die leiseste innere Hemmung», als er das Knie beugte und den Ring Petri küßte.

Nein, er widerstand keiner Autorität, die ihm von Angesicht zu Angesicht begegnete, keiner weltlichen, keiner geistlichen, erst recht nicht der höchsten in der hierarchischen Ordnung der ältesten Institution des Abendlandes. Noch Wochen später sprach er von der «nachhaltigen Bedeutung», die der Besuch für ihn hatte und von der sich «der Papst (...) wohl keine Vorstellung» mache. «O seltsames Leben», schrieb er im Tagebuch, «wie es ebenso noch keiner geführt, leidend und ungläubig erhoben. Elend, Begnadigung.» Zugleich bescheinigte er sich: «Verwandtes Verhalten zur katholischen Kirche wie zum Kommunismus. *Gegen* beides kein Wort! Mögen andere eifern und Theokratie und Censur fürchten.»

125. KAPITEL

Eine Art Heimkehr

Vom Präsidenten der italienischen Republik nahm er hernach den Verdienstorden entgegen, und er genoß einen großen Empfang, den Giulio Einaudi, ein Sohn des Staatsoberhauptes, für ihn gab. Der Verleger hatte einen Kreis antifaschistischer und kommunistischer Autoren um sich gesammelt, die sich mit einiger Natürlichkeit in das geistige Gewebe der italienischen Demokratie fügten. Der Stalinismus hatte den Kommunismus der Italiener niemals mit der gleichen radikalen Entschiedenheit prägen können, mit der er die Kommunistische Partei Frankreichs geformt hat (von den Parteien der Satellitenstaaten nicht zu reden). Dennoch fühlte sich Thomas Mann veranlaßt, Einaudi viele Wochen nach seiner Rückkehr einen Brief zu schreiben, in dem er seine Zweifel an der «kultur-pädagogischen Berufenheit einer kommunistischen Bürokratie» anmeldete. Er habe sich geweigert, «an der stumpfsinnigen Kommunistenhetze à l'américaine teilzunehmen», aber er frage sich, «wie zum Beispiel Pavese, mit seinem Interesse an ‹den heikelsten und verschlungensten Themen der zeitgenössischen Philosophie› und seiner Neigung zum Mythos, sich seine persönliche Existenz in einem kommunistisch disziplinierten Italien, in der Zwangsjacke kommunistischer Dogmatik vorgestellt hat. Hat er geglaubt, solche sublimen Allotria, einschließlich der Schwäche für meine Josephsgeschichten, würden ihm unter kommunistischer Herrschaft erlaubt sein? Das wäre naiv gewesen…» Er fragte weiter: «Kann man politischer Kommunist und zugleich ein Liebhaber des frei und künstlerisch experimentierenden Gedankens sein? (…) Aber die

Forderung des Kommunismus nach dem sacrificium intellectus geht eben *sehr* weit, unerbittlich weit. Sie betrifft die Idee der Wahrheit selbst, – über die man denken mag, wie Pilatus, ohne doch im Herzen zulassen zu können, daß sie dem Interdikt verfalle.»

Vielleicht, fügte er resigniert hinzu, sei «ebendies ihr Schicksal»: «Mit dem Liberalismus ist's aus – und also auch mit der Freiheit, die der Menschheit einigen Segen, aber viel Segen eben doch nicht gebracht hat.» Man könne das «lügenhafte Geschwätz von der ‹Freien Welt›» nicht mehr hören. Er sei im amerikanisch-russischen Konflikt «für europäische Neutralität».

Seine Vorstellung der «europäischen Neutralität» umkleidete den Wunsch, Deutschland neutralisiert zwischen Ost und West zu sehen. Die doppelt beaufsichtigte Machtbegrenzung hätte seine Forderung erfüllt, daß Deutschland, dem alle Macht böse zu werden schien, niemals mehr den Nachbarn, der Welt und sich selbst gefährlich werden könnte. Er übersah, daß die Neutralisierung – die den Verzicht auf die Einbindung in das Bündnis des Westens voraussetzte – zugleich einen potentiellen Machtzuwachs bedeutete, der eines Tages alle Sicherungen hätte sprengen können. Es war kein Zufall, daß in jenen Jahren alle Anwälte des Primats der «Nation» – ob auf der politischen Rechten oder Linken – eine deutsche Neutralität erstrebten, ob in einem europäischen Verband oder in einer isolierten Stellung außerhalb der Bündnisgeflechte: es kam auf die Lösung von den Vereinigten Staaten und der atlantischen Allianz an.

Trotz des politischen Schweigegebotes, das er sich auferlegt hatte, wollte er sich einer Einladung der französischen Zeitschrift «Comprendre» nicht versagen, deren Redaktion nach seinem Urteil über die Stellung Europas zwischen den Vereinigten Staaten und der Sowjetunion gefragt hatte. Er unterschlug in dem Artikel seine Dankesschuld gegenüber den Vereinigten Staaten nicht, die «den Flüchtling aus Hitler-Deutschland mit hochherziger Bereitwilligkeit» aufgenommen und «seiner Arbeit freundlichste Ehren» erwiesen hatten. Doch er gebe auch zu, fuhr er fort, daß, «ähnlich wie im Jahre 1933, das Politische nicht unbeteiligt» gewesen sei an seinem Entschluß, im Alter von achtundsiebzig Jahren wieder nach Europa zurückzukehren. Er beklagte die innere Bedrohung

Amerikas durch den «Zwang zum Konformismus, ‹Loyalty› genannt, Gesinnungsspionage, Mißtrauen, Erziehung zur Denunziation, Paßverweigerung für angesehene, aber mißliebige Gelehrte
(eine Beschränkung des internationalen wissenschaftlichen Aus-
tausches), grausame Verstoßung Unorthodoxer in die ökonomische Wüste» – das alles sei leider «gang und gäbe» geworden.
«Kurzum», sagte er, «die Freiheit leidet unter ihrer Verteidigung,
und manche fürchten, sie sei im Begriffe, an ihr zugrunde zu gehen, sie werde zur leeren, propagandistisch mißbrauchten Phrase
ausgehöhlt, – was nach meiner Überzeugung denn doch Übertreibung ist.»

Er wiederholte die alte Predigt: es sei eine «beklagenswerte
Funktion des Kommunismus, daß er die Demokratie in den Faschismus drängt». Man höre zu oft – «und nicht nur in Amerika –
den Satz, daß nur die Faschisten wirklich zuverlässige Gegner des
Kommunismus seien». Wo hörte er das? Mit wem sprach er? Was
las er? Er fügte eine Korrektur an: «Aber die demokratischen Fundamente des amerikanischen Lebens sind trotz allem, was heute dagegen zu sprechen scheint, gesund und fest. Ganz andere Überlieferungen und Bedingungen bestimmen dieses Leben als die, welche
Deutschland seinem Hitler entgegenzustellen hatte. Eine starke Bewegung gegen den Terror von Angst und messianischem Dünkel ist
schon spürbar und erzielt tröstliche Erfolge. Der Volkscharakter
und derjenige der Intelligenz, ein guter und generöser Charakter im
Grunde, ist wenig verheißungsvoll für die politische Zukunft der
McCarthy und McCarran.» Er gestand sogar, daß er sich zuweilen
über den «individuell meist wenig berechtigten kulturellen Hochmut» ärgere, «in dem der Durchschnittseuropäer sich vor dem mil-
liardenschweren Verwandten und einfältigen selfmade man dort
drüben gefallen zu dürfen glaubt».

Er selbst war von Anwandlungen solchen Kulturhochmuts nicht
immer frei. Doch nun stellte er fest, der «Kulturmensch» habe es
«wahrhaftig nicht schlecht in Amerika». Die großen Städte verfügten über die herrlichsten Kunstsammlungen, Boston, New York,
Philadelphia besäßen die besten Orchester der Welt, die Radiostationen erfüllten «allabendlich die Luft mit hoher Musik», in den
Vortragssälen versammelten sich nicht «wie bei uns ein paar hun-

dert Zuhörer», sondern Tausende von Hör- und Wißbegierigen, der soziale Roman stehe auf hoher Stufe, und die literarische Kritik könne sich «an Eleganz und Sensibilität (...) oft mit der französischen messen».

Zum anderen beschwerte er sich, daß Europa «als ökonomische Kolonie, militärische Basis, Glacis im zukünftigen Atom-Kreuzzug gegen Rußland» behandelt werde. Seine «persönliche Überlieferung und Formung» mache ihn «untauglich zum Parteigänger des Kommunismus»: «Ich kenne die Schrecken dieser Kirche», behauptete er, «ohne daß das Grauen vor ihrer Weltherrschaft» ihn blind mache «gegen die Gebrechen unserer spätkapitalistischen Welt, die, statt aus ihrer Bedrohtheit Impulse innerer Erneuerung zu schöpfen», über «hoffnungslosen Vernichtungsplänen» brüte. Die «unbedingte Verschreibung West-Europas an das amerikanische Verteidigungssystem» halte er nicht für weise.

Sein «Zugehörigkeitsgefühl zum Westen», fügte er hinzu, seine «Unfähigkeit, unterm Geisteszwang östlicher Orthodoxie (...) zu leben», erlaubten ihm nicht, «von Neutralität zu sprechen». In Wirklichkeit tat er es doch. Auch wenn er das Wort mied: sein Verhalten war mehr und mehr von dem moralischen Neutralismus bestimmt, der fast in jeder seiner politischen Äußerungen sichtbar wurde.

Im Mai 1953 erreichte ihn durch Caroline Newton die Einladung von drei amerikanischen Quäker-Colleges zu einem Vortrag, für den sie ein Honorar von tausend Dollar und die Ersetzung sämtlicher Reisekosten für ihn und Katia bot. Er schrieb ins Tagebuch: «Sehr betroffen von dem Gedanken, viel Neigung, aber Besorgnis vor dem Wagnis, besonders nach Erscheinen des Comprendre-Artikels. Unwahrscheinlich, daß man mir den Paß wegnimmt, aber übler Streiche vonseiten des McCarthy, irgendwelcher Steuer-Untersuchung und Festhaltung ‹bis zur Klärung› muß man sich von fern versehen. Außerdem die Anstrengung. Hierüber viel mit K., die sich zu der Idee freundlich, aber ängstlich verhält. Erika dagegen, Entscheidung sehr schwer.»

Erikas Zustand hatte sich noch immer nicht gebessert. Der Vater beobachtete besorgt, daß ihre Redeweise oft «von Schlaflosigkeit und Alkohol» zeuge. Manchmal überschritt sie, wohl unter dem

Einfluß der Drogen, auch die Grenzen des Taktes gegen den Vater. Sie quälte ihn mit Lobreden auf Bruder Heinrichs «Zola»-Aufsatz aus dem Jahre 1914, der ihn damals bis auf Blut gepeinigt und das Grundmotiv zu den «Betrachtungen» geliefert hatte. Zum anderen bewies sie aufs neue ihre praktische Tüchtigkeit. Es war vor allem ihrer Umsicht zu danken, daß sich ein Käufer für das Grundstück im Herzogpark fand. Der ungenannte Bürger, der den privilegierten Bauplatz in der Poschingerstraße übernahm, lieferte zwanzigtausend Mark in bar bei Thomas Mann ab, den es erheiterte, daß eine Nonne im Auto des neuen Grundherrn wartete, der im Erlenbacher Haus vorsprach. Ob dies der volle Kaufpreis war, der an den Behörden vorbei von Hand zu Hand ging, oder eine Art Aufgeld, mit dem Steuern gespart wurden, steht dahin.

Einen Tag nach dem lohnenden Besuch des Münchner Herrn bestiegen Thomas und Katia Mann die Maschine nach London. Sie fuhren nach der Landung ohne Aufenthalt in einem Wagen der Universität nach Cambridge weiter, wo sie im Haus von Sir Charles Darwin, dem Sohn des großen Naturwissenschaftlers, empfangen wurden. Das Abendessen im College bezeichnete der Autor in seinem Journal als «dürftig», und auch die Unterbringung empfand er nur als «leidlich» (doch sie entsprach dem kargen Stil der britischen Hochschulen). Dafür vollzog sich anderntags die Verleihung der Ehrendoktorwürde – Thomas Mann empfing sie zusammen mit dem indischen Ministerpräsidenten Nehru und acht prominenten Zeitgenossen – mit dem unübertrefflichen und ehrwürdigen Pomp, der alle Kriege und Krisen Englands überdauert hatte. Er vermerkte, daß das «doppelte Doktorat in Oxford *und* Cambridge», wie es ihm zuteil geworden war, sehr selten sei. Er hielt auch fest, daß es bei Tisch nicht erlaubt war, eine Zigarette anzustecken, ehe der Toast auf die Königin ausgebracht war. Am Abend gab Sir Charles Darwin ein Essen. Anderntags mit der Bahn nach London, begleitet von Ida Herz, von der sich Thomas Mann, gnädig gestimmt, zu einer Teegesellschaft einladen ließ. Er speiste mit seinem Verleger Warburg und verbrachte den Abend bei den alten Tanten Katias.

Am 7. Juni schon flogen Thomas und Katia Mann weiter nach Hamburg, wo sie von dem Verleger Christian Wegner willkommen geheißen wurden. Das Gästehaus der Töpfer-Stiftung bot eine angemessene Unterkunft. Für den Abend des folgenden Tages hatte der Dichter eine Vorlesung in der Universität zugesagt, bei der er aus dem «Krull»-Fragment das Kapitel über die Reise nach Paris und, ein anderes Bravourstück, den Besuch im Zirkus vortrug. Zuvor richtete er an die Studenten ein freundliches Wort, in dem er seine Heimkehr feierte: «Im Alter atme ich noch einmal die Luft der Heimat, hanseatische Luft, − nicht gerade die Lübecks − es muß ja nicht unbedingt Lübeck sein, Hamburg tut es auch, zumal es früher und ermutigender auf dem Plan war mit dem Wunsch nach einem Wiedersehen als die Vaterstadt, − der ich übrigens von diesem Platz aus meinen herzlichen Gruß sende.»

Liebenswürdiger konnte und wollte er seine Rüge an die Adresse der Lübecker Stadtväter nicht verpacken. Einige Wochen zuvor hatte ihn ein Buchhändler seiner Heimatstadt zu einer Lesung eingeladen. Thomas Mann lehnte den Wunsch mit dem Hinweis ab, man habe ihm die Hergabe seiner deutschen Honorare als Beitrag für den Wiederaufbau der Marienkirche wenig gedankt, ihn nicht einmal zur Einweihung der wiederhergestellten Kirche gebeten. Den Hamburgern aber rief er zu: «Noch einmal höre ich die Laute meiner Kindheit, das niederdeutsch-waterkantische Sprach-Timbre, urvertraut und seit vielen von wechselreichem Leben erfüllten Jahrzehnten mir aus den Ohren gekommen.» Es sei eine «merkwürdige späte Stunde», die ihn nun zu den jungen Leuten der Heimat sprechen lasse. Er schilderte das «Wagnis eines Künstlerdaseins», das − «dank einer freundlichen Fügung von oben» − gnädig abgelaufen sei, und er begründete in knappen Worten seine Heimkehr nach Europa, in dem es sich heute − «wenigstens für einen Menschen wie mich» − «leichter atmet» als in Amerika. Dann zitierte er Goethe, der einst sagte: «Mir ist nicht bange, daß Deutschland nicht eins werden wird», und er fuhr fort: «Lassen Sie uns sagen: Uns ist nicht bange, daß die wirkende Zeit nicht ein geeintes Europa bringen wird mit einem wiedervereinten Deutschland in seiner Mitte.»

Die jungen Leute hörten es gern. Sie nahmen auch aufmerksam seine Warnung zur Kenntnis, daß «ein Mißtrauen (…) in die Reinheit der deutschen Absichten» die Einigung Europas verzögere:

«eine Furcht anderer Völker vor Deutschland und vor hegemonialen Plänen, die seine vitale Tüchtigkeit ihm eingeben mag und die es nach ihrer Meinung schlecht verhehlt». Diese Besorgnis sei nicht ganz ohne Berechtigung. Sache der deutschen Jugend sei es, dies «Mißtrauen, diese Furcht zu zerstreuen, indem sie das längst Verworfene verwirft und klar und einmütig ihren Willen kundgibt – nicht zu einem deutschen Europa, sondern zu einem europäischen Deutschland.»

Am Abend des folgenden Tages trug er im großen Saal der Musikhalle das «Kuckuck»-Kapitel aus dem «Krull» vor. Er registrierte eine «demonstrative Festlichkeit sondergleichen. Nicht endender Beifall des stehenden Massen-Publikums. Immer wieder Hervortreten, den Arm voller Rosen und Geschenkpaketen, darunter schöne bronzene Empire-Leuchter. Nachher Empfang in kleinem Kreis. Immer Huldigungen und Versicherungen der Dankbarkeit und bildenden Wirkung.»

Im Gästehaus aber sprach eine «Deputation der Stadt Lübeck» vor, angeführt von der Kultursenatorin und vom Landesbischof, die ihn herzlich in seine Vaterstadt einluden: der Wink mit dem Zaunpfahl war verstanden worden. Mit einer Zusage wollte sich der Dichter Zeit lassen. Doch er fuhr mit Katia, Brigitte Bermann Fischer und Rudolf Hirsch über die Autobahn nach Travemünde, wo Hans Schrem, der Chefredakteur der «Lübecker Nachrichten», am Kurhaus wartete. Beim Spaziergang am Strand genoß er die «richtige Seeluft», die hier rauher sei «als drüben am Strand des Pazifik». Er erging sich in Erinnerungen an die Kurhauskonzerte im «Musiktempel», bei denen er als Kind auf seiner Achtel- oder Viertelgeige mitgefiedelt hatte. Früher freilich sei hier alles «schlichter und idyllischer» gewesen, bemerkte er, und er gestand dem Redakteur: «Diesen Besuch habe ich mir heimlich vorgenommen (...), lange bevor ich meiner Frau gegenüber noch irgend etwas davon erwähnte. Es war das mein Kindheitsparadies, wo ich gewöhnlich die großen Ferien verbrachte. Und ich kann wohl sagen: so glücklich bin ich im späteren Leben nie wieder gewesen wie hier während der Ferien an der See...» Seine Gesichtszüge, schrieb der aufmerksame Journalist, seien bei der Begegnung mit der Vergangenheit unverändert geblieben. Er meinte bedächtig: «Wenn man 78 Jahre alt ist und

Thomas Mann heißt und weiß, daß die eigene Lebensarbeit viele Generationen überdauern wird, dann zeigt man vielleicht keine Bewegung mehr.»

Er gab auch keine Gefühle zu erkennen, als er vor dem Buddenbrookhaus in der Mengstraße stand, dem Haus seiner Väter: «Zum erstenmal sah er das zerstörte Gebäude. Minutenlang stand er davor, dann setzte er sich ins Auto und fuhr davon. Der große Thomas Mann ist nicht heimgekehrt. Ganz heimlich und unbeachtet ist er nur gekommen, um zu sehen. Das Haus, von dem er einstmals vor einem Menschenleben ausgegangen ist, um einer der größten unter den Dichtern zu werden, ist zerstört. Das Auto trug ihn schnell und unbeachtet aus Lübeck heraus.» Wohl, fügte Schrem hinzu, sei es oft schwer gewesen, dem Dichter zu folgen, wenn er sich politisch geäußert habe. Er sei von «schlechten Stimmen» beraten gewesen, man habe über seine Äußerungen und Meinungen oft falsch berichtet. Der gutwillige Schreiber fuhr fort: «Was dann noch übrig bleibt an Kritik, auch an ehrlicher Kritik – nun, Thomas Mann ist Dichter und nicht Politiker, er ist der große Epiker, Humanist, Warner, Prediger der Menschlichkeit, und alles andere sollte ohne Belang sein.» Er schloß mit einer gewissen Rührung: «Er war in Lübeck, ein Dichter, der Heimweh hatte. Ganz aus eigenem Entschluß, aus einer Herzensregung und ohne eine offizielle Einladung ist er in seine Vaterstadt gekommen, nur für ein paar Stunden. Der große alte Thomas Mann...»

Der flüchtige Gast aber vermerkte im Tagebuch, er habe neben dem Buddenbrookhaus auch die Holstenstraße, die Königstraße, das Katharineum und den Schulhof wiedergesehen. Er habe an Willri Timpe gedacht: «Der zweite nach Armin. Ewige Knabenliebe.» Nach der Heimkunft schrieb er: «Seltsam festlich geräuschvolles Abschnurren des Lebensrestes.»

Einen guten Monat später vereinten sich Familie und Freunde noch einmal zu einer schönen Feier: am 24. Juli 1953 beging Katia ihren siebzigsten Geburtstag. Golo und Monika waren aus Amerika gekommen, Elisabeth reiste mit ihren beiden Töchtern Angelica und Domenica aus Italien an. Frido und Toni hielten sich ohnedies während der Ferientage bei den Eltern ihrer Mutter auf. Der Zwillingsbruder Klaus Pringsheim und seine Frau stellten sich ein.

Nach dem Frühstück boten Mitglieder des Zürcher Symphonieorchesters der Jubilarin ein Ständchen. Choristen sangen Volkslieder. In der «Neuen Zürcher Zeitung» stand ein preisender Artikel Bruno Walters. Auch die «Basler Nationalzeitung» und der Berner «Bund» gedachten der Gefährtin, die Thomas Mann auf die alten Tage – wie es unter alten Paaren manchmal ist – in der Vermännlichung ihrer Züge immer ähnlicher zu werden schien. Zu Hause wurde sie mit Pelzen und Handtaschen und Kinderbildern beschenkt. Erika hatte für die Enkel heitere Szenen geschrieben, die sie mit Lust und Talent aufführten. Das Festessen, das große Toilette forderte, wurde im Hotel «Eden au Lac» begangen. Thomas Mann hielt eine kleine Ansprache. Der Hinweis, daß die Schweiz ein rechter Männerstaat sei, bot einen hübschen Auftakt, der es ihm erlaubte, mit einem Gran Selbstironie in die Rolle des «Eheherrn» einzutreten, der auch dort mit seiner Unterschrift einzustehen habe, wo die Frau nach ihren Wünschen alles zu planen und zu regeln wisse. Er zitierte das Verschen, das er ihr einst in ihr Exemplar der «Lotte» geschrieben hatte: «Angefangen an trautem Ort – / Schrieb in der Fremde daran fort. / Einmal fehlt' ich, macht's einmal gut – / Es wurde fertig in Deiner Hut. / Bleibe Du mir auf dieser Erden, / So soll alles fertig werden!»

«Privatverslein eines Prosaikers» nannte er, nicht unzutreffend, die freundliche Reimerei. Er erinnerte an das Bild des kleinen Mädchens in Kaulbachs «Kinderkarneval», das er sich als Lübecker Gymnasiast ausgeschnitten und mit Reißnägeln über seinem Schülerschreibtisch befestigt hatte. Er sprach, in die Welt des neunzehnten Jahrhunderts zurückfallend, von der «Mädchenblüte», und er fragte, ob sie denn gewußt habe, «was sie tat, als sie in das Werben des jungen Menschen willigte, der dabei auf nichts fußte als auf seiner Liebe und auf der überraschten und überraschenden Teilnahme, die ein glücklicher, in scheuer Einsamkeit von ihm vollendeter Erstlingsroman gefunden».

So hatte sich ihm die meisterhaft geplante und vollzogene Belagerung von einst verklärt. Er feierte das «starke Herz dieser Frau», das sie wahrhaftig so oft bewiesen hatte, feierte sie als Mutter und Gattin, und er vergaß nicht, daß sie die Stenogramme seiner Briefe abgetippt, die Verlegerabrechnungen kontrolliert, die Steuererklärungen ausgearbeitet hatte. Er pries ihre Geduld, die sie – entgegen ihrem «energisch geschwinden Temperament» – an seiner Seite habe lernen müssen: «heldenhaft geübt als meine Gefährtin, die mit mir meine Arbeit trug!»

Vielleicht, sagte er, werde in ihrer Hut noch einiges fertig werden: «Aber alles? Das gibt es nicht. Wir gehen alle dahin als hoffnungsloser Schuldner des Unendlichen.» Er wollte die Schatten auch an diesem Tag nicht ganz verscheuchen: «‹And my ending ist despair›, sagt Prospero, Shakespeare's Zauberer. Wenn dann die Schatten sich senken und all das Verfehlte und Ungeschehene und Ungetane mich ängstet, dann gebe der Himmel, daß sie bei mir sitzt, Hand in Hand mit mir, und mich tröstet, wie sie mich hundertmal getröstet und aufgerichtet hat in Lebens- und Arbeitskrisen, und zu mir sagt: ‹Laß gut sein, du bist ganz brav gewesen, hast getan, was du konntest.›»

So träumte er einen sanften Tod voraus: immer noch auf «Freund Hein» vertrauend, der sich aus der schrecklichen Realität des zwanzigsten Jahrhunderts so brüsk zurückgezogen hatte: «Der dunkle Engel, der die Hände löst und jeden ins Alleinsein mit seinem Nichtsein weist, – hat er wirklich in jedem Falle Gebot und Macht, so zu tun? Ich glaube es nicht. Gerade diese Tage ihres Altersfestes, und was ihr an Dank, Bewunderung, Ehrerbietung dabei zuströmt, läßt mich gläubig zweifeln an des Engels Vermögen. (...) Wir werden zusammenbleiben, Hand in Hand, auch im Schattenreich. Wenn irgendein Nachleben mir, der Essenz meines Seins, meinem Werk beschieden ist, so wird sie mit mir leben, mir zur Seite. Solange Menschen meiner gedenken, wird ihrer gedacht sein.»

Ein Credo der Bescheidenheit und des Respektes vor einer souveränen Persönlichkeit konnte der letzte Satz, genauer besehen, kaum genannt werden: Katia, sagte Thomas Mann in schönen Worten, werde durch ihn und nur durch ihn fortleben. Er und nichts anderes war raison d'être ihrer Existenz.

Er habe seine Rede mit sehr fester Stimme gelesen, schrieb er ins Journal. Selbst der «dunkle Engel», den er beschwor, habe die Stimmung nicht ganz verdorben. Warum auch? Der fromme Aufschwung seiner Betrachtung hüllte den Ausblick auf die Neige des Daseins in den weichen Flaum trostvoller Melancholie.

126. KAPITEL

Reden und Schweigen

Nein, die Schatten wichen auch nicht von diesem Jahr der hohen Ehren und schönen Feste. Der Dichter hatte sich mit einigem Bangen gefragt, wie «Die Betrogene» von der Kritik aufgenommen werde. Die Zeitschrift «Merkur» hatte die Erzählung in drei Segmenten abgedruckt, und bald danach legte Bermann Fischer eine gebundene Ausgabe vor. Die Reaktion war eher gemischt. Die erste Enttäuschung: die getreue Helen Lowe-Porter lehnte eine Übersetzung ab, angeblich zu sehr mit der Arbeit an einem eigenen Roman beschäftigt (den Thomas Mann mit mäßigem Interesse las). Ein anderer Übersetzer, den der Londoner Verleger Warburg zu gewinnen suchte, sagte nein, weil er die Geschichte nicht möge. Ida Herz schrieb, wie Thomas Mann verärgert notierte, «gröblich dumm» über die Novelle, von der er nun sagte, sie sei «eine Frauengeschichte, die offenbar nichts für Frauen ist». Auch der schwäbische Pfarrer und Dichter Albrecht Goes, sonst so herzlich und manchmal hymnisch in seiner Verehrung, äußerte sich nur höflich gedämpft.

Die Literaturredakteure der «Neuen Zürcher Zeitung» und der «Tat» hielten sich lange Monate ängstlich zurück. Einen Trost bot zunächst nur Max von Brück, der den Lesern der «Gegenwart» gestand, auch er sei zunächst in einen «gewissen Zwiespalt» versetzt worden, und auch er habe sich an dem starken Kontrast «zwischen der zuweilen kruden, ja peinlichen Realistik der Vorgänge und der durchgängig kunstvollen Stilisierung» bis zur Steigerung in der metrischen Skandierung gestoßen. Doch dann entdeckte er «eine viel-

schichtig abgründige Tiefe» unter der nur scheinbar glatten, stilisierten Oberfläche. Er spürte der heimlichen Dialektik nach, und er
fragte zum Schluß, ob die Erzählung «nicht eines der wehmütig-
sten, der am tiefsten schmerzlichen und hintergründigen Werke»
sei, «geschrieben aus der Kenntnis der Geschwisterlichkeit von Leben und Tod».

Wie es seine Gewohnheit war, bedankte Thomas Mann sich bei
dem Rezensenten. Er schrieb Max von Brück, daß es zur Konzeption gehöre, «die in Wehmut krasse, zugleich triviale und gewagte
Geschichte in bester Form, im Stil der klassischen Novelle» vorzutragen: «Übrigens nehmen alle Frauen d'un certain âge sie mir übel.
Sind sie doch der Meinung, daß es unter so bewandten Umständen
erst recht losgehen kann.» Die Freundlichkeit der Exegese, zu der
sich Brück verstanden hatte, konnte Thomas Manns eigene Zweifel
nicht völlig überdecken. In einem Brief an Reisiger gestand er, daß
er die «‹Betrogene› (…) nicht sehr hoch halte, etwas mißmutig und
durch Früheres verwöhnt wie ich bin».

Auch mit dem «Krull», sagte er Reisiger, gehe es «nur schleppend
vorwärts», «unter hundert Störungen und Müdigkeiten, einem
Eigentlich-nicht-mehr-recht-Mögen». Dennoch komme «immer
einmal wieder Amüsantes zustande». Er feilte an den Pariser Kapiteln, dann beförderte er den Filou in Begleitung des naturwissenschaftlich, urgeschichtlich und kosmologisch so glänzend gebildeten Professors Kuckuck gemächlich nach Lissabon. Trotz des
ambitiösen Vorstoßes zum Ursprung des Lebens, den er riskierte,
trotz des Griffes nach den Sternen und des «faustischen» Ehrgeizes,
der sich nun plötzlich regte, seufzte er immer von neuem unter der
Last der Unternehmung: «stofflich unschicklich und erdrückend
unabsehbar».

Die Unlust an der Arbeit und das Unbehagen am Erlenbacher
Haus ließen ihn ungeduldig werden. An manchen Tagen schien die
Sehnsucht nach der kalifornischen Residenz überhand zu nehmen.
Noch immer war die Villa am San Remo Drive nicht verkauft. Zu
Katia sagte er, wenn 1956 Adlai Stevenson ins Weiße Haus gewählt
werde, würde er gern zurückkehren und das bis dahin vermietete
Haus wieder beziehen. Diesem Wunsch stand das starre Nein der
Tochter Erika im Wege. Auch er selbst löste sich in Wirklichkeit

nicht aus seinem Mißtrauen gegen die Wahlheimat. Bis zum Tag des
Waffenstillstandes in Korea am 27. Juli 1953 wollte er der Regierung
in Washington die Bereitschaft zum Frieden nicht glauben.

Wie alle Welt erregte er sich über das drohende Todesurteil gegen
Julius und Ethel Rosenberg, im März 1951 wegen atomarer Spionage zum Tode verurteilt. Ein Berufungsgericht hatte die Neueröff-
nung des Verfahrens abgelehnt. Harry Truman hatte die Frage der
Begnadigung vor sich hergeschoben und schließlich unerledigt seinem Nachfolger Dwight D. Eisenhower übergeben. Der Präsident
wurde mit Gnadengesuchen bestürmt. Auch Johannes R. Becher
hatte Thomas Mann zur Teilnahme an einer Unterschriftenaktion
aufgefordert – eine Zumutung, der er sich entzog. Aber als ihn Erika
bat, ein Telegramm an den Präsidenten zu schicken, um ihn vor
einem Justizmord zu warnen, wollte er sich dieser Menschenpflicht
nicht entziehen. Am 15. Juni 1953 sandte er einen langen und ernsten Text ans Weiße Haus, den er, nach seinen eigenen Worten, als
Mitglied der Amerikanischen Akademie für die Künste und als Offizier der Französischen Ehrenlegion unterzeichnete. Die Über-
mittlung kostete, wie er im Tagebuch festhielt, 200 Franken. In
einem Interview mit einem Reporter der Rundfunkstation von Basel erläuterte er, daß er der letzte sei, «die Handlungsweise dieser
Menschen zu billigen oder gar zu verherrlichen. An einen Frei-
spruch war nicht zu denken, wohl aber, bei der juristischen Fragwürdigkeit des Falles, an die Begnadigung zu einer Freiheitsstrafe –
und möchte es die schwerste sein.» Eine Exekution könne nicht im
moralischen Interesse Amerikas liegen.

Damit hatte er recht. Ohnehin mochte man fragen, ob die Todesstrafe eines zivilisierten Staates würdig sei. Auch war nicht jeder
Schatten eines Zweifels an der Schuld der Rosenbergs ausgelöscht.
Und schließlich lag auf der Hand, daß die kommunistischen Strategen nach dem Märtyrertod des Paares geradezu lechzten. Sie hätten
zwar auch eine Begnadigung als ihren Triumph bejubelt, aber der
Tod der beiden war propagandistisch ergiebiger. Eisenhower, der
sich die Entscheidung nicht leicht machte, glaubte die «Staatsräson»
über die menschlichen und politischen Erwägungen stellen zu
müssen.

Am 17. Juni 1953 rebellierte, nach einem Streik der Bauleute an der Stalinallee, die Arbeiterschaft von Ost-Berlin. Thomas Mann nahm von dem Ereignis erst zwei Tage später Kenntnis. Ins Journal schrieb er, die Revolte sei «gewiß provoziert» worden. Dennoch meinte er auch Zeichen der Spontaneität zu erkennen. Der Aufstand, sagte er, sei «von russischen Truppen schonend niedergehalten» worden: «Panzer und Schüsse in die Luft.»

So war es nicht. Zwar waren die sowjetischen Kommandeure klug genug, eine Massenschlächterei in den Straßen von Berlin und in den Provinzstädten der Deutschen Demokratischen Republik zu vermeiden. Doch es wurde keineswegs nur in die Luft geschossen. Einige Dutzend Menschen fanden einen gewaltsamen Tod. Thomas Mann aber eignete sich mit völliger Selbstverständlichkeit einige der kommunistischen Phrasen an. Der Hinrichtung von Julius und Ethel Rosenberg, die er am 20. Juni verzeichnete, widmete er größere Aufmerksamkeit. Er nannte die Exekution eine «Sabotage des Friedens». Von der Dimension des Aufstands im anderen Deutschland begriff er nichts, obwohl auch er, der Bürger, immer wieder beklagt hatte, den Deutschen mangele es an revolutionärem Geist. Er verstand nicht, welche geschichtliche Zäsur es bedeutete, daß sich die Arbeiterschaft gegen das Regime der kommunistischen Funktionäre erhob, sehr wohl spontan, denn auch die agilsten der heimlichen Boten des Westens hätten keine Revolte gegen die Diktatur der roten Bürokratie zu provozieren vermocht, wäre das Volk nicht zur Rebellion bereit gewesen.

Er wußte davon nichts. Seit der Lübecker Jugend hatte er mit Menschen der «Arbeiterklasse» niemals mehr als einige Sätze gewechselt: meist mit Dienstboten, Kellnern, Chauffeuren, die ihm hilfreich waren. Kein Schriftsteller seiner Zeit stand dem Volk fremder gegenüber. Er zögerte nicht, die Trauerkundgebungen für die Toten des Aufstandes «heuchlerisch» zu nennen. Vierundzwanzig Stunden täglich, schrieb er, seien die Menschen dort drüben zur Massenflucht «gelockt und herausgefordert worden. Das ganze lausbübisch bis zum Exzeß.» Er fragte nicht, ob propagandistische Verführung – der sich übrigens keine der westlichen Rundfunkstationen schuldig gemacht hatte, auch nicht der amerikanische Sender RIAS – genug gewesen wäre, Hunderttausende von Bauern, Arbeitern, Kleinbürgern zur Preisgabe ihres Eigentums und zum Ver-

zicht auf die Heimat zu überreden. Der Entschluß zur Flucht war –
der Exilierte hätte es nachempfinden können – für jeden einzelnen
ein bitterer Entschluß.

Wenige Tage später reiste Erika nach München, um dort mit dem
Verleger ihrer Kinderbücher zu verhandeln. Sie fuhr schließlich
weiter nach Berlin, auch in den Ostsektor, wo sie einen Teil der
Tantiemen des Vaters für den Kauf kostbarer Waren (Pelze und
Kaviar) ausgab, wie es damals üblich war. Freilich brachte sie auch
bares Geld mit: den Herren des Aufbau-Verlages war es gelungen,
den Widerstand Ulbrichts und seiner Berater gegen die Auszahlung
von Devisen an Autoren des Westens wenigstens in diesem einen
Fall zu durchbrechen. Thomas Mann genoß damit ein vermutlich
einzigartiges Privileg.

Immerhin hatte sich die Tochter drüben ein Bild der Lage verschafft, das sie und den Vater wenigstens vorübergehend ernüchterte. Sie berichtete von der Armut und Kümmerlichkeit in den östlichen Vierteln der Stadt. Am 17. Juni, erzählte sie, habe Panik unter
den Regierenden des ostdeutschen Staates geherrscht. Nun würden
sie sich anklagen, vieles falsch gemacht zu haben, und sie warteten –
laut Erikas höhnischem Bericht – «in ihren Schlößchen» auf die
«Maßregelung durch die Russen», zum Teil «mit Cyankali-Pillen
versehen». Johannes R. Becher habe ihr gesagt: «Ich fürchte, wir
haben dem Sozialismus einen schlechten Dienst erwiesen.» Die
Bauarbeiter an der Stalinallee, meinte die Tochter, seien zunächst
von «jugendlichen Radfahrern aus dem Westen» aufgewiegelt worden, dann aber hätten «in vielen anderen Städten Rebellionen ohne
Radfahrer» stattgefunden. Sie schilderte auch, von der Realität des
«Arbeiter-und-Bauern-Staates» offensichtlich wenig erbaut, eine
«schauerliche Theateraufführung mit übelriechendem proletarischen Publikum in der weiland schmuckkästchenhaften Reinhardt'schen ‹Komödie›. Elendes Spiel, von den Leuten bejubelt.»

So war es wohl: die «Leute» rochen nicht gut. Die Propaganda-
version der Ereignisse des 17. Juni, die Thomas Mann zunächst
fraglos übernommen hatte, war durch den Bericht der Tochter korrigiert. Es fiel ihm, dem Dichter und Repräsentanten des «ganzen
Deutschland», allerdings nicht ein, öffentlichen oder auch nur privaten Protest gegen die harten Urteile einzulegen, mit denen die

Teilnehmer an dem Aufstand und wenig später einige hohe Funktionäre und Intellektuelle, die den Kurs Walter Ulbrichts zu revidieren gedachten, bestraft wurden. Doch wenigstens begegnete er Johannes R. Bechers Frage, ob er den Nationalpreis der Deutschen Demokratischen Republik annehmen wolle und könne, mit der gebotenen Skepsis. Es sei «fraglich», sagte er sich selbst, «ob diese Garnitur noch über den Preis zu verfügen» haben werde. (Er wurde schließlich Lion Feuchtwanger zugesprochen.)

Zugleich vermerkte er, Melvin Lasky vom «Monat» habe zu Erika gesagt, er werde nicht aufhören, «für die Demokratie zu kämpfen», habe aber auch die Möglichkeit nicht geleugnet, «daß er in einem amerikanischen Konzentrationslager» ende. Dramatisierung hin oder her: es ist wahr, daß nicht lange zuvor zwei Schergen des Senators McCarthy den Radiosender RIAS Berlin, die «Neue Zeitung» und andere Institutionen heimgesucht, die Entlassung einiger Mitarbeiter erzwungen und damit ihrem Land böseren Schaden zugefügt hatten, als es ganze Propagandakompanien des Kreml jemals vermocht hätten. Diesen Zeloten war auch der liberale «Monat» ein Greuel.

Am 9. September 1953 brachte Erika noch einmal zehntausend Westmark aus Ost-Berlin mit: «höchst willkommen», schrieb der Vater, «wie alles Geld». Er meinte, ihm fehlten just zweihunderttausend Franken, denn für den Bau eines Hauses «mittlerer Qualität» müsse man mit einhundertsiebzigtausend Franken rechnen. Mit einer Hypothek sei das «allenfalls zu machen». Die Kapitalreserven, über die Katia und er ohne Zweifel verfügten, sollten nach Möglichkeit nur wenig herangezogen werden. Da Thomas Mann einen Teil seines Guthabens in Ost-Berlin zu transferieren vermochte, begegnete er der Lösung, die Bermann Fischer für das Problem der Honorierung seiner ostdeutschen Einkünfte gefunden hatte, nur mit gedämpfter Zustimmung. Der Verleger ließ nun in Druckereien der Deutschen Demokratischen Republik diese und jene seiner Bücher herstellen. Die Produktionskosten bezahlte er – natürlich mit dem Einverständnis seines Autors – aus den Ostberliner Konten Thomas Manns. Diese Regelung bot ihm die Möglichkeit, den Autor auch für die ostdeutschen Auflagen in Westmark zu honorieren. Thomas Mann war damit einverstanden, daß

Bermann zweihunderttausend Mark aus seinen Geldern investiere: dann blieben immer noch einhunderttausend (Ost-)Mark disponibel. Er möge dafür sorgen, wies er den Verleger an, daß zu jeder Zeit fünfundzwanzigtausend Mark zu seiner Verfügung blieben. Das abgekürzte Verfahren bot ihm, wie die Briefe an Bermann andeuten, wohl auch steuerliche Vorteile. Die Vermutung liegt nahe, daß die ostdeutschen Tantiemen der Neugier westdeutscher und eidgenössischer Finanzämter entzogen blieben. Das galt erst recht für die amerikanischen Finanzbehörden, bei denen Thomas Mann nach wie vor seine Steuern zu entrichten hatte. Es schien ihn nicht zu stören, daß seine Partner in Ost-Berlin diese Zusammenhänge leicht zu durchschauen vermochten.

Im späten Herbst 1953 klopfte ein Sekretär der sowjetischen Gesandtschaft in Bern bei dem Dichter in Erlenbach an. Er teilte ihm mit, daß «auf Moskauer Weisung» sechsundzwanzigtausend Franken Honorar für eine russische Ausgabe der «Buddenbrooks» parat lägen. Man beriet, wie das Geld «in Empfang zu nehmen sei», und beschloß, daß Erika es holen möge. Dann verfuhr man doch anders: der Diplomat übernahm den Transport selbst und lieferte sogar achtundzwanzig- und nicht sechsundzwanzigtausend Franken ab, die Thomas Mann zunächst in seinem Schreibtisch verschloß und danach im Banktresor aufbewahrte, denn es schien ihm und Katia zu riskant zu sein, die Summe auf eines der Konten einzuzahlen. Es war wohl einmalig, daß einem Schriftsteller, der obendrein amerikanischer Staatsbürger war, seine Moskauer Einkünfte von einem sowjetischen Diplomaten ins Haus getragen wurden (nach heutigem Geldwert eine Summe von knapp einhundertdreißigtausend Mark).

Neubau oder Kauf eines Hauses? In der Umgebung von Zürich wollte sich so rasch nichts finden, was den Wünschen Thomas Manns entsprach. Katia und er reisten im September in die französische Schweiz, wo sich in der Umgebung von Montreux günstigere Möglichkeiten ergeben mochten. Sie schauten sich dieses und jenes an, und sie nutzten die Gelegenheit, Charlie Chaplin guten Tag zu sagen, dem Partner so vieler launiger Abendgesellschaften in Los Angeles, der den Dichter immer wieder mit der Virtuosität seiner Imitationen und Parodien entzückt hatte. Der große Regisseur und

Schauspieler hatte sich den Nachstellungen McCarthys und seiner Schnüffler entzogen. Als ihm 1952 bedeutet wurde – er war immer noch britischer Staatsbürger –, daß seiner Wiedereinreise in die Vereinigten Staaten Hindernisse im Weg stehen würden, verzichtete er auf Visum und Aufenthaltserlaubnis. Mit seiner Frau Oona, der Tochter des Dramatikers Eugene O'Neill, und ihren fünf Kindern bewohnte er ein fürstliches Anwesen. «Freude am Luxus», schrieb Thomas Mann, und am nächsten Tag nach einer neuen Begegnung noch einmal: «Freude am Reichtum». Er genoß die «lebhafte, vielfach politische Unterhaltung», und er nannte den Abend «so angenehm», wie ihm seit langem keiner mehr beschert worden sei.

In Montreux wurde eine herrschaftliche Villa, geräumig und mit genügend Bädern versehen, für den Preis von zweihunderttausend Franken angeboten. Ehe er und Katia zu einer Entscheidung gelangten, wollten sie sich im Tessin umschauen. Erika chauffierte sie über den Simplonpaß nach Lugano, wo sich auch Bruno Walter und seine Tochter Lotte aufhielten. Natürlich besuchten sie auch Hermann Hesse und seine Frau.

Während Katia und die Tochter Häuser besichtigten, tastete sich Thomas Mann im «Krull» weiter voran – nun ein wenig beschwingter als zuvor, denn er begann zu erwägen, daß er den ersten Band der Reminiszenzen seines Abenteurers in Lissabon abschließen könne, noch ehe der Hochstapler das Schiff nach Südamerika besteigen würde. Das Risiko, daß der Roman am Ende doch ein Fragment bleibe, nahm Thomas Mann in Kauf. Einstweilen tröstete er sich mit dem Beispiel des «Joseph», den er ursprünglich als Ganzes hatte vorlegen wollen, um dann doch Band um Band erscheinen zu lassen.

Dieses Verfahren empfahl sich auch aus finanziellen Gründen, obwohl die Einnahmen in der Bundesrepublik, nach Auskunft Bermann Fischers, glänzend waren. Die Verfilmung der «Königlichen Hoheit» versprach, dem Kontostand weiter aufzuhelfen. Das Drehbuch freilich hatte ihn und vor allem Erika bei der ersten Lektüre entsetzt. Die Tochter eilte daraufhin nach Göttingen, wo die Produktionsfirma angesiedelt war, um zu retten, was zu retten war. Sie änderte und polierte die Dialoge, eine Kunst, die sie rasch beherrschte, und sie übernahm – immer noch eine routinierte Schauspielerin – selbst einen kleinen Part. Sie spielte die Oberschwester Amalie – eine Rolle, die den strengen Linien ihres Gesichtes gerecht wurde; die Diakonissenhaube stand ihr verdächtig gut. Die Rolle der verrückten Gräfin Löwenjoul war mit Lil Dagover, einer Grande Dame des deutschen Films, nicht unpassend besetzt. Dieter Borsche, dessen distinguierte Erscheinung dem deutschen Bild eines «Herrn» nahezu perfekt gerecht wurde, schien die Figur des Prinzen Klaus Heinrich ideal zu erfüllen. Ruth Leuwerik indes konnte man kaum die beste Wahl für die schwierig-aufsässige Amerikanerin Imma Spoelmann nennen.

Erikas Anwesenheit bei den Dreharbeiten war von allen Beteiligten gefürchtet worden, wohl nicht ganz zu Unrecht. Sie begegnete Dieter Borsche zunächst mit einiger Reserve, da sie glaubte, er sei für seine Aufgabe zu alt, zu gesetzt und zu steif. Bei einer Vorführung des geschnittenen Films in Zürich aber fand der Vater ihn «sehr angenehm und entsprechend», die Liebesszenen taktvoll gespielt, doch er nannte Ruth Leuwerik ein wenig fad, was einen Erfolg des Filmes in Amerika unmöglich machen werde. Dafür gab es allerdings ohnedies kaum eine Chance. Um so erfolgreicher war der freundlich unterhaltende Film in Deutschland. Dem Pfarrer Albrecht Goes schrieb der Autor amüsiert, über den Hauptdarsteller Borsche habe Erika gesagt: «Nein, nein, mit meinem Dieter bin ich ganz glücklich.» Die Frau des Schauspielers habe dazu seufzend bemerkt: «Wer das auch von sich sagen könnte!»

Auch in der Umgebung von Lugano schien sich eine der Villen, die Katia und Erika besichtigt hatten, halbwegs für den Kauf zu eignen. Zu einer Entscheidung kam es aber auch hier nicht. Thomas Mann fragte von neuem, ob er sich außerhalb des deutschen Sprachraumes nicht zu einsam und entwurzelt fühlen würde. Da Erika durch den Film okkupiert war, kam Elisabeth aus Italien, um die Eltern nach Zürich zu chauffieren. In Erlenbach, nicht weit von ihrer jetzigen Unterkunft, wurde ein stattlicher Bau geprüft, in dem der Dichter über einen Saal als Arbeitsraum verfügen konnte. Der Preis des Hauses, das mit einem Turm prangte, schien nicht unangemessen zu sein: zunächst zweihundertsechzigtausend Franken, dann auf zweihundertfünfzigtausend herabgesetzt – nicht zuviel für das Anwesen, das siebentausend Quadratmeter umfaßte.

Unterdessen hatte sich endlich auch ein Käufer für das Haus am San Remo Drive gefunden. Mehr als fünfzigtausend Dollar waren nicht zu erzielen: nach dem Umrechnungskurs jener Tage waren dies knapp zweihundertfünfzehntausend Schweizer Franken. (Vierzigtausend Dollar wurden sofort gezahlt, der Rest in zwei jährlichen Raten.) Katia und Thomas Mann schoben den Kaufbeschluß für das Turmhaus vor sich her. Das Haus in Erlenbach war bis zum 1. April gemietet. Also blieb noch ein wenig Zeit. Ohnedies wollte der Dichter den langen grauen und kalten Winter in Zürich durch eine Reise in den Süden ein wenig abkürzen. Man dachte über einen langen Aufenthalt auf Sizilien, Mallorca, vielleicht auch Teneriffa nach.

Erika kränkelte immer wieder. Auch der Vater litt an den üblichen Magenbeschwerden. Seiner hartnäckigen Appetitlosigkeit half er durch die Kaviar-Diät ein wenig auf. Golo hatte aus Österreich einen Hund mitgebracht, der sich als ein freundlicher, doch ziemlich wilder Geselle erwies; nun hatte sein Besitzer wieder einen Begleiter auf den täglichen Gängen. Allerdings war er stets in Sorge, das Tier könne bei seinen Jagden nach Rehen und Hasen erschossen werden. Wenn Thomas und Katia auf Reisen waren, nahm Monika den Hund zu sich. Auch sie dachte nun daran, sich in Italien niederzulassen, und auch sie schienen – wie ihre jüngere Schwester – freundschaftliche Gefühle mit Ignazio Silone zu verbinden, was, nach einer Notiz des Vaters, Elisabeth verheimlicht werden mußte, wie andererseits Erika nichts von den kleinen journalistischen Erfolgen Monikas wissen sollte. Die Älteste wiederum, noch immer unter hoher Spannung lebend und an Schlaflosigkeit leidend, begegnete der Mutter gereizter denn je. Golo, der nun in einer eigenen kleinen Wohnung in der Stadt lebte – im fünften Stock eines alten Hauses ohne Fahrstuhl –, hatte den achtundvierzigsten Geburtstag der älteren Schwester vergessen. Die Familie bot sich dem Vater als ein Feld komplizierter Spannungen dar, die zu schlichten von ihm – und vor allem von Katia – wahre Bravourleistungen intimer Diplomatie verlangte. Frido, noch immer hübsch, verwöhnt und ein wenig opportunistisch, schien die Großeltern Mann gern gegen die Großeltern Moser auszuspielen, wobei er sich lieber an Großvater Thomas hielt, der nicht aufhörte, den jungen Burschen in der Gestalt des lieblichen Knaben Echo ein wenig zu verhimmeln. –

Zwei Tage nach dem Heiligen Abend schloß der Dichter das dritte Buch des «Krull» und damit den ersten Band ab: Felix, der im Begriff war, die ersten Küsse mit der rebellischen Zouzou Kuckuck zu tauschen, ließ sich bei dieser entzückten Unternehmung von der schönen Mama Kuckuck ertappen, die aus pädagogischen Gründen beschloß, den gelehrigen jungen Menschen der Tochter zu entziehen und in ihre fülligeren Arme zu schließen.

«Etwas ist abgetan», schrieb der Autor am 26. Dezember in das Tagebuch, «wieviel es nun wert sei.»

127. KAPITEL

Das letzte Haus

In den ersten Januartagen des Jahres 1954 erreichte Katia die Nachricht von einem Haus auf der anderen Seite des Sees, das zum Verkauf stehe: am Rande von Kilchberg, prächtig über einem steilen Hang gelegen, Blick über den See, mit dem Auto nur eine gute Viertelstunde von der Innenstadt entfernt. Die Besichtigungen ergaben, daß es den Wünschen Thomas Manns und der Familie ziemlich genau entsprach. Golo, Elisabeth, schließlich auch Erika, die von einem Ausflug nach Ost-Berlin zurückkam, gaben ihren Segen. Der Preis, ursprünglich mit zweihundertfünfundfünfzigtausend Franken angegeben, wurde auf zweihundertfünfundzwanzigtausend herabgehandelt: zweifellos angemessen für das stattliche Anwesen. Es wirkte gediegen-behaglich und dennoch großzügig, in seinen Formen ein ferner Abglanz des Bürgerbarock, der auch das Münchner Haus am Herzogpark geprägt hatte. Thomas Mann monierte, daß es nicht genügend Bücherwände gebe, doch dem ließ sich abhelfen. Ihn entzückte, daß sein geräumiges Arbeitszimmer an die Bibliothek grenzen würde, und er konnte sich nicht satt sehen an dem Blick, der von der Terrasse frei hinab zum See fiel.

Die Finanzierung bereitete keine Schwierigkeiten. Thomas Sprecher errechnete, daß der «hartnäckige Villenbesitzer» (wie Thomas Mann sich selbst nannte) aus Ost-Berlin etwa hunderttausend Mark bezogen hatte (in Wirklichkeit wohl noch mehr). Mit dem Moskauer Honorar, das im Tresor lag, der Barsumme von zwanzigtausend Mark, die für das Münchner Grundstück angezahlt worden war, der Verkaufssumme für das Anwesen in Pacific Palisades, die zunächst mit gut hundertsiebzigtausend Franken zu Buche schlug, verfügte der Autor durchaus über die «flüssigen Mittel», die es für den Kauf, die Einbauten und die Renovierungskosten brauchte. Der Vertrag wurde am 28. Januar 1954 abgeschlossen und der Einzug auf das Ende des Monats März festgelegt. «Möge Segen ruhen auf dem Lebensschritt!» schrieb Thomas Mann mit der Feierlichkeit, der er sich an solchen Markierungen des Daseins gern anheimgab.

Er lechzte nach einer Steigerung seines Lebensgefühls. Der «Krull», vor dem er keine «Achtung» empfand, war fürs erste getan. Nun quälte ihn von neuem die Frage nach einer Aufgabe. Zwar annoncierte Erika, daß der Hochstapler-Roman noch korrigierender Arbeit bedürfe – der Vater schrieb später in der Tat einige Kapitel um, vor allem den Bericht über den schottischen Lord –, doch Vergnügen konnte er aus der Pflicht nicht gewinnen. Zu einer Fortsetzung des Unternehmens war er nicht geneigt.

«Was tun?» seufzte er. Er dachte an einen Vortrag für das Frühjahr, doch ihm drängte sich kein Thema auf. Eine Weile erwog er, eine ausführliche Würdigung des «Hadrian»-Romanes von Marguerite Yourcenar zu versuchen, der auf deutsch in einer glänzenden Übersetzung von Fritz Jaffé erschienen war – eine Lektüre, die ihn tief bewegte. «Las lange nichts Schöneres», hatte er notiert: «Ein erstaunliches Buch.» Das war für ihn eine ungewöhnliche Akklamation, wie sie einem zeitgenössischen Buch kaum je zugefallen war. Doch er ließ den Gedanken an eine Kritik wieder fallen.

Er fürchtete, wie so viele alternde Schriftsteller, den Absturz in eine resignierte, trostlose Langeweile: «Scribo ergo sum», hätte er von sich sagen können. Da er ohne Aufgabe war, registrierte er alle «Kränkungen», die wirklichen und die vermeintlichen, um so empfindlicher. In der Zeitschrift «Merkur» zerfetzte Walter Boehlich, später Cheflektor des Suhrkamp Verlages, den Essayband «Altes und Neues»: intelligent, doch mit der ungerechten Schärfe, die so viele Traktate dieses talentierten Polemikers durchdrang, der übrigens stets ein Mann der unorthodoxen Linken war. Thomas Mann hat dem Autor die Respektlosigkeit niemals verziehen, wie er sich überhaupt mit der kühlen und kritischen Distanz, die ihn viele der jungen Literaten im Westen spüren ließen, nicht abfinden konnte.

Monate später berichtete er, noch immer tief getroffen, einem Korrespondenten in Amerika, daß ihm der Kritiker des «Merkur» «Mangel an *Tradition*», «nationale Beschränktheit» und das Fehlen «europäischer Bildung» vorgeworfen habe: «Das schreibt so ein deutscher Unglückswurm, der seit ein paar Jahren überhaupt erst wieder auf der Welt ist – soweit er es ist. Da ist kein Anstand, keine Bescheidenheit, kein Wissen um das eigene Maß und um – andere Maße, keine Dankbarkeit, keine Fähigkeit zum Aufblick, zur Bewunderung, zur Liebe, ohne die man nichts lernt. Man hat nichts gelernt, in keiner Beziehung, man ist nichts als ein Frechdachs – und Sie wundern sich? Das Benehmen der 47er bei ihrer Vorlesung ist natürlich pöbelhaft bis zur Unglaubwürdigkeit, nur bei dieser Rasselbande möglich. Millionen des Schlages werden sich nun, mit hochstehender Währung reich versehen, reisend über die Welt ergießen und überall ihre dreiste Schnauze hören lassen. Einige bessere Deutsche haben selbst Angst davor. Aber das ist die Konstellation.»

Es hatte eine gewisse Komik, daß er «die Unverschämtheit der sogenannten jungen Generation da drüben» (in der Bundesrepublik) in einen Zusammenhang «mit der lächerlichen Wirtschaftsblüte der amerikanischen Lieblingskolonie» brachte: «diesem frechen und unmoralischen Wohlsein nach Schandtaten, die mit der Höllenfahrt von 1945 schlossen, und an die heute zu erinnern nichts weiter als bolschewistisch ist.» Die Nachricht schien nicht bis zu ihm vorgedrungen zu sein, daß die meisten Mitglieder der Gruppe 47 – nicht alle – über die Vereinigten Staaten und über die Bindung des Bonner Staates an Amerika wenigstens so kritisch dachten wie er.

Thomas Mann rügte gelegentlich an sich selbst, daß er das Leiden an den «Kränkungen», die sich nach seinem Eindruck gehäuft hatten, zu lange mit sich herumschleppe. Sie störten allemal das Ressentiment auf, das er in seiner Seele verbarg: ein Stoß schien auch jetzt noch – oder auf die alten Tage erst recht – zu genügen, um die so mühsam aufgeschichtete Konstruktion seines Selbstbewußtseins zu erschüttern. Das Gefühl des Bedrohtseins wohnte unmittelbar neben jenem Hochmut, der ihn nach der Lektüre von Reinhard Baumgarts Dissertation über «Das Ironische und die Ironie in den Werken von Thomas Mann» schreiben ließ: «Erstaunlich gescheit und gründlich, wie so manche ihresgleichen. Man hat den Eindruck, daß diese Herren später nie wieder etwas so Gutes schreiben werden.»

Er beugte sich zum anderen noch williger als früher der «Größe», der er in der Lektüre der Meister des neunzehnten Jahrhunderts begegnete, stets zur Verehrung bereit. Immer wieder rühmte er Tolstoi und nun vor allem auch Balzac. Eindringlicher als zuvor sagte er, sich selbst zitierend: «Wahrhaftig, ich war nicht groß. Aber eine gewisse kindliche Intimität meines Verhaltens zur Größe brachte in mein Werk ein Lächeln der Allusion auf sie, das Wissende, Gütige, Amüsable heute und später erfreuen mag.»

Früher hatte er sich die Einschränkung wohl nur halb geglaubt. Nun war es ihm damit ernster – wenigstens dann und wann. Um so wichtiger wurde die «Repräsentation», der er sein Leben unterstellt hatte. Nach der öffentlichen Vorführung des Films «Königliche Hoheit» schrieb er mit kindlichem Entzücken in sein Tagebuch: «Wunderlich, wie ich gestern im Theater und Hotel (die Angestellten!) selbst ganz wie eine Königliche Hoheit behandelt wurde und so reagierte. Wunderlicher Lebenstraum, der bald ausgeträumt sein wird. Kurios, kurios. Das habe ich früh gesagt und werde es zuletzt sagen.»

Der Prinzentraum seiner Knabenjahre, dem er niemals ganz adieu gesagt hatte: auf das Alter gestand er ihn sich mit unkontrollierter Seligkeit ein. Freilich, eine europäische «Gesellschaft», wie er sie in seinen jungen Jahren gekannt hatte, existierte nicht mehr. So klammerte er sich an die Geschichte, die Politik, klammerte sich daran, daß er, mehr als jeder andere, durch seine Person und durch sein Werk das ganze Deutschland vertrete. Da er seiner künstlerischen Energien nicht länger sicher sein konnte, wurden ihm der Respekt und die Bewunderung, die man ihm darbrachte, um so wichtiger. Das Verlangen nach äußeren Ehren hatte sein Dasein stets zum guten Teil beherrscht – nun schien es der entscheidende Antrieb seines Lebensgefühls zu werden. Ohne die ans Groteske grenzende Ironie wahrzunehmen, ließ er sich die «Königliche Hoheit» auch nicht ungern durch die sozialistische Republik Walter Ulbrichts bestätigen.

Die devote Verehrung, die man ihm im Staat jenseits der Elbe

darbot, hatte die angenehmsten materiellen Konsequenzen, aber die
Einheit Deutschlands in seinem, des Dichters, Wort zählte für ihn
nicht weniger. Er war niemals bereit, seinen gesamtdeutschen Anspruch preiszugeben; doch dies durfte nur mit Vorsicht angemeldet
werden, wenn er sein Ansehen in Amerika und seine Stellung in der
Bundesrepublik nicht gefährden wollte. Wohl dachte er gelegentlich an eine Reise in die einstige Reichshauptstadt, aber sie verbot
sich aus taktischen Gründen: «Ginge ich nach Berlin, so wäre der
Ost-Sektor, der mir größte Ergebenheit bezeugt, unmöglich zu
meiden. Z. B. berichtet K., daß man dort zu meinem 80. Geburtstag
eine 12bändige Gesamtausgabe meines Werkes plant.»

Die Leitung des Aufbau-Verlages schien mit diesem Vorschlag
zuerst an Katia herangetreten zu sein. Die Debatte über das Projekt
beherrschte das neue Jahr. Die Regisseure der Kulturpolitik des anderen deutschen Staates schickten ihm später den Bildhauer Gustav
Seitz ins Haus, der eine monumentale Büste von ihm zu fertigen
hatte. Das Werk sollte an einem öffentlichen Platz aufgestellt werden – ein Gedanke, der ihn bewegte, da er dies als eine Art Verewigung betrachtete. Das werde «natürlich in Ostdeutschland» sein,
erzählte er dem Enkel Frido – «und da stehe ich dann bei jedem
Wetter, blank vom Regen und heiß von der Sonne, und im Winter
habe ich ein Schneemützchen auf dem Kopf. Vielleicht fährst Du
mal hin, es Dir anzusehen.» Übrigens hatte er den Knaben, der nun
fast schon ein hübscher Jüngling war, in einem früheren Brief ermahnt, er möge von «Ost-Berlin und den Russen (...) nicht sprechen, weder in der Schule, noch zu Mams und zu Papps» – um nicht
Anstoß zu erregen, wie man hinzufügen darf. Auch Michael und die
Schwiegertochter schienen die kommunistische Welt mit kritischeren Augen zu betrachten als der Vater.

Zunächst galt es, dem Winter in Zürich zu entfliehen. Thomas
Manns Neigung zu einem Ausflug in die Welt war gering. Er sah der
Reise nach Taormina – auf den klassischen Pilgerort der Sonnen-
und Griechen-Verehrung war schließlich die Wahl gefallen – mit
Widerwillen entgegen. Es half nichts. Am 4. Februar brach er mit
Katia auf. Die Heizung im Schlafwagen funktionierte nicht: «Grauenvolle Nacht in eisiger, von überall eindringender Kälte.» Diese
Heimsuchung machte er für eine schwere Erkältung verantwort

lich, die ihn in dem Feriendomizil niederwarf. Mit Sehnsucht dachte er an den Komfort, den die großen amerikanischen Bahnlinien boten.

In römischen Hotel Hassler an der Spanischen Treppe freundlich untergebracht und von Elisabeth betreut, erholten sich die beiden. Auch Monika stellte sich ein. Der Vater fühlte sich in der Ewigen Stadt, ihm seit den Jugendtagen vertraut, halbwegs wohl. «Möchte wohl dort leben», notierte er. Alberto Moravia kam zu Besuch ins Hotel, ein «nervös beredter, angeregter Mensch», von dem Thomas Mann vermutlich noch keine Zeile gelesen hatte. Im Schlafwagen weiter nach Sizilien. In dem alten Grand Hotel von Taormina wurde er im Speisesaal eines «lesenden französischen Herrn» gewahr, den er als «homme de lettres taxierte, und der es auch war»: Roger Peyrefitte, den er «in sonderbarer Unternehmungslust» ansprach. Die «Amitiés Particulières» schien Thomas Mann zu kennen: den Schlüsselroman jenes Autors, in dem das homoerotische Netz, das die französische Gesellschaft durchdrang, auf indiskret-süffisante Weise geschildert wurde. Übrigens fand er den Kollegen eher unsympathisch, aber er genoß seine Schwatzhaftigkeit.

Taormina, stellte er fest, sei ein «Blüte-Platz der Queerheit». Hatte er das nicht vorher gewußt? In den Schaufenstern des Ortes fand er die Photographien der Fischerjungen ausgestellt, die von der Legende dieses Wallfahrtsortes der Knabenliebe in den Jahren vor und nach dem Ersten Weltkrieg zeugten: vermutlich die Photos des deutschen Barons von Gloeden, die einen etwas übertriebenen Ruhm genossen. Der späte Gast fand die «Knabenbilder» nur «mäßig verlockend»: «Für mich – nichts, kein Gesicht, kein Bild.» In der Tat hielt es schwer, in den eher verlegen posierenden Jünglingen, ihren plumpen Gestalten und groben Gesichtern, jene Halbgötter zu sehen, die wilhelminische Schwarmgeister auf ihren päderastischen Pilgerfahrten zu erkennen glaubten.

Die «Anfechtungen» waren, wie es Thomas Manns Alter entsprach, ohnedies seltener geworden, und er «erduldete» sie mehr, als daß er sie genoß – soweit er dies jemals getan hatte –, «da die Potenz endgültig hinter» ihm «zu liegen» schien. Er fügte dieser Notiz freilich den seltsamen Satz hinzu: «Wer da meint, das meine den ‹Frieden›», der sei «im Irrtum». Nun war er erst recht geneigt, seine Homoerotik ins Ideale zu erheben, von jeder Fleischlichkeit weit entfernt: alle Begegnungen von unmittelbarer Sexualität, zumal die Kopulation von Mann und Frau, gehörten nach seinem Lebensgefühl der «niederen Minne» zu. Dem Pfarrer Kuno Fiedler, der in der homoerotischen Empfindungswelt zu Hause war, sagte er später in einem ironisch-verschleierten Brief, es sei ein «starkes Stück», daß ihm der Freund ein besonderes Talent «zur griechischen Liebe» zuschreibe. Männerschönheit sei ihm offen gestanden gräßlich, und mit Knaben sei er «heikel bis zur Unnatur. Mit Tadzio», dem Ziel der Passion des Gustav von Aschenbach im «Tod in Venedig», «hätte ich im Ernste garnichts anzufangen gewußt. Das arme, schöne Kind.» Liebe und Geschlecht seien für ihn ein «Mysterium», das er auf sich beruhen lasse. Übrigens gestand er Fiedler in seinem nächsten Schreiben, er nehme es nicht übel, wenn man ihn der Homosexualität zeihe: Im «Krull» sei er ziemlich aus sich herausgegangen. Fiedler habe nicht so unrecht, die Mme.-Houpflé-Szene «un-verschämt» zu nennen. Er habe anscheinend nicht bemerkt, daß Lord Kilmarnock physiognomisch ein dreistes Selbstporträt sei.

Eine Woche lang lag Thomas Mann mit einer schweren Erkältung nieder, vom Hotelarzt mit Antibiotika behandelt. Überdies war das Wetter miserabel. Nur selten konnte er mit Katia ein wenig ausgehen, und seine Neugier auf die Begegnung mit den Zeugnissen der Antike schien nicht allzu lebhaft zu sein. Verdrossen strichelte und besserte er an den «Krull»-Kapiteln herum, ohne den alten Ehrgeiz, in einer präzisen Anstrengung am Ende «alles stimmig zu machen und in Ordnung zu bringen». Verachtungsvoll bemerkte er, «das Ding» möge Vergeßlichkeiten nur offen an den Tag legen: «Tendenz zu teils müder, teils souveräner Indulgenz.» Er aß wenig, trank aber gern und viel die Orvieto- und Muskatweine, die bei Tisch gereicht wurden. Ein «albern-treuliebender Brief der Herz, die telephoniert und telegraphiert hat», schien ihn eher zu ärgern als zu rühren: die Nachricht von seiner Krankheit war nach draußen gedrungen. Im Tagebuch fragte er, schlecht gelaunt: «Und was denn also, wenn ich stürbe? Sie sollte es bescheiden abwarten, die dumme Person. – –»

Er zählte die Tage bis zur Abreise, und als er endlich wieder in

Rom angelangt war, nach gut zwei Wochen, nannte er den Aufenthalt «gründlich verfehlt». Monika stellte sich wieder ein. Auch Hermann Kesten und seine Frau hielten sich in der Stadt auf. Er traf mit dem großen Germanisten Bonaventura Tecchi zusammen: vielleicht der beste Kenner der neueren deutschen Literatur in Italien, ja in den romanischen Ländern. Aufmerksam nahm er zur Kenntnis, daß Papst Pius auf den Tod erkrankt war, und er fühlte sich veranlaßt, ihm über einen vatikanischen Mittler einige ermutigende Zeilen der «brüderlichen Teilnahme» zukommen zu lassen. Dann reiste er mit Katia nach Florenz weiter, einer dringenden Einladung Elisabeths folgend, die darauf bestand, Vater und Mutter in ihrem Haus in Fiesole zu beherbergen. Thomas Mann empfand die Unterkunft als ein «leidliches Provisorium». Anders als den beiden Buben Michaels war er den Töchtern Elisabeths nicht herzlich zugeneigt (weil sie, zu seinem Bedauern, weibliche Wesen waren): «Gleichgültigkeit gegen die Kinder, die sehr begabt sind. Vergnügen an den Hunden und Katzen», schrieb er mit der unbekümmerten Wahrhaftigkeit des Alters in sein Journal.

Er ahnte, daß Erika die Tage der Gemeinsamkeit mit Elisabeth eifersüchtig und gereizt beobachten würde. Wenn die Älteste nicht durch eine Mission beschäftigt war – wie bei ihrem Dienst am Drehort des Filmes –, schien sie noch immer die Gefangene ihrer krankhaft übersteigerten Stimmungen zu sein: ein kleiner Ärger genügte, sie jeder Selbstkontrolle zu berauben. Als sie später einmal hörte, daß eine Krankenschwester ihres Sanatoriums den Vater wegen eines Interviews mit der kommunistischen Zeitung «Unità» zur Rede stellte, brüllte sie von der Treppe in die Halle herab: «*Halten Sie den Mund*, Sie GOTTVERFLUCHTE DRECKSAU.» Sie selbst empfand, in nüchternen Augenblicken, ihren Zustand als schrecklich und beängstigend. Vor allem Katia seufzte mehr und mehr unter der erratischen Unberechenbarkeit der Tochter, die sie manchmal aus dem Haus wünschte, weil sie ihre Launen nicht länger ertragen wollte. Auch der Vater schrak zusammen, wenn sie – durch die Drogen an Gleichgewichtsstörungen leidend, vielleicht auch betrunken – mit Gepolter zu Boden stürzte.

Während der Tage in Fiesole schaute der Verleger Alberto Mondadori vorbei, und Thomas Mann suchte den uralten Kunsthistori-

ker Bernhard Berenson auf, der drüben in Settignano in seiner Villa
«I Tatti» eine Fülle bedeutender Kunstschätze zusammengetragen
hatte. Der Dichter bewunderte die schöne Perspektive des Parks,
den er besichtigte, ehe er das Haus betrat, «empfangen von der ad-
lig-baltischen Haushälterin». Es entging ihm nicht, daß der «alte
Sammler, klein, mager, mit roter Nelke im Knopfloch», seine Fin-
gernägel nicht nur poliert, sondern lackiert zu haben schien. Er notierte, was wichtiger war, daß dieser große Renaissance-Experte
seine Galerie der Harvard University vermacht habe, damit beiein-
anderbleiben könne, was er in langen Jahrzehnten erworben hatte.
Er ahnte sowenig wie alle Welt, daß dieser große Gelehrte einen Teil
seines Reichtums auch den eigenen Expertisen verdankte, mit denen
er gelegentlich Werken von zweifelhafter Herkunft beim Verkauf
durch ein Londoner Kunsthaus, an dem er heimlich beteiligt war,
glänzende Preise verschafft hatte.

Für eine Nacht Aufenthalt in Mailand, wo Katia, Elisabeth und er
– als Gäste Mondadoris – Verdis «Othello» in der Scala hörten:
«italienisierter Wagner», wie Thomas ein wenig herablassend urteilte, «reich an musikalischer Phantasie u. Erfindung, ‹rein
menschlich›, ohne die mythische Weihe, aber auch ohne Shakespeares psychologische Tiefe». Zu Hause hörte er in den kommenden Monaten mehr Wagner als je zuvor, doch selten den «Tristan»,
der seine jungen Jahre beherrscht hatte, sondern immer wieder Teile
des «Ringes», den «Parsifal» und den geliebten «Lohengrin».

Allerdings riet ihm die Vernunft, seine Passion für den Zauberer
zu bändigen, als er von der Redaktion des Süddeutschen Rundfunks
in Stuttgart gebeten wurde, sein Programm für ein «Wunschkon-
zert» zu entwerfen, das er später durch kleine Anmerkungen und
Anekdoten, auf Band gesprochen, kommentierte. Er nannte zuerst
das Vorspiel zum «Lohengrin», das er in einer Aufnahme Furtwänglers erbat, danach die d-Moll-Symphonie von César Franck,
den «Nachmittag eines Fauns» von Claude Debussy, zwei Schu-
bert-Lieder aus der «Winterreise» (darunter natürlich «Der Lindenbaum») und eines der Eichendorff-Lieder von Schumann. Als
Sänger empfahl er Heinrich Schlusnus und Gerhard Hüsch, von
denen er meinte, sie seien alle beide «große Nazis» gewesen, aber er
sehe ihnen das nach, wenn er sie höre – «und in Deutschland macht

es ja längst nichts mehr», übrigens zum Teil aus just den Gründen, die ihn zur Nachsicht bestimmten. Mit Schuberts Klaviertrio in B-Dur wollte er fortfahren, für das er seit den Entstehungsjahren des «Doktor Faustus» eine besondere Liebe hegte, weil es ihn für die Strapazen der gehörten und gedachten Musik der Gegenwart immer wieder entschädigte. Mit Beethovens Leonoren-Ouvertüre Nummer drei sollte sein Programm enden, das keines der modernen Werke einschloß, die er für den «Faustus» mit solchem Eifer studiert hatte. Dies schien abgetan zu sein, ein für allemal.

Im Erlenbacher Mietshaus blieb ihm nur eine knappe Frist von drei Wochen. Dann zog er sich, wie es verabredet war, ins «Waldhaus Dolder» zurück, um von der Unruhe des Umzugs nach Kilchberg nicht belästigt zu werden. Auch Boris, Golos Schäferhund, nahm verstört «die Auflösung, die Zerstörung der Lebensordnung, das Wegschleppen, Weggehen» zur Kenntnis: «Frißt nicht. Kann mich ganz in seinen Zustand versetzen.»

Die organisatorische Aufsicht über den Umzug führte Erika, doch auch Katia setzte sich der Anstrengung wie immer ohne alle Schonung aus. Beide beschwerten sich bei ihm, wie fast immer von Dienstbotenproblemen heimgesucht, über die «wachsende Frechheit der Magd Maria», von der er sagte, sie sei «schon wieder durch Humanität verdorben».

Er fertigte unterdessen das Vorwort zu einer Sammlung der «Briefe Todgeweihter», die bei Einaudi erscheinen sollte: letzte Lebenszeugnisse junger Europäer vieler Nationen, die auf dem Schafott der Nazi-Henker oder vor den Hinrichtungspelotons der SS und der Wehrmacht ihr Leben verloren. Bei der Niederschrift griff er, merkwürdig genug, zunächst in die Literatur zurück, ehe er sich der schrecklichen Realität der Diktatur zuwandte. Mit großer Ausführlichkeit berichtete er von Leo Tolstois Erzählung «Göttliches und Menschliches», in der der alte Dichter von dem letzten Brief eines jungen russischen Verschwörers an seine Mutter berichtete. Danach teilte er die Beobachtung mit, daß sich auch die zum Tode verurteilten Widerstandskämpfer des Zweiten Weltkrieges in ihren letzten Worten oft an die Mütter gewandt hatten. Er sprach von der Kraft des Glaubens, auch der Menschen, die sich zu keiner Religion und keiner Gemeinschaft bekannten. Ihr Gedanke an ein Fortleben in den Seelen der Hinterbliebenen schien ihn zu berühren. Doch die Konfrontation mit dem Grauen rückte er vorsichtig von sich fort. Er machte seine Leser nicht darauf aufmerksam, daß noch immer die Schergen faschistischer und halbfaschistischer Diktatoren ihr blutiges Werk verrichteten, in Südamerika und anderswo, daß auch hinter dem Eisernen Vorhang noch immer eine Justiz der Willkür herrschte, obwohl der massive Terror seit der Erschießung des sowjetischen Geheimdienstchefs Berija im Kreml (am 23. Dezember 1953) gebrochen war.

Einer der ersten Gäste, die sich nach seinem Einzug in Kilchberg am 15. April 1954 einstellten, war jener Reporter der «Unità», der später den Anlaß von Erikas böser Beschimpfung einer ahnungslosen Krankenschwester geliefert hat: Guido Nòzzoli, ein belesener Intellektueller, wie es so viele unter den Kommunisten Italiens gab. Er sei nicht loszuwerden gewesen, schrieb Thomas Mann ins Tagebuch, und er fügte furchtsam hinzu: «Möge es keinen Ärger geben.» Das Politische streifte der Dichter nur am Rande, den Blick auf das Ziel des Friedens gerichtet. Doch er verzichtete nicht auf den Hinweis, daß er eine «stetig fortschreitende Ausbreitung des Faschismus» beobachte, der – seinen alten Voraussagen entsprechend – das «Land unter der Maske der Freiheit» erobere: die Vereinigten Staaten von Amerika.

Vielleicht war es eine Art Rechtfertigungszwang, der ihn veranlaßte, den Teufel immer wieder an die Wand zu malen. Senator McCarthy bereitete den eigenen Sturz vor, als er die amerikanische Armee mit seiner Kommunistenhatz zu überziehen versuchte. Der Anwalt der angeschuldigten Generale trat ihm mit dem Wort entgegen: «Don't you have any decency, Sir?» – Besitzen Sie nicht einen Funken Anstand? Die ganze Nation hatte, dank der Übertragung im Fernsehen, das Wort gehört, das einer moralischen Vernichtung gleichkam. Die Republikanische Partei distanzierte sich, von Eisenhower ruhig gelenkt, von dem Demagogen. Dennoch schrieb Thomas Mann: «Er wird Präsident werden», wozu McCarthy in Wirklichkeit niemals eine Chance hatte. Er schrieb auch, wenn sich nicht «ein braver junger Mensch» finde, der McCarthy erschieße, so stehe es «um Amerika schlimmer als um Deutschland. Und das will die Welt retten und führen!»

Das Arbeitszimmer in Kilchberg war bei dem Gespräch mit dem Korrespondenten der «Unità» noch nicht völlig eingeräumt. Wie immer brauchte es eine gute Weile, bis die Bücher ihre richtige Ordnung fanden. Bei dieser umständlichen Arbeit war Golo besonders hilfreich: eine fast schon gewohnte Pflicht, die er getreulich erfüllte. Übrigens fand sich kurz nach dem Einzug auch Michael mit seiner Frau und den beiden Buben ein. Der jüngste Sohn, der seiner musikalischen Karriere müde geworden war, dachte nun daran, eine kleine Landwirtschaft mit einer Fremdenpension in der Toscana zu betreiben, wohl von Elisabeth und Monika angeregt, die in Italien eine Heimat gefunden hatten. Golo wiederum winkte eine Professur in Berlin, doch er zögerte, von einer Einladung der «Weltwoche» zu regelmäßiger Mitarbeit verlockt – ein Arrangement, das wohl vor allem dem Freund Manuel Gasser zu danken war. (Die Bindung wurde im Herbst schon wieder jäh beendet.)

Michael aber bescherte sich und der Familie vor der Abreise nach Süden noch einen schönen musikalischen Auftritt: zum Fest der Hauseinweihung, zu dem sechsunddreißig Gäste geladen wurden – unter ihnen der Zürcher Stadtpräsident Emil Landolt –, spielte er in der Halle mit einem Pianisten und einem Klarinettisten Sätze aus den Trios von Mozart und Schumann. Der Hausherr saß am «Führertisch», wie er mit einer Prise Spott (und in Anführungszeichen) notierte, zwischen der Frau des Stadtpräsidenten, der übrigens in der Uniform eines Hauptmanns erschienen war, und der Frau des alten Freundes Faesi; auch die hübsche junge Frau seines Gentleman-Chauffeurs Motschan speiste in seiner Nähe. Die Festrede hielt Werner Weber, der Feuilletonchef der «Neuen Zürcher Zeitung», der Brot und Wein überreichte, wie es der Brauch befahl. Es gab reichlich zu essen und zu trinken: «Für die Schweizer das Ganze sehr eindrucksvoll, ungewöhnlich und verwunderlich.»

128. KAPITEL

Östliche Wohltaten – westlicher Ärger

Die Schweizer Gäste des «house warming» bestaunten die schöne Residenz an der Alten Landstraße, an soliden Bürgerreichtum gewöhnt, kaum so beeindruckt wie die Gäste, die Thomas Mann drei Tage zuvor willkommen geheißen hatte: Walter Janka, den Leiter des Aufbau-Verlages, und Professor Hans Mayer, dem die Redaktion der zwölfbändigen Gesamtausgabe übertragen werden sollte. Thomas Mann hatte den Herren telegraphisch mitteilen lassen, daß sie am 15. Mai willkommen sein würden. Sie meldeten, von Prag kommend, gegen Abend jenes Tages ihre Ankunft in Zürich, zu spät, wie der Dichter im Journal festhielt, um noch empfangen zu werden. Erika erkundigte sich in dem ersten Telefonat bei Janka, ob er für die Reise auch hinreichend «warm gekleidet» gewesen sei: eine etwas seltsame Frage mitten im schönen Monat Mai. Laut Tagebuch war die Antwort ein frohes Ja.

Mit dem mysteriösen Dialog hatte es eine besondere Bewandtnis. Schon nach der ersten Honorarabrechnung hatte Thomas Mann wissen lassen, wie Janka in seinen Erinnerungen erzählte, daß er einen neuen Pelzmantel brauche: «Vielleicht könne ein Atelier in Berlin diese Bitte erfüllen. Unsere guten Beziehungen zur Sowjetunion, wo Nerze gezüchtet werden, müßten das doch möglich machen.» Bei einem nächsten Aufenthalt in Ost-Berlin präsentierte Erika die Maße und eine Zeichnung für den Schnitt. Sich selbst kaufte sie einen Persianer, einen Pelz auch für die Mutter. Allerdings weigerte sie sich, das kostbare Stück, das für den Vater gefertigt wurde, selbst in die Schweiz zu transportieren, da für den Import kostbarer Pelze in der Eidgenossenschaft Zoll zu zahlen war. Sie errechnete den Schweizer Preis des guten Stücks – Nerz mit Otterkragen, federleicht gefertigt – auf zwanzigtausend Franken (nach heutigem Geldwert etwa siebzigtausend Mark). Die Kürschnerarbeit in Ost-Berlin kam teurer, weil, wie Janka berichtete, der Stoff für das Futter und das Material für den Biberkragen im Westen gekauft werden mußten, im Umtauschverhältnis von einer Ostmark zu sieben Westmark: auf vierundfünfzigtausend Mark belief sich die Rechnung, ein mittleres Vermögen von etwa einhundertsiebzigtausend Mark nach jetziger Rechnung. Man hatte wahrhaftig weder Kosten noch Mühe gescheut. Der Posten, meinte Janka, könne mit «der nächsten Auflage eines einzigen Buches» wieder ausgeglichen werden. Die «Damen, Katia und Erika», erzählte der Verlagsmann, halfen «ihrem Zauberer vor dem Spiegel in den Mantel», drehten ihn «nach links und nach rechts», der «alte Herr» ging «ein paar Schritte auf und ab», trat «wieder vor den Spiegel (...) und sagte: ‹Sehr schön. Und wie leicht er ist. Herr Janka, das ist der schönste Mantel, den ich je besessen habe.›»

Schadenfroh schrieb der Verleger später, daß sich Hans Mayer angeblich schon am Morgen beim Frühstück danach erkundigt habe, wie er Thomas Mann wohl anreden könne. Janka schloß daraus, daß Mayer Thomas Mann an jenem Tag zum erstenmal begegnet sei. Er täuschte sich: der Gelehrte hatte ihn schon 1949 in Weimar kennengelernt. Vielleicht hatte er es damals vermieden, seine Rede unmittelbar an Thomas Mann zu richten. Nun entschied er sich dafür, laut Janka, den verehrten Autor als «Herr Professor» anzusprechen, aus Gründen des Respektes. Dem Verlagsmann entging die leichte Komik nicht, die man treudeutsch nennen mag: zwei Professoren, die sich gegenseitig «Herr Professor» titulieren. Auch Thomas Mann schien ein wenig irritiert zu sein. «Kein reizvoller Geist», notierte er am Abend nach der Lektüre in Mayers «Studien zur deutschen Literaturgeschichte».

Gegen Mittag klopften die beiden Herren in Kilchberg an. Die kurze Wartezeit durften sie nutzen, um in der Halle die vielen «Diplome und Urkunden» zu bewundern, die auf einem Tisch neben der Garderobe auslagen, die Besucher auf den repräsentativen Geist einstimmend, von dem das Haus geprägt war. Die Unterhaltung beim Aperitif, bei der viele Fragen über das Leben im ostdeutschen Staat gestellt wurden, war freundlich. Die Gastgeber deuteten eine nicht unkritische Haltung an, wenn die Rede auf Ostdeutschland kam, wie Janka betonte, besonders Erika, die sich wohlinformiert zeigte. Nach Tisch, Thomas Mann steckte sich eine Zigarre an, kam man «zum Geschäftlichen». Der Hausherr wollte vor allem wissen, wie sich Janka mit Bermann Fischer zu arrangieren gedenke, doch er deutete rasch an, daß er nicht abgeneigt sei, dem Wunsch des Aufbau-Verlages nach einem direkten Vertragsabschluß über die zwölfbändige Ausgabe zu genügen. Mit Mayer wurde in der Folge der Inhalt und die Gestaltung der Gesamtausgabe besprochen. Der Professor erhielt den Auftrag, eine Auswahl der geeigneten Texte aus den «Betrachtungen» vorzulegen. (Später verzichtete er lieber darauf, das polemische Werk in «gereinigter» Form zu präsentieren.)

Zudem überbrachte Janka die Bitte des Kultusministers Johannes R. Becher, Thomas Mann möge zu seinem Geburtstag den «Nationalpreis» der Deutschen Demokratischen Republik in Höhe von einhunderttausend Mark akzeptieren. Der Dichter zeigte sich zunächst eher willig: «Bin nicht gefragt worden und lasse es geschehen», schrieb er ins Tagebuch. Wenige Tage später allerdings kam er nach einer Beratung mit Erika zu der Einsicht, daß es besser sei, die Annahme des Preises für das Jahr 1954 abzusagen, «um viel Lärm zu vermeiden»: 1955, zum achtzigsten Geburtstag, werde «es etwas anderes sein». «Der achtzigste», schrieb er dem Minister, «‹mildert› noch den ‹bedenklichsten Umstand› fast bis zur Aufhebung seiner ‹Bedenklichkeit›.» Becher antwortete prompt, es sei von Beginn an diesen Termin gedacht worden. Auch dann fand es Thomas Mann immer noch weiser, sich der Ehrung zu entziehen. Er verzichtete auch auf die Auszeichnung durch den sowjetischen Friedenspreis in Höhe von einhunderttausend Mark, nicht ohne zu bemerken, daß er nun insgesamt «bald eine halbe Million» verschmäht habe (ohne finanziell allzusehr darunter zu leiden).

Vor dem Abschied von den beiden Gästen aus Ost-Berlin fand sich Golo ein, der Hans Mayer unmittelbar nach dem Krieg zum erstenmal begegnet war, als der Literaturwissenschaftler, aus der Schweizer Emigration zurückgekehrt, eine redaktionelle Aufgabe beim Hessischen Rundfunk übernommen hatte – damals unter amerikanischer Aufsicht. Er hatte sich bald danach in der sowjetischen Besatzungszone angesiedelt. Die Herren verabredeten sich zum Abendessen: «im teuersten Restaurant der Züricher Altstadt», wie Janka in seinen Erinnerungen festhielt. Golo habe die Gäste aus dem Osten ungerührt bezahlen lassen, und die Zeche habe schließlich mehr als fünfhundert Franken betragen; der Betrag wurde in Ost-Berlin nicht ohne Groll quittiert.

Zuvor hatte sich Janka mit Erika über eine Ausgabe von Klaus Manns «Mephisto» verständigt, die ihr vor allem am Herzen lag, da an einen Druck des Buches in Westdeutschland aus juristischen Gründen nicht zu denken war. Das war klug gehandelt: Erika war damit als eine Verbündete für alle Projekte gewonnen. Dann lud Katia die beiden Herren zu einer Fahrt um den Zürichsee in ihrem neuen Fiat ein – ein aufregendes Unternehmen, wie Janka schrieb: «Weniger wegen der vielen Naturschönheiten, auf die mich Katia aufmerksam machte. Mehr wegen der rasanten Fahrweise. Immer dachte ich, jetzt muß es passieren. Aber Katia steuerte ihren Fiat gekonnt durch die engen Gassen oder durch den starken Verkehr. Und nichts passierte.»

Thomas Mann berichtete Bermann Fischer dreizehn Tage später von dem Gespräch. Der Aufbau-Verlag, schrieb er, betrachte die zwölfbändige Ausgabe als ein Geschenk zu seinem achtzigsten Geburtstag und wünsche den Vertrag direkt mit ihm abzuschließen, weil man annehme, «daß unter diesen persönlichen Umständen der Transfer des Honorars gestattet» werde. Dem Verleger begegnete er in jenen Wochen wohl besonders gereizt, da sich die Abrechnung seiner Honorare verzögert hatte: «Seit Wochen», schrieb er am 3. Mai ins Tagebuch, «bleibt seine Schuldigkeit von 40000 Mark unbeglichen (…). Keine Erklärung, nur ein ‹so bald wie möglich›. Schwer verdächtige Lage.» Er sprach im Journal – doch vermutlich nicht nur dort – von der «offenkundigen Insolvenz» des Hauses (von der keine Rede sein konnte). Am 5. Juni, eine Woche später, beschwerte er sich darüber, daß er über den Plan der Aufbau-Ausgabe noch nichts gehört habe. Ihm sei, habe er Mayer gesagt, bei der Sache im Hinblick auf Bermann «etwas beklommen zu Mute», obwohl Rudolf Hirsch, der Cheflektor, bereits erklärt habe, der

S. Fischer Verlag könne «an so etwas nicht denken». Diese Ausgabe, habe er Mayer wissen lassen, müsse für seinen «‹eigentlichen› deutschen Verleger doch etwas schwer Erträgliches, gewissermaßen doch Beschämendes» haben, «und ich rechnete stark mit einem Antrag von Ihnen, sich an dem Unternehmen irgendwie zu beteiligen, etwa durch die Übernahme eines Teiles der Auflage durch den S. Fischer Verlag».

Bermann Fischer meldete sich erst am 21. Juni 1954 zur Sache, nach dem Ausdruck seines überwältigten Entzückens über die Lektüre des «Krull»-Manuskriptes. Janka, schrieb er, habe sich erst für Anfang Juli angemeldet. Es treffe nicht zu, daß sich Rudolf Hirsch geäußert habe, wie es Thomas Mann (vermutlich von Janka) hinterbracht worden sei. Die Stockholmer Gesamtausgabe von Fischer könne den Anspruch auf die «heute mögliche Vollständigkeit» erheben, wenn sie um die noch fehlenden drei oder vier Bände (einschließlich der «Betrachtungen») ergänzt werde.

Unterdessen wandte sich die Diskussion zwischen Verleger und Autor der Verfilmung der «Buddenbrooks» zu, an der die DEFA in Ost-Berlin durch Janka ein lebhaftes Interesse angemeldet hatte, das von Thomas Mann, vor allem aber von Erika mit großem Wohlwollen aufgenommen wurde. Mitte Juli hatten sich einige Herren aus Babelsberg mit Erika im Hotel-Sanatorium «Sonnmatt» verabredet, in dem sie sich damals aufhielt, um den Plan zu prüfen. Auch der Vater fand sich zu der Unterhaltung ein. Er forderte für die Rechte an seinem Buch einhundertfünfzigtausend Franken, «was ohne Widerspruch zur Kenntnis genommen wurde». Bermann Fischer wußte von diesem Projekt zunächst nichts.

Durch einen Telefonanruf unterrichtete Bermann Fischer Katia Mann von dem Angebot der Neuen Film-Gesellschaft in München für den «Buddenbrooks»-Film: ihm sei ein Preis von vierzigtausend Dollar genannt worden – «der höchste, der bisher für einen Film in Deutschland gezahlt» worden sei, wie der Verleger in einem Brief an Thomas Mann betonte. Sein Autor aber nannte den Hinweis auf die Dollarsumme in seinem Tagebuch «charakteristisch». «Angewidert», schrieb er. «Unmögliche Zumutung, die ‹Defa› im Stich zu lassen. Eine politische Angelegenheit. Erwägungen beim Kaffee in der Halle. Mein Urteil: die Westleute zur Cooperation mit dem Osten zu zwingen oder das Ganze aufzugeben, meine Zustimmung zur Verfilmung zu verweigern. – Kultur-Prestige-Sache.» In seinem Brief wies Bermann Fischer auch auf die unerfreulichen Folgen hin, die ein Vertrag mit der DEFA für Thomas Mann haben müsse: in Ostdeutschland gedrehte Filme würden in Westdeutschland nicht aufgeführt. Die Regisseure drüben stünden «in absoluter Abhängigkeit» des Regimes. Der einzige, der sich «noch etwas» habe «frei halten» können, sei Wolfgang Staudte, der durch seine Filme «Die Mörder sind unter uns» und «Der Untertan» (nach Heinrich Mann) hohen Ruhm erlangt hatte.

Thomas Mann brachte das Münchner Angebot, es war absurd, in einen Zusammenhang mit der angeblichen Flucht von Dr. Otto John nach Ost-Berlin (die nach den späteren Angaben des «Verfassungsschutz»-Präsidenten eine Entführung war). Er schrieb: «Erst Dr. John und dann östliche ‹Buddenbrooks›, das wäre offenbar zuviel. Sehr präokkupiert von der Frage, wie ich mich am besten verhalte. Erika würde sich am Buch u. an der Inszenierung entschieden nicht beteiligen, wenn die Sache zum Unternehmen Adenauer-Deutschlands wird. Drohung Bermanns mit den ‹Folgen›, im umgekehrten Fall. Mein Standpunkt muß sein, daß gerade aus diesem Buch kein Zonen-Film, sondern ein deutscher zu machen ist.»

Am gleichen Tag diktierte er Katia einen Brief, in dem er seinen Verleger herunterputzte, wie er es niemals zuvor getan hatte. Bermann habe seine Gespräche mit Janka benutzt, warf er dem Partner vor, eine Honorarbeteiligung von fünfzig Prozent zu verlangen, die er ihm nur für die Beteiligung an den Lizenzausgaben zugestanden habe, weil der Transfer durch die Gegengeschäfte des Verlages erfolgt sei (jedenfalls zum Teil). Er rügte, daß der Verlag in seinem «verzweifelten Eifer (…) sich einzuschalten», wo immer ihm ein Einkommen winke, der «Münchner Illustrierten» die Korrekturbogen des «Krull» geschickt habe, da sich die Redaktion des Blattes für einen Vorabdruck interessierte: Ob auch dabei die Absicht bestanden habe, fünfzig Prozent des Honorars zu übernehmen? (Die Frage stand nicht länger zur Debatte, weil Werner Friedmann, der Verleger der «Süddeutschen Zeitung», die mit der Illustrierten verbunden war, mit seiner Frau in Kilchberg vorgesprochen und sich um einen Abdruck des Romans in seinem Blatt beworben hatte, für ein geringeres Entgelt.) Thomas Mann aber drohte: «Ich erkläre Ihnen, daß Sie unsere Freundschaft aufs Spiel setzen, wenn Sie es nicht bei meinen Abmachungen mit Janka belassen und, im Fall Sie etwa schon die Hälfte des Honorars eingestrichen haben, nicht auf den mir zukommenden Teil wieder verzichten.» Auch die «Angelegenheit des ‹Buddenbrooks›-Films» errege und empöre ihn. Den westdeutschen Filmunternehmen sei solch ein Gedanke oft nahegelegt worden, aber erst jetzt werde die «westdeutsche Kultur-Konkurrenz» aktiv, da «eine ostdeutsche Firma, deren Überlegenheit in der Fähigkeit, etwas künstlerisch wirklich Hochstehendes ohne Rücksicht auf die Kosten herzustellen, jedermann bekannt» sei, sich anschicke, diesen Film zu schaffen. Es solle sich dabei nicht um einen «Zonenfilm, sondern um einen *deutschen* Film handeln», für den «nicht nur ein westlicher Drehbuchverfasser, sondern auch ein Regisseur aus dem Westen und mindestens drei westdeutsche Hauptdarsteller gewonnen werden müßten». Erika solle am Drehbuch mitwirken und bei allen Aufnahmen zugegen sein. Wenn diese Bedingungen erfüllt würden, «so wäre es, ob Sie nun ein Gefühl dafür haben oder nicht, die größte Unanständigkeit von mir, um des plötzlichen westdeutschen Angebotes willen die Leute der Defa im Stich zu lassen». Er würde lieber den ganzen Plan aufgeben, fügte er pathetisch hinzu, als daß er «zum Verräter an Menschen werde, die den ernsten und generösen Willen haben, eine nicht leichte Aufgabe aufs künstlerisch Untadeligste zu erfüllen».

Zunächst meldete sich Brigitte Bermann Fischer. Sie schrieb, wie sie sagte, spontan und ohne Wissen ihres Mannes: «vollkommen fassungslos» stehe sie Thomas Manns «persönlichem Mißtrauen» gegenüber. Es träfe einen Verlag, der ihm seit dreiundfünfzig Jahren die Treue gehalten habe, und sie setzte hinzu: «Wenn Sie Gottfried derartige Vorwürfe machen zu müssen glauben, so muß ich Ihnen sagen, daß diese Vorwürfe – dieses Mißtrauen genauso mich persönlich und damit meinen Vater und das gesamte Haus S. Fischer trifft, (...) aus dem Hinterhalt und wohlgezielt – mitten ins Herz.»

Am gleichen Tag traf ein Schreiben Gottfried Bermanns ein, der Thomas Manns Brief mit seltener Aufrichtigkeit «tief beleidigend» nannte. Er stellte fest, daß Janka von der Unterredung über die Gesamtausgabe des Aufbau-Verlages «völlig entstellend» berichtet habe, und er nannte als Zeugen seinen Vertreter Rudolf Hirsch, an dessen Krankenbett das Gespräch geführt worden sei. Dabei sei mit keinem Wort davon die Rede gewesen, wie die Lizenzzahlung zwischen Thomas Mann und dem Verlag zu teilen sei. Das gehe Herrn Janka auch gar nichts an.

Allerdings verschwieg der Verleger nicht, daß Janka auf die Frage «wie, wann und in welcher Währung die Überweisungen erfolgen könnten, keine eindeutige Antwort» gegeben habe. Seine Äußerungen hätten Anlaß zu der Hoffnung geboten, daß es, «wenn eine Zusage der Ost-Devisenstelle für eine Valuta-Überweisung» erteilt würde, «nicht wieder zu einem Bruch des Versprechens kommen würde». Walter Janka glaubte sagen zu können, «daß er kleinere Schweizer-Francs-Zuweisungen in größeren Zeitabständen je nach der Devisenlage» erhalten könnte. Danach hätten sich Gottfried Bermann und Rudolf Hirsch erkundigt, wie eine Überweisung in Westmark gesichert werden könne. Da Thomas Mann nicht in Deutschland lebe, müsse in diesem Fall der S. Fischer Verlag eingeschaltet werden. Nach dem Fortgang Jankas sei er mit Hirsch übereingekommen, daß er Thomas Mann vorschlagen werde, die ganzen ihm «zustehenden Honorare in Form eines Vorschusses vorzufinanzieren und in Schweizer Francs zu überweisen». Die «im Osten hängenden Gelder» sollten auf Risiko des Verlages «für Druckzwecke» verwendet werden.

Der Verleger übersah, darin ein wenig naiv, daß Thomas Mann und die Seinen an einer Überweisung der Honorare auf dem normalen und offiziellen Wege nicht interessiert waren. Der Dichter hatte zuvor schon darauf geachtet, daß nur ein Teil seiner Einkünfte in der Deutschen Demokratischen Republik über den S. Fischer Verlag abgerechnet wurde, ein anderer Teil aber unmittelbar an ihn gelangte, meist über Erika, die Beträge in wechselnder Höhe aus Ost-Berlin in die Schweiz brachte. Mit der gebotenen Vorsicht läßt sich sagen, daß auf diese Weise Steuern gespart wurden: amerikanische Steuern vor allem, die Thomas Mann zunehmend als lästig, ja als drückend empfand, zumal die Finanzbehörden der Vereinigten Staaten die Bürger des Landes nicht einmal außerhalb der Grenzen aus dem Auge ließen. Er war auch darum längst dem Gedanken nähergetreten, die Schweizer Staatsbürgerschaft zu erwerben, allen früheren Bekundungen zum Trotz – rascher, wenn es denn anging, als es die übliche Wartefrist erlaubte, die er abzukürzen hoffte, obwohl er schon einmal die Erfahrung gemacht hatte, daß der strenge helvetische Behördengeist keine Ausnahme von der Regel zu machen pflegte. (Aus diesem Grunde, nicht nur der Auszeichnung wegen, legte er so großen Wert auf die Ehrenbürgerschaft der Gemeinde Küsnacht, die ihm zum achtzigsten Geburtstag winkte. Sie bescherte ihm freilich nicht den begehrten Paß.)

Das ungewöhnliche Entgegenkommen, das der ostdeutsche Staat und im beschränkten Maße auch die Sowjetunion Thomas Mann durch das Privileg der Honorierung in harter westlicher Währung erwiesen, war niemals durch Auflagen belastet, auch nicht in diskreter Andeutung, die der Dichter ohne Zweifel zurückgewiesen hätte. Dennoch liegt die Vermutung nahe, daß er die bevorzugte Behandlung nicht lange genossen haben würde, wenn er das stalinistische Regime, seine Erben und seine Satelliten jemals mit einem offenen Protest gegen die Verbrechen ihrer Terrormaschine konfrontiert hätte. Sein Brief, in dem er Walter Ulbricht um Gnade für die Waldheim-Häftlinge gebeten hatte, blieb in der Schublade. Jenem vergeblichen Versuch, der Menschlichkeit im anderen deutschen Staat ein wenig voranzuhelfen, folgte keine weitere Bemühung. Nicht einmal erhob er seine Stimme gegen Verfolgung und Bedrückung, niemals warnte er vor einer offensichtlichen Unrechtshandlung – wie er es, allen Bedenken zum Trotz, angesichts der drohenden Hinrichtung der Rosenbergs an die Adresse Amerikas getan hatte. Niemals schien er sich auch nur dem Gedanken zu nähern, ein Wort für die verfolgten, gequälten, hundertweise exekutierten oder in den Lagern zu Tode geschundenen Schriftsteller im roten Imperium einzulegen. Noch Ende des Jahres 1954 registrierte er vielmehr mit einem Unterton des Mitgefühls den plötzlichen Tod Andrei Wyschinskis, des ständigen Vertreters der Sowjetunion bei den Vereinten Nationen, dessen Name sich der Welt zum erstenmal durch seine haßverzerrten Auftritte als Generalankläger in den ersten Moskauer Säuberungsprozessen der dreißiger Jahre eingeprägt hatte: ein Bluthund vom Schlage

Roland Freislers, wie jeder wußte, der es wissen wollte – nur Thomas Mann nicht, der das plötzliche Ende, das den Diplomaten in New York ereilte, mit der merkwürdigen Formel «bedauerlicher Ausfall» konstatierte.

Er sagte laut genug, und er wiederholte es unermüdlich, daß er kein Kommunist sei. Die Propagandisten in Ost-Berlin und in Moskau hörten es nicht ungern. Ein Nichtkommunist, der im Westen für ihre Version einer Politik des Friedens und der Verständigung warb, war ihnen nützlicher als ein Genosse. Das Schweigen Thomas Manns war ihnen genug. Überdies betrachteten sie seine unermüdliche Beteuerung, daß die nationalsozialistischen und die kommunistischen Diktaturen niemals auf eine Stufe gestellt werden dürften, als eine unschätzbare ideelle Hilfe. Thomas Mann wiederum erkannte nicht die Gefahr, die seine stumme Tolerierung der stalinistischen Kriminalität schließlich heraufbeschwören mußte: daß die eine Verharmlosung die nächste nach sich ziehen würde. In der Tat fühlten sich später bornierte Rechthaber vom Schlage des Historikers Ernst Nolte und seines neonationalistischen Anhangs dazu eingeladen, die Ungeheuerlichkeit der nazistischen Verbrechen durch den unermüdlichen Vergleich mit den stalinistischen Greueln zu «erklären» (wie sie behaupteten) – in Wirklichkeit aber durch die Hintertür herabzumindern, «verständlich» zu machen und damit indirekt zu rechtfertigen.

Bermann Fischer beschwerte sich zu Recht gegen die Unterstellung, daß er Vereinbarungen über die «Verteilung des Honorars» und den Vertragsabschluß über Thomas Manns Wünsche hinweg getroffen habe: «Was für eine Zumutung!» Der Beteiligungsvorschlag von fünfundzwanzig Prozent, den Thomas in seiner ersten Nachricht genannt hatte, sei «sehr wohl verstanden und stillschweigend akzeptiert» worden. Er wies auch den Vorwurf zurück, daß er der «Münchner Illustrierten», die sich für einen Vorabdruck des «Krull» interessierte, Einsicht in das Buch gegeben habe, wie es seiner Pflicht entsprach. Der Provisionssatz des Verlages betrage wie üblich zwanzig Prozent: «Auf Ihre Zumutung, daß ich irgendwelche Gelder ‹eingestrichen› hätte, gehe ich nicht ein. Es ist mir unbegreiflich, wie Sie diese entwürdigenden Worte niederschreiben lassen konnten.»

Schließlich äußerte er sich zum Film. Er hätte sich, betonte er, einer Verletzung seiner verlegerischen Pflichten schuldig gemacht, wenn er das Angebot der Münchner Firma nicht aufgegriffen hätte. Wäre er von Thomas Mann über die Verhandlungen mit der DEFA unterrichtet gewesen, hätte sich die Auseinandersetzung vermeiden lassen. Er hintertreibe keine Verhandlungen. Das plötzliche Interesse westdeutscher Firmen sei durch die Entwicklung der Filmindustrie und durch den kommenden achtzigsten Geburtstag des Autors bedingt. Wenn ihn keine andere Weisung erreiche, werde er den Herren jener Firma mitteilen, daß Thomas Mann die Verhandlungen nicht aufzunehmen wünsche.

Am 3. August 1954 notierte Thomas Mann die Ankunft der «tief gekränkten Briefe» von Bermann und seiner Frau. Anderntags setzte er einen, wie er sagte, «versöhnlichen, wenn auch ‹Tutti's Sentimentalitäten ironisch abweisenden Antwort-Brief» auf. Leichthin erklärte er, daß es ihm leid tue, seinen Verleger gekränkt und beleidigt zu haben: «Es war nicht mein Wunsch, aber man ist heutzutage, bei diesem gequälten Leben zwischen den Stühlen, manchmal nicht recht Herr seiner Nerven.» Er berief sich darauf, als ob dies den Ausbruch seiner Ressentiments gegen den Verleger hätte rechtfertigen können, daß er wegen nur einer Lesung aus dem «Krull» für einen ostdeutschen Sender – da drüben seien «auch Menschen und auch Deutsche» – von «der Adenauer-Presse (...) wie für ein gemeines Verbrechen» beschimpft worden sei: «Sind denn die Menschen verrückt? Jedenfalls können sie einen verrückt machen oder doch bewirken, daß man übertrieben reagiert bei Gelegenheit. Ich habe den Brief an Sie diktiert wie mir's ums Herze war nach dem, was ich gehört hatte und offenbar zu schneidende Worte gebraucht, die ich Sie möglichst zu vergessen bitte.»

Über die Sache, sagte er dem alten Gefährten, wisse er nicht, was er denken solle: «Welchen Grund sollte dieser Janka haben ‹Zwist zu stiften zwischen meinem Verleger und mir›. Er kann mich doch nicht selber verschlingen. Seine Angaben über das Ergebnis der Unterredung mit Ihnen waren so ziffernmäßig genau, daß ich ihnen glauben mußte. (...) Stellen Sie ihn zur Rede und schicken Sie mir seine Antwort, das ist alles, was geschehen kann. Ich nehme an, Sie haben ihm schon gehörig geschrieben.»

Im übrigen sollte man «die Dinge nicht sentimentalisieren, wie Tutti in ihrem schönen, aber zu pathetisch-thränenreichen Brief es tut»: «Die 53jährige Treue war gegenseitig, und Versuchungen sie zu brechen, zahlreiche und sehr verlockende, gab es nur für mich, nicht für den Verlag.» Er fügte hinzu, daß er nicht «dem alten Sammi und dem ganzen Hause Fischer» in den Rücken falle, wenn ihm einmal Zweifel an der Korrektheit von Bermanns Geschäftsführung kämen und er «die psychologische Mischung von wahrer Anhänglichkeit und der Neigung, mich übers Ohr zu hauen, bei einem Geschäftsmann, jetzt wohl für möglich halte». Ohne die eher groteske Unzumutbarkeit auch dieses Satzes mit einem Wort zu korrigieren, setzte er trocken hinzu: «Meine polemische Ader spielt mir manchmal einen Streich. Vor der Cooperation von NF» – der «Neuen-Film»-Firma in München – «mit Defa, die die Wiedervereinigung Deutschlands einleiten soll, geht ja doch das gute Einvernehmen zwischen uns.»

Am gleichen Tag besagt eine Notiz im Journal, daß ein Vertragsentwurf des Aufbau-Verlages sehr wohl eine fünfzigprozentige Beteiligung des S. Fischer Verlages am Honorar vorsehe. Also hatte Janka doch die Wahrheit gesagt? Thomas Mann überlegte nicht, daß der Verleger in Ost-Berlin im Kontrakt kaum andere Ziffern präsentieren konnte, als er sie in seinem Brief genannt hatte. Gottfried Bermann Fischer wies in einem Brief an Katia diesen erneuten Vorwurf gelassen zurück. Doch er verschwieg auch nicht, daß in dem Vertragstext von einem Transfer in die Schweiz nun plötzlich nicht mehr die Rede sei. Er bat Katia, «die Verhandlung über die Zahlungsmodalitäten für die Gesamtausgabe zunächst selbst mit Herrn Janka weiterzuführen. Wenn ein direkter Vertragsabschluß mit Ihnen Voraussetzung für den Transfer sein sollte, wäre ich auch damit einverstanden. Allerdings müßte dann das ganze Lizenzhonorar von 15 % transferiert werden, also inklusive unseres Anteils von 5 %.» (Immerhin nahm der Aufbau-Verlag einen Passus über die Sicherung des Transfers am Ende in den Vertragstext auf.) Er berichtete weiter, daß die «Neue Filmgesellschaft» in München, die ein rein privates Unternehmen sei, eine Zusammenarbeit mit der staatlich finanzierten und staatlich geleiteten DEFA ablehne. So zerschlug sich das Projekt. Thomas Mann hatte vergebens versucht,

Max Ophüls für seinen Plan zu gewinnen: der große Regisseur sagte mit Bedauern ab; er war ausgebucht.

Die Verärgerung durch diesen letzten großen Austausch von Briefen zwischen Autor und Verleger hob sich durch den stürmischen Erfolg des «Krull» nicht völlig auf. Innerhalb von wenigen Wochen wurden siebzigtausend Exemplare verkauft, und die Nachfrage stieg weiter. Der Triumph überraschte Thomas Mann, der so lange gebangt hatte, ob das geistreich-unterhaltende Buch nicht seine Reputation gefährden würde. Doch er eignete sich den neuen Ruhm, der ihm so unversehens zufiel, ohne Skrupel an. W. E. Süskind schrieb eine geistreiche Rezension in der «Süddeutschen Zeitung». Tiefer beeindruckte den Dichter wiederum Sieburgs Besprechung in der «Gegenwart», der sich «erstaunlich begeistert» zeigte. Thomas Mann schrieb an Erika: «Ein sonderbarer Kopf. Ich habe ein Buch von ihm gelesen: ‹Die Lust am Untergang›, worin sich äußerst gescheite und stilistisch hochstehende Dinge finden, alles unter seiner undeutschen Devise: ‹Literatur ist Kritik›. Er muß an sich selbst viel Kritik geübt haben und spricht auch garnicht liebevoll von der Bundesrepublik.» Der Tochter sagte er nicht, was er im Tagebuch außerdem vermerkte: daß Sieburgs Buch «nicht ohne Ähnlichkeit mit den ‹Betrachtungen›» sei.

Um so indignierter nahm er die wenigen kritischen Stimmen zur Kenntnis, die ihn wissen ließen, daß die Abenteuer seines kleinen Hochstaplers nicht überall mit schierem Entzücken begrüßt worden waren. Hinter Hellmut Jaesrichs graziös-ironischer Betrachtung im «Monat» witterte er eine politische Intrige. Vielleicht amüsierte er sich wenigstens, als ihm am Anfang der Rezension die hübsche Anekdote begegnete, eine stellungsuchende Münchner Köchin habe einst auf die Frage, bei wem sie zuletzt beschäftigt gewesen sei, mit der erstaunlichen Wendung geantwortet: «Platterdings bei Thomas Mann!» Das Lachen mag ihm freilich vergangen sein, als er weiterlas, daß der Kritiker «Die Betrogene» als eine «Kreuzung aus Marlitt und Rudolf Herzog» verspottete, was – leider – nicht völlig absurd war.

Jaesrich nahm die Köchin-Geschichte zum Anlaß, um auf die stilistischen Eigenarten des Dichters hinzudeuten, der sich im «Krull» eines «schnörkelfrohen Comptoir-Deutsch mit gewissen gewunden-servilen Floskeln» bedient habe, die aus dem «Preisangebot einer bewußt altertümelnden Weinfirma» stammen könnten. «Vierhundertvierunddreißig Seiten Thomas Mann, der so tut, als wäre er der Hochstapler Felix Krull, der wiederum so tut, als wäre er der Schriftsteller Thomas Mann», seien «eine harte Geduldsprobe». Bei der Ergänzung des Fragmentes habe sich der Autor «in der undankbaren Lage des Bildhauers» befunden, «der einem selbstgemeißelten Torso nachträglich Glieder anfügen» soll. Die Rezension war, trotz ihrer Höflichkeit, gleichsam mit dem Rasiermesser geschrieben. Es besänftigte Thomas Mann nicht, daß in dem glanzvoll komponierten Heft des «Monats» neben Beiträgen von Richard Löwenthal, Malcolm Cowley, François Bondy und einem Aufsatz des schwarzen Amerikaners Richard Wright, dessen Name in den USA wegen seiner kommunistischen Bindungen auf allen schwarzen Listen stand, auch eine kleinere Arbeit des Sohnes Golo abgedruckt war.

Die Kritik der Zeitschrift, die Thomas Mann «linientreu» nannte – was sie nun gewiß nicht war –, kränkte den Vater tief. Er sei davon um vier Uhr früh aufgewacht und habe nicht mehr schlafen können: «Bat um Tee u. weiteres Evipan. (...) Mein Grauen vor Feindseligkeit ist sehr zu bedauern.» Nicht lange danach quälte ihn die Lektüre eines kritischen und zugleich verklatschten Berichtes im «Spiegel» über die Familie Mann, den er ein «Machwerk» und eine «Pöbelbelustigung» nannte. Er war der Welt der Presse zu fern, um wahrzunehmen, daß eine ‹Titelstory› in jenem Magazin, wie infam oder banal sie auch sein mochte, stets eine werbende Wirkung hatte. Der Verkauf seiner Bücher litt ganz gewiß nicht unter dem Spott, dem er und die Seinen ausgesetzt wurden – im Gegenteil. Erika aber reagierte auf die Respektlosigkeit des Blattes voller Erbitterung. Der Vater sprach von ihrer «leidenden Wut gegen die Leute vom ‹Spiegel›». Katia sei, wie so oft, vom «Extremismus ihres Hasses» gequält, und sie verhehle kaum den Wunsch nach einer Trennung: «Mir bitter und traurig.»

Seine zunehmende Ermüdung konnte ihn nicht davon abhalten, eine Aufgabe, wenn sich denn eine stellte, noch immer mit Bravour zu bestehen. Ein amerikanischer Verlag hatte von ihm die Einleitung zu einem Sammelband über die Erzählungen Heinrich von

Kleists erbeten, gegen ein schönes Honorar. Die Aufgabe reizte ihn – wie einst die Abhandlung über den «Amphitryon» des preußisch-romantischen Dichters, die ihm zu einem Bekenntnis geworden war. Die Irrlichterei dieses kreuzunglücklichen Geistes im Schatten Goethes faszinierte ihn, obschon er es vermied, vielleicht mit dem Blick auf die amerikanischen Leser, sich noch einmal allzu tief auf die fragwürdige Verstricktheit von Genie und Krankheit einzulassen. Immerhin zitierte er aus Goethes Rezension des «Käthchens von Heilbronn»: «Mir erregte dieser Dichter, bei dem reinsten Vorsatz seiner aufrichtigen Teilnahme, immer Schauder und Abscheu, wie ein von der Natur schön intentionierter Körper, der von unheilbarer Krankheit ergriffen wäre.»

Von seinem transatlantischen Publikum forderte er nicht wenig. Er verschwieg ihm nicht seine Abneigung gegen die «mänadische Mord-Erotik und Menschenfresserei» der «Penthesilea», nicht den «berserkerhaften» und «rasenden Nationalismus» der «Hermannsschlacht», der er allerdings zugute hielt, daß sein «blauäugiger Held» «falscher und tückischer» sei als ein Punier. Mit genauem Blick drang er ins Gewebe der Erzählungen vor, von der Radikalität ihrer Thematik und der Meisterschaft ihrer Komposition gebannt. Er zeigte sich noch einmal auf der Höhe seiner essayistischen Kunst.

Die Ostberliner Zeitschrift «Sinn und Form», die von dem Lyriker Peter Huchel geleitet wurde, hatte von ihm einen Versuch über Tschechow erbeten. Er kam auch diesem Auftrag mit gewissenhafter Hingabe nach. In den ersten Abschnitten gestand er ohne Umstand, daß ihn einst die Nachricht von Tschechows Tod in Badenweiler kaum berührt habe, ja daß er in seinen jungen Jahren den Erzählungen des großen Autors mit einer «gewissen Geringschätzung» begegnet sei – «ohne recht gewahr zu werden, welche inneren Maße, kraft des Genies, das Kurze und Knappe gewinnen» könne. Er vermerkte auch, vielleicht mit einem kritischen Blick auf sich selbst, daß Tschechow eine «Bescheidenheit» zu eigen gewesen sei, «die so überaus sympathisch, aber nicht danach angetan war, der Welt Respekt einzuflößen, und mit der er ihr sozusagen ein schlechtes Beispiel gab. Denn die Meinung, die wir von uns selbst hegen, ist nicht ohne Einfluß auf das Bild, das die Menschen sich von uns machen». Der Arzt und Dramatiker habe bis zuletzt nichts vom «literarischen Grandseigneur» an sich gehabt, «noch weniger vom Weisen und Propheten gleich Tolstoi, der freundlich auf ihn hinabblickte und, nach Gorki, ‹einen prächtigen, stillen, *bescheidenen* Menschen› in ihm sah».

Dann folgte er den Spuren der Erzählungen aufmerksam und genau. Er registrierte Tschechows wachsende «moralisch-zeitkritische Reizbarkeit», das «immer sich verstärkende Gefühl für das gesellschaftlich Verurteilte und Dahinsinkende und für das, was da kommen soll». Er sprach auch von seiner Verurteilung «alles nichtarbeitenden Drohnen- und Schmarotzertums», seiner «immer klareren Verwerfung eines Lebens, das, wie er sagte, ‹auf Sklaverei aufgebaut ist›». Das, sagte Thomas Mann, den Erscheinungsort der Zeitschrift fest im Blick, sei «ein hartes Urteil über die bürgerlich-kapitalistische Gesellschaft, die sich ihrer Humanität doch rühmt und von Sklaverei nichts hören will». Schließlich beschwor er eine Vision des Erzählers, in der Tschechow das «Bild einer auf Arbeit gegründeten Vereinigung von Wahrheit und Schönheit» entwarf. Thomas Mann fragte, ob darin nicht «etwas von dem sozialistischen Aufbau-Impetus» sichtbar werde, «mit dem das moderne Rußland bei allem Schrecken, aller Feindseligkeit, die es erregt, den Westen beeindruckt». Er fügte hinzu, ohne sich der leisen Komik dieser Feststellung in seinem Munde bewußt zu werden: «Tschechow hatte zur Arbeiterklasse gar kein Verhältnis, und Marx hatte er auch nicht studiert. Ein Arbeiterdichter, wie Gorki, war er nicht, wenn auch ein Dichter der Arbeit. Aber er fand Laute sozialen Grames, die seinem Volk ans Herz griffen».

Dies traf wohl zu: Tschechow hatte Marx nicht studiert, sowenig wie Thomas Mann. Keiner von den beiden interessierte sich für den Propheten aus Trier. – Er brachte die Arbeit an dem Aufsatz, der nicht die Höhe des Kleist-Essays gewann, zu Ende, ehe er mit Katia ins Engadin fuhr, zum erstenmal in dem bequemen amerikanischen Plymouth, den sie für zwölftausend Franken erworben hatten. Von der Höhenluft erhoffte er sich eine Kräftigung seiner physischen Resistenz. Das elegante «Suvretta»-Haus hatte freilich zu kleine Zimmer reserviert, die überdies den erhofften Ausblick auf den Tennisplatz und die erträumten Hermesbeine nicht boten. Rasch entschlossen sie sich zum Umzug ins «Waldhaus» nach Sils-Maria, wo sie Hermann Hesse und seine Frau Ninon antrafen. Zu viert verplauderten sie manchen Abend in herzlicher Freundschaft. Sie lachten immer von neuem über die Verse aus den gereimten Grabreden des Pfarrers Michael von Jung in Kirchdorf bei Memmingen, die Hesse in einem seiner letzten Briefe zitiert hatte: «Es tanzten zwar die Weisen auch, / Doch nur sich langsam drehend, / Sie tanzten mit Vernunftgebrauch / Und nur vorübergehend.» Der Sinn fürs Alberne, den man einen seiner liebenswürdigsten Züge nennen durfte, war noch nicht erloschen.

In Sils-Maria erreichte ihn ein Brief aus Köln, der von Ernst Bertram berichtete, daß sich der alte Freund immerfort mit ihm beschäftige, von ihm träume und sich nach einer Aussprache vor seinem Tode sehne: «Will ihn selbstverständlich sehen», schrieb Thomas Mann. Bald nach der Rückkehr ins Kilchberger Haus brach der Dichter mit Katia zu einer lange verabredeten Lesereise ins Rheinland auf. In Köln waren ihnen schöne Zimmer im «Domhotel» angewiesen. Sie besichtigten die mächtige Kathedrale. Abends las er in der Universität das «Kuckuck»-Kapitel aus dem «Krull», das mit starkem Beifall gefeiert wurde: «aber kein Abgang und Wiederkommen, nicht Theater genug, was mir nie gefällt.»

Anderntags suchte er Bertram im Villenvorort Marienburg auf: «Freundlicher Aufenthalt in seiner sinnig-schönen Wohnung, voller persönlicher und künstlerischer Andenken. Sein Gesicht gealterte Vergangenheit. Seine gesprächige, sympathisch-altmodische Art unverändert. Herzliches Verhältnis, herzliche Verabschiedung.» Das Tagebuch sagt nichts darüber, ob auch nur ein Satz über Bertrams Dienst an der Diktatur gewechselt wurde, deren Ungeist er sich längst vor der «Machtergreifung» im Jahre 1933, von Thomas Mann nicht unbemerkt und doch geduldet, unterworfen hatte. Wie immer verabschiedete der Gelehrte den Freund mit reichen Geschenken, auch für Katia und für seine Patentochter Elisabeth.

Am Abend reiste Thomas Mann mit Katia nach Düsseldorf weiter, wo sie im «Breitenbacher Hof» abstiegen. Der Aufenthalt dort, resümierte er später, sei «weit festlicher u. reicher als der Kölner» gewesen. Bei der Lesung im Schumannsaal, der überfüllt war, trat der Dichter im Smoking auf. Er brillierte mit Krulls Reise nach Paris und dem Besuch im Zirkus: «Großes Beifallsfest, immer wieder-holte Rückkehr, Blumen-Überreichungen. Autogramm-Plage. Empfang und Souper im ‹Malkasten›.»

Er erkundigte sich nach Klaus Heuser, und man sagte ihm, daß «der Geliebte von einst, ein Vierziger nun», nächstens nach acht-zehnjährigem Aufenthalt aus China zurückkehre. Er werde ihn wohl «mit seinem nicht recht angenehmen Vater» besuchen. Klaus sei unverheiratet geblieben.

Im Kilchberger Haus trafen die Eltern Elisabeth mit ihren Kin-dern an. Drunten wurde das sommerliche Seefest mit Feuerwerk begangen. Die Familie hörte Musik aus der «Fledermaus», die Tho-mas Mann Vergnügen bereitete. «Zur Nacht, nach einigem Schlaf, masturbiert und ein zweites Sekonal genommen. Dann von 2–8 Uhr gut geschlafen.»

129. KAPITEL

Doppeltes Selbst-Bildnis

Im April 1954 hatte sich Thomas Mann bereit erklärt, die Ehren-Präsidentschaft der Schiller-Stiftung in Weimar zu übernehmen. Er konnte das Amt, das ihn zu nichts verpflichtete, ohne Bedenken akzeptieren, da das Aufsichtsgremium jener Institution paritätisch von Fachleuten aus beiden deutschen Staaten besetzt war. Dennoch vermerkte er an seinem neunundsiebzigsten Geburtstag mit einem kleinen Unbehagen die langen, offiziellen Telegramme aus Ostdeutschland, die ihn und nahezu die gesamte klassische deutsche Dichtung als Repräsentation des bürgerlichen und nationalen Erbes für die Ahnherrschaft des Regimes in Anspruch nahmen. «Es stimmt nicht», schrieb er im Tagebuch, «weder mit Goethe noch mit mir. Aber es soll und muß stimmen, und sie bestehen darauf, und Adenauer-Deutschland besteht auf garnichts.» Er fügte hinzu: «Wird sich wahrscheinlich auch nächstes Jahr nicht rühren.» Dem Kultusminister Johannes R. Becher antwortete er mit «ironischer Entschuldigung» für das «Erasmische» und «Lukianische» seines Wesens, mit dem zweiten Hinweis an den hellenischen Philosophen des zweiten Jahrhunderts erinnernd, der die Orthodoxie seiner Zeit gern mit seinem Spott überzog.

Indes, auch die Deutschen in der Bundesrepublik rührten sich endlich. Durch Bermann Fischer erreichte ihn im Juli 1954 der Hinweis, daß in Bonn seine Berufung unter die Mitglieder des Ordens «Pour le mérite» erwogen werde, einst die höchste Auszeichnung Preußens und des Zweiten Reiches, deren «Friedensklasse» von Bundespräsident Theodor Heuss 1952 von neuem gestiftet worden war. Nur dreißig stimmberechtigte Mitglieder durften dem Kapitel zugehören, das sich durch Zuwahl ergänzte, dazu höchstens dreißig nicht stimmberechtigte Persönlichkeiten ausländischer Staatszugehörigkeit. Thomas Mann gab seine Bereitschaft zu erkennen, diese Ehrung zu akzeptieren, doch zugleich ließ er in Bonn ausrichten, daß er die Verleihung des Bundesverdienstkreuzes ablehnen würde. Die Bestätigung indes ließ auf sich warten. Voller Verdruß beobachtete er, daß man ihn vergessen zu haben schien. Zu Anfang des Jahres 1955 wurde gemeldet, daß Hermann Hesse, aber auch der schweizerische Diplomat und Historiker Carl Jacob Burckhardt in das hohe Gremium gewählt worden seien. Er reagierte, wie er selbst sagte, gekränkt und überempfindlich: «Fühlte mich feindselig übergangen», doch beschwichtigend setzte er hinzu: «Aber es handelt sich um die Aufnahme von Ausländern, und im Übrigen sollte ich mir kühl bewußt sein, daß ich in diesen konservativen Ordenskreis, mit Schröder an der Spitze, nicht passe.» Später korrigierte er diesen Vorbehalt, als ihn Rudolf Alexander Schröder, der große Übersetzer, der in seinen eigenen Gedichten so sorgsam den klassizistischen Vorbildern folgte, zu einem langen und freundlich entspannten Gespräch aufsuchte. Übrigens traf er schließlich auch mit Carl Jacob Burckhardt zusammen, den er als einen «urbanen, kultivierten Mann von diplomatischer Haltung» empfand. Der helvetische Grandseigneur berichtete, einst habe ihm Hugo von Hofmannsthal aus dem «Tod in Venedig» vorgelesen, «damit er höre, wie sich das in Wienerischem Tonfall» ausnehme. Thomas Mann begnügte sich mit einem knappen Kommentar: «Merkwürdige Vorstellung.»

Bald meldete die Schiller-Gesellschaft der Bundesrepublik durch ihren Vorsitzenden Wilhelm Hoffmann, den Direktor der württembergischen Landesbibliothek in Stuttgart, ihren Wunsch an, er möge die Gedächtnisrede zum einhundertfünfzigsten Todestag Friedrich Schillers am 9. Mai 1955 übernehmen. Ohne Umstand sagte er zu. Er war darauf vorbereitet, daß auch eine offizielle Einladung nach Weimar, die längst vorbesprochen war, nicht lange auf sich warten lassen würde. Sie schien ihn erst in der Neige des Jahres 1954 zu erreichen. Oder hatte er bis zum Ende des Monats November gezögert, Hoffmann mitzuteilen, daß er auch in Ostdeutschland die Festansprache zu übernehmen gedenke? Er bat den Bibliothekar, Theodor Heuss davon in Kenntnis zu setzen, den Bundespräsidenten. Es war ihm wichtig, die Chance einer gesamtdeutschen Repräsentation zu nutzen. Sie würde vermutlich die letzte sein. Dafür aber brauchte es die Übereinstimmung mit den Verantwortlichen in Bonn. Überdies registrierte er mit Befriedigung, daß ihm die Universität Jena, an der Friedrich Schiller Geschichte gelehrt hatte, bei dieser Gelegenheit den Ehrendoktor zu verleihen gedachte.

Dennoch, Werner Weber, den Feuilletonchef der «Neuen Zürcher Zeitung», ließ er wissen, er werde «natürlich *nicht* mit dem Vortrag nach Weimar» gehen, «wenn die politische Lage die Schärfe» behalte, die sie nun, nach dem Beschluß über die Wiederbewaffnung Westdeutschlands, gewonnen hatte: «Aber ich habe nicht die geringste Lust, mir in der Sphäre, in der ich lebe, das Leben zu verderben und die öffentliche Meinung gegen mich aufzubringen – am allerwenigsten die der Schweiz.» An den Pfarrer Kuno Fiedler, der durch den grollenden Unmut einiger Schweizer Sozialdemokraten über die geplante zweite Reise nach Ostdeutschland alarmiert war, schrieb er beschwichtigend, von Heuss sei ihm beruhigende Auskunft zuteil geworden. Später versicherte er dem deutschen Bundespräsidenten selbst, er hätte auf den Exkurs nach Weimar verzichtet, wenn Heuss ihn mißbilligt hätte. Er fügte schmeichelnd hinzu, es sei charakteristisch für die «Großzügigkeit, Tapferkeit und Weitsicht» seines Wesens, daß er zu ihm gehalten habe. Aber als Heuss vorschlug, sie sollten ihren Briefwechsel in der «Neuen Rundschau» veröffentlichen, wich er dieser Bitte höflich aus, dem Rat Katias folgend, die meinte, er würde seinen Besuch in Weimar moralisch entwerten, wenn schwarz auf weiß gedruckt würde, daß er den Auftritt in der anderen Republik abgesagt hätte, falls er vom Präsidenten der Bundesrepublik darum gebeten worden wäre.

In Bonn hatte man unterdessen gelernt, den sogenannten «Alleinvertretungsanspruch» nicht immer mit kleinmütiger Enge zu interpretieren. Wenigstens den Boten der Kultur gewährte man, wenngleich noch immer mit äußerster Vorsicht, eine gewisse Freizügigkeit. Zwar ließ Thomas Mann nicht davon ab, die beiden Staaten einander gleichzustellen. Seine Abneigung gegen die Bundesrepublik, die er hartnäckig «Adenauer-Deutschland» nannte, war womöglich noch etwas ausgeprägter als sein Mißtrauen gegen die Deutsche Demokratische Republik. Doch er wußte wohl, wo seine Interessen – auf lange Sicht – besser aufgehoben waren. Von der politischen Entwicklung hier wie dort machte er sich kein allzu klares Bild. Er hatte das Scheitern der Europäischen Verteidigungsgemeinschaft in der französischen Nationalversammlung – durch eine stille Koalition der gaullistischen Rechten mit den Kommunisten und altjakobinischen Nationalisten der Linken – mit erleichtertem Beifall begrüßt. Sowenig wie die Gegner der europäischen Armee in Frankreich schien er vorauszusehen, daß die Alternative nicht eine chronische Demilitarisierung und Neutralisierung der Bundesrepublik sein würde, sondern die Wiedergeburt einer deutschen Nationalarmee im Gefüge der atlantischen Allianz. Die Chance, Westeuropa als eine «dritte Kraft» zwischen den Vereinigten Staaten und der Sowjetunion zu etablieren, war damit vertan. Er unterstützte fortan die Opposition der deutschen Sozialdemokraten gegen die Wiederbewaffnung, gründlich verkennend, daß die Resistenz der SPD vor allem eine Frage der Bedingungen war: an ihrem harten Antikommunismus gab es keinen Zweifel. Bei einem Gespräch im Juli 1954 ließ er sich von einem prominenten Schweizer Politiker einreden, Deutschland werde schließlich wieder den Anschluß an Rußland suchen, das «eine militärische Rechtsregierung einer sozialistischen» am Ende vorziehe. Die «kulturelle Infiltration» sei schon überall sichtbar. Er bemerkte: «Ein Prozeß, bedrohlich, begrüßenswert oder komisch, wie man es nimmt. Für mich vorwiegend erheiternd.» Diese Vision, eher ein Schrecken Europas, entsprach ganz manch düsteren Wünschen, die er in den «Betrachtungen» am Ende des Ersten Weltkrieges angedeutet hatte, von einem leidenschaftlichen Widerwillen gegen «den Westen» erfüllt.

Das Leben geleitete Thomas Mann in der Neige der Jahre wieder in die geistige Landschaft früherer Epochen zurück. Besonders die Arbeit an der Schiller-Rede berührte die frühen literarischen Erlebnisse. In seinem erwachsenen Dasein war er wohl den Dramen des zweiten der deutschen Hauptgötter gelegentlich begegnet, doch er hatte, nach der Skizze «Schwere Stunde», den Schwaben nur noch selten wahrgenommen. Zu starr war sein Blick auf Goethe gerichtet gewesen, dessen Persönlichkeit er sich in der Imitation und schließlich der hartnäckig erstrebten Inkarnation so völlig anzueignen versuchte. Nun las er mit beglücktem Eifer Schillers Werke von neuem, eines um das andere, mit wachsendem Respekt, manches wohl zum erstenmal. Er nahm sich Biographien und Darstellungen der Zeitgeschichte vor. Er sammelte, exzerpierte, wählte aus, ordnete das Material, doch es wurde ihm nicht leicht, den Anfang zu finden.

Am 6. September 1954 spannte er endlich die weißen Blätter in die Klammer, die an dem Brett befestigt war, das er in seiner Sofaecke auf den Knien hielt. Der erste Satz wollte ihm lange nicht in die Feder. Resigniert notierte er: «Scham, Kummer, Müdigkeit», und er fragte: «Bin ich wirklich am Ende?» Am gleichen Tag schrieb er an Preetorius, den alten Vertrauten: «Meine Verfassung ist nicht die beste, ein quälender Mangel an Energie beherrscht mich, meine produktiven Kräfte scheinen erschöpft. Am Ende ist das physiologisch, und ich sollte mich drein ergeben, es wie Hesse machen, der sich entschlossen zur Ruhe gesetzt hat, hie und da ein Feuilleton, einen Rundbrief an seine Freunde schreibt und sich im Übrigen einen guten Abend macht. Aber ich verstehe mich nicht darauf, weiß nicht, wie ohne Arbeit die Tage verbringen und ringe nach Leistung, ohne die Spannkraft zu finden, die sie ermöglicht. Ein quälender Zustand. Für das früher Getane mich feiern zu lassen, wie jetzt in Düsseldorf, ist eher beschämend als ermutigend und hat etwas von Betrug.» Der Schiller-Aufsatz sei die Aufgabe, fuhr er fort, die er zu lösen habe, ehe er an etwas anderes denken könne: «Wie schwer es mir fällt, sie mir leicht zu machen, ist nicht zu sagen. Denn leicht, naiv-persönlich und herzlich will sie gelöst sein, um damit frei bestehen zu können gegen die Gebirge von literarhistorischem Schrifttum über den Gegenstand». «Vielleicht», fügte er hinzu, «wird es mir gut tun und mich zur Energie zurückrufen».

Eine ganze Woche zögerte er noch, aufgehalten durch die Bedrückung, die ihm Erikas neue Qual mit der Schlaflosigkeit, ihre Anspannung, ihre Gereiztheit auf die Seele legte. Wie so oft verlor sie – in der sich gegenseitig steigernden Wirkung von schweren Beruhigungsmitteln und Alkohol – die Kontrolle. Sie beschimpfte in ihrer Maßlosigkeit die Witwe seines Freundes Oprecht als «amerikanische Agentin», ohne auf Golo Rücksicht zu nehmen, der dieser treuen Freundin des Hauses seit vielen Jahren besonders herzlich verbunden war.

Der Sohn hatte sich, nach dem brüsken Ende seiner Kooperation mit der «Weltwoche», ein Domizil am Bodensee gesucht. Die unfreiwillige Vakanz gab ihm Gelegenheit, sich wieder auf seinen eigentlichen Beruf zu konzentrieren: den des Schriftstellers. Der Anregung eines Verlegers folgend, wagte er sich an ein denkbar ehrgeiziges Unternehmen. Dem historischen Werk Ricarda Huchs, das die Epoche der deutschen Geschichte vom Dreißigjährigen Krieg bis zum Ende des Heiligen Römischen Reiches Deutscher Nation umspannte, sollte er einen abschließenden Band folgen lassen: die «Deutsche Geschichte des neunzehnten und zwanzigsten Jahrhunderts». Also traf nicht exakt zu, was Golo – in einer Mischung von Respekt und Bedauern – so oft nachgesagt wurde: daß er erst nach dem Tode des Vaters die Freiheit zum Schreiben gefunden habe. Doch mag es sein, daß es die nachlassenden Energien Thomas Manns dem Sohn leichter machten, eine kreative Unabhängigkeit zu finden. Zum Jahresanfang 1955 war er schon bis zur Reichsgründung im Spiegelsaal von Versailles vorgedrungen. In erstaunlich raschen Zügen formte Golo eine historische Erzählung, die einen einzigartigen Rang gewann. Die Entwicklung von der Französischen Revolution über Metternich und Bismarck zu Hitler durchdrang er mit einem konservativ liberalen Geist, der im Land seiner Herkunft – anders als im angelsächsischen Kulturkreis – so selten gedieh. Seine Urteile waren von einem relativierenden Realismus und einem hohen Willen zur Gerechtigkeit bestimmt, auch in der Darstellung der Katastrophe, die nicht im Jahre 1945 datierte, sondern spätestens mit dem Jahre 1933 begann. Er näherte sich den Verhängnissen mit einer ruhigen und teilnahmsvollen Würde, die seinem Vater niemals gegeben war. Im Vorwort schrieb er: «Nicht ohne ein Gefühl der Scham habe ich mich auf solche Ereignisse eingelassen, die in meine eigene Lebensspanne fallen, die ich aber nicht auf der deutschen Seite erlebt habe: den zweiten Weltkrieg und den Widerstand. Die Aufgabe, sei sie bewältigt oder nicht, war hier, das nicht von mir selber Erfahrene nach den Quellen wahrheitsgetreu darzustellen, Licht und Schatten gerecht zu verteilen. Unvermeidlich ist dabei der dunkelste Schatten auf Deutschland gefallen. Dafür kann ich nichts; das ist so gewesen.»

Seit den Tagen seiner Kindheit hatte Golo die Dramen Friedrich Schillers mit einer Leidenschaft geliebt, die niemals geringer wurde. Des Dichters «Geschichte des Dreißigjährigen Krieges» war eines der Werke, die ihn auf den Weg zu seinem Beruf als Historiker geleitet hatten. So beobachtete er die Arbeit des Vaters an dem großen Essay zum hundertfünfzigsten Todestag Schillers mit besonderer Aufmerksamkeit.

Am 13. September war es endlich soweit: Thomas Mann hatte die Frist des Zögerns und Zagens überwunden; er brachte die erste halbe Seite des Vortrages zu Papier. Der Text ging ihm nicht leicht von der Hand. Er putschte seine Energien gelegentlich durch eine halbe Benzedrintablette auf. Gut zwanzig Seiten waren das Maß einer Rede, die nicht länger als eine Stunde dauern sollte. Der Essay aber wuchs im Gang der nächsten Monate zu einem kleinen Gebirge begeisterter Gelehrsamkeit an. Erika ließ er knapp drei Wochen später wissen, er habe, «Gott sei's geklagt, schon 20 Seiten, und es werden sicher noch einmal soviele. Es quält mich natürlich, daß es so viel wird, – zur energischen Konzeption einer gedrängten Festrede hat es bei mir nun einmal nicht gelangt. Aber sei es darum, ich schütte nun erst einmal rücksichtslos das Ganze aus, und Deine Sache wird es dann sein, ich kann Dir nicht helfen, aus der Masse die Rede zu destillieren.» Am Ende umfaßte sein Manuskript hundertzwanzig Blätter, die in einem nicht zu sparsamen Druck über achtzig Seiten füllten: genug für ein kleines Bändchen, das Bermann hernach flugs auf den Markt brachte.

Seine Schilderung der nächtlichen Grablegung des Dichters gelang ihm mit novellistischer Dichte – jene gespenstische Szene an dem Grufthäuschen, in dem Schillers Sarg beigesetzt wurde, ohne jedes Zeremoniell, wie es seinem Willen entsprach: «Kein milder Laut von Musik, kein Wort aus Priester- oder Freundesmund, von Kranzspenden und Lorbeer nichts.» Dann ließ er sich, von vielen zitierten Versen geleitet, in die Biographie des Mannes zurückführen, dem er mit einer schönen Wendung eine «edelmütige Naivität» zuschrieb, die den späten Lesern bei der Sprichwörtlichkeit so vieler seiner Formulierungen – nicht nur beim «Lied von der Glocke» – so oft ein kundiges und ein wenig hochmütiges Lächeln auf die Lippen drängt: «das Lächeln, das wir uns gelegentlich zu verbeißen haben vor Schiller'scher Grandiosität». Mit einer Belustigung, bei der wohl auch ein Anflug von Selbstironie im Spiel war, schilderte er Schillers Trachten nach weltlichen Titeln und Ehren: «Rat» wollte er sein, lieber noch «Hofrat», adelig heiraten wollte er und selbst geadelt werden: Bestätigungen, nach denen «das Kind im Manne», «das Kind im Künstler» lechzte.

Natürlich geriet Thomas Mann das Bildnis des Großen in manchen Passagen zu einer Art Selbstporträt, wie es bei ihm immer war. Er sprach «vom brausenden Erfolg», auf den es Schiller «nicht abgesehn hatte und der ihm doch eingeboren, seine Natur, sein innerster Wille ist, ganz wie es wenig später Natur und tyrannischer Wille seines Bruders in theatralicis, Richard Wagner, war». Er meinte auch sich selbst, wenn er von dem «Überdruß» an einem Werk sprach, «zu dessen Überwindung es beständiger Erneuerung der Lust, der Inspiration und Energie bedarf aus nervösen Reserven, aus der Treue zum Gegenstand, dem Ethos des Fertigmachens». Mit einigem Entzücken entdeckte er Schillers Bemerkung – sein eigenstes, sein Urmotiv! –, daß «auch die Kränklichkeit... zu etwas gut» sei, denn er «habe ihr viel zu danken». Thomas Mann fuhr fort: «An seelischer Verfeinerung gewiß, an Sensibilität und Benervung.»

So wurde Thomas Mann die Entdeckung zuteil, daß er sich nicht nur in Goethe, sondern auch – wenigstens mit einem Teil seines Wesens – in Schiller wiedererkennen durfte. Die schwierige Freundschaft der beiden geriet ihm denn auch zum Kernstück der Arbeit, dem er sich auf dem langen Weg durch die Dramen, von zu vielen und zu langen Zitaten aufgehalten, endlich wieder nähern durfte: jene Verbindung, die er «das größte Königreich» nannte, das Schiller gewonnen habe. Er sprach mit tiefster Befriedigung von dem «großen Abenteuer» im Leben Schillers, das wichtiger als alle seine Beziehungen zu Frauen gewesen sei, «seiner Erfahrung der Passion, der leidenschaftlichen Anziehung und Abstoßung, der tiefen Feindschaft, tiefen Sehnsucht und Bewunderung, des Gebens und Nehmens, der Eifersucht, des schwermütigen Neides und stolzer Selbstbehauptung, der dauernden affektvollen Spannung». Sein «Verhältnis zu *Goethe*» sei «eine Angelegenheit zwischen Mann und Mann» gewesen, «zwischen ihm, dem ganz Männlichen, und jenem, dem er weibliche Artung zusprechen wollte, während andere, wie Schlegel, nun gerade das Maskuline in ihm betonten».

In Wahrheit mehr als eine Freundschaft: eine Liebe – die ideale, auf die Thomas Mann zeitlebens gehofft und gewartet haben mochte, wohl wissend, daß es sie nicht gebe und daß er sie nicht ertragen hätte, wäre sie ihm zuteil geworden, da ihm jede Partnerschaft unter Gleichen fremd, ja unerträglich war. Es war auch von ihm die Rede, wenn er Goethes Verhalten «kühl und affektfern» nannte – «im Vergleich mit der zu ihm drängenden Haßliebe des Partners, der seinen Egoismus schilt, von ihm als von einer spröd-hochmütigen Schönen redet, der man ‹ein Kind machen› müsse». Schiller, der «ewig Rastlose, Geistgetriebene, das erhabene Stiefkind des Lebens», sei in dieser Beziehung «ganz und gar der Werbende» gewesen.

Wurde ihm deutlich, daß die Ressentiments des Drängenden, der so oft vergebens auf eine Bestätigung seiner hohen Gefühle und eine Erwiderung seines Überschwangs wartete, den seinen verwandt sein mochten, die in der Tiefe der Seele brüteten: jene «sonderbare Mischung von Haß und Liebe (…), eine Empfindung, die derjenigen nicht ganz unähnlich ist, die Brutus und Cassius gegen Cäsar gehabt haben müssen»? Daß er diese passionierte Melange in der eigenen Seele vergraben hatte, unter der spröden, sich verschließenden Egozentrik, der er mit «Lotte in Weimar» das mächtige Denkmal gesetzt hatte? Die Freundesliebe, der sich der Geheimrat erst nach dem Tode Schillers ganz hingeben durfte: er trug sie sozusagen in sich selber aus – in zweifacher Selbst-Liebe, die in dem doppelten Selbst-Porträt einen reizvollen und zugleich ein wenig erheiternden Ausdruck finden durfte.

Theodor Heuss, der in Stuttgart nach Thomas Mann zu sprechen hatte, beanspruchte den Hinweis auf die Hundertjahrfeier von Schillers Geburtstag im November 1859 für sich, doch Thomas Mann ließ den Bundespräsidenten wissen, daß er nicht geneigt sei, die Beschwörung jener Stunde, in der die Deutschen – der Reichsgründung vorauseilend – ihre geistige Einheit herbeizuzwingen versuchten, ganz dem Politiker zu überlassen. Dem Bibliotheksdirektor Wilhelm Hoffmann schrieb er, seine Erwähnung dieser Feier, die damals ganz im Zeichen des Nationalen gestanden habe, solle nur den Gedanken vorbereiten, daß dieses nationale Vorzeichen heute nicht mehr genüge, da «nur ein Universelleres den Umständen von heute völlig gerecht» werde. In Wirklichkeit rief er dann doch, ganz im Pathos des veredelten Patriotismus seiner jungen Jahre: «Damals bot sich, so heißt es, der Welt ein Schauspiel, das die Geschichte noch nicht kannte: das immer zerrissene deutsche Volk in geschlossener Einheit durch ihn, seinen Dichter. Es war ein nationales Fest, und das sei das unsrige auch. Entgegen politischer Unnatur fühle das zweigeteilte Deutschland sich eins in seinem Namen.» Wie bei ihm selbst in Weimar?

Er wies auf das «andere, größere Vorzeichen», das die Zeit der Gedenkfeier des Jahres 1955 verleihen müsse: «sie stehe im Zeichen universeller Teilnehmung nach dem Vorbild seiner hochherzigen Größe, die nach einem ewigen Bunde rief des Menschen mit der Erde, seinem mütterlichen Grund. Von seinem sanft-gewaltigen Willen gehe durch das Fest seiner Grablegung und Auferstehung etwas in uns ein: von seinem Willen zum Schönen, Wahren und Guten, zur Gesittung, zur inneren Freiheit, zur Kunst, zur Liebe, zum Frieden, zu rettender Ehrfurcht des Menschen vor sich selbst.»

Hier wie dort, in seinem patriotischen und in seinem menschheitlichen Höhenflug, trug der späte Augenblick Thomas Mann zum Pathos seiner wilhelminisch geprägten Jugend zurück: heim zu den Vätern, aber auch zu den Gymnasialprofessoren jener Epoche. Die Vorlesung der *feierlichen Schlußseiten* machte auf Katia, Erika und Golo, wie der Vater im Tagebuch sagte, den *«glücklichsten Eindruck»*: «Sie konnten das hier Ausgesprochene nicht genug loben. Wirklich erfülle ich damit in großem Stil und ein für allemal die Forderungen, die man beständig an mich stellt.»

Einen Tag vor dem Weihnachtsfest 1954 war die Arbeit vorläufig abgeschlossen – noch nicht definitiv, wie er im Journal vorsichtig anzeigte. Tatsächlich ergab die kritische Lektüre, daß er den «Wallenstein» allzu beiläufig abgehandelt hatte. Die notwendigen Ergänzungen wurden im Januar nachgetragen, gewiß mit Golos Beistand, der sich schon lange mit dem Gedanken trug, die Biographie des deutsch-böhmischen Feldherrn und Staatsmannes zu schreiben.

Erika, der geübten Redakteurin, kam die Aufgabe zu, den Aufsatz auf die erlaubte Länge eines Vortrags einzuschmelzen: ein schmerzhafter, mühseliger und langwieriger Prozeß, denn nur ein Fünftel des Manuskriptes durfte für die Rede stehenbleiben. Diese Arbeit ließ sich nur in Etappen bewältigen, und sie verlangte zum Teil eine Neuformung des Materials, die von der Tochter geduldig besorgt wurde, am Ende auch zur Zufriedenheit des Vaters, der für einen Augenblick gefürchtet hatte, der Essay könnte durch die Operation seine Reize und seine Substanz verlieren.

Am 18. Januar 1955 fuhren Katia und Thomas nach Graubünden, dieses eine Mal mit der Bahn, trotz der Mühsal mit dem Gepäck. In der Schneeluft von Arosa wollten sie, wie so oft, Erholung suchen, dabei immer des Aufenthaltes im Jahre 1933 gedenkend, als sie sich dort droben voller Bangen gefragt hatten, ob sie die Heimkehr nach München wagen dürften oder das Geschick des Exils auf sich nehmen müßten.

Nun hofften sie auf ein wenig Sonne nach dem ewigen Hochnebel in Zürich, das in seiner grauen Wintermelancholie immer wieder die Sehnsucht nach dem hellen Licht und der Wärme von Kalifornien wach werden ließ. Manchmal mag ihn die Erwägung gestreift haben, er könnte die Wahlheimat dort drüben noch einmal wiedersehen.

Für die Reisebibliothek hatte er vor allem Bücher über die Luther-Erasmus-Welt ausgewählt. Da die Arbeit an dem Schiller-Aufsatz getan war, suchte er von neuem Zugang zu dem sperrigen Stoff. Der Plan einer Dramatisierung, der ihn bewegte, ließ den Ehrgeiz erkennen, in dieser letzten Phase seines Lebens denn doch das literarische Feld zu erobern, zu dem er schon einmal, mit «Fiorenza», den Zugang gesucht hatte – vergebens, wie man weiß. Das halbe Scheitern hatte er stets als ein Ungenügen empfunden, das korrigiert werden müßte. Der Film, der sich nun seinen Büchern öffnete, war kein Ersatz. Thomas Mann hatte klaren Blickes festgestellt, daß die neue Kunst dem Epos näher war als dem Drama.

Dennoch, die Umformung seiner Romane in Filmstoffe interessierte und belebte ihn. Noch am Tage vor dem Aufbruch hatte er sich im Journal voller Optimismus über die Möglichkeit einer west-östlichen Koproduktion der «Buddenbrooks» geäußert, über die vor allem Erika mit den Repräsentanten der ostdeutschen DEFA und westdeutscher Firmen zäh verhandelte. Überdies stand viel

Geld auf dem Spiel. Hans Rodenberg, der Ostberliner Gesprächspartner, hatte die Forderung von hundertfünfzigtausend Schweizer
Franken ohne Widerstand akzeptiert, und von den Herren in München waren vierzigtausend Dollar geboten worden (nach dem Umrechnungskurs jener Tage annähernd hundertsiebzigtausend Deutsche Mark). Ein Zusammenwirken an dem Buch seiner Jugend,
wenn es denn zustande komme, hätte er, noch immer, als einen
«symbolisch-politischen Sieg» gegen die Strategen des Kalten Krieges betrachtet.

Er hatte die Anstrengung des Klimawechsels unterschätzt. Am
dritten Tag nach der Ankunft in Arosa notierte er: «Fühle mich
angegriffen, beklommen, zweifelnd ob die Höhe meinem Nervensystem zuträglich, bänglich, unsicher zu Fuß. Gegessen wie immer
wenig und mit Schwierigkeiten.» Er klagte über das föhnige Wetter.
Später fügte er in Klammern an: «Einfallende Krankheit.»

Erika schrieb in ihrem Bericht über «Das letzte Jahr», die Spannung einer wichtigen Arbeit habe stets die «Krankheitspfeile» vom
Vater abprallen lassen, «als trüge er einen Panzer». Im Zustand der
Entspannung aber habe sich die «überbeanspruchte Natur» gerächt: so auch jetzt. Thomas Mann wurde von einer Virusinfektion
heimgesucht, der sein alter und bisher so zäher Körper kaum mehr
gewachsen zu sein schien. Die lokalen Ärzte bekämpften das Fieber
mit Penicillin-Injektionen. Die Radikalkur stürzte den Patienten in
einen Zustand gefährlicher Schwäche. Der obere Blutdruckwert
sank von hundertvierzig auf unter neunzig. Erika – die übrigens in
einem anderen Hotel Unterkunft gesucht hatte – und die Mutter
fürchteten einen Infarkt, doch das Herz hielt stand. Voller Sorge
zogen sie einen Arzt aus dem Kantonsspital von Chur zu Rate, der
darauf drang, den Kranken in seine Obhut zu nehmen. Nach einer
Woche wurde Thomas Mann mit der Ambulanz ins Tal transportiert, doch in der Klinik konnte ihm nur ein kleines Zimmer ohne
Bad und Toilette zugewiesen werden. Geduldig ließ er die umständlichen Untersuchungen über sich ergehen, auch eine Entnahme von
Knochenmark aus dem Brustbein, dessen Analyse keinen außergewöhnlichen Befund ergab. Er lobte, wie einst im Billings Hospital
in Chicago, die Umsicht und Freundlichkeit der Schwestern, und er
vermerkte ihre «hübschen Augen».

Am 6. Februar 1955 wurde ihm die Heimkehr erlaubt. Daheim konnte er endlich wieder Musik hören: das Finale von Verdis «Othello», danach das des «Rosenkavaliers», mit dem er sich ganz versöhnt hatte, und er genoß die hohe Qualität der häuslichen Küche: «Zum Mittagessen Rebhuhn, abends Caviar, Schildkrötensuppe und etwas Muschel-Ragout.»

Ein Brief des Lübecker Bürgermeisters kündigte die Entsendung einer «Deputation» an, die mit ihm die «Begehung» seines achtzigsten Geburtstages besprechen sollte. Sein zäher Lebensgeist schien ein weiteres Mal, wenigstens für den Augenblick, wieder freundlich geweckt. Abgetan war das ängstliche Unbehagen, mit dem er einige Wochen zuvor ein Album mit Photographien von seinem Aufenthalt in Köln durchgeblättert hatte, die ihm wenig gefielen: «Ich mag mich nicht sehen», hatte er aufgeschrieben: «Müßte anders ausschauen.»

Die wiedergewonnene Energie erlaubte ihm, Agnes Meyer in einem langen Brief von den bestandenen Prüfungen zu berichten. «Liebe Fürstin und Freundin» redete er sie an. Er erzählte von der Krankheit, und er beklagte, daß sie sich entschlossen habe, ihr rustikales Refugium in Virginia zu verkaufen, mit den schmeichelndsten Worten an das Hochgefühl der Stunden erinnernd, die er in der luxuriösen «Cabin» mit ihr verbracht habe. Die einstige Protektorin hatte sich voller Liebenswürdigkeit über die Lektüre des «Krull» geäußert: Tränen habe sie gelacht über «Felixens Selbstgefälligkeit», und trotz der «unbändigen Heiterkeit» waren ihr nicht die «Spässe» entgangen, «die sehr ernst genommen werden wollen» – in ihnen liege «der tiefste Reiz des Buches». Bei einigen Seiten habe sie sich gesagt: «‹Mein Gott, Tommie hat sich in irgend jemand verliebt, seit ich Ihn letzt gesehen habe, sonst fiel ihm dies nicht in der Feder!› Eifersüchtig hätte ich sein sollen bei diesem Gedanken. Statt dessen war ich herzlich froh und hoffte auf ‹many happy returns›, da das Resultat so prächtig, so ironisch, so im höchsten Sinne, amüsant ist.»

Die Elogen der Freundin taten ihm wohl. So reagierte er freundlich auf ihren Hinweis, daß ihr die Kongreßbibliothek in Washington angeboten habe, ihre privaten Papiere aufzunehmen und zu hüten, darunter auch das Fragment des Thomas-Mann-Buches, mit dem sie einst gescheitert war, und natürlich ihrer beider Korrespondenz. Allerdings gebot er, daß seine Briefe «nicht ohne Auswahl der Vergessenheit entzogen werden sollten. Eine beschränkte Anzahl davon, denen man eine gewisse Substanz zusprechen kann, möge der Library vermacht werden. Das Gros hat mit dem Augenblick von einst seinen Zweck erfüllt und mag verschwinden.» (Agnes Mayer hielt sich nicht an die Weisung.)

Schließlich zeigte er an, daß er anderntags, am 11. Februar 1955, mit Katia die goldene Hochzeit feiern wolle – «in aller Stille. Erika, Golo und Medi Borgese finden sich dazu ein, aber wir bleiben ganz unter uns und machen kein Aufhebens von dem Tage, der übrigens derselbe ist, an dem wir vor 22 Jahren München verliessen, nicht ahnend, dass wir nicht wiederkehren würden. Ach ja, das Leben war sonderbar. Ein lobenderes Beiwort möchte ich ihm nicht geben und es nicht gerne noch einmal durchmachen. Bei Ihnen ist das sicherlich anders. Sie würden gewiss mit dem grössten Vergnügen das Ganze wieder von vorn anfangen.»

Dann warf er einen Blick auf die Schiller-Feiern und den achtzigsten Geburtstag voraus: «Was man für den 6. Juni mit mir vorhat, denke ich in militärischer Haltung über mich ergehen zu lassen. Immer habe ich eine Vorliebe gehabt für Andersens Märchen vom ‹Standhaften Zinnsoldaten.› Es ist im Grunde das Symbol meines Lebens. Und bei dem Worte ‹Symbol› fällt mir ein kindischer Wunschtraum ein, der mir neulich mit grosser Lebendigkeit träumte: dass Sie mir nämlich zum Geburtstag einen Ring schenkten mit einem schönen Edelstein, es war ein Smaragd, und der Ring sollte das Symbol sein einer Kette, die von hier und mir hinüberreichte über den Ozean zur Stadt Washington D.C. Mit erstaunlicher Deutlichkeit sah ich den Ring mit dem grünen Stein, dieses Kettenglied, vor mir und freute mich wie ein Kind darüber – wie das Kind, das ich bin, bis zu dem Grade, dass ich Ihnen den Wunschtraum auch noch beichte. Wenn Sie ihn so kindsköpfig finden, wie er es wahrscheinlich ist, so wenden Sie weiter keinen Gedanken geschweige ein Wort daran.»

Ins Journal trug er an jenem Tage ein: «Schneesturm. Nicht ausgegangen. Schrieb vor- und nachmittags den langen Brief an Agnes Meyer zu Ende, in welchem ich in aller Treuherzigkeit den

Wunschtraum vom Smaragdring zum Geburtstag einwob.» Eine
Woche später bemerkte er allzu erwartungsvoll, die Freundin, die
mit Gesten der Großmut einst wahrhaftig nicht geizte, habe «warm
reagierend» auf den Bericht von seiner Krankheit «und auch auf den
Traum vom Smaragdring» geantwortet.

Er hatte ihre Entgegnung nicht genau genug gelesen. Sie sprach
nur von der Kette, die über den Ozean hinüberreiche: «Sie träumten was für mich schmerzliche Entdeckung und Erfahrung war».
Den Ring erwähnte sie nicht.

130. KAPITEL

Königliche Hoheit

Zürich war, vor einem halben Jahrhundert, das Ziel der Hochzeitsreise von Thomas und Katia gewesen, die damals kaum zweiundzwanzig Jahre zählte. Erinnerte er sich, daß er damals voller Sorge und Furcht − wovor auch immer − zu zwei Ärzten gelaufen war, um sich von ihnen beraten zu lassen? Daß er unruhig und bedrückt zurückgedrängt hatte nach München, wo ihm die Arbeit wohltätigen Abstand von einer allzu bedrängenden Intimität gewährte?

Nun bestätigte sich in der Stadt Zürich eine Lebensgemeinschaft, die er in nüchterner Voraussicht «ein strenges Glück» genannt hatte. Seine Ehe war die Schutzburg geworden, die allen Krisen widerstand, die Zuflucht, in die er sich stets mit seinen Ängsten retten konnte. Das Fundament, das den Erfolg seines Daseins und seines Werkes trug: dieses Monument eines unbeugsamen Willens. Das Gehäuse, das ihn davor bewahrte, seinem Verlangen nach Knaben und jungen Männern nachzugeben, ja das alle Anfechtungen des Eros von ihm fernhielt. Der Hort, der ihm beides gewährte: die Geborgenheit in einer Familie und zugleich die Askese, die er als eine Voraussetzung seiner Produktivität betrachtete.

Katia hatte sich in das Geschick gefügt, ganz Mutter zu sein: auch die seine. Nach außen aber und vor der Welt war sie die Herrin, die über Haus und Besitz, über Einkünfte und Ausgaben, die Beziehungen zu Fremden und Freunden, über die Domäne seines Ansehens und seines Ruhms mit Härte, manchmal auch mit einer Portion kritischen Humors zu herrschen gewohnt war − seit einem

Jahrzehnt in einer beunruhigenden und manchmal leidvollen Konkurrenz mit der ältesten Tochter, die dem Vater zur zweiten Frau geworden war.

Die goldene Hochzeit am 11. Februar 1955 wurde, wie es die Familie geplant hatte, als der stille und intime Auftakt der kommenden Feiern begangen, auf die sich nun alle Lebensenergien konzentrierten, die Thomas Mann geblieben waren. Elisabeth war aus Italien gekommen, Golo war aus seinem Bodensee-Refugium herübergeeilt, Erika hatte ihren deutschen Filmgeschäften für ein paar Tage adieu gesagt, Michael fand sich am Nachmittag überraschend ein; so fehlte nur Monika. Die Kinder hatten sich ein hübsches und besonders willkommenes Geschenk ausgedacht: Sie brachten ihm einen zweijährigen schwarzen Pudel, der wie sein kalifornischer Vorgänger «Niko» heißen sollte (und wie jener das eine Mal mit einem deutschen «k», das andere Mal mit einem lateinischen «c» geschrieben wurde). Der Vater freute sich an dem neuen Gefährten. Dank des lebhaften Tieres unternahm er nun wieder öfter kleine Spaziergänge, auch bei garstigem Wetter, obschon ihn die Beine nicht mehr so zuverlässig wie früher trugen.

Für Golo, der Hunde liebte, bewahrte der Pudel eine besondere Anhänglichkeit. Der zweite Sohn, nun immerhin sechsundvierzig Jahre alt, war für den Vater neben Erika und Katia der wichtigste Gesprächspartner geworden. Mit ihm beriet er sich über die Zukunft Michaels, des Jüngsten, der in Europa keine rechte Aufgabe zu finden schien. Die beiden beschlossen sechs Wochen später, daß es das beste sein würde, «Bibi» bei einem neuen Anfang in den Vereinigten Staaten zu helfen. Thomas Mann wollte ihm den Flug hinüber bezahlen. Gret, die Schwiegertochter, schien in jenen Tagen von einer ernsten Krankheit bedroht zu sein. So war zwischen Golo und dem Vater davon die Rede, daß die Kinder vielleicht von Elisabeth adoptiert werden könnten. (Dazu kam es nicht. Die Krise wurde überstanden. Michael schuf sich schließlich, auch dank dem Ruhm des Vaters, eine Position als Literaturprofessor an kleinen kalifornischen Universitäten. Gret harrte mit ihm aus, bis zu seinem Tod im Jahre 1977, der durch eine Überdosis von Barbituraten und Alkohol verursacht wurde: Selbstmord.)

Der festliche Tag konnte Thomas Manns Sehnsucht nach der

«Bindung an eine neue Arbeit» nicht lange beschwichtigen, und bald genug klagte er wieder über sein «unfruchtbares Dasein». Dennoch verwarf er zunächst das Angebot eines Münchner Verlages, die Herausgeberschaft einer Anthologie der «Schönsten Geschichten der Welt» zu übernehmen, da er fürchtete, die Aufgabe würde ins Uferlose wachsen und durch die Mühe der Auswahl seine künstlerische Gewissenhaftigkeit allzu schwer belasten. So las er von neuem in Luthers Schriften, las über den Reformator, häufte Exzerpte und Notizen, aber die stochernden, von Beginn an halb verzagten Versuche führten zu nichts. Aus den Studien wolle sich «nichts herausbilden», noch immer nicht, schrieb er am 1. März. Es sei «schlimm und belastend», daß ihn auch «die Rückkehr zum ‹Krull› zu wenig» locke.

Sein Hunger nach Lektüre aber war noch immer unstillbar. Er nahm sich von neuem Dostojewski vor. Er holte sich wieder das eine oder andere Balzac-Bändchen aus der schönen Reihe der Rowohlt-Übersetzungen. Er kehrte zu Adalbert Stifter zurück. Er las über Musik – besonders fasziniert von einer Studie über Beethoven und seinen Neffen, bei der er mit einer gewissen Befriedigung die «Fürchterlichkeit des Menschen Beethoven» konstatierte. Er studierte Hans Mayers Sammlung der «Meisterwerke deutscher Literaturkritik», und manchmal überredete er sich, einen Blick auf die Arbeiten junger deutscher Schriftsteller zu werfen. Alfred Andersch beeindruckte ihn mit seiner autobiographischen Erzählung «Die Kirschen der Freiheit», doch mehr noch mit der klugen und überaus nachsichtigen Studie über «Thomas Mann und die Politik», in der er sich ganz verstanden und gerechtfertigt fühlte, dem Autor dafür aufs innigste dankbar. Walter Jens, der klassische Philologe und Schriftsteller, der «Gruppe 47» zugehörig, hatte ihm seinen Roman «Der Mann, der nicht alt werden wollte» mit der Bitte um ein Urteil geschickt. Verließ sich der künftige Rhetorik-Professor darauf, daß der fast achtzigjährige Thomas Mann der Herausforderung durch den prekären Titel nicht widerstehen würde? In der Tat antwortete der Dichter, dies sei ein «merkwürdiges Erzählwerk und als Experiment sehr reizvoll». Wie zum Beweis, daß er nicht nur obenhin in dem Band geblättert hatte, fragte er, ob das leidenschaftliche Interesse des alten Germanisten an dem jungen Helden des Buches gerechtfertigt sei. Er fügte hinzu, die Gestalt des Lehrers sei für den Leser ganz wahrnehmbar.

In Wirklichkeit standen jene Monate ganz im Zeichen der kommenden Lebensfeiern. Schon im vergangenen Jahr war die Zürcher Planung für den großen Geburtstag festgelegt worden: ein Festakt im Schauspielhaus, aber auch eine Veranstaltung in Kilchberg, die besondere Aufmerksamkeit verdiente, weil ein Schweizer Paß in der Regel nur über das Bürgerrecht in einer Gemeinde zu erlangen war. Der Nationalrat Hans Oprecht, ein Bruder des verstorbenen Buchhändlers und Verlegers, machte ihm dann und wann einige Hoffnung, daß er das begehrte Papier vor den üblichen Fristen erlangen könne. Thomas Mann zog es vor, sich mit Skepsis zu wappnen: zu Recht, wie sich erwies, denn die Eidgenossenschaft zeigte sich auch jetzt nicht bereit – sowenig wie in den dreißiger Jahren –, für ihn eine Ausnahme zu machen. Dennoch schrieb er an Hans Oprecht noch am 5. Mai, es sei sein Herzenswunsch, das Bürgerrecht zu erhalten – dies wäre für ihn das schönste Geburtstagsgeschenk. Vergebens. Einen Augenblick lang prüfte er sogar, ob er nicht gut beraten wäre, wieder die deutsche Staatsbürgerschaft zu erlangen, auf die er, als einst Ausgebürgerter, einen gesetzlich verbrieften Anspruch besaß. Die Idee wurde jedoch rasch wieder verworfen.

Nein, so tief wollte er sich mit Deutschland nicht noch einmal einlassen, obwohl er zur Versöhnung gestimmt war – wie die Menschen der Heimat auch. Zu nahe durfte ihm die deutsche Vergangenheit nicht auf den Leib rücken, auch nicht durch das eigene Werk. Mit Hans Mayer hatte er zunächst vereinbart, es wurde erwähnt, daß in die Ostberliner Gesamtausgabe auch Auszüge aus den «Betrachtungen eines Unpolitischen» aufgenommen werden sollten; nur jene Passagen, das mußte nicht ausdrücklich gesagt werden, die auch für eine orthodoxe Leserschaft in der Deutschen Demokratischen Republik erträglich sein würden. Nach einer gründlichen Beratung mit Erika schickte Thomas Mann, noch am fünfzigsten Hochzeitstag, ein Telegramm an den Leipziger Professor, das besagte, er ziehe es vor, doch lieber ganz auf die «Betrachtungen» zu verzichten. Ein weiser Entschluß: die Auswahl wäre, das stand fest, höhnisch als eine opportunistische Anpassung an den Geist des Verlagsortes glossiert worden. (In seinen Erinnerungen deutete Hans Mayer an, man habe sich von Anfang an «brieflich und mündlich dahin verständigt», die große Polemik vorerst wegzulassen – doch darin täuschte er sich. Er meinte, sie sollten «später als Ergänzungsband nachgeliefert» werden. Glaubte er das im Ernst?)

Übrigens wurde auch die Novelle «Wälsungenblut» nicht in die Gesamtausgabe aufgenommen, und es kostete Hans Mayer einige Mühe, die Zustimmung Thomas Manns zum Abdruck des Aufsatzes über «Die Erotik Michelangelo's» zu gewinnen. Dagegen fielen Anmerkungen über Bruno Frank, René Schickele, Passagen in den Arbeiten über André Gide, ein Text über Alfred Döblin und die Rede für die Paneuropa-Bewegung des Grafen Coudenhove-Kalergi der Selbstzensur des Autors zum Opfer.

Schatten der Vergangenheit, manche unfreundliche, viele freundliche. Die Lübecker «Deputation» überbrachte am 1. März neben Blumen, einer alten Chronik der Stadt und dem obligatorischen Marzipan die Einladung zu einem Besuch, bei dem Thomas Mann die Ehrenbürgerschaft der Stadt verliehen werden sollte (wie das Gemeindeparlament mit einer knappen Mehrheit beschlossen hatte). Der Dichter akzeptierte die Geste der Versöhnung ohne Zögern, gegen den unvermeidlichen Protest Erikas. «Ende gut, alles gut», schrieb er an Otto Basler.

Die Nachricht gab seinem einstigen Mitschüler Hermann Lange den Anlaß zu einem liebenswürdigen Brief, in dem er den Kameraden aus dem Lübecker Katharineum mahnte, sich bei den bevorstehenden Festlichkeiten nicht zu übernehmen. Ohne Umstand fand sich Thomas Mann in seiner Antwort wieder in das «Du» der jungen Jahre, das er als Erwachsener nur einer Handvoll Vertrauter gewährt hatte. Der Austausch von Erinnerungen, wie er unter alten Knaben üblich ist, berührte ihn. Mit gedämpfter Melancholie sagte er in seinem Brief, daß so gut wie niemand mehr da sei, «mit dem zusammen man sich an das Frühe und Früheste erinnern, das ‹Weißt Du noch?› tauschen könnte». Hermann Lange, der sich als Fabrikdirektor eine geachtete Position geschaffen hatte, war aufmerksam genug gewesen, unter den Namen der Jugendgenossen «ganz unbetont (wohl absichtlich)» auch den von Armin Martens zu nennen, der, wie Thomas Mann hinzufügte, eine «rote Unterstreichung» verdient hätte. Er bekannte ohne Umstand (der Satz wurde früher zitiert): «Denn *den* habe ich geliebt – er war tatsächlich meine erste Liebe, und eine zartere, selig-schmerzlichere war mir nie mehr beschieden. So etwas vergißt sich nicht, und gingen 70 inhaltsvolle Jahre darüber hin.» Er machte darauf aufmerksam, daß er Martens im «Tonio Kröger» ein Denkmal gesetzt hatte, und mit kindlichem Stolz berichtete er, daß diese Geschichte in manchen Ländern schon zum deutschen Schulbuch geworden sei: «es ist merkwürdig zu denken, daß heute die Gesichter junger Engländer, Amerikaner, Franzosen, Ungarn sich über die Seiten neigen, die von ihm und dem Leid, das ich um ihn trug, erzählen.»

Dann setzte er ein Wort hinzu, das seinen Begriff von den Werten, nach denen er die Mitmenschen maß, mit erstaunlicher Unbefangenheit beleuchtet. Er schrieb: «Merkwürdig zu denken auch, daß die ganze Bestimmung dieses Menschenkindes darin bestand, ein Gefühl zu erwecken, das eines Tages zum bleibenden Gedicht werden sollte.» In seinem Tagebuch formulierte er den gleichen Gedanken noch einmal mit ungeschminkter Härte: «Das Denkmal für den früh Gestorbenen und Verdorbenen, der keine andere Bestimmung hatte, als ein Gefühl einzuflößen, das zum bleibenden Gedicht werden sollte.» Es ging ihm nicht durch den Sinn, daß er mit dieser Funktionszuweisung das Bekenntnis seiner Liebe mit unfreiwilliger Aufrichtigkeit relativierte: so war Martens – wie jeder andere, an dem sich seine verschwärmten Passionen entzündet hatten – zuerst und zuletzt ein Spiegel der Eigenliebe, die sich in der Literatur ein grandioses Monument zu erschaffen gedachte.

Unterdessen mehrten sich im Journal die Notizen über den Abschied von einstigen Gefährten. In Princeton starb Albert Einstein, in New York Martin Gumpert, der Arzt und Schriftsteller. «Einer nach dem anderen», schrieb er. «Und wann ich?» Er klagte über seinen schlechten Nervenzustand: «Sehe noch nicht, wie ich die kommenden Wochen, sonst die befreundetste Zeit des Jahres, überstehen soll.» Schon drei Tage später meldeten die Zeitungen den Tod Alfred Polgars, des großen Wiener Feuilletonisten. Thomas Mann fragte wieder: «Wann ereilt es mich – noch vor dem Geburtstag? oder bald nachher?» Dennoch, getreulich erfüllte er jede Bitte um einen Nachruf.

Er aber wollte, noch immer ganz Wille, bis zu dem großen Tag der Ehren durchhalten, den er als eine Krönung seines Alters betrachtete – und wenn es denn anging, noch ein wenig länger, um die Höhe des Ansehens zu genießen, das sich ihm nun immer mehr in der Glorie königlicher Hoheit überglänzte. Eine Seitenbemerkung in einer italienischen Arbeit über «Doktor Faustus» gab ihm den Anlaß, sich selbst (und wohl auch die Familie) daran zu erinnern, daß er in der Beziehung des Großherzogs Albrecht zu dem Prinzen Klaus Heinrich das Verhältnis zwischen dem Bruder und sich nachgezeichnet hatte, und es fiel ihm wieder ein, daß ihn der Ältere schließlich den «großen Bruder» genannt hatte, «der den Faustus schrieb».

Die «Akademie für Sprache und Dichtung» in Darmstadt, im Jahre 1954 gegründet, hatte ihn zu ihrem Ehrenmitglied ernannt. Prompt folgte die «Deutsche Akademie der Künste» in Ost-Berlin, gegründet 1950, die den Anspruch erhob, die Tradition der Preußischen Akademie der Künste weiterzuführen. Zugleich wurde beim Ostberliner «Institut für Deutsche Sprache und Literatur» ein Archiv «zur Pflege u. Erforschung» seines Werkes eingerichtet.

Die Auszeichnungen waren ihm willkommen, zumal sie zu bestätigen schienen, daß er dem Deutschland im Osten so gut zugehörte wie dem Deutschland im Westen: Repräsentant einer geistigen Einheit, wie er stets für sich beansprucht hatte. Doch er ließ sich nicht dazu überreden, die einstige Reichshauptstadt zu besuchen: nicht West-Berlin, das sich als Insel und Leuchtturm der Freiheit, als «Frontstadt» im Kalten Krieg empfand, nicht Ost-Berlin, die Hauptstadt der Deutschen Demokratischen Republik.

Aufmerksam verzeichnete er den Verhandlungserfolg der österreichischen Politiker und Diplomaten in Moskau, die – dank ihrer Bereitschaft, die immerwährende Neutralität ihres Landes zu beschwören – den Abzug aller Besatzungsmächte zu erkämpfen vermochten. Ganz zu Recht bemerkte Thomas Mann, die Geste der neuen Chefs im Kreml diene vor allem auch dem «gewollten Eindruck auf Bonn». In der Tat sollte der Bundesrepublik deutlich gemacht werden, daß die Einheit Deutschlands sehr wohl möglich gewesen wäre, wenn sie darauf verzichtet hätte, sich der atlantischen Allianz anzuschließen. Indes, die Ratifikationsverfahren waren abgeschlossen, und am 5. Mai 1955 traten die «Pariser Verträge» in Kraft. Vom Reich Bismarcks blieb für die nächsten dreieinhalb Jahrzehnte nichts als eine Vorbehaltsklausel, die sich die drei Siegermächte des Westens im Souveränitätsvertrag für die Bundesrepublik, aber auch die Sowjetunion in ihrem Abkommen über die Souveränität der Ost-Republik gesichert hatten: eine völkerrechtliche Abstraktion. Es blieb ferner der Anspruch auf die Fortexistenz der «Kultur-Nation», die Thomas Mann in sich selbst verkörpert sah. Die kommenden Wochen sollten dafür ein triumphaler Beweis sein. Nahezu jede Regung seines Daseins stand nun im Zeichen der heraufziehenden Festlichkeiten. Er posierte murrend und dennoch geduldig für die Wochenschau Ost, für die Wochenschau West und für die Huldigungsfilme des Fernsehens. Für den Nordwestdeutschen Rundfunk sprach er den «Tonio Kröger» auf Band: ein ungewöhnliches Experiment, für das der Intendant Ernst Schnabel, selbst ein Schriftsteller von nervöser Empfindsamkeit, am 6. Mai 1955 die Sendezeit eines ganzen Abends zur Verfügung gestellt hatte.

Am 7. Mai Aufbruch zum Schiller-Gedenken. Erika chauffierte das Auto mit der gewohnten Sicherheit, trotz des lädierten Zustandes ihrer Nerven. In Rottweil, dem gotisch-barock geprägten Städtchen am oberen Neckar, machten sie über Mittag Station. Am mittleren Nachmittag schon gelangten sie zum «Parkhotel» in Stuttgart, in dem Thomas Mann die Nachricht vorfand, der Bundespräsident – der sich im gleichen Etablissement aufhielt – wünsche den Dichter möglichst bald nach seiner Ankunft zu treffen, da sie einander zuvor noch niemals begegnet waren. Erika sagte in ihrem Bericht über «Das letzte Jahr», die Unterhaltung sei «in den freundlichsten Formen» verlaufen. In seinem Journal, in dem Thomas Mann nach der Heimkehr die Stationen der Reise rekapitulierte, fand die Konversation keinen Niederschlag. Doch er hielt fest, daß er den Abend mit dem alten Gefährten Hans Reisiger, Gottfried und Brigitte Bermann Fischer und dem Cheflektor Rudolf Hirsch verbracht habe. Die Harmonie des Gesprächs war gesichert, da Thomas Mann zu Anfang des Jahres einen neuen Vertrag mit dem S. Fischer Verlag abgeschlossen hatte, für den er – gestützt auf den glänzenden Verkauf des «Krull» und die wachsenden Auflagen nahezu aller seiner anderen Bücher – eine Verbesserung seiner Bedingungen diktieren konnte.

Am anderen Morgen, der Tag war strahlend, die Feier im Staatstheater. Sie begann festlich brausend mit Johann Sebastian Bachs Ouvertüre zu der Orchestersuite in D-Dur. Begrüßungsworte vom Theater-Hausherrn, dann von Wilhelm Hoffmann, dem Präsidenten der Schiller-Gesellschaft, von Gebhard Müller, dem Ministerpräsidenten des Landes Baden-Württemberg. Nach ihm trat Thomas Mann auf die Bühne, bewacht von der Tochter, die in den Kulissen stand und den Vater nicht aus den Augen ließ, um bei einem möglichen Schwächeanfall sofort zur Stelle zu sein. Sie erzählte, Thomas Mann habe das Publikum ganz in seinen Bann gezwungen: «Kein Knarren der Stühle, kein Husten in den Hinterreihen der Ränge, – das hieß: keinerlei Schwierigkeiten im Auffangen des Gesagten, noch im Verstehen des Gehörten. Aber außerdem hieß es: Spannung, Hingabe und Ergriffenheit.» «Wie ein Mann», schrieb die Tochter (no pun intended), «erhob sich am Ende die Zuhörerschaft von den Sitzen». Sie berichtete weiter: «Unbekannte, die am Radio gefolgt waren, gestanden später in Briefen, sie hätten beim Hören geweint.» Die Tochter ahnte, ohne es sich bewußtzumachen, daß sie des Vaters Schwanengesang gelauscht hatte.

Später aß man beim Landesvater Müller zu Mittag. Den Kaffee trank man im Garten der «Villa Reitzenstein» auf halber Höhe über der Stadt. Am Abend eine Aufführung der «Maria Stuart», eher mittelmäßig, in der nur Elisabeth Flickenschildt eine herausragende Vorstellung gab (wenn man Erika glauben mag). Anschließend saß man noch einmal mit Theodor Heuss zusammen, der Anekdoten erzählte, gemütlich-unterhaltsam, klug und ein wenig eitel.

Am 9. Mai blieben die Eltern und Erika noch in Stuttgart, denn für den Nachmittag hatte Rudolf Pechel, Herausgeber der «Deutschen Rundschau», der als ein Mann des Widerstandes von 1942 bis zum Kriegsende in Konzentrationslagern gefangen war, zu einem großen Empfang geladen, zu dem sich «Gott und die Welt» einfanden. Überdies war in Marbach – einem Städtchen, das seinen altväterlich-pittoresken Charme bewahrt hatte – das Schiller-Museum zu besichtigen, wohl auch das eng verwinkelte Geburtshaus, das sich schwäbisch-bescheidener nicht denken ließ.

Anderntags Weiterfahrt nach Bad Kissingen, für einige Tage der Ruhe, die notwendig waren. Thomas Mann schrieb von dort aus an Robert Faesi, den langvertrauten Gesprächspartner in Zollikon, er sei in Stuttgart «so hart hergenommen» worden «wie ein Schweizer Soldat». Am Abend des 12. Mai stellte sich Walter Janka ein, um Thomas Mann und die Seinen zur Grenzstation Wartha zu geleiten. Der Chef des Aufbau-Verlages, der mit seiner Frau gekommen war, nahm beeindruckt zur Kenntnis, daß Thomas Mann zum Abendessen im Hotel den Smoking angelegt hatte, seine beiden Damen elegante Abendroben. Mit einer Spur der nachwirkenden Beklemmung hielt er in seinen Erinnerungen fest, daß sich sein «Maßanzug aus gutem englischen Stoff» und das «Reisekostüm» seiner Frau «zur Garderobe der Manns bescheiden ausgenommen» hätten. Der Dichter, der die Speisen ausgewählt und das Zeichen zum Servieren gegeben habe, sei bei gutem Appetit gewesen, und er habe es sich vortrefflich schmecken lassen.

Am Grenzübergang, den die kleine Kolonne am 13. Mai passierte, mußten die Wagen noch nicht einmal anhalten. Thomas Mann und die Seinen wurden auf dem Hoheitsgebiet des anderen deutschen Staates von einem Kinderchor, danach vom Kultusminister Johannes R. Becher «mit großem Cortège» begrüßt. «Volksauflauf. Banner über der Straße», erzählte Erika: «Konnte alles noch ‹gestellt› sein. Fahren weiter, unfreiwillig langsam, in stattlichem ‹Convoy›. ‹Bevölkerung›, die von allen Seiten herbeiläuft, zeigt wirkliche Freude. Auf Z. deutend: ‹Das *is* er, das *is* er›, – in prächtigem Sächsisch. Keinerlei ‹Potemkinsche Dörfer›. Keine Sprechchöre. Keine Spur von ‹Drill›.»

Sich selbst ein wenig widersprechend, erzählte die Tochter weiter: «Natürlich auch ‹Belegschaften› zur Stelle. Kinder, viele Hunderte, wenn nicht Tausende, im Laufe der Stunden! Rotbackig, lustig, zureichend gekleidet, viele auf eigene Faust herbeigesprungen. Schulklassen mit Lehrern. Lehrer und Bürgermeister Reden haltend. Weiß uniformierte Verkehrspolizisten uns voran. Stoppen nach beiden Richtungen allen Verkehr, damit er unsere Kolonne nicht behindere. Betrachte eindringlich die Mienen der Aufgehaltenen – neugierige Gesichter, – auch belustigte, – keine verdrossenen oder heimlich wütenden…»

Walter Janka berichtete: «Schulkinder und Erwachsene drängten sich auf den Straßen. Alle wollten den großen Schriftsteller sehen. Auch Bauern, die ihre Felder bestellten, stoppten den Konvoi. Ein alter Feldarbeiter mit derben Händen zeigte ein Exemplar der ‹Buddenbrooks› vor und bat um ein Autogramm. Thomas Mann war tief gerührt. In Eisenach gab der Bürgermeister ein Essen zu Ehren der Gäste. In seiner Dankrede kam Thomas Mann auf die Begegnungen mit den einfachen Menschen zurück, die ihm zugejubelt hatten: ‹Sosehr ich an Applaus gewöhnt bin, der Empfang durch einfache Menschen hat mich beeindruckt›.»

Für die Schulkinder, die «Belegschaften», für die bedrückten Bürger der Deutschen Demokratischen Republik insgesamt war der hohe Besuch zweifellos eine freundliche Unterbrechung der Monotonie ihres grauen Alltags, der noch immer – obschon niemand blanke Not litt – von Mängeln der Versorgung, täglich schmetternder Mahnung zu sozialistischem Arbeitsethos und einem unstillbaren Strom propagandistischer Phrasen gekennzeichnet war. Auch die Gegner des Regimes mochten sich durch die Anwesenheit Thomas Manns ermutigt fühlen, der den Hauch einer anderen Welt mit sich brachte und durch seine bloße Präsenz, wenigstens für einige Tage, den Blick nach draußen öffnete. Thomas Mann selbst sprach von einer «triumphalen» Reise. Königliche Hoheit im Realsozialismus.

Die Stadt Weimar war festlich beflaggt. Becher gab ein Essen im Hotel. Am Vormittag des 14. Mai die Feierstunde im Nationaltheater, mit einem Quartettsatz von Schubert eingeleitet. Strikt hielt sich Thomas Mann an den Wortlaut der Rede, wie er sie in Stuttgart vorgetragen hatte. Der Applaus nach den Ansprachen sei «überwältigend» gewesen, schrieb Janka in seinen Memoiren, und er habe dem Beifall auf den Straßen nicht nachgestanden: «Die Gedenkfeier für Friedrich Schiller war zu einem stürmischen Bekenntnis zur Einheit deutscher Kultur geworden, wie wir es zuvor nicht erlebt hatten und wie es sich danach nicht wiederholen sollte.»

Um die Teilnahme am großen Bankett, berichtete Hans Mayer, seien «erbitterte Kämpfe» geführt worden. Der Philosoph Ernst Bloch und der Dichter Leonhard Frank, einst Thomas Manns Gefährten im amerikanischen Exil, hätten wissen lassen, daß man nicht «unbedingt dabeisein» müsse, was immer sie damit sagen wollten. Dafür war Georg Lukács aus Budapest gekommen, der laut Mayer nur ein kurzes Wort und einen Händedruck mit Thomas Mann

wechseln konnte. Mayer selbst konnte nur einige knappe Worte an
ihn richten. Es blieb ihm später auch versagt, bei der Übergabe der
zwölfbändigen Gesamtausgabe, die er mit solcher Hingabe ediert
hatte, in Kilchberg anwesend zu sein. Er erklärte seine Absenz mit
den Pflichten, die ihm während des Semesters auferlegt waren.
Reichte diese Erklärung aus? Thomas Mann hatte wohl kaum
Vorbehalte gegen das Erscheinen des kleinen, quirligen Gelehrten
zu erkennen gegeben, obschon Mayer in seinen Erinnerungen bemerkte, er halte es für «unwahrscheinlich», daß Thomas Mann ihn
gemocht habe: «Zu viel sprach dagegen. Die Heirat mit einer Jüdin
hatte frühe Aversionen beim Umgang mit jüdischen Literaten nicht
aufgehoben. Im Gegenteil zeigen die erhaltenen Tagebücher, vor
allem jene von 1918 bis 1921, daß die lebenslange Auseinandersetzung mit Heinrich Mann, der sich wohlfühlte unter den Expressionisten, jüdischen und anderen, die Abneigung bei jeder Begegnung
mit Juden und Jüdinnen eher noch verstärkte.»
Die jüdische Herkunft Mayers war, obschon seine Hinweise auf
die niemals ganz gezähmten antisemitischen Ressentiments Thomas
Manns der Realität entsprachen, kaum die Ursache für die kühle
Haltung des Autors. Vielleicht hatte Mayers Umtriebigkeit seine
Nerven ein wenig lädiert. Im übrigen war ihm der Professor so
gleichgültig, wie es die meisten Menschen waren: er hatte mit der
Herausgabe der Gesamtausgabe seine Pflicht getan. So entschieden
vermutlich wohl eher die Vorbehalte der Ostberliner Kulturfunktionäre, daß er der Delegation fernzubleiben habe: Bedenken gegen
die intellektuelle Unabhängigkeit, die Hans Mayer zu behaupten
vermochte, mögen schon damals wach gewesen sein, obwohl er sich
erst 1963 entschloß, der kritisch geliebten Republik des «realen Sozialismus» den Rücken zu kehren, um in der kritisch ungeliebten
Bundesrepublik Zuflucht zu suchen.
Die Friedrich-Schiller-Universität von Jena verlieh Thomas
Mann die Ehrendoktorwürde der Medizin. Alle anderen Fakultäten
der Wissenschaft, meinte Walter Janka ein wenig übertreibend, hätten den Dichter schon mit ihrem Doctor honoris causa ausgezeichnet, nur die Heilkunst habe noch gefehlt. In der Tat bot der «Zauberberg» Anknüpfungen genug, um diese Würde zu rechtfertigen.
Es ließe sich zur Not auch auf die gynäkologischen Abhandlungen

in der «Betrogenen» verweisen. Immerhin hielt ein Literaturhistoriker die Laudatio, von der Thomas Mann mit Erleichterung feststellte, daß sie auch an jeder Universität des Westens hätte bestehen können.

Walter Janka war es übertragen worden, sich bei Thomas Mann diskret zu erkundigen, ob er nun tatsächlich bereit sei, den Nationalpreis der Deutschen Demokratischen Republik – «Erster Klasse» versteht sich – zu akzeptieren, der ihm auf Beschluß des Politbüros und des Ministerrates verliehen werden sollte. Die Genossen glaubten, sie könnten einer positiven Auskunft halbwegs sicher sein, da Thomas Mann den Kultusminister bei einer ersten Anfrage im vergangenen Jahr auf den achtzigsten Geburtstag vertröstet hatte. Dennoch, Johannes R. Becher wollte es laut Janka nicht riskieren, daß ihm selbst ein ablehnender Bescheid zuteil würde.

Thomas Mann scheint den Verleger während der Tage in Weimar mit einer hinhaltenden Antwort vertröstet zu haben. Erst nach der Rückkunft schrieb er Janka einen freundlichen Brief (der in den «Regesten und Registern» nicht verzeichnet ist): «Sie wissen, daß ich jede Ehrung, die mir von der DDR kommt, herzlich gerne annehme, wie jetzt den Ehrendoktor von Jena und das Ehrenpräsidium der Akademie. Etwas anderes ist es mit Preisen, die mit einem hohen Geld-Betrag verbunden sind. Es sind mir im Laufe des Jahres mehrere solche Preise angeboten worden, die ich alle ablehnen zu müssen glaubte. Wenn ich überhaupt einigen Einfluß zum Guten in der westlichen Welt besitze, so würde dieser durch die Annahme eines solchen Preises zweifellos gemindert werden, denn sie würde den unfreundlich Gesinnten das so billige wie ordinäre Argument bieten, ich ließe mich ‹kaufen› und spräche darum selbstverständlich für den ‹Frieden›…» Janka fügte die Bemerkung hinzu, er sei von dieser Auskunft nicht überrascht gewesen, da er über die geplante Preisverleihung des öfteren schon mit Erika gesprochen habe (die – trotz ihrer bisweilen fanatischen Vertrotztheit – oft weltklüger war als der Vater). Um so enttäuschter sei Johannes R. Becher gewesen. Dieser habe daraufhin beschlossen, die «Delegation zur Überbringung der Glückwünsche und Geschenke zum 80. Geburtstag» nicht selbst anzuführen: eine Entscheidung, die nicht nur Janka unverständlich geblieben sei.

Am Nachmittag vor Thomas Manns Abreise aus Weimar erzwang sich Dr. Otto John, der einstige Präsident des Bundesverfas-
sungsschutzes, Zutritt zum Hotel, und es gelang ihm «durch leidige
Insistenz» (wie Erika sagte), Thomas Mann in ein kurzes Gespräch
zu verwickeln. Janka meinte, es sei bei der Unterhaltung nicht klar-
geworden, was John von dem Dichter wollte. Hatte er die Absicht,
Thomas Mann heimlich wissen zu lassen, daß er nicht nach Ost-
Berlin übergelaufen sei, aus welchen Motiven auch immer, sondern
von den Häschern des Staatssicherheitsdienstes entführt wurde?
Erika, die John – laut Walter Janka – schon früher begegnet war,
charakterisierte das Treffen als «gegenstandslos». Sie beschrieb
John als einen «unsicher wirkenden Mann, leicht ‹verdruckst›, auch
wohl zu ‹hübsch›, – mit zu kleinen Händen…» Janka wiederum
wußte zu berichten, sie habe den unwillkommenen Gast schließlich
kurzerhand vor die Tür gesetzt, um der Peinlichkeit ein Ende
zu machen. Der Vater, der den Namen des Geheimdienstmannes
nicht genau im Gedächtnis behielt – «Johnn» nannte er ihn im Tagebuch –, sprach von seinen «Indiskretionen».

Auch die Weiterreise zur Grenze wurde zur Jubelfahrt. Der Kolonne bahnte, wie bei Staatsbesuchen üblich, motorisierte Polizei
den Weg. Trocken konstatierte Thomas Mann in seinem Tagebuch:
«Teilnahme an den Vorteilen der Despotie.» Er vergaß auch nicht
zu erwähnen, daß er «die ganze Zeit viel Kaviar» genossen habe, der
freilich «zu hartkörnig» gewesen sei. Immerhin durfte er sich mit
dem Gedanken trösten, daß im Jahre 1950 das Konzentrationslager
Buchenwald aufgelöst worden war: diesen Stein des Anstoßes gab
es nicht mehr. Erika bemerkte in ihren Aufzeichnungen, Johannes
R. Becher habe sich beim Abschied an der Grenze «merkwürdig
ergriffen» gezeigt und Tränen in den Augen gehabt.

Am Abend Station in Göttingen, wo damals die Produktionsge-
sellschaft «Filmaufbau» angesiedelt war, mit der Erika bei der Fertigung der «Königlichen Hoheit» eng zusammengearbeitet hatte.
Am Abend, bei einer gemeinsamen Mahlzeit, mögen neue Projekte
beredet worden sein.

Anderntags nahmen die Eltern den Zug nach Lübeck, da sich
Erika weigerte, am Versöhnungsfest in der Heimatstadt des Vaters
teilzunehmen. Sie gab vor, die lange Autofahrt wäre für Thomas

Mann zu strapaziös geworden (obschon die Strecke in vier bis fünf
Stunden zu bewältigen war), und sie täuschte dringende Geschäfte
in der Schweiz vor. In ihrem Bericht «Das letzte Jahr» sagte sie, sie
habe versucht, den Vater von dieser Reise abzuhalten, da sie besorgt
gewesen sei, daß er sich zuviel zumuten möchte. Doch sie habe auch
gleich bemerkt, daß ihm «ungemein» an dem Besuch in Lübeck
gelegen war.

131. KAPITEL

Die letzten Feste

Katia und Thomas wurden am Lübecker Bahnhof vom Bürgermeister Passarge und von der Kultursenatorin Klinsmann empfangen. Man brachte sie im «Kurhof» von Travemünde unter. Es wurde ihnen jede nur erdenkliche Aufmerksamkeit zuteil: «Viel Ehre, Devotion und Freundlichkeit», schrieb er. «Allezeit durchaus fürstliche Behandlung.»

Das Zeremoniell im Rathaus bei der Verleihung der Ehrenbürgerschaft hätte nicht würdiger sein können. In seiner Rede mied Thomas Mann eine allzu angestrengte Feierlichkeit. Mit wohlbedachter Gutgelauntheit machte er, zum Vergnügen des Publikums, Lübeck selbst dafür verantwortlich, daß man in seinen Werken «allerlei Medisance, Satire, kritische Bosheit» finden zu können meinte, in den «Buddenbrooks» und im «Doktor Faustus», in dem die Stadt den Namen «Kaisersaschern» angenommen hatte: «Woher hab' ich's am Ende?» fragte er: «Ist es nicht vielleicht ein heimatliches Erbe? Die Lübecker hatten immer böse Mäuler, fast wie die Renaissance-Florentiner, und wenn sie sagten: ‹Gott, wie gediegen, du!›, so konnte darin eine vernichtendere Kritik liegen, als ich sie je zustande gebracht habe.» Schließlich beschwor er das Gedächtnis des Vaters, von dem er wünschte, er «könne hier und heute, in diesem historischen Saal, in diesem Hause, wo er als Senator aus- und einging, zugegen sein und es erleben, wie ich das Ehrenbürgerrecht der Stadt empfange, deren Mitregent er war». (Übrigens war von seiner Mutter weder in der Ansprache noch in den nachgetragenen Notizen jemals die Rede.)

Er erlaubte sich, wie es der Gelegenheit angemessen war, einen Hauch von Sentimentalität: «Ich kann wohl sagen: sein» – des Vaters – «Bild hat immer im Hintergrunde gestanden all meines Tuns, und immer hab' ich's bedauert, daß ich ihm zu seinen Lebzeiten so wenig Hoffnung machen konnte, es möchte aus mir in der Welt noch irgend etwas Ansehnliches werden. Desto tiefer ist die Genugtuung, mit der es mich erfüllt, daß es mir gegönnt war, meiner Herkunft und dieser Stadt, wenn auch auf ausgefallene Weise, doch noch etwas Ehre zu machen. Heute gibt das alte Lübeck mir in Gestalt des Dokuments, das ich hier halte, diese Ehre vor aller Welt feierlich zurück. Das ist ein großer rührender Augenblick meines zur Rüste gehenden Lebens. Mein Herz ist voll Dank. Glück und Wohlfahrt unserer Stadt! Concordia domi, foris pax!»

Bei der ausladenden Mahlzeit, die sich der Feier anschloß, überkam ihn denn doch eine leichte Ermattung, zumal der Senator Ewers sich bei seiner Tischrede von einer «donnernden» Begeisterung fortreißen ließ und erst nach einer Dreiviertelstunde zum Schluß kam. Nach ihm beleuchtete Professor Walter A. Berendsohn, der von Stockholm herübergekommen war (er lehrte einst in Hamburg), einige Aspekte der Persönlichkeit und des Werkes von Thomas Mann, die bei den Lübeckern ein besonderes Interesse finden mochten. Von seiner halb improvisierten Dankrede sagte der Geehrte später, sie sei ihm aus Müdigkeit mißlungen: das «einzige Versagen» auf der Reise, auf der er sonst seinen «Mann gestanden» habe. Dafür billigte er sich selbst zu, daß er am Abend des folgenden Tages im Stadttheater gut gelesen habe.

Als er das Haus betrat, erhob sich das Publikum, wie er es nun schon gewohnt war. Er trug Passagen aus «Tonio Kröger» vor, las das «Bunte Kleid» aus «Der junge Joseph» und am Ende die heiteren Zirkusimpressionen aus dem «Krull». Die Veranstaltung, deren Erlös – es waren viertausend Mark – den bedürftigen Alten im «Spital zum Heiligen Geist» zugute kommen sollte, schloß – wie er es sich gewünscht hatte – mit dem Vorspiel zu «Lohengrin», dirigiert von Generalmusikdirektor Lessing, den seine Eltern mit dem verpflichtenden Namen Gotthold Ephraim ins Leben geschickt hatten. Danach mußte noch ein Souper bestanden werden.

Lübeck nahm auch anderntags seinen Gast und Mitbürger kräftig in Anspruch. Die restaurierte Marienkirche und das St.-Annen-Museum waren zu besichtigen. Das Katharineum erwartete seinen Besuch. Die Primaner seiner alten Schule trugen – man war es dem Schiller-Jahr schuldig – Szenen aus den «Räubern» vor, und die Schüler, vor allem aber das Lehrerkollegium erwarteten, daß er die Feierlichkeit des Tages durch einige Worte kenntlich mache. Immerhin blieb Gelegenheit, sich ein wenig auf dem Schulhof zu ergehen, vom Direktor begleitet und «umringt von lustigen Jungen». Otto Grautoff fiel ihm ein, der Vertraute der frühen Tage, auch Willri Timpe, die zweite seiner Jugendlieben.

Natürlich durfte eine Vorstellung des Stadttheaters nicht versäumt werden, und es galt, die Schauspieler zu begrüßen, die ein Widerstandsstück dargeboten hatten, dessen er sich hernach nicht mehr deutlich entsann. Ein letzter Empfang in den Räumen des Behnhauses, in dem später eine permanente Ausstellung von Erinnerungsstücken und Lebenszeugnissen von Heinrich und Thomas Mann ihren Platz finden sollte, im schlichten norddeutschen Klassizismus des schönen Gebäudes wohl geborgen.

Katia und Thomas waren eingeladen, sich in Travemünde, als Gäste der Vaterstadt, noch einige Tage zu erholen, doch sie zogen es vor, so rasch wie möglich nach Hause zu eilen, um in Kilchberg ein wenig Ruhe zu finden. Der Bürgermeister und einige Senatoren stellten sich zum Abschied ein, wie es dem Ende eines «Staatsbesuches» (von dem Thomas Mann, in halbem Scherz, selbst gesprochen hatte) denn auch völlig angemessen war: «Salutierende Polizisten. Verabschiedungen. Erlöst im Schlafwagen allein! Aufatmen.»

In seinem Kilchberger Studienzimmer, in dem er die Stationen der großen Reise, die ihn auf die Höhe seiner deutschen Repräsentation geführt hatten, noch einmal Revue passieren ließ, warf er unverzüglich den Blick voraus zum nächsten Gipfel, auf den er zwei Wochen später, am achtzigsten Geburtstag, getragen werden sollte. Er fragte noch einmal angstvoll-ärgerlich: «Wie wird es mit dem Schweizer Bürgerrecht werden? Was wird Bonn tun? Ich kann von dort kaum etwas erwarten noch annehmen. Alles käme zu spät, besonders das ‹Verdienstkreuz›. Auch der Pour le Mérite wird zu spät kommen. Diese Zeichen, die Geringere längst tragen, widern mich. Ein holländischer Orden wäre mir lieb, die französische Huldigung wird mich freuen.»

Eine hohe holländische Auszeichnung war ihm in der Tat gewiß: sie sollte ihm Anfang Juli in Amsterdam verliehen werden, wenn er mit dem Schiller-Vortrag in die Niederlande reiste. Auch die französische Ehrung blieb nicht aus. Es war längst an sein Ohr gedrungen, daß der unermüdliche Martin Flinker seit einigen Monaten am Werk war, um Beiträge zu der großen «Hommage de la France à Thomas Mann» zu sammeln, an der sich – nach des Geehrten eigenen Worten – die «Blüte Frankreichs» beteiligte, ja der «ganze geistige Adel der Nation».

Einen kleinen Schatten freilich entdeckte der Geehrte in dem Strahlenkranz, den man ihm darbot: Georges Duhamel, der Romancier, Lyriker und Essayist, bemerkte beiläufig, er glaube sich zu entsinnen, Thomas Mann habe in einer seiner Arbeiten den Hinweis fallengelassen, daß Frankreich in der gegenwärtigen Epoche der Literatur keine großen Romanautoren mehr hervorgebracht habe. Entschieden bestand der deutsche Kollege darauf, daß er «solchen Unsinn (...) nicht gesagt haben» könne (obwohl er privat und auch öffentlich Entsprechendes durchaus geäußert hatte). Lediglich, meinte er nun, habe er darauf hingewiesen, «daß, ganz allgemein, das Format der künstlerischen Hervorbringung, der künstlerischen Persönlichkeit im zwanzigsten Jahrhundert schmächtiger geworden ist, als es im neunzehnten war». Das vergangene Jahrhundert habe einen «Wald von großen Männern» gekannt, «eine fast tropische Fülle von Großartigkeit, der wir mit all unserem bißchen Verfeinerung nichts Ebenbürtiges an die Seite zu stellen haben. Ist das zu bestreiten?» Doch dann rief er beschwichtigend: Aber «das Land Roger Martin du Gards, Saint Exupérys, Mauriacs, Jules Romains', Sartres, Camus' und eines gewissen Georges Duhamel»...

Er sprach lieber, ein aufmerksamer Leser Friedrich Sieburgs, von der «gesegneten Gesundheit» Frankreichs, das sich die «politische Nervosität wohl leisten» könne, «die zu seinem Genie gehört», rühmte die «Mischung des Amüsanten mit dem Heroischen (...), wie keine scheinbar robustere Nation sie je geboten hat», und er pries Paris als das «geist-erhellte Laboratorium der Civilisation».

Zum Schluß rief er den «französischen Collegen» mit einigem Pathos zu: «Gleich der Mehrzahl von euch (...), trage ich im Knopfloch die vielsagende Rosette, trage sie mit stolzer Ostentation, und wenn ich sterben werde, so will ich zwar nicht, wie Heine's napoleonischer Grenadier, ‹in Frankreichs Erde›, sondern in schweizerischer, begraben sein, aber wie jener werde ich sprechen: ‹Das Ehrenkreuz am roten Band / Sollt ihr aufs Herz mir legen.›»

Am 1. Juni schrieb er in sein Journal: «Mein Monat ist da. Meine Jahreszeit ist es schon längst. Die Festlichkeiten will ich bestehen.» Er brachte ein kleines Erinnerungswort für den Kollegen Ernst Penzoldt zu Ende, der im Januar des Jahres 1955 gestorben war. Dann konzentrierte er sich auf die Vorbereitung der Gruß- und Dankadressen, die bei den Feiern präsentiert werden mußten. Anderntags kamen Monika und Golo. Elisabeth hatte sich mit ihren Kindern schon eingefunden. Auch der geliebte Frido und sein Bruder Toni waren da.

Am 4. Juni die Ouvertüre des hohen Festes durch ein Essen, das der Zürcher Stadtrat im Muraltengut gab. Stadtpräsident Emil Landolt sprach. Thomas Mann erwiderte mit der Grazie, über die er noch immer gebot. Am Nachmittag feierte ihn die Gemeinde Kilchberg im Hause ihres einst bedeutendsten Bürgers: Conrad Ferdinand Meyer, der, ein wenig im Schatten Gottfried Kellers, der Schweiz einen bedeutenden Platz in der Literatur des großen neunzehnten Jahrhunderts gesichert hatte. Bundesrat Max Petitpierre, in jenem Jahr das Staatsoberhaupt der Schweiz, hatte sich eingefunden und hielt eine Rede in deutscher Sprache – «mit dem anmutigsten französischen Akzent», wie Thomas Mann später an Hermann Hesse berichtete. Aus seiner Anwesenheit schloß der Dichter, wie er dem Freund im Tessin zu verstehen gab, daß er nun doch bald Schweizer werde. Die Eidgenössische Technische Hochschule hatte ihren Rektor Karl Schmid herübergeschickt, um dem Jubilar den Doctor honoris causa der Naturwissenschaften zu verleihen. Dieser gelehrte Kopf, dem die Literatur und das Werk Thomas Manns durchaus nicht fremd waren, stellte in seiner Laudatio eine launige Verbindung des Dichters zu den Interessenkreisen her, dem seine Schule diente. Anknüpfungen boten sich genug, so fremd die Welt der Naturwissenschaften dem Dichter sein mochte, dessen Blick sein Leben lang ganz aufs Humane, die Künste, die Humanwissenschaften, auf die Literatur, die Musik, die Mythologie, beiläufig auch auf die bildenden Künste und auf die Geschichte gerichtet waren. «Das ist doch einmal etwas Neues und Originelles», schrieb er Hermann Hesse. Nichts habe ihm mehr Spaß gemacht als diese Auszeichnung. Der Dank für die Ehrung mußte improvisiert werden. Thomas Mann gab sich dafür nur die Note «leidliche Patzerei». Der Bundespräsident aber fand sich nachher noch zu einem Plauderstündchen im Haus an der Alten Landstraße ein. Am Abend das Festessen im Gasthaus «Zum Löwen».

Am 5. Juni nachmittags die Feier im Theater. Schauspieler vom Rang der Maria Becker und der Therese Giehse, des Gustav Knuth und des Erwin Parker lasen in wechselnder Reihe Texte aus den Werken. Die Überleitungen sprach Fritz Strich, der Berner Professor, vertraut schon aus Münchner Tagen – leider kaum vernehmlich, da der alte Herr schwach an Stimme war. Die liebenswürdigste Gabe: Bruno Walter war aus Amerika herübergeflogen, um die Festmusik zu dirigieren – nein, nicht Wagner, sondern Mozarts «Kleine Nachtmusik».

Hatte Thomas Mann selbst diese Wahl getroffen? Oder Bruno Walter, der trotz einer gewissen Entfremdung – die zum Teil durch die unterschiedlichen politischen Urteile bedingt sein mochte – wohl noch immer Freund genug war, um zu ahnen, daß die musikalischen Neigungen des Gefeierten sich auf die alten Tage aus den romantischen Dunkelheiten (wenigstens dann und wann) ins Klassisch-Lichtere wenden könnten? Thomas Mann dankte dem Dirigenten unmittelbar, dem «teuren, bewunderten Mittelsmann zwischen mir und der geliebtesten Kunst, der Kunst, von der Luther sagte, sie sei nahe der Theologie und die ihm liebste, teuerste Gabe Gottes, und er predige besser, wenn er Musik gehört habe. Nun, ich dichte auch besser, wenn ich habe blicken dürfen in das Gewebe hoher Musik» – besonders wenn es «unter dem Stabe Bruno Walters» produziert werde.

In seinem Dankspruch begrüßte er seinen amerikanischen Verleger Alfred Knopf mit einigen englischen Worten. Doch dann unterlief ihm, wie Erika erzählte, eine kleine «Fehlleistung»: immer habe er, rief er den Zürichern zu, «die intelligente Aufnahmefreudigkeit des Münchner Theaterpublikums sehr zu schätzen gewußt...» Der harmlose Lapsus wurde mit Freundlichkeit hingenommen. Man verstand es wohl: die Erinnerung trug den alten Herrn, der schmal und zart und dennoch ungebeugt auf der Bühne stand, mit mächtigen Strömen in vergangene Tage zurück.

Gottfried und Brigitte Bermann Fischer gaben ein Essen im «Zunfthaus zum Rüden», zu dem etwa hundert Gäste geladen waren, vor allem Schriftsteller und Journalisten, Maler und Musiker. Der Verleger konnte seinem schwierigen Partner ein Heft der «Neuen Rundschau» übergeben, das ganz ihm, seinem Werk und seiner Persönlichkeit gewidmet war. Anderntags, am eigentlichen Geburtstag, präsentierte er Thomas Mann alle vorliegenden Bände der Stockholmer Ausgabe, aufs prachtvollste in Leder gebunden, mit der zwölfbändigen Ausgabe des Aufbau-Verlages konkurrierend, die Walter Janka und Stephan Hermlin übergaben. Gustav Seitz, offensichtlich ein bärenstarker Mann, schleppte seine monumentale Büste herbei, von der es nur zwei weitere Abgüsse geben sollte: die eine würde im Aufbau-Verlag prangen, die andere in der Ostberliner Akademie der Künste.

Die Kultusminister der westdeutschen Länder hatten eine Delegation entsandt, die dem Jubilar die Mitteilung vom Beschluß einer «Thomas-Mann-Spende» für bedürftige Schriftsteller überbrachte: fünfzigtausend Mark, über deren Verwendung er nach seiner Einsicht verfügen durfte – eine großzügige und sinnvolle Gabe, die ihm erlaubte, anderen zu helfen. Theodor Heuss schrieb ihm einen herzlich-geistvollen Brief, glaubwürdiger, als es das offizielle Glückwunschschreiben der Bundesregierung sein konnte, unterzeichnet vom Innenminister Gerhard Schröder, dem niemand ein besonders intimes Verhältnis zur Literatur und zu den Künsten nachsagte.

An keiner der vielen Gaben aber vergnügte sich der Jubilar so entzückt wie am Hauptgeschenk der Familie, der er seinen Wunsch nach einem «schönen Ring» mit einem «makellosen Stein» nicht verschwiegen hatte. «Erstklassige Smaragde» aber seien, so Erika, «so schwer zu finden, wie zu erschwingen» gewesen – und Agnes Meyer hatte seinen mehr als deutlichen Hinweis überhört. Nun überraschten ihn Katia und Erika mit einem prächtigen Turmalin

von «großer Reinheit», «männlich im Schliff», wie Erika sagte (was
immer das heißen mochte), nicht ganz so teuer wie ein Smaragd: ein
seltener Stein, über dessen Herkunft die Schenkenden und der Be-
schenkte nichts weiter verrieten. Thomas Mann legte den Schmuck
nur ungern mehr ab.

«Es war ein phantastischer, den Atem verschlagender Trubel»,
schrieb er später an Erich von Kahler: «Die Welt schien toll gemacht von ihrer eigenen publicity und beruhigt sich nur langsam.
Beängstigend war das Gefühl, daß mein Leben sich in einer Art von
solenner Auflösung befinde. Möge es sich noch einmal zu gesetzter
und weltvergessen tätiger Ruhe sammeln!»

Tags zuvor hatte er (am 15. Juni) in sein Tagebuch geschrieben:
«Bekam viel zu hören über das Wunder meines Lebens. Dabei
durchzogen alles von Sorge und Scham, weil sich der Luther-Stoff
nicht bilden und zuspitzen will. Überhaupt das Gefühl, daß ich
nicht mehr zu arbeiten weiß, nicht dazu zurückfinde. Schlafe gut,
mit Mitteln. Aber mein Kopf ist müde, und ich kann wenig essen.
Rauche zuviel, fühle mich oft schwach auf den Beinen, spaziere aber
doch mühelos.» Drei Tage später klagte er Kuno Fiedler über sein
«Briefschreibe- und Danksagungsdasein bei unproduktiver Lektüre, versorgtem Gewissen und, oft, gesundheitlicher Übelkeit und
Müdigkeit. Zwischendurch innige Freude an der Frühsommer-
natur, meiner Jahreszeit. Ob ich sie noch ein paarmal erlebe?»

132. KAPITEL

Das Ende

Es konnte nicht anders sein: nach der festlichen Steigerung, die seinem Lebensgefühl in den Tagen der Feiern und der hohen Repräsentationen zuteil geworden war, überkam ihn eine Welle der Melancholie, aus der ihn keine drängenden Pflichten – außer den Danksagungen – und keine neue, große Arbeit retteten. Es half ihm auch nichts, daß er notieren konnte, man sage über sein Jubiläum, «daß selten oder nie ein Mensch so gefeiert worden sei». «Kurios, kurios», setzte er hinzu, und, wie nun so oft: «Eine Merkwürdigkeit, dieses Leben.»

Die Erhebungen, die ihm zuteil wurden, betrachtete er als eine angemessene Erfüllung seines Daseins. Aber was kam danach? Der Zwang zu Werk und Wirkung, der ihn zeit seiner Tage so herrisch zur Leistung getrieben hatte, schien ihn aus seinem Bann zu entlassen. Er hatte das Seine getan: es war ihm die äußerste Annäherung ans Geniale geglückt, die sich seiner Natur abzwingen ließ und die in diesem Jahrhundert noch möglich war – dem schrecklichen Finale des Zeitalters der Genies, das mit «Bruder Hitler» und Josef Stalin, dem anderen Tyrannen, in einem Abgrund von Mord und Schuld versunken war.

Es wurde stiller im Kilchberger Haus, dieser Oase einer Bürgerlichkeit, die mehr Erinnerung als Gegenwart war. Elisabeth und ihre beiden Töchter reisten nach Italien zurück. Golo brach mit einem amerikanischen Freund zu Wanderungen in den Pyrenäen auf. Monika blieb bis zur geplanten Abreise der Eltern nach Holland im Haus. Auch Frido, der unterdessen den Stimmbruch passierte und altkluge Bemerkungen über die Schwierigkeiten der Pubertätsjahre machte, blieb zum Vergnügen des Großvaters noch ein wenig in der Nähe. Er spielte ihm am Klavier den ersten Satz einer selbstkomponierten Sonate vor (sein Vater Michael «markierte» die Violinstimme auf dem Klavier): ein hübscher Talentbeweis, für eine Komponistenlaufbahn nicht genug.

Der Alltag meldete sich zurück und mit ihm die tiefe Müdigkeit. Die Sorge um seine «Arbeitszukunft» bedrückte Thomas Mann «bis zum Elend». Er wußte, daß er sich nicht mehr allzuviel zumuten konnte. Das Angebot seines alten amerikanischen Agenten Peat, er möge eine große lecture tour durch die Vereinigten Staaten unternehmen, schob er beiseite: «Das denn doch nicht.» Gottfried Bermann Fischer sprach noch einmal vor: er wollte die Stockholmer Ausgabe um drei Bände mit Novellen und Essays erweitern. Das hieß freilich, daß auch die «Betrachtungen» wieder aufgelegt werden müßten. Thomas Mann bemerkte, er könne die «Notwendigkeit (...) nicht leugnen». Dann brauchte es allerdings ein Vorwort, das er vielleicht in dem holländischen Seebad Noordwijk schreiben könnte, in das er sich nach der Wiederholung des Schiller-Vortrags in Amsterdam und Den Haag mit Katia für einige Wochen zurückziehen wollte.

Es kam nicht dazu, aus guten Gründen. Die Literaturkritik im Westen hätte auf spöttische Glossen kaum verzichtet, wäre die große antidemokratische Polemik in der Bundesrepublik erschienen, in der Deutschen Demokratischen Republik jedoch nicht. Waren Gerüchte über den Plan Bermann Fischers der Anlaß, daß Walter Janka Thomas Mann dringend zu sprechen wünschte, «wo immer es sei»? «Was gibt es da?» fragte der Dichter im Journal. Janka sagte über den Anlaß in seinen Erinnerungen nichts. Auch Erika gab in ihren Aufzeichnungen über «Das letzte Jahr» keine Auskunft. Die gewünschte Begegnung fand nicht statt.

Schatten der Vergangenheit. In einer Zeitung stieß Thomas Mann auf das alte Hohngedicht des Erzfeindes Alfred Kerr, vor nahezu einem halben Jahrhundert geschrieben. Es kränkte ihn wie bei der ersten Lektüre: «Es wäre ihm doch wohl besser gewesen», schrieb er im Tagebuch, «ein so völlig falsches Bild meiner Existenz, eine so blinde Karikatur ohne jedes Wissen, jede Getroffenheit, zu unterdrücken.»

Die geliebte Erika fiel nach den festlichen Tagen ein weiteres Mal
in ihre Krankheit zurück. Wieder gab es Augenblicke, in denen sie
die Kontrolle über sich selbst völlig verlor. Katia schien tiefer denn
je von ihren «Zuständen und ihrer leidenschaftlichen Negativität»
gequält zu sein. Nichts, fast nichts, fand ihre Anerkennung. Auch
der Dokumentarfilm des deutschen Fernsehens über das Leben des
Vaters, den sie miteinander in einem Zürcher Studio betrachteten,
konnte vor ihrer Kritik nicht bestehen, zum Schmerz der Mutter,
die sich beim Rückblick auf die Wanderung durch die Jahrzehnte
gern einem kleinen Anflug von Rührung hingegeben hatte.

Die körperliche Schwäche Thomas Manns trug zu seinen Depressionen bei. Er schrieb, es sei ihm wohl klar, daß er «nicht richtig
lebe», daß seine «Tagesordnung falsch» sei, daß er «das Rauchen
lassen sollte», doch er bringe den «Entschluß zur Änderung» nicht
mehr auf. Auch Katias Kräfte würden «übermäßig beansprucht»,
und sie seien «gleichfalls den Anforderungen nicht mehr gewachsen». Ihm selbst scheine die Energie zur Vorbereitung der Reise zu
fehlen: «Nichts geschieht; nicht einmal die Listen der Personen,
denen die Schillerschrift zu schicken, kommt zustande, durch
Schuld meiner Müdigkeit.»

Am 30. Juni Flug von Zürich nach Amsterdam. Im «Amstel-Ho-
tel» waren für ihn, Katia und Erika Zimmer reserviert, die sich als
«schimpflich eng» erwiesen. Anderntags eine Pressekonferenz mit
«einer ganzen Armee von Reportern», die sich nach Erikas Erzählung ohne Umstand des Deutschen bedienten: das war angesichts
der «leidenden Dünnhäutigkeit», die der Krieg und die deutsche
Besatzung in Holland hinterlassen hatten, keineswegs selbstverständlich, wie sie zu Recht bemerkte. Abends in der Aula der Universität nahm es das Publikum ohne Vorbehalt hin, daß «ein Deutscher einen Deutschen» feierte – Friedrich Schiller, von dem Erika
meinte, daß sein «Pathos» und seine «passionierte Intellektualität
der Gefühls- und Denkweise dieser Zuhörerschaft» fern gewesen
seien. Darin mag sie sich getäuscht haben. Schiller war – nicht nur
dank des «Don Carlos» und seiner «Geschichte des Abfalls der vereinigten Niederlande» – dem bürgerlichen Publikum Hollands bis
weit in unser Jahrhundert grundvertraut geblieben.

Bei seinem Auftritt wurde dem Vater durch den Außenminister

Beyen im Namen der Königin das Ordenskreuz von Oranje-Nassau im Kommandeursrang verliehen: ein «schöner Halsorden», in Gold und Emaille, den Thomas Mann mit Ergriffenheit und Genugtuung entgegennahm (zumal der deutsche Pour le mérite immer noch auf sich warten ließ). Er werde die «Interimsrosette» tragen, solange er im Lande sei, schrieb er auf. Dann würde sie wohl wieder gegen das Zeichen der Ehrenlegion ausgetauscht werden. In seiner knappen Entgegnung deutete er an, daß er Königin Juliane, wenn es denn möglich sei, seinen Dank selbst überbringen wolle. Er hatte sein Interesse an einer Audienz schon vorher lebhaft bekundet, doch zunächst wurde ihm die Auskunft zuteil, daß ihn die Königinmutter Wilhelmine, die 1948 zugunsten ihrer Tochter auf den Thron verzichtet hatte, auf ihrem Landschloß zu sehen wünsche. Thomas Mann bestand darauf, von der regierenden Herrscherin empfangen zu werden.

Am 2. Juli übersiedelten Katia, Erika und er in die Hauptstadt Den Haag. Dort waren sie Gäste des deutschen Botschafters, der ihnen in der Residenz ein Appartement «mit Prachtsalon und schlechtem Badezimmer» zur Verfügung stellte. Der Gesandte gab ein Essen, zu dem sich auch die Geschäftsträger der Schweiz und der Vereinigten Staaten einfanden. Gewiß erinnerte sich der Dichter, obschon er im Journal davon nichts sagte, daß er im Februar 1933 zum letztenmal der offizielle Gast einer diplomatischen Vertretung Deutschlands gewesen war: hier im Haag, wo er mit seiner Wagner-Rede Station gemacht hatte – schon auf dem Weg in die Emigration, ohne es selbst zu wissen.

Es schlossen sich viele Kreise. Nach der Wiederholung der Schiller-Rede in einer Kirche der Hauptstadt bezogen Katia und er ein weiteres Mal das Hotel «Huis ter Duin» in Noordwijk, wo sie im Sommer 1939 ausgeharrt hatten, bis zum Vorabend des Krieges.

Erika hatte die Eltern vor dem letzten Auftritt verlassen. Sie war nach London geflogen – im Auftrag des Vaters, wie sie in ihrer Erinnerungsskizze zu verstehen gab, in Wahrheit im Dienste eines Projekts, das ganz das ihre war. Allerdings hatte sie mit der Zähigkeit und dem Gesinnungseifer, die ihr eigen waren, Thomas Mann dazu überredet, dem Unternehmen seinen Namen zu leihen: «Eine kleine Anzahl führender Geister», schrieb sie in ihrem Bericht über das «Letzte Jahr», «Dichter, Historiker, Philosophen, Träger großer Namen auf humanistischer Ebene – sollte gemeinsam einen Appell und Warnruf richten an die Regierungen und Völker der Erde.» Sie hatten der Welt mitzuteilen, daß «mit der physischen Fortexistenz der Species Mensch (...) die Ehre der Menschheit, die moralische Berechtigung ihres Seins auf dem Spiel» stehe. Mit pompöser Banalität fuhr sie fort: «Würde durch des Menschen Schuld dem Leben hienieden ein gewaltsames Ende gesetzt, so wäre alles zuschanden, – jedwedes Verdienst, das er in seiner ganzen Geschichte sich erworben und unter seinen Werken durch die Jahrtausende noch die höchsten, reinsten, dem Vollkommenen am glücklichsten angenäherten.»

«Ein Stück Prosa», sagte sie, «so kurz wie eindringlich, war zu entwerfen – mit dem Ziel, den Einzelnen, die vielen Millionen von Einzelnen, die der Ruf erreichte, nicht nur zu warnen vor der finalen Gefahr (gewarnt waren sie längst), sondern sie zur Stellungnahme, zur Tat zu bestimmen». In London wollte sie vor allem mit Lord Bertrand Russell, dem Mathematiker und Philosophen, verhandeln, der sich gern in den Dienst der Friedenskampagnen stellte. Thomas Mann dankte ihm in einem Brief aus Noordwijk. Er werde, schrieb er, alle möglichen Unterzeichner aufsuchen lassen, die Lord Russell seiner Tochter genannt habe. Russell schien Erika vor allem gedrängt zu haben, sich an Albert Schweitzer zu wenden, den Urwaldarzt in Lambarene, der schwer zu erreichen sei. Thomas Mann schrieb auch an den Kollegen E. M. Forster, bei dem die Tochter angeklopft hatte. Überdies war an die Mitwirkung der amerikanischen Schriftstellerin Pearl S. Buck, ihres Landsmannes William Faulkner, an Hermann Hesse, François Mauriac, die chilenische Dichterin Gabriela Mistral und an Arnold Toynbee, den großen Historiker, gedacht, der Erika allerdings zu verstehen gegeben hatte, daß er mit seiner Mitwirkung zögere. Auch ihm schrieb der Vater aus dem Seebad: Toynbees Unterstützung sei in dieser Angelegenheit von größter Bedeutung, doch er fügte diplomatisch hinzu, seine Bewunderung für das Werk des Gelehrten sei so groß, daß ihn auch eine negative Entscheidung nicht enttäuschen könne.

Die Tochter wollte, dies war das Ziel der Aktion, eine Offensive für den Frieden lancieren, der niemand nachsagen konnte, sie sei von den Kommunisten initiiert oder von der Sowjetunion und ihren Satelliten beeinflußt. Übrigens träumte der Vater während der ersten Nacht im Dünen-Hotel, Erika erwarte ein Kind, das wohl von Peter Pringsheim, dem Schwager, gezeugt sei, der aber seinerseits schwanger zu sein schien. Auf eine Deutung des seltsamen Gesichtes ließ er sich in seinem Tagebuch nicht ein.

Fritz Landshoff, der alte Gefährte von Klaus und Erika, hatte Katia und ihm ein Grammophon zur Verfügung gestellt – dazu eine Reihe von Platten vor allem mit Werken Johann Sebastian Bachs (aber auch mit manchen modernen Stücken). Wollte er Thomas Mann auf die späten Tage den Weg zur Musik des Thomas-Kantors weisen? Oder hatte er einem Wink gehorcht? Die Welt Martin Luthers, die der Dichter noch immer durchwanderte, legte es Thomas Mann nahe, sich offener und aufmerksamer dem Reich Bachs zu nähern, zu dem er niemals einen Zugang gewonnen hatte: dem erzlutherischen, keineswegs nur protestantisch geprägten, sondern zugleich katholischen Universum dieses Werkes.

Es war kalt. In den ersten Tagen hielt sich die Sonne fern. Dennoch genoß Thomas Mann die seit den Tagen der Kindheit urvertrauten Bilder und Geräusche des «ruhig rollenden Meeres» und die anregende, ja aufregende Luft. Er saß, wie er es gewohnt war, in seinem Strandkorb und schrieb zunächst ein kleines Geleitwort für seine «Fiorenza», die im Bremer Theater aufgeführt werden sollte, dann das Vorwort zu der Anthologie der «Schönsten Erzählungen der Welt», das er nun doch auf sich genommen hatte. Bei der Lektüre, die ihn von Land zu Land und Epoche zu Epoche trug, fand er ein besonderes Vergnügen an Herman Melvilles «Billy Budd», dem er den Hauptteil seines kleinen Essays widmete.

In den Pausen kleine Gänge am Strand. Er trank mit Behagen den Kaffee, der ihm dank des feuchten Klimas zuträglich zu sein schien, und er war besser bei Appetit als vordem. Er fühle sich hier so wohl, wie er es noch vermöge, bemerkte er im Journal. Wenige Tage später betonte er, er verbringe jeden Vormittag in seiner Hütte am Strand, und er liebe den Aufenthalt.

Zweimal mußte das Gleichmaß der Ferientage unterbrochen werden. Am 8. Juli ließ ihn ein Mann der Filmindustrie zur Premiere der «Königlichen Hoheit» nach Amsterdam chauffieren. Er wurde von dem wartenden Publikum und in dem großen Theater nach eigenem Zeugnis mit Ovationen gefeiert: «Wieder einmal Erfahrung der Fürstlichkeit», schrieb er auf. Drei Tage später, am 11.Juli, der gewünschte Empfang bei Königin Juliane auf ihrem Landsitz. Thomas Mann wurde die Erfahrung zuteil, daß eine wahre Fürstin auf jede hoheitsvolle Gebärde verzichten und sich ganz «schlicht und würdig» geben konnte. Katia wurde, wohl durch einen Hinweis des Adjutanten mit seinen Fangschnüren an der prächtigen Uniform, der Hofknicks ausdrücklich verboten, und die Herrscherin schien auch ganz damit einverstanden zu sein, daß sie von Thomas Mann mit «Sie» angeredet wurde. Man saß plaudernd im Garten. «Sie ist ausgesprochen anti-ceremoniell», schrieb Thomas Mann an Carl Jacob Burckhardt, «was aber auch seine Gefahren hat; denn sie gab einfach nicht das Zeichen zur Beendigung des Empfanges, sodaß wir, glaube ich, viel zu lange blieben. Gottlob stand das nicht in der Zeitung.» Die Unterhaltung konzentrierte sich schließlich auf die Schulprobleme der ältesten Tochter, die nicht gut lerne: «die Königin zeigte sich besorgt um ihr Abiturienten-Examen. Wir mochten nicht sagen, daß da doch wohl kein ernstlicher Grund zur Ängstlichkeit bestehe. Kann übrigens sein, daß das wirklich falsch gewesen wäre. Das Schul-Studium der Prinzessinnen wird ganz demokratisch ernst genommen.»

Die Audienz wurde von der holländischen Presse freundlich beachtet: jedermann wisse von dem Empfang, vermerkte Thomas Mann. Er notierte mit Befriedigung, daß nun endlich auch die Aufnahme in den Orden Pour le mérite verkündet und in Deutschland «groß publiziert» worden sei. Zu dieser guten Nachricht fügte sich wenig später die erfreuliche Mitteilung, daß fünfundsiebzigtausend Mark Wiedergutmachungsgeld auf sein Konto eingezahlt wurden: mehr als zweihundertfünfzigtausend Mark nach dem Geldwert in der Mitte der neunziger Jahre. Die Entschädigungsbehörden hatten demnach das Vermögen, das er und Katia 1933 in Deutschland zurückgelassen hatten, wenigstens auf eine Dreiviertelmillion Reichsmark geschätzt, die – nach den Regeln der Währungsreform – auf ein Zehntel des Betrages abgewertet wurden. Überdies war das Grundstück an der Poschingerstraße längst zurückgegeben und verkauft worden. Es war wohl ein getrenntes Verfahren, durch das eine Entschädigung für die «entgangene Nutzung an Haus- und Grundbesitz» von siebentausendfünfhundert Mark gewährt werden sollte: ein Urteil, das der Anwalt der Familie zurückwies. Er schlug statt dessen einen Vergleich über zehntausend Mark vor, den wiederum die Vertreter des Staates ablehnten. Katia Mann mußte sich schließlich mit einer sehr viel geringeren Summe zufriedengeben. Die alten Steuerprobleme hatten sich wohl durch Verjährung erledigt.

Der Bescheid aus München gab Thomas Mann Anlaß zu der Bemerkung: «Wir sind sehr reich und müssen hohe Steuern zahlen.» Der «Krull» trage, wie er sagte, «große Summen». Überdies wurde nun auch eine «amerikanische Altersrente» ausgezahlt: vermutlich die Fälligkeiten aus einer Lebensversicherung.

Am 16. Juli 1955 hatte er an den Publizisten Henry W. Brann geschrieben: «Was mich betrifft, so kann ich nur staunen, wie ich es trotz teilweise falscher und unzukömmlicher Lebensführung (Rauchen!) ohne wirklich ernstliche Anfechtungen immer so weiter treibe, mit 80 nicht viel anders als mit 60. Eine gewisse Anfälligkeit für Infektionen ist da, und eine Austrocknung der Schleimhäute im Schlund verleidet mir das Essen, sodaß ich magerer geworden bin. Aber mager soll im Alter ja besser sein, als dick.»

Die Fähigkeit zur tröstenden und schützenden Selbsttäuschung, die so vielen Kranken durch eine gütige Fügung der Natur zuteil wird, bemächtigte sich auch seiner Seele. Am 18. Juli klagte er, daß ihm der Aufstieg vom Strand über die Dünenhügel zum Hotel schwer geworden sei. Katia, zu Recht alarmiert, bestand unverzüglich darauf, daß er das geschwollene Bein untersuchen lasse, das – wie er Erich von Kahler später schrieb – «doppelt so dick» war wie das andere: «aber wer kommt denn darauf, die Dicke seiner Beine zu vergleichen!» Ganz in der Nähe des Badeortes gab es, wie Erika berichtete, ein «Spezialinstitut für Gicht, Arthritis und verwandte Leiden». Der «Rheumatismus», der Arzt stellte es auf den ersten Blick fest, war keiner. Unverzüglich wurde «absolutes Stillliegen» verordnet. Das kranke Bein durfte nicht bewegt werden. Ein Internist von der Universität Leyden wurde herangezogen. Ihm war von seinem Kollegen aus der Gicht-Klinik eine klare Diagnose übermittelt worden: Thomas Mann litt an einer Thrombose.

Katia verstand den Ernst der Auskunft, doch sie wußte ihr tiefes Erschrecken zu verbergen. Thomas Mann sagte man, daß es sich um eine «schwere Cirkulationsstörung» durch eine «Venenentzündung in der Leistengegend» handle. Er selbst machte die «Anstrengungen und Aufregungen» der Schiller-Reise und des Geburtstages für die Heimsuchung verantwortlich.

Nach gründlicher Beratung mit dem Leydener Experten Professor Mulder wurde am 21.Juli beschlossen, daß Thomas Mann in ein Zürcher Hospital transportiert werden könne, wenn – dank der verordneten Medikamente – die Gefahr eines Blutgerinnsels gebannt sei. Der Gedanke, daß er im heimatlichen Umkreis behandelt und gepflegt würde, war ihm lieb. Dennoch schrieb er: «Enttäuschung, Kummer um den Aufenthalt. Die in ihren Formen und Forderungen völlig unvertraute Krankheit kam so überraschend.»

Man hatte ihm gesagt, daß er wohl an die sechs Wochen im Hospital ausharren müsse. Im Tagebuch, das er noch immer getreulich weiterführte, verzeichnete er die Widrigkeiten und Seltsamkeiten seines Zustandes mit jenem schonungslos-unbefangenen Realismus, mit dem er sein physisches Befinden seit jeher beobachtet hatte. Er scheute sich nicht, auch das Unangenehmste beim Namen zu nennen. «Nässen des Bettes u. Anzugs beim Urinieren in die Glasflasche im Liegen. Alles bis zu 80 nie erprobt. Schändlich, schändlich». Es tat ihm besonders leid, daß er das lang geplante Ständchen einer württembergischen Stadtkapelle versäumen mußte, das ihm in Kilchberg dargeboten werden sollte. Er hatte die Musikanten schon Monate zuvor wissen lassen, daß er sich an Stükken von Wagner, aber auch an einem Strauß-Walzer freuen würde. Aus der heiteren Darbietung wurde nichts. Der Patient notierte: «Leide keine Schmerzen, nur Unbehagen und gänzlichen Mangel an freier Bewegung und Selbständigkeit. Abschaffung des Zartgefühls, was die Zahnprothesen und das Geschlechtsglied betrifft. (…) Man vergißt immer wieder, daß es unmöglich ist, aufzustehen und einen Schritt zu tun.»

Am 23.Juli erlaubte der Zustand des Patienten den Transport. Mit der Ambulanz wurde er zum Flugplatz von Amsterdam gebracht. Die Aufsicht über seine Pflege in dem «riesigen Kantonsspital» von Zürich übernahm Professor Löffler mit seinen Assistenten

Oberarzt Essailer und Dr. Arnstein. Thomas Mann verzeichnete auch die Namen der Schwestern, die für ihn sorgten: Marti und Heidi hießen die jungen Frauen, die das kranke Bein regelmäßig in Umschläge mit essigsaurer Tonerde verpackten. Es wurden Antibiotika und blutlösende Injektionen verabreicht.

Eine Woche nach der Ankunft schrieb er an Theodor W. Adorno, er habe keine «nennenswerten Schmerzen», doch plagten ihn «allerlei Neben-Ärgernisse»: «Aber *langwierig* ist jede solche Sache; unter 4 Wochen werde ich kaum davonkommen, von denen erst *eine* herum ist. Pazienza! Es ist ja Zauberberg-Zeit, in die ich eingetreten bin. Kommen mußte dergleichen.» Die Natur habe sich «etwas ganz Neues, Überraschendes» für ihn ausgedacht: «Witzige, still-erfinderische Frau!»

Unverdrossen rief er Adorno ein Aufwiedersehen zu. Doch im Tagebuch sagte er traurig, sein Appetit sei «gleich null». Katia, die vormittags und nachmittags um ihn war, versorgte ihn «mit Ergänzungen für das schlechte Essen». Auf Zigaretten wollte er noch immer nicht völlig verzichten, obwohl das Rauchen mühsam und schmerzhaft sein mochte, da die Mundhöhle wund war – vermutlich eine Folge der Medikamente.

Die Ärzte beließen es wohl bei milden Mahnungen, ohne ihre Resignation anzudeuten. Sie schienen auch nichts von einem chirurgischen Eingriff zu erwarten. Nach dem Ende ergab eine Obduktion, die im Einverständnis mit der Familie vorgenommen wurde, daß die großen Beinarterien völlig verkalkt waren. Durch einen winzigen Riß in einem brüchigen Gefäß war Blut ins Gewebe gelangt – daher die Schwellung, die unter dem Einfluß der Medikamente und der Umschläge ein wenig zurückging. Die permanente Blutung aber setzte langsam, wie Erika berichtete, das Nervensystem außer Funktion. (Unter Medizinern ging später die Vermutung um, er habe ein sogenanntes Panzerherz in der Brust getragen – versteinert durch eine übergroße Kalziumproduktion, die in der Regel die Folge einer tuberkulösen Erkrankung ist. Der Obduktionsbefund – zu dem der Zugang gesperrt ist – scheint dies nach der Auskunft von Dr. Christian Virchow, einem Vertrauten Katia Manns, nicht zu bestätigen.)

Der Patient diktierte am 10. August einen Brief an Lavinia Mazzucchetti, seine italienische Übersetzerin, in dem er klagte: «Mein Kopf ist leer, mein Magen schwer, alsob ich viel zu viel gegessen hätte, wo es doch beinahe nichts ist, was ich esse.» Er sprach auch von den «juckenden Ekzemen», unter denen er so oft in seinem Leben gelitten hatte. Doch zugleich gab er sich zuversichtlich: die «Stauung im Bein» sei «in steter *Besserung*» begriffen, «sodaß die Hoffnung auf Rückkehr zu einem normalen Dasein näher» rücke. Am Nachmittag dürfe er schon eine Stunde aufrecht im Lehnstuhl sitzen, und man verspreche ihm, daß er «in ein paar Tagen schon ein bißchen auf dem Korridor werde lustwandeln dürfen, und wenn ich gar erst hinunter in den Garten darf, so bin ich schon so gut wie zu Hause.» So wurde auch ihm, da der Tod näher rückte, die Gnade der Täuschung zuteil. Für sich selbst schrieb er auf: «Lasse mir's im Unklaren, wie lange dies Dasein währen wird. Langsam wird es sich lichten.» Er vermerkte noch: «Verdauungssorgen und Plagen.» Dann nichts mehr.

Dem Sohn Michael berichtete er – es war der zweitletzte Brief –, die Mutter spiele ihm Musik auf dem Apparat vor, der von Georges Motschan – dem getreuen Schweizer Verehrer, der ihn und Katia einst nach Weimar chauffiert hatte – für den Aufenthalt im Hospital zur Verfügung gestellt worden war: «Aber viel davon ertragen meine Nerven garnicht, und ich tue besser, in dem Buch von Alfred Einstein über Mozart zu lesen, das doch sehr gut ist, nicht wahr, Bibi?»

Michael sprach später in einem kleinen Aufsatz davon, daß der Vater die Aufforderung zu einem Vortrag über Mozart angenommen hatte: der Anlaß sollte der 200. Geburtstag des Komponisten sein, der am 27. Januar des Jahres 1956 zu feiern war. Erika erwähnte von einer solchen Verabredung nichts, für die sich auch kein Hinweis aus der Korrespondenz zu ergeben scheint. Golo wiederum glaubte sich zu erinnern, daß der Vater begonnen hatte, Notizen für einen Mozart-Essay zu sammeln. Im Thomas-Mann-Archiv aber findet sich von den Aufzeichnungen keine Spur.

Den beiden Söhnen mag es ein schöner Gedanke gewesen sein, daß der Vater sich zuletzt, an der Schwelle des Abschieds, aus der Welt Richard Wagners, der er einst verfallen war, zu lösen begann. Gewann der Vater nun eine späte Vertrautheit mit Mozart? Noch wenige Jahre zuvor hatte er nach dem Anhören einiger Werke Haydns und Mozarts aufgeschrieben, die Musik des achtzehnten Jahrhunderts sei doch oft «mechanisch und nach dem Cliché». Mit anderen Worten: er hatte für die diskreteren Formen ihrer Expressivität kein Ohr.

Alfred Einsteins große Mozart-Biographie aber gehörte, dies ist durch ihn selbst verbürgt, zu den letzten Büchern, die er in der Hand hielt. In den beiden Exemplaren, die er besaß, sind manche Passagen markiert, unterstrichen, mit Anmerkungen versehen – auch in der Ausgabe des Jahres 1953, die (nach einer Studie von Reinhart Zorn) «Hinweise für ein auffallendes Interesse des Lesers an dem Thema ‹Tod›» enthielt. Bei Einstein begegnete er auch ein weiteres Mal dem Platen-Gedicht, das ihn durchs ganze Leben begleitet hatte: «Wer die Schönheit angeschaut mit Augen, / Ist dem Tode schon anheimgegeben». In jener Nachbarschaft stand das Zitat aus einer Romanze von Edgar Allan Poe: «I could not love, except where Death / Was mingling his with Beauty's breath.»

Hat Einsteins Schilderung der Todesnähe, die Wolfgang Amadeus Mozart zeitlebens empfand, in diesen letzten Tagen die Aufmerksamkeit Thomas Manns gefunden? Dies ist eine Vorstellung von berückender Freundlichkeit, die sich unserem Verlangen nach der verklärenden Legende allzu schlüssig anbietet. Es ist wohl nicht viel, was in den letzten Stunden zu uns vorzudringen vermag, und wenn es Musik ist, dann sind es vielleicht die Töne der Kindheit. Auch Thomas Mann verschloß sich, als es zu Ende ging, eher in sich selbst.

Er habe den Tod nicht erkannt und nicht gefürchtet, sagte Erika später: «wäre seine große Nähe ihm deutlich geworden, – er hätte es gesagt.» Für den 11. August war der kurze Ausflug auf den Korridor des Krankenhauses geplant. Es kam nicht dazu. Katia verständigte die Kinder, die sich im Kilchberger Haus aufhielten, durch einen Anruf von einem «kleinen (freilich unerklärlichen) Schwächeanfall», den der Vater erlitten habe: «eine Art kurzer Ohnmacht», von der er sich wieder leidlich erholte. Die Mutter blieb bei ihm, bis er eingeschlafen war. Am Morgen erkundigte sie sich telefonisch nach seinem Befinden. Die Schwester sagte, es stehe nicht gut. Unverzüglich fuhr Katia zum Krankenhaus. Unterdessen war der Kreislauf des Kranken zusammengebrochen, der Blutdruck unter das Meßbare gesunken, doch die Ärzte holten ihn mit Injektionen und zwei Bluttransfusionen noch einmal zurück.

Gegen Mittag kam auch Erika ins Hospital. Sie wollte sich nicht zu lange beim Vater aufhalten, damit er nicht merke, daß sein Zustand beunruhigend sei. Sie fand sein Gesicht verändert: vom Tod gezeichnet. Doch sie nannte das Wort nicht.

Sie berührte seinen Arm: «‹Ich bin’s›, sagte ich. Er öffnete nicht die Augen. ‹Ich kann mich›, sagte er mühsam, ‹auf Besuch jetzt nicht einlassen, – ich bin sehr schwach.› Es war das letzte, was er zu mir sagte, und es ergriff mich umso schrecklicher, als er also meinte, sich dafür entschuldigen zu sollen, daß ihm – für den Augenblick – nach Plaudern nicht zumute war.»

Erika schien nicht gewahr zu werden, daß der Vater zu ihr gesprochen hatte, als sei sie eine Fremde – mit der höflichen Hoheit und der distanzierten Förmlichkeit, die ihm zur zweiten Natur, vielleicht zum eigentlichen Wesen geworden war: auf Besuch könne er sich nicht einlassen... Ein letzter Hauch von Klaus Heinrich.

Draußen auf dem Flur beschwor die Tochter den Oberarzt, er möge den Vater nicht länger mit Spritzen und Transfusionen quälen, sondern ihm den Todeskampf leichter machen. Der Mediziner berief sich auf die Pflicht, um ein Leben zu kämpfen, das längst verloren war.

Unterdessen war auch Golo gekommen. Er wartete mit der Schwester auf dem Flur. Die beiden sahen, daß gegen vier Uhr am Nachmittag ein Sauerstoffgerät ins Zimmer geschoben wurde. Eineinhalb Stunden später gewährte der Arzt dem Sterbenden die erste Morphiumspritze, die ihn zunächst – nach Erikas Erinnerung – eher zu beleben schien. Die Mutter berichtete, er habe mit dem Arzt gescherzt und in einer freundlichen Verwirrung englisch und französisch mit ihm gesprochen. Dann habe er nach seiner Brille verlangt, und er sei eingeschlafen, als er sie hatte. Katia riet den Kindern, nach Hause zu fahren: es habe keinen Sinn, daß sie die Nacht auf dem Korridor verbrächten. Sie waren, zu Hause angekommen, noch in den Mänteln, als das Telefon läutete: Thomas Mann war gegen acht Uhr gestorben. Es war der Abend des 12. August 1955.

Noch im Sterben hatte er Glück. Der Tod war, wie es dem Sohn des neunzehnten Jahrhunderts und der späten Romantik angemessen zu sein schien, als Freund Hein gekommen, nicht als der schreckliche Würger, der er ist. Thomas Manns machtvoller Wille, der in der Anspannung eines langen Daseins seiner zarten und kargen Natur ein so großes Werk und solch harte Lebenstriumphe abgerungen hatte, durfte sich nun endlich einem mächtigeren Gesetz ergeben.

133. KAPITEL

Lübecker Coda

Die Kinder kauerten auf dem Pflaster. Die beiden größeren und kräftigeren, Knaben alle beide, stützten sich auf ihre Knie. Die drei anderen ihnen gegenüber hockten auf den Schenkeln, ihre Beine untergeschlagen: zwei Mädchen und ein Junge. Vor ihnen eine kleine gelbe Plastikschüssel, in der einige Münzen lagen, dazu ein weißer Zettel, auf dem in dicken Tuschbuchstaben die übliche Bitte um eine milde Gabe geschrieben stand. Die beiden Knaben – hellblond der ältere, dunkelblond und schmaler der Freund oder Bruder – beugten sich vor und starrten die drei Zigeunerkinder vor ihnen an: nicht unfreundlich, eher mit jener ein wenig bedrängenden Neugier, mit der sie exotische Tiere im Zoo bestaunen würden. Die Mädchen, die vor den sicheren Burschen so zartgliedrig und verletzlich wirkten, blickten zur Seite. Sie schienen, halb erstarrt, tiefer in ihre weißen Pudelmützen, ihre Pullover, Jacken und die karierten Röcke zu kriechen. Der kleine Junge, der zu ihnen gehörte, verbarg sich halb hinter den Rücken der Schwestern.

Es war still. Die Kinder sagten kein Wort. Auch die Erwachsenen, die stehengeblieben waren, schauten schweigend auf die Szene: junge Frauen in modisch geschnittenen Jeans, ältere Damen in den robusten Winterkostümen, die der Kühle des Vorfrühlingstages angemessen waren, Schulmädchen in dicken Trainingsanzügen vermummt. Ihre Mütter trugen Kapotthüte, diese unausrottbare Kopfbedeckung des Alters und der Resignation.

Es war Markt in Lübeck. Viel Volk in den Straßen. Halb Mecklenburg schien in die Stadt gekommen zu sein, zu der sich der Zugang – von West nach Ost und von Ost nach West vier Jahrzehnte lang streng verschlossen – erst wenige Monate zuvor geöffnet hatte. In der Nacht war Regen gefallen. Nun glänzten die feuchten Fassaden in der ersten Sonne fast heiter auf.

Die beiden norddeutschen Kinder in ihren gepolsterten Anoraks, gelb-lila und grau-weiß, beugten sich weiter vor, auf die Hände gelehnt. Zwischen ihnen und den Zigeunermädchen war vielleicht noch ein Meter Abstand, nicht mehr. Die braunen Geschwister (wenn es Geschwister waren) blickten nicht auf. In ihren kleinen Gesichtern stand Furcht. Sie regten sich nicht. Sie schienen nach innen zu schauen. Dennoch nahmen sie jede Bewegung der Jungen wahr. Ihre Zartheit täuschte. Sie würden sich, wenn man sie angriffe, zu verteidigen wissen, kratzend, spuckend, schreiend. Sie kannten, das war gewiß, die Gefahren ihres Gewerbes. Irgendwo im Gewühl des Marktes lauerten wachsam der Vater, die Mutter, der Chef.

Der hellblonde Junge – wie alt war er: sechs oder sieben? – holte plötzlich ein Spielzeugauto aus der Tasche und stellte es vor den Mädchen auf. Rot war es, mit silbernen Stoßstangen und Felgen, ein Stück hübsches Blech, nicht teuer. Er schob es vorsichtig an und schaute prüfend auf die Mädchen. Der Dunkelblonde legte Bonbons dazu. Die Menge, im Halbkreis um die Kinder wartend, atmete auf. Noch immer kein Wort. Eine alte Frau warf ein Fünfzigpfennigstück in die Schüssel, ein Mann in blauer Schiffermütze eine Mark. Die Zigeunermädchen lächelten voller Vorsicht. Aber hinter dem Lächeln blieben ihre Gesichter ernst. Sie wollten nicht spielen. Sie wollten Geld.

Der Fremde horchte, ob nicht endlich eine helle klare Stimme die beiden hanseatischen Knaben mit spitzer Autorität zur Ordnung rufe: das Fräulein Jungmann, das ihnen hernach mit milder Eindringlichkeit deutlich zu machen verstünde, daß mit Gassen- und Bettelkindern keine Spiele zu spielen seien. Nichts davon. Kein mahnender Ruf. Es ist lange her, daß in Lübeck die letzten Gouvernanten zugange waren.

Einige Minuten später liefen die Eltern der Knaben herbei, die Einkaufstaschen mit Obst, Gemüse und Broten beladen. Die Mutter, eine Frau von gepolsterter Anmut, sagte gelassen: Otto und

Wilhelm, nun kommt. Das rote Stück Blech verschwand im Anorak. Die Bonbons blieben liegen. Zwei Markstücke schepperten in der Schüssel.

Vielleicht, dachte der Fremde, ist aus der großen Heimsuchung der Diktatur und des Krieges am Ende doch eine veränderte Welt gewachsen. In einem der Souvenirläden hatte er eine Serie von Postkarten erstanden, unter ihnen ein Luftbild vom großen Angriff im Jahre 1942: weißer und schwarzer Rauch quoll in mächtigen Schwaden aus den alten Vierteln, in denen die Brände schwelten; in der Mitte, wie auf einer Opernbühne, ragte die gewaltige Silhouette der Marienkirche auf. Später sah er in der Gedenkkapelle das Mahnmal, das aus den geborstenen und halb geschmolzenen Glocken geformt war: die einfachste und vielleicht ergreifendste Erinnerung an den Krieg, der er jemals begegnet war. Er dachte an Thomas Manns kalifornischen Kommentar zur Zerstörung der Stadt: herbe Worte, vor dieser Wirklichkeit – wie anders? – hilflos verloren.

Dem Fremden gefiel die wiedererstandene Stadt, in der sich die Geschichte mit lärmender Gegenwart, die Würde des Alten mit der ordinären Vitalität des Neuen, die tüchtig-robuste Kleinbürgerlichkeit, von der die Gesellschaft der Bundesrepublik (wie die aller modernen Demokratien) geprägt ist, mit den harmonischen Zeugnissen hanseatischen Großbürgertums so spannungsreich und lebensvoll vermischt. Das natürliche Gemenge behagte ihm besser als die museale Exaktheit, mit der die Polen zum Beispiel das alte Danzig wiederaufgebaut hatten.

Lübeck, dachte er, ist zu seinem Glück nicht nur eine Stadt der Erinnerung: an die Kaufleute und ihren nicht immer allzu soliden Reichtum («Sey mit Lust bey den Geschäften am Tage…»), die Buddenbrooks-Welt mit den würdigen (und manchmal auch windigen) Senatoren, an die stillen Kontore und die prangenden Fassaden deutscher Renaissance, an die rotgesichtigen Pastoren mit ihren Talaren und weißen Bäffchen, an die Orgel Buxtehudes, die Klassizität des Behnhauses, die Büste der Dorothea Schlözer (vom großen Houdon gefertigt), der ersten deutschen Universitätsdoktorandin, die Georg Forster gekannt hatte. Es ist nicht nur die Stadt der edlen Reminiszenzen an die schönen Biedermeierdamen mit den Rosen im dunklen Haar, an die aufwendigen Gründervillen, die einst ein so strotzendes Daseinsgefühl verkündet hatten, dem keine Dauer zugemessen war. Es ist nicht nur, dachte er, das gotische «Kaisersaschern» mit dem Totentanz, den spitzen Türmen mit ihren Kupferhelmen, den Toren mit den überdicken Schenkeln, dem Gewinkel der Gassen in den Armeleutevierteln, in denen sich der Knabe Heinrich nächtens herumtrieb, der Künstlerin Fröhlich auf der Spur. Es ist nicht nur die Stadt von Heinrich und Thomas Mann, die nach der Katastrophe von der Heimat endlich angenommen wurden, obschon noch immer zögernd und widerstrebend, der jüngere der beiden schließlich mit Ruhm und Ehren überhäuft. Lübeck ist auch die Stadt der unscheinbaren Vororte mit den dürftigen Häuschen und den Schrebergärten. Es ist die Stadt der sozialdemokratischen Redakteure, Gemeinderäte und Bürgermeister. Die Stadt Julius Lebers. Die Stadt Willy Brandts.

Auf einem der Plätze betrachtete der Gast ein seltsames Muster: gleichmäßig behauene und exakt aneinandergefügte Quadersteine zogen sich wie Bahnen einer berechenbaren und verläßlichen Ordnung durch das Gewirr des Katzenkopfpflasters, das aus gotischen oder barocken Zeiten geblieben war – ein bescheidenes Abbild der Epochen, die sich in der Alltäglichkeit unter den Schritten der Bürger vereinten. Auf solchen Grund, dachte der Gast, sollte Verlaß sein.

Wenig später meldeten die Zeitungen den Brandanschlag auf die Lübecker Synagoge.

Dank

Dieses Buch ist keine Werk-Biographie. Wie könnte es der Autor wagen, den großen Erforschern und Kennern von Thomas Manns Romanen, Erzählungen und Essays in ihrer eigenen Welt gegenüberzutreten: Hans Wysling vor allem, dem ersten Leiter des Thomas-Mann-Archivs in Zürich, und neben ihm Eckhard Heftrich, die beide dem Dichter ihre Lebensarbeit gewidmet haben, oder Hans Rudolf Vaget, dem verdienstvollen Herausgeber der Korrespondenz mit Agnes Meyer, Hans Mayer, dessen Denken Thomas Mann so unermüdlich umkreist, Marcel Reich-Ranicki, für den der Dichter die große deutsche Gegenfigur im Jahrhundert Hitlers ist, mit ihnen Herbert Lehnert, Helmut Koopmann, Hermann Kurzke, Reinhard Baumgart, Albert von Schirnding, auch der verstorbenen Käte Hamburger und ihrem Kollegen Erich Heller. Ihnen allen und mit ihnen so vielen anderen, die nicht genannt werden können, schuldet der Autor Dank. Ihre Studien haben ihm bei diesem Versuch einer kritischen Nacherzählung des Lebens die Augen für Entwicklungen geöffnet, die er selbst ohne solche Hilfe wohl nicht immer wahrgenommen hätte.

Es war nicht möglich, die kaum faßbare Fülle der Sekundärliteratur mit angemessener Systematik zu verarbeiten. Doch die Lektüre der wichtigsten Bücher und Aufsätze vermittelte dem Autor wichtige Anregungen, deren Herkunft im Text erwähnt worden ist, wenn es denn irgend anging.

Der Schreiber mußte freilich darauf verzichten, die schier endlosen Regale mit den Originalen oder Kopien der Korrespondenzen zu durchforsten, um neue Quellen auszugraben. Er mußte es sich in der Regel auch versagen, in Gesprächen mit Überlebenden unbekannte Zeugnisse zutage zu fördern. Die Erklärung für die Enthaltsamkeit ist einfach: die Masse des gedruckt vorliegenden Materials – Briefe, Parallel- und Querkorrespondenzen, Thomas Manns Tagebücher und die Journale der Zeitgenossen, die vielen Memoirenbände –, die Summe der Lebenszeugnisse ist ohnedies überwältigend. Hätte sich der Autor in die Archive verkrochen, um Schätze auszugraben, die uns bisher vorenthalten geblieben sein mögen: er wäre wohl bis zu diesem Tage nicht in die Oberwelt zurückgekehrt. Mit anderen Worten: er hätte dieses Buch niemals geschrieben. Lieber ließ er sich darauf ein, den Spuren der Partner Thomas Manns nachzugehen: der Frau, des Bruders, der Kinder, der Freunde, der Feinde, der Kollegen, der Zeugen seiner Zeit. Biographie ist Spiegelung. In jedes Leben münden hundert Leben ein. Es gewinnt durch die Nebenfiguren, die sogenannten, seinen Reichtum, seine Farbe und einen guten Teil seiner Substanz.

Trotzdem, es war dann und wann notwendig, Originale von Briefen im Thomas-Mann-Archiv zu prüfen: Dank an Elisabeth Mann Borgese, die dem Schreiber den Zugang zu dem Haus an der Schönberggasse in Zürich geöffnet hat, Dank an Thomas Sprecher, den so kenntnisreichen und hilfsbereiten neuen Leiter des Institutes, Dank an Cornelia Bernini, die dem Autor mit ihrer nie versiegenden Freundlichkeit Besuche und Telefonate zum Vergnügen werden ließ, Dank an ihre liebenswürdige Kollegin Judith Niederberger.

Peter de Mendelssohn, dem der Autor vieles schuldet, brach seine Biographie mit dem Jahr 1918 ab. Eine wichtigere Aufgabe hatte Vorrang: die Herausgabe der Tagebücher, ohne die eine wahrhaftige Lebensbeschreibung nicht zu Ende gebracht werden konnte (und die dem zuvor Geschriebenen manche Korrektur aufgezwungen hätten).

Natürlich baut dieser Versuch auf Mendelssohns Arbeit – auf die Biographie und die Kommentierung jener Tagebuch-Bände, die der fleißige Mann noch zu edieren vermochte. Ehre dem Andenken dieses rastlosen Literaten, der eine glänzende Feder führte.

Nach seinem Tod übernahm Inge Jens die große Aufgabe. Sie erweiterte und präzisierte die Kommentierung mit bewundernswerter Gewissenhaftigkeit und einer souveränen Kenntnis der sozialen, der politischen, der literarischen Lebenswelt Thomas Manns. Dem Schreiber dieser Zeilen stellte sie großmütig den letzten, noch nicht publizierten Teil der Tagebücher zur Verfügung. Überdies fand sie sich zusammen mit ihrem Mann Walter Jens – auch er ein Thomas-Mann-Kenner von hohen Graden – dazu bereit, den Text dieses nicht ganz schmalen Bandes kritisch zu lesen, um den Autor vor den schlimmsten Irrtümern zu bewahren. Für die Mühe, die Inge und Walter Jens mit beispielloser Generosität auf sich nahmen, obschon beide von der eigenen Arbeit fast erdrückt werden, ist ein Wort der Dankbarkeit nicht genug – und doch gibt es kein anderes und kein besseres als das einfache: Dank.

Es darf nicht verschwiegen werden, daß manche Passagen für die beiden eine herbe Prüfung ihrer Toleranz sein mochten. Sie ertrugen die Heimsuchung mit guter Fassung. Ihre Bedenken verschwiegen sie nicht. Es versteht sich, daß weder Inge und Walter Jens noch die anderen Leser des Manuskriptes für die Urteile oder gar für die Fehler des Autors verantwortlich sind.

Doris Runge, auch sie eine sensible Kennerin von Werk und Persönlichkeit, las Kapitel für Kapitel, wie sie aus dem Drucker fielen: in ihren Hinweisen immer anregend und ermutigend. Hanjo Kesting arbeitete das gesamte Buch mit freundlich-kritischen Augen in langen Nächten durch: selbst ein ausgezeichneter Kenner der Welt Thomas Manns (zu dessen hundertstem Geburtstag er einst für den «Spiegel» einige aufsässige Thesen geschrieben hatte, die er nun – milder gestimmt – mit der empfindsam-klugen Redlichkeit revidiert, die ihn auszeichnet). Er bewahrte den Autor vor manchen Fehlern. Nach ihm durchforstete Gesa Dane in Göttingen freundschaftlich und aufmerksam den ersten Teil des Versuchs. In Zürich folgte Rainer Heumann, der Freund und Berater, der mühseligen Entstehung des Bandes, den Schreiber klug durch alle unvermeidlichen Krisen lenkend – zusammen mit dem Verleger und Freund Michael Naumann, der dieses Buch vor vielen Jahren angeregt hat. Die Ehrlichkeit verlangt das Geständnis, daß ihm der Autor dafür nicht immer Handküsse zuwerfen konnte. Es gab Augenblicke, in denen er es im Grund seiner Seele bereute, daß er sich auf ein Unternehmen eingelassen hatte, an dem seine Kraft, seine Geduld, seine Nerven zu scheitern drohten.

Michael Naumann erwies sich als ein so genauer und so hilfreicher Leser, wie es der alte Samuel Fischer für seine Autoren gewesen sein mag – und wie es nach ihm Gottfried Bermann Fischer gewesen ist, der übrigens alle Fragen über seinen Autor Thomas Mann freundlich und in einer so gestochen klaren Handschrift beantwortete, daß bei der Lektüre seiner Briefe niemand auf die Vermutung geraten wäre, sie könnten von einem Neunzigjährigen stammen.

Die anregenden, korrigierenden und stets genau formulierten Zurufe von Michael Naumann holten den Schreiber aus mancher Depression: Dokumente einer Brüderlichkeit im Beruf, die wohl immer eine Seltenheit ist (und unter den Leuten der Literatur ganz besonders). Ohne des Verlegers beharrlichen Zuspruch wäre das Buch niemals zu Ende gebracht worden.

Frau Ursula Locke-Groß begleitete das Projekt durch die erste Phase seines Werdens. Von ihr wurde der Blick des Autors zu André Gide hinübergelenkt. Dafür sei ihr von Herzen Dank. Uwe Naumann erwies sich danach als einer jener Lektoren, von denen man allzu voreilig gesagt hat, es gebe sie in unserer Epoche nicht mehr. Es gibt sie sehr wohl: er ist einer von ihnen. Die harte Arbeit, bei der er eine seltene Mischung von Inspiration, Sensibilität und Exaktheit, vor allem aber eine nie versiegende Geduld bewies, erlebte der Schreiber als eine literarische Partnerschaft, die freilich ohne die Präsenz von Barbara Hoffmeister nur halb so heiter und anregend hätte sein können. Sie hat die annähernd zehntausend Zitate dieses Buches verifiziert. Oft brauchte sie einen detektivischen Scharfsinn, um die Quellen, die der Autor nicht notiert hatte, am Ende doch aufzuspüren, so entlegen sie immer gewesen sein mögen. Der Schreiber wurde nicht müde, ihre Hartnäckigkeit zu bestaunen. Er hatte sein Buch als eine literarische Biographie geplant – und so hat er sie geschrieben. Verleger und Lektor aber mahnten ihn streng, daß der Band auch den prüfenden Augen der Germanisten standhalten müsse. Es steht dahin, ob das gelingen konnte. Doch wenn das Buch so etwas wie ein wissenschaftliches Korsett gewonnen hat, dann ist dies Barbara Hoffmeister und Uwe Naumann zu danken. Daß Frau Hoffmeister über dieser Mühe ihr schönes Lachen nicht verlernte: das ist erst recht ein Anlaß zu dankbarem Staunen.

Bei den Recherchen halfen Brigitte Barkley und Marilyn McLauren in New York, Jaqueline und Rosemarie Paus-Daniel in Bonn, Gesa Dane in Göttingen, Helga Bihler in Stuttgart und Lore Frank von der Württembergischen Landesbibliothek. Ihr fachkundiges und freundschaftliches Engagement hat sich keiner noch so lästigen Bitte versagt. Michael Habel und Christian Schwan fertigten die Register – keine kleine Mühe bei dem Umfang unseres Buches. Auch ihnen sei Dank.

Rita Schwarzbier-Adamus übertrug den Text des Buches in den Computer, voller Verständnis für Autor und Thema. In der Kooperation langer Jahre verlor sie nie die Geduld: eine liebenswürdige Hausgenossin in unserer südfranzösischen Ländlichkeit. Ihr gehört der besondere Dank des Autors. Für einige Monate wurde sie von Kerstin Behre abgelöst, einer aufmerksamen Partnerin, die nun in einem großen Pariser Verlag tätig ist. Wenn die Geschäfte drangvoll wurden, sprang Marianne Hitzel ein, eine tüchtige und immer gutgelaunte Nachbarin.

Dr. Meyer und Dr. Lindenlaub, die Leiter der Historischen Abteilung der Deutschen Bundesbank in Frankfurt, haben im Fortgang der Arbeit mit ihren Hinweisen auf die Währungsverhältnisse und eine ungefähre Umrechnung auf heutige Geldwerte – soweit sie möglich ist – sozusagen das Salz der Realität geliefert. Der Autor ist ihnen für die prompte und zuverlässige Hilfe sehr verbunden.

Dank auch den Partnern in der journalistischen Arbeit des Autors, die diesem Buch immer wieder den Vortritt ließen und es geduldig hinnahmen, daß verabredete Programme und Artikel auf die lange Bank geschoben wurden: Thomas Schröder, dem Chefredakteur des FAZ-Magazins, Peter Christ, Dr. Wolfgang Kaden und Winfried Wilhelm vom «Manager-Magazin», den Kollegen und Freunden vom Feuilleton und von der Politik der «Zeit», vor allem auch von der «Weltwoche» in Zürich. Der Autor gesteht, mit einem Seufzer der Erleichterung, daß er nun gern für eine Weile in die freiere Welt des Journalismus zurückkehrt.

Dank, last not least, Dr. Marianne Koch, Dr. Maurice Roux und Dr. Joachim Kotzur mit den Helferinnen und Helfern von der «Lauterbacher Mühle» (die sozusagen eine Art Literaturklinik geworden ist). Sie haben das Ihre getan, damit der Autor die gesundheitlichen Anfechtungen, von denen diese Arbeit begleitet war, am Ende dann doch mit halbwegs heiler Haut durchstehen konnte.

Der innigste Dank aber gehört Renate Lasker-Harpprecht, wie immer die erste und wichtigste Leserin, für die dieses Buch in mancher Hinsicht eine schlimmere Heimsuchung gewesen sein mag als für den Autor. Thomas Mann, es muß gesagt werden, war nicht immer der angenehmste Hausgast. Freilich hatte der Schreiber sich selbst (und seiner Frau) zu Beginn des Unternehmens gelobt, daß der Dichter von zwei zentralen Bereichen des Daseins entfernt bleiben würde: er würde nicht zu Tische gebeten, und er käme nicht ins Bett. Mit anderen Worten: es wurde über ihn so wenig wie möglich gesprochen, schon gar nicht beim Essen – und auf dem Nachttisch lagen seine Bücher nicht. Trotzdem war seine Präsenz gelegentlich lastend.

Ohne die tägliche Ermutigung, die Fürsorge, die Geduld, die Lebenstapferkeit und die Liebe Renate Harpprechts wäre diese Arbeit, was immer sie taugt, nicht getan worden. Sie hat erfahren, mehr als der Schreiber selbst, was Leon Edel, der Verfasser eines vielbändigen (und «definitiven») Werkes über Henry James, in einem müden Moment bemerkt hat: Biographien seien die aufwendigsten und kostspieligsten aller Arbeiten. Wie immer es sich damit verhält: die Beteiligten taten, was sie konnten.

Zitatnachweise

Im folgenden werden für häufiger zitierte Bücher Kurztitel verwendet, zu denen die ausführlichen bibliographischen Daten im Literaturverzeichnis (S. 2195) angegeben sind. Einige Verfassernamen werden mit Siglen abgekürzt:

TM = Thomas Mann
EM = Erika Mann
GM = Golo Mann
HM = Heinrich Mann
KM = Klaus Mann
MM = Monika Mann
VM = Viktor Mann

Die Schriften Thomas Manns werden, soweit möglich, nach der «Frankfurter Ausgabe» zitiert: Gesammelte Werke in Einzelbänden (20 Bände), hg. von Peter de Mendelssohn, S. Fischer Verlag, Frankfurt a. M. 1980–1986. Dabei werden folgende Siglen benutzt:

BU = Betrachtungen eines Unpolitischen
DtR = Von Deutscher Republik
FdT = Die Forderung des Tages
FE = Frühe Erzählungen
GW = An die gesittete Welt
LuG = Leiden und Größe der Meister
RA = Rede und Antwort
SE = Späte Erzählungen
Üms = Über mich selbst

Außerdem werden als Siglen verwendet:

Tb = Tagebücher
Nb = Notizbücher
RR = Regesten und Register

Interviews = Volkmar Hansen, Gert Heine (Hg.): Frage und Antwort. Interviews mit Thomas Mann 1909–1955. Hamburg 1983
Kolbe = Jürgen Kolbe: Heller Zauber. Thomas Mann in München 1894–1933. Berlin 1987

Kroll = Fredric Kroll: Trauma Amerika. Klaus-Mann-Schriftenreihe, Bd. 5. Wiesbaden 1986

PdM, Zauberer = Peter de Mendelssohn: Der Zauberer. Das Leben des deutschen Schriftstellers Thomas Mann. Erster Teil: 1875–1918. Frankfurt a. M. 1975

PdM, Zauberer II = Peter de Mendelssohn: Der Zauberer. Das Leben des deutschen Schriftstellers Thomas Mann. Jahre der Schwebe: 1919 und 1933. Nachgelassene Kapitel, Gesamtregister. Hg. von Albert von Schirnding. Frankfurt a. M. 1992

Schröter = Klaus Schröter (Hg.): Thomas Mann im Urteil seiner Zeit. Dokumente 1891–1955. Hamburg 1969

17 *Allensbach:* nach Werner Fuld, Thomas Mann, in: Frankfurter Allgemeine Zeitung, 4. Januar 1988

18 *Entmythologisierung der Person:* ebd.

19 *Während ... Monument:* Marcel Reich-Ranicki, Thomas Mann und die Seinen, S. 13

19 *brave Schulhefte / kompromittant / Kein ... Blaubartzimmer:* EM, DLJ, S. 7

20 *die abweisende ... umgab / Triebunterdrückung / Gefühlsverkapselung:* Hellmuth Karasek, Der Schock, ein anderer zu sein, in: Der Spiegel, Nr. 46/1991

20 *über UNS ... schreiben:* KM, Tb 1936, S. 61

20 *wüthender Leidenschaft für das eigene Ich:* TM, Heinrich-Briefe, S. 141

22 *imitatio Goethe's:* TM, LuG, S. 926

24 *daß ein Geschlecht ... verklärt:* TM, FE, Tristan, S. 235

27 *abgewiesenen Viertelskünstlers:* TM, GW, S. 254

29 *der ganze Mensch ... tote Katze:* EM, DLJ, S. 7 f.

31 *weiblich begabt / Ihre fünf ... am nächsten war:* TM, Briefe II, S. 101

34 f. *kleinen ... zuwirft:* TM, Üms, S. 154 f.

35 *Lebensbesitz:* ebd., S. 155

36 *nicht robust ... Eleganz:* ebd., S. 39

36 *schlief ein ... konnte:* HM, Zeitalter, S. 218

37 *quick, wenn auch ... aufgeschlagen hielt:* TM, GW, S. 838 f.

38 *Ich verabscheute ... hinwegsetzte:* TM, Üms, S. 100 f.

38 *als ich ... überhaupt:* PdM, Zauberer, S. 93

39 *kleine Grafen:* ebd., S. 115 f.

39 *sehr fashionablen ... alle Finessen:* TM, Grautoff-Briefe, S. 37

39 *auch Wahlverwandtschaft im Spiele:* ebd., S. 30

39 *Gefühlsprodukte ... zur Tagesordnung:* HM, Ewers-Briefe, S. 19

39 f. *peinliches Gefühl ... heiligen Arsch:* ebd., S. 106

40 *subalternes Faktotum:* Marcel Reich-Ranicki, Nachprüfung, S. 105

41 *Glaube? ... mich katechisiert:* TM, Üms, S. 374

43 *mit Takt ... Kriegsfuß:* Helmut Koopmann (Hg.), Thomas-Mann-Handbuch, S. 337

43   *Th. Mann. Lyrisch-dramatischer Dichter:* TM, Briefe I, S. 3
43 f. *mit seinem weißen* … *klassisch-romantische ‹Saitenspiel›:* TM, Üms, S. 30
44   *Ich liebe* … *und krank:* Felix Dörmann, zit. nach Albert Soergel, Dichtung und Dichter der Zeit, S. 400
44   *keinen Fleiß und* … *Ausdauer:* TM, Grautoff-Briefe, S. 33
44   *Ich bin ein kindischer* … *Mund zu Munde:* TM, FE, S. 652
45   *Schon klingt* … *hübsch gemacht:* ebd.
46   *eine rote Unterstreichung* … *auch so dahin:* TM, Briefe III, S. 387
47   *erheblichen Schaden gelitten:* ebd.
47   *dem Trunke* … *trauriges Ende:* TM, Üms, S. 101
47   *gigantische Mächte / übergewaltig Dumme:* TM, Üms, S. 47
47   *seine starke Seite:* ebd., S. 40
47   *sie sind* … *zu überspringen:* ebd., S. 46f.
47   *Meer* … *überall:* ebd., S. 41
47 f. *mit dem biedermeierlichen* … *Wunschlosigkeit:* ebd., S. 40
48   *panis Marci:* ebd., S. 43
48   *Schirmmadame / Puppenliese:* TM, Buddenbrooks, S. 65
49   *gotischen Winkel* … *geheuren Stadtspuk:* TM, RA, S. 340
49   *wunderlichen* … *an der Trave:* TM, Boy-Ed-Briefe, S. 159
49   *Faubourg St. Germain:* ebd., S. 163
50 f. *schon halb mythisch* … *Erben des Kaiserthrons:* TM, Üms, S. 9 f.
52   *Ich sah den Reigen* … *annehmen:* PdM, Zauberer, S. 126
52 f. *«Ich will dir helfen»* … *energisches «Amen»:* ebd., S. 133
53   *ein leichsinniger Junge* … *Ansehnliches werden:* ebd., S. 134
53   *Lebensbürgerlichkeit:* TM, Üms, S. 39
53 f. *literarische Thätigkeit* … *nie vernachlässigen:* PdM, Zauberer, S. 132
55   *Wir sind* … *Führung der Kinder:* ebd., S. 135 f.
55   *Fluch:* Marianne Krüll, Im Netz der Zauberer, S. 91
55 f. *heute ein* … *Praktische daran:* TM, Üms, S. 163
56   *Ich darf* … *die Kuranlagen:* TM, Krull, S. 23
58   *entmottet, geflickt und geleimt:* VM, Erinnerungen, S. 58
59   *hochbürgliche Periode der Familie:* ebd., S. 10
59   *Durch K.'s* … *Hippe Erhöhten:* TM, Tb 1935, S. 143
59 f. *Sohn eines* … *der Kirgise:* TM, Zauberberg, S. 170
60   *Unser würdiges* … *Hülle:* TM, RA, S. 7
61   *das Leben ist da!* … *«Der Frühlingssturm»!:* ebd., S. 7 f.
62   *mit gesteppten Fauteuils* … *Galata darstellte:* TM, Faustus, S. 264
62   *die plötzliche* … *auskosten:* TM, Buddenbrooks, S. 214
63   *fliehendes Lebensgefühl:* VM, Erinnerungen, S. 344
64   *ein nordisches* … *Liederlichkeit:* TM, FE, S. 340
64   *vom Fasching* … *geworden:* TM, Grautoff-Briefe, S. 71
64   *ihrer sinnlich-präartistischen* … *nicht Sinnlichkeit mitsprach:* TM, Briefe II, S. 100f.
64   *armen, thörichten Mama / hahnebüchenen:* TM, Heinrich-Briefe, S. 97

67 *Vom Vater ... zu nennen?:* Johann Wolfgang Goethe, Gedenkausgabe der Werke, Briefe und Gespräche, Bd. 1, S. 670

69 *ganz schlaff ... dummen Jungen:* TM, FE, S. 34 f.

69 *ein paar blaue ... so seltsam:* ebd., S. 37–39

69 *bäuerlich volkhaft ... provinziell verstockte:* TM, RA, S. 568

70 *dort pulst ... Herz!:* Richard Dehmel, zit. nach Albert Soergel, Dichtung und Dichter der Zeit, S. 41

70 *festen, arbeitsamen Beruf:* PdM, Zauberer, S. 191

70 *Geschmeidigkeit ... nicht besitzt:* TM, Grautoff-Briefe, S. 43

71 *vollendeten Typus ... freisinniger Jude:* PdM, Zauberer, S. 229

71 *antisemitisches Hetzblatt ... Feind:* ebd., S. 230

71 *überimpressionistischer Stil:* Albert Soergel, Dichtung und Dichter der Zeit, S. 210

72 *Fall Panizza ... einverstanden sein:* Kolbe, S. 138 f.

72 *unsäglich überlegenen Notiz:* TM, Grautoff-Briefe, S. 60

73 *Bierfestung / klassische Gambrinus-Zitadelle:* Walter Schmitz (Hg.), Die Münchner Moderne, S. 43

73 *faul und ... wieder auf:* PdM, Zauberer, S. 194

73 *Schwabinger Ursumpf:* VM, Erinnerungen, S. 71

73 f. *in einem vorbildlichen ... Leute nur noch:* ebd., S. 73

74 *Seelenkenntnis ... Mitleid:* TM, Gesammelte Werke in zwölf (dreizehn) Bänden, Bd. XIII, S. 690

75 *Vor mir eine ... Dinge erzählen:* TM, Grautoff-Briefe, S. 53

75 f. *sein Geld als ... Heimat, gezogen:* TM, FE, S. 42

76 *seiner Erhebung ... große Brillanten:* ebd., S. 48

76 *am Morgen nach ... mußte so sein:* ebd., S. 60

76 *daß der Tod ... rätselhaften Tage:* ebd., S. 62

76 *Wie, wenn ... weinte bitterlich:* ebd., S. 66

77 *in der ... spielte:* PdM, Zauberer, S. 230

78 *mit einem Ruck ... bewegte er mehr:* TM, FE, S. 97 f.

79 *Lieblingskinder ... Glück ist:* ebd., S. 126

79 *ein Paar ... dürfen:* ebd., S. 129 f.

80 *Ich höre ... werde:* ebd., S. 141

81 *hier in München ... gespielt habe:* PdM, Zauberer, S. 197

83 *Du bist ja ... zu trösten:* PdM, Zauberer, S. 184

83 *zu den Dienstmädchen ... der Liebe!:* ebd., S. 184 f.

83 *befreiende Wirkung:* ebd., S. 184

84 *fürs erste ... Gründen:* ebd., S. 204

84 *Dichter aus München:* ebd., S. 207

84 *inständige ... Geisteserlebnis:* ebd., S. 210

85 *ziemlich einfältig ... Widerwillen dirigiert:* TM, Grautoff-Briefe, S. 93

85 *frisch-fromm-fröhliche Turner-Attitüde:* ebd., S. 73

86 f. *Lieblingseigenschaft ... Blässe, angekränkelt:* Indiskrete Antworten, S. 25–27

87 f. *letzteres thut ... Kette bringen:* TM, Grautoff-Briefe, S. 68

88   *Aber wo ... liegen zu haben:* ebd., S. 70
89   *meistens ... im Munde:* TM, Üms, S. 108
89   *klingende Münze ... Wurzelinstinkt:* TM, RA, S. 400–402
90   *Das mit Recht ... ‹Militarismus›:* TM, Grautoff-Briefe, S. 75
90f. *bedauerlichen Energie ... Durch Reisessen?:* ebd., S. 79f.
91   *Was für ein ... loszukommen!:* ebd., S. 80f.
92   *Der syphilitische Künstler ... vor der Hochzeit:* TM, Nb II, S. 107
92   *Figur des ... Paralyse:* ebd., S. 121f.
92   *absolute Boheme:* TM, RA, S. 337
92   *Meine Lebensbestimmung ... zusammen:* TM, Üms, S. 106
93   *Haben diese ... Aufklärung zu geben:* TM, Grautoff-Briefe, S. 85
93   *Ich habe ... beunruhigen muß:* ebd., S. 87
93   *Dieses scheußliche ... die Nerven:* ebd., S. 88
94   *Ich habe ... tölpelhaft:* TM, Tb 1935, S. 143f.
94   *Ich bin etwas ... geeignet vorstelle:* TM, RR 3, 50/58
94   *eigene Sphäre:* PdM, Zauberer, S. 238
95   *Mein armer Bruder ... das genügt:* M, Ewers-Briefe,
     S. 195
95   *fesch, flott, fidel ... dauerten mich:* ebd., S. 11
95f. *Du hältst ... Jungfernhäute:* ebd., S. 58
96   *Die Theater ... amüsant:* ebd., S. 77
96   *eben kehre ich ... zwei Pollutionen:* ebd., S. 158
96   *Die Hamburger Blondine ... paar Cafés:* ebd., S. 254
96f. *psychologisch ... weit-angezogene Frauenleiber:* ebd., S. 255
97f. *Wir verkehrten ... diplomatisch verhindert wurde:* TM, Üms, S. 105
99   *eine grundhübsche Sache:* TM, Grautoff-Briefe, S. 94
99   *Ich verfalle ... zu verdienen:* ebd., S. 94
99   *Seit einiger ... etwas zu sagen:* ebd., S. 97
100 *wenn Sie mir ... Verlag übergebe:* PdM, Zauberer, S. 255
100 *Was sind Sie ... naiv empfand:* TM, Üms, S. 106
101 *ein wahrer Koloß ... Sultanin gemahnten:* TM, FE, S. 153f.
101 *sinnlichen Bosheit:* ebd., S. 156
101 *war zu dumm ... verraten zu können:* ebd., S. 158
101 *zum Schlusse als ... Babykleide:* ebd., S. 162
101f. *Ich bin Luischen ... Aus:* ebd., S. 170f.
102 *sonderbar und häßlich / jetzigen Welt- und Menschenanschauung:* TM,
     Grautoff-Briefe, S. 97
102 *in erheblichem Maße ... zu tun:* Ulrich Weinzierl, Die «besorgniserregende Frau», in: Thomas Mann Jahrbuch, Bd. 4, 1991, S. 13
102 *gleich zweifach ... infantilisiert wird:* ebd., S. 16f.
102 *sinnliche Erschütterung ... der ‹Strafen›:* TM, Tb 1936, S. 308
103 *indem er ... jung du bist:* TM, FE, S. 149
103 *«Mein armes ... weinte bitterlich:* ebd., S. 151f.
104 *etwas von der ... Künstler recht würdigen:* PdM, Zauberer, S. 840
104 *pervertierter Tragiker:* GM, Wir alle sind, was wir gelesen, S. 198

105 Schorke ... verdammt?: VM, Erinnerungen, S. 38
105 f. Es ging über ... Genies verklärt: ebd., S. 39 f.
106 wörtlich übersetzten ... schmutziges Tier: ebd., S. 40 f.
106 Mutter Natur: VM, Erinnerungen, S. 40
107 Verfallspsychologie / musikalischer Pessimismus: PdM, Zauberer, S. 261
107 wie man wohl ... Tristanmusik bestimmt hatte: TM, Üms, S. 113
110 Geh zum ... a frozen nei: PdM, Zauberer, S. 333 f.
110 schonend ... behandeln wirst: ebd., S. 278 f.
111 Da mir eine ... konnte: TM, RA, S. 20
111 Als ich die ... Weise mein eigen: ebd., S. 21
111 verrottet: HM, Zeitalter, S. 217
111 karikierende Weise ... Nest beschmutzt: PdM, Zauberer, S. 945
111 f. alte Sünder ... schlechtesten Fuße: TM, Boy-Ed-Briefe, S. 175 f.
113 Bücher haben ... zusammenfällt: TM, RA, S. 12
113 nervösen Kälte: ebd., S. 656
114 naturalistischen Kunstprinzipien: TM, Briefe III, S. 430
114 kalten Künstler: Schröter, S. 37
115 Frühgereift ... traurig: Arthur Schnitzler, Anatol, S. 10
115 echte Dichter ... Geschöpfen: TM, RA, S. 22
115 Habe ich je ... euch alle, ihr Glücklichen: PdM, Zauberer, S. 371
115 Nicht von euch ... von mir: TM, RA, S. 28
115 innere Einswerden / Usurpation: ebd., S. 23
116 Anschein einer ... Ausdrucks bewirkt: ebd., S. 24
116 unerbittliche Genauigkeit ... zu schließen: ebd., S. 27
116 Der Bissen sitzt ... in die Tasten: TM, Buddenbrooks, S. 267 f.
118 etwas höhere Heiterkeit: GM, Wir alle sind, S. 222
119 f. Gott ... in den Augen: TM, FE, S. 308
120 Schönheit ... Deutsch-Bürgerlichkeit: TM, BU, S. 105
120 formalen Sinn ... nicht Renaissance: ebd., S. 88
120 das eigentliche Europa ... es beinahe dafür: TM, Grautoff-Briefe, S. 99
120 edlen und klugen August von Platen: ebd., S. 106
121 eines schönen Nachmittags ... ihn liest: TM, Briefe I, S. 8
122 Es galt ... noch einzufügen: PdM, Zauberer, S. 388
122 gräßlich mit dem Lack verbrannt: ebd., S. 390
123 erste und einzige Niederschrift: TM, Üms, S. 114
123 um meine literarische ... zu machen: TM, Grautoff-Briefe, S. 113
123 hochmüthiger décadent ... laufen lassen muß: TM, Briefe III, S. 424
123 mit rotem Kragen ... Glanzkoppel: VM, Erinnerungen, S. 92
124 beinah kniefällig ... für Lula denken: TM, Briefe III, S. 425 f.
125 viele Menschen ... des Werkes machen: PdM, Zauberer, S. 402 f.
125 eine kaum verhüllte Ablehnung: Peter de Mendelssohn, S. Fischer und sein Verlag, S. 299
126 dort nicht etwa ... compromittiert: PdM, Zauberer, S. 403
126 Nun, der ... Willen umgehe: TM, Üms, S. 34
126 Bubenstück ... auch als Kaufmann: PdM, Zauberer, S. 404

126   *die Rolle ... aufzudrängen:* TM, Grautoff-Briefe, S. 116
126f. *Barbarismus ... Philolog ist wie ich:* ebd., S. 118
127   *Du empfandest ... Sache es erheischt:* ebd., S. 121f.
127   *gekränktesten, scheuesten ... abwarten:* ebd., S. 120
127   *Schließlich ... fördern:* PdM, Zauberer, S. 407
127   *Fischer schweigt ... Bankbeamter:* TM, Heinrich-Briefe, S. 16
127   *in allernächster Zeit:* TM, Grautoff-Briefe, S. 136
129   *theure Bourgeois- und Banquierwohnung:* ebd., S. 105
129f. *primitiven Arbeitstisch ... zu empfinden:* VM, Erinnerungen, S. 112
130   *einen ziemlich ordinären Schrank:* ebd., S. 113
130   *haltloser ... nichts Gutes:* TM, FE, S. 173
130   *mit unendlich ... gefallen ist:* ebd., S. 172f.
130   *Niemand verdankt ... nichts schuldig:* ebd., S. 175
131   *jemand stand ... Schluchzen antworten:* ebd., S. 179
131   *außerordentlich mächtiges Mahagonimöbel:* ebd., S. 177
131f. *gewichtigen Mahagoni-Lagerstatt ... und der Unendlichkeit:* TM, Üms, S. 158
132   *Indertum ... Gliederung und Maß:* ebd., S. 158f.
132   *Abgründe liegen ... Hölle sind:* TM, Grautoff-Briefe, S. 106
133f. *zwanzig Jahre alt ... sagte sie:* TM, FE, S. 182–187
134   *nicht recht wohl:* PdM, Zauberer, S. 358
136   *daß hier ... hatten:* PdM, Zauberer, S. 361
136f. *Der Gedanke ... entlegen nicht:* ebd., S. 363
137   *dicken, blonden ... der Nase:* TM, FE, S. 284
137   *liebte, als er sechzehn Jahre alt war:* ebd., S. 283
137   *Schopfe bastblonden Haares:* ebd., S. 278
137   *außerordentlich hübsch ... blauen Augen:* ebd., S. 274
137   *Rechtsanwalt Vermehrens ... Verse dichtete:* ebd., S. 286
138   *das immer hinfällt:* ebd., S. 289
138   *Ich komme ... Pubertät heraus:* TM, Heinrich-Briefe, S. 21
138   *Dem frohen Tage ... gleich Null – – –:* ebd., S. 23
138f. *Erlitten hat ... Welt zu baun:* TM, Grautoff-Briefe, S. 107
139   *Wer die Schönheit ... anheimgegeben:* August von Platen, «Tristan», in: Karl Otto Conrady, Das Große Deutsche Gedichtbuch, S. 413
141   *auf den Duzfuß:* TM, Üms, S. 110
141   *Sein kluges ... je zuvor:* PdM, Zauberer, S. 351
141f. *ein Monumentalwerk ... Reinheit bewahrt:* ebd., S. 352
142   *wie der blonde Held Siegfried / schneeweiße dreieckige Badehose:* VM, Erinnerungen, S. 103
143   *um das dumme ... selbst nicht ahnte:* PdM, Zauberer, S. 355
143   *neue und heute ... und Körperfreude:* TM, RA, S. 557
144   *eine Maschine von ... wie das Leben:* TM, FE, S. 192
144   *Die Welt ... humoristischem Ausdruck:* ebd., S. 188
145   *Faschingsnase / kleinen Auswüchsen:* ebd., S. 189
145   *mit bedrohlich ... Kerl:* ebd., S. 194

145 *Er stand da ... in den Backofen:* ebd., S. 197
146 *Langmut der übrigen Hausbewohner:* PdM, Zauberer, S. 382
147 *damit wir ... spielen hätten:* ebd.
147 *in seiner ... Art «Tristan»:* TM, Üms, S. 109
147 *gehörten nicht ... und Melancholie:* Hanjo Kesting, Wagner und kein Ende, Das schlechte Gewissen an der Musik, S. 120
147 *«ungefähr»:* TM, Briefe II, S. 504
148 *durch den das Harmonische ... hingebenden Ausdruck:* TM, Buddenbrooks, S. 504 f.
148 *ein Schwellen ... Moral in der Kunst:* ebd., S. 507 f.
148 f. *das Erlebnis der Freundschaft ... gute Zeit:* PdM, Zauberer, S. 381
150 *bei Bekannten ... an der Marktstraße:* VM, Erinnerungen, S. 112
151 *Es strahlte über ... und keiner sah:* ebd., S. 118
152 *zur freundlichen ... Werk der Musen»:* PdM, Zauberer, S. 378
152 *unbeschreibliches, reines ... zerfressen ist:* TM, Heinrich-Briefe, S. 19
152 *in dieser hochgespannten ... Nichts davon!:* PdM, Zauberer, S. 384
153 *Das Ganze ist ... Pubertätserotik:* TM, Heinrich-Briefe, S. 21
153 *Es ist der selbtsverlorene ... Sehnsüchtige hinein:* TM, Grautoff-Briefe, S. 135 f.
153 f. *prekäre Lage ... Frau einzugehen:* TM, Nb II, S. 70
155 *auch vom Standpunkt ... von der Geschlechtlichkeit:* ebd.
155 *Unterleib von der Liebe:* TM, Grautoff-Briefe, S. 30
155 *Sich nach ... zu erhaschen:* PdM, Zauberer, S. 422; TM, Nb I, S. 210
155 f. *So überlegt ... Augen sprechen:* TM, Briefe III, S. 434
156 *rehbraunen, blanken Augen:* TM, FE, S. 224
156 *verwester Säugling:* ebd., S. 225
156 *die neunzehn Kinder ... fähig war:* ebd., S. 248
156 *Burleske:* TM, Heinrich-Briefe, S. 20
157 *Die Litteratur ist der Tod!:* TM, Heinrich-Briefe, S. 19
157 f. *daß die egoistische ... zu gelangen:* ebd.
159 *Bedürfnis nach ... hat fasten müssen:* ebd., S. 26
161 *ein zärtliches ... in nichts auf:* TM, Üms, S. 119
161 *zu melancholisch ... dinge ich Meuchelmörder:* PdM, Zauberer, S. 437–439
162 *München leuchtete ... Barockkirchen:* TM, FE, S. 198
162 *ein wenig platt ... beröche er ihn:* ebd., S. 208
162 *Verbrennen Sie alles ... Ich aber sage Ihnen:* ebd., S. 214
163 *«Gladius dei ... et velociter»:* ebd., S. 216
163 *prunkenden Farben / gleißenden Oberfläche:* ebd., S. 213
163 *Dichters eigener ... allerpersönlichsten Konflikt:* PdM, Zauberer, S. 462
163 *gewissenloser Trug ... erlösendem Mitleid:* TM, FE, S. 213
163 *unverhältnismäßig wichtig ... erheiternd wirkt:* PdM, Zauberer, S. 461
163 *den kleinen Mädchen ... unbedenklichen Sitten:* TM, FE, S. 199
163 *mit dem Aspekt ... und Pflanzenkost:* ebd., S. 210
164 f. *Ich druckse ... Eile, Eile!:* TM, Briefe III, S. 436

165   *den warmen und … schief geneigt!:* TM, FE, S. 266

165   *Blauäugigen … nötig habt!:* ebd., S. 268

165–167 *Ach, einmal … du erkanntest mich nicht:* ebd., S. 269–272

167   *Mein Respect … kuriren sind:* TM, Grautoff-Briefe, S. 115

168   *Begabung für Stil … und Verödung:* TM, FE, S. 298

168   *dunkle und feurige … wenig liederlich:* ebd., S. 277

168   *Gefühl, das warme … künstlerisch:* ebd., S. 298

168   *ganzen kranken Adel der Literatur:* ebd., S. 305 f.

168   *sterbensmüde … rührend schön. Jedoch –:* ebd., S. 299

168   *ganz einfach ein Bürger:* ebd., S. 307

169   *feinen, blassen … alt-eingekauft:* Schröter, S. 53

169   *Anzug von ruhigem … Schnitt:* TM, FE, S. 295

169   *verstohlenen und … Gewöhnlichkeit:* ebd., S. 305

169   *Bürgerliebe zum Menschlichen … zu verhaften:* ebd., S. 340

169 f. *tiefste und verstohlenste … keusche Seligkeit:* ebd., S. 341

170   *habe mehr als … Generation geprägt:* Marcel Reich-Ranicki, Thomas Mann und die Seinen, S. 101

170   *den «Tonio Kröger» als ihr gemäß:* TM, BU, S. 89

171   *was noch kommen mag:* TM, RR 1, 17/49

171   *aus Intellektualismus … und Storm:* TM, BU, S. 105

171   *Man ist als … ein anständiger Mensch:* TM, FE, S. 297

172   *Ich bewundere … Ehrgeiz gerichtet:* TM, Heinrich-Briefe, S. 24

172   *Bisweilen … Magen um:* TM, Grautoff-Briefe, S. 138 f.

173   *Daß «Buddenbrooks» … verstanden werden:* TM, Briefe III, S. 441

173   *T. M., der bekannte … Excelsior:* TM, Grautoff-Briefe, S. 138

174   *in allen Stücken dienend:* ebd., S. 139

174   *Bitte, laß keinen … verschiebe sie nicht zu lange:* ebd., S. 139 f.

175   *Der sehr breit angelegte … Verbreitung findet:* ebd., S. 250

176 f. *Ihr Aufsatz … Künstler es sein können:* PdM, Zauberer, S. 476 f.

177 f. *kuriosen Kauz … Märchen der Schöpfung:* ebd., S. 466

178   *dünn, arm, leblos … Manier d'Annunzios:* Schröter, S. 42 f.

178   *ein lebensunfähiges Kind:* ebd., S. 45

179   *Art des Vortrags … unwiderstehlich überwältigen:* PdM, Zauberer, S. 468 f.

180 f. *Es war der Ruhm … Glückwünschen:* TM, Üms, S. 116

181   *Hier geht's hoch her, bin auch dabei!:* TM, Briefe III, S. 442

182 f. *Nun sitzt man nicht … also schämen Sie sich:* TM, Briefe I, S. 39 f.

183   *«Königliche Hoheit … Kränze flicht»:* TM, Nb I, S. 289

183   *von Sehnsucht … jungen Mädchen:* TM, Nb II, S. 107

184   *dessen Leben symbolisch ist:* TM, RA, S. 47

185   *kalten Künstlers:* TM, Boy-Ed-Briefe, S. 150 (zum Beispiel)

185   *bösen, häßlichen, garstigen Kritiker:* TM, Briefe I, S. 39

186   *Die bürgerlichen … Murren unterworfen:* PdM, Zauberer, S. 670

186–188 *Zwiespalt zwischen … von mir, von mir:* TM, RA, S. 26–28

188   *Er kann lieben … Bildnerkälte erstarrt!:* TM, RA, S. 609

188 *Ich bin ein «kalter Künstler» ... sechs Leute, mehr nicht:* TM, Boy-Ed-Briefe, S. 150 f.

188 f. *Und wenn Einer ... an den Aktschluß setzt:* ebd., S. 151

189 *kleinen Verzerrungen ... es nur Rhetorik:* TM, Briefe I, S. 61 f.

190 *Wir Poeten und ... vollends untauglich macht:* TM, RA, S. 610

190 *ausgemachter Bourgeois:* TM, RA, S. 607

192 *sehen Sie ... und zu empfinden beginnt:* TM, FE, S. 298

193 *Literat als ... verdächtiges Thema:* Kolbe, S. 271 f.

193 *Der Heilige ... Demokratismus führen kann:* ebd., S. 272

193 *bewußte Naivisierung ... künstliche Dummheit:* PdM, Zauberer, S. 792

193 *Genie ... großen Mann spielt:* TM, FE, S. 298

194 *Renaissancismus ... Blut- und Schönheitsgroßmäuligkeit:* TM, Üms, S. 111

194 *Wilhelministen:* Hans Wysling, Nachwort zu HM, Schauspielerin, S. 122

195 *kein Schriftsteller ... an seinem Leben:* TM, Nb II, S. 112 f.

195 *Lyriker:* TM, Heinrich-Briefe, S. 71

195 f. *Bin ich ein Dichter? ... das Wort ist am Platze:* TM, SE, S. 101 f.

197 *unglaublichen Schmarrn ... unbescholten:* TM, Briefe I, S. 42

198 *das eigentliche ... niemals Hand zu legen:* TM, Nb II, S. 112

199 *wirkliche brüderliche ... der Prosa vermittelte:* TM, RA, S. 338

199 *Blasebalg-Poesie ... schöne Oberflächlichkeit:* PdM, Zauberer, S. 523 f.

200 *dieses Buch ... neuen Renaissance:* HM, Die Göttinnen, Bd. 1, S. 341

200 *Er ist ein ... bereit, zurückgekehrt:* HM, Flöten und Dolche, S. 16

200 *Ich leide unter ... aufmerksam machen:* PdM, Zauberer, S. 527

201 *Mißverständnis:* TM, Heinrich-Briefe, S. 31

201 f. *Die Ute ... krankhaft veranlagt sind:* PdM, Zauberer, S. 578

202 *Seine Stirn ... jähzornigen Lippen:* HM, Jagd nach Liebe, S. 46

202 *Ihr Kornblond ... Verstecken der Liebe:* ebd., S. 49

202 *Aber woher ... nur aus der einen:* ebd., S. 102

202 *Nie würde die ... Utes Haar!:* ebd., S. 129 f.

202 *Aus ihrem Munde ... einer Rose:* ebd., S. 398

202 *Münchener bekannte Persönlichkeiten ... nicht vereinzelt da:* Julia Mann, Erinnerungen, S. 131 f.

203 f. *Meine Eindrücke? ... Lesers Interesse:* TM, Heinrich-Briefe, S. 31 f.

204 *dem Leben nahe zu kommen ... im üblen Sinne:* ebd., S. 32

204 *Lieber Heinrich ... zu Gesichte steht:* ebd., S. 32 f.

205 *schöpferisches Leitmotiv ... darauf lief es hinaus:* PdM, Zauberer, S. 579

205 *In Riva ... Schaf wegnahm:* TM, Heinrich-Briefe, S. 34 f.

205 *Die «Göttinnen», die ... was bleibt?:* ebd., S. 36

206 *Es bleibt die Erotik ... Stube umherging:* ebd., S. 36 f.

206 f. *Ich bin zu Ende ... neues Jahr! Dein T.:* ebd., S. 37 f.

207 *Eine Verwandtschaft ... weiter zu verfolgen:* TM, Boy-Ed-Briefe, S. 151

207 f. *Haben Sie geglaubt ... zu hinterlassen:* ebd., S. 150

208   *Es ließe sich ... feindlich gesinnt bin:* TM, Heinrich-Briefe, S. 41
208 f. *fest, edel ... «Novellen» erzählen kann:* ebd., S. 47
209   *für mich immer noch ... habe ich gar kein Interesse:* ebd., S. 48
211   *intransigenten Sinnes für ... Idee und Ehrgefühl:* Sigrid Anger (Hg.),
        Heinrich Mann 1871–1950, S. 78 f.
212   *Es ist eine neue ... vorläufig abgelehnt:* TM, Heinrich-Briefe, S. 48 f.
212   *Einmal mußte ... Gedanken gespielt:* TM, Boy-Ed-Briefe, S. 143
212   *in diesem besonderen ... raffinirten Schachzug:* ebd., S. 148
212   *«überlegenen Benehmen» ... Benehmen erscheint!:* ebd., S. 155
212 f. *Ich bin gesellschaftlich ... Malern, aufwiegt ...:* TM, Heinrich-Briefe,
        S. 49
213–215 *Dies spricht der Rausch ... zu würdigen wissen:* ebd., S. 49–51
215   *furchtbar süßen kleinen Mann:* Marianne Krüll, Im Netz der Zauberer,
        S. 178
216   *Und wie ... gezogen hätte:* TM, Nb II, S. 89
216   *leberkranken Rittmeisters:* Katia Mann, Memoiren, S. 26
216   *Er ließ sich mir ... Herzlichen Gruß!:* TM, Heinrich-Briefe, S. 51
218   *Die Menschenrechte haben kein Geschlecht!:* PdM, Zauberer, S. 550
218   *erstaunlichen Feinheit ... von Gestalt übrigens:* GM, Jugend, S. 216 f.
218   *eine verführerische... à la Henrik Ibsen:* KM, Wendepunkt, S. 15
218   *gediegenen Renaissance-Prunk ... kassettierten Decken:* PdM, Zauberer,
        S. 555
219   *zur öffentlichen Herzenssache ... kleinen Burschen:* TM, Üms, S. 178
219 f. *Merkwürdigerweise ist ... ich Sie sehe!:* PdM, Zauberer, S. 510
220   *vor allem aber ... den Augen verfolgte:* Katia Mann, Memoiren, S. 20
220   *friedlichen Sommertage ... Fänd er ein Weib:* TM, Briefe I, S. 34
221   *Hier ist ein Mensch ... Herzen zugethan!:* PdM, Zauberer, S. 527
221   *Katz-und-Maus:* ebd., S. 537
222   *Was ist Dir ... Deine Nerven tun:* TM, Briefe III, S. 434
222 f. *daß man sich seiner ... «bedeutender» als all seine Frauen:* TM, Nb II,
        S. 67–70
223 f. *Erstarrung, Öde ... Mensch zu sein:* ebd., S. 46
224   *Die Leidenschaft und ... Ehe und Kinder:* TM, Tb 1933, S. 411 f.
225   *Wirren und wilde Zerwürfnisse:* Hans Wysling, Aschenbachs Werke,
        S. 279
225   *Je n'aime pas ... jamais menti:* Richard Ellmann, Oscar Wilde, S. 357
225   *Hast Du das Urteil ... furchtbar, nicht wahr?:* Jean Schlumberger, Made-
        leine und André Gide, S. 100
226   *Diese Memoiren hier ... Unsinnlichste seiner Empfindung:* TM, RA,
        S. 633 f.
227   *Zudem begehre ich ... erschreckt mich:* André Gide, Die Aufzeichnun-
        gen und Gedichte des André Walter, S. 44
227   *kleine Schwester:* TM, Königliche Hoheit, S. 288 (zum Beispiel)
227   *großen Opfer verratener Liebe:* Jean Schlumberger, Madeleine und
        André Gide, S. 10

227 f. *glättestes Glatteis ... Dienstbotenwesen:* Hermann Graf Keyserling, Das Ehe-Buch, S. 212 f.
228 *«freie» Liebe im Sinne ... es war mein Fall:* ebd., S. 217–220
229 *Die Ehe ... angesehen:* TM, Nb II, S. 34
229 *innerlich ... Umstände lagen günstig:* TM, Üms, S. 119
229 *Es war ... sondergleichen stiftete:* Peter de Mendelssohn, S. Fischer und sein Verlag, S. 307
230 *recht hübsch ... es mir zu sagen:* Katia Mann, Memoiren, S. 15
231 *Eigentlich war sie ... der eines Kindes:* TM, Königliche Hoheit, S. 205 f.
231 *Er ist ein Prinz. Er ist mehr als das:* ebd., S. 206
231 *«Königliche Hoheit» ... Ideelle Herrschaft:* PdM, Zauberer, S. 559 f.
231 *manches Mal ... Stadtpark erblickt:* TM, Königliche Hoheit, S. 201
231 f. *«Was fällt Ihnen ein!» ... entschwand den Blicken:* ebd., S. 203
232 *An einer bestimmten Stelle ... du Furie!:* Katia Mann, Memoiren, S. 21
232 *Diese oder keine:* ebd., S. 23
233 *Er sah sie in ... wenn sie sprach:* TM, Königliche Hoheit, S. 219
233 *Ich war zwanzig ... schnell weg sollte:* Katia Mann, Memoiren, S. 25
233 *Lieber: Ich möchte dich ... Träumen zu bringen:* PdM, Zauberer, S. 539
234 *diese Absicht ... übel genommen:* Katia Mann, Memoiren, S. 17
234 *feine, etwas dünne ... Als «Haltung»:* PdM, Zauberer, S. 921 f.
234 *Ich war nicht mehr ... Max Bernstein:* TM, Üms, S. 118
235 *geradezu draufgängerisch:* Katia Mann, Memoiren, S. 25
235 *sonst von einer ... an den Tag gelegt:* TM, Heinrich-Briefe, S. 52
236 *große Lebensangelegenheit ... das Leben! das Leben!:* ebd., S. 52
237 *bei einfachster Teebewirtung ... gesättigtes Bürgertum:* Kolbe, S. 180
237 *Enormen:* VM, Erinnerungen, S. 107
237 *Sie war in ihrem seidenen ... Verhältnis zum Leben habe:* TM, FE, S. 370–372
238 *Augenblick ist Katja ... von «Katja» rede:* TM, Heinrich-Briefe, S. 52
238 *sein letztes ... nicht leiden können:* TM, Briefe I, S. 42 f.
239–242 *Warten ist gräßlich ... zu sehr «Dichter»?:* ebd., S. 43–49
242 *Bemerkt? ... unter den Haustoren:* TM, Königliche Hoheit, S. 297
243 *Aufsehen war ... war notwendig ...:* ebd., S. 326
243 *Entschließungsangst ... aus der Verlobung werden:* TM, Briefe I, S. 50
243–245 *Das ist die Liebe ... Geheimnis der Welt:* TM, Briefe I, S. 51–57
246 *Katja hat ... nun ja gesagt:* TM, RR 1, 4/75
246 *abscheulich ... meines Lebens Krone ist:* TM, Briefe I, S. 58
246 *frohe Märe ... zu lieb dazu!:* TM, Boy-Ed-Briefe, S. 153
247 *Halte Dich zu ihnen ... lieber Heinrich:* Julia Mann, Erinnerungen, S. 131 f.
247 f. *Man geht grelle ... gewürzter zu schmecken:* PdM, Zauberer, S. 239
248 *recht feinen weiblichen Verkehr:* Julia Mann, Erinnerungen, S. 133
248 *sie führen für ... meinem «Glücke»:* TM, Heinrich-Briefe, S. 53
248 *sehr schönen Haus ... nichts Ernsthaftes:* Katia Mann, Memoiren, S. 28 f.

249   *schreiend unreife Äußerung ... gütigen alten Fee:* TM, Üms, S. 184 f.
249 f. *es gilt andauernd ... zeigen, sich benehmen:* TM, Heinrich-Briefe, S. 54
250 f. *schlechterdings nicht geeignet ... im allerengsten Familienkreise:* ebd., S. 53–55
251 f. *Ach, Heinrich ... für ihn gesorgt!:* Julia Mann, Erinnerungen, S. 134–136
252 f. *Ich spreche von Anordnungen ... Wie zartfühlend!:* TM, Nb II, S. 119
253   *ganz gut vertragen / Herr:* Julia Mann, Erinnerungen, S. 140
253   *Ich denke mir ... nicht ideal?:* ebd., S. 144
253   *ledigen Sohn / zu ⅔ anderen:* ebd., S. 140
253   *rasch mit Sarkasmen bei der Hand:* ebd., S. 138
253   *beständig traurig zumute:* ebd., S. 142
254   *Mimchen ... hoch!:* VM, Erinnerungen, S. 161
254   *möge doch seine ... mit ihm privat:* Julia Mann, Erinnerungen, S. 146
254   *auf größtem Fuße ... Geistigkeit:* TM, Heinrich-Briefe, S. 57
254   *Fey ... eine andere will:* PdM, Zauberer, S. 591
255   *geheiratet habe ... Kinder wollte:* GM, Jugend, S. 19
255   *schrecklichen Constipation:* PdM, Zauberer, S. 630
256 f. *ein Zwitter ... als bloß ein Künstler:* TM, Heinrich-Briefe, S. 57 f.
258   *unsinnlich-enthaltsame Dürftigkeit:* TM, FE, S. 377
258   *Krämpfe in Brust und Unterleib:* ebd., S. 376
258 f. *Eine Niederlage ... was meine Sendung ist:* ebd., S. 378–384
259   *Völlig darf ich ... auch nur versteht:* TM, Nb II, S. 112
259   *Wer ist ein Dichter? ... symbolisch ist:* TM, RA, S. 47
260   *Das Repräsentiren macht mir Spaß:* TM, Heinrich-Briefe, S. 69
260   *Ach, Reichtum ... Ostseewochen geschrieben:* TM, Boy-Ed-Briefe, S. 156 f.
261   *im Osten an entlegener ... in seine Kasse gelenkt:* TM, FE, S. 498
261 f. *unmöglich (...) klein ... am guten Wort:* ebd., S. 493–495
262   *entschieden der hellste ... sehr streitsüchtig:* GM, Jugend, S. 39
262   *zersetzten ... Dialektik:* TM, FE, S. 500
262   *nachdem sie ihm oft ... ihn nicht liebe:* ebd., S. 507
262   *voll schweigenden ... Trauung:* ebd., S. 498
262   *ohne Schönheitswert:* ebd., S. 499
262   *nervös und anmaßend ... marschieren:* ebd., S. 501
262   *mit einer süßen ... guten Duftes willen:* ebd., S. 509
263   *die blonden Bürger ... und Klappkrägen:* ebd., S. 506
263   *Weichheit und Witz ... tötendes Bezeichnen gab:* ebd., S. 517
263   *graue, frierende ... ihre Flut dahinwälzte:* ebd., S. 510 f.
263 f. *mit einer wollüstigen und ... Schluchzen waren:* ebd., S. 523
264   *«Aber Beckerath» ... wir ihn, – den Goy!:* PdM, Zauberer, S. 659
264   *Die Kunst ist gerade ... die «Königliche Hoheit»:* TM, Heinrich-Briefe, S. 64 f.
265   *sein Werk ganz ... ohne Vorbehalt an:* PdM, Zauberer, S. 660
266   *Bürgertakt:* TM, RA, S. 28

266 Am wenigsten angenehm ... Antisemitismus erblicken: TM, GW, S. 844
266 wohl gebildeten kleinen ... gewaltig durchrüttelt: TM, Briefe I, S. 60
267 Es ist also ein ... sehr heiter stimmt: TM, Heinrich-Briefe, S. 62 f.
267 Wiener Literaturjüngling / Schwatzhaftigkeit: PdM, Zauberer, S. 663 f.
268 Sündenfall eines ... Erniedrigung: ebd., S. 663
268 Nichts in der Welt ... weniger interessieren: ebd., S. 660
269 krähwinkelige Entrüstung: Klaus Pringsheim, Ein Nachtrag zu «Wäl-
     sungenblut», in: Neue Zürcher Zeitung, 17. Dezember 1961
270 ein paar herrische ... Furcht vor Langen: TM, Heinrich-Briefe, S. 68
270 Gewitterstimmung: Klaus Pringsheim, Ein Nachtrag zu «Wälsungen-
     blut», in: Neue Zürcher Zeitung, 17. Dezember 1961
270 Die Szene ... nichts mehr zu tun: ebd.
271 ungern in die Arcisstraße ... gar nicht: GM, Jugend, S. 20
271 und ich, der ich ... Verfassung zu geben: TM, Heinrich-Briefe, S. 68
272 ohnehin so wenig ... anticlerical: ebd., S. 67 f.
272 hinreißend unterhaltendes ... sorgsam verweilend: ebd., S. 67
273 göttliche Geschäft des Aufblühenmachens / demütigen Kitzel: HM,
     Schauspielerin, S. 15
273 Untergehen in einer ... streifender Sinnlichkeit: ebd., S. 90
273 er mauschelt mit den Händen: ebd., S. 21
273 mit der Trauer ... bewegungslos: ebd., S. 43
273 manchmal quälend ... nicht in C.s Nähe auf?: Julia Mann, Erinnerun-
     gen, S. 141
274 «Dichter-Zeitgenossen» ... gar verspieltes: PdM, Zauberer, S. 676 f.
274 in einer langen ... die Juden» steht: Ruth Klüger, Katastrophen, S. 53
275 f. höchsten Reizes ... nicht zu unterschätzen: TM, GW, S. 831–834
276 Was, im persönlichsten ... es richtig gemacht: PdM, Zauberer, S. 681
276 Stets wird ... repräsentativ erklärt: Eckhard Heftrich, Thomas Manns
     Verhältnis zum Deutschtum und Judentum, in: Thomas Mann Jahrbuch,
     Bd. 1, 1988, S. 159
277 die auf eindrucksvolle ... Kleide quoll: TM, Felix Krull, S. 19
277 historische Perspektive: Eckhard Heftrich, Thomas Manns Verhältnis
     zum Deutschtum und Judentum, in: Thomas Mann Jahrbuch, Bd. 1,
     S. 151
277 links-liberalen Blatt ... Generationen gelesen werden: TM, GW, S. 842
278 Talmudgebürtchen mit ... mauscheln: TM, Üms, S. 193
278 jüdischen Antisemiten: PdM, Zauberer, S. 827
278 So ein Allmächtiger ... Harden schwieg dazu: Theodor Lessing, Der jü-
     dische Selbsthass, S. 191
278 Ehrengericht für Journalisten: PdM, Zauberer, S. 825
279 was gesagt werden muß: ebd., S. 826
279 Nein, nicht so ... ihm machen möchte: TM, Üms, S. 195 f.
279 Herr Lublinski ist kein ... altruistisch gestimmt haben: ebd., S. 196
279 Wer im Glashause ... lyrischen Unverschämtheit: ebd., S. 196 f.
279 ewig namenlosen Schlucker ... Handwerk zu leicht: ebd., S. 197

280 *Wenn ich dem hie und da ... Ein Snob-Buch:* TM, Gesammelte Werke in zwölf Bänden, Bd. XI, S. 731

280 *auf einen außerordentlich ... Nietzsche paraphrasiert:* TM, Üms, S. 199 f.

280 *nun einmal gebräuchlichen ... nicht beschönigen:* ebd., S. 200

280 *eine Schauspielerin ... Romanlektüre ausfüllte:* Schröter, S. 54

281 *Atemnähe dieses Menschen ... er keinen Gegner:* TM, Üms, S. 202

281 *erbärmlichen Tropf ... innerlich wohl bewußt:* TM, Heinrich-Briefe, S. 109

281 f. *Dichter-Psychologen ... Haß auf Bürgerallüre:* Schröter, S. 53 f.

282 *heimlichen Moralisten:* ebd., S. 56 f.

282 *die Juden Kerr und Lessing ... Verächtlich-macher:* TM, Tb 1918, S. 55

282 f. *Die beabsichtigte erschreckende ... aber nicht mir:* TM, Tb 1933, S. 165

283 *Dachte an den Widersinn ... Gesinnung mit seinen Mördern:* ebd., S. 473 f.

283 *Es ist im Laufe ... böses Blut gemacht:* TM, GW, S. 842

283 f. *Die Juden haben ... Freunden machen wird:* ebd., S. 847

285 *Zuweilen hege ich ... am «Gefühl» zu Grunde ging:* TM, Heinrich-Briefe, S. 66

286 *Friedrichs spätere ... zum Weibe hervorgeht:* PdM, Zauberer, S. 691

286 *Ob ich zu dieser ... ein Kinderspiel:* TM, Heinrich-Briefe, S. 44

286 *in historischer Hinsicht ... Stimmung und Exaltation:* ebd., S. 71

287 *Heutzutage muß das ... Ja Prosit!:* TM, Königliche Hoheit, S. 86

287 *noch immer der beste ... als aus Hymnen:* TM, Briefe I, S. 85 f.

287 f. *erlesene und schwermütig ... nahen hat:* TM, Königliche Hoheit, S. 86

288 *Würde / Stolz im Tragen / Halt:* PdM, Zauberer, S. 686

289 *ernst aber frisch:* TM, Heinrich-Briefe, S. 92

289 *der selbst homosexuell ist / sehr unangenehmen:* TM, Heinrich-Briefe, S. 88

290 *Mein Interesse ... Verwechseln ähnlich:* zit. nach Henning Schlüter, Zwei Fabeltiere ihrer Zeit, in: Frankfurter Allgemeine Zeitung, 4. Juli 1992

290 *Die Dächer ... Immerhin imposant:* TM, Heinrich-Briefe, S. 98

290 *Ich weiß nicht viel ... Lebens ganze Schwere:* TM, Nb I, S. 290

291 *die Aussöhnung des ... hätte bringen können:* TM, Üms, S. 120

291 *«Er ist ein Prinz!» ... bloße Humanität:* TM, Königliche Hoheit, S. 87

291 *Mischung der Rassen:* ebd., S. 345

291 *einen schweren Makel:* ebd., S. 268

291 *stark autobiographisch gefärbten:* TM, RA, S. 55

292 *«Hoheit sagen» ... es mir verzeihen:* TM, Bertram-Briefe, S. 48

292 *sich gehen ließ:* TM, Königliche Hoheit, S. 269

292 *viel Atmosphärisches ... ihr Märtyrertum:* TM, Nb I, S. 298

292 *Malheur von Geburt:* TM, Königliche Hoheit, S. 81

292 *den Wind um die Nase hatte wehen lassen:* ebd., S. 79 f.

292 *Einblicke:* ebd., S. 82

292 *ich liebe die mit ... Außerordentlichen auf Erden sehe:* ebd., S. 85

293 *Kälte:* ebd., S. 310

310 *Welcher Rausch! ... erstes Schönheitserlebnis?:* TM, FdT, S. 25
310 *ja nicht eigentlich ... ist abhanden gekommen:* ebd., S. 33
310 *eine Ehrfurcht vor ... ein Bildungsfaktor:* ebd., S. 38
311 *etwas Glücklich-Anachronistisches ... noch immer sich versteift:* ebd., S. 50f.
312 *von einem höheren ... Einheit bilden werden:* TM, RR 1, 11 / 13
312 *Ich träume oft ... ‹zu was gebracht›:* TM, Heinrich-Briefe, S. 87f.
312 *schrecklich melancholisch ... Unbehagen in die Luft:* Eckhard Heftrich / Peter-Paul Schneider / Hans Wißkirchen, Heinrich und Thomas Mann, S. 202
313 *Etwas weniger Fremdheit ... Beckergrube No. 52!:* TM, Heinrich-Briefe, S. 97f.
313 *unter angemessenen Umständen ... bischen teilzunehmen:* ebd., S. 103
313 *hohes Lied der Demokratie:* ebd., S. 101
314 *daß eigentlich nur ... ‹Geschichte› setzt:* ebd.
314 *glaubte sich allerorten ... Geld zu bekommen:* PdM, Zauberer, S. 757
314 *außerordentlich hohlen ... das Beste an uns:* TM, Heinrich-Briefe, S. 108
315 *Sein Glaube an das ... verachtet er im Grunde:* TM, Nb II, S. 124
315 *Der Geist ist ... die That ist positiv:* TM, Nb II, S. 150
316 *Abstieg ins Flachland des Optimismus:* PdM, Zauberer, S. 802
316 *Fülle von Dummheit und falschem Scharfsinn:* TM, Briefe I, S. 81
317 *vollkommensten Ersatz ... der Ohnmacht:* PdM, Zauberer, S. 838
317 *Herrensitzchen:* PdM, Zauberer, S. 779
317f. *Ein Prinz! ... für solche Existenzen:* ebd., S. 756
318 *bestrickenden Persönlichkeit ... besonders interessiert:* ebd., S. 756
318 *Professor Unrat ... grotesk humoristischer Weltbetrachtung:* Arthur Schnitzler, Tagebuch 1909–1912, S. 97
318 *alle Wiener ... den Vorzug:* TM, Briefe I, S. 79
320 *Vater, das ist ... Wohnzimmer kommt:* KM, Wendepunkt, S. 25f.
320f. *eher langsam ... schmutzigen Schuhen betreten:* ebd., S. 26f.
321 *oft so sehr ... um ihn waren:* GM, Erinnerungen an meinen Vater, S. 7
321 *Manchmal, abends ... für die Mutter:* KM, Kind dieser Zeit, S. 28
322f. *wie zwei Buben ... trotzig verfinstert:* ebd., S. 15
322 *grausamste Herrschaft ... Neugierde und Ehrfurcht:* ebd., S. 14
322 *häßlich sei:* GM, Jugend, S. 22
323 *Mach sofort ... mich besuchst:* KM, Kind dieser Zeit, S. 20
323 *hypochondrischen Stunden / Unfreiheit:* TM, Heinrich-Briefe, S. 68
324 *himmlischen kleinen Angela ... Lieblichkeit ihres Wesens:* TM, FE, S. 525
324 *in furchtbarem Ausbruch ... mit Bettlern:* ebd., S. 528f.
325 *Paris mit seiner ... und starke Luft:* Samuel Fischer / Hedwig Fischer, Briefwechsel mit Autoren, S. 408
327 *Kirche des Vergnügens:* TM, Krull, S. 23
327 *dickes und außerordentlich ... hervorragenden Geistesgaben:* ebd., S. 18
327f. *die doppelte Schärfe ... Liebhabern der Welt:* ebd., S. 57
328 *göttergleich gewachsenen ... schönes Ebenmaß:* ebd., S. 27

328   *Brust, Schultern, Rücken ... lebhafter unsere Begierde ist:* ebd., S. 35

329   *makabren Ästhetizismus ... unselig Bohemehafte:* TM, Üms, S. 121

329   *Gibt es einen ... Kind als gegen mich:* Julia Mann, Erinnerungen, S. 197

329   *Ich weine viel ... ganz wertlos geworden!:* ebd., S. 202

329   *Im ew'gen Lichte ... uns zu Füßen:* ebd., S. 199

329 f.   *Wir sind Alle ... stillschweigende Abrede:* TM, Heinrich-Briefe, S. 111 f.

330   *Hätte Carla sich ... sie nicht begangen:* TM, Briefe I, S. 88

330   *Verrat an unserer ... Wirklichkeitsrein:* TM, Üms, S. 123

331   *tödlichen Komödie:* PdM, Zauberer, S. 848

331   *Ich glaube ... gut heißen würde:* TM, Heinrich-Briefe, S. 118

331   *sehr nett ... ein bischen mitthun:* TM, Briefe I, S. 88

331   *hübschen Söhne ... und andere mehr:* KM, Kind dieser Zeit, S. 34 f.

331   *ein besonders reizvolles Kind:* Katia Mann, Memoiren, S. 50

332   *zarten, weichen ... Reinheits-Ideal:* PdM, Zauberer, S. 841

332   *Er war gut ... Treue:* ebd., S. 858

333   *immer von bewundernder Weiblichkeit umgeben:* TM, RA, S. 621

333   *mit Herrn Reisiger ... onkelhafte Herablassung:* PdM, Zauberer, S. 929

333   *immer mit weißen Tennishosen ... schwimmen zu gehen:* KM, Kind dieser Zeit, S. 34

333   *Feengabe der Freundschaft:* PdM, Zauberer, S. 929

333   *treuen Freund, Begleiter, Tröster und Hofnarr:* GM, Jugend, S. 435

334   *Femme de trente ... als für die der Frau:* TM, RR 1, 13 / 24

335 f.   *mit schalkhafter Zärtlichkeit ... Herzen des Hauses zu machen:* MM, Vergangenes, S. 14–17

337   *Schauern ... Herzklopfen:* TM, Briefe III, S. 438

337   *Passion für Wagner ... Gefasel:* PdM, Zauberer, S. 777

337   *Strauss König werden konnte:* TM, Nb II, S. 179

337 f.   *mit dem aufrichtigsten Entzücken ... dem sie untergehen:* TM, Briefwechsel, S. 202

338   *literarische Behandlung ... Aufdringlichkeit:* TM, Nb II, S. 177

338   *Hang zum hinreißend Trivialen / trüben und mangelhaften Geistigkeit:* PdM, Zauberer, S. 788

339   *mein innerer Widerstand ... halbblinde Nation:* TM, Bertram-Briefe, S. 10

339   *Meisterwerk des ... eine neue Klassizität:* TM, LuG, S. 809 f.

339   *Eindrücke von kleinhöfischem ... Münchener Maler-Tradition:* TM, Heinrich-Briefe, S. 114

339   *Goethe's letzter Liebe:* TM, Amann-Briefe, S. 32

340   *großen Tatsachen ... Quaeritur:* TM, Briefe I, S. 91

341   *furchtbar ... neue, bessere Welt:* TM, LuG, S. 607

342   *Wir können ... verlangen:* ebd., S. 595

343   *Ich bekenne Ihnen ... jung zu sein?:* TM, Briefe I, S. 96

343   *Die Zensur wählt ... Beirat nicht gefragt:* Walter Schmitz, Die Münchner Moderne, S. 377

343   *problematische Menschlichkeit ... Nahrung geben sollte:* Kolbe, S. 163

343 f. *Genie und Ordnung:* TM, Briefe I, S. 104

344 *tief deutsche ... schillernde Werk:* TM, RA, S. 530

344 *die Vaterstadt, maurisch verzaubert:* TM, Gesammelte Werke in zwölf Bänden, Bd. XI, S. 353

344 f. *Wanderer am Münchener ... bösartige Bänkelsänger:* TM, Üms, S. 126

345 *Merkmale fremder Rasse ... Blut:* TM, FE, S. 565

345 *Meisterschaft ... Nation sie ehrte:* ebd., S. 564

345 *von seinem Schreibtische ... Tapfer-Sittlichen:* ebd., S. 566

345 *Heroismus der Schwäche:* ebd., S. 569

345 *Durchhalten:* ebd., S. 566

345 *in kleinen Tagewerken ... zur Größe:* ebd., S. 567

345 *Verstöße gegen Takt ... öffentliches Straucheln:* ebd., S. 569

345 f. *mit einem Mädchen aus ... persönlichen Adel:* ebd., S. 571

346 *sehr reizende ... Venedig nachgestiegen:* Katia Mann, Memoiren, S. 71

346 *Er wird wahrscheinlich nicht ... zarten Gott:* TM, FE, S. 594 f.

346 *ernstesten und heiligsten ... künstlerischen Willen:* TM, Briefe I, S. 88

346 *mit einem wirklich großen Mann zusammen zu kommen:* PdM, Zauberer, S. 855

347 *Unzucht und Raserei des Unterganges:* TM, FE, S. 633

347 *Wer enträtselt ... des Künstlertums:* ebd., S. 600

347 *Nicht von euch ... von mir, von mir:* TM, RA, S. 28

347 *moralisch und formal ... bürgerlichen Zeitalters:* TM, Üms, S. 74

348 *bleichen und lieblichen Psychagog:* TM, FE, S. 641

348 *Architektur ... in fünf Sätzen:* ebd., S. 705

349 *daß die geheimste ... in ihrem Rhythmus:* TM, RA, S. 421

349 *Standbild und Spiegel! ... selbst zu begreifen:* TM, FE, S. 606

349 *kranke Liebe:* TM, Boy-Ed-Briefe, S. 172

349 *gewagten:* TM, Briefe I, S. 92

349 *sonderbaren Sache ... anständig:* TM, Briefe I, S. 90

349 *Eine Nation ... puritanisch-neuprotestantischen Tendenz:* TM, Boy-Ed-Briefe, S. 172 f.

349 *preußischen Ethos / Untergang von ironischer Tragik:* PdM, Zauberer, S. 988

349 *mit der Wahrheit verhüllt:* Karl Werner Böhm, Zwischen Selbstzucht und Verlangen, S. 322

350 *sehr zu wünschen ... Temperatur-Unregelmäßigkeiten:* TM, Briefe I, S. 91

351 *eine kleine Lungenaffektion ... oder Arosa geschickt:* Katia Mann, Memoiren, S. 78

351 f. *Der ‹Zauberberg› ... Fehldiagnose:* Christian Virchow, Siebzig Jahre «Der Zauberberg», S. 7

352 *verehrungsvolle Beziehung ... vier Kindern:* PdM, Zauberer, S. 888

353 *guten / schlechten Russentisch:* ebd., S. 889

353 *den Herrenreiter ... Türen schmiß:* Katia Mann, Memoiren, S. 79 f.

353 f. *wo der Gast Hans Castorp ... immer dort oben:* TM, RA, S. 68 f.

354 *irgendeine Stelle ... nichts zu suchen:* Katia Mann, Memoiren, S. 81

378 *Und ob jeder Schritt ... Gott im Bunde:* ebd., S. 15
378 *Engeland ... am Weltenrand:* ebd., S. 21
378 f. *Hunde dringen ... Peitscht sie weg:* ebd., S. 25
379 *Tausendfache ... halbe Schlacht:* ebd., S. 26
379 *Ich bin ein heiliger ... nichts weiter:* ebd., S. 24
379 *deutschen Kriegern ... Völkern offenbart:* ebd., S. 11
379 *Heil mir ... näher erglänzt:* Rainer Maria Rilke, Sämtliche Werke, Bd. 2, S. 87
379 f. *Marodeuren ... Publizistik:* Arthur Schnitzler, Briefe 1913–1931, S. 60
380 *Wir hatten an den Krieg ... ungeheure Hoffnung:* TM, DtR, S. 11 f.
380 *ganze Tugend ... Recht auf den Krieg:* ebd., S. 18 f.
380 *Damenrechte:* ebd., S. 21
380 f. *Albions ... Rolland etc.:* ebd., S. 22 f.
381 *Seid Ihr Enkel ... der Willenlosen:* PdM, Zauberer, S. 1003 f.
382 *beiden Beinen ... der Teufel holen:* Arthur Schnitzler, Briefe 1913–1931, S. 66 f.
382 *Dichter Thomas Mann ... schmerzlich erleben:* Schröter, S. 67–69
382 *Und wir grüßen ... der Soldaten:* PdM, Zauberer, S. 1006
383 *einem größeren Publikum präsentiert:* TM, RA, S. 467
383 *recht naturalistische ... Prosaistentums:* TM, Üms, S. 130
383 *Parvenü-Firma:* Friedrich Percyval Reck-Malleczewen, Tagebuch eines Verzweifelten, S. 7
383 *schlappe und ziemlich ... passionierter Soldat:* TM, DtR, S. 30
384 *Mesquine / Grandiose:* ebd., S. 40
384 *den Bajonetts in die Rippen:* ebd., S. 38
384 *Der alte Fritz ... Namen erhält:* ebd., S. 85
384 *Ist das so ... Menschensinn?:* TM 1, RR, 15 / 83
384 *Ein Mönch ... ausschweifender Jüngling:* TM, DtR, S. 42
384 f. *Es ist denkbar ... ersten H ... Europas›:* ebd., S. 44
385 *diesen Friedrich mit ganzer Weibeskraft:* ebd., S. 33
385 *prächtige, naive ... so sehr verdiente:* ebd., S. 35
385 *Neigung zum ... Kupplerin obendrein:* ebd., S. 45
385 *geborene Poisson:* ebd., S. 59 (zum Beispiel)
386 *die junge, die aufsteigende ... eingekreist:* ebd., S. 83
386 *Ein schlimmes ... nicht fürchtete:* ebd., S. 64
386 *dem Buchstaben nach ... bringen zu können:* ebd., S. 70
386 *Beauftragten des Schicksals:* ebd., S. 75
386 f. *im Grunde nihilistischen ... Erdensendung sich erfülle:* ebd., S. 88
387 *rassenpsychologische Pointen:* TM, RR 1, 14 / 80
387 *Geist und Macht:* TM, DtR, S. 95
387 f. *hätte ihn nie ... meinen das dritte:* ebd., S. 94
388 *unausrottbaren Trieb zur Mystik:* Johannes Schlaf, Das dritte Reich, S. 332
388 *Anbruch eines deutschen ... erfüllen werde:* Arthur Moeller van den Bruck, Das dritte Reich, S. 6

388   *ganz nettes Ganzes:* TM, Briefe I, S. 120
389   *Kriegsbriefe … Bildung machen:* TM, RR 1, 15 / 16
389   *Mutterschmerz und Mutterstolz:* TM, Boy-Ed-Briefe, S. 179
389   *Wie ich nun einmal … dasselbe Mysterium:* TM, Briefe I, S. 115 f.
392 f. *Eine Nacht … Kind für verloren:* TM, Briefe I, S. 120–122
393   *Die Ärzte schüttelten … Besserung ein:* KM, Kind dieser Zeit, S. 39 f.
394   *Ich lasse nicht … Dein Vaterland:* Julia Mann, Erinnerungen, S. 228
394   *Hamstern:* KM, Kind dieser Zeit, S. 54
394   *Umgang mit finster-frechen … Wie die Möwen:* MM, Vergangenes, S. 21
394   *Die Märchenprinzessin … schundiges Zeug:* KM, Wendepunkt, S. 57
394   *Art von Heldin … kommen zu lassen:* GM, Jugend, S. 35
395   *letzteres am Samstag … nicht getan hatte:* ebd., S. 38
395   *Aber das festliche … Geheimnisvolles:* KM, Wendepunkt, S. 57–59
395 f. *kritische – essayistische-Arbeit … sehr hernehmen:* TM, Amann-Briefe, S. 38
396   *Betrachtung leicht … Vernunft annehme:* ebd., S. 25 f.
396–398 *eine größere Erzählung … Wirklichkeit erspart bleibt:* ebd., S. 29–36
398   *Markieren:* TM, Bertram-Briefe, S. 38
399 f. *Auf jeden Fall … verbrannten Gaumen:* TM, Amann-Briefe, S. 36–39
400   *Es steht schlimm … etwas Brauchbares:* ebd., S. 40 f.
401   *Sache derer … wird spät Mann:* HM, Macht und Mensch, S. 43
401   *Ich habe gelesen … Deutschland geht:* TM, Bertram-Briefe, S. 28
401   *Tiefschwätzern … für den Ungeist:* HM, Macht und Mensch, S. 95
401   *Der ganze nationalistische … Journalismus treiben:* ebd., S. 113 f.
402   *Ich, ein Abtrünniger … ich bin es selbst:* ebd., S. 111 f.
402   *Es ist nicht … personifiziert sehe:* TM, Bertram-Briefe, S. 43
402   *damit wir es … durchsprechen:* ebd., S. 27
403   *sehr aufrecht … eingefallenen Wangen:* KM, Wendepunkt, S. 59
403   *Ausbrüche väterlichen … nicht gewachsen:* GM, Jugend, S. 37
404   *verdammten, gehätschelten … thun kann:* TM, RR 1, 15 / 75
404   *Wohl konnte er noch … Freude geschrieben:* GM, Jugend, S. 41
405   *der rhetorischen Demokratie:* TM, BU, S. 60 (zum Beispiel)
406   *seiner krankhaft leichten … ewigen Protest:* TM, BU, S. 41
406   *deutsche Ereignis … Goethe in Rom:* ebd., S. 45
406   *seinem Wesen nach … das neue Kapitol steht:* ebd., S. 47 f.
406 f. *römischen Westen … auf sich genommen hat:* ebd., S. 50 f.
407   *inneren geistigen Gegensätze … Revolutionsfranzose:* ebd., S. 53–55
407   *Der Zivilisationsliterat ist … Stil ausmacht:* ebd., S. 199
408   *Was lebt unser … Volkstum gemeinsam hat:* ebd., S. 554
408   *Zivilisationsliteraten … Maßstabe:* ebd., S. 58
408   *mit seines Herzens … die deutsche Niederlage:* ebd., S. 59
408   *rasch und glänzend … Pariser Kokotte:* ebd., S. 65
408   *Unfug … lateinisch-politischen Sinne:* ebd., S. 67
410   *Nie bin ich … völlig verseucht:* TM, Bertram-Briefe, S. 31
411   *Nervenkrise:* ebd., S. 36

411 *Nein ... nicht aufhalten kann:* Susanne Koch, Der Dichter und die Politik, S. 77

411 f. *geistig-künstlerische ... indifferent:* TM, BU, S. 71 f.

412 *als geistige Erscheinung ... Deutschfeindlichkeit:* ebd., S. 75–77

412 *Die ungeheure ... war wäre deutscher?:* ebd., S. 81 f.

412 *der Deutsche ist ... ist widerlich:* ebd., S. 120 f.

412 *das Pack ... Opernkucker:* ebd., S. 130

412 *souveräne Kanaille:* ebd., S. 129

412 *Jede Nation ... haben recht:* ebd., S. 133

412 *Mir behagt ... Tod und Gruft:* ebd., S. 146

412 *Der Tod und ... Tod und Gruft:* TM, Briefe I, S. 134

413 *Indertum:* TM, Üms, S. 158 (zum Beispiel)

413 f. *Chronisten und ... des Ungeistes:* TM, BU, S. 153 f.

414 *Antithese von ... zurechtgelegt:* ebd., S. 168 f.

414 *als reihe die Tat ... und charakteristisch an:* ebd., S. 175

414 *Gerassel der ‹Alldeutschen› ... moralischer Krieg:* ebd., S. 185

414 *Demokratie und ... Ursprungs:* ebd., S. 207

414 *die radikale Republik ... ist die Republik:* ebd., S. 232

414 f. *gute und biedere ... Nebengeräuschen unterscheidet:* ebd., S. 245

415 *Innerlichkeit:* ebd., S. 257

415 *Ich will nicht ... nicht Ehre bringt:* ebd., S. 261

415 f. *Das deutsche Volk ... zu Sündenböcken machen:* ebd., S. 338 f.

416 *zur Niederlage ... nicht mehr werden:* ebd., S. 350

416 f. *nichts als Traum ... Seligkeit:* ebd., S. 376

417 *ein Künstler und ein Genie:* ebd., S. 379

417 *alles andere als ein Zivilisationsliterat:* PdM, Zauberer, S. 1091

417 *Sein Romantizismus ... der deutsche Mensch!:* TM, BU, S. 380 f.

417 *eine energische ... Intrigue:* TM, RR 4, N 18 / 1

418 *Pfitzners ... Sympathie mit dem Tode:* ebd., S. 426

418 *Meine Bücher ... als der poetische:* TM, Heinrich-Briefe, S. 138

418 *exzentrischen Humanität des Krieges:* TM, BU, S. 460

418 *Wenn ich ... Bericht zu liefern:* ebd., S. 459

419 *Und doch ... irgendein Feldtod:* ebd.

419 *O Herr gieb ... eignen Tod:* Rainer Maria Rilke, Sämtliche Werke, Bd. 1, S. 347

419 f. *Auch ist jedes Herz ... doch unbeschwert:* TM, BU, S. 459 f.

420 *tragischen Würde:* TM, BU, S. 473

420 f. *keine Lust ... glücklicher geworden:* ebd., S. 476

421 *dankbar gehobene ... Schönen Literatur:* ebd., S. 462

421 *daß jene von Marathon ... verdunkelt werden:* ebd., S. 468

421 f. *Es ist nur eine Oberflächenwahrheit ... ihm machen möchte:* ebd., S. 464

422 *Sah denn die Welt ... als die von heute?:* ebd., S. 470

422 *von einem begütigten und versöhnten Europa zu träumen:* ebd., S. 488

422 *Besser, als durch ... wissende Deutsche:* ebd., S. 490

422 f. *eine tragische ... weniger als andere:* ebd., S. 432

423   der menschlichste ... brüderlich gesonnen: ebd., S. 438
423   Wie ich das Russische ... Bündnis mit Rußland: TM, Briefe I, S. 140
424   Amerikanismus ... Ingenieursgeschlecht: TM, Bertram-Briefe, S. 210
424   antipolitisch ... nur der Fortschrittler: TM, BU, S. 520
424   Künstler-Aktivisten ... verzweifelten Judenjungen: TM, BU, S. 581
424   den politisierten Ästheten ... «Menschlichkeit»: ebd., S. 579
424 f. leidenden Führer: ebd., S. 577
425   erotische Ironie des Geistes: ebd., S. 570
425   Prototyp des intellektuellen Faschisten: Hermann Kurzke u. a., Thomas
      Mann und Alfred Baeumler, S. 7
425   Geist ... Unglücklich-Liebenden: ebd., S. 77
425 f. Die politische ... Ihrer Welt: TM, RR 4, N 19/1
426   Variationen ... natürlich kein Buch: TM, BU, S. 10
426   einem in seinen ... Künstlertum: ebd., S. 12
426 f. Darstellung eines ... zu einer Dichtung: ebd., S. 40
427   geistigen Schwerpunkt ... Humor: ebd., S. 22
427   tätigen Geist ... deutschfeindlich als Politik: ebd., S. 29
427   Meistersinger ... Überzeugungen in dieser Hinsicht: ebd., S. 31 f.
427 f. bei einem Zusammenschluß ... bestimmt war und bin: ebd., S. 39 f.
428   mehr als zweijährigen ... Kriegsbeschädigten: ebd., S. 9
428   Zwischenruf ... noch leben könnte: ebd., S. 16
429   mühsamen Gewissenswerk / Bekenntnis- und Kampfbuch: TM, Üms,
      S. 128
429   flach, halbgebildet ... Literatur zu erhalten: Samuel Fischer/Hedwig Fi-
      scher, Briefwechsel mit Autoren, S. 355
430   in bester Freundschaft ... Betrachtungen vertrage: TM, Tb 1918, S. 19
430   Sr. Exzellenz dem Genossen Ebert ... ehrenwerten Mann: ebd., S. 21
430   Die Selbstaufgabe ... es ist auch die meine: ebd., S. 23
430   Seltsame Nacht ... wurde beschlossen: ebd., S. 25
431   fast entrüstet ... In Gottes Namen: ebd., S. 26 f.
431   Wir haben es zusammen ... zu beruhigen ist: PdM, Zauberer, S. 1157
431   Wir weinten beide: TM, Tb 1918, S. 51
432   Apotheose ... antideutsch: PdM, Zauberer, S. 1103
433   künstlerisch ... seiner eigenen Affen: PdM, Zauberer, S. 1105
433   reißend / platt: TM, Tb 1918, S. 114
433   Menschenglauben: PdM, Zauberer, S. 1121
434   so jemand spricht ... ist ein Lügner: TM, DtR, S. 110
434   ohne große Mühe ... zu denken brauchst: HM, Heinrich-Briefe, S. 135 f.
434 f. Das brüderliche Welterlebnis ... Lebe wohl: TM, Heinrich-Briefe,
      S. 136–138
435   Nun glaube ... wenn man wollte: Julia Mann, Erinnerungen, S. 246
436 f. Lieber Tommy ... auch mich. H.: HM, Heinrich-Briefe, S. 139–142
438   der heroische: TM, Tb 1918, S. 31
438   der diesem Buch ... Schädigung that: TM, Boy-Ed-Briefe, S. 197 f.
439   ein Buch voller ... Mensch braucht: Kolbe, S. 336

439 *ganze Sentimentalität ... projiziert):* Oswald Spengler, Briefe 1913 bis 1936, S. 24

439 f. *einer Art Selbstvivisektion ... Kerle besitzt:* Schröter, S. 85–87

440 *Pogrom gegen den Geist:* PdM, Zauberer, S. 1093

440 *widerwärtigen Schmöker ... Antihumanismus:* Schröter, S. 73

440 *unbewußten Drang ... guten Kinderstube:* ebd., S. 77 f.

440 *Stimme des Volkes ... als chantage:* ebd., S. 81

440 f. *Es wäre für Deutschland ... als der Bruder:* PdM, Zauberer II, S. 24

441 *Bestürzung, Verwirrung, Empörung:* TM, Tb 1919, S. 184

441 *welch ein widerwärtiges Gethu ... Inkorrektheit wirklich schuldig:* TM, Tb 1918, S. 184

441 *herzlich gegen ... Amann'schen Artikels:* TM, Tb 1918, S. 257

441 *Selbstanzeige ... verpfuscht:* TM, Bertram-Briefe, S. 63

442 *tapferer / dickeren Nerven:* TM, Briefe I, S. 150

442 f. *Um Ihnen würdig ... beglaubigt werden mag:* ebd., S. 150–152

443 *Choc ... was man alles erlebt:* TM, Bertram-Briefe, S. 79

443 *spazierend ... hatte ‹gesiegt›:* TM, Tb 1952, S. 232

444 *Ich wünsche ... Tugend-Demokratie:* TM, Tb 1918, S. 33

444 *Triumph der Tugend ... beinahe zu wünschen:* ebd., S. 24

445 *Keine Zeitung ... souveränen Massen:* TM, Tb 1918, S. 58–60

445 *alles sich sehr ordentlich an:* ebd., S. 64

445 *nichts als Ruhe und Ordnung:* ebd., S. 65

445 *eben die deutsche, wenn auch Revolution:* ebd., S. 67

446 *Herr Fritz Bremer ... Verbindung stand:* KM, Kind dieser Zeit, S. 23

447 *sehr angemessen:* TM, Bertram-Briefe, S. 50

448 *ein sensitives kleines ... Liebe disponiert:* TM, Boy-Ed-Briefe, S. 194

449 *man kann wohl ... ein Kerl erschossen:* KM, Kind dieser Zeit, S. 65

450 *Regenschirm und Seife ... die Revolution:* KM, Wendepunkt, S. 70 f.

451 *Ekel und Haß / nichtswürdige Gesindel:* TM, Tb 1921, S. 531

451 *Die großen Worte ... Bedeutung bringt:* TM, SE, S. 95

451 *Ja, auch Bauschan ... Anblick von der Welt:* ebd., S. 41

452 *Knechtsfreundschaft ... mannentreuen Augen:* ebd., S. 22

452 *Karbatsche vom Nagel:* ebd., S. 34

453 *Zwar hat auch ... Gesang gepriesen:* TM, RR 4, N 20 / 2

453 *Das schwankende Köpfchen ... eingetretenen Unpäßlichkeit:* TM, Tb 1918, S. 18 f.

454 *durch die verschlossene ... als dritter Griff:* ebd., S. 10 f.

455 *eleganten jungen Mann ... junger Heiliger:* ebd., S. 111–113

455 *und auf wirtschaftliche ... zu rechnen haben:* ebd., S. 17

456 *Katja's entschiedenem ... bessere Teil erwählt:* ebd., S. 20

456 *eine alte Silberschale ... in einfältiger Empörung:* ebd., S. 43

456 *idyllisch-menschliche ... und Sinnigkeit:* ebd., S. 47

457 *sehr gerührt / Intimsten:* TM, Tb 1919, S. 131

457 *du erst, mein Liebling ... Gesetzen der Art:* TM, SE, S. 106 f.

457 *Letztgeborenes du ... besonderen Knaben:* ebd., S. 103 f.

457 *Intimste ... Bedenken garnicht:* TM, Tb 1919, S. 131
458 *biographisch ... heraus zu geben:* ebd., S. 142
458 *gemeinsame Motiv / Mischlings-Thema:* TM, Tb 1918, S. 120
458 *Als ich im goldenen ... das rote Gewand:* TM, SE, S. 123
458 *Dürftig nährte ... und Eiweiß:* ebd., S. 112
459 *Zum Frühstück Verehrung und Dankbarkeit genug:* TM, Tb 1918, S. 48
459 *doch sehr ergriffen ... mich erschüttert:* ebd., S. 54
460 *auf sybaritische ... und Menschenliebe»:* TM, Faustus, S. 457
460 *kleinen Hochstapler mit den Grübchen in der Wange:* TM, Tb 1918, S. 105
460 *München, wie Bayern ... ausschließlich um Juden:* ebd., S. 63
460 *freie, allzu freie ... als Null:* TM, Faustus, S. 457 f.
460 *Ich muß ... öfter Versammlungen besuchen:* TM, Tb 1918, S. 106
461 *rote Fahne auf ... und ich nicht ihr:* ebd., S. 67
461 *Der Humbug ... den ich anmelde:* ebd., S. 42
461 *Durch die Sicherstellung ... bolschiwistische Terror abgewandt:* ebd., S. 72
461 *gegen die Aufrichtung ... kulturfeindlich wäre:* ebd., S. 76
461 *Deutschland, wie immer ... Rußland wünschen lassen:* ebd., S. 84 f.
461 f. *Die russische ... keinen Zweifel:* TM, Faustus, S. 456
462 *Aber die Proletarierkultur! ... Kommunismus beinahe:* TM, Tb 1919, S. 186
462 *Meine Teilnahme ... nicht sinnlos:* ebd., S. 176
462 *Ablehnung des Friedens ... Hoch der Kommunismus!»:* ebd., S. 178
462 *Ich nahm mir für ... Bücher nicht entzwei:* TM, Tb 1918, S. 85
463 *diese schöne Haltung:* PdM, Zauberer, S. 1120
463 *im Salon Weihnachtslieder ... meines guten Herzens:* TM, Tb 1918, S. 114–116
464 f. *Deutsche Revolution ... zu führen weiß:* zit. nach Frankfurter Allgemeine Zeitung, 20. Januar 1994
465 *der eigentliche Sieger:* TM, Tb 1918, S. 31
466 *bei einem Fluchtversuch ... meinem Zimmer:* TM, Tb 1919, S. 136
466 *der Ehren ... bereits als feststehend:* ebd., S. 148
466 *Erschütterung, Entsetzen und Widerwillen gegen das Ganze:* ebd., S. 154
466 *unangenehm:* TM, Tb 1918, S. 95
466 *Hirnlosigkeit ... Augenblick:* TM, Tb 1919, S. 155
466 *die bürgerliche Presse ... darin zum Ausdruck:* TM, Tb 1918, S. 98
466 *Die Schulkameraden ... u. getanzt:* Tb 1919, S. 155
466 f. *Nach dem Abendessen ... Offiziere abgesehen zu haben:* ebd., S. 155
467 *aus Zeitmangel nicht ... gesetzt werden dürfen:* ebd., S. 163
467 *Ehrennamen eines Civilisationsliteraten / Nicht übel:* ebd., S. 173
467 *Wegzug ... Absurditäten zu zeitigen:* TM, Boy-Ed-Briefe, S. 204
467 *das verabscheuungswürdige ... des Militärs:* TM, Tb 1919, S. 166
467 *Ich hätte nichts ... sich hüten wird:* ebd., S. 196
468 *horribel:* ebd., S. 174

468 *Muhmen:* TM, SE, S. 110

468 *Fließend redete ... Wortstrom:* ebd., S. 133

468 *Vespermahlzeit ... gebietenden Angeln:* TM, SE, S. 136

468 *saß ganz vorn auf eingeschobenem Stuhl:* TM, Tb 1919, S. 196

468 *braven Noske ... verloren zu geben hat:* ebd., S. 199–202

468 *Ich begann nach ... zu schreiben:* ebd., S. 205

468 f. *Die Münchener ... exemplarisches Gericht:* ebd., S. 219

469 *in Gestalt der vereinigten ... Genugtuung registriert:* Kolbe, S. 309

469 *eigentümliche Rolle ... den Zbg. einzubeziehen:* TM, Tb 1919, S. 222 f.

470 *standrechtlich ... nicht zu beklagen:* ebd., S. 227

471 *mit einem Maschinengewehr ... geschossen:* Alfred Wolfenstein, zit. nach Frank Schirrmacher, Es schafft der Mann sich eine große Zeit, in: Frankfurter Allgemeine Zeitung, 14. April 1992

471 *auf geradezu abgründige Weise die Schicksale kreuzen:* ebd.

471 *Geschlechtliche Nacht ... war abscheulich:* TM, Tb 1919, S. 219

471 *In der Stadt sind ... Herrschaft der Crapule:* ebd., S. 227

471 *die böse Nachricht ... Spartacisten:* ebd., S. 229

473 *seiner Schicksalsgemeinschaft ... Zukunft findet:* Kolbe, S. 324

473 *alte Waschweib des Ozeans:* TM, Tb 1920, S. 385

473 f. *asiatische Gefahr ... Anhänglichkeit besitzt:* TM, Tb 1919, S. 233

474 *Es entspricht dem ... seine liebste Freundin wäre:* zit. nach Alexander Gauland, Zwischen tragischer Geste und demokratischer Anstrengung, in: Frankfurter Allgemeine Zeitung, 27. März 1990

475 *epischen Naturkräften ... gar unbeträchtlich:* TM, Tb 1919, S. 265

475 *Mit dem englischen ... wohl eigentlich nicht:* TM, Bertram-Briefe, S. 89 f.

475 *neben Goethe ... Sinnlichkeit und Moralismus:* TM, Tb 1918, S. 107

475 *heilige russische Literatur:* TM, BU, S. 438 f.

476 *einzigen Mann ... unvergleichlich gewaltiger:* TM, Tb 1920, S. 398

476 *ein gewisser ... zu bejahen:* TM, RR 1, 19 / 58

476 *Seine Größe war ... bildender Vernunft:* Klaus Schröter, Heinrich Mann, S. 100 f.

476 *britischen Banker-Vernunft / Notarsmentalität der Franzosen:* Joseph Rovan, Le traité de Rapallo, in: Le Monde, 19. / 20. April 1992 (Übers. Harpprecht)

477 *Wie ist es möglich ... Zwiespältigkeit:* TM, Tb 1919, S. 216 f.

477 *männliche, großartig-skeptische ... Schrift:* TM, Tb 1919, S. 349

478 *bedientenhaft / entsetzlich:* ebd., S. 326

478 *den man taktvoller Weise ... Unglück für ihn:* TM, Tb 1920, S. 382 f.

478 *Heinrichs Stellung ... stören zu lassen:* ebd., S. 391

478 f. *Wäret ihr doch ... im himmlischen Paradiese:* TM, Briefe I, S. 168

479 *ohnedies geradezu naive ... bestürmen mich:* TM, Bertram-Briefe, S. 85

479 *Es kommt die Luft ... Armin Martens-Schädel hat:* TM, Tb 1919, S. 282

479 *Lackel mit ... literarischen Gegenwart:* ebd., S. 291

479 *schlimm verstockte Dummheit:* ebd., S. 282

479 *genußsüchtig:* ebd., S. 282 f.

479 *farbig-feucht verschleierten ... schriebe ich's heute:* Gottfried Bermann Fischer, Bedroht – Bewahrt, S. 39 f.

480 *Langweile mich ... Ball spielen:* TM, Tb 1919, S. 286

480 *allerprivatesten Rücksichten:* TM, Tb 1918–1921, S. X

480 *Seine Beine ... und Jugendschmerz:* TM, Tb 1919, S. 287

480 *ziemlich tiefer Stimme ... aus Diskretion:* ebd., S. 290

480 *K. beigewohnt ... getrosten Abwarten:* ebd., S. 292

480 *Es unterliegt ... Invertiertheit sind:* ebd., S. 303

481 *Penetranter Weibsgeruch:* TM, Tb 1920, S. 420

481 *Rencontre mit K. ... was mich verwirrte:* ebd., S. 453 f.

482 *Ohne gerade eigentlich ... ohne Zweifel:* ebd., S. 431 f.

482 *mehr und mehr problematische ... hysterisch:* ebd., S. 372

482 *Gefallen an Erika und Klaus:* ebd., S. 395

482 *Verliebt in Erika ... Zärtlichkeit freut:* ebd., S. 445

483 *Verliebt in Klaus ... Vater-und-Sohn-Novelle:* ebd., S. 451

483 *Entzücken an Eissi ... Sohn verliebe:* ebd., S. 454

483 *Las gestern Abend ... glaube ich, freut:* ebd., S. 455

483 *K. sehr glücklich ... erschüttern zu lassen:* ebd., S. 470

483 *Umarmung mit K. ... tief und warm:* TM, Tb 1921, S. 517

485 *Vergnüglichkeit und Titulierung:* TM, Tb 1919, S. 289

486 *gelehrte Würde ... schreiben verstehen:* TM, Tb 1920, S. 359

486 *Dichter von großen ... Kunstwerk gestaltet:* Paul Egon Hübinger, Thomas Mann, die Universität Bonn und die Zeitgeschichte, S. 370

486 *enthusiastischen ... Vaterlandspartei:* ebd., S. 41 f.

487 *edelnationalistisch:* ebd., S. 61

487 *nicht kriegsbegeistert (...), sondern schicksalsbegeistert:* TM, DtR, S. 175

487 *Einigung Europa's ... deutschen Nationalität:* TM, Tb 1920, S. 470

488 *Deutschland zumal ... Wurzeln fassen könnte:* ebd., S. 477 f.

488 f. *Während der ersten ... dann umgehen ließ:* TM, Tb 1919, S. 280

489 *einerseits leichtfertig ... Radikalismus:* TM, RR 1, 21 / 109

489 *Diese geistliche ... fade zu erscheinen:* TM, Tb 1920, S. 476

490 *nur Deutscher:* TM, DtR, S. 174

490 *ein seelisches Symbol ... gleichbedeutend:* TM, RR 1, 21 / 53

490 *Ich liebe ... gefallen wollen:* ebd., 21 / 71

490 f. *meine Sache ... Völkischen:* TM, DtR, S. 173 f.

491 *Herrn Peter Mille:* ebd., S. 178

491 *ihnen gleichgültig ... von Unterernährung:* ebd., S. 180 f.

491 *Auflehnung seines ... Zivilisation:* ebd., S. 185

491 *tiefster Überzeugung ... Curtius und Gide:* ebd., S. 188

493 *Morgens sehr ... schlecht aufgehoben:* TM, Tb 1919, S. 334

493 *Sie können sich denken, daß ich ganz Auge bin:* TM, Bertram-Briefe, S. 95

493 *Traumhaft ... heftig hingefallen:* TM, Tb 1921, S. 483

493 *Ovationen ... Verehrung:* ebd., S. 486

493 f. *wundervoll gewachsenen ... Diners u. Soupers:* ebd., S. 544 f.

494   *damit er sich Mühe gäbe:* TM, Tb 1919, S. 275
495   *jüdisch ... Kultur zu entwurzeln:* Paul Egon Hübinger, Thomas Mann, die Universität Bonn und die Zeitgeschichte, S. 88
495   *besonderen Taktlosigkeit ... ungebührliche Kopulation:* TM, LuG, S. 32
495   *urrussisch ... bärenmäßig:* ebd., S. 102
496   *kritischen Überwachung:* TM, Üms, S. 132
496   *Stiefbruder des Dichters:* TM, FdT, S. 382
496   *die unter uns Deutschen ... fließend ist:* TM, Üms, S. 131
496   *Muß man denn ... Berufskarte Dichter:* TM, LuG, S. 25
496 f.   *dem Haß auf ... zurückwerfen möchte:* ebd., S. 139 f.
497   *Wir brauchen hier ... ins Unrecht zu setzen:* ebd., S. 140 f.
498   *die Menge in tiefster Aufmerksamkeit:* TM, Bertram-Briefe, S. 104
499   *Grippe, Blinddarm ... einige Zeilen sandte:* TM, Briefe I, S. 197
499   *Es waren schwere ... Herz ist, wie mir:* ebd., S. 196
499   *Ich verlasse ... Gott hat gelenkt:* Julia Mann, Erinnerungen, S. 290
499 f.   *Art von offizieller Feier ... «c'est la paix!»:* VM, Erinnerungen, S. 316
500 f.   *Freudig bewegt ... seine Teilnahme zugesagt:* TM, Briefe I, S. 197 f.
501   *Uns Deutschen ... Sympathie mit dem Organischen:* TM, RA, S. 620
501 f.   *Ein grundangenehmer ... imperiale Gala-Oper:* TM, DtR, S. 133
502   *ob es nicht möglich ... offene Tür eingestoßen:* Paul Egon Hübinger, Thomas Mann, die Universität Bonn und die Zeitgeschichte, S. 84
502   *nationale Staatsidee ... unnatürliche Triumph:* TM, Brief an unbekannt, 29. Mai 1921 (Deutsche Bibliothek, Deutsches Exilarchiv 1933–1945, Frankfurt a. M.: Nachlaß Richard A. Bermann)
503   *Um mich zu ... Berlin erfolgen:* TM, RR 4, N 22/5
503   *lutherisch durchfechten:* TM, Brief an Klaus Pringsheim, 26. September 1922, TMA
503   *Welche Finsternis ... Wahnsinn verführt:* TM, Bertram-Briefe, S. 112
503   *Höhepunkt meines ... Vater Ebert:* TM, DtR, S. 119
503   *Seine Exzellenz / ehrenwerter Mann:* TM, Tb 1918, S. 21
504   *Volkskönig:* TM, DtR, S. 119
504   *Grad von Ungeistigkeit:* TM, RR 4, N 21/9
504   *König der Republik ... Krieg ist Lüge:* TM, DtR, S. 119–123
504   *sentimentaler Obskurantismus ... anderen Worten anhaften:* ebd., S. 125
504   *Die Republik ... zu deuten genötigt ist:* ebd., S. 124
504   *Republik ist das ... der Vergangenheit:* ebd., S. 126 f.
505   *Ihr wart die Republik ... den republikanischen Wind!:* ebd., S. 131 f.
505 f.   *Ja, wenn nicht die Gegenwart ... erhaltender Art ist:* ebd., S. 135
506   *hymnischen Amerikanertum ... ich diese Lieder:* ebd., S. 138
506   *Abendmahl-Erotik ... wundersam schillernde:* ebd., S. 156
506   *Gesundheit / Krankheit / Knabenverehrung:* ebd., S. 155 f.
507   *der Krieg mit seinen ... terroristischen Akten:* ebd., S. 154 f.
507   *fidelen Schieberkönig / echte Blüte der Republik:* TM, Tb 1920, S. 388
508   *«Magie» und Musik ... Poesie:* Käte Hamburger, Thomas Mann und die Romantik, S. 55

508 *ohne den Tod ... ohne den Tod:* TM, RA, S. 558

508 *auflösende, formzerstörende ... Lebenssinnes:* Käte Hamburger, Thomas Mann und die Romantik, S. 57

508 *Desoxydation ... Tief biologisch-moralisch:* TM, DtR, S. 158

509 *Das Interesse für Tod ... «Es lebe die Republik!»:* ebd., S. 157–159

510 *gehobenen Augenblicken ... kritische Überwachung:* TM, Üms, S. 132

510 *Zwischenäußerungen ... Demokratie von 1922:* Schröter, S. 99–102

510f. *Überläuferei ... nur Mittel zum Zweck:* TM, DtR, S. 116f.

512 *umschäumt:* TM, Briefe I, S. 200

513 *immer ein bißchen ... Herrn Feuchtwanger:* KM, Wendepunkt, S. 85

514 *Pervers ist nett ... Pervers ist unerreicht:* KM, Kind dieser Zeit, S. 170

514f. *Ich las fast keine ... muß berühmt werden:* KM, Wendepunkt, S. 83

515 *Was ist Genie? ... Wo ist Gott?:* ebd., S. 81

515 *ein weicher ... ihm seine Schule:* ebd., S. 101

516 *dem weißen, wehenden ... und milden Hauptes:* TM, Kind dieser Zeit, S. 135f.

516 *gierig, enthusiastisch ... entdeckte meinen Olymp:* KM, Wendepunkt, S. 105

516 *gewissen Knaak ... das Große:* KM, Briefe, S. 12

516 *Schön ist es ... Wende der Zeit:* KM, Maskenscherz, S. 9–12

517 *Was hatten ... miserable Kindheit:* GM, Jugend, S. 362

517 *Zaungast:* Michael Mann, Fragmente eines Lebens, S. 150

517 *im Frack gingen:* GM, Jugend, S. 57

517f. *und zwar neben mir ... und ihrer Pflegerin:* ebd., S. 91f.

518 *gegen die alte Frau (...) nicht so nett gewesen:* ebd., S. 95

518 *Dort besuchten wir sie ... Nacht kaum überleben:* ebd., S. 92f.

518 *Die Kranke ... zu sehr erregen:* VM, Erinnerungen, S. 346

518 *tief verstimmt ... unterbrechen mußte:* GM, Jugend, S. 94

518 *Mama lag ... veränderter Stimme:* VM, Erinnerungen, S. 346

518f. *Teebesuch ... Tränen aus den Augen:* ebd., S. 348f.

519 *Nie sah ich ... ein einziges Mal:* GM, Jugend, S. 62

519 *einer Menge brutaler ... traurig gewesen bin:* TM, Bertram-Briefe, S. 118

519 *Du mußt reich ... mehr Kopeken.* TM, Tb 1920, S. 417

520 *auf einige Wochen ... im Hausstand:* TM, Briefe I, S. 203

520f. *wir kamen das erstemal ... sofort Tänzer werden:* KM, Kind dieser Zeit, S. 156–159

521 *geschlossenste und klarste Persönlichkeit:* ebd., S. 174

521 *von Natur unnatürlich ... Hingabe und Leidenschaft:* KM, Wendepunkt, S. 137

522 *Kinderei:* TM, Boy-Ed-Briefe, S. 226

522 *Vater-Sohn-Konflikt ... Revolutionär:* KM, Kind dieser Zeit, S. 172

523 *Abfall, Selbstverrat ... über Europa hingeht:* TM, Boy-Ed-Briefe, S. 223

523 *die großen Meister Deutschlands ... Zugeständnis zu machen:* TM, Boy-Ed-Briefe, S. 224

523   gewisse anti-liberale ... Wesen zu ernennen: TM, Briefe I, S. 207
524   Haben diese Thoren ... Respekt erzeugt: TM, Bertram-Briefe, S. 117f.
524   in der Granit- und Steineichen-Ebene ... Frau aber nicht: ebd., S. 122
524 f. die Herren Franzosen ... vor Augen führen: ebd., S. 121
525   Sie haben Ihr Deutschtum ... ewigen Beruf: Paul Egon Hübinger, Uni-
      versität Bonn, S. 87
526   deutsche Bürger und ... zum Republikanertum: TM, DtR, S. 195 f.
526   jeden Zynismus und ... Diktatur und Terror: ebd., S. 199
526   Was sie sahen ... nicht sterben will: ebd., S. 201
526   klugen Affen: TM, Boy-Ed-Briefe, S. 224
527   Wir sind ein aufgewühltes ... zwischen den Kulturen: TM, FdT,
      S. 110–113
527   bleiernen Geschichtsmaterialismus ... Zivilisation: ebd., S. 117
528   Lieblingszitat ... das macht dich groß: TM, RA, S. 74 (Heinrich Heine,
      Gesamtausgabe, hg. von Klaus Briegleb, Bd. 11, S. 49 und 50)
529   famosen Körper: TM, Tb 1920, S. 364
531   nur deshalb schreiben ... überlastet worden wäre: TM, Amann-Briefe,
      S. 53
531   sehr ernsten Scherze: TM, RA, S. 72
531   geistige Dienst an der Waffe: ebd., S. 73
531   schlichten / verschmitzten Helden: ebd., S. 74
531 f. lateinisch-rednerischen Anwalt ... Sympathie mit dem Tode: TM,
      Amann-Briefe, S. 5
533   guten Jungen: TM, Briefe I, S. 220
533   guten Russentisch: TM, Zauberberg, S. 770 (zum Beispiel)
533   Kätzchen: ebd., S. 768 (zum Beispiel)
533   bis zu den Schultern hinauf / Lilith: ebd., S. 460f.
533   Parler français ... en rêve: ebd., S. 474
534   le corps ... les cuisses: ebd., S. 481 f.
534   Innenporträt: ebd., S. 784 (zum Beispiel)
534   Eindeutigkeit in der ... Charitas: ebd., S. 841
534   schwankenden Sinnen: ebd.
534   eigenartig zwischen Knaben- und Frauenliebe: Hans Wysling, in: Hel-
      mut Koopmann (Hg.), Thomas-Mann-Handbuch, S. 406
535   Tarnungsverfahren / autobiographische Erlebnisse verdeckend enthül-
      len: ebd.
535   sinnlichste: TM, Tb 1920, S. 396
535   N'oubliez ... mon crayon: TM, Zauberberg, S. 483
535   Leo Naphta ... Duell führen werden: TM, Bertram-Briefe, S. 109
536   Ein kleiner, magerer ... folgerecht sein werde: TM, Zauberberg, S. 523
537   heiligen russischen Literatur: TM, BU, S. 438 f.
537   konservativen Revolution: Helmut Koopmann (Hg.), Thomas-Mann-
      Handbuch, S. 399
537   Romantiker: Hans Mayer, Thomas Mann, S. 128
537   letzten Wandlung und Läuterung: TM, Zauberberg, S. 715

537 *Ostens und der Krankheit:* ebd., S. 705

537 *mediterran-klassisch-humanistische / historischen Roman:* TM, Briefe I, S. 255

538 *bezeichnenderweise … die armen Leute:* Hans Mayer, Thomas Mann, S. 134

538 *im Licht neuer gesellschaftlicher Erfahrungen:* ebd., S. 138

538 *die eigentlichen … schwerem Bedauern:* TM, RA, S. 86 f.

538 *Einige Kritik … viel, viel wichtiger:* TM, Briefe I, S. 238

539 *eigentümlicher … undeutlicher Mann:* TM, Zauberberg, S. 774

539 *Gut, mein Junge … und Manneskraft:* ebd., S. 792

539 *groß, breit und … mächtige Haupt:* ebd., S. 776

539 *königlicher Mann:* ebd., S. 791

539 *weh zerrissenem Mund:* ebd., S. 785

539 *Das ist er!:* TM, LuG, S. 645

539 *dummer alter Mann:* TM, Zauberberg, S. 817

539 *stolzen Trunkenheit:* ebd., S. 793

539 *Leben / Sorgenkind:* ebd., S. 433 (zum Beispiel)

540 *Der Mensch soll … über seine Gedanken:* ebd., S. 694 f.

540 *philosophischen Taugenichts:* ebd., S. 782

540 *alkalisch-salzigen Drüsenprodukt / etwas Muzin und Eiweiß darin:* ebd., S. 753

540 *sinnlich und geistig verliebt:* TM, Briefe I, S. 232

541 *den Tod zur komischen Figur zu machen:* ebd., S. 231

541 *Weltfest des Todes:* TM, Zauberberg, S. 1006

541 f. *In der Nacht … Rindvieh und eine Person:* EM, Briefe I, S. 11 f.

542 *Das ist nicht wahr … will es nicht leugnen:* TM, Briefe I, S. 223

542 *Verrat … pietätlose Ausbeutung:* ebd., S. 224

542 f. *bewährte Peeperkorn-Gelage … der Welt leugnen:* Samuel Fischer / Hedwig Fischer, Briefwechsel mit Autoren, S. 424

543 *Der Roman ist … geringes Ereignis:* ebd., S. 253

543 *doch wohl sehr verstimmt … jetzt zu schwarz:* ebd., S. 425

544 *Die Sache Thomas Mann … hasse ich:* ebd., S. 255

544 *Die anderen sind so … Vorhaben abzustehen:* TM, Briefe I, S. 223

544 *Überbringen Sie … Einem Ungenannten:* Samuel Fischer / Hedwig Fischer, Briefwechsel mit Autoren, S. 425

544 f. *Lieber, großer … lebendig zu sein:* TM, Briefe I, S. 234–236

546 *Liebe und Ehrfurcht … Seele rührte:* TM, RA, S. 262

546 *das Gran Ironie:* ebd., S. 265

546 *germanischen Liebling … sein Werk:* ebd., S. 264 f.

547 *Art von … Erziehungs-Romanes:* TM, Briefe I, S. 214

547 *Wilhelm Meisteriade:* TM, Zauberberg, S. 1055

547 *Wilhelm Meisterchen:* TM, Bertram-Briefe, S. 116

547 *Bildungsroman … eine Verfallsgeschichte:* Helmut Koopmann (Hg.), Thomas-Mann-Handbuch, S. 420

548 *Denken Sie … schlichter Mann!:* TM, Briefe I, S. 220

549   «*Mit Fünfzig!*» / *tiefen Spaß:* GM, Erinnerungen an meinen Vater, S. 17

549   *Windbeutel:* TM, Bertram-Briefe, S. 136

549 f.   *Und so werde ... Ausflug alle zusammen:* TM, Bertram-Briefe, S. 136

550   *Joseph ist er ... brav zu fahren:* TM, Briefe I, S. 246 f.

551   *wie Geschrei / vom spitzen Kopf der Hut:* Jakob von Hoddis, Weltende, in: Expressionistische Gedichte, hg. von Peter Rühmkorf, S. 61

551   *als etwas Gegebenes ... nicht aussehen alsob:* TM, Bertram-Briefe, S. 116

552   *unseren Sozialismus ... sich zu vollziehen:* TM, LuG, S. 141

553   *Recken der Vorzeit ... des deutschen Volkes:* TM, Briefe I, S. 239

553 f.   *Sie leben sehr gut ... steht vor der Tür:* TM, Üms, S. 401 f.

554   *Gelichter, gegen das ... beschämender Indiskretion:* ebd., S. 404 f.

554   *einen Blick auf ... nützlich sein:* TM, Bertram-Briefe, S. 136

555   *fuhr in einem Buick-Wagen die Akropolis hinan:* TM, Üms, S. 408

555   *Wir haben uns viel ... gehende Quasselei:* TM, Briefe I, S. 239

556   *einer in ihrer Art ... Lebensfreundlichkeit Münchens:* TM, Gesammelte Werke in zwölf Bänden, Frankfurt a. M. 1960, Bd. XI, S. 370 f.

556 f.   *Wenn ich einen ... Dichter und Schriftsteller:* TM, Üms, S. 361

557   *rhythmisch nicht ... einem Werk sonst:* Schröter, S. 134 f.

557   *Mögen in unserem ... fröhlich gelingen:* ebd., S. 137

557   *geistigen Grundpfeiler ... Gesellschaftskultur:* Kolbe, S. 381

557 f.   *Die Sensation des ... verwischt:* Schröter, S. 140 f.

558   *Ich sehe mich ... je träumen ließ:* TM, Üms, S. 359

558   *Der Ruhm zu Lebzeiten ... Zeit bestehen wird:* ebd., S. 361

558   *fragmentarischen ... sehr spät erlernt:* ebd., S. 360

559 f.   *Dir, Thomas Mann ... dämonischer Natur:* Schröter, S. 122–128

560   *einzige lebende ... göttliche:* Arthur Schnitzler, Briefe 1913–1931, S. 374

560 f.   *himmlischen Länge ... endigen kann:* ebd., S. 972

561   *schon heute classisch:* ebd., S. 378

561   *redlich ins Zeug gelegt:* TM, Bertram-Briefe, S. 141

561 f.   *sein erhaltender Instinkt ... ganz schön und gut:* TM, SE, S. 155

562   *ohne Verstand:* ebd., S. 182

562   *Beißer ... einen kleinen Mund:* ebd., S. 153

562 f.   *Höheren Töchterschule ... gelockt hatte:* MM, Vergangenes, S. 53 f.

563   *aristokratische ... kleinen Welt:* ebd., S. 57

563   *sehr reizvolles Mädchen ... unbedingt «in Kairo»:* TM, SE, S. 146

563   *den Rand ... mit dem Vater:* ebd., S. 148

563   *nach Art aller Väter ... Vaterpessimismus ist stärker:* ebd., S. 171

563 f.   *Kanntest Du die ... allerorts vorliest:* KM, Briefe, S. 30

564   *große, gemeine Verleumdung:* ebd., S. 668

564   *eben nur geglaubt ... Tuns klar zu sein:* ebd.

564   *die menschliche Wirkung ... auf Lob gerechnet:* ebd.

564 f.   *Wenn Sie mir meine ... Berlin uraufgeführt:* ebd., S. 20

565   *Wie finden Sie es ... keine zehn Pferde:* TM, Bertram-Briefe, S. 134 f.

565f. *Er glitzerte und sprühte ... stürmisches Telegramm:* KM, Wendepunkt, S. 163

566 *Es erschütterte mich ... gewissermaßen über beide:* KM, Briefe, S. 37

566 *Unterwegs bin ich ... ganz zufällig:* ebd., S. 28

566 *Meine Unrast ... Wechsel und Bewegung:* KM, Wendepunkt, S. 166

567 *unerbittlich verkniffenen Mund:* KM, Maskenscherz, S. 135

567 *strengen, träumenden Stirn:* ebd., S. 175f.

567 *summend und murmelnd ... und froh:* ebd., S. 133

567 *tüchtigen und brauchbaren:* ebd., S. 132

567f. *Um ihr finsteres ... ihm dienend ergeben:* ebd., S. 133

568 *Ich sehe mich ... wenn du elend bist!»:* KM, Wendepunkt, S. 176f.

568 *Dem geschätzten ... hoffnungsvoller Vater:* ebd., S. 172

569 *so nahe zum Stamme ... laufen will und kann:* TM, Bertram-Briefe, S. 135

569 *auf ganz anständige Art ... Homoerotik, ei, ei:* TM, Briefe I, S. 247

569 *menschlich Ewigen / sterile Libertinage:* Hermann Graf Keyserling, Das Ehe-Buch, S. 213 / 218

570 *Niedrige Übertemperaturen ... Krankenzimmer gewährt:* TM, Üms, S. 266

570 *Das Fieber will ... bedrückt mich sehr:* TM, Briefwechsel, S. 212

571 *eleganteste französische ... niedrigen Mondänität:* TM, Üms, S. 269

572 *kein germanischer Recke ... halbsüßen Graves Supérieur:* ebd., S. 271–273

572 *eben doch etwas anderes ... von Grund aus:* ebd., S. 328

573 *Jagdgrund ... nachgerade gleichkommt:* ebd., S. 309

573 *gefährlichen Pan-Germanisten:* Janet Flanner, Janet Flanner's World, S. 179 (Übers. Harpprecht)

573f. *dem deutschen geschichtsphilosophischen ... Demokratie an Boden gewönne:* ebd., S. 277f.

574 *Ich sprach für ... Entstellung:* ebd., S. 276f.

574 *die Welt ein anderes ... sein Vorzeichen änderte:* ebd., S. 300

574f. *Meine Partner haben ... dennoch gut verstehen:* ebd., S. 337

575 *Europäischen Deutschland:* TM, LuG, S. 339 (zum Beispiel)

576 *heiterer Häßlichkeit:* TM, Üms, S. 288

576 *erzählt aufs freundlichste ... meine Existenz erörtern:* ebd., S. 288f.

577 *Wir haben das Unglück ... Sporen der Moralisten:* ebd., S. 293

577 *Considérations d'un ... Glänzend bemerkt:* ebd., S. 298f.

578 *Teilnahmslosigkeit der französischen literarischen Welt:* TM, Üms, S. 352

578 *Dünkels der Abstraktion ... blutbefleckte Sekte!:* ebd., S. 345

579 *apostolischen Sendung ... Verehrer Nietzsches:* TM, Bertram-Briefe, S. 148f.

579 *Wir haben ja früher ... Zustimmung nicht geben:* ebd., S. 268

579 *professorale Chauvinismus / ganz vortrefflich:* TM, RR 1, 26 / 45

580 *Höchst anmutig ... ins einzelne auszumalen:* TM, Üms, S. 138

580 *Wer weiß ... wenn man es erwägt:* ebd., S. 313f.

581 *Da brachen auf ... vierzig Nächte:* TM, Bertram-Briefe, S. 267

581 *Sie müssen bedenken ... so sonderbar anzieht:* ebd., S. 146

581 *Sie bestätigt mir ... als Mythus erleben:* ebd., S. 154 f.

581 f. *Flügelstück eines historischen Triptychons / epische Pedanterie / Fanatismus des «ab ovo»:* TM, Üms, S. 89

582 *die Sensibilität des Nordens:* ebd., S. 42

582 *Lebensbürgerlichkeit ... Todesvagabondage:* ebd., S. 39

582 *neue Solidarität ... seelischen Einheit:* ebd., S. 36 f.

582 *Idee der Mitte ... selber kein Extremist sein:* ebd., S. 48 f.

583 *Gedenkfeier / Meistersingern:* TM, Boy-Ed-Briefe, S. 231

583 *das solemne Mißverständnis ... ihn uns bereiten:* TM, Briefe I, S. 242

584 *Die Nachricht von Eris ... wir doch zusammen:* KM, Briefe, S. 35

584 f. *Der flitterhafte Glanz ... bemerken wollte:* KM, Wendepunkt, S. 171 f.

585 *wie genußreich, schön und anregend:* KM, Briefe, S. 39

585 *diese dichtenden und ... war wieder da:* TM, Briefwechsel, S. 213

586 *Oberregisseur:* TM, Bertram-Briefe, S. 151

586 *junge Gatte ... begabt als Künstler:* TM, RR 1, 26 / 129

586 *Wann hätte ein ... einen Typus darzustellen:* KM, Zahnärzte und Künstler, S. 405

586 *Mitte Juli:* KM, Mephisto, S. 133

587 *war ein großer Mann ... neben allem Glück:* ebd., S. 128

587 *ein großer Schreck ... flirtete mit Gustaf:* EM, Briefe I, S. 13

587 *rührend:* KM, Briefe, S. 37

587 *Schön und wohlgeglückt ... bedeutenden Proletarierführer:* ebd., S. 36 f.

587 *Und jetzt sind wir ... über die Maßen liebe:* EM, Briefe I, S. 13

588 *wie ein ungeheueres ... Vernichtung zugeführt:* TM, RA, S. 580

588 *nicht um ein Haar ... nicht ausgespielt ist:* ebd., S. 584 f.

590 *deutsches Wesen ... Ausdruck bringe:* Inge Jens, Dichter zwischen rechts und links, S. 71

590 *dem alten Gerhart ... in Deutschland:* TM, Briefwechsel, S. 219

590 *Jetzt hätte ich ... Wilhelm Schäfer war:* Otto Flake, Es wird Abend, S. 355

591 *Als die Herrschaften ... Kolbenheyer:* Peter de Mendelssohn, S. Fischer und sein Verlag, S. 1261

591 *reine Dämonie ... beschattet und unkenntlich:* TM, Gesammelte Werke in zwölf Bänden, Frankfurt a. M. 1960, Bd. X, S. 212–214

592 *der heulende Ponten:* TM, Briefe I, S. 256

592 *Holprigkeiten und prosaischen Härten:* ebd., S. 254

592 *halb scherzhafte ... eigentlich Prosa blieb:* ebd., S. 253

592 *das war kein Freund ... Vergleichszwang quälte:* TM, Tb 1946–48, S. 603

593 *Kulturzentrum München ... Welt dort draußen:* Kolbe, S. 386

593 *praeceptor urbis:* ebd., S. 389

593 *das auf der Stadt ... dumme Stadt nannte:* ebd., S. 387

593 f. *aggressiv, feindselig ... Gemüte gewesen sein:* ebd., S. 386 f.

594 *Ich bin recht froh ... sind greulich:* TM, Briefe I, S. 261

594 *Tief ist der Brunnen der Vergangenheit:* TM, Joseph 1, S. 7
595 *hübschen und schönen:* ebd., S. 63
595 *das Gesicht ... voll beschien:* ebd., S. 60 f.
595 *ästhetischen Gesichtswinkel ... Gott gehalten wurde:* ebd., S. 63
595 *ein Gewissen ... Ideale fehlt:* ebd., S. 61
595 *Jünglingswesens ... der Menschheit:* ebd., S. 37
595 *ganze Tiefe ... Bodenlosigkeit vielmehr:* ebd., S. 34
596 *Segen des sterbenden ... die unten liegt:* TM, Bertram-Briefe, S. 155
596 *späte Prüfung ... summa cum laude:* Albert von Schirnding, Die Ägypto-
     logie entdeckt ihren Dichter, in: Süddeutsche Zeitung, 24. Oktober 1992
597 *Zuchtgeschichte etwa des Rindes:* TM, Joseph 1, S. 21
597 *Gesittungsepoche der Steinwerkzeuge:* ebd., S. 22
597 *Vernichter und Totengräber der Welt:* ebd., S. 41
597 *die Zeit verlieren ... recht das Leben:* ebd., S. 51
597 *Gott soll schützen:* ebd., Joseph 1, S. 80
598 *Nun suchte ich ... Werke zu machen:* Helmut Koopmann (Hg.), Tho-
     mas-Mann-Handbuch, S. 447
598 *fertig gemacht:* TM, Bertram-Briefe, S. 159
598 *an der Tiefe:* TM, Joseph 1, S. 68
598 *keuchenden Flüstern ... im Betragen des Jungen:* ebd., S. 65
598 *Gimpel:* ebd., S. 85 (zum Beispiel)
598 *Angeber:* ebd., S. 77
599 *Krull redivivus / Joseph redivivus:* Paul Scherrer, Hans Wysling, Quel-
     lenkritische Studien zum Werk Thomas Manns, S. 250
599 *einer Art von mythischem Hochstapler:* TM, Briefe I, S. 261
599 *göttlichen Schelmen:* TM, Kerényi-Briefe, S. 98
599 *nach menschlichem Ermessen ... glücklichste:* TM, Tb 1933, S. 185
599 *Ich war tief ... «Auch ich»:* ebd., S. 296
600 *entmannt und gestürzt ... Vater geschlachtet wird:* TM, Joseph 1, S. 190
600 *schönen Vierzehnjährigen spanischen Geblüts:* MM, Vergangenes, S. 57
600 *gern einen sonnenbraunen ... den Händen zu gehen:* ebd., S. 82 f.
601 *Des Gefühlsmenschen ... zu berichten haben:* TM, Joseph 1, S. 82
601 *Es bleibt immer ... oder Bekämpfen:* Klaus Mann zum Gedächtnis, S. 39
     (Beitrag von Erich Ebermayer)
601 *Alle Menschen sollten sich mit siebzehn erschießen:* Ferdinand Bruckner,
     Dramen, S. 13
602 *Nichts unterscheidet ... Krankheit zu lieben:* ebd., S. 30
602 *Ich bin ... Nichtvoreingenommenheit:* Klaus Mann zum Gedächtnis, S. 34
602 f. *ich habe es so ... und zu genau:* KM, Briefe, S. 45
603 *so komische moderne ... sind reizend:* Hedwig Pringsheim-Dohm, Tho-
     mas Manns Schwiegermutter erzählt, S. 50
603 *Ich weiß nicht ... davonlaufen möchte:* KM, Wendepunkt, S. 178
603 *Das Verschiedenste:* EM, Briefe I, S. 15
603 f. *Wir wollen die ... wenig Bewegung:* KM, Briefe, S. 47
605 *Es spielt sich alles ... Menschen ab:* EM / KM, Rundherum, S. 107

605 *Wie wir hören … am Reden verhindert:* Kurt Tucholsky, Gesammelte Werke, Bd. 7, S. 41 f.

606 *Unsere Mitte grenzt … zu ergreifen:* TM, Gesammelte Werke in zwölf Bänden, Frankfurt a. M. 1960, Bd. XI, S. 407

606 *Das wäre in meinen … heutiger Machtverhältnisse:* ebd., S. 404

607 *grundeigentümliche Gebilde … König deutscher Prosa:* TM, RA, S. 486

608 *politisches Orakel / was er nicht war:* GM, eine Jugend, S. 259

608 f. *gleich Plakate … Sexualtragödie gemacht»:* Interviews, S. 170

609 *romantisch-todverbundene Wesen:* TM, DtR, S. 267

609 *jüdischen Gesellschaftstheoretiker … volksromantische Gegenseite:* ebd., S. 266 f.

609 f. *Und die Politisierung … einseitige Kenntnisnahme:* ebd., S. 268 f.

610 *zu einem Teil … zu danken gewesen ist:* TM, Bertram-Briefe, S. 297

611 *um einige schwer haltbare Seiten erleichtert:* TM, DtR, S. 259

611 *demokratisches Traktat:* ebd.

611 f. *demokratisch-deutschfeindlichen … falls sie wahr ist:* ebd., S. 259–261

612 *Nicht die Änderung … bös gemeint:* Schröter, S. 158

614 *Überpatrioten … sinnlos geopfert:* Hermann Sinsheimer, Gelebt im Paradies, S. 219–222

614 f. *nationalistischen Kopfstand … Flieger-Tröpfe:* TM, Briefe I, S. 280

615 *saloppe und ärgerliche … nationalistische Ausbeutung:* ebd., S. 282

615 *eine heroische Schwachheit … Weltbürger sein solle:* TM, LuG, S. 8 f.

615 *Polemiker in ihm … von nichts etwas ahnt:* ebd., S. 16 f.

615 f. *was dem Genie sehr nahe … allem mit der Dauer:* ebd., S. 12

617 *daß die Republik … Bürgers wurzelt:* Klaus Schröter, Heinrich Mann, S. 112

618 *nationalen Traum von … Reichsakademie:* Inge Jens, Dichter zwischen rechts und links, S. 57

618 *deren Kunst … Ausdruck bringe:* ebd., S. 71

618 *Stehkragen:* Bertolt Brecht, Arbeitsjournal, S. 602

618 *gestelzten Stil … hoch gespannten Seil:* Kurt Tucholsky, Ich kann nicht schreiben, S. 160

619 *Großstadt … Klingen bringen:* Inge Jens, Dichter zwischen rechts und links, S. 101

619 *Volksverantwortlichkeit / gesamtdeutsch:* ebd., S. 106

620 *Dichter-Akademie … einer hineingeraten:* ebd., S. 121

620 *Inaktivität / rüffeln / verwarnen:* ebd., S. 135

620 *Die paar guten … getrieben worden:* ebd., S. 130

621 *unerträglich schulmeisterhaften Ton … wieder erstehen zu lassen:* TM, Briefwechsel, S. 346–348

621 *Den Katzen müssen … Musik gemacht werden:* Inge Jens, Dichter zwischen rechts und links, S. 138

622 *alte Lama:* TM, Briefe I, S. 188

622 *Rümpfen wir … «Europäisierung» Deutschlands:* TM, FdT, S. 189 f.

623 *Ein derzeit armes … aus sich selbst:* ebd., S. 192

623 *Allgemein muß ich ... um meine Würde:* TM, Briefwechsel, S. 11
624 *kein Anhänger kultureller ... viel mehr zu Hause:* TM, FdT, S. 194 f.
624 *Produktionstempo ... nicht möglich war:* ebd., S. 198
624 f. *schwarzen Samtaugen ... bewegte sich alt:* Karl Werner Böhm, Zwischen Selbstzucht und Verlangen, S. 375 f.
625 *das Literarische ... eine oder andere:* ebd., S. 377
625 *die harmlose Geste ... Wahrheit:* ebd., S. 380
626 *daß die Leute ... vorgeschrieben sein:* TM, RR 1, 27 / 212
626 *wandernder Rhapsode:* Kolbe, S. 174
626 *als sei es neu ... möglicherweise gelesen habe:* TM, LuG, S. 453
627 *gutaussehende Herren des gehobenen Mittelstandes:* KM, Wendepunkt, S. 266
627 *nicht in wirkliche Armut ... ich bin Rokoko:* VM, Erinnerungen, S. 369
627 *Der große Blumenhut ... vertraute Gestalt:* MM, Vergangenes, S. 35
628 *weibliche Neben-Ich ... Gedicht:* GM, Jugend, S. 221 f.
628 *die Rede des Pfarrers ... war es gut so:* MM, Vergangenes, S. 36
628 *gewöhnlich ... er litt:* ebd., S. 35 f.
629 *Verrat an unserer geschwisterlichen Gemeinschaft:* TM, Üms, S. 123
629 *die Wirklichkeit des Todes ... will ich schlafen»:* TM, LuG, S. 585
631 *etwas Einmaliges ... Gewohnten zu lassen:* Samuel Fischer / Hedwig Fischer, Briefwechsel mit Autoren, S. 427 f.
632 *Sehr geehrter Herr Professor:* ebd., S. 430
635 *ein Halbgott gegen ... bald vergehen:* Interviews, S. 173
636 *Mediokrität / bürgerlichem Kroppzeug:* TM, SE, S. 193
636 *schwer über solche ... Korruption hinwegkomme:* ebd., S. 192
636 *vor dem Fremden ... patriotischen Kindern:* ebd., S. 194
637 *Welle von Hohn, Anstoß, Widerspruch:* ebd., S. 195
637 *eine Art Hüft- und Gesäßbuckel:* ebd., S. 209
637 *Demonstration der Willensentziehung und -aufnötigung:* ebd., S. 225
637 *wie vom Blitz ... Somnambulismus:* ebd., S. 229
637 f. *schlichten Burschen ... übriggehabt hatten für Mario:* ebd., S. 233
638 *nahe dem Mund ... es so zu empfinden:* ebd., S. 238–240
638 *in komischer Beschämung ... nachher bei mir:* TM, SE, S. 507
639 *Der europäische Faschismus ... Gesamtatmosphäre erfüllte:* ebd., S. 509 f.
639 *niederschlagenden Schauspiel ... Liebenswürdigkeit leiht:* TM, LuG, S. 897
640 *schwierigsten Stand ... Saales erfüllen:* Hans Mayer, Thomas Mann, S. 169
640 *großen Zurück ins ... Mutterschoß:* TM, LuG, S. 884
640 *unwiderstehlichen Zauber ... Vergangenheit und Tod:* ebd., S. 889
640 *Sympathie mit dem Tode / vorolympischen Ur- und Erdreligiosität:* ebd., S. 885
641 *Freud, als ... Lebenschaffende betonen:* ebd., S. 884
641 *Von Nietzsche nichts ... ihn zu studieren:* TM, Briefwechsel, S. 184

641 *der Mystik ... gewordene Romantik:* TM, LuG, S. 902
641 *so entschieden gegen ... Mystizismus:* TM, Briefwechsel, S. 184
641 *Ich habe immer ... schicken würde:* ebd., S. 183 f.
642 *Wie mir scheint ... notwendig heterosexuell:* KM, Tb 1931, S. 63
643 *reines Deutsch ... mir versagen:* TM, Briefe I, S. 305
643 f. *großer Stumpfheit ... mich enttäuscht:* ebd., S. 306
644 *bestätigt und übertroffen:* TM, RR 1, 31 / 132
644 *erstaunlich schlagende Dinge / ein Beweis seiner Intuition:* TM, Briefe I, S. 306
644 *ennui grandissant ... indigestion germanique:* zit. nach Walter Gorgé, Thomas Mann aus der Sicht André Gides, Neue Zürcher Zeitung, 7. / 8. Dezember 1985
645 *Ritter von der traurigen Gestalt:* TM, LuG, S. 551
645 *tödlichen Libertinage seines Eros:* ebd., S. 558
645 *der ihm am Herzen ... unaufhörlich pochte:* ebd., S. 557
645 *leidenschaftlich-hochverspielte Donquijoterie:* ebd., S. 556 f.
645 *unbedingt anzubeten allen ... Interesse der Natur:* ebd., S. 558
645 *Ach, wer heilet ... ung'nügender Selbstsucht:* ebd., S. 560
646 f. *dramatischen Lebens-Knalleffekt ... hineinschmetterte:* TM, Üms, S. 410
647 *sensationell ... für den Lübecker Familienroman:* ebd., S. 143
648 *eindeutig und ausschließlich deutsch:* Katia Mann, Memoiren, S. 62
648 *Deutschland sein erster ... Gogol und Tolstoi:* Deutsche Weltliteratur, Von Goethe bis Ingeborg Bachmann, S. 168
648 *Sumpfblüte ... privater Schweinerei»:* ebd., S. 161 f.
648 *weihevollen Autodafé:* ebd., S. 173
649 *Zu Hause dann ... Mitarbeiter der Vossischen Zeitung:* ebd., S. 164
650 *selbst ein vergeßlicher Professor:* ebd., S. 165
650 *so glänzenden ... Aufsatz:* TM, RR 1, 29 / 131
650 *entscheidende Unterredung ... verdanken hätte:* TM, RA, S. 265
650 *Stockholmer Vorkommnis:* TM, Üms, S. 144
650 *mit auffallender Hartnäckigkeit:* TM, Briefe I, S. 276
650 f. *ein nationalistischer ... europäische Stellung:* TM, Brief an Philipp Witkop, 29. Dezember 1927, TMA
652 *Zweiundzwanzig Jahre ... wir sie sehen werden?:* Almanach, Das 82. Jahr, S. Fischer Verlag, Frankfurt a. M. 1968, S. 41
652 *ganz unerwarteten Schock ... Mißbrauch ausgesetzt war:* TM, RR 1, 29 / 214
653 *zu der weitverbreiteten ... Kopf greifen würde:* TM, Briefe I, S. 295
654 *Narretei ... Welt verstehen würde:* TM, RR 1, 29 / 175
654 *Schatten der Melancholie ... diesem Zusammenhang:* Interviews, S. 153
654 *sich im Gespräch ... zuerkannt hätte:* ebd.
654 *Thomas Mann ... nicht ohne Befangenheit:* ebd., S. 157
654 *Donnergewalt der Ehrung:* TM, Üms, S. 410
654 f. *Die Journalisten ... Augenblick Ruhe gab:* KM, Wendepunkt, S. 213 f.

655 *immerwährenden Festtrubel / bezaubernden Drüber und Drunter:* TM, Üms, S. 410 f.

655 *jugendliche Zudrang ... Belastungsprobe stellte:* ebd., S. 144

655 *mit großem Dekolleté ... vorgeschrieben war:* KM, Wendepunkt, S. 214

656 *mit dem König an der Spitze ... Dynastie vor dem Geist:* Interviews, S. 156

656 *Das fand ich falsch:* Katia Mann, Memoiren, S. 64

656 f. *geborenen Nichtredner ... Prinzip der Form:* TM, Üms, S. 410–412

658 *deutschfreundlichste Ausland ... glücklichen Gewinners bestürmt:* ebd., S. 144 f.

658 *ein mittleres Vermögen ... fällt ihr Geld zu:* Schröter, S. 169

658 *auch etwas leben ... in die Welt allein:* TM, Briefwechsel, S. 323 f.

658 f. *Der Akzent der Forderung ... ins Hoffnungslose verzettelt:* TM, Üms, S. 145

659 *Wir hatten zwar nichts ... bei uns nicht in Frage:* KM, Wendepunkt, S. 214 f.

659 *Pekuniärsten:* Hedwig Pringsheim-Dohm, Thomas Manns Schwiegermutter erzählt, S. 47

660 *une mer à boire:* TM, Bertram-Briefe, S. 170

660 f. *biblischen Roman ... mythischen Allotria:* TM, Briefe I, S. 291 f.

661 *Kontrollreise:* Katia Mann, Memoiren, S. 65

662 *amüsant, zivil ... Fascistischen:* TM, RR 1, 30 / 49

662 *der bräunlich ... das Fruchtland reichte:* TM, Joseph III, S. 71

662 *kläglichen Zustande:* TM, Bertram-Briefe, S. 168

664 *pittoresken, strohbedeckten ... Fensterläden:* Interviews, S. 175

664 *Birken mit ... unterbrochenen Stille:* ebd., S. 190

664 *Zuletzt darf man ... tönernen Füßen:* TM, RR 1, 30 / 144

664 *gewaltig ... nichts ändern:* TM, Bertram-Briefe, S. 299

665 *viel geistige Elite / ein Dutzend Hakenkreuzler:* Vorwärts, 18. Oktober 1930

665 *menschenfeindlich ... ist das Tier:* TM, Gesammelte Werke in zwölf (dreizehn) Bänden, Bd. XIII, S. 616 f.

665 f. *praeceptor patriae ... des Blickes:* TM, DtR, S. 294–296

666 *Sturmzeichen / Ungerechtigkeit:* ebd., S. 298 f.

666 f. *Der Nationalismus ... Jahrmarktsroheit:* ebd., S. 301 f.

667 *Politik im Groteskstil ... Parteiegoismus:* ebd., S. 304–307

667 *Deutschland unendlich ... Seite der Sozialdemokratie:* ebd., S. 312–314

668 *daß im deutschen Volk ... eintreten könnte:* Interviews, S. 175

668 *Vorbereitung und Freilegung ... konstatiert haben:* Vorwärts, 30. Oktober 1930

669 *daß wir stündlich ... Zynismus des Untergangs:* TM, DtR, S. 315

669 *konservativen Revolution:* ebd., S. 325

670 *unheimlichen Prozeß der Rebarbarisierung:* ebd., S. 335

670 *nationale Revolution / niederträchtigen Fälschertrick / einige Verführungskraft:* ebd., S. 320

670 *Modekrankheit ... politischen Massenbewegungen:* ebd., S. 322
670 *angejahrten Wandervogeltyp ... redet wie gedruckt:* ebd., S. 331
670 *Ich hasse ... zugunsten zu reden:* ebd., S. 328
670 f. *dummen Frage ... politische Bauernfängerei:* ebd., S. 327
671 *einseitigen Kult des ... allzu mattherzig versagte:* ebd., S. 342 f.
672 f. *dies alte Lübeck ... religiöse Seelenkrankheit:* TM, RA, S. 339 f.
673 *völkischen Anti-Humanität ... solcher Entchristlichung:* Hinrich Siefken, Thomas Mann, Goethe – «Ideal der Deutschheit», S. 144
673 *schöne denkwürdige Stunde:* TM, Üms, S. 172
673 *politische Ermahnungen:* Arnold Brecht, Mit der Macht des Geistes, S. 170
674 *die höhere Jugend ... auf eignes Denken:* TM, Gesammelte Werke in zwölf Bänden, Bd. X, S. 323–325
674 *in der katholischen Kirche ... Freiheit und Bildung:* Hinrich Siefken, Thomas Mann, Goethe – «Ideal der Deutschheit», S. 144
674 f. *nie umhingekonnt ... Novelle geschrieben hast:* TM, RA, S. 340
675 *Europäisierung und Psychologisierung ... der gute Europäer:* ebd., S. 343 f.
675 *gutmütig:* ebd., S. 348
675 *in einem Grade ... Lektüre ist:* ebd., S. 347
675 *erbarmungslos ... Geistesgüte:* ebd., S. 348
675 *das alles ist ... das Genie:* ebd., S. 353
676 *seit Gogols ... Weltliteratur:* TM, RR 4, N 31 / 6
676 *Der Meister, der uns alle schuf:* Klaus Schröter, Heinrich Mann, S. 113
676 *Reich der falschen ... wird bei seinem Sturz:* ebd.
676 *die sich als Spitzenpersönlichkeiten der Nation auszeichneten:* TM, RR 1, 31 / 142
676 *mit jüdischen Renegaten und Mimikry-Virtuosen:* ebd.
676 f. *was von ihr noch übrig ... angegriffen werden:* Klaus Schröter, Heinrich Mann, S. 113
677 *Es weht mir ... Nichts entgegen:* TM, RR 1, 32 / 11
677 f. *auf Kosten der ... zerschlagen:* Samuel Fischer / Hedwig Fischer, Briefwechsel mit Autoren, S. 439
678 *halb spielerisch:* TM, Bertram-Briefe, S. 170
678 *Gedanken höchst ... inneres Programm:* Samuel Fischer / Hedwig Fischer, Briefwechsel mit Autoren, S. 432
678 f. *im Voraus zu empfangendes ... Identifikations-Hochstapelei:* TM, Bertram-Briefe, S. 171 f.
679 *ein gewisses menschliches ... nicht machen kann:* Samuel Fischer / Hedwig Fischer, Briefwechsel mit Autoren, S. 434 f.
680 f. *Sie haben die Macht ... ich durchkomme:* ebd., S. 440 f.
681 *Gesegneter des Herrn ... ich wahrhaft vertraue:* TM, RA, S. 495
681 *Ich hoffe ... unter Schwierigkeiten:* Samuel Fischer / Hedwig Fischer, Briefwechsel mit Autoren, S. 442
682 *infektiösen Katarrh ... auszustehen haben!:* TM, Bertram-Briefe, S. 173

683 *erlauchte Versammlung … Chaotiker nicht:* TM, RR 1, 32 / 43
683 f. *stark politischen Einschlag … völkisches Stück:* Hinrich Siefken, Thomas Mann, Goethe – «Ideal der Deutschheit», S. 160
684 *dankend abgelehnt:* TM, Briefwechsel mit Autoren, S. 352
684 *weniger fremdartig … Gemeingut der Menschheit ist:* TM, LuG, S. 222
684 *durch sein Talent … im Fernen Osten:* ebd., S. 230
685 *Franztum drängt … war Goethen teuer:* ebd., S. 229
685 *Lebenskindlichkeit:* ebd., S. 233
685 f. *Lebenswürd'gen … nach dem Unerreichlichen» blickt:* ebd., S. 168 f.
686 *mythischen Identifikations-Hochstapelei:* TM, Bertram-Briefe, S. 172
686 *mythische Nachfolger … ernstes Spiel mit Goethe:* Hinrich Siefken, Thomas Mann, Goethe – «Ideal der Deutschheit», S. 165
686 f. *vor Jahren zum … Kind der Bürgerlichkeit:* TM, LuG, S. 145 f.
687 *Sorgfalt der Kleidung … und Reinlichkeit:* ebd., S. 150
687 *Geschäftsmann und … Möglichste herauszuschlagen:* ebd., S. 152
687 f. *keineswegs durch exzentrisches … sakrale Anspruch:* S. 150 f.
688 *Priesterliche Züge … Sinnlichkeit zugehört:* ebd., S. 190
688 *Zug bürgerlicher Ordnungsliebe … und Langsamkeit:* ebd., S. 153 f.
688 *ruhigen Ausdauer:* ebd., S. 156
688 *kleinen Blumenmädchen … herausfordernder Libertinage:* ebd., S. 311 f.
688 *Mißmuts … Medisance:* ebd., S. 164
689 *Egoismus … erhoben wurde:* ebd., S. 203 f.
689 *Zug von Sorglichkeit … Minute ausschöpft:* ebd., S. 156
689 *Zug von Nüchternheit … ökonomische Natur:* ebd., S. 158
689 *praktischen Dichters:* ebd., S. 159
689 *Das ganze … zu Tische setzen:* ebd., S. 185
689 *unablenkbare Richtung … Gestalt zu geben:* ebd., S. 160 f.
689 *Grauen vor … Demokratisierung Europas:* ebd., S. 163
690 *die abstrakte … antipolitischen Charakter:* ebd., S. 161 f.
690 *Lebensverbundenheit … Aristokratismus des Todes:* ebd., S. 347
690 *Begriff des … Goethe darin einzubeziehen:* ebd., S. 343
690 *Der Haß, den er … tiefe Berechtigung behalten?:* ebd., S. 204 f.
691 *technisch-rationalen … Weltgemeinschaftlichkeit:* ebd., S. 179
691 *Deutschen … Menschheit gemacht hat:* ebd., S. 199 f.
691 *imitatorische Jüngerschaft:* ebd., S. 337
691 *Daß er trotz allen Anfeindungen … erlernen müssen»:* ebd., S. 173 f.
691 f. *Größe, die … großen Dichters:* ebd., S. 209
692 *gewaltigen Gabe der Bewunderung:* ebd., S. 196
692 *man müßte … Gemüt auszusprechen:* ebd., S. 179
692 *nicht so gut:* TM, Bertram-Briefe, S. 174
692 *er schrieb … schrieb er weiter:* TM, LuG, S. 180 f.
693 f. *zweideutige Stadt … Todespuschel:* TM, Briefe I, S. 317 f.
694 *Ricki, der von … wohl gönnen werde:* KM, Wendepunkt, S. 268
694 *Scharfblick … das ist traurig:* EM, Briefe I, S. 24
694 *Ich habe mehr … Selbstmord-Epidemien:* KM, Wendepunkt, S. 265

695 *und meinen Namen werdet ihr nie erfahren:* KM, Briefe, S. 82
695 *reine Frage der Nervenstärke ... Gründe dafür kennt:* ebd., S. 77
695 *herzbelustigenden Humor ... dem Namen zu danken:* ebd., S. 633
696 *Irrationale ... zerstörerische Massenhysterie:* KM, Wendepunkt, S. 250
696 *völligen Mangel an Kontakt ... durchaus verachtet:* ebd., S. 252 f.
697 *plattfüßige Friedenshyäne:* ebd., S. 260
697 *blasierter Lebejüngling:* Irmela von der Lühe, Erika Mann, S. 66 f.
699 *blutigen Schandtaten ... alles Deutschen ist:* TM, DtR, S. 371
699 *Hauch des Hasses:* TM, RR 1, 32 / 120
699 *Goebbeles:* ebd., 32 / 127
700 *wahrhaftig eine große ... die Welt hinauszugehen:* TM, DtR, S. 356 f.
700 *gar kein Urphänomen ... die Nationen es tun:* ebd., S. 359 f.
700 *mit dem Wort ... sterbenden Wiederaufflammen:* ebd., S. 363 f.
700 *Welle erbärmlicher Reaktion ... Sieger der Stunde:* TM, Brief an Paul Schiemann, 26. November 1932, in: Vierteljahreshefte für Zeitgeschichte, Heft 4 / 1969, S. 452
700 *Mir war es ... verlassen sind:* TM, RR 1, 32 / 154
701 *wenn nicht ein ... hinaus ins Reine tragen:* TM, FdT, S. 288–290
702 *Mein Roman ... schlechtes Gewissen:* TM, Schickele-Briefe, S. 35
704 *heikel-reizvollen Aufgabe:* TM, Briefe I, S. 326
704 *Gipfel des ... im Jahre 1932:* TM, Hesse-Briefe, S. 31
704 *Bis 20. Januar ... einander haben könnten:* ebd., S. 33
705 *Was willst Du? ... Granate überm Bett:* Helga Keiser-Hayne, Beteiligt euch, S. 19
705 *Grosse Stimmung, grosses Publikum:* KM, Tb 1932, S. 107
705 f. *gewissermaßen mit ... damenhaften Stil:* Helga Keiser-Hayne, Beteiligt euch, S. 32
707 *Verhunzung ... Führer:* TM, RR 1, 33 / 24
708 *nicht gleichzeitig ... Barrikaden zu stellen»:* ebd., 33 / 26
708 *denn Berlin ist ... nichts für Sie:* Samuel Fischer / Hedwig Fischer, Briefwechsel mit Autoren, S. 448
708 *betreffs Hitler ... grossen Erfolg:* KM, Tb 1933, S. 113 f.
708 f. *verzweifelten Lustigkeit ... war vorüber:* KM, Wendepunkt, S. 283 f.
709 *erstaunlichen Popularität:* ebd., S. 284
709 *Die politische Hochspannung ... keinesfalls gut:* KM, Tb. 1933, S. 115
709 *Wagner-Vortrag ... Jahreszeiten-Bar:* ebd., S. 116
710 *das Thema der «Verführung» ... was er nicht hat:* ebd., S. 129
710 *Die Nacht ist Heimat ... der Nacht geweiht:* TM, LuG, S. 753
711 *epischen Lasten / Riesenlasten / Rougon-Macquart:* ebd., S. 717
711 *ohne Musik kein Dichter:* ebd., S. 772
711 *monumentalisierten und ins Geniehafte getriebenen Dilettantismus:* ebd., S. 729
711 f. *ahnungsvolle und aus ... dem Psychoanalytiker:* ebd., S. 723
712 *pessimistisch Schwere / langsam Sehnsüchtige:* ebd., S. 736
712 *Werkplan ... kleinen Tagwerken:* ebd., S. 739–741

712 f. *Pedanterie und ... bürgerliches Teil:* ebd., S. 763
713 *Dies Deutschtum ... tiefsten untauglich macht:* ebd., S. 775
713 *den Weg des deutschen ... machtgeschützten Innerlichkeit:* ebd., S. 771
714 *Herabsetzung unseres ... ästhetisierenden Snobismus:* Schröter, S. 199
714 *monumentalisierten Dilettantismus:* TM, LuG, S. 729
715 *den Zivilisationsmusiker:* Hans Rudolf Vaget, Thomas Mann und Richard Strauss, S. 51
715 *hundsföttisch:* TM, Tb 1933, S. 52
715 *lebensgefährliche Denunziation:* TM, GW, S. 104
715 f. *um Gutes ... aus Gesundheitsgründen:* Hans Rudolf Vaget, Thomas Mann und Richard Strauss, S. 68
716 *sonntagskindlichen Gemüt:* ebd., S. 70
716 *Ekstase aus ... hohen Orten kreist:* TM, LuG, S. 759
717 *Unrichtige ihres Verhaltens / Fall Heinrich Mann:* Inge Jens, Dichter zwischen rechts und links, S. 189
717 f. *da er an das ... das Taktgefühl:* ebd., S. 190
718 *zur Bekämpfung der Barbarei:* ebd., S. 192
718 *seine große Verehrung ... bekundet habe:* ebd., S. 193
718 f. *solche Kundgebung ... Gefahren ersparen:* ebd., S. 195 f.
719 *Ich finde ... Abteilung aufzulösen:* ebd., S. 197
719 *Leibwache ... steht Ihnen offen:* Klaus Schröter, Heinrich Mann, S. 116 f.
719 *nichts als einen Regenschirm ... in Straßburg:* HM, Zeitalter, S. 346–349
720 *mit starkem Gefühl ... am stärksten beklatscht:* Harry Graf Kessler, Tagebücher 1918–1937, S. 706
720 f. *schon am nächsten ... verdammt danach aus:* EM, Briefe I, S. 33
721 *mehr durch goethisch-repräsentative ... geschaffen fühlte:* TM, Briefe I, S. 332
722 f. *Streichung einer censurwidrigen ... exponierten Familienglieder:* TM, Tb 1933, S. 3 f.
723 *großen, starken Burschen ... zittriger Hand:* KM, Wendepunkt, S. 285
724 *Obgleich ich leidlich ... gewährleistet wäre:* TM, Tb 1933, S. 6
724 f. *Was ein längeres ... persönlichen Arbeiten:* TM, RR 4, N 33 / 2
725 *denn wir hören ... zu zwingen:* ebd., N 33 / 4
725 *mittags arg grämlich ... Wegziehen-Müssens:* KM, Tb 1931, S. 15
725 *wenn morgen Hitler ... man weg müssen?:* KM, Tb 1932, S. 42
725 *Recht ernsthaft ... Sieg der Narretei:* ebd., S. 50
725 *langen Brief ... den äußersten Fall:* VM, Erinnerungen, S. 379 f.
726 *Ich bin halb krank ... und Erschütterung:* TM, RR 1, 33 / 47
726 *alle Amtlichkeiten ... selbst zu leben:* TM, Tb 1933, S. 3
726 f. *den Austritt des großen ... geschichtlichen Lage:* Inge Jens, Dichter zwischen rechts und links, S. 198–200
727 *eine Frage von ... ausgeschieden bin:* ebd., S. 209 f.
727 *Loyalitätserklärung ... außerordentlich schwer wird:* ebd., S. 207
728 *Es ist wahr ... undeutsch und unheilvoll:* ebd., S. 211
728 *Revers in der ... Kenntnis zu nehmen:* ebd., S. 205 f.

729 soldatischen Charakter: ebd., S. 214

729 Ich weiß nicht ... Sinn aufgehört hat: Hans Carossa, Briefe II, S. 282

729 glücklich über die Reinheit ... gute Gesundheit: TM, Briefwechsel, S. 126 f.

729 Erkältungsgefahr ... kalter Treppe: TM, Tb 1933, S. 14

730 Im Haus ... Nachfrage: ebd., S. 11

730 im Keller etwas eng zusammen wohnen: GM, Jugend, S. 430

730 der Boy mit ... Eingang zu geleiten: ebd., S. 433

730 der Alte: ebd., S. 358 (zum Beispiel)

731 Es werden Reisen ... nun als links gilt: GM, Jugend, S. 431

731 bellend ... aus Niemandsland: ebd., S. 491 f.

731 und vertauschte seine ... jüdischen Kollegen verdankte: ebd., S. 510 f.

731 f. «Zauberberg» en miniature / vollkommene Ruhe: VM, Erinnerungen, S. 381

732 Das klingt sehr tapfer ... weiterleben wollten: ebd., S. 385–387

732 Die armen Pringsheims ... häufigen Streitereien kam: GM, Jugend, S. 512

732 Urgreisen: KM, Wendepunkt, S. 304 (zum Beispiel)

733 nämlich eines Tages ... Vermögen beschlagnahmen: TM, Tb 1933, S. 16 f.

733 schönem, elegantem Haus: ebd., S. 19

733 f. Man glaubt wieder ... sind nicht gewesen: ebd., S. 22

734 Sie sind wehleidig ... Verfolgungen sprechen: Max Domarus, Hitler, S. 244

734 durch ein gewohntes Niveau: TM, Tb 1933, S. 20

734 schlechte Nachrichten ... unbedingt notwendig: ebd., S. 33

734 Heitere Ideen ... und neuen Vertrauens: ebd., S. 28

734 f. strahlenden, frischen ... Originelles leisten würde: ebd., S. 34

735 sehr netten Lehrer ... als Geburtstagsgeschenk!: Michael Mann, Fragmente eines Lebens, S. 12

736 welche Erleichterung ... wenig Praktisches: GM, Jugend, S. 513

736 wie gewöhnlich ... München verloren geben: ebd., S. 516

737 Kaum einer der ... Schriftsteller teilzunehmen: TM, LuG, S. 814 f.

737 melancholischer Konzilianz: TM, Tb 1933, S. 130

738 Chok von Ekel und Grauen: ebd., S. 52

738 f. die Frage der Auswanderung ... einmal kein Jude: Gottfried Bermann Fischer, Bedroht – Bewahrt, S. 74 f.

739 König der Republik: TM, Tb 1933, S. 635

739 Juden erhoben ... mich unweigerlich beruft: ebd., S. 79

740 wirksames Mittel zum Sturze der Machthaber: ebd., S. 47

740 Riesen-Ungezogenheit ... her nicht zu lösen: TM, Tb 1933, S. 68 f.

740 in einer Kiste ... des Simplicissimus: GM, Jugend, S. 524

741 nichts von diesen Dingen: ebd., S. 522

742 Als ich mit dem Koffer ... kam nicht an: ebd.

742 stolz gebläht ... Paß entzogen werden wird: ebd., S. 524 f.

744 *offenkundig feindlich beseitigten ... Tötliches kann geschehen:* TM, Tb 1933, S. 65 f.

744 *nicht mehr auf deutschem ... bestanden hat:* ebd., S. 69

744 *dank 4tägiger ... in Lindau liegen geblieben:* ebd., S. 72

744 f. *Münchener Verpackung ... der Durchwühltheit:* ebd., S. 88 f.

746 *Die in den Verträgen ... zurückzukehren beabsichtigt:* Kolbe, S. 415

747 *martialisch uniformiertes Bürgersöhnchen / Schutzhaft:* GM, Jugend, S. 528

747 *beurlaubt:* TM, Tb 1933, S. 71

748 *in den Stand der Ehe zu treten:* GM, Jugend, S. 537

748 f. *drei Viertel ... eher etwas übertrieben:* Thomas Sprecher, Blätter der Thomas Mann Gesellschaft Zürich Nr. 23, 1989 / 90, S. 21

750 *größtes Entgegenkommen ... Ach, ja! –:* TM, Tb 1933, S. 69

750 *Ich fühlte mich schlecht ... zu Tränen versagten:* ebd., S. 71

750 *Phanodorm ... auf solcher Strecke:* ebd., S. 75

752 *Diese Tagebuchaufzeichnungen ... bindenden Überwachung:* TM, TB 1934, S. 319

753 *aphrodisierende Wirkung:* TM, Tb 1933, S. 76

754 *eine schöne Zahl ... Venus von Milo:* Annette Kolb, René Schickele, Briefe im Exil, S. 35

754 *Jahr der WENDE:* ebd., S. 34

754 *Landschaft des französischen ... Anmut humanisiert wäre:* TM, RA, S. 469

755 *geschmacklos ... unter meinem Lebensniveau:* TM, Tb 1933, S. 81

755 *nicht eben eine ... um K.s willen:* ebd., S. 83

756 f. *Emigration hier ... Weimarer Republik:* Bertolt Brecht, Briefe I, S. 179

758 *deutschen Exilierten besonders hilfreich:* TM, Tb 1933, S. 638

758 *Zunächst tut die ... von 4 Monaten:* ebd., S. 111

758 f. *leicht angezogen ... wo sie anbeißt:* TM, Schickele-Briefe, S. 226 f.

760 *Nichts aber ... Haupt zu beugen:* Hermann Sinsheimer, Gelebt im Paradies, S. 278

761 *Verwerft, was ... Geschontem hinauf:* In jenen Tagen ..., S. 293

761 *Den ‹Schandpfahl› ... würdig verlaufen:* TM, Bertram-Briefe, S. 277

761 *Rebarbarisierung ... gemeinste Brutalität:* Hans Carossa, Tagebücher 1925–1935, S. 540

762 *da dieser Halbjude ... aufs Stühlchen setzen:* Fritz H. Landshoff, Erinnerungen eines Verlegers, S. 62

763 *daß Herr Dr. Thomas Mann ... verlegen will:* Paul Egon Hübinger, Thomas Mann und Reinhard Heydrich, S. 116

763 *schweren seelischen Kämpfe:* ebd., S. 127

763 *nicht in offene Feindschaft mit Deutschland:* ebd., S. 118

763 *behördengeschichtlich ... ungewöhnlicher Vorgang:* ebd., S. 117

764 *Gegner der ... Vermögenswerte beschlagnahmt:* Kolbe, S. 411

766 *zu weitgehender ‹Gleichschaltung› ... ist entnervend:* TM, Brief an Oswald Brüll, 14. Juni 1933, TMA

766 *von Rahels Tod … koscherem Restaurent aus:* TM, Bermann-Briefe 1, S. 34 f.

767 *viel Fiduz:* KM, Briefe, S. 108

767 *Ressentiment-Journalistik:* TM, Brief an Alexander Moritz Frey, 6. Juli 1933, TMA

767 *Judenbuch … widersinniges wäre:* TM, Bermann-Briefe 1, S. 36 f.

768 *endgültigen Schritt / Gut also … ist es falsch›:* ebd., S. 41 f.

769 f. *eigentlich als einziger … Hassenswürdigen machen:* KM, Zahnärzte und Künstler, S. 24 f.

770 *Wer sich … dafür bietet:* ebd., S. 26 f.

770 *die Geschichte … besonders tätig:* Gottfried Benn, Autobiographische und vermischte Schriften, Bd. 4, S. 80

770 *ganz persönlich … Volk:* ebd., S. 78 f.

770 f. *Sie kämen … sondern metaphysisch:* ebd., S. 81

771 *die Situation … pathetisch:* ebd., S. 74

771 *Aber noch einen … der ganzen Welt:* ebd., S. 90

772 *grossen Mächten … Erzieher wäre:* Gottfried Benn, Briefe an F. W. Oelze, S. 54

772 *ein grosser Mann … giebt:* ebd., S. 369

772 *Es ist ja … französischen Badeorten:* KM, Briefe, S. 99

773 *Gegen mein Figurieren … Kummers genug:* ebd., S. 125

773 f. *Stundenlange … der Welt dazu:* TM, Tb 1933, S. 169

774 *Muß bestätigen … Programm entspricht:* ebd., S. 177

774 *Ergänzen Sie … läuft sie hinaus:* TM, Bermann-Briefe 2, S. 689

774 *Bin von politischem … ausdrücklich fern:* Fritz H. Landshoff, Erinnerungen eines Verlegers, S. 63 f.

774 *Post: grosser Brief … Rückzieher. Elend:* KM, Tb 1933, S. 168

774–776 *Ich habe Bermann … Herzlich Z.:* KM, Briefe, S. 132–134

776 f. *Es ist furchtbar … Schlimmste zu verhüten:* TM, Bermann-Briefe 1, S. 43 f.

778 *literarische, unpolitische … und rein Literarische:* KM, Briefe, S. 136–138

779 *1. Die verhängnisvolle … Deutschland, zu erscheinen:* Joseph Roth, Das journalistische Werk, S. 493

779 f. *sehr zweifelhafte Äußerung … Alkoholisches Emigrantentum:* TM, Tb 1933, S. 172

780 *über den Wassern … «Es» empfunden:* Joseph Roth, Briefe, S. 276 f.

780 *Der absolut … privaten Lebens:* ebd., S. 285

780 f. *Gleichzeitig wird … Machenschaften zu gefährden:* KM, Briefe, S. 141

781 *sich nicht auf rein … achten können:* Fritz H. Landshoff, Erinnerungen eines Verlegers, S. 65

782 *Zustände, die … durchaus fremd:* TM, RR 1, 33 / 156

782 *schwerer Sorge … ist sehr schlimm:* TM, Tb 1933, S. 118

782 *Sphäre rollte:* TM, Joseph 2, S. 52

782 *und wer will … mit Namen «Zugleich»:* ebd., S. 54

782 *Die Geschichten … werden irdisch:* ebd., S. 51

782 *Entdeckung Gottes:* ebd., S. 40

783 *Knirps:* ebd., S. 60 (zum Beispiel)

783 *gegen Ende des Monats ... es war die glücklichste:* ebd., S. 185

783 f. *Man könnte meinen ... Völker ausgesetzt ist:* TM, GW, S. 109 f.

784 *Exzessiven ... Grausamkeit:* Paul Egon Hübinger, Universität Bonn, S. 398 (Übers. Harpprecht)

784 *ein Herr David Ewen:* TM, Bermann-Briefe 1, S. 47

785 *Rigorosität:* TM, Tb 1933, S. 196

786 *Gleich kommt ... der Flucht:* Helga Keiser-Hayne, Beteiligt euch, S. 54

787 *Und gibt es Krieg ... geben keinen Laut:* ebd., S. 55

787 *entgegenkommenden Publikum ... Augen naß werden:* TM, Tb 1933, S. 199

787 *Erika (...) ... Jaakobsgeschichten finden:* TM, Bertram-Briefe, S. 181

787 *Angenehme Heimfahrt ... des Hauses:* TM, Tb 1933, S. 199

787 f. *sehr großes und elegantes Arbeitszimmer:* ebd., S. 190

788 *leicht erreichbare und nicht einsame Ländlichkeit:* ebd., S. 188

788 *die gewohnten Einzelheiten / Plaketten-Sammlung:* ebd., S. 257

788 *Selbst das ... das Beste fehlt:* ebd., S. 240

788 *sehr leicht ... unbegreiflich-begreiflich:* ebd., S. 246

789 *sonderbaren Empfindungen:* TM, Tb 1933, S. 257

789 *eigentümliches Vergnügen ... Abenteuers:* TM, Tb 1934, S. 319

789 *elegante Haus ... nicht geändert:* TM, Tb 1933, S. 219

789 *zwischen einer bequemen ... Lebens kommen würden:* ebd., S. 239

790 *gemachten Fortschritte ... schönen Hause:* TM, Tb 1934, S. 400 f.

790 *der Choc ... der Anteilnahme:* TM, Bertram-Briefe, S. 177

791 *Es war fünf ... war beendet:* Hans Sahl, Das Exil im Exil, S. 43–45

792 *im abgekürzten ... begraben sein:* TM, Bertram-Briefe, S. 180

792 *völligen Mangel an ... häufige Erscheinung:* TM, Tb 1933, S. 215

793 *einem Kinde das Bäckchen:* ebd., S. 212

793 *Das Eßzimmer ... die Mahlzeiten:* ebd., S. 241

794 *Weihnachtsabend also ... Juden nachmachte:* ebd., S. 274–276

794 *Welches Jahr ... Sterne betrachtete:* ebd., S. 280

794 f. *tief melancholischer ... Sicherheit gebracht:* TM, Briefe I, S. 345

795 *lächelnder Euphorie ... einmal zurückkehrte:* TM, Tb 1934, S. 324

795 *wegen eines ... echtes Erzählerblut:* TM, Briefe I, S. 345

796 *einen guten Tagesdurchschnitt ... Zeilen gebracht:* TM, Tb 1933, S. 278

796 *lebhaft quittiert ... hinziehende Beifall:* ebd., S. 245

797 *tolles Zeug ... vielfach der Fall sein:* ebd., S. 334–336

797 *Die innere Ablehnung ... fertig zu werden suche:* ebd., S. 355 f.

798 *wegen des Eigenlebens der Kinder:* ebd., S. 361

798 *in Tränen uns verlassen hat:* ebd., S. 364

798 f. *Telephon-Anruf der Herz ... Donnerstag reisen müsse:* ebd., S. 371–374

799 *«Archiv»:* ebd., S. 376

799 *Sie war in Tränen beim Abschiedsdank:* ebd., S. 376

799 *Gesuch um die Erlaubnis zur Rückkehr:* Paul Egon Hübinger, Universität Bonn, S. 155

799 *Außenbleibens ... unseligen Zerwürfnisses:* TM, Bermann-Briefe 2, S. 662 f.

801 *gemächlich / hetzerisch gegen Deutschland betätigt:* Paul Egon Hübinger, Universität Bonn, S. 156

802 *sehr einfacher und ... Flüchtling muß warten:* KM, Briefe, S. 187

802 *Gunstpass:* KM, Tb 1934, S. 39

802 *die allereifrigsten Parteigänger des Systems:* TM, RR 2, 34 / 104

803 *Nicht-hören-Wollen ... meinerseits zu tun:* KM, Tb 1933, S. 182

803 f. *dem deutschen Schrifttum ... daran zweifeln würde:* Walther Blunck, Thomas Mann und Hans Friedrich Blunck, S. 78

804–806 *marxistischen Schriftstellers ... auf jede Gefahr hin:* Paul Egon Hübinger, Universität Bonn, S. 425–428

806 *innere Ruhe gesicherter ... damit anfangen?:* TM, RR 2, 34 / 82

806 *Brief ans Ministerium richtig, würdig und wirksam:* TM, Tb 1934, S. 394

806 *Ausweises als deutscher ... keinen Vorteil zöge:* Paul Egon Hübinger, Universität Bonn, S. 428

807 *viele Kleinigkeiten / auf englisch ebenso wie im Original:* TM, Tb 1934, S. 421

808 *Magen- und Nervenverstimmung ... nicht entschlagen:* ebd., S. 434

809 *Die Freiheitsstatue ... Stehen an Deck:* ebd., S. 436

810 *creature ... very nicely:* TM, Tb 1940, S. 1050

810 *As long as T. M. ... produced him:* TM, Briefe I, S. 362

810 f. *Knopfs Organisation ... Mann gestanden:* TM, Tb 1934, S. 437 f.

811 *großartigen Jux:* TM, Briefe I, S. 368

811 *stellungnehmende Schrift ... beeinträchtigen:* TM, Tb 1934, S. 440

811 *Es war enervierend ... zu Grunde gegangen:* ebd., S. 444 f.

811 *in einer gewissen ... Rufe werden zu stark:* KM, Tb 1934, S. 36

812 *den Zustand einer ... unter der Republik:* TM, Briefe I, S. 356 f.

812 *die Gefahren ... eine Mausefalle:* TM, Tb 1934, S. 446

813 *in erster Linie ... Ordnungselemente:* ebd., S. 454

813 *wirkliche Macht ... als Aushängeschild:* ebd., S. 461

814 *Die Anständigkeits-, ... besondere Niedrigkeit:* ebd., S. 470

814 *als spräche gegen ... dicken Hauptmanns:* KM, Zahnärzte, S. 238

814 *Man rotte ... verschwunden sein!:* ebd., S. 237

814 *das Proletariat ... Verbrechen erklärt:* Stefan Zynda, Sexualität bei Klaus Mann, S. 93

814 *den Sündenbock ... nicht zum Banditen:* KM, Zahnärzte, S. 242

814 *problematisch:* TM, Tb 1934, S. 592

815 *alten Leuten ist ... hier draußen sind:* ebd., S. 454

815 *albernen und dürren ... Verlängerung des Aufenthaltes:* ebd., S. 457

815 *Zum Schluß ... eine Erleichterung:* ebd., S. 459

816 *arme Wurm ... ‹Freundschaft› zusammen:* ebd., S. 464 f.

816 *recht stumpfer jüdischer ... gewissermaßen gescheut:* ebd., S. 466

816 *um einen Aufenthalt ... abschlagen müssen:* ebd., S. 506

816 *die Herz:* ebd., S. 524

816   *Menschheitsdichtung:* TM, Joseph 4, S. 557
817   *Schwanengesang der deutschen Bildungsdichtung:* TM, Tb 1934, S. 375
817   *feierlichere Kennzeichnung ... ehrenvoller Titel:* TM, Briefe I, S. 358
817   *nie «fertig»:* TM, Kerényi-Briefe, S. 53 f.
817   *Soit. Nicht zufällig ... Spiel teilzunehmen:* TM, Tb 1935, S. 203
818   *Nachtwächter ... Aufmerksamkeit nachlasse:* Otto Zoff, Tagebücher, S. 47
819   *an dieser Stelle ... gekommen ist:* Friedrich Torberg, PPP, S. 222 f.
820   *mit der Weiterentwicklung ... Erwartungen erfüllen:* TM, Briefe I, S. 358 f.
821   *Das Bewußtsein meines ... Zeit sehr erstarkt:* TM, Tb 1934, S. 513
821   *10 Minuten ... er mußte bald fort:* TM, Tb 1935, S. 177
821   *erste Notiz ... der Faust-Novelle:* TM, Tb 1934, S. 411
821   *abgekürzten Geschichte der Menschheit:* TM, Briefe I, S. 390
822   *Deutsche Revolution:* ebd., S. 400
822   *Deutsche Meister:* TM, Bermann-Briefe 1, S. 86
822 f. *von dem, was ... Ihre guten Wünsche:* TM, Bertram-Briefe, S. 184 f.
823   *Verpflanzt und ... Nationen zu entwickeln:* TM, Tb 1934, S. 736
823 f. *In diesem Augenblick ... des Papiers:* TM, Bermann-Briefe 1, S. 79 f.
825   *moralisch-kritisches Gewissen ... fortgesetzt zu haben:* TM, Briefe I, S. 369 f.
825   *Politikum:* TM, Tb 1934, S. 510
825   *die bekannte und ... doch bewahrt hat:* ebd., S. 481
826   *ein Spott und ... Rückfahrt ins Hotel:* ebd., S. 483 f.
826   *flau und banal / irreführend und schädlich:* ebd., S. 494
826   *Das Deutsche ... hysterischer Besoffenheit:* TM, Tb 1934, S. 486
826 f. *tumultuöse und blutige ... Habeat:* ebd., S. 497
827   *Selbstverdächtigung ... Kapitel Autobiographie:* ebd., S. 498
828   *mehr und mehr ... und angenehm:* ebd., S. 538
828   *sublimierten Langeweile:* TM, Tb 1933, S. 23 (zum Beispiel)
828   *Ergriffenheit. Telegramm ... ins Grab:* TM, Tb 1934, S. 547
828   *Milderungen charakteristischer ... Gottes Namen vor:* ebd., S. 551
828 f. *Ich habe ... Nagel auf den Kopf:* TM, RA, S. 496–498
829   *Es war ja nicht ... etwas verstehen werden:* ebd., S. 501 f.
829 f. *Ehrfurcht in erster Linie ... er schon war:* Peter de Mendelssohn, S. Fischer und sein Verlag, S. 1316
830   *Oh, die Grenzen ... du bleibst hier:* Helga Keiser-Hayne, Beteiligt euch, S. 92 f.
830   *voller Sympathie ... Steigerungen:* TM, Tb 1934, S. 548
830   *Kind:* KM, Tb 1934, S. 65 (zum Beispiel)
830 f. *Gesichtern und Körpern ... ex negativo sichtbar:* ebd., S. 178 f.
831   *dürftigen Strohhalm ... abzustürzen:* ebd. S. 69
831   *ohne Richtung und ... niemanden richtig:* KM, Tb 1931–33, S. 194 f.
832   *Die allermeisten Dinge ... selbst mit der Liebe:* KM, Tb 1934, S. 69
832 f. *Pionier-Stimmung ... an den Fascismus erinnern:* ebd., S. 51

833 *Aufmarsch der ‹Pioniere› ... des Experiments:* ebd., S. 53

833 *quälende Nervosität:* ebd., S. 55

833 *Schönheit des Lyrikers Pasternak:* ebd., S. 54

833 *Ich fürchte ... Klügste gewesen ist:* KM, Briefe, S. 196

834 *Problematik ... des ‹Zu spät›:* KM, Tb 1934, S. 59

834 *ihre bräunlichen ... dienenden Fleiß:* KM, Flucht in den Norden, S. 51

834 *mit großer ... Papier zu bringen:* KM, Wendepunkt, S. 333

834 *Kinderschänderin:* TM, Tb 1934, S. 565

835 *politisches Hetzkabarett:* Helga Keiser-Hayne, Beteiligt euch, S. 113

835 *Juda verrecke! / Raus mit den Emigranten!:* ebd., S. 114

835 *vorzügliche Haltung der städt. Polizei:* TM, Tb 1934, S. 570

836 *Ich sehe ... wie Du bist:* KM, Briefe, S. 164

836 *tendenziöse Schilderung des Kurlebens:* Helga Keiser-Hayne, Beteiligt euch, S. 116

836 *Erst log allein der Hund ... aus altem Graun:* ebd., S. 117

837 *So beginnt denn ... Geburtstags:* TM, Tb 1935, S. 3

837 *Dieser sei so stark ... etwas auf sich:* ebd., S. 5

838 *möglichst gleichmütig:* ebd., S. 13

838 *die Formeln der Linken nicht ziehen:* KM, Tb 1935, S. 92

838 *doch zum größten Teil um Arbeiter:* KM, Briefe, S. 205

838 *die Epoche sei ... mit diesem Glauben:* TM, Tb 1935, S. 15

838 *Goschi / armes dickes Kind:* KM, Tb 1935, S. 128

839 *sehr erkannt:* TM, Tb 1935, S. 18

839 *Die Kundgebungen ... Nerven-Wohltat:* TM, Tb 1935, S. 23

839 *Es gab ein helles ... höheren Epoche kommt:* ebd., S. 25

841 *Der vom Ich ... recht laut zu singen:* TM, GW, S. 130

841 *Dozenten des Irrationalen ... Elend schuld waren:* ebd., S. 134f.

841 *krankhafte Entzücken:* ebd., S. 137

841 *militanten Humanismus ... überrennen lassen darf:* ebd., S. 139f.

841f. *Zusicherungen vom ... Not- und Kriegsfall:* TM, Tb 1935, S. 66f.

843 *Ich sprach ihm ... Beruhigung zu dienen:* ebd., S. 70

843 *durch einen Glückwunsch ... formale Maßnahmen:* Schröter, S. 242

843 *Mein Ekel ist ... dort erscheint:* TM, Tb 1935, S. 63

844 *Dichterfrauen sind ... Bewahrer des Werkes:* TM, Bermann-Briefe 1, S. 101

844 *und so, wie ... dasselbe wollen:* ebd., S. 102

844 *Es wird sehr still ... leide ich unbeschreiblich:* TM, Briefe I, S. 386

845 *Strafe meiner Gutmütigkeit:* TM, Tb 1935, S. 81

845f. *Tonhalle ... Appetit zu Mittag:* ebd., S. 85f.

846 *ohne Spitzbart ... Ordinärheit der Kroeger:* ebd., S. 101

847 *Narrenküste ... 19. Jahrhunderts:* ebd., S. 104

847 *ein Stück Deutschland ... Zukunft hinüberzuretten:* TM, Üms, S. 429f.

847 *provinziell besetzt:* TM, Tb 1935, S. 108

847f. *schmerzlich besessenen ... wenig an Bedeutung:* ebd., S. 114–116

849 *delighted:* EM, Briefe I, S. 69

850 *eine Dichtung von hoher Merkwürdigkeit:* TM, Tb 1935, S. 126
850 *die genialste Prosa … Spießerei wäre?:* ebd., S. 72
851 f. *in geheimer Erregung … Amerikanisches Lachen:* ebd., S. 129–131
853 *Aber kann man … einwenden?:* TM, Briefe I, S. 397
853 *Moovings / Auf Wiedersehen:* TM, Tb 1935, S. 131
853 f. *Es ist Zeit … gegen die Welt:* ebd., S. 133 f.
854 *Verstimmung … im Stuhl:* ebd., S. 136
854 *von der Welt … Zähnen festzuhalten:* TM, Briefe I, S. 400
854 *Werk und Person … ihren Willen, durchgesetzt:* TM, Tb 1935, S. 114
855 *Münchener Angelegenheiten:* ebd., S. 142
855 f. *sogenannte ‹proletarische Schule› … mögen oder nicht:* Interviews, S. 216
856 *noch schöne Reserven … Gegenbesuch:* TM, Briefwechsel, S. 30
857 *seltsames Werk … vorbehalten sind:* TM, Tb 1935, S. 164
857 *Rettung der Habe … lächerlich:* ebd., S. 168 f.
858 *Das wäre … überhaupt abgelehnt:* TM, Bermann-Briefe 1, S. 113
859 *Schauderhaft … Tagen zurückkehren kann:* TM, Tb 1935, S. 174 f.
859 *Zum Essen leider die Herz:* ebd., S. 175
859 *Zu Tische leider die Herz:* ebd., S. 177
859 *Die Herz sagte angenehmer Weise ab:* ebd., S. 183
859 *schmerzlich-unverschämt:* TM, Tb 1936, S. 389
860 *fanatische Gegnerin … schwärmerischen Verehrung:* Paul Egon Hübinger, Universität Bonn, S. 179
860 *Kameradschaft im Leiden … seine Welt:* Ida Herz, Ein Roman wandert aus, S. 631
860 f. *ein verhuschtes Lächeln … Rücksichten kennt:* ebd., S. 630
861 *Herrlich interessant … nur erst so weit:* TM, Kerényi-Briefe, S. 66
861 *von der Bibel dazu … Rechtfertigung:* Doris Runge, Thomas-Mann-Jahrbuch, Bd. 6, 1993, S. 224
861 f. *Was ihren Körper … Frauenleib weit und breit:* TM, Joseph III, S. 344 f.
862 *blütenweißes Gewand … Granatapfels:* ebd., S. 358 f.
862 *verklungener Gesang … besungen hatte:* Doris Runge, Thomas-Mann-Jahrbuch, Bd. 6 (1993), S. 229
863 *Liebesgeschichte … Liebesverzicht:* ebd., S. 224
863 *Muts Liebe … ‹Hunde im Souterrain›:* ebd., S. 230 f.
863 *höheren Heiterkeiten:* TM, Briefe I, S. 423 (zum Beispiel)
863 *Sprachorgel:* TM, Tb 1936, S. 361
864 *Neigung zur … und Seelische:* TM, Kerényi-Briefe, S. 74 f.
864 *Langweilig ist das Buch … beizuzählen ist:* Blätter der Thomas Mann Gesellschaft Zürich Nr. 11, 1971, S. 19
864 f. *technische Frage … erregende Vorstellung:* TM, Tb 1935, S. 200
865 f. *nicht zur Auswanderung … Nazibehörden entzog:* Gottfried Bermann Fischer, Bedroht – Bewahrt, S. 99 f.
866 *ein seltenes Buch … Ehren aufsteigen wird:* TM, Tb. 1935, S. 179
867 *kein Interesse … Ausweisung Thomas Manns:* Thomas Sprecher, Thomas Mann in Zürich. S. 307

867 *Zunfthaus Zimmerleuten / taktvoll:* TM, Tb 1935, S. 209

868 *eine ganz tückische kleine Madame:* TM, Hesse-Briefe, S. 103

868 *Frau Marie ... auf ihr lag:* KM, Briefe, S. 250

868 *nichts geregt und gerührt:* TM, Briefe I, S. 404

868 *grossen Brief / sehr scharf, sehr gut:* KM, Tb 1935, S. 147

868 *einer Apotheose ... Art ewiger Romantik:* KM, Symphonie, S. 279

869 *Ich bin gestern ... gegen mich zu sein:* Florence May, Johannes Brahms, S. 248

869 *Dringlichster Sterbe-Wunsch ... gekannt habe:* KM, Tb 1935, S. 145

869 f. *Klaus unpäßlich ... recht schnell erreicht:* TM, Tb 1935, S. 210

870 *Wieder geschrien ... an den Tod gedacht:* KM, Tb 1935, S. 146

872 *Emigranten mit Vorbehalten:* TM, Tb 1936, S. 263

873 *mit dem Dritten Reiche ... des Berliner Propagandaministeriums:* Schröter, S. 259 f.

874 *Dr. Bermann hat ... Unrecht zufügen:* TM, Tb 1936, S. 561 f.

874 *Die deutschen Juden ... da liegt es:* TM, Bermann-Briefe 1, S. 207

875 *unglückselig:* KM, Tb 1936, S. 12

875 *in der gleichen Sprache ... Sprachen zu reden:* Schröter, S. 261

875 *zweite Verirrung ... die Tafel «Besetzt!»:* ebd., S. 260–262

875 *würde erreicht, daß ... nicht leben kann:* ebd., S. 265

875 *Besinnung ... mich geirrt»:* ebd., S. 266

876 *diese jüdische ... Zensuren:* KM, Briefe, S. 249

876 *Mit jedem Gegner ... verlorene Deutschland:* TM, Bermann-Briefe 1, S. 120

876 *leidenschaftlich und unbesonnen:* TM, Tb 1936, S. 245

876 *Statthalterin auf Erden ... nicht weiter wußte:* Hans Sahl, Das Exil im Exil, S. 41

876–879 *Vorhaltungen zu machen ... weltoffener gestalten könnte:* EM, Briefe I, S. 72–83

880 *sens de la mesure ... begraben sein kann:* Gottfried Bermann Fischer, Bedroht – Bewahrt, S. 87

880 *Hätte ich es von ... Vorstellung machst:* EM, Briefe I, S. 83 f.

880 *von Heinrich ... Papa einging:* TM, Tb 1936, S. 386

880 f. *dunklen Drohungen ... erfüllen könnte:* EM, Briefe I, S. 83

881 *denn zu dem ... Bereitschaft:* ebd., S. 85

881 *offizielle Freundschaft ... Recht sehr:* E.: ebd., S. 88 f.

881 f. *Wem trägt Herr ... Gestalter von Romanen:* Gottfried Bermann Fischer, Bedroht – Bewahrt, S. 114

882 *Obwohl nun soviel ... die anderen Nationen:* Jochen Klepper, Unter dem Schatten deiner Flügel, S. 400

883–885 *ein sehr glänzender ... Pöbelhasses tragen»:* TM, Briefe I, S. 409–413

885 *Vormittags und ... zufrieden und heiter:* TM, Tb 1936, S. 250 f.

885 *die erste entschlossene ... seiner Seite:* KM, Tb 1936, S. 19

885 *Es ist wohl kaum ... niederschmettern sollen:* KM, Briefe, S. 248

885 *nun hat er alles ... ehrenvoll gewählt:* EM, Briefe I, S. 91

887   *die Schwarzschild- und Korrodikampagne … den Posten halten:* TM,
        Hesse-Briefe, S. 97
887 f. *Nebenkosten … Welt überzeugt ist:* TM, Schickele-Briefe, S. 95
888   *keine Gemeinschaft:* KM, Wendepunkt, S. 292
888 f. *Wenn dies eine … Stoßgebete:* TM, Tb 1936, S. 270
890   *Ja, lassen Sie mich … psychoanalytischen Sphäre:* TM, LuG, S. 918
890   *Über ihn zu sprechen … zu seinen Ehren:* ebd., S. 911
890   *Sehr merkwürdig … Leben zu beobachten.):* KM, Tb 1936, S. 60
890   *Bürgerlich-Individuellen … des Lebens gründen:* TM, LuG, S. 920 f.
890   *Brunnen der Vergangenheit:* TM, Joseph 1, S. 7
891   *als psychologische … für Krankheit:* TM, LuG, S. 908
891   *vom Bau:* ebd., S. 910
891   *klugen … Sprößling:* ebd., S. 915
891   *mythischen Identifikation … Vaterersatzbildern:* ebd., S. 926
891   *Ich bin Karl der Große / Formel des Mythus:* ebd., S. 924
891 f. *imitatio Goethe's … Aufmerksame hinüberspielt:* ebd., S. 926 f.
892   *durchaus geschlechtliches … viel davon wissen:* TM, Tb 1936, S. 400
892   *katastrophal … Depravierung durchgemacht:* ebd., S. 322
892 f. *herrlich gelegenen … Bewegung:* ebd., S. 332
893   *Furchtbare Ölbilder … deutschen Knabenliebe:* TM, Tb 1937, S. 115
893   *daß auch am Hause … Orte melden wird:* TM, Tb 1936, S. 332 f.
893   *Heftete ein paar … Tannenzweigen:* ebd., S. 338
894   *das Resultat … vernünftig:* ebd., S. 300
895   *Saturday Review … unserer Tage:* ebd., S. 321
895   *einer militanten Demokratie … tschechischen Dichters:* Blätter der Tho-
        mas Mann Gesellschaft Zürich Nr. 24, 1991 / 92, S. 9
895   *sympathischen jungen Chauffeur:* TM, Tb 1936, S. 315
896   *Isolde … mehrfacher Potenz:* TM, Heinrich-Briefe, S. 235
896   *Froh, daß K. … etwas weiter:* TM, Tb 1936, S. 401
898   *Europäischen Amnestiekonferenz … Menschheit entfremden:* ebd.,
        S. 611
901   *Die Haltung der N.Z.Z. … anfangs der 20er Jahre:* ebd., S. 351
901   *Der antimarxistische … nichts Drittes:* ebd., S. 353
902 f. *heiligem Eifer … Staatsangehörigkeit anzunehmen:* ebd., S. 346
903   *propagandistischer Verlogenheit … und traurig:* ebd., S.356
903 f. *Was soll man denken … Üble Rätsel. – –:* ebd., S. 358 f.
904   *die letzte Schamlosigkeit … verrottete Liberalismus:* TM, Schickele-
        Briefe, S. 100
905   *bittere Parallele … gegen Stalin-Russland:* KM, Tb 1936, S. 70 f.
905 f. *Akzente der Feindseligkeit … Armen empfing:* KM, Das Wunder von
        Madrid, S. 85 f.
906   *Ach, … diese Marxisten!!:* KM, Tb 1937, S. 99
906   *großen Genossen … bedenklichen Wahrheiten:* KM, Das Wunder von
        Madrid, S. 87–90
907   *nicht nur wie … alten Sünder:* ebd., S. 91

907 *nur um seines Ruhmes ... Manifesten machte:* ebd., S. 93
908 *Schmöker ... höhere Heiterkeit:* TM, Briefe I, S. 423
908 *vorbereitenden Notizen zur Goethe-Novelle:* TM, Tb 1936, S. 359
909 *nicht unhübsch ... Bedenkliches hatte:* ebd., S. 369
909 *wie ein Gespenst:* TM, Heinrich-Briefe, S. 244
910 *Erschütterung durch ... andererseits gefährdeter:* TM, Tb 1936, S. 294
910 *über zwei Mauern:* TM, Heinrich-Briefe, S. 244
910 *Goethe-Nachfolge ... Novelle zu erregen:* TM, Tb 1936, S. 372
911 *Sonderbares Ereignis:* ebd., S. 396
912 *vor Mit- und Nachwelt:* ebd., S. 403
913 *Nicht Hitler ... Herrn Hitler:* Paul Egon Hübinger, Universität Bonn, S. 182
913 *Bannfluch:* ebd., S. 244
913 *Die Anteilnahme ... größtenteils nicht tun:* TM, Bermann-Briefe 1, S. 132
913 *hübsche Ironie ... Goethe-Novelle schreibe:* TM, Briefe I, S. 430
913 *das Kollektive ... zur Liederlichkeit:* Schröter, S. 301
914 *Fast hätt' ich's vergessen:* TM, Tb 1936, S. 413
914 *Im Einverständnis ... Obenauer. Dekan:* Paul Egon Hübinger, Universität Bonn, S. 561 f.
915 *Bewundernswerte Ökonomie ... heute lebendig:* TM, Tb 1936, S. 413
915–918 *schwere Mitschuld ... Welt und mit sich selbst!:* TM, GW, S. 160–168
918 *große Bewegung ... Freunden gingen noch aus:* TM, Tb 1936, S. 415 f.
920 *über Itschnach / über Johannisburg / den großen Rundweg:* TM, Tb 1938, S. 171, Tb 1937, S. 13 (zum Beispiel)
920 *Gesamt-Ersatz:* TM, Tb 1937, S. 113
921 *geseihte Nahrung:* ebd., S. 118
921 *Dann kommen ... auszuhalten wäre:* TM, Schickele-Briefe, S. 114
921 *Strafen / sinnliche Erschütterung:* TM, Tb 1936, S. 308
924 f. *Wenn es damit ... Ihre Mitarbeit:* TM, Schickele-Briefe, S. 106 f.
925 *Fusionierung der Pläne:* TM, Tb 1937, S. 21
927 *‹So artig? ... Sieg des Menschen:* TM, GW, S. 181 f.
927 *der schändlichste Satz ... muß es geschehen:* ebd., S. 186
927 f. *unselige Kluft ... mit umfaßt:* ebd., S. 188
928 *sittlichen Kultur des Christentums:* ebd., S. 189
928 *Maß und Wert ... geistige Mode:* ebd., S. 193 f.
929 *Bin etwas ... nicht unterrichtet:* KM, Tb 1937, S. 110
929 *unermeßlich Reichen ... zynisch und unadäquat:* EM, Briefe I, S. 110
930 *eines bestimmten ... Schlüsselromans räche?:* KM, Zahnärzte, S. 405
930 *nicht gegen ... verraten hat:* ebd., S. 409
931 *gewissen haßvollen Beschwingtheit:* KM, Briefe, S. 251
931 *ich habe Angst ... doch einen guten:* ebd., S. 253
931 *unbeträchtlichen Tropf:* TM, Tb 1936, S. 259
931 *Ich kanns nicht ... aus «Mephisto»?:* KM, Tb 1936, S. 48
931 *Ausführlich ... Gewissen!):* ebd., S. 63

931 f. *großes Vergnügen ... wert für die Dichtung:* KM, Briefe, S. 273 f.

933 *Sensibilität ohne Substanz:* KM, Tb 1937, S. 111

933 *kniffliges ... Herrchen:* TM, RR 2, 37 / 240

933 *Es ist ein sauberes ... vom Lindenbaum:* KM, Briefe, S. 320 f.

934 *große Essay über ... mit Rubelchen aufwiegen:* ebd., S. 330

934 *denn doch ... geladen:* ebd., S. 332

934 *Empfinde wieder sehr ... irre mich nicht:* KM, Tb 1937, S. 110

934 *irritiert durch ... Schlimm:* ebd., S. 120

935 *Pack-Geschäft:* TM, Tb 1937, S. 112

936 *Aussichtslos:* ebd., S. 12

936 *sich wahrscheinlich ... Einiges zu verlieren hat:* TM, Briefe II, S. 18

937 f. *heute eine tiefe ... als die der Freiheit:* ebd., S. 20 f.

938 *Klar, daß Heinrich ... sozialistische Revolution:* Schröter, S. 279

939 *doppelte Boden:* KM, Briefe, S. 720

940 *Pariser Tageszeitung ... Niveau zu erhöhen:* EM / KM, Escape to life, S. 219

940 *Herren in Berlin:* KM, Briefe, S. 287

940 *polizeiwidrig schlecht:* ebd., S. 289

940 *Liga der Menschenrechte ... der gesitteten Welt:* ebd., S. 294 f.

940 f. *Man sieht mehr ... wo man kann:* TM, Schickele-Briefe, S. 111

941 *Wie ich die Welt ... Hilfe dargeboten:* ebd., S. 113

941 *wirklich an die Prinzipien ... absolut:* KM, Briefe, S. 303

942 *Entwöhnungskur ... Todestrieb:* KM, Tb 1937, S. 135 f.

942 f. *und sucht ‹die nette Sache› / Sorgenvoller Eindruck:* TM, Tb 1937, S. 70

943 *vie facile ... Herzlich Z.:* KM, Briefe, S. 724

943 *Achte ich die nicht ... grosse Scheisse:* KM, Tb 1937, S. 139

943 *Der Junge ... nicht zu ertragen:* TM, Tb 1937, S. 72

943 *Freundchen:* ebd., S. 75

943 f. *In absehbarer Zeit ... ja nie wissen:* KM, Briefe, S. 306

944 *Rückfall / ohne Konsequenzen, hoffe ich:* KM, Tb 1937, S. 144

944 f. *gewiss oberflächlicher ... Schriftsteller-Bund:* ebd., S. 143–145

945 *Das hat schon jetzt ... und zu wissen:* KM, Briefe, S. 308–311

946 *den Ulbricht loszuwerden ... Unterredungen bekannt:* Lion Feuchtwanger, Briefwechsel mit Freunden, Bd. I, S. 330

946 *Ich kenne keinen einsameren Menschen:* TM, Schickele-Briefe, S. 187

947 *familianten ... feindlicher Akt:* KM, Briefe, S. 313 f.

947 *seit einer Woche ... ziemlich wohl fühle:* ebd., S. 316

948 *geistigen Trost ... schmerzstillenden Pille:* Arthur Koestler, Die Geheimschrift, S. 395

948 *Spiel des Lebens ... Ich auch nicht, früher:* TM, Tb 1937, S. 64

949 *Wann es Ihnen ... schwaches Hüsteln:* Arthur Koestler, Die Geheimschrift, S. 396

949 *Er fragte mich weder ... Nachwelt bestimmt war:* ebd., S. 397

950 *Nachher mit ihm ... zu entschuldigen:* TM, Tb 1937, S. 106

950 *Ich bin nicht für ... verdünnter Luft:* Arthur Koestler, Die Geheimschrift, S. 397 f.

952 *Wär' ich zu Haus:* TM, Tb 1937, S. 53

954 *Es hat etwas ... mich verliebt war:* TM, Meyer-Briefe, S. 18

954 *achtbare Aufrichtigkeit ... zu heiraten:* ebd., S. 20

955 *jugendliche Unsicherheit ... Verhängnisses aufgerührt:* Agnes Meyer, Out of these Roots, S. 184 (Übers. Harpprecht)

955 *großes Genie ... drüben zu bewahren:* TM, Meyer-Briefe, S. 75 f. (Übers. Harpprecht)

956 *Es besteht keine Gefahr ... journalistischer Begleitmusik:* ebd., S. 77 f.

957 *Beitrag zur finanziellen Unterstützung:* ebd., S. 83 (Übers. Harpprecht)

957 f. *Gegenleistung für die ... Absicht entsprechend handele:* ebd., S. 88

958 *Ehrfurchtsgefühls:* ebd., S. 98

958 *niemand ... begleichen:* ebd. (Übers. Harpprecht)

958 *größten deutschen ... erwartet werden:* ebd., S. 99 (Übers. Harpprecht)

958 *und zwar in ... im Himmel ...:* ebd., S. 387

959 *Schreckliche ... manifestieren wird:* TM, Lotte, S. 152

959 f. *Lobhudelei ... heimliche Niedertracht:* TM, Brief (Entwurf?) an Bruno Frank, 23. Mai 1937 (Thomas-Mann-Sammlung «Dr. Hans-Otto Mayer», Universitäts- und Landesbibliothek Düsseldorf)

960 *kühnen Kameraden:* TM, RR 4, N 38 / 7

961 *l'écrivain ... de Goethe:* TM, Tb 1937, S. 19

961 *nach Zürich-Küsnacht ... Hübsch, hübsch:* ebd., S. 102

961 *die Psychologie des ... Kolossale gesteigert:* KM, Tb 1937, S. 113

961 f. *eine Figur im ... Kunst-Schauspiel:* Helmut Koopmann (Hg.), Thomas-Mann-Handbuch, S. 426

962 *Nachdem ein Werk ... Incognito entgehen konnte:* Friedrich Wilhelm Riemer, Mittheilungen über Goethe, Bd. 2, S. 616

962 *ein centrales ... Merkwürdiges kommen:* TM, Briefe II, S. 40

963 *Bedenke ich nun ... Barbaren reden lassen!»:* Friedrich Wilhelm Riemer, Mittheilungen über Goethe, Bd. 1, S. XIII

963 *schweren, untersetzten ... ‹glupschend›:* Effi Biedrzynski, Goethes Weimar, S. 327

964 *gelockerter ... Redseligkeit:* TM, Lotte, S. 119

964 f. *zögernden und ... an einem großen Mann:* ebd., S. 69 f.

965 *priesterlicher Gebärde / kein Feuersturm und Geschmetter der Leidenschaft:* ebd., S. 78

965 *Dichtergenie ... Erden erscheinen mag:* ebd., S. 77

965 *Kälte und Steifigkeit ... und Angegriffenheit:* ebd., S. 86

965 *das Komische ... Welt hingerissen:* ebd., S. 128

965 *Der Sohn eines Großen ... doch auch wieder:* ebd., S. 145

967 f. *klassischen Walpurgisnacht ... zusammentreten zu sehen:* TM, LuG, S. 783 f.

968 *Bewunderung ist ... die Liebe selbst:* ebd., S. 779 f.

968 f. *Es sind die höchsten ... dichterisch-schöpferischen Volkes:* ebd., S. 783–788

969 *Er war Musiker ... zurückgezwungen wurde:* ebd., S. 797
970 *die deutsche Volksmusik ... Schubert und Brahms:* ebd., S. 774
970 *Unseres Adolf ... Bayreuthianer:* TM, RR 4, N 35 / 21
971 *emotionellen Realität ... dringen ließ:* TM, Meyer-Briefe, S. 104 (Übers. Harpprecht)
971 *ganz intelligent ... biederen Onkel:* KM, Tb 1937, S. 169 f.
971 f. *Aber wenn es ... bewohnbar sein:* TM, Meyer-Briefe, S. 101
972 *warum denken Sie ... hier niederzulassen:* ebd., S. 106, (Übers. Harpprecht)
972 *unaufhaltsamen Tendenz ... Recht dazu nehmen:* TM, Tb 1937, S. 129
972 *Das Geschäft blüht oder könnte es tun:* ebd., S. 141
973 *Demokratischer Idealismus ... Welt zu erinnern:* ebd., S. 135
973 *Sündenfall der Natur ... als die Unschuld:* TM, GW, S. 216
973 *Attitüde von Jugendlichkeit und Zukünftigkeit:* ebd., S. 210
973 *von dieser künstlich ... des wirklichen:* ebd., S. 224 f.
973 *Und Rußland? ... Demokratie bedeutet:* ebd., S. 227
973 *Bezug auf das ... sehr naher Zukunft:* TM, Meyer-Briefe, S. 109
974 *habe vielleicht nicht ... kein Kapitalist:* TM, GW, S. 228
974 *friedenswilligen deutschen ... im deutschen Volk:* ebd., S. 234
974 *Reform der Freiheit / Manchestertum / passiven Liberalismus:* ebd., S. 236
974 *Die Freiheit muß ... Neue in der Welt:* ebd., S. 237–239
975 *bedenkliche Geschichte / Champagner-Exzeß:* TM, Tb 1938, S. 163
975 *Sehr traurig ... Katastrophal:* KM, Tb 1937, S. 175–177
975 f. *Ein Vierteljahr ... Zeit gegönnt sein!:* TM, Tb 1937, S. 149
976 *Kamillenthee ... in meiner Sterbestunde:* TM, Tb 1938, S. 168
976 *Kreuz, Tod und Gruft / Todes-Erotik:* TM, LuG, S. 694 / S. 696
977 *Sieg der Partei ... den Konservativismus:* TM, Tb 1938, S. 172
977 *Riesengebäude:* ebd., S. 178
977 *Die Folgen ... weh getan zu haben:* ebd., S. 178–180
978 *Wo ich bin, ist Deutschland:* TM, Meyer-Briefe, S. 833
978 *He was asked ... consider myself fallen:* ebd., S. 834
979 *zusammen mit ... Kultur bewahrt:* TM, Briefe II, S. 9
979 *Teils wegen der ... auf den Beinen:* Interviews, S. 233
979 f. *Er beginnt ein ... unbehaglich finden:* ebd., S. 234
980 *hochgestimmte:* TM, Tb 1938, S. 181
982 *Ich bin ein kindischer ... das ich gut gemacht:* TM, Üms, S. 435 f.
983 *Gewissensfrage ... schreiben darf?:* ebd., S. 437
984 *mit exorbitanter ... eigener Gesetzgebung:* TM, Tb 1938, S. 251
984 f. *an den deutschen ... verweigert worden:* TM, Briefe III, S. 45
985 *zahlreiche Briefe:* ebd.
985 *luxuriöse Amtshaus:* TM, Tb 1938, S. 182
986 *ins Wärmere umzuarbeiten:* ebd., S. 185
987 *Während ich meine ... kranken Nieren:* TM, Meyer-Briefe, S. 113 (Übers. Harpprecht)

988 *Thomas Mann hat … Jungs zu veranstalten:* ebd., S. 39 (Übers. Harpprecht)

988 *Depression, Erregung … Grand evening:* TM, Tb 1938, S. 187

989 *furchtbar unglücklich und beängstigt:* ebd., S. 188

990 *Shakehands … gekommen waren:* ebd., S. 192

990 *Hitler wird sich … Der Mann ist machttoll:* Interviews, S. 238

990 *Gequält … Man erstickt:* TM, Tb 1938, S. 191

991 *Schwachköpfe … europäische Denken!:* ebd., S. 193

991 *draußen … durch Knopf:* ebd., S. 194

991 *glückliche Fügung … Sicherheit bieten:* TM, Meyer-Briefe, S. 115 f.

992 *Wir eilten … Erfüllung gegangen›:* Gottfried Bermann Fischer, Bedroht – Bewahrt, S. 123

993 *blau und frisch … Geschmack der Häuser:* TM, Tb 1938, S. 196 f.

994 *Allerliebster Aufenthalt / Zur Arbeit vorbereitet:* ebd., S. 201

994 *Sakramentum:* ebd., S. 199

995 *nicht mit wirklichen … großartig verbrennen könnte?:* KM, Briefe, S. 347

995 f. *Die Wochen der … verständigen können:* ebd., S. 350 f.

996–998 *Ich habe das deutliche … vorsorglicher Herausschaffung:* TM, Bermann-Briefe I, S. 143–147

998 f. *Ich bin mir … Empfindungen festhalten:* ebd., S. 146–148

999 f. *Mein Umsatz … im Stich lassen würden:* ebd., 150–152

1000 *Sie sind sich offenbar … einfach ruinös ist:* ebd., S. 154

1000 *Gemischte Gefühle … Brief folgt:* TM, Tb 1938, S. 221

1000 *seine Überflüssigkeit … ganz gut werden:* KM, Briefe, S. 352

1000 f. *Mein Einsatz … London Drahtet sofort:* TM, Bermann-Briefe 1, S. 155 f.

1001 *Weitgehende Zusammenarbeit … Brief folgt Gruß:* ebd., S. 156

1003 *die Verheißungen … schließlich auch hier:* TM, Meyer-Briefe, S. 118

1004 *Sitzung zunächst … ist bereinigt:* TM, Tb 1938, S. 218

1004 *Am Tage … Thomas Mann:* TM, Meyer-Briefe, S. 120

1005 f. *herzensguten Consul Laška … Sorgen hat man:* KM, Briefe, S. 349 f.

1006 *die dem Heimatlosen … Schutz gewährt hat:* TM, RR 2, 38 / 69

1006 *katastrophalen europäischen … berichtigende:* ebd., 38 / 72

1006 f. *Wann sehe ich … Verwandtes zu suchen:* KM, Briefe, S. 336

1007 *Einem Europa … mehr angehören:* TM, RR 2, 38 / 73

1007 *Lichtseiten:* KM, Briefe, S. 352

1007 *daß erhebliche Teile … von Nutzen gewesen:* EM / KM, Escape to Life, S. 224

1008 *Bruderzwist:* ebd., S. 218

1008 *ein für die damaligen … hohes Gehalt:* TM, Meyer-Briefe, S. 40 f.

1009 *die richtige Stimmung … der Vermittlerin:* ebd., S. 44

1009 *Princeton … Santa Monica:* KM, Briefe, S. 351

1009 *Park, Stille, Reichtum und Comfort:* TM, Tb 1938, S. 245

1009 *Arbeitshäuschen:* ebd., S. 225

1010 *leidlich angenehm / Genuß der Stille u. freien Natur:* ebd., S. 228

1010   *die Sinnlichkeit … und eintönig:* ebd., S. 237
1010   *trotz dem … in Küsnacht:* ebd., S. 229
1010f. *unrecht und schier … Menschen sind homosexuell:* KM, Briefe, S. 354
1011   *als ‹Lecturer … Schweizer Kurorte:* TM, Meyer-Briefe, S. 123
1011   *elegant und … amerikanischen Jünglingsreiz:* TM, Tb 1938, S. 245 f.
1012   *Alles etwas … Freude und Behagen:* ebd., S. 251
1012   *Es tut uns beiden … in Aussicht stehen:* TM, Briefe II, S. 50
1012   *Bedenkliches Niveau … natürlich begabt:* KM, Tb 1938, S. 48
1013   *ein Bild der Verlassenheit und großen Traurigkeit:* KM, Das Wunder von Madrid, S. 402
1013   *Ein junger Soldat … nichts zu trinken…):* KM, Tb 1938, S. 52 f.
1014   *Genascht:* ebd., S. 53
1014   *verödeten Engel:* TM, Tb 1938, S. 282
1014   *ein ganz feines Ding … auch ziemlich hübsch:* KM, Briefe, S. 357
1014   *obstinate Versessenheit:* TM, Tb 1938, S. 261
1016   *beinah greisenhaft … gegenüber nicht?:* KM, Tb 1938, S. 59
1016   *ergreifenden Vorlesung Heinrichs:* TM, Tb 1938, S. 278
1017   *öffentliches Vorkommnis:* TM, GW, S. 254
1017   *Ein Bruder … Neinsagen zu verlernen:* ebd., S. 257
1017   *Muß man nicht … ‹Friseur und Charlatan› nannte:* ebd., S. 256
1018   *Ich war nicht ohne … Bezeichnung rechtfertigen:* ebd., S. 258 f.
1018f. *Der Bursche ist … und Über-Genugtuungen:* ebd., S. 254 f.
1019   *Viertelskünstlers:* ebd., S. 254
1019f. *Auf jeden Fall … Verhunzung des großen Mannes:* ebd., S. 259 f.
1020   *weithin sichtbare … Gegenfigur:* Marcel Reich-Ranicki, Thomas Mann und die Seinen, S. 91
1020   *Die anderen … länger halten:* TM, Bermann-Briefe 1, S. 187
1020   *das Portrait … Geschichte eingehen:* ebd., S. 185
1021   *Satyrspiel … Teil eines Buches:* ebd., S. 183
1021   *Verrat Englands … Tages führen muß:* TM, Tb 1938, S. 282
1022   *in diesem Augenblick … Staatsoberhauptes»:* TM, Bermann-Briefe 1, S. 187
1022   *Erwäget ob nicht … Verfolgungen verursacht:* ebd., S. 191
1023   *für die Gastlichkeit … jenseits des Ozeans:* TM, Tb 1938, S. 884
1023   *Unruhe und … Schiedhaldenstraße herbeigeführt:* ebd., S. 285
1025   *«Burgfrieden» zwischen … mißbrauchen zu lassen:* Friedrich Stampfer, Mit dem Gesicht nach Deutschland, S. 111 f.
1027   *Heftiger Einfluß … «ein Verbrecher»:* TM, Tb 1938, S. 287 f.
1027f. *Phlegma, Gemütsruhe … nach dieser Erfahrung:* ebd., S. 291 f.
1028   *Was ist das … den Frieden bringen:* ebd., S. 886 f.
1029   *Hitler must fall!:* ebd., S. 296
1029   *Hitlers gefährlichster Feind:* ebd., S. 298
1029   *mageren Nigger / Caretaker:* ebd., S. 300
1029f. *Frieden … entlaubten Baum:* ebd., S. 303 f.
1030   *Die deutsche Emigration … Greuel von 1934:* TM, GW, S. 264

1030 f. *Verrat der europäischen ... den Sozialismus:* ebd., S. 269 f.

1031 *Gouvernante ... Faschismus nicht wollten:* ebd., S. 272 f.

1031 *Faschisierung des Kontinents ... Stimme zu erheben:* ebd., S. 275 f.

1031 f. *so seelens-krank ... Zeit und Ewigkeit:* TM, Meyer-Briefe, S. 131

1032 *lieben tröstlichen Zeilen ... Wort noch gehört:* ebd., S. 133

1032 *München eins der schmutzigsten Stücke:* ebd.

1032 *Der Boden ... Besuche tauschen:* ebd.

1033 *Höchste Phantastik ... schon in München:* TM, Tb 1938, S. 306

1033 *Linderung ... Ihnen verdanke:* TM, Meyer-Briefe, S. 134 f.

1033 *Zusammenbruch ... eines Glaubens:* TM, Tb 1938, S. 312 f.

1034 *äußerst Müden:* ebd., S. 309

1035 *kolossal naiv eifrige und anspruchsvolle Land:* TM, RR 2, 38 / 362

1035 *Übersättigung u. Auflehnung:* TM, Tb 1938, S. 332

1035 *Ich rühre ... nicht kenne:* Blätter der Thomas Mann Gesellschaft Zürich Nr. 11, 1971, S. 26

1037 *zugunsten unseres großen ... Ehren gehalten werden:* TM, Briefe II, S. 96 f.

1038 f. *irgendeine dunkle Geschichte ... solches zu behaupten:* Lion Feuchtwanger, Briefwechsel mit Freunden, Bd. 1, S. 36–40

1039 *arme CN ... reichliches Material:* ebd., S. 43

1041 *etwas Trost ... Verwirrung gesetzt:* TM, Briefe II, S. 74

1041 *die Entrevue à trois:* TM, Tb 1938, S. 331

1041 *Intimitätsgrades ... Sinn des Wortes:* TM, Meyer-Briefe, S. 138 f.

1042 *eine so gerechte Abneigung ... Mißkredit bringen:* TM, Briefe II, S. 65 f.

1043 *das war immer da ... als alle Humanität:* TM, RR 2, 39 / 76

1043 *allen Nachrichten zufolge ... gewirkt zu haben:* TM, Briefe II, S. 78

1043 *daß die Deutschen ... und Kulturellen:* TM, Heinrich-Briefe, S. 267

1044 *fertiggebracht, was ... die Revolution:* HM, Mut, S. 22

1044 *Erhebt euch, deutsche Mütter:* ebd., S. 63

1044 *Wer Goethe ... mit der Nation:* ebd., S. 195

1044 *mit der Bitte um telegraphische Zustimmung:* TM, Meyer-Briefe, S. 138

1044 *ein Manifest ... persönlichen Charakters:* TM, Briefe II, S. 74

1044 f. *Nein, die Sprache ... in Blut ertränken:* TM, GW, S. 277

1045 *Friedensliebe ... der Völker:* ebd., S. 283

1045 *Kriege ... hinterlassen werden:* ebd., S. 281

1045 *Fürchtet euch nicht!:* ebd., S. 280

1045 *Abart des Menschen / lichtlose Brut:* ebd., S. 277

1045 *Ur-Verbrechertum / geistiger Kot / Fratze:* ebd., S. 279

1046 *die Organisation des ... geleistet zu haben:* TM, Briefe II, S. 74 f.

1046 *Amerikas große Stunde ... Göttlichen im Menschen:* TM, Tb 1938, S. 893 (Übers. Harpprecht)

1047 *von der Sache ... fallen zu lassen:* TM, Briefe II, S. 73

1048 *treulich durchgeführt:* TM, Tb 1938, S. 326

1049   *sein Amüsantes … deutscher Bürgerlichkeit:* TM, GW, S. 284 f.
1050   *Freiheits-Pavillons:* TM, Tb 1938, S. 336
1050   *Clearing-Haus … Parallelaktionen:* TM, RR 2, 39 / 69
1051   *Diener und Wahrer … Sponsorliste:* TM, Gesammelte Werke in drei-
        zehn Bänden, Frankfurt a. M. 1960, Bd. XIII, S. 763
1051 f. *Es kann nicht … zu stärken und zu einen / Voilà:* Stefan Heym, Nach-
        ruf, S. 168
1052   *Das grosse … Wachsfiguren-Kabinett…):* KM, Tb 1939, S. 116
1056   *überraschenden Naivität … Kindereien:* KM, Tb 1938, S. 77
1057   *wohlmeinend durch … Farben glühen:* TM, Briefe II, S. 59
1058   *Phönix-Becher:* ebd., S. 73
1058   *Den ganzen Tag … wieder erörtert:* TM, Tb 1938, S. 336
1058   *amazing family:* TM, Meyer-Briefe, S. 468 (zum Beispiel)
1059   *ganzer Eisenbahnwagen:* Kroll, S. 114
1059   *assez imposante et fort hystérique:* KM, Tb 1939, S. 106
1060   *Grosses Grauen … gutzumachen ist:* ebd., S. 108
1060   *denn ihr wißt … zögerten nicht länger:* TM, GW, S. 299
1061   *Sie sind mein … Kommenden entgegen:* TM, Meyer-Briefe, S. 143
1062   *Eindruck des Großartigen:* TM, Tb 1938, S. 330
1062   *Hauptgeschäft:* TM, Üms, S. 86 (zum Beispiel)
1062   *in dem Grade … nennen kann:* TM, GW, S. 336
1063   *Die Auslassung … als Schutzwehr:* TM, Tb 1939, S. 345
1063   *utilitaristischen Traum:* ebd., S. 330
1063   *Es ist außerordentlich … Goethe's zu beobachten:* ebd., S. 333
1063   *christlichen Sozialismus:* ebd., S. 335
1063   *Die Furcht des … Vorstufe zum Bolschewismus:* ebd., S. 339
1064   *besitzenden Klassen / Bollwerk gegen den Bolschewismus:* ebd., S. 341
1064   *besitzende Klasse / überall faschistisch:* HM, Mut, S. 26
1064   *Freiheitsbegriff … an der Tagesordnung:* TM, GW, S. 345 f.
1065   *Wir wagen es wieder … Satan des Kruzifix:* ebd., S. 348
1066   *Seine Aufgabe … nichts zu tun:* Schröter, S. 307 f.
1067   *es könnte sein … erinnert werden wird:* ebd., S. 314
1067   *magere, gebeugte … umschattet:* ebd., S. 312
1067   *Singler:* TM, RR 2, 39 / 131
1068   *Neffen … eingehändigt habe:* TM, Heinrich-Briefe, S. 264
1068   *Meiner Frau kann … reichlich verdient:* ebd., S. 271
1069   *tags in jeder freien … Art von Lebensfeier:* ebd., S. 263
1070   *das übliche Getümmel … seidenen Schlafrock:* TM, Tb 1939, S. 370
1071   *Niederschlagende Wirkung vorausgesehener Dinge:* ebd., S. 373
1072   *England und … eine Sphinx:* ebd.
1073   *Eine kleine Beihilfe … Ansprüche sind viele:* TM, Briefe II, S. 89
1073   *All Heroismus … nur beim Alter:* TM, Lotte, S. 268
1074   *die allgemeinen Ziele … nur die reine Macht:* Interviews, S. 243 f.
1074   *schwarzen Katastrophe:* ebd., S. 242
1074   *die Wurzeln … Deckmantel der Freiheit:* ebd., S. 245

1075 *Frau Mann erklärte … verlustieren»:* ebd.

1075 *Naive Ansprüche … ausschließlich Damen:* TM, Tb 1939, S. 376 f.

1075 *eher träge, aber erfolgreich:* ebd., S. 380

1076 *Die Situation scheint … gezwungen werden:* ebd., S. 383

1076 *Freude des Wiedersehens … geschlossenen gemietet:* ebd., S. 384

1077 *minderwertig:* ebd., S. 387

1077 *Palme der Minderwertigkeit:* ebd., S. 413

1077 f. *vom Kammerdiener … Überraschung:* ebd., S. 391

1078 *kalt / Spontaneität:* ebd.

1079 *geistig-menschlichen … I like best:* TM, Meyer-Briefe, S. 153

1079 *Ich habe mich … Seele ja gefallen:* ebd., S. 160

1080 *Darf ich Ihnen … Hinsicht zu binden:* ebd., S. 154

1080 f. *freundliche Kundgebung / abgewogene Applaus:* TM, Tb 1939, S. 393

1081 *the world's greatest … Goebbels selbst:* TM, Meyer-Briefe, S. 857

1081 *tief bewegt … an uns vorüber:* TM, Tb 1939, S. 393

1082 *höhere Gesundheit … Magic Mountain:* TM, RA, S. 78 f.

1082 f. *Der Gral … des Menschen:* ebd., S. 81

1083 f. *fortwährendes … Ihr Thomas Mann:* TM, Meyer-Briefe, S. 156–158

1084 *Düstere Perspektiven:* TM, Tb 1939, S. 402

1085 *notwendig … geschrieben werden sollen:* TM, Heinrich-Briefe, S. 268

1085 *Vertriebs-Apparat … mal den besten:* EM, Briefe I, S. 134

1085 f. *Turbulente Verabschiedung:* TM, Tb 1939, S. 417

1086 *Die Abschiede werden immer bitterer:* KM, Tb 1939, S. 110

1086 *Eines Tages … und H. M. schreiben:* ebd., S. 113

1087 *Leidende Tage … Toilette, Salon:* TM, Tb 1939, S. 419

1087 *beschämend:* ebd., S. 421

1088 *Saaltöchter:* ebd., S. 422

1089 *die Vereinigung … dem Komfortablen:* TM, Meyer-Briefe, S. 162

1089 *Amüsant:* TM, Tb 1939, S. 437

1089 *München 22 … Flugzeug fortfliegen:* TM, Meyer-Briefe, S. 166

1090 *ironisch-hochstaplerischen … Spiels:* Hinrich Siefken, Thomas Mann, Goethe – «Ideal der Deutschheit», S. 201

1090 *sich dem bekannten … ‹Tod in Venedig›:* ebd., S. 230

1090 *Glück / Wollust:* TM, Lotte, S. 289

1090 *Schlampampen-Stündchen:* Christiane Vulpius an Goethe, zit. nach Eckart Kleßmann, Christiane, S. 98

1091 *Frucht lockeren Behelfs / libertinischer Bettgenossenschaft:* TM, Lotte, S. 296

1091 *Unterschied von … Himbeerlippen der Welt …:* ebd., S. 289

1091 *ein Hauptingrediens … übrigens ebenso:* ebd., S. 277

1091 *Gemüt, Gemüt … Lügen des Gemüts:* ebd., S. 297

1091 f. *«Des Epimenides Erwachen» … ‹Kälte› hin notwendig:* Hinrich Siefken, Thomas Mann, Goethe – «Ideal der Deutschheit», S. 197

1092 *abweichenden Bildungen … Lebendigen zu vollbringen:* TM, Lotte, S. 302

1092 *wunderlich Gemisch ... schon das Pathos:* ebd., S. 297f.
1093f. *Haß und Pein ... es dauerte in mir:* ebd., S. 299
1094 *schlicht und recht ... deutsche Kultur:* HM, Zeitalter, S. 215
1095 *Sackermentsvolk:* TM, Lotte, S. 299
1095f. *Mein elterliches Erbe ... symbolisch zusammenfasst:* TM, Meyer-Briefe, S. 162
1096 *patriarchalischem Monologisieren:* TM, Lotte, S. 369
1096f. *Gebärdet euch ... exemplarische Versöhnung feiern:* ebd., S. 299f.
1097 *und mit väterlichem Stolz:* TM, Briefe II, S. 107
1097 *Sie haben Dich ... als die Meisten:* ebd., S. 106
1097 *Mittagessen ... keinerlei Handhabe:* TM, Lotte, S. 336
1098 *Gelbe Salon:* Georges Motschan, Thomas Mann – von nahem erlebt, S. 129
1098 *erweiterte Intimität:* TM, zit. nach Hinrich Siefken, Thomas Mann, Goethe – «Ideal der Deutschheit», S. 196
1098 *Steifigkeit:* TM, Lotte, S. 354
1098 *jetzt ganz unbezähmbare Nicken ihres Kopfes:* ebd., S. 356 (zum Beispiel)
1098 *Gezwungenheit ... Dingen ein:* ebd., S. 360
1098 *Der große Mann ist ein öffentliches Unglück:* ebd., S. 376
1099 *Höchst merkwürdig ... Miniaturvor- und abbild sei...:* ebd., S. 375f.
1099f. *Lieber Herr und Frau Doktor ... viel schuldig:* TM, Meyer-Briefe, S. 167–172
1101 *recht ergriffen:* TM, Tb 1939, S. 436
1101 *weil es eine ... außerordentliches Stück Erzählung:* KM, Briefe, S. 388–390
1102 *Und wie freut ... wie sie sagen:* ebd., S. 392
1102 *kein beobachtetes ... Man spürt das:* ebd., S. 386
1102 *vielleicht noch etwas ... Düsterkeit also:* ebd., S. 385
1102f. *in der zweiten Hälfte ... ‹bürgerlichen Erbe›:* ebd., S. 390
1103 *Engel-Kunde ... Herzen stammt:* ebd., S. 393
1103 *Denn wenn es ... spöttisch spähte ...:* ebd., S. 392
1104 *Entre nous ... französischen Versen ...:* KM, Tb 1939, S. 117f.
1104 *wo der dritte ... und Schmerz ...:* TM, Tb 1939, S. 448
1104 *auf dem Wege hoher Korruption:* TM, Briefe II, S. 103
1105 *Sie haben doch sicher ... gehören zur Sache:* ebd., S. 102f.
1105 *ganz Franzose ... treuer Verehrer:* GM, Wir alle sind ..., S. 288f.
1106 *Ich scheide ungern von Zürich:* TM, Tb 1939, S. 452
1106 *La guerre ... pas lieu:* TM, Meyer-Briefe, S. 173
1106–1108 *Weiß-weiche Wolkenlandschaft ... Cigarre und Lektüre:* TM, Tb 1939, S. 452–458
1108 *russischen Chocs:* ebd., S. 457
1108 *nachhaltiger und ... deshalb, kommen ...):* KM, Tb 1939, S. 128f.
1109 *Es war ein Gefühl ... weggeschlagen worden:* Stefan Heym, Nachruf, S. 178

1109 *Und alles war ... sie zerfleischend:* ebd., s. 182
1109 *Palliativ ... schmal gewesen:* Klaus Schröter, Heinrich Mann, S. 138
1109 *In allen Sprachen ... die Demokratien:* EM, Briefe I, S. 140
1109 *den pakt logisch ... dem frieden:* Bertolt Brecht, Arbeitsjournal, S. 57
1109 *Elendsszenen / Westwall:* EM, Briefe I, S. 139
1110 *Großes Mitleid ... zu denken:* TM, Tb 1939, S. 459
1110 *Die Katastrophe ... haben werden:* TM, RR 2, 39 / 345
1110 *Immer galt ... Also?:* TM, Tb 1939, S. 460
1111 *Das ist der schwierigste ... Europa nie Frieden:* Interviews, S. 247
1111 *gegen die schützenhilfe der USSR für hitler:* Bertolt Brecht, Arbeitsjournal, S. 57
1111 *Ultimatum Englands ... nimmt seinen Lauf:* TM, Tb 1939, S. 463f.
1111f. *das Ungeheure ... euch zu erleben ...:* KM, Tb 1939, S. 132
1112 *steif:* TM, Tb 1939, S. 464
1112 *in den letzten ... hineingeschaut:* ebd., S. 467
1113 *Möchte morgen ... Concentration Camp bezeichnet:* ebd., S. 470f.
1113 *Es war überstanden ... was ich wünsche:* ebd., S. 473f.
1114 *wie er nun ... Auskunft:* ebd., S. 493
1114 *Ich habe eine neue ... mich zu sein:* TM, Lotte, S. 393f.
1115 *herzlichste Bitte ... Schuld:* ebd., S. 403
1115f. *nach Opfer ... Es ist buchenswert:* ebd., S. 405–407
1116 *der würdig gewordene ... Großen Mannes selbst:* TM, Üms, S. 92
1116 *Es ist als solches ... Welt der Schriften:* TM, Tb 1939, S. 493
1116 *unio mystica:* TM, Meyer-Briefe, S. 188 (zum Beispiel)
1117 *Der Krieg ist ... Joseph IV:* TM, Meyer-Briefe, S. 176f.
1118 *Ich meine ... der es unternimmt:* TM, LuG, S. 251
1119 *den Vorwand für ... keine Rätsel dar:* Schröter, S. 318f.
1119 *die Wehmut ... hineinpumpen können!:* TM, Bermann-Briefe 1, S. 254
1120 *gepflegte Form ... aufs feinste herausbringen:* ebd., S. 253
1120 *er habe ... so verschlungen:* ebd., S. 258
1120 *eingestandener ... Wagners:* TM, LuG, S. 815
1120f. *Nuance ... das rote Tuch:* ebd., S. 818
1121 *Meistersinger ... Kultur-Bolschewisten:* ebd., S. 816
1121 *aus Zartgefühl:* ebd., S. 818
1121f. *noch heute, wenn ... gute Gewissen zurückgibt:* ebd., S. 821–823
1122 *Ironie ist das ... geniessbar macht:* TM, Meyer-Briefe, S. 179
1123 *inneren Konflikten:* ebd., S. 182 (Übers. Harpprecht)
1123f. *Gemachte ... in Leib und Seele:* ebd., S. 184–186
1124 *Journey towards Youth:* ebd., S. 198
1124 *The Beloved Returns:* ebd., S. 204
1124 *aus Abneigung:* TM, Tb 1939, S. 511
1124f. *einige Bangigkeit ... ein Mensch zu sein:* TM, Meyer-Briefe, S. 187f.
1125 *Sechs Nächte ... zu hören bekommt!:* ebd., S. 196
1125 *Die amerikanischen ... muß sie meiden:* TM, Tb 1939, S. 489
1126 *Daß an der ... gegenwärtigen Stalinkurs:* TM, RR 2, 39 / 544

1126f. *von allen Publizisten … sitzen in Berlin:* EM / KM, Escape to Life, S. 217f.

1127 *Ich würde ein … unpassend vor:* KM, Zweimal Deutschland, S. 164

1127 *Man würde mit … ihm erhofft werden:* Kroll, S. 185

1128 *Ich bin kein Kommunist … bewundere ihn nicht:* KM, Zweimal Deutschland, S. 168f.

1128f. *Der Umstand … Stalin nicht mochtet:* KM, Briefe, S. 403

1129 *Ich hätte sogar … Bitte-um-Pardon begnügen:* ebd., S. 407f.

1129–1131 *man sich ein … Seite enthalten würde:* EM, Briefe I, S. 161–166

1131 *staubiger Melonenhut … Aussprache:* KM, Briefe, S. 429

1132 *Lieber Leopold … Ihr Klaus Mann:* ebd., S. 752

1132 *Diatribe / höflich und schief:* TM, Tb 1939, S. 513

1133 *Schiffahrt … ganz abbrechen:* Michael Mann, Fragmente, S. 21

1133 *Also ohne noch einmal … Vergessen zu bitten:* ebd., S. 23

1133 *vor Nervenschwäche:* TM, Tb 1939, S. 503

1133 *der überreife Bräutigam … No children around:* KM, Tb 1939, S. 144

1133 *Borgi hat längst … sein junge Frau:* KM, Briefe, S. 411

1134 *eingeordnet:* Thomas Mann Jahrbuch, Bd. 1, 1988, hg. von Eckhard Heftrich und Hans Wysling, S. 211

1134 *so oder so … Donau-Föderation:* ebd., S. 212

1134 *im Goethe'schen Sinn ‹bedeutenden› Besitz:* TM, Meyer-Briefe, S. 190

1134 *bei brennenden … Ergriffenheit:* TM, Tb 1939, S. 514

1134 *mit Amüsement … hoch-stilisierten Selbstporträts …:* KM, Tb 1939, S. 147

1135 *In München … verlaufen können:* TM, Tb 1940, S. 92

1136 *Höfliche Kriegsnachrichten zum Geburtstag:* ebd.

1136 *Schlacht in Frankreich:* ebd., S. 91

1137 *Keine Folter … zu Missionar:* EM, Briefe I, S. 150

1137f. *neue und schöpferische … ausgeglichener Wohlfahrt:* TM, GW, S. 375

1138 *wohlmeinend lächerlich:* TM, Tb 1940, S. 23

1138f. *Ist es ein … und unsern Sieg:* TM, Schickele-Briefe, S. 137

1139 *einem kalt … nicht auf lange:* ebd., S. 139

1139 *durch holländische … Hände zu spielen:* TM, Tb 1940, S. 29

1139 *nagelneue, saubere Stadt / Ermutigungs-Tablette / Heiterlein:* ebd., S. 32f.

1140 *Gelingen des Schlußteiles / persönlichen Lebens:* ebd., S. 37

1140 *boys … gut zu machen:* TM, Heinrich-Briefe, S. 280

1141 *Schweizer deutscher Zunge … in der Musik:* TM, Gesammelte Werke in zwölf Bänden, Frankfurt a. M. 1960, Bd. X, S. 360f.

1143f. *Ich habe mich … gestikuliert wird:* KM, Briefe, S. 415–417

1144 *gut, seine konsequente … kein Träumer:* EM / KM, Escape to Life, S. 335

1144 *guter Arbeiter / gebildeter und geschulter Kopf:* ebd., S. 337

1145 *geschmacklosen Mietshaus / intelligent:* TM, Tb 1940, S. 66

1146 *von ihm vielleicht meistbewunderte Mann:* ebd.

1146 *Nachher allein ... gesichert:* ebd., S. 67
1147 *reizenden ... ‹Pinocchio›:* ebd., S. 56
1147 *Schließlich kein Unglück ... Geschichtscreation unternehmen:* ebd., S. 93
1148 *Daß Hitler als ... der Gotteshohn:* ebd., S. 99
1148 *Verrat:* ebd., S. 84
1148 *mit Schuld ... Krieg zu führen:* ebd., S. 85
1148 *Gericht über den ... in diesem Wirrsal? ...:* ebd., S. 99
1148 *Immer wieder packt ... wieder im Untergang:* ebd., S. 101 f.
1148 *voller Kraft eingesetzt:* ebd., S. 96
1149 *Welches wird ... Sicherheit bieten:* ebd., S. 98
1149 *Das Verbleiben ... bereitet wird:* ebd., S. 85
1149 *erregten große Bewunderung ... Klarheit, Humor:* ebd., S. 109
1149 *hübsch ... Comfort:* ebd., S. 100
1150 *Entsetzliches ... Grauen, Grauen:* ebd., S. 101
1151 *sogar fremde Intellektuelle ... schon aufgehoben:* HM, Zur Zeit von Winston Churchill, S. 26–28
1152 *Sorgen Sie sich ... se débrouiller:* TM, Meyer-Briefe, S. 207
1153 *San Domenico ... offen zu halten:* TM, Tb 1940, S. 114
1155 *Denunzieren, freilich, würde ich keinen:* EM, Briefe I, S. 161
1155 *Inbegriff aller ... Hilfe geworden:* Hans Sahl, Das Exil im Exil, S. 101
1155 *die Emigranten ... ihren Gesandten:* TM, Tb 1940, S. 117
1155 f. *man kabelt, man schreibt ... oder Miß-Erfolg:* TM, Briefe II, S. 150
1156 *mit den Hilferufen ... Vergnügungssucht:* ebd., S. 161
1157 *aus Rücksicht auf dear little old father:* EM, Briefe I, S. 154
1158 *Standhaftigkeit ... ihm erkannt hatten:* Lion Feuchtwanger, Briefwechsel mit Freunden, Bd. 1, S. 207 f.
1159 *gleiche Bild ... nach der Revolution:* Gottfried Bermann Fischer, Bedroht – Bewahrt, S. 215
1161 *und zwar ausdrücklich ... kommen könnte!:* TM, Meyer-Briefe, S. 221
1161 *Großvaterschaft ... schweizerisches Blut:* TM, Tb 1940, S. 124
1161 *voller Name ... Angriff zu nehmen:* TM, Meyer-Briefe, S. 222 f.
1161 *ziemlich à bâton rompu:* TM, Tb 1940, S. 122
1161 *schönhüftigen Sita:* TM, SE, S. 241
1162 *süßesten Kinderschultern ... Taillengegend darüber:* TM, SE, S. 255
1162 *das goldene Mädchen:* ebd., S. 256
1163 *Ihre Besprechung ... landläufige Kritik:* TM, Meyer-Briefe, S. 278
1163 *langweilig:* TM, Tb 1941, S. 270
1163 *peinlich:* ebd., S. 278
1163 *bei dieser Gelegenheit ... Hindu:* TM, RR 2, 41 / 237
1164 *Man muß sich ... Freunde sind auch da:* TM, Briefe II, S. 149
1165 *Grosse Verstimmung ... melancholisch verspottet:* KM, Tb 1940, S. 58
1165 *kompletten deutschen Bibliothek aus der besten Zeit:* TM, Tb 1940, S. 142
1167 *Die Wiedergewinnung ... meine Tochter:* TM, Meyer-Briefe, S. 225

1168   *Zeit und Kraft ... Nest gönne:* TM, Tb 1940, S. 133
1168   *As a matter of fact ... Trompete bläst:* EM, Briefe I, S. 155
1169   *Unglücklichen zu retten ... Meinung der Amerikaner:* TM, Meyer-Briefe, S. 891 (Übers. Harpprecht)
1169   *ganz möbliert bis zu Puppen und Teddy Bears:* ebd., S. 227
1169   *Sklaven der Deutschen / an irgend einer unbewachten Stelle:* ebd., S. 228
1170   *schwer verhasst ... Hoffen wir!:* ebd., S. 232
1170   *Wenn er jetzt ... Katastrophe zu verhindern?:* ebd., S. 895 (Übers. Harpprecht)
1170   *hinter ihm stünde:* ebd., S. 234 (Übers. Harpprecht)
1171   *Freude und Genugtuung ... dort eingetroffen:* TM, Tb 1940, S. 151
1171   *Von einem Steinblock ... den Weg dreifach:* HM, Zeitalter, S. 442 f.
1173   *Grauen und Abscheu ... Nicht gearbeitet:* TM, Tb 1940, S. 153
1173 f. *Es geschah alles ... Wellen im Mondschein:* MM, Vergangenes, S. 103–105
1174   *Indes ich zwanzig ... und Gottesnähe:* ebd., S. 104
1174   *Ich hielt mich ... und ganz leer ...:* ebd., S. 106
1174   *Moni's Schicksal ... Probleme auf:* TM, Meyer-Briefe, S. 240
1175   *Der Blick auf Lissabon ... dieser Abschied:* HM, Zeitalter, S. 448
1177   *mit Aplomb ... inhaltslosen Debatten:* KM, Tb 1940, S. 68
1177   *Gefühl der Heimkehr:* TM, Tb 1940, S. 165
1177 f. *Solange ich lebe ... zugefügt hat:* TM, GW, S. 476
1178   *seine guten und bewährten Führer / in einem endlosen Sumpf:* ebd., S. 478
1178   *ersten Freude ... ihr Ende kommen:* TM, Tb 1940, S. 175
1179   *Führergedanken ... Freiheit will:* TM, GW, S. 479
1179   *altmodisch ... Demokratie:* TM, RR 2, 41 / 38
1179   *Geschichtsmacherei ... Geschichtsschwindler:* TM, GW, S. 479 f.
1180   *gescheiter und rührender ... ungelenk-französisierend:* KM, Tb 1940, S. 73
1180 f. *Dünkirchen ... gleichwohl sicher ist:* Hans Bürgin / Hans-Otto Mayer, Thomas Mann – Eine Chronik seines Lebens, S. 150
1181   *Ach, wie alt er ist – wie erloschen:* KM, Tb 1940, S. 71
1182   *bedeuten ... der Hölle, sind:* KM, Briefe, S. 429
1182 f. *arme kleine ... Erbarmen:* TM, Tb 1940, S. 171
1183   *armen verwitweten ... geklammert hat:* TM, RR 2, 40 / 257
1183   *Tragik ihrer ... ins Altjüngferliche:* KM, Tb 1940, S. 74
1184   *schließlich ... Intriganten:* KM, Briefe, S. 424
1184   *oder wie sie heißen ... vor nichts zurück:* ebd., S. 423
1184   *eine Biene Maja mit Bencedrin-Flügelchen:* ebd., S. 429
1184 f. *The Aims ... Decision:* Kroll, S. 265
1185   *eine Corporation ... vorgestellt haben:* KM, Briefe, S. 425
1188   *als wir sie ... Gemütsneigungen:* TM, Meyer-Briefe, S. 246 f.
1188   *Richard Wagner ... wie angegossen:* ebd., S. 249

1188   *reizenden Abendtasche:* ebd., S. 252
1188 f. *deutscheste aller Feste ... Frieden auf Erden!:* TM, GW, S. 481–485
1189   *Weihnachtsbotschaft ... erlöst werden möge!:* TM, Meyer-Briefe, S. 250
1190   *wie ein rechter Hausvater aus der Bibel:* ebd., S. 249
1190   *führende Persönlichkeiten der Kriegsvorbereitungen:* ebd., S. 251
         (Übers. Harpprecht)
1191   *Das Ergebnis ist ... nicht mehr halten:* ebd., S. 253 f.
1191 f. *Hohe, altmodische ... an seiner Seite zu sitzen:* TM, Tb 1941, S. 210
1192   *während die anderen ... von ihm gegangen:* TM, Meyer-Briefe, S. 254 f.
1192   *Rollstuhl-Cäsar:* TM, RR 2, 41 / 77
1193   *untersuchende, berichtende ... langweilen wird:* TM, Meyer-Briefe,
         S. 256
1194   *Königsleinen:* ebd., S. 258
1194   *überlebt / Festlegung in so unsicherer Zeit:* TM, Tb 1941, S. 227
1194   *mit Beratungen und Plaudereien zu verlieren:* TM, Heinrich-Briefe,
         S. 285
1195   *Warum weckst Du ... Goldwyn Mayer bekommen habe!:* Otto Zoff,
         Tagebücher, S. 175
1195   *Visitor / in 7 ½ Jahren Frankreich:* TM, Heinrich-Briefe, S. 290
1195   *Credit damit ... nicht weigern:* Thomas Mann Jahrbuch, Bd. 1, 1988,
         hg. von Eckhard Heftrich und Hans Wysling, S. 220
1195   *inzwischen überlegt ... nicht alles unbekannt:* TM, Heinrich-Briefe,
         S. 290
1195   *frechen Nazi-Bandenführer:* TM, GW, S. 551
1196   *bürgerkriegsähnlichen Verfassung:* TM, Tb 1941, S. 230
1196   *eine viel ärmere, aber viel bessere / reiche und strebsame Frau:* ebd.,
         S. 231
1196   *fatal:* ebd., S. 233
1197   *entrückt ... superficial to be murdered:* ebd., S. 259 f.
1199   *Geist-Pute:* TM, Tb 1942, S. 400 (zum Beispiel)
1199   *im Hute:* TM, Meyer-Briefe, S. 260
1200   *wohl für lange Zeit ... schwer ums Herz:* TM, Tb 1941, S. 238
1200   *etwas anstrengend ... kein Spass:* TM, Meyer-Briefe, S. 260
1200   *Drollige Idee / Finanzieller Mißerfolg:* TM, Tb 1941, S. 239 f.
1200 f. *Da die Zeit ... schönstens bedanken:* TM, Meyer-Briefe, S. 261
1201   *Vorrichtungen ... unheimlich:* TM, Tb 1941, S. 243
1201 f. *geistigen Ritterschlag ... Erniedrigung eingetragen:* TM, GW,
         S. 411–414
1202   *Bibi's Spiel ... unvollkommen möbliert:* TM, Tb 1941, S. 248 f.
1203   *vermögenden Juden ... lästige Verantwortung:* KM, Briefe, S. 445 f.
1203   *übles Zeichen ... Sau sein?:* ebd., S. 451
1203   *Man braucht viel ... es auszuhalten:* ebd., S. 455
1203   *Durchaus abzuwehren:* TM, Tb 1941, S. 252
1204   *von einem Tag ... Folgen für ihn:* EM, Briefe I, S. 168
1204 f. *Diese Reichen treiben ... unserem Lager!:* KM, Briefe, S. 456

1205 f. *als den nervösesten ... und zu schreiben:* Kroll, S. 298 f.

1206 *die wahre deutsche Kultur:* Salka Viertel, Das unbelehrbare Herz, S. 259

1206 *Ich schätze es auf mindestens fünfzehn Seiten:* ebd., S. 260

1206 f. *dessen Kultur deine ... Forderung des Tages:* TM, RA, S. 353 f.

1207 *Du, lieber Heinrich ... Ende eines Tyrannen:* ebd., S. 357–359

1207 f. *Wir hatten kaum ... einem Spitzenbüstenhalter:* Salka Viertel, Das unbelehrbare Herz, S. 260

1209 *Diesmal hört ihr ... SA-Wache abgäbet:* TM, GW, S. 488–490

1209 *Führers ... Takt- und Geschmacklosigkeit:* ebd., S. 485 f.

1210 *beschimpft haben soll / sehr bekannt:* TM, Tb 1941, S. 256

1210 *Abenteuerlichkeit ... der Geschichte fiel:* TM, GW, S. 486 f.

1211 *Seht euch die ... auf den Nacken setzen?:* ebd., S. 499

1211 *daß Russland geschlagen werden wird:* TM, Meyer-Briefe, S. 266

1211 f. *Sie kennen mich ... Bücher wieder aufstelle:* ebd., S. 265–267

1212 *anstrengende Freundin:* TM, Tb 1941, S. 314 (zum Beispiel)

1212 *Verzweifeln Sie niemals ... Piloten haben:* TM, Meyer-Briefe, S. 268 (Übers. Harpprecht)

1213 *Lassen Sie mich ... mit Hitler erleben:* ebd., S. 272–276

1213 f. *Lieber Freund ... Alles war vergebens – :* ebd., S. 280

1214 *Verzweifelter Brief ... Night letter notwendig:* TM, Tb 1941, S. 272

1214 *Liebste Freundin ... Ihr Thomas Mann:* TM, Meyer-Briefe, S. 281

1214 *Ich muß mich ... Ton bekommen:* TM, Tb 1941, S. 268

1215 *völlig versagt:* TM, Meyer-Briefe, S. 288

1215 f. *Mrs. Agnes ... ganz Schutzlos bin:* ebd., S. 281–283

1216 f. *Sie sind mir recht ... und bin eifersüchtig:* ebd., S. 285 f.

1217 *Überraschender Anblick ... weißen Zähne:* TM, Tb 1941, S. 264

1217 f. *wirklich rot anzumerkenden ... genialer Kerl:* TM, Meyer-Briefe, S. 286–289

1218 *Sie weiss ... Kämpferehre waren stärker:* ebd., S. 290

1218 f. *Ende des kommunistischen ... Angelsachsen gewonnen:* TM, Tb 1941, S. 284

1219 *was er verdient ... Hitler-Appeaser gemacht:* TM, Meyer-Briefe, S. 294

1219 *Festtag:* TM, Tb 1941, S. 284

1219 *motorisierten Ruhmesgreuel ... deutsche Hörer:* TM, GW, S. 497 f.

1220 *Fürchterliches über Deutschland kommen:* ebd., S. 500

1220 *Gleichgültig im Grunde ... Verfügung steht:* TM, Tb 1941, S. 285

1221 *Agitation / Achselzucken:* ebd., S. 295

1221 f. *Besteht überhaupt ... nicht mehr leben:* KM, Zweimal Deutschland, S. 382

1222 *die Gelehrten ... bitte ich um Verzeihung) ...:* Kroll, S. 304

1223 *und wenn sie ... dummdreiste Geizhälsin:* ebd., S. 302

1223 f. *die Meyer ... die Meyerin ungeschoren:* ebd., S. 306

1224 *nach diskreter ... Monate zu verlängern:* KM, Briefe, S. 647

1224 *nicht mit asketischen ... förmlichen Banquerot:* ebd., S. 648 f.

1224f. *ganz entschieden ... genug gescholten:* TM, Meyer-Briefe, S. 292

1225 *Warnungsbrief der Meyer ... nicht zu machen:* TM, Tb 1941, S. 287f.

1225 *Herren von der Presse ... sich einstellen:* TM, Meyer-Briefe, S. 294

1226 *Oak Meal:* TM, Tb 1941, S. 236

1227f. *Äußerlich ähnelte er ... Schriftstellers zu tun:* Konrad Kellen, Als Sekretär bei Thomas Mann, S. 38f.

1228 *unseligen Mönle ... das Unglückskind:* KM, Briefe, S. 463

1228 *eher leichten ... seines Durchgehens war:* MM, Vergangenes, S. 113f.

1229 *Ein Streit mit ihm ... nicht parat:* ebd., S. 120

1229 *Es ist Abend ... untergetaucht in den Klängen:* ebd., S. 114f.

1230 *Das Eigentliche ist, daß ich dort sterben möchte und nicht hier:* TM, Tb 1941, S. 290

1230f. *europa-kundig ... eigene Ordnung angenehm:* ebd., S. 297

1231 *dicke Producer Hitschcock mit seiner blonden Frau:* ebd., S. 311

1231 *historisch-politisch-philosophischen Gesprächsorgie:* ebd., S. 293

1232 *Greulich und sinnlos ... 11 Uhr fort:* TM, Tb 1942, S. 387

1232 *Leute, die ... Gott bewahre mich!:* TM, Meyer-Briefe, S. 308

1233 *Sie werden sich ... eindrucksvoll geworden:* ebd., S. 307

1233f. *seelischen Radikalismus ... ‹kein Spaziergang›:* TM, GW, S. 439f.

1234 *Vor dem Kreuz ... wie in unseren Tagen:* ebd., S. 442

1234 *gutgläubig ... Atem zuzutrauen:* ebd., S. 502

1234 *Verflucht sei ... Deutscher tut!:* ebd., S. 507

1235 *Erwache, Deutschland! ... auf dich wartet!:* ebd., S. 500

1235 *männliche Jugend ... zu Tode gebracht:* ebd., S. 511

1235 *beurlaubte Soldaten ... Krieg zu zeugen:* ebd.

1235 *Gedanken an ... in Nachbarzimmern:* TM, Tb 1941, S. 352

1236 *Das Unaussprechliche ... Spießgesellen:* TM, GW, S. 512

1236f. *würde vor New York ... alles zu zahlen:* KM, Briefe, S. 465f.

1237 *die Meyer ... und verstimmend:* TM, Tb 1941, S. 302

1237 *freien Blick ... ‹Dichterverlies›:* Konrad Kellen, Als Sekretär bei Thomas Mann, S. 40

1238 *Ich habe so viel ... Erörterungen:* TM, Meyer-Briefe, S. 311

1238f. *Zwar hat sie ... das Lokal verlassen:* Kroll, S. 332

1239 *anklägerisch:* TM, Tb 1941, S. 356

1239 *vampyrische ... das Menschenmögliche:* TM, Meyer-Briefe, S. 336f.

1239 *die sich schweigend bei uns verköstigt:* ebd., S. 435

1239 *Fall ... anfänglich überschätzt:* ebd., S. 336

1239 *Man sah ... Unterredung warten:* Willi Jasper, Der Bruder, S. 313

1240 *nur zu humanitären Zwecken:* TM, Briefe II, S. 211

1241 *kleinere Barzahlungen:* Willi Jasper, Der Bruder, S. 313

1241 *ein gläubiger ... Freude:* TM, RR 2, 41 / 447

1242 *Russland ... ich nicht verlangen:* TM, Heinrich-Briefe, S. 300f.

1242 *wohl schon genügend ... sehr anstrengend:* Sigrid Anger (Hg.), Heinrich Mann, S. 328

1242 *das Ei des Columbus ... etwas erinnert):* KM, Briefe, S. 469

1243 *nicht in armen, wohl aber in beengten Verhältnissen:* GM, Die Brüder
      Mann und Bertolt Brecht, in: Die Zeit, 23. Februar 1973
1244 *intrafamiliären ... sich auflöste:* ebd.
1245 *The God-seeker ... von Thomas Mann:* TM, Meyer-Briefe, S. 312f.
1245 *Ich hätte mir ... nachgewiesen wird:* ebd., S. 315
1245f. *den Text grossartig ... Kummer überbürdet sind:* ebd., S. 315–319
1246 *bedeutsamen Antwort-Brief ... auf den Effekt:* TM, Tb 1941, S. 329f.
1246–1250 *Art von lyrischem ... ununterbrochenen Stunden:* TM, Meyer-
      Briefe, S. 321–328
1250 *vorläufige ... bereitwillig:* TM, Tb 1941, S. 334
1250 *Es fehlt jedes ... vorhanden:* ebd., S. 338
1250 *splendide Suite:* ebd., S. 334
1251 *resultatlos ... abzureisen:* ebd., S. 341
1251 *Dort bei Kaminfeuer ... Befriedigung:* ebd., S. 342
1252 *Einfaches Geld ... gewesen für Sie:* TM, Meyer-Briefe, S. 484
1253 *perfekt:* TM, Tb 1941, S. 355
1253 *Express ...bless America. Mann:* TM, Meyer-Briefe, S. 338
1254 *Amerika und Japan vor dem Kriege:* TM, Tb 1941, S. 357
1254 *große Majorität ... wie es kommen mußte:* ebd., S. 359
1255 *die nationale Idee ... zur Welt gekommen:* TM, Tb 1940–43, S. 1061f.
      (Übers. Harpprecht)
1256 *Von der Humanität ... der Welt-Unterwerfung:* ebd., S. 1065f. (Übers.
      Harpprecht)
1256 *der deutsche Nationalismus ... Weisheit regieren werden:* ebd., S. 1070
      (Übers. Harpprecht)
1257 *Die gottloseste aller ... vernichte ihn!:* TM, GW, S. 515
1257 *Hitler so recht ... Wüterich zu nennen:* TM, Meyer-Briefe, S. 389
1257 *Revolutionäre:* Max Domarus, Hitler. Reden und Proklamationen,
      Bd. II, S. 1669
1257 *senilen Schwätzer:* Elke Fröhlich (Hg.), Die Tagebücher von Joseph
      Goebbels, Teil 1, Band 4, S. 547
1257f. *geblähten Hungerleichen ... verblödenden Bettelniveau:* TM, GW,
      S. 520
1258 *unter dem Unterweisungsbaum ... benachbarten Brunnen:* TM, Jo-
      seph 4, S. 266
1258f. *Als ich beim ersten ... verlor ich sie schließlich:* TM, Meyer-Briefe,
      S. 809f. (Übers. Harpprecht)
1259 *Vormittags etwas ... zu erwärmen!:* TM, Tb 1941, S. 356
1259 *Schülerin ... Anziehungskraft:* TM, Joseph 4, S. 266f.
1259f. *strenge und verbietende ... war eine Sucherin:* ebd., S. 279f.
1260 *aber war ein Weib ... Mutter Gottes:* ebd., S. 286
1260 *einigermaßen aufgestutzt ... gemacht habe:* TM, Briefe II, S. 242
1260 *Schließlich habe ich ... mit ihr zu leben:* ebd., S. 230
1260f. *wunderlich berührt ... Ihre Kunst:* TM, Meyer-Briefe, S. 355
1261 *Ich kann gar nicht ... Kriegsbudget:* ebd., S. 340f.

1261 *Spezialistin für ... schaffen haben:* Janet Flanner, Janet Flanner's World, S. 169 (Übers. Harpprecht)
1261 *Delphische Orakel:* ebd., S. 176 (Übers. Harpprecht)
1261 *Wird mich ... kosten:* TM, Tb 1941, S. 362
1262 *Was für ein ... nur die Höflichkeit:* TM, Meyer-Briefe, S. 341 f.
1263 *gut geschnittener altmodischer ... rather than as mortals:* Janet Flanner, Janet Flanner's World, S. 167 (Übers. Harpprecht)
1264 *the greatest study of Mann is Mann:* ebd., S. 168
1264 *Institut de France / gefährlicher Pan-Germanist:* ebd., S. 179 (Übers. Harpprecht)
1264 *ideale Präsident ... armen Monika:* ebd., S.181–183 (Übers. Harpprecht)
1265 *vom Typus ... auch sein mag:* ebd., S. 188 (Übers. Harpprecht)
1266 *raisonable Haltung ... Zwischenfall nichts ändern:* TM, Meyer-Briefe, S. 345
1266 *Gelben:* TM, Tb 1946 B, S. 16 (zum Beispiel)
1267 *Was hattet ihr ... der Löwe erwacht:* TM, Meyer-Briefe, S. 348
1267 f. *deutscher Untertan ... General-Permess geben will:* ebd., S. 349
1268 *wenn auch kein ... zu lesen bekommen:* ebd., S. 353
1268 *schon länger schlaff und wenig brauchbar:* ebd., S. 362
1268 *ein Alpdruck ... Negerstamme:* TM, Briefe II, S. 242
1268 *Dunkelis:* TM, Meyer-Briefe, S. 449
1270 *Und Du? ... Dich verhext! ...:* KM, Briefe, S. 649
1270 *Sehr wichtig ... Anstrengungen:* TM, Meyer-Briefe, S. 356
1270 f. *kleinen Beschränkungen ... verwiesen werden:* ebd., S. 359
1271 *abscheuliche Hetze ... ‹Nicht-Arier unerwünscht›:* ebd., S. 368
1271 f. *Es ist das Demokratie ... This is war:* TM, Briefe II, S. 251
1272 *wunderbar ... sehr höflich:* Bertolt Brecht, Arbeitsjournal, S. 395
1272 *ich bin eben nur ... als Amerika ...:* TM, Meyer-Briefe, S. 359
1272 *klare und praktische ... totalitären Übels:* TM, Briefe II, S. 237 (Übers. Harpprecht)
1273 *mit soviel Liebenswürdigkeit ... demokratischen Zeremonie:* TM, Bermann-Briefe 1, S. 304
1273 *kalt und mathematisch ... zu geben habe:* TM, Meyer-Briefe, S. 361
1273 *Meine Ergriffenheit ... durften Sie es tun?:* ebd., S. 363
1273 f. *nicht mit dem notwendigen ... Zeit von ‹München›:* ebd., S. 369
1274 *albern ... fast unbeherrschbar:* TM, Tb 1942, S. 396
1274 *Immer bin ich ... ausfällig zu werden:* EM, Briefe I, S. 184
1274 *Nicht alles ... wohl einiges nachsehen!:* TM, Meyer-Briefe, S. 373 f.
1275 *Abtrennung von Deutschland ... fascistischen Revolution:* TM, Tb 1942, S. 390
1275 *Manuskript- und Materialpakete ... alten Dingen:* ebd., S. 393
1275 f. *Er war sorgenfrei ... nicht empfinden:* TM, Meyer-Briefe, S. 375
1276 *Exzitationen:* TM, Tb 1953, S. 436 (Fahnen; zum Beispiel)
1276 *schwarze Augen ... küßte:* TM, Tb 1942, S. 396

1276   nach dem Triumph ... Deprimierendes: TM, Meyer-Briefe, S. 375 f.
1276   demütigen Briefes der Meyer: TM, Tb 1942, S. 398
1277   Ich aber hätte ... stolz zu sein: TM, Meyer-Briefe, S. 376
1277   bedrückenden Fixierung ... gefährlich: TM, Tb 1942, S. 400
1277   Sorgen um sein ... Objekt der Erziehung: TM, Meyer-Briefe, S. 380
1278   daß unter dem Schleier ... Meyers zu hören: TM, Tb 1942, S. 409
1278   Offensiv-Plan: ebd., S. 411
1278   manchem Entsetzlichen ... Verhältnis mit ihr anfange: ebd., S. 413 f.
1278 f. Disziplin der Entsagung ... Brüderschaft finden: TM, Meyer-Briefe,
         S. 382–384
1279   Offenherzigkeit ... Ignorierens zu üben: TM, Tb 1942, S. 416
1279   Goldene Träume ... verlorene Atlantis: TM, Meyer-Briefe, S. 939
1279   Kaum tunlich: TM, Tb 1942, S. 413
1279–1281 Hat Deutschland geglaubt ... Liebe der Völker gewinnen: TM,
         GW, S. 525–527
1281   Über Deutschlands Zukunft / generellen Bestrafung: TM, Tb 1943,
         S. 1082 (Übers. Harpprecht)
1281 f. Im Menschen wohnt ... Welt-Sympathie: ebd., S. 1083–1085 (Übers.
         Harpprecht)
1282 f. harten aber nützlichen Tätigkeit ... Kultur-Monumente geamtet habe:
         TM, Meyer-Briefe, S. 393 f.
1283   Beseitigung: TM, Tb 1942, S. 467
1283   neue Ordnung: TM, GW, S. 527
1283   Ihr könnt nicht ... sicher nicht kosten: ebd., S. 529
1283 f. Es hat keinen Sinn ... Erhebung sein: ebd., S. 537
1284   sogar Gewissens-Skrupel ... zum Z gehen: TM, Meyer-Briefe, S. 388
1284   Die Zerstörung ... zu verbeissen: ebd., S. 407
1284   Dachten die Unglücklichen ... treiben?: TM, Tb 1942, S. 436
1285   den Krieg, die Russen ... Freude unterwerfen: ebd., S. 448
1285   Wie recht soll es mir sein!: ebd., S. 401
1285   Wer wird sich mit ... identifizieren: ebd., S. 400
1286   intimste und ... für das Ich: TM, Meyer-Briefe, S. 390 f.
1286 f. um jeden Preis ... Und die meine auch!: ebd., S. 399 f.
1287   dumm-tyrannische Frauenzimmer / Ingrimm gegen das Weibsbild: TM,
         Tb 1942, S. 433
1287   damaligen Führer ... Menschengeschlechtes zu machen: TM, GW,
         S. 531–533
1288   aus schönstem Jade: TM, Meyer-Briefe, S. 405
1289   Wenn man wüsste ... gesiegt haben: ebd., S. 410
1289   There is nothing ... töten muß: TM, Tb 1942, S. 472
1289   ungeschminkten Hochverrat ... abrücken sollte: TM, Meyer-Briefe,
         S. 410
1290   ja nicht in jeder ... Lehrstuhl entzogen: ebd., S. 415
1290   leidenschaftlichen Pessimismus: TM, Tb 1942, S. 462
1290   Ausbruch: ebd., S. 456

1290 *Thomas Mann bejahte ... gestritten wurde:* KM, Briefe, S. 650
1291 *Wenn ich erfahre ... potentielle Feinde:* Kroll, S. 367 (Übers. Harpprecht)
1291 f. *Lübeck von der ... auf der Hut!:* KM, Wendepunkt, S. 436 f.
1292 *Not to become Nazi-like while fighting Nazism!:* Kroll, S. 367
1292 *nach längst vorangegang. geistigem Tod:* TM, Tb 1942, S. 456
1293 *einen harmlosen ... zugezogen hat:* KM, Tb 1942, S. 106
1293 *unheimlichen und bewegenden Vorgang:* ebd., S. 109
1293 *Kein Interesse am Krieg ... Ernstes gefallen:* ebd., S. 111
1294 *Flucht zu den Fahnen:* Kroll, S. 389
1294 *Gescheitheit und Anmut ... die wir machen:* KM, Briefe, S. 487 f.
1294 *Monument:* ebd., S. 486
1294 f. *Er sei härter ... grossartige Frau:* TM, Meyer-Briefe, S. 428–430
1295 *sentimental:* TM, Tb 1942, S. 467
1295 *unkontrollierten Schmerzensausbruch ... Freundin finden sollten –:* TM, Meyer-Briefe, S. 431–433
1296 *Joseph garnicht ... du's zu Hause auch:* ebd., S. 417 f.
1297 *wendigen Mystifikations-Romanes ... etwas beschämende:* ebd., S. 418
1298 *bis zur endgültigen Befreiung:* ebd., S. 952
1299 *hilfreich in jeder Weise ... am Schreibtisch:* TM, Meyer-Briefe, S. 422
1299 *grausam und geschickt:* ebd., S. 434
1300 *letzte Liebe:* Frido Mann, Professor Parsifal, S. 13
1300 *voll zärtlicher Wehmut ... seiner Rätselhaftigkeit –:* MM, Vergangenes, S. 117
1300 *Schwärmerei ... Wägelchen schob:* TM, Tb 1954, S. 581 (Fahnen)
1301 *Er geht im Regen ... vorbeigeprasselt:* MM, Vergangenes, S. 117 f.
1301 *warmen, fast enthusiastischen ... sich abspielte:* TM, Meyer-Briefe, S. 435
1302 *Heinrich und Frau ... Abschied zurück:* TM, Tb 1942, S. 445
1302 *Problematisches:* ebd., S. 453
1303 *schickliche Toilette:* ebd., S. 498
1303 f. *großem Stolz ... das gelobte sei:* TM, Meyer-Briefe, S. 956 (Übers. Harpprecht)
1304 *Künstler, Demokraten ... Christus gesehen:* ebd., S. 958 (Übers. Harpprecht)
1305 *in Bereitschaft ... hinein humanisiert:* TM, RA, S. 104–106
1305 f. *Ich erzählte die Geburt ... Gottesklugheit:* TM, RA, S. 113–117
1307 *Bewunderung ... lange mehr sein werde:* ebd., S. 135
1307 *kein Kind ... Jungfrau noch nicht:* TM, Joseph 4, S. 432
1307 *Du aber dachtest ... dich äffte:* ebd., S. 438 f.
1307 *nur allzu ergreifende Wirkung:* TM, Tb 1942, S. 499
1308 *deutsche Problem:* ebd., S. 500
1308 *Zum Schluß ... Fort, fort:* ebd., S. 502
1309 *der Meyer / fatal / beruhigendes Telegramm:* ebd., S. 502
1309 *Dear Agnes ... always your T. M.:* TM, Meyer-Briefe, S. 439

1309 *Tröstungen ... Verhältnis zukommt:* TM, Tb 1942, S. 503
1310 *höchst abfällig ... Volkes etc. etc. ...:* TM, Meyer-Briefe, S. 464
1311 *sehr ausführlich ... rächt sich immer:* ebd., S. 465
1311 f. *Conversion to the ... deutscher Tradition:* TM, Briefe II, S. 301 f.
1312 f. *völligen Austilgung ... als an Pogrome:* TM, GW, S. 543
1313 *intellectual leaders ... gegenüber der Gesellschaft:* TM, Meyer-Briefe, S. 953 (Übers. Harpprecht)
1313 *kargen Telephon Gespräch:* ebd., S. 433
1313 *sehr mangelhafte Allegorie:* TM, Tb 1942, S. 504
1314 *Es ist leicht ... so zu sprechen:* ebd., S. 506
1314 *Infektions-Lazarett:* TM, Tb 1943, S. 528
1315 f. *– die Gebärde ... Clerico-Faschismus auszukommen:* TM, Meyer-Briefe, S. 451 f.
1316 *Schönheit ... Meister Bach!:* Hanjo Kesting, Das Pump-Genie, S. 368
1318 *Pacif. Palisades ... K. war gerührt:* TM, Tb 1943, S. 520
1318 *Gestern Mittag ... sprechen zu lassen:* TM, Meyer-Briefe, S. 450
1318 f. *Denn ein Mann ... seinen Brüdern:* TM, Joseph 4, S. 550 f.
1319 *So ist es also ... von meiner Seite:* TM, Meyer-Briefe, S. 450 f.
1321 *Mit dem Joseph ... mit dem Fascismus:* TM, Tb 1943, S. 521
1321 *Es ist ein merkwürdiger ... Nihil des Böhmiaken:* TM, Neumann-Briefe, S. 52
1321 *Ich bin mir voll ... Liebe nicht hat:* TM, Meyer-Briefe, S. 454 f.
1321 *Roman:* TM, Briefe II, S. 6
1322 *was natürlich ... mit nach Moskau?:* TM, Meyer-Briefe, S. 461 f.
1323 *Ein Hitler ... besonnenen Freund:* TM, GW, S. 558
1323 *Es war bequem ... aufgebracht werden?:* TM, Tb 1943, S. 551
1324 *Gedanken an den alten ... für ‹Dr. Faust›:* ebd., S. 549
1325 *Warum lähmst du ... den toten Kram!:* ebd., S. 548
1325 f. *Scham ... epischen Capriccio:* ebd., S. 551–554
1326 *deutsches Städtewesen ... und Theologisches:* ebd., S. 562
1327 *die Anschauungsstütze:* ebd., S. 562
1327 *angeschwollenen:* TM, Faustus, S. 32
1327 *Amerika ist ... Intuition schöpfen:* TM, Tb 1943, S. 562
1328 *Teufelsgeschichte:* TM, Briefe III, S. 17 (zum Beispiel)
1328 *Künstler-(Musiker-) und ... anderes zu tun:* KM, Briefe, S. 509 f.
1328 f. *So eine Teufelsverschreibung ... dem Abschluß nah:* ebd., S. 512
1329 *deutschen Welt-Einsamkeit:* TM, RA, S. 146
1329 *Medium:* TM, Tb 1943, S. 583
1329 *gesunde ... gerichtete Natur:* TM, Faustus, S. 10
1330 *nervös, reizbar ... Meyer-Affaire:* TM, Tb 1943, S. 579
1331 *solche Verachtung ... Werk von Ezra Pound:* TM, Meyer-Briefe, S. 969 (Übers. Harpprecht)
1331 *gleich heilig ... beiden zu sehen:* ebd., S. 470
1331 f. *bemerkenswertesten Ereignisse ... großen Stolzes:* ebd., S. 970 (Übers. Harpprecht)

1332   *deprimierender Dummheit und Bosheit:* ebd., S. 471

1332   *vollkommenem Respekt … Stellung nur verbessern:* ebd., S. 472

1332   *salbungsvoll-pfaffenhaften Zug:* KM, André Gide, S. 20

1332   *jeder Diktator … genug zur Messe:* ebd., S. 246 f.

1332 f. *Ich habe es Claudel … Unkenntnis verharren:* André Gide, Tagebuch Bd. II (1914–1923), S. 354

1333   *politische Neigungen … Fascist sein:* TM, Meyer-Briefe, S. 472

1333   *Ich leide mit Ihnen … Krieg führen lernt?:* ebd., S. 473

1334   *Die Abschlachtung … deutschen Imperialismus:* TM, Tb 1943, S. 561

1334 f. *ob man ihre Ergebnisse … Weltsphäre ausarten könnte:* TM, GW, S. 630–632

1336   *in schlafloser Agonie … heutigen Welt:* TM, Meyer-Briefe, S. 476 (Übers. Harpprecht)

1336 f. *Wenn er in Frankreich … Moralität vorziehe:* ebd.

1337   *viel und bitter … sehr einseitige Gefühle:* ebd., S. 477

1338   *überraschend schnell … Abenteuern im Kopf:* ebd., S. 478

1338   *Exerzieren … Rechtes anzufangen:* KM, Briefe, S. 498

1338   *Wie wird es die Meyern ärgern!:* ebd., S. 508

1339   *Ich, der nichts … Ausgeglichenheit und Heiterkeit:* ebd., S. 478 f.

1339   *Scheidebrief:* TM, Tb 1943, S. 579

1339 f. *Was wir einander … und besudelt:* TM, Meyer-Briefe, S. 479 f.

1340   *ein Teil der öffentlichen Meinung / wieder völlig frei:* ebd., S. 973

1340   *Balance-Kunststück … angespannt:* TM, Tb 1943, S. 580

1340   *im Geringsten … Würde habe ich auch:* TM, Meyer-Briefe, S. 485

1340   *Närrin:* TM, Tb 1943, S. 585

1340   *Homefront … mitleidlos mit ihr bin:* TM, Tb 1943, S. 582 f.

1340 f. *Liebster Freund … nötig hatte. Agnes –:* TM, Meyer-Briefe, S. 480

1341   *Von nun an … akzeptiere es:* ebd., S. 481 (Übers. Harpprecht)

1342 f. *mindestens zwei Jahre … verwandelt hat. A.:* ebd., S. 482–484

1344   *Das seltsame … einem Freunde:* TM, Tb 1943, S. 587

1344   *ausgesprochen deutsche Fundierung … recht verschieden:* TM, RA, S. 161

1345   *die klare Erkenntnis … vorausgehen:* Hilde Kammer, Elisabeth Bartsch, Jugendlexikon Nationalsozialismus, S. 240

1345   *Sehr glücklich … gezeitigt hat:* TM, Meyer-Briefe, S. 489

1345 f. *Dass endlich … papers herannaht:* ebd.

1346   *seltsamen Roman:* ebd., S. 488

1346   *etwas Fettknabe:* ebd., S. 490

1346 f. *ein geistiger, gebildeter … ungeheuerlichen Zuständen:* TM, GW, S. 874–876

1347 f. *Vorgängen an der Münchner … man zugeben will:* ebd., S. 567 f.

1348   *Amerikanisierung der Welt:* ebd., S. 472

1348 f. *Man wird sich … wahrscheinlich beschreiten:* TM, RR 2, 43 / 5

1349   *ganz anders … nicht unter Hitler:* TM, ebd., 42 / 412

1349   *Zu den Deutschen … unbedenklich werden sollte:* TM, Tb 1943, S. 972

1350   *Trotz aller Verschiedenheit ... Ersten Weltkrieg:* TM, Meyer-Briefe, S. 980 f. (Übers. Harpprecht)

1350   *Welcher Unsinn ... Lokal-Verwaltungen:* ebd., S. 497

1351 f. *durch Trägheit ... menschlichen Deutschlands:* Schröter, S. 322–324

1353   *patriotisch / helfen:* TM, Tb 1943, S. 582

1353   *Dr. Thomas Mann, Amerika:* Willy Brandt / Richard Löwenthal, Ernst Reuter, S. 315

1353   *Gefühl einen ... Gewichtes leihen werden:* ebd., S. 316

1354   *gewissen deutschen Emigranten-Patriotismus:* TM, Briefe II, S. 365

1354   *die natürliche und ... in die Zukunft öffnen:* TM, Tb 1943, S. 1093

1355   *wenn man ein bordell ... damen ausgeübt wird:* Bertolt Brecht, Arbeitsjournal, S. 304

1355   *wildes geschimpfe ... gut verdienen:* ebd., S. 313

1355 f. *hinter einer glasscheibe ... zur feigheit:* ebd., S. 362

1356   *Wir begrüßen ... nicht geben kann:* TM, Meyer-Briefe, S. 983

1357   *Das Ganze muß ... und Verdruß:* TM, Tb 1943, S. 608

1357 f. *russischen Kundgebung ... premature anti-fascists:* TM, Brief an Paul Hagen, 6. August 1943 (Thomas Mann-Sammlung «Dr. Hans-Otto Mayer», Universitäts- und Landesbibliothek Düsseldorf)

1359   *bedenklich ... traktiert worden war:* Bertolt Brecht, Arbeitsjournal, S. 597

1359   *patriotischen erklärung ... deutschland sei eins:* ebd., S. 599

1360   *als Thomas ... von dem tier):* ebd., S. 602

1360   *je so erbärmlich ... Mund genommen:* GM, Die Brüder Mann und Bertolt Brecht, in: Die Zeit, 23. Februar 1973

1360   *die enzyklopädie des bildungsspießers:* Bertolt Brecht, Arbeitsjournal, S. 694

1360   *vulgär und ... garten in hollywood:* ebd., S. 643

1361 f. *ich habe eine Dummheit ... zu abgespannt:* TM, Meyer-Briefe, S. 503 f.

1362–1364 *geliebten, doch so unpraktischen ... tiefen, komplizierten Gründe:* ebd., S. 507 f. (Übers. Harpprecht)

1364   *Irritation und Verdruß:* TM, Tb 1943, S. 608

1364   *altertümlich-neurotischen ... Geruch des Hexentums:* TM, GW, S. 705

1365   *an den Grund seines Wesens:* TM, Tb 1943, S. 630

1365   *Ich verstand wohl ... Untertitel aufzunehmen!:* TM, RA, S. 166

1365   *Wenn ich nicht ... man denn tot?:* Alfred Döblin, Briefe, S. 287

1365 f. *harten schläge ... spießigen frau:* Bertolt Brecht, Arbeitsjournal, S. 605

1366   *sagten nicht Sie ... nicht gott suchte.›:* ebd.

1367   *römischen Machtwelt:* TM, GW, S. 647

1367   *neue Kapitol:* TM, BU, S. 48

1367   *Graeculi:* TM, GW, S. 647

1367   *heroischen Kampf:* ebd., S. 648

1368   *nach dem Siege ... Anspruch zu nehmen:* ebd., S. 650 f.

1368   *Deutschland hält ... Geschichte gerechter:* TM, Briefe II, S. 330

1368   *mit wenigen Ausnahmen ... Weise mischen:* TM, GW, S. 651

1368   *weltbedrohenden ... Schwerindustrie:* ebd., S. 656
1368   *in den Augen ... der ganzen Welt!:* ebd., S. 659 f.
1369   *milde Gabe ... deutscher Subjektivität:* TM, Meyer-Briefe, S. 518
         (Übers. Harpprecht)
1369   *Denken Sie ... aufrichtig zu begegnen:* ebd., S. 987 (Übers. Harpprecht)
1369   *nicht der einzige aber der größte Sünder:* ebd., S. 514 (Übers. Harpprecht)
1369   *Glauben Sie noch ... der Demokratie:* ebd., S. 513 (Übers. Harpprecht)
1369   *der Meyer / unverschämt und tief verstimmend:* TM, Tb 1943, S. 624
1369   *Dr. Mann / sehr großen ... Zivilisation:* TM, Meyer-Briefe, S. 516 f.
1370   *unrealistischen Basis:* ebd., S. 518 (Übers. Harpprecht)
1370   *sie nicht ernst zu nehmen:* TM, Tb 1943, S. 626
1370   *Gräfin Tolstoi ... Politik und Religion:* TM, Meyer-Briefe, S. 519
1371   *typische Regung:* ebd., S. 990 (Übers. Harpprecht)
1371   *schaurig ergriffen:* TM, Tb 1943, S. 638
1372   *die bedeutendste nach Berlin:* Paul Tillich, Blätter der Thomas Mann
         Gesellschaft Zürich Nr. 5, 1965, S. 49
1372   *der Teufelsglaube ... keine Rolle:* ebd., S. 51
1374   *diplomatischen Ausdruck ... der Regierung:* John M. Spalek, Robert F.
         Bell, Exile, The Writer's Experience, S. 195 (Übers. Harpprecht; s. a.
         Meyer-Briefe, S. 984)
1374   *glücklich negativen ... und zu trösten:* TM, Tb 1943, S. 650 f.
1374   *Deutschland das Todesurteil:* TM, Meyer-Briefe, S. 524
1374   *zu guter Letzt ... Aufgabe übertragen:* Otto Zoff, Tagebücher, S. 260
1375   *höhnisch verbittertes ... Macht verhelfen:* TM, Meyer-Briefe, S. 524
1375   *schmerzlichsten Erstaunen ... Deutschland vermehren:* Bertolt Brecht,
         Briefe, Bd. 1, S. 485
1375 f. *grundsonderbar und wohl ... zu erhoffen wagt:* TM, Briefe II,
         S. 339–341
1376   *Als der Nobelpreisträger ... lang zu züchtigen:* Schröter, S. 515
1377   *die Verewigung des Nazi-Regimes ... deutschem Volk:* TM, Tb 1944,
         S. 6
1377   *Kampf bis zur ... seiner Regierung:* TM, Kahler-Briefe, S. 66
1377   *abscheuliche Rasse:* TM, Tb 1943, S. 76
1377   *Weltbürger:* ebd., S. 1097
1377   *vertraute Gespräch / beiden Großen:* ebd., S. 653
1377   *Beim Abschied ... voller Tränen:* KM, Tb 1943, S. 182
1377 f. *Ordre overseas / kostarm:* TM, Tb 1943, S. 654 / 655
1378   *Das Lästigste ... unbediente Haus brachten:* TM, Meyer-Briefe, S. 527
1378   *ernsten Zustand:* TM, Tb 1943, S. 658
1378   *Lebhaftigkeit ... Sich-selbst-fremd-werdens:* ebd., S. 661
1378   *der Meyer ... über die Meyer:* ebd., S. 660–662
1378 f. *Abschied von ihm ... und ärgerlich vor:* TM, Tb 1943, S. 663 f.
1380   *cives romani ... sei jeder vertreten:* TM, Meyer-Briefe, S. 530 f.
1381   *ein kräftiges amerikanisches Mahl:* ebd., S. 531

1382 *sanften Druck ... besser damit anfangen?:* ebd., S. 533–535
1382 *Meyerin ... Krokodillenbrut:* TM, Bermann-Briefe 1, S. 339
1382 *guten, aber ungeschickten ... sorgen können:* TM, Meyer-Briefe, S. 542
1382 *aus lauter Angst vor der ausbrechenden Konkurrenz:* TM, Kahler-Briefe, S. 55
1383 *der Meyer ... deutlich zu merken:* TM, Tb 1944, S. 16
1384 *schlanke Gestalt ... mockierenden Blick:* Hilde Kahn-Reach, Thomas Mann, mein «Boß», S. 53
1384f. *starken, aromatischen ... Veilchengeruch geliebt habe:* ebd., S. 54
1385 *Weit entfernt ... zu gebrauchen:* TM, Meyer-Briefe, S. 539
1386 *es wäre denn ... religiösen Ehrfurcht:* TM, RR 4, N 20/12
1386 *Begegnungen ... Aussicht genommen:* TM, Tb 1943, S. 570
1386 *Holt ihn ... Häuser dringt:* ebd., S. 572
1387 *gewissermaßen begünstigt ... zu Nietzsche:* ebd., S. 582f.
1387 *Hilfs- und Nutzwerk ersten Ranges:* TM, RA, S. 155
1388 *Das Zünftige ... galt Exaktheit:* ebd., S. 156
1389 *ungezogenen Kindern:* TM, Tb 1943, S. 617
1390 *Wenig Gefallen ... fehlerhafte Neigung:* TM, Tb 1944, S. 24
1391 *Eigengewicht ... Fugengewicht:* Ulrich Weinzierl, Von Kopf bis Fuß auf romantischen Kitsch eingestellt, Frankfurter Allgemeine Zeitung, 11. Mai 1993
1391 *asketischen Abkühlung / Stallwärme:* TM, Faustus, S. 96/95
1391f. *eine Art von Abstraktheit ... Gute Nacht!:* ebd., S. 96f.
1392 *hintergründigen Helden:* TM, RA, S. 177
1392 *Deutschtums:* TM, Briefe II, S. 397
1392 *Idealgestalt ... erfüllt mich für ihn:* TM, Tb 1944, S. 79f.
1392 *Prinzenerziehung:* TM, Faustus, S. 101
1392 *mächtigen Schub musikalischer Kenntnisnahme:* ebd., S. 110
1393 *wuchtiger Persönlichkeit ... pittoresk-altertümliche Sprachstil:* ebd., S. 130
1393 *Potz Blut ... Potz Fickerment:* ebd., S. 131
1394 *von rührendster Humanität beseelt:* ebd., S. 139
1394f. *nur ein Ableger ... Tod und Teufel:* ebd., S. 161
1395 *Zögling des ... des Religiösen:* TM, RR 3, 47/10
1395 *Ihr ganz ergebener Diener!:* TM, Faustus, S. 151
1396 *dämonischen Charakter ... dabei gelassen war?:* ebd., S. 142
1397 *gewisse Mißdeutung ... zu empfinden:* TM, Tb 1944, S. 33
1397 *phönixartige Auferstehen ... armen deutschen Republik:* TM, Heinrich-Briefe, S. 307
1398 *eine arge Hur' ... großen Eigenbrötler:* TM, Briefe II, S. 350
1398f. *dialektischen Husarenstücke ... etwas (...) anzufangen:* ebd., S. 352f.
1399 *arg genug:* ebd., S. 351
1399 *uferloses und schmerzvolles ... europäischer Dialektik:* TM, GW, S. 671
1399 *den Knüppel ... zu verantworten:* ebd., S. 679
1400 *schonungslos über seine Vergangenheit:* TM, Tb 1944, S. 532

1400 *taktlosen Artikel / Dummheit:* ebd., S. 131
1400 *so schonungslos ... Tat vollbringen:* ebd., S. 532
1400 *mit Genuß wieder ... vorige durch ihn:* Friedrich Sieburg, Brief an W. E. Süskind, 5. Juli 1944 (Kopie im Besitz des Autors)
1400 *radikale Autobiographie / Lebensbeichte:* Eckhard Heftrich, Vom Verfall zur Apokalypse, S. 190
1401 *patriotische Raptus ... raufen würde:* TM, Meyer-Briefe, S. 541
1401 *sehr lesenswerten Aufsatz ... geheimen Gegenstand hat:* TM, Briefe II, S. 360
1402 *Kolportage ... Moritaten:* TM, Tb 1944–46, S. XI
1402 *revolutionierte, proletarisierte ... Land verloren:* TM, Tb 1944, S. 7
1402 *ein national-demokratisches ... scheint sicher:* ebd., S. 12
1402 *unbedingt ... einzuwenden hätte:* TM, Meyer-Briefe, S. 545
1403 *gewisse Kampfmittel / alles upside down:* ebd., S. 583
1403 *eher mag die Physik ... Spaß aufhören:* TM, Briefe II, S. 358
1403 *greulichen, ungeheuren ... mit der Vernunft:* Martin Luther, Die Schriftauslegung, S. 68
1403 f. *weder für apostolisch ... verfaßt sei:* ebd., S. 65
1404 *indem sie dem Bösen ... des Krieges bewahrt:* TM, GW, S. 595
1404 *spinnefeind:* TM, Meyer-Briefe, S. 559
1405 *Mitleid mit Deutschland ... Welt-Tribunal aufwirft:* TM, Briefe II, S. 367
1405 *dégoût an allem ... sie gelehrt hat:* TM, Kahler-Briefe, S. 71
1406 *Gebarens der ‹Freien Deutschen› ... kämpft und wartet:* EM, Briefe I, S. 189 f.
1406 f. *mit einer generellen ... Niveau verpflichtet:* ebd., S. 191–194
1407 f. *ein Deutschland ... Niveau verpflichtet:* ebd., S. 196 f.
1408 *etwas völlig Versponnenes ... wenn andre leben?›:* TM, Meyer-Briefe, S. 543
1408 *Keinen Reimer ... was gegolten:* Goethes Werke, Sophien-Ausgabe, Hermann Böhlau, Weimar 1888, I. Abt., 6. Bd., S. 97
1408 f. *Höchst wunderlich ... Sehr geheimnisvoll:* KM, Briefe, S. 526
1409 *Vieles doch breit ... und viel wissend:* TM, Tb 1944, S. 41
1411 f. *Er steht im Verdacht ... etwas für ihn tun?:* TM, Meyer-Briefe, S. 576
1412 *Merkwürdiger Tag ... amerikanische Bürger:* TM, Tb 1944, S. 69
1412 *ein klein wenig ... unerlaubt stark:* TM, Meyer-Briefe, S. 557
1413 *In Gesellschaft ... folgte wenig später:* ebd., S. 1005 (Übers. Harpprecht)
1413 *Seine Königliche Hoheit:* ebd., S. 1003 (Übers. Harpprecht)
1413 *greatest living man of letters / greatest living German writer:* TM, Meyer-Briefe, S. 1009
1414 *kolossalen Studien ... leuchtenden Teppich gewoben:* Orville Prescott, Books of the Times, in: New York Times, 26. Juni 1944 (Übers. Harpprecht)
1414 *konventionellen Tugenden erzählender Prosa:* ebd.

1414 *stiff, pompous ... soporifically dull:* ebd.

1415 *Unreife (...) der amerikanischen Kritik:* TM, Kahler-Briefe, S. 67

1415 *Du wirst sehen ... überstopftes Werk sei:* TM, Heinrich-Briefe, S. 308

1415 *leicht irritierenden ... Artillerie-Geschossen:* KM, Briefe, S. 527 (Übers. Harpprecht)

1415 *die attraktive Schlankheit und dynamische Energie:* ebd., S. 529 (Übers. Harpprecht)

1415 *großer Mann- und «Joseph»-Bewunderer ... etwas unternehmen:* Edmund Wilson, Letters on Literature and Politics 1912–1972, S. 408f. (Übers. Harpprecht)

1415f. *Tonio Kröger ... greatest living bores:* Hamilton Basso, Tonio Kröger in Egyptian Dress, in: The New Yorker, 22. Juli 1944 (Übers. Harpprecht)

1416 *schwergewichtigen Olympianismus ... geistlicher Wiederkäuerei:* TM, Meyer-Briefe, S. 1011 (Übers. Harpprecht)

1416f. *Die Demokratie ... mein täglich Brot:* ebd., S. 568

1417 *Wenn ich nur wüsste ... Bescheidenheit selbst:* ebd., S. 573

1417f. *Das trifft wohl ... enorm vergrößert:* TM, RA, S. 191 (teilweise Übers. Harpprecht)

1418 *Schlupfbude:* TM, Faustus, S. 192

1418 *Geschlechtsleben ... Verkehr gehabt:* TM, Tb 1944, S. 45 (vgl. Hellmut Walther Brann, Nietzsche und die Frauen, S. 15f.)

1418 *Bräunliche ... und Mandelaugen:* TM, Faustus, S. 193

1418 *Liebe und Gift:* ebd., S. 208

1419 *herzzerwühlenden ... Dr. Fausti:* ebd., S. 209

1419 *‹aus inneren Sühnegründen› bewußt herbeigeführt:* TM, Tb 1945, S. 610

1419 *Unzufrieden ... zu verderben?:* TM, Tb 1944, S. 69

1420 *Begann mit der Vernichtung alter Tagebücher:* ebd., S. 68

1422 *Eigentümliches Zusammentreffen:* ebd., S. 63

1422 *Harnisch von Reinheit ... beschämende Weise:* TM, Faustus, S. 199

1422 *Back from over there:* TM, Tb 1944, S. 73

1424 *schwül ... eigentlichem Friedensschluss:* TM, Meyer-Briefe, S. 571

1424 *Ueber das deutsche ... gut gehen:* ebd., S. 580

1424 *Es ist der Anfang vom Ende:* TM, Tb 1944, S. 79

1425 *Bei dem grässlichen ... Tod, sein konnte:* TM, Meyer-Briefe, S. 587

1425 *Wahl zwischen ... Kanal zu entkommen:* TM, RA, S. 195

1425 *frechen Nazi-Bandenführer:* TM, GW, S. 551

1426 *wenn sie in etwas ... Treulosigkeit bestanden:* TM, Kahler-Briefe, S. 106

1426 *eleganten und ... langbeinig:* TM, Faustus, S. 227

1426 *jüdischen Verlegersfrauen ... und lange Beine:* ebd., S. 230

1426 *gute Frau:* ebd., S. 232

1427 *fürchterlichen Bombardement ... mit zitternder Hand:* ebd., S. 233f.

1427 *Es ist aus ... (Hetaera Esmeralda):* ebd., S. 236f.

1427 *Teufelswerk:* TM, Meyer-Briefe, S. 591

1428 *Wirklichkeits-Montage:* TM, Briefe III, S. 22

1428 *überraschenden, aufregenden ... je le trouve:* TM, Tb 1945, S. 231

1428 *sein Montageverfahren ... ex nihilo erschuf:* Paul Scherrer, Hans Wysling, Quellenkritische Studien, S. 297

1429 *Liebster Meister ... ganze Gemüt:* TM, Meyer-Briefe, S. 585

1429 *Ihr grosses Herz hat gesprochen:* ebd., S. 586

1429 *musikalischen Exaktheiten ... zu verfallen:* ebd., S. 591

1429 *temperierten Halbton-Alphabet:* TM, Faustus, S. 258

1429 *Absolutwerden der ... Septimenakkords:* ebd., S. 261

1429 *Phase des Gesellschaftsromans:* TM, Meyer-Briefe, S. 593

1429f. *Senatorswitwe aus Bremen ... vorgeschoben trug:* TM, Faustus, S. 263–266

1430f. *begabten jungen ... wie reiferen Frauen:* ebd., S. 268

1431 *sorgenvoll ... gesteigerten Narzißmus:* Eckhard Heftrich, Vom Verfall zur Apokalypse, S. 194

1431f. *älteren, vermögenden ... drollig Konfuses:* TM, Faustus, S. 271f.

1432 *langjährige Freundschaft ... Unaufrichtigkeit:* TM, Briefwechsel, S. 315

1432 *kümmerlich:* TM, Tb 1948, S. 264

1432f. *etwas wie der Untergang ... slavisches Europa:* TM, Tb 1945, S. 148

1433 *Leiden an der Arbeitslosigkeit ... wieder etwas stimuliert:* ebd., S. 122f.

1433 *Engel des Giftes:* TM, Faustus, S. 307

1434 *Via Torre Argentina ... drei Treppen hoch:* ebd., S. 295

1434 *an einem heißen Nachmittag ... als der Teufel sei:* ebd., S. 716

1434 *distanzierter Aufmerksamkeit:* TM, RA, S. 180

1434 *fein altdeutsch ... und Gleisnerei:* TM, Faustus, S. 301

1434 *Hellen und ihrer Spelunck:* ebd., S. 306

1435 *dreißigjährige Lustbarkeit:* ebd., S. 312

1435 *altdeutsche Luft ... verteufelt deutsche Zeit!:* ebd.

1435 *Geißelschwärmern ... zarten Kleinen:* ebd.

1435 *Flagellaten ... spirochaeta pallida:* ebd., S. 313

1436 *verminderten Septimakkord:* ebd., S. 333

1436 *musikkritischen Montagen:* TM, Tb 1945, S. 164

1436 *Beschreibung der Hölle:* ebd., S. 165

1436 *unterirdisch ... Wollust der Hölle:* TM, Faustus, S. 330f.

1437 *Mißraten ... unterliegen:* TM, Tb 1945, S. 184

1438 *die Ehre dieses ... Intellektuellen an der Macht:* TM, Heinrich-Briefe, S. 310

1439 *internationaler Wichtigkeit:* TM, Tb 1944, S. 117

1439 *in einem Privatgarten:* TM, RA, S. 195

1439 *ersten Ranges ... ernsten Rede:* ebd., S. 196

1439 *die Kräfte der Reaktion ... den Juden-Hassern:* TM, GW, S. 678f. (Teilübers. Harpprecht)

1440   *klug wie die Schlangen ... Deutschland verfallen:* TM, Tb 1944, S. 813 f.

1440   *Musiker-Helden ... vorübergehende Unterkunft:* TM, Heinrich-Briefe, S. 308 f.

1441   *im hinteren Gebirge ... aber abgelegen:* HM, Briefwechsel mit Barthold Fles, S. 111 f.

1442   *weltberühmten Autoren ... in Berlin verbrannt:* TM, Tb 1944, S. 534 (Übers. Harpprecht)

1442   *kommunistischen Eseleien ... derselben Totschlageneigung:* ebd., S. 132

1442   *Anruf Heinrichs ... die Beerdigungskosten:* ebd., S. 135

1442   *vulkanischen:* ebd., S. 134

1442 f. *Ein Verkehrspolizist hatte ... führte ihn zum Auto:* Salka Viertel, Das unbelehrbare Herz, S. 292 f.

1443 f. *Bestattung von Heinrichs ... Sorgen seinetwegen:* TM, Tb 1944, S. 137

1444   *Wer zu Fuß über ... Tote ist bei mir:* Wilfried F. Schoeller, Heinrich Mann, S. 78

1444   *Was für eine ... nichts zu sagen...):* KM, Briefe, S. 531 (Übers. Harpprecht)

1445   *feinen Worte und ... getrennt sind:* ebd., S. 532 (Übers. Harpprecht)

1445   *Mythos vom hungernden ... Eitelkeit:* EM, Briefe I, S. 198

1446   *Man mußte sich ... Besitz nehmen:* EM, Paris Now, in: Liberty, 2. Dezember 1944 (Übers. Harpprecht)

1446   *Apathie ... moralische Erneuerung:* ebd.

1446   *Mischung ... und Stupidität:* TM, Tb 1944, S. 141

1446 f. *Darauf er ... bin ja Amerikaner:* TM, Meyer-Briefe, S. 613

1447   *etwas verrückt:* TM, Tb 1944, S. 142

1447   *lieb und zart wie zuvor:* ebd., S. 139

1447   *letzte Liebe ... Person geltend:* Frido Mann, Professor Parsifal, S. 13

1447   *Ich bin dem ... Jahren hinaus gelangt:* ebd., S. 14

1448   *nur zur Wahrung ... großväterliche Beachtung:* ebd., S. 18

1448   *Das Schicksal Bibi's beim Militär beschäftigt uns:* TM, Tb 1944, S. 142

1448–1450 *Kapitalismus / Erfolge ... noch zu verderben ist:* TM, Meyer-Briefe, S. 596–598

1450   *über die deutsche Frage ... Krankheit geflüchtet:* ebd., S. 602

1450   *Wir wollten Ihren ... zu besuchen wären:* ebd., S. 600 f.

1450 f. *Lieben Weihnachtsengel ... mit den Jadeknöpfen:* ebd., S. 606 f.

1452   *erste Nachrichten ... Schwarzen Meer:* TM, Tb 1945, S. 159

1453 f. *Die nationale Katastrophe ... nicht sehen lassen kann...:* TM, GW, S. 688–690

1454   *ein Künstler und kein Politiker:* TM, Tb 1945, S. 597

1454   *von den mißhandelten ... Begriff der ‹Schuld›:* TM, GW, S. 685

1454 f. *von der Verrücktheit ... deutscher halten, als mich:* TM, Meyer-Briefe, S. 620 f.

1456   *Und was das ... hin und hergerissen:* TM, Meyer-Briefe, S. 623

1456 *Don't take ... pray for you:* TM, Tb 1945, S. 173
1456 f. *Wäre nur dieser Krieg ... Greuel gemacht haben:* TM, GW, S. 597–600
1458 f. *gerade jetzt ... wäre die rechte Lehre:* TM, Meyer-Briefe, S. 625
1459–1461 *Genius des Lebens ... das ist Demokratie:* TM, GW, S. 701–707
1461 f. *Deutschland nie eine ... Element in sich aufzunehmen:* ebd., S. 712 f.
1462 *Die große Geschichtstat ... Altertümlichkeit der Seele:* ebd., S. 717
1462 f. *in abgerissener Kürze ... bedürfen wir alle:* ebd., S. 721–723
1463 *Erfahrung der ... abgelebte Zeiten:* TM, Tb 1945, S. 186
1464 *Er hatte die Liebenswürdigkeit ... des Römers:* TM, GW, S. 690
1465 *Aristokraten / Freund des Volkes / Hort des kleinen Mannes:* ebd.
1465 *Eine Epoche endet ... wird fehlen:* TM, Tb. 1945, S. 189
1465 *Bewegungen zur ... Gräßlich. –:* ebd., S. 195
1465 f. *durch Rußland ... gegen den Krieg:* ebd., S. 196
1466 *Do you believe ... Who cares:* TM, Briefe II, S. 431
1466 *Ist die Flucht nach Argentinien geglückt?:* TM, Tb 1945, S. 200
1466 f. *Wildeste Brutalität ... wo sind sie?:* ebd., S. 198–200
1467 *widerwärtig und deprimierend:* ebd. S. 607
1468 *Die alberne Zerrissenheit ... physische Überleben:* ebd., S. 200 f.
1469 *seltsam ergreifenden ... scheinbar ganz gelöst:* ebd., S. 147
1469 *Hat seinen Humor:* ebd., S. 172
1469 *Altersschub, gegen den ... The readiness is all:* TM, Briefe II, S. 424
1470 *Vorläufig werden ... unter freundlicheren Zonen:* TM, Tb 1945, S. 204 f.
1470 *Der Sieg wird ... zur Macht:* ebd., S. 207 f.
1471 *auch wir ‹unschuldige› ... Lebens schließen:* TM, Meyer-Briefe, S. 1028
    (Übers. Harpprecht)
1471 *Wir sind jetzt ... geführt worden ist:* ebd., S. 626 f.
1472 *unzulänglich:* TM, Tb 1945, S. 212
1473 *überaus glücklichen Verlauf:* ebd., S. 211
1473 *Gedenkbriefe / Warum?:* ebd., S. 217
1473 *nicht eben sehr bemüht:* ebd., S. 223
1473 *undankbares Benehmen:* ebd., S. 217
1474 *daß die Bedenklichkeiten ... Huldigung seien:* TM, RA, S. 213
1474 *Bei soviel Musik ... gute Miene machte:* Gottfried Bermann Fischer,
    Bedroht – Bewahrt, S. 212
1474 *Das stattliche ... dampfende New York:* TM, RA, S. 213 f.
1475 *zärtliches Gefühl:* TM, Tb 1945, S. 217
1475 *zur lächelnden Befriedigung ... ungeheurer Stolz:* TM, zit. nach Blätter
    der Thomas-Mann-Gesellschaft Zürich Nr. 12, 1972, S. 17
1475 *grübchenhaften:* TM, Tb 1918, S. 105
1475 *Er hat sicher ... nicht beendet hat:* Albrecht Joseph, Portraits I, S. 296
1475 *Sonntagskind-Natur:* TM, RR 3, 45 / 270
1475 f. *Bekenntnisse einer schönen ... Lebens (...) bestanden:* TM, Tb 1945,
    S. 219–221
1476 f. *Lieber Zauberer ... hat Gültigkeit:* EM, Briefe I, S. 201 f.
1477 *unsinnig, beschämend ... Appetit bewahren:* TM, Tb 1945, S. 223

1478   *Papiermassen zum Verbrennungsofen geschleppt:* ebd., S. 224
1479   ‹*Man ist halt … ein Glücksfall!*›: KM, Wendepunkt, S. 486
1479   *Dirschls Wirtschaft:* KM, Briefe, S. 537
1480 f. *äußerst, äußerst … Valentin zu suchen:* EM, Briefe I, S. 209 f.
1481   *who may or … ‹for questioning›:* EM, zit. nach TM, Tb 1945, S. 741
1481 f. *Bayern, oh je … physischen Zustand!!!:* EM, Briefe I, S. 210 f.
1482   *Enttäuschenderweise fand ich … großen Herrn:* KM, Wendepunkt, S. 490 f.
1482 f. *tout le horreur … angepaßt werden können:* EM, Briefe I, S. 206 f.
1483   *bemerkenswert gut konserviert … Scham und Anstand:* KM, Briefe, S. 536 (Übers. Harpprecht)
1483 f. *als Pressevertreter in … Welt zu verbreiten:* Hans Rudolf Vaget, Thomas Mann und Richard Strauss, S. 75
1484   *Die Naivität … völlig ohne Größe!:* KM, Wendepunkt, S. 492
1484   *erstaunliche Brief … Lotte in Weimar:* TM, Tb 1945, S. 226
1485   *der wie Sie … Instinktverlogenheit und -verlassenheit:* Blätter der Thomas Mann Gesellschaft Zürich Nr. 4, 1963, S. 9 f.
1485 f. *Diskussionsanregungen … als Krankheit:* ebd., S. 12
1486 f. *Sie waren … ergreifendes Gedicht:* ebd., S. 11 f.
1487–1489 *ohne Kenntnis … jeden aufgegeben war:* J. F. G. Grosser, Die grosse Kontroverse, S. 57–61
1489 f. *weltordnenden Häupter … doch chockant:* TM, Tb 1945, S. 234–236
1490   *das Rennen gewonnen … für Hitler-Deutschland:* TM, Tb 1945, S. 237
1490   *Für mich würde das Leben … neue Wege zu gehen:* Ernst Reuter, Artikel, Briefe, Reden, S. 585
1490   *Meiner Bewunderung … unlogisch anmuten:* TM, TB, 1945, S. 685
1491   *persönliche Anwesenheit … den menschlichen:* TM, Meyer-Briefe, S. 631 f.
1491 f. *treues Festhalten … unseres Volkes handelt:* Schröter, S. 334 f.
1492–1497 *ja freuen … als der alte:* TM, Briefe II, S. 440–446
1497   *Kassierungen und … Haupterhebung:* TM, Tb 1945, S. 250 f.
1498   *inneren Emigration:* Schröter, S. 336
1498   *Männer wie … und Ernst Wiechert:* ebd., S. 337
1499   *als der einzige … verschwinden schienen:* ebd., S. 336 f.
1499   *daß wir in … gelebt haben:* KM, Briefe, S. 543 (Übers. Harpprecht)
1499 f. *Auch ich bin … Mutter verstehen würden:* Schröter, S. 337 f.
1500 f. *Es gibt viel Aergerliches … eigenen Volke vor:* TM, Meyer-Briefe, S. 641 f.
1501 f. *klägliche Weinerlichkeit … war ihr Alles:* TM, Tb 1945, S. 701 f.
1503   *Ihr Thomas Mann … Nazijahren im Lande?:* TM, Tb 1946 B, S. 440
1503   *sozialdemokratischen Nazis:* TM, Meyer-Briefe, S. 638
1504   *Unvermeidlichkeit (…) des Fascismus:* TM, Tb 1945, S. 231
1505   *schonende Weigerung … sich verunreinigt:* TM, RR 3, 46 / 108
1505 f. *gewisses Erstaunen … in Frankreich erfahren:* Jean Schlumberger, in: Terre des Hommes, November 1945

1507 *Renommierbuch der 12 Jahre ... Kinder unterschrieben hatte:* TM, Meyer-Briefe, S. 649

1507 *Kurz, Sie sind ... Semmeln verkaufen:* ebd., S. 633 (Übers. Harpprecht)

1508 *behutsamen Politik ... Demokratisierung Deutschlands:* TM, Tb 1945, S. 755–758

1508 f. *wie schwer, wie schwer ... degradierende Umwelt:* TM, Kahler-Briefe, S. 90–92

1509 *tatsächlich nur unterschrieben ... fallen zu lassen:* ebd., S. 94 f.

1510 *nicht als ausgesprochener Deutschenfeind dastehen:* TM, Brief an Albert Einstein, 18. Dezember 1945, TMA

1510 *nicht gänzlich mit denen drinnen (...) verderben:* TM, Bermann-Briefe 1, S. 426

1510 *die Standard-Psychologie ... gemischten Gefühle:* TM, RA, S. 438

1511 *beglückend ... angenehme Geschenke:* TM, Tb 1945, S. 288

1511 *im Kreise ... Weihnachtsabend verbracht:* TM, Meyer-Briefe, S. 651

1512 *wenigstens andeutungsweise / Tiefpunkt:* ebd., S. 647

1512 *eine Stelle gefunden ... Pneumonie durchgemacht:* ebd., S. 654

1513 *Lichtjahren ... explodierenden Weltall:* TM, Faustus, S. 366 f.

1513 *Schlaginhaufens ... und erzener Stimme:* ebd., S. 372

1513 *Privatgelehrte ... Fremdkörpers:* ebd., S. 374

1514 *kein Roman ... Namen zu nennen:* ebd., S. 397

1514 *unter der Decke bürgerlicher Untadeligkeit:* ebd., S. 444

1514 *Anbruch wilder ... zügelunwilliger Triebe:* ebd., S. 403

1514 *in keiner Weise ... Allgemeinen unterzugehen:* ebd., S. 406

1515 *moralisch betrachtet ... Kriege gekostet hatte:* ebd., S. 404

1515 *fassungslosen Tugend-Gebrüll:* ebd., S. 410

1515 f. *so leidlich wie ... hochzuachten hatte:* ebd., S. 419–422

1516 f. *Hintergrund ... ihrer Natur nach fähig:* ebd., S. 453–457

1518 *Offen gestanden ... für fähig:* TM, Meyer-Briefe, S. 656

1518 *Bosheit und Dummheit ... Geschehen gewesen ist:* J. F. G. Grosser, Die grosse Kontroverse, S. 77

1518 *Haßausbrüchen ... gegen Deutschland:* Schröter, S. 339

1519 f. *sinnlos verlorene Liebesmüh ... einzelnen geht:* J. F. G. Grosser, Die grosse Kontroverse, S. 78 f.

1520 *seine Tugend etwas zu Kopf gestiegen:* TM, Kahler-Briefe, S. 96

1521 *Wir wollen diesen ... in ihm zu vernehmen:* Hermann Hesse, Politik des Gewissens, Bd. 2, S. 710

1521 f. *Die ersten Worte ... solche Worte gesprochen:* Ricarda Huch, Briefe an die Freunde, S. 314 f.

1522 *Der, welcher den andern ... schöpferische Möglichkeiten:* Schröter, S. 339–342

1525 f. *gehobenen Zeigefinger ... Militär-Regierung:* Marita Krauss, Die fremden Deutschen, in: Süddeutsche Zeitung, 14./15. August 1993

1526 *Bücher – frei von Blut und Schande:* J. F. G. Grosser, Die grosse Kontroverse, S. 63

1526   *erstaunlichen Arbeiten / Wir sind Utopia:* ebd., S. 69
1526f. *unfreiwilligen Duldung ... des Teufels ist:* ebd., S. 71 f.
1527   *völlige Gleichschaltung ... mitreden zu können:* ebd., S. 54 f.
1527   *Nur nicht dorthin müssen!:* TM, Meyer-Briefe, S. 655
1528   *überall ein Pro-Germanismus ... Gefährliches hat:* TM, RR 3, 46 / 55
1528   *Schweden müsste ... der Idee verhalten:* TM, Meyer-Briefe, S. 656 f.
1528   *das alte Nazi-Land:* TM, Kahler-Briefe, S. 96
1528f. *Daß sie nicht ... voll Blut und Wunden ...:* EM, Briefe I, S. 215
1529f. *fast tragisches Mißverständnis ... wahrhaftig zu schade:* TM, Tb 1946 B,
        S. 372–374
1531   *das Unverschämteste ... Wort geworden:* TM, Briefe II, S. 491
1531f. *Macht, zu binden ... und Lebensglück:* ebd., S. 495–497
1532f. *So sollen denn ... unverständlich geworden:* TM, Tb 1946 B, S. 864 f.
1533f. *Was ist das ... weniger nett gehandelt:* ebd., S. 865 f.
1534   *Süskind saß hinter ... Art diskutieren!:* TM, Tb 1946 A, S. 771 f. (Übers.
        Harpprecht)
1534   *Entfremdet sind wir ... nicht aus der Welt:* KM, Briefe, S. 565
1534f. *Hagel moralischer ... durchwaltende Rolle spielte:* TM, Tb 1946 B, S. 883
1535   *Wir draußen und ... Genug!:* TM, Briefe II, S. 522
1535   *Selten oder nie ... Goethe gespielt:* TM, Tb 1946 B, S. 939 f.
1535   *Furchtwängler:* TM, Tb 1947, S. 104 (zum Beispiel)
1535f. *zum großen Teil ... schützt und deckt, ...:* ebd., S. 886–888
1536   *völlig zwecklos u. unwürdig:* ebd., S. 104
1536f. *Furtwänglers Schriftsatz ... wehe getan:* TM, Briefe II, S. 529 f.
1537   *Ob es in Deutschland ... zurückgehen:* Karl Jaspers, Hannah Arendt,
        Briefwechsel 1926–1969, S. 63
1537   *Der Mann ist ... nichts Böses:* ebd., S. 76
1537   *Er ist borstig ... als der Vater:* ebd., S. 211
1538   *leidenden, reduzierten ... hübschen blauen Augen:* TM, Faustus,
        S. 466 f.
1538f. *unerfreulichen Übergewicht ... Natur zu nennen:* ebd., S. 470
1539   *kecken Anschlag ... Werbers Verderben:* ebd., S. 472
1539   *wie Johanni Martyr ... Form der Lebenskraft:* ebd., S. 475 f.
1540   *tiefe, verbrecherische ... eines werden ...:* TM, LuG, S. 964
1540   *bleichen Verbrecher:* ebd., S. 965
1540   *Konzeption des apokalyptischen Oratoriums:* TM, Faustus, S. 476
1540f. *Prinzip der Montage ... verkalkter Würde vorzieht:* TM, Briefe II,
        S. 469 f.
1541   *alles Leben ... Erfindung vorzuziehen:* TM, RA, S. 234 f.
1541f. *Schwieriger, um nicht ... Das geht nicht):* TM, Briefe II, S. 470
1542   *einigen Ruf ... ihn eingedrungen seien!›:* ebd., S. 471
1543   *‹bedenklich-unbedenklichen› Griffen:* TM, RA, S. 231
1543   *im Pakt mit dem ... etwas für sie:* TM, Briefe II, S. 472
1544   *kamen überein ... dargestellt werden müsse:* TM, RA, S. 234
1544   *sehr unvollständig ... Intellektualismus bloßzustellen:* ebd., S. 235

1545 *vorzüglich mit Vorstellungen ... vortragen zu lassen:* TM, Tb 1946 B, S. 950f.

1545 *daß Sie ein Musikwerk ... bestreiten könnte:* TM, Bermann-Briefe 1, S. 474

1545 *möge den Druck ... betreiben:* TM, Tb 1946 A, S. 296

1546 *Er war es ... Adrian ganz.›:* TM, Tb 1946 B, S. 952

1546 *Transzendenz ... ‹Licht in der Nacht›:* TM, Faustus, S. 739

1547 *musikalischen Gespräch ... aufrichtig wünsche:* TM, Bermann-Briefe 1, S. 463

1547 *Superklugheit:* ebd., S. 478

1547 *etwas ‹Ätzendes› ... Aufmerksamkeit beansprucht:* ebd., S. 473

1548 *House warming Party ... zu seiner Beruhigung:* TM, Tb 1948, S. 220f.

1548 *Wir hatten zum ... zu seiner Beruhigung:* ebd., S. 223

1548 *daß die 12 Ton-Technik ... gedenken:* ebd., S. 226

1548 *Dem Eigentlichen:* TM, Faustus, S. 741

1548 *Encyclopaedia Americana ... Erfindung bemächtige:* TM, Tb 1948, S. 709

1548f. *kuriose Dokument ... sagt Homer):* TM, Briefe II, S. 22

1549 *Messerschmerzen ... Munde zu nehmen:* TM, Faustus, S. 472f.

1550 *Die Schwächen ... künstlerisch glücklich:* TM, Tb 1946 A, S. 299

1550 *diskursiven Herrenabenden:* TM, Faustus, S. 486

1550 *scho' enorm wischtisch:* ebd., S. 485

1550f. *sybaritischer ... in der Wange:* TM, Tb 1918, S. 105

1551 *gerechte Besorgnis ... kalten Blicks:* TM, Tb 1947, S. 113

1551 *Morden:* ebd., S. 134

1551 *nun ist da also ... des ganzen Buches:* ebd., S. 609

1551f. *wir hätten zusammen ... verbringen mußten:* TM, RR 3, 46 / 333

1552 *Ich war ... so was überhaupt?:* TM, Tb 1948, S. 764

1552 *Selbstbeherrschung / ein Minimum von Empfindlichkeit:* TM, Tb 1948, S. 295

1552 *ein nobler ... persönliche Affäre:* ebd., S. 788

1552f. *wohl überflüssig ... Achsel geworfen wurde:* TM, Faustus, S. 489f.

1553 *Überhaupt erfreut ... Gesinnung auffällt:* TM, Tb 1919, S. 262

1553 *kulturkritischen Avantgarde / krassen und erregenden Prophetie:* TM, Faustus, S. 491

1553 *die Gefahr ... der Mittelmäßigkeit:* TM, Tb 1946 B, S. 486

1553f. *Mit seiner Idee ... warnendem Sinn:* ebd., S. 69

1554 *Tötung Lebensunfähiger ... Unsinn schwätzten:* TM, Faustus, S. 496f.

1555 *Glissando ... ja anti-humane Dämonie:* ebd., S. 501

1555 *Stimme der babylonischen Hure:* ebd., S. 503

1555f. *zum Tutti-Fortissimo ... Teufelsgelächter noch einmal!:* ebd., S. 506f.

1556 *Glücklicher Zustand ... Stufe geblieben:* TM, Tb 1947, S. 83

1556 *Die neuen Klänge ... abgewinnen zu können:* TM, Tb 1946 B, S. 37

1556 *Liebe Fürstin ... meine Spaziergänge:* TM, Meyer-Briefe, S. 661f.

1557f. *ein im Grunde ... des großen Arbeiters:* TM, RA, S. 359–362

1558 *Toleranz ohne Milde ... Nationalismus erscheinen:* ebd., S. 360 f.
1559 *infektiösen Abszeß:* TM, Tb 1946 B, S. 3
1559 *am bequemsten:* TM, RA, S. 241
1559 *schrecklichen Roman ... deutschen Ärgernissen:* TM, Tb 1946 A, S. 315
1560–1562 *Elisabeth erwartete uns ... Sensorium, dennoch leidet?:* TM, RA, S. 242–248
1563 *hübsche Menschen ... oder weiblich:* ebd., S. 250
1563 *In kritischer Lebenslage ... Leverkühn zuzuschreiben:* ebd., S. 251 f.
1563 *eigenwilliger Größe:* ebd., S. 254
1563 f. *sonderbarer-, ja ... geblieben war:* ebd., S. 253
1564 *populären (...) Gebräu / ein und alles:* ebd.
1564 *das Lob der Anstalt ... Kräften sparte:* ebd., S. 255
1565 *Unter bequemsten Umständen ... Beendigung des Romans:* ebd., S. 255 f.
1566 *cum laude ... Wohlkonserviertheit:* TM, Tb 1946 B, S. 3
1566 *so wenig ... Evchen daraus geworden:* TM, Meyer-Briefe, S. 664
1567 *Garten und Ausblick paradiesisch:* TM, Tb 1946 B, S. 4
1567 *melancholisch-hysterischen:* ebd., S. 15
1567 *die Gelben:* ebd., S. 16
1567 *Koto ‹zusammengebrochen›:* ebd., S. 24
1567 *Neger-Couple:* ebd., S. 29
1568 *ein schnurrig ... moralischer Invektiven:* TM, RA, S. 257
1568 *nach einer ... vierunddreißig Jahren:* ebd., S. 417
1568 *die schöne Neuerung ... ‹you› anredet:* ebd., S. 418
1569 *Es ist gemein, was lebt, muß sterben:* TM, Tb 1946 B, S. 9
1569 *der Herzschlag getroffen ... Emigranten zu verkehren?:* ebd, S. 14
1569 *skurrilen, auch immer ... Volks seiner Liebe:* TM, RA, S. 261–264
1570 *böse Längen und Lizenzen:* ebd., S. 258
1570 *der Wicht ... Gefallen tun mußte!:* TM, Faustus, S. 513
1571 *Kosmische Symphonie ... Bruno Walters:* ebd., S. 521
1571 *vom Huldigungsgeschenk ... nie gesehen:* ebd., S. 526
1572 *ein Riesenvermögen ... zu bereiten:* TM, Faustus, S. 528
1572 *als die klügste ... des Unsichtbar-Bleibens:* ebd., S. 523 f.
1572 *wohl vierzigjährigen ... hinter der Hornbrille:* ebd., S. 534
1573 *aus sehr bescheidenen ... Salon zu betreten:* ebd., S. 535–537
1573–1575 *Fitelberg, das ist ... Ich bin längst fort:* ebd., S. 544–547
1575 f. *erfrischenden Episode ... Verdacht Vorschub leistet:* TM, RA, S. 267
1576 *entlarvend ... Episode› empfiehlt:* Ruth Klüger, Katastrophen, S. 42
1576 *Ich habe das ... deutschen Bewohner:* TM, RA, S. 267
1577 *in den Mund gelegt:* ebd., S. 261
1577 *Verlegenheit:* TM, Tb 1946 B, S. 30
1577 *Daß sie den Reiz ... ist miserabel:* TM, Lotte, S. 299
1578 *tendenziell Recht ... Tat seine eigenen:* TM, Tb 1946 B, S. 869 (Übers. Harpprecht)
1579 *die Violinbehandlung ... genau studiert:* TM, Faustus, S. 549

1579 *Das Merkwürdigste ... behext worden war:* ebd., S. 556
1579 *Sinnlichkeit (Liebe) ... nachgeben zu dürfen:* PdM, Nachbemerkungen 1, S. 179
1579f. *Bei alledem verhält ... geistig unvollziehbar sein:* TM, Tb 1946 B, S. 880
1580 *immer noch halbwegs ... noch zu kurzer Wuchs:* ebd., S. 881 f.
1580 *Entweder muß er ... ‹falschen Messias› übernommen:* TM, Tb 1947, S. 535
1580f. *Ach, meine Jugendfreunde ... Es ist sonderbar:* ebd., S. 537 f.
1581 *Armer Rudi! ... zunichte machte:* TM, Faustus, S. 558
1581 *mit all ihren Accessoires ... herausgehoben:* ebd., S. 731
1582 *das beständig ... Funkenschwärmen:* ebd., S. 599
1582 *Wie leicht ist das Katastrophale!:* TM, RA, S. 273
1582f. *Wir passierten ... Schutzmann herbeizurufen:* TM, Faustus, S. 601
1583 *eine von donnernden ... der Gnade ist:* ebd., S. 605
1584 *Wozu?:* TM, Tb 1946 B, S. 36
1585 *antirussisch:* ebd., S. 38
1585 *alles ... loszuwerden:* ebd., S. 41
1586f. *Amerika als Ganzes ... schon durchkommen:* TM, Meyer-Briefe, S. 671
1587 *Rektalgegend:* TM, Tb 1952a, S. 315
1588 *Elfenprinzchen ... von klarstem Blau:* TM, Faustus, S. 616 f.
1588 *nicht satt ... Lieblichkeit:* ebd., S. 616
1588 *Echo ... Oheim zu grüßen:* ebd., S. 618
1588 *Buch vom Deutschtum ... Vertiefung:* TM, RA, S. 278
1589 *der Erzieher und ... gewöhnlichen Buben werden:* TM, Faustus, S. 623 f.
1590 *göttlichen Kindes ... dichterischste wahrscheinlich:* TM, RA, S. 278 f.
1590 *tief bewegt ... und Ermüdung:* TM, Tb 1946 B, S. 72
1590 *Read all night ... Echo weinen würde:* TM, Tb 1947, S. 83
1590 *fast überirdisch ... im ganzen Buch:* TM, Meyer-Briefe, S. 675
1590 *doch wohl am Rande der Ruchlosigkeit:* TM, Faustus, S. 735
1590 *How could you ... mir geworden:* TM, RA, S. 278
1591 *untergründig ... in Kunst überführt:* Michael Maar, Der Teufel in Palestrina, S. 241
1591 *Morde ... Zusammenhang stand:* TM, Tb 1947, S. 134
1593 *das Gefühl ... Land braucht:* TM, Meyer-Briefe, S. 676
1594 *suspekter Deutschfreundlichkeit:* TM, RA, S. 274
1594 *mit sich selbst ... Juden des Ghetto:* TM, Faustus, S. 644
1594 *alles Deutschtum ... ausgeprägt findet?:* ebd., S. 643–645
1595 *in einer Art ... ‹Dr. Fausti Weheklag›:* ebd., S. 645
1595 *ungeheueres Variationenwerk ... des Jubels:* ebd., S. 651
1595 *Gegenstück ... Bedeutung:* ebd., S. 655
1595 *hohen g eines ... Wachet mit mir:* ebd., S. 657
1595 *Am offenen Grabe ... verschwunden war:* ebd., S. 681
1596 *Deutschland ... mein Vaterland:* ebd., S. 682
1596 *Symbol der deutschen Welt-Einsamkeit:* TM, RA, S. 146

1596 *Bewegt immerhin ... moralische Leistung:* TM, Tb 1947, S. 92
1596 *moralische Leistung ... durchzuhalten:* TM, Kahler-Briefe, S. 107
1596 *ja kein alltägliches ... ist damit gegeben:* ebd., S. 111
1596 f. *Sie glauben nicht ... von Feststellungen haben:* TM, RA, S. 292 f.
1597 *etwas Anerkennenswertes:* TM, Hesse-Briefe, S. 175
1598 *vom ‹Dämon› ... Kapitulation der Vernunft:* Christian Graf von Krockow, Die Deutschen in ihrem Jahrhundert 1890–1990, S. 357
1598 f. *Ob es Ihr größtes ... unbedrohlich durchdrungen:* TM, Neumann-Briefe, S. 62
1599 *schwer ... geistigen Elite:* VM, Erinnerungen, S. 420
1599 *Really, a very German book:* Stewart Pembroke, University of Minnesota Review Vol. 8 / 32, 1988, S. 31
1600 *Wandte mich dem Nietzsche-Vortrag zu:* TM, Tb 1947, S. 96
1600 *Nun aber nie ... abzutuende Sachen:* TM, Kerényi-Briefe, S. 145
1601 *unverbrüchliche Kontinuität / eiserne Konsequenz:* TM, LuG, S. 848
1601 *einer hochbegabten ... in tödliche Höhen:* ebd., S. 840
1602 *Selbstbestrafung ... ganze Epoche ausgehen:* ebd., S. 843
1602 *biblischen Attitüde / populärste:* ebd., S. 846
1602 *nur als ästhetisches Phänomen (...) zu rechtfertigen:* ebd., S. 849
1602 *heroischen Ästhetizismus:* ebd., S. 853
1602 f. *trunkenen Botschaften ... gesagt und gesungen haben:* ebd., S. 857–860
1603 f. *Schrittmacher, Mitschöpfer ... plumpste aller Mißverständnisse:* ebd., S. 865 f.
1605 *die faschistische Komponente ... die moralische war:* ebd., S. 865
1605 *hie und da eine ... im Besitz der Macht:* ebd., S. 867
1606 *zuletzt nur zwei ... moralische Weltansicht:* ebd., S. 869 f.
1606 *Fascismus und ... reinen Gegensätze:* TM, Tb 1947, S. 111
1606 *schwache Punkt ... fascistisch gedeutet werden:* TM, Meyer-Briefe, S. 677
1606 *Nachbarschaft ... gefühlt, gefürchtet:* TM, LuG, S. 870
1606 *Nietzsches Romantisierung ... der Aufklärung:* ebd., S. 873 f.
1606 *große Opfer ... hätte wirken können:* TM, Meyer-Briefe, S. 678
1608 *seit dem Ende ... Studentenschaft zum Ausdruck:* Paul Egon Hübinger, Universität Bonn, S. 589
1608 *ausdrückliches ... wieder gut gemacht:* ebd., S. 291
1608 f. *erwärmenden Bewußtsein ... desto bewußter wird:* TM, Briefe II, S. 525
1609 *unheimlich ähnlich:* TM, RA, S. 283
1609 *künstlerischen Erbes:* TM, Tb 1946 B, S. 443
1609 *in demokratischem Geist:* TM, RA, S. 283
1609 *Bereitschaft zur Mithilfe:* TM, Tb 1946 B, S. 443
1609 *Es war ein sonderbarer ... ernst zu nehmen:* TM, RA, S. 284
1610 *aber es war ein Traum ... nicht abgelenkt hätte:* TM, ebd.
1610 *etwas gelernt ... Art von Nihilismus:* TM, Brief an Félix Bertaux, 12. Januar 1947, TMA
1610 *nihilistischen Träume verzichten:* TM, RR 3, 47 / 23

1610 *Ich glaube ... werden sollte:* ebd., 47 / 28

1610f. *ein sehr ernstes Problem ... einfach Nein sagt:* TM, Briefe II, S. 532–534

1611 *Wir brauchen sie ... bewilligen soll:* TM, Meyer-Briefe, S. 678

1612 *Diese liebenswürdigen Leutchen ... verneigte:* TM, Tb 1947, S. 911 f.

1612 *Soll ich ... zurückkehren?:* ebd., S. 120

1613 *gepackt voll ... Beifall am Schluß:* ebd., S. 121

1613 *jede Pointe ... Konzert-Veranstaltung:* ebd., S. 123

1615 *Deklaration der ... kommunistisch entpuppen:* ebd., S. 125

1615 *absoluten Stadt:* MM, Vergangenes, S. 139

1615 *hektische Monotonie / eiserne Schwermut:* ebd., S. 141

1615f. *Bei Tisch hielt sich ... Minuten sehen müssen›:* ebd., S. 147

1616 *Nachdenklicher Anblick ... die Reise geboten:* TM, Tb 1947, S. 126f.

1617 *Mitglied der ... Weltföderation:* Interviews, S. 266

1618 *als Konservativer ... Kommunismus einzutauschen:* ebd., S. 267

1619 *an gutem Willen ... wieder aufbauen:* ebd., S. 267

1619f. *wenn Amerika ... beschämend für mich:* ebd., S. 267f.

1620 *einem Drucke ... freudige Zustimmung:* Paul Egon Hübinger, Universität Bonn, S. 605

1621 *alle Pforten ... ein hämisches Wörtchen:* EM, Briefe I, S. 222

1621 *amazing Family:* TM, Tb 1947, S. 572

1621 *dickfällig-begierig:* TM, Tb 1947, S. 128

1621 *dank der eingeborenen ... neuen Krieg hat:* TM, GW, S. 761 f.

1622 *fruchtbarer und glücklicher ... auf Ablehnung:* Interviews, S. 270–272

1623 *nicht zu täuschen ... genannt werden könnte:* ebd., S. 271 f.

1623 *reizenden:* TM, Tb 1947, S. 128

1623 *tief befriedigend:* ebd., S. 129

1623 *rührende Wiedersehen:* ebd., S. 578

1623 *Beifallsdonner:* ebd., S. 129

1623f. *denn solches konnte ... Gartens wandeln soll:* ebd., S. 578

1624 *völlig exzentrisch ... grundunheimlicher Eindruck:* TM, Meyer-Briefe, S. 680

1624 *Protektion eines französischen Grenz-Offiziers:* TM, Briefe II, S. 544

1624f. *wirklicher Zigaretten ... Papas Urenkel:* VM, Erinnerungen, S. 412 bis 414

1625 *Lügen ... sehr seltsam:* TM, Tb 1947, S. 130

1625 *meschugge ... immer so ganz:* Thomas Mann, Alfred Neumann, Briefwechsel, S. 61

1625 *im naiven Schwung:* VM, Erinnerungen, S. 416

1625f. *Niemals habe ich ... auswandern müssen:* ebd.

1626 *warmherziges Plädoyer ... stolze, aufrechte Frau:* TM, Tb 1947, S. 583

1627 *wüstesten Versuchungen ... voller Öffentlichkeit:* EM, Briefe I, S. 224f.

1628 *Kranken:* ebd., S. 226

1628 *Was ich sagen möchte ... gemacht zu sehen:* TM, Tb 1947, S. 577

1628 *angenehmem Gesicht und sanftem Wesen:* ebd., S. 131

1628 *mehr als gebührend geplagt:* ebd., S. 133

1629   *rücksichtslos Autobiographische / unverleugnet:* ebd., S. 134
1631   *sinnlose Denunziation:* TM, Briefe II, S. 538
1631   *Diese Rückkehr war ... Ich weigerte mich:* ebd., S. 537
1631   *Gedächtnislosigkeit:* TM, Tb 1947, S. 133
1631   *Bekenntnis zur Emigration:* TM, Briefe II, S. 538
1632   *Es sind keine ... hausieren zu gehen:* TM, Briefe II, S. 538
1632   *Dolchstoß:* TM, RR 3, 47 / 214
1632   *etwas sehr Erschütterndes ... an mir herum:* TM, Meyer-Briefe, S. 679f.
1632   *leeres, totes Geschwätz:* TM, RR 3, 47 / 203
1632   *unsäglich unheimlich:* TM, Briefe II, S. 541
1633   *der fatalen Körperschaft ... unsere Sorge ist:* ebd., S. 545f.
1633   *Der Marshall-Plan ... Europas aufgefaßt:* Interviews, S. 287
1633f. *Persönlich fühlte ... mögen recht haben:* TM, Meyer-Briefe, S. 682
1634   *Ich finde, da hat er recht:* TM, RR 3, 47 / 328
1635   *wahrer Gesinnung ... Anschauungslosigkeit:* Interviews, S. 285
1635   *brenzlich:* TM, Tb 1947, S. 133
1635   *Nachtigall ... reinstem Umriß hob:* TM, Hesse-Briefe, S. 182
1635   *Versunkene Welt ... Nietzsches Briefe:* TM, Tb 1947, S. 136
1635f. *Da war mit Ausnahme ... Zauber und Plunder auf:* TM, Hesse-Briefe, S. 189
1636   *unklar belastend, erregt, über-liebevoll:* TM, Tb 1947, S. 137
1636   *luxuriös-unkomfortablen Landhaus ... verehrungsvoll:* ebd., S. 138
1636   *Er ist groß ... des Ringfingers:* Interviews, S. 280
1636f. *Auf die Bitte ... ‹Der Zauberberg›:* ebd., S. 282
1637   *holl. ... Menschheit:* TM, Tb 1947, S. 145
1637   *ein Bellergal ... ein Evipan:* ebd., S. 148
1637   *obenhin:* ebd., S. 150
1638   *durch Verwandtschaft ... syphilitisch dazu, widrig:* ebd.
1638   *jüdische Verschwörung ... böse Schachtel:* ebd., S. 156
1638   *der Klügste von uns allen:* TM, Briefe II, S. 539
1639   *Welcome home! ... Grunde nie gewußt:* ebd., S. 569f.
1639   *Sehr sonderbar ... in der Schweiz:* ebd., S. 548
1640   *Buch meines Alters ... festliche Aufnahme:* TM, RR 3, 47 / 422
1640   *europ. Angelegenheiten:* TM, Tb 1947, S. 159
1641   *Homer Smith:* TM, Briefe III, S. 32
1641   *Wotanskind:* ebd., S. 27 (zum Beispiel)
1641   *Da brach sich ... Brünnhilde, dein:* ebd., S. 29
1641   *als Sekretärin ... Tochter-Adjutantin:* TM, Tb 1947, S. 219
1642   *Mielein ... geholt werden soll:* TM, Briefe II, S. 549
1642   *deutliche Abneigung:* TM, Tb 1947, S. 161
1643   *hysterisch / etwas Wahres:* ebd., S. 163
1643   *Nazi-Orchester:* ebd., S. 191
1643   *ins russische ... kann nicht abraten:* TM, Tb 1948, S. 213
1643   *hohen sittlichen Anspruch:* HM, Zeitalter, S. 83

1643   *geistige Munterkeit:* TM, Briefe II, S. 553
1644   *nur in der Gestalt ... 1930 in Deutschland?:* TM, Briefe III, S. 19
1644   *ein uferloses ... kathartische Funktion:* TM, Tb 1947, S. 916
1645 f.   *ein plumper Mißbrauch ... totalitären Systems herrscht:* ebd., S. 165 f.
1646   *Aus persönlichen Gründen ... weiter danach:* TM, Meyer-Briefe, S. 685
1646   *nervösen Träume ... kommunistische Falle:* TM, Tb 1947, S. 165–167
1646   *nicht genug Sinn ... kein Kapitalist:* ebd., S. 630
1647   *in einem deutschen Lager:* ebd., S. 623
1648   *mit denen die ... Roosevelt'schen Genie-Periode:* TM, Meyer-Briefe, S. 685
1648   *unbestimmt zaghaft:* ebd., S. 684
1648   *boshaft:* TM, Tb 1947, S. 169
1650   *Ich hoffe ... Frage zu stellen:* Ronnie Dugger, On Reagan, S. 8 (Übers. Harpprecht)
1651   *I have the honor ... unser Vertrauen verdient:* TM, Tb 1947, S. 908 (Übers. Harpprecht)
1652   *unter dem Einfluß ... Hiesigen gesund wäre:* ebd., S. 173
1653   *Verfluchung der ... fanatisches Krischperl:* ebd., S. 173
1653   *über das Seufzen ... abgekauft wird):* ebd., S. 181
1653   *eher unangenehme ... sollen sie machen?:* ebd.
1653   *gegen die Kolonisierung durch den Marshallplan:* ebd., S. 185
1653   *Es gab eine Zeit ... weniger begeisternd ist:* TM, Briefe II, S. 558
1653 f.   *Erste Anzeichen von Terror ... Vertrauens wert ist:* ebd., S. 558 f.
1654   *warnende Rede:* TM, Tb 1947, S. 185
1654   *Bewunderer und Imitatoren Hitlers:* ebd., S. 656 (Übers. Harpprecht)
1654   *sehr idealistisch ... Regierungen ausschließt:* Interviews, S. 287
1654   *Kommunismus ist ... Stils vorhanden:* ebd., S. 286
1655   *traurigen Leidenszustand:* TM, Tb 1947, S. 173
1655   *Ein Buch ... Welt nicht hat:* ebd., S. 176
1655 f.   *Ich bin tief ... in mir zu sehen:* TM, Briefe II, S. 562
1656   *So, wie in ... zu niedrig dort:* TM, Meyer-Briefe, S. 691 f.
1656   *Da irrte ... krankhaft hoch war:* Joachim Kaiser, Süddeutsche Zeitung, 21. November 1987
1656   *atemlosen u. sehr extraordinären Anzeige:* TM, Tb 1947, S. 178
1657   *mit 70 sein ‹wildestes› Buch:* TM, Kahler-Briefe, S. 111 (zum Beispiel)
1657   *Kälte:* TM, Tb 1948, S. 701
1657   *ruhig und trocken:* ebd., S. 128
1657   *... kalt eben ... selbst die Intelligenz:* ebd., S. 701
1658   *Leverkühn ... am Theater verliert:* TM, Hesse-Briefe, S. 196 f.
1659   *Morde:* TM, Tb 1947, S. 134 (zum Beispiel)
1659   *kummervoll ... Zugeständnis. Und doch ... :* ebd., S. 669
1659   *Lebensbuch ... zu sühnen vermag:* TM, Briefe II, S. 575 f.
1660   *erzfaschistischen Unterhaltungen:* TM, RA, S. 229
1660   *Irgendwo mittendrin ... des ‹Faustus› gehen:* TM, Briefe II, S. 576 f.
1660   *Mit Mama ... norddeutsche Patriziertum:* TM, Briefe III, S. 23

1661 *Nun soll die innerdeutsche … ins Wanken bringen:* TM, Tb 1947, S. 673
1661 *erste deutsche Echo auf das kuriose Werk:* TM, Tb 1946–48, S. 717
1661 *Dummes, mittelmäßiges Gesindel:* TM, Tb 1947, S. 157
1661 *fast ausgelassen verlogen:* ebd., S. 202
1661 *manches Missverständnis … modifiziert werden:* TM, Meyer-Briefe, S. 692
1661 *bewahr mich Gott:* TM, Tb 1948, S. 205
1662 *bilderstürmerische … Neu-Nationalismus:* TM, Briefe III, S. 13
1662 *Fall Schönberg … Leverkühns dahin:* TM, Tb 1948, S. 227
1664 *Vasallen u. Satelliten … Lande geboten:* ebd., S. 220
1664 *Wie leben … herabgesetzt worden ist:* TM, RR 3, 48 / 54
1664 *Gedanken über … dieser Gesellschaft:* TM, Tb 1948, S. 227
1664 *allgemeine Machtübernahme … faschistischen Charakters:* ebd., S. 228 f.
1665 *Charakter- und Kraftlosigkeit … in Verzweiflung:* ebd., S. 235
1665 *der Ausdruck … Todes gestorben:* KM, Posten, S. 471
1665 *absurd … in den hellsten:* ebd., S. 472 f.
1665 f. *roten Terror … der keinen hat:* ebd., S. 474 f.
1667 *Ich gestehe mir wirklichen Lebensüberdruß:* TM, Tb 1948, S. 245
1667 *leidende Zustand zwischen den Werken:* ebd., S. 256
1667 *fad:* ebd., S. 236
1667 *Mich verlangt durchaus nach Komik:* TM, Meyer-Briefe, S. 703
1667 *Erheiterung und Verwunderung … Erweckendem gefunden habe:* TM, Tb 1948, S. 256
1668 *ohne Licence … sehr unangenehm:* ebd., S. 278 f.
1668 *die Alliierten aus Berlin herauszumanövrieren:* ebd., S. 247
1669 *Schicksal der anti-russischen Mitarbeiter:* ebd., S. 274
1670 *Dollar-Imperialismus / Widerwärtigkeit:* ebd., S. 247
1670–1673 *Friede … Rußland zu bewaffnen:* ebd., S. 925–929
1673 f. *wenn sie vollkommen … rechtfertigen ist:* TM, Meyer-Briefe, S. 707
1674 *Der Anlaß … eher ein Unhold:* KM, Briefe, S. 656
1674 *gutmütiger und nichtssagender junger Arbeitsmann:* TM, Tb 1948, S. 286
1675 *Verdacht des Einbruchs:* ebd., S. 168
1675 *Warum kann ich … am Ende?:* KM, Tb 1948, S. 171 f.
1675 *Was ist es? … geistige Lähmung? …:* ebd., S. 175
1676 *Trieb:* TM, Briefe III, S. 37
1676 *wegen derer … wieder tun:* KM, Briefe, S. 657
1676 *verstört und leidend … in der Schweiz:* TM, Tb 1948, S. 289
1676 *hysterischen Anfall … infantilen Verlauf:* ebd., S. 283
1677 *weniger um … Buches willen:* ebd., S. 280
1678 *rätselhaft und närrisch:* ebd., S. 281
1680 f. *Aber dazu ist … Selbstbestimmung gewähre:* TM, Briefe III, S. 38–40
1681–1683 *nicht minder vertragswidrig … in den Rücken fällt:* Irmela von der Lühe, Erika Mann, S. 226–228

1683f. *Und ich habe ... zu denken – nicht?:* EM, Briefe I, S. 247–249

1684 *Stalins 5. Kolonne ... Novemberputsch:* Irmela von der Lühe, Erika Mann, S. 228

1685 *sofort den besten ... Melvin J. Lasky:* KM, Briefe, S. 599f.

1686 *Es wäre eine ... Demonstration:* TM, RR 3, 48 / 264

1686 *krankhaft wütende:* TM, Tb 1948, S. 313

1686f. *Liquidierung aller Deutschen ... sehr positiv:* ebd., S. 316–318

1687 *ungeheuerlich verschmutzt:* ebd., S. 317

1687 *mäkelnde und ... Unbilligkeit:* ebd., S. 318

1687 *Kommt der Krieg ... fürchterlichen Ausmaßes:* ebd., S. 322

1687 *einen anderen Ausweg ... heissen:* TM, Meyer-Briefe, S. 714

1688 *Wahlrummel / Vergrämt und übermüde:* TM, Tb 1948, S. 324

1689 *als der ‹dunkle Erdteil› / Reaktion:* TM, Meyer-Briefe, S. 715

1689 *Bitte, sagen Sie ... erteilen zu müssen:* ebd., S. 713

1689 *Auf den Gedanken ... für wert erachteten:* ebd., S. 715

1690 *Trostlos:* TM, Tb 1948, S. 322 und 325

1690 *Kein Schriftsteller ... Philharmoniker dirigiert:* Orville Prescott, Books of the Times, in: New York Times, 29. Oktober 1948 (Übers. Harpprecht)

1691 *den wachsenden deutschen ... Europas gesehen:* TM, Tb 1948, S. 956

1691 *dicker, schwerer Pudding ... in den ‹Buddenbrooks›:* Hamilton Basso, A New Deal with the Old Nick, in: The New Yorker, 30. Oktober 1948 (Übers. Harpprecht)

1691 *das Letzte:* TM, Briefe III, S. 57

1691 *dumm wie ein Tenor ... beigemischt:* TM, Tb 1948, S. 824

1691f. *Ich bin zeitweise ... mehr beklagen:* TM, Meyer-Briefe, S. 715

1692 *jener offiziellen Ereignisse ... überzeugender:* Harry Levin, Dr. Mann versus a Teutonic Mephisto, in: New York Times Book Review, 31. Oktober 1948 (Übers. Harpprecht)

1692 *Wie soll denn ... Kultur hineingeboren!:* TM, Meyer-Briefe, S. 717

1693 *Thomas Mann erweist ... noch länger dauern:* Alfred Kazin, Doom of Dr. Faustus, Demon of the Absolute, in: The New York Herald Tribune (Book Review), 31. Oktober 1948 (Übers. Harpprecht)

1693 *Allegorie des deutschen ... Lermontow zu reden:* TM, Brief an Alfred Kazin, 5. November 1948, TMA (Übers. Harpprecht)

1694 *excessively German:* TM, RR 3, 47 / 440; 47 / 448 (zum Beispiel)

1694 *das Leid der Epoche:* TM, Tb 1948, S. 823

1694 *d-e-u-t-sche Allegorie ... in mir zu sehen:* TM, Briefe III, S. 55

1694 *Bild seines ... ein Humorist:* TM, RR, 3, 49 / 95

1694f *Was muß ich auch ... nicht mehr dahin:* TM, Briefe III, S. 73

1695 *ja wohl ... auf Erden:* TM, Meyer-Briefe, S. 714

1696 *symbolisch für den ... seiner Entstehung:* TM, Briefe III, S. 83f.

1697 *abgeschiedenen Geist:* ebd., S. 73

1697 *dem Gedanken günstig ... Büchern gelange:* ebd., S. 44

1697 *Daß die Goethe-Feiern ... problematisch genug:* ebd., S. 77

1698   *Ein Jammer ... fortleben wird:* ebd., S. 87 f.
1698   *das Ganze als ... ironische Aufnahme:* ebd., S. 43
1699   *Amerika, du hast es besser ...:* TM, LuG, S. 361
1699   *Wären wir zwanzig ... nach Amerika:* ebd., S. 360
1699   *Sack geleert ... Jüngerschaft:* ebd., S. 336 f.
1699   *Please go ahead!:* TM, Briefe III, S. 68
1699   *Geschicklichkeit ... des Stoffes:* ebd., S. 67
1700   *Mit meinem ... wohl eine Utopie:* TM, RR 3, 49 / 182
1700   *Wenn wir Deutschen ... praktischen Verstandes:* TM, LuG, S. 338–340
1700   *Lebensfreundschaft ... darin einzubeziehen:* ebd., S. 343
1701   *merkwürdige Glück ... Volkstümlichkeit bestimmte:* ebd., S. 356
1701   *keine Täuschung ... zählen darf:* ebd., S. 362
1702 f. *Ich bin nicht ... dabei herauskommen:* TM, Tb 1949, S. 356 f.
1703   *Mut ... doch wegbleiben:* ebd., S. 17
1704   *besten und patriotischsten ... Radio zur Verfügung:* ebd., S. 654 (Übers. Harpprecht)
1705   *recht demütigend für Europa:* ebd., S. 36
1705   *Überschwemmung ... Hände gespielt:* ebd., S. 41
1706   *Der Kommunismus ... Schutzmaßregeln dagegen:* ebd., S. 36
1707   *fiktiven Weltfriedenskonferenz ... ergeben werden:* ebd., S. 398 f.
1708   *bürgerlicher Kunst ... in der Magengrube:* TM, Briefe III, S. 58
1708   *neuen Studententyp ... Volk überhaupt:* ebd., S. 57 f.
1710   *Thomas Mann ... gegen uns engagieren?:* TM, Tb 1949, S. 393 (Übers. Harpprecht)
1710   *Kollektiv-Steckbrief ... Tarnveranstaltungen:* ebd., S. 397 (Übers. Harpprecht)
1710   *angewidert und niedergeschlagen:* ebd., S. 44
1711   *fellow-traveller:* ebd., S. 657
1711 f. *einfach und frischweg ... Belastung aus?:* TM, Briefe III, S. 59
1712   *Da ich nicht ... Kommen freuen würden:* TM, Meyer-Briefe, S. 719
1712 f. *H's Endzustand ... Abschied nehmen?:* TM, Tb 1949, S. 37 f.
1713   *echten Bruder des Wittenbergers:* TM, GW, S. 771
1713   *den echten und rechten ... ins Musische geläutert:* ebd., S. 773
1713   *dreifaches Portrait ... Betrachtungen:* TM, Briefe III, S. 100
1713   *ein sehr richtiges ... Vorzeichen:* ebd., S. 118
1714   *Viel denken ... zu entwerfen?:* TM, Tb 1949, S. 53
1715   *Sie zu versöhnen ... warm und weich:* ebd., S. 55
1715   *durch die bei ... Reichenfrechheit:* KM, Briefe, S. 621
1715   *Derlei mitzumachen ... einiges bedeutet:* EM, Briefe I, S. 256
1716   *Mögen auch seine ... suche Erholung:* Interviews, S. 289
1716   *irgendwelche ... Erkrankung:* EM, Briefe I, S. 256
1716 f. *die Wochen huschen ... nicht mehr bin ...:* KM, Briefe, S. 603
1717   *Ich werde diese ... zu überleben:* KM, Tb 1949, S. 203
1717   *Ach, lieber Sohn ... Kummer bereiten:* KM, Briefe, S. 612
1717   *Deine Befürchtungen ... gewußt haben will ...:* ebd., S. 613 f.

1718   *ein Wiederhergestellter ... gesunder Bub:* ebd., S. 617

1718   *So sei es also ... höflich anerkannt:* ebd., S. 619

1718   *Inj. (ein kleiner Rückfall):* KM, Tb 1949, S. 217

1718   *22 h: Louis (Zanzi-Bar):* ebd., S. 218

1718   *Kommt noch viel ... ich nicht:* TM, Tb 1949, S. 57

1718   *wütenden Zuschriften:* ebd., S. 409

1718   *Bei Ankunft ... in bitterem Leid:* ebd., S. 57

1719   *Er hätte es ihnen ... völliger Erschöpfung:* ebd., S. 57 f.

1720   *Verschleierte Tage:* ebd., S. 58

1720   *kindlichen Ausdruck tiefster Wunscherfüllung:* ebd., S. 59

1720   *über die Maßen erstaunt ... Todes ergeben hatte:* Georges Motschan,
        Thomas Mann – von nahem erlebt, S. 59

1720   *sehr gutes Buch ... ermutigt habe:* TM, Briefe III, S. 91 f.

1720 f. *zu leicht und ... wahrhaft fleißig:* ebd., S. 91

1721   *Jeder Satz ... damit gemeint hat:* Arthur Schnitzler, Briefe 1913 – 1931,
        S. 563

1721   *Huldigung / Gesang der Studenten:* TM, Tb 1949, S. 58

1722   *Wäre nicht ... wird schwer sein:* ebd., S. 62

1722 f. *Absolution / enorme Erfolg:* ebd., S. 63

1723   *freue mich, daß es ihn freuen wird:* ebd., S. 77

1723   *Unnütz zu sagen ... bösartig und aufregend:* TM, Heinrich-Briefe,
        S. 326 f.

1723   *stolz, hart ... bleich wie sie ...:* TM, Tb 1949, S. 76

1724   *Uns trennte ... deine Schuhe:* HM, Der Atem, S. 356

1725   *mit Freuden:* TM, Briefe III, S. 90

1725   *Die Humanität ... dienstwillig erweist:* ebd., S. 90

1726   *dort hingehen ... zu verderben:* TM, Tb 1949, S. 70

1726   *hysterisch-rechtswidrigen ... wahrscheinlicher machen:* ebd., S. 69 f.

1726   *Pflichtbrief:* ebd., S. 72

1726   *trotz aller Empfänglichkeit ... mir entwickelt haben:* TM, Meyer-
        Briefe, S. 721 f.

1726 f. *inständigen Bürgermeister-Einladungen ... Versöhnung bietet:* TM, Tb
        1949, S. 421

1727   *Fraktionsvorsitzende ... verliehen werden sollte:* Heinz-Winfried Sa-
        bais, Thomas Mann in Weimar, S. 98 – 101

1728   *bitteren Entstellung ... wohl nicht erlaubt:* TM, Tb 1949, S. 67

1728   *außer sich:* ebd.

1730   *böser, niederträchtiger Episteln:* Georges Motschan, Thomas Mann –
        von nahem erlebt, S. 67

1730 f. *Viele deutsche Schriftsteller ... tiefen Verständnis:* Interviews, S. 297

1731   *Als geistiger ... wie wir können!:* TM, RR 3, 49 / 378

1731   *Man muß ... in Aussicht stellen:* TM, Tb 1949, S. 80

1731 f. *die größte kulturkritische ... eins zu sein:* Friedrich Sieburg, Zur Litera-
        tur 1924 – 1956, S. 217 – 225

1732   *Gefühl, alsob es in den Krieg ginge:* TM, Tb 1949, S. 82

1732   *von der Weltpresse ... belagerte Festung:* Georges Motschan, Thomas Mann – von nahem erlebt, S. 69

1732 f. *ein wenig ... ratsam gehalten hatten:* TM, Üms, S. 459

1733   *wahrste Ellbogengesellschaft ... abgewiesen würde:* Georges Motschan, Thomas Mann – von nahem erlebt, S. 70 f.

1733   *Parasiten von Amtes ... omnipräsent war:* ebd., S. 73

1733   *Freßwelle ... zu verdrängen:* ebd., S. 72

1733 f. *unüberschaubare Menschenmenge ... ihm, Thomas Mann:* ebd., S. 74 f.

1734 f. *seltsamen Lebensstunde ... gekommen ist:* TM, Üms, S. 440–442

1735–1738 *frei nach Goethe ... Kühle umflossenen Leben:* ebd., S. 444–450

1738 f. *hohen Standpunkt ... sein Selbst erweiterte:* ebd., S. 452–456

1739   *Thomas Mann die Paulskirche ... blutverklebten Hände:* Georges Motschan, Thomas Mann – von nahem erlebt, S. 95 f.

1740   *Besuch dem alten ... gut wie ich:* Schröter, S. 524 f.

1740   *scharfe Rüge ... Goethe-Ausschusses:* Heinz-Winfried Sabais, Thomas Mann in Weimar, S. 96

1741 f. *Schicksal ... Goethes zu huldigen:* Schröter, S. 378–380

1742   *die indirekte Form ... Mißbilligung auszusprechen:* TM, zit. nach Blätter der Thomas Mann Gesellschaft Zürich, Nr. 25, 1994, S. 25

1742   *daß der Besuch ... abgelöst worden waren:* Heinz-Winfried Sabais, Thomas Mann in Weimar, S. 103 f.

1743   *Gregorius-Romänchen ... Plattdeutsch:* TM, Briefe III, S. 102

1744   *Stassenbergstraße:* Georges Motschan, Thomas Mann – von nahem erlebt, S. 105

1745   *Was ich sowohl ... bewußt, aber wortlos:* ebd., S. 108

1745 f. *meist im Ton ... gerade das Rechte ...:* TM, Tb 1949, S. 435

1746 f. *Nach 1945 ... Versuche eingeleitet?:* Schröter, S. 386–388

1748   *lieben, altverehrten ... Ernst Bertram:* TM, Bertram-Briefe, S. 286–288

1748   *Dieser Brief ... Reise gerechtfertigt!:* Georges Motschan, Thomas Mann – von nahem erlebt, S. 114

1749   *Wie gern hätte ... alte Freundschaft!:* TM, Bertram-Briefe, S. 190 f.

1749   *gespenstisch ... mir nachtragen:* TM, Tb 1949, S. 452

1750   *vor vielen Jahren geleisteten Freundschaftsdienst:* ebd., S. 133

1750   *Unsere Jugendfreundschaft ... recht wohl!:* TM, Briefe III, S. 110

1750   *Man hatte in ... Privat-Wohnung:* Georges Motschan, Thomas Mann – von nahem erlebt, S. 115

1751   *Zu unsern Füßen ... Deutschland heute aus.›:* ebd., S. 116

1752   *Zufall wollte ... in der Ostzone:* TM, Üms, S. 467

1752   *Honoratioren ... Parteiabzeichen:* Heinz-Winfried Sabais, Thomas Mann in Weimar, S. 108

1752   *Begrüßungen ... Namen, Namen:* Georges Motschan, Thomas Mann – von nahem erlebt, S. 123

1753   *unendlicher Volksfest-Trubel ... stehen hatte:* TM, Tb 1949, S. 83

1753 f. *auf den einzelnen Stockwerken ... Lächeln ist zu sehen:* Georges Motschan, Thomas Mann – von nahem erlebt, S. 124–126

1754   *asketischen Ernst ... zugewandte Frömmigkeit:* TM, Üms, S. 466

1754   *blaugoldene Fähnchen und Wimpel schwingend:* Georges Motschan, Thomas Mann – von nahem erlebt, S. 127

1754   *Besonders die FDJ ... festgestellt wurde:* EM, Briefe I, S. 266

1754   *denn doch ... willkommen hießen:* Georges Motschan, Thomas Mann – von nahem erlebt, S. 127

1754   *Friedenslied ... ‹Freundschaft siegt›:* TM, Üms, S. 468

1755   *ein Meer von Menschen:* Georges Motschan, Thomas Mann – von nahem erlebt, S. 132

1755 f. *Unvollständigkeit ... überführt werden müssen:* TM, GW, S. 779–781

1756   *russische Stadtkommandant ... als Amerikaner:* TM, Üms, S. 461

1756 f. *Volksdemokratie ... höflich ausgespart wurde:* ebd., S. 462

1757   *Frage nach den ... Buchenwald gestellt:* Heinz-Winfried Sabais, Thomas Mann in Weimar, S. 111

1757   *demokratische Sozialisten ... antifaschistischen Krieg:* ebd., S. 106 f.

1758   *das Exil und ... beschönigt zu werden:* Hans Mayer, Erinnerungen, Bd. II, S. 77

1758   *Thomas Mann mußte ... zugrundegegangen war:* Hans Mayer im NDR-Abendstudio, Gespräch zum 85. Geburtstag, 19. März 1992

1758 f. *so gut ... Bild zu geben:* TM, Üms, S. 466 f.

1759 f. *demokratische Umerziehung ... ‹humanere› Form davon?:* ebd., S. 465

1760   *Man hat mich ... diesem Kreise!:* Georges Motschan, Thomas Mann – von nahem erlebt, S. 136

1760   *Familienfeier ... in Westdeutschland:* Hans Mayer, Erinnerungen, Bd. II, S. 77 f.

1760   *Auf eine Frage ... Vertrauen nie verdient:* TM, Meyer-Briefe, S. 723

1760   *wie Katja Mann ... ins Unheil rede:* TM, Tb 1949, S. 437

1761   *die Schriftsteller ... Unterstützung genössen:* Interviews, S. 310

1761   *geistigen Arbeiter ... um ihn kümmern:* TM, Üms, S. 462 f.

1761   *zu einem Aussichtspunkt ... gesegnete Burg!›:* ebd., S. 468

1762   *Zehn Autos mit ... Regime des Hitlerstaates:* ebd.

1762   *Für einen Schriftsteller ... davonzukommen:* ebd., S. 467

1762   *Haltung bewahrt:* Heinz-Winfried Sabais, Thomas Mann in Weimar, S. 112

1763   *unseren guten Motschan ... manches dafür sagen:* EM, Briefe I, S. 266

1763 f. *nicht konformistischen ... Pestkranke meidet:* TM, Üms, S. 463

1764   *für den Dichter ... ein Kreuzweg:* Schröter, S. 377

1764   *jede symbolische ... seit 1945:* Inge Jens, Eingeholt von der Vergangenheit, S. 9

1765   *eine Weltanschauung ... Größe als Künstler:* Arthur Koestler, Die Geheimschrift, S. 398

1766   *anständigen und ... offiziell vorbereitet:* Interviews, S. 311 f.

1766 f. *Trotzdem, gehen Sie ... Mitläufern habe:* TM, Meyer-Briefe, S. 722 f.

1767   *Mein Leben ... nervös und leidend:* TM, Tb 1949, S. 85

1767   *verweilende sinnliche ... draußen schreien mag:* ebd., S. 87 f.

1767 *Es heißt nun ... nach Danzig:* ebd., S. 95 f.
1768 *Lebensauftrieb ... ebenfalls dunkel:* ebd., S. 96
1768 *Sowjet-Geld ... das Geld auszugeben:* ebd., S. 98 f.
1768 *durch die bevorstehende ... Enschluß wieder näher:* ebd., S. 108
1768 *Es wird nichts ... nun so sein:* ebd., S. 113 f.
1769 *wie Thomas Mann ... mit Füßen tritt:* ebd., S. 443
1769 f. *das politische Regime ... Interesses geworden sind:* TM, Briefe III, S. 95–98
1771 *wieviele Theater ... Reich seltener waren?:* TM, Tb 1949, S. 432 f. (Übers. Harpprecht)
1771 f. *Wie können Leute ... retten konnten?:* Heinrich Graf von Einsiedel, Open Letter to Thomas Mann, S. 62
1772 *aufrichtigen Kommunisten:* ebd.
1772 *autoritären Volksstaat ... Maul zu halten haben:* TM, Briefe III, S. 96 f.
1772 *Von der Unverschämtheit ... könnte mich bestechen:* TM, Kahler-Briefe, S. 121
1773 *rapide in Richtung ... Schutz und Schirm:* TM, Tb 1949, S. 451
1773 *große bürgerliche Demokrat und Humanist:* Schröter, S. 383
1773 *ein in völliger ... ausgerottet ist:* ebd., S. 382
1773 *Die erste ernstere ... bläst sie um:* TM, RR 3, 49 / 436
1774 *mit der Drohung ... Rußland als Bundesgenossen:* TM, Tb 1949, S. 99
1774 *Remilitarisierung ... Kriege führte:* ebd., S. 131
1775 *Europa möchte ... Amerika zu gönnen. – –:* ebd., S. 130
1775 *America's Fellow-Traveller No. 1:* Eugene Tillinger, The Moral Eclipse of Thomas Mann, S. 53
1775 *Anklageschrift ... ‹Dieser Friede›:* TM, Tb 1949, S. 123
1776 *ausgleichende Retouchen / den Hals brechen:* ebd., S. 143
1776 f. *Verrats an der Freiheit ... Gespött machen:* ebd., S. 671–673
1778 *Europa, die Wiege ... der Nazi-Unterwelt:* ebd., S. 676
1778 *so dankbaren Herzens ... vorzuwerfen haben:* ebd., S. 678
1778 *verrückt gemacht ... und Unreife:* ebd., S. 135
1778 *Verbitterung und Reizbarkeit:* ebd., S. 141
1779 *natürlichen, d. h. väterlichen Basis:* Irmela von der Lühe, Erika Mann, S. 221
1779 *ob ihr nicht ... in die Schweiz:* TM, Tb 1949, S. 141
1779 *klugen, angenehmen ... keine Ahnung hat:* ebd., S. 120
1779 *Lebensüberdruß ... Abberufung:* ebd., S. 129
1779 f. *Überhaupt stellen ... viel mitzumachen:* ebd., S. 468 f.
1780 *Sexueller Kummer ... nicht will:* ebd., S. 132
1780 *In diesen Tagen ... mich zerstören. – – –:* ebd., S. 134
1780 *explosiven Artikel:* ebd., S. 142
1780 *Dies nun eins ... über Pauls Tod:* TM, Tb 1950, S. 149
1781 *Geringe Hoffnung ... fernen Ablebens:* ebd., S. 152
1781 *Er war mit seinen ... anhängliches Wesen:* ebd., S. 517
1782 *Als der Hund ... das gute Vieh!:* TM, Briefe III, S. 143

1782   *female Pudel:* TM, Tb 1950, S. 160
1782   *Grauen im Herzen:* ebd., S. 161
1782   *Um den 12. Teil ... steht der Tod!:* ebd., S. 163
1783   *kommunistisch:* ebd., S. 152
1783   *communist wie ... Telegrammhagel:* ebd., S. 509
1783   *Merkwürdig ... Gleichgesinnter:* ebd., S. 155
1783 f.   *Die Idee einer nichts ... als umgekehrt:* ebd., S. 685 f.
1784 f.   *Grauen und Ekel / anständige Haltung:* ebd., S. 159
1785   *Grauen und Übelkeit ... doch hier genieße:* ebd., S. 162
1785   *jüdischen Emigranten / blödsinnige Geschichte:* ebd., S. 166
1786   *Merkwürdige, niederschlagende ... phantastischen Fall:* ebd., S. 167
1786   *Phantasie-Realisierung ... Americana:* ebd., S. 163 f.
1786   *Damals machten ... ihn zu erdenken:* TM, RR 3, 50 / 68
1787   *gewaltige Ehrungen und viel Geld:* TM, Tb 1950, S. 165
1787   *Nach der Arbeit ... Musikhören lange hingezogen:* ebd., S. 175
1787   *Dann, man weiß ... von seiner Seite:* TM, RA, S. 365
1787   *Die gnädigste Lösung ... über Klaus:* TM, Tb 1950, S. 175
1788   *nicht eben zahlreich ... Bruder in Liebe:* ebd., S. 176
1789   *mehr oder weniger ihr Gefangener:* ebd., S. 177
1789   *Fürstin / etwas Beschämendes, fast Skandalöses:* TM, Meyer-Briefe, S. 730 f.
1790   *tiefen Widerständen:* TM, Tb 1950, S. 172
1790   *bei Tee und Zigaretten ... Aller-Interessanteste:* TM, LuG, S. 824 f.
1791   *ward hergestellt ... Beethovensaal von 1932:* TM, Tb 1950, S. 178
1791   *sehr gelegentlich ... Autobiographen zu taugen:* TM, Üms, S. 5
1791 f.   *Lebenswerk jede ... verlorenen Frieden:* ebd., S. 5–8
1793   *noch ganz andere ... kommen läßt:* ebd., S. 8
1793 f.   *festliche Entblößung ... Experimental- und Bildungsroman:* ebd., S. 12–16
1794–1796   *neuen Kirche ... Finanzierung des Friedens:* ebd., S. 20–27
1797–1799   *schweren Verantwortung ... ganzen Welt:* TM, Meyer-Briefe, S. 732–735
1799   *lieben, guten Freundin ... eigene Wohl gekümmert:* ebd., S. 735 f.
1801   *albern ... klimatisch unzuträglich:* TM, Tb 1950, S. 182 f.
1801 f.   *nervösen Spannung ... größte Wirkung:* ebd., S. 187 f.
1802   *Saboteur / der größte Aktivposten:* ebd., S. 543 (Übers. Harpprecht)
1802   *Methode der Kommunisten:* Harry S. Truman, Memoiren, Bd. II, S. 303
1803   *verständlichen Furcht ... als ‹faschistisch›:* TM, Meyer-Briefe, S. 1079 (Übers. Harpprecht)
1804 f.   *wilde und unsinnige ... Kompagnons nicht annehmen:* Hermann Hesse / Peter Suhrkamp, Briefwechsel 1945–1959, S. 482 f.
1805   *Handlungen in der ... Empörung aufzunehmen:* ebd., S. 129 f.
1805   *rechtschaffen ... jedermann unbeliebt:* TM, RR 3, 50 / 176
1806   *als Platzhalter ... zurücküberführt:* Gottfried Bermann Fischer, Bedroht – Bewahrt, S. 246

1807 *die Bedeutung ... zugleich Undurchsichtige:* TM, Bermann-Briefe 2, S. 534

1807 *in seiner ursprünglichen ... verlegerische Tätigkeit:* Hermann Hesse, Peter Suhrkamp, Briefwechsel 1945–1959, S. 448

1808 *in der Emigration ... auf die Straße:* Hermann Hesse, Politik des Gewissens, Bd. 2, S. 805

1809 *bösen Willen ... tiefe Kränkung:* TM, Bermann-Briefe 2, S. 547–549

1810 *dass die Franzosen ... Angelsachsen:* TM, Meyer-Briefe, S. 740

1810 *beste aller europäischen ... deutsche Nationalismus:* TM, Briefe III, S. 167

1810 f. *lieber keinen Fuss ... Verworrenheit des Landes:* TM, Meyer-Briefe, S. 740

1811 *unglaubliche Schönheit ... die äußerste Spitze:* TM, Briefe III, S. 175

1811 *Nervenkrisen ... verhaßt:* TM, Tb 1950, S. 190

1811 *die dämonischen Kräfte ... den Vorzug:* Interviews, S. 318

1811 f. *Es ist völlig klar ... nachfolgenswert:* ebd., S. 320 f.

1812 *Sie sind abgestumpft ... andere als ermutigend:* ebd., S. 324

1812 f. *sehr gefährlich für ... Bühne abtritt:* TM, Tb 1950, S. 553

1813 *der Schumanplan ... Protektion:* TM, RR 3, 50 / 288

1813 *Offiziersklasse ... es mich freuen:* TM, Tb 1950, S. 191

1814 *Es ist keine ... wie diese:* TM, Briefe III, S. 282

1814 *wohl gesponnene Intrige / Beau geste:* TM, RR 4, 52 / 383

1814 *lieben, klugen alten Mann:* TM, Tb 1950, S. 194

1814 *die Männer ... Brutalität schuldig gemacht:* Hermann Hesse, Politik des Gewissens, Bd. 2, S. 798

1815 *bedenklich in die Nähe ... ‹Kleinen Hofkonzerts›:* TM, Tb 1950, S. 557

1815 *Ärger mit frech überholendem Pöbel:* ebd., S. 196

1815 *Der Festmonat angebrochen / erregt vor Freude:* ebd., S. 197

1815 *Sich erheben:* ebd., S. 199

1815 *erfreulichsten Gaben:* ebd.

1816 *großartige kritische Leistung ... zu sehen!:* TM, Briefe III, S. 151

1816 *langweilt mich ... aber quälend:* TM, Tb 1950, S. 200–202

1816 f. *etwas weh ... Gott helfe mir:* TM, Briefe III, S. 151–154

1817 *die stoßende, verwandelnde ... sprachliche Urgestein:* Gerhard Nebel, Thomas Mann – Zu seinem 75. Geburtstag, in: Frankfurter Allgemeine Zeitung, 6. Juni 1950

1818 *Diskret-indiskrete Erkundigung ... in der Hand zu haben:* TM, Tb 1950, S. 207

1819 *Erika, you need it:* ebd., S. 208

1819 *oft betrübliche ... Eifersucht hänge:* ebd., S. 232

1819 *sodaß ihm die Brille ... Dunkle Unversöhnlichkeit:* ebd., S. 234

1820 *prächtigen Nazi ... Nord- u. Süd-Korea:* ebd., S. 205

1821 *Leichtes Grauen vor der Rückkehr:* ebd., S. 212

1821 f. *Welche hübschen Augen ... angenehme Stimme!:* ebd., S. 207 f.

1822 f. *gleichgültig gegen Blicke ... noch einmal geschehen:* ebd., S. 211–213

1823   Aufgenommen ... im Totenreich: ebd., S. 216
1823   diskrete, höfliche ... nicht sangeswürdige: ebd., S. 213
1823   eigentlich ein Mädchen ... unlieb war: ebd., S. 211
1823   Nachts, nach kurzem ... zweifelhaften Wirklichkeit: ebd., S. 213 f.
1824   lieblich ... ‹Geistigen› willen: ebd., S. 225
1824   den Erreger ... nicht zu Gesicht: ebd., S. 214
1824   untersichtig Winzigen ... spirochaeta pallida: TM, Faustus, S. 313
1824 f. Durchtränkt und ... soviel Ergriffenheit!: TM, Tb 1950, S. 215
1825   Berücker / frech: ebd., S. 217
1826   nett servierte ... und Natürlichkeit: ebd., S. 217–221
1827   Hoffentlich ... Begeisterung ist: TM, LuG, S. 1013
1827   Dieser große Liebende ... alles Geliebte: ebd., S. 1016
1827   die Liebe stets ... wie keiner: ebd., S. 1018
1827   vorzugsweise ... Weise vereinigte: ebd., S. 1016
1827   Nel vostro ... mein Wort: ebd., S. 1018
1827 f. Ach, nicht mehr ... ist Vergessen: ebd., S. 1015
1828   Wüßte der Junge ... Und ich?: TM, Tb 1950, S. 227 f.
1828   lieber, schlichter Brief / wirklich sehr gefreut: ebd., S. 230
1828   Das Bedürfnis ... unwiderstehlich: ebd., S. 222
1828 f. Dunkles Haar ... Illusion! Illusion!: ebd., S. 238–240
1829   Ich werde ihn ... Gefühlsstürmen. – – –: ebd., S. 242
1829 f. Es scheint ... Umarmung sehr zweifelhaft: ebd., S. 246–248
1832   Der Gedanke ... bis jetzt intakt: ebd., S. 223
1832   das Kriegspotential ... Welt besetzen: ebd., S. 232
1833   Majorisierung ... freien Ländern: ebd., S. 236
1833   Wie kann man ... Ambassadeur regiert wird?: ebd., S. 508
1833   Ich bin im Begriffe ... Gott anti-russisch ist: TM, RR 3, 50 / 322
1833 f. Neue, schwer belastende ... einfältig: TM, Tb 1950, S. 243 f.
1834   die Handlungen ... persönlich nehmen: ebd., S. 249
1835   bitter, fatalistisch ... Schaffner: ebd., S. 251
1835   Im Lande ... in nichts aufgelöst: TM, Briefe III, S. 167
1836   gewissermaßen heimatlich ... nicht bedrohlich: TM, Tb 1950, S. 252
1836   versiegelt und erst ... in Gottes Namen: ebd., S. 278
1837   Abenteuern ... allerlei Jugend: ebd., S. 252
1837   zuviel von der Welt ... sie mir zugibt: ebd., S. 255
1837   oberflächlichen Unsinn wie immer: ebd., S. 253
1837   glänzend, klar sehend ... politische Tat: TM, Meyer-Briefe, S. 750
1837   schrecklichsten alten ... Wilhelm II.: ebd., S. 744 (Übers. Harpprecht)
1838   Ruhr-Barone ... Kriege gestürzt: ebd., S. 751
1838   Okkasionsschund ... ihr Schenken: TM, Tb 1950, S. 218
1838   unfreundschaftlich und ... des status quo: TM, Meyer-Briefe, S. 741 f.
1839   Käme der allgemeine ... träume ich doch oft: ebd., S. 742 f.
1840   Auswirkungen ... Reaktion zu stark: TM, Bermann-Briefe 2, S. 549
1840 f. Dégoûtiert mehr ... diesem Wege kommt: TM, Tb 1950, S. 266 f.
1841   erbärmlich ... Fertigstellung des Romans: ebd., S. 271

1841   *Die mit Land ... Warschauer Ghettos:* ebd., S. 273
1841   *die Brutalität der amerikanischen Kriegsführung:* ebd., S. 276
1842   *amerikanische Aggression:* ebd., S. 285
1842   *letzte Wirklichkeit ... menschlichen Geist:* Dean Acheson, Present at the Creation, S. 461 (Übers. Harpprecht)
1843   *Nur mit seiner ... kommunistisch werde:* TM, Tb 1950, S. 297
1843   *Die Lüge der ... nach Yale etc.:* ebd., S. 299
1843   *faschistischen Revolution:* ebd., S. 301
1844   *größten Versorgungsschwierigkeiten:* ebd., S. 305
1845   *von einem glücklichen ... gedemütigten Verdächtigten:* EM, Briefe I, S. 277
1845   *tatsächlich erlittene ... tödlicher Polemik:* ebd., S. 279–281
1846   *psychopathisch nässend:* TM, Tb 1950, S. 283
1847   *Schmerzensbuches:* TM, RR 3, 48 / 342 (zum Beispiel)
1847   *fad:* TM, Tb 1948, S. 236
1848   *prätendierte Wätlichkeit:* TM, Der Erwählte, S. 26
1848   *Berchfrit:* ebd., S. 22
1848   *Tannewetzel:* ebd., S. 13 (zum Beispiel)
1848   *Trutgespiel:* ebd., S. 22
1848   *lose Conversation voll Corteisie und Fug:* ebd., S. 15
1849   *der Inzestangst ... Unwissenheit selbst:* TM, Tb 1950, S. 259
1849   *‹Dat's aber Lug ... slechtem Muhl.›:* TM, Der Erwählte, S. 77
1850   *‹Mutter!› ... weinten zusammen:* ebd., S. 256
1850   *‹höhere Abschreiben› ... verschmolzen sind:* ebd., S. 274
1851   *doch wieder ... reizvoll wie möglich:* TM, Meyer-Briefe, S. 745
1851   *und Komik erscheint ... Form des Nihilismus:* TM, RR 3, 50 / 380
1851   *Message zur Friedenskonferenz:* TM, Tb 1950, S. 290
1851   *Nichts von Politik ... Schweiz zu verbringen :* TM, Briefe III, S. 174
1851   *Öde des hiesigen Lebens:* TM, Tb 1950, S. 292
1851 f.   *Was tun? ... Luther-Erasmus-Novelle:* ebd., S. 294
1852   *größten Deutschen aller ... Erasmus vereinigte:* TM, RR, 3, 50 / 433
1852   *Welt ohne Transzendenz:* Hans Egon Holthusen, Die Welt ohne Transzendenz (siehe Bibliographie)
1852   *Merkwürdig mehren sich ... und ‹bindet›:* TM, Briefe III, S. 171
1852   *Luthers Hochzeit:* TM, LuG, S. 834
1853   *Gewagtheit und Unkonventionalität / vielbedeutende Stoff:* Martin Gregor-Dellin, Richard Wagner, S. 586
1853   *originell, komisch ... tatsächlich getan ist:* TM, Tb 1950, S. 294f.
1853 f.   *und zwar aus Humanität ... bringen können:* TM, LuG, S. 932
1854   *einer der alten ... sonntagskindliches:* ebd., S. 929
1854   *die er wochenlang ... ‹Tristan und Isolde›:* ebd., S. 933
1854   *erotischen Rausch ... gläsern:* ebd., S. 936f.
1855   *die Bedenklichkeit ... auch Skandalosität:* ebd., S. 828
1855   *Depression, Widrigkeiten ... nicht umzubringen:* ebd., S. 834f.
1855   *nämlich am Schluß ... Militär-Untersuchung:* TM, Tb 1950, S. 312

1856 *Wozu, fragt man sich vergebens:* TM, Tb 1951, S. 3
1856 *südkoreanischen Horden:* ebd., S. 24
1856 *naivsten und dreistesten ... je da war:* TM, Tb 1951, S. 62
1856 *Amerikas ‹Verteidigung› ... ‹Aggression›:* ebd., S. 18
1856 *keinen Unterschied ... Staates:* ebd., S. 363 (Übers. Harpprecht)
1856 *Hitler (...) nie dümmer gequatscht:* ebd., S. 12
1856 *sein Renegatentum eine reiche Besitzung:* ebd., S. 16
1857 *Die Westdeutschen ... gesagt sein lassen:* TM, Tb 1950, S. 308
1857 *Moskauer Demonstration ... Wahnsinn wären:* TM, Tb 1951, S. 34
1857 *hochherzigen Kundgebungen:* ebd., S. 397
1857 *wenn Heinrich Mann ... den Frieden:* ebd., S. 398
1858 *Robeson, Mann join new Peace Crusade:* ebd., S. 19
1858 *Kriegsatmosphäre ... reaktionären Deutschland:* ebd., S. 759f. (Übers. Harpprecht)
1859f. *Natürlich sind Sie ... Brief nicht schickte:* ebd., S. 765 (Übers. Harpprecht)
1860 *hysterisch:* ebd., S. 20
1860 *grosse Wohltaten ... an mich denken:* ebd., S. 375
1861 *zerrüttet vom Dreschen ... Reichtum gehüllt:* ebd., S. 37
1861 *daß das Unternehmen ... mehr unterzeichnen werde:* ebd., S. 764f.
1861 *Es gibt nichts Gemeineres als eine Zeitung:* ebd., S. 21
1862 *gewisse politische Naivität:* ebd., S. 768 (Übers. Harpprecht)
1862 *(doch nicht Mrs. Meyer!):* ebd., S. 770 (Übers. Harpprecht)
1863 *die Warschauer ... Friedenskampagne ausgedrückt:* ebd., S. 379 (Übers. Harpprecht)
1863 *vertraulich:* ebd., S. 772 (Übers. Harpprecht)
1863f. *wenn auch ‹nur› ... Friedensbewegung:* ebd., S. 773f. (Übers. Harpprecht)
1864f. *eine endgültige Haltung ... Narrheit unserer Zeit›:* ebd., S. 407f. (Übers. Harpprecht)
1865 *vor dem Verdacht ... unserer Epoche:* TM, GW, S. 662
1865 *Mangel an politischer Eindeutigkeit:* Hans Wysling, Thomas Mann heute, S. 108
1865 *erasmische Sowohl-Als-Auch ... nicht Märtyrer:* ebd., S. 111
1866 *abstoßende Problem ... des Totalitarismus:* TM, Tb 1951, S. 29
1866 *schaurig-monotones ... russischen Stil:* ebd., S. 53
1867 *Wenn das freundliche ... sozialen Fortschritts:* ebd., S. 792
1868 *Ich sehe, daß ... Ganzen zu dienen:* ebd., S. 783
1869 *in einer Sphäre ... Demokratie unterminiert:* ebd., S. 419
1869 *Jutschien:* ebd., S. 798
1869 *Kröte ... Gift absondert:* ebd., S. 805
1869f. *mordlüsternen Denunzianten ... Verwirklichungen:* ebd., S. 807–809
1870 *Angreifer nicht ... Tillingers ‹Antwort›:* ebd., S. 429
1870 *höchster persönlicher ... moralischen Freiheit:* ebd., S. 432 (Übers. Harpprecht)

1870   *aber sobald ... genug davon:* ebd., S. 813
1871   *Bürgerkrieg:* ebd., S. 50
1871   *Fluchtgedanken:* TM, Tb 1950, S. 182 (zum Beispiel)
1871   *nach langem Anstehen ... kleinen Beamten:* TM, Tb 1951, S. 11
1871   *mit erstaunlicher Promptheit:* ebd., S. 18
1871   *Ihre Treue zu uns ... zu empfinden:* ebd., S. 43
1871   *Sehr viel Wahres ... gegen Amerika:* ebd., S. 41
1872   *Altersschub:* ebd., S. 31
1872   *vollständiges und ... geschl. Potenz:* ebd., S. 30
1872   *Da ich es ablehne ... Frage für sich:* ebd., S. 31
1873   *gräuliche Lektüre ... sind monströs:* ebd., S. 58
1873   *Engerlinge ... hören lassen dürfen:* ebd., S. 469
1873   *Kunstsprache ... in die Freiheit:* Schröter, S. 411
1873   *keine schwache Stelle ... reine Entzücken:* ebd., S. 409
1874   *Genau ins Schwarze ... Sünde und Gnade:* TM, Briefe III, S. 200f.
1874   *Wem sprechen Sie ... atmen müssen?:* ebd., S. 203
1874f. *Bist Du wahnsinnig? / barbarischen Infantilismus:* ebd.
1875   *seelenlosen Boden ... wird machen lassen:* ebd., S. 206
1875   *sehr angenehm / auch sonst erfreulich:* TM, Tb 1951, S. 70
1876   *als einfache Ferienreise ... sondierend:* ebd., S. 71
1876f. *Wüßte man nur ... allenfalls:* ebd., S. 432f.
1877   *zu Agentendiensten erpressen wollte:* ebd., S. 390
1877   *Durchführung der ... ihrer Behörden:* ebd., S. 424
1878   *Man versichert mir ... weiter zu geben:* ebd., S. 815
1878   *Ich brauche Ihnen ... behilflich sein:* ebd., S. 427
1878   *dass unter diesen ... nicht ausreichen:* ebd., S. 816
1879   *Mehr noch ... Dank wissen wird:* TM, Gesammelte Werke in zwölf
        (dreizehn) Bänden, Frankfurt a. M. 1960, Bd. XIII, S. 870f.
1879f. *Wenn ich von ... politischen Naivität:* TM, Tb 1951, S. 455
1880   *conformistische Angeberei:* ebd., S. 71
1880   *In Stalins Blick ... zu dienen:* Friedrich Torberg, PPP, S. 71 f.
1880   *widrigen Chock ... gleichgültig sein:* TM, Tb 1951, S. 73
1880   *alle Sünden ... Wochenschrift:* ebd., S. 76
1881   *Loyalität gegenüber ... Mahlzeit eingeladen werden:* ebd., S. 472
        (Übers. Harpprecht)
1881   *Der Mann ging mir ... abendländischen Kultur:* ebd., S. 456
1883   *überzeugten und gelegentlich ... bedroht ist:* Neue Rundschau, Jg. 101 /
        1990, Heft 2, S. 6f.
1883   *verwüstenden Befreiungsaktionen ... Völker:* TM, Tb 1951, S. 462
1883   *Übergang ... bitter übel:* Neue Rundschau, Jg. 101 / 1990, Heft 2, S. 7
1883   *Notstands-Konformismus ... Antikommunismus:* TM, Tb 1951, S. 462
1884   *Wenn auch der ... Faschismus herabsetzen:* Neue Rundschau, Jg. 101 /
        1990, Heft 2, S. 7f.
1885f. *Sondergerichte ... wird Gnade finden:* ebd., S. 8–11
1886f. *hohen Sprache ... denn überlebten:* TM, Tb 1951, S. 463–465

1887　*wäre berufen ... Stalin aufzutreten:* Frankfurter Allgemeine Zeitung, 4. Januar 1992
1888　*schonend:* TM, Tb 1951, S. 74
1888 f.　*Ich weiß sehr ... entgegennehmen würden:* ebd., S. 822 f.
1889　*Ihre Gedankengänge ... Willen durchzusetzen:* TM, Bermann-Briefe 2, S. 584
1890　*süße Hure:* TM, Krull, S. 190
1891　*homosexuellen ... freilich wohl:* TM, Tb 1951, S. 29
1891　*pauvre mère / pauvres parents:* TM, Krull, S. 243 (zum Beispiel)
1891　*Welche Bücher ... dazu noch aufbringe:* TM, Tb 1951, S. 77 f.
1891 f.　*Europa-Reise ... Haß auf Amerika:* ebd., S. 79
1892　*mit hundert Unentbehrlichkeiten:* ebd., S. 80
1892　*das herrschende Französisch nicht ertrug:* ebd., S. 81
1893　*sonderbarer Traum ... entstellt:* ebd., S. 86
1894　*zu alt ... guter Kamerad:* ebd., S. 87
1895　*blödsinnig schlecht und erniedrigend:* ebd., S. 91
1895　*so überlaufen u. überfüllt:* ebd., S. 93
1895　*Soll scheinen, aber nicht auf mich:* ebd., S. 95
1895　*im erregten ... Liebesgefühl:* ebd., S. 100
1895　*die überragende:* ebd., S. 97
1895　*mächtige Natur-Eindrücke:* ebd., S. 100
1896　*Nel vostro fiato son le mie parole:* ebd., S. 104
1896 f.　*im tiefsten ... Homosexualität:* TM, RA, S. 633
1897　*inneren Wesen ... zu enden:* Hermann Graf Keyserling, Das Ehe-Buch, S. 217
1897　*moralisch beunruhigender ... unterminierender Wirkung:* TM, RA, S. 638
1897　*Verstimmt gegen ihn ... Befremdung:* TM, Tb 1951, S. 115
1898　*Gefühl des Vertrauens:* ebd., S. 110
1898　*biologischen Rausch ... Humanität:* ebd., S. 113
1899　*Können für unsere Pläne nicht genug Geld haben:* ebd., S. 129
1899 f.　*noch unfertig ... das Begabteste:* TM, Neumann-Briefe, S. 95
1900　*um zu einem Resultat zu kommen:* TM, Tb 1951, S. 148
1901　*mit K. beim Kaffee ... Gutem führen:* ebd., S. 123
1901　*fatalen jungen Menschen ... mit Yalta nicht:* ebd., S. 130 f.
1901　*im Zustand einer ... Autorität:* Michael Mann, Fragmente, S. 213
1902　*Bei den Deutschen ... fremd und unerkannt:* TM, Tb 1951, S. 141
1902　*zeitlichen Spitzen:* ebd., S. 128
1902　*alter Freund ... beschämendes Beispiel dafür:* TM, Meyer-Briefe, S. 761 (Übers. des engl. Teils Harpprecht)
1903　*unwürdig und undurchführbar:* TM, Tb 1951, S. 147
1903　*das Buch je ... würdig empfinde:* ebd., S. 155
1903　*Oft aufsteigende ... komische Vorstellung:* ebd., S. 152
1903　*Ich esse ... dort zu sterben:* ebd., S. 149
1903　*Elend ... Erlösung:* ebd., S. 154

1904   *gehobener Stimmung:* ebd., S. 157
1904   *geräumige Conzentrationslager / Notfall:* TM, Tb 1952, S. 161
1904   *im abgekürzten Verwaltungsweg:* ebd., S. 575
1905   *wohl nur sehr … Gesetzgebung gleichgetan:* Harry S. Truman, Memoiren, Bd. 2, S. 321
1905   *Der Krieg wird … Grund zur Eile:* TM, Tb 1952, S. 166
1905   *Wir haben schon unsere Berge:* ebd., S. 569
1905   *Woher und warum … sie heraus?:* ebd., S. 165
1906   *In tiefster Seele … Widerlegung gleichkäme:* TM, Üms, S. 499
1907   *Erz-Päderastische … Soit:* TM, Tb 1952, S. 157
1907   *und ließ jedes … abtragen:* TM, Krull, S. 231
1908   *verfluchten Neigung … zu machen:* TM, Tb 1952, S. 576
1908   *kosmischer Narzißmus:* TM, Krull, S. 445
1908   *Der Künstler und … die Moral:* TM, Gesammelte Werke in zwölf Bänden, Frankfurt a. M. 1960, Bd. X, S. 386
1908   *Innerlichkeit / Romantizismus:* ebd., S. 393
1908f. *Die Vorstellung … daraus zitiert habe:* ebd., S. 395
1909f. *wenn er zufällig … Auge wenden können:* ebd., S. 397–399
1910   *gesamten deutschen Volke!:* TM, Tb 1952, S. 593 und 833
1910   *aufrichtiger … ihm abzuhelfen:* ebd., S. 833
1911   *Für den Transfer … Bescheid zu erhalten:* ebd., S. 590
1911   *Freund Bermann … Scheitern bringen sollten:* TM, Tb 1952, S. 584
1912   *Die Erinnerung … ‹Mein großer Bruder›:* ebd., S. 232
1912   *von Haß starrend … triumphierende Pazifismus (…)?:* ebd., S. 231f.
1913   *Kaiser der Emigration:* Inge Jens im Editionsbericht zu TM, Tb 1944–46, S. 321
1913f. *Transfer des Autorenhonorars … Schriftsteller im Ausland:* TM, Tb 1952, S. 590f.
1914   *rigorosen:* TM, Bermann-Briefe 2, S. 591
1914   *Freibeuterei:* TM, Tb 1952, S. 593
1914   *Urheberrechte … zu veranlassen:* Walter Janka, … bis zur Verhaftung, S. 57
1914   *zu wenig ablehnend … mehr gehört:* TM, Bermann-Briefe 2, S. 594
1914f. *über die Folgen … Verehrung gedenken:* TM, Tb 1952, S. 835f.
1915f. *Ich glaube … nutzbar zu machen:* TM, Bermann-Briefe 2, S. 594–596
1916   *Wie großen Wert … Großverdienertums›:* ebd., S. 598f.
1917   *endgültigen Bruch … zu machen sein:* TM, Tb 1952, S. 626
1917   *Zu schön um wahr zu sein:* ebd., S. 202
1917f. *langgehegten Wunsche … gewalttätig:* ebd., S. 647
1918   *Bücher-Raub / im Grunde ganz gleichgültig:* ebd., S. 226
1918   *Ostzone … Potsdamer Abkommens:* ebd., S. 840
1918   *obwohl er ihn … gewinnen müssen:* Walter Janka, … bis zur Verhaftung, S. 57f.
1919   *Willkommen in Europa … Charakterlosigkeit verleiht:* TM, Tb 1952, S. 643f.

1919 *jedenfalls vollkommen ... Auszeichnung empfangen:* ebd., S. 847
1920 *ein Europa-Aufenthalt ... Vereinigten Staaten:* ebd., S. 645
1920 *hübschen kleinen Aufsatz ... meine Physis aushält:* ebd., S. 214 f.
1921 *denn Geld ... wirren Zeiten:* ebd., S. 222
1921 *Es würde mir ... Tisch fiele:* TM, Meyer-Briefe, S. 770
1921 f. *Wenn ein Verteidiger ... Amerika erscheinen würde:* TM, Tb 1952,
        S. 850
1922 *ich mag nur Suppe und Kaviar:* ebd., S. 227
1922 f. *älteren Münchener ... Auferstehung vor?:* ebd., S. 198
1923 *Gebärmutter und Menstruation:* ebd., S. 209
1923 *In welchem Stadium ... Fortgeschrittenheit der Krankheit?:* TM, Briefe
        III, S. 254
1923 f. *sehr frueh ... grausige Taeuschung:* TM, Tb 1952, S. 844–846
1924 *Das Gefühlswunder ... der Tod:* TM, Briefe III, S. 255 f.
1924 f. *recht schwer ... Vertrocknung des Körpers:* TM, SE, S. 423
1925 *Wenn es uns ... ausgeschieden aus der Natur:* ebd., S. 422
1925 *Hier spukt ... Jugend keinen:* Doris Runge, Die Betrogene, unveröf-
        fentlichtes Vortragsmanuskript, S. 6
1925 *Aus dem Akt ... Rückkehr ins Leben:* ebd., S. 10
1925 *einen rötlichen Schifferbart unterm Kinn:* TM, SE, S. 469
1925 *Zur Dämpfung ... Geschmack zu verletzen:* TM, Tb 1952, S. 243
1926 *kühler Intelligenz:* TM, SE, S. 438
1926 *von jeher an ... im Anzuge war:* ebd., S. 419
1926 *Meine liebe Mama ... Wünschen ging:* TM, SE, S. 442
1926 f. *überwältigt von Scham ... heißen Gefühles versehen:* ebd., S. 431 f.
1927 *Das ist es! ... ‹Literaturpreise›!:* TM, Tb 1952, S. 227
1928 *über das Alte Haus:* ebd., S. 171 (zum Beispiel)
1928 *Etwas an der ... zum Boulevard:* ebd., S. 232
1929 *Sehr ernst:* ebd., S. 233
1930 *ein politisches ... veranstalten konnten:* EM, Briefe II, S. 8
1931 *Der höhere Zollbeamte wartend:* TM, Tb 1952, S. 235
1932 *Szenerien von Fels ... Plastik ausdrückte:* ebd. S. 242 f.
1932 f. *nervös und outriert ... zu klein:* ebd., S. 254 f.
1933 *egocentrischem Ehrgeiz:* ebd., S. 257
1933 *Freude und Zärtlichkeit ... unauslöschlich:* ebd., S. 256
1934 *Agenten und Spion:* ebd., S. 258
1934 f. *angeregten ... Hamlet hält:* ebd., S. 259
1935 *Trachtenfest ... vor Anstrengung:* ebd., S. 269
1935 *War bewegt und gedankenvoll:* ebd., S. 271
1935 *Prachtjüngling ... Elend von damals ...:* ebd., S. 289
1936 *gespannteste ... Dableiben!:* ebd., S. 288
1936 *geheime Halb-Neigung:* ebd.
1936 *Dableiben doch lieber nicht:* TM, Meyer-Briefe, S. 774
1936 *soviel wie allein ... in Californien:* TM, Briefe III, S. 277
1937 *Verbringung ... Betätigung:* TM, RR 4, 52 / 314

1937 *zum faschistischen Staatsstreich:* TM, Tb 1952, S. 296
1937f. *Gewiss haben Sie ... Leben unheilvoll vergiftet:* TM, Meyer-Briefe, S. 773–775
1938 *Wollen Sie nicht ... Greisenwerk, besser:* TM, Briefe III, S. 268
1939 *Prächtig, guter Reisi! ... etwas ‹herauswürgen›:* ebd., S. 270
1939 *Gegensatz von Geist und Leben / Widersacher des Lebens:* TM, LuG, S. 635f.
1939 *doch recht müßig und falsch:* ebd., S. 635
1939 *Fahnenträger ... lyrischer Laut:* ebd., S. 637
1939f. *sündhaften Verrat ... Monographien je vermöchten:* ebd., S. 645
1940 *offenkundigen Unsinn:* TM, Tb 1953, S. 426 (Fahnen)
1941 *ein deutscher Dichter ... anzusehen gewöhnt war:* Interviews, S. 328
1941 *zuweilen gemütlich ... befriedigenden Verlauf:* TM, Tb 1952, S. 301
1941 *dem Geistigen ... feindlich gegenübersteht:* ebd., S. 731
1941 *wohl zu kostspielig:* ebd.
1942 *ob er auf Grund ... Buches möglich:* ebd.
1942 *Doppelgesicht:* ebd., S. 732
1942 *Demokratie ... mit meiner Kunst›:* ebd., S. 855f.
1942 *Daß sich mit ... tragen es voran:* ebd., S. 739
1943 *Ich bin und war immer ein Mann des Friedens:* ebd., S. 737
1943f. *Mir ist eine Fehlmeldung ... Ich dächte doch:* TM, GW, S. 802f.
1944 *die amerik. Staatsbürgerschaft ... Un-American Committee:* TM, Tb 1952, S. 311
1945 *östlichen Reportage:* TM, RR 4, 53 / 3
1945 *Oft Sehnsucht ... geifernden Welt:* TM, Tb 1952, S. 304
1945 *Ich spaziere jetzt ... wie ein Franzos:* TM, RR 4, 53 / 23
1946 *Einsilbigkeit und Kühle ... sonderlich Erfreuliches:* TM, Tb 1952, S. 317
1946 *Angst und Grauen ... mäßiger Kälte:* ebd., S. 320f.
1947f. *das Herz ... mag ich nicht:* TM, Tb 1953, S. 437 (Fahnen)
1949 *Das endet nie:* TM, Tb 1954, S. 545 (Fahnen)
1949 *Auslösung ... der Hengste Brunst:* TM, Tb 1953, S. 444 (Fahnen)
1949 *Mängeln und Unstimmigkeiten:* ebd., S. 428
1950 *da is wat jefällig:* TM, Briefe III, S. 286f.
1950 *immer ein Zeichen ... nit all jibt!:* TM, SE, S. 467
1950 *Nun denn, auch ... kritische Unterhaltung:* TM, Tb 1953, S. 438f. (Fahnen)
1950 *geschlechtliche Naturrenovation ... wenigstens nicht schwach:* ebd., S. 442
1952 *Realitäten und Gefahren ... McCarran einfalle:* TM, Meyer-Briefe, S. 778 (Übers. Harpprecht)
1953 *Ärzte-Prozeß / unendlichen Investigations:* TM, Tb 1953, S. 424 (Fahnen)
1953 *Machtergreifung ... Tatsachen stellen:* TM, RR 4, 53 / 36
1953 *Haßverzehrtheit:* TM, Tb 1953, S. 423 (Fahnen)
1953 *all das ... Unpolitischen› werden:* TM, Briefe III, S. 287

1954   *das zu tun … ‹No, thank you›:* TM, Meyer-Briefe, S. 778
1954   *gefährlichen und ruchlosen … Psychopathen:* ebd., S. 1098 (Übers. Harpprecht)
1954   *Wahrhaftig … ehrerbietigen Glückwunsch:* ebd., S. 778 f.
1954   *moralische Rückgrat … mich halten›:* TM, Tb 1953, S. 441 (Fahnen)
1955   *Gehirnblutung, Lähmung … wirre Machtkämpfe:* ebd., S. 435
1955   *äußerst knappen und feindseligen:* ebd., S. 436
1955   *Bestrafung … Untersuchungsmethoden:* ebd., S. 443
1956   *beschäftigungslos / keine Lust:* TM, Tb 1953, S. 444 (Fahnen)
1956 f. *‹auch heute noch … verborgen gehalten habe:* Schröter, S. 415 f.
1958   *Trubel von Veranstaltungen / Nerven versagten:* TM, Tb 1953, S. 448 (Fahnen)
1958   *nicht dankbar genug … es in mir fort:* TM, Briefe III, S. 294
1959   *stärksten Erlebnis:* TM, Tb 1953, S. 448 (Fahnen)
1959   *Es war … vieles vergegenwärtigt:* TM, Bermann-Briefe 2, S. 609
1959   *Bewegte Kniebeugung … die Gnade:* TM, Tb 1953, S. 448 (Fahnen)
1959   *mit größtem Vergnügen … vonstatten ging:* TM, Bermann-Briefe 2, S. 609 f.
1959   *Darreichung … lila Seidenmänteln:* TM, Tb 1953, S. 448 (Fahnen)
1959 f. *Erbe protestantischer … innere Hemmung:* TM, Briefe III, S. 294
1960   *nachhaltigen Bedeutung … Vorstellung:* TM, Tb 1953, S. 450 (Fahnen)
1960   *O seltsames … und Censur fürchten:* ebd., S. 448
1961 f. *kultur-pädagogischen Berufenheit … europäische Neutralität:* TM, Briefe III, S. 297 f.
1962–1964 *den Flüchtling … Neutralität zu sprechen:* TM, GW, S. 804–808
1964   *Sehr betroffen … Schlaflosigkeit und Alkohol:* TM, Tb 1953, S. 453 (Fahnen)
1965   *dürftig / leidlich:* ebd., S. 456
1965   *doppelte Doktorat … Cambridge:* ebd.
1966   *Im Alter atme … Gruß sende:* TM, GW, S. 809
1966 f. *Noch einmal höre … europäischen Deutschland:* TM, GW, S. 809–811
1967   *demonstrative Festlichkeit … der Stadt Lübeck:* TM, Tb 1953, S. 456 (Fahnen)
1967 f. *richtige Seeluft … alte Thomas Mann …:* Interviews, S. 356–359
1968   *Der zweite … des Lebensrestes:* TM, Tb 1953, S. 457 (Fahnen)
1969   *Eheherrn … eines Prosaikers:* TM, Üms, S. 177
1969 f. *Mädchenblüte … ihrer gedacht sein:* ebd., S. 179–182
1971   *gröblich dumm … Frauen ist:* TM, Tb 1953, S. 458 (Fahnen)
1971 f. *gewissen Zwiespalt … abgründige Tiefe:* Schröter, S. 425 f.
1972   *nicht eines der … Leben und Tod:* ebd., S. 428
1972   *die in Wehmut … recht losgehen kann:* TM, RR 4, 53 / 221
1972   *‹Betrogene› nicht sehr hoch … Amüsantes zustande:* TM, Briefe III, S. 306
1972   *faustischen:* TM, Tb 1953, S. 463 (Fahnen)
1972   *stofflich unschicklich … unabsehbar:* ebd., S. 458 (Fahnen)

1973   *die Handlungsweise ... schwerste sein:* Interviews, S. 364
1974   *gewiß provoziert ... Schüsse in die Luft:* TM, Tb 1953, S. 458 (Fahnen)
1974   *Sabotage des Friedens ... zum Exzeß:* ebd., S. 459 f. (Fahnen)
1975   *in ihren Schlößchen ... Leuten bejubelt:* ebd., S. 465 (Fahnen)
1976   *fraglich ... Konzentrationslager:* ebd., S. 465 (Fahnen)
1976   *höchst willkommen ... allenfalls zu machen:* ebd., S. 479 (Fahnen)
1977   *auf Moskauer ... zu nehmen sei:* ebd., S. 501 (Fahnen)
1978   *Freude am Luxus ... so angenehm:* ebd., S. 480 (Fahnen)
1979   *sehr angenehm und entsprechend:* TM, Tb 1954, S. 571 (Fahnen)
1979   *Nein, nein ... sagen könnte!:* TM, Briefe III, S. 321
1981   *Etwas ist abgetan ... wert sei:* TM, Tb 1953, S. 505 (Fahnen)
1982   *hartnäckige Villenbesitzer:* Helmut Koopmann (Hg.), Thomas-Mann-Handbuch, S. 92 (dort zit. n. Hermann Kesten)
1983   *Möge Segen ruhen auf dem Lebensschritt!:* TM, Tb 1954, S. 514 (Fahnen)
1983   *Achtung / Was tun?:* ebd., S. 508 (Fahnen)
1983   *Las lange ... erstaunliches Buch:* ebd., S. 501 (Fahnen)
1983   *Kränkungen:* ebd., S. 509 (Fahnen)
1984   *Mangel an Tradition ... die Konstellation:* TM, Briefe III, S. 341
1984   *die Unverschämtheit ... bolschewistisch ist:* ebd., S. 340 f.
1985   *Erstaunlich gescheit ... schreiben werden:* TM, Tb 1954, S. 511 (Fahnen)
1985   *Wahrhaftig ... erfreuen mag:* ebd., S. 549 (Fahnen)
1985   *Wunderlich ... zuletzt sagen:* ebd., S. 572 (Fahnen)
1986   *Ginge ich nach ... Werkes plant:* ebd., S. 511 (Fahnen)
1986   *natürlich in Ostdeutschland ... Dir anzusehen:* TM, Briefe III, S. 361
1986   *Ost-Berlin und ... und zu Papps:* ebd., S. 322
1986   *Grauenvolle Nacht ... eindringender Kälte:* TM, Tb 1954, S. 515 (Fahnen)
1987   *Möchte wohl ... Amitiés Particulières:* ebd., S. 515 f. (Fahnen)
1987   *Blüte-Platz der Queerheit ... kein Bild:* ebd., S. 516 f. (Fahnen)
1987   *Anfechtungen ... im Irrtum:* ebd., S. 512 (Fahnen)
1988   *starkes Stück ... Mysterium:* TM, RR 4, 54 / 364
1988   *un-verschämt:* ebd., 54 / 372
1988 f. *alles stimmig ... gründlich verfehlt:* TM, Tb 1953, S. 517 (Fahnen)
1989   *brüderlichen Teilnahme ... und Katzen:* ebd., S. 519 f. (Fahnen)
1989   *Halten Sie ... DRECKSAU:* Irmela von der Lühe, Erika Mann, S. 253
1990   *empfangen von ... Nelke im Knopfloch:* TM, TB 1954, S. 519 (Fahnen)
1990   *italienisierter Wagner ... psychologische Tiefe:* ebd., S. 521 (Fahnen)
1990 f. *große Nazis ... längst nichts mehr:* TM, Briefe III, S. 359
1991   *die Auflösung ... Zustand versetzen:* TM, Tb 1954, S. 526 (Fahnen)
1991   *wachsende Frechheit ... Humanität verdorben:* ebd., S. 527 (Fahnen)
1992   *Möge es keinen Ärger geben:* ebd., S. 534 (Fahnen)
1992   *stetig fortschreitende ... Maske der Freiheit:* Interviews, S. 380

1992 *Don't you have any decency, Sir?:* zit. nach einem CBS-Dokumentar-
       film von Edward Murrow, 1954
1992 *Er wird Präsident werden:* TM, Tb 1954, S. 518 (Fahnen)
1992 *ein braver junger ... retten und führen!:* ebd., S. 521 (Fahnen)
1993 *Führertisch ... und verwunderlich:* ebd., S. 541 (Fahnen)
1994 *warm gekleidet:* ebd., S. 539 (Fahnen)
1994 *Vielleicht könne ... möglich machen:* Walter Janka, ... bis zur Verhaf-
       tung, S. 67
1995 *der nächsten ... einzigen Buches:* ebd., S. 70
1995 *Damen, Katia und ... besessen habe›:* ebd., S. 69
1995 *Herr Professor:* ebd., S. 65
1995 *Kein reizvoller Geist:* TM, Tb 1954, S. 539 (Fahnen)
1995 *Diplome und Urkunden:* Walter Janka, ... bis zur Verhaftung, S. 65
1996 *zum Geschäftlichen:* ebd., S. 60
1996 *Nationalpreis ... anderes sein:* TM, Tb 1954, S. 540f. (Fahnen)
1996 *Der achtzigste ... ‹Bedenklichkeit›:* TM, RR 4, 54 / 159
1996 *bald eine halbe Million:* TM, Tb 1954, S. 580 (Fahnen)
1997 *im teuersten Restaurant der Züricher Altstadt:* Walter Janka, ... bis zur
       Verhaftung, S. 66
1997 *Weniger wegen ... nichts passierte:* ebd., S. 70
1997 *daß unter ... Honorars gestattet:* TM, Bermann-Briefe 2, S. 617
1997 *Seit Wochen ... offenkundigen Insolvenz:* TM, Tb 1954, S. 536
       (Fahnen)
1997f. *etwas beklommen ... Fischer Verlag:* TM, Bermann-Briefe 2, S. 618
1998 *heute mögliche Vollständigkeit:* ebd., S. 622
1998 *was ohne Widerspruch ... genommen wurde:* TM, Tb 1954, S. 552 (Fah-
       nen)
1998 *der höchste ... Deutschland gezahlt:* TM, Bermann-Briefe 2, S. 625
1998f. *charakteristisch ... Prestige-Sache:* TM, Tb 1954, S. 555 (Fahnen)
1999 *in absoluter Abhängigkeit ... frei halten:* TM, Bermann-Briefe 2, S. 626
1999 *Erst Dr. John ... zu machen ist:* TM, Tb 1954, S. 555f. (Fahnen)
1999 *verzweifelten ... einzuschalten:* TM, Bermann-Briefe 2, S. 628
2000f. *Ich erkläre Ihnen ... für Druckzwecke:* ebd., S. 629–632
2003 *bedauerlicher Ausfall:* TM, Tb 1954, S. 577 (Fahnen)
2003 *Verteilung des Honorars ... lassen konnten:* TM, Bermann-Briefe 2,
       S. 633f.
2004 *tief gekränkten ... Antwort-Brief:* TM, Tb 1954, S. 558 (Fahnen)
2004f. *Es war nicht mein ... Anteils von 5 %:* TM, Bermann-Briefe 2,
       S. 635–638
2006 *erstaunlich begeistert:* TM, Tb 1954, S. 575 (Fahnen)
2006 *Ein sonderbarer ... Bundesrepublik:* TM, Briefe III, S. 363
2006 *nicht ohne Ähnliochkeit ... ‹Betrachtungen›:* TM, Tb 1954, S. 575 (Fah-
       nen)
2006f. *Platterdings bei ... Glieder anfügen:* Hellmut Jaesrich, Das verlängerte
       Fragment, in: Der Monat, Heft 75, Dezember 1954, S. 268f.

2007   *linientreu ... zu bedauern:* TM, Tb 1954, S. 579 (Fahnen)

2007   *Machwerk / Pöbelbelustigung:* ebd., S. 581 / 580 (Fahnen)

2007   *leidenden Wut ... bitter und traurig:* ebd., S. 581 (Fahnen)

2008   *Mir erregte ... und tückischer:* TM, LuG, S. 503

2008 f. *gewissen Geringschätzung ... in ihm sah:* ebd., S. 982 f.

2009   *moralisch-zeitkritische ... nichts hören will:* ebd., S. 998

2009   *Bild einer auf ... ans Herz griffen:* ebd., S. 1003

2010   *Es tanzten zwar ... vorübergehend:* TM, Hesse-Briefe, S. 249

2010   *Will ihn selbstverständlich sehen:* TM, Tb 1954, S. 561 (Fahnen)

2010   *aber kein Abgang ... herzliche Verabschiedung:* ebd., S. 563 (Fahnen)

2010 f. *weit festlicher ... gut geschlafen:* ebd., S. 564 (Fahnen)

2012   *Es stimmt nicht ... Lukianische:* ebd., S. 546 f. (Fahnen)

2013   *Fühlte mich ... nicht passe:* TM, Tb 1955, S. 585 (Fahnen)

2013   *urbanen, kultivierten ... Vorstellung:* ebd., S. 601 (Fahnen)

2014   *natürlich nicht ... die der Schweiz:* TM, Briefe III, S. 365

2014   *Großzügigkeit ... Weitsicht:* TM, RR 4, 55 / 192

2015   *eine militärische ... vorwiegend erheiternd:* TM, Tb 1954, S. 552 f. (Fahnen)

2016   *Scham, Kummer ... am Ende?:* ebd., S. 566 (Fahnen)

2016   *Meine Verfassung ... Energie zurückrufen:* TM, Briefe III, S. 356 f.

2016   *amerikanische Agentin:* TM, Tb 1954, S. 567 (Fahnen)

2017   *Nicht ohne ein ... so gewesen:* Golo Mann, Deutsche Geschichte des neunzehnten und zwanzigsten Jahrhunderts, S. 11

2018   *Gott sei's ... zu destillieren:* TM, Briefe III, S. 363

2018   *Kein milder Laut ... Lorbeer nichts:* TM, LuG, S. 370

2018 f. *edelmütige Naivität ... Grandiosität:* ebd., S. 374 f.

2019   *Rat ... Kind im Künstler:* ebd., S. 380

2019   *vom brausenden Erfolg ... Richard Wagner, war:* ebd., S. 386

2019   *Überdruß ... des Fertigmachens:* ebd., S. 414

2019   *auch die Kränklichkeit ... und Benervung:* ebd.

2019   *das größte Königreich:* ebd., S. 378

2019 f. *großen Abenteuer ... in ihm betonten:* ebd., S. 433

2020   *kühl und affektfern ... müsse:* ebd.

2020   *ewig Rastlose ... der Werbende:* ebd., S. 432 f.

2020   *sonderbare Mischung ... gehabt haben müssen:* ebd., S. 435

2021   *nur ein Universelleres ... völlig gerecht:* TM, RR 4, 55 / 90

2021   *Damals bot sich ... vor sich selbst:* TM, LuG, S. 450 f.

2021   *feierlichen Schlußseiten ... mich stellt:* TM, Tb 1955, S. 583 (Fahnen)

2023   *symbolisch-politischen Sieg:* TM, Tb 1955, S. 585 (Fahnen)

2023   *Fühle mich ... Einfallende Krankheit:* ebd., S. 586 (Fahnen)

2023   *Krankheitspfeile ... Natur:* EM, DLJ, S. 301

2023   *hübschen Augen:* TM, Tb 1955, S. 587 (Fahnen)

2024   *Zum Mittagessen ... Begehung:* ebd.

2024   *Ich mag mich ... anders ausschauen:* ebd., S. 584 (Fahnen)

2024   *Liebe Fürstin und Freundin:* TM, Meyer-Briefe, S. 793

2024 *Cabin:* ebd., S. 794
2024 *Felixens Selbstgefälligkeit ... Reiz des Buches:* ebd., S. 792
2024 ‹*Mein Gott ... amüsant ist:* ebd., S. 791 f.
2025 *nicht ohne Auswahl ... ein Wort daran:* ebd., S. 795–797
2025 f. *Schneesturm ... Traum vom Smaragdring:* TM, Tb 1955, S. 588 f. (Fahnen)
2026 *Sie träumten was ... Erfahrung war:* TM, Meyer-Briefe, S. 798
2029 *Bindung ... unfruchtbares Dasein:* TM, Tb 1955, S. 588 (Fahnen)
2029 *nichts herausbilden ... ‹Krull› zu wenig:* ebd., S. 591 f. (Fahnen)
2029 *Fürchterlichkeit des Menschen Beethoven:* ebd., S. 587 (Fahnen)
2029 *merkwürdiges ... sehr reizvoll:* TM, RR 4, 55 / 106
2031 *brieflich und ... nachgeliefert:* Hans Mayer, Erinnerungen, Bd. II, S. 82
2031 *Ende gut, alles gut:* TM, RR 4, 55 / 135
2031 f. *mit dem zusammen ... Gedicht werden sollte:* TM, Briefe III, S. 386 f.
2032 *Das Denkmal ... Gedicht werden sollte:* TM, Tb 1955, S. 595 (Fahnen)
2032 *Einer nach dem ... oder bald nachher?:* ebd., S. 601 f. (Fahnen)
2033 *großen Bruder ... schrieb:* ebd., S. 602 (Fahnen)
2033 *zur Pflege und Erforschung:* ebd., S. 603 (Fahnen)
2033 *gewollten Eindruck auf Bonn:* ebd., S. 600 (Fahnen)
2034 f. *in den freundlichsten ... Hören geweint:* EM, DLJ, S. 312 24–314
2035 *Gott und die Welt:* ebd., S. 316
2036 *so hart hergenommen ... Schweizer Soldat:* TM, Briefe III, S. 398
2036 *Maßanzug ... bescheiden ausgenommen:* Walter Janka, ... bis zur Verhaftung, S. 72
2036 *mit großem Cortège ... heimlich wütenden ...:* EM, DLJ, S. 317
2036 f. *Schulkinder und ... mich beeindruckt›:* Walter Janka, ... bis zur Verhaftung, S. 73
2037 *triumphalen:* TM, Tb 1955, S. 603 (Fahnen)
2037 *überwältigend ... wiederholen sollte:* Walter Janka, ... bis zur Verhaftung, S. 73
2037 f. *erbitterte Kämpfe ... noch verstärkte:* Hans Mayer, Erinnerungen, Bd. II, S. 89
2039 *Sie wissen ... zum 80. Geburtstag:* Walter Janka, ... bis zur Verhaftung, S. 75 f.
2040 *durch leidige Insistenz:* EM, DLJ, S. 319
2040 *gegenstandslos ... zu kleinen Händen ...:* ebd.
2040 *Johnn / Indiskretionen:* TM, Tb 1955, S. 604 (Fahnen)
2040 *Teilnahme an den ... zu hartkörnig:* ebd., S. 603 (Fahnen)
2040 *merkwürdig ergriffen:* EM, DLJ, S. 319
2041 *ungemein:* ebd., S. 320
2042 *Viel Ehre ... fürstliche Behandlung:* TM, Tb 1955, S. 604 (Fahnen)
2042 f. *allerlei Medisance ... foris pax!:* TM, Üms, S. 501–503
2043 *donnernden ... Mann gestanden:* TM, Tb 1955, S. 604 (Fahnen)
2044 *umringt von lustigen Jungen:* ebd.
2044 *Staatsbesuches:* TM, Briefe III, S. 401

2044   *Salutierende Polizisten ... Aufatmen:* TM, Tb 1955, S. 604 (Fahnen)
2044 f. *Wie wird es ... wird mich freuen:* ebd.
2045   *Blüte Frankreichs ... Adel der Nation:* TM, Briefe III, S. 403
2045   *solchen Unsinn ... gesagt haben:* ebd., S. 404
2045 f. *daß, ganz allgemein ... Herz mir legen:* ebd., S. 403 f.
2046   *Mein Monat ... will ich bestehen:* TM, Tb 1955, S. 605 (Fahnen)
2046   *mit dem anmutigsten französischen Akzent:* TM, Briefe III, S. 402
2047   *Das ist ... Originelles:* ebd., S. 401
2047   *leidliche Patzerei:* TM, Tb 1955, S. 606 (Fahnen)
2047   *teuren, bewunderten ... Bruno Walters:* TM, Gesammelte Werke in zwölf (dreizehn) Bänden, Frankfurt a. M. 1960, Bd. XIII, S. 239
2047   *Fehlleistung ... schätzen gewußt ...:* EM, DLJ, S. 326
2048 f. *schönen Ring ... männlich im Schliff:* ebd., S. 328
2049   *Es war ein phantastischer ... Ruhe sammeln!:* TM, Kahler-Briefe, S. 145 f.
2049   *Bekam viel ... doch mühelos:* TM, Tb 1955, S. 607 (Fahnen)
2049   *Briefschreibe- und Danksagungsdasein ... paarmal erlebe?:* TM, Briefe III, S. 406
2050   *daß selten ... dieses Leben:* TM, Tb 1955, S. 608 (Fahnen)
2051   *Arbeitszukunft ... nicht leugnen:* ebd., S. 607 (Fahnen)
2051   *wo immer es ... gibt es da?:* ebd., S. 608 (Fahnen)
2051 f. *Es wäre ihm ... nicht mehr gewachsen:* ebd., S. 607 (Fahnen)
2052   *Nichts geschieht ... meiner Müdigkeit:* ebd., S. 608 (Fahnen)
2052   *schimpflich eng:* ebd., S. 609 (Fahnen)
2052   *einer ganzen Armee ... dieser Zuhörerschaft:* EM, DLJ, S. 330 f.
2053   *schöner Halsorden / Interimsrosette:* TM, Tb 1955, S. 609 (Fahnen)
2053   *mit Prachtsalon und schlechtem Badezimmer:* ebd.
2053 f. *Eine kleine Anzahl ... Tat zu bestimmen:* EM, DLJ, S. 333 f.
2055   *ruhig rollenden Meeres:* TM, Tb 1955, S. 611 (Fahnen)
2056   *Wieder einmal ... schlicht und würdig:* ebd., S. 610 f. (Fahnen)
2056   *Sie ist ausgesprochen ... ernst genommen:* TM, Briefe III, S. 412
2056   *groß publiziert:* TM, Tb 1955, S. 611 (Fahnen)
2057   *entgangene Nutzung an Haus- und Grundbesitz:* Kolbe, S. 424
2057   *Wir sind sehr reich ... Altersrente:* ebd., S. 612 (Fahnen)
2057   *Was mich betrifft ... als dick:* TM, Briefe III, S. 414
2057   *doppelt so dick ... zu vergleichen!:* TM, Kahler-Briefe, S. 147
2057   *Spezialinstitut ... Rheumatismus:* EM, DLJ, S. 338
2057   *absolutes Stillliegen:* TM, Tb 1955, S. 612 / Beiblatt (Fahnen)
2058   *schwere Cirkulationsstörung ... Leistengegend:* ebd.
2058   *Anstrengungen und Aufregungen:* ebd., S. 613 (Fahnen)
2058   *Enttäuschung, Kummer ... riesigen Kantonsspital:* ebd., S. 612 / Beiblatt (Fahnen)
2059   *nennenswerten Schmerzen ... still-erfinderische Frau!:* TM, Briefe III, S. 415
2059   *gleich null ... schlechte Essen:* TM, Tb 1955, S. 613 (Fahnen)

2060 *Mein Kopf ist leer ... wie zu Hause:* TM, Briefe III, S. 419
2060 *Lasse mir's ... und Plagen:* TM, Tb 1955, S. 613 (Fahnen)
2060 *Aber viel davon ... nicht wahr, Bibi?:* TM, Briefe III, S. 418
2061 *mechanisch und nach dem Cliché:* TM, Tb 1951, S. 26
2061 *Hinweise auf ein ... Beauty's breath:* Blätter der Thomas Mann Gesellschaft Zürich, Nr. 16, 1977 / 78, S. 11
2061 f. *wäre seine große ... nicht zumute war:* EM DLJ, S. 349–351

Literaturverzeichnis

1. Schriften von Thomas Mann

a) Gesamtausgaben

Gesammelte Werke in Einzelbänden (20 Bände). Hg. von Peter de Mendelssohn. S. Fischer Verlag, Frankfurt a. M. 1980–1986 («Frankfurter Ausgabe»)
Gesammelte Werke in 13 Bänden. S. Fischer Verlag. Frankfurt a. M. 1974

b) Briefe (Sammelwerke)

Briefe. Hg. von Erika Mann. Bd. 1: 1889–1936. Frankfurt a. M. 1961. Bd. 2: 1937–1947. Frankfurt a. M. 1963. Bd. 3: 1948–1955 und Nachlese. Frankfurt a. M. 1965 [zit. als Briefe I, II, III]
Briefwechsel mit Autoren. Hg. von Hans Wysling. Frankfurt a. M. 1988 [zit. als: Briefwechsel]
Die Briefe Thomas Manns. Regesten und Register. Bearbeitet und hg. unter Mitwirkung des Thomas-Mann-Archivs der Eidgenössisch-Technischen Hochschule Zürich von Hans Bürgin und Hans-Otto Mayer. Frankfurt a. M. 1976–1987. Bd. 1: Die Briefe von 1889 bis 1933. Bd. 4: Die Briefe von 1951 bis 1955 und Nachträge. Bd. 2: Die Briefe von 1934 bis 1943. Bd. 3: Die Briefe von 1944 bis 1950. Bd. 4: Die Briefe von 1951 bis 1955 und Nachträge. Bd. 5: Empfängerverzeichnis und Gesamtregister. [zit. als RR 1 bis 5]

c) Briefe (Einzelausgaben)

Thomas Mann: Briefe an Paul Amann 1915–1952. Hg. von Paul Wegener. Lübeck 1959 [zit. als Amann-Briefe]
Thomas Mann: Briefwechsel mit seinem Verleger Gottfried Bermann Fischer 1932–1955. 2 Bände. Hg. von Peter de Mendelssohn. Frankfurt a. M. 1975 [zit. als Bermann-Briefe]
Thomas Mann an Ernst Bertram. Briefe aus den Jahren 1910–1955. Hg. von Inge Jens. Pfullingen 1960 [zit. als Bertram-Briefe]
Thomas Mann / Robert Faesi: Briefwechsel. Zürich 1962

Thomas Mann: Briefe an Otto Grautoff 1894–1901 und Ida Boy-Ed 1903–1928. Hg. von Peter de Mendelssohn. Frankfurt a. M. 1975 [zit. als Grautoff-Briefe bzw. Boy-Ed-Briefe]

Hermann Hesse / Thomas Mann: Briefwechsel. Hg. von Anni Carlsson. Frankfurt a. M. 1968 [zit. als Hesse-Briefe]

Thomas Mann / Erich von Kahler: Briefwechsel 1931–1955. Hg. von Michael Assmann. Hamburg 1993 [zit. als Kahler-Briefe]

Thomas Mann / Karl Kerényi: Gespräch in Briefen. Zürich 1960 [zit. als Kerényi-Briefe]

Thomas Mann / Heinrich Mann: Briefwechsel 1900–1949. Hg. von Hans Wysling. Frankfurt a. M. 1984 [zit. als Heinrich-Briefe]

Thomas Mann / Agnes E. Meyer: Briefwechsel 1937–1955. Hg. von Hans Rudolf Vaget. Frankfurt a. M. 1992 [zit. als Meyer-Briefe]

Thomas Mann / Alfred Neumann: Briefwechsel. Hg. von Peter de Mendelssohn. Heidelberg 1977 [zit. als Neumann-Briefe]

Dichter oder Schriftsteller? Der Briefwechsel zwischen Thomas Mann und Josef Ponten 1919–1930. Hg. von Hans Wysling unter Mitwirkung von Werner Pfister. Bern 1988

Jahre des Unmuts. Thomas Manns Briefwechsel mit René Schickele 1930–1940. Hg. von Hans Wysling und Cornelia Bernini. Frankfurt a. M. 1992 [zit. als Schickele-Briefe]

Thomas Mann / Bruno Walter: Briefwechsel. Hg. von Hans Wysling. Frankfurt a. M. 1961

Div. weitere Briefwechsel in den Blättern der Thomas Mann Gesellschaft Zürich, 1958 ff.

d) Tagebücher

Thomas Mann: Tagebücher. Bisher 9 Bände, Bd. 10 in Vorbereitung (hier zitiert nach unkorrigiertem Fahnenexemplar). Bd. 1–5 hg. von Peter de Mendelssohn; Bd. 6–10 hg. von Inge Jens. Im Zitatnachweis des vorliegenden Buches wird, um die zeitliche Orientierung des Lesers zu erleichtern, nicht mit Angabe des Bandes zitiert, sondern mit Angabe des Jahres, in dem die zitierte Eintragung geschrieben wurde. Die Bände im einzelnen:

Tagebücher 1918–1921. Frankfurt a. M. 1979
Tagebücher 1933–1934. Frankfurt a. M. 1977
Tagebücher 1935–1936. Frankfurt a. M. 1978
Tagebücher 1937–1939. Frankfurt a. M. 1980
Tagebücher 1940–1943. Frankfurt a. M. 1982
Tagebücher 1944–1. April 1946. Frankfurt a. M. 1986
Tagebücher 28. Mai 1946–1948. Frankfurt a. M. 1989
Tagebücher 1949–1950. Frankfurt a. M. 1991
Tagebücher 1951–1952. Frankfurt a. M. 1993
Tagebücher 1953–1955: in Vorbereitung.

Bei Eintragungen des Jahres 1946 wird der Band 1944–1946 als 1946A, der Band 1946–1948 als 1946B zitiert.

e) Sonstiges

Dichter über ihre Dichtungen. Band 14: Thomas Mann. Hg. von Hans Wysling unter Mitwirkung von Marianne Fischer. I. Teilband: 1889–1917. München/Frankfurt a. M. 1975. II. Teilband: 1918–1943. München/Frankfurt a. M. 1979. III. Teilband: 1944–1955. München/Frankfurt a. M. 1981
Frage und Antwort. Interviews mit Thomas Mann 1909–1955. Hg. von Volkmar Hansen und Gert Heine. Hamburg 1983 [zit. als: Interviews]
Thomas Mann: Notizbücher. Hg. von Hans Wysling und Yvonne Schmidlin. Bd. 1: Notizbücher 1–6. Frankfurt a. M. 1991. Bd. 2: Notizbücher 7–14. Frankfurt a. M. 1992

2. Veröffentlichungen von anderen Mitgliedern der Familie Mann

Mann Borgese, Elisabeth: Ascent of Woman. New York 1963
–: Die Meer-Frau. Gespräch mit Amadou Seitz in der Reihe: «Zeugen des Jahrhunderts». Göttingen 1993
–: Zwei Stunden. Geschichten am Rande der Zeit. Hamburg 1965

Mann, Erika: Briefe und Antworten. 2 Bde. Hg. von Anna Zanco Prestel. Bd. I: 1922–1950. München 1984. Bd. II: 1951–1969. München 1985
–: Das Buch von der Riviera. Zusammen mit Klaus Mann. München 1931 (Reihe «Was nicht im ‹Baedeker› steht, Bd. XIV)
–: Das letzte Jahr. Bericht über meinen Vater. In einem Band mit: Thomas Mann, Autobiographisches. Frankfurt a. M. 1968 [zit. als: DLJ]
–: Escape to Life. Deutsche Kultur im Exil. Zusammen mit Klaus Mann. München 1991
–: Rundherum. Abenteuer einer Weltreise. Zusammen mit Klaus Mann. Reinbek bei Hamburg 1982
–: Zehn Millionen Kinder. Die Erziehung der Jugend im Dritten Reich. München 1986

Mann, Frido: Professor Parsifal. Autobiographischer Roman. München 1985

Mann, Golo: Deutsche Geschichte des neunzehnten und zwanzigsten Jahrhunderts. Frankfurt a. M. 1958
–: Erinnerungen an meinen Vater. In einem Band mit: Thomas Mann in Übersetzungen, Bibliographie. Bonn 1965
–: Erinnerungen und Gedanken. Eine Jugend in Deutschland. Frankfurt a. M. 1986 [zit. als: Jugend]
–: Friedrich von Gentz. Geschichte eines europäischen Staatsmanns. Zürich 1947
–: Wallenstein. Sein Leben. Frankfurt a. M. 1971

–: Wir alle sind, was wir gelesen. Aufsätze und Reden zur Literatur. Frankfurt a. M. 1989

–: Zeiten und Figuren. Schriften aus vier Jahrzehnten. Frankfurt a. M. 1979

Mann, Heinrich: Die Armen. Der Kopf. Zwei Romane. Berlin / Weimar 1987

–: Briefe an Ludwig Ewers 1889–1913. Hg. von Ulrich Dietzel und Rosemarie Eggert. Berlin / Weimar 1980

–: Briefwechsel mit Barthold Fles 1942–1949. Hg. von Madeleine Rietra. Berlin / Weimar 1993

–: Empfang bei der Welt. Der Atem. Zwei Romane. Hamburg 1962

–: Eugénie oder Die Bürgerzeit. Ein ernstes Leben. Zwei Romane. Hamburg 1961

–: Flöten und Dolche. Novellen. Frankfurt a. M. 1988

–: Die Göttinnen oder Die drei Romane der Herzogin von Assy. 3 Bde. Frankfurt a. M. 1987

–: Der Haß. Deutsche Zeitgeschichte. Frankfurt a. M. 1987

–: Im Schlaraffenland. Ein Roman unter feinen Leuten. München / Zürich 1981

–: Die Jagd nach Liebe. Roman. Frankfurt a. M. 1987

–: Die Jugend des Königs Henri Quatre. Roman. Reinbek bei Hamburg 1964

–: Die Vollendung des Königs Henri Quatre. Roman. Reinbek bei Hamburg 1964

–: Die kleine Stadt. Roman. Leipzig 1976

–: Macht und Mensch. Essays. Frankfurt a. M. 1989

–: Mut. Essays. Frankfurt a. M. 1991

–: Politische Essays. Frankfurt a. M. 1968

–: Professor Unrat. Roman. Frankfurt a. M. 1989

–: Schauspielerin. Drama in 3 Akten. Nachwort von Hans Wysling. Frankfurt a. M. 1978

–: Stürmische Morgen. Novellen. Frankfurt a. M. 1991

–: Die traurige Geschichte von Friedrich dem Großen. Ein Fragment. Der König von Preußen. Ein Essay. Hamburg 1962

–: Der Untertan. Roman. Frankfurt a. M. 1991

–: Ein Zeitalter wird besichtigt. Düsseldorf 1974

–: Zur Zeit von Winston Churchill. Rückblick vom Jahre 1941 auf das Jahr 1939. In: neue deutsche literatur, 39. Jg. (1991), Heft 6, S. 6–30

–: Zwischen den Rassen. Roman. Frankfurt a. M. 1987

Mann, Julia: Ich spreche so gern mit meinen Kindern. Erinnerungen, Skizzen, Briefwechsel mit Heinrich Mann. Hg. von Rosemarie Eggert. Berlin / Weimar 1991

Mann, Katia: Meine ungeschriebenen Memoiren. Hg. von Elisabeth Plessen und Michael Mann. Frankfurt a. M. 1974

Mann, Klaus: André Gide und die Krise des modernen Denkens. Reinbek bei
Hamburg 1984
–: Briefe und Antworten 1922–1949. Hg. von Martin Gregor-Dellin. Reinbek
bei Hamburg 1991
–: Distinguished Visitors. Der amerikanische Traum. Hg. von Heribert Ho-
ven. München 1992
–: Flucht in den Norden. Roman. Reinbek bei Hamburg 1981
–: Kind dieser Zeit. Reinbek bei Hamburg 1967
–: Maskenscherz. Die frühen Erzählungen. Hg. von Uwe Naumann. Reinbek
bei Hamburg 1990
–: Mephisto. Roman einer Karriere. Reinbek bei Hamburg 1981
–: Der siebente Engel. Die Theaterstücke. Hg. von Uwe Naumann und Mi-
chael Töteberg. Reinbek bei Hamburg 1989
–: Speed. Die Erzählungen aus dem Exil. Hg. von Uwe Naumann. Reinbek bei
Hamburg 1990
–: Symphonie Pathétique. Ein Tschaikowsky-Roman. Reinbek 1981
–: Tagebücher. 6 Bde. Hg. von Joachim Heimannsberg, Peter Laemmle und
Wilfried F. Schoeller. München 1989–1991. Im Zitatnachweis des vorliegen-
den Buches wird zur Erleichterung der zeitlichen Orientierung mit Angabe
des Jahres zitiert, in dem die jeweilige Eintragung geschrieben wurde.
–: Der Vulkan. Roman unter Emigranten. Reinbek bei Hamburg 1981
–: Der Wendepunkt. Ein Lebensbericht. Reinbek bei Hamburg 1984
–: Die neuen Eltern. Aufsätze, Reden, Kritiken 1924–1933. Hg. von Uwe
Naumann und Michael Töteberg. Reinbek bei Hamburg 1992
–: Zahnärzte und Künstler. Aufsätze, Reden, Kritiken 1933–1936. Hg. von
Uwe Naumann und Michael Töteberg. Reinbek bei Hamburg 1993
–: Das Wunder von Madrid. Aufsätze, Reden, Kritiken 1936–1938. Hg. von
Uwe Naumann und Michael Töteberg. Reinbek bei Hamburg 1993
–: Zweimal Deutschland. Aufsätze, Reden, Kritiken 1938–1942. Hg. von Uwe
Naumann und Michael Töteberg. Reinbek bei Hamburg 1994
–: Auf verlorenem Posten. Aufsätze, Reden, Kritiken 1942–1949. Hg. von
Uwe Naumann und Michael Töteberg. Reinbek bei Hamburg 1994

Mann, Michael: Fragmente eines Lebens. Lebensbericht und Auswahl seiner
Schriften. Hg. von Frederic C. und Sally P. Tubach. München 1983
– (Hg.): Das Thomas Mann-Buch. Eine innere Biographie in Selbstzeugnissen.
Frankfurt a. M. 1965

Mann, Monika: Vergangenes und Gegenwärtiges. Erinnerungen. München
1956

Mann, Viktor: Wir waren fünf. Bildnis der Familie Mann. Frankfurt a. M. 1976
[zit. als: Erinnerungen]

3. Weitere Literatur

Abermals: Deutschland und die Deutschen. Hans Mayer im Gespräch mit Inge Jens, Walter Jens und Hanjo Kesting. NDR, Aufnahme am 13.2.92 Tübingen, gesendet 19. März 1992. Typoskript, 40 Seiten

Acheson, Dean: Present at the Creation. My Years in the State Department. New York 1969

Almanach. Das 82. Jahr. Frankfurt a. M. 1968

Anger, Sigrid (Hg.): Heinrich Mann 1871–1960. Werk und Leben in Dokumenten und Bildern. Berlin / Weimar ²1977

Arendt, Hannah, und Karl Jaspers: Briefwechsel 1926–1969. Hg. von Lotte Köhler und Hans Saner. München 1985

Bab, Julius: Die Chronik des deutschen Dramas. 4 Bde. Berlin 1922

Baeumler, Marianne, Hubert Brunträger und Hermann Kurzke: Thomas Mann und Alfred Baeumler. Eine Dokumentation. Würzburg 1989

Bahr, Erhard (Hg.): Geschichte der deutschen Literatur III. Vom Realismus bis zur Gegenwartsliteratur. Tübingen 1988

Banuls, André: Thomas Mann und sein Bruder Heinrich. Stuttgart 1968

Baumgart, Reinhard: Das Ironische und die Ironie in den Werken Thomas Manns. München 1964

Becher, Ulrich, und George Grosz: Flaschenpost. Geschichte einer Freundschaft. Hg. von Uwe Naumann und Michael Töteberg. Basel 1989

Bedford, Sybille: Zeitschatten. Ein biographischer Roman. Reinbek 1992

Benn, Gottfried: Ausgewählte Briefe. Wiesbaden 1957

Benn, Gottfried: Autobiographische und vermischte Schriften. Hg. von Dieter Wellershoff, Wiesbaden 1961

Benn, Gottfried: Briefe an F. W. Oelze 1932–1945. Wiesbaden 1977

Benn, Gottfried: Briefe an Elinor Büller 1930–1937. Hg. von Marguerite Valerie Schlüter. Stuttgart 1992

Bergsten, Gunilla: Thomas Manns Doktor Faustus. Untersuchungen zu den Quellen und zur Struktur des Romans. Lund 1963

Bermann Fischer, Gottfried: Bedroht – Bewahrt. Der Weg eines Verlegers. Frankfurt a. M. / Hamburg 1971

Bermann Fischer, Gottfried und Brigitte: Briefwechsel mit Autoren. Hg. von Rainer Stach. Frankfurt a. M. 1990

Bertram, Ernst: Nietzsche. Versuch einer Mythologie. Bonn ⁸1965

Betz, Albrecht: Exil und Engagement. Deutsche Schriftsteller im Frankreich der dreißiger Jahre. München 1986

Beuys, Barbara: Vergeßt uns nicht. Menschen im Widerstand 1933–1945. Reinbek bei Hamburg 1987

Biedrzynski, Effi: Goethes Weimar. Das Lexikon der Personen und Schauplätze. Zürich 1992

Bild und Text bei Thomas Mann. Eine Dokumentation. Hg. von Hans Wysling unter Mitarbeit von Yvonne Schmidlin. Bern 1975

Blätter der Thomas Mann Gesellschaft Zürich. 1958 ff.

Bloch, Ernst: Briefe 1903–1975. 2 Bde. Hg. von Karola Bloch u. a. Frankfurt a. M. 1985

Bloch, Marc: Die seltsame Niederlage: Frankreich 1940. Der Historiker als Zeuge. Frankfurt a. M. 1992

Blüher, Hans: Die Rolle der Erotik in der männlichen Gesellschaft. Jena 1917

Blunck, Walther: Thomas Mann und Hans Friedrich Blunck. Briefwechsel und Aufzeichnungen. Hamburg 1969

Böhm, Karl Werner: Zwischen Selbstzucht und Verlangen. Thomas Mann und das Stigma Homosexualität. Untersuchungen zu Frühwerk und Jugend. Würzburg 1991 (= Studien zur Literatur- und Kulturgeschichte, Bd. 2)

Brandt, Willy, und Richard Löwenthal: Ernst Reuter. Ein Leben für die Freiheit. Eine politische Biographie. München 1957

Brann, Hellmut Walther: Nietzsche und die Frauen. Leipzig 1931

Brecht, Arnold: Mit der Kraft des Geistes. Lebenserinnerungen zweite Hälfte 1927–1967. Stuttgart 1967

Brecht, Arnold: The Political Education of Arnold Brecht. Princeton N. J. 1970

Brecht, Bertolt: Arbeitsjournal. 2 Bde. Frankfurt a. M. 1973

Brecht, Bertolt: Briefe. Hg. von Günter Glaeser. 2 Bde. Frankfurt a. M. 1981

Bruckner, Ferdinand: Dramen. Hg. von Hansjörg Schneider. Wien / Köln 1990 (= Österreichische Bibliothek 12)

Bürgin, Hans: Das Werk Thomas Manns. Eine Bibliographie unter Mitarbeit von Walter A. Reichart und Erich Neumann. Frankfurt a. M. 1959

Bürgin, Hans, und Hans-Otto Mayer: Thomas Mann. Eine Chronik seines Lebens. Frankfurt a. M. 1965

Busch, Frank: August Graf von Platen – Thomas Mann. Zeichen und Gefühle. München 1987

Carossa, Hans: Briefe II. 1919–1936. Hg. von Eva Kampmann-Carossa. Frankfurt a. M. 1978

Carossa, Hans: Tagebücher 1925–1935. Hg. von Eva Kampmann-Carossa. Frankfurt a. M. / Leipzig 1993

Chrambach, Eva: Erika und Klaus Mann. Bilder und Dokumente. München 1990

Conrady, Karl Otto: Das Große Deutsche Gedichtbuch. Königstein 1977

Diamond, J. A.: The Nazi Movement in the United States 1924–1941. London 1974

Döblin, Alfred: Briefe. Olten / Freiburg im Breisgau 1970

Domarus, Max: Hitler. Reden und Proklamationen 1932–1945. Wiesbaden 1973

Dugger, Ronnie: On Reagan. The Man & His Presidency. New York u. a. 1983

Ehrenberg, Ilja: Menschen, Jahre, Leben. München 1962

Einsiedel, Heinrich Graf von: Open Letter to Thomas Mann. In: Plain Talk, Vol. IV, No. 3, Dezember 1949

Ellmann, Richard: Oscar Wilde. New York 1988

Expressionistische Gedichte. Hg. von Peter Rühmkorf. Berlin 1976

Fest, Joachim: Die unwissenden Magier. Über Thomas und Heinrich Mann. Berlin 1985

Feuchtwanger, Lion: Der Teufel in Frankreich. Ein Erlebnisbericht. München 1983

Feuchtwanger, Lion, und Arnold Zweig: Briefwechsel 1933–1958. Bd. I: 1933–1948, Bd. II: 1949–1958. Berlin / Weimar 1984

Feuchtwanger, Lion: Briefwechsel mit Freunden 1933–1958. 2 Bde. Berlin / Weimar 1991

Feuchtwanger, Marta: Leben mit Lion. Göttingen 1991

Fischer, Brigitte B.: Sie schrieben mir oder was aus meinem Poesiealbum wurde. München [14]1994

Fischer, Samuel, und Hedwig: Briefwechsel mit Autoren. Hg. von Dierk Rodewald und Corinna Fiedler. Frankfurt a. M. 1989

Flake, Otto: Es wird Abend. Bericht aus einem langen Leben. Gütersloh 1960

Flanner, Janet: Janet Flanner's World. Uncollected Writings 1932–1975. New York / London 1979

Fontaine, André: Le camp d'étrangers des Milles 1939–1943. Aix-en-Provence 1989

Frank, Bruno: Der Reisepaß. Roman. München 1975

Fröhlich, Elke (Hg.): Die Tagebücher von Joseph Goebbels. Sämtliche Fragmente, Teil 1, Bd. 4: München / New York / London / Paris 1987

Gide, André: Tagebuch 1889–1949. Bd. I: 1889–1913. Stuttgart 1950; Bd. II: 1914–1923. Stuttgart 1951; Bd. III: 1924–1939. Stuttgart 1954; Bd. IV: 1939–1949. Stuttgart 1967

Gide, André: Reisen. Stuttgart 1966

Gide, André: Die Aufzeichnungen und Gedichte des André Walter. Stuttgart 1969

Gide, André: Selbstzeugnis. Autobiographische Schriften. Stuttgart 1969

Goethes Werke. Sophien-Ausgabe. Weimar 1887–1919 (Nachdruck München 1987)

Goethe, Johann Wolfgang von: Gedenkausgabe der Werke, Briefe und Gespräche. Zürich 1950

Gregor-Dellin, Martin: Richard Wagner: Sein Leben – sein Werk – sein Jahrhundert. München 1980

Grimm, Alfred: Joseph und Echnaton. Thomas Mann und Ägypten. Mainz 1992

Grosser, J. F. G.: Die große Kontroverse. Hamburg / Genf / Paris 1963

Härle, Gerhard: Männerweiblichkeit. Zur Homosexualität bei Klaus und Thomas Mann. Frankfurt a. M. 1988

Härle, Gerhard (Hg.): «Heimsuchung und süßes Gift». Erotik und Poetik bei Thomas Mann. Frankfurt a. M. 1992

Hage, Volker: Eine Liebe fürs Leben. Thomas Mann und Travemünde. Hamburg 1993

Hallgarten, George W. F.: Als die Schatten fielen. Memoiren 1900–1968. Frankfurt a. M. / Berlin 1969

Hamburger, Käte: Thomas Mann und die Romantik. Eine problemgeschichtliche Studie. Berlin 1932

Hamburger, Käte: Der Humor bei Thomas Mann. Zum Joseph-Roman. München 1965

Hamilton, Nigel: The Brothers Mann. The Lives of Heinrich und Thomas Mann. New Haven 1979

Harpprecht, Klaus: Thomas Mann und die Deutschen. Kassel 1990

Heftrich, Eckhard: Zauberbergmusik. Über Thomas Mann. Frankfurt a. M. 1975

Heftrich, Eckhard: Vom Verfall zur Apokalypse. Über Thomas Mann Bd. II. Frankfurt a. M. 1982

Heftrich, Eckhard: Geträumte Taten. «Joseph und seine Brüder». Über Thomas Mann Band III. Frankfurt a. M. 1993

Heftrich, Eckhard, und Helmut Koopmann (Hg.): Thomas Mann und seine Quellen. Festschrift für Hans Wysling. Frankfurt a. M. 1991

Heftrich, Eckhard, Peter-Paul Schneider und Hans Wißkirchen (Hg.): Heinrich und Thomas Mann. Ihr Leben und Werk in Text und Bild. Lübeck 1994

Heine, Heinrich: Sämtliche Schriften. 12 Bände. Hg. von Klaus Briegleb. München / Wien 1976

Heinrich Mann Jahrbuch. Hg. von Helmut Koopmann und Peter-Paul Schneider. Lübeck 1983 ff.

Hepp, Michael: Kurt Tucholsky. Biographische Annäherungen. Reinbek bei Hamburg 1993

Herz, Ida: «Ein Roman wandert aus». In: The German Quarterly 38, 1965, S. 630–639

Herzog, Wilhelm: Menschen, denen ich begegnete. Bern / München 1959

Hesse, Hermann: Politik des Gewissens. Bd. 1: Die politischen Schriften 1914–1932, Bd. 2: Die politischen Schriften 1932–1962. Hg. von Volker Michels. Frankfurt a. M. 1977

Hesse, Hermann, und Peter Suhrkamp: Briefwechsel 1945–1959. Hg. von Siegfried Unseld. Frankfurt a. M. 1969

Heym, Stefan: Nachruf. München 1988

Hofmannsthal, Christiane von: Tagebücher 1918–1923 und Briefe des Vaters an die Tochter. Marja Rauch, Gerhard Schuster (Hg.). Frankfurt a. M. 1991

Hofmannsthal, Hugo von, und Arthur Schnitzler: Briefwechsel. Hg. von Therese Nickl und Heinrich Schnitzler. Frankfurt a. M. 1964

Hofmannsthal, Hugo von, und Richard Beer-Hofmann: Briefwechsel. Hg. von Eugène Weber. Frankfurt a. M. 1972

Hollweck, Thomas: Thomas Mann. München 1975

Holthusen, Hans Egon: Die Welt ohne Transzendenz. Hamburg 1949

Hommage de la France à Thomas Mann à l'occasion de son quatre-vingtième anniversaire. Paris 1955

Huch, Ricarda: Briefe an die Freunde. Tübingen 1955

Huch, Ricarda: Erinnerungen an das eigene Leben. Mit einem Vorwort von Bernd Balzer. Köln 1980

Hübinger, Paul Egon: Thomas Mann, die Universität Bonn und die Zeitgeschichte. München / Wien 1974

Hübinger, Paul Egon: Thomas Mann und Reinhard Heydrich in den Akten des Reichsstatthalters v. Epp. In: Vierteljahrshefte für Zeitgeschichte, Jg. 28 (1980), S. 111–143

Indiskrete Antworten. Der Fragebogen des F. A.Z.-Magazins. Band 1. Hg. von Georg Hensel und Volker Hage. Reinbek bei Hamburg 1987

In jenen Tagen … Schriftsteller zwischen Reichstagsbrand und Bücherverbrennung. Eine Dokumentation. Zusammengestellt von Friedemann Berger u. a. Leipzig / Weimar 1983

Internationales Thomas-Mann-Kolloquium 1986 in Lübeck. Bern 1987 (= Thomas-Mann-Studien Bd. 7)

Janka, Walter: … bis zur Verhaftung. Erinnerungen eines deutschen Verlegers. Berlin / Weimar 1993

Jeder Schuß ein Ruß, jeder Stoß ein Franzos. Literarische und graphische Kriegspropaganda in Deutschland und Österreich 1914–1918. Hg. von Hans Weigel u. a. Wien 1983

Jens, Inge: Dichter zwischen rechts und links. Die Geschichte der Sektion für Dichtkunst der Preußischen Akademie der Künste dargestellt nach Dokumenten. München 1979

Jens, Inge: «Es kenne mich die Welt, auf daß sie mir verzeihe». Thomas Mann in seinen Tagebüchern. Frankfurt a. M. 1989

Jens, Inge: Eingeholt von der Vergangenheit? Der späte Thomas Mann und die Politik. In: Neue Deutsche Literatur, 40. Jg. (1992), Heft 11, S. 5–23

Jens, Inge: Thomas Manns Brief an Walter Ulbricht. Vorgeschichte, Hintergründe, Nachspiel. Typoskript, 15 Seiten

Jens, Walter: Die Buddenbrooks und ihre Pastoren. München 1990

Joseph, Albrecht: Portraits I. Carl Zuckmayer – Bruno Frank. Hg. und übersetzt von Rüdiger Völkers. Köln 1993

Joseph Roth 1894–1939. Eine Ausstellung der Deutschen Bibliothek Frankfurt am Main. Frankfurt a. M. ²1979

Kahler, Erich [von]: Der deutsche Charakter in der Geschichte Europas. Zürich 1937

Kahler, Erich [von]: Verantwortung des Geistes. Frankfurt a. M. 1952

Kahler, Erich [von]: The Orbit of Thomas Mann. Princeton/New Jersey 1969

Kahn-Reach, Hilde: Thomas Mann, mein «Boß». In: Neue Deutsche Hefte, Heft 2/1973, S. 51–64

Kammer, Hilde, und Elisabet Bartsch: Jugendlexikon Nationalsozialismus. Begriffe aus der Zeit der Gewaltherrschaft 1933–1945. Reinbek bei Hamburg 1982

Keiser-Hayne, Helga: Beteiligt euch, es geht um eure Erde. Erika Mann und ihr politisches Kabarett die «Pfeffermühle» 1933–1937. München 1990

Kellen, Konrad: Als Sekretär bei Thomas Mann. In: Neue Deutsche Hefte No. 81, Mai / Juni 1961, S. 37–46

Kessler, Harry Graf: Tagebücher 1918–1937. Frankfurt a. M. 1961

Kesten, Hermann: Meine Freunde die Poeten. Frankfurt a. M. / Hamburg 1970

Kesting, Hanjo: Das schlechte Gewissen an der Musik. Aufsätze zu Richard Wagner. Stuttgart 1991

Kesting, Hanjo: Das Pump-Genie. Richard Wagner und das Geld. Frankfurt a. M. 1993

Keyserling, Hermann Graf: Das Ehe-Buch. Celle 1925

Klaus Mann zum Gedächtnis. Amsterdam 1950

Klepper, Jochen: Unter dem Schatten deiner Flügel. Aus den Tagebüchern der Jahre 1932–1942. Stuttgart 1956

Kleßmann, Eckhart: Christiane. Goethes Geliebte und Gefährtin. Zürich 1992

Klüger, Ruth: Katastrophen. Über deutsche Literatur. Göttingen 1994

Knightley, Philip: The First Casualty. New York / London 1975

Koch, Susanne: Der Dichter und die Politik. Thomas und Heinrich Manns Selbstverständnis als Literaten, ausgehend von den «Betrachtungen eines Unpolitischen». Staatsexamensarbeit, Gesamthochschule Kassel 1993

Koestler, Arthur: Die Geheimschrift. Bericht eines Lebens 1932 bis 1940. Wien / München / Basel 1955

Kolb, Annette, und René Schickele: Briefe im Exil 1933–1940. Hg. von Hans Bender. Mainz 1987

Kolbe, Jürgen: Heller Zauber. Thomas Mann in München 1894–1933. München ²1987

Koopmann, Helmut: Der schwierige Deutsche. Studien zum Werk Thomas Manns. Tübingen 1988

Koopmann, Helmut (Hg.): Thomas-Mann-Handbuch. Stuttgart 1990

Krauss, Marita: Nachkriegskultur in München. Münchner Städtische Kulturpolitik 1945–1954. München 1985

Krockow, Christian Graf von: Die Deutschen in ihrem Jahrhundert 1890–1990. Reinbek bei Hamburg 1992

Kroll, Fredric: Klaus-Mann-Schriftenreihe, Bd. 1: Bibliographie. Wiesbaden 1976

Kroll, Fredric, und Klaus Täubert: Klaus-Mann-Schriftenreihe, Bd. 2: 1906–1927. Unordnung und früher Ruhm. Wiesbaden 1977

Kroll, Fredric: Klaus-Mann-Schriftenreihe, Bd. 3: 1927–1933. Vor der Sintflut. Wiesbaden 1979

Kroll, Fredric, zusammen mit Klaus Täubert und Rudolf Cyperrek: Klaus-Mann-Schriftenreihe, Bd. 4/I 1933–1934. Sammlung der Kräfte. Wiesbaden 1992

Kroll, Fredric: Klaus-Mann-Schriftenreihe, Bd. 5: 1937–1942. Trauma Amerika. Wiesbaden 1986

Krüll, Marianne: Im Netz der Zauberer. Eine andere Geschichte der Familie Mann. Zürich 1991

Kurzke, Hermann: Thomas Mann: Epoche – Werk – Wirkung. München 1985

Landshoff, Fritz H.: Amsterdam, Keizersgracht 333: Querido Verlag. Erinnerungen eines Verlegers. Berlin / Weimar 1991

Lehnert, Herbert: Thomas Mann, Bertolt Brecht, and the «Free Germany» Movement. In: John M. Spalek und Robert F. Bell (Hg.): Exile: The Writer's Experience. Chapel Hill 1982, S. 182–202

Lehnert, Herbert: Bert Brecht und Thomas Mann im Streit über Deutschland. In: Deutschsprachige Exilliteratur seit 1933, Bd. 2: New York. Hg. von John M. Spalek und Joseph Strelka. Bern 1989, S. 62–88

Lessing, Theodor: Einmal und nie wieder. Prag 1935

Lessing, Theodor: Der jüdische Selbsthass. Mit einem Essay von Boris Groys. München 1984

Lindtke, Gustav: Die Stadt der Buddenbrooks. Lübecker Bürgerkultur im 19. Jahrhundert. Lübeck 1981

Lion, Ferdinand: Thomas Mann. Leben und Werk. Zürich 1947

Lion, Ferdinand: Geist und Politik in Europa. Verstreute Schriften. Hg. von Fritz Martini und Peter de Mendelssohn. Heidelberg 1980

Loerke, Oskar: Reisetagebücher. Heidelberg 1960

Lühe, Irmela von der: Erika Mann. Frankfurt a. M. / New York 1993

Lukács, Georg: Essays über Realismus. Neuwied / Berlin 1971

Luther, Martin: Die Schriftauslegung. Stuttgart 1963

Maar, Michael: Der Teufel in Palestrina. Neues zum «Doktor Faustus» und zur Position Gustav Mahlers im Werk Thomas Manns. In: Literaturwissenschaftliches Jahrbuch (im Auftrag der Görres-Gesellschaft), Neue Folge Bd. 30, Berlin 1989

Malraux, Clara: Das Geräusch meiner Schritte. München / Bern 1982

Marcuse, Ludwig: Essays, Portraits, Polemiken. Die besten Essays aus vier Jahrzehnten. Zürich 1979

Martens, Kurt: Schonungslose Lebenschronik. Wien / Berlin / Leipzig / München 1921

May, Florence: Johannes Brahms. Die Geschichte seines Lebens. München 1983

Mayer, Hans: Zur deutschen Literatur der Zeit. Zusammenhänge, Schriftsteller, Bücher. Reinbek bei Hamburg 1967

Mayer, Hans: Außenseiter. Frankfurt a. M. 1975

Mayer, Hans: Thomas Mann. Frankfurt a. M. 1980

Mayer, Hans: Ein Deutscher auf Widerruf. Erinnerungen. 2 Bände. Frankfurt a. M. 1982/1984

Mendelssohn, Peter de: Der Zauberer. Drei Briefe über Thomas Manns «Doktor Faustus» an einen Freund in der Schweiz. Berlin / München 1948

Mendelssohn, Peter de: S. Fischer und sein Verlag. Frankfurt a. M. 1970

Mendelssohn, Peter de: Der Zauberer. Das Leben des deutschen Schriftstellers Thomas Mann. Erster Teil 1875–1918. Frankfurt a. M. 1975

Mendelssohn, Peter de: Nachbemerkungen zu Thomas Mann. Bd. 1 und 2. Frankfurt a. M. 1982

Mendelssohn, Peter de: Der Zauberer. Das Leben des deutschen Schriftstellers

Thomas Mann. Jahre der Schwebe: 1919–1933. Hg. von Albert von Schirnding. Frankfurt a. M. 1992

Meyer, Agnes E.: Out of these Roots. The Autobiography of an American Woman. New York 1980

Moeller van den Bruck, Arthur: Das dritte Reich. Hg. von Hans Schwarz. Hamburg 1931

Mohler, Armin: Die konservative Revolution in Deutschland 1918–1932. Grundriß ihrer Weltanschauungen. Stuttgart 1950

Motschan, Georges: Thomas Mann – von nahem erlebt. Nettetal 1988

Musil, Robert: Tagebücher, Aphorismen, Essays und Reden. Hg. von Adolf Frisé. Hamburg 1955

Musil, Robert: Briefe 1901–1942. Hg. von Adolf Frisé. Reinbek bei Hamburg 1981

Musil, Robert: Tagebücher. Hg. von Adolf Frisé. Reinbek bei Hamburg ²1983

Naumann, Uwe: Klaus Mann. Reinbek bei Hamburg 1984

Peukert, Detlev: Die Weimarer Republik. Frankfurt a. M. 1987

Pfäfflin, Friedrich, und Ingrid Kußmaul: S. Fischer Verlag. Von der Gründung bis zur Rückkehr aus dem Exil. Marbach 1985 (= Marbacher Katalog Nr. 40)

Picard, Max: Hitler in uns selbst. Zürich ²1948

Pigge, Helmuth: Das Ende eines Wegbereiters. In: Die Zeit, 15. Juli 1994

Pike, David: Deutsche Schriftsteller im sowjetischen Exil 1933–1945. Frankfurt a. M. 1981

Pochadt, Eveline: Zwischen den Stühlen – Thomas Mann nach 1945. In: Blätter der Thomas Mann Gesellschaft Zürich, Nr. 25, 1993/94, S. 5–31

Potempa, Georg: Thomas Mann Bibliographie. Das Werk. Morsum/Sylt 1992

Prieberg, Fred K.: Musik im NS-Staat. Frankfurt a. M. 1982

Pringsheim-Dohm, Hedwig: Thomas Manns Schwiegermutter erzählt. Lübeck 1985

Raddatz, Fritz J.: Georg Lukács. Reinbek bei Hamburg 1972

Reagan, Ronald: Woher ich komme. Erinnerungen. München 1983

Reck-Malleczewen, Friedrich Percyval: Tagebuch eines Verzweifelten. Zeugnis einer inneren Emigration. Stuttgart 1966

Reich-Ranicki, Marcel: Nachprüfung. Aufsätze über deutsche Schriftsteller von gestern. Stuttgart 1980

Reich-Ranicki, Marcel (Hg.): Was halten Sie von Thomas Mann? Achtzehn Autoren antworten. Frankfurt a. M. 1986

Reich-Ranicki, Marcel: Thomas Mann und die Seinen. Stuttgart 1987

Reuter, Ernst: Artikel, Briefe, Reden 1922–1946. Berlin 1973

Riemer, Friedrich Wilhelm: Mittheilungen über Goethe. Aus mündlichen und schriftlichen, gedruckten und ungedruckten Quellen. Bd. 1 und 2. Berlin 1841

Rilke, Rainer Maria: Sämtliche Werke in 6 Bänden. Wiesbaden 1955–1966

Roggenkamp-Kaufmann, Antje: Der Protestant. André Gide und die Bibel. Göttingen 1993

Roth, Joseph: Briefe 1911–1939. Hg. von Hermann Kesten. Köln / Berlin 1970

Roth, Joseph: Werke 3. Das journalistische Werk 1929–1939. Hg. von Klaus Westermann. Köln 1991

Rothe, Wolfgang: Ernst Toller. Reinbek bei Hamburg 1983

Runge, Doris: Die Betrogene. Über die letzte Novelle von Thomas Mann. Typoskript, 15 Seiten

Sabais, Heinz-Winfried: Thomas Mann in Weimar. Ein Bericht. In: Jahrbuch der Gesellschaft für Hessische Bücherfreunde (Literaturfreunde) 1982, S. 94–120

Sahl, Hans: Die Wenigen und die Vielen. Roman einer Zeit. Frankfurt a. M. 1959

Sahl, Hans: Memoiren eines Moralisten. Hamburg / Zürich 1990

Sahl, Hans: Das Exil im Exil. Memoiren eines Moralisten II. Frankfurt a. M. 1991

Scherrer, Paul, und Hans Wysling: Quellenkritische Studien zum Werk Thomas Manns. Bern / München 1967 (Thomas-Mann-Studien Bd. 1)

Schilling, Silke: Heinrich und Thomas Mann in Palestrina. Katalog zur Ausstellung in der Universitätsbibliothek Augsburg. Augsburg / Lübeck 1989

Schlumberger, Jean: Madeleine und André Gide. Hamburg 1957

Schmitz, Walter (Hg.): Die Münchner Moderne. Die literarische Szene in der «Kunststadt» um die Jahrhundertwende. Stuttgart 1990

Schnitzler, Arthur: Anatol. Berlin 1964

Schnitzler, Arthur: Briefe 1913–1931. Hg. von Peter Michael Braunwarth u. a. Frankfurt a. M. 1984

Schnitzler, Arthur: Tagebuch 1909–1912. Wien 1981

Schnitzler, Arthur: Tagebuch 1913–1916. Wien 1983

Schnitzler, Arthur: Tagebuch 1893–1902. Wien 1989

Schnitzler, Arthur, und Richard Beer-Hofmann: Briefwechsel 1891–1931. Hg. von Konstanze Fliedl. Wien / Zürich 1992

Schoeller, Wilfried F.: Heinrich Mann. Bilder und Dokumente. München 1991

Schoolfield, George C.: Thomas Mann und Fredrik Böök. In: Deutsche Weltliteratur. Von Goethe bis Ingeborg Bachmann. Festgabe für J. Alan Pfeffer. Hg. von Klaus W. Jonas. Tübingen 1972

Schröter, Klaus (Hg.): Thomas Mann im Urteil seiner Zeit. Dokumente 1891–1955. Hamburg 1969

Schröter, Klaus: Positionen und Differenzen. Brecht, Heinrich Mann, Thomas Mann im Exil. In: Akzente, 20. Jg. (1973), S. 520–535

Schröter, Klaus: Heinrich Mann. Reinbek bei Hamburg [16]1993

Schröter, Klaus: Thomas Mann. Reinbek bei Hamburg [25]1993

Schwarzschild, Leopold: Die letzten Tage vor Hitler. Aus dem «Tagebuch» 1929–1933. Hg. von Valerie Schwarzschild. Hamburg 1966

Sieburg, Friedrich: Zur Literatur 1924–1956. Hg. von Fritz J. Raddatz, Stuttgart 1981

Siefken, Hinrich: Thomas Mann, Goethe – «Ideal der Deutschheit». Wiederholte Spiegelungen 1893–1949. München 1981

Sinsheimer, Hermann: Gelebt im Paradies. Erinnerungen und Begegnungen. München 1953

Smith, Joan: Mysogynies. Frauenhaß in der Gesellschaft. München 1992

Soergel, Albert: Dichtung und Dichter der Zeit. Eine Schilderung der deutschen Literatur der letzten Jahrzehnte. Leipzig 1911

Sontheimer, Kurt: Thomas Mann und die Deutschen. München 1961

Spalek, John M., und Robert F. Bell (Hg.): Exile. The Writer's Experience. North Carolina 1982

Spengler, Oswald: Briefe 1913–1936. In Zusammenarbeit mit Manfred Schröter hg. von Anton M. Koktanek. München 1963

Sprecher, Thomas: Thomas Mann in Zürich. München 1992

Stampfer, Friedrich: Mit dem Gesicht nach Deutschland. Eine Dokumentation über die sozialdemokratische Emigration. Hg. von Erich Matthias. Düsseldorf 1968

Stephan, Alexander: Die Akte Erika Mann. «... a liaison which might be of possible value». In: Neue Deutsche Literatur, 41.Jg. (1993), Heft 7, S. 124–142

Stern, Fritz: A Study in the Rise of Germanic Ideology. Berkeley / Los Angeles 1961

Stresan, Hermann: Thomas Mann und sein Werk. Frankfurt a. M. 1963

Theweleit, Klaus: Männerphantasien. Bd. 1: Frauen, Fluten, Körper, Geschichte. Bd. 2: Männerkörper – zur Psychoanalyse des weißen Terrors. Reinbek bei Hamburg 1980

Thomas Mann Jahrbuch. Hg. von Eckhard Heftrich und Hans Wysling. Frankfurt a. M. 1989 ff.

Thomas Mann und München. Fünf Vorträge von Reinhard Baumgart, Joachim Kaiser, Kurt Sontheimer, Peter Wapnewski und Hans Wysling. Frankfurt a. M. 1989

Tillinger, Eugene: The Moral Eclipse of Thomas Mann. In: Plain Talk, Vol. IV, No. 3, Dezember 1949

Torberg, Friedrich: PPP. Pamphlete, Parodien, Post Scripta. München / Wien 1964

Truman, Harry S.: Memoiren. 2 Bde. Stuttgart 1955 / 1956

Tucholsky, Kurt: Gesammelte Werke in 10 Bänden. Hg. von Mary Gerold-Tucholsky und Fritz J. Raddatz. Reinbek bei Hamburg 1975

Tucholsky, Kurt: Die Q-Tagebücher 1934–1935. Hg. von Mary Gerold-Tucholsky und Gustav Huonker. Reinbek bei Hamburg 1978

Tucholsky, Kurt: Ich kann nicht schreiben, ohne zu lügen. Briefe 1913 bis 1935. Hg. von Fritz J. Raddatz. Reinbek 1989

Und leiser Jubel zöge ein. Autoren- und Verlegerbriefe 1950 bis 1959. Hg. von Elmar Faber und Carsten Wurm. Berlin 1992

Vaget, Hans Rudolf: Thomas Mann und Richard Strauss: Zeitgenossenschaft ohne Brüderlichkeit. In: Thomas Mann Jahrbuch Bd. 3, 1990, S. 50–85

Vaget, Hans Rudolf: Vorzeitiger Antifaschismus und andere unamerikanische Umtriebe. Aus den geheimen Akten des FBI über Thomas Mann. In: Horizonte. Festschrift für Herbert Lehnert. Hg. von Hannelore Mundt u. a. Tübingen 1990, S. 173–204

Vaget, Hans Rudolf: Deutsche Einheit und nationale Identität. Zur Genealogie der gegenwärtigen Deutschland-Debatte am Beispiel von Thomas Mann. In: Literaturwissenschaftliches Jahrbuch, N.F. Bd. 39, 1992, S. 277–298

Vaget, Hans Rudolf: Präludium in München. Bruno Walter und die Vertreibung Thomas Manns. In: Frankfurter Allgemeine Zeitung, 14. Mai 1994

Viertel, Salka: Das unbelehrbare Herz. Ein Leben in der Welt des Theaters und des Films. Reinbek bei Hamburg 1979

Virchow, Christian: 1924–1994. Siebzig Jahre «Der Zauberberg». Über Vorder- und Hintergründe eines großen Romans. Vortrag bei der 58. Tagung der Deutschen Gesellschaft für Unfall- und Wiederherstellungschirurgie. Berlin, November 1994. Typoskript

Wagner, Richard: Mein Leben. Hg. von Martin Gregor-Dellin. München 1976

Wagner, Richard: Briefe. Hg. von Hanjo Kesting. München / Zürich 1983

Walter, Hans-Albert: Deutsche Exilliteratur 1933–1950.

Bd. 1: Bedrohung und Verfolgung bis 1933. Darmstadt und Neuwied 1972

Bd. 2: Asylpraxis und Lebensbedingungen in Europa. Darmstadt und Neuwied 1972

Bd. 2 [Neue Folge]: Europäisches Appeasement und überseeische Exilpraxis. Stuttgart 1984

Bd. 3: Internierung. Flucht und Lebensbedingungen im Zweiten Weltkrieg. Stuttgart 1988

Bd. 4: Exilpresse. Stuttgart 1978

Wagner – Nietzsche – Thomas Mann. Festschrift für Eckhard Heftrich. Frankfurt a. M. 1973

Walter, Bruno: Thema und Variationen. Erinnerungen und Gedanken. New York 1947

Wapnewski, Peter: Der traurige Gott: Richard Wagner in seinen Helden. München 1978

Wiedemann, Hans-Rudolf (Hg.): Thomas Manns Schwiegermutter erzählt oder Lebendige Briefe aus großbürgerlichem Hause. Hedwig Pringsheim-Dohm an Dagny Langen-Sautreau. Mit einem Geleitwort von Golo Mann. Lübeck 1985

Wilson, Edmund: Letters on Literature and Politics 1912–1972. Edited by Elena Wilson. London / Henley 1977

Winston, Richard: Thomas Mann, Das Werden eines Künstlers 1875–1911. München / Hamburg 1985

Wysling, Hans: Aschenbachs Werke. Archivalische Untersuchungen zu einem Thomas-Mann-Satz. In: Euphorion, 59. Bd. (1965), S. 272–314

Wysling, Hans: Thomas Mann heute. Sieben Vorträge. Bern 1976

Wysling, Hans: Narzissmus und illusionäre Existenzform. Zu den Bekenntnissen des Hochstaplers Felix Krull. Bern / München 1982

Wysling, Hans, und Yvonne Schmidlin (Hg.): Thomas Mann. Ein Leben in Bildern. Zürich 1994

Zoff, Otto: Tagebücher aus der Emigration (1939–1944). Heidelberg 1968

Zorn, Reinhart: Versuch über Mozart. Zu Thomas Manns letzter Lektüre. In: Blätter der Thomas Mann Gesellschaft Zürich, Nr. 16, 1977/78, S. 9–30

Zuckmayer, Carl: Als wär's ein Stück von mir. Horen der Freundschaft. Wien 1967
Zweig, Stefan: Triumph und Tragik. Aufsätze, Tagebuchnotizen, Briefe. Hg. von Ulrich Weinzierl. Frankfurt a. M. 1991
Zynda, Stefan: Sexualität bei Klaus Mann. Bonn 1986

Werkregister

Namenregister